出版说明

随着中国特色社会主义法律体系的建成,中国的立法进入了"修法时代"。在这一时期,为了使法律体系进一步保持内部的科学、和谐、统一,会频繁出现对法律各层级文件的适时清理。目前,清理工作已经全面展开且取得了阶段性的成果,但这一清理过程在未来几年仍将持续。这对于读者如何了解最新法律修改信息、如何准确适用法律带来了使用上的不便。基于这一考虑,我们精心编辑出版了本书,一方面重在向读者展示我国立法的成果与现状,另一方面旨在帮助读者在法律文件修改频率较高的时代准确适用法律。

本书独具以下四重价值:

1. 文本权威,内容全面。本书涵盖市场监管领域相关的常用法律、行政法规、国务院文件、部门规章、规范性文件、司法解释,及最高人民法院公布的典型案例、示范文本,独家梳理和收录人大代表建议的重要答复;书中收录文件均为经过清理修改的现行有效文本,方便读者及时掌握最新法律文件。

2. 查找方便,附录实用。全书法律文件按照紧密程度排列,方便读者对某一类问题的集中查找;重点法律附加条旨,指引读者快速找到目标条文;附录相关典型案例、文书范本,其中案例具有指引"同案同判"的作用。同时,本书采用可平摊使用的独特开本,避免因书籍太厚难以摊开使用的弊端。

3. 免费增补,动态更新。为保持本书与新法的同步更新,避免读者因部分法律的修改而反复购买同类图书,我们为读者专门设置了以下服务:(1)扫码添加书后"法规编辑部"公众号→点击菜单栏→进入资料下载栏→选择法律法规全书资料项→点击网址或扫码下载,即可获取本书每次改版修订内容的电子版文件;(2)通过"法规编辑部"公众号,及时了解最新立法信息,并可线上留言,编辑团队会就图书相关疑问动态解答。

4. 目录赠送,配套使用。赠送本书目录的电子版,与纸书配套,立体化、电子化使用,便于检索、快速定位;同时实现将本书装进电脑,随时随地查。

修 订 说 明

《中华人民共和国市场监管法律法规全书》自出版以来，深受广大读者的欢迎和好评。本书在上一个版本的基础之上，根据国家法律、行政法规、部门规章、司法解释等文件的制定和修改情况，作出如下更新：

1. 增加法律法规30余件：《市场监督管理投诉信息公示暂行规则》《企业名称登记管理规定实施办法》《合同行政监督管理办法》《互联网广告管理办法》《禁止垄断协议规定》《禁止滥用市场支配地位行为规定》《禁止滥用知识产权排除、限制竞争行为规定》《经营者集中审查规定》《制止滥用行政权力排除、限制竞争行为规定》《滥用行政权力排除、限制竞争执法约谈工作指引》《经营者集中反垄断合规指引》《广告绝对化用语执法指南》《食品安全工作评议考核办法》《食品经营许可和备案管理办法》《食用农产品市场销售质量安全监督管理办法》《药品标准管理办法》《药品经营和使用质量监督管理办法》《药品检查管理办法（试行）》《企业落实医疗器械质量安全主体责任监督管理规定》《化妆品抽样检验管理办法》《化妆品网络经营监督管理办法》《企业落实化妆品质量安全主体责任监督管理规定》《婴幼儿配方乳粉产品配方注册管理办法》《特殊医学用途配方食品注册管理办法》《特种设备安全监督检查办法》《特种设备使用单位落实使用安全主体责任监督管理规定》《特种设备生产单位落实质量安全主体责任监督管理规定》《行业标准管理办法》《企业标准化促进办法》《计量器具新产品管理办法》《计量比对管理办法》《国家质量标准实验室管理办法》《市场监管行业标准管理办法》《市场监管行业标准制定管理实施细则》《中华人民共和国认证认可条例》，等等。

2. 最新收录人大代表建议的重要答复8件：《对十四届全国人大一次会议第6619号建议的答复——关于加快食品检测国家标准细化的建议》《对十四届全国人大一次会议第7436号建议的答复——关于加强食品安全源头治理的建议》，等等。

总 目 录

一、综合规定 …………………………… (1)
二、工商管理 …………………………… (122)
  1. 市场主体登记管理 ………………… (122)
    (1) 登记注册 ……………………… (122)
    (2) 信用监管 ……………………… (151)
  2. 市场秩序管理 ……………………… (155)
    (1) 一般规定 ……………………… (155)
    (2) 反垄断、反不正当竞争 ……… (169)
    (3) 打击传销、规范直销 ………… (231)
  3. 广告管理 …………………………… (245)
  4. 消费维权 …………………………… (267)
  5. 知识产权保护 ……………………… (276)
    (1) 商标保护 ……………………… (276)
    (2) 专利保护 ……………………… (301)
三、食药监管 …………………………… (336)
  1. 食品安全 …………………………… (336)
    (1) 一般规定 ……………………… (336)
    (2) 生产经营 ……………………… (391)
    (3) 餐饮食品 ……………………… (425)
    (4) 食用农产品 …………………… (435)
  2. 保健食品管理 ……………………… (448)
  3. 药品管理 …………………………… (460)
  4. 医疗器械管理 ……………………… (551)
  5. 化妆品管理 ………………………… (618)
四、质检监督 …………………………… (686)
  1. 质量管理 …………………………… (686)
    (1) 产品质量 ……………………… (686)
    (2) 原产地 ………………………… (700)
    (3) 召回 …………………………… (710)
  2. 特种设备安全监管 ………………… (717)
  3. 标准管理 …………………………… (777)
  4. 认证认可管理 ……………………… (816)
  5. 计量管理 …………………………… (859)
  6. 卫生检疫 …………………………… (885)
五、人大代表建议答复 ………………… (915)

目录*

一、综合规定

国家市场监督管理总局规章制定程序规定 ……… (1)
  (2022年3月24日)
市场监督管理行政许可程序暂行规定 ………… (5)
  (2022年3月24日)
市场监督管理行政处罚听证办法 ……………… (11)
  (2021年7月2日)
市场监督管理行政处罚程序规定 ……………… (14)
  (2022年9月29日)
关于规范市场监督管理行政处罚裁量权的指
  导意见 ………………………………………… (21)
  (2022年10月8日)
市场监督管理投诉举报处理暂行办法 ………… (23)
  (2022年9月29日)
市场监督管理投诉信息公示暂行规则 ………… (26)
  (2023年9月26日)
市场监管领域重大违法行为举报奖励暂行办法 … (28)
  (2021年7月30日)
市场监督管理执法监督暂行规定 ……………… (30)
  (2019年12月31日)
市场监督管理行政执法责任制规定 …………… (32)
  (2021年5月26日)
市场监督管理行政处罚信息公示规定 ………… (34)
  (2021年7月30日)
市场监督管理严重违法失信名单管理办法 …… (36)
  (2021年7月30日)
市场监督管理信用修复管理办法 ……………… (38)
  (2021年7月30日)
工商行政管理机关行政处罚案件违法所得认
  定办法 ………………………………………… (40)
  (2008年11月21日)

• 文书范本 •
市场监督管理行政处罚文书格式范本及使
  用指南 ………………………………………… (41)
  (2021年7月21日)
  总体说明 ……………………………………… (41)
  1. 案件来源登记表 ………………………… (42)
  2. 指定管辖通知书 ………………………… (44)
  3. 案件交办通知书 ………………………… (45)
  4. 案件移送函 ……………………………… (46)
  5. 涉嫌犯罪案件移送书 …………………… (47)
  6. 查封/扣押物品移送告知书 …………… (48)
  7. 立案/不予立案审批表 ………………… (49)
  8. 行政处罚案件有关事项审批表 ………… (51)
  9. 现场笔录 ………………………………… (52)
  10. 送达地址确认书 ……………………… (54)
  11. 证据提取单 …………………………… (56)
  12. 电子数据证据提取笔录 ……………… (57)
  13. 询问通知书 …………………………… (59)
  14. 询问笔录 ……………………………… (60)
  15. 限期提供材料通知书 ………………… (62)
  16. 协助辨认/鉴别通知书 ……………… (63)
  17. 协助调查函 …………………………… (65)
  18. 协助扣押通知书 ……………………… (66)
  19. 先行登记保存证据通知书 …………… (67)
  20. 解除先行登记保存证据通知书 ……… (69)
  21. 实施行政强制措施决定书 …………… (70)
  22. 延长行政强制措施期限决定书 ……… (72)
  23. 解除行政强制措施决定书 …………… (73)
  24. 场所/设施/财物清单 ………………… (74)
  25. 封条 …………………………………… (76)

---

* 编者按：本目录中的时间为法律文件的公布时间或最后一次修正、修订公布时间。

26. 实施行政强制措施场所/设施/财物委托保管书 …… (77)
27. 先行处置物品确认书 …… (78)
28. 先行处置物品公告 …… (79)
29. 抽样记录 …… (80)
30. 检测/检验/检疫/鉴定委托书 …… (82)
31. 检测/检验/检疫/鉴定期间告知书 …… (83)
32. 检测/检验/检疫/鉴定结果告知书 …… (84)
33. 责令改正通知书 …… (85)
34. 责令退款通知书 …… (86)
35. 案件调查终结报告 …… (87)
36. 案件审核/法制审核表 …… (89)
37. 行政处罚告知书 …… (90)
38. 陈述申辩笔录 …… (91)
39. 行政处罚听证通知书 …… (92)
40. 听证笔录 …… (93)
41. 听证报告 …… (96)
42. 行政处罚案件集体讨论记录 …… (98)
43. 行政处罚决定审批表 …… (100)
44. 当场行政处罚决定书 …… (102)
45. 行政处罚决定书 …… (104)
46. 不予行政处罚决定书 …… (106)
47. 延期/分期缴纳罚款通知书 …… (108)
48. 行政处罚决定履行催告书 …… (110)
49. 强制执行申请书 …… (111)
50. 送达回证 …… (113)
51. 行政处罚文书送达公告 …… (114)
52. 涉案物品处理记录 …… (115)
53. 结案审批表 …… (116)
54. 行政处罚案件卷宗封面 …… (118)
55. 卷内文件目录 …… (120)
56. 卷内备考表 …… (121)

二、工商管理

1. 市场主体登记管理
（1）登记注册
中华人民共和国市场主体登记管理条例 …… (122)
　　（2021年7月27日）
中华人民共和国市场主体登记管理条例实施细则 …… (126)
　　（2022年3月1日）
国家市场监督管理总局关于印发《市场主体登记文书规范》《市场主体登记提交材料规范》的通知 …… (133)
　　（2022年2月28日）
企业名称登记管理规定 …… (134)
　　（2020年12月28日）
企业名称登记管理规定实施办法 …… (135)
　　（2023年8月29日）
企业名称禁限用规则 …… (140)
　　（2017年7月31日）
企业名称相同相近比对规则 …… (142)
　　（2017年7月31日）
无证无照经营查处办法 …… (142)
　　（2017年8月6日）
电子营业执照管理办法（试行） …… (143)
　　（2018年12月17日）
外国企业常驻代表机构登记管理条例 …… (145)
　　（2018年9月18日）
外商投资企业授权登记管理办法 …… (148)
　　（2022年3月1日）
外国（地区）企业在中国境内从事生产经营活动登记管理办法 …… (150)
　　（2020年10月23日）
（2）信用监管
企业信息公示暂行条例 …… (151)
　　（2014年8月7日）
企业公示信息抽查暂行办法 …… (153)
　　（2014年8月19日）
企业经营异常名录管理暂行办法 …… (154)
　　（2014年8月19日）

2. 市场秩序管理
（1）一般规定
网络交易监督管理办法 …… (155)
　　（2021年3月15日）
常见类型移动互联网应用程序必要个人信息范围规定 …… (160)
　　（2021年3月12日）

合同行政监督管理办法 …………… （162）
　　（2023 年 5 月 18 日）
明码标价和禁止价格欺诈规定 …… （164）
　　（2022 年 4 月 14 日）
价格违法行为行政处罚规定 ……… （166）
　　（2010 年 12 月 4 日）
价格违法行为行政处罚实施办法 … （168）
　　（2004 年 7 月 29 日）
（2）反垄断、反不正当竞争
中华人民共和国反垄断法 ………… （169）
　　（2022 年 6 月 24 日）
中华人民共和国反不正当竞争法 … （174）
　　（2019 年 4 月 23 日）
禁止垄断协议规定 ………………… （177）
　　（2023 年 3 月 10 日）
禁止滥用市场支配地位行为规定 … （182）
　　（2023 年 3 月 10 日）
制止滥用行政权力排除、限制竞争行为规定 … （186）
　　（2023 年 3 月 10 日）
滥用行政权力排除、限制竞争执法约谈工作
　　指引 …………………………… （189）
　　（2023 年 10 月 23 日）
禁止滥用知识产权排除、限制竞争行为规定 … （190）
　　（2023 年 6 月 25 日）
国务院反垄断委员会关于相关市场界定的
　　指南 …………………………… （194）
　　（2009 年 5 月 24 日）
国务院关于禁止在市场经济活动中实行地区
　　封锁的规定 …………………… （196）
　　（2011 年 1 月 8 日）
国务院关于经营者集中申报标准的规定 …… （198）
　　（2018 年 9 月 18 日）
国家市场监督管理总局反垄断局关于经营者
　　集中申报的指导意见 ………… （198）
　　（2018 年 9 月 29 日）
国家市场监督管理总局关于反垄断执法授权
　　的通知 ………………………… （201）
　　（2018 年 12 月 28 日）
经营者反垄断合规指南 …………… （203）
　　（2020 年 9 月 11 日）
经营者集中反垄断合规指引 ……… （205）
　　（2023 年 9 月 5 日）

企业境外反垄断合规指引 ………… （210）
　　（2021 年 11 月 15 日）
经营者集中审查规定 ……………… （215）
　　（2023 年 3 月 10 日）
规范促销行为暂行规定 …………… （222）
　　（2020 年 10 月 29 日）
公平竞争审查制度实施细则 ……… （224）
　　（2021 年 6 月 29 日）
（3）打击传销、规范直销
禁止传销条例 ……………………… （231）
　　（2005 年 8 月 23 日）
国务院办公厅对《禁止传销条例》中传销
　　查处认定部门解释的函 ……… （233）
　　（2007 年 6 月 6 日）
直销管理条例 ……………………… （233）
　　（2017 年 3 月 1 日）
直销企业信息报备、披露管理办法 … （237）
　　（2005 年 11 月 1 日）
直销企业保证金存缴、使用管理办法 … （238）
　　（2005 年 11 月 1 日）
·典型案例·
国家市场监督管理总局关于发布 2018 年
　　市场监管部门制止滥用行政权力排除、
　　限制竞争行为典型案例的公告 ……… （239）

3. 广告管理

中华人民共和国广告法 …………… （245）
　　（2021 年 4 月 29 日）
广告绝对化用语执法指南 ………… （252）
　　（2023 年 2 月 25 日）
互联网广告管理办法 ……………… （253）
　　（2023 年 2 月 25 日）
药品、医疗器械、保健食品、特殊医学用途
　　配方食品广告审查管理暂行办法 …… （256）
　　（2019 年 12 月 24 日）
·文书范本·
药品、医疗器械、保健食品、特殊医学用途
　　配方食品广告审查文书格式范本 …… （259）
　　（2020 年 2 月 27 日）
　1. 广告审查表 …………………… （259）
　2. 授权书（参考样本） ………… （262）
　3. 委托代理书（参考样本） …… （262）

4. 广告批准文号注销申请表 …………… (263)
5. 广告审查受理通知书 ………………… (263)
6. 不予受理通知书 ……………………… (263)
7. 申请材料接收凭证 …………………… (264)
8. 广告审查申请材料补正告知书 ……… (264)
9. 广告审查准予许可决定书 …………… (265)
10. 广告审查不予许可决定书 ………… (265)
11. 准予注销广告批准文号决定书 …… (265)
12. 注销广告批准文号决定书 ………… (266)
13. 撤销广告批准文号决定书 ………… (266)
14. 广告审查机关送达回证 …………… (266)

4. 消费维权
中华人民共和国消费者权益保护法 …… (267)
　　（2013年10月25日）
侵害消费者权益行为处罚办法 ………… (272)
　　（2020年10月23日）
网络购买商品七日无理由退货暂行办法 … (274)
　　（2020年10月23日）

5. 知识产权保护
（1）商标保护
中华人民共和国商标法 ………………… (276)
　　（2019年4月23日）
中华人民共和国商标法实施条例 ……… (284)
　　（2014年4月29日）
集体商标、证明商标注册和管理办法 … (292)
　　（2003年4月17日）

商标代理监督管理规定 ………………… (293)
　　（2022年10月27日）
规范商标申请注册行为若干规定 ……… (297)
　　（2019年10月11日）
驰名商标认定和保护规定 ……………… (299)
　　（2014年7月3日）
商标印制管理办法 ……………………… (300)
　　（2020年10月23日）
（2）专利保护
中华人民共和国专利法 ………………… (301)
　　（2020年10月17日）
中华人民共和国专利法实施细则 ……… (308)
　　（2010年1月9日）
专利实施强制许可办法 ………………… (321)
　　（2012年3月15日）
专利实施许可合同备案办法 …………… (325)
　　（2011年6月27日）
专利行政执法办法 ……………………… (326)
　　（2015年5月29日）

· 典型案例 ·
1. 丹阳市珥陵镇鸿润超市诉丹阳市场监督管理局行政登记案 ……………… (331)
2. 天津中国青年旅行社诉天津国青国际旅行社擅自使用他人企业名称纠纷案 …… (332)
3. 劲牌有限公司与国家工商行政管理总局商标评审委员会商标驳回复审行政纠纷案 ………………………………… (333)

三、食药监管

1. 食品安全
（1）一般规定
中华人民共和国食品安全法 …………… (336)
　　（2021年4月29日）
中华人民共和国食品安全法实施条例 … (354)
　　（2019年10月11日）
中华人民共和国进出口食品安全管理办法 … (360)
　　（2021年4月12日）
市场监管总局办公厅关于《食品安全法实施条例》第81条适用有关事项的意见 …… (366)
　　（2021年1月6日）

食品相关产品质量安全监督管理暂行办法 …… (366)
　　（2022年10月8日）
食品安全风险评估管理规定 …………… (369)
　　（2021年11月4日）
食品安全风险监测管理规定 …………… (371)
　　（2021年11月4日）
食品安全抽样检验管理办法 …………… (373)
　　（2022年9月29日）
食品安全工作评议考核办法 …………… (378)
　　（2023年3月7日）

国家食品安全事故应急预案 …………… (380)
　　(2011年10月5日)
食品标识管理规定 ……………………… (385)
　　(2009年10月22日)
网络食品安全违法行为查处办法 ……… (387)
　　(2021年4月2日)
(2) 生产经营
食品生产许可管理办法 ………………… (391)
　　(2020年1月2日)
食品生产许可审查通则 ………………… (395)
　　(2022年10月8日)
食品经营许可和备案管理办法 ………… (399)
　　(2023年6月15日)
食品召回管理办法 ……………………… (406)
　　(2020年10月23日)
食品生产经营风险分级管理办法（试行）…… (409)
　　(2016年9月5日)
食品生产经营监督检查管理办法 ……… (412)
　　(2021年12月24日)
婴幼儿配方乳粉产品配方注册管理办法 …… (416)
　　(2023年6月26日)
特殊医学用途配方食品注册管理办法 …… (420)
　　(2023年11月28日)
(3) 餐饮食品
重大活动餐饮服务食品安全监督管理规范 …… (425)
　　(2011年2月15日)
网络餐饮服务食品安全监督管理办法 …… (427)
　　(2020年10月23日)
学校食品安全与营养健康管理规定 …… (430)
　　(2019年2月20日)
(4) 食用农产品
中华人民共和国农产品质量安全法 …… (435)
　　(2022年9月2日)
食用农产品市场销售质量安全监督管理办法 …… (442)
　　(2023年6月30日)
食用农产品抽样检验和核查处置规定 …… (447)
　　(2020年11月30日)

2. 保健食品管理
保健食品原料目录与保健功能目录管理办法 … (448)
　　(2019年8月2日)

保健食品注册与备案管理办法 ………… (450)
　　(2020年10月23日)
保健食品生产许可审查细则 …………… (456)
　　(2016年11月28日)
保健食品标注警示用语指南 …………… (459)
　　(2019年6月10日)

3. 药品管理
中华人民共和国药品管理法 …………… (460)
　　(2019年8月26日)
中华人民共和国药品管理法实施条例 …… (472)
　　(2019年3月2日)
药品注册管理办法 ……………………… (479)
　　(2020年1月22日)
药品标准管理办法 ……………………… (490)
　　(2023年7月4日)
药品说明书和标签管理规定 …………… (493)
　　(2006年3月15日)
药品经营质量管理规范 ………………… (495)
　　(2016年7月13日)
药品经营和使用质量监督管理办法 …… (506)
　　(2023年9月27日)
药品生产监督管理办法 ………………… (513)
　　(2020年1月22日)
药品检查管理办法（试行）……………… (521)
　　(2023年7月19日)
药物警戒质量管理规范 ………………… (527)
　　(2021年5月7日)
药品召回管理办法 ……………………… (536)
　　(2022年10月24日)
互联网药品信息服务管理办法 ………… (538)
　　(2017年11月7日)
药品网络销售监督管理办法 …………… (541)
　　(2022年8月3日)
药品进口管理办法 ……………………… (544)
　　(2012年8月24日)
进口药材管理办法 ……………………… (548)
　　(2019年5月16日)

4. 医疗器械管理
医疗器械监督管理条例 ………………… (551)
　　(2021年2月9日)

医疗器械标准管理办法 …………… (562)
　　(2017 年 4 月 17 日)
医疗器械召回管理办法 …………… (565)
　　(2017 年 1 月 25 日)
医疗器械说明书和标签管理规定 …… (568)
　　(2014 年 7 月 30 日)
医疗器械通用名称命名规则 ………… (570)
　　(2015 年 12 月 21 日)
医疗器械注册与备案管理办法 ……… (571)
　　(2021 年 8 月 26 日)
体外诊断试剂注册与备案管理办法 …… (580)
　　(2021 年 8 月 26 日)
医疗器械生产监督管理办法 ………… (589)
　　(2022 年 3 月 10 日)
医疗器械经营监督管理办法 ………… (596)
　　(2022 年 3 月 10 日)
医疗器械网络销售监督管理办法 …… (601)
　　(2017 年 12 月 20 日)
医疗器械使用质量监督管理办法 …… (605)
　　(2015 年 10 月 21 日)
医疗器械不良事件监测和再评价管理办法 …… (608)
　　(2018 年 8 月 13 日)
企业落实医疗器械质量安全主体责任监督管
　　理规定 …………………………… (615)
　　(2022 年 12 月 29 日)

5. 化妆品管理
化妆品监督管理条例 ……………… (618)
　　(2020 年 6 月 16 日)
化妆品注册备案管理办法 …………… (626)
　　(2021 年 1 月 7 日)

化妆品注册备案资料管理规定 ……… (631)
　　(2021 年 2 月 26 日)
化妆品新原料注册备案资料管理规定 …… (638)
　　(2021 年 2 月 26 日)
化妆品标签管理办法 ……………… (641)
　　(2021 年 5 月 31 日)
化妆品标识管理规定 ……………… (644)
　　(2007 年 8 月 27 日)
化妆品抽样检验管理办法 …………… (646)
　　(2023 年 1 月 11 日)
化妆品分类规则和分类目录 ………… (651)
　　(2021 年 4 月 8 日)
化妆品功效宣称评价规范 …………… (654)
　　(2021 年 4 月 8 日)
进出口化妆品检验检疫监督管理办法 …… (661)
　　(2018 年 11 月 23 日)
儿童化妆品监督管理规定 …………… (664)
　　(2021 年 9 月 30 日)
化妆品网络经营监督管理办法 ……… (666)
　　(2023 年 3 月 31 日)
企业落实化妆品质量安全主体责任监督管理
　　规定 ……………………………… (670)
　　(2022 年 12 月 29 日)

· 典型案例 ·
1. 最高人民检察院通报 11 起危害食品安全
　　犯罪典型案例 …………………… (673)
2. 最高人民法院公布 14 起打击危害食品、
　　药品安全违法犯罪典型案例 ……… (678)

四、质检监督

1. 质量管理
（1）产品质量
中华人民共和国产品质量法 ………… (686)
　　(2018 年 12 月 29 日)
产品质量监督试行办法 ……………… (691)
　　(2011 年 1 月 8 日)
产品质量监督抽查管理暂行办法 …… (692)
　　(2019 年 11 月 21 日)

产品防伪监督管理办法 ……………… (696)
　　(2022 年 9 月 29 日)
国家质量标准实验室管理办法 ……… (698)
　　(2023 年 10 月 13 日)
（2）原产地
中华人民共和国进出口货物原产地条例 …… (700)
　　(2019 年 3 月 2 日)

中华人民共和国普遍优惠制原产地证明书签
　　证管理办法 …………………………（703）
　　　　（1989年9月1日）
中华人民共和国非优惠原产地证书签证管理
　　办法 ………………………………（704）
　　　　（2018年5月29日）
原产地标记管理规定 ……………………（707）
　　　　（2001年3月5日）
原产地标记管理规定实施办法 …………（708）
　　　　（2001年3月5日）
（3）召回
消费品召回管理暂行规定 ………………（710）
　　　　（2019年11月21日）
缺陷汽车产品召回管理条例 ……………（712）
　　　　（2019年3月2日）
缺陷汽车产品召回管理条例实施办法 …（714）
　　　　（2020年10月23日）

2. 特种设备安全监管
中华人民共和国特种设备安全法 ………（717）
　　　　（2013年6月29日）
特种设备安全监察条例 …………………（725）
　　　　（2009年1月24日）
特种设备安全监督检查办法 ……………（735）
　　　　（2022年5月26日）
特种设备事故报告和调查处理规定 ……（738）
　　　　（2022年1月20日）
特种设备作业人员监督管理办法 ………（741）
　　　　（2011年5月3日）
特种设备使用单位落实使用安全主体责任监
　　督管理规定 ………………………（743）
　　　　（2023年4月4日）
特种设备生产单位落实质量安全主体责任监
　　督管理规定 ………………………（760）
　　　　（2023年4月4日）

3. 标准管理
中华人民共和国标准化法 ………………（777）
　　　　（2017年11月4日）
中华人民共和国标准化法实施条例 ……（780）
　　　　（1990年4月6日）
国家标准管理办法 ………………………（783）
　　　　（2022年9月9日）

国家标准样品管理办法 …………………（787）
　　　　（2021年5月31日）
标准物质管理办法 ………………………（790）
　　　　（1987年7月10日）
强制性国家标准管理办法 ………………（791）
　　　　（2020年1月6日）
地方标准管理办法 ………………………（795）
　　　　（2020年1月16日）
团体标准管理规定 ………………………（797）
　　　　（2019年1月9日）
行业标准管理办法 ………………………（799）
　　　　（2023年11月28日）
企业标准化促进办法 ……………………（801）
　　　　（2023年8月31日）
市场监管信息化标准化管理办法 ………（803）
　　　　（2021年1月4日）
市场监管信息化标准体系 ………………（805）
　　　　（2021年1月12日）
市场监管行业标准管理办法 ……………（808）
　　　　（2023年5月29日）
市场监管行业标准制定管理实施细则 …（810）
　　　　（2023年5月29日）

4. 认证认可管理
中华人民共和国认证认可条例 …………（816）
　　　　（2023年7月20日）
认证证书和认证标志管理办法 …………（820）
　　　　（2022年9月29日）
认证机构管理办法 ………………………（823）
　　　　（2020年10月23日）
认可机构监督管理办法 …………………（826）
　　　　（2021年5月25日）
检验检测机构资质认定管理办法 ………（827）
　　　　（2021年4月2日）
检验检测机构监督管理办法 ……………（830）
　　　　（2021年4月8日）
检验检测机构能力验证管理办法 ………（832）
　　　　（2023年3月27日）
认证机构及认证人员失信管理暂行规定 …（834）
　　　　（2018年7月6日）
强制性产品认证管理规定 ………………（835）
　　　　（2022年9月29日）

强制性产品认证机构和实验室管理办法 ………（840）
　　（2022 年 9 月 29 日）
知识产权认证管理办法 ……………………（842）
　　（2018 年 2 月 11 日）
有机产品认证管理办法 ……………………（845）
　　（2022 年 9 月 29 日）
节能低碳产品认证管理办法 ………………（849）
　　（2015 年 9 月 17 日）
无障碍环境认证实施方案 …………………（851）
　　（2022 年 11 月 1 日）
质量管理体系认证规则 ……………………（852）
　　（2016 年 8 月 5 日）

5. 计量管理

中华人民共和国计量法 ……………………（859）
　　（2018 年 10 月 26 日）
中华人民共和国计量法实施细则 …………（860）
　　（2022 年 3 月 29 日）
全国人民代表大会常务委员会关于授权国务
　　院在营商环境创新试点城市暂时调整适用
　　《中华人民共和国计量法》有关规定的决定……（864）
　　（2021 年 10 月 23 日）
中华人民共和国进口计量器具监督管理办法 …（865）
　　（2016 年 2 月 6 日）
中华人民共和国进口计量器具监督管理办法实
　　施细则 …………………………………（866）
　　（2020 年 10 月 23 日）
计量基准管理办法 …………………………（868）
　　（2020 年 10 月 23 日）
计量器具新产品管理办法 …………………（869）
　　（2023 年 3 月 16 日）
计量比对管理办法 …………………………（871）
　　（2023 年 3 月 16 日）
计量标准考核办法 …………………………（873）
　　（2020 年 10 月 23 日）

国家计量检定规程管理办法 ………………（875）
　　（2002 年 12 月 31 日）
定量包装商品计量监督管理办法 …………（877）
　　（2023 年 3 月 16 日）
零售商品称重计量监督管理办法 …………（879）
　　（2020 年 10 月 23 日）
集贸市场计量监督管理办法 ………………（880）
　　（2020 年 10 月 23 日）
商品量计量违法行为处罚规定 ……………（881）
　　（2020 年 10 月 23 日）
计量违法行为处罚细则 ……………………（882）
　　（2022 年 9 月 29 日）
仲裁检定和计量调解办法 …………………（884）
　　（1987 年 10 月 12 日）

6. 卫生检疫

中华人民共和国动物防疫法 ………………（885）
　　（2021 年 1 月 22 日）
动物检疫管理办法 …………………………（895）
　　（2022 年 9 月 7 日）
植物检疫条例 ………………………………（898）
　　（2017 年 10 月 7 日）
重大动物疫情应急条例 ……………………（900）
　　（2017 年 10 月 7 日）
国家突发重大动物疫情应急预案 …………（903）
　　（2006 年 2 月 27 日）
公共场所卫生管理条例 ……………………（909）
　　（2019 年 4 月 23 日）

·典型案例·

1. 建明食品公司诉泗洪县政府检疫行政命
　　令纠纷案 ………………………………（910）
2. 上海远洋运输公司不服宁波卫生检疫所
　　国境卫生检疫行政处罚决定案 …………（913）

五、人大代表建议答复

对十四届全国人大一次会议第 6619 号建议
　　的答复 ……………………………（915）
　　——关于加快食品检测国家标准细化的建
　　　议
　　（2023 年 6 月 5 日）

对十四届全国人大一次会议第 4274 号建议
　　的答复 ……………………………（915）
　　——关于将特医食品统一收费编码和加强
　　　特医食品监管 推进特医食品临床应
　　　用的建议
　　（2023 年 7 月 5 日）

对十四届全国人大一次会议第 7436 号建议
　　的答复 ……………………………（916）
　　——关于加强食品安全源头治理的建议
　　（2023 年 7 月 27 日）

对十四届全国人大一次会议第 4497 号建议
　　的答复 ……………………………（918）
　　——关于重新启动"中国名牌产品"评
　　　选，推动国家品牌战略建设的建议
　　（2023 年 8 月 23 日）

对十四届全国人大一次会议第 1574 号建议
　　的答复 ……………………………（919）
　　——关于加强对公益类特种设备检验检测
　　　机构政策支持的建议
　　（2023 年 11 月 3 日）

对十三届全国人大五次会议第 7360 号建议
　　的答复 ……………………………（920）
　　——关于完善食品药品违法行为中对违法
　　　添加物质认定的建议
　　（2022 年 12 月 27 日）

对十三届全国人大五次会议第 1727 号建议
　　的答复 ……………………………（921）
　　——关于改善反垄断纠纷中的消费者维权
　　　机制的建议
　　（2022 年 11 月 15 日）

对十三届全国人大五次会议 第 1011 号建议
　　的答复 ……………………………（922）
　　——关于推动专门针对未成年人食品包装
　　　标识的立法完善或国家、行业标准建
　　　设的建议
　　（2022 年 11 月 9 日）

一、综合规定

国家市场监督管理总局规章制定程序规定

- 2019年4月23日国家市场监督管理总局令第8号公布
- 根据2022年3月24日《国家市场监督管理总局关于修改和废止有关规章的决定》修改

第一章 总 则

第一条 为了规范国家市场监督管理总局(以下简称市场监管总局)规章制定程序,保证规章质量,根据《中华人民共和国立法法》《规章制定程序条例》《法规规章备案条例》等法律、行政法规,制定本规定。

第二条 市场监管总局可以根据法律、行政法规和国务院的决定、命令,在职责和权限范围内制定规章。市场监管总局规章的立项、起草、审查、决定、公布、备案、解释和翻译等,适用本规定。

第三条 制定市场监管总局规章应当坚持党的领导,贯彻落实党中央的路线方针政策和决策部署,遵循立法法确定的立法原则,符合宪法、法律、行政法规的规定。

制定市场监管总局规章应当切实保障公民、法人和其他组织的合法权益,在规定其应当履行的义务的同时,应当规定其相应的权利和保障权利实现的途径。

制定市场监管总局规章应当体现行政机关的职权与责任相统一的原则,在赋予有关行政机关必要职权的同时,应当规定其行使职权的条件、程序和应承担的责任。

制定与企业生产经营密切相关的规章,在制定前、制定过程中和立法后评估中要听取企业和行业协会商会意见。

第四条 没有法律或者国务院的行政法规、决定、命令的依据,规章不得设定减损公民、法人和其他组织权利或者增加其义务的规范,不得增加市场监督管理部门的权力或者减少市场监督管理部门的法定职责。

第五条 规章的名称一般称"规定"、"办法"、"实施细则",但不得称"条例"、"通知"。

第六条 市场监管总局规章规定的事项应当属于执行法律或者国务院行政法规、决定、命令的事项。

在上位法设定的行政许可、行政处罚、行政收费、行政强制措施等事项范围内,对实施上述事项作出具体规定的,一般应当制定规章。

尚未制定法律、行政法规,需要对违反市场监督管理秩序的行为设定警告、通报批评或者一定数额罚款的,应当制定规章。

第七条 制定规章应当做到备而不繁,形式严谨规范,内容具体明确,逻辑清晰严密,文字准确简洁,具有可操作性。

第二章 立 项

第八条 市场监管总局各司局认为需要制定、修改、废止规章的,应当在每年12月1日前,向总局报送立项申请。立项申请应当列明项目名称、立项必要性和可行性、需要解决的主要问题、拟确立或者完善的主要制度、起草机构、项目负责人、项目承办人、进度安排及完成时间等内容。

第九条 市场监管总局法制机构(以下简称总局法制机构)对各司局提出的立项申请进行研究论证,拟订市场监管总局年度立法工作计划,于每年第一季度提请市场监管总局局务会议审议通过后印发执行,并向社会公布。

制定立法工作计划应当突出重点、统筹兼顾、充分论证、审慎选项,对社会关注度高、监管急需的项目应当予以优先安排。

总局法制机构应当及时跟踪了解立法项目进展,加强组织协调和督促指导,并向总局报告年度立法工作计划执行情况。

第十条 年度立法工作计划应当严格执行。起草机构应当抓紧推进起草工作,按照年度立法工作计划规定的时限要求,提交规章草案送审稿(以下简称规章送审稿)。

未按照年度立法工作计划规定时限完成的立法项目,起草机构应当说明原因并报请总局分管负责同志同意后,将有关情况书面通报总局法制机构。

未按照年度立法工作计划规定时限完成的立法项目,原则上不再列入下一年度立法工作计划。

第十一条 根据市场监管工作实际,确有必要增加立法项目的,由相关司局提出立项申请并说明理由,报请总局主要负责同志同意后纳入当年立法工作任务。

第三章 起　草

第十二条　列入年度立法工作计划的规章，由提出立项申请的司局负责起草；涉及多个司局职责的，由一个司局牵头起草，相关司局配合。

起草机构应当确定一名司局级同志为负责人，并指定专人承办具体工作。

第十三条　起草过程中，起草机构应当深入开展调查研究，了解实践中存在的问题，考察研究国内外的先进经验，提出切实可行的规章草案。起草机构应当向总局法制机构通报起草工作进展情况。

起草专业性较强的规章，可以吸收相关领域的专家参与起草工作，也可以委托有关专家、教学科研单位、社会组织承担起草任务。

第十四条　起草机构应当广泛听取有关机关、组织和公民的意见。听取意见可以采取书面征求意见、座谈会、论证会、听证会等多种形式，并将意见收集和采纳情况形成书面报告。

除依法需要保密的外，起草机构应当按照有关规定将规章草案及其说明在中国政府法制信息网、市场监管总局官方网站上向社会公布，征求意见。向社会公布征求意见的期限一般不少于三十日。

第十五条　起草规章，涉及社会公众普遍关注的热点难点问题和经济社会发展遇到的突出矛盾，减损公民、法人和其他组织权利或者增加其义务，对社会公众有重要影响等重大利益调整事项，起草机构应当进行论证咨询，广泛听取有关方面的意见。选择参加论证咨询的机构和人员，应当注重专业性、代表性、均衡性。

起草的规章涉及重大利益调整或者存在重大意见分歧，对公民、法人或者其他组织的权利义务有较大影响，人民群众普遍关注，需要进行听证的，起草机构应当举行听证会，听取利益相关方的意见和建议。

第十六条　规章内容涉及重大制度调整，或者对公共利益、公众切身利益可能产生重大影响的，起草机构应当自行或者委托高等院校、科研机构和社会组织等在起草阶段对有关措施的预期效果和可能产生的影响进行评估，并形成评估报告。

第十七条　规章内容涉及市场监管总局其他司局职责或者与国务院其他部门等关系密切的，起草机构应当充分征求意见，并主动协调一致；经充分协调，与总局其他司局无法达成一致的，应当报请总局有关负责同志决定。

规章内容涉及地方市场监督管理部门或者其他单位职责的，起草机构应当充分征求其意见。

第十八条　起草机构起草影响市场主体经济活动的规章，应当按照规定进行公平竞争审查。

第十九条　起草机构认真研究采纳各方面意见对规章草案进行修改，形成规章送审稿及其说明后，由起草机构或者相关业务领域的公职律师出具法律意见。经起草机构主要负责人签署并报请总局分管负责同志审批后，送总局法制机构审查。

第二十条　报送规章送审稿时，起草机构应当提交下列文件和材料：

（一）规章送审稿正文及电子文本；
（二）规章送审稿的说明及电子文本；
（三）依照本规定第十六条形成的制度实施效果评估报告；
（四）公平竞争审查情况或者报告；
（五）对规章送审稿主要问题的不同意见；
（六）其他有关材料，包括总局负责同志的批示、所规范领域的实际情况和相关数据、实践中存在的主要问题、汇总的意见、调研报告、座谈会、论证会、听证会笔录和报告、国内外有关立法资料、公职律师的法律意见、修改稿的新旧条文对照表、意见采纳情况对照表等。

第二十一条　规章送审稿一般包括如下内容：

（一）制定目的和依据；
（二）适用范围；
（三）主管机关或者部门；
（四）适用原则；
（五）具体管理措施和程序；
（六）行政机关与相对人的权利和义务关系；
（七）法律责任；
（八）施行日期；
（九）其他需要规定的内容。

第二十二条　规章送审稿说明一般包括以下内容：

（一）制定规章的必要性；
（二）立法思路与立法原则；
（三）立法过程；
（四）拟确立的主要制度、措施及其法律法规依据；
（五）征求有关机关、组织和公民意见的情况以及意见采纳和协调处理情况；
（六）需要说明的其他问题。

第二十三条　报送材料不符合本规定第二十条、第二十一条、第二十二条要求的，总局法制机构可以要求起草机构补充相关材料，起草机构应当在十五日内将补充材料送总局法制机构。

第四章 审 查

第二十四条 规章送审稿由总局法制机构负责统一审查,审查内容包括:

(一)是否符合本规定第三条、第四条的原则和要求;

(二)是否符合社会主义核心价值观的要求;

(三)是否符合规章制定的法定权限和程序;

(四)是否与有关规章协调、衔接;

(五)是否正确处理有关机关、组织和公民对规章送审稿主要问题的意见;

(六)是否符合立法技术要求;

(七)需要审查的其他内容。

第二十五条 总局法制机构应当将规章送审稿或者规章送审稿涉及的主要问题发送有关机关、组织和专家征求意见。

总局法制机构可以将规章送审稿或者修改稿及其说明等向社会公布,征求意见。向社会公布征求意见的期限一般不少于三十日。

第二十六条 对于专业性较强的规章,总局法制机构可以吸收相关领域的专家参与审查工作;起草机构应当委派公职律师或者熟悉相关专业的人员参与审查工作。

第二十七条 总局法制机构应当就规章送审稿涉及的主要问题,深入基层进行实地调查研究,听取基层有关机关、组织和公民的意见。

第二十八条 规章送审稿涉及重大利益调整的,总局法制机构应当进行论证咨询,广泛听取有关方面的意见。论证咨询可以采取座谈会、论证会、听证会、委托研究等多种形式。

规章送审稿涉及重大利益调整或者存在重大意见分歧,对公民、法人或者其他组织的权利义务有较大影响,人民群众普遍关注,起草机构在起草过程中未举行听证会的,总局法制机构可以举行听证会。

第二十九条 规章送审稿中涉及重大疑难问题,专业性、技术性较强问题和社会生活中新出现问题的,可以委托高等院校、科研机构等开展专项研究。受委托的单位应当具备下列条件:

(一)在相关领域具有代表性和权威性,社会信誉良好;

(二)组织机构健全,内部管理规范;

(三)有具备相关专业知识和技能的研究力量,有较强的数据采集分析、决策咨询和政策评估的经验和能力;

(四)具备开展专项研究所需的其他条件。

接受委托的单位应当按照委托约定提交专项研究报告。接受委托的单位不得将专项研究工作转委托给其他机构或者个人。

第三十条 有关机构对规章送审稿涉及的主要措施、管理体制、权限分工等问题有不同意见的,总局法制机构应当进行协调,力求达成一致意见。对有较大争议的重要立法事项,总局法制机构可以委托有关专家、教学科研单位、社会组织进行评估。

经过充分协调不能达成一致意见的,总局法制机构应当将争议的主要问题、有关机构的意见以及总局法制机构的意见及时报请总局负责同志协调或者提请总局局务会议决定。

第三十一条 规章送审稿有下列情形之一的,总局法制机构可以予以缓办或者退回起草机构:

(一)不符合起草规章的基本原则的;

(二)制定规章条件尚不成熟或者发生重大变化的;

(三)有关机构或者部门对规章送审稿规定的主要制度存在较大争议,起草单位未与有关机构或者部门充分协商的或者缺乏实践基础的;

(四)规章内容涉及有关部门职责,起草机构未与其进行协商或者协商未达成一致的;

(五)规章的结构、内容或者立法技术上存在较大缺陷,需要作全面调整和修改的;

(六)未在规定时限内按要求补充相关材料的;

(七)未按规定程序办理的;

(八)其他不宜提请市场监管总局局务会议审议的情况。

被退回的规章送审稿经起草机构修改,符合规定条件的,可以于退回之日起四十五日内重新送总局法制机构审查。未在规定时限内重新送审,或者送审稿及其说明仍不符合要求的,一般不再按照本年度立法工作计划执行。

第三十二条 总局法制机构应当认真研究各方面的意见,对规章送审稿提出审查意见。起草机构应当根据总局法制机构的审查意见,对规章送审稿进行修改完善,经总局法制机构审查后形成规章草案和对草案的说明。说明应当包括制定规章拟解决的主要问题、确立的主要措施以及与有关部门的协调情况等。

第三十三条 规章草案及其说明经总局法制机构集体研究,由总局法制机构主要负责人签署,按程序提出提请总局局务会议审议的建议。

第五章 审议、公布和备案

第三十四条 市场监管总局规章应当由市场监管总局局务会议决定。

市场监管总局局务会议审议规章草案时,由总局法制机构作提请审议的报告,起草机构根据需要作补充说明。

第三十五条　规章草案经市场监管总局局务会议审议通过后,总局法制机构会同起草机构根据审议中提出的修改意见对草案进行修改,形成草案修改稿,报请市场监管总局局长签署命令,予以公布。

对审议未予通过,要求进一步修改的草案,起草机构应当根据总局局务会议要求,会同总局法制机构、相关司局再次协调、讨论,提出修改稿,经总局法制机构审查后,提请总局局务会议审议。

第三十六条　由市场监管总局主办并与国务院其他部门联合制定的规章,应当经市场监管总局局务会议决定,由市场监管总局局长签发后,送联合制定的其他部门签发。

由国务院其他部门主办并与市场监管总局联合制定的规章,由总局法制机构会同相关司局提出审查意见后,经总局局务会议审议通过,由市场监管总局局长以及联合制定部门的行政首长共同署名公布,使用主办机关的命令序号。

第三十七条　公布规章的命令应当载明该规章的制定机关、序号、规章名称、通过日期、施行日期、市场监管总局局长署名及公布日期。

第三十八条　规章应当自公布之日起三十日后施行,但公布后不立即施行将有碍规章施行的,可以自公布之日起施行。

第三十九条　规章应当自公布之日起三十日内,由总局法制机构依照立法法和《法规规章备案条例》的规定向国务院备案。

第四十条　规章公布后,起草机构、总局法制机构应当根据需要对涉及重大政策的决策背景、主要内容、落实措施等进行解读,也可以邀请专家学者、研究机构等,用通俗易懂的语言和易于接受的方式解读,便于社会公众遵照执行。

第六章　解释、修改、废止和翻译

第四十一条　规章解释权属于市场监管总局。规章有下列情况之一的,由市场监管总局解释:

(一)规章的规定需要进一步明确具体含义的;

(二)规章制定后出现新的情况,需要明确适用规章依据的。

规章解释参照规章送审稿审查程序,由规章起草机构提出解释草案,总局法制机构提出审查意见,按程序提请总局公布。

规章解释与规章具有同等效力。

第四十二条　规章有下列情形之一的,应当予以修改:

(一)因有关法律、行政法规、国务院决定等依据修改或者废止,应当作相应修改的;

(二)基于政策或者实践需要,有必要增减内容的;

(三)规定的主管机关或者执行机关发生变更,不修改将有碍规章施行的;

(四)其他需要修改的情形。

第四十三条　规章有下列情形之一的,应当予以废止:

(一)因有关法律、行政法规、国务院决定等依据废止或者修改,失去依据的;

(二)规定的事项已执行完毕,或者因实际情况变化,无继续施行必要的;

(三)规章主要内容被上位法或者其他规章替代的;

(四)其他情形。

第四十四条　规章的修改、废止,一般由规章的起草机构提出,并参照规章制定的有关程序办理。

规章修改后,应当及时公布新的规章文本。

第四十五条　除法律、行政法规、国务院决定公布后需要对规章进行清理外,总局法制机构应当定期组织相关司局对规章进行清理。

第四十六条　规章需要翻译正式英文译本的,由起草机构负责组织翻译、审定,总局法制机构和外事机构予以协助,必要时可以聘请相关专业组织或者人员协助。

第七章　市场监管总局管理的国家局立法程序

第四十七条　国家药品监督管理局(以下简称药监局)、国家知识产权局(以下简称知识产权局)需要制定、修改、废止规章的,应当按照本规定向市场监管总局报送立项申请,列入市场监管总局年度立法工作计划。

药监局、知识产权局应当按照本规定要求和年度立法工作计划,开展规章的起草工作,并在规定时限内,将规章送审稿报送市场监管总局。未按照年度立法工作计划规定的时限完成的立法项目,药监局、知识产权局应当向总局主要负责同志报告情况、说明原因,并将有关情况书面通报总局法制机构。

第四十八条　药监局、知识产权局起草规章送审稿时,作为起草机构应当向社会公开征求意见,并征求市场监管总局意见。

第四十九条　药监局、知识产权局起草的规章送审稿,应当分别经药监局、知识产权局局务会议审议通过后,报送市场监管总局。

第五十条　对药监局、知识产权局报送的涉及市场监管部门职责或者基层执法职能的规章送审稿,由市场监管总局法制机构按照本规定进行审查;对于专业技术性较强、不涉及市场监管部门职责与基层执法职能的规章送审稿,总局法制机构仅对是否符合宪法、法律、行政法规和其他上位法的规定、是否与有关部门规章协调、衔接进行审查。

第五十一条 市场监管总局法制机构对药监局和知识产权局报送的规章送审稿进行审查后,提请市场监管总局局务会议审议。

总局局务会议审议规章草案时,由药监局和知识产权局在会上作说明,总局法制机构作审查报告。

第五十二条 药监局和知识产权局报送的规章草案经市场监管总局局务会议审议通过后,由市场监管总局局长签署总局令予以公布。

第五十三条 药监局和知识产权局起草的部门规章,本章没有规定的,适用本规章其他规定。

第八章 附 则

第五十四条 起草规章应当参照全国人大常委会法制工作委员会制定的《立法技术规范(试行)》。

第五十五条 市场监管总局报送国务院审议的法律、行政法规草案送审稿的起草等有关程序,参照本规定执行。

第五十六条 市场监管总局可以组织对公布的规章或者规章中的有关规定进行立法后评估,并把评估结果作为修改或者废止有关规章的重要参考。

起草机构负责立法后评估工作的具体实施。必要时,总局法制机构可以自行或者会同起草机构共同开展立法后评估工作。

立法后评估可以采用问卷调查、实地调研、座谈会、论证会等方式,广泛听取社会各界意见;也可以委托高等院校、研究咨询机构、社会组织等承担。

第五十七条 规章内容按照世界贸易组织有关规则需要通报的,起草机构应当在规章草案报送总局法制机构审查前,按照有关规定进行通报。

第五十八条 本规定自2019年6月1日起施行。2001年12月31日国家知识产权局令第21号公布的《国家知识产权局规章制定程序的规定》、2008年9月1日原国家工商行政管理总局令第34号公布的《工商行政管理规章制定程序规定》、2013年10月24日原国家食品药品监督管理总局令第1号公布的《国家食品药品监督管理总局立法程序规定》、2017年10月11日原国家质量监督检验检疫总局令第190号公布的《国家质量监督检验检疫总局规章制定程序规定》同时废止。

市场监督管理行政许可程序暂行规定

· 2019年8月21日国家市场监督管理总局令第16号公布
· 根据2022年3月24日《国家市场监督管理总局关于修改和废止有关规章的决定》修改

第一章 总 则

第一条 为了规范市场监督管理行政许可程序,根据《中华人民共和国行政许可法》等法律、行政法规,制定本规定。

第二条 市场监督管理部门实施行政许可,适用本规定。

第三条 市场监督管理部门应当遵循公开、公平、公正、非歧视和便民原则,依照法定的权限、范围、条件和程序实施行政许可。

第四条 市场监督管理部门应当按照规定公示行政许可的事项、依据、条件、数量、实施主体、程序、期限(包括检验、检测、检疫、鉴定、专家评审期限)、收费依据(包括收费项目及标准)以及申请书示范文本、申请材料目录等内容。

第五条 符合法定要求的电子申请材料、电子证照、电子印章、电子签名、电子档案与纸质申请材料、纸质证照、实物印章、手写签名或者盖章、纸质档案具有同等法律效力。

第二章 实施机关

第六条 市场监督管理部门应当在法律、法规、规章规定的职权范围内实施行政许可。

第七条 上级市场监督管理部门可以将其法定职权范围内的行政许可,依照法律、法规、规章的规定,委托下级市场监督管理部门实施。

委托机关对受委托机关实施行政许可的后果承担法律责任。

受委托机关应当在委托权限范围内以委托机关的名义实施行政许可,不得再委托其他组织或者个人实施。

第八条 委托实施行政许可的,委托机关可以将行政许可的受理、审查、决定、变更、延续、撤回、撤销、注销等权限全部或者部分委托给受委托机关。

委托实施行政许可,委托机关和受委托机关应当签订委托书。委托书应当包含以下内容:

(一)委托机关名称;
(二)受委托机关名称;
(三)委托实施行政许可的事项以及委托权限;
(四)委托机关与受委托机关的权利和义务;
(五)委托期限。

需要延续委托期限的，委托机关应当在委托期限届满十五日前与受委托机关重新签订委托书。不再延续委托期限的，期限届满前已经受理或者启动撤回、撤销程序的行政许可，按照原委托权限实施。

第九条 委托机关应当向社会公告受委托机关和委托实施行政许可的事项、委托依据、委托权限、委托期限等内容。受委托机关应当按照本规定第四条规定公示委托实施的行政许可有关内容。

委托机关变更、中止或者终止行政许可委托的，应当在变更、中止或者终止行政许可委托十日前向社会公告。

第十条 市场监督管理部门实施行政许可，依法需要对设备、设施、产品、物品等进行检验、检测、检疫或者鉴定、专家评审的，可以委托专业技术组织实施。法律、法规、规章对专业技术组织的条件有要求的，应当委托符合法定条件的专业技术组织。

专业技术组织接受委托实施检验、检测、检疫或者鉴定、专家评审的费用由市场监督管理部门承担。法律、法规另有规定的，依照其规定。

专业技术组织及其有关人员对所实施的检验、检测、检疫或者鉴定、评审结论承担法律责任。

第三章 准入程序
第一节 申请与受理

第十一条 自然人、法人或者其他组织申请行政许可需要采用申请书格式文本的，市场监督管理部门应当向申请人提供格式文本。申请书格式文本不得包含与申请行政许可事项没有直接关系的内容。

第十二条 申请人可以委托代理人提出行政许可申请。但是，依法应当由申请人本人到市场监督管理部门行政许可受理窗口提出行政许可申请的除外。

委托他人代为提出行政许可申请的，应当向市场监督管理部门提交由委托人签字或者盖章的授权委托书以及委托人、委托代理人的身份证明文件。

第十三条 申请人可以到市场监督管理部门行政许可受理窗口提出申请，也可以通过信函、传真、电子邮件或者电子政务平台提出申请，并对其提交的申请材料真实性负责。

第十四条 申请人到市场监督管理部门行政许可受理窗口提出申请的，以申请人提交申请材料的时间为收到申请材料的时间。

申请人通过信函提出申请的，以市场监督管理部门收讫信函的时间为收到申请材料的时间。

申请人通过传真、电子邮件或者电子政务平台提出申请的，以申请材料到达市场监督管理部门指定的传真号码、电子邮件地址或者电子政务平台的时间为收到申请材料的时间。

第十五条 市场监督管理部门对申请人提出的行政许可申请，应当根据下列情况分别作出处理：

（一）申请事项依法不需要取得行政许可的，应当即时作出不予受理的决定，并说明理由。

（二）申请事项依法不属于本行政机关职权范围的，应当即时作出不予受理的决定，并告知申请人向有关行政机关申请。

（三）申请材料存在可以当场更正的错误的，应当允许申请人当场更正，由申请人在更正处签字或者盖章，并注明更正日期。更正后申请材料齐全、符合法定形式的，应当予以受理。

（四）申请材料不齐全或者不符合法定形式的，应当即时或者自收到申请材料之日起五日内一次告知申请人需要补正的全部内容和合理的补正期限。按照规定需要在告知时一并退回申请材料的，应当予以退回。申请人无正当理由逾期不予补正的，视为放弃行政许可申请，市场监督管理部门无需作出不予受理的决定。市场监督管理部门逾期未告知申请人补正的，自收到申请材料之日起即为受理。

（五）申请事项属于本行政机关职权范围，申请材料齐全、符合法定形式，或者申请人按照本行政机关的要求提交全部补正申请材料的，应当受理行政许可申请。

第十六条 市场监督管理部门受理或者不予受理行政许可申请，或者告知申请人补正申请材料的，应当出具加盖本行政机关行政许可专用印章并注明日期的纸质或者电子凭证。

第十七条 能够即时作出行政许可决定的，可以不出具受理凭证。

第二节 审查与决定

第十八条 市场监督管理部门应当对申请人提交的申请材料进行审查。

申请人提交的申请材料齐全、符合法定形式，能够即时作出行政许可决定的，市场监督管理部门应当即时作出行政许可决定。

按照法律、法规、规章规定，需要核对申请材料原件的，市场监督管理部门应当核对原件并注明核对情况。申请人不能提供申请材料原件或者核对发现申请材料与原件不符，属于行政许可申请不符合法定条件、标准的，市场监督管理部门应当直接作出不予行政许可的决定。

根据法定条件和程序，需要对申请材料的实质内容进行核实的，市场监督管理部门应当指派两名以上工作人员进行核查。

法律、法规、规章对经营者集中、药品经营等行政许可审查程序另有规定的，依照其规定。

第十九条 市场监督管理部门对行政许可申请进行审查时，发现行政许可事项直接关系他人重大利益的，应当告知该利害关系人，并告知申请人、利害关系人依法享有陈述、申辩和要求举行听证的权利。

申请人、利害关系人陈述、申辩的，市场监督管理部门应当记录。申请人、利害关系人申请听证的，市场监督管理部门应当按照本规定第五章规定组织听证。

第二十条 实施检验、检测、检疫或者鉴定、专家评审的组织及其有关人员应当按照法律、法规、规章以及有关技术要求的规定开展工作。

法律、法规、规章以及有关技术要求对检验、检测、检疫或者鉴定、专家评审的时限有规定的，应当遵守其规定；没有规定的，实施行政许可的市场监督管理部门应当确定合理时限。

第二十一条 经审查需要整改的，申请人应当按照规定的时限和要求予以整改。除法律、法规、规章另有规定外，逾期未予整改或者整改不合格的，市场监督管理部门应当认定行政许可申请不符合法定条件、标准。

第二十二条 行政许可申请符合法定条件、标准的，市场监督管理部门应当作出准予行政许可的决定。

行政许可申请不符合法定条件、标准的，市场监督管理部门应当作出不予行政许可的决定，说明理由并告知申请人享有申请行政复议或者提起行政诉讼的权利。

市场监督管理部门作出准予或者不予行政许可决定的，应当出具加盖本行政机关印章并注明日期的纸质或者电子凭证。

第二十三条 法律、法规、规章和国务院文件规定市场监督管理部门作出不实施进一步审查决定，以及逾期未作出进一步审查决定或者不予行政许可决定，视为准予行政许可的，依照其规定。

第二十四条 行政许可的实施和结果，除涉及国家秘密、商业秘密或者个人隐私的外，应当公开。

第三节 变更与延续

第二十五条 被许可人要求变更行政许可事项的，应当向作出行政许可决定的市场监督管理部门提出变更申请。变更申请符合法定条件、标准的，市场监督管理部门应当予以变更。

法律、法规、规章对变更跨辖区住所登记的市场监督管理部门、变更或者解除经营者集中限制性条件的程序另有规定的，依照其规定。

第二十六条 行政许可所依据的法律、法规、规章修改或者废止，或者准予行政许可所依据的客观情况发生重大变化的，为了公共利益的需要，市场监督管理部门可以依法变更已经生效的行政许可。由此给自然人、法人或者其他组织造成财产损失的，作出变更行政许可决定的市场监督管理部门应当依法给予补偿。

依据前款规定实施的行政许可变更，参照行政许可撤回程序执行。

第二十七条 被许可人需要延续行政许可有效期的，应当在行政许可有效期届满三十日前向作出行政许可决定的市场监督管理部门提出延续申请。法律、法规、规章对被许可人的延续方式或者提出延续申请的期限等另有规定的，依照其规定。

市场监督管理部门应当根据被许可人的申请，在该行政许可有效期届满前作出是否准予延续的决定；逾期未作决定的，视为准予延续。

延续后的行政许可有效期自原行政许可有效期届满次日起算。

第二十八条 因纸质行政许可证件遗失或者损毁，被许可人申请补办的，作出行政许可决定的市场监督管理部门应当予以补办。法律、法规、规章对补办工业产品生产许可证等行政许可证件的市场监督管理部门另有规定的，依照其规定。

补办的行政许可证件实质内容与原行政许可证件一致。

第二十九条 行政许可证件记载的事项存在文字错误，被许可人向作出行政许可决定的市场监督管理部门申请更正的，市场监督管理部门应当予以更正。

作出行政许可决定的市场监督管理部门发现行政许可证件记载的事项存在文字错误的，应当予以更正。

除更正事项外，更正后的行政许可证件实质内容与原行政许可证件一致。

市场监督管理部门应当收回原行政许可证件或者公告原行政许可证件作废，并将更正后的行政许可证件依法送达被许可人。

第四节 终止与期限

第三十条 行政许可申请受理后行政许可决定作出前，有下列情形之一的，市场监督管理部门应当终止实施行政许可：

（一）申请人申请终止实施行政许可的；

（二）赋予自然人、法人或者其他组织特定资格的行政许可，该自然人死亡或者丧失行为能力，法人或者其他组织依法终止的；

（三）因法律、法规、规章修改或者废止，或者根据有关改革决定，申请事项不再需要取得行政许可的；

（四）按照法律、行政法规规定需要缴纳费用，但申请人未在规定期限内予以缴纳的；

（五）因不可抗力需要终止实施行政许可的；

（六）法律、法规、规章规定的应当终止实施行政许可的其他情形。

第三十一条 市场监督管理部门终止实施行政许可的，应当出具加盖本行政机关行政许可专用印章并注明日期的纸质或者电子凭证。

第三十二条 市场监督管理部门终止实施行政许可，申请人已经缴纳费用的，应当将费用退还申请人，但收费项目涉及的行政许可环节已经完成的除外。

第三十三条 除即时作出行政许可决定外，市场监督管理部门应当在《中华人民共和国行政许可法》规定期限内作出行政许可决定。但是，法律、法规另有规定的，依照其规定。

第三十四条 市场监督管理部门作出行政许可决定，依法需要听证、检验、检测、检疫、鉴定、专家评审的，所需时间不计算在本节规定的期限内。市场监督管理部门应当将所需时间书面告知申请人。

第三十五条 市场监督管理部门作出准予行政许可决定，需要颁发行政许可证件或者加贴标签、加盖检验、检测、检疫印章的，应当自作出决定之日起十日内向申请人颁发、送达行政许可证件或者加贴标签、加盖检验、检测、检疫印章。

第四章 退出程序
第一节 撤 回

第三十六条 有下列情形之一的，市场监督管理部门为了公共利益的需要，可以依法撤回已经生效的行政许可：

（一）行政许可依据的法律、法规、规章修改或者废止的；

（二）准予行政许可所依据的客观情况发生重大变化的。

第三十七条 行政许可所依据的法律、行政法规修改或者废止的，国家市场监督管理总局认为需要撤回行政许可的，应当向社会公告撤回行政许可的事实、理由和依据。

行政许可所依据的地方性法规、地方政府规章修改或者废止的，地方性法规、地方政府规章制定机关所在地市场监督管理部门认为需要撤回行政许可的，参照前款执行。

作出行政许可决定的市场监督管理部门应当按照公告要求撤回行政许可，向被许可人出具加盖本行政机关印章并注明日期的纸质或者电子凭证，或者向社会统一公告撤回行政许可的决定。

第三十八条 准予行政许可所依据的客观情况发生重大变化的，作出行政许可决定的市场监督管理部门可以根据被许可人、利害关系人的申请或者依据职权，对可能需要撤回的行政许可进行审查。

作出行政许可撤回决定前，市场监督管理部门应当将拟撤回行政许可的事实、理由和依据书面告知被许可人，并告知被许可人依法享有陈述、申辩和要求举行听证的权利。市场监督管理部门发现行政许可事项直接关系他人重大利益的，还应当同时告知该利害关系人。

被许可人、利害关系人陈述、申辩的，市场监督管理部门应当记录。被许可人、利害关系人自被告知之日起五日内未行使陈述权、申辩权的，视为放弃此权利。被许可人、利害关系人申请听证的，市场监督管理部门应当按照本规定第五章规定组织听证。

市场监督管理部门作出撤回行政许可决定的，应当出具加盖本行政机关印章并注明日期的纸质或者电子凭证。

第三十九条 撤回行政许可给自然人、法人或者其他组织造成财产损失的，作出撤回行政许可决定的市场监督管理部门应当依法给予补偿。

第二节 撤 销

第四十条 有下列情形之一的，作出行政许可决定的市场监督管理部门或者其上级市场监督管理部门，根据利害关系人的申请或者依据职权，可以撤销行政许可：

（一）滥用职权、玩忽职守作出准予行政许可决定的；

（二）超越法定职权作出准予行政许可决定的；

（三）违反法定程序作出准予行政许可决定的；

（四）对不具备申请资格或者不符合法定条件的申请人准予行政许可的；

（五）依法可以撤销行政许可的其他情形。

第四十一条 被许可人以欺骗、贿赂等不正当手段取得行政许可的，作出行政许可决定的市场监督管理部门或者其上级市场监督管理部门应当予以撤销。

第四十二条 市场监督管理部门发现其作出的行政许可决定可能存在本规定第四十条、第四十一条规定情形的,参照《市场监督管理行政处罚程序规定》有关规定进行调查核实。

发现其他市场监督管理部门作出的行政许可决定可能存在本规定第四十条、第四十一条规定情形的,应当将有关材料和证据移送作出行政许可决定的市场监督管理部门。

上级市场监督管理部门发现下级市场监督管理部门作出的行政许可决定可能存在本规定第四十条、第四十一条规定情形的,可以自行调查核实,也可以责令作出行政许可决定的市场监督管理部门调查核实。

第四十三条 作出撤销行政许可决定前,市场监督管理部门应当将拟撤销行政许可的事实、理由和依据书面告知被许可人,并告知被许可人依法享有陈述、申辩和要求举行听证的权利。市场监督管理部门发现行政许可事项直接关系他人重大利益的,还应当同时告知该利害关系人。

第四十四条 被许可人、利害关系人陈述、申辩的,市场监督管理部门应当记录。被许可人、利害关系人自被告知之日起五日内未行使陈述权、申辩权的,视为放弃此权利。

被许可人、利害关系人申请听证的,市场监督管理部门应当按照本规定第五章规定组织听证。

第四十五条 市场监督管理部门应当自本行政机关发现行政许可决定存在本规定第四十条、第四十一条规定情形之日起六十日内作出是否撤销的决定。不能在规定期限内作出决定的,经本行政机关负责人批准,可以延长二十日。

需要听证、检验、检测、检疫、鉴定、专家评审的,所需时间不计算在前款规定的期限内。

第四十六条 市场监督管理部门作出撤销行政许可决定的,应当出具加盖本行政机关印章并注明日期的纸质或者电子凭证。

第四十七条 撤销行政许可,可能对公共利益造成重大损害的,不予撤销。

依照本规定第四十条规定撤销行政许可,被许可人的合法权益受到损害的,作出被撤销的行政许可决定的市场监督管理部门应当依法给予赔偿。依照本规定第四十一条规定撤销行政许可的,被许可人基于行政许可取得的利益不受保护。

第三节 注 销

第四十八条 有下列情形之一的,作出行政许可决定的市场监督管理部门依据申请办理行政许可注销手续:

(一)被许可人不再从事行政许可活动,并且不存在因涉嫌违法正在被市场监督管理部门或者司法机关调查的情形,申请办理注销手续的;

(二)被许可人或者清算人申请办理涉及主体资格的行政许可注销手续的;

(三)赋予自然人特定资格的行政许可,该自然人死亡或者丧失行为能力,其近亲属申请办理注销手续的;

(四)因不可抗力导致行政许可事项无法实施,被许可人申请办理注销手续的;

(五)法律、法规规定的依据申请办理行政许可注销手续的其他情形。

第四十九条 有下列情形之一的,作出行政许可决定的市场监督管理部门依据职权办理行政许可注销手续:

(一)行政许可有效期届满未延续的,但涉及主体资格的行政许可除外;

(二)赋予自然人特定资格的行政许可,市场监督管理部门发现该自然人死亡或者丧失行为能力,并且其近亲属未在其死亡或者丧失行为能力之日起六十日内申请办理注销手续的;

(三)法人或者其他组织依法终止的;

(四)行政许可依法被撤销、撤回,或者行政许可证件依法被吊销的,但涉及主体资格的行政许可除外;

(五)法律、法规规定的依据职权办理行政许可注销手续的其他情形。

第五十条 法律、法规、规章对办理食品生产、食品经营等行政许可注销手续另有规定的,依照其规定。

第五十一条 市场监督管理部门发现本行政区域内存在有本规定第四十九条规定的情形但尚未被注销的行政许可的,应当逐级上报或者通报作出行政许可决定的市场监督管理部门。收到报告或者通报的市场监督管理部门依法办理注销手续。

第五十二条 注销行政许可的,作出行政许可决定的市场监督管理部门应当收回行政许可证件或者公告行政许可证件作废。

第五章 听证程序

第五十三条 法律、法规、规章规定实施行政许可应当听证的事项,或者市场监督管理部门认为需要听证的其他涉及公共利益的重大行政许可事项,市场监督管理部门应当向社会公告,并举行听证。

行政许可直接涉及行政许可申请人与他人之间重大利益关系,行政许可申请人、利害关系人申请听证的,应当自被告知听证权利之日起五日内提出听证申请。市场监督管理部门应当自收到听证申请之日起二十日内组织听证。行政许可申请人、利害关系人未在被告知听证权利之日起五日内提出听证申请的,视为放弃此权利。

行政许可因存在本规定第三十六条第二项、第四十条、第四十一条规定情形可能被撤回、撤销,被许可人、利害关系人申请听证的,参照本条第二款规定执行。

第五十四条　市场监督管理部门应当自依据职权决定组织听证之日起三日内或者自收到听证申请之日起三日内确定听证主持人。必要时,可以设一至二名听证员,协助听证主持人进行听证。记录员由听证主持人指定,具体承担听证准备和听证记录工作。

与听证的行政许可相关的工作人员不得担任听证主持人、听证员和记录员。

第五十五条　行政许可申请人或者被许可人、申请听证的利害关系人是听证当事人。

与行政许可有利害关系的其他组织或者个人,可以作为第三人申请参加听证,或者由听证主持人通知其参加听证。

与行政许可有关的证人、鉴定人等经听证主持人同意,可以参加听证。

听证当事人、第三人以及与行政许可有关的证人、鉴定人等,不承担市场监督管理部门组织听证的费用。

第五十六条　听证当事人、第三人可以委托一至二人代为参加听证。

委托他人代为参加听证的,应当向市场监督管理部门提交由委托人签字或者盖章的授权委托书以及委托人、委托代理人的身份证明文件。

授权委托书应当载明委托事项及权限。委托代理人代为撤回听证申请或者明确放弃听证权利的,应当具有委托人的明确授权。

第五十七条　听证准备及听证参照《市场监督管理行政处罚听证办法》有关规定执行。

第五十八条　记录员应当如实记录听证情况。听证当事人、第三人以及与行政许可有关的证人、鉴定人等应当在听证会结束后核对听证笔录,经核对无误后当场签字或者盖章。听证当事人、第三人拒绝签字或者盖章的,应当予以记录。

第五十九条　市场监督管理部门应当根据听证笔录,作出有关行政许可决定。

第六章　送达程序

第六十条　市场监督管理部门按照本规定作出的行政许可相关凭证或者行政许可证件,应当依法送达行政许可申请人或者被许可人。

第六十一条　行政许可申请人、被许可人应当提供有效的联系电话和通讯地址,配合市场监督管理部门送达行政许可相关凭证或者行政许可证件。

第六十二条　市场监督管理部门参照《市场监督管理行政处罚程序规定》有关规定进行送达。

第七章　监督管理

第六十三条　国家市场监督管理总局以及地方性法规、地方政府规章制定机关所在地市场监督管理部门可以根据工作需要对本行政机关以及下级市场监督管理部门行政许可的实施情况及其必要性进行评价。

自然人、法人或者其他组织可以向市场监督管理部门就行政许可的实施提出意见和建议。

第六十四条　市场监督管理部门可以自行评价,也可以委托第三方机构进行评价。评价可以采取问卷调查、听证会、论证会、座谈会等方式进行。

第六十五条　行政许可评价的内容应当包括:
(一)实施行政许可的总体状况;
(二)实施行政许可的社会效益和社会成本;
(三)实施行政许可是否达到预期的管理目标;
(四)行政许可在实施过程中遇到的问题和原因;
(五)行政许可继续实施的必要性和合理性;
(六)其他需要评价的内容。

第六十六条　国家市场监督管理总局完成评价后,应当对法律、行政法规设定的行政许可提出取消、保留、合并或者调整行政许可实施层级等意见建议,并形成评价报告,报送行政许可设定机关。

地方性法规、地方政府规章制定机关所在地市场监督管理部门完成评价后,对法律、行政法规设定的行政许可,应当将评价报告报送国家市场监督管理总局;对地方性法规、地方政府规章设定的行政许可,应当将评价报告报送行政许可设定机关。

第六十七条　市场监督管理部门发现本行政机关实施的行政许可存在违法或者不当的,应当及时予以纠正。

上级市场监督管理部门应当加强对下级市场监督管理部门实施行政许可的监督检查,及时发现和纠正行政许可实施中的违法或者不当行为。

第六十八条 委托实施行政许可的,委托机关应当通过定期或者不定期检查等方式,加强对受委托机关实施行政许可的监督检查,及时发现和纠正行政许可实施中的违法或者不当行为。

第六十九条 行政许可依法需要实施检验、检测、检疫或者鉴定、专家评审的,市场监督管理部门应当加强对有关组织和人员的监督检查,及时发现和纠正检验、检测、检疫或者鉴定、专家评审活动中的违法或者不当行为。

第八章 法律责任

第七十条 行政许可申请人隐瞒有关情况或者提供虚假材料申请行政许可的,市场监督管理部门不予受理或者不予行政许可,并给予警告;行政许可申请属于直接关系公共安全、人身健康、生命财产安全事项的,行政许可申请人在一年内不得再次申请该行政许可。

第七十一条 被许可人以欺骗、贿赂等不正当手段取得行政许可的,市场监督管理部门应当依法给予行政处罚;取得的行政许可属于直接关系公共安全、人身健康、生命财产安全事项的,被许可人在三年内不得再次申请该行政许可;涉嫌构成犯罪,依法需要追究刑事责任的,按照有关规定移送公安机关。

第七十二条 受委托机关超越委托权限或者再委托其他组织和个人实施行政许可的,由委托机关责令改正,予以通报。

第七十三条 市场监督管理部门及其工作人员有下列情形之一的,由其上级市场监督管理部门责令改正;情节严重的,对直接负责的主管人员和其他直接责任人员依法给予行政处分:

(一)对符合法定条件的行政许可申请不予受理的;

(二)未按照规定公示依法应当公示的内容的;

(三)未向行政许可申请人、利害关系人履行法定告知义务的;

(四)申请人提交的申请材料不齐全或者不符合法定形式,未一次告知申请人需要补正的全部内容的;

(五)未依法说明不予受理行政许可申请或者不予行政许可的理由的;

(六)依法应当举行听证而未举行的。

第九章 附 则

第七十四条 本规定下列用语的含义:

行政许可撤回,指因存在法定事由,为了公共利益的需要,市场监督管理部门依法确认已经生效的行政许可失效的行为。

行政许可撤销,指因市场监督管理部门与被许可人一方或者双方在作出行政许可决定前存在法定过错,由市场监督管理部门对已经生效的行政许可依法确认无效的行为。

行政许可注销,指因存在导致行政许可效力终结的法定事由,市场监督管理部门依据法定程序收回行政许可证件或者确认行政许可证件作废的行为。

第七十五条 市场监督管理部门在履行职责过程中产生的行政许可准予、变更、延续、撤回、撤销、注销等信息,按照有关规定予以公示。

第七十六条 除法律、行政法规另有规定外,市场监督管理部门实施行政许可,不得收取费用。

第七十七条 本规定规定的期限以工作日计算,不含法定节假日。按照日计算期限的,开始的当日不计入,自下一日开始计算。

本规定所称"以上",包含本数。

第七十八条 药品监督管理部门和知识产权行政部门实施行政许可,适用本规定。

第七十九条 本规定自2019年10月1日起施行。2012年10月26日原国家质量监督检验检疫总局令第149号公布的《质量监督检验检疫行政许可实施办法》同时废止。

市场监督管理行政处罚听证办法

· 2018年12月21日国家市场监督管理总局令第3号公布
· 根据2021年7月2日国家市场监督管理总局令第42号《国家市场监督管理总局关于修改〈市场监督管理行政处罚程序暂行规定〉等二部规章的决定》修正

第一章 总 则

第一条 为了规范市场监督管理行政处罚听证程序,保障市场监督管理部门依法实施行政处罚,保护自然人、法人和其他组织的合法权益,根据《中华人民共和国行政处罚法》的有关规定,制定本办法。

第二条 市场监督管理部门组织行政处罚听证,适用本办法。

第三条 市场监督管理部门组织行政处罚听证,应当遵循公开、公正、效率的原则,保障和便利当事人依法行使陈述权和申辩权。

第四条 市场监督管理部门行政处罚案件听证实行回避制度。听证主持人、听证员、记录员、翻译人员与案件有直接利害关系或者有其他关系可能影响公正执法的,应当回避。

听证员、记录员、翻译人员的回避,由听证主持人决定;听证主持人的回避,由市场监督管理部门负责人决定。

第二章 申请和受理

第五条 市场监督管理部门拟作出下列行政处罚决定,应当告知当事人有要求听证的权利:

(一)责令停产停业、责令关闭、限制从业;

(二)降低资质等级、吊销许可证件或者营业执照;

(三)对自然人处以一万元以上、对法人或者其他组织处以十万元以上罚款;

(四)对自然人、法人或者其他组织作出没收违法所得和非法财物价值总额达到第三项所列数额的行政处罚;

(五)其他较重的行政处罚;

(六)法律、法规、规章规定的其他情形。

各省、自治区、直辖市人大常委会或者人民政府对前款第三项、第四项所列罚没数额有具体规定的,可以从其规定。

第六条 向当事人告知听证权利时,应当书面告知当事人拟作出的行政处罚内容及事实、理由、依据。

第七条 当事人要求听证的,可以在告知书送达回证上签署意见,也可以自收到告知书之日起五个工作日内提出。当事人以口头形式提出的,办案人员应当将情况记入笔录,并由当事人在笔录上签名或者盖章。

当事人自告知书送达之日起五个工作日内,未要求听证的,视为放弃此权利。

当事人在规定期限内要求听证的,市场监督管理部门应当依照本办法的规定组织听证。

第三章 听证组织机构、听证人员和听证参加人

第八条 听证由市场监督管理部门法制机构或者其他机构负责组织。

第九条 听证人员包括听证主持人、听证员和记录员。

第十条 听证参加人包括当事人及其代理人、第三人、办案人员、证人、翻译人员、鉴定人以及其他有关人员。

第十一条 听证主持人由市场监督管理部门负责人指定。必要时,可以设一至二名听证员,协助听证主持人进行听证。

记录员由听证主持人指定,具体承担听证准备和听证记录工作。

办案人员不得担任听证主持人、听证员和记录员。

第十二条 听证主持人在听证程序中行使下列职责:

(一)决定举行听证的时间、地点;

(二)审查听证参加人资格;

(三)主持听证;

(四)维持听证秩序;

(五)决定听证的中止或者终止,宣布听证结束;

(六)本办法赋予的其他职责。

听证主持人应当公开、公正地履行主持听证的职责,不得妨碍当事人、第三人行使陈述权、申辩权。

第十三条 要求听证的自然人、法人或者其他组织是听证的当事人。

第十四条 与听证案件有利害关系的其他自然人、法人或者其他组织,可以作为第三人申请参加听证,或者由听证主持人通知其参加听证。

第十五条 当事人、第三人可以委托一至二人代为参加听证。

委托他人代为参加听证的,应当向市场监督管理部门提交由委托人签名或者盖章的授权委托书以及委托代理人的身份证明文件。

授权委托书应当载明委托事项及权限。委托代理人代为撤回听证申请或者明确放弃听证权利的,必须有委托人的明确授权。

第十六条 办案人员应当参加听证。

第十七条 与听证案件有关的证人、鉴定人等经听证主持人同意,可以到场参加听证。

第四章 听证准备

第十八条 市场监督管理部门应当自收到当事人要求听证的申请之日起三个工作日内,确定听证主持人。

第十九条 办案人员应当自确定听证主持人之日起三个工作日内,将案件材料移交听证主持人,由听证主持人审阅案件材料,准备听证提纲。

第二十条 听证主持人应当自接到办案人员移交的案件材料之日起五个工作日内确定听证的时间、地点,并应当于举行听证的七个工作日前将听证通知书送达当事人。

听证通知书中应当载明听证时间、听证地点及听证主持人、听证员、记录员、翻译人员的姓名,并告知当事人有申请回避的权利。

第三人参加听证的,听证主持人应当在举行听证的七个工作日前将听证的时间、地点通知第三人。

第二十一条 听证主持人应当于举行听证的七个工作日前将听证的时间、地点通知办案人员,并退回案件

材料。

第二十二条 除涉及国家秘密、商业秘密或者个人隐私依法予以保密外，听证应当公开举行。

公开举行听证的，市场监督管理部门应当于举行听证的三个工作日前公告当事人的姓名或者名称、案由以及举行听证的时间、地点。

第五章 举行听证

第二十三条 听证开始前，记录员应当查明听证参加人是否到场，并向到场人员宣布以下听证纪律：

（一）服从听证主持人的指挥，未经听证主持人允许不得发言、提问；

（二）未经听证主持人允许不得录音、录像和摄影；

（三）听证参加人未经听证主持人允许不得退场；

（四）不得大声喧哗，不得鼓掌、哄闹或者进行其他妨碍听证秩序的活动。

第二十四条 听证主持人核对听证参加人，说明案由，宣布听证主持人、听证员、记录员、翻译人员名单，告知听证参加人在听证中的权利义务，询问当事人是否提出回避申请。

第二十五条 听证按下列程序进行：

（一）办案人员提出当事人违法的事实、证据、行政处罚建议及依据；

（二）当事人及其委托代理人进行陈述和申辩；

（三）第三人及其委托代理人进行陈述；

（四）质证；

（五）辩论；

（六）听证主持人按照第三人、办案人员、当事人的先后顺序征询各方最后意见。

当事人可以当场提出证明自己主张的证据，听证主持人应当接收。

第二十六条 有下列情形之一的，可以中止听证：

（一）当事人因不可抗力无法参加听证的；

（二）当事人死亡或者终止，需要确定相关权利义务承受人的；

（三）当事人临时提出回避申请，无法当场作出决定的；

（四）需要通知新的证人到场或者需要重新鉴定的；

（五）其他需要中止听证的情形。

中止听证的情形消失后，听证主持人应当恢复听证。

第二十七条 有下列情形之一的，可以终止听证：

（一）当事人撤回听证申请或者明确放弃听证权利的；

（二）当事人无正当理由拒不到场参加听证的；

（三）当事人未经听证主持人允许中途退场的；

（四）当事人死亡或者终止，并且无权利义务承受人的；

（五）其他需要终止听证的情形。

第二十八条 记录员应当如实记录，制作听证笔录。听证笔录应当载明听证时间、地点、案由、听证人员、听证参加人姓名，各方意见以及其他需要载明的事项。

听证会结束后，听证笔录应当经听证参加人核对无误后，由听证参加人当场签名或者盖章。当事人、第三人拒绝签名或者盖章的，由听证主持人在听证笔录中注明。

第二十九条 听证结束后，听证主持人应当在五个工作日内撰写听证报告，由听证主持人、听证员签名，连同听证笔录送办案机构，由其连同其他案件材料一并上报市场监督管理部门负责人。

市场监督管理部门应当根据听证笔录，结合听证报告提出的意见建议，依照《市场监督管理行政处罚程序规定》的有关规定，作出决定。

第三十条 听证报告应当包括以下内容：

（一）听证案由；

（二）听证人员、听证参加人；

（三）听证的时间、地点；

（四）听证的基本情况；

（五）处理意见和建议；

（六）需要报告的其他事项。

第六章 附 则

第三十一条 本办法中的"以上""内"均包括本数。

第三十二条 国务院药品监督管理部门和省级药品监督管理部门组织行政处罚听证，适用本办法。

法律、法规授权的履行市场监督管理职能的组织组织行政处罚听证，适用本办法。

第三十三条 本办法中有关执法文书的送达适用《市场监督管理行政处罚程序规定》的有关规定。

第三十四条 市场监督管理部门应当保障听证经费，提供组织听证所必需的场地、设备以及其他便利条件。

市场监督管理部门举行听证，不得向当事人收取费用。

第三十五条 本办法自2019年4月1日施行。2005年12月30日原国家食品药品监督管理局令第23号公布的《国家食品药品监督管理局听证规则（试行）》、2007年9月4日原国家工商行政管理总局令第29号公布的《工商行政管理机关行政处罚案件听证规则》同时废止。

市场监督管理行政处罚程序规定

- 2018年12月21日国家市场监督管理总局令第2号公布
- 根据2021年7月2日国家市场监督管理总局令第42号第一次修正
- 根据2022年9月29日国家市场监督管理总局令第61号第二次修正

第一章 总 则

第一条 为了规范市场监督管理行政处罚程序，保障市场监督管理部门依法实施行政处罚，保护自然人、法人和其他组织的合法权益，根据《中华人民共和国行政处罚法》《中华人民共和国行政强制法》等法律、行政法规，制定本规定。

第二条 市场监督管理部门实施行政处罚，适用本规定。

第三条 市场监督管理部门实施行政处罚，应当遵循公正、公开的原则，坚持处罚与教育相结合，做到事实清楚、证据确凿、适用依据正确、程序合法、处罚适当。

第四条 市场监督管理部门实施行政处罚实行回避制度。参与案件办理的有关人员与案件有直接利害关系或者有其他关系可能影响公正执法的，应当回避。市场监督管理部门主要负责人的回避，由市场监督管理部门负责人集体讨论决定；市场监督管理部门其他负责人的回避，由市场监督管理部门主要负责人决定；其他有关人员的回避，由市场监督管理部门负责人决定。

回避决定作出之前，不停止案件调查。

第五条 市场监督管理部门及参与案件办理的有关人员对实施行政处罚过程中知悉的国家秘密、商业秘密和个人隐私应当依法予以保密。

第六条 上级市场监督管理部门对下级市场监督管理部门实施行政处罚，应当加强监督。

各级市场监督管理部门对本部门内设机构及其派出机构、受委托组织实施行政处罚，应当加强监督。

第二章 管 辖

第七条 行政处罚由违法行为发生地的县级以上市场监督管理部门管辖。法律、行政法规、部门规章另有规定的，从其规定。

第八条 县级、设区的市级市场监督管理部门依职权管辖本辖区内发生的行政处罚案件。法律、法规、规章规定由省级以上市场监督管理部门管辖的，从其规定。

第九条 市场监督管理部门派出机构在本部门确定的权限范围内以本部门的名义实施行政处罚，法律、法规授权以派出机构名义实施行政处罚的除外。

县级以上市场监督管理部门可以在法定权限内书面委托符合《中华人民共和国行政处罚法》规定条件的组织实施行政处罚。受委托组织在委托范围内，以委托行政机关名义实施行政处罚；不得再委托其他任何组织或者个人实施行政处罚。

委托书应当载明委托的具体事项、权限、期限等内容。委托行政机关和受委托组织应当将委托书向社会公布。

第十条 网络交易平台经营者和通过自建网站、其他网络服务销售商品或者提供服务的网络交易经营者的违法行为由其住所地县级以上市场监督管理部门管辖。

平台内经营者的违法行为由其实际经营地县级以上市场监督管理部门管辖。网络交易平台经营者住所地县级以上市场监督管理部门先行发现违法线索或者收到投诉、举报的，也可以进行管辖。

第十一条 对利用广播、电影、电视、报纸、期刊、互联网等大众传播媒介发布违法广告的行为实施行政处罚，由广告发布者所在地市场监督管理部门管辖。广告发布者所在地市场监督管理部门管辖异地广告主、广告经营者有困难的，可以将广告主、广告经营者的违法情况移送广告主、广告经营者所在地市场监督管理部门处理。

对于互联网广告违法行为，广告主所在地、广告经营者所在地市场监督管理部门先行发现违法线索或者投诉、举报的，也可以进行管辖。

对广告主自行发布违法互联网广告的行为实施行政处罚，由广告主所在地市场监督管理部门管辖。

第十二条 对当事人的同一违法行为，两个以上市场监督管理部门都有管辖权的，由最先立案的市场监督管理部门管辖。

第十三条 两个以上市场监督管理部门因管辖权发生争议的，应当自发生争议之日起七个工作日内协商解决，协商不成的，报请共同的上一级市场监督管理部门指定管辖；也可以直接由共同的上一级市场监督管理部门指定管辖。

第十四条 市场监督管理部门发现立案查处的案件不属于本部门管辖的，应当将案件移送有管辖权的市场监督管理部门。受移送的市场监督管理部门对管辖权有异议的，应当报请共同的上一级市场监督管理部门指定管辖，不得再自行移送。

第十五条 上级市场监督管理部门认为必要时，可以将本部门管辖的案件交由下级市场监督管理部门管辖。法律、法规、规章明确规定案件应当由上级市场监督管理部门管辖的，上级市场监督管理部门不得将案件交由下级市场监督管理部门管辖。

上级市场监督管理部门认为必要时，可以直接查处下级市场监督管理部门管辖的案件，也可以将下级市场监督管理部门管辖的案件指定其他下级市场监督管理部门管辖。

下级市场监督管理部门认为依法由其管辖的案件存在特殊原因，难以办理的，可以报请上一级市场监督管理部门管辖或者指定管辖。

第十六条 报请上一级市场监督管理部门管辖或者指定管辖的，上一级市场监督管理部门应当在收到报送材料之日起七个工作日内确定案件的管辖部门。

第十七条 市场监督管理部门发现立案查处的案件属于其他行政管理部门管辖的，应当及时依法移送其他有关部门。

市场监督管理部门发现违法行为涉嫌犯罪的，应当及时将案件移送司法机关，并对涉案物品以及与案件有关的其他材料依照有关规定办理交接手续。

第三章 行政处罚的普通程序

第十八条 市场监督管理部门对依据监督检查职权或者通过投诉、举报、其他部门移送、上级交办等途径发现的违法行为线索，应当自发现线索或者收到材料之日起十五个工作日内予以核查，由市场监督管理部门负责人决定是否立案；特殊情况下，经市场监督管理部门负责人批准，可以延长十五个工作日。法律、法规、规章另有规定的除外。

检测、检验、检疫、鉴定以及权利人辨认或者鉴别等所需时间，不计入前款规定期限。

第十九条 经核查，符合下列条件的，应当立案：

（一）有证据初步证明存在违反市场监督管理法律、法规、规章的行为；

（二）依据市场监督管理法律、法规、规章应当给予行政处罚；

（三）属于本部门管辖；

（四）在给予行政处罚的法定期限内。

决定立案的，应当填写立案审批表，由办案机构负责人指定两名以上具有行政执法资格的办案人员负责调查处理。

第二十条 经核查，有下列情形之一的，可以不予立案：

（一）违法行为轻微并及时改正，没有造成危害后果；

（二）初次违法且危害后果轻微并及时改正；

（三）当事人有证据足以证明没有主观过错，但法律、行政法规另有规定的除外；

（四）依法可以不予立案的其他情形。

决定不予立案的，应当填写不予立案审批表。

第二十一条 办案人员应当全面、客观、公正、及时进行案件调查，收集、调取证据，并依照法律、法规、规章的规定进行检查。

首次向当事人收集、调取证据的，应当告知其享有陈述权、申辩权以及申请回避的权利。

第二十二条 办案人员调查或者进行检查时不得少于两人，并应当主动向当事人或者有关人员出示执法证件。

第二十三条 办案人员应当依法收集证据。证据包括：

（一）书证；

（二）物证；

（三）视听资料；

（四）电子数据；

（五）证人证言；

（六）当事人的陈述；

（七）鉴定意见；

（八）勘验笔录、现场笔录。

立案前核查或者监督检查过程中依法取得的证据材料，可以作为案件的证据使用。

对于移送的案件，移送机关依职权调查收集的证据材料，可以作为案件的证据使用。

上述证据，应当符合法律、法规、规章关于证据的规定，并经查证属实，才能作为认定案件事实的根据。以非法手段取得的证据，不得作为认定案件事实的根据。

第二十四条 收集、调取的书证、物证应当是原件、原物。调取原件、原物有困难的，可以提取复制件、影印件或者抄录件，也可以拍摄或者制作足以反映原件、原物外形或者内容的照片、录像。复制件、影印件、抄录件和照片、录像由证据提供人核对无误后注明与原件、原物一致，并注明出证日期、证据出处，同时签名或者盖章。

第二十五条 收集、调取的视听资料应当是有关资料的原始载体。调取视听资料原始载体有困难的，可以提取复制件，并注明制作方法、制作时间、制作人等。声音资料应当附有该声音内容的文字记录。

第二十六条 收集、调取的电子数据应当是有关数据的原始载体。收集电子数据原始载体有困难的，可以采用拷贝复制、委托分析、书式固定、拍照录像等方式取证,并注明制作方法、制作时间、制作人等。

市场监督管理部门可以利用互联网信息系统或者设备收集、固定违法行为证据。用来收集、固定违法行为证据的互联网信息系统或者设备应当符合相关规定,保证所收集、固定电子数据的真实性、完整性。

市场监督管理部门可以指派或者聘请具有专门知识的人员,辅助办案人员对案件关联的电子数据进行调查取证。

市场监督管理部门依照法律、行政法规规定利用电子技术监控设备收集、固定违法事实的,依照《中华人民共和国行政处罚法》有关规定执行。

第二十七条 在中华人民共和国领域外形成的公文书证,应当经所在国公证机关证明,或者履行中华人民共和国与该所在国订立的有关条约中规定的证明手续。涉及身份关系的证据,应当经所在国公证机关证明,并经中华人民共和国驻该国使领馆认证,或者履行中华人民共和国与该所在国订立的有关条约中规定的证明手续。

在中华人民共和国香港特别行政区、澳门特别行政区和台湾地区形成的证据,应当履行相关的证明手续。

外文书证或者外国语视听资料等证据应当附有由具有翻译资质的机构翻译的或者其他翻译准确的中文译本,由翻译机构盖章或者翻译人员签名。

第二十八条 对有违法嫌疑的物品或者场所进行检查时,应当通知当事人到场。办案人员应当制作现场笔录,载明时间、地点、事件等内容,由办案人员、当事人签名或者盖章。

第二十九条 办案人员可以询问当事人及其他有关单位和个人。询问应当个别进行。询问应当制作笔录,询问笔录应当交被询问人核对;对阅读有困难的,应当向其宣读。笔录如有差错、遗漏,应当允许其更正或者补充。涂改部分应当由被询问人签名、盖章或者以其他方式确认。经核对无误后,由被询问人在笔录上逐页签名、盖章或者以其他方式确认。办案人员应当在笔录上签名。

第三十条 办案人员可以要求当事人及其他有关单位和个人在一定期限内提供证明材料或者与涉嫌违法行为有关的其他材料,并由材料提供人在有关材料上签名或者盖章。

市场监督管理部门在查处侵权假冒等案件过程中,可以要求权利人对涉案产品是否为权利人生产或者其许可生产的产品进行辨认,也可以要求其对有关事项进行鉴别。

第三十一条 市场监督管理部门抽样取证时,应当通知当事人到场。办案人员应当制作抽样记录,对样品加贴封条,开具清单,由办案人员、当事人在封条和相关记录上签名或者盖章。

通过网络、电话购买等方式抽样取证的,应当采取拍照、截屏、录音、录像等方式对交易过程、商品拆包查验及封样等过程进行记录。

法律、法规、规章或者国家有关规定对实施抽样机构的资质或者抽样方式有明确要求的,市场监督管理部门应当委托相关机构或者按照规定方式抽取样品。

第三十二条 为查明案情,需要对案件中专门事项进行检测、检验、检疫、鉴定的,市场监督管理部门应当委托具有法定资质的机构进行;没有法定资质机构的,可以委托其他具备条件的机构进行。检测、检验、检疫、鉴定结果应当告知当事人。

第三十三条 在证据可能灭失或者以后难以取得的情况下,市场监督管理部门可以对与涉嫌违法行为有关的证据采取先行登记保存措施。采取或者解除先行登记保存措施,应当经市场监督管理部门负责人批准。

情况紧急,需要当场采取先行登记保存措施的,办案人员应当在二十四小时内向市场监督管理部门负责人报告,并补办批准手续。市场监督管理部门负责人认为不应当采取先行登记保存措施的,应当立即解除。

第三十四条 先行登记保存有关证据,应当当场清点,开具清单,由当事人和办案人员签名或者盖章,交当事人一份,并当场交付先行登记保存证据通知书。

先行登记保存期间,当事人或者有关人员不得损毁、销毁或者转移证据。

第三十五条 对于先行登记保存的证据,应当在七个工作日内采取以下措施:

(一)根据情况及时采取记录、复制、拍照、录像等证据保全措施;

(二)需要检测、检验、检疫、鉴定的,送交检测、检验、检疫、鉴定;

(三)依据有关法律、法规规定可以采取查封、扣押等行政强制措施的,决定采取行政强制措施;

(四)违法事实成立,应当予以没收的,作出行政处罚决定,没收违法物品;

(五)违法事实不成立,或者违法事实成立但依法不应当予以查封、扣押或者没收的,决定解除先行登记保存措施。

逾期未采取相关措施的,先行登记保存措施自动解除。

第三十六条　市场监督管理部门可以依据法律、法规的规定采取查封、扣押等行政强制措施。采取或者解除行政强制措施，应当经市场监督管理部门负责人批准。

情况紧急，需要当场采取行政强制措施的，办案人员应当在二十四小时内向市场监督管理部门负责人报告，并补办批准手续。市场监督管理部门负责人认为不应当采取行政强制措施的，应当立即解除。

第三十七条　市场监督管理部门实施行政强制措施应当依照《中华人民共和国行政强制法》规定的程序进行，并当场交付实施行政强制措施决定书和清单。

第三十八条　查封、扣押的期限不得超过三十日；情况复杂的，经市场监督管理部门负责人批准，可以延长，但是延长期限不得超过三十日。法律、行政法规另有规定的除外。

延长查封、扣押的决定应当及时书面告知当事人，并说明理由。

对物品需要进行检测、检验、检疫、鉴定的，查封、扣押的期间不包括检测、检验、检疫、鉴定的期间。检测、检验、检疫、鉴定的期间应当明确，并书面告知当事人。

第三十九条　扣押当事人托运的物品，应当制作协助扣押通知书，通知有关单位协助办理，并书面通知当事人。

第四十条　对当事人家存或者寄存的涉嫌违法物品，需要扣押的，责令当事人取出；当事人拒绝取出的，应当会同当地有关部门或者单位将其取出，并办理扣押手续。

第四十一条　查封、扣押的场所、设施或者财物应当妥善保管，不得使用或者损毁；市场监督管理部门可以委托第三人保管，第三人不得损毁或者擅自转移、处置。

查封的场所、设施或者财物，应当加贴市场监督管理部门封条，任何人不得随意动用。

除法律、法规另有规定外，容易损毁、灭失、变质、保管困难或者保管费用过高、季节性商品等不宜长期保存的物品，在确定为罚没财物前，经权利人同意或者申请，并经市场监督管理部门负责人批准，在采取相关措施留存证据后，可以依法先行处置；权利人不明确的，可以依法公告，公告期满后仍没有权利人同意或者申请的，可以依法先行处置。先行处置所得款项按照涉案现金管理。

第四十二条　有下列情形之一的，市场监督管理部门应当及时作出解除查封、扣押决定：

（一）当事人没有违法行为；

（二）查封、扣押的场所、设施或者财物与违法行为无关；

（三）对违法行为已经作出处理决定，不再需要查封、扣押；

（四）查封、扣押期限已经届满；

（五）其他不再需要采取查封、扣押措施的情形。

解除查封、扣押应当立即退还财物，并由办案人员和当事人在财物清单上签名或者盖章。市场监督管理部门已将财物依法先行处置并有所得款项的，应当退还所得款项。先行处置明显不当，给当事人造成损失的，应当给予补偿。

当事人下落不明或者无法确定涉案物品所有人的，应当按照本规定第八十二条第五项规定的公告送达方式告知领取。公告期满仍无人领取的，经市场监督管理部门负责人批准，将涉案物品上缴或者依法拍卖后将所得款项上缴国库。

第四十三条　办案人员在调查取证过程中，无法通知当事人，当事人不到场或者拒绝接受调查，当事人拒绝签名、盖章或者以其他方式确认的，办案人员应当在笔录或者其他材料上注明情况，并采取录音、录像等方式记录，必要时可以邀请有关人员作为见证人。

第四十四条　进行现场检查、询问当事人及其他有关单位和个人、抽样取证、采取先行登记保存措施、实施查封或者扣押等行政强制措施时，按照有关规定采取拍照、录音、录像等方式记录现场情况。

第四十五条　市场监督管理部门在办理行政处罚案件时，确需有关机关或者其他市场监督管理部门协助调查取证的，应当出具协助调查函。

收到协助调查函的市场监督管理部门对属于本部门职权范围的协助事项应当予以协助，在接到协助调查函之日起十五个工作日内完成相关工作。需要延期完成的，应当在期限届满前告知提出协查请求的市场监督管理部门。

第四十六条　有下列情形之一的，经市场监督管理部门负责人批准，中止案件调查：

（一）行政处罚决定须以相关案件的裁判结果或者其他行政决定为依据，而相关案件尚未审结或者其他行政决定尚未作出的；

（二）涉及法律适用等问题，需要送请有权机关作出解释或者确认的；

（三）因不可抗力致使案件暂时无法调查的；

（四）因当事人下落不明致使案件暂时无法调查的；

（五）其他应当中止调查的情形。

中止调查的原因消除后，应当立即恢复案件调查。

第四十七条 因涉嫌违法的自然人死亡或者法人、其他组织终止,并且无权利义务承受人等原因,致使案件调查无法继续进行的,经市场监督管理部门负责人批准,案件终止调查。

第四十八条 案件调查终结,办案机构应当撰写调查终结报告。案件调查终结报告包括以下内容:

(一)当事人的基本情况;

(二)案件来源、调查经过及采取行政强制措施的情况;

(三)调查认定的事实及主要证据;

(四)违法行为性质;

(五)处理意见及依据;

(六)自由裁量的理由等其他需要说明的事项。

第四十九条 办案机构应当将调查终结报告连同案件材料,交由市场监督管理部门审核机构进行审核。

审核分为法制审核和案件审核。

办案人员不得作为审核人员。

第五十条 对情节复杂或者重大违法行为给予行政处罚的下列案件,在市场监督管理部门负责人作出行政处罚的决定之前,应当由从事行政处罚决定法制审核的人员进行法制审核;未经法制审核或者审核未通过的,不得作出决定:

(一)涉及重大公共利益的;

(二)直接关系当事人或者第三人重大权益,经过听证程序的;

(三)案件情况疑难复杂、涉及多个法律关系的;

(四)法律、法规规定应当进行法制审核的其他情形。

前款第二项规定的案件,在听证程序结束后进行法制审核。

县级以上市场监督管理部门可以对第一款的法制审核案件范围作出具体规定。

第五十一条 法制审核由市场监督管理部门法制机构或者其他机构负责实施。

市场监督管理部门中初次从事行政处罚决定法制审核的人员,应当通过国家统一法律职业资格考试取得法律职业资格。

第五十二条 除本规定第五十条第一款规定以外适用普通程序的案件,应当进行案件审核。

案件审核由市场监督管理部门办案机构或者其他机构负责实施。

市场监督管理部门派出机构以自己的名义实施行政处罚的案件,由派出机构负责案件审核。

第五十三条 审核的主要内容包括:

(一)是否具有管辖权;

(二)当事人的基本情况是否清楚;

(三)案件事实是否清楚、证据是否充分;

(四)定性是否准确;

(五)适用依据是否正确;

(六)程序是否合法;

(七)处理是否适当。

第五十四条 审核机构对案件进行审核,区别不同情况提出书面意见和建议:

(一)对事实清楚、证据充分、定性准确、适用依据正确、程序合法、处理适当的案件,同意案件处理意见;

(二)对定性不准、适用依据错误、程序不合法、处理不当的案件,建议纠正;

(三)对事实不清、证据不足的案件,建议补充调查;

(四)认为有必要提出的其他意见和建议。

第五十五条 审核机构应当自接到审核材料之日起十个工作日内完成审核。特殊情况下,经市场监督管理部门负责人批准可以延长。

第五十六条 审核机构完成审核并退回案件材料后,对于拟给予行政处罚的案件,办案机构应当将案件材料、行政处罚建议及审核意见报市场监督管理部门负责人批准,并依法履行告知等程序;对于建议给予其他行政处理的案件,办案机构应当将案件材料、审核意见报市场监督管理部门负责人审查决定。

第五十七条 拟给予行政处罚的案件,市场监督管理部门在作出行政处罚决定之前,应当书面告知当事人拟作出的行政处罚内容及事实、理由、依据,并告知当事人依法享有陈述权、申辩权。拟作出的行政处罚属于听证范围的,还应当告知当事人有要求听证的权利。法律、法规规定在行政处罚决定作出前需责令当事人退还多收价款的,一并告知拟责令退还的数额。

当事人自告知书送达之日起五个工作日内,未行使陈述、申辩权,未要求听证的,视为放弃此权利。

第五十八条 市场监督管理部门在告知当事人拟作出的行政处罚决定后,应当充分听取当事人的意见,对当事人提出的事实、理由和证据进行复核。当事人提出的事实、理由或者证据成立的,市场监督管理部门应当予以采纳,不得因当事人陈述、申辩或者要求听证而给予更重的行政处罚。

第五十九条 法律、法规要求责令当事人退还多收价款的,市场监督管理部门应当在听取当事人意见后作出行政处罚决定前,向当事人发出责令退款通知书,责令当事人限期退还。难以查找多付价款的消费者或者其他经营者的,责令公告查找。

第六十条 市场监督管理部门负责人经对案件调查终结报告、审核意见、当事人陈述和申辩意见或者听证报告等进行审查,根据不同情况,分别作出以下决定:

(一)确有依法应当给予行政处罚的违法行为的,根据情节轻重及具体情况,作出行政处罚决定;

(二)确有违法行为,但有依法不予行政处罚情形的,不予行政处罚;

(三)违法事实不能成立的,不予行政处罚;

(四)不属于市场监督管理部门管辖的,移送其他行政管理部门处理;

(五)违法行为涉嫌犯罪的,移送司法机关。

对本规定第五十条第一款规定的案件,拟给予行政处罚的,应当由市场监督管理部门负责人集体讨论决定。

第六十一条 对当事人的违法行为依法不予行政处罚的,市场监督管理部门应当对当事人进行教育。

第六十二条 市场监督管理部门作出行政处罚决定,应当制作行政处罚决定书,并加盖本部门印章。行政处罚决定书的内容包括:

(一)当事人的姓名或者名称、地址等基本情况;

(二)违反法律、法规、规章的事实和证据;

(三)当事人陈述、申辩的采纳情况及理由;

(四)行政处罚的内容和依据;

(五)行政处罚的履行方式和期限;

(六)申请行政复议、提起行政诉讼的途径和期限;

(七)作出行政处罚决定的市场监督管理部门的名称和作出决定的日期。

第六十三条 市场监督管理部门作出的具有一定社会影响的行政处罚决定应当按照有关规定向社会公开。

公开的行政处罚决定被依法变更、撤销、确认违法或者确认无效的,市场监督管理部门应当在三个工作日内撤回行政处罚决定信息并公开说明理由。

第六十四条 适用普通程序办理的案件应当自立案之日起九十日内作出处理决定。因案情复杂或者其他原因,不能在规定期限内作出处理决定的,经市场监督管理部门负责人批准,可以延长三十日。案情特别复杂或者有其他特殊情况,经延期仍不能作出处理决定的,应当由市场监督管理部门负责人集体讨论决定是否继续延期,决定继续延期的,应当同时确定延长的合理期限。

案件处理过程中,中止、听证、公告和检测、检验、检疫、鉴定、权利人辨认或者鉴别、责令退还多收价款等时间不计入前款所指的案件办理期限。

第六十五条 发生重大传染病疫情等突发事件,为了控制、减轻和消除突发事件引起的社会危害,市场监督管理部门对违反突发事件应对措施的行为,依法快速、从重处罚。

第四章 行政处罚的简易程序

第六十六条 违法事实确凿并有法定依据,对自然人处以二百元以下、对法人或者其他组织处以三千元以下罚款或者警告的行政处罚的,可以当场作出行政处罚决定。法律另有规定的,从其规定。

第六十七条 适用简易程序当场查处违法行为,办案人员应当向当事人出示执法证件,当场调查违法事实,收集必要的证据,填写预定格式、编有号码的行政处罚决定书。

行政处罚决定书应当由办案人员签名或者盖章,并当场交付当事人。当事人拒绝签收的,应当在行政处罚决定书上注明。

第六十八条 当场制作的行政处罚决定书应当载明当事人的基本情况、违法行为、行政处罚依据、处罚种类、罚款数额、缴款途径和期限、救济途径和期限、部门名称、时间、地点,并加盖市场监督管理部门印章。

第六十九条 办案人员在行政处罚决定作出前,应当告知当事人拟作出的行政处罚内容及事实、理由、依据,并告知当事人有权进行陈述和申辩。当事人进行陈述和申辩的,办案人员应当记入笔录。

第七十条 适用简易程序查处案件的有关材料,办案人员应当在作出行政处罚决定之日起七个工作日内交至所在的市场监督管理部门归档保存。

第五章 执行与结案

第七十一条 行政处罚决定依法作出后,当事人应当在行政处罚决定书载明的期限内予以履行。

当事人对行政处罚决定不服申请行政复议或者提起行政诉讼的,行政处罚不停止执行,法律另有规定的除外。

第七十二条 市场监督管理部门对当事人作出罚款、没收违法所得行政处罚的,当事人应当自收到行政处罚决定书之日起十五日内,通过指定银行或者电子支付系统缴纳罚款没款。有下列情形之一的,可以由办案人员当场收缴罚款:

(一)当场处以一百元以下罚款的;

（二）当场对自然人处以二百元以下、对法人或者其他组织处以三千元以下罚款，不当场收缴事后难以执行的；

（三）在边远、水上、交通不便地区，当事人向指定银行或者通过电子支付系统缴纳罚款确有困难，经当事人提出的。

办案人员当场收缴罚款的，必须向当事人出具国务院财政部门或者省、自治区、直辖市财政部门统一制发的专用票据。

第七十三条 办案人员当场收缴的罚款，应当自收缴罚款之日起二个工作日内交至所在市场监督管理部门。在水上当场收缴的罚款，应当自抵岸之日起二个工作日内交至所在市场监督管理部门。市场监督管理部门应当在二个工作日内将罚款缴付指定银行。

第七十四条 当事人确有经济困难，需要延期或者分期缴纳罚款的，应当提出书面申请。经市场监督管理部门负责人批准，同意当事人暂缓或者分期缴纳罚款的，市场监督管理部门应当书面告知当事人暂缓或者分期的期限。

第七十五条 当事人逾期不缴纳罚款的，市场监督管理部门可以每日按罚款数额的百分之三加处罚款，加处罚款的数额不得超出罚款的数额。

第七十六条 当事人在法定期限内不申请行政复议或者提起行政诉讼，又不履行行政处罚决定，且在收到催告书十个工作日后仍不履行行政处罚决定的，市场监督管理部门可以在期限届满之日起三个月内依法申请人民法院强制执行。

市场监督管理部门批准延期、分期缴纳罚款的，申请人民法院强制执行的期限，自暂缓或者分期缴纳罚款期限结束之日起计算。

第七十七条 适用普通程序的案件有以下情形之一的，办案机构应当在十五个工作日内填写结案审批表，经市场监督管理部门负责人批准后，予以结案：

（一）行政处罚决定执行完毕的；

（二）人民法院裁定终结执行的；

（三）案件终止调查的；

（四）作出本规定第六十条第一款第二项至五项决定的；

（五）其他应予结案的情形。

第七十八条 结案后，办案人员应当将案件材料按照档案管理的有关规定立卷归档。案卷归档应当一案一卷、材料齐全、规范有序。案卷可以分正卷、副卷。正卷按照下列顺序归档：

（一）立案审批表；

（二）行政处罚决定书及送达回证；

（三）对当事人制发的其他法律文书及送达回证；

（四）证据材料；

（五）听证笔录；

（六）财物处理单据；

（七）其他有关材料。

副卷按照下列顺序归档：

（一）案源材料；

（二）调查终结报告；

（三）审核意见；

（四）听证报告；

（五）结案审批表；

（六）其他有关材料。

案卷的保管和查阅，按照档案管理的有关规定执行。

第七十九条 市场监督管理部门应当依法以文字、音像等形式，对行政处罚的启动、调查取证、审核、决定、送达、执行等进行全过程记录，依照本规定第七十八条的规定归档保存。

第六章 期间、送达

第八十条 期间以时、日、月计算，期间开始的时或者日不计算在内。期间不包括在途时间。期间届满的最后一日为法定节假日的，以法定节假日后的第一日为期间届满的日期。

第八十一条 市场监督管理部门送达行政处罚决定书，应当在宣告后当场交付当事人。当事人不在场的，应当在七个工作日内按照本规定第八十二条、第八十三条的规定，将行政处罚决定书送达当事人。

第八十二条 市场监督管理部门送达执法文书，应当按照下列方式进行：

（一）直接送达的，由受送达人在送达回证上注明签收日期，并签名或者盖章，受送达人在送达回证上注明的签收日期为送达日期。受送达人是自然人的，本人不在时交其同住成年家属签收；受送达人是法人或者其他组织的，应当由法人的法定代表人、其他组织的主要负责人或者该法人、其他组织负责收件的人签收；受送达人有代理人的，可以送交其代理人签收；受送达人已向市场监督管理部门指定代收人的，送交代收人签收。受送达人的同住成年家属，法人或者其他组织负责收件的人，代理人或者代收人在送达回证上签收的日期为送达日期。

（二）受送达人或者其同住成年家属拒绝签收的，市场监督管理部门可以邀请有关基层组织或者所在单位的代表到场,说明情况,在送达回证上载明拒收事由和日期,由送达人、见证人签名或者以其他方式确认,将执法文书留在受送达人的住所;也可以将执法文书留在受送达人的住所,并采取拍照、录像等方式记录送达过程,即视为送达。

(三)经受送达人同意并签订送达地址确认书,可以采用手机短信、传真、电子邮件、即时通讯账号等能够确认其收悉的电子方式送达执法文书,市场监督管理部门应当通过拍照、截屏、录音、录像等方式予以记录,手机短信、传真、电子邮件、即时通讯信息等到达受送达人特定系统的日期为送达日期。

(四)直接送达有困难的,可以邮寄送达或者委托当地市场监督管理部门、转交其他部门代为送达。邮寄送达的,以回执上注明的收件日期为送达日期;委托、转交送达的,受送达人的签收日期为送达日期。

(五)受送达人下落不明或者采取上述方式无法送达的,可以在市场监督管理部门公告栏和受送达人住所地张贴公告,也可以在报纸或者市场监督管理部门门户网站等刊登公告。自公告发布之日起经过三十日,即视为送达。公告送达,应当在案件材料中载明原因和经过。在市场监督管理部门公告栏和受送达人住所地张贴公告的,应当采取拍照、录像等方式记录张贴过程。

第八十三条 市场监督管理部门可以要求受送达人签署送达地址确认书,送达至受送达人确认的地址,即视为送达。受送达人送达地址发生变更的,应当及时书面告知市场监督管理部门;未及时告知的,市场监督管理部门按原地址送达,视为依法送达。

因受送达人提供的送达地址不准确、送达地址变更未书面告知市场监督管理部门,导致执法文书未能被受送达人实际接收的,直接送达的,执法文书留在该地址之日为送达之日;邮寄送达的,执法文书被退回之日为送达之日。

第七章 附 则

第八十四条 本规定中的"以上""以下""内"均包括本数。

第八十五条 国务院药品监督管理部门和省级药品监督管理部门实施行政处罚,适用本规定。

法律、法规授权的履行市场监督管理职能的组织实施行政处罚,适用本规定。

对违反《中华人民共和国反垄断法》规定的行为实施行政处罚的程序,按照国务院市场监督管理部门专项规定执行。专项规定未作规定的,参照本规定执行。

第八十六条 行政处罚文书格式范本,由国务院市场监督管理部门统一制定。各省级市场监督管理部门可以参照文书格式范本,制定本行政区域适用的行政处罚文书格式并自行印制。

第八十七条 本规定自2019年4月1日起施行。1996年9月18日原国家技术监督局令第45号公布的《技术监督行政处罚委托实施办法》、2001年4月9日原国家质量技术监督局令第16号公布的《质量技术监督罚没物品管理和处置办法》、2007年9月4日原国家工商行政管理总局令第28号公布的《工商行政管理机关行政处罚程序规定》、2011年3月2日原国家质量监督检验检疫总局令第137号公布的《质量技术监督行政处罚程序规定》、2011年3月2日原国家质量监督检验检疫总局令第138号公布的《质量技术监督行政处罚案件审理规定》、2014年4月28日原国家食品药品监督管理总局令第3号公布的《食品药品行政处罚程序规定》同时废止。

关于规范市场监督管理行政处罚裁量权的指导意见

· 2022年10月8日
· 国市监法规〔2022〕2号

第一条 为了规范市场监督管理行政处罚行为,保障市场监管部门依法行使行政处罚裁量权,保护自然人、法人和其他组织的合法权益,根据《中华人民共和国行政处罚法》等法律、法规、规章和国家有关规定,结合市场监管工作实际,制定本意见。

第二条 本意见所称行政处罚裁量权,是指各级市场监管部门在实施行政处罚时,根据法律、法规、规章的规定,综合考虑违法行为的事实、性质、情节、社会危害程度以及当事人主观过错等因素,决定是否给予行政处罚、给予行政处罚的种类和幅度的权限。

第三条 市场监管部门行使行政处罚裁量权,应当坚持以下原则:

(一)合法原则。依据法定权限,符合法律、法规、规章规定的裁量条件、处罚种类和幅度,遵守法定程序。

(二)过罚相当原则。以事实为依据,处罚的种类和幅度与违法行为的事实、性质、情节、社会危害程度等相当。

(三)公平公正原则。对违法事实、性质、情节、社会危害程度等基本相同的违法行为实施行政处罚时,适用的法律依据、处罚种类和幅度基本一致。

(四)处罚和教育相结合原则。兼顾纠正违法行为和教育当事人,引导当事人自觉守法。

(五)综合裁量原则。综合考虑个案情况,兼顾地区经济社会发展状况、当事人主客观情况等相关因素,实现政治效果、社会效果、法律效果的统一。

第四条 省级和设区的市级市场监管部门可以参照本意见,结合地区实际制定行政处罚裁量权基准。

县级市场监管部门可以在法定范围内,对上级市场监管部门制定的行政处罚裁量权基准适用的标准、条件、种类、幅度、方式、时限予以合理细化量化。

第五条 对同一行政处罚事项,上级市场监管部门已经制定行政处罚裁量权基准的,下级市场监管部门原则上应当直接适用;如下级市场监管部门不能直接适用,可以结合地区经济社会发展状况,在法律、法规、规章规定的行政处罚裁量权范围内进行合理细化量化,但不能超出上级市场监管部门划定的阶次或者幅度。

下级市场监管部门制定的行政处罚裁量权基准与上级市场监管部门制定的行政处罚裁量权基准冲突的,应当适用上级市场监管部门制定的行政处罚裁量权基准。

第六条 行政处罚裁量权基准应当包括违法行为、法定依据、裁量阶次、适用条件和具体标准等内容。

制定行政处罚裁量权基准,应当对以下内容进行细化和量化:

(一)法律、法规、规章规定可以选择决定是否给予行政处罚的,明确是否给予处罚的具体情形;

(二)法律、法规、规章规定可以选择行政处罚种类的,明确适用不同处罚种类的具体情形;

(三)法律、法规、规章规定可以选择行政处罚幅度的,明确划分易于操作的裁量阶次,并确定适用不同阶次的具体情形;

(四)法律、法规、规章规定可以单处或者并处行政处罚的,明确规定单处或者并处行政处罚的具体情形;

(五)需要在法定处罚种类或者幅度以下减轻行政处罚的,应当在严格评估后明确具体情形、适用条件和处罚标准。

第七条 市场监管部门实施行政处罚应当以法律、法规、规章为依据。有行政处罚裁量权基准的,应当在行政处罚决定书中对行政处罚裁量权基准的适用情况予以明确。

第八条 市场监管部门实施行政处罚,适用本部门制定的行政处罚裁量权基准可能出现明显不当、显失公平,或者行政处罚裁量权基准适用的客观情况发生变化的,经本部门主要负责人批准或者集体讨论通过后可以调整适用,批准材料或者集体讨论记录应列入处罚案卷归档保存。

适用上级市场监管部门制定的行政处罚裁量权基准可能出现前款情形的,逐级报请该基准制定部门批准后,可以调整适用。

第九条 建立行政处罚裁量权基准动态调整机制,行政处罚裁量权基准所依据的法律、法规、规章作出修改,或者客观情况发生重大变化的,及时进行调整。

第十条 本意见中下列用语的含义如下:

(一)不予行政处罚是指因法定原因对特定违法行为不给予行政处罚。

(二)减轻行政处罚是指适用法定行政处罚最低限度以下的处罚种类或处罚幅度。包括在违法行为应当受到的一种或者几种处罚种类之外选择更轻的处罚种类,或者在应当并处时不并处,也包括在法定最低罚款限值以下确定罚款数额。

(三)从轻行政处罚是指在依法可以选择的处罚种类和处罚幅度内,适用较轻、较少的处罚种类或者较低的处罚幅度。其中,罚款的数额应当在从最低限到最高限这一幅度中较低的30%部分。

(四)从重行政处罚是指在依法可以选择的处罚种类和处罚幅度内,适用较重、较多的处罚种类或者较高的处罚幅度。其中,罚款的数额应当在从最低限到最高限这一幅度中较高的30%部分。

第十一条 有下列情形之一的,应当依法不予行政处罚:

(一)不满十四周岁的未成年人有违法行为的;

(二)精神病人、智力残疾人在不能辨认或者不能控制自己行为时有违法行为的;

(三)违法行为轻微并及时改正,没有造成危害后果的;

(四)除法律、行政法规另有规定外,当事人有证据足以证明没有主观过错的;

(五)除法律另有规定外,涉及公民生命健康安全、金融安全且有危害后果的违法行为在五年内未被发现的,其他违法行为在二年内未被发现的;

(六)其他依法应当不予行政处罚的。

第十二条 初次违法且危害后果轻微并及时改正的,可以不予行政处罚。

市场监管部门可以依照有关规定制定轻微违法行为依法免予处罚清单并进行动态调整。

第十三条 有下列情形之一的，应当依法从轻或者减轻行政处罚：

（一）已满十四周岁不满十八周岁的未成年人有违法行为的；

（二）主动消除或者减轻违法行为危害后果的；

（三）受他人胁迫或者诱骗实施违法行为的；

（四）主动供述市场监管部门尚未掌握的违法行为的；

（五）配合市场监管部门查处违法行为有立功表现的，包括但不限于当事人揭发市场监管领域其他重大违法行为或者提供查处市场监管领域其他重大违法行为的关键线索或证据，并经查证属实的；

（六）其他依法应当从轻或者减轻行政处罚的。

第十四条 有下列情形之一的，可以依法从轻或者减轻行政处罚：

（一）尚未完全丧失辨认或者控制自己行为能力的精神病人、智力残疾人有违法行为的；

（二）积极配合市场监管部门调查并主动提供证据材料的；

（三）违法行为轻微，社会危害性较小的；

（四）在共同违法行为中起次要或者辅助作用的；

（五）当事人因残疾或者重大疾病等原因生活确有困难的；

（六）其他依法可以从轻或者减轻行政处罚的。

第十五条 有下列情形之一的，应当依法从重行政处罚：

（一）在重大传染病疫情等突发事件期间，有违反突发事件应对措施行为的；

（二）其他依法应当从重行政处罚的。

第十六条 有下列情形之一的，可以依法从重行政处罚：

（一）违法行为造成他人人身伤亡或者重大财产损失等严重危害后果的；

（二）教唆、胁迫、诱骗他人实施违法行为的；

（三）因同一性质的违法行为受过刑事处罚，或者一年内因同一性质的违法行为受过行政处罚的；

（四）阻碍或者拒不配合行政执法人员依法执行职务或者对行政执法人员打击报复的；

（五）隐藏、转移、损毁、使用、处置市场监管部门依法查封、扣押的财物或者先行登记保存的证据的；

（六）伪造、隐匿、毁灭证据的；

（七）其他依法可以从重行政处罚的。

当事人因前款第四至六项所涉行为已被行政处罚的，该行为不再作为从重行政处罚情节。

第十七条 当事人既有从轻或者减轻行政处罚情节，又有从重行政处罚情节的，市场监管部门应当结合案件情况综合考虑后作出裁量决定。

第十八条 市场监管部门制定的行政处罚裁量权基准应当主动向社会公开。

第十九条 市场监管部门应当按照《市场监督管理执法监督暂行规定》（市场监管总局令第22号）的要求，加强对行政处罚裁量权基准制度执行情况的监督检查。

第二十条 本意见自发布之日起实施。《市场监管总局关于规范市场监督管理行政处罚裁量权的指导意见》（国市监法〔2019〕244号）同时废止。

市场监督管理投诉举报处理暂行办法

· 2019年11月30日国家市场监督管理总局令第20号公布
· 根据2022年3月24日国家市场监督管理总局令第55号第一次修正
· 根据2022年9月29日国家市场监督管理总局令第61号第二次修正

第一条 为规范市场监督管理投诉举报处理工作，保护自然人、法人或者其他组织合法权益，根据《中华人民共和国消费者权益保护法》等法律、行政法规，制定本办法。

第二条 市场监督管理部门处理投诉举报，适用本办法。

第三条 本办法所称的投诉，是指消费者为生活消费需要购买、使用商品或者接受服务，与经营者发生消费者权益争议，请求市场监督管理部门解决该争议的行为。

本办法所称的举报，是指自然人、法人或者其他组织向市场监督管理部门反映经营者涉嫌违反市场监督管理法律、法规、规章线索的行为。

第四条 国家市场监督管理总局主管全国投诉举报处理工作，指导地方市场监督管理部门投诉举报处理工作。

县级以上地方市场监督管理部门负责本行政区域内的投诉举报处理工作。

第五条 市场监督管理部门处理投诉举报，应当遵循公正、高效的原则，做到适用依据正确、程序合法。

第六条 鼓励社会公众和新闻媒体对涉嫌违反市场监督管理法律、法规、规章的行为依法进行社会监督和舆论监督。

鼓励消费者通过在线消费纠纷解决机制、消费维权服务站、消费维权绿色通道、第三方争议解决机制等方式与经营者协商解决消费者权益争议。

第七条 向市场监督管理部门同时提出投诉和举报,或者提供的材料同时包含投诉和举报内容的,市场监督管理部门应当按照本办法规定的程序对投诉和举报予以分别处理。

第八条 向市场监督管理部门提出投诉举报的,应当通过市场监督管理部门公布的接收投诉举报的互联网、电话、传真、邮寄地址、窗口等渠道进行。

第九条 投诉应当提供下列材料:
(一)投诉人的姓名、电话号码、通讯地址;
(二)被投诉人的名称(姓名)、地址;
(三)具体的投诉请求以及消费者权益争议事实。
投诉人采取非书面方式进行投诉的,市场监督管理部门工作人员应当记录前款规定信息。

第十条 委托他人代为投诉的,除提供本办法第九条第一款规定的材料外,还应当提供授权委托书原件以及受托人身份证明。
授权委托书应当载明委托事项、权限和期限,由委托人签名。

第十一条 投诉人为两人以上,基于同一消费者权益争议投诉同一经营者的,经投诉人同意,市场监督管理部门可以按共同投诉处理。
共同投诉可以由投诉人书面推选两名代表人进行投诉。代表人的投诉行为对其代表的投诉人发生效力,但代表人变更、放弃投诉请求或者达成调解协议的,应当经被代表的投诉人同意。

第十二条 投诉由被投诉人实际经营地或者住所地县级市场监督管理部门处理。
对电子商务平台经营者以及通过自建网站、其他网络服务销售商品或者提供服务的电子商务经营者的投诉,由其住所地县级市场监督管理部门处理。对平台内经营者的投诉,由其实际经营地或者平台经营者住所地县级市场监督管理部门处理。
上级市场监督管理部门认为有必要的,可以处理下级市场监督管理部门收到的投诉。下级市场监督管理部门认为需要由上级市场监督管理部门处理本行政机关收到的投诉的,可以报请上级市场监督管理部门决定。

第十三条 对同一消费者权益争议的投诉,两个以上市场监督管理部门均有处理权限的,由先收到投诉的市场监督管理部门处理。

第十四条 具有本办法规定的处理权限的市场监督管理部门,应当自收到投诉之日起七个工作日内作出受理或者不予受理的决定,并告知投诉人。

第十五条 投诉有下列情形之一的,市场监督管理部门不予受理:
(一)投诉事项不属于市场监督管理部门职责,或者本行政机关不具有处理权限的;
(二)法院、仲裁机构、市场监督管理部门或者其他行政机关、消费者协会或者依法成立的其他调解组织已经受理或者处理过同一消费者权益争议的;
(三)不是为生活消费需要购买、使用商品或者接受服务,或者不能证明与被投诉人之间存在消费者权益争议的;
(四)除法律另有规定外,投诉人知道或者应当知道自己的权益受到被投诉人侵害之日起超过三年的;
(五)未提供本办法第九条第一款和第十条规定的材料的;
(六)法律、法规、规章规定不予受理的其他情形。

第十六条 市场监督管理部门经投诉人和被投诉人同意,采用调解的方式处理投诉,但法律、法规另有规定的,依照其规定。
鼓励投诉人和被投诉人平等协商,自行和解。

第十七条 市场监督管理部门可以委托消费者协会或者依法成立的其他调解组织等单位代为调解。
受委托单位在委托范围内以委托的市场监督管理部门名义进行调解,不得再委托其他组织或者个人。

第十八条 调解可以采取现场调解方式,也可以采取互联网、电话、音频、视频等非现场调解方式。
采取现场调解方式的,市场监督管理部门或者其委托单位应当提前告知投诉人和被投诉人调解的时间、地点、调解人员等。

第十九条 调解由市场监督管理部门或者其委托单位工作人员主持,并可以根据需要邀请有关人员协助。
调解人员是投诉人或者被投诉人的近亲属或者有其他利害关系,可能影响公正处理投诉的,应当回避。投诉人或者被投诉人对调解人员提出回避申请的,市场监督管理部门应当中止调解,并作出是否回避的决定。

第二十条 需要进行检定、检验、检测、鉴定的,由投诉人和被投诉人协商一致,共同委托具备相应条件的技术机构承担。
除法律、法规另有规定的外,检定、检验、检测、鉴定所需费用由投诉人和被投诉人协商一致承担。

检定、检验、检测、鉴定所需时间不计算在调解期限内。

第二十一条 有下列情形之一的,终止调解:

(一)投诉人撤回投诉或者双方自行和解的;

(二)投诉人与被投诉人对委托承担检定、检验、检测、鉴定工作的技术机构或者费用承担无法协商一致的;

(三)投诉人或者被投诉人无正当理由不参加调解,或者被投诉人明确拒绝调解的;

(四)经组织调解,投诉人或者被投诉人明确表示无法达成调解协议的;

(五)自投诉受理之日起四十五个工作日内投诉人和被投诉人未能达成调解协议的;

(六)市场监督管理部门受理投诉后,发现存在本办法第十五条规定情形的;

(七)法律、法规、规章规定的应当终止调解的其他情形。

终止调解的,市场监督管理部门应当自作出终止调解决定之日起七个工作日内告知投诉人和被投诉人。

第二十二条 经现场调解达成调解协议的,市场监督管理部门应当制作调解书,但调解协议已经即时履行或者双方同意不制作调解书的除外。调解书由投诉人和被投诉人双方签字或者盖章,并加盖市场监督管理部门印章,交投诉人和被投诉人各执一份,市场监督管理部门留存一份归档。

未制作调解书的,市场监督管理部门应当做好调解记录备查。

第二十三条 市场监督管理部门在调解中发现涉嫌违反市场监督管理法律、法规、规章线索的,应当自发现之日起十五个工作日内予以核查,并按照市场监督管理行政处罚有关规定予以处理。特殊情况下,核查时限可以延长十五个工作日。法律、法规、规章另有规定的,依照其规定。

对消费者权益争议的调解不免除经营者依法应当承担的其他法律责任。

第二十四条 举报人应当提供涉嫌违反市场监督管理法律、法规、规章的具体线索,对举报内容的真实性负责。举报人采取非书面方式进行举报的,市场监督管理部门工作人员应当记录。

鼓励经营者内部人员依法举报经营者涉嫌违反市场监督管理法律、法规、规章的行为。

第二十五条 举报由被举报行为发生地的县级以上市场监督管理部门处理。法律、行政法规、部门规章另有规定的,从其规定。

第二十六条 县级市场监督管理部门派出机构在县级市场监督管理部门确定的权限范围内以县级市场监督管理部门的名义处理举报,法律、法规、规章授权以派出机构名义处理举报的除外。

第二十七条 对电子商务平台经营者和通过自建网站、其他网络服务销售商品或者提供服务的电子商务经营者的举报,由其住所地县级以上市场监督管理部门处理。

对平台内经营者的举报,由其实际经营地县级以上市场监督管理部门处理。电子商务平台经营者住所地县级以上市场监督管理部门先行收到举报的,也可以予以处理。

第二十八条 对利用广播、电影、电视、报纸、期刊、互联网等大众传播媒介发布违法广告的举报,由广告发布者所在地市场监督管理部门处理。广告发布者所在地市场监督管理部门处理对异地广告主、广告经营者的举报有困难的,可以将对广告主、广告经营者的举报移送广告主、广告经营者所在地市场监督管理部门处理。

对互联网广告的举报,广告主所在地、广告经营者所在地市场监督管理部门先行收到举报的,也可以予以处理。

对广告主自行发布违法互联网广告的举报,由广告主所在地市场监督管理部门处理。

第二十九条 收到举报的市场监督管理部门不具备处理权限的,应当告知举报人直接向有处理权限的市场监督管理部门提出。

第三十条 两个以上市场监督管理部门因处理权限发生争议的,应当自发生争议之日起七个工作日内协商解决,协商不成的,报请共同的上一级市场监督管理部门指定处理机关;也可以直接由共同的上一级市场监督管理部门指定处理机关。

第三十一条 市场监督管理部门应当按照市场监督管理行政处罚等有关规定处理举报。

举报人实名举报的,有处理权限的市场监督管理部门还应当自作出是否立案决定之日起五个工作日内告知举报人。

第三十二条 法律、法规、规章规定市场监督管理部门应当将举报处理结果告知举报人或者对举报人实行奖励的,市场监督管理部门应当予以告知或者奖励。

第三十三条 市场监督管理部门应当对举报人的信息予以保密,不得将举报人个人信息、举报办理情况等泄露给被举报人或者与办理举报工作无关的人员，但提供的材料同时包含投诉和举报内容，并且需要向被举报人提供组织调解所必需信息的除外。

第三十四条 市场监督管理部门应当加强对本行政区域投诉举报信息的统计、分析、应用，定期公布投诉举报统计分析报告，依法公示消费投诉信息。

第三十五条 对投诉举报处理工作中获悉的国家秘密以及公开后可能危及国家安全、公共安全、经济安全、社会稳定的信息，市场监督管理部门应当严格保密。

涉及商业秘密、个人隐私等信息，确需公开的，依照《中华人民共和国政府信息公开条例》等有关规定执行。

第三十六条 市场监督管理部门应当畅通全国12315平台、12315专用电话等投诉举报接收渠道，实行统一的投诉举报数据标准和用户规则，实现全国投诉举报信息一体化。

第三十七条 县级以上地方市场监督管理部门统一接收投诉举报的工作机构，应当及时将投诉举报分送有处理权限的下级市场监督管理部门或者同级市场监督管理部门相关机构处理。

同级市场监督管理部门相关机构收到分送的投诉举报的，应当按照本办法有关规定及时处理。不具备处理权限的，应当及时反馈统一接收投诉举报的工作机构，不得自行移送。

第三十八条 市场监督管理部门处理依法提起的除本办法第三条规定以外的其他投诉的，可以参照本办法执行。

举报涉嫌违反《中华人民共和国反垄断法》的行为的，按照国家市场监督管理总局专项规定执行。专项规定未作规定的，可以参照本办法执行。

药品监督管理部门、知识产权行政部门处理投诉举报，适用本办法，但法律、法规另有规定的，依照其规定。

第三十九条 自然人、法人或者其他组织反映国家机关、事业单位、代行政府职能的社会团体及其他组织的行政事业性收费问题的，按照《信访工作条例》有关规定处理。

以投诉举报形式进行咨询、政府信息公开申请、行政复议申请、信访、纪检监察检举控告等活动的，不适用本办法，市场监督管理部门可以告知通过相应途径提出。

第四十条 本办法自2020年1月1日起施行。1998年3月12日原国家质量技术监督局令第51号公布的《产品质量申诉处理办法》、2014年2月14日原国家工商行政管理总局令第62号公布的《工商行政管理部门处理消费者投诉办法》、2016年1月12日原国家食品药品监督管理总局令第21号公布的《食品药品投诉举报管理办法》同时废止。

市场监督管理投诉信息公示暂行规则

· 2023年9月26日
· 国市监稽规〔2023〕6号

第一条 为保障消费者的知情权、选择权等合法权益，推动经营者落实消费维权主体责任，加强消费者权益保护社会共治，持续优化消费环境，促进经济高质量发展，依据《中华人民共和国消费者权益保护法》《中华人民共和国政府信息公开条例》《市场监督管理投诉举报处理暂行办法》（以下简称《投诉举报处理办法》）等规定，制定本规则。

第二条 市场监督管理部门（以下简称市场监管部门）开展投诉信息公示工作，适用本规则。

本规则所称的投诉，是指消费者为生活消费需要购买、使用商品或者接受服务，与经营者发生消费者权益争议，根据《投诉举报处理办法》向市场监管部门请求解决该争议的行为。

第三条 国家市场监督管理总局负责制定全国市场监管部门投诉信息公示规则，建立全国12315投诉信息公示平台，指导全国市场监管部门开展投诉信息公示工作。

省级、地市级市场监管部门负责对本行政区域内投诉信息公示工作的指导和监督，可以在本规则范围内制定细化工作规则。

县级市场监管部门承担本行政区域内的投诉信息公示工作，确定专门工作机构，完善工作流程，提高工作质量。

第四条 投诉信息公示，应当以公示为常态、不公示为例外，遵循"谁处理、谁公示"的原则，坚持客观公正、程序正当、标准统一，并维护各方主体合法权益。

第五条 投诉信息包括消费者投诉时陈述的内容和基于双方自愿的行政调解结果，不属于行政处罚信息、经营异常名录信息、严重违法失信名单信息等负面信用信息。

市场监管部门应当加强宣传引导和政策解读，加强舆情监测应对，引导社会公众客观理性认识投诉信息公示工作。

第六条 投诉信息公示应当征得消费者同意，并不得泄露国家秘密、商业秘密和个人隐私，不得危及国家安全、公共安全、经济安全和社会稳定，不得违背公序良俗。

第七条 投诉信息公示应当告知被公示的经营者。

全国12315投诉信息公示平台与电子营业执照关联，为经营者提供便捷的登录方式和自身被投诉信息的告知、查询、统计、分析功能，引导规范和改进经营行为，提升商品和服务质量，完善售后体系，提升消费争议处理和预防能力。

第八条 市场监管部门公示依法受理并完成办理的投诉，具体信息包括：

（一）投诉人的姓氏、全国12315平台ID、电话号码后四位；

（二）被投诉人名称、地址、统一社会信用代码；

（三）投诉的商品或者服务、销售方式；

（四）投诉时间、争议发生时间、投诉问题、投诉请求；

（五）办结时间、处理结果、处理投诉的市场监管部门。

前款所称处理结果，包括达成调解协议、未达成调解协议、双方自行和解或者投诉人撤回投诉的。

消费者投诉电子商务平台经营者，且在全国12315平台明确选择反映平台内经营者问题的，一并公示平台内经营者名称。消费者投诉电子商务平台内经营者，且在全国12315平台明确选择所属平台的，一并公示平台名称。

被投诉人系依法不需要办理或者尚未办理市场主体登记的，公示其店铺（含网店、直播间等）名称、经营者姓氏及实际经营地址。

被投诉人实际经营地址和注册地址不一致的，可以一并予以公示。

第九条 以下投诉不予公示：

（一）按照《投诉举报处理办法》第十五条规定不予受理，或者受理后发现存在不予受理情形并终止调解的；

（二）消费者与经营者通过全国12315平台在线消费争议解决机制（ODR）先行和解的；

（三）投诉人系虚假、恶意投诉的；

（四）其他公示后可能危及国家安全、公共安全、经济安全、社会稳定或者违反公序良俗的。

第十条 市场监管部门应当严格遵守《投诉举报处理办法》第十五条规定，加强对投诉材料的审核；对存在重复、匿名、不是为生活消费需要、不存在消费者权益争议、不属于市场监管部门职责等情形的投诉，依法不予受理；已受理的应当按照《投诉举报处理办法》第二十一条规定终止调解并不予公示。

第十一条 存在投诉人购买商品或者服务的数量、频次明显超出生活消费需要；同一投诉人对同一经营者短期内大量投诉；不同投诉人通谋分别消费后分别投诉同一经营者；投诉人恶意制造经营者侵权的虚假事实或者虚构消费者权益争议事实；投诉人受雇于他人进行投诉；投诉人冒用他人名义进行投诉；投诉人曾向敲诈勒索经营者受到行政处罚或者刑事处罚等情形的，市场监管部门可以结合日常工作掌握情况和被投诉人提供材料，综合判断是否属于《投诉举报处理办法》第十五条规定的不予受理情形、本规则第九条规定的不予公示情形。

第十二条 投诉信息来源于全国12315平台数据，不直接采用其他来源的数据信息。

第十三条 各地市场监管部门在全国12315平台办结的投诉，与全国12315投诉信息公示平台自动关联、实时公示。地方市场监管部门拓展公示渠道的，应当首先满足在全国12315投诉信息公示平台统一公示的要求。

第十四条 全国12315投诉信息公示平台可以根据需要，按照办结时间、行政区划、行业类别、商品或者服务类别、投诉问题类别、投诉数量、投诉增速、调解成功率、先行和解率等客观维度，对投诉信息自动统计、排序；统计、排序周期不超过两年。

第十五条 对投诉有处理权限的市场监管部门，应当制定投诉信息公示的内部审核程序，明确负责审核的机构，加强标准化、规范化管理。投诉处理人员通过全国12315平台对投诉完成办理的同时选择是否公示，选择予以公示的，应当认真核对公示信息后对外公示；选择不予公示的，应当履行审核程序，负责审核的机构应当在10个工作日内完成审核。

县级市场监管部门可以授权有条件的市场监管所等派出机构自行审核不予公示的投诉，但不得由投诉处理人员自我审核；地市级市场监管部门可以根据实际情况，决定是否自行审核县级市场监管部门选择不予公示的投诉。

第十六条 公示投诉的市场监管部门发现投诉信息有误或者应公示未公示、不应公示而公示的，应当主动更正并履行相应的审核程序。

上级市场监管部门发现下级市场监管部门存在前款

情形的,应当通知改正。

第十七条　投诉人或者被投诉人认为涉及自身的投诉信息有误或者应公示未公示、不应公示而公示的,可以向公示投诉的市场监管部门实名、书面申请复核。

市场监管部门应当在收到申请之日起10个工作日内完成复核程序并告知复核结果。

当事人就同一公示信息重复提出复核申请的,不再处理。

第十八条　全国12315投诉信息公示平台公示期为一年,超过公示期的具体投诉信息不再向公众展示。

第十九条　地方市场监管部门应当采取抽查、回访、第三方评估等方式,加强对下级市场监管部门投诉信息公示工作的监督评价,推动工作落实,提高工作质量。

国家市场监督管理总局根据工作需要,对各地市场监管部门投诉信息公示工作进行综合评价;对工作不力的予以通报批评,对工作成效明显的予以通报表扬,并推动纳入相关激励。

第二十条　地方市场监管部门应当加强对本行政区域投诉信息的统计、分析、应用,定期公布投诉信息统计分析报告;并可以根据工作需要,对投诉集中、急增、可能存在重大风险或者产生重大影响的区域、行业、经营者等,综合开展分级分类监管、行政指导约谈、消费提示警示等,督促全面履行保护消费者合法权益的主体责任,从源头改善消费环境。

第二十一条　市场监管部门应当充分听取社会公众、经营者、消费者等意见,定期跟踪回访,评估投诉信息公示效果,改进公示方式,不断提高公示的针对性、科学性、合理性。

第二十二条　鼓励地方市场监管部门根据实际情况,积极探索对特定或者不特定区域、行业、经营者、商品或者服务、品牌、问题等维度的重点公示、分级分类公示;积极探索与放心消费创建、在线消费争议解决机制、线下购物无理由退货、基层消费维权服务站等工作相结合;积极拓展政府网站及新媒体平台、媒体、社区、商圈等线上线下的公示渠道。

第二十三条　市场监管部门积极鼓励和引导电子商务平台、大型商圈、商场、商品交易市场、步行街、旅游景区、产业园区、行业协会等公示入驻及相关经营者的投诉信息,加强自我管理,提升消费质量,改善消费环境。

第二十四条　鼓励地方市场监管部门与行业部门、消协组织等协同开展消费投诉信息公示。具备条件的地区,可将消协组织受理的市场监管领域消费投诉信息逐步纳入公示渠道。

第二十五条　本规则自公布之日起施行。

市场监管领域重大违法行为举报奖励暂行办法

· 2021年7月30日
· 国市监稽规〔2021〕4号

第一章　总　则

第一条　为了鼓励社会公众积极举报市场监管领域重大违法行为,推动社会共治,根据市场监管领域相关法律法规和国家有关规定,制定本办法。

第二条　各级市场监督管理部门受理社会公众(以下统称举报人,应当为自然人)举报属于其职责范围内的重大违法行为,经查证属实结案后给予相应奖励,适用本办法。

本办法所称重大违法行为是指涉嫌犯罪或者依法被处以责令停产停业、责令关闭、吊销(撤销)许可证件、较大数额罚没款等行政处罚的违法行为。地方性法规或者地方政府规章对重大违法行为有具体规定的,可以从其规定。较大数额罚没款由省级以上市场监督管理部门商本级政府财政部门结合实际确定。

第三条　举报下列重大违法行为,经查证属实结案后,给予相应奖励:

(一)违反食品、药品、特种设备、工业产品质量安全相关法律法规规定的重大违法行为;

(二)具有区域性、系统性风险的重大违法行为;

(三)市场监管领域具有较大社会影响,严重危害人民群众人身、财产安全的重大违法行为;

(四)涉嫌犯罪移送司法机关被追究刑事责任的违法行为。

经市场监督管理部门依法认定,需要给予举报奖励的,按照本办法规定执行。

第四条　举报人可以通过市场监督管理部门公布的接收投诉举报的互联网、电话、传真、邮寄地址、窗口等渠道,向各级市场监督管理部门举报市场监管领域重大违法行为。

第五条　举报人可以实名或者匿名举报。实名举报应当提供真实身份证明和有效联系方式,匿名举报人有举报奖励诉求的,应当承诺不属于第十条规定的情形,提供能够辨别其举报身份的信息作为身份代码,并与市场监督管理部门专人约定举报密码、举报处理结果和奖励权利的告知方式。

匿名举报人接到奖励领取告知,并决定领取奖励的,应当主动提供身份代码、举报密码等信息,便于市场监督管理部门验明身份。

省级市场监督管理部门可以结合实际制定匿名举报奖励发放的特别程序规定。

第六条 各级市场监督管理部门应当建立健全举报奖励管理制度。做好举报奖励资金的计算、核审、发放工作。

第七条 举报奖励资金按照国家有关规定由各级人民政府纳入本级预算管理,并接受财政、审计部门的监督。

第二章 奖励条件

第八条 获得举报奖励应当同时符合下列条件:

(一)有明确的被举报对象和具体违法事实或者违法犯罪线索,并提供了关键证据;

(二)举报内容事先未被市场监督管理部门掌握;

(三)举报内容经市场监督管理部门查处结案并被行政处罚,或者依法移送司法机关被追究刑事责任。

第九条 举报奖励的实施应当遵循以下原则:

(一)同一案件由两个及以上举报人分别以同一线索举报的,奖励第一时间举报人;

(二)两个及以上举报人联名举报同一案件的,按同一案件进行举报奖励分配;

(三)举报人举报同一事项,不重复奖励;同一案件由两个及以上举报人分别举报的,奖励总金额不得超过第十二条规定的对应奖励等级中最高标准;

(四)最终认定的违法事实与举报事项完全不一致的,不予奖励;最终认定的违法事实与举报事项部分一致的,只计算相一致部分的奖励金额;除举报事项外,还认定其他违法事实的,其他违法事实部分不计算奖励金额;

(五)上级市场监督管理部门受理的跨区域的举报,最终由两个或者两个以上市场监督管理部门分别调查处理的,负责调查处理的市场监督管理部门分别就本行政区域内的举报查实部分进行奖励。

第十条 有下列情形之一的,不予奖励:

(一)市场监督管理部门工作人员或者具有法定监督、报告义务人员的举报;

(二)侵权行为的被侵权方及其委托代理人或者利害关系人的举报;

(三)实施违法行为人的举报(内部举报人除外);

(四)有任何证据证明举报人因举报行为获得其他市场主体给予的任何形式的报酬、奖励的;

(五)其他不符合法律、法规规定的奖励情形。

第三章 奖励标准

第十一条 举报奖励分为三个等级:

(一)一级举报奖励。该等级认定标准是提供被举报方的详细违法事实及直接证据,举报内容与违法事实完全相符,举报事项经查证属于特别重大违法行为或者涉嫌犯罪;

(二)二级举报奖励。该等级认定标准是提供被举报方的违法事实及直接证据,举报内容与违法事实完全相符;

(三)三级举报奖励。该等级认定标准是提供被举报方的基本违法事实及相关证据,举报内容与违法事实基本相符。

第十二条 对于有罚没款的案件,市场监督管理部门按照下列标准计算奖励金额,并综合考虑涉案货值、社会影响程度等因素,确定最终奖励金额:

(一)属于一级举报奖励的,按罚没款的5%给予奖励。按此计算不足5000元的,给予5000元奖励;

(二)属于二级举报奖励的,按罚没款的3%给予奖励。按此计算不足3000元的,给予3000元奖励;

(三)属于三级举报奖励的,按罚没款的1%给予奖励。按此计算不足1000元的,给予1000元奖励。

无罚没款的案件,一级举报奖励至三级举报奖励的奖励金额应当分别不低于5000元、3000元、1000元。

违法主体内部人员举报的,在征得本级政府财政部门同意的情况下,适当提高前款规定的奖励标准。

第十三条 每起案件的举报奖励金额上限为100万元,根据本办法第十二条规定确定的奖励金额不得突破该上限。单笔奖励金额达到50万元以上(含50万元)的,由发放举报奖励资金的市场监督管理部门商本级政府财政部门确定。

第十四条 市场监督管理部门已经实施行政处罚或者未实施行政处罚移送司法机关追究刑事责任的,分别不同情况依据本办法第十二条的规定给予奖励。

第四章 奖励程序

第十五条 负责举报调查办理、作出最终处理决定的市场监督管理部门在举报查处结案或者移送追究刑事责任后,对于符合本办法规定奖励条件的,应当在15个工作日内告知举报人。举报奖励由举报人申请启动奖励程序。

第十六条 举报奖励实施部门应当对举报奖励等级、奖励标准等予以认定,确定奖励金额,并将奖励决定告知举报人。

第十七条 奖励资金的支付,按照国库集中支付制度有关规定执行。

第十八条 举报人应当在被告知奖励决定之日起30个工作日内,由本人凭有效身份证明领取奖励。委托他人代领的,受托人须同时持有举报人授权委托书、举报人和受托人的有效身份证明。

特殊情况可适当延长举报奖励领取期限,最长不得超过10个工作日。举报人无正当理由逾期未领取奖金的,视为主动放弃。

第十九条 举报人对奖励金额有异议的,可以在奖励决定告知之日起10个工作日内,向实施举报奖励的市场监督管理部门提出复核申请。

第五章 监督管理

第二十条 市场监督管理部门应当加强对奖励资金的申报和发放管理,建立健全举报奖励责任制度,严肃财经纪律。设立举报档案,做好汇总统计工作。

第二十一条 市场监督管理部门应当依法保护举报人的合法权益,严格为举报人保密,不得泄露举报人的相关信息。

第二十二条 市场监督管理部门工作人员在实施举报奖励过程中,有下列情形的,视情节轻重给予政务处分;涉嫌犯罪的,依法追究刑事责任:

(一)伪造或者教唆、伙同他人伪造举报材料,冒领举报奖励资金的;

(二)泄露举报人信息的;

(三)向被举报人通风报信,帮助其逃避查处的;

(四)其他应当依法承担法律责任的行为。

第二十三条 举报人伪造材料、隐瞒事实,取得举报奖励,或者经市场监督管理部门查实不符合奖励条件的,市场监督管理部门有权收回奖励奖金。举报人故意捏造事实诬告他人,或者弄虚作假骗取奖励资金,依法承担相应责任;涉嫌犯罪的,依法追究刑事责任。

第六章 附则

第二十四条 国务院药品监督管理部门和省级药品监督管理部门实施举报奖励,适用本办法。

第二十五条 各省、自治区、直辖市和计划单列市、新疆生产建设兵团市场监督管理部门可以会同本级政府财政部门依据本办法制定本行政区域的实施细则,并报国家市场监督管理总局和财政部备案。

第二十六条 本办法由国家市场监督管理总局会同财政部解释。

第二十七条 本办法自2021年12月1日起施行。《财政部 工商总局 质检总局关于印发〈举报制售假冒伪劣产品违法犯罪活动有功人员奖励办法〉的通知》(财行〔2001〕175号)、《食品药品监管总局 财政部关于印发〈食品药品违法行为举报奖励办法〉的通知》(食药监稽〔2017〕67号)同时废止。

市场监督管理执法监督暂行规定

・2019年12月31日国家市场监督管理总局令第22号公布
・自2020年4月1日起施行

第一条 为了督促市场监督管理部门依法履行职责,规范行政执法行为,保护自然人、法人和其他组织的合法权益,根据有关法律、行政法规,制定本规定。

第二条 本规定所称执法监督,是指上级市场监督管理部门对下级市场监督管理部门,各级市场监督管理部门对本部门所属机构、派出机构和执法人员的行政执法及其相关行为进行的检查、审核、评议、纠正等活动。

市场监督管理部门开展执法监督,适用本规定;法律、法规、规章另有规定的,依照其规定。

第三条 执法监督应当坚持监督执法与促进执法相结合、纠正错误与改进工作相结合的原则,保证法律、法规、规章的正确实施。

第四条 各级市场监督管理部门应当加强对执法监督工作的领导,建立健全执法监督工作机制,统筹解决执法监督工作中的重大问题。

第五条 各级市场监督管理部门内设的各业务机构根据职责分工和相关规定,负责实施本业务领域的执法监督工作。

各级市场监督管理部门法制机构在本级市场监督管理部门领导下,具体负责组织、协调、指导和实施执法监督工作。

第六条 执法监督主要包括下列内容:

(一)依法履行市场监督管理执法职责情况;

(二)行政规范性文件的合法性;

(三)公平竞争审查情况;

(四)行政处罚、行政许可、行政强制等具体行政行为的合法性和适当性;

(五)行政处罚裁量基准制度实施情况;

（六）行政执法公示、执法全过程记录、重大执法决定法制审核制度实施情况；

（七）行政复议、行政诉讼、行政执法与刑事司法衔接等制度落实情况；

（八）行政执法责任制的落实情况；

（九）其他需要监督的内容。

第七条 执法监督主要采取下列方式：

（一）行政规范性文件合法性审核；

（二）公平竞争审查；

（三）行政处罚案件核审、听证；

（四）重大执法决定法制审核；

（五）行政复议；

（六）专项执法检查；

（七）执法评议考核；

（八）执法案卷评查；

（九）法治建设评价；

（十）依法可以采取的其他监督方式。

第八条 本规定第七条第（一）项至第（五）项所规定的执法监督方式，依照法律、法规、规章和有关规定执行。

本规定第七条第（六）项至第（八）项所规定的执法监督方式，由市场监督管理部门内设的各业务机构和法制机构单独或者共同实施。

本规定第七条第（九）项所规定的执法监督方式，由市场监督管理部门法制机构实施。

第九条 市场监督管理部门主要针对下列事项开展专项执法检查：

（一）法律、法规、规章、行政规范性文件的执行情况；

（二）重要执法制度的实施情况；

（三）行政执法中具有普遍性的热点、难点、重点问题；

（四）上级机关和有关部门交办、转办、移送的执法事项；

（五）社会公众反映强烈的执法事项；

（六）其他需要开展专项执法检查的事项。

市场监督管理部门应当加强对专项执法检查的统筹安排，统一制定专项执法检查计划，合理确定专项执法检查事项。

第十条 市场监督管理部门主要针对下列事项开展执法评议考核：

（一）执法主体是否合法；

（二）执法行为是否规范；

（三）执法制度是否健全；

（四）执法效果是否良好；

（五）其他需要评议的事项。

市场监督管理部门开展执法评议考核，应当确定执法评议考核的范围和重点，加强评议考核结果运用，落实评议考核奖惩措施。

第十一条 市场监督管理部门主要针对下列事项开展行政处罚案卷评查：

（一）实施行政处罚的主体是否合法；

（二）认定的事实是否清楚，证据是否确凿；

（三）适用法律依据是否准确；

（四）程序是否合法；

（五）自由裁量权运用是否适当；

（六）涉嫌犯罪的案件是否移送司法机关；

（七）案卷的制作、管理是否规范；

（八）需要评查的其他事项。

市场监督管理部门主要针对下列事项开展行政许可案卷评查：

（一）实施行政许可的主体是否合法；

（二）行政许可项目是否有法律、法规、规章依据；

（三）申请材料是否齐全、是否符合法定形式；

（四）实质审查是否符合法定要求；

（五）适用法律依据是否准确；

（六）程序是否合法；

（七）案卷的制作、管理是否规范；

（八）需要评查的其他事项。

市场监督管理部门对其他行政执法案卷的评查事项，参照前款规定执行。

第十二条 市场监督管理部门应当根据法治政府建设的部署和要求，对本级和下级市场监督管理部门法治建设情况进行评价。

法治市场监督管理建设评价办法、指标体系和评分标准由国家市场监督管理总局另行制定。

第十三条 市场监督管理部门在开展执法监督时，可以采取下列措施：

（一）查阅、复制、调取行政执法案卷和其他有关材料；

（二）询问行政执法人员、行政相对人和其他相关人员；

（三）召开座谈会、论证会，开展问卷调查，组织第三方评估；

（四）现场检查、网上检查、查看执法业务管理系统；

（五）走访、回访、暗访；

（六）依法可以采取的其他措施。

第十四条　下级市场监督管理部门应当及时向上级市场监督管理部门报送开展执法监督工作的情况及相关数据。

上级市场监督管理部门可以根据工作需要，要求下级市场监督管理部门报送开展执法监督工作的情况及相关数据。

各级市场监督管理部门应当加强执法监督的信息化建设，实现执法监督信息的互通和共享。

第十五条　市场监督管理部门应当对开展执法监督的情况及时进行汇总、分析。相关执法监督情况经本级市场监督管理部门负责人批准后，可以在适当范围内通报。

第十六条　上级市场监督管理部门在执法监督工作中发现下级市场监督管理部门在履行法定执法职责中存在突出问题的，经本级市场监督管理部门负责人批准，可以约谈下级市场监督管理部门负责人。

第十七条　市场监督管理部门发现本部门所属机构、派出机构和执法人员存在不履行、违法履行或者不当履行法定职责情形的，应当及时予以纠正。

第十八条　上级市场监督管理部门发现下级市场监督管理部门及其执法人员可能存在不履行、违法履行或者不当履行法定职责情形的，经本级市场监督管理部门负责人批准，可以发出执法监督通知书，要求提供相关材料或者情况说明。

下级市场监督管理部门收到执法监督通知书后，应当于十个工作日内提供相关材料或者情况说明。

第十九条　上级市场监督管理部门发出执法监督通知书后，经过调查核实，认为下级市场监督管理部门及其执法人员存在不履行、违法履行或者不当履行法定职责情形的，经本级市场监督管理部门负责人批准，可以发出执法监督决定书，要求下级市场监督管理部门限期纠正；必要时可以直接纠正。

下级市场监督管理部门应当在执法监督决定书规定的期限内纠正相关行为，并于纠正后十个工作日内向上级市场监督管理部门报告纠正情况。

第二十条　下级市场监督管理部门对执法监督决定有异议的，可以在五个工作日内申请复查，上级市场监督管理部门应当自收到申请之日起十个工作日内予以复查并答复。

第二十一条　上级市场监督管理部门发现下级市场监督管理部门行政执法工作中存在普遍性问题或者区域性风险，经本级市场监督管理部门负责人批准，可以向下级市场监督管理部门发出执法监督意见书，提出完善制度或者改进工作的要求。

下级市场监督管理部门应当在规定期限内将有关情况报告上级市场监督管理部门。

第二十二条　下级市场监督管理部门不执行执法监督通知书、决定书或者意见书的，上级市场监督管理部门可以责令改正、通报批评，并可以建议有权机关对负有责任的主管人员和相关责任人员予以批评教育、调离执法岗位或者处分。

第二十三条　市场监督管理部门在执法监督中，发现存在不履行、违法履行或者不当履行法定职责情形需要追责问责的，应当根据有关规定处理。

第二十四条　市场监督管理部门应当建立执法容错机制，明确履职标准，完善尽职免责办法。

第二十五条　药品监督管理部门和知识产权行政部门实施执法监督，适用本规定。

第二十六条　本规定自2020年4月1日起施行。2004年1月18日原国家质量监督检验检疫总局令第59号公布的《质量监督检验检疫行政执法监督与行政执法过错责任追究办法》和2015年9月15日原国家工商行政管理总局令第78号公布的《工商行政管理机关执法监督规定》同时废止。

市场监督管理行政执法责任制规定

· 2021年5月26日国家市场监督管理总局令第41号公布
· 自2021年7月15日起施行

第一条　为了落实行政执法责任制，监督和保障市场监督管理部门工作人员依法履行职责，激励新时代新担当新作为，结合市场监督管理工作实际，制定本规定。

第二条　市场监督管理部门实施行政执法责任制，适用本规定。

第三条　实施行政执法责任制，应当坚持党的领导，遵循职权法定、权责一致、过罚相当、约束与激励并重、惩戒与教育相结合的原则，做到失职追责、尽职免责。

第四条　市场监督管理部门应当加强领导，组织、协调和推动实施行政执法责任制，各所属机构在职责范围内做好相关工作。

上级市场监督管理部门依法指导和监督下级市场监督管理部门实施行政执法责任制。

第五条　市场监督管理部门应当按照本级人民政府的部署，梳理行政执法依据，编制权责清单，以适当形式向社会公众公开,并根据法律、法规、规章的制修订情况及时调整。

第六条 市场监督管理部门应当以权责清单为基础,将本单位依法承担的行政执法职责分解落实到所属执法机构和执法岗位。

分解落实所属执法机构、执法岗位的执法职责,不得擅自增加或者减少本单位的行政执法权限。

第七条 市场监督管理部门应当对照权责清单,对直接影响行政相对人权利义务的重要权责事项,按照不同权力类型制定办事指南和运行流程图,并以适当形式向社会公众公开。

第八条 市场监督管理部门工作人员应当在法定权限范围内依照法定程序行使职权,做到严格规范公正文明执法,不得玩忽职守、超越职权、滥用职权。

第九条 市场监督管理部门工作人员因故意或者重大过失,违法履行行政执法职责,造成危害后果或者不良影响的,构成行政执法过错行为,应当依法承担行政执法责任。法律、法规对具体行政执法过错行为的构成要件另有规定的,依照其规定。

第十条 有下列情形之一的,应当依法追究有关工作人员的行政执法责任:

(一)超越法定职权作出准予行政许可决定的;

(二)对符合法定条件的行政许可申请不予受理且情节严重的,或者未依照法定条件作出准予或者不予行政许可决定的;

(三)无法定依据实施行政处罚、行政强制,或者变相实施行政强制的;

(四)对符合行政处罚立案标准的案件不及时立案,或者实施行政处罚的办案人员未取得行政执法证件的;

(五)擅自改变行政处罚种类、幅度,或者改变行政强制对象、条件、方式的;

(六)违反相关法定程序实施行政许可且情节严重的,或者违反法定程序实施行政处罚、行政强制的;

(七)违法扩大查封、扣押范围的;

(八)使用或者损毁查封、扣押场所、设施或者财物的;

(九)在查封、扣押法定期间不作出处理决定或者未依法及时解除查封、扣押的;

(十)截留、私分、变相私分罚款、没收的违法所得或者财物、查封或者扣押的财物以及拍卖和依法处理所得款项的;

(十一)违法实行检查措施或者执行措施,给公民人身或者财产造成损害、给法人或者其他组织造成损失的;

(十二)对应当依法移交司法机关追究刑事责任的案件不移交,以行政处罚代替刑事处罚的;

(十三)对属于市场监督管理职权范围的举报不依法处理,造成严重后果的;

(十四)对应当予以制止和处罚的违法行为不予制止、处罚,致使公民、法人或者其他组织的合法权益、公共利益和社会秩序遭受损害的;

(十五)不履行或者无正当理由拖延履行行政复议决定的;

(十六)对被许可人从事行政许可事项的活动,不依法履行监督职责或者监督不力,造成严重后果的;

(十七)泄露国家秘密、工作秘密,或者泄露因履行职责掌握的商业秘密、个人隐私,造成不良后果或者影响的;

(十八)法律、法规、规章规定的其他应当追究行政执法责任的情形。

第十一条 下列情形不构成行政执法过错行为,不应追究有关工作人员的行政执法责任:

(一)因行政执法依据不明确或者对有关事实和依据的理解认识不一致,致使行政执法行为出现偏差的,但故意违法的除外;

(二)因行政相对人隐瞒有关情况或者提供虚假材料导致作出错误判断,且已按规定履行审查职责的;

(三)依据检验、检测、鉴定报告或者专家评审意见等作出行政执法决定,且已按规定履行审查职责的;

(四)行政相对人未依法申请行政许可或者登记备案,在其违法行为造成不良影响前,市场监督管理部门未接到举报或者由于客观原因未能发现的,但未按规定履行监督检查职责的除外;

(五)因出现新的证据,致使原认定事实或者案件性质发生变化的,但故意隐瞒或者因重大过失遗漏证据的除外;

(六)按照年度监督检查、"双随机、一公开"监管等检查计划已经认真履行监督检查职责,或者虽尚未进行监督检查,但未超过法定或者规定时限,行政相对人违法的;

(七)因科学技术、监管手段等客观条件的限制,未能发现存在问题或者无法定性的;

(八)发生事故或者其他突发事件,非由市场监督管理部门不履行或者不正确履行法定职责行为直接引起的;

(九)对发现的违法行为或者事故隐患已经依法查处、责令改正或者采取行政强制措施,因行政相对人拒不改正、逃避检查、擅自违法生产经营或者违法启用查封、扣押的设备设施等行为造成危害后果或者不良影响的；

（十）在集体决策中对错误决策提出明确反对意见或者保留意见的；

（十一）发现上级的决定、命令或者文件有错误，已向上级提出改正或者撤销的意见，上级不予改变或者要求继续执行的，但执行明显违法的决定、命令或者文件的除外；

（十二）因不可抗力或者其他难以克服的因素，导致未能依法履行职责的；

（十三）其他依法不应追究行政执法责任的情形。

第十二条 在推进行政执法改革创新中因缺乏经验、先行先试出现的失误，尚无明确限制的探索性试验中的失误，为推动发展的无意过失，免予或者不予追究行政执法责任。但是，应当依法予以纠正。

第十三条 市场监督管理部门对发现的行政执法过错行为线索，依照《行政机关公务员处分条例》等规定的程序予以调查和处理。

第十四条 追究行政执法责任，应当以法律、法规、规章的规定为依据，综合考虑行政执法过错行为的性质、情节、危害程度以及工作人员的主观过错等因素，做到事实清楚、证据确凿、定性准确、处理恰当、程序合法、手续完备。

第十五条 市场监督管理部门对存在行政执法过错行为的工作人员，可以依规依纪依法给予组织处理或者处分。

行政执法过错行为情节轻微，且有法定从轻或者减轻情形的，可以对有关工作人员进行谈话提醒、批评教育、责令检查或者予以诫勉，并可以作出调离行政执法岗位、取消行政执法资格等处理，免予或者不予处分。

从轻、减轻以及从重追究行政执法责任的情形，依照有关法律、法规、规章的规定执行。

第十六条 市场监督管理部门发现有关工作人员涉嫌违犯党纪或者涉嫌职务违法、职务犯罪的，应当依照有关规定及时移送纪检监察机关处理。

对同一行政执法过错行为，监察机关已经给予政务处分的，市场监督管理部门不再给予处分。

第十七条 纪检监察等有权机关、单位介入调查的，市场监督管理部门可以按照要求对有关工作人员是否依法履职、是否存在行政执法过错行为等问题，组织相关专业人员进行论证并出具书面论证意见，作为有权机关、单位认定责任的参考。

第十八条 市场监督管理部门工作人员依法履行职责受法律保护，非因法定事由、非经法定程序，不受处分。

第十九条 市场监督管理部门工作人员依法履行职责时，有权拒绝任何单位和个人违反法定职责、法定程序或者有碍执法公正的要求。

第二十条 市场监督管理部门应当为工作人员依法履行职责提供必要的办公用房、执法装备、后勤保障等条件，并采取措施保障其人身健康和生命安全。

第二十一条 市场监督管理部门工作人员因依法履职遭受不实举报、诬告以及诽谤、侮辱的，市场监督管理部门应当以适当形式及时澄清事实，消除不良影响，维护其合法权益。

第二十二条 市场监督管理部门应当建立健全行政执法激励机制，对行政执法工作成效突出的工作人员予以表彰和奖励。

第二十三条 本规定所称行政执法，是指市场监督管理部门依法行使行政职权的行为，包括行政许可、行政处罚、行政强制、行政检查、行政确认等行政行为。

第二十四条 药品监督管理部门和知识产权行政部门实施行政执法责任制，适用本规定。

法律、法规授权履行市场监督管理职能的组织实施行政执法责任制，适用本规定。

第二十五条 本规定自2021年7月15日起施行。

市场监督管理行政处罚信息公示规定

· 2021年7月30日国家市场监督管理总局令第45号公布
· 自2021年9月1日起施行

第一条 为了加快构建以信用为基础的新型市场监管机制，强化市场主体信用监管，促进社会共治，维护公平竞争的市场秩序，根据相关法律、行政法规以及国务院有关规定，制定本规定。

第二条 市场监督管理部门对适用普通程序作出行政处罚决定的相关信息，应当记录于国家企业信用信息公示系统，并向社会公示。

仅受到警告行政处罚的不予公示。法律、行政法规另有规定的除外。

依法登记的市场主体的行政处罚公示信息应当记于市场主体名下。

第三条 市场监督管理部门公示行政处罚信息，应当遵循合法、客观、及时、规范的原则。

第四条 依照本规定第二条公示的行政处罚信息主要包括行政处罚决定书和行政处罚信息摘要。

市场监督管理部门应当严格依照国家市场监督管理

总局的有关规定制作行政处罚决定书，并制作行政处罚信息摘要附于行政处罚决定书之前。

行政处罚信息摘要的内容包括：行政处罚决定书文号、行政处罚当事人基本情况、违法行为类型、行政处罚内容、作出行政处罚决定的行政机关名称和日期。

第五条 市场监督管理部门应当依照《中华人民共和国保守国家秘密法》以及其他法律法规的有关规定，建立健全行政处罚信息保密审查机制。公示的行政处罚信息不得泄露国家秘密，不得危及国家安全、公共安全、经济安全和社会稳定。

第六条 市场监督管理部门公示行政处罚信息，应当遵守法律法规关于商业秘密和个人信息保护的有关规定，对信息进行必要的处理。

第七条 市场监督管理部门公示的行政处罚决定书，除依照本规定第六条的要求进行处理的以外，内容应当与送达行政处罚当事人的行政处罚决定书一致。

第八条 对于应当公示的行政处罚决定，在送达行政处罚决定书时，市场监督管理部门应当书面告知行政处罚当事人行政处罚信息将向社会进行公示。

第九条 作出行政处罚决定的市场监督管理部门和行政处罚当事人登记地（住所地）在同一省、自治区、直辖市的，作出行政处罚决定的市场监督管理部门应当自作出行政处罚决定之日起二十个工作日内将行政处罚信息通过国家企业信用信息公示系统进行公示。

第十条 作出行政处罚决定的市场监督管理部门和行政处罚当事人登记地（住所地）不在同一省、自治区、直辖市的，作出行政处罚决定的市场监督管理部门应当自作出行政处罚决定之日起十个工作日内通过本省、自治区、直辖市市场监督管理部门将行政处罚信息推送至当事人登记地（住所地）市场监督管理部门，由其协助在收到行政处罚信息之日起十个工作日内将行政处罚信息通过国家企业信用信息公示系统进行公示。

第十一条 行政处罚决定被依法变更、撤销、确认违法或者确认无效的，市场监督管理部门应当在三个工作日内撤回行政处罚公示信息并说明理由。

第十二条 市场监督管理部门发现其公示的行政处罚信息不准确的，应当及时更正。公民、法人或者其他组织有证据证明市场监督管理部门公示的行政处罚信息不准确的，有权要求该市场监督管理部门予以更正。

第十三条 仅受到通报批评或者较低数额罚款的行政处罚信息自公示之日起届满三个月的，停止公示。其他行政处罚信息自公示之日起届满三年的，停止公示。

前款所称较低数额罚款由省级以上市场监督管理部门结合工作实际规定。

依照法律法规被限制开展生产经营活动、限制从业超过三年的，公示期按照实际限制期限执行。

第十四条 行政处罚信息公示达到规定时限要求，且同时符合以下条件的，可以向作出行政处罚决定的市场监督管理部门申请提前停止公示：

（一）已经自觉履行行政处罚决定中规定的义务；

（二）已经主动消除危害后果和不良影响；

（三）未因同一类违法行为再次受到市场监督管理部门行政处罚；

（四）未在经营异常名录和严重违法失信名单中。

前款所称时限要求和提前停止公示的具体实施办法由国家市场监督管理总局另行规定。

当事人受到责令停产停业、限制开展生产经营活动、限制从业、降低资质等级、吊销许可证件、吊销营业执照以及国家市场监督管理总局规定的其他较为严重行政处罚的，不得提前停止公示。

第十五条 各省、自治区、直辖市市场监督管理部门应当按照本规定及时完善国家企业信用信息公示系统，提供操作便捷的检索、查阅方式，方便公众检索、查阅行政处罚信息。

第十六条 市场监督管理部门应当严格履行行政处罚信息公示职责，按照"谁办案、谁录入、谁负责"的原则建立健全行政处罚信息公示内部审核和管理制度。办案机构应当及时准确录入行政处罚信息。负责企业信用信息公示工作的机构应当加强行政处罚信息公示的日常管理。

第十七条 国家市场监督管理总局负责指导和监督地方市场监督管理部门行政处罚信息公示工作，制定国家企业信用信息公示系统公示行政处罚信息的有关标准规范和技术要求。

各省、自治区、直辖市市场监督管理部门负责组织、指导、监督辖区内各级市场监督管理部门行政处罚信息公示工作，并可以根据本规定结合工作实际制定实施细则。

第十八条 国务院药品监督管理部门和省级药品监督管理部门实施行政处罚信息公示，适用本规定。

第十九条 本规定自2021年9月1日起施行。2014年8月19日原国家工商行政管理总局令第71号公布的《工商行政管理行政处罚信息公示暂行规定》同时废止。

市场监督管理严重违法失信名单管理办法

- 2021年7月30日国家市场监督管理总局令第44号公布
- 自2021年9月1日起施行

第一条 为了规范市场监督管理部门严重违法失信名单管理，强化信用监管，扩大社会监督，促进诚信自律，依照有关法律、行政法规，制定本办法。

第二条 当事人违反法律、行政法规，性质恶劣、情节严重、社会危害较大，受到市场监督管理部门较重行政处罚的，由市场监督管理部门依照本办法规定列入严重违法失信名单，通过国家企业信用信息公示系统公示，并实施相应管理措施。

前款所称较重行政处罚包括：

（一）依照行政处罚裁量基准，按照从重处罚原则处以罚款；

（二）降低资质等级、吊销许可证件、营业执照；

（三）限制开展生产经营活动、责令停产停业、责令关闭、限制从业；

（四）法律、行政法规和部门规章规定的其他较重行政处罚。

第三条 国家市场监督管理总局负责组织、指导全国的严重违法失信名单管理工作。

县级以上地方市场监督管理部门依照本办法规定负责严重违法失信名单管理工作。

第四条 市场监督管理部门应当按照规定将严重违法失信名单信息与其他有关部门共享，依照法律、行政法规和党中央、国务院政策文件实施联合惩戒。

第五条 实施下列食品安全领域违法行为，且属于本办法第二条规定情形的，列入严重违法失信名单（食品安全严重违法生产经营者黑名单）：

（一）未依法取得食品生产经营许可从事食品生产经营活动；

（二）用非食品原料生产食品；在食品中添加食品添加剂以外的化学物质和其他可能危害人体健康的物质；生产经营营养成分不符合食品安全标准的专供婴幼儿和其他特定人群的主辅食品；生产经营添加药品的食品；生产经营病死、毒死或者死因不明的禽、畜、兽、水产动物肉类及其制品；生产经营未按规定进行检疫或者检疫不合格的肉类；生产经营国家为防病等特殊需要明令禁止生产经营的食品；

（三）生产经营致病性微生物，农药残留、兽药残留、生物毒素、重金属等污染物质以及其他危害人体健康的物质含量超过食品安全标准限量的食品、食品添加剂；生产经营用超过保质期的食品原料、食品添加剂生产的食品、食品添加剂；生产经营未按规定注册的保健食品、特殊医学用途配方食品、婴幼儿配方乳粉，或者未按注册的产品配方、生产工艺等技术要求组织生产；生产经营的食品标签、说明书含有虚假内容，涉及疾病预防、治疗功能，或者生产经营保健食品之外的食品的标签、说明书声称具有保健功能；

（四）其他违反食品安全法律、行政法规规定，严重危害人民群众身体健康和生命安全的违法行为。

第六条 实施下列药品、医疗器械、化妆品领域违法行为，且属于本办法第二条规定情形的，列入严重违法失信名单：

（一）生产销售假药、劣药；违法生产、销售国家有特殊管理要求的药品（含疫苗）；生产、进口、销售未取得药品批准证明文件的药品（含疫苗）；

（二）生产、销售未经注册的第二、三类医疗器械；

（三）生产、销售非法添加可能危害人体健康物质的化妆品；

（四）其他违反药品、医疗器械、化妆品法律、行政法规规定，严重危害人民群众身体健康和生命安全的违法行为。

第七条 实施下列质量安全领域违法行为，且属于本办法第二条规定情形的，列入严重违法失信名单：

（一）生产、销售、出租、使用未取得生产许可、国家明令淘汰、已经报废、未经检验或者检验不合格的特种设备；对不符合安全技术规范要求的移动式压力容器和气瓶进行充装；

（二）生产销售不符合保障身体健康和生命安全的国家标准的产品，在产品中掺杂、掺假、以假充真、以次充好，或者以不合格产品冒充合格产品，生产销售国家明令淘汰的产品；

（三）产品质量监督抽查不合格，受到省级以上人民政府市场监督管理部门公告，经公告后复查仍不合格；

（四）出具虚假或者严重失实的检验、检测、认证、认可结论，严重危害质量安全；

（五）伪造、冒用、买卖认证标志或者认证证书；未经认证擅自出厂、销售、进口或者在其他经营性活动中使用被列入强制性产品认证目录内的产品；

（六）其他违反质量安全领域法律、行政法规规定，严重危害人民群众身体健康和生命安全的违法行为。

第八条 实施下列侵害消费者权益的违法行为，且属于本办法第二条规定情形的，列入严重违法失信名单：

（一）侵害消费者人格尊严、个人信息依法得到保护等权利；

（二）预收费用后为逃避或者拒绝履行义务，关门停业或者迁移服务场所，未按照约定提供商品或者服务，且被市场监督管理部门确认为无法取得联系；

（三）制造、销售、使用以欺骗消费者为目的的计量器具；抄袭、串通、篡改计量比对数据，伪造数据、出具虚假计量校准证书或者报告，侵害消费者权益；

（四）经责令召回仍拒绝或者拖延实施缺陷产品召回；

（五）其他违反法律、行政法规规定，严重侵害消费者权益的违法行为。

第九条 实施下列破坏公平竞争秩序和扰乱市场秩序的违法行为，且属于本办法第二条规定情形的，列入严重违法失信名单：

（一）侵犯商业秘密、商业诋毁、组织虚假交易等严重破坏公平竞争秩序的不正当竞争行为；

（二）故意侵犯知识产权；提交非正常专利申请、恶意商标注册申请损害社会公共利益；从事严重违法专利、商标代理行为；

（三）价格串通、低价倾销、哄抬价格；对关系国计民生的商品或者服务不执行政府定价、政府指导价，不执行为应对突发事件采取的价格干预措施、紧急措施；

（四）组织、策划传销或者为传销提供便利条件；

（五）发布关系消费者生命健康的商品或者服务的虚假广告；

（六）其他违反法律、行政法规规定，严重破坏公平竞争秩序和扰乱市场秩序的违法行为。

第十条 实施下列违法行为，且属于本办法第二条规定情形的，列入严重违法失信名单：

（一）未依法取得其他许可从事经营活动；

（二）提交虚假材料或者采取其他手段隐瞒重要事实，取得行政许可，取得、变更或者注销市场主体登记，或者涂改、倒卖、出租、出售许可证件、营业执照；

（三）拒绝、阻碍、干扰市场监督管理部门依法开展监督检查和事故调查。

第十一条 当事人在市场监督管理部门作出行政处罚、行政裁决等行政决定后，有履行能力但拒不履行、逃避执行等，严重影响市场监督管理部门公信力的，列入严重违法失信名单。

法律、行政法规和党中央、国务院政策文件对市场主体相关责任人员列入严重违法失信名单有规定的，依照其规定。

第十二条 市场监督管理部门判断违法行为是否属于性质恶劣、情节严重、社会危害较大的情形，应当综合考虑主观恶意、违法频次、持续时间、处罚类型、罚没款数额、产品货值金额、对人民群众生命健康的危害、财产损失和社会影响等因素。

当事人有证据足以证明没有主观故意的，不列入严重违法失信名单。

第十三条 市场监督管理部门在作出行政处罚决定时应当对是否列入严重违法失信名单作出决定。列入决定书应当载明事由、依据、惩戒措施提示、移出条件和程序以及救济措施等。在作出列入决定前，应当告知当事人作出决定的事由、依据和当事人依法享有的权利。告知、听证、送达、异议处理等程序应当与行政处罚程序一并实施。

依照前款规定作出列入严重违法失信名单决定的，严重违法失信名单管理工作由作出行政处罚的市场监督管理部门负责。

因本办法第十一条规定的情形列入严重违法失信名单的，可以单独作出列入决定。告知、听证、送达、异议处理等程序应当参照行政处罚程序实施。

第十四条 作出列入决定的市场监督管理部门和当事人登记地（住所地）在同一省、自治区、直辖市的，作出列入决定的市场监督管理部门应当自作出决定之日起二十个工作日内将相关信息通过国家企业信用信息公示系统进行公示。

作出列入决定的市场监督管理部门和当事人登记地（住所地）不在同一省、自治区、直辖市的，作出列入决定的市场监督管理部门应当自作出决定之日起十个工作日内将列入严重违法失信名单信息推送至当事人登记地（住所地）市场监督管理部门，由其协助在收到信息之日起十个工作日内通过国家企业信用信息公示系统进行公示。

第十五条 市场监督管理部门对被列入严重违法失信名单的当事人实施下列管理措施：

（一）依据法律、行政法规和党中央、国务院政策文件，在审查行政许可、资质、资格、委托承担政府采购项目、工程招投标时作为重要考量因素；

（二）列为重点监管对象，提高检查频次，依法严格监管；

（三）不适用告知承诺制；

（四）不予授予市场监督管理部门荣誉称号等表彰

奖励；

（五）法律、行政法规和党中央、国务院政策文件规定的其他管理措施。

第十六条 当事人被列入严重违法失信名单满一年，且符合下列条件的，可以依照本办法规定向市场监督管理部门申请提前移出：

（一）已经自觉履行行政处罚决定中规定的义务；

（二）已经主动消除危害后果和不良影响；

（三）未再受到市场监督管理部门较重行政处罚。

依照法律、行政法规规定，实施相应管理措施期限尚未届满的，不得申请提前移出。

第十七条 当事人申请提前移出的，应当提交申请书、守信承诺书，履行本办法第十六条第一款第一项、第二项规定义务的相关材料，说明事实、理由。

市场监督管理部门应当自收到申请之日起二个工作日内作出是否受理的决定。申请材料齐全、符合法定形式的，应当予以受理。

市场监督管理部门应当自受理之日起十五个工作日内对申请进行核实，并决定是否予以移出。

第十八条 市场监督管理部门决定移出的，应当于三个工作日内停止公示相关信息，并解除相关管理措施。

第十九条 列入严重违法失信名单所依据的行政处罚被撤销、确认违法或者无效的，市场监督管理部门应当撤销对当事人的列入决定，于三个工作日内停止公示相关信息，并解除相关管理措施。

第二十条 申请移出的当事人故意隐瞒真实情况、提供虚假资料，情节严重的，由市场监督管理部门撤销移出决定，恢复列入状态。公示期重新计算。

第二十一条 当事人被列入严重违法失信名单之日起满三年的，由列入严重违法失信名单的市场监督管理部门移出，停止公示相关信息，并解除相关管理措施。依照法律法规实施限制开展生产经营活动、限制从业等措施超过三年的，按照实际限制期限执行。

第二十二条 县级、设区的市级市场监督管理部门作出列入严重违法失信名单决定的，应当报经上一级市场监督管理部门同意。

第二十三条 当事人对被列入、移出严重违法失信名单的决定不服的，可以依法申请行政复议或者提起行政诉讼。

第二十四条 市场监督管理部门对收到的人民法院生效法律文书，根据法律、行政法规和党中央、国务院政策文件需要实施严重违法失信名单管理的，参照本办法执行。

第二十五条 药品监督管理部门、知识产权管理部门严重违法失信名单管理适用本办法。

第二十六条 本办法自2021年9月1日起施行。2015年12月30日原国家工商行政管理总局令第83号公布的《严重违法失信企业名单管理暂行办法》同时废止。

市场监督管理信用修复管理办法

· 2021年7月30日
· 国市监信规〔2021〕3号

第一条 为了规范市场监督管理部门信用修复管理工作，鼓励违法失信当事人（以下简称当事人）主动纠正违法失信行为、消除不良影响、重塑良好信用，保障当事人合法权益，优化营商环境，依据《国务院办公厅关于进一步完善失信约束制度 构建诚信建设长效机制的指导意见》（国办发〔2020〕49号）、《市场监督管理严重违法失信名单管理办法》《市场监督管理行政处罚信息公示规定》等，制定本办法。

第二条 本办法所称信用修复管理，是指市场监督管理部门按照规定的程序，将符合条件的当事人依法移出经营异常名录、恢复个体工商户正常记载状态、提前移出严重违法失信名单、提前停止通过国家企业信用信息公示系统（以下简称公示系统）公示行政处罚等相关信息，并依法解除相关管理措施，按照规定及时将信用修复信息与有关部门共享。

第三条 国家市场监督管理总局负责组织、指导全国的信用修复管理工作。

县级以上地方市场监督管理部门依据本办法规定负责信用修复管理工作。

第四条 经营异常名录、严重违法失信名单信用修复管理工作由作出列入决定的市场监督管理部门负责。

个体工商户经营异常状态信用修复管理工作由作出标记的市场监督管理部门负责。

行政处罚信息信用修复管理工作由作出行政处罚决定的市场监督管理部门负责。

作出决定或者标记的市场监督管理部门和当事人登记地（住所地）不属于同一省、自治区、直辖市的，应当自作出决定之日起三个工作日内，将相关信息交换至登记地（住所地）市场监督管理部门，由其协助停止公示相关信息。

第五条 被列入经营异常名录或者被标记为经营异常状态的当事人，符合下列情形之一的，可以依照本办法规定申请信用修复：

（一）补报未报年份年度报告并公示；

（二）已经履行即时信息公示义务；

（三）已经更正其隐瞒真实情况、弄虚作假的公示信息；

（四）依法办理住所或者经营场所变更登记，或者当事人提出通过登记的住所或者经营场所可以重新取得联系。

第六条　除《市场监督管理行政处罚信息公示规定》第十四条第三款规定的行政处罚，或者仅受到警告、通报批评和较低数额罚款外，其他行政处罚信息公示期满六个月，其中食品、药品、特种设备领域行政处罚信息公示期满一年，且符合下列情形的当事人，可以申请信用修复：

（一）已经自觉履行行政处罚决定中规定的义务；

（二）已经主动消除危害后果和不良影响；

（三）未因同一类违法行为再次受到市场监督管理部门行政处罚；

（四）未在经营异常名录和严重违法失信名单中。

第七条　当事人被列入严重违法失信名单满一年，且符合下列情形的，可以依照本办法规定申请信用修复：

（一）已经自觉履行行政处罚决定中规定的义务；

（二）已经主动消除危害后果和不良影响；

（三）未再受到市场监督管理部门较重行政处罚。

依照法律、行政法规规定，实施相应管理措施期限尚未届满的，不得申请提前移出。

第八条　当事人申请信用修复，应当提交以下材料：

（一）信用修复申请书；

（二）守信承诺书；

（三）履行法定义务、纠正违法行为的相关材料；

（四）国家市场监督管理总局要求提交的其他材料。

当事人可以到市场监督管理部门，或者通过公示系统向市场监督管理部门提出申请。

市场监督管理部门应当自收到申请之日起二个工作日内作出是否受理的决定。申请材料齐全、符合法定形式的，应当予以受理，并告知当事人。不予受理的，应当告知当事人，并说明理由。

第九条　市场监督管理部门可以采取网上核实、书面核实、实地核实等方式，对当事人履行法定义务、纠正违法行为等情况进行核实。

第十条　当事人按照本办法第五条（一）（二）项规定申请移出经营异常名录或者申请恢复个体工商户正常记载状态的，市场监督管理部门应当自收到申请之日起五个工作日内作出决定，移出经营异常名录，或者恢复个体工商户正常记载状态。

当事人按照本办法第五条（三）（四）项规定申请移出经营异常名录或者申请恢复个体工商户正常记载状态的，市场监督管理部门应当自查实之日起五个工作日内作出决定，移出经营异常名录，或者恢复个体工商户正常记载状态。

当事人按照本办法第六条、第七条规定申请信用修复的，市场监督管理部门应当自受理之日起十五个工作日内作出决定。准予提前停止公示行政处罚信息或者移出严重违法失信名单的，应当自作出决定之日起三个工作日内，停止公示相关信息，并依法解除相关管理措施。不予提前停止公示行政处罚信息或者移出严重违法失信名单的，应当告知当事人，并说明理由。

依照法律、行政法规规定，实施相应管理措施期限尚未届满的除外。

第十一条　市场监督管理部门应当自移出经营异常名录、严重违法失信名单，恢复个体工商户正常记载状态，或者停止公示行政处罚等相关信息后三个工作日内，将相关信息推送至其他部门。

第十二条　按照"谁认定、谁修复"原则，登记地（住所地）市场监督管理部门应当自收到其他部门提供的信用修复信息之日起五个工作日内，配合在公示系统中停止公示、标注失信信息。

第十三条　当事人故意隐瞒真实情况、弄虚作假，情节严重的，由市场监督管理部门撤销准予信用修复的决定，恢复之前状态。市场监督管理部门行政处罚信息、严重违法失信名单公示期重新计算。

第十四条　市场监督管理部门可以通过书面、电子邮件、手机短信、网络等方式告知当事人。

第十五条　法律、法规和党中央、国务院政策文件明确规定不可信用修复的，市场监督管理部门不予信用修复。

第十六条　当事人对市场监督管理部门信用修复的决定，可以依法申请行政复议或者提起行政诉讼。

第十七条　市场监督管理部门未依照本办法规定履行职责的，上级市场监督管理部门应当责令改正。对负有责任的主管人员和其他直接责任人员依照《市场监督管理行政执法责任制规定》等予以处理。

严禁在信用修复管理中收取任何费用。

第十八条　药品监督管理部门、知识产权管理部门实施信用修复管理,适用本办法。

第十九条　市场监督管理部门信用修复管理文书格式范本由国家市场监督管理总局统一制定。

第二十条　本办法自2021年9月1日起施行。

工商行政管理机关行政处罚案件违法所得认定办法

· 2008年11月21日国家工商行政管理总局令第37号公布
· 自2009年1月1日起施行

第一条　为了规范和保障工商行政管理机关依法、公正、有效行使职权,正确实施行政处罚,保障公民、法人和其他组织的合法权益,根据有关法律法规的规定,制定本办法。

第二条　工商行政管理机关认定违法所得的基本原则是:以当事人违法生产、销售商品或者提供服务所获得的全部收入扣除当事人直接用于经营活动的适当的合理支出,为违法所得。

本办法有特殊规定的除外。

第三条　违法生产商品的违法所得按违法生产商品的全部销售收入扣除生产商品的原材料购进价款计算。

第四条　违法销售商品的违法所得按违法销售商品的销售收入扣除所售商品的购进价款计算。

第五条　违法提供服务的违法所得按违法提供服务的全部收入扣除该项服务中所使用商品的购进价款计算。

第六条　违反法律、法规的规定,为违法行为提供便利条件的违法所得按当事人的全部收入计算。

第七条　违法承揽的案件,承揽人提供材料的,按照本办法第三条计算违法所得;定做人提供材料的,违法所得按本办法第五条计算。

第八条　在传销违法活动中,拉人头、骗取入门费式传销的违法所得按当事人的全部收入计算。团队计酬式传销的违法所得,销售自产商品的,按违法销售商品的收入扣除生产商品的原材料购进价款计算;销售非自产商品的,按违法销售商品的收入扣除所售商品的购进价款计算。

第九条　在违法所得认定时,对当事人在工商行政管理机关作出行政处罚前依据法律、法规和省级以上人民政府的规定已经支出的税费,应予扣除。

第十条　本办法适用于工商行政管理机关行政处罚案件"非法所得"的认定。法律、行政法规对"违法所得"、"非法所得"的认定另有规定的,从其规定。政府规章对"违法所得"、"非法所得"的认定另有规定的,可以从其规定。

第十一条　本办法自2009年1月1日起施行。

附:

废止的部分工商行政管理规范性文件目录

1. 关于广告经营违法案件非法所得计算方法问题的通知

工商广字〔1991〕第337号

2. 对《关于境外杂志社在国内非法承揽广告情况报告》的批复

广字〔1992〕第24号

3. 关于查处委托加工经营中违法经济案件违法所得计算问题的答复

工商公字〔1997〕第4号

4. 关于违法广告处罚中非法所得的计算问题的答复

工商广字〔1998〕第24号

5. 关于违法所得是否等同非法所得有关问题的答复

工商广字〔2000〕第74号

·文书范本

市场监督管理行政处罚文书格式范本及使用指南①

总体说明

  本行政处罚文书格式范本,由国家市场监督管理总局制定,在保留原有44种文书的基础上,新增加了12种文书。各省级市场监督管理部门可以参照本文书格式范本,结合执法实际,完善有关文书格式并自行印制。

  国家药品监督管理局、省级药品监督管理部门实施行政处罚,可以参照本文书格式范本制定行政处罚文书格式。

  对违反《中华人民共和国反垄断法》的行为实施行政处罚适用的文书,按照国家市场监督管理总局专项规定执行;专项规定未作规定,可以参照适用本文书格式范本。

  在实施行政处罚过程中,对本文书格式范本未制定的文书,可以参照适用国家市场监督管理总局已印发的其他文书。

  文书格式范本中"□"表示其内容可以进行勾选,选择"其他"的,应当在随后的横线处填写具体情形;"＿＿"表示应当填写相应内容,填写后可以视情况删除下划线;"/"表示应当在相关选项中进行选择,选择后删去其他选项;"[　]"表示里面的内容可以根据法律规定,结合执法情况,选择使用。

  制作、打印文书时,参照《党政机关公文格式》。

---

  ① **文书范本**来源于《市场监管总局关于印发〈市场监督管理行政处罚文书格式范本(2021年修订版)〉的通知》(2021年7月21日　国市监法发〔2021〕42号):

各省、自治区、直辖市和新疆生产建设兵团市场监管局(厅、委),总局各司局:

为贯彻实施新修订的《中华人民共和国行政处罚法》和《市场监督管理行政处罚程序规定》《市场监督管理行政处罚听证办法》,更好规范市场监督管理行政处罚程序,保障市场监管部门依法实施行政处罚,维护行政相对人合法权益,市场监管总局经认真研究总结、广泛征求意见,对2019年制定的《市场监督管理行政处罚文书格式范本》进行了修订,在保留原有44种文书的基础上,新增加12种文书,形成了《市场监督管理行政处罚文书格式范本(2021年修订版)》(以下简称《格式范本》),现予以印发。

《格式范本》为市场监管部门行政处罚文书基本格式。各省级市场监管部门可以参照《格式范本》,结合实际完善有关文书格式并自行印制。国家药品监管局、省级药品监督管理部门实施行政处罚,可以参照《格式范本》制定行政处罚文书格式。对违反《中华人民共和国反垄断法》的行为实施行政处罚适用的文书,按照市场监管总局专项规定执行;专项规定未作规定,可以参照适用《格式范本》。在实施行政处罚过程中,对《格式范本》未拟定的文书,可以参照适用市场监管总局已印发的其他文书。

与《格式范本》配套使用的《使用指南》,可以登陆市场监管总局网站查阅。

使用指南来源于《〈市场监督管理行政处罚文书格式范本使用指南〉(2021年修订版)》。

1. 案件来源登记表

_____市场监督管理局
案件来源登记表

登记号：

来源分类	☐ 监督检查 ☐ 投诉、举报 ☐ 其他部门移送 ☐ 上级交办 ☐ 其他 _____				
发现线索/收到材料时间	年　　月　　日				
案源提供人	监督检查人	姓名		所属单位	
^	^	姓名		所属单位	
^	投诉人、举报人	单位	名称		
^	^	^	法定代表人(负责人)		
^	^	个人	姓名		身份证件号码
^	^	^	联系电话		其他联系方式
^	^	^	联系地址		
^	移送、交办部门	名称			
^	^	联系人		联系电话	
^	^	联系地址			
当事人	名称(姓名)				
^	住所(住址)				
^	联系电话				
案源内容	登记人： 　　　　　　年　　月　　日				
案源处理意见	办案机构负责人： 　　　　　　年　　月　　日				
备注					

使用指南

《案件来源登记表》是市场监督管理部门对行政处罚案件来源及有关基本情况进行登记时所使用的文书。

一、文书适用范围

市场监督管理部门办案机构依据《市场监督管理行政处罚程序规定》第十八条第一款，对依据监督检查职权或者通过投诉、举报、其他部门移送、上级交办等途径发现的违法行为线索进行登记的，使用本文书。

二、文书制作提示

1. 登记号可以是按年度划分的流水号。

2. 发现线索/收到材料的时间是市场监督管理部门依据监督检查职权或者通过投诉、举报、其他部门移送、上级交办等途径发现违法行为线索或者收到材料的时间。该时间是核查期限的起算时间。

3. 来源分类根据实际情况填写。办案机构所在单位依据监督检查职权（包括随机抽查、抽检监测等）发现违法行为线索的，选择"监督检查"；办案机构所在单位在处理投诉中发现违法行为线索的，或者收到违法行为线索举报的（包括12315等系统分送的情形），选择"投诉、举报"；由其他部门移送违法行为线索的，选择"其他部门移送"；上级指定管辖或者交办违法行为线索的，选择"上级交办"。

4. 对于"监督检查人""投诉人、举报人""移送、交办部门"三栏内容，登记人根据实际情况选择填写。如有投诉人、举报人不愿留下姓名或者要求保密以及声明其提交材料的可靠程度等内容，应当在"备注"栏注明。

5. "当事人"的"名称(姓名)"栏，根据实际情况填写单位名称、个体工商户字号名称、经营者姓名及个人姓名。

6. "案源内容"中应当简明记载案源基本情况，包括案源所反映的涉嫌违法主体、行为发生时间、地点等基本情况。登记人一般为办案机构的工作人员。

7. 办案机构负责人可以根据不同情况在案源处理意见栏签署意见，意见应当具体明确。若需要核查，应当指定至少两名核查人员。

2. 指定管辖通知书

_____市场监督管理局
指定管辖通知书

____市监指定〔____〕__号

_____、_____市场监督管理局：

  关于_____
_____
一案管辖权问题，经本局研究决定，指定该案由_____
市场监督管理局管辖。请你们接到此通知后及时办理相关材料的移交手续。

  联系人：_____联系电话：_____

_____市场监督管理局
（印　章）
年　月　日

本文书一式___份，___份送达，一份归档，_____。

使用指南

  《指定管辖通知书》是上级市场监督管理部门指定下级市场监督管理部门对具体案件行使管辖权时所使用的文书。

  一、文书适用范围

  上级市场监督管理部门依据《市场监督管理行政处罚程序规定》第十三条、第十四条、第十五条第二款和第三款、第十六条作出指定管辖决定的，使用本文书。

  二、文书制作提示

  1. 下级市场监督管理部门可以依据《市场监督管理行政处罚程序规定》第十三条、第十四条、第十五条第三款的规定报请管辖或者指定管辖。

  上级市场监督管理部门认为必要时，可以依据《市场监督管理行政处罚程序规定》第十五条第二款的规定直接查处下级管辖的案件或者指定管辖。

  当下级市场监督管理部门依据《市场监督管理行政处罚程序规定》第十五条第三款的规定报请管辖或者指定管辖时，上级市场监督管理部门仍决定由报请的市场监督管理部门管辖的，不适用本文书。

  2. 使用本文书需填报《行政处罚案件有关事项审批表》，经市场监督管理部门负责人批准。

  3. 本文书需分别送达有关下级市场监督管理部门，并归档。

3. 案件交办通知书

_____市场监督管理局
案件交办通知书
____市监交办〔____〕____号

_____市场监督管理局：
　　依据《市场监督管理行政处罚程序规定》第十五条第一款的规定，现将_____一案交由你局管辖。请依法处理，并将处理结果及时报送本局。

　　联系人：_____联系电话：_____

　　附件：（相关材料）

_____市场监督管理局
（印　章）
年　　月　　日

本文书一式____份，____份送达，一份归档，_____。

使用指南

　　《案件交办通知书》是上级市场监督管理部门将本部门管辖的案件交由下级市场监督管理部门管辖时所使用的文书。
　　一、文书适用范围
　　上级市场监督管理部门依据《市场监督管理行政处罚程序规定》第十五条第一款的规定，将本部门管辖的案件交由下级市场监督管理部门管辖的，使用本文书。
　　二、文书制作提示
　　1. 本文书应当附上违法案件线索的相关材料。所附材料可以作为附件逐一列明，也可以另附清单。
　　2. 使用本文书需填报《行政处罚案件有关事项审批表》，经市场监督管理部门负责人批准。
　　3. 本文书需送达承办的下级市场监督管理部门，并归档。

4. 案件移送函

_____市场监督管理局
案件移送函

____市监案移〔____〕____号

_____:

_____一案/违法线索,因_____

_____,

不属于本局管辖/本局管辖困难。依据《市场监督管理行政处罚程序规定》第____条 [第____款] 的规定,现将该案/违法线索移送你单位处理。

联系人:_____ 联系电话:_____

联系地址:_____

附件:(相关材料)

_____市场监督管理局
(印　章)
年　月　日

本文书一式____份,____份送达,一份归档,_____。

使用指南

《案件移送函》是市场监督管理部门将案件或者违法线索移送有管辖权的行政机关时所使用的文书。

一、文书适用范围

市场监督管理部门依据《市场监督管理行政处罚程序规定》第十一条第一款、第十四条、第十七条第一款的规定,需要进行案件或者违法线索移送的,使用本文书。

二、文书制作提示

1. 市场监督管理部门发现已立案的案件不属于自己管辖的,应当依法移送案件。市场监督管理部门发现正在核查的违法线索不属于自己管辖,或者发现当事人存在不属于自己管辖的其他违法线索的,应当移送违法线索。

2. 受移送的部门,既可能是其他市场监督管理部门,也可能是其他行政机关。

3. 移送的原因,需填写法律、法规、规章及相关文件中关于监管职责、地域管辖、级别管辖、特殊管辖等具体规定。

4. 管辖困难是指《市场监督管理行政处罚程序规定》第十一条第一款所规定的情形。

5. 所附材料可以作为附件逐一列明,也可以另附清单。

6. 使用本文书需填报《行政处罚案件有关事项审批表》,经市场监督管理部门负责人批准。

7. 本文书需送达受移送部门,并归档。

5. 涉嫌犯罪案件移送书

_____市场监督管理局
涉嫌犯罪案件移送书
____市监涉罪移〔____〕__号

_____：
_____一案/
案件线索,经调查,当事人的行为涉嫌犯罪。依据《中华人民共和国行政处罚法》第二十七条、《行政执法机关移送涉嫌犯罪案件的规定》第三条的规定,现将该案移送你单位。

联系人：_____　联系电话：_____
联系地址：_____

附件:(相关材料)

　　　　　　　　　　　　　　　　　　　　　　　_____市场监督管理局
　　　　　　　　　　　　　　　　　　　　　　　　　　（印　章）
　　　　　　　　　　　　　　　　　　　　　　　　年　　月　　日

抄送：_____人民检察院

本文书一式____份,____份送达,一份归档,_____。

使用指南

《涉嫌犯罪案件移送书》是市场监督管理部门在查处违法行为过程中发现违法行为涉嫌犯罪,依照有关规定将案件移送司法机关时所使用的文书。

一、文书适用范围
市场监督管理部门依据《市场监督管理行政处罚程序规定》第十七条第二款的规定,将涉嫌犯罪的违法行为移送司法机关的,使用本文书。

二、文书制作提示
1. 本文书附件应当附下列相关材料:涉嫌犯罪案件情况调查报告、涉案物品清单、有关检验报告或者鉴定结论及其他有关涉嫌犯罪的证据材料。
2. 市场监督管理部门移送涉嫌犯罪案件应当遵守《行政执法机关移送涉嫌犯罪案件的规定》等有关规定。
3. 使用本文书需填报《行政处罚案件有关事项审批表》或者《行政处理决定审批表》,经市场监督管理部门正职负责人或者主持工作的负责人批准。
4. 本文书需送达受移送的公安机关,抄送同级检察机关,并归档。

6. 查封/扣押物品移送告知书

_____市场监督管理局
查封/扣押物品移送告知书
____市监物移〔____〕____号

_____：
　　____年____月____日,本局根据《实施行政强制措施决定书》(____市监强制〔____〕____号)对你(单位)场所/设施/财物实施了查封/扣押行政强制措施。
　　因违法行为涉嫌犯罪,依据《市场监督管理行政处罚程序规定》第十七条第二款的规定,本局依法已将案件移送_____,[因_____,依据《市场监督管理行政处罚程序规定》_____的规定,本局已将案件/违法线索移送_____,]相关场所/设施/财物(详见《场所/设施/财物清单》文书编号：_____)已于____年____月____日一并移送。

联系人：_____ 联系电话：_____
联系地址：_____

　　　　　　　　　　　　　　　　　　　　　　_____市场监督管理局
　　　　　　　　　　　　　　　　　　　　　　　　　　(印　章)
　　　　　　　　　　　　　　　　　　　　　　　　年　　月　　日

本文书一式____份,____份送达,一份归档,_____。

使用指南

《查封/扣押物品移送告知书》是市场监督管理部门向司法机关、其他市场监督管理部门或者其他有关部门移送查封、扣押的财物告知当事人时所使用的文书。

一、文书适用范围
市场监督管理部门在一并移送采取强制措施的场所/设施/财物时,告知当事人场所/设施/财物移送情况的,使用本文书。

二、文书制作提示
1. 市场监督管理部门在具体使用的过程中,应当在标题及正文中对查封或者扣押的情形进行选择。
2. 本文书列明了移送司法机关和移送有管辖权的市场监督管理部门或者其他有关部门两种情形,文书制作时应当选择适用。
3. 《中华人民共和国行政强制法》第二十一条对违法行为涉嫌犯罪移送司法机关时,相关财物一并移送并书面告知当事人作了明确规定。但现有法律、法规、规章未明确规定相关财物移送其他市场监督管理部门或者其他有关部门时的告知要求,实践中可以比照移送司法机关的相关要求办理。
4. 本文书应当送达当事人,并归档。

7. 立案/不予立案审批表

_____市场监督管理局
立案/不予立案审批表

当事人	单位	名称			
		统一社会信用代码			
		法定代表人(负责人)			
	个体工商户/个人	字号名称		统一社会信用代码	
		姓名		身份证件号码	
	住所(住址)				
案由					
发现线索/收到材料时间					
核查情况及立案/不予立案理由	核查人员： 年　月　日				
办案机构负责人意见	办案机构负责人： 年　月　日				
部门负责人意见	部门负责人： 年　月　日				
备注					

使用指南

《立案/不予立案审批表》是市场监督管理部门对案件作出立案或者不予立案决定,由办案机构提请市场监督管理部门负责人审批时所使用的文书。

一、文书适用范围

依据《市场监督管理行政处罚程序规定》第十八条第一款、第十九条、第二十条的规定,市场监督管理部门根据对违法行为线索的核查情况决定立案或者不予立案的,使用本文书。

二、文书制作提示

1. 市场监督管理部门在具体使用的过程中,应当在标题及正文中对立案或者不予立案的情形进行选择。

2. 当事人有主体资格证照的,按照当事人主体资格证照记载事项填写统一社会信用代码、法定代表人(负责人)、住所(住址)等信息。当事人是个体工商户且有字号的,以字号名称为当事人名称,同时填写经营者姓名、身份证件号码。当事人主体资格证照未加载统一社会信用代码的,填写当事人主体资格证照名称及号码。

当事人是个人的,按照居民身份证记载事项填写姓名、住址及公民身份号码等信息。如无居民身份证的,填写其他有效身份证件名称及号码。

3. "案由"按照"涉嫌+违法行为性质+案"的方式表述。不予立案的,不填写案由。

4. 提交审批时,应当附案件来源登记表和核查取得的材料。受移送的案件,还应当附移送机关移送的材料;上级交办的案件,还应当附上级交办的文书;投诉举报案件,还应当附投诉举报记录等相关材料。

5. "核查情况及立案/不予立案理由"要写明涉嫌违法行为、涉嫌违反的法律规定,以及立案或者不予立案的建议并说明理由。

6. 办案机构负责人建议立案的,应当指定两名以上具有行政执法资格的办案人员负责调查处理。

7. 备注中可以填写经市场监督管理部门负责人审批后发放的立案或者不予立案编号。

8. 行政处罚案件有关事项审批表

_____市场监督管理局
行政处罚案件有关事项审批表

案件名称	
审批事项	
提请审批的理由、依据及处理意见	经办人： 年　　月　　日
经办机构负责人意见	经办机构负责人： 年　　月　　日
部门负责人意见	部门负责人： 年　　月　　日
备注	

使用指南

《行政处罚案件有关事项审批表》是市场监督管理部门在查办案件过程中，对需要经过部门负责人审批的事项，提请部门负责人审批时所使用的文书。

一、文书适用范围

除立案或者不予立案审批、行政处理决定审批、结案审批以外，在案件办理过程中其他需要提请部门负责人审批的，如作出回避决定、采取先行登记保存措施、采取行政强制措施、中止案件调查、恢复案件调查、延长案件办理期限、指定听证主持人等，使用本文书。

二、文书制作提示

1. 案件名称按照"当事人姓名（名称）+涉嫌+违法行为性质+案"的方式表述。

2. 对《市场监督管理行政处罚程序规定》第三十六条规定的情形，需要在二十四小时内补办行政强制措施批准手续的，审批表中的时间应当精确到时、分。

9. 现场笔录

_____市场监督管理局
现场笔录

时间：____年___月___日___时___分至____年___月___日___时___分
地点：_____
检查人员：_____ 执法证号：_____
检查人员：_____ 执法证号：_____
当事人：_____
主体资格证照名称：_____
统一社会信用代码：_____
住所(住址)：_____
法定代表人(负责人、经营者)：_____
身份证件号码：_____ 联系电话：_____
通知当事人到场情况：_____
_____
_____

检查人员：我们是_____的
执法人员，依法就_____进行
现场检查，请予配合。现向你出示我们的执法证件，你是否看清楚？
当事人：_____
检查人员：你有权进行陈述和申辩。你应当如实回答询问，并协助调查或者检查，不得拒绝或者阻挠。你认为检查人员与你(单位)有直接利害关系或者有其他关系可能影响公正执法的，依法有申请回避的权利。你是否申请检查人员回避？
当事人：_____
现场情况：_____
_____
_____
_____
_____
_____
_____
_____
_____
_____
_____
_____
_____
_____

[如实施行政强制措施,当场告知当事人采取行政强制措施的理由、依据以及依法享有的权利、救济途径情况：_____
_____

_____

当事人的陈述和申辩：_____
_____
_____]

检查人员： 以上是本次现场检查的情况记录，请核对/已向你宣读。如果属实请签名。
当事人：

当事人：_____   年   月   日
见证人：_____   年   月   日
检查人员：_____、_____   年   月   日

第　页共　页

使用指南

《现场笔录》是市场监督管理部门执法人员对有违法嫌疑的物品或者场所进行检查，记录现场检查过程、收集现场证据时所使用的文书。

一、文书适用范围

市场监督管理部门执法人员依据《市场监督管理行政处罚程序规定》第二十八条的规定对有违法嫌疑的物品或者场所进行检查，对检查过程以及其他现场情况进行记录的，使用本文书。

二、文书制作提示

1. 当事人有主体资格证照的，按照当事人主体资格证照记载事项填写主体资格证照名称、统一社会信用代码、住所（住址）、法定代表人（负责人）等信息。当事人是个体工商户且有字号的，以字号名称为当事人名称，同时填写经营者姓名、身份证件号码。当事人主体资格证照未加载统一社会信用代码的，填写当事人主体资格证照名称及号码。

当事人是个人的，按照居民身份证记载事项填写姓名、住址及公民身份号码等信息。如无居民身份证的，填写其他有效身份证件名称及号码。

2. 当事人本人、授权委托人、法定代表人、负责人、检查现场的员工或者现场负责人员，在当事人栏签名。如果无法通知当事人，当事人不到场或者拒绝接受调查，当事人拒绝签名、盖章或者以其他方式确认的，办案人员应当在笔录上注明情况，并采取录音、录像等方式记录，必要时可以邀请有关人员作为见证人。邀请见证人到场的，在"通知当事人到场情况"栏同时填写见证人身份信息，并由见证人逐页签名。

3. 如在"现场情况"最后一行文字后有空白，应当在最后一行文字后加上"以下空白"字样。

4. 当事人对笔录进行核对的，检查人员选择"请核对"，由当事人在笔录最后处写上"已核对，属实、无误"，并应当签名、盖章或者以其他方式确认。当事人阅读有困难的，应当向其宣读笔录，检查人员选择"已向你宣读"，由当事人签名、盖章或者以其他方式确认宣读情况。

5. 笔录应当由当事人逐页签名、盖章或者以其他方式确认。检查人员也应当在笔录上逐页签名。笔录有涂改的，涂改部分要由当事人签名、盖章或者以其他方式确认。

6. 如实施行政强制措施，当场送达的《实施行政强制措施决定书》已告知采取行政强制措施的理由、依据以及当事人依法享有的权利、救济途径等情况的，在笔录中可以对上述情况作简单指引性说明。当事人当场进行陈述、申辩的，要如实记载当事人陈述、申辩的情况；如当事人在现场检查时不提出陈述、申辩的，应当记载当事人未提出陈述、申辩的情况。

10. 送达地址确认书

＿＿＿＿市场监督管理局
送达地址确认书

受送达人		
告知事项	依据《市场监督管理行政处罚程序规定》第八十二条第三项、第八十三条的规定，告知如下： 一、为便于及时收到市场监督管理部门的相关文书，保证案件调查的顺利进行，市场监督管理部门可以要求受送达人签署送达地址确认书，送达至受送达人确认的地址，即视为送达。 二、受送达人送达地址发生变更的，应当及时书面告知市场监督管理部门；未及时告知的，市场监督管理部门按原地址送达，视为依法送达。 三、因受送达人提供的送达地址不准确、送达地址变更未书面告知市场监督管理部门，导致执法文书未能被受送达人实际接收的，直接送达的，执法文书留在该地址之日为送达之日；邮寄送达的，执法文书被退回之日为送达之日。 四、经受送达人同意，可以采用手机短信、传真、电子邮件、即时通讯账号等能够确认其收悉的电子方式送达执法文书，手机短信、传真、电子邮件、即时通讯信息等到达受送达人特定系统的日期为送达日期。	
送达地址及送达方式	是否接受电子送达 □是 □否	□手机号码：＿＿＿＿＿＿＿＿＿＿＿＿＿＿＿＿ □传真号码：＿＿＿＿＿＿＿＿＿＿＿＿＿＿＿＿ □电子邮件地址：＿＿＿＿＿＿＿＿＿＿＿＿＿＿ □即时通讯账号：＿＿＿＿＿＿＿＿＿＿＿＿＿＿ 以传真、电子邮件等到达本人特定系统的日期为送达日期。
	送达地址	
	收件人	
	收件人联系电话	
	邮政编码	
受送达人确认	本人已经阅读（已向本人宣读）上述告知事项，保证以上送达地址及送达方式准确、有效，清楚了解并同意本确认书内容及法律意义。 受送达人（委托代理人）： 　　　　　　　　　　　　　　年　月　日	
备注		

使用指南

《送达地址确认书》是市场监督管理部门要求受送达人确认送达地址和选择送达方式时所使用的文书。

一、文书适用范围

市场监督管理部门在查办案件的过程中,依据《市场监督管理行政处罚程序规定》第八十二条第三项、第八十三条的规定,请受送达人同意市场监督管理部门以电子方式送达执法文书、确认送达地址的,使用本文书。

二、文书制作提示

1. 送达地址及送达方式应当由受送达人本人或者委托代理人填写;受送达人不能书写又没有代理人的,可以口述后由执法人员代为填写,并经执法人员向其宣读后,由受送达人签名、盖章或者以其他方式确认。

2. 受送达人委托代理人签署本文书的,应当提供有相应权限的授权委托书及委托代理人的身份证明文件。

3. 如受送达人对本文书的适用范围和期限有明确要求的,应当在备注栏中注明。

11. 证据提取单

_____市场监督管理局
证据提取单

证据名称	
取证时间	
取证地点	
证据内容： （证据粘贴处。如证据较多，可在此处说明数量、证明对象等信息，证据附后并加盖骑缝章）	
执法人员：_____ 执法证号：_____ ____年____月____日 　　　　　　_____ 执法证号：_____ ____年____月____日	
见 证 人：_____ ____年____月____日	
证据核对意见： 证据提供人：_____ ____年____月____日	

使用指南

《证据提取单》是在调查取证过程中收集、调取书证、物证、视听资料、电子数据等证据时所使用的文书。

一、文书适用范围

依据《市场监督管理行政处罚程序规定》第二十四条、第二十五条、第二十六条的规定，市场监督管理部门在调查取证过程中收集、调取书证、物证、视听资料、电子数据等证据的，使用本文书。

二、文书制作提示

1. 收集、调取的书证、物证应当是原件、原物。调取原件、原物有困难的，可以提取复制件、影印件或者抄录件，也可以拍摄或者制作足以反映原件、原物外形或者内容的照片、录像。复制件、影印件、抄录件和照片、录像由证据提供人核对无误后注明与原件、原物一致，并注明证据出处、出证日期，同时签名或者盖章。

2. 收集、调取的视听资料应当是有关资料的原始载体。调取视听资料原始载体有困难的，可以提取复制件，并注明制作方法、制作时间、制作人、证明对象等。复制件由证据提供人核对无误后注明与原始内容一致，同时签名或者盖章。声音资料应当附有该声音内容的文字记录。

3. 收集、调取电子数据证据的，可以根据调查取证的需要使用本文书。

4. 证据内容中括号内的楷体文字为内容提示，不体现在文书内容中。

12. 电子数据证据提取笔录

_____市场监督管理局
电子数据证据提取笔录

时间：_____年___月___日___时___分至_____年___月___日___时___分
地点：_____
被检查人：_____
提 取 人：_____
执法人员：_____执法证号：_____
　　　　　_____执法证号：_____

提取的电子数据原始存储介质名称及状态：_____
_____
_____
_____

提取方法和过程：_____
_____
_____
_____
_____

提取的电子数据内容：_____
_____
_____
_____
_____
_____
_____
_____

电子数据的完整性校验值：_____
_____
_____
_____
_____

执法人员：以上是本次电子数据提取情况的记录,请核对/已向你宣读。如果属实请签名。
被检查人：

被检查人：_____ 年　　月　　日
提　取　人：_____ 年　　月　　日
执法人员：_____、_____ 年　　月　　日

第　　页共　　页

使用指南

《电子数据证据提取笔录》是采用拷贝复制、委托分析、书式固定、拍照录像等方式对电子数据进行取证所使用的文书。

一、文书适用范围

依据《市场监督管理行政处罚程序规定》第二十六条的规定,市场监督管理部门采用拷贝复制、委托分析、书式固定、拍照录像等方式提取电子数据的,使用本文书。

二、文书制作提示

1. 电子数据原始存储介质名称及状态应当列明相关存储介质的名称、存放地点、信号开闭状况及是否采取强制措施等情况。

2. 提取方法和过程应当列明提取的方法、过程、提取后电子数据的存储介质名称等内容。

3. 提取的电子数据内容应当列明提取电子数据的名称、类别、文件格式等内容。

4. 电子数据的完整性校验值应当根据技术要求,结合案件情况填写。

5. 被检查人对笔录进行核对的,执法人员选择"请核对",由被检查人在笔录最后处写上"已核对,属实、无误",并应当签名、盖章或者以其他方式确认。被检查人阅读有困难的,应当向其宣读笔录,执法人员选择"已向你宣读",由被检查人签名、盖章或者以其他方式确认宣读情况。

6. 提取人应当是执法人员或者市场监督管理部门根据《市场监督管理行政处罚程序规定》第二十六条第三款的规定指派或者聘请的具有专门知识的人员。

13. 询问通知书

_____市场监督管理局
询问通知书

____市监询通〔____〕__号

_____：

为调查了解_____

_____，请于___年___月___日___时___分到_____接受询问调查。依据《中华人民共和国行政处罚法》第五十五条第二款的规定，你(单位)有如实回答询问、协助调查的义务。

请携带以下材料：

1. _____
2. _____
3. _____

如你(单位)委托其他人员接受询问调查的，委托代理人应当同时提供授权委托书及委托代理人身份证明。

联系人：_____、_____
联系电话：_____

_____市场监督管理局
（印　章）
年　月　日

本文书一式___份，___份送达，一份归档，_____。

使用指南

《询问通知书》是市场监督管理部门在依法行使职权、查办涉嫌违法案件过程中为查明案件事实，要求当事人或者相关人员接受询问、提供材料时所使用的文书。

一、文书适用范围

市场监督管理部门依据《市场监督管理行政处罚程序规定》第二十九条、第三十条第一款的规定，要求当事人或者相关人员接受询问、提供材料的，可以使用本文书。

二、文书制作提示

1. 需询问当事人或者相关人员并要求其同时提供有关材料的，可直接使用本文书，一般不需同时制发《限期提供材料通知书》。

2. 首次询问当事人或者相关人员的，需由被询问人提供居民身份证或者其他有效身份证件；当事人属于单位或者个体工商户的，还应当由当事人提供营业执照或者其他主体资格证照。

3. 办案人员要求当事人及其他有关单位、个人提供证明材料或者与违法行为有关的其他材料的，应当由材料提供人在有关材料上签名或者盖章。

4. 本文书需送达当事人或者相关人员，并归档。

14. 询问笔录

_____市场监督管理局
询问笔录

时间：___年___月___日___时___分至___年___月___日___时___分第___次
地点：_____
询问人：_____执法证号：_____
　　　　_____执法证号：_____
被询问人：_____性别：_____
身份证件号码：_____
工作单位：_____职务：_____
联系电话：_____其他联系方式：_____
联系地址：_____
询问人：你好，我们是_____市场监督管理局的执法人员，已向你出示了我们的执法证件。你是否看清楚？
被询问人：_____
问：我们依法就_____有关问题进行调查，请予配合。依照法律规定，你有权进行陈述和申辩。如果你认为调查人员与本案有直接利害关系或者有其他关系可能影响公正执法的，依法有申请回避的权利，你是否申请调查人员回避？
答：_____
问：你应当如实回答询问，并协助调查，不得拒绝或者阻挠。你是否明白？
答：_____
_____
_____
_____
_____
_____
_____
_____
_____
_____
_____
_____
_____
_____
_____
_____
_____

询问人：以上是本次询问情况的记录，请核对/已向你宣读。与你所述一致请签名，如果有遗漏你可以补正。
被询问人：

被询问人：_____   年   月   日
询问人：_____、_____   年   月   日

第　页共　页

使用指南

《询问笔录》是为查清案情，对当事人和其他人员进行询问、调查并记录有关内容时所使用的文书。

一、文书适用范围

市场监督管理部门依据《市场监督管理行政处罚程序规定》第二十九条的规定，询问当事人和其他人员的，使用本文书。

二、文书制作提示

1. 被询问人不是当事人或者当事人的委托代理人的，不需告知其享有陈述权、申辩权以及申请回避的权利。
2. 每份询问笔录对应一个被询问人。
3. 如果笔录最后一行文字后有空白，应当在最后一行文字后加上"以下空白"字样。
4. 当事人对笔录进行核对的，询问人员选择"请核对"，由被询问人在笔录最后处写上"已核对，以上内容与我所述一致"，并应当签名、盖章或者以其他方式确认。被询问人阅读有困难的，应当向其宣读笔录，询问人员选择"已向你宣读"，由被询问人签名、盖章或者以其他方式确认宣读情况。
5. 笔录需更正的，涂改部分要由被询问人签名、盖章或者以其他方式确认。

15. 限期提供材料通知书

_____市场监督管理局
限期提供材料通知书

____市监限提〔____〕____号

_____：

　　为调查了解_____，依据《市场监督管理行政处罚程序规定》第三十条第一款的规定，请你（单位）在收到本通知书后____日内向本局提供以下材料，并在材料上签名或者盖章。逾期不提供或者拒绝提供相关材料的，将依法承担法律责任。

　　1. _____
　　2. _____
　　3. _____

联系人：_____　联系电话：_____
联系地址：_____

　　　　　　　　　　　　　　　　　　_____市场监督管理局
　　　　　　　　　　　　　　　　　　　　　　（印　章）
　　　　　　　　　　　　　　　　　　　　　年　　月　　日

本文书一式____份，____份送达，一份归档，_____。

使用指南

　　《限期提供材料通知书》是市场监督管理部门为查明案情，要求当事人及其他有关单位和个人在一定期限内提供证明材料或者与涉嫌违法行为有关的其他材料时所使用的文书。

　　一、文书适用范围
　　市场监督管理部门依据《市场监督管理行政处罚程序规定》第三十条第一款的规定，要求当事人及其他有关单位和个人在一定期限内提供证明材料或者与涉嫌违法行为有关的其他材料的，使用本文书。

　　二、文书制作提示
　　1. 需询问当事人并要求其同时提供有关材料的，可直接使用《询问通知书》，一般不需同时制发本文书。
　　2. 参照《最高人民法院关于适用〈中华人民共和国行政诉讼法〉的解释》第四十五条"被告有证据证明其在行政程序中依照法定程序要求原告或者第三人提供证据，原告或者第三人依法应当提供而没有提供，在诉讼程序中提供的证据，人民法院一般不予采纳"的规定，对认定案件事实的有关证据，市场监督管理部门要求当事人限期提供，有利于及时固定案件事实，防范因证据收集不全面、不及时而导致的执法风险。
　　3. 本文书需送达当事人或者其他有关单位和个人，并归档。

16. 协助辨认/鉴别通知书

_____市场监督管理局
协助辨认/鉴别通知书
____市监辨鉴通〔____〕__号

_____：

依据《市场监督管理行政处罚程序规定》第三十条第二款的规定，本局现请你(单位)协助对以下事项进行<u>辨认/鉴别</u>：

□辨认以下物品是否为_____生产或者许可生产；

序号	名称	品牌	规格/型号	生产日期/批号	数量	备注

□（需要鉴别的事项）

请你(单位)于_____年__月___日前提交由辨认/鉴别人(单位)签名或者盖章的辨认/鉴别文书,载明以下内容:辨认/鉴别的结论和具体的辨认/鉴别依据和理由。并请你(单位)随文书出具以下材料:

□权利人的身份证件/主体资格证照复印件和有关权利证明文件;受权利人委托进行辨认/鉴别并以自己名义出具文书的,须同时提供辨认/鉴别人(单位)的身份证件/主体资格证照复印件和相应授权委托书。

□_____

联系人：_____联系电话：_____
联系地址：_____

_____市场监督管理局
（印　章）
年　　月　　日

本文书一式___份,___份送达,一份归档,_____。

使用指南

《协助辨认/鉴别通知书》是市场监督管理部门要求相关权利人对案件中专门事项进行辨认、鉴别时所使用的文书。

一、文书适用范围

依据《市场监督管理行政处罚程序规定》第三十条第二款的规定,市场监督管理部门在查处侵权假冒等案件过程中,要求权利人对涉案产品等进行辨认,或者对有关事项进行鉴别的,使用本文书。

二、文书制作提示

1. 市场监督管理部门在具体使用的过程中,应当在标题及正文中对辨认、鉴别进行选择。辨认是指权利人对涉案产品是否为权利人生产或者其许可生产进行辨认,鉴别是指权利人对有关事项进行鉴别。

2. 权利人有明确授权的委托代理人亦可在授权的期限和范围内进行辨认、鉴别。

3. 涉案物品较多的,应当要求相关权利人逐项进行辨认或者鉴别。

4. 使用本文书需填报《行政处罚案件有关事项审批表》,经市场监督管理部门负责人批准。

5. 本文书需送达权利人等有关人员,并归档。

17. 协助调查函

<u>　　　　</u>市场监督管理局
协助调查函

<u>　　</u>市监协查〔<u>　　</u>〕<u>　</u>号

<u>　　　　　　　　　　</u>：
　　本局在办理<u>　　　　　　　　　　　　　　　　　　　　　　　　　　　　　　</u>一案中，因<u>　　　　　　　　　　　　　　　　　　　　　　　　　　　　　　　　</u>，依据《中华人民共和国行政处罚法》第二十六条、《市场监督管理行政处罚程序规定》第四十五条的规定/依据<u>　　　　　　　　　　　　　　　　　　　</u>的规定，请你单位协助调查以下事项：<u>　　　　　　　　　</u>

　　请你单位在收到本函后予以协助，并于<u>　　　　</u>日内将调查结果加盖公章，连同相关证据材料送本局。需要延期完成的，请在期限届满前告知本局。

　　联系人：<u>　　　　　　　　　</u>联系电话：<u>　　　　　　　　　　　　</u>
　　联系地址：<u>　　　　　　　　　　　　　　　　　　　　　　　　　　　</u>

<u>　　　　　　</u>市场监督管理局
（印　章）
年　　月　　日

本文书一式<u>　　</u>份，<u>　　</u>份送达，一份归档，<u>　　　　　　　　　　　</u>。

使用指南

　　《协助调查函》是市场监督管理部门在查处违法行为过程中，需要有关机关、其他市场监督管理部门等协助调查与案件有关的特定事项时所使用的文书。

　　一、文书适用范围
　　市场监督管理部门依据《市场监督管理行政处罚程序规定》第四十五条的规定，在办理行政处罚案件时，确需有关机关或其他市场监督管理部门协助调查取证的，或者依据《中华人民共和国反不正当竞争法》等法律规定，需要银行等单位协助调查经营者银行账户等信息的，使用本文书。

　　二、文书制作提示
　　1. 需写明案件名称、请求协助调查的原因，有法律依据的应当写明相关法律规定。需要有关机关、其他市场监督管理部门协助调查取证的，法律依据是《中华人民共和国行政处罚法》第二十六条、《市场监督管理行政处罚程序规定》第四十五条，需要银行等单位协助调查经营者银行账户等信息的，应当写明《中华人民共和国反不正当竞争法》等法律依据具体条款。
　　2. 根据《市场监督管理行政处罚程序规定》第四十五条规定，收到协助调查函的市场监督管理部门对属于本部门职权范围的协助事项应当予以协助，在接到协助调查函之日起十五个工作日内完成相关工作。需要有关机关或者单位协助调查的，出具本文书时应当根据实际情况确定合理的协助调查期限。
　　3. 使用本文书需填报《行政处罚案件有关事项审批表》，经市场监督管理部门负责人批准。
　　4. 本文书需送达协助单位，并归档。

18. 协助扣押通知书

_____市场监督管理局
协助扣押通知书

____市监协扣〔____〕__号

_____：

　　本局在办理_____一案中,作出《实施行政强制措施决定书》(___市监强制〔_____〕_____号),决定对_____(详见《场所/设施/财物清单》文书编号:_____)进行扣押。依据《市场监督管理行政处罚程序规定》第三十九条的规定,请你单位予以协助。

联系人:_____　联系电话:_____
联系地址:_____

附件:1.《实施行政强制措施决定书》(____市监强制〔_____〕
　　　　_____号)
　　　2.《场所/设施/财物清单》(文书编号:_____)

_____市场监督管理局
（印　章）
年　　月　　日

本文书一式____份,____份送达,一份归档,_____。

使用指南

　　《协助扣押通知书》是市场监督管理部门在查处违法行为过程中,需要有关单位协助扣押当事人托运的物品时所使用的文书。

一、文书适用范围

　　市场监督管理部门依据《市场监督管理行政处罚程序规定》第三十九条的规定,通知有关单位协助扣押当事人托运的物品的,使用本文书。

二、文书制作提示

1. 本文书应当附《实施行政强制措施决定书》及《场所/设施/财物清单》。
2. 使用本文书需填报《行政处罚案件有关事项审批表》,经市场监督管理部门负责人批准。
3. 本文书需送达协助扣押单位及当事人,并归档。

19. 先行登记保存证据通知书

_____市场监督管理局
先行登记保存证据通知书

____市监先登〔____〕__号

当事人：_____
主体资格证照名称：_____
统一社会信用代码：_____
住所（住址）：_____
法定代表人（负责人、经营者）：_____
身份证件号码：_____
联系电话：_____其他联系方式：_____

  为调查你（单位）涉嫌_____
_____，依据《中华人民共和国行政处罚法》第五十六条的规定，本局决定对你（单位）有关证据（详见《场所/设施/财物清单》文书编号：_____）采取先行登记保存措施。先行登记保存的证据，存放在_____。在此期间，你（单位）或者有关人员不得损毁、销毁或者转移证据。
  本局将在七个工作日内对先行登记保存的证据依法作出处理决定，逾期未作出处理决定的，先行登记保存措施自动解除。

联系人：_____联系电话：_____
联系地址：_____

附件：《场所/设施/财物清单》（文书编号：_____）

_____市场监督管理局
（印　章）
年　　月　　日

本文书一式____份，____份送达，一份归档，_____。

使用指南

《先行登记保存证据通知书》是查办案件过程中采取先行登记保存证据措施时所使用的文书。

一、文书适用范围

市场监督管理部门依据《中华人民共和国行政处罚法》第五十六条、《市场监督管理行政处罚程序规定》第三十三条的规定,在证据可能灭失或者以后难以取得的情况下,对与涉嫌违法行为有关的证据采取先行登记保存措施的,使用本文书。

二、文书制作提示

1. 当事人有主体资格证照的,按照当事人主体资格证照记载事项填写主体资格证照名称、统一社会信用代码、住所(住址)、法定代表人(负责人)等信息。当事人是个体工商户且有字号的,以字号名称为当事人名称,同时填写经营者姓名、身份证件号码。当事人主体资格证照未加载统一社会信用代码的,填写当事人主体资格证照名称及号码。

当事人是个人的,按照居民身份证记载事项填写姓名、住址及公民身份号码等信息。如无居民身份证的,填写其他有效身份证件名称及号码。

2. 先行登记保存的证据一般应当就地保存,由当事人妥为保管。对被登记保存物品状况应当在所附的《场所/设施/财物清单》中详细记录,登记保存地点要明确、清楚。

3. 使用本文书需填报《行政处罚案件有关事项审批表》,经市场监督管理部门负责人批准。

4. 本文书需送达当事人,并归档。

20. 解除先行登记保存证据通知书

_____市场监督管理局
解除先行登记保存证据通知书
____市监解登〔____〕__号

_____：

　　本局于___年___月___日作出《先行登记保存证据通知书》(____市监先登〔____〕____号)，对你(单位)有关证据采取先行登记保存措施，现决定自___年___月___日起对全部/部分证据(详见《场所/设施/财物清单》文书编号：_____)予以解除先行登记保存措施。

　　联系人：_____联系电话：_____
　　联系地址：_____

　　附件：《场所/设施/财物清单》(文书编号：_____)

_____市场监督管理局
（印　章）
年　月　日

本文书一式___份，___份送达，一份归档，_____。

使用指南

　　《解除先行登记保存证据通知书》是在查办案件过程中，对先行登记保存的证据，决定解除先行登记保存措施时所使用的文书。

　　一、文书适用范围
　　市场监督管理部门依据《市场监督管理行政处罚程序规定》第三十三条第二款、第三十五条第一款第五项的规定，对先行登记保存的证据，决定解除先行登记保存措施的，使用本文书。

　　二、文书制作提示
　　1. 当事人是个体工商户且有字号的，以字号名称为当事人名称；没有字号的，填写经营者的姓名。
　　2. 部分解除先行登记保存措施的，应当另行制作《场所/设施/财物清单》，写明解除财物的名称、规格、型号及数量等，并由办案人员和当事人在《场所/设施/财物清单》上签名或者盖章。
　　3. 使用本文书需填报《行政处罚案件有关事项审批表》，经市场监督管理部门负责人批准。
　　4. 本文书需送达当事人，并归档。

21. 实施行政强制措施决定书

_____市场监督管理局
实施行政强制措施决定书

____市监强制〔____〕__号

当事人：_____
主体资格证照名称：_____
统一社会信用代码：_____
住所(住址)：_____
法定代表人(负责人、经营者)：_____
身份证件号码：_____
联系电话：_____其他联系方式：_____

　　经查，你(单位)涉嫌_____，
本局依据_____
的规定，决定对有关场所/设施/财物(详见《场所/设施/财物清单》文书编号：_____)实施_____行政强制措施。
　　实施行政强制措施的期限为____日。情况复杂，需要延长强制措施期限的，本局将书面告知。对物品需要进行检测、检验、检疫或者技术鉴定的，查封、扣押的期间不包括检测、检验、检疫或者技术鉴定的期间，检测、检验、检疫或者技术鉴定的期间本局将书面告知。
　　查封/扣押的场所/设施/财物应当妥善保管，任何人不得随意动用或者损毁。
　　你(单位)可以对本行政强制措施决定进行陈述和申辩。如对本决定不服，可以在收到本决定之日起_____内向_____申请行政复议；也可以在_____内依法向_____人民法院提起行政诉讼。

联系人：_____联系电话：_____
联系地址：_____

附件：《场所/设施/财物清单》(文书编号：_____)

　　　　　　　　　　　　　　　　　　_____市场监督管理局
　　　　　　　　　　　　　　　　　　　　　　(印　章)
　　　　　　　　　　　　　　　　　　　　年　　月　　日

本文书一式____份，____份送达，一份归档，_____。

使用指南

《实施行政强制措施决定书》是查办案件过程中,对当事人实施行政强制措施时所使用的文书。

一、文书适用范围

市场监督管理部门依据《中华人民共和国行政强制法》第二十二条、第二十三条、第二十四条、第二十五条和其他相关法律、法规规定,对涉案场所、设施、财物实施行政强制措施的,使用本文书。

二、文书制作提示

1. 当事人有主体资格证照的,按照当事人主体资格证照记载事项填写主体资格证照名称、统一社会信用代码、住所(住址)、法定代表人(负责人)等信息。当事人是个体工商户且有字号的,以字号名称为当事人名称,同时填写经营者姓名、身份证件号码。当事人主体资格证照未加载统一社会信用代码的,填写当事人主体资格证照名称及号码。

当事人是个人的,按照居民身份证记载事项填写姓名、住址及公民身份号码等信息。如无居民身份证的,填写其他有效身份证件名称及号码。

2. 实施行政强制措施应当有法律、法规依据,填写本文书时应当写明所依据的具体条款。

3. 市场监督管理部门实施行政强制措施时,应当依据《中华人民共和国行政强制法》第十八条的规定制作现场笔录。

4. 强制措施期限应当明确具体。查封、扣押的期限不得超过三十日;情况复杂的,经行政机关负责人批准,可以延长,但是延长期限不得超过三十日。法律、行政法规另有规定的除外。

5. 对行政强制措施决定不服的,依法申请行政复议的期限为六十日,法律规定的申请期限超过六十日的从其规定;依法提起行政诉讼的期限为六个月,法律另有规定的从其规定。

6. 使用本文书需填报《行政处罚案件有关事项审批表》,经市场监督管理部门负责人批准。依据《中华人民共和国反不正当竞争法》第十三条第二款、《禁止传销条例》第十四条第二款等规定,对批准程序有特别规定的从其规定。

7. 本文书需送达当事人,并归档。

22. 延长行政强制措施期限决定书

_____市场监督管理局
延长行政强制措施期限决定书

____市监延强〔____〕__号

_____：

　　本局于__年__月__日作出《实施行政强制措施决定书》(____市监强制〔____〕____号)，对你(单位)有关场所/设施/财物(详见《场所/设施/财物清单》文书编号：_____)采取_____行政强制措施。因情况复杂，依据《中华人民共和国行政强制法》第二十五条第一款、第二款/_____的规定，经本局负责人批准，决定将该行政强制措施的期限延长____日。

　　你(单位)可以对本延长行政强制措施期限决定进行陈述和申辩。如对本延长行政强制措施期限决定不服，可以在收到本决定之日起_____内向_____申请行政复议；也可以在_____内依法向_____人民法院提起行政诉讼。

联系人：_____　　联系电话：_____
联系地址：_____

_____市场监督管理局
（印　章）
年　月　日

本文书一式____份，____份送达，一份归档，_____。

使用指南

　　《延长行政强制措施期限决定书》是在查办案件过程中，因情况复杂需要延长实施行政强制措施期限时所使用的文书。
　　一、文书适用范围
　　市场监督管理部门依据《中华人民共和国行政强制法》第二十五条第一款、第二款和《市场监督管理行政处罚程序规定》第三十八条第一款、第二款等规定，对已实施行政强制措施的场所、设施、财物，依法延长实施行政强制措施期限的，使用本文书。
　　二、文书制作提示
　　1. 当事人是个体工商户且有字号的，以字号名称为当事人名称；没有字号的，填写经营者的姓名。
　　2. 依据《中华人民共和国行政强制法》第二十五条第一款的规定，延长行政强制措施期限的期限不得超过三十日。《禁止传销条例》《中华人民共和国食品安全法实施条例》等法律、行政法规对延长期限另有规定的，从其规定。
　　3. 对延长行政强制措施决定不服的，依法申请行政复议的期限为六十日，法律规定的申请期限超过六十日的从其规定；依法提起行政诉讼的期限为六个月，法律另有规定的从其规定。
　　4. 使用本文书需填报《行政处罚案件有关事项审批表》，经市场监督管理部门负责人批准。依据《中华人民共和国反不正当竞争法》第十三条第二款、《禁止传销条例》第十八条第一款等规定，对批准程序有特别规定的从其规定。
　　5. 本文书需送达当事人，并归档。

23. 解除行政强制措施决定书

_____市场监督管理局
解除行政强制措施决定书

____市监解强〔____〕__号

_____：
　　本局于__年__月__日作出《实施行政强制措施决定书》(____市监强制〔____〕____号)，对你(单位)有关场所/设施/财物采取_____行政强制措施[并于___年___月___日作出《延长行政强制措施期限决定书》(____市监延强〔____〕____号)，将行政强制措施期限延长至____年__月__日]。依据_____的规定，本局决定自____年__月__日起对全部/部分物品(详见《场所/设施/财物清单》文书编号：_____)予以解除行政强制措施。

　　联系人：_____联系电话：_____
　　联系地址：_____

　　附件：《场所/设施/财物清单》(文书编号：_____)

　　　　　　　　　　　　　　　　　　　　　　　　_____市场监督管理局
　　　　　　　　　　　　　　　　　　　　　　　　　　　　　(印　章)
　　　　　　　　　　　　　　　　　　　　　　　　　　年　　月　　日

本文书一式____份，____份送达，一份归档，_____。

使用指南

《解除行政强制措施决定书》是市场监督管理部门决定解除行政强制措施时所使用的文书。

一、文书适用范围

市场监督管理部门依据《中华人民共和国行政强制法》第二十八条和《市场监督管理行政处罚程序规定》第四十二条等规定，对已实施行政强制措施的场所、设施、财物，依法解除行政强制措施的，使用本文书。

二、文书制作提示

1. 当事人是个体工商户且有字号的，以字号名称为当事人名称；没有字号的，填写经营者的姓名。
2. 行政强制措施期限经延长的，应当载明延长行政强制措施决定的相应内容。
3. 部分解除行政强制措施的，应当另行制作《场所/设施/财物清单》，写明解除财物的名称、规格、型号及数量等，并由办案人员和当事人在《场所/设施/财物清单》上签名或者盖章。
4. 使用本文书需填报《行政处罚案件有关事项审批表》，经市场监督管理部门负责人批准。
5. 本文书需送达当事人，并归档。

24. 场所/设施/财物清单

_____市场监督管理局
场所/设施/财物清单

文书编号：_____

序号	标称名称/场所	规格(型号)/场所地址	单位	数量	备注

当事人：_____ 年　月　日
执法人员：_____ 年　月　日
　　　　　_____ 年　月　日
见证人：_____ 年　月　日

第　页共　页

序号	标称名称/场所	规格(型号)/场所地址	单位	数量	备注

当事人：_____ 年　　月　　日
执法人员：_____ 年　　月　　日
　　　　　_____ 年　　月　　日
见证人：_____ 年　　月　　日

第　　页共　　页

本文书一式____份，____份送达，一份归档，_____。

使用指南

《场所/设施/财物清单》是市场监督管理部门在办案过程中，对涉案场所、设施、财物进行详细登记造册的书面凭证。

一、文书适用范围

市场监督管理部门依法采取或者解除先行登记保存措施，实施或者解除行政强制措施，委托检测、检验、检疫、鉴定，进行抽样取证等需记载场所、设施、财物情况的，使用本文书。

二、文书制作提示

1. 本文书使用时，由办案人员按照登记造册的场所、设施、财物在标题上选择相应类别。

2. 本文书应当有文书编号。文书编号由各单位根据实际情况，自行编排。

3. 设施、财物的生产厂家、生产日期、单价、批号、包装情况、物品状态等事项，以及场所的相关事项，需要详细记载的可以在备注栏予以注明。

4. 表格内容有空白的，需在最后一行物品内容下方加注"以下空白"字样。

5. 当事人核对无误后，可由其在清单末尾写明："上述内容经核对无误"。清单应当由当事人逐页签名、盖章或者以其他方式确认。执法人员也应当在清单上逐页签名。

6. 向司法机关移送涉案物品的，可参考此清单制作移送物品清单，由移送单位和接收单位签章确认。

7. 本文书需送达当事人，并归档。

25. 封　条

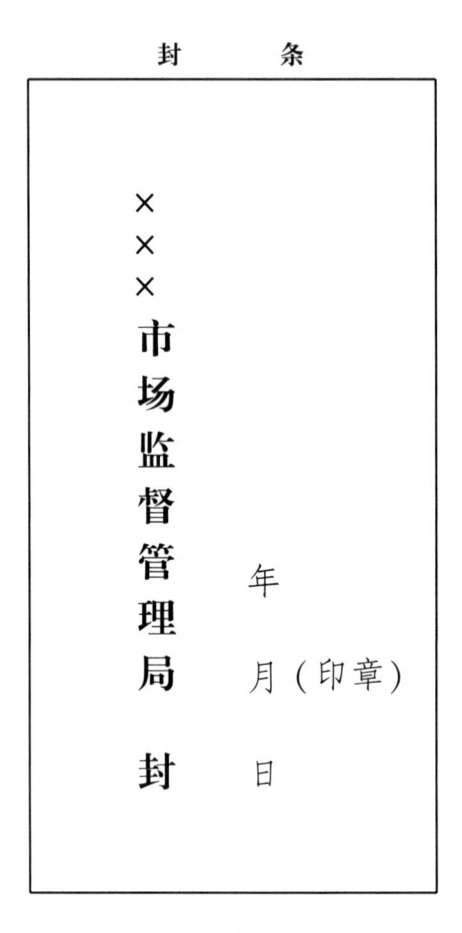

```
        封        条
┌─────────────────────────┐
│                         │
│   ×                     │
│   ×                     │
│   ×                     │
│   市                     │
│   场                     │
│   监         年          │
│   督                     │
│   管         月 （印章）  │
│   理                     │
│   局         日          │
│   封                     │
│                         │
└─────────────────────────┘
```

大封条：长 75 厘米，宽 11 厘米。**小封条**：长 30 厘米，宽 7 厘米。

使用指南

《封条》是市场监督管理部门在抽样取证或者查封时，加贴在样品或者查封的场所、设施或者财物上的文书。

一、文书适用范围

依据《市场监督管理行政处罚程序规定》第三十一条、第四十一条的规定，市场监督管理部门对抽样取证的样品或者查封的场所、设施、财物加贴封条的，使用本文书。

二、文书制作提示

1. 依据《市场监督管理行政处罚程序规定》第三十一条的规定，抽样取证时，办案人员应当同时制作抽样记录，开具清单，对样品加贴封条，由办案人员、当事人在封条和相关记录上签名或者盖章。

2. 依据《市场监督管理行政处罚程序规定》第四十一条规定，在查封场所、设施或者财物时，由相关人员在封条上签名或者盖章。

26. 实施行政强制措施场所/设施/财物委托保管书

_____市场监督管理局
实施行政强制措施场所/设施/财物
委托保管书

____市监托管〔____〕__号

_____:
　　现委托你(单位)代为保管本局依法实施行政强制措施的有关场所/设施/财物(详见《场所/设施/财物清单》文书编号:_____号)。
　　保管条件:_____。
　　保管地点:_____。
　　保管期间为____年__月__日至____年__月__日[或至本局通知时止]。在保管期间,你(单位)不得损毁或者擅自转移、处置。

　　联系人:_____联系电话:_____
　　联系地址:_____

　　附件:《场所/设施/财物清单》(文书编号:_____号)

_____市场监督管理局
(印　章)
年　月　日

本文书一式___份,___份送达,一份归档,_____。

使用指南

　　《实施行政强制措施场所/设施/财物委托保管书》是市场监督管理部门委托第三人保管查封、扣押的场所、设施或者财物时所使用的文书。
　　一、文书适用范围
　　依据《市场监督管理行政处罚程序规定》第四十一条第一款的规定,市场监督管理部门委托第三人保管查封、扣押的场所、设施或者财物的,使用本文书。
　　二、文书制作提示
　　1. 本文书使用时,应当根据实际情况在标题及正文中对场所、设施或者财物进行选择。
　　2. 委托保管的截止日期可以视情况明确为固定日期或者至通知时止。
　　3. 市场监督管理部门委托第三人代为保管没收财物的,可以参考使用本文书。
　　4. 使用本文书需填报《行政处罚案件有关事项审批表》,经市场监督管理部门负责人批准。
　　5. 本文书需送达受委托保管的第三人,并归档。

27. 先行处置物品确认书

_____市场监督管理局
先行处置物品确认书

权利人	
告知事项	依据《市场监督管理行政处罚程序规定》第四十一条第三款的规定，告知如下： 对于查封、扣押的场所、设施或者财物，除法律、法规另有规定外，容易损毁、灭失、变质、保管困难或者保管费用过高、季节性商品等不宜长期保存的物品，在确定为罚没财物前，经权利人同意或者申请，并经市场监督管理部门负责人批准，在采取相关措施留存证据后，可以依法先行处置。
先行处置物品范围	□依据《实施行政强制措施决定书》(_____市监强制〔_____〕_____号)，查封/扣押的全部物品（详见《场所/设施/财物清单》文书编号：_____）； □依据《实施行政强制措施决定书》(_____市监强制〔_____〕_____号)，查封/扣押物品中的下列物品：_____
先行处置方式	□委托_____依法进行拍卖； □通过_____方式进行变卖； □_____；
执法人员联系方式	联 系 人：_____ 联系电话：_____ 联系地址：_____
权利人确认	上述物品属于《市场监督管理行政处罚程序规定》第四十一条第三款规定的不宜长期保存的物品，本人（单位）清楚了解先行处置的内容及后果，为防止造成不必要的损失，本人（单位）同意按照上述处置方式先行处置。 权利人：_____ 年 月 日
备注	

使用指南

《先行处置物品确认书》是市场监督管理部门对不宜长期保存的物品，请权利人确认先行处置有关事项时所使用的文书。

一、文书适用范围

依据《市场监督管理行政处罚程序规定》第四十一条第三款的规定，市场监督管理部门对不易长期保存的物品依法先行处置，请权利人确认先行处置有关事项的，使用本文书。

二、文书制作提示

1. 先行处置物品的，应当填写《行政处罚案件有关事项审批表》，经市场监督管理部门负责人批准。
2. 先行处置物品前，应当采取相关措施留存证据。
3. 先行处置物品，不得违反相关法律、法规规定，且应当经权利人同意或者申请。权利人不明确，需要依法公告的，不使用本文书。
4. 先行处置所得款项按照涉案现金管理。

28. 先行处置物品公告

＿＿＿＿市场监督管理局
先行处置物品公告

＿＿＿市监先处告〔＿＿＿〕＿＿号

本局于＿＿年＿＿月＿＿日作出《实施行政强制措施决定书》(＿＿＿市监强制〔＿＿＿〕＿＿＿号)，查封/扣押了存放于＿＿＿＿＿＿的涉案物品。为防止造成不必要的损失，依据《市场监督管理行政处罚程序规定》第四十一条第三款的规定，本局拟对＿＿先行处置，处置方式为：＿＿＿。

因上述物品权利人不明确，依据《市场监督管理行政处罚程序规定》第四十一条第三款的规定，本局予以公告，公告期间为自本公告发布之日起至＿＿＿年＿＿月＿＿日。请物品权利人在公告期间内向本局提出意见或者申请。公告期满后仍没有权利人同意或者申请的，本局将依照上述处置方式予以处置。

联系人：＿＿＿＿＿＿＿＿＿＿＿＿＿＿联系电话：＿＿＿＿＿＿＿＿＿＿＿＿＿＿＿＿＿＿＿＿＿＿
联系地址：＿＿＿

＿＿＿＿＿＿＿＿市场监督管理局
（印　章）
年　　月　　日

本文书一式＿＿＿份，＿＿＿份送达，一份归档，＿＿＿＿＿＿＿＿＿＿＿＿＿＿＿＿＿＿＿＿。

使用指南

《先行处置物品公告》是市场监督管理部门对依法先行处置的物品因权利人不明确予以公告时所使用的文书。

一、文书适用范围

依据《市场监督管理行政处罚程序规定》第四十一条第三款的规定，依法先行处置的物品因权利人不明确，需依法公告的，使用本文书。

二、文书制作提示

1. 公告的方式，可以在市场监督管理部门公告栏和物品所在地张贴公告，也可以在报纸或者市场监督管理部门门户网站等刊登公告。在市场监督管理部门公告栏和物品所在地张贴公告的，应当采取拍照、录像等方式记录张贴过程。

2. 文书第一段中"存放于＿＿＿＿＿＿"横线处应当填写物品被采取行政强制措施时的所在地；"本局拟对＿＿＿＿＿＿先行处置"横线处应当填写物品的基本信息，如名称、规格、数量等。

3. 公告期间的设置，既要不影响不宜长期保存物品的处置，又要留给权利人表达意见的合理期间。一般情况下，建议为七个工作日。实际办案过程中也可以根据物品情况、案件情况等客观因素设置合理的公告期间。

4. 采取公告方式告知的，应当在案件材料中载明原因和经过，并将本文书归档。

29. 抽样记录

_____市场监督管理局
抽样记录

当事人					
主体资格证照名称			统一社会信用代码		
住所(住址)					
法定代表人 (负责人、经营者)			身份证件号码		
联系电话			其他联系方式		
被抽样产品及抽样情况	产品名称			型号规格	
	标称商标			保质期	
	标称生产者			标称价格	
	生产日期或出厂批号			产品执行标准	
	标称存储条件			生产许可证编号	
	标称产品等级			包装方式	
	抽样方式	□按规定方式抽样(抽样依据的标准编号)：_____ □以其他方式抽样(可使用附页)：_____			
	抽取样品数量			抽样基数	
	抽样地点				
	抽取样品过程：_____ _____				
	样品封样情况：_____ _____				
	样品储存条件：_____				
办案人员：_____ 执法证号：_____ 办案人员：_____ 执法证号：_____ 　　　　　　　　　　　　年　月　日			当事人：_____ 　　　　　　　　　　　年　月　日		
受委托抽样人员：_____ 　　　　　　　　年　月　日			见证人：_____ 　　　　　　　　　　　年　月　日		
备注					

使用指南

《抽样记录》是在查办案件过程中采取抽样取证措施收集证据，对抽样取证过程、样品、封样等情况进行记录时所使用的文书。

一、文书适用范围

依据《市场监督管理行政处罚程序规定》第三十一条的规定，市场监督管理部门在查办案件过程中，对有关证据采取抽样取证措施的，使用本文书。

二、文书制作提示

1. 当事人有主体资格证照的，按照当事人主体资格证照记载事项填写主体资格证照名称、统一社会信用代码、住所（住址）、法定代表人（负责人）等信息。当事人是个体工商户且有字号的，以字号名称为当事人名称，同时填写经营者姓名、身份证件号码。当事人主体资格证照未加载统一社会信用代码的，填写当事人主体资格证照名称及号码。

当事人是个人的，按照居民身份证记载事项填写姓名、住址及公民身份号码等信息。如无居民身份证的，填写其他有效身份证件名称及号码。

2. 被抽样产品及抽样情况填写应当完整、准确。被抽样品的规格、生产日期、批号、执行标准、保质期等应当按照抽样物品或者其外包装、说明书上记载的内容填写，如果没有或者无法确定其中某项内容的，应当注明。抽取样品数量包括检验样品数量以及备用样品数量；抽样基数是被抽样产品的总量。

3. 对抽样取证的方式、标准等有特别规定的，应当按照特别规定执行。

4. 样品封样情况写明被抽样品加封情况、备用样品封存地点。

5. 当事人本人、授权委托人、法定代表人、主要负责人、检查现场的员工或者现场负责人员，在当事人栏签名。如果无法通知当事人，当事人不到场或者拒绝接受调查，当事人拒绝签名、盖章或者以其他方式确认的，应当采取录音、录像等方式记录，必要时可邀请有关人员作为见证人。邀请见证人到场的，由见证人签名、盖章或者以其他方式确认。办案人员应当在备注栏注明情况。

6. 如抽样人为办案人员，则由办案人员填写本文书；如市场监督管理部门委托相关机构进行抽样，由该机构指派进行抽样的人员填写本文书。也可以使用该机构的抽样记录文书，办案人员应当在其抽样记录文书上签名或者盖章，并注明日期。

30. 检测/检验/检疫/鉴定委托书

_____市场监督管理局
检测/检验/检疫/鉴定委托书

____市监检鉴委〔____〕__号

_____：

本局现委托你单位对下列物品进行检测/检验/检疫/鉴定：

样品名称	规格/型号	等级	生产日期/批号	适用标准或者规则	样品数量	检验项目	备注

委托检测/检验/检疫/鉴定事项：_____

请你单位于____年__月__日前提交由检测/检验/检疫/鉴定人员及你单位签名盖章的报告一式____份，并在出具的报告中载明以下内容：本局向你单位提供的相关材料，检测/检验/检疫/鉴定的内容、依据、使用的科学技术手段、过程及明确结论，以及你单位和检测/检验/检疫/鉴定人员的资质证明文件。

联系人：_____ 联系电话：_____

联系地址：_____

_____市场监督管理局
（印　章）
年　月　日

本文书一式____份，____份送达，一份归档，_____。

使用指南

《检测/检验/检疫/鉴定委托书》是市场监督管理部门委托具有法定资质或者其他具备条件的机构对案件中专门事项进行检测、检验、检疫、鉴定时所使用的文书。

一、文书适用范围

依据《市场监督管理行政处罚程序规定》第三十二条的规定，市场监督管理部门在查办案件的过程中，委托有关机构对专门事项进行检测、检验、检疫、鉴定的，使用本文书。

二、文书制作提示

1. 市场监督管理部门在具体使用的过程中，应当在标题及正文中对检测、检验、检疫、鉴定进行选择。

2. 正文物品清单中写不下的，可另附页。

3. 本文书可以直接附《抽样记录》及《场所/设施/财物清单》清单。必要时，可以制作一份物品状况文字笔录，对物品的外观状态、包装情况、材料情况及解封过程等，进行详细记录，由委托方和受委托方双方签字。

4. 本文书样品信息中适用标准或者规则、检验项目等无法确定的可不填写。

5. 本文书需送达检测、检验、检疫、鉴定机构，并归档。

31. 检测/检验/检疫/鉴定期间告知书

_____市场监督管理局
检测/检验/检疫/鉴定期间告知书

____市监检鉴期〔____〕__号

_____：

  本局于___年___月___日作出《实施行政强制措施决定书》(____市监强制〔____〕___号)，查封/扣押你(单位)的有关场所/设施/财物。本局现决定依法委托相关机构对有关物品进行检测/检验/检疫/鉴定。检测/检验/检疫/鉴定期间自___年___月___日至___年___月___日。

  依据《中华人民共和国行政强制法》第二十五条第三款的规定，查封、扣押的期间不包括检测、检验、检疫、鉴定的期间。

联系人：_____ 联系电话：_____
联系地址：_____

_____市场监督管理局
（印　章）
年　　月　　日

本文书一式___份，___份送达，一份归档，_____。

使用指南

  《检测/检验/检疫/鉴定期间告知书》是实施查封、扣押的行政强制措施时，对有关物品需要进行检测、检验、检疫、鉴定的，由办案人员将检测、检验、检疫、鉴定期间告知当事人时所使用的文书。

  一、文书适用范围

  市场监督管理部门依据《中华人民共和国行政强制法》第二十五条第三款对实施行政强制措施的物品委托有关机构进行检测、检验、检疫、鉴定，需将检测、检验、检疫、鉴定期间告知当事人的，使用本文书。

  二、文书制作提示

  1. 市场监督管理部门在具体使用的过程中，应当在标题及正文中对检测、检验、检疫、鉴定进行选择。

  2. 检测、检验、检疫、鉴定期间的起算时间一般为委托书的送达时间。

  3. 检测、检验、检疫、鉴定实际所用时间超出告知期间的，由市场监督管理部门在期间届满后再次向当事人告知。

  4. 本文书需送达当事人，并归档。

32. 检测/检验/检疫/鉴定结果告知书

_____市场监督管理局
检测/检验/检疫/鉴定结果告知书
____市监检鉴结〔____〕__号

_____：
  本局依法委托_____对你(单位)的下列物品进行检测/检验/检疫/鉴定。
  1._____
  2._____
  3._____
  检测/检验/检疫/鉴定结果为 _____
_____。
  [你(单位)如对该检测/检验/检疫/鉴定结果有异议,可以自接到本告知书之日起____日内,向_____提出。]

  联系人:_____联系电话:_____
  联系地址:_____

  附件:检测/检验/检疫/鉴定报告书_____份
    报告书编号:_____

_____市场监督管理局
（印　章）
年　月　日

本文书一式____份,____份送达,一份归档,_____。

使 用 指 南

  《检测/检验/检疫/鉴定结果告知书》是市场监督管理部门将检测、检验、检疫、鉴定结果告知当事人时所使用的文书。
  一、文书适用范围
  依据《市场监督管理行政处罚程序规定》第三十二条的规定,市场监督管理部门对案件中专门事项委托有关机构进行检测、检验、检疫、鉴定,需将检测、检验、检疫、鉴定结果告知当事人的,使用本文书。
  二、文书制作提示
  1. 市场监督管理部门在具体使用的过程中,应当在标题及正文中对检测、检验、检疫、鉴定进行选择。
  2. 依据相关法律、法规、规章的规定,当事人享有复检、复验权利,且客观上具备复检、复验条件的,市场监督管理部门应当依法告知当事人复检、复验权利。如告知复检、复验权利,则需同时告知复检、复验的期限和受理单位。
  3. 本文书需送达当事人,并归档。

33. 责令改正通知书

_____市场监督管理局
责令改正通知书
____市监责改〔____〕__号

_____：
　经查,你(单位)_____
_____的行为,违反了_____
_____的规定。
　依据_____
的规定,现责令你(单位)立即予以改正/在 ____年____月____日前改正。
(改正内容及要求:_____
_____)
(逾期不改的,本局将依据_____
的规定,_____。)
　如对本责令改正决定不服,可以自收到本通知书之日起六十日内向_____
_____申请行政复议;也可以在六个月内依法向_____人民法院提起行政诉讼。

　联系人:_____　联系电话:_____
　联系地址:_____

_____市场监督管理局
(印　章)
年　月　日

本文书一式____份,____份送达,一份归档,_____。

使用指南

《责令改正通知书》是市场监督管理部门依法责令当事人改正违法行为时所使用的文书。
一、文书适用范围
市场监督管理部门依据有关法律、法规、规章的规定,责令当事人改正违法行为的,使用本文书。
二、文书制作提示
1. 决定责令改正应当有法律、法规、规章的规定,填写本文书时应当写明所依据的具体条款。
2. 法律、法规、规章对逾期不改、拒不改正的后果有规定的,应当填写相应规定。
3. 按照《中华人民共和国行政处罚法》第二十八条的规定,行政机关实施行政处罚时,应当责令当事人改正或者限期改正违法行为。此种情形的责令改正决定在《行政处罚决定书》或者《不予行政处罚决定书》中一并表述,不必单独制作本文书。
4. 对责令改正决定不服,依法申请行政复议的期限为六十日,但法律规定的申请期限超过六十日的从其规定;依法提起行政诉讼的期限为六个月,但法律另有规定的从其规定。
5. 除情节轻微、当场作出责令改正决定的情形外,使用本文书应当填写《行政处罚案件有关事项审批表》,经市场监督管理部门负责人批准。
6. 本文书需送达当事人,并归档。

34. 责令退款通知书

_____市场监督管理局
责令退款通知书

____市监责退〔____〕__号

_____：

　　经查，你(单位)_____，
违反了_____的
规定，存在致使消费者或者其他经营者多付价款的情形。依据《中华人民共和国价格法》第四十一条、《价格违法行为行政处罚规定》_____、《市场监督管理行政处罚程序规定》第五十九条的规定，现责令你(单位)自收到本通知书之日起_____日内，将消费者或者其他经营者多付的价款_____元退还给消费者或者其他经营者。消费者或者其他经营者难以查找的，应当公告查找。拒不退还或者逾期未退还的部分，本局将依法予以没收。消费者或者其他经营者要求退还时，由你(单位)依法承担民事责任。

　　[依据《价格违法行为行政处罚规定》_____的规定，拒不退还多收价款的，本局将依法从重处罚。]

　　联系人：_____　联系电话：_____
　　联系地址：_____

_____市场监督管理局
(印　章)
年　　月　　日

本文书一式____份，____份送达，一份归档，_____。

使用指南

　　《责令退款通知书》是市场监督管理部门依法责令当事人退还多收价款时所使用的文书。
　　一、文书适用范围
　　市场监督管理部门依据《价格违法行为行政处罚规定》第十六条、《市场监督管理行政处罚程序规定》第五十九条的规定，对当事人违法所得属于《中华人民共和国价格法》第四十一条规定的消费者或者其他经营者多付价款，责令当事人限期退还的，使用本文书。
　　二、文书制作提示
　　1. 应当写明当事人的具体违法行为、违反的法律法规、多收的价款金额。
　　2. 使用本文书需填报《行政处罚案件有关事项审批表》，经市场监督管理部门负责人批准。
　　3. 本文书需送达当事人，并归档。

35. 案件调查终结报告

＿＿＿＿市场监督管理局
案件调查终结报告

因当事人涉嫌＿＿＿，本局于＿＿年＿＿月＿＿日予以立案调查，指定＿＿＿＿＿＿＿＿＿、＿＿＿＿＿＿＿＿＿为办案人员。现已调查终结，报告如下。

当事人基本情况：＿＿

案件来源、调查经过及采取行政强制措施的情况：＿＿＿

调查认定的事实：＿＿＿

上述事实，主要有以下证据证明：
1.＿＿＿＿＿＿＿＿＿＿＿＿＿，证明＿＿＿＿＿＿＿＿＿＿＿＿＿＿＿＿＿＿＿＿＿＿＿＿＿＿
2.＿＿＿＿＿＿＿＿＿＿＿＿＿，证明＿＿＿＿＿＿＿＿＿＿＿＿＿＿＿＿＿＿＿＿＿＿＿＿＿＿
3.＿＿＿＿＿＿＿＿＿＿＿＿＿，证明＿＿＿＿＿＿＿＿＿＿＿＿＿＿＿＿＿＿＿＿＿＿＿＿＿＿

案件性质：＿＿

自由裁量理由等其他需要说明的事项：＿＿＿

处理意见及依据：＿＿＿

办案人员：＿＿＿＿＿＿＿＿ 年 月 日
＿＿＿＿＿＿＿＿ 年 月 日
办案机构负责人：＿＿＿＿＿＿＿＿ 年 月 日

使用指南

《案件调查终结报告》是对已经立案的案件，办案机构认为调查终结，将案件全部情况进行总结、提出处理意见时所使用的文书。

一、文书适用范围

市场监督管理部门的办案机构在案件调查终结后，依据《市场监督管理行政处罚程序规定》第四十八条的规定撰写调查终结报告的，使用本文书。

二、文书制作提示

1. 当事人基本情况，包括姓名或者名称、地址等。当事人有主体资格证照的，按照当事人主体资格证照记载事项填写主体资格证照名称、统一社会信用代码、住所（住址）、法定代表人（负责人）等信息。当事人是个体工商户且有字号的，以字号名称为当事人名称，同时填写经营者姓名、身份证件号码。当事人主体资格证照未加载统一社会信用代码的，填写当事人主体资格证照名称及号码。

当事人是个人的，按照居民身份证记载事项填写姓名、住址及公民身份号码等信息。如无居民身份证的，填写其他有效身份证件名称及号码。

2. 案件来源、调查经过及采取行政强制措施的情况，可以写明案件线索来源、核查及立案的时间，以及采取的先行登记保存、行政强制措施、现场检查、抽样取证等案件调查情况。

3. 调查认定的事实是指当事人实施违法行为的具体事实，包括从事违法行为的时间、地点、目的、手段、情节、违法所得、危害结果、主观过错等因素。要客观真实，所描述的事实必须得到相关证据的支持，内容全面、重点突出。

4. 相关证据及证明事项，要将认定案件事实所依据的证据列举清楚，所列举的证据要符合证据的基本要素，根据证据规则应当能够认定案件事实。必要时可以将证据与所证明的事实对应列明。

排列证据时，应当结合证据的证明力大小、关联程度、获得证据的时间顺序、案卷的归档顺序等因素，合理排序。

5. 案件性质，应当写明对当事人的违法行为定性及相关法律、法规、规章依据的具体条款和内容。

6. 自由裁量理由等其他需要说明的事项，可以写明调查过程中的当事人陈述、申辩，对当事人陈述申辩的采纳情况。还应当说明影响行政处罚裁量的事实和理由，从违法案件的具体事实、性质、情节、社会危害程度、主观过错以及公平公正要求等方面，结合自由裁量规则进行表述。

7. 处理意见，包括建议给予行政处罚、依法不予行政处罚、违法事实不能成立不予行政处罚、移送其他行政管理部门处理、移送司法机关等。

给予行政处罚的，写明拟给予行政处罚的种类、数额、期限等具体内容及相关法律、法规、规章依据的具体条款和内容。

36. 案件审核/法制审核表

_____市场监督管理局
案件审核/法制审核表

案件名称	
办案机构	
送审时间	年　　月　　日　　退卷时间　　　　　　　　　　　　　年　　月　　日
审核意见和建议	审核人： 　　　　　　　　　　　　　　　　　　　　　　　　　　　年　　月　　日
审核机构负责人意见	审核机构负责人： 　　　　　　　　　　　　　　　　　　　　　　　　　　　年　　月　　日
备　注	

使用指南

《案件审核/法制审核表》是市场监督管理部门审核机构对办案机构的调查终结报告及案件材料进行审核时所使用的文书。

一、文书适用范围

市场监督管理部门审核机构依据《市场监督管理行政处罚程序规定》第四十九条至第五十五条的规定，对办案机构送审的案件进行案件审核或者法制审核的，使用本文书。

二、文书制作提示

1. 本文书使用时，应当根据实际情况在标题中对案件审核或者法制审核进行选择。
2. 案件名称按照"当事人姓名(名称)+涉嫌+违法行为性质+案"的方式表述。
3. 审核机构对办案机构送审的材料进行审核后，依据《市场监督管理行政处罚程序规定》第五十四条的规定，在"审核意见和建议"一栏中提出审核意见和建议。
4. 案件有立案号的，在案件名称栏中一并填写。

37. 行政处罚告知书

_____市场监督管理局
行政处罚告知书
____市监罚告〔____〕__号

_____：

  由本局立案调查的你(单位)涉嫌_____一案,已调查终结。依据《中华人民共和国行政处罚法》第四十四条的规定,现将本局拟作出行政处罚的内容及事实、理由、依据告知如下：_____

  □依据《中华人民共和国行政处罚法》第四十四条、第四十五条,以及《市场监督管理行政处罚程序规定》第五十七条的规定,你(单位)有权进行陈述、申辩。自收到本告知书之日起五个工作日内未行使陈述、申辩权的,视为放弃此权利。

  □依据《中华人民共和国行政处罚法》第四十四条、第四十五条、第六十三条、第六十四条第一项,以及《市场监督管理行政处罚听证办法》第五条/_____的规定,你(单位)有权进行陈述、申辩,并可以要求听证。自收到本告知书之日起五个工作日内未行使陈述、申辩权,未要求听证的,视为放弃此权利。

  联系人：_____ 联系电话：_____
  联系地址：_____

_____市场监督管理局
（印　章）
年　　月　　日

  本文书一式____份,____份送达,一份归档,_____。

使用指南

  《行政处罚告知书》是市场监督管理部门在作出行政处罚决定之前,依法告知当事人拟作出行政处罚决定的内容及事实、理由、依据和当事人所享有的陈述权、申辩权、听证权时所使用的文书。

  一、文书适用范围

  市场监督管理部门在对当事人作出行政处罚决定之前,依法将拟作出行政处罚决定的内容及事实、理由、依据,以及当事人依法享有的陈述、申辩权或者听证权告知当事人的,使用本文书。

  二、文书制作提示

  1. 当事人对拟作出的行政处罚决定享有听证权的,应当告知当事人享有陈述权、申辩权及要求听证的权利。其他情形,应当告知当事人享有陈述权、申辩权。本文书使用时,应当根据实际情况在正文中对适用情形进行选择。

  2. 对当事人所涉嫌构成的违法行为,要说明拟处罚的内容及事实、理由、依据,引用法律依据时应当写明法律、法规、规章的具体条款。

  3. 如适用地方性法规、规章有关行政处罚案件听证范围规定的,应当选择引用地方性法规、规章的相关条款。

  4. 使用本文书需填报《行政处罚案件有关事项审批表》,经市场监督管理部门负责人批准。

  5. 本文书需送达当事人,并归档。

38. 陈述申辩笔录

_____市场监督管理局
陈述申辩笔录

案件名称：_____
陈述申辩人：_____
时间：_____年_____月_____日_____时_____分至_____时_____分
地点：_____
执法人员：_____ 记录人：_____

陈述申辩请求：_____
_____
_____
_____

陈述申辩内容：_____
_____
_____
_____
_____

陈述申辩人：_____ 年 月 日
执法人员：_____ 年 月 日
记 录 人：_____ 年 月 日

第　页共　页

使用指南

《陈述申辩笔录》是记录当事人陈述申辩意见时所使用的文书。

一、文书适用范围
市场监督管理部门在案件办理过程中，对当事人口头陈述申辩进行记录的，使用本文书。

二、文书制作提示
1. 当事人书面提交陈述申辩意见的，可以不使用本文书。
2. 陈述申辩内容应当写明当事人陈述申辩的具体请求和所依据的事实、理由。

39. 行政处罚听证通知书

_____市场监督管理局
行政处罚听证通知书

____市监听通〔____〕__号

_____：

  根据你(单位)的要求,本局决定于_____年___月___日____时____分在_____对你(单位)涉嫌_____一案公开/不公开举行听证。请准时出席。如无正当理由不到场听证的,本局将依法终止听证。

  本次听证会由_____担任听证主持人,[_____担任听证员],_____担任记录员,[_____担任翻译人员]。依据《中华人民共和国行政处罚法》第六十四条第四项、《市场监督管理行政处罚听证办法》第四条的规定,如认为上述人员与案件有直接利害关系或者有其他关系可能影响公正执法的,你(单位)有申请回避的权利。

  如果委托代理人(一至二人)代为参加听证,请提交由委托人签名或者盖章的授权委托书,委托书应当载明委托事项及权限。委托代理人代为放弃行使陈述权、申辩权和质证权的,必须有委托人的明确授权。

  请参加人员携带身份证件原件,委托代理人员还应当携带授权委托书。

联系人：_____联系电话：_____
联系地址：_____

_____市场监督管理局
（印　章）
年　　月　　日

本文书一式___份,___份送达,一份归档,_____。

使用指南

  《行政处罚听证通知书》是市场监督管理部门听证组织机构依法通知当事人举行听证的时间、地点、相关人员姓名以及其他相关事项时所使用的文书。

  一、文书适用范围

  市场监督管理部门依据《市场监督管理行政处罚听证办法》第二十条的规定,决定举行行政处罚案件听证会,告知听证时间、听证地点及听证主持人、听证员、记录员、翻译人员的姓名,以及当事人申请回避的权利的,使用本文书。

  二、文书制作提示

  1. 确定听证时间应当符合《中华人民共和国行政处罚法》和《市场监督管理行政处罚听证办法》关于听证通知时限的规定,即应当在举行听证七个工作日前送达当事人,并将听证时间、地点通知办案人员,退回案件材料。

  2. 第三人参加听证的,应当在举行听证七个工作日前将听证时间、地点通知第三人。

  3. 本文书需送达当事人,并归档。

40. 听证笔录

_____市场监督管理局
听证笔录

案件名称：_____
时间：_____年____月____日____时____分 至____时____分
地点：_____
听证主持人：_____[听证员：_____]
记录员：_____[翻译人员：_____]
办案人员：_____、_____
当事人：_____
[法定代表人(负责人)：_____委托代理人：_____]
[第三人：_____
法定代表人(负责人)：_____委托代理人：_____
其他参加人：_____]
听证过程：
记录员：经查,听证参加人_____已到场,现在宣布听证纪律：
　　(一)服从听证主持人的指挥,未经听证主持人允许不得发言、提问；
　　(二)未经听证主持人允许不得录音、录像和摄影；
　　(三)听证参加人未经听证主持人允许不得退场；
　　(四)不得大声喧哗,不得鼓掌、哄闹或者进行其他妨碍听证秩序的活动。
　　报告听证主持人,听证准备就绪。
听证主持人：现在核对听证参加人。
当事人及委托代理人：_____
办案人员：_____
[第三人及委托代理人：_____
其他参加人：_____]
听证主持人：已核对当事人(委托代理人)[第三人、委托代理人、其他参加人]和办案人员的身份。现在宣布听证会开始进行。
　　本局于__年__月__日依法向当事人送达了____市监听通〔____〕____号《行政处罚听证通知书》。经_____申请举行_____一案听证会。本次听证主持人是_____,[听证员是_____],记录员是_____,[翻译人员是_____]。
　　现告知听证参加人在听证中的权利义务。
　　当事人享有以下权利：1.有权放弃听证；2.有权申请听证主持人、听证员、记录员、翻译人员回避；3.有权当场提出证明自己主张的证据；4.有权进行陈述和申辩；5.经听证主持人允许,可以对相关证据进行质证；6.经听证主持人允许,可以向到场的证人、鉴定人、勘验人发问；7.有权对听证笔录进行审核,认为无误后签名或者盖章。
　　[第三人享有以下权利：1.有权当场提出证明自己主张的证据；2.有权进行陈述；3.经听证主持人允许,可以对相关

证据进行质证;4. 经听证主持人允许,可以向到场的证人、鉴定人、勘验人发问;5. 有权对听证笔录进行审核,认为无误后签名或者盖章。]

听证参加人承担以下义务:1. 遵守听证纪律;2. 在审核无误的听证笔录上签名或者盖章。

当事人(委托代理人)是否申请听证主持人、记录员[听证员、翻译人员]回避？

当事人(委托代理人):

听证主持人:现在请办案人员提出当事人违法的事实、证据、行政处罚建议及依据。

听证主持人:现在请当事人(委托代理人)进行陈述和申辩。

[**听证主持人**:现在请第三人(委托代理人)进行陈述。]

听证主持人:现在开始质证。请办案人员出示相关证据,并说明证明目的。

听证主持人:现在请当事人(委托代理人)发表质证意见。

[**听证主持人**:请第三人(委托代理人)发表质证意见。]

听证主持人:现在开始辩论。请办案人员发表辩论意见。

听证主持人:现在请当事人(委托代理人)发表辩论意见。

[**听证主持人**:请第三人(委托代理人)发表辩论意见。]

[听证主持人]:请第三人(委托代理人)陈述你的最后意见。]
_____
_____
_____

听证主持人:请办案人员陈述最后意见。
_____
_____
_____

听证主持人:请当事人(委托代理人)陈述你的最后意见。
_____
_____
_____

听证主持人:现在宣布听证结束。请听证参加人核对听证笔录,无误后请签名或者盖章。

听证主持人:_____   年   月   日
[听证员][翻译人员]:_____   年   月   日
记录员:_____   年   月   日
办案人员:_____   年   月   日
当事人、委托代理人:_____   年   月   日
第三人、其他听证参加人:_____   年   月   日

第　页共　页

使用指南

《听证笔录》是对听证会全过程进行记录时所使用的文书。

一、文书适用范围

市场监督管理部门就行政处罚案件举行听证会,由听证记录员依据《市场监督管理行政处罚听证办法》第二十八条的规定,记载听证时间、地点、案由、听证人员、听证参加人员姓名、各方意见以及其他事项的,使用本文书。

二、文书制作提示

1. 根据听证参加人员情况,选择记载相应听证员、翻译人员、委托代理人、第三人、其他参加人等内容。

2. 听证会应当依据《市场监督管理行政处罚听证办法》第二十五条规定的程序进行。

3. 听证笔录应当经听证参加人核对无误后,由其当场签名或者盖章。当事人、第三人拒绝签名或者盖章的,由听证主持人在听证笔录中注明。笔录需要更正的,涂改部分由要求更正的人员签名、盖章或者以其他方式确认。

41. 听证报告

_____市场监督管理局
听证报告

案件名称：_____
听证时间：_____年____月____日____时____分至____时____分
听证地点：_____
听证方式：公开/不公开
听证主持人：_____[听证员：_____]
记录员：_____[翻译人员：_____]
办案人员：_____、_____
当事人：_____
[法定代表人(负责人)：_____委托代理人：_____]
[第三人：_____
法定代表人(负责人)：_____委托代理人：_____]
其他参加人：_____]
听证的基本情况：_____
_____
_____
_____
_____
_____
_____
_____
_____
_____
_____
_____
_____

处理意见及建议：_____
_____
_____

[需要报告的其他事项]_____
_____
_____

_____
_____
_____
_____
_____
_____

听证主持人：_____　　　　　　　　　年　月　日
[听证员]：_____　　　　　　　　　年　月　日
　　　　　_____　　　　　　　　　年　月　日

第　页共　页

使用指南

《听证报告》是听证主持人在听证结束后向市场监督管理部门负责人报告听证情况和处理意见建议时所使用的文书。

一、文书适用范围

市场监督管理部门在行政处罚案件听证结束后，听证主持人依据《市场监督管理行政处罚听证办法》第二十九条的规定，撰写听证报告、提出听证意见的，使用本文书。

二、文书制作提示

1. 根据听证参加人员情况，选择记载相应听证员、翻译人员、委托代理人、第三人、其他参加人等内容。

2. 文书制作要求内容完整，重点突出，应当包括以下内容：(1)听证案由；(2)听证人员、听证参加人；(3)听证的时间、地点；(4)听证的基本情况；(5)处理意见及建议；(6)需要报告的其他事项。

3. 处理意见及建议，按照事先告知当事人的拟作出的行政处罚决定，根据实际情况，可以提出同意、改变、撤销拟作出的行政处罚决定的建议，也可以提出重新进行研究、提交部门负责人集体讨论决定等建议。

4. 当事人提出的事实、理由或者证据成立的，听证主持人应当予以采纳，不得因当事人要求听证而提出更重的行政处罚建议。

42. 行政处罚案件集体讨论记录

_____市场监督管理局
行政处罚案件集体讨论记录

案件名称：_____
讨论时间：_____年_____月_____日
讨论地点：_____
主 持 人：_____
出席人员：_____
　　　　　_____
列席人员：_____
　　　　　_____
记 录 人：_____

讨论记录：
　　　（讨论一般按下列顺序进行：1. 办案机构(人员)汇报案件调查情况,包括违法事实、证据、处罚依据、裁量理由、处罚建议、存在问题或分歧意见等；2. 审核机构(人员)汇报案件审核意见；3. 出席人员询问案件有关问题并进行集体讨论；4. 出席人员发表意见；5. 主持人提出处理意见。）

_____
_____
_____
_____
_____
_____
_____
_____
_____

处理意见：
_____
_____
_____

出席人员签名：_____
_____
_____
_____
_____
_____

第　页共　页

使用指南

《行政处罚案件集体讨论记录》是记录市场监督管理部门负责人集体讨论情节复杂或者重大违法行为给予行政处罚的案件时所使用的文书。

一、文书适用范围

依据《市场监督管理行政处罚程序规定》第六十条第二款的规定,对《市场监督管理行政处罚程序规定》第五十条第一款规定的情节复杂或者重大违法行为给予行政处罚的案件,应当由市场监督管理部门负责人集体讨论决定。记录集体讨论过程和意见的,使用本文书。

二、文书制作提示

1. 出席人员是指参与案件集体讨论的市场监督管理部门负责人;列席人员是指列席会议的有关机构负责人、案件承办人、案件审核人员等有关人员。各单位可以根据案件具体情况确定出席人员。

2. 讨论记录应当真实、准确、完整,如实、简明地列明会议参加人员的意见。处理意见应当简明地表述案件处理意见,包括定性、处罚等方面内容。

3. 出席人员应当在讨论记录上签名。

43. 行政处理决定审批表

_____市场监督管理局
行政处理决定审批表

案件名称	
立案时间	年　　月　　日
行政处理决定建议类别	□给予行政处罚　　□有违法行为,依法不予行政处罚 □违法事实不能成立,不予行政处罚　　□移送其他行政管理部门 □移送司法机关　　□其他_____
是否经过复核（听证）程序	□当事人未提出陈述、申辩意见或者未申请听证 □案件经复核或者听证
建议作出行政处理决定的内容、主要事实、理由、依据	办案人员： 　　　　　　　　　　年　　月　　日
当事人陈述、申辩或者听证中提出的主要意见	
复核意见或者听证意见	
办案机构负责人意见	办案机构负责人： 　　　　　　　　　　年　　月　　日
部门负责人意见	部门负责人： 　　　　　　　　　　年　　月　　日
备注	

使用指南

《行政处理决定审批表》是办案机构在案件调查终结之后,将最终处理建议提请市场监督管理部门负责人审批决定时所使用的文书。

一、文书适用范围

市场监督管理部门办案机构依据《市场监督管理行政处罚程序规定》第六十条第一款的规定,将最终处理建议提请市场监督管理部门负责人审批决定的,使用本文书。

二、文书制作提示

1. 案件名称按照"当事人姓名(名称)+涉嫌+违法行为性质+案"的方式表述。

2. 本文书各栏内容由办案机构填写,报市场监督管理部门负责人审批。

3. 经市场监督管理部门负责人集体讨论的,讨论决定在本文书中应当予以记载。可由部门负责人填写集体讨论决定,表述为"经_____年____月____日集体讨论决定,同意";也可由办案人员在备注栏中予以注明。

4. 经审核机构审核的,由办案机构在备注栏注明"本案已由审核机构于_____年____月____日出具审核意见,审核意见为_____。"

44. 当场行政处罚决定书

_____市场监督管理局
当场行政处罚决定书

____市监当罚〔____〕__号

当事人：_____
主体资格证照名称：_____
统一社会信用代码：_____
住所(住址)：_____
法定代表人(负责人、经营者)：_____
身份证件号码：_____
联系电话：_____其他联系方式：_____
执法人员：_____,执法证号：_____
执法人员：_____,执法证号：_____
　　你(单位)_____
的行为，违反了_____
的规定。依据《中华人民共和国行政处罚法》第二十八条第一款、第五十一条、_____的规定，现责令你(单位)改正上述违法行为，并作出如下行政处罚：
　　□警告；
　　□罚款_____元。
　　罚款按下列方式缴纳：
　　□当场缴纳；
　　□即日起15日内通过_____缴纳罚款。
　　逾期不缴纳罚款的，依据《中华人民共和国行政处罚法》第七十二条的规定，本局将每日按罚款数额的百分之三加处罚款，并依法申请人民法院强制执行。
　　你(单位)如不服本行政处罚决定，可以在收到本当场行政处罚决定书之日起_____内向_____申请行政复议；也可以在_____内依法向_____人民法院提起行政诉讼。

_____市场监督管理局
（印　章）
年　　月　　日

　　本行政处罚决定作出前执法人员已向你(单位)出示执法证件，告知你(单位)拟作出的行政处罚内容及事实、理由、依据，并告知你(单位)有权进行陈述和申辩。

处罚地点：_____
当事人确认及签收：_____ 　　年　　月　　日
执法人员：_____ 　　年　　月　　日
　　　　　_____ 　　年　　月　　日

本文书一式____份，____份送达，一份归档，_____。

使用指南

　　《当场行政处罚决定书》是市场监督管理部门或者其派出机构依照行政处罚简易程序的相关规定对违法行为人当场作出行政处罚时所使用的文书。

一、文书适用范围

　　市场监督管理部门执法人员依据《中华人民共和国行政处罚法》第五十一条的规定，违法事实确凿并有法定依据，对公民处以二百元以下、对法人或者其他组织处以三千元以下罚款或者警告的行政处罚，当场作出行政处罚决定的，使用本文书。

二、文书制作提示

　　1. 本文书由市场监督管理部门预先印制并编制文书编号，应当确保每一个文书分别标有不同编号，加以区分。

　　2. 执法人员当场作出行政处罚决定的，应当主动向当事人出示执法身份证件，填写本文书当场交付当事人。

　　3. 当事人有主体资格证照的，按照当事人主体资格证照记载事项填写主体资格证照名称、统一社会信用代码、住所（住址）、法定代表人（负责人）等信息。当事人是个体工商户且有字号的，以字号名称为当事人名称，同时填写经营者姓名、身份证件号码。当事人主体资格证照未加载统一社会信用代码的，填写当事人主体资格证照名称及号码。

　　当事人是个人的，按照居民身份证记载事项填写姓名、住址及公民身份号码等信息。如无居民身份证的，填写其他有效身份证件名称及号码。

　　4. 本文书中应当填写对当事人违法行为的概述，对当事人违法行为定性与处罚所依据的法律、法规、规章的具体条款，以及处罚的具体内容、时间、地点。

　　5. 书写罚没款金额一般应当使用汉字数字，要填写正确，避免涂改。罚款缴纳方式为交至代收机构的，一般需填写代收机构名称、地址等。

　　6. 依据《中华人民共和国行政处罚法》第六十八条、第六十九条和《市场监督管理行政处罚程序规定》第七十二条的规定，符合相应条件的，执法人员可以当场收缴罚款。

　　7. 本文书应当写明当事人不服行政处罚决定申请行政复议或者提起行政诉讼的途径和期限。对行政处罚决定不服的，依法申请行政复议的期限为六十日，法律规定的申请期限超过六十日的从其规定；依法提起行政诉讼的期限为六个月，法律另有规定的从其规定。

　　8. 执法人员当场作出行政处罚决定的，有关材料需在作出行政处罚决定之日起七个工作日内交至市场监督管理部门归档保存。

45. 行政处罚决定书

_____市场监督管理局
行政处罚决定书

____市监处罚〔____〕__号

当事人：_____
主体资格证照名称：_____
统一社会信用代码：_____
住所(住址)：_____
法定代表人(负责人、经营者)：_____
身份证件号码：_____

　　(案件来源及调查经过)
_____

　　经查,(案件事实)
_____

　　上述事实,主要有以下证据证明：_____
_____

　　(行政处罚告知情况,当事人陈述、申辩、听证意见、复核以及采纳情况和理由)
_____

　　本局认为,(违法行为性质及定性、处罚依据)
_____

　　(自由裁量的事实和理由)
_____

　　综上,当事人上述行为违反了_____,
依据_____,[现责令当事人改正上述违法行为,并]决定处罚如下：
　　1._____
　　2._____
　　3._____
　　(行政处罚的履行方式和期限)
_____

　　(救济途径和期限)
_____

　　　　　　　　　　　　　　　　　　_____市场监督管理局
　　　　　　　　　　　　　　　　　　　　　　　　　(印　章)
　　　　　　　　　　　　　　　　　　　　　　　年　　月　　日

(市场监督管理部门将依法向社会公开行政处罚决定信息)

本文书一式____份,____份送达,一份归档,_____。

使用指南

《行政处罚决定书》是市场监督管理部门对当事人作出行政处罚决定时所使用的文书。

一、文书适用范围

市场监督管理部门依据《中华人民共和国行政处罚法》第五十九条、《市场监督管理行政处罚程序规定》第六十二条的规定，对当事人作出行政处罚决定，载明对当事人作出行政处罚决定的事实、理由、依据及处罚内容等事项的，使用本文书。

二、文书制作提示

1. 适用普通程序办理的行政处罚案件使用本文书，适用简易程序办理的行政处罚案件不使用本文书。

2. 行政处罚决定书的主要内容包括：

（1）当事人的姓名或者名称、地址等基本情况。当事人有主体资格证照的，按照当事人主体资格证照记载事项填写主体资格证照名称、统一社会信用代码、住所（住址）、法定代表人（负责人）等信息。当事人是个体工商户且有字号的，以字号名称为当事人名称，同时填写经营者姓名、身份证件号码。当事人主体资格证照未加载统一社会信用代码的，填写当事人主体资格证照名称及号码。

当事人是个人的，按照居民身份证记载事项填写姓名、住址及公民身份号码等信息。如无居民身份证的，填写其他有效身份证件名称及号码。

（2）案件来源及调查经过。可以写明案件线索来源、核查及立案的时间，以及采取的先行登记保存、行政强制措施、现场检查、抽样取证等案件调查情况。

（3）案件事实。案件事实需表述清楚，包括违法行为的时间、地点、目的、手段、情节、违法所得、危害结果、主观过错等。要客观真实，所描述的事实必须得到相关证据的支持，内容全面、重点突出。

（4）相关证据及证明事项。要将认定案件事实所依据的证据列举清楚，所列举的证据要符合证据的基本要素，根据证据规则应当能够认定案件事实。必要时可以将证据与所证明的事实对应列明。

（5）行政处罚告知情况，当事人陈述、申辩、听证意见，复核以及采纳情况和理由。叙述行政处罚告知的送达情况；当事人陈述、申辩的内容，经过听证的案件，还需写明听证意见；对当事人陈述、申辩、听证意见的复核情况以及采纳或者不予采纳的理由。

（6）违法行为性质及定性、处罚依据。认定违法行为的性质。定性依据即违法行为所直接违反的法律、法规和规章规定，它既是判定行为是否违法的依据，也是判定构成何种违法行为的依据。处罚依据即决定处罚内容所依据的法律、法规、规章规定。在表述定性依据和处罚依据时，应当写明所依据的具体条款和内容。

（7）自由裁量的事实和理由。从违法行为的具体事实、性质、情节、社会危害程度、主观过错以及公平公正要求等方面，对行政处罚自由裁量的依据和理由加以表述，阐明对当事人从重、从轻、减轻处罚的情形。

行政处罚的内容包括对当事人给予处罚的种类和数额，有多项的应当分项写明。责令改正不属于行政处罚，不列入行政处罚内容中，可以在行政处罚内容前表述。

（9）行政处罚的履行方式和期限。行政处罚规定有罚没款处罚的，应当写明收缴罚没款的银行或者代收机构的名称、地址以及对当事人逾期缴纳罚款可以加处罚款的表述。一般表述为"当事人应当自收到本行政处罚决定书之日起十五日内，将罚没款缴至＿＿＿＿银行（代收机构名称：＿＿＿＿地址：＿＿＿＿），或者通过＿＿＿＿电子支付系统缴纳（缴纳方式为：＿＿＿＿）。到期不缴纳罚款的，依据《中华人民共和国行政处罚法》第七十二条的规定，本局将每日按罚款数额的百分之三加处罚款，并依法申请人民法院强制执行。"

（10）救济途径和期限。写明当事人不服行政处罚决定申请行政复议或者提起行政诉讼的途径和期限。对此，一般表述为"如你（单位）不服本行政处罚决定，可以在收到本行政处罚决定书之日起六十日内向＿＿＿＿申请行政复议；也可以在六个月内依法向＿＿＿＿人民法院提起行政诉讼。申请行政复议或者提起行政诉讼期间，行政处罚不停止执行。"对行政处罚决定不服的，依法申请行政复议的期限为六十日，法律规定的申请期限超过六十日的从其规定；依法提起行政诉讼的期限为六个月，法律另有规定的从其规定。

3. 正文中括号内的楷体文字为内容提示，不体现在文书内容中。

4. 根据《市场监督管理行政处罚程序规定》第六十三条第一款，对具有一定社会影响的行政处罚决定应当在本文书末尾载明"（市场监督管理部门将依法向社会公开行政处罚决定信息）"。

5. 市场监督管理部门送达本文书，应当在宣告后当场交付当事人。当事人不在场的，应当在七个工作日内按照《市场监督管理行政处罚程序规定》第八十二条、第八十三条的规定送达当事人。

6. 本文书需填报《行政处理决定审批表》，经市场监督管理部门负责人批准后制发。

46. 不予行政处罚决定书

_____市场监督管理局
不予行政处罚决定书

____市监不罚〔____〕__号

当事人：_____
主体资格证照名称：_____
统一社会信用代码：_____
住所（住址）：_____
法定代表人（负责人、经营者）：_____
身份证件号码：_____

（案件来源及调查经过）
_____
_____

经查，（案件事实）
_____
_____

上述事实，主要有以下证据证明：_____
_____

（行政处罚告知情况、当事人陈述、申辩、听证意见，复核以及采纳情况和理由）
_____

（违法行为性质、不予行政处罚的决定和理由）
_____
_____

（救济途径和期限）
_____

依据《中华人民共和国行政处罚法》第三十三条第三款的规定，对你（单位）进行教育，具体内容如下：
1._____
2._____
3._____

_____市场监督管理局
（印　章）
年　　月　　日

本文书一式____份，____份送达，一份归档，_____。

使用指南

《不予行政处罚决定书》是市场监督管理部门对当事人确有违法行为但依法不予行政处罚时所使用的文书。

一、文书适用范围

市场监督管理部门适用普通程序办理行政处罚案件，依据《中华人民共和国行政处罚法》的规定，对符合《市场监督管理行政处罚程序规定》第六十条第一款第二项情形，或者依据其他法律、法规规定作出不予行政处罚决定的，使用本文书。

二、文书制作提示

1. 本文书不适用于"违法事实不成立，不予行政处罚"情形。

2. 不予行政处罚决定书的主要内容包括：

(1) 当事人的姓名或者名称、地址等基本情况。当事人有主体资格证照的，按照当事人主体资格证照记载事项填写主体资格证照名称、统一社会信用代码、住所(住址)、法定代表人(负责人)等信息。当事人是个体工商户且有字号的，以字号名称为当事人名称，同时填写经营者姓名、身份证件号码。当事人主体资格证照未加载统一社会信用代码的，填写当事人主体资格证照名称及号码。

当事人是个人的，按照居民身份证记载事项填写姓名、住址及公民身份号码等信息。如无居民身份证的，填写其他有效身份证件名称及号码。

(2) 案件来源及调查经过。可以写明案件线索来源、核查及立案的时间，以及采取的先行登记保存、行政强制措施、现场检查、抽样取证等案件调查情况。

(3) 案件事实。案件事实需表述清楚，包括违法行为的时间、地点、目的、手段、情节、违法所得、危害结果、主观过错等。要客观真实，所描述的事实必须得到相关证据的支持，内容全面、重点突出。

(4) 相关证据及证明事项。要将认定案件事实所依据的证据列举清楚，所列举的证据要符合证据的基本要素，根据证据规则应当能够认定案件事实。必要时可以将证据与所证明的事实分类列明。

(5) 行政处罚告知情况，当事人陈述、申辩、听证意见，复核以及采纳情况和理由。如已进行行政处罚告知，听取当事人陈述、申辩，或者举行听证的，应当记载相关情况。

(6) 违法行为性质、不予行政处罚的决定和理由。写明对当事人违法行为的定性及依据，以及不予行政处罚的理由及依据。决定责令当事人改正或者限期改正违法行为的，可以在本文书中一并表述。

(7) 救济途径和期限。写明当事人不服不予行政处罚决定申请行政复议或者提起行政诉讼的途径和期限。对此，一般表述为"如你(单位)不服本行政处罚决定，可以在收到本行政处罚决定书之日起六十日内向＿＿＿＿＿＿申请行政复议；也可以在六个月内依法向＿＿＿＿＿＿人民法院提起行政诉讼。"对行政处罚决定不服的，依法申请行政复议的期限为六十日，法律规定的申请期限超过六十日的从其规定；依法提起行政诉讼的期限为六个月，法律另有规定的从其规定。

(8) 根据《中华人民共和国行政处罚法》第三十三条第三款、《市场监督管理行政处罚程序规定》第六十一条规定，对当事人的违法行为依法不予行政处罚的，市场监督管理部门应当对当事人进行教育，如：要求当事人加强法律法规学习，可列明与违法行为相关的具体法律法规目录或条文；要求当事人规范经营行为，遵守行政管理秩序；要求当事人增强安全主体责任意识，加强安全规范管理等。具体可以根据实际情况填写。

3. 正文中括号内的楷体文字为内容提示，不体现在文书内容中。

4. 本文书需填报《行政处理决定审批表》，经市场监督管理部门负责人批准后制发。

5. 市场监督管理部门送达本文书，应当在宣告后当场交付当事人。当事人不在场的，应当在七个工作日内按照《市场监督管理行政处罚程序规定》第八十二条、第八十三条的规定送达当事人。

47. 延期/分期缴纳罚款通知书

_____市场监督管理局
延期/分期缴纳罚款通知书

____市监延分通〔____〕__号

_____：
　　本局于___年___月___日对你(单位)作出行政处罚决定(《行政处罚决定书》___市监处罚〔____〕____号),处罚款_____元。你(单位)于___年___月___日向本局提出延期/分期缴纳罚款的申请。
　　依据《中华人民共和国行政处罚法》第六十六条、《市场监督管理行政处罚程序规定》第七十四条的规定,本局同意你(单位)暂缓缴纳,_____
_____。
　　到期不缴纳罚款的,依据《中华人民共和国行政处罚法》第七十二条的规定,本局将_____。
　　[依据《中华人民共和国行政处罚法》第六十六条、《市场监督管理行政处罚程序规定》第七十四条的规定,本局同意你(单位)分期缴纳,时限及数额具体如下：

序号	缴 款 时 间	缴款数额(元)	备　　注
	年　月　日前		
	年　月　日前		
	年　月　日前		
	合　　　　计		

　　你(单位)应当在每次缴款时间届满前缴清当期缴款数额,到期不缴纳的,依据《中华人民共和国行政处罚法》第七十二条的规定,本局将_____
_____。]

　　　　　　　　　　　　　　　　　　　　　　_____市场监督管理局
　　　　　　　　　　　　　　　　　　　　　　　　　　　　(印　章)
　　　　　　　　　　　　　　　　　　　　　　　　　　年　　月　　日

本文书一式____份,____份送达,一份归档,_____。

使用指南

《延期/分期缴纳罚款通知书》是当事人确有经济困难,需要延期或者分期缴纳罚款,向市场监督管理部门提出书面申请后,经市场监督管理部门负责人批准同意,书面告知当事人时所使用的文书。

一、文书适用范围

市场监督管理部门依据《市场监督管理行政处罚程序规定》第七十四条的规定,对当事人书面提出的延期或者分期缴纳罚款申请,经市场监督管理部门负责人批准同意后,告知当事人的,使用本文书。

二、文书制作提示

1. 本文书使用时,应当根据实际情况在标题中对延期或者分期进行选择,同时选择相应的正文内容。

2. 同意暂缓缴纳的,应当明确缴纳的最后期限;同意分期缴纳的,应当明确每期缴纳的数额和期限。

3. 如当事人到期不缴纳罚款,市场监督管理部门依据《中华人民共和国行政处罚法》第七十二条的规定,可以每日按罚款数额的百分之三加处罚款,并依法申请人民法院强制执行。加处罚款的数额不得超出罚款的数额。

4. 使用本文书需填报《行政处罚案件有关事项审批表》,经市场监督管理部门负责人批准。

5. 本文书需送达当事人,并归档。

48. 行政处罚决定履行催告书

_____市场监督管理局
行政处罚决定履行催告书

____市监罚催〔____〕____号

_____:

　　本局于___年___月___日对你(单位)作出行政处罚决定(《行政处罚决定书》____市监处罚〔____〕____号)。你(单位)在法定期限内对该《行政处罚决定书》确定的下列义务没有履行：_____
_____
_____。

　　依据《中华人民共和国行政强制法》第五十四条的规定，本局现催告你(单位)自收到本催告书之日起十个工作日内按照该《行政处罚决定书》确定的方式依法履行上述义务。

　　收到本催告书后，你(单位)有权进行陈述、申辩。无正当理由逾期仍不履行上述义务的，本局将依法申请人民法院强制执行。

　　联系人：_____联系电话：_____
　　联系地址：_____

_____市场监督管理局
(印　章)
年　　月　　日

本文书一式____份，____份送达，一份归档，_____。

使用指南

　　《行政处罚决定履行催告书》是市场监督管理部门因当事人未在规定期限内履行行政处罚决定，在申请人民法院强制执行前，催告当事人履行义务时所使用的文书。

　　一、文书适用范围

　　市场监督管理部门依据《中华人民共和国行政强制法》第五十三条、第五十四条的规定，因当事人在法定期限内不申请行政复议或者提起行政诉讼又不履行行政处罚决定，在申请人民法院强制执行前催告当事人履行相关义务的，使用本文书。

　　二、文书制作提示

　　1. 本文书应当载明市场监督管理部门作出行政处罚决定的文书名称、文号，行政处罚决定书确定的义务，以及没有履行义务的情况。没有履行义务的情况，可以填写尚未缴纳罚款的数额以及加处罚款的数额，如："1. 罚款五万元；2. 因逾期未缴纳上述罚款，依法加处的罚款____万元"。

　　2. 使用本文书需填报《行政处罚案件有关事项审批表》，经市场监督管理部门负责人批准。

　　3. 本文书需送达当事人，并归档。

49. 强制执行申请书

_____市场监督管理局
强制执行申请书

____市监执申〔____〕__号

申请人：_____
法定代表人：_____ 职务：_____
地址：_____

被申请人：_____
(个人)身份证件号码：_____
(单位)法定代表人(负责人)：_____
住所(住址)：_____
统一社会信用代码：_____
联系电话：_____

请求事项：
　　申请_____人民法院强制执行：
　　1. 被申请人未依法履行的《行政处罚决定书》(____市监处罚〔_____〕____号)中_____的处罚内容；
　　2. 加处罚款_____元，计算方式为_____。

申请强制执行的事实和理由：
　　本局于____年____月____日对被申请人作出《行政处罚决定书》(____市监处罚〔____〕____号)，(此处填写当事人履行情况、复议或者诉讼情况)_____
_____

　　本局于____年____月____日向被申请人送达了《行政处罚决定履行催告书》(____市监罚催〔____〕____号)，但被申请人在规定期限内仍未履行行政处罚决定。依据《中华人民共和国行政强制法》第五十三条、五十四条的规定，特依法申请强制执行。

　　联系人：_____ 联系电话：_____

　　附件：1.《行政处罚决定书》(____市监处罚〔____〕____号)
　　　　　2.《行政处罚决定履行催告书》(____市监催〔____〕____号)
　　　　　3. 法定代表人身份证明，授权委托书
　　　　　4. 当事人意见及其他材料

行政机关负责人：_____

_____市场监督管理局
（印　章）
　　年　　月　　日

本文书一式____份，____份送达，一份归档，_____。

使用指南

《强制执行申请书》是市场监督管理部门申请人民法院强制执行行政处罚决定时所使用的文书。

一、文书适用范围

依据《市场监督管理行政处罚程序规定》第七十六条第一款的规定，当事人在法定期限内不申请行政复议或者提起行政诉讼，又不履行行政处罚决定，且在收到催告书十个工作日后仍未履行行政处罚决定的，市场监督管理部门可以在期限届满之日起三个月内依法申请人民法院强制执行。向人民法院申请强制执行的，使用本文书。

二、文书制作提示

1. 应当准确填写申请人、被申请人信息，写明具体的请求事项和事实理由。

2. 请求事项应当就行政处罚决定中当事人未履行的部分申请强制执行。对到期不缴纳罚款的当事人加处罚款的，申请强制执行时应当一并申请。

3. 要准确把握申请强制执行的期限，避免超期申请。

4. 根据《中华人民共和国行政强制法》第五十五条第二款规定，强制执行申请书应当由行政机关负责人签名，加盖行政机关的印章，并注明日期。

5. 使用本文书需填报《行政处罚案件有关事项审批表》，经市场监督管理部门负责人批准。

6. 当地人民法院对本文书内容和格式另有要求的，按其要求制作。

50. 送达回证

_____市场监督管理局
送达回证

送达文书名称及文号	
受送达人	
送达时间	
送达地点	
送达方式	
收件人	（签名或者盖章） 　　　　　　　　　　　　　　年　　月　　日
送达人	（签名或者盖章） 　　　　　　　　　　　　　　年　　月　　日
见证人	（签名或者盖章） 　　　　　　　　　　　　　　年　　月　　日
备注	

使用指南

《送达回证》是市场监督管理部门送达执法文书，记载相关文书送达情况时所使用的文书。

一、文书适用范围

依据《市场监督管理行政处罚程序规定》第八十一条、第八十二条、第八十三条的规定，市场监督管理部门办理行政处罚案件，需要送达法律文书的，使用本文书。

二、文书制作提示

1.《送达回证》一般适用于直接送达、留置送达和委托送达。

2. 送达时间，应当精确到日。根据实际情况，也可精确到"××时××分"。

3. 送达地点，应当填写街道、楼栋、单元、门牌号等完整信息。

4. 收件人签名或盖章，并填写收件时间。收件人与受送达人不一致时，应当在备注中注明收件人的身份。

51. 行政处罚文书送达公告

_____市场监督管理局
行政处罚文书送达公告
____市监罚送告〔____〕__号

_____：
 本局于___年___月___日依法对你(单位)作出_____，因你下落不明/采取其他送达方式无法送达，依据《市场监督管理行政处罚程序规定》第八十二条第五项的规定，本局决定依法向你(单位)公告送达_____ _____，内容是：_____。
 请你(单位)自本公告发布之日起六十日内到本局领取_____，逾期不领取即视为送达。
 (告知当事人陈述、申辩、复议、诉讼等权利)

联系人：_____ 联系电话：_____
联系地址：_____

_____市场监督管理局
（印　章）
年　月　日

本文书一式___份，___份送达，一份归档，_____。

使用指南

　《行政处罚文书送达公告》是市场监督管理部门公告送达行政处罚有关文书时所使用的文书。
　一、文书适用范围
　依据《市场监督管理行政处罚程序规定》第八十二条第五项，受送达人下落不明或者采取其他送达方式无法送达，市场监督管理部门公告送达行政处罚告知书、行政处罚决定书、行政处罚决定履行催告书等行政处罚文书时，使用本文书。
　二、文书制作提示
　1. 公告中填写的内容应当说明送达的行政处罚文书的名称、文号和主要内容，当事人依法享有陈述、申辩、复议、诉讼等权利的，应当一并公告。
　2. 公告送达前，应当先采取直接送达、留置送达、邮寄送达、委托送达及其他合理的送达方式。
　3. 公告送达的，可以在市场监督管理部门公告栏和受送达人住所地张贴公告，也可以在报纸或者市场监督管理部门门户网站等刊登公告。自公告发布之日起经过六十日，即视为送达。在市场监督管理部门公告栏和受送达人住所地张贴公告的，应当采取拍照、录像等方式记录张贴过程。
　4. 公告送达的，应当在案件材料中载明原因和经过，并将本文书归档。
　5. 正文中括号内的楷体文字为内容提示，不体现在文书内容中。

52. 涉案物品处理记录

<u>　　　　　</u>市场监督管理局
涉案物品处理记录

处理物品：见《场所/设施/财物清单》(文书编号：<u>　　　　　　　　　　　　　　　</u>)

<u>　　　　　　　　　　　　　　　　　　　　　　　　　　　　　　　　　　　　　</u>

物品来源：<u>　　　　　　　　　　　　　　　　　　　　　　　　　　　　　　　</u>
处理依据：<u>　　　　　　　　　　　　　　　　　　　　　　　　　　　　　　　</u>
处理时间：<u>　　　　　　　　　　　　　　　　　　　　　　　　　　　　　　　</u>
处理地点：<u>　　　　　　　　　　　　　　　　　　　　　　　　　　　　　　　</u>
执行人：<u>　　　　　　　　　　　</u>、<u>　　　　　　　　　　　　　　　　　</u>
监督人：<u>　　　　　　　　　　　　　　　　　　　　　　　　　　　　　　　　</u>
处理情况：<u>　　　　　　　　　　　　　　　　　　　　　　　　　　　　　　　</u>

<u>　　　　　　　　　　　　　　　　　　　　　　　　　　　　　　　　　　　　　</u>
<u>　　　　　　　　　　　　　　　　　　　　　　　　　　　　　　　　　　　　　</u>
<u>　　　　　　　　　　　　　　　　　　　　　　　　　　　　　　　　　　　　　</u>
<u>　　　　　　　　　　　　　　　　　　　　　　　　　　　　　　　　　　　　　</u>
<u>　　　　　　　　　　　　　　　　　　　　　　　　　　　　　　　　　　　　　</u>

执行人：<u>　　　　　　　　　　　　　　　　　　　　　　　　　　</u>　年　月　日
　　　　<u>　　　　　　　　　　　　　　　　　　　　　　　　　　</u>　年　月　日
监督人：<u>　　　　　　　　　　　　　　　　　　　　　　　　　　</u>　年　月　日

第　页共　页

使用指南

《涉案物品处理记录》是市场监督管理部门对采取行政强制措施或者没收的物品依法进行处理时所使用的文书。

一、文书适用范围

依据《中华人民共和国行政处罚法》第七十四条第一款、《市场监督管理行政处罚程序规定》第四十一条第三款等规定，市场监督管理部门对查封、扣押或者依法没收的物品进行处理并记载相关情况的，使用本文书。

二、文书制作提示

1.《场所/设施/财物清单》是指处理物品时制作的清单，备注栏可以填写物品的处理方式。
2. 物品来源可以填写行政处罚决定书、实施行政强制措施决定书等文书及文号。
3. 处理依据是指市场监督管理部门依据罚没物资处理制度、物品先行处理制度等对物品进行处理的审批决定。
4. 监督人一般是指市场监督管理部门纪检、法制、财务等机构的工作人员，也可以是第三方见证物品处理过程的人员。
5. 处理情况中应当详细记录物品的自然状况和质量状况以及参与处理的部门、人员、处理过程、处理结果等。
6. 根据实际情况，可附物品处理过程的照片、录像等资料。

53. 结案审批表

_____市场监督管理局
结案审批表

案件名称	
立案日期	办案人员
处理决定文书	处理决定日期
结案情形	□行政处罚决定执行完毕　□人民法院裁定终结执行 □案件终止调查　　　　　□依法不予行政处罚 □违法事实不能成立　　　□移送其他行政管理部门 □移送司法机关　　　　　□其他：_____
行政处罚内容	
行政处罚决定的执行方式	□主动履行 □强制执行　　　　　　　罚没财物处置情况 □其他：_____
办案人员意见	办案人员： 　　年　　月　　日
办案机构负责人意见	办案机构负责人： 　　年　　月　　日
部门负责人意见	部门负责人： 　　年　　月　　日
备注	

使用指南

《结案审批表》是市场监督管理部门结案时所使用的文书。

一、文书适用范围

市场监督管理部门适用普通程序办理行政处罚案件,依据《市场监督管理行政处罚程序规定》第七十七条规定予以结案的,使用本文书。

二、文书制作提示

1. 案件名称按照"当事人姓名(名称)+违法行为性质+案"的方式表述。对于案件终止调查、违法事实不能成立、立案调查后移送其他行政管理部门和司法机关等处理决定,按照"当事人姓名(名称)+涉嫌+违法行为性质+案"的方式表述。

2. 案件终止调查或者违法事实不能成立的,不需填写"处理决定文书"栏。处理决定日期填写相应《行政处罚案件有关事项审批表》日期。

3. 罚没财物处置情况应当写明罚没财物的处置时间、方式及结果。

54. 行政处罚案件卷宗封面

全宗名称	_____市场监督管理局		
档案类别	行政处罚案件卷宗		
案件名称			
行政处罚(不予行政处罚)决定书文号		办案机构	
办案日期	立案日期　年　月　日 结案日期　年　月　日	保管期限	
本卷共_____件_____页		归档号	

全宗号	目录号	案卷号

使用指南

《行政处罚案件卷宗封面》是市场监督管理部门在行政处罚案件结案后将案件材料立卷归档时所作的案卷封面。

一、文书适用范围

市场监督管理部门依据《市场监督管理行政处罚程序规定》第七十八条的规定，将案件材料立卷归档，制作、填写卷宗封面的，使用本文书。

二、文书制作提示

1. 结案后，负责整理装订案卷的工作人员应当将案件材料按照档案管理的有关规定立卷归档。案卷归档应当一案一卷、材料齐全、规范有序。案卷可以分正卷、副卷，并按照要求归档。

2. 制作《行政处罚案件卷宗封面》需符合《文书档案案卷格式》（GB/T 9705-2008）基本要求，保持封面尺寸、填写方法等规范统一。

3. 案件名称按照"当事人姓名（名称）+违法行为+案"的方式表述。对于案件终止调查、违法事实不能成立、立案调查后移送司法机关等处理决定，按照"当事人姓名（名称）+涉嫌+违法行为+案"的方式表述。

4. 行政处罚（不予行政处罚）决定书文号，按照《行政处罚决定书》或者《不予行政处罚决定书》发文字号填写。对于案件终止调查、违法事实不能成立、立案调查后移送司法机关等处理决定，不填写此项内容。

5. 办案机构是指市场监督管理部门负责承办案件的机构。

6. 保管期限，需根据行政处罚案件档案保管期限有关规定写明具体年限，保管期限自立卷之日起计算。

7. 卷内文件情况，需写明卷内文书、文件的件数及总页数。

8. 归档号由立卷人填写。由8位阿拉伯数字表示，前4位为案件办理当年的年份号，后4位为结案案件的流水号，自0001号开始，一案一号，依次编号。案件跨年度办结的，前4位使用案件办理当年年份号，后4位按当年结案案件流水号排序。

9. 全宗号、目录号、案卷号由本部门档案管理部门填写。全宗号是档案主管部门指定给立档单位的编号；目录号是全宗内案卷所属目录的编号，在同一个全宗内不允许出现重复的案卷目录号；案卷号是目录内案卷的顺序编号，在同一个案卷目录内不允许出现重复的案卷号，案卷号可依行政处罚决定书文号确定。

55. 卷内文件目录

卷内文件目录

序号	文号	文件名称	日期	页号	备注

使用指南

《卷内文件目录》是市场监督管理部门在行政处罚案件结案后，将案件材料装订成卷时记述有关案卷内材料的文书。

一、文书适用范围

市场监督管理部门在案件结案后，将案件材料按照档案管理的有关规定立卷归档时，依据《市场监督管理行政处罚程序规定》第七十八条第二款、第三款的规定，标示案卷内材料及顺序的，使用本文书。

二、文书制作提示

1. 制作《卷内文件目录》需符合《文书档案案卷格式》（GB/T 9705-2008）基本要求，保持幅面尺寸、填写方法等规范统一。

2. 序号使用阿拉伯数字填写。卷内文件应当按照《市场监督管理行政处罚程序规定》第七十八条第二款、第三款的顺序依次排列。发生行政复议或者行政诉讼的，行政复议答复书、行政诉讼答辩状以及行政复议决定书、行政判决书等文书材料应予归档。

3. 卷内文件有文号的，应当填入文号。

4. 写明该文件的制作、收集日期。填写时可省略"年""月""日"字。时间以 8 位数字表示，期中前 4 位表示年，中间 2 位表示月，后 2 位表示日，月日不足两位的，前面补"0"。

5. 每份文件应写明在整个案卷中的起止页号。以阿拉伯数字编写页号，空白页不编写页号。页号应当逐页编制，宜分别标注在文件正面右上角或背面左上角的空白位置。

6. 备注项目，说明卷内文件变化以及需要注释说明的其他情况。

56. 卷内备考表

卷内备考表

本卷情况说明：
缺损、修改、补充、部分灭失等情况。

立卷人：
检查人：
立卷时间：

使用指南

　　《卷内备考表》是根据档案管理有关规定，市场监督管理部门在案件办结归档时，记录、说明案卷内材料状况所使用的文书。
　　一、文书适用范围
　　市场监督管理部门在案件办结归档时，记录、说明案卷内材料状况的，使用本文书。
　　二、文书制作提示
　　1. 制作《卷内备考表》需符合《文书档案案卷格式》（GB/T 9705-2008）基本要求，保持幅面尺寸、填写方法等规范统一。
　　2. 本卷情况说明，写明有无缺损、修改、补充、部分灭失等情况。立卷后发生的或者发现的问题由有关的档案管理人员填写并签名、标注时间。
　　3. 立卷人，由整理装订案卷的工作人员签名，一般是指市场监督管理部门执法办案人员，也可以是负责档案工作的人员。
　　4. 检查人，由负责检查案卷质量的审核人员签名。
　　5. 立卷时间，填写案卷整理完毕经审核合格予以归档的日期。

二、工商管理

1. 市场主体登记管理

(1) 登记注册

中华人民共和国市场主体登记管理条例

· 2021 年 4 月 14 日国务院第 131 次常务会议通过
· 2021 年 7 月 27 日中华人民共和国国务院令第 746 号公布
· 自 2022 年 3 月 1 日起施行

第一章 总 则

第一条 为了规范市场主体登记管理行为，推进法治化市场建设，维护良好市场秩序和市场主体合法权益，优化营商环境，制定本条例。

第二条 本条例所称市场主体，是指在中华人民共和国境内以营利为目的从事经营活动的下列自然人、法人及非法人组织：

（一）公司、非公司企业法人及其分支机构；

（二）个人独资企业、合伙企业及其分支机构；

（三）农民专业合作社（联合社）及其分支机构；

（四）个体工商户；

（五）外国公司分支机构；

（六）法律、行政法规规定的其他市场主体。

第三条 市场主体应当依照本条例办理登记。未经登记，不得以市场主体名义从事经营活动。法律、行政法规规定无需办理登记的除外。

市场主体登记包括设立登记、变更登记和注销登记。

第四条 市场主体登记管理应当遵循依法合规、规范统一、公开透明、便捷高效的原则。

第五条 国务院市场监督管理部门主管全国市场主体登记管理工作。

县级以上地方人民政府市场监督管理部门主管本辖区市场主体登记管理工作，加强统筹指导和监督管理。

第六条 国务院市场监督管理部门应当加强信息化建设，制定统一的市场主体登记数据和系统建设规范。

县级以上地方人民政府承担市场主体登记工作的部门（以下称登记机关）应当优化市场主体登记办理流程，提高市场主体登记效率，推行当场办结、一次办结、限时办结等制度，实现集中办理、就近办理、网上办理、异地可办，提升市场主体登记便利化程度。

第七条 国务院市场监督管理部门和国务院有关部门应当推动市场主体登记信息与其他政府信息的共享和运用，提升政府服务效能。

第二章 登记事项

第八条 市场主体的一般登记事项包括：

（一）名称；

（二）主体类型；

（三）经营范围；

（四）住所或者主要经营场所；

（五）注册资本或者出资额；

（六）法定代表人、执行事务合伙人或者负责人姓名。

除前款规定外，还应当根据市场主体类型登记下列事项：

（一）有限责任公司股东、股份有限公司发起人、非公司企业法人出资人的姓名或者名称；

（二）个人独资企业的投资人姓名及居所；

（三）合伙企业的合伙人名称或者姓名、住所、承担责任方式；

（四）个体工商户的经营者姓名、住所、经营场所；

（五）法律、行政法规规定的其他事项。

第九条 市场主体的下列事项应当向登记机关办理备案：

（一）章程或者合伙协议；

（二）经营期限或者合伙期限；

（三）有限责任公司股东或者股份有限公司发起人认缴的出资数额，合伙企业合伙人认缴或者实际缴付的出资数额、缴付期限和出资方式；

（四）公司董事、监事、高级管理人员；

（五）农民专业合作社（联合社）成员；

（六）参加经营的个体工商户家庭成员姓名；

（七）市场主体登记联络员、外商投资企业法律文件送达接受人；

（八）公司、合伙企业等市场主体受益所有人相关信息；

（九）法律、行政法规规定的其他事项。

第十条 市场主体只能登记一个名称，经登记的市场主体名称受法律保护。

市场主体名称由申请人依法自主申报。

第十一条 市场主体只能登记一个住所或者主要经营场所。

电子商务平台内的自然人经营者可以根据国家有关规定，将电子商务平台提供的网络经营场所作为经营场所。

省、自治区、直辖市人民政府可以根据有关法律、行政法规的规定和本地区实际情况，自行或者授权下级人民政府对住所或者主要经营场所作出更加便利市场主体从事经营活动的具体规定。

第十二条 有下列情形之一的，不得担任公司、非公司企业法人的法定代表人：

（一）无民事行为能力或者限制民事行为能力；

（二）因贪污、贿赂、侵占财产、挪用财产或者破坏社会主义市场经济秩序被判处刑罚，执行期满未逾5年，或者因犯罪被剥夺政治权利，执行期满未逾5年；

（三）担任破产清算的公司、非公司企业法人的法定代表人、董事或者厂长、经理，对破产负有个人责任的，自破产清算完结之日起未逾3年；

（四）担任因违法被吊销营业执照、责令关闭的公司、非公司企业法人的法定代表人，并负有个人责任的，自被吊销营业执照之日起未逾3年；

（五）个人所负数额较大的债务到期未清偿；

（六）法律、行政法规规定的其他情形。

第十三条 除法律、行政法规或者国务院决定另有规定外，市场主体的注册资本或者出资额实行认缴登记制，以人民币表示。

出资方式应当符合法律、行政法规的规定。公司股东、非公司企业法人出资人、农民专业合作社（联合社）成员不得以劳务、信用、自然人姓名、商誉、特许经营权或者设定担保的财产等作价出资。

第十四条 市场主体的经营范围包括一般经营项目和许可经营项目。经营范围中属于在登记前依法须经批准的许可经营项目，市场主体应当在申请登记时提交有关批准文件。

市场主体应当按照登记机关公布的经营项目分类标准办理经营范围登记。

第三章 登记规范

第十五条 市场主体实行实名登记。申请人应当配合登记机关核验身份信息。

第十六条 申请办理市场主体登记，应当提交下列材料：

（一）申请书；

（二）申请人资格文件、自然人身份证明；

（三）住所或者主要经营场所相关文件；

（四）公司、非公司企业法人、农民专业合作社（联合社）章程或者合伙企业合伙协议；

（五）法律、行政法规和国务院市场监督管理部门规定提交的其他材料。

国务院市场监督管理部门应当根据市场主体类型分别制定登记材料清单和文书格式样本，通过政府网站、登记机关服务窗口等向社会公开。

登记机关能够通过政务信息共享平台获取的市场主体登记相关信息，不得要求申请人重复提供。

第十七条 申请人应当对提交材料的真实性、合法性和有效性负责。

第十八条 申请人可以委托其他自然人或者中介机构代其办理市场主体登记。受委托的自然人或者中介机构代为办理登记事宜应当遵守有关规定，不得提供虚假信息和材料。

第十九条 登记机关应当对申请材料进行形式审查。对申请材料齐全、符合法定形式的予以确认并当场登记。不能当场登记的，应当在3个工作日内予以登记；情形复杂的，经登记机关负责人批准，可以再延长3个工作日。

申请材料不齐全或者不符合法定形式的，登记机关应当一次性告知申请人需要补正的材料。

第二十条 登记申请不符合法律、行政法规规定，或者可能危害国家安全、社会公共利益的，登记机关不予登记并说明理由。

第二十一条 申请人申请市场主体设立登记，登记机关依法予以登记的，签发营业执照。营业执照签发日期为市场主体的成立日期。

法律、行政法规或者国务院决定规定设立市场主体须经批准的，应当在批准文件有效期内向登记机关申请登记。

第二十二条 营业执照分为正本和副本，具有同等法律效力。

电子营业执照与纸质营业执照具有同等法律效力。

营业执照样式、电子营业执照标准由国务院市场监督管理部门统一制定。

第二十三条 市场主体设立分支机构，应当向分支机构所在地的登记机关申请登记。

第二十四条 市场主体变更登记事项，应当自作出变更决议、决定或者法定变更事项发生之日起30日内向登记机关申请变更登记。

市场主体变更登记事项属于依法须经批准的，申请人应当在批准文件有效期内向登记机关申请变更登记。

第二十五条 公司、非公司企业法人的法定代表人在任职期间发生本条例第十二条所列情形之一的，应当向登记机关申请变更登记。

第二十六条 市场主体变更经营范围，属于依法须经批准的项目的，应当自批准之日起30日内申请变更登记。许可证或者批准文件被吊销、撤销或者有效期届满的，应当自许可证或者批准文件被吊销、撤销或者有效期届满之日起30日内向登记机关申请变更登记或者办理注销登记。

第二十七条 市场主体变更住所或者主要经营场所跨登记机关辖区的，应当在迁入新的住所或者主要经营场所前，向迁入地登记机关申请变更登记。迁出地登记机关无正当理由不得拒绝移交市场主体档案等相关材料。

第二十八条 市场主体变更登记涉及营业执照记载事项的，登记机关应当及时为市场主体换发营业执照。

第二十九条 市场主体变更本条例第九条规定的备案事项，应当自作出变更决议、决定或者法定变更事项发生之日起30日内向登记机关办理备案。农民专业合作社（联合社）成员发生变更的，应当自会计年度终了之日起90日内向登记机关办理备案。

第三十条 因自然灾害、事故灾难、公共卫生事件、社会安全事件等原因造成经营困难的，市场主体可以自主决定在一定时期内歇业。法律、行政法规另有规定的除外。

市场主体应当在歇业前与职工依法协商劳动关系处理等有关事项。

市场主体应当在歇业前向登记机关办理备案。登记机关通过国家企业信用信息公示系统向社会公示歇业期限、法律文书送达地址等信息。

市场主体歇业的期限最长不得超过3年。市场主体在歇业期间开展经营活动的，视为恢复营业，市场主体应当通过国家企业信用信息公示系统向社会公示。

市场主体歇业期间，可以以法律文书送达地址代替住所或者主要经营场所。

第三十一条 市场主体因解散、被宣告破产或者其他法定事由需要终止的，应当依法向登记机关申请注销登记。经登记机关注销登记，市场主体终止。

市场主体注销登记依法须经批准的，应当经批准后向登记机关申请注销登记。

第三十二条 市场主体注销登记前依法应当清算的，清算组应当自成立之日起10日内将清算组成员、清算组负责人名单通过国家企业信用信息公示系统公告。清算组可以通过国家企业信用信息公示系统发布债权人公告。

清算组应当自清算结束之日起30日内向登记机关申请注销登记。市场主体申请注销登记前，应当依法办理分支机构注销登记。

第三十三条 市场主体未发生债权债务或者已将债权债务清偿完结，未发生或者已结清清偿费用、职工工资、社会保险费用、法定补偿金、应缴纳税款（滞纳金、罚款），并由全体投资人书面承诺对上述情况的真实性承担法律责任的，可以按照简易程序办理注销登记。

市场主体应当将承诺书及注销登记申请通过国家企业信用信息公示系统公示，公示期为20日。在公示期内无相关部门、债权人及其他利害关系人提出异议的，市场主体可以于公示期届满之日起20日内向登记机关申请注销登记。

个体工商户按照简易程序办理注销登记的，无需公示，由登记机关将个体工商户的注销登记申请推送至税务等有关部门，有关部门在10日内没有提出异议的，可以直接办理注销登记。

市场主体注销登记依法须经批准的，或者市场主体被吊销营业执照、责令关闭、撤销，或者被列入经营异常名录的，不适用简易注销程序。

第三十四条 人民法院裁定强制清算或者裁定宣告破产的，有关清算组、破产管理人可以持人民法院终结强制清算程序的裁定或者终结破产程序的裁定，直接向登记机关申请办理注销登记。

第四章 监督管理

第三十五条 市场主体应当按照国家有关规定公示年度报告和登记相关信息。

第三十六条 市场主体应当将营业执照置于住所或者主要经营场所的醒目位置。从事电子商务经营的市场主体应当在其首页显著位置持续公示营业执照信息或者相关链接标识。

第三十七条 任何单位和个人不得伪造、涂改、出租、出借、转让营业执照。

营业执照遗失或者毁坏的，市场主体应当通过国家企业信用信息公示系统声明作废，申请补领。

登记机关依法作出变更登记、注销登记和撤销登记决定的，市场主体应当缴回营业执照。拒不缴回或者无法缴回营业执照的，由登记机关通过国家企业信用信息公示系统公告营业执照作废。

第三十八条 登记机关应当根据市场主体的信用风险状况实施分级分类监管。

登记机关应当采取随机抽取检查对象、随机选派执法检查人员的方式，对市场主体登记事项进行监督检查，并及时向社会公开监督检查结果。

第三十九条 登记机关对市场主体涉嫌违反本条例规定的行为进行查处，可以行使下列职权：

（一）进入市场主体的经营场所实施现场检查；

（二）查阅、复制、收集与市场主体经营活动有关的合同、票据、账簿以及其他资料；

（三）向与市场主体经营活动有关的单位和个人调查了解情况；

（四）依法责令市场主体停止相关经营活动；

（五）依法查询涉嫌违法的市场主体的银行账户；

（六）法律、行政法规规定的其他职权。

登记机关行使前款第四项、第五项规定的职权的，应当经登记机关主要负责人批准。

第四十条 提交虚假材料或者采取其他欺诈手段隐瞒重要事实取得市场主体登记的，受虚假市场主体登记影响的自然人、法人和其他组织可以向登记机关提出撤销市场主体登记的申请。

登记机关受理申请后，应当及时开展调查。经调查认定存在虚假市场主体登记情形的，登记机关应当撤销市场主体登记。相关市场主体和人员无法联系或者拒不配合的，登记机关可以将相关市场主体的登记时间、登记事项等通过国家企业信用信息公示系统向社会公示，公示期为45日。相关市场主体及其利害关系人在公示期内没有提出异议的，登记机关可以撤销市场主体登记。

因虚假市场主体登记被撤销的市场主体，其直接责任人自市场主体登记被撤销之日起3年内不得再次申请市场主体登记。登记机关应当通过国家企业信用信息公示系统予以公示。

第四十一条 有下列情形之一的，登记机关可以不予撤销市场主体登记：

（一）撤销市场主体登记可能对社会公共利益造成重大损害；

（二）撤销市场主体登记后无法恢复到登记前的状态；

（三）法律、行政法规规定的其他情形。

第四十二条 登记机关或者其上级机关认定撤销市场主体登记决定错误的，可以撤销该决定，恢复原登记状态，并通过国家企业信用信息公示系统公示。

第五章 法律责任

第四十三条 未经设立登记从事经营活动的，由登记机关责令改正，没收违法所得；拒不改正的，处1万元以上10万元以下的罚款；情节严重的，依法责令关闭停业，并处10万元以上50万元以下的罚款。

第四十四条 提交虚假材料或者采取其他欺诈手段隐瞒重要事实取得市场主体登记的，由登记机关责令改正，没收违法所得，并处5万元以上20万元以下的罚款；情节严重的，处20万元以上100万元以下的罚款，吊销营业执照。

第四十五条 实行注册资本实缴登记制的市场主体虚报注册资本取得市场主体登记的，由登记机关责令改正，处虚报注册资本金额5%以上15%以下的罚款；情节严重的，吊销营业执照。

实行注册资本实缴登记制的市场主体的发起人、股东虚假出资，未交付或者未按期交付作为出资的货币或者非货币财产的，或者在市场主体成立后抽逃出资的，由登记机关责令改正，处虚假出资金额5%以上15%以下的罚款。

第四十六条 市场主体未依照本条例办理变更登记的，由登记机关责令改正；拒不改正的，处1万元以上10万元以下的罚款；情节严重的，吊销营业执照。

第四十七条 市场主体未依照本条例办理备案的，由登记机关责令改正；拒不改正的，处5万元以下的罚款。

第四十八条 市场主体未依照本条例将营业执照置于住所或者主要经营场所醒目位置的，由登记机关责令改正；拒不改正的，处3万元以下的罚款。

从事电子商务经营的市场主体未在其首页显著位置持续公示营业执照信息或者相关链接标识的，由登记机关依照《中华人民共和国电子商务法》处罚。

市场主体伪造、涂改、出租、出借、转让营业执照的，由登记机关没收违法所得，处10万元以下的罚款；情节严重的，处10万元以上50万元以下的罚款，吊销营业执照。

第四十九条 违反本条例规定的，登记机关确定罚款金额时，应当综合考虑市场主体的类型、规模、违法情节等因素。

第五十条 登记机关及其工作人员违反本条例规定未履行职责或者履行职责不当的，对直接负责的主管人员和其他直接责任人员依法给予处分。

第五十一条 违反本条例规定，构成犯罪的，依法追究刑事责任。

第五十二条 法律、行政法规对市场主体登记管理违法行为处罚另有规定的，从其规定。

第六章 附则

第五十三条 国务院市场监督管理部门可以依照本条例制定市场主体登记和监督管理的具体办法。

第五十四条 无固定经营场所摊贩的管理办法，由省、自治区、直辖市人民政府根据当地实际情况另行规定。

第五十五条 本条例自2022年3月1日起施行。《中华人民共和国公司登记管理条例》、《中华人民共和国企业法人登记管理条例》、《中华人民共和国合伙企业登记管理办法》、《农民专业合作社登记管理条例》、《企业法人法定代表人登记管理规定》同时废止。

中华人民共和国市场主体登记管理条例实施细则

· 2022年3月1日国家市场监督管理总局令第52号公布
· 自公布之日起施行

第一章 总 则

第一条 根据《中华人民共和国市场主体登记管理条例》（以下简称《条例》）等有关法律法规，制定本实施细则。

第二条 市场主体登记管理应当遵循依法合规、规范统一、公开透明、便捷高效的原则。

第三条 国家市场监督管理总局主管全国市场主体统一登记管理工作，制定市场主体登记管理的制度措施，推进登记全程电子化，规范登记行为，指导地方登记机关依法有序开展登记管理工作。

县级以上地方市场监督管理部门主管本辖区市场主体登记管理工作，加强对辖区内市场主体登记管理工作的统筹指导和监督管理，提升登记管理水平。

县级市场监督管理部门的派出机构可以依法承担个体工商户等市场主体的登记管理职责。

各级登记机关依法履行登记管理职责，执行全国统一的登记管理政策文件和规范要求，使用统一的登记材料、文书格式，以及省级统一的市场主体登记管理系统，优化登记办理流程，推行网上办理等便捷方式，健全数据安全管理制度，提供规范化、标准化登记管理服务。

第四条 省级以上人民政府或者其授权的国有资产监督管理机构履行出资人职责的公司，以及该公司投资设立并持有50%以上股权或者股份的公司的登记管理由省级登记机关负责；股份有限公司的登记管理由地市级以上地方登记机关负责。

除前款规定的情形外，省级市场监督管理部门依法对本辖区登记管辖作出统一规定；上级登记机关在特定情形下，可以依法将部分市场主体登记管理工作交由下级登记机关承担，或者承担下级登记机关的部分登记管理工作。

外商投资企业登记管理由国家市场监督管理总局或者其授权的地方市场监督管理部门负责。

第五条 国家市场监督管理总局应当加强信息化建设，统一登记管理业务规范、数据标准和平台服务接口，归集全国市场主体登记管理信息。

省级市场监督管理部门主管本辖区登记管理信息化建设，建立统一的市场主体登记管理系统，归集市场主体登记管理信息，规范市场主体登记注册流程，提升政务服务水平，强化部门间信息共享和业务协同，提升市场主体登记管理便利化程度。

第二章 登记事项

第六条 市场主体应当按照类型依法登记下列事项：

（一）公司：名称、类型、经营范围、住所、注册资本、法定代表人姓名、有限责任公司股东或者股份有限公司发起人姓名或者名称。

（二）非公司企业法人：名称、类型、经营范围、住所、出资额、法定代表人姓名、出资人（主管部门）名称。

（三）个人独资企业：名称、类型、经营范围、住所、出资额、投资人姓名及居所。

（四）合伙企业：名称、类型、经营范围、主要经营场所、出资额、执行事务合伙人名称或者姓名，合伙人名称或者姓名、住所、承担责任方式。执行事务合伙人是法人或者其他组织的，登记事项还应当包括其委派的代表姓名。

（五）农民专业合作社（联合社）：名称、类型、经营范围、住所、出资额、法定代表人姓名。

（六）分支机构：名称、类型、经营范围、经营场所、负责人姓名。

（七）个体工商户：组成形式、经营范围、经营场所、经营者姓名、住所。个体工商户使用名称的，登记事项还应当包括名称。

（八）法律、行政法规规定的其他事项。

第七条 市场主体应当按照类型依法备案下列事项：

（一）公司：章程、经营期限、有限责任公司股东或者股份有限公司发起人认缴的出资数额、董事、监事、高级管理人员、登记联络员、外商投资公司法律文件送达接受人。

（二）非公司企业法人：章程、经营期限、登记联络员。

（三）个人独资企业：登记联络员。

（四）合伙企业：合伙协议、合伙期限、合伙人认缴或者实际缴付的出资数额、缴付期限和出资方式、登记联络员、外商投资合伙企业法律文件送达接受人。

（五）农民专业合作社（联合社）：章程、成员、登记联络员。

（六）分支机构：登记联络员。

（七）个体工商户：家庭参加经营的家庭成员姓名、登记联络员。

（八）公司、合伙企业等市场主体受益所有人相关信息。

（九）法律、行政法规规定的其他事项。

上述备案事项由登记机关在设立登记时一并进行信息采集。

受益所有人信息管理制度由中国人民银行会同国家市场监督管理总局另行制定。

第八条 市场主体名称由申请人依法自主申报。

第九条 申请人应当依法申请登记下列市场主体类型：

（一）有限责任公司、股份有限公司；

（二）全民所有制企业、集体所有制企业、联营企业；

（三）个人独资企业；

（四）普通合伙（含特殊普通合伙）企业、有限合伙企业；

（五）农民专业合作社、农民专业合作社联合社；

（六）个人经营的个体工商户、家庭经营的个体工商户。

分支机构应当按所属市场主体类型注明分公司或者相应的分支机构。

第十条 申请人应当根据市场主体类型依法向其住所（主要经营场所、经营场所）所在地具有登记管辖权的登记机关办理登记。

第十一条 申请人申请登记市场主体法定代表人、执行事务合伙人（含委派代表），应当符合章程或者协议约定。

合伙协议未约定或者全体合伙人未决定委托执行事务合伙人的，除有限合伙人外，申请人应当将其他合伙人均登记为执行事务合伙人。

第十二条 申请人应当按照国家市场监督管理总局发布的经营范围规范目录，根据市场主体主要行业或者经营特征自主选择一般经营项目和许可经营项目，申请办理经营范围登记。

第十三条 申请人申请登记的市场主体注册资本（出资额）应当符合章程或者协议约定。

市场主体注册资本（出资额）以人民币表示。外商投资企业的注册资本（出资额）可以用可自由兑换的货币表示。

依法以境内公司股权或者债权出资的，应当权属清楚、权能完整，依法可以评估、转让，符合公司章程规定。

第三章 登记规范

第十四条 申请人可以自行或者指定代表人、委托代理人办理市场主体登记、备案事项。

第十五条 申请人应当在申请材料上签名或者盖章。

申请人可以通过全国统一电子营业执照系统等电子签名工具和途径进行电子签名或者电子签章。符合法律规定的可靠电子签名、电子签章与手写签名或者盖章具有同等法律效力。

第十六条 在办理登记、备案事项时，申请人应当配合登记机关通过实名认证系统，采用人脸识别等方式对下列人员进行实名验证：

（一）法定代表人、执行事务合伙人（含委派代表）、负责人；

（二）有限责任公司股东、股份有限公司发起人、公司董事、监事及高级管理人员；

（三）个人独资企业投资人、合伙企业合伙人、农民专业合作社（联合社）成员、个体工商户经营者；

（四）市场主体登记联络员、外商投资企业法律文件送达接受人；

（五）指定的代表人或者委托代理人。

因特殊原因，当事人无法通过实名认证系统核验身份信息的，可以提交经依法公证的自然人身份证明文件，或者由本人持身份证件到现场办理。

第十七条 办理市场主体登记、备案事项，申请人可以到登记机关现场提交申请，也可以通过市场主体登记注册系统提出申请。

申请人对申请材料的真实性、合法性、有效性负责。

办理市场主体登记、备案事项，应当遵守法律法规，诚实守信，不得利用市场主体登记，牟取非法利益，扰乱市场秩序，危害国家安全、社会公共利益。

第十八条 申请材料齐全、符合法定形式的，登记机关予以确认，并当场登记，出具登记通知书，及时制发营业执照。

不予当场登记的，登记机关应当向申请人出具接收申请材料凭证，并在3个工作日内对申请材料进行审查；情形复杂的，经登记机关负责人批准，可以延长3个工作日，并书面告知申请人。

申请材料不齐全或者不符合法定形式的，登记机关应当将申请材料退还申请人，并一次性告知申请人需要补正的材料。申请人补正后，应当重新提交申请材料。

不属于市场主体登记范畴或者不属于本登记机关登记管辖范围的事项，登记机关应当告知申请人向有关行政机关申请。

第十九条 市场主体登记申请不符合法律、行政法规或者国务院决定规定，或者可能危害国家安全、社会公共利益的，登记机关不予登记，并出具不予登记通知书。

利害关系人就市场主体申请材料的真实性、合法性、有效性或者其他有关实体权利提起诉讼或者仲裁，对登记机关依法登记造成影响的，申请人应当在诉讼或者仲裁终结后，向登记机关申请办理登记。

第二十条 市场主体法定代表人依法受到任职资格限制的，在申请办理其他变更登记时，应当依法及时申请办理法定代表人变更登记。

市场主体因通过登记的住所（主要经营场所、经营场所）无法取得联系被列入经营异常名录的，在申请办理其他变更登记时，应当依法及时申请办理住所（主要经营场所、经营场所）变更登记。

第二十一条 公司或者农民专业合作社（联合社）合并、分立的，可以通过国家企业信用信息公示系统公告，公告期45日，应当于公告期届满后申请办理登记。

非公司企业法人合并、分立的，应当经出资人（主管部门）批准，自批准之日起30日内申请办理登记。

市场主体设立分支机构的，应当自决定作出之日起30日内向分支机构所在地登记机关申请办理登记。

第二十二条 法律、行政法规或者国务院决定规定市场主体申请登记、备案事项前需要审批的，在办理登记、备案时，应当在有效期内提交有关批准文件或者许可证书。有关批准文件或者许可证书未规定有效期限，自批准之日起超过90日的，申请人应当报审批机关确认其效力或者另行报批。

市场主体设立后，前款规定批准文件或者许可证书内容有变化、被吊销、撤销或者有效期届满的，应当自批准文件、许可证书重新批准之日或被吊销、撤销、有效期届满之日起30日内申请办理变更登记或者注销登记。

第二十三条 市场主体营业执照应当载明名称、法定代表人（执行事务合伙人、个人独资企业投资人、经营者或者负责人）姓名、类型（组成形式）、注册资本（出资额）、住所（主要经营场所、经营场所）、经营范围、登记机关、成立日期、统一社会信用代码。

电子营业执照与纸质营业执照具有同等法律效力，市场主体可以凭电子营业执照开展经营活动。

市场主体在办理涉及营业执照记载事项变更登记或者申请注销登记时，需要在提交申请时一并缴回纸质营业执照正、副本。对于市场主体营业执照拒不缴回或者无法缴回的，登记机关在完成变更登记或者注销登记后，通过国家企业信用信息公示系统公告营业执照作废。

第二十四条 外国投资者在中国境内设立外商投资企业，其主体资格文件或者自然人身份证明应当经所在国家公证机关公证并经中国驻该国使（领）馆认证。中国与有关国家缔结或者共同参加的国际条约对认证另有规定的除外。

香港特别行政区、澳门特别行政区和台湾地区投资者的主体资格文件或者自然人身份证明应当按照专项规定或者协议，依法提供当地公证机构的公证文件。按照国家有关规定，无需提供公证文件的除外。

第四章 设立登记

第二十五条 申请办理设立登记，应当提交下列材料：

（一）申请书；

（二）申请人主体资格文件或者自然人身份证明；

（三）住所（主要经营场所、经营场所）相关文件；

（四）公司、非公司企业法人、农民专业合作社（联合社）章程或者合伙企业合伙协议。

第二十六条　申请办理公司设立登记,还应当提交法定代表人、董事、监事和高级管理人员的任职文件和自然人身份证明。

除前款规定的材料外,募集设立股份有限公司还应当提交依法设立的验资机构出具的验资证明;公开发行股票的,还应当提交国务院证券监督管理机构的核准或者注册文件。涉及发起人首次出资属于非货币财产的,还应当提交已办理财产权转移手续的证明文件。

第二十七条　申请设立非公司企业法人,还应当提交法定代表人的任职文件和自然人身份证明。

第二十八条　申请设立合伙企业,还应当提交下列材料:

(一)法律、行政法规规定设立特殊的普通合伙企业需要提交合伙人的职业资格文件的,提交相应材料;

(二)全体合伙人决定委托执行事务合伙人的,应当提交全体合伙人的委托书和执行事务合伙人的主体资格文件或者自然人身份证明。执行事务合伙人是法人或者其他组织的,还应当提交其委派代表的委托书和自然人身份证明。

第二十九条　申请设立农民专业合作社(联合社),还应当提交下列材料:

(一)全体设立人签名或者盖章的设立大会纪要;

(二)法定代表人、理事的任职文件和自然人身份证明;

(三)成员名册和出资清单,以及成员主体资格文件或者自然人身份证明。

第三十条　申请办理分支机构设立登记,还应当提交负责人的任职文件和自然人身份证明。

第五章　变更登记

第三十一条　市场主体变更登记事项,应当自作出变更决议、决定或者法定变更事项发生之日起30日内申请办理变更登记。

市场主体登记事项变更涉及分支机构登记事项变更的,应当自市场主体登记事项变更登记之日起30日内申请办理分支机构变更登记。

第三十二条　申请办理变更登记,应当提交申请书,并根据市场主体类型及具体变更事项分别提交下列材料:

(一)公司变更事项涉及章程修改的,应当提交修改后的章程或者章程修正案;需要对修改章程作出决议决定的,还应当提交相关决议决定;

(二)合伙企业应当提交全体合伙人或者合伙协议约定的人员签署的变更决定书;变更事项涉及修改合伙协议的,应当提交由全体合伙人签署或者合伙协议约定的人员签署修改或者补充的合伙协议;

(三)农民专业合作社(联合社)应当提交成员大会或者成员代表大会作出的变更决议;变更事项涉及章程修改的应当提交修改后的章程或者章程修正案。

第三十三条　市场主体更换法定代表人、执行事务合伙人(含委派代表)、负责人的变更登记申请由新任法定代表人、执行事务合伙人(含委派代表)、负责人签署。

第三十四条　市场主体变更名称,可以自主申报名称并在保留期届满前申请变更登记,也可以直接申请变更登记。

第三十五条　市场主体变更住所(主要经营场所、经营场所),应当在迁入新住所(主要经营场所、经营场所)前向迁入地登记机关申请变更登记,并提交新的住所(主要经营场所、经营场所)使用相关文件。

第三十六条　市场主体变更注册资本或者出资额的,应当办理变更登记。

公司增加注册资本,有限责任公司股东认缴新增资本的出资和股份有限公司的股东认购新股的,应当按照设立时缴纳出资和缴纳股款的规定执行。股份有限公司以公开发行新股方式或者上市公司以非公开发行新股方式增加注册资本,还应当提交国务院证券监督管理机构的核准或者注册文件。

公司减少注册资本,可以通过国家企业信用信息公示系统公告,公告期45日,应当于公告期届满后申请变更登记。法律、行政法规或者国务院决定对公司注册资本有最低限额规定的,减少后的注册资本应当不少于最低限额。

外商投资企业注册资本(出资额)币种发生变更,应当向登记机关申请变更登记。

第三十七条　公司变更类型,应当按照拟变更公司类型的设立条件,在规定的期限内申请变更登记,并提交有关材料。

非公司企业法人申请改制为公司,应当按照拟变更的公司类型设立条件,在规定期限内申请变更登记,并提交有关材料。

个体工商户申请转变为企业组织形式,应当按照拟变更的企业类型设立条件申请登记。

第三十八条　个体工商户变更经营者,应当在办理注销登记后,由新的经营者重新申请办理登记。双方经营者同时申请办理的,登记机关可以合并办理。

第三十九条 市场主体变更备案事项的,应当按照《条例》第二十九条规定办理备案。

农民专业合作社因成员发生变更,农民成员低于法定比例的,应当自事由发生之日起 6 个月内采取吸收新的农民成员入社等方式使农民成员达到法定比例。农民专业合作社联合社成员退社,成员数低于联合社设立法定条件的,应当自事由发生之日起 6 个月内采取吸收新的成员入社等方式使农民专业合作社联合社成员达到法定条件。

第六章 歇业

第四十条 因自然灾害、事故灾难、公共卫生事件、社会安全事件等原因造成经营困难的,市场主体可以自主决定在一定时期内歇业。法律、行政法规另有规定的除外。

第四十一条 市场主体决定歇业的,应当在歇业前向登记机关办理备案。登记机关通过国家企业信用信息公示系统向社会公示歇业期限、法律文书送达地址等信息。

以法律文书送达地址代替住所(主要经营场所、经营场所)的,应当提交法律文书送达地址确认书。

市场主体延长歇业期限,应当于期限届满前 30 日内按规定办理。

第四十二条 市场主体办理歇业备案后,自主决定开展或者已实际开展经营活动的,应当于 30 日内在国家企业信用信息公示系统上公示终止歇业。

市场主体恢复营业时,登记、备案事项发生变化的,应当及时办理变更登记或者备案。以法律文书送达地址代替住所(主要经营场所、经营场所)的,应当及时办理住所(主要经营场所、经营场所)变更登记。

市场主体备案的歇业期限届满,或者累计歇业满 3 年,视为自动恢复经营,决定不再经营的,应当及时办理注销登记。

第四十三条 歇业期间,市场主体以法律文书送达地址代替原登记的住所(主要经营场所、经营场所)的,不改变歇业市场主体的登记管辖。

第七章 注销登记

第四十四条 市场主体因解散、被宣告破产或者其他法定事由需要终止的,应当依法向登记机关申请注销登记。依法需要清算的,应当自清算结束之日起 30 日内申请注销登记。依法不需要清算的,应当自决定作出之日起 30 日内申请注销登记。市场主体申请注销后,不得从事与注销无关的生产经营活动。自登记机关予以注销登记之日起,市场主体终止。

第四十五条 市场主体注销登记前依法应当清算的,清算组应当自成立之日起 10 日内将清算组成员、清算组负责人名单通过国家企业信用信息公示系统公告。清算组可以通过国家企业信用信息公示系统发布债权人公告。

第四十六条 申请办理注销登记,应当提交下列材料:

(一)申请书;

(二)依法作出解散、注销的决议或者决定,或者被行政机关吊销营业执照、责令关闭、撤销的文件;

(三)清算报告、负责清理债权债务的文件或者清理债务完结的证明;

(四)税务部门出具的清税证明。

除前款规定外,人民法院指定清算人、破产管理人进行清算的,应当提交人民法院指定证明;合伙企业分支机构申请注销登记,还应当提交全体合伙人签署的注销分支机构决定书。

个体工商户申请注销登记的,无需提交第二项、第三项材料;因合并、分立而申请市场主体注销登记的,无需提交第三项材料。

第四十七条 申请办理简易注销登记,应当提交申请书和全体投资人承诺书。

第四十八条 有下列情形之一的,市场主体不得申请办理简易注销登记:

(一)在经营异常名录或者市场监督管理严重违法失信名单中的;

(二)存在股权(财产份额)被冻结、出质或者动产抵押,或者对其他市场主体存在投资的;

(三)正在被立案调查或者采取行政强制措施,正在诉讼或者仲裁程序中的;

(四)被吊销营业执照、责令关闭、撤销的;

(五)受到罚款等行政处罚尚未执行完毕的;

(六)不符合《条例》第三十三条规定的其他情形。

第四十九条 申请办理简易注销登记,市场主体应当将承诺书及注销登记申请通过国家企业信用信息公示系统公示,公示期为 20 日。

在公示期内无相关部门、债权人及其他利害关系人提出异议的,市场主体可以于公示期届满之日起 20 日内向登记机关申请注销登记。

第八章 撤销登记

第五十条 对涉嫌提交虚假材料或者采取其他欺诈

手段隐瞒重要事实取得市场主体登记的行为,登记机关可以根据当事人申请或者依职权主动进行调查。

第五十一条　受虚假登记影响的自然人、法人和其他组织,可以向登记机关提出撤销市场主体登记申请。涉嫌冒用自然人身份的虚假登记,被冒用人应当配合登记机关通过线上或者线下途径核验身份信息。

涉嫌虚假登记市场主体的登记机关发生变更的,由现登记机关负责处理撤销登记,原登记机关应当协助进行调查。

第五十二条　登记机关收到申请后,应当在3个工作日内作出是否受理的决定,并书面通知申请人。

有下列情形之一的,登记机关可以不予受理:

(一)涉嫌冒用自然人身份的虚假登记,被冒用人未能通过身份信息核验的;

(二)涉嫌虚假登记的市场主体已注销的,申请撤销注销登记的除外;

(三)其他依法不予受理的情形。

第五十三条　登记机关受理申请后,应当于3个月内完成调查,并及时作出撤销或者不予撤销市场主体登记的决定。情形复杂的,经登记机关负责人批准,可以延长3个月。

在调查期间,相关市场主体和人员无法联系或者拒不配合的,登记机关可以将涉嫌虚假登记市场主体的登记时间、登记事项,以及登记机关联系方式等信息通过国家企业信用信息公示系统向社会公示,公示期45日。相关市场主体及其利害关系人在公示期内没有提出异议的,登记机关可以撤销市场主体登记。

第五十四条　有下列情形之一的,经当事人或者其他利害关系人申请,登记机关可以中止调查:

(一)有证据证明与涉嫌虚假登记相关的民事权利存在争议的;

(二)涉嫌虚假登记的市场主体正在诉讼或者仲裁程序中的;

(三)登记机关收到有关部门出具的书面意见,证明涉嫌虚假登记的市场主体或者其法定代表人、负责人存在违法案件尚未结案,或者尚未履行相关法定义务的。

第五十五条　有下列情形之一的,登记机关可以不予撤销市场主体登记:

(一)撤销市场主体登记可能对社会公共利益造成重大损害的;

(二)撤销市场主体登记后无法恢复到登记前的状态;

(三)法律、行政法规规定的其他情形。

第五十六条　登记机关作出撤销登记决定后,应当通过国家企业信用信息公示系统向社会公示。

第五十七条　同一登记包含多个登记事项,其中部分登记事项被认定为虚假,撤销虚假的登记事项不影响市场主体存续的,登记机关可以仅撤销虚假的登记事项。

第五十八条　撤销市场主体备案事项的,参照本章规定执行。

第九章　档案管理

第五十九条　登记机关应当负责建立市场主体登记管理档案,对在登记、备案过程中形成的具有保存价值的文件依法分类,有序收集管理,推动档案电子化、影像化,提供市场主体登记管理档案查询服务。

第六十条　申请查询市场主体登记管理档案,应当按照下列要求提交材料:

(一)公安机关、国家安全机关、检察机关、审判机关、纪检监察机关、审计机关等国家机关进行查询,应当出具本部门公函及查询人员的有效证件;

(二)市场主体查询自身登记管理档案,应当出具授权委托书及查询人员的有效证件;

(三)律师查询与承办法律事务有关市场主体登记管理档案,应当出具执业证书、律师事务所证明以及相关承诺书。

除前款规定情形外,省级以上市场监督管理部门可以结合工作实际,依法对档案查询范围以及提交材料作出规定。

第六十一条　登记管理档案查询内容涉及国家秘密、商业秘密、个人信息的,应当按照有关法律法规规定办理。

第六十二条　市场主体发生住所(主要经营场所、经营场所)迁移的,登记机关应当于3个月内将所有登记管理档案移交迁入地登记机关管理。档案迁出、迁入应当记录备案。

第十章　监督管理

第六十三条　市场主体应当于每年1月1日至6月30日,通过国家企业信用信息公示系统报送上一年度年度报告,并向社会公示。

个体工商户可以通过纸质方式报送年度报告,并自主选择年度报告内容是否向社会公示。

歇业的市场主体应当按时公示年度报告。

第六十四条　市场主体应当将营业执照(含电子营

业执照)置于住所(主要经营场所、经营场所)的醒目位置。

从事电子商务经营的市场主体应当在其首页显著位置持续公示营业执照信息或者其链接标识。

营业执照记载的信息发生变更时,市场主体应当在15日内完成对应信息的更新公示。市场主体被吊销营业执照的,登记机关应当将吊销情况标注于电子营业执照中。

第六十五条 登记机关应当对登记注册、行政许可、日常监管、行政执法中的相关信息进行归集,根据市场主体的信用风险状况实施分级分类监管,并强化信用风险分类结果的综合应用。

第六十六条 登记机关应当随机抽取检查对象、随机选派执法检查人员,对市场主体的登记备案事项、公示信息情况等进行抽查,并将抽查检查结果通过国家企业信用信息公示系统向社会公示。必要时可以委托会计师事务所、税务师事务所、律师事务所等专业机构开展审计、验资、咨询等相关工作,依法使用其他政府部门作出的检查、核查结果或者专业机构作出的专业结论。

第六十七条 市场主体被撤销设立登记、吊销营业执照、责令关闭,6个月内未办理清算组公告或者未申请注销登记的,登记机关可以在国家企业信用信息公示系统上对其作出特别标注并予以公示。

第十一章 法律责任

第六十八条 未经设立登记从事一般经营活动的,由登记机关责令改正,没收违法所得;拒不改正的,处1万元以上10万元以下的罚款;情节严重的,依法责令关闭停业,并处10万元以上50万元以下的罚款。

第六十九条 未经设立登记从事许可经营活动或者未依法取得许可从事经营活动的,由法律、法规或者国务院决定规定的部门予以查处;法律、法规或者国务院决定没有规定或者规定不明确的,由省、自治区、直辖市人民政府确定的部门予以查处。

第七十条 市场主体未按照法律、行政法规规定的期限公示或者报送年度报告的,由登记机关列入经营异常名录,可以处1万元以下的罚款。

第七十一条 提交虚假材料或者采取其他欺诈手段隐瞒重要事实取得市场主体登记的,由登记机关依法责令改正,没收违法所得,并处5万元以上20万元以下的罚款;情节严重的,处20万元以上100万元以下的罚款,吊销营业执照。

明知或者应当知道申请人提交虚假材料或者采取其他欺诈手段隐瞒重要事实进行市场主体登记,仍接受委托代为办理,或者协助其进行虚假登记的,由登记机关没收违法所得,处10万元以下的罚款。

虚假市场主体登记的直接责任人自市场主体登记被撤销之日起3年内不得再次申请市场主体登记。登记机关应当通过国家企业信用信息公示系统予以公示。

第七十二条 市场主体未按规定办理变更登记的,由登记机关责令改正;拒不改正的,处1万元以上10万元以下的罚款;情节严重的,吊销营业执照。

第七十三条 市场主体未按规定办理备案的,由登记机关责令改正;拒不改正的,处5万元以下的罚款。

依法应当办理受益所有人信息备案的市场主体,未办理备案的,按照前款规定处理。

第七十四条 市场主体未按照本实施细则第四十二条规定公示终止歇业的,由登记机关责令改正;拒不改正的,处3万元以下的罚款。

第七十五条 市场主体未按规定将营业执照置于住所(主要经营场所、经营场所)醒目位置的,由登记机关责令改正;拒不改正的,处3万元以下的罚款。

电子商务经营者未在首页显著位置持续公示营业执照信息或者相关链接标识的,由登记机关依照《中华人民共和国电子商务法》处罚。

市场主体伪造、涂改、出租、出借、转让营业执照的,由登记机关没收违法所得,处10万元以下的罚款;情节严重的,处10万元以上50万元以下的罚款,吊销营业执照。

第七十六条 利用市场主体登记,牟取非法利益,扰乱市场秩序,危害国家安全、社会公共利益的,法律、行政法规有规定的,依照其规定;法律、行政法规没有规定的,由登记机关处10万元以下的罚款。

第七十七条 违反本实施细则规定,登记机关确定罚款幅度时,应当综合考虑市场主体的类型、规模、违法情节等因素。

情节轻微并及时改正,没有造成危害后果的,依法不予行政处罚。初次违法且危害后果轻微并及时改正的,可以不予行政处罚。当事人有证据足以证明没有主观过错的,不予行政处罚。

第十二章 附则

第七十八条 本实施细则所指申请人,包括设立登记时的申请人、依法设立后的市场主体。

第七十九条 人民法院办理案件需要登记机关协助执行的,登记机关应当按照人民法院的生效法律文书和协助执行通知书,在法定职责围内办理协助执行事项。

第八十条 国家市场监督管理总局根据法律、行政法规、国务院决定及本实施细则,制定登记注册前置审批目录、登记材料和文书格式。

第八十一条 法律、行政法规或者国务院决定对登记管理另有规定的,从其规定。

第八十二条 本实施细则自公布之日起施行。1988年11月3日原国家工商行政管理局令第1号公布的《中华人民共和国企业法人登记管理条例施行细则》,2000年1月13日原国家工商行政管理局令第94号公布的《个人独资企业登记管理办法》,2011年9月30日原国家工商行政管理总局令第56号公布的《个体工商户登记管理办法》,2014年2月20日原国家工商行政管理总局令第64号公布的《公司注册资本登记管理规定》,2015年8月27日原国家工商行政管理总局令第76号公布的《企业经营范围登记管理规定》同时废止。

国家市场监督管理总局关于印发《市场主体登记文书规范》《市场主体登记提交材料规范》的通知

- 2022年2月28日
- 国市监注发〔2022〕24号

各省、自治区、直辖市和新疆生产建设兵团市场监管局(厅、委):

为贯彻落实《中华人民共和国市场主体登记管理条例》(以下简称《条例》),巩固商事制度改革成果,推进市场主体登记标准化、规范化,市场监管总局对现行《企业登记申请文书规范》《企业登记提交材料规范》等进行了修订,形成了《市场主体登记文书规范》《市场主体登记提交材料规范》(以下简称《文书规范》《材料规范》)。现就有关事项通知如下:

一、修订的主要内容

(一)归并了各类市场主体材料规范与申请文书。《文书规范》《材料规范》整合了包括企业、个体工商户、农民专业合作社(联合社)、外国企业常驻代表机构和外国(地区)企业在中国境内从事生产经营活动等各类市场主体的申请文书和材料规范,整合了各类分支机构文书材料,整合了个体工商户开业、变更和注销等登记文书,进一步减少文书种类和材料数量,方便申请人办理业务。

(二)补充了部分新增业务规范和申请文书。按照《条例》要求,《文书规范》《材料规范》增加了歇业备案基础提交材料和文书表格,各地在办理具体歇业登记时,可结合实际进行调整。增加了统一的《市场主体迁移申请书》,便利市场主体填写信息、办理迁移登记。

(三)删减了部分材料规范要求和申请文书。《文书规范》《材料规范》取消了非公司企业法人变更经济性质等事项,取消了非公司企业法人有关主管部门出资证明、银行金融债权保全证明,取消了合伙企业缴付出资确认书,不再要求营业执照遗失补领时提交全体股东或投资人承诺书等材料,进一步简化了业务办理条件,尽可能降低市场主体办事成本。

(四)调整了部分材料规范及登记规范要求。《文书规范》《材料规范》完善整合了原有信息填写、申请人承诺和填写说明的内容,便于申请人填写。同时,按照《条例》关于经营范围登记规范化的要求,将经营范围的填写方式调整为根据登记机关公布的经营项目分类标准办理登记。对市场主体依法通过国家企业信用信息公示系统发布减资、清算组成员等公告的,免予提交相关纸质证明材料。在市场主体办理注销登记时,鼓励通过政府部门间信息共享的形式获取清税信息,免予额外提交纸质清税证明,进一步提高办事效率。

二、有关工作要求

(一)落实《条例》要求,实行统一登记申请文书。各地登记机关要按照《条例》市场主体规范统一登记的要求,从2022年3月1日起使用统一的《文书规范》《材料规范》办理各项登记或备案业务。市场监管总局相关文件规定与本通知不符的,以本通知为准。本通知自实施之日起1个月内为衔接过渡期,过渡期内市场主体使用原文书和材料规范办理注册登记的,各地市场监管部门要接受办理,做好服务工作。

(二)做好技术保障,提升市场主体登记效率。各地市场监管部门要精心组织,注重落实,保障经费,及时完成信息化系统改造工作,确保修订后的《文书规范》《材料规范》与具体登记业务工作有效衔接。同时,要不断优化全程电子化登记系统,积极推行全程电子化登记方式,进一步提升市场主体办事便利度。

(三)加强培训宣传,提高服务市场主体水平。各地登记机关要严格执行《文书规范》《材料规范》,及时组织开展登记人员业务培训,确保登记人员全面准确掌握和运用。要采取有力措施,采用多种形式,向社会公众公开《文书规范》《材料规范》,扩大宣传的覆盖面。要加强政策解读和办事指导,让市场主体及时获知、理解文书材料规范的调整内容,及时回应社会关切。

三、其他事项

依据《中华人民共和国中外合资经营企业法》《中华人民共和国外资企业法》《中华人民共和国中外合作经营企业法》等法规设立的外商投资公司、非公司外商投资企业、外商投资公司分公司、非公司外商投资企业分支机构，在2020年1月1日《中华人民共和国外商投资法》施行后，未调整其组织形式、组织机构的，在2024年12月31日前的过渡期内申请办理变更、备案、注销登记时，继续按照《市场监管总局关于印发〈企业登记申请文书规范〉〈企业登记提交材料规范〉的通知》（国市监注〔2019〕2号）要求办理。与"多证合一"改革相关的事项，继续按照原登记数据共享信息项要求做好信息采集和共享工作。各地登记机关在公开《文书规范》《材料规范》时，要同步提供相关文件材料，方便群众办事。

各地市场监管部门要按照总局要求，尽快完成有关文书、材料规范的换用和系统改造工作。在执行中遇到的新情况、新问题，要注意收集汇总，及时报告总局登记注册局。

附件：1. 市场主体登记文书规范（略）
  2. 市场主体登记提交材料规范（略）

企业名称登记管理规定

- 1991年5月6日中华人民共和国国家工商行政管理局令第7号发布
- 根据2012年11月9日《国务院关于修改和废止部分行政法规的决定》第一次修订
- 2020年12月14日国务院第118次常务会议修订通过
- 2020年12月28日中华人民共和国国务院令第734号公布
- 自2021年3月1日起施行

第一条 为了规范企业名称登记管理，保护企业的合法权益，维护社会经济秩序，优化营商环境，制定本规定。

第二条 县级以上人民政府市场监督管理部门（以下统称企业登记机关）负责中国境内设立企业的企业名称登记管理。

国务院市场监督管理部门主管全国企业名称登记管理工作，负责制定企业名称登记管理的具体规范。

省、自治区、直辖市人民政府市场监督管理部门负责建立本行政区域统一的企业名称申报系统和企业名称数据库，并向社会开放。

第三条 企业登记机关应当不断提升企业名称登记管理规范化、便利化水平，为企业和群众提供高效、便捷的服务。

第四条 企业只能登记一个企业名称，企业名称受法律保护。

第五条 企业名称应当使用规范汉字。民族自治地方的企业名称可以同时使用本民族自治地方通用的民族文字。

第六条 企业名称由行政区划名称、字号、行业或者经营特点、组织形式组成。跨省、自治区、直辖市经营的企业，其名称可以不含行政区划名称；跨行业综合经营的企业，其名称可以不含行业或者经营特点。

第七条 企业名称中的行政区划名称应当是企业所在地的县级以上地方行政区划名称。市辖区名称在企业名称中使用时应当同时冠以其所属的设区的市的行政区划名称。开发区、垦区等区域名称在企业名称中使用时应当与行政区划名称连用，不得单独使用。

第八条 企业名称中的字号应当由两个以上汉字组成。

县级以上地方行政区划名称、行业或者经营特点不得作为字号，另有含义的除外。

第九条 企业名称中的行业或者经营特点应当根据企业的主营业务和国民经济行业分类标准标明。国民经济行业分类标准中没有规定的，可以参照行业习惯或者专业文献等表述。

第十条 企业应当根据其组织结构或者责任形式，依法在企业名称中标明组织形式。

第十一条 企业名称不得有下列情形：

（一）损害国家尊严或者利益；

（二）损害社会公共利益或者妨碍社会公共秩序；

（三）使用或者变相使用政党、党政军机关、群团组织名称及其简称、特定称谓和部队番号；

（四）使用外国国家（地区）、国际组织名称及其通用简称、特定称谓；

（五）含有淫秽、色情、赌博、迷信、恐怖、暴力的内容；

（六）含有民族、种族、宗教、性别歧视的内容；

（七）违背公序良俗或者可能有其他不良影响；

（八）可能使公众受骗或者产生误解；

（九）法律、行政法规以及国家规定禁止的其他情形。

第十二条 企业名称冠以"中国"、"中华"、"中央"、"全国"、"国家"等字词，应当按照有关规定从严审核，并报国务院批准。国务院市场监督管理部门负责制定具体管理办法。

企业名称中间含有"中国"、"中华"、"全国"、"国家"等字词的，该字词应当是行业限定语。

使用外国投资者字号的外商独资或者控股的外商投资企业，企业名称中可以含有"（中国）"字样。

第十三条 企业分支机构名称应当冠以其所从属企业的名称，并缀以"分公司"、"分厂"、"分店"等字词。境外企业分支机构还应当在名称中标明该企业的国籍及责任形式。

第十四条 企业集团名称应当与控股企业名称的行政区划名称、字号、行业或者经营特点一致。控股企业可以在其名称的组织形式之前使用"集团"或者"（集团）"字样。

第十五条 有投资关系或者经过授权的企业，其名称中可以含有另一个企业的名称或者其他法人、非法人组织的名称。

第十六条 企业名称由申请人自主申报。

申请人可以通过企业名称申报系统或者在企业登记机关服务窗口提交有关信息和材料，对拟定的企业名称进行查询、比对和筛选，选取符合本规定要求的企业名称。

申请人提交的信息和材料应当真实、准确、完整，并承诺因其企业名称与他人企业名称近似侵犯他人合法权益的，依法承担法律责任。

第十七条 在同一企业登记机关，申请人拟定的企业名称中的字号不得与下列同行业或者不使用行业、经营特点表述的企业名称中的字号相同：

（一）已经登记或者在保留期内的企业名称，有投资关系的除外；

（二）已经注销或者变更登记未满1年的原企业名称，有投资关系或者受让企业名称的除外；

（三）被撤销设立登记或者被撤销变更登记未满1年的原企业名称，有投资关系的除外。

第十八条 企业登记机关对通过企业名称申报系统提交完成的企业名称予以保留，保留期为2个月。设立企业依法应当报经批准或者企业经营范围中有在登记前须经批准的项目的，保留期为1年。

申请人应当在保留期届满前办理企业登记。

第十九条 企业名称转让或者授权他人使用的，相关企业应当依法通过国家企业信用信息公示系统向社会公示。

第二十条 企业登记机关在办理企业登记时，发现企业名称不符合本规定的，不予登记并书面说明理由。

企业登记机关发现已经登记的企业名称不符合本规定的，应当及时纠正。其他单位或者个人认为已经登记的企业名称不符合本规定的，可以请求企业登记机关予以纠正。

第二十一条 企业认为其他企业名称侵犯本企业名称合法权益的，可以向人民法院起诉或者请求为涉嫌侵权企业办理登记的企业登记机关处理。

企业登记机关受理申请后，可以进行调解；调解不成的，企业登记机关应当自受理之日起3个月内作出行政裁决。

第二十二条 利用企业名称实施不正当竞争等行为的，依照有关法律、行政法规的规定处理。

第二十三条 使用企业名称应当遵守法律法规，诚实守信，不得损害他人合法权益。

人民法院或者企业登记机关依法认定企业名称应当停止使用的，企业应当自收到人民法院生效的法律文书或者企业登记机关的处理决定之日起30日内办理企业名称变更登记。名称变更前，由企业登记机关以统一社会信用代码代替其名称。企业逾期未办理变更登记的，企业登记机关将其列入经营异常名录；完成变更登记后，企业登记机关将其移出经营异常名录。

第二十四条 申请人登记或者使用企业名称违反本规定的，依照企业登记相关法律、行政法规的规定予以处罚。

企业登记机关对不符合本规定的企业名称予以登记，或者对符合本规定的企业名称不予登记的，对直接负责的主管人员和其他直接责任人员，依法给予行政处分。

第二十五条 农民专业合作社和个体工商户的名称登记管理，参照本规定执行。

第二十六条 本规定自2021年3月1日起施行。

企业名称登记管理规定实施办法

· 2023年8月29日国家市场监督管理总局令第82号公布
· 自2023年10月1日起施行

第一章 总 则

第一条 为了规范企业名称登记管理，保护企业的合法权益，维护社会经济秩序，优化营商环境，根据《企业名称登记管理规定》《中华人民共和国市场主体登记管理条例》等有关法律、行政法规，制定本办法。

第二条 本办法适用于在中国境内依法需要办理登记的企业,包括公司、非公司企业法人、合伙企业、个人独资企业和上述企业分支机构,以及外国公司分支机构等。

第三条 企业名称登记管理应当遵循依法合规、规范统一、公开透明、便捷高效的原则。

企业名称的申报和使用应当坚持诚实信用,尊重在先合法权利,避免混淆。

第四条 国家市场监督管理总局主管全国企业名称登记管理工作,负责制定企业名称禁限用规则、相同相近比对规则等企业名称登记管理的具体规范;负责建立、管理和维护全国企业名称规范管理系统和国家市场监督管理总局企业名称申报系统。

第五条 各省、自治区、直辖市人民政府市场监督管理部门(以下统称省级企业登记机关)负责建立、管理和维护本行政区域内的企业名称申报系统,并与全国企业名称规范管理系统、国家市场监督管理总局企业名称申报系统对接。

县级以上地方企业登记机关负责本行政区域内的企业名称登记管理工作,处理企业名称争议,规范企业名称登记管理秩序。

第六条 国家市场监督管理总局可以根据工作需要,授权省级企业登记机关从事不含行政区划名称的企业名称登记管理工作,提供高质量的企业名称申报服务。

国家市场监督管理总局建立抽查制度,加强对前款工作的监督检查。

第二章 企业名称规范

第七条 企业名称应当使用规范汉字。

企业需将企业名称译成外文使用的,应当依据相关外文翻译原则进行翻译使用,不得违反法律法规规定。

第八条 企业名称一般应当由行政区划名称、字号、行业或者经营特点、组织形式组成,并依次排列。法律、行政法规和本办法另有规定的除外。

第九条 企业名称中的行政区划名称应当是企业所在地的县级以上地方行政区划名称。

根据商业惯例等实际需要,企业名称中的行政区划名称置于字号之后、组织形式之前的,应当加注括号。

第十条 企业名称中的字号应当具有显著性,由两个以上汉字组成,可以是字、词或者其组合。

县级以上地方行政区划名称、行业或者经营特点用语等具有其他含义,且社会公众可以明确识别,不会认为与地名、行业或者经营特点有特定联系的,可以作为字号或者字号的组成部分。

自然人投资人的姓名可以作为字号。

第十一条 企业名称中的行业或者经营特点用语应当根据企业的主营业务和国民经济行业分类标准确定。国民经济行业分类标准中没有规定的,可以参照行业习惯或者专业文献等表述。

企业为表明主营业务的具体特性,将县级以上地方行政区划名称作为企业名称中的行业或者经营特点的组成部分的,应当参照行业习惯或者有专业文献依据。

第十二条 企业应当依法在名称中标明与组织结构或者责任形式一致的组织形式用语,不得使用可能使公众误认为是其他组织形式的字样。

(一)公司应当在名称中标明"有限责任公司"、"有限公司"或者"股份有限公司"、"股份公司"字样;

(二)合伙企业应当在名称中标明"(普通合伙)"、"(特殊普通合伙)"、"(有限合伙)"字样;

(三)个人独资企业应当在名称中标明"(个人独资)"字样。

第十三条 企业分支机构名称应当冠以其所从属企业的名称,缀以"分公司"、"分厂"、"分店"等字词,并在名称中标明该分支机构的行业和所在地行政区划名称或者地名等,其行业或者所在地行政区划名称与所从属企业一致的,可以不再标明。

第十四条 企业名称冠以"中国"、"中华"、"中央"、"全国"、"国家"等字词的,国家市场监督管理总局应当按照法律法规相关规定从严审核,提出审核意见并报国务院批准。

企业名称中间含有"中国"、"中华"、"全国"、"国家"等字词的,该字词应当是行业限定语。

第十五条 外商投资企业名称中含有"(中国)"字样的,其字号应当与企业的外国投资者名称或者字号翻译内容保持一致,并符合法律法规规定。

第十六条 企业名称应当符合《企业名称登记管理规定》第十一条规定,不得存在下列情形:

(一)使用与国家重大战略政策相关的文字,使公众误认为与国家出资、政府信用等有关联关系;

(二)使用"国家级"、"最高级"、"最佳"等带有误导性的文字;

(三)使用与同行业在先有一定影响的他人名称(包括简称、字号等)相同或者近似的文字;

(四)使用明示或者暗示为非营利性组织的文字;

(五)法律、行政法规和本办法禁止的其他情形。

第十七条 已经登记的企业法人控股3家以上企业

法人的,可以在企业名称的组织形式之前使用"集团"或者"(集团)"字样。

企业集团名称应当在企业集团母公司办理变更登记时一并提出。

第十八条　企业集团名称应当与企业集团母公司名称的行政区划名称、字号、行业或者经营特点保持一致。

经企业集团母公司授权的子公司、参股公司,其名称可以冠以企业集团名称。

企业集团母公司应当将企业集团名称以及集团成员信息通过国家企业信用信息公示系统向社会公示。

第十九条　已经登记的企业法人,在3个以上省级行政区域内投资设立字号与本企业字号相同且经营1年以上的公司,或者符合法律、行政法规、国家市场监督管理总局规定的其他情形,其名称可以不含行政区划名称。

除有投资关系外,前款企业名称应当同时与企业所在地设区的市级行政区域内已经登记的或者在保留期内的同行业企业名称字号不相同。

第二十条　已经登记的跨5个以上国民经济行业门类综合经营的企业法人,投资设立3个以上与本企业字号相同且经营1年以上的公司,同时各公司的行业或者经营特点分别属于国民经济行业不同门类,其名称可以不含行业或者经营特点。除有投资关系外,该企业名称应当同时与企业所在地同一行政区域内已经登记的或者在保留期内的企业名称字号不相同。

前款企业名称不含行政区划名称的,除有投资关系外,还应当同时与企业所在地省级行政区域内已经登记的或者在保留期内的企业名称字号不相同。

第三章　企业名称自主申报服务

第二十一条　企业名称由申请人自主申报。

申请人可以通过企业名称申报系统或者在企业登记机关服务窗口提交有关信息和材料,包括全体投资人确认的企业名称、住所、投资人名称或者姓名等。申请人应当对提交材料的真实性、合法性和有效性负责。

企业名称申报系统对申请人提交的企业名称进行自动比对,依据企业名称禁限用规则、相同相近比对规则等作出禁限用说明或者风险提示。企业名称不含行政区划名称以及属于《企业名称登记管理规定》第十二条规定情形的,申请人应当同时在国家市场监督管理总局企业名称申报系统和企业名称数据库中进行查询、比对和筛选。

第二十二条　申请人根据查询、比对和筛选的结果,选取符合要求的企业名称,并承诺因其企业名称与他人企业名称近似侵犯他人合法权益的,依法承担法律责任。

第二十三条　申报企业名称,不得有下列行为:

(一)不以自行使用为目的,恶意囤积企业名称,占用名称资源等,损害社会公共利益或者妨碍社会公共秩序;

(二)提交虚假材料或者采取其他欺诈手段进行企业名称自主申报;

(三)故意申报与他人在先具有一定影响的名称(包括简称、字号等)近似的企业名称;

(四)故意申报法律、行政法规和本办法禁止的企业名称。

第二十四条　《企业名称登记管理规定》第十七条所称申请人拟定的企业名称中的字号与同行业或者不使用行业、经营特点表述的企业名称中的字号相同的情形包括:

(一)企业名称中的字号相同,行政区划名称、字号、行业或者经营特点、组织形式的排列顺序不同但文字相同;

(二)企业名称中的字号相同,行政区划名称或者组织形式不同,但行业或者经营特点相同;

(三)企业名称中的字号相同,行业或者经营特点表述不同但实质内容相同。

第二十五条　企业登记机关对通过企业名称申报系统提交完成的企业名称予以保留,保留期为2个月。设立企业依法应当报经批准或者企业经营范围中有在登记前须经批准的项目的,保留期为1年。

企业登记机关可以依申请向申请人出具名称保留告知书。

申请人应当在保留期届满前办理企业登记。保留期内的企业名称不得用于经营活动。

第二十六条　企业登记机关在办理企业登记时,发现保留期内的名称不符合企业名称登记管理相关规定的,不予登记并书面说明理由。

第四章　企业名称使用和监督管理

第二十七条　使用企业名称应当遵守法律法规规定,不得以模仿、混淆等方式侵犯他人在先合法权益。

第二十八条　企业的印章、银行账户等所使用的企业名称,应当与其营业执照上的企业名称相同。

法律文书使用企业名称,应当与该企业营业执照上的企业名称相同。

第二十九条　企业名称可以依法转让。企业名称的转让方与受让方应当签订书面合同,依法向企业登记机关办理企业名称变更登记,并由企业登记机关通过国家企业信用信息公示系统向社会公示企业名称转让信息。

第三十条 企业授权使用企业名称的,不得损害他人合法权益。

企业名称的授权方与使用方应当分别将企业名称授权使用信息通过国家企业信用信息公示系统向社会公示。

第三十一条 企业登记机关发现已经登记的企业名称不符合企业名称登记管理相关规定的,应当依法及时纠正,责令企业变更名称。对不立即变更可能严重损害社会公共利益或者产生不良社会影响的企业名称,经企业登记机关主要负责人批准,可以用统一社会信用代码代替。

上级企业登记机关可以纠正下级企业登记机关已经登记的不符合企业名称登记管理相关规定的企业名称。

其他单位或者个人认为已经登记的企业名称不符合企业名称登记管理相关规定的,可以请求企业登记机关予以纠正。

第三十二条 企业应当自收到企业登记机关的纠正决定之日起30日内办理企业名称变更登记。企业名称变更前,由企业登记机关在国家企业信用信息公示系统和电子营业执照中以统一社会信用代码代替其企业名称。

企业逾期未办理变更登记的,企业登记机关将其列入经营异常名录;完成变更登记后,企业可以依法向企业登记机关申请将其移出经营异常名录。

第三十三条 省级企业登记机关在企业名称登记管理工作中发现下列情形,应当及时向国家市场监督管理总局报告,国家市场监督管理总局根据具体情况进行处理:

(一)发现将损害国家利益、社会公共利益,妨害社会公共秩序,或者有其他不良影响的文字作为名称字号申报,需要将相关字词纳入企业名称禁限用管理的;

(二)发现在全国范围内有一定影响的企业名称(包括简称、字号等)被他人擅自使用,误导公众,需要将该企业名称纳入企业名称禁限用管理的;

(三)发现将其他属于《企业名称登记管理规定》第十一条规定禁止情形的文字作为名称字号申报,需要将相关字词纳入企业名称禁限用管理的;

(四)需要在全国范围内统一争议裁决标准的企业名称争议;

(五)在全国范围内产生重大影响的企业名称登记管理工作;

(六)其他应当报告的情形。

第五章 企业名称争议裁决

第三十四条 企业认为其他企业名称侵犯本企业名称合法权益的,可以向人民法院起诉或者请求为涉嫌侵权企业办理登记的企业登记机关处理。

第三十五条 企业登记机关负责企业名称争议裁决工作,应当根据工作需要依法配备符合条件的裁决人员,为企业名称争议裁决提供保障。

第三十六条 提出企业名称争议申请,应当有具体的请求、事实、理由、法律依据和证据,并提交以下材料:

(一)企业名称争议裁决申请书;

(二)被申请人企业名称侵犯申请人企业名称合法权益的证据材料;

(三)申请人主体资格文件,委托代理的,还应当提交委托书和被委托人主体资格文件或者自然人身份证件;

(四)其他与企业名称争议有关的材料。

第三十七条 企业登记机关应当自收到申请之日起5个工作日内对申请材料进行审查,作出是否受理的决定,并书面通知申请人;对申请材料不符合要求的,应当一次性告知申请人需要补正的全部内容。申请人应当自收到补正通知之日起5个工作日内补正。

第三十八条 有下列情形之一的,企业登记机关依法不予受理并说明理由:

(一)争议不属于本机关管辖的;

(二)无明确的争议事实、理由、法律依据和证据;

(三)申请人未在规定时限内补正,或者申请材料经补正后仍不符合要求;

(四)人民法院已经受理申请人的企业名称争议诉讼请求或者作出裁判;

(五)申请人经调解达成协议后,再以相同的理由提出企业名称争议申请;

(六)企业登记机关已经作出不予受理申请决定或者已经作出行政裁决后,同一申请人以相同的事实、理由、法律依据针对同一个企业名称再次提出争议申请;

(七)企业名称争议一方或者双方已经注销;

(八)依法不予受理的其他情形。

第三十九条 企业登记机关应当自决定受理之日起5个工作日内将申请书和相关证据材料副本随同答辩告知书发送被申请人。

被申请人应当自收到上述材料之日起10个工作日内提交答辩书和相关证据材料。

企业登记机关应当自收到被申请人提交的材料之日

起5个工作日内将其发送给申请人。

被申请人逾期未提交答辩书和相关证据材料的,不影响企业登记机关的裁决。

第四十条 经双方当事人同意,企业登记机关可以对企业名称争议进行调解。

调解达成协议的,企业登记机关应当制作调解书,当事人应当履行。调解不成的,企业登记机关应当自受理之日起3个月内作出行政裁决。

第四十一条 企业登记机关对企业名称争议进行审查时,依法综合考虑以下因素:

(一)争议双方企业的主营业务;

(二)争议双方企业名称的显著性、独创性;

(三)争议双方企业名称的持续使用时间以及相关公众知悉程度;

(四)争议双方在进行企业名称申报时作出的依法承担法律责任的承诺;

(五)争议企业名称是否造成相关公众的混淆误认;

(六)争议企业名称是否利用或者损害他人商誉;

(七)企业登记机关认为应当考虑的其他因素。

企业登记机关必要时可以向有关组织和人员调查了解情况。

第四十二条 企业登记机关经审查,认为当事人构成侵犯他人企业名称合法权益的,应当制作企业名称争议行政裁决书,送达双方当事人,并责令侵权人停止使用被争议企业名称;争议理由不成立的,依法驳回争议申请。

第四十三条 企业被裁决停止使用企业名称的,应当自收到争议裁决之日起30日内办理企业名称变更登记。企业名称变更前,由企业登记机关在国家企业信用信息公示系统和电子营业执照中以统一社会信用代码代替其企业名称。

企业逾期未办理变更登记的,企业登记机关将其列入经营异常名录;完成变更登记后,企业可以依法向企业登记机关申请将其移出经营异常名录。

第四十四条 争议企业名称权利的确定必须以人民法院正在审理或者行政机关正在处理的其他案件结果为依据的,应当中止审查,并告知争议双方。

在企业名称争议裁决期间,就争议企业名称发生诉讼的,当事人应当及时告知企业登记机关。

在企业名称争议裁决期间,企业名称争议一方或者双方注销,或者存在法律法规规定的其他情形的,企业登记机关应当作出终止裁决的决定。

第四十五条 争议裁决作出前,申请人可以书面向企业登记机关要求撤回申请并说明理由。企业登记机关认为可以撤回的,终止争议审查程序,并告知争议双方。

第四十六条 对于事实清楚、争议不大、案情简单的企业名称争议,企业登记机关可以依照有关规定适用简易裁决程序。

第四十七条 当事人对企业名称争议裁决不服的,可以依法申请行政复议或者向人民法院提起诉讼。

第六章　法律责任

第四十八条 申报企业名称,违反本办法第二十三条第(一)、(二)项规定的,由企业登记机关责令改正;拒不改正的,处1万元以上10万元以下的罚款。法律、行政法规另有规定的,依照其规定。

申报企业名称,违反本办法第二十三条第(三)、(四)项规定,严重扰乱企业名称登记管理秩序,产生不良社会影响的,由企业登记机关处1万元以上10万元以下的罚款。

第四十九条 利用企业名称实施不正当竞争等行为的,依照有关法律、行政法规的规定处理。

违反本办法规定,使用企业名称,损害他人合法权益,企业逾期未依法办理变更登记的,由企业登记机关依照《中华人民共和国市场主体登记管理条例》第四十六条规定予以处罚。

第五十条 企业登记机关应当健全内部监督制度,对从事企业名称登记管理工作的人员执行法律法规和遵守纪律的情况加强监督。

从事企业名称登记管理工作的人员应当依法履职,廉洁自律,不得从事相关代理业务或者违反规定从事、参与营利性活动。

企业登记机关对不符合规定的企业名称予以登记,或者对符合规定的企业名称不予登记的,对直接负责的主管人员和其他直接责任人员,依法给予行政处分。

第五十一条 从事企业名称登记管理工作的人员滥用职权、玩忽职守、徇私舞弊,牟取不正当利益的,应当依照有关规定将相关线索移送纪检监察机关处理;构成犯罪的,依法追究刑事责任。

第七章　附则

第五十二条 本办法所称的企业集团,由其母公司、子公司、参股公司以及其他成员单位组成。母公司是依法登记注册,取得企业法人资格的控股企业;子公司是母公司拥有全部股权或者控股权的企业法人;参股公司是母公司拥有部分股权但是没有控股权的企业法人。

第五十三条 个体工商户和农民专业合作社的名称登记管理，参照本办法执行。

个体工商户使用名称的，应当在名称中标明"（个体工商户）"字样，其名称中的行政区划名称应当是其所在地县级行政区划名称，可以缀以个体工商户所在地的乡镇、街道或者行政村、社区、市场等名称。

农民专业合作社（联合社）应当在名称中标明"专业合作社"或者"专业合作社联合社"字样。

第五十四条 省级企业登记机关可以根据本行政区域实际情况，按照本办法对本行政区域内企业、个体工商户、农民专业合作社的违规名称纠正、名称争议裁决等名称登记管理工作制定实施细则。

第五十五条 本办法自 2023 年 10 月 1 日起施行。2004 年 6 月 14 日原国家工商行政管理总局令第 10 号公布的《企业名称登记管理实施办法》、2008 年 12 月 31 日原国家工商行政管理总局令第 38 号公布的《个体工商户名称登记管理办法》同时废止。

企业名称禁限用规则

· 2017 年 7 月 31 日
· 工商企注字〔2017〕133 号

第一章 总 则

第一条 为规范企业名称审核行为，建立、完善企业名称比对系统，为申请人提供更加便利的企业名称登记、核准服务，根据《公司法》《企业法人登记管理条例》《公司登记管理条例》《企业名称登记管理规定》《企业名称登记管理实施办法》和工商总局有关规范性文件等制定本规则。

第二条 本规则适用于企业名称登记、核准有关业务。企业名称审核人员依据本规则对企业名称申请是否存在有关禁限用内容进行审查，按照有关规定作出核准或者驳回的决定。

第三条 企业登记机关可以依据本规则建立、完善企业名称比对系统，为申请人提供企业名称筛查服务。企业名称自主申报改革试点地区可以参照本规则，建立、完善比对、申报系统，为申请人提供自主申报、自负其责的登记服务。

第二章 禁止性规则

第四条 企业名称不得与同一企业登记机关已登记注册、核准的同行业企业名称相同。

以下情形适用于本条款规定：

（一）与同一登记机关已登记、或者已核准但尚未登记且仍在有效期内、或者已申请尚未核准的同行业企业名称相同；

（二）与办理注销登记未满 1 年的同行业企业名称相同；

（三）与同一登记机关企业变更名称未满 1 年的原同行业名称相同；

（四）与被撤销设立登记和被吊销营业执照尚未办理注销登记的同行业企业名称相同。

第五条 企业名称不得含有有损于国家、社会公共利益的内容和文字。

以下情形适用于本条款规定：

（一）有消极或不良政治影响的。如"支那""黑太阳""大地主"等。

（二）宣扬恐怖主义、分裂主义和极端主义的。如"九一一""东突""占中"等。

（三）带有殖民文化色彩，有损民族尊严和伤害人民感情的。如"大东亚""大和""福尔摩萨"等。

（四）带有种族、民族、性别等歧视倾向的。如"黑鬼"等。

（五）含有封建文化糟粕、违背社会良好风尚或不尊重民族风俗习惯的。如"鬼都""妻妾成群"等。

（六）涉及毒品、淫秽、色情、暴力、赌博的。如"海洛因""推牌九"等。

第六条 企业名称不得含有可能对公众造成欺骗或者误解的内容和文字。

以下情形适用于本条款规定：

（一）含有党和国家领导人、老一辈革命家、知名烈士和知名模范的姓名的。如"董存瑞""雷锋"等。

（二）含有非法组织名称或者反动政治人物、公众熟知的反面人物的姓名的。如"法轮功""汪精卫""秦桧"等。

（三）含有宗教组织名称或带有显著宗教色彩的。如"基督教""佛教""伊斯兰教"等。

第七条 企业名称不得含有外国国家（地区）名称、国际组织名称。

第八条 企业名称不得含有政党名称、党政军机关名称、群团组织名称、社会组织名称及部队番号。

第九条 企业名称应当使用符合国家规范的汉字，不得使用外文、字母和阿拉伯数字。

第十条 企业名称不得含有其他法律、行政法规规定禁止的内容和文字。

第十一条　企业名称应当由行政区划、字号、行业、组织形式依次组成。企业名称中的行政区划是本企业所在地县级以上行政区划的名称或地名。市辖区的名称不能单独用作企业名称中的行政区划。

第十二条　企业名称中的字号应当由2个以上的符合国家规范的汉字组成，行政区划、行业、组织形式不得用作字号。

第十三条　企业应当根据其主营业务，依照国家行业分类标准划分的类别，在企业名称中标明所属行业或者经营特点。国家法律、法规以及国务院决定等对企业名称中的行业有特殊要求的，应当在企业名称中标明。不得在企业名称中标示国家法律、法规以及国务院决定等禁止经营的行业。

第十四条　企业应当根据其组织结构或者责任形式在名称中标明符合国家法律、法规以及国务院决定规定的组织形式，不得使用与其组织结构或者责任形式不一致的组织形式。

第三章　限制性规则

第十五条　企业名称不得与同一企业登记机关已登记注册、核准的同行业企业名称近似，但有投资关系的除外。

第十六条　企业法人名称中不得含有其他非营利法人的名称，但有投资关系或者经该法人授权，且使用该法人简称或者特定称谓的除外。该法人的简称或者特定称谓有其他含义或者指向不确定的，可以不经授权。

第十七条　企业名称中不得含有另一个企业名称，但有投资关系或者经该企业授权，且使用该企业的简称或者特定称谓的除外。该企业的简称或者特定称谓有其他含义或者指向不确定的，可以不经授权。

第十八条　企业名称不得明示或者暗示为非营利组织或者超出企业设立的目的，但有其他含义或者法律、法规以及国务院决定另有规定的除外。

第十九条　除国务院决定设立的企业外，企业名称不得冠以"中国""中华""全国""国家""国际"等字样；在企业名称中间使用"中国""中华""全国""国家""国际"等字样的，该字样应是行业的限定语；使用外国（地区）出资企业字号的外商独资企业、外方控股的外商投资企业，可以在名称中间使用"（中国）"字样。以上三类企业名称需经工商总局核准，但在企业名称中间使用"国际"字样的除外。

第二十条　企业名称应当冠以企业所在地省（包括自治区、直辖市）或者市（包括州、地、盟）或者县（包括市辖区、自治县、旗）行政区划名称，但符合以下条件之一、经工商总局核准的，企业名称可以不含企业所在地行政区划：

（一）国务院批准的；

（二）工商总局登记注册的；

（三）注册资本（或注册资金）不少于5000万元人民币的；

（四）工商总局另有规定的。

第二十一条　市辖区名称与市行政区划连用的企业名称，由市企业登记机关核准。省、市、县行政区划连用的企业名称，由最高级别行政区的企业登记机关核准。上级企业登记机关可以授权下级机关核准应当由本机关核准的企业名称。

第二十二条　企业名称的字号应当由字、词或其组合构成，不得使用语句、句群和段落，但具有显著识别性或有其他含义的短句除外。

第二十三条　企业名称的字号不得含有"国家级""最高级""最佳"等带有误导性内容和文字，但有其他含义或者作部分使用，且字号整体有其他含义的除外。

第二十四条　企业名称的字号不得以外国国家（地区）所属辖区、城市名称及其简称、特定称谓作字号，但有其他含义或者作部分使用，且字号整体具有其他含义的除外。

第二十五条　行政区划不得用作字号，但县以上行政区划的地名具有其他含义的除外。

第二十六条　企业名称不得以职业、职位、学位、职称、军衔、警衔等及其简称、特定称谓作字号，但有其他含义或者作部分使用，且字号整体有其他含义的除外。

第二十七条　企业不得使用工商总局曾经给予驰名商标保护的规范汉字作同行业企业名称的字号，但已经取得该驰名商标持有人授权的除外。

第二十八条　企业名称中的行业不得使用与主营业务不一致的用语表述，符合以下条件的可以不使用国民经济行业类别用语表述企业所从事的行业：

（一）企业经济活动性质分别属于国民经济行业5个以上大类；

（二）企业注册资本（或注册资金）1亿元以上或者是企业集团的母公司；

（三）与同一企业登记机关登记、核准的同类别企业名称中的字号不相同。

第二十九条　法律、法规、国务院决定以及工商总局规章、规范性文件对企业名称的行业表述有特别规定的从其规定。

第四章 附 则

第三十条 地方企业登记机关可以根据地方性法规、政府规定,细化禁用内容。

第三十一条 农民专业合作社、个体工商户和非法人分支机构(营业单位)名称的登记、核准,参照本规则执行。

第三十二条 本规则根据相关法律、法规以及国务院决定等的调整适时调整并公布。

第三十三条 本规则由工商总局解释。

企业名称相同相近比对规则

· 2017年7月31日
· 工商企注字〔2017〕133号

第一条 为进一步推进企业名称登记管理改革,建立、完善企业名称比对系统,为申请人提供高效比对服务,依据《企业名称登记管理规定》《企业名称登记管理实施办法》《工商总局关于提高登记效率积极推进企业名称登记管理改革的意见》(工商企注字〔2017〕54号)等制定本规则。

第二条 本规则适用于企业登记机关利用信息化技术,建立、完善企业名称比对系统,为申请人申请企业名称提供比对服务。企业登记机关应当将比对结果以在线网页等方式呈现给申请人,供其参考、选择。

第三条 申请人提交的企业名称登记、核准申请有下列情形之一的,比对系统提示为企业名称相同:

(一)与同一企业登记机关已登记、核准的企业名称完全相同。

(二)与同一企业登记机关已登记、核准的企业名称行政区划、字号、行业和组织形式排列顺序不同但文字相同。如:北京红光酒业发展有限公司与红光(北京)酒业发展有限公司。

(三)与同一企业登记机关已登记、核准的企业名称字号、行业文字相同但行政区划或者组织形式不同。如:北京红光酒业有限公司与红光酒业有限公司;北京红光酒业有限公司与北京红光酒厂。

第四条 申请人提交的企业名称登记、核准申请有下列情形之一的,比对系统提示为企业名称相近:

(一)与同一企业登记机关已登记、核准的同行业企业名称字号相同,行业表述不同但含义相同。如:万青地产有限公司与万青房地产有限公司、万青置业有限公司。

(二)与同一企业登记机关已登记、核准的同行业企业名称字号的字音相同,行业表述相同或者行业表述不同但内容相同。如:北京牛栏山酒业有限公司与北京牛兰山酒业有限公司、北京牛蓝山白酒有限公司。

(三)字号包含同一企业登记机关已登记、核准同行业企业名称字号或者被其包含,行业表述相同或者行业表述不同但内容相同。如:北京阿里巴巴网络科技有限公司与北京阿里巴巴巴巴网络科技有限公司、北京阿里巴巴在线信息科技有限公司。

(四)字号与同一企业登记机关已登记、核准同行业企业名称字号部分字音相同,行业表述相同或者行业表述不同但内容相同。如:北京阿里巴巴科技有限公司与北京马云阿理巴巴科技有限公司、北京阿里巴巴金控技术有限公司。

(五)不含行业表述或者以实业、发展等不使用国民经济行业分类用语表述行业的,包含或者被包含同一企业登记机关已登记、核准的同类别企业名称的字号,或者其字号的字音相同,或者其包含、被包含的部分字音相同。如:北京牛兰山有限公司与北京金牛栏山有限公司;北京全聚德有限公司与北京荃巨得有限公司、北京宏荃聚德实业有限公司。

第五条 申请人通过比对系统查询申请企业名称时,拟申请的企业名称与同一企业登记机关已登记、核准的企业名称相同的,列出相同的企业名称,提示该申请不能通过;拟申请的企业名称与同一企业登记机关已登记、核准的企业名称相近的,列出相近的企业名称清单,提示该申请可以通过,但存在审核不予核准的可能,存在虽然核准,但在使用中可能面临侵权纠纷,甚至以不适宜的企业名称被强制变更的风险。

第六条 地方企业登记机关可以根据地方政府要求、改革需要和技术条件等,细化比对规则,不断提高比对智能化服务水平。

第七条 农民专业合作社、个体工商户名称和非法人分支机构(营业单位)的比对,参照本规则执行。

第八条 本规则由工商总局解释。

无证无照经营查处办法

· 2017年8月6日中华人民共和国国务院令第684号公布
· 自2017年10月1日起施行

第一条 为了维护社会主义市场经济秩序,促进公平竞争,保护经营者和消费者的合法权益,制定本办法。

第二条　任何单位或者个人不得违反法律、法规、国务院决定的规定,从事无证无照经营。

第三条　下列经营活动,不属于无证无照经营:

(一)在县级以上地方人民政府指定的场所和时间,销售农副产品、日常生活用品,或者个人利用自己的技能从事依法无须取得许可的便民劳务活动;

(二)依照法律、行政法规、国务院决定的规定,从事无须取得许可或者办理注册登记的经营活动。

第四条　县级以上地方人民政府负责组织、协调本行政区域的无证无照经营查处工作,建立有关部门分工负责、协调配合的无证无照经营查处工作机制。

第五条　经营者未依法取得许可从事经营活动的,由法律、法规、国务院决定规定的部门予以查处;法律、法规、国务院决定没有规定或者规定不明确的,由省、自治区、直辖市人民政府确定的部门予以查处。

第六条　经营者未依法取得营业执照从事经营活动的,由履行工商行政管理职责的部门(以下称工商行政管理部门)予以查处。

第七条　经营者未依法取得许可且未依法取得营业执照从事经营活动的,依照本办法第五条的规定予以查处。

第八条　工商行政管理部门以及法律、法规、国务院决定规定的部门和省、自治区、直辖市人民政府确定的部门(以下统称查处部门)应当依法履行职责,密切协同配合,利用信息网络平台加强信息共享;发现不属于本部门查处职责的无证无照经营,应当及时通报有关部门。

第九条　任何单位或者个人有权向查处部门举报无证无照经营。

查处部门应当向社会公开受理举报的电话、信箱或者电子邮件地址,并安排人员受理举报,依法予以处理。对实名举报的,查处部门应当告知处理结果,并为举报人保密。

第十条　查处部门依法查处无证无照经营,应当坚持查处与引导相结合、处罚与教育相结合的原则,对具备办理证照的法定条件、经营者有继续经营意愿的,应当督促、引导其依法办理相应证照。

第十一条　县级以上人民政府工商行政管理部门对涉嫌无照经营进行查处,可以行使下列职权:

(一)责令停止相关经营活动;

(二)向与涉嫌无照经营有关的单位和个人调查了解有关情况;

(三)进入涉嫌从事无照经营的场所实施现场检查;

(四)查阅、复制与涉嫌无照经营有关的合同、票据、账簿以及其他有关资料。

对涉嫌从事无照经营的场所,可以予以查封;对涉嫌用于无照经营的工具、设备、原材料、产品(商品)等物品,可以予以查封、扣押。

对涉嫌无证经营进行查处,依照相关法律、法规的规定采取措施。

第十二条　从事无证经营的,由查处部门依照相关法律、法规的规定予以处罚。

第十三条　从事无照经营的,由工商行政管理部门依照相关法律、行政法规的规定予以处罚。法律、行政法规对无照经营的处罚没有明确规定的,由工商行政管理部门责令停止违法行为,没收违法所得,并处1万元以下的罚款。

第十四条　明知属于无照经营而为经营者提供经营场所,或者提供运输、保管、仓储等条件的,由工商行政管理部门责令停止违法行为,没收违法所得,可以处5000元以下的罚款。

第十五条　任何单位或者个人从事无证无照经营的,由查处部门记入信用记录,并依照相关法律、法规的规定予以公示。

第十六条　妨害查处部门查处无证无照经营,构成违反治安管理行为的,由公安机关依照《中华人民共和国治安管理处罚法》的规定予以处罚。

第十七条　查处部门及其工作人员滥用职权、玩忽职守、徇私舞弊的,对负有责任的领导人员和直接责任人员依法给予处分。

第十八条　违反本办法规定,构成犯罪的,依法追究刑事责任。

第十九条　本办法自2017年10月1日起施行。2003年1月6日国务院公布的《无照经营查处取缔办法》同时废止。

电子营业执照管理办法(试行)

· 2018年12月17日
· 国市监注〔2018〕249号

第一条　为规范电子营业执照的应用与管理,维护市场主体的合法权益,依据《公司法》《电子签名法》《网络安全法》等法律法规和国务院有关文件规定,制定本办法。

第二条　本办法适用于市场监管部门发放和管理电子营业执照的行为,市场主体领取、下载及使用电子营业执照的行为,以及电子营业执照的政务和商务应用的行为。

本办法所称电子营业执照,是指由市场监管部门依据国家有关法律法规、按照统一标准规范核发的载有市场主体登记信息的法律电子证件。电子营业执照与纸质营业执照具有同等法律效力,是市场主体取得主体资格的合法凭证。

本办法所称电子营业执照文件,是指按照全国统一版式和格式记载市场主体登记事项,并经市场监管部门依法加签数字签名的电子文档。

本规定所称电子营业执照应用程序,是指由市场监管总局提供的,安装并运行在手机等智能移动终端上,支撑电子营业执照应用的软件。

本办法所称电子营业执照系统,是指由市场监管总局统一建设、部署和管理的,用于电子营业执照签发、存储、管理、验证和应用的相关数据文件、标准规范、软件系统及硬件设备的总称。

本办法所称市场主体,是指各类企业、个体工商户和农民专业合作社。

第三条 电子营业执照系统是全国统一的市场主体身份验证系统,支持市场主体身份全国范围内的通用验证和识别。电子营业执照具备防伪、防篡改、防抵赖等信息安全保障特性。

第四条 市场监管部门是发放和管理电子营业执照的法定部门。市场监管部门发放电子营业执照不向市场主体收取费用。

第五条 市场监管总局负责全国电子营业执照工作的总体部署和统筹推进;负责电子营业执照系统的规划、建设和管理;负责电子营业执照管理规范、技术方案和标准的制定;负责全国统一的电子营业执照库和市场主体身份验证系统的建设和管理;负责推进电子营业执照在全国范围内跨区域、跨层级和跨行业的应用。

各省(自治区、直辖市)市场监管部门负责本地区电子营业执照的发放和管理;负责推进电子营业执照在本地区的应用;负责本地区电子营业执照系统相关建设、运行、维护和安全管理。

各市(县、区)市场监管部门依法负责本辖区电子营业执照的发放、管理和应用。

第六条 市场主体设立登记后,即时生成电子营业执照并存储于电子营业执照库。电子营业执照通过手机等装载有电子营业执照应用程序的智能移动终端进行领取、下载和使用。

电子营业执照的下载、使用,采用真实身份信息登记制度。在确认持照人身份和市场主体身份之间关系时,持照人须出示有效的身份证明或需对持照人进行基于个人身份等真实信息的认证或登记。

第七条 市场主体设立登记后首次领取和下载电子营业执照,以及办理变更登记后重新领取和下载电子营业执照,应由经市场监管部门登记的公司的法定代表人、合伙企业的执行事务合伙人、个人独资企业的投资人、个体工商户的经营者、农民专业合作社的法定代表人以及各类企业分支机构的负责人(下称法定代表人)领取和下载。

合伙企业有数个合伙人执行合伙事务的,应当协商决定由一名执行事务合伙人领取和下载合伙企业电子营业执照。

第八条 法定代表人领取电子营业执照后,可自行或授权其他证照管理人员保管、持有、使用电子营业执照。市场主体对其电子营业执照的管理和授权使用行为的合法性、真实性、合理性等负责。

第九条 市场主体办理涉及营业执照记载事项变更登记的,原下载至移动终端的电子营业执照需重新下载。变更法定代表人登记的,原法定代表人下载的电子营业执照将无法继续使用,新任法定代表人需要重新下载电子营业执照。

载有电子营业执照的移动终端丢失或损坏的,法定代表人可使用其他移动终端重新下载电子营业执照,原移动终端存储的电子营业执照将无法继续使用。

第十条 电子营业执照适用于需提供市场主体身份凭证的场合,包括但不限于下列情形:

(一)出示营业执照以表明市场主体身份,或使用营业执照进行市场主体身份认证和证明的;

(二)办理市场主体登记注册业务的;

(三)以市场主体身份登录网上系统或平台,办理各项业务、开展经营活动的;

(四)登录国家企业信用信息公示系统报送年度报告、自主公示信息的;

(五)以市场主体身份对电子文件、表单或数据等进行电子签名的;

(六)在互联网上公开营业执照信息和链接标识的;

(七)授权相关个人或单位共享、传输或获取其市场主体数据信息的;

(八)按照法律、法规和相关规定需要使用和提供营业执照的。

第十一条 社会公众、相关单位和机构使用电子营业执照应用程序或接入电子营业执照系统,可实时联网验证市场主体电子营业执照真伪、查询市场主体身份信息及状态,并可同步比对查验电子营业执照持照人相关信息。

电子营业执照应用程序中加载的电子营业执照验证二维码和条形码,为电子营业执照验证专用码。

第十二条 电子营业执照文件存储于市场监管总局电子营业执照库,市场主体可自行下载、存储或打印电子营业执照文件。打印的电子营业执照文件可用于信息展示和需要提交纸质营业执照复印件的情形,按规定需要加盖市场主体印章的,遵其规定。市场主体对使用其自行下载或打印的电子营业执照文件行为的真实性、合法性和合理性负责。

只领取电子营业执照的市场主体,应下载并打印电子营业执照文件,置于住所或营业场所的醒目位置,或通过电子显示屏等方式亮明电子营业执照。

第十三条 电子营业执照文件的内容和版式与纸质营业执照基本相同。电子营业执照文件中标注"电子营业执照"水印和数字签名值,不显示登记机关印章。按照本办法第十一条规定的方式,可比对查验电子营业执照文件真伪。

电子营业执照文件中加载的二维码为电子营业执照文件专用二维码。

第十四条 电子营业执照系统为国家政务服务平台提供市场主体统一身份认证服务和电子营业执照文件数据,各级市场监管部门应做好相关保障工作,并应积极支持相关单位充分应用电子营业执照,提高服务效能、降低市场主体办事成本。

第十五条 市场主体使用电子营业执照可以对数据电文进行电子签名,符合《电子签名法》第十三条规定条件的,电子签名与手写签名或者盖章具有同等的法律效力。

第十六条 市场监管总局负责全国市场主体电子营业执照应用接入的统一管理,授权省级市场监管部门管理所辖范围内电子营业执照的接入工作。省级区域内电子营业执照的应用接入,应向省级市场监管部门提出接入申请,由省级市场监管部门批准后报市场监管总局登记注册局备案。跨省级区域的电子营业执照应用接入,由省级市场监管部门向市场监管总局登记注册局提出接入申请,经批准后实施。

电子营业执照系统接入的流程规范和技术标准由市场监管总局统一制定。

第十七条 接入电子营业执照系统,核验电子营业执照、存储或使用市场主体电子营业执照文件及信息的相关单位和团体,应依法履行以下义务:

(一)应当保证电子营业执照系统和电子营业执照应用程序的完整性和统一性;

(二)应当建立健全用户信息安全保护机制,依法严格履行信息安全保护义务,严格落实信息安全管理责任;

(三)应当符合电子营业执照有关实人、实名、实照的使用原则,保障市场主体电子身份凭证安全;

(四)应当遵循合法、正当、必要的原则,并应当控制在自身业务体系中应用;对于电子营业执照的下载、出示、核验、身份认证、电子签名等基本应用功能,不允许额外收取市场主体使用费用;

(五)通过电子营业执照共享、传输市场主体登记信息的,应明示收集使用信息的目的、方式和范围,并经市场主体授权同意;

(六)应当支持市场主体通过手机等智能移动终端使用电子营业执照,为市场主体使用电子营业执照提供方便。

第十八条 任何单位和个人不得伪造、篡改和非法使用电子营业执照,不得攻击、侵入、干扰、破坏电子营业执照系统。如有违反规定,根据有关法律法规进行处理。

第十九条 本办法由市场监管总局负责解释,自印发之日起施行。

外国企业常驻代表机构登记管理条例

· 2010年11月19日国务院令第584号公布
· 根据2013年7月18日《国务院关于废止和修改部分行政法规的决定》修订
· 根据2018年9月18日《国务院关于修改部分行政法规的决定》修正

第一章 总 则

第一条 为了规范外国企业常驻代表机构的设立及其业务活动,制定本条例。

第二条 本条例所称外国企业常驻代表机构(以下简称代表机构),是指外国企业依本条例规定,在中国境内设立的从事与该外国企业业务有关的非营利性活动的办事机构。代表机构不具有法人资格。

第三条 代表机构应当遵守中国法律,不得损害中国国家安全和社会公共利益。

第四条 代表机构设立、变更、终止,应当依照本条例规定办理登记。

外国企业申请办理代表机构登记,应当对申请文件、材料的真实性负责。

第五条 省、自治区、直辖市人民政府市场监督管理部门是代表机构的登记和管理机关(以下简称登记机关)。

登记机关应当与其他有关部门建立信息共享机制,

相互提供有关代表机构的信息。

第六条 代表机构应当于每年3月1日至6月30日向登记机关提交年度报告。年度报告的内容包括外国企业的合法存续情况、代表机构的业务活动开展情况及其经会计师事务所审计的费用收支情况等相关情况。

第七条 代表机构应当依法设置会计账簿，真实记载外国企业经费拨付和代表机构费用收支情况，并置于代表机构驻在场所。

代表机构不得使用其他企业、组织或者个人的账户。

第八条 外国企业委派的首席代表、代表以及代表机构的工作人员应当遵守法律、行政法规关于出入境、居留、就业、纳税、外汇登记等规定；违反规定的，由有关部门依照法律、行政法规的相关规定予以处理。

第二章 登记事项

第九条 代表机构的登记事项包括：代表机构名称、首席代表姓名、业务范围、驻在场所、驻在期限、外国企业名称及其住所。

第十条 代表机构名称应当由以下部分依次组成：外国企业国籍、外国企业中文名称、驻在城市名称以及"代表处"字样，并不得含有下列内容和文字：

（一）有损于中国国家安全或者社会公共利益的；

（二）国际组织名称；

（三）法律、行政法规或者国务院规定禁止的。

代表机构应当以登记机关登记的名称从事业务活动。

第十一条 外国企业应当委派一名首席代表。首席代表在外国企业书面授权范围内，可以代表外国企业签署代表机构登记申请文件。

外国企业可以根据业务需要，委派1至3名代表。

第十二条 有下列情形之一的，不得担任首席代表、代表：

（一）因损害中国国家安全或者社会公共利益，被判处刑罚的；

（二）因从事损害中国国家安全或者社会公共利益等违法活动，依法被撤销设立登记、吊销登记证或者被有关部门依法责令关闭的代表机构的首席代表、代表，自被撤销、吊销或者责令关闭之日起未逾5年的；

（三）国务院市场监督管理部门规定的其他情形。

第十三条 代表机构不得从事营利性活动。

中国缔结或者参加的国际条约、协定另有规定的，从其规定，但是中国声明保留的条款除外。

第十四条 代表机构可以从事与外国企业业务有关的下列活动：

（一）与外国企业产品或者服务有关的市场调查、展示、宣传活动；

（二）与外国企业产品销售、服务提供、境内采购、境内投资有关的联络活动。

法律、行政法规或者国务院规定代表机构从事前款规定的业务活动须经批准的，应当取得批准。

第十五条 代表机构的驻在场所由外国企业自行选择。

根据国家安全和社会公共利益需要，有关部门可以要求代表机构调整驻在场所，并及时通知登记机关。

第十六条 代表机构的驻在期限不得超过外国企业的存续期限。

第十七条 登记机关应当将代表机构登记事项记载于代表机构登记簿，供社会公众查阅、复制。

第十八条 代表机构应当将登记机关颁发的外国企业常驻代表机构登记证（以下简称登记证）置于代表机构驻在场所的显著位置。

第十九条 任何单位和个人不得伪造、涂改、出租、出借、转让登记证和首席代表、代表的代表证（以下简称代表证）。

登记证和代表证遗失或者毁坏的，代表机构应当在指定的媒体上声明作废，申请补领。

登记机关依法作出准予变更登记、准予注销登记、撤销变更登记、吊销登记证决定的，代表机构原登记证和原首席代表、代表的代表证自动失效。

第二十条 代表机构设立、变更，外国企业应当在登记机关指定的媒体上向社会公告。

代表机构注销或者被依法撤销设立登记、吊销登记证的，由登记机关进行公告。

第二十一条 登记机关对代表机构涉嫌违反本条例的行为进行查处，可以依法行使下列职权：

（一）向有关的单位和个人调查、了解情况；

（二）查阅、复制、查封、扣押与违法行为有关的合同、票据、账簿以及其他资料；

（三）查封、扣押专门用于从事违法行为的工具、设备、原材料、产品（商品）等财物；

（四）查询从事违法行为的代表机构的账户以及与存款有关的会计凭证、账簿、对账单等。

第三章 设立登记

第二十二条 设立代表机构应当向登记机关申请设立登记。

第二十三条 外国企业申请设立代表机构，应当向登记机关提交下列文件、材料：

（一）代表机构设立登记申请书；

（二）外国企业住所证明和存续2年以上的合法营业证明；

（三）外国企业章程或者组织协议；

（四）外国企业对首席代表、代表的任命文件；

（五）首席代表、代表的身份证明和简历；

（六）同外国企业有业务往来的金融机构出具的资金信用证明；

（七）代表机构驻在场所的合法使用证明。

法律、行政法规或者国务院规定设立代表机构须经批准的，外国企业应当自批准之日起90日内向登记机关申请设立登记，并提交有关批准文件。

中国缔结或者参加的国际条约、协定规定可以设立从事营利性活动的代表机构的，还应当依照法律、行政法规或者国务院规定提交相应文件。

第二十四条　登记机关应当自受理申请之日起15日内作出是否准予登记的决定，作出决定前可以根据需要征求有关部门的意见。作出准予登记决定的，应当自作出决定之日起5日内向申请人颁发登记证和代表证；作出不予登记决定的，应当自作出决定之日起5日内向申请人出具登记驳回通知书，说明不予登记的理由。

登记证签发日期为代表机构成立日期。

第二十五条　代表机构、首席代表和代表凭登记证、代表证申请办理居留、就业、纳税、外汇登记等有关手续。

第四章　变更登记

第二十六条　代表机构登记事项发生变更，外国企业应当向登记机关申请变更登记。

第二十七条　变更登记事项的，应当自登记事项发生变更之日起60日内申请变更登记。

变更登记事项依照法律、行政法规或者国务院规定在登记前须经批准的，应当自批准之日起30日内申请变更登记。

第二十八条　代表机构驻在期限届满后继续从事业务活动的，外国企业应当在驻在期限届满前60日内向登记机关申请变更登记。

第二十九条　申请代表机构变更登记，应当提交代表机构变更登记申请书以及国务院市场监督管理部门规定提交的相关文件。

变更登记事项依照法律、行政法规或者国务院规定在登记前须经批准的，还应当提交有关批准文件。

第三十条　登记机关应当自受理申请之日起10日内作出是否准予变更登记的决定。作出准予变更登记决定的，应当自作出决定之日起5日内换发登记证和代表证；作出不予变更登记决定的，应当自作出决定之日起5日内向申请人出具变更登记驳回通知书，说明不予变更登记的理由。

第三十一条　外国企业的有权签字人、企业责任形式、资本（资产）、经营范围以及代表发生变更的，外国企业应当自上述事项发生变更之日起60日内向登记机关备案。

第五章　注销登记

第三十二条　有下列情形之一的，外国企业应当在下列事项发生之日起60日内向登记机关申请注销登记：

（一）外国企业撤销代表机构；

（二）代表机构驻在期限届满不再继续从事业务活动；

（三）外国企业终止；

（四）代表机构依法被撤销批准或者责令关闭。

第三十三条　外国企业申请代表机构注销登记，应当向登记机关提交下列文件：

（一）代表机构注销登记申请书；

（二）代表机构税务登记注销证明；

（三）海关、外汇部门出具的相关事宜已清理完结或者该代表机构未办理相关手续的证明；

（四）国务院市场监督管理部门规定提交的其他文件。

法律、行政法规或者国务院规定代表机构终止活动须经批准的，还应当提交有关批准文件。

第三十四条　登记机关应当自受理申请之日起10日内作出是否准予注销登记的决定。作出准予注销决定的，应当自作出决定之日起5日内出具准予注销通知书，收缴登记证和代表证；作出不予注销登记决定的，应当自作出决定之日起5日内向申请人出具注销登记驳回通知书，说明不予注销登记的理由。

第六章　法律责任

第三十五条　未经登记，擅自设立代表机构或者从事代表机构业务活动的，由登记机关责令停止活动，处以5万元以上20万元以下的罚款。

代表机构违反本条例规定从事营利性活动的，由登记机关责令改正，没收违法所得，没收专门用于从事营利性活动的工具、设备、原材料、产品（商品）等财物，处以5万元以上50万元以下罚款；情节严重的，吊销登记证。

第三十六条　提交虚假材料或者采取其他欺诈手段

隐瞒真实情况,取得代表机构登记或者备案的,由登记机关责令改正,对代表机构处以2万元以上20万元以下的罚款,对直接负责的主管人员和其他直接责任人员处以1000元以上1万元以下的罚款;情节严重的,由登记机关撤销登记或者吊销登记证,缴销代表证。

代表机构提交的年度报告隐瞒真实情况、弄虚作假的,由登记机关责令改正,对代表机构处以2万元以上20万元以下的罚款;情节严重的,吊销登记证。

伪造、涂改、出租、出借、转让登记证、代表证的,由登记机关对代表机构处以1万元以上10万元以下的罚款;对直接负责的主管人员和其他直接责任人员处以1000元以上1万元以下的罚款;情节严重的,吊销登记证,缴销代表证。

第三十七条 代表机构违反本条例第十四条规定从事业务活动以外活动的,由登记机关责令限期改正;逾期未改正的,处以1万元以上10万元以下的罚款;情节严重的,吊销登记证。

第三十八条 有下列情形之一的,由登记机关责令限期改正,处以1万元以上3万元以下的罚款;逾期未改正的,吊销登记证:

(一)未依照本条例规定提交年度报告的;
(二)未按照登记机关登记的名称从事业务活动的;
(三)未按照中国政府有关部门要求调整驻在场所的;
(四)未依照本条例规定公告其设立、变更情况的;
(五)未依照本条例规定办理有关变更登记、注销登记或者备案的。

第三十九条 代表机构从事危害中国国家安全或者社会公共利益等严重违法活动的,由登记机关吊销登记证。

代表机构违反本条例规定被撤销设立登记、吊销登记证,或者被中国政府有关部门依法责令关闭的,自被撤销、吊销或者责令关闭之日起5年内,设立该代表机构的外国企业不得在中国境内设立代表机构。

第四十条 登记机关及其工作人员滥用职权、玩忽职守、徇私舞弊,未依照本条例规定办理登记、查处违法行为的,或者支持、包庇、纵容违法行为的,依法给予处分。

第四十一条 违反本条例规定,构成违反治安管理行为的,依照《中华人民共和国治安管理处罚法》的规定予以处罚;构成犯罪的,依法追究刑事责任。

第七章 附 则

第四十二条 本条例所称外国企业,是指依照外国法律在中国境外设立的营利性组织。

第四十三条 代表机构登记的收费项目依照国务院财政部门、价格主管部门的有关规定执行,代表机构登记的收费标准依照国务院价格主管部门、财政部门的有关规定执行。

第四十四条 香港特别行政区、澳门特别行政区和台湾地区企业在中国境内设立代表机构的,参照本条例规定进行登记管理。

第四十五条 本条例自2011年3月1日起施行。1983年3月5日经国务院批准,1983年3月15日原国家工商行政管理局发布的《关于外国企业常驻代表机构登记管理办法》同时废止。

外商投资企业授权登记管理办法

· 2022年3月1日国家市场监督管理总局令第51号公布
· 自2022年4月1日起施行

第一条 为了规范外商投资企业登记管理工作,明确各级市场监督管理部门职责,根据《中华人民共和国外商投资法》《中华人民共和国外商投资法实施条例》等法律法规制定本办法。

第二条 外商投资企业及其分支机构登记管理授权和规范,适用本办法。

外国公司分支机构以及其他依照国家规定应当执行外资产业政策的企业、香港特别行政区和澳门特别行政区投资者在内地、台湾地区投资者在大陆投资设立的企业及其分支机构登记管理授权和规范,参照本办法执行。

第三条 国家市场监督管理总局负责全国的外商投资企业登记管理,并可以根据本办法规定的条件授权地方人民政府市场监督管理部门承担外商投资企业登记管理工作。

被授权的地方人民政府市场监督管理部门(以下简称被授权局)以自己的名义在被授权范围内承担外商投资企业登记管理工作。

未经国家市场监督管理总局授权,不得开展或者变相开展外商投资企业登记管理工作。

第四条 具备下列条件的市场监督管理部门可以申请外商投资企业登记管理授权:

(一)辖区内外商投资达到一定规模,或者已经设立的外商投资企业达50户以上;
(二)能够正确执行国家企业登记管理法律法规和外商投资管理政策;

（三）有从事企业登记注册的专职机构和编制，有稳定的工作人员，其数量与能力应当与开展被授权工作的要求相适应；

（四）有较好的办公条件，包括必要的硬件设备、畅通的网络环境和统一数据标准、业务规范、平台数据接口的登记注册系统等，能及时将企业登记注册信息和外商投资信息报告信息上传至国家市场监督管理总局；

（五）有健全的外商投资企业登记管理工作制度。

第五条 申请外商投资企业登记管理授权，应当提交下列文件：

（一）申请局签署的授权申请书，申请书应当列明具备本办法第四条所规定授权条件的情况以及申请授权的范围；

（二）负责外商投资企业登记管理工作的人员名单，名单应当载明职务、参加业务培训情况；

（三）有关外商投资企业登记管理工作制度的文件。

第六条 省级以下市场监督管理部门申请授权的，应当向省级市场监督管理部门提出书面报告。省级市场监督管理部门经审查，认为符合本办法规定条件的，应当出具审查报告，与申请局提交的申请文件一并报国家市场监督管理总局。

第七条 国家市场监督管理总局经审查，对申请局符合本办法规定条件的，应当作出授权决定，授权其承担外商投资企业登记管理工作。

国家市场监督管理总局应当在官网公布并及时更新其授权的市场监督管理部门名单。

第八条 被授权局的登记管辖范围由国家市场监督管理总局根据有关法律法规，结合实际情况确定，并在授权文件中列明。

被授权局负责其登记管辖范围内外商投资企业的设立、变更、注销登记、备案及其监督管理。

第九条 被授权局应当严格按照下列要求开展外商投资企业登记管理工作：

（一）以自己的名义在被授权范围内依法作出具体行政行为；

（二）严格遵守国家法律法规规章，严格执行外商投资准入前国民待遇加负面清单管理制度，强化登记管理秩序，维护国家经济安全；

（三）严格执行授权局的工作部署和要求，认真接受授权局指导和监督；

（四）被授权局执行涉及外商投资企业登记管理的地方性法规、地方政府规章和政策文件，应当事先报告授权局，征求授权局意见。

被授权局为省级以下市场监督管理部门的，应当接受省级被授权局的指导和监督，认真执行其工作部署和工作要求。

被授权局名称等情况发生变化或者不再履行外商投资企业登记管理职能的，应当由省级市场监督管理部门及时向国家市场监督管理总局申请变更或者撤销授权。

第十条 被授权局在外商投资企业登记管理工作中不得存在下列情形：

（一）超越被授权范围开展工作；

（二）转授权给其他行政管理部门；

（三）拒不接受授权局指导或者执行授权局的规定；

（四）在工作中弄虚作假或者存在其他严重失职行为；

（五）其他违反法律法规以及本办法规定的情形。

第十一条 国家市场监督管理总局对被授权局存在第十条所列情形以及不再符合授权条件的，可以作出以下处理：

（一）责令被授权局撤销或者改正其违法或者不适当的行政行为；

（二）直接撤销被授权局违法或者不适当的行政行为；

（三）通报批评；

（四）建议有关机关对直接责任人员按规定给予处分，构成犯罪的，依法追究刑事责任；

（五）撤销部分或者全部授权。

第十二条 上级市场监督管理部门对下级被授权局在外商投资企业登记管理工作中存在第十条所列情形的，可以作出以下处理：

（一）责令被授权局撤销、变更或者改正其不适当的行政行为；

（二）建议国家市场监督管理总局撤销被授权局的不适当行政行为；

（三）在辖区内通报批评；

（四）建议有关机关对直接责任人员给予处分，构成犯罪的，依法追究刑事责任；

（五）建议国家市场监督管理总局撤销部分或者全部授权。

第十三条 本办法自 2022 年 4 月 1 日起施行。2002 年 12 月 10 日原国家工商行政管理总局令第 4 号公布的《外商投资企业授权登记管理办法》同时废止。

外国（地区）企业在中国境内从事生产经营活动登记管理办法

- 1992年8月15日国家工商行政管理局令第10号公布
- 根据2016年4月29日《国家工商行政管理总局关于废止和修改部分规章的决定》第一次修订
- 根据2017年10月27日《国家工商行政管理总局关于修改部分规章的决定》第二次修订
- 根据2020年10月23日《国家市场监督管理总局关于修改部分规章的决定》第三次修订

第一条 为促进对外经济合作，加强对在中国境内从事生产经营活动的外国（地区）企业（以下简称外国企业）的管理，保护其合法权益，维护正常的经济秩序，根据国家有关法律、法规的规定，制定本办法。

第二条 根据国家有关法律、法规的规定，经国务院及国务院授权的主管机关（以下简称审批机关）批准，在中国境内从事生产经营活动的外国企业，应向省级市场监督管理部门（以下简称登记主管机关）申请登记注册。外国企业经登记主管机关核准登记注册，领取营业执照后，方可开展生产经营活动。未经审批机关批准和登记主管机关核准登记注册，外国企业不得在中国境内从事生产经营活动。

第三条 根据国家现行法律、法规的规定，外国企业从事下列生产经营活动应办理登记注册：

（一）陆上、海洋的石油及其它矿产资源勘探开发；

（二）房屋、土木工程的建造、装饰或线路、管道、设备的安装等工程承包；

（三）承包或接受委托经营管理外商投资企业；

（四）外国银行在中国设立分行；

（五）国家允许从事的其它生产经营活动。

第四条 外国企业从事生产经营的项目经审批机关批准后，应在批准之日起三十日内向登记主管机关申请办理登记注册。

第五条 外国企业申请办理登记注册时应提交下列文件或证件：

（一）外国企业董事长或总经理签署的申请书。

（二）审批机关的批准文件或证件。

（三）从事生产经营活动所签订的合同（外国银行在中国设立分行不适用此项）。

（四）外国企业所属国（地区）政府有关部门出具的企业合法开业证明。

（五）外国企业的资金信用证明。

（六）外国企业董事长或总经理委派的中国项目负责人的授权书、简历及身份证明。

（七）其它有关文件。

第六条 外国企业登记注册的主要事项有：企业名称、企业类型、地址、负责人、资金数额、经营范围、经营期限。

企业名称是指外国企业在国外合法开业证明载明的名称，应与所签订生产经营合同的外国企业名称一致。外国银行在中国设立分行，应冠以总行的名称，标明所在地地名，并缀以分行。

企业类型是指按外国企业从事生产经营活动的不同内容划分的类型，其类型分别为：矿产资源勘探开发、承包工程、外资银行、承包经营管理等。

企业地址是指外国企业在中国境内从事生产经营活动的场所。外国企业在中国境内的住址与经营场所不在一处的，需同时申报。

企业负责人是指外国企业董事长或总经理委派的项目负责人。

资金数额是指外国企业用以从事生产经营活动的总费用，如承包工程的承包合同额，承包或受委托经营管理外商投资企业的外国企业在管理期限内的累计管理费用，从事合作开发石油所需的勘探、开发和生产费，外国银行分行的营运资金等。

经营范围是指外国企业在中国境内从事生产经营活动的范围。

经营期限是指外国企业在中国境内从事生产经营活动的期限。

第七条 登记主管机关受理外国企业的申请后，应在三十日内作出核准登记注册或不予核准登记注册的决定。登记主管机关核准外国企业登记注册后，向其核发《营业执照》。

第八条 根据外国企业从事生产经营活动的不同类型，《营业执照》的有效期分别按以下期限核定：

（一）从事矿产资源勘探开发的外国企业，其《营业执照》有效期根据勘探（查）、开发和生产三个阶段的期限核定。

（二）外国银行设立的分行，其《营业执照》有效期为三十年，每三十年换发一次《营业执照》。

（三）从事其它生产经营活动的外国企业，其《营业执照》有效期按合同规定的经营期限核定。

第九条 外国企业应在登记主管机关核准的生产经营范围内开展经营活动，其合法权益和经营活动受中国法律保护。外国企业不得超越登记主管机关核准的生产经营范围从事生产经营活动。

第十条　外国企业登记注册事项发生变化的,应在三十日内向原登记主管机关申请办理变更登记。办理变更登记的程序和应当提交的文件或证件,参照本办法第五条的规定执行。

第十一条　外国企业《营业执照》有效期届满不再申请延期登记或提前中止合同、协议的,应向原登记主管机关申请注销登记。

第十二条　外国企业申请注销登记应提交以下文件或证件:

(一)外国企业董事长或总经理签署的注销登记申请书;

(二)《营业执照》及其副本、印章;

(三)海关、税务部门出具的完税证明;

(四)项目主管部门对外国企业申请注销登记的批准文件。

登记主管机关在核准外国企业的注销登记时,应收缴《营业执照》及其副本、印章,撤销注册号,并通知银行、税务、海关等部门。

第十三条　外国企业应当于每年1月1日至6月30日,通过企业信用信息公示系统向原登记主管机关报送上一年度年度报告,并向社会公示。

第十四条　与外国企业签订生产经营合同的中国企业,应及时将合作的项目、内容和时间通知登记主管机关并协助外国企业办理营业登记、变更登记、注销登记。如中国企业未尽责任的,要负相应的责任。

第十五条　登记主管机关对外国企业监督管理的主要内容是:

(一)监督外国企业是否按本办法办理营业登记、变更登记和注销登记;

(二)监督外国企业是否按登记主管机关核准的经营范围从事生产经营活动;

(三)督促外国企业报送年度报告并向社会公示;

(四)监督外国企业是否遵守中国的法律、法规。

第十六条　对外国企业违反本办法的行为,由登记主管机关参照《中华人民共和国企业法人登记管理条例》及其施行细则的处罚条款进行查处。

第十七条　香港、澳门、台湾地区企业从事上述生产经营活动的,参照本办法执行。

外国企业承包经营中国内资企业的,参照本办法执行。

第十八条　本办法由国家市场监督管理总局负责解释。

第十九条　本办法自一九九二年十月一日起施行。

(2)信用监管

企业信息公示暂行条例

·2014年7月23日国务院第57次常务会议通过
·2014年8月7日中华人民共和国国务院令第654号公布
·自2014年10月1日起施行

第一条　为了保障公平竞争,促进企业诚信自律,规范企业信息公示,强化企业信用约束,维护交易安全,提高政府监管效能,扩大社会监督,制定本条例。

第二条　本条例所称企业信息,是指在工商行政管理部门登记的企业从事生产经营活动过程中形成的信息,以及政府部门在履行职责过程中产生的能够反映企业状况的信息。

第三条　企业信息公示应当真实、及时。公示的企业信息涉及国家秘密、国家安全或者社会公共利益的,应当报请主管的保密行政管理部门或者国家安全机关批准。县级以上地方人民政府有关部门公示的企业信息涉及企业商业秘密或者个人隐私的,应当报请上级主管部门批准。

第四条　省、自治区、直辖市人民政府领导本行政区域的企业信息公示工作,按照国家社会信用信息平台建设的总体要求,推动本行政区域企业信用信息公示系统的建设。

第五条　国务院工商行政管理部门推进、监督企业信息公示工作,组织企业信用信息公示系统的建设。国务院其他有关部门依照本条例规定做好企业信息公示相关工作。

县级以上地方人民政府有关部门依照本条例规定做好企业信息公示工作。

第六条　工商行政管理部门应当通过企业信用信息公示系统,公示其在履行职责过程中产生的下列企业信息:

(一)注册登记、备案信息;

(二)动产抵押登记信息;

(三)股权出质登记信息;

(四)行政处罚信息;

(五)其他依法应当公示的信息。

前款规定的企业信息应当自产生之日起 20 个工作日内予以公示。

第七条　工商行政管理部门以外的其他政府部门（以下简称其他政府部门）应当公示其在履行职责过程中产生的下列企业信息：

（一）行政许可准予、变更、延续信息；

（二）行政处罚信息；

（三）其他依法应当公示的信息。

其他政府部门可以通过企业信用信息公示系统，也可以通过其他系统公示前款规定的企业信息。工商行政管理部门和其他政府部门应当按照国家社会信用信息平台建设的总体要求，实现企业信息的互联共享。

第八条　企业应当于每年 1 月 1 日至 6 月 30 日，通过企业信用信息公示系统向工商行政管理部门报送上一年度年度报告，并向社会公示。

当年设立登记的企业，自下一年起报送并公示年度报告。

第九条　企业年度报告内容包括：

（一）企业通信地址、邮政编码、联系电话、电子邮箱等信息；

（二）企业开业、歇业、清算等存续状态信息；

（三）企业投资设立企业、购买股权信息；

（四）企业为有限责任公司或者股份有限公司的，其股东或者发起人认缴和实缴的出资额、出资时间、出资方式等信息；

（五）有限责任公司股东股权转让等股权变更信息；

（六）企业网站以及从事网络经营的网店的名称、网址等信息；

（七）企业从业人数、资产总额、负债总额、对外提供保证担保、所有者权益合计、营业总收入、主营业务收入、利润总额、净利润、纳税总额信息。

前款第一项至第六项规定的信息应当向社会公示，第七项规定的信息由企业选择是否向社会公示。

经企业同意，公民、法人或者其他组织可以查询企业选择不公示的信息。

第十条　企业应当自下列信息形成之日起 20 个工作日内通过企业信用信息公示系统向社会公示：

（一）有限责任公司股东或者股份有限公司发起人认缴和实缴的出资额、出资时间、出资方式等信息；

（二）有限责任公司股东股权转让等股权变更信息；

（三）行政许可取得、变更、延续信息；

（四）知识产权出质登记信息；

（五）受到行政处罚的信息；

（六）其他依法应当公示的信息。

工商行政管理部门发现企业未依照前款规定履行公示义务的，应当责令其限期履行。

第十一条　政府部门和企业分别对其公示信息的真实性、及时性负责。

第十二条　政府部门发现其公示的信息不准确的，应当及时更正。公民、法人或者其他组织有证据证明政府部门公示的信息不准确的，有权要求该政府部门予以更正。

企业发现其公示的信息不准确的，应当及时更正；但是，企业年度报告公示信息的更正应当在每年 6 月 30 日之前完成。更正前后的信息应当同时公示。

第十三条　公民、法人或者其他组织发现企业公示的信息虚假的，可以向工商行政管理部门举报，接到举报的工商行政管理部门应当自接到举报材料之日起 20 个工作日内进行核查，予以处理，并将处理情况书面告知举报人。

公民、法人或者其他组织对依照本条例规定公示的企业信息有疑问的，可以向政府部门申请查询，收到查询申请的政府部门应当自收到申请之日起 20 个工作日内书面答复申请人。

第十四条　国务院工商行政管理部门和省、自治区、直辖市人民政府工商行政管理部门应当按照公平规范的要求，根据企业注册号等随机摇号，确定抽查的企业，组织对企业公示信息的情况进行检查。

工商行政管理部门抽查企业公示的信息，可以采取书面检查、实地核查、网络监测等方式。工商行政管理部门抽查企业公示的信息，可以委托会计师事务所、税务师事务所、律师事务所等专业机构开展相关工作，并依法利用其他政府部门作出的检查、核查结果或者专业机构作出的专业结论。

抽查结果由工商行政管理部门通过企业信用信息公示系统向社会公布。

第十五条　工商行政管理部门对企业公示的信息依法开展抽查或者根据举报进行核查，企业应当配合，接受询问调查，如实反映情况，提供相关材料。

对不予配合情节严重的企业，工商行政管理部门应当通过企业信用信息公示系统公示。

第十六条　任何公民、法人或者其他组织不得非法修改公示的企业信息，不得非法获取企业信息。

第十七条　有下列情形之一的，由县级以上工商行政管理部门列入经营异常名录,通过企业信用信息公示系统向社会公示,提醒其履行公示义务;情节严重的,由有关主管部门依照有关法律、行政法规规定给予行政处罚;造成他人损失的,依法承担赔偿责任;构成犯罪的,依法追究刑事责任:

(一)企业未按照本条例规定的期限公示年度报告或者未按照工商行政管理部门责令的期限公示有关企业信息的;

(二)企业公示信息隐瞒真实情况、弄虚作假的。

被列入经营异常名录的企业依照本条例规定履行公示义务的,由县级以上工商行政管理部门移出经营异常名录;满3年未依照本条例规定履行公示义务的,由国务院工商行政管理部门或者省、自治区、直辖市人民政府工商行政管理部门列入严重违法企业名单,并通过企业信用信息公示系统向社会公示。被列入严重违法企业名单的企业的法定代表人、负责人,3年内不得担任其他企业的法定代表人、负责人。

企业自被列入严重违法企业名单之日起满5年未再发生第一款规定情形的,由国务院工商行政管理部门或者省、自治区、直辖市人民政府工商行政管理部门移出严重违法企业名单。

第十八条 县级以上地方人民政府及其有关部门应当建立健全信用约束机制,在政府采购、工程招投标、国有土地出让、授予荣誉称号等工作中,将企业信息作为重要考量因素,对被列入经营异常名录或者严重违法企业名单的企业依法予以限制或者禁入。

第十九条 政府部门未依照本条例规定履行职责的,由监察机关、上一级政府部门责令改正;情节严重的,对负有责任的主管人员和其他直接责任人员依法给予处分;构成犯罪的,依法追究刑事责任。

第二十条 非法修改公示的企业信息,或者非法获取企业信息的,依照有关法律、行政法规规定追究法律责任。

第二十一条 公民、法人或者其他组织认为政府部门在企业信息公示工作中的具体行政行为侵犯其合法权益的,可以依法申请行政复议或者提起行政诉讼。

第二十二条 企业依照本条例规定公示信息,不免除其依照其他有关法律、行政法规规定公示信息的义务。

第二十三条 法律、法规授权的具有管理公共事务职能的组织公示企业信息适用本条例关于政府部门公示企业信息的规定。

第二十四条 国务院工商行政管理部门负责制定企业信用信息公示系统的技术规范。

个体工商户、农民专业合作社信息公示的具体办法由国务院工商行政管理部门另行制定。

第二十五条 本条例自2014年10月1日起施行。

企业公示信息抽查暂行办法

· 2014年8月19日国家工商行政管理总局令第67号公布
· 自2014年10月1日起施行

第一条 为加强对企业信息公示的监督管理,规范企业公示信息抽查工作,依据《企业信息公示暂行条例》、《注册资本登记制度改革方案》等行政法规和国务院有关规定,制定本办法。

第二条 本办法所称企业公示信息抽查,是指工商行政管理部门随机抽取一定比例的企业,对其通过企业信用信息公示系统公示信息的情况进行检查的活动。

第三条 国家工商行政管理总局负责指导全国的企业公示信息抽查工作,根据需要开展或者组织地方工商行政管理部门开展企业公示信息抽查工作。

省、自治区、直辖市工商行政管理局负责组织或者开展本辖区的企业公示信息抽查工作。

第四条 国家工商行政管理总局和省、自治区、直辖市工商行政管理局应当按照公平规范的要求,根据企业注册号等随机摇号,抽取辖区内不少于3%的企业,确定检查名单。

第五条 抽查分为不定向抽查和定向抽查。

不定向抽查是指工商行政管理部门随机摇号抽取确定检查企业名单,对其通过企业信用信息公示系统公示信息的情况进行检查。

定向抽查是指工商行政管理部门按照企业类型、经营规模、所属行业、地理区域等特定条件随机摇号抽取确定检查企业名单,对其通过企业信用信息公示系统公示信息的情况进行检查。

第六条 各级工商行政管理部门根据国家工商行政管理总局和省、自治区、直辖市工商行政管理局依照本办法第四条规定确定的检查名单,对其登记企业进行检查。

工商行政管理部门在监管中发现或者根据举报发现企业公示信息可能隐瞒真实情况、弄虚作假的,也可以对企业进行检查。

上级工商行政管理部门可以委托下级工商行政管理部门进行检查。

第七条　工商行政管理部门应当于每年年度报告公示结束后,对企业通过企业信用信息公示系统公示信息的情况进行一次不定向抽查。

第八条　工商行政管理部门抽查企业公示的信息,可以采取书面检查、实地核查、网络监测等方式。抽查中可以委托会计师事务所、税务师事务所、律师事务所等专业机构开展审计、验资、咨询等相关工作,依法利用其他政府部门作出的检查、核查结果或者专业机构作出的专业结论。

第九条　工商行政管理部门对被抽查企业实施实地核查时,检查人员不得少于两人,并应当出示执法证件。

检查人员应当填写实地核查记录表,如实记录核查情况,并由企业法定代表人(负责人)签字或者企业盖章确认。无法取得签字或者盖章的,检查人员应当注明原因,必要时可邀请有关人员作为见证人。

第十条　工商行政管理部门依法开展检查,企业应当配合,接受询问调查,如实反映情况,并根据检查需要,提供会计资料、审计报告、行政许可证明、行政处罚决定书、场所使用证明等相关材料。

企业不予配合情节严重的,工商行政管理部门应当通过企业信用信息公示系统公示。

第十一条　工商行政管理部门经检查未发现企业存在不符合规定情形的,应当自检查结束之日起20个工作日内将检查结果记录在该企业的公示信息中。

第十二条　工商行政管理部门在检查中发现企业未按照《企业信息公示暂行条例》规定的期限公示年度报告,或者未按照工商行政管理部门责令的期限公示有关企业信息,或者公示信息隐瞒真实情况、弄虚作假的,依照《企业经营异常名录管理暂行办法》的规定处理。

第十三条　工商行政管理部门应当将检查结果通过企业信用信息公示系统统一公示。

第十四条　工商行政管理部门未依照本办法的有关规定履行职责的,由上一级工商行政管理部门责令改正;情节严重的,对负有责任的主管人员和其他直接责任人员依照有关规定予以处理。

第十五条　企业公示信息抽查相关文书样式由国家工商行政管理总局统一制定。

第十六条　个体工商户、农民专业合作社年度报告信息抽查参照本办法执行。

第十七条　本办法由国家工商行政管理总局负责解释。

第十八条　本办法自2014年10月1日起施行。

企业经营异常名录管理暂行办法

· 2014年8月19日国家工商行政管理总局令第68号公布
· 自2014年10月1日起施行

第一条　为规范企业经营异常名录管理,保障公平竞争,促进企业诚信自律,强化企业信用约束,维护交易安全,扩大社会监督,依据《中华人民共和国公司登记管理条例》、《企业信息公示暂行条例》、《注册资本登记制度改革方案》等行政法规和国务院有关规定,制定本办法。

第二条　工商行政管理部门将有经营异常情形的企业列入经营异常名录,通过企业信用信息公示系统公示,提醒其履行公示义务。

第三条　国家工商行政管理总局负责指导全国的经营异常名录管理工作。

县级以上工商行政管理部门负责其登记的企业的经营异常名录管理工作。

第四条　县级以上工商行政管理部门应当将有下列情形之一的企业列入经营异常名录:

(一)未按照《企业信息公示暂行条例》第八条规定的期限公示年度报告的;

(二)未在工商行政管理部门依照《企业信息公示暂行条例》第十条规定责令的期限内公示有关企业信息的;

(三)公示企业信息隐瞒真实情况、弄虚作假的;

(四)通过登记的住所或者经营场所无法联系的。

第五条　工商行政管理部门将企业列入经营异常名录的,应当作出列入决定,将列入经营异常名录的信息记录在该企业的公示信息中,并通过企业信用信息公示系统统一公示。列入决定应当包括企业名称、注册号、列入日期、列入事由、作出决定机关。

第六条　企业未依照《企业信息公示暂行条例》第八条规定通过企业信用信息公示系统报送上一年度年度报告并向社会公示的,工商行政管理部门应当在当年年度报告公示结束之日起10个工作日内作出将其列入经营异常名录的决定,并予以公示。

第七条　企业未依照《企业信息公示暂行条例》第十条规定履行公示义务的,工商行政管理部门应当书面责令其在10日内履行公示义务。企业未在责令的期限内公示信息的,工商行政管理部门应当在责令的期限届满之日起10个工作日内作出将其列入经营异常名录的决定,并予以公示。

第八条　工商行政管理部门依法开展抽查或者根据举报进行核查查实企业公示信息隐瞒真实情况、弄虚作假的，应当自查实之日起 10 个工作日内作出将其列入经营异常名录的决定，并予以公示。

第九条 工商行政管理部门在依法履职过程中通过登记的住所或者经营场所无法与企业取得联系的，应当自查实之日起 10 个工作日内作出将其列入经营异常名录的决定，并予以公示。

工商行政管理部门可以通过邮寄专用信函的方式与企业联系。经向企业登记的住所或者经营场所两次邮寄无人签收的，视为通过登记的住所或者经营场所无法取得联系。两次邮寄间隔时间不得少于 15 日，不得超过 30 日。

第十条 被列入经营异常名录的企业自列入之日起 3 年内依照《企业信息公示暂行条例》规定履行公示义务的，可以向作出列入决定的工商行政管理部门申请移出经营异常名录。

工商行政管理部门依照前款规定将企业移出经营异常名录的，应当作出移出决定，并通过企业信用信息公示系统公示。移出决定应当包括企业名称、注册号、移出日期、移出事由、作出决定机关。

第十一条 依照本办法第六条规定被列入经营异常名录的企业，可以在补报未报年份的年度报告并公示后，申请移出经营异常名录，工商行政管理部门应当自收到申请之日起 5 个工作日内作出移出决定。

第十二条 依照本办法第七条规定被列入经营异常名录的企业履行公示义务后，申请移出经营异常名录的，工商行政管理部门应当自收到申请之日起 5 个工作日内作出移出决定。

第十三条 依照本办法第八条规定被列入经营异常名录的企业更正其公示的信息后，可以向工商行政管理部门申请移出经营异常名录，工商行政管理部门应当自查实之日起 5 个工作日内作出移出决定。

第十四条 依照本办法第九条规定被列入经营异常名录的企业，依法办理住所或者经营场所变更登记，或者企业提出通过登记的住所或者经营场所可以重新取得联系，申请移出经营异常名录的，工商行政管理部门应当自查实之日起 5 个工作日内作出移出决定。

第十五条 工商行政管理部门应当在企业被列入经营异常名录届满 3 年前 60 日内，通过企业信用信息公示系统以公告方式提示其履行相关义务；届满 3 年仍未履行公示义务的，将其列入严重违法企业名单，并通过企业信用信息公示系统向社会公示。

第十六条 企业对被列入经营异常名录有异议的，可以自公示之日起 30 日内向作出决定的工商行政管理部门提出书面申请并提交相关证明材料，工商行政管理部门应当在 5 个工作日内决定是否受理。予以受理的，应当在 20 个工作日内核实，并将核实结果书面告知申请人；不予受理的，将不予受理的理由书面告知申请人。

工商行政管理部门通过核实发现将企业列入经营异常名录存在错误的，应当自查实之日起 5 个工作日内予以更正。

第十七条 对企业被列入、移出经营异常名录的决定，可以依法申请行政复议或者提起行政诉讼。

第十八条 工商行政管理部门未依照本办法的有关规定履行职责的，由上一级工商行政管理部门责令改正；情节严重的，对负有责任的主管人员和其他直接责任人员依照有关规定予以处理。

第十九条 经营异常名录管理相关文书样式由国家工商行政管理总局统一制定。

第二十条 本办法由国家工商行政管理总局负责解释。

第二十一条 本办法自 2014 年 10 月 1 日起施行。2006 年 2 月 24 日国家工商行政管理总局令第 23 号公布的《企业年度检验办法》同时废止。

2. 市场秩序管理

(1) 一般规定

网络交易监督管理办法

· 2021 年 3 月 15 日国家市场监督管理总局令第 37 号公布
· 自 2021 年 5 月 1 日起施行

第一章 总 则

第一条 为了规范网络交易活动，维护网络交易秩序，保障网络交易各方主体合法权益，促进数字经济持续健康发展，根据有关法律、行政法规，制定本办法。

第二条 在中华人民共和国境内，通过互联网等信息网络（以下简称通过网络）销售商品或者提供服务的经营活动以及市场监督管理部门对其进行监督管理，适用本办法。

在网络社交、网络直播等信息网络活动中销售商品或者提供服务的经营活动，适用本办法。

第三条 网络交易经营者从事经营活动，应当遵循自愿、平等、公平、诚信原则，遵守法律、法规、规章和商业道德，公序良俗，公平参与市场竞争，认真履行法定义务，积极承担主体责任,接受社会各界监督。

第四条 网络交易监督管理坚持鼓励创新、包容审慎、严守底线、线上线下一体化监管的原则。

第五条 国家市场监督管理总局负责组织指导全国网络交易监督管理工作。

县级以上地方市场监督管理部门负责本行政区域内的网络交易监督管理工作。

第六条 市场监督管理部门引导网络交易经营者、网络交易行业组织、消费者组织、消费者共同参与网络交易市场治理,推动完善多元参与、有效协同、规范有序的网络交易市场治理体系。

第二章 网络交易经营者
第一节 一般规定

第七条 本办法所称网络交易经营者,是指组织、开展网络交易活动的自然人、法人和非法人组织,包括网络交易平台经营者、平台内经营者、自建网站经营者以及通过其他网络服务开展网络交易活动的网络交易经营者。

本办法所称网络交易平台经营者,是指在网络交易活动中为交易双方或者多方提供网络经营场所、交易撮合、信息发布等服务,供交易双方或者多方独立开展网络交易活动的法人或者非法人组织。

本办法所称平台内经营者,是指通过网络交易平台开展网络交易活动的网络交易经营者。

网络社交、网络直播等网络服务提供者为经营者提供网络经营场所、商品浏览、订单生成、在线支付等网络交易平台服务的,应当依法履行网络交易平台经营者的义务。通过上述网络交易平台服务开展网络交易活动的经营者,应当依法履行平台内经营者的义务。

第八条 网络交易经营者不得违反法律、法规、国务院决定的规定,从事无证无照经营。除《中华人民共和国电子商务法》第十条规定的不需要进行登记的情形外,网络交易经营者应当依法办理市场主体登记。

个人通过网络从事保洁、洗涤、缝纫、理发、搬家、配制钥匙、管道疏通、家电家具修理修配等依法无须取得许可的便民劳务活动,依照《中华人民共和国电子商务法》第十条的规定不需要进行登记。

个人从事网络交易活动,年交易额累计不超过10万元的,依照《中华人民共和国电子商务法》第十条的规定不需要进行登记。同一经营者在同一平台或者不同平台开设多家网店的,各网店交易额合并计算。个人从事的零星小额交易须依法取得行政许可的,应当依法办理市场主体登记。

第九条 仅通过网络开展经营活动的平台内经营者申请登记为个体工商户的,可以将网络经营场所登记为经营场所,将经常居住地登记为住所,其住所所在地的县、自治县、不设区的市、市辖区市场监督管理部门为其登记机关。同一经营者有两个以上网络经营场所的,应当一并登记。

第十条 平台内经营者申请将网络经营场所登记为经营场所的,由其入驻的网络交易平台为其出具符合登记机关要求的网络经营场所相关材料。

第十一条 网络交易经营者销售的商品或者提供的服务应当符合保障人身、财产安全的要求和环境保护要求,不得销售或者提供法律、行政法规禁止交易,损害国家利益和社会公共利益,违背公序良俗的商品或者服务。

第十二条 网络交易经营者应当在其网站首页或者从事经营活动的主页面显著位置,持续公示经营者主体信息或者该信息的链接标识。鼓励网络交易经营者链接到国家市场监督管理总局电子营业执照亮照系统,公示其营业执照信息。

已经办理市场主体登记的网络交易经营者应当如实公示下列营业执照信息以及与其经营业务有关的行政许可等信息,或者该信息的链接标识:

(一)企业应当公示其营业执照登载的统一社会信用代码、名称、企业类型、法定代表人(负责人)、住所、注册资本(出资额)等信息;

(二)个体工商户应当公示其营业执照登载的统一社会信用代码、名称、经营者姓名、经营场所、组成形式等信息;

(三)农民专业合作社、农民专业合作社联合社应当公示其营业执照登载的统一社会信用代码、名称、法定代表人、住所、成员出资总额等信息。

依照《中华人民共和国电子商务法》第十条规定不需要进行登记的经营者应当根据自身实际经营活动类型,如实公示以下自我声明以及实际经营地址、联系方式等信息,或者该信息的链接标识:

(一)"个人销售自产农副产品,依法不需要办理市场主体登记";

(二)"个人销售家庭手工业产品,依法不需要办理市场主体登记";

(三)"个人利用自己的技能从事依法无须取得许可

的便民劳务活动，依法不需要办理市场主体登记"；

（四）"个人从事零星小额交易活动，依法不需要办理市场主体登记"。

网络交易经营者公示的信息发生变更的，应当在十个工作日内完成更新公示。

第十三条 网络交易经营者收集、使用消费者个人信息，应当遵循合法、正当、必要的原则，明示收集、使用信息的目的、方式和范围，并经消费者同意。网络交易经营者收集、使用消费者个人信息，应当公开其收集、使用规则，不得违反法律、法规的规定和双方的约定收集、使用信息。

网络交易经营者不得采用一次概括授权、默认授权、与其他授权捆绑、停止安装使用等方式，强迫或者变相强迫消费者同意收集、使用与经营活动无直接关系的信息。收集、使用个人生物特征、医疗健康、金融账户、个人行踪等敏感信息的，应当逐项取得消费者同意。

网络交易经营者及其工作人员应当对收集的个人信息严格保密，除依法配合监管执法活动外，未经被收集者授权同意，不得向包括关联方在内的任何第三方提供。

第十四条 网络交易经营者不得违反《中华人民共和国反不正当竞争法》等规定，实施扰乱市场竞争秩序，损害其他经营者或者消费者合法权益的不正当竞争行为。

网络交易经营者不得以下列方式，作虚假或者引人误解的商业宣传，欺骗、误导消费者：

（一）虚构交易、编造用户评价；

（二）采用误导性展示等方式，将好评前置、差评后置，或者不显著区分不同商品或者服务的评价等；

（三）采用谎称现货、虚构预订、虚假抢购等方式进行虚假营销；

（四）虚构点击量、关注度等流量数据，以及虚构点赞、打赏等交易互动数据。

网络交易经营者不得实施混淆行为，引人误认为是他人商品、服务或者与他人存在特定联系。

网络交易经营者不得编造、传播虚假信息或者误导性信息，损害竞争对手的商业信誉、商品声誉。

第十五条 消费者评价中包含法律、行政法规、规章禁止发布或者传输的信息的，网络交易经营者可以依法予以技术处理。

第十六条 网络交易经营者未经消费者同意或者请求，不得向其发送商业性信息。

网络交易经营者发送商业性信息时，应当明示其真实身份和联系方式，并向消费者提供显著、简便、免费的拒绝继续接收的方式。消费者明确表示拒绝的，应当立即停止发送，不得更换名义后再次发送。

第十七条 网络交易经营者以直接捆绑或者提供多种可选项方式向消费者搭售商品或者服务的，应当以显著方式提醒消费者注意。提供多种可选项方式的，不得将搭售商品或者服务的任何选项设定为消费者默认同意，不得将消费者以往交易中选择的选项在后续独立交易中设定为消费者默认选择。

第十八条 网络交易经营者采取自动展期、自动续费等方式提供服务的，应当在消费者接受服务前和自动展期、自动续费等日期前五日，以显著方式提请消费者注意，由消费者自主选择；在服务期间内，应当为消费者提供显著、简便的随时取消或者变更的选项，并不得收取不合理费用。

第十九条 网络交易经营者应当全面、真实、准确、及时地披露商品或者服务信息，保障消费者的知情权和选择权。

第二十条 通过网络社交、网络直播等网络服务开展网络交易活动的网络交易经营者，应当以显著方式展示商品或者服务及其实际经营主体、售后服务等信息，或者上述信息的链接标识。

网络直播服务提供者对网络交易活动的直播视频保存时间自直播结束之日起不少于三年。

第二十一条 网络交易经营者向消费者提供商品或者服务使用格式条款、通知、声明等的，应当以显著方式提请消费者注意与消费者有重大利害关系的内容，并按照消费者的要求予以说明，不得作出含有下列内容的规定：

（一）免除或者部分免除网络交易经营者对其所提供的商品或者服务应当承担的修理、重作、更换、退货、补足商品数量、退还货款和服务费用、赔偿损失等责任；

（二）排除或者限制消费者提出修理、更换、退货、赔偿损失以及获得违约金和其他合理赔偿的权利；

（三）排除或者限制消费者依法投诉、举报、请求调解、申请仲裁、提起诉讼的权利；

（四）排除或者限制消费者依法变更或者解除合同的权利；

（五）规定网络交易经营者单方享有解释权或者最终解释权；

（六）其他对消费者不公平、不合理的规定。

第二十二条 网络交易经营者应当按照国家市场监督管理总局及其授权的省级市场监督管理部门的要求,提供特定时段、特定品类、特定区域的商品或者服务的价格、销量、销售额等数据信息。

第二十三条 网络交易经营者自行终止从事网络交易活动的,应当提前三十日在其网站首页或者从事经营活动的主页面显著位置,持续公示终止网络交易活动公告等有关信息,并采取合理、必要、及时的措施保障消费者和相关经营者的合法权益。

第二节 网络交易平台经营者

第二十四条 网络交易平台经营者应当要求申请进入平台销售商品或者提供服务的经营者提交其身份、地址、联系方式、行政许可等真实信息,进行核验、登记,建立登记档案,并至少每六个月核验更新一次。

网络交易平台经营者应当对未办理市场主体登记的平台内经营者进行动态监测,对超过本办法第八条第三款规定额度的,及时提醒其依法办理市场主体登记。

第二十五条 网络交易平台经营者应当依照法律、行政法规的规定,向市场监督管理部门报送有关信息。

网络交易平台经营者应当分别于每年1月和7月向住所地省级市场监督管理部门报送平台内经营者的下列身份信息:

(一)已办理市场主体登记的平台内经营者的名称(姓名)、统一社会信用代码、实际经营地址、联系方式、网店名称以及网址链接等信息;

(二)未办理市场主体登记的平台内经营者的姓名、身份证件号码、实际经营地址、联系方式、网店名称以及网址链接、属于依法不需要办理市场主体登记的具体情形的自我声明等信息;其中,对超过本办法第八条第三款规定额度的平台内经营者进行特别标示。

鼓励网络交易平台经营者与市场监督管理部门建立开放数据接口等形式的自动化信息报送机制。

第二十六条 网络交易平台经营者应当为平台内经营者依法履行信息公示义务提供技术支持。平台内经营者公示的信息发生变更的,应当在三个工作日内将变更情况报送平台,平台应当在七个工作日内进行核验,完成更新公示。

第二十七条 网络交易平台经营者应当以显著方式区分标记已办理市场主体登记的经营者和未办理市场主体登记的经营者,确保消费者能够清晰辨认。

第二十八条 网络交易平台经营者修改平台服务协议和交易规则的,应当完整保存修改后的版本生效之日前三年的全部历史版本,并保证经营者和消费者能够便利、完整地阅览和下载。

第二十九条 网络交易平台经营者应当对平台内经营者及其发布的商品或者服务信息建立检查监控制度。网络交易平台经营者发现平台内的商品或者服务信息有违反市场监督管理法律、法规、规章,损害国家利益和社会公共利益,违背公序良俗的,应当依法采取必要的处置措施,保存有关记录,并向平台住所地县级以上市场监督管理部门报告。

第三十条 网络交易平台经营者依据法律、法规、规章的规定或者平台服务协议和交易规则对平台内经营者违法行为采取警示、暂停或者终止服务等处理措施的,应当自决定作出处理措施之日起一个工作日内予以公示,载明平台内经营者的网店名称、违法行为、处理措施等信息。警示、暂停服务等短期处理措施的相关信息应当持续公示至处理措施实施期满之日止。

第三十一条 网络交易平台经营者对平台内经营者身份信息的保存时间自其退出平台之日起不少于三年;对商品或者服务信息,支付记录、物流快递、退换货以及售后等交易信息的保存时间自交易完成之日起不少于三年。法律、行政法规另有规定的,依照其规定。

第三十二条 网络交易平台经营者不得违反《中华人民共和国电子商务法》第三十五条的规定,对平台内经营者在平台内的交易、交易价格以及与其他经营者的交易等进行不合理限制或者附加不合理条件,干涉平台内经营者的自主经营。具体包括:

(一)通过搜索降权、下架商品、限制经营、屏蔽店铺、提高服务收费等方式,禁止或者限制平台内经营者自主选择在多个平台开展经营活动,或者利用不正当手段限制其仅在特定平台开展经营活动;

(二)禁止或者限制平台内经营者自主选择快递物流等交易辅助服务提供者;

(三)其他干涉平台内经营者自主经营的行为。

第三章 监督管理

第三十三条 县级以上地方市场监督管理部门应当在日常管理和执法活动中加强协同配合。

网络交易平台经营者住所地省级市场监督管理部门应当根据工作需要,及时将掌握的平台内经营者身份信息与其实际经营地的省级市场监督管理部门共享。

第三十四条 市场监督管理部门在依法开展监督检查、案件调查、事故处置、缺陷消费品召回、消费争议处理等监管执法活动时,可以要求网络交易平台经营者提供有关的平台内经营者身份信息、商品或者服务信息、支付记录、物流快递、退换货以及售后等交易信息。网络交易平台经营者应当提供，并在技术方面积极配合市场监督管理部门开展网络交易违法行为监测工作。

为网络交易经营者提供宣传推广、支付结算、物流快递、网络接入、服务器托管、虚拟主机、云服务、网站网页设计制作等服务的经营者（以下简称其他服务提供者），应当及时协助市场监督管理部门依法查处网络交易违法行为，提供其掌握的有关数据信息。法律、行政法规另有规定的，依照其规定。

市场监督管理部门发现网络交易经营者有违法行为，依法要求网络交易平台经营者、其他服务提供者采取措施制止的，网络交易平台经营者、其他服务提供者应当予以配合。

第三十五条　市场监督管理部门对涉嫌违法的网络交易行为进行查处时，可以依法采取下列措施：

（一）对与涉嫌违法的网络交易行为有关的场所进行现场检查；

（二）查阅、复制与涉嫌违法的网络交易行为有关的合同、票据、账簿等有关资料；

（三）收集、调取、复制与涉嫌违法的网络交易行为有关的电子数据；

（四）询问涉嫌从事违法的网络交易行为的当事人；

（五）向与涉嫌违法的网络交易行为有关的自然人、法人和非法人组织调查了解有关情况；

（六）法律、法规规定可以采取的其他措施。

采取前款规定的措施，依法需要报经批准的，应当办理批准手续。

市场监督管理部门对网络交易违法行为的技术监测记录资料，可以作为实施行政处罚或者采取行政措施的电子数据证据。

第三十六条　市场监督管理部门应当采取必要措施保护网络交易经营者提供的数据信息的安全，并对其中的个人信息、隐私和商业秘密严格保密。

第三十七条　市场监督管理部门依法对网络交易经营者实施信用监管，将网络交易经营者的注册登记、备案、行政许可、抽查检查结果、行政处罚、列入经营异常名录和严重违法失信企业名单等信息，通过国家企业信用信息公示系统统一归集并公示。对存在严重违法失信行为的，依法实施联合惩戒。

前款规定的信息还可以通过市场监督管理部门官方网站、网络搜索引擎、经营者从事经营活动的主页面显著位置等途径公示。

第三十八条　网络交易经营者未依法履行法定责任和义务，扰乱或者可能扰乱网络交易秩序，影响消费者合法权益的，市场监督管理部门可以依职责对其法定代表人或者主要负责人进行约谈，要求其采取措施进行整改。

第四章　法律责任

第三十九条　法律、行政法规对网络交易违法行为的处罚已有规定的，依照其规定。

第四十条　网络交易平台经营者违反本办法第十条，拒不为入驻的平台内经营者出具网络经营场所相关材料的，由市场监督管理部门责令限期改正；逾期不改正的，处一万元以上三万元以下罚款。

第四十一条　网络交易经营者违反本办法第十一条、第十三条、第十六条、第十八条，法律、行政法规有规定的，依照其规定；法律、行政法规没有规定的，由市场监督管理部门依职责责令限期改正，可以处五千元以上三万元以下罚款。

第四十二条　网络交易经营者违反本办法第十二条、第二十三条，未履行法定信息公示义务的，依照《中华人民共和国电子商务法》第七十六条的规定进行处罚。对其中的网络交易平台经营者，依照《中华人民共和国电子商务法》第八十一条第一款的规定进行处罚。

第四十三条　网络交易经营者违反本办法第十四条的，依照《中华人民共和国反不正当竞争法》的相关规定进行处罚。

第四十四条　网络交易经营者违反本办法第十七条的，依照《中华人民共和国电子商务法》第七十七条的规定进行处罚。

第四十五条　网络交易经营者违反本办法第二十条，法律、行政法规有规定的，依照其规定；法律、行政法规没有规定的，由市场监督管理部门责令限期改正；逾期不改正的，处一万元以下罚款。

第四十六条　网络交易经营者违反本办法第二十二条的，由市场监督管理部门责令限期改正；逾期不改正的，处五千元以上三万元以下罚款。

第四十七条　网络交易平台经营者违反本办法第二十四条第一款、第二十五条第二款、第三十一条，不履行法定核验、登记义务，有关信息报送义务，商品和服务信息、交易信息保存义务的，依照《中华人民共和国电子商务法》第八十条的规定进行处罚。

第四十八条　网络交易平台经营者违反本办法第二

十七条、第二十八条、第三十条的,由市场监督管理部门责令限期改正;逾期不改正的,处一万元以上三万元以下罚款。

第四十九条 网络交易平台经营者违反本办法第二十九条,法律、行政法规有规定的,依照其规定;法律、行政法规没有规定的,由市场监督管理部门依职责责令限期改正,可以处一万元以上三万元以下罚款。

第五十条 网络交易平台经营者违反本办法第三十二条的,依照《中华人民共和国电子商务法》第八十二条的规定进行处罚。

第五十一条 网络交易经营者销售商品或者提供服务,不履行合同义务或者履行合同义务不符合约定,或者造成他人损害的,依法承担民事责任。

第五十二条 网络交易平台经营者知道或者应当知道平台内经营者销售的商品或者提供的服务不符合保障人身、财产安全的要求,或者有其他侵害消费者合法权益行为,未采取必要措施的,依法与该平台内经营者承担连带责任。

对关系消费者生命健康的商品或者服务,网络交易平台经营者对平台内经营者的资质资格未尽到审核义务,或者对消费者未尽到安全保障义务,造成消费者损害的,依法承担相应的责任。

第五十三条 对市场监督管理部门依法开展的监管执法活动,拒绝依照本办法规定提供有关材料、信息,或者提供虚假材料、信息,或者隐匿、销毁、转移证据,或者有其他拒绝、阻碍监管执法行为,法律、行政法规、其他市场监督管理部门规章有规定的,依照其规定;法律、行政法规、其他市场监督管理部门规章没有规定的,由市场监督管理部门责令改正,可以处五千元以上三万元以下罚款。

第五十四条 市场监督管理部门的工作人员,玩忽职守、滥用职权、徇私舞弊,或者泄露、出售或者非法向他人提供在履行职责中所知悉的个人信息、隐私和商业秘密的,依法追究法律责任。

第五十五条 违反本办法规定,构成犯罪的,依法追究刑事责任。

第五章 附 则

第五十六条 本办法自2021年5月1日起施行。2014年1月26日原国家工商行政管理总局令第60号公布的《网络交易管理办法》同时废止。

常见类型移动互联网应用程序必要个人信息范围规定

·2021年3月12日
·国信办秘字〔2021〕14号

第一条 为了规范移动互联网应用程序(App)收集个人信息行为,保障公民个人信息安全,根据《中华人民共和国网络安全法》,制定本规定。

第二条 移动智能终端上运行的App存在收集用户个人信息行为的,应当遵守本规定。法律、行政法规、部门规章和规范性文件另有规定的,依照其规定。

App包括移动智能终端预置、下载安装的应用软件,基于应用软件开放平台接口开发的、用户无需安装即可使用的小程序。

第三条 本规定所称必要个人信息,是指保障App基本功能服务正常运行所必需的个人信息,缺少该信息App即无法实现基本功能服务。具体是指消费侧用户个人信息,不包括服务供给侧用户个人信息。

第四条 App不得因为用户不同意提供非必要个人信息,而拒绝用户使用其基本功能服务。

第五条 常见类型App的必要个人信息范围:

(一)地图导航类,基本功能服务为"定位和导航",必要个人信息为:位置信息、出发地、到达地。

(二)网络约车类,基本功能服务为"网络预约出租汽车服务、巡游出租汽车电召服务",必要个人信息包括:

1.注册用户移动电话号码;

2.乘车人出发地、到达地、位置信息、行踪轨迹;

3.支付时间、支付金额、支付渠道等支付信息(网络预约出租汽车服务)。

(三)即时通信类,基本功能服务为"提供文字、图片、语音、视频等网络即时通信服务",必要个人信息包括:

1.注册用户移动电话号码;

2.账号信息:账号、即时通信联系人账号列表。

(四)网络社区类,基本功能服务为"博客、论坛、社区等话题讨论、信息分享和关注互动",必要个人信息为:注册用户移动电话号码。

(五)网络支付类,基本功能服务为"网络支付、提现、转账等功能",必要个人信息包括:

1.注册用户移动电话号码;

2.注册用户姓名、证件类型和号码、证件有效期限、银行卡号码。

(六)网上购物类,基本功能服务为"购买商品",必要个人信息包括：

1. 注册用户移动电话号码；

2. 收货人姓名(名称)、地址、联系电话；

3. 支付时间、支付金额、支付渠道等支付信息。

(七)餐饮外卖类，基本功能服务为"餐饮购买及外送"，必要个人信息包括：

1. 注册用户移动电话号码；

2. 收货人姓名(名称)、地址、联系电话；

3. 支付时间、支付金额、支付渠道等支付信息。

(八)邮件快件寄递类，基本功能服务为"信件、包裹、印刷品等物品寄递服务"，必要个人信息包括：

1. 寄件人姓名、证件类型和号码等身份信息；

2. 寄件人地址、联系电话；

3. 收件人姓名(名称)、地址、联系电话；

4. 寄递物品的名称、性质、数量。

(九)交通票务类，基本功能服务为"交通相关的票务服务及行程管理(如票务购买、改签、退票、行程管理等)"，必要个人信息包括：

1. 注册用户移动电话号码；

2. 旅客姓名、证件类型和号码、旅客类型。旅客类型通常包括儿童、成人、学生等；

3. 旅客出发地、目的地、出发时间、车次/船次/航班号、席别/舱位等级、座位号(如有)、车牌号及车牌颜色(ETC服务)；

4. 支付时间、支付金额、支付渠道等支付信息。

(十)婚恋相亲类，基本功能服务为"婚恋相亲"，必要个人信息包括：

1. 注册用户移动电话号码；

2. 婚恋相亲人的性别、年龄、婚姻状况。

(十一)求职招聘类，基本功能服务为"求职招聘信息交换"，必要个人信息包括：

1. 注册用户移动电话号码；

2. 求职者提供的简历。

(十二)网络借贷类，基本功能服务为"通过互联网平台实现的用于消费、日常生产经营周转等的个人申贷服务"，必要个人信息包括：

1. 注册用户移动电话号码；

2. 借款人姓名、证件类型和号码、证件有效期限、银行卡号码。

(十三)房屋租售类，基本功能服务为"个人房源信息发布、房屋出租或买卖"，必要个人信息包括：

1. 注册用户移动电话号码；

2. 房源基本信息：房屋地址、面积/户型、期望售价或租金。

(十四)二手车交易类，基本功能服务为"二手车买卖信息交换"，必要个人信息包括：

1. 注册用户移动电话号码；

2. 购买方姓名、证件类型和号码；

3. 出售方姓名、证件类型和号码、车辆行驶证号、车辆识别号码。

(十五)问诊挂号类，基本功能服务为"在线咨询问诊、预约挂号"，必要个人信息包括：

1. 注册用户移动电话号码；

2. 挂号时需提供患者姓名、证件类型和号码、预约挂号的医院和科室；

3. 问诊时需提供病情描述。

(十六)旅游服务类，基本功能服务为"旅游服务产品信息的发布与订购"，必要个人信息包括：

1. 注册用户移动电话号码；

2. 出行人旅游目的地、旅游时间；

3. 出行人姓名、证件类型和号码、联系方式。

(十七)酒店服务类，基本功能服务为"酒店预订"，必要个人信息包括：

1. 注册用户移动电话号码；

2. 住宿人姓名和联系方式、入住和退房时间、入住酒店名称。

(十八)网络游戏类，基本功能服务为"提供网络游戏产品和服务"，必要个人信息为：注册用户移动电话号码。

(十九)学习教育类，基本功能服务为"在线辅导、网络课堂等"，必要个人信息为：注册用户移动电话号码。

(二十)本地生活类，基本功能服务为"家政维修、家居装修、二手闲置物品交易等日常生活服务"，必要个人信息为：注册用户移动电话号码。

(二十一)女性健康类，基本功能服务为"女性经期管理、备孕育儿、美容美体等健康管理服务"，无须个人信息，即可使用基本功能服务。

(二十二)用车服务类，基本功能服务为"共享单车、共享汽车、租赁汽车等服务"，必要个人信息包括：

1. 注册用户移动电话号码；

2. 使用共享汽车、租赁汽车服务用户的证件类型和号码，驾驶证件信息；

3. 支付时间、支付金额、支付渠道等支付信息；

4. 使用共享单车、分时租赁汽车服务用户的位置信息。

（二十三）投资理财类，基本功能服务为"股票、期货、基金、债券等相关投资理财服务"，必要个人信息包括：

1. 注册用户移动电话号码；

2. 投资理财用户姓名、证件类型和号码、证件有效期限、证件影印件；

3. 投资理财用户资金账户、银行卡号码或支付账号。

（二十四）手机银行类，基本功能服务为"通过手机等移动智能终端设备进行银行账户管理、信息查询、转账汇款等服务"，必要个人信息包括：

1. 注册用户移动电话号码；

2. 用户姓名、证件类型和号码、证件有效期限、证件影印件、银行卡号码、银行预留移动电话号码；

3. 转账时需提供收款人姓名、银行卡号码、开户银行信息。

（二十五）邮箱云盘类，基本功能服务为"邮箱、云盘等"，必要个人信息为：注册用户移动电话号码。

（二十六）远程会议类，基本功能服务为"通过网络提供音频或视频会议"，必要个人信息为：注册用户移动电话号码。

（二十七）网络直播类，基本功能服务为"向公众持续提供实时视频、音频、图文等形式信息浏览服务"，无须个人信息，即可使用基本功能服务。

（二十八）在线影音类，基本功能服务为"影视、音乐搜索和播放"，无须个人信息，即可使用基本功能服务。

（二十九）短视频类，基本功能服务为"不超过一定时长的视频搜索、播放"，无须个人信息，即可使用基本功能服务。

（三十）新闻资讯类，基本功能服务为"新闻资讯的浏览、搜索"，无须个人信息，即可使用基本功能服务。

（三十一）运动健身类，基本功能服务为"运动健身训练"，无须个人信息，即可使用基本功能服务。

（三十二）浏览器类，基本功能服务为"浏览互联网信息资源"，无须个人信息，即可使用基本功能服务。

（三十三）输入法类，基本功能服务为"文字、符号等输入"，无须个人信息，即可使用基本功能服务。

（三十四）安全管理类，基本功能服务为"查杀病毒、清理恶意插件、修复漏洞等"，无须个人信息，即可使用基本功能服务。

（三十五）电子图书类，基本功能服务为"电子图书搜索、阅读"，无须个人信息，即可使用基本功能服务。

（三十六）拍摄美化类，基本功能服务为"拍摄、美颜、滤镜等"，无须个人信息，即可使用基本功能服务。

（三十七）应用商店类，基本功能服务为"App 搜索、下载"，无须个人信息，即可使用基本功能服务。

（三十八）实用工具类，基本功能服务为"日历、天气、词典翻译、计算器、遥控器、手电筒、指南针、时钟闹钟、文件传输、文件管理、壁纸铃声、截图录屏、录音、文档处理、智能家居助手、星座性格测试等"，无须个人信息，即可使用基本功能服务。

（三十九）演出票务类，基本功能服务为"演出购票"，必要个人信息包括：

1. 注册用户移动电话号码；

2. 观演场次、座位号（如有）；

3. 支付时间、支付金额、支付渠道等支付信息。

第六条　任何组织和个人发现违反本规定行为的，可以向相关部门举报。

相关部门收到举报后，应当依法予以处理。

第七条　本规定自 2021 年 5 月 1 日起施行。

合同行政监督管理办法

·2023 年 5 月 18 日国家市场监督管理总局令第 77 号公布
·自 2023 年 7 月 1 日起施行

第一条　为了维护市场经济秩序，保护国家利益、社会公共利益和消费者合法权益，根据《中华人民共和国民法典》《中华人民共和国消费者权益保护法》等法律法规，制定本办法。

第二条　市场监督管理部门根据法律、行政法规和本办法的规定，在职责范围内开展合同行政监督管理工作。

第三条　市场监督管理部门开展合同行政监督管理工作，应当坚持监管与指导相结合、处罚与教育相结合的原则。

第四条　经营者订立合同应当遵循平等、自愿、公平、诚信的原则，不得违反法律、行政法规的规定，违背公序良俗，不得利用合同实施危害国家利益、社会公共利益和消费者合法权益的行为。

第五条　经营者不得利用合同从事下列违法行为，扰乱市场经济秩序，危害国家利益、社会公共利益：

（一）虚构合同主体资格或者盗用、冒用他人名义订立合同；

（二）没有实际履行能力，诱骗对方订立合同；

（三）故意隐瞒与实现合同目的有重大影响的信息，

与对方订立合同；

（四）以恶意串通、贿赂、胁迫等手段订立合同；

（五）其他利用合同扰乱市场经济秩序的行为。

第六条 经营者采用格式条款与消费者订立合同，应当以单独告知、字体加粗、弹窗等显著方式提请消费者注意商品或者服务的数量和质量、价款或者费用、履行期限和方式、安全注意事项和风险警示、售后服务、民事责任等与消费者有重大利害关系的内容，并按照消费者的要求予以说明。

经营者预先拟定的，对合同双方权利义务作出规定的通知、声明、店堂告示等，视同格式条款。

第七条 经营者与消费者订立合同，不得利用格式条款等方式作出减轻或者免除自身责任的规定。格式条款中不得含有以下内容：

（一）免除或者减轻经营者造成消费者人身伤害依法应当承担的责任；

（二）免除或者减轻经营者因故意或者重大过失造成消费者财产损失依法应当承担的责任；

（三）免除或者减轻经营者对其所提供的商品或者服务依法应当承担的修理、重作、更换、退货、补足商品数量、退还货款和服务费用等责任；

（四）免除或者减轻经营者依法应当承担的违约责任；

（五）免除或者减轻经营者根据合同的性质和目的应当履行的协助、通知、保密等义务；

（六）其他免除或者减轻经营者自身责任的内容。

第八条 经营者与消费者订立合同，不得利用格式条款等方式作出加重消费者责任、排除或者限制消费者权利的规定。格式条款中不得含有以下内容：

（一）要求消费者承担的违约金或者损害赔偿金超过法定数额或者合理数额；

（二）要求消费者承担依法应当由经营者承担的经营风险；

（三）排除或者限制消费者依法自主选择商品或者服务的权利；

（四）排除或者限制消费者依法变更或者解除合同的权利；

（五）排除或者限制消费者依法请求支付违约金或者损害赔偿金的权利；

（六）排除或者限制消费者依法投诉、举报、请求调解、申请仲裁、提起诉讼的权利；

（七）经营者单方享有解释权或者最终解释权；

（八）其他加重消费者责任、排除或者限制消费者权利的内容。

第九条 经营者采用格式条款与消费者订立合同的，不得利用格式条款并借助技术手段强制交易。

第十条 市场监督管理部门引导重点行业经营者建立健全格式条款公示等制度，引导规范经营者合同行为，提升消费者合同法律意识。

第十一条 经营者与消费者订立合同时，一般应当包括《中华人民共和国民法典》第四百七十条第一款规定的主要内容，并明确双方的主要权利和义务。

经营者采用书面形式与消费者订立合同的，应当将双方签订的书面合同交付消费者留存，并不少于一份。

经营者以电子形式订立合同的，应当清晰、全面、明确地告知消费者订立合同的步骤、注意事项、下载方法等事项，并保证消费者能够便利、完整地阅览和下载。

第十二条 任何单位和个人不得在明知或者应知的情况下，为本办法禁止的违法行为提供证明、印章、账户等便利条件。

第十三条 省级以上市场监督管理部门可以根据有关法律法规规定，针对特定行业或者领域，联合有关部门制定合同示范文本。

根据前款规定制定的合同示范文本，应当主动公开，供社会公众免费阅览、下载、使用。

第十四条 合同示范文本供当事人参照使用。合同各方具体权利义务由当事人自行约定。当事人可以对合同示范文本中的有关条款进行修改、补充和完善。

第十五条 参照合同示范文本订立合同的，当事人应当充分理解合同条款，自行承担合同订立和履行所发生的法律后果。

第十六条 省级以上市场监督管理部门可以设立合同行政监督管理专家评审委员会，邀请相关领域专家参与格式条款评审、合同示范文本制定等工作。

第十七条 县级以上市场监督管理部门对涉嫌违反本办法的合同行为进行查处时，可以依法采取下列措施：

（一）对与涉嫌合同违法行为有关的经营场所进行现场检查；

（二）询问涉嫌违法的当事人；

（三）向与涉嫌合同违法行为有关的自然人、法人和非法人组织调查了解有关情况；

（四）查阅、调取、复制与涉嫌违法行为有关的合同、票据、账簿等资料；

（五）法律、法规规定可以采取的其他措施。

采取前款规定的措施，依法需要报经批准的，应当办理批准手续。

市场监督管理部门及其工作人员对履行相关工作职责过程中知悉的国家秘密、商业秘密或者个人隐私，应当依法予以保密。

第十八条 经营者违反本办法第五条、第六条第一款、第七条、第八条、第九条、第十二条规定，法律、行政法规有规定的，依照其规定；没有规定的，由县级以上市场监督管理部门责令限期改正，给予警告，并可以处十万元以下罚款。

第十九条 合同违法行为轻微并及时改正，没有造成危害后果的，不予行政处罚；主动消除或者减轻危害后果的，从轻或者减轻行政处罚。

第二十条 市场监督管理部门作出行政处罚决定后，应当依法通过国家企业信用信息公示系统向社会公示。

第二十一条 违反本办法规定，构成犯罪的，依法追究刑事责任。

第二十二条 市场监督管理部门依照本办法开展合同行政监督管理，不对合同的民事法律效力作出认定，不影响合同当事人民事责任的承担。法律、行政法规另有规定的，依照其规定。

第二十三条 本办法自 2023 年 7 月 1 日起施行。2010 年 10 月 13 日原国家工商行政管理总局令第 51 号公布的《合同违法行为监督处理办法》同时废止。

明码标价和禁止价格欺诈规定

· 2022 年 4 月 14 日国家市场监督管理总局令第 56 号公布
· 自 2022 年 7 月 1 日起施行

第一条 为了规范经营者明码标价行为，预防和制止价格欺诈，维护市场价格秩序，保护消费者、经营者合法权益和社会公共利益，根据《中华人民共和国价格法》《价格违法行为行政处罚规定》等法律、行政法规，制定本规定。

第二条 本规定适用于市场监督管理部门对经营者违反明码标价规定行为和价格欺诈行为的监督管理和查处。

本规定所称明码标价，是指经营者在销售、收购商品和提供服务过程中，依法公开标示价格等信息的行为。

本规定所称价格欺诈，是指经营者利用虚假的或者使人误解的价格手段，诱骗消费者或者其他经营者与其进行交易的行为。

第三条 经营者应当遵循公开、公平、诚实信用的原则，不得利用价格手段侵犯消费者和其他经营者的合法权益、扰乱市场价格秩序。

第四条 卖场、商场、市场、网络交易平台经营者等交易场所提供者（以下简称交易场所提供者）应当依法配合市场监督管理部门对场所内（平台内）经营者开展价格监督管理工作。

交易场所提供者发现场所内（平台内）经营者有违反本规定行为的，应当依法采取必要处置措施，保存有关信息记录，依法承担相应义务和责任。

交易场所提供者应当尊重场所内（平台内）经营者的经营自主权，不得强制或者变相强制场所内（平台内）经营者参与价格促销活动。

第五条 经营者销售、收购商品和提供服务时，应当按照市场监督管理部门的规定明码标价。

明码标价应当根据商品和服务、行业、区域等特点，做到真实准确、货签对位、标识醒目。

设区的市级以上市场监督管理部门可以根据特定行业、特定区域的交易习惯等特点，结合价格监督管理实际，规定可以不实行明码标价的商品和服务、行业、交易场所。

第六条 经营者应当以显著方式进行明码标价，明确标示价格所对应的商品或者服务。经营者根据不同交易条件实行不同价格的，应当标明交易条件以及与其对应的价格。

商品或者服务的价格发生变动时，经营者应当及时调整相应标价。

第七条 经营者销售商品应当标示商品的品名、价格和计价单位。同一品牌或者种类的商品，因颜色、形状、规格、产地、等级等特征不同而实行不同价格的，经营者应当针对不同的价格分别标示品名，以示区别。

经营者提供服务应当标示服务项目、服务内容和价格或者计价方法。

经营者可以根据实际经营情况，自行增加标示与价格有关的质地、服务标准、结算方法等其他信息。

设区的市级以上市场监督管理部门对于特定商品和服务，可以增加规定明码标价应当标示的内容。

第八条 经营者在销售商品或者提供服务时，不得在标价之外加价出售商品或者提供服务，不得收取任何未予标明的费用。

第九条 经营者标示价格，一般应当使用阿拉伯数字标明人民币金额。

经营者标示其他价格信息,一般应当使用规范汉字;可以根据自身经营需要,同时使用外国文字。民族自治地方的经营者,可以依法自主决定增加使用当地通用的一种或者几种文字。

第十条 经营者收购粮食等农产品,应当将品种、规格、等级和收购价格等信息告知农产品出售者或者在收购场所公示。

第十一条 经营者销售商品,同时有偿提供配送、搬运、安装、调试等附带服务的,应当按照本规定第七条的规定,对附带服务进行明码标价。

附带服务不由销售商品的经营者提供的,应当以显著方式区分标记或者说明。

第十二条 经营者可以选择采用标价签(含电子标价签)、标价牌、价目表(册)、展示板、电子屏幕、商品实物或者模型展示、图片展示以及其他有效形式进行明码标价。金融、交通运输、医疗卫生等同时提供多项服务的行业,可以同时采用电子查询系统的方式进行明码标价。

县级以上市场监督管理部门可以发布标价签、标价牌、价目表(册)等的参考样式。

法律、行政法规对经营者的标价形式有规定的,应当依照其规定。

第十三条 经营者通过网络等方式销售商品或者提供服务的,应当通过网络页面,以文字、图像等方式进行明码标价。

第十四条 交易场所提供者为场所内(平台内)经营者提供标价模板的,应当符合本规定的要求。

第十五条 经营者提供服务,实行先消费后结算的,除按照本规定进行明码标价外,还应当在结算前向消费者出具结算清单,列明所消费的服务项目、价格以及总收费金额等信息。

第十六条 经营者在销售商品或者提供服务时进行价格比较的,标明的被比较价格信息应当真实准确。

经营者未标明被比较价格的详细信息的,被比较价格应当不高于该经营者在同一经营场所进行价格比较前七日内的最低成交价格;前七日内没有交易的,应当不高于本次价格比较前最后一次交易价格。

与厂商建议零售价进行价格比较的,应当明确标示被比较价格为厂商建议零售价。厂商建议零售价发生变动时,应当立即更新。

第十七条 经营者没有合理理由,不得在折价、减价前临时显著提高标示价格并作为折价、减价计算基准。

经营者不得采用无依据或者无从比较的价格,作为折价、减价的计算基准或者被比较价格。

第十八条 经营者赠送物品或者服务(以下简称赠品)的,应当标示赠品的品名、数量。赠品标示价格或者价值的,应当标示赠品在同一经营场所当前销售价格。

第十九条 经营者不得实施下列价格欺诈行为:

(一)谎称商品和服务价格为政府定价或者政府指导价;

(二)以低价诱骗消费者或者其他经营者,以高价进行结算;

(三)通过虚假折价、减价或者价格比较等方式销售商品或者提供服务;

(四)销售商品或者提供服务时,使用欺骗性、误导性的语言、文字、数字、图片或者视频等标示价格以及其他价格信息;

(五)无正当理由拒绝履行或者不完全履行价格承诺;

(六)不标示或者显著弱化标示对消费者或者其他经营者不利的价格条件,诱骗消费者或者其他经营者与其进行交易;

(七)通过积分、礼券、兑换券、代金券等折抵价款时,拒不按约定折抵价款;

(八)其他价格欺诈行为。

第二十条 网络交易经营者不得实施下列行为:

(一)在首页或者其他显著位置标示的商品或者服务价格低于在详情页面标示的价格;

(二)公布的促销活动范围、规则与实际促销活动范围、规则不一致;

(三)其他虚假的或者使人误解的价格标示和价格促销行为。

网络交易平台经营者不得利用技术手段等强制平台内经营者进行虚假的或者使人误解的价格标示。

第二十一条 有下列情形之一的,不属于第十九条规定的价格欺诈行为:

(一)经营者有证据足以证明没有主观故意;

(二)实际成交价格能够使消费者或者与其进行交易的其他经营者获得更大价格优惠;

(三)成交结算后,实际折价、减价幅度与标示幅度不完全一致,但符合舍零取整等交易习惯。

第二十二条 经营者违反本规定有关明码标价规定的,由县级以上市场监督管理部门依照《中华人民共和国价格法》《价格违法行为行政处罚规定》有关规定进行处罚。

第二十三条 经营者违反本规定第十六条至第二十条规定的，由县级以上市场监督管理部门依照《中华人民共和国价格法》《中华人民共和国反不正当竞争法》《中华人民共和国电子商务法》《价格违法行为行政处罚规定》等法律、行政法规进行处罚。

第二十四条 交易场所提供者违反本规定第四条第二款、第三款，法律、行政法规有规定的，依照其规定；法律、行政法规没有规定的，由县级以上市场监督管理部门责令改正，可以处三万元以下罚款；情节严重的，处三万元以上十万元以下罚款。

第二十五条 交易场所提供者提供的标价模板不符合本规定的，由县级以上市场监督管理部门责令改正，可以处三万元以下罚款；情节严重的，处三万元以上十万元以下罚款。

第二十六条 经营者违反本规定，但能够主动消除或者减轻危害后果，及时退还消费者或者其他经营者多付价款的，依法从轻或者减轻处罚。

经营者违反本规定，但未实际损害消费者或者其他经营者合法权益，违法行为轻微并及时改正，没有造成危害后果的，依法不予处罚；初次违法且危害后果轻微并及时改正的，可以依法不予处罚。

第二十七条 本规定自2022年7月1日起施行。2000年10月31日原中华人民共和国国家发展计划委员会令第8号发布的《关于商品和服务实行明码标价的规定》、2001年11月7日原中华人民共和国国家发展计划委员会令第15号发布的《禁止价格欺诈行为的规定》同时废止。

价格违法行为行政处罚规定

- 1999年7月10日国务院批准
- 1999年8月1日国家发展计划委员会发布
- 根据2006年2月21日《国务院关于修改〈价格违法行为行政处罚规定〉的决定》第一次修订
- 根据2008年1月13日《国务院关于修改〈价格违法行为行政处罚规定〉的决定》第二次修订
- 根据2010年12月4日《国务院关于修改〈价格违法行为行政处罚规定〉的决定》第三次修订

第一条 为了依法惩处价格违法行为，维护正常的价格秩序，保护消费者和经营者的合法权益，根据《中华人民共和国价格法》（以下简称价格法）的有关规定，制定本规定。

第二条 县级以上各级人民政府价格主管部门依法对价格活动进行监督检查，并决定对价格违法行为的行政处罚。

第三条 价格违法行为的行政处罚由价格违法行为发生地的地方人民政府价格主管部门决定；国务院价格主管部门规定由其上级价格主管部门决定的，从其规定。

第四条 经营者违反价格法第十四条的规定，有下列行为之一的，责令改正，没收违法所得，并处违法所得5倍以下的罚款；没有违法所得的，处10万元以上100万元以下的罚款；情节严重的，责令停业整顿，或者由工商行政管理机关吊销营业执照：

（一）除依法降价处理鲜活商品、季节性商品、积压商品等商品外，为了排挤竞争对手或者独占市场，以低于成本的价格倾销，扰乱正常的生产经营秩序，损害国家利益或者其他经营者的合法权益的；

（二）提供相同商品或者服务，对具有同等交易条件的其他经营者实行价格歧视的。

第五条 经营者违反价格法第十四条的规定，相互串通，操纵市场价格，造成商品价格较大幅度上涨的，责令改正，没收违法所得，并处违法所得5倍以下的罚款；没有违法所得的，处10万元以上100万元以下的罚款，情节较重的处100万元以上500万元以下的罚款；情节严重的，责令停业整顿，或者由工商行政管理机关吊销营业执照。

除前款规定情形外，经营者相互串通，操纵市场价格，损害其他经营者或者消费者合法权益的，依照本规定第四条的规定处罚。

行业协会或者其他单位组织经营者相互串通，操纵市场价格的，对经营者依照前两款的规定处罚；对行业协会或者其他单位，可以处50万元以下的罚款，情节严重的，由登记管理机关依法撤销登记、吊销执照。

第六条 经营者违反价格法第十四条的规定，有下列推动商品价格过快、过高上涨行为之一的，责令改正，没收违法所得，并处违法所得5倍以下的罚款；没有违法所得的，处5万元以上50万元以下的罚款，情节较重的处50万元以上300万元以下的罚款；情节严重的，责令停业整顿，或者由工商行政管理机关吊销营业执照：

（一）捏造、散布涨价信息，扰乱市场价格秩序的；

（二）除生产自用外，超出正常的存储数量或者存储周期，大量囤积市场供应紧张、价格发生异常波动的商品，经价格主管部门告诫仍继续囤积的；

（三）利用其他手段哄抬价格，推动商品价格过快、过高上涨的。

行业协会或者为商品交易提供服务的单位有前款规定的违法行为的，可以处50万元以下的罚款；情节严重的，由登记管理机关依法撤销登记、吊销执照。

前两款规定以外的其他单位散布虚假涨价信息，扰乱市场价格秩序，依法应当由其他主管机关查处的，价格主管部门可以提出依法处罚的建议，有关主管机关应当依法处罚。

第七条 经营者违反价格法第十四条的规定，利用虚假的或者使人误解的价格手段，诱骗消费者或者其他经营者与其进行交易的，责令改正，没收违法所得，并处违法所得5倍以下的罚款；没有违法所得的，处5万元以上50万元以下的罚款；情节严重的，责令停业整顿，或者由工商行政管理机关吊销营业执照。

第八条 经营者违反价格法第十四条的规定，采取抬高等级或者压低等级等手段销售、收购商品或者提供服务，变相提高或者压低价格的，责令改正，没收违法所得，并处违法所得5倍以下的罚款；没有违法所得的，处2万元以上20万元以下的罚款；情节严重的，责令停业整顿，或者由工商行政管理机关吊销营业执照。

第九条 经营者不执行政府指导价、政府定价，有下列行为之一的，责令改正，没收违法所得，并处违法所得5倍以下的罚款；没有违法所得的，处5万元以上50万元以下的罚款，情节较重的处50万元以上200万元以下的罚款；情节严重的，责令停业整顿：

（一）超出政府指导价浮动幅度制定价格的；

（二）高于或者低于政府定价制定价格的；

（三）擅自制定属于政府指导价、政府定价范围内的商品或者服务价格的；

（四）提前或者推迟执行政府指导价、政府定价的；

（五）自立收费项目或者自定标准收费的；

（六）采取分解收费项目、重复收费、扩大收费范围等方式变相提高收费标准的；

（七）对政府明令取消的收费项目继续收费的；

（八）违反规定以保证金、抵押金等形式变相收费的；

（九）强制或者变相强制服务并收费的；

（十）不按照规定提供服务而收取费用的；

（十一）不执行政府指导价、政府定价的其他行为。

第十条 经营者不执行法定的价格干预措施、紧急措施，有下列行为之一的，责令改正，没收违法所得，并处违法所得5倍以下的罚款；没有违法所得的，处10万元以上100万元以下的罚款，情节较重的处100万元以上500万元以下的罚款；情节严重的，责令停业整顿：

（一）不执行提价申报或者调价备案制度的；

（二）超过规定的差价率、利润率幅度的；

（三）不执行规定的限价、最低保护价的；

（四）不执行集中定价权限措施的；

（五）不执行冻结价格措施的；

（六）不执行法定的价格干预措施、紧急措施的其他行为。

第十一条 本规定第四条、第七条至第九条规定中经营者为个人的，对其没有违法所得的价格违法行为，可以处10万元以下的罚款。

本规定第五条、第六条、第十条规定中经营者为个人的，对其没有违法所得的价格违法行为，按照前款规定处罚；情节严重的，处10万元以上50万元以下的罚款。

第十二条 经营者违反法律、法规的规定牟取暴利的，责令改正，没收违法所得，可以并处违法所得5倍以下的罚款；情节严重的，责令停业整顿，或者由工商行政管理机关吊销营业执照。

第十三条 经营者违反明码标价规定，有下列行为之一的，责令改正，没收违法所得，可以并处5000元以下的罚款：

（一）不标明价格的；

（二）不按照规定的内容和方式明码标价的；

（三）在标价之外加价出售商品或者收取未标明的费用的；

（四）违反明码标价规定的其他行为。

第十四条 拒绝提供价格监督检查所需资料或者提供虚假资料的，责令改正，给予警告；逾期不改正的，可以处10万元以下的罚款，对直接负责的主管人员和其他直接责任人员给予纪律处分。

第十五条 政府价格主管部门进行价格监督检查时，发现经营者的违法行为同时具有下列三种情形的，可以依照价格法第三十四条第（三）项的规定责令其暂停相关营业：

（一）违法行为情节复杂或者情节严重，经查明后可能给予较重处罚的；

（二）不暂停相关营业，违法行为将继续的；

(三)不暂停相关营业,可能影响违法事实的认定,采取其他措施又不足以保证查明的。

政府价格主管部门进行价格监督检查时,执法人员不得少于2人,并应当向经营者或者有关人员出示证件。

第十六条 本规定第四条至第十三条规定中的违法所得,属于价格法第四十一条规定的消费者或者其他经营者多付价款的,责令经营者限期退还。难以查找多付价款的消费者或者其他经营者的,责令公告查找。

经营者拒不按照前款规定退还消费者或者其他经营者多付的价款,以及期限届满没有退还消费者或者其他经营者多付的价款,由政府价格主管部门予以没收,消费者或者其他经营者要求退还时,由经营者依法承担民事责任。

第十七条 经营者有《中华人民共和国行政处罚法》第二十七条所列情形的,应当依法从轻或者减轻处罚。

经营者有下列情形之一的,应当从重处罚:

(一)价格违法行为严重或者社会影响较大的;

(二)屡查屡犯的;

(三)伪造、涂改或者转移、销毁证据的;

(四)转移与价格违法行为有关的资金或者商品的;

(五)经营者拒不按照本规定第十六条第一款规定退还消费者或者其他经营者多付价款的;

(六)应予从重处罚的其他价格违法行为。

第十八条 本规定中以违法所得计算罚款数额的,违法所得无法确定时,按照没有违法所得的规定处罚。

第十九条 有本规定所列价格违法行为且严重扰乱市场秩序,构成犯罪的,依法追究刑事责任。

第二十条 经营者对政府价格主管部门作出的处罚决定不服的,应当先依法申请行政复议;对行政复议决定不服的,可以依法向人民法院提起诉讼。

第二十一条 逾期不缴纳罚款的,每日按罚款数额的3%加处罚款;逾期不缴纳违法所得的,每日按违法所得数额的2‰加处罚款。

第二十二条 任何单位和个人有本规定所列价格违法行为,情节严重,拒不改正的,政府价格主管部门除依照本规定给予处罚外,可以公告其价格违法行为,直至其改正。

第二十三条 有关法律对价格法第十四条所列行为的处罚及处罚机关另有规定的,可以依照有关法律的规定执行。

第二十四条 价格执法人员泄露国家秘密、经营者的商业秘密或者滥用职权、玩忽职守、徇私舞弊,构成犯罪的,依法追究刑事责任;尚不构成犯罪的,依法给予处分。

第二十五条 本规定自公布之日起施行。

价格违法行为行政处罚实施办法

- 2004年7月29日中华人民共和国国家发展和改革委员会令第14号公布
- 自2004年9月1日起施行

第一条 为有效实施价格行政处罚,及时平抑市场价格异常波动,维护公共利益和社会稳定,根据《价格法》、《行政处罚法》、《价格违法行为行政处罚规定》等,制定本办法。

第二条 经营者违反《价格法》第十四条规定哄抬价格,有下列情形之一的,政府价格主管部门依据《价格违法行为行政处罚规定》第五条的规定予以行政处罚:

(一)捏造、散布涨价信息,大幅度提高价格的;

(二)生产成本或进货成本没有发生明显变化,以牟取暴利为目的,大幅度提高价格的;

(三)在一些地区或行业率先大幅度提高价格的;

(四)囤积居奇,导致商品供不应求而出现价格大幅度上涨的。

构成哄抬价格行为的具体提价或涨价幅度,由省价格主管部门根据当地具体情况提出,并报请省级人民政府批准确定。

第三条 经营者违反《价格法》第十四条规定变相提高价格,采用下列手段之一的,政府价格主管部门依据《价格违法行为行政处罚规定》第六条的规定予以行政处罚:

(一)抬高等级销售商品或者收取费用的;

(二)以假充真,以次充好,降低质量的;

(三)偷工减料,短尺少秤,减少数量的;

(四)变相提高价格的其他行为。

第四条 地方政府及政府部门违反《价格法》规定,超越定价权限和范围擅自制定、调整价格或不执行法定的价格干预措施、紧急措施的,由上级政府或者政府价格主管部门责令改正,并可以通报批评;对直接负责的主管人员和其他直接责任人员,由上级政府价格主管部门提请有权机关依法给予行政处分。

第五条 行业组织应当接受政府价格主管部门的指

导,有价格违法行为且情节严重的,价格主管部门可以提请登记管理机关撤销登记。

第六条 当国务院依法采取价格干预措施或者紧急措施,省、自治区、直辖市人民政府依法采取价格干预措施时,政府价格主管部门进行监督检查,适用本办法第七条、第八条、第九条和第十条。

第七条 对纳入价格干预措施或紧急措施范围的商品和服务,以及可能波及的相关商品和服务的价格违法行为,应当依据《价格违法行为行政处罚规定》第十五条的规定予以从重处罚,在法定罚款幅度内应当从高适用,行政处罚种类在2个以上的应当从重适用,可以并处的应当并处罚。

第八条 价格行政执法人员可以适用以下程序,从快制止价格违法行为:

（一）执法人员进行调查或者检查前,可以不向当事人送达《检查通知书》,但要出示执法证件;

（二）在调查或者检查中发现应当给予行政处罚的行为的,可以当场决定立案,立案、询问或检查应当制作笔录;

（三）作出行政处罚决定前,可以不向当事人送达《行政处罚事先告知书》、《行政处罚听证告知书》,而以口头告知的方式履行行政处罚事先告知程序、听证告知程序;

（四）调查终结,价格主管部门负责人应当立即对调查结果进行审查,及时作出行政处罚决定;对情节复杂或者重大违法行为给予较重的行政处罚,可以不召开案件审理委员会会议,而由价格主管部门负责人集体讨论决定。

（五）对依法可以当场作出行政处罚决定的,不当场收缴事后难以执行的,可以当场收缴罚款。

第九条 经营者有下列情形之一的,可以按没有违法所得论处:

（一）无合法销售或收费票据的;

（二）隐匿、销毁销售或收费票据的;

（三）隐瞒销售或收费票据数量,账簿与票据金额不符导致计算违法所得金额无依据的;

（四）多收价款全部退还的;

（五）应当按没有违法所得论处的其他情形。

第十条 因价格违法行为致使消费者或者其他经营者多付价款的,责令限期退还;期限届满后逾期不退或者难以退还的价款,以违法所得论处。

第十一条 价格行政执法人员对应当予以及时制止和从重处罚的价格违法行为不予以制止、从重处罚;因处罚失当,致使公民、法人或者其他组织的合法权益、公共利益和社会秩序遭受损害的,应当依法追究直接负责的主管人员和其他直接责任人员的责任。

第十二条 本办法由国家发展和改革委员会负责解释。

第十三条 本办法自2004年9月1日起施行。

(2) 反垄断、反不正当竞争

中华人民共和国反垄断法

· 2007年8月30日第十届全国人民代表大会常务委员会第二十九次会议通过
· 根据2022年6月24日第十三届全国人民代表大会常务委员会第三十五次会议《关于修改〈中华人民共和国反垄断法〉的决定》修正

第一章　总　则

第一条 为了预防和制止垄断行为,保护市场公平竞争,鼓励创新,提高经济运行效率,维护消费者利益和社会公共利益,促进社会主义市场经济健康发展,制定本法。

第二条 中华人民共和国境内经济活动中的垄断行为,适用本法;中华人民共和国境外的垄断行为,对境内市场竞争产生排除、限制影响的,适用本法。

第三条 本法规定的垄断行为包括:

（一）经营者达成垄断协议;

（二）经营者滥用市场支配地位;

（三）具有或者可能具有排除、限制竞争效果的经营者集中。

第四条 反垄断工作坚持中国共产党的领导。

国家坚持市场化、法治化原则,强化竞争政策基础地位,制定和实施与社会主义市场经济相适应的竞争规则,完善宏观调控,健全统一、开放、竞争、有序的市场体系。

第五条 国家建立健全公平竞争审查制度。

行政机关和法律、法规授权的具有管理公共事务职能的组织在制定涉及市场主体经济活动的规定时,应当进行公平竞争审查。

第六条 经营者可以通过公平竞争、自愿联合,依法实施集中,扩大经营规模,提高市场竞争能力。

第七条 具有市场支配地位的经营者,不得滥用市场支配地位,排除、限制竞争。

第八条 国有经济占控制地位的关系国民经济命脉和国家安全的行业以及依法实行专营专卖的行业,国家对其经营者的合法经营活动予以保护,并对经营者的经营行为及其商品和服务的价格依法实施监管和调控,维护消费者利益,促进技术进步。

前款规定行业的经营者应当依法经营,诚实守信,严格自律,接受社会公众的监督,不得利用其控制地位或者专营专卖地位损害消费者利益。

第九条 经营者不得利用数据和算法、技术、资本优势以及平台规则等从事本法禁止的垄断行为。

第十条 行政机关和法律、法规授权的具有管理公共事务职能的组织不得滥用行政权力,排除、限制竞争。

第十一条 国家健全完善反垄断规则制度,强化反垄断监管力量,提高监管能力和监管体系现代化水平,加强反垄断执法司法,依法公正高效审理垄断案件,健全行政执法和司法衔接机制,维护公平竞争秩序。

第十二条 国务院设立反垄断委员会,负责组织、协调、指导反垄断工作,履行下列职责:

(一)研究拟订有关竞争政策;

(二)组织调查、评估市场总体竞争状况,发布评估报告;

(三)制定、发布反垄断指南;

(四)协调反垄断行政执法工作;

(五)国务院规定的其他职责。

国务院反垄断委员会的组成和工作规则由国务院规定。

第十三条 国务院反垄断执法机构负责反垄断统一执法工作。

国务院反垄断执法机构根据工作需要,可以授权省、自治区、直辖市人民政府相应的机构,依照本法规定负责有关反垄断执法工作。

第十四条 行业协会应当加强行业自律,引导本行业的经营者依法竞争,合规经营,维护市场竞争秩序。

第十五条 本法所称经营者,是指从事商品生产、经营或者提供服务的自然人、法人和非法人组织。

本法所称相关市场,是指经营者在一定时期内就特定商品或者服务(以下统称商品)进行竞争的商品范围和地域范围。

第二章 垄断协议

第十六条 本法所称垄断协议,是指排除、限制竞争的协议、决定或者其他协同行为。

第十七条 禁止具有竞争关系的经营者达成下列垄断协议:

(一)固定或者变更商品价格;

(二)限制商品的生产数量或者销售数量;

(三)分割销售市场或者原材料采购市场;

(四)限制购买新技术、新设备或者限制开发新技术、新产品;

(五)联合抵制交易;

(六)国务院反垄断执法机构认定的其他垄断协议。

第十八条 禁止经营者与交易相对人达成下列垄断协议:

(一)固定向第三人转售商品的价格;

(二)限定向第三人转售商品的最低价格;

(三)国务院反垄断执法机构认定的其他垄断协议。

对前款第一项和第二项规定的协议,经营者能够证明其不具有排除、限制竞争效果的,不予禁止。

经营者能够证明其在相关市场的市场份额低于国务院反垄断执法机构规定的标准,并符合国务院反垄断执法机构规定的其他条件的,不予禁止。

第十九条 经营者不得组织其他经营者达成垄断协议或者为其他经营者达成垄断协议提供实质性帮助。

第二十条 经营者能够证明所达成的协议属于下列情形之一的,不适用本法第十七条、第十八条第一款、第十九条的规定:

(一)为改进技术、研究开发新产品的;

(二)为提高产品质量、降低成本、增进效率,统一产品规格、标准或者实行专业化分工的;

(三)为提高中小经营者经营效率,增强中小经营者竞争力的;

(四)为实现节约能源、保护环境、救灾救助等社会公共利益的;

(五)因经济不景气,为缓解销售量严重下降或者生产明显过剩的;

(六)为保障对外贸易和对外经济合作中的正当利益的;

(七)法律和国务院规定的其他情形。

属于前款第一项至第五项情形,不适用本法第十七条、第十八条第一款、第十九条规定的,经营者还应当证明所达成的协议不会严重限制相关市场的竞争,并且能够使消费者分享由此产生的利益。

第二十一条 行业协会不得组织本行业的经营者从事本章禁止的垄断行为。

第三章 滥用市场支配地位

第二十二条 禁止具有市场支配地位的经营者从事下列滥用市场支配地位的行为:

（一）以不公平的高价销售商品或者以不公平的低价购买商品；

（二）没有正当理由，以低于成本的价格销售商品；

（三）没有正当理由，拒绝与交易相对人进行交易；

（四）没有正当理由，限定交易相对人只能与其进行交易或者只能与其指定的经营者进行交易；

（五）没有正当理由搭售商品，或者在交易时附加其他不合理的交易条件；

（六）没有正当理由，对条件相同的交易相对人在交易价格等交易条件上实行差别待遇；

（七）国务院反垄断执法机构认定的其他滥用市场支配地位的行为。

具有市场支配地位的经营者不得利用数据和算法、技术以及平台规则等从事前款规定的滥用市场支配地位的行为。

本法所称市场支配地位，是指经营者在相关市场内具有能够控制商品价格、数量或者其他交易条件，或者能够阻碍、影响其他经营者进入相关市场能力的市场地位。

第二十三条 认定经营者具有市场支配地位，应当依据下列因素：

（一）该经营者在相关市场的市场份额，以及相关市场的竞争状况；

（二）该经营者控制销售市场或者原材料采购市场的能力；

（三）该经营者的财力和技术条件；

（四）其他经营者对该经营者在交易上的依赖程度；

（五）其他经营者进入相关市场的难易程度；

（六）与认定该经营者市场支配地位有关的其他因素。

第二十四条 有下列情形之一的，可以推定经营者具有市场支配地位：

（一）一个经营者在相关市场的市场份额达到二分之一的；

（二）两个经营者在相关市场的市场份额合计达到三分之二的；

（三）三个经营者在相关市场的市场份额合计达到四分之三的。

有前款第二项、第三项规定的情形，其中有的经营者市场份额不足十分之一的，不应当推定该经营者具有市场支配地位。

被推定具有市场支配地位的经营者，有证据证明不具有市场支配地位的，不应当认定其具有市场支配地位。

第四章 经营者集中

第二十五条 经营者集中是指下列情形：

（一）经营者合并；

（二）经营者通过取得股权或者资产的方式取得对其他经营者的控制权；

（三）经营者通过合同等方式取得对其他经营者的控制权或者能够对其他经营者施加决定性影响。

第二十六条 经营者集中达到国务院规定的申报标准的，经营者应当事先向国务院反垄断执法机构申报，未申报的不得实施集中。

经营者集中未达到国务院规定的申报标准，但有证据证明该经营者集中具有或者可能具有排除、限制竞争效果的，国务院反垄断执法机构可以要求经营者申报。

经营者未依照前两款规定进行申报的，国务院反垄断执法机构应当依法进行调查。

第二十七条 经营者集中有下列情形之一的，可以不向国务院反垄断执法机构申报：

（一）参与集中的一个经营者拥有其他每个经营者百分之五十以上有表决权的股份或者资产的；

（二）参与集中的每个经营者百分之五十以上有表决权的股份或者资产被同一个未参与集中的经营者拥有的。

第二十八条 经营者向国务院反垄断执法机构申报集中，应当提交下列文件、资料：

（一）申报书；

（二）集中对相关市场竞争状况影响的说明；

（三）集中协议；

（四）参与集中的经营者经会计师事务所审计的上一会计年度财务会计报告；

（五）国务院反垄断执法机构规定的其他文件、资料。

申报书应当载明参与集中的经营者的名称、住所、经营范围、预定实施集中的日期和国务院反垄断执法机构规定的其他事项。

第二十九条 经营者提交的文件、资料不完备的，应当在国务院反垄断执法机构规定的期限内补交文件、资料。经营者逾期未补交文件、资料的，视为未申报。

第三十条 国务院反垄断执法机构应当自收到经营者提交的符合本法第二十八条规定的文件、资料之日起三十日内，对申报的经营者集中进行初步审查，作出是否实施进一步审查的决定，并书面通知经营者。国务院反垄断执法机构作出决定前，经营者不得实施集中。

国务院反垄断执法机构作出不实施进一步审查的决定或者逾期未作出决定的,经营者可以实施集中。

第三十一条　国务院反垄断执法机构决定实施进一步审查的,应当自决定之日起九十日内审查完毕,作出是否禁止经营者集中的决定,并书面通知经营者。作出禁止经营者集中的决定,应当说明理由。审查期间,经营者不得实施集中。

有下列情形之一的,国务院反垄断执法机构经书面通知经营者,可以延长前款规定的审查期限,但最长不得超过六十日:

(一)经营者同意延长审查期限的;

(二)经营者提交的文件、资料不准确,需要进一步核实的;

(三)经营者申报后有关情况发生重大变化的。

国务院反垄断执法机构逾期未作出决定的,经营者可以实施集中。

第三十二条　有下列情形之一的,国务院反垄断执法机构可以决定中止计算经营者集中的审查期限,并书面通知经营者:

(一)经营者未按照规定提交文件、资料,导致审查工作无法进行;

(二)出现对经营者集中审查具有重大影响的新情况、新事实,不经核实将导致审查工作无法进行;

(三)需要对经营者集中附加的限制性条件进一步评估,且经营者提出中止请求。

自中止计算审查期限的情形消除之日起,审查期限继续计算,国务院反垄断执法机构应当书面通知经营者。

第三十三条　审查经营者集中,应当考虑下列因素:

(一)参与集中的经营者在相关市场的市场份额及其对市场的控制力;

(二)相关市场的市场集中度;

(三)经营者集中对市场进入、技术进步的影响;

(四)经营者集中对消费者和其他有关经营者的影响;

(五)经营者集中对国民经济发展的影响;

(六)国务院反垄断执法机构认为应当考虑的影响市场竞争的其他因素。

第三十四条　经营者集中具有或者可能具有排除、限制竞争效果的,国务院反垄断执法机构应当作出禁止经营者集中的决定。但是,经营者能够证明该集中对竞争产生的有利影响明显大于不利影响,或者符合社会公共利益的,国务院反垄断执法机构可以作出对经营者集中不予禁止的决定。

第三十五条　对不予禁止的经营者集中,国务院反垄断执法机构可以决定附加减少集中对竞争产生不利影响的限制性条件。

第三十六条　国务院反垄断执法机构应当将禁止经营者集中的决定或者对经营者集中附加限制性条件的决定,及时向社会公布。

第三十七条　国务院反垄断执法机构应当健全经营者集中分类分级审查制度,依法加强对涉及国计民生等重要领域的经营者集中的审查,提高审查质量和效率。

第三十八条　对外资并购境内企业或者以其他方式参与经营者集中,涉及国家安全的,除依照本法规定进行经营者集中审查外,还应当按照国家有关规定进行国家安全审查。

第五章　滥用行政权力排除、限制竞争

第三十九条　行政机关和法律、法规授权的具有管理公共事务职能的组织不得滥用行政权力,限定或者变相限定单位或者个人经营、购买、使用其指定的经营者提供的商品。

第四十条　行政机关和法律、法规授权的具有管理公共事务职能的组织不得滥用行政权力,通过与经营者签订合作协议、备忘录等方式,妨碍其他经营者进入相关市场或者对其他经营者实行不平等待遇,排除、限制竞争。

第四十一条　行政机关和法律、法规授权的具有管理公共事务职能的组织不得滥用行政权力,实施下列行为,妨碍商品在地区之间的自由流通:

(一)对外地商品设定歧视性收费项目、实行歧视性收费标准,或者规定歧视性价格;

(二)对外地商品规定与本地同类商品不同的技术要求、检验标准,或者对外地商品采取重复检验、重复认证等歧视性技术措施,限制外地商品进入本地市场;

(三)采取专门针对外地商品的行政许可,限制外地商品进入本地市场;

(四)设置关卡或者采取其他手段,阻碍外地商品进入或者本地商品运出;

(五)妨碍商品在地区之间自由流通的其他行为。

第四十二条　行政机关和法律、法规授权的具有管理公共事务职能的组织不得滥用行政权力,以设定歧视性资质要求、评审标准或者不依法发布信息等方式,排斥或者限制经营者参加招标投标以及其他经营活动。

第四十三条　行政机关和法律、法规授权的具有管理公共事务职能的组织不得滥用行政权力,采取与本地经营者不平等待遇等方式,排斥、限制、强制或者变相强

制外地经营者在本地投资或者设立分支机构。

第四十四条 行政机关和法律、法规授权的具有管理公共事务职能的组织不得滥用行政权力,强制或者变相强制经营者从事本法规定的垄断行为。

第四十五条 行政机关和法律、法规授权的具有管理公共事务职能的组织不得滥用行政权力,制定含有排除、限制竞争内容的规定。

第六章 对涉嫌垄断行为的调查

第四十六条 反垄断执法机构依法对涉嫌垄断行为进行调查。

对涉嫌垄断行为,任何单位和个人有权向反垄断执法机构举报。反垄断执法机构应当为举报人保密。

举报采用书面形式并提供相关事实和证据的,反垄断执法机构应当进行必要的调查。

第四十七条 反垄断执法机构调查涉嫌垄断行为,可以采取下列措施:

（一）进入被调查的经营者的营业场所或者其他有关场所进行检查;

（二）询问被调查的经营者、利害关系人或者其他有关单位或者个人,要求其说明有关情况;

（三）查阅、复制被调查的经营者、利害关系人或者其他有关单位或者个人的有关单证、协议、会计账簿、业务函电、电子数据等文件、资料;

（四）查封、扣押相关证据;

（五）查询经营者的银行账户。

采取前款规定的措施,应当向反垄断执法机构主要负责人书面报告,并经批准。

第四十八条 反垄断执法机构调查涉嫌垄断行为,执法人员不得少于二人,并应当出示执法证件。

执法人员进行询问和调查,应当制作笔录,并由被询问人或者被调查人签字。

第四十九条 反垄断执法机构及其工作人员对执法过程中知悉的商业秘密、个人隐私和个人信息依法负有保密义务。

第五十条 被调查的经营者、利害关系人或者其他有关单位或者个人应当配合反垄断执法机构依法履行职责,不得拒绝、阻碍反垄断执法机构的调查。

第五十一条 被调查的经营者、利害关系人有权陈述意见。反垄断执法机构应当对被调查的经营者、利害关系人提出的事实、理由和证据进行核实。

第五十二条 反垄断执法机构对涉嫌垄断行为调查核实后,认为构成垄断行为的,应当依法作出处理决定,并可以向社会公布。

第五十三条 对反垄断执法机构调查的涉嫌垄断行为,被调查的经营者承诺在反垄断执法机构认可的期限内采取具体措施消除该行为后果的,反垄断执法机构可以决定中止调查。中止调查的决定应当载明被调查的经营者承诺的具体内容。

反垄断执法机构决定中止调查的,应当对经营者履行承诺的情况进行监督。经营者履行承诺的,反垄断执法机构可以决定终止调查。

有下列情形之一的,反垄断执法机构应当恢复调查:

（一）经营者未履行承诺的;

（二）作出中止调查决定所依据的事实发生重大变化的;

（三）中止调查的决定是基于经营者提供的不完整或者不真实的信息作出的。

第五十四条 反垄断执法机构依法对涉嫌滥用行政权力排除、限制竞争的行为进行调查,有关单位或者个人应当配合。

第五十五条 经营者、行政机关和法律、法规授权的具有管理公共事务职能的组织,涉嫌违反本法规定的,反垄断执法机构可以对其法定代表人或者负责人进行约谈,要求其提出改进措施。

第七章 法律责任

第五十六条 经营者违反本法规定,达成并实施垄断协议的,由反垄断执法机构责令停止违法行为,没收违法所得,并处上一年度销售额百分之一以上百分之十以下的罚款,上一年度没有销售额的,处五百万元以下的罚款;尚未实施所达成的垄断协议的,可以处三百万元以下的罚款。经营者的法定代表人、主要负责人和直接责任人员对达成垄断协议负有个人责任的,可以处一百万元以下的罚款。

经营者组织其他经营者达成垄断协议或者为其他经营者达成垄断协议提供实质性帮助的,适用前款规定。

经营者主动向反垄断执法机构报告达成垄断协议的有关情况并提供重要证据的,反垄断执法机构可以酌情减轻或者免除对该经营者的处罚。

行业协会违反本法规定,组织本行业的经营者达成垄断协议的,由反垄断执法机构责令改正,可以处三百万元以下的罚款;情节严重的,社会团体登记管理机关可以依法撤销登记。

第五十七条 经营者违反本法规定,滥用市场支配地位的,由反垄断执法机构责令停止违法行为,没收违法所得，并处上一年度销售额百分之一以上百分之十以下的罚款。

第五十八条 经营者违反本法规定实施集中，且具有或者可能具有排除、限制竞争效果的，由国务院反垄断执法机构责令停止实施集中、限期处分股份或者资产、限期转让营业以及采取其他必要措施恢复到集中前的状态，处上一年度销售额百分之十以下的罚款；不具有排除、限制竞争效果的，处五百万元以下的罚款。

第五十九条 对本法第五十六条、第五十七条、第五十八条规定的罚款，反垄断执法机构确定具体罚款数额时，应当考虑违法行为的性质、程度、持续时间和消除违法行为后果的情况等因素。

第六十条 经营者实施垄断行为，给他人造成损失的，依法承担民事责任。

经营者实施垄断行为，损害社会公共利益的，设区的市级以上人民检察院可以依法向人民法院提起民事公益诉讼。

第六十一条 行政机关和法律、法规授权的具有管理公共事务职能的组织滥用行政权力，实施排除、限制竞争行为的，由上级机关责令改正；对直接负责的主管人员和其他直接责任人员依法给予处分。反垄断执法机构可以向有关上级机关提出依法处理的建议。行政机关和法律、法规授权的具有管理公共事务职能的组织应当将有关改正情况书面报告上级机关和反垄断执法机构。

法律、行政法规对行政机关和法律、法规授权的具有管理公共事务职能的组织滥用行政权力实施排除、限制竞争行为的处理另有规定的，依照其规定。

第六十二条 对反垄断执法机构依法实施的审查和调查，拒绝提供有关材料、信息，或者提供虚假材料、信息，或者隐匿、销毁、转移证据，或者有其他拒绝、阻碍调查行为的，由反垄断执法机构责令改正，对单位处上一年度销售额百分之一以下的罚款，上一年度没有销售额或者销售额难以计算的，处五百万元以下的罚款；对个人处五十万元以下的罚款。

第六十三条 违反本法规定，情节特别严重、影响特别恶劣、造成特别严重后果的，国务院反垄断执法机构可以在本法第五十六条、第五十七条、第五十八条、第六十二条规定的罚款数额的二倍以上五倍以下确定具体罚款数额。

第六十四条 经营者因违反本法规定受到行政处罚的，按照国家有关规定记入信用记录，并向社会公示。

第六十五条 对反垄断执法机构依据本法第三十四条、第三十五条作出的决定不服的，可以先依法申请行政复议；对行政复议决定不服的，可以依法提起行政诉讼。

对反垄断执法机构作出的前款规定以外的决定不服的，可以依法申请行政复议或者提起行政诉讼。

第六十六条 反垄断执法机构工作人员滥用职权、玩忽职守、徇私舞弊或者泄露执法过程中知悉的商业秘密、个人隐私和个人信息的，依法给予处分。

第六十七条 违反本法规定，构成犯罪的，依法追究刑事责任。

第八章　附　则

第六十八条 经营者依照有关知识产权的法律、行政法规规定行使知识产权的行为，不适用本法；但是，经营者滥用知识产权，排除、限制竞争的行为，适用本法。

第六十九条 农业生产者及农村经济组织在农产品生产、加工、销售、运输、储存等经营活动中实施的联合或者协同行为，不适用本法。

第七十条 本法自2008年8月1日起施行。

中华人民共和国反不正当竞争法

- 1993年9月2日第八届全国人民代表大会常务委员会第三次会议通过
- 2017年11月4日第十二届全国人民代表大会常务委员会第三十次会议修订
- 根据2019年4月23日第十三届全国人民代表大会常务委员会第十次会议《关于修改〈中华人民共和国建筑法〉等八部法律的决定》修正

第一章　总　则

第一条 为了促进社会主义市场经济健康发展，鼓励和保护公平竞争，制止不正当竞争行为，保护经营者和消费者的合法权益，制定本法。

第二条 经营者在生产经营活动中，应当遵循自愿、平等、公平、诚信的原则，遵守法律和商业道德。

本法所称的不正当竞争行为，是指经营者在生产经营活动中，违反本法规定，扰乱市场竞争秩序，损害其他经营者或者消费者的合法权益的行为。

本法所称的经营者，是指从事商品生产、经营或者提供服务（以下所称商品包括服务）的自然人、法人和非法人组织。

第三条 各级人民政府应当采取措施，制止不正当竞争行为，为公平竞争创造良好的环境和条件。

国务院建立反不正当竞争工作协调机制,研究决定反不正当竞争重大政策,协调处理维护市场竞争秩序的重大问题。

第四条 县级以上人民政府履行工商行政管理职责的部门对不正当竞争行为进行查处;法律、行政法规规定由其他部门查处的,依照其规定。

第五条 国家鼓励、支持和保护一切组织和个人对不正当竞争行为进行社会监督。

国家机关及其工作人员不得支持、包庇不正当竞争行为。

行业组织应当加强行业自律,引导、规范会员依法竞争,维护市场竞争秩序。

第二章 不正当竞争行为

第六条 经营者不得实施下列混淆行为,引人误认为是他人商品或者与他人存在特定联系:

(一)擅自使用与他人有一定影响的商品名称、包装、装潢等相同或者近似的标识;

(二)擅自使用他人有一定影响的企业名称(包括简称、字号等)、社会组织名称(包括简称等)、姓名(包括笔名、艺名、译名等);

(三)擅自使用他人有一定影响的域名主体部分、网站名称、网页等;

(四)其他足以引人误认为是他人商品或者与他人存在特定联系的混淆行为。

第七条 经营者不得采用财物或者其他手段贿赂下列单位或者个人,以谋取交易机会或者竞争优势:

(一)交易相对方的工作人员;

(二)受交易相对方委托办理相关事务的单位或者个人;

(三)利用职权或者影响力影响交易的单位或者个人。

经营者在交易活动中,可以以明示方式向交易相对方支付折扣,或者向中间人支付佣金。经营者向交易相对方支付折扣、向中间人支付佣金的,应当如实入账。接受折扣、佣金的经营者也应当如实入账。

经营者的工作人员进行贿赂的,应当认定为经营者的行为;但是,经营者有证据证明该工作人员的行为与为经营者谋取交易机会或者竞争优势无关的除外。

第八条 经营者不得对其商品的性能、功能、质量、销售状况、用户评价、曾获荣誉等作虚假或者引人误解的商业宣传,欺骗、误导消费者。

经营者不得通过组织虚假交易等方式,帮助其他经营者进行虚假或者引人误解的商业宣传。

第九条 经营者不得实施下列侵犯商业秘密的行为:

(一)以盗窃、贿赂、欺诈、胁迫、电子侵入或者其他不正当手段获取权利人的商业秘密;

(二)披露、使用或者允许他人使用以前项手段获取的权利人的商业秘密;

(三)违反保密义务或者违反权利人有关保守商业秘密的要求,披露、使用或者允许他人使用其所掌握的商业秘密;

(四)教唆、引诱、帮助他人违反保密义务或者违反权利人有关保守商业秘密的要求,获取、披露、使用或者允许他人使用权利人的商业秘密。

经营者以外的其他自然人、法人和非法人组织实施前款所列违法行为的,视为侵犯商业秘密。

第三人明知或者应知商业秘密权利人的员工、前员工或者其他单位、个人实施本条第一款所列违法行为,仍获取、披露、使用或者允许他人使用该商业秘密的,视为侵犯商业秘密。

本法所称的商业秘密,是指不为公众所知悉、具有商业价值并经权利人采取相应保密措施的技术信息、经营信息等商业信息。

第十条 经营者进行有奖销售不得存在下列情形:

(一)所设奖的种类、兑奖条件、奖金金额或者奖品等有奖销售信息不明确,影响兑奖;

(二)采用谎称有奖或者故意让内定人员中奖的欺骗方式进行有奖销售;

(三)抽奖式的有奖销售,最高奖的金额超过五万元。

第十一条 经营者不得编造、传播虚假信息或者误导性信息,损害竞争对手的商业信誉、商品声誉。

第十二条 经营者利用网络从事生产经营活动,应当遵守本法的各项规定。

经营者不得利用技术手段,通过影响用户选择或者其他方式,实施下列妨碍、破坏其他经营者合法提供的网络产品或者服务正常运行的行为:

(一)未经其他经营者同意,在其合法提供的网络产品或者服务中,插入链接、强制进行目标跳转;

(二)误导、欺骗、强迫用户修改、关闭、卸载其他经营者合法提供的网络产品或者服务;

(三)恶意对其他经营者合法提供的网络产品或者服务实施不兼容;

(四)其他妨碍、破坏其他经营者合法提供的网络产品或者服务正常运行的行为。

第三章 对涉嫌不正当竞争行为的调查

第十三条 监督检查部门调查涉嫌不正当竞争行为,可以采取下列措施:

(一)进入涉嫌不正当竞争行为的经营场所进行检查;

(二)询问被调查的经营者、利害关系人及其他有关单位、个人,要求其说明有关情况或者提供与被调查行为有关的其他资料;

(三)查询、复制与涉嫌不正当竞争行为有关的协议、账簿、单据、文件、记录、业务函电和其他资料;

(四)查封、扣押与涉嫌不正当竞争行为有关的财物;

(五)查询涉嫌不正当竞争行为的经营者的银行账户。

采取前款规定的措施,应当向监督检查部门主要负责人书面报告,并经批准。采取前款第四项、第五项规定的措施,应当向设区的市级以上人民政府监督检查部门主要负责人书面报告,并经批准。

监督检查部门调查涉嫌不正当竞争行为,应当遵守《中华人民共和国行政强制法》和其他有关法律、行政法规的规定,并应当将查处结果及时向社会公开。

第十四条 监督检查部门调查涉嫌不正当竞争行为,被调查的经营者、利害关系人及其他有关单位、个人应当如实提供有关资料或者情况。

第十五条 监督检查部门及其工作人员对调查过程中知悉的商业秘密负有保密义务。

第十六条 对涉嫌不正当竞争行为,任何单位和个人有权向监督检查部门举报,监督检查部门接到举报后应当依法及时处理。

监督检查部门应当向社会公开受理举报的电话、信箱或者电子邮件地址,并为举报人保密。对实名举报并提供相关事实和证据的,监督检查部门应当将处理结果告知举报人。

第四章 法律责任

第十七条 经营者违反本法规定,给他人造成损害的,应当依法承担民事责任。

经营者的合法权益受到不正当竞争行为损害的,可以向人民法院提起诉讼。

因不正当竞争行为受到损害的经营者的赔偿数额,按照其因被侵权所受到的实际损失确定;实际损失难以计算的,按照侵权人因侵权所获得的利益确定。经营者恶意实施侵犯商业秘密行为,情节严重的,可以在按照上述方法确定数额的一倍以上五倍以下确定赔偿数额。赔偿数额还应当包括经营者为制止侵权行为所支付的合理开支。

经营者违反本法第六条、第九条规定,权利人因被侵权所受到的实际损失、侵权人因侵权所获得的利益难以确定的,由人民法院根据侵权行为的情节判决给予权利人五百万元以下的赔偿。

第十八条 经营者违反本法第六条规定实施混淆行为的,由监督检查部门责令停止违法行为,没收违法商品。违法经营额五万元以上的,可以并处违法经营额五倍以下的罚款;没有违法经营额或者违法经营额不足五万元的,可以并处二十五万元以下的罚款。情节严重的,吊销营业执照。

经营者登记的企业名称违反本法第六条规定的,应当及时办理名称变更登记;名称变更前,由原企业登记机关以统一社会信用代码代替其名称。

第十九条 经营者违反本法第七条规定贿赂他人的,由监督检查部门没收违法所得,处十万元以上三百万元以下的罚款。情节严重的,吊销营业执照。

第二十条 经营者违反本法第八条规定对其商品作虚假或者引人误解的商业宣传,或者通过组织虚假交易等方式帮助其他经营者进行虚假或者引人误解的商业宣传的,由监督检查部门责令停止违法行为,处二十万元以上一百万元以下的罚款;情节严重的,处一百万元以上二百万元以下的罚款,可以吊销营业执照。

经营者违反本法第八条规定,属于发布虚假广告的,依照《中华人民共和国广告法》的规定处罚。

第二十一条 经营者以及其他自然人、法人和非法人组织违反本法第九条规定侵犯商业秘密的,由监督检查部门责令停止违法行为,没收违法所得,处十万元以上一百万元以下的罚款;情节严重的,处五十万元以上五百万元以下的罚款。

第二十二条 经营者违反本法第十条规定进行有奖销售的,由监督检查部门责令停止违法行为,处五万元以上五十万元以下的罚款。

第二十三条 经营者违反本法第十一条规定损害竞争对手商业信誉、商品声誉的,由监督检查部门责令停止违法行为、消除影响,处十万元以上五十万元以下的罚款;情节严重的,处五十万元以上三百万元以下的罚款。

第二十四条 经营者违反本法第十二条规定妨碍、破坏其他经营者合法提供的网络产品或者服务正常运行的,由监督检查部门责令停止违法行为,处十万元以上五十万元以下的罚款;情节严重的,处五十万元以上三百万元以下的罚款。

第二十五条 经营者违反本法规定从事不正当竞争,有主动消除或者减轻违法行为危害后果等法定情形的,依法从轻或者减轻行政处罚;违法行为轻微并及时纠正,没有造成危害后果的,不予行政处罚。

第二十六条 经营者违反本法规定从事不正当竞争,受到行政处罚的,由监督检查部门记入信用记录,并依照有关法律、行政法规的规定予以公示。

第二十七条 经营者违反本法规定,应当承担民事责任、行政责任和刑事责任,其财产不足以支付的,优先用于承担民事责任。

第二十八条 妨害监督检查部门依照本法履行职责,拒绝、阻碍调查的,由监督检查部门责令改正,对个人可以处五千元以下的罚款,对单位可以处五万元以下的罚款,并可以由公安机关依法给予治安管理处罚。

第二十九条 当事人对监督检查部门作出的决定不服,可以依法申请行政复议或者提起行政诉讼。

第三十条 监督检查部门的工作人员滥用职权、玩忽职守、徇私舞弊或者泄露调查过程中知悉的商业秘密的,依法给予处分。

第三十一条 违反本法规定,构成犯罪的,依法追究刑事责任。

第三十二条 在侵犯商业秘密的民事审判程序中,商业秘密权利人提供初步证据,证明其已经对所主张的商业秘密采取保密措施,且合理表明商业秘密被侵犯,涉嫌侵权人应当证明权利人所主张的商业秘密不属于本法规定的商业秘密。

商业秘密权利人提供初步证据合理表明商业秘密被侵犯,且提供以下证据之一的,涉嫌侵权人应当证明其不存在侵犯商业秘密的行为:

(一)有证据表明涉嫌侵权人有渠道或者机会获取商业秘密,且其使用的信息与该商业秘密实质上相同;

(二)有证据表明商业秘密已经被涉嫌侵权人披露、使用或者有被披露、使用的风险;

(三)有其他证据表明商业秘密被涉嫌侵权人侵犯。

第五章 附 则

第三十三条 本法自2018年1月1日起施行。

禁止垄断协议规定

· 2023年3月10日国家市场监督管理总局令第65号公布
· 自2023年4月15日起施行

第一条 为了预防和制止垄断协议,根据《中华人民共和国反垄断法》(以下简称反垄断法),制定本规定。

第二条 国家市场监督管理总局(以下简称市场监管总局)负责垄断协议的反垄断统一执法工作。

市场监管总局根据反垄断法第十三条第二款规定,授权各省、自治区、直辖市市场监督管理部门(以下称省级市场监管部门)负责本行政区域内垄断协议的反垄断执法工作。

本规定所称反垄断执法机构包括市场监管总局和省级市场监管部门。

第三条 市场监管总局负责查处下列垄断协议:

(一)跨省、自治区、直辖市的;

(二)案情较为复杂或者在全国有重大影响的;

(三)市场监管总局认为有必要直接查处的。

前款所列垄断协议,市场监管总局可以指定省级市场监管部门查处。

省级市场监管部门根据授权查处垄断协议时,发现不属于本部门查处范围,或者虽属于本部门查处范围,但有必要由市场监管总局查处的,应当及时向市场监管总局报告。

第四条 反垄断执法机构查处垄断协议时,应当平等对待所有经营者。

第五条 垄断协议是指排除、限制竞争的协议、决定或者其他协同行为。

协议或者决定可以是书面、口头等形式。

其他协同行为是指经营者之间虽未明确订立协议或者决定,但实质上存在协调一致的行为。

第六条 认定其他协同行为,应当考虑下列因素:

(一)经营者的市场行为是否具有一致性;

(二)经营者之间是否进行过意思联络或者信息交流;

(三)经营者能否对行为的一致性作出合理解释;

(四)相关市场的市场结构、竞争状况、市场变化等情况。

第七条 相关市场是指经营者在一定时期内就特定商品或者服务(以下统称商品)进行竞争的商品范围和地域范围,包括相关商品市场和相关地域市场。

界定相关市场应当从需求者角度进行需求替代分

析。当供给替代对经营者行为产生的竞争约束类似于需求替代时,也应当考虑供给替代。

界定相关商品市场,从需求替代角度,可以考虑需求者对商品价格等因素变化的反应、商品的特征与用途、销售渠道等因素。从供给替代角度,可以考虑其他经营者转产的难易程度、转产后所提供商品的市场竞争力等因素。

界定平台经济领域相关商品市场,可以根据平台一边的商品界定相关商品市场,也可以根据平台所涉及的多边商品,将平台整体界定为一个相关商品市场,或者分别界定多个相关商品市场,并考虑各相关商品市场之间的相互关系和影响。

界定相关地域市场,从需求替代角度,可以考虑商品的运输特征与成本、多数需求者选择商品的实际区域、地域间的贸易壁垒等因素。从供给替代角度,可以考虑其他地域经营者供应商品的及时性与可行性等因素。

第八条 禁止具有竞争关系的经营者就固定或者变更商品价格达成下列垄断协议:

(一)固定或者变更价格水平、价格变动幅度、利润水平或者折扣、手续费等其他费用;

(二)约定采用据以计算价格的标准公式、算法、平台规则等;

(三)限制参与协议的经营者的自主定价权;

(四)通过其他方式固定或者变更价格。

本规定所称具有竞争关系的经营者,包括处于同一相关市场进行竞争的实际经营者和可能进入相关市场进行竞争的潜在经营者。

第九条 禁止具有竞争关系的经营者就限制商品的生产数量或者销售数量达成下列垄断协议:

(一)以限制产量、固定产量、停止生产等方式限制商品的生产数量,或者限制特定品种、型号商品的生产数量;

(二)以限制商品投放量等方式限制商品的销售数量,或者限制特定品种、型号商品的销售数量;

(三)通过其他方式限制商品的生产数量或者销售数量。

第十条 禁止具有竞争关系的经营者就分割销售市场或者原材料采购市场达成下列垄断协议:

(一)划分商品销售地域、市场份额、销售对象、销售收入、销售利润或者销售商品的种类、数量、时间;

(二)划分原料、半成品、零部件、相关设备等原材料的采购区域、种类、数量、时间或者供应商;

(三)通过其他方式分割销售市场或者原材料采购市场。

前款关于分割销售市场或者原材料采购市场的规定适用于数据、技术和服务等。

第十一条 禁止具有竞争关系的经营者就限制购买新技术、新设备或者限制开发新技术、新产品达成下列垄断协议:

(一)限制购买、使用新技术、新工艺;

(二)限制购买、租赁、使用新设备、新产品;

(三)限制投资、研发新技术、新工艺、新产品;

(四)拒绝使用新技术、新工艺、新设备、新产品;

(五)通过其他方式限制购买新技术、新设备或者限制开发新技术、新产品。

第十二条 禁止具有竞争关系的经营者就联合抵制交易达成下列垄断协议:

(一)联合拒绝向特定经营者供应或者销售商品;

(二)联合拒绝采购或者销售特定经营者的商品;

(三)联合限定特定经营者不得与其具有竞争关系的经营者进行交易;

(四)通过其他方式联合抵制交易。

第十三条 具有竞争关系的经营者不得利用数据和算法、技术以及平台规则等,通过意思联络、交换敏感信息、行为协调一致等方式,达成本规定第八条至第十二条规定的垄断协议。

第十四条 禁止经营者与交易相对人就商品价格达成下列垄断协议:

(一)固定向第三人转售商品的价格水平、价格变动幅度、利润水平或者折扣、手续费等其他费用;

(二)限定向第三人转售商品的最低价格,或者通过限定价格变动幅度、利润水平或者折扣、手续费等其他费用限定向第三人转售商品的最低价格;

(三)通过其他方式固定转售商品价格或者限定转售商品最低价格。

对前款规定的协议,经营者能够证明其不具有排除、限制竞争效果的,不予禁止。

第十五条 经营者不得利用数据和算法、技术以及平台规则等,通过对价格进行统一、限定或者自动化设定转售商品价格等方式,达成本规定第十四条规定的垄断协议。

第十六条 不属于本规定第八条至第十五条所列情形的其他协议、决定或者协同行为,有证据证明排除、限制竞争的,应当认定为垄断协议并予以禁止。

前款规定的垄断协议由市场监管总局负责认定,认定时应当考虑下列因素:
(一)经营者达成、实施协议的事实;
(二)市场竞争状况;
(三)经营者在相关市场中的市场份额及其对市场的控制力;
(四)协议对商品价格、数量、质量等方面的影响;
(五)协议对市场进入、技术进步等方面的影响;
(六)协议对消费者、其他经营者的影响;
(七)与认定垄断协议有关的其他因素。

第十七条 经营者与交易相对人达成协议,经营者能够证明参与协议的经营者在相关市场的市场份额低于市场监管总局规定的标准,并符合市场监管总局规定的其他条件的,不予禁止。

第十八条 反垄断法第十九条规定的经营者组织其他经营者达成垄断协议,包括下列情形:
(一)经营者不属于垄断协议的协议方,在垄断协议达成或者实施过程中,对协议的主体范围、主要内容、履行条件等具有决定性或者主导作用;
(二)经营者与多个交易相对人签订协议,使具有竞争关系的交易相对人之间通过该经营者进行意思联络或者信息交流,达成本规定第八条至第十三条的垄断协议;
(三)通过其他方式组织其他经营者达成垄断协议。

反垄断法第十九条规定的经营者为其他经营者达成垄断协议提供实质性帮助,包括提供必要的支持、创造关键性的便利条件,或者其他重要帮助。

第十九条 经营者能够证明被调查的垄断协议属于反垄断法第二十条规定情形的,不适用本规定第八条至第十六条、第十八条的规定。

第二十条 反垄断执法机构认定被调查的垄断协议是否属于反垄断法第二十条规定的情形,应当考虑下列因素:
(一)协议实现该情形的具体形式和效果;
(二)协议与实现该情形之间的因果关系;
(三)协议是否是实现该情形的必要条件;
(四)其他可以证明协议属于相关情形的因素。

反垄断执法机构认定消费者能否分享协议产生的利益,应当考虑消费者是否因协议的达成、实施在商品价格、质量、种类等方面获得利益。

第二十一条 行业协会应当加强行业自律,引导本行业的经营者依法竞争,合规经营,维护市场竞争秩序,禁止行业协会从事下列行为:
(一)制定、发布含有排除、限制竞争内容的行业会章程、规则、决定、通知、标准等;
(二)召集、组织或者推动本行业的经营者达成含有排除、限制竞争内容的协议、决议、纪要、备忘录等;
(三)其他组织本行业经营者达成或者实施垄断协议的行为。

本规定所称行业协会是指由同行业经济组织和个人组成,行使行业服务和自律管理职能的各种协会、学会、商会、联合会、促进会等社会团体法人。

第二十二条 反垄断执法机构依据职权,或者通过举报、上级机关交办、其他机关移送、下级机关报告、经营者主动报告等途径,发现涉嫌垄断协议。

第二十三条 举报采用书面形式并提供相关事实和证据的,反垄断执法机构应当进行必要的调查。书面举报一般包括下列内容:
(一)举报人的基本情况;
(二)被举报人的基本情况;
(三)涉嫌垄断协议的相关事实和证据;
(四)是否就同一事实已向其他行政机关举报或者向人民法院提起诉讼。

反垄断执法机构根据工作需要,可以要求举报人补充举报材料。

对于采用书面形式的实名举报,反垄断执法机构在案件调查处理完毕后,可以根据举报人的书面请求依法向其反馈举报处理结果。

第二十四条 反垄断执法机构经过对涉嫌垄断协议的必要调查,符合下列条件的,应当立案:
(一)有证据初步证明经营者达成垄断协议;
(二)属于本部门查处范围;
(三)在给予行政处罚的法定期限内。

省级市场监管部门应当自立案之日起七个工作日内向市场监管总局备案。

第二十五条 市场监管总局在查处垄断协议时,可以委托省级市场监管部门进行调查。

省级市场监管部门在查处垄断协议时,可以委托下级市场监管部门进行调查。

受委托的市场监管部门在委托范围内,以委托机关的名义实施调查,不得再委托其他行政机关、组织或者个人进行调查。

第二十六条 省级市场监管部门查处垄断协议时,可以根据需要商请相关省级市场监管部门协助调查,相关省级市场监管部门应当予以协助。

第二十七条 反垄断执法机构对垄断协议进行行政处罚的,应当在作出行政处罚决定之前,书面告知当事人拟作出的行政处罚内容及事实、理由、依据,并告知当事人依法享有的陈述权、申辩权和要求听证的权利。

第二十八条 反垄断执法机构在告知当事人拟作出的行政处罚决定后,应当充分听取当事人的意见,对当事人提出的事实、理由和证据进行复核。

第二十九条 反垄断执法机构对垄断协议作出行政处罚决定,应当依法制作行政处罚决定书,并加盖本部门印章。

行政处罚决定书的内容包括:

(一)当事人的姓名或者名称、地址等基本情况;

(二)案件来源及调查经过;

(三)违反法律、法规、规章的事实和证据;

(四)当事人陈述、申辩的采纳情况及理由;

(五)行政处罚的内容和依据;

(六)行政处罚的履行方式和期限;

(七)申请行政复议、提起行政诉讼的途径和期限;

(八)作出行政处罚决定的反垄断执法机构的名称和作出决定的日期。

第三十条 反垄断执法机构认定被调查的垄断协议属于反垄断法第二十条规定情形的,应当终止调查并制作终止调查决定书。终止调查决定书应当载明协议的基本情况、适用反垄断法第二十条的依据和理由等。

反垄断执法机构作出终止调查决定后,因情况发生重大变化,导致被调查的协议不再符合反垄断法第二十条规定情形的,反垄断执法机构应当依法开展调查。

第三十一条 涉嫌垄断协议的经营者在被调查期间,可以提出中止调查申请,承诺在反垄断执法机构认可的期限内采取具体措施消除行为影响。

中止调查申请应当以书面形式提出,并由经营者负责人签字并盖章。申请书应当载明下列事项:

(一)涉嫌垄断协议的事实;

(二)承诺采取消除行为后果的具体措施;

(三)履行承诺的时限;

(四)需要承诺的其他内容。

第三十二条 反垄断执法机构根据被调查经营者的中止调查申请,在考虑行为的性质、持续时间、后果、社会影响、经营者承诺的措施及其预期效果等具体情况后,决定是否中止调查。

反垄断执法机构对涉嫌垄断协议调查核实后,认为构成垄断协议的,不得中止调查,应当依法作出处理决定。

对于符合本规定第八条至第十条规定的涉嫌垄断协议,反垄断执法机构不得接受中止调查申请。

第三十三条 反垄断执法机构决定中止调查的,应当制作中止调查决定书。

中止调查决定书应当载明被调查经营者涉嫌达成垄断协议的事实、承诺的具体内容、消除影响的具体措施、履行承诺的时限以及未履行或者未完全履行承诺的法律后果等内容。

第三十四条 决定中止调查的,反垄断执法机构应当对经营者履行承诺的情况进行监督。

经营者应当在规定的时限内向反垄断执法机构书面报告承诺履行情况。

第三十五条 反垄断执法机构确定经营者已经履行承诺的,可以决定终止调查,并制作终止调查决定书。

终止调查决定书应当载明被调查经营者涉嫌垄断协议的事实、作出中止调查决定的情况、承诺的具体内容、履行承诺的情况、监督情况等内容。

有下列情形之一的,反垄断执法机构应当恢复调查:

(一)经营者未履行或者未完全履行承诺的;

(二)作出中止调查决定所依据的事实发生重大变化的;

(三)中止调查决定是基于经营者提供的不完整或者不真实的信息作出的。

第三十六条 经营者涉嫌违反本规定的,反垄断执法机构可以对其法定代表人或者负责人进行约谈。

约谈应当指出经营者涉嫌达成垄断协议的问题,听取情况说明,开展提醒谈话,并可以要求其提出改进措施,消除行为危害后果。

经营者应当按照反垄断执法机构要求进行改进,提出消除行为危害后果的具体措施、履行时限等,并提交书面报告。

第三十七条 经营者达成或者组织其他经营者达成垄断协议,或者为其他经营者达成垄断协议提供实质性帮助,主动向反垄断执法机构报告有关情况并提供重要证据的,可以申请依法减轻或者免除处罚。

经营者应当在反垄断执法机构行政处罚告知前,向反垄断执法机构提出申请。

申请材料应当包括以下内容:

(一)垄断协议有关情况的报告,包括但不限于参与垄断协议的经营者、涉及的商品范围、达成协议的内容和方式、协议的具体实施情况、是否向其他境外执法机构提出申请等；

（二）达成或者实施垄断协议的重要证据。重要证据是指反垄断执法机构尚未掌握的，能够对立案调查或者对认定垄断协议起到关键性作用的证据。

经营者的法定代表人、主要负责人和直接责任人员对达成垄断协议负有个人责任的，适用本条规定。

第三十八条 经营者根据本规定第三十七条提出申请的，反垄断执法机构应当根据经营者主动报告的时间顺序、提供证据的重要程度以及达成、实施垄断协议的有关情况，决定是否减轻或者免除处罚。

第三十九条 省级市场监管部门作出不予行政处罚决定、中止调查决定、恢复调查决定、终止调查决定或者行政处罚告知前，应当向市场监管总局报告，接受市场监管总局的指导和监督。

省级市场监管部门向被调查经营者送达不予行政处罚决定书、中止调查决定书、恢复调查决定书、终止调查决定书或者行政处罚决定书后，应当在七个工作日内向市场监管总局备案。

第四十条 反垄断执法机构作出行政处理决定后，依法向社会公布。行政处罚信息应当依法通过国家企业信用信息公示系统向社会公示。

第四十一条 市场监管总局应当加强对省级市场监管部门查处垄断协议的指导和监督，统一执法程序和标准。

省级市场监管部门应当严格按照市场监管总局相关规定查处垄断协议案件。

第四十二条 经营者违反本规定，达成并实施垄断协议的，由反垄断执法机构责令停止违法行为，没收违法所得，并处上一年度销售额百分之一以上百分之十以下的罚款，上一年度没有销售额的，处五百万元以下的罚款；尚未实施所达成的垄断协议的，可以处三百万元以下的罚款。

经营者的法定代表人、主要负责人和直接责任人员对达成垄断协议负有个人责任的，可以处一百万元以下的罚款。

第四十三条 经营者组织其他经营者达成垄断协议或者为其他经营者达成垄断协议提供实质性帮助的，适用本规定第四十二条规定。

第四十四条 行业协会违反本规定，组织本行业的经营者达成垄断协议的，由反垄断执法机构责令改正，可以处三百万元以下的罚款；情节严重的，反垄断执法机构可以提请社会团体登记管理机关依法撤销登记。

第四十五条 反垄断执法机构确定具体罚款数额时，应当考虑违法行为的性质、程度、持续时间和消除违法行为后果的情况等因素。

违反本规定，情节特别严重、影响特别恶劣、造成特别严重后果的，市场监管总局可以在本规定第四十二条、第四十三条、第四十四条规定的罚款数额的二倍以上五倍以下确定具体罚款数额。

第四十六条 经营者因行政机关和法律、法规授权的具有管理公共事务职能的组织滥用行政权力而达成垄断协议的，按照本规定第四十二条、第四十三条、第四十四条、第四十五条处理。经营者能够证明其受行政机关和法律、法规授权的具有管理公共事务职能的组织滥用行政权力强制或者变相强制达成垄断协议的，可以依法从轻或者减轻处罚。

第四十七条 经营者根据本规定第三十七条主动向反垄断执法机构报告达成垄断协议的有关情况并提供重要证据的，反垄断执法机构可以按照下列幅度减轻或者免除对其处罚：对于第一个申请者，反垄断执法机构可以免除处罚或者按照不低于百分之八十的幅度减轻处罚；对于第二个申请者，可以按照百分之三十至百分之五十的幅度减轻处罚；对于第三个申请者，可以按照百分之二十至百分之三十的幅度减轻处罚。

在垄断协议达成中起主要作用，或者胁迫其他经营者参与达成、实施垄断协议，或者妨碍其他经营者停止该违法行为的，反垄断执法机构不得免除对其处罚。

负有个人责任的经营者法定代表人、主要负责人和直接责任人员，根据本规定第三十七条主动向反垄断执法机构报告达成垄断协议的有关情况并提供重要证据的，反垄断执法机构可以对其减轻百分之五十的处罚或者免除处罚。

第四十八条 反垄断执法机构工作人员滥用职权、玩忽职守、徇私舞弊或者泄露执法过程中知悉的商业秘密、个人隐私和个人信息的，依照有关规定处理。

第四十九条 反垄断执法机构在调查期间发现的公职人员涉嫌职务违法、职务犯罪问题线索，应当及时移交纪检监察机关。

第五十条 本规定对垄断协议调查、处罚程序未作规定的，依照《市场监督管理行政处罚程序规定》执行，有关时限、立案、案件管辖的规定除外。

反垄断执法机构组织行政处罚听证的，依照《市场监督管理行政处罚听证办法》执行。

第五十一条　本规定自 2023 年 4 月 15 日起施行。2019 年 6 月 26 日国家市场监督管理总局令第 10 号公布的《禁止垄断协议暂行规定》同时废止。

禁止滥用市场支配地位行为规定

- 2023 年 3 月 10 日国家市场监督管理总局令第 66 号公布
- 自 2023 年 4 月 15 日起施行

第一条　为了预防和制止滥用市场支配地位行为，根据《中华人民共和国反垄断法》（以下简称反垄断法），制定本规定。

第二条　国家市场监督管理总局（以下简称市场监管总局）负责滥用市场支配地位行为的反垄断统一执法工作。

市场监管总局根据反垄断法第十三条第二款规定，授权各省、自治区、直辖市市场监督管理部门（以下称省级市场监管部门）负责本行政区域内滥用市场支配地位行为的反垄断执法工作。

本规定所称反垄断执法机构包括市场监管总局和省级市场监管部门。

第三条　市场监管总局负责查处下列滥用市场支配地位行为：

（一）跨省、自治区、直辖市的；

（二）案情较为复杂或者在全国有重大影响的；

（三）市场监管总局认为有必要直接查处的。

前款所列滥用市场支配地位行为，市场监管总局可以指定省级市场监管部门查处。

省级市场监管部门根据授权查处滥用市场支配地位行为时，发现不属于本部门查处范围，或者虽属于本部门查处范围，但有必要由市场监管总局查处的，应当及时向市场监管总局报告。

第四条　反垄断执法机构查处滥用市场支配地位行为时，应当平等对待所有经营者。

第五条　相关市场是指经营者在一定时期内就特定商品或者服务（以下统称商品）进行竞争的商品范围和地域范围，包括相关商品市场和相关地域市场。

界定相关市场应当从需求者角度进行需求替代分析。当供给替代对经营者行为产生的竞争约束类似于需求替代时，也应当考虑供给替代。

界定相关商品市场，从需求替代角度，可以考虑需求者对商品价格等因素变化的反应、商品的特征与用途、销售渠道等因素。从供给替代角度，可以考虑其他经营者转产的难易程度、转产后所提供商品的市场竞争力等因素。

界定平台经济领域相关商品市场，可以根据平台一边的商品界定相关商品市场，也可以根据平台所涉及的多边商品，将平台整体界定为一个相关商品市场，或者分别界定多个相关商品市场，并考虑各相关商品市场之间的相互关系和影响。

界定相关地域市场，从需求替代角度，可以考虑商品的运输特征与成本、多数需求者选择商品的实际区域、地域间的贸易壁垒等因素。从供给替代角度，可以考虑其他地域经营者供应商品的及时性与可行性等因素。

第六条　市场支配地位是指经营者在相关市场内具有能够控制商品价格、数量或者其他交易条件，或者能够阻碍、影响其他经营者进入相关市场能力的市场地位。

本条所称其他交易条件是指除商品价格、数量之外能够对市场交易产生实质影响的其他因素，包括商品品种、商品品质、付款条件、交付方式、售后服务、交易选择、技术约束等。

本条所称能够阻碍、影响其他经营者进入相关市场，包括排除其他经营者进入相关市场，或者延缓其他经营者在合理时间内进入相关市场，或者导致其他经营者虽能够进入该相关市场但进入成本大幅提高，无法与现有经营者开展有效竞争等情形。

第七条　根据反垄断法第二十三条第一项，确定经营者在相关市场的市场份额，可以考虑一定时期内经营者的特定商品销售金额、销售数量或者其他指标在相关市场所占的比重。

分析相关市场竞争状况，可以考虑相关市场的发展状况、现有竞争者的数量和市场份额、市场集中度、商品差异程度、创新和技术变化、销售和采购模式、潜在竞争者情况等因素。

第八条　根据反垄断法第二十三条第二项，确定经营者控制销售市场或者原材料采购市场的能力，可以考虑该经营者控制产业链上下游市场的能力，控制销售渠道或者采购渠道的能力，影响或者决定价格、数量、合同期限或者其他交易条件的能力，以及优先获得企业生产经营所必需的原料、半成品、零部件、相关设备以及需要投入的其他资源的能力等因素。

第九条　根据反垄断法第二十三条第三项，确定经营者的财力和技术条件，可以考虑该经营者的资产规模、盈利能力、融资能力、研发能力、技术装备、技术创新和应用能力、拥有的知识产权等，以及该财力和技术条件能够以何种方式和程度促进该经营者业务扩张或者巩固、维持市场地位等因素。

第十条 根据反垄断法第二十三条第四项，确定其他经营者对该经营者在交易上的依赖程度，可以考虑其他经营者与该经营者之间的交易关系、交易量、交易持续时间、在合理时间内转向其他交易相对人的难易程度等因素。

第十一条 根据反垄断法第二十三条第五项，确定其他经营者进入相关市场的难易程度，可以考虑市场准入、获取必要资源的难度、采购和销售渠道的控制情况、资金投入规模、技术壁垒、品牌依赖、用户转换成本、消费习惯等因素。

第十二条 根据反垄断法第二十三条和本规定第七条至第十一条规定认定平台经济领域经营者具有市场支配地位，还可以考虑相关行业竞争特点、经营模式、交易金额、交易数量、用户数量、网络效应、锁定效应、技术特性、市场创新、控制流量的能力、掌握和处理相关数据的能力及经营者在关联市场的市场力量等因素。

第十三条 认定两个以上的经营者具有市场支配地位，除考虑本规定第七条至第十二条规定的因素外，还应当考虑经营者行为一致性、市场结构、相关市场透明度、相关商品同质化程度等因素。

第十四条 禁止具有市场支配地位的经营者以不公平的高价销售商品或者以不公平的低价购买商品。

认定"不公平的高价"或者"不公平的低价"，可以考虑下列因素：

（一）销售价格或者购买价格是否明显高于或者明显低于其他经营者在相同或者相似市场条件下销售或者购买同种商品或者可比较商品的价格；

（二）销售价格或者购买价格是否明显高于或者明显低于同一经营者在其他相同或者相似市场条件区域销售或者购买同种商品或者可比较商品的价格；

（三）在成本基本稳定的情况下，是否超过正常幅度提高销售价格或者降低购买价格；

（四）销售商品的提价幅度是否明显高于成本增长幅度，或者购买商品的降价幅度是否明显高于交易相对人成本降低幅度；

（五）需要考虑的其他相关因素。

涉及平台经济领域，还可以考虑平台涉及多边市场中各相关市场之间的成本关联情况及其合理性。

认定市场条件相同或者相似，应当考虑经营模式、销售渠道、供求状况、监管环境、交易环节、成本结构、交易情况、平台类型等因素。

第十五条 禁止具有市场支配地位的经营者没有正当理由，以低于成本的价格销售商品。

认定以低于成本的价格销售商品，应当重点考虑价格是否低于平均可变成本。平均可变成本是指随着生产的商品数量变化而变动的每单位成本。涉及平台经济领域，还可以考虑平台涉及多边市场中各相关市场之间的成本关联情况及其合理性。

本条所称"正当理由"包括：

（一）降价处理鲜活商品、季节性商品、有效期限即将到期的商品或者积压商品的；

（二）因清偿债务、转产、歇业降价销售商品的；

（三）在合理期限内为推广新商品进行促销的；

（四）能够证明行为具有正当性的其他理由。

第十六条 禁止具有市场支配地位的经营者没有正当理由，通过下列方式拒绝与交易相对人进行交易：

（一）实质性削减与交易相对人的现有交易数量；

（二）拖延、中断与交易相对人的现有交易；

（三）拒绝与交易相对人进行新的交易；

（四）通过设置交易相对人难以接受的价格、向交易相对人回购商品、与交易相对人进行其他交易等限制性条件，使交易相对人难以与其进行交易；

（五）拒绝交易相对人在生产经营活动中，以合理条件使用其必需设施。

在依据前款第五项认定经营者滥用市场支配地位时，应当综合考虑以合理的投入另行投资建设或者另行开发建造该设施的可行性、交易相对人有效开展生产经营活动对该设施的依赖程度、该经营者提供该设施的可能性以及对自身生产经营活动造成的影响等因素。

本条所称"正当理由"包括：

（一）因不可抗力等客观原因无法进行交易；

（二）交易相对人有不良信用记录或者出现经营状况恶化等情况，影响交易安全；

（三）与交易相对人进行交易将使经营者利益发生不当减损；

（四）交易相对人明确表示或者实际不遵守公平、合理、无歧视的平台规则；

（五）能够证明行为具有正当性的其他理由。

第十七条 禁止具有市场支配地位的经营者没有正当理由，从事下列限定交易行为：

（一）限定交易相对人只能与其进行交易；

（二）限定交易相对人只能与其指定的经营者进行

交易;

(三)限定交易相对人不得与特定经营者进行交易。

从事上述限定交易行为可以是直接限定,也可以是采取惩罚性或者激励性措施等方式变相限定。

本条所称"正当理由"包括:

(一)为满足产品安全要求所必需;

(二)为保护知识产权、商业秘密或者数据安全所必需;

(三)为保护针对交易进行的特定投资所必需;

(四)为维护平台合理的经营模式所必需;

(五)能够证明行为具有正当性的其他理由。

第十八条　禁止具有市场支配地位的经营者没有正当理由搭售商品,或者在交易时附加其他不合理的交易条件:

(一)违背交易惯例、消费习惯或者无视商品的功能,利用合同条款或者弹窗、操作必经步骤等交易相对人难以选择、更改、拒绝的方式,将不同商品捆绑销售或者组合销售;

(二)对合同期限、支付方式、商品的运输及交付方式或者服务的提供方式等附加不合理的限制;

(三)对商品的销售地域、销售对象、售后服务等附加不合理的限制;

(四)交易时在价格之外附加不合理费用;

(五)附加与交易标的无关的交易条件。

本条所称"正当理由"包括:

(一)符合正当的行业惯例和交易习惯;

(二)为满足产品安全要求所必需;

(三)为实现特定技术所必需;

(四)为保护交易相对人和消费者利益所必需;

(五)能够证明行为具有正当性的其他理由。

第十九条　禁止具有市场支配地位的经营者没有正当理由,对条件相同的交易相对人在交易条件上实行下列差别待遇:

(一)实行不同的交易价格、数量、品种、品质等级;

(二)实行不同的数量折扣等优惠条件;

(三)实行不同的付款条件、交付方式;

(四)实行不同的保修内容和期限、维修内容和时间、零配件供应、技术指导等售后服务条件。

条件相同是指交易相对人之间在交易安全、交易成本、规模和能力、信用状况、所处交易环节、交易持续时间等方面不存在实质性影响交易的差异。交易中依法获取的交易相对人的交易数据、个体偏好、消费习惯等方面存在的差异不影响认定交易相对人条件相同。

本条所称"正当理由"包括:

(一)根据交易相对人实际需求且符合正当的交易习惯和行业惯例,实行不同交易条件;

(二)针对新用户的首次交易在合理期限内开展的优惠活动;

(三)基于公平、合理、无歧视的平台规则实施的随机性交易;

(四)能够证明行为具有正当性的其他理由。

第二十条　市场监管总局认定其他滥用市场支配地位行为,应当同时符合下列条件:

(一)经营者具有市场支配地位;

(二)经营者实施了排除、限制竞争行为;

(三)经营者实施相关行为不具有正当理由;

(四)经营者相关行为对市场竞争具有排除、限制影响。

第二十一条　具有市场支配地位的经营者不得利用数据和算法、技术以及平台规则等从事本规定第十四条至第二十条规定的滥用市场支配地位行为。

第二十二条　反垄断执法机构认定本规定第十四条所称的"不公平"和第十五条至第二十条所称的"正当理由",还应当考虑下列因素:

(一)有关行为是否为法律、法规所规定;

(二)有关行为对国家安全、网络安全等方面的影响;

(三)有关行为对经济运行效率、经济发展的影响;

(四)有关行为是否为经营者正常经营及实现正常效益所必需;

(五)有关行为对经营者业务发展、未来投资、创新方面的影响;

(六)有关行为是否能够使交易相对人或者消费者获益;

(七)有关行为对社会公共利益的影响。

第二十三条　供水、供电、供气、供热、电信、有线电视、邮政、交通运输等公用事业领域经营者应当依法经营,不得滥用其市场支配地位损害消费者利益和社会公共利益。

第二十四条　反垄断执法机构依据职权,或者通过举报、上级机关交办、其他机关移送、下级机关报告、经营者主动报告等途径,发现涉嫌滥用市场支配地位行为。

第二十五条　举报采用书面形式并提供相关事实和证据的,反垄断执法机构应当进行必要的调查。书面举报一般包括下列内容：

（一）举报人的基本情况；

（二）被举报人的基本情况；

（三）涉嫌滥用市场支配地位行为的相关事实和证据；

（四）是否就同一事实已向其他行政机关举报或者向人民法院提起诉讼。

反垄断执法机构根据工作需要，可以要求举报人补充举报材料。

对于采用书面形式的实名举报，反垄断执法机构在案件调查处理完毕后，可以根据举报人的书面请求依法向其反馈举报处理结果。

第二十六条 反垄断执法机构经过对涉嫌滥用市场支配地位行为的必要调查，符合下列条件的，应当立案：

（一）有证据初步证明存在滥用市场支配地位行为；

（二）属于本部门查处范围；

（三）在给予行政处罚的法定期限内。

省级市场监管部门应当自立案之日起七个工作日内向市场监管总局备案。

第二十七条 市场监管总局在查处滥用市场支配地位行为时，可以委托省级市场监管部门进行调查。

省级市场监管部门在查处滥用市场支配地位行为时，可以委托下级市场监管部门进行调查。

受委托的市场监管部门在委托范围内，以委托机关的名义实施调查，不得再委托其他行政机关、组织或者个人进行调查。

第二十八条 省级市场监管部门查处滥用市场支配地位行为时，可以根据需要商请相关省级市场监管部门协助调查，相关省级市场监管部门应当予以协助。

第二十九条 反垄断执法机构对滥用市场支配地位行为进行行政处罚的，应当在作出行政处罚决定之前，书面告知当事人拟作出的行政处罚内容及事实、理由、依据，并告知当事人依法享有的陈述权、申辩权和要求听证的权利。

第三十条 反垄断执法机构在告知当事人拟作出的行政处罚决定后，应当充分听取当事人的意见，对当事人提出的事实、理由和证据进行复核。

第三十一条 反垄断执法机构对滥用市场支配地位行为作出行政处罚决定，应当依法制作行政处罚决定书，并加盖本部门印章。

行政处罚决定书的内容包括：

（一）当事人的姓名或者名称、地址等基本情况；

（二）案件来源及调查经过；

（三）违反法律、法规、规章的事实和证据；

（四）当事人陈述、申辩的采纳情况及理由；

（五）行政处罚的内容和依据；

（六）行政处罚的履行方式和期限；

（七）申请行政复议、提起行政诉讼的途径和期限；

（八）作出行政处罚决定的反垄断执法机构的名称和作出决定的日期。

第三十二条 涉嫌滥用市场支配地位的经营者在被调查期间，可以提出中止调查申请，承诺在反垄断执法机构认可的期限内采取具体措施消除行为影响。

中止调查申请应当以书面形式提出，并由经营者负责人签字并盖章。申请书应当载明下列事项：

（一）涉嫌滥用市场支配地位行为的事实；

（二）承诺采取消除行为后果的具体措施；

（三）履行承诺的时限；

（四）需要承诺的其他内容。

第三十三条 反垄断执法机构根据被调查经营者的中止调查申请，在考虑行为的性质、持续时间、后果、社会影响、经营者承诺的措施及其预期效果等具体情况后，决定是否中止调查。

反垄断执法机构对涉嫌滥用市场支配地位行为调查核实后，认为构成滥用市场支配地位行为的，不得中止调查，应当依法作出处理决定。

第三十四条 反垄断执法机构决定中止调查的，应当制作中止调查决定书。

中止调查决定书应当载明被调查经营者涉嫌滥用市场支配地位行为的事实、承诺的具体内容、消除影响的具体措施、履行承诺的时限以及未履行或者未完全履行承诺的法律后果等内容。

第三十五条 决定中止调查的，反垄断执法机构应当对经营者履行承诺的情况进行监督。

经营者应当在规定的时限内向反垄断执法机构书面报告承诺履行情况。

第三十六条 反垄断执法机构确定经营者已经履行承诺的，可以决定终止调查，并制作终止调查决定书。

终止调查决定书应当载明被调查经营者涉嫌滥用市场支配地位行为的事实、作出中止调查决定的情况、承诺的具体内容、履行承诺的情况、监督情况等内容。

有下列情形之一的，反垄断执法机构应当恢复调查：

（一）经营者未履行或者未完全履行承诺的；

（二）作出中止调查决定所依据的事实发生重大变

化的；

（三）中止调查决定是基于经营者提供的不完整或者不真实的信息作出的。

第三十七条 经营者涉嫌违反本规定的，反垄断执法机构可以对其法定代表人或者负责人进行约谈。

约谈应当指出经营者涉嫌滥用市场支配地位的问题，听取情况说明，开展提醒谈话，并可以要求其提出改进措施，消除行为危害后果。

经营者应当按照反垄断执法机构要求进行改进，提出消除行为危害后果的具体措施、履行时限等，并提交书面报告。

第三十八条 省级市场监管部门作出不予行政处罚决定、中止调查决定、恢复调查决定、终止调查决定或者行政处罚告知前，应当向市场监管总局报告，接受市场监管总局的指导和监督。

省级市场监管部门向被调查经营者送达不予行政处罚决定书、中止调查决定书、恢复调查决定书、终止调查决定书或者行政处罚决定书后，应当在七个工作日内向市场监管总局备案。

第三十九条 反垄断执法机构作出行政处理决定后，依法向社会公布。行政处罚信息应当依法通过国家企业信用信息公示系统向社会公示。

第四十条 市场监管总局应当加强对省级市场监管部门查处滥用市场支配地位行为的指导和监督，统一执法程序和标准。

省级市场监管部门应当严格按照市场监管总局相关规定查处滥用市场支配地位行为。

第四十一条 经营者滥用市场支配地位的，由反垄断执法机构责令停止违法行为，没收违法所得，并处上一年度销售额百分之一以上百分之十以下的罚款。

反垄断执法机构确定具体罚款数额时，应当考虑违法行为的性质、程度、持续时间和消除违法行为后果的情况等因素。

违反本规定，情节特别严重、影响特别恶劣、造成特别严重后果的，市场监管总局可以在第一款规定的罚款数额的二倍以上五倍以下确定具体罚款数额。

经营者因行政机关和法律、法规授权的具有管理公共事务职能的组织滥用行政权力而滥用市场支配地位的，按照第一款规定处理。经营者能够证明其受行政机关和法律、法规授权的具有管理公共事务职能的组织滥用行政权力强制或者变相强制滥用市场支配地位的，可以依法从轻或者减轻处罚。

第四十二条 反垄断执法机构工作人员滥用职权、玩忽职守、徇私舞弊或者泄露执法过程中知悉的商业秘密、个人隐私和个人信息的，依照有关规定处理。

第四十三条 反垄断执法机构在调查期间发现的公职人员涉嫌职务违法、职务犯罪问题线索，应当及时移交纪检监察机关。

第四十四条 本规定对滥用市场支配地位行为调查、处罚程序未作规定的，依照《市场监督管理行政处罚程序规定》执行，有关时限、立案、案件管辖的规定除外。

反垄断执法机构组织行政处罚听证的，依照《市场监督管理行政处罚听证办法》执行。

第四十五条 本规定自 2023 年 4 月 15 日起施行。2019 年 6 月 26 日国家市场监督管理总局令第 11 号公布的《禁止滥用市场支配地位行为暂行规定》同时废止。

制止滥用行政权力排除、限制竞争行为规定

· 2023 年 3 月 10 日国家市场监督管理总局令第 64 号公布
· 自 2023 年 4 月 15 日起施行

第一条 为了预防和制止滥用行政权力排除、限制竞争行为，根据《中华人民共和国反垄断法》（以下简称反垄断法），制定本规定。

第二条 国家市场监督管理总局（以下简称市场监管总局）负责滥用行政权力排除、限制竞争行为的反垄断统一执法工作。

市场监管总局根据反垄断法第十三条第二款规定，授权各省、自治区、直辖市人民政府市场监督管理部门（以下称省级市场监管部门）负责本行政区域内滥用行政权力排除、限制竞争行为的反垄断执法工作。

本规定所称反垄断执法机构包括市场监管总局和省级市场监管部门。

第三条 市场监管总局负责对下列滥用行政权力排除、限制竞争行为进行调查，提出依法处理的建议（以下简称查处）：

（一）在全国范围内有影响的；

（二）省级人民政府实施的；

（三）案情较为复杂或者市场监管总局认为有必要直接查处的。

前款所列的滥用行政权力排除、限制竞争行为，市场监管总局可以指定省级市场监管部门查处。

省级市场监管部门查处滥用行政权力排除、限制竞争行为时，发现不属于本部门查处范围，或者虽属于本部

门查处范围,但有必要由市场监管总局查处的,应当及时报告市场监管总局。

第四条 行政机关和法律、法规授权的具有管理公共事务职能的组织不得滥用行政权力,实施下列行为,限定或者变相限定单位或者个人经营、购买、使用其指定的经营者提供的商品或者服务(以下统称商品):

(一)以明确要求、暗示、拒绝或者拖延行政审批、备案、重复检查、不予接入平台或者网络等方式,限定或者变相限定经营、购买、使用特定经营者提供的商品;

(二)通过限制投标人所在地、所有制形式、组织形式等方式,限定或者变相限定经营、购买、使用特定经营者提供的商品;

(三)通过设置不合理的项目库、名录库、备选库、资格库等方式,限定或者变相限定经营、购买、使用特定经营者提供的商品;

(四)限定或者变相限定单位或者个人经营、购买、使用其指定的经营者提供的商品的其他行为。

第五条 行政机关和法律、法规授权的具有管理公共事务职能的组织不得滥用行政权力,通过与经营者签订合作协议、备忘录等方式,妨碍其他经营者进入相关市场或者对其他经营者实行不平等待遇,排除、限制竞争。

第六条 行政机关和法律、法规授权的具有管理公共事务职能的组织不得滥用行政权力,实施下列行为,妨碍商品在地区之间的自由流通:

(一)对外地商品设定歧视性收费项目、实行歧视性收费标准,或者规定歧视性价格、实行歧视性补贴政策;

(二)对外地商品规定与本地同类商品不同的技术要求、检验标准,或者对外地商品采取重复检验、重复认证等歧视性技术措施,阻碍、限制外地商品进入本地市场;

(三)采取专门针对外地商品的行政许可,或者对外地商品实施行政许可时,设定不同的许可条件、程序、期限等,阻碍、限制外地商品进入本地市场;

(四)设置关卡、通过软件或者互联网设置屏蔽等手段,阻碍、限制外地商品进入或者本地商品运出;

(五)妨碍商品在地区之间自由流通的其他行为。

第七条 行政机关和法律、法规授权的具有管理公共事务职能的组织不得滥用行政权力,实施下列行为,排斥或者限制经营者参加招标投标以及其他经营活动:

(一)不依法发布招标投标等信息;

(二)排斥或者限制外地经营者参与本地特定的招标投标活动和其他经营活动;

(三)设定歧视性的资质要求或者评审标准;

(四)设定与实际需要不相适应或者合同履行无关的资格、技术和商务条件;

(五)排斥或者限制经营者参加招标投标以及其他经营活动的其他行为。

第八条 行政机关和法律、法规授权的具有管理公共事务职能的组织不得滥用行政权力,实施下列行为,排斥、限制、强制或者变相强制外地经营者在本地投资或者设立分支机构:

(一)拒绝、强制或者变相强制外地经营者在本地投资或者设立分支机构;

(二)对外地经营者在本地投资的规模、方式以及设立分支机构的地址、商业模式等进行限制或者提出不合理要求;

(三)对外地经营者在本地的投资或者设立的分支机构在投资、经营规模、经营方式、税费缴纳等方面规定与本地经营者不同的要求,在安全生产、节能环保、质量标准、行政审批、备案等方面实行歧视性待遇;

(四)排斥、限制、强制或者变相强制外地经营者在本地投资或者设立分支机构的其他行为。

第九条 行政机关和法律、法规授权的具有管理公共事务职能的组织不得滥用行政权力,强制或者变相强制经营者从事反垄断法规定的垄断行为。

第十条 行政机关和法律、法规授权的具有管理公共事务职能的组织不得滥用行政权力,以办法、决定、公告、通知、意见、会议纪要、函件等形式,制定、发布含有排除、限制竞争内容的规定。

第十一条 反垄断执法机构依据职权,或者通过举报、上级机关交办、其他机关移送、下级机关报告等途径,发现涉嫌滥用行政权力排除、限制竞争行为。

第十二条 对涉嫌滥用行政权力排除、限制竞争行为,任何单位和个人有权向反垄断执法机构举报。反垄断执法机构应当为举报人保密。

第十三条 举报采用书面形式并提供相关事实和证据的,有关反垄断执法机构应当进行必要的调查。书面举报一般包括下列内容:

(一)举报人的基本情况;

(二)被举报人的基本情况;

(三)涉嫌滥用行政权力排除、限制竞争行为的相关事实和证据;

(四)是否就同一事实已向其他行政机关举报、申请行政复议或者向人民法院提起诉讼。

第十四条 反垄断执法机构负责所管辖案件的受

理。省级以下市场监管部门收到举报材料或者发现案件线索的,应当在七个工作日内将相关材料报送省级市场监管部门。

对于被举报人信息不完整、相关事实不清晰的举报,受理机关可以通知举报人及时补正。

对于采用书面形式的实名举报,反垄断执法机构在案件调查处理完毕后,可以根据举报人的书面请求依法向其反馈举报处理结果。

第十五条 反垄断执法机构经过对涉嫌滥用行政权力排除、限制竞争行为的必要调查,决定是否立案。

被调查单位在上述调查期间已经采取措施停止相关行为,消除相关竞争限制的,可以不予立案。

省级市场监管部门应当自立案之日起七个工作日内向市场监管总局备案。

第十六条 立案后,反垄断执法机构应当及时进行调查,依法向有关单位和个人了解情况,收集、调取证据。有关单位或者个人应当配合调查。

第十七条 市场监管总局在查处涉嫌滥用行政权力排除、限制竞争行为时,可以委托省级市场监管部门进行调查。

省级市场监管部门在查处涉嫌滥用行政权力排除、限制竞争行为时,可以委托下级市场监管部门进行调查。

受委托的市场监管部门在委托范围内,以委托机关的名义进行调查,不得再委托其他行政机关、组织或者个人进行调查。

第十八条 省级市场监管部门查处涉嫌滥用行政权力排除、限制竞争行为时,可以根据需要商请相关省级市场监管部门协助调查,相关省级市场监管部门应当予以协助。

第十九条 被调查单位和个人有权陈述意见,提出事实、理由和相关证据。反垄断执法机构应当进行核实。

第二十条 经调查,反垄断执法机构认为构成滥用行政权力排除、限制竞争行为的,可以向有关上级机关提出依法处理的建议。

在调查期间,被调查单位主动采取措施停止相关行为,消除相关竞争限制的,反垄断执法机构可以结束调查。

经调查,反垄断执法机构认为不构成滥用行政权力排除、限制竞争行为的,应当结束调查。

第二十一条 反垄断执法机构向有关上级机关提出依法处理建议的,应当制作行政建议书,同时抄送被调查单位。行政建议书应当载明以下事项:

(一)主送单位名称;

(二)被调查单位名称;

(三)违法事实;

(四)被调查单位的陈述意见及采纳情况;

(五)处理建议及依据;

(六)被调查单位改正的时限及要求;

(七)反垄断执法机构名称、公章及日期。

前款第五项规定的处理建议应当能够消除相关竞争限制,并且具体、明确,可以包括停止实施有关行为、解除有关协议、停止执行有关备忘录、废止或者修改有关文件并向社会公开文件的废止或者修改情况等。

被调查单位应当按照行政建议书载明的处理建议,积极落实改正措施,并按照反垄断执法机构的要求,限期将有关改正情况书面报告上级机关和反垄断执法机构。

第二十二条 省级市场监管部门在提出依法处理的建议或者结束调查前,应当向市场监管总局报告。提出依法处理的建议后七个工作日内,向市场监管总局备案。

反垄断执法机构认为构成滥用行政权力排除、限制竞争行为的,依法向社会公布。

第二十三条 市场监管总局应当加强对省级市场监管部门查处滥用行政权力排除、限制竞争行为的指导和监督,统一执法标准。

省级市场监管部门应当严格按照市场监管总局相关规定查处滥用行政权力排除、限制竞争行为。

第二十四条 行政机关和法律、法规授权的具有管理公共事务职能的组织涉嫌违反反垄断法规定,滥用行政权力排除、限制竞争的,反垄断执法机构可以对其法定代表人或者负责人进行约谈。

约谈可以指出涉嫌滥用行政权力排除、限制竞争的问题,听取情况说明,要求其提出改进措施消除相关竞争限制。

约谈结束后,反垄断执法机构可以将约谈情况通报被约谈单位的有关上级机关。省级市场监管部门应当在七个工作日内将约谈情况向市场监管总局备案。

第二十五条 约谈应当经反垄断执法机构主要负责人批准。反垄断执法机构可以根据需要,邀请被约谈单位的有关上级机关共同实施约谈。

反垄断执法机构可以公开约谈情况,也可以邀请媒体、行业协会、专家学者、相关经营者、社会公众代表列席约谈。

第二十六条 对反垄断执法机构依法实施的调查,有关单位或者个人拒绝提供有关材料、信息,或者提供虚假材料、信息,或者隐匿、销毁、转移证据,或者有其他拒绝、阻碍调查行为的,反垄断执法机构依法作出处理,并可以向其有关上级机关、监察机关等反映情况。

第二十七条　反垄断执法机构工作人员滥用职权、玩忽职守、徇私舞弊或者泄露执法过程中知悉的商业秘密、个人隐私和个人信息的，依照有关规定处理。

第二十八条　反垄断执法机构在调查期间发现的公职人员涉嫌职务违法、职务犯罪问题线索，应当及时移交纪检监察机关。

第二十九条　行政机关和法律、法规授权的具有管理公共事务职能的组织，在制定涉及市场主体经济活动的规章、规范性文件和其他政策措施时，应当按照有关规定进行公平竞争审查，评估对市场竞争的影响，防止排除、限制市场竞争。涉嫌构成滥用行政权力排除、限制竞争行为的，由反垄断执法机构依法调查。

第三十条　各级市场监管部门可以通过以下方式，积极支持、促进行政机关和法律、法规授权的具有管理公共事务职能的组织强化公平竞争理念，改进有关政策措施，维护公平竞争市场环境：

（一）宣传公平竞争法律法规和政策；

（二）在政策措施制定过程中提供公平竞争咨询；

（三）组织开展有关政策措施实施的竞争影响评估，发布评估报告；

（四）组织开展培训交流；

（五）提供工作指导建议；

（六）其他有利于改进政策措施的竞争宣传倡导活动。

鼓励行政机关和法律、法规授权的具有管理公共事务职能的组织主动增强公平竞争意识，培育和弘扬公平竞争文化，提升公平竞争政策实施能力。

第三十一条　本规定自2023年4月15日起施行。2019年6月26日国家市场监督管理总局令第12号公布的《制止滥用行政权力排除、限制竞争行为暂行规定》同时废止。

滥用行政权力排除、限制竞争执法约谈工作指引

· 2023年10月23日
· 国市监竞协发〔2023〕93号

第一条　为了更好发挥反垄断执法约谈制度作用，规范约谈工作，警示引导有关行政机关和法律、法规授权的具有管理公共事务职能的组织主动改进有关政策措施，推动及时有效解决不当干预市场竞争问题，提升滥用行政权力排除、限制竞争反垄断执法效能，维护公平竞争的市场秩序，根据《中华人民共和国反垄断法》及《制止滥用行政权力排除、限制竞争行为规定》等有关规定，制定本指引。

第二条　本指引所称约谈，是指反垄断执法机构约见涉嫌违反反垄断法规定，滥用行政权力排除、限制竞争的行政机关和法律、法规授权的具有管理公共事务职能组织的法定代表人或者负责人，指出涉嫌违法问题，听取情况说明，要求其提出改进措施，引导其主动消除相关竞争限制，并跟踪执行效果的执法措施。

第三条　约谈应当遵循公平、公正、警示、引导相结合的原则依法实施。

第四条　本指引所称反垄断执法机构包括国家市场监督管理总局（以下简称市场监管总局）和各省、自治区、直辖市人民政府市场监督管理部门（以下统称省级市场监管部门）。

第五条　反垄断执法机构在立案调查前、立案调查期间、向有关上级机关提出依法处理的建议后、线索核查或者案件调查结束后，可以依法实施约谈。

实施约谈不影响依法采取立案、调查、向有关上级机关提出依法处理的建议等其他执法措施。

第六条　约谈对象为涉嫌滥用行政权力排除、限制竞争行为当事人的法定代表人或者负责人。涉嫌滥用行政权力排除、限制竞争行为由多个部门联合实施的，可以视情况约谈牵头部门、主要责任部门或者多个部门的法定代表人、负责人。约谈多个部门法定代表人或者负责人的，可以采取集中约谈或者个别约谈的方式。

第七条　约谈可以由反垄断执法机构单独实施，也可以邀请被约谈方的有关上级机关或者其他部门共同实施。

邀请有关部门共同实施约谈的，反垄断执法机构应当与共同实施约谈的单位主动沟通，并就约谈事项达成一致意见。

市场监管总局可以委托省级市场监管部门实施约谈。

第八条　根据约谈工作需要，反垄断执法机构可以邀请媒体、行业协会、专家学者、相关经营者、社会公众代表等列席约谈。

第九条　约谈开始前，反垄断执法机构应当拟定约谈方案，约谈方案应明确约谈方、被约谈方、列席约谈方、约谈事由、约谈时间和地点、被约谈方存在的问题、可能有效实施的改进措施等内容。

第十条　反垄断执法机构启动约谈程序，应当填写内部审批表并附约谈方案，经反垄断执法机构主要负责人批准后执行。

第十一条　反垄断执法机构原则上应当于约谈实施的3个工作日前，向被约谈方送达《执法约谈通知书》。

《执法约谈通知书》应当载明事由、时间、地点、联系方式、有关要求等事项，并加盖反垄断执法机构印章。

因紧急情况确需立即实施约谈的，可以按照本指引第十条规定履行报批手续后立即实施。

第十二条 反垄断执法机构可以要求被约谈方根据约谈事由准备书面材料，主要包括基本情况、原因分析以及拟采取的改进措施等。

第十三条 约谈应当由反垄断执法机构的主要负责人、负责人或者执法人员主持。反垄断执法机构应当安排2名以上具有执法资格的人员参与约谈。

第十四条 约谈按照下列程序进行：

（一）约谈开始前，主持人核实约谈各方身份；

（二）约谈方说明约谈事由和目的、法律法规依据，指出存在的涉嫌违法问题，要求被约谈方提出改进措施；

（三）被约谈方就有关情况进行说明，分析原因，提出改进措施；

（四）约谈方提出意见和要求，并进行普法宣传和竞争倡导；

（五）被约谈方对有关意见和要求进行表态；

（六）执法人员、被约谈方对约谈记录确认后签字或者盖章。

约谈过程中，被约谈方可以陈述意见，约谈方可以对被约谈方陈述的意见进行回应。根据约谈工作需要，约谈方可以邀请列席约谈方提供参考意见。

第十五条 约谈应当制作《执法约谈记录》。《执法约谈记录》应当如实、全面反映约谈情况，并由2名执法人员和被约谈人逐页签名或盖章并注明日期。原则上应当使用执法记录仪、录音笔、摄像机等执法设备记录约谈实施全过程，约谈视听资料应当保存不少于2年。

第十六条 改进措施应当达到消除相关竞争限制的效果。提出的改进措施应当具有合法性、可行性和有效性，包括改进措施的具体内容、改进措施的预期效果和改进措施的履行期限等。

第十七条 约谈现场提出的改进措施不符合本指引第十六条要求的，反垄断执法机构可以要求被约谈方在3个工作日内补充完善并书面提交盖章的改进措施报告。

第十八条 反垄断执法机构应当跟踪被约谈方改进措施的执行效果，可以要求被约谈方提交改进措施执行情况报告。

第十九条 约谈后，被约谈方立即采取措施改正违法行为的，可以认定为符合《制止滥用行政权力排除、限制竞争行为规定》第十五条第二款、第二十条第二款规定的主动采取措施停止相关行为、消除相关竞争限制的情形。

被约谈方未执行、未按期执行改进措施或者执行改进措施未达到效果的，反垄断执法机构可以要求被约谈方继续执行改进措施或者采取其他执法措施。

第二十条 约谈结束后，反垄断执法机构可以将约谈情况通报被约谈单位的有关上级机关。

第二十一条 约谈结束后，省级市场监管部门应当在7个工作日内向市场监管总局提交备案报告。备案报告内容包括约谈事项来源和背景、涉嫌违法事实、认定依据、约谈总体情况、约谈内容、各方意见、约谈后被约谈方改进情况或者书面反馈情况、分析研判以及下一步工作计划等。

第二十二条 省级市场监管部门应当向市场监管总局及时更新约谈实施及约谈效果跟踪等情况。

第二十三条 反垄断执法机构可以公开约谈情况，提升执法效果。

第二十四条 反垄断执法机构在实施约谈和跟踪改进措施执行效果的过程中发现的被约谈方公职人员涉嫌职务违法、职务犯罪问题线索，应当及时移交纪检监察机关。

第二十五条 反垄断执法机构应当将执法约谈审批表、约谈方案、约谈通知书、约谈记录、备案报告、改进措施报告、改进措施执行情况报告等资料按照档案管理的规定立卷、归档。

第二十六条 约谈实施情况纳入反垄断执法机构执法工作统计。

第二十七条 各省级市场监管部门可以结合实际情况，参照本指引制定本地区约谈的具体实施细则。

第二十八条 本指引自印发之日起实施。

禁止滥用知识产权排除、限制竞争行为规定

·2023年6月25日国家市场监督管理总局令第79号公布
·自2023年8月1日起施行

第一条 为了预防和制止滥用知识产权排除、限制竞争行为，根据《中华人民共和国反垄断法》（以下简称反垄断法），制定本规定。

第二条 反垄断与保护知识产权具有共同的目标，即促进竞争和创新，提高经济运行效率，维护消费者利益和社会公共利益。

经营者依照有关知识产权的法律、行政法规规定行使知识产权，但不得滥用知识产权，排除、限制竞争。

第三条 本规定所称滥用知识产权排除、限制竞争行为，是指经营者违反反垄断法的规定行使知识产权，达

成垄断协议,滥用市场支配地位,实施具有或者可能具有排除、限制竞争效果的经营者集中等垄断行为。

第四条 国家市场监督管理总局(以下简称市场监管总局)根据反垄断法第十三条第一款规定,负责滥用知识产权排除、限制竞争行为的反垄断统一执法工作。

市场监管总局根据反垄断法第十三条第二款规定,授权各省、自治区、直辖市市场监督管理部门(以下称省级市场监管部门)负责本行政区域内垄断协议、滥用市场支配地位等滥用知识产权排除、限制竞争行为的反垄断执法工作。

本规定所称反垄断执法机构包括市场监管总局和省级市场监管部门。

第五条 本规定所称相关市场,包括相关商品市场和相关地域市场,根据反垄断法和《国务院反垄断委员会关于相关市场界定的指南》进行界定,并考虑知识产权、创新等因素的影响。在涉及知识产权许可等反垄断执法工作中,相关商品市场可以是技术市场,也可以是含有特定知识产权的产品市场。相关技术市场是指由行使知识产权所涉及的技术和可以相互替代的同类技术之间相互竞争所构成的市场。

第六条 经营者之间不得利用行使知识产权的方式,达成反垄断法第十七条、第十八条第一款所禁止的垄断协议。

经营者不得利用行使知识产权的方式,组织其他经营者达成垄断协议或者为其他经营者达成垄断协议提供实质性帮助。

经营者能够证明所达成的协议属于反垄断法第二十条规定情形的,不适用第一款和第二款的规定。

第七条 经营者利用行使知识产权的方式,与交易相对人达成反垄断法第十八条第一款第一项、第二项规定的协议,经营者能够证明其不具有排除、限制竞争效果的,不予禁止。

经营者利用行使知识产权的方式,与交易相对人达成协议,经营者能够证明参与协议的经营者在相关市场的市场份额低于市场监管总局规定的标准,并符合市场监管总局规定的其他条件的,不予禁止。具体标准可以参照《国务院反垄断委员会关于知识产权领域的反垄断指南》相关规定。

第八条 具有市场支配地位的经营者不得在行使知识产权的过程中滥用市场支配地位,排除、限制竞争。

市场支配地位根据反垄断法和《禁止滥用市场支配地位行为规定》的规定进行认定和推定。经营者拥有知识产权可以构成认定其具有市场支配地位的因素之一,但不能仅根据经营者拥有知识产权推定其在相关市场具有市场支配地位。

认定拥有知识产权的经营者在相关市场是否具有支配地位,还可以考虑在相关市场交易相对人转向具有替代关系的技术或者产品的可能性及转移成本、下游市场对利用知识产权所提供商品的依赖程度、交易相对人对经营者的制衡能力等因素。

第九条 具有市场支配地位的经营者不得在行使知识产权的过程中,以不公平的高价许可知识产权或者销售包含知识产权的产品,排除、限制竞争。

认定前款行为可以考虑以下因素:

(一)该项知识产权的研发成本和回收周期;

(二)该项知识产权的许可费计算方法和许可条件;

(三)该项知识产权可以比照的历史许可费或者许可费标准;

(四)经营者就该项知识产权许可所作的承诺;

(五)需要考虑的其他相关因素。

第十条 具有市场支配地位的经营者没有正当理由,不得在行使知识产权的过程中,拒绝许可其他经营者以合理条件使用该知识产权,排除、限制竞争。

认定前款行为应当同时考虑以下因素:

(一)该项知识产权在相关市场不能被合理替代,为其他经营者参与相关市场的竞争所必需;

(二)拒绝许可该知识产权将会导致相关市场的竞争或者创新受到不利影响,损害消费者利益或者社会公共利益;

(三)许可该知识产权对该经营者不会造成不合理的损害。

第十一条 具有市场支配地位的经营者没有正当理由,不得在行使知识产权的过程中,从事下列限定交易行为,排除、限制竞争:

(一)限定交易相对人只能与其进行交易;

(二)限定交易相对人只能与其指定的经营者进行交易;

(三)限定交易相对人不得与特定经营者进行交易。

第十二条 具有市场支配地位的经营者没有正当理由,不得在行使知识产权的过程中,违背所在行业或者领域交易惯例、消费习惯或者无视商品的功能,从事下列搭售行为,排除、限制竞争:

(一)在许可知识产权时强制或者变相强制被许可人购买其他不必要的产品;

（二）在许可知识产权时强制或者变相强制被许可人接受一揽子许可。

第十三条　具有市场支配地位的经营者没有正当理由，不得在行使知识产权的过程中，附加下列不合理的交易条件，排除、限制竞争：

（一）要求交易相对人将其改进的技术进行排他性或者独占性回授，或者在不提供合理对价时要求交易相对人进行相同技术领域的交叉许可；

（二）禁止交易相对人对其知识产权的有效性提出质疑；

（三）限制交易相对人在许可协议期限届满后，在不侵犯知识产权的情况下利用竞争性的技术或者产品；

（四）对交易相对人附加其他不合理的交易条件。

第十四条　具有市场支配地位的经营者没有正当理由，不得在行使知识产权的过程中，对条件相同的交易相对人实行差别待遇，排除、限制竞争。

第十五条　涉及知识产权的经营者集中达到国务院规定的申报标准的，经营者应当事先向市场监管总局申报，未申报或者申报后获得批准前不得实施集中。

第十六条　涉及知识产权的经营者集中审查应当考虑反垄断法第三十三条规定的因素和知识产权的特点。

根据涉及知识产权的经营者集中交易具体情况，附加的限制性条件可以包括以下情形：

（一）剥离知识产权或者知识产权所涉业务；

（二）保持知识产权相关业务的独立运营；

（三）以合理条件许可知识产权；

（四）其他限制性条件。

第十七条　经营者不得在行使知识产权的过程中，利用专利联营从事排除、限制竞争的行为。

专利联营的成员不得交换价格、产量、市场划分等有关竞争的敏感信息，达成反垄断法第十七条、第十八条第一款所禁止的垄断协议。但是，经营者能够证明所达成的协议符合反垄断法第十八条第二款、第三款和第二十条规定的除外。

具有市场支配地位的专利联营实体或者专利联营的成员不得利用专利联营从事下列滥用市场支配地位的行为：

（一）以不公平的高价许可联营专利；

（二）没有正当理由，限制联营成员或者被许可人的专利使用范围；

（三）没有正当理由，限制联营成员在联营之外作为独立许可人许可专利；

（四）没有正当理由，限制联营成员或者被许可人独立或者与第三方联合研发与联营专利相竞争的技术；

（五）没有正当理由，强制要求被许可人将其改进或者研发的技术排他性或者独占性地回授给专利联营实体或者专利联营的成员；

（六）没有正当理由，禁止被许可人质疑联营专利的有效性；

（七）没有正当理由，将竞争性专利强制组合许可，或者将非必要专利、已终止的专利与其他专利强制组合许可；

（八）没有正当理由，对条件相同的联营成员或者同一相关市场的被许可人在交易条件上实行差别待遇；

（九）市场监管总局认定的其他滥用市场支配地位的行为。

本规定所称专利联营，是指两个或者两个以上经营者将各自的专利共同许可给联营成员或者第三方。专利联营各方通常委托联营成员或独立第三方对联营进行管理。联营具体方式包括达成协议、设立公司或者其他实体等。

第十八条　经营者没有正当理由，不得在行使知识产权的过程中，利用标准的制定和实施达成下列垄断协议：

（一）与具有竞争关系的经营者联合排斥特定经营者参与标准制定，或者排斥特定经营者的相关标准技术方案；

（二）与具有竞争关系的经营者联合排斥其他特定经营者实施相关标准；

（三）与具有竞争关系的经营者约定不实施其他竞争性标准；

（四）市场监管总局认定的其他垄断协议。

第十九条　具有市场支配地位的经营者不得在标准的制定和实施过程中从事下列行为，排除、限制竞争：

（一）在参与标准制定过程中，未按照标准制定组织规定及时充分披露其权利信息，或者明确放弃其权利，但是在标准涉及该专利后却向标准实施者主张该专利权；

（二）在其专利成为标准必要专利后，违反公平、合理、无歧视原则，以不公平的高价许可，没有正当理由拒绝许可、搭售商品或者附加其他不合理的交易条件、实行差别待遇等；

（三）在标准必要专利许可过程中，违反公平、合理、无歧视原则，未经善意谈判，请求法院或者其他相关部门作出禁止使用相关知识产权的判决、裁定或者决定等，迫使被许可方接受不公平的高价或者其他不合理的交易条件；

（四）市场监管总局认定的其他滥用市场支配地位的行为。

本规定所称标准必要专利，是指实施该项标准所必不可少的专利。

第二十条 认定本规定第十条至第十四条、第十七条至第十九条所称的"正当理由"，可以考虑以下因素：

（一）有利于鼓励创新和促进市场公平竞争；

（二）为行使或者保护知识产权所必需；

（三）为满足产品安全、技术效果、产品性能等所必需；

（四）为交易相对人实际需求且符合正当的行业惯例和交易习惯；

（五）其他能够证明行为具有正当性的因素。

第二十一条 经营者在行使著作权以及与著作权有关的权利时，不得从事反垄断法和本规定禁止的垄断行为。

第二十二条 分析认定经营者涉嫌滥用知识产权排除、限制竞争行为，可以采取以下步骤：

（一）确定经营者行使知识产权行为的性质和表现形式；

（二）确定行使知识产权的经营者之间相互关系的性质；

（三）界定行使知识产权所涉及的相关市场；

（四）认定行使知识产权的经营者的市场地位；

（五）分析经营者行使知识产权的行为对相关市场竞争的影响。

确定经营者之间相互关系的性质需要考虑行使知识产权行为本身的特点。在涉及知识产权许可的情况下，原本具有竞争关系的经营者之间在许可协议中是交易关系，而在许可人和被许可人都利用该知识产权生产产品的市场上则又是竞争关系。但是，如果经营者之间在订立许可协议时不存在竞争关系，在协议订立之后才产生竞争关系的，则仍然不视为竞争者之间的协议，除非原协议发生实质性的变更。

第二十三条 分析认定经营者行使知识产权的行为对相关市场竞争的影响，应当考虑下列因素：

（一）经营者与交易相对人的市场地位；

（二）相关市场的市场集中度；

（三）进入相关市场的难易程度；

（四）产业惯例与产业的发展阶段；

（五）在产量、区域、消费者等方面进行限制的时间和效力范围；

（六）对促进创新和技术推广的影响；

（七）经营者的创新能力和技术变化的速度；

（八）与认定行使知识产权的行为对相关市场竞争影响有关的其他因素。

第二十四条 反垄断执法机构对滥用知识产权排除、限制竞争行为进行调查、处罚时，依照反垄断法和《禁止垄断协议规定》《禁止滥用市场支配地位行为规定》《经营者集中审查规定》规定的程序执行。

第二十五条 经营者违反反垄断法和本规定，达成并实施垄断协议的，由反垄断执法机构责令停止违法行为，没收违法所得，并处上一年度销售额百分之一以上百分之十以下的罚款，上一年度没有销售额的，处五百万元以下的罚款；尚未实施所达成的垄断协议的，可以处三百万元以下的罚款。经营者的法定代表人、主要负责人和直接责任人员对达成垄断协议负有个人责任的，可以处一百万元以下的罚款。

经营者组织其他经营者达成垄断协议或者为其他经营者达成垄断协议提供实质性帮助的，适用前款规定。

第二十六条 经营者违反反垄断法和本规定，滥用市场支配地位的，由反垄断执法机构责令停止违法行为，没收违法所得，并处上一年度销售额百分之一以上百分之十以下的罚款。

第二十七条 经营者违法实施涉及知识产权的集中，且具有或者可能具有排除、限制竞争效果的，由市场监管总局责令停止实施集中、限期处分股份或者资产、限期转让营业以及采取其他必要措施恢复到集中前的状态，处上一年度销售额百分之十以下的罚款；不具有排除、限制竞争效果的，处五百万元以下的罚款。

第二十八条 对本规定第二十五条、第二十六条、第二十七条规定的罚款，反垄断执法机构确定具体罚款数额时，应当考虑违法行为的性质、程度、持续时间和消除违法行为后果的情况等因素。

第二十九条 违反反垄断法规定，情节特别严重、影响特别恶劣、造成特别严重后果的，市场监管总局可以在反垄断法第五十六条、第五十七条、第五十八条、第六十二条规定的罚款数额的二倍以上五倍以下确定具体罚款数额。

第三十条 反垄断执法机构工作人员滥用职权、玩忽职守、徇私舞弊或者泄露执法过程中知悉的商业秘密、个人隐私和个人信息的，依照有关规定处理。

第三十一条 反垄断执法机构在调查期间发现的公

职人员涉嫌职务违法、职务犯罪问题线索,应当及时移交纪检监察机关。

第三十二条 本规定对滥用知识产权排除、限制竞争行为未作规定的,依照反垄断法和《禁止垄断协议规定》《禁止滥用市场支配地位行为规定》《经营者集中审查规定》处理。

第三十三条 本规定自 2023 年 8 月 1 日起施行。2015 年 4 月 7 日原国家工商行政管理总局令第 74 号公布的《关于禁止滥用知识产权排除、限制竞争行为的规定》同时废止。

国务院反垄断委员会关于相关市场界定的指南

· 2009 年 5 月 24 日

第一章 总 则

第一条 指南的目的和依据

为了给相关市场界定提供指导,提高国务院反垄断执法机构执法工作的透明度,根据《中华人民共和国反垄断法》(以下称《反垄断法》),制定本指南。

第二条 界定相关市场的作用

任何竞争行为(包括具有或可能具有排除、限制竞争效果的行为)均发生在一定的市场范围内。界定相关市场就是明确经营者竞争的市场范围。在禁止经营者达成垄断协议、禁止经营者滥用市场支配地位、控制具有或者可能具有排除、限制竞争效果的经营者集中等反垄断执法工作中,均可能涉及相关市场的界定问题。

科学合理地界定相关市场,对识别竞争者和潜在竞争者、判定经营者市场份额和市场集中度、认定经营者的市场地位、分析经营者的行为对市场竞争的影响、判断经营者行为是否违法以及在违法情况下需承担的法律责任等关键问题,具有重要的作用。因此,相关市场的界定通常是对竞争行为进行分析的起点,是反垄断执法工作的重要步骤。

第三条 相关市场的含义

相关市场是指经营者在一定时期内就特定商品或者服务(以下统称商品)进行竞争的商品范围和地域范围。在反垄断执法实践中,通常需要界定相关商品市场和相关地域市场。

相关商品市场,是根据商品的特性、用途及价格等因素,由需求者认为具有较为紧密替代关系的一组或一类商品所构成的市场。这些商品表现出较强的竞争关系,在反垄断执法中可以作为经营者进行竞争的商品范围。

相关地域市场,是指需求者获取具有较为紧密替代关系的商品的地理区域。这些地域表现出较强的竞争关系,在反垄断执法中可以作为经营者进行竞争的地域范围。

当生产周期、使用期限、季节性、流行时尚性或知识产权保护期限等已构成商品不可忽视的特征时,界定相关市场还应考虑时间性。

在技术贸易、许可协议等涉及知识产权的反垄断执法工作中,可能还需要界定相关技术市场,考虑知识产权、创新等因素的影响。

第二章 界定相关市场的基本依据

第四条 替代性分析

在反垄断执法实践中,相关市场范围的大小主要取决于商品(地域)的可替代程度。

在市场竞争中对经营者行为构成直接和有效竞争约束的,是市场里存在需求者认为具有较强替代关系的商品或能够提供这些商品的地域,因此,界定相关市场主要从需求者角度进行需求替代分析。当供给替代对经营者行为产生的竞争约束类似于需求替代时,也应考虑供给替代。

第五条 需求替代

需求替代是根据需求者对商品功能用途的需求、质量的认可、价格的接受以及获取的难易程度等因素,从需求者的角度确定不同商品之间的替代程度。

原则上,从需求者角度来看,商品之间的替代程度越高,竞争关系就越强,就越可能属于同一相关市场。

第六条 供给替代

供给替代是根据其他经营者改造生产设施的投入、承担的风险、进入目标市场的时间等因素,从经营者的角度确定不同商品之间的替代程度。

原则上,其他经营者生产设施改造的投入越少,承担的额外风险越小,提供紧密替代商品越迅速,则供给替代程度就越高,界定相关市场尤其在识别相关市场参与者时就应考虑供给替代。

第三章 界定相关市场的一般方法

第七条 界定相关市场的方法概述

界定相关市场的方法不是唯一的。在反垄断执法实践中,根据实际情况,可能使用不同的方法。界定相关市场时,可以基于商品的特征、用途、价格等因素进行需求替代分析,必要时进行供给替代分析。在经营者竞争的市场范围不够清晰或不易确定时,可以按照"假定垄断者测试"的分析思路(具体见第十条)来界定相关市场。

反垄断执法机构鼓励经营者根据案件具体情况运用客观、真实的数据,借助经济学分析方法来界定相关市场。

无论采用何种方法界定相关市场,都要始终把握商品满足消费者需求的基本属性,并以此作为对相关市场界定中出现明显偏差时进行校正的依据。

第八条　界定相关商品市场考虑的主要因素

从需求替代角度界定相关商品市场,可以考虑的因素包括但不限于以下各方面:

(一)需求者因商品价格或其他竞争因素变化,转向或考虑转向购买其他商品的证据。

(二)商品的外形、特性、质量和技术特点等总体特征和用途。商品可能在特征上表现出某些差异,但需求者仍可以基于商品相同或相似的用途将其视为紧密替代品。

(三)商品之间的价格差异。通常情况下,替代性较强的商品价格比较接近,而且在价格变化时表现出同向变化趋势。在分析价格时,应排除与竞争无关的因素引起价格变化的情况。

(四)商品的销售渠道。销售渠道不同的商品面对的需求者可能不同,相互之间难以构成竞争关系,则成为相关商品的可能性较小。

(五)其他重要因素。如,需求者偏好或需求者对商品的依赖程度;可能阻碍大量需求者转向某些紧密替代商品的障碍、风险和成本;是否存在区别定价等。

从供给角度界定相关商品市场,一般考虑的因素包括:其他经营者对商品价格等竞争因素的变化做出反应的证据;其他经营者的生产流程和工艺,转产的难易程度,转产需要的时间,转产的额外费用和风险,转产后所提供商品的市场竞争力,营销渠道等。

任何因素在界定相关商品市场时的作用都不是绝对的,可以根据案件的不同情况有所侧重。

第九条　界定相关地域市场考虑的主要因素

从需求替代角度界定相关地域市场,可以考虑的因素包括但不限于以下各方面:

(一)需求者因商品价格或其他竞争因素变化,转向或考虑转向其他地域购买商品的证据。

(二)商品的运输成本和运输特征。相对于商品价格来说,运输成本越高,相关地域市场的范围越小,如水泥等商品;商品的运输特征也决定了商品的销售地域,如需要管道运输的工业气体等商品。

(三)多数需求者选择商品的实际区域和主要经营者商品的销售分布。

(四)地域间的贸易壁垒,包括关税、地方性法规、环保因素、技术因素等。如关税相对商品的价格来说比较高时,则相关地域市场很可能是一个区域性市场。

(五)其他重要因素。如,特定区域需求者偏好;商品运进和运出该地域的数量。

从供给角度界定相关地域市场时,一般考虑的因素包括:其他地域的经营者对商品价格等竞争因素的变化做出反应的证据;其他地域的经营者供应或销售相关商品的即时性和可行性,如将订单转向其他地域经营者的转换成本等。

第四章　关于假定垄断者测试分析思路的说明

第十条　假定垄断者测试的基本思路

假定垄断者测试是界定相关市场的一种分析思路,可以帮助解决相关市场界定中可能出现的不确定性,目前为各国和地区制定反垄断指南时普遍采用。依据这种思路,人们可以借助经济学工具分析所获取的相关数据,确定假定垄断者可以将价格维持在高于竞争价格水平的最小商品集合和地域范围,从而界定相关市场。

假定垄断者测试一般先界定相关商品市场。首先从反垄断审查关注的经营者提供的商品(目标商品)开始考虑,假设该经营者是以利润最大化为经营目标的垄断者(假定垄断者),那么要分析的问题是,在其他商品的销售条件保持不变的情况下,假定垄断者能否持久地(一般为1年)小幅(一般为5%-10%)提高目标商品的价格。目标商品涨价会导致需求者转向购买具有紧密替代关系的其他商品,从而引起假定垄断者销售量下降。如果目标商品涨价后,即使假定垄断者销售量下降,但其仍然有利可图,则目标商品就构成相关商品市场。

如果涨价引起需求者转向具有紧密替代关系的其他商品,使假定垄断者的涨价行为无利可图,则需要把该替代商品增加到相关商品市场中,该替代商品与目标商品形成商品集合。接下来分析如果该商品集合涨价,假定垄断者是否仍有利可图。如果答案是肯定的,那么该商品集合就构成相关商品市场;否则还需要继续进行上述分析过程。

随着商品集合越来越大,集合内商品与集合外商品的替代性越来越小,最终会出现某一商品集合,假定垄断者可以通过涨价实现盈利,由此便界定出相关商品市场。

界定相关地域市场与界定相关商品市场的思路相同。首先从反垄断审查关注的经营者经营活动的地域(目标地域)开始,要分析的问题是,在其他地域的销售条件不变的情况下,假定垄断者对目标地域内的相关商品进行持久(一般为1年)小幅涨价(一般为5%-10%)是否有利可图。如果答案是肯定的,目标地域就构成相关地域市场;如果其他地域市场的强烈替代使得涨价无利可图,就需要扩大地域范围,直到涨价最终有利可图,该地域就是相关地域市场。

第十一条 假定垄断者测试的几个实际问题

原则上,在使用假定垄断者测试界定相关市场时,选取的基准价格应为充分竞争的当前市场价格。但在滥用市场支配地位、共谋行为和已经存在共谋行为的经营者集中案件中,当前价格明显偏离竞争价格,选择当前价格作为基准价格会使相关市场界定的结果不合理。在此情况下,应该对当前价格进行调整,使用更具有竞争性的价格。

此外,一般情况下,价格上涨幅度为5%-10%,但在执法实践中,可以根据案件涉及行业的不同情况,对价格小幅上涨的幅度进行分析确定。

在经营者小幅提价时,并不是所有需求者(或地域)的替代反应都是相同的。在替代反应不同的情况下,可以对不同需求者群体(或地域)进行不同幅度的测试。此时,相关市场界定还需要考虑需求者群体和特定地域的情况。

国务院关于禁止在市场经济活动中实行地区封锁的规定

· 2001年4月21日国务院令第303号公布
· 根据2011年1月8日《国务院关于废止和修改部分行政法规的决定》修订

第一条 为了建立和完善全国统一、公平竞争、规范有序的市场体系,禁止市场经济活动中的地区封锁行为,破除地方保护,维护社会主义市场经济秩序,制定本规定。

第二条 各级人民政府及其所属部门负有消除地区封锁、保护公平竞争的责任,应当为建立和完善全国统一、公平竞争、规范有序的市场体系创造良好的环境和条件。

第三条 禁止各种形式的地区封锁行为。

禁止任何单位或个人违反法律、行政法规和国务院的规定,以任何方式阻挠、干预外地产品或者工程建设类服务(以下简称服务)进入本地市场,或者对阻挠、干预外地产品或者服务进入本地市场的行为纵容、包庇,限制公平竞争。

第四条 地方各级人民政府及其所属部门(包括被授权或者委托行使行政权的组织,下同)不得违反法律、行政法规和国务院的规定,实行下列地区封锁行为:

(一)以任何方式限定、变相限定单位或者个人只能经营、购买、使用本地生产的产品或者只能接受本地企业、指定企业、其他经济组织或者个人提供的服务;

(二)在道路、车站、港口、航空港或者本行政区域边界设置关卡,阻碍外地产品进入或者本地产品运出;

(三)对外地产品或者服务设定歧视性收费项目、规定歧视性价格,或者实行歧视性收费标准;

(四)对外地产品或者服务采取与本地同类产品或者服务不同的技术要求、检验标准,或者对外地产品或者服务采取重复检验、重复认证等歧视性技术措施,限制外地产品或者服务进入本地市场;

(五)采取专门针对外地产品或者服务的专营、专卖、审批、许可等手段,实行歧视性待遇,限制外地产品或者服务进入本地市场;

(六)通过设定歧视性资质要求、评审标准或者不依法发布信息等方式限制或者排斥外地企业、其他经济组织或者个人参加本地的招投标活动;

(七)以采取同本地企业、其他经济组织或者个人不平等的待遇等方式,限制或者排斥外地企业、其他经济组织或者个人在本地投资或者设立分支机构,或者对外地企业、其他经济组织或者个人在本地的投资或者设立的分支机构实行歧视性待遇,侵害其合法权益;

(八)实行地区封锁的其他行为。

第五条 任何地方不得制定实行地区封锁或者含有地区封锁内容的规定,妨碍建立和完善全国统一、公平竞争、规范有序的市场体系,损害公平竞争环境。

第六条 地方各级人民政府所属部门的规定属于实行地区封锁或者含有地区封锁内容的,由本级人民政府改变或者撤销;本级人民政府不予改变或者撤销的,由上一级人民政府改变或者撤销。

第七条 省、自治区、直辖市以下地方各级人民政府的规定属于实行地区封锁或者含有地区封锁内容的,由上一级人民政府改变或者撤销;上一级人民政府不予改变或者撤销的,由省、自治区、直辖市人民政府改变或者撤销。

第八条 省、自治区、直辖市人民政府的规定属于实行地区封锁或者含有地区封锁内容的,由国务院改变或者撤销。

第九条 地方各级人民政府或者其所属部门设置地区封锁的规定或者含有地区封锁内容的规定,是以国务院所属部门不适当的规定为依据的,由国务院改变或者撤销该部门不适当的规定。

第十条 以任何方式限定、变相限定单位或者个人只能经营、购买、使用本地生产的产品或者只能接受本地企业、指定企业、其他经济组织或者个人提供的服务的,由省、自治区、直辖市人民政府组织经济贸易管理部门、工商行政管理部门查处,撤销限定措施。

第十一条 在道路、车站、港口、航空港或者在本行政区域边界设置关卡，阻碍外地产品进入和本地产品运出的，由省、自治区、直辖市人民政府组织经济贸易管理部门、公安部门和交通部门查处，撤销关卡。

第十二条 对外地产品或者服务设定歧视性收费项目、规定歧视性价格，或者实行歧视性收费标准的，由省、自治区、直辖市人民政府组织财政部门和价格部门查处，撤销歧视性收费项目、价格或者收费标准。

第十三条 对外地产品或者服务采取和本地同类产品或者服务不同的技术要求、检验标准，或者对外地产品或者服务采取重复检验、重复认证等歧视性技术措施，限制外地产品或者服务进入本地市场的，由省、自治区、直辖市人民政府组织质量技术监督部门查处，撤销歧视性技术措施。

第十四条 采取专门针对外地产品或者服务的专营、专卖、审批、许可等手段，实行歧视性待遇，限制外地产品或者服务进入本地市场的，由省、自治区、直辖市人民政府组织经济贸易管理部门、工商行政管理部门、质量技术监督部门和其他有关主管部门查处，撤销歧视性待遇。

第十五条 通过设定歧视性资质要求、评审标准或者不依法发布信息等方式，限制或者排斥外地企业、其他经济组织或者个人参加本地的招投标活动的，由省、自治区、直辖市人民政府组织有关主管部门查处，消除障碍。

第十六条 以采取同本地企业、其他经济组织或者个人不平等的待遇等方式，限制或者排斥外地企业、其他经济组织或者个人在本地投资或者设立分支机构，或者对外地企业、其他经济组织或者个人在本地的投资或者设立的分支机构实行歧视性待遇的，由省、自治区、直辖市人民政府组织经济贸易管理部门、工商行政管理部门查处，消除障碍。

第十七条 实行本规定第四条第(一)项至第(七)项所列行为以外的其他地区封锁行为的，由省、自治区、直辖市人民政府组织经济贸易管理部门、工商行政管理部门、质量技术监督部门和其他有关主管部门查处，消除地区封锁。

第十八条 省、自治区、直辖市人民政府依照本规定第十条至第十七条的规定组织所属有关部门对地区封锁行为进行查处，处理决定由省、自治区、直辖市人民政府作出；必要时，国务院经济贸易管理部门、国务院工商行政管理部门、国务院质量监督检验检疫部门或者国务院其他有关部门可以对涉及省、自治区、直辖市人民政府的地区封锁行为进行查处。

地方各级人民政府及其所属部门不得以任何名义、方式阻挠、干预依照本规定对地区封锁行为进行的查处工作。

第十九条 地区封锁行为属于根据地方人民政府或者其所属部门的规定实行的，除依照本规定第十条至第十七条的规定查处、消除地区封锁外，并应当依照本规定第六条至第九条的规定，对有关规定予以改变或者撤销。

第二十条 任何单位和个人均有权对地区封锁行为进行抵制，并向有关省、自治区、直辖市人民政府或者其经济贸易管理部门、工商行政管理部门、质量技术监督部门或者其他有关部门直至国务院经济贸易管理部门、国务院工商行政管理部门、国务院质量监督检验检疫部门或者国务院其他有关部门检举。

有关省、自治区、直辖市人民政府或者其经济贸易管理部门、工商行政管理部门、质量技术监督部门或者其他有关部门接到检举后，应当自接到检举之日起5个工作日内，由省、自治区、直辖市人民政府责成有关地方人民政府在30个工作日内调查、处理完毕，或者由省、自治区、直辖市人民政府在30个工作日内依照本规定直接调查、处理完毕；特殊情况下，调查、处理时间可以适当延长，但延长的时间不得超过30个工作日。

国务院经济贸易管理部门、国务院工商行政管理部门、国务院质量监督检验检疫部门或者国务院其他有关部门接到检举后，应当在5个工作日内，将检举材料转送有关省、自治区、直辖市人民政府。

接受检举的政府、部门应当为检举人保密。对检举有功的单位和个人，应当给予奖励。

第二十一条 对地方人民政府或者其所属部门违反本规定，实行地区封锁的，纵容、包庇地区封锁的，或者阻挠、干预查处地区封锁的，由省、自治区、直辖市人民政府给予通报批评；省、自治区、直辖市人民政府违反本规定，实行地区封锁的，纵容、包庇地区封锁的，或者阻挠、干预查处地区封锁的，由国务院给予通报批评。对直接负责的主管人员和其他直接责任人员，按照法定程序，根据情节轻重，给予降级或者撤职的行政处分；构成犯罪的，依法追究刑事责任。

第二十二条 地方人民政府或者其所属部门违反本规定，制定实行地区封锁或者含有地区封锁内容的规定的，除依照本规定第六条至第九条的规定对有关规定予以改变或者撤销外，对该地方人民政府或者其所属部门的主要负责人和签署该规定的负责人，按照法定程序，根据情节轻重，给予降级或者撤职的行政处分。

第二十三条　接到检举地区封锁行为的政府或者有关部门，不在规定期限内进行调查、处理或者泄露检举人情况的，对直接负责的主管人员和其他直接责任人员，按照法定程序，根据情节轻重，给予降级、撤职直至开除公职的行政处分。

第二十四条　采取暴力、威胁等手段，欺行霸市、强买强卖，阻碍外地产品或者服务进入本地市场，构成违反治安管理行为的，由公安机关依照《中华人民共和国治安管理处罚法》的规定予以处罚；构成犯罪的，依法追究刑事责任。

经营单位有前款规定行为的，并由工商行政管理部门依法对该经营单位予以处罚，直至责令停产停业、予以查封并吊销其营业执照。

第二十五条　地方人民政府或者其所属部门滥用行政权力，实行地区封锁所收取的费用及其他不正当收入，应当返还有关企业、其他经济组织或者个人；无法返还的，由上一级人民政府财政部门予以收缴。

第二十六条　地方人民政府或者其所属部门的工作人员对检举地区封锁行为的单位或者个人进行报复陷害的，按照法定程序，根据情节轻重，给予降级、撤职直至开除公职的行政处分；构成犯罪的，依法追究刑事责任。

第二十七条　监察机关依照行政监察法的规定，对行政机关及其工作人员的地区封锁行为实施监察。

第二十八条　本规定自公布之日起施行。

自本规定施行之日起，地方各级人民政府及其所属部门的规定与本规定相抵触或者部分相抵触的，全部或者相抵触的部分自行失效。

依据宪法和有关法律关于地方性法规不得同宪法、法律和行政法规相抵触的规定，自本规定施行之日起，地方性法规同本规定相抵触的，应当执行本规定。

国务院关于经营者集中申报标准的规定

· 2008年8月3日国务院令第529号公布
· 根据2018年9月18日《国务院关于修改部分行政法规的决定》修正

第一条　为了明确经营者集中的申报标准，根据《中华人民共和国反垄断法》，制定本规定。

第二条　经营者集中是指下列情形：
（一）经营者合并；
（二）经营者通过取得股权或者资产的方式取得对其他经营者的控制权；
（三）经营者通过合同等方式取得对其他经营者的控制权或者能够对其他经营者施加决定性影响。

第三条　经营者集中达到下列标准之一的，经营者应当事先向国务院反垄断执法机构申报，未申报的不得实施集中：
（一）参与集中的所有经营者上一会计年度在全球范围内的营业额合计超过100亿元人民币，并且其中至少两个经营者上一会计年度在中国境内的营业额均超过4亿元人民币；
（二）参与集中的所有经营者上一会计年度在中国境内的营业额合计超过20亿元人民币，并且其中至少两个经营者上一会计年度在中国境内的营业额均超过4亿元人民币。

营业额的计算，应当考虑银行、保险、证券、期货等特殊行业、领域的实际情况，具体办法由国务院反垄断执法机构会同国务院有关部门制定。

第四条　经营者集中未达到本规定第三条规定的申报标准，但按照规定程序收集的事实和证据表明该经营者集中具有或者可能具有排除、限制竞争效果的，国务院反垄断执法机构应当依法进行调查。

第五条　本规定自公布之日起施行。

国家市场监督管理总局反垄断局关于经营者集中申报的指导意见

· 2018年9月29日修订

依据《中华人民共和国反垄断法》（以下简称《反垄断法》）、《国务院关于经营者集中申报标准的规定》（以下简称《规定》）和《经营者集中申报办法》（以下简称《办法》）等相关法律法规，达到申报标准的经营者集中，经营者应当事先向国家市场监督管理总局申报，未申报的不得实施集中。为方便经营者申报，国家市场监督管理总局制订了相关指导意见，供经营者参考。

第一条　本指导意见所称经营者集中，是指《反垄断法》第20条所规定的下列情形：
（一）经营者合并；
（二）经营者通过取得股权或者资产的方式取得对其他经营者的控制权；
（三）经营者通过合同等方式取得对其他经营者的控制权或者能够对其他经营者施加决定性影响。

第二条　本指导意见所称申报标准，是指《规定》第三条所规定的下列标准：

（一）参与集中的所有经营者上一会计年度在全球范围内的营业额合计超过100亿元人民币，并且其中至少两个经营者上一会计年度在中国境内的营业额均超过4亿元人民币；

（二）参与集中的所有经营者上一会计年度在中国境内的营业额合计超过20亿元人民币，并且其中至少两个经营者上一会计年度在中国境内的营业额均超过4亿元人民币。

第三条　经营者集中所指的控制权，包括单独控制权和共同控制权。

判断经营者是否通过交易取得对其他经营者的控制权或者能够对其他经营者施加决定性影响（控制权和决定性影响以下统称为"控制权"），取决于大量法律和事实因素。集中协议和其他经营者的章程是重要判断依据，但不是唯一的依据。虽然从集中协议和章程中无法判断取得控制权，但由于其他股权分散等原因，实际上赋予了该经营者事实上的控制权，也属于经营者集中所指的控制权取得。判断经营者是否通过交易取得其他经营者的控制权，通常考虑包括但不限于下列因素：

（一）交易的目的和未来的计划；

（二）交易前后其他经营者的股权结构及其变化；

（三）其他经营者股东大会的表决事项及其表决机制，以及其历史出席率和表决情况；

（四）其他经营者董事会或监事会的组成及其表决机制；

（五）其他经营者高级管理人员的任免等；

（六）其他经营者股东、董事之间的关系，是否存在委托行使投票权、一致行动人等；

（七）该经营者与其他经营者是否存在重大商业关系、合作协议等。

控制权取得，可由经营者直接取得，也可通过其已控制的经营者间接取得。

第四条　对于新设合营企业，如果至少有两个经营者共同控制该合营企业，则构成经营者集中；如果仅有一个经营者单独控制该合营企业，其他的经营者没有控制权，则不构成经营者集中。

第五条　营业额包括相关经营者上一会计年度内销售产品和提供服务所获得的收入，扣除相关税金及其附加。

本指导意见第二条所称"在中国境内"，是指经营者产品或服务的买方所在地在中国境内。包括经营者从中国之外的国家或地区向中国的出口，但不包括其从中国向中国之外的国家或地区出口的产品或服务。

本指导意见第二条所称"在全球范围内"，包括在中国境内的营业额。

金融业营业额的计算，按照《金融业经营者集中申报营业额计算办法》执行。

第六条　参与集中的单个经营者的营业额应当为下述经营者的营业额总和：

（一）该单个经营者；

（二）第（一）项所指经营者直接或间接控制的其他经营者；

（三）直接或间接控制第（一）项所指经营者的其他经营者；

（四）第（三）项所指经营者直接或间接控制的其他经营者；

（五）第（一）至（四）项所指经营者中两个或两个以上经营者共同控制的其他经营者。

参与集中的单个经营者的营业额不包括上述（一）至（五）项所列经营者之间发生的营业额，也不包括其在上一会计年度或之前已出售或不再具有控制权的经营者的营业额。

参与集中的单个经营者之间或者参与集中的经营者和未参与集中的经营者之间有共同控制的其他经营者，参与集中的单个经营者的营业额应当包括被共同控制的经营者与第三方经营者之间的营业额，且此营业额只计算一次。

如果参与集中的单个经营者之间有共同控制的其他经营者，则参与集中的所有经营者的合计营业额不应包括被共同控制的经营者与任何一个共同控制他的参与集中的经营者，或与后者有控制关系的经营者之间发生的营业额。

如果参与集中的经营者被两个或两个以上经营者共同控制，其营业额应包括所有控制方的营业额。

第七条　在一项经营者集中包括收购一个或多个经营者的一部分时，如果卖方在交易后对被出售部分不再拥有控制权时，则对于卖方而言，只计算集中涉及部分的营业额。

上述规定主要包括两种情形：一是在出售资产的情况下，卖方对被出售的资产不再拥有控制权，则只计算该资产所产生的营业额；二是在出售目标公司全部或部分股权的情况下，卖方在交易完成后对目标公司不再拥有控制权，则只计算该目标公司的营业额。

第八条　相同经营者之间在两年内多次实施的未达

申报标准的经营者集中,应当视为一次集中交易,集中发生时间从最后一次交易算起,该经营者集中的营业额应当将多次交易合并计算。经营者通过与其有控制关系的其他经营者实施的上述行为,依照本条款处理。

第九条　在反垄断局决定立案审查前,经营者可就已申报或拟申报的经营者集中,向反垄断局申请商谈。反垄断局将根据商谈申请方提供的信息,就其关心的问题提供指导意见。

商谈不是经营者集中申报的必经程序,经营者自行决定是否申请商谈。

第十条　商谈申请应当以书面方式,通过传真、邮寄等方式提交反垄断局。商谈申请须包括如下内容:

(一)交易概况、交易各方的基本信息等文件和资料;

(二)拟商谈问题;

(三)参与商谈人员的姓名、国籍、单位及职务;

(四)建议的商谈时间;

(五)联系人及其联系方式等。

第十一条　商谈涉及的交易应是真实和相对确定的,且拟商谈的问题应与拟申报或已申报集中直接有关。商谈的问题可以包括:

(一)交易是否需要申报。包括相关交易是否属于经营者集中、是否达到申报标准等;

(二)需要提交的申报文件资料。包括申报文件资料的信息种类、形式、内容和详略程度等;

(三)具体法律和事实问题。包括如何界定相关商品市场和相关地域市场、是否符合《关于经营者集中简易案件适用标准的暂行规定》等;

(四)就申报和审查程序提供指导。包括申报的时间、申报义务人、申报和审查的时限、简易案件申报程序、非简易案件申报程序、审查程序等;

(五)其他相关问题。例如交易是否存在未依法申报问题等。

第十二条　反垄断局收到商谈申请后,根据案件具体情况及拟商谈问题确定是否以及如何安排商谈。

对于商谈申请内容不完整的,反垄断局可以要求经营者提交补充资料。经营者应当在反垄断局规定的时间内补交。

第十三条　通过合并方式实施的经营者集中,由参与合并的各方经营者申报;其他方式的经营者集中,由取得控制权的经营者申报,其他经营者予以配合。

在同一案件中,有申报义务的经营者是两个或两个以上时,可以约定由其中一个经营者负责申报,也可以共同申报。约定一个经营者申报而没有申报的,其他有申报义务的经营者不因上述约定而减免其未依法申报法律责任。

申报义务人未进行集中申报的,其他参与集中的经营者可以提出申报。

第十四条　申报人应当在集中协议签署后,集中实施前向国家市场监督管理总局申报。

以公开要约方式收购上市公司的,已公告的要约收购报告书可视同为已签署的集中协议。

第十五条　申报人应在能够提交符合《反垄断法》第23条规定的申报文件、资料后提出申报。

申报人将申报文件、资料提交反垄断局,反垄断局向申报人出具《国家市场监督管理总局经营者集中材料接收单》。接收单仅表示已收到申报材料,并不表示反垄断局已立案审查。

第十六条　反垄断局应对申报人提交的文件、资料进行审核。

申报人提交的文件、资料不完备、不完整或不准确的,应当在反垄断局规定的时限内补充、修改、澄清和说明。

反垄断局审核后,认为申报文件、资料(包括补充的文件、资料)符合《反垄断法》第23条规定的,应当立案审查,并向申报人递送立案通知。

第十七条　申报人应当通过《经营者集中反垄断审查申报表》客户端申报软件,选择填报《经营者集中反垄断审查申报表》或《经营者集中简易案件反垄断审查申报表》编辑申报文件材料,该客户端申报软件可以在国家市场监督管理总局反垄断局网站下载。

第十八条　在申报后发生申报人知悉或应当知悉的重大变化,或发生应披露的新情况的,申报人应及时书面通知反垄断局。

对于申报后发生实质性变化的交易,申报人应将该交易作为一次新的集中重新申报。

第十九条　符合下列情形之一的,申报人可以书面申请撤回申报:

(一)交易不属于经营者集中的;

(二)集中未达到申报标准的;

(三)集中符合本指导意见第二十五条规定的;

(四)集中发生实质性变化,需要重新申报的;

(五)集中各方放弃交易的。

对于符合上述情形的交易,反垄断局审核后应书面同意其撤回。

第二十条 申报的文件、资料应当包括如下内容：

（一）申报书。申报书应当载明参与集中的经营者的名称、住所、经营范围、预定实施集中的日期。申报人身份证明或注册登记证明，境外申报人须提交当地有关机构出具的公证和认证文件。委托代理人申报的，应当提交经申报人签字的授权委托书；

（二）集中对相关市场竞争状况影响的说明。包括：集中交易概况；集中的动机、目的和经济合理性分析；相关市场界定；参与集中的经营者在相关市场的市场份额及其对市场的控制力；主要竞争者及其市场份额；市场集中度；市场进入；行业发展现状；集中对市场竞争结构、行业发展、技术进步、国民经济发展、消费者以及其他经营者的影响等；

（三）集中协议。包括：各种形式的集中协议文件，如协议书、合同以及相应的补充文件等；

（四）参与集中的经营者经会计师事务所审计的上一会计年度财务会计报告；

（五）反垄断局要求提交的其他文件资料。

第二十一条 除本指导意见第二十条要求提供的文件、资料外，申报人可以自愿提供有助于反垄断局对该集中进行审查和做出决定的其他文件、资料，如地方政府和主管部门等有关方面的意见，支持集中协议的各类报告，包括集中交易的可行性研究报告、尽职调查报告、行业发展研究报告、集中策划报告以及交易后前景发展预测报告等。

第二十二条 申报人提交纸质申报文件、资料的同时，应当提交内容相同的光盘电子文档。纸质申报文件、资料应合理编辑装订，以附件形式提供的文件材料，应提供附件目录，并以易于查找的方式标明每一个附件的名称及位置。电子文档应合理组织以方便查阅。

第二十三条 申报人应当提交中文撰写的文件、资料。文件、资料的原件是外文书写的，应当提交中文翻译件和外文原件。文件、资料为副本、复印件或传真件的，应当根据反垄断局的要求出示原件供验证。

相关外文文件、资料较长的，申报人可以提交中文摘要和外文原件。反垄断局可以根据工作需要要求申报人补充提交全部文件的中文翻译件。

对于申报文件、资料中的外国公司等外文专有名词，须提交中文译名。

第二十四条 申报人应当同时提交申报文件、资料的书面保密版本和公开版本，以及包括上述全部内容的电子光盘各一套。申报人应当对申报文件、资料中的商业秘密和其他需要保密的信息进行标注。

第二十五条 经营者集中有下列情形之一的，可以不向国家市场监督管理总局申报：

（一）参与集中的一个经营者拥有其他每个经营者百分之五十以上有表决权的股份或者资产的；

（二）参与集中的每个经营者百分之五十以上有表决权的股份或者资产被同一个未参与集中的经营者拥有的。

第二十六条 简易案件申报参考《关于经营者集中简易案件申报的指导意见（试行）》。

第二十七条 申报人故意隐瞒重要情况，拒绝提供相关材料、信息，或者提供虚假材料、信息的，反垄断局可以不予立案，已立案的可以撤销相关立案决定，并根据《反垄断法》第52条规定追究相关经营者或个人的法律责任。

第二十八条 经营者可以自行商谈、申报，也可以依法委托其他人代理。

经营者委托其他人代理的，应出具授权委托书。

第二十九条 经营者集中未达申报标准，经营者自愿申报的，反垄断局收到申报文件、资料后经审核认为有必要立案的，应当按照《反垄断法》的规定进行立案审查并作出决定。

在前款所述申报和立案审查期间，参与集中的经营者可以自行决定是否暂停实施其交易，并承担相应的后果。

第三十条 反垄断局对在办理经营者集中商谈和申报工作中知悉的商业秘密和其他需要保密的信息承担保密义务。

国家市场监督管理总局关于反垄断执法授权的通知

- 2018年12月28日
- 国市监反垄断〔2018〕265号

各省、自治区、直辖市市场监督管理局（厅、委）：

为了加强和优化政府反垄断职能，充实反垄断执法力量，有效维护市场公平竞争，促进全国统一开放、竞争有序市场体系建设，根据工作需要，按照《中华人民共和国反垄断法》有关规定，现授权各省、自治区、直辖市人民政府市场监督管理部门（以下统称省级市场监管部门），负责本行政区域内有关反垄断执法工作，并就有关事宜通知如下：

一、建立科学高效反垄断执法机制

（一）市场监管总局负责反垄断统一执法，直接管辖或者授权有关省级市场监管部门管辖下列案件：

1. 跨省、自治区、直辖市的垄断协议、滥用市场支配地位和滥用行政权力排除限制竞争案件，以及省级人民政府实施的滥用行政权力排除限制竞争行为。

2. 案情较为复杂或者在全国有重大影响的垄断协议、滥用市场支配地位和滥用行政权力排除限制竞争案件。

3. 总局认为有必要直接管辖的垄断协议、滥用市场支配地位和滥用行政权力排除限制竞争案件。

（二）省级市场监管部门负责本行政区域内垄断协议、滥用市场支配地位、滥用行政权力排除限制竞争案件反垄断执法工作，以本机关名义依法作出处理。省级市场监管部门发现案件属于总局管辖范围的，要及时将案件移交总局。省级市场监管部门对属于本机关管辖范围的案件，认为有必要由总局管辖的，可以报请总局决定。

（三）总局在案件审查和调查过程中，可以委托省级市场监管部门开展相应的调查。省级市场监管部门应当积极配合总局做好反垄断执法工作。省级市场监管部门在反垄断执法过程中，可以委托其他省级市场监管部门或者下级市场监管部门开展调查。受委托的市场监管部门在委托范围内，以委托机关的名义实施调查，不得再委托其他行政机关、组织或者个人实施调查。

（四）省级市场监管部门对案件管辖产生异议的，报请总局决定。

二、严格依法履行法定职责

（一）积极开展反垄断执法。总局和省级市场监管部门要将执法作为推进反垄断工作的主要内容，切实加强反垄断案件查办，着力预防和制止垄断行为。省级市场监管部门要严格依法做好管辖范围内反垄断有关举报受理、线索核查、立案调查和案件处理等工作，做到有案必查、违法必究，坚决防止和克服地方保护主义和市场分割。对不依法行政、违反法律规定执法办案的，总局将视情况改变授权方式或者撤销授权。工作人员滥用职权、玩忽职守、徇私舞弊或者泄露执法过程中知悉的商业秘密的，要严肃追究法律责任。

（二）统一执法尺度和标准。总局要加强对全国反垄断工作的指导和协调。省级市场监管部门要严格依照法律规定和总局统一要求，按照事实清楚、证据确凿、定性准确、处理恰当、手续完备、程序合法的原则，开展反垄断执法工作。省级市场监管部门要在立案后10个工作日内，将立案情况向总局备案；立案前可以就相关事宜与总局沟通。在拟作出销案决定、行政处罚事先告知、行政处罚决定、中止调查、恢复调查和终止调查决定，以及拟对滥用行政权力排除限制竞争行为提出依法处理建议前，要将案件有关情况和文书草稿向总局报告，接受总局的指导和监督。案件调查和处理中的其他重大或者疑难事项，要及时向总局报告。

（三）加强案件信息公开。总局和省级市场监管部门要按照有关规定要求，通过国家企业信用信息公示系统，做好相关涉企信息的公示工作。总局建设和进一步完善反垄断执法信息发布平台。省级市场监管部门要在作出行政处罚决定、中止和终止调查决定以及对滥用行政权力排除限制竞争行为提出依法处理建议后5个工作日内，将有关文书报送总局。总局与省级市场监管部门同步向社会公布反垄断执法信息。

三、切实加强组织保障

（一）加强对反垄断工作的组织领导。反垄断工作是优化营商环境的重要内容，是市场在资源配置中起决定性作用的重要保障。省级市场监管部门要充分认识反垄断工作的重要意义，结合本地实际，研究采取切实有效的反垄断工作举措，当好市场公平竞争的维护者和消费者利益的保护者。每年年底前，省级市场监管部门要将当年反垄断工作总体情况及时上报总局。

（二）配备反垄断专业执法资源。反垄断执法任务繁重、专业性很强。省级市场监管部门要科学配置执法资源，明确专门负责反垄断执法的机构和人员，为有效开展反垄断执法工作提供有力的组织保障。建立健全反垄断执法人才选拔和培养机制，逐步建立省级反垄断执法人才库，形成一支高素质、专业化、相对稳定的反垄断执法队伍。

（三）不断增强反垄断执法能力。省级市场监管部门要在总局指导下，定期组织开展反垄断执法人员培训，通过专家授课、交流研讨、案例剖析等多种方式，学习反垄断有关法律规定、理论基础、典型案例和执法经验。加强与高等院校等科研机构的沟通交流，开展反垄断立法执法重点难点问题研究，提升反垄断执法能力和水平。

（四）深入开展竞争宣传倡导。省级市场监管部门要结合本地实际，切实做好本行政区域内的竞争宣传倡导工作。严格落实"谁执法谁普法"的普法责任制要求，大力宣传反垄断法律法规和要求。建立行政执法人员以案释法制度，充分发挥典型案例的引导、规范、预防与教育功能，增强市场主体和社会公众的竞争法律意识，营造有利于公平竞争的社会氛围。

经营者反垄断合规指南

- 2020年9月11日
- 国反垄发〔2020〕1号

第一章 总 则

第一条 目的和依据

为鼓励经营者培育公平竞争的合规文化，建立反垄断合规管理制度，提高对垄断行为的认识，防范反垄断合规风险，保障经营者持续健康发展，促进《中华人民共和国反垄断法》(以下简称《反垄断法》)的全面实施，根据《反垄断法》等法律规定，制定本指南。

第二条 适用范围

本指南适用于《反垄断法》规定的经营者。

第三条 基本概念

本指南所称合规，是指经营者及其员工的经营管理行为符合《反垄断法》等法律、法规、规章及其他规范性文件(以下统称反垄断法相关规定)的要求。

本指南所称合规风险，是指经营者及其员工因反垄断不合规行为，引发法律责任、造成经济或者声誉损失以及其他负面影响的可能性。

本指南所称合规管理，是指以预防和降低反垄断合规风险为目的，以经营者及其员工经营管理行为为对象，开展包括制度制定、风险识别、风险应对、考核评价、合规培训等管理活动。

第四条 合规文化倡导

经营者应当诚实守信，公平竞争，倡导和培育良好的合规文化，在生产经营活动中严格守法，避免从事反垄断法相关规定禁止的垄断行为。

第二章 合规管理制度

第五条 建立合规制度

经营者建立并有效执行反垄断合规管理制度，有助于提高经营管理水平，避免引发合规风险，树立依法经营的良好形象。

经营者可以根据业务状况、规模大小、行业特性等，建立反垄断合规管理制度，或者在现有合规管理制度中开展反垄断合规管理专项工作。

第六条 合规承诺

鼓励经营者的高级管理人员作出并履行明确、公开的反垄断合规承诺。鼓励其他员工作出并履行相应的反垄断合规承诺。

经营者可以在相关管理制度中明确有关人员违反承诺的后果。

第七条 合规报告

鼓励经营者全面、有效开展反垄断合规管理工作，防范合规风险。经营者可以向反垄断执法机构书面报告反垄断合规管理制度及实施效果。

第八条 合规管理机构

鼓励具备条件的经营者建立反垄断合规管理部门，或者将反垄断合规管理纳入现有合规管理体系；明确合规工作职责和负责人，完善反垄断合规咨询、合规检查、合规汇报、合规培训、合规考核等内部机制，降低经营者及员工的合规风险。反垄断合规管理部门及其负责人应当具备足够的独立性和权威性，可以有效实施反垄断合规管理。

第九条 合规管理负责人

反垄断合规负责人领导合规管理部门执行决策管理层对反垄断合规管理的各项要求，协调反垄断合规管理与各项业务的关系，监督合规管理执行情况。

鼓励经营者高级管理人员领导或者分管反垄断合规管理部门，承担合规管理的组织实施和统筹协调工作。

第十条 合规管理职责

反垄断合规管理部门和合规管理人员一般履行以下职责：

(一)加强对国内外反垄断法相关规定的研究，推动完善合规管理制度，明确经营者合规管理战略目标和规划等，保障经营者依法开展生产经营活动；

(二)制定经营者内部合规管理办法，明确合规管理要求和流程，督促各部门贯彻落实，确保合规要求融入各项业务领域；

(三)组织开展合规检查，监督、审核、评估经营者及员工经营活动和业务行为的合规性，及时制止并纠正不合规的经营行为，对违规人员进行责任追究或者提出处理建议；

(四)组织或者协助业务部门、人事部门开展反垄断合规教育培训，为业务部门和员工提供反垄断合规咨询；

(五)建立反垄断合规报告和记录台账，组织或者协助业务部门、人事部门将合规责任纳入岗位职责和员工绩效考评体系，建立合规绩效指标；

(六)妥善应对反垄断合规风险事件，组织协调资源配合反垄断执法机构进行调查并及时制定和推动实施整改措施；

(七)其他与经营者反垄断合规有关的工作。

鼓励经营者为反垄断合规管理部门和合规管理人员履行职责提供必要的资源和保障。

第三章 合规风险重点

第十一条 禁止达成垄断协议

经营者不得与其他经营者达成或者组织其他经营者达成《反垄断法》第十三条和第十四条禁止的垄断协议。

是否构成垄断协议、垄断协议的具体表现形式，经营者可以依据《反垄断法》、《禁止垄断协议暂行规定》作出评估、判断。

经营者不得参与或者支持行业协会组织的垄断协议。

经营者因行政机关和法律、法规授权的具有管理公共事务职能的组织滥用行政权力而达成垄断协议的，仍应承担法律责任。

第十二条 禁止滥用市场支配地位

经营者具有市场支配地位的，不得从事反垄断法相关规定所禁止的滥用市场支配地位行为。

经营者是否具有市场支配地位、是否构成滥用市场支配地位的行为，可以依据《反垄断法》、《禁止滥用市场支配地位行为暂行规定》作出评估、判断。

第十三条 依法实施经营者集中

经营者实施《反垄断法》规定的经营者集中行为，达到《国务院关于经营者集中申报标准的规定》第三条所规定的申报标准的，应当依法事先向反垄断执法机构申报，未申报的不得实施集中。

经营者集中未达到《国务院关于经营者集中申报标准的规定》第三条规定的申报标准，参与集中的经营者可以自愿提出申报。对符合《关于经营者集中简易案件适用标准的暂行规定》的经营者集中，经营者可以申请作为简易案件申报。

经营者应当遵守反垄断执法机构依法作出的经营者集中审查决定。

第十四条 经营者的法律责任

经营者违反《反垄断法》，应当依法承担相应的法律责任。

第十五条 承诺制度

对反垄断执法机构调查的涉嫌垄断行为，被调查的经营者承诺在反垄断执法机构认可的期限内采取具体措施消除该行为后果的，反垄断执法机构可以决定中止调查。经营者申请承诺的具体适用标准和程序等可以参考《禁止垄断协议暂行规定》、《禁止滥用市场支配地位行为暂行规定》、《国务院反垄断委员会垄断案件经营者承诺指南》。

反垄断执法机构根据经营者履行承诺情况，依法决定终止调查或者恢复调查。

第十六条 宽大制度

经营者主动向反垄断执法机构报告达成垄断协议的有关情况并提供重要证据的，反垄断执法机构可以酌情减轻或者免除对该经营者的处罚。经营者申请宽大的具体适用标准和程序等可以参考《禁止垄断协议暂行规定》、《国务院反垄断委员会横向垄断协议案件宽大制度适用指南》。

第十七条 配合调查义务

经营者及员工应当配合反垄断执法机构依法对涉嫌垄断行为进行调查，避免从事以下拒绝或者阻碍调查的行为：

（一）拒绝、阻碍执法人员进入经营场所；

（二）拒绝提供相关文件资料、信息或者获取文件资料、信息的权限；

（三）拒绝回答问题；

（四）隐匿、销毁、转移证据；

（五）提供误导性信息或者虚假信息；

（六）其他阻碍反垄断调查的行为。

经营者及员工在反垄断执法机构采取未预先通知的突击调查中应当全面配合执法人员。

第十八条 境外风险提示

经营者在境外开展业务时，应当了解并遵守业务所在国家或者地区的反垄断相关法律规定，可以咨询反垄断专业律师的意见。经营者在境外遇到反垄断调查或者诉讼时，可以向反垄断执法机构报告有关情况。

第四章 合规风险管理

第十九条 风险识别

经营者可以根据自身规模、所处行业特性、市场情况、反垄断法相关规定及执法环境识别面临的主要反垄断风险。有关合规风险重点可以参考本指南第三章。

第二十条 风险评估

经营者可以依据反垄断法相关规定，分析和评估合规风险的来源、发生的可能性以及后果的严重性等，并对合规风险进行分级。

经营者可以根据实际情况，建立符合自身需要的合规风险评估程序和标准。

第二十一条 风险提醒

经营者可以根据不同职位、级别和工作范围的员工面临的不同合规风险，对员工开展风险测评和风险提醒工作，提高风险防控的针对性和有效性，降低员工的违法风险。

第二十二条　风险处置

鼓励经营者建立健全风险处置机制，对识别、提示和评估的各类合规风险采取恰当的控制和应对措施。

经营者可以在发现合规风险已经发生或者反垄断执法机构已经立案并启动调查程序时，立即停止实施相关行为，主动向反垄断执法机构报告并与反垄断执法机构合作。

第五章　合规管理保障

第二十三条　合规奖惩

鼓励经营者建立健全对员工反垄断合规行为的考核及奖惩机制，将反垄断合规考核结果作为员工及其所属部门绩效考核的重要依据，对违规行为进行处罚，提高员工遵守反垄断法相关规定的激励。

第二十四条　内部举报

经营者可以采取适当的形式明确内部反垄断合规举报政策，并承诺对举报人的信息保密以及不因员工举报行为而采取任何对其不利的措施。

第二十五条　信息化建设

鼓励经营者强化合规管理信息化建设，通过信息化手段优化管理流程，依法运用大数据等工具，加强对经营管理行为合规情况的监控和分析。

第二十六条　合规队伍建设

鼓励经营者建立专业化、高素质的合规管理队伍，根据业务规模、合规风险水平等因素配备合规管理人员，提升队伍能力水平。

第二十七条　合规培训

经营者可以通过加强教育培训等方式，投入有效资源，帮助和督促员工了解并遵守反垄断法相关规定，增强员工的反垄断合规意识。

第六章　附　则

第二十八条　指南的效力

本指南仅对经营者反垄断合规作出一般性指引，不具有强制性。法律法规对反垄断合规另有专门规定的，从其规定。

第二十九条　参考制定

行业协会可以参考本指南，制定本行业的合规管理制度。

网络平台经营者可以参考本指南，制定本平台内经营者合规管理制度。

第三十条　指南的解释

本指南由国务院反垄断委员会解释，自发布之日起实施。

经营者集中反垄断合规指引

- 2023 年 9 月 5 日
- 国市监反执二发〔2023〕74 号

第一章　总　则

第一条　目的和依据

为了引导经营者落实经营者集中反垄断合规主体责任，提高经营者集中反垄断合规意识和管理水平，促进社会主义市场经济健康发展，根据《中华人民共和国反垄断法》（以下简称反垄断法）、《国务院关于经营者集中申报标准的规定》（以下简称申报标准）、《经营者集中审查规定》等规定，制定本指引。

本指引是国务院反垄断委员会发布的《经营者反垄断合规指南》在经营者集中领域的专项指引。经营者可以根据经营规模、管理模式、集中频次、合规体系等自身情况，参照本指引建立经营者集中反垄断合规管理制度，或者将本指引有关经营者集中合规要素纳入经营者现有反垄断合规管理制度。

第二条　合规必要性

经营者集中审查是一项事前反垄断监管制度，旨在防止经营者通过经营者集中排除、限制相关市场竞争。

经营者加强经营者集中反垄断合规管理，可以帮助经营者识别、评估和管控经营者集中反垄断法律风险，避免具有或者可能具有排除、限制竞争效果的经营者集中，防范因违法实施集中承担法律责任。

第三条　适用范围

本指引适用于经营者在中国境内以及境外实施经营者集中时的反垄断合规活动。

第二章　经营者集中审查主要规定

第四条　经营者集中

经营者集中是指下列情形：经营者合并、经营者通过取得股权或者资产的方式取得对其他经营者的控制权、经营者通过合同等方式取得对其他经营者的控制权或者能够对其他经营者施加决定性影响。

对于新设合营企业，如果至少有两个经营者共同控制该合营企业，则构成经营者集中；如果仅有一个经营者单独控制该合营企业，其他经营者没有控制权，则不构成经营者集中。

第五条　经营者集中申报

经营者集中达到申报标准的，经营者应当事先向国家市场监督管理总局（以下简称市场监管总局）申报，未申报或者申报后获得批准前不得实施集中。未达到申报标准,但有证据证明该经营者集中具有或者可能具有排除、限制竞争效果的,市场监管总局可以要求经营者申报并书面通知经营者,经营者应当依法申报。

经营者集中有下列情形之一的,可以不向市场监管总局申报:

(一)参与集中的一个经营者拥有其他每个经营者50%以上有表决权的股份或者资产的;

(二)参与集中的每个经营者50%以上有表决权的股份或者资产被同一个未参与集中的经营者拥有的。

第六条 申报义务人

通过合并方式实施的经营者集中,合并各方均为申报义务人;其他情形的经营者集中,取得控制权或者能够施加决定性影响的经营者为申报义务人,其他经营者予以配合。

同一项经营者集中有多个申报义务人的,可以委托一个申报义务人申报。被委托的申报义务人未申报的,其他申报义务人不能免除申报义务。申报义务人未申报的,其他参与集中的经营者可以提出申报。

申报义务人没有依法履行申报义务,导致违法实施集中的,申报义务人承担相应法律责任。

第七条 经营者集中审查

收到经营者集中申报后,市场监管总局依法对经营者集中可能产生的竞争影响进行评估。经审查,市场监管总局对不具有排除、限制竞争效果的经营者集中依法无条件批准,对具有或者可能具有排除、限制竞争效果的经营者集中依法附加限制性条件批准或者予以禁止。

第八条 违法实施经营者集中调查

经营者集中达到申报标准,经营者未申报实施集中、申报后未经批准实施集中或者违反审查决定的,市场监管总局依法进行调查。

经营者集中未达到申报标准,但有证据证明该经营者集中具有或者可能具有排除、限制竞争效果,经营者未按照相关规定进行申报的,市场监管总局依法进行调查。

是否实施集中的判断因素主要包括是否完成经营主体登记或者权利变更登记、委派高级管理人员、实际参与经营决策和管理、与其他经营者交换敏感信息、实质性整合业务等。

第九条 法律风险和责任

经营者违反反垄断法有关经营者集中规定,可能面临以下法律风险或者承担以下法律责任:

(一)违法实施集中,且具有或者可能具有排除、限制竞争效果的,由市场监管总局依法责令停止实施集中、限期处分股份或者资产、限期转让营业以及采取其他必要措施恢复到集中前的状态,处上一年度销售额10%以下的罚款;不具有排除、限制竞争效果的,处500万元以下的罚款;

(二)对市场监管总局依法实施的审查和调查,经营者拒绝提供有关材料、信息,或者提供虚假材料、信息,或者隐匿、销毁、转移证据,或者有其他拒绝、阻碍调查行为的,由市场监管总局依法责令改正,对单位处上一年度销售额1%以下的罚款,上一年度没有销售额或者销售额难以计算的,处500万元以下的罚款;对个人处50万元以下的罚款;

(三)违法行为情节特别严重、影响特别恶劣、造成特别严重后果的,市场监管总局可以在第(一)(二)项规定罚款数额的二倍以上五倍以下确定具体罚款数额;

(四)因违法行为受到行政处罚的,按照国家有关规定记入信用记录,并向社会公示;

(五)实施垄断行为,给他人造成损失的,依法承担民事责任,损害社会公共利益的,可能面临民事公益诉讼;

(六)违法行为构成犯罪的,依法追究刑事责任。

第三章 重点合规风险

第十条 重点关注的经营者集中

建议经营者重点关注下列经营者集中,充分评估反垄断法律风险:

(一)与上一会计年度中国境内营业额超过4亿元的经营者合并;

(二)收购上一会计年度中国境内营业额超过4亿元的经营者的股权或者资产;

(三)与上一会计年度中国境内营业额超过4亿元的经营者共同收购其他经营者的股权或者资产;

(四)通过合同等方式取得上一会计年度中国境内营业额超过4亿元经营者的控制权或者能够对其施加决定性影响;

(五)与上一会计年度中国境内营业额超过4亿元的经营者新设合营企业;

(六)交易金额巨大或者可能对市场产生重大影响、受到业内广泛关注的经营者集中。

前款以及本指引第二十条第一款所称营业额4亿元标准是根据本指引发布时的申报标准所设立,后续如申报标准修改,4亿元标准相应调整。

第十一条 判断是否应当申报时的关注重点

判断一项交易是否应当申报经营者集中时,首先判断交易是否构成经营者集中,其次判断经营者集中是否达到申报标准，建议参考《经营者集中审查规定》有关控制权判断和营业额计算的规定。在判断是否应当申报时，需要重点关注以下风险：

（一）控制权认定不准确，误判交易不构成经营者集中导致未依法申报违法实施集中。

【案例】判断一项交易是否构成经营者集中，取决于经营者通过该交易是否取得对其他经营者的控制权或者能够对其他经营者施加决定性影响。收购少数股权也可能取得控制权，从而构成经营者集中。A 企业收购 B 企业 20% 股权，尽管 A 企业不是最大股东，但 A 企业可以单独否决 B 企业的年度商业计划、财务预算、高级管理人员任免等经营管理事项，则 A 企业很可能取得对 B 企业的（共同）控制权，构成经营者集中。如果该经营者集中达到申报标准，A 企业未申报，则构成未依法申报违法实施集中。

（二）营业额计算不准确，误判经营者集中未达到申报标准导致未依法申报违法实施集中。

【案例】参与集中的经营者的营业额包括该经营者以及申报时与该经营者存在直接或者间接控制关系的所有经营者的营业额总和，但是不包括上述经营者之间的营业额。作为收购方的 A 企业上一会计年度中国境内营业额仅为 2 亿元，但 A 企业所属的 B 集团上一会计年度中国境内营业额达到申报标准，在判断是否达到申报标准时应当按照 B 集团营业额计算。如果 A 企业按照营业额 2 亿元计算认为没有达到申报标准而未申报，可能构成未依法申报违法实施集中。

第十二条　判断何时申报时的关注重点

达到申报标准的经营者集中，经营者在签署集中协议后，实施集中前应当向市场监管总局申报，没有及时申报的，可能构成未依法申报违法实施集中。

【案例】为同一经济目的，经营者之间确定发生的分步骤实施的收购交易，如果各步交易之间相互关联、互为条件，可能构成一项经营者集中，在实施第一步前需要申报。A 企业与 B 企业签署一份交易协议，根据该协议，A 企业确定将分三步收购 B 企业持有的目标公司全部股权，第一次收购 16% 股权、第二次收购 34% 股权、第三次收购剩余股权，最终完成全部 100% 股权收购，该多步交易很可能构成一项经营者集中，如果达到申报标准，需要在实施第一步前申报，否则构成未依法申报违法实施集中。

第十三条　申报后"抢跑"

申报经营者集中后，在获得市场监管总局批准前，经营者不得实施集中，否则构成"抢跑"并承担违法实施集中法律责任。

【案例】A 企业与 B 企业计划新设合营企业，依法进行了经营者集中申报，但在市场监管总局尚未作出经营者集中审查决定的情况下，完成了合营企业登记注册手续，构成违法实施集中。A 企业与 B 企业承担违法实施集中的法律责任。

第十四条　对申报代理人的要求

申报人可以自行申报，也可以依法委托他人代理申报。申报人选择代理人应当严格审慎，对代理行为加强管理，并依法承担相应责任。申报代理人应当诚实守信、合规经营，不得故意隐瞒有关情况、提供虚假材料或者采取其他行为阻碍经营者集中案件审查、调查工作。

第十五条　对申报材料的要求

申报人应当对申报文件、资料的真实性、准确性、完整性负责。申报代理人负责协助申报人对申报文件、资料的真实性、准确性、完整性进行审核。

第十六条　排除、限制竞争风险

依法申报的经营者集中，如果市场监管总局审查认为该项经营者集中具有或者可能具有排除、限制竞争效果，将附加限制性条件批准或者禁止该项经营者集中。

评估经营者集中的竞争影响，可以考察相关经营者单独或者共同排除、限制竞争的能力、动机及可能性。集中涉及上下游市场或者关联市场的，可以考察相关经营者利用在一个或者多个市场的控制力，排除、限制其他市场竞争的能力、动机及可能性。

【案例】经营者可以参考市场监管总局网站发布的附条件批准/禁止经营者集中案件反垄断审查决定公告。

第十七条　违反审查决定

经营者集中被附加限制性条件批准的，经营者应当严格遵守限制性条件。经营者集中被禁止的，经营者不得实施集中。

【案例】A 企业收购 B 企业股权经营者集中获得附加限制性条件批准。条件之一是要求 A 企业不得降低相关产品给予经销商的折扣，并委托监督受托人监督执行。监督受托人核查发现 A 企业给予经销商的折扣违反了附条件审查决定的相关要求，市场监管总局调查核实后对 A 企业依法作出行政处罚。

第十八条　阻碍经营者集中审查调查

配合经营者集中审查调查工作是经营者应当遵守的法律义务。经营者拒绝提供有关材料信息，或者提供虚假材料信息，或者隐匿、销毁、转移证据，或者有其他拒绝、阻碍调查行为的，将承担较为严重的法律后果。

第十九条　境外经营者集中反垄断风险

不同司法辖区有关经营者集中申报标准、程序等规定存在差异。经营者开展经营者集中业务时，建议同时关注可能涉及到的境外司法辖区的经营者集中或者并购控制反垄断监管法律规定。

有关境外经营者集中反垄断合规，经营者可以参考市场监管总局《企业境外反垄断合规指引》有关经营者集中合规内容。

第四章　合规风险管理

第二十条　合规管理制度

鼓励具有经营者集中需求的经营者建立经营者集中反垄断合规管理制度，特别是在中国境内年度营业额超过4亿元的经营者；建议中国境内年度营业额超过100亿元的经营者建立经营者集中反垄断合规管理制度。

鼓励具备条件的集团企业在母公司、子公司各层级建立经营者集中反垄断合规管理制度，或者采取有效措施将经营者集中反垄断合规管理覆盖集团各层级成员企业。

第二十一条　合规管理职责

经营者可以设立或者指定相关部门承担经营者集中反垄断合规管理职责（以下简称合规管理部门），主要履行以下职责：

（一）制定、评估、更新经营者集中反垄断合规管理制度和措施，监督制度和措施的实施；

（二）识别、评估经营者集中反垄断合规风险，及时制止、纠正不合规的经营者集中行为；

（三）向决策层或者高级管理层报告经营者集中反垄断合规情况，及时提示重大合规风险并采取应对措施；

（四）为内部相关部门及人员提供经营者集中反垄断合规建议、咨询和指导；

（五）组织开展经营者集中反垄断合规培训，提升相关人员合规意识和能力；

（六）配合人事等相关责任部门落实相关合规奖惩措施；

（七）研究跟进国内外经营者集中最新法律法规以及执法实践；

（八）指导集团内所属企业经营者集中反垄断合规管理制度建设；

（九）协调组织内部相关部门及人员配合市场监管总局经营者集中审查和调查工作；

（十）其他合规相关工作。

合规管理部门可以委托专业机构协助开展相关工作。

第二十二条　经营者集中反垄断合规负责人

鼓励达到一定规模且集中行为较为频繁的经营者设置经营者集中反垄断合规负责人（以下简称合规负责人），负责经营者集中反垄断合规事项，履行相关合规管理职责。合规负责人应当具备下列合规管理能力：

（一）掌握经营者集中反垄断相关法律法规；

（二）具备识别和防控经营者集中反垄断法律风险的专业知识；

（三）熟悉经营者内部投资并购全链条业务流程；

（四）了解经营者主营业务所在市场竞争状况；

（五）其他应当具备的合规管理能力。

经营者可以将管理层中负责合规、法务事务的高级管理人员明确为合规负责人，赋予相应职责权限，提供必要的工作条件、岗位待遇和教育培训，保障其履行经营者集中反垄断合规管理职责。

第二十三条　关键岗位人员

经营者内部与投资并购业务密切相关的投资、法务、财务等部门岗位是经营者集中反垄断合规管理的关键岗位。建议关键岗位人员做好以下工作：

（一）知悉经营者集中相关法律法规；

（二）遵守经营者集中反垄断合规管理要求；

（三）参加经营者集中反垄断合规培训；

（四）配合提供合规所需相关材料；

（五）其他合规相关工作。

第二十四条　风险识别和评估

建议经营者在投资并购决策和执行流程中嵌入经营者集中反垄断合规审核程序，识别、评估经营者集中反垄断法律风险，提早做好申报准备以及相应风险防范措施。鼓励经营者在制定投资并购计划、开展投资并购洽谈等更早阶段识别、评估可能面临的经营者集中反垄断法律风险。

第二十五条　风险应对

鼓励经营者建立经营者集中反垄断合规风险应对机制，针对不同法律风险制定对应处置措施，主要包括以下方面：

（一）发现经营者集中达到申报标准的，及时依法履行申报义务，为申报审查工作预留必要时间，确保申报前以及获得批准前不实施集中；

（二）发现拟议交易可能具有排除、限制竞争效果的，及时调整交易计划、交易结构或者采取其他必要措施减少交易可能对市场竞争产生的不利影响；

（三）申报后市场监管总局认为经营者集中具有或

者可能具有排除、限制竞争效果的，经营者应当尽早提出附加限制性条件方案；

（四）发现可能构成违法实施经营者集中行为的，及时停止相关行为并与市场监管总局沟通，积极配合开展相关工作。

第五章　合规管理保障

第二十六条　合规承诺

鼓励经营者建立经营者集中反垄断合规承诺机制。合规承诺可以提高经营者决策人员、高级管理人员等对经营者集中反垄断法律风险的认识和重视程度，确保合规管理能够有效执行。

经营者决策人员、高级管理人员以及投资部门等关键岗位人员可以作出经营者集中反垄断合规承诺，或者在整体合规承诺中纳入经营者集中反垄断合规内容。经营者可以在内部人事管理制度中明确相关人员违反合规承诺的不利后果。

第二十七条　合规报告

经营者可以建立经营者集中反垄断合规报告机制，或者在整体合规报告中纳入经营者集中反垄断合规事项。合规负责人可以定期向经营者决策层或者高级管理层报告经营者集中反垄断合规情况。当出现重大合规风险时，合规负责人及时向经营者决策层或者高级管理层汇报，并提出风险应对建议。

鼓励经营者向市场监管总局、省级市场监管部门报告经营者集中反垄断合规情况及进展，包括合规管理制度建设、合规人员配备、合规审核记录、合规宣传培训、第三方评价以及近年申报和被处罚情况等。省级市场监管部门可以定期了解辖区内经营者合规管理情况，给予经营者必要支持和指导。

第二十八条　合规评价

鼓励经营者采取适当方式定期对经营者集中反垄断合规管理制度的执行效果进行评价，持续完善合规管理制度、改进合规管理体系。

经营者集中反垄断合规管理制度有效性评价可以包括以下方面：

（一）建立明确、可执行的合规管理体系和流程；

（二）配备合规负责人且职责清晰；

（三）设置明确的合规奖惩机制和举措；

（四）合规审核得到全面、充分、有效执行；

（五）有关合规有效运行的其他情况。

第二十九条　合规咨询

经营者可以建立经营者集中反垄断合规咨询机制。鼓励经营者相关人员尽早向合规管理部门或者合规负责人咨询经营者集中过程中遇到的合规问题。经营者可以向外部法律专家、专业机构等进行合规咨询，也可以就申报经营者集中等事项向市场监管总局、相关省级市场监管部门提出商谈咨询。

市场监管总局、省级市场监管部门指导经营者做好相关合规、申报等工作。

第三十条　合规培训

鼓励经营者以专家授课、印发手册等多种形式开展经营者集中合规宣传与培训，引导和督促经营者相关人员提高合规意识与能力，提升合规管理效能。

鼓励经营者对决策人员、高级管理人员进行经营者集中基础知识培训，对合规负责人、关键岗位人员进行经营者集中专业培训和考核。

市场监管总局、省级市场监管部门加强经营者集中反垄断合规宣传和培训，指导经营者做好合规管理。

第三十一条　合规奖惩

鼓励经营者建立内部经营者集中反垄断合规奖惩机制，对合规工作成效显著的合规负责人、关键岗位人员给予表彰和奖励，当经营者出现重大违法实施经营者集中行为时，对未审慎履行合规职责的合规负责人或者关键岗位人员给予必要惩戒。

第三十二条　合规激励

为鼓励经营者积极开展经营者集中反垄断合规，市场监管总局在查处违法实施集中行为时可以考虑经营者集中反垄断合规管理制度建设及实施情况。

第三十三条　发挥行业协会作用

鼓励行业协会充分发挥桥梁纽带作用，组织经营者与市场监管部门开展经营者集中审查工作交流和培训，服务经营者建立健全经营者集中反垄断合规管理制度。

第六章　附　则

第三十四条　指引的效力

本指引仅对经营者集中反垄断合规作出一般性指导，供经营者参考，不具有强制性。经营者可以结合自身特点，细化完善内部合规管理制度，建立合规管理体系。

本指引关于经营者集中审查制度的阐释多为原则性、概括性说明，案例列举并不涵盖全部法律风险，建议经营者在参考本指引时依据经营者集中相关法律法规结合具体问题进行具体分析评估。

第三十五条　指引的解释

本指引由市场监管总局负责解释。

企业境外反垄断合规指引

- 2021 年 11 月 15 日
- 国市监反垄发〔2021〕72 号

第一章 总 则

第一条 目的和依据

为了鼓励企业培育公平竞争的合规文化，引导企业建立和加强境外反垄断合规管理制度，增强企业境外经营反垄断合规管理意识，提升境外经营反垄断合规管理水平，防范境外反垄断法律风险，保障企业持续健康发展，根据工作实际，制定本指引。

第二条 反垄断合规的重要意义

反垄断法是市场经济国家调控经济的重要政策工具，制定并实施反垄断法是世界上大多数国家或者地区（以下称司法辖区）保护市场公平竞争、维护市场竞争秩序的普遍做法。不同司法辖区对反垄断法的表述有所不同，例如"反垄断法"、"竞争法"、"反托拉斯法"、"公平交易法"等，本指引以下统称反垄断法。

企业境外经营应当坚持诚信守法、公平竞争。企业违反反垄断法可能面临高额罚款、罚金、损害赔偿诉讼和其他法律责任，企业相关负责人也可能面临罚款、罚金甚至刑事责任等严重后果。加强境外反垄断合规建设，可以帮助企业识别、评估和管控各类反垄断法律风险。

第三条 适用范围

本指引适用于在境外从事经营业务的中国企业以及在境内从事经营业务但可能对境外市场产生影响的中国企业，包括从事进出口贸易、境外投资、并购、知识产权转让或者许可、招投标等涉及境外的经营活动。

多数司法辖区反垄断法规定域外管辖制度，对在本司法辖区以外发生但对本司法辖区内市场产生排除、限制竞争影响的垄断行为，同样适用其反垄断法。

第二章 境外反垄断合规管理制度

第四条 建立境外反垄断合规管理制度

企业可以根据业务规模、业务涉及的主要司法辖区、所处行业特性及市场状况、业务经营面临的法律风险等制定境外反垄断合规制度，或者将境外反垄断合规要求嵌入现有整体合规制度中。

部分司法辖区对企业建立健全反垄断合规体系提出了具体指引，企业可以以此为基础制定相应的反垄断合规制度。企业建立并有效实施良好的合规制度在部分司法辖区可作为减轻反垄断处罚责任的依据。

第五条 境外反垄断合规管理机构

鼓励企业尤其是大型企业设置境外反垄断合规管理部门或者岗位，或者依托现有合规管理制度开展境外反垄断合规管理专项工作。

反垄断合规管理部门和合规管理人员可以按照国务院反垄断委员会发布的《经营者反垄断合规指南》履行相应职责。

企业可以对境外反垄断合规管理制度进行定期评估，该评估可以由反垄断合规管理部门实施或者委托外部专业机构协助实施。

第六条 境外反垄断合规管理职责

境外反垄断合规管理职责主要包括以下方面：

（一）持续关注企业业务所涉司法辖区反垄断立法、执法及司法的发展动态，及时为决策层、高级管理层和业务部门提供反垄断合规建议；

（二）根据所涉司法辖区要求，制定并更新企业反垄断合规政策，明确企业内部反垄断合规要求和流程，督促各部门贯彻落实，确保合规要求融入各项业务领域；

（三）审核、评估企业竞争行为和业务经营的合规性，及时制止、纠正不合规的经营行为，并制定针对潜在不合规行为的应对措施；

（四）组织或者协助业务、人事等部门开展境外反垄断合规培训，并向业务部门和员工提供境外反垄断合规咨询；

（五）建立境外反垄断合规报告制度，组织开展企业内部反垄断合规检查，对发现的合规风险向管理层提出处理建议；

（六）妥善应对反垄断合规风险事件，就潜在或者已发生的反垄断调查或者诉讼，组织制定应对和整改措施；

（七）其他与企业境外反垄断合规有关的工作。

第七条 境外反垄断合规承诺机制

鼓励企业建立境外反垄断合规承诺机制。企业决策人员、在境外从事经营的高级管理人员和业务人员等可以作出反垄断合规承诺。

建立反垄断合规承诺机制，可以提高相关人员对反垄断法律风险的认识和重视程度，确保其对企业履行合规承诺负责。通常情况下，企业决策人员和相关高级管理人员对反垄断合规的承诺和参与是提升合规制度有效性的关键。

第三章 境外反垄断合规风险重点

第八条 反垄断涉及的主要行为

各司法辖区反垄断法调整的行为类型类似，主要规制垄断协议、滥用市场支配地位和具有或者可能具有排除、限制竞争影响的经营者集中。各司法辖区对于相关行为的定义、具体类型和评估方法不尽相同，本章对此作简要阐释，具体合规要求应以各司法辖区反垄断法相关规定为准。

同时，企业应当根据相关司法辖区的情况，关注本章可能未涉及的特殊规制情形，例如有的司法辖区规定禁止滥用相对优势地位、禁止在竞争者中兼任董事等安排，规制行政性垄断行为等。

第九条　垄断协议

垄断协议一般是指企业间订立的排除、限制竞争的协议或者采取的协同行为，也被称为"卡特尔"、"限制竞争协议"、"不正当交易限制"等，主要包括固定价格、限制产量或分割市场、联合抵制交易等横向垄断协议以及转售价格维持、限定销售区域和客户或者排他性安排等纵向垄断协议。部分司法辖区反垄断法也禁止交换价格、成本、市场计划等竞争性敏感信息，某些情况下被动接收竞争性敏感信息不能成为免于处罚的理由。横向垄断协议，尤其是与价格相关的横向垄断协议，通常被视为非常严重的限制竞争行为，各司法辖区均对此严格规制。多数司法辖区也对纵向垄断协议予以规制，例如转售价格维持（RPM）可能具有较大的违法风险。

垄断协议的形式并不限于企业之间签署的书面协议，还包括口头协议、协同行为等行为。垄断协议的评估因素较为复杂，企业可以根据各司法辖区的具体规定、指南、司法判例及执法实践进行评估和判断。比如，有的司法辖区对垄断协议的评估可能适用本身违法或者合理原则，有的司法辖区可能会考虑其是否构成目的违法或者需要进行效果分析。适用本身违法或目的违法的行为通常推定为本质上存在损害、限制竞争性质，而适用合理原则与效果分析时，会对相关行为促进和损害竞争效果进行综合分析。部分司法辖区对垄断协议行为设有行业豁免、集体豁免以及安全港制度，企业在分析和评估时可以参照有关规定。

此外，大多数司法辖区均规定协会不得组织企业从事垄断协议行为，企业也不会因协会组织的垄断协议而免于处罚。

第十条　滥用市场支配地位

市场支配地位一般是指企业能够控制某个相关市场，而在该市场内不再受到有效竞争约束的地位。一般来说，判断是否具有市场支配地位需要综合考虑业务规模、市场份额和其他相关因素，比如来自竞争者的竞争约束、客户的谈判能力、市场进入壁垒等。通常情况下，除非有相反证据，较低的市场份额不会被认定为具有市场支配地位。

企业具有市场支配地位本身并不违法，只有滥用市场支配地位才构成违法。滥用市场支配地位是指具有市场支配地位的企业没有正当理由，凭借该地位实施排除、限制竞争的行为，一般包括销售或采购活动中的不公平高价或者低价、低于成本价销售、附加不合理或者不公平的交易条款和条件、独家或者限定交易、拒绝交易、搭售、歧视性待遇等行为。企业在判断是否存在滥用市场支配地位时，可以根据有关司法辖区的规定，提出可能存在的正当理由及相关证据。

第十一条　经营者集中

经营者集中一般是指企业合并、收购、合营等行为，有的司法辖区称之为并购控制。经营者集中本身并不违法，但对于具有或可能具有排除、限制竞争效果的，可能被禁止或者附加限制性条件批准。

不同司法辖区判断是否构成集中、是否应当申报的标准不同。有的司法辖区主要考察经营者控制权的持久变动，通过交易取得对其他经营者的单独或者共同控制即构成集中，同时依据营业额设定申报标准；有的司法辖区设置交易规模、交易方资产额、营业额等多元指标判断是否达到申报标准；有的司法辖区考察集中是否会或者可能会对本辖区产生实质性限制竞争效果，主要以市场份额作为是否申报或者鼓励申报的初步判断标准。此外，设立合营企业是否构成经营者集中在不同司法辖区的标准也存在差异，需要根据相关规定具体分析。

多数司法辖区要求符合规定标准的集中必须在实施前向反垄断执法机构申报，否则不得实施；有的司法辖区根据集中类型、企业规模和交易规模确定了不同的申报时点；有的司法辖区采取自愿申报制度；有的司法辖区要求企业不晚于集中实施后的一定期限内申报；有的司法辖区可以在一定情况下调查未达到申报标准的交易。对于采取强制事前申报的司法辖区，未依法申报或者未经批准实施的经营者集中，通常构成违法行为并可能产生严重的法律后果，比如罚款、暂停交易、恢复原状等；采取自愿申报或者事后申报的司法辖区，比如交易对竞争产生不利影响，反垄断执法机构可以要求企业暂停交易、恢复原状、附加限制性条件等。

第十二条　境外反垄断调查方式

多数司法辖区反垄断执法机构都拥有强力而广泛的调查权。一般来说，反垄断执法机构可根据举报、投诉、违法公司的宽大申请或者依职权开展调查。

调查手段包括收集有关信息、复制文件资料、询问当事人及其他关系人（比如竞争对手和客户）、现场调查、采取强制措施等。部分司法辖区还可以开展"黎明突袭"，即在不事先通知企业的情况下，突然对与实施涉嫌垄断行为相关或者与调查相关的必要场所进行现场搜查。在黎明突袭期间，企业不得拒绝持有搜查证、搜查授权或者决定的调查人员进入。调查人员可以检查搜查证、搜查授权或者决定范围内的一切物品，可以查阅、复制文件，根据检查需要可以暂时查封有关场所，询问员工等。此外，在有的司法辖区，反垄断执法机构可以与边境管理部门合作，扣留和调查入境的被调查企业员工。

第十三条　配合境外反垄断调查

各司法辖区对于配合反垄断调查和诉讼以及证据保存均有相关规定，一般要求相关方不得拒绝提供有关材料或信息，提供虚假或者误导性信息、隐匿或者销毁证据，开展其他阻挠调查和诉讼程序并带来不利后果的行为，对于不配合调查的行为规定了相应的法律责任。有的司法辖区规定，提供错误或者误导性信息等情形可面临最高为集团上一财年全球总营业额1%的罚款，还可以要求每日缴纳最高为集团上一财年全球日均营业额5%的滞纳金；如果最终判定存在违法行为，则拒绝合作可能成为加重罚款的因素。有的司法辖区规定，拒绝配合调查可能被判藐视法庭或者妨碍司法公正，并处以罚金，情节严重的甚至可能被判处刑事责任，比如通过向调查人员提供重大不实陈述的方式故意阻碍调查等情形。通常情况下，企业对反垄断调查的配合程度是执法机构作出处罚以及宽大处理决定时的重要考量因素之一。

企业可以根据需要，由法务部门、外部律师、信息技术部门事先制定应对现场检查的方案和配合调查的计划。在面临反垄断调查和诉讼时，企业可以制定员工出行指南，确保员工在出行期间发生海关盘问、搜查等突发情况时能够遵守企业合规政策，同时保护其合法权利。

第十四条　企业在境外反垄断调查中的权利

多数司法辖区对反垄断执法机构开展调查的程序等作出明确要求，以保障被调查企业的合法权利。反垄断执法机构开展调查时应当遵循法定程序并出具相关证明文件，比如执法机构的身份证明或者法院批准的搜查令等。被调查的企业依法享有陈述、说明和申辩的权利，反垄断执法机构对调查过程中获取的信息应当依法予以保密。

在境外反垄断调查中，企业可以依照相关司法辖区的规定维护自身合法权益，比如就有关事项进行陈述和申辩，要求调查人员出示证件，向执法机构询问企业享有的合法权利，在保密的基础上查阅执法机构的部分调查文件；聘请律师到场，在有的司法辖区，被调查对象有权在律师到达前保持缄默。部分司法辖区对受律师客户特权保护的文件有除外规定，企业在提交文件时可以对相关文件主张律师客户特权，防止执法人员拿走他们无权调阅的特权资料。有的司法辖区规定，应当听取被调查企业或行业协会的意见，并使其享有就异议事项提出答辩的机会。无论是法律或者事实情况，如果被调查对象没有机会表达自己的观点，就不能作为案件裁决的依据。

第十五条　境外反垄断诉讼

企业在境外也可能面临反垄断诉讼。反垄断诉讼既可以由执法机构提起，也可以由民事主体提起。比如，在有的司法辖区，执法机构可以向法院提起刑事诉讼和民事诉讼；直接购买者、间接购买者也可以向法院提起诉讼，这些诉讼也有可能以集团诉讼的方式提起。在有的司法辖区，反垄断诉讼包括对反垄断执法机构决定的上诉，以及受损害主体提起的损害赔偿诉讼、停止垄断行为的禁令申请或者以合同包含违反竞争法律的限制性条款为由对该合同提起的合同无效之诉。

不同司法辖区的反垄断诉讼涉及程序复杂、耗时较长；有的司法辖区可能涉及范围极为宽泛的证据开示。企业在境外反垄断诉讼中一旦败诉，将面临巨额罚款或者赔偿、责令改变商业模式甚至承担刑事责任等严重不利后果。

第十六条　应对境外反垄断风险

企业可以建立对境外反垄断法律风险的应对和损害减轻机制。当发生重大境外反垄断法律风险时，可以立刻通知法务人员、反垄断合规管理人员、相关业务部门负责人开展内部联合调查，发现并及时终止不合规行为，制定内部应对流程以及诉讼或者辩护方案。

部分司法辖区设有豁免申请制度，在符合一定条件的情况下，企业可以针对可能存在损害竞争效果但也有一定效率提升、消费者福利提升或公平利益提升的相关行为，向反垄断执法机构事前提出豁免申请。获得批准后，企业从事相关行为将不会被反垄断执法机构调查或者被认定为违法。企业可以根据所在司法辖区的实际情况评估如何运用该豁免申请，提前防范反垄断法律风险。

企业可以聘请外部律师、法律或者经济学专家、其他专业机构协助企业应对反垄断法律风险，争取内部调查的结果在可适用的情况下可以受到律师客户特权的保护。

第十七条　可能适用的补救措施

出现境外反垄断法律风险时或者境外反垄断法律风险发生后，企业可以根据相关司法辖区的规定以及实际情况采取相应措施，包括运用相关司法辖区反垄断法中的宽大制度、承诺制度、和解程序等，最大程度降低风险和负面影响。

宽大制度，一般是指反垄断执法机构对于主动报告垄断协议行为并提供重要证据的企业，减轻或者免除处罚的制度。比如，有的司法辖区，宽大制度可能使申请企业减免罚款并豁免刑事责任；有的司法辖区，第一个申请宽大的企业可能被免除全部罚款，后续申请企业可能被免除部分罚款。申请适用宽大制度通常要求企业承认参与相关垄断协议，可能在后续民事诉讼中成为对企业的不利证据，同时要求企业承担更高的配合调查义务。

承诺制度，一般是指企业在反垄断调查过程中，主动承诺停止或者放弃被指控的垄断行为，并采取具体措施消除对竞争的不利影响，反垄断执法机构经评估后作出中止调查、接受承诺的决定。对于企业而言，承诺决定不会认定企业存在违法行为，也不会处以罚款；但企业后续如果未遵守承诺，可能面临重启调查和罚款的不利后果。

和解制度，一般是指企业在反垄断调查过程中与执法机构或者私人原告以和解的方式快速结案。有的司法辖区，涉案企业需主动承认其参与垄断协议的违法行为，以获得最多10%的额外罚款减免。有的司法辖区，和解包括在民事案件中与执法机构或者私人原告达成民事和解协议，或者在刑事案件中与执法机构达成刑事认罪协议。民事和解通常包括有约束力的同意调解书，其中包括纠正被诉损害竞争行为的承诺。执法机构也可能会要求被调查方退还通过损害竞争行为获得的非法所得。同意调解书同时要求企业对遵守承诺情况进行定期报告。不遵守同意调解书，企业可能被处以罚款，并且重新调查。在刑事程序中，企业可以和执法机构达成认罪协议，达到减轻罚款、更快结案的效果；企业可以综合考虑可能的罚款减免、效率、诉讼成本、确定性、胜诉可能性、对后续民事诉讼的影响等因素决定是否达成认罪协议。

第十八条　反垄断法律责任

垄断行为可能导致相关企业和个人被追究行政责任、民事责任和刑事责任。

行政责任主要包括被处以禁止令、罚款、拆分企业等。禁止令通常禁止继续实施垄断行为，也包括要求采取整改措施、定期报告、建立和实施有效的合规制度等。多数司法辖区对垄断行为规定大额罚款，有的司法辖区规定最高可以对企业处以集团上一年度全球总营业额10%的罚款。

民事责任主要有确认垄断协议无效和损害赔偿两种。有的司法辖区规定应当充分赔偿因垄断行为造成的损失，包括实际损失和利润损失，加上从损害发生之日起至支付赔偿金期间的利息；有的司法辖区规定企业最高承担三倍损害赔偿责任以及相关诉讼费用。

部分司法辖区还规定刑事责任，垄断行为涉及的高级管理人员、直接责任人等个人可能面临罚金甚至监禁，对公司违法者的罚金高达1亿美元，个人刑事罚金高达100万美元，最高监禁期为10年。如果违法所得或者受害者经济损失超过1亿美元，公司的最高罚金可以是违法所得或者经济损失的两倍。

有的司法辖区规定，如果母公司对子公司能够施加"决定性影响"，境外子公司违反反垄断法，母公司可能承担连带责任。同时，计算相关罚款的基础调整为整个集团营业额。

除法律责任外，企业受到反垄断调查或者诉讼还可能产生其他重大不利影响，对企业境外经营活动造成极大风险。反垄断执法机构的调查或者反垄断诉讼可能耗费公司大量的时间，产生高额法律费用，分散对核心业务活动的关注，影响企业正常经营。如果调查或者诉讼产生不利后果，企业财务状况和声誉会受到极大损害。

第四章　境外反垄断合规风险管理

第十九条　境外反垄断风险识别

企业可以根据境外业务规模、所处行业特点、市场情况、相关司法辖区反垄断法律法规以及执法环境等因素识别企业面临的主要反垄断风险。

（一）可能与垄断协议有关的风险。大多数司法辖区禁止企业与其他企业达成和实施垄断协议以及交换竞争性敏感信息。企业在境外开展业务时应当高度关注以下行为可能产生与垄断协议有关的风险：一是与竞争者接触相关的风险。比如，企业员工与竞争者员工之间在行业协会、会议以及其他场合的接触；竞争企业之间频繁的人员流动；通过同一个供应商或者客户交换敏感信息等。二是与竞争者之间合同、股权或其他合作相关的风险。比如，与竞争者达成合伙或者合作协议等可能排除、限制竞争的。三是在日常商业行为中与某些类型的协议或行为相关的风险。比如，与客户或供应商签订包含排他性条款的协议；对客户转售价格的限制等。

（二）可能与滥用市场支配地位有关的风险。企业应当对从事经营活动的市场、主要竞争者和自身市场力量做出评估和判断,并以此为基础评估和规范业务经营活动。当企业在某一市场中具有较高市场份额时,应当注意其市场行为的商业目的是否为限制竞争、行为是否对竞争造成不利影响,避免出现滥用市场支配地位的风险。

(三)可能与经营者集中有关的风险。大多数司法辖区设有集中申报制度,企业在全球范围内开展合并、收购、设立合营企业等交易时,同一项交易(包括在中国境内发生的交易)可能需要在多个司法辖区进行申报。企业在开展相关交易前,应当全面了解各相关司法辖区的申报要求,充分利用境外反垄断执法机构的事前商谈机制,评估申报义务并依法及时申报。企业收购境外目标公司还应当特别注意目标公司是否涉及反垄断法律责任或者正在接受反垄断调查,评估该法律责任在收购后是否可能被附加至母公司或者买方。

第二十条　境外反垄断风险评估

企业可以根据实际情况,建立境外反垄断法律风险评估程序和标准,定期分析和评估境外反垄断法律风险的来源、发生的可能性以及后果的严重性等,明确风险等级,并按照不同风险等级设计和实施相应的风险防控制度。评估可以由企业反垄断合规管理部门组织实施或者委托外部专业机构协助实施。

鼓励企业对以下情形开展专项评估:(一)对业务收购、公司合并、新设合营企业等事项作出投资决策之前;(二)实施重大营销计划、签订重大供销协议之前;(三)受到境外反垄断调查或者诉讼之后。

第二十一条　企业员工风险评级

企业根据员工面临境外反垄断法律风险的不同程度开展风险评级,进行更有效的风险防控。对高级管理人员、业务部门的管理人员,经常与同行竞争者交往的人员、销售、市场及采购部门的人员,知晓企业商业计划、价格等敏感信息的人员,曾在具有竞争关系的企业工作并知晓敏感信息的人员,负责企业并购项目的人员等;企业可以优先进行风险管理,采取措施强化其反垄断合规意识。对其他人员,企业可以根据风险管理的优先级采取反垄断风险管理的适当措施。

第二十二条　境外反垄断合规报告

企业可以建立境外反垄断合规报告机制。反垄断合规管理部门可以定期向企业决策层和高级管理层汇报境外反垄断合规管理情况。当发生重大境外反垄断风险时,反垄断合规管理机构应当及时向企业决策层和高级管理层汇报,组织内部调查,提出风险评估意见和风险应对措施;同时,企业可以通过境外企业和对外投资联络服务平台等渠道向商务部、市场监管总局等政府部门和驻外使领馆报告。

第二十三条　境外反垄断合规咨询

企业可以建立反垄断合规咨询机制。由于境外反垄断合规的高度复杂性,鼓励企业及员工尽早向反垄断合规管理部门咨询经营中遇到境外反垄断合规问题。企业反垄断合规管理部门可根据需要聘请外部律师或专家协助开展合规咨询,也可在相关司法辖区法律法规允许的情况下,在开展相关行为前向有关反垄断执法机构进行合规咨询。

第二十四条　境外反垄断合规审核

企业可以建立境外反垄断合规审核机制。反垄断合规管理部门可以对企业在境外实施的战略性决定、商业合同、交易计划、经销协议模板、销售渠道管理政策等进行反垄断合规审核。反垄断合规管理部门可以根据需要聘请外部律师协助评估反垄断法律风险,提出审核意见。

第二十五条　境外反垄断合规培训

企业可以对境外管理人员和员工进行定期反垄断合规培训。反垄断合规培训可以包括相关司法辖区反垄断法律法规、反垄断法律风险、可能导致反垄断法律风险的行为、日常合规行为准则、反垄断调查和诉讼的配合、反垄断宽大制度、承诺制度、和解制度、企业的反垄断合规政策和体系等相关内容。

企业可以定期审阅、更新反垄断合规培训内容;也可以通过员工行为准则、核查清单、反垄断合规手册等方式向员工提供书面指导。

第二十六条　其他防范反垄断风险的具体措施

除本章第十九条至第二十五条规定之外,企业还可以采取以下措施,防范境外反垄断风险。

(一)在加入行业协会之前,对行业协会目标和运营情况进行尽职调查,特别是会籍条款是否可能用来排除限制竞争,该协会是否有反垄断合规制度等。保存并更新所参加的行业协会活动及相关员工的清单。

(二)在参加行业协会组织的或者有竞争者参加的会议前了解议题,根据需要可以安排反垄断法律顾问出席会议和进行反垄断合规提醒;参加行业协会会议活动时认真审阅会议议程和会议纪要。

(三)在与竞争者进行交流之前应当明确范围,避免讨论竞争敏感性话题;记录与竞争者之间的对话或者其他形式的沟通,及时向上级或者反垄断合规管理部门报告。

(四)对与竞争者共同建立的合营企业和其他类型的合作,可以根据需要设立信息防火墙,避免通过合营企业或者其他类型的合作达成或者实施垄断协议。

（五）如果企业的部分产品或者服务在相关司法辖区可能具有较高的市场份额，可以对定价、营销、采购等部门进行专项培训，对可能存在风险的行为进行事前评估，及时防范潜在风险。

第五章 附 则

第二十七条 指引的效力

本指引仅对企业境外反垄断合规作出一般性指引，供企业参考。指引中关于境外反垄断法律法规的阐释多为原则性、概括性说明，建议在具体适用时查询相关司法辖区反垄断法律法规的最新版本。企业应当结合各司法辖区关于合规制度以及经营行为是否违反反垄断法等方面的具体要求，有针对性地建设反垄断合规体系和开展合规工作。

本指引未涉及事项，可以参照国务院反垄断委员会发布的《经营者反垄断合规指南》。

经营者集中审查规定

· 2023 年 3 月 10 日国家市场监督管理总局令第 67 号公布
· 自 2023 年 4 月 15 日起施行

第一章 总 则

第一条 为了规范经营者集中反垄断审查工作，根据《中华人民共和国反垄断法》（以下简称反垄断法）和《国务院关于经营者集中申报标准的规定》，制定本规定。

第二条 国家市场监督管理总局（以下简称市场监管总局）负责经营者集中反垄断审查工作，并对违法实施的经营者集中进行调查处理。

市场监管总局根据工作需要，可以委托省、自治区、直辖市市场监督管理部门（以下称省级市场监管部门）实施经营者集中审查。

市场监管总局加强对受委托的省级市场监管部门的指导和监督，健全审查人员培训管理制度，保障审查工作的科学性、规范性、一致性。

第三条 经营者可以通过公平竞争、自愿联合，依法实施集中，扩大经营规模，提高市场竞争能力。

市场监管总局开展经营者集中反垄断审查工作时，坚持公平公正，依法平等对待所有经营者。

第四条 本规定所称经营者集中，是指反垄断法第二十五条所规定的下列情形：

（一）经营者合并；

（二）经营者通过取得股权或者资产的方式取得对其他经营者的控制权；

（三）经营者通过合同等方式取得对其他经营者的控制权或者能够对其他经营者施加决定性影响。

第五条 判断经营者是否取得对其他经营者的控制权或者能够对其他经营者施加决定性影响，应当考虑下列因素：

（一）交易的目的和未来的计划；

（二）交易前后其他经营者的股权结构及其变化；

（三）其他经营者股东（大）会等权力机构的表决事项及其表决机制，以及其历史出席率和表决情况；

（四）其他经营者董事会等决策或者管理机构的组成及其表决机制，以及其历史出席率和表决情况；

（五）其他经营者高级管理人员的任免等；

（六）其他经营者股东、董事之间的关系，是否存在委托行使投票权、一致行动人等；

（七）该经营者与其他经营者是否存在重大商业关系、合作协议等；

（八）其他应当考虑的因素。

两个以上经营者均拥有对其他经营者的控制权或者能够对其他经营者施加决定性影响的，构成对其他经营者的共同控制。

第六条 市场监管总局健全经营者集中分类分级审查制度。

市场监管总局可以针对涉及国计民生等重要领域的经营者集中，制定具体的审查办法。

市场监管总局对经营者集中审查制度的实施效果进行评估，并根据评估结果改进审查工作。

第七条 市场监管总局强化经营者集中审查工作的信息化体系建设，充分运用技术手段，推进智慧监管，提升审查效能。

第二章 经营者集中申报

第八条 经营者集中达到国务院规定的申报标准（以下简称申报标准）的，经营者应当事先向市场监管总局申报，未申报或者申报后获得批准前不得实施集中。

经营者集中未达到申报标准，但有证据证明该经营者集中具有或者可能具有排除、限制竞争效果的，市场监管总局可以要求经营者申报并书面通知经营者。集中尚未实施的，经营者未申报或者申报后获得批准前不得实施集中；集中已经实施的，经营者应当自收到书面通知之日起一百二十日内申报，并采取暂停实施集中等必要措施减少集中对竞争的不利影响。

是否实施集中的判断因素包括但不限于是否完成市场主体登记或者权利变更登记、委派高级管理人员、实际参与经营决策和管理、与其他经营者交换敏感信息、实质性整合业务等。

第九条 营业额包括相关经营者上一会计年度内销售产品和提供服务所获得的收入,扣除相关税金及附加。

前款所称上一会计年度,是指集中协议签署日的上一会计年度。

第十条 参与集中的经营者的营业额,应当为该经营者以及申报时与该经营者存在直接或者间接控制关系的所有经营者的营业额总和,但是不包括上述经营者之间的营业额。

经营者取得其他经营者的组成部分时,出让方不再对该组成部分拥有控制权或者不能施加决定性影响的,目标经营者的营业额仅包括该组成部分的营业额。

参与集中的经营者之间或者参与集中的经营者和未参与集中的经营者之间有共同控制的其他经营者时,参与集中的经营者的营业额应当包括被共同控制的经营者与第三方经营者之间的营业额,此营业额只计算一次,且在有共同控制权的参与集中的经营者之间平均分配。

金融业经营者营业额的计算,按照金融业经营者集中申报营业额计算相关规定执行。

第十一条 相同经营者之间在两年内多次实施的未达到申报标准的经营者集中,应当视为一次集中,集中时间从最后一次交易算起,参与集中的经营者的营业额应当将多次交易合并计算。经营者通过与其有控制关系的其他经营者实施上述行为,依照本规定处理。

前款所称两年内,是指从第一次交易完成之日起至最后一次交易签订协议之日止的期间。

第十二条 市场监管总局加强对经营者集中申报的指导。在正式申报前,经营者可以以书面方式就集中申报事宜提出商谈申请,并列明拟商谈的具体问题。

第十三条 通过合并方式实施的经营者集中,合并各方均为申报义务人;其他情形的经营者集中,取得控制权或者能够施加决定性影响的经营者为申报义务人,其他经营者予以配合。

同一项经营者集中有多个申报义务人的,可以委托一个申报义务人申报。被委托的申报义务人未申报的,其他申报义务人不能免除申报义务。申报义务人未申报的,其他参与集中的经营者可以提出申报。

申报人可以自行申报,也可以依法委托他人代理申报。申报人应当严格慎选择代理人。申报代理人应当诚实守信、合规经营。

第十四条 申报文件、资料应当包括如下内容:

(一)申报书。申报书应当载明参与集中的经营者的名称、住所(经营场所)、经营范围、预定实施集中的日期,并附申报人身份证件或者登记注册文件,境外申报人还须提交当地公证机关的公证文件和相关的认证文件。委托代理人申报的,应当提交授权委托书。

(二)集中对相关市场竞争状况影响的说明。包括集中交易概况;相关市场界定;参与集中的经营者在相关市场的市场份额及其对市场的控制力;主要竞争者及其市场份额;市场集中度;市场进入;行业发展现状;集中对市场竞争结构、行业发展、技术进步、创新、国民经济发展、消费者以及其他经营者的影响;集中对相关市场竞争影响的效果评估及依据。

(三)集中协议。包括各种形式的集中协议文件,如协议书、合同以及相应的补充文件等。

(四)参与集中的经营者经会计师事务所审计的上一会计年度财务会计报告。

(五)市场监管总局要求提交的其他文件、资料。

申报人应当对申报文件、资料的真实性、准确性、完整性负责。

申报代理人应当协助申报人对申报文件、资料的真实性、准确性、完整性进行审核。

第十五条 申报人应当对申报文件、资料中的商业秘密、未披露信息、保密商务信息、个人隐私或者个人信息进行标注,并且同时提交申报文件、资料的公开版本和保密版本。申报文件、资料应当使用中文。

第十六条 市场监管总局对申报人提交的文件、资料进行核查,发现申报文件、资料不完备的,可以要求申报人在规定期限内补交。申报人逾期未补交的,视为未申报。

第十七条 市场监管总局经核查认为申报文件、资料符合法定要求的,自收到完备的申报文件、资料之日予以受理并书面通知申报人。

第十八条 经营者集中未达到申报标准,参与集中的经营者自愿提出经营者集中申报,市场监管总局收到申报文件、资料后经核查认为有必要受理的,按照反垄断法予以审查并作出决定。

第十九条 符合下列情形之一的经营者集中,可以作为简易案件申报,市场监管总局按照简易案件程序进行审查:

(一)在同一相关市场,参与集中的经营者所占的市场份额之和小于百分之十五;在上下游市场,参与集中的经营者所占的市场份额均小于百分之二十五;不在同一

相关市场也不存在上下游关系的参与集中的经营者,在与交易有关的每个市场所占的市场份额均小于百分之二十五;

(二)参与集中的经营者在中国境外设立合营企业,合营企业不在中国境内从事经济活动的;

(三)参与集中的经营者收购境外企业股权或者资产,该境外企业不在中国境内从事经济活动的;

(四)由两个以上经营者共同控制的合营企业,通过集中被其中一个或者一个以上经营者控制的。

第二十条　符合本规定第十九条但存在下列情形之一的经营者集中,不视为简易案件:

(一)由两个以上经营者共同控制的合营企业,通过集中被其中的一个经营者控制,该经营者与合营企业属于同一相关市场的竞争者,且市场份额之和大于百分之十五的;

(二)经营者集中涉及的相关市场难以界定的;

(三)经营者集中对市场进入、技术进步可能产生不利影响的;

(四)经营者集中对消费者和其他有关经营者可能产生不利影响的;

(五)经营者集中对国民经济发展可能产生不利影响的;

(六)市场监管总局认为可能对市场竞争产生不利影响的其他情形。

第二十一条　市场监管总局受理简易案件后,对案件基本信息予以公示,公示期为十日。公示的案件基本信息由申报人填报。

对于不符合简易案件标准的简易案件申报,市场监管总局予以退回,并要求申报人按非简易案件重新申报。

第三章　经营者集中审查

第二十二条　市场监管总局应当自受理之日起三十日内,对申报的经营者集中进行初步审查,作出是否实施进一步审查的决定,并书面通知申报人。

市场监管总局决定实施进一步审查的,应当自决定之日起九十日内审查完毕,作出是否禁止经营者集中的决定,并书面通知申报人。符合反垄断法第三十一条第二款规定情形的,市场监管总局可以延长本款规定的审查期限,最长不得超过六十日。

第二十三条　在审查过程中,出现反垄断法第三十二条规定情形的,市场监管总局可以决定中止计算经营者集中的审查期限并书面通知申报人,审查期限自决定作出之日起中止计算。

自中止计算审查期限的情形消除之日起,审查期限继续计算,市场监管总局应当书面通知申报人。

第二十四条　在审查过程中,申报人未按照规定提交文件、资料导致审查工作无法进行的,市场监管总局应当书面通知申报人在规定期限内补正。申报人未在规定期限内补正的,市场监管总局可以决定中止计算审查期限。

申报人按要求提交文件、资料后,审查期限继续计算。

第二十五条　在审查过程中,出现对经营者集中审查具有重大影响的新情况、新事实,不经核实将导致审查工作无法进行的,市场监管总局可以决定中止计算审查期限。

经核实,审查工作可以进行的,审查期限继续计算。

第二十六条　在市场监管总局对申报人提交的附加限制性条件承诺方案进行评估阶段,申报人提出中止计算审查期限请求,市场监管总局认为确有必要的,可以决定中止计算审查期限。

对附加限制性条件承诺方案评估完成后,审查期限继续计算。

第二十七条　在市场监管总局作出审查决定之前,申报人要求撤回经营者集中申报的,应当提交书面申请并说明理由。经市场监管总局同意,申报人可以撤回申报。

集中交易情况或者相关市场竞争状况发生重大变化,需要重新申报的,申报人应当申请撤回。

撤回经营者集中申报的,审查程序终止。市场监管总局同意撤回申报不视为对集中的批准。

第二十八条　在审查过程中,市场监管总局根据审查工作需要,可以要求申报人在规定期限内补充提供相关文件、资料,就申报有关事项与申报人及其代理人进行沟通。

申报人可以主动提供有助于对经营者集中进行审查和作出决定的有关文件、资料。

第二十九条　在审查过程中,参与集中的经营者可以通过信函、传真、电子邮件等方式向市场监管总局就有关申报事项进行书面陈述,市场监管总局应当听取。

第三十条　在审查过程中,市场监管总局根据审查工作需要,可以通过书面征求、座谈会、论证会、问卷调查、委托咨询、实地调研等方式听取有关政府部门、行业协会、经营者、消费者、专家学者等单位或者个人的意见。

第三十一条　审查经营者集中,应当考虑下列因素:

（一）参与集中的经营者在相关市场的市场份额及其对市场的控制力；
（二）相关市场的市场集中度；
（三）经营者集中对市场进入、技术进步的影响；
（四）经营者集中对消费者和其他有关经营者的影响；
（五）经营者集中对国民经济发展的影响；
（六）应当考虑的影响市场竞争的其他因素。

第三十二条　评估经营者集中的竞争影响，可以考察相关经营者单独或者共同排除、限制竞争的能力、动机及可能性。

集中涉及上下游市场或者关联市场的，可以考察相关经营者利用在一个或者多个市场的控制力，排除、限制其他市场竞争的能力、动机及可能性。

第三十三条　评估参与集中的经营者对市场的控制力，可以考虑参与集中的经营者在相关市场的市场份额、产品或者服务的替代程度、控制销售市场或者原材料采购市场的能力、财力和技术条件、掌握和处理数据的能力，以及相关市场的市场结构、其他经营者的生产能力、下游客户购买能力和转换供应商的能力、潜在竞争者进入的抵消效果等因素。

评估相关市场的市场集中度，可以考虑相关市场的经营者数量及市场份额等因素。

第三十四条　评估经营者集中对市场进入的影响，可以考虑经营者通过控制生产要素、销售和采购渠道、关键技术、关键设施、数据等方式影响市场进入的情况，并考虑进入的可能性、及时性和充分性。

评估经营者集中对技术进步的影响，可以考虑经营者集中对技术创新动力和能力、技术研发投入和利用、技术资源整合等方面的影响。

第三十五条　评估经营者集中对消费者的影响，可以考虑经营者集中对产品或者服务的数量、价格、质量、多样化等方面的影响。

评估经营者集中对其他有关经营者的影响，可以考虑经营者集中对同一相关市场、上下游市场或者关联市场经营者的市场进入、交易机会等竞争条件的影响。

第三十六条　评估经营者集中对国民经济发展的影响，可以考虑经营者集中对经济效率、经营规模及其对相关行业发展等方面的影响。

第三十七条　评估经营者集中的竞争影响，还可以综合考虑集中对公共利益的影响、参与集中的经营者是否为濒临破产的企业等因素。

第三十八条　市场监管总局认为经营者集中具有或者可能具有排除、限制竞争效果的，应当告知申报人，并设定一个允许参与集中的经营者提交书面意见的合理期限。

参与集中的经营者的书面意见应当包括相关事实和理由，并提供相应证据。参与集中的经营者逾期未提交书面意见的，视为无异议。

第三十九条　为减少集中具有或者可能具有的排除、限制竞争的效果，参与集中的经营者可以向市场监管总局提出附加限制性条件承诺方案。

市场监管总局应当对承诺方案的有效性、可行性和及时性进行评估，并及时将评估结果通知申报人。

市场监管总局认为承诺方案不足以减少集中对竞争的不利影响的，可以与参与集中的经营者就限制性条件进行磋商，要求其在合理期限内提出其他承诺方案。

第四十条　根据经营者集中交易具体情况，限制性条件可以包括如下种类：
（一）剥离有形资产，知识产权、数据等无形资产或者相关权益（以下简称剥离业务）等结构性条件；
（二）开放其网络或者平台等基础设施、许可关键技术（包括专利、专有技术或者其他知识产权）、终止排他性或者独占性协议、保持独立运营、修改平台规则或者算法、承诺兼容或者不降低互操作性水平等行为性条件；
（三）结构性条件和行为性条件相结合的综合性条件。

剥离业务一般应当具有在相关市场开展有效竞争所需要的所有要素，包括有形资产、无形资产、股权、关键人员以及客户协议或者供应协议等权益。剥离对象可以是参与集中经营者的子公司、分支机构或者业务部门等。

第四十一条　承诺方案存在不能实施的风险的，参与集中的经营者可以提出备选方案。备选方案应当在首选方案无法实施后生效，并且比首选方案的条件更为严格。

承诺方案为剥离，但存在下列情形之一的，参与集中的经营者可以在承诺方案中提出特定买方和剥离时间建议：
（一）剥离存在较大困难；
（二）剥离前维持剥离业务的竞争性和可销售性存在较大风险；
（三）买方身份对剥离业务能否恢复市场竞争具有重要影响；
（四）市场监管总局认为有必要的其他情形。

第四十二条　对于具有或者可能具有排除、限制竞争效果的经营者集中,参与集中的经营者提出的附加限制性条件承诺方案能够有效减少集中对竞争产生的不利影响的,市场监管总局可以作出附加限制性条件批准决定。

参与集中的经营者未能在规定期限内提出附加限制性条件承诺方案,或者所提出的承诺方案不能有效减少集中对竞争产生的不利影响的,市场监管总局应当作出禁止经营者集中的决定。

第四十三条 任何单位和个人发现未达申报标准但具有或者可能具有排除、限制竞争效果的经营者集中,可以向市场监管总局书面反映,并提供相关事实和证据。

市场监管总局经核查,对有证据证明未达申报标准的经营者集中具有或者可能具有排除、限制竞争效果的,依照本规定第八条进行处理。

第四章 限制性条件的监督和实施

第四十四条 对于附加限制性条件批准的经营者集中,义务人应当严格履行审查决定规定的义务,并按规定向市场监管总局报告限制性条件履行情况。

市场监管总局可以自行或者通过受托人对义务人履行限制性条件的行为进行监督检查。通过受托人监督检查的,市场监管总局应当在审查决定中予以明确。受托人包括监督受托人和剥离受托人。

义务人,是指附加限制性条件批准经营者集中的审查决定中要求履行相关义务的经营者。

监督受托人,是指受义务人委托并经市场监管总局评估确定,负责对义务人实施限制性条件进行监督并向市场监管总局报告的自然人、法人或者非法人组织。

剥离受托人,是指受义务人委托并经市场监管总局评估确定,在受托剥离阶段负责出售剥离业务并向市场监管总局报告的自然人、法人或者非法人组织。

第四十五条 通过受托人监督检查的,义务人应当在市场监管总局作出审查决定之日起十五日内向市场监管总局提交监督受托人人选。限制性条件为剥离的,义务人应当在进入受托剥离阶段三十日前向市场监管总局提交剥离受托人人选。义务人应当严格审慎选择受托人人选并对相关文件、资料的真实性、完整性、准确性负责。受托人人选应当符合下列具体要求:

(一)诚实守信、合规经营;
(二)有担任受托人的意愿;
(三)独立于义务人和剥离业务的买方;
(四)具有履行受托人职责的专业团队,团队成员应当具有对限制性条件进行监督所需的专业知识、技能及相关经验;
(五)能够提出可行的工作方案;
(六)过去五年未在担任受托人过程中受到处罚;
(七)市场监管总局提出的其他要求。

义务人正式提交受托人人选后,受托人人选无正当理由不得放弃参与受托人评估。

一般情况下,市场监管总局应当从义务人提交的人选中择优评估确定受托人。但义务人未在规定期限内提交受托人人选且经再次书面通知后仍未按时提交,或者两次提交的人选均不符合要求,导致监督执行工作难以正常进行的,市场监管总局可以指导义务人选择符合条件的受托人。

受托人确定后,义务人应当与受托人签订书面协议,明确各自权利和义务,并报市场监管总局同意。受托人应当勤勉、尽职地履行职责。义务人支付受托人报酬,并为受托人提供必要的支持和便利。

第四十六条 限制性条件为剥离的,剥离义务人应当在审查决定规定的期限内,自行找到合适的剥离业务买方、签订出售协议,并报经市场监管总局批准后完成剥离。剥离义务人未能在规定期限内完成剥离的,市场监管总局可以要求义务人委托剥离受托人在规定的期限内寻找合适的剥离业务买方。剥离业务买方应当符合下列要求:

(一)独立于参与集中的经营者;
(二)拥有必要的资源、能力并有意愿使用剥离业务参与市场竞争;
(三)取得其他监管机构的批准;
(四)不得向参与集中的经营者融资购买剥离业务;
(五)市场监管总局根据具体案件情况提出的其他要求。

买方已有或者能够从其他途径获得剥离业务中的部分资产或者权益时,可以向市场监管总局申请对剥离业务的范围进行必要调整。

第四十七条 义务人提交市场监管总局审查的监督受托人、剥离受托人、剥离业务买方人选原则上各不少于三家。在特殊情况下,经市场监管总局同意,上述人选可少于三家。

市场监管总局应当对义务人提交的受托人及委托协议、剥离业务买方人选及出售协议进行审查,以确保其符合审查决定要求。

限制性条件为剥离的,市场监管总局上述审查所用时间不计入剥离期限。

第四十八条 审查决定未规定自行剥离期限的,剥离义务人应当在审查决定作出之日起六个月内找到适当的买方并签订出售协议。经剥离义务人申请并说明理由,市场监管总局可以酌情延长自行剥离期限,但延期最长不得超过三个月。

审查决定未规定受托剥离期限的,剥离受托人应当在受托剥离开始之日起六个月内找到适当的买方并签订出售协议。

第四十九条 剥离义务人应当在市场监管总局审查批准买方和出售协议后,与买方签订出售协议,并自签订之日起三个月内将剥离业务转移给买方,完成所有权转移等相关法律程序。经剥离义务人申请并说明理由,市场监管总局可以酌情延长业务转移的期限。

第五十条 经市场监管总局批准的买方购买剥离业务达到申报标准的,取得控制权的经营者应当将其作为一项新的经营者集中向市场监管总局申报。市场监管总局作出审查决定之前,剥离义务人不得将剥离业务出售给买方。

第五十一条 在剥离完成之前,为确保剥离业务的存续性、竞争性和可销售性,剥离义务人应当履行下列义务:

(一)保持剥离业务与其保留的业务之间相互独立,并采取一切必要措施以最符合剥离业务发展的方式进行管理;

(二)不得实施任何可能对剥离业务有不利影响的行为,包括聘用被剥离业务的关键员工,获得剥离业务的商业秘密或者其他保密信息等;

(三)指定专门的管理人,负责管理剥离业务。管理人在监督受托人的监督下履行职责,其任命和更换应当得到监督受托人的同意;

(四)确保潜在买方能够以公平合理的方式获得有关剥离业务的充分信息,评估剥离业务的商业价值和发展潜力;

(五)根据买方的要求向其提供必要的支持和便利,确保剥离业务的顺利交接和稳定经营;

(六)向买方及时移交剥离业务并履行相关法律程序。

第五十二条 监督受托人应当在市场监管总局的监督下履行下列职责:

(一)监督义务人履行本规定、审查决定及相关协议规定的义务;

(二)对剥离义务人推荐的买方人选、拟签订的出售协议进行评估,并向市场监管总局提交评估报告;

(三)监督剥离业务出售协议的执行,并定期向市场监管总局提交监督报告;

(四)协调剥离义务人与潜在买方就剥离事项产生的争议;

(五)按照市场监管总局的要求提交其他与义务人履行限制性条件有关的报告。

未经市场监管总局同意,监督受托人不得披露其在履行职责过程中向市场监管总局提交的各种报告及相关信息。

第五十三条 在受托剥离阶段,剥离受托人负责为剥离业务找到买方并达成出售协议。

剥离受托人有权以无底价方式出售剥离业务。

第五十四条 审查决定应当规定附加限制性条件的期限。

根据审查决定,限制性条件到期自动解除的,经市场监管总局核查确认,义务人未违反审查决定的,限制性条件自动解除。义务人存在违反审查决定情形的,市场监管总局可以适当延长附加限制性条件的期限,并及时向社会公布。

根据审查决定,限制性条件到期后义务人需要申请解除的,义务人应当提交书面申请并说明理由。市场监管总局评估后决定解除限制性条件的,应当及时向社会公布。

限制性条件为剥离,经市场监管总局核查确认,义务人履行完成所有义务的,限制性条件自动解除。

第五十五条 审查决定生效期间,市场监管总局可以主动或者应义务人申请对限制性条件进行重新审查,变更或者解除限制性条件。市场监管总局决定变更或者解除限制性条件的,应当及时向社会公布。

市场监管总局变更或者解除限制性条件时,应当考虑下列因素:

(一)集中交易方是否发生重大变化;

(二)相关市场竞争状况是否发生实质性变化;

(三)实施限制性条件是否无必要或者不可能;

(四)应当考虑的其他因素。

第五章 对违法实施经营者集中的调查

第五十六条 经营者集中达到申报标准,经营者未申报实施集中、申报后未经批准实施集中或者违反审查决定的,依照本章规定进行调查。

未达申报标准的经营者集中,经营者未按照本规定第八条进行申报的,市场监管总局依照本章规定进行调查。

第五十七条　对涉嫌违法实施经营者集中，任何单位和个人有权向市场监管总局举报。市场监管总局应当为举报人保密。

举报采用书面形式，并提供举报人和被举报人基本情况、涉嫌违法实施经营者集中的相关事实和证据等内容的，市场监管总局应当进行必要的核查。

对于采用书面形式的实名举报，市场监管总局可以根据举报人的请求向其反馈举报处理结果。

对举报处理工作中获悉的国家秘密以及公开后可能危及国家安全、公共安全、经济安全、社会稳定的信息，市场监管总局应当严格保密。

第五十八条　对有初步事实和证据表明存在违法实施经营者集中嫌疑的，市场监管总局应当予以立案，并书面通知被调查的经营者。

第五十九条　被调查的经营者应当在立案通知送达之日起三十日内，向市场监管总局提交是否属于经营者集中、是否达到申报标准、是否申报、是否违法实施等有关的文件、资料。

第六十条　市场监管总局应当自收到被调查的经营者依照本规定第五十九条提交的文件、资料之日起三十日内，对被调查的交易是否属于违法实施经营者集中完成初步调查。

属于违法实施经营者集中的，市场监管总局应当作出实施进一步调查的决定，并书面通知被调查的经营者。经营者应当停止违法行为。

不属于违法实施经营者集中的，市场监管总局应当作出不实施进一步调查的决定，并书面通知被调查的经营者。

第六十一条　市场监管总局决定实施进一步调查的，被调查的经营者应当自收到市场监管总局书面通知之日起三十日内，依照本规定关于经营者集中申报文件、资料的规定向市场监管总局提交相关文件、资料。

市场监管总局应当自收到被调查的经营者提交的符合前款规定的文件、资料之日起一百二十日内，完成进一步调查。

在进一步调查阶段，市场监管总局应当按照反垄断法及本规定，对被调查的交易是否具有或者可能具有排除、限制竞争效果进行评估。

第六十二条　在调查过程中，被调查的经营者、利害关系人有权陈述意见。市场监管总局应当对被调查的经营者、利害关系人提出的事实、理由和证据进行核实。

第六十三条　市场监管总局在作出行政处罚决定前，应当告知被调查的经营者拟作出的行政处罚内容及事实、理由、依据，并告知被调查的经营者依法享有的陈述、申辩、要求听证等权利。

被调查的经营者自告知书送达之日起五个工作日内，未行使陈述、申辩权，未要求听证的，视为放弃此权利。

第六十四条　市场监管总局对违法实施经营者集中应当依法作出处理决定，并可以向社会公布。

第六十五条　市场监管总局责令经营者采取必要措施恢复到集中前状态的，相关措施的监督和实施参照本规定第四章执行。

第六章　法律责任

第六十六条　经营者违反反垄断法规定实施集中的，依照反垄断法第五十八条规定予以处罚。

第六十七条　对市场监管总局依法实施的审查和调查，拒绝提供有关材料、信息，或者提供虚假材料、信息，或者隐匿、销毁、转移证据，或者有其他拒绝、阻碍调查行为的，由市场监管总局责令改正，对单位处上一年度销售额百分之一以下的罚款，上一年度没有销售额或者销售额难以计算的，处五百万元以下的罚款；对个人处五十万元以下的罚款。

第六十八条　市场监管总局在依据反垄断法和本规定对违法实施经营者集中进行调查处理时，应当考虑集中实施的时间，是否具有或者可能具有排除、限制竞争的效果及其持续时间，消除违法行为后果的情况等因素。

当事人主动报告市场监管总局尚未掌握的违法行为，主动消除或者减轻违法行为危害后果的，市场监管总局应当依据《中华人民共和国行政处罚法》第三十二条从轻或者减轻处罚。

第六十九条　市场监管总局依据反垄断法和本规定第六十六条、第六十七条对经营者予以行政处罚的，依照反垄断法第六十四条和国家有关规定记入信用记录，并向社会公示。

第七十条　申报人应当对代理行为加强管理并依法承担相应责任。

申报代理人故意隐瞒有关情况、提供虚假材料或者有其他行为阻碍经营者集中案件审查、调查工作的，市场监管总局依法调查处理并公开，可以向有关部门提出处理建议。

第七十一条　受托人不符合履职要求、无正当理由放弃履行职责、未按要求履行职责或者有其他行为阻碍经营者集中案件监督执行的，市场监管总局可以要求义务人更换受托人，并可以对受托人给予警告、通报批评，处十万元以下的罚款。

第七十二条 剥离业务的买方未按规定履行义务，影响限制性条件实施的，由市场监管总局责令改正，处十万元以下的罚款。

第七十三条 违反反垄断法第四章和本规定，情节特别严重、影响特别恶劣、造成特别严重后果的，市场监管总局可以在反垄断法第五十八条、第六十二条规定和本规定第六十六条、第六十七条规定的罚款数额的二倍以上五倍以下处以罚款。

第七十四条 反垄断执法机构工作人员滥用职权、玩忽职守、徇私舞弊或者泄露执法过程中知悉的商业秘密、个人隐私和个人信息的，依照有关规定处理。

反垄断执法机构在调查期间发现的公职人员涉嫌职务违法、职务犯罪问题线索，应当及时移交纪检监察机关。

第七章 附 则

第七十五条 市场监管总局以及其他单位和个人对于知悉的商业秘密、未披露信息、保密商务信息、个人隐私和个人信息承担保密义务，但根据法律法规规定应当披露的或者事先取得权利人同意的除外。

第七十六条 本规定对违法实施经营者集中的调查、处罚程序未作规定的，依照《市场监督管理行政处罚程序规定》执行，有关时限、立案、案件管辖的规定除外。

在审查或者调查过程中，市场监管总局可以组织听证。听证程序依照《市场监督管理行政许可程序暂行规定》《市场监督管理行政处罚听证办法》执行。

第七十七条 对于需要送达经营者的书面文件，送达方式参照《市场监督管理行政处罚程序规定》执行。

第七十八条 本规定自2023年4月15日起施行。2020年10月23日国家市场监督管理总局令第30号公布的《经营者集中审查暂行规定》同时废止。

规范促销行为暂行规定

· 2020年10月29日国家市场监督管理总局令第32号公布
· 自2020年12月1日起施行

第一章 总 则

第一条 为了规范经营者的促销行为，维护公平竞争的市场秩序，保护消费者、经营者合法权益，根据《中华人民共和国反不正当竞争法》（以下简称反不正当竞争法）、《中华人民共和国价格法》（以下简称价格法）、《中华人民共和国消费者权益保护法》（以下简称消费者权益保护法）等法律和行政法规，制定本规定。

第二条 经营者在中华人民共和国境内以销售商品、提供服务（以下所称商品包括提供服务）或者获取竞争优势为目的，通过有奖销售、价格、免费试用等方式开展促销，应当遵守本规定。

第三条 县级以上市场监督管理部门依法对经营者的促销行为进行监督检查，对违反本规定的行为实施行政处罚。

第四条 鼓励、支持和保护一切组织和个人对促销活动中的违法行为进行社会监督。

第二章 促销行为一般规范

第五条 经营者开展促销活动，应当真实准确，清晰醒目标示活动信息，不得利用虚假商业信息、虚构交易或者评价等方式作虚假或者引人误解的商业宣传，欺骗、误导消费者或者相关公众（以下简称消费者）。

第六条 经营者通过商业广告、产品说明、销售推介、实物样品或者通知、声明、店堂告示等方式作出优惠承诺的，应当履行承诺。

第七条 卖场、商场、市场、电子商务平台经营者等交易场所提供者（以下简称交易场所提供者）统一组织场所内（平台内）经营者开展促销的，应当制定相应方案，公示促销规则、促销期限以及对消费者不利的限制性条件，向场所内（平台内）经营者提示促销行为注意事项。

第八条 交易场所提供者发现场所内（平台内）经营者在统一组织的促销中出现违法行为的，应当依法采取必要处置措施，保存有关信息记录，依法承担相应义务和责任，并协助市场监督管理部门查处违法行为。

第九条 经营者不得假借促销等名义，通过财物或者其他手段贿赂他人，以谋取交易机会或者竞争优势。

第十条 经营者在促销活动中提供的奖品或者赠品必须符合国家有关规定，不得以侵权或者不合格产品、国家明令淘汰并停止销售的商品等作为奖品或者赠品。

国家对禁止用于促销活动的商品有规定的，依照其规定。

第三章 有奖销售行为规范

第十一条 本规定所称有奖销售，是指经营者以销售商品或者获取竞争优势为目的，向消费者提供奖金、物品或者其他利益的行为，包括抽奖式和附赠式等有奖销售。

抽奖式有奖销售是指经营者以抽签、摇号、游戏等带有偶然性或者不确定性的方法，决定消费者是否中奖的有奖销售行为。

附赠式有奖销售是指经营者向满足一定条件的消费者提供奖金、物品或者其他利益的有奖销售行为。

经政府或者政府有关部门依法批准的有奖募捐及其他彩票发售活动，不适用本规定。

第十二条 经营者为了推广移动客户端、招揽客户、提高知名度、获取流量、提高点击率等，附带性地提供物品、奖金或者其他利益的行为，属于本规定所称的有奖销售。

第十三条 经营者在有奖销售前，应当明确公布奖项种类、参与条件、参与方式、开奖时间、开奖方式、奖金金额或者奖品价格、奖品品名、奖品种类、奖品数量或者中奖概率、兑奖时间、兑奖条件、兑奖方式、奖品交付方式、弃奖条件、主办方及其联系方式等信息，不得变更，不得附加条件，不得影响兑奖，但有利于消费者的除外。

在现场即时开奖的有奖销售活动中，对超过五百元奖项的兑奖情况，应当随时公示。

第十四条 奖品为积分、礼券、兑换券、代金券等形式的，应当公布兑换规则、使用范围、有效期限以及其他限制性条件等详细内容；需要向其他经营者兑换的，应当公布其他经营者的名称、兑换地点或者兑换途径。

第十五条 经营者进行有奖销售，不得采用以下谎称有奖的方式：

（一）虚构奖项、奖品、奖金金额等；

（二）仅在活动范围中的特定区域投放奖品；

（三）在活动期间将带有中奖标志的商品、奖券不投放、未全部投放市场；

（四）将带有不同奖金金额或者奖品标志的商品、奖券按不同时间投放市场；

（五）未按照向消费者明示的信息兑奖；

（六）其他谎称有奖的方式。

第十六条 经营者进行有奖销售，不得采用让内部员工、指定单位或者个人中奖等故意让内定人员中奖的欺骗方式。

第十七条 抽奖式有奖销售最高奖的金额不得超过五万元。有下列情形之一的，认定为最高奖的金额超过五万元：

（一）最高奖设置多个中奖者的，其中任意一个中奖者的最高奖金额超过五万元；

（二）同一奖券或者购买一次商品具有两次或者两次以上获奖机会的，累计金额超过五万元；

（三）以物品使用权、服务等形式作为奖品的，该物品使用权、服务等的市场价格超过五万元；

（四）以游戏装备、账户等网络虚拟物品作为奖品的，该物品市场价格超过五万元；

（五）以降价、优惠、打折等方式作为奖品的，降价、优惠、打折等利益折算价格超过五万元；

（六）以彩票、抽奖券等作为奖品的，该彩票、抽奖券可能的最高奖金额超过五万元；

（七）以提供就业机会、聘为顾问等名义，并以给付薪金等方式设置奖励，最高奖的金额超过五万元；

（八）以其他形式进行抽奖式有奖销售，最高奖金额超过五万元。

第十八条 经营者以非现金形式的物品或者其他利益作为奖品的，按照同期市场同类商品的价格计算其金额。

第十九条 经营者应当建立档案，如实、准确、完整地记录设奖规则、公示信息、兑奖结果、获奖人员等内容，妥善保存两年并依法接受监督检查。

第四章 价格促销行为规范

第二十条 经营者开展价格促销活动有附加条件的，应当显著标明条件。经营者开展限时减价、折价等价格促销活动的，应当显著标明期限。

第二十一条 经营者折价、减价，应当标明或者通过其他方便消费者认知的方式表明折价、减价的基准。

未标明或者表明基准的，其折价、减价应当以同一经营者在同一经营场所内，在本次促销活动前七日内最低成交价格为基准。如果前七日内没有交易的，折价、减价应当以本次促销活动前最后一次交易价格为基准。

第二十二条 经营者通过积分、礼券、兑换券、代金券等折抵价款的，应当以显著方式标明或者通过店堂告示等方式公开折价计算的具体办法。

未标明或者公开折价计算具体办法的，应当以经营者接受兑换时的标价作为折价计算基准。

第五章 法律责任

第二十三条 违反本规定第五条，构成虚假宣传的，由市场监督管理部门依据反不正当竞争法第二十条的规定进行处罚。

第二十四条 违反本规定第六条、第八条、第十条，法律法规有规定的，从其规定；法律法规没有规定的，由县级以上市场监督管理部门责令改正；可处违法所得三倍以下罚款，但最高不超过三万元；没有违法所得的，可处一万元以下罚款。

第二十五条 违反本规定第七条，未公示促销规则、促销期限以及对消费者不利的限制性条件，法律法规有规定的，从其规定；法律法规没有规定的，由县级以上市场监督管理部门责令改正，可以处一万元以下罚款。

第二十六条 违反本规定第九条，构成商业贿赂的，由市场监督管理部门依据反不正当竞争法第十九条的规定进行处罚。

第二十七条 违反本规定第十三条第一款、第十四条、第十五条、第十六条、第十七条，由市场监督管理部门依据反不正当竞争法第二十二条的规定进行处罚。

第二十八条 违反本规定第十三条第二款、第十九条，由县级以上市场监督管理部门责令改正，可以处一万元以下罚款。

第二十九条 违反本规定第二十条、第二十一条、第二十二条，构成价格违法行为的，由市场监督管理部门依据价格监督法律法规进行处罚。

第三十条 市场监督管理部门作出行政处罚决定后，应当依法通过国家企业信用信息公示系统向社会公示。

第六章 附 则

第三十一条 本规定自2020年12月1日起施行。1993年12月24日原国家工商行政管理局令第19号发布的《关于禁止有奖销售活动中不正当竞争行为的若干规定》同时废止。

公平竞争审查制度实施细则

- 2021年6月29日
- 国市监反垄规〔2021〕2号

第一章 总 则

第一条 为全面落实公平竞争审查制度，健全公平竞争审查机制，规范有效开展审查工作，根据《中华人民共和国反垄断法》《国务院关于在市场体系建设中建立公平竞争审查制度的意见》（国发〔2016〕34号，以下简称《意见》），制定本细则。

第二条 行政机关以及法律、法规授权的具有管理公共事务职能的组织（以下统称政策制定机关），在制定市场准入和退出、产业发展、招商引资、招标投标、政府采购、经营行为规范、资质标准等涉及市场主体经济活动的规章、规范性文件、其他政策性文件以及"一事一议"形式的具体政策措施（以下统称政策措施）时，应当进行公平竞争审查，评估对市场竞争的影响，防止排除、限制市场竞争。

经公平竞争审查认为不具有排除、限制竞争效果或者符合例外规定的，可以实施；具有排除、限制竞争效果且不符合例外规定的，应当不予出台或者调整至符合相关要求后出台；未经公平竞争审查的，不得出台。

第三条 涉及市场主体经济活动的行政法规、国务院制定的政策措施，以及政府部门负责起草的地方性法规、自治条例和单行条例，由起草部门在起草过程中按照本细则规定进行公平竞争审查。未经公平竞争审查的，不得提交审议。

以县级以上地方各级人民政府名义出台的政策措施，由起草部门或者本级人民政府指定的相关部门进行公平竞争审查。起草部门在审查过程中，可以会同本级市场监管部门进行公平竞争审查。未经审查的，不得提交审议。

以多个部门名义联合制定出台的政策措施，由牵头部门负责公平竞争审查，其他部门在各自职责范围内参与公平竞争审查。政策措施涉及其他部门职权的，政策制定机关在公平竞争审查中应当充分征求其意见。

第四条 市场监管总局、发展改革委、财政部、商务部会同有关部门，建立健全公平竞争审查工作部际联席会议制度，统筹协调和监督指导全国公平竞争审查工作。

县级以上地方各级人民政府负责建立健全本地区公平竞争审查工作联席会议制度（以下简称联席会议），统筹协调和监督指导本地区公平竞争审查工作，原则上由本级人民政府分管负责同志担任联席会议召集人。联席会议办公室设在市场监管部门，承担联席会议日常工作。

地方各级联席会议应当每年向本级人民政府和上一级联席会议报告本地区公平竞争审查制度实施情况，接受其指导和监督。

第二章 审查机制和程序

第五条 政策制定机关应当建立健全公平竞争内部审查机制，明确审查机构和程序，可以由政策制定机关的具体业务机构负责，也可以采取内部特定机构统一审查或者由具体业务机构初审后提交特定机构复核等方式。

第六条 政策制定机关开展公平竞争审查应当遵循审查基本流程（可参考附件1），识别相关政策措施是否属于审查对象、判断是否违反审查标准、分析是否适用例外规定。属于审查对象的，经审查后应当形成明确的书面审查结论。审查结论应当包括政策措施名称、涉及行业领域、性质类别、起草机构、审查机构、征求意见情况、审查结论、适用例外规定情况、审查机构主要负责人意见等内容（可参考附件2）。政策措施出台后，审查结论由政策制定机关存档备查。

未形成书面审查结论出台政策措施的，视为未进行公平竞争审查。

第七条　政策制定机关开展公平竞争审查，应当以适当方式征求利害关系人意见，或者通过政府部门网站、政务新媒体等便于社会公众知晓的方式公开征求意见，并在书面审查结论中说明征求意见情况。

在起草政策措施的其他环节已征求过利害关系人意见或者向社会公开征求意见的，可以不再专门就公平竞争审查问题征求意见。对出台前需要保密或者有正当理由需要限定知悉范围的政策措施，由政策制定机关按照相关法律法规处理。

利害关系人指参与相关市场竞争的经营者、上下游经营者、行业协会商会、消费者以及政策措施可能影响其公平参与市场竞争的其他市场主体。

第八条　政策制定机关进行公平竞争审查，可以咨询专家学者、法律顾问、专业机构的意见。征求上述方面意见的，应当在书面审查结论中说明有关情况。

各级联席会议办公室可以根据实际工作需要，建立公平竞争审查工作专家库，便于政策制定机关进行咨询。

第九条　政策制定机关可以就公平竞争审查中遇到的具体问题，向本级联席会议办公室提出咨询。提出咨询请求的政策制定机关，应当提供书面咨询函、政策措施文稿、起草说明、相关法律法规依据及其他相关材料。联席会议办公室应当在收到书面咨询函后及时研究回复。

对涉及重大公共利益，且在制定过程中被多个单位或者个人反映或者举报涉嫌排除、限制竞争的政策措施，本级联席会议办公室可以主动向政策制定机关提出公平竞争审查意见。

第十条　对多个部门联合制定或者涉及多个部门职责的政策措施，在公平竞争审查中出现较大争议或者部门意见难以协调一致时，政策制定机关可以提请本级联席会议协调。联席会议办公室认为确有必要的，可以根据相关工作规则召开会议进行协调。仍无法协调一致的，由政策制定机关提交上级机关决定。

第十一条　政策制定机关应当对本年度公平竞争审查工作进行总结，于次年1月15日前将书面总结报告报送本级联席会议办公室。

地方各级联席会议办公室汇总形成本级公平竞争审查工作总体情况，于次年1月20日前报送本级人民政府和上一级联席会议办公室，并以适当方式向社会公开。

第十二条　对经公平竞争审查后出台的政策措施，政策制定机关应当对其影响统一市场和公平竞争的情况进行定期评估。评估报告应当向社会公开征求意见，评估结果应当向社会公开。经评估认为妨碍统一市场和公平竞争的，应当及时废止或者修改完善。定期评估可以每三年进行一次，或者在定期清理规章、规范性文件时一并评估。

第三章　审查标准

第十三条　市场准入和退出标准。

（一）不得设置不合理或者歧视性的准入和退出条件，包括但不限于：

1. 设置明显不必要或者超出实际需要的准入和退出条件，排斥或者限制经营者参与市场竞争；

2. 没有法律、行政法规或者国务院规定依据，对不同所有制、地区、组织形式的经营者实施不合理的差别化待遇，设置不平等的市场准入和退出条件；

3. 没有法律、行政法规或者国务院规定依据，以备案、登记、注册、目录、年检、年报、监制、认定、认证、认可、检验、监测、审定、指定、配号、复检、复审、换证、要求设立分支机构以及其他任何形式，设定或者变相设定市场准入障碍；

4. 没有法律、行政法规或者国务院规定依据，对企业注销、破产、挂牌转让、搬迁转移等设定或者变相设定市场退出障碍；

5. 以行政许可、行政检查、行政处罚、行政强制等方式，强制或者变相强制企业转让技术，设定或者变相设定市场准入和退出障碍。

（二）未经公平竞争不得授予经营者特许经营权，包括但不限于：

1. 在一般竞争性领域实施特许经营或者以特许经营为名增设行政许可；

2. 未明确特许经营权期限或者未经法定程序延长特许经营权期限；

3. 未依法采取招标、竞争性谈判等竞争方式，直接将特许经营权授予特定经营者；

4. 设置歧视性条件，使经营者无法公平参与特许经营权竞争。

（三）不得限定经营、购买、使用特定经营者提供的商品和服务，包括但不限于：

1. 以明确要求、暗示、拒绝或者拖延行政审批、重复检查、不予接入平台或者网络、违法违规给予奖励补贴等方式，限定或者变相限定经营、购买、使用特定经营者提供的商品和服务；

2. 在招标投标、政府采购中限定投标人所在地、所有制形式、组织形式，或者设定其他不合理的条件排斥或者限制经营者参与招标投标、政府采购活动；

3.没有法律、行政法规或者国务院规定依据，通过设置不合理的项目库、名录库、备选库、资格库等条件，排斥或限制潜在经营者提供商品和服务。

（四）不得设置没有法律、行政法规或者国务院规定依据的审批或者具有行政审批性质的事前备案程序，包括但不限于：

1.没有法律、行政法规或者国务院规定依据，增设行政审批事项，增加行政审批环节、条件和程序；

2.没有法律、行政法规或者国务院规定依据，设置具有行政审批性质的前置性备案程序。

（五）不得对市场准入负面清单以外的行业、领域、业务等设置审批程序，主要指没有法律、行政法规或者国务院规定依据，采取禁止进入、限制市场主体资质、限制股权比例、限制经营范围和商业模式等方式，限制或者变相限制市场准入。

第十四条 商品和要素自由流动标准。

（一）不得对外地和进口商品、服务实行歧视性价格和歧视性补贴政策，包括但不限于：

1.制定政府定价或者政府指导价时，对外地和进口同类商品、服务制定歧视性价格；

2.对相关商品、服务进行补贴时，对外地同类商品、服务，国际经贸协定允许外的进口同类商品以及我国作出国际承诺的进口同类服务不予补贴或者给予较低补贴。

（二）不得限制外地和进口商品、服务进入本地市场或者阻碍本地商品运出、服务输出，包括但不限于：

1.对外地商品、服务规定与本地同类商品、服务不同的技术要求、检验标准，或者采取重复检验、重复认证等歧视性技术措施；

2.对进口商品规定与本地同类商品不同的技术要求、检验标准，或者采取重复检验、重复认证等歧视性技术措施；

3.没有法律、行政法规或者国务院规定依据，对进口服务规定与本地同类服务不同的技术要求、检验标准，或者采取重复检验、重复认证等歧视性技术措施；

4.设置专门针对外地和进口商品、服务的专营、专卖、审批、许可、备案，或者规定不同的条件、程序和期限等；

5.在道路、车站、港口、航空港或者本行政区域边界设置关卡，阻碍外地和进口商品、服务进入本地市场或者本地商品运出和服务输出；

6.通过软件或者互联网设置屏蔽以及采取其他手段，阻碍外地和进口商品、服务进入本地市场或者本地商品运出和服务输出。

（三）不得排斥或者限制外地经营者参加本地招标投标活动，包括但不限于：

1.不依法及时、有效、完整地发布招标信息；

2.直接规定外地经营者不能参与本地特定的招标投标活动；

3.对外地经营者设定歧视性的资质资格要求或者评标评审标准；

4.将经营者在本地区的业绩、所获得的奖项荣誉作为投标条件、加分条件、中标条件或者用于评价企业信用等级，限制或者变相限制外地经营者参加本地招标投标活动；

5.没有法律、行政法规或者国务院规定依据，要求经营者在本地注册设立分支机构，在本地拥有一定办公面积，在本地缴纳社会保险等，限制或者变相限制外地经营者参加本地招标投标活动；

6.通过设定与招标项目的具体特点和实际需要不相适应或者与合同履行无关的资格、技术和商务条件，限制或者变相限制外地经营者参加本地招标投标活动。

（四）不得排斥、限制或者强制外地经营者在本地投资或者设立分支机构，包括但不限于：

1.直接拒绝外地经营者在本地投资或者设立分支机构；

2.没有法律、行政法规或者国务院规定依据，对外地经营者在本地投资的规模、方式以及设立分支机构的地址、模式等进行限制；

3.没有法律、行政法规或者国务院规定依据，直接强制外地经营者在本地投资或者设立分支机构；

4.没有法律、行政法规或者国务院规定依据，将在本地投资或者设立分支机构作为参与本地招标投标、享受补贴和优惠政策等的必要条件，变相强制外地经营者在本地投资或者设立分支机构。

（五）不得对外地经营者在本地的投资或者设立的分支机构实行歧视性待遇，侵害其合法权益，包括但不限于：

1.对外地经营者在本地的投资不给予与本地经营者同等的政策待遇；

2.对外地经营者在本地设立的分支机构在经营规模、经营方式、税费缴纳等方面规定与本地经营者不同的要求；

3. 在节能环保、安全生产、健康卫生、工程质量、市场监管等方面,对外地经营者在本地设立的分支机构规定歧视性监管标准和要求。

第十五条 影响生产经营成本标准。

(一)不得违法给予特定经营者优惠政策,包括但不限于:

1. 没有法律、行政法规或者国务院规定依据,给予特定经营者财政奖励和补贴;

2. 没有专门的税收法律、法规和国务院规定依据,给予特定经营者税收优惠政策;

3. 没有法律、行政法规或者国务院规定依据,在土地、劳动力、资本、技术、数据等要素获取方面,给予特定经营者优惠政策;

4. 没有法律、行政法规或者国务院规定依据,在环保标准、排污权限等方面给予特定经营者特殊待遇;

5. 没有法律、行政法规或者国务院规定依据,对特定经营者减免、缓征或停征行政事业性收费、政府性基金、住房公积金等。

给予特定经营者的优惠政策应当依法公开。

(二)安排财政支出一般不得与特定经营者缴纳的税收或非税收入挂钩,主要指根据特定经营者缴纳的税收或者非税收入情况,采取列收列支或者违法违规采取先征后返、即征即退等形式,对特定经营者进行返还,或者给予特定经营者财政奖励或补贴、减免土地等自然资源有偿使用收入等优惠政策。

(三)不得违法违规减免或者缓征特定经营者应当缴纳的社会保险费用,主要指没有法律、行政法规或者国务院规定依据,根据经营者规模、所有制形式、组织形式、地区等因素,减免或者缓征特定经营者需要缴纳的基本养老保险费、基本医疗保险费、失业保险费、工伤保险费、生育保险费等。

(四)不得在法律规定之外要求经营者提供或扣留经营者各类保证金,包括但不限于:

1. 没有法律、行政法规依据或者经国务院批准,要求经营者交纳各类保证金;

2. 限定只能以现金形式交纳投标保证金或履约保证金;

3. 在经营者履行相关程序或者完成相关事项后,不依法退还经营者交纳的保证金及银行同期存款利息。

第十六条 影响生产经营行为标准。

(一)不得强制经营者从事《中华人民共和国反垄断法》禁止的垄断行为,主要指以行政命令、行政授权、行政指导等方式或者通过行业协会商会,强制、组织或者引导经营者达成垄断协议、滥用市场支配地位,以及实施具有或者可能具有排除、限制竞争效果的经营者集中等行为。

(二)不得违法披露或者违法要求经营者披露生产经营敏感信息,为经营者实施垄断行为提供便利条件。生产经营敏感信息是指除依据法律、行政法规或者国务院规定需要公开之外,生产经营者未主动公开,通过公开渠道无法采集的生产经营数据。主要包括:拟定价格、成本、营业收入、利润、生产数量、销售数量、生产销售计划、进出口数量、经销商信息、终端客户信息等。

(三)不得超越定价权限进行政府定价,包括但不限于:

1. 对实行政府指导价的商品、服务进行政府定价;

2. 对不属于本级政府定价目录范围内的商品、服务制定政府定价或者政府指导价;

3. 违反《中华人民共和国价格法》等法律法规采取价格干预措施。

(四)不得违法干预实行市场调节价的商品和服务的价格水平,包括但不限于:

1. 制定公布商品和服务的统一执行价、参考价;

2. 规定商品和服务的最高或者最低限价;

3. 干预影响商品和服务价格水平的手续费、折扣或者其他费用。

第四章 例外规定

第十七条 属于下列情形之一的政策措施,虽然在一定程度上具有限制竞争的效果,但在符合规定的情况下可以出台实施:

(一)维护国家经济安全、文化安全、科技安全或者涉及国防建设的;

(二)为实现扶贫开发、救灾救助等社会保障目的;

(三)为实现节约能源资源、保护生态环境、维护公共卫生健康安全等社会公共利益的;

(四)法律、行政法规规定的其他情形。

属于前款第一项至第三项情形的,政策制定机关应当说明相关政策措施对实现政策目的不可或缺,且不会严重限制市场竞争,并明确实施期限。

第十八条 政策制定机关应当在书面审查结论中说明政策措施是否适用例外规定。认为适用例外规定的,应当对符合适用例外规定的情形和条件进行详细说明。

第十九条 政策制定机关应当逐年评估适用例外规定的政策措施的实施效果,形成书面评估报告。实施期限到期或者未达到预期效果的政策措施，应当及时停止执行或者进行调整。

第五章 第三方评估

第二十条 政策制定机关可以根据工作实际，委托具备相应评估能力的高等院校、科研院所、专业咨询公司等第三方机构，对有关政策措施进行公平竞争评估，或者对公平竞争审查有关工作进行评估。

各级联席会议办公室可以委托第三方机构，对本地公平竞争审查制度总体实施情况开展评估。

第二十一条 政策制定机关在开展公平竞争审查工作的以下阶段和环节，均可以采取第三方评估方式进行：

（一）对拟出台的政策措施进行公平竞争审查；

（二）对经公平竞争审查出台的政策措施进行定期评估；

（三）对适用例外规定出台的政策措施进行逐年评估；

（四）对公平竞争审查制度实施情况进行综合评价；

（五）与公平竞争审查工作相关的其他阶段和环节。

第二十二条 对拟出台的政策措施进行公平竞争审查时，存在以下情形之一的，应当引入第三方评估：

（一）政策制定机关拟适用例外规定的；

（二）被多个单位或者个人反映或者举报涉嫌违反公平竞争审查标准的。

第二十三条 第三方评估结果作为政策制定机关开展公平竞争审查、评价制度实施成效、制定工作推进方案的重要参考。对拟出台的政策措施进行第三方评估的，政策制定机关应当在书面审查结论中说明评估情况。最终做出的审查结论与第三方评估结果不一致的，应当在书面审查结论中说明理由。

第二十四条 第三方评估经费纳入预算管理。政策制定机关依法依规做好第三方评估经费保障。

第六章 监督与责任追究

第二十五条 政策制定机关涉嫌未进行公平竞争审查或者违反审查标准出台政策措施的，任何单位和个人可以向政策制定机关反映，也可以向政策制定机关的上级机关或者本级及以上市场监管部门举报。反映或者举报采用书面形式并提供相关事实依据的，有关部门要及时予以处理。涉嫌违反《中华人民共和国反垄断法》的，由反垄断执法机构依法调查。

第二十六条 政策制定机关未进行公平竞争审查出台政策措施的，应当及时补做审查。发现存在违反公平竞争审查标准问题的，应当按照相关程序停止执行或者调整相关政策措施。停止执行或者调整相关政策措施的，应当依照《中华人民共和国政府信息公开条例》要求向社会公开。

第二十七条 政策制定机关的上级机关经核实认定政策制定机关未进行公平竞争审查或者违反审查标准出台政策措施的，应当责令其改正；拒不改正或者不及时改正的，对直接负责的主管人员和其他直接责任人员依据《中华人民共和国公务员法》、《中华人民共和国公职人员政务处分法》、《行政机关公务员处分条例》等法律法规给予处分。本级及以上市场监管部门可以向政策制定机关或者其上级机关提出整改建议；整改情况要及时向有关方面反馈。违反《中华人民共和国反垄断法》的，反垄断执法机构可以向有关上级机关提出依法处理的建议。相关处理决定和建议依法向社会公开。

第二十八条 市场监管总局负责牵头组织政策措施抽查，检查有关政策措施是否履行审查程序、审查流程是否规范、审查结论是否准确等。对市场主体反映比较强烈、问题比较集中、滥用行政权力排除限制竞争行为多发的行业和地区，进行重点抽查。抽查结果及时反馈被抽查单位，并以适当方式向社会公开。对抽查发现的排除、限制竞争问题，被抽查单位应当及时整改。

各地应当结合实际，建立本地区政策措施抽查机制。

第二十九条 县级以上地方各级人民政府建立健全公平竞争审查考核制度，对落实公平竞争审查制度成效显著的单位予以表扬激励，对工作推进不力的进行督促整改，对工作中出现问题并造成不良后果的依法依规严肃处理。

第七章 附则

第三十条 各地区、各部门在遵循《意见》和本细则规定的基础上，可以根据本地区、本行业实际情况，制定公平竞争审查工作办法和具体措施。

第三十一条 本细则自公布之日起实施。《公平竞争审查制度实施细则（暂行）》（发改价监〔2017〕1849号）同时废止。

附件：1. 公平竞争审查基本流程

2. 公平竞争审查表

附件 1

公平竞争审查基本流程

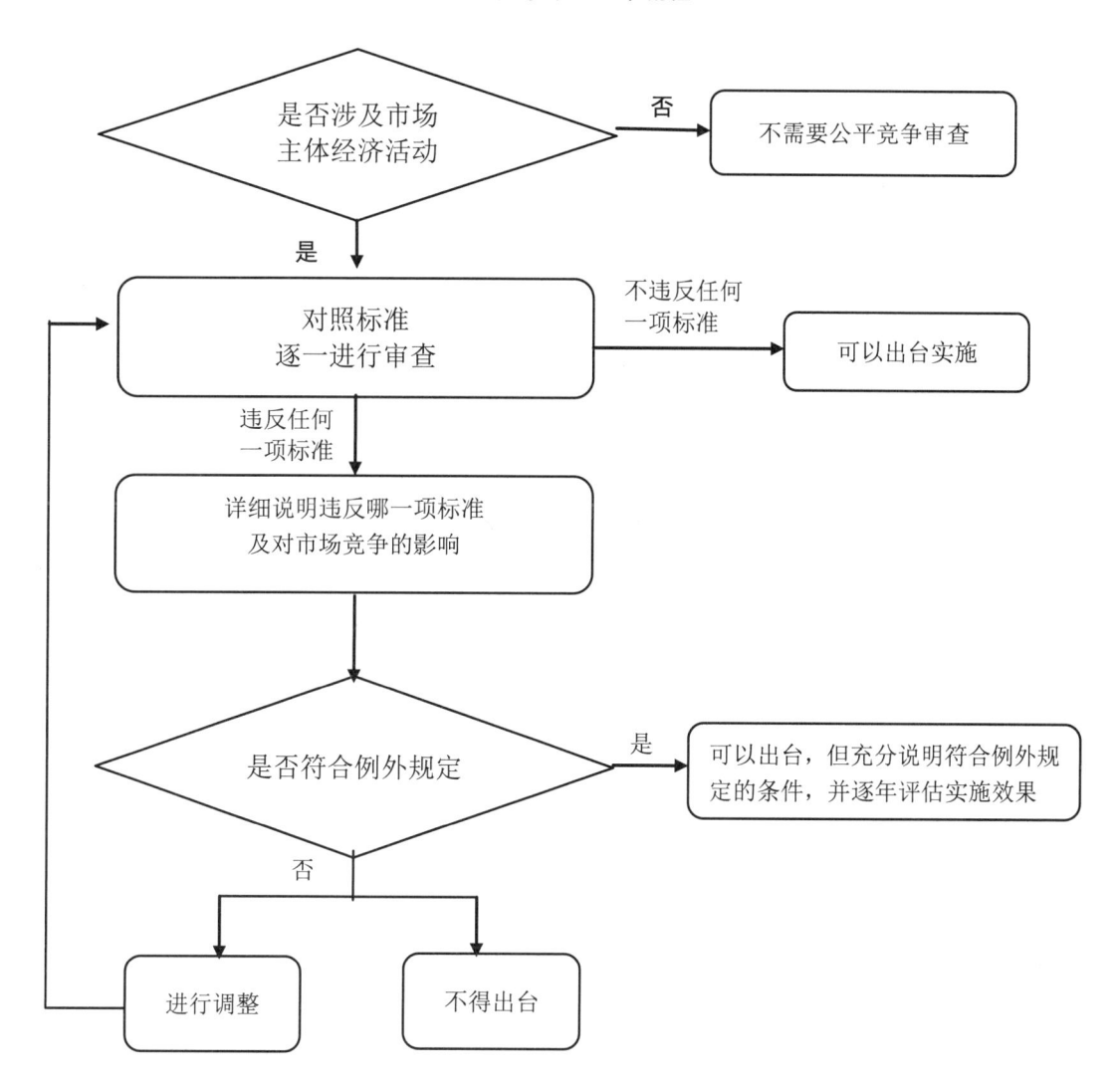

```
                ┌─────────────────┐
                │  是否涉及市场    │  否    ┌──────────────────┐
                │  主体经济活动    ├──────→│  不需要公平竞争审查 │
                └────────┬────────┘        └──────────────────┘
                         │ 是
                         ↓
      ┌──────→┌─────────────────┐  不违反任何   ┌──────────────┐
      │       │    对照标准      │   一项标准    │  可以出台实施  │
      │       │   逐一进行审查   ├──────────────→│              │
      │       └────────┬────────┘               └──────────────┘
      │                │ 违反任何
      │                │ 一项标准
      │                ↓
      │       ┌──────────────────────┐
      │       │ 详细说明违反哪一项标准 │
      │       │   及对市场竞争的影响   │
      │       └──────────┬───────────┘
      │                  │
      │                  ↓
      │       ┌─────────────────┐  是    ┌────────────────────────┐
      │       │  是否符合例外规定 ├──────→│ 可以出台,但充分说明符合例外规 │
      │       └────────┬────────┘        │ 定的条件,并逐年评估实施效果  │
      │                │ 否              └────────────────────────┘
      │         ┌──────┴──────┐
      │         ↓             ↓
      │   ┌─────────┐   ┌─────────┐
      └───┤ 进行调整 │   │ 不得出台 │
          └─────────┘   └─────────┘
```

附件 2

公平竞争审查表

年　　月　　日

政策措施名称	
涉及行业领域	
性质	行政法规草案□　地方性法规草案□　规章□ 规范性文件□　其他政策措施□
起草机构	名　称 联系人　　　　　　　　　　电话
审查机构	名　称 联系人　　　　　　　　　　电话
征求意见情况	征求利害关系人意见□　向社会公开征求意见□ 具体情况（时间、对象、意见反馈和采纳情况）： （可附相关报告）
咨询及第三方评估情况（可选）	（可附相关报告）
审查结论	（可附相关报告）
适用例外规定	是□　否□ 选择"是"时详细说明理由
其他需要说明的情况	
审查机构主要负责人意见	签字：　　　　　盖章：

(3)打击传销、规范直销

禁止传销条例

- 2005年8月23日国务院令第444号公布
- 自2005年11月1日起施行

第一章 总 则

第一条 为了防止欺诈,保护公民、法人和其他组织的合法权益,维护社会主义市场经济秩序,保持社会稳定,制定本条例。

第二条 本条例所称传销,是指组织者或者经营者发展人员,通过对被发展人员以其直接或者间接发展的人员数量或者销售业绩为依据计算和给付报酬,或者要求被发展人员以交纳一定费用为条件取得加入资格等方式牟取非法利益,扰乱经济秩序,影响社会稳定的行为。

第三条 县级以上地方人民政府应当加强对查处传销工作的领导,支持、督促各有关部门依法履行监督管理职责。

县级以上地方人民政府应当根据需要,建立查处传销工作的协调机制,对查处传销工作中的重大问题及时予以协调、解决。

第四条 工商行政管理部门、公安机关应当依照本条例的规定,在各自的职责范围内查处传销行为。

第五条 工商行政管理部门、公安机关依法查处传销行为,应当坚持教育与处罚相结合的原则,教育公民、法人或者其他组织自觉守法。

第六条 任何单位和个人有权向工商行政管理部门、公安机关举报传销行为。工商行政管理部门、公安机关接到举报后,应当立即调查核实,依法查处,并为举报人保密;经调查属实的,依照国家有关规定对举报人给予奖励。

第二章 传销行为的种类与查处机关

第七条 下列行为,属于传销行为:

(一)组织者或者经营者通过发展人员,要求被发展人员发展其他人员加入,对发展的人员以其直接或者间接滚动发展的人员数量为依据计算和给付报酬(包括物质奖励和其他经济利益,下同),牟取非法利益的;

(二)组织者或者经营者通过发展人员,要求被发展人员交纳费用或者以认购商品等方式变相交纳费用,取得加入或者发展其他人员加入的资格,牟取非法利益的;

(三)组织者或者经营者通过发展人员,要求被发展人员发展其他人员加入,形成上下线关系,并以下线的销售业绩为依据计算和给付上线报酬,牟取非法利益的。

第八条 工商行政管理部门依照本条例的规定,负责查处本条例第七条规定的传销行为。

第九条 利用互联网等媒体发布含有本条例第七条规定的传销信息的,由工商行政管理部门会同电信等有关部门依照本条例的规定查处。

第十条 在传销中以介绍工作、从事经营活动等名义欺骗他人离开居所地非法聚集并限制其人身自由的,由公安机关会同工商行政管理部门依法查处。

第十一条 商务、教育、民政、财政、劳动保障、电信、税务等有关部门和单位,应当依照各自职责和有关法律、行政法规的规定配合工商行政管理部门、公安机关查处传销行为。

第十二条 农村村民委员会、城市居民委员会等基层组织,应当在当地人民政府指导下,协助有关部门查处传销行为。

第十三条 工商行政管理部门查处传销行为,对涉嫌犯罪的,应当依法移送公安机关立案侦查;公安机关立案侦查传销案件,对经侦查不构成犯罪的,应当依法移交工商行政管理部门查处。

第三章 查处措施和程序

第十四条 县级以上工商行政管理部门对涉嫌传销行为进行查处时,可以采取下列措施:

(一)责令停止相关活动;

(二)向涉嫌传销的组织者、经营者和个人调查、了解有关情况;

(三)进入涉嫌传销的经营场所和培训、集会等活动场所,实施现场检查;

(四)查阅、复制、查封、扣押涉嫌传销的有关合同、票据、账簿等资料;

(五)查封、扣押涉嫌专门用于传销的产品(商品)、工具、设备、原材料等财物;

(六)查封涉嫌传销的经营场所;

(七)查询涉嫌传销的组织者或者经营者的账户及与存款有关的会计凭证、账簿、对账单等;

(八)对有证据证明转移或者隐匿违法资金的,可以申请司法机关予以冻结。

工商行政管理部门采取前款规定的措施,应当向县级以上工商行政管理部门主要负责人书面或者口头报告并经批准。遇有紧急情况需要当场采取前款规定措施的,应当在事后立即报告并补办相关手续;其中,实施前款规定的查封、扣押,以及第(七)项、第(八)项规定的措施,应当事先经县级以上工商行政管理部门主要负责人书面批准。

第十五条 工商行政管理部门对涉嫌传销行为进行查处时,执法人员不得少于2人。

执法人员与当事人有直接利害关系的,应当回避。

第十六条 工商行政管理部门的执法人员对涉嫌传销行为进行查处时,应当向当事人或者有关人员出示证件。

第十七条 工商行政管理部门实施查封、扣押,应当向当事人当场交付查封、扣押决定书和查封、扣押财物及资料清单。

在交通不便地区或者不及时实施查封、扣押可能影响案件查处的,可以先行实施查封、扣押,并应当在24小时内补办查封、扣押决定书,送达当事人。

第十八条 工商行政管理部门实施查封、扣押的期限不得超过30日;案件情况复杂的,经县级以上工商行政管理部门主要负责人批准,可以延长15日。

对被查封、扣押的财物,工商行政管理部门应当妥善保管,不得使用或者损毁;造成损失的,应当承担赔偿责任。但是,因不可抗力造成的损失除外。

第十九条 工商行政管理部门实施查封、扣押,应当及时查清事实,在查封、扣押期间作出处理决定。

对于经调查核实属于传销行为的,应当依法没收被查封、扣押的非法财物;对于经调查核实没有传销行为或者不再需要查封、扣押的,应当在作出处理决定后立即解除查封,退还被扣押的财物。

工商行政管理部门逾期未作出处理决定的,被查封的物品视为解除查封,被扣押的财物应当予以退还。拒不退还的,当事人可以向人民法院提起行政诉讼。

第二十条 工商行政管理部门及其工作人员违反本条例的规定使用或者损毁被查封、扣押的财物,造成当事人经济损失的,应当承担赔偿责任。

第二十一条 工商行政管理部门对涉嫌传销行为进行查处时,当事人有权陈述和申辩。

第二十二条 工商行政管理部门对涉嫌传销行为进行查处时,应当制作现场笔录。

现场笔录和查封、扣押清单由当事人、见证人和执法人员签名或者盖章,当事人不在现场或者当事人、见证人拒绝签名或者盖章的,执法人员应当在现场笔录中予以注明。

第二十三条 对于经查证属于传销行为的,工商行政管理部门、公安机关可以向社会公开发布警示、提示。

向社会公开发布警示、提示应当经县级以上工商行政管理部门主要负责人或者公安机关主要负责人批准。

第四章 法律责任

第二十四条 有本条例第七条规定的行为,组织策划传销的,由工商行政管理部门没收非法财物,没收违法所得,处50万元以上200万元以下的罚款;构成犯罪的,依法追究刑事责任。

有本条例第七条规定的行为,介绍、诱骗、胁迫他人参加传销的,由工商行政管理部门责令停止违法行为,没收非法财物,没收违法所得,处10万元以上50万元以下的罚款;构成犯罪的,依法追究刑事责任。

有本条例第七条规定的行为,参加传销的,由工商行政管理部门责令停止违法行为,可以处2000元以下的罚款。

第二十五条 工商行政管理部门依照本条例第二十四条的规定进行处罚时,可以依照有关法律、行政法规的规定,责令停业整顿或者吊销营业执照。

第二十六条 为本条例第七条规定的传销行为提供经营场所、培训场所、货源、保管、仓储等条件的,由工商行政管理部门责令停止违法行为,没收违法所得,处5万元以上50万元以下的罚款。

为本条例第七条规定的传销行为提供互联网信息服务的,由工商行政管理部门责令停止违法行为,并通知有关部门依照《互联网信息服务管理办法》予以处罚。

第二十七条 当事人擅自动用、调换、转移、损毁被查封、扣押财物的,由工商行政管理部门责令停止违法行为,处被动用、调换、转移、损毁财物价值5%以上20%以下的罚款;拒不改正的,处被动用、调换、转移、损毁财物价值1倍以上3倍以下的罚款。

第二十八条 有本条例第十条规定的行为或者拒绝、阻碍工商行政管理部门的执法人员依法查处传销行为,构成违反治安管理行为的,由公安机关依照治安管理的法律、行政法规规定处罚;构成犯罪的,依法追究刑事责任。

第二十九条 工商行政管理部门、公安机关及其工作人员滥用职权、玩忽职守、徇私舞弊,未依照本条例规定的职责和程序查处传销行为,或者发现传销行为不查处,或者支持、包庇、纵容传销行为,构成犯罪的,对直接负责的主管人员和其他直接责任人员,依法追究刑事责任;尚不构成犯罪的,依法给予行政处分。

第五章 附 则

第三十条 本条例自2005年11月1日起施行。

国务院办公厅对《禁止传销条例》中传销查处认定部门解释的函

- 2007年6月6日
- 国办函〔2007〕65号

公安部、工商总局：

经国务院同意，现就《禁止传销条例》（以下简称条例）中传销查处认定部门解释如下：

2005年国务院公布了条例，确立了工商部门和公安机关共同查处传销行为的机制，并明确了工商部门和公安机关都有受理举报和向社会公开发布警示的职责，同时还规定了案件移送制度。依照条例规定，工商部门和公安机关在各自的职责范围内都应当对传销行为进行查处，并依照各自职责分别依法对传销行为予以认定。工商部门查处传销行为，对涉嫌犯罪的，应当依法移送公安机关立案侦查；公安机关立案侦查的涉嫌犯罪的传销案件，对经侦查认定不构成犯罪的，应当依法移交工商部门查处。

直销管理条例

- 2005年8月23日国务院令第443号公布
- 根据2017年3月1日《国务院关于修改和废止部分行政法规的决定》修订

第一章 总 则

第一条 为规范直销行为，加强对直销活动的监管，防止欺诈，保护消费者的合法权益和社会公共利益，制定本条例。

第二条 在中华人民共和国境内从事直销活动，应当遵守本条例。

直销产品的范围由国务院商务主管部门会同国务院工商行政管理部门根据直销业的发展状况和消费者的需求确定、公布。

第三条 本条例所称直销，是指直销企业招募直销员，由直销员在固定营业场所之外直接向最终消费者（以下简称消费者）推销产品的经销方式。

本条例所称直销企业，是指依照本条例规定经批准采取直销方式销售产品的企业。

本条例所称直销员，是指在固定营业场所之外将产品直接推销给消费者的人员。

第四条 在中华人民共和国境内设立的企业（以下简称企业），可以依照本条例规定申请成为以直销方式销售本企业生产的产品以及其母公司、控股公司生产产品的直销企业。

直销企业可以依法取得贸易权和分销权。

第五条 直销企业及其直销员从事直销活动，不得有欺骗、误导等宣传和推销行为。

第六条 国务院商务主管部门和工商行政管理部门依照其职责分工和本条例规定，负责对直销企业和直销员及其直销活动实施监督管理。

第二章 直销企业及其分支机构的设立和变更

第七条 申请成为直销企业，应当具备下列条件：

（一）投资者具有良好的商业信誉，在提出申请前连续5年没有重大违法经营记录；外国投资者还应当有3年以上在中国境外从事直销活动的经验；

（二）实缴注册资本不低于人民币8000万元；

（三）依照本条例规定在指定银行足额缴纳了保证金；

（四）依照规定建立了信息报备和披露制度。

第八条 申请成为直销企业应当填写申请表，并提交下列申请文件、资料：

（一）符合本条例第七条规定条件的证明材料；

（二）企业章程，属于中外合资、合作企业的，还应当提供合资或者合作企业合同；

（三）市场计划报告书，包括依照本条例第十条规定拟定的经当地县级以上人民政府认可的从事直销活动地区的服务网点方案；

（四）符合国家标准的产品说明；

（五）拟与直销员签订的推销合同样本；

（六）会计师事务所出具的验资报告；

（七）企业与指定银行达成的同意依照本条例规定使用保证金的协议。

第九条 申请人应当通过所在地省、自治区、直辖市商务主管部门向国务院商务主管部门提出申请。省、自治区、直辖市商务主管部门应当自收到申请文件、资料之日起7日内，将申请文件、资料报送国务院商务主管部门。国务院商务主管部门应当自收到全部申请文件、资料之日起90日内，经征求国务院工商行政管理部门的意见，作出批准或者不予批准的决定。予以批准的，由国务院商务主管部门颁发直销经营许可证。

申请人持国务院商务主管部门颁发的直销经营许可证，依法向工商行政管理部门申请变更登记。

国务院商务主管部门审查颁发直销经营许可证，应当考虑国家安全、社会公共利益和直销业发展状况等因素。

第十条 直销企业从事直销活动，必须在拟从事直销活动的省、自治区、直辖市设立负责该行政区域内直销业务的分支机构(以下简称分支机构)。

直销企业在其从事直销活动的地区应当建立便于并满足消费者、直销员了解产品价格、退换货及企业依法提供其他服务的服务网点。服务网点的设立应当符合当地县级以上人民政府的要求。

直销企业申请设立分支机构，应当提供符合前款规定条件的证明文件和资料，并应当依照本条例第九条第一款规定的程序提出申请。获得批准后，依法向工商行政管理部门办理登记。

第十一条　直销企业有关本条例第八条第一项、第二项、第三项、第五项、第六项、第七项所列内容发生重大变更的，应当依照本条例第九条第一款规定的程序报国务院商务主管部门批准。

第十二条　国务院商务主管部门应当将直销企业及其分支机构的名单在政府网站上公布，并及时进行更新。

第三章　直销员的招募和培训

第十三条　直销企业及其分支机构可以招募直销员。直销企业及其分支机构以外的任何单位和个人不得招募直销员。

直销员的合法推销活动不以无照经营查处。

第十四条　直销企业及其分支机构不得发布宣传直销员销售报酬的广告，不得以缴纳费用或者购买商品作为成为直销员的条件。

第十五条　直销企业及其分支机构不得招募下列人员为直销员：

(一)未满18周岁的人员；

(二)无民事行为能力或者限制民事行为能力的人员；

(三)全日制在校学生；

(四)教师、医务人员、公务员和现役军人；

(五)直销企业的正式员工；

(六)境外人员；

(七)法律、行政法规规定不得从事兼职的人员。

第十六条　直销企业及其分支机构招募直销员应当与其签订推销合同，并保证直销员只在其一个分支机构所在的省、自治区、直辖市行政区域内已设立服务网点的地区开展直销活动。未与直销企业或者其分支机构签订推销合同的人员，不得以任何方式从事直销活动。

第十七条　直销员自签订推销合同之日起60日内可以随时解除推销合同；60日后，直销员解除推销合同应当提前15日通知直销企业。

第十八条　直销企业应当对拟招募的直销员进行业务培训和考试，考试合格后由直销企业颁发直销员证。未取得直销员证，任何人不得从事直销活动。

直销企业进行直销员业务培训和考试，不得收取任何费用。

直销企业以外的单位和个人，不得以任何名义组织直销员业务培训。

第十九条　对直销员进行业务培训的授课人员应当是直销企业的正式员工，并符合下列条件：

(一)在本企业工作1年以上；

(二)具有高等教育本科以上学历和相关的法律、市场营销专业知识；

(三)无因故意犯罪受刑事处罚的记录；

(四)无重大违法经营记录。

直销企业应当向符合前款规定的授课人员颁发直销培训员证，并将取得直销培训员证的人员名单报国务院商务主管部门备案。国务院商务主管部门应当将取得直销培训员证的人员名单，在政府网站上公布。

境外人员不得从事直销员业务培训。

第二十条　直销企业颁发的直销员证、直销培训员证应当依照国务院商务主管部门规定的式样印制。

第二十一条　直销企业应当对直销员业务培训的合法性、培训秩序和培训场所的安全负责。

直销企业及其直销培训员应当对直销员业务培训授课内容的合法性负责。

直销员业务培训的具体管理办法由国务院商务主管部门、国务院工商行政管理部门会同有关部门另行制定。

第四章　直销活动

第二十二条　直销员向消费者推销产品，应当遵守下列规定：

(一)出示直销员证和推销合同；

(二)未经消费者同意，不得进入消费者住所强行推销产品，消费者要求其停止推销活动的，应当立即停止，并离开消费者住所；

(三)成交前，向消费者详细介绍本企业的退货制度；

(四)成交后，向消费者提供发票和由直销企业出具的含有退货制度、直销企业当地服务网点地址和电话号码等内容的售货凭证。

第二十三条　直销企业应当在直销产品上标明产品价格，该价格与服务网点展示的产品价格应当一致。直销员必须按照标明的价格向消费者推销产品。

第二十四条　直销企业至少应当按月支付直销员报

酬。直销企业支付给直销员的报酬只能按照直销员本人直接向消费者销售产品的收入计算，报酬总额（包括佣金、奖金、各种形式的奖励以及其他经济利益等）不得超过直销员本人直接向消费者销售产品收入的30%。

第二十五条 直销企业应当建立并实行完善的换货和退货制度。

消费者自购买直销产品之日起30日内，产品未开封的，可以凭直销企业开具的发票或者售货凭证向直销企业及其分支机构、所在地的服务网点或者推销产品的直销员办理换货和退货；直销企业及其分支机构、所在地的服务网点和直销员应当自消费者提出换货或者退货要求之日起7日内，按照发票或者售货凭证标明的价款办理换货和退货。

直销员自购买直销产品之日起30日内，产品未开封的，可以凭直销企业开具的发票或者售货凭证向直销企业及其分支机构或者所在地的服务网点办理换货和退货；直销企业及其分支机构和所在地的服务网点应当自直销员提出换货或者退货要求之日起7日内，按照发票或者售货凭证标明的价款办理换货和退货。

不属于前两款规定情形，消费者、直销员要求换货和退货的，直销企业及其分支机构、所在地的服务网点和直销员应当依照有关法律法规的规定或者合同的约定，办理换货和退货。

第二十六条 直销企业与直销员、直销企业及其直销员与消费者因换货或者退货发生纠纷的，由前者承担举证责任。

第二十七条 直销企业对其直销员的直销行为承担连带责任，能够证明直销员的直销行为与本企业无关的除外。

第二十八条 直销企业应当依照国务院商务主管部门和国务院工商行政管理部门的规定，建立并实行完备的信息报备和披露制度。

直销企业信息报备和披露的内容、方式及相关要求，由国务院商务主管部门和国务院工商行政管理部门另行规定。

第五章 保证金

第二十九条 直销企业应当在国务院商务主管部门和国务院工商行政管理部门共同指定的银行开设专门账户，存入保证金。

保证金的数额在直销企业设立时为人民币2000万元；直销企业运营后，保证金应当按月进行调整，其数额应当保持在直销企业上一个月直销产品销售收入15%的

水平，但最高不超过人民币1亿元，最低不少于人民币2000万元。保证金的利息属于直销企业。

第三十条 出现下列情形之一，国务院商务主管部门和国务院工商行政管理部门共同决定，可以使用保证金：

（一）无正当理由，直销企业不向直销员支付报酬，或者不向直销员、消费者支付退货款的；

（二）直销企业发生停业、合并、解散、转让、破产等情况，无力向直销员支付报酬或者无力向直销员和消费者支付退货款的；

（三）因直销产品问题给消费者造成损失，依法应当进行赔偿，直销企业无正当理由拒绝赔偿或者无力赔偿的。

第三十一条 保证金依照本条例第三十条规定使用后，直销企业应当在1个月内将保证金的数额补足到本条例第二十九条第二款规定的水平。

第三十二条 直销企业不得以保证金对外担保或者违反本条例规定用于清偿债务。

第三十三条 直销企业不再从事直销活动的，凭国务院商务主管部门和国务院工商行政管理部门出具的凭证，可以向银行取回保证金。

第三十四条 国务院商务主管部门和国务院工商行政管理部门共同负责保证金的日常监管工作。

保证金存缴、使用的具体管理办法由国务院商务主管部门、国务院工商行政管理部门会同有关部门另行制定。

第六章 监督管理

第三十五条 工商行政管理部门负责对直销企业和直销员及其直销活动实施日常的监督管理。工商行政管理部门可以采取下列措施进行现场检查：

（一）进入相关企业进行检查；

（二）要求相关企业提供有关文件、资料和证明材料；

（三）询问当事人、利害关系人和其他有关人员，并要求其提供有关材料；

（四）查阅、复制、查封、扣押相关企业与直销活动有关的材料和非法财物；

（五）检查有关人员的直销培训员证、直销员证等证件。

工商行政管理部门依照前款规定进行现场检查时，检查人员不得少于2人，并应当出示合法证件；实施查封、扣押的，必须经县级以上工商行政管理部门主要负责人批准。

第三十六条 工商行政管理部门实施日常监督管理,发现有关企业有涉嫌违反本条例行为的,经县级以上工商行政管理部门主要负责人批准,可以责令其暂时停止有关的经营活动。

第三十七条 工商行政管理部门应当设立并公布举报电话,接受对违反本条例行为的举报和投诉,并及时进行调查处理。

工商行政管理部门应当为举报人保密;对举报有功人员,应当依照国家有关规定给予奖励。

第七章 法律责任

第三十八条 对直销企业和直销员及其直销活动实施监督管理的有关部门及其工作人员,对不符合本条例规定条件的申请予以许可或者不依照本条例规定履行监督管理职责的,对直接负责的主管人员和其他直接责任人员,依法给予行政处分;构成犯罪的,依法追究刑事责任。对不符合本条例规定条件的申请予以的许可,由作出许可决定的有关部门撤销。

第三十九条 违反本条例第九条和第十条规定,未经批准从事直销活动的,由工商行政管理部门责令改正,没收直销产品和违法销售收入,处5万元以上30万元以下的罚款;情节严重的,处30万元以上50万元以下的罚款,并依法予以取缔;构成犯罪的,依法追究刑事责任。

第四十条 申请人通过欺骗、贿赂等手段取得本条例第九条和第十条设定的许可的,由工商行政管理部门没收直销产品和违法销售收入,处5万元以上30万元以下的罚款,由国务院商务主管部门撤销其相应的许可,申请人不得再提出申请;情节严重的,处30万元以上50万元以下的罚款,并依法予以取缔;构成犯罪的,依法追究刑事责任。

第四十一条 直销企业违反本条例第十一条规定的,由工商行政管理部门责令改正,处3万元以上30万元以下的罚款;对不再符合直销经营许可条件的,由国务院商务主管部门吊销其直销经营许可证。

第四十二条 直销企业违反规定,超出直销产品范围从事直销经营活动的,由工商行政管理部门责令改正,没收直销产品和违法销售收入,处5万元以上30万元以下的罚款;情节严重的,处30万元以上50万元以下的罚款,由工商行政管理部门吊销有违法经营行为的直销企业分支机构的营业执照直至由国务院商务主管部门吊销直销企业的直销经营许可证。

第四十三条 直销企业及其分支机构违反本条例规定,有欺骗、误导等宣传和推销行为的,对直销企业,由工商行政管理部门处3万元以上10万元以下的罚款;情节严重的,处10万元以上30万元以下的罚款,由工商行政管理部门吊销有违法经营行为的直销企业分支机构的营业执照直至由国务院商务主管部门吊销直销企业的直销经营许可证。对直销员,由工商行政管理部门处5万元以下的罚款;情节严重的,责令直销企业撤销其直销员资格。

第四十四条 直销企业及其分支机构违反本条例规定招募直销员的,由工商行政管理部门责令改正,处3万元以上10万元以下的罚款;情节严重的,处10万元以上30万元以下的罚款,由工商行政管理部门吊销有违法经营行为的直销企业分支机构的营业执照直至由国务院商务主管部门吊销直销企业的直销经营许可证。

第四十五条 违反本条例规定,未取得直销员证从事直销活动的,由工商行政管理部门责令改正,没收直销产品和违法销售收入,可以处2万元以下的罚款;情节严重的,处2万元以上20万元以下的罚款。

第四十六条 直销企业进行直销员业务培训违反本条例规定的,由工商行政管理部门责令改正,没收违法所得,处3万元以上10万元以下的罚款;情节严重的,处10万元以上30万元以下的罚款,由工商行政管理部门吊销有违法经营行为的直销企业分支机构的营业执照直至由国务院商务主管部门吊销直销企业的直销经营许可证;对授课人员,由工商行政管理部门处5万元以下的罚款,是直销培训员的,责令直销企业撤销其直销培训员资格。

直销企业以外的单位和个人组织直销员业务培训的,由工商行政管理部门责令改正,没收违法所得,处2万元以上20万元以下的罚款。

第四十七条 直销员违反本条例第二十二条规定的,由工商行政管理部门没收违法销售收入,可以处5万元以下的罚款;情节严重的,责令直销企业撤销其直销员资格,并对直销企业处1万元以上10万元以下的罚款。

第四十八条 直销企业违反本条例第二十三条规定的,依照价格法的有关规定处理。

第四十九条 直销企业违反本条例第二十四条和第二十五条规定的,由工商行政管理部门责令改正,处5万元以上30万元以下的罚款;情节严重的,处30万元以上50万元以下的罚款,由工商行政管理部门吊销有违法经营行为的直销企业分支机构的营业执照直至由国务院商务主管部门吊销直销企业的直销经营许可证。

第五十条 直销企业未依照有关规定进行信息报备和披露的,由工商行政管理部门责令限期改正,处10万元以下的罚款;情节严重的,处10万元以上30万元以下的罚款;拒不改正的,由国务院商务主管部门吊销其直销经营许可证。

第五十一条　直销企业违反本条例第五章有关规定的,由工商行政管理部门责令限期改正,处 10 万元以下的罚款;拒不改正的,处 10 万元以上 30 万元以下的罚款,由国务院商务主管部门吊销其直销经营许可证。

第五十二条　违反本条例的违法行为同时违反《禁止传销条例》的,依照《禁止传销条例》有关规定予以处罚。

第八章　附　则

第五十三条　直销企业拟成立直销企业协会等社团组织,应当经国务院商务主管部门批准,凭批准文件依法申请登记。

第五十四条　香港特别行政区、澳门特别行政区和台湾地区的投资者在境内投资建立直销企业,开展直销活动的,参照本条例有关外国投资者的规定办理。

第五十五条　本条例自 2005 年 12 月 1 日起施行。

直销企业信息报备、披露管理办法

· 2005 年 11 月 1 日商务部、国家工商行政管理总局令第 24 号公布
· 自 2005 年 12 月 1 日起施行

第一条　根据《直销管理条例》第二十八条规定,制定本办法。

第二条　直销企业应建立完备的信息报备和披露制度,并接受政府相关部门的监管检查和社会公众的监督。

第三条　商务部和国家工商行政管理总局(以下简称工商总局)直销行业管理网站向社会公布下列内容:

(一)有关法律、法规及规章;
(二)直销产品范围公告;
(三)直销企业名单及其直销产品名录;
(四)直销企业省级分支机构名单及其从事直销的地区、服务网点;
(五)直销企业保证金使用情况;
(六)直销员证、直销培训员证式样;
(七)直销企业、直销培训员及直销员违规及处罚情况;
(八)其他需要公布的信息。

第四条　直销企业通过其建立的中文网站向社会披露信息。直销企业建立的中文网站是直销企业信息报备和披露的重要组成部分,并应在取得直销经营许可证之日起 3 个月内与直销行业管理网站链接。

第五条　直销企业设立后应真实、准确、及时、完整地向社会公众披露以下信息:

(一)直销企业直销员总数,各省级分支机构直销员总数、名单、直销员证编号、职业及与直销企业解除推销合同人员名单;
(二)直销企业及其分支机构名称、地址、联系方式及负责人,服务网点名称、地址、联系方式及负责人;
(三)直销产品目录、零售价格、产品质量及标准说明书,以及直销产品的主要成分、适宜人群、使用注意事项等应当让消费者事先知晓的内容。

根据国家相关规定直销产品应符合国家认证、许可或强制性标准的,直销企业应披露其取得相关认证、许可或符合标准的证明文件;

(四)直销员计酬、奖励制度;
(五)直销产品退换货办法、退换货地点及退换货情况;
(六)售后服务部门、职能、投诉电话、投诉处理程序;
(七)直销企业与直销员签订的推销合同中关于直销企业和直销员的权利、义务,直销员解约制度,直销员退换货办法,计酬办法及奖励制度,法律责任及其他相关规定;
(八)直销培训员名单、直销员培训和考试方案;
(九)涉及企业的重大诉讼、仲裁事项及处理情况。

上述内容若有变动,直销企业应在相关内容变动(涉及行政许可的应在获得许可)后 1 个月内及时更新网站资料。

第六条　直销企业设立后,每月 15 日前须通过直销行业管理网站向商务部、工商总局报备以下上月内容:

(一)保证金存缴情况;
(二)直销员直销经营收入及纳税明细情况;
1. 直销员按月直销经营收入及纳税金额;
2. 直销员直销经营收入金额占直销员本人直接向消费者销售产品收入的比例。
(三)企业每月销售业绩及纳税情况;
(四)直销培训员备案;
(五)其他需要报备的内容。

第七条　直销企业应于每年 4 月份以企业年报的方式公布本办法第五条所列内容。

第八条　直销企业及直销员所使用的产品说明和任何宣传材料须与直销企业披露的信息内容一致。

第九条　直销企业未按照《直销管理条例》和本办法进行信息披露，或直销企业披露的信息存在虚假、严重误导性陈述或重大遗漏的，按照《直销管理条例》第五十条规定予以处罚。

第十条　本办法由商务部和工商总局负责解释。

第十一条　本办法自2005年12月1日起实施。

直销企业保证金存缴、使用管理办法

·2005年11月1日商务部、国家工商行政管理总局令第22号公布
·自2005年12月1日起施行

第一条　根据《直销管理条例》第三十四条第二款规定，制定本办法。

第二条　企业申请直销应提交其在指定银行开设的保证金专门账户凭证，金额为2000万元人民币。保证金为现金。

第三条　直销企业与指定银行签订的保证金专门账户协议应包括下述内容：

（一）指定银行根据商务部和国家工商行政管理总局（以下简称工商总局）的书面决定支付保证金；

（二）直销企业不得违反《直销管理条例》擅自动用保证金，不得以保证金对外担保或者违反《直销管理条例》规定用于清偿债务；

（三）指定银行应及时向商务部和工商总局通报保证金账户情况，商务部和工商总局可以查询直销企业保证金账户；

（四）直销企业和指定银行的权利义务及争议解决方式。

企业在申请设立时应提交与指定银行签署的开设保证金专门账户协议。

第四条　直销企业开始从事直销经营活动3个月后，保证金金额按月进行调整。直销企业于次月15日前将其上月销售额的有效证明文件向指定银行出具，并通过直销行业管理网站向商务部和工商总局备案。直销企业对出具的证明文件的真实性、完整性负责，指定银行应当对证明文件进行形式审查。

直销企业保证金金额保持在直销企业上月直销产品销售收入的15%水平。账户余额最低为2000万元人民币，最高不超过1亿元人民币。

根据直销企业月销售额，如需增加保证金金额的，直销企业应当在向指定银行递交月销售额证明文件后5日内将款项划转到其指定银行保证金账户；如需调减保证金金额的，按企业与指定银行签订的协议办理。

第五条　出现下列情形之一，商务部和工商总局共同决定，可以使用保证金：

（一）无正当理由，直销企业不向直销员支付报酬，或者不向直销员、消费者支付退货款的；

（二）直销企业发生停业、合并、解散、转让、破产等情况，无力向直销员支付报酬或者无力向直销员和消费者支付退货款的；

（三）因直销产品问题给消费者造成损失，依法应当进行赔偿，直销企业无正当理由拒绝赔偿或者无力赔偿的。

第六条　直销员或消费者根据《直销管理条例》和本办法第五条规定要求使用保证金的，应当持法院生效判决书或调解书，向省级商务主管部门或工商行政管理部门提出申请，省级商务主管部门或工商行政管理部门接到申请后10个工作日内将申请材料报送商务部和工商总局。

直销员除持法院生效判决书、调解书外，还应出示其身份证、直销员证及其与直销企业签订的推销合同。消费者除持法院生效判决书、调解书外，还应出示其身份证、售货凭证或发票。

商务部和工商总局接到申请材料后60个工作日内做出是否使用保证金支付赔偿的决定，并书面通知指定银行、直销企业和保证金使用申请人。

直销员违反《禁止传销条例》有关规定的，其申请不予受理。

第七条　根据本办法规定支付保证金后，直销企业应当自支付之日起30日内将其保证金专门账户的金额补足到本办法第四条第二款规定的水平。

第八条　直销企业保证金使用情况应当及时通过商务部和工商总局直销行业管理网站向社会披露。

第九条　直销企业不再从事直销活动的，凭商务部和工商总局出具的书面凭证，可以向指定银行取回保证金。

企业申请直销未获批准的，凭商务部出具的书面凭证到指定银行办理保证金退回手续。

第十条　直销企业违反本办法规定的，按照《直销管理条例》第五十一条予以处罚。

第十一条　商务部和工商总局共同负责直销保证金的日常监管工作。

第十二条　本办法由商务部、工商总局负责解释。

第十三条　本办法自2005年12月1日起施行。

- 典型案例

国家市场监督管理总局关于发布 2018年市场监管部门制止滥用行政权力排除、限制竞争行为典型案例的公告①

2018年,市场监管部门深入贯彻十九大会议精神,认真履行法定职责,积极开展打破行政性垄断工作,通过行政建议、行政指导等方式,促使行政机关及时纠正滥用行政权力排除、限制竞争行为。现对2018年各地查处的16起典型滥用行政权力排除、限制竞争行为案例予以公布。

案例一
北京市纠正房山区燃气开发中心行政性垄断行为

2018年2月,根据有关线索,北京市发展与改革委员会对房山区燃气开发中心涉嫌滥用行政权力排除、限制竞争行为进行调查。

经查,房山区燃气开发中心负责房山区天然气工程建设、管理和经营等工作,承担着房山区燃气行业管理职能。该中心在开展燃气项目报装审批过程中,以直接委托、指定等形式,要求开发单位签订由房山区燃气开发中心提供的制式合同,限定开发单位选择房山区燃气开发中心下属企业从事施工建设。据调查,房山区内绝大部分燃气工程都未执行招投标程序,直接由房山区燃气开发中心下属企业施工建设。前述行为一定程度上限制了开发单位的自主选择权和其他具有资质施工企业的公平竞争权,违反了《反垄断法》第三十二条"行政机关和法律、法规授权的具有管理公共事务职能的组织不得滥用行政权力,限定或者变相限定单位或者个人经营、购买、使用其指定的经营者提供的商品"之规定,构成滥用行政权力,排除、限制竞争行为。

针对上述情况,北京市发展与改革委员会向房山区政府办、区国资委、区城管委、区燃气开发中心等相关部门通报了排除、限制竞争行为的事实,并提出立即全面纠正的建议。房山区燃气开发中心积极配合执法调查,并实施了有效的整改措施,对行使区政府授权的燃气行业管理职能时存在的排除、限制竞争行为予以主动纠正,于2018年4月通过网站对主动纠正情况予以公示。

案例二
山西省纠正晋中市住房保障和城乡建设局行政性垄断行为

2018年初,山西省发展和改革委员会对晋中市住房保障和城乡建设局涉嫌滥用行政权力排除、限制竞争行为进行调查。

经查,2014年9月,晋中市住房保障和城乡建设局召开专题会议研究晋中市城区新建公共租赁住房项目建设前期准备工作有关事宜,形成《晋中市住房城乡建设局专题会议纪要》(〔2014〕33号),指定山西恒龙施工图审查有限公司负责该项目施工图设计文件审查。此外,晋中市住房保障和城乡建设局行政审批大厅在无法律法规依据的情况下,设置了施工图审查备案条件,限制了外地施工图审查机构与本地施工图审查机构的公平竞争。上述行为违反了《反垄断法》第三十二条"行政机关和法律、法规授权的具有管理公共事务职能的组织不得滥用行政权力,限定或者变相限定单位或者个人经营、购买、使用其指定的经营者提供的商品"和第三十七条"行政机关不得滥用行政权力,制定含有排除、限制竞争内容的规定"之规定,构成滥用行政权力,排除、限制竞争行为。

山西省发展和改革委员会在调查过程中向晋中市住房保障和城乡建设局指出了上述问题,此后,晋中市住房保障和城乡建设局对存在的问题进行了整改,于2018年4月分别发布《晋中市住房保障和城乡建设局关于撤销山西恒龙施工图审查有限公司承揽市城区公共租赁住房项目施工图审查业务的通知》(市建函〔2018〕99号)和《晋中市住房保障和城乡建设局关于调整施工图审查备案办理时限的通知》(市建函〔2018〕119号)。

案例三
上海市纠正上海市商务委行政性垄断行为

2017年11月,上海市发展和改革委员会对上海市商务委涉嫌滥用行政权力排除、限制竞争行为进行调查。

经查,2017年1月,上海市商务委发布的《上海市商务委关于开展2016年度典当行年审工作的通知》直接指定

---

① 来源于国家市场监督管理总局网站:https://www.samr.gov.cn/zw/zfxxgk/fdzdgknr/bgt/art/2023/art_b4eafced5ec34cf7b2d7cf41ad83fc24.html,最后访问时间:2023年12月15日。

了负责年审工作的会计师事务所,该行为限制了会计师事务所在典当行年审市场的竞争,违反了《反垄断法》第三十二条"行政机关和法律、法规授权的具有管理公共事务职能的组织不得滥用行政权力,限定或者变相限定单位或者个人经营、购买、使用其指定的经营者提供的商品"之规定,构成滥用行政权力,排除、限制竞争行为。

在调查过程中,上海市商务委认识到上述做法与《反垄断法》的相关要求不符,主动提出整改方案。2018年1月,上海市发展和改革委员会约谈上海市商务委,同意上海市商务委提出的整改方案。2018年1月,上海市商务委在其官网发布了纠正限制竞争行为的有关信息。

案例四

江苏省纠正苏州市道路运输管理机构行政性垄断行为

2017年12月,根据举报,原江苏省工商行政管理局对苏州市道路运输管理机构涉嫌滥用行政权力排除、限制竞争行为进行调查。

经查,2017年2月,苏州市交通运输局下发《关于同意2017年苏州市驾驶人培训市场发展计划的批复》(苏交〔2017〕22号),同意苏州市运输管理处"2017年苏州市驾驶人培训市场发展计划",明确"2017年共新增C1(C2)教学车辆400辆,其中市区(含吴中、相城)60辆、吴江区60辆、昆山市80辆、太仓市60辆、常熟市60辆、张家港市80辆。新增车辆额度全部采用'智慧驾培'模式,并通过服务质量招投标方式公开择优投放。"2月14日,苏州市运输管理处下发《关于实施2017年苏州市驾驶人培训市场发展计划的通知》(苏运字〔2017〕7号),要求新增车辆额度全部采用"智慧驾培"模式,并通过服务质量招投标方式公开择优投放。

《中华人民共和国道路运输条例》第三十九条对申请从事机动车驾驶员培训的规定了明确的条件;第四十条规定,对符合条件的驾驶员培训申请,"县级道路运输管理机构应当自受理申请之日起15日内审查完毕,作出许可或者不予许可的决定,并书面通知申请人"。苏州市道路运输管理机构未严格执行《中华人民共和国道路运输条例》,在驾驶培训市场管理中通过招投标方式增设准入条件,提高驾培市场准入门槛,其行为违反了《反垄断法》第三十七条"行政机关不得滥用行政权力,制定含有排除、限制竞争内容的规定"之规定,构成滥用行政权力,排除、限制竞争行为。原江苏省工商行政管理局于2018年1月向苏州市人民政府发出行政建议书,建议其责令苏州市交通运输局改正上述滥用行政权力排除、限制竞争行为,并建立健全公平竞争审查保障机制,及时纠正滥用行政权力排除、限制竞争行为。目前,苏州市人民政府已要求各级交通管理部门全面开放驾培市场,不得增设任何额外条件。同时,下发《关于做好机动车驾驶培训经营许可工作的通知》,要求各地道路运输管理机构严格执行。

案例五

安徽省纠正六安市安全生产监督管理局行政性垄断行为

2017年12月,原安徽省工商行政管理局在查处有关案件中发现,六安市安全生产监督管理局(以下简称六安市安监局)存在涉嫌滥用行政权力排除、限制竞争行为,随即进行调查。

经查,六安市安监局委托六安市政府采购中心发布"六安市安全生产责任保险项目竞争性谈判采购公告",其中规定:本保险项目共涉及18个行业的安全生产责任保险,全市市场划分为5个区域,确定5家财产保险公司作为中标单位。之后,六安市安监局通过竞争性谈判确认5家财产保险公司为候选人,并按前述规定,明确了每家公司的承保区域,同时与5家公司约定了"五统一",即统一保险责任、统一保险费率、统一保险金额、统一理赔标准、统一浮动机制;5家公司如未执行"五统一",或超出划分的承保区域向投保企业收取保费,一经发现,取消其承保资格,并不得参加下一轮六安市安全生产责任保险投标活动。各县(区)安监局根据六安市政府和市安监局相关文件要求,分别以县政府办公室或县安全生产委员会办公室名义制定下发或转发了关于进一步深化安全生产责任保险工作实施方案的通知,确定了实施范围、承保单位、工作措施、参保方式、工作要求等内容,并将实施范围内企业是否投保安全生产责任保险作为安全生产许可的重要条件进行审查,将是否参加安全生产责任保险纳入执法检查的重要内容,依法检查相关高危行业企业参加安全生产责任保险情况,对未按规定参保的企业依法处理。

原安徽省工商行政管理局认为六安市安监局及所辖县(区)安监局的上述行为违反了《反垄断法》第三十二条"行政机关和法律、法规授权的具有管理公共事务职能的组织不得滥用行政权力,限定或者变相限定单位或者个人经营、购买、使用其指定的经营者提供的商品"之规定,构成滥用行政权力,排除、限制竞争行为,于2018年11月向六安市人民政府发出行政建议书,建议其责令涉案机关纠正上述违法行为,汲取教训,认真落实国务院、省政府关于开展公平竞争审查相关制度与规定,切实维护公平竞争市场秩序。现六安市安监局已终止与 5 家财产保险公司的合同。

案例六

江西省纠正新建区"营改增"工作协调推进领导小组行政性垄断行为

根据群众举报，江西省发展和改革委员会对新建区"营改增"工作协调推进领导小组涉嫌滥用行政权力排除、限制竞争行为进行调查。

经查，2017 年 7 月 1 日，新建区"营改增"工作协调推进领导小组印发了《关于进一步加强综合治税有关工作的通知》，其中明确"一是有关部门要从提升资质、人才引进、项目融资、财政政策、市场准入等各方面给予政策扶持，促进本地建筑企业做大做强。二是积极引导外地建筑企业到新建区登记设立独立法人机构，暂时不能设立独立法人机构的先设立分支机构。三是对区外施工企业（包括分包企业及关联企业），由项目业主督促其在新建区注册成立分公司，并签订补充协议，在新建区金融机构开设账户，明确今后工程款和税收全部通过分公司结算申报。四是对今后开工实施的新项目，由项目业主（建设）单位在项目招投标公告（包括招标文件）中明确，区外中标企业（包括施工、服务性企业）于办理施工许可证前必须在新建区注册成立项目管理和资金结算的分公司；直接发包的项目，区外企业（包括施工、服务性企业）必须先在新建区注册成立项目管理和资金结算的分公司，再对直接发包告知书进行备案；区外企业分公司必须在新建区金融机构开设账户，统一办理工程项目资金结算和税收申报。五是项目业主（建设）单位负责在招投标公告（包括招标文件）中明确并督促落实上述政策措施，"通过增加登记注册要求限制了域外有关企业参与域内相关工程业务招投标的竞争，不利于促进相关市场充分竞争。上述行为违反了《反垄断法》第三十三条第（四）项"行政机关和法律、法规授权的具有管理公共事务职能的组织不得滥用行政权力，设置关卡或者采取其他手段，阻碍外地商品进入或者本地商品运出"和第三十七条"行政机关不得滥用行政权力，制定含有排除、限制竞争内容的规定"之规定，构成滥用行政权力，排除、限制竞争行为。

江西省发展和改革委员会在完成调查后，向新建区"营改增"工作协调推进领导小组反馈了相关情况，并介绍了《反垄断法》的有关规定和国家相关政策。新建区"营改增"工作协调推进领导小组承认情况属实，承诺立即纠正有关违法行为，删除相关政策中有关排除、限制竞争的内容。2018 年 1 月 24 日，新建区"营改增"工作协调推进领导小组印发通知，正式废止此前《关于进一步加强综合治税有关工作的通知》，并在新建区人民政府官方网站进行公示。

案例七

江西省纠正宜春市盐务局、鹰潭市盐务局行政性垄断行为

2017 年，根据举报，江西省发展和改革委员会对宜春市盐务局、鹰潭市盐务局涉嫌滥用行政权力排除、限制竞争行为进行调查。

经查，2018 年 1 月，宜春市盐务局、鹰潭市盐务局分别向辖区内各食盐零售店发布《告知书》，要求所有经营食盐的商户要严格执行《食盐专营办法》，从食盐定点批发企业购进食盐，否则予以行政处罚，并具体公布了取得《食盐批发许可证》的企业名单。另据调查了解，中盐江西盐化有限公司（以下简称"江西中盐"）具备在宜春、鹰潭 2 市经营食盐批发业务的资格，但宜春市盐务局、鹰潭市盐务局在《告知书》中公布取得《食盐批发许可证》的企业名单中不包含江西中盐，并对从江西中盐购进食盐的零售单位进行了行政处罚。宜春市盐务局、鹰潭市盐务局向有关食盐零售店公布不全面的市场准入名单，并对从江西中盐购进食盐的零售经营者进行行政处罚的行为违反了《反垄断法》第三十三条第（四）项"行政机关和法律、法规授权的具有管理公共事务职能的组织不得滥用行政权力，设置关卡或者采取其他手段，阻碍外地商品进入或者本地商品运出"和第三十七条"行政机关不得滥用行政权力，制定含有排除、限制竞争内容的规定"之规定，构成滥用行政权力，排除、限制竞争行为。

江西省发展和改革委员会在完成调查后，向宜春市盐务局和鹰潭市盐务局反馈了相关情况，并介绍了《反垄断法》的有关规定和国家相关政策。两市盐务局均承认情况属实，承诺立即纠正有关违法行为。2018 年 4 月，宜春市盐务局、鹰潭市盐务局分别在《宜春新闻网》和《江南都市报》上发布公告，明确 2018 年 1 月发布《告知书》中食盐批发企业名单不全面，应以省工信委公布的为准。

案例八

山东省纠正临沂市莒南县公共资源交易服务中心行政性垄断行为

2018 年 6 月，根据举报，原山东省工商行政管理局对临沂市莒南县公共资源交易服务中心涉嫌滥用行政权力

排除、限制竞争行为进行调查。

经查，临沂市莒南县公共资源交易服务中心以防止工程建设项目招投标领域的腐败行为为由，利用行政权力，强制要求投资总额在 50 万元以下的项目招标人须采用资源交易系统自动抽取方式选聘招标代理机构，并印发了有关文件。该做法剥夺了招标人自行选择招标代理机构的权利，限制了招标代理机构之间的合法竞争，违反了《反垄断法》第三十七条"行政机关不得滥用行政权力，制定含有排除、限制竞争内容的规定"之规定，构成滥用行政权力，排除、限制竞争行为。

2018 年 7 月下旬，原山东省工商行政管理局约谈了莒南县人民政府和莒南县公共资源交易服务中心，并指出莒南县公共资源交易服务中心相关文件存在滥用行政权力排除、限制竞争的问题。莒南县公共资源交易服务中心承诺对相关文件进行修改。2018 年 9 月，莒南县公共资源交易服务中心向原山东省工商行政管理局提交了《关于相关问题整改落实情况的报告》，表示已经对相关文件条款进行了修正，并报县政府批准印发。

案例九
山东省纠正济南市建委行政性垄断行为

2018 年 1 月，原山东省工商行政管理局对济南市建委涉嫌滥用行政权力排除、限制竞争行为进行调查。

经查，为贯彻济南市政府《关于全面推进绿色建筑发展的实施意见》（济政发〔2013〕17 号），济南市建委于 2014 年印发《济南市高层建筑太阳能热水系统（含节能替代产品）设计、施工规范要点》（济建科字〔2014〕22 号），其中规定："高层建筑太阳能热水系统应用产品（含节能替代产品）应严格坚持质量标准，适合高层建筑的特点和需要，原则上从推荐入围企业和业绩、信誉良好的企业产品中选取。"之后，济南市建委委托济南市太阳能协会（现更名为"济南绿色建筑协会"）向社会公开征集高层建筑太阳能热水系统应用产品及节能替代产品，并据此分三批确定 24 家企业的产品为济南市高层建筑太阳能热水系统推荐产品。2015 年 7 月，济南太阳能协会联合相关企业召开高层建筑太阳能热水系统产品价格倡议会，共同确认和签署了协议价倡议书。2016 年 4 月，济南市建委印发《关于高层建筑光热产品（平板型太阳能热水器）低价竞争情况的通报》（济建科字〔2016〕6 号），对部分公司以低于协议价进行竞标的行为做出处理。2016 年 8 月，济南市建委印发《进一步加强和规范高层建筑太阳能热水系统（含节能替代产品）应用管理的通知》（济建科字〔2016〕15 号），其中

规定："严禁低价操作。高层建筑太阳能热水系统应用产品必须有严格的质量服务保证，不得低价操作造成质量隐患，降低服务标准，损害用户利益，扰乱市场。……市太阳能行业协会联合所有具备高层建筑太阳能应用资格的太阳能企业共同确认和签署了协议价倡议书，必须严格遵守。擅自降低协议价的项目视为存在质量服务隐患处置。"

济南市建委作为主管建设的行政机关，在无法律依据的情况下，通过下发文件的方式限制相关太阳能企业在济南高层建筑领域的公平竞争，其行为违反了《反垄断法》第三十七条"行政机关不得滥用行政权力，制定含有排除、限制竞争内容的规定"之规定，构成滥用行政权力，排除、限制竞争行为。2018 年 1 月，济南市建委向原山东省工商行政管理局提交了《关于济南市高层建筑太阳能产品市场公平竞争情况的复函》，表示对存在的问题进行整改。2018 年 2 月，济南市建委在其网站向社会公布了《关于印发〈济南市新建高层建筑太阳能热水系统应用监督管理办法〉的通知》，同时宣布废止了上述三个文件。

案例十
河南省纠正封丘县人民政府行政性垄断行为

2018 年 6 月，根据举报，河南省发展和改革委员会对封丘县人民政府涉嫌滥用行政权力排除、限制竞争行为进行调查。

经查，2016 年底，封丘县人民政府和华润河南医药有限公司签署战略合作协议，约定封丘县人民政府支持华润河南医药有限公司在封丘县各级医疗机构开展药品、耗材配送工作，并协调解决华润河南医药有限公司与当地经营企业的并购问题。2017 年底，作为县政府协调并购的参与方——河南中诺医药有限公司向县政府递交了《关于在全县公立医院试行药品统一配送的请示报告》，请求封丘县人民政府按照与华润河南医药签订的战略合作协议中的责任和义务，尽快制定出台公立医院药品、医疗器械统一配送工作实施方案。2018 年 5 月，封丘县人民政府召开县长办公会，会后印发了《封丘县人民政府县长办公会议纪要》，其中包括以下内容：一是为履行封丘县人民政府与华润河南医药有限公司签署的战略合作协议，县政府原则同意河南省中诺医药有限公司作为全县药物、医疗器械、耗材转配送的主体企业，负责全县药物、医疗器械、耗材的转配送工作，并由该企业开票实施。二是卫生部门要将会议精神传达到全县所有公立医院、各乡镇卫生院以及村医卫生室，并对各单位落实药物统一配送工作开展专项整治行

动,进行跟踪指导。监察部门要提前介入,对私自采药,违规套取新农合资金的要严肃处理并追究相关责任人责任。三是所有在封丘县中标的基本药物配送企业须经县药业有限公司转配送,并在本纪要下发后签订转配送协议;如中标企业不签订转配送协议,取消在封丘县的配送资格。上述行为违反了《反垄断法》第三十二条"行政机关和法律、法规授权的具有管理公共事务职能的组织不得滥用行政权力,限定或者变相限定单位或者个人经营、购买、使用其指定的经营者提供的商品"和第三十七条"行政机关不得滥用行政权力,制定含有排除、限制竞争内容的规定"之规定,构成滥用行政权力,排除、限制竞争行为。

在调查过程中,封丘县人民政府认识到其行为违反了《反垄断法》相关规定,积极配合调查工作,并及时报送了《封丘县人民政府办公室关于对中诺医药有限公司限制性竞争的整改报告》(封政办〔2018〕83号)和《封丘县人民政府县长办公会议纪要》(〔2018〕25号),决定撤销涉嫌违法的会议纪要,消除限制市场主体公平竞争的社会后果,规范行政行为。

案例十一

湖北省发展和改革委员会纠正天门市
人力资源和社会保障局行政性垄断行为

2018年8月,湖北省发展和改革委员会对天门市人力资源和社会保障局涉嫌滥用行政权力排除、限制竞争行为进行调查。

经查,2017年5月,天门市人力资源和社会保障局在天门市政务公开网上发布《关于在工程建设领域实行农民工工资与工程款分账管理的公告》,规定从2017年5月10日起,为预防和解决拖欠或克扣农民工工资问题,维护农民工的合法权益,在全市工程建设领域实行农民工工资与工程款分账管理,要求"施工企业在指定的中国银行、中国工商银行、中国建设银行开设农民工工资专用账户。"上述行为违反了《反垄断法》第三十二条"行政机关和法律、法规授权的具有管理公共事务职能的组织不得滥用行政权力,限定或者变相限定单位或者个人经营、购买、使用其指定的经营者提供的商品"之规定,构成滥用行政权力,排除、限制竞争行为。

经湖北省发展和改革委员会提出整改建议后,天门市人力资源和社会保障局认识到上述做法与《反垄断法》的相关规定不符,及时更改了公告中的有关内容,并于2018年8月向湖北省发展和改革委员会提交了整改报告。

案例十二

湖南省纠正部分市州经信部门行政性垄断行为

2017年3月,根据举报,原湖南省工商行政管理局对省内部分市州经信部门涉嫌滥用行政权力排除、限制竞争行为进行调查。

经查,湖南省内大部分市州经信部门就开展电网非统调电源发电数据采集工作制发的文件涉及市场主体经济活动,但缺失按规定进行公平竞争审查环节,其中株洲、邵阳、常德、怀化、张家界、娄底、郴州、益阳等市州经信部门制发的文件要求各电站统一设备生产厂商和型号、分区域进行、限定供应商数量等内容。在调查过程中,株洲市经信委和邵阳市经信委分别废止了其下发的有关文件。

原湖南省工商行政管理局认为,相关市州经信部门要求各电站统一设备生产厂商和型号、分区域进行、限定供应商数量等,违反了《反垄断法》第三十二条"行政机关和法律、法规授权的具有管理公共事务职能的组织不得滥用行政权力,限定或者变相限定单位或者个人经营、购买、使用其指定的经营者提供的商品"和第三十七条"行政机关不得滥用行政权力,制定含有排除、限制竞争内容的规定"之规定,构成滥用行政权力,排除、限制竞争行为。同时,也违反了《公平竞争审查制度实施细则》(暂行)第二十二条之规定。2018年3月,原湖南省工商行政管理局向湖南省经济和信息化委员会发出建议函,建议其责成有关市州经信部门对所发相应文件进行公平竞争补审,对存在违反审查标准的内容进行调整。目前,各市州经信部门均已撤销或废止相关文件。

案例十三

广东省纠正中山市住房和城乡建设局行政性垄断行为

2017年,根据投诉举报,广东省发展和改革委员会对中山市住房和城乡建设局涉嫌滥用行政权力排除、限制竞争行为进行调查。

经查,2010年10月,中山市住房和城乡建设局签发《关于审定转发〈中山市燃气行业行业自律一规二则〉的请示》(中建函〔2010〕5号),批准中山市燃气协会起草上报的行业自律准则,其内容含有实施分割瓶装燃气销售市场,加强对燃气经营企业和瓶装气供应站的管控,排除、限制企业之间的市场竞争,并通过强制燃气经营企业和瓶装气供应站加入行业协会、收取违约保证金等方式保障实施的内容。2016年5月,中山市住房和城乡建设局下属的市燃气管理办公室发布《关于做好燃气器具产品通气事宜的通知》，通过规定燃气器具备案制设置了不合理的市场准入条件，造成市场准入障碍，限制了商品自由流通，限制了消费者的自由选择权，并增加了企业生产经营成本，造成市场竞争不充分，同品牌同型号的燃气器具产品与相邻城市比较价格畸高，上述行为违反了《反垄断法》第三十三条第（五）项"行政机关和法律、法规授权的具有管理公共事务职能的组织不得滥用行政权力，妨碍商品在地区间自由流通的其他行为"和第三十七条"行政机关不得滥用行政权力，制定含有排除、限制竞争内容的规定"之规定，构成滥用行政权力，排除、限制竞争行为。

在广东省发展和改革委员会调查后，于2018年6月向中山市人民政府发出行政建议书，建议其责令中山市住房和城乡建设局及其下级单位中山市燃气管理办公室深刻认识并改正相关违法行为。中山市燃气管理办公室取消了《关于做好燃气器具产品通气事宜的通知》，并制定了《关于同意取消〈中山市燃气行业行业自律一规二则〉的函》，同意市燃气协会发文取消行业自律规定。

案例十四

四川省纠正南充市西充县人民政府行政性垄断行为

根据举报，四川省发展和改革委员会对南充市西充县人民政府涉嫌滥用行政权力排除、限制竞争行为进行调查。

经查，西充县人民政府于2016年1月发布了《西充县公立性医疗卫生机构药房托管暨药品集中配送招商公告》，明确西充县公立性医疗机构药房托管暨药品集中配送公开招商，由西充县人民政府组织实施。2016年3月，西充县人民政府与成都西部医药经营有限公司签订《西充县公立医疗卫生机构药房托管、药品统一配送协议书》。2016年4月，西充县医药卫生体制改革工作领导小组办公室印发《西充县公立性医疗卫生机构药房托管药品统一配送实施方案》。2016年5月起，西充县各公立性医疗卫生机构与成都西部医药经营有限公司全资子公司南充市太极医药有限责任公司签订《药房托管药品统一配送协议书》。2016年11月，西充县召开全县公立性医疗卫生机构药房托管药品统一配送推进会，正式启动实施该项工作，至今仅实施了全县公立性医疗卫生机构药品统一配送，未实际开展药房托管等相关工作。

南充市西充县人民政府的上述行为排除和限制了西充县药品托管、药品配送市场的竞争，剥夺了县级公立医疗卫生机构选择药品配送企业的自主权，违反了《反垄断法》第三十二条"行政机关和法律、法规授权的具有管理公共事务职能的组织不得滥用行政权力，限定或者变相限定单位或者个人经营、购买、使用其指定的经营者提供的商品"和第三十七条"行政机关不得滥用行政权力，制定含有排除、限制竞争内容的规定"之规定，构成滥用行政权力，排除、限制竞争行为。2018年6月，四川省发展和改革委员会向南充市人民政府办公厅发出行政建议书，建议其责令西充县人民政府改正相关行为。目前，南充市西充县人民政府已废止相关协议。

案例十五

陕西省纠正西安市国土资源局行政性垄断行为

2018年，根据举报，陕西省发展和改革委员会对西安市国土资源局涉嫌滥用行政权力排除、限制竞争行为进行调查。

经查，2017年5月不动产登记体制改革后，西安市国土资源局为规范全市不动产权籍调查工作，于2018年1月向该局各分局、各县国土资源局和该局事业单位下发《西安市国土资源局关于印发〈西安市不动产权籍调查工作方案（试行）〉的通知》（市国土发〔2018〕36号），其中规定：在过渡期内，不动产权籍调查工作由现有土地、房屋等各类不动产权籍调查机构承担，继续保持我市现有调查机构和管理体制不变，即城六区和开发区主要由西安地籍不动产勘察测绘有限责任公司和西安市房产测量事务所两家单位承担权籍调查工作；五区二县由所在区县不动产权籍调查中心确认的调查机构承担。过渡期暂定为3至5年。

西安市国土资源局的上述规定剥夺了委托土地测绘、房产测绘当事人的自主选择权，排除和限制了具备不动产测绘资质机构在土地测绘、房产测绘市场的相互竞争，其行为违反了《反垄断法》第三十二条"行政机关和法律、法规授权的具有管理公共事务职能的组织不得滥用行政权力，限定或者变相限定单位或者个人经营、购买、使用其指定的经营者提供的商品"和第三十七条"行政机关不得滥用行政权力，制定含有排除、限制竞争内容的规定"之规定，构成滥用行政权力，排除、限制竞争行为。2018年4月，陕西省发展和改革委员会向西安市人民政府办公厅发出行政建议书，建议其责令西安市国土资源局纠正相关行为，督促整改，优化营商环境，切实维护统一开放、竞争有序的市场环境。

案例十六

甘肃省纠正庆阳市西峰区政府行政性垄断行为

2017年12月，根据举报，甘肃省发展和改革委员会对庆阳市西峰区政府涉嫌滥用行政权力排除、限制竞争行为进行调查。

经查，2017年10月30日，庆阳市西峰区政府印发了《庆阳市西峰城区集中供热管理办法（试行）的通知》（区政府发〔2017〕261号），赋予了供热企业"提出改造方案"、"委托"有资质设计单位进行设计，以及热用户不购置安装与供热企业监控系统相匹配的远程监控及温度调控设备，供热可以"停止供暖"的权利，构成限定购买、使用特定经营者提供的商品和服务。

甘肃省发展和改革委员会认为上述行为违反了《反垄断法》第三十二条"行政机关和法律、法规授权的具有管理公共事务职能的组织不得滥用行政权力，限定或者变相限定单位或者个人经营、购买、使用其指定的经营者提供的商品"之规定，构成滥用行政权力，排除、限制竞争行为。2018年4月，甘肃省发展和改革委员会向庆阳市人民政府发出行政建议书，建议其责令庆阳市西峰区政府改正相关行为：一是依照《公平竞争审查制度实施细则（暂行）》第二十二条的规定，对已发布的《办法》立即公开停止执行，在履行公平竞争审查程序后重新发布；二是纠正违反《反垄断法》的相关规定。建议书发出后，庆阳市政府责成西峰区政府按照有关法规和甘肃省发展和改革委员会的建议进行整改。西峰区政府于2018年4月17日废止相关文件，并对相关责任人进行了诫勉谈话。

3. 广告管理

中华人民共和国广告法

- 1994年10月27日第八届全国人民代表大会常务委员会第十次会议通过
- 2015年4月24日第十二届全国人民代表大会常务委员会第十四次会议修订
- 根据2018年10月26日第十三届全国人民代表大会常务委员会第六次会议《关于修改〈中华人民共和国野生动物保护法〉等十五部法律的决定》第一次修正
- 根据2021年4月29日第十三届全国人民代表大会常务委员会第二十八次会议《关于修改〈中华人民共和国道路交通安全法〉等八部法律的决定》第二次修正

第一章　总　则

第一条　【立法目的】* 为了规范广告活动，保护消费者的合法权益，促进广告业的健康发展，维护社会经济秩序，制定本法。

---

* 条文主旨为编者所加，下同。

第二条　【调整范围及定义】在中华人民共和国境内，商品经营者或者服务提供者通过一定媒介和形式直接或者间接地介绍自己所推销的商品或者服务的商业广告活动，适用本法。

本法所称广告主，是指推销商品或者服务，自行或者委托他人设计、制作、发布广告的自然人、法人或者其他组织。

本法所称广告经营者，是指接受委托提供广告设计、制作、代理服务的自然人、法人或者其他组织。

本法所称广告发布者，是指为广告主或者广告主委托的广告经营者发布广告的自然人、法人或者其他组织。

本法所称广告代言人，是指广告主以外的，在广告中以自己的名义或者形象对商品、服务作推荐、证明的自然人、法人或者其他组织。

第三条　【内容和形式要求】广告应当真实、合法，以健康的表现形式表达广告内容，符合社会主义精神文明建设和弘扬中华民族优秀传统文化的要求。

第四条　【真实性原则】广告不得含有虚假或者引人误解的内容，不得欺骗、误导消费者。

广告主应当对广告内容的真实性负责。

第五条　【基本行为规范】广告主、广告经营者、广告发布者从事广告活动，应当遵守法律、法规，诚实信用，公平竞争。

第六条　【监督管理体制】国务院市场监督管理部门主管全国的广告监督管理工作，国务院有关部门在各自的职责范围内负责广告管理相关工作。

县级以上地方市场监督管理部门主管本行政区域的广告监督管理工作，县级以上地方人民政府有关部门在各自的职责范围内负责广告管理相关工作。

第七条　【行业组织】广告行业组织依照法律、法规和章程的规定，制定行业规范，加强行业自律，促进行业发展，引导会员依法从事广告活动，推动广告行业诚信建设。

第二章　广告内容准则

第八条　【广告表述】广告中对商品的性能、功能、产地、用途、质量、成分、价格、生产者、有效期限、允诺等或者对服务的内容、提供者、形式、质量、价格、允诺等有表示的，应当准确、清楚、明白。

广告中表明推销的商品或者服务附带赠送的，应当明示所附带赠送商品或者服务的品种、规格、数量、期限和方式。

法律、行政法规规定广告中应当明示的内容，应当显著、清晰表示。

第九条　【一般禁止情形】广告不得有下列情形：

（一）使用或者变相使用中华人民共和国的国旗、国歌、国徽，军旗、军歌、军徽；

（二）使用或者变相使用国家机关、国家机关工作人员的名义或者形象；

（三）使用"国家级"、"最高级"、"最佳"等用语；

（四）损害国家的尊严或者利益，泄露国家秘密；

（五）妨碍社会安定，损害社会公共利益；

（六）危害人身、财产安全，泄露个人隐私；

（七）妨碍社会公共秩序或者违背社会良好风尚；

（八）含有淫秽、色情、赌博、迷信、恐怖、暴力的内容；

（九）含有民族、种族、宗教、性别歧视的内容；

（十）妨碍环境、自然资源或者文化遗产保护；

（十一）法律、行政法规规定禁止的其他情形。

第十条　【保护未成年人和残疾人】广告不得损害未成年人和残疾人的身心健康。

第十一条　【涉及行政许可和引证内容的广告】广告内容涉及的事项需要取得行政许可的，应当与许可的内容相符合。

广告使用数据、统计资料、调查结果、文摘、引用语等引证内容的，应当真实、准确，并表明出处。引证内容有适用范围和有效期限的，应当明确表示。

第十二条　【涉及专利的广告】广告中涉及专利产品或者专利方法的，应当标明专利号和专利种类。

未取得专利权的，不得在广告中谎称取得专利权。

禁止使用未授予专利权的专利申请和已经终止、撤销、无效的专利作广告。

第十三条　【广告不得含有贬低内容】广告不得贬低其他生产经营者的商品或者服务。

第十四条　【广告可识别性以及发布要求】广告应当具有可识别性，能够使消费者辨明其为广告。

大众传播媒介不得以新闻报道形式变相发布广告。通过大众传播媒介发布的广告应当显著标明"广告"，与其他非广告信息相区别，不得使消费者产生误解。

广播电台、电视台发布广告，应当遵守国务院有关部门关于时长、方式的规定，并应当对广告时长作出明显提示。

第十五条　【处方药、易制毒化学品、戒毒等广告】麻醉药品、精神药品、医疗用毒性药品、放射性药品等特殊药品，药品类易制毒化学品，以及戒毒治疗的药品、医疗器械和治疗方法，不得作广告。

前款规定以外的处方药，只能在国务院卫生行政部门和国务院药品监督管理部门共同指定的医学、药学专业刊物上作广告。

第十六条　【医疗、药品、医疗器械广告】医疗、药品、医疗器械广告不得含有下列内容：

（一）表示功效、安全性的断言或者保证；

（二）说明治愈率或者有效率；

（三）与其他药品、医疗器械的功效和安全性或者其他医疗机构比较；

（四）利用广告代言人作推荐、证明；

（五）法律、行政法规规定禁止的其他内容。

药品广告的内容不得与国务院药品监督管理部门批准的说明书不一致，并应当显著标明禁忌、不良反应。处方药广告应当显著标明"本广告仅供医学药学专业人士阅读"，非处方药广告应当显著标明"请按药品说明书或者在药师指导下购买和使用"。

推荐给个人自用的医疗器械的广告，应当显著标明"请仔细阅读产品说明书或者在医务人员的指导下购买和使用"。医疗器械产品注册证明文件中有禁忌内容、注意事项的，广告中应当显著标明"禁忌内容或者注意事项详见说明书"。

第十七条　【禁止使用医药用语】除医疗、药品、医疗器械广告外，禁止其他任何广告涉及疾病治疗功能，并不得使用医疗用语或者易使推销的商品与药品、医疗器械相混淆的用语。

第十八条　【保健食品广告】保健食品广告不得含有下列内容：

（一）表示功效、安全性的断言或者保证；

（二）涉及疾病预防、治疗功能；

（三）声称或者暗示广告商品为保障健康所必需；

（四）与药品、其他保健食品进行比较；

（五）利用广告代言人作推荐、证明；

（六）法律、行政法规规定禁止的其他内容。

保健食品广告应当显著标明"本品不能代替药物"。

第十九条　【禁止变相发布广告】广播电台、电视台、报刊音像出版单位、互联网信息服务提供者不得以介绍健康、养生知识等形式变相发布医疗、药品、医疗器械、保健食品广告。

第二十条　【母乳代用品广告】禁止在大众传播媒介或者公共场所发布声称全部或者部分替代母乳的婴儿

乳制品、饮料和其他食品广告。

第二十一条　【农药、兽药、饲料和饲料添加剂广告】农药、兽药、饲料和饲料添加剂广告不得含有下列内容：

（一）表示功效、安全性的断言或者保证；

（二）利用科研单位、学术机构、技术推广机构、行业协会或者专业人士、用户的名义或者形象作推荐、证明；

（三）说明有效率；

（四）违反安全使用规程的文字、语言或者画面；

（五）法律、行政法规规定禁止的其他内容。

第二十二条　【烟草广告】禁止在大众传播媒介或者公共场所、公共交通工具、户外发布烟草广告。禁止向未成年人发送任何形式的烟草广告。

禁止利用其他商品或者服务的广告、公益广告，宣传烟草制品名称、商标、包装、装潢以及类似内容。

烟草制品生产者或者销售者发布的迁址、更名、招聘等启事中，不得含有烟草制品名称、商标、包装、装潢以及类似内容。

第二十三条　【酒类广告】酒类广告不得含有下列内容：

（一）诱导、怂恿饮酒或者宣传无节制饮酒；

（二）出现饮酒的动作；

（三）表现驾驶车、船、飞机等活动；

（四）明示或者暗示饮酒有消除紧张和焦虑、增加体力等功效。

第二十四条　【教育、培训广告】教育、培训广告不得含有下列内容：

（一）对升学、通过考试、获得学位学历或者合格证书，或者对教育、培训的效果作出明示或者暗示的保证性承诺；

（二）明示或者暗示有相关考试机构或者其工作人员、考试命题人员参与教育、培训；

（三）利用科研单位、学术机构、教育机构、行业协会、专业人士、受益者的名义或者形象作推荐、证明。

第二十五条　【有投资回报预期的商品或者服务广告】招商等有投资回报预期的商品或者服务广告，应当对可能存在的风险以及风险责任承担有合理提示或者警示，并不得含有下列内容：

（一）对未来效果、收益或者与其相关的情况作出保证性承诺，明示或者暗示保本、无风险或者保收益等，国家另有规定的除外；

（二）利用学术机构、行业协会、专业人士、受益者的名义或者形象作推荐、证明。

第二十六条　【房地产广告】房地产广告，房源信息应当真实，面积应当表明为建筑面积或者套内建筑面积，并不得含有下列内容：

（一）升值或者投资回报的承诺；

（二）以项目到达某一具体参照物的所需时间表示项目位置；

（三）违反国家有关价格管理的规定；

（四）对规划或者建设中的交通、商业、文化教育设施以及其他市政条件作误导宣传。

第二十七条　【种养殖广告】农作物种子、林木种子、草种子、种畜禽、水产苗种和种养殖广告关于品种名称、生产性能、生长量或者产量、品质、抗性、特殊使用价值、经济价值、适宜种植或者养殖的范围和条件等方面的表述应当真实、清楚、明白，并不得含有下列内容：

（一）作科学上无法验证的断言；

（二）表示功效的断言或者保证；

（三）对经济效益进行分析、预测或者作保证性承诺；

（四）利用科研单位、学术机构、技术推广机构、行业协会或者专业人士、用户的名义或者形象作推荐、证明。

第二十八条　【虚假广告】广告以虚假或者引人误解的内容欺骗、误导消费者的，构成虚假广告。

广告有下列情形之一的，为虚假广告：

（一）商品或者服务不存在的；

（二）商品的性能、功能、产地、用途、质量、规格、成分、价格、生产者、有效期限、销售状况、曾获荣誉等信息，或者服务的内容、提供者、形式、质量、价格、销售状况、曾获荣誉等信息，以及与商品或者服务有关的允诺等信息与实际情况不符，对购买行为有实质性影响的；

（三）使用虚构、伪造或者无法验证的科研成果、统计资料、调查结果、文摘、引用语等信息作证明材料的；

（四）虚构使用商品或者接受服务的效果的；

（五）以虚假或者引人误解的内容欺骗、误导消费者的其他情形。

第三章　广告行为规范

第二十九条　【从事广告发布业务的条件】广播电台、电视台、报刊出版单位从事广告发布业务的，应当设有专门从事广告业务的机构，配备必要的人员，具有与发布广告相适应的场所、设备。

第三十条　【广告合同】广告主、广告经营者、广告发布者之间在广告活动中应当依法订立书面合同。

第三十一条 【禁止不正当竞争】广告主、广告经营者、广告发布者不得在广告活动中进行任何形式的不正当竞争。

第三十二条 【受委托方的合法经营资格】广告主委托设计、制作、发布广告,应当委托具有合法经营资格的广告经营者、广告发布者。

第三十三条 【广告涉及他人人身权利时的义务】广告主或者广告经营者在广告中使用他人名义或者形象的,应当事先取得其书面同意;使用无民事行为能力人、限制民事行为能力人的名义或者形象的,应当事先取得其监护人的书面同意。

第三十四条 【广告业务管理制度和查验、核对义务】广告经营者、广告发布者应当按照国家有关规定,建立、健全广告业务的承接登记、审核、档案管理制度。

广告经营者、广告发布者依据法律、行政法规查验有关证明文件,核对广告内容。对内容不符或者证明文件不全的广告,广告经营者不得提供设计、制作、代理服务,广告发布者不得发布。

第三十五条 【广告收费标准和办法】广告经营者、广告发布者应当公布其收费标准和收费办法。

第三十六条 【媒介传播效果资料真实】广告发布者向广告主、广告经营者提供的覆盖率、收视率、点击率、发行量等资料应当真实。

第三十七条 【不得提供广告服务的情形】法律、行政法规规定禁止生产、销售的产品或者提供的服务,以及禁止发布广告的商品或者服务,任何单位或者个人不得设计、制作、代理、发布广告。

第三十八条 【广告代言人的义务】广告代言人在广告中对商品、服务作推荐、证明,应当依据事实,符合本法和有关法律、行政法规规定,并不得为其未使用过的商品或者未接受过的服务作推荐、证明。

不得利用不满十周岁的未成年人作为广告代言人。

对在虚假广告中作推荐、证明受到行政处罚未满三年的自然人、法人或者其他组织,不得利用其作为广告代言人。

第三十九条 【广告不得侵扰中小学生、幼儿】不得在中小学校、幼儿园内开展广告活动,不得利用中小学生和幼儿的教材、教辅材料、练习册、文具、教具、校服、校车等发布或者变相发布广告,但公益广告除外。

第四十条 【针对未成年人的广告】在针对未成年人的大众传播媒介上不得发布医疗、药品、保健食品、医疗器械、化妆品、酒类、美容广告,以及不利于未成年人身心健康的网络游戏广告。

针对不满十四周岁的未成年人的商品或者服务的广告不得含有下列内容:

(一)劝诱其要求家长购买广告商品或者服务;

(二)可能引发其模仿不安全行为。

第四十一条 【户外广告的监管】县级以上地方人民政府应当组织有关部门加强对利用户外场所、空间、设施等发布户外广告的监督管理,制定户外广告设置规划和安全要求。

户外广告的管理办法,由地方性法规、地方政府规章规定。

第四十二条 【禁止设置户外广告的情形】有下列情形之一的,不得设置户外广告:

(一)利用交通安全设施、交通标志的;

(二)影响市政公共设施、交通安全设施、交通标志、消防设施、消防安全标志使用的;

(三)妨碍生产或者人民生活,损害市容市貌的;

(四)在国家机关、文物保护单位、风景名胜区等的建筑控制地带,或者县级以上地方人民政府禁止设置户外广告的区域设置的。

第四十三条 【垃圾广告】任何单位或者个人未经当事人同意或者请求,不得向其住宅、交通工具等发送广告,也不得以电子信息方式向其发送广告。

以电子信息方式发送广告的,应当明示发送者的真实身份和联系方式,并向接收者提供拒绝继续接收的方式。

第四十四条 【互联网广告】利用互联网从事广告活动,适用本法的各项规定。

利用互联网发布、发送广告,不得影响用户正常使用网络。在互联网页面以弹出等形式发布的广告,应当显著标明关闭标志,确保一键关闭。

第四十五条 【"第三方平台"义务】公共场所的管理者或者电信业务经营者、互联网信息服务提供者对其明知或者应知的利用其场所或者信息传输、发布平台发送、发布违法广告的,应当予以制止。

第四章 监督管理

第四十六条 【特殊商品和服务广告发布前审查】发布医疗、药品、医疗器械、农药、兽药和保健食品广告,以及法律、行政法规规定应当进行审查的其他广告,应当在发布前由有关部门(以下称广告审查机关)对广告内容进行审查;未经审查,不得发布。

第四十七条 【广告发布前审查程序】广告主申请

广告审查，应当依照法律、行政法规向广告审查机关提交有关证明文件。

广告审查机关应当依照法律、行政法规规定作出审查决定，并应当将审查批准文件抄送同级市场监督管理部门。广告审查机关应当及时向社会公布批准的广告。

第四十八条　【广告审查批准文件不得伪造、变造或者转让】任何单位或者个人不得伪造、变造或者转让广告审查批准文件。

第四十九条　【市场监督管理部门的职权和义务】市场监督管理部门履行广告监督管理职责，可以行使下列职权：

（一）对涉嫌从事违法广告活动的场所实施现场检查；

（二）询问涉嫌违法当事人或者其法定代表人、主要负责人和其他有关人员，对有关单位或者个人进行调查；

（三）要求涉嫌违法当事人限期提供有关证明文件；

（四）查阅、复制与涉嫌违法广告有关的合同、票据、账簿、广告作品和其他有关资料；

（五）查封、扣押与涉嫌违法广告直接相关的广告物品、经营工具、设备等财物；

（六）责令暂停发布可能造成严重后果的涉嫌违法广告；

（七）法律、行政法规规定的其他职权。

市场监督管理部门应当建立健全广告监测制度，完善监测措施，及时发现和依法查处违法广告行为。

第五十条　【授权制定利用大众传播媒介发布广告的行为规范】国务院市场监督管理部门会同国务院有关部门，制定大众传播媒介广告发布行为规范。

第五十一条　【配合监管义务】市场监督管理部门依照本法规定行使职权，当事人应当协助、配合，不得拒绝、阻挠。

第五十二条　【保密义务】市场监督管理部门和有关部门及其工作人员对其在广告监督管理活动中知悉的商业秘密负有保密义务。

第五十三条　【投诉和举报】任何单位或者个人有权向市场监督管理部门和有关部门投诉、举报违反本法的行为。市场监督管理部门和有关部门应当向社会公开受理投诉、举报的电话、信箱或者电子邮件地址，接到投诉、举报的部门应当自收到投诉之日起七个工作日内，予以处理并告知投诉、举报人。

市场监督管理部门和有关部门不依法履行职责的，任何单位或者个人有权向其上级机关或者监察机关举报。接到举报的机关应当依法作出处理，并将处理结果及时告知举报人。

有关部门应当为投诉、举报人保密。

第五十四条　【社会监督】消费者协会和其他消费者组织对违反本法规定，发布虚假广告侵害消费者合法权益，以及其他损害社会公共利益的行为，依法进行社会监督。

第五章　法律责任

第五十五条　【虚假广告行政、刑事责任】违反本法规定，发布虚假广告的，由市场监督管理部门责令停止发布广告，责令广告主在相应范围内消除影响，处广告费用三倍以上五倍以下的罚款，广告费用无法计算或者明显偏低的，处二十万元以上一百万元以下的罚款；两年内有三次以上违法行为或者有其他严重情节的，处广告费用五倍以上十倍以下的罚款，广告费用无法计算或者明显偏低的，处一百万元以上二百万元以下的罚款，可以吊销营业执照，并由广告审查机关撤销广告审查批准文件、一年内不受理其广告审查申请。

医疗机构有前款规定违法行为，情节严重的，除由市场监督管理部门依照本法处罚外，卫生行政部门可以吊销诊疗科目或者吊销医疗机构执业许可证。

广告经营者、广告发布者明知或者应知广告虚假仍设计、制作、代理、发布的，由市场监督管理部门没收广告费用，并处广告费用三倍以上五倍以下的罚款，广告费用无法计算或者明显偏低的，处二十万元以上一百万元以下的罚款；两年内有三次以上违法行为或者有其他严重情节的，处广告费用五倍以上十倍以下的罚款，广告费用无法计算或者明显偏低的，处一百万元以上二百万元以下的罚款，并可以由有关部门暂停广告发布业务、吊销营业执照。

广告主、广告经营者、广告发布者有本条第一款、第三款规定行为，构成犯罪的，依法追究刑事责任。

第五十六条　【虚假广告民事责任】违反本法规定，发布虚假广告，欺骗、误导消费者，使购买商品或者接受服务的消费者的合法权益受到损害的，由广告主依法承担民事责任。广告经营者、广告发布者不能提供广告主的真实名称、地址和有效联系方式的，消费者可以要求广告经营者、广告发布者先行赔偿。

关系消费者生命健康的商品或者服务的虚假广告，造成消费者损害的，其广告经营者、广告发布者、广告代言人应当与广告主承担连带责任。

前款规定以外的商品或者服务的虚假广告，造成消费者损害的,其广告经营者、广告发布者、广告代言人,明知或者应知广告虚假仍设计、制作、代理、发布或者作推荐、证明的,应当与广告主承担连带责任。

第五十七条　【发布违反基本准则或者本法禁止发布的广告的责任】有下列行为之一的,由市场监督管理部门责令停止发布广告,对广告主处二十万元以上一百万元以下的罚款,情节严重的,并可以吊销营业执照,由广告审查机关撤销广告审查批准文件、一年内不受理其广告审查申请;对广告经营者、广告发布者,由市场监督管理部门没收广告费用,处二十万元以上一百万元以下的罚款,情节严重的,并可以吊销营业执照:

（一）发布有本法第九条、第十条规定的禁止情形的广告的;

（二）违反本法第十五条规定发布处方药广告、药品类易制毒化学品广告、戒毒治疗的医疗器械和治疗方法广告的;

（三）违反本法第二十条规定,发布声称全部或者部分替代母乳的婴儿乳制品、饮料和其他食品广告的;

（四）违反本法第二十二条规定发布烟草广告的;

（五）违反本法第三十七条规定,利用广告推销禁止生产、销售的产品或者提供的服务,或者禁止发布广告的商品或者服务的;

（六）违反本法第四十条第一款规定,在针对未成年人的大众传播媒介上发布医疗、药品、保健食品、医疗器械、化妆品、酒类、美容广告,以及不利于未成年人身心健康的网络游戏广告的。

第五十八条　【发布违反特殊准则、违法使用广告代言人或者未经依法审查的广告的责任】有下列行为之一的,由市场监督管理部门责令停止发布广告,责令广告主在相应范围内消除影响,处广告费用一倍以上三倍以下的罚款,广告费用无法计算或者明显偏低的,处十万元以上二十万元以下的罚款;情节严重的,处广告费用三倍以上五倍以下的罚款,广告费用无法计算或者明显偏低的,处二十万元以上一百万元以下的罚款,可以吊销营业执照,并由广告审查机关撤销广告审查批准文件、一年内不受理其广告审查申请:

（一）违反本法第十六条规定发布医疗、药品、医疗器械广告的;

（二）违反本法第十七条规定,在广告中涉及疾病治疗功能,以及使用医疗用语或者易使推销的商品与药品、医疗器械相混淆的用语的;

（三）违反本法第十八条规定发布保健食品广告的;

（四）违反本法第二十一条规定发布农药、兽药、饲料和饲料添加剂广告的;

（五）违反本法第二十三条规定发布酒类广告的;

（六）违反本法第二十四条规定发布教育、培训广告的;

（七）违反本法第二十五条规定发布招商等有投资回报预期的商品或者服务广告的;

（八）违反本法第二十六条规定发布房地产广告的;

（九）违反本法第二十七条规定发布农作物种子、林木种子、草种子、种畜禽、水产苗种和种养殖广告的;

（十）违反本法第三十八条第二款规定,利用不满十周岁的未成年人作为广告代言人的;

（十一）违反本法第三十八条第三款规定,利用自然人、法人或者其他组织作为广告代言人的;

（十二）违反本法第三十九条规定,在中小学校、幼儿园内或者利用与中小学生、幼儿有关的物品发布广告的;

（十三）违反本法第四十条第二款规定,发布针对不满十四周岁的未成年人的商品或者服务的广告的;

（十四）违反本法第四十六条规定,未经审查发布广告的。

医疗机构有前款规定违法行为,情节严重的,除由市场监督管理部门依照本法处罚外,卫生行政部门可以吊销诊疗科目或者吊销医疗机构执业许可证。

广告经营者、广告发布者明知或者应知有本条第一款规定违法行为仍设计、制作、代理、发布的,由市场监督管理部门没收广告费用,并处广告费用一倍以上三倍以下的罚款,广告费用无法计算或者明显偏低的,处十万元以上二十万元以下的罚款;情节严重的,处广告费用三倍以上五倍以下的罚款,广告费用无法计算或者明显偏低的,处二十万元以上一百万元以下的罚款,并可以由有关部门暂停广告发布业务、吊销营业执照。

第五十九条　【发布违反一般准则或者贬低他人商品或服务的广告的责任】有下列行为之一的,由市场监督管理部门责令停止发布广告,对广告主处十万元以下的罚款:

（一）广告内容违反本法第八条规定的;

（二）广告引证内容违反本法第十一条规定的;

（三）涉及专利的广告违反本法第十二条规定的;

（四）违反本法第十三条规定,广告贬低其他生产经营者的商品或者服务的。

广告经营者、广告发布者明知或者应知有前款规定违法行为仍设计、制作、代理、发布的，由市场监督管理部门处十万元以下的罚款。

广告违反本法第十四条规定，不具有可识别性的，或者违反本法第十九条规定，变相发布医疗、药品、医疗器械、保健食品广告的，由市场监督管理部门责令改正，对广告发布者处十万元以下的罚款。

第六十条 【广告经营者、广告发布者未依法进行广告业务管理的责任】违反本法第三十四条规定，广告经营者、广告发布者未按照国家有关规定建立、健全广告业务管理制度的，或者未对广告内容进行核对的，由市场监督管理部门责令改正，可以处五万元以下的罚款。

违反本法第三十五条规定，广告经营者、广告发布者未公布其收费标准和收费办法的，由价格主管部门责令改正，可以处五万元以下的罚款。

第六十一条 【广告代言人的责任】广告代言人有下列情形之一的，由市场监督管理部门没收违法所得，并处违法所得一倍以上二倍以下的罚款：

（一）违反本法第十六条第一款第四项规定，在医疗、药品、医疗器械广告中作推荐、证明的；

（二）违反本法第十八条第一款第五项规定，在保健食品广告中作推荐、证明的；

（三）违反本法第三十八条第一款规定，为其未使用过的商品或者未接受过的服务作推荐、证明的；

（四）明知或者应知广告虚假仍在广告中对商品、服务作推荐、证明的。

第六十二条 【未经同意或者请求向他人发送广告、违法利用互联网发布广告的责任】违反本法第四十三条规定发送广告的，由有关部门责令停止违法行为，对广告主处五千元以上三万元以下的罚款。

违反本法第四十四条第二款规定，利用互联网发布广告，未显著标明关闭标志，确保一键关闭的，由市场监督管理部门责令改正，对广告主处五千元以上三万元以下的罚款。

第六十三条 【公共场所的管理者和电信业务经营者、互联网信息服务提供者未依法制止违法广告活动的责任】违反本法第四十五条规定，公共场所的管理者和电信业务经营者、互联网信息服务提供者，明知或者应知广告活动违法不予制止的，由市场监督管理部门没收违法所得，违法所得五万元以上的，并处违法所得一倍以上三倍以下的罚款，违法所得不足五万元的，并处一万元以上五万元以下的罚款；情节严重的，由有关部门依法停止相关业务。

第六十四条 【隐瞒真实情况或者提供虚假材料申请广告审查的责任】违反本法规定，隐瞒真实情况或者提供虚假材料申请广告审查的，广告审查机关不予受理或者不予批准，予以警告，一年内不受理该申请人的广告审查申请；以欺骗、贿赂等不正当手段取得广告审查批准的，广告审查机关予以撤销，处十万元以上二十万元以下的罚款，三年内不受理该申请人的广告审查申请。

第六十五条 【伪造、变造或者转让广告审查批准文件的责任】违反本法规定，伪造、变造或者转让广告审查批准文件的，由市场监督管理部门没收违法所得，并处一万元以上十万元以下的罚款。

第六十六条 【信用档案制度】有本法规定的违法行为的，由市场监督管理部门记入信用档案，并依照有关法律、行政法规规定予以公示。

第六十七条 【广播电台、电视台、报刊音像出版单位及其主管部门的责任】广播电台、电视台、报刊音像出版单位发布违法广告，或者以新闻报道形式变相发布广告，或者以介绍健康、养生知识等形式变相发布医疗、药品、医疗器械、保健食品广告，市场监督管理部门依照本法给予处罚的，应当通报新闻出版、广播电视主管部门以及其他有关部门。新闻出版、广播电视主管部门以及其他有关部门应当依法对负有责任的主管人员和直接责任人员给予处分；情节严重的，并可以暂停媒体的广告发布业务。

新闻出版、广播电视主管部门以及其他有关部门未依照前款规定对广播电台、电视台、报刊音像出版单位进行处理的，对负有责任的主管人员和直接责任人员，依法给予处分。

第六十八条 【民事责任】广告主、广告经营者、广告发布者违反本法规定，有下列侵权行为之一的，依法承担民事责任：

（一）在广告中损害未成年人或者残疾人的身心健康的；

（二）假冒他人专利的；

（三）贬低其他生产经营者的商品、服务的；

（四）在广告中未经同意使用他人名义或者形象的；

（五）其他侵犯他人合法民事权益的。

第六十九条 【对公司、企业广告违法行为负有个人责任的法定代表人的责任】因发布虚假广告，或者有其他本法规定的违法行为，被吊销营业执照的公司、企业的法定代表人，对违法行为负有个人责任的，自该公司、企业被吊销营业执照之日起三年内不得担任公司、企业的董事、监事、高级管理人员。

第七十条 【拒绝、阻挠工商部门监督检查等违反治安管理行为的责任】违反本法规定，拒绝、阻挠市场监督管理部门监督检查，或者有其他构成违反治安管理行为的，依法给予治安管理处罚；构成犯罪的，依法追究刑事责任。

第七十一条 【广告审查机关的责任】广告审查机关对违法的广告内容作出审查批准决定的，对负有责任的主管人员和直接责任人员，由任免机关或者监察机关依法给予处分；构成犯罪的，依法追究刑事责任。

第七十二条 【广告管理部门及其工作人员的责任】市场监督管理部门对在履行广告监测职责中发现的违法广告行为或者对经投诉、举报的违法广告行为，不依法予以查处的，对负有责任的主管人员和直接责任人员，依法给予处分。

市场监督管理部门和负责广告管理相关工作的有关部门的工作人员玩忽职守、滥用职权、徇私舞弊的，依法给予处分。

有前两款行为，构成犯罪的，依法追究刑事责任。

第六章 附 则

第七十三条 【公益广告】国家鼓励、支持开展公益广告宣传活动，传播社会主义核心价值观，倡导文明风尚。

大众传播媒介有义务发布公益广告。广播电台、电视台、报刊出版单位应当按照规定的版面、时段、时长发布公益广告。公益广告的管理办法，由国务院市场监督管理部门会同有关部门制定。

第七十四条 【实施日期】本法自 2015 年 9 月 1 日起施行。

广告绝对化用语执法指南

· 2023 年 2 月 25 日国家市场监督管理总局公告 2003 年第 6 号公布

为规范和加强广告绝对化用语监管执法，有效维护广告市场秩序，保护自然人、法人和其他组织的合法权益，依据《中华人民共和国广告法》（以下简称《广告法》）《中华人民共和国行政处罚法》等法律、法规、规章和国家有关规定，制定本指南。

一、本指南旨在为市场监管部门开展广告绝对化用语监管执法提供指引，供各地市场监管部门在工作中参考适用。

二、本指南所称广告绝对化用语，是指《广告法》第九条第三项规定的情形，包括"国家级""最高级""最佳"以及与其含义相同或者近似的其他用语。

三、市场监管部门对含有绝对化用语的商业广告开展监管执法，应当坚持过罚相当、公平公正、处罚和教育相结合、综合裁量的原则，实现政治效果、社会效果、法律效果相统一。

四、商品经营者（包括服务提供者，下同）在其经营场所、自设网站或者拥有合法使用权的其他媒介发布有关自身名称（姓名）、简称、标识、成立时间、经营范围等信息，且未直接或者间接推销商品（包括服务，下同）的，一般不视为广告。

前款规定的信息中使用绝对化用语，商品经营者无法证明其真实性，可能影响消费者知情权或者损害其他经营者合法权益的，依据其他法律、法规进行查处。

五、有下列情形之一的，广告中使用绝对化用语未指向商品经营者所推销的商品，不适用《广告法》关于绝对化用语的规定：

（一）仅表明商品经营者的服务态度或者经营理念、企业文化、主观愿望的；

（二）仅表达商品经营者目标追求的；

（三）绝对化用语指向的内容，与广告中推销的商品性能、质量无直接关联，且不会对消费者产生误导的其他情形。

六、有下列情形之一的，广告中使用的绝对化用语指向商品经营者所推销的商品，但不具有误导消费者或者贬低其他经营者的客观后果的，不适用《广告法》关于绝对化用语的规定：

（一）仅用于对同一品牌或同一企业商品进行自我比较的；

（二）仅用于宣传商品的使用方法、使用时间、保存期限等消费提示的；

（三）依据国家标准、行业标准、地方标准等认定的商品分级用语中含有绝对化用语并能够说明依据的；

（四）商品名称、规格型号、注册商标或者专利中含有绝对化用语，广告中使用商品名称、规格型号、注册商标或者专利来指代商品，以区分其他商品的；

（五）依据国家有关规定评定的奖项、称号中含有绝对化用语的；

（六）在限定具体时间、地域等条件的情况下，表述时空顺序客观情况或者宣传产品销量、销售额、市场占有率等事实信息的。

七、广告绝对化用语属于本指南第五条、第六条规定情形，但广告主无法证明其真实性的，依照《广告法》有关规定予以查处。

八、市场监管部门对广告绝对化用语实施行政处罚，应当依据《广告法》等法律、法规，结合广告内容、具体语境以及违法行为的事实、性质、情节、社会危害程度及当事人主观过错等实际情况，准确把握执法尺度，合理行使行政处罚裁量权。

九、除本指南第五条、第六条规定情形外，初次在广告中使用绝对化用语，危害后果轻微并及时改正的，可以不予行政处罚。

十、商品经营者在其经营场所、自设网站或者拥有合法使用权的其他媒介发布的广告中使用绝对化用语，持续时间短或者浏览人数少，没有造成危害后果并及时改正的，应当依法不予行政处罚；危害后果轻微的，可以依法从轻、减轻行政处罚。

其他依法从轻、减轻或者不予行政处罚的，应当符合《中华人民共和国行政处罚法》等法律、法规以及市场监管总局《关于规范市场监督管理行政处罚裁量权的指导意见》的规定。

十一、有下列情形之一的，一般不认为属于违法行为轻微或者社会危害性较小：

（一）医疗、医疗美容、药品、医疗器械、保健食品、特殊医学用途配方食品广告中出现与疗效、治愈率、有效率等相关的绝对化用语的；

（二）招商等有投资回报预期的商品广告中出现与投资收益率、投资安全性等相关的绝对化用语的；

（三）教育、培训广告中出现与教育、培训机构或者教育、培训效果相关的绝对化用语的。

十二、市场监管部门可以依照有关规定，制定广告绝对化用语轻微违法行为依法免予处罚清单并进行动态调整。

互联网广告管理办法

·2023年2月25日国家市场监督管理总局令第72号公布
·自2023年5月1日起施行

第一条 为了规范互联网广告活动，保护消费者的合法权益，促进互联网广告业健康发展，维护公平竞争的市场经济秩序，根据《中华人民共和国广告法》（以下简称广告法）《中华人民共和国电子商务法》（以下简称电子商务法）等法律、行政法规，制定本办法。

第二条 在中华人民共和国境内，利用网站、网页、互联网应用程序等互联网媒介，以文字、图片、音频、视频或者其他形式，直接或者间接地推销商品或者服务的商业广告活动，适用广告法和本办法的规定。

法律、行政法规、部门规章、强制性国家标准以及国家其他有关规定要求应当展示、标示、告知的信息，依照其规定。

第三条 互联网广告应当真实、合法，坚持正确导向，以健康的表现形式表达广告内容，符合社会主义精神文明建设和弘扬中华优秀传统文化的要求。

利用互联网从事广告活动，应当遵守法律、法规，诚实信用，公平竞争。

国家鼓励、支持开展互联网公益广告宣传活动，传播社会主义核心价值观和中华优秀传统文化，倡导文明风尚。

第四条 利用互联网为广告主或者广告主委托的广告经营者发布广告的自然人、法人或者其他组织，适用广告法和本办法关于广告发布者的规定。

利用互联网提供信息服务的自然人、法人或者其他组织，适用广告法和本办法关于互联网信息服务提供者的规定；从事互联网广告设计、制作、代理、发布等活动的，应当适用广告法和本办法关于广告经营者、广告发布者等主体的规定。

第五条 广告行业组织依照法律、法规、部门规章和章程的规定，制定行业规范、自律公约和团体标准，加强行业自律，引导会员主动践行社会主义核心价值观，依法从事互联网广告活动，推动诚信建设，促进行业健康发展。

第六条 法律、行政法规规定禁止生产、销售的产品或者提供的服务，以及禁止发布广告的商品或者服务，任何单位或者个人不得利用互联网设计、制作、代理、发布广告。

禁止利用互联网发布烟草（含电子烟）广告。

禁止利用互联网发布处方药广告，法律、行政法规另有规定的，依照其规定。

第七条 发布医疗、药品、医疗器械、农药、兽药、保健食品、特殊医学用途配方食品广告等法律、行政法规规定应当进行审查的广告，应当在发布前由广告审查机关对广告内容进行审查；未经审查，不得发布。

对须经审查的互联网广告，应当严格按照审查通过的内容发布，不得剪辑、拼接、修改。已经审查通过的广告内容需要改动的，应当重新申请广告审查。

第八条 禁止以介绍健康、养生知识等形式，变相发布医疗、药品、医疗器械、保健食品、特殊医学用途配方食品广告。

介绍健康、养生知识的,不得在同一页面或者同时出现相关医疗、药品、医疗器械、保健食品、特殊医学用途配方食品的商品经营者或者服务提供者地址、联系方式、购物链接等内容。

第九条 互联网广告应当具有可识别性,能够使消费者辨明其为广告。

对于竞价排名的商品或者服务,广告发布者应当显著标明"广告",与自然搜索结果明显区分。

除法律、行政法规禁止发布或者变相发布广告的情形外,通过知识介绍、体验分享、消费测评等形式推销商品或者服务,并附加购物链接等购买方式的,广告发布者应当显著标明"广告"。

第十条 以弹出等形式发布互联网广告,广告主、广告发布者应当显著标明关闭标志,确保一键关闭,不得有下列情形:

(一)没有关闭标志或者计时结束才能关闭广告;

(二)关闭标志虚假、不可清晰辨识或者难以定位等,为关闭广告设置障碍;

(三)关闭广告须经两次以上点击;

(四)在浏览同一页面、同一文档过程中,关闭后继续弹出广告,影响用户正常使用网络;

(五)其他影响一键关闭的行为。

启动互联网应用程序时展示、发布的开屏广告适用前款规定。

第十一条 不得以下列方式欺骗、误导用户点击、浏览广告:

(一)虚假的系统或者软件更新、报错、清理、通知等提示;

(二)虚假的播放、开始、暂停、停止、返回等标志;

(三)虚假的奖励承诺;

(四)其他欺骗、误导用户点击、浏览广告的方式。

第十二条 在针对未成年人的网站、网页、互联网应用程序、公众号等互联网媒介上不得发布医疗、药品、保健食品、特殊医学用途配方食品、医疗器械、化妆品、酒类、美容广告,以及不利于未成年人身心健康的网络游戏广告。

第十三条 广告主应当对互联网广告内容的真实性负责。

广告主发布互联网广告的,主体资格、行政许可、引证内容等应当符合法律法规的要求,相关证明文件应当真实、合法、有效。

广告主可以通过自建网站,以及自有的客户端、互联网应用程序、公众号、网络店铺页面等互联网媒介自行发布广告,也可以委托广告经营者、广告发布者发布广告。

广告主自行发布互联网广告的,广告发布行为应当符合法律法规的要求,建立广告档案并及时更新。相关档案保存时间自广告发布行为终了之日起不少于三年。

广告主委托发布互联网广告,修改广告内容时应当以书面形式或者其他可以被确认的方式,及时通知为其提供服务的广告经营者、广告发布者。

第十四条 广告经营者、广告发布者应当按照下列规定,建立、健全和实施互联网广告业务的承接登记、审核、档案管理制度:

(一)查验并登记广告主的真实身份、地址和有效联系方式等信息,建立广告档案并定期查验更新,记录、保存广告活动的有关电子数据;相关档案保存时间自广告发布行为终了之日起不少于三年;

(二)查验有关证明文件,核对广告内容,对内容不符或者证明文件不全的广告,广告经营者不得提供设计、制作、代理服务,广告发布者不得发布;

(三)配备熟悉广告法律法规的广告审核人员或者设立广告审核机构。

本办法所称身份信息包括名称(姓名)、统一社会信用代码(身份证件号码)等。

广告经营者、广告发布者应当依法配合市场监督管理部门开展的互联网广告行业调查,及时提供真实、准确、完整的资料。

第十五条 利用算法推荐等方式发布互联网广告的,应当将其算法推荐服务相关规则、广告投放记录等记入广告档案。

第十六条 互联网平台经营者在提供互联网信息服务过程中应当采取措施防范、制止违法广告,并遵守下列规定:

(一)记录、保存利用其信息服务发布广告的用户真实身份信息,信息记录保存时间自信息服务提供行为终了之日起不少于三年;

(二)对利用其信息服务发布的广告内容进行监测、排查,发现违法广告的,应当采取通知改正、删除、屏蔽、断开发布链接等必要措施予以制止,并保留相关记录;

(三)建立有效的投诉、举报受理和处置机制,设置便捷的投诉举报入口或者公布投诉举报方式,及时受理和处理投诉举报;

(四)不得以技术手段或者其他手段阻挠、妨碍市场监督管理部门开展广告监测；

（五）配合市场监督管理部门调查互联网广告违法行为，并根据市场监督管理部门的要求，及时采取技术手段保存涉嫌违法广告的证据材料，如实提供相关广告发布者的真实身份信息、广告修改记录以及相关商品或者服务的交易信息等；

（六）依据服务协议和平台规则对利用其信息服务发布违法广告的用户采取警示、暂停或者终止服务等措施。

第十七条　利用互联网发布、发送广告，不得影响用户正常使用网络，不得在搜索政务服务网站、网页、互联网应用程序、公众号等的结果中插入竞价排名广告。

未经用户同意、请求或者用户明确表示拒绝的，不得向其交通工具、导航设备、智能家电等发送互联网广告，不得在用户发送的电子邮件或者互联网即时通讯信息中附加广告或者广告链接。

第十八条　发布含有链接的互联网广告，广告主、广告经营者和广告发布者应当核对下一级链接中与前端广告相关的广告内容。

第十九条　商品销售者或者服务提供者通过互联网直播方式推销商品或者服务，构成商业广告的，应当依法承担广告主的责任和义务。

直播间运营者接受委托提供广告设计、制作、代理、发布服务的，应当依法承担广告经营者、广告发布者的责任和义务。

直播营销人员接受委托提供广告设计、制作、代理、发布服务的，应当依法承担广告经营者、广告发布者的责任和义务。

直播营销人员以自己的名义或者形象对商品、服务作推荐、证明，构成广告代言的，应当依法承担广告代言人的责任和义务。

第二十条　对违法互联网广告实施行政处罚，由广告发布者所在地市场监督管理部门管辖。广告发布者所在地市场监督管理部门管辖异地广告主、广告经营者、广告代言人以及互联网信息服务提供者有困难的，可以将违法情况移送其所在地市场监督管理部门处理。广告代言人为自然人的，为广告代言人提供经纪服务的机构所在地、广告代言人户籍地或者经常居住地为其所在地。

广告主所在地、广告经营者所在地市场监督管理部门先行发现违法线索或者收到投诉、举报的，也可以进行管辖。

对广告主自行发布违法广告的行为实施行政处罚，由广告主所在地市场监督管理部门管辖。

第二十一条　市场监督管理部门在查处违法互联网广告时，可以依法行使下列职权：

（一）对涉嫌从事违法广告活动的场所实施现场检查；

（二）询问涉嫌违法当事人或者其法定代表人、主要负责人和其他有关人员，对有关单位或者个人进行调查；

（三）要求涉嫌违法当事人限期提供有关证明文件；

（四）查阅、复制与涉嫌违法广告有关的合同、票据、账簿、广告作品和互联网广告相关数据，包括采用截屏、录屏、网页留存、拍照、录音、录像等方式保存互联网广告内容；

（五）查封、扣押与涉嫌违法广告直接相关的广告物品、经营工具、设备等财物；

（六）责令暂停发布可能造成严重后果的涉嫌违法广告；

（七）法律、行政法规规定的其他职权。

市场监督管理部门依法行使前款规定的职权时，当事人应当协助、配合，不得拒绝、阻挠或者隐瞒真实情况。

第二十二条　市场监督管理部门对互联网广告的技术监测记录资料，可以作为对违法广告实施行政处罚或者采取行政措施的证据。

第二十三条　违反本办法第六条、第十二条规定的，依照广告法第五十七条规定予以处罚。

第二十四条　违反本办法第七条规定，未经审查或者未按广告审查通过的内容发布互联网广告的，依照广告法第五十八条规定予以处罚。

第二十五条　违反本办法第八条、第九条规定，变相发布医疗、药品、医疗器械、保健食品、特殊医学用途配方食品广告，或者互联网广告不具有可识别性的，依照广告法第五十九条第三款规定予以处罚。

第二十六条　违反本办法第十条规定，以弹出等形式发布互联网广告，未显著标明关闭标志，确保一键关闭的，依照广告法第六十二条第二款规定予以处罚。

广告发布者实施前款规定行为的，由县级以上市场监督管理部门责令改正，拒不改正的，处五千元以上三万元以下的罚款。

第二十七条　违反本办法第十一条规定，欺骗、误导用户点击、浏览广告的，法律、行政法规有规定的，依照其规定；法律、行政法规没有规定的，由县级以上市场监督管理部门责令改正，对广告主、广告经营者、广告发布者处五千元以上三万元以下的罚款。

第二十八条　违反本办法第十四条第一款、第十五条、第十八条规定，广告经营者、广告发布者未按规定建立、健全广告业务管理制度的，或者未对广告内容进行核对的，依据广告法第六十条第一款规定予以处罚。

违反本办法第十三条第四款、第十五条、第十八条规定，广告主未按规定建立广告档案，或者未对广告内容进行核对的，由县级以上市场监督管理部门责令改正，可以处五万元以下的罚款。

广告主、广告经营者、广告发布者能够证明其已履行相关责任、采取措施防止链接的广告内容被篡改，并提供违法广告活动主体的真实名称、地址和有效联系方式的，可以依法从轻、减轻或者不予行政处罚。

违反本办法第十四条第三款，广告经营者、广告发布者拒不配合市场监督管理部门开展的互联网广告行业调查，或者提供虚假资料的，由县级以上市场监督管理部门责令改正，可以处一万元以上三万元以下的罚款。

第二十九条　互联网平台经营者违反本办法第十六条第一项、第三项至第五项规定，法律、行政法规有规定的，依照其规定；法律、行政法规没有规定的，由县级以上市场监督管理部门责令改正，处一万元以上五万元以下的罚款。

互联网平台经营者违反本办法第十六条第二项规定，明知或者应知互联网广告活动违法不予制止的，依照广告法第六十三条规定予以处罚。

第三十条　违反本办法第十七条第一款规定，法律、行政法规有规定的，依照其规定；法律、行政法规没有规定的，由县级以上市场监督管理部门责令改正，对广告主、广告经营者、广告发布者处五千元以上三万元以下的罚款。

违反本办法第十七条第二款规定，未经用户同意、请求或者用户明确表示拒绝，向其交通工具、导航设备、智能家电等发送互联网广告的，依照广告法第六十二条第一款规定予以处罚；在用户发送的电子邮件或者互联网即时通讯信息中附加广告或者广告链接的，由县级以上市场监督管理部门责令改正，处五千元以上三万元以下的罚款。

第三十一条　市场监督管理部门依照广告法和本办法规定所作出的行政处罚决定，应当依法通过国家企业信用信息公示系统向社会公示；性质恶劣、情节严重、社会危害较大的，按照《市场监督管理严重违法失信名单管理办法》的有关规定列入严重违法失信名单。

第三十二条　本办法自2023年5月1日起施行。

2016年7月4日原国家工商行政管理总局令第87号公布的《互联网广告管理暂行办法》同时废止。

药品、医疗器械、保健食品、特殊医学用途配方食品广告审查管理暂行办法

· 2019年12月24日国家市场监督管理总局令第21号公布
· 自2020年3月1日起施行

第一条　为加强药品、医疗器械、保健食品和特殊医学用途配方食品广告监督管理，规范广告审查工作，维护广告市场秩序，保护消费者合法权益，根据《中华人民共和国广告法》等法律、行政法规，制定本办法。

第二条　药品、医疗器械、保健食品和特殊医学用途配方食品广告的审查适用本办法。

未经审查不得发布药品、医疗器械、保健食品和特殊医学用途配方食品广告。

第三条　药品、医疗器械、保健食品和特殊医学用途配方食品广告应当真实、合法，不得含有虚假或者引人误解的内容。

广告主应当对药品、医疗器械、保健食品和特殊医学用途配方食品广告内容的真实性和合法性负责。

第四条　国家市场监督管理总局负责组织指导药品、医疗器械、保健食品和特殊医学用途配方食品广告审查工作。

各省、自治区、直辖市市场监督管理部门、药品监督管理部门（以下称广告审查机关）负责药品、医疗器械、保健食品和特殊医学用途配方食品广告审查，依法可以委托其他行政机关具体实施广告审查。

第五条　药品广告的内容应当以国务院药品监督管理部门核准的说明书为准。药品广告涉及药品名称、药品适应症或者功能主治、药理作用等内容的，不得超出说明书范围。

药品广告应当显著标明禁忌、不良反应，处方药广告还应当显著标明"本广告仅供医学药学专业人士阅读"，非处方药广告还应当显著标明非处方药标识（OTC）和"请按药品说明书或者在药师指导下购买和使用"。

第六条　医疗器械广告的内容应当以药品监督管理部门批准的注册证书或者备案凭证、注册或者备案的产品说明书内容为准。医疗器械广告涉及医疗器械名称、适用范围、作用机理或者结构及组成等内容的，不得超出注册证书或者备案凭证、注册或者备案的产品说明书范围。

推荐给个人自用的医疗器械的广告,应当显著标明"请仔细阅读产品说明书或者在医务人员的指导下购买和使用"。医疗器械产品注册证书中有禁忌内容、注意事项的,广告应当显著标明"禁忌内容或者注意事项详见说明书"。

第七条 保健食品广告的内容应当以市场监督管理部门批准的注册证书或者备案凭证、注册或者备案的产品说明书内容为准,不得涉及疾病预防、治疗功能。保健食品广告涉及保健功能、产品功效成分或者标志性成分及含量、适用人群或者食用量等内容的,不得超出注册证书或者备案凭证、注册或者备案的产品说明书范围。

保健食品广告应当显著标明"保健食品不是药物,不能代替药物治疗疾病",声明本品不能代替药物,并显著标明保健食品标志、适宜人群和不适宜人群。

第八条 特殊医学用途配方食品广告的内容应当以国家市场监督管理总局批准的注册证书和产品标签、说明书为准。特殊医学用途配方食品广告涉及产品名称、配方、营养学特征、适用人群等内容的,不得超出注册证书、产品标签、说明书范围。

特殊医学用途配方食品广告应当显著标明适用人群、"不适用于非目标人群使用""请在医生或者临床营养师指导下使用"。

第九条 药品、医疗器械、保健食品和特殊医学用途配方食品广告应当显著标明广告批准文号。

第十条 药品、医疗器械、保健食品和特殊医学用途配方食品广告中应当显著标明的内容,其字体和颜色必须清晰可见,易于辨认,在视频广告中应当持续显示。

第十一条 药品、医疗器械、保健食品和特殊医学用途配方食品广告不得违反《中华人民共和国广告法》第九条、第十六条、第十七条、第十八条、第十九条规定,不得包含下列情形:

(一)使用或者变相使用国家机关、国家机关工作人员、军队单位或者军队人员的名义或者形象,或者利用军队装备、设施等从事广告宣传;

(二)使用科研单位、学术机构、行业协会或者专家、学者、医师、药师、临床营养师、患者等的名义或者形象作推荐、证明;

(三)违反科学规律,明示或者暗示可以治疗所有疾病、适应所有症状、适应所有人群,或者正常生活和治疗病症所必需等内容;

(四)引起公众对所处健康状况和所患疾病产生不必要的担忧和恐惧,或者使公众误解不使用该产品会患某种疾病或者加重病情的内容;

(五)含有"安全""安全无毒副作用""毒副作用小";明示或者暗示成分为"天然",因而安全性有保证等内容;

(六)含有"热销、抢购、试用""家庭必备、免费治疗、免费赠送"等诱导性内容,"评比、排序、推荐、指定、选用、获奖"等综合性评价内容,"无效退款、保险公司保险"等保证性内容,怂恿消费者任意、过量使用药品、保健食品和特殊医学用途配方食品的内容;

(七)含有医疗机构的名称、地址、联系方式、诊疗项目、诊疗方法以及有关义诊、医疗咨询电话、开设特约门诊等医疗服务的内容;

(八)法律、行政法规规定不得含有的其他内容。

第十二条 药品、医疗器械、保健食品和特殊医学用途配方食品注册证明文件或者备案凭证持有人及其授权同意的生产、经营企业为广告申请人(以下简称申请人)。

申请人可以委托代理人办理药品、医疗器械、保健食品和特殊医学用途配方食品广告审查申请。

第十三条 药品、特殊医学用途配方食品广告审查申请应当依法向生产企业或者进口代理人等广告主所在地广告审查机关提出。

医疗器械、保健食品广告审查申请应当依法向生产企业或者进口代理人所在地广告审查机关提出。

第十四条 申请药品、医疗器械、保健食品、特殊医学用途配方食品广告审查,应当依法提交《广告审查表》、与发布内容一致的广告样件,以及下列合法有效的材料:

(一)申请人的主体资格相关材料,或者合法有效的登记文件;

(二)产品注册证明文件或者备案凭证、注册或者备案的产品标签和说明书,以及生产许可文件;

(三)广告中涉及的知识产权相关有效证明材料。

经授权同意作为申请人的生产、经营企业,还应当提交合法的授权文件;委托代理人进行申请的,还应当提交委托书和代理人的主体资格相关材料。

第十五条 申请人可以到广告审查机关受理窗口提出申请,也可以通过信函、传真、电子邮件或者电子政务平台提交药品、医疗器械、保健食品和特殊医学用途配方食品广告申请。

广告审查机关收到申请人提交的申请后,应当在五个工作日内作出受理或者不予受理决定。申请材料齐全、符合法定形式的,应当予以受理,出具《广告审查受理通知书》。申请材料不齐全、不符合法定形式的，应当一次性告知申请人需要补正的全部内容。

第十六条　广告审查机关应当对申请人提交的材料进行审查，自受理之日起十个工作日内完成审查工作。经审查，对符合法律、行政法规和本办法规定的广告，应当作出审查批准的决定，编发广告批准文号。

对不符合法律、行政法规和本办法规定的广告，应当作出不予批准的决定，送达申请人并说明理由，同时告知其享有依法申请行政复议或者提起行政诉讼的权利。

第十七条　经审查批准的药品、医疗器械、保健食品和特殊医学用途配方食品广告，广告审查机关应当通过本部门网站以及其他方便公众查询的方式，在十个工作日内向社会公开。公开的信息应当包括广告批准文号、申请人名称、广告发布内容、广告批准文号有效期、广告类型、产品名称、产品注册证明文件或者备案凭证编号等内容。

第十八条　药品、医疗器械、保健食品和特殊医学用途配方食品广告批准文号的有效期与产品注册证明文件、备案凭证或者生产许可文件最短的有效期一致。

产品注册证明文件、备案凭证或者生产许可文件未规定有效期的，广告批准文号有效期为两年。

第十九条　申请人有下列情形的，不得继续发布审查批准的广告，并应当主动申请注销药品、医疗器械、保健食品和特殊医学用途配方食品广告批准文号：

（一）主体资格证照被吊销、撤销、注销的；

（二）产品注册证明文件、备案凭证或者生产许可文件被撤销、注销的；

（三）法律、行政法规规定应当注销的其他情形。

广告审查机关发现申请人有前款情形的，应当依法注销其药品、医疗器械、保健食品和特殊医学用途配方食品广告批准文号。

第二十条　广告主、广告经营者、广告发布者应当严格按照审查通过的内容发布药品、医疗器械、保健食品和特殊医学用途配方食品广告，不得进行剪辑、拼接、修改。

已经审查通过的广告内容需要改动的，应当重新申请广告审查。

第二十一条　下列药品、医疗器械、保健食品和特殊医学用途配方食品不得发布广告：

（一）麻醉药品、精神药品、医疗用毒性药品、放射性药品、药品类易制毒化学品，以及戒毒治疗的药品、医疗器械；

（二）军队特需药品、军队医疗机构配制的制剂；

（三）医疗机构配制的制剂；

（四）依法停止或者禁止生产、销售或者使用的药品、医疗器械、保健食品和特殊医学用途配方食品；

（五）法律、行政法规禁止发布广告的情形。

第二十二条　本办法第二十一条规定以外的处方药和特殊医学用途配方食品中的特定全营养配方食品广告只能在国务院卫生行政部门和国务院药品监督管理部门共同指定的医学、药学专业刊物上发布。

不得利用处方药或者特定全营养配方食品的名称为各种活动冠名进行广告宣传。不得使用与处方药名称或者特定全营养配方食品名称相同的商标、企业字号在医学、药学专业刊物以外的媒介变相发布广告，也不得利用该商标、企业字号为各种活动冠名进行广告宣传。

特殊医学用途婴儿配方食品广告不得在大众传播媒介或者公共场所发布。

第二十三条　药品、医疗器械、保健食品和特殊医学用途配方食品广告中只宣传产品名称（含药品通用名称和药品商品名称）的，不再对其内容进行审查。

第二十四条　经广告审查机关审查通过并向社会公开的药品广告，可以依法在全国范围内发布。

第二十五条　违反本办法第十条规定，未显著、清晰表示广告中应当显著标明内容的，按照《中华人民共和国广告法》第五十九条处罚。

第二十六条　有下列情形之一的，按照《中华人民共和国广告法》第五十八条处罚：

（一）违反本办法第二条第二款规定，未经审查发布药品、医疗器械、保健食品和特殊医学用途配方食品广告；

（二）违反本办法第十九条规定或者广告批准文号已超过有效期，仍继续发布药品、医疗器械、保健食品和特殊医学用途配方食品广告；

（三）违反本办法第二十条规定，未按照审查通过的内容发布药品、医疗器械、保健食品和特殊医学用途配方食品广告。

第二十七条　违反本办法第十一条第二项至第五项规定，发布药品、医疗器械、保健食品和特殊医学用途配方食品广告的，依照《中华人民共和国广告法》第五十八条的规定处罚；构成虚假广告的，依照《中华人民共和国广告法》第五十五条的规定处罚。

第二十八条　违反本办法第十一条第六项至第八项规定，发布药品、医疗器械、保健食品和特殊医学用途配方食品广告的，《中华人民共和国广告法》及其他法律法规有规定的,依照相关规定处罚,没有规定的,由县级以上市场监督管理部门责令改正;对负有责任的广告主、广告经营者、广告发布者处以违法所得三倍以下罚款,但最高不超过三万元;没有违法所得的,可处一万元以下罚款。

第二十九条 违反本办法第十一条第一项、第二十一条、第二十二条规定的,按照《中华人民共和国广告法》第五十七条处罚。

第三十条 有下列情形之一的,按照《中华人民共和国广告法》第六十五条处罚:

(一)隐瞒真实情况或者提供虚假材料申请药品、医疗器械、保健食品和特殊医学用途配方食品广告审查的;

(二)以欺骗、贿赂等不正当手段取得药品、医疗器械、保健食品和特殊医学用途配方食品广告批准文号的。

第三十一条 市场监督管理部门对违反本办法规定的行为作出行政处罚决定后,应当依法通过国家企业信用信息公示系统向社会公示。

第三十二条 广告审查机关的工作人员玩忽职守、滥用职权、徇私舞弊的,依法给予处分。构成犯罪的,依法追究刑事责任。

第三十三条 本办法涉及的文书格式范本由国家市场监督管理总局统一制定。

第三十四条 本办法自2020年3月1日起施行。1996年12月30日原国家工商行政管理局令第72号公布的《食品广告发布暂行规定》,2007年3月3日原国家工商行政管理总局、原国家食品药品监督管理局令第27号公布的《药品广告审查发布标准》,2007年3月13日原国家食品药品监督管理局、原国家工商行政管理总局令第27号发布的《药品广告审查办法》,2009年4月7日原卫生部、原国家工商行政管理总局、原国家食品药品监督管理局令第65号发布的《医疗器械广告审查办法》,2009年4月28日原国家工商行政管理总局、原卫生部、原国家食品药品监督管理局令第40号公布的《医疗器械广告审查发布标准》同时废止。

·文书范本

药品、医疗器械、保健食品、特殊医学用途配方食品广告审查文书格式范本[①]

1. 广告审查表

一、申请人信息

名称		统一社会信用代码/身份证明号码	
住所地址		邮政编码	
法定代表人		联系人	
联系人电子邮箱地址		联系人手机号码	

申请人签章:_____

申请日期:____年___月___日

---

① 文书范本来源于市场监管总局办公厅2020年2月27日发布的《关于印发〈药品、医疗器械、保健食品、特殊医学用途配方食品广告审查文书格式范本〉的通知》,主要内容如下:

各省、自治区、直辖市及新疆生产建设兵团市场监管局(厅、委):

为贯彻落实《药品、医疗器械、保健食品、特殊医学用途配方食品广告审查管理暂行办法》(市场监管总局第21号令),规范药品、医疗器械、保健食品、特殊医学用途配方食品广告审查工作,统一文书格式范本式样,总局研究制定了《药品、医疗器械、保健食品、特殊医学用途配方食品广告审查文书格式范本》(以下简称《文书格式范本》),现予印发,请结合广告审查工作实际,参照《文书格式范本》完善有关文书格式并自行印制。

二、产品及生产许可信息

产品分类	药品	☐处方药
		☐非处方药
	☐医疗器械	是否推荐给个人自用：☐是 ☐否
	☐保健食品	
	特殊医学用途配方食品	☐特定全营养配方食品
		☐其他类别特殊医学用途配方食品

产品注册或者备案文件及生产许可证信息

产品名称	产品名称	
	通用名称	
	商品名称	
	外文名称	
产品注册证(备案凭证)编号		
持有人信息	产品注册证(备案凭证)持有人名称	
	持有人统一社会信用代码等证照编号	
	持有人住所地址	
进口产品	进口代理人名称	
	进口代理人统一社会信用代码	
	进口代理人住所地址	
	生产地	××国家(地区)
国产产品	生产许可证主体名称	
	生产许可证主体统一社会信用代码	
	生产许可证主体住所地址	

注：广告中出现多个产品，可参照样式另行加页填报。

三、广告信息

广告类别	☐视频	时长		秒
	☐音频	时长		秒
	☐图文			
计划发布媒介(场所)	☐国务院卫生行政部门和国务院药品监督管理部门共同指定的医学、药学专业刊物			
	☐电视	☐广播		☐电影
	☐报纸	☐期刊		☐非报刊类印刷品
	☐互联网	☐户外		☐其他

四、委托代理人信息

（一）委托代理人为自然人情形

姓名		手机号码	
身份证明证件类型		身份证明证件号码	
电子邮箱地址			

注：身份证明证件类型包括居民身份证、军官证、警官证、外国（地区）护照、其他有效证件。

（二）委托代理人为法人或其他组织情形

名称		统一社会信用代码	
住所地址		邮政编码	
法定代表人		联系人	
联系人电子邮箱地址		联系人手机号码	

五、申请材料清单（材料附后）

序号	申请材料名称	有效期限截止日期
1	□广告样件	——
2	申请人主体资格相关材料	
2-(1)	□申请人的主体资格相关材料，或者合法有效的登记文件	至　年　月　日
2-(2)	□授权文件——产品注册证明文件或者备案凭证持有人同意生产、经营企业作为申请人	至　年　月　日
2-(3)	□申请人委托代理人的委托书	至　年　月　日
2-(4)	□申请人委托代理人的主体资格相关材料	至　年　月　日
3	产品注册备案相关材料	
3-(1)	□产品注册证书或者备案凭证	至　年　月　日
3-(2)	□注册或者备案的产品标签	同上
3-(3)	□注册或者备案的产品说明书	同上
3-(4)	□申请人的生产许可证	至　年　月　日
4	广告中涉及的知识产权相关有效证明材料	
4-(1)	□商标注册证明	至　年　月　日
4-(2)	□专利证明	至　年　月　日
4-(3)	□著作权证明	至　年　月　日
4-(4)	□其他知识产权相关证明	至　年　月　日
5	□其他材料	至　年　月　日

说明：仅勾选提交的申请材料，各项材料只需提供一份。

2. 授权书

(参考样本)

致广告审查机关：

我(单位),_____(注册登记名称/姓名)_____,住所地(住址)为_____,统一社会信用代码(身份证明号码等)为_____,现同意授权_____(被授权企业名称)_____,住所地为_____,统一社会信用代码为_____,作为我(单位)产品的生产企业(或者经营企业),同时授权其作为我(单位)注册(备案)产品的广告审查申请人,授权日期截至20____年__月__日。产品名单如下：

产品名称1,产品注册批准证号1。
产品名称2,产品注册批准证号2。

_____(授权人名称/姓名)_____

签章_____

签字人职务_____

20____年__月__日

3. 委托代理书

(参考样本)

致广告审查机关：

为申请药品/医疗器械/保健食品/特殊医学用途配方食品广告审查批准文号,现委托下列人员作为我(单位)的代理人,代为办理__(产品名称)__的广告审查(注销)申请。

委托代理人姓名:_____联系电话:_____
工作单位:_____职务:_____
身份证(其他有效证件)号码:_____
委托权限:☑代为提出、变更、放弃行政许可申请;
☑接收询问,行使陈述申辩权利;
☑要求和参加听证;
☑提交和接收法律文书;
☑其他:_____
委托期限:□自提出许可申请日起至_____年____月____日;
☑自提出许可申请日起至此次许可决定送达之日止;
□其他:_____

附件:委托代理人身份证明文件

委托人名称:_____

签章:_____

20____年__月__日

4. 广告批准文号注销申请表

申请人名称：_____
申请人统一社会信用代码：_____
联系人姓名：_____
联系人手机号码：_____
申请注销的广告批准文号：____药/械/食健/食特广审(视/声/文)第000000-00000号
申请注销原因：
□主体资格证照被吊销、撤销、注销
□产品注册证明文件、备案凭证被撤销、注销
□生产许可文件被撤销、注销
□其他情形_____。

申请人签章：_____
申请日期:20____年__月__日

5. 广告审查受理通知书

____广审受字[20__]第000000号

____(申请人名称)____：
　　经审查，你(单位)提交的申请编号为0000000的药品/医疗器械/保健食品/特殊医学用途配方食品广告审查(注销)申请，申请材料齐全，符合法定形式。依据《药品、医疗器械、保健食品、特殊医学用途配方食品广告审查管理暂行办法》第十五条规定，我局决定予以受理，并将在十个工作日内作出是否准予批准的决定。

_____广告审查机关(行政许可专用章)
20____年__月____日

6. 不予受理通知书

____广审不予受理字[20__]第000000号

____(申请人名称)____：
　　经审查，你(单位)提交的申请编号为0000000的广告审查(注销)申请，依法不需要取得行政许可/依法不属于本行政机关职权范围，依据《中华人民共和国行政许可法》第三十二条规定，我局决定不予受理。
　　如对本不予受理决定持有异议的，可以自收到本通知书之日起六十日内依据《中华人民共和国行政复议法》的规定，向_____人民政府或者_____(上一级行政机关)申请行政复议，也可以自收到本通知书之日起六个月内依据《中华人民共和国行政诉讼法》的规定，直接向人民法院提起行政诉讼。

_____广告审查机关(行政许可专用章)
20____年__月____日

7. 申请材料接收凭证

_____广审收字 [20 __] 第 000000 号

_____（申请人名称）：

你(单位)于 20____年__月__日提交的药品/医疗器械/保健食品/特殊医学用途配方食品广告审查申请材料收到,我局将于五个工作日内决定是否受理或者告知需要补正的材料。

_____广告审查机关(行政许可专用章)

20____年__月____日

收到材料目录

序号	材料名称	份数
1	《广告审查表》	1
2	与发布内容一致的广告样件	1
3	申请人的主体资格相关材料	
4	授权文件	
5	委托书	
6	申请人委托代理人的主体资格相关材料	
7	产品注册证明文件或者备案凭证	
8	注册或者备案的产品标签	
9	注册或者备案的产品说明书	
10	生产许可文件	
11	广告中涉及的知识产权相关有效证明材料	
12	其他材料	

8. 广告审查申请材料补正告知书

_____广审补正字 [20 __] 第 000000 号

_____（申请人名称）：

我局于 20____年__月__日收到你(单位)提交的药品/医疗器械/保健食品/特殊医学用途配方食品广告审查申请(申请编号:000000)。依据《中华人民共和国行政许可法》第三十二条规定,经审查,你单位的申请材料不齐全/不符合法定形式,需要补正材料。现一次告知如下:

请你(单位)补正:

1. 广告样件。
2. _____。
3. _____。

补正日期截至 20____年__月__日,逾期未补正的,视为放弃申请。

_____广告审查机关(行政许可专用章)

20____年__月____日

9. 广告审查准予许可决定书

_____广审准许字[20__]第000000号

_____(申请人名称)_____：

我局于20____年__月__日受理你(单位)提交的药品/医疗器械/保健食品/特殊医学用途配方食品广告审查申请。产品名称(商品名称)为_____，产品注册证明文件或者备案凭证编号为_____，持有人为____(名称)_____。

经审查，根据《中华人民共和国行政许可法》、《中华人民共和国广告法》、市场监管总局《药品、医疗器械、保健食品、特殊医学用途配方食品广告审查管理暂行办法》等法律和规章规定，我局决定批准你(单位)的申请，编发广告批准文号：_____药/械/食健/食特广审(视/声/文)第000000-00000号，有效期限至20_____年____月____日。

如对本决定书持有异议的，可以自收到本决定书之日起六十日内依据《中华人民共和国行政复议法》的规定，向_____人民政府或者_____(上一级行政机关)申请行政复议，也可以自收到本决定书之日起六个月内依据《中华人民共和国行政诉讼法》的规定，直接向人民法院提起行政诉讼。

附：广告样件

_____广告审查机关(印章)
20____年__月____日

10. 广告审查不予许可决定书

_____广审不许字[20__]第000000号

_____(申请人名称)_____：

我局于20____年__月__日受理你(单位)提交的产品名称(商品名称)药品/医疗器械/保健食品/特殊医学用途配方食品广告审查申请(申请编号:000000)。经审查，_____广告内容违反_____(法律依据)_____规定，我局决定依法不予批准你(单位)的申请。

如对本决定书持有异议的，可以自收到本决定书之日起六十日内依据《中华人民共和国行政复议法》的规定，向_____人民政府或者_____(上一级行政机关)申请行政复议，也可以自收到本决定书之日起六个月内依据《中华人民共和国行政诉讼法》的规定，直接向人民法院提起行政诉讼。

_____广告审查机关(印章)
20____年__月____日

11. 准予注销广告批准文号决定书

_____广审注销字[20__]第000000号

_____(申请人名称)_____：

经审查，你(单位)提交的申请编号为0000000的药品/医疗器械/保健食品/特殊医学用途配方食品广告批准文号注销申请，申请材料齐全，符合法定形式。依据《药品、医疗器械、保健食品、特殊医学用途配方食品广告审查管理暂行办法》第十九条规定，我局决定准予注销该广告批准文号。

_____广告审查机关(印章)
20____年__月____日

12. 注销广告批准文号决定书

　　　　　　　　　　　　　　　　　　　　　　____广审注销字[20　]第000000号

　　____(申请人名称)　　　:

　　经审查,你(单位)广告批准文号为×药/械/食健/食特广审(视/声/文)第000000-00000号的广告,因主体资格证照被吊销、撤销、注销/产品注册证明文件、备案凭证或者生产许可文件被撤销、注销/存在法律、行政法规规定应当注销的其他的情形,依据《药品、医疗器械、保健食品、特殊医学用途配方食品广告审查管理暂行办法》第十九条第一款第×项规定,我局决定注销该广告批准文号。

　　如对本注销决定持有异议的,可以自收到本决定书之日起六十日内依据《中华人民共和国行政复议法》的规定,向人民政府或者(上一级行政机关)申请行政复议,也可以自收到本决定书之日起六个月内依据《中华人民共和国行政诉讼法》的规定,直接向人民法院提起行政诉讼。

　　　　　　　　　　　　　　　　　　　　　　_____广告审查机关(印章)
　　　　　　　　　　　　　　　　　　　　　　20____年__月____日

13. 撤销广告批准文号决定书

　　　　　　　　　　　　　　　　　　　　　　____广审撤销字[20　]第000000号

　　____(申请人名称)　　　:

　　经审查,你(单位)广告批准文号为×药/械/食健/食特广审(视/声/文)第000000-00000号的广告,因违反_____(法律依据)　　　规定,依据《中华人民共和国广告法》第五十五条/第五十七条/第五十八条/第六十五条和《市场监督管理行政许可程序暂行规定》的规定,我局决定撤销该广告批准文号。

　　如对本撤销决定持有异议的,可以自收到本决定书之日起六十日内依据《中华人民共和国行政复议法》的规定,向_____人民政府或者_____(上一级行政机关)申请行政复议,也可以自收到本决定书之日起六个月内依据《中华人民共和国行政诉讼法》的规定,直接向人民法院提起行政诉讼。

　　　　　　　　　　　　　　　　　　　　　　_____广告审查机关(印章)
　　　　　　　　　　　　　　　　　　　　　　20____年__月____日

14. 广告审查机关送达回证

送达文书名称及文号	
受送达人	
送达时间	
送达地点	
送达方式	
收件人	(签名或者盖章) 年　　月　　日

送达人	（签名或者盖章） 年　月　日
见证人	（签名或者盖章） 年　月　日
备注	

4. 消费维权

中华人民共和国消费者权益保护法

- 1993年10月31日第八届全国人民代表大会常务委员会第四次会议通过
- 根据2009年8月27日第十一届全国人民代表大会常务委员会第十次会议《关于修改部分法律的决定》第一次修正
- 根据2013年10月25日第十二届全国人民代表大会常务委员会第五次会议《关于修改〈中华人民共和国消费者权益保护法〉的决定》第二次修正

第一章　总　则

第一条　【立法宗旨】为保护消费者的合法权益，维护社会经济秩序，促进社会主义市场经济健康发展，制定本法。

第二条　【本法调整对象——消费者】消费者为生活消费需要购买、使用商品或者接受服务，其权益受本法保护；本法未作规定的，受其他有关法律、法规保护。

第三条　【本法调整对象——经营者】经营者为消费者提供其生产、销售的商品或者提供服务，应当遵守本法；本法未作规定的，应当遵守其他有关法律、法规。

第四条　【交易原则】经营者与消费者进行交易，应当遵循自愿、平等、公平、诚实信用的原则。

第五条　【国家保护消费者合法权益的职能】国家保护消费者的合法权益不受侵害。

国家采取措施，保障消费者依法行使权利，维护消费者的合法权益。

国家倡导文明、健康、节约资源和保护环境的消费方式，反对浪费。

第六条　【全社会共同保护消费者合法权益原则】保护消费者的合法权益是全社会的共同责任。

国家鼓励、支持一切组织和个人对损害消费者合法权益的行为进行社会监督。

大众传播媒介应当做好维护消费者合法权益的宣传，对损害消费者合法权益的行为进行舆论监督。

第二章　消费者的权利

第七条　【安全保障权】消费者在购买、使用商品和接受服务时享有人身、财产安全不受损害的权利。

消费者有权要求经营者提供的商品和服务，符合保障人身、财产安全的要求。

第八条　【知情权】消费者享有知悉其购买、使用的商品或者接受的服务的真实情况的权利。

消费者有权根据商品或者服务的不同情况，要求经营者提供商品的价格、产地、生产者、用途、性能、规格、等级、主要成份、生产日期、有效期限、检验合格证明、使用方法说明书、售后服务，或者服务的内容、规格、费用等有关情况。

第九条　【选择权】消费者享有自主选择商品或者服务的权利。

消费者有权自主选择提供商品或者服务的经营者，自主选择商品品种或者服务方式，自主决定购买或者不购买任何一种商品、接受或者不接受任何一项服务。

消费者在自主选择商品或者服务时，有权进行比较、鉴别和挑选。

第十条　【公平交易权】消费者享有公平交易的权利。

消费者在购买商品或者接受服务时，有权获得质量保障、价格合理、计量正确等公平交易条件，有权拒绝经营者的强制交易行为。

第十一条　【获得赔偿权】消费者因购买、使用商品或者接受服务受到人身、财产损害的，享有依法获得赔偿的权利。

第十二条　【成立维权组织权】消费者享有依法成立维护自身合法权益的社会组织的权利。

第十三条　【获得知识权】消费者享有获得有关消

费和消费者权益保护方面的知识的权利。

消费者应当努力掌握所需商品或者服务的知识和使用技能，正确使用商品，提高自我保护意识。

第十四条　【受尊重权及信息得到保护权】消费者在购买、使用商品和接受服务时，享有人格尊严、民族风俗习惯得到尊重的权利，享有个人信息依法得到保护的权利。

第十五条　【监督权】消费者享有对商品和服务以及保护消费者权益工作进行监督的权利。

消费者有权检举、控告侵害消费者权益的行为和国家机关及其工作人员在保护消费者权益工作中的违法失职行为，有权对保护消费者权益工作提出批评、建议。

第三章　经营者的义务

第十六条　【经营者义务】经营者向消费者提供商品或者服务，应当依照本法和其他有关法律、法规的规定履行义务。

经营者和消费者有约定的，应当按照约定履行义务，但双方的约定不得违背法律、法规的规定。

经营者向消费者提供商品或者服务，应当恪守社会公德，诚信经营，保障消费者的合法权益；不得设定不公平、不合理的交易条件，不得强制交易。

第十七条　【听取意见、接受监督的义务】经营者应当听取消费者对其提供的商品或者服务的意见，接受消费者的监督。

第十八条　【安全保障义务】经营者应当保证其提供的商品或者服务符合保障人身、财产安全的要求。对可能危及人身、财产安全的商品和服务，应当向消费者作出真实的说明和明确的警示，并说明和标明正确使用商品或者接受服务的方法以及防止危害发生的方法。

宾馆、商场、餐馆、银行、机场、车站、港口、影剧院等经营场所的经营者，应当对消费者尽到安全保障义务。

第十九条　【对存在缺陷的产品和服务及时采取措施的义务】经营者发现其提供的商品或者服务存在缺陷，有危及人身、财产安全危险的，应当立即向有关行政部门报告和告知消费者，并采取停止销售、警示、召回、无害化处理、销毁、停止生产或者服务等措施。采取召回措施的，经营者应当承担消费者因商品被召回支出的必要费用。

第二十条　【提供真实、全面信息的义务】经营者向消费者提供有关商品或者服务的质量、性能、用途、有效期限等信息，应当真实、全面，不得作虚假或者引人误解的宣传。

经营者对消费者就其提供的商品或者服务的质量和使用方法等问题提出的询问，应当作出真实、明确的答复。

经营者提供商品或者服务应当明码标价。

第二十一条　【标明真实名称和标记的义务】经营者应当标明其真实名称和标记。

租赁他人柜台或者场地的经营者，应当标明其真实名称和标记。

第二十二条　【出具发票的义务】经营者提供商品或者服务，应当按照国家有关规定或者商业惯例向消费者出具发票等购货凭证或者服务单据；消费者索要发票等购货凭证或者服务单据的，经营者必须出具。

第二十三条　【质量担保义务、瑕疵举证责任】经营者应当保证在正常使用商品或者接受服务的情况下其提供的商品或者服务应当具有的质量、性能、用途和有效期限；但消费者在购买该商品或者接受该服务前已经知道其存在瑕疵，且存在该瑕疵不违反法律强制性规定的除外。

经营者以广告、产品说明、实物样品或者其他方式表明商品或者服务的质量状况的，应当保证其提供的商品或者服务的实际质量与表明的质量状况相符。

经营者提供的机动车、计算机、电视机、电冰箱、空调器、洗衣机等耐用商品或者装饰装修等服务，消费者自接受商品或者服务之日起六个月内发现瑕疵，发生争议的，由经营者承担有关瑕疵的举证责任。

第二十四条　【退货、更换、修理义务】经营者提供的商品或者服务不符合质量要求的，消费者可以依照国家规定、当事人约定退货，或者要求经营者履行更换、修理等义务。没有国家规定和当事人约定的，消费者可以自收到商品之日起七日内退货；七日后符合法定解除合同条件的，消费者可以及时退货，不符合法定解除合同条件的，可以要求经营者履行更换、修理等义务。

依照前款规定进行退货、更换、修理的，经营者应当承担运输等必要费用。

第二十五条　【无理由退货制度】经营者采用网络、电视、电话、邮购等方式销售商品，消费者有权自收到商品之日起七日内退货，且无需说明理由，但下列商品除外：

（一）消费者定作的；

（二）鲜活易腐的；

（三）在线下载或者消费者拆封的音像制品、计算机软件等数字化商品；

（四）交付的报纸、期刊。

除前款所列商品外，其他根据商品性质并经消费者在购买时确认不宜退货的商品,不适用无理由退货。

消费者退货的商品应当完好。经营者应当自收到退回商品之日起七日内返还消费者支付的商品价款。退回商品的运费由消费者承担;经营者和消费者另有约定的,按照约定。

第二十六条 【格式条款的限制】经营者在经营活动中使用格式条款的,应当以显著方式提请消费者注意商品或者服务的数量和质量、价款或者费用、履行期限和方式、安全注意事项和风险警示、售后服务、民事责任等与消费者有重大利害关系的内容,并按照消费者的要求予以说明。

经营者不得以格式条款、通知、声明、店堂告示等方式,作出排除或者限制消费者权利、减轻或者免除经营者责任、加重消费者责任等对消费者不公平、不合理的规定,不得利用格式条款并借助技术手段强制交易。

格式条款、通知、声明、店堂告示等含有前款所列内容的,其内容无效。

第二十七条 【不得侵犯人格尊严和人身自由的义务】经营者不得对消费者进行侮辱、诽谤,不得搜查消费者的身体及其携带的物品,不得侵犯消费者的人身自由。

第二十八条 【特定领域经营者的信息披露义务】采用网络、电视、电话、邮购等方式提供商品或者服务的经营者,以及提供证券、保险、银行等金融服务的经营者,应当向消费者提供经营地址、联系方式、商品或者服务的数量和质量、价款或者费用、履行期限和方式、安全注意事项和风险警示、售后服务、民事责任等信息。

第二十九条 【收集、使用消费者个人信息】经营者收集、使用消费者个人信息,应当遵循合法、正当、必要的原则,明示收集、使用信息的目的、方式和范围,并经消费者同意。经营者收集、使用消费者个人信息,应当公开其收集、使用规则,不得违反法律、法规的规定和双方的约定收集、使用信息。

经营者及其工作人员对收集的消费者个人信息必须严格保密,不得泄露、出售或者非法向他人提供。经营者应当采取技术措施和其他必要措施,确保信息安全,防止消费者个人信息泄露、丢失。在发生或者可能发生信息泄露、丢失的情况时,应当立即采取补救措施。

经营者未经消费者同意或者请求,或者消费者明确表示拒绝的,不得向其发送商业性信息。

第四章 国家对消费者合法权益的保护

第三十条 【听取消费者的意见】国家制定有关消费者权益的法律、法规、规章和强制性标准,应当听取消费者和消费者协会等组织的意见。

第三十一条 【各级政府的职责】各级人民政府应当加强领导,组织、协调、督促有关行政部门做好保护消费者合法权益的工作,落实保护消费者合法权益的职责。

各级人民政府应当加强监督,预防危害消费者人身、财产安全行为的发生,及时制止危害消费者人身、财产安全的行为。

第三十二条 【工商部门的职责】各级人民政府工商行政管理部门和其他有关行政部门应当依照法律、法规的规定,在各自的职责范围内,采取措施,保护消费者的合法权益。

有关行政部门应当听取消费者和消费者协会等组织对经营者交易行为、商品和服务质量问题的意见,及时调查处理。

第三十三条 【抽查检验的职责】有关行政部门在各自的职责范围内,应当定期或者不定期对经营者提供的商品和服务进行抽查检验,并及时向社会公布抽查检验结果。

有关行政部门发现并认定经营者提供的商品或者服务存在缺陷,有危及人身、财产安全危险的,应当立即责令经营者采取停止销售、警示、召回、无害化处理、销毁、停止生产或者服务等措施。

第三十四条 【行政部门的职责】有关国家机关应当依照法律、法规的规定,惩处经营者在提供商品和服务中侵害消费者合法权益的违法犯罪行为。

第三十五条 【人民法院的职责】人民法院应当采取措施,方便消费者提起诉讼。对符合《中华人民共和国民事诉讼法》起诉条件的消费者权益争议,必须受理,及时审理。

第五章 消费者组织

第三十六条 【消费者协会】消费者协会和其他消费者组织是依法成立的对商品和服务进行社会监督的保护消费者合法权益的社会组织。

第三十七条 【消费者协会的公益性职责】消费者协会履行下列公益性职责:

(一)向消费者提供消费信息和咨询服务,提高消费者维护自身合法权益的能力,引导文明、健康、节约资源和保护环境的消费方式;

(二)参与制定有关消费者权益的法律、法规、规章和强制性标准;

(三)参与有关行政部门对商品和服务的监督、检查;

(四)就有关消费者合法权益的问题,向有关部门反

映、查询,提出建议;

（五）受理消费者的投诉,并对投诉事项进行调查、调解;

（六）投诉事项涉及商品和服务质量问题的,可以委托具备资格的鉴定人鉴定,鉴定人应当告知鉴定意见;

（七）就损害消费者合法权益的行为,支持受损害的消费者提起诉讼或者依照本法提起诉讼;

（八）对损害消费者合法权益的行为,通过大众传播媒介予以揭露、批评。

各级人民政府对消费者协会履行职责应当予以必要的经费等支持。

消费者协会应当认真履行保护消费者合法权益的职责,听取消费者的意见和建议,接受社会监督。

依法成立的其他消费者组织依照法律、法规及其章程的规定,开展保护消费者合法权益的活动。

第三十八条　【消费者组织的禁止行为】消费者组织不得从事商品经营和营利性服务,不得以收取费用或者其他牟取利益的方式向消费者推荐商品和服务。

第六章　争议的解决

第三十九条　【争议解决的途径】消费者和经营者发生消费者权益争议的,可以通过下列途径解决:

（一）与经营者协商和解;

（二）请求消费者协会或者依法成立的其他调解组织调解;

（三）向有关行政部门投诉;

（四）根据与经营者达成的仲裁协议提请仲裁机构仲裁;

（五）向人民法院提起诉讼。

第四十条　【消费者索赔的权利】消费者在购买、使用商品时,其合法权益受到损害的,可以向销售者要求赔偿。销售者赔偿后,属于生产者的责任或者属于向销售者提供商品的其他销售者的责任的,销售者有权向生产者或者其他销售者追偿。

消费者或者其他受害人因商品缺陷造成人身、财产损害的,可以向销售者要求赔偿,也可以向生产者要求赔偿。属于生产者责任的,销售者赔偿后,有权向生产者追偿。属于销售者责任的,生产者赔偿后,有权向销售者追偿。

消费者在接受服务时,其合法权益受到损害的,可以向服务者要求赔偿。

第四十一条　【企业变更后的索赔】消费者在购买、使用商品或者接受服务时,其合法权益受到损害,因原企业分立、合并的,可以向变更后承受其权利义务的企业要求赔偿。

第四十二条　【营业执照出借人或借用人的连带责任】使用他人营业执照的违法经营者提供商品或者服务,损害消费者合法权益的,消费者可以向其要求赔偿,也可以向营业执照的持有人要求赔偿。

第四十三条　【展销会、租赁柜台的责任】消费者在展销会、租赁柜台购买商品或者接受服务,其合法权益受到损害的,可以向销售者或者服务者要求赔偿。展销会结束或者柜台租赁期满后,也可以向展销会的举办者、柜台的出租者要求赔偿。展销会的举办者、柜台的出租者赔偿后,有权向销售者或者服务者追偿。

第四十四条　【网络交易平台提供者的责任】消费者通过网络交易平台购买商品或者接受服务,其合法权益受到损害的,可以向销售者或者服务者要求赔偿。网络交易平台提供者不能提供销售者或者服务者的真实名称、地址和有效联系方式的,消费者也可以向网络交易平台提供者要求赔偿;网络交易平台提供者作出更有利于消费者的承诺的,应当履行承诺。网络交易平台提供者赔偿后,有权向销售者或者服务者追偿。

网络交易平台提供者明知或者应知销售者或者服务者利用其平台侵害消费者合法权益,未采取必要措施的,依法与该销售者或者服务者承担连带责任。

第四十五条　【虚假广告相关责任人的责任】消费者因经营者利用虚假广告或其他虚假宣传方式提供商品或者服务,其合法权益受到损害的,可以向经营者要求赔偿。广告经营者、发布者发布虚假广告的,消费者可以请求行政主管部门予以惩处。广告经营者、发布者不能提供经营者的真实名称、地址和有效联系方式的,应当承担赔偿责任。

广告经营者、发布者设计、制作、发布关系消费者生命健康商品或者服务的虚假广告,造成消费者损害的,应当与提供该商品或者服务的经营者承担连带责任。

社会团体或者其他组织、个人在关系消费者生命健康商品或者服务的虚假广告或者其他虚假宣传中向消费者推荐商品或者服务,造成消费者损害的,应当与提供该商品或者服务的经营者承担连带责任。

第四十六条　【投诉】消费者向有关行政部门投诉的,该部门应当自收到投诉之日起七个工作日内,予以处理并告知消费者。

第四十七条　【消费者协会的诉权】对侵害众多消费者合法权益的行为,中国消费者协会以及在省、自治区、直辖市设立的消费者协会,可以向人民法院提起诉讼。

第七章　法律责任

第四十八条　【经营者承担责任的情形】经营者提供商品或者服务有下列情形之一的，除本法另有规定外，应当依照其他有关法律、法规的规定，承担民事责任：

（一）商品或者服务存在缺陷的；

（二）不具备商品应当具备的使用性能而出售时未作说明的；

（三）不符合在商品或者其包装上注明采用的商品标准的；

（四）不符合商品说明、实物样品等方式表明的质量状况的；

（五）生产国家明令淘汰的商品或者销售失效、变质的商品的；

（六）销售的商品数量不足的；

（七）服务的内容和费用违反约定的；

（八）对消费者提出的修理、重作、更换、退货、补足商品数量、退还货款和服务费用或者赔偿损失的要求，故意拖延或者无理拒绝的；

（九）法律、法规规定的其他损害消费者权益的情形。

经营者对消费者未尽到安全保障义务，造成消费者损害的，应当承担侵权责任。

第四十九条　【造成人身损害的赔偿责任】经营者提供商品或者服务，造成消费者或者其他受害人人身伤害的，应当赔偿医疗费、护理费、交通费等为治疗和康复支出的合理费用，以及因误工减少的收入。造成残疾的，还应当赔偿残疾生活辅助具费和残疾赔偿金。造成死亡的，还应当赔偿丧葬费和死亡赔偿金。

第五十条　【侵犯人格尊严的弥补】经营者侵害消费者的人格尊严、侵犯消费者人身自由或者侵害消费者个人信息依法得到保护的权利的，应当停止侵害、恢复名誉、消除影响、赔礼道歉，并赔偿损失。

第五十一条　【精神损害赔偿责任】经营者有侮辱诽谤、搜查身体、侵犯人身自由等侵害消费者或者其他受害人人身权益的行为，造成严重精神损害的，受害人可以要求精神损害赔偿。

第五十二条　【造成财产损害的民事责任】经营者提供商品或者服务，造成消费者财产损害的，应当依照法律规定或者当事人约定承担修理、重作、更换、退货、补足商品数量、退还货款和服务费用或者赔偿损失等民事责任。

第五十三条　【预付款后未履约的责任】经营者以预收款方式提供商品或者服务的，应当按照约定提供。未按照约定提供的，应当按照消费者的要求履行约定或者退回预付款；并应当承担预付款的利息、消费者必须支付的合理费用。

第五十四条　【退货责任】依法经有关行政部门认定为不合格的商品，消费者要求退货的，经营者应当负责退货。

第五十五条　【惩罚性赔偿】经营者提供商品或者服务有欺诈行为的，应当按照消费者的要求增加赔偿其受到的损失，增加赔偿的金额为消费者购买商品的价款或者接受服务的费用的三倍；增加赔偿的金额不足五百元的，为五百元。法律另有规定的，依照其规定。

经营者明知商品或者服务存在缺陷，仍然向消费者提供，造成消费者或者其他受害人死亡或者健康严重损害的，受害人有权要求经营者依照本法第四十九条、第五十一条等法律规定赔偿损失，并有权要求所受损失二倍以下的惩罚性赔偿。

第五十六条　【严重处罚的情形】经营者有下列情形之一，除承担相应的民事责任外，其他有关法律、法规对处罚机关和处罚方式有规定的，依照法律、法规的规定执行；法律、法规未作规定的，由工商行政管理部门或者其他有关行政部门责令改正，可以根据情节单处或者并处警告、没收违法所得、处以违法所得一倍以上十倍以下的罚款，没有违法所得的，处以五十万元以下的罚款；情节严重的，责令停业整顿、吊销营业执照：

（一）提供的商品或者服务不符合保障人身、财产安全要求的；

（二）在商品中掺杂、掺假，以假充真，以次充好，或者以不合格商品冒充合格商品的；

（三）生产国家明令淘汰的商品或者销售失效、变质的商品的；

（四）伪造商品的产地，伪造或者冒用他人的厂名、厂址，篡改生产日期，伪造或者冒用认证标志等质量标志的；

（五）销售的商品应当检验、检疫而未检验、检疫或者伪造检验、检疫结果的；

（六）对商品或者服务作虚假或者引人误解的宣传的；

（七）拒绝或者拖延有关行政部门责令对缺陷商品或者服务采取停止销售、警示、召回、无害化处理、销毁、停止生产或者服务等措施的；

（八）对消费者提出的修理、重作、更换、退货、补足商品数量、退还货款和服务费用或者赔偿损失的要求，故意拖延或者无理拒绝的；

（九）侵害消费者人格尊严、侵犯消费者人身自由或者侵害消费者个人信息依法得到保护的权利的；

（十）法律、法规规定的对损害消费者权益应当予以处罚的其他情形。

经营者有前款规定情形的，除依照法律、法规规定予以处罚外，处罚机关应当记入信用档案，向社会公布。

第五十七条 【经营者的刑事责任】经营者违反本法规定提供商品或者服务，侵害消费者合法权益，构成犯罪的，依法追究刑事责任。

第五十八条 【民事赔偿责任优先原则】经营者违反本法规定，应当承担民事赔偿责任和缴纳罚款、罚金，其财产不足以同时支付的，先承担民事赔偿责任。

第五十九条 【经营者的权利】经营者对行政处罚决定不服的，可以依法申请行政复议或者提起行政诉讼。

第六十条 【暴力抗法的责任】以暴力、威胁等方法阻碍有关行政部门工作人员依法执行职务的，依法追究刑事责任；拒绝、阻碍有关行政部门工作人员依法执行职务，未使用暴力、威胁方法的，由公安机关依照《中华人民共和国治安管理处罚法》的规定处罚。

第六十一条 【国家机关工作人员的责任】国家机关工作人员玩忽职守或者包庇经营者侵害消费者合法权益的行为的，由其所在单位或者上级机关给予行政处分；情节严重，构成犯罪的，依法追究刑事责任。

第八章 附 则

第六十二条 【购买农业生产资料的参照执行】农民购买、使用直接用于农业生产的生产资料，参照本法执行。

第六十三条 【实施日期】本法自1994年1月1日起施行。

侵害消费者权益行为处罚办法

· 2015年1月5日国家工商行政管理总局令第73号公布
· 根据2020年10月23日《国家市场监督管理总局关于修改部分规章的决定》修订

第一条 为依法制止侵害消费者权益行为，保护消费者的合法权益，维护社会经济秩序，根据《消费者权益保护法》等法律法规，制定本办法。

第二条 市场监督管理部门依照《消费者权益保护法》等法律法规和本办法的规定，保护消费者为生活消费需要购买、使用商品或者接受服务的权益，对经营者侵害消费者权益的行为实施行政处罚。

第三条 市场监督管理部门依法对侵害消费者权益行为实施行政处罚，应当依照公正、公开、及时的原则，坚持处罚与教育相结合，综合运用建议、约谈、示范等方式实施行政指导，督促和指导经营者履行法定义务。

第四条 经营者为消费者提供商品或者服务，应当遵循自愿、平等、公平、诚实信用的原则，依照《消费者权益保护法》等法律法规的规定和与消费者的约定履行义务，不得侵害消费者合法权益。

第五条 经营者提供商品或者服务不得有下列行为：

（一）销售的商品或者提供的服务不符合保障人身、财产安全要求；

（二）销售失效、变质的商品；

（三）销售伪造产地、伪造或者冒用他人的厂名、厂址、篡改生产日期的商品；

（四）销售伪造或者冒用认证标志等质量标志的商品；

（五）销售的商品或者提供的服务侵犯他人注册商标专用权；

（六）销售伪造或者冒用知名商品特有的名称、包装、装潢的商品；

（七）在销售的商品中掺杂、掺假，以假充真，以次充好，以不合格商品冒充合格商品；

（八）销售国家明令淘汰并停止销售的商品；

（九）提供商品或者服务中故意使用不合格的计量器具或者破坏计量器具准确度的；

（十）骗取消费者价款或者费用而不提供或者不按照约定提供商品或者服务。

第六条 经营者向消费者提供有关商品或者服务的信息应当真实、全面、准确，不得有下列虚假或者引人误解的宣传行为：

（一）不以真实名称和标记提供商品或者服务；

（二）以虚假或者引人误解的商品说明、商品标准、实物样品等方式销售商品或者服务；

（三）作虚假或者引人误解的现场说明和演示；

（四）采用虚构交易、虚标成交量、虚假评论或者雇佣他人等方式进行欺骗性销售诱导；

（五）以虚假的"清仓价"、"甩卖价"、"最低价"、"优惠价"或者其他欺骗性价格表示销售商品或者服务；

（六）以虚假的"有奖销售"、"还本销售"、"体验销售"等方式销售商品或者服务；

（七）谎称正品销售"处理品"、"残次品"、"等外品"等商品；

（八）夸大或隐瞒所提供的商品或者服务的数量、质量、性能等与消费者有重大利害关系的信息误导消费者；

（九）以其他虚假或者引人误解的宣传方式误导消费者。

第七条 经营者对市场监督管理部门责令其对提供的缺陷商品或者服务采取停止销售或者服务等措施，不得拒绝或者拖延。经营者未按照责令停止销售或者服务通知、公告要求采取措施的，视为拒绝或者拖延。

第八条 经营者提供商品或者服务，应当依照法律规定或者当事人约定承担修理、重作、更换、退货、补足商品数量、退还货款和服务费用或者赔偿损失等民事责任，不得故意拖延或者无理拒绝消费者的合法要求。经营者有下列情形之一并超过十五日的，视为故意拖延或者无理拒绝：

（一）经有关行政部门依法认定为不合格商品，自消费者提出退货要求之日起未退货的；

（二）自国家规定、当事人约定期满之日起或者不符合质量要求的自消费者提出要求之日起，无正当理由拒不履行修理、重作、更换、退货、补足商品数量、退还货款和服务费用或者赔偿损失等义务的。

第九条 经营者采用网络、电视、电话、邮购等方式销售商品，应当依照法律规定承担无理由退货义务，不得故意拖延或者无理拒绝。经营者有下列情形之一的，视为故意拖延或者无理拒绝：

（一）对于适用无理由退货的商品，自收到消费者退货要求之日起超过十五日未办理退货手续，或者未向消费者提供真实、准确的退货地址、退货联系人等有效联系信息，致使消费者无法办理退货手续的；

（二）未经消费者确认，以自行规定该商品不适用无理由退货为由拒绝退货；

（三）以消费者已拆封、查验影响商品完好为由拒绝退货；

（四）自收到退回商品之日起无正当理由超过十五日未向消费者返还已支付的商品价款。

第十条 经营者以预收款方式提供商品或者服务，应当与消费者明确约定商品或者服务的数量和质量、价款或者费用、履行期限和方式、安全注意事项和风险警示、售后服务、民事责任等内容。未按约定提供商品或者服务的，应当按照消费者的要求履行约定或者退回预付款，并应当承担预付款的利息、消费者必须支付的合理费用。对退款无约定的，按照有利于消费者的计算方式折算退款金额。

经营者对消费者提出的合理退款要求，明确表示不予退款，或者自约定期满之日起、无约定期限的自消费者提出退款要求之日起超过十五日未退款的，视为故意拖延或者无理拒绝。

第十一条 经营者收集、使用消费者个人信息，应当遵循合法、正当、必要的原则，明示收集、使用信息的目的、方式和范围，并经消费者同意。经营者不得有下列行为：

（一）未经消费者同意，收集、使用消费者个人信息；

（二）泄露、出售或者非法向他人提供所收集的消费者个人信息；

（三）未经消费者同意或者请求，或者消费者明确表示拒绝，向其发送商业性信息。

前款中的消费者个人信息是指经营者在提供商品或者服务活动中收集的消费者姓名、性别、职业、出生日期、身份证件号码、住址、联系方式、收入和财产状况、健康状况、消费情况等能够单独或者与其他信息结合识别消费者的信息。

第十二条 经营者向消费者提供商品或者服务使用格式条款、通知、声明、店堂告示等的，应当以显著方式提请消费者注意与消费者有重大利害关系的内容，并按照消费者的要求予以说明，不得作出含有下列内容的规定：

（一）免除或者部分免除经营者对其所提供的商品或者服务应当承担的修理、重作、更换、退货、补足商品数量、退还货款和服务费用、赔偿损失等责任；

（二）排除或者限制消费者提出修理、更换、退货、赔偿损失以及获得违约金和其他合理赔偿的权利；

（三）排除或者限制消费者依法投诉、举报、提起诉讼的权利；

（四）强制或者变相强制消费者购买和使用其提供的或者其指定的经营者提供的商品或者服务，对不接受其不合理条件的消费者拒绝提供相应商品或者服务，或者提高收费标准；

（五）规定经营者有权任意变更或者解除合同，限制消费者依法变更或者解除合同权利；

（六）规定经营者单方享有解释权或者最终解释权；

（七）其他对消费者不公平、不合理的规定。

第十三条 从事服务业的经营者不得有下列行为：

（一）从事为消费者提供修理、加工、安装、装饰装修等服务的经营者谎报用工用料，故意损坏、偷换零部件或材料，使用不符合国家质量标准或者与约定不相符的零

部件或材料,更换不需要更换的零部件,或者偷工减料、加收费用,损害消费者权益的;

(二)从事房屋租赁、家政服务等中介服务的经营者提供虚假信息或者采取欺骗、恶意串通等手段损害消费者权益的。

第十四条 经营者有本办法第五条至第十一条规定的情形之一的,其他法律、法规有规定的,依照法律、法规的规定执行;法律、法规未作规定的,由市场监督管理部门依照《消费者权益保护法》第五十六条予以处罚。

第十五条 经营者违反本办法第十二条、第十三条规定,其他法律、法规有规定的,依照法律、法规的规定执行;法律、法规未作规定的,由市场监督管理部门责令改正,可以单处或者并处警告,违法所得三倍以下、但最高不超过三万元的罚款,没有违法所得的,处以一万元以下的罚款。

第十六条 经营者有本办法第五条第(一)项至第(六)项规定行为之一且不能证明自己并非欺骗、误导消费者而实施此种行为的,属于欺诈行为。

经营者有本办法第五条第(七)项至第(十)项、第六条和第十三条规定行为之一的,属于欺诈行为。

第十七条 经营者对市场监督管理部门作出的行政处罚决定不服的,可以依法申请行政复议或者提起行政诉讼。

第十八条 侵害消费者权益违法行为涉嫌犯罪的,市场监督管理部门应当按照有关规定,移送司法机关追究其刑事责任。

第十九条 市场监督管理部门依照法律法规及本办法规定对经营者予以行政处罚的,应当记入经营者的信用档案,并通过企业信用信息公示系统等及时向社会公布。

企业应当依据《企业信息公示暂行条例》的规定,通过企业信用信息公示系统及时向社会公布相关行政处罚信息。

第二十条 市场监督管理执法人员玩忽职守或者包庇经营者侵害消费者合法权益的行为的,应当依法给予行政处分;涉嫌犯罪的,依法移送司法机关。

第二十一条 本办法由国家市场监督管理总局负责解释。

第二十二条 本办法自2015年3月15日起施行。1996年3月15日国家工商行政管理局发布的《欺诈消费者行为处罚办法》(国家工商行政管理局令第50号)同时废止。

网络购买商品七日无理由退货暂行办法

- 2017年1月6日国家工商行政管理总局令第90号公布
- 根据2020年10月23日《国家市场监督管理总局关于修改部分规章的决定》修订

第一章 总 则

第一条 为保障《消费者权益保护法》七日无理由退货规定的实施,保护消费者合法权益,促进电子商务健康发展,根据《消费者权益保护法》等相关法律、行政法规,制定本办法。

第二条 消费者为生活消费需要通过网络购买商品,自收到商品之日起七日内依照《消费者权益保护法》第二十五条规定退货的,适用本办法。

第三条 网络商品销售者应当依法履行七日无理由退货义务。

网络交易平台提供者应当引导和督促平台上的网络商品销售者履行七日无理由退货义务,进行监督检查,并提供技术保障。

第四条 消费者行使七日无理由退货权利和网络商品销售者履行七日无理由退货义务都应当遵循公平、诚实信用的原则,遵守商业道德。

第五条 鼓励网络商品销售者作出比本办法更有利于消费者的无理由退货承诺。

第二章 不适用退货的商品范围和商品完好标准

第六条 下列商品不适用七日无理由退货规定:

(一)消费者定作的商品;

(二)鲜活易腐的商品;

(三)在线下载或者消费者拆封的音像制品、计算机软件等数字化商品;

(四)交付的报纸、期刊。

第七条 下列性质的商品经消费者在购买时确认,可以不适用七日无理由退货规定:

(一)拆封后易影响人身安全或者生命健康的商品,或者拆封后易导致商品品质发生改变的商品;

(二)一经激活或者试用后价值贬损较大的商品;

(三)销售时已明示的临近保质期的商品、有瑕疵的商品。

第八条 消费者退回的商品应当完好。

商品能够保持原有品质、功能,商品本身、配件、商标标识齐全的,视为商品完好。

消费者基于查验需要而打开商品包装,或者为确认商品的品质、功能而进行合理的调试不影响商品的完好。

第九条　对超出查验和确认商品品质、功能需要而使用商品，导致商品价值贬损较大的，视为商品不完好。具体判定标准如下：

（一）食品（含保健食品）、化妆品、医疗器械、计生用品：必要的一次性密封包装被损坏；

（二）电子电器类：进行未经授权的维修、改动、破坏、涂改强制性产品认证标志、指示标贴、机器序列号等，有难以恢复原状的外观类使用痕迹，或者产生激活、授权信息、不合理的个人使用数据留存等数据类使用痕迹；

（三）服装、鞋帽、箱包、玩具、家纺、家居类：商标标识被摘、标识被剪，商品受污、受损。

第三章　退货程序

第十条　选择无理由退货的消费者应当自收到商品之日起七日内向网络商品销售者发出退货通知。

七日期间自消费者签收商品的次日开始起算。

第十一条　网络商品销售者收到退货通知后应当及时向消费者提供真实、准确的退货地址、退货联系人、退货联系电话等有效联系信息。

消费者获得上述信息后应当及时退回商品，并保留退货凭证。

第十二条　消费者退货时应当将商品本身、配件及赠品一并退回。

赠品包括赠送的实物、积分、代金券、优惠券等形式。如果赠品不能一并退回，经营者可以要求消费者按照事先标明的赠品价格支付赠品价款。

第十三条　消费者退回的商品完好的，网络商品销售者应当在收到退回商品之日起七日内向消费者返还已支付的商品价款。

第十四条　退款方式比照购买商品的支付方式。经营者与消费者另有约定的，从其约定。

购买商品时采用多种方式支付价款的，一般应当按照各种支付方式的实际支付价款以相应方式退款。

除征得消费者明确表示同意的以外，网络商品销售者不应当自行指定其他退款方式。

第十五条　消费者采用积分、代金券、优惠券等形式支付价款的，网络商品销售者在消费者退还商品后应当以相应形式返还消费者。对积分、代金券、优惠券的使用和返还有约定的，可以从其约定。

第十六条　消费者购买商品时采用信用卡支付方式并支付手续费的，网络商品销售者退款时可以不退回手续费。

消费者购买商品时采用信用卡支付方式并被网络商品销售者免除手续费的，网络商品销售者可以在退款时扣除手续费。

第十七条　退货价款以消费者实际支出的价款为准。套装或者满减优惠活动中的部分商品退货，导致不能再享受优惠的，根据购买时各商品价格进行结算，多退少补。

第十八条　商品退回所产生的运费依法由消费者承担。经营者与消费者另有约定的，按照约定。

消费者参加满足一定条件免运费活动，但退货后已不能达到免运费活动要求的，网络商品销售者在退款时可以扣除运费。

第十九条　网络商品销售者可以与消费者约定退货方式，但不应当限制消费者的退货方式。

网络商品销售者可以免费上门取货，也可以征得消费者同意后有偿上门取货。

第四章　特别规定

第二十条　网络商品销售者应当采取技术手段或者其他措施，对于本办法第六条规定的不适用七日无理由退货的商品进行明确标注。

符合本办法第七条规定的商品，网络商品销售者应当在商品销售必经流程中设置显著的确认程序，供消费者对单次购买行为进行确认。如无确认，网络商品销售者不得拒绝七日无理由退货。

第二十一条　网络交易平台提供者应当与其平台上的网络商品销售者订立协议，明确双方七日无理由退货各自的权利、义务和责任。

第二十二条　网络交易平台提供者应当依法建立、完善其平台七日无理由退货规则以及配套的消费者权益保护有关制度，在其首页显著位置持续公示，并保证消费者能够便利、完整地阅览和下载。

第二十三条　网络交易平台提供者应当对其平台上的网络商品销售者履行七日无理由退货义务建立检查监控制度，发现有违反相关法律、法规、规章的，应当及时采取制止措施，并向网络交易平台提供者或者网络商品销售者所在地市场监督管理部门报告，必要时可以停止对其提供平台服务。

第二十四条　网络交易平台提供者应当建立消费纠纷和解和消费维权自律制度。消费者在网络交易平台上购买商品，因退货而发生消费纠纷或其合法权益受到损害时，要求网络交易平台提供者调解的，网络交易平台提供者应当调解；消费者通过其他渠道维权的，网络交易平台提供者应当向消费者提供其平台上的网络商品销售者的真实名称、地址和有效联系方式,积极协助消费者维护自身合法权益。

第二十五条 网络商品销售者应当建立完善的七日无理由退货商品检验和处理程序。

对能够完全恢复到初始销售状态的七日无理由退货商品,可以作为全新商品再次销售;对不能够完全恢复到初始销售状态的七日无理由退货商品而再次销售的,应当通过显著的方式将商品的实际情况明确标注。

第五章 监督检查

第二十六条 市场监督管理部门应当加强对网络商品销售者和网络交易平台提供者经营行为的监督检查,督促和引导其建立健全经营者首问和赔偿先付制度,依法履行网络购买商品七日无理由退货义务。

第二十七条 市场监督管理部门应当及时受理和依法处理消费者有关七日无理由退货的投诉、举报。

第二十八条 市场监督管理部门应当依照公正、公开、及时的原则,综合运用建议、约谈、示范等方式,加强对网络商品销售者和网络交易平台提供者履行七日无理由退货法定义务的行政指导。

第二十九条 市场监督管理部门在对网络商品交易的监督检查中,发现经营者存在拒不履行七日无理由退货义务,侵害消费者合法权益行为的,应当依法进行查处,同时将相关处罚信息计入信用档案,向社会公布。

第六章 法律责任

第三十条 网络商品销售者违反本办法第六条、第七条规定,擅自扩大不适用七日无理由退货的商品范围的,按照《消费者权益保护法》第五十六条第一款第(八)项规定予以处罚。

第三十一条 网络商品销售者违反本办法规定,有下列情形之一的,依照《消费者权益保护法》第五十六条第一款第(八)项规定予以处罚:

(一)未经消费者在购买时确认,擅自以商品不适用七日无理由退货为由拒绝退货,或者以消费者已拆封、查验影响商品完好为由拒绝退货的;

(二)自收到消费者退货要求之日起超过十五日未办理退货手续,或者未向消费者提供真实、准确的退货地址、退货联系人等有效联系信息,致使消费者无法办理退货手续的;

(三)在收到退回商品之日起超过十五日未向消费者返还已支付的商品价款的。

第三十二条 网络交易平台提供者违反本办法第二十二条规定的,依照《电子商务法》第八十一条第一款第(一)项规定予以处罚。

第三十三条 网络商品销售者违反本办法第二十五条规定,销售不能够完全恢复到初始状态的无理由退货商品,且未通过显著的方式明确标注商品实际情况的,违反其他法律、行政法规的,依照有关法律、行政法规的规定处罚;法律、行政法规未作规定的,予以警告,责令改正,并处一万元以上三万元以下的罚款。

第三十四条 网络交易平台提供者拒绝协助市场监督管理部门对涉嫌违法行为采取措施、开展调查的,予以警告,责令改正;拒不改正的,处三万元以下的罚款。

第七章 附则

第三十五条 网络商品销售者提供的商品不符合质量要求,消费者要求退货的,适用《消费者权益保护法》第二十四条以及其他相关规定。

第三十六条 经营者采用电视、电话、邮购等方式销售商品,依照本办法执行。

第三十七条 本办法由国家市场监督管理总局负责解释。

第三十八条 本办法自2017年3月15日起施行。

5. 知识产权保护

(1)商标保护

中华人民共和国商标法

- 1982年8月23日第五届全国人民代表大会常务委员会第二十四次会议通过
- 根据1993年2月22日第七届全国人民代表大会常务委员会第三十次会议《关于修改〈中华人民共和国商标法〉的决定》第一次修正
- 根据2001年10月27日第九届全国人民代表大会常务委员会第二十四次会议《关于修改〈中华人民共和国商标法〉的决定》第二次修正
- 根据2013年8月30日第十二届全国人民代表大会常务委员会第四次会议《关于修改〈中华人民共和国商标法〉的决定》第三次修正
- 根据2019年4月23日第十三届全国人民代表大会常务委员会第十次会议《关于修改〈中华人民共和国建筑法〉等八部法律的决定》第四次修正

第一章 总则

第一条 【立法宗旨】为了加强商标管理,保护商标专用权,促使生产、经营者保证商品和服务质量,维护商标信誉,以保障消费者和生产、经营者的利益,促进社会主义市场经济的发展,特制定本法。

第二条　【行政主管部门】国务院工商行政管理部门商标局主管全国商标注册和管理的工作。

国务院工商行政管理部门设立商标评审委员会,负责处理商标争议事宜。

第三条　【注册商标及其分类与保护】经商标局核准注册的商标为注册商标,包括商品商标、服务商标和集体商标、证明商标;商标注册人享有商标专用权,受法律保护。

本法所称集体商标,是指以团体、协会或者其他组织名义注册,供该组织成员在商事活动中使用,以表明使用者在该组织中的成员资格的标志。

本法所称证明商标,是指由对某种商品或者服务具有监督能力的组织所控制,而由该组织以外的单位或者个人使用于其商品或者服务,用以证明该商品或者服务的原产地、原料、制造方法、质量或者其他特定品质的标志。

集体商标、证明商标注册和管理的特殊事项,由国务院工商行政管理部门规定。

第四条　【商标注册申请】自然人、法人或者其他组织在生产经营活动中,对其商品或者服务需要取得商标专用权的,应当向商标局申请商标注册。不以使用为目的的恶意商标注册申请,应当予以驳回。

本法有关商品商标的规定,适用于服务商标。

第五条　【注册商标共有】两个以上的自然人、法人或者其他组织可以共同向商标局申请注册同一商标,共同享有和行使该商标专用权。

第六条　【商标强制注册】法律、行政法规规定必须使用注册商标的商品,必须申请商标注册,未经核准注册的,不得在市场销售。

第七条　【诚实信用原则和商品质量】申请注册和使用商标,应当遵循诚实信用原则。

商标使用人应当对其使用商标的商品质量负责。各级工商行政管理部门应当通过商标管理,制止欺骗消费者的行为。

第八条　【商标的构成要素】任何能够将自然人、法人或者其他组织的商品与他人的商品区别开的标志,包括文字、图形、字母、数字、三维标志、颜色组合和声音等,以及上述要素的组合,均可以作为商标申请注册。

第九条　【申请注册的商标应具备的条件】申请注册的商标,应当有显著特征,便于识别,并不得与他人在先取得的合法权利相冲突。

商标注册人有权标明"注册商标"或者注册标记。

第十条　【禁止作为商标使用的标志】下列标志不得作为商标使用:

(一)同中华人民共和国的国家名称、国旗、国徽、国歌、军旗、军徽、军歌、勋章等相同或者近似的,以及同中央国家机关的名称、标志、所在地特定地点的名称或者标志性建筑物的名称、图形相同的;

(二)同外国的国家名称、国旗、国徽、军旗等相同或者近似的,但经该国政府同意的除外;

(三)同政府间国际组织的名称、旗帜、徽记等相同或者近似的,但经该组织同意或者不易误导公众的除外;

(四)与表明实施控制、予以保证的官方标志、检验印记相同或者近似的,但经授权的除外;

(五)同"红十字"、"红新月"的名称、标志相同或者近似的;

(六)带有民族歧视性的;

(七)带有欺骗性,容易使公众对商品的质量等特点或者产地产生误认的;

(八)有害于社会主义道德风尚或者有其他不良影响的。

县级以上行政区划的地名或者公众知晓的外国地名,不得作为商标。但是,地名具有其他含义或者作为集体商标、证明商标组成部分的除外;已经注册的使用地名的商标继续有效。

第十一条　【不得作为商标注册的标志】下列标志不得作为商标注册:

(一)仅有本商品的通用名称、图形、型号的;

(二)仅直接表示商品的质量、主要原料、功能、用途、重量、数量及其他特点的;

(三)其他缺乏显著特征的。

前款所列标志经过使用取得显著特征,并便于识别的,可以作为商标注册。

第十二条　【三维标志申请注册商标的限制条件】以三维标志申请注册商标的,仅由商品自身的性质产生的形状、为获得技术效果而需有的商品形状或者使商品具有实质性价值的形状,不得注册。

第十三条　【驰名商标的保护】为相关公众所熟知的商标,持有人认为其权利受到侵害时,可以依照本法规定请求驰名商标保护。

就相同或者类似商品申请注册的商标是复制、摹仿或者翻译他人未在中国注册的驰名商标,容易导致混淆的,不予注册并禁止使用。

就不相同或者不相类似商品申请注册的商标是复制、摹仿或者翻译他人已经在中国注册的驰名商标,误导公众,致使该驰名商标注册人的利益可能受到损害的,不予注册并禁止使用。

第十四条 【驰名商标的认定】驰名商标应当根据当事人的请求,作为处理涉及商标案件需要认定的事实进行认定。认定驰名商标应当考虑下列因素:

(一)相关公众对该商标的知晓程度;

(二)该商标使用的持续时间;

(三)该商标的任何宣传工作的持续时间、程度和地理范围;

(四)该商标作为驰名商标受保护的记录;

(五)该商标驰名的其他因素。

在商标注册审查、工商行政管理部门查处商标违法案件过程中,当事人依照本法第十三条规定主张权利的,商标局根据审查、处理案件的需要,可以对商标驰名情况作出认定。

在商标争议处理过程中,当事人依照本法第十三条规定主张权利的,商标评审委员会根据处理案件的需要,可以对商标驰名情况作出认定。

在商标民事、行政案件审理过程中,当事人依照本法第十三条规定主张权利的,最高人民法院指定的人民法院根据审理案件的需要,可以对商标驰名情况作出认定。

生产、经营者不得将"驰名商标"字样用于商品、商品包装或者容器上,或者用于广告宣传、展览以及其他商业活动中。

第十五条 【恶意注册他人商标】未经授权,代理人或者代表人以自己的名义将被代理人或者被代表人的商标进行注册,被代理人或者被代表人提出异议的,不予注册并禁止使用。

就同一种商品或者类似商品申请注册的商标与他人在先使用的未注册商标相同或者近似,申请人与该他人具有前款规定以外的合同、业务往来关系或者其他关系而明知该他人商标存在,该他人提出异议的,不予注册。

第十六条 【地理标志】商标中有商品的地理标志,而该商品并非来源于该标志所标示的地区,误导公众的,不予注册并禁止使用;但是,已经善意取得注册的继续有效。

前款所称地理标志,是指标示某商品来源于某地区,该商品的特定质量、信誉或者其他特征,主要由该地区的自然因素或者人文因素所决定的标志。

第十七条 【外国人在中国申请商标注册】外国人或者外国企业在中国申请商标注册的,应当按其所属国和中华人民共和国签订的协议或者共同参加的国际条约办理,或者按对等原则办理。

第十八条 【商标代理机构】申请商标注册或者办理其他商标事宜,可以自行办理,也可以委托依法设立的商标代理机构办理。

外国人或者外国企业在中国申请商标注册和办理其他商标事宜的,应当委托依法设立的商标代理机构办理。

第十九条 【商标代理机构的行为规范】商标代理机构应当遵循诚实信用原则,遵守法律、行政法规,按照被代理人的委托办理商标注册申请或者其他商标事宜;对在代理过程中知悉的被代理人的商业秘密,负有保密义务。

委托人申请注册的商标可能存在本法规定不得注册情形的,商标代理机构应当明确告知委托人。

商标代理机构知道或者应当知道委托人申请注册的商标属于本法第四条、第十五条和第三十二条规定情形的,不得接受其委托。

商标代理机构除对其代理服务申请商标注册外,不得申请注册其他商标。

第二十条 【商标代理行业组织对会员的管理】商标代理行业组织应当按照章程规定,严格执行吸纳会员的条件,对违反行业自律规范的会员实行惩戒。商标代理行业组织对其吸纳的会员和对会员的惩戒情况,应当及时向社会公布。

第二十一条 【商标国际注册】商标国际注册遵循中华人民共和国缔结或者参加的有关国际条约确立的制度,具体办法由国务院规定。

第二章 商标注册的申请

第二十二条 【商标注册申请的提出】商标注册申请人应当按规定的商品分类表填报使用商标的商品类别和商品名称,提出注册申请。

商标注册申请人可以通过一份申请就多个类别的商品申请注册同一商标。

商标注册申请等有关文件,可以以书面方式或者数据电文方式提出。

第二十三条 【注册申请的另行提出】注册商标需要在核定使用范围之外的商品上取得商标专用权的,应当另行提出注册申请。

第二十四条 【注册申请的重新提出】注册商标需要改变其标志的,应当重新提出注册申请。

第二十五条 【优先权及其手续】商标注册申请人自其商标在外国第一次提出商标注册申请之日起六个月内，又在中国就相同商品以同一商标提出商标注册申请的，依照该外国同中国签订的协议或者共同参加的国际条约，或者按照相互承认优先权的原则，可以享有优先权。

依照前款要求优先权的，应当在提出商标注册申请的时候提出书面声明，并且在三个月内提交第一次提出的商标注册申请文件的副本；未提出书面声明或者逾期未提交商标注册申请文件副本的，视为未要求优先权。

第二十六条 【国际展览会中的临时保护】商标在中国政府主办的或者承认的国际展览会展出的商品上首次使用的，自该商品展出之日起六个月内，该商标的注册申请人可以享有优先权。

依照前款要求优先权的，应当在提出商标注册申请的时候提出书面声明，并且在三个月内提交展出其商品的展览会名称、在展出商品上使用该商标的证据、展出日期等证明文件；未提出书面声明或者逾期未提交证明文件的，视为未要求优先权。

第二十七条 【申报事项和材料的真实、准确、完整】为申请商标注册所申报的事项和所提供的材料应当真实、准确、完整。

第三章 商标注册的审查和核准

第二十八条 【初步审定并公告】对申请注册的商标，商标局应当自收到商标注册申请文件之日起九个月内审查完毕，符合本法有关规定的，予以初步审定公告。

第二十九条 【商标注册申请内容的说明和修正】在审查过程中，商标局认为商标注册申请内容需要说明或者修正的，可以要求申请人做出说明或者修正。申请人未做出说明或者修正的，不影响商标局做出审查决定。

第三十条 【商标注册申请的驳回】申请注册的商标，凡不符合本法有关规定或者同他人在同一种商品或者类似商品上已经注册的或者初步审定的商标相同或者近似的，由商标局驳回申请，不予公告。

第三十一条 【申请在先原则】两个或者两个以上的商标注册申请人，在同一种商品或者类似商品上，以相同或者近似的商标申请注册的，初步审定并公告申请在先的商标；同一天申请的，初步审定并公告使用在先的商标，驳回其他人的申请，不予公告。

第三十二条 【在先权利与恶意抢注】申请商标注册不得损害他人现有的在先权利，也不得以不正当手段抢先注册他人已经使用并有一定影响的商标。

第三十三条 【商标异议和核准注册】对初步审定公告的商标，自公告之日起三个月内，在先权利人、利害关系人认为违反本法第十三条第二款和第三款、第十五条、第十六条第一款、第三十条、第三十一条、第三十二条规定的，或者任何人认为违反本法第四条、第十条、第十一条、第十二条、第十九条第四款规定的，可以向商标局提出异议。公告期满无异议的，予以核准注册，发给商标注册证，并予公告。

第三十四条 【驳回商标申请的处理】对驳回申请、不予公告的商标，商标局应当书面通知商标注册申请人。商标注册申请人不服的，可以自收到通知之日起十五日内向商标评审委员会申请复审。商标评审委员会应当自收到申请之日起九个月内做出决定，并书面通知申请人。有特殊情况需要延长的，经国务院工商行政管理部门批准，可以延长三个月。当事人对商标评审委员会的决定不服的，可以自收到通知之日起三十日内向人民法院起诉。

第三十五条 【商标异议的处理】对初步审定公告的商标提出异议的，商标局应当听取异议人和被异议人陈述事实和理由，经调查核实后，自公告期满之日起十二个月内做出是否准予注册的决定，并书面通知异议人和被异议人。有特殊情况需要延长的，经国务院工商行政管理部门批准，可以延长六个月。

商标局做出准予注册决定的，发给商标注册证，并予公告。异议人不服的，可以依照本法第四十四条、第四十五条的规定向商标评审委员会请求宣告该注册商标无效。

商标局做出不予注册决定，被异议人不服的，可以自收到通知之日起十五日内向商标评审委员会申请复审。商标评审委员会应当自收到申请之日起十二个月内做出复审决定，并书面通知异议人和被异议人。有特殊情况需要延长的，经国务院工商行政管理部门批准，可以延长六个月。被异议人对商标评审委员会的决定不服的，可以自收到通知之日起三十日内向人民法院起诉。人民法院应当通知异议人作为第三人参加诉讼。

商标评审委员会在依照前款规定进行复审的过程中，所涉及的在先权利的确定必须以人民法院正在审理或者行政机关正在处理的另一案件的结果为依据的，可以中止审查。中止原因消除后，应当恢复审查程序。

第三十六条 【有关决定的生效及效力】法定期限届满，当事人对商标局做出的驳回申请决定、不予注册决定不申请复审或者对商标评审委员会做出的复审决定不向人民法院起诉的，驳回申请决定、不予注册决定或者复审决定生效。

经审查异议不成立而准予注册的商标,商标注册申请人取得商标专用权的时间自初步审定公告三个月期满之日起计算。自该商标公告期满之日起至准予注册决定做出前,对他人在同一种或者类似商品上使用与该商标相同或者近似的标志的行为不具有追溯力;但是,因该使用人的恶意给商标注册人造成的损失,应当给予赔偿。

第三十七条　【及时审查原则】对商标注册申请和商标复审申请应当及时进行审查。

第三十八条　【商标申请文件或注册文件错误的更正】商标注册申请人或者注册人发现商标申请文件或者注册文件有明显错误的,可以申请更正。商标局依法在其职权范围内作出更正,并通知当事人。

前款所称更正错误不涉及商标申请文件或者注册文件的实质性内容。

第四章　注册商标的续展、变更、转让和使用许可

第三十九条　【注册商标的有效期限】注册商标的有效期为十年,自核准注册之日起计算。

第四十条　【续展手续的办理】注册商标有效期满,需要继续使用的,商标注册人应当在期满前十二个月内按照规定办理续展手续;在此期间未能办理的,可以给予六个月的宽展期。每次续展注册的有效期为十年,自该商标上一届有效期满次日起计算。期满未办理续展手续的,注销其注册商标。

商标局应当对续展注册的商标予以公告。

第四十一条　【注册商标的变更】注册商标需要变更注册人的名义、地址或者其他注册事项的,应当提出变更申请。

第四十二条　【注册商标的转让】转让注册商标的,转让人和受让人应当签订转让协议,并共同向商标局提出申请。受让人应当保证使用该注册商标的商品质量。

转让注册商标的,商标注册人对其在同一种商品上注册的近似的商标,或者在类似商品上注册的相同或者近似的商标,应当一并转让。

对容易导致混淆或者有其他不良影响的转让,商标局不予核准,书面通知申请人并说明理由。

转让注册商标经核准后,予以公告。受让人自公告之日起享有商标专用权。

第四十三条　【注册商标的使用许可】商标注册人可以通过签订商标使用许可合同,许可他人使用其注册商标。许可人应当监督被许可人使用其注册商标的商品质量。被许可人应当保证使用该注册商标的商品质量。

经许可使用他人注册商标的,必须在使用该注册商标的商品上标明被许可人的名称和商品产地。

许可他人使用其注册商标的,许可人应当将其商标使用许可报商标局备案,由商标局公告。商标使用许可未经备案不得对抗善意第三人。

第五章　注册商标的无效宣告

第四十四条　【注册不当商标的处理】已经注册的商标,违反本法第四条、第十条、第十一条、第十二条、第十九条第四款规定的,或者是以欺骗手段或者其他不正当手段取得注册的,由商标局宣告该注册商标无效;其他单位或者个人可以请求商标评审委员会宣告该注册商标无效。

商标局做出宣告注册商标无效的决定,应当书面通知当事人。当事人对商标局的决定不服的,可以自收到通知之日起十五日内向商标评审委员会申请复审。商标评审委员会应当自收到申请之日起九个月内做出决定,并书面通知当事人。有特殊情况需要延长的,经国务院工商行政管理部门批准,可以延长三个月。当事人对商标评审委员会的决定不服的,可以自收到通知之日起三十日内向人民法院起诉。

其他单位或者个人请求商标评审委员会宣告注册商标无效的,商标评审委员会收到申请后,应当书面通知有关当事人,并限期提出答辩。商标评审委员会应当自收到申请之日起九个月内做出维持注册商标或者宣告注册商标无效的裁定,并书面通知当事人。有特殊情况需延长的,经国务院工商行政管理部门批准,可以延长三个月。当事人对商标评审委员会的裁定不服的,可以自收到通知之日起三十日内向人民法院起诉。人民法院应当通知商标裁定程序的对方当事人作为第三人参加诉讼。

第四十五条　【对与他人在先权利相冲突的注册商标的处理】已经注册的商标,违反本法第十三条第二款和第三款、第十五条、第十六条第一款、第三十条、第三十一条、第三十二条规定的,自商标注册之日起五年内,在先权利人或者利害关系人可以请求商标评审委员会宣告该注册商标无效。对恶意注册的,驰名商标所有人不受五年的时间限制。

商标评审委员会收到宣告注册商标无效的申请后,应当书面通知有关当事人,并限期提出答辩。商标评审委员会应当自收到申请之日起十二个月内做出维持注册商标或者宣告注册商标无效的裁定,并书面通知当事人。有特殊情况需要延长的,经国务院工商行政管理部门批准,可以延长六个月。当事人对商标评审委员会的裁定

不服的，可以自收到通知之日起三十日内向人民法院起诉。人民法院应当通知商标裁定程序的对方当事人作为第三人参加诉讼。

商标评审委员会在依照前款规定对无效宣告请求进行审查的过程中，所涉及的在先权利的确定必须以人民法院正在审理或者行政机关正在处理的另一案件的结果为依据的，可以中止审查。中止原因消除后，应当恢复审查程序。

第四十六条 【有关宣告注册商标无效或维持的决定、裁定生效】法定期限届满，当事人对商标局宣告注册商标无效的决定不申请复审或者对商标评审委员会的复审决定、维持注册商标或者宣告注册商标无效的裁定不向人民法院起诉的，商标局的决定或者商标评审委员会的复审决定、裁定生效。

第四十七条 【宣告注册商标无效的法律效力】依照本法第四十四条、第四十五条的规定宣告无效的注册商标，由商标局予以公告，该注册商标专用权视为自始即不存在。

宣告注册商标无效的决定或者裁定，对宣告无效前人民法院做出并已执行的商标侵权案件的判决、裁定、调解书和工商行政管理部门做出并已执行的商标侵权案件的处理决定以及已经履行的商标转让或者使用许可合同不具有追溯力。但是，因商标注册人的恶意给他人造成的损失，应当给予赔偿。

依照前款规定不返还商标侵权赔偿金、商标转让费、商标使用费，明显违反公平原则的，应当全部或者部分返还。

第六章 商标使用的管理

第四十八条 【商标的使用】本法所称商标的使用，是指将商标用于商品、商品包装或者容器以及商品交易文书上，或者将商标用于广告宣传、展览以及其他商业活动中，用于识别商品来源的行为。

第四十九条 【违法使用注册商标】商标注册人在使用注册商标的过程中，自行改变注册商标、注册人名义、地址或者其他注册事项的，由地方工商行政管理部门责令限期改正；期满不改正的，由商标局撤销其注册商标。

注册商标成为其核定使用的商品的通用名称或者没有正当理由连续三年不使用的，任何单位或者个人可以向商标局申请撤销该注册商标。商标局应当自收到申请之日起九个月内做出决定。有特殊情况需要延长的，经国务院工商行政管理部门批准，可以延长三个月。

第五十条 【对被撤销、宣告无效或者注销的商标的管理】注册商标被撤销、被宣告无效或者期满不再续展的，自撤销、宣告无效或者注销之日起一年内，商标局对与该商标相同或者近似的商标注册申请，不予核准。

第五十一条 【对强制注册商标的管理】违反本法第六条规定的，由地方工商行政管理部门责令限期申请注册，违法经营额五万元以上的，可以处违法经营额百分之二十以下的罚款，没有违法经营额或者违法经营额不足五万元的，可以处一万元以下的罚款。

第五十二条 【对未注册商标的管理】将未注册商标冒充注册商标使用的，或者使用未注册商标违反本法第十条规定的，由地方工商行政管理部门予以制止，限期改正，并可以予以通报，违法经营额五万元以上的，可以处违法经营额百分之二十以下的罚款，没有违法经营额或者违法经营额不足五万元的，可以处一万元以下的罚款。

第五十三条 【违法使用驰名商标的责任】违反本法第十四条第五款规定的，由地方工商行政管理部门责令改正，处十万元罚款。

第五十四条 【对撤销或不予撤销注册商标决定的复审】对商标局撤销或者不予撤销注册商标的决定，当事人不服的，可以自收到通知之日起十五日内向商标评审委员会申请复审。商标评审委员会应当自收到申请之日起九个月内做出决定，并书面通知当事人。有特殊情况需要延长的，经国务院工商行政管理部门批准，可以延长三个月。当事人对商标评审委员会的决定不服的，可以自收到通知之日起三十日内向人民法院起诉。

第五十五条 【撤销注册商标决定的生效】法定期限届满，当事人对商标局做出的撤销注册商标的决定不申请复审或者对商标评审委员会做出的复审决定不向人民法院起诉的，撤销注册商标的决定、复审决定生效。

被撤销的注册商标，由商标局予以公告，该注册商标专用权自公告之日起终止。

第七章 注册商标专用权的保护

第五十六条 【注册商标专用权的保护范围】注册商标的专用权，以核准注册的商标和核定使用的商品为限。

第五十七条 【商标侵权行为】有下列行为之一的，均属侵犯注册商标专用权：

（一）未经商标注册人的许可，在同一种商品上使用与其注册商标相同的商标的；

（二）未经商标注册人的许可，在同一种商品上使用与其注册商标近似的商标，或者在类似商品上使用与其注册商标相同或者近似的商标，容易导致混淆的；

（三）销售侵犯注册商标专用权的商品的；

（四）伪造、擅自制造他人注册商标标识或者销售伪造、擅自制造的注册商标标识的；

（五）未经商标注册人同意，更换其注册商标并将该更换商标的商品又投入市场的；

（六）故意为侵犯他人商标专用权行为提供便利条件，帮助他人实施侵犯商标专用权行为的；

（七）给他人的注册商标专用权造成其他损害的。

第五十八条 【不正当竞争】将他人注册商标、未注册的驰名商标作为企业名称中的字号使用，误导公众，构成不正当竞争行为的，依照《中华人民共和国反不正当竞争法》处理。

第五十九条 【注册商标专用权行使限制】注册商标中含有的本商品的通用名称、图形、型号，或者直接表示商品的质量、主要原料、功能、用途、重量、数量及其他特点，或者含有的地名，注册商标专用权人无权禁止他人正当使用。

三维标志注册商标中含有的商品自身的性质产生的形状、为获得技术效果而需有的商品形状或者使商品具有实质性价值的形状，注册商标专用权人无权禁止他人正当使用。

商标注册人申请商标注册前，他人已经在同一种商品或者类似商品上先于商标注册人使用与注册商标相同或者近似并有一定影响的商标的，注册商标专用权人无权禁止该使用人在原使用范围内继续使用该商标，但可以要求其附加适当区别标识。

第六十条 【侵犯注册商标专用权的责任】有本法第五十七条所列侵犯注册商标专用权行为之一，引起纠纷的，由当事人协商解决；不愿协商或者协商不成的，商标注册人或者利害关系人可以向人民法院起诉，也可以请求工商行政管理部门处理。

工商行政管理部门处理时，认定侵权行为成立的，责令立即停止侵权行为，没收、销毁侵权商品和主要用于制造侵权商品、伪造注册商标标识的工具，违法经营额五万元以上的，可以处违法经营额五倍以下的罚款，没有违法经营额或者违法经营额不足五万元的，可以处二十五万元以下的罚款。对五年内实施两次以上商标侵权行为或者有其他严重情节的，应当从重处罚。销售不知道是侵犯注册商标专用权的商品，能证明该商品是自己合法取得并说明提供者的，由工商行政管理部门责令停止销售。

对侵犯商标专用权的赔偿数额的争议，当事人可以请求进行处理的工商行政管理部门调解，也可以依照《中华人民共和国民事诉讼法》向人民法院起诉。经工商行政管理部门调解，当事人未达成协议或者调解书生效后不履行的，当事人可以依照《中华人民共和国民事诉讼法》向人民法院起诉。

第六十一条 【对侵犯注册商标专用权的处理】对侵犯注册商标专用权的行为，工商行政管理部门有权依法查处；涉嫌犯罪的，应当及时移送司法机关依法处理。

第六十二条 【商标侵权行为的查处】县级以上工商行政管理部门根据已经取得的违法嫌疑证据或者举报，对涉嫌侵犯他人注册商标专用权的行为进行查处时，可以行使下列职权：

（一）询问有关当事人，调查与侵犯他人注册商标专用权有关的情况；

（二）查阅、复制当事人与侵权活动有关的合同、发票、账簿以及其他有关资料；

（三）对当事人涉嫌从事侵犯他人注册商标专用权活动的场所实施现场检查；

（四）检查与侵权活动有关的物品；对有证据证明是侵犯他人注册商标专用权的物品，可以查封或者扣押。

工商行政管理部门依法行使前款规定的职权时，当事人应当予以协助、配合，不得拒绝、阻挠。

在查处商标侵权案件过程中，对商标权属存在争议或者权利人同时向人民法院提起商标侵权诉讼的，工商行政管理部门可以中止案件的查处。中止原因消除后，应当恢复或者终结案件查处程序。

第六十三条 【侵犯商标专用权的赔偿数额的确定】侵犯商标专用权的赔偿数额，按照权利人因被侵权所受到的实际损失确定；实际损失难以确定的，可以按照侵权人因侵权所获得的利益确定；权利人的损失或者侵权人获得的利益难以确定的，参照该商标许可使用费的倍数合理确定。对恶意侵犯商标专用权，情节严重的，可以在按照上述方法确定数额的一倍以上五倍以下确定赔偿数额。赔偿数额应当包括权利人为制止侵权行为所支付的合理开支。

人民法院为确定赔偿数额，在权利人已经尽力举证，而与侵权行为相关的账簿、资料主要由侵权人掌握的情况下，可以责令侵权人提供与侵权行为相关的账簿、资料；侵权人不提供或者提供虚假的账簿、资料的，人民法院可以参考权利人的主张和提供的证据判定赔偿数额。

权利人因被侵权所受到的实际损失、侵权人因侵权所获得的利益、注册商标许可使用费难以确定的，由人民法院根据侵权行为的情节判决给予五百万元以下的赔偿。

人民法院审理商标纠纷案件，应权利人请求，对属于假冒注册商标的商品，除特殊情况外，责令销毁；对主要用于制造假冒注册商标的商品的材料、工具，责令销毁，且不予补偿；或者在特殊情况下，责令禁止前述材料、工具进入商业渠道，且不予补偿。

假冒注册商标的商品不得在仅去除假冒注册商标后进入商业渠道。

第六十四条 【商标侵权纠纷中的免责情形】注册商标专用权人请求赔偿，被控侵权人以注册商标专用权人未使用注册商标提出抗辩的，人民法院可以要求注册商标专用权人提供此前三年内实际使用该注册商标的证据。注册商标专用权人不能证明此前三年内实际使用过该注册商标，也不能证明因侵权行为受到其他损失的，被控侵权人不承担赔偿责任。

销售不知道是侵犯注册商标专用权的商品，能证明该商品是自己合法取得并说明提供者的，不承担赔偿责任。

第六十五条 【诉前临时保护措施】商标注册人或者利害关系人有证据证明他人正在实施或者即将实施侵犯其注册商标专用权的行为，如不及时制止将会使其合法权益受到难以弥补的损害的，可以依法在起诉前向人民法院申请采取责令停止有关行为和财产保全的措施。

第六十六条 【诉前证据保全】为制止侵权行为，在证据可能灭失或者以后难以取得的情况下，商标注册人或者利害关系人可以依法在起诉前向人民法院申请保全证据。

第六十七条 【刑事责任】未经商标注册人许可，在同一种商品上使用与其注册商标相同的商标，构成犯罪的，除赔偿被侵权人的损失外，依法追究刑事责任。

伪造、擅自制造他人注册商标标识或者销售伪造、擅自制造的注册商标标识，构成犯罪的，除赔偿被侵权人的损失外，依法追究刑事责任。

销售明知是假冒注册商标的商品，构成犯罪的，除赔偿被侵权人的损失外，依法追究刑事责任。

第六十八条 【商标代理机构的法律责任】商标代理机构有下列行为之一的，由工商行政管理部门责令限期改正，给予警告，处一万元以上十万元以下的罚款；对直接负责的主管人员和其他直接责任人员给予警告，处五千元以上五万元以下的罚款；构成犯罪的，依法追究刑事责任：

（一）办理商标事宜过程中，伪造、变造或者使用伪造、变造的法律文件、印章、签名的；

（二）以诋毁其他商标代理机构等手段招徕商标代理业务或者以其他不正当手段扰乱商标代理市场秩序的；

（三）违反本法第四条、第十九条第三款和第四款规定的。

商标代理机构有前款规定行为的，由工商行政管理部门记入信用档案；情节严重的，商标局、商标评审委员会并可以决定停止受理其办理商标代理业务，予以公告。

商标代理机构违反诚实信用原则，侵害委托人合法利益的，应当依法承担民事责任，并由商标代理行业组织按照章程规定予以惩戒。

对恶意申请商标注册的，根据情节给予警告、罚款等行政处罚；对恶意提起商标诉讼的，由人民法院依法给予处罚。

第六十九条 【商标监管机构及其人员的行为要求】从事商标注册、管理和复审工作的国家机关工作人员必须秉公执法，廉洁自律，忠于职守，文明服务。

商标局、商标评审委员会以及从事商标注册、管理和复审工作的国家机关工作人员不得从事商标代理业务和商品生产经营活动。

第七十条 【工商行政管理部门的内部监督】工商行政管理部门应当建立健全内部监督制度，对负责商标注册、管理和复审工作的国家机关工作人员执行法律、行政法规和遵守纪律的情况，进行监督检查。

第七十一条 【相关工作人员的法律责任】从事商标注册、管理和复审工作的国家机关工作人员玩忽职守、滥用职权、徇私舞弊，违法办理商标注册、管理和复审事项，收受当事人财物，牟取不正当利益，构成犯罪的，依法追究刑事责任；尚不构成犯罪的，依法给予处分。

第八章 附　则

第七十二条 【商标规费】申请商标注册和办理其他商标事宜的，应当缴纳费用，具体收费标准另定。

第七十三条 【时间效力】本法自1983年3月1日起施行。1963年4月10日国务院公布的《商标管理条例》同时废止；其他有关商标管理的规定，凡与本法抵触的，同时失效。

本法施行前已经注册的商标继续有效。

中华人民共和国商标法实施条例

- 2002年8月3日中华人民共和国国务院令第358号公布
- 2014年4月29日中华人民共和国国务院令第651号修订公布
- 自2014年5月1日起施行

第一章 总 则

第一条 根据《中华人民共和国商标法》(以下简称商标法),制定本条例。

第二条 本条例有关商品商标的规定,适用于服务商标。

第三条 商标持有人依照商标法第十三条规定请求驰名商标保护的,应当提交其商标构成驰名商标的证据材料。商标局、商标评审委员会应当依照商标法第十四条的规定,根据审查、处理案件的需要以及当事人提交的证据材料,对其商标驰名情况作出认定。

第四条 商标法第十六条规定的地理标志,可以依照商标法和本条例的规定,作为证明商标或者集体商标申请注册。

以地理标志作为证明商标注册的,其商品符合使用该地理标志条件的自然人、法人或者其他组织可以要求使用该证明商标,控制该证明商标的组织应当允许。以地理标志作为集体商标注册的,其商品符合使用该地理标志条件的自然人、法人或者其他组织,可以要求参加以该地理标志作为集体商标注册的团体、协会或者其他组织,该团体、协会或者其他组织应当依据其章程纳为会员;不要求参加以该地理标志作为集体商标注册的团体、协会或者其他组织的,也可以正当使用该地理标志,该团体、协会或者其他组织无权禁止。

第五条 当事人委托商标代理机构申请商标注册或者办理其他商标事宜,应当提交代理委托书。代理委托书应当载明代理内容及权限;外国人或者外国企业的代理委托书还应当载明委托人的国籍。

外国人或者外国企业的代理委托书及与其有关的证明文件的公证、认证手续,按照对等原则办理。

申请商标注册或者转让商标,商标注册申请人或者商标转让受让人为外国人或者外国企业的,应当在申请书中指定中国境内接收人负责接收商标局、商标评审委员会后继商标业务的法律文件。商标局、商标评审委员会后继商标业务的法律文件向中国境内接收人送达。

商标法第十八条所称外国人或者外国企业,是指在中国没有经常居所或营业所的外国人或者外国企业。

第六条 申请商标注册或者办理其他商标事宜,应当使用中文。

依照商标法和本条例规定提交的各种证件、证明文件和证据材料是外文的,应当附送中文译文;未附送的,视为未提交该证件、证明文件或者证据材料。

第七条 商标局、商标评审委员会工作人员有下列情形之一的,应当回避,当事人或者利害关系人可以要求其回避:

(一)是当事人或者当事人、代理人的近亲属的;

(二)与当事人、代理人有其他关系,可能影响公正的;

(三)与申请商标注册或者办理其他商标事宜有利害关系的。

第八条 以商标法第二十二条规定的数据电文方式提交商标注册申请等有关文件,应当按照商标局或者商标评审委员会的规定通过互联网提交。

第九条 除本条例第十八条规定的情形外,当事人向商标局或者商标评审委员会提交文件或者材料的日期,直接递交的,以递交日为准;邮寄的,以寄出的邮戳日为准;邮戳日不清晰或者没有邮戳的,以商标局或者商标评审委员会实际收到日为准,但是当事人能够提出实际邮戳日证据的除外。通过邮政企业以外的快递企业递交的,以快递企业收寄日为准;收寄日不明确的,以商标局或者商标评审委员会实际收到日为准,但是当事人能够提出实际收寄日证据的除外。以数据电文方式提交的,以进入商标局或者商标评审委员会电子系统的日期为准。

当事人向商标局或者商标评审委员会邮寄文件,应当使用给据邮件。

当事人向商标局或者商标评审委员会提交文件,以书面方式提交的,以商标局或者商标评审委员会所存档案记录为准;以数据电文方式提交的,以商标局或者商标评审委员会数据库记录为准,但是当事人确有证据证明商标局或者商标评审委员会档案、数据库记录有错误的除外。

第十条 商标局或者商标评审委员会的各种文件,可以通过邮寄、直接递交、数据电文或者其他方式送达当事人;以数据电文方式送达当事人的,应当经当事人同意。当事人委托商标代理机构的,文件送达商标代理机构视为送达当事人。

商标局或者商标评审委员会向当事人送达各种文件的日期,邮寄的,以当事人收到的邮戳日为准;邮戳日不清晰或者没有邮戳的,自文件发出之日起满15日视为送达当事人，但是当事人能够证明实际收到日的除外；直接递交的，以递交日为准；以数据电文方式送达的，自文件发出之日起满15日视为送达当事人，但是当事人能够证明文件进入其电子系统日期的除外。文件通过上述方式无法送达的，可以通过公告方式送达，自公告发布之日起满30日，该文件视为送达当事人。

第十一条　下列期间不计入商标审查、审理期限：

（一）商标局、商标评审委员会文件公告送达的期间；

（二）当事人需要补充证据或者补正文件的期间以及因当事人更换需要重新答辩的期间；

（三）同日申请提交使用证据及协商、抽签需要的期间；

（四）需要等待优先权确定的期间；

（五）审查、审理过程中，依案件申请人的请求等待在先权利案件审理结果的期间。

第十二条　除本条第二款规定的情形外，商标法和本条例规定的各种期限开始的当日不计算在期限内。期限以年或者月计算的，以期限最后一月的相应日为期限届满日；该月无相应日的，以该月最后一日为期限届满日；期限届满日是节假日的，以节假日后的第一个工作日为期限届满日。

商标法第三十九条、第四十条规定的注册商标有效期从法定日开始起算，期限最后一月相应日的前一日为期限届满日，该月无相应日的，以该月最后一日为期限届满日。

第二章　商标注册的申请

第十三条　申请商标注册，应当按照公布的商品和服务分类表填报。每一件商标注册申请应当向商标局提交《商标注册申请书》1份、商标图样1份；以颜色组合或者着色图样申请商标注册的，应当提交着色图样，并提交黑白稿1份；不指定颜色的，应当提交黑白图样。

商标图样应当清晰，便于粘贴，用光洁耐用的纸张印制或者用照片代替，长和宽应当不大于10厘米，不小于5厘米。

以三维标志申请商标注册的，应当在申请书中予以声明，说明商标的使用方式，并提交能够确定三维形状的图样，提交的商标图样应当至少包含三面视图。

以颜色组合申请商标注册的，应当在申请书中予以声明，说明商标的使用方式。

以声音标志申请商标注册的，应当在申请书中予以声明，提交符合要求的声音样本，对申请注册的声音商标进行描述，说明商标的使用方式。对声音商标进行描述，应当以五线谱或者简谱对申请用作商标的声音加以描述并附加文字说明；无法以五线谱或者简谱描述的，应当以文字加以描述；商标描述与声音样本应当一致。

申请注册集体商标、证明商标的，应当在申请书中予以声明，并提交主体资格证明文件和使用管理规则。

商标为外文或者包含外文的，应当说明含义。

第十四条　申请商标注册的，申请人应当提交其身份证明文件。商标注册申请人的名义与所提交的证明文件应当一致。

前款关于申请人提交其身份证明文件的规定适用于向商标局提出的办理变更、转让、续展、异议、撤销等其他商标事宜。

第十五条　商品或者服务项目名称应当按照商品和服务分类表中的类别号、名称填写；商品或者服务项目名称未列入商品和服务分类表的，应当附送对该商品或者服务的说明。

商标注册申请等有关文件以纸质方式提出的，应当打字或者印刷。

本条第二款规定适用于办理其他商标事宜。

第十六条　共同申请注册同一商标或者办理其他共有商标事宜的，应当在申请书中指定一个代表人；没有指定代表人的，以申请书中顺序排列的第一人为代表人。

商标局和商标评审委员会的文件应当送达代表人。

第十七条　申请人变更其名义、地址、代理人、文件接收人或者删减指定的商品的，应当向商标局办理变更手续。

申请人转让其商标注册申请的，应当向商标局办理转让手续。

第十八条　商标注册的申请日期以商标局收到申请文件的日期为准。

商标注册申请手续齐备、按照规定填写申请文件并缴纳费用的，商标局予以受理并书面通知申请人；申请手续不齐备、未按照规定填写申请文件或者未缴纳费用的，商标局不予受理，书面通知申请人并说明理由。申请手续基本齐备或者申请文件基本符合规定，但是需要补正的，商标局通知申请人予以补正，限其自收到通知之日起30日内，按照指定内容补正并交回商标局。在规定期限内补正并交回商标局的，保留申请日期；期满未补正的或者不按照要求进行补正的，商标局不予受理并书面通知申请人。

本条第二款关于受理条件的规定适用于办理其他商

标事宜。

第十九条 两个或者两个以上的申请人，在同一种商品或者类似商品上，分别以相同或者近似的商标在同一天申请注册的，各申请人应当自收到商标局通知之日起30日内提交其申请注册前在先使用该商标的证据。同日使用或者均未使用的，各申请人可以自收到商标局通知之日起30日内自行协商，并将书面协议报送商标局；不愿协商或者协商不成的，商标局通知各申请人以抽签的方式确定一个申请人，驳回其他人的注册申请。商标局已经通知但申请人未参加抽签的，视为放弃申请，商标局应当书面通知未参加抽签的申请人。

第二十条 依照商标法第二十五条规定要求优先权的，申请人提交的第一次提出商标注册申请文件的副本应当经受理该申请的商标主管机关证明，并注明申请日期和申请号。

第三章 商标注册申请的审查

第二十一条 商标局对受理的商标注册申请，依照商标法及本条例的有关规定进行审查，对符合规定或者在部分指定商品上使用商标的注册申请符合规定的，予以初步审定，并予以公告；对不符合规定或者在部分指定商品上使用商标的注册申请不符合规定的，予以驳回或者驳回在部分指定商品上使用商标的注册申请，书面通知申请人并说明理由。

第二十二条 商标局对一件商标注册申请在部分指定商品上予以驳回的，申请人可以将该申请中初步审定的部分申请分割成另一件申请，分割后的申请保留原申请的申请日期。

需要分割的，申请人应当自收到商标局《商标注册申请部分驳回通知书》之日起15日内，向商标局提出分割申请。

商标局收到分割申请后，应当将原申请分割为两件，对分割出来的初步审定申请生成新的申请号，并予以公告。

第二十三条 依照商标法第二十九条规定，商标局认为对商标注册申请内容需要说明或者修正的，申请人应当自收到商标局通知之日起15日内作出说明或者修正。

第二十四条 对商标局初步审定予以公告的商标提出异议的，异议人应当向商标局提交下列商标异议材料一式两份并标明正、副本：

（一）商标异议申请书；

（二）异议人的身份证明；

（三）以违反商标法第十三条第二款和第三款、第十五条、第十六条第一款、第三十条、第三十一条、第三十二条规定为由提出异议的，异议人作为在先权利人或者利害关系人的证明。

商标异议申请书应当有明确的请求和事实依据，并附送有关证据材料。

第二十五条 商标局收到商标异议申请书后，经审查，符合受理条件的，予以受理，向申请人发出受理通知书。

第二十六条 商标异议申请有下列情形的，商标局不予受理，书面通知申请人并说明理由：

（一）未在法定期限内提出的；

（二）申请人主体资格、异议理由不符合商标法第三十三条规定的；

（三）无明确的异议理由、事实和法律依据的；

（四）同一异议人以相同的理由、事实和法律依据针对同一商标再次提出异议申请的。

第二十七条 商标局应当将商标异议材料副本及时送交被异议人，限其自收到商标异议材料副本之日起30日内答辩。被异议人不答辩的，不影响商标局作出决定。

当事人需要在提出异议申请或者答辩后补充有关证据材料的，应当在商标异议申请书或者答辩书中声明，并自提交商标异议申请书或者答辩书之日起3个月内提交；期满未提交的，视为当事人放弃补充有关证据材料。但是，在期满后生成或者当事人有其他正当理由未能在期满前提交的证据，在期满后提交的，商标局将证据交对方当事人并质证后可以采信。

第二十八条 商标法第三十五条第三款和第三十六条第一款所称不予注册决定，包括在部分指定商品上不予注册决定。

被异议商标在商标局作出准予注册决定或者不予注册决定前已经刊发注册公告的，撤销该注册公告。经审查异议不成立而准予注册的，在准予注册决定生效后重新公告。

第二十九条 商标注册申请人或者商标注册人依照商标法第三十八条规定提出更正申请的，应当向商标局提交更正申请书。符合更正条件的，商标局核准后更正相关内容；不符合更正条件的，商标局不予核准，书面通知申请人并说明理由。

已经刊发初步审定公告或者注册公告的商标经更正的，刊发更正公告。

第四章 注册商标的变更、转让、续展

第三十条 变更商标注册人名义、地址或者其他注册事项的,应当向商标局提交变更申请书。变更商标注册人名义的,还应当提交有关登记机关出具的变更证明文件。商标局核准的,发给商标注册人相应证明,并予以公告;不予核准的,应当书面通知申请人并说明理由。

变更商标注册人名义或者地址的,商标注册人应当将其全部注册商标一并变更;未一并变更的,由商标局通知其限期改正;期满未改正的,视为放弃变更申请,商标局应当书面通知申请人。

第三十一条 转让注册商标的,转让人和受让人应当向商标局提交转让注册商标申请书。转让注册商标申请手续应当由转让人和受让人共同办理。商标局核准转让注册商标申请的,发给受让人相应证明,并予以公告。

转让注册商标,商标注册人对其在同一种或者类似商品上注册的相同或者近似的商标未一并转让的,由商标局通知其限期改正;期满未改正的,视为放弃转让该注册商标的申请,商标局应当书面通知申请人。

第三十二条 注册商标专用权因转让以外的继承等其他事由发生移转的,接受该注册商标专用权的当事人应当凭有关证明文件或者法律文书到商标局办理注册商标专用权移转手续。

注册商标专用权移转的,注册商标专用权人在同一种或者类似商品上注册的相同或者近似的商标,应当一并移转;未一并移转的,由商标局通知其限期改正;期满未改正的,视为放弃该移转注册商标的申请,商标局应当书面通知申请人。

商标移转申请经核准的,予以公告。接受该注册商标专用权移转的当事人自公告之日起享有商标专用权。

第三十三条 注册商标需要续展注册的,应当向商标局提交商标续展注册申请书。商标局核准商标注册续展申请的,发给相应证明并予以公告。

第五章 商标国际注册

第三十四条 商标法第二十一条规定的商标国际注册,是指根据《商标国际注册马德里协定》(以下简称马德里协定)、《商标国际注册马德里协定有关议定书》(以下简称马德里议定书)及《商标国际注册马德里协定及该协定有关议定书的共同实施细则》的规定办理的马德里商标国际注册。

马德里商标国际注册申请包括以中国为原属国的商标国际注册申请、指定中国的领土延伸申请及其他有关的申请。

第三十五条 以中国为原属国申请商标国际注册的,应当在中国设有真实有效的营业所,或者在中国有住所,或者拥有中国国籍。

第三十六条 符合本条例第三十五条规定的申请人,其商标已在商标局获得注册的,可以根据马德里协定申请办理该商标的国际注册。

符合本条例第三十五条规定的申请人,其商标已在商标局获得注册,或者已向商标局提出商标注册申请并被受理的,可以根据马德里议定书申请办理该商标的国际注册。

第三十七条 以中国为原属国申请商标国际注册的,应当通过商标局向世界知识产权组织国际局(以下简称国际局)申请办理。

以中国为原属国的,与马德里协定有关的商标国际注册的后期指定、放弃、注销,应当通过商标局向国际局申请办理;与马德里协定有关的商标国际注册的转让、删减、变更、续展,可以通过商标局向国际局申请办理,也可以直接向国际局申请办理。

以中国为原属国的,与马德里议定书有关的商标国际注册的后期指定、转让、删减、放弃、注销、变更、续展,可以通过商标局向国际局申请办理,也可以直接向国际局申请办理。

第三十八条 通过商标局向国际局申请商标国际注册及办理其他有关申请的,应当提交符合国际局和商标局要求的申请书和相关材料。

第三十九条 商标国际注册申请指定的商品或者服务不得超出国内基础申请或者基础注册的商品或者服务的范围。

第四十条 商标国际注册申请手续不齐备或者未按照规定填写申请书的,商标局不予受理,申请日不予保留。

申请手续基本齐备或者申请书基本符合规定,但需要补正的,申请人应当自收到补正通知书之日起30日内予以补正,逾期未补正的,商标局不予受理,书面通知申请人。

第四十一条 通过商标局向国际局申请商标国际注册及办理其他有关申请的,应当按照规定缴纳费用。

申请人应当自收到商标局缴费通知单之日起15日内,向商标局缴纳费用。期满未缴纳的,商标局不受理其申请,书面通知申请人。

第四十二条 商标局在马德里协定或者马德里议定书规定的驳回期限(以下简称驳回期限)内,依照商标法

和本条例的有关规定对指定中国的领土延伸申请进行审查,作出决定,并通知国际局。商标局在驳回期限内未发出驳回或者部分驳回通知的,该领土延伸申请视为核准。

第四十三条　指定中国的领土延伸申请人,要求将三维标志、颜色组合、声音标志作为商标保护或者要求保护集体商标、证明商标的,自该商标在国际局国际注册簿登记之日起3个月内,应当通过依法设立的商标代理机构,向商标局提交本条例第十三条规定的相关材料。未在上述期限内提交相关材料的,商标局驳回该领土延伸申请。

第四十四条　世界知识产权组织对商标国际注册有关事项进行公告,商标局不再另行公告。

第四十五条　对指定中国的领土延伸申请,自世界知识产权组织《国际商标公告》出版的次月1日起3个月内,符合商标法第三十三条规定条件的异议人可以向商标局提出异议申请。

商标局在驳回期限内将异议申请的有关情况以驳回决定的形式通知国际局。

被异议人可以自收到国际局转发的驳回通知书之日起30日内进行答辩,答辩书及相关证据材料应当通过依法设立的商标代理机构向商标局提交。

第四十六条　在中国获得保护的国际注册商标,有效期自国际注册日或者后期指定日起算。在有效期届满前,注册人可以向国际局申请续展,在有效期内未申请续展的,可以给予6个月的宽展期。商标局收到国际局的续展通知后,依法进行审查。国际局通知未续展的,注销该国际注册商标。

第四十七条　指定中国的领土延伸申请办理转让的,受让人应当在缔约方境内有真实有效的营业所,或者在缔约方境内有住所,或者是缔约方国民。

转让人未将其在相同或者类似商品或者服务上的相同或者近似商标一并转让的,商标局通知注册人自发出通知之日起3个月内改正;期满未改正或者转让容易引起混淆或者有其他不良影响的,商标局作出该转让在中国无效的决定,并向国际局作出声明。

第四十八条　指定中国的领土延伸申请办理删减,删减后的商品或者服务不符合中国有关商品或者服务分类要求或者超出原指定商品或者服务范围的,商标局作出该删减在中国无效的决定,并向国际局作出声明。

第四十九条　依照商标法第四十九条第二款规定申请撤销国际注册商标的,应当自该商标国际注册申请的驳回期限届满之日起满3年后向商标局提出申请;驳回期限届满时仍处在驳回复审或者异议相关程序的,应当自商标局或者商标评审委员会作出的准予注册决定生效之日起满3年后向商标局提出申请。

依照商标法第四十四条第一款规定申请宣告国际注册商标无效的,应当自该商标国际注册申请的驳回期限届满后向商标评审委员会提出申请;驳回期限届满时仍处在驳回复审或者异议相关程序的,应当自商标局或者商标评审委员会作出的准予注册决定生效后向商标评审委员会提出申请。

依照商标法第四十五条第一款规定申请宣告国际注册商标无效的,应当自该商标国际注册申请的驳回期限届满之日起5年内向商标评审委员会提出申请;驳回期限届满时仍处在驳回复审或者异议相关程序的,应当自商标局或者商标评审委员会作出的准予注册决定生效之日起5年内向商标评审委员会提出申请。对恶意注册的,驰名商标所有人不受5年的时间限制。

第五十条　商标法和本条例下列条款的规定不适用于办理商标国际注册相关事宜:

(一)商标法第二十八条、第三十五条第一款关于审查和审理期限的规定;

(二)本条例第二十二条、第三十条第二款;

(三)商标法第四十二条及本条例第三十一条关于商标转让由转让人和受让人共同申请并办理手续的规定。

第六章　商标评审

第五十一条　商标评审是指商标评审委员会依照商标法第三十四条、第三十五条、第四十四条、第四十五条、第五十四条的规定审理有关商标争议事宜。当事人向商标评审委员会提出商标评审申请,应当有明确的请求、事实、理由和法律依据,并提供相应证据。

商标评审委员会根据事实,依法进行评审。

第五十二条　商标评审委员会审理不服商标局驳回商标注册申请决定的复审案件,应当针对商标局的驳回决定和申请人申请复审的事实、理由、请求及评审时的事实状态进行审理。

商标评审委员会审理不服商标局驳回商标注册申请决定的复审案件,发现申请注册的商标有违反商标法第十条、第十一条、第十二条和第十六条第一款规定情形,商标局并未依据上述条款作出驳回决定的,可以依据上述条款作出驳回申请的复审决定。商标评审委员会作出复审决定前应当听取申请人的意见。

第五十三条　商标评审委员会审理不服商标局不予注册决定的复审案件,应当针对商标局的不予注册决定和申请人申请复审的事实、理由、请求及原异议人提出的意见进行审理。

商标评审委员会审理不服商标局不予注册决定的复审案件，应当通知原异议人参加并提出意见。原异议人的意见对案件审理结果有实质影响的，可以作为评审的依据；原异议人不参加或者不提出意见的，不影响案件的审理。

第五十四条 商标评审委员会审理依照商标法第四十四条、第四十五条规定请求宣告注册商标无效的案件，应当针对当事人申请和答辩的事实、理由及请求进行审理。

第五十五条 商标评审委员会审理不服商标局依照商标法第四十四条第一款规定作出宣告注册商标无效决定的复审案件，应当针对商标局的决定和申请人申请复审的事实、理由及请求进行审理。

第五十六条 商标评审委员会审理不服商标局依照商标法第四十九条规定作出撤销或者维持注册商标决定的复审案件，应当针对商标局作出撤销或者维持注册商标决定和当事人申请复审时所依据的事实、理由及请求进行审理。

第五十七条 申请商标评审，应当向商标评审委员会提交申请书，并按照对方当事人的数量提交相应份数的副本；基于商标局的决定书申请复审的，还应当同时附送商标局的决定书副本。

商标评审委员会收到申请书后，经审查，符合受理条件的，予以受理；不符合受理条件的，不予受理，书面通知申请人并说明理由；需要补正的，通知申请人自收到通知之日起30日内补正。经补正仍不符合规定的，商标评审委员会不予受理，书面通知申请人并说明理由；期满未补正的，视为撤回申请，商标评审委员会应当书面通知申请人。

商标评审委员会受理商标评审申请后，发现不符合受理条件的，予以驳回，书面通知申请人并说明理由。

第五十八条 商标评审委员会受理商标评审申请后应当及时将申请书副本送交对方当事人，限其自收到申请书副本之日起30日内答辩；期满未答辩的，不影响商标评审委员会的评审。

第五十九条 当事人需要在提出评审申请或者答辩后补充有关证据材料的，应当在申请书或者答辩书中声明，并自提交申请书或者答辩书之日起3个月内提交；期满未提交的，视为放弃补充有关证据材料。但是，在期满后生成或者当事人有其他正当理由未能在期满前提交的证据，在期满后提交的，商标评审委员会将证据交对方当事人并质证后可以采信。

第六十条 商标评审委员会根据当事人的请求或者实际需要，可以决定对评审申请进行口头审理。

商标评审委员会决定对评审申请进行口头审理的，应当在口头审理15日前书面通知当事人，告知口头审理的日期、地点和评审人员。当事人应当在通知书指定的期限内作出答复。

申请人不答复也不参加口头审理的，其评审申请视为撤回，商标评审委员会应当书面通知申请人；被申请人不答复也不参加口头审理的，商标评审委员会可以缺席评审。

第六十一条 申请人在商标评审委员会作出决定、裁定前，可以书面向商标评审委员会要求撤回申请并说明理由，商标评审委员会认为可以撤回的，评审程序终止。

第六十二条 申请人撤回商标评审申请的，不得以相同的事实和理由再次提出评审申请。商标评审委员会对商标评审申请已经作出裁定或者决定的，任何人不得以相同的事实和理由再次提出评审申请。但是，经不予注册复审程序予以核准注册后向商标评审委员会提起宣告注册商标无效的除外。

第七章 商标使用的管理

第六十三条 使用注册商标，可以在商品、商品包装、说明书或者其他附着物上标明"注册商标"或者注册标记。

注册标记包括○注和®。使用注册标记，应当标注在商标的右上角或者右下角。

第六十四条 《商标注册证》遗失或者破损的，应当向商标局提交补发《商标注册证》申请书。《商标注册证》遗失的，应当在《商标公告》上刊登遗失声明。破损的《商标注册证》，应当在提交补发申请时交回商标局。

商标注册人需要商标局补发商标变更、转让、续展证明，出具商标注册证明，或者商标申请人需要商标局出具优先权证明文件的，应当向商标局提交相应申请书。符合要求的，商标局发给相应证明；不符合要求的，商标局不予办理，通知申请人并告知理由。

伪造或者变造《商标注册证》或者其他商标证明文件的，依照刑法关于伪造、变造国家机关证件罪或者其他罪的规定，依法追究刑事责任。

第六十五条 有商标法第四十九条规定的注册商标成为其核定使用的商品通用名称情形的，任何单位或者个人可以向商标局申请撤销该注册商标，提交申请时应当附送证据材料。商标局受理后应当通知商标注册人，限其自收到通知之日起2个月内答辩;期满未答辩的,不影响商标局作出决定。

第六十六条 有商标法第四十九条规定的注册商标无正当理由连续3年不使用情形的,任何单位或者个人可以向商标局申请撤销该注册商标,提交申请时应当说明有关情况。商标局受理后应当通知商标注册人,限其自收到通知之日起2个月内提交该商标在撤销申请提出前使用的证据材料或者说明不使用的正当理由;期满未提供使用的证据材料或者证据材料无效并没有正当理由的,由商标局撤销其注册商标。

前款所称使用的证据材料,包括商标注册人使用注册商标的证据材料和商标注册人许可他人使用注册商标的证据材料。

以无正当理由连续3年不使用为由申请撤销注册商标的,应当自该注册商标注册公告之日起满3年后提出申请。

第六十七条 下列情形属于商标法第四十九条规定的正当理由:

(一)不可抗力;

(二)政府政策性限制;

(三)破产清算;

(四)其他不可归责于商标注册人的正当事由。

第六十八条 商标局、商标评审委员会撤销注册商标或者宣告注册商标无效,撤销或者宣告无效的理由仅及于部分指定商品的,对在该部分指定商品上使用的商标注册予以撤销或者宣告无效。

第六十九条 许可他人使用其注册商标的,许可人应当在许可合同有效期内向商标局备案并报送备案材料。备案材料应当说明注册商标使用许可人、被许可人、许可期限、许可使用的商品或者服务范围等事项。

第七十条 以注册商标专用权出质的,出质人与质权人应当签订书面质权合同,并共同向商标局提出质权登记申请,由商标局公告。

第七十一条 违反商标法第四十三条第二款规定的,由工商行政管理部门责令限期改正;逾期不改正的,责令停止销售,拒不停止销售的,处10万元以下的罚款。

第七十二条 商标持有人依照商标法第十三条规定请求驰名商标保护的,可以向工商行政管理部门提出请求。经商标局依照商标法第十四条规定认定为驰名商标的,由工商行政管理部门责令停止违反商标法第十三条规定使用商标的行为,收缴、销毁违法使用的商标标识;商标标识与商品难以分离的,一并收缴、销毁。

第七十三条 商标注册人申请注销其注册商标或者注销其商标在部分指定商品上的注册的,应当向商标局提交商标注销申请书,并交回原《商标注册证》。

商标注册人申请注销其注册商标或者注销其商标在部分指定商品上的注册的,经商标局核准注销的,该注册商标专用权或者该注册商标专用权在该部分指定商品上的效力自商标局收到其注销申请之日起终止。

第七十四条 注册商标被撤销或者依照本条例第七十三条的规定被注销的,原《商标注册证》作废,并予以公告;撤销该商标在部分指定商品上的注册的,或者商标注册人申请注销其商标在部分指定商品上的注册的,重新核发《商标注册证》,并予以公告。

第八章 注册商标专用权的保护

第七十五条 为侵犯他人商标专用权提供仓储、运输、邮寄、印制、隐匿、经营场所、网络商品交易平台等,属于商标法第五十七条第六项规定的提供便利条件。

第七十六条 在同一种商品或者类似商品上将与他人注册商标相同或者近似的标志作为商品名称或者商品装潢使用,误导公众的,属于商标法第五十七条第二项规定的侵犯注册商标专用权的行为。

第七十七条 对侵犯注册商标专用权的行为,任何人可以向工商行政管理部门投诉或者举报。

第七十八条 计算商标法第六十条规定的违法经营额,可以考虑下列因素:

(一)侵权商品的销售价格;

(二)未销售侵权商品的标价;

(三)已查清侵权商品实际销售的平均价格;

(四)被侵权商品的市场中间价格;

(五)侵权人因侵权所产生的营业收入;

(六)其他能够合理计算侵权商品价值的因素。

第七十九条 下列情形属于商标法第六十条规定的能证明该商品是自己合法取得的情形:

(一)有供货单位合法签章的供货清单和货款收据且经查证属实或者供货单位认可的;

(二)有供销双方签订的进货合同且经查证已真实履行的;

(三)有合法进货发票且发票记载事项与涉案商品对应的;

(四)其他能够证明合法取得涉案商品的情形。

第八十条 销售不知道是侵犯注册商标专用权的商品,能证明该商品是自己合法取得并说明提供者的,由工商行政管理部门责令停止销售,并将案件情况通报侵权商品提供者所在地工商行政管理部门。

第八十一条 涉案注册商标权属正在商标局、商标评审委员会审理或者人民法院诉讼中，案件结果可能影响案件定性的，属于商标法第六十二条第三款规定的商标权属存在争议。

第八十二条 在查处商标侵权案件过程中，工商行政管理部门可以要求权利人对涉案商品是否为权利人生产或者其许可生产的产品进行辨认。

第九章 商标代理

第八十三条 商标法所称商标代理，是指接受委托人的委托，以委托人的名义办理商标注册申请、商标评审或者其他商标事宜。

第八十四条 商标法所称商标代理机构，包括经工商行政管理部门登记从事商标代理业务的服务机构和从事商标代理业务的律师事务所。

商标代理机构从事商标局、商标评审委员会主管的商标事宜代理业务的，应当按照下列规定向商标局备案：

（一）交验工商行政管理部门的登记证明文件或者司法行政部门批准设立律师事务所的证明文件并留存复印件；

（二）报送商标代理机构的名称、住所、负责人、联系方式等基本信息；

（三）报送商标代理从业人员名单及联系方式。

工商行政管理部门应当建立商标代理机构信用档案。商标代理机构违反商标法或者本条例规定的，由商标局或者商标评审委员会予以公开通报，并记入其信用档案。

第八十五条 商标法所称商标代理从业人员，是指在商标代理机构中从事商标代理业务的工作人员。

商标代理从业人员不得以个人名义自行接受委托。

第八十六条 商标代理机构向商标局、商标评审委员会提交的有关申请文件，应当加盖该代理机构公章并由相关商标代理从业人员签字。

第八十七条 商标代理机构申请注册或者受让其代理服务以外的其他商标，商标局不予受理。

第八十八条 下列行为属于商标法第六十八条第一款第二项规定的以其他不正当手段扰乱商标代理市场秩序的行为：

（一）以欺诈、虚假宣传、引人误解或者商业贿赂等方式招徕业务的；

（二）隐瞒事实，提供虚假证据，或者威胁、诱导他人隐瞒事实，提供虚假证据的；

（三）在同一商标案件中接受有利益冲突的双方当事人委托的。

第八十九条 商标代理机构有商标法第六十八条规定行为的，由行为人所在地或者违法行为发生地县级以上工商行政管理部门进行查处并将查处情况通报商标局。

第九十条 商标局、商标评审委员会依照商标法第六十八条规定停止受理商标代理机构办理商标代理业务的，可以作出停止受理该商标代理机构商标代理业务6个月以上直至永久停止受理的决定。停止受理商标代理业务的期间届满，商标局、商标评审委员会应当恢复受理。

商标局、商标评审委员会作出停止受理或者恢复受理商标代理的决定应当在其网站予以公告。

第九十一条 工商行政管理部门应当加强对商标代理行业组织的监督和指导。

第十章 附 则

第九十二条 连续使用至1993年7月1日的服务商标，与他人在相同或者类似的服务上已注册的服务商标相同或者近似的，可以继续使用；但是，1993年7月1日后中断使用3年以上的，不得继续使用。

已连续使用至商标局首次受理新放开商品或者服务项目之日的商标，与他人在新放开商品或者服务项目相同或者类似的商品或者服务上已注册的商标相同或者近似的，可以继续使用；但是，首次受理之日后中断使用3年以上的，不得继续使用。

第九十三条 商标注册用商品和服务分类表，由商标局制定并公布。

申请商标注册或者办理其他商标事宜的文件格式，由商标局、商标评审委员会制定并公布。

商标评审委员会的评审规则由国务院工商行政管理部门制定并公布。

第九十四条 商标局设置《商标注册簿》，记载注册商标及有关注册事项。

第九十五条 《商标注册证》及相关证明是权利人享有注册商标专用权的凭证。《商标注册证》记载的注册事项，应当与《商标注册簿》一致；记载不一致的，除有证据证明《商标注册簿》确有错误外，以《商标注册簿》为准。

第九十六条 商标局发布《商标公告》，刊发商标注册及其他有关事项。

《商标公告》采用纸质或者电子形式发布。

除送达公告外,公告内容自发布之日起视为社会公众已经知道或者应当知道。

第九十七条 申请商标注册或者办理其他商标事宜,应当缴纳费用。缴纳费用的项目和标准,由国务院财政部门、国务院价格主管部门分别制定。

第九十八条 本条例自2014年5月1日起施行。

集体商标、证明商标注册和管理办法

- 2003年4月17日国家工商行政管理总局令第6号
- 自2003年6月1日起施行

第一条 根据《中华人民共和国商标法》(以下简称《商标法》)第三条的规定,制定本办法。

第二条 集体商标、证明商标的注册和管理,依照商标法、《中华人民共和国商标法实施条例》(以下简称实施条例)和本办法的有关规定进行。

第三条 本办法有关商品的规定,适用于服务。

第四条 申请集体商标注册的,应当附送主体资格证明文件并应当详细说明该集体组织成员的名称和地址;以地理标志作为集体商标申请注册的,应当附送主体资格证明文件并应当详细说明其所具有的或者其委托的机构具有的专业技术人员、专业检测设备等情况,以表明其具有监督使用该地理标志商品的特定品质的能力。

申请以地理标志作为集体商标注册的团体、协会或者其他组织,应当由来自该地理标志标示的地区范围内的成员组成。

第五条 申请证明商标注册的,应当附送主体资格证明文件并应当详细说明其所具有的或者其委托的机构具有的专业技术人员、专业检测设备等情况,以表明其具有监督该证明商标所证明的特定商品品质的能力。

第六条 申请以地理标志作为集体商标、证明商标注册的,还应当附送管辖该地理标志所标示地区的人民政府或者行业主管部门的批准文件。

外国人或者外国企业申请以地理标志作为集体商标、证明商标注册的,申请人应当提供该地理标志以其名义在其原属国受法律保护的证明。

第七条 以地理标志作为集体商标、证明商标注册的,应当在申请书件中说明下列内容:

(一)该地理标志所标示的商品的特定质量、信誉或者其他特征;

(二)该商品的特定质量、信誉或者其他特征与该地理标志所标示的地区的自然因素和人文因素的关系;

(三)该地理标志所标示的地区的范围。

第八条 作为集体商标、证明商标申请注册的地理标志,可以是该地理标志标示地区的名称,也可以是能够标示某商品来源于该地区的其他可视性标志。

前款所称地区无需与该地区的现行行政区划名称、范围完全一致。

第九条 多个葡萄酒地理标志构成同音字或者同形字的,在这些地理标志能够彼此区分且不误导公众的情况下,每个地理标志都可以作为集体商标或者证明商标申请注册。

第十条 集体商标的使用管理规则应当包括:

(一)使用集体商标的宗旨;

(二)使用该集体商标的商品的品质;

(三)使用该集体商标的手续;

(四)使用该集体商标的权利、义务;

(五)成员违反其使用管理规则应当承担的责任;

(六)注册人对使用该集体商标商品的检验监督制度。

第十一条 证明商标的使用管理规则应当包括:

(一)使用证明商标的宗旨;

(二)该证明商标证明的商品的特定品质;

(三)使用该证明商标的条件;

(四)使用该证明商标的手续;

(五)使用该证明商标的权利、义务;

(六)使用人违反该使用管理规则应当承担的责任;

(七)注册人对使用该证明商标商品的检验监督制度。

第十二条 使用他人作为集体商标、证明商标注册的葡萄酒、烈性酒地理标志标示并非来源于该地理标志所标示地区的葡萄酒、烈性酒,即使同时标出了商品的真正来源地,或者使用的是翻译文字,或者伴有诸如某某"种"、某某"型"、某某"式"、某某"类"等表述的,适用《商标法》第十六条的规定。

第十三条 集体商标、证明商标的初步审定公告的内容,应当包括该商标的使用管理规则的全文或者摘要。

集体商标、证明商标注册人对使用管理规则的任何修改,应报经商标局审查核准,并自公告之日起生效。

第十四条 集体商标注册人的成员发生变化的,注册人应当向商标局申请变更注册事项,由商标局公告。

第十五条 证明商标注册人准许他人使用其商标的,注册人应当在一年内报商标局备案,由商标局公告。

第十六条 申请转让集体商标、证明商标的,受让人应当具备相应的主体资格,并符合商标法、实施条例和本办法的规定。

集体商标、证明商标发生移转的,权利继受人应当具备相应的主体资格,并符合商标法、实施条例和本办法的规定。

第十七条 集体商标注册人的集体成员,在履行该集体商标使用管理规则规定的手续后,可以使用该集体商标。

集体商标不得许可非集体成员使用。

第十八条 凡符合证明商标使用管理规则规定条件的,在履行该证明商标使用管理规则规定的手续后,可以使用该证明商标,注册人不得拒绝办理手续。

《实施条例》第六条第二款中的正当使用该地理标志是指正当使用该地理标志中的地名。

第十九条 使用集体商标的,注册人应发给使用人《集体商标使用证》;使用证明商标的,注册人应发给使用人《证明商标使用证》。

第二十条 证明商标的注册人不得在自己提供的商品上使用该证明商标。

第二十一条 集体商标、证明商标注册人没有对该商标的使用进行有效管理或者控制,致使该商标使用的商品达不到其使用管理规则的要求,对消费者造成损害的,由工商行政管理部门责令限期改正;拒不改正的,处以违法所得 3 倍以下的罚款,但最高不超过 3 万元;没有违法所得的,处以 1 万元以下的罚款。

第二十二条 违反《实施条例》第六条、本办法第十四条、第十五条、第十七条、第十八条、第二十条规定的,由工商行政管理部门责令限期改正;拒不改正的,处以违法所得 3 倍以下的罚款,但最高不超过 3 万元;没有违法所得的,处以 1 万元以下的罚款。

第二十三条 本办法自 2003 年 6 月 1 日起施行。国家工商行政管理局 1994 年 12 月 30 日发布的《集体商标、证明商标注册和管理办法》同时废止。

商标代理监督管理规定

·2022 年 10 月 27 日国家市场监督管理总局令第 63 号公布
·自 2022 年 12 月 1 日起施行

第一章 总 则

第一条 为了规范商标代理行为,提升商标代理服务质量,维护商标代理市场的正常秩序,促进商标代理行业健康发展,根据《中华人民共和国商标法》(以下简称商标法)、《中华人民共和国商标法实施条例》(以下简称商标法实施条例)以及其他有关法律法规,制定本规定。

第二条 商标代理机构接受委托人的委托,可以以委托人的名义在代理权限范围内依法办理以下事宜:

(一)商标注册申请;
(二)商标变更、续展、转让、注销;
(三)商标异议;
(四)商标撤销、无效宣告;
(五)商标复审、商标纠纷的处理;
(六)其他商标事宜。

本规定所称商标代理机构,包括经市场主体登记机关依法登记从事商标代理业务的服务机构和从事商标代理业务的律师事务所。

第三条 商标代理机构和商标代理从业人员应当遵守法律法规和国家有关规定,遵循诚实信用原则,恪守职业道德,规范从业行为,提升商标代理服务质量,维护委托人的合法权益和商标代理市场正常秩序。

本规定所称商标代理从业人员包括商标代理机构的负责人,以及受商标代理机构指派承办商标代理业务的本机构工作人员。

商标代理从业人员应当遵纪守法,有良好的信用状况,品行良好,熟悉商标法律法规,具备依法从事商标代理业务的能力。

第四条 商标代理行业组织是商标代理行业的自律性组织。

商标代理行业组织应当严格行业自律,依照章程规定,制定行业自律规范和惩戒规则,加强业务培训和职业道德、职业纪律教育,组织引导商标代理机构和商标代理从业人员依法规范从事代理业务,不断提高行业服务水平。

知识产权管理部门依法加强对商标代理行业组织的监督和指导,支持商标代理行业组织加强行业自律和规范。

鼓励商标代理机构、商标代理从业人员依法参加商标代理行业组织。

第二章 商标代理机构备案

第五条 商标代理机构从事国家知识产权局主管的商标事宜代理业务的,应当依法及时向国家知识产权局备案。

商标代理机构备案的有效期为三年。有效期届满需要继续从事代理业务的,商标代理机构可以在有效期届满前六个月内办理延续备案。每次延续备案的有效期为三年,自原备案有效期满次日起计算。

第六条 商标代理机构的备案信息包括:

(一)营业执照或者律师事务所执业许可证;

(二)商标代理机构的名称、住所、联系方式、统一社会信用代码,负责人、非上市公司的股东、合伙人姓名;

(三)商标代理从业人员姓名、身份证件号码、联系方式;

(四)法律法规以及国家知识产权局规定应当提供的其他信息。

国家知识产权局能够通过政务信息共享平台获取的相关信息,不得要求商标代理机构重复提供。

第七条 商标代理机构备案信息发生变化的,应当自实际发生变化或者有关主管部门登记、批准之日起三十日内向国家知识产权局办理变更备案,并提交相应材料。

第八条 商标代理机构申请市场主体注销登记,备案有效期届满未办理延续或者自行决定不再从事商标代理业务,被撤销或者被吊销营业执照、律师事务所执业许可证,或者国家知识产权局决定永久停止受理其办理商标代理业务的,应当在妥善处理未办结的商标代理业务后,向国家知识产权局办理注销备案。

商标代理机构存在前款规定情形的,国家知识产权局应当在商标网上服务系统、商标代理系统中进行标注,并不再受理其提交的商标代理业务申请,但处理未办结商标代理业务的除外。

商标代理机构应当在申请市场主体注销登记或者自行决定不再从事商标代理业务前,或者自接到撤销、吊销决定书、永久停止受理其办理商标代理业务决定之日起三十日内,按照法律法规规定和合同约定妥善处理未办结的商标代理业务,通知委托人办理商标代理变更,或者经委托人同意与其他已经备案的商标代理机构签订业务移转协议。

第九条 商标代理机构提交的备案、变更备案、延续备案或者注销备案材料符合规定的,国家知识产权局应当及时予以办理,通知商标代理机构并依法向社会公示。

第三章 商标代理行为规范

第十条 商标代理机构从事商标代理业务不得采取欺诈、诱骗等不正当手段,不得损害国家利益、社会公共利益和他人合法权益。

商标代理机构不得以其法定代表人、股东、合伙人、实际控制人、高级管理人员、员工等的名义变相申请注册或者受让其代理服务以外的其他商标,也不得通过另行设立市场主体或者通过与其存在关联关系的市场主体等其他方式变相从事上述行为。

第十一条 商标代理机构应当积极履行管理职责,规范本机构商标代理从业人员职业行为,建立健全质量管理、利益冲突审查、恶意申请筛查、投诉处理、保密管理、人员管理、财务管理、档案管理等管理制度,对本机构商标代理从业人员遵守法律法规、行业规范等情况进行监督,发现问题及时予以纠正。

商标代理机构应当加强对本机构商标代理从业人员的职业道德和职业纪律教育,组织开展业务学习,为其参加业务培训和继续教育提供条件。

第十二条 商标代理机构应当在其住所或者经营场所醒目位置悬挂营业执照或者律师事务所执业许可证。

商标代理机构通过网络从事商标代理业务的,应当在其网站首页或者从事经营活动的主页面显著位置持续公示机构名称、经营场所、经营范围等营业执照或者律师事务所执业许可证记载的信息,以及其他商标代理业务备案信息等。

第十三条 商标代理机构从事商标代理业务,应当与委托人以书面形式签订商标代理委托合同,依法约定双方的权利义务以及其他事项。商标代理委托合同不得违反法律法规以及国家有关规定。

第十四条 商标代理机构接受委托办理商标代理业务,应当进行利益冲突审查,不得在同一案件中接受有利益冲突的双方当事人委托。

第十五条 商标代理机构应当按照委托人的要求依法办理商标注册申请或者其他商标事宜;在代理过程中应当遵守关于商业秘密和个人信息保护的有关规定。

委托人申请注册的商标可能存在商标法规定不得注册情形的,商标代理机构应当以书面通知等方式明确告知委托人。

商标代理机构知道或者应当知道委托人申请注册的商标属于商标法第四条、第十五条和第三十二条规定情形的,不得接受其委托。

商标代理机构应当严格履行代理职责,依据商标法第二十七条,对委托人所申报的事项和提供的商标注册申请或者办理其他商标事宜的材料进行核对,及时向委托人通报委托事项办理进展情况、送交法律文书和材料,无正当理由不得拖延。

第十六条 商标代理从业人员应当根据商标代理机构的指派承办商标代理业务,不得以个人名义自行接受委托。

商标代理从业人员不得同时在两个以上商标代理机构从事商标代理业务。

第十七条 商标代理机构向国家知识产权局提交的有关文件，应当加盖本代理机构公章并由相关商标代理从业人员签字。

商标代理机构和商标代理从业人员对其盖章和签字办理的商标代理业务负责。

第十八条 商标代理机构应当对所承办业务的案卷和有关材料及时立卷归档，妥善保管。

商标代理机构的记录应当真实、准确、完整。

第十九条 商标代理机构收费应当遵守相关法律法规，遵循自愿、公平、合理和诚实信用原则，兼顾经济效益和社会效益。

第四章　商标代理监管

第二十条 知识产权管理部门建立商标代理机构和商标代理从业人员信用档案。

国家知识产权局对信用档案信息进行归集整理，开展商标代理行业分级分类评价。地方知识产权管理部门、市场监督管理部门、商标代理行业组织应当协助做好信用档案信息的归集整理工作。

第二十一条 以下信息应当记入商标代理机构和商标代理从业人员信用档案：

（一）商标代理机构和商标代理从业人员受到行政处罚的信息；

（二）商标代理机构接受监督检查的信息；

（三）商标代理机构和商标代理从业人员加入商标代理行业组织信息，受到商标代理行业组织惩戒的信息；

（四）商标代理机构被列入经营异常名录或者严重违法失信名单的信息；

（五）其他可以反映商标代理机构信用状况的信息。

第二十二条 商标代理机构应当按照国家有关规定报送年度报告。

第二十三条 商标代理机构故意侵犯知识产权，提交恶意商标注册申请，损害社会公共利益，从事严重违法商标代理行为，性质恶劣、情节严重、社会危害较大，受到较重行政处罚的，按照《市场监督管理严重违法失信名单管理办法》等有关规定列入严重违法失信名单。

第二十四条 知识产权管理部门依法对商标代理机构和商标代理从业人员代理行为进行监督检查，可以依法查阅、复制有关材料，询问当事人或者其他与案件有关的单位和个人，要求当事人或者有关人员在一定期限内如实提供有关材料，以及采取其他合法必要合理的措施。商标代理机构和商标代理从业人员应当予以协助配合。

第二十五条 知识产权管理部门应当引导商标代理机构合法从事商标代理业务，提升服务质量。

对存在商标代理违法违规行为的商标代理机构或者商标代理从业人员，知识产权管理部门可以依职责对其进行约谈、提出意见，督促其及时整改。

第二十六条 知识产权管理部门负责商标代理等信息的发布和公示工作，健全与市场监督管理部门之间的信息共享、查处情况通报、业务指导等协同配合机制。

第五章　商标代理违法行为的处理

第二十七条 有下列情形之一的，属于商标法第六十八条第一款第一项规定的办理商标事宜过程中，伪造、变造或者使用伪造、变造的法律文件、印章、签名的行为：

（一）伪造、变造国家机关公文、印章的；

（二）伪造、变造国家机关之外其他单位的法律文件、印章的；

（三）伪造、变造签名的；

（四）知道或者应当知道属于伪造、变造的公文、法律文件、印章、签名，仍然使用的；

（五）其他伪造、变造或者使用伪造、变造的法律文件、印章、签名的情形。

第二十八条 有下列情形之一的，属于以诋毁其他商标代理机构等手段招徕商标代理业务的行为：

（一）编造、传播虚假信息或者误导性信息，损害其他商标代理机构商业声誉的；

（二）教唆、帮助他人编造、传播虚假信息或者误导性信息，损害其他商标代理机构商业声誉的；

（三）其他以诋毁其他商标代理机构等手段招徕商标代理业务的情形。

第二十九条 有下列情形之一的，属于商标法第六十八条第一款第二项规定的以其他不正当手段扰乱商标代理市场秩序的行为：

（一）知道或者应当知道委托人以欺骗手段或者其他不正当手段申请注册，或者利用突发事件、公众人物、舆论热点等信息，恶意申请注册有害于社会主义道德风尚或者有其他不良影响的商标，仍接受委托的；

（二）向从事商标注册和管理工作的人员进行贿赂或者利益输送，或者违反规定获取尚未公开的商标注册相关信息、请托转递涉案材料等，牟取不正当利益的；

（三）违反法律法规和国家有关从业限制的规定，聘

用曾从事商标注册和管理工作的人员,经知识产权管理部门告知后,拖延或者拒绝纠正其聘用行为的;

(四)代理不同的委托人申请注册相同或者类似商品或者服务上的相同商标的,申请时在先商标已经无效的除外;

(五)知道或者应当知道转让商标属于恶意申请的注册商标,仍帮助恶意注册人办理转让的;

(六)假冒国家机关官方网站、邮箱、电话等或者以国家机关工作人员的名义提供虚假信息误导公众,或者向委托人提供商标业务相关材料或者收取费用牟取不正当利益的;

(七)知道或者应当知道委托人滥用商标权仍接受委托,或者指使商标权利人滥用商标权牟取不正当利益的;

(八)知道或者应当知道委托人使用的是伪造、变造、编造的虚假商标材料,仍帮助委托人提交,或者与委托人恶意串通制作、提交虚假商标申请等材料的;

(九)虚构事实向主管部门举报其他商标代理机构的;

(十)为排挤竞争对手,以低于成本的价格提供服务的;

(十一)其他以不正当手段扰乱商标代理市场秩序的情形。

第三十条 有下列情形之一的,属于商标法第十九条第三款、第四款规定的行为:

(一)曾经代理委托人申请注册商标或者办理异议、无效宣告以及复审事宜,委托人商标因违反商标法第四条、第十五条或者第三十二条规定,被国家知识产权局生效的决定或者裁定驳回申请、不予核准注册或者宣告无效,仍代理其在同一种或者类似商品上再次提交相同或者近似商标注册申请的;

(二)曾经代理委托人办理其他商标业务,知悉委托人商标存在违反商标法第四条、第十五条或者第三十二条规定的情形,仍接受委托的;

(三)违反本规定第十条第二款规定的;

(四)其他属于商标法第十九条第三款、第四款规定的情形。

第三十一条 有下列情形之一的,属于以欺诈、虚假宣传、引人误解或者商业贿赂等方式招徕业务的行为:

(一)与他人恶意串通或者虚构事实,诱骗委托人委托其办理商标事宜的;

(二)以承诺结果、夸大自身代理业务成功率等形式误导委托人的;

(三)伪造或者变造荣誉、资质资格,欺骗、误导公众的;

(四)以盗窃、贿赂、欺诈、胁迫或者其他不正当手段获取商标信息,或者披露、使用、允许他人使用以前述手段获取的商标信息,以谋取交易机会的;

(五)明示或者暗示可以通过非正常方式加速办理商标事宜,或者提高办理商标事宜成功率,误导委托人的;

(六)以给予财物或者其他手段贿赂单位或者个人,以谋取交易机会的;

(七)其他以不正当手段招徕商标代理业务的情形。

第三十二条 有下列情形之一的,属于商标法实施条例第八十八条第三项规定的在同一商标案件中接受有利益冲突的双方当事人委托的行为:

(一)在商标异议、撤销、宣告无效案件或者复审、诉讼程序中接受双方当事人委托的;

(二)曾代理委托人申请商标注册,又代理其他人对同一商标提出商标异议、撤销、宣告无效申请的;

(三)其他在同一案件中接受有利益冲突的双方当事人委托的情形。

第三十三条 商标代理机构通过网络从事商标代理业务,有下列行为之一的,《中华人民共和国反垄断法》《中华人民共和国反不正当竞争法》《中华人民共和国价格法》《中华人民共和国广告法》等法律法规有规定的,从其规定;没有规定的,由市场监督管理部门给予警告,可以处五万元以下罚款;情节严重的,处五万元以上十万元以下罚款:

(一)利用其客户资源、平台数据以及其他经营者对其在商标代理服务上的依赖程度等因素,恶意排挤竞争对手的;

(二)通过编造用户评价、伪造业务量等方式进行虚假或者引人误解的商业宣传,欺骗、误导委托人的;

(三)通过电子侵入、擅自外挂插件等方式,影响商标网上服务系统、商标代理系统等正常运行的;

(四)通过网络展示具有重大不良影响商标的;

(五)其他通过网络实施的违法商标代理行为。

第三十四条 市场监督管理部门依据商标法第六十八条规定对商标代理机构的违法行为进行查处后,依照有关规定将查处情况通报国家知识产权局。国家知识产权局收到通报,或者发现商标代理机构存在商标法第六十八条第一款行为,情节严重的,可以依法作出停止受理其办理商标代理业务六个月以上直至永久停止受理的决定,并予公告。

因商标代理违法行为,两年内受到三次以上行政处罚的,属于前款规定情节严重的情形。

商标代理机构被停止受理商标代理业务的,在停止受理业务期间,或者未按照本规定第八条第三款规定妥善处理未办结商标代理业务的,该商标代理机构负责人、直接责任人员以及负有管理责任的股东、合伙人不得在商标代理机构新任负责人、股东、合伙人。

第三十五条 国家知识产权局作出的停止受理商标代理机构办理商标代理业务决定有期限的,期限届满并且已改正违法行为的,恢复受理该商标代理机构业务,并予公告。

第三十六条 从事商标代理业务的商标代理机构,未依法办理备案、变更备案、延续备案或者注销备案,未妥善处理未办结的商标代理业务,或者违反本规定第十五条第四款规定,损害委托人利益或者扰乱商标代理市场秩序的,由国家知识产权局予以通报,并记入商标代理机构信用档案。

商标代理机构有前款所述情形的,由市场监督管理部门责令限期改正;期满不改正的,给予警告,情节严重的,处十万元以下罚款。

第三十七条 知识产权管理部门应当健全内部监督制度,对从事商标注册和管理工作的人员执行法律法规和遵守纪律的情况加强监督检查。

从事商标注册和管理工作的人员必须秉公执法、廉洁自律,忠于职守,文明服务,不得从事商标代理业务或者违反规定从事、参与营利性活动。从事商标注册和管理工作的人员离职后的从业限制,依照或者参照《中华人民共和国公务员法》等法律法规和国家有关规定执行。

第三十八条 从事商标注册和管理工作的人员玩忽职守、滥用职权、徇私舞弊,违法办理商标注册事项和其他商标事宜,收受商标代理机构或者商标代理从业人员财物,牟取不正当利益的,应当依法进行处理;构成犯罪的,依法追究刑事责任。

第三十九条 知识产权管理部门对违法违纪行为涉及的商标,应当依据商标法以及相关法律法规严格审查和监督管理,并及时处理。

第四十条 法律法规对商标代理机构经营活动违法行为的处理另有规定的,从其规定。

第四十一条 律师事务所和律师从事商标代理业务除遵守法律法规和本规定外,还应当遵守国家其他有关规定。

第四十二条 除本规定第二条规定的商标代理机构外,其他机构或者个人违反本规定从事商标代理业务或者与商标代理业务有关的其他活动,参照本规定处理。

第四十三条 本规定自2022年12月1日起施行。

规范商标申请注册行为若干规定

·2019年10月11日国家市场监督管理总局令第17号公布
·自2019年12月1日起施行

第一条 为了规范商标申请注册行为,规制恶意商标申请,维护商标注册管理秩序,保护社会公共利益,根据《中华人民共和国商标法》(以下简称商标法)和《中华人民共和国商标法实施条例》(以下简称商标法实施条例),制定本规定。

第二条 申请商标注册,应当遵守法律、行政法规和部门规章的规定,具有取得商标专用权的实际需要。

第三条 申请商标注册应当遵循诚实信用原则。不得有下列行为:

(一)属于商标法第四条规定的不以使用为目的的恶意申请商标注册的;

(二)属于商标法第十三条规定,复制、摹仿或者翻译他人驰名商标的;

(三)属于商标法第十五条规定,代理人、代表人未经授权申请注册被代理人或者被代表人商标的;基于合同、业务往来关系或者其他关系明知他人在先使用的商标存在而申请注册该商标的;

(四)属于商标法第三十二条规定,损害他人现有的在先权利或者以不正当手段抢先注册他人已经使用并有一定影响的商标的;

(五)以欺骗或者其他不正当手段申请商标注册的;

(六)其他违反诚实信用原则,违背公序良俗,或者有其他不良影响的。

第四条 商标代理机构应当遵循诚实信用原则。知道或者应当知道委托人申请商标注册属于下列情形之一的,不得接受其委托:

(一)属于商标法第四条规定的不以使用为目的的恶意申请商标注册的;

(二)属于商标法第十五条规定的;

(三)属于商标法第三十二条规定的。

商标代理机构除对其代理服务申请商标注册外,不得申请注册其他商标,不得以不正当手段扰乱商标代理市场秩序。

第五条 对申请注册的商标,商标注册部门发现属于违反商标法第四条规定的不以使用为目的的恶意商标注册申请,应当依法驳回,不予公告。

具体审查规程由商标注册部门根据商标法和商标法实施条例另行制定。

第六条 对初步审定公告的商标,在公告期内,因违反本规定的理由被提出异议的,商标注册部门经审查认为异议理由成立,应当依法作出不予注册决定。

对申请驳回复审和不予注册复审的商标,商标注册部门经审理认为属于违反本规定情形的,应当依法作出驳回或者不予注册的决定。

第七条 对已注册的商标,因违反本规定的理由,在法定期限内被提出宣告注册商标无效申请的,商标注册部门经审理认为宣告无效理由成立,应当依法作出宣告注册商标无效的裁定。

对已注册的商标,商标注册部门发现属于违反本规定情形的,应当依据商标法第四十四条规定,宣告该注册商标无效。

第八条 商标注册部门在判断商标注册申请是否属于违反商标法第四条规定时,可以综合考虑以下因素:

(一)申请人或者与其存在关联关系的自然人、法人、其他组织申请注册商标数量、指定使用的类别、商标交易情况等;

(二)申请人所在行业、经营状况等;

(三)申请人被已生效的行政决定或者裁定、司法判决认定曾从事商标恶意注册行为、侵犯他人注册商标专用权行为的情况;

(四)申请注册的商标与他人有一定知名度的商标相同或者近似的情况;

(五)申请注册的商标与知名人物姓名、企业字号、企业名称简称或者其他商业标识等相同或者近似的情况;

(六)商标注册部门认为应当考虑的其他因素。

第九条 商标转让情况不影响商标注册部门对违反本规定第三条情形的认定。

第十条 注册商标没有正当理由连续三年不使用的,任何单位或者个人可以向商标注册部门申请撤销该注册商标。商标注册部门受理后应当通知商标注册人,限其自收到通知之日起两个月内提交该商标在撤销申请提出前使用的证据材料或者说明不使用的正当理由;期满未提供使用的证据材料或者证据材料无效并没有正当理由的,由商标注册部门撤销其注册商标。

第十一条 商标注册部门作出本规定第五条、第六条、第七条所述决定或者裁定后,予以公布。

第十二条 对违反本规定第三条恶意申请商标注册的申请人,依据商标法第六十八条第四款的规定,由申请人所在地或者违法行为发生地县级以上市场监督管理部门根据情节给予警告、罚款等行政处罚。有违法所得的,可以处违法所得三倍最高不超过三万元的罚款;没有违法所得的,可以处一万元以下的罚款。

第十三条 对违反本规定第四条的商标代理机构,依据商标法第六十八条的规定,由行为人所在地或者违法行为发生地县级以上市场监督管理部门责令限期改正,给予警告,处一万元以上十万元以下的罚款;对直接负责的主管人员和其他直接责任人员给予警告,处五千元以上五万元以下的罚款;构成犯罪的,依法追究刑事责任。情节严重的,知识产权管理部门可以决定停止受理该商标代理机构办理商标代理业务,予以公告。

第十四条 作出行政处罚决定的政府部门应当依法将处罚信息通过国家企业信用信息公示系统向社会公示。

第十五条 对违反本规定第四条的商标代理机构,由知识产权管理部门对其负责人进行整改约谈。

第十六条 知识产权管理部门、市场监督管理部门应当积极引导申请人依法申请商标注册、商标代理机构依法从事商标代理业务,规范生产经营活动中使用注册商标的行为。

知识产权管理部门应当进一步畅通商标申请渠道、优化商标注册流程,提升商标公共服务水平,为申请人直接申请注册商标提供便利化服务。

第十七条 知识产权管理部门应当健全内部监督制度,对从事商标注册工作的国家机关工作人员执行法律、行政法规和遵守纪律的情况加强监督检查。

从事商标注册工作的国家机关工作人员玩忽职守、滥用职权、徇私舞弊,违法办理商标注册事项,收受当事人财物,牟取不正当利益的,应当依法给予处分;构成犯罪的,依法追究刑事责任。

第十八条 商标代理行业组织应当完善行业自律规范,加强行业自律,对违反行业自律规范的会员实行惩戒,并及时向社会公布。

第十九条 本规定自2019年12月1日起施行。

驰名商标认定和保护规定

- 2014年7月3日国家工商行政管理总局令第66号公布
- 自公布之日起30日后实施

第一条 为规范驰名商标认定工作，保护驰名商标持有人的合法权益，根据《中华人民共和国商标法》（以下简称商标法）、《中华人民共和国商标法实施条例》（以下简称实施条例），制定本规定。

第二条 驰名商标是在中国为相关公众所熟知的商标。

相关公众包括与使用商标所标示的某类商品或者服务有关的消费者，生产前述商品或者提供服务的其他经营者以及经销渠道中所涉及的销售者和相关人员等。

第三条 商标局、商标评审委员会根据当事人请求和审查、处理案件的需要，负责在商标注册审查、商标争议处理和工商行政管理部门查处商标违法案件过程中认定和保护驰名商标。

第四条 驰名商标认定遵循个案认定、被动保护的原则。

第五条 当事人依照商标法第三十三条规定向商标局提出异议，并依照商标法第十三条规定请求驰名商标保护的，可以向商标局提出驰名商标保护的书面请求并提交其商标构成驰名商标的证据材料。

第六条 当事人在商标不予注册复审案件和请求无效宣告案件中，依照商标法第十三条规定请求驰名商标保护的，可以向商标评审委员会提出驰名商标保护的书面请求并提交其商标构成驰名商标的证据材料。

第七条 涉及驰名商标保护的商标违法案件由市（地、州）级以上工商行政管理部门管辖。当事人请求工商行政管理部门查处商标违法行为，并依照商标法第十三条规定请求驰名商标保护的，可以向违法行为发生地的市（地、州）级以上工商行政管理部门进行投诉，并提出驰名商标保护的书面请求，提交证明其商标构成驰名商标的证据材料。

第八条 当事人请求驰名商标保护应当遵循诚实信用原则，并对事实及所提交的证据材料的真实性负责。

第九条 以下材料可以作为证明符合商标法第十四条第一款规定的证据材料：

（一）证明相关公众对该商标知晓程度的材料。

（二）证明该商标使用持续时间的材料，如该商标使用、注册的历史和范围的材料。该商标为未注册商标的，应当提供证明其使用持续时间不少于五年的材料。该商标为注册商标的，应当提供证明其注册时间不少于三年或者持续使用时间不少于五年的材料。

（三）证明该商标的任何宣传工作的持续时间、程度和地理范围的材料，如近三年广告宣传和促销活动的方式、地域范围、宣传媒体的种类以及广告投放量等材料。

（四）证明该商标曾在中国或者其他国家和地区作为驰名商标受保护的材料。

（五）证明该商标驰名的其他证据材料，如使用该商标的主要商品在近三年的销售收入、市场占有率、净利润、纳税额、销售区域等材料。

前款所称"三年"、"五年"，是指被提出异议的商标注册申请日期、被提出无效宣告请求的商标注册申请日期之前的三年、五年，以及在查处商标违法案件中提出驰名商标保护请求日期之前的三年、五年。

第十条 当事人依照本规定第五条、第六条规定提出驰名商标保护请求的，商标局、商标评审委员会应当在商标法第三十五条、第三十七条、第四十五条规定的期限内及时作出处理。

第十一条 当事人依照本规定第七条规定请求工商行政管理部门查处商标违法行为的，工商行政管理部门应当对投诉材料予以核查，依照《工商行政管理机关行政处罚程序规定》的有关规定决定是否立案。决定立案的，工商行政管理部门应当对当事人提交的驰名商标保护请求及相关证据材料是否符合商标法第十三条、第十四条、实施条例第三条和本规定第九条规定进行初步核实和审查。经初步核查符合规定的，应当自立案之日起三十日内将驰名商标认定请示、案件材料副本一并报送上级工商行政管理部门。经审查不符合规定的，应当依照《工商行政管理机关行政处罚程序规定》的规定及时作出处理。

第十二条 省（自治区、直辖市）工商行政管理部门应当对本辖区内市（地、州）级工商行政管理部门报送的驰名商标认定相关材料是否符合商标法第十三条、第十四条、实施条例第三条和本规定第九条规定进行核实和审查。经核查符合规定的，应当自收到驰名商标认定相关材料之日起三十日内，将驰名商标认定请示、案件材料副本一并报送商标局。经审查不符合规定的，应当将有关材料退回原立案机关，由其依照《工商行政管理机关行政处罚程序规定》的规定及时作出处理。

第十三条 商标局、商标评审委员会在认定驰名商标时，应当综合考虑商标法第十四条第一款和本规定第九条所列各项因素，但不以满足全部因素为前提。

商标局、商标评审委员会在认定驰名商标时，需要地方工商行政管理部门核实有关情况的,相关地方工商行政管理部门应当予以协助。

第十四条 商标局经对省(自治区、直辖市)工商行政管理部门报送的驰名商标认定相关材料进行审查,认定构成驰名商标的,应当向报送请示的省(自治区、直辖市)工商行政管理部门作出批复。

立案的工商行政管理部门应当自商标局作出认定批复后六十日内依法予以处理,并将行政处罚决定书抄报所在省(自治区、直辖市)工商行政管理部门。省(自治区、直辖市)工商行政管理部门应当自收到抄报的行政处罚决定书之日起三十日内将案件处理情况及行政处罚决定书副本报送商标局。

第十五条 各级工商行政管理部门在商标注册和管理工作中应当加强对驰名商标的保护,维护权利人和消费者合法权益。商标违法行为涉嫌犯罪的,应当将案件及时移送司法机关。

第十六条 商标注册审查、商标争议处理和工商行政管理部门查处商标违法案件过程中,当事人依照商标法第十三条规定请求驰名商标保护时,可以提供该商标曾在我国作为驰名商标受保护的记录。

当事人请求驰名商标保护的范围与已被作为驰名商标予以保护的范围基本相同,且对方当事人对该商标驰名无异议,或者虽有异议,但异议理由和提供的证据明显不足以支持该异议的,商标局、商标评审委员会、商标违法案件立案部门可以根据该保护记录,结合相关证据,给予该商标驰名商标保护。

第十七条 在商标违法案件中,当事人通过弄虚作假或者提供虚假证据材料等不正当手段骗取驰名商标保护的,由商标局撤销对涉案商标已作出的认定,并通知报送驰名商标认定请示的省(自治区、直辖市)工商行政管理部门。

第十八条 地方工商行政管理部门违反本规定第十一条、第十二条规定未履行对驰名商标认定相关材料进行核实和审查职责,或者违反本规定第十三条第二款规定未予以协助或者未履行核实职责,或者违反本规定第十四条第二款规定逾期未对商标违法案件作出处理或者逾期未报送处理情况的,由上一级工商行政管理部门予以通报,并责令其整改。

第十九条 各级工商行政管理部门应当建立健全驰名商标认定工作监督检查制度。

第二十条 参与驰名商标认定与保护相关工作的人员,玩忽职守、滥用职权、徇私舞弊,违法办理驰名商标认定有关事项,收受当事人财物,牟取不正当利益的,依照有关规定予以处理。

第二十一条 本规定自公布之日起30日后施行。2003年4月17日国家工商行政管理总局公布的《驰名商标认定和保护规定》同时废止。

商标印制管理办法

· 2004年8月19日国家工商行政管理总局令第15号公布
· 根据2020年10月23日《国家市场监督管理总局关于修改部分规章的决定》修订

第一条 为了加强商标印制管理,保护注册商标专用权,维护社会主义市场经济秩序,根据《中华人民共和国商标法》、《中华人民共和国商标法实施条例》(以下分别简称《商标法》、《商标法实施条例》)的有关规定,制定本办法。

第二条 以印刷、印染、制版、刻字、织字、晒蚀、印铁、铸模、冲压、烫印、贴花等方式制作商标标识的,应当遵守本办法。

第三条 商标印制委托人委托商标印制单位印制商标的,应当出示营业执照副本或者合法的营业证明或者身份证明。

第四条 商标印制委托人委托印制注册商标的,应当出示《商标注册证》,并另行提供一份复印件。

签订商标使用许可合同使用他人注册商标,被许可人需印制商标的,还应当出示商标使用许可合同文本并提供一份复印件;商标注册人单独授权被许可人印制商标的,还应当出示授权书并提供一份复印件。

第五条 委托印制注册商标的,商标印制委托人提供的有关证明文件及商标图样应当符合下列要求:

(一)所印制的商标样稿应当与《商标注册证》上的商标图样相同;

(二)被许可人印制商标标识的,应有明确的授权书,或其所提供的《商标使用许可合同》含有许可人允许其印制商标标识的内容;

(三)被许可人的商标标识样稿应当标明被许可人的企业名称和地址;其注册标记的使用符合《商标法实施条例》的有关规定。

第六条 委托印制未注册商标的,商标印制委托人提供的商标图样应当符合下列要求:

(一)所印制的商标不得违反《商标法》第十条的规定;

(二)所印制的商标不得标注"注册商标"字样或者

使用注册标记。

第七条 商标印制单位应当对商标印制委托人提供的证明文件和商标图样进行核查。

商标印制委托人未提供本办法第三条、第四条所规定的证明文件，或者其要求印制的商标标识不符合本办法第五条、第六条规定的，商标印制单位不得承接印制。

第八条 商标印制单位承印符合本办法规定的商标印制业务的，商标印制业务管理人员应当按照要求填写《商标印制业务登记表》，载明商标印制委托人所提供的证明文件的主要内容，《商标印制业务登记表》中的图样应当由商标印制单位业务主管人员加盖骑缝章。

商标标识印制完毕，商标印制单位应当在 15 天内提取标识样品，连同《商标印制业务登记表》、《商标注册证》复印件、商标使用许可合同复印件、商标印制授权书复印件等一并造册存档。

第九条 商标印制单位应当建立商标标识出入库制度，商标标识出入库应当登记台帐。废次标识应当集中进行销毁，不得流入社会。

第十条 商标印制档案及商标标识出入库台帐应当存档备查，存查期为两年。

第十一条 商标印制单位违反本办法第七条至第十条规定的，由所在地市场监督管理部门责令其限期改正，并视其情节予以警告，处以非法所得额三倍以下的罚款，但最高不超过三万元，没有违法所得的，可以处以一万元以下的罚款。

第十二条 擅自设立商标印刷企业或者擅自从事商标印刷经营活动的，由所在地或者行为地市场监督管理部门依照《印刷业管理条例》的有关规定予以处理。

第十三条 商标印制单位违反第七条规定承接印制业务，且印制的商标与他人注册商标相同或者近似的，属于《商标法实施条例》第七十五条所述的商标侵权行为，由所在地或者行为地市场监督管理部门依《商标法》的有关规定予以处理。

第十四条 商标印制单位的违法行为构成犯罪的，所在地或者行为地市场监督管理部门应及时将案件移送司法机关追究刑事责任。

第十五条 本办法所称"商标印制"是指印刷、制作商标标识的行为。

本办法所称"商标标识"是指与商品配套一同进入流通领域的带有商标的有形载体，包括注册商标标识和未注册商标标识。

本办法所称"商标印制委托人"是指要求印制商标标识的商标注册人、未注册商标使用人、注册商标被许可使用人以及符合《商标法》规定的其他商标使用人。

本办法所称"商标印制单位"是指依法登记从事商标印制业务的企业和个体工商户。

本办法所称《商标注册证》包括国家知识产权局所发的有关变更、续展、转让等证明文件。

第十六条 本办法自 2004 年 9 月 1 日起施行。国家工商行政管理局 1996 年 9 月 5 日发布的《商标印制管理办法》同时废止。

(2) 专利保护

中华人民共和国专利法

- 1984 年 3 月 12 日第六届全国人民代表大会常务委员会第四次会议通过
- 根据 1992 年 9 月 4 日第七届全国人民代表大会常务委员会第二十七次会议《关于修改〈中华人民共和国专利法〉的决定》第一次修正
- 根据 2000 年 8 月 25 日第九届全国人民代表大会常务委员会第十七次会议《关于修改〈中华人民共和国专利法〉的决定》第二次修正
- 根据 2008 年 12 月 27 日第十一届全国人民代表大会常务委员会第六次会议《关于修改〈中华人民共和国专利法〉的决定》第三次修正
- 根据 2020 年 10 月 17 日第十三届全国人民代表大会常务委员会第二十二次会议《关于修改〈中华人民共和国专利法〉的决定》第四次修正

第一章 总 则

第一条 为了保护专利权人的合法权益，鼓励发明创造，推动发明创造的应用，提高创新能力，促进科学技术进步和经济社会发展，制定本法。

第二条 本法所称的发明创造是指发明、实用新型和外观设计。

发明，是指对产品、方法或者其改进所提出的新的技术方案。

实用新型，是指对产品的形状、构造或者其结合所提出的适于实用的新的技术方案。

外观设计，是指对产品的整体或者局部的形状、图案或者其结合以及色彩与形状、图案的结合所作出的富有美感并适于工业应用的新设计。

第三条 国务院专利行政部门负责管理全国的专利工作；统一受理和审查专利申请，依法授予专利权。

省、自治区、直辖市人民政府管理专利工作的部门负责本行政区域内的专利管理工作。

第四条 申请专利的发明创造涉及国家安全或者重大利益需要保密的,按照国家有关规定办理。

第五条 对违反法律、社会公德或者妨害公共利益的发明创造,不授予专利权。

对违反法律、行政法规的规定获取或者利用遗传资源,并依赖该遗传资源完成的发明创造,不授予专利权。

第六条 执行本单位的任务或者主要是利用本单位的物质技术条件所完成的发明创造为职务发明创造。职务发明创造申请专利的权利属于该单位,申请被批准后,该单位为专利权人。该单位可以依法处置其职务发明创造申请专利的权利和专利权,促进相关发明创造的实施和运用。

非职务发明创造,申请专利的权利属于发明人或者设计人;申请被批准后,该发明人或者设计人为专利权人。

利用本单位的物质技术条件所完成的发明创造,单位与发明人或者设计人订有合同,对申请专利的权利和专利权的归属作出约定的,从其约定。

第七条 对发明人或者设计人的非职务发明创造专利申请,任何单位或者个人不得压制。

第八条 两个以上单位或者个人合作完成的发明创造、一个单位或者个人接受其他单位或者个人委托所完成的发明创造,除另有协议的以外,申请专利的权利属于完成或者共同完成的单位或者个人;申请被批准后,申请的单位或者个人为专利权人。

第九条 同样的发明创造只能授予一项专利权。但是,同一申请人同日对同样的发明创造既申请实用新型专利又申请发明专利,先获得的实用新型专利权尚未终止,且申请人声明放弃该实用新型专利权的,可以授予发明专利权。

两个以上的申请人分别就同样的发明创造申请专利的,专利权授予最先申请的人。

第十条 专利申请权和专利权可以转让。

中国单位或者个人向外国人、外国企业或者外国其他组织转让专利申请权或者专利权的,应当依照有关法律、行政法规的规定办理手续。

转让专利申请权或者专利权的,当事人应当订立书面合同,并向国务院专利行政部门登记,由国务院专利行政部门予以公告。专利申请权或者专利权的转让自登记之日起生效。

第十一条 发明和实用新型专利权被授予后,除本法另有规定的以外,任何单位或者个人未经专利权人许可,都不得实施其专利,即不得为生产经营目的制造、使用、许诺销售、销售、进口其专利产品,或者使用其专利方法以及使用、许诺销售、销售、进口依照该专利方法直接获得的产品。

外观设计专利权被授予后,任何单位或者个人未经专利权人许可,都不得实施其专利,即不得为生产经营目的制造、许诺销售、销售、进口其外观设计专利产品。

第十二条 任何单位或者个人实施他人专利的,应当与专利权人订立实施许可合同,向专利权人支付专利使用费。被许可人无权允许合同规定以外的任何单位或者个人实施该专利。

第十三条 发明专利申请公布后,申请人可以要求实施其发明的单位或者个人支付适当的费用。

第十四条 专利申请权或者专利权的共有人对权利的行使有约定的,从其约定。没有约定的,共有人可以单独实施或者以普通许可方式许可他人实施该专利;许可他人实施该专利的,收取的使用费应当在共有人之间分配。

除前款规定的情形外,行使共有的专利申请权或者专利权应当取得全体共有人的同意。

第十五条 被授予专利权的单位应当对职务发明创造的发明人或者设计人给予奖励;发明创造专利实施后,根据其推广应用的范围和取得的经济效益,对发明人或者设计人给予合理的报酬。

国家鼓励被授予专利权的单位实行产权激励,采取股权、期权、分红等方式,使发明人或者设计人合理分享创新收益。

第十六条 发明人或者设计人有权在专利文件中写明自己是发明人或者设计人。

专利权人有权在其专利产品或者该产品的包装上标明专利标识。

第十七条 在中国没有经常居所或者营业所的外国人、外国企业或者外国其他组织在中国申请专利的,依照其所属国同中国签订的协议或者共同参加的国际条约,或者依照互惠原则,根据本法办理。

第十八条 在中国没有经常居所或者营业所的外国人、外国企业或者外国其他组织在中国申请专利和办理其他专利事务的,应当委托依法设立的专利代理机构办理。

中国单位或者个人在国内申请专利和办理其他专利事务的,可以委托依法设立的专利代理机构办理。

专利代理机构应当遵守法律、行政法规,按照被代理人的委托办理专利申请或者其他专利事务；对被代理人发明创造的内容，除专利申请已经公布或者公告的以外，负有保密责任。专利代理机构的具体管理办法由国务院规定。

第十九条 任何单位或者个人将在中国完成的发明或者实用新型向外国申请专利的，应当事先报经国务院专利行政部门进行保密审查。保密审查的程序、期限等按照国务院的规定执行。

中国单位或者个人可以根据中华人民共和国参加的有关国际条约提出专利国际申请。申请人提出专利国际申请的，应当遵守前款规定。

国务院专利行政部门依照中华人民共和国参加的有关国际条约、本法和国务院有关规定处理专利国际申请。

对违反本条第一款规定向外国申请专利的发明或者实用新型，在中国申请专利的，不授予专利权。

第二十条 申请专利和行使专利权应当遵循诚实信用原则。不得滥用专利权损害公共利益或者他人合法权益。

滥用专利权，排除或者限制竞争，构成垄断行为的，依照《中华人民共和国反垄断法》处理。

第二十一条 国务院专利行政部门应当按照客观、公正、准确、及时的要求，依法处理有关专利的申请和请求。

国务院专利行政部门应当加强专利信息公共服务体系建设，完整、准确、及时发布专利信息，提供专利基础数据，定期出版专利公报，促进专利信息传播与利用。

在专利申请公布或者公告前，国务院专利行政部门的工作人员及有关人员对其内容负有保密责任。

第二章 授予专利权的条件

第二十二条 授予专利权的发明和实用新型，应当具备新颖性、创造性和实用性。

新颖性，是指该发明或者实用新型不属于现有技术；也没有任何单位或者个人就同样的发明或者实用新型在申请日以前向国务院专利行政部门提出过申请，并记载在申请日以后公布的专利申请文件或者公告的专利文件中。

创造性，是指与现有技术相比，该发明具有突出的实质性特点和显著的进步，该实用新型具有实质性特点和进步。

实用性，是指该发明或者实用新型能够制造或者使用，并且能够产生积极效果。

本法所称现有技术，是指申请日以前在国内外为公众所知的技术。

第二十三条 授予专利权的外观设计，应当不属于现有设计；也没有任何单位或者个人就同样的外观设计在申请日以前向国务院专利行政部门提出过申请，并记载在申请日以后公告的专利文件中。

授予专利权的外观设计与现有设计或者现有设计特征的组合相比，应当具有明显区别。

授予专利权的外观设计不得与他人在申请日以前已经取得的合法权利相冲突。

本法所称现有设计，是指申请日以前在国内外为公众所知的设计。

第二十四条 申请专利的发明创造在申请日以前六个月内，有下列情形之一的，不丧失新颖性：

（一）在国家出现紧急状态或者非常情况时，为公共利益目的首次公开的；

（二）在中国政府主办或者承认的国际展览会上首次展出的；

（三）在规定的学术会议或者技术会议上首次发表的；

（四）他人未经申请人同意而泄露其内容的。

第二十五条 对下列各项，不授予专利权：

（一）科学发现；

（二）智力活动的规则和方法；

（三）疾病的诊断和治疗方法；

（四）动物和植物品种；

（五）原子核变换方法以及用原子核变换方法获得的物质；

（六）对平面印刷品的图案、色彩或者二者的结合作出的主要起标识作用的设计。

对前款第（四）项所列产品的生产方法，可以依照本法规定授予专利权。

第三章 专利的申请

第二十六条 申请发明或者实用新型专利的，应当提交请求书、说明书及其摘要和权利要求书等文件。

请求书应当写明发明或者实用新型的名称，发明人的姓名，申请人姓名或者名称、地址，以及其他事项。

说明书应当对发明或者实用新型作出清楚、完整的说明，以所属技术领域的技术人员能够实现为准；必要的时候，应当有附图。摘要应当简要说明发明或者实用新型的技术要点。

权利要求书应当以说明书为依据，清楚、简要地限定要求专利保护的范围。

依赖遗传资源完成的发明创造，申请人应当在专利申请文件中说明该遗传资源的直接来源和原始来源；申请人无法说明原始来源的，应当陈述理由。

第二十七条 申请外观设计专利的，应当提交请求书、该外观设计的图片或者照片以及对该外观设计的简要说明等文件。

申请人提交的有关图片或者照片应当清楚地显示要求专利保护的产品的外观设计。

第二十八条 国务院专利行政部门收到专利申请文件之日为申请日。如果申请文件是邮寄的，以寄出的邮戳日为申请日。

第二十九条 申请人自发明或者实用新型在外国第一次提出专利申请之日起十二个月内，或者自外观设计在外国第一次提出专利申请之日起六个月内，又在中国就相同主题提出专利申请的，依照该外国同中国签订的协议或者共同参加的国际条约，或者依照相互承认优先权的原则，可以享有优先权。

申请人自发明或者实用新型在中国第一次提出专利申请之日起十二个月内，或者自外观设计在中国第一次提出专利申请之日起六个月内，又向国务院专利行政部门就相同主题提出专利申请的，可以享有优先权。

第三十条 申请人要求发明、实用新型专利优先权的，应当在申请的时候提出书面声明，并且在第一次提出申请之日起十六个月内，提交第一次提出的专利申请文件的副本。

申请人要求外观设计专利优先权的，应当在申请的时候提出书面声明，并且在三个月内提交第一次提出的专利申请文件的副本。

申请人未提出书面声明或者逾期未提交专利申请文件副本的，视为未要求优先权。

第三十一条 一件发明或者实用新型专利申请应当限于一项发明或者实用新型。属于一个总的发明构思的两项以上的发明或者实用新型，可以作为一件申请提出。

一件外观设计专利申请应当限于一项外观设计。同一产品两项以上的相似外观设计，或者用于同一类别并且成套出售或者使用的产品的两项以上外观设计，可以作为一件申请提出。

第三十二条 申请人可以在被授予专利权之前随时撤回其专利申请。

第三十三条 申请人可以对其专利申请文件进行修改，但是，对发明和实用新型专利申请文件的修改不得超出原说明书和权利要求书记载的范围，对外观设计专利申请文件的修改不得超出原图片或者照片表示的范围。

第四章 专利申请的审查和批准

第三十四条 国务院专利行政部门收到发明专利申请后，经初步审查认为符合本法要求的，自申请日起满十八个月，即行公布。国务院专利行政部门可以根据申请人的请求早日公布其申请。

第三十五条 发明专利申请自申请日起三年内，国务院专利行政部门可以根据申请人随时提出的请求，对其申请进行实质审查；申请人无正当理由逾期不请求实质审查的，该申请即被视为撤回。

国务院专利行政部门认为必要的时候，可以自行对发明专利申请进行实质审查。

第三十六条 发明专利的申请人请求实质审查的时候，应当提交在申请日前与其发明有关的参考资料。

发明专利已经在外国提出过申请的，国务院专利行政部门可以要求申请人在指定期限内提交该国为审查其申请进行检索的资料或者审查结果的资料；无正当理由逾期不提交的，该申请即被视为撤回。

第三十七条 国务院专利行政部门对发明专利申请进行实质审查后，认为不符合本法规定的，应当通知申请人，要求其在指定的期限内陈述意见，或者对其申请进行修改；无正当理由逾期不答复的，该申请即被视为撤回。

第三十八条 发明专利申请经申请人陈述意见或者进行修改后，国务院专利行政部门仍然认为不符合本法规定的，应当予以驳回。

第三十九条 发明专利申请经实质审查没有发现驳回理由的，由国务院专利行政部门作出授予发明专利权的决定，发给发明专利证书，同时予以登记和公告。发明专利权自公告之日起生效。

第四十条 实用新型和外观设计专利申请经初步审查没有发现驳回理由的，由国务院专利行政部门作出授予实用新型专利权或者外观设计专利权的决定，发给相应的专利证书，同时予以登记和公告。实用新型专利权和外观设计专利权自公告之日起生效。

第四十一条 专利申请人对国务院专利行政部门驳回申请的决定不服的，可以自收到通知之日起三个月内向国务院专利行政部门请求复审。国务院专利行政部门复审后，作出决定，并通知专利申请人。

专利申请人对国务院专利行政部门的复审决定不服的，可以自收到通知之日起三个月内向人民法院起诉。

第五章 专利权的期限、终止和无效

第四十二条 发明专利权的期限为二十年，实用新

型专利权的期限为十年，外观设计专利权的期限为十五年，均自申请日起计算。

自发明专利申请日起满四年，且自实质审查请求之日起满三年后授予发明专利权的，国务院专利行政部门应专利权人的请求，就发明专利在授权过程中的不合理延迟给予专利权期限补偿，但由申请人引起的不合理延迟除外。

为补偿新药上市审评审批占用的时间，对在中国获得上市许可的新药相关发明专利，国务院专利行政部门应专利权人的请求给予专利权期限补偿。补偿期限不超过五年，新药批准上市后总有效专利权期限不超过十四年。

第四十三条 专利权人应当自被授予专利权的当年开始缴纳年费。

第四十四条 有下列情形之一的，专利权在期限届满前终止：

（一）没有按照规定缴纳年费的；

（二）专利权人以书面声明放弃其专利权的。

专利权在期限届满前终止的，由国务院专利行政部门登记和公告。

第四十五条 自国务院专利行政部门公告授予专利权之日起，任何单位或者个人认为该专利权的授予不符合本法有关规定的，可以请求国务院专利行政部门宣告该专利权无效。

第四十六条 国务院专利行政部门对宣告专利权无效的请求应当及时审查和作出决定，并通知请求人和专利权人。宣告专利权无效的决定，由国务院专利行政部门登记和公告。

对国务院专利行政部门宣告专利权无效或者维持专利权的决定不服的，可以自收到通知之日起三个月内向人民法院起诉。人民法院应当通知无效宣告请求程序的对方当事人作为第三人参加诉讼。

第四十七条 宣告无效的专利权视为自始即不存在。

宣告专利权无效的决定，对在宣告专利权无效前人民法院作出并已执行的专利侵权的判决、调解书，已经履行或者强制执行的专利侵权纠纷处理决定，以及已经履行的专利实施许可合同和专利权转让合同，不具有追溯力。但是因专利权人的恶意给他人造成的损失，应当给予赔偿。

依照前款规定不返还专利侵权赔偿金、专利使用费、专利权转让费，明显违反公平原则的，应当全部或者部分返还。

第六章 专利实施的特别许可

第四十八条 国务院专利行政部门、地方人民政府管理专利工作的部门应当会同同级相关部门采取措施，加强专利公共服务，促进专利实施和运用。

第四十九条 国有企业事业单位的发明专利，对国家利益或者公共利益具有重大意义的，国务院有关主管部门和省、自治区、直辖市人民政府报经国务院批准，可以决定在批准的范围内推广应用，允许指定的单位实施，由实施单位按照国家规定向专利权人支付使用费。

第五十条 专利权人自愿以书面方式向国务院专利行政部门声明愿意许可任何单位或者个人实施其专利，并明确许可使用费支付方式、标准的，由国务院专利行政部门予以公告，实行开放许可。就实用新型、外观设计专利提出开放许可声明的，应当提供专利权评价报告。

专利权人撤回开放许可声明的，应当以书面方式提出，并由国务院专利行政部门予以公告。开放许可声明被公告撤回的，不影响在先给予的开放许可的效力。

第五十一条 任何单位或者个人有意愿实施开放许可的专利的，以书面方式通知专利权人，并依照公告的许可使用费支付方式、标准支付许可使用费后，即获得专利实施许可。

开放许可实施期间，对专利权人缴纳专利年费相应给予减免。

实行开放许可的专利权人可以与被许可人就许可使用费进行协商后给予普通许可，但不得就该专利给予独占或者排他许可。

第五十二条 当事人就实施开放许可发生纠纷的，由当事人协商解决；不愿协商或者协商不成的，可以请求国务院专利行政部门进行调解，也可以向人民法院起诉。

第五十三条 有下列情形之一的，国务院专利行政部门根据具备实施条件的单位或者个人的申请，可以给予实施发明专利或者实用新型专利的强制许可：

（一）专利权人自专利权被授予之日起满三年，且自提出专利申请之日起满四年，无正当理由未实施或者未充分实施其专利的；

（二）专利权人行使专利权的行为被依法认定为垄断行为，为消除或者减少该行为对竞争产生的不利影响的。

第五十四条 在国家出现紧急状态或者非常情况时，或者为了公共利益的目的，国务院专利行政部门可以给予实施发明专利或者实用新型专利的强制许可。

第五十五条 为了公共健康目的,对取得专利权的药品,国务院专利行政部门可以给予制造并将其出口到符合中华人民共和国参加的有关国际条约规定的国家或者地区的强制许可。

第五十六条 一项取得专利权的发明或者实用新型比前已经取得专利权的发明或者实用新型具有显著经济意义的重大技术进步,其实施又有赖于前一发明或者实用新型的实施的,国务院专利行政部门根据后一专利权人的申请,可以给予实施前一发明或者实用新型的强制许可。

在依照前款规定给予实施强制许可的情形下,国务院专利行政部门根据前一专利权人的申请,也可以给予实施后一发明或者实用新型的强制许可。

第五十七条 强制许可涉及的发明创造为半导体技术的,其实施限于公共利益的目的和本法第五十三条第(二)项规定的情形。

第五十八条 除依照本法第五十三条第(二)项、第五十五条规定给予的强制许可外,强制许可的实施应当主要为了供应国内市场。

第五十九条 依照本法第五十三条第(一)项、第五十六条规定申请强制许可的单位或者个人应当提供证据,证明其以合理的条件请求专利权人许可其实施专利,但未能在合理的时间内获得许可。

第六十条 国务院专利行政部门作出的给予实施强制许可的决定,应当及时通知专利权人,并予以登记和公告。

给予实施强制许可的决定,应当根据强制许可的理由规定实施的范围和时间。强制许可的理由消除并不再发生时,国务院专利行政部门应当根据专利权人的请求,经审查后作出终止实施强制许可的决定。

第六十一条 取得实施强制许可的单位或者个人不享有独占的实施权,并且无权允许他人实施。

第六十二条 取得实施强制许可的单位或者个人应当付给专利权人合理的使用费,或者依照中华人民共和国参加的有关国际条约的规定处理使用费问题。付给使用费的,其数额由双方协商;双方不能达成协议的,由国务院专利行政部门裁决。

第六十三条 专利权人对国务院专利行政部门关于实施强制许可的决定不服的,专利权人和取得实施强制许可的单位或者个人对国务院专利行政部门关于实施强制许可的使用费的裁决不服的,可以自收到通知之日起三个月内向人民法院起诉。

第七章　专利权的保护

第六十四条 发明或者实用新型专利权的保护范围以其权利要求的内容为准,说明书及附图可以用于解释权利要求的内容。

外观设计专利权的保护范围以表示在图片或者照片中的该产品的外观设计为准,简要说明可以用于解释图片或者照片所表示的该产品的外观设计。

第六十五条 未经专利权人许可,实施其专利,即侵犯其专利权,引起纠纷的,由当事人协商解决;不愿协商或者协商不成的,专利权人或者利害关系人可以向人民法院起诉,也可以请求管理专利工作的部门处理。管理专利工作的部门处理时,认定侵权行为成立的,可以责令侵权人立即停止侵权行为,当事人不服的,可以自收到处理通知之日起十五日内依照《中华人民共和国行政诉讼法》向人民法院起诉;侵权人期满不起诉又不停止侵权行为的,管理专利工作的部门可以申请人民法院强制执行。进行处理的管理专利工作的部门应当事人的请求,可以就侵犯专利权的赔偿数额进行调解;调解不成的,当事人可以依照《中华人民共和国民事诉讼法》向人民法院起诉。

第六十六条 专利侵权纠纷涉及新产品制造方法的发明专利的,制造同样产品的单位或者个人应当提供其产品制造方法不同于专利方法的证明。

专利侵权纠纷涉及实用新型专利或者外观设计专利的,人民法院或者管理专利工作的部门可以要求专利权人或者利害关系人出具由国务院专利行政部门对相关实用新型或者外观设计进行检索、分析和评价后作出的专利权评价报告,作为审理、处理专利侵权纠纷的证据;专利权人、利害关系人或者被控侵权人也可以主动出具专利权评价报告。

第六十七条 在专利侵权纠纷中,被控侵权人有证据证明其实施的技术或者设计属于现有技术或者现有设计的,不构成侵犯专利权。

第六十八条 假冒专利的,除依法承担民事责任外,由负责专利执法的部门责令改正并予公告,没收违法所得,可以处违法所得五倍以下的罚款;没有违法所得或者违法所得在五万元以下的,可以处二十五万元以下的罚款;构成犯罪的,依法追究刑事责任。

第六十九条 负责专利执法的部门根据已经取得的证据,对涉嫌假冒专利行为进行查处时,有权采取下列措施:

(一)询问有关当事人,调查与涉嫌违法行为有关的情况;

(二)对当事人涉嫌违法行为的场所实施现场检查；

(三)查阅、复制与涉嫌违法行为有关的合同、发票、账簿以及其他有关资料；

(四)检查与涉嫌违法行为有关的产品；

(五)对有证据证明是假冒专利的产品，可以查封或者扣押。

管理专利工作的部门应专利权人或者利害关系人的请求处理专利侵权纠纷时，可以采取前款第(一)项、第(二)项、第(四)项所列措施。

负责专利执法的部门、管理专利工作的部门依法行使前两款规定的职权时，当事人应当予以协助、配合，不得拒绝、阻挠。

第七十条 国务院专利行政部门可以应专利权人或者利害关系人的请求处理在全国有重大影响的专利侵权纠纷。

地方人民政府管理专利工作的部门应专利权人或者利害关系人请求处理专利侵权纠纷，对在本行政区域内侵犯其同一专利权的案件可以合并处理；对跨区域侵犯其同一专利权的案件可以请求上级地方人民政府管理专利工作的部门处理。

第七十一条 侵犯专利权的赔偿数额按照权利人因被侵权所受到的实际损失或者侵权人因侵权所获得的利益确定；权利人的损失或者侵权人获得的利益难以确定的，参照该专利许可使用费的倍数合理确定。对故意侵犯专利权，情节严重的，可以在按照上述方法确定数额的一倍以上五倍以下确定赔偿数额。

权利人的损失、侵权人获得的利益和专利许可使用费均难以确定的，人民法院可以根据专利权的类型、侵权行为的性质和情节等因素，确定给予三万元以上五百万元以下的赔偿。

赔偿数额还应当包括权利人为制止侵权行为所支付的合理开支。

人民法院为确定赔偿数额，在权利人已经尽力举证，而与侵权行为相关的账簿、资料主要由侵权人掌握的情况下，可以责令侵权人提供与侵权行为相关的账簿、资料；侵权人不提供或者提供虚假的账簿、资料的，人民法院可以参考权利人的主张和提供的证据判定赔偿数额。

第七十二条 专利权人或者利害关系人有证据证明他人正在实施或者即将实施侵犯专利权、妨碍其实现权利的行为，如不及时制止将会使其合法权益受到难以弥补的损害的，可以在起诉前依法向人民法院申请采取财产保全、责令作出一定行为或者禁止作出一定行为的措施。

第七十三条 为了制止专利侵权行为，在证据可能灭失或者以后难以取得的情况下，专利权人或者利害关系人可以在起诉前依法向人民法院申请保全证据。

第七十四条 侵犯专利权的诉讼时效为三年，自专利权人或者利害关系人知道或者应当知道侵权行为以及侵权人之日起计算。

发明专利申请公布后至专利权授予前使用该发明未支付适当使用费的，专利权人要求支付使用费的诉讼时效为三年，自专利权人知道或者应当知道他人使用其发明之日起计算，但是，专利权人于专利权授予之日前即已知道或者应当知道的，自专利权授予之日起计算。

第七十五条 有下列情形之一的，不视为侵犯专利权：

(一)专利产品或者依照专利方法直接获得的产品，由专利权人或者经其许可的单位、个人售出后，使用、许诺销售、销售、进口该产品的；

(二)在专利申请日前已经制造相同产品、使用相同方法或者已经作好制造、使用的必要准备，并且仅在原有范围内继续制造、使用的；

(三)临时通过中国领陆、领水、领空的外国运输工具，依照其所属国同中国签订的协议或者共同参加的国际条约，或者依照互惠原则，为运输工具自身需要而在其装置和设备中使用有关专利的；

(四)专为科学研究和实验而使用有关专利的；

(五)为提供行政审批所需要的信息，制造、使用、进口专利药品或者专利医疗器械的，以及专门为其制造、进口专利药品或者专利医疗器械的。

第七十六条 药品上市审评审批过程中，药品上市许可申请人与有关专利权人或者利害关系人，因申请注册的药品相关的专利权产生纠纷的，相关当事人可以向人民法院起诉，请求就申请注册的药品相关技术方案是否落入他人药品专利权保护范围作出判决。国务院药品监督管理部门在规定的期限内，可以根据人民法院生效裁判作出是否暂停批准相关药品上市的决定。

药品上市许可申请人与有关专利权人或者利害关系人也可以就申请注册的药品相关的专利权纠纷，向国务院专利行政部门请求行政裁决。

国务院药品监督管理部门会同国务院专利行政部门制定药品上市许可审批与药品上市许可申请阶段专利权纠纷解决的具体衔接办法，报国务院同意后实施。

第七十七条 为生产经营目的使用、许诺销售或者销售不知道是未经专利权人许可而制造并售出的专利侵权产品，能证明该产品合法来源的，不承担赔偿责任。

第七十八条 违反本法第十九条规定向外国申请专利，泄露国家秘密的，由所在单位或者上级主管机关给予行政处分；构成犯罪的，依法追究刑事责任。

第七十九条 管理专利工作的部门不得参与向社会推荐专利产品等经营活动。

管理专利工作的部门违反前款规定的，由其上级机关或者监察机关责令改正，消除影响，有违法收入的予以没收；情节严重的，对直接负责的主管人员和其他直接责任人员依法给予处分。

第八十条 从事专利管理工作的国家机关工作人员以及其他有关国家机关工作人员玩忽职守、滥用职权、徇私舞弊，构成犯罪的，依法追究刑事责任；尚不构成犯罪的，依法给予处分。

第八章 附 则

第八十一条 向国务院专利行政部门申请专利和办理其他手续，应当按照规定缴纳费用。

第八十二条 本法自1985年4月1日起施行。

中华人民共和国专利法实施细则

· 2001年6月15日中华人民共和国国务院令第306号公布
· 根据2002年12月28日《国务院关于修改〈中华人民共和国专利法实施细则〉的决定》第一次修订
· 根据2010年1月9日《国务院关于修改〈中华人民共和国专利法实施细则〉的决定》第二次修订

第一章 总 则

第一条 根据《中华人民共和国专利法》（以下简称专利法），制定本细则。

第二条 专利法和本细则规定的各种手续，应当以书面形式或者国务院专利行政部门规定的其他形式办理。

第三条 依照专利法和本细则规定提交的各种文件应当使用中文；国家有统一规定的科技术语的，应当采用规范词；外国人名、地名和科技术语没有统一中文译文的，应当注明原文。

依照专利法和本细则规定提交的各种证件和证明文件是外文的，国务院专利行政部门认为必要时，可以要求当事人在指定期限内附送中文译文；期满未附送的，视为未提交该证件和证明文件。

第四条 向国务院专利行政部门邮寄的各种文件，以寄出的邮戳日为递交日；邮戳日不清晰的，除当事人能够提出证明外，以国务院专利行政部门收到日为递交日。

国务院专利行政部门的各种文件，可以通过邮寄、直接送交或者其他方式送达当事人。当事人委托专利代理机构的，文件送交专利代理机构；未委托专利代理机构的，文件送交请求书中指明的联系人。

国务院专利行政部门邮寄的各种文件，自文件发出之日起满15日，推定为当事人收到文件之日。

根据国务院专利行政部门规定应当直接送交的文件，以交付日为送达日。

文件送交地址不清，无法邮寄的，可以通过公告的方式送达当事人。自公告之日起满1个月，该文件视为已经送达。

第五条 专利法和本细则规定的各种期限的第一日不计算在期限内。期限以年或者月计算的，以其最后一月的相应日为期限届满日；该月无相应日的，以该月最后一日为期限届满日；期限届满日是法定休假日的，以休假日后的第一个工作日为期限届满日。

第六条 当事人因不可抗拒的事由而延误专利法或者本细则规定的期限或者国务院专利行政部门指定的期限，导致其权利丧失的，自障碍消除之日起2个月内，最迟自期限届满之日起2年内，可以向国务院专利行政部门请求恢复权利。

除前款规定的情形外，当事人因其他正当理由延误专利法或者本细则规定的期限或者国务院专利行政部门指定的期限，导致其权利丧失的，可以自收到国务院专利行政部门的通知之日起2个月内向国务院专利行政部门请求恢复权利。

当事人依照本条第一款或者第二款的规定请求恢复权利的，应当提交恢复权利请求书，说明理由，必要时附具有关证明文件，并办理权利丧失前应当办理的相应手续；依照本条第二款的规定请求恢复权利的，还应当缴纳恢复权利请求费。

当事人请求延长国务院专利行政部门指定的期限的，应当在期限届满前，向国务院专利行政部门说明理由并办理有关手续。

本条第一款和第二款的规定不适用专利法第二十四条、第二十九条、第四十二条、第六十八条规定的期限。

第七条 专利申请涉及国防利益需要保密的，由国防专利机构受理并进行审查；国务院专利行政部门受理的专利申请涉及国防利益需要保密的，应当及时移交国防专利机构进行审查。经国防专利机构审查没有发现驳回理由的，由国务院专利行政部门作出授予国防专利权的决定。

国务院专利行政部门认为其受理的发明或者实用新型专利申请涉及国防利益以外的国家安全或者重大利益需要保密的，应当及时作出按照保密专利申请处理的决定，并通知申请人。保密专利申请的审查、复审以及保密专利权无效宣告的特殊程序，由国务院专利行政部门规定。

第八条 专利法第二十条所称在中国完成的发明或者实用新型，是指技术方案的实质性内容在中国境内完成的发明或者实用新型。

任何单位或者个人将在中国完成的发明或者实用新型向外国申请专利的，应当按照下列方式之一请求国务院专利行政部门进行保密审查：

（一）直接向外国申请专利或者向有关国外机构提交专利国际申请的，应当事先向国务院专利行政部门提出请求，并详细说明其技术方案；

（二）向国务院专利行政部门申请专利后拟向外国申请专利或者向有关国外机构提交专利国际申请的，应当在向外国申请专利或者向有关国外机构提交专利国际申请前向国务院专利行政部门提出请求。

向国务院专利行政部门提交专利国际申请的，视为同时提出了保密审查请求。

第九条 国务院专利行政部门收到依照本细则第八条规定递交的请求后，经过审查认为该发明或者实用新型可能涉及国家安全或者重大利益需要保密的，应当及时向申请人发出保密审查通知；申请人未在其请求递交日起4个月内收到保密审查通知的，可以就该发明或者实用新型向外国申请专利或者向有关国外机构提交专利国际申请。

国务院专利行政部门依照前款规定通知进行保密审查的，应当及时作出是否需要保密的决定，并通知申请人。申请人未在其请求递交日起6个月内收到需要保密的决定的，可以就该发明或者实用新型向外国申请专利或者向有关国外机构提交专利国际申请。

第十条 专利法第五条所称违反法律的发明创造，不包括仅其实施为法律所禁止的发明创造。

第十一条 除专利法第二十八条和第四十二条规定的情形外，专利法所称申请日，有优先权的，指优先权日。

本细则所称申请日，除另有规定的外，是指专利法第二十八条规定的申请日。

第十二条 专利法第六条所称执行本单位的任务所完成的职务发明创造，是指：

（一）在本职工作中作出的发明创造；

（二）履行本单位交付的本职工作之外的任务所作出的发明创造；

（三）退休、调离原单位后或者劳动、人事关系终止后1年内作出的，与其在原单位承担的本职工作或者原单位分配的任务有关的发明创造。

专利法第六条所称本单位，包括临时工作单位；专利法第六条所称本单位的物质技术条件，是指本单位的资金、设备、零部件、原材料或者不对外公开的技术资料等。

第十三条 专利法所称发明人或者设计人，是指对发明创造的实质性特点作出创造性贡献的人。在完成发明创造过程中，只负责组织工作的人、为物质技术条件的利用提供方便的人或者从事其他辅助工作的人，不是发明人或者设计人。

第十四条 除依照专利法第十条规定转让专利权外，专利权因其他事由发生转移的，当事人应当凭有关证明文件或者法律文书向国务院专利行政部门办理专利权转移手续。

专利权人与他人订立的专利实施许可合同，应当自合同生效之日起3个月内向国务院专利行政部门备案。

以专利权出质的，由出质人和质权人共同向国务院专利行政部门办理出质登记。

第二章 专利的申请

第十五条 以书面形式申请专利的，应当向国务院专利行政部门提交申请文件一式两份。

以国务院专利行政部门规定的其他形式申请专利的，应当符合规定的要求。

申请人委托专利代理机构向国务院专利行政部门申请专利和办理其他专利事务的，应当同时提交委托书，写明委托权限。

申请人有2人以上且未委托专利代理机构的，除请求书中另有声明的外，以请求书中指明的第一申请人为代表人。

第十六条 发明、实用新型或者外观设计专利申请的请求书应当写明下列事项：

（一）发明、实用新型或者外观设计的名称；

（二）申请人是中国单位或者个人的，其名称或者姓名、地址、邮政编码、组织机构代码或者居民身份证件号码；申请人是外国人、外国企业或者外国其他组织的，其姓名或者名称、国籍或者注册的国家或者地区；

（三）发明人或者设计人的姓名；

（四）申请人委托专利代理机构的，受托机构的名称、机构代码以及该机构指定的专利代理人的姓名、执业证号码、联系电话；

（五）要求优先权的，申请人第一次提出专利申请（以下简称在先申请）的申请日、申请号以及原受理机构的名称；

（六）申请人或者专利代理机构的签字或者盖章；

（七）申请文件清单；

（八）附加文件清单；

（九）其他需要写明的有关事项。

第十七条 发明或者实用新型专利申请的说明书应当写明发明或者实用新型的名称，该名称应当与请求书中的名称一致。说明书应当包括下列内容：

（一）技术领域：写明要求保护的技术方案所属的技术领域；

（二）背景技术：写明对发明或者实用新型的理解、检索、审查有用的背景技术；有可能的，并引证反映这些背景技术的文件；

（三）发明内容：写明发明或者实用新型所要解决的技术问题以及解决其技术问题采用的技术方案，并对照现有技术写明发明或者实用新型的有益效果；

（四）附图说明：说明书有附图的，对各幅附图作简略说明；

（五）具体实施方式：详细写明申请人认为实现发明或者实用新型的优选方式；必要时，举例说明；有附图的，对照附图。

发明或者实用新型专利申请人应当按照前款规定的方式和顺序撰写说明书，并在说明书每一部分前面写明标题，除非其发明或者实用新型的性质用其他方式或者顺序撰写能节约说明书的篇幅并使他人能够准确理解其发明或者实用新型。

发明或者实用新型说明书应当用词规范、语句清楚，并不得使用"如权利要求……所述的……"一类的引用语，也不得使用商业性宣传用语。

发明专利申请包含一个或者多个核苷酸或者氨基酸序列的，说明书应当包括符合国务院专利行政部门规定的序列表。申请人应当将该序列表作为说明书的一个单独部分提交，并按照国务院专利行政部门的规定提交该序列表的计算机可读形式的副本。

实用新型专利申请说明书应当有表示要求保护的产品的形状、构造或者其结合的附图。

第十八条 发明或者实用新型的几幅附图应当按照"图1，图2，……"顺序编号排列。

发明或者实用新型说明书文字部分中未提及的附图标记不得在附图中出现，附图中未出现的附图标记不得在说明书文字部分中提及。申请文件中表示同一组成部分的附图标记应当一致。

附图中除必需的词语外，不应当含有其他注释。

第十九条 权利要求书应当记载发明或者实用新型的技术特征。

权利要求书有几项权利要求的，应当用阿拉伯数字顺序编号。

权利要求书中使用的科技术语应当与说明书中使用的科技术语一致，可以有化学式或者数学式，但是不得有插图。除绝对必要的外，不得使用"如说明书……部分所述"或者"如图……所示"的用语。

权利要求中的技术特征可以引用说明书附图中相应的标记，该标记应当放在相应的技术特征后并置于括号内，便于理解权利要求。附图标记不得解释为对权利要求的限制。

第二十条 权利要求书应当有独立权利要求，也可以有从属权利要求。

独立权利要求应当从整体上反映发明或者实用新型的技术方案，记载解决技术问题的必要技术特征。

从属权利要求应当用附加的技术特征，对引用的权利要求作进一步限定。

第二十一条 发明或者实用新型的独立权利要求应当包括前序部分和特征部分，按照下列规定撰写：

（一）前序部分：写明要求保护的发明或者实用新型技术方案的主题名称和发明或者实用新型主题与最接近的现有技术共有的必要技术特征；

（二）特征部分：使用"其特征是……"或者类似的用语，写明发明或者实用新型区别于最接近的现有技术的技术特征。这些特征和前序部分写明的特征合在一起，限定发明或者实用新型要求保护的范围。

发明或者实用新型的性质不适于用前款方式表达的，独立权利要求可以用其他方式撰写。

一项发明或者实用新型应当只有一个独立权利要求，并写在同一发明或者实用新型的从属权利要求之前。

第二十二条 发明或者实用新型的从属权利要求应当包括引用部分和限定部分，按照下列规定撰写：

（一）引用部分：写明引用的权利要求的编号及其主题名称；

（二）限定部分：写明发明或者实用新型附加的技术特征。

从属权利要求只能引用在前的权利要求。引用两项以上权利要求的多项从属权利要求,只能以择一方式引用在前的权利要求,并不得作为另一项多项从属权利要求的基础。

第二十三条 说明书摘要应当写明发明或者实用新型专利申请所公开内容的概要,即写明发明或者实用新型的名称和所属技术领域,并清楚地反映所要解决的技术问题、解决该问题的技术方案的要点以及主要用途。

说明书摘要可以包含最能说明发明的化学式;有附图的专利申请,还应当提供一幅最能说明该发明或者实用新型技术特征的附图。附图的大小及清晰度应当保证在该图缩小到4厘米×6厘米时,仍能清晰地分辨出图中的各个细节。摘要文字部分不得超过300个字。摘要中不得使用商业性宣传用语。

第二十四条 申请专利的发明涉及新的生物材料,该生物材料公众不能得到,并且对该生物材料的说明不足以使所属领域的技术人员实施其发明的,除应当符合专利法和本细则的有关规定外,申请人还应当办理下列手续:

(一)在申请日前或者最迟在申请日(有优先权的,指优先权日),将该生物材料的样品提交国务院专利行政部门认可的保藏单位保藏,并在申请时或者最迟自申请日起4个月内提交保藏单位出具的保藏证明和存活证明;期满未提交证明的,该样品视为未提交保藏;

(二)在申请文件中,提供有关该生物材料特征的资料;

(三)涉及生物材料样品保藏的专利申请应当在请求书和说明书中写明该生物材料的分类命名(注明拉丁文名称)、保藏该生物材料样品的单位名称、地址、保藏日期和保藏编号;申请时未写明的,应当自申请日起4个月内补正;期满未补正的,视为未提交保藏。

第二十五条 发明专利申请人依照本细则第二十四条的规定保藏生物材料样品的,在发明专利申请公布后,任何单位或者个人需要将该专利申请所涉及的生物材料作为实验目的使用的,应当向国务院专利行政部门提出请求,并写明下列事项:

(一)请求人的姓名或者名称和地址;

(二)不向其他任何人提供该生物材料的保证;

(三)在授予专利权前,只作为实验目的使用的保证。

第二十六条 专利法所称遗传资源,是指取自人体、动物、植物或者微生物等含有遗传功能单位并具有实际或者潜在价值的材料;专利法所称依赖遗传资源完成的发明创造,是指利用了遗传资源的遗传功能完成的发明创造。

就依赖遗传资源完成的发明创造申请专利的,申请人应当在请求书中予以说明,并填写国务院专利行政部门制定的表格。

第二十七条 申请人请求保护色彩的,应当提交彩色图片或者照片。

申请人应当就每件外观设计产品所需要保护的内容提交有关图片或者照片。

第二十八条 外观设计的简要说明应当写明外观设计产品的名称、用途,外观设计的设计要点,并指定一幅最能表明设计要点的图片或者照片。省略视图或者请求保护色彩的,应当在简要说明中写明。

对同一产品的多项相似外观设计提出一件外观设计专利申请的,应当在简要说明中指定其中一项作为基本设计。

简要说明不得使用商业性宣传用语,也不能用来说明产品的性能。

第二十九条 国务院专利行政部门认为必要时,可以要求外观设计专利申请人提交使用外观设计的产品样品或者模型。样品或者模型的体积不得超过30厘米×30厘米×30厘米,重量不得超过15公斤。易腐、易损或者危险品不得作为样品或者模型提交。

第三十条 专利法第二十四条第(一)项所称中国政府承认的国际展览会,是指国际展览会公约规定的在国际展览局注册或者由其认可的国际展览会。

专利法第二十四条第(二)项所称学术会议或者技术会议,是指国务院有关主管部门或者全国性学术团体组织召开的学术会议或者技术会议。

申请专利的发明创造有专利法第二十四条第(一)项或者第(二)项所列情形的,申请人应当在提出专利申请时声明,并自申请日起2个月内提交有关国际展览会或者学术会议、技术会议的组织单位出具的有关发明创造已经展出或者发表,以及展出或者发表日期的证明文件。

申请专利的发明创造有专利法第二十四条第(三)项所列情形的,国务院专利行政部门认为必要时,可以要求申请人在指定期限内提交证明文件。

申请人未依照本条第三款的规定提出声明和提交证明文件的,或者未依照本条第四款的规定在指定期限内提交证明文件的,其申请不适用专利法第二十四条的规定。

第三十一条 申请人依照专利法第三十条的规定要求外国优先权的,申请人提交的在先申请文件副本应当经原受理机构证明。依照国务院专利行政部门与该受理机构签订的协议,国务院专利行政部门通过电子交换等途径获得在先申请文件副本的,视为申请人提交了经该受理机构证明的在先申请文件副本。要求本国优先权,申请人在请求书中写明在先申请的申请日和申请号的,视为提交了在先申请文件副本。

要求优先权,但请求书中漏写或者错写在先申请的申请日、申请号和原受理机构名称中的一项或者两项内容的,国务院专利行政部门应当通知申请人在指定期限内补正;期满未补正的,视为未要求优先权。

要求优先权的申请人的姓名或者名称与在先申请文件副本中记载的申请人姓名或者名称不一致的,应当提交优先权转让证明材料,未提交该证明材料的,视为未要求优先权。

外观设计专利申请的申请人要求外国优先权,其在先申请未包括对外观设计的简要说明,申请人按照本细则第二十八条规定提交的简要说明未超出在先申请文件的图片或者照片表示的范围的,不影响其享有优先权。

第三十二条 申请人在一件专利申请中,可以要求一项或者多项优先权;要求多项优先权的,该申请的优先权期限从最早的优先权日起计算。

申请人要求本国优先权,在先申请是发明专利申请的,可以就相同主题提出发明或者实用新型专利申请;在先申请是实用新型专利申请的,可以就相同主题提出实用新型或者发明专利申请。但是,提出后一申请时,在先申请的主题有下列情形之一的,不得作为要求本国优先权的基础:

(一)已经要求外国优先权或者本国优先权的;
(二)已经被授予专利权的;
(三)属于按照规定提出的分案申请的。

申请人要求本国优先权的,其在先申请自后一申请提出之日起即视为撤回。

第三十三条 在中国没有经常居所或者营业所的申请人,申请专利或者要求外国优先权的,国务院专利行政部门认为必要时,可以要求其提供下列文件:

(一)申请人是个人的,其国籍证明;
(二)申请人是企业或者其他组织的,其注册的国家或者地区的证明文件;
(三)申请人的所属国,承认中国单位和个人可以按照该国国民的同等条件,在该国享有专利权、优先权和其他与专利有关的权利的证明文件。

第三十四条 依照专利法第三十一条第一款规定,可以作为一件专利申请提出的属于一个总的发明构思的两项以上的发明或者实用新型,应当在技术上相互关联,包含一个或者多个相同或者相应的特定技术特征,其中特定技术特征是指每一项发明或者实用新型作为整体,对现有技术作出贡献的技术特征。

第三十五条 依照专利法第三十一条第二款规定,将同一产品的多项相似外观设计作为一件申请提出的,对该产品的其他设计应当与简要说明中指定的基本设计相似。一件外观设计专利申请中的相似外观设计不得超过10项。

专利法第三十一条第二款所称同一类别并且成套出售或者使用的产品的两项以上外观设计,是指各产品属于分类表中同一大类,习惯上同时出售或者同时使用,而且各产品的外观设计具有相同的设计构思。

将两项以上外观设计作为一件申请提出的,应当将各项外观设计的顺序编号标注在每件外观设计产品各幅图片或者照片的名称之前。

第三十六条 申请人撤回专利申请的,应当向国务院专利行政部门提出声明,写明发明创造的名称、申请号和申请日。

撤回专利申请的声明在国务院专利行政部门作好公布专利申请文件的印刷准备工作后提出的,申请文件仍予公布;但是,撤回专利申请的声明应当在以后出版的专利公报上予以公告。

第三章 专利申请的审查和批准

第三十七条 在初步审查、实质审查、复审和无效宣告程序中,实施审查和审理的人员有下列情形之一的,应当自行回避,当事人或者其他利害关系人可以要求其回避:

(一)是当事人或者其代理人的近亲属的;
(二)与专利申请或者专利权有利害关系的;
(三)与当事人或者其代理人有其他关系,可能影响公正审查和审理的;
(四)专利复审委员会成员曾参与原申请的审查的。

第三十八条 国务院专利行政部门收到发明或者实用新型专利申请的请求书、说明书(实用新型必须包括附图)和权利要求书,或者外观设计专利申请的请求书、外观设计的图片或者照片和简要说明后,应当明确申请日、给予申请号,并通知申请人。

第三十九条 专利申请文件有下列情形之一的,国

务院专利行政部门不予受理,并通知申请人:

(一)发明或者实用新型专利申请缺少请求书、说明书(实用新型无附图)或者权利要求书,或者外观设计专利申请缺少请求书、图片或者照片、简要说明的;

(二)未使用中文的;

(三)不符合本细则第一百二十一条第一款规定的;

(四)请求书中缺少申请人姓名或者名称,或者缺少地址的;

(五)明显不符合专利法第十八条或者第十九条第一款的规定的;

(六)专利申请类别(发明、实用新型或者外观设计)不明确或者难以确定的。

第四十条 说明书中写有对附图的说明但无附图或者缺少部分附图的,申请人应当在国务院专利行政部门指定的期限内补交附图或者声明取消对附图的说明。申请人补交附图的,以向国务院专利行政部门提交或者邮寄附图之日为申请日;取消对附图的说明的,保留原申请日。

第四十一条 两个以上的申请人同日(指申请日;有优先权的,指优先权日)分别就同样的发明创造申请专利的,应当在收到国务院专利行政部门的通知后自行协商确定申请人。

同一申请人在同日(指申请日)对同样的发明创造既申请实用新型专利又申请发明专利的,应当在申请时分别说明对同样的发明创造已申请了另一专利;未作说明的,依照专利法第九条第一款关于同样的发明创造只能授予一项专利权的规定处理。

国务院专利行政部门公告授予实用新型专利权,应当公告申请人已依照本条第二款的规定同时申请了发明专利的说明。

发明专利申请经审查没有发现驳回理由,国务院专利行政部门应当通知申请人在规定期限内声明放弃实用新型专利权。申请人声明放弃的,国务院专利行政部门应当作出授予发明专利权的决定,并在公告授予发明专利权时一并公告申请人放弃实用新型专利权声明。申请人不同意放弃的,国务院专利行政部门应当驳回该发明专利申请;申请人期满未答复的,视为撤回该发明专利申请。

实用新型专利权自公告授予发明专利权之日起终止。

第四十二条 一件专利申请包括两项以上发明、实用新型或者外观设计的,申请人可以在本细则第五十四条第一款规定的期限届满前,向国务院专利行政部门提出分案申请;但是,专利申请已经被驳回、撤回或者视为撤回的,不能提出分案申请。

国务院专利行政部门认为一件专利申请不符合专利法第三十一条和本细则第三十四条或者第三十五条的规定的,应当通知申请人在指定期限内对其申请进行修改;申请人期满未答复的,该申请视为撤回。

分案的申请不得改变原申请的类别。

第四十三条 依照本细则第四十二条规定提出的分案申请,可以保留原申请日,享有优先权的,可以保留优先权日,但是不得超出原申请记载的范围。

分案申请应当依照专利法及本细则的规定办理有关手续。

分案申请的请求书中应当写明原申请的申请号和申请日。提交分案申请时,申请人应当提交原申请文件副本;原申请享有优先权的,并应当提交原申请的优先权文件副本。

第四十四条 专利法第三十四条和第四十条所称初步审查,是指审查专利申请是否具备专利法第二十六条或者第二十七条规定的文件和其他必要的文件,这些文件是否符合规定的格式,并审查下列各项:

(一)发明专利申请是否明显属于专利法第五条、第二十五条规定的情形,是否不符合专利法第十八条、第十九条第一款、第二十条第一款或者本细则第十六条、第二十六条第二款的规定,是否明显不符合专利法第二条第二款、第二十六条第五款、第三十一条第一款、第三十三条或者本细则第十七条至第二十一条的规定;

(二)实用新型专利申请是否明显属于专利法第五条、第二十五条规定的情形,是否不符合专利法第十八条、第十九条第一款、第二十条第一款或者本细则第十六条至第十九条、第二十一条至第二十三条的规定,是否明显不符合专利法第二条第三款、第二十二条第二款、第四款、第二十六条第三款、第四款、第三十一条第一款、第三十三条或者本细则第二十条、第四十三条第一款的规定,是否依照专利法第九条规定不能取得专利权;

(三)外观设计专利申请是否明显属于专利法第五条、第二十五条第一款第(六)项规定的情形,是否不符合专利法第十八条、第十九条第一款或者本细则第十六条、第二十七条、第二十八条的规定,是否明显不符合专利法第二条第四款、第二十三条第一款、第二十七条第二款、第三十一条第二款、第三十三条或者本细则第四十三条第一款的规定,是否依照专利法第九条规定不能取得专利权;

（四）申请文件是否符合本细则第二条、第三条第一款的规定。

国务院专利行政部门应当将审查意见通知申请人，要求其在指定期限内陈述意见或者补正；申请人期满未答复的，其申请视为撤回。申请人陈述意见或者补正后，国务院专利行政部门仍然认为不符合前款所列各项规定的，应当予以驳回。

第四十五条　除专利申请文件外，申请人向国务院专利行政部门提交的与专利申请有关的其他文件有下列情形之一的，视为未提交：

（一）未使用规定的格式或者填写不符合规定的；

（二）未按照规定提交证明材料的。

国务院专利行政部门应当将视为未提交的审查意见通知申请人。

第四十六条　申请人请求早日公布其发明专利申请的，应当向国务院专利行政部门声明。国务院专利行政部门对该申请进行初步审查后，除予以驳回的外，应当立即将申请予以公布。

第四十七条　申请人写明使用外观设计的产品及其所属类别的，应当使用国务院专利行政部门公布的外观设计产品分类表。未写明使用外观设计的产品所属类别或者所写的类别不确切的，国务院专利行政部门可以予以补充或者修改。

第四十八条　自发明专利申请公布之日起至公告授予专利权之日止，任何人均可以对不符合专利法规定的专利申请向国务院专利行政部门提出意见，并说明理由。

第四十九条　发明专利申请人因有正当理由无法提交专利法第三十六条规定的检索资料或者审查结果资料的，应当向国务院专利行政部门声明，并在得到有关资料后补交。

第五十条　国务院专利行政部门依照专利法第三十五条第二款的规定对专利申请自行进行审查时，应当通知申请人。

第五十一条　发明专利申请人在提出实质审查请求时以及在收到国务院专利行政部门发出的发明专利申请进入实质审查阶段通知书之日起的 3 个月内，可以对发明专利申请主动提出修改。

实用新型或者外观设计专利申请人自申请日起 2 个月内，可以对实用新型或者外观设计专利申请主动提出修改。

申请人在收到国务院专利行政部门发出的审查意见通知书后对专利申请文件进行修改的，应当针对通知书指出的缺陷进行修改。

国务院专利行政部门可以自行修改专利申请文件中文字和符号的明显错误。国务院专利行政部门自行修改的，应当通知申请人。

第五十二条　发明或者实用新型专利申请的说明书或者权利要求书的修改部分，除个别文字修改或者增删外，应当按照规定格式提交替换页。外观设计专利申请的图片或者照片的修改，应当按照规定提交替换页。

第五十三条　依照专利法第三十八条的规定，发明专利申请经实质审查应当予以驳回的情形是指：

（一）申请属于专利法第五条、第二十五条规定的情形，或者依照专利法第九条规定不能取得专利权的；

（二）申请不符合专利法第二条第二款、第二十条第一款、第二十二条、第二十六条第三款、第四款、第五款、第三十一条第一款或者本细则第二十条第二款规定的；

（三）申请的修改不符合专利法第三十三条规定，或者分案的申请不符合本细则第四十三条第一款的规定。

第五十四条　国务院专利行政部门发出授予专利权的通知后，申请人应当自收到通知之日起 2 个月内办理登记手续。申请人按期办理登记手续的，国务院专利行政部门应当授予专利权，颁发专利证书，并予以公告。

期满未办理登记手续的，视为放弃取得专利权的权利。

第五十五条　保密专利申请经审查没有发现驳回理由的，国务院专利行政部门应当作出授予保密专利权的决定，颁发保密专利证书，登记保密专利权的有关事项。

第五十六条　授予实用新型或者外观设计专利权的决定公告后，专利法第六十条规定的专利权人或者利害关系人可以请求国务院专利行政部门作出专利权评价报告。

请求作出专利权评价报告的，应当提交专利权评价报告请求书，写明专利号。每项请求应当限于一项专利权。

专利权评价报告请求书不符合规定的，国务院专利行政部门应当通知请求人在指定期限内补正；请求人期满未补正的，视为未提出请求。

第五十七条　国务院专利行政部门应当自收到专利权评价报告请求书后 2 个月内作出专利权评价报告。对同一项实用新型或者外观设计专利权，有多个请求人请求作出专利权评价报告的，国务院专利行政部门仅作出一份专利权评价报告。任何单位或者个人可以查阅或者复制该专利权评价报告。

第五十八条　国务院专利行政部门对专利公告、专利单行本中出现的错误,一经发现,应当及时更正,并对所作更正予以公告。

第四章　专利申请的复审与专利权的无效宣告

第五十九条　专利复审委员会由国务院专利行政部门指定的技术专家和法律专家组成,主任委员由国务院专利行政部门负责人兼任。

第六十条　依照专利法第四十一条的规定向专利复审委员会请求复审的,应当提交复审请求书,说明理由,必要时还应当附具有关证据。

复审请求不符合专利法第十九条第一款或者第四十一条第一款规定的,专利复审委员会不予受理,书面通知复审请求人并说明理由。

复审请求书不符合规定格式的,复审请求人应当在专利复审委员会指定的期限内补正;期满未补正的,该复审请求视为未提出。

第六十一条　请求人在提出复审请求或者在对专利复审委员会的复审通知书作出答复时,可以修改专利申请文件;但是,修改应当仅限于消除驳回决定或者复审通知书指出的缺陷。

修改的专利申请文件应当提交一式两份。

第六十二条　专利复审委员会应当将受理的复审请求书转交国务院专利行政部门原审查部门进行审查。原审查部门根据复审请求人的请求,同意撤销原决定的,专利复审委员会应当据此作出复审决定,并通知复审请求人。

第六十三条　专利复审委员会进行复审后,认为复审请求不符合专利法和本细则有关规定的,应当通知复审请求人,要求其在指定期限内陈述意见。期满未答复的,该复审请求视为撤回;经陈述意见或者进行修改后,专利复审委员会认为仍不符合专利法和本细则有关规定的,应当作出维持原驳回决定的复审决定。

专利复审委员会进行复审后,认为原驳回决定不符合专利法和本细则有关规定的,或者认为经过修改的专利申请文件消除了原驳回决定指出的缺陷的,应当撤销原驳回决定,由原审查部门继续进行审查程序。

第六十四条　复审请求人在专利复审委员会作出决定前,可以撤回其复审请求。

复审请求人在专利复审委员会作出决定前撤回其复审请求的,复审程序终止。

第六十五条　依照专利法第四十五条的规定,请求宣告专利权无效或者部分无效的,应当向专利复审委员会提交专利权无效宣告请求书和必要的证据一式两份。

无效宣告请求书应当结合提交的所有证据,具体说明无效宣告请求的理由,并指明每项理由所依据的证据。

前款所称无效宣告请求的理由,是指被授予专利的发明创造不符合专利法第二条、第二十条第一款、第二十二条、第二十三条、第二十六条第三款、第四款、第二十七条第二款、第三十三条或者本细则第二十条第二款、第四十三条第一款的规定,或者属于专利法第五条、第二十五条的规定,或者依照专利法第九条规定不能取得专利权。

第六十六条　专利权无效宣告请求不符合专利法第十九条第一款或者本细则第六十五条规定的,专利复审委员会不予受理。

在专利复审委员会就无效宣告请求作出决定之后,又以同样的理由和证据请求无效宣告的,专利复审委员会不予受理。

以不符合专利法第二十三条第三款的规定为理由请求宣告外观设计专利权无效,但是未提交证明权利冲突的证据的,专利复审委员会不予受理。

专利权无效宣告请求书不符合规定格式的,无效宣告请求人应当在专利复审委员会指定的期限内补正;期满未补正的,该无效宣告请求视为未提出。

第六十七条　在专利复审委员会受理无效宣告请求后,请求人可以在提出无效宣告请求之日起1个月内增加理由或者补充证据。逾期增加理由或者补充证据的,专利复审委员会可以不予考虑。

第六十八条　专利复审委员会应当将专利权无效宣告请求书和有关文件的副本送交专利权人,要求其在指定的期限内陈述意见。

专利权人和无效宣告请求人应当在指定期限内答复专利复审委员会发出的转送文件通知书或者无效宣告请求审查通知书;期满未答复的,不影响专利复审委员会审理。

第六十九条　在无效宣告请求的审查过程中,发明或者实用新型专利的专利权人可以修改其权利要求书,但是不得扩大原专利的保护范围。

发明或者实用新型专利的专利权人不得修改专利说明书和附图,外观设计专利的专利权人不得修改图片、照片和简要说明。

第七十条　专利复审委员会根据当事人的请求或者案情需要,可以决定对无效宣告请求进行口头审理。

专利复审委员会决定对无效宣告请求进行口头审理的,应当向当事人发出口头审理通知书,告知举行口头审理的日期和地点。当事人应当在通知书指定的期限内作出答复。

无效宣告请求人对专利复审委员会发出的口头审理通知书在指定的期限内未作答复，并且不参加口头审理的，其无效宣告请求视为撤回；专利权人不参加口头审理的，可以缺席审理。

第七十一条 在无效宣告请求审查程序中，专利复审委员会指定的期限不得延长。

第七十二条 专利复审委员会对无效宣告的请求作出决定前，无效宣告请求人可以撤回其请求。

专利复审委员会作出决定之前，无效宣告请求人撤回其请求或者其无效宣告请求被视为撤回的，无效宣告请求审查程序终止。但是，专利复审委员会认为根据已进行的审查工作能够作出宣告专利权无效或者部分无效的决定的，不终止审查程序。

第五章　专利实施的强制许可

第七十三条 专利法第四十八条第（一）项所称未充分实施其专利，是指专利权人及其被许可人实施其专利的方式或者规模不能满足国内对专利产品或者专利方法的需求。

专利法第五十条所称取得专利权的药品，是指解决公共健康问题所需的医药领域中的任何专利产品或者依照专利方法直接获得的产品，包括取得专利权的制造该产品所需的活性成分以及使用该产品所需的诊断用品。

第七十四条 请求给予强制许可的，应当向国务院专利行政部门提交强制许可请求书，说明理由并附具有关证明文件。

国务院专利行政部门应当将强制许可请求书的副本送交专利权人，专利权人应当在国务院专利行政部门指定的期限内陈述意见；期满未答复的，不影响国务院专利行政部门作出决定。

国务院专利行政部门在作出驳回强制许可请求的决定或者给予强制许可的决定前，应当通知请求人和专利权人拟作出的决定及其理由。

国务院专利行政部门依照专利法第五十条的规定作出给予强制许可的决定，应当同时符合中国缔结或者参加的有关国际条约关于为了解决公共健康问题而给予强制许可的规定，但中国作出保留的除外。

第七十五条 依照专利法第五十七条的规定，请求国务院专利行政部门裁决使用费数额的，当事人应当提出裁决请求书，并附具双方不能达成协议的证明文件。国务院专利行政部门应当自收到请求书之日起3个月内作出裁决，并通知当事人。

第六章　对职务发明创造的发明人 或者设计人的奖励和报酬

第七十六条 被授予专利权的单位可以与发明人、设计人约定或者在其依法制定的规章制度中规定专利法第十六条规定的奖励、报酬的方式和数额。

企业、事业单位给予发明人或者设计人的奖励、报酬，按照国家有关财务、会计制度的规定进行处理。

第七十七条 被授予专利权的单位未与发明人、设计人约定也未在其依法制定的规章制度中规定专利法第十六条规定的奖励的方式和数额的，应当自专利权公告之日起3个月内发给发明人或者设计人奖金。一项发明专利的奖金最低不少于3000元；一项实用新型专利或者外观设计专利的奖金最低不少于1000元。

由于发明人或者设计人的建议被其所属单位采纳而完成的发明创造，被授予专利权的单位应当从优发给奖金。

第七十八条 被授予专利权的单位未与发明人、设计人约定也未在其依法制定的规章制度中规定专利法第十六条规定的报酬的方式和数额的，在专利权有效期限内，实施发明创造专利后，每年应当从实施该项发明或者实用新型专利的营业利润中提取不低于2%或者从实施该项外观设计专利的营业利润中提取不低于0.2%，作为报酬给予发明人或者设计人，或者参照上述比例，给予发明人或者设计人一次性报酬；被授予专利权的单位许可其他单位或者个人实施其专利的，应当从收取的使用费中提取不低于10%，作为报酬给予发明人或者设计人。

第七章　专利权的保护

第七十九条 专利法和本细则所称管理专利工作的部门，是指由省、自治区、直辖市人民政府以及专利管理工作量大又有实际处理能力的设区的市人民政府设立的管理专利工作的部门。

第八十条 国务院专利行政部门应当对管理专利工作的部门处理专利侵权纠纷、查处假冒专利行为、调解专利纠纷进行业务指导。

第八十一条 当事人请求处理专利侵权纠纷或者调解专利纠纷的，由被请求人所在地或者侵权行为地的管理专利工作的部门管辖。

两个以上管理专利工作的部门都有管辖权的专利纠纷，当事人可以向其中一个管理专利工作的部门提出请求；当事人向两个以上有管辖权的管理专利工作的部门提出请求的，由最先受理的管理专利工作的部门管辖。

管理专利工作的部门对管辖权发生争议的，由其共同的上级人民政府管理专利工作的部门指定管辖；无共同上级人民政府管理专利工作的部门的，由国务院专利行政部门指定管辖。

第八十二条　在处理专利侵权纠纷过程中，被请求人提出无效宣告请求并被专利复审委员会受理的，可以请求管理专利工作的部门中止处理。

管理专利工作的部门认为被请求人提出的中止理由明显不能成立的，可以不中止处理。

第八十三条　专利权人依照专利法第十七条的规定，在其专利产品或者该产品的包装上标明专利标识的，应当按照国务院专利行政部门规定的方式予以标明。

专利标识不符合前款规定的，由管理专利工作的部门责令改正。

第八十四条　下列行为属于专利法第六十三条规定的假冒专利的行为：

（一）在未被授予专利权的产品或者其包装上标注专利标识，专利权被宣告无效后或者终止后继续在产品或者其包装上标注专利标识，或者未经许可在产品或者产品包装上标注他人的专利号的；

（二）销售第（一）项所述产品；

（三）在产品说明书等材料中将未被授予专利权的技术或者设计称为专利技术或者专利设计，将专利申请称为专利，或者未经许可使用他人的专利号，使公众将所涉及的技术或者设计误认为是专利技术或者专利设计；

（四）伪造或者变造专利证书、专利文件或者专利申请文件；

（五）其他使公众混淆，将未被授予专利权的技术或者设计误认为是专利技术或者专利设计的行为。

专利权终止前依法在专利产品、依照专利方法直接获得的产品或者其包装上标注专利标识，在专利权终止后许诺销售、销售该产品的，不属于假冒专利行为。

销售不知道是假冒专利的产品，并且能够证明该产品合法来源的，由管理专利工作的部门责令停止销售，但免除罚款的处罚。

第八十五条　除专利法第六十条规定的外，管理专利工作的部门应当事人请求，可以对下列专利纠纷进行调解：

（一）专利申请权和专利权归属纠纷；

（二）发明人、设计人资格纠纷；

（三）职务发明创造的发明人、设计人的奖励和报酬纠纷；

（四）在发明专利申请公布后专利权授予前使用发明而未支付适当费用的纠纷；

（五）其他专利纠纷。

对于前款第（四）项所列的纠纷，当事人请求管理专利工作的部门调解的，应当在专利权被授予之后提出。

第八十六条　当事人因专利申请权或者专利权的归属发生纠纷，已请求管理专利工作的部门调解或者向人民法院起诉的，可以请求国务院专利行政部门中止有关程序。

依照前款规定请求中止有关程序的，应当向国务院专利行政部门提交请求书，并附具管理专利工作的部门或者人民法院的写明申请号或者专利号的有关受理文件副本。

管理专利工作的部门作出的调解书或者人民法院作出的判决生效后，当事人应当向国务院专利行政部门办理恢复有关程序的手续。自请求中止之日起1年内，有关专利申请权或者专利权归属的纠纷未能结案，需要继续中止有关程序的，请求人应当在该期限内请求延长中止。期满未请求延长的，国务院专利行政部门自行恢复有关程序。

第八十七条　人民法院在审理民事案件中裁定对专利申请权或者专利权采取保全措施的，国务院专利行政部门应当在收到写明申请号或者专利号的裁定书和协助执行通知书之日中止被保全的专利申请权或者专利权的有关程序。保全期限届满，人民法院没有裁定继续采取保全措施的，国务院专利行政部门自行恢复有关程序。

第八十八条　国务院专利行政部门根据本细则第八十六条和第八十七条规定中止有关程序，是指暂停专利申请的初步审查、实质审查、复审程序，授予专利权程序和专利权无效宣告程序；暂停办理放弃、变更、转移专利权或者专利申请权手续，专利权质押手续以及专利权期限届满前的终止手续等。

第八章　专利登记和专利公报

第八十九条　国务院专利行政部门设置专利登记簿，登记下列与专利申请和专利权有关的事项：

（一）专利权的授予；

（二）专利申请权、专利权的转移；

（三）专利权的质押、保全及其解除；

（四）专利实施许可合同的备案；

（五）专利权的无效宣告；

（六）专利权的终止；

（七）专利权的恢复；

（八）专利实施的强制许可；
（九）专利权人的姓名或者名称、国籍和地址的变更。

第九十条 国务院专利行政部门定期出版专利公报，公布或者公告下列内容：

（一）发明专利申请的著录事项和说明书摘要；

（二）发明专利申请的实质审查请求和国务院专利行政部门对发明专利申请自行进行实质审查的决定；

（三）发明专利申请公布后的驳回、撤回、视为撤回、视为放弃、恢复和转移；

（四）专利权的授予以及专利权的著录事项；

（五）发明或者实用新型专利的说明书摘要，外观设计专利的一幅图片或者照片；

（六）国防专利、保密专利的解密；

（七）专利权的无效宣告；

（八）专利权的终止、恢复；

（九）专利权的转移；

（十）专利实施许可合同的备案；

（十一）专利权的质押、保全及其解除；

（十二）专利实施的强制许可的给予；

（十三）专利权人的姓名或者名称、地址的变更；

（十四）文件的公告送达；

（十五）国务院专利行政部门作出的更正；

（十六）其他有关事项。

第九十一条 国务院专利行政部门应当提供专利公报、发明专利申请单行本以及发明专利、实用新型专利、外观设计专利单行本，供公众免费查阅。

第九十二条 国务院专利行政部门负责按照互惠原则与其他国家、地区的专利机关或者区域性专利组织交换专利文献。

第九章　费　用

第九十三条 向国务院专利行政部门申请专利和办理其他手续时，应当缴纳下列费用：

（一）申请费、申请附加费、公布印刷费、优先权要求费；

（二）发明专利申请实质审查费、复审费；

（三）专利登记费、公告印刷费、年费；

（四）恢复权利请求费、延长期限请求费；

（五）著录事项变更费、专利权评价报告请求费、无效宣告请求费。

前款所列各种费用的缴纳标准，由国务院价格管理部门、财政部门会同国务院专利行政部门规定。

第九十四条 专利法和本细则规定的各种费用，可以直接向国务院专利行政部门缴纳，也可以通过邮局或者银行汇付，或者以国务院专利行政部门规定的其他方式缴纳。

通过邮局或者银行汇付的，应当在送交国务院专利行政部门的汇单上写明正确的申请号或者专利号以及缴纳的费用名称。不符合本款规定的，视为未办理缴费手续。

直接向国务院专利行政部门缴纳费用的，以缴纳当日为缴费日；以邮局汇付方式缴纳费用的，以邮局汇出的邮戳日为缴费日；以银行汇付方式缴纳费用的，以银行实际汇出日为缴费日。

多缴、重缴、错缴专利费用的，当事人可以自缴费日起3年内，向国务院专利行政部门提出退款请求，国务院专利行政部门应当予以退还。

第九十五条 申请人应当自申请日起2个月内或者在收到受理通知书之日起15日内缴纳申请费、公布印刷费和必要的申请附加费；期满未缴纳或者未缴足的，其申请视为撤回。

申请人要求优先权的，应当在缴纳申请费的同时缴纳优先权要求费；期满未缴纳或者未缴足的，视为未要求优先权。

第九十六条 当事人请求实质审查或者复审的，应当在专利法及本细则规定的相关期限内缴纳费用；期满未缴纳或者未缴足的，视为未提出请求。

第九十七条 申请人办理登记手续时，应当缴纳专利登记费、公告印刷费和授予专利权当年的年费；期满未缴纳或者未缴足的，视为未办理登记手续。

第九十八条 授予专利权当年以后的年费应当在上一年度期满前缴纳。专利权人未缴纳或者未缴足的，国务院专利行政部门应当通知专利权人自应当缴纳年费期满之日起6个月内补缴，同时缴纳滞纳金；滞纳金的金额按照每超过规定的缴费时间1个月，加收当年全额年费的5%计算；期满未缴纳的，专利权自应当缴纳年费期满之日起终止。

第九十九条 恢复权利请求费应当在本细则规定的相关期限内缴纳；期满未缴纳或者未缴足的，视为未提出请求。

延长期限请求费应当在相应期限届满之日前缴纳；期满未缴纳或者未缴足的，视为未提出请求。

著录事项变更费、专利权评价报告请求费、无效宣告请求费应当自提出请求之日起1个月内缴纳；期满未缴纳或者未缴足的，视为未提出请求。

第一百条 申请人或者专利权人缴纳本细则规定的各种费用有困难的，可以按照规定向国务院专利行政部门提出减缴或者缓缴的请求。减缴或者缓缴的办法由国务院财政部门会同国务院价格管理部门、国务院专利行政部门规定。

第十章 关于国际申请的特别规定

第一百零一条 国务院专利行政部门根据专利法第二十条规定,受理按照专利合作条约提出的专利国际申请。

按照专利合作条约提出并指定中国的专利国际申请(以下简称国际申请)进入国务院专利行政部门处理阶段(以下称进入中国国家阶段)的条件和程序适用本章的规定;本章没有规定的,适用专利法及本细则其他各章的有关规定。

第一百零二条 按照专利合作条约已确定国际申请日并指定中国的国际申请,视为向国务院专利行政部门提出的专利申请,该国际申请日视为专利法第二十八条所称的申请日。

第一百零三条 国际申请的申请人应当在专利合作条约第二条所称的优先权日(本章简称优先权日)起30个月内,向国务院专利行政部门办理进入中国国家阶段的手续;申请人未在该期限内办理该手续的,在缴纳宽限费后,可以在自优先权日起32个月内办理进入中国国家阶段的手续。

第一百零四条 申请人依照本细则第一百零三条的规定办理进入中国国家阶段的手续的,应当符合下列要求:

(一)以中文提交进入中国国家阶段的书面声明,写明国际申请号和要求获得的专利权类型;

(二)缴纳本细则第九十三条第一款规定的申请费、公布印刷费,必要时缴纳本细则第一百零三条规定的宽限费;

(三)国际申请以外文提出的,提交原始国际申请的说明书和权利要求书的中文译文;

(四)在进入中国国家阶段的书面声明中写明发明创造的名称,申请人姓名或者名称、地址和发明人的姓名,上述内容应当与世界知识产权组织国际局(以下简称国际局)的记录一致;国际申请中未写明发明人的,在上述声明中写明发明人的姓名;

(五)国际申请以外文提出的,提交摘要的中文译文,有附图和摘要附图的,提交附图副本和摘要附图副本,附图中有文字的,将其替换为对应的中文文字;国际申请以中文提出的,提交国际公布文件中的摘要和摘要附图副本;

(六)在国际阶段向国际局已办理申请人变更手续的,提供变更后的申请人享有申请权的证明材料;

(七)必要时缴纳本细则第九十三条第一款规定的申请附加费。

符合本条第一款第(一)项至第(三)项要求的,国务院专利行政部门应当给予申请号,明确国际申请进入中国国家阶段的日期(以下简称进入日),并通知申请人其国际申请已进入中国国家阶段。

国际申请已进入中国国家阶段,但不符合本条第一款第(四)项至第(七)项要求的,国务院专利行政部门应当通知申请人在指定期限内补正;期满未补正的,其申请视为撤回。

第一百零五条 国际申请有下列情形之一的,其在中国的效力终止:

(一)在国际阶段,国际申请被撤回或者被视为撤回,或者国际申请对中国的指定被撤回的;

(二)申请人未在优先权日起32个月内按照本细则第一百零三条规定办理进入中国国家阶段手续的;

(三)申请人办理进入中国国家阶段的手续,但自优先权日起32个月期限届满仍不符合本细则第一百零四条第(一)项至第(三)项要求的。

依照前款第(一)项的规定,国际申请在中国的效力终止的,不适用本细则第六条的规定;依照前款第(二)项、第(三)项的规定,国际申请在中国的效力终止的,不适用本细则第六条第二款的规定。

第一百零六条 国际申请在国际阶段作过修改,申请人要求以经修改的申请文件为基础进行审查的,应当自进入日起2个月内提交修改部分的中文译文。在该期间内未提交中文译文的,对申请人在国际阶段提出的修改,国务院专利行政部门不予考虑。

第一百零七条 国际申请涉及的发明创造有专利法第二十四条第(一)项或者第(二)项所列情形之一,在提出国际申请时作过声明的,申请人应当在进入中国国家阶段的书面声明中予以说明,并自进入日起2个月内提交本细则第三十条第三款规定的有关证明文件;未予说明或者期满未提交证明文件的,其申请不适用专利法第二十四条的规定。

第一百零八条 申请人按照专利合作条约的规定,对生物材料样品的保藏已作出说明的,视为已经满足了本细则第二十四条第(三)项的要求。申请人应当在进入中国国家阶段声明中指明记载生物材料样品保藏事项的文件以及在该文件中的具体记载位置。

申请人在原始提交的国际申请的说明书中已记载生

物材料样品保藏事项,但是没有在进入中国国家阶段声明中指明的,应当自进入日起4个月内补正。期满未补正的,该生物材料视为未提交保藏。

申请人自进入日起4个月内向国务院专利行政部门提交生物材料样品保藏证明和存活证明的,视为在本细则第二十四条第(一)项规定的期限内提交。

第一百零九条 国际申请涉及的发明创造依赖遗传资源完成的,申请人应当在国际申请进入中国国家阶段的书面声明中予以说明,并填写国务院专利行政部门制定的表格。

第一百一十条 申请人在国际阶段已要求一项或者多项优先权,在进入中国国家阶段时该优先权要求继续有效的,视为已经依照专利法第三十条的规定提出了书面声明。

申请人应当自进入日起2个月内缴纳优先权要求费;期满未缴纳或者未缴足的,视为未要求该优先权。

申请人在国际阶段已依照专利合作条约的规定,提交过在先申请文件副本的,办理进入中国国家阶段手续时不需要向国务院专利行政部门提交在先申请文件副本。申请人在国际阶段未提交在先申请文件副本的,国务院专利行政部门认为必要时,可以通知申请人在指定期限内补交;申请人期满未补交的,其优先权要求视为未提出。

第一百一十一条 在优先权日起30个月期满前要求国务院专利行政部门提前处理和审查国际申请的,申请人除应当办理进入中国国家阶段手续外,还应当依照专利合作条约第二十三条第二款规定提出请求。国际局尚未向国务院专利行政部门传送国际申请的,申请人应当提交经确认的国际申请副本。

第一百一十二条 要求获得实用新型专利权的国际申请,申请人可以自进入日起2个月内对专利申请文件主动提出修改。

要求获得发明专利权的国际申请,适用本细则第五十一条第一款的规定。

第一百一十三条 申请人发现提交的说明书、权利要求书或者附图中的文字的中文译文存在错误的,可以在下列规定期限内依照原始国际申请文本提出改正:

(一)在国务院专利行政部门作好公布发明专利申请或者公告实用新型专利权的准备工作之前;

(二)在收到国务院专利行政部门发出的发明专利申请进入实质审查阶段通知书之日起3个月内。

申请人改正译文错误的,应当提出书面请求并缴纳规定的译文改正费。

申请人按照国务院专利行政部门的通知书的要求改正译文的,应当在指定期限内办理本条第二款规定的手续;期满未办理规定手续的,该申请视为撤回。

第一百一十四条 对要求获得发明专利权的国际申请,国务院专利行政部门经初步审查认为符合专利法和本细则有关规定的,应当在专利公报上予以公布;国际申请以中文以外的文字提出的,应当公布申请文件的中文译文。

要求获得发明专利权的国际申请,由国际局以中文进行国际公布的,自国际公布日起适用专利法第十三条的规定;由国际局以中文以外的文字进行国际公布的,自国务院专利行政部门公布之日起适用专利法第十三条的规定。

对国际申请,专利法第二十一条和第二十二条中所称的公布是指本条第一款所规定的公布。

第一百一十五条 国际申请包含两项以上发明或者实用新型的,申请人可以自进入日起,依照本细则第四十二条第一款的规定提出分案申请。

在国际阶段,国际检索单位或者国际初步审查单位认为国际申请不符合专利合作条约规定的单一性要求时,申请人未按照规定缴纳附加费,导致国际申请某些部分未经国际检索或者未经国际初步审查,在进入中国国家阶段时,申请人要求将所述部分作为审查基础,国务院专利行政部门认为国际检索单位或者国际初步审查单位对发明单一性的判断正确的,应当通知申请人在指定期限内缴纳单一性恢复费。期满未缴纳或者未足额缴纳的,国际申请中未经检索或者未经国际初步审查的部分视为撤回。

第一百一十六条 国际申请在国际阶段被有关国际单位拒绝给予国际申请日或者宣布视为撤回的,申请人在收到通知之日起2个月内,可以请求国际局将国际申请档案中任何文件的副本转交国务院专利行政部门,并在该期限向国务院专利行政部门办理本细则第一百零三条规定的手续,国务院专利行政部门应当在接到国际局传送的文件后,对国际单位作出的决定是否正确进行复查。

第一百一十七条 基于国际申请授予的专利权,由于译文错误,致使依照专利法第五十九条规定确定的保护范围超出国际申请的原文所表达的范围的,以依据原文限制后的保护范围为准;致使保护范围小于国际申请的原文所表达的范围的,以授权时的保护范围为准。

第十一章 附 则

第一百一十八条 经国务院专利行政部门同意，任何人均可以查阅或者复制已经公布或者公告的专利申请的案卷和专利登记簿，并可以请求国务院专利行政部门出具专利登记簿副本。

已视为撤回、驳回和主动撤回的专利申请的案卷，自该专利申请失效之日起满2年后不予保存。

已放弃、宣告全部无效和终止的专利权的案卷，自该专利权失效之日起满3年后不予保存。

第一百一十九条 向国务院专利行政部门提交申请文件或者办理各种手续，应当由申请人、专利权人、其他利害关系人或者其代表人签字或者盖章；委托专利代理机构的，由专利代理机构盖章。

请求变更发明人姓名、专利申请人和专利权人的姓名或者名称、国籍和地址、专利代理机构的名称、地址和代理人姓名的，应当向国务院专利行政部门办理著录事项变更手续，并附具变更理由的证明材料。

第一百二十条 向国务院专利行政部门邮寄有关申请或者专利权的文件，应当使用挂号信函，不得使用包裹。

除首次提交专利申请文件外，向国务院专利行政部门提交各种文件、办理各种手续的，应当标明申请号或者专利号、发明创造名称和申请人或者专利权人姓名或者名称。

一件信函中应当只包含同一申请的文件。

第一百二十一条 各类申请文件应当打字或者印刷，字迹呈黑色，整齐清晰，并不得涂改。附图应当用制图工具和黑色墨水绘制，线条应当均匀清晰，并不得涂改。

请求书、说明书、权利要求书、附图和摘要应当分别用阿拉伯数字顺序编号。

申请文件的文字部分应当横向书写。纸张限于单面使用。

第一百二十二条 国务院专利行政部门根据专利法和本细则制定专利审查指南。

第一百二十三条 本细则自2001年7月1日起施行。1992年12月12日国务院批准修订、1992年12月21日中国专利局发布的《中华人民共和国专利法实施细则》同时废止。

专利实施强制许可办法

·2012年3月15日国家知识产权局令第64号公布
·自2012年5月1日起施行

第一章 总 则

第一条 为了规范实施发明专利或者实用新型专利的强制许可（以下简称强制许可）的给予、费用裁决和终止程序，根据《中华人民共和国专利法》（以下简称专利法）、《中华人民共和国专利法实施细则》及有关法律法规，制定本办法。

第二条 国家知识产权局负责受理和审查强制许可请求、强制许可使用费裁决请求和终止强制许可请求并作出决定。

第三条 请求给予强制许可、请求裁决强制许可使用费和请求终止强制许可，应当使用中文以书面形式办理。

依照本办法提交的各种证件、证明文件是外文的，国家知识产权局认为必要时，可以要求当事人在指定期限内附送中文译文；期满未附送的，视为未提交该证件、证明文件。

第四条 在中国没有经常居所或者营业所的外国人、外国企业或者外国其他组织办理强制许可事务的，应当委托依法设立的专利代理机构办理。

当事人委托专利代理机构办理强制许可事务的，应当提交委托书，写明委托权限。一方当事人有两个以上且未委托专利代理机构的，除另有声明外，以提交的书面文件中指明的第一当事人为该方代表人。

第二章 强制许可请求的提出与受理

第五条 专利权人自专利权被授予之日起满3年，且自提出专利申请之日起满4年，无正当理由未实施或者未充分实施其专利的，具备实施条件的单位或者个人可以根据专利法第四十八条第一项的规定，请求给予强制许可。

专利权人行使专利权的行为被依法认定为垄断行为的，为消除或者减少该行为对竞争产生的不利影响，具备实施条件的单位或者个人可以根据专利法第四十八条第二项的规定，请求给予强制许可。

第六条 在国家出现紧急状态或者非常情况时，或者为了公共利益的目的，国务院有关主管部门可以根据专利法第四十九条的规定，建议国家知识产权局给予其指定的具备实施条件的单位强制许可。

第七条 为了公共健康目的，具备实施条件的单位可以根据专利法第五十条的规定，请求给予制造取得专利权的药品并将其出口到下列国家或者地区的强制许可：

（一）最不发达国家或者地区；

（二）依照有关国际条约通知世界贸易组织表明希望作为进口方的该组织的发达成员或者发展中成员。

第八条 一项取得专利权的发明或者实用新型比前已经取得专利权的发明或者实用新型具有显著经济意义的重大技术进步，其实施又有赖于前一发明或者实用新型的实施的，该专利权人可以根据专利法第五十一条的规定请求给予实施前一专利的强制许可。国家知识产权局给予实施前一专利的强制许可的，前一专利权人也可以请求给予实施后一专利的强制许可。

第九条 请求给予强制许可的，应当提交强制许可请求书，写明下列各项：

（一）请求人的姓名或者名称、地址、邮政编码、联系人及电话；

（二）请求人的国籍或者注册的国家或者地区；

（三）请求给予强制许可的发明专利或者实用新型专利的名称、专利号、申请日、授权公告日，以及专利权人的姓名或者名称；

（四）请求给予强制许可的理由和事实、期限；

（五）请求人委托专利代理机构的，受托机构的名称、机构代码以及该机构指定的代理人的姓名、执业证号码、联系电话；

（六）请求人的签字或者盖章；委托专利代理机构的，还应当有该机构的盖章；

（七）附加文件清单；

（八）其他需要注明的事项。

请求书及其附加文件应当一式两份。

第十条 强制许可请求涉及两个或者两个以上的专利权人的，请求人应当按专利权人的数量提交请求书及其附加文件副本。

第十一条 根据专利法第四十八条第一项或者第五十一条的规定请求给予强制许可的，请求人应当提供证据，证明其以合理的条件请求专利权人许可其实施专利，但未能在合理的时间内获得许可。

根据专利法第四十八条第二项的规定请求给予强制许可的，请求人应当提交已经生效的司法机关或者反垄断执法机构依法将专利权人行使专利权的行为认定为垄断行为的判决或者决定。

第十二条 国务院有关主管部门根据专利法第四十九条建议给予强制许可的，应当指明下列各项：

（一）国家出现紧急状态或者非常情况，或者为了公共利益目的的需要给予强制许可；

（二）建议给予强制许可的发明专利或者实用新型专利的名称、专利号、申请日、授权公告日，以及专利权人的姓名或者名称；

（三）建议给予强制许可的期限；

（四）指定的具备实施条件的单位名称、地址、邮政编码、联系人及电话；

（五）其他需要注明的事项。

第十三条 根据专利法第五十条的规定请求给予强制许可的，请求人应当提供进口方及其所需药品和给予强制许可的有关信息。

第十四条 强制许可请求有下列情形之一的，不予受理并通知请求人：

（一）请求给予强制许可的发明专利或者实用新型专利的专利号不明确或者难以确定；

（二）请求文件未使用中文；

（三）明显不具备请求强制许可的理由；

（四）请求给予强制许可的专利权已经终止或者被宣告无效。

第十五条 请求文件不符合本办法第四条、第九条、第十条规定的，请求人应当自收到通知之日起15日内进行补正。期满未补正的，该请求视为未提出。

第十六条 国家知识产权局受理强制许可请求的，应当及时将请求书副本送交专利权人。除另有指定的外，专利权人应当自收到通知之日起15日内陈述意见；期满未答复的，不影响国家知识产权局作出决定。

第三章 强制许可请求的审查和决定

第十七条 国家知识产权局应当对请求人陈述的理由、提供的信息和提交的有关证明文件以及专利权人陈述的意见进行审查；需要实地核查的，应当指派两名以上工作人员实地核查。

第十八条 请求人或者专利权人要求听证的，由国家知识产权局组织听证。

国家知识产权局应当在举行听证7日前通知请求人、专利权人和其他利害关系人。

除涉及国家秘密、商业秘密或者个人隐私外，听证公开进行。

举行听证时，请求人、专利权人和其他利害关系人可以进行申辩和质证。

举行听证时应当制作听证笔录，交听证参加人员确认无误后签字或者盖章。

根据专利法第四十九条或者第五十条的规定建议或者请求给予强制许可的，不适用听证程序。

第十九条 请求人在国家知识产权局作出决定前撤回其请求的，强制许可请求的审查程序终止。

在国家知识产权局作出决定前，请求人与专利权人订立了专利实施许可合同的，应当及时通知国家知识产权局，并撤回其强制许可请求。

第二十条 经审查认为强制许可请求有下列情形之一的，国家知识产权局应当作出驳回强制许可请求的决定：

（一）请求人不符合本办法第四条、第五条、第七条或者第八条的规定；

（二）请求给予强制许可的理由不符合专利法第四十八条、第五十条或者第五十一条的规定；

（三）强制许可请求涉及的发明创造是半导体技术的，其理由不符合专利法第五十二条的规定；

（四）强制许可请求不符合本办法第十一条或者第十三条的规定；

（五）请求人陈述的理由、提供的信息或者提交的有关证明文件不充分或者不真实。

国家知识产权局在作出驳回强制许可请求的决定前，应当通知请求人拟作出的决定及其理由。除另有指定的外，请求人可以自收到通知之日起15日内陈述意见。

第二十一条 经审查认为请求给予强制许可的理由成立的，国家知识产权局应当作出给予强制许可的决定。在作出给予强制许可的决定前，应当通知请求人和专利权人拟作出的决定及其理由。除另有指定的外，双方当事人可以自收到通知之日起15日内陈述意见。

国家知识产权局根据专利法第四十九条作出给予强制许可的决定前，应当通知专利权人拟作出的决定及其理由。

第二十二条 给予强制许可的决定应当写明下列各项：

（一）取得强制许可的单位或者个人的名称或者姓名、地址；

（二）被给予强制许可的发明专利或者实用新型专利的名称、专利号、申请日及授权公告日；

（三）给予强制许可的范围和期限；

（四）决定的理由、事实和法律依据；

（五）国家知识产权局的印章及负责人签字；

（六）决定的日期；

（七）其他有关事项。

给予强制许可的决定应当自作出之日起5日内通知请求人和专利权人。

第二十三条 国家知识产权局根据专利法第五十条作出给予强制许可的决定的，还应当在该决定中明确下列要求：

（一）依据强制许可制造的药品数量不得超过进口方所需的数量，并且必须全部出口到该进口方；

（二）依据强制许可制造的药品应当采用特定的标签或者标记明确注明该药品是依据强制许可而制造的；在可行并且不会对药品价格产生显著影响的情况下，应当对药品本身采用特殊的颜色或者形状，或者对药品采用特殊的包装；

（三）药品装运前，取得强制许可的单位应当在其网站或者世界贸易组织的有关网站上发布运往进口方的药品数量以及本条第二项所述的药品识别特征等信息。

第二十四条 国家知识产权局根据专利法第五十条作出给予强制许可的决定的，由国务院有关主管部门将下列信息通报世界贸易组织：

（一）取得强制许可的单位的名称和地址；

（二）出口药品的名称和数量；

（三）进口方；

（四）强制许可的期限；

（五）本办法第二十三条第三项所述网址。

第四章 强制许可使用费裁决请求的审查和裁决

第二十五条 请求裁决强制许可使用费的，应当提交强制许可使用费裁决请求书，写明下列各项：

（一）请求人的姓名或者名称、地址；

（二）请求人的国籍或者注册的国家或者地区；

（三）给予强制许可的决定的文号；

（四）被请求人的姓名或者名称、地址；

（五）请求裁决强制许可使用费的理由；

（六）请求人委托专利代理机构的，受托机构的名称、机构代码以及该机构指定的代理人的姓名、执业证号码、联系电话；

（七）请求人的签字或者盖章；委托专利代理机构的，还应当有该机构的盖章；

（八）附加文件清单；

（九）其他需要注明的事项。

请求书及其附加文件应当一式两份。

第二十六条 强制许可使用费裁决请求有下列情形之一的，不予受理并通知请求人：

（一）给予强制许可的决定尚未作出；

（二）请求人不是专利权人或者取得强制许可的单

位或者个人；

（三）双方尚未进行协商或者经协商已经达成协议。

第二十七条　国家知识产权局受理强制许可使用费裁决请求的，应当及时将请求书副本送交对方当事人。除另有指定的外，对方当事人应当自收到通知之日起15日内陈述意见；期满未答复的，不影响国家知识产权局作出决定。

强制许可使用费裁决过程中，双方当事人可以提交书面意见。国家知识产权局可以根据案情需要听取双方当事人的口头意见。

第二十八条　请求人在国家知识产权局作出决定前撤回其裁决请求的，裁决程序终止。

第二十九条　国家知识产权局应当自收到请求书之日起3个月内作出强制许可使用费的裁决决定。

第三十条　强制许可使用费裁决决定应当写明下列各项：

（一）取得强制许可的单位或者个人的名称或者姓名、地址；

（二）被给予强制许可的发明专利或者实用新型专利的名称、专利号、申请日及授权公告日；

（三）裁决的内容及其理由；

（四）国家知识产权局的印章及负责人签字；

（五）决定的日期；

（六）其他有关事项。

强制许可使用费裁决决定应当自作出之日起5日内通知双方当事人。

第五章　终止强制许可请求的审查和决定

第三十一条　有下列情形之一的，强制许可自动终止：

（一）给予强制许可的决定规定的强制许可期限届满；

（二）被给予强制许可的发明专利或者实用新型专利终止或者被宣告无效。

第三十二条　给予强制许可的决定中规定的强制许可期限届满前，强制许可的理由消除并不再发生的，专利权人可以请求国家知识产权局作出终止强制许可的决定。

请求终止强制许可的，应当提交终止强制许可请求书，写明下列各项：

（一）专利权人的姓名或者名称、地址；

（二）专利权人的国籍或者注册的国家或者地区；

（三）请求终止的给予强制许可决定的文号；

（四）请求终止强制许可的理由和事实；

（五）专利权人委托专利代理机构的，受托机构的名称、机构代码以及该机构指定的代理人的姓名、执业证号码、联系电话；

（六）专利权人的签字或者盖章；委托专利代理机构的，还应当有该机构的盖章；

（七）附加文件清单；

（八）其他需要注明的事项。

请求书及其附加文件应当一式两份。

第三十三条　终止强制许可的请求有下列情形之一的，不予受理并通知请求人：

（一）请求人不是被给予强制许可的发明专利或者实用新型专利的专利权人；

（二）未写明请求终止的给予强制许可决定的文号；

（三）请求文件未使用中文；

（四）明显不具备终止强制许可的理由。

第三十四条　请求文件不符合本办法第三十二条规定的，请求人应当自收到通知之日起15日内进行补正。期满未补正的，该请求视为未提出。

第三十五条　国家知识产权局受理终止强制许可请求的，应当及时将请求书副本送交取得强制许可的单位或者个人。除另有指定的外，取得强制许可的单位或者个人应当自收到通知之日起15日内陈述意见；期满未答复的，不影响国家知识产权局作出决定。

第三十六条　国家知识产权局应当对专利权人陈述的理由和提交的有关证明文件以及取得强制许可的单位或者个人陈述的意见进行审查；需要实地核查的，应当指派两名以上工作人员实地核查。

第三十七条　专利权人在国家知识产权局作出决定前撤回其请求的，相关程序终止。

第三十八条　经审查认为请求终止强制许可的理由不成立的，国家知识产权局应当作出驳回终止强制许可请求的决定。在作出驳回终止强制许可请求的决定前，应当通知专利权人拟作出的决定及其理由。除另有指定的外，专利权人可以自收到通知之日起15日内陈述意见。

第三十九条　经审查认为请求终止强制许可的理由成立的，国家知识产权局应当作出终止强制许可的决定。在作出终止强制许可的决定前，应当通知取得强制许可的单位或者个人拟作出的决定及其理由。除另有指定的外，取得强制许可的单位或者个人可以自收到通知之日起15日内陈述意见。

终止强制许可的决定应当写明下列各项：
（一）专利权人的姓名或者名称、地址；
（二）取得强制许可的单位或者个人的名称或者姓名、地址；
（三）被给予强制许可的发明专利或者实用新型专利的名称、专利号、申请日及授权公告日；
（四）给予强制许可的决定的文号；
（五）决定的事实和法律依据；
（六）国家知识产权局的印章及负责人签字；
（七）决定的日期；
（八）其他有关事项。
终止强制许可的决定应当自作出之日起5日内通知专利权人和取得强制许可的单位或者个人。

第六章 附 则

第四十条 已经生效的给予强制许可的决定和终止强制许可的决定，以及强制许可自动终止的，应当在专利登记簿上登记并在专利公报上公告。

第四十一条 当事人对国家知识产权局关于强制许可的决定不服的，可以依法申请行政复议或者提起行政诉讼。

第四十二条 本办法由国家知识产权局负责解释。

第四十三条 本办法自2012年5月1日起施行。2003年6月13日国家知识产权局令第三十一号发布的《专利实施强制许可办法》和2005年11月29日国家知识产权局令第三十七号发布的《涉及公共健康问题的专利实施强制许可办法》同时废止。

专利实施许可合同备案办法

· 2011年6月27日国家知识产权局令第62号公布
· 自2011年8月1日起施行

第一条 为了切实保护专利权，规范专利实施许可行为，促进专利权的运用，根据《中华人民共和国专利法》、《中华人民共和国合同法》和相关法律法规，制定本办法。

第二条 国家知识产权局负责全国专利实施许可合同的备案工作。

第三条 专利实施许可的许可人应当是合法的专利权人或者其他权利人。
以共有的专利权订立专利实施许可合同的，除全体共有人另有约定或者《中华人民共和国专利法》另有规定的外，应当取得其他共有人的同意。

第四条 申请备案的专利实施许可合同应当以书面形式订立。
订立专利实施许可合同可以使用国家知识产权局统一制订的合同范本；采用其他合同文本的，应当符合《中华人民共和国合同法》的规定。

第五条 当事人应当自专利实施许可合同生效之日起3个月内办理备案手续。

第六条 在中国没有经常居所或者营业所的外国人、外国企业或者外国其他组织办理备案相关手续的，应当委托依法设立的专利代理机构办理。
中国单位或者个人办理备案相关手续的，可以委托依法设立的专利代理机构办理。

第七条 当事人可以通过邮寄、直接送交或者国家知识产权局规定的其他方式办理专利实施许可合同备案相关手续。

第八条 申请专利实施许可合同备案的，应当提交下列文件：
（一）许可人或者其委托的专利代理机构签字或者盖章的专利实施许可合同备案申请表；
（二）专利实施许可合同；
（三）双方当事人的身份证明；
（四）委托专利代理机构的，注明委托权限的委托书；
（五）其他需要提供的材料。

第九条 当事人提交的专利实施许可合同应当包括以下内容：
（一）当事人的姓名或者名称、地址；
（二）专利权项数以及每项专利权的名称、专利号、申请日、授权公告日；
（三）实施许可的种类和期限。

第十条 除身份证明外，当事人提交的其他各种文件应当使用中文。身份证明是外文的，当事人应当附送中文译文；未附送的，视为未提交。

第十一条 国家知识产权局自收到备案申请之日起7个工作日内进行审查并决定是否予以备案。

第十二条 备案申请经审查合格的，国家知识产权局应当向当事人出具《专利实施许可合同备案证明》。
备案申请有下列情形之一的，不予备案，并向当事人发送《专利实施许可合同不予备案通知书》：
（一）专利权已经终止或者被宣告无效的；
（二）许可人不是专利登记簿记载的专利权人或者

有权授予许可的其他权利人的；

（三）专利实施许可合同不符合本办法第九条规定的；

（四）实施许可的期限超过专利权有效期的；

（五）共有专利权人违反法律规定或者约定订立专利实施许可合同的；

（六）专利权处于年费缴纳滞纳期的；

（七）因专利权的归属发生纠纷或者人民法院裁定对专利权采取保全措施，专利权的有关程序被中止的；

（八）同一专利实施许可合同重复申请备案的；

（九）专利权被质押的，但经质权人同意的除外；

（十）与已经备案的专利实施许可合同冲突的；

（十一）其他不应当予以备案的情形。

第十三条　专利实施许可合同备案后，国家知识产权局发现备案申请存在本办法第十二条第二款所列情形并且尚未消除的，应当撤销专利实施许可合同备案，并向当事人发出《撤销专利实施许可合同备案通知书》。

第十四条　专利实施许可合同备案的有关内容由国家知识产权局在专利登记簿上登记，并在专利公报上公告以下内容：许可人、被许可人、主分类号、专利号、申请日、授权公告日、实施许可的种类和期限、备案日期。

专利实施许可合同备案后变更、注销以及撤销的，国家知识产权局予以相应登记和公告。

第十五条　国家知识产权局建立专利实施许可合同备案数据库。公众可以查询专利实施许可合同备案的法律状态。

第十六条　当事人延长实施许可的期限的，应当在原实施许可的期限届满前2个月内，持变更协议、备案证明和其他有关文件向国家知识产权局办理备案变更手续。

变更专利实施许可合同其他内容的，参照前款规定办理。

第十七条　实施许可的期限届满或者提前解除专利实施许可合同的，当事人应当在期限届满或者订立解除协议后30日内持备案证明、解除协议和其他有关文件向国家知识产权局办理备案注销手续。

第十八条　经备案的专利实施许可合同涉及的专利权被宣告无效或者在期限届满前终止的，当事人应当及时办理备案注销手续。

第十九条　经备案的专利实施许可合同的种类、期限、许可使用费计算方法或者数额等，可以作为管理专利工作的部门对侵权赔偿数额进行调解的参照。

第二十条　当事人以专利申请实施许可合同申请备案的，参照本办法执行。

申请备案时，专利申请被驳回、撤回或者视为撤回的，不予备案。

第二十一条　当事人以专利申请实施许可合同申请备案的，专利申请被批准授予专利权后，当事人应当及时将专利申请实施许可合同名称及有关条款作相应变更；专利申请被驳回、撤回或者视为撤回的，当事人应当及时办理备案注销手续。

第二十二条　本办法自2011年8月1日起施行。2001年12月17日国家知识产权局令第十八号发布的《专利实施许可合同备案管理办法》同时废止。

专利行政执法办法

·2010年12月29日国家知识产权局令第60号公布
·根据2015年5月29日《国家知识产权局关于修改〈专利行政执法办法〉的决定》修订

第一章　总　则

第一条　为深入推进依法行政，规范专利行政执法行为，保护专利权人和社会公众的合法权益，维护社会主义市场经济秩序，根据《中华人民共和国专利法》、《中华人民共和国专利法实施细则》以及其他有关法律法规，制定本办法。

第二条　管理专利工作的部门开展专利行政执法，即处理专利侵权纠纷、调解专利纠纷以及查处假冒专利行为，适用本办法。

第三条　管理专利工作的部门处理专利侵权纠纷应当以事实为依据、以法律为准绳，遵循公正、及时的原则。

管理专利工作的部门调解专利纠纷，应当遵循自愿、合法的原则，在查明事实、分清是非的基础上，促使当事人相互谅解，达成调解协议。

管理专利工作的部门查处假冒专利行为，应当以事实为依据，以法律为准绳，遵循公正、公开的原则，给予的行政处罚应当与违法行为的事实、性质、情节以及社会危害程度相当。

第四条　管理专利工作的部门应当加强专利行政执法力量建设，严格行政执法人员资格管理，落实行政执法责任制，规范开展专利行政执法。

专利行政执法人员（以下简称"执法人员"）应当持有国家知识产权局或者省、自治区、直辖市人民政府颁发的行政执法证件。执法人员执行公务时应当严肃着装。

第五条　对有重大影响的专利侵权纠纷案件、假冒专利案件，国家知识产权局在必要时可以组织有关管理专利工作的部门处理、查处。

对于行为发生地涉及两个以上省、自治区、直辖市的重大案件，有关省、自治区、直辖市管理专利工作的部门可以报请国家知识产权局协调处理或者查处。

管理专利工作的部门开展专利行政执法遇到疑难问题的，国家知识产权局应当给予必要的指导和支持。

第六条　管理专利工作的部门可以依据本地实际，委托有实际处理能力的市、县级人民政府设立的专利管理部门查处假冒专利行为、调解专利纠纷。

委托方应当对受托方查处假冒专利和调解专利纠纷的行为进行监督和指导，并承担法律责任。

第七条　管理专利工作的部门指派的执法人员与当事人有直接利害关系的，应当回避，当事人有权申请其回避。当事人申请回避的，应当说明理由。

执法人员的回避，由管理专利工作部门的负责人决定。是否回避的决定作出前，被申请回避的人员应当暂停参与本案的工作。

第八条　管理专利工作的部门应当加强展会和电子商务领域的行政执法，快速调解、处理展会期间和电子商务平台上的专利侵权纠纷，及时查处假冒专利行为。

第九条　管理专利工作的部门应当加强行政执法信息化建设和信息共享。

第二章　专利侵权纠纷的处理

第十条　请求管理专利工作的部门处理专利侵权纠纷的，应当符合下列条件：

（一）请求人是专利权人或者利害关系人；

（二）有明确的被请求人；

（三）有明确的请求事项和具体事实、理由；

（四）属于受案管理专利工作的部门的受案和管辖范围；

（五）当事人没有就该专利侵权纠纷向人民法院起诉。

第一项所称利害关系人包括专利实施许可合同的被许可人、专利权人的合法继承人。专利实施许可合同的被许可人中，独占实施许可合同的被许可人可以单独提出请求；排他实施许可合同的被许可人在专利权人不请求的情况下，可以单独提出请求；除合同另有约定外，普通实施许可合同的被许可人不能单独提出请求。

第十一条　请求管理专利工作的部门处理专利侵权纠纷的，应当提交请求书及下列证明材料：

（一）主体资格证明，即个人应当提交居民身份证或者其他有效身份证件，单位应当提交有效的营业执照或者其他主体资格证明文件副本及法定代表人或者主要负责人的身份证明；

（二）专利权有效的证明，即专利登记簿副本，或者专利证书和当年缴纳专利年费的收据。

专利侵权纠纷涉及实用新型或者外观设计专利的，管理专利工作的部门可以要求请求人出具由国家知识产权局作出的专利权评价报告（实用新型专利检索报告）。

请求人应当按照被请求人的数量提供请求书副本及有关证据。

第十二条　请求书应当记载以下内容：

（一）请求人的姓名或者名称、地址，法定代表人或者主要负责人的姓名、职务，委托代理人的，代理人的姓名和代理机构的名称、地址；

（二）被请求人的姓名或者名称、地址；

（三）请求处理的事项以及事实和理由。

有关证据和证明材料可以以请求书附件的形式提交。

请求书应当由请求人签名或者盖章。

第十三条　请求符合本办法第十条规定条件的，管理专利工作的部门应当在收到请求书之日起5个工作日内立案并通知请求人，同时指定3名或者3名以上单数执法人员处理该专利侵权纠纷；请求不符合本办法第十条规定条件的，管理专利工作的部门应当在收到请求书之日起5个工作日内通知请求人不予受理，并说明理由。

第十四条　管理专利工作的部门应当在立案之日起5个工作日内将请求书及其附件的副本送达被请求人，要求其在收到之日起15日内提交答辩书并按照请求人的数量提供答辩书副本。被请求人逾期不提交答辩书的，不影响管理专利工作的部门进行处理。

被请求人提交答辩书的，管理专利工作的部门应当在收到之日起5个工作日内将答辩书副本送达请求人。

第十五条　管理专利工作的部门处理专利侵权纠纷案件时，可以根据当事人的意愿进行调解。双方当事人达成一致的，由管理专利工作的部门制作调解协议书，加盖其公章，并由双方当事人签名或者盖章。调解不成的，应当及时作出处理决定。

第十六条　管理专利工作的部门处理专利侵权纠纷，可以根据案情需要决定是否进行口头审理。管理专利工作的部门决定进行口头审理的，应当至少在口头审理3个工作日前将口头审理的时间、地点通知当事人。

当事人无正当理由拒不参加的，或者未经允许中途退出的，对请求人按撤回请求处理，对被请求人按缺席处理。

第十七条　管理专利工作的部门举行口头审理的，应当将口头审理的参加人和审理要点记入笔录，经核对无误后，由执法人员和参加人签名或者盖章。

第十八条　专利法第五十九条第一款所称的"发明或者实用新型专利权的保护范围以其权利要求的内容为准"，是指专利权的保护范围应当以其权利要求记载的技术特征所确定的范围为准，也包括与记载的技术特征相等同的特征所确定的范围。等同特征是指与记载的技术特征以基本相同的手段，实现基本相同的功能，达到基本相同的效果，并且所属领域的普通技术人员无需经过创造性劳动就能够联想到的特征。

第十九条　除达成调解协议或者请求人撤回请求之外，管理专利工作的部门处理专利侵权纠纷应当制作处理决定书，写明以下内容：

（一）当事人的姓名或者名称、地址；

（二）当事人陈述的事实和理由；

（三）认定侵权行为是否成立的理由和依据；

（四）处理决定认定侵权行为成立并需要责令侵权人立即停止侵权行为的，应当明确写明责令被请求人立即停止的侵权行为的类型、对象和范围；认定侵权行为不成立的，应当驳回请求人的请求；

（五）不服处理决定提起行政诉讼的途径和期限。

处理决定书应当加盖管理专利工作的部门的公章。

第二十条　管理专利工作的部门或者人民法院作出认定侵权成立并责令侵权人立即停止侵权行为的处理决定或者判决之后，被请求人就同一专利权再次作出相同类型的侵权行为，专利权人或者利害关系人请求处理的，管理专利工作的部门可以直接作出责令立即停止侵权行为的处理决定。

第二十一条　管理专利工作的部门处理专利侵权纠纷，应当自立案之日起3个月内结案。案件特别复杂需要延长期限的，应当由管理专利工作的部门负责人批准。经批准延长的期限，最多不超过1个月。

案件处理过程中的公告、鉴定、中止等时间不计入前款所述案件办理期限。

第三章　专利纠纷的调解

第二十二条　请求管理专利工作的部门调解专利纠纷的，应当提交请求书。

请求书应当记载以下内容：

（一）请求人的姓名或者名称、地址，法定代表人或者主要负责人的姓名、职务，委托代理人的，代理人的姓名和代理机构的名称、地址；

（二）被请求人的姓名或者名称、地址；

（三）请求调解的具体事项和理由。

单独请求调解侵犯专利权赔偿数额的，应当提交有关管理专利工作的部门作出的认定侵权行为成立的处理决定书副本。

第二十三条　管理专利工作的部门收到调解请求书后，应当及时将请求书副本通过寄交、直接送交或者其他方式送达被请求人，要求其在收到之日起15日内提交意见陈述书。

第二十四条　被请求人提交意见陈述书并同意进行调解的，管理专利工作的部门应当在收到意见陈述书之日起5个工作日内立案，并通知请求人和被请求人进行调解的时间和地点。

被请求人逾期未提交意见陈述书，或者在意见陈述书中表示不接受调解的，管理专利工作的部门不予立案，并通知请求人。

第二十五条　管理专利工作的部门调解专利纠纷可以邀请有关单位或者个人协助，被邀请的单位或者个人应当协助进行调解。

第二十六条　当事人经调解达成协议的，由管理专利工作的部门制作调解协议书，加盖其公章，并由双方当事人签名或者盖章；未能达成协议的，管理专利工作的部门以撤销案件的方式结案，并通知双方当事人。

第二十七条　因专利申请权或者专利权的归属纠纷请求调解的，当事人可以持管理专利工作的部门的受理通知书请求国家知识产权局中止该专利申请或者专利权的有关程序。

经调解达成协议的，当事人应当持调解协议书向国家知识产权局办理恢复手续；达不成协议的，当事人应当持管理专利工作的部门出具的撤销案件通知书向国家知识产权局办理恢复手续。自请求中止之日起满1年未请求延长中止的，国家知识产权局自行恢复有关程序。

第四章　假冒专利行为的查处

第二十八条　管理专利工作的部门发现或者接受举报、投诉发现涉嫌假冒专利行为的，应当自发现之日起5个工作日内或者收到举报、投诉之日起10个工作日内立案，并指定两名或者两名以上执法人员进行调查。

第二十九条　查处假冒专利行为由行为发生地的管理专利工作的部门管辖。

管理专利工作的部门对管辖权发生争议的，由其共同的上级人民政府管理专利工作的部门指定管辖；无共同上级人民政府管理专利工作的部门的，由国家知识产权局指定管辖。

第三十条 管理专利工作的部门查封、扣押涉嫌假冒专利产品的，应当经其负责人批准。查封、扣押时，应当向当事人出具有关通知书。

管理专利工作的部门查封、扣押涉嫌假冒专利产品，应当当场清点，制作笔录和清单，由当事人和执法人员签名或者盖章。当事人拒绝签名或者盖章的，由执法人员在笔录上注明。清单应当交当事人一份。

第三十一条 案件调查终结，经管理专利工作的部门负责人批准，根据案件情况分别作如下处理：

（一）假冒专利行为成立应当予以处罚的，依法给予行政处罚；

（二）假冒专利行为轻微并已及时改正的，免予处罚；

（三）假冒专利行为不成立的，依法撤销案件；

（四）涉嫌犯罪的，依法移送公安机关。

第三十二条 管理专利工作的部门作出行政处罚决定前，应当告知当事人作出处罚决定的事实、理由和依据，并告知当事人依法享有的权利。

管理专利工作的部门作出较大数额罚款的决定之前，应当告知当事人有要求举行听证的权利。当事人提出听证要求的，应当依法组织听证。

第三十三条 当事人有权进行陈述和申辩，管理专利工作的部门不得因当事人申辩而加重行政处罚。

管理专利工作的部门对当事人提出的事实、理由和证据应当进行核实。当事人提出的事实属实、理由成立的，管理专利工作的部门应当予以采纳。

第三十四条 对情节复杂或者重大违法行为给予较重的行政处罚的，应当由管理专利工作的部门负责人集体讨论决定。

第三十五条 经调查，假冒专利行为成立应当予以处罚的，管理专利工作的部门应当制作处罚决定书，写明以下内容：

（一）当事人的姓名或者名称、地址；

（二）认定假冒专利行为成立的证据、理由和依据；

（三）处罚的内容以及履行方式；

（四）不服处罚决定申请行政复议和提起行政诉讼的途径和期限。

处罚决定书应当加盖管理专利工作的部门的公章。

第三十六条 管理专利工作的部门查处假冒专利案件，应当自立案之日起 1 个月内结案。案件特别复杂需要延长期限的，应当由管理专利工作的部门负责人批准。经批准延长的期限，最多不超过 15 日。

案件处理过程中听证、公告等时间不计入前款所述案件办理期限。

第五章 调查取证

第三十七条 在专利侵权纠纷处理过程中，当事人因客观原因不能自行收集部分证据的，可以书面请求管理专利工作的部门调查取证。管理专利工作的部门根据情况决定是否调查收集有关证据。

在处理专利侵权纠纷、查处假冒专利行为过程中，管理专利工作的部门可以根据需要依职权调查收集有关证据。

执法人员调查收集有关证据时，应当向当事人或者有关人员出示其行政执法证件。当事人和有关人员应当协助、配合，如实反映情况，不得拒绝、阻挠。

第三十八条 管理专利工作的部门调查收集证据可以查阅、复制与案件有关的合同、账册等有关文件；询问当事人和证人；采用测量、拍照、摄像等方式进行现场勘验。涉嫌侵犯制造方法专利权的，管理专利工作的部门可以要求被调查人进行现场演示。

管理专利工作的部门调查收集证据应当制作笔录。笔录应当由执法人员、被调查的单位或者个人签名或者盖章。被调查的单位或者个人拒绝签名或者盖章的，由执法人员在笔录上注明。

第三十九条 管理专利工作的部门调查收集证据可以采取抽样取证的方式。

涉及产品专利的，可以从涉嫌侵权的产品中抽取一部分作为样品；涉及方法专利的，可以从涉嫌依照该方法直接获得的产品中抽取一部分作为样品。被抽取样品的数量应当以能够证明事实为限。

管理专利工作的部门进行抽样取证应当制作笔录和清单，写明被抽取样品的名称、特征、数量以及保存地点，由执法人员、被调查的单位或者个人签字或者盖章。被调查的单位或者个人拒绝签名或者盖章的，由执法人员在笔录上注明。清单应当交被调查人一份。

第四十条 在证据可能灭失或者以后难以取得，又无法进行抽样取证的情况下，管理专利工作的部门可以进行登记保存，并在 7 日内作出决定。

经登记保存的证据，被调查的单位或者个人不得销毁或者转移。

管理专利工作的部门进行登记保存应当制作笔录和清单，写明被登记保存证据的名称、特征、数量以及保存地点,由执法人员、被调查的单位或者个人签名或者盖章。被调查的单位或者个人拒绝签名或者盖章的,由执法人员在笔录上注明。清单应当交被调查人一份。

第四十一条 管理专利工作的部门需要委托其他管理专利工作的部门协助调查收集证据的,应当提出明确的要求。接受委托的部门应当及时、认真地协助调查收集证据,并尽快回复。

第四十二条 海关对被扣留的侵权嫌疑货物进行调查,请求管理专利工作的部门提供协助的,管理专利工作的部门应当依法予以协助。

管理专利工作的部门处理涉及进出口货物的专利案件的,可以请求海关提供协助。

第六章 法律责任

第四十三条 管理专利工作的部门认定专利侵权行为成立,作出处理决定,责令侵权人立即停止侵权行为的,应当采取下列制止侵权行为的措施:

(一)侵权人制造专利侵权产品的,责令其立即停止制造行为,销毁制造侵权产品的专用设备、模具,并且不得销售、使用尚未售出的侵权产品或者以任何其他形式将其投放市场;侵权产品难以保存的,责令侵权人销毁该产品;

(二)侵权人未经专利权人许可使用专利方法的,责令侵权人立即停止使用行为,销毁实施专利方法的专用设备、模具,并且不得销售、使用尚未售出的依照专利方法所直接获得的侵权产品或者以任何其他形式将其投放市场;侵权产品难以保存的,责令侵权人销毁该产品;

(三)侵权人销售专利侵权产品或者依照专利方法直接获得的侵权产品的,责令其立即停止销售行为,并且不得使用尚未售出的侵权产品或者以任何其他形式将其投放市场;尚未售出的侵权产品难以保存的,责令侵权人销毁该产品;

(四)侵权人许诺销售专利侵权产品或者依照专利方法直接获得的侵权产品的,责令其立即停止许诺销售行为,消除影响,并且不得进行任何实际销售行为;

(五)侵权人进口专利侵权产品或者依照专利方法直接获得的侵权产品的,责令侵权人立即停止进口行为;侵权产品已经入境的,不得销售、使用该侵权产品或者以任何其他形式将其投放市场;侵权产品难以保存的,责令侵权人销毁该产品;侵权产品尚未入境的,可以将处理决定通知有关海关;

(六)责令侵权的参展方采取从展会上撤出侵权展品、销毁或者封存相应的宣传材料、更换或者遮盖相应的展板等撤展措施;

(七)停止侵权行为的其他必要措施。

管理专利工作的部门认定电子商务平台上的专利侵权行为成立,作出处理决定的,应当通知电子商务平台提供者及时对专利侵权产品或者依照专利方法直接获得的侵权产品相关网页采取删除、屏蔽或者断开链接等措施。

第四十四条 管理专利工作的部门作出认定专利侵权行为成立并责令侵权人立即停止侵权行为的处理决定后,被请求人向人民法院提起行政诉讼的,在诉讼期间不停止决定的执行。

侵权人对管理专利工作的部门作出的认定侵权行为成立的处理决定期满不起诉又不停止侵权行为的,管理专利工作的部门可以申请人民法院强制执行。

第四十五条 管理专利工作的部门认定假冒专利行为成立的,应当责令行为人采取下列改正措施:

(一)在未被授予专利权的产品或者其包装上标注专利标识、专利权被宣告无效后或者终止后继续在产品或者其包装上标注专利标识或者未经许可在产品或者产品包装上标注他人的专利号的,立即停止标注行为,消除尚未售出的产品或者其包装上的专利标识;产品上的专利标识难以消除的,销毁该产品或者包装;

(二)销售第(一)项所述产品的,立即停止销售行为;

(三)在产品说明书等材料中将未被授予专利权的技术或者设计称为专利技术或者专利设计,将专利申请称为专利,或者未经许可使用他人的专利号,使公众将所涉及的技术或者设计误认为是他人的专利技术或者专利设计的,立即停止发放该材料,销毁尚未发出的材料,并消除影响;

(四)伪造或者变造专利证书、专利文件或者专利申请文件的,立即停止伪造或者变造行为,销毁伪造或者变造的专利证书、专利文件或者专利申请文件,并消除影响;

(五)责令假冒专利的参展方采取从展会上撤出假冒专利展品、销毁或者封存相应的宣传材料、更换或者遮盖相应的展板等撤展措施;

(六)其他必要的改正措施。

管理专利工作的部门认定电子商务平台上的假冒专利行为成立的,应当通知电子商务平台提供者及时对假冒专利产品相关网页采取删除、屏蔽或者断开链接等措施。

第四十六条 管理专利工作的部门作出认定专利侵权行为成立并责令侵权人立即停止侵权行为的决定,或者认定假冒专利行为成立并作出处罚决定的,应当自作出决定之日起 20 个工作日内予以公开,通过政府网站等途径及时发布执法信息。

第四十七条 管理专利工作的部门认定假冒专利行为成立,可以按照下列方式确定行为人的违法所得:

(一)销售假冒专利的产品的,以产品销售价格乘以所销售产品的数量作为其违法所得;

(二)订立假冒专利的合同的,以收取的费用作为其违法所得。

第四十八条 管理专利工作的部门作出处罚决定后,当事人申请行政复议或者向人民法院提起行政诉讼的,在行政复议或者诉讼期间不停止决定的执行。

第四十九条 假冒专利行为的行为人应当自收到处罚决定之日起 15 日内,到指定的银行缴纳处罚决定书写明的罚款;到期不缴纳的,每日按罚款数额的百分之三加处罚款。

第五十条 拒绝、阻碍管理专利工作的部门依法执行公务的,由公安机关根据《中华人民共和国治安管理处罚法》的规定给予处罚;情节严重构成犯罪的,由司法机关依法追究刑事责任。

第七章 附 则

第五十一条 管理专利工作的部门可以通过寄交、直接送交、留置送达、公告送达或者其他方式送达有关法律文书和材料。

第五十二条 本办法由国家知识产权局负责解释。

第五十三条 本办法自 2011 年 2 月 1 日起施行。2001 年 12 月 17 日国家知识产权局令第十九号发布的《专利行政执法办法》同时废止。

· 典型案例

1. 丹阳市珥陵镇鸿润超市诉丹阳市市场监督管理局行政登记案[①]

(一)基本案情

2015 年 2 月,江苏省丹阳市珥陵镇鸿润超市(以下简称鸿润超市)向该市市场监督管理局(以下简称市场监管局)提交个体工商户变更登记申请书,申请在原营业执照核准的经营范围内增加蔬菜零售项目。2015 年 2 月,该局向鸿润超市出具个体工商户变更登记受理通知书,随后审查材料,赴实地调查核实,认定鸿润超市经营场所距丹阳市珥陵农贸市场不足 200 米,其申请不符合丹阳市人民政府市政办发(2012)29 号《关于转发市商务局〈丹阳市菜市场建设规范〉的通知》(以下简称 29 号文)中"菜市场周边 200 米范围内不得设置与菜市场经营类同的农副产品经销网点"的规定,遂作出了驳回通知书,决定对其变更申请不予登记。鸿润超市不服诉至法院,请求撤销该驳回通知书,判令对其申请事项进行变更登记。

(二)裁判结果

丹阳市人民法院一审认为,《个体工商户条例》第四条规定国家对个体工商户实行市场平等准入、公平待遇的原则。申请办理个体工商户登记,申请登记的经营范围不属于法律、行政法规禁止进入的行业,登记机关应当依法予以登记。本案中,原告鸿润超市申请变更登记增加的经营项目为蔬菜零售,并非法律、行政法规禁止进入的行业。被告市市场监管局适用 29 号文中"菜市场周边 200 米范围内不得设置与菜市场经营类同的农副产品经销网点"的规定,对原告的申请不予登记,但该规定与商务部《标准化菜市场设置与管理规范》不一致,与《商务部等 13 部门关于进一步加强农产品市场体系建设的指导意见》第(七)项"积极发展菜市场、便民菜店、平价商店、社区电商直通车等多种零售业态"不相符,也违反上述市场平等准入、公平待遇的原则,依法不能作为认定被诉登记行为合法的依据。遂判决撤销涉案驳回通知书,被告于判决生效后 15 个工作日内对原告的申请重新作出登记。一审宣判后,双方当事人均未上诉,被告已为原告重新办理了变更核准登记。

(三)典型意义

本案是行政机关违反市场平等准入、公平待遇原则的典型案例。该原则不仅《个体工商户条例》第四条作出了明确规定,在其他大量法律法规和国际条约中都有体现。现代经济运行很大程度上靠市场这一"无形之手"发挥资源配置的决定性作用。政府在实施管理过程中,要找准定位,正确引导、指导和调节市场,避免各种不当干预与限制。本案中,市市场监督管理局根据市政府 29 号文,未支持鸿润超市变更经营范围的申请,法院判决撤销被诉行政

[①] 2015 年 10 月 22 日最高人民法院发布 10 起人民法院经济行政典型案例之三,案例来源于最高人民法院网站:https://www.court.gov.cn/zixun-xiangqing-15842.html,最后访问时间:2023 年 12 月 15 日。

行为,不仅维护了经营者的合法权益,体现对不同市场主体的平等保护,同时也对当地合理设置菜市场、方便群众生产生活有着积极影响。值得一提的是,法院适用了新修改的行政诉讼法第六十四条规定,明确指出市政府29号文不仅与商务部有关规定不符,也违反国家对个体工商户实行的市场平等准入、公平待遇的原则,不能作为行政行为合法性依据,切实贯彻了行政诉讼法的修改精神,具有一并审查"红头文件"(规范性文件)的时代意义。

2. 天津中国青年旅行社诉天津国青国际旅行社擅自使用他人企业名称纠纷案①

【关键词】

民事　不正当竞争　擅用他人企业名称

【裁判要点】

1. 对于企业长期、广泛对外使用,具有一定市场知名度、为相关公众所知悉,已实际具有商号作用的企业名称简称,可以视为企业名称予以保护。

2. 擅自将他人已实际具有商号作用的企业名称简称作为商业活动中互联网竞价排名关键词,使相关公众产生混淆误认的,属于不正当竞争行为。

【相关法条】

1. 《中华人民共和国民法通则》第一百二十条
2. 《中华人民共和国反不正当竞争法》第五条

【基本案情】

原告天津中国青年旅行社(以下简称天津青旅)诉称:被告天津国青国际旅行社有限公司在其版权所有的网站页面、网站源代码以及搜索引擎中,非法使用原告企业名称全称及简称"天津青旅",违反了反不正当竞争法的规定,请求判令被告立即停止不正当竞争行为、公开赔礼道歉、赔偿经济损失10万元,并承担诉讼费用。

被告天津国青国际旅行社有限公司(以下简称天津国青旅)辩称:"天津青旅"没有登记注册,并不由原告享有,原告主张的损失没有事实和法律依据,请求驳回原告诉讼请求。

法院经审理查明:天津中国青年旅行社于1986年11月1日成立,是从事国内及出入境旅游业务的国有企业,直属于共青团天津市委员会。共青团天津市委员会出具证明称,"天津青旅"是天津中国青年旅行社的企业简称。2007年,《今晚报》等媒体在报道天津中国青年旅行社承办的活动中已开始以"天津青旅"简称指代天津中国青年旅行社。天津青旅在报价单、旅游合同、与同行业经营者合作文件、发票等资料以及经营场所各门店招牌上等日常经营活动中,使用"天津青旅"作为企业的简称。天津国青国际旅行社有限公司于2010年7月6日成立,是从事国内旅游及入境旅游接待等业务的有限责任公司。

2010年底,天津青旅发现通过Google搜索引擎分别搜索"天津中国青年旅行社"或"天津青旅",在搜索结果的第一名并标注赞助商链接的位置,分别显示"天津中国青年旅行社网上营业厅 www.lechuyou.com 天津国青网上在线营业厅,是您理想选择,出行提供优质、贴心、舒心的服务"或"天津青旅网上营业厅 www.lechuyou.com 天津青网上在线营业厅,是您理想选择,出行提供优质、贴心、舒心的服务",点击链接后进入网页是标称天津国青国际旅行社乐出游网的网站,网页顶端出现"天津国青国际旅行社-青年旅行社青旅/天津国旅"等字样,网页内容为天津国青旅游业务信息及报价,标称网站版权所有:乐出游网-天津国青,并标明了天津国青的联系电话和经营地址。同时,天津青旅通过百度搜索引擎搜索"天津青旅",在搜索结果的第一名并标注推广链接的位置,显示"欢迎光临天津青旅重合同守信誉单位,汇集国内出境经典旅游线路,100%出团,天津青旅 400-611-5253 022.ctsgz.cn",点击链接后进入网页仍然是上述标称天津国青乐出游网的网站。

【裁判结果】

天津市第二中级人民法院于2011年10月24日作出〔2011〕二中民三知初字第135号民事判决:一、被告天津国青国际旅行社有限公司立即停止侵害行为;二、被告于本判决生效之日起三十日内,在其公司网站上发布致歉声明持续15天;三、被告赔偿原告天津中国青年旅行社经济损失30000元;四、驳回原告其他诉讼请求。宣判后,天津国青旅提出上诉。天津市高级人民法院于2012年3月20日作出〔2012〕津高民三终字第3号民事判决:一、维持天津市第二中级人民法院上述民事判决第二、三、四项;二、变更判决第一项"被告天津国青国际旅行社有限公司立即停止侵害行为"为"被告天津国青国际旅行社有限公司立即停止使用'天津中国青年旅行社'、'天津青旅'字样及作为天津国青国际旅行社有限公司网站的搜索链接关键词";三、驳回被告其他上诉请求。

【裁判理由】

法院生效裁判认为:根据《最高人民法院关于审理不

---

① 案例来源:最高人民法院指导案例第29号。

正当竞争民事案件应用法律若干问题的解释》第六条第一款规定:"企业登记主管机关依法登记注册的企业名称,以及在中国境内进行商业使用的外国(地区)企业名称,应当认定为反不正当竞争法第五条第(三)项规定的'企业名称'。具有一定的市场知名度、为相关公众所知悉的企业名称中的字号,可以认定为反不正当竞争法第五条第(三)项规定的'企业名称'。"因此,对于企业长期、广泛对外使用,具有一定市场知名度、为相关公众所知悉,已实际具有商号作用的企业名称简称,也应当视为企业名称予以保护。"天津中国青年旅行社"是原告1986年成立以来一直使用的企业名称,原告享有企业名称专用权。"天津青旅"作为其企业名称简称,于2007年就已被其在经营活动中广泛使用,相关宣传报道和客户也以"天津青旅"指代天津中国青年旅行社,经过多年在经营活动中使用和宣传,已享有一定市场知名度,为相关公众所知悉,已与天津中国青年旅行社之间建立起稳定的关联关系,具有可以识别经营主体的商业标识意义。所以,可以将"天津青旅"视为企业名称与"天津中国青年旅行社"共同加以保护。

《中华人民共和国反不正当竞争法》第五条第(三)项规定,经营者不得采用擅自使用他人的企业名称,引人误认为是他人的商品等不正当手段从事市场交易,损害竞争对手。因此,经营者擅自将他人的企业名称或简称作为互联网竞价排名关键词,使公众产生混淆误认,利用他人的知名度和商誉,达到宣传推广自己的目的的,属于不正当竞争行为,应予以禁止。天津国青旅作为从事旅游服务的经营者,未经天津青旅许可,通过在相关搜索引擎中设置与天津青旅企业名称有关的关键词并在网站源代码中使用等手段,使相关公众在搜索"天津中国青年旅行社"和"天津青旅"关键词时,直接显示天津国青旅的网站链接,从而进入天津国青旅的网站联系旅游业务,达到利用网络用户的初始混淆争夺潜在客户的效果,主观上具有使相关公众在网络搜索、查询中产生误认的故意,客观上擅自使用"天津中国青年旅行社"及"天津青旅",利用了天津青旅的企业信誉,损害了天津青旅的合法权益,其行为属于不正当竞争行为,依法应予制止。天津国青旅作为与天津青旅同业的竞争者,在明知天津青旅企业名称及简称享有较高知名度的情况下,仍擅自使用,有借他人之名为自己谋取不当利益的意图,主观恶意明显。依照《中华人民共和国民法通则》第一百二十条规定,天津国青旅应当承担停止侵害、消除影响、赔偿损失的法律责任。至于天津国青旅在网站网页顶端显示的"青年旅行社青旅"字样,并非原告企业名称的保护范围,不构成对原告的不正当竞争行为。

3. 劲牌有限公司与国家工商行政管理总局商标评审委员会商标驳回复审行政纠纷案 ①

【裁判要旨】

根据《中华人民共和国商标法》第十条第一款第(一)项的规定,同中华人民共和国的国家名称相同或者近似的标志不得作为商标使用。此处所称"同中华人民共和国的国家名称相同或者相似",是指该标志作为整体同我国国家名称相同或者近似。如果该标志含有与我国国家名称相同或者近似的文字,但其与其他要素相结合,作为一个整体已不再与我国国家名称构成相同或者近似的,不宜认定为同中华人民共和国国家名称相同或者近似的标志。

申诉人(一审被告、二审上诉人):国家工商行政管理总局商标评审委员会。

法定代表人:许瑞表,该委员会主任。

委托代理人:苗贵娟,国家工商行政管理总局商标评审委员会审查员。

委托代理人:乔向辉,国家工商行政管理总局商标评审委员会审查员。

被申诉人(一审原告、二审被上诉人):劲牌有限公司。

法定代表人:吴少勋,该公司董事长。

委托代理人:王新霞,北京汇智达知识产权代理有限公司商标代理人。

委托代理人:孙克志,劲牌有限公司知识产权主管。

国家工商行政管理总局商标评审委员会(简称商标评审委员会)因与劲牌有限公司商标驳回复审行政纠纷一案,不服北京市高级人民法院于2009年8月19日作出〔2009〕高行终字第829号行政判决,向本院申请再审。本院经审查,于2010年8月6日作出〔2010〕知行字第29号行政裁定,决定提审本案。本院依法组成合议庭,于2010年9月27日公开开庭审理了本案。商标评审委员会的委托代理人苗贵娟、乔向辉,劲牌有限公司的委托代理人王新霞到庭参加了诉讼。本案现已审理终结。

北京市第一中级人民法院、北京市高级人民法院经审理查明:2005年10月20日,劲牌有限公司向国家工商行政管理总局商标局(简称商标局)申请在第33类果酒(含酒精)、开胃酒、蒸馏饮料、葡萄酒、酒(饮料)、米酒、含酒

---

① 案例来源:《最高人民法院公报》2012年第4期。

精液体、酒精饮料(啤酒除外)、黄酒、食用酒精等商品上注册第4953206号"中国劲酒"商标(简称申请商标)。2008年2月26日,商标局作出ZC4953206BH1号商标驳回通知书,认为申请商标内含我国国名,不得作为商标使用,不宜注册,根据《中华人民共和国商标法》(简称《商标法》)第十条第一款第(一)项、第二十八条的规定,驳回申请商标的注册申请。劲牌有限公司不服该驳回决定,向商标评审委员会申请复审认为:申请商标中的主体"劲"是劲牌有限公司已经注册的商标,具有很高的知名度,已经被认定为驰名商标。申请商标中的"中国"与"劲"字的字体、表现形式均不相同,"中国"在申请商标中仅仅起到表示申请人所属国的作用。根据《商标审查及审理标准》,申请商标不在禁止注册的范围之列,劲牌有限公司请求商标评审委员会给予申请商标初步审定。2008年11月24日,商标评审委员会作出商评字〔2008〕第28028号《关于第4953206号"中国劲酒"商标驳回复审决定书》(简称第28028号决定),认为:申请商标中的"中国"为我国国家名称,属于《商标法》第十条第一款第(一)项明确规定不得作为商标使用的标志,依法应予驳回。劲牌有限公司关于在其较有知名度的商标中加入"中国"就可当然获准注册的主张缺乏法律依据。因此,商标评审委员会决定驳回申请商标的注册申请。

劲牌有限公司不服第28028号决定,向北京市第一中级人民法院提起行政诉讼称:申请商标虽含有我国国名,但申请商标与我国国名并不相同也不近似,商标评审委员会适用《商标法》第十条第一款第(一)项错误,请求撤销第28028号决定。北京市第一中级人民法院一审认为:申请商标为"中国劲酒"文字及方章图形共同构成的组合商标,其中文字"劲"字体为行书体,与其他三字字体不同,字型苍劲有力,明显突出于方章左侧,且明显大于其他三字,是申请商标的显著识别部分。方章图案中的"中国酒"三字,字体明显有别于"劲"字,虽然包含有中国国名,但该国名部分更容易使消费者理解为商标申请人的所属国。商标评审委员会作出的第28028号决定仅以申请商标中的"中国"为我国国家名称为由,即认定申请商标属于《商标法》第十条第一款第(一)项规定的不得作为商标使用的标志,主要证据不足。北京市第一中级人民法院于2009年4月7日作出〔2009〕一中行初字第441号行政判决,依据《中华人民共和国行政诉讼法》第五十四条第(二)项第1目之规定,判决撤销第28028号决定。案件受理费100元,由商标评审委员会负担。

商标评审委员会不服一审判决,向北京市高级人民法院提起上诉。北京市高级人民法院二审认为:《商标法》第十条第一款第(一)项规定,同中华人民共和国的国家名称相同或者近似的标志不得作为商标使用。上述法律规定表明,在一般情况下禁止将与我国国名相同或者近似的标志作为商标使用,但申请商标所含我国国名与其他具备显著特征的标志相互独立,国名仅起表示申请人所属国作用的除外。本案申请商标为"中国劲酒"文字及方章图形共同构成的组合商标。其中文字"劲"字字体为行书体,与其他三字字体不同,字型苍劲有力,明显突出于方章左侧,且明显大于其他三个字,是申请商标的显著识别部分。方章图案中的"中国酒"三字,字体明显有别于"劲"字,虽然包含有中国国名,但该国名部分更容易使消费者理解为仅起商标申请人所属国的作用。因此,商标评审委员会作出的第28028号决定认定事实不清,主要证据不足,一审法院判决予以撤销正确,应予维持。北京市高级人民法院于2009年8月19日作出〔2009〕高行终字第829号行政判决,维持一审判决,二审案件受理费100元,由商标评审委员会负担。

商标评审委员会申请再审称:《商标法》第十条第一款第(一)项规定"同中华人民共和国的国家名称相同或者近似的标志不得作为商标使用"。《商标审查及审理标准》明确商标含有与我国国家名称相同或者近似的文字的,应判定为与我国国家名称相同或者近似的情况。《商标审查及审理标准》规定了三种例外情形,除此之外,包含我国国家名称的商标一律不予注册并禁止使用。之所以对包含中国国名的商标可注册性作出严格规定,是由于:首先,《商标法》关于商标注册管理的规定,不仅要保护商标注册人的利益,还要承担维护国家尊严、保护消费者权益、维护社会公共利益以及社会主义市场经济秩序的责任。中华人民共和国的国家名称(包括简称)与国旗、国徽等同为国家标志,与国家尊严紧密相连,为保证市场主体合理、正当地使用国家名称,避免可能出现的在商业使用中滥用国家标志的情况,历来对含有国名的商标进行严格审查,原则上禁止带有国名的商标注册已成为审查惯例。其次,"中国"和具有显著特征的其他标志的组合易被作为企业名称简称识别,而我国企业名称登记管理规定对企业名称中带有"中国"有严格的条件限制。在商标可注册性的审查中,亦应考虑企业名称法律法规中的限制性规定,避免不符合登记条件的企业名称以商标形式出现。本案中,申请商标含有"中国"二字,且在视觉效果上已形成一个整体,"中国"二字成为商标中密不可分的组成部分,不属于《商标审查及审理标准》中所指的与其他显著特征相对独立,仅起表示申请人所属国作用的情况,而本案申请商标注册申请人企业名称为"劲牌有限公司",并不属于能够使用"中国"字样的公司,在商标标志中将"中国"与企业字号合用,已构成对我国国家名称的不当使用。原审法院未慎重考虑带有我国国家名称商标的特殊性,所作出的判决结果可能导致不同类别的市场主体对我国国家名称不加限制的注册和使用。为避免可能出现的大量带有"中国"的商标注册造成对我国国家名称的滥用,维护良好的商标注册管理秩序,商标评审委员会请求撤销一、二审判决,维持商标评审委员会作出的第 28028 号决定。

劲牌有限公司答辩称:《商标法》并未将企业名称登记管理规定作为规范商标注册的法律依据,也未对注册商标的申请主体给予不同类别的划分,商标评审委员会允许部分主体注册含有"中国"的商标,限制其他主体注册,这种区别对待的做法违反了平等、法制统一的原则。申请商标虽含有国名,但商标整体与我国国名并不相同也不近似,不能因为申请商标包含国名即认定其与国名近似,实践中也有许多含有"中国"的商标获准注册。《商标审查及审理标准》中明确规定"我国申请人申请商标所含我国国名与其他具备显著特征的标志相互独立,国名仅起表示申请人所属国作用的",允许注册。申请商标中,具备显著特征的是草体"劲","中国"与"酒"字为普遍表现形式,国名与具备显著特征的标志相互独立,国名仅起表示申请人所属国作用。因此申请商标完全符合《商标审查与及审理标准》的规定,应予注册。申请商标经过多年使用,获得多项荣誉,得到消费者认可,没有证据证明其有损于国家主权和尊严。综上,劲牌有限公司请求维持〔2009〕高行终字第 829 号行政判决。

本院再审查明,原审法院认定事实属实,本院予以确认。在再审中,劲牌有限公司提交了海关出口货物报关单、销售合同、广告视频、劲酒外观设计专利证书、"中国劲酒"荣获湖北省 1999-2000 年度和 2001-2002 年度消费者满意商品称号的荣誉证书等证据,欲证明劲牌有限公司已经大量使用申请商标,获得多项荣誉,得到消费者的认可。此外,劲牌有限公司还提交了凤凰科技集团有限公司第 5654179 号"中国凤凰"商标的注册信息等证据,证明企业名称中不含有"中国"的主体可以注册含有"中国"文字的商标。

本院再审认为,商标是用以区别不同生产经营者所提供的商品或者服务的标志。《商标法》第十条第一款第(一)项规定,同中华人民共和国的国家名称相同或者近似的标志不得作为商标使用。此处所称同中华人民共和国的国家名称相同或者近似,是指该标志作为整体同我国国家名称相同或者近似。如果该标志含有与我国国家名称相同或者近似的文字,且其与其他要素相结合,作为一个整体已不再与我国国家名称构成相同或者近似的,则不宜认定为同中华人民共和国国家名称相同或者近似的标志。本案中,申请商标可清晰识别为"中国"、"劲"、"酒"三部分,虽然其中含有我国国家名称"中国",但其整体上并未与我国国家名称相同或者近似,因此申请商标并未构成同中华人民共和国国家名称相同或者近似的标志,商标评审委员会关于申请商标属于《商标法》第十条第一款第(一)项规定的同我国国家名称相近似的标志,据此驳回申请商标的注册申请不妥,本院予以纠正,其相关申诉理由本院亦不予支持。

但是,国家名称是国家的象征,如果允许随意将其作为商标的组成要素予以注册并作商业使用,将导致国家名称的滥用,损害国家尊严,也可能对社会公共利益和公共秩序产生其他消极、负面影响。因此,对于上述含有与我国国家名称相同或者近似的文字的标志,虽然对其注册申请不宜根据《商标法》第十条第一款第(一)项进行审查,但并不意味着属于可以注册使用的商标,而仍应当根据《商标法》其他相关规定予以审查。例如,此类标志若具有不良影响,仍可以按照《商标法》相关规定认定为不得使用和注册的商标。据此,就本案而言,北京市第一中级人民法院和北京市高级人民法院一二审判决理由不当,应予纠正,但其撤销第 28028 号决定的结论正确,应予以维持。本案中,商标评审委员会仍需就申请商标是否违反《商标法》其他相关规定进行审查,故需判决商标评审委员会重新作出复审决定。

综上,依照《中华人民共和国行政诉讼法》第五十四条第(二)项第 2 目、第六十三条第二款、最高人民法院《关于执行〈中华人民共和国行政诉讼法〉若干问题的解释》第七十六条第一款之规定,判决如下:

一、维持北京市高级人民法院〔2009〕高行终字第 829 号行政判决;

二、国家工商行政管理总局商标评审委员会重新作出复审决定。

本案一审案件受理费 100 元、二审案件受理费 100 元,共 200 元,由国家工商行政管理总局商标评审委员会负担。

本判决为终审判决。

三、食药监管

1. 食品安全

(1) 一般规定

中华人民共和国食品安全法

- 2009年2月28日第十一届全国人民代表大会常务委员会第七次会议通过
- 2015年4月24日第十二届全国人民代表大会常务委员会第十四次会议修订
- 根据2018年12月29日第十三届全国人民代表大会常务委员会第七次会议《关于修改〈中华人民共和国产品质量法〉等五部法律的决定》第一次修正
- 根据2021年4月29日第十三届全国人民代表大会常务委员会第二十八次会议《关于修改〈中华人民共和国道路交通安全法〉等八部法律的决定》第二次修正

第一章 总 则

第一条 【立法目的】 为了保证食品安全，保障公众身体健康和生命安全，制定本法。

第二条 【适用范围】在中华人民共和国境内从事下列活动，应当遵守本法：

（一）食品生产和加工（以下称食品生产），食品销售和餐饮服务（以下称食品经营）；

（二）食品添加剂的生产经营；

（三）用于食品的包装材料、容器、洗涤剂、消毒剂和用于食品生产经营的工具、设备（以下称食品相关产品）的生产经营；

（四）食品生产经营者使用食品添加剂、食品相关产品；

（五）食品的贮存和运输；

（六）对食品、食品添加剂、食品相关产品的安全管理。

供食用的源于农业的初级产品（以下称食用农产品）的质量安全管理，遵守《中华人民共和国农产品质量安全法》的规定。但是，食用农产品的市场销售、有关质量安全标准的制定、有关安全信息的公布和本法对农业投入品作出规定的，应当遵守本法的规定。

第三条 【食品安全工作原则】食品安全工作实行预防为主、风险管理、全程控制、社会共治，建立科学、严格的监督管理制度。

第四条 【食品生产经营者的责任】食品生产经营者对其生产经营食品的安全负责。

食品生产经营者应当依照法律、法规和食品安全标准从事生产经营活动，保证食品安全，诚信自律，对社会和公众负责，接受社会监督，承担社会责任。

第五条 【食品安全管理体制】国务院设立食品安全委员会，其职责由国务院规定。

国务院食品安全监督管理部门依照本法和国务院规定的职责，对食品生产经营活动实施监督管理。

国务院卫生行政部门依照本法和国务院规定的职责，组织开展食品安全风险监测和风险评估，会同国务院食品安全监督管理部门制定并公布食品安全国家标准。

国务院其他有关部门依照本法和国务院规定的职责，承担有关食品安全工作。

第六条 【地方政府食品安全监督管理职责】县级以上地方人民政府对本行政区域的食品安全监督管理工作负责，统一领导、组织、协调本行政区域的食品安全监督管理工作以及食品安全突发事件应对工作，建立健全食品安全全程监督管理工作机制和信息共享机制。

县级以上地方人民政府依照本法和国务院的规定，确定本级食品安全监督管理、卫生行政部门和其他有关部门的职责。有关部门在各自职责范围内负责本行政区域的食品安全监督管理工作。

县级人民政府食品安全监督管理部门可以在乡镇或者特定区域设立派出机构。

第七条 【地方政府食品安全责任制】县级以上地方人民政府实行食品安全监督管理责任制。上级人民政府负责对下一级人民政府的食品安全监督管理工作进行评议、考核。县级以上地方人民政府负责对本级食品安全监督管理部门和其他有关部门的食品安全监督管理工作进行评议、考核。

第八条 【政府对食品安全工作的财政保障和监管职责】县级以上人民政府应当将食品安全工作纳入本级国民经济和社会发展规划，将食品安全工作经费列入本级政府财政预算,加强食品安全监督管理能力建设,为食品安全工作提供保障。

县级以上人民政府食品安全监督管理部门和其他有关部门应当加强沟通、密切配合,按照各自职责分工,依法行使职权,承担责任。

第九条 【食品行业协会和消费者协会的责任】食品行业协会应当加强行业自律,按照章程建立健全行业规范和奖惩机制,提供食品安全信息、技术等服务,引导和督促食品生产经营者依法生产经营,推动行业诚信建设,宣传、普及食品安全知识。

消费者协会和其他消费者组织对违反本法规定,损害消费者合法权益的行为,依法进行社会监督。

第十条 【食品安全宣传教育和舆论监督】各级人民政府应当加强食品安全的宣传教育,普及食品安全知识,鼓励社会组织、基层群众性自治组织、食品生产经营者开展食品安全法律、法规以及食品安全标准和知识的普及工作,倡导健康的饮食方式,增强消费者食品安全意识和自我保护能力。

新闻媒体应当开展食品安全法律、法规以及食品安全标准和知识的公益宣传,并对食品安全违法行为进行舆论监督。有关食品安全的宣传报道应当真实、公正。

第十一条 【食品安全研究和农药管理】国家鼓励和支持开展与食品安全有关的基础研究、应用研究,鼓励和支持食品生产经营者为提高食品安全水平采用先进技术和先进管理规范。

国家对农药的使用实行严格的管理制度,加快淘汰剧毒、高毒、高残留农药,推动替代产品的研发和应用,鼓励使用高效低毒低残留农药。

第十二条 【社会监督】任何组织或者个人有权举报食品安全违法行为,依法向有关部门了解食品安全信息,对食品安全监督管理工作提出意见和建议。

第十三条 【表彰、奖励有突出贡献的单位和个人】对在食品安全工作中做出突出贡献的单位和个人,按照国家有关规定给予表彰、奖励。

第二章 食品安全风险监测和评估

第十四条 【食品安全风险监测制度】国家建立食品安全风险监测制度,对食源性疾病、食品污染以及食品中的有害因素进行监测。

国务院卫生行政部门会同国务院食品安全监督管理等部门,制定、实施国家食品安全风险监测计划。

国务院食品安全监督管理部门和其他有关部门获知有关食品安全风险信息后,应当立即核实并向国务院卫生行政部门通报。对有关部门通报的食品安全风险信息以及医疗机构报告的食源性疾病等有关疾病信息,国务院卫生行政部门应当会同国务院有关部门分析研究,认为必要的,及时调整国家食品安全风险监测计划。

省、自治区、直辖市人民政府卫生行政部门会同同级食品安全监督管理等部门,根据国家食品安全风险监测计划,结合本行政区域的具体情况,制定、调整本行政区域的食品安全风险监测方案,报国务院卫生行政部门备案并实施。

第十五条 【食品安全风险监测工作】承担食品安全风险监测工作的技术机构应当根据食品安全风险监测计划和监测方案开展监测工作,保证监测数据真实、准确,并按照食品安全风险监测计划和监测方案的要求报送监测数据和分析结果。

食品安全风险监测工作人员有权进入相关食用农产品种植养殖、食品生产经营场所采集样品、收集相关数据。采集样品应当按照市场价格支付费用。

第十六条 【及时通报食品安全风险监测结果】食品安全风险监测结果表明可能存在食品安全隐患的,县级以上人民政府卫生行政部门应当及时将相关信息通报同级食品安全监督管理等部门,并报告本级人民政府和上级人民政府卫生行政部门。食品安全监督管理等部门应当组织开展进一步调查。

第十七条 【食品安全风险评估制度】国家建立食品安全风险评估制度,运用科学方法,根据食品安全风险监测信息、科学数据以及有关信息,对食品、食品添加剂、食品相关产品中生物性、化学性和物理性危害因素进行风险评估。

国务院卫生行政部门负责组织食品安全风险评估工作,成立由医学、农业、食品、营养、生物、环境等方面的专家组成的食品安全风险评估专家委员会进行食品安全风险评估。食品安全风险评估结果由国务院卫生行政部门公布。

对农药、肥料、兽药、饲料和饲料添加剂等的安全性评估,应当有食品安全风险评估专家委员会的专家参加。

食品安全风险评估不得向生产经营者收取费用,采集样品应当按照市场价格支付费用。

第十八条 【食品安全风险评估法定情形】有下列情形之一的,应当进行食品安全风险评估:

(一)通过食品安全风险监测或者接到举报发现食品、食品添加剂、食品相关产品可能存在安全隐患的;

(二)为制定或者修订食品安全国家标准提供科学

依据需要进行风险评估的；

（三）为确定监督管理的重点领域、重点品种需要进行风险评估的；

（四）发现新的可能危害食品安全因素的；

（五）需要判断某一因素是否构成食品安全隐患的；

（六）国务院卫生行政部门认为需要进行风险评估的其他情形。

第十九条　【监管部门在食品安全风险评估中的配合协作义务】国务院食品安全监督管理、农业行政等部门在监督管理工作中发现需要进行食品安全风险评估的，应当向国务院卫生行政部门提出食品安全风险评估的建议，并提供风险来源、相关检验数据和结论等信息、资料。属于本法第十八条规定情形的，国务院卫生行政部门应当及时进行食品安全风险评估，并向国务院有关部门通报评估结果。

第二十条　【卫生行政、农业行政部门相互通报有关信息】省级以上人民政府卫生行政、农业行政部门应当及时相互通报食品、食用农产品安全风险监测信息。

国务院卫生行政、农业行政部门应当及时相互通报食品、食用农产品安全风险评估结果等信息。

第二十一条　【食品安全风险评估结果】食品安全风险评估结果是制定、修订食品安全标准和实施食品安全监督管理的科学依据。

经食品安全风险评估，得出食品、食品添加剂、食品相关产品不安全结论的，国务院食品安全监督管理等部门应当依据各自职责立即向社会公告，告知消费者停止食用或者使用，并采取相应措施，确保该食品、食品添加剂、食品相关产品停止生产经营；需要制定、修订相关食品安全国家标准的，国务院卫生行政部门应当会同国务院食品安全监督管理部门立即制定、修订。

第二十二条　【综合分析食品安全状况并公布警示】国务院食品安全监督管理部门应当会同国务院有关部门，根据食品安全风险评估结果、食品安全监督管理信息，对食品安全状况进行综合分析。对经综合分析表明可能具有较高程度安全风险的食品，国务院食品安全监督管理部门应当及时提出食品安全风险警示，并向社会公布。

第二十三条　【食品安全风险交流】县级以上人民政府食品安全监督管理部门和其他有关部门、食品安全风险评估专家委员会及其技术机构，应当按照科学、客观、及时、公开的原则，组织食品生产经营者、食品检验机构、认证机构、食品行业协会、消费者协会以及新闻媒体等，就食品安全风险评估信息和食品安全监督管理信息进行交流沟通。

第三章　食品安全标准

第二十四条　【食品安全标准制定原则】制定食品安全标准，应当以保障公众身体健康为宗旨，做到科学合理、安全可靠。

第二十五条　【食品安全标准强制性】食品安全标准是强制执行的标准。除食品安全标准外，不得制定其他食品强制性标准。

第二十六条　【食品安全标准的内容】食品安全标准应当包括下列内容：

（一）食品、食品添加剂、食品相关产品中的致病性微生物，农药残留、兽药残留、生物毒素、重金属等污染物质以及其他危害人体健康物质的限量规定；

（二）食品添加剂的品种、使用范围、用量；

（三）专供婴幼儿和其他特定人群的主辅食品的营养成分要求；

（四）对与卫生、营养等食品安全要求有关的标签、标志、说明书的要求；

（五）食品生产经营过程的卫生要求；

（六）与食品安全有关的质量要求；

（七）与食品安全有关的食品检验方法与规程；

（八）其他需要制定为食品安全标准的内容。

第二十七条　【食品安全国家标准制定、公布主体】食品安全国家标准由国务院卫生行政部门会同国务院食品安全监督管理部门制定、公布，国务院标准化行政部门提供国家标准编号。

食品中农药残留、兽药残留的限量规定及其检验方法与规程由国务院卫生行政部门、国务院农业行政部门会同国务院食品安全监督管理部门制定。

屠宰畜、禽的检验规程由国务院农业行政部门会同国务院卫生行政部门制定。

第二十八条　【制定食品安全国家标准要求和程序】制定食品安全国家标准，应当依据食品安全风险评估结果并充分考虑食用农产品安全风险评估结果，参照相关的国际标准和国际食品安全风险评估结果，并将食品安全国家标准草案向社会公布，广泛听取食品生产经营者、消费者、有关部门等方面的意见。

食品安全国家标准应当经国务院卫生行政部门组织的食品安全国家标准审评委员会审查通过。食品安全国家标准审评委员会由医学、农业、食品、营养、生物、环境等方面的专家以及国务院有关部门、食品行业协会、消费者协会的代表组成，对食品安全国家标准草案的科学性和实用性等进行审查。

第二十九条 【食品安全地方标准】对地方特色食品，没有食品安全国家标准的，省、自治区、直辖市人民政府卫生行政部门可以制定并公布食品安全地方标准，报国务院卫生行政部门备案。食品安全国家标准制定后，该地方标准即行废止。

第三十条 【食品安全企业标准】国家鼓励食品生产企业制定严于食品安全国家标准或者地方标准的企业标准，在本企业适用，并报省、自治区、直辖市人民政府卫生行政部门备案。

第三十一条 【食品安全标准公布和有关问题解答】省级以上人民政府卫生行政部门应当在其网站上公布制定和备案的食品安全国家标准、地方标准和企业标准，供公众免费查阅、下载。

对食品安全标准执行过程中的问题，县级以上人民政府卫生行政部门应当会同有关部门及时给予指导、解答。

第三十二条 【食品安全标准跟踪评价和执行】省级以上人民政府卫生行政部门应当会同同级食品安全监督管理、农业行政等部门，分别对食品安全国家标准和地方标准的执行情况进行跟踪评价，并根据评价结果及时修订食品安全标准。

省级以上人民政府食品安全监督管理、农业行政等部门应当对食品安全标准执行中存在的问题进行收集、汇总，并及时向同级卫生行政部门通报。

食品生产经营者、食品行业协会发现食品安全标准在执行中存在问题的，应当立即向卫生行政部门报告。

第四章 食品生产经营
第一节 一般规定

第三十三条 【食品生产经营要求】食品生产经营应当符合食品安全标准，并符合下列要求：

（一）具有与生产经营的食品品种、数量相适应的食品原料处理和食品加工、包装、贮存等场所，保持该场所环境整洁，并与有毒、有害场所以及其他污染源保持规定的距离；

（二）具有与生产经营的食品品种、数量相适应的生产经营设备或者设施，有相应的消毒、更衣、盥洗、采光、照明、通风、防腐、防尘、防蝇、防鼠、防虫、洗涤以及处理废水、存放垃圾和废弃物的设备或者设施；

（三）有专职或者兼职的食品安全专业技术人员、食品安全管理人员和保证食品安全的规章制度；

（四）具有合理的设备布局和工艺流程，防止待加工食品与直接入口食品、原料与成品交叉污染，避免食品接触有毒物、不洁物；

（五）餐具、饮具和盛放直接入口食品的容器，使用前应当洗净、消毒，炊具、用具用后应当洗净，保持清洁；

（六）贮存、运输和装卸食品的容器、工具和设备应当安全、无害，保持清洁，防止食品污染，并符合保证食品安全所需的温度、湿度等特殊要求，不得将食品与有毒、有害物品一同贮存、运输；

（七）直接入口的食品应当使用无毒、清洁的包装材料、餐具、饮具和容器；

（八）食品生产经营人员应当保持个人卫生，生产经营食品时，应当将手洗净，穿戴清洁的工作衣、帽等；销售无包装的直接入口食品时，应当使用无毒、清洁的容器、售货工具和设备；

（九）用水应当符合国家规定的生活饮用水卫生标准；

（十）使用的洗涤剂、消毒剂应当对人体安全、无害；

（十一）法律、法规规定的其他要求。

非食品生产经营者从事食品贮存、运输和装卸的，应当符合前款第六项的规定。

第三十四条 【禁止生产经营的食品、食品添加剂、食品相关产品】禁止生产经营下列食品、食品添加剂、食品相关产品：

（一）用非食品原料生产的食品或者添加食品添加剂以外的化学物质和其他可能危害人体健康物质的食品，或者用回收食品作为原料生产的食品；

（二）致病性微生物，农药残留、兽药残留、生物毒素、重金属等污染物质以及其他危害人体健康的物质含量超过食品安全标准限量的食品、食品添加剂、食品相关产品；

（三）用超过保质期的食品原料、食品添加剂生产的食品、食品添加剂；

（四）超范围、超限量使用食品添加剂的食品；

（五）营养成分不符合食品安全标准的专供婴幼儿和其他特定人群的主辅食品；

（六）腐败变质、油脂酸败、霉变生虫、污秽不洁、混有异物、掺假掺杂或者感官性状异常的食品、食品添加剂；

（七）病死、毒死或者死因不明的禽、畜、兽、水产动物肉类及其制品；

（八）未按规定进行检疫或者检疫不合格的肉类，或者未经检验或者检验不合格的肉类制品；

（九）被包装材料、容器、运输工具等污染的食品、食品添加剂；

（十）标注虚假生产日期、保质期或者超过保质期的食品、食品添加剂；

（十一）无标签的预包装食品、食品添加剂；

（十二）国家为防病等特殊需要明令禁止生产经营的食品；

（十三）其他不符合法律、法规或者食品安全标准的食品、食品添加剂、食品相关产品。

第三十五条 【食品生产经营许可】国家对食品生产经营实行许可制度。从事食品生产、食品销售、餐饮服务，应当依法取得许可。但是，销售食用农产品和仅销售预包装食品的，不需要取得许可。仅销售预包装食品的，应当报所在地县级以上地方人民政府食品安全监督管理部门备案。

县级以上地方人民政府食品安全监督管理部门应当依照《中华人民共和国行政许可法》的规定，审核申请人提交的本法第三十三条第一款第一项至第四项规定要求的相关资料，必要时对申请人的生产经营场所进行现场核查；对符合规定条件的，准予许可；对不符合规定条件的，不予许可并书面说明理由。

第三十六条 【对食品生产加工小作坊和食品摊贩等的管理】食品生产加工小作坊和食品摊贩等从事食品生产经营活动，应当符合本法规定的与其生产经营规模、条件相适应的食品安全要求，保证所生产经营的食品卫生、无毒、无害，食品安全监督管理部门应当对其加强监督管理。

县级以上地方人民政府应当对食品生产加工小作坊、食品摊贩等进行综合治理，加强服务和统一规划，改善其生产经营环境，鼓励和支持其改进生产经营条件，进入集中交易市场、店铺等固定场所经营，或者在指定的临时经营区域、时段经营。

食品生产加工小作坊和食品摊贩等的具体管理办法由省、自治区、直辖市制定。

第三十七条 【利用新的食品原料从事食品生产等的安全性评估】利用新的食品原料生产食品，或者生产食品添加剂新品种、食品相关产品新品种，应当向国务院卫生行政部门提交相关产品的安全性评估材料。国务院卫生行政部门应自收到申请之日起六十日内组织审查；对符合食品安全要求的，准予许可并公布；对不符合食品安全要求的，不予许可并书面说明理由。

第三十八条 【食品中不得添加药品】生产经营的食品中不得添加药品，但是可以添加按照传统既是食品又是中药材的物质。按照传统既是食品又是中药材的物质目录由国务院卫生行政部门会同国务院食品安全监督管理部门制定、公布。

第三十九条 【食品添加剂生产许可】国家对食品添加剂生产实行许可制度。从事食品添加剂生产，应当具有与所生产食品添加剂品种相适应的场所、生产设备或者设施、专业技术人员和管理制度，并依照本法第三十五条第二款规定的程序，取得食品添加剂生产许可。

生产食品添加剂应当符合法律、法规和食品安全国家标准。

第四十条 【食品添加剂允许使用的条件和使用要求】食品添加剂应当在技术上确有必要且经过风险评估证明安全可靠，方可列入允许使用的范围；有关食品安全国家标准应当根据技术必要性和食品安全风险评估结果及时修订。

食品生产经营者应当按照食品安全国家标准使用食品添加剂。

第四十一条 【食品相关产品的生产要求】生产食品相关产品应当符合法律、法规和食品安全国家标准。对直接接触食品的包装材料等具有较高风险的食品相关产品，按照国家有关工业产品生产许可证管理的规定实施生产许可。食品安全监督管理部门应当加强对食品相关产品生产活动的监督管理。

第四十二条 【食品安全全程追溯制度】国家建立食品安全全程追溯制度。

食品生产经营者应当依照本法的规定，建立食品安全追溯体系，保证食品可追溯。国家鼓励食品生产经营者采用信息化手段采集、留存生产经营信息，建立食品安全追溯体系。

国务院食品安全监督管理部门会同国务院农业行政等有关部门建立食品安全全程追溯协作机制。

第四十三条 【鼓励食品企业规模化生产、连锁经营、配送，参加食品安全责任保险】地方各级人民政府应当采取措施鼓励食品规模化生产和连锁经营、配送。

国家鼓励食品生产经营企业参加食品安全责任保险。

第二节 生产经营过程控制

第四十四条 【食品生产经营企业食品安全管理】食品生产经营企业应当建立健全食品安全管理制度，对职工进行食品安全知识培训,加强食品检验工作,依法从事生产经营活动。

食品生产经营企业的主要负责人应当落实企业食品安全管理制度,对本企业的食品安全工作全面负责。

食品生产经营企业应当配备食品安全管理人员,加强对其培训和考核。经考核不具备食品安全管理能力的,不得上岗。食品安全监督管理部门应当对企业食品安全管理人员随机进行监督抽查考核并公布考核情况。监督抽查考核不得收取费用。

第四十五条 【食品从业人员健康管理】食品生产经营者应当建立并执行从业人员健康管理制度。患有国务院卫生行政部门规定的有碍食品安全疾病的人员,不得从事接触直接入口食品的工作。

从事接触直接入口食品工作的食品生产经营人员应当每年进行健康检查,取得健康证明后方可上岗工作。

第四十六条 【食品生产企业制定并实施食品安全管理控制要求】食品生产企业应当就下列事项制定并实施控制要求,保证所生产的食品符合食品安全标准:

(一)原料采购、原料验收、投料等原料控制;

(二)生产工序、设备、贮存、包装等生产关键环节控制;

(三)原料检验、半成品检验、成品出厂检验等检验控制;

(四)运输和交付控制。

第四十七条 【食品生产经营者建立食品安全自查制度】食品生产经营者应当建立食品安全自查制度,定期对食品安全状况进行检查评价。生产经营条件发生变化,不再符合食品安全要求的,食品生产经营者应当立即采取整改措施;有发生食品安全事故潜在风险的,应当立即停止食品生产经营活动,并向所在地县级人民政府食品安全监督管理部门报告。

第四十八条 【鼓励食品企业提高食品安全管理水平】国家鼓励食品生产经营企业符合良好生产规范要求,实施危害分析与关键控制点体系,提高食品安全管理水平。

对通过良好生产规范、危害分析与关键控制点体系认证的食品生产经营企业,认证机构应当依法实施跟踪调查;对不再符合认证要求的企业,应当依法撤销认证,及时向县级以上人民政府食品安全监督管理部门通报,并向社会公布。认证机构实施跟踪调查不得收取费用。

第四十九条 【农业投入品使用管理】食用农产品生产者应当按照食品安全标准和国家有关规定使用农药、肥料、兽药、饲料和饲料添加剂等农业投入品,严格执行农业投入品使用安全间隔期或者休药期的规定,不得使用国家明令禁止的农业投入品。禁止将剧毒、高毒农药用于蔬菜、瓜果、茶叶和中草药材等国家规定的农作物。

食用农产品的生产企业和农民专业合作经济组织应当建立农业投入品使用记录制度。

县级以上人民政府农业行政部门应当加强对农业投入品使用的监督管理和指导,建立健全农业投入品安全使用制度。

第五十条 【食品生产者进货查验记录制度】食品生产者采购食品原料、食品添加剂、食品相关产品,应当查验供货者的许可证和产品合格证明;对无法提供合格证明的食品原料,应当按照食品安全标准进行检验;不得采购或者使用不符合食品安全标准的食品原料、食品添加剂、食品相关产品。

食品生产企业应当建立食品原料、食品添加剂、食品相关产品进货查验记录制度,如实记录食品原料、食品添加剂、食品相关产品的名称、规格、数量、生产日期或者生产批号、保质期、进货日期以及供货者名称、地址、联系方式等内容,并保存相关凭证。记录和凭证保存期限不得少于产品保质期满后六个月;没有明确保质期的,保存期限不得少于二年。

第五十一条 【食品出厂检验记录制度】食品生产企业应当建立食品出厂检验记录制度,查验出厂食品的检验合格证和安全状况,如实记录食品的名称、规格、数量、生产日期或者生产批号、保质期、检验合格证号、销售日期以及购货者名称、地址、联系方式等内容,并保存相关凭证。记录和凭证保存期限应当符合本法第五十条第二款的规定。

第五十二条 【食品安全检验】食品、食品添加剂、食品相关产品的生产者,应当按照食品安全标准对所生产的食品、食品添加剂、食品相关产品进行检验,检验合格后方可出厂或者销售。

第五十三条 【食品经营者进货查验记录制度】食品经营者采购食品,应当查验供货者的许可证和食品出厂检验合格证或者其他合格证明(以下称合格证明文件)。

食品经营企业应当建立食品进货查验记录制度,如实记录食品的名称、规格、数量、生产日期或者生产批号、保质期、进货日期以及供货者名称、地址、联系方式等内容,并保存相关凭证。记录和凭证保存期限应当符合本法第五十条第二款的规定。

实行统一配送经营方式的食品经营企业，可以由企业总部统一查验供货者的许可证和食品合格证明文件，进行食品进货查验记录。

从事食品批发业务的经营企业应当建立食品销售记录制度，如实记录批发食品的名称、规格、数量、生产日期或者生产批号、保质期、销售日期以及购货者名称、地址、联系方式等内容，并保存相关凭证。记录和凭证保存期限应当符合本法第五十条第二款的规定。

第五十四条 【食品经营者贮存食品的要求】食品经营者应当按照保证食品安全的要求贮存食品，定期检查库存食品，及时清理变质或者超过保质期的食品。

食品经营者贮存散装食品，应当在贮存位置标明食品的名称、生产日期或者生产批号、保质期、生产者名称及联系方式等内容。

第五十五条 【餐饮服务提供者制定并实施原料采购控制要求以及加工检查措施】餐饮服务提供者应当制定并实施原料控制要求，不得采购不符合食品安全标准的食品原料。倡导餐饮服务提供者公开加工过程，公示食品原料及其来源等信息。

餐饮服务提供者在加工过程中应当检查待加工的食品及原料，发现有本法第三十四条第六项规定情形的，不得加工或者使用。

第五十六条 【餐饮服务提供者确保餐饮设施、用具安全卫生】餐饮服务提供者应当定期维护食品加工、贮存、陈列等设施、设备；定期清洗、校验保温设施及冷藏、冷冻设施。

餐饮服务提供者应当按照要求对餐具、饮具进行清洗消毒，不得使用未经清洗消毒的餐具、饮具；餐饮服务提供者委托清洗消毒餐具、饮具的，应当委托符合本法规定条件的餐具、饮具集中消毒服务单位。

第五十七条 【集中用餐单位食品安全管理】学校、托幼机构、养老机构、建筑工地等集中用餐单位的食堂应当严格遵守法律、法规和食品安全标准；从供餐单位订餐的，应当从取得食品生产经营许可的企业订购，并按照要求对订购的食品进行查验。供餐单位应当严格遵守法律、法规和食品安全标准，当餐加工，确保食品安全。

学校、托幼机构、养老机构、建筑工地等集中用餐单位的主管部门应当加强对集中用餐单位的食品安全教育和日常管理，降低食品安全风险，及时消除食品安全隐患。

第五十八条 【餐饮具集中消毒服务单位食品安全责任】餐具、饮具集中消毒服务单位应当具备相应的作业场所、清洗消毒设备或者设施，用水和使用的洗涤剂、消毒剂应当符合相关食品安全国家标准和其他国家标准、卫生规范。

餐具、饮具集中消毒服务单位应当对消毒餐具、饮具进行逐批检验，检验合格后方可出厂，并应当随附消毒合格证明。消毒后的餐具、饮具应当在独立包装上标注单位名称、地址、联系方式、消毒日期以及使用期限等内容。

第五十九条 【食品添加剂生产者出厂检验记录制度】食品添加剂生产者应当建立食品添加剂出厂检验记录制度，查验出厂产品的检验合格证和安全状况，如实记录食品添加剂的名称、规格、数量、生产日期或者生产批号、保质期、检验合格证号、销售日期以及购货者名称、地址、联系方式等相关内容，并保存相关凭证。记录和凭证保存期限应当符合本法第五十条第二款的规定。

第六十条 【食品添加剂经营者进货查验记录制度】食品添加剂经营者采购食品添加剂，应当依法查验供货者的许可证和产品合格证明文件，如实记录食品添加剂的名称、规格、数量、生产日期或者生产批号、保质期、进货日期以及供货者名称、地址、联系方式等内容，并保存相关凭证。记录和凭证保存期限应当符合本法第五十条第二款的规定。

第六十一条 【集中交易市场的开办者、柜台出租者和展销会举办者食品安全责任】集中交易市场的开办者、柜台出租者和展销会举办者，应当依法审查入场食品经营者的许可证，明确其食品安全管理责任，定期对其经营环境和条件进行检查，发现其有违反本法规定行为的，应当及时制止并立即报告所在地县级人民政府食品安全监督管理部门。

第六十二条 【网络食品交易第三方平台提供者的义务】网络食品交易第三方平台提供者应当对入网食品经营者进行实名登记，明确其食品安全管理责任；依法应当取得许可证的，还应当审查其许可证。

网络食品交易第三方平台提供者发现入网食品经营者有违反本法规定行为的，应当及时制止并立即报告所在地县级人民政府食品安全监督管理部门；发现严重违法行为的，应当立即停止提供网络交易平台服务。

第六十三条 【食品召回制度】国家建立食品召回制度。食品生产者发现其生产的食品不符合食品安全标准或者有证据证明可能危害人体健康的，应当立即停止生产，召回已经上市销售的食品，通知相关生产经营者和消费者，并记录召回和通知情况。

食品经营者发现其经营的食品有前款规定情形的，

应当立即停止经营,通知相关生产经营者和消费者,并记录停止经营和通知情况。食品生产者认为应当召回的,应当立即召回。由于食品经营者的原因造成其经营的食品有前款规定情形的,食品经营者应当召回。

食品生产经营者应当对召回的食品采取无害化处理、销毁等措施,防止其再次流入市场。但是,对因标签、标志或者说明书不符合食品安全标准而被召回的食品,食品生产者在采取补救措施且能保证食品安全的情况下可以继续销售;销售时应当向消费者明示补救措施。

食品生产经营者应当将食品召回和处理情况向所在地县级人民政府食品安全监督管理部门报告;需要对召回的食品进行无害化处理、销毁的,应当提前报告时间、地点。食品安全监督管理部门认为必要的,可以实施现场监督。

食品生产经营者未依照本条规定召回或者停止经营的,县级以上人民政府食品安全监督管理部门可以责令其召回或者停止经营。

第六十四条 【食用农产品批发市场对进场销售的食用农产品抽样检验】食用农产品批发市场应当配备检验设备和检验人员或者委托符合本法规定的食品检验机构,对进入该批发市场销售的食用农产品进行抽样检验;发现不符合食品安全标准的,应当要求销售者立即停止销售,并向食品安全监督管理部门报告。

第六十五条 【食用农产品进货查验记录制度】食用农产品销售者应当建立食用农产品进货查验记录制度,如实记录食用农产品的名称、数量、进货日期以及供货者名称、地址、联系方式等内容,并保存相关凭证。记录和凭证保存期限不得少于六个月。

第六十六条 【食用农产品使用食品添加剂和食品相关产品应当符合食品安全国家标准】进入市场销售的食用农产品在包装、保鲜、贮存、运输中使用保鲜剂、防腐剂等食品添加剂和包装材料等食品相关产品,应当符合食品安全国家标准。

第三节 标签、说明书和广告

第六十七条 【预包装食品标签】预包装食品的包装上应当有标签。标签应当标明下列事项:

(一)名称、规格、净含量、生产日期;
(二)成分或者配料表;
(三)生产者的名称、地址、联系方式;
(四)保质期;
(五)产品标准代号;
(六)贮存条件;
(七)所使用的食品添加剂在国家标准中的通用名称;
(八)生产许可证编号;
(九)法律、法规或者食品安全标准规定应当标明的其他事项。

专供婴幼儿和其他特定人群的主辅食品,其标签还应当标明主要营养成分及其含量。

食品安全国家标准对标签标注事项另有规定的,从其规定。

第六十八条 【食品经营者销售散装食品的标注要求】食品经营者销售散装食品,应当在散装食品的容器、外包装上标明食品的名称、生产日期或者生产批号、保质期以及生产经营者名称、地址、联系方式等内容。

第六十九条 【转基因食品显著标示】生产经营转基因食品应当按照规定显著标示。

第七十条 【食品添加剂的标签、说明书和包装】食品添加剂应当有标签、说明书和包装。标签、说明书应当载明本法第六十七条第一款第一项至第六项、第八项、第九项规定的事项,以及食品添加剂的使用范围、用量、使用方法,并在标签上载明"食品添加剂"字样。

第七十一条 【标签、说明书的基本要求】食品和食品添加剂的标签、说明书,不得含有虚假内容,不得涉及疾病预防、治疗功能。生产经营者对其提供的标签、说明书的内容负责。

食品和食品添加剂的标签、说明书应当清楚、明显,生产日期、保质期等事项应当显著标注,容易辨识。

食品和食品添加剂与其标签、说明书的内容不符的,不得上市销售。

第七十二条 【按照食品标签的警示要求销售食品】食品经营者应当按照食品标签标示的警示标志、警示说明或者注意事项的要求销售食品。

第七十三条 【食品广告】食品广告的内容应当真实合法,不得含有虚假内容,不得涉及疾病预防、治疗功能。食品生产经营者对食品广告内容的真实性、合法性负责。

县级以上人民政府食品安全监督管理部门和其他有关部门以及食品检验机构、食品行业协会不得以广告或者其他形式向消费者推荐食品。消费者组织不得以收取费用或者其他牟取利益的方式向消费者推荐食品。

第四节 特殊食品

第七十四条 【特殊食品严格监督管理】国家对保健食品、特殊医学用途配方食品和婴幼儿配方食品等特殊食品实行严格监督管理。

第七十五条 【保健食品原料和功能声称】保健食品声称保健功能，应当具有科学依据，不得对人体产生急性、亚急性或者慢性危害。

保健食品原料目录和允许保健食品声称的保健功能目录，由国务院食品安全监督管理部门会同国务院卫生行政部门、国家中医药管理部门制定、调整并公布。

保健食品原料目录应当包括原料名称、用量及其对应的功效；列入保健食品原料目录的原料只能用于保健食品生产，不得用于其他食品生产。

第七十六条 【保健食品的注册和备案管理】使用保健食品原料目录以外原料的保健食品和首次进口的保健食品应当经国务院食品安全监督管理部门注册。但是，首次进口的保健食品中属于补充维生素、矿物质等营养物质的，应当报国务院食品安全监督管理部门备案。其他保健食品应当报省、自治区、直辖市人民政府食品安全监督管理部门备案。

进口的保健食品应当是出口国（地区）主管部门准许上市销售的产品。

第七十七条 【保健食品注册和备案的具体要求】依法应当注册的保健食品，注册时应当提交保健食品的研发报告、产品配方、生产工艺、安全性和保健功能评价、标签、说明书等材料及样品，并提供相关证明文件。国务院食品安全监督管理部门经组织技术审评，对符合安全和功能声称要求的，准予注册；对不符合要求的，不予注册并书面说明理由。对使用保健食品原料目录以外原料的保健食品作出准予注册决定的，应当及时将该原料纳入保健食品原料目录。

依法应当备案的保健食品，备案时应当提交产品配方、生产工艺、标签、说明书以及表明产品安全性和保健功能的材料。

第七十八条 【保健食品的标签、说明书】保健食品的标签、说明书不得涉及疾病预防、治疗功能，内容应当真实，与注册或者备案的内容相一致，载明适宜人群、不适宜人群、功效成分或者标志性成分及其含量等，并声明"本品不能代替药物"。保健食品的功能和成分应当与标签、说明书相一致。

第七十九条 【保健食品广告】保健食品广告除应当符合本法第七十三条第一款的规定外，还应当声明"本品不能代替药物"；其内容应当经生产企业所在地省、自治区、直辖市人民政府食品安全监督管理部门审查批准，取得保健食品广告批准文件。省、自治区、直辖市人民政府食品安全监督管理部门应当公布并及时更新已经批准的保健食品广告目录以及批准的广告内容。

第八十条 【特殊医学用途配方食品】特殊医学用途配方食品应当经国务院食品安全监督管理部门注册。注册时，应当提交产品配方、生产工艺、标签、说明书以及表明产品安全性、营养充足性和特殊医学用途临床效果的材料。

特殊医学用途配方食品广告适用《中华人民共和国广告法》和其他法律、行政法规关于药品广告管理的规定。

第八十一条 【婴幼儿配方食品的管理】婴幼儿配方食品生产企业应当实施从原料进厂到成品出厂的全过程质量控制，对出厂的婴幼儿配方食品实施逐批检验，保证食品安全。

生产婴幼儿配方食品使用的生鲜乳、辅料等食品原料、食品添加剂等，应当符合法律、行政法规的规定和食品安全国家标准，保证婴幼儿生长发育所需的营养成分。

婴幼儿配方食品生产企业应当将食品原料、食品添加剂、产品配方及标签等事项向省、自治区、直辖市人民政府食品安全监督管理部门备案。

婴幼儿配方乳粉的产品配方应当经国务院食品安全监督管理部门注册。注册时，应当提交配方研发报告和其他表明配方科学性、安全性的材料。

不得以分装方式生产婴幼儿配方乳粉，同一企业不得同一配方生产不同品牌的婴幼儿配方乳粉。

第八十二条 【注册、备案材料确保真实】保健食品、特殊医学用途配方食品、婴幼儿配方乳粉的注册人或者备案人应当对其提交材料的真实性负责。

省级以上人民政府食品安全监督管理部门应当及时公布注册或者备案的保健食品、特殊医学用途配方食品、婴幼儿配方乳粉目录，并对注册或者备案中获知的企业商业秘密予以保密。

保健食品、特殊医学用途配方食品、婴幼儿配方乳粉生产企业应当按照注册或者备案的产品配方、生产工艺等技术要求组织生产。

第八十三条 【特殊食品生产质量管理体系】生产保健食品、特殊医学用途配方食品、婴幼儿配方食品和其他专供特定人群的主辅食品的企业，应当按照良好生产规范的要求建立与所生产食品相适应的生产质量管理体系，定期对该体系的运行情况进行自查，保证其有效运行，并向所在地县级人民政府食品安全监督管理部门提交自查报告。

第五章 食品检验

第八十四条 【食品检验机构】食品检验机构按照国家有关认证认可的规定取得资质认定后,方可从事食品检验活动。但是,法律另有规定的除外。

食品检验机构的资质认定条件和检验规范,由国务院食品安全监督管理部门规定。

符合本法规定的食品检验机构出具的检验报告具有同等效力。

县级以上人民政府应当整合食品检验资源,实现资源共享。

第八十五条 【食品检验机构检验人】食品检验由食品检验机构指定的检验人独立进行。

检验人应当依照有关法律、法规的规定,并按照食品安全标准和检验规范对食品进行检验,尊重科学,恪守职业道德,保证出具的检验数据和结论客观、公正,不得出具虚假检验报告。

第八十六条 【食品检验机构与检验人共同负责制】食品检验实行食品检验机构与检验人负责制。食品检验报告应当加盖食品检验机构公章,并有检验人的签名或者盖章。食品检验机构和检验人对出具的食品检验报告负责。

第八十七条 【监督抽检】县级以上人民政府食品安全监督管理部门应当对食品进行定期或者不定期的抽样检验,并依据有关规定公布检验结果,不得免检。进行抽样检验,应当购买所抽取的样品,委托符合本法规定的食品检验机构进行检验,并支付相关费用;不得向食品生产经营者收取检验费和其他费用。

第八十八条 【复检】对依照本法规定实施的检验结论有异议的,食品生产经营者可以自收到检验结论之日起七个工作日内向实施抽样检验的食品安全监督管理部门或者其上一级食品安全监督管理部门提出复检申请,由受理复检申请的食品安全监督管理部门在公布的复检机构名录中随机确定复检机构进行复检。复检机构出具的复检结论为最终检验结论。复检机构与初检机构不得为同一机构。复检机构名录由国务院认证认可监督管理、食品安全监督管理、卫生行政、农业行政等部门共同公布。

采用国家规定的快速检测方法对食用农产品进行抽查检测,被抽查人对检测结果有异议的,可以自收到检测结果时起四小时内申请复检。复检不得采用快速检测方法。

第八十九条 【自行检验和委托检验】食品生产企业可以自行对所生产的食品进行检验,也可以委托符合本法规定的食品检验机构进行检验。

食品行业协会和消费者协会等组织、消费者需要委托食品检验机构对食品进行检验的,应当委托符合本法规定的食品检验机构进行。

第九十条 【对食品添加剂的检验】食品添加剂的检验,适用本法有关食品检验的规定。

第六章 食品进出口

第九十一条 【食品进出口监督管理部门】国家出入境检验检疫部门对进出口食品安全实施监督管理。

第九十二条 【进口食品、食品添加剂和相关产品的要求】进口的食品、食品添加剂、食品相关产品应当符合我国食品安全国家标准。

进口的食品、食品添加剂应当经出入境检验检疫机构依照进出口商品检验相关法律、行政法规的规定检验合格。

进口的食品、食品添加剂应当按照国家出入境检验检疫部门的要求随附合格证明材料。

第九十三条 【进口尚无食品安全国家标准的食品及"三新"产品的要求】进口尚无食品安全国家标准的食品,由境外出口商、境外生产企业或者其委托的进口商向国务院卫生行政部门提交所执行的相关国家(地区)标准或者国际标准。国务院卫生行政部门对相关标准进行审查,认为符合食品安全要求的,决定暂予适用,并及时制定相应的食品安全国家标准。进口利用新的食品原料生产的食品或者进口食品添加剂新品种、食品相关产品新品种,依照本法第三十七条的规定办理。

出入境检验检疫机构按照国务院卫生行政部门的要求,对前款规定的食品、食品添加剂、食品相关产品进行检验。检验结果应当公开。

第九十四条 【境外出口商、生产企业、进口商食品安全义务】境外出口商、境外生产企业应当保证向我国出口的食品、食品添加剂、食品相关产品符合本法以及我国其他有关法律、行政法规的规定和食品安全国家标准的要求,并对标签、说明书的内容负责。

进口商应当建立境外出口商、境外生产企业审核制度,重点审核前款规定的内容;审核不合格的,不得进口。

发现进口食品不符合我国食品安全国家标准或者有证据证明可能危害人体健康的,进口商应当立即停止进口,并依照本法第六十三条的规定召回。

第九十五条 【进口食品等出现严重食品安全问题的应对】境外发生的食品安全事件可能对我国境内造成

影响,或者在进口食品、食品添加剂、食品相关产品中发现严重食品安全问题的,国家出入境检验检疫部门应当及时采取风险预警或者控制措施,并向国务院食品安全监督管理、卫生行政、农业行政部门通报。接到通报的部门应当及时采取相应措施。

县级以上人民政府食品安全监督管理部门对国内市场上销售的进口食品、食品添加剂实施监督管理。发现存在严重食品安全问题的,国务院食品安全监督管理部门应当及时向国家出入境检验检疫部门通报。国家出入境检验检疫部门应当及时采取相应措施。

第九十六条 【对进出口食品商、代理商、境外食品生产企业的管理】向我国境内出口食品的境外出口商或者代理商、进口食品的进口商应当向国家出入境检验检疫部门备案。向我国境内出口食品的境外食品生产企业应当经国家出入境检验检疫部门注册。已经注册的境外食品生产企业提供虚假材料,或者因其自身的原因致使进口食品发生重大食品安全事故的,国家出入境检验检疫部门应当撤销注册并公告。

国家出入境检验检疫部门应当定期公布已经备案的境外出口商、代理商、进口商和已经注册的境外食品生产企业名单。

第九十七条 【进口的预包装食品、食品添加剂标签、说明书】进口的预包装食品、食品添加剂应当有中文标签;依法应当有说明书的,还应当有中文说明书。标签、说明书应当符合本法以及我国其他有关法律、行政法规的规定和食品安全国家标准的要求,并载明食品的原产地以及境内代理商的名称、地址、联系方式。预包装食品没有中文标签、中文说明书或者标签、说明书不符合本条规定的,不得进口。

第九十八条 【食品、食品添加剂进口和销售记录制度】进口商应当建立食品、食品添加剂进口和销售记录制度,如实记录食品、食品添加剂的名称、规格、数量、生产日期、生产或者进口批号、保质期、境外出口商和购货者名称、地址及联系方式、交货日期等内容,并保存相关凭证。记录和凭证保存期限应当符合本法第五十条第二款的规定。

第九十九条 【对出口食品和出口食品企业的要求】出口食品生产企业应当保证其出口食品符合进口国(地区)的标准或者合同要求。

出口食品生产企业和出口食品原料种植、养殖场应当向国家出入境检验检疫部门备案。

第一百条 【国家出入境检验检疫部门收集信息及实施信用管理】国家出入境检验检疫部门应当收集、汇总下列进出口食品安全信息,并及时通报相关部门、机构和企业:

(一)出入境检验检疫机构对进出口食品实施检验检疫发现的食品安全信息;

(二)食品行业协会和消费者协会等组织、消费者反映的进口食品安全信息;

(三)国际组织、境外政府机构发布的风险预警信息及其他食品安全信息,以及境外食品行业协会等组织、消费者反映的食品安全信息;

(四)其他食品安全信息。

国家出入境检验检疫部门应当对进出口食品的进口商、出口商和出口食品生产企业实施信用管理,建立信用记录,并依法向社会公布。对有不良记录的进口商、出口商和出口食品生产企业,应当加强对其进出口食品的检验检疫。

第一百零一条 【国家出入境检验检疫部门的职责】国家出入境检验检疫部门可以对向我国境内出口食品的国家(地区)的食品安全管理体系和食品安全状况进行评估和审查,并根据评估和审查结果,确定相应检验检疫要求。

第七章 食品安全事故处置

第一百零二条 【食品安全事故应急预案】国务院组织制定国家食品安全事故应急预案。

县级以上地方人民政府应当根据有关法律、法规的规定和上级人民政府的食品安全事故应急预案以及本行政区域的实际情况,制定本行政区域的食品安全事故应急预案,并报上一级人民政府备案。

食品安全事故应急预案应当对食品安全事故分级、事故处置组织指挥体系与职责、预防预警机制、处置程序、应急保障措施等作出规定。

食品生产经营企业应当制定食品安全事故处置方案,定期检查本企业各项食品安全防范措施的落实情况,及时消除事故隐患。

第一百零三条 【食品安全事故应急处置、报告、通报】发生食品安全事故的单位应当立即采取措施,防止事故扩大。事故单位和接收病人进行治疗的单位应当及时向事故发生地县级人民政府食品安全监督管理、卫生行政部门报告。

县级以上人民政府农业行政等部门在日常监督管理中发现食品安全事故或者接到事故举报,应当立即向同级食品安全监督管理部门通报。

发生食品安全事故,接到报告的县级人民政府食品安全监督管理部门应当按照应急预案的规定向本级人民政府和上级人民政府食品安全监督管理部门报告。县级人民政府和上级人民政府食品安全监督管理部门应当按照应急预案的规定上报。

任何单位和个人不得对食品安全事故隐瞒、谎报、缓报,不得隐匿、伪造、毁灭有关证据。

第一百零四条 【食源性疾病的报告和通报】医疗机构发现其接收的病人属于食源性疾病病人或者疑似病人的,应当按照规定及时将相关信息向所在地县级人民政府卫生行政部门报告。县级人民政府卫生行政部门认为与食品安全有关的,应当及时通报同级食品安全监督管理部门。

县级以上人民政府卫生行政部门在调查处理传染病或者其他突发公共卫生事件中发现与食品安全相关的信息,应当及时通报同级食品安全监督管理部门。

第一百零五条 【食品安全事故发生后应采取的措施】县级以上人民政府食品安全监督管理部门接到食品安全事故的报告后,应当立即会同同级卫生行政、农业行政等部门进行调查处理,并采取下列措施,防止或者减轻社会危害:

(一)开展应急救援工作,组织救治因食品安全事故导致人身伤害的人员;

(二)封存可能导致食品安全事故的食品及其原料,并立即进行检验;对确认属于被污染的食品及其原料,责令食品生产经营者依照本法第六十三条的规定召回或者停止经营;

(三)封存被污染的食品相关产品,并责令进行清洗消毒;

(四)做好信息发布工作,依法对食品安全事故及其处理情况进行发布,并对可能产生的危害加以解释、说明。

发生食品安全事故需要启动应急预案的,县级以上人民政府应当立即成立事故处置指挥机构,启动应急预案,依照前款和应急预案的规定进行处置。

发生食品安全事故,县级以上疾病预防控制机构应当对事故现场进行卫生处理,并对与事故有关的因素开展流行病学调查,有关部门应当予以协助。县级以上疾病预防控制机构应当向同级食品安全监督管理、卫生行政部门提交流行病学调查报告。

第一百零六条 【食品安全事故责任调查】发生食品安全事故,设区的市级以上人民政府食品安全监督管理部门应当立即会同有关部门进行事故责任调查,督促有关部门履行职责,向本级人民政府和上一级人民政府食品安全监督管理部门提出事故责任调查处理报告。

涉及两个以上省、自治区、直辖市的重大食品安全事故由国务院食品安全监督管理部门依照前款规定组织事故责任调查。

第一百零七条 【食品安全事故调查要求】调查食品安全事故,应当坚持实事求是、尊重科学的原则,及时、准确查清事故性质和原因,认定事故责任,提出整改措施。

调查食品安全事故,除了查明事故单位的责任,还应当查明有关监督管理部门、食品检验机构、认证机构及其工作人员的责任。

第一百零八条 【食品安全事故调查部门的职权】食品安全事故调查部门有权向有关单位和个人了解与事故有关的情况,并要求提供相关资料和样品。有关单位和个人应当予以配合,按照要求提供相关资料和样品,不得拒绝。

任何单位和个人不得阻挠、干涉食品安全事故的调查处理。

第八章 监督管理

第一百零九条 【食品安全风险分级管理和年度监督管理计划】县级以上人民政府食品安全监督管理部门根据食品安全风险监测、风险评估结果和食品安全状况等,确定监督管理的重点、方式和频次,实施风险分级管理。

县级以上地方人民政府组织本级食品安全监督管理、农业行政等部门制定本行政区域的食品安全年度监督管理计划,向社会公布并组织实施。

食品安全年度监督管理计划应当将下列事项作为监督管理的重点:

(一)专供婴幼儿和其他特定人群的主辅食品;

(二)保健食品生产过程中的添加行为和按照注册或者备案的技术要求组织生产的情况,保健食品标签、说明书以及宣传材料中有关功能宣传的情况;

(三)发生食品安全事故风险较高的食品生产经营者;

(四)食品安全风险监测结果表明可能存在食品安全隐患的事项。

第一百一十条 【食品安全监督检查措施】县级以上人民政府食品安全监督管理部门履行食品安全监督管理职责,有权采取下列措施,对生产经营者遵守本法的情况进行监督检查：

（一）进入生产经营场所实施现场检查；

（二）对生产经营的食品、食品添加剂、食品相关产品进行抽样检验；

（三）查阅、复制有关合同、票据、账簿以及其他有关资料；

（四）查封、扣押有证据证明不符合食品安全标准或者有证据证明存在安全隐患以及用于违法生产经营的食品、食品添加剂、食品相关产品；

（五）查封违法从事生产经营活动的场所。

第一百一十一条　【有害物质的临时限量值和临时检验方法】对食品安全风险评估结果证明食品存在安全隐患，需要制定、修订食品安全标准的，在制定、修订食品安全标准前，国务院卫生行政部门应当及时会同国务院有关部门规定食品中有害物质的临时限量值和临时检验方法，作为生产经营和监督管理的依据。

第一百一十二条　【快速检测】县级以上人民政府食品安全监督管理部门在食品安全监督管理工作中可以采用国家规定的快速检测方法对食品进行抽查检测。

对抽查检测结果表明可能不符合食品安全标准的食品，应当依照本法第八十七条的规定进行检验。抽查检测结果确定有关食品不符合食品安全标准的，可以作为行政处罚的依据。

第一百一十三条　【食品安全信用档案】县级以上人民政府食品安全监督管理部门应当建立食品生产经营者食品安全信用档案，记录许可颁发、日常监督检查结果、违法行为查处等情况，依法向社会公布并实时更新；对有不良信用记录的食品生产经营者增加监督检查频次，对违法行为情节严重的食品生产经营者，可以通报投资主管部门、证券监督管理机构和有关的金融机构。

第一百一十四条　【对食品生产经营者进行责任约谈】食品生产经营过程中存在食品安全隐患，未及时采取措施消除的，县级以上人民政府食品安全监督管理部门可以对食品生产经营者的法定代表人或者主要负责人进行责任约谈。食品生产经营者应当立即采取措施，进行整改，消除隐患。责任约谈情况和整改情况应当纳入食品生产经营者食品安全信用档案。

第一百一十五条　【有奖举报和保护举报人合法权益】县级以上人民政府食品安全监督管理等部门应当公布本部门的电子邮件地址或者电话，接受咨询、投诉、举报。接到咨询、投诉、举报，对属于本部门职责的，应当受理并在法定期限内及时答复、核实、处理；对不属于本部门职责的，应当移交有权处理的部门并书面通知咨询、投诉、举报人。有权处理的部门应当在法定期限内及时处理，不得推诿。对查证属实的举报，给予举报人奖励。

有关部门应当对举报人的信息予以保密，保护举报人的合法权益。举报人举报所在企业的，该企业不得以解除、变更劳动合同或者其他方式对举报人进行打击报复。

第一百一十六条　【加强食品安全执法人员管理】县级以上人民政府食品安全监督管理等部门应当加强对执法人员食品安全法律、法规、标准和专业知识与执法能力等的培训，并组织考核。不具备相应知识和能力的，不得从事食品安全执法工作。

食品生产经营者、食品行业协会、消费者协会等发现食品安全执法人员在执法过程中有违反法律、法规规定的行为以及不规范执法行为的，可以向本级或者上级人民政府食品安全监督管理等部门或者监察机关投诉、举报。接到投诉、举报的部门或者机关应当进行核实，并将经核实的情况向食品安全执法人员所在部门通报；涉嫌违法违纪的，按照本法和有关规定处理。

第一百一十七条　【对所属食品安全监管部门或下级地方人民政府进行责任约谈】县级以上人民政府食品安全监督管理等部门未及时发现食品安全系统性风险，未及时消除监督管理区域内的食品安全隐患的，本级人民政府可以对其主要负责人进行责任约谈。

地方人民政府未履行食品安全职责，未及时消除区域性重大食品安全隐患的，上级人民政府可以对其主要负责人进行责任约谈。

被约谈的食品安全监督管理等部门、地方人民政府应当立即采取措施，对食品安全监督管理工作进行整改。

责任约谈情况和整改情况应当纳入地方人民政府和有关部门食品安全监督管理工作评议、考核记录。

第一百一十八条　【食品安全信息统一公布制度】国家建立统一的食品安全信息平台，实行食品安全信息统一公布制度。国家食品安全总体情况、食品安全风险警示信息、重大食品安全事故及其调查处理信息和国务院确定需要统一公布的其他信息由国务院食品安全监督管理部门统一公布。食品安全风险警示信息和重大食品安全事故及其调查处理信息的影响限于特定区域的，也可以由有关省、自治区、直辖市人民政府食品安全监督管理部门公布。未经授权不得发布上述信息。

县级以上人民政府食品安全监督管理、农业行政部门依据各自职责公布食品安全日常监督管理信息。

公布食品安全信息,应当做到准确、及时,并进行必要的解释说明,避免误导消费者和社会舆论。

第一百一十九条 【食品安全信息的报告、通报制度】县级以上地方人民政府食品安全监督管理、卫生行政、农业行政部门获知本法规定需要统一公布的信息,应当向上级主管部门报告,由上级主管部门立即报告国务院食品安全监督管理部门;必要时,可以直接向国务院食品安全监督管理部门报告。

县级以上人民政府食品安全监督管理、卫生行政、农业行政部门应当相互通报获知的食品安全信息。

第一百二十条 【不得编造、散布虚假食品安全信息】任何单位和个人不得编造、散布虚假食品安全信息。

县级以上人民政府食品安全监督管理部门发现可能误导消费者和社会舆论的食品安全信息,应当立即组织有关部门、专业机构、相关食品生产经营者等进行核实、分析,并及时公布结果。

第一百二十一条 【涉嫌食品安全犯罪案件的处理】县级以上人民政府食品安全监督管理等部门发现涉嫌食品安全犯罪的,应当按照有关规定及时将案件移送公安机关。对移送的案件,公安机关应当及时审查;认为有犯罪事实需要追究刑事责任的,应当立案侦查。

公安机关在食品安全犯罪案件侦查过程中认为没有犯罪事实,或者犯罪事实显著轻微,不需要追究刑事责任,但依法应当追究行政责任的,应当及时将案件移送食品安全监督管理等部门和监察机关,有关部门应当依法处理。

公安机关商请食品安全监督管理、生态环境等部门提供检验结论、认定意见以及对涉案物品进行无害化处理等协助的,有关部门应当及时提供,予以协助。

第九章 法律责任

第一百二十二条 【未经许可从事食品生产经营活动等的法律责任】违反本法规定,未取得食品生产经营许可从事食品生产经营活动,或者未取得食品添加剂生产许可从事食品添加剂生产活动的,由县级以上人民政府食品安全监督管理部门没收违法所得和违法生产经营的食品、食品添加剂以及用于违法生产经营的工具、设备、原料等物品;违法生产经营的食品、食品添加剂货值金额不足一万元的,并处五万元以上十万元以下罚款;货值金额一万元以上的,并处货值金额十倍以上二十倍以下罚款。

明知从事前款规定的违法行为,仍为其提供生产经营场所或者其他条件的,由县级以上人民政府食品安全监督管理部门责令停止违法行为,没收违法所得,并处五万元以上十万元以下罚款;使消费者的合法权益受到损害的,应当与食品、食品添加剂生产经营者承担连带责任。

第一百二十三条 【八类最严重违法食品生产经营行为的法律责任】违反本法规定,有下列情形之一,尚不构成犯罪的,由县级以上人民政府食品安全监督管理部门没收违法所得和违法生产经营的食品,并可以没收用于违法生产经营的工具、设备、原料等物品;违法生产经营的食品货值金额不足一万元的,并处十万元以上十五万元以下罚款;货值金额一万元以上的,并处货值金额十五倍以上三十倍以下罚款;情节严重的,吊销许可证,并可以由公安机关对其直接负责的主管人员和其他直接责任人员处五日以上十五日以下拘留:

(一)用非食品原料生产食品、在食品中添加食品添加剂以外的化学物质和其他可能危害人体健康的物质,或者用回收食品作为原料生产食品,或者经营上述食品;

(二)生产经营营养成分不符合食品安全标准的专供婴幼儿和其他特定人群的主辅食品;

(三)经营病死、毒死或者死因不明的禽、畜、兽、水产动物肉类,或者生产经营其制品;

(四)经营未按规定进行检疫或者检疫不合格的肉类,或者生产经营未经检验或者检验不合格的肉类制品;

(五)生产经营国家为防病等特殊需要明令禁止生产经营的食品;

(六)生产经营添加药品的食品。

明知从事前款规定的违法行为,仍为其提供生产经营场所或者其他条件的,由县级以上人民政府食品安全监督管理部门责令停止违法行为,没收违法所得,并处十万元以上二十万元以下罚款;使消费者的合法权益受到损害的,应当与食品生产经营者承担连带责任。

违法使用剧毒、高毒农药的,除依照有关法律、法规规定给予处罚外,可以由公安机关依照第一款规定给予拘留。

第一百二十四条 【十一类违法生产经营行为的法律责任】违反本法规定,有下列情形之一,尚不构成犯罪的,由县级以上人民政府食品安全监督管理部门没收违法所得和违法生产经营的食品、食品添加剂,并可以没收用于违法生产经营的工具、设备、原料等物品;违法生产经营的食品、食品添加剂货值金额不足一万元的,并处五万元以上十万元以下罚款;货值金额一万元以上的,并处货值金额十倍以上二十倍以下罚款;情节严重的,吊销许可证：

（一）生产经营致病性微生物，农药残留、兽药残留、生物毒素、重金属等污染物质以及其他危害人体健康的物质含量超过食品安全标准限量的食品、食品添加剂；

（二）用超过保质期的食品原料、食品添加剂生产食品、食品添加剂，或者经营上述食品、食品添加剂；

（三）生产经营超范围、超限量使用食品添加剂的食品；

（四）生产经营腐败变质、油脂酸败、霉变生虫、污秽不洁、混有异物、掺假掺杂或者感官性状异常的食品、食品添加剂；

（五）生产经营标注虚假生产日期、保质期或者超过保质期的食品、食品添加剂；

（六）生产经营未按规定注册的保健食品、特殊医学用途配方食品、婴幼儿配方乳粉，或者未按注册的产品配方、生产工艺等技术要求组织生产；

（七）以分装方式生产婴幼儿配方乳粉，或者同一企业以同一配方生产不同品牌的婴幼儿配方乳粉；

（八）利用新的食品原料生产食品，或者生产食品添加剂新品种，未通过安全性评估；

（九）食品生产经营者在食品安全监督管理部门责令其召回或者停止经营后，仍拒不召回或者停止经营。

除前款和本法第一百二十三条、第一百二十五条规定的情形外，生产经营不符合法律、法规或者食品安全标准的食品、食品添加剂的，依照前款规定给予处罚。

生产食品相关产品新品种，未通过安全性评估，或者生产不符合食品安全标准的食品相关产品的，由县级以上人民政府食品安全监督管理部门依照第一款规定给予处罚。

第一百二十五条　【四类违法生产经营行为的法律责任】违反本法规定，有下列情形之一的，由县级以上人民政府食品安全监督管理部门没收违法所得和违法生产经营的食品、食品添加剂，并可以没收用于违法生产经营的工具、设备、原料等物品；违法生产经营的食品、食品添加剂货值金额不足一万元的，并处五千元以上五万元以下罚款；货值金额一万元以上的，并处货值金额五倍以上十倍以下罚款；情节严重的，责令停产停业，直至吊销许可证：

（一）生产经营被包装材料、容器、运输工具等污染的食品、食品添加剂；

（二）生产经营无标签的预包装食品、食品添加剂或者标签、说明书不符合本法规定的食品、食品添加剂；

（三）生产经营转基因食品未按规定进行标示；

（四）食品生产经营者采购或者使用不符合食品安全标准的食品原料、食品添加剂、食品相关产品。

生产经营的食品、食品添加剂的标签、说明书存在瑕疵但不影响食品安全且不会对消费者造成误导的，由县级以上人民政府食品安全监督管理部门责令改正；拒不改正的，处二千元以下罚款。

第一百二十六条　【十六类生产经营过程违法行为所应承担的法律责任】违反本法规定，有下列情形之一的，由县级以上人民政府食品安全监督管理部门责令改正，给予警告；拒不改正的，处五千元以上五万元以下罚款；情节严重的，责令停产停业，直至吊销许可证：

（一）食品、食品添加剂生产者未按规定对采购的食品原料和生产的食品、食品添加剂进行检验；

（二）食品生产经营企业未按规定建立食品安全管理制度，或者未按规定配备或者培训、考核食品安全管理人员；

（三）食品、食品添加剂生产经营者进货时未查验许可证和相关证明文件，或者未按规定建立并遵守进货查验记录、出厂检验记录和销售记录制度；

（四）食品生产经营企业未制定食品安全事故处置方案；

（五）餐具、饮具和盛放直接入口食品的容器，使用前未经洗净、消毒或者清洗消毒不合格，或者餐饮服务设施、设备未按规定定期维护、清洗、校验；

（六）食品生产经营者安排未取得健康证明或者患有国务院卫生行政部门规定的有碍食品安全疾病的人员从事接触直接入口食品的工作；

（七）食品经营者未按规定要求销售食品；

（八）保健食品生产企业未按规定向食品安全监督管理部门备案，或者未按备案的产品配方、生产工艺等技术要求组织生产；

（九）婴幼儿配方食品生产企业未将食品原料、食品添加剂、产品配方、标签等向食品安全监督管理部门备案；

（十）特殊食品生产企业未按规定建立生产质量管理体系并有效运行，或者未定期提交自查报告；

（十一）食品生产经营者未定期对食品安全状况进行检查评价，或者生产经营条件发生变化，未按规定处理；

（十二）学校、托幼机构、养老机构、建筑工地等集中用餐单位未按规定履行食品安全管理责任；

（十三）食品生产企业、餐饮服务提供者未按规定制定、实施生产经营过程控制要求。

餐具、饮具集中消毒服务单位违反本法规定用水，使用洗涤剂、消毒剂，或者出厂的餐具、饮具未按规定检验合格并随附消毒合格证明，或者未按规定在独立包装上标注相关内容的，由县级以上人民政府卫生行政部门依照前款规定给予处罚。

食品相关产品生产者未按规定对生产的食品相关产品进行检验的，由县级以上人民政府食品安全监督管理部门依照第一款规定给予处罚。

食用农产品销售者违反本法第六十五条规定的，由县级以上人民政府食品安全监督管理部门依照第一款规定给予处罚。

第一百二十七条　【对食品生产加工小作坊、食品摊贩等的违法行为的处罚】 对食品生产加工小作坊、食品摊贩等的违法行为的处罚，依照省、自治区、直辖市制定的具体管理办法执行。

第一百二十八条　【事故单位违法行为所应承担的法律责任】 违反本法规定，事故单位在发生食品安全事故后未进行处置、报告的，由有关主管部门按照各自职责分工责令改正，给予警告；隐匿、伪造、毁灭有关证据的，责令停产停业，没收违法所得，并处十万元以上五十万元以下罚款；造成严重后果的，吊销许可证。

第一百二十九条　【进出口违法行为所应承担的法律责任】 违反本法规定，有下列情形之一的，由出入境检验检疫机构依照本法第一百二十四条的规定给予处罚：

（一）提供虚假材料，进口不符合我国食品安全国家标准的食品、食品添加剂、食品相关产品；

（二）进口尚无食品安全国家标准的食品，未提交所执行的标准并经国务院卫生行政部门审查，或者进口利用新的食品原料生产的食品或者进口食品添加剂新品种、食品相关产品新品种，未通过安全性评估；

（三）未遵守本法的规定出口食品；

（四）进口商在有关主管部门责令其依照本法规定召回进口的食品后，仍拒不召回。

违反本法规定，进口商未建立并遵守食品、食品添加剂进口和销售记录制度、境外出口商或者生产企业审核制度的，由出入境检验检疫机构依照本法第一百二十六条的规定给予处罚。

第一百三十条　【集中交易市场违法行为所应承担的法律责任】 违反本法规定，集中交易市场的开办者、柜台出租者、展销会的举办者允许未依法取得许可的食品经营者进入市场销售食品，或者未履行检查、报告等义务的，由县级以上人民政府食品安全监督管理部门责令改正，没收违法所得，并处五万元以上二十万元以下罚款；造成严重后果的，责令停业，直至由原发证部门吊销许可证；使消费者的合法权益受到损害的，应当与食品经营者承担连带责任。

食用农产品批发市场违反本法第六十四条规定的，依照前款规定承担责任。

第一百三十一条　【网络食品交易违法行为所应承担的法律责任】 违反本法规定，网络食品交易第三方平台提供者未对入网食品经营者进行实名登记、审查许可证，或者未履行报告、停止提供网络交易平台服务等义务的，由县级以上人民政府食品安全监督管理部门责令改正，没收违法所得，并处五万元以上二十万元以下罚款；造成严重后果的，责令停业，直至由原发证部门吊销许可证；使消费者的合法权益受到损害的，应当与食品经营者承担连带责任。

消费者通过网络食品交易第三方平台购买食品，其合法权益受到损害的，可以向入网食品经营者或者食品生产者要求赔偿。网络食品交易第三方平台提供者不能提供入网食品经营者的真实名称、地址和有效联系方式的，由网络食品交易第三方平台提供者赔偿。网络食品交易第三方平台提供者赔偿后，有权向入网食品经营者或者食品生产者追偿。网络食品交易第三方平台提供者作出更有利于消费者承诺的，应当履行其承诺。

第一百三十二条　【进行食品贮存、运输和装卸违法行为所应承担的法律责任】 违反本法规定，未按要求进行食品贮存、运输和装卸的，由县级以上人民政府食品安全监督管理等部门按照各自职责分工责令改正，给予警告；拒不改正的，责令停产停业，并处一万元以上五万元以下罚款；情节严重的，吊销许可证。

第一百三十三条　【拒绝、阻挠、干涉依法开展食品安全工作、打击报复举报人的法律责任】 违反本法规定，拒绝、阻挠、干涉有关部门、机构及其工作人员依法开展食品安全监督检查、事故调查处理、风险监测和风险评估的，由有关主管部门按照各自职责分工责令停产停业，并处二千元以上五万元以下罚款；情节严重的，吊销许可证；构成违反治安管理行为的，由公安机关依法给予治安管理处罚。

违反本法规定，对举报人以解除、变更劳动合同或者其他方式打击报复的，应当依照有关法律的规定承担责任。

第一百三十四条 【食品生产经营者屡次违法可以增加处罚】食品生产经营者在一年内累计三次因违反本法规定受到责令停产停业、吊销许可证以外处罚的，由食品安全监督管理部门责令停产停业，直至吊销许可证。

第一百三十五条 【严重违法犯罪者一定期限内禁止从事食品生产经营相关活动】被吊销许可证的食品生产经营者及其法定代表人、直接负责的主管人员和其他直接责任人员自处罚决定作出之日起五年内不得申请食品生产经营许可，或者从事食品生产经营管理工作、担任食品生产经营企业食品安全管理人员。

因食品安全犯罪被判处有期徒刑以上刑罚的，终身不得从事食品生产经营管理工作，也不得担任食品生产经营企业食品安全管理人员。

食品生产经营者聘用人员违反前两款规定的，由县级以上人民政府食品安全监督管理部门吊销许可证。

第一百三十六条 【食品经营者履行了本法规定的义务可以免予处罚】食品经营者履行了本法规定的进货查验等义务，有充分证据证明其不知道所采购的食品不符合食品安全标准，并能如实说明其进货来源的，可以免予处罚，但应当依法没收其不符合食品安全标准的食品；造成人身、财产或者其他损害的，依法承担赔偿责任。

第一百三十七条 【提供虚假监测、评估信息的法律责任】违反本法规定，承担食品安全风险监测、风险评估工作的技术机构、技术人员提供虚假监测、评估信息的，依法对技术机构直接负责的主管人员和技术人员给予撤职、开除处分；有执业资格的，由授予其资格的主管部门吊销执业证书。

第一百三十八条 【出具虚假检验报告以及食品检验机构聘用不得从事食品检验工作的人员等的法律责任】违反本法规定，食品检验机构、食品检验人员出具虚假检验报告的，由授予其资质的主管部门或者机构撤销该食品检验机构的检验资质，没收所收取的检验费用，并处检验费用五倍以上十倍以下罚款，检验费用不足一万元的，并处五万元以上十万元以下罚款；依法对食品检验机构直接负责的主管人员和食品检验人员给予撤职或者开除处分；导致发生重大食品安全事故的，对直接负责的主管人员和食品检验人员给予开除处分。

违反本法规定，受到开除处分的食品检验机构人员，自处分决定作出之日起十年内不得从事食品检验工作；因食品安全违法行为受到刑事处罚或者因出具虚假检验报告导致发生重大食品安全事故受到开除处分的食品检验机构人员，终身不得从事食品检验工作。食品检验机构聘用不得从事食品检验工作的人员的，由授予其资质的主管部门或者机构撤销该食品检验机构的检验资质。

食品检验机构出具虚假检验报告，使消费者的合法权益受到损害的，应当与食品生产经营者承担连带责任。

第一百三十九条 【虚假认证的法律责任】违反本法规定，认证机构出具虚假认证结论，由认证认可监督管理部门没收所收取的认证费用，并处认证费用五倍以上十倍以下罚款，认证费用不足一万元的，并处五万元以上十万元以下罚款；情节严重的，责令停业，直至撤销认证机构批准文件，并向社会公布；对直接负责的主管人员和负有直接责任的认证人员，撤销其执业资格。

认证机构出具虚假认证结论，使消费者的合法权益受到损害的，应当与食品生产经营者承担连带责任。

第一百四十条 【违法发布食品广告和违法推荐食品的法律责任】违反本法规定，在广告中对食品作虚假宣传，欺骗消费者，或者发布未取得批准文件、广告内容与批准文件不一致的保健食品广告的，依照《中华人民共和国广告法》的规定给予处罚。

广告经营者、发布者设计、制作、发布虚假食品广告，使消费者的合法权益受到损害的，应当与食品生产经营者承担连带责任。

社会团体或者其他组织、个人在虚假广告或者其他虚假宣传中向消费者推荐食品，使消费者的合法权益受到损害的，应当与食品生产经营者承担连带责任。

违反本法规定，食品安全监督管理等部门、食品检验机构、食品行业协会以广告或者其他形式向消费者推荐食品，消费者组织以收取费用或者其他牟取利益的方式向消费者推荐食品的，由有关主管部门没收违法所得，依法对直接负责的主管人员和其他直接责任人员给予记大过、降级或者撤职处分；情节严重的，给予开除处分。

对食品作虚假宣传且情节严重的，由省级以上人民政府食品安全监督管理部门决定暂停销售该食品，并向社会公布；仍然销售该食品的，由县级以上人民政府食品安全监督管理部门没收违法所得和违法销售的食品，并处二万元以上五万元以下罚款。

第一百四十一条 【编造、散布虚假食品安全信息的法律责任】违反本法规定，编造、散布虚假食品安全信息，构成违反治安管理行为的，由公安机关依法给予治安管理处罚。

媒体编造、散布虚假食品安全信息的，由有关主管部门依法给予处罚，并对直接负责的主管人员和其他直接责任人员给予处分；使公民、法人或者其他组织的合法权益受到损害的,依法承担消除影响、恢复名誉、赔偿损失、赔礼道歉等民事责任。

第一百四十二条 【地方人民政府有关食品安全事故应对不当的法律责任】违反本法规定,县级以上地方人民政府有下列行为之一的,对直接负责的主管人员和其他直接责任人员给予记大过处分;情节较重的,给予降级或者撤职处分;情节严重的,给予开除处分;造成严重后果的,其主要负责人还应当引咎辞职:

(一)对发生在本行政区域内的食品安全事故,未及时组织协调有关部门开展有效处置,造成不良影响或者损失;

(二)对本行政区域内涉及多环节的区域性食品安全问题,未及时组织整治,造成不良影响或者损失;

(三)隐瞒、谎报、缓报食品安全事故;

(四)本行政区域内发生特别重大食品安全事故,或者连续发生重大食品安全事故。

第一百四十三条 【政府未落实有关法定职责的法律责任】违反本法规定,县级以上地方人民政府有下列行为之一的,对直接负责的主管人员和其他直接责任人员给予警告、记过或者记大过处分;造成严重后果的,给予降级或者撤职处分:

(一)未确定有关部门的食品安全监督管理职责,未建立健全食品安全全程监督管理工作机制和信息共享机制,未落实食品安全监督管理责任制;

(二)未制定本行政区域的食品安全事故应急预案,或者发生食品安全事故后未按规定立即成立事故处置指挥机构、启动应急预案。

第一百四十四条 【食品安全监管部门的法律责任一】违反本法规定,县级以上人民政府食品安全监督管理、卫生行政、农业行政等部门有下列行为之一的,对直接负责的主管人员和其他直接责任人员给予记大过处分;情节较重的,给予降级或者撤职处分;情节严重的,给予开除处分;造成严重后果的,其主要负责人还应当引咎辞职:

(一)隐瞒、谎报、缓报食品安全事故;

(二)未按规定查处食品安全事故,或者接到食品安全事故报告未及时处理,造成事故扩大或者蔓延;

(三)经食品安全风险评估得出食品、食品添加剂、食品相关产品不安全结论后,未及时采取相应措施,造成食品安全事故或者不良社会影响;

(四)对不符合条件的申请人准予许可,或者超越法定职权准予许可;

(五)不履行食品安全监督管理职责,导致发生食品安全事故。

第一百四十五条 【食品安全监管部门的法律责任二】违反本法规定,县级以上人民政府食品安全监督管理、卫生行政、农业行政等部门有下列行为之一,造成不良后果的,对直接负责的主管人员和其他直接责任人员给予警告、记过或者记大过处分;情节较重的,给予降级或者撤职处分;情节严重的,给予开除处分:

(一)在获知有关食品安全信息后,未按规定向上级主管部门和本级人民政府报告,或者未按规定相互通报;

(二)未按规定公布食品安全信息;

(三)不履行法定职责,对查处食品安全违法行为不配合,或者滥用职权、玩忽职守、徇私舞弊。

第一百四十六条 【违法实施检查、强制等行政行为的法律责任】食品安全监督管理等部门在履行食品安全监督管理职责过程中,违法实施检查、强制等执法措施,给生产经营者造成损失的,应当依法予以赔偿,对直接负责的主管人员和其他直接责任人员依法给予处分。

第一百四十七条 【赔偿责任及民事赔偿责任优先原则】违反本法规定,造成人身、财产或者其他损害的,依法承担赔偿责任。生产经营者财产不足以同时承担民事赔偿责任和缴纳罚款、罚金时,先承担民事赔偿责任。

第一百四十八条 【首负责任制和惩罚性赔偿】消费者因不符合食品安全标准的食品受到损害的,可以向经营者要求赔偿损失,也可以向生产者要求赔偿损失。接到消费者赔偿要求的生产经营者,应当实行首负责任制,先行赔付,不得推诿;属于生产者责任的,经营者赔偿后有权向生产者追偿;属于经营者责任的,生产者赔偿后有权向经营者追偿。

生产不符合食品安全标准的食品或者经营明知是不符合食品安全标准的食品,消费者除要求赔偿损失外,还可以向生产者或者经营者要求支付价款十倍或者损失三倍的赔偿金;增加赔偿的金额不足一千元的,为一千元。但是,食品的标签、说明书存在不影响食品安全且不会对消费者造成误导的瑕疵的除外。

第一百四十九条 【违反本法所应承担的刑事责任】违反本法规定,构成犯罪的,依法追究刑事责任。

第十章 附 则

第一百五十条 【本法中部分用语含义】本法下列用语的含义:

食品,指各种供人食用或者饮用的成品和原料以及按照传统既是食品又是中药材的物品,但是不包括以治疗为目的的物品。

食品安全，指食品无毒、无害，符合应当有的营养要求，对人体健康不造成任何急性、亚急性或者慢性危害。

预包装食品，指预先定量包装或者制作在包装材料、容器中的食品。

食品添加剂，指为改善食品品质和色、香、味以及为防腐、保鲜和加工工艺的需要而加入食品中的人工合成或者天然物质，包括营养强化剂。

用于食品的包装材料和容器，指包装、盛放食品或者食品添加剂用的纸、竹、木、金属、搪瓷、陶瓷、塑料、橡胶、天然纤维、化学纤维、玻璃等制品和直接接触食品或者食品添加剂的涂料。

用于食品生产经营的工具、设备，指在食品或者食品添加剂生产、销售、使用过程中直接接触食品或者食品添加剂的机械、管道、传送带、容器、用具、餐具等。

用于食品的洗涤剂、消毒剂，指直接用于洗涤或者消毒食品、餐具、饮具以及直接接触食品的工具、设备或者食品包装材料和容器的物质。

食品保质期，指食品在标明的贮存条件下保持品质的期限。

食源性疾病，指食品中致病因素进入人体引起的感染性、中毒性等疾病，包括食物中毒。

食品安全事故，指食源性疾病、食品污染等源于食品，对人体健康有危害或者可能有危害的事故。

第一百五十一条　【转基因食品和食盐的食品安全管理】 转基因食品和食盐的食品安全管理，本法未作规定的，适用其他法律、行政法规的规定。

第一百五十二条　【对铁路、民航、国境口岸、军队等有关食品安全管理】 铁路、民航运营中食品安全的管理办法由国务院食品安全监督管理部门会同国务院有关部门依照本法制定。

保健食品的具体管理办法由国务院食品安全监督管理部门依照本法制定。

食品相关产品生产活动的具体管理办法由国务院食品安全监督管理部门依照本法制定。

国境口岸食品的监督管理由出入境检验检疫机构依照本法以及有关法律、行政法规的规定实施。

军队专用食品和自供食品的食品安全管理办法由中央军事委员会依照本法制定。

第一百五十三条　【国务院可以调整食品安全监管体制】 国务院根据实际需要，可以对食品安全监督管理体制作出调整。

第一百五十四条　【法律施行日期】 本法自2015年10月1日起施行。

中华人民共和国食品安全法实施条例

· 2009年7月20日中华人民共和国国务院令第557号公布
· 根据2016年2月6日《国务院关于修改部分行政法规的决定》修订
· 2019年3月26日国务院第42次常务会议修订通过
· 2019年10月11日中华人民共和国国务院令第721号公布

第一章　总　则

第一条　根据《中华人民共和国食品安全法》（以下简称食品安全法），制定本条例。

第二条　食品生产经营者应当依照法律、法规和食品安全标准从事生产经营活动，建立健全食品安全管理制度，采取有效措施预防和控制食品安全风险，保证食品安全。

第三条　国务院食品安全委员会负责分析食品安全形势，研究部署、统筹指导食品安全工作，提出食品安全监督管理的重大政策措施，督促落实食品安全监督管理责任。县级以上地方人民政府食品安全委员会按照本级人民政府规定的职责开展工作。

第四条　县级以上人民政府建立统一权威的食品安全监督管理体制，加强食品安全监督管理能力建设。

县级以上人民政府食品安全监督管理部门和其他有关部门应当依法履行职责，加强协调配合，做好食品安全监督管理工作。

乡镇人民政府和街道办事处应当支持、协助县级人民政府食品安全监督管理部门及其派出机构依法开展食品安全监督管理工作。

第五条　国家将食品安全知识纳入国民素质教育内容，普及食品安全科学常识和法律知识，提高全社会的食品安全意识。

第二章　食品安全风险监测和评估

第六条　县级以上人民政府卫生行政部门会同同级食品安全监督管理等部门建立食品安全风险监测会商机制，汇总、分析风险监测数据，研判食品安全风险，形成食品安全风险监测分析报告，报本级人民政府；县级以上地方人民政府卫生行政部门还应当将食品安全风险监测分析报告同时报上一级人民政府卫生行政部门。食品安全风险监测会商的具体办法由国务院卫生行政部门会同国务院食品安全监督管理等部门制定。

第七条 食品安全风险监测结果表明存在食品安全隐患,食品安全监督管理等部门经进一步调查确认有必要通知相关食品生产经营者的,应当及时通知。

接到通知的食品生产经营者应当立即进行自查,发现食品不符合食品安全标准或者有证据证明可能危害人体健康的,应当依照食品安全法第六十三条的规定停止生产、经营,实施食品召回,并报告相关情况。

第八条 国务院卫生行政、食品安全监督管理等部门发现需要对农药、肥料、兽药、饲料和饲料添加剂等进行安全性评估的,应当向国务院农业行政部门提出安全性评估建议。国务院农业行政部门应当及时组织评估,并向国务院有关部门通报评估结果。

第九条 国务院食品安全监督管理部门和其他有关部门建立食品安全风险信息交流机制,明确食品安全风险信息交流的内容、程序和要求。

第三章 食品安全标准

第十条 国务院卫生行政部门会同国务院食品安全监督管理、农业行政等部门制定食品安全国家标准规划及其年度实施计划。国务院卫生行政部门应当在其网站上公布食品安全国家标准规划及其年度实施计划的草案,公开征求意见。

第十一条 省、自治区、直辖市人民政府卫生行政部门依照食品安全法第二十九条的规定制定食品安全地方标准,应当公开征求意见。省、自治区、直辖市人民政府卫生行政部门应当自食品安全地方标准公布之日起30个工作日内,将地方标准报国务院卫生行政部门备案。国务院卫生行政部门发现备案的食品安全地方标准违反法律、法规或者食品安全国家标准的,应当及时予以纠正。

食品安全地方标准依法废止的,省、自治区、直辖市人民政府卫生行政部门应当及时在其网站上公布废止情况。

第十二条 保健食品、特殊医学用途配方食品、婴幼儿配方食品等特殊食品不属于地方特色食品,不得对其制定食品安全地方标准。

第十三条 食品安全标准公布后,食品生产经营者可以在食品安全标准规定的实施日期之前实施并公开提前实施情况。

第十四条 食品生产企业不得制定低于食品安全国家标准或者地方标准要求的企业标准。食品生产企业制定食品安全指标严于食品安全国家标准或者地方标准的企业标准的,应当报省、自治区、直辖市人民政府卫生行政部门备案。

食品生产企业制定企业标准的,应当公开,供公众免费查阅。

第四章 食品生产经营

第十五条 食品生产经营许可的有效期为5年。

食品生产经营者的生产经营条件发生变化,不再符合食品生产经营要求的,食品生产经营者应当立即采取整改措施;需要重新办理许可手续的,应当依法办理。

第十六条 国务院卫生行政部门应当及时公布新的食品原料、食品添加剂新品种和食品相关产品新品种目录以及所适用的食品安全国家标准。

对按照传统既是食品又是中药材的物质目录,国务院卫生行政部门会同国务院食品安全监督管理部门应当及时更新。

第十七条 国务院食品安全监督管理部门会同国务院农业行政等有关部门明确食品安全全程追溯基本要求,指导食品生产经营者通过信息化手段建立、完善食品安全追溯体系。

食品安全监督管理等部门应当将婴幼儿配方食品等针对特定人群的食品以及其他食品安全风险较高或者销售量大的食品的追溯体系建设作为监督检查的重点。

第十八条 食品生产经营者应当建立食品安全追溯体系,依照食品安全法的规定如实记录并保存进货查验、出厂检验、食品销售等信息,保证食品可追溯。

第十九条 食品生产经营企业的主要负责人对本企业的食品安全工作全面负责,建立并落实本企业的食品安全责任制,加强供货者管理、进货查验和出厂检验、生产经营过程控制、食品安全自查等工作。食品生产经营企业的食品安全管理人员应当协助企业主要负责人做好食品安全管理工作。

第二十条 食品生产经营企业应当加强对食品安全管理人员的培训和考核。食品安全管理人员应当掌握与其岗位相适应的食品安全法律、法规、标准和专业知识,具备食品安全管理能力。食品安全监督管理部门应当对企业食品安全管理人员进行随机监督抽查考核。考核指南由国务院食品安全监督管理部门制定、公布。

第二十一条 食品、食品添加剂生产经营者委托生产食品、食品添加剂的,应当委托取得食品生产许可、食品添加剂生产许可的生产者生产,并对其生产行为进行监督,对委托生产的食品、食品添加剂的安全负责。受托方应当依照法律、法规、食品安全标准以及合同约定进行生产,对生产行为负责,并接受委托方的监督。

第二十二条 食品生产经营者不得在食品生产、加工场所贮存依照本条例第六十三条规定制定的名录中的物质。

第二十三条 对食品进行辐照加工,应当遵守食品安全国家标准,并按照食品安全国家标准的要求对辐照加工食品进行检验和标注。

第二十四条 贮存、运输对温度、湿度等有特殊要求的食品,应当具备保温、冷藏或者冷冻等设备设施,并保持有效运行。

第二十五条 食品生产经营者委托贮存、运输食品的,应当对受托方的食品安全保障能力进行审核,并监督受托方按照保证食品安全的要求贮存、运输食品。受托方应当保证食品贮存、运输条件符合食品安全的要求,加强食品贮存、运输过程管理。

接受食品生产经营者委托贮存、运输食品的,应当如实记录委托方和收货方的名称、地址、联系方式等内容。记录保存期限不得少于贮存、运输结束后 2 年。

非食品生产经营者从事对温度、湿度等有特殊要求的食品贮存业务的,应当自取得营业执照之日起 30 个工作日内向所在地县级人民政府食品安全监督管理部门备案。

第二十六条 餐饮服务提供者委托餐具饮具集中消毒服务单位提供清洗消毒服务的,应当查验、留存餐具饮具集中消毒服务单位的营业执照复印件和消毒合格证明。保存期限不得少于消毒餐具饮具使用期限到期后 6 个月。

第二十七条 餐具饮具集中消毒服务单位应当建立餐具饮具出厂检验记录制度,如实记录出厂餐具饮具的数量、消毒日期和批号、使用期限、出厂日期以及委托方名称、地址、联系方式等内容。出厂检验记录保存期限不得少于消毒餐具饮具使用期限到期后 6 个月。消毒后的餐具饮具应当在独立包装上标注单位名称、地址、联系方式、消毒日期和批号以及使用期限等内容。

第二十八条 学校、托幼机构、养老机构、建筑工地等集中用餐单位的食堂应当执行原料控制、餐具饮具清洗消毒、食品留样等制度,并依照食品安全法第四十七条的规定定期开展食堂食品安全自查。

承包经营集中用餐单位食堂的,应当依法取得食品经营许可,并对食堂的食品安全负责。集中用餐单位应当督促承包方落实食品安全管理制度,承担管理责任。

第二十九条 食品生产经营者应当对变质、超过保质期或者回收的食品进行显著标示或者单独存放在有明确标志的场所,及时采取无害化处理、销毁等措施并如实记录。

食品安全法所称回收食品,是指已经售出,因违反法律、法规、食品安全标准或者超过保质期等原因,被召回或者退回的食品,不包括依照食品安全法第六十三条第三款的规定可以继续销售的食品。

第三十条 县级以上地方人民政府根据需要建设必要的食品无害化处理和销毁设施。食品生产经营者可以按照规定使用政府建设的设施对食品进行无害化处理或者予以销毁。

第三十一条 食品集中交易市场的开办者、食品展销会的举办者应当在市场开业或者展销会举办前向所在地县级人民政府食品安全监督管理部门报告。

第三十二条 网络食品交易第三方平台提供者应当妥善保存入网食品经营者的登记信息和交易信息。县级以上人民政府食品安全监督管理部门开展食品安全监督检查、食品安全案件调查处理、食品安全事故处置确需了解有关信息的,经其负责人批准,可以要求网络食品交易第三方平台提供者提供,网络食品交易第三方平台提供者应当按要求提供。县级以上人民政府食品安全监督管理部门及其工作人员对网络食品交易第三方平台提供者提供的信息依法负有保密义务。

第三十三条 生产经营转基因食品应当显著标示,标示办法由国务院食品安全监督管理部门会同国务院农业行政部门制定。

第三十四条 禁止利用包括会议、讲座、健康咨询在内的任何方式对食品进行虚假宣传。食品安全监督管理部门发现虚假宣传行为的,应当依法及时处理。

第三十五条 保健食品生产工艺有原料提取、纯化等前处理工序的,生产企业应当具备相应的原料前处理能力。

第三十六条 特殊医学用途配方食品生产企业应当按照食品安全国家标准规定的检验项目对出厂产品实施逐批检验。

特殊医学用途配方食品中的特定全营养配方食品应当通过医疗机构或者药品零售企业向消费者销售。医疗机构、药品零售企业销售特定全营养配方食品的,不需要取得食品经营许可,但是应当遵守食品安全法和本条例关于食品销售的规定。

第三十七条 特殊医学用途配方食品中的特定全营养配方食品广告按照处方药广告管理,其他类别的特殊医学用途配方食品广告按照非处方药广告管理。

第三十八条 对保健食品之外的其他食品,不得声称具有保健功能。

对添加食品安全国家标准规定的选择性添加物质的婴幼儿配方食品,不得以选择性添加物质命名。

第三十九条 特殊食品的标签、说明书内容应当与注册或者备案的标签、说明书一致。销售特殊食品,应当核对食品标签、说明书内容是否与注册或者备案的标签、说明书一致,不一致的不得销售。省级以上人民政府食品安全监督管理部门应当在其网站上公布注册或者备案的特殊食品的标签、说明书。

特殊食品不得与普通食品或者药品混放销售。

第五章 食品检验

第四十条 对食品进行抽样检验,应当按照食品安全标准、注册或者备案的特殊食品的产品技术要求以及国家有关规定确定的检验项目和检验方法进行。

第四十一条 对可能掺杂掺假的食品,按照现有食品安全标准规定的检验项目和检验方法以及依照食品安全法第一百一十一条和本条例第六十三条规定制定的检验项目和检验方法无法检验的,国务院食品安全监督管理部门可以制定补充检验项目和检验方法,用于对食品的抽样检验、食品安全案件调查处理和食品安全事故处置。

第四十二条 依照食品安全法第八十八条的规定申请复检的,申请人应当向复检机构先行支付复检费用。复检结论表明食品不合格的,复检费用由复检申请人承担;复检结论表明食品合格的,复检费用由实施抽样检验的食品安全监督管理部门承担。

复检机构无正当理由不得拒绝承担复检任务。

第四十三条 任何单位和个人不得发布未依法取得资质认定的食品检验机构出具的食品检验信息,不得利用上述检验信息对食品、食品生产经营者进行等级评定,欺骗、误导消费者。

第六章 食品进出口

第四十四条 进口商进口食品、食品添加剂,应当按照规定向出入境检验检疫机构报检,如实申报产品相关信息,并随附法律、行政法规规定的合格证明材料。

第四十五条 进口食品运达口岸后,应当存放在出入境检验检疫机构指定或者认可的场所;需要移动的,应当按照出入境检验检疫机构的要求采取必要的安全防护措施。大宗散装进口食品应当在卸货口岸进行检验。

第四十六条 国家出入境检验检疫部门根据风险管理需要,可以对部分食品实行指定口岸进口。

第四十七条 国务院卫生行政部门依照食品安全法第九十三条的规定对境外出口商、境外生产企业或者其委托的进口商提交的相关国家(地区)标准或者国际标准进行审查,认为符合食品安全要求的,决定暂予适用并予以公布;暂予适用的标准公布前,不得进口尚无食品安全国家标准的食品。

食品安全国家标准中通用标准已经涵盖的食品不属于食品安全法第九十三条规定的尚无食品安全国家标准的食品。

第四十八条 进口商应当建立境外出口商、境外生产企业审核制度,重点审核境外出口商、境外生产企业制定和执行食品安全风险控制措施的情况以及向我国出口的食品是否符合食品安全法、本条例和其他有关法律、行政法规的规定以及食品安全国家标准的要求。

第四十九条 进口商依照食品安全法第九十四条第三款的规定召回进口食品的,应当将食品召回和处理情况向所在地县级人民政府食品安全监督管理部门和所在地出入境检验检疫机构报告。

第五十条 国家出入境检验检疫部门发现已经注册的境外食品生产企业不再符合注册要求的,应当责令其在规定期限内整改,整改期间暂停进口其生产的食品;经整改仍不符合注册要求的,国家出入境检验检疫部门应当撤销境外食品生产企业注册并公告。

第五十一条 对通过我国良好生产规范、危害分析与关键控制点体系认证的境外生产企业,认证机构应当依法实施跟踪调查。对不再符合认证要求的企业,认证机构应当依法撤销认证并向社会公布。

第五十二条 境外发生的食品安全事件可能对我国境内造成影响,或者在进口食品、食品添加剂、食品相关产品中发现严重食品安全问题的,国家出入境检验检疫部门应当及时进行风险预警,并可以对相关的食品、食品添加剂、食品相关产品采取下列控制措施:

(一)退货或者销毁处理;
(二)有条件地限制进口;
(三)暂停或者禁止进口。

第五十三条 出口食品、食品添加剂的生产企业应当保证其出口食品、食品添加剂符合进口国家(地区)的标准或者合同要求;我国缔结或者参加的国际条约、协定有要求的,还应当符合国际条约、协定的要求。

第七章 食品安全事故处置

第五十四条 食品安全事故按照国家食品安全事故

应急预案实行分级管理。县级以上人民政府食品安全监督管理部门会同同级有关部门负责食品安全事故调查处理。

县级以上人民政府应当根据实际情况及时修改、完善食品安全事故应急预案。

第五十五条 县级以上人民政府应当完善食品安全事故应急管理机制，改善应急装备，做好应急物资储备和应急队伍建设，加强应急培训、演练。

第五十六条 发生食品安全事故的单位应当对导致或者可能导致食品安全事故的食品及原料、工具、设备、设施等，立即采取封存等控制措施。

第五十七条 县级以上人民政府食品安全监督管理部门接到食品安全事故报告后，应当立即会同同级卫生行政、农业行政等部门依照食品安全法第一百零五条的规定进行调查处理。食品安全监督管理部门应当对事故单位封存的食品及原料、工具、设备、设施等予以保护，需要封存而事故单位尚未封存的应当直接封存或者责令事故单位立即封存，并通知疾病预防控制机构对与事故有关的因素开展流行病学调查。

疾病预防控制机构应当在调查结束后向同级食品安全监督管理、卫生行政部门同时提交流行病学调查报告。

任何单位和个人不得拒绝、阻挠疾病预防控制机构开展流行病学调查。有关部门应当对疾病预防控制机构开展流行病学调查予以协助。

第五十八条 国务院食品安全监督管理部门会同国务院卫生行政、农业行政等部门定期对全国食品安全事故情况进行分析，完善食品安全监督管理措施，预防和减少事故的发生。

第八章 监督管理

第五十九条 设区的市级以上人民政府食品安全监督管理部门根据监督管理工作需要，可以对由下级人民政府食品安全监督管理部门负责日常监督管理的食品生产经营者实施随机监督检查，也可以组织下级人民政府食品安全监督管理部门对食品生产经营者实施异地监督检查。

设区的市级以上人民政府食品安全监督管理部门认为必要的，可以直接调查处理下级人民政府食品安全监督管理部门管辖的食品安全违法案件，也可以指定其他下级人民政府食品安全监督管理部门调查处理。

第六十条 国家建立食品安全检查员制度，依托现有资源加强职业化检查员队伍建设，强化考核培训，提高检查员专业化水平。

第六十一条 县级以上人民政府食品安全监督管理部门依照食品安全法第一百一十条的规定实施查封、扣押措施，查封、扣押的期限不得超过30日；情况复杂的，经实施查封、扣押措施的食品安全监督管理部门负责人批准，可以延长，延长期限不得超过45日。

第六十二条 网络食品交易第三方平台多次出现入网食品经营者违法经营或者入网食品经营者的违法经营行为造成严重后果的，县级以上人民政府食品安全监督管理部门可以对网络食品交易第三方平台提供者的法定代表人或者主要负责人进行责任约谈。

第六十三条 国务院食品安全监督管理部门会同国务院卫生行政等部门根据食源性疾病信息、食品安全风险监测信息和监督管理信息等，对发现的添加或者可能添加到食品中的非食品用化学物质和其他可能危害人体健康的物质，制定名录及检测方法并予以公布。

第六十四条 县级以上地方人民政府卫生行政部门应当对餐饮饮具集中消毒服务单位进行监督检查，发现不符合法律、法规、国家相关标准以及相关卫生规范等要求的，应当及时调查处理。监督检查的结果应当向社会公布。

第六十五条 国家实行食品安全违法行为举报奖励制度，对查证属实的举报，给予举报人奖励。举报人举报所在企业食品安全重大违法犯罪行为的，应当加大奖励力度。有关部门应当对举报人的信息予以保密，保护举报人的合法权益。食品安全违法行为举报奖励办法由国务院食品安全监督管理部门会同国务院财政等有关部门制定。

食品安全违法行为举报奖励资金纳入各级人民政府预算。

第六十六条 国务院食品安全监督管理部门应当会同国务院有关部门建立守信联合激励和失信联合惩戒机制，结合食品生产经营者信用档案，建立严重违法生产经营者黑名单制度，将食品安全信用状况与准入、融资、信贷、征信等相衔接，及时向社会公布。

第九章 法律责任

第六十七条 有下列情形之一的，属于食品安全法第一百二十三条至第一百二十六条、第一百三十二条以及本条例第七十二条、第七十三条规定的情节严重情形：

（一）违法行为涉及的产品货值金额2万元以上或者违法行为持续时间3个月以上；

（二）造成食源性疾病并出现死亡病例，或者造成30人以上食源性疾病但未出现死亡病例；

（三）故意提供虚假信息或者隐瞒真实情况；

（四）拒绝、逃避监督检查；

（五）因违反食品安全法律、法规受到行政处罚后1年内又实施同一性质的食品安全违法行为，或者因违反食品安全法律、法规受到刑事处罚后又实施食品安全违法行为；

（六）其他情节严重的情形。

对情节严重的违法行为处以罚款时，应当依法从重从严。

第六十八条　有下列情形之一的，依照食品安全法第一百二十五条第一款、本条例第七十五条的规定给予处罚：

（一）在食品生产、加工场所贮存依照本条例第六十三条规定制定的名录中的物质；

（二）生产经营的保健食品之外的食品的标签、说明书声称具有保健功能；

（三）以食品安全国家标准规定的选择性添加物质命名婴幼儿配方食品；

（四）生产经营的特殊食品的标签、说明书内容与注册或者备案的标签、说明书不一致。

第六十九条　有下列情形之一的，依照食品安全法第一百二十六条第一款、本条例第七十五条的规定给予处罚：

（一）接受食品生产经营者委托贮存、运输食品，未按照规定记录保存信息；

（二）餐饮服务提供者未查验、留存餐具饮具集中消毒服务单位的营业执照复印件和消毒合格证明；

（三）食品生产经营者未按照规定对变质、超过保质期或者回收的食品进行标示或者存放，或者未及时对上述食品采取无害化处理、销毁等措施并如实记录；

（四）医疗机构和药品零售企业之外的单位或者个人向消费者销售特殊医学用途配方食品中的特定全营养配方食品；

（五）将特殊食品与普通食品或者药品混放销售。

第七十条　除食品安全法第一百二十五条第一款、第一百二十六条规定的情形外，食品生产经营者的生产经营行为不符合食品安全法第三十三条第一款第五项、第七项至第十项的规定，或者不符合有关食品生产经营过程要求的食品安全国家标准的，依照食品安全法第一百二十六条第一款、本条例第七十五条的规定给予处罚。

第七十一条　餐具饮具集中消毒服务单位未按照规定建立并遵守出厂检验记录制度的，由县级以上人民政府卫生行政部门依照食品安全法第一百二十六条第一款、本条例第七十五条的规定给予处罚。

第七十二条　从事对温度、湿度等有特殊要求的食品贮存业务的非食品生产经营者，食品集中交易市场的开办者、食品展销会的举办者，未按照规定备案或者报告的，由县级以上人民政府食品安全监督管理部门责令改正，给予警告；拒不改正的，处1万元以上5万元以下罚款；情节严重的，责令停产停业，并处5万元以上20万元以下罚款。

第七十三条　利用会议、讲座、健康咨询等方式对食品进行虚假宣传的，由县级以上人民政府食品安全监督管理部门责令消除影响，有违法所得的，没收违法所得；情节严重的，依照食品安全法第一百四十条第五款的规定进行处罚；属于单位违法的，还应当依照本条例第七十五条的规定对单位的法定代表人、主要负责人、直接负责的主管人员和其他直接责任人员给予处罚。

第七十四条　食品生产经营者生产经营的食品符合食品安全标准但不符合食品所标注的企业标准规定的食品安全指标的，由县级以上人民政府食品安全监督管理部门给予警告，并责令食品经营者停止经营该食品，责令食品生产企业改正；拒不停止经营或者改正的，没收不符合企业标准规定的食品安全指标的食品，货值金额不足1万元的，并处1万元以上5万元以下罚款，货值金额1万元以上的，并处货值金额5倍以上10倍以下罚款。

第七十五条　食品生产经营企业等单位有食品安全法规定的违法情形，除依照食品安全法的规定给予处罚外，有下列情形之一的，对单位的法定代表人、主要负责人、直接负责的主管人员和其他直接责任人员处以其上一年度从本单位取得收入的1倍以上10倍以下罚款：

（一）故意实施违法行为；

（二）违法行为性质恶劣；

（三）违法行为造成严重后果。

属于食品安全法第一百二十五条第二款规定情形的，不适用前款规定。

第七十六条　食品生产经营者依照食品安全法第六十三条第一款、第二款的规定停止生产、经营，实施食品召回，或者采取其他有效措施减轻或者消除食品安全风险，未造成危害后果的，可以从轻或者减轻处罚。

第七十七条　县级以上地方人民政府食品安全监督管理等部门对有食品安全法第一百二十三条规定的违法情形且情节严重，可能需要行政拘留的，应当及时将案件及有关材料移送同级公安机关。公安机关认为需要补充材料的,食品安全监督管理等部门应当及时提供。公安机关经审查认为不符合行政拘留条件的,应当及时将案件及有关材料退回移送的食品安全监督管理等部门。

第七十八条 公安机关对发现的食品安全违法行为,经审查没有犯罪事实或者立案侦查后认为不需要追究刑事责任,但依法应当予以行政拘留的,应当及时作出行政拘留的处罚决定;不需要予以行政拘留但依法应当追究其他行政责任的,应当及时将案件及有关材料移送同级食品安全监督管理等部门。

第七十九条 复检机构无正当理由拒绝承担复检任务的,由县级以上人民政府食品安全监督管理部门给予警告,无正当理由1年内2次拒绝承担复检任务的,由国务院有关部门撤销其复检机构资质并向社会公布。

第八十条 发布未依法取得资质认定的食品检验机构出具的食品检验信息,或者利用上述检验信息对食品、食品生产经营者进行等级评定,欺骗、误导消费者的,由县级以上人民政府食品安全监督管理部门责令改正,有违法所得的,没收违法所得,并处10万元以上50万元以下罚款;拒不改正的,处50万元以上100万元以下罚款;构成违反治安管理行为的,由公安机关依法给予治安管理处罚。

第八十一条 食品安全监督管理部门依照食品安全法、本条例对违法单位或者个人处以30万元以上罚款的,由设区的市级以上人民政府食品安全监督管理部门决定。罚款具体处罚权限由国务院食品安全监督管理部门规定。

第八十二条 阻碍食品安全监督管理等部门工作人员依法执行职务,构成违反治安管理行为的,由公安机关依法给予治安管理处罚。

第八十三条 县级以上人民政府食品安全监督管理等部门发现单位或者个人违反食品安全法第一百二十条第一款规定,编造、散布虚假食品安全信息,涉嫌构成违反治安管理行为的,应当将相关情况通报同级公安机关。

第八十四条 县级以上人民政府食品安全监督管理部门及其工作人员违法向他人提供网络食品交易第三方平台提供者提供的信息的,依照食品安全法第一百四十五条的规定给予处分。

第八十五条 违反本条例规定,构成犯罪的,依法追究刑事责任。

第十章 附 则

第八十六条 本条例自2019年12月1日起施行。

中华人民共和国进出口食品安全管理办法

· 2021年3月12日经海关总署署务会议审议通过
· 2021年4月12日海关总署第249号令公布
· 自2022年1月1日起实施

第一章 总 则

第一条 为了保障进出口食品安全,保护人类、动植物生命和健康,根据《中华人民共和国食品安全法》(以下简称《食品安全法》)及其实施条例、《中华人民共和国海关法》《中华人民共和国进出口商品检验法》及其实施条例、《中华人民共和国进出境动植物检疫法》及其实施条例、《中华人民共和国国境卫生检疫法》及其实施细则、《中华人民共和国农产品质量安全法》和《国务院关于加强食品等产品安全监督管理的特别规定》等法律、行政法规的规定,制定本办法。

第二条 从事下列活动,应当遵守本办法:
(一)进出口食品生产经营活动;
(二)海关对进出口食品生产经营者及其进出口食品安全实施监督管理。

进出口食品添加剂、食品相关产品的生产经营活动按照海关总署相关规定执行。

第三条 进出口食品安全工作坚持安全第一、预防为主、风险管理、全程控制、国际共治的原则。

第四条 进出口食品生产经营者对其生产经营的进出口食品安全负责。

进出口食品生产经营者应当依照中国缔结或者参加的国际条约、协定,中国法律法规和食品安全国家标准从事进出口食品生产经营活动,依法接受监督管理,保证进出口食品安全,对社会和公众负责,承担社会责任。

第五条 海关总署主管全国进出口食品安全监督管理工作。

各级海关负责所辖区域进出口食品安全监督管理工作。

第六条 海关运用信息化手段提升进出口食品安全监督管理水平。

第七条 海关加强进出口食品安全的宣传教育,开展食品安全法律、行政法规以及食品安全国家标准和知识的普及工作。

海关加强与食品安全国际组织、境外政府机构、境外食品行业协会、境外消费者协会等交流与合作,营造进出口食品安全国际共治格局。

第八条 海关从事进出口食品安全监督管理的人员应当具备相关专业知识。

第二章 食品进口

第九条 进口食品应当符合中国法律法规和食品安全国家标准,中国缔结或者参加的国际条约、协定有特殊要求的,还应当符合国际条约、协定的要求。

进口尚无食品安全国家标准的食品,应当符合国务院卫生行政部门公布的暂予适用的相关标准要求。

利用新的食品原料生产的食品,应当依照《食品安全法》第三十七条的规定,取得国务院卫生行政部门新食品原料卫生行政许可。

第十条 海关依据进出口商品检验相关法律、行政法规的规定对进口食品实施合格评定。

进口食品合格评定活动包括:向中国境内出口食品的境外国家(地区)〔以下简称境外国家(地区)〕食品安全管理体系评估和审查、境外生产企业注册、进出口商备案和合格保证、进境动植物检疫审批、随附合格证明检查、单证审核、现场查验、监督抽检、进口和销售记录检查以及各项的组合。

第十一条 海关总署可以对境外国家(地区)的食品安全管理体系和食品安全状况开展评估和审查,并根据评估和审查结果,确定相应的检验检疫要求。

第十二条 有下列情形之一的,海关总署可以对境外国家(地区)启动评估和审查:

(一)境外国家(地区)申请向中国首次输出某类(种)食品的;

(二)境外国家(地区)食品安全、动植物检疫法律法规、组织机构等发生重大调整的;

(三)境外国家(地区)主管部门申请对其输往中国某类(种)食品的检验检疫要求发生重大调整的;

(四)境外国家(地区)发生重大动植物疫情或者食品安全事件的;

(五)海关在输华食品中发现严重问题,认为存在动植物疫情或者食品安全隐患的;

(六)其他需要开展评估和审查的情形。

第十三条 境外国家(地区)食品安全管理体系评估和审查主要包括对以下内容的评估、确认:

(一)食品安全、动植物检疫相关法律法规;

(二)食品安全监督管理组织机构;

(三)动植物疫情流行情况及防控措施;

(四)致病微生物、农兽药和污染物等管理和控制;

(五)食品生产加工、运输仓储环节安全卫生控制;

(六)出口食品安全监督管理;

(七)食品安全防护、追溯和召回体系;

(八)预警和应急机制;

(九)技术支撑能力;

(十)其他涉及动植物疫情、食品安全的情况。

第十四条 海关总署可以组织专家通过资料审查、视频检查、现场检查等形式及其组合,实施评估和审查。

第十五条 海关总署组织专家对接受评估和审查的国家(地区)递交的申请资料、书面评估问卷等资料实施审查,审查内容包括资料的真实性、完整性和有效性。根据资料审查情况,海关总署可以要求相关国家(地区)的主管部门补充缺少的信息或者资料。

对已通过资料审查的国家(地区),海关总署可以组织专家对其食品安全管理体系实施视频检查或者现场检查。对发现的问题可以要求相关国家(地区)主管部门及相关企业实施整改。

相关国家(地区)应当为评估和审查提供必要的协助。

第十六条 接受评估和审查的国家(地区)有下列情形之一,海关总署可以终止评估和审查,并通知相关国家(地区)主管部门:

(一)收到书面评估问卷12个月内未反馈的;

(二)收到海关总署补充信息和材料的通知3个月内未按要求提供的;

(三)突发重大动植物疫情或者重大食品安全事件的;

(四)未能配合中方完成视频检查或者现场检查、未能有效完成整改的;

(五)主动申请终止评估和审查的。

前款第一、二项情形,相关国家(地区)主管部门因特殊原因可以申请延期,经海关总署同意,按照海关总署重新确定的期限递交相关材料。

第十七条 评估和审查完成后,海关总署向接受评估和审查的国家(地区)主管部门通报评估和审查结果。

第十八条 海关总署对向中国境内出口食品的境外生产企业实施注册管理,并公布获得注册的企业名单。

第十九条 向中国境内出口食品的境外出口商或者代理商(以下简称"境外出口商或者代理商")应当向海关总署备案。

食品进口商应当向其住所地海关备案。

境外出口商或者代理商、食品进口商办理备案时,应当对其提供资料的真实性、有效性负责。

境外出口商或者代理商、食品进口商备案名单由海关总署公布。

第二十条 境外出口商或者代理商、食品进口商备案内容发生变更的,应当在变更发生之日起60日内,向备案机关办理变更手续。

海关发现境外出口商或者代理商、食品进口商备案信息错误或者备案内容未及时变更的,可以责令其在规定期限内更正。

第二十一条 食品进口商应当建立食品进口和销售记录制度,如实记录食品名称、净含量/规格、数量、生产日期、生产或者进口批号、保质期、境外出口商和购货者名称、地址及联系方式、交货日期等内容,并保存相关凭证。记录和凭证保存期限不得少于食品保质期满后6个月;没有明确保质期的,保存期限为销售后2年以上。

第二十二条 食品进口商应当建立境外出口商、境外生产企业审核制度,重点审核下列内容:

(一)制定和执行食品安全风险控制措施情况;

(二)保证食品符合中国法律法规和食品安全国家标准的情况。

第二十三条 海关依法对食品进口商实施审核活动的情况进行监督检查。食品进口商应当积极配合,如实提供相关情况和材料。

第二十四条 海关可以根据风险管理需要,对进口食品实施指定口岸进口,指定监管场地检查。指定口岸、指定监管场地名单由海关总署公布。

第二十五条 食品进口商或者其代理人进口食品时应当依法向海关如实申报。

第二十六条 海关依法对应当实施入境检疫的进口食品实施检疫。

第二十七条 海关依法对需要进境动植物检疫审批的进口食品实施检疫审批管理。食品进口商应当在签订贸易合同或者协议前取得进境动植物检疫许可。

第二十八条 海关根据监督管理需要,对进口食品实施现场查验,现场查验包括但不限于以下内容:

(一)运输工具、存放场所是否符合安全卫生要求;

(二)集装箱箱号、封识号、内外包装上的标识内容、货物的实际状况是否与申报信息及随附单证相符;

(三)动植物源性食品、包装物及铺垫材料是否存在《进出境动植物检疫法实施条例》第二十二条规定的情况;

(四)内外包装是否符合食品安全国家标准,是否存在污染、破损、湿浸、渗透;

(五)内外包装的标签、标识及说明书是否符合法律、行政法规、食品安全国家标准以及海关总署规定的要求;

(六)食品感官性状是否符合该食品应有性状;

(七)冷冻冷藏食品的新鲜程度、中心温度是否符合要求、是否有病变、冷冻冷藏环境温度是否符合相关标准要求、冷链控温设备设施运作是否正常、温度记录是否符合要求,必要时可以进行蒸煮试验。

第二十九条 海关制定年度国家进口食品安全监督抽检计划和专项进口食品安全监督抽检计划,并组织实施。

第三十条 进口食品的包装和标签、标识应当符合中国法律法规和食品安全国家标准;依法应当有说明书的,还应当有中文说明书。

对于进口鲜冻肉类产品,内外包装上应当有牢固、清晰、易辨的中英文或者中文和出口国家(地区)文字标识,标明以下内容:产地国家(地区)、品名、生产企业注册编号、生产批号;外包装上应当以中文标明规格、产地(具体到州/省/市)、目的地、生产日期、保质期限、储存温度等内容,必须标注目的地为中华人民共和国,加施出口国家(地区)官方检验检疫标识。

对于进口水产品,内外包装上应当有牢固、清晰、易辨的中英文或者中文和出口国家(地区)文字标识,标明以下内容:商品名和学名、规格、生产日期、批号、保质期限和保存条件、生产方式(海水捕捞、淡水捕捞、养殖)、生产地区(海洋捕捞海域、淡水捕捞国家或者地区、养殖产品所在国家或者地区)、涉及的所有生产加工企业(含捕捞船、加工船、运输船、独立冷库)名称、注册编号及地址(具体到州/省/市),必须标注目的地为中华人民共和国。

进口保健食品、特殊膳食用食品的中文标签必须印制在最小销售包装上,不得加贴。

进口食品内外包装有特殊标识规定的,按照相关规定执行。

第三十一条 进口食品运达口岸后,应当存放在海关指定或者认可的场所;需要移动的,必须经海关允许,并按照海关要求采取必要的安全防护措施。

指定或者认可的场所应当符合法律、行政法规和食品安全国家标准规定的要求。

第三十二条 大宗散装进口食品应当按照海关要求在卸货口岸进行检验。

第三十三条 进口食品经海关合格评定合格的,准予进口。

进口食品经海关合格评定不合格的,由海关出具不合格证明;涉及安全、健康、环境保护项目不合格的,由海关书面通知食品进口商,责令其销毁或者退运;其他项目不合格的,经技术处理符合合格评定要求的,方准进口。相关进口食品不能在规定时间内完成技术处理或者经技术处理仍不合格的,由海关责令食品进口商销毁或者退运。

第三十四条 境外发生食品安全事件可能导致中国境内食品安全隐患,或者海关实施进口食品监督管理过程中发现不合格进口食品,或者发现其他食品安全问题的,海关总署和经授权的直属海关可以依据风险评估结果对相关进口食品实施提高监督抽检比例等控制措施。

海关依照前款规定对进口食品采取提高监督抽检比例等控制措施后,再次发现不合格进口食品,或者有证据显示进口食品存在重大安全隐患的,海关总署和经授权的直属海关可以要求食品进口商逐批向海关提交有资质的检验机构出具的检验报告。海关应当对食品进口商提供的检验报告进行验核。

第三十五条 有下列情形之一的,海关总署依据风险评估结果,可以对相关食品采取暂停或者禁止进口的控制措施:

(一)出口国家(地区)发生重大动植物疫情,或者食品安全体系发生重大变化,无法有效保证输华食品安全的;

(二)进口食品被检疫传染病病原体污染,或者有证据表明能够成为检疫传染病传播媒介,且无法实施有效卫生处理的;

(三)海关实施本办法第三十四条第二款规定控制措施的进口食品,再次发现相关安全、健康、环境保护项目不合格的;

(四)境外生产企业违反中国相关法律法规,情节严重的;

(五)其他信息显示相关食品存在重大安全隐患的。

第三十六条 进口食品安全风险已降低到可控水平时,海关总署和经授权的直属海关可以按照以下方式解除相应控制措施:

(一)实施本办法第三十四条第一款控制措施的食品,在规定的时间、批次内未被发现不合格的,在风险评估基础上可以解除该控制措施;

(二)实施本办法第三十四条第二款控制措施的食品,出口国家(地区)已采取预防措施,经海关总署风险评估能够保障食品安全、控制动植物疫情风险,或者从实施该控制措施之日起在规定时间、批次内未发现不合格食品,海关在风险评估基础上可以解除该控制措施;

(三)实施暂停或者禁止进口控制措施的食品,出口国家(地区)主管部门已采取风险控制措施,且经海关总署评估符合要求的,可以解除暂停或者禁止进口措施。恢复进口的食品,海关总署视评估情况可以采取本办法第三十四条规定的控制措施。

第三十七条 食品进口商发现进口食品不符合法律、行政法规和食品安全国家标准,或者有证据证明可能危害人体健康,应当按照《食品安全法》第六十三条和第九十四条第三款规定,立即停止进口、销售和使用,实施召回,通知相关生产经营者和消费者,记录召回和通知情况,并将食品召回、通知和处理情况向所在地海关报告。

第三章　食品出口

第三十八条 出口食品生产企业应当保证其出口食品符合进口国家(地区)的标准或者合同要求;中国缔结或者参加的国际条约、协定有特殊要求的,还应当符合国际条约、协定的要求。

进口国家(地区)暂无标准,合同也未作要求,且中国缔结或者参加的国际条约、协定无相关要求的,出口食品生产企业应当保证其出口食品符合中国食品安全国家标准。

第三十九条 海关依法对出口食品实施监督管理。出口食品监督管理措施包括:出口食品原料种植养殖场备案、出口食品生产企业备案、企业核查、单证审核、现场查验、监督抽检、口岸抽查、境外通报核查以及各项的组合。

第四十条 出口食品原料种植、养殖场应当向所在地海关备案。

海关总署统一公布原料种植、养殖场备案名单,备案程序和要求由海关总署制定。

第四十一条 海关依法采取资料审查、现场检查、企业核查等方式,对备案原料种植、养殖场进行监督。

第四十二条 出口食品生产企业应当向住所地海关备案,备案程序和要求由海关总署制定。

第四十三条 境外国家(地区)对中国输往该国家(地区)的出口食品生产企业实施注册管理且要求海关总署推荐的,出口食品生产企业须向住所地海关提出申请,住所地海关进行初核后报海关总署。

海关总署结合企业信用、监督管理以及住所地海关初核情况组织开展对外推荐注册工作,对外推荐注册程序和要求由海关总署制定。

第四十四条 出口食品生产企业应当建立完善可追溯的食品安全卫生控制体系,保证食品安全卫生控制体系有效运行,确保出口食品生产、加工、贮存过程持续符合中国相关法律法规、出口食品生产企业安全卫生要求;进口国家(地区)相关法律法规和相关国际条约、协定有特殊要求的,还应当符合相关要求。

出口食品生产企业应当建立供应商评估制度、进货查验记录制度、生产记录档案制度、出厂检验记录制度、出口食品追溯制度和不合格食品处置制度。相关记录应当真实有效,保存期限不得少于食品保质期期满后 6 个月;没有明确保质期的,保存期限不得少于 2 年。

第四十五条 出口食品生产企业应当保证出口食品包装和运输方式符合食品安全要求。

第四十六条 出口食品生产企业应当在运输包装上标注生产企业备案号、产品品名、生产批号和生产日期。

进口国家(地区)或者合同有特殊要求的,在保证产品可追溯的前提下,经直属海关同意,出口食品生产企业可以调整前款规定的标注项目。

第四十七条 海关应当对辖区内出口食品生产企业的食品安全卫生控制体系运行情况进行监督检查。监督检查包括日常监督检查和年度监督检查。

监督检查可以采取资料审查、现场检查、企业核查等方式,并可以与出口食品境外通报核查、监督抽检、现场查验等工作结合开展。

第四十八条 出口食品应当依法由产地海关实施检验检疫。

海关总署根据便利对外贸易和出口食品检验检疫工作需要,可以指定其他地点实施检验检疫。

第四十九条 出口食品生产企业、出口商应当按照法律、行政法规和海关总署规定,向产地或者组货地海关提出出口申报前监管申请。

产地或者组货地海关受理食品出口申报前监管申请后,依法对需要实施检验检疫的出口食品实施现场检查和监督抽检。

第五十条 海关制定年度国家出口食品安全监督抽检计划并组织实施。

第五十一条 出口食品经海关现场检查和监督抽检符合要求的,由海关出具证书,准予出口。进口国家(地区)对证书形式和内容要求有变化的,经海关总署同意可以对证书形式和内容进行变更。

出口食品经海关现场检查和监督抽检不符合要求的,由海关书面通知出口商或者其代理人。相关出口食品可以进行技术处理,经技术处理合格后方准出口;不能进行技术处理或者经技术处理仍不合格的,不准出口。

第五十二条 食品出口商或者其代理人出口食品时应当依法向海关如实申报。

第五十三条 海关对出口食品在口岸实施查验,查验不合格的,不准出口。

第五十四条 出口食品因安全问题被国际组织、境外政府机构通报的,海关总署应当组织开展核查,并根据需要实施调整监督抽检比例、要求食品出口商逐批向海关提交有资质的检验机构出具的检验报告、撤回向境外官方主管机构的注册推荐等控制措施。

第五十五条 出口食品存在安全问题,已经或者可能对人体健康和生命安全造成损害的,出口食品生产经营者应当立即采取相应措施,避免和减少损害发生,并向所在地海关报告。

第五十六条 海关在实施出口食品监督管理时发现安全问题的,应当向同级政府和上一级政府食品安全主管部门通报。

第四章 监督管理

第五十七条 海关总署依照《食品安全法》第一百条规定,收集、汇总进出口食品安全信息,建立进出口食品安全信息管理制度。

各级海关负责本辖区内以及上级海关指定的进出口食品安全信息的收集和整理工作,并按照有关规定通报本辖区地方政府、相关部门、机构和企业。通报信息涉及其他地区的,应当同时通报相关地区海关。

海关收集、汇总的进出口食品安全信息,除《食品安全法》第一百条规定内容外,还包括境外食品技术性贸易措施信息。

第五十八条 海关应当对收集到的进出口食品安全信息开展风险研判,依据风险研判结果,确定相应的控制措施。

第五十九条 境内外发生食品安全事件或者疫情疫病可能影响到进出口食品安全的,或者在进出口食品中发现严重食品安全问题的,直属海关应当及时上报海关总署;海关总署根据情况进行风险预警,在海关系统内发布风险警示通报,并向国务院食品安全监督管理、卫生行政、农业行政部门通报,必要时向消费者发布风险警示通告。

海关总署发布风险警示通报的,应当根据风险警示通报要求对进出口食品采取本办法第三十四条、第三十五条、第三十六条和第五十四条规定的控制措施。

第六十条 海关制定年度国家进出口食品安全风险监测计划,系统和持续收集进出口食品中食源性疾病、食品污染和有害因素的监测数据及相关信息。

第六十一条 境外发生的食品安全事件可能对中国境内造成影响,或者评估后认为存在不可控风险的,海关总署可以参照国际通行做法,直接在海关系统内发布风险预警通报或者向消费者发布风险预警通告,并采取本办法第三十四条、第三十五条和第三十六条规定的控制措施。

第六十二条 海关制定并组织实施进出口食品安全突发事件应急处置预案。

第六十三条 海关在依法履行进出口食品安全监督管理职责时,有权采取下列措施:
(一)进入生产经营场所实施现场检查;
(二)对生产经营的食品进行抽样检验;
(三)查阅、复制有关合同、票据、账簿以及其他有关资料;
(四)查封、扣押有证据证明不符合食品安全国家标准或者有证据证明存在安全隐患以及违法生产经营的食品。

第六十四条 海关依法对进出口企业实施信用管理。

第六十五条 海关依法对进出口食品生产经营者以及备案原料种植、养殖场开展稽查、核查。

第六十六条 过境食品应当符合海关总署对过境货物的监管要求。过境食品过境期间,未经海关批准,不得开拆包装或者卸离运输工具,并应当在规定期限内运输出境。

第六十七条 进出口食品生产经营者对海关的检验结果有异议的,可以按照进出口商品复验相关规定申请复验。
有下列情形之一的,海关不受理复验:
(一)检验结果显示微生物指标超标的;
(二)复验备份样品超过保质期的;
(三)其他原因导致备份样品无法实现复验目的的。

第五章 法律责任

第六十八条 食品进口商备案内容发生变更,未按照规定向海关办理变更手续,情节严重的,海关处以警告。
食品进口商在备案中提供虚假备案信息的,海关处1万元以下罚款。

第六十九条 境内进出口食品生产经营者不配合海关进出口食品安全核查工作,拒绝接受询问、提供材料,或者答复内容和提供材料与实际情况不符的,海关处以警告或者1万元以下罚款。

第七十条 海关在进口预包装食品监管中,发现进口预包装食品未加贴中文标签或者中文标签不符合法律法规和食品安全国家标准,食品进口商拒不按照海关要求实施销毁、退运或者技术处理的,海关处以警告或者1万元以下罚款。

第七十一条 未经海关允许,将进口食品提离海关指定或者认可的场所的,海关责令改正,并处1万元以下罚款。

第七十二条 下列违法行为属于《食品安全法》第一百二十九条第一款第三项规定的"未遵守本法的规定出口食品"的,由海关依照《食品安全法》第一百二十四条的规定给予处罚:
(一)擅自调换经海关监督抽检并已出具证单的出口食品的;
(二)出口掺杂掺假、以假充真、以次充好的食品或者以不合格出口食品冒充合格出口食品的;
(三)出口未获得备案出口食品生产企业生产的食品的;
(四)向有注册要求的国家(地区)出口未获得注册出口食品生产企业生产食品的或者出口已获得注册出口食品生产企业生产的注册范围外食品的;
(五)出口食品生产企业生产的出口食品未按照规定使用备案种植、养殖场原料的;
(六)出口食品生产经营者有《食品安全法》第一百二十三条、第一百二十四条、第一百二十五条、第一百二十六条规定情形,且出口食品不符合进口国家(地区)要求的。

第七十三条 违反本办法规定,构成犯罪的,依法追究刑事责任。

第六章 附则

第七十四条 海关特殊监管区域、保税监管场所、市场采购、边境小额贸易和边民互市贸易进出口食品安全监督管理,按照海关总署有关规定执行。

第七十五条 邮寄、快件、跨境电子商务零售和旅客携带方式进出口食品安全监督管理,按照海关总署有关规定办理。

第七十六条 样品、礼品、赠品、展示品、援助等非贸易性的食品,免税经营的食品,外国驻中国使领馆及其人员进出境公用、自用的食品,驻外使领馆及其人员公用、自用的食品,中国企业驻外人员自用的食品的监督管理,按照海关总署有关规定办理。

第七十七条 本办法所称进出口食品生产经营者包

括：向中国境内出口食品的境外生产企业、境外出口商或者代理商、食品进口商、出口食品生产企业、出口商以及相关人员等。

本办法所称进口食品的境外生产企业包括向中国出口食品的境外生产、加工、贮存企业等。

本办法所称进口食品的进出口商包括向中国出口食品的境外出口商或者代理商、食品进口商。

第七十八条 本办法由海关总署负责解释。

第七十九条 本办法自2022年1月1日起施行。2011年9月13日原国家质量监督检验检疫总局令第144号公布并根据2016年10月18日原国家质量监督检验检疫总局令第184号以及2018年11月23日海关总署令第243号修改的《进出口食品安全管理办法》、2000年2月22日原国家检验检疫局令第20号公布并根据2018年4月28日海关总署令第238号修改的《出口蜂蜜检验检疫管理办法》、2011年1月4日原国家质量监督检验检疫总局令第135号公布并根据2018年11月23日海关总署令第243号修改的《进出口水产品检验检疫监督管理办法》、2011年1月4日原国家质量监督检验检疫总局令第136号公布并根据2018年11月23日海关总署令第243号修改的《进出口肉类产品检验检疫监督管理办法》、2013年1月24日原国家质量监督检验检疫总局令第152号公布并根据2018年11月23日海关总署令第243号修改的《进出口乳品检验检疫监督管理办法》、2017年11月14日原国家质量监督检验检疫总局令第192号公布并根据2018年11月23日海关总署令第243号修改的《出口食品生产企业备案管理规定》同时废止。

市场监管总局办公厅关于《食品安全法实施条例》第81条适用有关事项的意见

· 2021年1月6日
· 市监稽发〔2021〕2号

各省、自治区、直辖市及新疆生产建设兵团市场监管局（厅、委）：

新修订的《食品安全法实施条例》自2019年12月1日施行以来，广东省、浙江省市场监管局等先后向总局请示如何适用该条例第81条。依照有关法律法规，经市场监管总局同意，现就有关事项提出如下意见：

一、县（区）级市场监管部门依照食品安全法及其实施条例拟对违法单位或者个人处以30万元以上罚款的，应当报设区的市级以上市场监管部门审核后，以县（区）级市场监管部门的名义制作行政处罚决定书。

二、县（区）级市场监管部门应当依据《市场监督管理行政处罚程序暂行规定》第54条，由负责人集体讨论作出拟行政处罚决定后，报设区的市级以上市场监管部门审核。

三、设区的市级以上市场监管部门应当在接到审核材料后及时作出是否同意的决定并加盖印章，如不同意应当提出书面意见和理由。同意或者不同意的相关文件，应当一并归入案卷。

四、直辖市的区（县）市场监管部门依照食品安全法及其条例拟对违法单位或者个人处以30万元以上罚款的规定，由直辖市市场监管部门结合本地实际确定。

食品相关产品质量安全监督管理暂行办法

· 2022年10月8日国家市场监督管理总局令第62号公布
· 自2023年3月1日起施行

第一章 总 则

第一条 为了加强食品相关产品质量安全监督管理，保障公众身体健康和生命安全，根据《中华人民共和国食品安全法》《中华人民共和国产品质量法》等有关法律、法规，制定本办法。

第二条 在中华人民共和国境内生产、销售食品相关产品及其监督管理适用本办法。法律、法规、规章对食品相关产品质量安全监督管理另有规定的从其规定。

食品生产经营中使用食品相关产品的监督管理按照有关规定执行。

第三条 食品相关产品质量安全工作实行预防为主、风险管理、全程控制、社会共治，建立科学、严格的监督管理制度。

第四条 国家市场监督管理总局监督指导全国食品相关产品质量安全监督管理工作。

省级市场监督管理部门负责监督指导和组织本行政区域内食品相关产品质量安全监督管理工作。

市级及以下市场监督管理部门负责实施本行政区域内食品相关产品质量安全监督管理工作。

第二章 生产销售

第五条 生产者、销售者对其生产、销售的食品相关产品质量安全负责。

第六条 禁止生产、销售下列食品相关产品：

（一）使用不符合食品安全标准及相关公告的原辅料和添加剂，以及其他可能危害人体健康的物质生产的食品相关产品，或者超范围、超限量使用添加剂生产的食品相关产品；

（二）致病性微生物，农药残留、兽药残留、生物毒素、重金属等污染物质以及其他危害人体健康的物质含量和迁移量超过食品安全标准限量的食品相关产品；

（三）在食品相关产品中掺杂、掺假，以假充真，以次充好或者以不合格食品相关产品冒充合格食品相关产品；

（四）国家明令淘汰或者失效、变质的食品相关产品；

（五）伪造产地，伪造或者冒用他人厂名、厂址、质量标志的食品相关产品；

（六）其他不符合法律、法规、规章、食品安全标准及其他强制性规定的食品相关产品。

第七条　国家建立食品相关产品生产企业质量安全管理人员制度。食品相关产品生产者应当建立并落实食品相关产品质量安全责任制，配备与其企业规模、产品类别、风险等级、管理水平、安全状况等相适应的质量安全总监、质量安全员等质量安全管理人员，明确企业主要负责人、质量安全总监、质量安全员等不同层级管理人员的岗位职责。

企业主要负责人对食品相关产品质量安全工作全面负责，建立并落实质量安全主体责任的管理制度和长效机制。质量安全总监、质量安全员应当协助企业主要负责人做好食品相关产品质量安全管理工作。

第八条　在依法配备质量安全员的基础上，直接接触食品的包装材料等具有较高风险的食品相关产品生产者，应当配备质量安全总监。

食品相关产品质量安全总监和质量安全员具体管理要求，参照国家食品安全主体责任管理制度执行。

第九条　食品相关产品生产者应当建立并实施原辅料控制，生产、贮存、包装等生产关键环节控制，过程、出厂等检验控制，运输及交付控制等食品相关产品质量安全管理制度，保证生产全过程控制和所生产的食品相关产品符合食品安全标准及其他强制性规定的要求。

食品相关产品生产者应当制定食品相关产品质量安全事故处置方案，定期检查各项质量安全防范措施的落实情况，及时消除事故隐患。

第十条　食品相关产品生产者实施原辅料控制，应当包括采购、验收、贮存和使用等过程，形成并保存相关过程记录。

食品相关产品生产者应当对首次使用的原辅料、配方和生产工艺进行安全评估及验证，并保存相关记录。

第十一条　食品相关产品生产者应当通过自行检验，或者委托具备相应资质的检验机构对产品进行检验，形成并保存相应记录，检验合格后方可出厂或者销售。

食品相关产品生产者应当建立不合格产品管理制度，对检验结果不合格的产品进行相应处置。

第十二条　食品相关产品销售者应当建立并实施食品相关产品进货查验制度，验明供货者营业执照、相关许可证件、产品合格证明和产品标识，如实记录食品相关产品的名称、数量、进货日期以及供货者名称、地址、联系方式等内容，并保存相关凭证。

第十三条　本办法第十条、第十一条和第十二条要求形成的相关记录和凭证保存期限不得少于产品保质期，产品保质期不足二年的或者没有明确保质期的，保存期限不得少于二年。

第十四条　食品相关产品生产者应当建立食品相关产品质量安全追溯制度，保证从原辅料和添加剂采购到产品销售所有环节均可有效追溯。

鼓励食品相关产品生产者、销售者采用信息化手段采集、留存生产和销售信息，建立食品相关产品质量安全追溯体系。

第十五条　食品相关产品标识信息应当清晰、真实、准确，不得欺骗、误导消费者。标识信息应当标明下列事项：

（一）食品相关产品名称；

（二）生产者名称、地址、联系方式；

（三）生产日期和保质期（适用时）；

（四）执行标准；

（五）材质和类别；

（六）注意事项或者警示信息；

（七）法律、法规、规章、食品安全标准及其他强制性规定要求的应当标明的其他事项。

食品相关产品还应当按照有关标准要求在显著位置标注"食品接触用""食品包装用"等用语或者标志。

食品安全标准对食品相关产品标识信息另有其他要求的，从其规定。

第十六条　鼓励食品相关产品生产者将所生产的食品相关产品有关内容向社会公示。鼓励有条件的食品相关产品生产者以电子信息、追溯信息码等方式进行公示。

第十七条　食品相关产品需要召回的，按照国家召回管理的有关规定执行。

第十八条 鼓励食品相关产品生产者、销售者参加相关安全责任保险。

第三章 监督管理

第十九条 对直接接触食品的包装材料等具有较高风险的食品相关产品，按照国家有关工业产品生产许可证管理的规定实施生产许可。食品相关产品生产许可实行告知承诺审批和全覆盖例行检查。

省级市场监督管理部门负责组织实施本行政区域内食品相关产品生产许可和监督管理。根据需要，省级市场监督管理部门可以将食品相关产品生产许可委托下级市场监督管理部门实施。

第二十条 市场监督管理部门建立分层分级、精准防控、末端发力、终端见效工作机制，以"双随机、一公开"监管为主要方式，随机抽取检查对象，随机选派检查人员对食品相关产品生产者、销售者实施日常监督检查，及时向社会公开检查事项及检查结果。

市场监督管理部门实施日常监督检查主要包括书面审查和现场检查。必要时，可以邀请检验检测机构、科研院所等技术机构为日常监督检查提供技术支撑。

第二十一条 对食品相关产品生产者实施日常监督检查的事项包括：生产者资质、生产环境条件、设备设施管理、原辅料控制、生产关键环节控制、检验控制、运输及交付控制、标识信息、不合格品管理和产品召回、从业人员管理、信息记录和追溯、质量安全事故处置等情况。

第二十二条 对食品相关产品销售者实施日常监督检查的事项包括：销售者资质、进货查验结果、食品相关产品贮存、标识信息、质量安全事故处置等情况。

第二十三条 市场监督管理部门实施日常监督检查，可以要求食品相关产品生产者、销售者如实提供本办法第二十一条、第二十二条规定的相关材料。必要时，可以要求被检查单位作出说明或者提供补充材料。

日常监督检查发现食品相关产品可能存在质量安全问题的，市场监督管理部门可以组织技术机构对工艺控制参数、记录的数据参数或者食品相关产品进行抽样检验、测试、验证。

市场监督管理部门应当记录、汇总和分析食品相关产品日常监督检查信息。

第二十四条 市场监督管理部门对其他部门移送、上级交办、投诉、举报等途径和检验检测、风险监测等方式发现的食品相关产品质量安全问题线索，根据需要可以对食品相关产品生产者、销售者及其产品实施针对性监督检查。

第二十五条 县级以上地方市场监督管理部门对食品相关产品生产者、销售者进行监督检查时，有权采取下列措施：

（一）进入生产、销售场所实施现场检查；

（二）对生产、销售的食品相关产品进行抽样检验；

（三）查阅、复制有关合同、票据、账簿以及其他有关资料；

（四）查封、扣押有证据证明不符合食品安全标准或者有证据证明存在质量安全隐患以及用于违法生产经营的食品相关产品、工具、设备；

（五）查封违法从事食品相关产品生产经营活动的场所；

（六）法律法规规定的其他措施。

第二十六条 县级以上地方市场监督管理部门应当对监督检查中发现的问题，书面提出整改要求及期限。被检查企业应当按期整改，并将整改情况报告市场监督管理部门。

对监督检查中发现的违法行为，应当依法查处；不属于本部门职责或者超出监管范围的，应当及时移送有权处理的部门；涉嫌构成犯罪的，应当及时移送公安机关。

第二十七条 市场监督管理部门对可能危及人体健康和人身、财产安全的食品相关产品，影响国计民生以及消费者、有关组织反映有质量安全问题的食品相关产品，依据产品质量监督抽查有关规定进行监督抽查。法律、法规、规章对食品相关产品质量安全的监督抽查另有规定的，依照有关规定执行。

第二十八条 县级以上地方市场监督管理部门应当建立完善本行政区域内食品相关产品生产者名录数据库。鼓励运用信息化手段实现电子化管理。

县级以上地方市场监督管理部门可以根据食品相关产品质量安全风险监测、风险评估结果和质量安全状况等，结合企业信用风险分类结果，对食品相关产品生产者实施质量安全风险分级监督管理。

第二十九条 国家市场监督管理总局按照有关规定实施国家食品相关产品质量安全风险监测。省级市场监督管理部门按照本行政区域的食品相关产品质量安全风险监测方案，开展食品相关产品质量安全风险监测工作。风险监测结果表明可能存在质量安全隐患的，应当将相关信息通报同级卫生行政等部门。

承担食品相关产品质量安全风险监测工作的技术机构应当根据食品相关产品质量安全风险监测计划和监测方案开展监测工作，保证监测数据真实、准确，并按照要求报送监测数据和分析结果。

第三十条 国家市场监督管理总局按照国家有关规定向相关部门通报食品相关产品质量安全信息。

县级以上地方市场监督管理部门按照有关要求向上一级市场监督管理部门、同级相关部门通报食品相关产品质量安全信息。通报信息涉及其他地区的，应当及时向相关地区同级部门通报。

第三十一条 食品相关产品质量安全信息包括以下内容：

（一）食品相关产品生产许可、监督抽查、监督检查和风险监测中发现的食品相关产品质量安全信息；

（二）有关部门通报的，行业协会和消费者协会等组织、企业和消费者反映的食品相关产品质量安全信息；

（三）舆情反映的食品相关产品质量安全信息；

（四）其他与食品相关产品质量安全有关的信息。

第三十二条 市场监督管理部门对食品相关产品质量安全风险信息可以组织风险研判，进行食品相关产品质量安全状况综合分析，或者会同同级人民政府有关部门、行业组织、企业等共同研判。认为需要进行风险评估的，应当向同级卫生行政部门提出风险评估的建议。

第三十三条 市场监督管理部门实施食品相关产品生产许可、全覆盖例行检查、监督检查以及产品质量监督抽查中作出的行政处罚信息，依法记入国家企业信用信息公示系统，向社会公示。

第四章 法律责任

第三十四条 违反本办法规定，法律、法规对违法行为处罚已有规定的，依照其规定执行。

第三十五条 违反本办法第六条第一项规定，使用不符合食品安全标准及相关公告的原辅料和添加剂，以及其他可能危害人体健康的物质作为原辅料生产食品相关产品，或者超范围、超限量使用添加剂生产食品相关产品的，处十万元以下罚款；情节严重的，处二十万元以下罚款。

第三十六条 违反本办法规定，有下列情形之一的，责令限期改正；逾期不改或者改正后仍然不符合要求的，处三万元以下罚款；情节严重的，处五万元以下罚款：

（一）食品相关产品生产者未建立并实施本办法第九条第一款规定的食品相关产品质量安全管理制度的；

（二）食品相关产品生产者未按照本办法第九条第二款规定制定食品相关产品质量安全事故处置方案的；

（三）食品相关产品生产者未按照本办法第十条规定实施原辅料控制以及开展相关安全评估验证的；

（四）食品相关产品生产者未按照本办法第十一条第二款规定建立并实施不合格产品管理制度、对检验结果不合格的产品进行相应处置的；

（五）食品相关产品销售者未按照本办法第十二条建立并实施进货查验制度的。

第三十七条 市场监督管理部门工作人员，在食品相关产品质量安全监督管理工作中玩忽职守、滥用职权、徇私舞弊的，依法追究法律责任；涉嫌违纪违法的，移送纪检监察机关依纪依规依法给予党纪政务处分；涉嫌违法犯罪的，移送监察机关、司法机关依法处理。

第五章 附则

第三十八条 本办法所称食品相关产品，是指用于食品的包装材料、容器、洗涤剂、消毒剂和用于食品生产经营的工具、设备。其中，消毒剂的质量安全监督管理按照有关规定执行。

第三十九条 本办法自2023年3月1日起施行。

食品安全风险评估管理规定

· 2021年11月4日
· 国卫食品发〔2021〕34号

第一条 为规范食品安全风险评估工作，有效发挥风险评估对风险管理和风险交流的支持作用，根据《中华人民共和国食品安全法》（以下简称《食品安全法》）及其实施条例，制定本规定。

第二条 本规定适用于国家和省级卫生健康行政部门依据《食品安全法》和部门职责规定组织开展的食品安全风险评估（以下简称风险评估）工作。

第三条 风险评估是指对食品、食品添加剂、食品相关产品中的生物性、化学性和物理性危害对人体健康造成不良影响的可能性及其程度进行定性或定量估计的过程，包括危害识别、危害特征描述、暴露评估和风险特征描述等。

根据工作需要，可以参照风险评估技术指南有关要求开展应急风险评估和风险研判。应急风险评估是指在受时间等因素限制的特殊情形下，开展的紧急风险评估。风险研判是指在现有数据资料不能满足完成全部风险评估程序的情况下，就现有数据资料按照食品安全风险评估方法，对食品安全风险进行的综合描述。

第四条 食品安全风险评估结果是制定、修订食品安全国家和地方标准、规定食品中有害物质的临时限量值,以及实施食品安全监督管理的科学依据。

食品安全应急风险评估和风险研判主要为实施食品安全风险管理提供科学支持。

第五条 风险评估应当以食品安全风险监测和监督管理信息、科学数据以及其他有关信息为基础,遵循科学、透明和个案处理的原则进行。

第六条 国家卫生健康委负责组建管理国家食品安全风险评估专家委员会,制定委员会章程,完善风险评估工作制度,统筹风险评估体系能力建设,组织实施国家食品安全风险评估工作。

第七条 国家食品安全风险评估中心承担国家食品安全风险评估专家委员会秘书处工作,负责拟定风险评估计划和规划草案,研究建立完善风险评估技术和方法,收集国家食品安全风险评估科学信息数据,构建和管理信息数据库,对相关风险评估技术机构进行指导培训和技术支持。

第八条 国家食品安全风险评估项目应当列入风险评估计划。风险评估计划草案由国家食品安全风险评估中心组织起草,经国家食品安全风险评估专家委员会审议通过后,报国家卫生健康委审定后下达执行,同时将国家风险评估计划告知其他相关部门。

风险评估结果应当由国家食品安全风险评估专家委员会审议通过后,报送国家卫生健康委。国家食品安全风险评估中心每年向国家卫生健康委报告风险评估计划实施情况。

第九条 有下列情形需要开展风险评估的,可列入国家食品安全风险评估计划:

(一)通过食品安全风险监测或者接到举报发现食品、食品添加剂、食品相关产品可能存在安全隐患的;

(二)为制定或者修订食品安全国家标准的;

(三)为确定监督管理的重点领域、重点品种需要进行风险评估的;

(四)发现新的可能危害食品安全因素的;

(五)需要判断某一因素是否构成食品安全隐患的;

(六)国家卫生健康委认为需要进行风险评估的其他情形。

第十条 国务院食品安全监督管理、农业行政等部门结合本部门监管领域需要向国家卫生健康委提出风险评估建议时,需要填写《食品安全风险评估项目建议书》,并提供下列信息资料:

(一)开展风险评估的目的和必要性;

(二)风险的可能来源和性质(包括危害因素名称、可能的污染环节、涉及食品种类、食用人群、风险涉及的地域范围等);

(三)相关检验数据、管理措施和结论等信息;

(四)其他有关信息和资料(包括信息来源、获得时间、核实情况等)。

国家卫生健康委可以根据风险评估工作需要,向相关部门提出补充或核实信息、资料的要求。

第十一条 国家卫生健康委委托国家食品安全风险评估中心对国务院食品安全监督管理、农业行政等部门依法提出的风险评估的建议进行研究。

第十二条 鼓励有条件的技术机构以接受国家食品安全风险评估中心委托等方式,积极参与国家食品安全风险评估工作。

承担风险评估项目的技术机构根据风险评估任务组建工作组,制定工作方案,组织开展评估工作。其工作方案应当报国家食品安全风险评估中心备案,按照规定的技术文件开展工作,接受国家食品安全风险评估专家委员会和国家食品安全风险评估中心的技术指导、监督以及对结果的审核。

第十三条 承担风险评估项目的技术机构应当在规定的时限内向国家食品安全风险评估中心提交风险评估报告草案及相关科学数据、技术信息、检验结果的收集、处理和分析的结果,保存与风险评估实施相关的档案资料备查。

第十四条 有下列情形之一的,不列入风险评估计划:

(一)违法添加或其他违反食品安全法律法规的行为导致食品安全隐患的;

(二)通过检验和产品安全性评估可以得出结论的;

(三)国际权威组织有明确资料对风险进行了科学描述且国家食品安全风险评估中心研判认为适于我国膳食暴露模式的;国内权威组织有明确资料对风险进行了科学描述且国家食品安全风险评估中心研判认为适于地方膳食暴露模式的;

(四)现有数据信息尚无法满足评估基本需求的;

(五)其他无法开展评估的情形。

第十五条 对作出不予评估决定和因缺乏数据信息难以做出评估结论的,卫生健康行政部门应当向有关方面说明原因和依据。

第十六条 国家食品安全风险评估专家委员会应当与农产品质量安全风险评估专家委员会建立沟通机制,对于涉及跨部门职责的食品安全问题,应当加强协同联合开展风险评估。

第十七条 国家食品安全风险评估结果由国家卫生健康委通报相关部门，委托国家食品安全风险评估中心分级分类有序向社会公布。风险评估结果涉及重大食品安全信息的按照《食品安全法》及相关规定处理。

第十八条 国家食品安全风险评估结果公布后，国家食品安全风险评估专家委员会、国家食品安全风险评估中心及承担风险评估项目的技术机构对风险评估结果进行解释和风险交流。

第十九条 需要开展应急风险评估的，由国家卫生健康委直接下达应急风险评估工作任务，国家食品安全风险评估中心应当立即组织开展应急风险评估，并在限定时间内提交应急风险评估报告。

应急风险评估报告应当经国家食品安全风险评估专家委员会临时专家组审核，并经专家委员会主任委员或副主任委员审核签字。

第二十条 省级卫生健康行政部门依照法律要求和部门职责规定，负责组建管理本级食品安全风险评估专家委员会，制定委员会章程，完善风险评估工作制度，统筹风险评估能力建设，组织实施辖区食品安全风险评估工作。

第二十一条 省级按照危害识别、危害特征描述、暴露评估和风险特征描述等步骤组织开展的风险评估，主要为制定或修订食品安全地方标准提供科学依据。

省级参照风险评估技术指南组织开展的风险研判，主要为地方实施食品安全风险管理措施提供科学支撑。

第二十二条 省级以制定、修订食品安全地方标准为目的组织开展食品安全风险评估前，应当与国家食品安全风险评估中心沟通。对于国家或其他省份的风险评估已有结论的，国家食品安全风险评估中心应当提出相应的工作建议。

第二十三条 省级风险评估、风险研判结果在本省级行政区域内适用，由省级卫生健康行政部门负责组织开展解读和风险交流。

第二十四条 本规定自发布之日起实施。原卫生部、工业和信息化部、原农业部、商务部、原工商总局、原质检总局、原国家食品药品监管局印发的《食品安全风险评估管理规定（试行）》(卫监督发〔2010〕8 号)同时废止。

附表：食品安全风险评估项目建议书

附表

食品安全风险评估项目建议书

名　　称			
建议单位及地址		联系人及联系方式	
风险来源和性质	有害因素		
	可能的污染环节		
	涉及的食品		
	重点人群		
	风险涉及范围		
建议理由(目的、意义和必要性)			
国内外相关检验、评估结果和结论(尽可能提供)			
国内外已有的管理措施(尽可能提供)			
其他有关信息和资料	(包括信息来源、获得时间、核实情况以及其他重要信息)		

食品安全风险监测管理规定

- 2021 年 11 月 4 日
- 国卫食品发〔2021〕35 号

第一条 为有效实施食品安全风险监测制度，规范食品安全风险监测工作，根据《中华人民共和国食品安全法》(以下简称《食品安全法》)及其实施条例，制定本规定。

第二条 食品安全风险监测是系统持续收集食源性疾病、食品污染以及食品中有害因素的监测数据及相关信息，并综合分析、及时报告和通报的活动。其目的是为食品安全风险评估、食品安全标准制定修订、食品安全风险预警和交流、监督管理等提供科学支持。

第三条 国家卫生健康委会同工业和信息化部、商务部、海关总署、市场监管总局、国家粮食和物资储备局等部门，制定实施国家食品安全风险监测计划。

省级卫生健康行政部门会同同级食品安全监督管理

等部门，根据国家食品安全风险监测计划，结合本行政区域的具体情况，制定本行政区域的食品安全风险监测方案，报国家卫生健康委备案并实施。

县级以上卫生健康行政部门会同同级食品安全监督管理等部门，落实风险监测工作任务，建立食品安全风险监测会商机制，及时收集、汇总、分析本辖区食品安全风险监测数据，研判食品安全风险，形成食品安全风险监测分析报告，报本级人民政府和上一级卫生健康行政部门。

第四条 卫生健康行政部门重点对食源性疾病、食品污染物和有害因素基线水平、标准制定修订和风险评估专项实施风险监测。海关、市场监督管理、粮食和储备部门根据各自职责，配合开展不同环节风险监测。各部门风险监测结果数据共享、共用。

第五条 食源性疾病监测报告工作实行属地管理、分级负责的原则。县级以上地方卫生健康行政部门负责辖区内食源性疾病监测报告的组织管理工作。

县级以上地方卫生健康行政部门负责制定本辖区食源性疾病监测报告工作制度，建立健全食源性疾病监测报告工作体系，组织协调疾病预防控制机构开展食品安全事故的流行病学调查。涉及食品安全的突发公共卫生事件相关信息，除按照突发公共卫生事件的报告要求报告突发公共卫生事件管理信息系统，还应当及时向同级食品安全监督管理部门通报，并向上级卫生健康行政部门报告，其中重大事件信息应当向国家卫生健康委报告。

第六条 接到食品安全事故报告后，县级以上食品安全监督管理部门应当立即会同同级卫生健康、农业行政等部门依法进行调查处理。食品安全监督管理部门应当对事故单位封存的食品及原料、工具、设备、设施等予以保护、封存，并通知疾病预防控制机构对与事故有关的因素开展流行病学调查。

疾病预防控制机构应当在调查结束后向同级食品安全监督管理、卫生健康行政部门同时提交流行病学调查报告。

第七条 国家食品安全风险监测计划应当征集国务院有关部门、国家食品安全风险评估专家委员会、农产品质量安全评估专家委员会、食品安全国家标准审评委员会、行业协会以及地方的意见建议，并对有关意见建议认真研究吸纳。

第八条 食品安全风险监测应当将以下情况作为优先监测内容：

（一）健康危害较大、风险程度较高以及风险水平呈上升趋势的；

（二）易于对婴幼儿、孕产妇等重点人群造成健康影响的；

（三）以往在国内导致食品安全事故或者受到消费者关注的；

（四）已在国外导致健康危害并有证据表明可能在国内存在的；

（五）新发现的可能影响食品安全的食品污染和有害因素；

（六）食品安全监督管理及风险监测相关部门认为需要优先监测的其他内容。

第九条 出现下列情况，有关部门应当及时调整国家食品安全风险监测计划和省级监测方案，组织开展应急监测：

（一）处置食品安全事故需要的；

（二）公众高度关注的食品安全风险需要解决的；

（三）发现食品、食品添加剂、食品相关产品可能存在安全隐患，开展风险评估需要新的监测数据支持的；

（四）其他有必要进行计划调整的情形。

第十条 国家食品安全风险监测计划应当规定监测的内容、任务分工、工作要求、组织保障、质量控制、考核评价措施等。

第十一条 国家食品安全风险监测计划由具备相关监测能力的技术机构承担。技术机构应当根据食品安全风险监测计划和监测方案开展监测工作，保证监测数据真实、准确，并按照食品安全风险监测计划和监测方案的要求及时报送监测数据和分析结果。国家食品安全风险评估中心负责汇总分析国家食品安全风险监测计划结果数据。

第十二条 县级以上疾病预防控制机构确定本单位负责食源性疾病监测报告工作的部门及人员，建立食源性疾病监测报告管理制度，对辖区内医疗机构食源性疾病监测报告工作进行培训和指导。

第十三条 县级以上卫生健康行政部门应当委托具备条件的技术机构，及时汇总分析和研判食品安全风险监测结果，发现可能存在食品安全隐患的，及时将已获悉的食品安全隐患相关信息和建议采取的措施等通报同级食品安全监督管理、相关行业主管等部门。食品安全监督管理等部门经进一步调查确认有必要通知相关食品生产经营者的，应当及时通知。

县级以上卫生健康行政部门、农业行政部门应当及时相互通报食品、食用农产品安全风险监测信息。

第十四条 县级以上卫生健康行政部门接到医疗机

构或疾病预防控制机构报告的食源性疾病信息,应当组织研判,认为与食品安全有关的,应当及时通报同级食品安全监督管理部门,并向本级人民政府和上级卫生健康行政部门报告。

第十五条　县级以上卫生健康行政部门会同同级工业和信息化、农业农村、商务、海关、市场监管、粮食和储备等有关部门建立食品安全风险监测会商机制,根据工作需要,会商分析风险监测结果。会商内容主要包括:

（一）通报食品安全风险监测结果分析研判情况;
（二）通报新发现的食品安全风险信息;
（三）通报有关食品安全隐患核实处置情况;
（四）研究解决风险监测工作中的问题。

参与食品安全风险监测的各相关部门均可向卫生健康行政部门提出会商建议,并应在会商会前将本部门拟通报的风险监测或监管有关情况报送卫生健康行政部门。会商结束之后,卫生健康行政部门应整理会议纪要分送各相关部门,同时抄报本级人民政府和上级卫生健康行政部门。

会商结果供各有关部门食品安全监管工作参用。

第十六条　县级以上卫生健康行政部门根据食品安全风险监测工作的需要,将食品安全风险监测能力和食品安全事故流行病学调查能力统筹纳入本级食品安全整体建设规划,逐步建立食品安全风险监测数据信息平台,健全完善本级食品安全风险监测体系。

第十七条　对于拒绝、阻挠、干涉工作人员依法开展食品安全风险监测工作的,技术机构和人员提供虚假风险监测信息的,以及有关管理部门未按规定报告或通报食品安全隐患信息的,工作不力造成严重后果的,按照《食品安全法》等相关规定追究法律和行政责任。

第十八条　本规定自发布之日起实施。原卫生部、工业和信息化部、原工商总局、原质检总局、原国家食品药品监管局印发的《食品安全风险监测管理规定（试行）》（卫监督发〔2010〕17号）同时废止。

食品安全抽样检验管理办法

· 2019年8月8日国家市场监督管理总局令第15号公布
· 根据2022年9月29日国家市场监督管理总局令第61号修正

第一章　总　则

第一条　为规范食品安全抽样检验工作,加强食品安全监督管理,保障公众身体健康和生命安全,根据《中华人民共和国食品安全法》等法律法规,制定本办法。

第二条　市场监督管理部门组织实施的食品安全监督抽检和风险监测的抽样检验工作,适用本办法。

第三条　国家市场监督管理总局负责组织开展全国性食品安全抽样检验工作,监督指导地方市场监督管理部门组织实施食品安全抽样检验工作。

县级以上地方市场监督管理部门负责组织开展本级食品安全抽样检验工作,并按照规定实施上级市场监督管理部门组织的食品安全抽样检验工作。

第四条　市场监督管理部门应当按照科学、公开、公平、公正的原则,以发现和查处食品安全问题为导向,依法对食品生产经营活动全过程组织开展食品安全抽样检验工作。

食品生产经营者是食品安全第一责任人,应当依法配合市场监督管理部门组织实施的食品安全抽样检验工作。

第五条　市场监督管理部门应当与承担食品安全抽样、检验任务的技术机构（以下简称承检机构）签订委托协议,明确双方权利和义务。

承检机构应当依照有关法律、法规规定取得资质认定后方可从事检验活动。承检机构进行检验,应当尊重科学,恪守职业道德,保证出具的检验数据和结论客观、公正,不得出具虚假检验报告。

市场监督管理部门应当对承检机构的抽样检验工作进行监督检查,发现存在检验能力缺陷或者有重大检验质量问题等情形的,应当按照有关规定及时处理。

第六条　国家市场监督管理总局建立国家食品安全抽样检验信息系统,定期分析食品安全抽样检验数据,加强食品安全风险预警,完善并督促落实相关监督管理制度。

县级以上地方市场监督管理部门应当按照规定通过国家食品安全抽样检验信息系统,及时报送并汇总分析食品安全抽样检验数据。

第七条　国家市场监督管理总局负责组织制定食品安全抽样检验指导规范。

开展食品安全抽样检验工作应当遵守食品安全抽样检验指导规范。

第二章　计　划

第八条　国家市场监督管理总局根据食品安全监管工作的需要,制定全国性食品安全抽样检验年度计划。

县级以上地方市场监督管理部门应当根据上级市场监督管理部门制定的抽样检验年度计划并结合实际情况,制定本行政区域的食品安全抽样检验工作方案。

市场监督管理部门可以根据工作需要不定期开展食

品安全抽样检验工作。

第九条 食品安全抽样检验工作计划和工作方案应当包括下列内容：

（一）抽样检验的食品品种；

（二）抽样环节、抽样方法、抽样数量等抽样工作要求；

（三）检验项目、检验方法、判定依据等检验工作要求；

（四）抽检结果及汇总分析的报送方式和时限；

（五）法律、法规、规章和食品安全标准规定的其他内容。

第十条 下列食品应当作为食品安全抽样检验工作计划的重点：

（一）风险程度高以及污染水平呈上升趋势的食品；

（二）流通范围广、消费量大、消费者投诉举报多的食品；

（三）风险监测、监督检查、专项整治、案件稽查、事故调查、应急处置等工作表明存在较大隐患的食品；

（四）专供婴幼儿和其他特定人群的主辅食品；

（五）学校和托幼机构食堂以及旅游景区餐饮服务单位、中央厨房、集体用餐配送单位经营的食品；

（六）有关部门公布的可能违法添加非食用物质的食品；

（七）已在境外造成健康危害并有证据表明可能在国内产生危害的食品；

（八）其他应当作为抽样检验工作重点的食品。

第三章 抽 样

第十一条 市场监督管理部门可以自行抽样或者委托承检机构抽样。食品安全抽样工作应当遵守随机选取抽样对象、随机确定抽样人员的要求。

县级以上地方市场监督管理部门应当按照上级市场监督管理部门的要求，配合做好食品安全抽样工作。

第十二条 食品安全抽样检验应当支付样品费用。

第十三条 抽样单位应当建立食品抽样管理制度，明确岗位职责、抽样流程和工作纪律，加强对抽样人员的培训和指导，保证抽样工作质量。

抽样人员应当熟悉食品安全法律、法规、规章和食品安全标准等的相关规定。

第十四条 抽样人员执行现场抽样任务时不得少于2人，并向被抽样食品生产经营者出示抽样检验告知书及有效身份证明文件。由承检机构执行抽样任务的，还应当出示任务委托书。

案件稽查、事故调查中的食品安全抽样活动，应当由食品安全行政执法人员进行或者陪同。

承担食品安全抽样检验任务的抽样单位和相关人员不得提前通知被抽样食品生产经营者。

第十五条 抽样人员现场抽样时，应当记录被抽样食品生产经营者的营业执照、许可证等可追溯信息。

抽样人员可以从食品经营者的经营场所、仓库以及食品生产者的成品库待销产品中随机抽取样品，不得由食品生产经营者自行提供样品。

抽样数量原则上应当满足检验和复检的要求。

第十六条 风险监测、案件稽查、事故调查、应急处置中的抽样，不受抽样数量、抽样地点、被抽样单位是否具备合法资质等限制。

第十七条 食品安全监督抽检中的样品分为检验样品和复检备份样品。

现场抽样的，抽样人员应当采取有效的防拆封措施，对检验样品和复检备份样品分别封样，并由抽样人员和被抽样食品生产经营者签字或者盖章确认。

抽样人员应当保存购物票据，并对抽样场所、贮存环境、样品信息等通过拍照或者录像等方式留存证据。

第十八条 市场监督管理部门开展网络食品安全抽样检验时，应当记录买样人员以及付款账户、注册账号、收货地址、联系方式等信息。买样人员应当通过截图、拍照或者录像等方式记录被抽样网络食品生产经营者信息、样品网页展示信息，以及订单信息、支付记录等。

抽样人员收到样品后，应当通过拍照或者录像等方式记录拆封过程，对递送包装、样品包装、样品储运条件等进行查验，并对检验样品和复检备份样品分别封样。

第十九条 抽样人员应当使用规范的抽样文书，详细记录抽样信息。记录保存期限不得少于2年。

现场抽样时，抽样人员应当书面告知被抽样食品生产经营者依法享有的权利和应当承担的义务。被抽样食品生产经营者应当在食品安全抽样文书上签字或者盖章，不得拒绝或者阻挠食品安全抽样工作。

第二十条 现场抽样时，样品、抽样文书以及相关资料应当由抽样人员于5个工作日内携带或者寄送至承检机构，不得由被抽样食品生产经营者自行送样和寄送文书。因客观原因需要延长送样期限的，应当经组织抽样检验的市场监督管理部门同意。

对有特殊贮存和运输要求的样品，抽样人员应当采取相应措施，保证样品贮存、运输过程符合国家相关规定和包装标示的要求，不发生影响检验结论的变化。

第二十一条 抽样人员发现食品生产经营者涉嫌违

法、生产经营的食品及原料没有合法来源或者无正当理由拒绝接受食品安全抽样的,应当报告有管辖权的市场监督管理部门进行处理。

第四章 检验与结果报送

第二十二条 食品安全抽样检验的样品由承检机构保存。

承检机构接收样品时,应当查验、记录样品的外观、状态、封条有无破损以及其他可能对检验结论产生影响的情况,并核对样品与抽样文书信息,将检验样品和复检备份样品分别加贴相应标识后,按照要求入库存放。

对抽样不规范的样品,承检机构应当拒绝接收并书面说明理由,及时向组织或者实施食品安全抽样检验的市场监督管理部门报告。

第二十三条 食品安全监督抽检应当采用食品安全标准规定的检验项目和检验方法。没有食品安全标准的,应当采用依照法律法规制定的临时限量值、临时检验方法或者补充检验方法。

风险监测、案件稽查、事故调查、应急处置等工作中,在没有前款规定的检验方法的情况下,可以采用其他检验方法分析查找食品安全问题的原因。所采用的方法应当遵循技术手段先进的原则,并取得国家或省级市场监督管理部门同意。

第二十四条 食品安全抽样检验实行承检机构与检验人负责制。承检机构出具的食品安全检验报告应当加盖机构公章,并有检验人的签名或者盖章。承检机构和检验人对出具的食品安全检验报告负责。

承检机构应当自收到样品之日起20个工作日内出具检验报告。市场监督管理部门与承检机构另有约定的,从其约定。

未经组织实施抽样检验任务的市场监督管理部门同意,承检机构不得分包或者转包检验任务。

第二十五条 食品安全监督抽检的检验结论合格的,承检机构应当自检验结论作出之日起3个月内妥善保存复检备份样品。复检备份样品剩余保质期不足3个月的,应当保存至保质期结束。合格备份样品能合理再利用、且符合省级以上市场监督管理部门有关要求的,可不受上述保存时间限制。

检验结论不合格的,承检机构应当自检验结论作出之日起6个月内妥善保存复检备份样品。复检备份样品剩余保质期不足6个月的,应当保存至保质期结束。

第二十六条 食品安全监督抽检的检验结论合格的,承检机构应当在检验结论作出后7个工作日内将检验结论报送组织或者委托实施抽样检验的市场监督管理部门。

抽样检验结论不合格的,承检机构应当在检验结论作出后2个工作日内报告组织或者委托实施抽样检验的市场监督管理部门。

第二十七条 国家市场监督管理总局组织的食品安全监督抽检的检验结论不合格的,承检机构除按照相关要求报告外,还应当通过国家食品安全抽样检验信息系统及时通报抽样地以及标称的食品生产者住所地市场监督管理部门。

地方市场监督管理部门组织或者实施食品安全监督抽检的检验结论不合格的,抽样地与标称食品生产者住所地不在同一省级行政区域的,抽样地市场监督管理部门应当在收到不合格检验结论后通过国家食品安全抽样检验信息系统及时通报标称的食品生产者住所地同级市场监督管理部门。同一省级行政区域内不合格检验结论的通报按照抽检地省级市场监督管理部门规定的程序和时限通报。

通过网络食品交易第三方平台抽样的,除按照前两款的规定通报外,还应当同时通报网络食品交易第三方平台提供者住所地市场监督管理部门。

第二十八条 食品安全监督抽检的抽样检验结论表明不合格食品可能对身体健康和生命安全造成严重危害的,市场监督管理部门和承检机构应当按照规定立即报告或者通报。

案件稽查、事故调查、应急处置中的检验结论的通报和报告,不受本办法规定时限限制。

第二十九条 县级以上地方市场监督管理部门收到监督抽检不合格检验结论后,应当按照省级以上市场监督管理部门的规定,在5个工作日内将检验报告和抽样检验结果通知书送达被抽样食品生产经营者、食品集中交易市场开办者、网络食品交易第三方平台提供者,并告知其依法享有的权利和应当承担的义务。

第五章 复检和异议

第三十条 食品生产经营者对依照本办法规定实施的监督抽检检验结论有异议的,可以自收到检验结论之日起7个工作日内,向实施监督抽检的市场监督管理部门或者其上一级市场监督管理部门提出书面复检申请。向国家市场监督管理总局提出复检申请的,国家市场监督管理总局可以委托复检申请人住所地省级市场监督管理部门负责办理。逾期未提出的,不予受理。

第三十一条 有下列情形之一的,不予复检:

（一）检验结论为微生物指标不合格的；
（二）复检备份样品超过保质期的；
（三）逾期提出复检申请的；
（四）其他原因导致备份样品无法实现复检目的的；
（五）法律、法规、规章以及食品安全标准规定的不予复检的其他情形。

第三十二条　市场监督管理部门应当自收到复检申请材料之日起5个工作日内，出具受理或者不予受理通知书。不予受理的，应当书面说明理由。

市场监督管理部门应当自出具受理通知书之日起5个工作日内，在公布的复检机构名录中，遵循便捷高效原则，随机确定复检机构进行复检。复检机构不得与初检机构为同一机构。因客观原因不能及时确定复检机构的，可以延长5个工作日，并向申请人说明理由。

复检机构无正当理由不得拒绝复检任务，确实无法承担复检任务的，应当在2个工作日内向相关市场监督管理部门作出书面说明。

复检机构与复检申请人存在日常检验业务委托等利害关系的，不得接受复检申请。

第三十三条　初检机构应当自复检机构确定后3个工作日内，将备份样品移交至复检机构。因客观原因不能按时移交的，经受理复检的市场监督管理部门同意，可以延长3个工作日。复检样品的递送方式由初检机构和申请人协商确定。

复检机构接到备份样品后，应当通过拍照或者录像等方式对备份样品外包装、封条等完整性进行确认，并做好样品接收记录。复检备份样品封条、包装破坏，或者出现其他对结果判定产生影响的情况，复检机构应当及时书面报告市场监督管理部门。

第三十四条　复检机构实施复检，应当使用与初检机构一致的检验方法。实施复检时，食品安全标准对检验方法有新的规定的，从其规定。

初检机构可以派员观察复检机构的复检实施过程，复检机构应当予以配合。初检机构不得干扰复检工作。

第三十五条　复检机构应当自收到备份样品之日起10个工作日内，向市场监督管理部门提交复检结论。市场监督管理部门与复检机构对时限另有约定的，从其约定。复检机构出具的复检结论为最终检验结论。

市场监督管理部门应当自收到复检结论之日起5个工作日内，将复检结论通知申请人，并通报不合格食品生产经营者住所地市场监督管理部门。

第三十六条　复检申请人应当向复检机构先行支付复检费用。复检结论与初检结论一致的，复检费用由复检申请人承担。复检结论与初检结论不一致的，复检费用由实施监督抽检的市场监督管理部门承担。

复检费用包括检验费用和样品递送产生的相关费用。

第三十七条　在食品安全监督抽检工作中，食品生产经营者可以对其生产经营食品的抽样过程、样品真实性、检验方法、标准适用等事项依法提出异议处理申请。

对抽样过程有异议的，申请人应当在抽样完成后7个工作日内，向实施监督抽检的市场监督管理部门提出书面申请，并提交相关证明材料。

对样品真实性、检验方法、标准适用等事项有异议的，申请人应当自收到不合格结论通知之日起7个工作日内，向组织实施监督抽检的市场监督管理部门提出书面申请，并提交相关证明材料。

向国家市场监督管理总局提出异议申请的，国家市场监督管理总局可以委托申请人住所地省级市场监督管理部门负责办理。

第三十八条　异议申请材料不符合要求或者证明材料不齐全的，市场监督管理部门应当当场或者在5个工作日内一次告知申请人需要补正的全部内容。

市场监督管理部门应当自收到申请材料之日起5个工作日内，出具受理或者不予受理通知书。不予受理的，应当书面说明理由。

第三十九条　异议审核需要其他市场监督管理部门协助的，相关市场监督管理部门应当积极配合。

对抽样过程有异议的，市场监督管理部门应当自受理之日起20个工作日内，完成异议审核，并将审核结论书面告知申请人。

对样品真实性、检验方法、标准适用等事项有异议的，市场监督管理部门应当自受理之日起30个工作日内，完成异议审核，并将审核结论书面告知申请人。需商请有关部门明确检验以及判定依据相关要求的，所需时间不计算在内。

市场监督管理部门应当根据异议核查实际情况依法进行处理，并及时将异议处理申请受理情况及审核结论，通报不合格食品生产经营者住所地市场监督管理部门。

第六章　核查处置及信息发布

第四十条　食品生产经营者收到监督抽检不合格检验结论后，应当立即采取封存不合格食品，暂停生产、经营不合格食品，通知相关生产经营者和消费者，召回已上市销售的不合格食品等风险控制措施，排查不合格原因并进行整改，及时向住所地市场监督管理部门报告处理情况，积极配合市场监督管理部门的调查处理，不得拒绝、逃避。

在复检和异议期间，食品生产经营者不得停止履行前款规定的义务。食品生产经营者未主动履行的，市场监督管理部门应当责令其履行。

在国家利益、公共利益需要时，或者为处置重大食品安全突发事件，经省级以上市场监督管理部门同意，可以由省级以上市场监督管理部门组织调查分析或者再次抽样检验，查明不合格原因。

第四十一条 食品安全风险监测结果表明存在食品安全隐患的，省级以上市场监督管理部门应当组织相关领域专家进一步调查和分析研判，确认有必要通知相关食品生产经营者的，应当及时通知。

接到通知的食品生产经营者应当立即进行自查，发现食品不符合食品安全标准或者有证据证明可能危害人体健康，应当依照食品安全法第六十三条的规定停止生产、经营，实施食品召回，并报告相关情况。

食品生产经营者未主动履行前款规定义务的，市场监督管理部门应当责令其履行，并可以对食品生产经营者的法定代表人或者主要负责人进行责任约谈。

第四十二条 食品经营者收到监督抽检不合格检验结论后，应当按照国家市场监督管理总局的规定在被抽检经营场所显著位置公示相关不合格产品信息。

第四十三条 市场监督管理部门收到监督抽检不合格检验结论后，应当及时启动核查处置工作，督促食品生产经营者履行法定义务，依法开展调查处理。必要时，上级市场监督管理部门可以直接组织调查处理。

县级以上地方市场监督管理部门组织的监督抽检，检验结论表明不合格食品含有违法添加的非食用物质，或者存在致病性微生物、农药残留、兽药残留、生物毒素、重金属以及其他危害人体健康的物质严重超出标准限量等情形的，应当依法及时处理并逐级报告至国家市场监督管理总局。

第四十四条 调查中发现涉及其他部门职责的，应当将有关信息通报相关职能部门。有委托生产情形的，受托方食品生产者住所地市场监督管理部门在开展核查处置的同时，还应当通报委托方食品生产经营者住所地市场监督管理部门。

第四十五条 市场监督管理部门应当在90日内完成不合格食品的核查处置工作。需要延长办理期限的，应当书面报请负责核查处置的市场监督管理部门负责人批准。

第四十六条 市场监督管理部门应当通过政府网站等媒体及时向社会公开监督抽检结果和不合格食品核查处置的相关信息，并按照要求将相关信息记入食品生产经营者信用档案。市场监督管理部门公布食品安全监督抽检不合格信息，包括被抽检食品名称、规格、商标、生产日期或者批号、不合格项目，标称的生产者名称、地址，以及被抽样单位名称、地址等。

可能对公共利益产生重大影响的食品安全监督抽检信息，市场监督管理部门应当在信息公布前加强分析研判，科学、准确公布信息，必要时，应当通报相关部门并报告同级人民政府或者上级市场监督管理部门。

任何单位和个人不得擅自发布、泄露市场监督管理部门组织的食品安全监督抽检信息。

第七章 法律责任

第四十七条 食品生产经营者违反本办法的规定，无正当理由拒绝、阻挠或者干涉食品安全抽样检验、风险监测和调查处理的，由县级以上人民政府市场监督管理部门依照食品安全法第一百三十三条第一款的规定处罚；违反治安管理处罚法有关规定的，由市场监督管理部门依法移交公安机关处理。

食品生产经营者违反本办法第三十七条的规定，提供虚假证明材料的，由市场监督管理部门给予警告，并处1万元以上3万元以下罚款。

违反本办法第四十二条的规定，食品经营者未按规定公示相关不合格产品信息的，由市场监督管理部门责令改正；拒不改正的，给予警告，并处2000元以上3万元以下罚款。

第四十八条 违反本办法第四十条、第四十一条的规定，经市场监督管理部门责令履行后，食品生产经营者仍拒不召回或者停止经营的，由县级以上人民政府市场监督管理部门依照食品安全法第一百二十四条第一款的规定处罚。

第四十九条 市场监督管理部门应当依法将食品生产经营者受到的行政处罚等信息归集至国家企业信用信息公示系统，记于食品生产经营者名下并向社会公示。对存在严重违法失信行为的，按照规定实施联合惩戒。

第五十条 有下列情形之一的，市场监督管理部门应当按照有关规定依法处理并向社会公布；构成犯罪的，依法移送司法机关处理。

（一）调换样品、伪造检验数据或者出具虚假检验报告的；

（二）利用抽样检验工作之便牟取不正当利益的；

（三）违反规定事先通知被抽检食品生产经营者的；

（四）擅自发布食品安全抽样检验信息的；

（五）未按照规定的时限和程序报告不合格检验结论，造成严重后果的；

（六）有其他违法行为的。

有前款规定的第（一）项情形的，市场监督管理部门终身不得委托其承担抽样检验任务；有前款规定的第（一）项以外其他情形的，市场监督管理部门五年内不得委托其承担抽样检验任务。

复检机构有第一款规定的情形，或者无正当理由拒绝承担复检任务的，由县级以上人民政府市场监督管理部门给予警告；无正当理由1年内2次拒绝承担复检任务的，由国务院市场监督管理部门商有关部门撤销其复检机构资质并向社会公布。

第五十一条 市场监督管理部门及其工作人员有违反法律、法规以及本办法规定和有关纪律要求的，应当依据食品安全法和相关规定，对直接负责的主管人员和其他直接责任人员，给予相应的处分；构成犯罪的，依法移送司法机关处理。

第八章 附 则

第五十二条 本办法所称监督抽检是指市场监督管理部门按照法定程序和食品安全标准等规定，以排查风险为目的，对食品组织的抽样、检验、复检、处理等活动。

本办法所称风险监测是指市场监督管理部门对没有食品安全标准的风险因素，开展监测、分析、处理的活动。

第五十三条 市场监督管理部门可以参照本办法的有关规定组织开展评价性抽检。

评价性抽检是指依据法定程序和食品安全标准等规定开展抽样检验，对市场上食品总体安全状况进行评估的活动。

第五十四条 食品添加剂的检验，适用本办法有关食品检验的规定。

餐饮食品、食用农产品进入食品生产经营环节的抽样检验以及保质期短的食品、节令性食品的抽样检验，参照本办法执行。

市场监督管理部门可以参照本办法关于网络食品安全监督抽检的规定对自动售卖机、无人超市等没有实际经营人员的食品经营者组织实施抽样检验。

第五十五条 承检机构制作的电子检验报告与出具的书面检验报告具有同等法律效力。

第五十六条 本办法自2019年10月1日起施行。

食品安全工作评议考核办法

· 2023年3月7日
· 国办发〔2023〕6号

第一条 为贯彻党中央、国务院关于加强食品安全工作的决策部署，落实食品安全"四个最严"要求，强化地方政府属地管理责任，提高从农田到餐桌全过程监管能力，不断提升全链条食品安全工作水平，保障人民群众身体健康和生命安全，根据《中华人民共和国食品安全法》《中共中央国务院关于深化改革加强食品安全工作的意见》《中共中央办公厅国务院办公厅关于印发〈地方党政领导干部食品安全责任制规定〉的通知》等法律法规和文件规定，制定本办法。

第二条 考核工作坚持目标导向、问题导向，坚持客观公正、奖惩分明、推动创新、注重实效的原则，突出工作重点，注重工作过程，强化责任落实。

第三条 考核对象为各省（自治区、直辖市）人民政府和新疆生产建设兵团（以下称各省级人民政府和兵团）。

第四条 考核工作由国务院食品安全委员会统一领导。国务院食品安全委员会办公室（以下简称国务院食品安全办）受国务院食品安全委员会委托，会同国务院食品安全委员会相关成员单位（以下简称相关成员单位）实施考核工作。

国务院食品安全办及相关成员单位根据职责分工，对各省级人民政府和兵团食品安全工作情况进行评价。

第五条 考核内容主要包括食品安全基础工作推进、年度重点工作落实、食品安全状况等，同时设置即时性工作评价和加减分项（考核内容要点见附件）。具体考核指标及分值在年度食品安全工作考核方案及其细则中明确，设置要科学合理，可操作、可评价、可区分，切实减轻基层负担。

第六条 每年1月1日至12月31日为一个考核年度。每年6月30日前，国务院食品安全办组织相关成员单位制定并发布本年度考核细则。

第七条 考核采取以下程序：

（一）日常考核。国务院食品安全办及相关成员单位按照考核方案及其细则，根据工作需要，采取资料审查、线上抽查、明查暗访、调研督导等方式，对各省级人民政府和兵团任务完成情况进行定期评价，形成日常考核结果并在评议考核信息系统中进行填报。国务院食品安全办及相关成员单位对日常考核结果的公平性、公正性、准确性负责。

（二）年中督促。国务院食品安全办确定抽查地区，会同相关成员单位组成工作组，实地督促上年度考核发现问题整改和本年度食品安全重点工作任务落实。

（三）食品安全状况评价。国务院食品安全办及相关成员单位对各省级人民政府和兵团开展食品安全群众满意度测评、抽检监测等，综合相关情况形成地方食品安全状况评价结果。

（四）年终自查。各省级人民政府和兵团按照考核方案及其细则，对本年度食品安全基础工作、重点工作、即时性工作情况进行自评，并在评议考核信息系统中进行填报。各省级人民政府和兵团对自评和相关材料的真实性、准确性负责。

（五）年终评审。国务院食品安全办及相关成员单位按照考核方案及其细则，结合地方自评和日常掌握情况，对相关考核指标进行评审，形成年终评审意见并在评议考核信息系统中进行评价。国务院食品安全办及相关成员单位对相关评审结果的公平性、公正性、准确性负责。

（六）综合评议。国务院食品安全办汇总各省级人民政府和兵团的日常考核结果、食品安全状况评价结果、年终评审意见，会同相关成员单位共同研究加减分项、降级和否决情形，综合评议形成考核结果报国务院食品安全委员会。

（七）结果通报。国务院食品安全委员会审定考核结果后，将考核结果通报各省级人民政府和兵团，抄送相关成员单位。

第八条　考核采取评分法，基准分为100分，加分项分值不超过5分，即时性工作、减分项分值在当年考核方案及其细则中明确。考核结果分A、B、C、D四个等级。得分排在前10名且无降级和否决情形的为A级，得分排在10名以后且无降级和否决情形的为B级。

有下列情形之一的，考核等级下调一级，最低降至C级：

（一）本行政区域内未能有效建立健全分层分级精准防控、末端发力终端见效工作机制，食品安全属地管理责任落实不到位的；

（二）本行政区域内推进落实企业主体责任不到位，食品生产经营者食品安全总监或安全员配备率较低、未有效建立风险防控机制的；

（三）本行政区域内存在生产经营食品过程中掺杂掺假、使用非食品原料生产食品、在食品中添加食品添加剂以外的化学物质等违法犯罪行为，未按规定有效处置，造成严重不良影响的；

（四）本行政区域内发生违法使用农药兽药导致食用农产品农药兽药残留超标问题，造成严重不良影响的；

（五）本行政区域内发生耕地土壤污染源头防治不力导致食用农产品重金属超标问题，造成严重不良影响的；

（六）本行政区域内发生校园食品安全事件，未按规定有效处置，造成严重不良影响的；

（七）省级人民政府和兵团或其相关部门在食品安全工作评议考核中弄虚作假的；

（八）其他应当下调等级的情形。

有下列情形之一的，考核等级为D级：

（一）对本行政区域内发生的食品安全事故，未及时组织协调有关部门开展有效处置应对，造成严重不良影响或者重大损失的；

（二）本行政区域内发生特别重大食品安全事故，或者连续发生重大食品安全事故的；

（三）省级人民政府和兵团或其相关部门隐瞒、谎报、缓报食品安全事故的；

（四）对本行政区域内涉及多环节的区域性食品安全问题，未及时组织整治，造成严重不良影响或者重大损失的；

（五）其他应当为D级的情形。

第九条　本考核年度考核结果通报之前，次年发生食品安全事件造成不良社会影响的，纳入本考核年度予以减分或降级，不再纳入次年年度考核。

第十条　各省级人民政府和兵团应当在考核结果通报后一个月内，向国务院食品安全委员会作出书面报告，对通报的问题提出整改措施与时限，并抄送国务院食品安全办。

国务院食品安全办根据职责，向相关成员单位通报各省级人民政府和兵团有关整改措施与时限。国务院食品安全办及相关成员单位应当督促各省级人民政府和兵团完成通报问题整改，对考核排名靠后的省份加强指导。

第十一条　考核结果交由干部主管部门作为各省级人民政府和兵团领导班子、领导干部综合考核评价的重要内容，作为干部奖惩和使用、调整的重要参考。评议考核中发现需要问责的问题线索移交纪检监察机关。

第十二条　各省级人民政府和兵团有下列情形之一的，由国务院食品安全委员会予以通报表扬：

（一）考核结果为A级的；

（二）考核排名较上一年度提升较大的；

（三）基础工作推进、重点工作落实、工作创新、食品安全状况等方面成效突出的。

对在食品安全工作中作出突出贡献的单位和个人，按照国家有关规定给予表彰、奖励。

国务院食品安全办及时对地方创新性示范经验做法进行总结推广，并通报相关成员单位。

第十三条 各省级人民政府和兵团有考核结果为D级或考核排名连续三年列最后3名情形的，由国务院食品安全委员会委托国务院食品安全办会同相关部门约谈省级人民政府和兵团有关负责人，必要时由国务院领导同志约谈省级人民政府和兵团主要负责人。

被约谈的省级人民政府和兵团有关领导干部不得参加有关表彰、年度评奖等。

各省级人民政府和兵团有考核排名退步较大或上年度考核发现问题未整改到位情形的，由国务院食品安全办会同相关部门视情约谈省级人民政府和兵团食品安全办主要负责人。

第十四条 对在食品安全工作评议考核中弄虚作假的，予以通报批评；情节严重的，依规依纪依法追究相关人员责任。

第十五条 各省级人民政府和兵团可参照本办法，结合各自实际情况，依法制定本地区食品安全工作评议考核办法。

第十六条 本办法由国务院食品安全办负责解释，自印发之日起施行。

附件：

考核内容要点

序号	考核内容	分值	考核要点
1	食品安全基础工作	100分	组织领导、制度机制建设、责任体系建设、能力建设、队伍建设等。
2	食品安全年度重点工作		标准实施、监督管理、风险管理、打击违法犯罪、落实生产经营者主体责任、产业发展、社会共治等。
3	食品安全状况		食品安全群众满意度、食品评价性抽检合格率、农产品例行监测合格率等。

续表

序号	考核内容	分值	考核要点
4	即时性工作	≤15分	年度中党中央、国务院部署的新增重点专项工作（如应对重大自然灾害、重大突发事件和开展重大专项整治等），以及国务院食品安全委员会部署的新增专项工作完成情况。
5	加分项	≤5分	在落实党政同责（包括队伍建设、投入保障等）、监管工作、推动产业高质量发展、推进社会共治等方面形成创新性示范经验做法，以及在重大活动保障等方面取得突出成效。
6	减分项		发生食品安全事件、上年度考核发现问题未整改到位等。

有关说明：

1. 具体考核指标及分值根据年度重点工作进行调整，由国务院食品安全办在年度食品安全工作考核方案及其细则中明确。

2. 即时性工作由国务院食品安全办根据工作有无及难易程度情况确定具体分值，在当年考核方案及其细则中明确（相关成员单位拟纳入即时性工作考核事项，报国务院食品安全办统筹）。

3. 减分项分值在当年考核方案及其细则中明确。

国家食品安全事故应急预案

· 国务院 2011 年 10 月 5 日修订

1 总则

1.1 编制目的

建立健全应对食品安全事故运行机制，有效预防、积极应对食品安全事故，高效组织应急处置工作，最大限度地减少食品安全事故的危害，保障公众健康与生命安全，维护正常的社会经济秩序。

1.2 编制依据

依据《中华人民共和国突发事件应对法》、《中华人民共和国食品安全法》、《中华人民共和国农产品质量安全法》、《中华人民共和国食品安全法实施条例》、《突发公共卫生事件应急条例》和《国家突发公共事件总体应急预案》,制定本预案。

1.3 事故分级
食品安全事故,指食物中毒、食源性疾病、食品污染等源于食品,对人体健康有危害或者可能有危害的事故。食品安全事故共分四级,即特别重大食品安全事故、重大食品安全事故、较大食品安全事故和一般食品安全事故。事故等级的评估核定,由卫生行政部门会同有关部门依照有关规定进行。

1.4 事故处置原则
(1)以人为本,减少危害。把保障公众健康和生命安全作为应急处置的首要任务,最大限度减少食品安全事故造成的人员伤亡和健康损害。

(2)统一领导,分级负责。按照"统一领导、综合协调、分类管理、分级负责、属地管理为主"的应急管理体制,建立快速反应、协同应对的食品安全事故应急机制。

(3)科学评估,依法处置。有效使用食品安全风险监测、评估和预警等科学手段;充分发挥专业队伍的作用,提高应对食品安全事故的水平和能力。

(4)居安思危,预防为主。坚持预防与应急相结合,常态与非常态相结合,做好应急准备,落实各项防范措施,防患于未然。建立健全日常管理制度,加强食品安全风险监测、评估和预警;加强宣教培训,提高公众自我防范和应对食品安全事故的意识和能力。

2 组织机构及职责

2.1 应急机制启动
食品安全事故发生后,卫生行政部门依法组织对事故进行分析评估,核定事故级别。特别重大食品安全事故,由卫生部会同食品安全办向国务院提出启动Ⅰ级响应的建议,经国务院批准后,成立国家特别重大食品安全事故应急处置指挥部(以下简称指挥部),统一领导和指挥事故应急处置工作;重大、较大、一般食品安全事故,分别由事故所在地省、市、县级人民政府组织成立相应应急处置指挥机构,统一组织开展本行政区域事故应急处置工作。

2.2 指挥部设置
指挥部成员单位根据事故的性质和应急处置工作的需要确定,主要包括卫生部、农业部、商务部、工商总局、质检总局、食品药品监管局、铁道部、粮食局、中央宣传部、教育部、工业和信息化部、公安部、监察部、民政部、财政部、环境保护部、交通运输部、海关总署、旅游局、新闻办、民航局和食品安全办等部门以及相关行业协会组织。当事故涉及国外、港澳台时,增加外交部、港澳办、台办等部门为成员单位。由卫生部、食品安全办等有关部门人员组成指挥部办公室。

2.3 指挥部职责
指挥部负责统一领导事故应急处置工作;研究重大应急决策和部署;组织发布事故的重要信息;审议批准指挥部办公室提交的应急处置工作报告;应急处置的其他工作。

2.4 指挥部办公室职责
指挥部办公室承担指挥部的日常工作,主要负责贯彻落实指挥部的各项部署,组织实施事故应急处置工作;检查督促相关地区和部门做好各项应急处置工作,及时有效地控制事故,防止事态蔓延扩大;研究协调解决事故应急处理工作中的具体问题;向国务院、指挥部及其成员单位报告、通报事故应急处置的工作情况;组织信息发布。指挥部办公室建立会商、发文、信息发布和督查等制度,确保快速反应、高效处置。

2.5 成员单位职责
各成员单位在指挥部统一领导下开展工作,加强对事故发生地人民政府有关部门工作的督促、指导,积极参与应急救援工作。

2.6 工作组设置及职责
根据事故处置需要,指挥部可下设若干工作组,分别开展相关工作。各工作组在指挥部的统一指挥下开展工作,并随时向指挥部办公室报告工作开展情况。

(1)事故调查组

由卫生部牵头,会同公安部、监察部及相关部门负责调查事故发生原因,评估事故影响,尽快查明致病原因,作出调查结论,提出事故防范意见;对涉嫌犯罪的,由公安部负责,督促、指导涉案地公安机关立案侦办,查清事实,依法追究刑事责任;对监管部门及其他机关工作人员的失职、渎职等行为进行调查。根据实际需要,事故调查组可以设置在事故发生地或派出部分人员赴现场开展事故调查(简称前方工作组)。

(2)危害控制组

由事故发生环节的具体监管职能部门牵头,会同相关监管部门监督、指导事故发生地政府职能部门召回、下架、封存有关食品、原料、食品添加剂及食品相关产品,严格控制流通渠道,防止危害蔓延扩大。

(3)医疗救治组

由卫生部负责,结合事故调查组的调查情况,制定最佳救治方案,指导事故发生地人民政府卫生部门对健康受到危害的人员进行医疗救治。

（4）检测评估组

由卫生部牵头，提出检测方案和要求，组织实施相关检测，综合分析各方检测数据，查找事故原因和评估事故发展趋势，预测事故后果，为制定现场抢救方案和采取控制措施提供参考。检测评估结果要及时报告指挥部办公室。

（5）维护稳定组

由公安部牵头，指导事故发生地人民政府公安机关加强治安管理，维护社会稳定。

（6）新闻宣传组

由中央宣传部牵头，会同新闻办、卫生部等部门组织事故处置宣传报道和舆论引导，并配合相关部门做好信息发布工作。

（7）专家组

指挥部成立由有关方面专家组成的专家组，负责对事故进行分析评估，为应急响应的调整和解除以及应急处置工作提供决策建议，必要时参与应急处置。

2.7 应急处置专业技术机构

医疗、疾病预防控制以及各有关部门的食品安全相关技术机构作为食品安全事故应急处置专业技术机构，应当在卫生行政部门及有关食品安全监管部门组织领导下开展应急处置相关工作。

3 应急保障

3.1 信息保障

卫生部会同国务院有关监管部门建立国家统一的食品安全信息网络体系，包含食品安全监测、事故报告与通报、食品安全事故隐患预警等内容；建立健全医疗救治信息网络，实现信息共享。卫生部负责食品安全信息网络体系的统一管理。

有关部门应当设立信息报告和举报电话，畅通信息报告渠道，确保食品安全事故的及时报告与相关信息的及时收集。

3.2 医疗保障

卫生行政部门建立功能完善、反应灵敏、运转协调、持续发展的医疗救治体系，在食品安全事故造成人员伤害时迅速开展医疗救治。

3.3 人员及技术保障

应急处置专业技术机构要结合本机构职责开展专业技术人员食品安全事故应急处置能力培训，加强应急处置力量建设，提高快速应对能力和技术水平。健全专家队伍，为事故核实、级别核定、事故隐患预警及应急响应等相关技术工作提供人才保障。国务院有关部门加强食品安全事故监测、预警、预防和应急处置等技术研发，促进国内外交流与合作，为食品安全事故应急处置提供技术保障。

3.4 物资与经费保障

食品安全事故应急处置所需设施、设备和物资的储备与调用应当得到保障；使用储备物资后须及时补充；食品安全事故应急处置、产品抽样及检验等所需经费应当列入年度财政预算，保障应急资金。

3.5 社会动员保障

根据食品安全事故应急处置的需要，动员和组织社会力量协助参与应急处置，必要时依法调用企业及个人物资。在动用社会力量或企业、个人物资进行应急处置后，应当及时归还或给予补偿。

3.6 宣教培训

国务院有关部门应当加强对食品安全专业人员、食品生产经营者及广大消费者的食品安全知识宣传、教育与培训，促进专业人员掌握食品安全相关工作技能，增强食品生产经营者的责任意识，提高消费者的风险意识和防范能力。

4 监测预警、报告与评估

4.1 监测预警

卫生部会同国务院有关部门根据国家食品安全风险监测工作需要，在综合利用现有监测机构能力的基础上，制定和实施加强国家食品安全风险监测能力建设规划，建立覆盖全国的食源性疾病、食品污染和食品中有害因素监测体系。卫生部根据食品安全风险监测结果，对食品安全状况进行综合分析，对可能具有较高程度安全风险的食品，提出并公布食品安全风险警示信息。

有关监管部门发现食品安全隐患或问题，应及时通报卫生行政部门和有关方面，依法及时采取有效控制措施。

4.2 事故报告

4.2.1 事故信息来源

（1）食品安全事故发生单位与引发食品安全事故食品的生产经营单位报告的信息；

（2）医疗机构报告的信息；

（3）食品安全相关技术机构监测和分析结果；

（4）经核实的公众举报信息；

（5）经核实的媒体披露与报道信息；

（6）世界卫生组织等国际机构、其他国家和地区通报我国信息。

4.2.2 报告主体和时限

（1）食品生产经营者发现其生产经营的食品造成或

者可能造成公众健康损害的情况和信息,应当在2小时内向所在地县级卫生行政部门和负责本单位食品安全监管工作的有关部门报告。

(2)发生可能与食品有关的急性群体性健康损害的单位,应当在2小时内向所在地县级卫生行政部门和有关监管部门报告。

(3)接收食品安全事故病人治疗的单位,应当按照卫生部有关规定及时向所在地县级卫生行政部门和有关监管部门报告。

(4)食品安全相关技术机构、有关社会团体及个人发现食品安全事故相关情况,应当及时向县级卫生行政部门和有关监管部门报告或举报。

(5)有关监管部门发现食品安全事故或接到食品安全事故报告或举报,应当立即通报同级卫生行政部门和其他有关部门,经初步核实后,要继续收集相关信息,并及时将有关情况进一步向卫生行政部门和其他有关监管部门通报。

(6)经初步核实为食品安全事故且需要启动应急响应的,卫生行政部门应当按规定向本级人民政府及上级人民政府卫生行政部门报告;必要时,可直接向卫生部报告。

4.2.3 报告内容

食品生产经营者、医疗、技术机构和社会团体、个人向卫生行政部门和有关监管部门报告疑似食品安全事故信息时,应当包括事故发生时间、地点和人数等基本情况。

有关监管部门报告食品安全事故信息时,应当包括事故发生单位、时间、地点、危害程度、伤亡人数、事故报告单位信息(含报告时间、报告单位联系人员及联系方式)、已采取措施、事故简要经过等内容;并随时通报或者补报工作进展。

4.3 **事故评估**

4.3.1 有关监管部门应当按有关规定及时向卫生行政部门提供相关信息和资料,由卫生行政部门统一组织协调开展食品安全事故评估。

4.3.2 食品安全事故评估是为核定食品安全事故级别和确定应采取的措施而进行的评估。评估内容包括:

(1)污染食品可能导致的健康损害及所涉及的范围,是否已造成健康损害后果及严重程度;

(2)事故的影响范围及严重程度;

(3)事故发展蔓延趋势。

5 应急响应

5.1 分级响应

根据食品安全事故分级情况,食品安全事故应急响应分为Ⅰ级、Ⅱ级、Ⅲ级和Ⅳ级响应。核定为特别重大食品安全事故,报经国务院批准并宣布启动Ⅰ级响应后,指挥部立即成立运行,组织开展应急处置。重大、较大、一般食品安全事故分别由事故发生地的省、市、县级人民政府启动相应级别响应,成立食品安全事故应急处置指挥机构进行处置。必要时上级人民政府派出工作组指导、协助事故应急处置工作。

启动食品安全事故Ⅰ级响应期间,指挥部成员单位在指挥部的统一指挥与调度下,按相应职责做好事故应急处置相关工作。事发地省级人民政府按照指挥部的统一部署,组织协调地市级、县级人民政府全力开展应急处置,并及时报告相关工作进展情况。事故发生单位按照相应的处置方案开展先期处置,并配合卫生行政部门及有关部门做好食品安全事故的应急处置。

食源性疾病中涉及传染病疫情的,按照《中华人民共和国传染病防治法》和《国家突发公共卫生事件应急预案》等相关规定开展疫情防控和应急处置。

5.2 应急处置措施

事故发生后,根据事故性质、特点和危害程度,立即组织有关部门,依照有关规定采取下列应急处置措施,以最大限度减轻事故危害:

(1)卫生行政部门有效利用医疗资源,组织指导医疗机构开展食品安全事故患者的救治。

(2)卫生行政部门及时组织疾病预防控制机构开展流行病学调查与检测,相关部门及时组织检验机构开展抽样检验,尽快查找食品安全事故发生的原因。对涉嫌犯罪的,公安机关及时介入,开展相关违法犯罪行为侦破工作。

(3)农业行政、质量监督、检验检疫、工商行政管理、食品药品监管、商务等有关部门应当依法强制性就地或异地封存事故相关食品及原料和被污染的食品用工具及用具,待卫生行政部门查明导致食品安全事故的原因后,责令食品生产经营者彻底清洗消毒被污染的食品用工具及用具,消除污染。

(4)对确认受到有毒有害物质污染的相关食品及原料,农业行政、质量监督、工商行政管理、食品药品监管等有关监管部门应当依法责令生产经营者召回、停止经营及进出口并销毁。检验后确认未被污染的应当予以解封。

(5)及时组织研判事故发展态势,并向事故可能蔓延到的地方人民政府通报信息,提醒做好应对准备。事故可能影响到国(境)外时,及时协调有关涉外部门做好相关通报工作。

5.3 检测分析评估

应急处置专业技术机构应当对引发食品安全事故的相关危险因素及时进行检测,专家组对检测数据进行综合分析和评估,分析事故发展趋势、预测事故后果,为制定事故调查和现场处置方案提供参考。有关部门对食品安全事故相关危险因素消除或控制,事故中伤病人员救治,现场、受污染食品控制,食品与环境,次生、衍生事故隐患消除等情况进行分析评估。

5.4 响应级别调整及终止

在食品安全事故处置过程中,要遵循事故发生发展的客观规律,结合实际情况和防控工作需要,根据评估结果及时调整应急响应级别,直至响应终止。

5.4.1 响应级别调整及终止条件

(1)级别提升

当事故进一步加重,影响和危害扩大,并有蔓延趋势,情况复杂难以控制时,应当及时提升响应级别。

当学校或托幼机构、全国性或区域性重要活动期间发生食品安全事故时,可相应提高响应级别,加大应急处置力度,确保迅速、有效控制食品安全事故,维护社会稳定。

(2)级别降低

事故危害得到有效控制,且经研判认为事故危害降低到原级别评估标准以下或无进一步扩散趋势的,可降低应急响应级别。

(3)响应终止

当食品安全事故得到控制,并达到以下两项要求,经分析评估认为可解除响应的,应当及时终止响应:

——食品安全事故伤病员全部得到救治,原患者病情稳定24小时以上,且无新的急性病症患者出现,食源性感染性疾病在末例患者后经过最长潜伏期无新病例出现;

——现场、受污染食品得以有效控制,食品与环境污染得到有效清理并符合相关标准,次生、衍生事故隐患消除。

5.4.2 响应级别调整及终止程序

指挥部组织对事故进行分析评估论证。评估认为符合级别调整条件的,指挥部提出调整应急响应级别建议,报同级人民政府批准后实施。应急响应级别调整后,事故相关地区人民政府应当结合调整后级别采取相应措施。评估认为符合响应终止条件时,指挥部提出终止响应的建议,报同级人民政府批准后实施。

上级人民政府有关部门应当根据下级人民政府有关部门的请求,及时组织专家为食品安全事故响应级别调整和终止的分析论证提供技术支持与指导。

5.5 信息发布

事故信息发布由指挥部或其办公室统一组织,采取召开新闻发布会、发布新闻通稿等多种形式向社会发布,做好宣传报道和舆论引导。

6 后期处置

6.1 善后处置

事发地人民政府及有关部门要积极稳妥、深入细致地做好善后处置工作,消除事故影响,恢复正常秩序。完善相关政策,促进行业健康发展。

食品安全事故发生后,保险机构应当及时开展应急救援人员保险受理和受灾人员保险理赔工作。

造成食品安全事故的责任单位和责任人应当按照有关规定对受害人给予赔偿,承担受害人后续治疗及保障等相关费用。

6.2 奖惩

6.2.1 奖励

对在食品安全事故应急管理和处置工作中作出突出贡献的先进集体和个人,应当给予表彰和奖励。

6.2.2 责任追究

对迟报、谎报、瞒报和漏报食品安全事故重要情况或者应急管理工作中有其他失职、渎职行为的,依法追究有关责任单位或责任人的责任;构成犯罪的,依法追究刑事责任。

6.3 总结

食品安全事故善后处置工作结束后,卫生行政部门应当组织有关部门及时对食品安全事故和应急处置工作进行总结,分析事故原因和影响因素,评估应急处置工作开展情况和效果,提出对类似事故的防范和处置建议,完成总结报告。

7 附则

7.1 预案管理与更新

与食品安全事故处置有关的法律法规被修订,部门职责或应急资源发生变化,应急预案在实施过程中出现新情况或新问题时,要结合实际及时修订与完善本预案。

国务院有关食品安全监管部门、地方各级人民政府参照本预案，制定本部门和地方食品安全事故应急预案。

7.2　演习演练

国务院有关部门要开展食品安全事故应急演练，以检验和强化应急准备和应急响应能力，并通过对演习演练的总结评估，完善应急预案。

7.3　预案实施

本预案自发布之日起施行。

食品标识管理规定

- 2007年8月27日国家质量监督检验检疫总局令第102号公布
- 根据2009年10月22日《国家质量监督检验检疫总局关于修改〈食品标识管理规定〉的决定》修订

第一章　总　则

第一条　为了加强对食品标识的监督管理，规范食品标识的标注，防止质量欺诈，保护企业和消费者合法权益，根据《中华人民共和国食品安全法》、《中华人民共和国产品质量法》、《国务院关于加强食品等产品安全监督管理的特别规定》等法律法规，制定本规定。

第二条　在中华人民共和国境内生产（含分装）、销售的食品的标识标注和管理，适用本规定。

第三条　本规定所称食品标识是指粘贴、印刷、标记在食品或者其包装上，用以表示食品名称、质量等级、商品量、食用或者使用方法、生产者或者销售者等相关信息的文字、符号、数字、图案以及其他说明的总称。

第四条　国家质量监督检验检疫总局（以下简称国家质检总局）在其职权范围内负责组织全国食品标识的监督管理工作。

县级以上地方质量技术监督部门在其职权范围内负责本行政区域内食品标识的监督管理工作。

第二章　食品标识的标注内容

第五条　食品或者其包装上应当附加标识，但是按法律、行政法规规定可以不附加标识的食品除外。

食品标识的内容应当真实准确、通俗易懂、科学合法。

第六条　食品标识应当标注食品名称。

食品名称应当表明食品的真实属性，并符合下列要求：

（一）国家标准、行业标准对食品名称有规定的，应当采用国家标准、行业标准规定的名称；

（二）国家标准、行业标准对食品名称没有规定的，应当使用不会引起消费者误解和混淆的常用名称或者俗名；

（三）标注"新创名称"、"奇特名称"、"音译名称"、"牌号名称"、"地区俚语名称"或者"商标名称"等易使人误解食品属性的名称时，应当在所示名称的邻近部位使用同一字号标注本条（一）、（二）项规定的一个名称或者分类（类属）名称；

（四）由两种或者两种以上食品通过物理混合而成且外观均匀一致难以相互分离的食品，其名称应当反映该食品的混合属性和分类（类属）名称；

（五）以动、植物食物为原料，采用特定的加工工艺制作，用以模仿其他生物的个体、器官、组织等特征的食品，应当在名称前冠以"人造"、"仿"或者"素"等字样，并标注该食品真实属性的分类（类属）名称。

第七条　食品标识应当标注食品的产地。

食品产地应当按照行政区划标注到地市级地域。

第八条　食品标识应当标注生产者的名称、地址和联系方式。生产者名称和地址应当是依法登记注册、能够承担产品质量责任的生产者的名称、地址。

有下列情形之一的，按照下列规定相应予以标注：

（一）依法独立承担法律责任的公司或者其子公司，应当标注各自的名称和地址；

（二）依法不能独立承担法律责任的公司分公司或者公司的生产基地，应当标注公司和分公司或者生产基地的名称、地址，或者仅标注公司的名称、地址；

（三）受委托生产加工食品且不负责对外销售的，应当标注委托企业的名称和地址；对于实施生产许可证管理的食品，委托企业具有其委托加工的食品生产许可证的，应当标注委托企业的名称、地址和被委托企业的名称，或者仅标注委托企业的名称和地址；

（四）分装食品应当标注分装者的名称及地址，并注明分装字样。

第九条　食品标识应当清晰地标注食品的生产日期、保质期，并按照有关规定要求标注贮存条件。

乙醇含量10%以上（含10%）的饮料酒、食醋、食用盐、固态食糖类，可以免除标注保质期。

日期的标注方法应当符合国家标准规定或者采用"年、月、日"表示。

第十条　定量包装食品标识应当标注净含量，并按照有关规定要求标注规格。对含有固、液两相物质的食品，除标示净含量外，还应当标示沥干物（固形物）的含量。

净含量应当与食品名称排在食品包装的同一展示版面。净含量的标注应当符合《定量包装商品计量监督管理办法》的规定。

第十一条 食品标识应当标注食品的成分或者配料清单。

配料清单中各种配料应当按照生产加工食品时加入量的递减顺序进行标注，具体标注方法按照国家标准的规定执行。

在食品中直接使用甜味剂、防腐剂、着色剂的，应当在配料清单食品添加剂项下标注具体名称；使用其他食品添加剂的，可以标注具体名称、种类或者代码。食品添加剂的使用范围和使用量应当按照国家标准的规定执行。

专供婴幼儿和其他特定人群的主辅食品，其标识还应当标注主要营养成分及其含量。

第十二条 食品标识应当标注企业所执行的产品标准代号。

第十三条 食品执行的标准明确要求标注食品的质量等级、加工工艺的，应当相应地予以标明。

第十四条 实施生产许可证管理的食品，食品标识应当标注食品生产许可证编号及 QS 标志。

委托生产加工实施生产许可证管理的食品，委托企业具有其委托加工食品生产许可证的，可以标注委托企业或者被委托企业的生产许可证编号。

第十五条 混装非食用产品易造成误食，使用不当，容易造成人身伤害的，应当在其标识上标注警示标志或者中文警示说明。

第十六条 食品有以下情形之一的，应当在其标识上标注中文说明：

（一）医学临床证明对特殊群体易造成危害的；
（二）经过电离辐射或者电离能量处理过的；
（三）属于转基因食品或者含法定转基因原料的；
（四）按照法律、法规和国家标准等规定，应当标注其他中文说明的。

第十七条 食品在其名称或者说明中标注"营养"、"强化"字样的，应当按照国家标准有关规定，标注该食品的营养素和热量，并符合国家标准规定的定量标示。

第十八条 食品标识不得标注下列内容：

（一）明示或者暗示具有预防、治疗疾病作用的；
（二）非保健食品明示或者暗示具有保健作用的；
（三）以欺骗或者误导的方式描述或者介绍食品的；
（四）附加的产品说明无法证实其依据的；
（五）文字或者图案不尊重民族习俗，带有歧视性描述的；
（六）使用国旗、国徽或者人民币等进行标注的；
（七）其他法律、法规和标准禁止标注的内容。

第十九条 禁止下列食品标识违法行为：

（一）伪造或者虚假标注生产日期和保质期；
（二）伪造食品产地，伪造或者冒用其他生产者的名称、地址；
（三）伪造、冒用、变造生产许可证标志及编号；
（四）法律、法规禁止的其他行为。

第三章 食品标识的标注形式

第二十条 食品标识不得与食品或者其包装分离。

第二十一条 食品标识应当直接标注在最小销售单元的食品或者其包装上。

第二十二条 在一个销售单元的包装中含有不同品种、多个独立包装的食品，每件独立包装的食品标识应当按照本规定进行标注。

透过销售单元的外包装，不能清晰地识别各独立包装食品的所有或者部分强制标注内容的，应当在销售单元的外包装上分别予以标注，但外包装易于开启识别的除外；能够清晰地识别各独立包装食品的所有或者部分强制标注内容的，可以不在外包装上重复标注相应内容。

第二十三条 食品标识应当清晰醒目，标识的背景和底色应当采用对比色，使消费者易于辨认、识读。

第二十四条 食品标识所用文字应当为规范的中文，但注册商标除外。

食品标识可以同时使用汉语拼音或者少数民族文字，也可以同时使用外文，但应当与中文有对应关系，所用外文不得大于相应的中文，但注册商标除外。

第二十五条 食品或者其包装最大表面面积大于 20 平方厘米时，食品标识中强制标注内容的文字、符号、数字的高度不得小于 1.8 毫米。

食品或者其包装最大表面面积小于 10 平方厘米时，其标识可以仅标注食品名称、生产者名称和地址、净含量以及生产日期和保质期。但是，法律、行政法规规定应当标注的，依照其规定。

第四章 法律责任

第二十六条 违反本规定构成《中华人民共和国食品安全法》及其实施条例等法律法规规定的违法行为的，依照有关法律法规的规定予以处罚。

第二十七条 违反本规定第六条至第八条、第十一条至第十三条，未按规定标注应当标注内容的，责令限期改正;逾期不改的,处以500元以上1万元以下罚款。

第二十八条 违反本规定第十五条,未按规定标注警示标志或中文警示说明的,依照《中华人民共和国产品质量法》第五十四条规定进行处罚。

第二十九条 违反本规定第十条,未按规定标注净含量的,依照《定量包装商品计量监督管理办法》规定进行处罚。

第三十条 违反本规定第十七条,未按规定标注食品营养素、热量以及定量标示的,责令限期改正;逾期不改的,处以5000元以下罚款。

第三十一条 违反本规定第十八条,食品标识标注禁止性内容的,责令限期改正;逾期不改的,处以1万元以下罚款;违反有关法律法规规定的,按有关法律法规规定处理。

第三十二条 伪造或者虚假标注食品生产日期和保质期的,责令限期改正,处以500元以上1万元以下罚款;情节严重,造成后果的,依照有关法律、行政法规规定进行处罚。

第三十三条 伪造食品产地,伪造或者冒用其他生产者的名称、地址的,依照《中华人民共和国产品质量法》第五十三条规定进行处罚。

第三十四条 违反本规定第二十条,食品标识与食品或者其包装分离的,责令限期改正,处以5000元以下罚款。

第三十五条 违反本规定第二十一条、第二十二第二款、第二十四条、第二十五条的,责令限期改正;逾期不改的,处以1万元以下罚款。

第三十六条 违反本规定第二十二条第一款的,依照本章有关规定处罚。

第三十七条 从事食品标识监督管理的工作人员,玩忽职守、滥用职权、包庇放纵违法行为的,依法给予行政处分;构成犯罪的,依法追究刑事责任。

第三十八条 本规定规定的行政处罚由县级以上地方质量技术监督部门在职权范围内依法实施。

法律、行政法规对行政处罚另有规定的,依照其规定。

第五章 附 则

第三十九条 进出口食品标识的管理,由出入境检验检疫机构按照国家质检总局有关规定执行。

第四十条 本规定由国家质检总局负责解释。

第四十一条 本规定自2008年9月1日起施行。原国家技术监督局公布的《查处食品标签违法行为规定》同时废止。

网络食品安全违法行为查处办法

- 2016年7月13日国家食品药品监督管理总局令第27号公布
- 根据2021年4月2日《国家市场监督管理总局关于废止和修改部分规章的决定》修正

第一章 总 则

第一条 为依法查处网络食品安全违法行为,加强网络食品安全监督管理,保证食品安全,根据《中华人民共和国食品安全法》等法律法规,制定本办法。

第二条 在中华人民共和国境内网络食品交易第三方平台提供者以及通过第三方平台或者自建的网站进行交易的食品生产经营者(以下简称入网食品生产经营者)违反食品安全法律、法规、规章或者食品安全标准行为的查处,适用本办法。

第三条 国家市场监督管理总局负责监督指导全国网络食品安全违法行为查处工作。

县级以上地方市场监督管理部门负责本行政区域内网络食品安全违法行为查处工作。

第四条 网络食品交易第三方平台提供者和入网食品生产经营者应当履行法律、法规和规章规定的食品安全义务。

网络食品交易第三方平台提供者和入网食品生产经营者应当对网络食品安全信息的真实性负责。

第五条 网络食品交易第三方平台提供者和入网食品生产经营者应当配合市场监督管理部门对网络食品安全违法行为的查处,按照市场监督管理部门的要求提供网络食品交易相关数据和信息。

第六条 鼓励网络食品交易第三方平台提供者和入网食品生产经营者开展食品安全法律、法规以及食品安全标准和食品安全知识的普及工作。

第七条 任何组织或者个人均可向市场监督管理部门举报网络食品安全违法行为。

第二章 网络食品安全义务

第八条 网络食品交易第三方平台提供者应当在通信主管部门批准后30个工作日内,向所在地省级市场监督管理部门备案,取得备案号。

通过自建网站交易的食品生产经营者应当在通信主管部门批准后30个工作日内,向所在地市、县级市场监督管理部门备案,取得备案号。

省级和市、县级市场监督管理部门应当自完成备案后7个工作日内向社会公开相关备案信息。

备案信息包括域名、IP地址、电信业务经营许可证、企业名称、法定代表人或者负责人姓名、备案号等。

第九条　网络食品交易第三方平台提供者和通过自建网站交易的食品生产经营者应当具备数据备份、故障恢复等技术条件，保障网络食品交易数据和资料的可靠性与安全性。

第十条　网络食品交易第三方平台提供者应当建立入网食品生产经营者审查登记、食品安全自查、食品安全违法行为制止及报告、严重违法行为平台服务停止、食品安全投诉举报处理等制度，并在网络平台上公开。

第十一条　网络食品交易第三方平台提供者应当对入网食品生产经营者食品生产经营许可证、入网食品添加剂生产企业生产许可证等材料进行审查，如实记录并及时更新。

网络食品交易第三方平台提供者应当对入网食用农产品生产经营者营业执照、入网食品添加剂经营者营业执照以及入网交易食用农产品的个人的身份证号码、住址、联系方式等信息进行登记，如实记录并及时更新。

第十二条　网络食品交易第三方平台提供者应当建立入网食品生产经营者档案，记录入网食品生产经营者的基本情况、食品安全管理人员等信息。

第十三条　网络食品交易第三方平台提供者和通过自建网站交易食品的生产经营者应当记录、保存食品交易信息，保存时间不得少于产品保质期满后6个月；没有明确保质期的，保存时间不得少于2年。

第十四条　网络食品交易第三方平台提供者应当设置专门的网络食品安全管理机构或者指定专职食品安全管理人员，对平台上的食品经营行为及信息进行检查。

网络食品交易第三方平台提供者发现存在食品安全违法行为的，应当及时制止，并向所在地县级市场监督管理部门报告。

第十五条　网络食品交易第三方平台提供者发现入网食品生产经营者有下列严重违法行为之一的，应当停止向其提供网络交易平台服务：

（一）入网食品生产经营者因涉嫌食品安全犯罪被立案侦查或者提起公诉的；

（二）入网食品生产经营者因食品安全相关犯罪被人民法院判处刑罚的；

（三）入网食品生产经营者因食品安全违法行为被公安机关拘留或者给予其他治安管理处罚的；

（四）入网食品生产经营者被市场监督管理部门依法作出吊销许可证、责令停产停业等处罚的。

第十六条　入网食品生产经营者应当依法取得许可，入网食品生产者应当按照许可的类别范围销售食品，入网食品经营者应当按照许可的经营项目范围从事食品经营。法律、法规规定不需要取得食品生产经营许可的除外。

取得食品生产许可的食品生产者，通过网络销售其生产的食品，不需要取得食品经营许可。取得食品经营许可的食品经营者通过网络销售其制作加工的食品，不需要取得食品生产许可。

第十七条　入网食品生产经营者不得从事下列行为：

（一）网上刊载的食品名称、成分或者配料表、产地、保质期、贮存条件，生产者名称、地址等信息与食品标签或者标识不一致。

（二）网上刊载的非保健食品信息明示或者暗示具有保健功能；网上刊载的保健食品的注册证书或者备案凭证等信息与注册或者备案信息不一致。

（三）网上刊载的婴幼儿配方乳粉产品信息明示或者暗示具有益智、增加抵抗力、提高免疫力、保护肠道等功能或者保健作用。

（四）对在贮存、运输、食用等方面有特殊要求的食品，未在网上刊载的食品信息中予以说明和提示。

（五）法律、法规规定禁止从事的其他行为。

第十八条　通过第三方平台进行交易的食品生产经营者应当在其经营活动主页面显著位置公示其食品生产经营许可证。通过自建网站交易的食品生产经营者应当在其网站首页显著位置公示营业执照、食品生产经营许可证。

餐饮服务提供者还应当同时公示其餐饮服务食品安全监督量化分级管理信息。相关信息应当画面清晰，容易辨识。

第十九条　入网销售保健食品、特殊医学用途配方食品、婴幼儿配方乳粉的食品生产经营者，除依照本办法第十八条的规定公示相关信息外，还应当依法公示产品注册证书或者备案凭证，持有广告审查批准文号的还应当公示广告审查批准文号，并链接至市场监督管理部门网站对应的数据查询页面。保健食品还应当显著标明"本品不能代替药物"。

特殊医学用途配方食品中特定全营养配方食品不得进行网络交易。

第二十条　网络交易的食品有保鲜、保温、冷藏或者冷冻等特殊贮存条件要求的，入网食品生产经营者应当采取能够保证食品安全的贮存、运输措施，或者委托具备相应贮存、运输能力的企业贮存、配送。

第三章 网络食品安全违法行为查处管理

第二十一条 对网络食品交易第三方平台提供者食品安全违法行为的查处，由网络食品交易第三方平台提供者所在地县级以上地方市场监督管理部门管辖。

对网络食品交易第三方平台提供者分支机构的食品安全违法行为的查处，由网络食品交易第三方平台提供者所在地或者分支机构所在地县级以上地方市场监督管理部门管辖。

对入网食品生产经营者食品安全违法行为的查处，由入网食品生产经营者所在地或者生产经营场所所在地县级以上地方市场监督管理部门管辖；对应当取得食品生产经营许可而没有取得许可的违法行为的查处，由入网食品生产经营者所在地、实际生产经营地县级以上地方市场监督管理部门管辖。

因网络食品交易引发食品安全事故或者其他严重危害后果的，也可以由网络食品安全违法行为发生地或者违法行为结果地的县级以上地方市场监督管理部门管辖。

第二十二条 两个以上市场监督管理部门都有管辖权的网络食品安全违法案件，由最先立案查处的市场监督管理部门管辖。对管辖有争议的，由双方协商解决。协商不成的，报请共同的上一级市场监督管理部门指定管辖。

第二十三条 消费者因网络食品安全违法问题进行投诉举报的，由网络食品交易第三方平台提供者所在地、入网食品生产经营者所在地或者生产经营场所所在地等县级以上地方市场监督管理部门处理。

第二十四条 县级以上地方市场监督管理部门，对网络食品安全违法行为进行调查处理时，可以行使下列职权：

（一）进入当事人网络食品交易场所实施现场检查；

（二）对网络交易的食品进行抽样检验；

（三）询问有关当事人，调查其从事网络食品交易行为的相关情况；

（四）查阅、复制当事人的交易数据、合同、票据、账簿以及其他相关资料；

（五）调取网络交易的技术监测、记录资料；

（六）法律、法规规定可以采取的其他措施。

第二十五条 县级以上市场监督管理部门通过网络购买样品进行检验的，应当按照相关规定填写抽样单，记录抽检样品的名称、类别以及数量，购买样品的人员以及付款账户、注册账号、收货地址、联系方式，并留存相关票据。买样人员应当对网络购买样品包装等进行查验，对样品和备份样品分别封样，并采取拍照或者录像等手段记录拆封过程。

第二十六条 检验结果不符合食品安全标准的，市场监督管理部门应当按照有关规定及时将检验结果通知被抽样的入网食品生产经营者。入网食品生产经营者应当采取停止生产经营、封存不合格食品等措施，控制食品安全风险。

通过网络食品交易第三方平台购买样品的，应当同时将检验结果通知网络食品交易第三方平台提供者。网络食品交易第三方平台提供者应当依法制止不合格食品的销售。

入网食品生产经营者联系方式不详的，网络食品交易第三方平台提供者应当协助通知。入网食品生产经营者无法联系的，网络食品交易第三方平台提供者应当停止向其提供网络食品交易平台服务。

第二十七条 网络食品交易第三方平台提供者和入网食品生产经营者有下列情形之一的，县级以上市场监督管理部门可以对其法定代表人或者主要负责人进行责任约谈：

（一）发生食品安全问题，可能引发食品安全风险蔓延的；

（二）未及时妥善处理投诉举报的食品安全问题，可能存在食品安全隐患的；

（三）未及时采取有效措施排查、消除食品安全隐患，落实食品安全责任的；

（四）县级以上市场监督管理部门认为需要进行责任约谈的其他情形。

责任约谈不影响市场监督管理部门依法对其进行行政处理，责任约谈情况及后续处理情况应当向社会公开。

被约谈者无正当理由未按照要求落实整改的，县级以上地方市场监督管理部门应当增加监督检查频次。

第四章 法律责任

第二十八条 食品安全法等法律法规对网络食品安全违法行为已有规定的，从其规定。

第二十九条 违反本办法第八条规定，网络食品交易第三方平台提供者和通过自建网站交易的食品生产经营者未履行相应备案义务的，由县级以上地方市场监督管理部门责令改正,给予警告;拒不改正的,处 5000 元以上 3 万元以下罚款。

第三十条 违反本办法第九条规定,网络食品交易第三方平台提供者和通过自建网站交易的食品生产经营者不具备数据备份、故障恢复等技术条件,不能保障网络食品交易数据和资料的可靠性与安全性的,由县级以上地方市场监督管理部门责令改正,给予警告;拒不改正的,处 3 万元罚款。

第三十一条 违反本办法第十条规定,网络食品交易第三方平台提供者未按要求建立入网食品生产经营者审查登记、食品安全自查、食品安全违法行为制止及报告、严重违法行为平台服务停止、食品安全投诉举报处理等制度的或者未公开以上制度的,由县级以上地方市场监督管理部门责令改正,给予警告;拒不改正的,处 5000 元以上 3 万元以下罚款。

第三十二条 违反本办法第十一条规定,网络食品交易第三方平台提供者未对入网食品生产经营者的相关材料及信息进行审查登记、如实记录并更新的,由县级以上地方市场监督管理部门依照食品安全法第一百三十一条的规定处罚。

第三十三条 违反本办法第十二条规定,网络食品交易第三方平台提供者未建立入网食品生产经营者档案、记录入网食品生产经营者相关信息的,由县级以上地方市场监督管理部门责令改正,给予警告;拒不改正的,处 5000 元以上 3 万元以下罚款。

第三十四条 违反本办法第十三条规定,网络食品交易第三方平台提供者未按要求记录、保存食品交易信息的,由县级以上地方市场监督管理部门责令改正,给予警告;拒不改正的,处 5000 元以上 3 万元以下罚款。

第三十五条 违反本办法第十四条规定,网络食品交易第三方平台提供者未设置专门的网络食品安全管理机构或者指定专职食品安全管理人员对平台上的食品安全经营行为及信息进行检查的,由县级以上地方市场监督管理部门责令改正,给予警告;拒不改正的,处 5000 元以上 3 万元以下罚款。

第三十六条 违反本办法第十五条规定,网络食品交易第三方平台提供者发现入网食品生产经营者有严重违法行为未停止提供网络交易平台服务的,由县级以上地方市场监督管理部门依照食品安全法第一百三十一条的规定处罚。

第三十七条 网络食品交易第三方平台提供者未履行相关义务,导致发生下列严重后果之一的,由县级以上地方市场监督管理部门依照食品安全法第一百三十一条的规定责令停业,并将相关情况移送通信主管部门处理:

(一)致人死亡或者造成严重人身伤害的;
(二)发生较大级别以上食品安全事故的;
(三)发生较为严重的食源性疾病的;
(四)侵犯消费者合法权益,造成严重不良社会影响的;
(五)引发其他的严重后果的。

第三十八条 违反本办法第十六条规定,入网食品生产经营者未依法取得食品生产经营许可的,或者入网食品生产者超过许可的类别范围销售食品、入网食品经营者超过许可的经营项目范围从事食品经营的,依照食品安全法第一百二十二条的规定处罚。

第三十九条 入网食品生产经营者违反本办法第十七条禁止性规定的,由县级以上地方市场监督管理部门责令改正,给予警告;拒不改正的,处 5000 元以上 3 万元以下罚款。

第四十条 违反本办法第十八条规定,入网食品生产经营者未按要求进行信息公示的,由县级以上地方市场监督管理部门责令改正,给予警告;拒不改正的,处 5000 元以上 3 万元以下罚款。

第四十一条 违反本办法第十九条第一款规定,食品生产经营者未按要求公示特殊食品相关信息的,由县级以上地方市场监督管理部门责令改正,给予警告;拒不改正的,处 5000 元以上 3 万元以下罚款。

违反本办法第十九条第二款规定,食品生产经营者通过网络销售特定全营养配方食品的,由县级以上地方市场监督管理部门处 3 万元罚款。

第四十二条 违反本办法第二十条规定,入网食品生产经营者未按要求采取保证食品安全的贮存、运输措施,或者委托不具备相应贮存、运输能力的企业从事贮存、配送的,由县级以上地方市场监督管理部门依照食品安全法第一百三十二条的规定处罚。

第四十三条 违反本办法规定,网络食品交易第三方平台提供者、入网食品生产经营者提供虚假信息的,由县级以上地方市场监督管理部门责令改正,处 1 万元以上 3 万元以下罚款。

第四十四条 网络食品交易第三方平台提供者、入网食品生产经营者违反食品安全法规定,构成犯罪的,依法追究刑事责任。

第四十五条 市场监督管理部门工作人员不履行

职责或者滥用职权、玩忽职守、徇私舞弊的，依法追究行政责任；构成犯罪的，移送司法机关，依法追究刑事责任。

第五章 附 则

第四十六条 对食品生产加工小作坊、食品摊贩等的网络食品安全违法行为的查处，可以参照本办法执行。

第四十七条 市场监督管理部门依法对网络食品安全违法行为进行查处的，应当自行政处罚决定书作出之日起 20 个工作日内，公开行政处罚决定书。

第四十八条 本办法自 2016 年 10 月 1 日起施行。

(2) 生产经营

食品生产许可管理办法

· 2020 年 1 月 2 日国家市场监督管理总局令第 24 号公布
· 自 2020 年 3 月 1 日起施行

第一章 总 则

第一条 为规范食品、食品添加剂生产许可活动，加强食品生产监督管理，保障食品安全，根据《中华人民共和国行政许可法》《中华人民共和国食品安全法》《中华人民共和国食品安全法实施条例》等法律法规，制定本办法。

第二条 在中华人民共和国境内，从事食品生产活动，应当依法取得食品生产许可。

食品生产许可的申请、受理、审查、决定及其监督检查，适用本办法。

第三条 食品生产许可应当遵循依法、公开、公平、公正、便民、高效的原则。

第四条 食品生产许可实行一企一证原则，即同一个食品生产者从事食品生产活动，应当取得一个食品生产许可证。

第五条 市场监督管理部门按照食品的风险程度，结合食品原料、生产工艺等因素，对食品生产实施分类许可。

第六条 国家市场监督管理总局负责监督指导全国食品生产许可管理工作。

县级以上地方市场监督管理部门负责本行政区域内的食品生产许可监督管理工作。

第七条 省、自治区、直辖市市场监督管理部门可以根据食品类别和食品安全风险状况，确定市、县级市场监督管理部门的食品生产许可管理权限。

保健食品、特殊医学用途配方食品、婴幼儿配方食品、婴幼儿辅助食品、食盐等食品的生产许可，由省、自治区、直辖市市场监督管理部门负责。

第八条 国家市场监督管理总局负责制定食品生产许可审查通则和细则。

省、自治区、直辖市市场监督管理部门可以根据本行政区域食品生产许可审查工作的需要，对地方特色食品制定食品生产许可审查细则，在本行政区域内实施，并向国家市场监督管理总局报告。国家市场监督管理总局制定公布相关食品生产许可审查细则后，地方特色食品生产许可审查细则自行废止。

县级以上地方市场监督管理部门实施食品生产许可审查，应当遵守食品生产许可审查通则和细则。

第九条 县级以上地方市场监督管理部门应当加快信息化建设，推进许可申请、受理、审查、发证、查询等全流程网上办理，并在行政机关的网站上公布生产许可事项，提高办事效率。

第二章 申请与受理

第十条 申请食品生产许可，应当先行取得营业执照等合法主体资格。

企业法人、合伙企业、个人独资企业、个体工商户、农民专业合作组织等，以营业执照载明的主体作为申请人。

第十一条 申请食品生产许可，应当按照以下食品类别提出：粮食加工品，食用油、油脂及其制品，调味品，肉制品，乳制品，饮料，方便食品，饼干，罐头，冷冻饮品，速冻食品，薯类和膨化食品，糖果制品，茶叶及相关制品，酒类，蔬菜制品，水果制品，炒货食品及坚果制品，蛋制品，可可及焙烤咖啡产品，食糖，水产制品，淀粉及淀粉制品，糕点，豆制品，蜂产品，保健食品，特殊医学用途配方食品，婴幼儿配方食品，特殊膳食食品，其他食品等。

国家市场监督管理总局可以根据监督管理工作需要对食品类别进行调整。

第十二条 申请食品生产许可，应当符合下列条件：

（一）具有与生产的食品品种、数量相适应的食品原料处理和食品加工、包装、贮存等场所，保持该场所环境整洁，并与有毒、有害场所以及其他污染源保持规定的距离；

（二）具有与生产的食品品种、数量相适应的生产设备或者设施，有相应的消毒、更衣、盥洗、采光、照明、通风、防腐、防尘、防蝇、防鼠、防虫、洗涤以及处理废水、存放垃圾和废弃物的设备或者设施；保健食品生产工艺有原料提取、纯化等前处理工序的，需要具备与生产的品种、数量相适应的原料前处理设备或者设施；

（三）有专职或者兼职的食品安全专业技术人员、食品安全管理人员和保证食品安全的规章制度；

（四）具有合理的设备布局和工艺流程，防止待加工食品与直接入口食品、原料与成品交叉污染，避免食品接触有毒物、不洁物；

（五）法律、法规规定的其他条件。

第十三条 申请食品生产许可，应当向申请人所在地县级以上地方市场监督管理部门提交下列材料：

（一）食品生产许可申请书；

（二）食品生产设备布局图和食品生产工艺流程图；

（三）食品生产主要设备、设施清单；

（四）专职或者兼职的食品安全专业技术人员、食品安全管理人员信息和食品安全管理制度。

第十四条 申请保健食品、特殊医学用途配方食品、婴幼儿配方食品等特殊食品的生产许可，还应当提交与所生产食品相适应的生产质量管理体系文件以及相关注册和备案文件。

第十五条 从事食品添加剂生产活动，应当依法取得食品添加剂生产许可。

申请食品添加剂生产许可，应当具备与所生产食品添加剂品种相适应的场所、生产设备或者设施、食品安全管理人员、专业技术人员和管理制度。

第十六条 申请食品添加剂生产许可，应当向申请人所在地县级以上地方市场监督管理部门提交下列材料：

（一）食品添加剂生产许可申请书；

（二）食品添加剂生产设备布局图和生产工艺流程图；

（三）食品添加剂生产主要设备、设施清单；

（四）专职或者兼职的食品安全专业技术人员、食品安全管理人员信息和食品安全管理制度。

第十七条 申请人应当如实向市场监督管理部门提交有关材料和反映真实情况，对申请材料的真实性负责，并在申请书等材料上签名或者盖章。

第十八条 申请人申请生产多个类别食品的，由申请人按照省级市场监督管理部门确定的食品生产许可管理权限，自主选择其中一个受理部门提交申请材料。受理部门应当及时告知有相应审批权限的市场监督管理部门，组织联合审查。

第十九条 县级以上地方市场监督管理部门对申请人提出的食品生产许可申请，应当根据下列情况分别作出处理：

（一）申请事项依法不需要取得食品生产许可的，应当即时告知申请人不受理；

（二）申请事项依法不属于市场监督管理部门职权范围的，应当即时作出不予受理的决定，并告知申请人向有关行政机关申请；

（三）申请材料存在可以当场更正的错误的，应当允许申请人当场更正，由申请人在更正处签名或者盖章，注明更正日期；

（四）申请材料不齐全或者不符合法定形式的，应当当场或者在5个工作日内一次告知申请人需要补正的全部内容。当场告知的，应当将申请材料退回申请人；在5个工作日内告知的，应当收取申请材料并出具收到申请材料的凭据。逾期不告知的，自收到申请材料之日起即为受理；

（五）申请材料齐全、符合法定形式，或者申请人按照要求提交全部补正材料的，应当受理食品生产许可申请。

第二十条 县级以上地方市场监督管理部门对申请人提出的申请决定予以受理的，应当出具受理通知书；决定不予受理的，应当出具不予受理通知书，说明不予受理的理由，并告知申请人依法享有申请行政复议或者提起行政诉讼的权利。

第三章 审查与决定

第二十一条 县级以上地方市场监督管理部门应当对申请人提交的申请材料进行审查。需要对申请材料的实质内容进行核实的，应当进行现场核查。

市场监督管理部门开展食品生产许可现场核查时，应当按照申请材料进行核查。对首次申请许可或者增加食品类别的变更许可的，根据食品生产工艺流程等要求，核查试制食品的检验报告。开展食品添加剂生产许可现场核查时，可以根据食品添加剂品种特点，核查试制食品添加剂的检验报告和复配食品添加剂配方等。试制食品检验可以由生产者自行检验，或者委托有资质的食品检验机构检验。

现场核查应当由食品安全监管人员进行，根据需要可以聘请专业技术人员作为核查人员参加现场核查。核查人员不得少于2人。核查人员应当出示有效证件，填写食品生产许可现场核查表，制作现场核查记录，经申请人核对无误后，由核查人员和申请人在核查表和记录上签名或者盖章。申请人拒绝签名或者盖章的，核查人员应当注明情况。

申请保健食品、特殊医学用途配方食品、婴幼儿配方乳粉生产许可，在产品注册或者产品配方注册时经过现场核查的项目，可以不再重复进行现场核查。

市场监督管理部门可以委托下级市场监督管理部门，对受理的食品生产许可申请进行现场核查。特殊食品生产许可的现场核查原则上不得委托下级市场监督管理部门实施。

核查人员应当自接受现场核查任务之日起5个工作日内，完成对生产场所的现场核查。

第二十二条 除可以当场作出行政许可决定的外，县级以上地方市场监督管理部门应当自受理申请之日起10个工作日内作出是否准予行政许可的决定。因特殊原因需要延长期限的，经本行政机关负责人批准，可以延长5个工作日，并应当将延长期限的理由告知申请人。

第二十三条 县级以上地方市场监督管理部门应当根据申请材料审查和现场核查等情况，对符合条件的，作出准予生产许可的决定，并自作出决定之日起5个工作日内向申请人颁发食品生产许可证；对不符合条件的，应当及时作出不予许可的书面决定并说明理由，同时告知申请人依法享有申请行政复议或者提起行政诉讼的权利。

第二十四条 食品添加剂生产许可申请符合条件的，由申请人所在地县级以上地方市场监督管理部门依法颁发食品生产许可证，并标注食品添加剂。

第二十五条 食品生产许可证发证日期为许可决定作出的日期，有效期为5年。

第二十六条 县级以上地方市场监督管理部门认为食品生产许可申请涉及公共利益的重大事项，需要听证的，应当向社会公告并举行听证。

第二十七条 食品生产许可直接涉及申请人与他人之间重大利益关系的，县级以上地方市场监督管理部门在作出行政许可决定前，应当告知申请人、利害关系人享有要求听证的权利。

申请人、利害关系人在被告知听证权利之日起5个工作日内提出听证申请的，市场监督管理部门应当在20个工作日内组织听证。听证期限不计算在行政许可审查期限之内。

第四章 许可证管理

第二十八条 食品生产许可证分为正本、副本。正本、副本具有同等法律效力。

国家市场监督管理总局负责制定食品生产许可证式样。省、自治区、直辖市市场监督管理部门负责本行政区域食品生产许可证的印制、发放等管理工作。

第二十九条 食品生产许可证应当载明：生产者名称、社会信用代码、法定代表人（负责人）、住所、生产地址、食品类别、许可证编号、有效期、发证机关、发证日期和二维码。

副本还应当载明食品明细。生产保健食品、特殊医学用途配方食品、婴幼儿配方食品的，还应当载明产品或者产品配方的注册号或者备案登记号；接受委托生产保健食品的，还应当载明委托企业名称及住所等相关信息。

第三十条 食品生产许可证编号由SC（"生产"的汉语拼音字母缩写）和14位阿拉伯数字组成。数字从左至右依次为：3位食品类别编码、2位省（自治区、直辖市）代码、2位市（地）代码、2位县（区）代码、4位顺序码、1位校验码。

第三十一条 食品生产者应当妥善保管食品生产许可证，不得伪造、涂改、倒卖、出租、出借、转让。

食品生产者应当在生产场所的显著位置悬挂或者摆放食品生产许可证正本。

第五章 变更、延续与注销

第三十二条 食品生产许可证有效期内，食品生产者名称、现有设备布局和工艺流程、主要生产设备设施、食品类别等事项发生变化，需要变更食品生产许可证载明的许可事项的，食品生产者应当在变化后10个工作日内向原发证的市场监督管理部门提出变更申请。

食品生产者的生产场所迁址的，应当重新申请食品生产许可。

食品生产许可证副本载明的同一食品类别内的事项发生变化的，食品生产者应当在变化后10个工作日内向原发证的市场监督管理部门报告。

食品生产者的生产条件发生变化，不再符合食品生产要求，需要重新办理许可手续的，应当依法办理。

第三十三条 申请变更食品生产许可的，应当提交下列申请材料：

（一）食品生产许可变更申请书；

（二）与变更食品生产许可事项有关的其他材料。

第三十四条 食品生产者需要延续依法取得的食品生产许可的有效期的，应当在该食品生产许可有效期届满30个工作日前，向原发证的市场监督管理部门提出申请。

第三十五条 食品生产者申请延续食品生产许可，应当提交下列材料：

（一）食品生产许可延续申请书；

（二）与延续食品生产许可事项有关的其他材料。

保健食品、特殊医学用途配方食品、婴幼儿配方食品的生产企业申请延续食品生产许可的，还应当提供生产质量管理体系运行情况的自查报告。

第三十六条 县级以上地方市场监督管理部门应当根据被许可人的延续申请，在该食品生产许可有效期届满前作出是否准予延续的决定。

第三十七条 县级以上地方市场监督管理部门应当对变更或者延续食品生产许可的申请材料进行审查，并按照本办法第二十一条的规定实施现场核查。

申请人声明生产条件未发生变化的，县级以上地方市场监督管理部门可以不再进行现场核查。

申请人的生产条件及周边环境发生变化，可能影响食品安全的，市场监督管理部门应当就变化情况进行现场核查。

保健食品、特殊医学用途配方食品、婴幼儿配方食品注册或者备案的生产工艺发生变化的，应当先办理注册或者备案变更手续。

第三十八条 市场监督管理部门决定准予变更的，应当向申请人颁发新的食品生产许可证。食品生产许可证编号不变，发证日期为市场监督管理部门作出变更许可决定的日期，有效期与原证书一致。但是，对因迁址等原因而进行全面现场核查的，其换发的食品生产许可证有效期自发证之日起计算。

因食品安全国家标准发生重大变化，国家和省级市场监督管理部门决定组织重新核查而换发的食品生产许可证，其发证日期以重新批准日期为准，有效期自重新发证之日起计算。

第三十九条 市场监督管理部门决定准予延续的，应当向申请人颁发新的食品生产许可证，许可证编号不变，有效期自市场监督管理部门作出延续许可决定之日起计算。

不符合许可条件的，市场监督管理部门应当作出不予延续食品生产许可的书面决定，并说明理由。

第四十条 食品生产者终止食品生产，食品生产许可被撤回、撤销，应当在20个工作日内向原发证的市场监督管理部门申请办理注销手续。

食品生产者申请注销食品生产许可的，应当向原发证的市场监督管理部门提交食品生产许可注销申请书。

食品生产许可被注销的，许可证编号不得再次使用。

第四十一条 有下列情形之一，食品生产者未按规定申请办理注销手续的，原发证的市场监督管理部门应当依法办理食品生产许可注销手续，并在网站进行公示：

（一）食品生产许可有效期届满未申请延续的；

（二）食品生产者主体资格依法终止的；

（三）食品生产许可依法被撤回、撤销或者食品生产许可证依法被吊销的；

（四）因不可抗力导致食品生产许可事项无法实施的；

（五）法律法规规定的应当注销食品生产许可的其他情形。

第四十二条 食品生产许可证变更、延续与注销的有关程序参照本办法第二章、第三章的有关规定执行。

第六章 监督检查

第四十三条 县级以上地方市场监督管理部门应当依据法律法规规定的职责，对食品生产者的许可事项进行监督检查。

第四十四条 县级以上地方市场监督管理部门应当建立食品许可管理信息平台，便于公民、法人和其他社会组织查询。

县级以上地方市场监督管理部门应当将食品生产许可颁发、许可事项检查、日常监督检查、许可违法行为查处等情况记入食品生产者食品安全信用档案，并通过国家企业信用信息公示系统向社会公示；对有不良信用记录的食品生产者应当增加监督检查频次。

第四十五条 县级以上地方市场监督管理部门及其工作人员履行食品生产许可管理职责，应当自觉接受食品生产者和社会监督。

接到有关工作人员在食品生产许可管理过程中存在违法行为的举报，市场监督管理部门应当及时进行调查核实。情况属实的，应当立即纠正。

第四十六条 县级以上地方市场监督管理部门应当建立食品生产许可档案管理制度，将办理食品生产许可的有关材料、发证情况及时归档。

第四十七条 国家市场监督管理总局可以定期或者不定期组织对全国食品生产许可工作进行监督检查；省、自治区、直辖市市场监督管理部门可以定期或者不定期组织对本行政区域内的食品生产许可工作进行监督检查。

第四十八条 未经申请人同意，行政机关及其工作人员、参加现场核查的人员不得披露申请人提交的商业秘密、未披露信息或者保密商务信息，法律另有规定或者涉及国家安全、重大社会公共利益的除外。

第七章　法律责任

第四十九条　未取得食品生产许可从事食品生产活动的，由县级以上地方市场监督管理部门依照《中华人民共和国食品安全法》第一百二十二条的规定给予处罚。

食品生产者生产的食品不属于食品生产许可证上载明的食品类别的，视为未取得食品生产许可从事食品生产活动。

第五十条　许可申请人隐瞒真实情况或者提供虚假材料申请食品生产许可的，由县级以上地方市场监督管理部门给予警告。申请人在 1 年内不得再次申请食品生产许可。

第五十一条　被许可人以欺骗、贿赂等不正当手段取得食品生产许可的，由原发证的市场监督管理部门撤销许可，并处 1 万元以上 3 万元以下罚款。被许可人在 3 年内不得再次申请食品生产许可。

第五十二条　违反本办法第三十一条第一款规定，食品生产者伪造、涂改、倒卖、出租、出借、转让食品生产许可证的，由县级以上地方市场监督管理部门责令改正，给予警告，并处 1 万元以下罚款；情节严重的，处 1 万元以上 3 万元以下罚款。

违反本办法第三十一条第二款规定，食品生产者未按规定在生产场所的显著位置悬挂或者摆放食品生产许可证的，由县级以上地方市场监督管理部门责令改正；拒不改正的，给予警告。

第五十三条　违反本办法第三十二条第一款规定，食品生产许可证有效期内，食品生产者名称、现有设备布局和工艺流程、主要生产设备设施等事项发生变化，需要变更食品生产许可证载明的许可事项，未按规定申请变更的，由原发证的市场监督管理部门责令改正，给予警告；拒不改正的，处 1 万元以上 3 万元以下罚款。

违反本办法第三十二条第二款规定，食品生产者的生产场所迁址后未重新申请取得食品生产许可从事食品生产活动的，由县级以上地方市场监督管理部门依照《中华人民共和国食品安全法》第一百二十二条的规定给予处罚。

违反本办法第三十二条第三款、第四十条第一款规定，食品生产许可证副本载明的同一食品类别内的事项发生变化，食品生产者未按规定报告的，食品生产者终止食品生产，食品生产许可被撤回、撤销或者食品生产许可证被吊销，未按规定申请办理注销手续的，由原发证的市场监督管理部门责令改正；拒不改正的，给予警告，并处 5000 元以下罚款。

第五十四条　食品生产者违反本办法规定，有《中华人民共和国食品安全法实施条例》第七十五条第一款规定的情形的，依法对单位的法定代表人、主要负责人、直接负责的主管人员和其他直接责任人员给予处罚。

被吊销生产许可证的食品生产者及其法定代表人、直接负责的主管人员和其他直接责任人员自处罚决定作出之日起 5 年内不得申请食品生产经营许可，或者从事食品生产经营管理工作、担任食品生产经营企业食品安全管理人员。

第五十五条　市场监督管理部门对不符合条件的申请人准予许可，或者超越法定职权准予许可的，依照《中华人民共和国食品安全法》第一百四十四条的规定给予处分。

第八章　附　则

第五十六条　取得食品经营许可的餐饮服务提供者在其餐饮服务场所制作加工食品，不需要取得本办法规定的食品生产许可。

第五十七条　食品添加剂的生产许可管理原则、程序、监督检查和法律责任，适用本办法有关食品生产许可的规定。

第五十八条　对食品生产加工小作坊的监督管理，按照省、自治区、直辖市制定的具体管理办法执行。

第五十九条　各省、自治区、直辖市市场监督管理部门可以根据本行政区域实际情况，制定有关食品生产许可管理的具体实施办法。

第六十条　市场监督管理部门制作的食品生产许可电子证书与印制的食品生产许可证书具有同等法律效力。

第六十一条　本办法自 2020 年 3 月 1 日起施行。原国家食品药品监督管理总局 2015 年 8 月 31 日公布，根据 2017 年 11 月 7 日原国家食品药品监督管理总局《关于修改部分规章的决定》修正的《食品生产许可管理办法》同时废止。

食品生产许可审查通则

· 2022 年 10 月 8 日国家市场监督管理总局公告 2022 年第 33 号发布
· 自 2022 年 11 月 1 日起施行

第一章　总　则

第一条　为了加强食品、食品添加剂（以下统称食品）生产许可管理，规范食品生产许可审查工作，依据《中华人民共和国食品安全法》《中华人民共和国食品安全法实施条例》《食品生产许可管理办法》(以下简称《办法》)等法律法规、规章和食品安全国家标准,制定本通则。

第二条　本通则适用于市场监督管理部门组织对食品生产许可和变更许可、延续许可等审查工作。

第三条　食品生产许可审查包括申请材料审查和现场核查。

申请材料审查应当审查申请材料的完整性、规范性、符合性;现场核查应当审查申请材料与实际状况的一致性、生产条件的符合性。

第四条　本通则应当与相应的食品生产许可审查细则(以下简称审查细则)结合使用。使用地方特色食品生产许可审查细则开展食品生产许可审查的,应当符合《办法》第八条的规定。

对未列入《食品生产许可分类目录》和无审查细则的食品品种,县级以上地方市场监督管理部门应当依据《办法》和本通则的相关要求,结合类似食品的审查细则和产品执行标准制定审查方案(婴幼儿配方食品、特殊医学用途配方食品除外),实施食品生产许可审查。

第五条　法律、法规、规章和标准对食品生产许可审查有特别规定的,还应当遵守其规定。

第二章　申请材料审查

第六条　申请人应当具有申请食品生产许可的主体资格。申请材料应当符合《办法》规定,以电子或纸质方式提交。申请人应当对申请材料的真实性负责。

符合法定要求的电子申请材料、电子证照、电子印章、电子签名、电子档案与纸质申请材料、纸质证照、实物印章、手写签名或者盖章、纸质档案具有同等法律效力。

第七条　负责许可审批的市场监督管理部门(以下称审批部门)要求申请人提交纸质申请材料的,应当根据食品生产许可审查、日常监管和存档需要确定纸质申请材料的份数。

申请材料应当种类齐全、内容完整,符合法定形式和填写要求。

第八条　申请人有下列情形之一的,审批部门应当按照申请食品生产许可的要求审查:

(一)非因不可抗力原因,食品生产许可证有效期届满后提出食品生产许可申请的;

(二)生产场所迁址,重新申请食品生产许可的;

(三)生产条件发生重大变化,需要重新申请食品生产许可的。

第九条　申请食品生产许可的申请材料应当按照以下要求进行审查:

(一)完整性

1. 食品生产许可的申请材料符合《办法》第十三条和第十四条的要求;

2. 食品添加剂生产许可的申请材料符合《办法》第十六条的要求。

(二)规范性

1. 申请材料符合法定形式和填写要求,纸质申请材料应当使用钢笔、签字笔填写或者打印,字迹应当清晰、工整,修改处应当加盖申请人公章或者由申请人的法定代表人(负责人)签名;

2. 申请人名称、法定代表人(负责人)、统一社会信用代码、住所等填写内容与营业执照一致;

3. 生产地址为申请人从事食品生产活动的详细地址;

4. 申请材料应当由申请人的法定代表人(负责人)签名或者加盖申请人公章,复印件还应由申请人注明"与原件一致";

5. 产品信息表中食品、食品添加剂类别,类别编号,类别名称,品种明细及备注的填写符合《食品生产许可分类目录》的有关要求。分装生产的,应在相应品种明细后注明。

(三)符合性

1. 申请人具有申请食品生产许可的主体资格;

2. 食品生产主要设备、设施清单符合《办法》第十二条第(二)项和相应审查细则要求;

3. 食品生产设备布局图和食品生产工艺流程图完整、准确,布局图按比例标注,设备布局、工艺流程合理,符合《办法》第十二条第(一)项和第(四)项要求,符合相应审查细则和所执行标准要求;

4. 申请人配备专职或者兼职的食品安全专业技术人员和食品安全管理人员,符合相应审查细则要求,符合《中华人民共和国食品安全法》第一百三十五条的要求;

5. 食品安全管理制度清单内容符合《办法》第十二条第(三)项和相应审查细则要求。

第十条　申请人有下列情形之一,依法申请变更食品生产许可的,审批部门应当按照变更食品生产许可的要求审查:

(一)现有设备布局和工艺流程发生变化的;

(二)主要生产设备设施发生变化的;

(三)生产的食品类别发生变化的;

(四)生产场所改建、扩建的;

（五）其他生产条件或生产场所周边环境发生变化，可能影响食品安全的；

（六）食品生产许可证载明的其他事项发生变化，需要变更的。

第十一条 变更食品生产许可的申请材料应当按照以下要求审查：

（一）申请材料符合《办法》第三十三条要求；

（二）申请变更的事项属于本通则第十条规定的变更范畴；

（三）涉及变更事项的申请材料符合本通则第九条中关于规范性及符合性的要求。

第十二条 申请人依法申请延续食品生产许可的，审批部门应当按照延续食品生产许可的要求审查。

第十三条 延续食品生产许可的申请材料应当按照以下要求审查：

（一）申请材料符合《办法》第三十五条要求；

（二）涉及延续事项的申请材料符合本通则第九条中关于规范性及符合性的要求。

第十四条 审批部门对申请人提交的食品生产申请材料审查，符合有关要求不需要现场核查的，应当按规定程序作出行政许可决定。对需要现场核查的，应当及时作出现场核查的决定，并组织现场核查。

第三章 现场核查

第十五条 有下列情形之一的，应当组织现场核查：

（一）属于本通则第八条申请食品生产许可情形的；

（二）属于本通则第十条变更食品生产许可情形第一至五项，可能影响食品安全的；

（三）属于本通则第十二条延续食品生产许可情形的，申请人声明生产条件或周边环境发生变化，可能影响食品安全的；

（四）需要对申请材料内容、食品类别、与相关审查细则及执行标准要求相符情况进行核实的；

（五）因食品安全国家标准发生重大变化，国家和省级市场监督管理部门决定组织重新核查的；

（六）法律、法规和规章规定需要实施现场核查的其他情形。

第十六条 对下列情形可以不再进行现场核查：

（一）特殊食品注册时已完成现场核查的（注册现场核查后生产条件发生变化的除外）；

（二）申请延续换证，申请人声明生产条件未发生变化的。

第十七条 审批部门或其委托的下级市场监督管理部门实施现场核查前，应当组建核查组，制作并及时向申请人、实施食品安全日常监督管理的市场监督管理部门（以下称日常监管部门）送达《食品生产许可现场核查通知书》，告知现场核查有关事项。

第十八条 核查组由食品安全监管人员组成，根据需要可以聘请专业技术人员作为核查人员参加现场核查。核查人员应当具备满足现场核查工作要求的素质和能力，与申请人存在直接利害关系或者其他可能影响现场核查公正情形的，应当回避。

核查组中食品安全监管人员不得少于2人，实行组长负责制。实施现场核查的市场监督管理部门应当指定核查组组长。

第十九条 核查组应当确保核查客观、公正、真实，确保核查报告等文书和记录完整、准确、规范。

核查组组长负责组织现场核查、协调核查进度、汇总核查结论、上报核查材料等工作，对核查结论负责。

核查组成员对现场核查分工范围内的核查项目评分负责，对现场核查结论有不同意见时，及时与核查组长研究解决，仍有不同意见时，可以在现场核查结束后1个工作日内书面向审批部门报告。

第二十条 日常监管部门应当派食品安全监管人员作为观察员，配合并协助现场核查工作。核查组成员中有日常监管部门的食品安全监管人员时，不再指派观察员。

观察员对现场核查程序、过程、结果有异议的，可在现场核查结束后1个工作日内书面向审批部门报告。

第二十一条 核查组进入申请人生产场所实施现场核查前，应当召开首次会议。核查组长向申请人介绍核查组成员及核查目的、依据、内容、程序、安排和要求等，并代表核查组作出保密承诺和廉洁自律声明。

参加首次会议人员包括核查组成员和观察员，以及申请人的法定代表人（负责人）或者其代理人、相关食品安全管理人员和专业技术人员，并在《食品、食品添加剂生产许可现场核查首次会议签到表》（附件1）上签名。

第二十二条 核查组应当依据《食品、食品添加剂生产许可现场核查评分记录表》（附件2）所列核查项目，采取核查场所及设备、查阅文件、核实材料及询问相关人员等方法实施现场核查。

必要时，核查组可以对申请人的食品安全管理人员、专业技术人员进行抽查考核。

第二十三条 现场核查范围主要包括生产场所、设备设施、设备布局和工艺流程、人员管理、管理制度及其执行情况,以及试制食品检验合格报告。

现场核查应当按照食品的类别分别核查、评分。审查细则对现场核查相关内容进行细化或者有特殊要求的,应当一并核查并在《食品、食品添加剂生产许可现场核查评分记录表》中记录。

对首次申请许可或者增加食品类别变更食品生产许可的,应当按照相应审查细则和执行标准的要求,核查试制食品的检验报告。申请变更许可及延续许可的,申请人声明其生产条件及周边环境发生变化的,应当就变化情况实施现场核查,不涉及变更的核查项目应当作为合理缺项,不作为评分项目。

现场核查对每个项目按照符合要求、基本符合要求、不符合要求 3 个等级判定得分,全部核查项目的总分为 100 分。某个核查项目不适用时,不参与评分,在"核查记录"栏目中说明不适用的原因。

现场核查结果以得分率进行判定。参与评分项目的实际得分占参与评分项目应得总分的百分比作为得分率。核查项目单项得分无 0 分项且总得分率≥85%的,该类别名称及品种明细判定为通过现场核查;核查项目单项得分有 0 分项或者总得分率<85%的,该类别名称及品种明细判定为未通过现场核查。

第二十四条　根据现场核查情况,核查组长应当召集核查人员共同研究各自负责核查项目的得分,汇总核查情况,形成初步核查意见。

核查组应当就初步核查意见向申请人的法定代表人(负责人)通报,并听取其意见。

第二十五条　核查组对初步核查意见和申请人的反馈意见会商后,应当根据不同类别名称的食品现场核查情况分别评分判定,形成核查结论,并汇总填写《食品、食品添加剂生产许可现场核查报告》(附件 3)。

第二十六条　核查组应当召开末次会议,由核查组长宣布核查结论。核查人员及申请人的法定代表人(负责人)应当在《食品、食品添加剂生产许可现场核查评分记录表》《食品、食品添加剂生产许可现场核查报告》上签署意见并签名、盖章。观察员应当在《食品、食品添加剂生产许可现场核查报告》上签字确认。

《食品、食品添加剂生产许可现场核查报告》一式两份,现场交申请人留存一份,核查组留存一份。

申请人拒绝签名、盖章的,核查组长应当在《食品、食品添加剂生产许可现场核查报告》上注明情况。

参加末次会议人员范围与参加首次会议人员相同,参会人员应当在《食品、食品添加剂生产许可现场核查末次会议签到表》(附件 4)上签名。

第二十七条　因申请人的下列原因导致现场核查无法开展的,核查组应当向委派其实施现场核查的市场监督管理部门报告,本次现场核查的结论判定为未通过现场核查:

(一)不配合实施现场核查的;
(二)现场核查时生产设备设施不能正常运行的;
(三)存在隐瞒有关情况或者提供虚假材料的;
(四)其他因申请人主观原因导致现场核查无法正常开展的。

第二十八条　核查组应当自接受现场核查任务之日起 5 个工作日内完成现场核查,并将《食品、食品添加剂生产许可核查材料清单》(附件 5)所列的相关材料上报委派其实施现场核查的市场监督管理部门。

第二十九条　因不可抗力原因,或者供电、供水等客观原因导致现场核查无法开展的,申请人应当向审批部门书面提出许可中止申请。中止时间原则上不超过 10 个工作日,中止时间不计入食品生产许可审批时限。

因自然灾害等原因造成申请人生产条件不符合规定条件的,申请人应当申请终止许可。

申请人申请的中止时间到期仍不能开展现场核查的,或者申请人申请终止许可的,审批部门应当终止许可。

第三十条　因申请人涉嫌食品安全违法被立案调查或者涉嫌食品安全犯罪被立案侦查的,审批部门应当中止食品生产许可程序。中止时间不计入食品生产许可审批时限。

立案调查作出行政处罚决定为限制开展生产经营活动、责令停产停业、责令关闭、限制从业、暂扣许可证件、吊销许可证件的,或者立案侦查后移送检察院起诉的,应当终止食品生产许可程序。立案调查作出行政处罚决定为警告、通报批评、罚款、没收违法所得、没收非法财物且申请人履行行政处罚的,或者立案调查、立案侦查作出撤案决定的,申请人申请恢复食品生产许可后,审批部门应当恢复食品生产许可程序。

第四章　审查结果与整改

第三十一条　审批部门应当根据申请材料审查和现场核查等情况,对符合条件的,作出准予食品生产许可的决定,颁发食品生产许可证;对不符合条件的,应当及时作出不予许可的书面决定并说明理由,同时告知申请人依法享有申请行政复议或者提起行政诉讼的权利。

现场核查结论判定为通过的婴幼儿配方食品、特殊医学用途配方食品申请人应当立即对现场核查中发现的问题进行整改，整改结果通过验收后，审批部门颁发食品生产许可证；申请人整改直至通过验收所需时间不计入许可时限。

第三十二条 作出准予食品生产许可决定的，审批部门应当及时将申请人的申请材料及相关许可材料送达申请人的日常监管部门。

第三十三条 现场核查结论判定为通过的，申请人应当自作出现场核查结论之日起1个月内完成对现场核查中发现问题的整改，并将整改结果向其日常监管部门书面报告。

因不可抗力原因，申请人无法在规定时限内完成整改，应当及时向其日常监管部门提出延期申请。

第三十四条 申请人的日常监管部门应当在申请人取得食品生产许可后3个月内对获证企业开展一次监督检查。对已实施现场核查的企业，重点检查现场核查中发现问题的整改情况；对申请人声明生产条件未发生变化的延续换证企业，重点检查生产条件保持情况。

第五章 附 则

第三十五条 申请人的试制食品不得作为食品销售。

第三十六条 特殊食品生产许可审查细则另有规定的，从其规定。

第三十七条 省级市场监督管理部门可以根据本通则，结合本区域实际情况制定有关食品生产许可管理文件，补充、细化《食品、食品添加剂生产许可现场核查评分记录表》《食品、食品添加剂生产许可现场核查报告》。

第三十八条 本通则由国家市场监督管理总局负责解释。

第三十九条 本通则自2022年11月1日起施行。原国家食品药品监督管理总局2016年8月9日发布的《食品生产许可审查通则》同时废止。

附件：1.食品、食品添加剂生产许可现场核查首次会议签到表(略)
2.食品、食品添加剂生产许可现场核查评分记录表(略)
3.食品、食品添加剂生产许可现场核查报告(略)
4.食品、食品添加剂生产许可现场核查末次会议签到表(略)
5.食品、食品添加剂生产许可核查材料清单(略)

食品经营许可和备案管理办法

· 2023年6月15日国家市场监督管理总局令第78号公布
· 自2023年12月1日起施行

第一章 总 则

第一条 为了规范食品经营许可和备案活动，加强食品经营安全监督管理，落实食品安全主体责任，保障食品安全，根据《中华人民共和国行政许可法》《中华人民共和国食品安全法》《中华人民共和国食品安全法实施条例》等法律法规，制定本办法。

第二条 食品经营许可的申请、受理、审查、决定，仅销售预包装食品(含保健食品、特殊医学用途配方食品、婴幼儿配方乳粉以及其他婴幼儿配方食品等特殊食品，下同)的备案，以及相关监督检查工作，适用本办法。

第三条 食品经营许可和备案应当遵循依法、公开、公平、公正、便民、高效的原则。

第四条 在中华人民共和国境内从事食品销售和餐饮服务活动，应当依法取得食品经营许可。

下列情形不需要取得食品经营许可：

(一)销售食用农产品；
(二)仅销售预包装食品；
(三)医疗机构、药品零售企业销售特殊医学用途配方食品中的特定全营养配方食品；
(四)已经取得食品生产许可的食品生产者，在其生产加工场所或者通过网络销售其生产的食品；
(五)法律、法规规定的其他不需要取得食品经营许可的情形。

除上述情形外，还开展其他食品经营项目的，应当依法取得食品经营许可。

第五条 仅销售预包装食品的，应当报所在地县级以上地方市场监督管理部门备案。

仅销售预包装食品的食品经营者在办理备案后，增加其他应当取得食品经营许可的食品经营项目的，应当依法取得食品经营许可；取得食品经营许可之日起备案自行失效。

食品经营者已经取得食品经营许可，增加预包装食品销售的，不需要另行备案。

已经取得食品生产许可的食品生产者在其生产加工场所或者通过网络销售其生产的预包装食品的，不需要另行备案。

医疗机构、药品零售企业销售特殊医学用途配方食品中的特定全营养配方食品不需要备案，但是向医疗机构、药品零售企业销售特定全营养配方食品的经营企业,应当取得食品经营许可或者进行备案。

第六条 食品展销会的举办者应当在展销会举办前十五个工作日内,向所在地县级市场监督管理部门报告食品经营区域布局、经营项目、经营期限、食品安全管理制度以及入场食品经营者主体信息核验情况等。法律、法规、规章或者县级以上地方人民政府有规定的,依照其规定。

食品展销会的举办者应当依法承担食品安全管理责任,核验并留存入场食品经营者的许可证或者备案情况等信息,明确入场食品经营者的食品安全义务和责任并督促落实,定期对其经营环境、条件进行检查,发现有食品安全违法行为的,应当及时制止并立即报告所在地县级市场监督管理部门。

本条规定的展销会包括交易会、博览会、庙会等。

第七条 食品经营者在不同经营场所从事食品经营活动的,应当依法分别取得食品经营许可或者进行备案。通过自动设备从事食品经营活动或者仅从事食品经营管理活动的,取得一个经营场所的食品经营许可或者进行备案后,即可在本省级行政区域内的其他经营场所开展已取得许可或备案范围内的经营活动。

利用自动设备跨省经营的,应当分别向经营者所在地和自动设备放置地点所在地省级市场监督管理部门报告。

跨省从事食品经营管理活动的,应当分别向经营者所在地和从事经营管理活动所在地省级市场监督管理部门报告。

第八条 国家市场监督管理总局负责指导全国食品经营许可和备案管理工作。

县级以上地方市场监督管理部门负责本行政区域内的食品经营许可和备案管理工作。

省、自治区、直辖市市场监督管理部门可以根据食品经营主体业态、经营项目和食品安全风险状况等,结合食品安全风险管理实际,确定本行政区域内市场监督管理部门的食品经营许可和备案管理权限。

第九条 县级以上地方市场监督管理部门应当加强食品经营许可和备案信息化建设,在行政机关网站公开食品经营许可和备案管理权限、办事指南等事项。

县级以上地方市场监督管理部门应当通过食品经营许可和备案管理信息平台实施食品经营许可和备案全流程网上办理。

食品经营许可电子证书与纸质食品经营许可证书具有同等法律效力。

第二章 申请与受理

第十条 申请食品经营许可,应当先行取得营业执照等合法主体资格。

企业法人、合伙企业、个人独资企业、个体工商户等,以营业执照载明的主体作为申请人。

机关、事业单位、社会团体、民办非企业单位、企业等申办食堂,以机关或者事业单位法人登记证、社会团体登记证或者营业执照等载明的主体作为申请人。

第十一条 申请食品经营许可,应当按照食品经营主体业态和经营项目分类提出。

食品经营主体业态分为食品销售经营者、餐饮服务经营者、集中用餐单位食堂。食品经营者从事食品批发销售、中央厨房、集体用餐配送的,利用自动设备从事食品经营的,或者学校、托幼机构食堂,应当在主体业态后以括号标注。主体业态以主要经营项目确定,不可以复选。

食品经营项目分为食品销售、餐饮服务、食品经营管理三类。食品经营项目可以复选。

食品销售,包括散装食品销售、散装食品和预包装食品销售。

餐饮服务,包括热食类食品制售、冷食类食品制售、生食类食品制售、半成品制售、自制饮品制售等,其中半成品制售仅限中央厨房申请。

食品经营管理,包括食品销售连锁管理、餐饮服务连锁管理、餐饮服务管理等。

食品经营者从事散装食品销售中的散装熟食销售、冷食类食品制售中的冷加工糕点制售和冷荤类食品制售应当在经营项目后以括号标注。

具有热、冷、生、固态、液态等多种形态,难以明确归类的食品,可以按照食品安全风险等级最高的情形进行归类。

国家市场监督管理总局可以根据监督管理工作需要对食品经营项目进行调整。

第十二条 申请食品经营许可,应当符合与其主体业态、经营项目相适应的食品安全要求,具备下列条件:

(一)具有与经营的食品品种、数量相适应的食品原料处理和食品加工、销售、贮存等场所,保持该场所环境整洁,并与有毒、有害场所以及其他污染源保持规定的距离;

(二)具有与经营的食品品种、数量相适应的经营设备或者设施,有相应的消毒、更衣、盥洗、采光、照明、通风、防腐、防尘、防蝇、防鼠、防虫、洗涤以及处理废水、存放垃圾和废弃物的设备或者设施;

(三)有专职或者兼职的食品安全总监、食品安全员等食品安全管理人员和保证食品安全的规章制度；

（四）具有合理的设备布局和工艺流程，防止待加工食品与直接入口食品、原料与成品交叉污染，避免食品接触有毒物、不洁物；

（五）食品安全相关法律、法规规定的其他条件。

从事食品经营管理的，应当具备与其经营规模相适应的食品安全管理能力，建立健全食品安全管理制度，并按照规定配备食品安全管理人员，对其经营管理的食品安全负责。

第十三条 申请食品经营许可，应当提交下列材料：

（一）食品经营许可申请书；

（二）营业执照或者其他主体资格证明文件复印件；

（三）与食品经营相适应的主要设备设施、经营布局、操作流程等文件；

（四）食品安全自查、从业人员健康管理、进货查验记录、食品安全事故处置等保证食品安全的规章制度目录清单。

利用自动设备从事食品经营的，申请人应当提交每台设备的具体放置地点、食品经营许可证的展示方法、食品安全风险管控方案等材料。

营业执照或者其他主体资格证明文件能够实现网上核验的，申请人不需要提供本条第一款第二项规定的材料。从事食品经营管理的食品经营者，可以不提供主要设备设施、经营布局材料。仅从事食品销售类经营项目的不需要提供操作流程。

申请人委托代理人办理食品经营许可申请的，代理人应当提交授权委托书以及代理人的身份证明文件。

第十四条 食品经营者从事解冻、简单加热、冲调、组合、摆盘、洗切等食品安全风险较低的简单制售的，县级以上地方市场监督管理部门在保证食品安全的前提下，可以适当简化设备设施、专门区域等审查内容。

从事生食类食品、冷加工糕点、冷荤类食品等高风险食品制售的不适用前款规定。

第十五条 学校、托幼机构、养老机构、建筑工地等集中用餐单位的食堂应当依法取得食品经营许可，落实食品安全主体责任。

承包经营集中用餐单位食堂的，应当取得与承包内容相适应的食品经营许可，具有与所承包的食堂相适应的食品安全管理制度和能力，按照规定配备食品安全管理人员，并对食堂的食品安全负责。集中用餐单位应当落实食品安全管理责任，按照规定配备食品安全管理人员，对承包方的食品经营活动进行监督管理，督促承包方落实食品安全管理制度。

第十六条 食品经营者从事网络经营的，外设仓库（包括自有和租赁）的，或者集体用餐配送单位向学校、托幼机构供餐的，应当在开展相关经营活动之日起十个工作日内向所在地县级以上地方市场监督管理部门报告。所在地县级以上地方市场监督管理部门应当在食品经营许可和备案管理信息平台记录报告情况。

第十七条 申请人应当如实向县级以上地方市场监督管理部门提交有关材料并反映真实情况，对申请材料的真实性负责，并在申请书等材料上签名或者盖章。符合法律规定的可靠电子签名、电子印章与手写签名或者盖章具有同等法律效力。

第十八条 县级以上地方市场监督管理部门对申请人提出的食品经营许可申请，应当根据下列情况分别作出处理：

（一）申请事项依法不需要取得食品经营许可的，应当即时告知申请人不受理；

（二）申请事项依法不属于市场监督管理部门职权范围的，应当即时作出不予受理的决定，并告知申请人向有关行政机关申请；

（三）申请材料存在可以当场更正的错误的，应当允许申请人当场更正，由申请人在更正处签名或者盖章，注明更正日期；

（四）申请材料不齐全或者不符合法定形式的，应当当场或者自收到申请材料之日起五个工作日内一次告知申请人需要补正的全部内容和合理的补正期限。申请人无正当理由逾期不予补正的，视为放弃行政许可申请，市场监督管理部门不需要作出不予受理的决定。市场监督管理部门逾期未告知申请人补正的，自收到申请材料之日起即为受理；

（五）申请材料齐全、符合法定形式，或者申请人按照要求提交全部补正材料的，应当受理食品经营许可申请。

第十九条 县级以上地方市场监督管理部门对申请人提出的申请决定予以受理的，应当出具受理通知书；当场作出许可决定并颁发许可证的，不需要出具受理通知书；决定不予受理的，应当出具不予受理通知书，说明理由，并告知申请人依法享有申请行政复议或者提起行政诉讼的权利。

第三章　审查与决定

第二十条 县级以上地方市场监督管理部门应当对申请人提交的许可申请材料进行审查。需要对申请材料的实质内容进行核实的,应当进行现场核查。食品经营许可申请包含预包装食品销售的,对其中的预包装食品销售项目不需要进行现场核查。

现场核查应当由符合要求的核查人员进行。核查人员不得少于两人。核查人员应当出示有效证件,填写食品经营许可现场核查表,制作现场核查记录,经申请人核对无误后,由核查人员和申请人在核查表上签名或者盖章。申请人拒绝签名或者盖章的,核查人员应当注明情况。

上级地方市场监督管理部门可以委托下级地方市场监督管理部门,对受理的食品经营许可申请进行现场核查。

核查人员应当自接受现场核查任务之日起五个工作日内,完成对经营场所的现场核查。经核查,通过现场整改能够符合条件的,应当允许现场整改;需要通过一定时限整改的,应当明确整改要求和整改时限,并经市场监督管理部门负责人同意。

第二十一条 县级以上地方市场监督管理部门应当自受理申请之日起十个工作日内作出是否准予行政许可的决定。因特殊原因需要延长期限的,经市场监督管理部门负责人批准,可以延长五个工作日,并应当将延长期限的理由告知申请人。鼓励有条件的地方市场监督管理部门优化许可工作流程,压减现场核查、许可决定等工作时限。

第二十二条 县级以上地方市场监督管理部门应当根据申请材料审查和现场核查等情况,对符合条件的,作出准予行政许可的决定,并自作出决定之日起五个工作日内向申请人颁发食品经营许可证;对不符合条件的,应当作出不予许可的决定,说明理由,并告知申请人依法享有申请行政复议或者提起行政诉讼的权利。

第二十三条 食品经营许可证发证日期为许可决定作出的日期,有效期为五年。

第二十四条 县级以上地方市场监督管理部门认为食品经营许可申请涉及公共利益的重大事项,需要听证的,应当向社会公告并举行听证。

食品经营许可直接涉及申请人与他人之间重大利益关系的,县级以上地方市场监督管理部门在作出行政许可决定前,应当告知申请人、利害关系人享有要求听证的权利。申请人、利害关系人在被告知听证权利之日起五个工作日内提出听证申请的,市场监督管理部门应当在二十个工作日内组织听证。听证期限不计算在行政许可审查期限之内。

第四章 许可证管理

第二十五条 食品经营许可证分为正本、副本。正本、副本具有同等法律效力。

国家市场监督管理总局负责制定食品经营许可证正本、副本式样。省、自治区、直辖市市场监督管理部门负责本行政区域内食品经营许可证的印制和发放等管理工作。

第二十六条 食品经营许可证应当载明:经营者名称、统一社会信用代码、法定代表人(负责人)、住所、经营场所、主体业态、经营项目、许可证编号、有效期、投诉举报电话、发证机关、发证日期,并赋有二维码。其中,经营场所、主体业态、经营项目属于许可事项,其他事项不属于许可事项。

食品经营者取得餐饮服务、食品经营管理经营项目的,销售预包装食品不需要在许可证上标注食品销售类经营项目。

第二十七条 食品经营许可证编号由JY("经营"的汉语拼音首字母缩写)和十四位阿拉伯数字组成。数字从左至右依次为:一位主体业态代码、两位省(自治区、直辖市)代码、两位市(地)代码、两位县(区)代码、六位顺序码、一位校验码。

第二十八条 食品经营者应当妥善保管食品经营许可证,不得伪造、涂改、倒卖、出租、出借、转让。

食品经营者应当在经营场所的显著位置悬挂、摆放纸质食品经营许可证正本或者展示其电子证书。

利用自动设备从事食品经营的,应当在自动设备的显著位置展示食品经营者的联系方式、食品经营许可证复印件或者电子证书、备案编号。

第五章 变更、延续、补办与注销

第二十九条 食品经营许可证载明的事项发生变化的,食品经营者应当在变化后十个工作日内向原发证的市场监督管理部门申请变更食品经营许可。食品经营者地址迁移,不在原许可经营场所从事食品经营活动的,应当重新申请食品经营许可。

第三十条 发生下列情形的,食品经营者应当在变化后十个工作日内向原发证的市场监督管理部门报告:

(一)食品经营者的主要设备设施、经营布局、操作流程等发生较大变化,可能影响食品安全的;

(二)从事网络经营情况发生变化的;

(三)外设仓库(包括自有和租赁)地址发生变化的;

(四)集体用餐配送单位向学校、托幼机构供餐情况发生变化的；

（五）自动设备放置地点、数量发生变化的；

（六）增加预包装食品销售的。

符合前款第一项、第五项情形的，县级以上地方市场监督管理部门应当在收到食品经营者的报告后三十个工作日内对其实施监督检查，重点检查食品经营实际情况与报告内容是否相符、食品经营条件是否符合食品安全要求等。

第三十一条 食品经营者申请变更食品经营许可的，应当提交食品经营许可变更申请书，以及与变更食品经营许可事项有关的材料。食品经营者取得纸质食品经营许可证正本、副本的，应当同时提交。

第三十二条 食品经营者需要延续依法取得的食品经营许可有效期的，应当在该食品经营许可有效期届满前九十个工作日至十五个工作日期间，向原发证的市场监督管理部门提出申请。

县级以上地方市场监督管理部门应当根据被许可人的延续申请，在该食品经营许可有效期届满前作出是否准予延续的决定。

在食品经营许可有效期届满前十五个工作日内提出延续许可申请的，原食品经营许可有效期届满后，食品经营者应当暂停食品经营活动，原发证的市场监督管理部门作出准予延续的决定后，方可继续开展食品经营活动。

第三十三条 食品经营者申请延续食品经营许可的，应当提交食品经营许可延续申请书，以及与延续食品经营许可事项有关的其他材料。食品经营者取得纸质食品经营许可证正本、副本的，应当同时提交。

第三十四条 县级以上地方市场监督管理部门应当对变更或者延续食品经营许可的申请材料进行审查。

申请人的经营条件发生变化或者增加经营项目，可能影响食品安全的，市场监督管理部门应当就变化情况进行现场核查。

申请变更或者延续食品经营许可时，申请人声明经营条件未发生变化、经营项目减项或者未发生变化的，市场监督管理部门可以不进行现场核查，对申请材料齐全、符合法定形式的，当场作出准予变更或者延续食品经营许可决定。

未现场核查的，县级以上地方市场监督管理部门应当自申请人取得食品经营许可之日起三十个工作日内对其实施监督检查。现场核查发现实际情况与申请材料内容不相符的，食品经营者应当立即采取整改措施，经整改仍不相符的，依法撤销变更或者延续食品经营许可决定。

第三十五条 原发证的市场监督管理部门决定准予变更的，应当向申请人颁发新的食品经营许可证。食品经营许可证编号不变，发证日期为市场监督管理部门作出变更许可决定的日期，有效期与原证书一致。

不符合许可条件的，原发证的市场监督管理部门应当作出不予变更食品经营许可的书面决定，说明理由，并告知申请人依法享有申请行政复议或者提起行政诉讼的权利。

第三十六条 原发证的市场监督管理部门决定准予延续的，应当向申请人颁发新的食品经营许可证，许可证编号不变，有效期自作出延续许可决定之日起计算。

不符合许可条件的，原发证的市场监督管理部门应当作出不予延续食品经营许可的书面决定，说明理由，并告知申请人依法享有申请行政复议或者提起行政诉讼的权利。

第三十七条 食品经营许可证遗失、损坏，应当向原发证的市场监督管理部门申请补办，并提交下列材料：

（一）食品经营许可证补办申请书；

（二）书面遗失声明或者受损坏的食品经营许可证。

材料符合要求的，县级以上地方市场监督管理部门应当在受理后十个工作日内予以补发。

因遗失、损坏补发的食品经营许可证，许可证编号不变，发证日期和有效期与原证书保持一致。

第三十八条 食品经营者申请注销食品经营许可的，应当向原发证的市场监督管理部门提交食品经营许可注销申请书，以及与注销食品经营许可有关的其他材料。食品经营者取得纸质食品经营许可证正本、副本的，应当同时提交。

第三十九条 有下列情形之一，原发证的市场监督管理部门应当依法办理食品经营许可注销手续：

（一）食品经营许可有效期届满未申请延续的；

（二）食品经营者主体资格依法终止的；

（三）食品经营许可依法被撤回、撤销或者食品经营许可证依法被吊销的；

（四）因不可抗力导致食品经营许可事项无法实施的；

（五）法律、法规规定的应当注销食品经营许可的其他情形。

食品经营许可被注销的，许可证编号不得再次使用。

第四十条 食品经营许可证变更、延续、补办与注销的有关程序参照本办法第二章和第三章的有关规定执行。

第六章 仅销售预包装食品备案

第四十一条 备案人应当取得营业执照等合法主体资格，并具备与销售的食品品种、数量等相适应的经营条件。

第四十二条 拟从事仅销售预包装食品活动的，在办理市场主体登记注册时，可以一并进行仅销售预包装食品备案，并提交仅销售预包装食品备案信息采集表。已经取得合法主体资格的备案人从事仅销售预包装食品活动的，应当在开展销售活动之日起五个工作日内向县级以上地方市场监督管理部门提交备案信息材料。材料齐全的，获得备案编号。备案人对所提供的备案信息的真实性、完整性负责。

利用自动设备仅销售预包装食品的，备案人应当提交每台设备的具体放置地点、备案编号的展示方法、食品安全风险管控方案等材料。

第四十三条 县级以上地方市场监督管理部门应当在备案后五个工作日内将经营者名称、经营场所、经营种类、备案编号等相关备案信息向社会公开。

第四十四条 备案信息发生变化的，备案人应当自发生变化后十五个工作日内向原备案的市场监督管理部门进行备案信息更新。

第四十五条 备案实施唯一编号管理。备案编号由YB（"预""备"的汉语拼音首字母缩写）和十四位阿拉伯数字组成。数字从左至右依次为：一位业态类型代码（1为批发，2为零售）、两位省（自治区、直辖市）代码、两位市（地）代码、两位县（区）代码、六位顺序码、一位校验码。食品经营者主体资格依法终止，备案编号自行失效。

第七章 监督检查

第四十六条 县级以上地方市场监督管理部门应当依据法律、法规规定的职责，对食品经营者的许可和备案事项进行监督检查。

第四十七条 县级以上地方市场监督管理部门应当建设完善食品经营许可和备案管理信息平台，便于公民、法人和其他社会组织查询。

县级以上地方市场监督管理部门应当将食品经营许可颁发、备案情况、监督检查、违法行为查处等情况记入食品经营者食品安全信用档案，并依法通过国家企业信用信息公示系统向社会公示；对有不良信用记录、信用风险高的食品经营者应当增加监督检查频次，并按照规定实施联合惩戒。

第四十八条 县级以上地方市场监督管理部门负责辖区内食品经营者许可和备案事项的监督检查，应当按照规定的频次对辖区内的食品经营者实施全覆盖检查。必要时，应当依法对相关食品贮存、运输服务提供者进行检查。

第四十九条 县级以上地方市场监督管理部门及其工作人员履行食品经营许可和备案管理职责，应当自觉接受食品经营者和社会监督。接到有关工作人员在食品经营许可和备案管理过程中存在违法行为的举报，市场监督管理部门应当及时进行调查核实，并依法处理。

第五十条 县级以上地方市场监督管理部门应当建立食品经营许可和备案档案管理制度，将办理食品经营许可和备案的有关材料、发证情况及时归档。

第五十一条 国家市场监督管理总局可以定期或者不定期组织对全国食品经营许可和备案管理工作进行监督检查；省、自治区、直辖市市场监督管理部门可以定期或者不定期组织对本行政区域内的食品经营许可和备案管理工作进行监督检查。

第八章 法律责任

第五十二条 未取得食品经营许可从事食品经营活动的，由县级以上地方市场监督管理部门依照《中华人民共和国食品安全法》第一百二十二条的规定给予处罚。

食品经营者地址迁移，不在原许可的经营场所从事食品经营活动，未按照规定重新申请食品经营许可的，或者食品经营许可有效期届满，未按照规定申请办理延续手续，仍继续从事食品经营活动的，由县级以上地方市场监督管理部门依照《中华人民共和国食品安全法》第一百二十二条的规定给予处罚。

食品经营许可证载明的主体业态、经营项目等许可事项发生变化，食品经营者未按照规定申请变更的，由县级以上地方市场监督管理部门依照《中华人民共和国食品安全法》第一百二十二条的规定给予处罚。但是，有下列情形之一，依照《中华人民共和国行政处罚法》第三十二条、第三十三条的规定从轻、减轻或者不予行政处罚：

（一）主体业态、经营项目发生变化，但食品安全风险等级未升高的；

（二）增加经营项目类型，但增加的经营项目所需的经营条件被已经取得许可的经营项目涵盖的；

（三）违法行为轻微，未对消费者人身健康和生命安全等造成危害后果的；

（四）法律、法规、规章规定的其他情形。

食品经营许可证载明的除许可事项以外的其他事项

发生变化,食品经营者未按照规定申请变更的,由县级以上地方市场监督管理部门责令限期改正;逾期不改的,处一千元以上一万元以下罚款。

第五十三条 许可申请人隐瞒真实情况或者提供虚假材料申请食品经营许可的,由县级以上地方市场监督管理部门给予警告。申请人在一年内不得再次申请食品经营许可。

第五十四条 被许可人以欺骗、贿赂等不正当手段取得食品经营许可的,由原发证的市场监督管理部门撤销许可,处一万元以上三万元以下罚款;造成危害后果的,处三万元以上二十万元以下罚款。被许可人在三年内不得再次申请食品经营许可。

第五十五条 违反本办法第六条第一款规定,食品展销会举办者未按照规定在展销会举办前报告的,由县级以上地方市场监督管理部门依照《中华人民共和国食品安全法实施条例》第七十二条的规定给予处罚。

违反本办法第六条第二款规定,食品展销会举办者未履行检查、报告义务的,由县级以上地方市场监督管理部门依照《中华人民共和国食品安全法》第一百三十条的规定给予处罚。

第五十六条 违反本办法第七条第二款、第三款或者第十六条规定的,由县级以上地方市场监督管理部门责令限期改正;逾期不改的,处一千元以上一万元以下罚款。

第五十七条 违反本办法第二十八条第一款规定的,由县级以上地方市场监督管理部门责令改正,给予警告,并处一万元以上三万元以下罚款;情节严重的,处三万元以上十万元以下罚款;造成危害后果的,处十万元以上二十万元以下罚款。

违反本办法第二十八条第二款、第三款规定的,由县级以上地方市场监督管理部门责令限期改正;逾期不改的,给予警告。

第五十八条 违反本办法第三十条第一款第一项规定的,由县级以上地方市场监督管理部门责令限期改正;逾期不改的,处两千元以上一万元以下罚款;情节严重的,处一万元以上五万元以下罚款;造成危害后果的,处五万元以上二十万元以下罚款。

违反本办法第三十条第一款第二项至第六项规定的,由县级以上地方市场监督管理部门责令限期改正;逾期不改的,处一千元以上一万元以下罚款。

第五十九条 未按照规定提交备案信息或者备案信息发生变化未按照规定进行备案信息更新的,由县级以上地方市场监督管理部门责令限期改正;逾期不改的,处两千元以上一万元以下罚款。

备案时提供虚假信息的,由县级以上地方市场监督管理部门取消备案,处五千元以上三万元以下罚款。

第六十条 被吊销食品经营许可证的食品经营者及其法定代表人、直接负责的主管人员和其他直接责任人员自处罚决定作出之日起五年内不得申请食品生产经营许可,或者从事食品生产经营管理工作,担任食品生产经营企业食品安全管理人员。

第六十一条 市场监督管理部门对不符合条件的申请人准予许可,或者超越法定职权准予许可的,依照《中华人民共和国食品安全法》第一百四十四条的规定给予处分。

第九章 附 则

第六十二条 本办法用语的含义:

(一)集中用餐单位食堂,指设于机关、事业单位、社会团体、民办非企业单位、企业等,供应内部职工、学生等集中就餐的餐饮服务提供者;

(二)中央厨房,指由食品经营企业建立,具有独立场所和设施设备,集中完成食品成品或者半成品加工制作并配送给本单位连锁门店,供其进一步加工制作后提供给消费者的经营主体;

(三)集体用餐配送单位,指主要服务于集体用餐单位,根据其订购要求,集中加工、分送食品但不提供就餐场所的餐饮服务提供者;

(四)食品销售连锁管理,指食品销售连锁企业总部对其管理的门店实施统一的采购配送、质量管理、经营指导,或者品牌管理等规范化管理的活动;

(五)餐饮服务连锁管理,指餐饮服务连锁企业总部对其管理的门店实施统一的采购配送、质量管理、经营指导,或者品牌管理等规范化管理的活动;

(六)餐饮服务管理,指为餐饮服务提供者提供人员、加工制作、经营或者食品安全管理等服务的第三方管理活动;

(七)散装食品,指在经营过程中无食品生产者预先制作的定量包装或者容器,需要称重或者计件销售的食品,包括无包装以及称重或者计件后添加包装的食品。在经营过程中,食品经营者进行的包装,不属于定量包装;

(八)热食类食品,指食品原料经过粗加工、切配并经过蒸、煮、烹、煎、炒、烤、炸、焙烤等烹饪工艺制作的即食食品,含热加工糕点、汉堡,以及火锅和烧烤等烹饪方式加工而成的食品等；

（九）冷食类食品，指最后一道工艺是在常温或者低温条件下进行的，包括解冻、切配、调制等过程，加工后在常温或者低温条件下即可食用的食品，含生食瓜果蔬菜、腌菜、冷加工糕点、冷荤类食品等；

（十）生食类食品，一般特指生食动物性水产品（主要是海产品）；

（十一）半成品，指原料经初步或者部分加工制作后，尚需进一步加工制作的非直接入口食品，不包括储存的已加工成成品的食品；

（十二）自制饮品，指经营者现场制作的各种饮料，含冰淇淋等；

（十三）冷加工糕点，指在各种加热熟制工序后，在常温或者低温条件下再进行二次加工的糕点。

第六十三条 省、自治区、直辖市市场监督管理部门可以根据本行政区域实际情况，制定有关食品经营许可和备案管理的具体实施办法。

第六十四条 省、自治区、直辖市依照《中华人民共和国食品安全法》第三十六条的规定对食品摊贩、小餐饮、小食品店等的监督管理作出规定的，依照其规定执行。其中，规定对用餐人数较少的小型食堂（学校、托幼机构、养老机构的食堂除外）参照小餐饮管理的，依照其规定；未作出规定的，省、自治区、直辖市市场监督管理部门可以制定具体管理办法，明确纳入食品经营活动管理的具体人数范围等监督管理要求。

第六十五条 从事对温度、湿度等有特殊要求食品贮存业务的非食品生产经营者备案参照仅销售预包装食品备案管理。

第六十六条 本办法自2023年12月1日起施行。2015年8月31日原国家食品药品监督管理总局令第17号公布的《食品经营许可管理办法》同时废止。

食品召回管理办法

- 2015年3月11日国家食品药品监督管理总局令第12号公布
- 根据2020年10月23日《国家市场监督管理总局关于修改部分规章的决定》修订

第一章 总则

第一条 为加强食品生产经营管理，减少和避免不安全食品的危害，保障公众身体健康和生命安全，根据《中华人民共和国食品安全法》及其实施条例等法律法规的规定，制定本办法。

第二条 在中华人民共和国境内，不安全食品的停止生产经营、召回和处置及其监督管理，适用本办法。

不安全食品是指食品安全法律法规规定禁止生产经营的食品以及其他有证据证明可能危害人体健康的食品。

第三条 食品生产经营者应当依法承担食品安全第一责任人的义务，建立健全相关管理制度，收集、分析食品安全信息，依法履行不安全食品的停止生产经营、召回和处置义务。

第四条 国家市场监督管理总局负责指导全国不安全食品停止生产经营、召回和处置的监督管理工作。

县级以上地方市场监督管理部门负责本行政区域的不安全食品停止生产经营、召回和处置的监督管理工作。

第五条 县级以上市场监督管理部门组织建立由医学、毒理、化学、食品、法律等相关领域专家组成的食品安全专家库，为不安全食品的停止生产经营、召回和处置提供专业支持。

第六条 国家市场监督管理总局负责汇总分析全国不安全食品的停止生产经营、召回和处置信息，根据食品安全风险因素，完善食品安全监督管理措施。

县级以上地方市场监督管理部门负责收集、分析和处理本行政区域不安全食品的停止生产经营、召回和处置信息，监督食品生产经营者落实主体责任。

第七条 鼓励和支持食品行业协会加强行业自律，制定行业规范，引导和促进食品生产经营者依法履行不安全食品的停止生产经营、召回和处置义务。

鼓励和支持公众对不安全食品的停止生产经营、召回和处置等活动进行社会监督。

第二章 停止生产经营

第八条 食品生产经营者发现其生产经营的食品属于不安全食品的，应当立即停止生产经营，采取通知或者公告的方式告知相关食品生产经营者停止生产经营、消费者停止食用，并采取必要的措施防控食品安全风险。

食品生产经营者未依法停止生产经营不安全食品的，县级以上市场监督管理部门可以责令其停止生产经营不安全食品。

第九条 食品集中交易市场的开办者、食品经营柜台的出租者、食品展销会的举办者发现食品经营者经营的食品属于不安全食品的，应当及时采取有效措施，确保相关经营者停止经营不安全食品。

第十条 网络食品交易第三方平台提供者发现网络食品经营者经营的食品属于不安全食品的，应当依法采取停止网络交易平台服务等措施，确保网络食品经营者停止经营不安全食品。

第十一条 食品生产经营者生产经营的不安全食品未销售给消费者,尚处于其他生产经营者控制中的,食品生产经营者应当立即追回不安全食品,并采取必要措施消除风险。

第三章 召 回

第十二条 食品生产者通过自检自查、公众投诉举报、经营者和监督管理部门告知等方式知悉其生产经营的食品属于不安全食品的,应当主动召回。

食品生产者应当主动召回不安全食品而没有主动召回的,县级以上市场监督管理部门可以责令其召回。

第十三条 根据食品安全风险的严重和紧急程度,食品召回分为三级:

(一)一级召回:食用后已经或者可能导致严重健康损害甚至死亡的,食品生产者应当在知悉食品安全风险后24小时内启动召回,并向县级以上地方市场监督管理部门报告召回计划。

(二)二级召回:食用后已经或者可能导致一般健康损害,食品生产者应当在知悉食品安全风险后48小时内启动召回,并向县级以上地方市场监督管理部门报告召回计划。

(三)三级召回:标签、标识存在虚假标注的食品,食品生产者应当在知悉食品安全风险后72小时内启动召回,并向县级以上地方市场监督管理部门报告召回计划。

标签、标识存在瑕疵,食用后不会造成健康损害的食品,食品生产者应当改正,可以自愿召回。

第十四条 食品生产者应当按照召回计划召回不安全食品。

县级以上地方市场监督管理部门收到食品生产者的召回计划后,必要时可以组织专家对召回计划进行评估。评估结论认为召回计划应当修改的,食品生产者应当立即修改,并按照修改后的召回计划实施召回。

第十五条 食品召回计划应当包括下列内容:

(一)食品生产者的名称、住所、法定代表人、具体负责人、联系方式等基本情况;

(二)食品名称、商标、规格、生产日期、批次、数量以及召回的区域范围;

(三)召回原因及危害后果;

(四)召回等级、流程及时限;

(五)召回通知或者公告的内容及发布方式;

(六)相关食品生产经营者的义务和责任;

(七)召回食品的处置措施、费用承担情况;

(八)召回的预期效果。

第十六条 食品召回公告应当包括下列内容:

(一)食品生产者的名称、住所、法定代表人、具体负责人、联系电话、电子邮箱等;

(二)食品名称、商标、规格、生产日期、批次等;

(三)召回原因、等级、起止日期、区域范围;

(四)相关食品生产经营者的义务和消费者退货及赔偿的流程。

第十七条 不安全食品在本省、自治区、直辖市销售的,食品召回公告应当在省级市场监督管理部门网站和省级主要媒体上发布。省级市场监督管理部门网站发布的召回公告应当与国家市场监督管理总局网站链接。

不安全食品在两个以上省、自治区、直辖市销售的,食品召回公告应当在国家市场监督管理总局网站和中央主要媒体上发布。

第十八条 实施一级召回的,食品生产者应当自公告发布之日起10个工作日内完成召回工作。

实施二级召回的,食品生产者应当自公告发布之日起20个工作日内完成召回工作。

实施三级召回的,食品生产者应当自公告发布之日起30个工作日内完成召回工作。

情况复杂的,经县级以上地方市场监督管理部门同意,食品生产者可以适当延长召回时间并公布。

第十九条 食品经营者知悉食品生产者召回不安全食品后,应当立即采取停止购进、销售,封存不安全食品,在经营场所醒目位置张贴生产者发布的召回公告等措施,配合食品生产者开展召回工作。

第二十条 食品经营者对因自身原因所导致的不安全食品,应当根据法律法规的规定在其经营的范围内主动召回。

食品经营者召回不安全食品应当告知供货商。供货商应当及时告知生产者。

食品经营者在召回通知或者公告中应当特别注明系因其自身的原因导致食品出现不安全问题。

第二十一条 因生产者无法确定、破产等原因无法召回不安全食品的,食品经营者应当在其经营的范围内主动召回不安全食品。

第二十二条 食品经营者召回不安全食品的程序,参照食品生产者召回不安全食品的相关规定处理。

第四章 处 置

第二十三条 食品生产经营者应当依据法律法规的规定,对因停止生产经营、召回等原因退出市场的不安全食品采取补救、无害化处理、销毁等处置措施。

食品生产经营者未依法处置不安全食品的，县级以上地方市场监督管理部门可以责令其依法处置不安全食品。

第二十四条 对违法添加非食用物质、腐败变质、病死畜禽等严重危害人体健康和生命安全的不安全食品，食品生产经营者应当立即就地销毁。

不具备就地销毁条件的，可由不安全食品生产经营者集中销毁处理。食品生产经营者在集中销毁处理前，应当向县级以上地方市场监督管理部门报告。

第二十五条 对因标签、标识等不符合食品安全标准而被召回的食品，食品生产者可以在采取补救措施且能保证食品安全的情况下继续销售，销售时应当向消费者明示补救措施。

第二十六条 对不安全食品进行无害化处理，能够实现资源循环利用的，食品生产经营者可以按照国家有关规定进行处理。

第二十七条 食品生产经营者对不安全食品处置方式不能确定的，应当组织相关专家进行评估，并根据评估意见进行处置。

第二十八条 食品生产经营者应当如实记录停止生产经营、召回和处置不安全食品的名称、商标、规格、生产日期、批次、数量等内容。记录保存期限不得少于2年。

第五章 监督管理

第二十九条 县级以上地方市场监督管理部门发现不安全食品的，应当通知相关食品生产经营者停止生产经营或者召回，采取相关措施消除食品安全风险。

第三十条 县级以上地方市场监督管理部门发现食品生产经营者生产经营的食品可能属于不安全食品的，可以开展调查分析，相关食品生产经营者应当积极协助。

第三十一条 县级以上地方市场监督管理部门可以对食品生产经营者停止生产经营、召回和处置不安全食品情况进行现场监督检查。

第三十二条 食品生产经营者停止生产经营、召回和处置的不安全食品存在较大风险的，应当在停止生产经营、召回和处置不安全食品结束后5个工作日内向县级以上地方市场监督管理部门书面报告情况。

第三十三条 县级以上地方市场监督管理部门可以要求食品生产经营者定期或者不定期报告不安全食品停止生产经营、召回和处置情况。

第三十四条 县级以上地方市场监督管理部门可以对食品生产经营者提交的不安全食品停止生产经营、召回和处置报告进行评价。

评价结论认为食品生产经营者采取的措施不足以控制食品安全风险的，县级以上地方市场监督管理部门应当责令食品生产经营者采取更为有效的措施停止生产经营、召回和处置不安全食品。

第三十五条 为预防和控制食品安全风险，县级以上地方市场监督管理部门可以发布预警信息，要求相关食品生产经营者停止生产经营不安全食品，提示消费者停止食用不安全食品。

第三十六条 县级以上地方市场监督管理部门将不安全食品停止生产经营、召回和处置情况记入食品生产经营者信用档案。

第六章 法律责任

第三十七条 食品生产经营者违反本办法有关不安全食品停止生产经营、召回和处置的规定，食品安全法律法规有规定的，依照相关规定处理。

第三十八条 食品生产经营者违反本办法第八条第一款、第十二条第一款、第十三条、第十四条、第二十条第一款、第二十一条、第二十三条第一款、第二十四条第一款的规定，不立即停止生产经营、不主动召回、不按规定时限启动召回、不按照召回计划召回不安全食品或者不按照规定处置不安全食品的，由市场监督管理部门给予警告，并处1万元以上3万元以下罚款。

第三十九条 食品经营者违反本办法第十九条的规定，不配合食品生产者召回不安全食品的，由市场监督管理部门给予警告，并处5000元以上3万元以下罚款。

第四十条 食品生产经营者违反本办法第十三条、第二十四条第二款、第三十二条的规定，未按规定履行相关报告义务的，由市场监督管理部门责令改正，给予警告；拒不改正的，处2000元以上2万元以下罚款。

第四十一条 食品生产经营者违反本办法第二十三条第二款的规定，市场监督管理部门责令食品生产经营者依法处置不安全食品，食品生产经营者拒绝或者拖延履行的，由市场监督管理部门给予警告，并处2万元以上3万元以下罚款。

第四十二条 食品生产经营者违反本办法第二十八条的规定，未按规定记录保存不安全食品停止生产经营、召回和处置情况的，由市场监督管理部门责令改正，给予警告；拒不改正的，处2000元以上2万元以下罚款。

第四十三条 食品生产经营者停止生产经营、召回和处置不安全食品，不免除其依法应当承担的其他法律责任。

食品生产经营者主动采取停止生产经营、召回和处置不安全食品措施，消除或者减轻危害后果的，依法从轻或者减轻处罚；违法情节轻微并及时纠正，没有造成危害后果的，不予行政处罚。

第四十四条 县级以上地方市场监督管理部门不依法履行本办法规定的职责，造成不良后果的，依照《中华人民共和国食品安全法》的有关规定，对直接负责的主管人员和其他直接责任人员给予行政处分。

第七章 附 则

第四十五条 本办法适用于食品、食品添加剂和保健食品。

食品生产经营者对进入批发、零售市场或者生产加工企业后的食用农产品的停止经营、召回和处置，参照本办法执行。

第四十六条 本办法自2015年9月1日起施行。

食品生产经营风险分级管理办法（试行）

- 2016年9月5日
- 食药监食监一〔2016〕115号

第一章 总 则

第一条 为了强化食品生产经营风险管理，科学有效实施监管，落实食品安全监管责任，保障食品安全，根据《中华人民共和国食品安全法》（以下简称《食品安全法》）及其实施条例等法律法规，制定本办法。

第二条 本办法所称风险分级管理，是指食品药品监督管理部门以风险分析为基础，结合食品生产经营者的食品类别、经营业态及生产经营规模、食品安全管理能力和监督管理记录情况，按照风险评价指标，划分食品生产经营者风险等级，并结合当地监管资源和监管能力，对食品生产经营者实施的不同程度的监督管理。

第三条 食品药品监督管理部门对食品生产经营者实施风险分级管理，适用本办法。

食品生产、食品销售和餐饮服务等食品生产经营，以及食品添加剂生产适用本办法。

第四条 国家食品药品监督管理总局负责制定食品生产经营风险分级管理制度，指导和检查全国食品生产经营风险分级管理工作。

省级食品药品监督管理部门负责制定本省食品生产经营风险分级管理工作规范，结合本行政区域内实际情况，组织实施本省食品生产经营风险分级管理工作，对本省食品生产经营风险分级管理工作进行指导和检查。

各市、县级食品药品监督管理部门负责开展本地区食品生产经营风险分级管理的具体工作。

第五条 食品生产经营风险分级管理工作应当遵循风险分析、量化评价、动态管理、客观公正的原则。

第六条 食品生产经营者应当配合食品药品监督管理部门的风险分级管理工作，不得拒绝、逃避或者阻碍。

第二章 风险分级

第七条 食品药品监督管理部门对食品生产经营风险等级划分，应当结合食品生产经营企业风险特点，从生产经营食品类别、经营规模、消费对象等静态风险因素和生产经营条件保持、生产经营过程控制、管理制度建立及运行等动态风险因素，确定食品生产经营者风险等级，并根据对食品生产经营者监督检查、监督抽检、投诉举报、案件查处、产品召回等监督管理记录实施动态调整。

食品生产经营者风险等级从低到高分为A级风险、B级风险、C级风险、D级风险四个等级。

第八条 食品药品监督管理部门确定食品生产经营者风险等级，采用评分方法进行，以百分制计算。其中，静态风险因素量化分值为40分，动态风险因素量化分值为60分。分值越高，风险等级越高。

第九条 食品生产经营静态风险因素按照量化分值划分为Ⅰ档、Ⅱ档、Ⅲ档和Ⅳ档。

第十条 静态风险等级为Ⅰ档的食品生产经营者包括：

（一）低风险食品的生产企业；

（二）普通预包装食品销售企业；

（三）从事自制饮品制售、其他类食品制售等餐饮服务企业。

第十一条 静态风险等级为Ⅱ档的食品生产经营者包括：

（一）较低风险食品的生产企业；

（二）散装食品销售企业；

（三）从事不含高危易腐食品的热食类食品制售、糕点类食品制售、冷食类食品制售等餐饮服务企业；

（四）复配食品添加剂之外的食品添加剂生产企业。

第十二条 静态风险等级为Ⅲ档的食品生产经营者包括：

（一）中等风险食品的生产企业，应当包括糕点生产企业、豆制品生产企业等；

（二）冷冻冷藏食品的销售企业；

（三）从事含高危易腐食品的热食类食品制售、糕点类食品制售、冷食类食品制售、生食类食品制售等餐饮服务企业；

（四）复配食品添加剂生产企业。

第十三条 静态风险等级为Ⅳ档的食品生产经营者包括：

（一）高风险食品的生产企业，应当包括乳制品生产企业、肉制品生产企业等；

（二）专供婴幼儿和其他特定人群的主辅食品生产企业；

（三）保健食品的生产企业；

（四）主要为特定人群（包括病人、老人、学生等）提供餐饮服务的餐饮服务企业；

（五）大规模或者为大量消费者提供就餐服务的中央厨房、用餐配送单位、单位食堂等餐饮服务企业。

第十四条 生产经营多类别食品的，应当选择风险较高的食品类别确定该食品生产经营者的静态风险等级。

第十五条 《食品生产经营静态风险因素量化分值表》（以下简称为《静态风险表》，见附件1）由国家食品药品监督管理总局制定。

省级食品药品监督管理部门可根据本行政区域实际情况，对《静态风险表》进行调整，并在本行政区域内组织实施。

第十六条 对食品生产企业动态风险因素进行评价应当考虑企业资质、进货查验、生产过程控制、出厂检验等情况；特殊食品还应当考虑产品配方注册、质量管理体系运行等情况；保健食品还应当考虑委托加工等情况；食品添加剂还应当考虑生产原料和工艺符合产品标准规定等情况。

对食品销售者动态风险因素进行评价应当考虑经营资质、经营过程控制、食品贮存等情况。

对餐饮服务提供者动态风险因素进行评价应考虑经营资质、从业人员管理、原料控制、加工制作过程控制等情况。

第十七条 省级食品药品监督管理部门可以参照《食品生产经营日常监督检查要点表》制定食品生产经营动态风险因素评价量化分值表（以下简称为动态风险评价表），并组织实施。

但是，制定食品销售环节动态风险因素量化分值，应参照《食品销售环节动态风险因素量化分值表》（见附件2）。

第十八条 食品药品监督管理部门应当通过量化打分，将食品生产经营者静态风险因素量化分值，加上生产经营动态风险因素量化分值之和，确定食品生产经营者风险等级。

风险分值之和为0—30（含）分的，为A级风险；风险分值之和为30—45（含）分的，为B级风险；风险分值之和为45—60（含）分的，为C级风险；风险分值之和为60分以上的，为D级风险。

第十九条 食品药品监督管理部门可以根据食品生产经营者年度监督管理记录，调整食品生产经营者风险等级。

第三章 程序要求

第二十条 食品药品监督管理部门评定食品生产经营者静态风险因素量化分值时应当调取食品生产经营者的许可档案，根据静态风险因素量化分值表所列的项目，逐项计分，累加确定食品生产经营者静态风险因素量化分值。

食品生产经营许可档案内容不全的，食品药品监督管理部门可以要求食品生产经营者补充提交相关的材料。

第二十一条 对食品生产经营动态风险因素量化分值的评定，可以结合对食品生产经营者日常监督检查结果确定，或者组织人员进入企业现场按照动态风险评价表进行打分评价确定。

食品药品监督管理部门利用日常监督检查结果对食品生产经营者实施动态风险分值评定，应当结合上一年度日常监督检查全项目检查结果，并根据动态风险评价表逐项计分，累加确定。

食品药品监督管理部门对食品生产经营者实施动态风险因素现场打分评价，按照《食品生产经营日常监督检查管理办法》确定，必要时，可以聘请专业技术人员参与现场打分评价工作。

第二十二条 现场打分评价人员应当按照本办法和动态风险评价表的内容要求，如实作出评价，并将食品生产经营者存在的主要风险及防范要求告知其负责人。

第二十三条 监管人员应当根据量化评价结果，填写《食品生产经营者风险等级确定表》（以下简称为《风险等级确定表》，见附件3）。

第二十四条 评定新开办食品生产经营者的风险等级，可以按照食品生产经营者的静态风险分值确定。

食品生产者风险等级的评定还可以按照《食品、食品添加剂生产许可现场核查评分记录表》确定。

第二十五条 餐饮服务提供者风险等级评定结果可以作为量化分级调整的依据，具体办法由省级食品药品监督管理部门制定。

第二十六条 食品药品监督管理部门应当及时将食品生产经营者风险等级评定结果记入食品安全信用档案,并根据风险等级合理确定日常监督检查频次,实施动态调整。

鼓励食品药品监督管理部门采用信息化方式开展风险分级管理工作。

第二十七条 食品药品监督管理部门根据当年食品生产经营者日常监督检查、监督抽检、违法行为查处、食品安全事故应对、不安全食品召回等食品安全监督管理记录情况,对行政区域内的食品生产经营者的下一年度风险等级进行动态调整。

第二十八条 存在下列情形之一的,下一年度生产经营者风险等级可视情况调高一个或者两个等级:

(一)故意违反食品安全法律法规,且受到罚款、没收违法所得(非法财物)、责令停产停业等行政处罚的;

(二)有1次及以上国家或者省级监督抽检不符合食品安全标准的;

(三)违反食品安全法律法规规定,造成不良社会影响的;

(四)发生食品安全事故的;

(五)不按规定进行产品召回或者停止生产经营的;

(六)拒绝、逃避、阻挠执法人员进行监督检查,或者拒不配合执法人员依法进行案件调查的;

(七)具有法律、法规、规章和省级食品药品监督管理部门规定的其他可以上调风险等级的情形。

第二十九条 食品生产经营者遵守食品安全法律法规,当年食品安全监督管理记录中未出现本办法第二十八条所列情形的,下一年度食品生产经营者风险等级可不作调整。

第三十条 食品生产经营者符合下列情形之一的,下一年度食品生产经营者风险等级可以调低一个等级:

(一)连续3年食品安全监督管理记录没有违反本办法第二十八条所列情形的;

(二)获得良好生产规范、危害分析与关键控制点体系认证(特殊医学用途配方食品、婴幼儿配方乳粉企业除外)的;

(三)获得地市级以上人民政府质量奖的;

(四)具有法律、法规、规章和省级食品药品监督管理部门规定的其他可以下调风险等级的情形。

第四章 结果运用

第三十一条 食品药品监督管理部门根据食品生产经营者风险等级,结合当地监管资源和监管水平,合理确定企业的监督检查频次、监督检查内容、监督检查方式以及其他管理措施,作为制订年度监督检查计划的依据。

第三十二条 食品药品监督管理部门应当根据食品生产经营者风险等级划分结果,对较高风险生产经营者的监管优先于较低风险生产经营者的监管,实现监管资源的科学配置和有效利用。

(一)对风险等级为A级风险的食品生产经营者,原则上每年至少监督检查1次;

(二)对风险等级为B级风险的食品生产经营者,原则上每年至少监督检查1—2次;

(三)对风险等级为C级风险的食品生产经营者,原则上每年至少监督检查2—3次;

(四)对风险等级为D级风险的食品生产经营者,原则上每年至少监督检查3—4次。

具体检查频次和监管重点由各省级食品药品监督管理部门确定。

第三十三条 市县级食品药品监督管理部门应当统计分析行政区域内食品生产经营者风险分级结果,确定监管重点区域、重点行业、重点企业。及时排查食品安全风险隐患,在监督检查、监督抽检和风险监测中确定重点企业及产品。

第三十四条 市县级食品药品监督管理部门应当根据风险等级对食品生产经营者进行分类,可以建立行政区域内食品生产经营者的分类系统及数据平台,记录、汇总、分析食品生产经营风险分级信息,实行信息化管理。

第三十五条 市县级食品药品监督管理部门应当根据食品生产经营者风险等级和检查频次,确定本行政区域内所需检查力量及设施配备等,并合理调整检查力量分配。

第三十六条 各级食品药品监督管理部门的相关工作人员在风险分级管理工作中不得滥用职权、玩忽职守、徇私舞弊。

第三十七条 食品生产经营者应当根据风险分级结果,改进和提高生产经营控制水平,加强落实食品安全主体责任。

第五章 附 则

第三十八条 省级食品药品监督管理部门可参照本办法制定食用农产品市场销售、小作坊、食品摊贩的风险分级管理制度。

第三十九条 本办法由国家食品药品监督管理总局负责解释。

第四十条 本办法自2016年12月1日起施行。

附件：1. 食品生产经营静态风险因素量化分值表(略)
2. 食品销售环节动态风险因素量化分值表(略)
3. 食品生产经营者风险等级确定表(略)

食品生产经营监督检查管理办法

· 2021年12月24日国家市场监督管理总局令第49号公布
· 自2022年3月15日起施行

第一章 总 则

第一条 为了加强和规范对食品生产经营活动的监督检查，督促食品生产经营者落实主体责任，保障食品安全，根据《中华人民共和国食品安全法》及其实施条例等法律法规，制定本办法。

第二条 市场监督管理部门对食品(含食品添加剂)生产经营者执行食品安全法律、法规、规章和食品安全标准等情况实施监督检查，适用本办法。

第三条 监督检查应当遵循属地负责、风险管理、程序合法、公正公开的原则。

第四条 食品生产经营者应当对其生产经营食品的安全负责，积极配合市场监督管理部门实施监督检查。

第五条 县级以上地方市场监督管理部门应当按照规定在覆盖所有食品生产经营者的基础上，结合食品生产经营者信用状况，随机选取食品生产经营者、随机选派监督检查人员实施监督检查。

第六条 市场监督管理部门应当加强监督检查信息化建设，记录、归集、分析监督检查信息，加强数据整合、共享和利用，完善监督检查措施，提升智慧监管水平。

第二章 监督检查事权

第七条 国家市场监督管理总局负责监督指导全国食品生产经营监督检查工作，可以根据需要组织开展监督检查。

第八条 省级市场监督管理部门负责监督指导本行政区域内食品生产经营监督检查工作，重点组织和协调对产品风险高、影响区域广的食品生产经营者的监督检查。

第九条 设区的市级(以下简称市级)、县级市场监督管理部门负责本行政区域内食品生产经营监督检查工作。

市级市场监督管理部门可以结合本行政区域食品生产经营者规模、风险、分布等实际情况，按照本级人民政府要求，划分本行政区域监督检查事权，确保监督检查覆盖本行政区域所有食品生产经营者。

第十条 市级以上市场监督管理部门根据监督管理工作需要，可以对由下级市场监督管理部门负责日常监督管理的食品生产经营者实施随机监督检查，也可以组织下级市场监督管理部门对食品生产经营者实施异地监督检查。

市场监督管理部门应当协助、配合上级市场监督管理部门在本行政区域内开展监督检查。

第十一条 市场监督管理部门之间涉及管辖争议的监督检查事项，应当报请共同上一级市场监督管理部门确定。

第十二条 上级市场监督管理部门可以定期或者不定期组织对下级市场监督管理部门的监督检查工作进行监督指导。

第三章 监督检查要点

第十三条 国家市场监督管理总局根据法律、法规、规章和食品安全标准等有关规定，制定国家食品生产经营监督检查要点表，明确监督检查的主要内容。按照风险管理的原则，检查要点表分为一般项目和重点项目。

第十四条 省级市场监督管理部门可以按照国家食品生产经营监督检查要点表，结合实际细化，制定本行政区域食品生产经营监督检查要点表。

省级市场监督管理部门针对食品生产经营新业态、新技术、新模式，补充制定相应的食品生产经营监督检查要点，并在出台后30日内向国家市场监督管理总局报告。

第十五条 食品生产环节监督检查要点应当包括食品生产者资质、生产环境条件、进货查验、生产过程控制、产品检验、贮存及交付控制、不合格食品管理和食品召回、标签和说明书、食品安全自查、从业人员管理、信息记录和追溯、食品安全事故处置等情况。

第十六条 委托生产食品、食品添加剂的，委托方、受托方应当遵守法律、法规、食品安全标准以及合同的约定，并将委托生产的食品品种、委托期限、委托方对受托方生产行为的监督等情况予以单独记录，留档备查。市场监督管理部门应当将上述委托生产情况作为监督检查的重点。

第十七条 食品销售环节监督检查要点应当包括食品销售者资质、一般规定执行、禁止性规定执行、经营场所环境卫生、经营过程控制、进货查验、食品贮存、食品召回、温度控制及记录、过期及其他不符合食品安全标准食品处置、标签和说明书、食品安全自查、从业人员管理、食品安全事故处置、进口食品销售、食用农产品销售、网络食品销售等情况。

第十八条　特殊食品生产环节监督检查要点，除应当包括本办法第十五条规定的内容，还应当包括注册备案要求执行、生产质量管理体系运行、原辅料管理等情况。保健食品生产环节的监督检查要点还应当包括原料前处理等情况。

特殊食品销售环节监督检查要点，除应当包括本办法第十七条规定的内容，还应当包括禁止混放要求落实、标签和说明书核对等情况。

第十九条　集中交易市场开办者、展销会举办者监督检查要点应当包括举办前报告、入场食品经营者的资质审查、食品安全管理责任明确、经营环境和条件检查等情况。

对温度、湿度有特殊要求的食品贮存业务的非食品生产经营者的监督检查要点应当包括备案、信息记录和追溯、食品安全要求落实等情况。

第二十条　餐饮服务环节监督检查要点应当包括餐饮服务提供者资质、从业人员健康管理、原料控制、加工制作过程、食品添加剂使用管理、场所和设备设施清洁维护、餐饮具清洗消毒、食品安全事故处置等情况。

餐饮服务环节的监督检查应当强化学校等集中用餐单位供餐的食品安全要求。

第四章　监督检查程序

第二十一条　县级以上地方市场监督管理部门应当按照本级人民政府食品安全年度监督管理计划，综合考虑食品类别、企业规模、管理水平、食品安全状况、风险等级、信用档案记录等因素，编制年度监督检查计划。

县级以上地方市场监督管理部门按照国家市场监督管理总局的规定，根据风险管理的原则，结合食品生产经营者的食品类别、业态规模、风险控制能力、信用状况、监督检查等情况，将食品生产经营者的风险等级从低到高分为A级风险、B级风险、C级风险、D级风险四个等级。

第二十二条　市场监督管理部门应当每两年对本行政区域内所有食品生产经营者至少进行一次覆盖全部检查要点的监督检查。

市场监督管理部门应当对特殊食品生产者、风险等级为C级、D级的食品生产者，风险等级为D级的食品经营者以及中央厨房、集体用餐配送单位等高风险食品生产经营者实施重点监督检查，并可以根据实际情况增加日常监督检查频次。

市场监督管理部门可以根据工作需要，对通过食品安全抽样检验等发现问题线索的食品生产经营者实施飞行检查，对特殊食品、高风险大宗消费食品生产企业和大型食品经营企业等的质量管理体系运行情况实施体系检查。

第二十三条　市场监督管理部门组织实施监督检查应当由2名以上（含2名）监督检查人员参加。检查人员较多的，可以组成检查组。市场监督管理部门根据需要可以聘请相关领域专业技术人员参加监督检查。

检查人员与检查对象之间存在直接利害关系或者其他可能影响检查公正情形的，应当回避。

第二十四条　检查人员应当当场出示有效执法证件或者市场监督管理部门出具的检查任务书。

第二十五条　市场监督管理部门实施监督检查，有权采取下列措施，被检查单位不得拒绝、阻挠、干涉：

（一）进入食品生产经营等场所实施现场检查；

（二）对被检查单位生产经营的食品进行抽样检验；

（三）查阅、复制有关合同、票据、账簿以及其他有关资料；

（四）查封、扣押有证据证明不符合食品安全标准或者有证据证明存在安全隐患以及用于违法生产经营的食品、工具和设备；

（五）查封违法从事食品生产经营活动的场所；

（六）法律法规规定的其他措施。

第二十六条　食品生产经营者应当配合监督检查工作，按照市场监督管理部门的要求，开放食品生产经营场所，回答相关询问，提供相关合同、票据、账簿以及前次监督检查结果和整改情况等其他有关资料，协助生产经营现场检查和抽样检验，并为检查人员提供必要的工作条件。

第二十七条　检查人员应当按照本办法规定和检查要点要求开展监督检查，并对监督检查情况如实记录。除飞行检查外，实施监督检查应当覆盖检查要点所有检查项目。

第二十八条　市场监督管理部门实施监督检查，可以根据需要，依照食品安全抽样检验管理有关规定，对被检查单位生产经营的原料、半成品、成品等进行抽样检验。

第二十九条　市场监督管理部门实施监督检查时，可以依法对企业食品安全管理人员随机进行监督抽查考核并公布考核情况。抽查考核不合格的，应当督促企业限期整改，并及时安排补考。

第三十条　检查人员在监督检查中应当对发现的问题进行记录，必要时可以拍摄现场情况，收集或者复印相关合同、票据、账簿以及其他有关资料。

检查人员认为食品生产经营者涉嫌违法违规的相关证据可能灭失或者以后难以取得的，可以依法采取证保全或者行政强制措施,并执行市场监管行政处罚程序相关规定。

检查记录以及相关证据,可以作为行政处罚的依据。

第三十一条 检查人员应当综合监督检查情况进行判定,确定检查结果。

有发生食品安全事故潜在风险的,食品生产经营者应当立即停止生产经营活动。

第三十二条 发现食品生产经营者不符合监督检查要点表重点项目,影响食品安全的,市场监督管理部门应当依法进行调查处理。

第三十三条 发现食品生产经营者不符合监督检查要点表一般项目,但情节显著轻微不影响食品安全的,市场监督管理部门应当当场责令其整改。

可以当场整改的,检查人员应当对食品生产经营者采取的整改措施以及整改情况进行记录;需要限期整改的,市场监督管理部门应当书面提出整改要求和时限。被检查单位应当按期整改,并将整改情况报告市场监督管理部门。市场监督管理部门应当跟踪整改情况并记录整改结果。

不符合监督检查要点表一般项目,影响食品安全的,市场监督管理部门应当依法进行调查处理。

第三十四条 食品生产经营者应当按照检查人员要求,在现场检查、询问、抽样检验等文书以及收集、复印的有关资料上签字或者盖章。

被检查单位拒绝在相关文书、资料上签字或者盖章的,检查人员应当注明原因,并可以邀请有关人员作为见证人签字、盖章,或者采取录音、录像等方式进行记录,作为监督执法的依据。

第三十五条 检查人员应当将监督检查结果现场书面告知食品生产经营者。需要进行检验检测的,市场监督管理部门应当及时告知检验结论。

上级市场监督管理部门组织的监督检查,还应当将监督检查结果抄送食品生产经营者所在地市场监督管理部门。

第五章 监督管理

第三十六条 市场监督管理部门在监督检查中发现食品不符合食品安全法律、法规、规章和食品安全标准的,在依法调查处理的同时,应当及时督促食品生产经营者追查相关食品的来源和流向,查明原因、控制风险,并根据需要通报相关市场监督管理部门。

第三十七条 监督检查中发现生产经营的食品、食品添加剂的标签、说明书存在食品安全法第一百二十五条第二款规定的瑕疵的,市场监督管理部门应当责令当事人改正。经食品生产者采取补救措施且能保证食品安全的食品、食品添加剂可以继续销售;销售时应当向消费者明示补救措施。

认定标签、说明书瑕疵,应当综合考虑标注内容与食品安全的关联性、当事人的主观过错、消费者对食品安全的理解和选择等因素。有下列情形之一的,可以认定为食品安全法第一百二十五条第二款规定的标签、说明书瑕疵:

(一)文字、符号、数字的字号、字体、字高不规范,出现错别字、多字、漏字、繁体字,或者外文翻译不准确以及外文字号、字高大于中文等的;

(二)净含量、规格的标示方式和格式不规范,或者对没有特殊贮存条件要求的食品,未按照规定标注贮存条件的;

(三)食品、食品添加剂以及配料使用的俗称或者简称等不规范的;

(四)营养成分表、配料表顺序、数值、单位标示不规范,或者营养成分表数值修约间隔、"0"界限值、标示单位不规范的;

(五)对有证据证明未实际添加的成分,标注了"未添加",但未按照规定标示具体含量的;

(六)国家市场监督管理总局认定的其他情节轻微,不影响食品安全,没有故意误导消费者的情形。

第三十八条 市场监督管理部门在监督检查中发现违法案件线索,对不属于本部门职责或者超出管辖范围的,应当及时移送有权处理的部门;涉嫌犯罪的,应当依法移送公安机关。

第三十九条 市场监督管理部门应当于检查结果信息形成后 20 个工作日内向社会公开。

检查结果对消费者有重要影响的,食品生产经营者应当按照规定在食品生产经营场所醒目位置张贴或者公开展示监督检查结果记录表,并保持至下次监督检查。有条件的可以通过电子屏幕等信息化方式向消费者展示监督检查结果记录表。

第四十条 监督检查中发现存在食品安全隐患,食品生产经营者未及时采取有效措施消除的,市场监督管理部门可以对食品生产经营者的法定代表人或者主要负责人进行责任约谈。

第四十一条 监督检查结果,以及市场监督管理部门约谈食品生产经营者情况和食品生产经营者整改情况应当记入食品生产经营者食品安全信用档案。对存在严重违法失信行为的，按照规定实施联合惩戒。

第四十二条 对同一食品生产经营者，上级市场监督管理部门已经开展监督检查的，下级市场监督管理部门原则上三个月内不再重复检查已检查的项目，但食品生产经营者涉嫌违法或者存在明显食品安全隐患等情形的除外。

第四十三条 上级市场监督管理部门发现下级市场监督管理部门的监督检查工作不符合法律法规和本办法规定要求的，应当根据需要督促其再次组织监督检查或者自行组织监督检查。

第四十四条 县级以上市场监督管理部门应当加强专业化职业化检查员队伍建设，定期对检查人员开展培训与考核，提升检查人员食品安全法律、法规、规章、标准和专业知识等方面的能力和水平。

第四十五条 县级以上市场监督管理部门应当按照规定安排充足的经费，配备满足监督检查工作需要的采样、检验检测、拍摄、移动办公、安全防护等工具、设备。

第四十六条 检查人员（含聘用制检查人员和相关领域专业技术人员）在实施监督检查过程中，应当严格遵守有关法律法规、廉政纪律和工作要求，不得违反规定泄露监督检查相关情况以及被检查单位的商业秘密、未披露信息或者保密商务信息。

实施飞行检查，检查人员不得事先告知被检查单位飞行检查内容、检查人员行程等检查相关信息。

第四十七条 鼓励食品生产经营者选择有相关资质的食品安全第三方专业机构及其专业化、职业化的专业技术人员对自身的食品安全状况进行评价，评价结果可以作为市场监督管理部门监督检查的参考。

第六章 法律责任

第四十八条 食品生产经营者未按照规定在显著位置张贴或者公开展示相关监督检查结果记录表，撕毁、涂改监督检查结果记录表，或者未保持日常监督检查结果记录表至下次日常监督检查的，由县级以上地方市场监督管理部门责令改正；拒不改正的，给予警告，可以并处5000元以上5万元以下罚款。

第四十九条 食品生产经营者有下列拒绝、阻挠、干涉市场监督管理部门进行监督检查情形之一的，由县级以上市场监督管理部门依照食品安全法第一百三十三条第一款的规定进行处理：

（一）拒绝、拖延、限制检查人员进入被检查场所或者区域的，或者限制检查时间的；

（二）拒绝或者限制抽取样品、录像、拍照和复印等调查取证工作的；

（三）无正当理由不提供或者延迟提供与检查相关的合同、记录、票据、账簿、电子数据等材料的；

（四）以主要负责人、主管人员或者相关工作人员不在岗为由，或者故意以停止生产经营等方式欺骗、误导、逃避检查的；

（五）以暴力、威胁等方法阻碍检查人员依法履行职责的；

（六）隐藏、转移、变卖、损毁检查人员依法查封、扣押的财物的；

（七）伪造、隐匿、毁灭证据或者提供虚假情况的；

（八）其他妨碍检查人员履行职责的。

第五十条 食品生产经营者拒绝、阻挠、干涉监督检查，违反治安管理处罚相关规定的，由市场监督管理部门依法移交公安机关处理。

食品生产经营者以暴力、威胁等方法阻碍检查人员依法履行职责，涉嫌犯罪的，由市场监督管理部门依法移交公安机关处理。

第五十一条 发现食品生产经营者有食品安全法实施条例第六十七条第一款规定的情形，属于情节严重的，市场监督管理部门应当依法从严处理。对情节严重的违法行为处以罚款时，应当依法从重从严。

食品生产经营者违反食品安全法律、法规、规章和食品安全标准的规定，属于初次违法且危害后果轻微并及时改正的，可以不予行政处罚。

当事人有证据足以证明没有主观过错的，不予行政处罚。法律、行政法规另有规定的，从其规定。

第五十二条 市场监督管理部门及其工作人员有违反法律、法规以及本办法规定和有关纪律要求的，应当依据食品安全法和相关规定，对直接负责的主管人员和其他直接责任人员，给予相应的处分；涉嫌犯罪的，依法移交司法机关处理。

第七章 附则

第五十三条 本办法所称日常监督检查是指市级、县级市场监督管理部门按照年度食品生产经营监督检查计划，对本行政区域内食品生产经营者开展的常规性检查。

本办法所称飞行检查是指市场监督管理部门根据监督管理工作需要以及问题线索等，对食品生产经营者依法开展的不预先告知的监督检查。

本办法所称体系检查是指市场监督管理部门以风险防控为导向，对特殊食品、高风险大宗食品生产企业和大型食品经营企业等的质量管理体系执行情况依法开展的系统性监督检查。

第五十四条 地方市场监督管理部门对食品生产加工小作坊、食品摊贩、小餐饮等的监督检查，省、自治区、直辖市没有规定的，可以参照本办法执行。

第五十五条 本办法自2022年3月15日起施行。原国家食品药品监督管理总局2016年3月4日发布的《食品生产经营日常监督检查管理办法》同时废止。

婴幼儿配方乳粉产品配方注册管理办法

· 2023年6月26日国家市场监督管理总局令第80号公布
· 自2023年10月1日起施行

第一章 总 则

第一条 为了严格婴幼儿配方乳粉产品配方注册管理，保证婴幼儿配方乳粉质量安全，根据《中华人民共和国行政许可法》《中华人民共和国食品安全法》《中华人民共和国食品安全法实施条例》等法律法规，制定本办法。

第二条 在中华人民共和国境内生产销售和进口的婴幼儿配方乳粉产品配方注册管理，适用本办法。

第三条 婴幼儿配方乳粉产品配方注册，是指国家市场监督管理总局依本办法规定的程序和要求，对申请注册的婴幼儿配方乳粉产品配方进行审评，并决定是否准予注册的活动。

第四条 婴幼儿配方乳粉产品配方注册管理，应当遵循科学、严格、公开、公平、公正的原则。

第五条 国家市场监督管理总局负责婴幼儿配方乳粉产品配方注册管理工作。

国家市场监督管理总局食品审评机构（食品审评中心，以下简称审评机构）负责婴幼儿配方乳粉产品配方注册申请的受理、技术审评、现场核查、制证送达等工作，并根据需要组织专家进行论证。

省、自治区、直辖市市场监督管理部门应当配合婴幼儿配方乳粉产品配方注册的现场核查等工作。

第六条 婴幼儿配方乳粉产品配方注册申请人（以下简称申请人）应当对提交材料的真实性、完整性、合法性负责，并承担法律责任。

申请人应当配合市场监督管理部门开展与注册相关的现场核查、抽样检验等工作，提供必要工作条件。

第七条 鼓励婴幼儿配方乳粉产品配方研发和创新，结合母乳研究成果优化配方，提升婴幼儿配方乳粉品质。

第二章 申请与注册

第八条 申请人应当为拟在中华人民共和国境内生产并销售婴幼儿配方乳粉的生产企业或者拟向中华人民共和国出口婴幼儿配方乳粉的境外生产企业。

申请人应当具备与所生产婴幼儿配方乳粉相适应的研发能力、生产能力、检验能力，符合粉状婴幼儿配方食品良好生产规范要求，实施危害分析与关键控制点体系，对出厂产品按照有关法律法规和婴幼儿配方乳粉食品安全国家标准规定的项目实施逐批检验。企业集团设有独立研发机构的，控股子公司作为申请人可以共享集团部分研发能力。

申请人使用已经符合婴幼儿配方食品安全国家标准营养成分要求的复合配料作为原料申请配方注册的，不予注册。

第九条 申请注册产品配方应当符合有关法律法规和食品安全国家标准的要求，并提供产品配方科学性、安全性的研发与论证报告和充足依据。

申请婴幼儿配方乳粉产品配方注册，应当向国家市场监督管理总局提交下列材料：

（一）婴幼儿配方乳粉产品配方注册申请书；

（二）申请人主体资质文件；

（三）原辅料的质量安全标准；

（四）产品配方；

（五）产品配方研发与论证报告；

（六）生产工艺说明；

（七）产品检验报告；

（八）研发能力、生产能力、检验能力的材料；

（九）其他表明配方科学性、安全性的材料。

申请人应当按照国家有关规定对申请材料中的商业秘密、未披露信息或者保密商务信息进行标注并注明依据。

第十条 同一企业申请注册两个以上同年龄段产品配方时，产品配方之间应当有明显差异，并经科学证实。每个企业原则上不得超过三个配方系列九种产品配方，每个配方系列包括婴儿配方乳粉（0—6月龄，1段）、较大婴儿配方乳粉（6—12月龄，2段）、幼儿配方乳粉（12—36月龄，3段）。

第十一条 已经取得婴幼儿配方乳粉产品配方注册证书及生产许可的企业集团母公司或者其控股子公司可以使用同一企业集团内其他控股子公司或者企业集团母公司已经注册的婴幼儿配方乳粉产品配方。组织生产前，企业集团母公司应当充分评估配方调用的可行性，确保产品质量安全,并向国家市场监督管理总局提交书面报告。

第十二条 对申请人提出的婴幼儿配方乳粉产品配方注册申请,应当根据下列情况分别作出处理:

(一)申请事项依法不需要进行注册的,应当即时告知申请人不受理;

(二)申请事项依法不属于国家市场监督管理总局职权范围的,应当即时作出不予受理的决定,并告知申请人向有关行政机关申请;

(三)申请材料存在可以当场更正的错误的,应当允许申请人当场更正;

(四)申请材料不齐全或者不符合法定形式的,应当当场或者在五个工作日内一次告知申请人需要补正的全部内容;逾期不告知的,自收到申请材料之日起即为受理;

(五)申请事项属于国家市场监督管理总局职权范围,申请材料齐全、符合法定形式,或者申请人按照要求提交全部补正申请材料的,应当受理注册申请。

受理或者不予受理注册申请,应当出具加盖国家市场监督管理总局行政许可专用章和注明日期的凭证。

第十三条 审评机构应当对申请配方的科学性和安全性以及产品配方声称与产品配方注册内容的一致性进行审查,自受理之日起六十个工作日内完成审评工作。

特殊情况下需要延长审评时限的,经审评机构负责人同意,可以延长二十个工作日,延长决定应当书面告知申请人。

第十四条 审评过程中认为需要申请人补正材料的,审评机构应当一次告知需要补正的全部内容。申请人应当在三个月内按照补正通知的要求一次补正材料。补正材料的时间不计算在审评时限内。

第十五条 审评机构根据实际需要组织开展现场核查和抽样检验,必要时对原料生产企业等开展延伸核查。

现场核查应当对申请人研发能力、生产能力、检验能力以及申请材料与实际情况的一致性等进行核实,并抽取动态生产的样品进行检验。抽样检验的动态生产样品品种基于风险确定。

第十六条 有下列情形之一的,应当开展现场核查:

(一)申请人首次申请注册的三个配方系列九种产品配方;

(二)产品配方组成发生重大变化的;

(三)生产工艺类型发生变化且申请人已注册尚在有效期内的配方无此工艺类型的;

(四)生产地址发生实际变化的;

(五)技术审评过程中发现需经现场核查核实问题的;

(六)既往注册申请存在隐瞒真实情况、提供虚假材料的;

(七)其他需要开展现场核查的情形。

婴幼儿配方食品安全国家标准发生重大变化,申请人申请产品配方注册或者变更的,审评机构应当开展现场核查。但是,申请人同一系列三个产品配方在标准变化后均已取得行政许可的,相同生产工艺类型的其他系列产品配方可以不再开展现场核查。

第十七条 需要开展现场核查的,审评机构应当通过书面或者电子等方式告知申请人核查事项,申请人三十个工作日内反馈接受现场核查的日期。因不可抗力等原因无法在规定时限内反馈的,申请人应当书面提出延期申请并说明理由。审评机构自申请人确认的现场核查日期起二十个工作日内完成现场核查。

审评机构通知申请人所在地省级市场监督管理部门参与现场核查的,省级市场监督管理部门应当派员参与。

第十八条 审评机构应当委托具有法定资质的食品检验机构开展检验。

检验机构应当自收到样品之日起二十个工作日内按照食品安全国家标准和申请人提交的测定方法完成检验工作,并向审评机构出具样品检验报告。

第十九条 审评机构应当根据申请人提交的申请材料、现场核查报告、样品检验报告开展审评,并作出审评结论。在技术审评、现场核查、产品检验等过程中,可以就重大、复杂问题听取食品安全、食品加工、营养和临床医学等领域专家的意见。

第二十条 申请人的申请符合法定条件、标准,产品配方科学、安全,现场核查报告结论、检验报告结论为符合注册要求的,审评机构应当作出建议准予注册的审评结论。

第二十一条 有下列情形之一的,审评机构应当作出拟不予注册的审评结论:

(一)申请材料弄虚作假,不真实的;

(二)产品配方科学性、安全性依据不充足的;

(三)申请人不具备与所申请注册的产品配方相适应的研发能力、生产能力或者检验能力的;

(四)申请人未在规定时限内提交补正材料,或者提交的补正材料不符合要求的;

(五)申请人逾期不能确认现场核查日期,拒绝或者不配合现场核查、抽样检验的;

(六)现场核查报告结论或者检验报告结论为不符合注册要求的;

(七)同一企业申请注册的产品配方与其同年龄段已申请产品配方之间没有明显差异的;

(八)其他不符合法律、法规、规章、食品安全国家标准等注册要求的情形。

审评机构作出不予注册审评结论的,应当向申请人发出拟不予注册通知并说明理由。申请人对审评结论有异议的,应当自收到通知之日起二十个工作日内向审评机构提出书面复审申请并说明复审理由。复审的内容仅限于原申请事项及申请材料。

审评机构应当自受理复审申请之日起三十个工作日内作出复审决定,并通知申请人。

第二十二条 国家市场监督管理总局在审评结束后,依法作出是否批准的决定。对准予注册的,颁发婴幼儿配方乳粉产品配方注册证书。对不予注册的,发给不予注册决定书,说明理由,并告知申请人享有依法申请行政复议或者提起行政诉讼的权利。

第二十三条 国家市场监督管理总局自受理之日起二十个工作日内作出决定。

审评机构应当自国家市场监督管理总局作出决定之日起十个工作日内向申请人送达婴幼儿配方乳粉产品配方注册证书或者不予注册决定书。

第二十四条 现场核查、抽样检验、复审所需时间不计算在审评时限内。

对境外生产企业现场核查、抽样检验的工作时限,根据实际情况确定。

第二十五条 婴幼儿配方乳粉产品配方注册证书及附件应当载明下列事项:

(一)产品名称;

(二)企业名称、生产地址;

(三)注册号、批准日期及有效期;

(四)生产工艺类型;

(五)产品配方。

婴幼儿配方乳粉产品配方注册号格式为:国食注字YP+四位年代号+四位顺序号,其中YP代表婴幼儿配方乳粉产品配方。

婴幼儿配方乳粉产品配方注册证书有效期五年,电子证书与纸质证书具有同等法律效力。

第二十六条 婴幼儿配方乳粉产品配方注册有效期内,婴幼儿配方乳粉产品配方注册证书遗失或者损毁的,申请人应当向国家市场监督管理总局提出补发申请并说明理由。因遗失申请补发的,应当提交遗失声明;因损毁申请补发的,应当交回婴幼儿配方乳粉产品配方注册证书原件。

国家市场监督管理总局自受理之日起十个工作日内予以补发。补发的婴幼儿配方乳粉产品配方注册证书应当标注原批准日期,并注明"补发"字样。

第二十七条 婴幼儿配方乳粉产品配方注册证书有效期内,申请人需要变更注册证书或者附件载明事项的,应当向国家市场监督管理总局提出变更注册申请,并提交下列材料:

(一)婴幼儿配方乳粉产品配方变更注册申请书;

(二)产品配方变更论证报告;

(三)与变更事项有关的其他材料。

第二十八条 申请人申请产品配方变更等可能影响产品配方科学性、安全性的,审评机构应当按照本办法第十三条的规定组织开展审评,并作出审评结论。

申请人申请企业名称变更、生产地址名称变更、产品名称变更等不影响产品配方科学性、安全性的,审评机构应当进行核实并自受理之日起十个工作日内作出审评结论。申请人企业名称变更的,应当以变更后的名称申请。

国家市场监督管理总局自审评结论作出之日起十个工作日内作出准予变更或者不予变更的决定。对符合条件的,依法办理变更手续,注册证书发证日期以变更批准日期为准,原注册号不变,证书有效期不变;不予变更注册的,发给不予变更注册决定书,说明理由,并告知申请人享有依法申请行政复议或者提起行政诉讼的权利。

第二十九条 产品配方原料(含食品添加剂)品种不变、配料表顺序不变、营养成分表不变,使用量在一定范围内合理波动或者调整的,不需要申请变更。

产品配方原料(含食品添加剂)品种和营养成分表同时调整,实质上已经构成新的产品配方的,应当重新申请产品配方注册。

第三十条 婴幼儿配方乳粉产品配方注册证书有效期届满需要延续的,申请人应当在注册证书有效期届满六个月前向国家市场监督管理总局提出延续注册申请,并提交下列材料:

(一)婴幼儿配方乳粉产品配方延续注册申请书;

(二)申请人主体资质文件;

(三)企业研发能力、生产能力、检验能力情况;

(四)企业生产质量管理体系自查报告;

(五)产品营养、安全方面的跟踪评价情况;

(六)生产企业所在地省、自治区、直辖市市场监督管理部门延续注册意见书。

审评机构应当按照本办法第十三条的规定对延续注册申请组织开展审评，并作出审评结论。

国家市场监督管理总局自受理申请之日起二十个工作日内作出准予延续注册或者不予延续注册的决定。准予延续注册的，向申请人换发注册证书，原注册号不变，证书有效期自批准之日起重新计算；不予延续注册的，发给不予延续注册决定书，说明理由，并告知申请人享有依法申请行政复议或者提起行政诉讼的权利。逾期未作决定的，视为准予延续。

第三十一条 有下列情形之一的，不予延续注册：

（一）未在规定时限内提出延续注册申请的；

（二）申请人在产品配方注册后五年内未按照注册配方组织生产的；

（三）企业未能保持注册时研发能力、生产能力、检验能力的；

（四）其他不符合有关规定的情形。

第三十二条 婴幼儿配方乳粉产品配方变更注册与延续注册的程序未作规定的，适用本办法有关婴幼儿配方乳粉产品配方注册的相关规定。

第三章 标签与说明书

第三十三条 婴幼儿配方乳粉标签、说明书应当符合法律、法规、规章和食品安全国家标准，并按照国家市场监督管理总局的规定进行标识。

申请人申请婴幼儿配方乳粉产品配方注册，应当提交标签样稿及声称的说明材料；同时提交说明书的，说明书应当与标签内容一致。

标签、说明书涉及婴幼儿配方乳粉产品配方的，应当与产品配方注册内容一致，并标注注册号。

第三十四条 产品名称中有动物性来源字样的，其生乳、乳粉、乳清粉等乳蛋白来源应当全部来自该物种。

配料表应当将食用植物油具体的品种名称按照加入量的递减顺序标注。

营养成分表应当按照婴幼儿配方乳粉食品安全国家标准规定的营养素顺序列出，并按照能量、蛋白质、脂肪、碳水化合物、维生素、矿物质、可选择成分等类别分类列出。

第三十五条 声称生乳、原料乳粉等原料来源的，应当如实标明来源国或者具体来源地。

第三十六条 标签应当注明婴幼儿配方乳粉适用月龄，可以同时使用"1段""2段""3段"的方式标注。

第三十七条 标签不得含有下列内容：

（一）涉及疾病预防、治疗功能；

（二）明示或者暗示具有增强免疫力、调节肠道菌群等保健作用；

（三）明示或者暗示具有益智、增加抵抗力、保护肠道等功能性表述；

（四）对于按照法律法规和食品安全国家标准等不应当在产品配方中含有或者使用的物质，以"不添加""不含有""零添加"等字样强调未使用或者不含有；

（五）虚假、夸大、违反科学原则或者绝对化的内容；

（六）使用"进口奶源""源自国外牧场""生态牧场""进口原料""原生态奶源""无污染奶源"等模糊信息；

（七）与产品配方注册内容不一致的声称；

（八）使用婴儿和妇女的形象，"人乳化""母乳化"或者近似术语表述；

（九）其他不符合法律、法规、规章和食品安全国家标准规定的内容。

第四章 监督管理

第三十八条 承担技术审评、现场核查、抽样检验的机构和人员应当对出具的审评结论、现场核查报告、产品检验报告等负责；参加论证的专家出具专家意见，应当恪守职业道德。

技术审评、现场核查、抽样检验、专家论证应当依照法律、法规、规章、食品安全国家标准、技术规范等开展，保证相关工作科学、客观和公正。

第三十九条 市场监督管理部门接到有关单位或者个人举报的婴幼儿配方乳粉产品配方注册工作中的违法违规行为，应当及时核实处理。

第四十条 国家市场监督管理总局自批准之日起二十个工作日内公布婴幼儿配方乳粉产品配方注册信息。

第四十一条 未经申请人同意，参与婴幼儿配方乳粉产品配方注册工作的机构和人员不得披露申请人提交的商业秘密、未披露信息或者保密商务信息，法律另有规定或者涉及国家安全、重大社会公共利益的除外。

第四十二条 婴幼儿配方乳粉产品配方注册申请受理后，申请人提出撤回婴幼儿配方乳粉产品配方注册申请的，应当提交书面申请并说明理由。同意撤回申请的，国家市场监督管理总局终止其注册程序。

技术审评、现场核查和抽样检验过程中发现涉嫌存在隐瞒真实情况或者提供虚假信息等违法行为的，应当依法处理，申请人不得撤回注册申请。

第四十三条 有下列情形之一的，国家市场监督管理总局根据利害关系人的请求或者依据职权，可以撤销婴幼儿配方乳粉产品配方注册：

（一）工作人员滥用职权、玩忽职守作出准予注册决定的；

（二）超越法定职权作出准予注册决定的；

（三）违反法定程序作出准予注册决定的；

（四）对不具备申请资格或者不符合法定条件的申请人准予注册的；

（五）依法可以撤销注册的其他情形。

第四十四条 有下列情形之一的，由国家市场监督管理总局注销婴幼儿配方乳粉产品配方注册：

（一）企业申请注销的；

（二）企业依法终止的；

（三）注册证书有效期届满未延续的；

（四）注册证书依法被撤销、撤回或者依法被吊销的；

（五）法律、法规规定应当注销的其他情形。

第五章 法律责任

第四十五条 食品安全法等法律法规对婴幼儿配方乳粉产品配方注册违法行为已有规定的，从其规定。

第四十六条 申请人隐瞒有关情况或者提供虚假材料申请婴幼儿配方乳粉产品配方注册的，国家市场监督管理总局不予受理或者不予注册，对申请人给予警告；申请人在一年内不得再次申请婴幼儿配方乳粉产品配方注册；涉嫌犯罪的，依法移送公安机关，追究刑事责任。

申请人以欺骗、贿赂等不正当手段取得婴幼儿配方乳粉产品配方注册证书的，国家市场监督管理总局依法予以撤销，被许可人三年内不得再次申请注册；处一万元以上三万元以下罚款；造成危害后果的，处三万元以上二十万元以下罚款；涉嫌犯罪的，依法移送公安机关，追究刑事责任。

第四十七条 申请人变更不影响产品配方科学性、安全性的事项，未依法申请变更的，由县级以上市场监督管理部门责令限期改正；逾期不改的，处一千元以上一万元以下罚款。

申请人变更可能影响产品配方科学性、安全性的事项，未依法申请变更的，由县级以上市场监督管理部门依照食品安全法第一百二十四条的规定处罚。

第四十八条 伪造、涂改、倒卖、出租、出借、转让婴幼儿配方乳粉产品配方注册证书的，由县级以上市场监督管理部门处三万元以上十万元以下罚款；造成危害后果的，处十万元以上二十万元以下罚款；涉嫌犯罪的，依法移送公安机关，追究刑事责任。

第四十九条 婴幼儿配方乳粉生产销售者违反本办法第三十三条至第三十七条规定，由县级以上地方市场监督管理部门责令限期改正，处一万元以上三万元以下罚款；情节严重的，处三万元以上十万元以下罚款；造成危害后果的，处十万元以上二十万元以下罚款。

第五十条 市场监督管理部门及其工作人员对不符合条件的申请人准予注册，或者超越法定职权准予注册的，依照食品安全法第一百四十四条的规定处理。

市场监督管理部门及其工作人员在注册审评过程中滥用职权、玩忽职守、徇私舞弊的，依照食品安全法第一百四十五条的规定处理。

第六章 附 则

第五十一条 本办法所称婴幼儿配方乳粉产品配方，是指生产婴幼儿配方乳粉使用的食品原料、食品添加剂及其使用量，以及产品中营养成分的含量。

第五十二条 本办法自2023年10月1日起施行，2016年6月6日原国家食品药品监督管理总局令第26号公布的《婴幼儿配方乳粉产品配方注册管理办法》同时废止。

特殊医学用途配方食品注册管理办法

· 2023年11月28日国家市场监督管理总局令第85号公布
· 自2024年1月1日起施行

第一章 总 则

第一条 为了规范特殊医学用途配方食品注册行为，保证特殊医学用途配方食品质量安全，根据《中华人民共和国行政许可法》《中华人民共和国食品安全法》（以下简称《食品安全法》）《中华人民共和国食品安全法实施条例》等法律法规，制定本办法。

第二条 在中华人民共和国境内生产销售和进口的特殊医学用途配方食品的注册管理，适用本办法。

第三条 特殊医学用途配方食品注册，是指国家市场监督管理总局依据本办法规定的程序和要求，对申请注册的特殊医学用途配方食品进行审查，并决定是否准予注册的活动。

第四条 特殊医学用途配方食品注册管理，以临床营养需求为导向，遵循科学、公开、公平、公正的原则，鼓励创新。

第五条 国家市场监督管理总局负责特殊医学用途配方食品的注册管理工作。

国家市场监督管理总局食品审评机构（食品审评中心，以下简称审评机构）负责特殊医学用途配方食品注册申请的受理、技术审评、现场核查、制证送达等工作，并根据需要组织专家进行论证。

省、自治区、直辖市市场监督管理部门应当配合特殊医学用途配方食品注册的现场核查等工作。

第六条 特殊医学用途配方食品注册申请人（以下简称申请人）应当对所提交材料的真实性、完整性、合法性和可溯源性负责，并承担法律责任。

申请人应当配合市场监督管理部门开展与注册相关的现场核查、抽样检验等工作，提供必要的工作条件。

第二章 申请与注册

第七条 申请人应当为拟在中华人民共和国境内生产并销售特殊医学用途配方食品的生产企业或者拟向中华人民共和国出口特殊医学用途配方食品的境外生产企业。

申请人应当具备与所生产特殊医学用途配方食品相适应的研发能力、生产能力、检验能力，设立特殊医学用途配方食品研发机构，按照良好生产规范要求建立与所生产特殊医学用途配方食品相适应的生产质量管理体系，对出厂产品按照有关法律法规、食品安全国家标准和技术要求规定的项目实施逐批检验。

研发机构中应当有食品相关专业高级职称或者相应专业能力的人员。

第八条 申请特殊医学用途配方食品注册，应当向国家市场监督管理总局提交下列材料：

（一）特殊医学用途配方食品注册申请书；
（二）申请人主体资质文件；
（三）产品研发报告；
（四）产品配方及其设计依据；
（五）生产工艺资料；
（六）产品标准和技术要求；
（七）产品标签、说明书样稿；
（八）产品检验报告；
（九）研发能力、生产能力、检验能力的材料；
（十）其他表明产品安全性、营养充足性以及特殊医学用途临床效果的材料。

申请特定全营养配方食品注册，一般还应当提交临床试验报告。

第九条 申请人应当按照国家有关规定对申请材料中的商业秘密、未披露信息或者保密商务信息进行标注并注明依据。

第十条 对申请人提出的注册申请，应当根据下列情况分别作出处理：

（一）申请事项依法不需要进行注册的，应当即时告知申请人不受理；

（二）申请事项依法不属于国家市场监督管理总局职权范围的，应当即时作出不予受理的决定，并告知申请人向有关行政机关申请；

（三）申请材料存在可以当场更正的错误的，应当允许申请人当场更正；

（四）申请材料不齐全或者不符合法定形式的，应当当场或者在五个工作日内一次告知申请人需要补正的全部内容；逾期不告知的，自收到申请材料之日起即为受理；

（五）申请事项属于国家市场监督管理总局职权范围，申请材料齐全、符合法定形式，或者申请人按照要求提交全部补正申请材料的，应当受理注册申请。

受理或者不予受理注册申请，应当出具加盖国家市场监督管理总局行政许可专用章和注明日期的凭证。

第十一条 审评机构应当对申请注册产品的产品配方、生产工艺、标签、说明书以及产品安全性、营养充足性和特殊医学用途临床效果进行审查，自受理之日起六十个工作日内完成审评工作。

特殊情况下需要延长审评时限的，经审评机构负责人同意，可以延长三十个工作日，延长决定应当书面告知申请人。

第十二条 审评过程中认为需要申请人补正材料的，审评机构应当一次告知需要补正的全部内容。申请人应当在六个月内按照补正通知的要求一次补正材料。补正材料的时间不计算在审评时限内。

第十三条 审评机构可以组织营养学、临床医学、食品安全、食品加工等领域专家对审评过程中遇到的问题进行论证，并形成专家意见。

第十四条 审评机构根据食品安全风险组织对申请人进行生产现场核查和抽样检验，对临床试验进行现场核查。必要时，可对食品原料、食品添加剂生产企业等开展延伸核查。

第十五条 审评机构应当通过书面或者电子等方式告知申请人核查事项。

申请人应当在三十个工作日内反馈接受现场核查的日期。因不可抗力等因素无法在规定时限内反馈的，申请人应当书面提出延期申请并说明理由。

第十六条 审评机构应当自申请人确认的生产现场核查日期起二十个工作日内完成对申请人的研发能力、生产能力、检验能力以及申请材料与实际情况的一致性等的现场核查，并出具生产现场核查报告。

审评机构通知申请人所在地省级市场监督管理部门参与现场核查的，省级市场监督管理部门应当派员参与。

第十七条 审评机构在生产现场核查中抽取动态生产的样品，委托具有法定资质的食品检验机构进行检验。

检验机构应当自收到样品之日起三十个工作日内按照食品安全国家标准和技术要求完成样品检验，并向审评机构出具样品检验报告。

第十八条 对于申请特定全营养配方食品注册的临床试验现场核查，审评机构应当自申请人确认的临床试验现场核查日期起三十个工作日内完成对临床试验的真实性、完整性、合法性和可溯源性等情况的现场核查，并出具临床试验现场核查报告。

第十九条 审评机构应当根据申请人提交的申请材料、现场核查报告、样品检验报告等资料开展审评，并作出审评结论。

第二十条 申请人的申请符合法定条件、标准，产品科学、安全，生产工艺合理、可行，产品质量可控，技术要求和检验方法科学、合理，现场核查报告结论、样品检验报告结论符合注册要求的，审评机构应当作出建议准予注册的审评结论。

第二十一条 有下列情形之一的，审评机构应当作出拟不予注册的审评结论：

（一）申请材料弄虚作假、不真实的；

（二）申请材料不支持产品安全性、营养充足性以及特殊医学用途临床效果的；

（三）申请人不具备与所申请注册产品相适应的研发能力、生产能力或者检验能力的；

（四）申请人未在规定时限内提交补正材料，或者提交的补正材料不符合要求的；

（五）逾期不能确认现场核查日期，拒绝或者不配合现场核查、抽样检验的；

（六）现场核查报告结论或者样品检验报告结论为不符合注册要求的；

（七）其他不符合法律、法规、规章、食品安全国家标准和技术要求等注册要求的情形。

审评机构作出不予注册审评结论的，应当向申请人发出拟不予注册通知并说明理由。申请人对审评结论有异议的，应当自收到通知之日起二十个工作日内向审评机构提出书面复审申请并说明复审理由。复审的内容仅限于原申请事项及申请材料。

审评机构应当自受理复审申请之日起三十个工作日内作出复审决定，并通知申请人。

第二十二条 现场核查、抽样检验、复审所需要的时间不计算在审评时限内。

对境外现场核查、抽样检验的工作时限，根据实际情况确定。

第二十三条 国家市场监督管理总局在审评结束后，依法作出是否批准的决定。对准予注册的，颁发特殊医学用途配方食品注册证书。对不予注册的，发给不予注册决定书，说明理由，并告知申请人享有依法申请行政复议或者提起行政诉讼的权利。

第二十四条 国家市场监督管理总局应当自受理之日起二十个工作日内作出决定。

审评机构应当自国家市场监督管理总局作出决定之日起十个工作日内向申请人送达特殊医学用途配方食品注册证书或者不予注册决定书。

第二十五条 特殊医学用途配方食品注册证书及附件应当载明下列事项：

（一）产品名称；

（二）企业名称、生产地址；

（三）注册号、批准日期及有效期；

（四）产品类别；

（五）产品配方；

（六）生产工艺；

（七）产品标签、说明书样稿；

（八）产品其他技术要求。

特殊医学用途配方食品注册号的格式为：国食注字TY+四位年代号+四位顺序号，其中TY代表特殊医学用途配方食品。

特殊医学用途配方食品注册证书有效期五年，电子证书与纸质证书具有同等法律效力。

第二十六条 特殊医学用途配方食品注册证书有效期内，申请人需要变更注册证书及其附件载明事项的，应当向国家市场监督管理总局提出变更注册申请，并提交下列材料：

（一）特殊医学用途配方食品变更注册申请书；

（二）产品变更论证报告；

（三）与变更事项有关的其他材料。

第二十七条 申请人申请产品配方变更、生产工艺变更等可能影响产品安全性、营养充足性或者特殊医学用途临床效果的，审评机构应当按照本办法第十一条的规定组织开展审评，作出审评结论。

申请人申请企业名称变更、生产地址名称变更、产品名称变更等不影响产品安全性、营养充足性以及特殊医学用途临床效果的，审评机构应当自受理之日起十个工作日内作出审评结论。申请人企业名称变更的，应当以变更后的名称申请。

第二十八条　国家市场监督管理总局自审评结论作出之日起十个工作日内作出准予变更或者不予变更的决定。准予变更注册的，向申请人换发注册证书，标注变更时间和变更事项，注册证书发证日期以变更批准日期为准，原注册号不变，证书有效期不变；不予批准变更注册的，发给不予变更注册决定书，说明理由，并告知申请人享有依法申请行政复议或者提起行政诉讼的权利。

第二十九条　产品的食品原料和食品添加剂品种不变、配料表顺序不变、营养成分表不变，使用量在一定范围内合理波动或者调整的，不需要申请变更。

第三十条　特殊医学用途配方食品注册证书有效期届满需要延续的，申请人应当在注册证书有效期届满六个月前向国家市场监督管理总局提出延续注册申请，并提交下列材料：

（一）特殊医学用途配方食品延续注册申请书；
（二）申请人主体资质文件；
（三）企业研发能力、生产能力、检验能力情况；
（四）企业生产质量管理体系自查报告；
（五）产品安全性、营养充足性和特殊医学临床效果方面的跟踪评价情况；
（六）生产企业所在地省、自治区、直辖市市场监督管理部门延续注册意见书；
（七）与延续注册有关的其他材料。

第三十一条　审评机构应当按照本办法第十一条的规定对延续注册申请组织开展审评，并作出审评结论。

第三十二条　国家市场监督管理总局自受理申请之日起二十个工作日内作出准予延续注册或者不予延续注册的决定。准予延续注册的，向申请人换发注册证书，原注册号不变，证书有效期自批准之日起重新计算；不予延续注册的，发给不予延续注册决定书，说明理由，并告知申请人享有依法申请行政复议或者提起行政诉讼的权利。逾期未作决定的，视为准予延续。

第三十三条　有下列情形之一的，不予延续注册：
（一）未在规定时限内提出延续注册申请的；
（二）注册产品连续十二个月内在省级以上监督抽检中出现三批次及以上不合格的；
（三）申请人未能保持注册时研发能力、生产能力、检验能力的；
（四）其他不符合有关规定的情形。

第三十四条　申请人申请注册特殊医学用途配方食品有下列情形之一，可以申请适用优先审评审批程序：
（一）罕见病类特殊医学用途配方食品；
（二）临床急需且尚未批准过的新类型特殊医学用途配方食品；
（三）国家市场监督管理总局规定的其他优先审评审批的情形。

第三十五条　申请人在提出注册申请前，应当与审评机构沟通交流，经确认后，在提出注册申请的同时，向审评机构提出优先审评审批申请。经审查，符合本办法第三十四条规定的情形，且经公示无异议后，审评机构纳入优先审评审批程序。

第三十六条　纳入优先审评审批程序的特殊医学用途配方食品，审评时限为三十个工作日；经沟通交流确认后，申请人可以补充提交技术材料；需要开展现场核查、抽样检验的，优先安排。

第三十七条　审评过程中，发现纳入优先审评审批程序的特殊医学用途配方食品注册申请不能满足优先审评审批条件的，审评机构应当终止该产品优先审评审批程序，按照正常审评程序继续审评，并告知申请人。

第三十八条　特殊医学用途配方食品变更注册、延续注册、优先审评审批的程序未作规定的，适用特殊医学用途配方食品注册相关规定。

第三章　临床试验

第三十九条　开展特定全营养配方食品注册临床试验，应当经伦理委员会审查同意。

第四十条　临床试验应当按特殊医学用途配方食品临床试验质量管理规范开展。

特殊医学用途配方食品临床试验质量管理规范由国家市场监督管理总局发布。

第四十一条　申请人应当委托符合要求的临床机构开展临床试验。接受委托开展临床试验的临床机构应当出具临床试验报告，临床试验报告应当包括完整的统计分析报告和数据。

第四十二条　申请人组织开展多中心临床试验的，应当明确组长单位和统计单位。

第四十三条　申请人应当对用于临床试验的试验样品和对照样品的质量安全负责。

用于临床试验的试验样品应当由申请人按照申请注册的产品配方、生产工艺生产，生产条件应当符合特殊医学用途配方食品良好生产规范要求，产品应当符合相应食品安全国家标准和技术要求。

第四章 标签和说明书

第四十四条 特殊医学用途配方食品的标签、说明书应当符合法律、法规、规章和食品安全国家标准，并按照国家市场监督管理总局的规定进行标识。

第四十五条 特殊医学用途配方食品的名称应当反映食品的真实属性，使用食品安全国家标准规定的分类名称或者等效名称。

第四十六条 特殊医学用途配方食品的标签应当在主要展示版面标注产品名称、注册号、适用人群以及"请在医生或者临床营养师指导下使用"。

第四十七条 特殊医学用途配方食品标签、说明书应当对产品的配方特点或者营养学特征进行描述，并按照食品安全国家标准的规定标示"不适用于非目标人群使用""本品禁止用于肠外营养支持和静脉注射"。

第四十八条 申请人对其提供的特殊医学用途配方食品标签、说明书的内容负责。标签、说明书应当真实、准确、清楚、明显；不得含有虚假内容，不得涉及疾病预防、治疗功能，不得对产品中的营养素及其他成分进行功能声称，不得误导消费者。

第四十九条 特殊医学用途配方食品的标签和说明书的内容应当一致，涉及特殊医学用途配方食品注册证书内容的，应当与注册证书内容一致。

标签已经涵盖说明书全部内容的，可以不另附说明书。

第五章 监督管理

第五十条 承担技术审评、现场核查、抽样检验的机构和人员应当对出具的审评结论、现场核查报告、样品检验报告等负责；参加论证的专家出具专家意见，应当恪守职业道德。

技术审评、现场核查、抽样检验、专家论证应当依照法律、法规、规章、食品安全国家标准、技术规范等开展，保证相关工作科学、客观和公正。

第五十一条 市场监督管理部门接到有关单位或者个人举报的特殊医学用途配方食品注册工作中的违法违规行为，应当及时核实处理。

第五十二条 未经申请人同意，参与特殊医学用途配方食品注册工作的机构和人员不得披露申请人提交的商业秘密、未披露信息或者保密商务信息，法律另有规定或者涉及国家安全、重大社会公共利益的除外。

第五十三条 特殊医学用途配方食品申请受理后，申请人提出撤回特殊医学用途配方食品注册申请的，应当提交书面申请并说明理由。同意撤回申请的，国家市场监督管理总局终止其注册程序。

技术审评、现场核查和抽样检验过程中发现涉嫌存在隐瞒真实情况或者提供虚假信息等违法行为的，应当依法处理，申请人不得撤回注册申请。

第五十四条 有下列情形之一的，国家市场监督管理总局根据利害关系人的请求或者依据职权，可以撤销特殊医学用途配方食品注册：

（一）工作人员滥用职权、玩忽职守作出准予注册决定的；

（二）超越法定职权作出准予注册决定的；

（三）违反法定程序作出准予注册决定的；

（四）对不具备申请资格或者不符合法定条件的申请人准予注册的；

（五）食品生产许可证被吊销的；

（六）依法可以撤销注册的其他情形。

第五十五条 有下列情形之一的，国家市场监督管理总局应当依法办理特殊医学用途配方食品注册注销手续：

（一）企业申请注销的；

（二）企业依法终止的；

（三）注册证书有效期届满未延续的；

（四）注册证书依法被撤销、撤回或者依法被吊销的；

（五）法律、法规规定应当注销注册的其他情形。

第六章 法律责任

第五十六条 《食品安全法》等法律法规对特殊医学用途配方食品注册违法行为已有规定的，从其规定。

第五十七条 申请人隐瞒有关情况或者提供虚假材料申请特殊医学用途配方食品注册的，国家市场监督管理总局不予受理或者不予注册，对申请人给予警告；申请人在一年内不得再次申请特殊医学用途配方食品注册；涉嫌犯罪的，依法移送公安机关，追究刑事责任。

第五十八条 申请人以欺骗、贿赂等不正当手段取得特殊医学用途配方食品注册证书的，国家市场监督管理总局依法予以撤销，被许可人三年内不得再次申请特殊医学用途配方食品注册；处一万元以上三万元以下罚款；造成危害后果的，处三万元以上二十万元以下罚款；涉嫌犯罪的，依法移送公安机关，追究刑事责任。

第五十九条 伪造、涂改、倒卖、出租、出借、转让特殊医学用途配方食品注册证书的，由县级以上市场监督管理部门处三万元以上十万元以下罚款；造成危害后果的，处十万元以上二十万元以下罚款；涉嫌犯罪的，依法移送公安机关,追究刑事责任。

第六十条 申请人变更不影响产品安全性、营养充足性以及特殊医学用途临床效果的事项,未依法申请变更的,由县级以上市场监督管理部门责令限期改正;逾期不改的,处一千元以上一万元以下罚款。

申请人变更产品配方、生产工艺等可能影响产品安全性、营养充足性以及特殊医学用途临床效果的事项,未依法申请变更的,由县级以上市场监督管理部门依照《食品安全法》第一百二十四条的规定进行处罚。

第六十一条 市场监督管理部门及其工作人员对不符合条件的申请人准予注册,或者超越法定职权准予注册的,依照《食品安全法》第一百四十四条的规定处理。

市场监督管理部门及其工作人员在注册审批过程中滥用职权、玩忽职守、徇私舞弊的,依照《食品安全法》第一百四十五条的规定处理。

第七章 附 则

第六十二条 本办法所称特殊医学用途配方食品,是指为满足进食受限、消化吸收障碍、代谢紊乱或者特定疾病状态人群对营养素或者膳食的特殊需要,专门加工配制而成的配方食品,包括适用于0月龄至12月龄的特殊医学用途婴儿配方食品和适用于1岁以上人群的特殊医学用途配方食品。

适用于1岁以上人群的特殊医学用途配方食品,包括全营养配方食品、特定全营养配方食品、非全营养配方食品。

第六十三条 医疗机构等配制供病人食用的营养餐不适用本办法。

第六十四条 本办法自2024年1月1日起施行。2016年3月7日原国家食品药品监督管理总局令第24号公布的《特殊医学用途配方食品注册管理办法》同时废止。

(3) 餐饮食品

重大活动餐饮服务食品安全监督管理规范

· 2011年2月15日
· 国食药监食〔2011〕67号

第一章 总 则

第一条 为规范重大活动餐饮服务食品安全管理,确保重大活动餐饮服务食品安全,根据《食品安全法》、《食品安全法实施条例》、《餐饮服务食品安全监督管理办法》等法律、法规及规章,制定本规范。

第二条 本规范适用于各级政府确定的具有特定规模和影响的政治、经济、文化、体育以及其他重大活动的餐饮服务食品安全监督管理。

第三条 国家食品药品监督管理局负责对重大活动餐饮服务食品安全管理工作进行指导、协调和监督。地方各级餐饮服务食品安全监管部门负责对本辖区内重大活动餐饮服务食品安全工作进行监督管理。

第四条 重大活动餐饮服务食品安全监督管理坚持预防为主、科学管理、属地负责、分级监督的原则。

第五条 餐饮服务食品安全监管部门、重大活动主办单位、餐饮服务提供者建立有效的食品安全信息沟通机制,共同做好重大活动餐饮服务食品安全保障工作。

第六条 鼓励餐饮服务提供者在重大活动中采用先进的科学技术和管理规范,配备先进的食品安全检验设备,提高科学管理水平。

第二章 主办单位责任

第七条 主办单位应当建立健全餐饮服务食品安全管理机构,负责重大活动餐饮服务食品安全管理,对重大活动餐饮服务食品安全负责。

第八条 主办单位应当选择符合下列条件的餐饮服务提供者承担重大活动餐饮服务保障:

(一)餐饮服务食品安全监督管理量化分级A级(或具备与A级标准相当的条件);

(二)具备与重大活动供餐人数、供餐形式相适应的餐饮服务提供能力;

(三)配备专职食品安全管理人员;

(四)餐饮服务食品安全监管部门提出的其他要求。

第九条 主办单位应于活动举办前20个工作日向餐饮服务食品安全监管部门通报重大活动相关信息,包括活动名称、时间、地点、人数、会议代表食宿安排;主办单位名称、联系人、联系方式;餐饮服务提供者名称、地址、联系人、联系方式;重要宴会、赞助食品等相关情况。

第十条 主办单位在重大活动期间要确保餐饮服务食品安全监管部门开展餐饮服务食品安全监督执法所必要的工作条件。

第十一条 主办单位应当协助餐饮服务食品安全监管部门加强餐饮服务食品安全监管,督促餐饮服务提供者落实餐饮服务食品安全责任,并根据餐饮服务食品安全监管部门的建议,调整餐饮服务提供者。

第三章 餐饮服务提供者责任

第十二条 餐饮服务提供者为重大活动提供餐饮服

务,依法承担餐饮服务食品安全责任,保证食品安全。

第十三条 餐饮服务提供者应当积极配合餐饮服务食品安全监管部门及其派驻工作人员的监督管理,对监管部门及其工作人员所提出的意见认真整改。在重大活动开展前,餐饮服务提供者应与餐饮服务食品安全监管部门签订责任承诺书。

第十四条 餐饮服务提供者应当建立重大活动餐饮服务食品安全工作管理机构,制定重大活动餐饮服务食品安全实施方案和食品安全事故应急处置方案,并将方案及时报送餐饮服务食品安全监管部门和主办单位。

第十五条 餐饮服务提供者应当制定重大活动食谱,并经餐饮服务食品安全监管部门审核;实施原料采购控制要求,确定合格供应商,加强采购检验,落实索证索票、进货查验和台账登记制度,确保所购食品、食品添加剂和食品相关产品符合食品安全标准。

第十六条 餐饮服务提供者应当加强对食品加工、贮存、陈列等设施设备的定期维护,加强对保温设施及冷藏、冷冻设施的定期清洗、校验,加强对餐具、饮具的清洗、消毒。

第十七条 餐饮服务提供者应当依法加强从业人员的健康管理,确保从业人员的健康状况符合相关要求。

第十八条 餐饮服务提供者应当与主办单位共同做好餐饮服务从业人员的培训,满足重大活动的特殊需求。

第十九条 重大活动餐饮服务食品留样应当按品种分别存放于清洗消毒后的密闭专用容器内,在冷藏条件下存放48小时以上,每个品种留样量应满足检验需要,并做好记录。食品留样存放的冰箱应专用,并专人负责,上锁保管。

第二十条 有下列情形之一的,餐饮服务提供者应停止使用相关食品、食品添加剂和食品相关产品:

(一)法律法规禁止生产经营的食品、食品添加剂和食品相关产品;

(二)检验检测不合格的生活饮用水和食品;

(三)超过保质期的食品、食品添加剂;

(四)外购的散装直接入口熟食制品;

(五)监管部门在食谱审查时认定不适宜提供的食品。

第四章 监管部门责任

第二十一条 餐饮服务食品安全监管部门应当制定重大活动餐饮服务食品安全保障工作方案和食品安全事故应急预案。

第二十二条 餐饮服务食品安全监管部门应当按照重大活动的特点,确定餐饮服务食品安全监管方式和方法,并要求主办单位提供必要的条件。

第二十三条 餐饮服务食品安全监管部门应当制定重大活动餐饮服务食品安全信息报告和通报制度,明确报告和通报的主体、事项、时限及相关责任。

第二十四条 餐饮服务食品安全监管部门应当在活动期间加强对重大活动餐饮服务提供者的事前监督检查。检查发现安全隐患,应当及时提出整改要求,并监督整改;对不能保证餐饮食品安全的餐饮服务提供者,及时提请或要求主办单位予以更换。

第二十五条 餐饮服务食品安全监管部门应当对重大活动餐饮服务提供者提供的食谱进行审定。

第五章 监督程序

第二十六条 餐饮服务食品安全监管部门应当根据重大活动餐饮服务食品安全工作需要,选派2名或2名以上的监督员,执行重大活动餐饮服务食品安全驻点监督工作,对食品加工制作重点环节进行动态监督,填写检查笔录和监督意见书。监督过程中如遇有重大食品安全问题,驻点监督人员不能现场解决的,应及时向有关部门报告。

第二十七条 餐饮服务食品安全监管部门对重大活动餐饮服务提供者进行资格审核,开展加工制作环境、冷菜制作、餐用具清洗消毒、食品留样等现场检查,对不能满足接待任务要求的、不能保证食品安全的餐饮服务提供者,应及时提请或要求主办单位予以更换。

第二十八条 餐饮服务食品安全监管部门应当及时对重大活动采购的重点食品及其原料进行抽样检验。

第二十九条 餐饮服务食品安全监管部门应当及时对重大活动餐饮服务食品安全进行现场检查,并制作现场检查笔录和监督意见书等,对餐饮服务提供者不符合相关法律法规要求的情况责令限期整改,并及时通报主办单位。

第三十条 发生食物中毒或疑似食物中毒时,主办单位、餐饮服务提供者、驻点监管人员应当依法依规向有关部门报告,餐饮服务监管部门应当立即封存可能导致食品安全事故的食品及其原料、工具及用具、设备设施和现场,协助、配合有关部门开展食品安全事故调查。

第三十一条 重大活动餐饮服务食品安全保障工作结束之日起10个工作日,餐饮服务食品安全监管部门应当对重大活动食品安全监督工作做出书面总结,并将有关资料归档保存。

第六章 附 则

第三十二条 本规范由国家食品药品监督管理局负责解释。

第三十三条 各省、自治区、直辖市餐饮服务食品安全监管部门可结合本地实际，制定重大活动餐饮服务食品安全监督管理规范实施细则。

第三十四条 本规范自发布之日起施行。

网络餐饮服务食品安全监督管理办法

- 2017年11月6日国家食品药品监督管理总局令第36号公布
- 根据2020年10月23日《国家市场监督管理总局关于修改部分规章的决定》修订

第一条 为加强网络餐饮服务食品安全监督管理，规范网络餐饮服务经营行为，保证餐饮食品安全，保障公众身体健康，根据《中华人民共和国食品安全法》等法律法规，制定本办法。

第二条 在中华人民共和国境内，网络餐饮服务第三方平台提供者，通过第三方平台和自建网站提供餐饮服务的餐饮服务提供者（以下简称入网餐饮服务提供者），利用互联网提供餐饮服务及其监督管理，适用本办法。

第三条 国家市场监督管理总局负责指导全国网络餐饮服务食品安全监督管理工作，并组织开展网络餐饮服务食品安全监测。

县级以上地方市场监督管理部门负责本行政区域内网络餐饮服务食品安全监督管理工作。

第四条 入网餐饮服务提供者应当具有实体经营门店并依法取得食品经营许可证，并按照食品经营许可证载明的主体业态、经营项目从事经营活动，不得超范围经营。

第五条 网络餐饮服务第三方平台提供者应当在通信主管部门批准后30个工作日内，向所在地省级市场监督管理部门备案。自建网站餐饮服务提供者应当在通信主管部门备案后30个工作日内，向所在地县级市场监督管理部门备案。备案内容包括域名、IP地址、电信业务经营许可证或者备案号、企业名称、地址、法定代表人或者负责人姓名等。

网络餐饮服务第三方平台提供者设立从事网络餐饮服务分支机构的，应当在设立后30个工作日内，向所在地县级市场监督管理部门备案。备案内容包括分支机构名称、地址、法定代表人或者负责人姓名等。

市场监督管理部门应当及时向社会公开相关备案信息。

第六条 网络餐饮服务第三方平台提供者应当建立并执行入网餐饮服务提供者审查登记、食品安全违法行为制止及报告、严重违法行为平台服务停止、食品安全事故处置等制度，并在网络平台上公开相关制度。

第七条 网络餐饮服务第三方平台提供者应当设置专门的食品安全管理机构，配备专职食品安全管理人员，每年对食品安全管理人员进行培训和考核。培训和考核记录保存期限不得少于2年。经考核不具备食品安全管理能力的，不得上岗。

第八条 网络餐饮服务第三方平台提供者应当对入网餐饮服务提供者的食品经营许可证进行审查，登记入网餐饮服务提供者的名称、地址、法定代表人或者负责人及联系方式等信息，保证入网餐饮服务提供者食品经营许可证载明的经营场所等许可信息真实。

网络餐饮服务第三方平台提供者应当与入网餐饮服务提供者签订食品安全协议，明确食品安全责任。

第九条 网络餐饮服务第三方平台提供者和入网餐饮服务提供者应当在餐饮服务经营活动主页面公示餐饮服务提供者的食品经营许可证。食品经营许可等信息发生变更的，应当及时更新。

第十条 网络餐饮服务第三方平台提供者和入网餐饮服务提供者应当在网上公示餐饮服务提供者的名称、地址、量化分级信息，公示的信息应当真实。

第十一条 入网餐饮服务提供者应当在网上公示菜品名称和主要原料名称，公示的信息应当真实。

第十二条 网络餐饮服务第三方平台提供者提供食品容器、餐具和包装材料的，所提供的食品容器、餐具和包装材料应当无毒、清洁。

鼓励网络餐饮服务第三方平台提供者提供可降解的食品容器、餐具和包装材料。

第十三条 网络餐饮服务第三方平台提供者和入网餐饮服务提供者应当加强对送餐人员的食品安全培训和管理。委托送餐单位送餐的，送餐单位应当加强对送餐人员的食品安全培训和管理。培训记录保存期限不得少于2年。

第十四条 送餐人员应当保持个人卫生，使用安全、无害的配送容器，保持容器清洁，并定期进行清洗消毒。送餐人员应当核对配送食品，保证配送过程食品不受污染。

第十五条 网络餐饮服务第三方平台提供者和自建

网站餐饮服务提供者应当履行记录义务,如实记录网络订餐的订单信息,包括食品的名称、下单时间、送餐人员、送达时间以及收货地址,信息保存时间不得少于 6 个月。

第十六条 网络餐饮服务第三方平台提供者应当对入网餐饮服务提供者的经营行为进行抽查和监测。

网络餐饮服务第三方平台提供者发现入网餐饮服务提供者存在违法行为的,应当及时制止并立即报告入网餐饮服务提供者所在地县级市场监督管理部门;发现严重违法行为的,应当立即停止提供网络交易平台服务。

第十七条 网络餐饮服务第三方平台提供者应当建立投诉举报处理制度,公开投诉举报方式,对涉及消费者食品安全的投诉举报及时进行处理。

第十八条 入网餐饮服务提供者加工制作餐饮食品应当符合下列要求:

(一)制定并实施原料控制要求,选择资质合法、保证原料质量安全的供货商,或者从原料生产基地、超市采购原料,做好食品原料索证索票和进货查验记录,不得采购不符合食品安全标准的食品及原料;

(二)在加工过程中应当检查待加工的食品及原料,发现有腐败变质、油脂酸败、霉变生虫、污秽不洁、混有异物、掺假掺杂或者感官性状异常的,不得加工使用;

(三)定期维护食品贮存、加工、清洗消毒等设施、设备,定期清洗和校验保温、冷藏和冷冻等设施、设备,保证设施、设备运转正常;

(四)在自己的加工操作区内加工食品,不得将订单委托其他食品经营者加工制作;

(五)网络销售的餐饮食品应当与实体店销售的餐饮食品质量安全保持一致。

第十九条 入网餐饮服务提供者应当使用无毒、清洁的食品容器、餐具和包装材料,并对餐饮食品进行包装,避免送餐人员直接接触食品,确保送餐过程中食品不受污染。

第二十条 入网餐饮服务提供者配送有保鲜、保温、冷藏或者冷冻等特殊要求食品的,应当采取能保证食品安全的保存、配送措施。

第二十一条 国家市场监督管理总局组织监测发现网络餐饮服务第三方平台提供者和入网餐饮服务提供者存在违法行为的,通知有关省级市场监督管理部门依法组织查处。

第二十二条 县级以上地方市场监督管理部门接到网络餐饮服务第三方平台提供者报告入网餐饮服务提供者存在违法行为的,应当及时依法查处。

第二十三条 县级以上地方市场监督管理部门应当加强对网络餐饮服务食品安全的监督检查,发现网络餐饮服务第三方平台提供者和入网餐饮服务提供者存在违法行为的,依法进行查处。

第二十四条 县级以上地方市场监督管理部门对网络餐饮服务交易活动的技术监测记录资料,可以依法作为认定相关事实的依据。

第二十五条 县级以上地方市场监督管理部门对于消费者投诉举报反映的线索,应当及时进行核查,被投诉举报人涉嫌违法的,依法进行查处。

第二十六条 县级以上地方市场监督管理部门查处的入网餐饮服务提供者有严重违法行为的,应当通知网络餐饮服务第三方平台提供者,要求其立即停止对入网餐饮服务提供者提供网络交易平台服务。

第二十七条 违反本办法第四条规定,入网餐饮服务提供者不具备实体经营门店,未依法取得食品经营许可证的,由县级以上地方市场监督管理部门依照食品安全法第一百二十二条的规定处罚。

第二十八条 违反本办法第五条规定,网络餐饮服务第三方平台提供者以及分支机构或者自建网站餐饮服务提供者未履行相应备案义务的,由县级以上地方市场监督管理部门责令改正,给予警告;拒不改正的,处 5000 元以上 3 万元以下罚款。

第二十九条 违反本办法第六条规定,网络餐饮服务第三方平台提供者未按要求建立、执行并公开相关制度的,由县级以上地方市场监督管理部门责令改正,给予警告;拒不改正的,处 5000 元以上 3 万元以下罚款。

第三十条 违反本办法第七条规定,网络餐饮服务第三方平台提供者未设置专门的食品安全管理机构,配备专职食品安全管理人员,或者未按要求对食品安全管理人员进行培训、考核并保存记录的,由县级以上地方市场监督管理部门责令改正,给予警告;拒不改正的,处 5000 元以上 3 万元以下罚款。

第三十一条 违反本办法第八条第一款规定,网络餐饮服务第三方平台提供者未对入网餐饮服务提供者的食品经营许可证进行审查,未登记入网餐饮服务提供者的名称、地址、法定代表人或者负责人及联系方式等信息,或者入网餐饮服务提供者食品经营许可证载明的经营场所等许可信息不真实的,由县级以上地方市场监督管理部门依照食品安全法第一百三十一条的规定处罚。

违反本办法第八条第二款规定,网络餐饮服务第三方平台提供者未与入网餐饮服务提供者签订食品安全协议的，由县级以上地方市场监督管理部门责令改正，给予警告；拒不改正的，处5000元以上3万元以下罚款。

第三十二条　违反本办法第九条、第十条、第十一条规定，网络餐饮服务第三方平台提供者和入网餐饮服务提供者未按要求进行信息公示和更新的，由县级以上地方市场监督管理部门责令改正，给予警告；拒不改正的，处5000元以上3万元以下罚款。

第三十三条　违反本办法第十二条规定，网络餐饮服务第三方平台提供者提供的食品配送容器、餐具和包装材料不符合规定的，由县级以上地方市场监督管理部门按照食品安全法第一百三十二条的规定处罚。

第三十四条　违反本办法第十三条规定，网络餐饮服务第三方平台提供者和入网餐饮服务提供者未对送餐人员进行食品安全培训和管理，或者送餐单位未对送餐人员进行食品安全培训和管理，或者未按要求保存培训记录的，由县级以上地方市场监督管理部门责令改正，给予警告；拒不改正的，处5000元以上3万元以下罚款。

第三十五条　违反本办法第十四条规定，送餐人员未履行使用安全、无害的配送容器等义务的，由县级以上地方市场监督管理部门对送餐人员所在单位按照食品安全法第一百三十二条的规定处罚。

第三十六条　违反本办法第十五条规定，网络餐饮服务第三方平台提供者和自建网站餐饮服务提供者未按要求记录、保存网络订餐信息的，由县级以上地方市场监督管理部门责令改正，给予警告；拒不改正的，处5000元以上3万元以下罚款。

第三十七条　违反本办法第十六条第一款规定，网络餐饮服务第三方平台提供者未对入网餐饮服务提供者的经营行为进行抽查和监测的，由县级以上地方市场监督管理部门责令改正，给予警告；拒不改正的，处5000元以上3万元以下罚款。

违反本办法第十六条第二款规定，网络餐饮服务第三方平台提供者发现入网餐饮服务提供者存在违法行为，未及时制止并立即报告入网餐饮服务提供者所在地县级市场监督管理部门的，或者发现入网餐饮服务提供者存在严重违法行为，未立即停止提供网络交易平台服务的，由县级以上地方市场监督管理部门依照食品安全法第一百三十一条的规定处罚。

第三十八条　违反本办法第十七条规定，网络餐饮服务第三方平台提供者未按要求建立消费者投诉举报处理制度，公开投诉举报方式，或者未对涉及消费者食品安全的投诉举报及时进行处理的，由县级以上地方市场监

督管理部门责令改正，给予警告；拒不改正的，处5000元以上3万元以下罚款。

第三十九条　违反本办法第十八条第（一）项规定，入网餐饮服务提供者未履行制定实施原料控制要求等义务的，由县级以上地方市场监督管理部门依照食品安全法第一百二十六条第一款的规定处罚。

违反本办法第十八条第（二）项规定，入网餐饮服务提供者使用腐败变质、油脂酸败、霉变生虫、污秽不洁、混有异物、掺假掺杂或者感官性状异常等原料加工食品的，由县级以上地方市场监督管理部门依照食品安全法第一百二十四条第一款的规定处罚。

违反本办法第十八条第（三）项规定，入网餐饮服务提供者未定期维护食品贮存、加工、清洗消毒等设施、设备，或者未定期清洗和校验保温、冷藏和冷冻等设施、设备的，由县级以上地方市场监督管理部门依照食品安全法第一百二十六条第一款的规定处罚。

违反本办法第十八条第（四）项、第（五）项规定，入网餐饮服务提供者将订单委托其他食品经营者加工制作，或者网络销售的餐饮食品未与实体店销售的餐饮食品质量安全保持一致的，由县级以上地方市场监督管理部门责令改正，给予警告；拒不改正的，处5000元以上3万元以下罚款。

第四十条　违反本办法第十九条规定，入网餐饮服务提供者未履行相应的包装义务的，由县级以上地方市场监督管理部门责令改正，给予警告；拒不改正的，处5000元以上3万元以下罚款。

第四十一条　违反本办法第二十条规定，入网餐饮服务提供者配送有保鲜、保温、冷藏或者冷冻等特殊要求食品，未采取能保证食品安全的保存、配送措施的，由县级以上地方市场监督管理部门依照食品安全法第一百三十二条的规定处罚。

第四十二条　县级以上地方市场监督管理部门应当自对网络餐饮服务第三方平台提供者和入网餐饮服务提供者违法行为作出处罚决定之日起20个工作日内在网上公开行政处罚决定书。

第四十三条　省、自治区、直辖市的地方性法规和政府规章对小餐饮网络经营作出规定的，按照其规定执行。

本办法对网络餐饮服务食品安全违法行为的查处未作规定的，按照《网络食品安全违法行为查处办法》执行。

第四十四条　网络餐饮服务第三方平台提供者和入网餐饮服务提供者违反食品安全法规定，构成犯罪的，依

法追究刑事责任。

第四十五条 餐饮服务连锁公司总部建立网站为其门店提供网络交易服务的,参照本办法关于网络餐饮服务第三方平台提供者的规定执行。

第四十六条 本办法自2018年1月1日起施行。

学校食品安全与营养健康管理规定

- 2019年2月20日教育部、国家市场监督管理总局、国家卫生健康委员会令第45号公布
- 自2019年4月1日起施行

第一章 总则

第一条 为保障学生和教职工在校集中用餐的食品安全与营养健康,加强监督管理,根据《中华人民共和国食品安全法》(以下简称食品安全法)、《中华人民共和国教育法》《中华人民共和国食品安全法实施条例》等法律法规,制定本规定。

第二条 实施学历教育的各级各类学校、幼儿园(以下统称学校)集中用餐的食品安全与营养健康管理,适用本规定。

本规定所称集中用餐是指学校通过食堂供餐或者外购食品(包括从供餐单位订餐)等形式,集中向学生和教职工提供食品的行为。

第三条 学校集中用餐实行预防为主、全程监控、属地管理、学校落实的原则,建立教育、食品安全监督管理、卫生健康等部门分工负责的工作机制。

第四条 学校集中用餐应当坚持公益便利的原则,围绕采购、贮存、加工、配送、供餐等关键环节,健全学校食品安全风险防控体系,保障食品安全,促进营养健康。

第五条 学校应当按照食品安全法律法规规定和健康中国战略要求,建立健全相关制度,落实校园食品安全责任,开展食品安全与营养健康的宣传教育。

第二章 管理体制

第六条 县级以上地方人民政府依法统一领导、组织、协调学校食品安全监督管理工作以及食品安全突发事故应对工作,将学校食品安全纳入本地区食品安全事故应急预案和学校安全风险防控体系建设。

第七条 教育部门应当指导和督促学校建立健全食品安全与营养健康相关管理制度,将学校食品安全与营养健康管理工作作为学校落实安全风险防控职责、推进健康教育的重要内容,加强评价考核;指导、监督学校加强食品安全教育和日常管理,降低食品安全风险,及时消除食品安全隐患,提升营养健康水平,积极协助相关部门开展工作。

第八条 食品安全监督管理部门应当加强学校集中用餐食品安全监督管理,依法查处涉及学校的食品安全违法行为;建立学校食堂食品安全信用档案,及时向教育部门通报学校食品安全相关信息;对学校食堂食品安全管理人员进行抽查考核,指导学校做好食品安全管理和宣传教育;依法会同有关部门开展学校食品安全事故调查处理。

第九条 卫生健康主管部门应当组织开展校园食品安全风险和营养健康监测,对学校提供营养指导,倡导健康饮食理念,开展适应学校需求的营养健康专业人员培训;指导学校开展食源性疾病预防和营养健康的知识教育,依法开展相关疫情防控处置工作;组织医疗机构救治因学校食品安全事故导致人身伤害的人员。

第十条 区域性的中小学卫生保健机构、妇幼保健机构、疾病预防控制机构,根据职责或者相关主管部门要求,组织开展区域内学校食品安全与营养健康的监测、技术培训和业务指导等工作。

鼓励有条件的地区成立学生营养健康专业指导机构,根据不同年龄阶段学生的膳食营养指南和健康教育的相关规定,指导学校开展学生营养健康相关活动,引导合理搭配饮食。

第十一条 食品安全监督管理部门应当将学校校园及周边地区作为监督检查的重点,定期对学校食堂、供餐单位和校园内以及周边食品经营者开展检查;每学期应当会同教育部门对本行政区域内学校开展食品安全专项检查,督促指导学校落实食品安全责任。

第三章 学校职责

第十二条 学校食品安全实行校长(园长)负责制。

学校应当将食品安全作为学校安全工作的重要内容,建立健全并落实有关食品安全管理制度和工作要求,定期组织开展食品安全隐患排查。

第十三条 中小学、幼儿园应当建立集中用餐陪餐制度,每餐均应当有学校相关负责人与学生共同用餐,做好陪餐记录,及时发现和解决集中用餐过程中存在的问题。

有条件的中小学、幼儿园应当建立家长陪餐制度,健全相应工作机制,对陪餐家长在学校食品安全与营养健康等方面提出的意见建议及时进行研究反馈。

第十四条 学校应当配备专(兼)职食品安全管理人员和营养健康管理人员,建立并落实集中用餐岗位责

任制度,明确食品安全与营养健康管理相关责任。

有条件的地方应当为中小学、幼儿园配备营养专业人员或者支持学校聘请营养专业人员,对膳食营养均衡等进行咨询指导,推广科学配餐、膳食营养等理念。

第十五条 学校食品安全与营养健康管理相关工作人员应当按照有关要求,定期接受培训与考核,学习食品安全与营养健康相关法律、法规、规章、标准和其他相关专业知识。

第十六条 学校应当建立集中用餐信息公开制度,利用公共信息平台等方式及时向师生家长公开食品进货来源、供餐单位等信息,组织师生家长代表参与食品安全与营养健康的管理和监督。

第十七条 学校应当根据卫生健康主管部门发布的学生餐营养指南等标准,针对不同年龄段在校学生营养健康需求,因地制宜引导学生科学营养用餐。

有条件的中小学、幼儿园应当每周公布学生餐带量食谱和营养素供给量。

第十八条 学校应当加强食品安全与营养健康的宣传教育,在全国食品安全宣传周、全民营养周、中国学生营养日、全国碘缺乏病防治日等重要时间节点,开展相关科学知识普及和宣传教育活动。

学校应当将食品安全与营养健康相关知识纳入健康教育教学内容,通过主题班会、课外实践等形式开展经常性宣传教育活动。

第十九条 中小学、幼儿园应当培养学生健康的饮食习惯,加强对学生营养不良与超重、肥胖的监测、评价和干预,利用家长学校等方式对学生家长进行食品安全与营养健康相关知识的宣传教育。

第二十条 中小学、幼儿园一般不得在校内设置小卖部、超市等食品经营场所,确有需要设置的,应当依法取得许可,并避免售卖高盐、高糖及高脂食品。

第二十一条 学校在食品采购、食堂管理、供餐单位选择等涉及学校集中用餐的重大事项上,应当以适当方式听取家长委员会或者学生代表大会、教职工代表大会意见,保障师生家长的知情权、参与权、选择权、监督权。

学校应当畅通食品安全投诉渠道,听取师生家长对食堂、外购食品以及其他有关食品安全的意见、建议。

第二十二条 鼓励学校参加食品安全责任保险。

第四章 食堂管理

第二十三条 有条件的学校应当根据需要设置食堂,为学生和教职工提供服务。

学校自主经营的食堂应当坚持公益性原则,不以营利为目的。实施营养改善计划的农村义务教育学校食堂不得对外承包或者委托经营。

引入社会力量承包或者委托经营学校食堂的,应当以招投标等方式公开选择依法取得食品经营许可、能承担食品安全责任、社会信誉良好的餐饮服务单位或者符合条件的餐饮管理单位。

学校应当与承包方或者受委托经营方依法签订合同,明确双方在食品安全与营养健康方面的权利和义务,承担管理责任,督促其落实食品安全管理制度、履行食品安全与营养健康责任。承包方或者受委托经营方应当依照法律、法规、规章、食品安全标准以及合同约定进行经营,对食品安全负责,并接受委托方的监督。

第二十四条 学校食堂应当依法取得食品经营许可证,严格按照食品经营许可证载明的经营项目进行经营,并在食堂显著位置悬挂或者摆放许可证。

第二十五条 学校食堂应当建立食品安全与营养健康状况自查制度。经营条件发生变化,不再符合食品安全要求的,学校食堂应当立即整改;有发生食品安全事故潜在风险的,应当立即停止食品经营活动,并及时向所在地食品安全监督管理部门和教育部门报告。

第二十六条 学校食堂应当建立健全并落实食品安全管理制度,按照规定制定并执行场所及设施设备清洗消毒、维修保养校验、原料采购至供餐全过程控制管理、餐具饮具清洗消毒、食品添加剂使用管理等食品安全管理制度。

第二十七条 学校食堂应当建立并执行从业人员健康管理制度和培训制度。患有国家卫生健康委规定的有碍食品安全疾病的人员,不得从事接触直接入口食品的工作。从事接触直接入口食品工作的从业人员应当每年进行健康检查,取得健康证明后方可上岗工作,必要时应当进行临时健康检查。

学校食堂从业人员的健康证明应当在学校食堂显著位置进行统一公示。

学校食堂从业人员应当养成良好的个人卫生习惯,加工操作直接入口食品前应当洗手消毒,进入工作岗位前应当穿戴清洁的工作衣帽。

学校食堂从业人员不得有在食堂内吸烟等行为。

第二十八条 学校食堂应当建立食品安全追溯体系,如实、准确、完整记录并保存食品进货查验等信息,保证食品可追溯。鼓励食堂采用信息化手段采集、留存食品经营信息。

第二十九条 学校食堂应当具有与所经营的食品品

种、数量、供餐人数相适应的场所并保持环境整洁,与有毒、有害场所以及其他污染源保持规定的距离。

第三十条 学校食堂应当根据所经营的食品品种、数量、供餐人数,配备相应的设施设备,并配备消毒、更衣、盥洗、采光、照明、通风、防腐、防尘、防蝇、防鼠、防虫、洗涤以及处理废水、存放垃圾和废弃物的设备或者设施。就餐区或者就餐区附近应当设置供用餐者清洗手部以及餐具、饮具的用水设施。

食品加工、贮存、陈列、转运等设施设备应当定期维护、清洗、消毒;保温设施及冷藏冷冻设施应当定期清洗、校验。

第三十一条 学校食堂应当具有合理的设备布局和工艺流程,防止待加工食品与直接入口食品、原料与成品或者半成品交叉污染,避免食品接触有毒物、不洁物。制售冷食类食品、生食类食品、裱花蛋糕、现榨果蔬汁等,应当按照有关要求设置专间或者专用操作区,专间应当在加工制作前进行消毒,并由专人加工操作。

第三十二条 学校食堂采购食品及原料应当遵循安全、健康、符合营养需要的原则。有条件的地方或者学校应当实行大宗食品公开招标、集中定点采购制度,签订采购合同时应当明确供货者食品安全责任和义务,保证食品安全。

第三十三条 学校食堂应当建立食品、食品添加剂和食品相关产品进货查验记录制度,如实准确记录名称、规格、数量、生产日期或者生产批号、保质期、进货日期以及供货者名称、地址、联系方式等内容,并保留载有上述信息的相关凭证。

进货查验记录和相关凭证保存期限不得少于产品保质期满后六个月;没有明确保质期的,保存期限不得少于二年。食用农产品的记录和凭证保存期限不得少于六个月。

第三十四条 学校食堂采购食品及原料,应当按照下列要求查验许可相关文件,并留存加盖公章(或者签字)的复印件或者其他凭证:

(一)从食品生产者采购食品的,应当查验其食品生产许可证和产品合格证明文件等;

(二)从食品经营者(商场、超市、便利店等)采购食品的,应当查验其食品经营许可证等;

(三)从食用农产品生产者直接采购的,应当查验并留存其社会信用代码或者身份证复印件;

(四)从集中交易市场采购食用农产品的,应当索取并留存由市场开办者或者经营者加盖公章(或者负责人签字)的购货凭证;

(五)采购肉类的应当查验肉类产品的检疫合格证明;采购肉类制品的应当查验肉类制品的检验合格证明。

第三十五条 学校食堂禁止采购、使用下列食品、食品添加剂、食品相关产品:

(一)超过保质期的食品、食品添加剂;

(二)腐败变质、油脂酸败、霉变生虫、污秽不洁、混有异物、掺假掺杂或者感官性状异常的食品、食品添加剂;

(三)未按规定进行检疫或者检疫不合格的肉类,或者未经检验或者检验不合格的肉类制品;

(四)不符合食品安全标准的食品原料、食品添加剂以及消毒剂、洗涤剂等食品相关产品;

(五)法律、法规、规章规定的其他禁止生产经营或者不符合食品安全标准的食品、食品添加剂、食品相关产品。

学校食堂在加工前应当检查待加工的食品及原料,发现有前款规定情形的,不得加工或者使用。

第三十六条 学校食堂提供蔬菜、水果以及按照国际惯例或者民族习惯需要提供的食品应当符合食品安全要求。

学校食堂不得采购、贮存、使用亚硝酸盐(包括亚硝酸钠、亚硝酸钾)。

中小学、幼儿园食堂不得制售冷荤类食品、生食类食品、裱花蛋糕,不得加工制作四季豆、鲜黄花菜、野生蘑菇、发芽土豆等高风险食品。省、自治区、直辖市食品安全监督管理部门可以结合实际制定本地区中小学、幼儿园集中用餐不得制售的高风险食品目录。

第三十七条 学校食堂应当按照保证食品安全的要求贮存食品,做到通风换气、分区分架分类、离墙离地存放、防蝇防鼠防虫设施完好,并定期检查库存,及时清理变质或者超过保质期的食品。

贮存散装食品,应当在贮存位置标明食品的名称、生产日期或者生产批号、保质期、生产者名称以及联系方式等内容。用于保存食品的冷藏冷冻设备,应当贴有标识,原料、半成品和成品应当分柜存放。

食品库房不得存放有毒、有害物品。

第三十八条 学校食堂应当设置专用的备餐间或者专用操作区,制定并在显著位置公示人员操作规范;备餐操作时应当避免食品受到污染。食品添加剂应当专人专柜(位)保管,按照有关规定做到标识清晰、计量使用、专册记录。

学校食堂制作的食品在烹饪后应当尽量当餐用完，需要熟制的食品应当烧熟煮透。需要再次利用的，应当按照相关规范采取热藏或者冷藏方式存放，并在确认没有腐败变质的情况下，对需要加热的食品经高温彻底加热后食用。

第三十九条　学校食堂用于加工动物性食品原料、植物性食品原料、水产品原料、半成品或者成品等的容器、工具应当从形状、材质、颜色、标识上明显区分，做到分开使用，固定存放，用后洗净并保持清洁。

学校食堂的餐具、饮具和盛放或者接触直接入口食品的容器、工具，使用前应当洗净、消毒。

第四十条　中小学、幼儿园食堂应当对每餐次加工制作的每种食品成品进行留样，每个品种留样量应当满足检验需要，不得少于 125 克，并记录留样食品名称、留样量、留样时间、留样人员等。留样食品应当由专柜冷藏保存 48 小时以上。

高等学校食堂加工制作的大型活动集体用餐，批量制售的热食、非即做即售的热食、冷食类食品、生食类食品、裱花蛋糕应当按照前款规定留样，其他加工食品根据相关规定留样。

第四十一条　学校食堂用水应当符合国家规定的生活饮用水卫生标准。

第四十二条　学校食堂产生的餐厨废弃物应当在餐后及时清除，并按照环保要求分类处理。

食堂应当设置专门的餐厨废弃物收集设施并明显标识，按照规定收集、存放餐厨废弃物，建立相关制度及台账，按照规定交由符合要求的生活垃圾运输单位或者餐厨垃圾处理单位处理。

第四十三条　学校食堂应当建立安全保卫制度，采取措施，禁止非食堂从业人员未经允许进入食品处理区。

学校在校园安全信息化建设中，应当优先在食堂食品库房、烹饪间、备餐间、专间、留样间、餐具饮具清洗消毒间等重点场所实现视频监控全覆盖。

第四十四条　有条件的学校食堂应当做到明厨亮灶，通过视频或者透明玻璃窗、玻璃墙等方式，公开食品加工过程。鼓励运用互联网等信息化手段，加强对食品来源、采购、加工制作全过程的监督。

第五章　外购食品管理

第四十五条　学校从供餐单位订餐的，应当建立健全校外供餐管理制度，选择取得食品经营许可、能承担食品安全责任、社会信誉良好的供餐单位。

学校应当与供餐单位签订供餐合同（或者协议），明确双方食品安全与营养健康的权利和义务，存档备查。

第四十六条　供餐单位应当严格遵守法律、法规和食品安全标准，当餐加工，并遵守本规定的要求，确保食品安全。

第四十七条　学校应当对供餐单位提供的食品随机进行外观查验和必要检验，并在供餐合同（或者协议）中明确约定不合格食品的处理方式。

第四十八条　学校需要现场分餐的，应当建立分餐管理制度。在教室分餐的，应当保障分餐环境卫生整洁。

第四十九条　学校外购食品的，应当索取相关凭证，查验产品包装标签，查看生产日期、保质期和保存条件。不能即时分发的，应当按照保证食品安全的要求贮存。

第六章　食品安全事故调查与应急处置

第五十条　学校应当建立集中用餐食品安全应急管理和突发事故报告制度，制定食品安全事故处置方案。发生集中用餐食品安全事故或者疑似食品安全事故时，应当立即采取下列措施：

（一）积极协助医疗机构进行救治；

（二）停止供餐，并按照规定向所在地教育、食品安全监督管理、卫生健康等部门报告；

（三）封存导致或者可能导致食品安全事故的食品及其原料、工具、用具、设备设施和现场，并按照食品安全监督管理部门要求采取控制措施；

（四）配合食品安全监督部门进行现场调查处理；

（五）配合相关部门对用餐师生进行调查，加强与师生家长联系，通报情况，做好沟通引导工作。

第五十一条　教育部门接到学校食品安全事故报告后，应当立即赶往现场协助相关部门进行调查处理，督促学校采取有效措施，防止事故扩大，并向上级人民政府教育部门报告。

学校发生食品安全事故需要启动应急预案的，教育部门应当立即向同级人民政府以及上一级教育部门报告，按照规定进行处置。

第五十二条　食品安全监督管理部门会同卫生健康、教育等部门依法对食品安全事故进行调查处理。

县级以上疾病预防控制机构接到报告后应当对事故现场进行卫生处理，并对与事故有关的因素开展流行病学调查，及时向同级食品安全监督管理、卫生健康等部门提交流行病学调查报告。

学校食品安全事故的性质、后果及其调查处理情况由食品安全监督管理部门会同卫生健康、教育等部门依法发布和解释。

第五十三条　教育部门和学校应当按照国家食品安全信息统一公布制度的规定建立健全学校食品安全信息公布机制，主动关注涉及本地本校食品安全舆情，除由相关部门统一公布的食品安全信息外，应当准确、及时、客观地向社会发布相关工作信息，回应社会关切。

第七章　责任追究

第五十四条　违反本规定第二十五条、第二十六条、第二十七条第一款、第三十三条，以及第三十四条第（一）项、第（二）项、第（五）项，学校食堂（或者供餐单位）未按规定建立食品安全管理制度，或者未按规定制定、实施餐饮服务经营过程控制要求的，由县级以上人民政府食品安全监督管理部门依照食品安全法第一百二十六条第一款的规定处罚。

违反本规定第三十四条第（三）项、第（四）项，学校食堂（或者供餐单位）未查验或者留存食用农产品生产者、集中交易市场开办者或者经营者的社会信用代码或者身份证复印件或者购货凭证、合格证明文件的，由县级以上人民政府食品安全监督管理部门责令改正；拒不改正的，给予警告，并处5000元以上3万元以下罚款。

第五十五条　违反本规定第三十六条第二款，学校食堂（或者供餐单位）采购、贮存亚硝酸盐（包括亚硝酸钠、亚硝酸钾）的，由县级以上人民政府食品安全监督管理部门责令改正，给予警告，并处5000元以上3万元以下罚款。

违反本规定第三十六条第三款，中小学、幼儿园食堂（或者供餐单位）制售冷荤类食品、生食类食品、裱花蛋糕，或者加工制作四季豆、鲜黄花菜、野生蘑菇、发芽土豆等高风险食品的，由县级以上人民政府食品安全监督管理部门责令改正；拒不改正的，给予警告，并处5000元以上3万元以下罚款。

第五十六条　违反本规定第四十条，学校食堂（或者供餐单位）未按要求留样的，由县级以上人民政府食品安全监督管理部门责令改正，给予警告；拒不改正的，处5000元以上3万元以下罚款。

第五十七条　有食品安全法以及本规定的违法情形，学校未履行食品安全管理责任，由县级以上人民政府食品安全管理部门会同教育部门对学校主要负责人进行约谈，由学校主管教育部门视情节对学校直接负责的主管人员和其他直接责任人员给予相应的处分。

实施营养改善计划的学校违反食品安全法律法规以及本规定的，应当从重处理。

第五十八条　学校食品安全的相关工作人员、相关负责人有下列行为之一的，由学校主管教育部门给予警告或者记过处分；情节较重的，应当给予降低岗位等级或者撤职处分；情节严重的，应当给予开除处分；构成犯罪的，依法移送司法机关处理：

（一）知道或者应当知道食品、食品原料劣质或者不合格而采购的，或者利用工作之便以其他方式谋取不正当利益的；

（二）在招投标和物资采购工作中违反有关规定，造成不良影响或者损失的；

（三）怠于履行职责或者工作不负责任、态度恶劣，造成不良影响的；

（四）违规操作致使师生人身遭受损害的；

（五）发生食品安全事故，擅离职守或者不按规定报告、不采取措施处置或者处置不力的；

（六）其他违反本规定要求的行为。

第五十九条　学校食品安全管理直接负责的主管人员和其他直接责任人员有下列情形之一的，由学校主管教育部门会同有关部门视情节给予相应的处分；构成犯罪的，依法移送司法机关处理：

（一）隐瞒、谎报、缓报食品安全事故的；

（二）隐匿、伪造、毁灭、转移不合格食品或者有关证据，逃避检查、使调查难以进行或者责任难以追究的；

（三）发生食品安全事故，未采取有效控制措施、组织抢救工作或致使食物中毒事态扩大，或者未配合有关部门进行食物中毒调查、保留现场的；

（四）其他违反食品安全相关法律法规规定的行为。

第六十条　对于出现重大以上学校食品安全事故的地区，由国务院教育督导机构或者省级人民政府教育督导机构对县级以上地方人民政府相关负责人进行约谈，并依法提请有关部门予以追责。

第六十一条　县级以上人民政府食品安全监督管理、卫生健康、教育等部门未按照食品安全法等法律法规以及本规定要求履行监督管理职责，造成所辖区域内学校集中用餐发生食品安全事故的，应当依据食品安全法和相关规定，对直接负责的主管人员和其他直接责任人员，给予相应的处分；构成犯罪的，依法移送司法机关处理。

第八章　附　则

第六十二条　本规定下列用语的含义：

学校食堂，指学校为学生和教职工提供就餐服务，具有相对独立的原料存放、食品加工制作、食品供应及就餐空间的餐饮服务提供者。

供餐单位，指根据服务对象订购要求，集中加工、分送食品但不提供就餐场所的食品经营者。

学校食堂从业人员，指食堂中从事食品采购、加工制作、供餐、餐饮具清洗消毒等与餐饮服务有关的工作人员。

现榨果蔬汁，指以新鲜水果、蔬菜为主要原料，经压榨、粉碎等方法现场加工制作的供消费者直接饮用的果蔬汁饮品，不包括采用浓浆、浓缩汁、果蔬粉调配成的饮料。

冷食类食品、生食类食品、裱花蛋糕的定义适用《食品经营许可管理办法》的有关规定。

第六十三条 供餐人数较少，难以建立食堂的学校，以及以简单加工学生自带粮食、蔬菜或者以为学生热饭为主的小规模农村学校的食品安全，可以参照食品安全法第三十六条的规定实施管理。

对提供用餐服务的教育培训机构，可以参照本规定管理。

第六十四条 本规定自 2019 年 4 月 1 日起施行，2002 年 9 月 20 日教育部、原卫生部发布的《学校食堂与学生集体用餐卫生管理规定》同时废止。

(4) 食用农产品

中华人民共和国农产品质量安全法

- 2006 年 4 月 29 日第十届全国人民代表大会常务委员会第二十一次会议通过
- 根据 2018 年 10 月 26 日第十三届全国人民代表大会常务委员会第六次会议《关于修改〈中华人民共和国野生动物保护法〉等十五部法律的决定》修正
- 2022 年 9 月 2 日第十三届全国人民代表大会常务委员会第三十六次会议修订
- 2022 年 9 月 2 日中华人民共和国主席令第 120 号公布
- 自 2023 年 1 月 1 日起施行

第一章 总 则

第一条 为了保障农产品质量安全，维护公众健康，促进农业和农村经济发展，制定本法。

第二条 本法所称农产品，是指来源于种植业、林业、畜牧业和渔业等的初级产品，即在农业活动中获得的植物、动物、微生物及其产品。

本法所称农产品质量安全，是指农产品质量达到农产品质量安全标准，符合保障人的健康、安全的要求。

第三条 与农产品质量安全有关的农产品生产经营及其监督管理活动，适用本法。

《中华人民共和国食品安全法》对食用农产品的市场销售、有关质量安全标准的制定、有关安全信息的公布和农业投入品已经作出规定的，应当遵守其规定。

第四条 国家加强农产品质量安全工作，实行源头治理、风险管理、全程控制，建立科学、严格的监督管理制度，构建协同、高效的社会共治体系。

第五条 国务院农业农村主管部门、市场监督管理部门依照本法和规定的职责，对农产品质量安全实施监督管理。

国务院其他有关部门依照本法和规定的职责承担农产品质量安全的有关工作。

第六条 县级以上地方人民政府对本行政区域的农产品质量安全工作负责，统一领导、组织、协调本行政区域的农产品质量安全工作，建立健全农产品质量安全工作机制，提高农产品质量安全水平。

县级以上地方人民政府应当依照本法和有关规定，确定本级农业农村主管部门、市场监督管理部门和其他有关部门的农产品质量安全监督管理工作职责。各有关部门在职责范围内负责本行政区域的农产品质量安全监督管理工作。

乡镇人民政府应当落实农产品质量安全监督管理责任，协助上级人民政府及其有关部门做好农产品质量安全监督管理工作。

第七条 农产品生产经营者应当对其生产经营的农产品质量安全负责。

农产品生产经营者应当依照法律、法规和农产品质量安全标准从事生产经营活动，诚信自律，接受社会监督，承担社会责任。

第八条 县级以上人民政府应当将农产品质量安全管理工作纳入本级国民经济和社会发展规划，所需经费列入本级预算，加强农产品质量安全监督管理能力建设。

第九条 国家引导、推广农产品标准化生产，鼓励和支持生产绿色优质农产品，禁止生产、销售不符合国家规定的农产品质量安全标准的农产品。

第十条 国家支持农产品质量安全科学技术研究，推行科学的质量安全管理方法，推广先进安全的生产技术。国家加强农产品质量安全科学技术国际交流与合作。

第十一条 各级人民政府及有关部门应当加强农产品质量安全知识的宣传，发挥基层群众性自治组织、农村集体经济组织的优势和作用，指导农产品生产经营者加强质量安全管理，保障农产品消费安全。

新闻媒体应当开展农产品质量安全法律、法规和农产品质量安全知识的公益宣传,对违法行为进行舆论监督。有关农产品质量安全的宣传报道应当真实、公正。

第十二条 农民专业合作社和农产品行业协会等应当及时为其成员提供生产技术服务,建立农产品质量安全管理制度,健全农产品质量安全控制体系,加强自律管理。

第二章 农产品质量安全风险管理和标准制定

第十三条 国家建立农产品质量安全风险监测制度。

国务院农业农村主管部门应当制定国家农产品质量安全风险监测计划,并对重点区域、重点农产品品种进行质量安全风险监测。省、自治区、直辖市人民政府农业农村主管部门应当根据国家农产品质量安全风险监测计划,结合本行政区域农产品生产经营实际,制定本行政区域的农产品质量安全风险监测实施方案,并报国务院农业农村主管部门备案。县级以上地方人民政府农业农村主管部门负责组织实施本行政区域的农产品质量安全风险监测。

县级以上人民政府市场监督管理部门和其他有关部门获知有关农产品质量安全风险信息后,应当立即核实并向同级农业农村主管部门通报。接到通报的农业农村主管部门应当及时上报。制定农产品质量安全风险监测计划、实施方案的部门应当及时研究分析,必要时进行调整。

第十四条 国家建立农产品质量安全风险评估制度。

国务院农业农村主管部门应当设立农产品质量安全风险评估专家委员会,对可能影响农产品质量安全的潜在危害进行风险分析和评估。国务院卫生健康、市场监督管理等部门发现需要对农产品进行质量安全风险评估的,应当向国务院农业农村主管部门提出风险评估建议。

农产品质量安全风险评估专家委员会由农业、食品、营养、生物、环境、医学、化工等方面的专家组成。

第十五条 国务院农业农村主管部门应当根据农产品质量安全风险监测、风险评估结果采取相应的管理措施,并将农产品质量安全风险监测、风险评估结果及时通报国务院市场监督管理、卫生健康等部门和有关省、自治区、直辖市人民政府农业农村主管部门。

县级以上人民政府农业农村主管部门开展农产品质量安全风险监测和风险评估工作时,可以根据需要进入农产品产地、储存场所及批发、零售市场。采集样品应当按照市场价格支付费用。

第十六条 国家建立健全农产品质量安全标准体系,确保严格实施。农产品质量安全标准是强制执行的标准,包括以下与农产品质量安全有关的要求:

(一)农业投入品质量要求、使用范围、用法、用量、安全间隔期和休药期规定;

(二)农产品产地环境、生产过程管控、储存、运输要求;

(三)农产品关键成分指标等要求;

(四)与屠宰畜禽有关的检验规程;

(五)其他与农产品质量安全有关的强制性要求。

《中华人民共和国食品安全法》对食用农产品的有关质量安全标准作出规定的,依照其规定执行。

第十七条 农产品质量安全标准的制定和发布,依照法律、行政法规的规定执行。

制定农产品质量安全标准应当充分考虑农产品质量安全风险评估结果,并听取农产品生产经营者、消费者、有关部门、行业协会等的意见,保障农产品消费安全。

第十八条 农产品质量安全标准应当根据科学技术发展水平以及农产品质量安全的需要,及时修订。

第十九条 农产品质量安全标准由农业农村主管部门商有关部门推进实施。

第三章 农产品产地

第二十条 国家建立健全农产品产地监测制度。

县级以上地方人民政府农业农村主管部门应当会同同级生态环境、自然资源等部门制定农产品产地监测计划,加强农产品产地安全调查、监测和评价工作。

第二十一条 县级以上地方人民政府农业农村主管部门应当会同同级生态环境、自然资源等部门按照保障农产品质量安全的要求,根据农产品品种特性和产地安全调查、监测、评价结果,依照土壤污染防治等法律、法规的规定提出划定特定农产品禁止生产区域的建议,报本级人民政府批准后实施。

任何单位和个人不得在特定农产品禁止生产区域种植、养殖、捕捞、采集特定农产品和建立特定农产品生产基地。

特定农产品禁止生产区域划定和管理的具体办法由国务院农业农村主管部门商国务院生态环境、自然资源等部门制定。

第二十二条 任何单位和个人不得违反有关环境保护法律、法规的规定向农产品产地排放或者倾倒废水、废气、固体废物或者其他有毒有害物质。

农业生产用水和用作肥料的固体废物,应当符合法律、法规和国家有关强制性标准的要求。

第二十三条 农产品生产者应当科学合理使用农药、兽药、肥料、农用薄膜等农业投入品，防止对农产品产地造成污染。

农药、肥料、农用薄膜等农业投入品的生产者、经营者、使用者应当按照国家有关规定回收并妥善处置包装物和废弃物。

第二十四条 县级以上人民政府应当采取措施，加强农产品基地建设，推进农业标准化示范建设，改善农产品的生产条件。

第四章 农产品生产

第二十五条 县级以上地方人民政府农业农村主管部门应当根据本地区的实际情况，制定保障农产品质量安全的生产技术要求和操作规程，并加强对农产品生产经营者的培训和指导。

农业技术推广机构应当加强对农产品生产经营者质量安全知识和技能的培训。国家鼓励科研教育机构开展农产品质量安全培训。

第二十六条 农产品生产企业、农民专业合作社、农业社会化服务组织应当加强农产品质量安全管理。

农产品生产企业应当建立农产品质量安全管理制度，配备相应的技术人员；不具备配备条件的，应当委托具有专业技术知识的人员进行农产品质量安全指导。

国家鼓励和支持农产品生产企业、农民专业合作社、农业社会化服务组织建立和实施危害分析和关键控制点体系，实施良好农业规范，提高农产品质量安全管理水平。

第二十七条 农产品生产企业、农民专业合作社、农业社会化服务组织应当建立农产品生产记录，如实记载下列事项：

（一）使用农业投入品的名称、来源、用法、用量和使用、停用的日期；

（二）动物疫病、农作物病虫害的发生和防治情况；

（三）收获、屠宰或者捕捞的日期。

农产品生产记录应当至少保存二年。禁止伪造、变造农产品生产记录。

国家鼓励其他农产品生产者建立农产品生产记录。

第二十八条 对可能影响农产品质量安全的农药、兽药、饲料和饲料添加剂、肥料、兽医器械，依照有关法律、行政法规的规定实行许可制度。

省级以上人民政府农业农村主管部门应当定期或者不定期组织对可能危及农产品质量安全的农药、兽药、饲料和饲料添加剂、肥料等农业投入品进行监督抽查，并公布抽查结果。

农药、兽药经营者应当依照有关法律、行政法规的规定建立销售台账，记录购买者、销售日期和药品施用范围等内容。

第二十九条 农产品生产经营者应当依照有关法律、行政法规和国家有关强制性标准、国务院农业农村主管部门的规定，科学合理使用农药、兽药、饲料和饲料添加剂、肥料等农业投入品，严格执行农业投入品使用安全间隔期或者休药期的规定；不得超范围、超剂量使用农业投入品危及农产品质量安全。

禁止在农产品生产经营过程中使用国家禁止使用的农业投入品以及其他有毒有害物质。

第三十条 农产品生产场所以及生产活动中使用的设施、设备、消毒剂、洗涤剂等应当符合国家有关质量安全规定，防止污染农产品。

第三十一条 县级以上人民政府农业农村主管部门应当加强对农业投入品使用的监督管理和指导，建立健全农业投入品的安全使用制度，推广农业投入品科学使用技术，普及安全、环保农业投入品的使用。

第三十二条 国家鼓励和支持农产品生产经营者选用优质特色农产品品种，采用绿色生产技术和全程质量控制技术，生产绿色优质农产品，实施分等分级，提高农产品品质，打造农产品品牌。

第三十三条 国家支持农产品产地冷链物流基础设施建设，健全有关农产品冷链物流标准、服务规范和监管保障机制，保障冷链物流农产品畅通高效、安全便捷，扩大高品质市场供给。

从事农产品冷链物流的生产经营者应当依照法律、法规和有关农产品质量安全标准，加强冷链技术创新与应用、质量安全控制，执行对冷链物流农产品及其包装、运输工具、作业环境等的检验检测检疫要求，保证冷链农产品质量安全。

第五章 农产品销售

第三十四条 销售的农产品应当符合农产品质量安全标准。

农产品生产企业、农民专业合作社应当根据质量安全控制要求自行或者委托检测机构对农产品质量安全进行检测；经检测不符合农产品质量安全标准的农产品，应当及时采取管控措施，且不得销售。

农业技术推广等机构应当为农户等农产品生产经营者提供农产品检测技术服务。

第三十五条　农产品在包装、保鲜、储存、运输中所使用的保鲜剂、防腐剂、添加剂、包装材料等,应当符合国家有关强制性标准以及其他农产品质量安全规定。

储存、运输农产品的容器、工具和设备应当安全、无害。禁止将农产品与有毒有害物质一同储存、运输,防止污染农产品。

第三十六条　有下列情形之一的农产品,不得销售:

(一)含有国家禁止使用的农药、兽药或者其他化合物;

(二)农药、兽药等化学物质残留或者含有的重金属等有毒有害物质不符合农产品质量安全标准;

(三)含有的致病性寄生虫、微生物或者生物毒素不符合农产品质量安全标准;

(四)未按照国家有关强制性标准以及其他农产品质量安全规定使用保鲜剂、防腐剂、添加剂、包装材料等,或者使用的保鲜剂、防腐剂、添加剂、包装材料等不符合国家有关强制性标准以及其他质量安全规定;

(五)病死、毒死或者死因不明的动物及其产品;

(六)其他不符合农产品质量安全标准的情形。

对前款规定不得销售的农产品,应当依照法律、法规的规定进行处置。

第三十七条　农产品批发市场应当按照规定设立或者委托检测机构,对进场销售的农产品质量安全状况进行抽查检测;发现不符合农产品质量安全标准的,应当要求销售者立即停止销售,并向所在地市场监督管理、农业农村等部门报告。

农产品销售企业对其销售的农产品,应当建立健全进货检查验收制度;经查验不符合农产品质量安全标准的,不得销售。

食品生产者采购农产品等食品原料,应当依照《中华人民共和国食品安全法》的规定查验许可证和合格证明,对无法提供合格证明的,应当按照规定进行检验。

第三十八条　农产品生产企业、农民专业合作社以及从事农产品收购的单位或者个人销售的农产品,按照规定应当包装或者附加承诺达标合格证等标识的,须经包装或者附加标识后方可销售。包装物或者标识上应当按照规定标明产品的品名、产地、生产者、生产日期、保质期、产品质量等级等内容;使用添加剂的,还应当按照规定标明添加剂的名称。具体办法由国务院农业农村主管部门制定。

第三十九条　农产品生产企业、农民专业合作社当执行法律、法规的规定和国家有关强制性标准,保证其销售的农产品符合农产品质量安全标准,并根据质量安全控制、检测结果等开具承诺达标合格证,承诺不使用禁用的农药、兽药及其他化合物且使用的常规农药、兽药残留不超标等。鼓励和支持农户销售农产品时开具承诺达标合格证。法律、行政法规对畜禽产品的质量安全合格证明有特别规定的,应当遵守其规定。

从事农产品收购的单位或者个人应当按照规定收取、保存承诺达标合格证或者其他质量安全合格证明,对其收购的农产品进行混装或者分装后销售的,应当按照规定开具承诺达标合格证。

农产品批发市场应当建立健全农产品承诺达标合格证查验等制度。

县级以上人民政府农业农村主管部门应当做好承诺达标合格证有关工作的指导服务,加强日常监督检查。

农产品质量安全承诺达标合格证管理办法由国务院农业农村主管部门会同国务院有关部门制定。

第四十条　农产品生产经营者通过网络平台销售农产品的,应当依照本法和《中华人民共和国电子商务法》、《中华人民共和国食品安全法》等法律、法规的规定,严格落实质量安全责任,保证其销售的农产品符合质量安全标准。网络平台经营者应当依法加强对农产品生产经营者的管理。

第四十一条　国家对列入农产品质量安全追溯目录的农产品实施追溯管理。国务院农业农村主管部门应会同国务院市场监督管理等部门建立农产品质量安全追溯协作机制。农产品质量安全追溯管理办法和追溯目录由国务院农业农村主管部门会同国务院市场监督管理等部门制定。

国家鼓励具备信息化条件的农产品生产经营者采用现代信息技术手段采集、留存生产记录、购销记录等生产经营信息。

第四十二条　农产品质量符合国家规定的有关优质农产品标准的,农产品生产经营者可以申请使用农产品质量标志。禁止冒用农产品质量标志。

国家加强地理标志农产品保护和管理。

第四十三条　属于农业转基因生物的农产品,应当按照农业转基因生物安全管理的有关规定进行标识。

第四十四条　依法需要实施检疫的动植物及其产品,应当附具检疫标志、检疫证明。

第六章　监督管理

第四十五条　县级以上人民政府农业农村主管部门和市场监督管理等部门应当建立健全农产品质量安全全

程监督管理协作机制，确保农产品从生产到消费各环节的质量安全。

县级以上人民政府农业农村主管部门和市场监督管理部门应当加强收购、储存、运输过程中农产品质量安全监督管理的协调配合和执法衔接，及时通报和共享农产品质量安全监督管理信息，并按照职责权限，发布有关农产品质量安全日常监督管理信息。

第四十六条 县级以上人民政府农业农村主管部门应当根据农产品质量安全风险监测、风险评估结果和农产品质量安全状况等，制定监督抽查计划，确定农产品质量安全监督抽查的重点、方式和频次，并实施农产品质量安全风险分级管理。

第四十七条 县级以上人民政府农业农村主管部门应当建立健全随机抽查机制，按照监督抽查计划，组织开展农产品质量安全监督抽查。

农产品质量安全监督抽查检测应当委托符合本法规定条件的农产品质量安全检测机构进行。监督抽查不得向被抽查人收取费用，抽取的样品应当按照市场价格支付费用，并不得超过国务院农业农村主管部门规定的数量。

上级农业农村主管部门监督抽查的同批次农产品，下级农业农村主管部门不得另行重复抽查。

第四十八条 农产品质量安全检测应当充分利用现有的符合条件的检测机构。

从事农产品质量安全检测的机构，应当具备相应的检测条件和能力，由省级以上人民政府农业农村主管部门或者其授权的部门考核合格。具体办法由国务院农业农村主管部门制定。

农产品质量安全检测机构应当依法经资质认定。

第四十九条 从事农产品质量安全检测工作的人员，应当具备相应的专业知识和实际操作技能，遵纪守法，恪守职业道德。

农产品质量安全检测机构对出具的检测报告负责。检测报告应当客观公正，检测数据应当真实可靠，禁止出具虚假检测报告。

第五十条 县级以上地方人民政府农业农村主管部门可以采用国务院农业农村主管部门会同国务院市场监督管理等部门认定的快速检测方法，开展农产品质量安全监督抽查检测。抽查检测结果确定有关农产品不符合农产品质量安全标准的，可以作为行政处罚的证据。

第五十一条 农产品生产经营者对监督抽查检测结果有异议的，可以自收到检测结果之日起五个工作日内，向实施农产品质量安全监督抽查的农业农村主管部门或者其上一级农业农村主管部门申请复检。复检机构与初检机构不得为同一机构。

采用快速检测方法进行农产品质量安全监督抽查检测，被抽查人对检测结果有异议的，可以自收到检测结果时起四小时内申请复检。复检不得采用快速检测方法。

复检机构应当自收到复检样品之日起七个工作日内出具检测报告。

因检测结果错误给当事人造成损害的，依法承担赔偿责任。

第五十二条 县级以上地方人民政府农业农村主管部门应当加强对农产品生产的监督管理，开展日常检查，重点检查农产品产地环境、农业投入品购买和使用、农产品生产记录、承诺达标合格证开具等情况。

国家鼓励和支持基层群众性自治组织建立农产品质量安全信息员工作制度，协助开展有关工作。

第五十三条 开展农产品质量安全监督检查，有权采取下列措施：

（一）进入生产经营场所进行现场检查，调查了解农产品质量安全的有关情况；

（二）查阅、复制农产品生产记录、购销台账等与农产品质量安全有关的资料；

（三）抽样检测生产经营的农产品和使用的农业投入品以及其他有关产品；

（四）查封、扣押有证据证明存在农产品质量安全隐患或者经检测不符合农产品质量安全标准的农产品；

（五）查封、扣押有证据证明可能危及农产品质量安全或者经检测不符合产品质量标准的农业投入品以及其他有毒有害物质；

（六）查封、扣押用于违法生产经营农产品的设施、设备、场所以及运输工具；

（七）收缴伪造的农产品质量标志。

农产品生产经营者应当协助、配合农产品质量安全监督检查，不得拒绝、阻挠。

第五十四条 县级以上人民政府农业农村等部门应当加强农产品质量安全信用体系建设，建立农产品生产经营者信用记录，记载行政处罚等信息，推进农产品质量安全信用信息的应用和管理。

第五十五条 农产品生产经营过程中存在质量安全隐患，未及时采取措施消除的，县级以上地方人民政府农业农村主管部门可以对农产品生产经营者的法定代表人或者主要负责人进行责任约谈。农产品生产经营者应当立即采取措施,进行整改,消除隐患。

第五十六条 国家鼓励消费者协会和其他单位或者个人对农产品质量安全进行社会监督,对农产品质量安全监督管理工作提出意见和建议。任何单位和个人有权对违反本法的行为进行检举控告、投诉举报。

县级以上人民政府农业农村主管部门应当建立农产品质量安全投诉举报制度,公开投诉举报渠道,收到投诉举报后,应当及时处理。对不属于本部门职责的,应当移交有权处理的部门并书面通知投诉举报人。

第五十七条 县级以上地方人民政府农业农村主管部门应当加强对农产品质量安全执法人员的专业技术培训并组织考核。不具备相应知识和能力的,不得从事农产品质量安全执法工作。

第五十八条 上级人民政府应当督促下级人民政府履行农产品质量安全职责。对农产品质量安全责任落实不力、问题突出的地方人民政府,上级人民政府可以对其主要负责人进行责任约谈。被约谈的地方人民政府应当立即采取整改措施。

第五十九条 国务院农业农村主管部门应当会同国务院有关部门制定国家农产品质量安全突发事件应急预案,并与国家食品安全事故应急预案相衔接。

县级以上地方人民政府应当根据有关法律、行政法规的规定和上级人民政府的农产品质量安全突发事件应急预案,制定本行政区域的农产品质量安全突发事件应急预案。

发生农产品质量安全事故时,有关单位和个人应当采取控制措施,及时向所在地乡镇人民政府和县级人民政府农业农村等部门报告;收到报告的机关应当按照农产品质量安全突发事件应急预案及时处理并报本级人民政府、上级人民政府有关部门。发生重大农产品质量安全事故时,按照规定上报国务院及其有关部门。

任何单位和个人不得隐瞒、谎报、缓报农产品质量安全事故,不得隐匿、伪造、毁灭有关证据。

第六十条 县级以上地方人民政府市场监督管理部门依照本法和《中华人民共和国食品安全法》等法律、法规的规定,对农产品进入批发、零售市场或者生产加工企业后的生产经营活动进行监督检查。

第六十一条 县级以上人民政府农业农村、市场监督管理等部门发现农产品质量安全违法行为涉嫌犯罪的,应当及时将案件移送公安机关。对移送的案件,公安机关应当及时审查;认为有犯罪事实需要追究刑事责任的,应当立案侦查。

公安机关对依法不需要追究刑事责任但应当给予行政处罚的,应当及时将案件移送农业农村、市场监督管理等部门,有关部门应当依法处理。

公安机关商请农业农村、市场监督管理、生态环境等部门提供检验结论、认定意见以及对涉案农产品进行无害化处理等协助的,有关部门应当及时提供、予以协助。

第七章 法律责任

第六十二条 违反本法规定,地方各级人民政府有下列情形之一的,对直接负责的主管人员和其他直接责任人员给予警告、记过、记大过处分;造成严重后果的,给予降级或者撤职处分:

(一)未确定有关部门的农产品质量安全监督管理工作职责,未建立健全农产品质量安全工作机制,或者未落实农产品质量安全监督管理责任;

(二)未制定本行政区域的农产品质量安全突发事件应急预案,或者发生农产品质量安全事故后未按照规定启动应急预案。

第六十三条 违反本法规定,县级以上人民政府农业农村等部门有下列行为之一的,对直接负责的主管人员和其他直接责任人员给予记大过处分;情节较重的,给予降级或者撤职处分;情节严重的,给予开除处分;造成严重后果的,其主要负责人还应当引咎辞职:

(一)隐瞒、谎报、缓报农产品质量安全事故或者隐匿、伪造、毁灭有关证据;

(二)未按照规定查处农产品质量安全事故,或者接到农产品质量安全事故报告未及时处理,造成事故扩大或者蔓延;

(三)发现农产品质量安全重大风险隐患后,未及时采取相应措施,造成农产品质量安全事故或者不良社会影响;

(四)不履行农产品质量安全监督管理职责,导致发生农产品质量安全事故。

第六十四条 县级以上地方人民政府农业农村、市场监督管理等部门在履行农产品质量安全监督管理职责过程中,违法实施检查、强制等执法措施,给农产品生产经营者造成损失的,应当依法予以赔偿,对直接负责的主管人员和其他直接责任人员依法给予处分。

第六十五条 农产品质量安全检测机构、检测人员出具虚假检测报告的,由县级以上人民政府农业农村主管部门没收所收取的检测费用,检测费用不足一万元的,并处五万元以上十万元以下罚款,检测费用一万元以上的,并处检测费用五倍以上十倍以下罚款;对直接负责的主管人员和其他直接责任人员处一万元以上五万元以下罚款;使消费者的合法权益受到损害的,农产品质量安全检测机构应当与农产品生产经营者承担连带责任。

因农产品质量安全违法行为受到刑事处罚或者因出具虚假检测报告导致发生重大农产品质量安全事故的检测人员,终身不得从事农产品质量安全检测工作。农产品质量安全检测机构不得聘用上述人员。

农产品质量安全检测机构有前两款违法行为的,由授予其资质的主管部门或者机构吊销该农产品质量安全检测机构的资质证书。

第六十六条 违反本法规定,在特定农产品禁止生产区域种植、养殖、捕捞、采集特定农产品或者建立特定农产品生产基地的,由县级以上地方人民政府农业农村主管部门责令停止违法行为,没收农产品和违法所得,并处违法所得一倍以上三倍以下罚款。

违反法律、法规规定,向农产品产地排放或者倾倒废水、废气、固体废物或者其他有毒有害物质的,依照有关环境保护法律、法规的规定处理、处罚;造成损害的,依法承担赔偿责任。

第六十七条 农药、肥料、农用薄膜等农业投入品的生产者、经营者、使用者未按照规定回收并妥善处置包装物或者废弃物的,由县级以上地方人民政府农业农村主管部门依照有关法律、法规的规定处理、处罚。

第六十八条 违反本法规定,农产品生产企业有下列情形之一的,由县级以上地方人民政府农业农村主管部门责令限期改正;逾期不改正的,处五千元以上五万元以下罚款:

(一)未建立农产品质量安全管理制度;

(二)未配备相应的农产品质量安全管理技术人员,且未委托具有专业技术知识的人员进行农产品质量安全指导。

第六十九条 农产品生产企业、农民专业合作社、农业社会化服务组织未依照本法规定建立、保存农产品生产记录,或者伪造、变造农产品生产记录的,由县级以上地方人民政府农业农村主管部门责令限期改正;逾期不改正的,处二千元以上二万元以下罚款。

第七十条 违反本法规定,农产品生产经营者有下列行为之一,尚不构成犯罪的,由县级以上地方人民政府农业农村主管部门责令停止生产经营,追回已经销售的农产品,对违法生产经营的农产品进行无害化处理或者予以监督销毁,没收违法所得,并可以没收用于违法生产经营的工具、设备、原料等物品;违法生产经营的农产品货值金额不足一万元的,并处十万元以上十五万元以下罚款,货值金额一万元以上的,并处货值金额十五倍以上三十倍以下罚款;对农户,并处一千元以上一万元以下罚款;情节严重的,有许可证的吊销许可证,并可以由公安机关对其直接负责的主管人员和其他直接责任人员处五日以上十五日以下拘留:

(一)在农产品生产经营过程中使用国家禁止使用的农业投入品或者其他有毒有害物质;

(二)销售含有国家禁止使用的农药、兽药或者其他化合物的农产品;

(三)销售病死、毒死或者死因不明的动物及其产品。

明知农产品生产经营者从事前款规定的违法行为,仍为其提供生产经营场所或者其他条件的,由县级以上地方人民政府农业农村主管部门责令停止违法行为,没收违法所得,并处十万元以上二十万元以下罚款;使消费者的合法权益受到损害的,应当与农产品生产经营者承担连带责任。

第七十一条 违反本法规定,农产品生产经营者有下列行为之一,尚不构成犯罪的,由县级以上地方人民政府农业农村主管部门责令停止生产经营,追回已经销售的农产品,对违法生产经营的农产品进行无害化处理或者予以监督销毁,没收违法所得,并可以没收用于违法生产经营的工具、设备、原料等物品;违法生产经营的农产品货值金额不足一万元的,并处五万元以上十万元以下罚款,货值金额一万元以上的,并处货值金额十倍以上二十倍以下罚款;对农户,并处五百元以上五千元以下罚款:

(一)销售农药、兽药等化学物质残留或者含有的重金属等有毒有害物质不符合农产品质量安全标准的农产品;

(二)销售含有的致病性寄生虫、微生物或者生物毒素不符合农产品质量安全标准的农产品;

(三)销售其他不符合农产品质量安全标准的农产品。

第七十二条 违反本法规定,农产品生产经营者有下列行为之一的,由县级以上地方人民政府农业农村主管部门责令停止生产经营,追回已经销售的农产品,对违法生产经营的农产品进行无害化处理或者予以监督销毁,没收违法所得,并可以没收用于违法生产经营的工具、设备、原料等物品;违法生产经营的农产品货值金额不足一万元的,并处五千元以上五万元以下罚款,货值金额一万元以上的,并处货值金额五倍以上十倍以下罚款;

对农户,并处三百元以上三千元以下罚款:

(一)在农产品生产场所以及生产活动中使用的设施、设备、消毒剂、洗涤剂等不符合国家有关质量安全规定;

(二)未按照国家有关强制性标准或者其他农产品质量安全规定使用保鲜剂、防腐剂、添加剂、包装材料等,或者使用的保鲜剂、防腐剂、添加剂、包装材料等不符合国家有关强制性标准或者其他质量安全规定;

(三)将农产品与有毒有害物质一同储存、运输。

第七十三条　违反本法规定,有下列行为之一的,由县级以上地方人民政府农业农村主管部门按照职责给予批评教育,责令限期改正;逾期不改正的,处一百元以上一千元以下罚款:

(一)农产品生产企业、农民专业合作社、从事农产品收购的单位或者个人未按照规定开具承诺达标合格证;

(二)从事农产品收购的单位或者个人未按照规定收取、保存承诺达标合格证或者其他合格证明。

第七十四条　农产品生产经营者冒用农产品质量标志,或者销售冒用农产品质量标志的农产品的,由县级以上地方人民政府农业农村主管部门按照职责责令改正,没收违法所得;违法生产经营的农产品货值金额不足五千元的,并处五千元以上五万元以下罚款,货值金额五千元以上的,并处货值金额十倍以上二十倍以下罚款。

第七十五条　违反本法关于农产品质量安全追溯规定的,由县级以上地方人民政府农业农村主管部门按照职责责令限期改正;逾期不改正的,可以处一万元以下罚款。

第七十六条　违反本法规定,拒绝、阻挠依法开展的农产品质量安全监督检查、事故调查处理、抽样检测和风险评估的,由有关主管部门按照职责责令停产停业,并处二千元以上五万元以下罚款;构成违反治安管理行为的,由公安机关依法给予治安管理处罚。

第七十七条　《中华人民共和国食品安全法》对食用农产品进入批发、零售市场或者生产加工企业后的违法行为和法律责任有规定的,由县级以上地方人民政府市场监督管理部门依照其规定进行处罚。

第七十八条　违反本法规定,构成犯罪的,依法追究刑事责任。

第七十九条　违反本法规定,给消费者造成人身、财产或者其他损害的,依法承担民事赔偿责任。生产经营者财产不足以同时承担民事赔偿责任和缴纳罚款、罚金时,先承担民事赔偿责任。

食用农产品生产经营者违反本法规定,污染环境、侵害众多消费者合法权益,损害社会公共利益的,人民检察院可以依照《中华人民共和国民事诉讼法》《中华人民共和国行政诉讼法》等法律的规定向人民法院提起诉讼。

第八章　附　则

第八十条　粮食收购、储存、运输环节的质量安全管理,依照有关粮食管理的法律、行政法规执行。

第八十一条　本法自 2023 年 1 月 1 日起施行。

食用农产品市场销售质量安全监督管理办法

· 2023 年 6 月 30 日国家市场监督管理总局令第 81 号公布
· 自 2023 年 12 月 1 日起施行

第一条　为了规范食用农产品市场销售行为,加强食用农产品市场销售质量安全监督管理,保障食用农产品质量安全,根据《中华人民共和国食品安全法》(以下简称食品安全法)、《中华人民共和国农产品质量安全法》、《中华人民共和国食品安全法实施条例》(以下简称食品安全法实施条例)等法律法规,制定本办法。

第二条　食用农产品市场销售质量安全及其监督管理适用本办法。

本办法所称食用农产品市场销售,是指通过食用农产品集中交易市场(以下简称集中交易市场)、商场、超市、便利店等固定场所销售食用农产品的活动,不包括食用农产品收购行为。

第三条　国家市场监督管理总局负责制定食用农产品市场销售质量安全监督管理制度,监督指导全国食用农产品市场销售质量安全的监督管理工作。

省、自治区、直辖市市场监督管理部门负责监督指导本行政区域食用农产品市场销售质量安全的监督管理工作。

市、县级市场监督管理部门负责本行政区域食用农产品市场销售质量安全的监督管理工作。

第四条　县级以上市场监督管理部门应当与同级农业农村等相关部门建立健全食用农产品市场销售质量安全监督管理协作机制,加强信息共享,推动产地准出与市场准入衔接,保证市场销售的食用农产品可追溯。

第五条　食用农产品市场销售相关行业组织应当加强行业自律,督促集中交易市场开办者和销售者履行法律义务,规范集中交易市场食品安全管理行为和销售者经营行为,提高食用农产品质量安全保障水平。

第六条　在严格执行食品安全标准的基础上,鼓励食用农产品销售企业通过应用推荐性国家标准、行业标准以及团体标准等促进食用农产品高质量发展。

第七条 食用农产品销售者(以下简称销售者)应当保持销售场所环境整洁,与有毒、有害场所以及其他污染源保持适当的距离,防止交叉污染。

销售生鲜食用农产品,不得使用对食用农产品的真实色泽等感官性状造成明显改变的照明等设施误导消费者对商品的感官认知。

鼓励采用净菜上市、冷鲜上市等方式销售食用农产品。

第八条 销售者采购食用农产品,应当依照食品安全法第六十五条的规定建立食用农产品进货查验记录制度,索取并留存食用农产品进货凭证,并核对供货者等有关信息。

采购按照规定应当检疫、检验的肉类,应当索取并留存动物检疫合格证明、肉品品质检验合格证等证明文件。采购进口食用农产品,应当索取并留存海关部门出具的入境货物检验检疫证明等证明文件。

供货者提供的销售凭证、食用农产品采购协议等凭证中含有食用农产品名称、数量、供货日期以及供货者名称、地址、联系方式等进货信息的,可以作为食用农产品的进货凭证。

第九条 从事连锁经营和批发业务的食用农产品销售企业应当主动加强对采购渠道的审核管理,优先采购附具承诺达标合格证或者其他产品质量合格凭证的食用农产品,不得采购不符合食品安全标准的食用农产品。对无法提供承诺达标合格证或者其他产品质量合格凭证的,鼓励销售企业进行抽样检验或者快速检测。

除生产者或者供货者出具的承诺达标合格证外,自检合格证明、有关部门出具的检验检疫合格证明等也可以作为食用农产品的产品质量合格凭证。

第十条 实行统一配送销售方式的食用农产品销售企业,对统一配送的食用农产品可以由企业总部统一建立进货查验记录制度并保存进货凭证和产品质量合格凭证;所属各销售门店应当保存总部的配送清单,提供可查验相应凭证的方式。配送清单保存期限不得少于六个月。

第十一条 从事批发业务的食用农产品销售企业应当建立食用农产品销售记录制度,如实记录批发食用农产品的名称、数量、进货日期、销售日期以及购货者名称、地址、联系方式等内容,并保存相关凭证。记录和凭证保存期限不得少于六个月。

第十二条 销售者销售食用农产品,应当在销售场所明显位置或者带包装产品的包装上如实标明食用农产品的名称、产地、生产者或者销售者的名称或者姓名等信息。产地应当具体到县(市、区),鼓励标注到乡镇、村等具体产地。对保质期有要求的,应当标注保质期;保质期与贮存条件有关的,应当予以标明;在包装、保鲜、贮存中使用保鲜剂、防腐剂等食品添加剂的,应当标明食品添加剂名称。

销售即食食用农产品还应当如实标明具体制作时间。

食用农产品标签所用文字应当使用规范的中文,标注的内容应当清楚、明显,不得含有虚假、错误或者其他误导性内容。

鼓励销售者在销售场所明显位置展示食用农产品的承诺达标合格证。带包装销售食用农产品的,鼓励在包装上标明生产日期或者包装日期、贮存条件以及最佳食用期限等内容。

第十三条 进口食用农产品的包装或者标签应当符合我国法律、行政法规的规定和食品安全标准的要求,并以中文载明原产国(地区),以及在中国境内依法登记注册的代理商、进口商或者经销者的名称、地址和联系方式,可以不标示生产者的名称、地址和联系方式。

进口鲜冻肉类产品的外包装上应当以中文标明规格、产地、目的地、生产日期、保质期、贮存条件等内容。

分装销售的进口食用农产品,应当在包装上保留原进口食用农产品全部信息以及分装企业、分装时间、地点、保质期等信息。

第十四条 销售者通过去皮、切割等方式简单加工、销售即食食用农产品的,应当采取有效措施做好食品安全防护,防止交叉污染。

第十五条 禁止销售者采购、销售食品安全法第三十四条规定情形的食用农产品。

可拣选的果蔬类食用农产品带泥、带沙、带虫、部分枯萎,以及可拣选的水产品带水、带泥、带沙等,不属于食品安全法第三十四条第六项规定的腐败变质、霉变生虫、污秽不洁、混有异物、掺假掺杂或者感官性状异常等情形。

第十六条 销售者贮存食用农产品,应当定期检查,及时清理腐败变质、油脂酸败、霉变生虫或者感官性状异常的食用农产品。贮存对温度、湿度等有特殊要求的食用农产品,应当具备保温、冷藏或者冷冻等设施设备,并保持有效运行。

销售者委托贮存食用农产品的,应当选择取得营业执照等合法主体资格、能够保障食品安全的贮存服务提供者,并监督受托方按照保证食品安全的要求贮存食用农产品。

第十七条 接受销售者委托贮存食用农产品的贮存服务提供者,应当按照保证食品安全的要求,加强贮存过程管理,履行下列义务:

(一)如实记录委托方名称或者姓名、地址、联系方式等内容,记录保存期限不得少于贮存结束后二年;

(二)非食品生产经营者从事对温度、湿度等有特殊要求的食用农产品贮存业务的,应当自取得营业执照之日起三十个工作日内向所在地县级市场监督管理部门备案,备案信息包括贮存场所名称、地址、贮存能力以及法定代表人或者负责人姓名、统一社会信用代码、联系方式等信息;

(三)保证贮存食用农产品的容器、工具和设备安全无害,保持清洁,防止污染,保证食品安全所需的温度、湿度和环境等特殊要求,不得将食用农产品与有毒、有害物品一同贮存;

(四)贮存肉类冻品应当查验并留存有关动物检疫合格证明、肉品品质检验合格证等证明文件;

(五)贮存进口食用农产品,应当查验并留存海关部门出具的入境货物检验检疫证明等证明文件;

(六)定期检查库存食用农产品,发现销售者有违法行为的,应当及时制止并立即报告所在地县级市场监督管理部门;

(七)法律、法规规定的其他义务。

第十八条 食用农产品的运输容器、工具和设备应当安全无害,保持清洁,防止污染,不得将食用农产品与有毒、有害物品一同运输。运输对温度、湿度等有特殊要求的食用农产品,应当具备保温、冷藏或者冷冻等设备设施,并保持有效运行。

销售者委托运输食用农产品的,应当对承运人的食品安全保障能力进行审核,并监督承运人加强运输过程管理,如实记录委托方和收货方的名称或者姓名、地址、联系方式等内容,记录保存期限不得少于运输结束后二年。

第十九条 集中交易市场开办者应当建立健全食品安全管理制度,履行入场销售者登记建档、签订协议、入场查验、场内检查、信息公示、食品安全违法行为制止及报告、食品安全事故处置、投诉举报处置等管理义务,食用农产品批发市场(以下简称批发市场)开办者还应当履行抽样检验、统一销售凭证格式以及监督入场销售者开具销售凭证等管理义务。

第二十条 集中交易市场开办者应当在市场开业前向所在地县级市场监督管理部门如实报告市场名称、住所、类型、法定代表人或者负责人姓名、食用农产品主要种类等信息。

集中交易市场开办者应当建立入场销售者档案并及时更新,如实记录销售者名称或者姓名、统一社会信用代码或者身份证号码、联系方式,以及市场自查和抽检中发现的问题和处理信息。入场销售者档案信息保存期限不少于销售者停止销售后六个月。

第二十一条 集中交易市场开办者应当按照食用农产品类别实行分区销售,为入场销售者提供符合食品安全要求的环境、设施、设备等经营条件,定期检查和维护,并做好检查记录。

第二十二条 鼓励集中交易市场开办者改造升级,为入场销售者提供满足经营需要的冷藏、冷冻、保鲜等专业贮存场所,更新设施、设备,提高食品安全保障能力和水平。

鼓励集中交易市场开办者采用信息化手段统一采集食用农产品进货、贮存、运输、交易等数据信息,提高食品安全追溯能力和水平。

第二十三条 集中交易市场开办者应当查验入场食用农产品的进货凭证和产品质量合格凭证,与入场销售者签订食用农产品质量安全协议,列明违反食品安全法律法规规定的退市条款。未签订食用农产品质量安全协议的销售者和无法提供进货凭证的食用农产品不得进入市场销售。

集中交易市场开办者对声称销售自产食用农产品的,应当查验自产食用农产品的承诺达标合格证或者查验并留存销售者身份证号码、联系方式、住所以及食用农产品名称、数量、入场日期等信息。

对无法提供承诺达标合格证或者其他产品质量合格凭证的食用农产品,集中交易市场开办者应当进行抽样检验或者快速检测,结果合格的,方可允许进入市场销售。

鼓励和引导有条件的集中交易市场开办者对场内销售的食用农产品集中建立进货查验记录制度。

第二十四条 集中交易市场开办者应当配备食品安全员等食品安全管理人员,加强对食品安全管理人员的培训和考核;批发市场开办者还应当配备食品安全总监。

食品安全管理人员应当加强对入场销售者的食品安全宣传教育,对入场销售者的食用农产品经营行为进行检查。检查中发现存在违法行为的,集中交易市场开办者应当及时制止,并向所在地县级市场监督管理部门报告。

第二十五条 批发市场开办者应当依照食品安全法第六十四条的规定,对场内销售的食用农产品进行抽样检验。采取快速检测的,应当采用国家规定的快速检测方法。鼓励零售市场开办者配备检验设备和检验人员,或者委托具有资质的食品检验机构,进行食用农产品抽样检验。

集中交易市场开办者发现场内食用农产品不符合食品安全标准的,应当要求入场销售者立即停止销售,依照集中交易市场管理规定或者与入场销售者签订的协议进行销毁或者无害化处理,如实记录不合格食用农产品数量、产地、销售者、销毁方式等内容,留存不合格食用农产品销毁影像信息,并向所在地县级市场监督管理部门报告。记录保存期限不少于销售者停止销售后六个月。

第二十六条 集中交易市场开办者应当在醒目位置及时公布本市场食品安全管理制度、食品安全管理人员、投诉举报电话、市场自查结果、食用农产品抽样检验信息以及不合格食用农产品处理结果等信息。

公布的食用农产品抽样检验信息应当包括检验项目和检验结果。

第二十七条 批发市场开办者应当向入场销售者提供包括批发市场名称、食用农产品名称、产地、数量、销售日期以及销售者名称、摊位信息、联系方式等项目信息的统一销售凭证,或者指导入场销售者自行印制包括上述项目信息的销售凭证。

批发市场开办者印制或者按照批发市场要求印制的销售凭证,以及包括前款所列项目信息的电子凭证可以作为入场销售者的销售记录和相关购货者的进货凭证。销售凭证保存期限不得少于六个月。

第二十八条 与屠宰厂(场)、食用农产品种植养殖基地签订协议的批发市场开办者应当对屠宰厂(场)和食用农产品种植养殖基地进行实地考察,了解食用农产品生产过程以及相关信息。

第二十九条 县级以上市场监督管理部门按照本行政区域食品安全年度监督管理计划,对集中交易市场开办者、销售者及其委托的贮存服务提供者遵守本办法情况进行日常监督检查:

(一)对食用农产品销售、贮存等场所、设施、设备,以及信息公示情况等进行现场检查;

(二)向当事人和其他有关人员调查了解与食用农产品销售活动和质量安全有关的情况;

(三)检查食用农产品进货查验记录制度落实情况,查阅、复制与食用农产品质量安全有关的记录、协议、发票以及其他资料;

(四)检查集中交易市场抽样检验情况;

(五)对集中交易市场的食品安全总监、食品安全员随机进行监督抽查考核并公布考核结果;

(六)对食用农产品进行抽样,送有资质的食品检验机构进行检验;

(七)对有证据证明不符合食品安全标准或者有证据证明存在质量安全隐患以及用于违法生产经营的食用农产品,有权查封、扣押、监督销毁;

(八)依法查封违法从事食用农产品销售活动的场所。

集中交易市场开办者、销售者及其委托的贮存服务提供者对市场监督管理部门依法实施的监督检查应当予以配合,不得拒绝、阻挠、干涉。

第三十条 市、县级市场监督管理部门可以采用国家规定的快速检测方法对食用农产品质量安全进行抽查检测,抽查检测结果表明食用农产品可能存在质量安全隐患的,销售者应当暂停销售;抽查检测结果确定食用农产品不符合食品安全标准的,可以作为行政处罚的证据。

被抽查人对快速检测结果有异议的,可以自收到检测结果时起四小时内申请复检。复检结论仍不合格的,复检费用由申请人承担。复检不得采用快速检测方法。

第三十一条 市、县级市场监督管理部门应当依据职责公布食用农产品质量安全监督管理信息。

公布食用农产品质量安全监督管理信息,应当做到准确、及时、客观,并进行必要的解释说明,避免误导消费者和社会舆论。

第三十二条 县级以上市场监督管理部门应当加强信息化建设,汇总分析食用农产品质量安全信息,加强监督管理,防范食品安全风险。

第三十三条 县级以上地方市场监督管理部门应当将监督检查、违法行为查处等情况记入集中交易市场开办者、销售者食品安全信用档案,并依法通过国家企业信用信息公示系统向社会公示。

对于性质恶劣、情节严重、社会危害较大,受到市场监督管理部门较重行政处罚的,依法列入市场监督管理严重违法失信名单,采取提高检查频次等管理措施,并依法实施联合惩戒。

市、县级市场监督管理部门应当逐步建立销售者市场准入前信用承诺制度,要求销售者以规范格式向社会作出公开承诺,如存在违法失信销售行为将自愿接受信用惩戒。信用承诺纳入销售者信用档案,接受社会监督,并作为事中事后监督管理的参考。

第三十四条 食用农产品在销售过程中存在质量安全隐患,未及时采取有效措施消除的,市、县级市场监督管理部门可以对集中交易市场开办者、销售企业负责人进行责任约谈。被约谈者无正当理由拒不按时参加约谈或者未按要求落实整改的,市场监督管理部门应当记入集中交易市场开办者、销售企业信用档案。

第三十五条 市、县级市场监督管理部门发现批发市场有国家法律法规及本办法禁止销售的食用农产品,在依法处理的同时,应当及时追查食用农产品来源和流向,查明原因、控制风险并报告上级市场监督管理部门,同时通报所涉地同级市场监督管理部门;涉及种植养殖和进出口环节的,还应当通报农业农村主管部门和海关部门。所涉地市场监督管理部门接到通报后应当积极配合开展调查,控制风险,并加强与事发地市场监督管理部门的信息通报和执法协作。

市、县级市场监督管理部门发现超出其管辖范围的食用农产品质量安全案件线索,应当及时移送有管辖权的市、县级市场监督管理部门。

第三十六条 市、县级市场监督管理部门发现下列情形之一的,应当及时通报所在地同级农业农村主管部门:

(一)农产品生产企业、农民专业合作社、从事农产品收购的单位或者个人未按照规定出具承诺达标合格证;

(二)承诺达标合格证存在虚假信息;

(三)附具承诺达标合格证的食用农产品不合格;

(四)其他有关承诺达标合格证违法违规行为。

农业农村主管部门发现附具承诺达标合格证的食用农产品不合格,向所在地市、县级市场监督管理部门通报的,市、县级市场监督管理部门应当根据农业农村主管部门提供的流向信息,及时追查不合格食用农产品并依法处理。

第三十七条 县级以上地方市场监督管理部门在监督管理中发现食用农产品质量安全事故,或者接到食用农产品质量安全事故的投诉举报,应当立即会同相关部门进行调查处理,采取措施防止或者减少社会危害。按照应急预案的规定报告当地人民政府和上级市场监督管理部门,并在当地人民政府统一领导下及时开展食用农产品质量安全事故调查处理。

第三十八条 销售者违反本办法第七条第一、二款、第十六条、第十八条规定,食用农产品贮存和运输受托方违反本办法第十七条、第十八条规定,有下列情形之一的,由县级以上市场监督管理部门责令改正,给予警告;拒不改正的,处五千元以上三万元以下罚款:

(一)销售和贮存场所环境、设施、设备等不符合食用农产品质量安全要求的;

(二)销售、贮存和运输对温度、湿度等有特殊要求的食用农产品,未配备必要的保温、冷藏或者冷冻等设施设备并保持有效运行的;

(三)贮存期间未定期检查,及时清理腐败变质、油脂酸败、霉变生虫或者感官性状异常的食用农产品的。

第三十九条 有下列情形之一的,由县级以上市场监督管理部门依照食品安全法第一百二十六条第一款的规定给予处罚:

(一)销售者违反本办法第八条第一款规定,未按要求建立食用农产品进货查验记录制度,或者未按要求索取进货凭证的;

(二)销售者违反本办法第八条第二款规定,采购、销售按规定应当检疫、检验的肉类或进口食用农产品,未索取或留存相关证明文件的;

(三)从事批发业务的食用农产品销售企业违反本办法第十一条规定,未按要求建立食用农产品销售记录制度的。

第四十条 销售者违反本办法第十二条、第十三条规定,未按要求标明食用农产品相关信息的,由县级以上市场监督管理部门责令改正;拒不改正的,处二千元以上一万元以下罚款。

第四十一条 销售者违反本办法第十四条规定,加工、销售即食食用农产品,未采取有效措施做好食品安全防护,造成污染的,由县级以上市场监督管理部门责令改正;拒不改正的,处五千元以上三万元以下罚款。

第四十二条 销售者违反本办法第十五条规定,采购、销售食品安全法第三十四条规定情形的食用农产品的,由县级以上市场监督管理部门依照食品安全法有关规定给予处罚。

第四十三条 集中交易市场开办者违反本办法第十九条、第二十四条规定,未按规定建立健全食品安全管理制度,或者未按规定配备、培训、考核食品安全总监、食品安全员等食品安全管理人员的,由县级以上市场监督管理部门依照食品安全法第一百二十六条第一款的规定给予处罚。

第四十四条 集中交易市场开办者违反本办法第二

十条第一款规定，未按要求向所在地县级市场监督管理部门如实报告市场有关信息的，由县级以上市场监督管理部门依照食品安全法实施条例第七十二条的规定给予处罚。

第四十五条　集中交易市场开办者违反本办法第二十条第二款、第二十一条、第二十三条规定，有下列情形之一的，由县级以上市场监督管理部门责令改正；拒不改正的，处五千元以上三万元以下罚款：

（一）未按要求建立入场销售者档案并及时更新的；

（二）未按照食用农产品类别实施分区销售，经营条件不符合食品安全要求，或者未按规定对市场经营环境和条件进行定期检查和维护的；

（三）未按要求查验入场销售者和入场食用农产品的相关凭证信息，允许无法提供进货凭证的食用农产品入场销售，或者对无法提供食用农产品质量合格凭证的食用农产品未经抽样检验合格即允许入场销售的。

第四十六条　集中交易市场开办者违反本办法第二十五条第二款规定，抽检发现场内食用农产品不符合食品安全标准，未按要求处理并报告的，由县级以上市场监督管理部门责令改正；拒不改正的，处五千元以上三万元以下罚款。

集中交易市场开办者违反本办法第二十六条规定，未按要求公布食用农产品相关信息的，由县级以上市场监督管理部门责令改正；拒不改正的，处二千元以上一万元以下罚款。

第四十七条　批发市场开办者违反本办法第二十五条第一款规定，未依法对进入该批发市场销售的食用农产品进行抽样检验的，由县级以上市场监督管理部门依照食品安全法第一百三十条第二款的规定给予处罚。

批发市场开办者违反本办法第二十七条规定，未按要求向入场销售者提供统一格式的销售凭证或者指导入场销售者自行印制符合要求的销售凭证的，由县级以上市场监督管理部门责令改正；拒不改正的，处五千元以上三万元以下罚款。

第四十八条　销售者履行了本办法规定的食用农产品进货查验等义务，有充分证据证明其不知道所采购的食用农产品不符合食品安全标准，并能如实说明其进货来源的，可以免予处罚，但应当依法没收其不符合食品安全标准的食用农产品；造成人身、财产或者其他损害的，依法承担赔偿责任。

第四十九条　本办法下列用语的含义：

食用农产品，指来源于种植业、林业、畜牧业和渔业等供人食用的初级产品，即在农业活动中获得的供人食用的植物、动物、微生物及其产品，不包括法律法规禁止食用的野生动物产品及其制品。

即食食用农产品，指以生鲜食用农产品为原料，经过清洗、去皮、切割等简单加工后，可供人直接食用的食用农产品。

食用农产品集中交易市场，是指销售食用农产品的批发市场和零售市场(含农贸市场等集中零售市场)。

食用农产品集中交易市场开办者，指依法设立、为食用农产品批发、零售提供场地、设施、服务以及日常管理的企业法人或者其他组织。

食用农产品销售者，指通过固定场所销售食用农产品的个人或者企业，既包括通过集中交易市场销售食用农产品的入场销售者，也包括销售食用农产品的商场、超市、便利店等食品经营者。

第五十条　食品摊贩等销售食用农产品的具体管理规定由省、自治区、直辖市制定。

第五十一条　本办法自2023年12月1日起施行。2016年1月5日原国家食品药品监督管理总局令第20号公布的《食用农产品市场销售质量安全监督管理办法》同时废止。

食用农产品抽样检验和核查处置规定

· 2020年11月30日
· 国市监食检〔2020〕184号

为进一步规范市场监管部门食用农产品抽样检验和核查处置工作，依据《中华人民共和国食品安全法》《食品安全抽样检验管理办法》《食用农产品市场销售质量安全监督管理办法》等法律、法规和规章，现就食用农产品抽样检验和核查处置作出以下规定：

第一条　市场监管部门可以自行抽样或委托承检机构抽样。委托抽样的，应当不少于2名监管人员参与现场抽样。

第二条　现场抽样时，应检查食用农产品销售者是否有进货查验记录、合法进货凭证等。食用农产品销售者无法提供进货查验记录、合法进货凭证或产品真实合法来源的，市场监管部门应依法予以查处。

第三条　对易腐烂变质的蔬菜、水果等食用农产品样品，需进行均质备份样品的，应当在现场抽样时主动向食用农产品销售者告知确认，可采取拍照或摄像等方式对样品均质备份进行记录。

第四条 现场封样时，抽样人员应按规定要求采取有效防拆封措施。抽样人员（含监管人员）、食用农产品销售者，应当在样品封条上共同签字或者盖章确认。

第五条 抽样人员应当使用规范的抽样文书，详细记录被抽样食用农产品销售者的名称或者姓名、社会信用代码或者身份证号码、联系电话、住所，食用农产品名称（有俗称的应标明俗称）、产地（或生产者名称和地址）、是否具有合格证明文件，供货者名称和地址、进货日期、抽样批次等。在集中交易市场抽样的，应当记录销售者的摊位号码等信息。

现场抽样时，抽样人员（含监管人员）、食用农产品销售者，应当在抽样文书上共同签字或盖章。

第六条 带包装或附加标签的食用农产品，以标识的生产者、产品名称、生产日期等内容一致的产品为一个抽样批次；简易包装或散装的食用农产品，以同一产地、生产者或进货商，同一生产日期或进货日期的同一种产品为一个抽样批次。

第七条 检验机构在接收样品时，应当核对样品与抽样文书信息。对记录信息不完整、不规范的样品应当拒绝接收，并书面说明理由，及时向组织或者实施抽样检验的市场监管部门报告。

第八条 承检机构应按规范采取冷冻或冷藏等方式妥善保存备份样品。自检验结论作出之日起，合格样品的备份样品应继续保存3个月，不合格样品的备份样品应继续保存6个月。

第九条 食用农产品销售者对监督抽检结果有异议的，可按照规定申请复检。

第十条 食用农产品销售者收到不合格检验结论后，应当立即对不合格食用农产品依法采取停止销售、召回等措施，并及时通知相关生产经营者和消费者；对停止销售、召回的不合格食用农产品应依照有关法律规定要求采取处置措施，并及时向市场监管部门报告。

复检和异议期间，食用农产品销售者不得停止履行上述义务。未履行前款义务的，市场监管部门应当依法责令其履行。

第十一条 抽检发现的不合格食用农产品涉及种植、养殖环节的，由组织抽检的市场监管部门及时向产地同级农业农村部门通报；涉及进口环节的，及时向进口地海关通报。

第十二条 对食用农产品销售者、集中交易市场开办者经营不合格食用农产品等违法行为，市场监管部门应当依法予以查处，并开展跟踪抽检。

第十三条 市场监管部门应当依法依规、及时公布食用农产品监督抽检结果、核查处置信息。与不合格食用农产品核查处置有关的行政处罚信息，应当依法归集至国家企业信用信息公示系统。

第十四条 各级市场监管部门应当按要求将食用农产品抽样、检验和核查处置等信息，及时录入国家食品安全抽样检验信息系统。

第十五条 市场监管部门在集中交易市场、商场、超市、便利店、网络食品交易第三方平台等食用农产品销售场所开展抽样检验和核查处置工作，适用本规定。

第十六条 省级市场监管部门应当加强对食用农产品抽样检验和核查处置的指导，可结合地方实际制定本地区食用农产品抽样检验和核查处置实施细则。

2. 保健食品管理

保健食品原料目录与保健功能目录管理办法

· 2019年8月2日国家市场监督管理总局令第13号公布
· 自2019年10月1日起施行

第一章 总 则

第一条 为了规范保健食品原料目录和允许保健食品声称的保健功能目录的管理工作，根据《中华人民共和国食品安全法》，制定本办法。

第二条 中华人民共和国境内生产经营的保健食品的原料目录和允许保健食品声称的保健功能目录的制定、调整和公布适用本办法。

第三条 保健食品原料目录，是指依照本办法制定的保健食品原料的信息列表，包括原料名称、用量及其对应的功效。

允许保健食品声称的保健功能目录（以下简称保健功能目录），是指依照本办法制定的具有明确评价方法和判定标准的保健功能信息列表。

第四条 保健食品原料目录和保健功能目录的制定、调整和公布，应当以保障食品安全和促进公众健康为宗旨，遵循依法、科学、公开、公正的原则。

第五条 国家市场监督管理总局会同国家卫生健康委员会、国家中医药管理局制定、调整并公布保健食品原料目录和保健功能目录。

第六条 国家市场监督管理总局食品审评机构（以下简称审评机构）负责组织拟订保健食品原料目录和保健功能目录，接收纳入或者调整保健食品原料目录和保健功能目录的建议。

第二章 保健食品原料目录管理

第七条 除维生素、矿物质等营养物质外,纳入保健食品原料目录的原料应当符合下列要求:

(一)具有国内外食用历史,原料安全性确切,在批准注册的保健食品中已经使用;

(二)原料对应的功效已经纳入现行的保健功能目录;

(三)原料及其用量范围、对应的功效、生产工艺、检测方法等产品技术要求可以实现标准化管理,确保依据目录备案的产品质量一致性。

第八条 有下列情形之一的,不得列入保健食品原料目录:

(一)存在食用安全风险以及原料安全性不确切的;

(二)无法制定技术要求进行标准化管理和不具备工业化大生产条件的;

(三)法律法规以及国务院有关部门禁止食用,或者不符合生态环境和资源法律法规要求等其他禁止纳入的情形。

第九条 任何单位或者个人在开展相关研究的基础上,可以向审评机构提出拟纳入或者调整保健食品原料目录的建议。

第十条 国家市场监督管理总局可以根据保健食品注册和监督管理情况,选择具备能力的技术机构对已批准注册的保健食品中使用目录外原料情况进行研究分析。符合要求的,技术机构应当及时提出拟纳入或者调整保健食品原料目录的建议。

第十一条 提出拟纳入或者调整保健食品原料目录的建议应当包括下列材料:

(一)原料名称,必要时提供原料对应的拉丁学名、来源、使用部位以及规格等;

(二)用量范围及其对应的功效;

(三)工艺要求、质量标准、功效成分或者标志性成分及其含量范围和相应的检测方法、适宜人群和不适宜人群相关说明、注意事项等;

(四)人群食用不良反应情况;

(五)纳入目录的依据等其他相关材料。

建议调整保健食品原料目录的,还需要提供调整理由、依据和相关材料。

第十二条 审评机构对拟纳入或者调整保健食品原料目录的建议材料进行技术评价,结合批准注册保健食品中原料使用的情况,作出准予或者不予将原料纳入保健食品原料目录或者调整目录的技术评价结论,并报送国家市场监督管理总局。

第十三条 国家市场监督管理总局对审评机构报送的技术评价结论等相关材料的完整性、规范性进行初步审查,拟纳入或者调整保健食品原料目录的,应当公开征求意见,并修改完善。

第十四条 国家市场监督管理总局对审评机构报送的拟纳入或者调整保健食品原料目录的材料进行审查,符合要求的,会同国家卫生健康委员会、国家中医药管理局及时公布纳入或者调整的保健食品原料目录。

第十五条 有下列情形之一的,国家市场监督管理总局组织对保健食品原料目录中的原料进行再评价,根据再评价结果,会同国家卫生健康委员会、国家中医药管理局对目录进行相应调整:

(一)新的研究发现原料存在食用安全性问题;

(二)食品安全风险监测或者保健食品安全监管中发现原料存在食用安全风险或者问题;

(三)新的研究证实原料每日用量范围与对应功效需要调整的或者功效声称不够科学、严谨;

(四)其他需要再评价的情形。

第三章 保健功能目录管理

第十六条 纳入保健功能目录的保健功能应当符合下列要求:

(一)以补充膳食营养物质、维持改善机体健康状态或者降低疾病发生风险因素为目的;

(二)具有明确的健康消费需求,能够被正确理解和认知;

(三)具有充足的科学依据,以及科学的评价方法和判定标准;

(四)以传统养生保健理论为指导的保健功能,符合传统中医养生保健理论;

(五)具有明确的适宜人群和不适宜人群。

第十七条 有下列情形之一的,不得列入保健功能目录:

(一)涉及疾病的预防、治疗、诊断作用;

(二)庸俗或者带有封建迷信色彩;

(三)可能误导消费者等其他情形。

第十八条 任何单位或者个人在开展相关研究的基础上,可以向审评机构提出拟纳入或者调整保健功能目录的建议。

第十九条 国家市场监督管理总局可以根据保健食品注册和监督管理情况,选择具备能力的技术机构开展保健功能相关研究。符合要求的,技术机构应当及时提出拟纳入或者调整保健功能目录的建议。

第二十条 提出拟纳入或者调整保健功能目录的建议应当提供下列材料：

（一）保健功能名称、解释、机理以及依据；

（二）保健功能研究报告，包括保健功能的人群健康需求分析，保健功能与机体健康效应的分析以及综述，保健功能试验的原理依据、适用范围，以及其他相关科学研究资料；

（三）保健功能评价方法以及判定标准，对应的样品动物实验或者人体试食试验等功能检验报告；

（四）相同或者类似功能在国内外的研究应用情况；

（五）有关科学文献依据以及其他材料。

建议调整保健功能目录的，还需要提供调整的理由、依据和相关材料。

第二十一条 审评机构对拟纳入或者调整保健功能目录的建议材料进行技术评价，综合作出技术评价结论，并报送国家市场监督管理总局：

（一）对保健功能科学、合理、必要性充足，保健功能评价方法和判定标准适用、稳定、可操作的，作出纳入或者调整保健功能目录的技术评价结论；

（二）对保健功能不科学、不合理、必要性不充足，保健功能评价方法和判定标准不适用、不稳定、没有可操作性的，作出不予纳入或者调整的技术评价建议。

第二十二条 国家市场监督管理总局对审评机构报送的技术评价结论等相关材料的完整性、规范性进行初步审查，拟纳入或者调整保健食品功能目录的，应当公开征求意见，并修改完善。

第二十三条 国家市场监督管理总局对审评机构报送的拟纳入或者调整保健功能目录的材料进行审查，符合要求的，会同国家卫生健康委员会、国家中医药管理局，及时公布纳入或者调整的保健功能目录。

第二十四条 有下列情形之一的，国家市场监督管理总局及时组织对保健功能目录中的保健功能进行再评价，根据再评价结果，会同国家卫生健康委员会、国家中医药管理局对目录进行相应调整：

（一）实际应用和新的科学共识发现保健功能评价方法与判定标准存在问题，需要重新进行评价和论证；

（二）列入保健功能目录中的保健功能缺乏实际健康消费需求；

（三）其他需要再评价的情形。

第四章 附 则

第二十五条 保健食品原料目录的制定、按照传统既是食品又是中药材物质目录的制定、新食品原料的审查等工作应当相互衔接。

第二十六条 本办法自 2019 年 10 月 1 日起施行。

保健食品注册与备案管理办法

- 2016 年 2 月 26 日国家食品药品监督管理总局令第 22 号公布
- 根据 2020 年 10 月 23 日《国家市场监督管理总局关于修改部分规章的决定》修订

第一章 总 则

第一条 为规范保健食品的注册与备案，根据《中华人民共和国食品安全法》，制定本办法。

第二条 在中华人民共和国境内保健食品的注册与备案及其监督管理适用本办法。

第三条 保健食品注册，是指市场监督管理部门根据注册申请人申请，依照法定程序、条件和要求，对申请注册的保健食品的安全性、保健功能和质量可控性等相关申请材料进行系统评价和审评，并决定是否准予其注册的审批过程。

保健食品备案，是指保健食品生产企业依照法定程序、条件和要求，将表明产品安全性、保健功能和质量可控性的材料提交市场监督管理部门进行存档、公开、备查的过程。

第四条 保健食品的注册与备案及其监督管理应当遵循科学、公开、公正、便民、高效的原则。

第五条 国家市场监督管理总局负责保健食品注册管理，以及首次进口的属于补充维生素、矿物质等营养物质的保健食品备案管理，并指导监督省、自治区、直辖市市场监督管理部门承担的保健食品注册与备案相关工作。

省、自治区、直辖市市场监督管理部门负责本行政区域内保健食品备案管理，并配合国家市场监督管理总局开展保健食品注册现场核查等工作。

市、县级市场监督管理部门负责本行政区域内注册和备案保健食品的监督管理，承担上级市场监督管理部门委托的其他工作。

第六条 国家市场监督管理总局行政受理机构（以下简称受理机构）负责受理保健食品注册和接收相关进口保健食品备案材料。

省、自治区、直辖市市场监督管理部门负责接收相关保健食品备案材料。

国家市场监督管理总局保健食品审评机构（以下简称审评机构）负责组织保健食品审评，管理审评专家，并依法承担相关保健食品备案工作。

国家市场监督管理总局审核查验机构(以下简称查验机构)负责保健食品注册现场核查工作。

第七条 保健食品注册申请人或者备案人应当具有相应的专业知识,熟悉保健食品注册管理的法律、法规、规章和技术要求。

保健食品注册申请人或者备案人应当对所提交材料的真实性、完整性、可溯源性负责,并对提交材料的真实性承担法律责任。

保健食品注册申请人或者备案人应当协助市场监督管理部门开展与注册或者备案相关的现场核查、样品抽样、复核检验和监督管理等工作。

第八条 省级以上市场监督管理部门应当加强信息化建设,提高保健食品注册与备案管理信息化水平,逐步实现电子化注册与备案。

第二章 注 册

第九条 生产和进口下列产品应当申请保健食品注册:

(一)使用保健食品原料目录以外原料(以下简称目录外原料)的保健食品;

(二)首次进口的保健食品(属于补充维生素、矿物质等营养物质的保健食品除外)。

首次进口的保健食品,是指非同一国家、同一企业、同一配方申请中国境内上市销售的保健食品。

第十条 产品声称的保健功能应当已经列入保健食品功能目录。

第十一条 国产保健食品注册申请人应当是在中国境内登记的法人或者其他组织;进口保健食品注册申请人应当是上市保健食品的境外生产厂商。

申请进口保健食品注册的,应当由其常驻中国代表机构或者由其委托中国境内的代理机构办理。

境外生产厂商,是指产品符合所在国(地区)上市要求的法人或者其他组织。

第十二条 申请保健食品注册应当提交下列材料:

(一)保健食品注册申请表,以及申请人对申请材料真实性负责的法律责任承诺书;

(二)注册申请人主体登记证明文件复印件;

(三)产品研发报告,包括研发人、研发时间、研制过程、中试规模以上的验证数据,目录外原料及产品安全性、保健功能、质量可控性的论证报告和相关科学依据,以及根据研发结果综合确定的产品技术要求等;

(四)产品配方材料,包括原料和辅料的名称及用量、生产工艺、质量标准,必要时还应当按照规定提供原料使用依据、使用部位的说明、检验合格证明、品种鉴定报告等;

(五)产品生产工艺材料,包括生产工艺流程简图及说明,关键工艺控制点及说明;

(六)安全性和保健功能评价材料,包括目录外原料及产品的安全性、保健功能试验评价材料,人群食用评价材料;功效成分或者标志性成分、卫生学、稳定性、菌种鉴定、菌种毒力等试验报告,以及涉及兴奋剂、违禁药物成分等检测报告;

(七)直接接触保健食品的包装材料种类、名称、相关标准等;

(八)产品标签、说明书样稿;产品名称中的通用名与注册的药品名称不重名的检索材料;

(九)3个最小销售包装样品;

(十)其他与产品注册审评相关的材料。

第十三条 申请首次进口保健食品注册,除提交本办法第十二条规定的材料外,还应当提交下列材料:

(一)产品生产国(地区)政府主管部门或者法律服务机构出具的注册申请人为上市保健食品境外生产厂商的资质证明文件;

(二)产品生产国(地区)政府主管部门或者法律服务机构出具的保健食品上市销售一年以上的证明文件,或者产品境外销售以及人群食用情况的安全性报告;

(三)产品生产国(地区)或者国际组织与保健食品相关的技术法规或者标准;

(四)产品在生产国(地区)上市的包装、标签、说明书实样。

由境外注册申请人常驻中国代表机构办理注册事务的,应当提交《外国企业常驻中国代表机构登记证》及其复印件;境外注册申请人委托境内的代理机构办理注册事项的,应当提交经过公证的委托书原件以及受委托的代理机构营业执照复印件。

第十四条 受理机构收到申请材料后,应当根据下列情况分别作出处理:

(一)申请事项依法不需要取得注册的,应当即时告知注册申请人不受理;

(二)申请事项依法不属于国家市场监督管理总局职权范围的,应当即时作出不予受理的决定,并告知注册申请人向有关行政机关申请;

(三)申请材料存在可以当场更正的错误的,应当允许注册申请人当场更正;

（四）申请材料不齐全或者不符合法定形式的，应当当场或者在5个工作日内一次告知注册申请人需要补正的全部内容，逾期不告知，自收到申请材料之日起即为受理；

（五）申请事项属于国家市场监督管理总局职权范围，申请材料齐全、符合法定形式，注册申请人按照要求提交全部补正申请材料的，应当受理注册申请。

受理或者不予受理注册申请，应当出具加盖国家市场监督管理总局行政许可受理专用章和注明日期的书面凭证。

第十五条 受理机构应当在受理后3个工作日内将申请材料一并送交审评机构。

第十六条 审评机构应当组织审评专家对申请材料进行审查，并根据实际需要组织查验机构开展现场核查，组织检验机构开展复核检验，在60个工作日内完成审评工作，并向国家市场监督管理总局提交综合审评结论和建议。

特殊情况下需要延长审评时间的，经审评机构负责人同意，可以延长20个工作日，延长决定应当及时书面告知申请人。

第十七条 审评机构应当组织对申请材料中的下列内容进行审评，并根据科学依据的充足程度明确产品保健功能声称的限定用语：

（一）产品研发报告的完整性、合理性和科学性；

（二）产品配方的科学性，及产品安全性和保健功能；

（三）目录外原料及产品的生产工艺合理性、可行性和质量可控性；

（四）产品技术要求和检验方法的科学性和复现性；

（五）标签、说明书样稿主要内容以及产品名称的规范性。

第十八条 审评机构在审评过程中可以调阅原始资料。

审评机构认为申请材料不真实、产品存在安全性或者质量可控性问题，或者不具备声称的保健功能的，应当终止审评，提出不予注册的建议。

第十九条 审评机构认为需要注册申请人补正材料的，应当一次告知需要补正的全部内容。注册申请人应当在3个月内按照补正通知的要求一次提供补充材料；审评机构收到补充材料后，审评时间重新计算。

注册申请人逾期未提交补充材料或者未完成补正，不足以证明产品安全性、保健功能和质量可控性的，审评机构应当终止审评，提出不予注册的建议。

第二十条 审评机构认为需要开展现场核查的，应当及时通知查验机构按照申请材料中的产品研发报告、配方、生产工艺等技术要求进行现场核查，并对下线产品封样送复核检验机构检验。

查验机构应当自接到通知之日起30个工作日内完成现场核查，并将核查报告送交审评机构。

核查报告认为申请材料不真实、无法溯源复现或者存在重大缺陷的，审评机构应当终止审评，提出不予注册的建议。

第二十一条 复核检验机构应当严格按照申请材料中的测定方法以及相关说明进行操作，对测定方法的科学性、复现性、适用性进行验证，对产品质量可控性进行复核检验，并应当自接受委托之日起60个工作日内完成复核检验，将复核检验报告送交审评机构。

复核检验结论认为测定方法不科学、无法复现、不适用或者产品质量不可控的，审评机构应当终止审评，提出不予注册的建议。

第二十二条 首次进口的保健食品境外现场核查和复核检验时限，根据境外生产厂商的实际情况确定。

第二十三条 保健食品审评涉及的试验和检验工作应当由国家市场监督管理总局选择的符合条件的食品检验机构承担。

第二十四条 审评机构认为申请材料真实，产品科学、安全、具有声称的保健功能，生产工艺合理、可行和质量可控，技术要求和检验方法科学、合理的，应当提出予以注册的建议。

审评机构提出不予注册建议的，应当同时向注册申请人发出拟不予注册的书面通知。注册申请人对通知有异议的，应当自收到通知之日起20个工作日内向审评机构提出书面复审申请并说明复审理由。复审的内容仅限于原申请事项及申请材料。

审评机构应当自受理复审申请之日起30个工作日内作出复审决定。改变不予注册建议的，应当书面通知注册申请人。

第二十五条 审评机构作出综合审评结论及建议后，应当在5个工作日内报送国家市场监督管理总局。

第二十六条 国家市场监督管理总局应当自受理之日起20个工作日内对审评程序和结论的合法性、规范性以及完整性进行审查，并作出准予注册或者不予注册的决定。

第二十七条 现场核查、复核检验、复审所需时间不计算在审评和注册决定的期限内。

第二十八条 国家市场监督管理总局作出准予注册或者不予注册的决定后,应当自作出决定之日起10个工作日内,由受理机构向注册申请人发出保健食品注册证书或者不予注册决定。

第二十九条 注册申请人对国家市场监督管理总局作出不予注册的决定有异议的,可以向国家市场监督管理总局提出书面行政复议申请或者向法院提出行政诉讼。

第三十条 保健食品注册人转让技术的,受让方应当在转让方的指导下重新提出产品注册申请,产品技术要求等应当与原申请材料一致。

审评机构按照相关规定简化审评程序。符合要求的,国家市场监督管理总局应当为受让方核发新的保健食品注册证书,并对转让方保健食品注册予以注销。

受让方除提交本办法规定的注册申请材料外,还应当提交经公证的转让合同。

第三十一条 保健食品注册证书及其附件所载明内容变更的,应当由保健食品注册人申请变更并提交书面变更的理由和依据。

注册人名称变更的,应当由变更后的注册申请人申请变更。

第三十二条 已经生产销售的保健食品注册证书有效期届满需要延续的,保健食品注册人应当在有效期届满6个月前申请延续。

获得注册的保健食品原料已经列入保健食品原料目录,并符合相关技术要求,保健食品注册人申请变更注册,或者期满申请延续注册的,应当按照备案程序办理。

第三十三条 申请变更国产保健食品注册的,除提交保健食品注册变更申请表(包括申请人对申请材料真实性负责的法律责任承诺书)、注册申请人主体登记证明文件复印件、保健食品注册证书及其附件的复印件外,还应当按照下列情形分别提交材料:

(一)改变注册人名称、地址的变更申请,还应当提供该注册人名称、地址变更的证明材料;

(二)改变产品名称的变更申请,还应当提供拟变更后的产品通用名与已经注册的药品名称不重名的检索材料;

(三)增加保健食品功能项目的变更申请,还应当提供所增加功能项目的功能学试验报告;

(四)改变产品规格、保质期、生产工艺等涉及产品技术要求的变更申请,还应当提供证明变更后产品的安全性、保健功能和质量可控性与原注册内容实质等同的材料、依据及变更后3批样品符合产品技术要求的全项目检验报告;

(五)改变产品标签、说明书的变更申请,还应当提供拟变更的保健食品标签、说明书样稿。

第三十四条 申请延续国产保健食品注册的,应当提交下列材料:

(一)保健食品延续注册申请表,以及申请人对申请材料真实性负责的法律责任承诺书;

(二)注册申请人主体登记证明文件复印件;

(三)保健食品注册证书及其附件的复印件;

(四)经省级市场监督管理部门核实的注册证书有效期内保健食品的生产销售情况;

(五)人群食用情况分析报告、生产质量管理体系运行情况的自查报告以及符合产品技术要求的检验报告。

第三十五条 申请进口保健食品变更注册或者延续注册的,除分别提交本办法第三十三条、第三十四条规定的材料外,还应当提交本办法第十三条第一款(一)、(二)、(三)、(四)项和第二款规定的相关材料。

第三十六条 变更申请的理由依据充分合理,不影响产品安全性、保健功能和质量可控性的,予以变更注册;变更申请的理由依据不充分、不合理,或者拟变更事项影响产品安全性、保健功能和质量可控性的,不予变更注册。

第三十七条 申请延续注册的保健食品的安全性、保健功能和质量可控性符合要求的,予以延续注册。

申请延续注册的保健食品的安全性、保健功能和质量可控性依据不足或者不再符合要求,在注册证书有效期内未进行生产销售的,以及注册人未在规定时限内提交延续申请的,不予延续注册。

第三十八条 接到保健食品延续注册申请的市场监督管理部门应当在保健食品注册证书有效期届满前作出是否准予延续的决定。逾期未作出决定的,视为准予延续注册。

第三十九条 准予变更注册或者延续注册的,颁发新的保健食品注册证书,同时注销原保健食品注册证书。

第四十条 保健食品变更注册与延续注册的程序未作规定的,可以适用本办法关于保健食品注册的相关规定。

第三章 注册证书管理

第四十一条 保健食品注册证书应当载明产品名称、注册人名称和地址、注册号、颁发日期及有效期、保健功能、功效成分或者标志性成分及含量、产品规格、保质期、适宜人群、不适宜人群、注意事项。

保健食品注册证书附件应当载明产品标签、说明书主要内容和产品技术要求等。

产品技术要求应当包括产品名称、配方、生产工艺、感官要求、鉴别、理化指标、微生物指标、功效成分或者标志性成分含量及检测方法、装量或者重量差异指标(净含量及允许负偏差指标)、原辅料质量要求等内容。

第四十二条 保健食品注册证书有效期为5年。变更注册的保健食品注册证书有效期与原保健食品注册证书有效期相同。

第四十三条 国产保健食品注册号格式为：国食健注 G+4位年代号+4位顺序号；进口保健食品注册号格式为：国食健注 J+4位年代号+4位顺序号。

第四十四条 保健食品注册有效期内，保健食品注册证书遗失或者损坏的，保健食品注册人应当向受理机构提出书面申请并说明理由。因遗失申请补发的，应当在省、自治区、直辖市市场监督管理部门网站上发布遗失声明；因损坏申请补发的，应当交回保健食品注册证书原件。

国家市场监督管理总局应当在受理后20个工作日内予以补发。补发的保健食品注册证书应当标注原批准日期，并注明"补发"字样。

第四章 备 案

第四十五条 生产和进口下列保健食品应当依法备案：

(一)使用的原料已经列入保健食品原料目录的保健食品；

(二)首次进口的属于补充维生素、矿物质等营养物质的保健食品。

首次进口的属于补充维生素、矿物质等营养物质的保健食品，其营养物质应当是列入保健食品原料目录的物质。

第四十六条 国产保健食品的备案人应当是保健食品生产企业，原注册人可以作为备案人；进口保健食品的备案人，应当是上市保健食品境外生产厂商。

第四十七条 备案的产品配方、原辅料名称及用量、功效、生产工艺等应当符合法律、法规、规章、强制性标准以及保健食品原料目录技术要求的规定。

第四十八条 申请保健食品备案，除应当提交本办法第十二条第(四)、(五)、(六)、(七)、(八)项规定的材料外，还应当提交下列材料：

(一)保健食品备案登记表，以及备案人对提交材料真实性负责的法律责任承诺书；

(二)备案人主体登记证明文件复印件；

(三)产品技术要求材料；

(四)具有合法资质的检验机构出具的符合产品技术要求全项目检验报告；

(五)其他表明产品安全性和保健功能的材料。

第四十九条 申请进口保健食品备案的，除提交本办法第四十八条规定的材料外，还应当提交本办法第十三条第一款(一)、(二)、(三)、(四)项和第二款规定的相关材料。

第五十条 市场监督管理部门收到备案材料后，备案材料符合要求的，当场备案；不符合要求的，应当一次告知备案人补正相关材料。

第五十一条 市场监督管理部门应当完成备案信息的存档备查工作，并发放备案号。对备案的保健食品，市场监督管理部门应当按照相关要求的格式制作备案凭证，并将备案信息表中登载的信息在其网站上公布。

国产保健食品备案号格式为：食健备 G+4位年代号+2位省级行政区域代码+6位顺序编号；进口保健食品备案号格式为：食健备 J+4位年代号+00+6位顺序编号。

第五十二条 已经备案的保健食品，需要变更备案材料的，备案人应当向原备案机关提交变更说明及相关证明文件。备案材料符合要求的，市场监督管理部门应当将变更情况登载于变更信息中，将备案材料存档备查。

第五十三条 保健食品备案信息应当包括产品名称、备案人名称和地址、备案登记号、登记日期以及产品标签、说明书和技术要求。

第五章 标签、说明书

第五十四条 申请保健食品注册或者备案的，产品标签、说明书样稿应当包括产品名称、原料、辅料、功效成分或者标志性成分及含量、适宜人群、不适宜人群、保健功能、食用量及食用方法、规格、贮藏方法、保质期、注意事项等内容及相关制定依据和说明等。

第五十五条 保健食品的标签、说明书主要内容不得涉及疾病预防、治疗功能，并声明"本品不能代替药物"。

第五十六条 保健食品的名称由商标名、通用名和属性名组成。

商标名，是指保健食品使用依法注册的商标名称或者符合《商标法》规定的未注册的商标名称，用以表明其产品是独有的、区别于其他同类产品。

通用名，是指表明产品主要原料等特性的名称。

属性名，是指表明产品剂型或者食品分类属性等的名称。

第五十七条 保健食品名称不得含有下列内容：

(一)虚假、夸大或者绝对化的词语；

(二)明示或者暗示预防、治疗功能的词语；

（三）庸俗或者带有封建迷信色彩的词语；
（四）人体组织器官等词语；
（五）除""之外的符号；
（六）其他误导消费者的词语。
保健食品名称不得含有人名、地名、汉语拼音、字母及数字等，但注册商标作为商标名、通用名中含有符合国家规定的含字母及数字的原料名除外。

第五十八条 通用名不得含有下列内容：
（一）已经注册的药品通用名，但以原料名称命名或者保健食品注册批准在先的除外；
（二）保健功能名称或者与表述产品保健功能相关的文字；
（三）易产生误导的原料简写名称；
（四）营养素补充剂产品配方中部分维生素或者矿物质；
（五）法律法规规定禁止使用的其他词语。

第五十九条 备案保健食品通用名应当以规范的原料名称命名。

第六十条 同一企业不得使用同一配方注册或者备案不同名称的保健食品；不得使用同一名称注册或者备案不同配方的保健食品。

第六章 监督管理

第六十一条 国家市场监督管理总局应当及时制定并公布保健食品注册申请服务指南和审查细则，方便注册申请人申报。

第六十二条 承担保健食品审评、核查、检验的机构和人员应当对出具的审评意见、核查报告、检验报告负责。
保健食品审评、核查、检验机构和人员应当依照有关法律、法规、规章的规定，恪守职业道德，按照食品安全标准、技术规范等对保健食品进行审评、核查和检验，保证相关工作科学、客观和公正。

第六十三条 参与保健食品注册与备案管理工作的单位和个人，应当保守在注册或者备案中获知的商业秘密。
属于商业秘密的，注册申请人和备案人在申请注册或者备案时应当在提交的资料中明确相关内容和依据。

第六十四条 市场监督管理部门接到有关单位或者个人举报的保健食品注册受理、审评、核查、检验、审批等工作中的违法违规行为后，应当及时核实处理。

第六十五条 除涉及国家秘密、商业秘密外，市场监督管理部门应当自完成注册或者备案工作之日起20个工作日内根据相关职责在网站公布已经注册或者备案的保健食品目录及相关信息。

第六十六条 有下列情形之一的，国家市场监督管理总局根据利害关系人的请求或者依据职权，可以撤销保健食品注册证书：
（一）行政机关工作人员滥用职权、玩忽职守作出准予注册决定的；
（二）超越法定职权或者违反法定程序作出准予注册决定的；
（三）对不具备申请资格或者不符合法定条件的注册申请人准予注册的；
（四）依法可以撤销保健食品注册证书的其他情形。
注册人以欺骗、贿赂等不正当手段取得保健食品注册的，国家市场监督管理总局应当予以撤销。

第六十七条 有下列情形之一的，国家市场监督管理总局应当依法办理保健食品注册注销手续：
（一）保健食品注册有效期届满，注册人未申请延续或者国家食品药品监管总局不予延续的；
（二）保健食品注册人申请注销的；
（三）保健食品注册人依法终止的；
（四）保健食品注册依法被撤销，或者保健食品注册证书依法被吊销的；
（五）根据科学研究的发展，有证据表明保健食品可能存在安全隐患，依法被撤回的；
（六）法律、法规规定的应当注销保健食品注册的其他情形。

第六十八条 有下列情形之一的，市场监督管理部门取消保健食品备案：
（一）备案材料虚假的；
（二）备案产品生产工艺、产品配方等存在安全性问题的；
（三）保健食品生产企业的生产许可被依法吊销、注销的；
（四）备案人申请取消备案的；
（五）依法应当取消备案的其他情形。

第七章 法律责任

第六十九条 保健食品注册与备案违法行为，食品安全法等法律法规已有规定的，依照其规定。

第七十条 注册申请人隐瞒真实情况或者提供虚假材料申请注册的，国家市场监督管理总局不予受理或者不予注册，并予以警告；申请人在1年内不得再次申请注册该保健食品；构成犯罪的，依法追究刑事责任。

第七十一条 注册申请人以欺骗、贿赂等不正当手段取得保健食品注册证书的，由国家市场监督管理总局撤销保健食品注册证书,并处1万元以上3万元以下罚款。被许可人在3年内不得再次申请注册;构成犯罪的,依法追究刑事责任。

第七十二条 有下列情形之一的,由县级以上人民政府市场监督管理部门处以1万元以上3万元以下罚款;构成犯罪的,依法追究刑事责任。

(一)擅自转让保健食品注册证书的;

(二)伪造、涂改、倒卖、出租、出借保健食品注册证书的。

第七十三条 市场监督管理部门及其工作人员对不符合条件的申请人准予注册,或者超越法定职权准予注册的,依照食品安全法第一百四十四条的规定予以处理。

市场监督管理部门及其工作人员在注册审评过程中滥用职权、玩忽职守、徇私舞弊的,依照食品安全法第一百四十五条的规定予以处理。

第八章 附 则

第七十四条 申请首次进口保健食品注册和办理进口保健食品备案及其变更的,应当提交中文材料,外文材料附后。中文译本应当由境内公证机构进行公证,确保与原文内容一致;申请注册的产品质量标准(中文本),必须符合中国保健食品质量标准的格式。境外机构出具的证明文件应当经生产国(地区)的公证机构公证和中国驻所在国使领馆确认。

第七十五条 本办法自2016年7月1日起施行。2005年4月30日公布的《保健食品注册管理办法(试行)》(原国家食品药品监督管理局令第19号)同时废止。

保健食品生产许可审查细则

· 2016年11月28日
· 食药监食监三〔2016〕151号

1 总 则

1.1 制定目的

为规范保健食品生产许可审查工作,督促企业落实主体责任,保障保健食品质量安全,依据《中华人民共和国食品安全法》《食品生产许可管理办法》《保健食品注册与备案管理办法》《保健食品良好生产规范》《食品生产许可审查通则》等相关法律法规和技术标准的规定,制定本细则。

1.2 适用范围

本细则适用于中华人民共和国境内保健食品生产许可审查,包括书面审查、现场核查等技术审查和行政审批。

1.3 职责划分

1.3.1 国家食品药品监督管理总局负责制定保健食品生产许可审查标准和程序,指导各省级食品药品监督管理部门开展保健食品生产许可审查工作。

1.3.2 省级食品药品监督管理部门负责制定保健食品生产许可审查流程,组织实施本行政区域保健食品生产许可审查工作。

1.3.3 承担技术审查的部门负责组织保健食品生产许可的书面审查和现场核查等技术审查工作,负责审查员的遴选、培训、选派以及管理等工作,负责具体开展保健食品生产许可的书面审查。

1.3.4 审查组具体负责保健食品生产许可的现场核查。

1.4 审查原则

1.4.1 规范统一原则。统一颁发保健食品生产企业《食品生产许可证》,明确保健食品生产许可审查标准,规范审查工作流程,保障审查工作的规范有序。

1.4.2 科学高效原则。按照保健食品剂型形态进行产品分类,对申请增加同剂型产品以及生产条件未发生变化的,可以不再进行现场核查,提高审查工作效率。

1.4.3 公平公正原则。厘清技术审查与行政审批的关系,由技术审查部门组织审查组负责技术审查工作,日常监管部门负责选派观察员参与现场核查,确保审查工作的公平公正。

2 受 理

2.1 材料申请

2.1.1 保健食品生产许可申请人应当是取得《营业执照》的合法主体,符合《食品生产许可管理办法》要求的相应条件。

2.1.2 申请人填报《食品生产许可申请书》,并按照《保健食品生产许可申请材料目录》(附件1)的要求,向其所在地省级食品药品监督管理部门提交申请材料。

2.1.3 保健食品生产许可,申请人应参照《保健食品生产许可分类目录》(附件2)的要求,填报申请生产的保健食品品种明细。

2.1.4 申请人新开办保健食品生产企业或新增生产剂型的,可以委托生产的方式,提交委托方的保健食品注册证明文件,或以"拟备案品种"获取保健食品生产许可资质。

2.1.5 申请人申请保健食品原料提取物和复配营养素生产许可的,应提交保健食品注册证明文件或备案证明,以及注册证明文件或备案证明载明的该原料提取物的生产工艺、质量标准、注册证明文件或备案证明载明的该复配营养素的产品配方、生产工艺和质量标准等材料。

2.2 受理

省级食品药品监督管理受理部门对申请人提出的保健食品生产许可申请，应当按照《食品生产许可管理办法》的要求，作出受理或不予受理的决定。

2.3 移送

保健食品生产许可申请材料受理后，受理部门应将受理材料移送至保健食品生产许可技术审查部门。

3 技术审查

3.1 书面审查

3.1.1 审查程序

3.1.1.1 技术审查部门按照《保健食品生产许可书面审查记录表》（附件3）的要求，对申请人的申请材料进行书面审查，并如实填写审查记录。

3.1.1.2 技术审查部门应当核对申请材料原件，需要补充技术性材料的，应一次性告知申请人予以补正。

3.1.1.3 申请材料基本符合要求，需要对许可事项开展现场核查的，可结合现场核查核对申请材料原件。

3.1.2 审查内容

3.1.2.1 主体资质审查

申请人的营业执照、保健食品注册证明文件或备案证明合法有效，产品配方和生产工艺等技术材料完整，标签说明书样稿与注册或备案的技术要求一致。备案保健食品符合保健食品原料目录技术要求。

3.1.2.2 生产条件审查

保健食品生产场所应当合理布局，洁净车间应符合保健食品良好生产规范要求。保健食品安全管理规章制度和体系文件健全完善，生产工艺流程清晰完整，生产设施设备与生产工艺相适应。

3.1.2.3 委托生产

保健食品委托生产的，委托方应是保健食品注册证书持有人，受托方应能够完成委托生产品种的全部生产过程。委托生产的保健食品，标签说明书应当标注委托双方的企业名称、地址以及受托方许可证编号等内容。保健食品的原注册人可以对转备案保健食品进行委托生产。

3.1.3 做出审查结论

3.1.3.1 书面审查符合要求的，技术审查部门应做出书面审查合格的结论，组织审查组开展现场核查。

3.1.3.2 书面审查出现以下情形之一的，技术审查部门应做出书面审查不合格的结论：

（一）申请材料书面审查不符合要求的；

（二）申请人未按时补正申请材料的。

3.1.3.3 书面审查不合格的，技术审查部门应按照本细则的要求提出未通过生产许可的审查意见。

3.1.3.4 申请人具有以下情形之一，技术审查部门可以不再组织现场核查：

（一）申请增加同剂型产品，生产工艺实质等同的保健食品；

（二）申请保健食品生产许可变更或延续，申请人声明关键生产条件未发生变化，且不影响产品质量安全的。

3.1.3.5 申请人在生产许可有效期限内出现以下情形之一，技术审查部门不得免于现场核查：

（一）保健食品监督抽检不合格的；

（二）保健食品违法生产经营被立案查处的；

（三）保健食品生产条件发生变化，可能影响产品质量安全的；

（四）食品药品监管部门认为应当进行现场核查的。

3.2 现场核查

3.2.1 组织审查组

3.2.1.1 书面审查合格的，技术审查部门应组织审查组开展保健食品生产许可现场核查。

3.2.1.2 审查组一般由2名以上（含2名）熟悉保健食品管理、生产工艺流程、质量检验检测等方面的人员组成，其中至少有1名审查员参与该申请材料的书面审查。

3.2.1.3 审查组实行组长负责制，与申请人有利害关系的审查员应当回避。审查人员确定后，原则上不得随意变动。

3.2.1.4 审查组应当制定审查工作方案，明确审查人员分工、审查内容、审查纪律以及相应注意事项，并在规定时限内完成审查任务，做出审查结论。

3.2.1.5 负责日常监管的食品药品监管部门应当选派观察员，参加生产许可现场核查，负责现场核查的全程监督，但不参与审查意见。

3.2.2 审查程序

3.2.2.1 技术审查部门应及时与申请人进行沟通，现场核查前两个工作日告知申请人审查时间、审查内容以及需要配合事项。

3.2.2.2 申请人的法定代表人（负责人）或其代理人、相关食品安全管理人员、专业技术人员、核查组成员及观察员应当参加首、末次会议，并在《现场核查首末次会议签到表》（附件4）上签到。

3.2.2.3 审查组按照《保健食品生产许可现场核查记录表》（附件5）的要求组织现场核查，应如实填写核查记录,并当场做出审查结论。

3.2.2.4 《保健食品生产许可现场核查记录表》包括103项审查条款,其中关键项9项,重点项37项,一般项57项,审查组应对每项审查条款做出是否符合要求或不适用的审查意见。

3.2.2.5 审查组应在10个工作日内完成生产许可的现场核查。因不可抗力原因,或者供电、供水等客观原因导致现场核查无法正常开展的,申请人应当向许可机关书面提出许可中止申请。中止时间应当不超过10个工作日,中止时间不计入生产许可审批时限。

3.2.3 审查内容

3.2.3.1 生产条件审查

保健食品生产厂区整洁卫生,洁净车间布局合理,符合保健食品良好生产规范要求。空气净化系统、水处理系统运转正常,生产设施设备安置有序,与生产工艺相适应,便于保健食品的生产加工操作。计量器具和仪器仪表定期检定校验,生产厂房和设施设备定期保养维修。

3.2.3.2 品质管理审查

企业根据注册或备案的产品技术要求,制定保健食品企业标准,加强原辅料采购、生产过程控制、质量检验以及贮存管理。检验室的设置应与生产品种和规模相适应,每批保健食品按照企业标准要求进行出厂检验,并进行产品留样。

3.2.3.3 生产过程审查

企业制定保健食品生产工艺操作规程,建立生产批次管理制度,留存批生产记录。审查组根据注册批准或备案的生产工艺要求,查验保健食品检验合格报告和生产记录,动态审查关键生产工序,复核生产工艺的完整连续以及生产设备的合理布局。

3.2.4 做出审查结论

3.2.4.1 现场核查项目符合要求的,审查组应做出现场核查合格的结论。

3.2.4.2 现场核查出现以下情形之一的,审查组应做出现场核查不合格的结论,其中不适用的审查条款除外:

(一)现场核查有一项(含)以上关键项不符合要求的;

(二)现场核查有五项(含)以上重点项不符合要求的;

(三)现场核查有十项(含)以上一般项不符合要求的;

(四)现场核查有三项重点项不符合要求,五项(含)以上一般项不符合要求的;

(五)现场核查有四项重点项不符合要求,两项(含)以上一般项不符合要求的。

3.2.4.3 现场核查不合格的,审查组应按照本细则的要求提出未通过生产许可的审查意见。

3.2.4.4 申请人现场核查合格的,应在1个月内对现场核查中发现的问题进行整改,并向省级食品药品监督管理部门和实施日常监督管理的食品药品监督管理部门书面报告。

3.3 审查意见

3.3.1 申请人经书面审查和现场核查合格的,审查组应提出通过生产许可的审查意见。

3.3.2 申请人出现以下情形之一,审查组应提出未通过生产许可的审查意见:

(一)书面审查不合格的;

(二)书面审查合格,现场核查不合格的;

(三)因申请人自身原因导致现场核查无法按时开展的。

3.3.3 技术审查部门应根据审查意见,编写《保健食品生产许可技术审查报告》(附件6),并将审查材料和审查报告报送许可机关。

4 行政审批

4.1 复查

4.1.1 许可机关收到技术审查部门报送的审查材料和审查报告后,应当对审查程序和审查意见的合法性、规范性以及完整性进行复查。

4.1.2 许可机关认为技术审查环节在审查程序和审查意见方面存在问题的,应责令技术审查部门进行核实确认。

4.2 决定

许可机关对通过生产许可审查的申请人,应当做出准予保健食品生产许可的决定;对未通过生产许可审查的申请人,应当做出不予保健食品生产许可的决定。

4.3 制证

4.3.1 食品药品监管部门按照"一企一证"的原则,对通过生产许可审查的企业,颁发《食品生产许可证》,并标注保健食品生产许可事项。

4.3.2 《食品生产许可品种明细表》应载明保健食品类别编号、类别名称、品种明细以及其他备注事项。

4.3.3 保健食品注册号或备案号应在备注中载明,保健食品委托生产的,在备注中载明委托企业名称与住所等信息。

4.3.4 原取得生产许可的保健食品,应在备注中标注原生产许可证编号。

4.3.5 保健食品原料提取物生产许可,应在品种明细项目标注原料提取物名称,并在备注栏目载明该保健食品名称、注册号或备案号等信息;复配营养素生产许可,应在品种明细项目标注维生素或矿物质预混料,并在备注栏目载明该保健食品名称、注册号或备案号等信息。

5 变更、延续、注销、补办

5.1 变更

5.1.1 申请人在生产许可证有效期内,变更生产许可证载明事项的以及变更工艺设备布局、主要生产设施设备,影响保健食品产品质量安全的,应当在变化后10个工作日内,按照《保健食品生产许可申请材料目录》(附件1)的要求,向原发证的食品药品监督管理部门提出变更申请。

5.1.2 食品药品监督管理部门应按照本细则的要求,根据申请人提出的许可变更事项,组织审查组、开展技术审查、复查审查结论,并做出行政许可决定。

5.1.3 申请增加或减少保健食品生产品种的,品种明细参照《保健食品生产许可分类目录》(附件2)。

5.1.4 保健食品注册或者备案的生产工艺发生变化的,申请人应当办理注册或者备案变更手续后,申请变更保健食品生产许可。

5.1.5 保健食品生产场所迁出原发证的食品药品监督管理部门管辖范围的,应当向其所在地省级食品药品监督管理部门重新申请保健食品生产许可。

5.1.6 保健食品外设仓库地址发生变化的,申请人应当在变化后10个工作日内向原发证的食品药品监督管理部门报告。

5.1.7 申请人生产条件未发生变化,需要变更以下许可事项的,省级食品药品监督管理部门经书面审查合格,可以直接变更许可证件:

(一)变更企业名称、法定代表人的;
(二)申请减少保健食品品种的;
(三)变更保健食品名称,产品的注册号或备案号未发生变化的;
(四)变更住所或生产地址名称,实际地址未发生变化的;
(五)委托生产的保健食品,变更委托生产企业名称或住所的。

5.2 延续

5.2.1 申请延续保健食品生产许可证有效期的,应在该生产许可有效期届满30个工作日前,按照《保健食品生产许可申请材料目录》(附件1)的要求,向原发证的食品药品监督管理部门提出延续申请。

5.2.2 申请人声明保健食品关键生产条件未发生变化,且不影响产品质量安全的,省级食品药品监督管理部门可以不再组织现场核查。

5.2.3 申请人的生产条件发生变化,可能影响保健食品安全的,省级食品药品监督管理部门应当组织审查组,进行现场核查。

5.3 注销

申请注销保健食品生产许可的,申请人按照《保健食品生产许可申请材料目录》(附件1)的要求,向原发证的食品药品监督管理部门提出注销申请。

5.4 补办

保健食品生产许可证件遗失、损坏的,申请人应按照《食品生产许可管理办法》的相关要求,向原发证的食品药品监督管理部门申请补办。

6 附则

6.1 申请人为其他企业提供动植物提取物,作为保健食品生产原料的,应按照本细则的要求申请原料提取物生产许可;仅从事本企业所生产保健食品原料提取的,申请保健食品产品生产许可。

6.2 申请人为其他企业提供维生素、矿物质预混料的,应按照本细则的要求申请复配营养素生产许可;仅从事本企业所生产保健食品原料混合加工的,申请保健食品产品生产许可。

附件:1. 保健食品生产许可申请材料目录(略)
2. 保健食品生产许可分类目录(略)
3. 保健食品生产许可书面审查记录表(略)
4. 现场核查首末次会议签到表(略)
5. 保健食品生产许可现场核查记录表(略)
6. 保健食品生产许可技术审查报告(略)

保健食品标注警示用语指南

·2019年6月10日

保健食品适用于特定人群食用,但不以治疗疾病为目的。为指导保健食品警示用语标注,使消费者更易于区分保健食品与普通食品、药品,引导消费者理性消费,根据《中华人民共和国食品安全法》《保健食品注册与备案管理办法》等法律法规,研究制定了《保健食品标注警示用语指南》。

一、警示用语

保健食品标签设置警示用语区及警示用语。警示用语区位于最小销售包装包装物（容器）的主要展示版面，所占面积不应小于其所在面的20%。警示用语区内文字与警示用语区背景有明显色差。警示用语使用黑体字印刷，包括以下内容：

保健食品不是药物，不能代替药物治疗疾病。

当主要展示版面的表面积大于或等于100平方厘米时，字体高度不小于6.0毫米。当主要展示版面的表面积小于100平方厘米时，警示用语字体最小高度按照上述规定等比例变化。

二、生产日期和保质期

保健食品在产品最小销售包装（容器）外明显位置清晰标注生产日期和保质期。如果日期标注采用"见包装物某部位"的形式，应当准确标注所在包装物的具体部位。

1. 日期标注应当与所在位置的背景色形成鲜明对比，易于识别，采用激光蚀刻方式进行标注的除外。日期标注不得另外加贴、补印或者篡改。

2. 多层包装的单件保健食品以与食品直接接触的内包装的完成时间为生产日期。

3. 当同一预包装内含有多个单件食品时，外包装上标注各单件食品的生产日期和保质期。

4. 按年、月、日的顺序标注日期。日期中年、月、日可用空格、斜线、连字符、句点等符号分隔，或者不用分隔符。年代号应当使用4位数字标注，月、日应当分别使用2位数字标注。

5. 保质期的标注使用"保质期至XXXX年XX月XX日"的方式描述。

三、投诉服务电话

保健食品标签标注投诉服务电话、服务时段等信息。投诉服务电话字体与"保健功能"的字体一致。

保健食品生产经营企业保证在承诺的服务时段内接听、处理消费者投诉、举报，并记录、保存相关服务信息至少2年。

四、消费提示

保健食品经营者在经营保健食品的场所、网络平台等显要位置标注"保健食品不是药物，不能代替药物治疗疾病"等消费提示信息，引导消费者理性消费。保健食品消费提示参考模板详见附件。

附件

保健食品消费提示

1. 保健食品是食品，不是药物，不能代替药物治疗疾病。

2. 选购保健食品要认清、认准产品包装上的保健食品标志及保健食品批准文号，依据其功能和适宜人群科学选用并按标签、说明书的要求食用。保健食品产品注册信息可在国家市场监督管理总局网站查询。

3. 选购保健食品要到正规的商场、超市、药店等经营单位购买，并索要发票或销售凭据。

4. 消费者如对所购买的保健食品质量安全有质疑，或发现存在虚假宣传等违法行为，请及时向当地市场监管部门举报，也可拨打投诉举报电话：12315。

3. 药品管理

中华人民共和国药品管理法

- 1984年9月20日第六届全国人民代表大会常务委员会第七次会议通过
- 2001年2月28日第九届全国人民代表大会常务委员会第二十次会议第一次修订
- 根据2013年12月28日第十二届全国人民代表大会常务委员会第六次会议《关于修改〈中华人民共和国海洋环境保护法〉等七部法律的决定》第一次修正
- 根据2015年4月24日第十二届全国人民代表大会常务委员会第十四次会议《关于修改〈中华人民共和国药品管理法〉的决定》第二次修正
- 2019年8月26日第十三届全国人民代表大会常务委员会第十二次会议第二次修订
- 2019年8月26日中华人民共和国主席令第31号公布
- 自2019年12月1日起施行

第一章 总 则

第一条 为了加强药品管理，保证药品质量，保障公众用药安全和合法权益，保护和促进公众健康，制定本法。

第二条 在中华人民共和国境内从事药品研制、生产、经营、使用和监督管理活动，适用本法。

本法所称药品，是指用于预防、治疗、诊断人的疾病，有目的地调节人的生理机能并规定有适应症或者功能主治、用法和用量的物质，包括中药、化学药和生物制品等。

第三条 药品管理应当以人民健康为中心，坚持风险管理、全程管控、社会共治的原则，建立科学、严格的监督管理制度,全面提升药品质量,保障药品的安全、有效、可及。

第四条 国家发展现代药和传统药,充分发挥其在预防、医疗和保健中的作用。

国家保护野生药材资源和中药品种,鼓励培育道地中药材。

第五条 国家鼓励研究和创制新药,保护公民、法人和其他组织研究、开发新药的合法权益。

第六条 国家对药品管理实行药品上市许可持有人制度。药品上市许可持有人依法对药品研制、生产、经营、使用全过程中药品的安全性、有效性和质量可控性负责。

第七条 从事药品研制、生产、经营、使用活动,应当遵守法律、法规、规章、标准和规范,保证全过程信息真实、准确、完整和可追溯。

第八条 国务院药品监督管理部门主管全国药品监督管理工作。国务院有关部门在各自职责范围内负责与药品有关的监督管理工作。国务院药品监督管理部门配合国务院有关部门,执行国家药品行业发展规划和产业政策。

省、自治区、直辖市人民政府药品监督管理部门负责本行政区域内的药品监督管理工作。设区的市级、县级人民政府承担药品监督管理职责的部门(以下称药品监督管理部门)负责本行政区域内的药品监督管理工作。

县级以上地方人民政府有关部门在各自职责范围内负责与药品有关的监督管理工作。

第九条 县级以上地方人民政府对本行政区域内的药品监督管理工作负责,统一领导、组织、协调本行政区域内的药品监督管理工作以及药品安全突发事件应对工作,建立健全药品监督管理工作机制和信息共享机制。

第十条 县级以上人民政府应当将药品安全工作纳入本级国民经济和社会发展规划,将药品安全工作经费列入本级政府预算,加强药品监督管理能力建设,为药品安全工作提供保障。

第十一条 药品监督管理部门设置或者指定的药品专业技术机构,承担依法实施药品监督管理所需的审评、检验、核查、监测与评价等工作。

第十二条 国家建立健全药品追溯制度。国务院药品监督管理部门应当制定统一的药品追溯标准和规范,推进药品追溯信息互通共享,实现药品可追溯。

国家建立药物警戒制度,对药品不良反应及其他与用药有关的有害反应进行监测、识别、评估和控制。

第十三条 各级人民政府及其有关部门、药品行业协会等应当加强药品安全宣传教育,开展药品安全法律法规等知识的普及工作。

新闻媒体应当开展药品安全法律法规等知识的公益宣传,并对药品违法行为进行舆论监督。有关药品的宣传报道应当全面、科学、客观、公正。

第十四条 药品行业协会应当加强行业自律,建立健全行业规范,推动行业诚信体系建设,引导和督促会员依法开展药品生产经营等活动。

第十五条 县级以上人民政府及其有关部门对在药品研制、生产、经营、使用和监督管理工作中做出突出贡献的单位和个人,按照国家有关规定给予表彰、奖励。

第二章 药品研制和注册

第十六条 国家支持以临床价值为导向、对人的疾病具有明确或者特殊疗效的药物创新,鼓励具有新的治疗机理、治疗严重危及生命的疾病或者罕见病、对人体具有多靶向系统性调节干预功能等的新药研制,推动药品技术进步。

国家鼓励运用现代科学技术和传统中药研究方法开展中药科学技术研究和药物开发,建立和完善符合中药特点的技术评价体系,促进中药传承创新。

国家采取有效措施,鼓励儿童用药品的研制和创新,支持开发符合儿童生理特征的儿童用药品新品种、剂型和规格,对儿童用药品予以优先审评审批。

第十七条 从事药品研制活动,应当遵守药物非临床研究质量管理规范、药物临床试验质量管理规范,保证药品研制全过程持续符合法定要求。

药物非临床研究质量管理规范、药物临床试验质量管理规范由国务院药品监督管理部门会同国务院有关部门制定。

第十八条 开展药物非临床研究,应当符合国家有关规定,有与研究项目相适应的人员、场地、设备、仪器和管理制度,保证有关数据、资料和样品的真实性。

第十九条 开展药物临床试验,应当按照国务院药品监督管理部门的规定如实报送研制方法、质量指标、药理及毒理试验结果等有关数据、资料和样品,经国务院药品监督管理部门批准。国务院药品监督管理部门应当自受理临床试验申请之日起六十个工作日内决定是否同意并通知临床试验申办者,逾期未通知的,视为同意。其中,开展生物等效性试验的,报国务院药品监督管理部门备案。

开展药物临床试验,应当在具备相应条件的临床试验机构进行。药物临床试验机构实行备案管理,具体办法由国务院药品监督管理部门、国务院卫生健康主管部门共同制定。

第二十条 开展药物临床试验,应当符合伦理原则,制定临床试验方案,经伦理委员会审查同意。

伦理委员会应当建立伦理审查工作制度,保证伦理审查过程独立、客观、公正,监督规范开展药物临床试验,保障受试者合法权益,维护社会公共利益。

第二十一条 实施药物临床试验,应当向受试者或者其监护人如实说明和解释临床试验的目的和风险等详细情况,取得受试者或者其监护人自愿签署的知情同意书,并采取有效措施保护受试者合法权益。

第二十二条 药物临床试验期间,发现存在安全性问题或者其他风险的,临床试验申办者应当及时调整临床试验方案、暂停或者终止临床试验,并向国务院药品监督管理部门报告。必要时,国务院药品监督管理部门可以责令调整临床试验方案、暂停或者终止临床试验。

第二十三条 对正在开展临床试验的用于治疗严重危及生命且尚无有效治疗手段的疾病的药物,经医学观察可能获益,并且符合伦理原则的,经审查、知情同意后可以在开展临床试验的机构内用于其他病情相同的患者。

第二十四条 在中国境内上市的药品,应当经国务院药品监督管理部门批准,取得药品注册证书;但是,未实施审批管理的中药材和中药饮片除外。实施审批管理的中药材、中药饮片品种目录由国务院药品监督管理部门会同国务院中医药主管部门制定。

申请药品注册,应当提供真实、充分、可靠的数据、资料和样品,证明药品的安全性、有效性和质量可控性。

第二十五条 对申请注册的药品,国务院药品监督管理部门应当组织药学、医学和其他技术人员进行审评,对药品的安全性、有效性和质量可控性以及申请人的质量管理、风险防控和责任赔偿等能力进行审查;符合条件的,颁发药品注册证书。

国务院药品监督管理部门在审批药品时,对化学原料药一并审评审批,对相关辅料、直接接触药品的包装材料和容器一并审评,对药品的质量标准、生产工艺、标签和说明书一并核准。

本法所称辅料,是指生产药品和调配处方时所用的赋形剂和附加剂。

第二十六条 对治疗严重危及生命且尚无有效治疗手段的疾病以及公共卫生方面急需的药品,药物临床试验已有数据显示疗效并能预测其临床价值的,可以附条件批准,并在药品注册证书中载明相关事项。

第二十七条 国务院药品监督管理部门应当完善药品审评审批工作制度,加强能力建设,建立健全沟通交流、专家咨询等机制,优化审评审批流程,提高审评审批效率。

批准上市药品的审评结论和依据应当依法公开,接受社会监督。对审评审批中知悉的商业秘密应当保密。

第二十八条 药品应当符合国家药品标准。经国务院药品监督管理部门核准的药品质量标准高于国家药品标准的,按照经核准的药品质量标准执行;没有国家药品标准的,应当符合经核准的药品质量标准。

国务院药品监督管理部门颁布的《中华人民共和国药典》和药品标准为国家药品标准。

国务院药品监督管理部门会同国务院卫生健康主管部门组织药典委员会,负责国家药品标准的制定和修订。

国务院药品监督管理部门设置或者指定的药品检验机构负责标定国家药品标准品、对照品。

第二十九条 列入国家药品标准的药品名称为药品通用名称。已经作为药品通用名称的,该名称不得作为药品商标使用。

第三章 药品上市许可持有人

第三十条 药品上市许可持有人是指取得药品注册证书的企业或者药品研制机构等。

药品上市许可持有人应当依照本法规定,对药品的非临床研究、临床试验、生产经营、上市后研究、不良反应监测及报告与处理等承担责任。其他从事药品研制、生产、经营、储存、运输、使用等活动的单位和个人依法承担相应责任。

药品上市许可持有人的法定代表人、主要负责人对药品质量全面负责。

第三十一条 药品上市许可持有人应当建立药品质量保证体系,配备专门人员独立负责药品质量管理。

药品上市许可持有人应当对受托药品生产企业、药品经营企业的质量管理体系进行定期审核,监督其持续具备质量保证和控制能力。

第三十二条 药品上市许可持有人可以自行生产药品,也可以委托药品生产企业生产。

药品上市许可持有人自行生产药品的,应当依照本法规定取得药品生产许可证;委托生产的,应当委托符合条件的药品生产企业。药品上市许可持有人和受托生产企业应当签订委托协议和质量协议,并严格履行协议约定的义务。

国务院药品监督管理部门制定药品委托生产质量协议指南，指导、监督药品上市许可持有人和受托生产企业履行药品质量保证义务。

血液制品、麻醉药品、精神药品、医疗用毒性药品、药品类易制毒化学品不得委托生产；但是，国务院药品监督管理部门另有规定的除外。

第三十三条　药品上市许可持有人应当建立药品上市放行规程，对药品生产企业出厂放行的药品进行审核，经质量受权人签字后方可放行。不符合国家药品标准的，不得放行。

第三十四条　药品上市许可持有人可以自行销售其取得药品注册证书的药品，也可以委托药品经营企业销售。药品上市许可持有人从事药品零售活动的，应当取得药品经营许可证。

药品上市许可持有人自行销售药品的，应当具备本法第五十二条规定的条件；委托销售的，应当委托符合条件的药品经营企业。药品上市许可持有人和受托经营企业应当签订委托协议，并严格履行协议约定的义务。

第三十五条　药品上市许可持有人、药品生产企业、药品经营企业委托储存、运输药品的，应当对受托方的质量保证能力和风险管理能力进行评估，与其签订委托协议，约定药品质量责任、操作规程等内容，并对受托方进行监督。

第三十六条　药品上市许可持有人、药品生产企业、药品经营企业和医疗机构应当建立并实施药品追溯制度，按照规定提供追溯信息，保证药品可追溯。

第三十七条　药品上市许可持有人应当建立年度报告制度，每年将药品生产销售、上市后研究、风险管理等情况按照规定向省、自治区、直辖市人民政府药品监督管理部门报告。

第三十八条　药品上市许可持有人为境外企业的，应当由其指定的在中国境内的企业法人履行药品上市许可持有人义务，与药品上市许可持有人承担连带责任。

第三十九条　中药饮片生产企业履行药品上市许可持有人的相关义务，对中药饮片生产、销售实行全过程管理，建立中药饮片追溯体系，保证中药饮片安全、有效、可追溯。

第四十条　经国务院药品监督管理部门批准，药品上市许可持有人可以转让药品上市许可。受让方应当具备保障药品安全性、有效性和质量可控性的质量管理、风险防控和责任赔偿等能力，履行药品上市许可持有人义务。

第四章　药品生产

第四十一条　从事药品生产活动，应当经所在地省、自治区、直辖市人民政府药品监督管理部门批准，取得药品生产许可证。无药品生产许可证的，不得生产药品。

药品生产许可证应当标明有效期和生产范围，到期重新审查发证。

第四十二条　从事药品生产活动，应当具备以下条件：

（一）有依法经过资格认定的药学技术人员、工程技术人员及相应的技术工人；

（二）有与药品生产相适应的厂房、设施和卫生环境；

（三）有能对所生产药品进行质量管理和质量检验的机构、人员及必要的仪器设备；

（四）有保证药品质量的规章制度，并符合国务院药品监督管理部门依据本法制定的药品生产质量管理规范要求。

第四十三条　从事药品生产活动，应当遵守药品生产质量管理规范，建立健全药品生产质量管理体系，保证药品生产全过程持续符合法定要求。

药品生产企业的法定代表人、主要负责人对本企业的药品生产活动全面负责。

第四十四条　药品应当按照国家药品标准和经药品监督管理部门核准的生产工艺进行生产。生产、检验记录应当完整准确，不得编造。

中药饮片应当按照国家药品标准炮制；国家药品标准没有规定的，应当按照省、自治区、直辖市人民政府药品监督管理部门制定的炮制规范炮制。省、自治区、直辖市人民政府药品监督管理部门制定的炮制规范应当报国务院药品监督管理部门备案。不符合国家药品标准或者不按照省、自治区、直辖市人民政府药品监督管理部门制定的炮制规范炮制的，不得出厂、销售。

第四十五条　生产药品所需的原料、辅料，应当符合药用要求、药品生产质量管理规范的有关要求。

生产药品，应当按照规定对供应原料、辅料等的供应商进行审核，保证购进、使用的原料、辅料等符合前款规定要求。

第四十六条　直接接触药品的包装材料和容器，应当符合药用要求，符合保障人体健康、安全的标准。

对不合格的直接接触药品的包装材料和容器，由药品监督管理部门责令停止使用。

第四十七条　药品生产企业应当对药品进行质量检

验。不符合国家药品标准的，不得出厂。

药品生产企业应当建立药品出厂放行规程，明确出厂放行的标准、条件。符合标准、条件的，经质量受权人签字后方可放行。

第四十八条 药品包装应当适合药品质量的要求，方便储存、运输和医疗使用。

发运中药材应当有包装。在每件包装上，应当注明品名、产地、日期、供货单位，并附有质量合格的标志。

第四十九条 药品包装应当按照规定印有或者贴有标签并附有说明书。

标签或者说明书应当注明药品的通用名称、成份、规格、上市许可持有人及其地址、生产企业及其地址、批准文号、产品批号、生产日期、有效期、适应症或者功能主治、用法、用量、禁忌、不良反应和注意事项。标签、说明书中的文字应当清晰，生产日期、有效期等事项应当显著标注，容易辨识。

麻醉药品、精神药品、医疗用毒性药品、放射性药品、外用药品和非处方药的标签、说明书，应当印有规定的标志。

第五十条 药品上市许可持有人、药品生产企业、药品经营企业和医疗机构中直接接触药品的工作人员，应当每年进行健康检查。患有传染病或者其他可能污染药品的疾病的，不得从事直接接触药品的工作。

第五章 药品经营

第五十一条 从事药品批发活动，应当经所在地省、自治区、直辖市人民政府药品监督管理部门批准，取得药品经营许可证。从事药品零售活动，应当经所在地县级以上地方人民政府药品监督管理部门批准，取得药品经营许可证。无药品经营许可证的，不得经营药品。

药品经营许可证应当标明有效期和经营范围，到期重新审查发证。

药品监督管理部门实施药品经营许可，除依据本法第五十二条规定的条件外，还应当遵循方便群众购药的原则。

第五十二条 从事药品经营活动应当具备以下条件：

（一）有依法经过资格认定的药师或者其他药学技术人员；

（二）有与所经营药品相适应的营业场所、设备、仓储设施和卫生环境；

（三）有与所经营药品相适应的质量管理机构或者人员；

（四）有保证药品质量的规章制度，并符合国务院药品监督管理部门依本法制定的药品经营质量管理规范要求。

第五十三条 从事药品经营活动，应当遵守药品经营质量管理规范，建立健全药品经营质量管理体系，保证药品经营全过程持续符合法定要求。

国家鼓励、引导药品零售连锁经营。从事药品零售连锁经营活动的企业总部，应当建立统一的质量管理制度，对所属零售企业的经营活动履行管理责任。

药品经营企业的法定代表人、主要负责人对本企业的药品经营活动全面负责。

第五十四条 国家对药品实行处方药与非处方药分类管理制度。具体办法由国务院药品监督管理部门会同国务院卫生健康主管部门制定。

第五十五条 药品上市许可持有人、药品生产企业、药品经营企业和医疗机构应当从药品上市许可持有人或者具有药品生产、经营资格的企业购进药品；但是，购进未实施审批管理的中药材除外。

第五十六条 药品经营企业购进药品，应当建立并执行进货检查验收制度，验明药品合格证明和其他标识；不符合规定要求的，不得购进和销售。

第五十七条 药品经营企业购销药品，应当有真实、完整的购销记录。购销记录应当注明药品的通用名称、剂型、规格、产品批号、有效期、上市许可持有人、生产企业、购销单位、购销数量、购销价格、购销日期及国务院药品监督管理部门规定的其他内容。

第五十八条 药品经营企业零售药品应当准确无误，并正确说明用法、用量和注意事项；调配处方应当经过核对，对处方所列药品不得擅自更改或者代用。对有配伍禁忌或者超剂量的处方，应当拒绝调配；必要时，经处方医师更正或者重新签字，方可调配。

药品经营企业销售中药材，应当标明产地。

依法经过资格认定的药师或者其他药学技术人员负责本企业的药品管理、处方审核和调配、合理用药指导等工作。

第五十九条 药品经营企业应当制定和执行药品保管制度，采取必要的冷藏、防冻、防潮、防虫、防鼠等措施，保证药品质量。

药品入库和出库应当执行检查制度。

第六十条 城乡集市贸易市场可以出售中药材，国务院另有规定的除外。

第六十一条 药品上市许可持有人、药品经营企业通过网络销售药品，应当遵守本法药品经营的有关规定。具体管理办法由国务院药品监督管理部门会同国务院卫生健康主管部门等部门制定。

疫苗、血液制品、麻醉药品、精神药品、医疗用毒性药品、放射性药品、药品类易制毒化学品等国家实行特殊管理的药品不得在网络上销售。

第六十二条　药品网络交易第三方平台提供者应当按照国务院药品监督管理部门的规定，向所在地省、自治区、直辖市人民政府药品监督管理部门备案。

第三方平台提供者应当依法对申请进入平台经营的药品上市许可持有人、药品经营企业的资质等进行审核，保证其符合法定要求，并对发生在平台的药品经营行为进行管理。

第三方平台提供者发现进入平台经营的药品上市许可持有人、药品经营企业有违反本法规定行为的，应当及时制止并立即报告所在地县级人民政府药品监督管理部门；发现严重违法行为的，应当立即停止提供网络交易平台服务。

第六十三条　新发现和从境外引种的药材，经国务院药品监督管理部门批准后，方可销售。

第六十四条　药品应当从允许药品进口的口岸进口，并由进口药品的企业向口岸所在地药品监督管理部门备案。海关凭药品监督管理部门出具的进口药品通关单办理通关手续。无进口药品通关单的，海关不得放行。

口岸所在地药品监督管理部门应当通知药品检验机构按国务院药品监督管理部门的规定对进口药品进行抽查检验。

允许药品进口的口岸由国务院药品监督管理部门会同海关总署提出，报国务院批准。

第六十五条　医疗机构因临床急需进口少量药品的，经国务院药品监督管理部门或者国务院授权的省、自治区、直辖市人民政府批准，可以进口。进口的药品应当在指定医疗机构内用于特定医疗目的。

个人自用携带入境少量药品，按照国家有关规定办理。

第六十六条　进口、出口麻醉药品和国家规定范围内的精神药品，应当持有国务院药品监督管理部门颁发的进口准许证、出口准许证。

第六十七条　禁止进口疗效不确切、不良反应大或者因其他原因危害人体健康的药品。

第六十八条　国务院药品监督管理部门对下列药品在销售前或者进口时，应当指定药品检验机构进行检验；未经检验或者检验不合格的，不得销售或者进口：

（一）首次在中国境内销售的药品；
（二）国务院药品监督管理部门规定的生物制品；
（三）国务院规定的其他药品。

第六章　医疗机构药事管理

第六十九条　医疗机构应当配备依法经过资格认定的药师或者其他药学技术人员，负责本单位的药品管理、处方审核和调配、合理用药指导等工作。非药学技术人员不得直接从事药剂技术工作。

第七十条　医疗机构购进药品，应当建立并执行进货检查验收制度，验明药品合格证明和其他标识；不符合规定要求的，不得购进和使用。

第七十一条　医疗机构应当有与所使用药品相适应的场所、设备、仓储设施和卫生环境，制定和执行药品保管制度，采取必要的冷藏、防冻、防潮、防虫、防鼠等措施，保证药品质量。

第七十二条　医疗机构应当坚持安全有效、经济合理的用药原则，遵循药品临床应用指导原则、临床诊疗指南和药品说明书等合理用药，对医师处方、用药医嘱的适宜性进行审核。

医疗机构以外的其他药品使用单位，应当遵守本法有关医疗机构使用药品的规定。

第七十三条　依法经过资格认定的药师或者其他药学技术人员调配处方，应当进行核对，对处方所列药品不得擅自更改或者代用。对有配伍禁忌或者超剂量的处方，应当拒绝调配；必要时，经处方医师更正或者重新签字，方可调配。

第七十四条　医疗机构配制制剂，应当经所在地省、自治区、直辖市人民政府药品监督管理部门批准，取得医疗机构制剂许可证。无医疗机构制剂许可证的，不得配制制剂。

医疗机构制剂许可证应当标明有效期，到期重新审查发证。

第七十五条　医疗机构配制制剂，应当有能够保证制剂质量的设施、管理制度、检验仪器和卫生环境。

医疗机构配制制剂，应当按照经核准的工艺进行，所需的原料、辅料和包装材料等应当符合药用要求。

第七十六条　医疗机构配制的制剂，应当是本单位临床需要而市场上没有供应的品种，并应当经所在地省、自治区、直辖市人民政府药品监督管理部门批准；但是，法律对配制中药制剂另有规定的除外。

医疗机构配制的制剂应当按照规定进行质量检验；合格的，凭医师处方在本单位使用。经国务院药品监督管理部门或者省、自治区、直辖市人民政府药品监督管理部门批准,医疗机构配制的制剂可以在指定的医疗机构之间调剂使用。

医疗机构配制的制剂不得在市场上销售。

第七章 药品上市后管理

第七十七条 药品上市许可持有人应当制定药品上市后风险管理计划,主动开展药品上市后研究,对药品的安全性、有效性和质量可控性进行进一步确证,加强对已上市药品的持续管理。

第七十八条 对附条件批准的药品,药品上市许可持有人应当采取相应风险管理措施,并在规定期限内按照要求完成相关研究;逾期未按照要求完成研究或者不能证明其获益大于风险的,国务院药品监督管理部门应当依法处理,直至注销药品注册证书。

第七十九条 对药品生产过程中的变更,按照其对药品安全性、有效性和质量可控性的风险和产生影响的程度,实行分类管理。属于重大变更的,应当经国务院药品监督管理部门批准,其他变更应当按照国务院药品监督管理部门的规定备案或者报告。

药品上市许可持有人应当按照国务院药品监督管理部门的规定,全面评估、验证变更事项对药品安全性、有效性和质量可控性的影响。

第八十条 药品上市许可持有人应当开展药品上市后不良反应监测,主动收集、跟踪分析疑似药品不良反应信息,对已识别风险的药品及时采取风险控制措施。

第八十一条 药品上市许可持有人、药品生产企业、药品经营企业和医疗机构应当经常考察本单位所生产、经营、使用的药品质量、疗效和不良反应。发现疑似不良反应的,应当及时向药品监督管理部门和卫生健康主管部门报告。具体办法由国务院药品监督管理部门会同国务院卫生健康主管部门制定。

对已确认发生严重不良反应的药品,由国务院药品监督管理部门或者省、自治区、直辖市人民政府药品监督管理部门根据实际情况采取停止生产、销售、使用等紧急控制措施,并应当在五日内组织鉴定,自鉴定结论作出之日起十五日内依法作出行政处理决定。

第八十二条 药品存在质量问题或者其他安全隐患的,药品上市许可持有人应当立即停止销售,告知相关药品经营企业和医疗机构停止销售和使用,召回已销售的药品,及时公开召回信息,必要时应当立即停止生产,并将药品召回和处理情况向省、自治区、直辖市人民政府药品监督管理部门和卫生健康主管部门报告。药品生产企业、药品经营企业和医疗机构应当配合。

药品上市许可持有人依法应当召回药品而未召回的,省、自治区、直辖市人民政府药品监督管理部门应当责令其召回。

第八十三条 药品上市许可持有人应当对已上市药品的安全性、有效性和质量可控性定期开展上市后评价。必要时,国务院药品监督管理部门可以责令药品上市许可持有人开展上市后评价或者直接组织开展上市后评价。

经评价,对疗效不确切、不良反应大或者因其他原因危害人体健康的药品,应当注销药品注册证书。

已被注销药品注册证书的药品,不得生产或者进口、销售和使用。

已被注销药品注册证书、超过有效期等的药品,应当由药品监督管理部门监督销毁或者依法采取其他无害化处理等措施。

第八章 药品价格和广告

第八十四条 国家完善药品采购管理制度,对药品价格进行监测,开展成本价格调查,加强药品价格监督检查,依法查处价格垄断、哄抬价格等药品价格违法行为,维护药品价格秩序。

第八十五条 依法实行市场调节价的药品,药品上市许可持有人、药品生产企业、药品经营企业和医疗机构应当按照公平、合理和诚实信用、质价相符的原则制定价格,为用药者提供价格合理的药品。

药品上市许可持有人、药品生产企业、药品经营企业和医疗机构应当遵守国务院药品价格主管部门关于药品价格管理的规定,制定和标明药品零售价格,禁止暴利、价格垄断和价格欺诈等行为。

第八十六条 药品上市许可持有人、药品生产企业、药品经营企业和医疗机构应当依法向药品价格主管部门提供其药品的实际购销价格和购销数量等资料。

第八十七条 医疗机构应当向患者提供所用药品的价格清单,按照规定如实公布其常用药品的价格,加强合理用药管理。具体办法由国务院卫生健康主管部门制定。

第八十八条 禁止药品上市许可持有人、药品生产企业、药品经营企业和医疗机构在药品购销中给予、收受回扣或者其他不正当利益。

禁止药品上市许可持有人、药品生产企业、药品经营企业或者代理人以任何名义给予使用其药品的医疗机构的负责人、药品采购人员、医师、药师等有关人员财物或者其他不正当利益。禁止医疗机构的负责人、药品采购人员、医师、药师等有关人员以任何名义收受药品上市许可持有人、药品生产企业、药品经营企业或者代理人给予的财物或者其他不正当利益。

第八十九条　药品广告应当经广告主所在地省、自治区、直辖市人民政府确定的广告审查机关批准；未经批准的，不得发布。

第九十条　药品广告的内容应当真实、合法，以国务院药品监督管理部门核准的药品说明书为准，不得含有虚假的内容。

药品广告不得含有表示功效、安全性的断言或者保证；不得利用国家机关、科研单位、学术机构、行业协会或者专家、学者、医师、药师、患者等的名义或者形象作推荐、证明。

非药品广告不得有涉及药品的宣传。

第九十一条　药品价格和广告，本法未作规定的，适用《中华人民共和国价格法》、《中华人民共和国反垄断法》、《中华人民共和国反不正当竞争法》、《中华人民共和国广告法》等的规定。

第九章　药品储备和供应

第九十二条　国家实行药品储备制度，建立中央和地方两级药品储备。

发生重大灾情、疫情或者其他突发事件时，依照《中华人民共和国突发事件应对法》的规定，可以紧急调用药品。

第九十三条　国家实行基本药物制度，遴选适当数量的基本药物品种，加强组织生产和储备，提高基本药物的供给能力，满足疾病防治基本用药需求。

第九十四条　国家建立药品供求监测体系，及时收集和汇总分析短缺药品供求信息，对短缺药品实行预警，采取应对措施。

第九十五条　国家实行短缺药品清单管理制度。具体办法由国务院卫生健康主管部门会同国务院药品监督管理部门等部门制定。

药品上市许可持有人停止生产短缺药品的，应当按照规定向国务院药品监督管理部门或者省、自治区、直辖市人民政府药品监督管理部门报告。

第九十六条　国家鼓励短缺药品的研制和生产，对临床急需的短缺药品、防治重大传染病和罕见病等疾病的新药予以优先审评审批。

第九十七条　对短缺药品，国务院可以限制或者禁止出口。必要时，国务院有关部门可以采取组织生产、价格干预和扩大进口等措施，保障药品供应。

药品上市许可持有人、药品生产企业、药品经营企业应当按照规定保障药品的生产和供应。

第十章　监督管理

第九十八条　禁止生产（包括配制，下同）、销售、使用假药、劣药。

有下列情形之一的，为假药：

（一）药品所含成份与国家药品标准规定的成份不符；

（二）以非药品冒充药品或者以他种药品冒充此种药品；

（三）变质的药品；

（四）药品所标明的适应症或者功能主治超出规定范围。

有下列情形之一的，为劣药：

（一）药品成份的含量不符合国家药品标准；

（二）被污染的药品；

（三）未标明或者更改有效期的药品；

（四）未注明或者更改产品批号的药品；

（五）超过有效期的药品；

（六）擅自添加防腐剂、辅料的药品；

（七）其他不符合药品标准的药品。

禁止未取得药品批准证明文件生产、进口药品；禁止使用未按照规定审评、审批的原料药、包装材料和容器生产药品。

第九十九条　药品监督管理部门应当依照法律、法规的规定对药品研制、生产、经营和药品使用单位使用药品等活动进行监督检查，必要时可以对为药品研制、生产、经营、使用提供产品或者服务的单位和个人进行延伸检查，有关单位和个人应当予以配合，不得拒绝和隐瞒。

药品监督管理部门应当对高风险的药品实施重点监督检查。

对有证据证明可能存在安全隐患的，药品监督管理部门根据监督检查情况，应当采取告诫、约谈、限期整改以及暂停生产、销售、使用、进口等措施，并及时公布检查处理结果。

药品监督管理部门进行监督检查时，应当出示证明文件，对监督检查中知悉的商业秘密应当保密。

第一百条　药品监督管理部门根据监督管理的需要，可以对药品质量进行抽查检验。抽查检验应当按照规定抽样，并不得收取任何费用；抽样应当购买样品。所需费用按照国务院规定列支。

对有证据证明可能危害人体健康的药品及其有关材

料,药品监督管理部门可以查封、扣押,并在七日内作出行政处理决定;药品需要检验的,应当自检验报告书发出之日起十五日内作出行政处理决定。

第一百零一条 国务院和省、自治区、直辖市人民政府的药品监督管理部门应当定期公告药品质量抽查检验结果;公告不当的,应当在原公告范围内予以更正。

第一百零二条 当事人对药品检验结果有异议的,可以自收到药品检验结果之日起七日内向原药品检验机构或者上一级药品监督管理部门设置或者指定的药品检验机构申请复验,也可以直接向国务院药品监督管理部门设置或者指定的药品检验机构申请复验。受理复验的药品检验机构应当在国务院药品监督管理部门规定的时间内作出复验结论。

第一百零三条 药品监督管理部门应当对药品上市许可持有人、药品生产企业、药品经营企业和药物非临床安全性评价研究机构、药物临床试验机构等遵守药品生产质量管理规范、药品经营质量管理规范、药物非临床研究质量管理规范、药物临床试验质量管理规范等情况进行检查,监督其持续符合法定要求。

第一百零四条 国家建立职业化、专业化药品检查员队伍。检查员应当熟悉药品法律法规,具备药品专业知识。

第一百零五条 药品监督管理部门建立药品上市许可持有人、药品生产企业、药品经营企业、药物非临床安全性评价研究机构、药物临床试验机构和医疗机构药品安全信用档案,记录许可颁发、日常监督检查结果、违法行为查处等情况,依法向社会公布并及时更新;对有不良信用记录的,增加监督检查频次,并可以按照国家规定实施联合惩戒。

第一百零六条 药品监督管理部门应当公布本部门的电子邮件地址、电话,接受咨询、投诉、举报,并依法及时答复、核实、处理。对查证属实的举报,按照有关规定给予举报人奖励。

药品监督管理部门应当对举报人的信息予以保密,保护举报人的合法权益。举报人举报所在单位的,该单位不得以解除、变更劳动合同或者其他方式对举报人进行打击报复。

第一百零七条 国家实行药品安全信息统一公布制度。国家药品安全总体情况、药品安全风险警示信息、重大药品安全事件及其调查处理信息和国务院确定需要统一公布的其他信息由国务院药品监督管理部门统一公布。药品安全风险警示信息和重大药品安全事件及其调查处理信息的影响限于特定区域的,也可以由有关省、自治区、直辖市人民政府药品监督管理部门公布。未经授权不得发布上述信息。

公布药品安全信息,应当及时、准确、全面,并进行必要的说明,避免误导。

任何单位和个人不得编造、散布虚假药品安全信息。

第一百零八条 县级以上人民政府应当制定药品安全事件应急预案。药品上市许可持有人、药品生产企业、药品经营企业和医疗机构等应当制定本单位的药品安全事件处置方案,并组织开展培训和应急演练。

发生药品安全事件,县级以上人民政府应当按照应急预案立即组织开展应对工作;有关单位应当立即采取有效措施进行处置,防止危害扩大。

第一百零九条 药品监督管理部门未及时发现药品安全系统性风险,未及时消除监督管理区域内药品安全隐患的,本级人民政府或者上级人民政府药品监督管理部门应当对其主要负责人进行约谈。

地方人民政府未履行药品安全职责,未及时消除区域性重大药品安全隐患的,上级人民政府或者上级人民政府药品监督管理部门应当对其主要负责人进行约谈。

被约谈的部门和地方人民政府应当立即采取措施,对药品监督管理工作进行整改。

约谈情况和整改情况应当纳入有关部门和地方人民政府药品监督管理工作评议、考核记录。

第一百一十条 地方人民政府及其药品监督管理部门不得以要求实施药品检验、审批等手段限制或者排斥非本地区药品上市许可持有人、药品生产企业生产的药品进入本地区。

第一百一十一条 药品监督管理部门及其设置或者指定的药品专业技术机构不得参与药品生产经营活动,不得以其名义推荐或者监制、监销药品。

药品监督管理部门及其设置或者指定的药品专业技术机构的工作人员不得参与药品生产经营活动。

第一百一十二条 国务院对麻醉药品、精神药品、医疗用毒性药品、放射性药品、药品类易制毒化学品等有其他特殊管理规定的,依照其规定。

第一百一十三条 药品监督管理部门发现药品违法行为涉嫌犯罪的,应当及时将案件移送公安机关。

对依法不需要追究刑事责任或者免予刑事处罚,但应当追究行政责任的,公安机关、人民检察院、人民法院应当及时将案件移送药品监督管理部门。

公安机关、人民检察院、人民法院商请药品监督管理部门、生态环境主管部门等部门提供检验结论、认定意见以及对涉案药品进行无害化处理等协助的，有关部门应当及时提供，予以协助。

第十一章 法律责任

第一百一十四条 违反本法规定，构成犯罪的，依法追究刑事责任。

第一百一十五条 未取得药品生产许可证、药品经营许可证或者医疗机构制剂许可证生产、销售药品的，责令关闭，没收违法生产、销售的药品和违法所得，并处违法生产、销售的药品（包括已售出和未售出的药品，下同）货值金额十五倍以上三十倍以下的罚款；货值金额不足十万元的，按十万元计算。

第一百一十六条 生产、销售假药的，没收违法生产、销售的药品和违法所得，责令停产停业整顿，吊销药品批准证明文件，并处违法生产、销售的药品货值金额十五倍以上三十倍以下的罚款；货值金额不足十万元的，按十万元计算；情节严重的，吊销药品生产许可证、药品经营许可证或者医疗机构制剂许可证，十年内不受理其相应申请；药品上市许可持有人为境外企业的，十年内禁止其药品进口。

第一百一十七条 生产、销售劣药的，没收违法生产、销售的药品和违法所得，并处违法生产、销售的药品货值金额十倍以上二十倍以下的罚款；违法生产、批发的药品货值金额不足十万元的，按十万元计算，违法零售的药品货值金额不足一万元的，按一万元计算；情节严重的，责令停产停业整顿直至吊销药品批准证明文件、药品生产许可证、药品经营许可证或者医疗机构制剂许可证。

生产、销售的中药饮片不符合药品标准，尚不影响安全性、有效性的，责令限期改正，给予警告；可以处十万元以上五十万元以下的罚款。

第一百一十八条 生产、销售假药，或者生产、销售劣药且情节严重的，对法定代表人、主要负责人、直接负责的主管人员和其他责任人员，没收违法行为发生期间自本单位所获收入，并处所获收入百分之三十以上三倍以下的罚款，终身禁止从事药品生产经营活动，并可以由公安机关处五日以上十五日以下的拘留。

对生产者专门用于生产假药、劣药的原料、辅料、包装材料、生产设备予以没收。

第一百一十九条 药品使用单位使用假药、劣药的，按照销售假药、零售劣药的规定处罚；情节严重的，法定代表人、主要负责人、直接负责的主管人员和其他责任人员有医疗卫生人员执业证书的，还应当吊销执业证书。

第一百二十条 知道或者应当知道属于假药、劣药或者本法第一百二十四条第一款第一项至第五项规定的药品，而为其提供储存、运输等便利条件的，没收全部储存、运输收入，并处违法收入一倍以上五倍以下的罚款；情节严重的，并处违法收入五倍以上十五倍以下的罚款；违法收入不足五万元的，按五万元计算。

第一百二十一条 对假药、劣药的处罚决定，应当依法载明药品检验机构的质量检验结论。

第一百二十二条 伪造、变造、出租、出借、非法买卖许可证或者药品批准证明文件的，没收违法所得，并处违法所得一倍以上五倍以下的罚款；情节严重的，并处违法所得五倍以上十五倍以下的罚款，吊销药品生产许可证、药品经营许可证、医疗机构制剂许可证或者药品批准证明文件，对法定代表人、主要负责人、直接负责的主管人员和其他责任人员，处二万元以上二十万元以下的罚款，十年内禁止从事药品生产经营活动，并可以由公安机关处五日以上十五日以下的拘留；违法所得不足十万元的，按十万元计算。

第一百二十三条 提供虚假的证明、数据、资料、样品或者采取其他手段骗取临床试验许可、药品生产许可、药品经营许可、医疗机构制剂许可或者药品注册等许可的，撤销相关许可，十年内不受理其相应申请，并处五十万元以上五百万元以下的罚款；情节严重的，对法定代表人、主要负责人、直接负责的主管人员和其他责任人员，处二万元以上二十万元以下的罚款，十年内禁止从事药品生产经营活动，并可以由公安机关处五日以上十五日以下的拘留。

第一百二十四条 违反本法规定，有下列行为之一的，没收违法生产、进口、销售的药品和违法所得以及专门用于违法生产的原料、辅料、包装材料和生产设备，责令停产停业整顿，并处违法生产、进口、销售的药品货值金额十五倍以上三十倍以下的罚款；货值金额不足十万元的，按十万元计算；情节严重的，吊销药品批准证明文件直至吊销药品生产许可证、药品经营许可证或者医疗机构制剂许可证，对法定代表人、主要负责人、直接负责的主管人员和其他责任人员，没收违法行为发生期间自本单位所获收入，并处所获收入百分之三十以上三倍以下的罚款，十年直至终身禁止从事药品生产经营活动，并可以由公安机关处五日以上十五日以下的拘留：

（一）未取得药品批准证明文件生产、进口药品；

（二）使用采取欺骗手段取得的药品批准证明文件生产、进口药品；

(三)使用未经审评审批的原料药生产药品；

(四)应当检验而未经检验即销售药品；

(五)生产、销售国务院药品监督管理部门禁止使用的药品；

(六)编造生产、检验记录；

(七)未经批准在药品生产过程中进行重大变更。

销售前款第一项至第三项规定的药品，或者药品使用单位使用前款第一项至第五项规定的药品的，依照前款规定处罚；情节严重的，药品使用单位的法定代表人、主要负责人、直接负责的主管人员和其他责任人员有医疗卫生人员执业证书的，还应当吊销执业证书。

未经批准进口少量境外已合法上市的药品，情节较轻的，可以依法减轻或者免予处罚。

第一百二十五条 违反本法规定，有下列行为之一的，没收违法生产、销售的药品和违法所得以及包装材料、容器，责令停产停业整顿，并处五十万元以上五百万元以下的罚款；情节严重的，吊销药品批准证明文件、药品生产许可证、药品经营许可证，对法定代表人、主要负责人、直接负责的主管人员和其他责任人员处二万元以上二十万元以下的罚款，十年直至终身禁止从事药品生产经营活动：

(一)未经批准开展药物临床试验；

(二)使用未经审评的直接接触药品的包装材料或者容器生产药品，或者销售该类药品；

(三)使用未经核准的标签、说明书。

第一百二十六条 除本法另有规定的情形外，药品上市许可持有人、药品生产企业、药品经营企业、药物非临床安全性评价研究机构、药物临床试验机构等未遵守药品生产质量管理规范、药品经营质量管理规范、药物非临床研究质量管理规范、药物临床试验质量管理规范等的，责令限期改正，给予警告；逾期不改正的，处十万元以上五十万元以下的罚款；情节严重的，处五十万元以上二百万元以下的罚款，责令停产停业整顿直至吊销药品批准证明文件、药品生产许可证、药品经营许可证等，药物非临床安全性评价研究机构、药物临床试验机构等五年内不得开展药物非临床安全性评价研究、药物临床试验，对法定代表人、主要负责人、直接负责的主管人员和其他责任人员，没收违法行为发生期间自本单位所获收入，并处所获收入百分之十以上百分之五十以下的罚款，十年直至终身禁止从事药品生产经营等活动。

第一百二十七条 违反本法规定，有下列行为之一的，责令限期改正，给予警告；逾期不改正的，处十万元以上五十万元以下的罚款：

(一)开展生物等效性试验未备案；

(二)药物临床试验期间，发现存在安全性问题或者其他风险，临床试验申办者未及时调整临床试验方案、暂停或者终止临床试验，或者未向国务院药品监督管理部门报告；

(三)未按照规定建立并实施药品追溯制度；

(四)未按照规定提交年度报告；

(五)未按照规定对药品生产过程中的变更进行备案或者报告；

(六)未制定药品上市后风险管理计划；

(七)未按照规定开展药品上市后研究或者上市后评价。

第一百二十八条 除依法应当按照假药、劣药处罚的外，药品包装未按照规定印有、贴有标签或者附有说明书，标签、说明书未按照规定注明相关信息或者印有规定标志的，责令改正，给予警告；情节严重的，吊销药品注册证书。

第一百二十九条 违反本法规定，药品上市许可持有人、药品生产企业、药品经营企业或者医疗机构未从药品上市许可持有人或者具有药品生产、经营资格的企业购进药品的，责令改正，没收违法购进的药品和违法所得，并处违法购进药品货值金额二倍以上十倍以下的罚款；情节严重的，并处货值金额十倍以上三十倍以下的罚款，吊销药品批准证明文件、药品生产许可证、药品经营许可证或者医疗机构执业许可证；货值金额不足五万元的，按五万元计算。

第一百三十条 违反本法规定，药品经营企业购销药品未按照规定进行记录，零售药品未正确说明用法、用量等事项，或者未按照规定调配处方的，责令改正，给予警告；情节严重的，吊销药品经营许可证。

第一百三十一条 违反本法规定，药品网络交易第三方平台提供者未履行资质审核、报告、停止提供网络交易平台服务等义务的，责令改正，没收违法所得，并处二十万元以上二百万元以下的罚款；情节严重的，责令停业整顿，并处二百万元以上五百万元以下的罚款。

第一百三十二条 进口已获得药品注册证书的药品，未按照规定向允许药品进口的口岸所在地药品监督管理部门备案的，责令限期改正，给予警告；逾期不改正的，吊销药品注册证书。

第一百三十三条 违反本法规定，医疗机构将其配制的制剂在市场上销售的，责令改正，没收违法销售的制剂和违法所得,并处违法销售制剂货值金额二倍以上五倍以下的罚款;情节严重的,并处货值金额五倍以上十五倍以下的罚款;货值金额不足五万元的,按五万元计算。

第一百三十四条 药品上市许可持有人未按照规定开展药品不良反应监测或者报告疑似药品不良反应的,责令限期改正,给予警告;逾期不改正的,责令停产停业整顿,并处十万元以上一百万元以下的罚款。

药品经营企业未按照规定报告疑似药品不良反应的,责令限期改正,给予警告;逾期不改正的,责令停产停业整顿,并处五万元以上五十万元以下的罚款。

医疗机构未按照规定报告疑似药品不良反应的,责令限期改正,给予警告;逾期不改正的,处五万元以上五十万元以下的罚款。

第一百三十五条 药品上市许可持有人在省、自治区、直辖市人民政府药品监督管理部门责令其召回后,拒不召回的,处应召回药品货值金额五倍以上十倍以下的罚款;货值金额不足十万元的,按十万元计算;情节严重的,吊销药品批准证明文件、药品生产许可证、药品经营许可证,对法定代表人、主要负责人、直接负责的主管人员和其他责任人员,处二万元以上二十万元以下的罚款。

药品生产企业、药品经营企业、医疗机构拒不配合召回的,处十万元以上五十万元以下的罚款。

第一百三十六条 药品上市许可持有人为境外企业的,其指定的在中国境内的企业法人未依照本法规定履行相关义务的,适用本法有关药品上市许可持有人法律责任的规定。

第一百三十七条 有下列行为之一的,在本法规定的处罚幅度内从重处罚:

(一)以麻醉药品、精神药品、医疗用毒性药品、放射性药品、药品类易制毒化学品冒充其他药品,或者以其他药品冒充上述药品;

(二)生产、销售以孕产妇、儿童为主要使用对象的假药、劣药;

(三)生产、销售的生物制品属于假药、劣药;

(四)生产、销售假药、劣药,造成人身伤害后果;

(五)生产、销售假药、劣药,经处理后再犯;

(六)拒绝、逃避监督检查,伪造、销毁、隐匿有关证据材料,或者擅自动用查封、扣押物品。

第一百三十八条 药品检验机构出具虚假检验报告的,责令改正,给予警告,对单位并处二十万元以上一百万元以下的罚款;对直接负责的主管人员和其他直接责任人员依法给予降级、撤职、开除处分,没收违法所得,并处五万元以下的罚款;情节严重的,撤销其检验资格。药品检验机构出具的检验结果不实,造成损失的,应当承担相应的赔偿责任。

第一百三十九条 本法第一百一十五条至第一百三十八条规定的行政处罚,由县级以上人民政府药品监督管理部门按照职责分工决定;撤销许可、吊销许可证件的,由原批准、发证的部门决定。

第一百四十条 药品上市许可持有人、药品生产企业、药品经营企业或者医疗机构违反本法规定聘用人员的,由药品监督管理部门或者卫生健康主管部门责令解聘,处五万元以上二十万元以下的罚款。

第一百四十一条 药品上市许可持有人、药品生产企业、药品经营企业或者医疗机构在药品购销中给予、收受回扣或者其他不正当利益的,药品上市许可持有人、药品生产企业、药品经营企业或者代理人给予使用其药品的医疗机构的负责人、药品采购人员、医师、药师等有关人员财物或者其他不正当利益的,由市场监督管理部门没收违法所得,并处三十万元以上二百万元以下的罚款;情节严重的,吊销药品上市许可持有人、药品生产企业、药品经营企业营业执照,并由药品监督管理部门吊销药品批准证明文件、药品生产许可证、药品经营许可证。

药品上市许可持有人、药品生产企业、药品经营企业在药品研制、生产、经营中向国家工作人员行贿的,对法定代表人、主要负责人、直接负责的主管人员和其他责任人员终身禁止从事药品生产经营活动。

第一百四十二条 药品上市许可持有人、药品生产企业、药品经营企业的负责人、采购人员等有关人员在药品购销中收受其他药品上市许可持有人、药品生产企业、药品经营企业或者代理人给予的财物或者其他不正当利益的,没收违法所得,依法给予处分;情节严重的,五年内禁止从事药品生产经营活动。

医疗机构的负责人、药品采购人员、医师、药师等有关人员收受药品上市许可持有人、药品生产企业、药品经营企业或者代理人给予的财物或者其他不正当利益的,由卫生健康主管部门或者本单位给予处分,没收违法所得;情节严重的,还应当吊销其执业证书。

第一百四十三条 违反本法规定,编造、散布虚假药品安全信息,构成违反治安管理行为的,由公安机关依法给予治安管理处罚。

第一百四十四条 药品上市许可持有人、药品生产企业、药品经营企业或者医疗机构违反本法规定,给用药者造成损害的,依法承担赔偿责任。

因药品质量问题受到损害的,受害人可以向药品上市许可持有人、药品生产企业请求赔偿损失,也可以向药品经营企业、医疗机构请求赔偿损失。接到受害人赔偿请求的,应当实行首负责任制,先行赔付;先行赔付后,可以依法追偿。

生产假药、劣药或者明知是假药、劣药仍然销售、使用的,受害人或者其近亲属除请求赔偿损失外,还可以请求支付价款十倍或者损失三倍的赔偿金;增加赔偿的金额不足一千元的,为一千元。

第一百四十五条 药品监督管理部门或者其设置、指定的药品专业技术机构参与药品生产经营活动的,由其上级主管机关责令改正,没收违法收入;情节严重的,对直接负责的主管人员和其他直接责任人员依法给予处分。

药品监督管理部门或者其设置、指定的药品专业技术机构的工作人员参与药品生产经营活动的,依法给予处分。

第一百四十六条 药品监督管理部门或者其设置、指定的药品检验机构在药品监督检验中违法收取检验费用的,由政府有关部门责令退还,对直接负责的主管人员和其他直接责任人员依法给予处分;情节严重的,撤销其检验资格。

第一百四十七条 违反本法规定,药品监督管理部门有下列行为之一的,应当撤销相关许可,对直接负责的主管人员和其他直接责任人员依法给予处分:

(一)不符合条件而批准进行药物临床试验;

(二)对不符合条件的药品颁发药品注册证书;

(三)对不符合条件的单位颁发药品生产许可证、药品经营许可证或者医疗机构制剂许可证。

第一百四十八条 违反本法规定,县级以上地方人民政府有下列行为之一的,对直接负责的主管人员和其他直接责任人员给予记过或者记大过处分;情节严重的,给予降级、撤职或者开除处分:

(一)瞒报、谎报、缓报、漏报药品安全事件;

(二)未及时消除区域性重大药品安全隐患,造成本行政区域内发生特别重大药品安全事件,或者连续发生重大药品安全事件;

(三)履行职责不力,造成严重不良影响或者重大损失。

第一百四十九条 违反本法规定,药品监督管理等部门有下列行为之一的,对直接负责的主管人员和其他直接责任人员给予记过或者记大过处分;情节较重的,给予降级或者撤职处分;情节严重的,给予开除处分:

(一)瞒报、谎报、缓报、漏报药品安全事件;

(二)对发现的药品安全违法行为未及时查处;

(三)未及时发现药品安全系统性风险,或者未及时消除监督管理区域内药品安全隐患,造成严重影响;

(四)其他不履行药品监督管理职责,造成严重不良影响或者重大损失。

第一百五十条 药品监督管理人员滥用职权、徇私舞弊、玩忽职守的,依法给予处分。

查处假药、劣药违法行为有失职、渎职行为的,对药品监督管理部门直接负责的主管人员和其他直接责任人员依法从重给予处分。

第一百五十一条 本章规定的货值金额以违法生产、销售药品的标价计算;没有标价的,按照同类药品的市场价格计算。

第十二章 附 则

第一百五十二条 中药材种植、采集和饲养的管理,依照有关法律、法规的规定执行。

第一百五十三条 地区性民间习用药材的管理办法,由国务院药品监督管理部门会同国务院中医药主管部门制定。

第一百五十四条 中国人民解放军和中国人民武装警察部队执行本法的具体办法,由国务院、中央军事委员会依据本法制定。

第一百五十五条 本法自2019年12月1日起施行。

中华人民共和国药品管理法实施条例

· 2002年8月4日中华人民共和国国务院令第360号公布

· 根据2016年2月6日《国务院关于修改部分行政法规的决定》第一次修订

· 根据2019年3月2日《国务院关于修改部分行政法规的决定》第二次修订

第一章 总 则

第一条 根据《中华人民共和国药品管理法》(以下简称《药品管理法》),制定本条例。

第二条 国务院药品监督管理部门设置国家药品检验机构。

省、自治区、直辖市人民政府药品监督管理部门可以在本行政区域内设置药品检验机构。地方药品检验机构的设置规划由省、自治区、直辖市人民政府药品监督管理部门提出,报省、自治区、直辖市人民政府批准。

国务院和省、自治区、直辖市人民政府的药品监督管理部门可以根据需要,确定符合药品检验条件的检验机构承担药品检验工作。

第二章 药品生产企业管理

第三条 开办药品生产企业,申办人应当向拟办企业所在地省、自治区、直辖市人民政府药品监督管理部门提出申请。省、自治区、直辖市人民政府药品监督管理部门应当自收到申请之日起30个工作日内,依据《药品管理法》第八条规定的开办条件组织验收;验收合格的,发给《药品生产许可证》。

第四条 药品生产企业变更《药品生产许可证》许可事项的,应当在许可事项发生变更30日前,向原发证机关申请《药品生产许可证》变更登记;未经批准,不得变更许可事项。原发证机关应当自收到申请之日起15个工作日内作出决定。

第五条 省级以上人民政府药品监督管理部门应当按《药品生产质量管理规范》和国务院药品监督管理部门规定的实施办法和实施步骤,组织对药品生产企业的认证工作;符合《药品生产质量管理规范》的,发给认证证书。其中,生产注射剂、放射性药品和国务院药品监督管理部门规定的生物制品的药品生产企业的认证工作,由国务院药品监督管理部门负责。

《药品生产质量管理规范》认证证书的格式由国务院药品监督管理部门统一规定。

第六条 新开办药品生产企业、药品生产企业新建药品生产车间或者新增生产剂型的,应当自取得药品生产证明文件或者经批准正式生产之日起30日内,按照规定向药品监督管理部门申请《药品生产质量管理规范》认证。受理申请的药品监督管理部门应当自收到企业申请之日起6个月内,组织对申请企业是否符合《药品生产质量管理规范》进行认证;认证合格的,发给认证证书。

第七条 国务院药品监督管理部门应当设立《药品生产质量管理规范》认证检查员库。《药品生产质量管理规范》认证检查员必须符合国务院药品监督管理部门规定的条件。进行《药品生产质量管理规范》认证,必须按照国务院药品监督管理部门的规定,从《药品生产质量管理规范》认证检查员库中随机抽取认证检查员组成认证检查组进行认证检查。

第八条 《药品生产许可证》有效期为5年。有效期届满,需要继续生产药品的,持证企业应当在许可证有效期届满前6个月,按照国务院药品监督管理部门的规定申请换发《药品生产许可证》。

药品生产企业终止生产药品或者关闭的,《药品生产许可证》由原发证部门缴销。

第九条 药品生产企业生产药品所使用的原料药,必须具有国务院药品监督管理部门核发的药品批准文号或者进口药品注册证、医药产品注册证书;但是,未实施批准文号管理的中药材、中药饮片除外。

第十条 依据《药品管理法》第十三条规定,接受委托生产药品的,受托方必须是持有与其受托生产的药品相适应的《药品生产质量管理规范》认证证书的药品生产企业。

疫苗、血液制品和国务院药品监督管理部门规定的其他药品,不得委托生产。

第三章 药品经营企业管理

第十一条 开办药品批发企业,申办人应当向拟办企业所在地省、自治区、直辖市人民政府药品监督管理部门提出申请。省、自治区、直辖市人民政府药品监督管理部门应当自收到申请之日起30个工作日内,依据国务院药品监督管理部门规定的设置标准作出是否同意筹建的决定。申办人完成拟办企业筹建后,应当向原审批部门申请验收。原审批部门应当自收到申请之日起30个工作日内,依据《药品管理法》第十五条规定的开办条件组织验收;符合条件的,发给《药品经营许可证》。

第十二条 开办药品零售企业,申办人应当向拟办企业所在地设区的市级药品监督管理机构或者省、自治区、直辖市人民政府药品监督管理部门直接设置的县级药品监督管理机构提出申请。受理申请的药品监督管理机构应当自收到申请之日起30个工作日内,依据国务院药品监督管理部门的规定,结合当地常住人口数量、地域、交通状况和实际需要进行审查,作出是否同意筹建的决定。申办人完成拟办企业筹建后,应当向原审批机构申请验收。原审批机构应当自收到申请之日起15个工作日内,依据《药品管理法》第十五条规定的开办条件组织验收;符合条件的,发给《药品经营许可证》。

第十三条 省、自治区、直辖市人民政府药品监督管理部门和设区的市级药品监督管理机构负责组织药品经营企业的认证工作。药品经营企业应当按照国务院药品监督管理部门规定的实施办法和实施步骤,通过省、自治区、直辖市人民政府药品监督管理部门或者设区的市级药品监督管理机构组织的《药品经营质量管理规范》的认证,取得认证证书。《药品经营质量管理规范》认证证书的格式由国务院药品监督管理部门统一规定。

新开办药品批发企业和药品零售企业,应当自取得《药品经营许可证》之日起30日内,向发给其《药品经营许可证》的药品监督管理部门或者药品监督管理机构申请《药品经营质量管理规范》认证。受理申请的药品监督管理部门或者药品监督管理机构应当自收到申请之日起 3 个月内,按照国务院药品监督管理部门的规定,组织对申请认证的药品批发企业或者药品零售企业是否符合《药品经营质量管理规范》进行认证;认证合格的,发给认证证书。

第十四条 省、自治区、直辖市人民政府药品监督管理部门应当设立《药品经营质量管理规范》认证检查员库。《药品经营质量管理规范》认证检查员必须符合国务院药品监督管理部门规定的条件。进行《药品经营质量管理规范》认证,必须按照国务院药品监督管理部门的规定,从《药品经营质量管理规范》认证检查员库中随机抽取认证检查员组成认证检查组进行认证检查。

第十五条 国家实行处方药和非处方药分类管理制度。国家根据非处方药品的安全性,将非处方药分为甲类非处方药和乙类非处方药。

经营处方药、甲类非处方药的药品零售企业,应当配备执业药师或者其他依法经资格认定的药学技术人员。经营乙类非处方药的药品零售企业,应当配备经设区的市级药品监督管理机构或者省、自治区、直辖市人民政府药品监督管理部门直接设置的县级药品监督管理机构组织考核合格的业务人员。

第十六条 药品经营企业变更《药品经营许可证》许可事项的,应当在许可事项发生变更 30 日前,向原发证机关申请《药品经营许可证》变更登记;未经批准,不得变更许可事项。原发证机关应当自收到企业申请之日起 15 个工作日内作出决定。

第十七条 《药品经营许可证》有效期为 5 年。有效期届满,需要继续经营药品的,持证企业应当在许可证有效期届满前 6 个月,按照国务院药品监督管理部门的规定申请换发《药品经营许可证》。

药品经营企业终止经营药品或者关闭的,《药品经营许可证》由原发证机关缴销。

第十八条 交通不便的边远地区城乡集市贸易市场没有药品零售企业的,当地药品零售企业经所在地县(市)药品监督管理机构批准并到工商行政管理部门办理登记注册后,可以在该城乡集市贸易市场内设点并在批准经营的药品范围内销售非处方药品。

第十九条 通过互联网进行药品交易的药品生产企业、药品经营企业、医疗机构及其交易的药品,必须符合《药品管理法》和本条例的规定。互联网药品交易服务的管理办法,由国务院药品监督管理部门会同国务院有关部门制定。

第四章 医疗机构的药剂管理

第二十条 医疗机构设立制剂室,应当向所在地省、自治区、直辖市人民政府卫生行政部门提出申请,经审核同意后,报同级人民政府药品监督管理部门审批;省、自治区、直辖市人民政府药品监督管理部门验收合格的,予以批准,发给《医疗机构制剂许可证》。

省、自治区、直辖市人民政府卫生行政部门和药品监督管理部门应当在各自收到申请之日起 30 个工作日内,作出是否同意或者批准的决定。

第二十一条 医疗机构变更《医疗机构制剂许可证》许可事项的,应当在许可事项发生变更 30 日前,依照本条例第二十条的规定向原审核、批准机关申请《医疗机构制剂许可证》变更登记;未经批准,不得变更许可事项。原审核、批准机关应当在各自收到申请之日起 15 个工作日内作出决定。

医疗机构新增配制剂型或者改变配制场所的,应当经所在地省、自治区、直辖市人民政府药品监督管理部门验收合格后,依照前款规定办理《医疗机构制剂许可证》变更登记。

第二十二条 《医疗机构制剂许可证》有效期为 5 年。有效期届满,需要继续配制制剂的,医疗机构应当在许可证有效期届满前 6 个月,按照国务院药品监督管理部门的规定申请换发《医疗机构制剂许可证》。

医疗机构终止配制制剂或者关闭的,《医疗机构制剂许可证》由原发证机关缴销。

第二十三条 医疗机构配制制剂,必须按照国务院药品监督管理部门的规定报送有关资料和样品,经所在地省、自治区、直辖市人民政府药品监督管理部门批准,并发给制剂批准文号后,方可配制。

第二十四条 医疗机构配制的制剂不得在市场上销售或者变相销售,不得发布医疗机构制剂广告。

发生灾情、疫情、突发事件或者临床急需而市场没有供应时,经国务院或者省、自治区、直辖市人民政府的药品监督管理部门批准,在规定期限内,医疗机构配制的制剂可以在指定的医疗机构之间调剂使用。

国务院药品监督管理部门规定的特殊制剂的调剂使用以及省、自治区、直辖市之间医疗机构制剂的调剂使用,必须经国务院药品监督管理部门批准。

第二十五条 医疗机构审核和调配处方的药剂人员必须是依法经资格认定的药学技术人员。

第二十六条 医疗机构购进药品,必须有真实、完整的药品购进记录。药品购进记录必须注明药品的通用名称、剂型、规格、批号、有效期、生产厂商、供货单位、购货数量、购进价格、购货日期以及国务院药品监督管理部门规定的其他内容。

第二十七条 医疗机构向患者提供的药品应当与诊疗范围相适应,并凭执业医师或者执业助理医师的处方调配。

计划生育技术服务机构采购和向患者提供药品,其范围应当与经批准的服务范围相一致,并凭执业医师或者执业助理医师的处方调配。

个人设置的门诊部、诊所等医疗机构不得配备常用药品和急救药品以外的其他药品。常用药品和急救药品的范围和品种,由所在地的省、自治区、直辖市人民政府卫生行政部门会同同级人民政府药品监督管理部门规定。

第五章 药品管理

第二十八条 药物非临床安全性评价研究机构必须执行《药物非临床研究质量管理规范》,药物临床试验机构必须执行《药物临床试验质量管理规范》。《药物非临床研究质量管理规范》、《药物临床试验质量管理规范》由国务院药品监督管理部门分别商国务院科学技术行政部门和国务院卫生行政部门制定。

第二十九条 药物临床试验、生产药品和进口药品,应当符合《药品管理法》及本条例的规定,经国务院药品监督管理部门审查批准;国务院药品监督管理部门可以委托省、自治区、直辖市人民政府药品监督管理部门对申报药物的研制情况及条件进行审查,对申报资料进行形式审查,并对试制的样品进行检验。具体办法由国务院药品监督管理部门制定。

第三十条 研制新药,需要进行临床试验的,应当依照《药品管理法》第二十九条的规定,经国务院药品监督管理部门批准。

药物临床试验申请经国务院药品监督管理部门批准后,申报人应当在经依法认定的具有药物临床试验资格的机构中选择承担药物临床试验的机构,并将该临床试验机构报国务院药品监督管理部门和国务院卫生行政部门备案。

药物临床试验机构进行药物临床试验,应当事先告知受试者或者其监护人真实情况,并取得其书面同意。

第三十一条 生产已有国家标准的药品,应当按照国务院药品监督管理部门的规定,向省、自治区、直辖市人民政府药品监督管理部门或者国务院药品监督管理部门提出申请,报送有关技术资料并提供相关证明文件。省、自治区、直辖市人民政府药品监督管理部门应当自受理申请之日起30个工作日内进行审查,提出意见后报送国务院药品监督管理部门审核,并同时将审查意见通知申报方。国务院药品监督管理部门经审核符合规定的,发给药品批准文号。

第三十二条 变更研制新药、生产药品和进口药品已获批准证明文件及其附件中载明事项的,应当向国务院药品监督管理部门提出补充申请;国务院药品监督管理部门经审核符合规定的,应当予以批准。其中,不改变药品内在质量的,应当向省、自治区、直辖市人民政府药品监督管理部门提出补充申请;省、自治区、直辖市人民政府药品监督管理部门经审核符合规定的,应当予以批准,并报国务院药品监督管理部门备案。不改变药品内在质量的补充申请事项由国务院药品监督管理部门制定。

第三十三条 国务院药品监督管理部门根据保护公众健康的要求,可以对药品生产企业生产的新药品种设立不超过5年的监测期;在监测期内,不得批准其他企业生产和进口。

第三十四条 国家对获得生产或者销售含有新型化学成份药品许可的生产者或者销售者提交的自行取得且未披露的试验数据和其他数据实施保护,任何人不得对该未披露的试验数据和其他数据进行不正当的商业利用。

自药品生产者或者销售者获得生产、销售新型化学成份药品的许可证明文件之日起6年内,对其他申请人未经已获得许可的申请人同意,使用前款数据申请生产、销售新型化学成份药品许可的,药品监督管理部门不予许可;但是,其他申请人提交自行取得数据的除外。

除下列情形外,药品监督管理部门不得披露本条第一款规定的数据:

(一)公共利益需要;

(二)已采取措施确保该类数据不会被不正当地进行商业利用。

第三十五条 申请进口的药品,应当是在生产国家或者地区获得上市许可的药品;未在生产国家或者地区获得上市许可的,经国务院药品监督管理部门确认该药品品种安全、有效而且临床需要的,可以依照《药品管理法》及本条例的规定批准进口。

进口药品,应当按照国务院药品监督管理部门的规定申请注册。国外企业生产的药品取得《进口药品注册证》,中国香港、澳门和台湾地区企业生产的药品取得

《医药产品注册证》后,方可进口。

第三十六条 医疗机构因临床急需进口少量药品的,应当持《医疗机构执业许可证》向国务院药品监督管理部门提出申请;经批准后,方可进口。进口的药品应当在指定医疗机构内用于特定医疗目的。

第三十七条 进口药品到岸后,进口单位应当持《进口药品注册证》或者《医药产品注册证》以及产地证明原件、购货合同副本、装箱单、运单、货运发票、出厂检验报告书、说明书等材料,向口岸所在地药品监督管理部门备案。口岸所在地药品监督管理部门经审查,提交的材料符合要求的,发给《进口药品通关单》。进口单位凭《进口药品通关单》向海关办理报关验放手续。

口岸所在地药品监督管理部门应当通知药品检验机构对进口药品逐批进行抽查检验;但是,有《药品管理法》第四十一条规定情形的除外。

第三十八条 疫苗类制品、血液制品、用于血源筛查的体外诊断试剂以及国务院药品监督管理部门规定的其他生物制品在销售前或者进口时,应当按照国务院药品监督管理部门的规定进行检验或者审核批准;检验不合格或者未获批准的,不得销售或者进口。

第三十九条 国家鼓励培育中药材。对集中规模化栽培养殖、质量可以控制并符合国务院药品监督管理部门规定条件的中药材品种,实行批准文号管理。

第四十条 国务院药品监督管理部门对已批准生产、销售的药品进行再评价,根据药品再评价结果,可以采取责令修改药品说明书,暂停生产、销售和使用的措施;对不良反应大或者其他原因危害人体健康的药品,应当撤销该药品批准证明文件。

第四十一条 国务院药品监督管理部门核发的药品批准文号、《进口药品注册证》、《医药产品注册证》的有效期为5年。有效期届满,需要继续生产或者进口的,应当在有效期届满前6个月申请再注册。药品再注册时,应当按照国务院药品监督管理部门的规定报送相关资料。有效期届满,未申请再注册或者经审查不符合国务院药品监督管理部门关于再注册的规定的,注销其药品批准文号、《进口药品注册证》或者《医药产品注册证》。

药品批准文号的再注册由省、自治区、直辖市人民政府药品监督管理部门审批,并报国务院药品监督管理部门备案;《进口药品注册证》、《医药产品注册证》的再注册由国务院药品监督管理部门审批。

第四十二条 非药品不得在其包装、标签、说明书及有关宣传资料上进行含有预防、治疗、诊断人体疾病等有关内容的宣传;但是,法律、行政法规另有规定的除外。

第六章 药品包装的管理

第四十三条 药品生产企业使用的直接接触药品的包装材料和容器,必须符合药用要求和保障人体健康、安全的标准。

直接接触药品的包装材料和容器的管理办法、产品目录和药用要求与标准,由国务院药品监督管理部门组织制定并公布。

第四十四条 生产中药饮片,应当选用与药品性质相适应的包装材料和容器;包装不符合规定的中药饮片,不得销售。中药饮片包装必须印有或者贴有标签。

中药饮片的标签必须注明品名、规格、产地、生产企业、产品批号、生产日期,实施批准文号管理的中药饮片还必须注明药品批准文号。

第四十五条 药品包装、标签、说明书必须依照《药品管理法》第五十四条和国务院药品监督管理部门的规定印制。

药品商品名称应当符合国务院药品监督管理部门的规定。

第四十六条 医疗机构配制制剂所使用的直接接触药品的包装材料和容器、制剂的标签和说明书应当符合《药品管理法》第六章和本条例的有关规定,并经省、自治区、直辖市人民政府药品监督管理部门批准。

第七章 药品价格和广告的管理

第四十七条 政府价格主管部门依照《价格法》第二十八条的规定实行药品价格监测时,为掌握、分析药品价格变动和趋势,可以指定部分药品生产企业、药品经营企业和医疗机构作为价格监测定点单位;定点单位应当给予配合、支持,如实提供有关信息资料。

第四十八条 发布药品广告,应当向药品生产企业所在地省、自治区、直辖市人民政府药品监督管理部门报送有关材料。省、自治区、直辖市人民政府药品监督管理部门应当自收到有关材料之日起10个工作日内作出是否核发药品广告批准文号的决定;核发药品广告批准文号的,应当同时报国务院药品监督管理部门备案。具体办法由国务院药品监督管理部门制定。

发布进口药品广告,应当依照前款规定向进口药品代理机构所在地省、自治区、直辖市人民政府药品监督管理部门申请药品广告批准文号。

在药品生产企业所在地和进口药品代理机构所在地

以外的省、自治区、直辖市发布药品广告的，发布广告的企业应当在发布前向发布地省、自治区、直辖市人民政府药品监督管理部门备案。接受备案的省、自治区、直辖市人民政府药品监督管理部门发现药品广告批准内容不符合药品广告管理规定的，应当交由原核发部门处理。

第四十九条　经国务院或者省、自治区、直辖市人民政府的药品监督管理部门决定，责令暂停生产、销售和使用的药品，在暂停期间不得发布该品种药品广告；已经发布广告的，必须立即停止。

第五十条　未经省、自治区、直辖市人民政府药品监督管理部门批准的药品广告，使用伪造、冒用、失效的药品广告批准文号的广告，或者因其他广告违法活动被撤销药品广告批准文号的广告，发布广告的企业、广告经营者、广告发布者必须立即停止该药品广告的发布。

对违法发布药品广告，情节严重的，省、自治区、直辖市人民政府药品监督管理部门可以予以公告。

第八章　药品监督

第五十一条　药品监督管理部门（含省级人民政府药品监督管理部门依法设立的药品监督管理机构，下同）依法对药品的研制、生产、经营、使用实施监督检查。

第五十二条　药品抽样必须由两名以上药品监督检查人员实施，并按照国务院药品监督管理部门的规定进行抽样；被抽检方应当提供抽检样品，不得拒绝。

药品被抽检单位没有正当理由，拒绝抽查检验的，国务院药品监督管理部门和被抽检单位所在地省、自治区、直辖市人民政府药品监督管理部门可以宣布停止该单位拒绝抽检的药品上市销售和使用。

第五十三条　对有掺杂、掺假嫌疑的药品，在国家药品标准规定的检验方法和检验项目不能检验时，药品检验机构可以补充检验方法和检验项目进行药品检验；经国务院药品监督管理部门批准后，使用补充检验方法和检验项目所得出的检验结果，可以作为药品监督管理部门认定药品质量的依据。

第五十四条　国务院和省、自治区、直辖市人民政府的药品监督管理部门应当根据药品质量抽查检验结果，定期发布药品质量公告。药品质量公告应当包括抽验药品的品名、检品来源、生产企业、生产批号、药品规格、检验机构、检验依据、检验结果、不合格项目等内容。药品质量公告不当的，发布部门应当自确认公告不当之日起5日内，在原公告范围内予以更正。

当事人对药品检验机构的检验结果有异议，申请复验的，应当向负责复验的药品检验机构提交书面申请、原药品检验报告书。复验的样品从原药品检验机构留样中抽取。

第五十五条　药品监督管理部门依法对有证据证明可能危害人体健康的药品及其有关证据材料采取查封、扣押的行政强制措施的，应当自采取行政强制措施之日起7日内作出是否立案的决定；需要检验的，应当自检验报告书发出之日起15日内作出是否立案的决定；不符合立案条件的，应当解除行政强制措施；需要暂停销售和使用的，应当由国务院或者省、自治区、直辖市人民政府的药品监督管理部门作出决定。

第五十六条　药品抽查检验，不得收取任何费用。

当事人对药品检验结果有异议，申请复验的，应当按照国务院有关部门或者省、自治区、直辖市人民政府有关部门的规定，向复验机构预先支付药品检验费用。复验结论与原检验结论不一致的，复验检验费用由原药品检验机构承担。

第五十七条　依据《药品管理法》和本条例的规定核发证书、进行药品注册、药品认证和实施药品审批检验及其强制性检验，可以收取费用。具体收费标准由国务院财政部门、国务院价格主管部门制定。

第九章　法律责任

第五十八条　药品生产企业、药品经营企业有下列情形之一的，由药品监督管理部门依照《药品管理法》第七十九条的规定给予处罚：

（一）开办药品生产企业、药品生产企业新建药品生产车间、新增生产剂型，在国务院药品监督管理部门规定的时间内未通过《药品生产质量管理规范》认证，仍进行药品生产的；

（二）开办药品经营企业，在国务院药品监督管理部门规定的时间内未通过《药品经营质量管理规范》认证，仍进行药品经营的。

第五十九条　违反《药品管理法》第十三条的规定，擅自委托或者接受委托生产药品的，对委托方和受托方均依照《药品管理法》第七十四条的规定给予处罚。

第六十条　未经批准，擅自在城乡集市贸易市场设点销售药品或者在城乡集市贸易市场设点销售的药品超出批准经营的药品范围的，依照《药品管理法》第七十三条的规定给予处罚。

第六十一条　未经批准，医疗机构擅自使用其他医疗机构配制的制剂的，依照《药品管理法》第八十条的规定给予处罚。

第六十二条　个人设置的门诊部、诊所等医疗机构向患者提供的药品超出规定的范围和品种的，依照《药品管理法》第七十三条的规定给予处罚。

第六十三条 医疗机构使用假药、劣药的，依照《药品管理法》第七十四条、第七十五条的规定给予处罚。

第六十四条 违反《药品管理法》第二十九条的规定，擅自进行临床试验的，对承担药物临床试验的机构，依照《药品管理法》第七十九条的规定给予处罚。

第六十五条 药品申报者在申报临床试验时，报送虚假研制方法、质量标准、药理及毒理试验结果等有关资料和样品的，国务院药品监督管理部门对该申报药品的临床试验不予批准，对药品申报者给予警告；情节严重的，3年内不受理该药品申报者申报该品种的临床试验申请。

第六十六条 生产没有国家药品标准的中药饮片，不符合省、自治区、直辖市人民政府药品监督管理部门制定的炮制规范的；医疗机构不按照省、自治区、直辖市人民政府药品监督管理部门批准的标准配制制剂的，依照《药品管理法》第七十五条的规定给予处罚。

第六十七条 药品监督管理部门及其工作人员违反规定，泄露生产者、销售者为获得生产、销售含有新型化学成份药品许可而提交的未披露试验数据或者其他数据，造成申请人损失的，由药品监督管理部门依法承担赔偿责任；药品监督管理部门赔偿损失后，应当责令故意或者有重大过失的工作人员承担部分或者全部赔偿费用，并对直接责任人员依法给予行政处分。

第六十八条 药品生产企业、药品经营企业生产、经营的药品及医疗机构配制的制剂，其包装、标签、说明书违反《药品管理法》及本条例规定的，依照《药品管理法》第八十六条的规定给予处罚。

第六十九条 药品生产企业、药品经营企业和医疗机构变更药品生产经营许可事项，应当办理变更登记手续而未办理的，由原发证部门给予警告，责令限期补办变更登记手续；逾期不补办的，宣布其《药品生产许可证》、《药品经营许可证》和《医疗机构制剂许可证》无效；仍从事药品生产经营活动的，依照《药品管理法》第七十三条的规定给予处罚。

第七十条 篡改经批准的药品广告内容的，由药品监督管理部门责令广告主立即停止该药品广告的发布，并由原审批的药品监督管理部门依照《药品管理法》第九十二条的规定给予处罚。

药品监督管理部门撤销药品广告批准文号后，应当自作出行政处理决定之日起5个工作日内通知广告管理机关。广告监督管理机关应当自收到药品监督管理部门通知之日起15个工作日内，依照《中华人民共和国广告法》的有关规定作出行政处理决定。

第七十一条 发布药品广告的企业在药品生产企业所在地或者进口药品代理机构所在地以外的省、自治区、直辖市发布药品广告，未按照规定向发布地省、自治区、直辖市人民政府药品监督管理部门备案的，由发布地的药品监督管理部门责令限期改正；逾期不改正的，停止该药品品种在发布地的广告发布活动。

第七十二条 未经省、自治区、直辖市人民政府药品监督管理部门批准，擅自发布药品广告的，药品监督管理部门发现后，应当通知广告监督管理部门依法查处。

第七十三条 违反《药品管理法》和本条例的规定，有下列行为之一的，由药品监督管理部门在《药品管理法》和本条例规定的处罚幅度内从重处罚：

（一）以麻醉药品、精神药品、医疗用毒性药品、放射性药品冒充其他药品，或者以其他药品冒充上述药品的；

（二）生产、销售以孕产妇、婴幼儿及儿童为主要使用对象的假药、劣药的；

（三）生产、销售的生物制品、血液制品属于假药、劣药的；

（四）生产、销售、使用假药、劣药，造成人员伤害后果的；

（五）生产、销售、使用假药、劣药，经处理后重犯的；

（六）拒绝、逃避监督检查，或者伪造、销毁、隐匿有关证据材料的，或者擅自动用查封、扣押物品的。

第七十四条 药品监督管理部门设置的派出机构，有权作出《药品管理法》和本条例规定的警告、罚款、没收违法生产、销售的药品和违法所得的行政处罚。

第七十五条 药品经营企业、医疗机构未违反《药品管理法》和本条例的有关规定，并有充分证据证明其不知道所销售或者使用的药品是假药、劣药的，应当没收其销售或者使用的假药、劣药和违法所得；但是，可以免除其他行政处罚。

第七十六条 依照《药品管理法》和本条例的规定没收的物品，由药品监督管理部门按照规定监督处理。

第十章 附 则

第七十七条 本条例下列用语的含义：

药品合格证明和其他标识，是指药品生产批准证明文件、药品检验报告书、药品的包装、标签和说明书。

新药，是指未曾在中国境内上市销售的药品。

处方药，是指凭执业医师和执业助理医师处方方可购买、调配和使用的药品。

非处方药，是指由国务院药品监督管理部门公布的，不需要凭执业医师和执业助理医师处方，消费者可以自行判断、购买和使用的药品。

医疗机构制剂，是指医疗机构根据本单位临床需要经批准而配制、自用的固定处方制剂。

药品认证，是指药品监督管理部门对药品研制、生产、经营、使用单位实施相应质量管理规范进行检查、评价并决定是否发给相应认证证书的过程。

药品经营方式，是指药品批发和药品零售。

药品经营范围，是指经药品监督管理部门核准经营药品的品种类别。

药品批发企业，是指将购进的药品销售给药品生产企业、药品经营企业、医疗机构的药品经营企业。

药品零售企业，是指将购进的药品直接销售给消费者的药品经营企业。

第七十八条 《药品管理法》第四十一条中"首次在中国销售的药品"，是指国内或者国外药品生产企业第一次在中国销售的药品，包括不同药品生产企业生产的相同品种。

第七十九条 《药品管理法》第五十九条第二款"禁止药品的生产企业、经营企业或者其代理人以任何名义给予使用其药品的医疗机构的负责人、药品采购人员、医师等有关人员以财物或者其他利益"中的"财物或者其他利益"，是指药品的生产企业、经营企业或者其代理人向医疗机构的负责人、药品采购人员、医师等有关人员提供的目的在于影响其药品采购或者处方行为的不正当利益。

第八十条 本条例自 2002 年 9 月 15 日起施行。

药品注册管理办法

· 2020 年 1 月 22 日国家市场监督管理总局令第 27 号公布
· 自 2020 年 7 月 1 日起施行

第一章 总 则

第一条 为规范药品注册行为，保证药品的安全、有效和质量可控，根据《中华人民共和国药品管理法》（以下简称《药品管理法》）、《中华人民共和国中医药法》、《中华人民共和国疫苗管理法》（以下简称《疫苗管理法》）、《中华人民共和国行政许可法》、《中华人民共和国药品管理法实施条例》等法律、行政法规，制定本办法。

第二条 在中华人民共和国境内以药品上市为目的，从事药品研制、注册及监督管理活动，适用本办法。

第三条 药品注册是指药品注册申请人（以下简称申请人）依照法定程序和相关要求提出药物临床试验、药品上市许可、再注册等申请以及补充申请，药品监督管理部门基于法律法规和现有科学认知进行安全性、有效性和质量可控性等审查，决定是否同意其申请的活动。

申请人取得药品注册证书后，为药品上市许可持有人（以下简称持有人）。

第四条 药品注册按照中药、化学药和生物制品等进行分类注册管理。

中药注册按照中药创新药、中药改良型新药、古代经典名方中药复方制剂、同名同方药等进行分类。

化学药注册按照化学药创新药、化学药改良型新药、仿制药等进行分类。

生物制品注册按照生物制品创新药、生物制品改良型新药、已上市生物制品（含生物类似药）等进行分类。

中药、化学药和生物制品等药品的细化分类和相应的申报资料要求，由国家药品监督管理局根据注册药品的产品特性、创新程度和审评管理需要组织制定，并向社会公布。

境外生产药品的注册申请，按照药品的细化分类和相应的申报资料要求执行。

第五条 国家药品监督管理局主管全国药品注册管理工作，负责建立药品注册管理工作体系和制度，制定药品注册管理规范，依法组织药品注册审评审批以及相关的监督管理工作。国家药品监督管理局药品审评中心（以下简称药品审评中心）负责药物临床试验申请、药品上市许可申请、补充申请和境外生产药品再注册申请等的审评。中国食品药品检定研究院（以下简称中检院）、国家药典委员会（以下简称药典委）、国家药品监督管理局食品药品审核查验中心（以下简称药品核查中心）、国家药品监督管理局药品评价中心（以下简称药品评价中心）、国家药品监督管理局行政事项受理服务和投诉举报中心、国家药品监督管理局信息中心（以下简称信息中心）等药品专业技术机构，承担依法实施药品注册管理所需的药品注册检验、通用名称核准、核查、监测与评价、制证送达以及相应的信息化建设与管理等相关工作。

第六条 省、自治区、直辖市药品监督管理部门负责本行政区域内以下药品注册相关管理工作：

（一）境内生产药品再注册申请的受理、审查和审批；

（二）药品上市后变更的备案、报告事项管理；

（三）组织对药物非临床安全性评价研究机构、药物

临床试验机构的日常监管及违法行为的查处;

(四)参与国家药品监督管理局组织的药品注册核查、检验等工作;

(五)国家药品监督管理局委托实施的药品注册相关事项。

省、自治区、直辖市药品监督管理部门设置或者指定的药品专业技术机构,承担依法实施药品监督管理所需的审评、检验、核查、监测与评价等工作。

第七条 药品注册管理遵循公开、公平、公正原则,以临床价值为导向,鼓励研究和创制新药,积极推动仿制药发展。

国家药品监督管理局持续推进审评审批制度改革,优化审评审批程序,提高审评审批效率,建立以审评为主导,检验、核查、监测与评价等为支撑的药品注册管理体系。

第二章 基本制度和要求

第八条 从事药物研制和药品注册活动,应当遵守有关法律、法规、规章、标准和规范;参照相关技术指导原则,采用其他评价方法和技术的,应当证明其科学性、适用性;应当保证全过程信息真实、准确、完整和可追溯。

药品应当符合国家药品标准和经国家药品监督管理局核准的药品质量标准。经国家药品监督管理局核准的药品质量标准,为药品注册标准。药品注册标准应当符合《中华人民共和国药典》通用技术要求,不得低于《中华人民共和国药典》的规定。申报注册品种的检测项目或者指标不适用《中华人民共和国药典》的,申请人应当提供充分的支持性数据。

药品审评中心等专业技术机构,应当根据科学进展、行业发展实际和药品监督管理工作需要制定技术指导原则和程序,并向社会公布。

第九条 申请人应当为能够承担相应法律责任的企业或者药品研制机构等。境外申请人应当指定中国境内的企业法人办理相关药品注册事项。

第十条 申请人在申请药品上市注册前,应当完成药学、药理毒理学和药物临床试验等相关研究工作。药物非临床安全性评价研究应当在经过药物非临床研究质量管理规范认证的机构开展,并遵守药物非临床研究质量管理规范。药物临床试验应当经批准,其中生物等效性试验应当备案;药物临床试验应当在符合相关规定的药物临床试验机构开展,并遵守药物临床试验质量管理规范。

申请药品注册,应当提供真实、充分、可靠的数据、资料和样品,证明药品的安全性、有效性和质量可控性。

使用境外研究资料和数据支持药品注册的,其来源、研究机构或者实验室条件、质量体系要求及其他管理条件等应当符合国际人用药品注册技术要求协调会通行原则,并符合我国药品注册管理的相关要求。

第十一条 变更原药品注册批准证明文件及其附件所载明的事项或者内容的,申请人应当按照规定,参照相关技术指导原则,对药品变更进行充分研究和验证,充分评估变更可能对药品安全性、有效性和质量可控性的影响,按照变更程序提出补充申请、备案或者报告。

第十二条 药品注册证书有效期为五年,药品注册证书有效期内持有人应当持续保证上市药品的安全性、有效性和质量可控性,并在有效期届满前六个月申请药品再注册。

第十三条 国家药品监督管理局建立药品加快上市注册制度,支持以临床价值为导向的药物创新。对符合条件的药品注册申请,申请人可以申请适用突破性治疗药物、附条件批准、优先审评审批及特别审批程序。在药品研制和注册过程中,药品监督管理部门及其专业技术机构给予必要的技术指导、沟通交流、优先配置资源、缩短审评时限等政策和技术支持。

第十四条 国家药品监督管理局建立化学原料药、辅料及直接接触药品的包装材料和容器关联审评审批制度。在审批药品制剂时,对化学原料药一并审评审批,对相关辅料、直接接触药品的包装材料和容器一并审评。药品审评中心建立化学原料药、辅料及直接接触药品的包装材料和容器信息登记平台,对相关登记信息进行公示,供相关申请人或者持有人选择,并在相关药品制剂注册申请审评时关联审评。

第十五条 处方药和非处方药实行分类注册和转换管理。药品审评中心根据非处方药的特点,制定非处方药上市注册相关技术指导原则和程序,并向社会公布。药品评价中心制定处方药和非处方药上市后转换相关技术要求和程序,并向社会公布。

第十六条 申请人在药物临床试验申请前、药物临床试验过程中以及药品上市许可申请前等关键阶段,可以就重大问题与药品审评中心等专业技术机构进行沟通交流。药品注册过程中,药品审评中心等专业技术机构可以根据工作需要组织与申请人进行沟通交流。

沟通交流的程序、要求和时限,由药品审评中心等专业技术机构依照职能分别制定,并向社会公布。

第十七条 药品审评中心等专业技术机构根据工作

需要建立专家咨询制度，成立专家咨询委员会，在审评、核查、检验、通用名称核准等过程中就重大问题听取专家意见，充分发挥专家的技术支撑作用。

第十八条 国家药品监督管理局建立收载新批准上市以及通过仿制药质量和疗效一致性评价的化学药品目录集，载明药品名称、活性成分、剂型、规格、是否为参比制剂、持有人等相关信息，及时更新并向社会公开。化学药品目录集收载程序和要求，由药品审评中心制定，并向社会公布。

第十九条 国家药品监督管理局支持中药传承和创新，建立和完善符合中药特点的注册管理制度和技术评价体系，鼓励运用现代科学技术和传统研究方法研制中药，加强中药质量控制，提高中药临床试验水平。

中药注册申请，申请人应当进行临床价值和资源评估，突出以临床价值为导向，促进资源可持续利用。

第三章 药品上市注册

第一节 药物临床试验

第二十条 本办法所称药物临床试验是指以药品上市注册为目的，为确定药物安全性与有效性在人体开展的药物研究。

第二十一条 药物临床试验分为Ⅰ期临床试验、Ⅱ期临床试验、Ⅲ期临床试验、Ⅳ期临床试验以及生物等效性试验。根据药物特点和研究目的，研究内容包括临床药理学研究、探索性临床试验、确证性临床试验和上市后研究。

第二十二条 药物临床试验应当在具备相应条件并按规定备案的药物临床试验机构开展。其中，疫苗临床试验应当由符合国家药品监督管理局和国家卫生健康委员会规定条件的三级医疗机构或者省级以上疾病预防控制机构实施或者组织实施。

第二十三条 申请人完成支持药物临床试验的药学、药理毒理学等研究后，提出药物临床试验申请的，应当按照申报资料要求提交相关研究资料。经形式审查，申报资料符合要求的，予以受理。药品审评中心应当组织药学、医学和其他技术人员对已受理的药物临床试验申请进行审评。对药物临床试验申请应当自受理之日起六十日内决定是否同意开展，并通过药品审评中心网站通知申请人审批结果；逾期未通知的，视为同意，申请人可以按照提交的方案开展药物临床试验。

申请人获准开展药物临床试验的为药物临床试验申办者（以下简称申办者）。

第二十四条 申请人拟开展生物等效性试验的，应当按照要求在药品审评中心网站完成生物等效性试验备案后，按照备案的方案开展相关研究工作。

第二十五条 开展药物临床试验，应当经伦理委员会审查同意。

药物临床试验用药品的管理应当符合药物临床试验质量管理规范的有关要求。

第二十六条 获准开展药物临床试验的，申办者在开展后续分期药物临床试验前，应当制定相应的药物临床试验方案，经伦理委员会审查同意后开展，并在药品审评中心网站提交相应的药物临床试验方案和支持性资料。

第二十七条 获准开展药物临床试验的药物拟增加适应症（或者功能主治）以及增加与其他药物联合用药的，申请人应当提出新的药物临床试验申请，经批准后方可开展新的药物临床试验。

获准上市的药品增加适应症（或者功能主治）需要开展药物临床试验的，应当提出新的药物临床试验申请。

第二十八条 申办者应当定期在药品审评中心网站提交研发期间安全性更新报告。研发期间安全性更新报告应当每年提交一次，于药物临床试验获准后每满一年后的两个月内提交。药品审评中心可以根据审查情况，要求申办者调整报告周期。

对于药物临床试验期间出现的可疑且非预期严重不良反应和其他潜在的严重安全性风险信息，申办者应当按照相关要求及时向药品审评中心报告。根据安全性风险严重程度，可以要求申办者采取调整药物临床试验方案、知情同意书、研究者手册等加强风险控制的措施，必要时可以要求申办者暂停或者终止药物临床试验。

研发期间安全性更新报告的具体要求由药品审评中心制定公布。

第二十九条 药物临床试验期间，发生药物临床试验方案变更、非临床或者药学的变化或者有新发现的，申办者应当按照规定，参照相关技术指导原则，充分评估对受试者安全的影响。

申办者评估认为不影响受试者安全的，可以直接实施并在研发期间安全性更新报告中报告。可能增加受试者安全性风险的，应当提出补充申请。对补充申请应当自受理之日起六十日内决定是否同意，并通过药品审评中心网站通知申请人审批结果；逾期未通知的，视为同意。

申办者发生变更的，由变更后的申办者承担药物临床试验的相关责任和义务。

第三十条 药物临床试验期间,发现存在安全性问题或者其他风险的,申办者应当及时调整临床试验方案、暂停或者终止临床试验,并向药品审评中心报告。

有下列情形之一的,可以要求申办者调整药物临床试验方案、暂停或者终止药物临床试验:

(一)伦理委员会未履行职责的;

(二)不能有效保证受试者安全的;

(三)申办者未按照要求提交研发期间安全性更新报告的;

(四)申办者未及时处置并报告可疑且非预期严重不良反应的;

(五)有证据证明研究药物无效的;

(六)临床试验用药品出现质量问题的;

(七)药物临床试验过程中弄虚作假的;

(八)其他违反药物临床试验质量管理规范的情形。

药物临床试验中出现大范围、非预期的严重不良反应,或者有证据证明临床试验用药品存在严重质量问题时,申办者和药物临床试验机构应当立即停止药物临床试验。药品监督管理部门依职责可以责令调整临床试验方案、暂停或者终止药物临床试验。

第三十一条 药物临床试验被责令暂停后,申办者拟继续开展药物临床试验的,应当在完成整改后提出恢复药物临床试验的补充申请,经审查同意后方可继续开展药物临床试验。药物临床试验暂停时间满三年且未申请并获准恢复药物临床试验的,该药物临床试验许可自行失效。

药物临床试验终止后,拟继续开展药物临床试验的,应当重新提出药物临床试验申请。

第三十二条 药物临床试验应当在批准后三年内实施。药物临床试验申请自获准之日起,三年内未有受试者签署知情同意书的,该药物临床试验许可自行失效。仍需实施药物临床试验的,应当重新申请。

第三十三条 申办者应当在开展药物临床试验前在药物临床试验登记与信息公示平台登记药物临床试验方案等信息。药物临床试验期间,申办者应当持续更新登记信息,并在药物临床试验结束后登记药物临床试验结果等信息。登记信息在平台进行公示,申办者对药物临床试验登记信息的真实性负责。

药物临床试验登记和信息公示的具体要求,由药品审评中心制定公布。

第二节 药品上市许可

第三十四条 申请人在完成支持药品上市注册的药学、药理毒理学和药物临床试验等研究,确定质量标准,完成商业规模生产工艺验证,并做好接受药品注册核查检验的准备后,提出药品上市许可申请,按照申报资料要求提交相关研究资料。经对申报资料进行形式审查,符合要求的,予以受理。

第三十五条 仿制药、按照药品管理的体外诊断试剂以及其他符合条件的情形,经申请人评估,认为无需或者不能开展药物临床试验,符合豁免药物临床试验条件的,申请人可以直接提出药品上市许可申请。豁免药物临床试验的技术指导原则和有关具体要求,由药品审评中心制定公布。

仿制药应当与参比制剂质量和疗效一致。申请人应当参照相关技术指导原则选择合理的参比制剂。

第三十六条 符合以下情形之一的,可以直接提出非处方药上市许可申请:

(一)境内已有相同活性成分、适应症(或者功能主治)、剂型、规格的非处方药上市的药品;

(二)经国家药品监督管理局确定的非处方药改变剂型或者规格,但不改变适应症(或者功能主治)、给药剂量以及给药途径的药品;

(三)使用国家药品监督管理局确定的非处方药的活性成份组成的新的复方制剂;

(四)其他直接申报非处方药上市许可的情形。

第三十七条 申报药品拟使用的药品通用名称,未列入国家药品标准或者药品注册标准的,申请人应当在提出药品上市许可申请时同时提出通用名称核准申请。药品上市许可申请受理后,通用名称核准相关资料转药典委,药典委核准后反馈药品审评中心。

申报药品拟使用的药品通用名称,已列入国家药品标准或者药品注册标准,药品审评中心在审评过程中认为需要核准药品通用名称的,应当通知药典委核准通用名称并提供相关资料,药典委核准后反馈药品审评中心。

药典委在核准药品通用名称时,应当与申请人做好沟通交流,并将核准结果告知申请人。

第三十八条 药品审评中心应当组织药学、医学和其他技术人员,按要求对已受理的药品上市许可申请进行审评。

审评过程中基于风险启动药品注册核查、检验,相关技术机构应当在规定时限内完成核查、检验工作。

药品审评中心根据药品注册申报资料、核查结果、检验结果等,对药品的安全性、有效性和质量可控性等进行综合审评,非处方药还应当转药品评价中心进行非处方药适宜性审查。

第三十九条 综合审评结论通过的，批准药品上市，发给药品注册证书。综合审评结论不通过的，作出不予批准决定。药品注册证书载明药品批准文号、持有人、生产企业等信息。非处方药的药品注册证书还应当注明非处方药类别。

经核准的药品生产工艺、质量标准、说明书和标签作为药品注册证书的附件一并发给申请人，必要时还应当附药品上市后研究要求。上述信息纳入药品品种档案，并根据上市后变更情况及时更新。

药品批准上市后，持有人应当按照国家药品监督管理局核准的生产工艺和质量标准生产药品，并按照药品生产质量管理规范要求进行细化和实施。

第四十条 药品上市许可申请审评期间，发生可能影响药品安全性、有效性和质量可控性的重大变更的，申请人应当撤回原注册申请，补充研究后重新申报。

申请人名称变更、注册地址名称变更等不涉及技术审评内容的，应当及时书面告知药品审评中心并提交相关证明性资料。

第三节 关联审评审批

第四十一条 药品审评中心在审评药品制剂注册申请时，对药品制剂选用的化学原料药、辅料及直接接触药品的包装材料和容器进行关联审评。

化学原料药、辅料及直接接触药品的包装材料和容器生产企业应当按照关联审评审批制度要求，在化学原料药、辅料及直接接触药品的包装材料和容器登记平台登记产品信息和研究资料。药品审评中心向社会公示登记号、产品名称、企业名称、生产地址等基本信息，供药品制剂注册申请人选择。

第四十二条 药品制剂申请人提出药品注册申请，可以直接选用已登记的化学原料药、辅料及直接接触药品的包装材料和容器；选用未登记的化学原料药、辅料及直接接触药品的包装材料和容器的，相关研究资料应当随药品制剂注册申请一并申报。

第四十三条 药品审评中心在审评药品制剂注册申请时，对药品制剂选用的化学原料药、辅料及直接接触药品的包装材料和容器进行关联审评，需补充资料的，按照补充资料程序要求药品制剂申请人或者化学原料药、辅料及直接接触药品的包装材料和容器登记企业补充资料，可以基于风险提出对化学原料药、辅料及直接接触药品的包装材料和容器企业进行延伸检查。

仿制境内已上市药品所用的化学原料药的，可以申请单独审评审批。

第四十四条 化学原料药、辅料及直接接触药品的包装材料和容器关联审评通过的或者单独审评审批通过的，药品审评中心在化学原料药、辅料及直接接触药品的包装材料和容器登记平台更新登记状态标识，向社会公示相关信息。其中，化学原料药同时发给化学原料药批准通知书及核准后的生产工艺、质量标准和标签，化学原料药批准通知书中载明登记号；不予批准的，发给化学原料药不予批准通知书。

未通过关联审评审批的，化学原料药、辅料及直接接触药品的包装材料和容器产品的登记状态维持不变，相关药品制剂申请不予批准。

第四节 药品注册核查

第四十五条 药品注册核查，是指为核实申报资料的真实性、一致性以及药品上市商业化生产条件，检查药品研制的合规性、数据可靠性等，对研制现场和生产现场开展的核查活动，以及必要时对药品注册申请所涉及的化学原料药、辅料及直接接触药品的包装材料和容器生产企业、供应商或者其他受托机构开展的延伸检查活动。

药品注册核查启动的原则、程序、时限和要求，由药品审评中心制定公布；药品注册核查实施的原则、程序、时限和要求，由药品核查中心制定公布。

第四十六条 药品审评中心根据药物创新程度、药物研究机构既往接受核查情况等，基于风险决定是否开展药品注册研制现场核查。

药品审评中心决定启动药品注册研制现场核查的，通知药品核查中心在审评期间组织实施核查，同时告知申请人。药品核查中心应当在规定时限内完成现场核查，并将核查情况、核查结论等相关材料反馈药品审评中心进行综合审评。

第四十七条 药品审评中心根据申报注册的品种、工艺、设施、既往接受核查情况等因素，基于风险决定是否启动药品注册生产现场核查。

对于创新药、改良型新药以及生物制品等，应当进行药品注册生产现场核查和上市前药品生产质量管理规范检查。

对于仿制药等，根据是否已获得相应生产范围药品生产许可证且已有同剂型品种上市等情况，基于风险进行药品注册生产现场核查、上市前药品生产质量管理规范检查。

第四十八条 药品注册申请受理后，药品审评中心应当在受理后四十日内进行初步审查，需要药品注册生产现场核查的，通知药品核查中心组织核查，提供核查所需的相关材料，同时告知申请人以及申请人或者生产企业所在地省、自治区、直辖市药品监督管理部门。药品核查中心原则上应当在审评时限届满四十日前完成核查工作，并将核查情况、核查结果等相关材料反馈至药品审评中心。

需要上市前药品生产质量管理规范检查的，由药品核查中心协调相关省、自治区、直辖市药品监督管理部门与药品注册生产现场核查同步实施。上市前药品生产质量管理规范检查的管理要求，按照药品生产监督管理办法的有关规定执行。

申请人应当在规定时限内接受核查。

第四十九条 药品审评中心在审评过程中，发现申报资料真实性存疑或者有明确线索举报等，需要现场检查核实的，应当启动有因检查，必要时进行抽样检验。

第五十条 申请药品上市许可时，申请人和生产企业应当已取得相应的药品生产许可证。

第五节 药品注册检验

第五十一条 药品注册检验，包括标准复核和样品检验。标准复核，是指对申请人申报药品标准中设定项目的科学性、检验方法的可行性、质控指标的合理性等进行的实验室评估。样品检验，是指按照申请人申报或者药品审评中心核定的药品质量标准对样品进行的实验室检验。

药品注册检验启动的原则、程序、时限等要求，由药品审评中心组织制定公布。药品注册申请受理前提出药品注册检验的具体工作程序和要求以及药品注册检验技术要求和规范，由中检院制定公布。

第五十二条 与国家药品标准收载的同品种药品使用的检验项目和检验方法一致的，可以不进行标准复核，只进行样品检验。其他情形应当进行标准复核和样品检验。

第五十三条 中检院或者经国家药品监督管理局指定的药品检验机构承担以下药品注册检验：

（一）创新药；

（二）改良型新药（中药除外）；

（三）生物制品、放射性药品和按照药品管理的体外诊断试剂；

（四）国家药品监督管理局规定的其他药品。

境外生产药品的药品注册检验由中检院组织口岸药品检验机构实施。

其他药品的注册检验，由申请人或者生产企业所在地省级药品检验机构承担。

第五十四条 申请人完成支持药品上市的药学相关研究，确定质量标准，并完成商业规模生产工艺验证后，可以在药品注册申请受理前向中检院或者省、自治区、直辖市药品监督管理部门提出药品注册检验；申请人未在药品注册申请受理前提出药品注册检验的，在药品注册申请受理后四十日内由药品审评中心启动药品注册检验。原则上申请人在药品注册申请受理前只能提出一次药品注册检验，不得同时向多个药品检验机构提出药品注册检验。

申请人提交的药品注册检验资料应当与药品注册申报资料的相应内容一致，不得在药品注册检验过程中变更药品检验机构、样品和资料等。

第五十五条 境内生产药品的注册申请，申请人在药品注册申请受理前提出药品注册检验的，向相关省、自治区、直辖市药品监督管理部门申请抽样，省、自治区、直辖市药品监督管理部门组织进行抽样并封签，由申请人将抽样单、样品、检验所需资料及标准物质等送至相应药品检验机构。

境外生产药品的注册申请，申请人在药品注册申请受理前提出药品注册检验的，申请人应当按规定要求抽取样品，并将样品、检验所需资料及标准物质等送至中检院。

第五十六条 境内生产药品的注册申请，药品注册申请受理后需要药品注册检验的，药品审评中心应当在受理后四十日内向药品检验机构和申请人发出药品注册检验通知。申请人向相关省、自治区、直辖市药品监督管理部门申请抽样，省、自治区、直辖市药品监督管理部门组织进行抽样并封签，申请人应当在规定时限内将抽样单、样品、检验所需资料及标准物质等送至相应药品检验机构。

境外生产药品的注册申请，药品注册申请受理后需要药品注册检验的，申请人应当按规定要求抽取样品，并将样品、检验所需资料及标准物质等送至中检院。

第五十七条 药品检验机构应当在五日内对申请人提交的检验用样品及资料等进行审核，作出是否接收的决定，同时告知药品审评中心。需要补正的，应当一次性告知申请人。

药品检验机构原则上应当在审评时限届满四十日前，将标准复核意见和检验报告反馈至药品审评中心。

第五十八条 在药品审评、核查过程中，发现申报资料真实性存疑或者有明确线索举报，或者认为有必要进行样品检验的，可抽取样品进行样品检验。

审评过程中，药品审评中心可以基于风险提出质量标准单项复核。

第四章 药品加快上市注册程序
第一节 突破性治疗药物程序

第五十九条 药物临床试验期间，用于防治严重危及生命或者严重影响生存质量的疾病，且尚无有效防治手段或者与现有治疗手段相比有足够证据表明具有明显临床优势的创新药或者改良型新药等，申请人可以申请适用突破性治疗药物程序。

第六十条 申请适用突破性治疗药物程序的，申请人应当向药品审评中心提出申请。符合条件的，药品审评中心按照程序公示后纳入突破性治疗药物程序。

第六十一条 对纳入突破性治疗药物程序的药物临床试验，给予以下政策支持：

（一）申请人可以在药物临床试验的关键阶段向药品审评中心提出沟通交流申请，药品审评中心安排审评人员进行沟通交流；

（二）申请人可以将阶段性研究资料提交药品审评中心，药品审评中心基于已有研究资料，对下一步研究方案提出意见或者建议，并反馈给申请人。

第六十二条 对纳入突破性治疗药物程序的药物临床试验，申请人发现不再符合纳入条件时，应当及时向药品审评中心提出终止突破性治疗药物程序。药品审评中心发现不再符合纳入条件的，应当及时终止该品种的突破性治疗药物程序，并告知申请人。

第二节 附条件批准程序

第六十三条 药物临床试验期间，符合以下情形的药品，可以申请附条件批准：

（一）治疗严重危及生命且尚无有效治疗手段的疾病的药品，药物临床试验已有数据证实疗效并能预测其临床价值的；

（二）公共卫生方面急需的药品，药物临床试验已有数据显示疗效并能预测其临床价值的；

（三）应对重大突发公共卫生事件急需的疫苗或者国家卫生健康委员会认定急需的其他疫苗，经评估获益大于风险的。

第六十四条 申请附条件批准的，申请人应当就附条件批准上市的条件和上市后继续完成的研究工作等与药品审评中心沟通交流，经沟通交流确认后提出药品上市许可申请。

经审评，符合附条件批准要求的，在药品注册证书中载明附条件批准药品注册证书的有效期、上市后需要继续完成的研究工作及完成时限等相关事项。

第六十五条 审评过程中，发现纳入附条件批准程序的药品注册申请不能满足附条件批准条件的，药品审评中心应当终止该品种附条件批准程序，并告知申请人按照正常程序研究申报。

第六十六条 对附条件批准的药品，持有人应当在药品上市后采取相应的风险管理措施，并在规定期限内按照要求完成药物临床试验等相关研究，以补充申请方式申报。

对批准疫苗注册申请时提出进一步研究要求的，疫苗持有人应当在规定期限内完成研究。

第六十七条 对附条件批准的药品，持有人逾期未按照要求完成研究或者不能证明其获益大于风险的，国家药品监督管理局应当依法处理，直至注销药品注册证书。

第三节 优先审评审批程序

第六十八条 药品上市许可申请时，以下具有明显临床价值的药品，可以申请适用优先审评审批程序：

（一）临床急需的短缺药品、防治重大传染病和罕见病等疾病的创新药和改良型新药；

（二）符合儿童生理特征的儿童用药品新品种、剂型和规格；

（三）疾病预防、控制急需的疫苗和创新疫苗；

（四）纳入突破性治疗药物程序的药品；

（五）符合附条件批准的药品；

（六）国家药品监督管理局规定其他优先审评审批的情形。

第六十九条 申请人在提出药品上市许可申请前，应当与药品审评中心沟通交流，经沟通交流确认后，在提出药品上市许可申请的同时，向药品审评中心提出优先审评审批申请。符合条件的，药品审评中心按照程序公示后纳入优先审评审批程序。

第七十条 对纳入优先审评审批程序的药品上市许可申请，给予以下政策支持：

（一）药品上市许可申请的审评时限为一百三十日；

（二）临床急需的境外已上市境内未上市的罕见病药品，审评时限为七十日；

（三）需要核查、检验和核准药品通用名称的，予以优先安排；

（四）经沟通交流确认后，可以补充提交技术资料。

第七十一条 审评过程中，发现纳入优先审评审程序的药品注册申请不能满足优先审评审批条件的,药品审评中心应当终止该品种优先审评审批程序,按照正常审评程序审评,并告知申请人。

第四节 特别审批程序

第七十二条 在发生突发公共卫生事件的威胁时以及突发公共卫生事件发生后,国家药品监督管理局可以依法决定对突发公共卫生事件应急所需防治药品实行特别审批。

第七十三条 对实施特别审批的药品注册申请,国家药品监督管理局按照统一指挥、早期介入、快速高效、科学审批的原则,组织加快并同步开展药品注册受理、审评、核查、检验工作。特别审批的情形、程序、时限、要求等按照药品特别审批程序规定执行。

第七十四条 对纳入特别审批程序的药品,可以根据疾病防控的特定需要,限定其在一定期限和范围内使用。

第七十五条 对纳入特别审批程序的药品,发现其不再符合纳入条件的,应当终止该药品的特别审批程序,并告知申请人。

第五章 药品上市后变更和再注册

第一节 药品上市后研究和变更

第七十六条 持有人应当主动开展药品上市后研究,对药品的安全性、有效性和质量可控性进行进一步确证,加强对已上市药品的持续管理。

药品注册证书及附件要求持有人在药品上市后开展相关研究工作的,持有人应当在规定时限内完成并按照要求提出补充申请、备案或者报告。

药品批准上市后,持有人应当持续开展药品安全性和有效性研究,根据有关数据及时备案或者提出修订说明书的补充申请,不断更新完善说明书和标签。药品监督管理部门依职责可以根据药品不良反应监测和药品上市后评价结果等,要求持有人对说明书和标签进行修订。

第七十七条 药品上市后的变更,按照其对药品安全性、有效性和质量可控性的风险和产生影响的程度,实行分类管理,分为审批类变更、备案类变更和报告类变更。

持有人应当按照相关规定,参照相关技术指导原则,全面评估、验证变更事项对药品安全性、有效性和质量可控性的影响,进行相应的研究工作。

药品上市后变更研究的技术指导原则,由药品审评中心制定,并向社会公布。

第七十八条 以下变更,持有人应当以补充申请方式申报,经批准后实施:

(一)药品生产过程中的重大变更;
(二)药品说明书中涉及有效性内容以及增加安全性风险的其他内容的变更;
(三)持有人转让药品上市许可;
(四)国家药品监督管理局规定需要审批的其他变更。

第七十九条 以下变更,持有人应当在变更实施前,报所在地省、自治区、直辖市药品监督管理部门备案:

(一)药品生产过程中的中等变更;
(二)药品包装标签内容的变更;
(三)药品分包装;
(四)国家药品监督管理局规定需要备案的其他变更。

境外生产药品发生上述变更的,应当在变更实施前报药品审评中心备案。

药品分包装备案的程序和要求,由药品审评中心制定发布。

第八十条 以下变更,持有人应当在年度报告中报告:

(一)药品生产过程中的微小变更;
(二)国家药品监督管理局规定需要报告的其他变更。

第八十一条 药品上市后提出的补充申请,需要核查、检验的,参照本办法有关药品注册核查、检验程序进行。

第二节 药品再注册

第八十二条 持有人应当在药品注册证书有效期届满前六个月申请再注册。境内生产药品再注册申请由持有人向其所在地省、自治区、直辖市药品监督管理部门提出,境外生产药品再注册申请由持有人向药品审评中心提出。

第八十三条 药品再注册申请受理后,省、自治区、直辖市药品监督管理部门或者药品审评中心对持有人开展药品上市后评价和不良反应监测情况,按照药品批准证明文件和药品监督管理部门要求开展相关工作情况,以及药品批准证明文件载明信息变化情况等进行审查,符合规定的,予以再注册,发给药品再注册批准通知书。不符合规定的,不予再注册,并报请国家药品监督管理局注销药品注册证书。

第八十四条 有下列情形之一的,不予再注册:

(一)有效期届满未提出再注册申请的;
(二)药品注册证书有效期内持有人不能履行持续考察药品质量、疗效和不良反应责任的;
(三)未在规定时限内完成药品批准证明文件和药品监督管理部门要求的研究工作且无合理理由的;

（四）经上市后评价，属于疗效不确切、不良反应大或者因其他原因危害人体健康的；

（五）法律、行政法规规定的其他不予再注册情形。

对不予再注册的药品，药品注册证书有效期届满时予以注销。

第六章　受理、撤回申请、审批决定和争议解决

第八十五条　药品监督管理部门收到药品注册申请后进行形式审查，并根据下列情况分别作出是否受理的决定：

（一）申请事项依法不需要取得行政许可的，应当即时作出不予受理的决定，并说明理由。

（二）申请事项依法不属于本部门职权范围的，应当即时作出不予受理的决定，并告知申请人向有关行政机关申请。

（三）申报资料存在可以当场更正的错误的，应当允许申请人当场更正；更正后申请材料齐全、符合法定形式的，应当予以受理。

（四）申报资料不齐全或者不符合法定形式的，应当场或者在五日内一次告知申请人需要补正的全部内容。按照规定需要在告知时一并退回申请材料的，应予以退回。申请人应当在三十日内完成补正资料。申请人无正当理由逾期不予补正的，视为放弃申请，无需作出不予受理的决定。逾期未告知申请人补正的，自收到申请材料之日起即为受理。

（五）申请事项属于本部门职权范围，申报资料齐全、符合法定形式，或者申请人按照要求提交全部补正资料的，应当受理药品注册申请。

药品注册申请受理后，需要申请人缴纳费用的，申请人应当按规定缴纳费用。申请人未在规定期限内缴纳费用的，终止药品注册审评审批。

第八十六条　药品注册申请受理后，有药品安全性新发现的，申请人应当及时报告并补充相关资料。

第八十七条　药品注册申请受理后，需要申请人在原申报资料基础上补充新的技术资料的，药品审评中心原则上提出一次补充资料要求，列明全部问题后，以书面方式通知申请人在八十日内补充提交资料。申请人应当一次性按要求提交全部补充资料，补充资料时间不计入药品审评时限。药品审评中心收到申请人全部补充资料后启动审评，审评时限延长三分之一；适用优先审评审批程序的，审评时限延长四分之一。

不需要申请人补充新的技术资料，仅需要申请人对原申报资料进行解释说明的，药品审评中心通知申请人在五日内按照要求提交相关解释说明。

药品审评中心认为存在实质性缺陷无法补正的，不再要求申请人补充资料。基于已有申报资料做出不予批准的决定。

第八十八条　药物临床试验申请、药物临床试验期间的补充申请，在审评期间，不得补充新的技术资料；如需要开展新的研究，申请人可以在撤回后重新提出申请。

第八十九条　药品注册申请受理后，申请人可以提出撤回申请。同意撤回申请的，药品审评中心或者省、自治区、直辖市药品监督管理部门终止其注册程序，并告知药品注册核查、检验等技术机构。审评、核查和检验过程中发现涉嫌存在隐瞒真实情况或者提供虚假信息等违法行为的，依法处理，申请人不得撤回药品注册申请。

第九十条　药品注册期间，对于审评结论为不通过的，药品审评中心应当告知申请人不通过的理由，申请人可以在十五日内向药品审评中心提出异议。药品审评中心结合申请人的异议意见进行综合评估并反馈申请人。

申请人对综合评估结果仍有异议的，药品审评中心应当按照规定，在五十日内组织专家咨询委员会论证，并综合专家论证结果形成最终的审评结论。

申请人异议和专家论证时间不计入审评时限。

第九十一条　药品注册期间，申请人认为工作人员在药品注册受理、审评、核查、检验、审批等工作中违反规定或者有不规范行为的，可以向其所在单位或者上级机关投诉举报。

第九十二条　药品注册申请符合法定要求的，予以批准。

药品注册申请有下列情形之一的，不予批准：

（一）药物临床试验申请的研究资料不足以支持开展药物临床试验或者不能保障受试者安全的；

（二）申报资料显示其申请药品安全性、有效性、质量可控性等存在较大缺陷的；

（三）申报资料不能证明药品安全性、有效性、质量可控性，或者经评估认为药品风险大于获益的；

（四）申请人未能在规定时限内补充资料的；

（五）申请人拒绝接受或者无正当理由未在规定时限内接受药品注册核查、检验的；

（六）药品注册过程中认为申报资料不真实，申请人不能证明其真实性的；

（七）药品注册现场核查或者样品检验结果不符合规定的；

（八）法律法规规定的不应当批准的其他情形。

第九十三条 药品注册申请审批结束后,申请人对行政许可决定有异议的,可以依法提起行政复议或者行政诉讼。

第七章 工作时限

第九十四条 本办法所规定的时限是药品注册的受理、审评、核查、检验、审批等工作的最长时间。优先审评审批程序相关工作时限,按优先审评审批相关规定执行。

药品审评中心等专业技术机构应当明确本单位工作程序和时限,并向社会公布。

第九十五条 药品监督管理部门收到药品注册申请后进行形式审查,应当在五日内作出受理、补正或者不予受理决定。

第九十六条 药品注册审评时限,按照以下规定执行:

(一)药物临床试验申请、药物临床试验期间补充申请的审评审批时限为六十日;

(二)药品上市许可申请审评时限为二百日,其中优先审评审批程序的审评时限为一百三十日,临床急需境外已上市罕见病用药优先审评审批程序的审评时限为七十日;

(三)单独申报仿制境内已上市化学原料药的审评时限为二百日;

(四)审批类变更的补充申请审评时限为六十日,补充申请合并申报事项的审评时限为八十日,其中涉及临床试验研究数据审查、药品注册核查检验的审评时限为二百日;

(五)药品通用名称核准时限为三十日;

(六)非处方药适宜性审核时限为三十日。

关联审评时限与其关联药品制剂的审评时限一致。

第九十七条 药品注册核查时限,按照以下规定执行:

(一)药品审评中心应当在药品注册申请受理后四十日内通知药品核查中心启动核查,并同时通知申请人;

(二)药品核查中心原则上在审评时限届满四十日前完成药品注册生产现场核查,并将核查情况、核查结果等相关材料反馈至药品审评中心。

第九十八条 药品注册检验时限,按照以下规定执行:

(一)样品检验时限为六十日,样品检验和标准复核同时进行的时限为九十日;

(二)药品注册检验过程中补充资料时限为三十日;

(三)药品检验机构原则上在审评时限届满四十日前完成药品注册检验相关工作,并将药品标准复核意见和检验报告反馈至药品审评中心。

第九十九条 药品再注册审查审批时限为一百二十日。

第一百条 行政审批决定应当在二十日内作出。

第一百零一条 药品监督管理部门应当自作出药品注册审批决定之日起十日内颁发、送达有关行政许可证件。

第一百零二条 因品种特性及审评、核查、检验等工作遇到特殊情况确需延长时限的,延长的时限不得超过原时限的二分之一,经药品审评、核查、检验等相关技术机构负责人批准后,由延长时限的技术机构书面告知申请人,并通知其他相关技术机构。

第一百零三条 以下时间不计入相关工作时限:

(一)申请人补充资料、核查后整改以及按要求核对生产工艺、质量标准和说明书等所占用的时间;

(二)因申请人原因延迟核查、检验、召开专家咨询会等的时间;

(三)根据法律法规的规定中止审评审批程序的,中止审评审批程序期间所占用的时间;

(四)启动境外核查的,境外核查所占用的时间。

第八章 监督管理

第一百零四条 国家药品监督管理局负责对药品审评中心等相关专业技术机构及省、自治区、直辖市药品监督管理部门承担药品注册管理相关工作的监督管理、考核评价与指导。

第一百零五条 药品监督管理部门应当依照法律、法规的规定对药品研制活动进行监督检查,必要时可以对为药品研制提供产品或者服务的单位和个人进行延伸检查,有关单位和个人应当予以配合,不得拒绝和隐瞒。

第一百零六条 信息中心负责建立药品品种档案,对药品实行编码管理,汇集药品注册申报、临床试验期间安全性相关报告、审评、核查、检验、审批以及药品上市后变更的审批、备案、报告等信息,并持续更新。药品品种档案和编码管理的相关制度,由信息中心制定公布。

第一百零七条 省、自治区、直辖市药品监督管理部门应当组织对辖区内药物非临床安全性评价研究机构、药物临床试验机构等遵守药物非临床研究质量管理规范、药物临床试验质量管理规范等情况进行日常监督检查,监督其持续符合法定要求。国家药品监督管理局根据需要进行药物非临床安全性评价研究机构、药物临床试验机构等研究机构的监督检查。

第一百零八条 国家药品监督管理局建立药品安全信用管理制度,药品核查中心负责建立药物非临床安全性评价研究机构、药物临床试验机构药品安全信用档案,记录许可颁发、日常监督检查结果、违法行为查处等情况,依法向社会公布并及时更新。药品监督管理部门对有不良信用记录的，增加监督检查频次，并可以按照国家规定实施联合惩戒。药物非临床安全性评价研究机构、药物临床试验机构药品安全信用档案的相关制度，由药品核查中心制定公布。

第一百零九条　国家药品监督管理局依法向社会公布药品注册审批事项清单及法律依据、审批要求和办理时限，向申请人公开药品注册进度，向社会公开批准上市药品的审评结论和依据以及监督检查发现的违法违规行为，接受社会监督。

批准上市药品的说明书应当向社会公开并及时更新。其中，疫苗还应当公开标签内容并及时更新。

未经申请人同意，药品监督管理部门、专业技术机构及其工作人员、参与专家评审等的人员不得披露申请人提交的商业秘密、未披露信息或者保密商务信息，法律另有规定或者涉及国家安全、重大社会公共利益的除外。

第一百一十条　具有下列情形之一的，由国家药品监督管理局注销药品注册证书，并予以公布：

（一）持有人自行提出注销药品注册证书的；

（二）按照本办法规定不予再注册的；

（三）持有人药品注册证书、药品生产许可证等行政许可被依法吊销或者撤销的；

（四）按照《药品管理法》第八十三条的规定，疗效不确切、不良反应大或者因其他原因危害人体健康的；

（五）按照《疫苗管理法》第六十一条的规定，经上市后评价，预防接种异常反应严重或者其他原因危害人体健康的；

（六）按照《疫苗管理法》第六十二条的规定，经上市后评价发现该疫苗品种的产品设计、生产工艺、安全性、有效性或者质量可控性明显劣于预防、控制同种疾病的其他疫苗品种的；

（七）违反法律、行政法规规定，未按照药品批准证明文件要求或者药品监督管理部门要求在规定时限内完成相应研究工作且无合理理由的；

（八）其他依法应当注销药品注册证书的情形。

第九章　法律责任

第一百一十一条　在药品注册过程中，提供虚假的证明、数据、资料、样品或者采取其他手段骗取临床试验许可或者药品注册等许可的，按照《药品管理法》第一百二十三条处理。

第一百一十二条　申请疫苗临床试验、注册提供虚假数据、资料、样品或者有其他欺骗行为的，按照《疫苗管理法》第八十一条进行处理。

第一百一十三条　在药品注册过程中，药物非临床安全性评价研究机构、药物临床试验机构等，未按照规定遵守药物非临床研究质量管理规范、药物临床试验质量管理规范等的，按照《药品管理法》第一百二十六条处理。

第一百一十四条　未经批准开展药物临床试验的，按照《药品管理法》第一百二十五条处理；开展生物等效性试验未备案的，按照《药品管理法》第一百二十七条处理。

第一百一十五条　药物临床试验期间，发现存在安全性问题或者其他风险，临床试验申办者未及时调整临床试验方案、暂停或者终止临床试验，或者未向国家药品监督管理局报告的，按照《药品管理法》第一百二十七条处理。

第一百一十六条　违反本办法第二十八条、第三十三条规定，申办者有下列情形之一的，责令限期改正；逾期不改正的，处一万元以上三万元以下罚款：

（一）开展药物临床试验前未按规定在药物临床试验登记与信息公示平台进行登记；

（二）未按规定提交研发期间安全性更新报告；

（三）药物临床试验结束后未登记临床试验结果等信息。

第一百一十七条　药品检验机构在承担药品注册所需要的检验工作时，出具虚假检验报告的，按照《药品管理法》第一百三十八条处理。

第一百一十八条　对不符合条件而批准进行药物临床试验、不符合条件的药品颁发药品注册证书的，按照《药品管理法》第一百四十七条处理。

第一百一十九条　药品监督管理部门及其工作人员在药品注册管理过程中有违法违规行为的，按照相关法律法规处理。

第十章　附　则

第一百二十条　麻醉药品、精神药品、医疗用毒性药品、放射性药品、药品类易制毒化学品等有其他特殊管理规定药品的注册申请，除按本办法的规定办理外，还应当符合国家的其他有关规定。

第一百二十一条　出口疫苗的标准应当符合进口国（地区）的标准或者合同要求。

第一百二十二条　拟申报注册的药械组合产品，已有同类产品经属性界定为药品的，按照药品进行申报；尚未经属性界定的，申请人应当在申报注册前向国家药品监督管理局申请产品属性界定。属性界定为药品为主的，按照本办法规定的程序进行注册，其中属于医疗器械部分的研究资料由国家药品监督管理局医疗器械技术审评中心作出审评结论后，转交药品审评中心进行综合审评。

第一百二十三条 境内生产药品批准文号格式为：国药准字 H(Z、S)+四位年号+四位顺序号。中国香港、澳门和台湾地区生产药品批准文号格式为：国药准字 H(Z、S)C+四位年号+四位顺序号。

境外生产药品批准文号格式为：国药准字 H(Z、S)J+四位年号+四位顺序号。

其中，H 代表化学药，Z 代表中药，S 代表生物制品。

药品批准文号，不因上市后的注册事项的变更而改变。中药另有规定的从其规定。

第一百二十四条 药品监督管理部门制作的药品注册批准证明电子文件及原料药批准文件电子文件与纸质文件具有同等法律效力。

第一百二十五条 本办法规定的期限以工作日计算。

第一百二十六条 本办法自 2020 年 7 月 1 日起施行。2007 年 7 月 10 日原国家食品药品监督管理局令第 28 号公布的《药品注册管理办法》同时废止。

药品标准管理办法

·2023 年 7 月 4 日国家药监局公告 2023 年第 86 号公布
·自 2024 年 1 月 1 日起施行

第一章 总 则

第一条 为规范和加强药品标准管理，建立最严谨的药品标准，保障药品安全、有效和质量可控，促进药品高质量发展，根据《中华人民共和国药品管理法》《中华人民共和国疫苗管理法》《中华人民共和国药品管理法实施条例》及《药品注册管理办法》等有关规定，制定本办法。

第二条 国家药品标准、药品注册标准和省级中药标准的管理适用本办法。

国务院药品监督管理部门颁布的《中华人民共和国药典》（以下简称《中国药典》）和药品标准为国家药品标准。《中国药典》增补本与其对应的现行版《中国药典》具有同等效力。

经药品注册申请人（以下简称申请人）提出，由国务院药品监督管理部门药品审评中心（以下简称药品审评中心）核定，国务院药品监督管理部门在批准药品上市许可、补充申请时发给药品上市许可持有人（以下简称持有人）的经核准的质量标准为药品注册标准。

省级中药标准包括省、自治区、直辖市人民政府药品监督管理部门（以下简称省级药品监督管理部门）制定的国家药品标准没有规定的中药材标准、中药饮片炮制规范和中药配方颗粒标准。

第三条 药品标准管理工作应当贯彻执行药品监督管理的有关法律、法规和方针政策，坚持科学规范、先进实用、公开透明的原则。

第四条 国家药品标准和省级中药标准管理工作实行政府主导、企业主体、社会参与的工作机制。

药品注册标准的制定和修订工作应当强化持有人的主体责任。

第五条 鼓励社会团体、企业事业组织以及公民积极参与药品标准研究和提高工作，加大信息、技术、人才和经费等投入，并对药品标准提出合理的制定和修订意见和建议。

在发布国家药品标准或者省级中药标准公示稿时，应当标注药品标准起草单位、复核单位和参与单位等信息。

鼓励持有人随着社会发展与科技进步以及对产品认知的不断提高，持续提升和完善药品注册标准。

鼓励行业或者团体相关标准的制定和修订，促进药品高质量发展。

第六条 国务院药品监督管理部门应当积极开展药品标准的国际交流与合作，加强药品标准的国际协调。

第七条 国务院药品监督管理部门和省级药品监督管理部门应当积极推进落实国家药品标准提高行动计划，持续加强药品标准体系建设；不断完善药品标准管理制度，加强药品标准信息化建设，畅通沟通交流渠道，做好药品标准宣传贯彻，提高公共服务水平。

第二章 各方职责

第八条 持有人应当落实药品质量主体责任，按照药品全生命周期管理的理念，持续提升和完善药品注册标准，提升药品的安全、有效与质量可控性。

国家药品标准制定和修订工作中需要持有人参与或者协助的，持有人应当予以配合。

持有人应当及时关注国家药品标准制定和修订进展，对其生产药品执行的药品标准进行适用性评估，并开展相关研究工作。

第九条 国务院药品监督管理部门履行下列职责：

（一）组织贯彻药品标准管理相关法律、法规，组织制定药品标准管理工作制度；

（二）依法组织制定、公布国家药品标准，核准和废止药品注册标准；

（三）指导、监督药品标准管理工作。

第十条 国家药典委员会主要履行下列职责：

（一）组织编制、修订和编译《中国药典》及配套标准，组织制定和修订其他的国家药品标准；

（二）参与拟订药品标准管理相关制度和工作机制；
（三）组织开展国家药品标准沟通交流。

第十一条 国务院药品监督管理部门设置或者指定的药品检验机构负责标定国家药品标准品、对照品。

国家药品标准物质管理办法由中国食品药品检定研究院（以下简称中检院）另行制定。

中检院和各省级药品检验机构负责药品注册标准复核，对申请人申报药品标准中设定项目的科学性、检验方法的可行性、质控指标的合理性等进行实验室评估，并提出复核意见。

第十二条 药品审评中心负责药品注册标准的技术审评和标准核定等工作。

药品审评中心结合药品注册申报资料和药品检验机构的复核意见，对药品注册标准的科学性、合理性等进行评价。

第十三条 省级药品监督管理部门主要履行本行政区域内下列职责：
（一）组织贯彻落实药品标准管理相关法律、法规、规章和规范性文件；
（二）组织制定和修订本行政区域内的省级中药标准；
（三）组织、参与药品标准的制定和修订相关工作；
（四）监督药品标准的实施。

第三章 国家药品标准

第十四条 政府部门、社会团体、企业事业组织以及公民均可提出国家药品标准制定和修订立项建议。

第十五条 国家药典委员会组织审议立项建议，公布拟立项课题目录，并征集课题承担单位。

根据征集情况，国家药典委员会组织进行审议，确定课题立项目录和承担单位，并予以公示。

公示期结束后，对符合要求的予以立项，并公布立项的课题目录和承担单位等内容。

第十六条 国家药品标准制定和修订应当按照起草、复核、审核、公示、批准、颁布的程序进行。

涉及药品安全或者公共卫生等重大突发事件以及其他需要的情形的，可以快速启动国家药品标准制定和修订程序，在保证国家药品标准制定和修订质量的前提下加快进行。

国家药品标准有关加快制定和修订程序由国家药典委员会另行制定。

第十七条 国家药品标准的起草应当符合国家药品标准技术规范等要求。

国家药品标准起草单位或者牵头单位负责组织开展研究工作，经复核后形成国家药品标准草案，并将相关研究资料一并提交国家药典委员会审核。

第十八条 国家药典委员会组织对国家药品标准草案及相关研究资料进行技术审核。

国家药典委员会根据审核意见和结论，拟定国家药品标准公示稿。国家药品标准公示稿中应当附标准制定或者修订说明。

第十九条 国家药品标准公示稿应当对外公示，广泛征求意见，公示期一般为一个月至三个月。

第二十条 反馈意见涉及技术内容的，国家药典委员会应当及时将意见反馈标准起草单位或者牵头单位，由起草单位或者牵头单位进行研究，提出处理意见报国家药典委员会，国家药典委员会组织技术审核，必要时应当再次公示。

第二十一条 对需要新增的国家药品标准物质，中检院应当会同国家药典委员会在有关国家药品标准颁布前完成相应准备工作。

第二十二条 国家药典委员会将拟颁布的国家药品标准草案以及起草说明上报国务院药品监督管理部门。

第二十三条 国务院药品监督管理部门对国家药典委员会上报的药品标准草案作出是否批准的决定。予以批准的，以《中国药典》或者国家药品标准颁布件形式颁布。

《中国药典》每五年颁布一版。期间，适时开展《中国药典》增补本制定工作。

第二十四条 新版《中国药典》未收载的历版《中国药典》品种，应当符合新版《中国药典》的通用技术要求。

第二十五条 新版国家药品标准颁布后，持有人经评估其执行的药品标准不适用新颁布的国家药品标准有关要求的，应当开展相关研究工作，按照药品上市后变更管理相关规定，向药品审评中心提出补充申请并提供充分的支持性证据。符合规定的，核准其药品注册标准。

第二十六条 属于下列情形的，相关国家药品标准应当予以废止：
（一）国家药品标准颁布实施后，同品种的原国家药品标准；
（二）上市许可终止品种的国家药品标准；
（三）药品安全性、有效性、质量可控性不符合要求的国家药品标准；
（四）其他应当予以废止的国家药品标准。

第四章 药品注册标准

第二十七条 药品注册标准的制定应当科学、合理，能够有效地控制产品质量，并充分考虑产品的特点、科技进步带来的新技术和新方法以及国际通用技术要求。

药品注册标准应当符合《中国药典》通用技术要求，不得低于《中国药典》的规定。

申报注册品种的检测项目或者指标不适用《中国药典》的，申请人应当提供充分的支持性数据。

第二十八条 申请人在申报药品上市许可注册申请或者涉及药品注册标准变更的补充申请时，提交拟定的药品注册标准。经药品检验机构标准复核和样品检验、药品审评中心标准核定，国务院药品监督管理部门在批准药品上市或者补充申请时发给持有人。

第二十九条 与国家药品标准收载的同品种药品使用的检验项目和检验方法一致的药品上市申请以及不改变药品注册标准的补充申请，可以不进行标准复核。其他情况应当进行标准复核。

第三十条 药品注册标准发生变更的，持有人应当根据药品上市后变更管理相关规定，进行充分的研究评估和必要的验证，按照变更的风险等级提出补充申请、备案或者报告，并按要求执行。

药品注册标准的变更，不得降低药品质量控制水平或者对药品质量产生不良影响。

第三十一条 新版国家药品标准颁布后，执行药品注册标准的，持有人应当及时开展相关对比研究工作，评估药品注册标准的项目、方法、限度是否符合新颁布的国家药品标准有关要求。对于需要变更药品注册标准的，持有人应当按照药品上市后变更管理相关规定提出补充申请、备案或者报告，并按要求执行。

第三十二条 持有人提出涉及药品注册标准变更的补充申请时，应当关注药品注册标准与国家药品标准以及现行技术要求的适用性与执行情况。

持有人提出药品再注册申请时，应当向药品审评中心或者省级药品监督管理部门说明药品标准适用性与执行情况。

对于药品注册证书中明确的涉及药品注册标准提升的要求，持有人应当及时按要求进行研究，提升药品注册标准。

第三十三条 药品注册证书注销的，该品种的药品注册标准同时废止。

第五章 省级中药标准

第三十四条 省级药品监督管理部门依据国家法律、法规和相关管理规定等组织制定和发布省级中药标准，并在省级中药标准发布前开展合规性审查。

第三十五条 省级药品监督管理部门应当在省级中药标准发布后三十日内将省级中药标准发布文件、标准文本及编制说明报国务院药品监督管理部门备案。

属于以下情形的，国务院药品监督管理部门不予备案，并及时将有关问题反馈相关省级药品监督管理部门；情节严重的，责令相关省级药品监督管理部门予以撤销或者纠正：

（一）收载有禁止收载品种的；

（二）与现行法律法规存在冲突的；

（三）其他不适宜备案的情形。

第三十六条 省级药品监督管理部门根据药品标准制定和修订工作需要，负责组织省级中药标准中收载使用的除国家药品标准物质以外的标准物质制备、标定、保管和分发工作，制备标定结果报中检院备案。

第三十七条 省级中药标准禁止收载以下品种：

（一）无本地区临床习用历史的药材、中药饮片；

（二）已有国家药品标准的药材、中药饮片、中药配方颗粒；

（三）国内新发现的药材；

（四）药材新的药用部位；

（五）从国外进口、引种或者引进养殖的非我国传统习用的动物、植物、矿物等产品；

（六）经基因修饰等生物技术处理的动植物产品；

（七）其他不适宜收载入省级中药标准的品种。

第三十八条 国家药品标准已收载的品种及规格涉及的省级中药标准，自国家药品标准实施后自行废止。

第六章 监督管理

第三十九条 药品标准管理相关部门应当根据本办法要求，建立和完善药品标准工作相关制度、程序和要求，及时公开国家药品标准与省级中药标准工作进展情况和相关信息。

第四十条 参与药品标准工作的相关单位和人员应当对药品标准工作中的技术秘密、商业秘密、未披露信息或者保密商务信息及数据负有保密义务。

第四十一条 药品标准起草单位或者牵头单位应当保存标准研究过程中的原始数据、原始记录和有关资料，并按档案管理规定的要求及时进行归档。

第四十二条 国家药品标准起草单位或者牵头单位应当将起草或者修订标准使用的中药标本送国务院药品监督管理部门设置或者指定的药品检验机构保藏。

第四十三条 药品监督管理部门在对药品标准实施情况进行监督管理时，被监督管理单位应当给予配合，不得拒绝和隐瞒情况。

第四十四条 国务院药品监督管理部门发现省级中药标准中存在不符合现行法律、法规及相关技术要求情形的，应当责令相关省级药品监督管理部门予以撤销或者纠正。

第四十五条 任何单位和个人均可以向药品监督管理部门举报或者反映违反药品标准管理相关规定的行为。收到举报或者反映的部门，应当及时按规定作出处理。

第四十六条 任何违反药品管理相关法律法规生产的药品，即使达到药品标准或者按照药品标准未检出其添加物质或者相关杂质，亦不能认为其符合规定。

第七章 附 则

第四十七条 本办法所称药品标准，是指根据药物自身的理化与生物学特性，按照来源、处方、制法和运输、贮藏等条件所制定的、用以评估药品质量在有效期内是否达到用药要求，并衡量其质量是否均一稳定的技术要求。

第四十八条 中药标准管理有特殊要求的，按照中药标准管理相关规定执行。中药标准管理专门规定由国务院药品监督管理部门另行制定。

第四十九条 化学原料药的标准管理按本办法执行。

第五十条 省级药品监督管理部门在医疗机构制剂注册管理过程中核准的注册标准、应用传统工艺配制中药制剂的备案标准应当符合医疗机构制剂注册和备案的相关规定。

第五十一条 《中国药典》中药用辅料、直接接触药品的包装材料和容器标准的制定和修订，按照本办法中国家药品标准有关规定执行。药用辅料、直接接触药品的包装材料和容器标准的执行，应当符合关联审评和药品监督管理的有关规定。

第五十二条 本办法自2024年1月1日起施行。

药品说明书和标签管理规定

- 2006年3月15日国家食品药品监督管理局令第24号公布
- 自2006年6月1日起施行

第一章 总 则

第一条 为规范药品说明书和标签的管理，根据《中华人民共和国药品管理法》和《中华人民共和国药品管理法实施条例》制定本规定。

第二条 在中华人民共和国境内上市销售的药品，其说明书和标签应当符合本规定的要求。

第三条 药品说明书和标签由国家食品药品监督管理局予以核准。

药品的标签应当以说明书为依据，其内容不得超出说明书的范围，不得印有暗示疗效、误导使用和不适当宣传产品的文字和标识。

第四条 药品包装必须按照规定印有或者贴有标签，不得夹带其他任何介绍或者宣传产品、企业的文字、音像及其他资料。

药品生产企业生产供上市销售的最小包装必须附有说明书。

第五条 药品说明书和标签的文字表述应当科学、规范、准确。非处方药说明书还应当使用容易理解的文字表述，以便患者自行判断、选择和使用。

第六条 药品说明书和标签中的文字应当清晰易辨，标识应当清楚醒目，不得有印字脱落或者粘贴不牢等现象，不得以粘贴、剪切、涂改等方式进行修改或者补充。

第七条 药品说明书和标签应当使用国家语言文字工作委员会公布的规范化汉字，增加其他文字对照的，应当以汉字表述为准。

第八条 出于保护公众健康和指导正确合理用药的目的，药品生产企业可以主动提出在药品说明书或者标签上加注警示语，国家食品药品监督管理局也可以要求药品生产企业在说明书或者标签上加注警示语。

第二章 药品说明书

第九条 药品说明书应当包含药品安全性、有效性的重要科学数据、结论和信息，用以指导安全、合理使用药品。药品说明书的具体格式、内容和书写要求由国家食品药品监督管理局制定并发布。

第十条 药品说明书对疾病名称、药学专业名词、药品名称、临床检验名称和结果的表述，应当采用国家统一颁布或规范的专用词汇，度量衡单位应当符合国家标准的规定。

第十一条 药品说明书应当列出全部活性成份或者组方中的全部中药药味。注射剂和非处方药还应当列出所用的全部辅料名称。

药品处方中含有可能引起严重不良反应的成份或者辅料的，应当予以说明。

第十二条 药品生产企业应当主动跟踪药品上市后的安全性、有效性情况，需要对药品说明书进行修改的，应当及时提出申请。

根据药品不良反应监测、药品再评价结果等信息，国家食品药品监督管理局也可以要求药品生产企业修改药品说明书。

第十三条 药品说明书获准修改后,药品生产企业应当将修改的内容立即通知相关药品经营企业、使用单位及其他部门,并按要求及时使用修改后的说明书和标签。

第十四条 药品说明书应当充分包含药品不良反应信息,详细注明药品不良反应。药品生产企业未根据药品上市后的安全性、有效性情况及时修改说明书或者未将药品不良反应在说明书中充分说明的,由此引起的不良后果由该生产企业承担。

第十五条 药品说明书核准日期和修改日期应当在说明书中醒目标示。

第三章 药品的标签

第十六条 药品的标签是指药品包装上印有或者贴有的内容,分为内标签和外标签。药品内标签指直接接触药品的包装的标签,外标签指内标签以外的其他包装的标签。

第十七条 药品的内标签应当包含药品通用名称、适应症或者功能主治、规格、用法用量、生产日期、产品批号、有效期、生产企业等内容。

包装尺寸过小无法全部标明上述内容的,至少应当标注药品通用名称、规格、产品批号、有效期等内容。

第十八条 药品外标签应当注明药品通用名称、成份、性状、适应症或者功能主治、规格、用法用量、不良反应、禁忌、注意事项、贮藏、生产日期、产品批号、有效期、批准文号、生产企业等内容。适应症或者功能主治、用法用量、不良反应、禁忌、注意事项不能全部注明的,应当标出主要内容并注明"详见说明书"字样。

第十九条 用于运输、储藏的包装的标签,至少应当注明药品通用名称、规格、贮藏、生产日期、产品批号、有效期、批准文号、生产企业,也可以根据需要注明包装数量、运输注意事项或者其他标记必要内容。

第二十条 原料药的标签应当注明药品名称、贮藏、生产日期、产品批号、有效期、执行标准、批准文号、生产企业,同时还需注明包装数量以及运输注意事项等必要内容。

第二十一条 同一药品生产企业生产的同一药品,药品规格和包装规格均相同的,其标签的内容、格式及颜色必须一致;药品规格或者包装规格不同的,其标签应当明显区别或者规格项明显标注。

同一药品生产企业生产的同一药品,分别按处方药与非处方药管理的,两者的包装颜色应当明显区别。

第二十二条 对贮藏有特殊要求的药品,应当在标签的醒目位置注明。

第二十三条 药品标签中的有效期应当按照年、月、日的顺序标注,年份用四位数字表示,月、日用两位数表示。其具体标注格式为"有效期至××××年××月"或者"有效期至××××年××月××日";也可以用数字和其他符号表示为"有效期至××××.××."或者"有效期至××××/××/××"等。

预防用生物制品有效期的标注按照国家食品药品监督管理局批准的注册标准执行,治疗用生物制品有效期的标注自分装日期计算,其他药品有效期的标注自生产日期计算。

有效期若标注到日,应当为起算日期对应年月日的前一天,若标注到月,应当为起算月份对应年月的前一月。

第四章 药品名称和注册商标的使用

第二十四条 药品说明书和标签中标注的药品名称必须符合国家食品药品监督管理局公布的药品通用名称和商品名称的命名原则,并与药品批准证明文件的相应内容一致。

第二十五条 药品通用名称应当显著、突出,其字体、字号和颜色必须一致,并符合以下要求:

(一)对于横版标签,必须在上三分之一范围内显著位置标出;对于竖版标签,必须在右三分之一范围内显著位置标出;

(二)不得选用草书、篆书等不易识别的字体,不得使用斜体、中空、阴影等形式对字体进行修饰;

(三)字体颜色应当使用黑色或者白色,与相应的浅色或者深色背景形成强烈反差;

(四)除因包装尺寸的限制而无法同行书写的,不得分行书写。

第二十六条 药品商品名称不得与通用名称同行书写,其字体和颜色不得比通用名称更突出和显著,其字体以单字面积计不得大于通用名称所用字体的二分之一。

第二十七条 药品说明书和标签中禁止使用未经注册的商标以及其他未经国家食品药品监督管理局批准的药品名称。

药品标签使用注册商标的,应当印刷在药品标签的边角,含文字的,其字体以单字面积计不得大于通用名称所用字体的四分之一。

第五章 其他规定

第二十八条 麻醉药品、精神药品、医疗用毒性药品、放射性药品、外用药品和非处方药品等国家规定有专用标识的,其说明书和标签必须印有规定的标识。

国家对药品说明书和标签有特殊规定的,从其规定。

第二十九条 中药材、中药饮片的标签管理规定由国家食品药品监督管理局另行制定。

第三十条 药品说明书和标签不符合本规定的,按照《中华人民共和国药品管理法》的相关规定进行处罚。

第六章 附 则

第三十一条 本规定自 2006 年 6 月 1 日起施行。国家药品监督管理局于 2000 年 10 月 15 日发布的《药品包装、标签和说明书管理规定(暂行)》同时废止。

药品经营质量管理规范

- 2000 年 4 月 30 日国家药品监督管理局令第 20 号公布
- 2012 年 11 月 6 日卫生部部务会议第一次修订
- 2015 年 5 月 18 日国家食品药品监督管理总局局务会议第二次修订
- 根据 2016 年 7 月 13 日国家食品药品监督管理总局《关于修改〈药品经营质量管理规范〉的决定》修正

第一章 总 则

第一条 为加强药品经营质量管理,规范药品经营行为,保障人体用药安全、有效,根据《中华人民共和国药品管理法》《中华人民共和国药品管理法实施条例》,制定本规范。

第二条 本规范是药品经营管理和质量控制的基本准则。

企业应当在药品采购、储存、销售、运输等环节采取有效的质量控制措施,确保药品质量,并按照国家有关要求建立药品追溯系统,实现药品可追溯。

第三条 药品经营企业应当严格执行本规范。

药品生产企业销售药品、药品流通过程中其他涉及储存与运输药品的,也应当符合本规范相关要求。

第四条 药品经营企业应当坚持诚实守信,依法经营。禁止任何虚假、欺骗行为。

第二章 药品批发的质量管理
第一节 质量管理体系

第五条 企业应当依据有关法律法规及本规范的要求建立质量管理体系,确定质量方针,制定质量管理体系文件,开展质量策划、质量控制、质量保证、质量改进和质量风险管理等活动。

第六条 企业制定的质量方针文件应当明确企业总的质量目标和要求,并贯彻到药品经营活动的全过程。

第七条 企业质量管理体系应当与其经营范围和规模相适应,包括组织机构、人员、设施设备、质量管理体系文件及相应的计算机系统等。

第八条 企业应当定期以及在质量管理体系关键要素发生重大变化时,组织开展内审。

第九条 企业应当对内审的情况进行分析,依据分析结论制定相应的质量管理体系改进措施,不断提高质量控制水平,保证质量管理体系持续有效运行。

第十条 企业应当采用前瞻或者回顾的方式,对药品流通过程中的质量风险进行评估、控制、沟通和审核。

第十一条 企业应当对药品供货单位、购货单位的质量管理体系进行评价,确认其质量保证能力和质量信誉,必要时进行实地考察。

第十二条 企业应当全员参与质量管理。各部门、岗位人员应当正确理解并履行职责,承担相应质量责任。

第二节 组织机构与质量管理职责

第十三条 企业应当设立与其经营活动和质量管理相适应的组织机构或者岗位,明确规定其职责、权限及相互关系。

第十四条 企业负责人是药品质量的主要责任人,全面负责企业日常管理,负责提供必要的条件,保证质量管理部门和质量管理人员有效履行职责,确保企业实现质量目标并按照本规范要求经营药品。

第十五条 企业质量负责人应当由高层管理人员担任,全面负责药品质量管理工作,独立履行职责,在企业内部对药品质量管理具有裁决权。

第十六条 企业应当设立质量管理部门,有效开展质量管理工作。质量管理部门的职责不得由其他部门及人员履行。

第十七条 质量管理部门应当履行以下职责:

(一)督促相关部门和岗位人员执行药品管理的法律法规及本规范;

(二)组织制订质量管理体系文件,并指导、监督文件的执行;

(三)负责对供货单位和购货单位的合法性、购进药品的合法性以及供货单位销售人员、购货单位采购人员的合法资格进行审核,并根据审核内容的变化进行动态管理;

(四)负责质量信息的收集和管理,并建立药品质量档案;

(五)负责药品的验收,指导并监督药品采购、储存、养护、销售、退货、运输等环节的质量管理工作;

（六）负责不合格药品的确认，对不合格药品的处理过程实施监督；

（七）负责药品质量投诉和质量事故的调查、处理及报告；

（八）负责假劣药品的报告；

（九）负责药品质量查询；

（十）负责指导设定计算机系统质量控制功能；

（十一）负责计算机系统操作权限的审核和质量管理基础数据的建立及更新；

（十二）组织验证、校准相关设施设备；

（十三）负责药品召回的管理；

（十四）负责药品不良反应的报告；

（十五）组织质量管理体系的内审和风险评估；

（十六）组织对药品供货单位及购货单位质量管理体系和服务质量的考察和评价；

（十七）组织对被委托运输的承运方运输条件和质量保障能力的审查；

（十八）协助开展质量管理教育和培训；

（十九）其他应当由质量管理部门履行的职责。

第三节 人员与培训

第十八条 企业从事药品经营和质量管理工作的人员，应当符合有关法律法规及本规范规定的资格要求，不得有相关法律法规禁止从业的情形。

第十九条 企业负责人应当具有大学专科以上学历或者中级以上专业技术职称，经过基本的药学专业知识培训，熟悉有关药品管理的法律法规及本规范。

第二十条 企业质量负责人应当具有大学本科以上学历、执业药师资格和3年以上药品经营质量管理工作经历，在质量管理工作中具备正确判断和保障实施的能力。

第二十一条 企业质量管理部门负责人应当具有执业药师资格和3年以上药品经营质量管理工作经历，能独立解决经营过程中的质量问题。

第二十二条 企业应当配备符合以下资格要求的质量管理、验收及养护等岗位人员：

（一）从事质量管理工作的，应当具有药学中专或者医学、生物、化学等相关专业大学专科以上学历或者具有药学初级以上专业技术职称；

（二）从事验收、养护工作的，应当具有药学或者医学、生物、化学等相关专业中专以上学历或者具有药学初级以上专业技术职称；

（三）从事中药材、中药饮片验收工作的，应当具有中药学专业中专以上学历或者具有中药学中级以上专业技术职称；从事中药材、中药饮片养护工作的，应当具有中药学专业中专以上学历或者具有中药学初级以上专业技术职称；直接收购地产中药材的，验收人员应当具有中药学中级以上专业技术职称。

从事疫苗配送的，还应当配备2名以上专业技术人员专门负责疫苗质量管理和验收工作。专业技术人员应当具有预防医学、药学、微生物学或者医学等专业本科以上学历及中级以上专业技术职称，并有3年以上从事疫苗管理或者技术工作经历。

第二十三条 从事质量管理、验收工作的人员应当在职在岗，不得兼职其他业务工作。

第二十四条 从事采购工作的人员应当具有药学或者医学、生物、化学等相关专业中专以上学历，从事销售、储存等工作的人员应当具有高中以上文化程度。

第二十五条 企业应当对各岗位人员进行与其职责和工作内容相关的岗前培训和继续培训，以符合本规范要求。

第二十六条 培训内容应当包括相关法律法规、药品专业知识及技能、质量管理制度、职责及岗位操作规程等。

第二十七条 企业应当按照培训管理制度制定年度培训计划并开展培训，使相关人员能正确理解并履行职责。培训工作应当做好记录并建立档案。

第二十八条 从事特殊管理的药品和冷藏冷冻药品的储存、运输等工作的人员，应当接受相关法律法规和专业知识培训并经考核合格后方可上岗。

第二十九条 企业应当制定员工个人卫生管理制度，储存、运输等岗位人员的着装应当符合劳动保护和产品防护的要求。

第三十条 质量管理、验收、养护、储存等直接接触药品岗位的人员应当进行岗前及年度健康检查，并建立健康档案。患有传染病或者其他可能污染药品的疾病的，不得从事直接接触药品的工作。身体条件不符合相应岗位特定要求的，不得从事相关工作。

第四节 质量管理体系文件

第三十一条 企业制定质量管理体系文件应当符合企业实际。文件包括质量管理制度、部门及岗位职责、操作规程、档案、报告、记录和凭证等。

第三十二条 文件的起草、修订、审核、批准、分发、保管，以及修改、撤销、替换、销毁等应当按照文件管理操作规程进行，并保存相关记录。

第三十三条 文件应当标明题目、种类、目的以及文件编号和版本号。文字应当准确、清晰、易懂。

文件应当分类存放，便于查阅。

第三十四条 企业应当定期审核、修订文件，使用的文件应当为现行有效的文本，已废止或者失效的文件除留档备查外，不得在工作现场出现。

第三十五条 企业应当保证各岗位获得与其工作内容相对应的必要文件，并严格按照规定开展工作。

第三十六条 质量管理制度应当包括以下内容：

（一）质量管理体系内审的规定；

（二）质量否决权的规定；

（三）质量管理文件的管理；

（四）质量信息的管理；

（五）供货单位、购货单位、供货单位销售人员及购货单位采购人员等资格审核的规定；

（六）药品采购、收货、验收、储存、养护、销售、出库、运输的管理；

（七）特殊管理的药品的规定；

（八）药品有效期的管理；

（九）不合格药品、药品销毁的管理；

（十）药品退货的管理；

（十一）药品召回的管理；

（十二）质量查询的管理；

（十三）质量事故、质量投诉的管理；

（十四）药品不良反应报告的规定；

（十五）环境卫生、人员健康的规定；

（十六）质量方面的教育、培训及考核的规定；

（十七）设施设备保管和维护的管理；

（十八）设施设备验证和校准的管理；

（十九）记录和凭证的管理；

（二十）计算机系统的管理；

（二十一）药品追溯的规定；

（二十二）其他应当规定的内容。

第三十七条 部门及岗位职责应当包括：

（一）质量管理、采购、储存、销售、运输、财务和信息管理等部门职责；

（二）企业负责人、质量负责人及质量管理、采购、储存、销售、运输、财务和信息管理等部门负责人的岗位职责；

（三）质量管理、采购、收货、验收、储存、养护、销售、出库复核、运输、财务、信息管理等岗位职责；

（四）与药品经营相关的其他岗位职责。

第三十八条 企业应当制定药品采购、收货、验收、储存、养护、销售、出库复核、运输等环节及计算机系统的操作规程。

第三十九条 企业应当建立药品采购、验收、养护、销售、出库复核、销后退回和购进退出、运输、储运温湿度监测、不合格药品处理等相关记录，做到真实、完整、准确、有效和可追溯。

第四十条 通过计算机系统记录数据时，有关人员应当按照操作规程，通过授权及密码登录后方可进行数据的录入或者复核；数据的更改应当经质量管理部门审核并在其监督下进行，更改过程应当留有记录。

第四十一条 书面记录及凭证应当及时填写，并做到字迹清晰，不得随意涂改，不得撕毁。更改记录的，应当注明理由、日期并签名，保持原有信息清晰可辨。

第四十二条 记录及凭证应当至少保存5年。疫苗、特殊管理的药品的记录及凭证按相关规定保存。

第五节 设施与设备

第四十三条 企业应当具有与其药品经营范围、经营规模相适应的经营场所和库房。

第四十四条 库房的选址、设计、布局、建造、改造和维护应当符合药品储存的要求，防止药品的污染、交叉污染、混淆和差错。

第四十五条 药品储存作业区、辅助作业区应当与办公区和生活区分开一定距离或者有隔离措施。

第四十六条 库房的规模及条件应当满足药品的合理、安全储存，并达到以下要求，便于开展储存作业：

（一）库房内外环境整洁，无污染源，库区地面硬化或者绿化；

（二）库房内墙、顶光洁，地面平整，门窗结构严密；

（三）库房有可靠的安全防护措施，能够对无关人员进入实行可控管理，防止药品被盗、替换或者混入假药；

（四）有防止室外装卸、搬运、接收、发运等作业受异常天气影响的措施。

第四十七条 库房应当配备以下设施设备：

（一）药品与地面之间有效隔离的设备；

（二）避光、通风、防潮、防虫、防鼠等设备；

（三）有效调控温湿度及室内外空气交换的设备；

（四）自动监测、记录库房温湿度的设备；

（五）符合储存作业要求的照明设备；

（六）用于零货拣选、拼箱发货操作及复核的作业区域和设备；

（七）包装物料的存放场所；

（八）验收、发货、退货的专用场所；

(九)不合格药品专用存放场所；

(十)经营特殊管理的药品有符合国家规定的储存设施。

第四十八条 经营中药材、中药饮片的，应当有专用的库房和养护工作场所，直接收购地产中药材的应当设置中药样品室(柜)。

第四十九条 储存、运输冷藏、冷冻药品的，应当配备以下设施设备：

(一)与其经营规模和品种相适应的冷库，储存疫苗的应当配备两个以上独立冷库；

(二)用于冷库温度自动监测、显示、记录、调控、报警的设备；

(三)冷库制冷设备的备用发电机组或者双回路供电系统；

(四)对有特殊低温要求的药品，应当配备符合其储存要求的设施设备；

(五)冷藏车及车载冷藏箱或者保温箱等设备。

第五十条 运输药品应当使用封闭式货物运输工具。

第五十一条 运输冷藏、冷冻药品的冷藏车及车载冷藏箱、保温箱等应当符合药品运输过程中对温度控制的要求。冷藏车具有自动调控温度、显示温度、存储和读取温度监测数据的功能；冷藏箱及保温箱具有外部显示和采集箱体内温度数据的功能。

第五十二条 储存、运输设施设备的定期检查、清洁和维护应当由专人负责，并建立记录和档案。

第六节 校准与验证

第五十三条 企业应当按照国家有关规定，对计量器具、温湿度监测设备等定期进行校准或者检定。

企业应当对冷库、储运温湿度监测系统以及冷藏运输等设施设备进行使用前验证、定期验证及停用时间超过规定时限的验证。

第五十四条 企业应当根据相关验证管理制度，形成验证控制文件，包括验证方案、报告、评价、偏差处理和预防措施等。

第五十五条 验证应当按照预先确定和批准的方案实施，验证报告应当经过审核和批准，验证文件应当存档。

第五十六条 企业应当根据验证确定的参数及条件，正确、合理使用相关设施设备。

第七节 计算机系统

第五十七条 企业应当建立能够符合经营全过程管理及质量控制要求的计算机系统，实现药品可追溯。

第五十八条 企业计算机系统应当符合以下要求：

(一)有支持系统正常运行的服务器和终端机；

(二)有安全、稳定的网络环境，有固定接入互联网的方式和安全可靠的信息平台；

(三)有实现部门之间、岗位之间信息传输和数据共享的局域网；

(四)有药品经营业务票据生成、打印和管理功能；

(五)有符合本规范要求及企业管理实际需要的应用软件和相关数据库。

第五十九条 各类数据的录入、修改、保存等操作应当符合授权范围、操作规程和管理制度的要求，保证数据原始、真实、准确、安全和可追溯。

第六十条 计算机系统运行中涉及企业经营和管理的数据应当采用安全、可靠的方式储存并按日备份，备份数据应当存放在安全场所，记录类数据的保存时限应当符合本规范第四十二条的要求。

第八节 采 购

第六十一条 企业的采购活动应当符合以下要求：

(一)确定供货单位的合法资格；

(二)确定所购入药品的合法性；

(三)核实供货单位销售人员的合法资格；

(四)与供货单位签订质量保证协议。

采购中涉及的首营企业、首营品种，采购部门应当填写相关申请表格，经过质量管理部门和企业质量负责人的审核批准。必要时应当组织实地考察，对供货单位质量管理体系进行评价。

第六十二条 对首营企业的审核，应当查验加盖其公章原印章的以下资料，确认真实、有效：

(一)《药品生产许可证》或者《药品经营许可证》复印件；

(二)营业执照、税务登记、组织机构代码的证件复印件，及上一年度企业年度报告公示情况；

(三)《药品生产质量管理规范》认证证书或者《药品经营质量管理规范》认证证书复印件；

(四)相关印章、随货同行单(票)样式；

(五)开户户名、开户银行及账号。

第六十三条 采购首营品种应当审核药品的合法性，索取加盖供货单位公章原印章的药品生产或者进口批准证明文件复印件并予以审核，审核无误的方可采购。

以上资料应当归入药品质量档案。

第六十四条 企业应当核实、留存供货单位销售人员以下资料：

（一）加盖供货单位公章原印章的销售人员身份证复印件；

（二）加盖供货单位公章原印章和法定代表人印章或者签名的授权书，授权书应当载明被授权人姓名、身份证号码，以及授权销售的品种、地域、期限；

（三）供货单位及供货品种相关资料。

第六十五条 企业与供货单位签订的质量保证协议至少包括以下内容：

（一）明确双方质量责任；

（二）供货单位应当提供符合规定的资料且对其真实性、有效性负责；

（三）供货单位应当按照国家规定开具发票；

（四）药品质量符合药品标准等有关要求；

（五）药品包装、标签、说明书符合有关规定；

（六）药品运输的质量保证及责任；

（七）质量保证协议的有效期限。

第六十六条 采购药品时，企业应当向供货单位索取发票。发票应当列明药品的通用名称、规格、单位、数量、单价、金额等；不能全部列明的，应当附《销售货物或者提供应税劳务清单》，并加盖供货单位发票专用章原印章、注明税票号码。

第六十七条 发票上的购、销单位名称及金额、品名应当与付款流向及金额、品名一致，并与财务账目内容相对应。发票按有关规定保存。

第六十八条 采购药品应当建立采购记录。采购记录应当有药品的通用名称、剂型、规格、生产厂商、供货单位、数量、价格、购货日期等内容，采购中药材、中药饮片的还应当标明产地。

第六十九条 发生灾情、疫情、突发事件或者临床紧急救治等特殊情况，以及其他符合国家有关规定的情形，企业可采用直调方式购销药品，将已采购的药品不入本企业仓库，直接从供货单位发送到购货单位，并建立专门的采购记录，保证有效的质量跟踪和追溯。

第七十条 采购特殊管理的药品，应当严格按照国家有关规定进行。

第七十一条 企业应当定期对药品采购的整体情况进行综合质量评审，建立药品质量评审和供货单位质量档案，并进行动态跟踪管理。

第九节 收货与验收

第七十二条 企业应当按照规定的程序和要求对到货药品逐批进行收货、验收，防止不合格药品入库。

第七十三条 药品到货时，收货人员应当核实运输方式是否符合要求，并对照随货同行单（票）和采购记录核对药品，做到票、账、货相符。

随货同行单（票）应当包括供货单位、生产厂商、药品的通用名称、剂型、规格、批号、数量、收货单位、收货地址、发货日期等内容，并加盖供货单位药品出库专用章原印章。

第七十四条 冷藏、冷冻药品到货时，应当对其运输方式及运输过程的温度记录、运输时间等质量控制状况进行重点检查并记录。不符合温度要求的应当拒收。

第七十五条 收货人员对符合收货要求的药品，应当按品种特性要求放于相应待验区域，或者设置状态标志，通知验收。冷藏、冷冻药品应当在冷库内待验。

第七十六条 验收药品应当按照药品批号查验同批号的检验报告书。供货单位为批发企业的，检验报告书应当加盖其质量管理专用章原印章。检验报告书的传递和保存可以采用电子数据形式，但应当保证其合法性和有效性。

第七十七条 企业应当按照验收规定，对每次到货药品进行逐批抽样验收，抽取的样品应当具有代表性：

（一）同一批号的药品应当至少检查一个最小包装，但生产企业有特殊质量控制要求或者打开最小包装可能影响药品质量的，可不打开最小包装；

（二）破损、污染、渗液、封条损坏等包装异常以及零货、拼箱的，应当开箱检查至最小包装；

（三）外包装及封签完整的原料药、实施批签发管理的生物制品，可不开箱检查。

第七十八条 验收人员应当对抽样药品的外观、包装、标签、说明书以及相关的证明文件等逐一进行检查、核对；验收结束后，应当将抽取的完好样品放回原包装箱，加封并标示。

第七十九条 特殊管理的药品应当按照相关规定在专库或者专区内验收。

第八十条 验收药品应当做好验收记录，包括药品的通用名称、剂型、规格、批准文号、批号、生产日期、有效期、生产厂商、供货单位、到货数量、到货日期、验收合格数量、验收结果等内容。验收人员应当在验收记录上签署姓名和验收日期。

中药材验收记录应当包括品名、产地、供货单位、到货数量、验收合格数量等内容。中药饮片验收记录应当包括品名、规格、批号、产地、生产日期、生产厂商、供货单位、到货数量、验收合格数量等内容，实施批准文号管理的中药饮片还应当记录批准文号。

验收不合格的还应当注明不合格事项及处置措施。

第八十一条 企业应当建立库存记录,验收合格的药品应当及时入库登记;验收不合格的,不得入库,并由质量管理部门处理。

第八十二条 企业按本规范第六十九条规定进行药品直调的,可委托购货单位进行药品验收。购货单位应当严格按照本规范的要求验收药品,并建立专门的直调药品验收记录。验收当日应当将验收记录相关信息传递给直调企业。

第十节 储存与养护

第八十三条 企业应当根据药品的质量特性对药品进行合理储存,并符合以下要求:

(一)按包装标示的温度要求储存药品,包装上没有标示具体温度的,按照《中华人民共和国药典》规定的贮藏要求进行储存;

(二)储存药品相对湿度为35%—75%;

(三)在人工作业的库房储存药品,按质量状态实行色标管理,合格药品为绿色,不合格药品为红色,待确定药品为黄色;

(四)储存药品应当按照要求采取避光、遮光、通风、防潮、防虫、防鼠等措施;

(五)搬运和堆码药品应当严格按照外包装标示要求规范操作,堆码高度符合包装图示要求,避免损坏药品包装;

(六)药品按批号堆码,不同批号的药品不得混垛,垛间距不小于5厘米,与库房内墙、顶、温度调控设备及管道等设施间距不小于30厘米,与地面间距不小于10厘米;

(七)药品与非药品、外用药与其他药品分开存放,中药材和中药饮片分库存放;

(八)特殊管理的药品应当按照国家有关规定储存;

(九)拆除外包装的零货药品应当集中存放;

(十)储存药品的货架、托盘等设施设备应当保持清洁,无破损和杂物堆放;

(十一)未经批准的人员不得进入储存作业区,储存作业区内的人员不得有影响药品质量和安全的行为;

(十二)药品储存作业区内不得存放与储存管理无关的物品。

第八十四条 养护人员应当根据库房条件、外部环境、药品质量特性等对药品进行养护,主要内容是:

(一)指导和督促储存人员对药品进行合理储存与作业;

(二)检查并改善储存条件、防护措施、卫生环境;

(三)对库房温湿度进行有效监测、调控;

(四)按照养护计划对库存药品的外观、包装等质量状况进行检查,并建立养护记录;对储存条件有特殊要求的或者有效期较短的品种应当进行重点养护;

(五)发现有问题的药品应当及时在计算机系统中锁定和记录,并通知质量管理部门处理;

(六)对中药材和中药饮片应当按其特性采取有效方法进行养护并记录,所采取的养护方法不得对药品造成污染;

(七)定期汇总、分析养护信息。

第八十五条 企业应当采用计算机系统对库存药品的有效期进行自动跟踪和控制,采取近效期预警及超过有效期自动锁定等措施,防止过期药品销售。

第八十六条 药品因破损而导致液体、气体、粉末泄漏时,应当迅速采取安全处理措施,防止对储存环境和其他药品造成污染。

第八十七条 对质量可疑的药品应当立即采取停售措施,并在计算机系统中锁定,同时报告质量管理部门确认。对存在质量问题的药品应当采取以下措施:

(一)存放于标志明显的专用场所,并有效隔离,不得销售;

(二)怀疑为假药的,及时报告食品药品监督管理部门;

(三)属于特殊管理的药品,按照国家有关规定处理;

(四)不合格药品的处理过程应当有完整的手续和记录;

(五)对不合格药品应当查明并分析原因,及时采取预防措施。

第八十八条 企业应当对库存药品定期盘点,做到账、货相符。

第十一节 销售

第八十九条 企业应当将药品销售给合法的购货单位,并对购货单位的证明文件、采购人员及提货人员的身份证明进行核实,保证药品销售流向真实、合法。

第九十条 企业应当严格审核购货单位的生产范围、经营范围或者诊疗范围,并按照相应的范围销售药品。

第九十一条 企业销售药品,应当如实开具发票,做到票、账、货、款一致。

第九十二条 企业应当做好药品销售记录。销售记录应当包括药品的通用名称、规格、剂型、批号、有效期、生产厂商、购货单位、销售数量、单价、金额、销售日期等内容。按照本规范第六十九条规定进行药品直调的，应当建立专门的销售记录。

中药材销售记录应当包括品名、规格、产地、购货单位、销售数量、单价、金额、销售日期等内容；中药饮片销售记录应当包括品名、规格、批号、产地、生产厂商、购货单位、销售数量、单价、金额、销售日期等内容。

第九十三条 销售特殊管理的药品以及国家有专门管理要求的药品，应当严格按照国家有关规定执行。

第十二节 出 库

第九十四条 出库时应当对照销售记录进行复核。发现以下情况不得出库，并报告质量管理部门处理：

（一）药品包装出现破损、污染、封口不牢、衬垫不实、封条损坏等问题；

（二）包装内有异常响动或者液体渗漏；

（三）标签脱落、字迹模糊不清或者标识内容与实物不符；

（四）药品已超过有效期；

（五）其他异常情况的药品。

第九十五条 药品出库复核应当建立记录，包括购货单位、药品的通用名称、剂型、规格、数量、批号、有效期、生产厂商、出库日期、质量状况和复核人员等内容。

第九十六条 特殊管理的药品出库应当按照有关规定进行复核。

第九十七条 药品拼箱发货的代用包装箱应当有醒目的拼箱标志。

第九十八条 药品出库时，应当附加盖企业药品出库专用章原印章的随货同行单（票）。

企业按照本规范第六十九条规定直调药品的，直调药品出库时，由供货单位开具两份随货同行单（票），分别发往直调企业和购货单位。随货同行单（票）的内容应当符合本规范第七十三条第二款的要求，还应当标明直调企业名称。

第九十九条 冷藏、冷冻药品的装箱、装车等项作业，应当由专人负责并符合以下要求：

（一）车载冷藏箱或者保温箱在使用前应当达到相应的温度要求；

（二）应当在冷藏环境下完成冷藏、冷冻药品的装箱、封箱工作；

（三）装车前应当检查冷藏车辆的启动、运行状态，达到规定温度后方可装车；

（四）启运时应当做好运输记录，内容包括运输工具和启运时间等。

第十三节 运输与配送

第一百条 企业应当按照质量管理制度的要求，严格执行运输操作规程，并采取有效措施保证运输过程中的药品质量与安全。

第一百零一条 运输药品，应当根据药品的包装、质量特性并针对车况、道路、天气等因素，选用适宜的运输工具，采取相应措施防止出现破损、污染等问题。

第一百零二条 发运药品时，应当检查运输工具，发现运输条件不符合规定的，不得发运。运输药品过程中，运载工具应当保持密闭。

第一百零三条 企业应当严格按照外包装标示的要求搬运、装卸药品。

第一百零四条 企业应当根据药品的温度控制要求，在运输过程中采取必要的保温或者冷藏、冷冻措施。

运输过程中，药品不得直接接触冰袋、冰排等蓄冷剂，防止对药品质量造成影响。

第一百零五条 在冷藏、冷冻药品运输途中，应当实时监测并记录冷藏车、冷藏箱或者保温箱内的温度数据。

第一百零六条 企业应当制定冷藏、冷冻药品运输应急预案，对运输途中可能发生的设备故障、异常天气影响、交通拥堵等突发事件，能够采取相应的应对措施。

第一百零七条 企业委托其他单位运输药品的，应当对承运方运输药品的质量保障能力进行审计，索取运输车辆的相关资料，符合本规范运输设施设备条件和要求的方可委托。

第一百零八条 企业委托运输药品应当与承运方签订运输协议，明确药品质量责任、遵守运输操作规程和在途时限等内容。

第一百零九条 企业委托运输药品应当有记录，实现运输过程的质量追溯。记录至少包括发货时间、发货地址、收货单位、收货地址、货单号、药品件数、运输方式、委托经办人、承运单位，采用车辆运输的还应当载明车牌号，并留存驾驶人员的驾驶证复印件。记录应当至少保存5年。

第一百一十条 已装车的药品应当及时发运并尽快送达。委托运输的，企业应当要求并监督承运方严格履行委托运输协议，防止因在途时间过长影响药品质量。

第一百一十一条 企业应当采取运输安全管理措施，防止在运输过程中发生药品盗抢、遗失、调换等事故。

第一百一十二条 特殊管理的药品的运输应当符合国家有关规定。

第十四节 售后管理

第一百一十三条 企业应当加强对退货的管理，保证退货环节药品的质量和安全，防止混入假冒药品。

第一百一十四条 企业应当按照质量管理制度的要求，制定投诉管理操作规程，内容包括投诉渠道及方式、档案记录、调查与评估、处理措施、反馈和事后跟踪等。

第一百一十五条 企业应当配备专职或者兼职人员负责售后投诉管理，对投诉的质量问题查明原因，采取有效措施及时处理和反馈，并做好记录，必要时应当通知供货单位及药品生产企业。

第一百一十六条 企业应当及时将投诉及处理结果等信息记入档案，以便查询和跟踪。

第一百一十七条 企业发现已售出药品有严重质量问题，应当立即通知购货单位停售、追回并做好记录，同时向食品药品监督管理部门报告。

第一百一十八条 企业应当协助药品生产企业履行召回义务，按照召回计划的要求及时传达、反馈药品召回信息，控制和收回存在安全隐患的药品，并建立药品召回记录。

第一百一十九条 企业质量管理部门应当配备专职或者兼职人员，按照国家有关规定承担药品不良反应监测和报告工作。

第三章 药品零售的质量管理

第一节 质量管理与职责

第一百二十条 企业应当按照有关法律法规及本规范的要求制定质量管理文件，开展质量管理活动，确保药品质量。

第一百二十一条 企业应当具有与其经营范围和规模相适应的经营条件，包括组织机构、人员、设施设备、质量管理文件，并按照规定设置计算机系统。

第一百二十二条 企业负责人是药品质量的主要责任人，负责企业日常管理，负责提供必要的条件，保证质量管理部门和质量管理人员有效履行职责，确保企业按照本规范要求经营药品。

第一百二十三条 企业应当设置质量管理部门或者配备质量管理人员，履行以下职责：

（一）督促相关部门和岗位人员执行药品管理的法律法规及本规范；

（二）组织制订质量管理文件，并指导、监督文件的执行；

（三）负责对供货单位及其销售人员资格证明的审核；

（四）负责对所采购药品合法性的审核；

（五）负责药品的验收，指导并监督药品采购、储存、陈列、销售等环节的质量管理工作；

（六）负责药品质量查询及质量信息管理；

（七）负责药品质量投诉和质量事故的调查、处理及报告；

（八）负责对不合格药品的确认及处理；

（九）负责假劣药品的报告；

（十）负责药品不良反应的报告；

（十一）开展药品质量管理教育和培训；

（十二）负责计算机系统操作权限的审核、控制及质量管理基础数据的维护；

（十三）负责组织计量器具的校准及检定工作；

（十四）指导并监督药学服务工作；

（十五）其他应当由质量管理部门或者质量管理人员履行的职责。

第二节 人员管理

第一百二十四条 企业从事药品经营和质量管理工作的人员，应当符合有关法律法规及本规范规定的资格要求，不得有相关法律法规禁止从业的情形。

第一百二十五条 企业法定代表人或者企业负责人应当具备执业药师资格。

企业应当按照国家有关规定配备执业药师，负责处方审核，指导合理用药。

第一百二十六条 质量管理、验收、采购人员应当具有药学或者医学、生物、化学等相关专业学历或者具有药学专业技术职称。从事中药饮片质量管理、验收、采购人员应当具有中药学中专以上学历或者具有中药学专业初级以上专业技术职称。

营业员应当具有高中以上文化程度或者符合省级食品药品监督管理部门规定的条件。中药饮片调剂人员应当具有中药学中专以上学历或者具备中药调剂员资格。

第一百二十七条 企业各岗位人员应当接受相关法律法规及药品专业知识与技能的岗前培训和继续培训，以符合本规范要求。

第一百二十八条 企业应当按照培训管理制度制定年度培训计划并开展培训，使相关人员能正确理解并履行职责。培训工作应当做好记录并建立档案。

第一百二十九条 企业应当为销售特殊管理的药品、国家有专门管理要求的药品、冷藏药品的人员接受相应培训提供条件，使其掌握相关法律法规和专业知识。

第一百三十条 在营业场所内，企业工作人员应当穿着整洁、卫生的工作服。

第一百三十一条 企业应当对直接接触药品岗位的人员进行岗前及年度健康检查，并建立健康档案。患有传染病或者其他可能污染药品的疾病的，不得从事直接接触药品的工作。

第一百三十二条 在药品储存、陈列等区域不得存放与经营活动无关的物品及私人用品，在工作区域内不得有影响药品质量和安全的行为。

第三节 文件

第一百三十三条 企业应当按照有关法律法规及本规范规定，制定符合企业实际的质量管理文件。文件包括质量管理制度、岗位职责、操作规程、档案、记录和凭证等，并对质量管理文件定期审核、及时修订。

第一百三十四条 企业应当采取措施确保各岗位人员正确理解质量管理文件的内容，保证质量管理文件有效执行。

第一百三十五条 药品零售质量管理制度应当包括以下内容：
（一）药品采购、验收、陈列、销售等环节的管理，设置库房的还应当包括储存、养护的管理；
（二）供货单位和采购品种的审核；
（三）处方药销售的管理；
（四）药品拆零的管理；
（五）特殊管理的药品和国家有专门管理要求的药品的管理；
（六）记录和凭证的管理；
（七）收集和查询质量信息的管理；
（八）质量事故、质量投诉的管理；
（九）中药饮片处方审核、调配、核对的管理；
（十）药品有效期的管理；
（十一）不合格药品、药品销毁的管理；
（十二）环境卫生、人员健康的规定；
（十三）提供用药咨询、指导合理用药等药学服务的管理；
（十四）人员培训及考核的规定；
（十五）药品不良反应报告的规定；
（十六）计算机系统的管理；
（十七）药品追溯的规定；
（十八）其他应当规定的内容。

第一百三十六条 企业应当明确企业负责人、质量管理、采购、验收、营业员以及处方审核、调配等岗位的职责，设置库房的还应当包括储存、养护等岗位职责。

第一百三十七条 质量管理岗位、处方审核岗位的职责不得由其他岗位人员代为履行。

第一百三十八条 药品零售操作规程应当包括：
（一）药品采购、验收、销售；
（二）处方审核、调配、核对；
（三）中药饮片处方审核、调配、核对；
（四）药品拆零销售；
（五）特殊管理的药品和国家有专门管理要求的药品的销售；
（六）营业场所药品陈列及检查；
（七）营业场所冷藏药品的存放；
（八）计算机系统的操作和管理；
（九）设置库房的还应当包括储存和养护的操作规程。

第一百三十九条 企业应当建立药品采购、验收、销售、陈列检查、温湿度监测、不合格药品处理等相关记录，做到真实、完整、准确、有效和可追溯。

第一百四十条 记录及相关凭证应当至少保存5年。特殊管理的药品的记录及凭证按相关规定保存。

第一百四十一条 通过计算机系统记录数据时，相关岗位人员应当按照操作规程，通过授权及密码登录计算机系统，进行数据的录入，保证数据原始、真实、准确、安全和可追溯。

第一百四十二条 电子记录数据应当以安全、可靠方式定期备份。

第四节 设施与设备

第一百四十三条 企业的营业场所应当与其药品经营范围、经营规模相适应，并与药品储存、办公、生活辅助及其他区域分开。

第一百四十四条 营业场所应当具有相应设施或者采取其他有效措施，避免药品受室外环境的影响，并做到宽敞、明亮、整洁、卫生。

第一百四十五条 营业场所应当有以下营业设备：
（一）货架和柜台；
（二）监测、调控温度的设备；
（三）经营中药饮片的，有存放饮片和处方调配的设备；
（四）经营冷藏药品的，有专用冷藏设备；
（五）经营第二类精神药品、毒性中药品种和罂粟壳的，有符合安全规定的专用存放设备；
（六）药品拆零销售所需的调配工具、包装用品。

第一百四十六条 企业应当建立能够符合经营和质量管理要求的计算机系统，并满足药品追溯的要求。

第一百四十七条　企业设置库房的，应当做到库房内墙、顶光洁，地面平整，门窗结构严密；有可靠的安全防护、防盗等措施。

第一百四十八条　仓库应当有以下设施设备：

（一）药品与地面之间有效隔离的设备；

（二）避光、通风、防潮、防虫、防鼠等设备；

（三）有效监测和调控温湿度的设备；

（四）符合储存作业要求的照明设备；

（五）验收专用场所；

（六）不合格药品专用存放场所；

（七）经营冷藏药品的，有与其经营品种及经营规模相适应的专用设备。

第一百四十九条　经营特殊管理的药品应当有符合国家规定的储存设施。

第一百五十条　储存中药饮片应当设立专用库房。

第一百五十一条　企业应当按照国家有关规定，对计量器具、温湿度监测设备等定期进行校准或者检定。

第五节　采购与验收

第一百五十二条　企业采购药品，应当符合本规范第二章第八节的相关规定。

第一百五十三条　药品到货时，收货人员应当按采购记录，对照供货单位的随货同行单（票）核实药品实物，做到票、账、货相符。

第一百五十四条　企业应当按规定的程序和要求对到货药品逐批进行验收，并按照本规范第八十条规定做好验收记录。

验收抽取的样品应当具有代表性。

第一百五十五条　冷藏药品到货时，应当按照本规范第七十四条规定进行检查。

第一百五十六条　验收药品应当按照本规范第七十六条规定查验药品检验报告书。

第一百五十七条　特殊管理的药品应当按照相关规定进行验收。

第一百五十八条　验收合格的药品应当及时入库或者上架，验收不合格的，不得入库或者上架，并报告质量管理人员处理。

第六节　陈列与储存

第一百五十九条　企业应当对营业场所温度进行监测和调控，以使营业场所的温度符合常温要求。

第一百六十条　企业应当定期进行卫生检查，保持环境整洁。存放、陈列药品的设备应当保持清洁卫生，不得放置与销售活动无关的物品，并采取防虫、防鼠等措施，防止污染药品。

第一百六十一条　药品的陈列应当符合以下要求：

（一）按剂型、用途以及储存要求分类陈列，并设置醒目标志，类别标签字迹清晰、放置准确。

（二）药品放置于货架（柜），摆放整齐有序，避免阳光直射。

（三）处方药、非处方药分区陈列，并有处方药、非处方药专用标识。

（四）处方药不得采用开架自选的方式陈列和销售。

（五）外用药与其他药品分开摆放。

（六）拆零销售的药品集中存放于拆零专柜或者专区。

（七）第二类精神药品、毒性中药品种和罂粟壳不得陈列。

（八）冷藏药品放置在冷藏设备中，按规定对温度进行监测和记录，并保证存放温度符合要求。

（九）中药饮片柜斗谱的书写应当正名正字；装斗前应当复核，防止错斗、串斗；应当定期清斗，防止饮片生虫、发霉、变质；不同批号的饮片装斗前应当清斗并记录。

（十）经营非药品应当设置专区，与药品区域明显隔离，并有醒目标志。

第一百六十二条　企业应当定期对陈列、存放的药品进行检查，重点检查拆零药品和易变质、近效期、摆放时间较长的药品以及中药饮片。发现有质量疑问的药品应当及时撤柜，停止销售，由质量管理人员确认和处理，并保留相关记录。

第一百六十三条　企业应当对药品的有效期进行跟踪管理，防止近效期药品售出后可能发生的过期使用。

第一百六十四条　企业设置库房的，库房的药品储存与养护管理应当符合本规范第二章第十节的相关规定。

第七节　销售管理

第一百六十五条　企业应当在营业场所的显著位置悬挂《药品经营许可证》、营业执照、执业药师注册证等。

第一百六十六条　营业人员应当佩戴有照片、姓名、岗位等内容的工作牌，是执业药师和药学技术人员的，工作牌还应当标明执业资格或者药学专业技术职称。在岗执业的执业药师应当挂牌明示。

第一百六十七条　销售药品应当符合以下要求：

（一）处方经执业药师审核后方可调配；对处方所列药品不得擅自更改或者代用，对有配伍禁忌或者超剂量的处方，应当拒绝调配，但经处方医师更正或者重新签字确认的，可以调配；调配处方后经过核对方可销售。

（二）处方审核、调配、核对人员应当在处方上签字或者盖章，并按照有关规定保存处方或者其复印件。

（三）销售近效期药品应当向顾客告知有效期。

（四）销售中药饮片做到计量准确，并告知煎服方法及注意事项；提供中药饮片代煎服务，应当符合国家有关规定。

第一百六十八条　企业销售药品应当开具销售凭证，内容包括药品名称、生产厂商、数量、价格、批号、规格等，并做好销售记录。

第一百六十九条　药品拆零销售应当符合以下要求：

（一）负责拆零销售的人员经过专门培训；

（二）拆零的工作台及工具保持清洁、卫生，防止交叉污染；

（三）做好拆零销售记录，内容包括拆零起始日期、药品的通用名称、规格、批号、生产厂商、有效期、销售数量、销售日期、分拆及复核人员等；

（四）拆零销售应当使用洁净、卫生的包装，包装上注明药品名称、规格、数量、用法、用量、批号、有效期以及药店名称等内容；

（五）提供药品说明书原件或者复印件；

（六）拆零销售期间，保留原包装和说明书。

第一百七十条　销售特殊管理的药品和国家有专门管理要求的药品，应当严格执行国家有关规定。

第一百七十一条　药品广告宣传应当严格执行国家有关广告管理的规定。

第一百七十二条　非本企业在职人员不得在营业场所内从事药品销售相关活动。

第八节　售后管理

第一百七十三条　除药品质量原因外，药品一经售出，不得退换。

第一百七十四条　企业应当在营业场所公布食品药品监督管理部门的监督电话，设置顾客意见簿，及时处理顾客对药品质量的投诉。

第一百七十五条　企业应当按照国家有关药品不良反应报告制度的规定，收集、报告药品不良反应信息。

第一百七十六条　企业发现已售出药品有严重质量问题，应当及时采取措施追回药品并做好记录，同时向食品药品监督管理部门报告。

第一百七十七条　企业应当协助药品生产企业履行召回义务，控制和收回存在安全隐患的药品，并建立药品召回记录。

第四章　附　则

第一百七十八条　本规范下列术语的含义是：

（一）在职：与企业确定劳动关系的在册人员。

（二）在岗：相关岗位人员在工作时间内在规定的岗位履行职责。

（三）首营企业：采购药品时，与本企业首次发生供需关系的药品生产或者经营企业。

（四）首营品种：本企业首次采购的药品。

（五）原印章：企业在购销活动中，为证明企业身份在相关文件或者凭证上加盖的企业公章、发票专用章、质量管理专用章、药品出库专用章的原始印记，不能是印刷、影印、复印等复制后的印记。

（六）待验：对到货、销后退回的药品采用有效的方式进行隔离或者区分，在入库前等待质量验收的状态。

（七）零货：拆除了用于运输、储藏包装的药品。

（八）拼箱发货：将零货药品集中拼装至同一包装箱内发货的方式。

（九）拆零销售：将最小包装拆分销售的方式。

（十）国家有专门管理要求的药品：国家对蛋白同化制剂、肽类激素、含特殊药品复方制剂等品种实施特殊监管措施的药品。

第一百七十九条　药品零售连锁企业总部的管理应当符合本规范药品批发企业相关规定，门店的管理应当符合本规范药品零售企业相关规定。

第一百八十条　本规范为药品经营质量管理的基本要求。对企业信息化管理、药品储运温湿度自动监测、药品验收管理、药品冷链物流管理、零售连锁管理等具体要求，由国家食品药品监督管理总局以附录方式另行制定。

第一百八十一条　麻醉药品、精神药品、药品类易制毒化学品的追溯应当符合国家有关规定。

第一百八十二条　医疗机构药房和计划生育技术服务机构的药品采购、储存、养护等质量管理规范由国家食品药品监督管理总局商相关主管部门另行制定。

互联网销售药品的质量管理规定由国家食品药品监督管理总局另行制定。

第一百八十三条　药品经营企业违反本规范的，由食品药品监督管理部门按照《中华人民共和国药品管理法》第七十八条的规定给予处罚。

第一百八十四条　本规范自发布之日起施行，卫生部2013年6月1日施行的《药品经营质量管理规范》（中华人民共和国卫生部令第90号）同时废止。

药品经营和使用质量监督管理办法

- 2023年9月27日国家市场监督管理总局令第84号公布
- 自2024年1月1日起施行

第一章 总 则

第一条 为了加强药品经营和药品使用质量监督管理,规范药品经营和药品使用质量管理活动,根据《中华人民共和国药品管理法》(以下简称《药品管理法》)《中华人民共和国疫苗管理法》《中华人民共和国药品管理法实施条例》等法律、行政法规,制定本办法。

第二条 在中华人民共和国境内的药品经营、使用质量管理及其监督管理活动,应当遵守本办法。

第三条 从事药品批发或者零售活动的,应当经药品监督管理部门批准,依法取得药品经营许可证,严格遵守法律、法规、规章、标准和规范。

药品上市许可持有人可以自行销售其取得药品注册证书的药品,也可以委托药品经营企业销售。但是,药品上市许可持有人从事药品零售活动的,应当取得药品经营许可证。

其他单位从事药品储存、运输等相关活动的,应当遵守本办法相关规定。

第四条 医疗机构应当建立药品质量管理体系,对本单位药品购进、储存、使用全过程的药品质量管理负责。使用放射性药品等特殊管理的药品的,应当按规定取得相关的使用许可。

医疗机构以外的其他药品使用单位,应当遵守本办法关于医疗机构药品购进、储存、使用全过程的药品质量管理规定。

第五条 药品上市许可持有人、药品经营企业和医疗机构等应当遵守国家药品监督管理局制定的统一药品追溯标准和规范,建立并实施药品追溯制度,按照规定提供追溯信息,保证药品可追溯。

第六条 国家药品监督管理局主管全国药品经营和使用质量监督管理工作,对省、自治区、直辖市药品监督管理部门的药品经营和使用质量监督管理工作进行指导。

省、自治区、直辖市药品监督管理部门负责本行政区域内药品经营和使用质量监督管理,负责药品批发企业、药品零售连锁总部的许可、检查和处罚,以及药品上市许可持有人销售行为的检查和处罚;按职责指导设区的市级、县人民政府承担药品监督管理职责的部门(以下简称市县级药品监督管理部门)的药品经营和使用质量监督管理工作。

市县级药品监督管理部门负责本行政区域内药品经营和使用质量监督管理,负责药品零售企业的许可、检查和处罚,以及药品使用环节质量的检查和处罚。

国家市场监督管理总局按照有关规定加强市场监管综合执法队伍的指导。

第七条 国家药品监督管理局制定药品经营质量管理规范及其现场检查指导原则。省、自治区、直辖市药品监督管理部门可以依据本办法、药品经营质量管理规范及其现场检查指导原则,结合本行政区域实际情况制定检查细则。

第二章 经营许可

第八条 从事药品批发活动的,应当具备以下条件:

(一)有与其经营范围相适应的质量管理机构和人员;企业法定代表人、主要负责人、质量负责人、质量管理部门负责人等符合规定的条件;

(二)有依法经过资格认定的药师或者其他药学技术人员;

(三)有与其经营品种和规模相适应的自营仓库、营业场所和设施设备,仓库具备实现药品入库、传送、分拣、上架、出库等操作的现代物流设施设备;

(四)有保证药品质量的质量管理制度以及覆盖药品经营、质量控制和追溯全过程的信息管理系统,并符合药品经营质量管理规范要求。

第九条 从事药品零售连锁经营活动的,应当设立药品零售连锁总部,对零售门店进行统一管理。药品零售连锁总部应当具备本办法第八条第一项、第二项、第四项规定的条件,并具备能够保证药品质量、与其经营品种和规模相适应的仓库、配送场所和设施设备。

第十条 从事药品零售活动的,应当具备以下条件:

(一)经营处方药、甲类非处方药的,应当按规定配备与经营范围和品种相适应的依法经过资格认定的药师或者其他药学技术人员。只经营乙类非处方药的,可以配备经设区的市级药品监督管理部门组织考核合格的药品销售业务人员;

(二)有与所经营药品相适应的营业场所、设备、陈列、仓储设施以及卫生环境;同时经营其他商品(非药品)的,陈列、仓储设施应当与药品分开设置;在超市等其他场所从事药品零售活动的,应当具有独立的经营区域;

(三)有与所经营药品相适应的质量管理机构或者人员,企业法定代表人、主要负责人、质量负责人等符合规定的条件;

（四）有保证药品质量的质量管理制度、符合质量管理与追溯要求的信息管理系统，符合药品经营质量管理规范要求。

第十一条 开办药品经营企业，应当在取得营业执照后，向所在地县级以上药品监督管理部门申请药品经营许可证，提交下列材料：

（一）药品经营许可证申请表；

（二）质量管理机构情况以及主要负责人、质量负责人、质量管理部门负责人学历、工作经历相关材料；

（三）药师或者其他药学技术人员资格证书以及任职文件；

（四）经营药品的方式和范围相关材料；

（五）药品质量管理规章制度以及陈列、仓储等关键设施设备清单；

（六）营业场所、设备、仓储设施及周边卫生环境等情况，营业场所、仓库平面布置图及房屋产权或者使用权相关材料；

（七）法律、法规规定的其他材料。

申请人应当对其申请材料全部内容的真实性负责。

申请人应当按照国家有关规定对申请材料中的商业秘密、未披露信息或者保密商务信息进行标注，并注明依据。

第十二条 药品监督管理部门收到药品经营许可证申请后，应当根据下列情况分别作出处理：

（一）申请事项依法不需要取得药品经营许可的，应当即时告知申请人不受理；

（二）申请事项依法不属于本部门职权范围的，应当即时作出不予受理的决定，并告知申请人向有关行政机关申请；

（三）申请材料存在可以当场更正的错误的，应当允许申请人当场更正；

（四）申请材料不齐全或者不符合形式审查要求的，应当当场或者在五日内发给申请人补正材料通知书，一次告知申请人需要补正的全部内容，逾期不告知的，自收到申请材料之日起即为受理；

（五）申请材料齐全、符合形式审查要求，或者申请人按照要求提交全部补正材料的，应当受理药品经营许可证申请。

药品监督管理部门受理或者不予受理药品经营许可证申请的，应当出具加盖本部门专用印章和注明日期的受理通知书或者不予受理通知书。

第十三条 药品监督管理部门应当自受理申请之日起二十日内作出决定。

药品监督管理部门按照药品经营质量管理规范及其现场检查指导原则、检查细则等有关规定，组织开展申报资料技术审查和现场检查。

经技术审查和现场检查，符合条件的，准予许可，并自许可决定作出之日起五日内颁发药品经营许可证；不符合条件的，作出不予许可的书面决定，并说明理由。

仅从事乙类非处方药零售活动的，申请人提交申请材料和承诺书后，符合条件的，准予许可，当日颁发药品经营许可证。自许可决定作出之日起三个月内药品监督管理部门组织开展技术审查和现场检查，发现承诺不实的，责令限期整改，整改后仍不符合条件的，撤销药品经营许可证。

第十四条 药品监督管理部门应当在网站和办公场所公示申请药品经营许可证的条件、程序、期限、需要提交的全部材料目录和申请表格式文本等。

第十五条 药品监督管理部门应当公开药品经营许可证申请的许可结果，并提供条件便利申请人查询审批进程。

未经申请人同意，药品监督管理部门、专业技术机构及其工作人员不得披露申请人提交的商业秘密、未披露信息或者保密商务信息，法律另有规定或者涉及国家安全、重大社会公共利益的除外。

第十六条 药品监督管理部门认为药品经营许可涉及公共利益的，应当向社会公告，并举行听证。

药品经营许可直接涉及申请人与他人之间重大利益关系的，药品监督管理部门作出行政许可决定前，应当告知申请人、利害关系人享有要求听证的权利。

第十七条 药品经营许可证有效期为五年，分为正本和副本。药品经营许可证式样由国家药品监督管理局统一制定。药品经营许可证电子证书与纸质证书具有同等法律效力。

第十八条 药品经营许可证应当载明许可证编号、企业名称、统一社会信用代码、经营地址、法定代表人、主要负责人、质量负责人、经营范围、经营方式、仓库地址、发证机关、发证日期、有效期等项目。

企业名称、统一社会信用代码、法定代表人等项目应当与市场监督管理部门核发的营业执照中载明的相关内容一致。

第十九条 药品经营许可证载明事项分为许可事项和登记事项。

许可事项是指经营地址、经营范围、经营方式、仓库地址。

登记事项是指企业名称、统一社会信用代码、法定代表人、主要负责人、质量负责人等。

第二十条 药品批发企业经营范围包括中药饮片、中成药、化学药、生物制品、体外诊断试剂（药品）、麻醉药品、第一类精神药品、第二类精神药品、药品类易制毒化学品、医疗用毒性药品、蛋白同化制剂、肽类激素等。其中麻醉药品、第一类精神药品、第二类精神药品、药品类易制毒化学品、医疗用毒性药品、蛋白同化制剂、肽类激素等经营范围的核定，按照国家有关规定执行。

经营冷藏冷冻等有特殊管理要求的药品的，应当在经营范围中予以标注。

第二十一条 从事药品零售活动的，应当核定经营类别，并在经营范围中予以明确。经营类别分为处方药、甲类非处方药、乙类非处方药。

药品零售企业经营范围包括中药饮片、中成药、化学药、第二类精神药品、血液制品、细胞治疗类生物制品及其他生物制品等。其中第二类精神药品、血液制品、细胞治疗类生物制品经营范围的核定，按照国家有关规定执行。

经营冷藏冷冻药品的，应当在经营范围中予以标注。

药品零售连锁门店的经营范围不得超过药品零售连锁总部的经营范围。

第二十二条 从事放射性药品经营活动的，应当按照国家有关规定申领放射性药品经营许可证。

第二十三条 变更药品经营许可证载明的许可事项的，应当向发证机关提出药品经营许可证变更申请。未经批准，不得擅自变更许可事项。

发证机关应当自受理变更申请之日起十五日内作出准予变更或者不予变更的决定。

药品零售企业被其他药品零售连锁总部收购的，按照变更药品经营许可证程序办理。

第二十四条 药品经营许可证载明的登记事项发生变化的，应当在发生变化起三十日内，向发证机关申请办理药品经营许可证变更登记。发证机关应当在十日内完成变更登记。

第二十五条 药品经营许可证载明事项发生变更的，由发证机关在副本上记录变更的内容和时间，并按照变更后的内容重新核发药品经营许可证正本。

第二十六条 药品经营许可证有效期届满需要继续经营药品的，药品经营企业应当在有效期届满前六个月至两个月期间内，向发证机关提出重新审查发证申请。

发证机关按照本办法关于申请办理药品经营许可证的程序和要求进行审查，必要时开展现场检查。药品经营许可证有效期届满前，应当作出是否许可的决定。

经审查符合规定条件的，准予许可，药品经营许可证编号不变。不符合规定条件的，责令限期整改；整改后仍不符合规定条件的，不予许可，并书面说明理由。逾期未作出决定的，视为准予许可。

在有效期届满前两个月内提出重新审查发证申请的，药品经营许可证有效期届满后不得继续经营；药品监督管理部门准予许可后，方可继续经营。

第二十七条 有下列情形之一的，由发证机关依法办理药品经营许可证注销手续，并予以公告：

（一）企业主动申请注销药品经营许可证的；

（二）药品经营许可证有效期届满未申请重新审查发证的；

（三）药品经营许可依法被撤销、撤回或者药品经营许可证依法被吊销的；

（四）企业依法终止的；

（五）法律、法规规定的应当注销行政许可的其他情形。

第二十八条 药品经营许可证遗失的，应当向原发证机关申请补发。原发证机关应当及时补发药品经营许可证，补发的药品经营许可证编号和有效期限与原许可证一致。

第二十九条 任何单位或者个人不得伪造、变造、出租、出借、买卖药品经营许可证。

第三十条 药品监督管理部门应当及时更新药品经营许可证核发、重新审查发证、变更、吊销、撤销、注销等信息，并在完成后十日内予以公开。

第三章 经营管理

第三十一条 从事药品经营活动的，应当遵守药品经营质量管理规范，按照药品经营许可证载明的经营方式和经营范围，在药品监督管理部门核准的地址销售、储存药品，保证药品经营全过程符合法定要求。

药品经营企业应当建立覆盖药品经营全过程的质量管理体系。购销记录以及储存条件、运输过程、质量控制等记录应当完整准确，不得编造和篡改。

第三十二条 药品经营企业应当开展评估、验证、审核等质量管理活动，对已识别的风险及时采取有效控制措施，保证药品质量。

第三十三条 药品经营企业的法定代表人、主要负责人对药品经营活动全面负责。

药品经营企业的主要负责人、质量负责人应当符合药品经营质量管理规范规定的条件。主要负责人全面负责企业日常管理，负责配备专门的质量负责人；质量负责人全面负责药品质量管理工作，保证药品质量。

第三十四条 药品上市许可持有人将其持有的品种委托销售的，接受委托的药品经营企业应当具有相应的经营范围。受托方不得再次委托销售。药品上市许可持有人应当与受托方签订委托协议，明确约定药品质量责任等内容，对受托方销售行为进行监督。

药品上市许可持有人委托销售的，应当向其所在地省、自治区、直辖市药品监督管理部门报告；跨省、自治区、直辖市委托销售的，应当同时报告药品经营企业所在地省、自治区、直辖市药品监督管理部门。

第三十五条 药品上市许可持有人应当建立质量管理体系，对药品经营过程中药品的安全性、有效性和质量可控性负责。药品存在质量问题或者其他安全隐患的，药品上市许可持有人应当立即停止销售，告知药品经营企业和医疗机构停止销售和使用，及时依法采取召回等风险控制措施。

第三十六条 药品经营企业不得经营疫苗、医疗机构制剂、中药配方颗粒等国家禁止药品经营企业经营的药品。

药品零售企业不得销售麻醉药品、第一类精神药品、放射性药品、药品类易制毒化学品、蛋白同化制剂、肽类激素（胰岛素除外）、终止妊娠药品等国家禁止零售的药品。

第三十七条 药品上市许可持有人、药品经营企业应当加强药品采购、销售人员的管理，对其进行法律、法规、规章、标准、规范和专业知识培训，并对其药品经营行为承担法律责任。

第三十八条 药品上市许可持有人、药品批发企业销售药品时，应当向购药单位提供以下材料：

（一）药品生产许可证、药品经营许可证复印件；

（二）所销售药品批准证明文件和检验报告书复印件；

（三）企业派出销售人员授权书原件和身份证复印件；

（四）标明供货单位名称、药品通用名称、药品上市许可持有人（中药饮片标明生产企业、产地）、批准文号、产品批号、剂型、规格、有效期、销售数量、销售价格、销售日期等内容的凭证；

（五）销售进口药品的，按照国家有关规定提供相关证明文件；

（六）法律、法规要求的其他材料。

上述资料应当加盖企业印章。符合法律规定的可靠电子签名、电子印章与手写签名或者盖章具有同等法律效力。

第三十九条 药品经营企业采购药品时，应当索取、查验、留存本办法第三十八条规定的有关材料、凭证。

第四十条 药品上市许可持有人、药品经营企业购销活动中的有关资质材料和购销凭证、记录保存不得少于五年，且不少于药品有效期满后一年。

第四十一条 药品储存、运输应当严格遵守药品经营质量管理规范的要求，根据药品包装、质量特性、温度控制等要求采取有效措施，保证储存、运输过程中的药品质量安全。冷藏冷冻药品储存、运输应当按要求配备冷藏冷冻设施设备，确保全过程处于规定的温度环境，按照规定做好监测记录。

第四十二条 药品零售企业应当遵守国家处方药与非处方药分类管理制度，按规定凭处方销售处方药，处方保留不少于五年。

药品零售企业不得以买药品赠药品或者买商品赠药品等方式向公众赠送处方药、甲类非处方药。处方药不得开架销售。

药品零售企业销售药品时，应当开具标明药品通用名称、药品上市许可持有人（中药饮片标明生产企业、产地）、产品批号、剂型、规格、销售数量、销售价格、销售日期、销售企业名称等内容的凭证。

药品零售企业配备依法经过资格认定的药师或者其他药学技术人员，负责药品质量管理、处方审核和调配、合理用药指导以及不良反应信息收集与报告等工作。

药品零售企业营业时间内，依法经过资格认定的药师或者其他药学技术人员不在岗时，应当挂牌告知。未经依法经过资格认定的药师或者其他药学技术人员审核，不得销售处方药。

第四十三条 药品零售连锁总部应当建立健全质量管理体系，统一企业标识、规章制度、计算机系统、人员培训、采购配送、票据管理、药学服务标准规范等，对所属零售门店的经营活动履行管理责任。

药品零售连锁总部所属零售门店应当按照总部统一质量管理体系要求开展药品零售活动。

第四十四条 药品零售连锁总部应当加强对所属零售门店的管理，保证其持续符合药品经营质量管理规范和统一的质量管理体系要求。发现所属零售门店经营的药品存在质量问题或者其他安全隐患的，应当及时采取风险控制措施，并依法向药品监督管理部门报告。

第四十五条 药品上市许可持有人、药品经营企业委托储存、运输药品的，应当对受托方质量保证能力和风险管理能力进行评估，与其签订委托协议，约定药品质量责任、操作规程等内容，对受托方进行监督，并开展定期检查。

药品上市许可持有人委托储存的，应当按规定向药品上市许可持有人、受托方所在地省、自治区、直辖市药品监督管理部门报告。药品经营企业委托储存药品的，按照变更仓库地址办理。

第四十六条 接受委托储存药品的单位应当符合药品经营质量管理规范有关要求，并具备以下条件：

（一）有符合资质的人员，相应的药品质量管理体系文件，包括收货、验收、入库、储存、养护、出库、运输等操作规程；

（二）有与委托单位实现数据对接的计算机系统，对药品入库、出库、储存、运输和药品质量信息进行记录并可追溯，为委托方药品召回等提供支持；

（三）有符合省级以上药品监督管理部门规定的现代物流要求的药品储存场所和设施设备。

第四十七条 接受委托储存、运输药品的单位应当按照药品经营质量管理规范要求开展药品储存、运输活动，履行委托协议约定的义务，并承担相应的法律责任。受托方不得再次委托储存。

受托方再次委托运输的，应当征得委托方同意，并签订质量保证协议，确保药品运输过程符合药品经营质量管理规范要求。疫苗、麻醉药品、精神药品、医疗用毒性药品、放射性药品、药品类易制毒化学品等特殊管理的药品不得再次委托运输。

受托方发现药品存在重大质量问题的，应当立即向委托方所在地和受托方所在地药品监督管理部门报告，并主动采取风险控制措施。

第四十八条 药品批发企业跨省、自治区、直辖市设置仓库的，药品批发企业所在地省、自治区、直辖市药品监督管理部门商仓库所在地省、自治区、直辖市药品监督管理部门后，符合要求的，按照变更仓库地址办理。

药品批发企业跨省、自治区、直辖市设置的仓库，应当符合本办法第八条有关药品批发企业仓库的条件。药品批发企业应当对异地仓库实施统一的质量管理。

药品批发企业所在地省、自治区、直辖市药品监督管理部门负责对跨省、自治区、直辖市设置仓库的监督管理，仓库所在地省、自治区、直辖市药品监督管理部门负责协助日常监管。

第四十九条 因科学研究、检验检测、慈善捐助、突发公共卫生事件等有特殊购药需求的单位，向所在地设区的市级以上地方药品监督管理部门报告后，可以到指定的药品上市许可持有人或者药品经营企业购买药品。供货单位应当索取购药单位有关资质材料并做好销售记录，存档备查。

突发公共卫生事件或者其他严重威胁公众健康的紧急事件发生时，药品经营企业应当按照县级以上人民政府的应急处置规定，采取相应措施。

第五十条 药品上市许可持有人、药品经营企业通过网络销售药品的，应当遵守《药品管理法》及药品网络销售监督管理有关规定。

第四章 药品使用质量管理

第五十一条 医疗机构应当建立健全药品质量管理体系，完善药品购进、验收、储存、养护及使用等环节的质量管理制度，明确各环节中工作人员的岗位责任。

医疗机构应当设置专门部门负责药品质量管理；未设专门部门的，应当指定专人负责药品质量管理。

第五十二条 医疗机构购进药品，应当核实供货单位的药品生产许可证或者药品经营许可证、授权委托书以及药品批准证明文件、药品合格证明等有效证明文件。首次购进药品的，应当妥善保存加盖供货单位印章的上述材料复印件，保存期限不得少于五年。

医疗机构购进药品时应当索取、留存合法票据，包括税票及详细清单，清单上应当载明供货单位名称、药品通用名称、药品上市许可持有人（中药饮片标明生产企业、产地）、批准文号、产品批号、剂型、规格、销售数量、销售价格等内容。票据保存不得少于三年，且不少于药品有效期满后一年。

第五十三条 医疗机构应当建立和执行药品购进验收制度，购进药品应当逐批验收，并建立真实、完整的记录。

药品购进验收记录应当注明药品的通用名称、药品上市许可持有人（中药饮片标明生产企业、产地）、批准文号、产品批号、剂型、规格、有效期、供货单位、购进数量、购进价格、购进日期。药品购进验收记录保存不得少于三年，且不少于药品有效期满后一年。

医疗机构接受捐赠药品、从其他医疗机构调入急救药品应当遵守本条规定。

第五十四条 医疗机构应当制定并执行药品储存、

养护制度，配备专用场所和设施设备储存药品，做好储存、养护记录，确保药品储存符合药品说明书标明的条件。

医疗机构应当按照有关规定，根据药品属性和类别分库、分区、分垛储存药品，并实行色标管理。药品与非药品分开存放；中药饮片、中成药、化学药、生物制品分类存放；过期、变质、被污染等的药品应当放置在不合格库（区）；麻醉药品、精神药品、医疗用毒性药品、放射性药品、药品类易制毒化学品以及易燃、易爆、强腐蚀等危险性药品应当按照相关规定存放，并采取必要的安全措施。

第五十五条 医疗机构应当制定和执行药品养护管理制度，并采取必要的控温、防潮、避光、通风、防火、防虫、防鼠、防污染等措施，保证药品质量。

医疗机构应当配备药品养护人员，定期对储存药品进行检查和养护，监测和记录储存区域的温湿度，维护储存设施设备，并建立相应的养护档案。

第五十六条 医疗机构发现使用的药品存在质量问题或者其他安全隐患的，应当立即停止使用，向供货单位反馈并及时向所在地市县级药品监督管理部门报告。市县级药品监督管理部门应当按照有关规定进行监督检查，必要时开展抽样检验。

第五十七条 医疗机构应当积极协助药品上市许可持有人、中药饮片生产企业、药品批发企业履行药品召回、追回义务。

第五十八条 医疗机构应当建立覆盖药品购进、储存、使用的全过程追溯体系，开展追溯数据校验和采集，按规定提供药品追溯信息。

第五章 监督检查

第五十九条 药品监督管理部门应当根据药品经营使用单位的质量管理，所经营和使用药品品种、检查、检验、投诉、举报等药品安全风险和信用情况，制定年度检查计划、开展监督检查并建立监督检查档案。检查计划包括检查范围、检查内容、检查方式、检查重点、检查要求、检查时限、承担检查的单位等。

药品监督管理部门应当将上一年度新开办的药品经营企业纳入本年度的监督检查计划，对其实施药品经营质量管理规范符合性检查。

第六十条 县级以上地方药品监督管理部门应当根据药品经营和使用质量管理风险，确定监督检查频次：

（一）对麻醉药品和第一类精神药品、药品类易制毒化学品经营企业检查，每半年不少于一次；

（二）对冷藏冷冻药品、血液制品、细胞治疗类生物制品、第二类精神药品、医疗用毒性药品经营企业检查，每年不少于一次；

（三）对第一项、第二项以外的药品经营企业，每年确定一定比例开展药品经营质量管理规范符合性检查，三年内对本行政区域内药品经营企业全部进行检查；

（四）对接收、储存疫苗的疾病预防控制机构、接种单位执行疫苗储存和运输管理规范情况进行检查，原则上每年不少于一次；

（五）每年确定一定比例医疗机构，对其购进、验收、储存药品管理情况进行检查，三年内对行政区域内医疗机构全部进行检查。

药品监督管理部门可结合本行政区域内工作实际，增加检查频次。

第六十一条 药品上市许可持有人、药品经营企业与受托开展药品经营相关活动的受托方不在同一省、自治区、直辖市的，委托方所在地药品监督管理部门负责对跨省、自治区、直辖市委托开展的药品经营活动实施监督管理，受托方所在地药品监督管理部门负责协助日常监管。委托方和受托方所在地药品监督管理部门应当加强信息沟通，相互通报监督检查等情况，必要时可以开展联合检查。

第六十二条 药品监督管理部门在监督检查过程中发现可能存在质量问题的药品，可以按照有关规定进行抽样检验。

第六十三条 根据监督检查情况，有证据证明可能存在药品安全隐患的，药品监督管理部门可以依法采取以下行政措施：

（一）行政告诫；
（二）责任约谈；
（三）责令限期整改；
（四）责令暂停相关药品销售和使用；
（五）责令召回药品；
（六）其他风险控制措施。

第六十四条 药品监督管理部门在监督检查过程中，发现存在涉嫌违反药品法律、法规、规章行为的，应当及时采取措施，按照职责和权限依法查处；涉嫌犯罪的移交公安机关处理。发现涉嫌违纪线索的，移送纪检监察部门。

第六十五条 药品上市许可持有人、药品生产企业、药品经营企业和医疗机构应当积极配合药品监督管理部门实施的监督检查，如实提供与被检查事项有关的物品和记录、凭证以及医学文书等资料，不得以任何理由拒绝、逃避监督检查,不得伪造、销毁、隐匿有关证据材料,不得擅自动用查封、扣押物品。

第六章 法律责任

第六十六条 药品经营和使用质量管理的违法行为,法律、行政法规已有规定的,依照其规定。

违反本办法规定,主动消除或者减轻违法行为危害后果的;违法行为轻微并及时改正,没有造成危害后果的;初次违法且危害后果轻微并及时改正的,依据《中华人民共和国行政处罚法》第三十二条、第三十三条规定从轻、减轻或者不予处罚。有证据足以证明没有主观过错的,不予行政处罚。

第六十七条 药品经营企业未按规定办理药品经营许可证登记事项变更的,由药品监督管理部门责令限期改正;逾期不改正的,处五千元以上五万元以下罚款。

第六十八条 药品经营企业未经批准变更许可事项或者药品经营许可证超过有效期继续开展药品经营活动的,药品监督管理部门按照《药品管理法》第一百一十五条的规定给予处罚,但是,有下列情形之一,药品经营企业及时改正,不影响药品质量安全的,给予减轻处罚:

(一)药品经营企业超出许可的经营方式、经营地址从事药品经营活动的;

(二)超出经营范围经营的药品不属于疫苗、麻醉药品、精神药品、药品类易制毒化学品、医疗用毒性药品、血液制品、细胞治疗类生物制品的;

(三)药品经营许可证超过有效期但符合申请办理药品经营许可证要求的;

(四)依法可以减轻处罚的其他情形。

药品零售企业违反本办法第三十六条第二款规定,法律、行政法规已有规定的,依照法律、行政法规的规定处罚。法律、行政法规未作规定的,责令限期改正,处五万元以上十万元以下罚款;造成危害后果的,处十万元以上二十万元以下罚款。

第六十九条 有下列违反药品经营质量管理规范情形之一的,药品监督管理部门可以依据《药品管理法》第一百二十六条规定的情节严重的情形给予处罚:

(一)药品上市许可持有人委托不具备相应资质条件的企业销售药品的;

(二)药品上市许可持有人、药品批发企业将国家有专门管理要求的药品销售给个人或者不具备相应资质的单位,导致相关药品流入非法渠道或者去向不明,或者知道、应当知道购进单位将相关药品流入非法渠道仍销售药品的;

(三)药品经营质量管理和质量控制过程中,记录或者票据不真实,存在虚假欺骗行为的;

(四)对已识别的风险未及时采取有效的风险控制措施,造成严重后果的;

(五)知道或者应当知道他人从事非法药品生产、经营和使用活动,依然为其提供药品的;

(六)其他情节严重的情形。

第七十条 有下列情形之一的,由药品监督管理部门责令限期改正;逾期不改正的,处五千元以上三万元以下罚款:

(一)接受药品上市许可持有人委托销售的药品经营企业违反本办法第三十四条第一款规定再次委托销售的;

(二)药品上市许可持有人未按本办法第三十四条第一款、第三十五条规定对委托销售行为进行管理的;

(三)药品上市许可持有人、药品经营企业未按本办法第四十五条第一款规定对委托储存、运输行为进行管理的;

(四)药品上市许可持有人、药品经营企业未按本办法第三十四条第二款、第四十五条第二款规定报告委托销售、储存情况的;

(五)接受委托储存药品的受托方违反本办法第四十七条第一款规定再次委托储存药品的;

(六)接受委托运输药品的受托方违反本办法第四十七条第二款规定运输药品的;

(七)接受委托储存、运输的受托方未按本办法第四十七条第三款规定向委托方所在地和受托方所在地药品监督管理部门报告药品重大质量问题的。

第七十一条 药品上市许可持有人、药品经营企业未按本办法第三十八条、第三十九条、第四十条、第四十二条第三款规定履行购销查验义务或者开具销售凭证,违反药品经营质量管理规范的,药品监督管理部门按照《药品管理法》第一百二十六条给予处罚。

第七十二条 药品零售企业有以下情形之一的,由药品监督管理部门责令限期改正;逾期不改正的,处五千元以上五万元以下罚款;造成危害后果的,处五万元以上二十万元以下罚款:

(一)未按规定凭处方销售处方药的;

(二)以买药品赠药品或者买商品赠药品等方式向公众直接或者变相赠送处方药、甲类非处方药的;

(三)违反本办法第四十二条第五款规定的药师或者药学技术人员管理要求的。

第七十三条　医疗机构未按本办法第五十一条第二款规定设置专门质量管理部门或者人员、未按本办法第五十二条、第五十三条、第五十四条、第五十五条、第五十六条规定履行进货查验、药品储存和养护、停止使用、报告等义务的，由药品监督管理部门责令限期改正，并通报卫生健康主管部门；逾期不改正或者情节严重的，处五千元以上五万元以下罚款；造成严重后果的，处五万元以上二十万元以下罚款。

第七章　附　则

第七十四条　国家对疫苗、血液制品、麻醉药品、精神药品、医疗用毒性药品、放射性药品、药品类易制毒化学品等的经营、使用管理另有规定的，依照其规定。

第七十五条　本办法规定的期限以工作日计算。药品经营许可中技术审查、现场检查、企业整改等所需时间不计入期限。

第七十六条　药品经营许可证编号格式为"省份简称+两位分类代码+四位地区代码+五位顺序号"。

其中两位分类代码为大写英文字母，第一位A表示批发企业，B表示药品零售连锁总部，C表示零售连锁门店，D表示单体药品零售企业；第二位A表示法人企业，B表示非法人企业。

四位地区代码为阿拉伯数字，对应企业所在地区（市、州）代码，按照国内电话区号编写，区号为四位的去掉第一个0，区号为三位的全部保留，第四位为调整码。

第七十七条　药品批发企业，是指将购进的药品销售给药品生产企业、药品经营企业、医疗机构的药品经营企业。

药品零售连锁企业由总部、配送中心和若干个门店构成，在总部的管理下，实施规模化、集团化管理经营。

药品零售企业，是指将购进的药品直接销售给消费者的药品经营企业。

药品使用单位包括医疗机构、疾病预防控制机构等。

第七十八条　各省、自治区、直辖市药品监督管理部门可以依据本办法制定实施细则。

第七十九条　本办法自2024年1月1日起实施。2004年2月4日原国家食品药品监督管理局令第6号公布的《药品经营许可证管理办法》和2007年1月31日原国家食品药品监督管理局令第26号公布的《药品流通监督管理办法》同时废止。

药品生产监督管理办法

· 2020年1月22日国家市场监督管理总局令第28号公布
· 自2020年7月1日起施行

第一章　总　则

第一条　为加强药品生产监督管理，规范药品生产活动，根据《中华人民共和国药品管理法》（以下简称《药品管理法》）、《中华人民共和国中医药法》、《中华人民共和国疫苗管理法》（以下简称《疫苗管理法》）、《中华人民共和国行政许可法》、《中华人民共和国药品管理法实施条例》等法律、行政法规，制定本办法。

第二条　在中华人民共和国境内上市药品的生产及监督管理活动，应当遵守本办法。

第三条　从事药品生产活动，应当遵守法律、法规、规章、标准和规范，保证全过程信息真实、准确、完整和可追溯。

从事药品生产活动，应当经所在地省、自治区、直辖市药品监督管理部门批准，依法取得药品生产许可证，严格遵守药品生产质量管理规范，确保生产过程持续符合法定要求。

药品上市许可持有人应当建立药品质量保证体系，履行药品上市放行责任，对其取得药品注册证书的药品质量负责。

中药饮片生产企业应当履行药品上市许可持有人的相关义务，确保中药饮片生产过程持续符合法定要求。

原料药生产企业应当按照核准的生产工艺组织生产，严格遵守药品生产质量管理规范，确保生产过程持续符合法定要求。

经关联审评的辅料、直接接触药品的包装材料和容器的生产企业以及其他从事与药品相关生产活动的单位和个人依法承担相应责任。

第四条　药品上市许可持有人、药品生产企业应当建立并实施药品追溯制度，按照规定赋予药品各级销售包装单元追溯标识，通过信息化手段实施药品追溯，及时准确记录、保存药品追溯数据，并向药品追溯协同服务平台提供追溯信息。

第五条　国家药品监督管理局主管全国药品生产监督管理工作，对省、自治区、直辖市药品监督管理部门的药品生产监督管理工作进行监督和指导。

省、自治区、直辖市药品监督管理部门负责本行政区域内的药品生产监督管理，承担药品生产环节的许可、检查和处罚等工作。

国家药品监督管理局食品药品审核查验中心（以下简称核查中心）组织制定药品检查技术规范和文件，承担境外检查以及组织疫ід巡查等，分析评估检查发现风险、作出检查结论并提出处置建议，负责各省、自治区、直辖市药品检查机构质量管理体系的指导和评估。

国家药品监督管理局信息中心负责药品追溯协同服务平台、药品安全信用档案建设和管理，对药品生产场地进行统一编码。

药品监督管理部门依法设置或者指定的药品审评、检验、核查、监测与评价等专业技术机构，依职责承担相关技术工作并出具技术结论，为药品生产监督管理提供技术支撑。

第二章 生产许可

第六条 从事药品生产，应当符合以下条件：

（一）有依法经过资格认定的药学技术人员、工程技术人员及相应的技术工人，法定代表人、企业负责人、生产管理负责人（以下称生产负责人）、质量管理负责人（以下称质量负责人）、质量受权人及其他相关人员符合《药品管理法》《疫苗管理法》规定的条件；

（二）有与药品生产相适应的厂房、设施、设备和卫生环境；

（三）有能对所生产药品进行质量管理和质量检验的机构、人员；

（四）有能对所生产药品进行质量管理和质量检验的必要的仪器设备；

（五）有保证药品质量的规章制度，并符合药品生产质量管理规范要求。

从事疫苗生产活动的，还应当具备下列条件：

（一）具备适度规模和足够的产能储备；

（二）具有保证生物安全的制度和设施、设备；

（三）符合疾病预防、控制需要。

第七条 从事制剂、原料药、中药饮片生产活动，申请人应当按照本办法和国家药品监督管理局规定的申报资料要求，向所在地省、自治区、直辖市药品监督管理部门提出申请。

委托他人生产制剂的药品上市许可持有人，应当具备本办法第六条第一款第一项、第三项、第五项规定的条件，并与符合条件的药品生产企业签订委托协议和质量协议，将相关协议和实际生产场地申请资料合并提交至药品上市许可持有人所在地省、自治区、直辖市药品监督管理部门，按照本办法规定申请办理药品生产许可证。

申请人应当对其申请材料全部内容的真实性负责。

第八条 省、自治区、直辖市药品监督管理部门收到申请后，应当根据下列情况分别作出处理：

（一）申请事项依法不属于本部门职权范围的，应当即时作出不予受理的决定，并告知申请人向有关行政机关申请；

（二）申请事项依法不需要取得行政许可的，应当即时告知申请人不受理；

（三）申请材料存在可以当场更正的错误的，应当允许申请人当场更正；

（四）申请材料不齐全或者不符合形式审查要求的，应当当场或者在五日内发给申请人补正材料通知书，一次性告知申请人需要补正的全部内容，逾期不告知的，自收到申请材料之日起即为受理；

（五）申请材料齐全、符合形式审查要求，或者申请人按照要求提交全部补正材料的，予以受理。

省、自治区、直辖市药品监督管理部门受理或者不予受理药品生产许可证申请的，应当出具加盖本部门专用印章和注明日期的受理通知书或者不予受理通知书。

第九条 省、自治区、直辖市药品监督管理部门应当自受理之日起三十日内，作出决定。

经审查符合规定的，予以批准，并自书面批准决定作出之日起十日内颁发药品生产许可证；不符合规定的，作出不予批准的书面决定，并说明理由。

省、自治区、直辖市药品监督管理部门按照药品生产质量管理规范等有关规定组织开展申报资料技术审查和评定、现场检查。

第十条 省、自治区、直辖市药品监督管理部门应当在行政机关的网站和办公场所公示申请药品生产许可证所需要的条件、程序、期限、需要提交的全部材料的目录和申请书示范文本等。

省、自治区、直辖市药品监督管理部门颁发药品生产许可证的有关信息，应当予以公开，公众有权查阅。

第十一条 省、自治区、直辖市药品监督管理部门对申请办理药品生产许可证进行审查时，应当公开审批结果，并提供条件便利申请人查询审批进程。

未经申请人同意，药品监督管理部门、专业技术机构及其工作人员不得披露申请人提交的商业秘密、未披露信息或者保密商务信息，法律另有规定或者涉及国家安全、重大社会公共利益的除外。

第十二条 申请办理药品生产许可证直接涉及申请人与他人之间重大利益关系的，申请人、利害关系人依照法律、法规规定享有申请听证的权利。

在对药品生产企业的申请进行审查时，省、自治区、直辖市药品监督管理部门认为涉及公共利益的，应当向社会公告，并举行听证。

第十三条 药品生产许可证有效期为五年，分为正本和副本。药品生产许可证样式由国家药品监督管理局统一制定。药品生产许可证电子证书与纸质证书具有同等法律效力。

第十四条 药品生产许可证应当载明许可证编号、分类码、企业名称、统一社会信用代码、住所（经营场所）、法定代表人、企业负责人、生产负责人、质量负责人、质量受权人、生产地址和生产范围、发证机关、发证日期、有效期限等项目。

企业名称、统一社会信用代码、住所（经营场所）、法定代表人等项目应当与市场监督管理部门核发的营业执照中载明的相关内容一致。

第十五条 药品生产许可证载明事项分为许可事项和登记事项。

许可事项是指生产地址和生产范围等。

登记事项是指企业名称、住所（经营场所）、法定代表人、企业负责人、生产负责人、质量负责人、质量受权人等。

第十六条 变更药品生产许可证许可事项的，向原发证机关提出药品生产许可证变更申请。未经批准，不得擅自变更许可事项。

原发证机关应当自收到企业变更申请之日起十五日内作出是否准予变更的决定。不予变更的，应当书面说明理由，并告知申请人享有依法申请行政复议或者提起行政诉讼的权利。

变更生产地址或者生产范围，药品生产企业应当按照本办法第六条的规定及相关变更技术要求，提交涉及变更内容的有关材料，并报经所在地省、自治区、直辖市药品监督管理部门审查决定。

原址或者异地新建、改建、扩建车间或者生产线的，应当符合相关规定和技术要求，提交涉及变更内容的有关材料，并报经所在地省、自治区、直辖市药品监督管理部门进行药品生产质量管理规范符合性检查，检查结果应当通知企业。检查结果符合规定，产品符合放行要求的可以上市销售。有关变更情况，应当在药品生产许可证副本中载明。

上述变更事项涉及药品注册证书及其附件载明内容的，由省、自治区、直辖市药品监督管理部门批准后，报国家药品监督管理局药品审评中心更新药品注册证书及其附件相关内容。

第十七条 变更药品生产许可证登记事项的，应当在市场监督管理部门核准变更或者企业完成变更后三十日内，向原发证机关申请药品生产许可证变更登记。原发证机关应当自收到企业变更申请之日起十日内办理变更手续。

第十八条 药品生产许可证变更后，原发证机关应当在药品生产许可证副本上记录变更的内容和时间，并按照变更后的内容重新核发药品生产许可证正本，收回原药品生产许可证正本，变更后的药品生产许可证终止期限不变。

第十九条 药品生产许可证有效期届满，需要继续生产药品的，应当在有效期届满前六个月，向原发证机关申请重新发放药品生产许可证。

原发证机关结合企业遵守药品管理法律法规、药品生产质量管理规范和质量体系运行情况，根据风险管理原则进行审查，在药品生产许可证有效期届满前作出是否准予重新发证的决定。符合规定准予重新发证的，收回原证，重新发证；不符合规定的，作出不予重新发证的书面决定，并说明理由，同时告知申请人享有依法申请行政复议或者提起行政诉讼的权利；逾期未作出决定的，视为同意重新发证，并予补办相应手续。

第二十条 有下列情形之一的，药品生产许可证由原发证机关注销，并予以公告：

（一）主动申请注销药品生产许可证的；

（二）药品生产许可证有效期届满未重新发证的；

（三）营业执照依法被吊销或者注销的；

（四）药品生产许可证依法被吊销或者撤销的；

（五）法律、法规规定应当注销行政许可的其他情形。

第二十一条 药品生产许可证遗失的，药品上市许可持有人、药品生产企业应当向原发证机关申请补发，原发证机关按照原核准事项在十日内补发药品生产许可证。许可证编号、有效期等与原许可证一致。

第二十二条 任何单位或者个人不得伪造、变造、出租、出借、买卖药品生产许可证。

第二十三条 省、自治区、直辖市药品监督管理部门应当将药品生产许可证核发、重新发证、变更、补发、吊销、撤销、注销等办理情况，在办理工作完成后十日内在药品安全信用档案中更新。

第三章 生产管理

第二十四条 从事药品生产活动，应当遵守药品生产质量管理规范，按照国家药品标准、经药品监督管理部门核准的药品注册标准和生产工艺进行生产,按照规定提交并持续更新场地管理文件,对质量体系运行过程进行风险评估和持续改进,保证药品生产全过程持续符合法定要求。生产、检验等记录应当完整准确,不得编造和篡改。

第二十五条　疫苗上市许可持有人应当具备疫苗生产、检验必需的厂房设施设备,配备具有资质的管理人员,建立完善质量管理体系,具备生产出符合注册要求疫苗的能力,超出疫苗生产能力确需委托生产的,应当经国家药品监督管理局批准。

第二十六条　从事药品生产活动,应当遵守药品生产质量管理规范,建立健全药品生产质量管理体系,涵盖影响药品质量的所有因素,保证药品生产全过程持续符合法定要求。

第二十七条　药品上市许可持有人应当建立药品质量保证体系,配备专门人员独立负责药品质量管理,对受托药品生产企业、药品经营企业的质量管理体系进行定期审核,监督其持续具备质量保证和控制能力。

第二十八条　药品上市许可持有人的法定代表人、主要负责人应当对药品质量全面负责,履行以下职责:

(一)配备专门质量负责人独立负责药品质量管理;

(二)配备专门质量受权人独立履行药品上市放行责任;

(三)监督质量管理体系正常运行;

(四)对药品生产企业、供应商等相关方与药品生产相关的活动定期开展质量体系审核,保证持续合规;

(五)按照变更技术要求,履行变更管理责任;

(六)对委托经营企业进行质量评估,与使用单位等进行信息沟通;

(七)配合药品监督管理部门对药品上市许可持有人及相关方的延伸检查;

(八)发生与药品质量有关的重大安全事件,应当及时报告并按持有人制定的风险管理计划开展风险处置,确保风险得到及时控制;

(九)其他法律法规规定的责任。

第二十九条　药品生产企业的法定代表人、主要负责人应当对本企业的药品生产活动全面负责,履行以下职责:

(一)配备专门质量负责人独立负责药品质量管理,监督质量管理规范执行,确保适当的生产过程控制和质量控制,保证药品符合国家药品标准和药品注册标准;

(二)配备专门质量受权人履行药品出厂放行责任;

(三)监督质量管理体系正常运行,保证药品生产过程控制、质量控制以及记录和数据真实性;

(四)发生与药品质量有关的重大安全事件,应当及时报告并按企业制定的风险管理计划开展风险处置,确保风险得到及时控制;

(五)其他法律法规规定的责任。

第三十条　药品上市许可持有人、药品生产企业应当每年对直接接触药品的工作人员进行健康检查并建立健康档案,避免患有传染病或者其他可能污染药品疾病的人员从事直接接触药品的生产活动。

第三十一条　药品上市许可持有人、药品生产企业在药品生产中,应当开展风险评估、控制、验证、沟通、审核等质量管理活动,对已识别的风险及时采取有效的风险控制措施,以保证产品质量。

第三十二条　从事药品生产活动,应当对使用的原料药、辅料、直接接触药品的包装材料和容器等相关物料供应商或者生产企业进行审核,保证购进、使用符合法规要求。

生产药品所需的原料、辅料,应当符合药用要求以及相应的生产质量管理规范的有关要求。直接接触药品的包装材料和容器,应当符合药用要求,符合保障人体健康、安全的标准。

第三十三条　经批准或者通过关联审评审批的原料药、辅料、直接接触药品的包装材料和容器的生产企业,应当遵守国家药品监督管理局制定的质量管理规范以及关联审评审批有关要求,确保质量保证体系持续合规,接受药品上市许可持有人的质量审核,接受药品监督管理部门的监督检查或者延伸检查。

第三十四条　药品生产企业应当确定需进行的确认与验证,按照确认与验证计划实施。定期对设施、设备、生产工艺及清洁方法进行评估,确认其持续保持验证状态。

第三十五条　药品生产企业应当采取防止污染、交叉污染、混淆和差错的控制措施,定期检查评估控制措施的适用性和有效性,以确保药品达到规定的国家药品标准和药品注册标准,并符合药品生产质量管理规范要求。

药品上市许可持有人和药品生产企业不得在药品生产厂房生产对药品质量有不利影响的其他产品。

第三十六条　药品包装操作应当采取降低混淆和差错风险的措施,药品包装应当确保有效期内的药品储存运输过程中不受污染。

药品说明书和标签中的表述应当科学、规范、准确,文字应当清晰易辨，不得以粘贴、剪切、涂改等方式进行修改或者补充。

第三十七条　药品生产企业应当建立药品出厂放行规程，明确出厂放行的标准、条件，并对药品质量检验结果、关键生产记录和偏差控制情况进行审核，对药品进行质量检验。符合标准、条件的，经质量受权人签字后方可出厂放行。

药品上市许可持有人应当建立药品上市放行规程，对药品生产企业出厂放行的药品检验结果和放行文件进行审核，经质量受权人签字后方可上市放行。

中药饮片符合国家药品标准或者省、自治区、直辖市药品监督管理部门制定的炮制规范的，方可出厂、销售。

第三十八条　药品上市许可持有人、药品生产企业应当每年进行自检，监控药品生产质量管理规范的实施情况，评估企业是否符合相关法规要求，并提出必要的纠正和预防措施。

第三十九条　药品上市许可持有人应当建立年度报告制度，按照国家药品监督管理局规定每年向省、自治区、直辖市药品监督管理部门报告药品生产销售、上市后研究、风险管理等情况。

疫苗上市许可持有人应当按照规定向国家药品监督管理局进行年度报告。

第四十条　药品上市许可持有人应当持续开展药品风险获益评估和控制，制定上市后药品风险管理计划，主动开展上市后研究，对药品的安全性、有效性和质量可控性进行进一步确证，加强对已上市药品的持续管理。

第四十一条　药品上市许可持有人应当建立药物警戒体系，按照国家药品监督管理局制定的药物警戒质量管理规范开展药物警戒工作。

药品上市许可持有人、药品生产企业应当经常考察本单位的药品质量、疗效和不良反应。发现疑似不良反应的，应当及时按照要求报告。

第四十二条　药品上市许可持有人委托生产药品的，应当符合药品管理的有关规定。

药品上市许可持有人委托符合条件的药品生产企业生产药品的，应当对受托方的质量保证能力和风险管理能力进行评估，根据国家药品监督管理局制定的药品委托生产质量协议指南要求，与其签订质量协议以及委托协议，监督受托方履行有关协议约定的义务。

受托方不得将接受委托生产的药品再次委托第三方生产。

经批准或者通过关联审评审批的原料药应当自行生产，不得再行委托他人生产。

第四十三条　药品上市许可持有人应当按照药品生产质量管理规范的要求对生产工艺变更进行管理和控制，并根据核准的生产工艺制定工艺规程。生产工艺变更应当开展研究，并依法取得批准、备案或者进行报告，接受药品监督管理部门的监督检查。

第四十四条　药品上市许可持有人、药品生产企业应当每年对所生产的药品按照品种进行产品质量回顾分析、记录，以确认工艺稳定可靠，以及原料、辅料、成品现行质量标准的适用性。

第四十五条　药品上市许可持有人、药品生产企业的质量管理体系相关的组织机构、企业负责人、生产负责人、质量负责人、质量受权人发生变更的，应当自发生变更之日起三十日内，完成登记手续。

疫苗上市许可持有人应当自发生变更之日起十五日内，向所在地省、自治区、直辖市药品监督管理部门报告生产负责人、质量负责人、质量受权人等关键岗位人员的变更情况。

第四十六条　列入国家实施停产报告的短缺药品清单的药品，药品上市许可持有人停止生产的，应当在计划停产实施六个月前向所在地省、自治区、直辖市药品监督管理部门报告；发生非预期停产的，在三日内报告所在地省、自治区、直辖市药品监督管理部门。必要时，向国家药品监督管理局报告。

药品监督管理部门接到报告后，应当及时通报同级短缺药品供应保障工作会商联动机制牵头单位。

第四十七条　药品上市许可持有人为境外企业的，应当指定一家在中国境内的企业法人，履行《药品管理法》与本办法规定的药品上市许可持有人的义务，并负责协调配合境外检查工作。

第四十八条　药品上市许可持有人的生产场地在境外的，应当按照《药品管理法》与本办法规定组织生产，配合境外检查工作。

第四章　监督检查

第四十九条　省、自治区、直辖市药品监督管理部门负责对本行政区域内药品上市许可持有人、制剂、化学原料药、中药饮片生产企业的监督管理。

省、自治区、直辖市药品监督管理部门应当对原料、辅料、直接接触药品的包装材料和容器等供应商、生产企业开展日常监督检查，必要时开展延伸检查。

第五十条　药品上市许可持有人和受托生产企业不在同一省、自治区、直辖市的，由药品上市许可持有人所在地省、自治区、直辖市药品监督管理部门负责对药品上市许可持有人的监督管理，受托生产企业所在地省、自治区、直辖市药品监督管理部门负责对受托生产企业的监督管理。省、自治区、直辖市药品监督管理部门应当加强监督检查信息互相通报，及时将监督检查信息更新到药品安全信用档案中，可以根据通报情况和药品安全信用档案中监管信息更新情况开展调查，对药品上市许可持有人或者受托生产企业依法作出行政处理，必要时可以开展联合检查。

第五十一条 药品监督管理部门应当建立健全职业化、专业化检查员制度，明确检查员的资格标准、检查职责、分级管理、能力培训、行为规范、绩效评价和退出程序等规定，提升检查员的专业素质和工作水平。检查员应当熟悉药品法律法规，具备药品专业知识。

药品监督管理部门应当根据监管事权、药品产业规模及检查任务等，配备充足的检查员队伍，保障检查工作需要。有疫苗等高风险药品生产企业的地区，还应当配备相应数量的具有疫苗等高风险药品检查技能和经验的药品检查员。

第五十二条 省、自治区、直辖市药品监督管理部门根据监管需要，对持有药品生产许可证的药品上市许可申请人及其受托生产企业，按以下要求进行上市前的药品生产质量管理规范符合性检查：

（一）未通过与生产该药品的生产条件相适应的药品生产质量管理规范符合性检查的品种，应当进行上市前的药品生产质量管理规范符合性检查。其中，拟生产药品需要进行药品注册现场核查的，国家药品监督管理局药品审评中心通知核查中心，告知相关省、自治区、直辖市药品监督管理部门和申请人。核查中心协调相关省、自治区、直辖市药品监督管理部门，同步开展药品注册现场核查和上市前的药品生产质量管理规范符合性检查；

（二）拟生产药品不需要进行药品注册现场核查的，国家药品监督管理局药品审评中心告知生产场地所在地省、自治区、直辖市药品监督管理部门和申请人，相关省、自治区、直辖市药品监督管理部门自行开展上市前的药品生产质量管理规范符合性检查；

（三）已通过与生产该药品的生产条件相适应的药品生产质量管理规范符合性检查的品种，相关省、自治区、直辖市药品监督管理部门根据风险管理原则决定是否开展上市前的药品生产质量管理规范符合性检查。

开展上市前的药品生产质量管理规范符合性检查的，在检查结束后，应当将检查情况、检查结果等形成书面报告，作为对药品上市监管的重要依据。上市前的药品生产质量管理规范符合性检查涉及药品生产许可证事项变更的，由原发证的省、自治区、直辖市药品监督管理部门依变更程序作出决定。

通过相应上市前的药品生产质量管理规范符合性检查的商业规模批次，在取得药品注册证书后，符合产品放行要求的可以上市销售。药品上市许可持有人应当重点加强上述批次药品的生产销售、风险管理等措施。

第五十三条 药品生产监督检查的主要内容包括：

（一）药品上市许可持有人、药品生产企业执行有关法律、法规及实施药品生产质量管理规范、药物警戒质量管理规范以及有关技术规范等情况；

（二）药品生产活动是否与药品品种档案载明的相关内容一致；

（三）疫苗储存、运输管理规范执行情况；

（四）药品委托生产质量协议及委托协议；

（五）风险管理计划实施情况；

（六）变更管理情况。

监督检查包括许可检查、常规检查、有因检查和其他检查。

第五十四条 省、自治区、直辖市药品监督管理部门应当坚持风险管理、全程管控原则，根据风险研判情况，制定年度检查计划并开展监督检查。年度检查计划至少包括检查范围、内容、方式、重点、要求、时限、承担检查的机构等。

第五十五条 省、自治区、直辖市药品监督管理部门应当根据药品品种、剂型、管制类别等特点，结合国家药品安全总体情况、药品安全风险警示信息、重大药品安全事件及其调查处理信息等，以及既往检查、检验、不良反应监测、投诉举报等情况确定检查频次：

（一）对麻醉药品、第一类精神药品、药品类易制毒化学品生产企业每季度检查不少于一次；

（二）对疫苗、血液制品、放射性药品、医疗用毒性药品、无菌药品等高风险药品生产企业，每年不少于一次药品生产质量管理规范符合性检查；

（三）对上述产品之外的药品生产企业，每年抽取一定比例开展监督检查，但应当在三年内对本行政区域内企业全部进行检查；

（四）对原料、辅料、直接接触药品的包装材料和容器等供应商、生产企业每年抽取一定比例开展监督检查，五年内对本行政区域内企业全部进行检查。

省、自治区、直辖市药品监督管理部门可以结合本行政区域内药品生产监管工作实际情况，调整检查频次。

第五十六条 国家药品监督管理局和省、自治区、直辖市药品监督管理部门组织监督检查时，应当制定检查方案，明确检查标准，如实记录现场检查情况，需要抽样检验或者研究的，按照有关规定执行。检查结论应当清晰明确，检查发现的问题应当以书面形式告知被检查单位。需要整改的，应当提出整改内容及整改期限，必要时对整改后情况实施检查。

在进行监督检查时，药品监督管理部门应当指派两名以上检查人员实施监督检查，检查人员应当向被检查单位出示执法证件。药品监督管理部门工作人员对知悉的商业秘密应当保密。

第五十七条 监督检查时，药品上市许可持有人和药品生产企业应当根据检查需要说明情况、提供有关材料：

（一）药品生产场地管理文件以及变更材料；

（二）药品生产企业接受监督检查及整改落实情况；

（三）药品质量不合格的处理情况；

（四）药物警戒机构、人员、制度制定情况以及疑似药品不良反应监测、识别、评估、控制情况；

（五）实施附条件批准的品种，开展上市后研究的材料；

（六）需要审查的其他必要材料。

第五十八条 现场检查结束后，应当对现场检查情况进行分析汇总，并客观、公平、公正地对检查中发现的缺陷进行风险评定并作出现场检查结论。

派出单位负责对现场检查结论进行综合研判。

第五十九条 国家药品监督管理局和省、自治区、直辖市药品监督管理部门通过监督检查发现药品生产管理或者疫苗储存、运输管理存在缺陷，有证据证明可能存在安全隐患的，应当依法采取相应措施：

（一）基本符合药品生产质量管理规范要求，需要整改的，应当发出告诫信并依据风险相应采取告诫、约谈、限期整改等措施；

（二）药品存在质量问题或者其他安全隐患的，药品监督管理部门根据监督检查情况，应当发出告诫信，并依据风险相应采取暂停生产、销售、使用、进口等控制措施。

药品存在质量问题或者其他安全隐患的，药品上市许可持有人应当依法召回药品而未召回的，省、自治区、直辖市药品监督管理部门应当责令其召回。

风险消除后，采取控制措施的药品监督管理部门应当解除控制措施。

第六十条 开展药品生产监督检查过程中，发现存在药品质量安全风险的，应当及时向派出单位报告。药品监督管理部门经研判属于重大药品质量安全风险的，应当及时向上一级药品监督管理部门和同级地方人民政府报告。

第六十一条 开展药品生产监督检查过程中，发现存在涉嫌违反药品法律、法规、规章的行为，应当及时采取现场控制措施，按照规定做好证据收集工作。药品监督管理部门应当按照职责和权限依法查处，涉嫌犯罪的移送公安机关处理。

第六十二条 省、自治区、直辖市药品监督管理部门应当依法将本行政区域内药品上市许可持有人和药品生产企业的监管信息归入到药品安全信用档案管理，并保持相关数据的动态更新。监管信息包括药品生产许可、日常监督检查结果、违法行为查处、药品质量抽查检验、不良行为记录和投诉举报等内容。

第六十三条 国家药品监督管理局和省、自治区、直辖市药品监督管理部门在生产监督管理工作中，不得妨碍药品上市许可持有人、药品生产企业的正常生产活动，不得索取或者收受财物，不得谋取其他利益。

第六十四条 个人和组织发现药品上市许可持有人或者药品生产企业进行违法生产活动的，有权向药品监督管理部门举报，药品监督管理部门应当按照有关规定及时核实、处理。

第六十五条 发生与药品质量有关的重大安全事件，药品上市许可持有人应当立即对有关药品及其原料、辅料以及直接接触药品的包装材料和容器、相关生产线等采取封存等控制措施，并立即报告所在地省、自治区、直辖市药品监督管理部门和有关部门，省、自治区、直辖市药品监督管理部门应当在二十四小时内报告省级人民政府，同时报告国家药品监督管理局。

第六十六条 省、自治区、直辖市药品监督管理部门对有不良信用记录的药品上市许可持有人、药品生产企业，应当增加监督检查频次，并可以按照国家规定实施联合惩戒。

第六十七条 省、自治区、直辖市药品监督管理部门未及时发现生产环节药品安全系统性风险，未及时消除监督管理区域内药品安全隐患的，或者省级人民政府未履行药品安全职责，未及时消除区域性重大药品安全隐患的，国家药品监督管理局应当对其主要负责人进行约谈。

被约谈的省、自治区、直辖市药品监督管理部门和地方人民政府应当立即采取措施,对药品监督管理工作进行整改。

约谈情况和整改情况应当纳入省、自治区、直辖市药品监督管理部门和地方人民政府药品监督管理工作评议、考核记录。

第五章 法律责任

第六十八条 有下列情形之一的,按照《药品管理法》第一百一十五条给予处罚:

(一)药品上市许可持有人和药品生产企业变更生产地址、生产范围应当经批准而未经批准的;

(二)药品生产许可证超过有效期限仍进行生产的。

第六十九条 药品上市许可持有人和药品生产企业未按照药品生产质量管理规范的要求生产,有下列情形之一,属于《药品管理法》第一百二十六条规定的情节严重情形的,依法予以处罚:

(一)未配备专门质量负责人独立负责药品质量管理、监督质量管理规范执行;

(二)药品上市许可持有人未配备专门质量受权人履行药品上市放行责任;

(三)药品生产企业未配备专门质量受权人履行药品出厂放行责任;

(四)质量管理体系不能正常运行,药品生产过程控制、质量控制的记录和数据不真实;

(五)对已识别的风险未及时采取有效的风险控制措施,无法保证产品质量;

(六)其他严重违反药品生产质量管理规范的情形。

第七十条 辅料、直接接触药品的包装材料和容器的生产企业及供应商未遵守国家药品监督管理局制定的质量管理规范等相关要求,不能确保质量保证体系持续合规的,由所在地省、自治区、直辖市药品监督管理部门按照《药品管理法》第一百二十六条的规定给予处罚。

第七十一条 药品上市许可持有人和药品生产企业有下列情形之一的,由所在地省、自治区、直辖市药品监督管理部门处一万元以上三万元以下的罚款:

(一)企业名称、住所(经营场所)、法定代表人未按规定办理登记事项变更;

(二)未按照规定每年对直接接触药品的工作人员进行健康检查并建立健康档案;

(三)未按照规定对列入国家实施停产报告的短缺药品清单的药品进行停产报告。

第七十二条 药品监督管理部门有下列行为之一的,对直接负责的主管人员和其他直接责任人员按照《药品管理法》第一百四十九条的规定给予处罚:

(一)瞒报、谎报、缓报、漏报药品安全事件;

(二)对发现的药品安全违法行为未及时查处;

(三)未及时发现药品安全系统性风险,或者未及时消除监督管理区域内药品安全隐患,造成严重影响;

(四)其他不履行药品监督管理职责,造成严重不良影响或者重大损失。

第六章 附 则

第七十三条 本办法规定的期限以工作日计算。药品生产许可中技术审查和评定、现场检查、企业整改等所需时间不计入期限。

第七十四条 场地管理文件,是指由药品生产企业编写的药品生产活动概述性文件,是药品生产企业质量管理文件体系的一部分。场地管理文件有关要求另行制定。

经批准或者关联审评审批的原料药、辅料和直接接触药品的包装材料和容器生产场地、境外生产场地一并赋予统一编码。

第七十五条 告诫信,是指药品监督管理部门在药品监督管理活动中,对有证据证明可能存在安全隐患的,依法发出的信函。告诫信应当载明存在缺陷、问题和整改要求。

第七十六条 药品生产许可证编号格式为"省份简称+四位年号+四位顺序号"。企业变更名称等许可证项目以及重新发证,原药品生产许可证编号不变。

企业分立,在保留原药品生产许可证编号的同时,增加新的编号。企业合并,原药品生产许可证编号保留一个。

第七十七条 分类码是对许可证内生产范围进行统计归类的英文字母串。大写字母用于归类药品上市许可持有人和产品类型,包括:A代表自行生产的药品上市许可持有人、B代表委托生产的药品上市许可持有人、C代表接受委托的药品生产企业、D代表原料药生产企业;小写字母用于区分制剂属性,h代表化学药、z代表中成药、s代表生物制品、d代表按药品管理的体外诊断试剂、y代表中药饮片、q代表医用气体、t代表特殊药品、x代表其他。

第七十八条 药品生产许可证的生产范围应当按照《中华人民共和国药典》制剂通则及其他的国家药品标准等要求填写。

第七十九条 国家有关法律、法规对生产疫苗、血液制品、麻醉药品、精神药品、医疗用毒性药品、放射性药品、药品类易制毒化学品等另有规定的,依照其规定。

第八十条 出口的疫苗应当符合进口国(地区)的

标准或者合同要求。

第八十一条 本办法自2020年7月1日起施行。2004年8月5日原国家食品药品监督管理局令第14号公布的《药品生产监督管理办法》同时废止。

药品检查管理办法（试行）

- 2023年7月19日
- 国药监药管〔2023〕26号

第一章 总 则

第一条 为规范药品检查行为，根据《中华人民共和国药品管理法》《中华人民共和国疫苗管理法》《药品生产监督管理办法》等有关法律法规规章，制定本办法。

第二条 本办法适用于药品监督管理部门对中华人民共和国境内上市药品的生产、经营、使用环节实施的检查、调查、取证、处置等行为。

境外生产现场的检查按照《药品医疗器械境外检查管理规定》执行。

第三条 本办法所指药品检查是药品监督管理部门对药品生产、经营、使用环节相关单位遵守法律法规、执行相关质量管理规范和药品标准等情况进行检查的行为。

第四条 药品检查应当遵循依法、科学、公正的原则，加强源头治理，严格过程管理，围绕上市后药品的安全、有效和质量可控开展。

涉及跨区域的药品检查，相关药品监督管理部门应当落实属地监管责任，加强衔接配合和检查信息互相通报，可以采取联合检查等方式，协同处理。

第五条 国家药品监督管理局主管全国药品检查管理工作，监督指导省、自治区、直辖市药品监督管理部门（以下简称省级药品监督管理部门）开展药品生产、经营现场检查。国家药品监督管理局食品药品审核查验中心负责承担疫苗、血液制品巡查，分析评估检查发现风险、作出检查结论并提出处置建议，负责各省、自治区、直辖市药品检查机构质量管理体系的指导和评估以及承办国家药监局交办的其他事项。

省级药品监督管理部门负责组织对本行政区域内药品上市许可持有人、药品生产企业、药品批发企业、药品零售连锁总部、药品网络交易第三方平台等相关检查；指导市县级药品监督管理部门开展药品零售企业、使用单位的检查，组织查处区域内的重大违法违规行为。

市县级药品监督管理部门负责开展对本行政区域内药品零售企业、使用单位的检查，配合国家和省级药品监督管理部门组织的检查。

第六条 药品监督管理部门依法进行检查时，有关单位及个人应当接受检查，积极予以配合，并提供真实完整准确的记录、票据、数据、信息等相关资料，不得以任何理由拒绝、逃避、拖延或者阻碍检查。

第七条 根据检查性质和目的，药品检查分为许可检查、常规检查、有因检查、其他检查。

（一）许可检查是药品监督管理部门在开展药品生产经营许可申请审查过程中，对申请人是否具备从事药品生产经营活动条件开展的检查。

（二）常规检查是根据药品监督管理部门制定的年度检查计划，对药品上市许可持有人、药品生产企业、药品经营企业、药品使用单位遵守有关法律、法规、规章，执行相关质量管理规范以及有关标准情况开展的监督检查。

（三）有因检查是对药品上市许可持有人、药品生产企业、药品经营企业、药品使用单位可能存在的具体问题或者投诉举报等开展的针对性检查。

（四）其他检查是除许可检查、常规检查、有因检查外的检查。

第八条 上级药品监督管理部门组织实施的药品检查，必要时可以通知被检查单位所在地药品监督管理部门或者省级药品监督管理部门的派出机构派出人员参加检查。

第二章 检查机构和人员

第九条 各级药品监督管理部门依法设置或者指定的药品检查机构，依据国家药监管的法律法规等开展相关的检查工作并出具《药品检查综合评定报告书》，负责职业化专业化检查员队伍的日常管理以及检查计划和任务的具体实施。药品监督管理部门设立或者指定的药品检验、审评、评价、不良反应监测等其他机构为药品检查提供技术支撑。

药品监督管理部门负责制定年度监督检查计划、布置检查任务或者自行组织检查，以及根据《药品检查综合评定报告书》及相关证据材料作出处理。

第十条 药品检查机构应当建立质量管理体系，不断完善和持续改进药品检查工作，保证药品检查质量。

第十一条 药品监督管理部门应当建立职业化专业化药品检查员队伍，实行检查员分级分类管理制度，制定不同层级检查员的岗位职责标准以及综合素质、检查能力要求，确立严格的岗位准入和任职条件。

第十二条 药品监督管理部门或者药品检查机构负责建立检查员库和检查员信息平台，实现国家级和省级、市县级检查员信息共享和检查工作协调联动。

药品监督管理部门根据工作需要统筹调配检查员开展检查工作。上级药品监督管理部门可以调配使用下级药品监督管理部门或者药品检查机构的检查员；下级药品监督管理部门在工作中遇到复杂疑难问题，可以申请上级药品监督管理部门派出检查员现场指导。

第十三条 药品检查有关人员应当严格遵守法律法规、廉洁纪律和工作要求，不得向被检查单位提出与检查无关的要求，不得与被检查单位有利害关系。

第十四条 药品检查有关人员应当严格遵守保密规定，严格管理涉密资料，严防泄密事件发生。不得泄露检查相关信息及被检查单位技术或者商业秘密等信息。

第三章 检查程序

第十五条 派出检查单位负责组建检查组实施检查。检查组一般由 2 名以上检查员组成，检查员应当具备与被检查品种相应的专业知识、培训经历或者从业经验。检查组实行组长负责制。必要时可以选派相关领域专家参加检查工作。

检查组在现场检查过程中，需要当场开展固定相关证据等行为时，检查组中执法人员不足 2 名的，应当由负责该被检查单位监管工作的药品监督管理部门派出 2 名以上执法人员负责相关工作。

第十六条 派出检查单位在实施检查前，应当根据检查任务制定检查方案。制定方案时应当结合被检查单位既往接受检查情况，生产企业的生产场地情况、剂型品种特点及生产工艺等情况，经营企业的经营范围、经营规模、经营方式等情况，明确检查事项、时间和检查方式等。必要时，参加检查的检查员应当参与检查方案的制定。检查员应当提前熟悉检查资料等内容。

第十七条 检查组到达被检查单位后，应当向被检查单位出示执法证明文件或者药品监督管理部门授权开展检查的证明文件。

第十八条 现场检查开始时，检查组应当召开首次会议，确认检查范围，告知检查纪律、廉政纪律、注意事项以及被检查单位享有陈述申辩的权利和应履行的义务。采取不预先告知检查方式的除外。

第十九条 检查组应当严格按照检查方案实施检查，被检查单位在检查过程中应当及时提供检查所需的相关资料，检查员应当如实做好检查记录。检查方案如需变更的，应当报经派出检查单位同意。检查期间发现被检查单位存在检查任务以外问题的，应当结合该问题对药品整体质量安全风险情况进行综合评估。

第二十条 检查过程中，检查组认为有必要时，可以对被检查单位的产品、中间体、原辅包等按照《药品抽样原则及程序》等要求抽样、送检。

第二十一条 检查中发现被检查单位可能存在药品质量安全风险的，执法人员应当立即固定相关证据，检查组应当将发现的问题和处理建议立即通报负责该被检查单位监管工作的药品监督管理部门和派出检查单位，负责该被检查单位监管工作的药品监督管理部门应当在三日内进行风险评估，并根据评估结果作出是否暂停生产、销售、使用、进口等风险控制措施的决定，同时责令被检查单位对已上市药品的风险进行全面回顾分析，并依法依规采取召回等措施。

被检查单位是受托生产企业的，负责该被检查单位监管工作的药品监督管理部门应当责令该药品上市许可持有人对已上市药品采取相应措施。被检查单位是跨区域受托生产企业的，检查组应当将检查情况通报该药品上市许可持有人所在地省级药品监督管理部门，该药品上市许可持有人所在地省级药品监督管理部门应当在上述规定时限内进行风险评估，作出相关风险控制决定，并责令该药品上市许可持有人采取相应措施。

第二十二条 现场检查结束后，检查组应当对现场检查情况进行分析汇总，客观、公平、公正地对检查中发现的缺陷进行分级，并召开末次会议，向被检查单位通报现场检查情况。

第二十三条 被检查单位对现场检查通报的情况有异议的，可以陈述申辩，检查组应当如实记录，并结合陈述申辩内容确定缺陷项目。

检查组应当综合被检查单位质量管理体系运行情况以及品种特性、适应症或者功能主治、使用人群、市场销售状况等因素，评估缺陷造成危害的严重性及危害发生的可能性，提出采取相应风险控制措施的处理建议。

上述缺陷项目和处理建议应当以书面形式体现，并经检查组成员和被检查单位负责人签字确认，由双方各执一份。

第二十四条 检查组应当根据缺陷内容，按照相应的评定标准进行评定，提出现场检查结论，并将现场检查结论和处理建议列入现场检查报告，检查组应当及时将现场检查报告、检查员记录及相关资料报送派出检查单位。

第二十五条 缺陷分为严重缺陷、主要缺陷和一般缺陷，其风险等级依次降低。

对药品生产企业的检查，依据《药品生产现场检查风险评定指导原则》确定缺陷的风险等级。药品生产企业重复出现前次检查发现缺陷的，风险等级可以升级。

对药品经营企业的检查，依据《药品经营质量管理规范现场检查指导原则》确定缺陷的风险等级。药品经营企业重复出现前次检查发现缺陷的，风险等级可以升级。

第二十六条 现场检查结论分为符合要求、待整改后评定、不符合要求。综合评定结论分为符合要求、不符合要求。

第二十七条 药品生产企业现场检查结论的评定标准：

（一）未发现缺陷或者缺陷质量安全风险轻微、质量管理体系比较健全的，检查结论为符合要求。

（二）发现缺陷有一定质量安全风险，但质量管理体系基本健全，检查结论为待整改后评定，包含但不限于以下情形：

1. 与《药品生产质量管理规范》（以下简称 GMP）要求有偏离，可能给产品质量带来一定风险；

2. 发现主要缺陷或者多项关联一般缺陷，经综合分析表明质量管理体系中某一系统不完善。

（三）发现缺陷为严重质量安全风险，质量体系不能有效运行，检查结论为不符合要求，包含但不限于以下情形：

1. 对使用者造成危害或者存在健康风险；

2. 与 GMP 要求有严重偏离，给产品质量带来严重风险；

3. 有编造生产、检验记录，药品生产过程控制、质量控制的记录和数据不真实；

4. 发现严重缺陷或者多项关联主要缺陷，经综合分析表明质量管理体系中某一系统不能有效运行。

第二十八条 药品经营企业现场检查结论的评定标准：

（一）未发现缺陷或者缺陷质量安全风险轻微、质量管理体系比较健全的，检查结论为符合要求。

（二）发现一般缺陷、主要缺陷有一定质量安全风险，但质量管理体系基本健全，检查结论为待整改后评定，包含但不限于以下情形：

1. 与《药品经营质量管理规范》（以下简称 GSP）有偏离，会引起低等级质量安全风险，但不影响药品质量的行为；

2. 计算机系统、质量管理体系文件不完善，结合实际经综合分析判定只对药品质量管理体系运行产生一般影响。

（三）发现严重缺陷，或者发现的主要缺陷和一般缺陷涉及企业质量管理体系运行，可能引发较严重质量安全风险，检查结论为不符合要求，包含但不限于以下情形：

1. 储存、运输过程中存在对药品质量产生严重影响的行为；

2. 企业记录经营活动的数据不真实，经营活动过程不可核查；

3. 发现多项关联主要缺陷，分析表明质量管理体系不能有效运行。

第二十九条 综合评定结论的评定标准：

（一）未发现缺陷或者缺陷质量安全风险轻微、质量管理体系比较健全的，或者发现缺陷有一定质量安全风险经整改可以有效控制风险且质量管理体系能够有效运行的，评定结论为符合要求。

（二）发现缺陷有严重质量安全风险，质量管理体系不能有效运行的，评定结论为不符合要求。

发现缺陷有一定质量安全风险经整改仍未有效控制风险，或者质量管理体系仍不能有效运行的，评定结论为不符合要求。

第三十条 派出检查单位应当自收到现场检查报告后 15 个工作日内审核现场检查报告，并形成审核意见。必要时派出检查单位可对缺陷项目和检查结论进行重新调整和认定，并及时将调整后的缺陷项目书面提供给被检查单位。

现场检查结论审核后为待整改后评定的，派出检查单位应当自收到整改报告后 20 个工作日内，形成综合评定结论，出具《药品检查综合评定报告书》，并报送药品监督管理部门。根据整改报告审核情况，必要时派出检查单位可进行现场复核或者要求被检查单位补充提交整改材料，相关时间不计入工作时限。

现场检查结论审核后为符合要求或者不符合要求的，派出检查单位应当自结论认定之日起 10 个工作日内，形成综合评定结论，出具《药品检查综合评定报告书》，并报送药品监督管理部门。

药品监督管理部门应当及时将综合评定结论告知被检查单位。

第三十一条 《药品检查综合评定报告书》应当包括药品上市许可持有人信息、企业名称、地址、实施单位、检查范围、任务来源、检查依据、检查人员、检查时间、问题或者缺陷、综合评定结论等内容。

《药品检查综合评定报告书》的格式由药品检查机构制定。

第三十二条 药品检查机构组织的检查按照本程序执行。

药品监督管理部门自行开展的检查，除本办法第十五条、第十六条、第十七条、第十九条、第二十一条、第二十三条程序外，根据实际需要可以简化其他程序。

第三十三条 现场检查结束后，被检查单位应当针对缺陷项目进行整改，于30个工作日内向派出检查单位提交整改报告；缺陷项目经派出检查单位审核后作出调整重新发放的，整改时限可延长10个工作日；无法按期完成整改的，应当制定切实可行的整改计划，整改完成后，应当补充提交相应的整改报告。被检查单位在整改期间应当主动结合发现的缺陷和风险，采取必要的风险控制措施。

整改报告应当至少包含缺陷描述、缺陷调查分析、风险评估、风险控制、整改审核、整改效果评价等内容，针对缺陷成因及风险评估情况，逐项描述风险控制措施及实施结果。

被检查单位按照整改计划完成整改后，应当及时将整改情况形成补充整改报告报送派出检查单位，必要时，派出检查单位可以对被检查单位整改落实情况进行现场检查。

第四章 许可检查

第一节 药品生产许可相关检查

第三十四条 药品监督管理部门或者药品检查机构实施现场检查前，应当制定现场检查工作方案，并组织实施现场检查。制定工作方案及实施现场检查工作时限为30个工作日。

第三十五条 首次申请《药品生产许可证》的，按照GMP有关内容开展现场检查。

申请《药品生产许可证》重新发放的，结合企业遵守药品管理法律法规、GMP和质量体系运行情况，根据风险管理原则进行审查，必要时可以开展GMP符合性检查。

原址或者异地新建、改建、扩建车间或者生产线的，应当开展GMP符合性检查。

申请药品上市的，按照《药品生产监督管理办法》第五十二条的规定，根据需要开展上市前的GMP符合性检查。

第二节 药品经营许可相关检查

第三十六条 省级药品监督管理部门或者药品检查机构实施药品批发企业、药品零售连锁总部现场检查前，应当制定现场检查工作方案，并组织实施现场检查。制定工作方案及实施现场检查工作时限为15个工作日。

市县级药品监督管理部门实施药品零售企业现场检查前，应当制定现场检查工作方案，并组织实施现场检查。制定工作方案及实施现场检查工作时限为10个工作日。

第三十七条 首次申请《药品经营许可证》和申请《药品经营许可证》许可事项变更且需进行现场检查的，依据GSP及其现场检查指导原则、许可检查细则等相关标准要求开展现场检查。

申请《药品经营许可证》重新发放的，结合企业遵守药品管理法律法规、GSP和质量体系运行情况，根据风险管理原则进行审查，必要时可以开展GSP符合性检查。

第三十八条 药品零售连锁企业的许可检查，药品零售连锁企业门店数量小于或者等于30家的，按照20%的比例抽查，但不得少于3家；大于30家的，按10%比例抽查，但不得少于6家。门店所在地市县级药品监督管理部门应当配合组织许可检查的省级药品监督管理部门或者药品检查机构开展检查。被抽查的药品零售连锁企业门店如属于跨省(自治区、直辖市)设立的，必要时，组织许可检查的省级药品监督管理部门可以开展联合检查。

第五章 常规检查

第三十九条 药品监督管理部门依据风险原则制定药品检查计划，确定被检查单位名单、检查内容、检查重点、检查方式、检查要求等，实施风险分级管理，年度检查计划中应当确定对一定比例的被检查单位开展质量管理规范符合性检查。

风险评估重点考虑以下因素：

(一)药品特性以及药品本身存在的固有风险；

(二)药品上市许可持有人、药品生产企业、药品经营企业、药品使用单位药品抽检情况；

(三)药品上市许可持有人、药品生产企业、药品经营企业、药品使用单位违法违规情况；

(四)药品不良反应监测、探索性研究、投诉举报或者其他线索提示可能存在质量安全风险的。

第四十条 常规检查包含以下内容：

(一)遵守药品管理法律法规的合法性；

(二)执行相关药品质量管理规范和技术标准的规范性；

（三）药品生产、经营、使用资料和数据的真实性、完整性；

（四）药品上市许可持有人质量管理、风险防控能力；

（五）药品监督管理部门认为需要检查的其他内容。

药品监督管理部门或者药品检查机构进行常规检查时可以采取不预先告知的检查方式，可以对某一环节或者依据检查方案规定的内容进行检查，必要时开展全面检查。

第四十一条 检查频次按照药品生产经营相关规章要求执行。

对麻醉药品、精神药品、药品类易制毒化学品、放射性药品和医疗用毒性药品生产经营企业，还应当对企业保障药品管理安全、防止流入非法渠道等有关规定的执行情况进行检查：

（一）麻醉药品、第一类精神药品和药品类易制毒化学品生产企业每季度检查不少于一次；

（二）第二类精神药品生产企业、麻醉药品和第一类精神药品全国性批发企业、麻醉药品和第一类精神药品区域性批发企业以及药品类易制毒化学品原料药批发企业每半年检查不少于一次；

（三）放射性药品、医疗用毒性药品生产经营企业每年检查不少于一次。

市县级药品监督管理部门结合本行政区域内实际情况制定使用单位的检查频次。

第六章 有因检查

第四十二条 有下列情形之一的，药品监督管理部门经风险评估，可以开展有因检查：

（一）投诉举报或者其他来源的线索表明可能存在质量安全风险的；

（二）检验发现存在质量安全风险的；

（三）药品不良反应监测提示可能存在质量安全风险的；

（四）对申报资料真实性有疑问的；

（五）涉嫌严重违反相关质量管理规范要求的；

（六）企业有严重不守信记录的；

（七）企业频繁变更管理人员登记事项的；

（八）生物制品批签发中发现可能存在安全隐患的；

（九）检查发现存在特殊药品安全管理隐患的；

（十）特殊药品涉嫌流入非法渠道的；

（十一）其他需要开展有因检查的情形。

第四十三条 开展有因检查应当制定检查方案，明确检查事项、时间、人员构成和方式等。必要时，药品监督管理部门可以联合有关部门共同开展有因检查。

检查方案应当针对具体的问题或者线索明确检查内容，必要时开展全面检查。

第四十四条 检查组成员不得事先告知被检查单位检查行程和检查内容。

检查组在指定地点集中后，应当第一时间直接进入检查现场，直接针对可能存在的问题开展检查。

检查组成员不得向被检查单位透露检查过程中的进展情况、发现的违法违规线索等相关信息。

第四十五条 现场检查时间原则上按照检查方案要求执行。检查组根据检查情况，以能够查清事实问题为原则，认为有必要对检查时间进行调整的，报经组织有因检查的药品监督管理部门同意后予以调整。

第四十六条 上级药品监督管理部门组织实施有因检查的，可以适时通知被检查单位所在地药品监督管理部门。被检查单位所在地药品监督管理部门应当派员协助检查，协助检查的人员应当服从检查组的安排。

第四十七条 组织实施有因检查的药品监督管理部门应当加强对检查组的指挥，根据现场检查反馈的情况及时调整检查策略，必要时启动协调机制，并可以派相关人员赴现场协调和指挥。

第四十八条 检查结束后，检查组应当及时撰写现场检查报告，并于5个工作日内报送组织有因检查的药品监督管理部门。

现场检查报告的内容包括：检查过程、发现问题、相关证据、检查结论和处理建议等。

第七章 检查与稽查的衔接

第四十九条 在违法案件查处过程中，负责案件查办、药品检查、法制部门及检验检测等部门应当各司其职、各负其责，同时加强相互之间的协作衔接。

第五十条 检查中发现被检查单位涉嫌违法的，执法人员应当立即开展相关调查、取证工作，检查组应当将发现的违法线索和处理建议立即通报负责该被检查单位监管工作的药品监督管理部门和派出检查单位。负责被检查单位监管工作的药品监督管理部门应当立即派出案件查办人员到达检查现场，交接与违法行为相关的实物、资料、票据、数据存储介质等证据材料，全面负责后续案件查办工作；对需要检验的，应当立即组织监督抽检，并将样品及有关资料等寄送至相关药品检验机构检验或者进行补充检验方法和项目研究。

涉嫌违法行为可能存在药品质量安全风险的，负责被检查单位监管工作的药品监督管理部门应当在接收证据材料后，按照本办法第二十一条规定进行风险评估，作出风险控制决定，责令被检查单位或者药品上市许可持有人对已上市药品采取相应风险控制措施。

第五十一条 案件查办过程中发现被检查单位涉嫌犯罪的，药品监督管理部门应当按照相关规定，依法及时移送或通报公安机关。

第八章 跨区域检查的协作

第五十二条 药品上市许可持有人、批发企业、零售连锁总部（以下简称委托方）所在地省级药品监督管理部门对其跨区域委托生产、委托销售、委托储存、委托运输、药物警戒等质量管理责任落实情况可以开展联合检查或者延伸检查。

第五十三条 跨区域受托企业（以下简称受托方）所在地省级药品监督管理部门应当履行属地监管责任，对受托方遵守相关法律法规、规章，执行质量管理规范、技术标准情况开展检查，配合委托方所在地省级药品监督管理部门开展联合检查。

监督检查中发现可能属于委托方问题的，应当函告委托方所在地省级药品监督管理部门，委托方所在地省级药品监督管理部门决定是否开展检查。

第五十四条 委托方和受托方所在地省级药品监督管理部门应当建立工作协调、联合检查、行政执法等工作机制。

第五十五条 开展联合检查的，委托方所在地省级药品监督管理部门应当向受托方所在地省级药品监督管理部门发出书面联系函，成立联合检查组。联合检查组应当由双方各选派不少于2名检查人员组成，联合检查组的组长由委托方所在地省级药品监督管理部门选派。

第五十六条 检查过程中发现责任认定尚不清晰的，联合检查组应当立即先行共同开展调查、取证工作，受托方所在地省级药品监督管理部门应当就近提供行政执法和技术支撑，待责任认定清楚后移送相应省级药品监督管理部门组织处理。对存在管辖权争议的问题，报请国家药监局指定管辖。对跨省检查发现具有系统性、区域性风险等重大问题的，及时报国家药监局。

第五十七条 委托方和受托方所在地省级药品监督管理部门按照有关规定受理及办理药品相关投诉举报。

第五十八条 省级药品监督管理部门应当登录国家药监局建立的监管信息系统，依职责采集被检查单位基本信息和品种信息，以及药品上市许可持有人提交的年度报告信息、药品监督管理部门的监管信息，方便本行政区域内各级药品监督管理部门查询使用。

第五十九条 省级药品监督管理部门在依法查处委托方或者受托方的违法违规行为时，需要赴外省市进行调查、取证的，可以会同相关同级药品监督管理部门开展联合检查，也可出具协助调查函请相关同级药品监督管理部门协助调查、取证。协助调查取证时，协助单位应当在接到协助调查函之日起15个工作日内完成协查工作、函复调查结果；紧急情况下，承办单位应当在接到调查函之日起7个工作日或者根据办案期限要求，完成协查工作并复函。需要延期完成的，协助单位应当及时告知提出协查请求的部门并说明理由。

第六十条 市县级药品监督管理部门需要开展跨区域联合检查的，参照上述条款实施。发现重大问题的，及时报上一级药品监督管理部门。

第九章 检查结果的处理

第六十一条 药品监督管理部门根据《药品检查综合评定报告书》及相关证据材料，作出相应处理。

现场检查时发现缺陷有一定质量风险，经整改后综合评定结论为符合要求的，药品监督管理部门必要时依据风险采取告诫、约谈等风险控制措施。

综合评定结论为不符合要求的，药品监督管理部门应当依法采取暂停生产、销售、使用、进口等风险控制措施，消除安全隐患。除首次申请相关许可证的情形外，药品监督管理部门应当按照《中华人民共和国药品管理法》第一百二十六条等相关规定进行处理。

药品监督管理部门应当将现场检查报告、整改报告、《药品检查综合评定报告书》及相关证据材料、风险控制措施相关资料等进行整理归档保存。

第六十二条 被检查单位拒绝、逃避监督检查，伪造、销毁、隐匿有关证据材料的，视为其产品可能存在安全隐患，药品监督管理部门应当按照《中华人民共和国药品管理法》第九十九条的规定进行处理。

被检查单位有下列情形之一的，应当视为拒绝、逃避监督检查，伪造、销毁、隐匿记录、数据、信息等相关资料：

（一）拒绝、限制检查员进入被检查场所或者区域，限制检查时间，或者检查结束时限制检查员离开的；

（二）无正当理由不如实提供或者延迟提供与检查相关的文件、记录、票据、凭证、电子数据等材料的；

（三）拒绝或者限制拍摄、复印、抽样等取证工作的；

（四）以声称工作人员不在或者冒名顶替应付检查、故意停止生产经营活动等方式欺骗、误导、逃避检查的；

（五）其他不配合检查的情形。

第六十三条 安全隐患排除后，被检查单位可以向作出风险控制措施决定的药品监督管理部门提出解除风险控制措施的申请,并提交整改报告,药品监督管理部门对整改情况组织评估,必要时可以开展现场检查,确认整改符合要求后解除相关风险控制措施,并向社会及时公布结果。

第六十四条 药品监督管理部门发现药品上市许可持有人、药品生产、经营企业和使用单位违反法律、法规情节严重,所生产、经营、使用的产品足以或者已经造成严重危害,或者造成重大影响的,及时向上一级药品监督管理部门和本级地方人民政府报告。上级药品监督管理部门应当监督指导下级药品监督管理部门开展相应的风险处置工作。

第六十五条 派出检查单位和检查人员有下列行为之一的,对直接负责的主管人员、其他直接责任人员、检查人员给予党纪、政纪处分:

(一)检查人员未及时上报发现的重大风险隐患的;

(二)派出检查单位未及时对检查人员上报的重大风险隐患作出相应处置措施的;

(三)检查人员未及时移交涉嫌违法案件线索的;

(四)派出检查单位未及时协调案件查办部门开展收集线索、固定证据、调查和处理相关工作的。

第六十六条 药品监督管理部门应当依法公开监督检查结果。

第六十七条 药品监督管理部门应当按照《国务院办公厅关于进一步完善失信约束制度构建诚信建设长效机制的指导意见》,依法依规做好失信行为的认定、记录、归集、共享、公开、惩戒和信用修复等工作。

第十章 附 则

第六十八条 各省级药品监督管理部门结合各地实际情况,依据本办法制定相应的实施细则。

第六十九条 本办法自发布之日起施行。原国家食品药品监督管理局2003年4月24日发布的《药品经营质量管理规范认证管理办法》和2011年8月2日发布的《药品生产质量管理规范认证管理办法》同时废止。

药物警戒质量管理规范

· 2021年5月7日国家药监局公告2021年第65号公布
· 自2021年12月1日起施行

第一章 总 则

第一条 为规范药品全生命周期药物警戒活动,根据《中华人民共和国药品管理法》《中华人民共和国疫苗管理法》等有关规定,制定本规范。

第二条 本规范适用于药品上市许可持有人(以下简称"持有人")和获准开展药物临床试验的药品注册申请人(以下简称"申办者")开展的药物警戒活动。

药物警戒活动是指对药品不良反应及其他与用药有关的有害反应进行监测、识别、评估和控制的活动。

第三条 持有人和申办者应当建立药物警戒体系,通过体系的有效运行和维护,监测、识别、评估和控制药品不良反应及其他与用药有关的有害反应。

第四条 持有人和申办者应当基于药品安全性特征开展药物警戒活动,最大限度地降低药品安全风险,保护和促进公众健康。

第五条 持有人和申办者应当与医疗机构、药品生产企业、药品经营企业、药物临床试验机构等协同开展药物警戒活动。鼓励持有人和申办者与科研院所、行业协会等相关方合作,推动药物警戒活动深入开展。

第二章 质量管理
第一节 基本要求

第六条 药物警戒体系包括与药物警戒活动相关的机构、人员、制度、资源等要素,并应与持有人的类型、规模、持有品种的数量及安全性特征等相适应。

第七条 持有人应当制定药物警戒质量目标,建立质量保证系统,对药物警戒体系及活动进行质量管理,不断提升药物警戒体系运行效能,确保药物警戒活动持续符合相关法律法规要求。

第八条 持有人应当以防控风险为目的,将药物警戒的关键活动纳入质量保证系统中,重点考虑以下内容:

(一)设置合理的组织机构;

(二)配备满足药物警戒活动所需的人员、设备和资源;

(三)制定符合法律法规要求的管理制度;

(四)制定全面、清晰、可操作的操作规程;

(五)建立有效、畅通的疑似药品不良反应信息收集途径;

(六)开展符合法律法规要求的报告与处置活动;

(七)开展有效的风险信号识别和评估活动;

(八)对已识别的风险采取有效的控制措施;

(九)确保药物警戒相关文件和记录可获取、可查阅、可追溯。

第九条 持有人应当制定并适时更新药物警戒质量控制指标,控制指标应当贯穿到药物警戒的关键活动中,

并分解落实到具体部门和人员,包括但不限于:

(一)药品不良反应报告合规性;

(二)定期安全性更新报告合规性;

(三)信号检测和评价的及时性;

(四)药物警戒体系主文件更新的及时性;

(五)药物警戒计划的制定和执行情况;

(六)人员培训计划的制定和执行情况。

第十条 持有人应当于取得首个药品批准证明文件后的30日内在国家药品不良反应监测系统中完成信息注册。注册的用户信息和产品信息发生变更的,持有人应当自变更之日起30日内完成更新。

第二节 内部审核

第十一条 持有人应当定期开展内部审核(以下简称"内审"),审核各项制度、规程及其执行情况,评估药物警戒体系的适宜性、充分性、有效性。当药物警戒体系出现重大变化时,应当及时开展内审。

内审工作可由持有人指定人员独立、系统、全面地进行,也可由外部人员或专家进行。

第十二条 开展内审前应当制订审核方案。方案应当包括内审的目标、范围、方法、标准、审核人员、审核记录和报告要求等。方案的制定应当考虑药物警戒的关键活动、关键岗位以及既往审核结果等。

第十三条 内审应当有记录,包括审核的基本情况、内容和结果等,并形成书面报告。

第十四条 针对内审发现的问题,持有人应当调查问题产生的原因,采取相应的纠正和预防措施,并对纠正和预防措施进行跟踪和评估。

第三节 委托管理

第十五条 持有人是药物警戒的责任主体,根据工作需要委托开展药物警戒相关工作的,相应法律责任由持有人承担。

第十六条 持有人委托开展药物警戒相关工作的,双方应当签订委托协议,保证药物警戒活动全过程信息真实、准确、完整和可追溯,且符合相关法律法规要求。

集团内各持有人之间以及总部和各持有人之间可签订药物警戒委托协议,也可书面约定相应职责与工作机制,相应法律责任由持有人承担。

第十七条 持有人应当考察、遴选具备相应药物警戒条件和能力的受托方。受托方应当是具备保障相关药物警戒工作有效运行的中国境内企业法人,具备相应的工作能力,可有承担药物警戒受托事项的专业人员、管理制度、设备资源等工作条件,应当配合持有人接受药品监督管理部门的延伸检查。

第十八条 持有人应当定期对受托方进行审计,要求受托方充分了解其药物警戒的质量目标,确保药物警戒活动持续符合要求。

第三章 机构人员与资源

第一节 组织机构

第十九条 持有人应当建立药品安全委员会,设置专门的药物警戒部门,明确药物警戒部门与其他相关部门的职责,建立良好的沟通和协调机制,保障药物警戒活动的顺利开展。

第二十条 药品安全委员会负责重大风险研判、重大或紧急药品事件处置、风险控制决策以及其他与药物警戒有关的重大事项。药品安全委员会一般由持有人的法定代表人或主要负责人、药物警戒负责人、药物警戒部门及相关部门负责人等组成。药品安全委员会应当建立相关的工作机制和工作程序。

第二十一条 药物警戒部门应当履行以下主要职责:

(一)疑似药品不良反应信息的收集、处置与报告;

(二)识别和评估药品风险,提出风险管理建议,组织或参与开展风险控制、风险沟通等活动;

(三)组织撰写药物警戒体系主文件、定期安全性更新报告、药物警戒计划等;

(四)组织或参与开展药品上市后安全性研究;

(五)组织或协助开展药物警戒相关的交流、教育和培训;

(六)其他与药物警戒相关的工作。

第二十二条 持有人应当明确其他相关部门在药物警戒活动中的职责,如药物研发、注册、生产、质量、销售、市场等部门,确保药物警戒活动顺利开展。

第二节 人员与培训

第二十三条 持有人的法定代表人或主要负责人对药物警戒活动全面负责,应当指定药物警戒负责人,配备足够数量且具有适当资质的人员,提供必要的资源并予以合理组织、协调,保证药物警戒体系的有效运行及质量目标的实现。

第二十四条 药物警戒负责人应当是具备一定职务的管理人员,应当具有医学、药学、流行病学或相关专业背景,本科及以上学历或中级及以上专业技术职称,三年以上从事药物警戒相关工作经历,熟悉我国药物警戒相关法律法规和技术指导原则，具备药物警戒管理工作的知识和技能。

药物警戒负责人应当在国家药品不良反应监测系统中登记。相关信息发生变更的，药物警戒负责人应当自变更之日起30日内完成更新。

第二十五条　药物警戒负责人负责药物警戒体系的运行和持续改进，确保药物警戒体系符合相关法律法规和本规范的要求，承担以下主要职责：

（一）确保药品不良反应监测与报告的合规性；

（二）监督开展药品安全风险识别、评估与控制，确保风险控制措施的有效执行；

（三）负责药品安全性信息沟通的管理，确保沟通及时有效；

（四）确保持有人内部以及与药品监督管理部门和药品不良反应监测机构沟通渠道顺畅；

（五）负责重要药物警戒文件的审核或签发。

第二十六条　药物警戒部门应当配备足够数量并具备适当资质的专职人员。专职人员应当具有医学、药学、流行病学或相关专业知识，接受过与药物警戒相关的培训，熟悉我国药物警戒相关法律法规和技术指导原则，具备开展药物警戒活动所需知识和技能。

第二十七条　持有人应当开展药物警戒培训，根据岗位需求与人员能力制定适宜的药物警戒培训计划，按计划开展培训并评估培训效果。

第二十八条　参与药物警戒活动的人员均应当接受培训。培训内容应当包括药物警戒基础知识和法规、岗位知识和技能等，其中岗位知识和技能培训应当与其药物警戒职责和要求相适应。

第三节　设备与资源

第二十九条　持有人应当配备满足药物警戒活动所需的设备与资源，包括办公区域和设施、安全稳定的网络环境、纸质和电子资料存储空间和设备、文献资源、医学词典、信息化工具或系统等。

第三十条　持有人使用信息化系统开展药物警戒活动时，应当满足以下要求：

（一）明确信息化系统在设计、安装、配置、验证、测试、培训、使用、维护等环节的管理要求，并规范记录上述过程；

（二）明确信息化系统的安全管理要求，根据不同的级别选取访问控制、权限分配、审计追踪、授权更改、电子签名等控制手段，确保信息化系统及其数据的安全性；

（三）信息化系统应当具备完善的数据安全及保密功能，确保电子数据不损坏、不丢失、不泄露，应当进行适当的验证或确认，以证明其满足预定用途。

第三十一条　持有人应当对设备与资源进行管理和维护，确保其持续满足使用要求。

第四章　监测与报告

第一节　信息的收集

第三十二条　持有人应当主动开展药品上市后监测，建立并不断完善信息收集途径，主动、全面、有效地收集药品使用过程中的疑似药品不良反应信息，包括来源于自发报告、上市后相关研究及其他有组织的数据收集项目、学术文献和相关网站等涉及的信息。

第三十三条　持有人可采用电话、传真、电子邮件等多种方式从医疗机构收集疑似药品不良反应信息。

第三十四条　持有人应当通过药品生产企业、药品经营企业收集疑似药品不良反应信息，保证药品生产、经营企业向其报告药品不良反应的途径畅通。

第三十五条　持有人应当通过药品说明书、包装标签、门户网站公布的联系电话或邮箱等途径收集患者和其他个人报告的疑似药品不良反应信息，保证收集途径畅通。

第三十六条　持有人应当定期对学术文献进行检索，制定合理的检索策略，根据品种安全性特征等确定检索频率，检索的时间范围应当具有连续性。

第三十七条　由持有人发起或资助的上市后相关研究或其他有组织的数据收集项目，持有人应当确保相关合作方知晓并履行药品不良反应报告责任。

第三十八条　对于境内外均上市的药品，持有人应当收集在境外发生的疑似药品不良反应信息。

第三十九条　对于创新药、改良型新药、省级及以上药品监督管理部门或药品不良反应监测机构要求关注的品种，持有人应当根据品种安全性特征加强药品上市后监测，在上市早期通过在药品说明书、包装、标签中进行标识等药物警戒活动，强化医疗机构、药品生产企业、药品经营企业和患者对疑似药品不良反应信息的报告意识。

第二节　报告的评价与处置

第四十条　持有人在首次获知疑似药品不良反应信息时，应当尽可能全面收集患者、报告者、怀疑药品以及不良反应发生情况等。收集过程与内容应当有记录，原始记录应当真实、准确、客观。

持有人应当对药品不良反应监测机构反馈的疑似不良反应报告进行分析评价，并按要求上报。

第四十一条 原始记录传递过程中,应当保持信息的真实、准确、完整、可追溯。为确保个例药品不良反应报告的及时性,持有人应当对传递时限进行要求。

第四十二条 持有人应当对收集到信息的真实性和准确性进行评估。当信息存疑时,应当核实。

持有人应当对严重药品不良反应报告、非预期不良反应报告中缺失的信息进行随访。随访应当在不延误首次报告的前提下尽快完成。如随访信息无法在首次报告时限内获得,可先提交首次报告,再提交跟踪报告。

第四十三条 持有人应当对药品不良反应的预期性进行评价。当药品不良反应的性质、严重程度、特征或结果与持有人药品说明书中的表述不符时,应当判定为非预期不良反应。

第四十四条 持有人应当对药品不良反应的严重性进行评价。符合以下情形之一的应当评价为严重药品不良反应:

(一)导致死亡;

(二)危及生命(指发生药品不良反应的当时,患者存在死亡风险,并不是指药品不良反应进一步恶化才可能出现死亡);

(三)导致住院或住院时间延长;

(四)导致永久或显著的残疾或功能丧失;

(五)导致先天性异常或出生缺陷;

(六)导致其他重要医学事件,若不进行治疗可能出现上述所列情况的。

第四十五条 持有人应当按照国家药品不良反应监测机构发布的药品不良反应关联性分级评价标准,对药品与疑似不良反应之间的关联性进行科学、客观的评价。

对于自发报告,如果报告者未提供关联性评价意见,应当默认药品与疑似不良反应之间存在关联性。

如果初始报告人进行了关联性评价,若无确凿医学证据,持有人原则上不应降级评价。

第三节 报告的提交

第四十六条 持有人向国家药品不良反应监测系统提交的个例药品不良反应报告,应当至少包含可识别的患者、可识别的报告者、怀疑药品和药品不良反应的相关信息。

第四十七条 持有人应当报告患者使用药品出现的怀疑与药品存在相关性的有害反应,其中包括可能因药品质量问题引起的或可能与超适应症用药、超剂量用药等相关的有害反应。

第四十八条 个例药品不良反应报告的填写应当真实、准确、完整、规范,符合相关填写要求。

第四十九条 个例药品不良反应报告应当按规定时限要求提交。严重不良反应尽快报告,不迟于获知信息后的 15 日,非严重不良反应不迟于获知信息后的 30 日。跟踪报告按照个例药品不良反应报告的时限提交。

报告时限的起始日期为持有人首次获知该个例药品不良反应且符合最低报告要求的日期。

第五十条 文献报道的药品不良反应,可疑药品为本持有人产品的,应当按个例药品不良反应报告。如果不能确定是否为本持有人产品的,应当在定期安全性更新报告中进行分析,可不作为个例药品不良反应报告。

第五十一条 境外发生的严重不良反应,持有人应当按照个例药品不良反应报告的要求提交。

因药品不良反应原因被境外药品监督管理部门要求暂停销售、使用或撤市的,持有人应当在获知相关信息后 24 小时内报告国家药品监督管理部门和药品不良反应监测机构。

第五十二条 对于药品上市后相关研究或有组织的数据收集项目中的疑似不良反应,持有人应当进行关联性评价。对可能存在关联性的,应当按照个例药品不良反应报告提交。

第五十三条 未按照个例药品不良反应报告提交的疑似药品不良反应信息,持有人应当记录不提交的原因,并保存原始记录,不得随意删除。

第五十四条 持有人不得以任何理由和手段阻碍报告者的报告行为。

第五章 风险识别与评估
第一节 信号检测

第五十五条 持有人应当对各种途径收集的疑似药品不良反应信息开展信号检测,及时发现新的药品安全风险。

第五十六条 持有人应当根据自身情况及产品特点选择适当、科学、有效的信号检测方法。信号检测方法可以是个例药品不良反应报告审阅、病例系列评价、病例报告汇总分析等人工检测方法,也可以是数据挖掘等计算机辅助检测方法。

第五十七条 信号检测频率应当根据药品上市时间、药品特点、风险特征等相关因素合理确定。对于新上市的创新药、改良型新药、省级及以上药品监督管理部门或药品不良反应监测机构要求关注的其他品种等,应当增加信号检测频率。

第五十八条 持有人在开展信号检测时,应当重点关注以下信号:

(一)药品说明书中未提及的药品不良反应,特别是严重的药品不良反应;

(二)药品说明书中已提及的药品不良反应,但发生频率、严重程度等明显增加的;

(三)疑似新的药品与药品、药品与器械、药品与食品间相互作用导致的药品不良反应;

(四)疑似新的特殊人群用药或已知特殊人群用药的变化;

(五)疑似不良反应呈现聚集性特点,不能排除与药品质量存在相关性的。

第五十九条 持有人应当对信号进行优先级判定。对于其中可能会影响产品的获益-风险平衡,或对公众健康产生影响的信号予以优先评价。信号优先级判定可考虑以下因素:

(一)药品不良反应的严重性、严重程度、转归、可逆性及可预防性;

(二)患者暴露情况及药品不良反应的预期发生频率;

(三)高风险人群及不同用药模式人群中的患者暴露情况;

(四)中断治疗对患者的影响,以及其他治疗方案的可及性;

(五)预期可能采取的风险控制措施;

(六)适用于其他同类药品的信号。

第六十条 持有人应当综合汇总相关信息,对检测出的信号开展评价,综合判断信号是否已构成新的药品安全风险。

相关信息包括:个例药品不良反应报告(包括药品不良反应监测机构反馈的报告)、临床研究数据、文献报道、有关药品不良反应或疾病的流行病学信息、非临床研究信息、医药数据库信息、药品监督管理部门或药品不良反应监测机构发布的相关信息等。必要时,持有人可通过开展药品上市后安全性研究等方式获取更多信息。

第六十一条 持有人获知或发现同一批号(或相邻批号)的同一药品在短期内集中出现多例临床表现相似的疑似不良反应,呈现聚集性特点的,应当及时开展病例分析和情况调查。

第二节 风险评估

第六十二条 持有人应当及时对新的药品安全风险开展评估,分析影响因素,描述风险特征,判定风险类型,评估是否需要采取风险控制措施等。评估应当综合考虑药品的获益-风险平衡。

第六十三条 持有人应当分析可能引起药品安全风险、增加风险发生频率或严重程度的原因或影响因素,如患者的生理特征、基础疾病、并用药品,或药物的溶媒、储存条件、使用方式等,为药物警戒计划的制定和更新提供科学依据。

中药、民族药持有人应当根据中医药、民族医药相关理论,分析处方特点(如炮制方式、配伍等)、临床使用(如功能主治、剂量、疗程、禁忌等)、患者机体等影响因素。

第六十四条 对药品风险特征的描述可包括风险发生机制、频率、严重程度、可预防性、可控性、对患者或公众健康的影响范围,以及风险证据的强度和局限性等。

第六十五条 风险类型分为已识别风险和潜在风险。对于可能会影响产品的获益-风险平衡,或对公众健康产生不利影响的风险,应当作为重要风险予以优先评估。

持有人还应当对可能构成风险的重要缺失信息进行评估。

第六十六条 持有人应当根据风险评估结果,对已识别风险、潜在风险等采取适当的风险管理措施。

第六十七条 风险评估应当有记录或报告,其内容一般包括风险概述、原因、过程、结果、风险管理建议等。

第六十八条 在药品风险识别和评估的任何阶段,持有人认为风险可能严重危害患者生命安全或公众健康的,应当立即采取暂停生产、销售及召回产品等风险控制措施,并向所在地省级药品监督管理部门报告。

第三节 药品上市后安全性研究

第六十九条 药品上市后开展的以识别、定性或定量描述药品安全风险,研究药品安全性特征,以及评估风险控制措施实施效果为目的的研究均属于药品上市后安全性研究。

第七十条 药品上市后安全性研究一般是非干预性研究,也可以是干预性研究,一般不涉及非临床研究。干预性研究可参照《药物临床试验质量管理规范》的要求开展。

第七十一条 持有人应当根据药品风险情况主动开展药品上市后安全性研究,或按照省级及以上药品监督管理部门的要求开展。药品上市后安全性研究及其活动不得以产品推广为目的。

第七十二条 开展药品上市后安全性研究的目的包括但不限于:

(一)量化并分析潜在的或已识别的风险及其影响

因素(例如描述发生率、严重程度、风险因素等);

(二)评估药品在安全信息有限或缺失人群中使用的安全性(例如孕妇、特定年龄段、肾功能不全、肝功能不全等人群);

(三)评估长期用药的安全性;

(四)评估风险控制措施的有效性;

(五)提供药品不存在相关风险的证据;

(六)评估药物使用模式(例如超适应症使用、超剂量使用、合并用药或用药错误);

(七)评估可能与药品使用有关的其他安全性问题。

第七十三条 持有人应当遵守伦理和受试者保护的相关法律法规和要求,确保受试者的权益。

第七十四条 持有人应当根据研究目的、药品风险特征、临床使用情况等选择适宜的药品上市后安全性研究方法。药品上市后安全性研究可以基于本次研究中从医务人员或患者处直接收集的原始数据,也可以基于本次研究前已经发生并且收集的用于其他研究目的的二手数据。

第七十五条 持有人开展药品上市后安全性研究应当制定书面的研究方案。研究方案应当由具有适当学科背景和实践经验的人员制定,并经药物警戒负责人审核或批准。

研究方案中应当规定研究开展期间疑似药品不良反应信息的收集、评估和报告程序,并在研究报告中进行总结。

研究过程中可根据需要修订或更新研究方案。研究开始后,对研究方案的任何实质性修订(如研究终点和研究人群变更)应当以可追溯和可审查的方式记录在方案中,包括变更原因、变更内容及日期。

第七十六条 对于药品监督管理部门要求开展的药品上市后安全性研究,研究方案和报告应当按照药品监督管理部门的要求提交。

第七十七条 持有人应当监测研究期间的安全性信息,发现任何可能影响药品获益-风险平衡的新信息,应当及时开展评估。

第七十八条 研究中发现可能严重危害患者的生命安全或公众健康的药品安全问题时,持有人应当立即采取暂停生产、销售及召回产品等风险控制措施,并向所在地省级药品监督管理部门报告。

第四节 定期安全性更新报告

第七十九条 定期安全性更新报告应当以持有人在报告期内开展的工作为基础进行撰写,对收集到的安全性信息进行全面深入的回顾、汇总和分析,格式和内容应当符合药品定期安全性更新报告撰写规范的要求。

第八十条 创新药和改良型新药应当自取得批准证明文件之日起每满1年提交一次定期安全性更新报告,直至首次再注册,之后每5年报告一次。其他类别的药品,一般应当自取得批准证明文件之日起每5年报告一次。药品监督管理部门或药品不良反应监测机构另有要求的,应当按照要求提交。

第八十一条 定期安全性更新报告的数据汇总时间以首次取得药品批准证明文件的日期为起点计,也可以该药物全球首个获得上市批准日期(即国际诞生日)为起点计。定期安全性更新报告数据覆盖期应当保持完整性和连续性。

第八十二条 定期安全性更新报告应当由药物警戒负责人批准同意后,通过国家药品不良反应监测系统提交。

第八十三条 对定期安全性更新报告的审核意见,持有人应当及时处理并予以回应;其中针对特定安全性问题的分析评估要求,除按药品监督管理部门或药品不良反应监测机构要求单独提交外,还应当在下一次的定期安全性更新报告中进行分析评价。

第八十四条 持有人可以提交定期获益-风险评估报告代替定期安全性更新报告,其撰写格式和递交要求适用国际人用药品注册技术协调会相关指导原则,其他要求同定期安全性更新报告。

第八十五条 定期安全性更新报告中对于风险的评估应当基于药品的所有用途。

开展获益-风险评估时,对于有效性的评估应当包括临床试验的数据,以及按照批准的适应症在实际使用中获得的数据。获益-风险的综合评估应当以批准的适应症为基础,结合药品实际使用中的风险开展。

第八十六条 除药品监督管理部门另有要求外,以下药品或按药品管理的产品不需要提交定期安全性更新报告:原料药、体外诊断试剂、中药材、中药饮片。

第六章 风险控制

第一节 风险控制措施

第八十七条 对于已识别的安全风险,持有人应当综合考虑药品风险特征、药品的可替代性、社会经济因素等,采取适宜的风险控制措施。

常规风险控制措施包括修订药品说明书、标签、包装,改变药品包装规格,改变药品管理状态等。特殊风险控制措施包括开展医务人员和患者的沟通和教育、药品使用环节的限制、患者登记等。需要紧急控制的，可采取暂停药品生产、销售及召回产品等措施。当评估认为药品风险大于获益的，持有人应当主动申请注销药品注册证书。

第八十八条 持有人采取药品使用环节的限制措施，以及暂停药品生产、销售，召回产品等风险控制措施的，应当向所在地省级药品监督管理部门报告，并告知相关药品经营企业和医疗机构停止销售和使用。

第八十九条 持有人发现或获知药品不良反应聚集性事件的，应当立即组织开展调查和处置，必要时应当采取有效的风险控制措施，并将相关情况向所在地省级药品监督管理部门报告。有重要进展应当跟踪报告，采取暂停生产、销售及召回产品等风险控制措施的应当立即报告。委托生产的，持有人应当同时向生产企业所在地省级药品监督管理部门报告。

第九十条 持有人应当对风险控制措施的执行情况和实施效果进行评估，并根据评估结论决定是否采取进一步行动。

第二节 风险沟通

第九十一条 持有人应当向医务人员、患者、公众传递药品安全性信息，沟通药品风险。

第九十二条 持有人应当根据不同的沟通目的，采用不同的风险沟通方式和渠道，制定有针对性的沟通内容，确保沟通及时、准确、有效。

第九十三条 沟通方式包括发送致医务人员的函、患者安全用药提示以及发布公告、召开发布会等。

致医务人员的函可通过正式信函发送至医务人员，或可通过相关医疗机构、药品生产企业、药品经营企业或行业协会发送，必要时可同时通过医药学专业期刊或报纸、具有互联网医药服务资质的网站等专业媒体发布。

患者安全用药提示可随药品发送至患者，或通过大众媒体进行发布，其内容应当简洁、清晰、通俗易懂。

第九十四条 沟通工作应当符合相关法律法规要求，不得包含任何广告或产品推广性质的内容。一般情况下，沟通内容应当基于当前获批的信息。

第九十五条 出现下列情况的，应当紧急开展沟通工作：

（一）药品存在需要紧急告知医务人员和患者的安全风险，但正在流通的产品不能及时更新说明书的；

（二）存在无法通过修订说明书纠正的不合理用药行为，且可能导致严重后果的；

（三）其他可能对患者或公众健康造成重大影响的情况。

第三节 药物警戒计划

第九十六条 药物警戒计划作为药品上市后风险管理计划的一部分，是描述上市后药品安全性特征以及如何管理药品安全风险的书面文件。

第九十七条 持有人应当根据风险评估结果，对发现存在重要风险的已上市药品，制定并实施药物警戒计划，并根据风险认知的变化及时更新。

第九十八条 药物警戒计划包括药品安全性概述、药物警戒活动，并对拟采取的风险控制措施、实施时间周期等进行描述。

第九十九条 药物警戒计划应当报持有人药品安全委员会审核。

第七章 文件、记录与数据管理

第一节 制度和规程文件

第一百条 持有人应当制定完善的药物警戒制度和规程文件。

可能涉及药物警戒活动的文件应当经药物警戒部门审核。

第一百零一条 制度和规程文件应当按照文件管理操作规程进行起草、修订、审核、批准、分发、替换或撤销、复制、保管和销毁等，并有相应的分发、撤销、复制和销毁记录。制度和规程文件应当分类存放、条理分明，便于查阅。

第一百零二条 制度和规程文件应当标明名称、类别、编号、版本号、审核批准人员及生效日期等，内容描述应当准确、清晰、易懂，附有修订日志。

第一百零三条 持有人应当对制度和规程文件进行定期审查，确保现行文件持续适宜和有效。制度和规程文件应当根据相关法律法规等要求及时更新。

第二节 药物警戒体系主文件

第一百零四条 持有人应当创建并维护药物警戒体系主文件，用以描述药物警戒体系及活动情况。

第一百零五条 持有人应当及时更新药物警戒体系主文件，确保与现行药物警戒体系及活动情况保持一致，并持续满足相关法律法规和实际工作需要。

第一百零六条 药物警戒体系主文件应当至少包括以下内容：

（一）组织机构：描述与药物警戒活动有关的组织架构、职责及相互关系等；

(二)药物警戒负责人的基本信息:包括居住地区、联系方式、简历、职责等;

(三)专职人员配备情况:包括专职人员数量、相关专业背景、职责等;

(四)疑似药品不良反应信息来源:描述疑似药品不良反应信息收集的主要途径、方式等;

(五)信息化工具或系统:描述用于开展药物警戒活动的信息化工具或系统;

(六)管理制度和操作规程:提供药物警戒管理制度的简要描述和药物警戒管理制度及操作规程目录;

(七)药物警戒体系运行情况:描述药品不良反应监测与报告,药品风险的识别、评估和控制等情况;

(八)药物警戒活动委托:列明委托的内容、时限、受托单位等,并提供委托协议清单;

(九)质量管理:描述药物警戒质量管理情况,包括质量目标、质量保证系统、质量控制指标、内审等;

(十)附录:包括制度和操作规程文件、药品清单、委托协议、内审报告、主文件修订日志等。

第三节 记录与数据

第一百零七条 持有人应当规范记录药物警戒活动的过程和结果,妥善管理药物警戒活动产生的记录与数据。记录与数据应当真实、准确、完整,保证药物警戒活动可追溯。关键的药物警戒活动相关记录和数据应当进行确认与复核。

第一百零八条 记录应当及时填写,载体为纸质的,应当字迹清晰、易读、不易擦除;载体为电子的,应当设定录入权限,定期备份,不得随意更改。

第一百零九条 电子记录系统应当具备记录的创建、审核、批准、版本控制,以及数据的采集与处理、记录的生成、复核、报告、存储及检索等功能。

第一百一十条 对电子记录系统应当针对不同的药物警戒活动和操作人员设置不同的权限,保证原始数据的创建、更改和删除可追溯。

第一百一十一条 使用电子记录系统,应当建立业务操作规程,规定系统安装、设置、权限分配、用户管理、变更控制、数据备份、数据恢复、日常维护与定期回顾的要求。

第一百一十二条 在保存和处理药物警戒记录和数据的各个阶段应当采取特定的措施,确保记录和数据的安全性和保密性。

第一百一十三条 药物警戒记录和数据至少保存至药品注册证书注销后十年,并应当采取有效措施防止记录和数据在保存期间损毁、丢失。

第一百一十四条 委托开展药物警戒活动所产生的文件、记录和数据,应当符合本规范要求。

第一百一十五条 持有人转让药品上市许可的,应当同时移交药物警戒的所有相关记录和数据,确保移交过程中记录和数据不被遗失。

第八章 临床试验期间药物警戒
第一节 基本要求

第一百一十六条 与注册相关的药物临床试验期间,申办者应当积极与临床试验机构等相关方合作,严格落实安全风险管理的主体责任。申办者应当建立药物警戒体系,全面收集安全性信息并开展风险监测、识别、评估和控制,及时发现存在的安全性问题,主动采取必要的风险控制措施,并评价风险控制措施的有效性,确保风险最小化,切实保护好受试者安全。

药物警戒体系及质量管理可参考本规范前述上市后相关要求,并可根据临床试验期间药物警戒要求进行适当调整。

第一百一十七条 对于药物临床试验期间出现的安全性问题,申办者应当及时将相关风险及风险控制措施报告国家药品审评机构。鼓励申办者、临床试验机构与国家药品审评机构积极进行沟通交流。

第一百一十八条 申办者应当指定专职人员负责临床试验期间的安全信息监测和严重不良事件报告管理;应当制订临床试验安全信息监测与严重不良事件报告操作规程,并对相关人员进行培训;应当掌握临床试验过程中最新安全性信息,及时进行安全风险评估,向试验相关方通报有关信息,并负责对可疑且非预期严重不良反应和其他潜在的严重安全性风险信息进行快速报告。

第一百一十九条 开展临床试验,申办者可以建立独立的数据监查委员会(数据和安全监查委员会)。数据监查委员会(数据和安全监查委员会)应当有书面的工作流程,定期对临床试验安全性数据进行评估,并向申办者建议是否继续、调整或停止试验。

第一百二十条 临床试验过程中的安全信息报告、风险评估和风险管理及相关处理,应当严格遵守受试者保护原则。申办者和研究者应当在保证受试者安全和利益的前提下,妥善安排相关事宜。

第一百二十一条 临床试验期间药物警戒活动需要结合《药物临床试验质量管理规范》等要求。

第一百二十二条 申办者为临床试验期间药物警戒

责任主体,根据工作需要委托受托方开展药物警戒活动的,相应法律责任由申办者承担。

第二节 风险监测、识别、评估与控制

第一百二十三条 临床试验期间,申办者应当在规定时限内及时向国家药品审评机构提交可疑且非预期严重不良反应个例报告。

第一百二十四条 对于致死或危及生命的可疑且非预期严重不良反应,申办者应当在首次获知后尽快报告,但不得超过7日,并应在首次报告后的8日内提交信息尽可能完善的随访报告。

对于死亡或危及生命之外的其他可疑且非预期严重不良反应,申办者应当在首次获知后尽快报告,但不得超过15日。

提交报告后,应当继续跟踪严重不良反应,以随访报告的形式及时报送有关新信息或对前次报告的更改信息等,报告时限为获得新信息起15日内。

第一百二十五条 申办者和研究者在不良事件与药物因果关系判断中不能达成一致时,其中任一方判断不能排除与试验药物相关的,都应当进行快速报告。

在临床试验结束或随访结束后至获得审评审批结论前发生的严重不良事件,由研究者报告申办者,若属于可疑且非预期严重不良反应,也应当进行快速报告。

从其他来源获得的与试验药物相关的可疑且非预期严重不良反应也应当进行快速报告。

第一百二十六条 个例安全性报告内容应当完整、规范、准确,符合相关要求。

申办者向国家药品审评机构提交个例安全性报告应当采用电子传输方式。

第一百二十七条 除非预期严重不良反应的个例安全性报告之外,对于其他潜在的严重安全性风险信息,申办者也应当作出科学判断,同时尽快向国家药品审评机构报告。

一般而言,其他潜在的严重安全性风险信息指明显影响药品获益-风险评估的、可能考虑药品用法改变的或影响总体药品研发进程的信息。

第一百二十八条 申办者应当对安全性信息进行分析和评估,识别安全风险。个例评估考虑患者人群、研究药物适应症、疾病自然史、现有治疗方法以及可能的获益-风险等因素。申办者还应当定期对安全性数据进行汇总分析,评估风险。

第一百二十九条 临床试验期间,申办者应当对报告周期内收集到的与药物相关的安全性信息进行全面深入的年度回顾、汇总和评估,按时提交研发期间安全性更新报告,研发期间安全性更新报告及其附件应当严格按照《研发期间安全性更新报告管理规范》完整撰写,并应包含与所有剂型和规格、所有适应症以及研究中接受试验药物的受试人群相关的数据。

原则上,应当将药物在境内或全球首次获得临床试验许可日期(即国际研发诞生日)作为研发期间安全性更新报告报告周期的起始日期。首次提交研发期间安全性更新报告应当在境内临床试验获准开展后第一个国际研发诞生日后两个月内完成。

当药物在境内外获得上市许可,如申办者需要,可在该药品全球首个获得上市批准日期的基础上准备和提交安全性更新报告。调整后的首次提交,报告周期不应超过一年。

第一百三十条 申办者经评估认为临床试验存在一定安全风险的,应当采取修改临床试验方案、修改研究者手册、修改知情同意书等风险控制措施;评估认为临床试验存在较大安全风险的,应当主动暂停临床试验;评估认为临床试验存在重大安全风险的,应当主动终止临床试验。

修改临床试验方案、主动暂停或终止临床试验等相关信息,应当按照相关要求及时在药物临床试验登记与信息公示平台进行更新。

第一百三十一条 申办者应当对风险控制措施的执行情况和实施效果进行评估,并根据评估结论决定是否采取进一步行动。

第九章 附 则

第一百三十二条 本规范下列术语的含义:

药品不良反应:是指合格药品在正常用法用量下出现的与用药目的无关的有害反应。

信号:是指来自一个或多个来源的,提示药品与事件之间可能存在新的关联性或已知关联性出现变化,且有必要开展进一步评估的信息。

药品不良反应聚集性事件:是指同一批号(或相邻批号)的同一药品在短期内集中出现多例临床表现相似的疑似不良反应,呈现聚集性特点,且怀疑与质量相关或可能存在其他安全风险的事件。

已识别风险:有充分的证据表明与关注药品有关的风险。

潜在风险:有依据怀疑与关注药品有关,但这种相关性尚未得到证实的风险。

第一百三十三条 国务院卫生健康主管部门和国务

院药品监督管理部门对疫苗疑似预防接种异常反应监测等药物警戒活动另有规定的,从其规定。

第一百三十四条 本规范自2021年12月1日起施行。

药品召回管理办法

- 2022年10月24日国家药品监督管理局公告2022年第92号
- 自2022年11月1日起施行

第一章 总 则

第一条 为加强药品质量监管,保障公众用药安全,根据《中华人民共和国药品管理法》《中华人民共和国疫苗管理法》《中华人民共和国药品管理法实施条例》等法律法规,制定本办法。

第二条 中华人民共和国境内生产和上市药品的召回及其监督管理,适用本办法。

第三条 本办法所称药品召回,是指药品上市许可持有人(以下称持有人)按照规定的程序收回已上市的存在质量问题或者其他安全隐患药品,并采取相应措施,及时控制风险、消除隐患的活动。

第四条 本办法所称质量问题或者其他安全隐患,是指由于研制、生产、储运、标识等原因导致药品不符合法定要求,或者其他可能使药品具有的危及人体健康和生命安全的不合理危险。

第五条 持有人是控制风险和消除隐患的责任主体,应当建立并完善药品召回制度,收集药品质量和安全的相关信息,对可能存在的质量问题或者其他安全隐患进行调查、评估,及时召回存在质量问题或者其他安全隐患的药品。

药品生产企业、药品经营企业、药品使用单位应当积极协助持有人对可能存在的质量问题或者其他安全隐患的药品进行调查、评估,主动配合持有人履行召回义务,按照召回计划及时传达、反馈药品召回信息,控制和收回存在质量问题或者其他安全隐患的药品。

第六条 药品生产企业、药品经营企业、药品使用单位发现其生产、销售或者使用的药品可能存在质量问题或者其他安全隐患的,应当及时通知持有人,必要时应当暂停生产、放行、销售、使用,并向所在地省、自治区、直辖市人民政府药品监督管理部门报告,通知和报告的信息应当真实。

第七条 持有人、药品生产企业、药品经营企业、药品使用单位应当按规定建立并实施药品追溯制度,保存完整的购销记录,保证上市药品的可溯源。

第八条 省、自治区、直辖市人民政府药品监督管理部门负责本行政区域内药品召回的监督管理工作。

市县级地方人民政府药品监督管理部门负责配合、协助做好药品召回的有关工作,负责行政区域内药品经营企业、药品使用单位协助召回情况的监督管理工作。

国家药品监督管理局负责指导全国药品召回的管理工作。

第九条 国家药品监督管理局和省、自治区、直辖市人民政府药品监督管理部门应当按照药品信息公开有关制度,采取有效途径向社会公布存在质量问题或者其他安全隐患的药品信息和召回信息,必要时向同级卫生健康主管部门通报相关信息。

持有人应当制定药品召回信息公开制度,依法主动公布药品召回信息。

第二章 调查与评估

第十条 持有人应当主动收集、记录药品的质量问题、药品不良反应/事件、其他安全风险信息,对可能存在的质量问题或者其他安全隐患进行调查和评估。

药品生产企业、药品经营企业、药品使用单位应当配合持有人对有关药品质量问题或者其他安全隐患进行调查,并提供有关资料。

第十一条 对可能存在质量问题或者其他安全隐患的药品进行调查,应当根据实际情况确定调查内容,可以包括:

(一)已发生药品不良反应/事件的种类、范围及原因;

(二)药品处方、生产工艺等是否符合相应药品标准、核准的生产工艺要求;

(三)药品生产过程是否符合药品生产质量管理规范;生产过程中的变更是否符合药品注册管理和相关变更技术指导原则等规定;

(四)药品储存、运输等是否符合药品经营质量管理规范;

(五)药品使用是否符合药品临床应用指导原则、临床诊疗指南和药品说明书、标签规定等;

(六)药品主要使用人群的构成及比例;

(七)可能存在质量问题或者其他安全隐患的药品批次、数量及流通区域和范围;

(八)其他可能影响药品质量和安全的因素。

第十二条 对存在质量问题或者其他安全隐患药品评估的主要内容包括:

(一)该药品引发危害的可能性,以及是否已经对人体健康造成了危害；

（二）对主要使用人群的危害影响；

（三）对特殊人群，尤其是高危人群的危害影响，如老年人、儿童、孕妇、肝肾功能不全者、外科手术病人等；

（四）危害的严重与紧急程度；

（五）危害导致的后果。

第十三条 根据药品质量问题或者其他安全隐患的严重程度，药品召回分为：

（一）一级召回：使用该药品可能或者已经引起严重健康危害的；

（二）二级召回：使用该药品可能或者已经引起暂时或者可逆的健康危害的；

（三）三级召回：使用该药品一般不会引起健康危害，但由于其他原因需要收回的。

第十四条 持有人应当根据调查和评估结果和药品召回等级，形成调查评估报告，科学制定召回计划。

调查评估报告应当包括以下内容：

（一）召回药品的具体情况，包括名称、规格、批次等基本信息；

（二）实施召回的原因；

（三）调查评估结果；

（四）召回等级。

召回计划应当包括以下内容：

（一）药品生产销售情况及拟召回的数量；

（二）召回措施具体内容，包括实施的组织、范围和时限等；

（三）召回信息的公布途径和范围；

（四）召回的预期效果；

（五）药品召回后的处理措施；

（六）联系人的姓名及联系方式。

第三章 主动召回

第十五条 持有人经调查评估后，确定药品存在质量问题或者其他安全隐患的，应当立即决定并实施召回，同时通过企业官方网站或者药品相关行业媒体向社会发布召回信息。召回信息应当包括以下内容：药品名称、规格、批次、持有人、药品生产企业、召回原因、召回等级等。

实施一级、二级召回的，持有人还应当申请在所在地省、自治区、直辖市人民政府药品监督管理部门网站依法发布召回信息。省、自治区、直辖市人民政府药品监督管理部门网站发布的药品召回信息应当与国家药品监督管理局网站链接。

第十六条 持有人作出药品召回决定的，一级召回在1日内，二级召回在3日内，三级召回在7日内，应当发出召回通知，通知到药品生产企业、药品经营企业、药品使用单位等，同时向所在地省、自治区、直辖市人民政府药品监督管理部门备案调查评估报告、召回计划和召回通知。召回通知应当包括以下内容：

（一）召回药品的具体情况，包括名称、规格、批次等基本信息；

（二）召回的原因；

（三）召回等级；

（四）召回要求，如立即暂停生产、放行、销售、使用；转发召回通知等。

（五）召回处理措施，如召回药品外包装标识、隔离存放措施、储运条件、监督销毁等。

第十七条 持有人在实施召回过程中，一级召回每日、二级召回每3日、三级召回每7日，向所在地省、自治区、直辖市人民政府药品监督管理部门报告药品召回进展情况。

召回过程中，持有人应当及时评估召回效果，发现召回不彻底的，应当变更召回计划，扩大召回范围或者重新召回。变更召回计划的，应当及时向所在地省、自治区、直辖市人民政府药品监督管理部门备案。

第十八条 持有人应当明确召回药品的标识及存放要求，召回药品的外包装标识、隔离存放措施等，应当与正常药品明显区别，防止差错、混淆。对需要特殊储存条件的，在其储存和转运过程中，应当保证储存条件符合规定。

第十九条 召回药品需要销毁的，应当在持有人、药品生产企业或者储存召回药品所在地县级以上人民政府药品监督管理部门或者公证机构监督下销毁。

对通过更换标签、修改并完善说明书、重新外包装等方式能够消除隐患的，或者对不符合药品标准但尚不影响安全性、有效性的中药饮片，且能够通过返工等方式解决该问题的，可以适当处理后再上市。相关处理操作应当符合相应药品质量管理规范等要求，不得延长药品有效期或者保质期。

持有人对召回药品的处理应当有详细的记录，记录应当保存5年且不得少于药品有效期后1年。

第二十条 持有人应当按照《药品管理法》第八十二条规定，在召回完成后10个工作日内，将药品召回和处理情况向所在地省、自治区、直辖市人民政府药品监督管理部门和卫生健康主管部门报告。

持有人应当在药品年度报告中说明报告期内药品召回情况。

第二十一条 境外生产药品涉及在境内实施召回的，境外持有人指定的在中国境内履行持有人义务的企业法人（以下称境内代理人）应当按照本办法组织实施召回，并向其所在地省、自治区、直辖市人民政府药品监督管理部门和卫生健康主管部门报告药品召回和处理情况。

境外持有人在境外实施药品召回，经综合评估认为属于下列情形的，其境内代理人应当于境外召回启动后10个工作日内，向所在地省、自治区、直辖市人民政府药品监督管理部门报告召回药品的名称、规格、批次、召回原因等信息：

（一）与境内上市药品为同一品种，但不涉及境内药品规格、批次或者剂型的；

（二）与境内上市药品共用生产线的；

（三）其他需要向药品监督管理部门报告的。

境外持有人应当综合研判境外实施召回情况，如需要在中国境内召回的，应当按照本条第一款规定组织实施召回。

第四章 责令召回

第二十二条 有以下情形之一的，省、自治区、直辖市人民政府药品监督管理部门应当责令持有人召回药品：

（一）药品监督管理部门经过调查评估，认为持有人应当召回药品而未召回的；

（二）药品监督管理部门经对持有人主动召回结果审查，认为持有人召回药品不彻底的。

第二十三条 省、自治区、直辖市人民政府药品监督管理部门责令召回药品的，应当按本办法第九条、第十五条相关规定向社会公布责令召回药品信息，要求持有人、药品生产企业、药品经营企业和药品使用单位停止生产、放行、销售、使用。

持有人应当按照责令召回要求实施召回，并按照本办法第十五条相关规定向社会发布药品召回信息。

第二十四条 省、自治区、直辖市人民政府药品监督管理部门作出责令召回决定，应当将责令召回通知书送达持有人。责令召回通知书应当包括以下内容：

（一）召回药品的具体情况，包括名称、规格、批次等基本信息；

（二）实施召回的原因；

（三）审查评价和/或调查评估结果；

（四）召回等级；

（五）召回要求，包括范围和时限等。

第二十五条 持有人在收到责令召回通知书后，应当按照本办法第十四条、第十六条的规定，通知药品生产企业、药品经营企业和药品使用单位，制定、备案召回计划，并组织实施。

第二十六条 持有人在实施召回过程中，应当按照本办法第十七条相关要求向所在地省、自治区、直辖市人民政府药品监督管理部门报告药品召回进展情况。

第二十七条 持有人应当按照本办法第十八条、第十九条规定做好后续处理和记录，并在完成召回和处理后10个工作日内向所在地省、自治区、直辖市人民政府药品监督管理部门和卫生健康主管部门提交药品召回的总结报告。

第二十八条 省、自治区、直辖市人民政府药品监督管理部门应当自收到总结报告之日起10个工作日内进行审查，并对召回效果进行评价，必要时组织专家进行审查和评价。认为召回尚未有效控制风险或者消除隐患的，应当书面要求持有人重新召回。

第二十九条 对持有人违反本办法规定，在其所在地省、自治区、直辖市人民政府药品监督管理部门责令其召回后而拒不召回的，药品生产企业、药品经营企业、药品使用单位不配合召回的，相应省、自治区、直辖市人民政府药品监督管理部门应当按照《药品管理法》第一百三十五条的规定进行查处。

第五章 附　则

第三十条 在中国境内上市疫苗的召回程序适用本办法。疫苗存在或者疑似存在质量问题的处置要求应当按照《疫苗管理法》的规定执行。

第三十一条 境内持有人发现出口药品存在质量问题或者其他安全隐患的，应当及时通报进口国（地区）药品监管机构和采购方，需要在境外实施召回的，应当按照进口国（地区）有关法律法规及采购合同的规定组织实施召回。

第三十二条 中药饮片、中药配方颗粒的召回，其生产企业按照本办法实施。

第三十三条 本办法自2022年11月1日施行。

互联网药品信息服务管理办法

· 2004年7月8日国家食品药品监督管理局令第9号公布

· 根据2017年11月7日国家食品药品监督管理总局局务会议《关于修改部分规章的决定》修正

第一条 为加强药品监督管理，规范互联网药品信息服务活动，保证互联网药品信息的真实、准确，根据《中华人民共和国药品管理法》《互联网信息服务管理办法》，制定本办法。

第二条 在中华人民共和国境内提供互联网药品信息服务活动，适用本办法。

本办法所称互联网药品信息服务，是指通过互联网向上网用户提供药品（含医疗器械）信息的服务活动。

第三条 互联网药品信息服务分为经营性和非经营性两类。

经营性互联网药品信息服务是指通过互联网向上网用户有偿提供药品信息等服务的活动。

非经营性互联网药品信息服务是指通过互联网向上网用户无偿提供公开的、共享性药品信息等服务的活动。

第四条 国家食品药品监督管理总局对全国提供互联网药品信息服务活动的网站实施监督管理。

省、自治区、直辖市食品药品监督管理部门对本行政区域内提供互联网药品信息服务活动的网站实施监督管理。

第五条 拟提供互联网药品信息服务的网站，应当在向国务院信息产业主管部门或者省级电信管理机构申请办理经营许可证或者办理备案手续之前，按照属地监督管理的原则，向该网站主办单位所在地省、自治区、直辖市食品药品监督管理部门提出申请，经审核同意后取得提供互联网药品信息服务的资格。

第六条 各省、自治区、直辖市食品药品监督管理部门对本辖区内申请提供互联网药品信息服务的互联网站进行审核，符合条件的核发《互联网药品信息服务资格证书》。

第七条 《互联网药品信息服务资格证书》的格式由国家食品药品监督管理总局统一制定。

第八条 提供互联网药品信息服务的网站，应当在其网站主页显著位置标注《互联网药品信息服务资格证书》的证书编号。

第九条 提供互联网药品信息服务网站所登载的药品信息必须科学、准确，必须符合国家的法律、法规和国家有关药品、医疗器械管理的相关规定。

提供互联网药品信息服务的网站不得发布麻醉药品、精神药品、医疗用毒性药品、放射性药品、戒毒药品和医疗机构制剂的产品信息。

第十条 提供互联网药品信息服务的网站发布的药品（含医疗器械）广告，必须经过食品药品监督管理部门审查批准。

提供互联网药品信息服务的网站发布的药品（含医疗器械）广告要注明广告审查批准文号。

第十一条 申请提供互联网药品信息服务，除应当符合《互联网信息服务管理办法》规定的要求外，还应当具备下列条件：

（一）互联网药品信息服务的提供者应当为依法设立的企事业单位或者其他组织；

（二）具有与开展互联网药品信息服务活动相适应的专业人员、设施及相关制度；

（三）有两名以上熟悉药品、医疗器械管理法律、法规和药品、医疗器械专业知识，或者依法经资格认定的药学、医疗器械技术人员。

第十二条 提供互联网药品信息服务的申请应当以一个网站为基本单元。

第十三条 申请提供互联网药品信息服务，应当填写国家食品药品监督管理总局统一制发的《互联网药品信息服务申请表》，向网站主办单位所在地省、自治区、直辖市食品药品监督管理部门提出申请，同时提交以下材料：

（一）企业营业执照复印件。

（二）网站域名注册的相关证书或者证明文件。从事互联网药品信息服务网站的中文名称，除与主办单位名称相同的以外，不得以"中国""中华""全国"等冠名；除取得药品招标代理机构资格证书的单位开办的互联网站外，其他提供互联网药品信息服务的网站名称中不得出现"电子商务""药品招商""药品招标"等内容。

（三）网站栏目设置说明（申请经营性互联网药品信息服务的网站需提供收费栏目及收费方式的说明）。

（四）网站对历史发布信息进行备份和查阅的相关管理制度及执行情况说明。

（五）食品药品监督管理部门在线浏览网站上所有栏目、内容的方法及操作说明。

（六）药品及医疗器械相关专业技术人员学历证明或者其专业技术资格证书复印件、网站负责人身份证复印件及简历。

（七）健全的网络与信息安全保障措施，包括网站安全保障措施、信息安全保密管理制度、用户信息安全管理制度。

（八）保证药品信息来源合法、真实、安全的管理措施、情况说明及相关证明。

第十四条 省、自治区、直辖市食品药品监督管理部门在收到申请材料之日起5日内做出受理与否的决定，受理的，发给受理通知书；不受理的，书面通知申请人并说明理由,同时告知申请人享有依法申请行政复议或者提起行政诉讼的权利。

第十五条 对于申请材料不规范、不完整的,省、自治区、直辖市食品药品监督管理部门自申请之日起5日内一次告知申请人需要补正的全部内容;逾期不告知的,自收到材料之日起即为受理。

第十六条 省、自治区、直辖市食品药品监督管理部门自受理之日起20日内对申请提供互联网药品信息服务的材料进行审核,并作出同意或者不同意的决定。同意的,由省、自治区、直辖市食品药品监督管理部门核发《互联网药品信息服务资格证书》,同时报国家食品药品监督管理总局备案并发布公告;不同意的,应当书面通知申请人并说明理由,同时告知申请人享有依法申请行政复议或者提起行政诉讼的权利。

国家食品药品监督管理总局对各省、自治区、直辖市食品药品监督管理部门的审核工作进行监督。

第十七条 《互联网药品信息服务资格证书》有效期为5年。有效期届满,需要继续提供互联网药品信息服务的,持证单位应当在有效期届满前6个月内,向原发证机关申请换发《互联网药品信息服务资格证书》。原发证机关进行审核后,认为符合条件的,予以换发新证;认为不符合条件的,发给不予换发新证的通知并说明理由,原《互联网药品信息服务资格证书》由原发证机关收回并公告注销。

省、自治区、直辖市食品药品监督管理部门根据申请人的申请,应当在《互联网药品信息服务资格证书》有效期届满前作出是否准予其换证的决定。逾期未作出决定的,视为准予换证。

第十八条 《互联网药品信息服务资格证书》可以根据互联网药品信息服务提供者的书面申请,由原发证机关收回,原发证机关应当报国家食品药品监督管理总局备案并发布公告。被收回《互联网药品信息服务资格证书》的网站不得继续从事互联网药品信息服务。

第十九条 互联网药品信息服务提供者变更下列事项之一的,应当向原发证机关申请办理变更手续,填写《互联网药品信息服务项目变更申请表》,同时提供下列相关证明文件:

(一)《互联网药品信息服务资格证书》中审核批准的项目(互联网药品信息服务提供者单位名称、网站名称、IP地址等);

(二)互联网药品信息服务提供者的基本项目(地址、法定代表人、企业负责人等);

(三)网站提供互联网药品信息服务的基本情况(服务方式、服务项目等)。

第二十条 省、自治区、直辖市食品药品监督管理部门自受理变更申请之日起20个工作日内作出是否同意变更的审核决定。同意变更的,将变更结果予以公告并报国家食品药品监督管理总局备案;不同意变更的,以书面形式通知申请人并说明理由。

第二十一条 省、自治区、直辖市食品药品监督管理部门对申请人的申请进行审查时,应当公示审批过程和审批结果。申请人和利害关系人可以对直接关系其重大利益的事项提交书面意见进行陈述和申辩。依法应当听证的,按照法定程序举行听证。

第二十二条 未取得或者超出有效期使用《互联网药品信息服务资格证书》从事互联网药品信息服务的,由国家食品药品监督管理总局或者省、自治区、直辖市食品药品监督管理部门给予警告,并责令其停止从事互联网药品信息服务;情节严重的,移送相关部门,依照有关法律、法规给予处罚。

第二十三条 提供互联网药品信息服务的网站不在其网站主页的显著位置标注《互联网药品信息服务资格证书》的证书编号的,国家食品药品监督管理总局或者省、自治区、直辖市食品药品监督管理部门给予警告,责令限期改正;在限定期限内拒不改正的,对提供非经营性互联网药品信息服务的网站处以500元以下罚款,对提供经营性互联网药品信息服务的网站处以5000元以上1万元以下罚款。

第二十四条 互联网药品信息服务提供者违反本办法,有下列情形之一的,由国家食品药品监督管理总局或者省、自治区、直辖市食品药品监督管理部门给予警告,责令限期改正;情节严重的,对提供非经营性互联网药品信息服务的网站处以1000元以下罚款,对提供经营性互联网药品信息服务的网站处以1万元以上3万元以下罚款;构成犯罪的,移送司法部门追究刑事责任:

(一)已经获得《互联网药品信息服务资格证书》,但提供的药品信息直接撮合药品网上交易的;

(二)已经获得《互联网药品信息服务资格证书》,但超出审核同意的范围提供互联网药品信息服务的;

(三)提供不真实互联网药品信息服务并造成不良社会影响的;

(四)擅自变更互联网药品信息服务项目的。

第二十五条 互联网药品信息服务提供者在其业务活动中,违法使用《互联网药品信息服务资格证书》的,由国家食品药品监督管理总局或者省、自治区、直辖市食品药品监督管理部门依照有关法律、法规的规定处罚。

第二十六条 省、自治区、直辖市食品药品监督管理部门违法对互联网药品信息服务申请作出审核批准的，原发证机关应当撤销原批准的《互联网药品信息服务资格证书》，由此给申请人的合法权益造成损害的，由原发证机关依照国家赔偿法的规定给予赔偿；对直接负责的主管人员和其他直接责任人员，由其所在单位或者上级机关依法给予行政处分。

第二十七条 省、自治区、直辖市食品药品监督管理部门应当对提供互联网药品信息服务的网站进行监督检查，并将检查情况向社会公告。

第二十八条 本办法由国家食品药品监督管理总局负责解释。

第二十九条 本办法自公布之日起施行。《互联网药品信息服务管理暂行规定》（国家药品监督管理局令第26号）同时废止。

药品网络销售监督管理办法

· 2022年8月3日国家市场监督管理总局令第58号公布
· 自2022年12月1日起施行

第一章 总 则

第一条 为了规范药品网络销售和药品网络交易平台服务活动，保障公众用药安全，根据《中华人民共和国药品管理法》（以下简称药品管理法）等法律、行政法规，制定本办法。

第二条 在中华人民共和国境内从事药品网络销售、提供药品网络交易平台服务及其监督管理，应当遵守本办法。

第三条 国家药品监督管理局主管全国药品网络销售的监督管理工作。

省级药品监督管理部门负责本行政区域内药品网络销售的监督管理工作，负责监督管理药品网络交易第三方平台以及药品上市许可持有人、药品批发企业通过网络销售药品的活动。

设区的市级、县级承担药品监督管理职责的部门（以下称药品监督管理部门）负责本行政区域内药品网络销售的监督管理工作，负责监督管理药品零售企业通过网络销售药品的活动。

第四条 从事药品网络销售、提供药品网络交易平台服务，应当遵守药品法律、法规、规章、标准和规范，依法诚信经营，保障药品质量安全。

第五条 从事药品网络销售、提供药品网络交易平台服务，应当采取有效措施保证交易全过程信息真实、准确、完整和可追溯，并遵守国家个人信息保护的有关规定。

第六条 药品监督管理部门应当与相关部门加强协作，充分发挥行业组织等机构的作用，推进信用体系建设，促进社会共治。

第二章 药品网络销售管理

第七条 从事药品网络销售的，应当是具备保证网络销售药品安全能力的药品上市许可持有人或者药品经营企业。

中药饮片生产企业销售其生产的中药饮片，应当履行药品上市许可持有人相关义务。

第八条 药品网络销售企业应当按照经过批准的经营方式和经营范围经营。药品网络销售企业为药品上市许可持有人的，仅能销售其取得药品注册证书的药品。未取得药品零售资质的，不得向个人销售药品。

疫苗、血液制品、麻醉药品、精神药品、医疗用毒性药品、放射性药品、药品类易制毒化学品等国家实行特殊管理的药品不得在网络上销售，具体目录由国家药品监督管理局组织制定。

药品网络零售企业不得违反规定以买药品赠药品、买商品赠药品等方式向个人赠送处方药、甲类非处方药。

第九条 通过网络向个人销售处方药的，应当确保处方来源真实、可靠，并实行实名制。

药品网络零售企业应当与电子处方提供单位签订协议，并严格按照有关规定进行处方审核调配，对已经使用的电子处方进行标记，避免处方重复使用。

第三方平台承接电子处方的，应当对电子处方提供单位的情况进行核实，并签订协议。

药品网络零售企业接收的处方为纸质处方影印版本的，应当采取有效措施避免处方重复使用。

第十条 药品网络销售企业应当建立并实施药品质量安全管理、风险控制、药品追溯、储存配送管理、不良反应报告、投诉举报处理等制度。

药品网络零售企业还应当建立在线药学服务制度，由依法经过资格认定的药师或者其他药学技术人员开展处方审核调配、指导合理用药等工作。依法经过资格认定的药师或者其他药学技术人员数量应当与经营规模相适应。

第十一条 药品网络销售企业应当向药品监督管理

部门报告企业名称、网站名称、应用程序名称、IP地址、域名、药品生产许可证或者药品经营许可证等信息。信息发生变化的，应当在10个工作日内报告。

药品网络销售企业为药品上市许可持有人或者药品批发企业的，应当向所在地省级药品监督管理部门报告。药品网络销售企业为药品零售企业的，应当向所在地市县级药品监督管理部门报告。

第十二条　药品网络销售企业应当在网站首页或者经营活动的主页面显著位置，持续公示其药品生产或者经营许可证信息。药品网络零售企业还应当展示依法配备的药师或者其他药学技术人员的资格认定等信息。上述信息发生变化的，应当在10个工作日内予以更新。

第十三条　药品网络销售企业展示的药品相关信息应当真实、准确、合法。

从事处方药销售的药品网络零售企业，应当在每个药品展示页面下突出显示"处方药须凭处方在药师指导下购买和使用"等风险警示信息。处方药销售前，应当向消费者充分告知相关风险警示信息，并经消费者确认知情。

药品网络零售企业应当将处方药与非处方药区分展示，并在相关网页上显著标示处方药、非处方药。

药品网络零售企业在处方药销售主页面、首页面不得直接公开展示处方药包装、标签等信息。通过处方审核前，不得展示说明书等信息，不得提供处方药购买的相关服务。

第十四条　药品网络零售企业应当对药品配送的质量与安全负责。配送药品，应当根据药品数量、运输距离、运输时间、温湿度要求等情况，选择适宜的运输工具和设施设备，配送的药品应当放置在独立空间并明显标识，确保符合要求、全程可追溯。

药品网络零售企业委托配送的，应当对受托企业的质量管理体系进行审核，与受托企业签订质量协议，约定药品质量责任、操作规程等内容，并对受托方进行监督。

药品网络零售的具体配送要求由国家药品监督管理局另行制定。

第十五条　向个人销售药品的，应当按照规定出具销售凭证。销售凭证可以以电子形式出具，药品最小销售单元的销售记录应当清晰留存，确保可追溯。

药品网络销售企业应当完整保存供货企业资质文件、电子交易等记录。销售处方药的药品网络零售企业还应当保存处方、在线药学服务等记录。相关记录保存期限不少于5年，且不少于药品有效期满后1年。

第十六条　药品网络销售企业对存在质量问题或者安全隐患的药品，应当依法采取相应的风险控制措施，并及时在网站首页或者经营活动主页面公开相应信息。

第三章　平台管理

第十七条　第三方平台应当建立药品质量安全管理机构，配备药学技术人员承担药品质量安全管理工作，建立并实施药品质量安全、药品信息展示、处方审核、处方药实名购买、药品配送、交易记录保存、不良反应报告、投诉举报处理等管理制度。

第三方平台应当加强检查，对入驻平台的药品网络销售企业的药品信息展示、处方审核、药品销售和配送等行为进行管理，督促其严格履行法定义务。

第十八条　第三方平台应当将企业名称、法定代表人、统一社会信用代码、网站名称以及域名等信息向平台所在地省级药品监督管理部门备案。省级药品监督管理部门应当将平台备案信息公示。

第十九条　第三方平台应当在其网站首页或者从事药品经营活动的主页面显著位置，持续公示营业执照、相关行政许可和备案、联系方式、投诉举报方式等信息或者上述信息的链接标识。

第三方平台展示药品信息应当遵守本办法第十三条的规定。

第二十条　第三方平台应当对申请入驻的药品网络销售企业资质、质量安全保证能力等进行审核，对药品网络销售企业建立登记档案，至少每六个月核验更新一次，确保入驻的药品网络销售企业符合法定要求。

第三方平台应当与药品网络销售企业签订协议，明确双方药品质量安全责任。

第二十一条　第三方平台应当保存药品展示、交易记录与投诉举报等信息。保存期限不少于5年，且不少于药品有效期满后1年。第三方平台应当确保有关资料、信息和数据的真实、完整，并为入驻的药品网络销售企业自行保存数据提供便利。

第二十二条　第三方平台应当对药品网络销售活动建立检查监控制度。发现入驻的药品网络销售企业有违法行为的，应当及时制止并立即向所在地县级药品监督管理部门报告。

第二十三条　第三方平台发现下列严重违法行为的，应当立即停止提供网络交易平台服务，停止展示药品相关信息：

（一）不具备资质销售药品的；

（二）违反本办法第八条规定销售国家实行特殊管理的药品的；

（三）超过药品经营许可范围销售药品的；

（四）因违法行为被药品监督管理部门责令停止销售、吊销药品批准证明文件或者吊销药品经营许可证的；

（五）其他严重违法行为的。

药品注册证书被依法撤销、注销的，不得展示相关药品的信息。

第二十四条 出现突发公共卫生事件或者其他严重威胁公众健康的紧急事件时，第三方平台、药品网络销售企业应当遵守国家有关应急处置规定，依法采取相应的控制和处置措施。

药品上市许可持有人依法召回药品的，第三方平台、药品网络销售企业应当积极予以配合。

第二十五条 药品监督管理部门开展监督检查、案件查办、事件处置等工作时，第三方平台应当予以配合。

药品监督管理部门发现药品网络销售企业存在违法行为，依法要求第三方平台采取措施制止的，第三方平台应当及时履行相关义务。

药品监督管理部门依照法律、行政法规要求提供有关平台内销售者、销售记录、药学服务以及追溯等信息的，第三方平台应当及时予以提供。

鼓励第三方平台与药品监督管理部门建立开放数据接口等形式的自动化信息报送机制。

第四章　监督检查

第二十六条 药品监督管理部门应当依照法律、法规、规章等规定，按照职责分工对第三方平台和药品网络销售企业实施监督检查。

第二十七条 药品监督管理部门对第三方平台和药品网络销售企业进行检查时，可以依法采取下列措施：

（一）进入药品网络销售和网络平台服务有关场所实施现场检查；

（二）对网络销售的药品进行抽样检验；

（三）询问有关人员，了解药品网络销售活动相关情况；

（四）依法查阅、复制交易数据、合同、票据、账簿以及其他相关资料；

（五）对有证据证明可能危害人体健康的药品及其有关材料，依法采取查封、扣押措施；

（六）法律、法规规定可以采取的其他措施。

必要时，药品监督管理部门可以对为药品研制、生产、经营、使用提供产品或者服务的单位和个人进行延伸检查。

第二十八条 对第三方平台、药品上市许可持有人、药品批发企业通过网络销售药品违法行为的查处，由省级药品监督管理部门负责。对药品网络零售企业违法行为的查处，由市县级药品监督管理部门负责。

药品网络销售违法行为由违法行为发生地的药品监督管理部门负责查处。因药品网络销售活动引发药品安全事件或者有证据证明可能危害人体健康的，也可以由违法行为结果地的药品监督管理部门负责。

第二十九条 药品监督管理部门应当加强药品网络销售监测工作。省级药品监督管理部门建立的药品网络销售监测平台，应当与国家药品网络销售监测平台实现数据对接。

药品监督管理部门对监测发现的违法行为，应当依法按照职责进行调查处置。

药品监督管理部门对网络销售违法行为的技术监测记录资料，可以依法作为实施行政处罚或者采取行政措施的电子数据证据。

第三十条 对有证据证明可能存在安全隐患的，药品监督管理部门应当根据监督检查情况，对药品网络销售企业或者第三方平台等采取告诫、约谈、限期整改以及暂停生产、销售、使用、进口等措施，并及时公布检查处理结果。

第三十一条 药品监督管理部门应当对药品网络销售企业或者第三方平台提供的个人信息和商业秘密严格保密，不得泄露、出售或者非法向他人提供。

第五章　法律责任

第三十二条 法律、行政法规对药品网络销售违法行为的处罚有规定的，依照其规定。药品监督管理部门发现药品网络销售违法行为涉嫌犯罪的，应当及时将案件移送公安机关。

第三十三条 违反本办法第八条第二款的规定，通过网络销售国家实行特殊管理的药品，法律、行政法规已有规定的，依照法律、行政法规的规定处罚。法律、行政法规未作规定的，责令限期改正，处 5 万元以上 10 万元以下罚款；造成危害后果的，处 10 万元以上 20 万元以下罚款。

第三十四条 违反本办法第九条第一款、第二款的规定，责令限期改正，处 3 万元以上 5 万元以下罚款；情节严重的，处 5 万元以上 10 万元以下罚款。

违反本办法第九条第三款的规定，责令限期改正，处 5 万元以上 10 万元以下罚款；造成危害后果的，处 10 万元以上20万元以下罚款。

违反本办法第九条第四款的规定，责令限期改正，处1万元以上3万元以下罚款；情节严重的，处3万元以上5万元以下罚款。

第三十五条 违反本办法第十一条的规定，责令限期改正；逾期不改正的，处1万元以上3万元以下罚款；情节严重的，处3万元以上5万元以下罚款。

第三十六条 违反本办法第十三条、第十九条第二款的规定，责令限期改正；逾期不改正的，处5万元以上10万元以下罚款。

第三十七条 违反本办法第十四条、第十五条的规定，药品网络销售企业未遵守药品经营质量管理规范的，依照药品管理法第一百二十六条的规定进行处罚。

第三十八条 违反本办法第十七条第一款的规定，责令限期改正，处3万元以上10万元以下罚款；造成危害后果的，处10万元以上20万元以下罚款。

第三十九条 违反本办法第十八条的规定，责令限期改正；逾期不改正的，处5万元以上10万元以下罚款；造成危害后果的，处10万元以上20万元以下罚款。

第四十条 违反本办法第二十条、第二十二条、第二十三条的规定，第三方平台未履行资质审核、报告、停止提供网络交易平台服务等义务的，依照药品管理法第一百三十一条的规定处罚。

第四十一条 药品监督管理部门及其工作人员不履行职责或者滥用职权、玩忽职守、徇私舞弊的，依法追究法律责任；构成犯罪的，依法追究刑事责任。

第六章 附 则

第四十二条 本办法自2022年12月1日起施行。

药品进口管理办法

- 2003年8月18日国家食品药品监督管理局、海关总署令第4号公布
- 根据2012年8月24日卫生部、海关总署《关于修改〈药品进口管理办法〉的决定》修订

第一章 总 则

第一条 为规范药品进口备案、报关和口岸检验工作，保证进口药品的质量，根据《中华人民共和国药品管理法》、《中华人民共和国海关法》、《中华人民共和国药品管理法实施条例》（以下简称《药品管理法》、《海关法》、《药品管理法实施条例》）及相关法律法规的规定，制定本办法。

第二条 药品的进口备案、报关、口岸检验以及进口，适用本办法。

第三条 药品必须经由国务院批准的允许药品进口的口岸进口。

第四条 本办法所称进口备案，是指进口单位向允许药品进口的口岸所在地药品监督管理部门（以下称口岸药品监督管理局）申请办理《进口药品通关单》的过程。麻醉药品、精神药品进口备案，是指进口单位向口岸药品监督管理局申请办理《进口药品口岸检验通知书》的过程。

本办法所称口岸检验，是指国家食品药品监督管理局确定的药品检验机构（以下称口岸药品检验所）对抵达口岸的进口药品依法实施的检验工作。

第五条 进口药品必须取得国家食品药品监督管理局核发的《进口药品注册证》（或者《医药产品注册证》），或者《进口药品批件》后，方可办理进口备案和口岸检验手续。

进口麻醉药品、精神药品，还必须取得国家食品药品监督管理局核发的麻醉药品、精神药品《进口准许证》。

第六条 进口单位持《进口药品通关单》向海关申报，海关凭口岸药品监督管理局出具的《进口药品通关单》，办理进口药品的报关验放手续。

进口麻醉药品、精神药品，海关凭国家食品药品监督管理局核发的麻醉药品、精神药品《进口准许证》办理报关验放手续。

第七条 国家食品药品监督管理局会同海关总署制定、修订、公布进口药品目录。

第二章 进口备案

第八条 口岸药品监督管理局负责药品的进口备案工作。口岸药品监督管理局承担的进口备案工作受国家食品药品监督管理局的领导，其具体职责包括：

（一）受理进口备案申请，审查进口备案资料；

（二）办理进口备案或者不予进口备案的有关事项；

（三）联系海关办理与进口备案有关的事项；

（四）通知口岸药品检验所对进口药品实施口岸检验；

（五）对进口备案和口岸检验中发现的问题进行监督处理；

（六）国家食品药品监督管理局规定的其他事项。

第九条 报验单位应当是持有《药品经营许可证》的独立法人。药品生产企业进口本企业所需原料药和制剂中间体（包括境内分包装用制剂），应当持有《药品生

产许可证》。

第十条 下列情形的进口药品，必须经口岸药品检验所检验符合标准规定后，方可办理进口备案手续。检验不符合标准规定的，口岸药品监督管理局不予进口备案：

（一）国家食品药品监督管理局规定的生物制品；

（二）首次在中国境内销售的药品；

（三）国务院规定的其他药品。

第十一条 进口单位签订购货合同时，货物到岸地应当从允许药品进口的口岸选择。其中本办法第十条规定情形的药品，必须经由国家特别批准的允许药品进口的口岸进口。

第十二条 进口备案，应当向货物到岸地口岸药品监督管理局提出申请，并由负责本口岸药品检验的口岸药品检验所进行检验。

第十三条 办理进口备案，报验单位应当填写《进口药品报验单》，持《进口药品注册证》（或者《医药产品注册证》）（正本或者副本）原件，进口麻醉药品、精神药品还应当持麻醉药品、精神药品《进口准许证》原件，向所在地口岸药品监督管理局报送所进口品种的有关资料一式两份：

（一）《进口药品注册证》（或者《医药产品注册证》）（正本或者副本）复印件；麻醉药品、精神药品的《进口准许证》复印件；

（二）报验单位的《药品经营许可证》和《企业法人营业执照》复印件；

（三）原产地证明复印件；

（四）购货合同复印件；

（五）装箱单、提运单和货运发票复印件；

（六）出厂检验报告书复印件；

（七）药品说明书及包装、标签的式样（原料药和制剂中间体除外）；

（八）国家食品药品监督管理局规定批签发的生物制品，需要提供生产检定记录摘要及生产国或者地区药品管理机构出具的批签发证明原件；

（九）本办法第十条规定情形以外的药品，应当提交最近一次《进口药品检验报告书》和《进口药品通关单》复印件。

药品生产企业自行进口本企业生产所需原料药和制剂中间体的进口备案，第（二）项资料应当提交其《药品生产许可证》和《企业法人营业执照》复印件。

经其他国家或者地区转口的进口药品，需要同时提交从原产地到各转口地的全部购货合同、装箱单、提运单和货运发票等。

上述各类复印件应当加盖进口单位公章。

第十四条 口岸药品监督管理局接到《进口药品报验单》及相关资料后，按照下列程序的要求予以审查：

（一）逐项核查所报资料是否完整、真实；

（二）查验《进口药品注册证》（或者《医药产品注册证》）（正本或者副本）原件，或者麻醉药品、精神药品的《进口准许证》原件真实性；

（三）审查无误后，将《进口药品注册证》（或者《医药产品注册证》）（正本或者副本）原件，或者麻醉药品、精神药品的《进口准许证》原件，交还报验单位，并于当日办结进口备案的相关手续。

第十五条 本办法第十条规定情形的药品，口岸药品监督管理局审查全部资料无误后，应当向负责检验的口岸药品检验所发出《进口药品口岸检验通知书》，附本办法第十三条规定的资料一份，同时向海关发出《进口药品抽样通知书》。有关口岸药品检验进入海关监管场所抽样的管理规定，由国家食品药品监督管理局与海关总署另行制定。

口岸药品检验所按照《进口药品口岸检验通知书》规定的抽样地点，抽取检验样品，进行质量检验，并将检验结果送交所在地口岸药品监督管理局。检验符合标准规定的，准予进口备案，由口岸药品监督管理局发出《进口药品通关单》；不符合标准规定的，不予进口备案，由口岸药品监督管理局发出《药品不予进口备案通知书》。

第十六条 本办法第十条规定情形以外的药品，口岸药品监督管理局审查全部资料无误后，准予进口备案，发出《进口药品通关单》。同时向负责检验的口岸药品检验所发出《进口药品口岸检验通知书》，附本办法第十三条规定的资料一份。

对麻醉药品、精神药品，口岸药品监督管理局审查全部资料无误后，应当只向负责检验的口岸药品检验所发出《进口药品口岸检验通知书》，附本办法第十三条规定的资料一份，无需办理《进口药品通关单》。

口岸药品检验所应当按《进口药品口岸检验通知书》规定的抽样地点抽取样品，进行质量检验，并将检验结果送交所在地口岸药品监督管理局。对检验不符合标准规定的药品，由口岸药品监督管理局依照《药品管理法》及有关规定处理。

第十七条 下列情形之一的进口药品，不予进口备案，由口岸药品监督管理局发出《药品不予进口备案通知书》；对麻醉药品、精神药品，口岸药品监督管理局不予发放《进口药品口岸检验通知书》：

（一）不能提供《进口药品注册证》（或者《医药产品注册证》）（正本或者副本）、《进口药品批件》或者麻醉药品、精神药品的《进口准许证》原件的；

（二）办理进口备案时，《进口药品注册证》（或者《医药产品注册证》），或者麻醉药品、精神药品的《进口准许证》已超过有效期的；

（三）办理进口备案时，药品的有效期限已不满 12 个月的（对于药品本身有效期不足 12 个月的，进口备案时，其有效期限应当不低于 6 个月）；

（四）原产地证明所标示的实际生产地与《进口药品注册证》（或者《医药产品注册证》）规定的产地不符的，或者区域性国际组织出具的原产地证明未标明《进口药品注册证》（或者《医药产品注册证》）规定产地的；

（五）进口单位未取得《药品经营许可证》（生产企业应当取得《药品生产许可证》）和《企业法人营业执照》的；

（六）到岸品种的包装、标签与国家食品药品监督管理局的规定不符的；

（七）药品制剂无中文说明书或者中文说明书与批准的说明书不一致的；

（八）未在国务院批准的允许药品进口的口岸组织进口的，或者货物到岸不属于所在地口岸药品监督管理局管辖范围的；

（九）国家食品药品监督管理局规定批签发的生物制品未提供有效的生产国或者地区药品管理机构出具的生物制品批签发证明文件的；

（十）伪造、变造有关文件和票据的；

（十一）《进口药品注册证》（或者《医药产品注册证》）已被撤销的；

（十二）本办法第十条规定情形的药品，口岸药品检验所根据本办法第二十五条的规定不予抽样的；

（十三）本办法第十条规定情形的药品，口岸检验不符合标准规定的；

（十四）药品监督管理部门有其他证据证明进口药品可能危害人体健康的。

第十八条 对不予进口备案的进口药品，进口单位应当予以退运。无法退运的，由海关移交口岸药品监督管理局监督处理。

第十九条 进口临床急需药品、捐赠药品、新药研究和药品注册所需样品或者对照药品等，必须经国家食品药品监督管理局批准，并凭国家食品药品监督管理局核发的《进口药品批件》，按照本办法第十六条的规定，办理进口备案手续。

第三章 口岸检验

第二十条 口岸药品检验所由国家食品药品监督管理局根据进口药品口岸检验工作的需要确定。口岸药品检验所的职责包括：

（一）对到岸货物实施现场核验；

（二）核查出厂检验报告书和原产地证明原件；

（三）按照规定进行抽样；

（四）对进口药品实施口岸检验；

（五）对有异议的检验结果进行复验；

（六）国家食品药品监督管理局规定的其他事项。

第二十一条 中国药品生物制品检定所负责进口药品口岸检验工作的指导和协调。口岸检验所需标准品、对照品由中国药品生物制品检定所负责审核、标定。

第二十二条 口岸药品检验所应当按照《进口药品注册证》（或者《医药产品注册证》）载明的注册标准对进口药品进行检验。

第二十三条 口岸药品检验所接到《进口药品口岸检验通知书》后，应当在 2 日内与进口单位联系，到规定的存货地点按照《进口药品抽样规定》进行现场抽样。

进口单位应当在抽样前，提供出厂检验报告书和原产地证明原件。

对需进入海关监管区抽样的，口岸药品检验所应当同时与海关联系抽样事宜，并征得海关同意。抽样时，进口单位和海关的人员应当同时在场。

第二十四条 口岸药品检验所现场抽样时，应当注意核查进口品种的实际到货情况，做好抽样记录并填写《进口药品抽样记录单》。

本办法第十条规定情形以外的药品，抽样完成后，口岸药品检验所应当在进口单位持有的《进口药品通关单》原件上注明"已抽样"的字样，并加盖抽样单位的公章。

对麻醉药品、精神药品，抽样完成后，应当在《进口准许证》原件上注明"已抽样"的字样，并加盖抽样单位的公章。

第二十五条 对有下列情形之一的进口药品，口岸药品检验所不予抽样：

（一）未提供出厂检验报告书和原产地证明原件，或者所提供的原件与申报进口备案时的复印件不符的；

（二）装运唛头与单证不符的；

（三）进口药品批号或者数量与单证不符的；

（四）进口药品包装及标签与单证不符的；

（五）药品监督管理部门有其他证据证明进口药品可能危害人体健康的。

对不予抽样的药品，口岸药品检验所应当在 2 日内，将《进口药品抽样记录单》送交所在地口岸药品监督管理局。

第二十六条 口岸药品检验所应当及时对所抽取的样品进行检验，并在抽样后 20 日内，完成检验工作，出具《进口药品检验报告书》。特殊品种或者特殊情况不能按时完成检验时，可以适当延长检验期限，并通知进口单位和口岸药品监督管理局。

《进口药品检验报告书》应当明确标有"符合标准规定"或者"不符合标准规定"的检验结论。

国家食品药品监督管理局规定批签发的生物制品，口岸检验符合标准规定，审核符合要求的，应当同时发放生物制品批签发证明。

第二十七条 对检验符合标准规定的进口药品，口岸药品检验所应当将《进口药品检验报告书》送交所在地口岸药品监督管理局和进口单位。

对检验不符合标准规定的进口药品，口岸药品检验所应当将《进口药品检验报告书》及时发送口岸药品监督管理局和其他口岸药品检验所，同时报送国家食品药品监督管理局和中国药品生物制品检定所。

第二十八条 进口药品的检验样品应当保存至有效期满。不易贮存的留样，可根据实际情况掌握保存时间。索赔或者退货检品的留样应当保存至该案完结时。超过保存期的留样，由口岸药品检验所予以处理并记录备案。

第二十九条 进口单位对检验结果有异议的，可以自收到检验结果之日起 7 日内向原口岸药品检验所申请复验，也可以直接向中国药品生物制品检定所申请复验。生物制品的复验直接向中国药品生物制品检定所申请。

口岸药品检验所在受理复验申请后，应当及时通知口岸药品监督管理局，并自受理复验之日起 10 日内，作出复验结论，通知口岸药品监督管理局、其他口岸药品检验所，报国家食品药品监督管理局和中国药品生物制品检定所。

第四章 监督管理

第三十条 口岸药品检验所根据本办法第二十五条的规定不予抽样但已办结海关验放手续的药品，口岸药品监督管理局应当对已进口的全部药品采取查封、扣押的行政强制措施。

第三十一条 本办法第十条规定情形以外的药品，经口岸药品检验所检验不符合标准规定的，进口单位应当在收到《进口药品检验报告书》后 2 日内，将全部进口药品流通、使用的详细情况，报告所在地口岸药品监督管理局。

所在地口岸药品监督管理局收到《进口药品检验报告书》后，应当及时采取对全部药品予以查封、扣押的行政强制措施，并在 7 日内作出行政处理决定。对申请复验的，必须自检验报告书发出之日起 15 日内作出行政处理决定。有关情况应当及时报告国家食品药品监督管理局，同时通告各省、自治区、直辖市药品监督管理局和其他口岸药品监督管理局。

第三十二条 未在规定时间内提出复验或者经复验仍不符合标准规定的，口岸药品监督管理局应当按照《药品管理法》以及有关规定作出行政处理决定。有关情况应当及时报告国家食品药品监督管理局，同时通告各省、自治区、直辖市药品监督管理局和其他口岸药品监督管理局。

经复验符合标准规定的，口岸药品监督管理局应当解除查封、扣押的行政强制措施，并将处理情况报告国家食品药品监督管理局，同时通告各省、自治区、直辖市药品监督管理局和其他口岸药品监督管理局。

第三十三条 药品进口备案中发现的其他问题，由口岸药品监督管理局按照《药品管理法》以及有关规定予以处理。

第三十四条 国内药品生产企业、经营企业以及医疗机构采购进口药品时，供货单位应当同时提供以下资料：

（一）《进口药品注册证》（或者《医药产品注册证》）复印件、《进口药品批件》复印件；

（二）《进口药品检验报告书》复印件或者注明"已抽样"并加盖公章的《进口药品通关单》复印件；

国家食品药品监督管理局规定批签发的生物制品，需要同时提供口岸药品检验所核发的批签发证明复印件。

进口麻醉药品、精神药品，应当同时提供其《进口药品注册证》（或者《医药产品注册证》）复印件、《进口准许证》复印件和《进口药品检验报告书》复印件。

上述各类复印件均需加盖供货单位公章。

第三十五条 口岸药品监督管理局和口岸药品检验

所应当建立严格的进口备案资料和口岸检验资料的管理制度,并对进口单位的呈报资料承担保密责任。

第三十六条 对于违反本办法进口备案和口岸检验有关规定的口岸药品监督管理局和口岸药品检验所,国家食品药品监督管理局将根据情节给予批评、通报批评,情节严重的停止其进口备案和口岸检验资格。

第三十七条 违反本办法涉及海关有关规定的,海关按照《海关法》《中华人民共和国海关法行政处罚实施细则》的规定处理。

第五章 附 则

第三十八条 本办法所称进口单位,包括经营单位、收货单位和报验单位。

经营单位,是指对外签订并执行进出口贸易合同的中国境内企业或单位。

收货单位,是指购货合同和货运发票中载明的收货人或者货主。

报验单位,是指该批进口药品的实际货主或者境内经销商,并具体负责办理进口备案和口岸检验手续。

收货单位和报验单位可以为同一单位。

第三十九条 从境外进入保税仓库、保税区、出口加工区的药品,免予办理进口备案和口岸检验等进口手续,海关按有关规定实施监管;从保税仓库、出口监管仓库、保税区、出口加工区出库或出区进入国内的药品,按本办法有关规定办理进口备案和口岸检验等手续。

经批准以加工贸易方式进口的原料药、药材,免予办理进口备案和口岸检验等进口手续,其原料药及制成品禁止转为内销。确因特殊情况无法出口的,移交地方药品监督管理部门按规定处理,海关予以核销。

进出境人员随身携带的个人自用的少量药品,应当以自用、合理数量为限,并接受海关监管。

第四十条 进口暂未列入进口药品目录的原料药,应当遵照本办法的规定,到口岸药品监督管理局办理进口备案手续。

第四十一条 药材进口备案和口岸检验的规定,由国家食品药品监督管理局另行制定。

第四十二条 进口麻醉药品、精神药品凭《进口药品注册证》(或者《医药产品注册证》),按照国务院麻醉药品、精神药品管理的有关法规办理《进口准许证》。

第四十三条 本办法规定的麻醉药品、精神药品是指供临床使用的品种,科研、教学、兽用等麻醉药品、精神药品的进口,按照国务院麻醉药品、精神药品管理的有关法规执行。

第四十四条 本办法由国家食品药品监督管理局和海关总署负责解释。

第四十五条 本办法自2004年1月1日起实施。1999年5月1日实施的《进口药品管理办法》同时废止。

附件:进口药品报验单(略)
　　　进口药品通关单(略)
　　　进口药品口岸检验通知书(略)
　　　进口药品抽样通知书(略)
　　　药品不予进口备案通知书(略)
　　　进口药品抽样记录单(略)
　　　国家食品药品监督管理局进口药品批件(略)
　　　×××药品检验所进口药品检验报告书(略)
　　　进口药品抽样规定(略)

进口药材管理办法

· 2019年5月16日国家市场监督管理总局令第9号公布
· 自2020年1月1日起施行

第一章 总 则

第一条 为加强进口药材监督管理,保证进口药材质量,根据《中华人民共和国药品管理法》《中华人民共和国药品管理法实施条例》等法律、行政法规,制定本办法。

第二条 进口药材申请、审批、备案、口岸检验以及监督管理,适用本办法。

第三条 药材应当从国务院批准的允许药品进口的口岸或者允许药材进口的边境口岸进口。

第四条 国家药品监督管理局主管全国进口药材监督管理工作。国家药品监督管理局委托省、自治区、直辖市药品监督管理部门(以下简称省级药品监督管理部门)实施首次进口药材审批,并对委托实施首次进口药材审批的行为进行监督指导。

省级药品监督管理部门依法对进口药材进行监督管理,并在委托范围内以国家药品监督管理局的名义实施首次进口药材审批。

允许药品进口的口岸或者允许药材进口的边境口岸所在地负责药品监督管理的部门(以下简称口岸药品监督管理部门)负责进口药材的备案,组织口岸检验并进行监督管理。

第五条 本办法所称药材进口单位是指办理首次进口药材审批的申请人或者办理进口药材备案的单位。

药材进口单位,应当是中国境内的中成药上市许可持有人、中药生产企业，以及具有中药材或者中药饮片经营范围的药品经营企业。

第六条 首次进口药材，应当按照本办法规定取得进口药材批件后，向口岸药品监督管理部门办理备案。首次进口药材，是指非同一国家（地区）、非同一申请人、非同一药材基原的进口药材。

非首次进口药材，应当按照本办法规定直接向口岸药品监督管理部门办理备案。非首次进口药材实行目录管理，具体目录由国家药品监督管理局制定并调整。尚未列入目录，但申请人、药材基原以及国家（地区）均未发生变更的，按照非首次进口药材管理。

第七条 进口的药材应当符合国家药品标准。中国药典现行版未收载的品种，应当执行进口药材标准；中国药典现行版、进口药材标准均未收载的品种，应当执行其他的国家药品标准。少数民族地区进口当地习用的少数民族药材，尚无国家药品标准的，应当符合相应的省、自治区药材标准。

第二章 首次进口药材申请与审批

第八条 首次进口药材，申请人应当通过国家药品监督管理局的信息系统（以下简称信息系统）填写进口药材申请表，并向所在地省级药品监督管理部门报送以下资料：

（一）进口药材申请表；

（二）申请人药品生产许可证或者药品经营许可证复印件，申请人为中成药上市许可持有人的，应当提供相关药品批准证明文件复印件；

（三）出口商主体登记证明文件复印件；

（四）购货合同及其公证文书复印件；

（五）药材产地生态环境、资源储量、野生或者种植养殖情况、采收及产地初加工等信息；

（六）药材标准及标准来源；

（七）由中国境内具有动、植物基原鉴定资质的机构出具的载有鉴定依据、鉴定结论、样品图片、鉴定人、鉴定机构及其公章等信息的药材基原鉴定证明原件。

申请人应当对申报资料的真实性负责。

第九条 省级药品监督管理部门收到首次进口药材申报资料后，应当对申报资料的规范性、完整性进行形式审查。申报资料存在可以当场更正的错误的，应当允许申请人当场更正；申报资料不齐全或者不符合法定形式的，应当当场或者 5 日内一次告知申请人需要补正的全部内容，逾期不告知的，自收到申报资料之日起即为受理。

省级药品监督管理部门受理或者不予受理首次进口药材申请，应当出具受理或者不予受理通知书；不予受理的，应当书面说明理由。

第十条 申请人收到首次进口药材受理通知书后，应当及时将检验样品报送所在地省级药品检验机构，同时提交本办法第八条规定的资料。

第十一条 省级药品检验机构收到检验样品和相关资料后，应当在 30 日内完成样品检验，向申请人出具进口药材检验报告书，并报送省级药品监督管理部门。因品种特性或者检验项目等原因确需延长检验时间的，应当将延期的时限、理由书面报告省级药品监督管理部门并告知申请人。

第十二条 申请人对检验结果有异议的，可以依照药品管理法的规定申请复验。药品检验机构应当在复验申请受理后 20 日内作出复验结论，并报告省级药品监督管理部门，通知申请人。

第十三条 在审批过程中，省级药品监督管理部门认为需要申请人补充资料的，应当一次告知需要补充的全部内容。

申请人应当在收到补充资料通知书后 4 个月内，按照要求一次提供补充资料。逾期未提交补充资料的，作出不予批准的决定。因不可抗力等原因无法在规定时限内提交补充资料的，申请人应当向所在地省级药品监督管理部门提出延期申请，并说明理由。

第十四条 省级药品监督管理部门应当自受理申请之日起 20 日内作出准予或者不予批准的决定。对符合要求的，发给一次性进口药材批件。检验、补充资料期限不计入审批时限。

第十五条 变更进口药材批件批准事项的，申请人应当通过信息系统填写进口药材补充申请表，向原发出批件的省级药品监督管理部门提出补充申请。补充申请的申请人应当是原进口药材批件的持有者，并报送以下资料：

（一）进口药材补充申请表；

（二）进口药材批件原件；

（三）与变更事项有关的材料。

申请人变更名称的，除第一款规定资料外，还应当报送申请人药品生产许可证或者药品经营许可证以及变更记录页复印件，或者药品批准证明文件以及持有人名称变更补充申请批件复印件。

申请人变更到货口岸的，除第一款规定资料外，还应当报送购货合同及其公证文书复印件。

第十六条　省级药品监督管理部门应当在补充申请受理后20日内完成审批。对符合要求的，发给进口药材补充申请批件。

第十七条　省级药品监督管理部门决定予以批准的，应当在作出批准决定后10日内，向申请人送达进口药材批件或者进口药材补充申请批件；决定不予批准的，应当在作出不予批准决定后10日内，向申请人送达审查意见通知书，并说明理由，告知申请人享有依法申请行政复议或者提起行政诉讼的权利。

第三章　备　案

第十八条　首次进口药材申请人应当在取得进口药材批件后1年内，从进口药材批件注明的到货口岸组织药材进口。

第十九条　进口单位应当向口岸药品监督管理部门备案，通过信息系统填报进口药材报验单，并报送以下资料：

（一）进口药材报验单原件；

（二）产地证明复印件；

（三）药材标准及标准来源；

（四）装箱单、提运单和货运发票复印件；

（五）经其他国家（地区）转口的进口药材，应当同时提交产地到各转口地的全部购货合同、装箱单、提运单和货运发票复印件；

（六）进口药材涉及《濒危野生动植物种国际贸易公约》限制进出口的濒危野生动植物的，还应当提供国家濒危物种进出口管理机构核发的允许进出口证明书复印件。

办理首次进口药材备案的，除第一款规定资料外，还应当报送进口药材批件和进口药材补充申请批件（如有）复印件。

办理非首次进口药材备案的，除第一款规定资料外，还应当报送进口单位的药品生产许可证或者药品经营许可证复印件、出口商主体登记证明文件复印件、购货合同及其公证文书复印件。进口单位为中成药上市许可持有人的，应当提供相关药品批准证明文件复印件。

第二十条　口岸药品监督管理部门应当对备案资料的完整性、规范性进行形式审查，符合要求的，发给进口药品通关单，收回首次进口药材批件，同时向口岸药品检验机构发出进口药材口岸检验通知书，并附备案资料一份。

第二十一条　进口单位持进口药品通关单向海关办理报关验放手续。

第四章　口岸检验

第二十二条　口岸药品检验机构收到进口药材口岸检验通知书后，应当在2日内与进口单位商定现场抽样时间，按时到规定的存货地点进行现场抽样。现场抽样时，进口单位应当出示产地证明原件。

第二十三条　口岸药品检验机构应当对产地证明原件和药材实际到货情况与口岸药品监督管理部门提供的备案资料的一致性进行核查。符合要求的，予以抽样，填写进口药材抽样记录单，在进口单位持有的进口药品通关单原件上注明"已抽样"字样，并加盖抽样单位公章；不符合要求的，不予抽样，并在2日内报告所在地口岸药品监督管理部门。

第二十四条　口岸药品检验机构一般应当在抽样后20日内完成检验工作，出具进口药材检验报告书。因客观原因无法按时完成检验的，应当将延期的时限、理由书面告知进口单位并报告口岸药品监督管理部门。

口岸药品检验机构应当将进口药材检验报告书报送口岸药品监督管理部门，并告知进口单位。

经口岸检验合格的进口药材方可销售使用。

第二十五条　进口单位对检验结果有异议的，可以依照药品管理法的规定申请复验。药品检验机构应当在复验申请受理后20日内作出复验结论，并报告口岸药品监督管理部门，通知进口单位。

第五章　监督管理

第二十六条　口岸药品监督管理部门收到进口药材不予抽样通知书后，对有证据证明可能危害人体健康且已办结海关验放手续的全部药材采取查封、扣押的行政强制措施，并在7日内作出处理决定。

第二十七条　对检验不符合标准规定且已办结海关验放手续的进口药材，口岸药品监督管理部门应当在收到检验报告书后及时采取查封、扣押的行政强制措施，并依法作出处理决定，同时将有关处理情况报告所在地省级药品监督管理部门。

第二十八条　国家药品监督管理局根据需要，可以对进口药材的产地、初加工等生产现场组织实施境外检查。药材进口单位应当协调出口商配合检查。

第二十九条　中成药上市许可持有人、中药生产企业和药品经营企业采购进口药材时，应当查验口岸药品检验机构出具的进口药材检验报告书复印件和注明"已抽样"并加盖公章的进口药品通关单复印件，严格执行药品追溯管理的有关规定。

第三十条 进口药材的包装必须适合进口药材的质量要求,方便储存、运输以及进口检验。在每件包装上,必须注明药材中文名称、批件编号(非首次进口药材除外)、产地、唛头号、进口单位名称、出口商名称、到货口岸、重量以及加工包装日期等。

第三十一条 药材进口申请受理、审批结果、有关违法违规的情形及其处罚结果应当在国家药品监督管理部门网站公开。

第六章 法律责任

第三十二条 进口单位提供虚假的证明、文件资料样品或者采取其他欺骗手段取得首次进口药材批件的,依照药品管理法等法律法规的规定处理。

第三十三条 进口单位提供虚假证明、文件资料或者采取其他欺骗手段办理备案,给予警告,并处1万元以上3万元以下罚款。

第七章 附 则

第三十四条 进口药材批件编号格式为:(省、自治区、直辖市简称)药材进字+4位年号+4位顺序号。

第三十五条 本办法自2020年1月1日起施行。原国家食品药品监督管理局2005年11月24日公布的《进口药材管理办法(试行)》同时废止。

4. 医疗器械管理

医疗器械监督管理条例

- 2000年1月4日中华人民共和国国务院令第276号公布
- 2014年2月12日国务院第39次常务会议修订通过
- 根据2017年5月4日《国务院关于修改〈医疗器械监督管理条例〉的决定》修订
- 2020年12月21日国务院第119次常务会议修订通过
- 2021年2月9日中华人民共和国国务院令第739号公布
- 自2021年6月1日起施行

第一章 总 则

第一条 为了保证医疗器械的安全、有效,保障人体健康和生命安全,促进医疗器械产业发展,制定本条例。

第二条 在中华人民共和国境内从事医疗器械的研制、生产、经营、使用活动及其监督管理,适用本条例。

第三条 国务院药品监督管理部门负责全国医疗器械监督管理工作。

国务院有关部门在各自的职责范围内负责与医疗器械有关的监督管理工作。

第四条 县级以上地方人民政府应当加强对本行政区域的医疗器械监督管理工作的领导,组织协调本行政区域内的医疗器械监督管理工作以及突发事件应对工作,加强医疗器械监督管理能力建设,为医疗器械安全工作提供保障。

县级以上地方人民政府负责药品监督管理的部门负责本行政区域的医疗器械监督管理工作。县级以上地方人民政府有关部门在各自的职责范围内负责与医疗器械有关的监督管理工作。

第五条 医疗器械监督管理遵循风险管理、全程管控、科学监管、社会共治的原则。

第六条 国家对医疗器械按照风险程度实行分类管理。

第一类是风险程度低,实行常规管理可以保证其安全、有效的医疗器械。

第二类是具有中度风险,需要严格控制管理以保证其安全、有效的医疗器械。

第三类是具有较高风险,需要采取特别措施严格控制管理以保证其安全、有效的医疗器械。

评价医疗器械风险程度,应当考虑医疗器械的预期目的、结构特征、使用方法等因素。

国务院药品监督管理部门负责制定医疗器械的分类规则和分类目录,并根据医疗器械生产、经营、使用情况,及时对医疗器械的风险变化进行分析、评价,对分类规则和分类目录进行调整。制定、调整分类规则和分类目录,应当充分听取医疗器械注册人、备案人、生产经营企业以及使用单位、行业组织的意见,并参考国际医疗器械分类实践。医疗器械分类规则和分类目录应当向社会公布。

第七条 医疗器械产品应当符合医疗器械强制性国家标准;尚无强制性国家标准的,应当符合医疗器械强制性行业标准。

第八条 国家制定医疗器械产业规划和政策,将医疗器械创新纳入发展重点,对创新医疗器械予以优先审评审批,支持创新医疗器械临床推广和使用,推动医疗器械产业高质量发展。国务院药品监督管理部门应当配合国务院有关部门,贯彻实施国家医疗器械产业规划和引导政策。

第九条 国家完善医疗器械创新体系,支持医疗器械的基础研究和应用研究,促进医疗器械新技术的推广和应用,在科技立项、融资、信贷、招标采购、医疗保险等方面予以支持。支持企业设立或者联合组建研制机构,鼓励企业与高等学校、科研院所、医疗机构等合作开展医疗器械的研究与创新,加强医疗器械知识产权保护,提高医疗器械自主创新能力。

第十条 国家加强医疗器械监督管理信息化建设,提高在线政务服务水平,为医疗器械行政许可、备案等提供便利。

第十一条 医疗器械行业组织应当加强行业自律,推进诚信体系建设,督促企业依法开展生产经营活动,引导企业诚实守信。

第十二条 对在医疗器械的研究与创新方面做出突出贡献的单位和个人,按照国家有关规定给予表彰奖励。

第二章 医疗器械产品注册与备案

第十三条 第一类医疗器械实行产品备案管理,第二类、第三类医疗器械实行产品注册管理。

医疗器械注册人、备案人应当加强医疗器械全生命周期质量管理,对研制、生产、经营、使用全过程中医疗器械的安全性、有效性依法承担责任。

第十四条 第一类医疗器械产品备案和申请第二类、第三类医疗器械产品注册,应当提交下列资料:

(一)产品风险分析资料;
(二)产品技术要求;
(三)产品检验报告;
(四)临床评价资料;
(五)产品说明书以及标签样稿;
(六)与产品研制、生产有关的质量管理体系文件;
(七)证明产品安全、有效所需的其他资料。

产品检验报告应当符合国务院药品监督管理部门的要求,可以是医疗器械注册申请人、备案人的自检报告,也可以是委托有资质的医疗器械检验机构出具的检验报告。

符合本条例第二十四条规定的免于进行临床评价情形的,可以免于提交临床评价资料。

医疗器械注册申请人、备案人应当确保提交的资料合法、真实、准确、完整和可追溯。

第十五条 第一类医疗器械产品备案,由备案人向所在地设区的市级人民政府负责药品监督管理的部门提交备案资料。

向我国境内出口第一类医疗器械的境外备案人,由其指定的我国境内企业法人向国务院药品监督管理部门提交备案资料和备案人所在国(地区)主管部门准许该医疗器械上市销售的证明文件。未在境外上市的创新医疗器械,可以不提交备案人所在国(地区)主管部门准许该医疗器械上市销售的证明文件。

备案人向负责药品监督管理的部门提交符合本条例规定的备案资料后即完成备案。负责药品监督管理的部门应当自收到备案资料之日起5个工作日内,通过国务院药品监督管理部门在线政务服务平台向社会公布备案有关信息。

备案资料载明的事项发生变化的,应当向原备案部门变更备案。

第十六条 申请第二类医疗器械产品注册,注册申请人应当向所在地省、自治区、直辖市人民政府药品监督管理部门提交注册申请资料。申请第三类医疗器械产品注册,注册申请人应当向国务院药品监督管理部门提交注册申请资料。

向我国境内出口第二类、第三类医疗器械的境外注册申请人,由其指定的我国境内企业法人向国务院药品监督管理部门提交注册申请资料和注册申请人所在国(地区)主管部门准许该医疗器械上市销售的证明文件。未在境外上市的创新医疗器械,可以不提交注册申请人所在国(地区)主管部门准许该医疗器械上市销售的证明文件。

国务院药品监督管理部门应当对医疗器械注册审查程序和要求作出规定,并加强对省、自治区、直辖市人民政府药品监督管理部门注册审查工作的监督指导。

第十七条 受理注册申请的药品监督管理部门应当对医疗器械的安全性、有效性以及注册申请人保证医疗器械安全、有效的质量管理能力等进行审查。

受理注册申请的药品监督管理部门应当自受理注册申请之日起3个工作日内将注册申请资料转交技术审评机构。技术审评机构应当在完成技术审评后,将审评意见提交受理注册申请的药品监督管理部门作为审批的依据。

受理注册申请的药品监督管理部门在组织对医疗器械的技术审评时认为有必要对质量管理体系进行核查的,应当组织开展质量管理体系核查。

第十八条 受理注册申请的药品监督管理部门应当自收到审评意见之日起20个工作日内作出决定。对符合条件的,准予注册并发给医疗器械注册证;对不符合条件的,不予注册并书面说明理由。

受理注册申请的药品监督管理部门应当自医疗器械准予注册之日起5个工作日内,通过国务院药品监督管理部门在线政务服务平台向社会公布注册有关信息。

第十九条 对用于治疗罕见疾病、严重危及生命且尚无有效治疗手段的疾病和应对公共卫生事件等急需的医疗器械,受理注册申请的药品监督管理部门可以作出附条件批准决定,并在医疗器械注册证中载明相关事项。

出现特别重大突发公共卫生事件或者其他严重威胁公众健康的紧急事件,国务院卫生主管部门根据预防、控制事件的需要提出紧急使用医疗器械的建议,经国务院药品监督管理部门组织论证同意后可以在一定范围和期限内紧急使用。

第二十条 医疗器械注册人、备案人应当履行下列义务:

(一)建立与产品相适应的质量管理体系并保持有效运行;

(二)制定上市后研究和风险管控计划并保证有效实施;

(三)依法开展不良事件监测和再评价;

(四)建立并执行产品追溯和召回制度;

(五)国务院药品监督管理部门规定的其他义务。

境外医疗器械注册人、备案人指定的我国境内企业法人应当协助注册人、备案人履行前款规定的义务。

第二十一条 已注册的第二类、第三类医疗器械产品,其设计、原材料、生产工艺、适用范围、使用方法等发生实质性变化,有可能影响该医疗器械安全、有效的,注册人应当向原注册部门申请办理变更注册手续;发生其他变化的,应当按照国务院药品监督管理部门的规定备案或者报告。

第二十二条 医疗器械注册证有效期为5年。有效期届满需要延续注册的,应当在有效期届满6个月前向原注册部门提出延续注册的申请。

除有本条第三款规定情形外,接到延续注册申请的药品监督管理部门应当在医疗器械注册证有效期届满前作出准予延续的决定。逾期未作决定的,视为准予延续。

有下列情形之一的,不予延续注册:

(一)未在规定期限内提出延续注册申请;

(二)医疗器械强制性标准已经修订,申请延续注册的医疗器械不能达到新要求;

(三)附条件批准的医疗器械,未在规定期限内完成医疗器械注册证载明事项。

第二十三条 对新研制的尚未列入分类目录的医疗器械,申请人可以依照本条例有关第三类医疗器械产品注册的规定直接申请产品注册,也可以依据分类规则判断产品类别并向国务院药品监督管理部门申请类别确认后依照本条例的规定申请产品注册或者进行产品备案。

直接申请第三类医疗器械产品注册的,国务院药品监督管理部门应当按照风险程度确定类别,对准予注册的医疗器械及时纳入分类目录。申请类别确认的,国务院药品监督管理部门应当自受理申请之日起20个工作日内对该医疗器械的类别进行判定并告知申请人。

第二十四条 医疗器械产品注册、备案,应当进行临床评价;但是符合下列情形之一,可以免于进行临床评价:

(一)工作机理明确、设计定型、生产工艺成熟,已上市的同品种医疗器械临床应用多年且无严重不良事件记录,不改变常规用途的;

(二)其他通过非临床评价能够证明该医疗器械安全、有效的。

国务院药品监督管理部门应当制定医疗器械临床评价指南。

第二十五条 进行医疗器械临床评价,可以根据产品特征、临床风险、已有临床数据等情形,通过开展临床试验,或者通过对同品种医疗器械临床文献资料、临床数据进行分析评价,证明医疗器械安全、有效。

按照国务院药品监督管理部门的规定,进行医疗器械临床评价时,已有临床文献资料、临床数据不足以确认产品安全、有效的医疗器械,应当开展临床试验。

第二十六条 开展医疗器械临床试验,应当按照医疗器械临床试验质量管理规范的要求,在具备相应条件的临床试验机构进行,并向临床试验申办者所在地省、自治区、直辖市人民政府药品监督管理部门备案。接受临床试验备案的药品监督管理部门应当将备案情况通报临床试验机构所在地同级药品监督管理部门和卫生主管部门。

医疗器械临床试验机构实行备案管理。医疗器械临床试验机构应当具备的条件以及备案管理办法和临床试验质量管理规范,由国务院药品监督管理部门会同国务院卫生主管部门制定并公布。

国家支持医疗机构开展临床试验,将临床试验条件和能力评价纳入医疗机构等级评审,鼓励医疗机构开展创新医疗器械临床试验。

第二十七条 第三类医疗器械临床试验对人体具有较高风险的,应当经国务院药品监督管理部门批准。国务院药品监督管理部门审批临床试验,应当对拟承担医疗器械临床试验的机构的设备、专业人员等条件,该医疗器械的风险程度、临床试验实施方案、临床受益与风险对比分析报告等进行综合分析,并自受理申请之日起60个工作日内作出决定并通知临床试验申办者。逾期未通知的,视为同意。准予开展临床试验的,应当通报临床试验机构所在地省、自治区、直辖市人民政府药品监督管理部门和卫生主管部门。

临床试验对人体具有较高风险的第三类医疗器械目录由国务院药品监督管理部门制定、调整并公布。

第二十八条 开展医疗器械临床试验，应当按照规定进行伦理审查，向受试者告知试验目的、用途和可能产生的风险等详细情况，获得受试者的书面知情同意；受试者为无民事行为能力人或者限制民事行为能力人的，应当依法获得其监护人的书面知情同意。

开展临床试验，不得以任何形式向受试者收取与临床试验有关的费用。

第二十九条 对正在开展临床试验的用于治疗严重危及生命且尚无有效治疗手段的疾病的医疗器械，经医学观察可能使患者获益，经伦理审查、知情同意后，可以在开展医疗器械临床试验的机构内免费用于其他病情相同的患者，其安全性数据可以用于医疗器械注册申请。

第三章 医疗器械生产

第三十条 从事医疗器械生产活动，应当具备下列条件：

（一）有与生产的医疗器械相适应的生产场地、环境条件、生产设备以及专业技术人员；

（二）有能对生产的医疗器械进行质量检验的机构或者专职检验人员以及检验设备；

（三）有保证医疗器械质量的管理制度；

（四）有与生产的医疗器械相适应的售后服务能力；

（五）符合产品研制、生产工艺文件规定的要求。

第三十一条 从事第一类医疗器械生产的，应当向所在地设区的市级人民政府负责药品监督管理的部门备案，在提交符合本条例第三十条规定条件的有关资料后即完成备案。

医疗器械备案人自行生产第一类医疗器械的，可以在依照本条例第十五条规定进行产品备案时一并提交符合本条例第三十条规定条件的有关资料，即完成生产备案。

第三十二条 从事第二类、第三类医疗器械生产的，应当向所在地省、自治区、直辖市人民政府药品监督管理部门申请生产许可并提交其符合本条例第三十条规定条件的有关资料以及所生产医疗器械的注册证。

受理生产许可申请的药品监督管理部门应当对申请资料进行审核，按照国务院药品监督管理部门制定的医疗器械生产质量管理规范的要求进行核查，并自受理申请之日起20个工作日内作出决定。对符合规定条件的，准予许可并发给医疗器械生产许可证；对不符合规定条件的，不予许可并书面说明理由。

医疗器械生产许可证有效期为5年。有效期届满需要延续的，依照有关行政许可的法律规定办理延续手续。

第三十三条 医疗器械生产质量管理规范应当对医疗器械的设计开发、生产设备条件、原材料采购、生产过程控制、产品放行、企业的机构设置和人员配备等影响医疗器械安全、有效的事项作出明确规定。

第三十四条 医疗器械注册人、备案人可以自行生产医疗器械，也可以委托符合本条例规定、具备相应条件的企业生产医疗器械。

委托生产医疗器械的，医疗器械注册人、备案人应当对所委托生产的医疗器械质量负责，并加强对受托生产企业生产行为的管理，保证其按照法定要求进行生产。医疗器械注册人、备案人应当与受托生产企业签订委托协议，明确双方权利、义务和责任。受托生产企业应当依照法律法规、医疗器械生产质量管理规范、强制性标准、产品技术要求和委托协议组织生产，对生产行为负责，并接受委托方的监督。

具有高风险的植入性医疗器械不得委托生产，具体目录由国务院药品监督管理部门制定、调整并公布。

第三十五条 医疗器械注册人、备案人、受托生产企业应当按照医疗器械生产质量管理规范，建立健全与所生产医疗器械相适应的质量管理体系并保证其有效运行；严格按照经注册或者备案的产品技术要求组织生产，保证出厂的医疗器械符合强制性标准以及经注册或者备案的产品技术要求。

医疗器械注册人、备案人、受托生产企业应当定期对质量管理体系的运行情况进行自查，并按照国务院药品监督管理部门的规定提交自查报告。

第三十六条 医疗器械的生产条件发生变化，不再符合医疗器械质量管理体系要求的，医疗器械注册人、备案人、受托生产企业应当立即采取整改措施；可能影响医疗器械安全、有效的，应当立即停止生产活动，并向原生产许可或者生产备案部门报告。

第三十七条 医疗器械应当使用通用名称。通用名称应当符合国务院药品监督管理部门制定的医疗器械命名规则。

第三十八条 国家根据医疗器械产品类别，分步实施医疗器械唯一标识制度，实现医疗器械可追溯，具体办法由国务院药品监督管理部门会同国务院有关部门制定。

第三十九条 医疗器械应当有说明书、标签。说明书、标签的内容应当与经注册或者备案的相关内容一致，确保真实、准确。

医疗器械的说明书、标签应当标明下列事项：

（一）通用名称、型号、规格；

（二）医疗器械注册人、备案人、受托生产企业的名称、地址以及联系方式；

（三）生产日期，使用期限或者失效日期；

（四）产品性能、主要结构、适用范围；

（五）禁忌、注意事项以及其他需要警示或者提示的内容；

（六）安装和使用说明或者图示；

（七）维护和保养方法，特殊运输、贮存的条件、方法；

（八）产品技术要求规定应当标明的其他内容。

第二类、第三类医疗器械还应当标明医疗器械注册证编号。

由消费者个人自行使用的医疗器械还应当具有安全使用的特别说明。

第四章 医疗器械经营与使用

第四十条 从事医疗器械经营活动，应当有与经营规模和经营范围相适应的经营场所和贮存条件，以及与经营的医疗器械相适应的质量管理制度和质量管理机构或者人员。

第四十一条 从事第二类医疗器械经营的，由经营企业向所在地设区的市级人民政府负责药品监督管理的部门备案并提交符合本条例第四十条规定条件的有关资料。

按照国务院药品监督管理部门的规定，对产品安全性、有效性不受流通过程影响的第二类医疗器械，可以免于经营备案。

第四十二条 从事第三类医疗器械经营的，经营企业应当向所在地设区的市级人民政府负责药品监督管理的部门申请经营许可并提交符合本条例第四十条规定条件的有关资料。

受理经营许可申请的负责药品监督管理的部门应当对申请资料进行审查，必要时组织核查，并自受理申请之日起20个工作日内作出决定。对符合规定条件的，准予许可并发给医疗器械经营许可证；对不符合规定条件的，不予许可并书面说明理由。

医疗器械经营许可证有效期为5年。有效期届满需要延续的，依照有关行政许可的法律规定办理延续手续。

第四十三条 医疗器械注册人、备案人经营其注册、备案的医疗器械，无需办理医疗器械经营许可或者备案，但应当符合本条例规定的经营条件。

第四十四条 从事医疗器械经营，应当依照法律法规和国务院药品监督管理部门制定的医疗器械经营质量管理规范的要求，建立健全与所经营医疗器械相适应的质量管理体系并保证其有效运行。

第四十五条 医疗器械经营企业、使用单位应当从具备合法资质的医疗器械注册人、备案人、生产经营企业购进医疗器械。购进医疗器械时，应当查验供货者的资质和医疗器械的合格证明文件，建立进货查验记录制度。从事第二类、第三类医疗器械批发业务以及第三类医疗器械零售业务的经营企业，还应当建立销售记录制度。

记录事项包括：

（一）医疗器械的名称、型号、规格、数量；

（二）医疗器械的生产批号、使用期限或者失效日期、销售日期；

（三）医疗器械注册人、备案人和受托生产企业的名称；

（四）供货者或者购货者的名称、地址以及联系方式；

（五）相关许可证明文件编号等。

进货查验记录和销售记录应当真实、准确、完整和可追溯，并按照国务院药品监督管理部门规定的期限予以保存。国家鼓励采用先进技术手段进行记录。

第四十六条 从事医疗器械网络销售的，应当是医疗器械注册人、备案人或者医疗器械经营企业。从事医疗器械网络销售的经营者，应当将从事医疗器械网络销售的相关信息告知所在地设区的市级人民政府负责药品监督管理的部门，经营第一类医疗器械和本条例第四十一条第二款规定的第二类医疗器械的除外。

为医疗器械网络交易提供服务的电子商务平台经营者应当对入网医疗器械经营者进行实名登记，审查其经营许可、备案情况和所经营医疗器械产品注册、备案情况，并对其经营行为进行管理。电子商务平台经营者发现入网医疗器械经营者有违反本条例规定行为的，应当及时制止并立即报告医疗器械经营者所在地设区的市级人民政府负责药品监督管理的部门；发现严重违法行为的，应当立即停止提供网络交易平台服务。

第四十七条 运输、贮存医疗器械，应当符合医疗器械说明书和标签标示的要求；对温度、湿度等环境条件有特殊要求的，应当采取相应措施，保证医疗器械的安全、有效。

第四十八条 医疗器械使用单位应当有与在用医疗器械品种、数量相适应的贮存场所和条件。医疗器械使用单位应当加强对工作人员的技术培训，按照产品说明书、技术操作规范等要求使用医疗器械。

医疗器械使用单位配置大型医用设备，应当符合国务院卫生主管部门制定的大型医用设备配置规划，与其功能定位、临床服务需求相适应，具有相应的技术条件、配套设施和具备相应资质、能力的专业技术人员，并经省级以上人民政府卫生主管部门批准，取得大型医用设备配置许可证。

大型医用设备配置管理办法由国务院卫生主管部门会同国务院有关部门制定。大型医用设备目录由国务院卫生主管部门商国务院有关部门提出，报国务院批准后执行。

第四十九条 医疗器械使用单位对重复使用的医疗器械，应当按照国务院卫生主管部门制定的消毒和管理的规定进行处理。

一次性使用的医疗器械不得重复使用，对使用过的应当按照国家有关规定销毁并记录。一次性使用的医疗器械目录由国务院药品监督管理部门会同国务院卫生主管部门制定、调整并公布。列入一次性使用的医疗器械目录，应当具有充足的无法重复使用的证据理由。重复使用可以保证安全、有效的医疗器械，不列入一次性使用的医疗器械目录。对因设计、生产工艺、消毒灭菌技术等改进后重复使用可以保证安全、有效的医疗器械，应当调整出一次性使用的医疗器械目录，允许重复使用。

第五十条 医疗器械使用单位对需要定期检查、检验、校准、保养、维护的医疗器械，应当按照产品说明书的要求进行检查、检验、校准、保养、维护并予以记录，及时进行分析、评估，确保医疗器械处于良好状态，保障使用质量；对使用期限长的大型医疗器械，应当逐台建立使用档案，记录其使用、维护、转让、实际使用时间等事项。记录保存期限不得少于医疗器械规定使用期限终止后5年。

第五十一条 医疗器械使用单位应当妥善保存购入第三类医疗器械的原始资料，并确保信息具有可追溯性。

使用大型医疗器械以及植入和介入类医疗器械的，应当将医疗器械的名称、关键性技术参数等信息以及与使用质量安全密切相关的必要信息记载到病历等相关记录中。

第五十二条 发现使用的医疗器械存在安全隐患的，医疗器械使用单位应当立即停止使用，并通知医疗器械注册人、备案人或者其他负责产品质量的机构进行检修；经检修仍不能达到使用安全标准的医疗器械，不得继续使用。

第五十三条 对国内尚无同品种产品上市的体外诊断试剂，符合条件的医疗机构根据本单位的临床需要，可以自行研制，在执业医师指导下在本单位内使用。具体管理办法由国务院药品监督管理部门会同国务院卫生主管部门制定。

第五十四条 负责药品监督管理的部门和卫生主管部门依据各自职责，分别对使用环节的医疗器械质量和医疗器械使用行为进行监督管理。

第五十五条 医疗器械经营企业、使用单位不得经营、使用未依法注册或者备案、无合格证明文件以及过期、失效、淘汰的医疗器械。

第五十六条 医疗器械使用单位之间转让在用医疗器械，转让方应当确保所转让的医疗器械安全、有效，不得转让过期、失效、淘汰以及检验不合格的医疗器械。

第五十七条 进口的医疗器械应当是依照本条例第二章的规定已注册或者已备案的医疗器械。

进口的医疗器械应当有中文说明书、中文标签。说明书、标签应当符合本条例规定以及相关强制性标准的要求，并在说明书中载明医疗器械的原产地以及境外医疗器械注册人、备案人指定的我国境内企业法人的名称、地址、联系方式。没有中文说明书、中文标签或者说明书、标签不符合本条规定的，不得进口。

医疗机构因临床急需进口少量第二类、第三类医疗器械的，经国务院药品监督管理部门或者国务院授权的省、自治区、直辖市人民政府批准，可以进口。进口的医疗器械应当在指定医疗机构内用于特定医疗目的。

禁止进口过期、失效、淘汰等已使用过的医疗器械。

第五十八条 出入境检验检疫机构依法对进口的医疗器械实施检验；检验不合格的，不得进口。

国务院药品监督管理部门应当及时向国家出入境检验检疫部门通报进口医疗器械的注册和备案情况。进口口岸所在地出入境检验检疫机构应当及时向所在地设区的市级人民政府负责药品监督管理的部门通报进口医疗器械的通关情况。

第五十九条 出口医疗器械的企业应当保证其出口的医疗器械符合进口国（地区）的要求。

第六十条 医疗器械广告的内容应当真实合法，以经负责药品监督管理的部门注册或者备案的医疗器械说明书为准，不得含有虚假、夸大、误导性的内容。

发布医疗器械广告，应当在发布前由省、自治区、直辖市人民政府确定的广告审查机关对广告内容进行审查，并取得医疗器械广告批准文号；未经审查，不得发布。

省级以上人民政府药品监督管理部门责令暂停生产、进口、经营和使用的医疗器械，在暂停期间不得发布涉及该医疗器械的广告。

医疗器械广告的审查办法由国务院市场监督管理部门制定。

第五章 不良事件的处理与医疗器械的召回

第六十一条 国家建立医疗器械不良事件监测制度，对医疗器械不良事件及时进行收集、分析、评价、控制。

第六十二条 医疗器械注册人、备案人应当建立医疗器械不良事件监测体系，配备与其产品相适应的不良事件监测机构和人员，对其产品主动开展不良事件监测，并按照国务院药品监督管理部门的规定，向医疗器械不良事件监测技术机构报告调查、分析、评价、产品风险控制等情况。

医疗器械生产经营企业、使用单位应当协助医疗器械注册人、备案人对所生产经营或者使用的医疗器械开展不良事件监测；发现医疗器械不良事件或者可疑不良事件，应当按照国务院药品监督管理部门的规定，向医疗器械不良事件监测技术机构报告。

其他单位和个人发现医疗器械不良事件或者可疑不良事件，有权向负责药品监督管理的部门或者医疗器械不良事件监测技术机构报告。

第六十三条 国务院药品监督管理部门应当加强医疗器械不良事件监测信息网络建设。

医疗器械不良事件监测技术机构应当加强医疗器械不良事件信息监测，主动收集不良事件信息；发现不良事件或者接到不良事件报告的，应当及时进行核实，必要时进行调查、分析、评估，向负责药品监督管理的部门和卫生主管部门报告并提出处理建议。

医疗器械不良事件监测技术机构应当公布联系方式，方便医疗器械注册人、备案人、生产经营企业、使用单位等报告医疗器械不良事件。

第六十四条 负责药品监督管理的部门应当根据医疗器械不良事件评估结果及时采取发布警示信息以及责令暂停生产、进口、经营和使用等控制措施。

省级以上人民政府药品监督管理部门应当会同同级卫生主管部门和相关部门组织对引起突发、群发的严重伤害或者死亡的医疗器械不良事件及时进行调查和处理，并组织对同类医疗器械加强监测。

负责药品监督管理的部门应当及时向同级卫生主管部门通报医疗器械使用单位的不良事件监测有关情况。

第六十五条 医疗器械注册人、备案人、生产经营企业、使用单位应当对医疗器械不良事件监测技术机构、负责药品监督管理的部门、卫生主管部门开展的医疗器械不良事件调查予以配合。

第六十六条 有下列情形之一的，医疗器械注册人、备案人应当主动开展已上市医疗器械再评价：

（一）根据科学研究的发展，对医疗器械的安全、有效有认识上的改变；

（二）医疗器械不良事件监测、评估结果表明医疗器械可能存在缺陷；

（三）国务院药品监督管理部门规定的其他情形。

医疗器械注册人、备案人应当根据再评价结果，采取相应控制措施，对已上市医疗器械进行改进，并按照规定进行注册变更或者备案变更。再评价结果表明已上市医疗器械不能保证安全、有效的，医疗器械注册人、备案人应当主动申请注销医疗器械注册证或者取消备案；医疗器械注册人、备案人未申请注销医疗器械注册证或者取消备案的，由负责药品监督管理的部门注销医疗器械注册证或者取消备案。

省级以上人民政府药品监督管理部门根据医疗器械不良事件监测、评估等情况，对已上市医疗器械开展再评价。再评价结果表明已上市医疗器械不能保证安全、有效的，应当注销医疗器械注册证或者取消备案。

负责药品监督管理的部门应当向社会及时公布注销医疗器械注册证和取消备案情况。被注销医疗器械注册证或者取消备案的医疗器械不得继续生产、进口、经营、使用。

第六十七条 医疗器械注册人、备案人发现生产的医疗器械不符合强制性标准、经注册或者备案的产品技术要求，或者存在其他缺陷的，应当立即停止生产，通知相关经营企业、使用单位和消费者停止经营和使用，召回已经上市销售的医疗器械，采取补救、销毁等措施，记录相关情况，发布相关信息，并将医疗器械召回和处理情况向负责药品监督管理的部门和卫生主管部门报告。

医疗器械受托生产企业、经营企业发现生产、经营的医疗器械存在前款规定情形的，应当立即停止生产、经营，通知医疗器械注册人、备案人，并记录停止生产、经营和通知情况。医疗器械注册人、备案人认为属于依照前款规定需要召回的医疗器械,应当立即召回。

医疗器械注册人、备案人、受托生产企业、经营企业未依照本条规定实施召回或者停止生产、经营的,负责药品监督管理的部门可以责令其召回或者停止生产、经营。

第六章 监督检查

第六十八条 国家建立职业化专业化检查员制度,加强对医疗器械的监督检查。

第六十九条 负责药品监督管理的部门应当对医疗器械的研制、生产、经营活动以及使用环节的医疗器械质量加强监督检查,并对下列事项进行重点监督检查:

(一)是否按照经注册或者备案的产品技术要求组织生产;

(二)质量管理体系是否保持有效运行;

(三)生产经营条件是否持续符合法定要求。

必要时,负责药品监督管理的部门可以对为医疗器械研制、生产、经营、使用等活动提供产品或者服务的其他相关单位和个人进行延伸检查。

第七十条 负责药品监督管理的部门在监督检查中有下列职权:

(一)进入现场实施检查、抽取样品;

(二)查阅、复制、查封、扣押有关合同、票据、账簿以及其他有关资料;

(三)查封、扣押不符合法定要求的医疗器械,违法使用的零配件、原材料以及用于违法生产经营医疗器械的工具、设备;

(四)查封违反本条例规定从事医疗器械生产经营活动的场所。

进行监督检查,应当出示执法证件,保守被检查单位的商业秘密。

有关单位和个人应当对监督检查予以配合,提供相关文件和资料,不得隐瞒、拒绝、阻挠。

第七十一条 卫生主管部门应当对医疗机构的医疗器械使用行为加强监督检查。实施监督检查时,可以进入医疗机构,查阅、复制有关档案、记录以及其他有关资料。

第七十二条 医疗器械生产经营过程中存在产品质量安全隐患,未及时采取措施消除的,负责药品监督管理的部门可以采取告诫、责任约谈、责令限期整改等措施。

对人体造成伤害或者有证据证明可能危害人体健康的医疗器械,负责药品监督管理的部门可以采取责令暂停生产、进口、经营、使用的紧急控制措施,并发布安全警示信息。

第七十三条 负责药品监督管理的部门应当加强对医疗器械注册人、备案人、生产经营企业和使用单位生产、经营、使用的医疗器械的抽查检验。抽查检验不得收取检验费和其他任何费用,所需费用纳入本级政府预算。省级以上人民政府药品监督管理部门应当根据抽查检验结论及时发布医疗器械质量公告。

卫生主管部门应当对大型医用设备的使用状况进行监督和评估;发现违规使用以及与大型医用设备相关的过度检查、过度治疗等情形的,应当立即纠正,依法予以处理。

第七十四条 负责药品监督管理的部门未及时发现医疗器械安全系统性风险,未及时消除监督管理区域内医疗器械安全隐患的,本级人民政府或者上级人民政府负责药品监督管理的部门应当对其主要负责人进行约谈。

地方人民政府未履行医疗器械安全职责,未及时消除区域性重大医疗器械安全隐患的,上级人民政府或者上级人民政府负责药品监督管理的部门应当对其主要负责人进行约谈。

被约谈的部门和地方人民政府应当立即采取措施,对医疗器械监督管理工作进行整改。

第七十五条 医疗器械检验机构资质认定工作按照国家有关规定实行统一管理。经国务院认证认可监督管理部门会同国务院药品监督管理部门认定的检验机构,方可对医疗器械实施检验。

负责药品监督管理的部门在执法工作中需要对医疗器械进行检验的,应当委托有资质的医疗器械检验机构进行,并支付相关费用。

当事人对检验结论有异议的,可以自收到检验结论之日起7个工作日内向实施抽样检验的部门或者其上一级负责药品监督管理的部门提出复检申请,由受理复检申请的部门在复检机构名录中随机确定复检机构进行复检。承担复检工作的医疗器械检验机构应当在国务院药品监督管理部门规定的时间内作出复检结论。复检结论为最终检验结论。复检机构与初检机构不得为同一机构;相关检验项目只有一家有资质的检验机构的,复检时应当变更承办部门或者人员。复检机构名录由国务院药品监督管理部门公布。

第七十六条 对可能存在有害物质或者擅自改变医疗器械设计、原材料和生产工艺并存在安全隐患的医疗器械,按照医疗器械国家标准、行业标准规定的检验项目和检验方法无法检验的,医疗器械检验机构可以使用国务院药品监督管理部门批准的补充检验项目和检验方法进行检验；使用补充检验项目、检验方法得出的检验结论，可以作为负责药品监督管理的部门认定医疗器械质量的依据。

第七十七条 市场监督管理部门应当依照有关广告管理的法律、行政法规的规定，对医疗器械广告进行监督检查，查处违法行为。

第七十八条 负责药品监督管理的部门应当通过国务院药品监督管理部门在线政务服务平台依法及时公布医疗器械许可、备案、抽查检验、违法行为查处等日常监督管理信息。但是，不得泄露当事人的商业秘密。

负责药品监督管理的部门建立医疗器械注册人、备案人、生产经营企业、使用单位信用档案，对有不良信用记录的增加监督检查频次，依法加强失信惩戒。

第七十九条 负责药品监督管理的部门等部门应当公布本单位的联系方式，接受咨询、投诉、举报。负责药品监督管理的部门等部门接到与医疗器械监督管理有关的咨询，应当及时答复；接到投诉、举报，应当及时核实、处理、答复。对咨询、投诉、举报情况及其答复、核实、处理情况，应当予以记录、保存。

有关医疗器械研制、生产、经营、使用行为的举报经调查属实的，负责药品监督管理的部门等部门对举报人应当给予奖励。有关部门应当为举报人保密。

第八十条 国务院药品监督管理部门制定、调整、修改本条例规定的目录以及与医疗器械监督管理有关的规范，应当公开征求意见；采取听证会、论证会等形式，听取专家、医疗器械注册人、备案人、生产经营企业、使用单位、消费者、行业协会以及相关组织等方面的意见。

第七章 法律责任

第八十一条 有下列情形之一的，由负责药品监督管理的部门没收违法所得、违法生产经营的医疗器械和用于违法生产经营的工具、设备、原材料等物品；违法生产经营的医疗器械货值金额不足1万元的，并处5万元以上15万元以下罚款；货值金额1万元以上的，并处货值金额15倍以上30倍以下罚款；情节严重的，责令停产停业，10年内不受理相关责任人以及单位提出的医疗器械许可申请，对违法单位的法定代表人、主要负责人、直接负责的主管人员和其他责任人员，没收违法行为发生期间自本单位所获收入，并处所获收入30%以上3倍以下罚款，终身禁止其从事医疗器械生产经营活动：

（一）生产、经营未取得医疗器械注册证的第二类、第三类医疗器械；

（二）未经许可从事第二类、第三类医疗器械生产活动；

（三）未经许可从事第三类医疗器械经营活动。

有前款第一项情形、情节严重的，由原发证部门吊销医疗器械生产许可证或者医疗器械经营许可证。

第八十二条 未经许可擅自配置使用大型医用设备的，由县级以上人民政府卫生主管部门责令停止使用，给予警告，没收违法所得；违法所得不足1万元的，并处5万元以上10万元以下罚款；违法所得1万元以上的，并处违法所得10倍以上30倍以下罚款；情节严重的，5年内不受理相关责任人以及单位提出的大型医用设备配置许可申请，对违法单位的法定代表人、主要负责人、直接负责的主管人员和其他责任人员，没收违法行为发生期间自本单位所获收入，并处所获收入30%以上3倍以下罚款，依法给予处分。

第八十三条 在申请医疗器械行政许可时提供虚假资料或者采取其他欺骗手段的，不予行政许可，已经取得行政许可的，由作出行政许可决定的部门撤销行政许可，没收违法所得、违法生产经营使用的医疗器械，10年内不受理相关责任人以及单位提出的医疗器械许可申请；违法生产经营使用的医疗器械货值金额不足1万元的，并处5万元以上15万元以下罚款；货值金额1万元以上的，并处货值金额15倍以上30倍以下罚款；情节严重的，责令停产停业，对违法单位的法定代表人、主要负责人、直接负责的主管人员和其他责任人员，没收违法行为发生期间自本单位所获收入，并处所获收入30%以上3倍以下罚款，终身禁止其从事医疗器械生产经营活动。

伪造、变造、买卖、出租、出借相关医疗器械许可证件的，由原发证部门予以收缴或者吊销，没收违法所得；违法所得不足1万元的，并处5万元以上10万元以下罚款；违法所得1万元以上的，并处违法所得10倍以上20倍以下罚款；构成违反治安管理行为的，由公安机关依法予以治安管理处罚。

第八十四条 有下列情形之一的，由负责药品监督管理的部门向社会公告单位和产品名称，责令限期改正；逾期不改正的，没收违法所得、违法生产经营的医疗器械；违法生产经营的医疗器械货值金额不足1万元的，并处1万元以上5万元以下罚款；货值金额1万元以上的，并处货值金额5倍以上20倍以下罚款；情节严重的，对违法单位的法定代表人、主要负责人、直接负责的主管人员和其他责任人员，没收违法行为发生期间自本单位所获收入，并处所获收入30%以上2倍以下罚款，5年内禁止其从事医疗器械生产经营活动：

（一）生产、经营未经备案的第一类医疗器械；

（二）未经备案从事第一类医疗器械生产；

（三）经营第二类医疗器械，应当备案但未备案；

（四）已经备案的资料不符合要求。

第八十五条 备案时提供虚假资料的，由负责药品监督管理的部门向社会公告备案单位和产品名称，没收违法所得、违法生产经营的医疗器械；违法生产经营的医疗器械货值金额不足1万元的，并处2万元以上5万元以下罚款；货值金额1万元以上的，并处货值金额5倍以上20倍以下罚款；情节严重的，责令停产停业，对违法单位的法定代表人、主要负责人、直接负责的主管人员和其他责任人员，没收违法行为发生期间自本单位所获收入，并处所获收入30%以上3倍以下罚款，10年内禁止其从事医疗器械生产经营活动。

第八十六条 有下列情形之一的，由负责药品监督管理的部门责令改正，没收违法生产经营使用的医疗器械；违法生产经营使用的医疗器械货值金额不足1万元的，并处2万元以上5万元以下罚款；货值金额1万元以上的，并处货值金额5倍以上20倍以下罚款；情节严重的，责令停产停业，直至由原发证部门吊销医疗器械注册证、医疗器械生产许可证、医疗器械经营许可证，对违法单位的法定代表人、主要负责人、直接负责的主管人员和其他责任人员，没收违法行为发生期间自本单位所获收入，并处所获收入30%以上3倍以下罚款，10年内禁止其从事医疗器械生产经营活动：

（一）生产、经营、使用不符合强制性标准或者不符合经注册或者备案的产品技术要求的医疗器械；

（二）未按照经注册或者备案的产品技术要求组织生产，或者未依照本条例规定建立质量管理体系并保持有效运行，影响产品安全、有效；

（三）经营、使用无合格证明文件、过期、失效、淘汰的医疗器械，或者使用未依法注册的医疗器械；

（四）在负责药品监督管理的部门责令召回后仍拒不召回，或者在负责药品监督管理的部门责令停止或者暂停生产、进口、经营后，仍拒不停止生产、进口、经营医疗器械；

（五）委托不具备本条例规定条件的企业生产医疗器械，或者未对受托生产企业的生产行为进行管理；

（六）进口过期、失效、淘汰等已使用过的医疗器械。

第八十七条 医疗器械经营企业、使用单位履行了本条例规定的进货查验等义务，有充分证据证明其不知道所经营、使用的医疗器械为本条例第八十一条第一款第一项、第八十四条第一项、第八十六条第一项和第三项规定情形的医疗器械，并能如实说明其进货来源的，收缴其经营、使用的不符合法定要求的医疗器械，可以免除行政处罚。

第八十八条 有下列情形之一的，由负责药品监督管理的部门责令改正，处1万元以上5万元以下罚款；拒不改正的，处5万元以上10万元以下罚款；情节严重的，责令停产停业，直至由原发证部门吊销医疗器械生产许可证、医疗器械经营许可证，对违法单位的法定代表人、主要负责人、直接负责的主管人员和其他责任人员，没收违法行为发生期间自本单位所获收入，并处所获收入30%以上2倍以下罚款，5年内禁止其从事医疗器械生产经营活动：

（一）生产条件发生变化、不再符合医疗器械质量管理体系要求，未依照本条例规定整改、停止生产、报告；

（二）生产、经营说明书、标签不符合本条例规定的医疗器械；

（三）未按照医疗器械说明书和标签标示要求运输、贮存医疗器械；

（四）转让过期、失效、淘汰或者检验不合格的在用医疗器械。

第八十九条 有下列情形之一的，由负责药品监督管理的部门和卫生主管部门依据各自职责责令改正，给予警告；拒不改正的，处1万元以上10万元以下罚款；情节严重的，责令停产停业，直至由原发证部门吊销医疗器械注册证、医疗器械生产许可证、医疗器械经营许可证，对违法单位的法定代表人、主要负责人、直接负责的主管人员和其他责任人员处1万元以上3万元以下罚款：

（一）未按照要求提交质量管理体系自查报告；

（二）从不具备合法资质的供货者购进医疗器械；

（三）医疗器械经营企业、使用单位未依照本条例规定建立并执行医疗器械进货查验记录制度；

（四）从事第二类、第三类医疗器械批发业务以及第三类医疗器械零售业务的经营企业未依照本条例规定建立并执行销售记录制度；

（五）医疗器械注册人、备案人、生产经营企业、使用单位未依照本条例规定开展医疗器械不良事件监测，未按照要求报告不良事件，或者对医疗器械不良事件监测技术机构、负责药品监督管理的部门、卫生主管部门开展的不良事件调查不予配合；

（六）医疗器械注册人、备案人未按照规定制定上市后研究和风险管控计划并保证有效实施；

（七）医疗器械注册人、备案人未按照规定建立并执行产品追溯制度；

（八）医疗器械注册人、备案人、经营企业从事医疗器械网络销售未按照规定告知负责药品监督管理的部门；

（九）对需要定期检查、检验、校准、保养、维护的医疗器械，医疗器械使用单位未按照产品说明书要求进行检查、检验、校准、保养、维护并予以记录，及时进行分析、评估，确保医疗器械处于良好状态；

（十）医疗器械使用单位未妥善保存购入第三类医疗器械的原始资料。

第九十条　有下列情形之一的，由县级以上人民政府卫生主管部门责令改正，给予警告；拒不改正的，处5万元以上10万元以下罚款；情节严重的，处10万元以上30万元以下罚款，责令暂停相关医疗器械使用活动，直至由原发证部门吊销执业许可证，依法责令相关责任人员暂停6个月以上1年以下执业活动，直至由原发证部门吊销相关人员执业证书，对违法单位的法定代表人、主要负责人、直接负责的主管人员和其他责任人员，没收违法行为发生期间自本单位所获收入，并处所获收入30%以上3倍以下罚款，依法给予处分：

（一）对重复使用的医疗器械，医疗器械使用单位未按照消毒和管理的规定进行处理；

（二）医疗器械使用单位重复使用一次性使用的医疗器械，或者未按照规定销毁使用过的一次性使用的医疗器械；

（三）医疗器械使用单位未按照规定将大型医疗器械以及植入和介入类医疗器械的信息记载到病历等相关记录中；

（四）医疗器械使用单位发现使用的医疗器械存在安全隐患未立即停止使用、通知检修，或者继续使用经检修仍不能达到使用安全标准的医疗器械；

（五）医疗器械使用单位违规使用大型医用设备，不能保障医疗质量安全。

第九十一条　违反进出口商品检验相关法律、行政法规进口医疗器械的，由出入境检验检疫机构依法处理。

第九十二条　为医疗器械网络交易提供服务的电子商务平台经营者违反本条例规定，未履行对入网医疗器械经营者进行实名登记，审查许可、注册、备案情况，制止并报告违法行为，停止提供网络交易平台服务等管理义务的，由负责药品监督管理的部门依照《中华人民共和国电子商务法》的规定给予处罚。

第九十三条　未进行医疗器械临床试验机构备案开展临床试验的，由负责药品监督管理的部门责令停止临床试验并改正；拒不改正的，该临床试验数据不得用于产品注册、备案，处5万元以上10万元以下罚款，并向社会公告；造成严重后果的，5年内禁止其开展相关专业医疗器械临床试验，并处10万元以上30万元以下罚款，由卫生主管部门对违法单位的法定代表人、主要负责人、直接负责的主管人员和其他责任人员，没收违法行为发生期间自本单位所获收入，并处所获收入30%以上3倍以下罚款，依法给予处分。

临床试验申办者开展临床试验未经备案的，由负责药品监督管理的部门责令停止临床试验，对临床试验申办者处5万元以上10万元以下罚款，并向社会公告；造成严重后果的，处10万元以上30万元以下罚款。该临床试验数据不得用于产品注册、备案，5年内不受理相关责任人以及单位提出的医疗器械注册申请。

临床试验申办者未经批准开展对人体具有较高风险的第三类医疗器械临床试验的，由负责药品监督管理的部门责令立即停止临床试验，对临床试验申办者处10万元以上30万元以下罚款，并向社会公告；造成严重后果的，处30万元以上100万元以下罚款。该临床试验数据不得用于产品注册，10年内不受理相关责任人以及单位提出的医疗器械临床试验和注册申请，对违法单位的法定代表人、主要负责人、直接负责的主管人员和其他责任人员，没收违法行为发生期间自本单位所获收入，并处所获收入30%以上3倍以下罚款。

第九十四条　医疗器械临床试验机构开展医疗器械临床试验未遵守临床试验质量管理规范的，由负责药品监督管理的部门责令改正或者立即停止临床试验，处5万元以上10万元以下罚款；造成严重后果的，5年内禁止其开展相关专业医疗器械临床试验，由卫生主管部门对违法单位的法定代表人、主要负责人、直接负责的主管人员和其他责任人员，没收违法行为发生期间自本单位所获收入，并处所获收入30%以上3倍以下罚款，依法给予处分。

第九十五条　医疗器械临床试验机构出具虚假报告的，由负责药品监督管理的部门处10万元以上30万元以下罚款；有违法所得的，没收违法所得；10年内禁止其开展相关专业医疗器械临床试验；由卫生主管部门对违法单位的法定代表人、主要负责人、直接负责的主管人员和其他责任人员，没收违法行为发生期间自本单位所获收入，并处所获收入30%以上3倍以下罚款，依法给予处分。

第九十六条 医疗器械检验机构出具虚假检验报告的,由授予其资质的主管部门撤销检验资质,10年内不受理相关责任人以及单位提出的资质认定申请,并处10万元以上30万元以下罚款;有违法所得的,没收违法所得;对违法单位的法定代表人、主要负责人、直接负责的主管人员和其他责任人员,没收违法行为发生期间自本单位所获收入,并处所获收入30%以上3倍以下罚款,依法给予处分;受到开除处分的,10年内禁止其从事医疗器械检验工作。

第九十七条 违反本条例有关医疗器械广告管理规定的,依照《中华人民共和国广告法》的规定给予处罚。

第九十八条 境外医疗器械注册人、备案人指定的我国境内企业法人未依照本条例规定履行相关义务的,由省、自治区、直辖市人民政府药品监督管理部门责令改正,给予警告,并处5万元以上10万元以下罚款;情节严重的,处10万元以上50万元以下罚款,5年内禁止其法定代表人、主要负责人、直接负责的主管人员和其他责任人员从事医疗器械生产经营活动。

境外医疗器械注册人、备案人拒不履行依据本条例作出的行政处罚决定的,10年内禁止其医疗器械进口。

第九十九条 医疗器械研制、生产、经营单位和检验机构违反本条例规定使用禁止从事医疗器械生产经营活动、检验工作的人员的,由负责药品监督管理的部门责令改正,给予警告;拒不改正的,责令停产停业直至吊销许可证件。

第一百条 医疗器械技术审评机构、医疗器械不良事件监测技术机构未依照本条例规定履行职责,致使审评、监测工作出现重大失误的,由负责药品监督管理的部门责令改正,通报批评,给予警告;造成严重后果的,对违法单位的法定代表人、主要负责人、直接负责的主管人员和其他责任人员,依法给予处分。

第一百零一条 负责药品监督管理的部门或者其他有关部门工作人员违反本条例规定,滥用职权、玩忽职守、徇私舞弊的,依法给予处分。

第一百零二条 违反本条例规定,构成犯罪的,依法追究刑事责任;造成人身、财产或者其他损害的,依法承担赔偿责任。

第八章 附 则

第一百零三条 本条例下列用语的含义:

医疗器械,是指直接或者间接用于人体的仪器、设备、器具、体外诊断试剂及校准物、材料以及其他类似或者相关的物品,包括所需要的计算机软件;其效用主要通过物理等方式获得,不是通过药理学、免疫学或者代谢的方式获得,或者虽然有这些方式参与但是只起辅助作用;其目的是:

(一)疾病的诊断、预防、监护、治疗或者缓解;

(二)损伤的诊断、监护、治疗、缓解或者功能补偿;

(三)生理结构或者生理过程的检验、替代、调节或者支持;

(四)生命的支持或者维持;

(五)妊娠控制;

(六)通过对来自人体的样本进行检查,为医疗或者诊断目的提供信息。

医疗器械注册人、备案人,是指取得医疗器械注册证或者办理医疗器械备案的企业或者研制机构。

医疗器械使用单位,是指使用医疗器械为他人提供医疗等技术服务的机构,包括医疗机构、计划生育技术服务机构、血站、单采血浆站、康复辅助器具适配机构等。

大型医用设备,是指使用技术复杂、资金投入量大、运行成本高、对医疗费用影响大且纳入目录管理的大型医疗器械。

第一百零四条 医疗器械产品注册可以收取费用。具体收费项目、标准分别由国务院财政、价格主管部门按照国家有关规定制定。

第一百零五条 医疗卫生机构为应对突发公共卫生事件而研制的医疗器械的管理办法,由国务院药品监督管理部门会同国务院卫生主管部门制定。

从事非营利的避孕医疗器械的存储、调拨和供应,应当遵守国务院卫生主管部门会同国务院药品监督管理部门制定的管理办法。

中医医疗器械的技术指导原则,由国务院药品监督管理部门会同国务院中医药管理部门制定。

第一百零六条 军队医疗器械使用的监督管理,依照本条例和军队有关规定执行。

第一百零七条 本条例自2021年6月1日起施行。

医疗器械标准管理办法

- 2017年4月17日国家食品药品监督管理总局令第33号公布
- 自2017年7月1日起施行

第一章 总 则

第一条 为促进科学技术进步,保障医疗器械安全有效,提高健康保障水平,加强医疗器械标准管理,根据

《中华人民共和国标准化法》《中华人民共和国标准化法实施条例》和《医疗器械监督管理条例》等法律法规，制定本办法。

第二条 本办法所称医疗器械标准，是指由国家食品药品监督管理总局依据职责组织制修订，依法定程序发布，在医疗器械研制、生产、经营、使用、监督管理等活动中遵循的统一的技术要求。

第三条 在中华人民共和国境内从事医疗器械标准的制修订、实施及监督管理，应当遵守法律、行政法规及本办法的规定。

第四条 医疗器械标准按照其效力分为强制性标准和推荐性标准。

对保障人体健康和生命安全的技术要求，应当制定为医疗器械强制性国家标准和强制性行业标准。

对满足基础通用、与强制性标准配套、对医疗器械产业起引领作用等需要的技术要求，可以制定为医疗器械推荐性国家标准和推荐性行业标准。

第五条 医疗器械标准按照其规范对象分为基础标准、方法标准、管理标准和产品标准。

第六条 国家食品药品监督管理总局依法编制医疗器械标准规划，建立医疗器械标准管理工作制度，健全医疗器械标准管理体系。

第七条 鼓励企业、社会团体、教育科研机构及个人广泛参与医疗器械标准制修订工作，并对医疗器械标准执行情况进行监督。

第八条 鼓励参与国际标准化活动，参与制定和采用国际医疗器械标准。

第九条 国家食品药品监督管理总局对在医疗器械标准工作中做出显著成绩的组织和个人，按照国家有关规定给予表扬和奖励。

第二章 标准管理职责

第十条 国家食品药品监督管理总局履行下列职责：

（一）组织贯彻医疗器械标准管理相关法律、法规，制定医疗器械标准管理工作制度；

（二）组织拟定医疗器械标准规划，编制标准制修订年度工作计划；

（三）依法组织医疗器械标准制修订，发布医疗器械行业标准；

（四）依法指导、监督医疗器械标准管理工作。

第十一条 国家食品药品监督管理总局医疗器械标准管理中心（以下简称"医疗器械标准管理中心"）履行下列职责：

（一）组织开展医疗器械标准体系的研究，拟定医疗器械标准规划草案和标准制修订年度工作计划建议；

（二）依法承担医疗器械标准制修订的管理工作；

（三）依法承担医疗器械标准化技术委员会的管理工作；

（四）承担医疗器械标准宣传、培训的组织工作；

（五）组织对标准实施情况进行调研，协调解决标准实施中的重大技术问题；

（六）承担医疗器械国际标准化活动和对外合作交流的相关工作；

（七）承担医疗器械标准信息化工作，组织医疗器械行业标准出版；

（八）承担国家食品药品监督管理总局交办的其他标准管理工作。

第十二条 国家食品药品监督管理总局根据医疗器械标准化工作的需要，经批准依法组建医疗器械标准化技术委员会。

医疗器械标准化技术委员会履行下列职责：

（一）开展医疗器械标准研究工作，提出本专业领域标准发展规划、标准体系意见；

（二）承担本专业领域医疗器械标准起草、征求意见、技术审查等组织工作，并对标准的技术内容和质量负责；

（三）承担本专业领域医疗器械标准的技术指导工作，协助解决标准实施中的技术问题；

（四）负责收集、整理本专业领域的医疗器械标准资料，并建立技术档案；

（五）负责本专业领域医疗器械标准实施情况的跟踪评价；

（六）负责本专业领域医疗器械标准技术内容的咨询和解释；

（七）承担本专业领域医疗器械标准的宣传、培训、学术交流和相关国际标准化活动。

第十三条 在现有医疗器械标准化技术委员会不能覆盖的专业技术领域，国家食品药品监督管理总局可以根据监管需要，按程序确定医疗器械标准化技术归口单位。标准化技术归口单位参照医疗器械标准化技术委员会的职责和有关规定开展相应领域医疗器械标准工作。

第十四条 地方食品药品监督管理部门在本行政区域依法履行下列职责：

（一）组织贯彻医疗器械标准管理的法律法规；

（二）组织、参与医疗器械标准的制修订相关工作；

（三）监督医疗器械标准的实施；

（四）收集并向上一级食品药品监督管理部门报告标准实施过程中的问题。

第十五条 医疗器械研制机构、生产经营企业和使用单位应当严格执行医疗器械强制性标准。

鼓励医疗器械研制机构、生产经营企业和使用单位积极研制和采用医疗器械推荐性标准，积极参与医疗器械标准制修订工作，及时向有关部门反馈医疗器械标准实施问题和提出改进建议。

第三章　标准制定与修订

第十六条 医疗器械标准制修订程序包括标准立项、起草、征求意见、技术审查、批准发布、复审和废止等。具体规定由国家食品药品监督管理总局制定。

对医疗器械监管急需制修订的标准，可以按照国家食品药品监督管理总局规定的快速程序开展。

第十七条 医疗器械标准管理中心应当根据医疗器械标准规划，向社会公开征集医疗器械标准制定、修订立项提案。

对征集到的立项提案，由相应的医疗器械标准化技术委员会（包括标准化技术归口单位，下同）进行研究后，提出本专业领域标准计划项目立项申请。

涉及两个或者两个以上医疗器械标准化技术委员会的标准计划项目立项提案，应当由医疗器械标准管理中心负责协调，确定牵头医疗器械标准化技术委员会，并由其提出标准计划项目立项申请。

第十八条 医疗器械标准管理中心对医疗器械标准计划项目立项申请，经公开征求意见并组织专家论证后，提出医疗器械标准计划项目，编制标准制修订年度工作计划建议，报国家食品药品监督管理总局审核。

国家食品药品监督管理总局审核通过的医疗器械标准计划项目，应当向社会公示。国家标准计划项目送国务院标准化行政主管部门批准下达；行业标准计划项目由国家食品药品监督管理总局批准下达。

第十九条 医疗器械生产经营企业、使用单位、监管部门、检测机构以及有关教育科研机构、社会团体等，可以向承担医疗器械标准计划项目的医疗器械标准化技术委员会提出起草相关医疗器械标准的申请。医疗器械标准化技术委员会结合标准的技术内容，按照公开、公正、择优的原则，选定起草单位。

起草单位应当广泛调研、深入分析研究，积极借鉴相关国际标准，在对技术内容进行充分验证的基础上起草医疗器械标准，形成医疗器械标准征求意见稿，经医疗器械标准化技术委员会初步审查后，报送医疗器械标准管理中心。

第二十条 医疗器械标准征求意见稿在医疗器械标准管理中心网站向社会公开征求意见，征求意见的期限一般为两个月。承担医疗器械标准计划项目的医疗器械标准化技术委员会对征集到的意见进行汇总后，反馈给标准起草单位，起草单位应当对汇总意见进行认真研究，对征求意见稿进行修改完善，形成医疗器械标准送审稿。

第二十一条 承担医疗器械标准计划项目的医疗器械标准化技术委员会负责组织对医疗器械标准送审稿进行技术审查。审查通过后，将医疗器械标准报批稿、实施建议及相关资料报送医疗器械标准管理中心进行审核。

第二十二条 医疗器械标准管理中心将审核通过后的医疗器械标准报批稿及审核结论等报送国家食品药品监督管理总局审查。审查通过的医疗器械国家标准送国务院标准化行政主管部门批准、发布；审查通过的医疗器械行业标准由国家食品药品监督管理总局确定实施日期和实施要求，以公告形式发布。

医疗器械国家标准、行业标准按照国务院标准化行政主管部门的相关规定进行公开，供公众查阅。

第二十三条 医疗器械标准批准发布后，因个别技术内容影响标准使用、需要进行修改，或者对原标准内容进行少量增减时，应当采用标准修改单方式修改。标准修改单应当按照标准制修订程序制定，由医疗器械标准的原批准部门审查发布。

第二十四条 医疗器械标准化技术委员会应当对已发布实施的医疗器械标准开展复审工作，根据科学技术进步、产业发展以及监管需要对其有效性、适用性和先进性及时组织复审，提出复审结论。复审结论分为继续有效、修订或者废止。复审周期原则上不超过 5 年。

医疗器械标准复审结论由医疗器械标准管理中心审核通过后，报送国家食品药品监督管理总局审查。医疗器械国家标准复审结论，送国务院标准化行政主管部门批准；医疗器械行业标准复审结论由国家食品药品监督管理总局审查批准，并对复审结论为废止的标准以公告形式发布。

第四章　标准实施与监督

第二十五条 医疗器械企业应当严格按照经注册或者备案的产品技术要求组织生产，保证出厂的医疗器械符合强制性标准以及经注册或者备案的产品技术要求。

第二十六条 医疗器械推荐性标准被法律法规、规范性文件及经注册或者备案的产品技术要求引用的内容应当强制执行。

第二十七条　医疗器械产品技术要求,应当与产品设计特性、预期用途和质量控制水平相适应,并不得低于产品适用的强制性国家标准和强制性行业标准。

第二十八条　食品药品监督管理部门对医疗器械企业实施医疗器械强制性标准以及经注册或者备案的产品技术要求的情况进行监督检查。

第二十九条　任何单位和个人有权向食品药品监督管理部门举报或者反映违反医疗器械强制性标准以及经注册或者备案的产品技术要求的行为。收到举报或者反映的部门,应当及时按规定作出处理。

第三十条　医疗器械标准实行信息化管理,标准立项、发布、实施等信息应当及时向公众公开。

第三十一条　食品药品监督管理部门应当在医疗器械标准发布后,及时组织、指导标准的宣传、培训。

第三十二条　医疗器械标准化技术委员会对标准的实施情况进行跟踪评价。医疗器械标准管理中心根据跟踪评价情况对强制性标准实施情况进行统计分析。

第五章　附　则

第三十三条　医疗器械国家标准的编号按照国务院标准化行政主管部门的规定编制。医疗器械行业标准的代号由大写汉语拼音字母等构成。强制性行业标准的代号为"YY",推荐性行业标准的代号为"YY/T"。

行业标准的编号由行业标准的代号、标准号和标准发布的年号构成。其形式为:YY　××××1－××××2 和 YY/T　××××1－××××2。

××××1 为标准号,××××2 为标准发布年号。

第三十四条　依法成立的社会团体可以制定发布团体标准。团体标准的管理应当符合国家相关规定。

第三十五条　医疗器械标准样品是医疗器械检验检测中的实物标准,其管理应当符合国家有关规定。

第三十六条　本办法自 2017 年 7 月 1 日起施行。2002 年 1 月 4 日发布的《医疗器械标准管理办法(试行)》(原国家药品监督管理局令第 31 号)同时废止。

医疗器械召回管理办法

・2017 年 1 月 25 日国家食品药品监督管理总局令第 29 号公布
・自 2017 年 5 月 1 日起施行

第一章　总　则

第一条　为加强医疗器械监督管理,控制存在缺陷的医疗器械产品,消除医疗器械安全隐患,保证医疗器械的安全、有效,保障人体健康和生命安全,根据《医疗器械监督管理条例》,制定本办法。

第二条　中华人民共和国境内已上市医疗器械的召回及其监督管理,适用本办法。

第三条　本办法所称医疗器械召回,是指医疗器械生产企业按照规定的程序对其已上市销售的某一类别、型号或者批次的存在缺陷的医疗器械产品,采取警示、检查、修理、重新标签、修改并完善说明书、软件更新、替换、收回、销毁等方式进行处理的行为。

前款所述医疗器械生产企业,是指境内医疗器械产品注册人或者备案人、进口医疗器械的境外制造厂商在中国境内指定的代理人。

第四条　本办法所称存在缺陷的医疗器械产品包括:

(一)正常使用情况下存在可能危及人体健康和生命安全的不合理风险的产品;

(二)不符合强制性标准、经注册或者备案的产品技术要求的产品;

(三)不符合医疗器械生产、经营质量管理有关规定导致可能存在不合理风险的产品;

(四)其他需要召回的产品。

第五条　医疗器械生产企业是控制与消除产品缺陷的责任主体,应当主动对缺陷产品实施召回。

第六条　医疗器械生产企业应当按照本办法的规定建立健全医疗器械召回管理制度,收集医疗器械安全相关信息,对可能的缺陷产品进行调查、评估,及时召回缺陷产品。

进口医疗器械的境外制造厂商在中国境内指定的代理人应当将仅在境外实施医疗器械召回的有关信息及时报告国家食品药品监督管理总局;凡涉及在境内实施召回的,中国境内指定的代理人应当按照本办法的规定组织实施。

医疗器械经营企业、使用单位应当积极协助医疗器械生产企业对缺陷产品进行调查、评估,主动配合生产企业履行召回义务,按照召回计划及时传达、反馈医疗器械召回信息,控制和收回缺陷产品。

第七条　医疗器械经营企业、使用单位发现其经营、使用的医疗器械可能为缺陷产品的,应当立即暂停销售或者使用该医疗器械,及时通知医疗器械生产企业或者供货商,并向所在地省、自治区、直辖市食品药品监督管理部门报告;使用单位为医疗机构的,还应当同时向所在地省、自治区、直辖市卫生行政部门报告。

医疗器械经营企业、使用单位所在地省、自治区、直辖市食品药品监督管理部门收到报告后,应当及时通报医疗器械生产企业所在地省、自治区、直辖市食品药品监督管理部门。

第八条 召回医疗器械的生产企业所在地省、自治区、直辖市食品药品监督管理部门负责医疗器械召回的监督管理,其他省、自治区、直辖市食品药品监督管理部门应当配合做好本行政区域内医疗器械召回的有关工作。

国家食品药品监督管理总局监督全国医疗器械召回的管理工作。

第九条 国家食品药品监督管理总局和省、自治区、直辖市食品药品监督管理部门应当按照医疗器械召回信息通报和信息公开有关制度,采取有效途径向社会公布缺陷产品信息和召回信息,必要时向同级卫生行政部门通报相关信息。

第二章 医疗器械缺陷的调查与评估

第十条 医疗器械生产企业应当按照规定建立健全医疗器械质量管理体系和医疗器械不良事件监测系统,收集、记录医疗器械的质量投诉信息和医疗器械不良事件信息,对收集的信息进行分析,对可能存在的缺陷进行调查和评估。

医疗器械经营企业、使用单位应当配合医疗器械生产企业对有关医疗器械缺陷进行调查,并提供有关资料。

第十一条 医疗器械生产企业应当按照规定及时将收集的医疗器械不良事件信息向食品药品监督管理部门报告,食品药品监督管理部门可以对医疗器械不良事件或者可能存在的缺陷进行分析和调查,医疗器械生产企业、经营企业、使用单位应当予以配合。

第十二条 对存在缺陷的医疗器械产品进行评估的主要内容包括:

(一)产品是否符合强制性标准、经注册或者备案的产品技术要求;

(二)在使用医疗器械过程中是否发生过故障或者伤害;

(三)在现有使用环境下是否会造成伤害,是否有科学文献、研究、相关试验或者验证能够解释伤害发生的原因;

(四)伤害所涉及的地区范围和人群特点;

(五)对人体健康造成的伤害程度;

(六)伤害发生的概率;

(七)发生伤害的短期和长期后果;

(八)其他可能对人体造成伤害的因素。

第十三条 根据医疗器械缺陷的严重程度,医疗器械召回分为:

(一)一级召回:使用该医疗器械可能或者已经引起严重健康危害的;

(二)二级召回:使用该医疗器械可能或者已经引起暂时的或者可逆的健康危害的;

(三)三级召回:使用该医疗器械引起危害的可能性较小但仍需要召回的。

医疗器械生产企业应根据具体情况确定召回级别并根据召回级别与医疗器械的销售和使用情况,科学设计召回计划并组织实施。

第三章 主动召回

第十四条 医疗器械生产企业按照本办法第十条、第十二条的要求进行调查评估后,确定医疗器械产品存在缺陷的,应当立即决定并实施召回,同时向社会发布产品召回信息。

实施一级召回的,医疗器械召回公告应当在国家食品药品监督管理总局网站和中央主要媒体上发布;实施二级、三级召回的,医疗器械召回公告应当在省、自治区、直辖市食品药品监督管理部门网站发布,省、自治区、直辖市食品药品监督管理部门网站发布的召回公告应当与国家食品药品监督管理总局网站链接。

第十五条 医疗器械生产企业作出医疗器械召回决定的,一级召回应当在1日内,二级召回应当在3日内,三级召回应当在7日内,通知到有关医疗器械经营企业、使用单位或者告知使用者。

召回通知应当包括以下内容:

(一)召回医疗器械名称、型号规格、批次等基本信息;

(二)召回的原因;

(三)召回的要求,如立即暂停销售和使用该产品、将召回通知转发到相关经营企业或者使用单位等;

(四)召回医疗器械的处理方式。

第十六条 医疗器械生产企业作出医疗器械召回决定的,应当立即向所在地省、自治区、直辖市食品药品监督管理部门和批准该产品注册或者办理备案的食品药品监督管理部门提交医疗器械召回事件报告表,并在5个工作日内将调查评估报告和召回计划提交至所在地省、自治区、直辖市食品药品监督管理部门和批准注册或者办理备案的食品药品监督管理部门备案。

医疗器械生产企业所在地省、自治区、直辖市食品药品监督管理部门应当在收到召回事件报告表1个工作日内将召回的有关情况报告国家食品药品监督管理总局。

第十七条 调查评估报告应当包括以下内容：
（一）召回医疗器械的具体情况，包括名称、型号规格、批次等基本信息；
（二）实施召回的原因；
（三）调查评估结果；
（四）召回分级。
召回计划应当包括以下内容：
（一）医疗器械生产销售情况及拟召回的数量；
（二）召回措施的具体内容，包括实施的组织、范围和时限等；
（三）召回信息的公布途径与范围；
（四）召回的预期效果；
（五）医疗器械召回后的处理措施。

第十八条 医疗器械生产企业所在地省、自治区、直辖市食品药品监督管理部门可以对生产企业提交的召回计划进行评估，认为生产企业所采取的措施不能有效消除产品缺陷或者控制产品风险的，应当书面要求其采取提高召回等级、扩大召回范围、缩短召回时间或者改变召回产品的处理方式等更为有效的措施进行处理。医疗器械生产企业应当按照食品药品监督管理部门的要求修改召回计划并组织实施。

第十九条 医疗器械生产企业对上报的召回计划进行变更的，应当及时报所在地省、自治区、直辖市食品药品监督管理部门备案。

第二十条 医疗器械生产企业在实施召回的过程中，应当根据召回计划定期向所在地省、自治区、直辖市食品药品监督管理部门提交召回计划实施情况报告。

第二十一条 医疗器械生产企业对召回医疗器械的处理应当有详细的记录，并向医疗器械生产企业所在地省、自治区、直辖市食品药品监督管理部门报告，记录应当保存至医疗器械注册证失效后5年，第一类医疗器械召回的处理记录应当保存5年。对通过警示、检查、修理、重新标签、修改并完善说明书、软件更新、替换、销毁等方式能够消除产品缺陷的，可以在产品所在地完成上述行为。需要销毁的，应当在食品药品监督管理部门监督下销毁。

第二十二条 医疗器械生产企业应当在召回完成后10个工作日内对召回效果进行评估，并向所在地省、自治区、直辖市食品药品监督管理部门提交医疗器械召回总结评估报告。

第二十三条 医疗器械生产企业所在地省、自治区、直辖市食品药品监督管理部门应当自收到总结评估报告之日起10个工作日内对报告进行审查，并对召回效果进行评估；认为召回尚未有效消除产品缺陷或者控制产品风险的，应当书面要求生产企业重新召回。医疗器械生产企业应当按照食品药品监督管理部门的要求进行重新召回。

第四章 责令召回

第二十四条 食品药品监督管理部门经过调查评估，认为医疗器械生产企业应当召回存在缺陷的医疗器械产品而未主动召回的，应当责令医疗器械生产企业召回医疗器械。

责令召回的决定可以由医疗器械生产企业所在地省、自治区、直辖市食品药品监督管理部门作出，也可以由批准该医疗器械注册或者办理备案的食品药品监督管理部门作出。作出该决定的食品药品监督管理部门，应当在其网站向社会公布责令召回信息。

医疗器械生产企业应当按照食品药品监督管理部门的要求进行召回，并按本办法第十四条第二款的规定向社会公布产品召回信息。

必要时，食品药品监督管理部门可以要求医疗器械生产企业、经营企业和使用单位立即暂停生产、销售和使用，并告知使用者立即暂停使用该缺陷产品。

第二十五条 食品药品监督管理部门作出责令召回决定，应当将责令召回通知书送达医疗器械生产企业，通知书包括以下内容：
（一）召回医疗器械的具体情况，包括名称、型号规格、批次等基本信息；
（二）实施召回的原因；
（三）调查评估结果；
（四）召回要求，包括范围和时限等。

第二十六条 医疗器械生产企业收到责令召回通知书后，应当按照本办法第十五条、第十六条的规定通知医疗器械经营企业和使用单位或者告知使用者，制定、提交召回计划，并组织实施。

第二十七条 医疗器械生产企业应当按照本办法第十九条、第二十条、第二十一条、第二十二条的规定向食品药品监督管理部门报告医疗器械召回的相关情况，进行召回医疗器械的后续处理。

食品药品监督管理部门应当按照本办法第二十三条的规定对医疗器械生产企业提交的医疗器械召回总结评估报告进行审查，并对召回效果进行评价，必要时通报同级卫生行政部门。经过审查和评价，认为召回不彻底、尚未有效消除产品缺陷或者控制产品风险的，食品药品监督管理部门应当书面要求医疗器械生产企业重新召回。医疗器械生产企业应当按照食品药品监督管理部门的要求进行重新召回。

第五章 法律责任

第二十八条 医疗器械生产企业因违反法律、法规、规章规定造成上市医疗器械存在缺陷，依法应当给予行政处罚，但该企业已经采取召回措施主动消除或者减轻危害后果的，食品药品监督管理部门依照《中华人民共和国行政处罚法》的规定给予从轻或者减轻处罚；违法行为轻微并及时纠正，没有造成危害后果的，不予处罚。

医疗器械生产企业召回医疗器械的，不免除其依法应当承担的其他法律责任。

第二十九条 医疗器械生产企业违反本办法第二十四条规定，拒绝召回医疗器械的，依据《医疗器械监督管理条例》第六十六条的规定进行处理。

第三十条 医疗器械生产企业有下列情形之一的，予以警告，责令限期改正，并处 3 万元以下罚款：

（一）违反本办法第十四条规定，未按照要求及时向社会发布产品召回信息的；

（二）违反本办法第十五条规定，未在规定时间内将召回医疗器械的决定通知到医疗器械经营企业、使用单位或者告知使用者的；

（三）违反本办法第十八条、第二十三条、第二十七条第二款规定，未按照食品药品监督管理部门要求采取改正措施或者重新召回医疗器械的；

（四）违反本办法第二十一条规定，未对召回医疗器械的处理作详细记录或者未向食品药品监督管理部门报告的。

第三十一条 医疗器械生产企业有下列情形之一的，予以警告，责令限期改正；逾期未改正的，处 3 万元以下罚款：

（一）未按照本办法规定建立医疗器械召回管理制度的；

（二）拒绝配合食品药品监督管理部门开展调查的；

（三）未按照本办法规定提交医疗器械召回事件报告表、调查评估报告和召回计划、医疗器械召回计划实施情况和总结评估报告的；

（四）变更召回计划，未报食品药品监督管理部门备案的。

第三十二条 医疗器械经营企业、使用单位违反本办法第七条第一款规定的，责令停止销售、使用存在缺陷的医疗器械，并处 5000 元以上 3 万元以下罚款；造成严重后果的，由原发证部门吊销《医疗器械经营许可证》。

第三十三条 医疗器械经营企业、使用单位拒绝配合有关医疗器械缺陷调查、拒绝协助医疗器械生产企业召回医疗器械的，予以警告，责令限期改正；逾期拒不改正的，处 3 万元以下罚款。

第三十四条 食品药品监督管理部门及其工作人员不履行医疗器械监督管理职责或者滥用职权、玩忽职守，有下列情形之一的，由监察机关或者任免机关根据情节轻重，对直接负责的主管人员和其他直接责任人员给予批评教育，或者依法给予警告、记过或者记大过的处分；造成严重后果的，给予降级、撤职或者开除的处分：

（一）未按规定向社会发布召回信息的；

（二）未按规定向相关部门报告或者通报有关召回信息的；

（三）应当责令召回而未采取责令召回措施的；

（四）违反本办法第二十三条和第二十七条第二款规定，未能督促医疗器械生产企业有效实施召回的。

第六章 附 则

第三十五条 召回的医疗器械已经植入人体的，医疗器械生产企业应当与医疗机构和患者共同协商，根据召回的不同原因，提出对患者的处理意见和应当采取的预案措施。

第三十六条 召回的医疗器械给患者造成损害的，患者可以向医疗器械生产企业要求赔偿，也可以向医疗器械经营企业、使用单位要求赔偿。患者向医疗器械经营企业、使用单位要求赔偿的，医疗器械经营企业、使用单位赔偿后，有权向负有责任的医疗器械生产企业追偿。

第三十七条 本办法自 2017 年 5 月 1 日起施行。2011 年 7 月 1 日起施行的《医疗器械召回管理办法（试行）》（中华人民共和国卫生部令第 82 号）同时废止。

医疗器械说明书和标签管理规定

·2014 年 7 月 30 日国家食品药品监督管理总局令第 6 号公布
·自 2014 年 10 月 1 日起施行

第一条 为规范医疗器械说明书和标签，保证医疗器械使用的安全，根据《医疗器械监督管理条例》，制定本规定。

第二条 凡在中华人民共和国境内销售、使用的医疗器械，应当按照本规定要求附有说明书和标签。

第三条 医疗器械说明书是指由医疗器械注册人或

者备案人制作，随产品提供给用户，涵盖该产品安全有效的基本信息，用以指导正确安装、调试、操作、使用、维护、保养的技术文件。

医疗器械标签是指在医疗器械或者其包装上附有的用于识别产品特征和标明安全警示等信息的文字说明及图形、符号。

第四条 医疗器械说明书和标签的内容应当科学、真实、完整、准确，并与产品特性相一致。

医疗器械说明书和标签的内容应当与经注册或者备案的相关内容一致。

医疗器械标签的内容应当与说明书有关内容相符合。

第五条 医疗器械说明书和标签对疾病名称、专业名词、诊断治疗过程和结果的表述，应当采用国家统一发布或者规范的专用词汇，度量衡单位应当符合国家相关标准的规定。

第六条 医疗器械说明书和标签中使用的符号或者识别颜色应当符合国家相关标准的规定；无相关标准规定的，该符号及识别颜色应当在说明书中描述。

第七条 医疗器械最小销售单元应当附有说明书。

医疗器械的使用者应当按照说明书使用医疗器械。

第八条 医疗器械的产品名称应当使用通用名称，通用名称应当符合国家食品药品监督管理总局制定的医疗器械命名规则。第二类、第三类医疗器械的产品名称应当与医疗器械注册证中的产品名称一致。

产品名称应当清晰地标明在说明书和标签的显著位置。

第九条 医疗器械说明书和标签文字内容应当使用中文，中文的使用应当符合国家通用的语言文字规范。医疗器械说明书和标签可以附加其他文种，但应当以中文表述为准。

医疗器械说明书和标签中的文字、符号、表格、数字、图形等应当准确、清晰、规范。

第十条 医疗器械说明书一般应当包括以下内容：

（一）产品名称、型号、规格；

（二）注册人或者备案人的名称、住所、联系方式及售后服务单位，进口医疗器械还应当载明代理人的名称、住所及联系方式；

（三）生产企业的名称、住所、生产地址、联系方式及生产许可证编号或者生产备案凭证编号，委托生产的还应当标注受托企业的名称、住所、生产地址、生产许可证编号或者生产备案凭证编号；

（四）医疗器械注册证编号或者备案凭证编号；

（五）产品技术要求的编号；

（六）产品性能、主要结构组成或者成分、适用范围；

（七）禁忌症、注意事项、警示以及提示的内容；

（八）安装和使用说明或者图示，由消费者个人自行使用的医疗器械还应当具有安全使用的特别说明；

（九）产品维护和保养方法，特殊储存、运输条件、方法；

（十）生产日期，使用期限或者失效日期；

（十一）配件清单，包括配件、附属品、损耗品更换周期以及更换方法的说明等；

（十二）医疗器械标签所用的图形、符号、缩写等内容的解释；

（十三）说明书的编制或者修订日期；

（十四）其他应当标注的内容。

第十一条 医疗器械说明书中有关注意事项、警示以及提示性内容主要包括：

（一）产品使用的对象；

（二）潜在的安全危害及使用限制；

（三）产品在正确使用过程中出现意外时，对操作者、使用者的保护措施以及应当采取的应急和纠正措施；

（四）必要的监测、评估、控制手段；

（五）一次性使用产品应当注明"一次性使用"字样或者符号，已灭菌产品应当注明灭菌方式以及灭菌包装损坏后的处理方法，使用前需要消毒或者灭菌的应当说明消毒或者灭菌的方法；

（六）产品需要同其他医疗器械一起安装或者联合使用时，应当注明联合使用器械的要求、使用方法、注意事项；

（七）在使用过程中，与其他产品可能产生的相互干扰及其可能出现的危害；

（八）产品使用中可能带来的不良事件或者产品成分中含有的可能引起副作用的成分或者辅料；

（九）医疗器械废弃处理时应当注意的事项，产品使用后需要处理的，应当注明相应的处理方法；

（十）根据产品特性，应当提示操作者、使用者注意的其他事项。

第十二条 重复使用的医疗器械应当在说明书中明确重复使用的处理过程，包括清洁、消毒、包装及灭菌的方法和重复使用的次数或者其他限制。

第十三条 医疗器械标签一般应当包括以下内容：

（一）产品名称、型号、规格；

（二）注册人或者备案人的名称、住所、联系方式，进口医疗器械还应当载明代理人的名称、住所及联系方式；

（三）医疗器械注册证编号或者备案凭证编号；

（四）生产企业的名称、住所、生产地址、联系方式及生产许可证编号或者生产备案凭证编号，委托生产的还应当标注受托企业的名称、住所、生产地址、生产许可证编号或者生产备案凭证编号；

（五）生产日期，使用期限或者失效日期；

（六）电源连接条件、输入功率；

（七）根据产品特性应当标注的图形、符号以及其他相关内容；

（八）必要的警示、注意事项；

（九）特殊储存、操作条件或者说明；

（十）使用中对环境有破坏或者负面影响的医疗器械，其标签应当包含警示标志或者中文警示说明；

（十一）带放射或者辐射的医疗器械，其标签应当包含警示标志或者中文警示说明。

医疗器械标签因位置或者大小受限而无法全部标明上述内容的，至少应当标注产品名称、型号、规格、生产日期和使用期限或者失效日期，并在标签中明确"其他内容详见说明书"。

第十四条　医疗器械说明书和标签不得有下列内容：

（一）含有"疗效最佳"、"保证治愈"、"包治"、"根治"、"即刻见效"、"完全无毒副作用"等表示功效的断言或者保证的；

（二）含有"最高技术"、"最科学"、"最先进"、"最佳"等绝对化语言和表示的；

（三）说明治愈率或者有效率的；

（四）与其他企业产品的功效和安全性相比较的；

（五）含有"保险公司保险"、"无效退款"等承诺性语言的；

（六）利用任何单位或者个人的名义、形象作证明或者推荐的；

（七）含有误导性说明，使人感到已经患某种疾病，或者使人误解不使用该医疗器械会患某种疾病或者加重病情的表述，以及其他虚假、夸大、误导性的内容；

（八）法律、法规规定禁止的其他内容。

第十五条　医疗器械说明书应当由注册申请人或者备案人在医疗器械注册或者备案时，提交食品药品监督管理部门审查或者备案，提交的说明书内容应当与其注册或者备案资料相符合。

第十六条　经食品药品监督管理部门注册审查的医疗器械说明书的内容不得擅自更改。

已注册的医疗器械发生注册变更的，申请人应当在取得变更文件后，依据变更文件自行修改说明书和标签。

说明书的其他内容发生变化的，应当向医疗器械注册的审批部门书面告知，并提交说明书更改情况对比说明等相关文件。审批部门自收到书面告知之日起20个工作日内未发出不予同意通知件的，说明书更改生效。

第十七条　已备案的医疗器械，备案信息表中登载内容、备案产品技术要求以及说明书其他内容发生变化的，备案人自行修改说明书和标签的相关内容。

第十八条　说明书和标签不符合本规定要求的，由县级以上食品药品监督管理部门按照《医疗器械监督管理条例》第六十七条的规定予以处罚。

第十九条　本规定自2014年10月1日起施行。2004年7月8日公布的《医疗器械说明书、标签和包装标识管理规定》（原国家食品药品监督管理局令第10号）同时废止。

医疗器械通用名称命名规则

·2015年12月21日国家食品药品监督管理总局令第19号公布

·自2016年4月1日起施行

第一条　为加强医疗器械监督管理，保证医疗器械通用名称命名科学、规范，根据《医疗器械监督管理条例》，制定本规则。

第二条　凡在中华人民共和国境内销售、使用的医疗器械应当使用通用名称，通用名称的命名应当符合本规则。

第三条　医疗器械通用名称应当符合国家有关法律、法规的规定，科学、明确，与产品的真实属性相一致。

第四条　医疗器械通用名称应当使用中文，符合国家语言文字规范。

第五条　具有相同或者相似的预期目的、共同技术的同品种医疗器械应当使用相同的通用名称。

第六条　医疗器械通用名称由一个核心词和一般不超过三个特征词组成。

核心词是对具有相同或者相似的技术原理、结构组成或者预期目的的医疗器械的概括表述。

特征词是对医疗器械使用部位、结构特点、技术特点或者材料组成等特定属性的描述。使用部位是指产品在人体的作用部位，可以是人体的系统、器官、组织、细胞等。结构特点是对产品特定结构、外观形态的描述。技术特点是对产品特殊作用原理、机理或者特殊性能的说明或者限定。材料组成是对产品的主要材料或者主要成分的描述。

第七条 医疗器械通用名称除应当符合本规则第六条的规定外，不得含有下列内容：

（一）型号、规格；

（二）图形、符号等标志；

（三）人名、企业名称、注册商标或者其他类似名称；

（四）"最佳"、"唯一"、"精确"、"速效"等绝对化、排他性的词语，或者表示产品功效的断言或者保证；

（五）说明有效率、治愈率的用语；

（六）未经科学证明或者临床评价证明，或者虚无、假设的概念性名称；

（七）明示或者暗示包治百病，夸大适用范围，或者其他具有误导性、欺骗性的内容；

（八）"美容"、"保健"等宣传性词语；

（九）有关法律、法规禁止的其他内容。

第八条 根据《中华人民共和国商标法》第十一条第一款的规定，医疗器械通用名称不得作为商标注册。

第九条 按照医疗器械管理的体外诊断试剂的命名依照《体外诊断试剂注册管理办法》（国家食品药品监督管理总局令第5号）的有关规定执行。

第十条 本规则自2016年4月1日起施行。

医疗器械注册与备案管理办法

· 2021年8月26日国家市场监督管理总局令第47号
· 自2021年10月1日起施行

第一章 总 则

第一条 为了规范医疗器械注册与备案行为，保证医疗器械的安全、有效和质量可控，根据《医疗器械监督管理条例》，制定本办法。

第二条 在中华人民共和国境内从事医疗器械注册、备案及其监督管理活动，适用本办法。

第三条 医疗器械注册是指医疗器械注册申请人（以下简称申请人）依照法定程序和要求提出医疗器械注册申请，药品监督管理部门依据法律法规，基于科学认知，进行安全性、有效性、质量可控性等审查，决定是否同意其申请的活动。

医疗器械备案是指医疗器械备案人（以下简称备案人）依照法定程序和要求向药品监督管理部门提交备案资料，药品监督管理部门对提交的备案资料存档备查的活动。

第四条 国家药品监督管理局主管全国医疗器械注册与备案管理工作，负责建立医疗器械注册与备案管理工作体系和制度，依法组织境内第三类和进口第二类、第三类医疗器械审评审批，进口第一类医疗器械备案以及相关监督管理工作，对地方医疗器械注册与备案工作进行监督指导。

第五条 国家药品监督管理局医疗器械技术审评中心（以下简称国家局器械审评中心）负责需进行临床试验审批的医疗器械临床试验申请以及境内第三类和进口第二类、第三类医疗器械产品注册申请、变更注册申请、延续注册申请等的技术审评工作。

国家药品监督管理局医疗器械标准管理中心、中国食品药品检定研究院、国家药品监督管理局食品药品审核查验中心（以下简称国家局审核查验中心）、国家药品监督管理局药品评价中心、国家药品监督管理局行政事项受理服务和投诉举报中心、国家药品监督管理局信息中心等其他专业技术机构，依职责承担实施医疗器械监督管理所需的医疗器械标准管理、分类界定、检验、核查、监测与评价、制证送达以及相应的信息化建设与管理等相关工作。

第六条 省、自治区、直辖市药品监督管理部门负责本行政区域内以下医疗器械注册相关管理工作：

（一）境内第二类医疗器械注册审评审批；

（二）境内第二类、第三类医疗器械质量管理体系核查；

（三）依法组织医疗器械临床试验机构以及临床试验的监督管理；

（四）对设区的市级负责药品监督管理的部门境内第一类医疗器械备案的监督指导。

省、自治区、直辖市药品监督管理部门设置或者指定的医疗器械专业技术机构，承担实施医疗器械监督管理所需的技术审评、检验、核查、监测与评价等工作。

设区的市级负责药品监督管理的部门负责境内第一类医疗器械产品备案管理工作。

第七条 医疗器械注册与备案管理遵循依法、科学、公开、公平、公正的原则。

第八条 第一类医疗器械实行产品备案管理。第二类、第三类医疗器械实行产品注册管理。

境内第一类医疗器械备案，备案人向设区的市级负责药品监督管理的部门提交备案资料。

境内第二类医疗器械由省、自治区、直辖市药品监督管理部门审查，批准后发给医疗器械注册证。

境内第三类医疗器械由国家药品监督管理局审查，批准后发给医疗器械注册证。

进口第一类医疗器械备案，备案人向国家药品监督管理局提交备案资料。

进口第二类、第三类医疗器械由国家药品监督管理局审查，批准后发给医疗器械注册证。

第九条 医疗器械注册人、备案人应当加强医疗器械全生命周期质量管理，对研制、生产、经营、使用全过程中的医疗器械的安全性、有效性和质量可控性依法承担责任。

第十条 国家药品监督管理局对临床急需医疗器械实行优先审批，对创新医疗器械实行特别审批，鼓励医疗器械的研究与创新，推动医疗器械产业高质量发展。

第十一条 国家药品监督管理局依法建立健全医疗器械标准、技术指导原则等体系，规范医疗器械技术审评和质量管理体系核查，指导和服务医疗器械研发和注册申请。

第十二条 药品监督管理部门依法及时公开医疗器械注册、备案相关信息，申请人可以查询审批进度和结果，公众可以查阅审批结果。

未经申请人同意，药品监督管理部门、专业技术机构及其工作人员、参与评审的专家等人员不得披露申请人或者备案人提交的商业秘密、未披露信息或者保密商务信息，法律另有规定或者涉及国家安全、重大社会公共利益的除外。

第二章 基本要求

第十三条 医疗器械注册、备案应当遵守相关法律、法规、规章、强制性标准，遵循医疗器械安全和性能基本原则，参照相关技术指导原则，证明注册、备案的医疗器械安全、有效、质量可控，保证全过程信息真实、准确、完整和可追溯。

第十四条 申请人、备案人应当为能够承担相应法律责任的企业或者研制机构。

境外申请人、备案人应当指定中国境内的企业法人作为代理人，办理相关医疗器械注册、备案事项。代理人应当依法协助注册人、备案人履行《医疗器械监督管理条例》第二十条第一款规定的义务，并协助境外注册人、备案人落实相应法律责任。

第十五条 申请人、备案人应当建立与产品相适应的质量管理体系，并保持有效运行。

第十六条 办理医疗器械注册、备案事项的人员应当具有相应的专业知识，熟悉医疗器械注册、备案管理的法律、法规、规章和注册管理相关规定。

第十七条 申请注册或者进行备案，应当按照国家药品监督管理局有关注册、备案的要求提交相关资料，申请人、备案人对资料的真实性负责。

注册、备案资料应当使用中文。根据外文资料翻译的，应当同时提供原文。引用未公开发表的文献资料时，应当提供资料权利人许可使用的文件。

第十八条 申请进口医疗器械注册、办理进口医疗器械备案，应当提交申请人、备案人注册地或者生产地所在国家（地区）主管部门准许该医疗器械上市销售的证明文件。

申请人、备案人注册地或者生产地所在国家（地区）未将该产品作为医疗器械管理的，申请人、备案人需提供相关文件，包括注册地或者生产地所在国家（地区）准许该产品上市销售的证明文件。

未在申请人、备案人注册地或者生产地所在国家（地区）上市的创新医疗器械，不需提交相关文件。

第十九条 医疗器械应当符合适用的强制性标准。产品结构特征、预期用途、使用方式等与强制性标准的适用范围不一致的，申请人、备案人应当提出不适用强制性标准的说明，并提供相关资料。

没有强制性标准的，鼓励申请人、备案人采用推荐性标准。

第二十条 医疗器械注册、备案工作应当遵循医疗器械分类规则和分类目录的有关要求。

第二十一条 药品监督管理部门持续推进审评审批制度改革，加强医疗器械监管科学研究，建立以技术审评为主导，核查、检验、监测与评价等为支撑的医疗器械注册管理技术体系，优化审评审批流程，提高审评审批能力，提升审评审批质量和效率。

第二十二条 医疗器械专业技术机构建立健全沟通交流制度，明确沟通交流的形式和内容，根据工作需要组织与申请人进行沟通交流。

第二十三条 医疗器械专业技术机构根据工作需要建立专家咨询制度，在审评、核查、检验等过程中就重大问题听取专家意见，充分发挥专家的技术支撑作用。

第三章 医疗器械注册

第一节 产品研制

第二十四条 医疗器械研制应当遵循风险管理原则，考虑现有公认技术水平，确保产品所有已知和可预见的风险以及非预期影响最小化并可接受,保证产品在正常使用中受益大于风险。

第二十五条 从事医疗器械产品研制实验活动,应当符合我国相关法律、法规和强制性标准等的要求。

第二十六条 申请人、备案人应当编制申请注册或者进行备案医疗器械的产品技术要求。

产品技术要求主要包括医疗器械成品的可进行客观判定的功能性、安全性指标和检测方法。

医疗器械应当符合经注册或者备案的产品技术要求。

第二十七条 申请人、备案人应当编制申请注册或者进行备案医疗器械的产品说明书和标签。

产品说明书和标签应当符合《医疗器械监督管理条例》第三十九条要求以及相关规定。

第二十八条 医疗器械研制,应当根据产品适用范围和技术特征开展医疗器械非临床研究。

非临床研究包括产品化学和物理性能研究,电气安全研究,辐射安全研究,软件研究,生物学特性研究,生物源材料安全性研究,消毒、灭菌工艺研究,动物试验研究,稳定性研究等。

申请注册或者进行备案,应当提交研制活动中产生的非临床证据,包括非临床研究报告综述、研究方案和研究报告。

第二十九条 医疗器械非临床研究过程中确定的功能性、安全性指标及方法应当与产品预期使用条件、目的相适应,研究样品应当具有代表性和典型性。必要时,应当进行方法学验证、统计学分析。

第三十条 申请注册或者进行备案,应当按照产品技术要求进行检验,并提交检验报告。检验合格的,方可开展临床试验或者申请注册、进行备案。

第三十一条 检验用产品应当能够代表申请注册或者进行备案产品的安全性和有效性,其生产应当符合医疗器械生产质量管理规范的相关要求。

第三十二条 申请注册或者进行备案提交的医疗器械产品检验报告可以是申请人、备案人的自检报告,也可以是委托有资质的医疗器械检验机构出具的检验报告。

第二节 临床评价

第三十三条 除本办法第三十四条规定情形外,医疗器械产品注册、备案,应当进行临床评价。

医疗器械临床评价是指采用科学合理的方法对临床数据进行分析、评价,以确认医疗器械在其适用范围内的安全性、有效性的活动。

申请医疗器械注册,应当提交临床评价资料。

第三十四条 有下列情形之一的,可以免于进行临床评价:

(一)工作机理明确、设计定型,生产工艺成熟,已上市的同品种医疗器械临床应用多年且无严重不良事件记录,不改变常规用途的;

(二)其他通过非临床评价能够证明该医疗器械安全、有效的。

免于进行临床评价的,可以免于提交临床评价资料。

免于进行临床评价的医疗器械目录由国家药品监督管理局制定、调整并公布。

第三十五条 开展医疗器械临床评价,可以根据产品特征、临床风险、已有临床数据等情形,通过开展临床试验,或者通过对同品种医疗器械临床文献资料、临床数据进行分析评价,证明医疗器械的安全性、有效性。

按照国家药品监督管理局的规定,进行医疗器械临床评价时,已有临床文献资料、临床数据不足以确认产品安全、有效的医疗器械,应当开展临床试验。

国家药品监督管理局制定医疗器械临床评价指南,明确通过同品种医疗器械临床文献资料、临床数据进行临床评价的要求,需要开展临床试验的情形,临床评价报告的撰写要求等。

第三十六条 通过同品种医疗器械临床文献资料、临床数据进行临床评价的,临床评价资料包括申请注册产品与同品种医疗器械的对比,同品种医疗器械临床数据的分析评价,申请注册产品与同品种产品存在差异时的科学证据以及评价结论等内容。

通过临床试验开展临床评价的,临床评价资料包括临床试验方案、伦理委员会意见、知情同意书、临床试验报告等。

第三十七条 开展医疗器械临床试验,应当按照医疗器械临床试验质量管理规范的要求,在具备相应条件并按照规定备案的医疗器械临床试验机构内进行。临床试验开始前,临床试验申办者应当向所在地省、自治区、直辖市药品监督管理部门进行临床试验备案。临床试验医疗器械的生产应当符合医疗器械生产质量管理规范的相关要求。

第三十八条 第三类医疗器械进行临床试验对人体具有较高风险的,应当经国家药品监督管理局批准。

临床试验审批是指国家药品监督管理局根据申请人的申请,对拟开展临床试验的医疗器械的风险程度、临床试验方案、临床受益与风险对比分析报告等进行综合分析,以决定是否同意开展临床试验的过程。

需进行临床试验审批的第三类医疗器械目录由国家药品监督管理局制定、调整并公布。需进行临床试验审批的第三类医疗器械临床试验应在符合要求的三级甲等医疗机构开展。

第三十九条 需进行医疗器械临床试验审批的,申请人应当按照相关要求提交综述资料、研究资料、临床资料、产品说明书和标签样稿等申请资料。

第四十条 国家局器械审评中心对受理的临床试验申请进行审评。对临床试验申请应当自受理申请之日60日内作出是否同意的决定,并通过国家局器械审评中心网站通知申请人。逾期未通知的,视为同意。

第四十一条 审评过程中需要申请人补正资料的,国家局器械审评中心应当一次告知需要补正的全部内容。申请人应当在收到补正通知1年内,按照补正通知的要求一次提供补充资料。国家局器械审评中心收到补充资料后,按照规定的时限完成技术审评。

申请人对补正通知内容有异议的,可以向国家局器械审评中心提出书面意见,说明理由并提供相应的技术支持资料。

申请人逾期未提交补充资料的,终止技术审评,作出不予批准的决定。

第四十二条 对于医疗器械临床试验期间出现的临床试验医疗器械相关严重不良事件,或者其他严重安全性风险信息,临床试验申办者应当按照相关要求,分别向所在地和临床试验机构所在地省、自治区、直辖市药品监督管理部门报告,并采取风险控制措施。未采取风险控制措施的,省、自治区、直辖市药品监督管理部门依法责令申办者采取相应的风险控制措施。

第四十三条 医疗器械临床试验中出现大范围临床试验医疗器械相关严重不良事件,或者其他重大安全性问题时,申办者应当暂停或者终止医疗器械临床试验,分别向所在地和临床试验机构所在地省、自治区、直辖市药品监督管理部门报告。未暂停或者终止的,省、自治区、直辖市药品监督管理部门依法责令申办者采取相应的风险控制措施。

第四十四条 已批准开展的临床试验,有下列情形之一的,国家药品监督管理局可以责令申请人终止已开展的医疗器械临床试验:

(一)临床试验申请资料虚假的;

(二)已有最新研究证实原批准的临床试验伦理性和科学性存在问题的;

(三)其他应当终止的情形。

第四十五条 医疗器械临床试验应当在批准后3年内实施;医疗器械临床试验申请自批准之日起,3年内未有受试者签署知情同意书的,该医疗器械临床试验许可自行失效。仍需进行临床试验的,应当重新申请。

第四十六条 对正在开展临床试验的用于治疗严重危及生命且尚无有效治疗手段的疾病的医疗器械,经医学观察可能使患者获益,经伦理审查、知情同意后,可以在开展医疗器械临床试验的机构内免费用于其他病情相同的患者,其安全性数据可以用于医疗器械注册申请。

第三节 注册体系核查

第四十七条 申请人应当在申请注册时提交与产品研制、生产有关的质量管理体系相关资料,受理注册申请的药品监督管理部门在产品技术审评时认为有必要对质量管理体系进行核查的,应当组织开展质量管理体系核查,并可以根据需要调阅原始资料。

第四十八条 境内第三类医疗器械质量管理体系核查,由国家局器械审评中心通知申请人所在地的省、自治区、直辖市药品监督管理部门开展。

境内第二类医疗器械质量管理体系核查,由申请人所在地的省、自治区、直辖市药品监督管理部门组织开展。

第四十九条 省、自治区、直辖市药品监督管理部门按照医疗器械生产质量管理规范的要求开展质量管理体系核查,重点对申请人是否按照医疗器械生产质量管理规范的要求建立与产品相适应的质量管理体系,以及与产品研制、生产有关的设计开发、生产管理、质量控制等内容进行核查。

在核查过程中,应当同时对检验用产品和临床试验产品的真实性进行核查,重点查阅设计开发过程相关记录,以及检验用产品和临床试验产品生产过程的相关记录。

提交自检报告的,应当对申请人、备案人或者受托机构研制过程中的检验能力、检验结果等进行重点核查。

第五十条 省、自治区、直辖市药品监督管理部门可以通过资料审查或者现场检查的方式开展质量管理体系核查。根据申请人的具体情况、监督检查情况、本次申请注册产品与既往已通过核查产品生产条件及工艺对比情况等,确定是否现场检查以及检查内容,避免重复检查。

第五十一条 国家局器械审评中心对进口第二类、第三类医疗器械开展技术审评时,认为有必要进行质量管理体系核查的,通知国家局审核查验中心根据相关要求开展核查。

第四节　产品注册

第五十二条　申请人应当在完成支持医疗器械注册的安全性、有效性研究，做好接受质量管理体系核查的准备后，提出医疗器械注册申请，并按照相关要求，通过在线注册申请等途径向药品监督管理部门提交下列注册申请资料：

（一）产品风险分析资料；

（二）产品技术要求；

（三）产品检验报告；

（四）临床评价资料；

（五）产品说明书以及标签样稿；

（六）与产品研制、生产有关的质量管理体系文件；

（七）证明产品安全、有效所需的其他资料。

第五十三条　药品监督管理部门收到申请后对申请资料进行审核，并根据下列情况分别作出处理：

（一）申请事项属于本行政机关职权范围，申请资料齐全、符合形式审核要求的，予以受理；

（二）申请资料存在可以当场更正的错误的，应当允许申请人当场更正；

（三）申请资料不齐全或者不符合法定形式的，应当当场或者在5日内一次告知申请人需要补正的全部内容，逾期不告知的，自收到申请资料之日起即为受理；

（四）申请事项依法不属于本行政机关职权范围的，应当即时作出不予受理的决定，并告知申请人向有关行政机关申请。

药品监督管理部门受理或者不予受理医疗器械注册申请，应当出具加盖本行政机关专用印章和注明日期的受理或者不予受理的通知书。

医疗器械注册申请受理后，需要申请人缴纳费用的，申请人应当按规定缴纳费用。申请人未在规定期限内缴纳费用的，视为申请人主动撤回申请，药品监督管理部门终止其注册程序。

第五十四条　技术审评过程中需要申请人补正资料的，技术审评机构应当一次告知需要补正的全部内容。申请人应当在收到补正通知1年内，按照补正通知要求一次提供补充资料；技术审评机构收到补充资料后，在规定的时限内完成技术审评。

申请人对补正通知内容有异议的，可以向相应的技术审评机构提出书面意见，说明理由并提供相应的技术支持资料。

申请人逾期未提交补充资料的，终止技术审评，药品监督管理部门作出不予注册的决定。

第五十五条　对于已受理的注册申请，申请人可以在行政许可决定作出前，向受理该申请的药品监督管理部门申请撤回注册申请及相关资料，并说明理由。同意撤回申请的，药品监督管理部门终止其注册程序。

审评、核查、审批过程中发现涉嫌存在隐瞒真实情况或者提供虚假信息等违法行为的，依法处理，申请人不得撤回医疗器械注册申请。

第五十六条　对于已受理的注册申请，有证据表明注册申请资料可能虚假的，药品监督管理部门可以中止审评审批。经核实后，根据核实结论继续审查或者作出不予注册的决定。

第五十七条　医疗器械注册申请审评期间，对于拟作出不通过的审评结论的，技术审评机构应当告知申请人不通过的理由，申请人可以在15日内向技术审评机构提出异议，异议内容仅限于原申请事项和原申请资料。技术审评机构结合申请人的异议意见进行综合评估并反馈申请人。异议处理时间不计入审评时限。

第五十八条　受理注册申请的药品监督管理部门应当在技术审评结束后，作出是否批准的决定。对符合安全、有效、质量可控要求的，准予注册，发给医疗器械注册证，经过核准的产品技术要求以附件形式发给申请人。对不予注册的，应当书面说明理由，并同时告知申请人享有依法申请行政复议或者提起行政诉讼的权利。

医疗器械注册证有效期为5年。

第五十九条　对于已受理的注册申请，有下列情形之一的，药品监督管理部门作出不予注册的决定，并告知申请人：

（一）申请人对拟上市销售医疗器械的安全性、有效性、质量可控性进行的研究及其结果无法证明产品安全、有效、质量可控的；

（二）质量管理体系核查不通过，以及申请人拒绝接受质量管理体系现场检查的；

（三）注册申请资料虚假的；

（四）注册申请资料内容混乱、矛盾，注册申请资料内容与申请项目明显不符，不能证明产品安全、有效、质量可控的；

（五）不予注册的其他情形。

第六十条　法律、法规、规章规定实施行政许可应当听证的事项，或者药品监督管理部门认为需要听证的其他涉及公共利益的重大行政许可事项，药品监督管理部门应当向社会公告，并举行听证。医疗器械注册申请直接涉及申请人与他人之间重大利益关系的，药品监督管理部门在作出行政许可决定前，应当告知申请人、利害关系人享有要求听证的权利。

第六十一条 对用于治疗罕见疾病、严重危及生命且尚无有效治疗手段的疾病和应对公共卫生事件等急需的医疗器械，药品监督管理部门可以作出附条件批准决定，并在医疗器械注册证中载明有效期、上市后需要继续完成的研究工作及完成时限等相关事项。

第六十二条 对附条件批准的医疗器械，注册人应当在医疗器械上市后收集受益和风险相关数据，持续对产品的受益和风险开展监测与评估，采取有效措施主动管控风险，并在规定期限内按照要求完成研究并提交相关资料。

第六十三条 对附条件批准的医疗器械，注册人逾期未按照要求完成研究或者不能证明其受益大于风险的，注册人应当及时申请办理医疗器械注册证注销手续，药品监督管理部门可以依法注销医疗器械注册证。

第六十四条 对新研制的尚未列入分类目录的医疗器械，申请人可以直接申请第三类医疗器械产品注册，也可以依据分类规则判断产品类别并向国家药品监督管理局申请类别确认后，申请产品注册或者进行产品备案。

直接申请第三类医疗器械注册的，国家药品监督管理局按照风险程度确定类别。境内医疗器械确定为第二类或者第一类的，应当告知申请人向相应的药品监督管理部门申请注册或者进行备案。

第六十五条 已注册的医疗器械，其管理类别由高类别调整为低类别的，医疗器械注册证在有效期内继续有效。有效期届满需要延续的，应当在医疗器械注册证有效期届满 6 个月前，按照调整后的类别向相应的药品监督管理部门申请延续注册或者进行备案。

医疗器械管理类别由低类别调整为高类别的，注册人应当按照改变后的类别向相应的药品监督管理部门申请注册。国家药品监督管理局在管理类别调整通知中应当对完成调整的时限作出规定。

第六十六条 医疗器械注册证及其附件遗失、损毁的，注册人应当向原发证机关申请补发，原发证机关核实后予以补发。

第六十七条 注册申请审查过程中及批准后发生专利权纠纷的，应当按照有关法律、法规的规定处理。

第四章 特殊注册程序

第一节 创新产品注册程序

第六十八条 符合下列要求的医疗器械，申请人可以申请适用创新产品注册程序：

（一）申请人通过其主导的技术创新活动，在中国依法拥有产品核心技术发明专利权，或者依法通过受让取得在中国发明专利权或其使用权，且申请适用创新产品注册程序的时间在专利授权公告日起 5 年内；或者核心技术发明专利的申请已由国务院专利行政部门公开，并由国家知识产权局专利检索咨询中心出具检索报告，载明产品核心技术方案具备新颖性和创造性；

（二）申请人已完成产品的前期研究并具有基本定型产品，研究过程真实和受控，研究数据完整和可溯源；

（三）产品主要工作原理或者作用机理为国内首创，产品性能或者安全性与同类产品比较有根本性改进，技术上处于国际领先水平，且具有显著的临床应用价值。

第六十九条 申请适用创新产品注册程序的，申请人应当在产品基本定型后，向国家药品监督管理局提出创新医疗器械审查申请。国家药品监督管理局组织专家进行审查，符合要求的，纳入创新产品注册程序。

第七十条 对于适用创新产品注册程序的医疗器械注册申请，国家药品监督管理局以及承担相关技术工作的机构，根据各自职责指定专人负责，及时沟通，提供指导。

纳入创新产品注册程序的医疗器械，国家局器械审评中心可以与申请人在注册申请受理前以及技术审评过程中就产品研制中的重大技术问题、重大安全性问题、临床试验方案、阶段性临床试验结果的总结与评价等问题沟通交流。

第七十一条 纳入创新产品注册程序的医疗器械，申请人主动要求终止或者国家药品监督管理局发现不再符合创新产品注册程序要求的，国家药品监督管理局终止相关产品的创新产品注册程序并告知申请人。

第七十二条 纳入创新产品注册程序的医疗器械，申请人在规定期限内未提出注册申请的，不再适用创新产品注册程序。

第二节 优先注册程序

第七十三条 满足下列情形之一的医疗器械，可以申请适用优先注册程序：

（一）诊断或者治疗罕见病、恶性肿瘤且具有明显临床优势，诊断或者治疗老年人特有和多发疾病且目前尚无有效诊断或者治疗手段，专用于儿童且具有明显临床优势，或者临床急需且在我国尚无同品种产品获准注册的医疗器械；

（二）列入国家科技重大专项或者国家重点研发计划的医疗器械；

（三）国家药品监督管理局规定的其他可以适用优先注册程序的医疗器械。

第七十四条 申请适用优先注册程序的，申请人应当在提出医疗器械注册申请时，向国家药品监督管理局提出适用优先注册程序的申请。属于第七十三条第一项情形的，由国家药品监督管理局组织专家进行审核，符合的，纳入优先注册程序；属于第七十三条第二项情形的，由国家局器械审评中心进行审核，符合的，纳入优先注册程序；属于第七十三条第三项情形的，由国家药品监督管理局广泛听取意见，并组织专家论证后确定是否纳入优先注册程序。

第七十五条 对纳入优先注册程序的医疗器械注册申请，国家药品监督管理局优先进行审评审批，省、自治区、直辖市药品监督管理部门优先安排医疗器械注册质量管理体系核查。

国家局器械审评中心在对纳入优先注册程序的医疗器械产品开展技术审评过程中，应当按照相关规定积极与申请人进行沟通交流，必要时，可以安排专项交流。

第三节 应急注册程序

第七十六条 国家药品监督管理局可以依法对突发公共卫生事件应急所需且在我国境内尚无同类产品上市，或者虽在我国境内已有同类产品上市但产品供应不能满足突发公共卫生事件应急处理需要的医疗器械实施应急注册。

第七十七条 申请适用应急注册程序的，申请人应当向国家药品监督管理局提出应急注册申请。符合条件的，纳入应急注册程序。

第七十八条 对实施应急注册的医疗器械注册申请，国家药品监督管理局按照统一指挥、早期介入、随到随审、科学审批的要求办理，并行开展医疗器械产品检验、体系核查、技术审评等工作。

第五章 变更注册与延续注册
第一节 变更注册

第七十九条 注册人应当主动开展医疗器械上市后研究，对医疗器械的安全性、有效性和质量可控性进行进一步确认，加强对已上市医疗器械的持续管理。

已注册的第二类、第三类医疗器械产品，其设计、原材料、生产工艺、适用范围、使用方法等发生实质性变化，有可能影响该医疗器械安全、有效的，注册人应当向原注册部门申请办理变更注册手续；发生其他变化的，应当在变化之日起30日内向原注册部门备案。

注册证载明的产品名称、型号、规格、结构及组成、适用范围、产品技术要求、进口医疗器械的生产地址等，属于前款规定的需要办理变更注册的事项。注册人名称和住所、代理人名称和住所等，属于前款规定的需要备案的事项。境内医疗器械生产地址变更的，注册人应当在办理相应的生产许可变更后办理备案。

发生其他变化的，注册人应当按照质量管理体系要求做好相关工作，并按照规定向药品监督管理部门报告。

第八十条 对于变更注册申请，技术审评机构应当重点针对变化部分进行审评，对变化后产品是否安全、有效、质量可控形成审评意见。

在对变更注册申请进行技术审评时，认为有必要对质量管理体系进行核查的，药品监督管理部门应当组织开展质量管理体系核查。

第八十一条 医疗器械变更注册文件与原医疗器械注册证合并使用，有效期截止日期与原医疗器械注册证相同。

第二节 延续注册

第八十二条 医疗器械注册证有效期届满需要延续注册的，注册人应当在医疗器械注册证有效期届满6个月前，向原注册部门申请延续注册，并按照相关要求提交申请资料。

除有本办法第八十三条规定情形外，接到延续注册申请的药品监督管理部门应当在医疗器械注册证有效期届满前作出准予延续的决定。逾期未作决定的，视为准予延续。

第八十三条 有下列情形之一的，不予延续注册：

（一）未在规定期限内提出延续注册申请；

（二）新的医疗器械强制性标准发布实施，申请延续注册的医疗器械不能达到新要求；

（三）附条件批准的医疗器械，未在规定期限内完成医疗器械注册证载明事项。

第八十四条 延续注册的批准时间在原注册证有效期内的，延续注册的注册证有效期起始日为原注册证到期日次日；批准时间不在原注册证有效期内的，延续注册的注册证有效期起始日为批准延续注册的日期。

第八十五条 医疗器械变更注册申请、延续注册申请的受理与审批程序，本章未作规定的，适用本办法第三章的相关规定。

第六章 医疗器械备案

第八十六条 第一类医疗器械生产前，应当进行产品备案。

第八十七条 进行医疗器械备案,备案人应当按照《医疗器械监督管理条例》的规定向药品监督管理部门提交备案资料,获取备案编号。

第八十八条 已备案的医疗器械,备案信息表中登载内容及备案的产品技术要求发生变化的,备案人应当向原备案部门变更备案,并提交变化情况的说明以及相关文件。药品监督管理部门应当将变更情况登载于备案信息中。

第八十九条 已备案的医疗器械管理类别调整为第二类或者第三类医疗器械的,应当按照本办法规定申请注册。

第七章 工作时限

第九十条 本办法所规定的时限是医疗器械注册的受理、技术审评、核查、审批等工作的最长时间。特殊注册程序相关工作时限,按特殊注册程序相关规定执行。

国家局器械审评中心等专业技术机构应当明确本单位工作程序和时限,并向社会公布。

第九十一条 药品监督管理部门收到医疗器械注册申请及临床试验申请后,应当自受理之日起3日内将申请资料转交技术审评机构。临床试验申请的受理要求适用于本办法第五十三条规定。

第九十二条 医疗器械注册技术审评时限,按照以下规定执行:

(一)医疗器械临床试验申请的技术审评时限为60日,申请资料补正后的技术审评时限为40日;

(二)第二类医疗器械注册申请、变更注册申请、延续注册申请的技术审评时限为60日,申请资料补正后的技术审评时限为60日;

(三)第三类医疗器械注册申请、变更注册申请、延续注册申请的技术审评时限为90日,申请资料补正后的技术审评时限为60日。

第九十三条 境内第三类医疗器械质量管理体系核查时限,按照以下规定执行:

(一)国家局器械审评中心应当在医疗器械注册申请受理后10日内通知相关省、自治区、直辖市药品监督管理部门启动核查;

(二)省、自治区、直辖市药品监督管理部门原则上在接到核查通知后30日内完成核查,并将核查情况、核查结果等相关材料反馈至国家局器械审评中心。

第九十四条 受理注册申请的药品监督管理部门应当自收到审评意见之日起20日内作出决定。

第九十五条 药品监督管理部门应当自作出医疗器械注册审批决定之日起10日内颁发、送达有关行政许可证件。

第九十六条 因产品特性以及技术审评、核查等工作遇到特殊情况确需延长时限的,延长时限不得超过原时限的二分之一,经医疗器械技术审评、核查等相关技术机构负责人批准后,由延长时限的技术机构书面告知申请人,并通知其他相关技术机构。

第九十七条 原发证机关应当自收到医疗器械注册证补办申请之日起20日内予以补发。

第九十八条 以下时间不计入相关工作时限:

(一)申请人补充资料、核查后整改等所占用的时间;

(二)因申请人原因延迟核查的时间;

(三)外聘专家咨询、召开专家咨询会、药械组合产品需要与药品审评机构联合审评的时间;

(四)根据规定中止审评审批程序的,中止审评审批程序期间所占用的时间;

(五)质量管理体系核查所占用的时间。

第九十九条 本办法规定的时限以工作日计算。

第八章 监督管理

第一百条 药品监督管理部门应当加强对医疗器械研制活动的监督检查,必要时可以对为医疗器械研制提供产品或者服务的单位和个人进行延伸检查,有关单位和个人应当予以配合,提供相关文件和资料,不得拒绝、隐瞒、阻挠。

第一百零一条 国家药品监督管理局建立并分步实施医疗器械唯一标识制度,申请人、备案人应当按照相关规定提交唯一标识相关信息,保证数据真实、准确、可溯源。

第一百零二条 国家药品监督管理局应当及时将代理人信息通报代理人所在地省、自治区、直辖市药品监督管理部门。省、自治区、直辖市药品监督管理部门对本行政区域内的代理人组织开展日常监督管理。

第一百零三条 省、自治区、直辖市药品监督管理部门根据医疗器械临床试验机构备案情况,组织对本行政区域内已经备案的临床试验机构开展备案后监督检查。对于新备案的医疗器械临床试验机构,应当在备案后60日内开展监督检查。

省、自治区、直辖市药品监督管理部门应当组织对本行政区域内医疗器械临床试验机构遵守医疗器械临床试验质量管理规范的情况进行日常监督检查,监督其持续符合规定要求。国家药品监督管理局根据需要对医疗器械临床试验机构进行监督检查。

第一百零四条 药品监督管理部门认为有必要的，可以对临床试验的真实性、准确性、完整性、规范性和可追溯性进行现场检查。

第一百零五条 承担第一类医疗器械产品备案工作的药品监督管理部门在备案后监督中，发现备案资料不规范的，应当责令备案人限期改正。

第一百零六条 药品监督管理部门未及时发现本行政区域内医疗器械注册管理系统性、区域性风险，或者未及时消除本行政区域内医疗器械注册管理系统性、区域性隐患的，上级药品监督管理部门可以对下级药品监督管理部门主要负责人进行约谈。

第九章 法律责任

第一百零七条 违反本办法第七十九条的规定，未按要求对发生变化进行备案的，责令限期改正；逾期不改正，处1万元以上3万元以下罚款。

第一百零八条 开展医疗器械临床试验未遵守临床试验质量管理规范的，依照《医疗器械监督管理条例》第九十四条予以处罚。

第一百零九条 医疗器械技术审评机构未依照本办法规定履行职责，致使审评工作出现重大失误的，由负责药品监督管理的部门责令改正，通报批评，给予警告；造成严重后果的，对违法单位的法定代表人、主要负责人、直接负责的主管人员和其他责任人员，依法给予处分。

第一百一十条 负责药品监督管理的部门工作人员违反规定，滥用职权、玩忽职守、徇私舞弊的，依法给予处分。

第十章 附 则

第一百一十一条 医疗器械注册或者备案单元原则上以产品的技术原理、结构组成、性能指标和适用范围为划分依据。

第一百一十二条 获准注册的医疗器械，是指与该医疗器械注册证及附件限定内容一致且在医疗器械注册证有效期内生产的医疗器械。

第一百一十三条 医疗器械注册证中"结构及组成"栏内所载明的组合部件，以更换耗材、售后服务、维修等为目的，用于原注册产品的，可以单独销售。

第一百一十四条 申请人在申请医疗器械产品注册、变更注册、临床试验审批中可以经医疗器械主文档所有者授权，引用经登记的医疗器械主文档。医疗器械主文档登记相关工作程序另行规定。

第一百一十五条 医疗器械注册证格式由国家药品监督管理局统一制定。

注册证编号的编排方式为：

×1 械注×2××××3×4××5××××6。其中：

×1 为注册审批部门所在地的简称：

境内第三类医疗器械、进口第二类、第三类医疗器械为"国"字；

境内第二类医疗器械为注册审批部门所在省、自治区、直辖市简称；

×2 为注册形式：

"准"字适用于境内医疗器械；

"进"字适用于进口医疗器械；

"许"字适用于香港、澳门、台湾地区的医疗器械；

××××3 为首次注册年份；

×4 为产品管理类别；

××5 为产品分类编码；

××××6 为首次注册流水号。

延续注册的，××××3 和××××6 数字不变。产品管理类别调整的，应当重新编号。

第一百一十六条 第一类医疗器械备案编号的编排方式为：

×1 械备××××2××××3。其中：

×1 为备案部门所在地的简称：

进口第一类医疗器械为"国"字；

境内第一类医疗器械为备案部门所在省、自治区、直辖市简称加所在地设区的市级行政区域的简称（无相应设区的市级行政区域时，仅为省、自治区、直辖市的简称）；

××××2 为备案年份；

××××3 为备案流水号。

第一百一十七条 药品监督管理部门制作的医疗器械注册证、变更注册文件电子文件与纸质文件具有同等法律效力。

第一百一十八条 根据工作需要，国家药品监督管理局可以依法委托省、自治区、直辖市药品监督管理部门或者技术机构、社会组织承担有关的具体工作。

第一百一十九条 省、自治区、直辖市药品监督管理部门可以参照本办法第四章规定制定本行政区域内第二类医疗器械特殊注册程序，并报国家药品监督管理局备案。

第一百二十条 医疗器械产品注册收费项目、收费标准按照国务院财政、价格主管部门的有关规定执行。

第一百二十一条 按照医疗器械管理的体外诊断试剂的注册与备案,适用《体外诊断试剂注册与备案管理办法》。

第一百二十二条 定制式医疗器械监督管理的有关规定,由国家药品监督管理局另行制定。

药械组合产品注册管理的有关规定,由国家药品监督管理局另行制定。

医疗器械紧急使用的有关规定,由国家药品监督管理局会同有关部门另行制定。

第一百二十三条 香港、澳门、台湾地区医疗器械的注册、备案,参照进口医疗器械办理。

第一百二十四条 本办法自 2021 年 10 月 1 日起施行。2014 年 7 月 30 日原国家食品药品监督管理总局令第 4 号公布的《医疗器械注册管理办法》同时废止。

体外诊断试剂注册与备案管理办法

· 2021 年 8 月 26 日国家市场监督管理总局令第 48 号公布
· 自 2021 年 10 月 1 日起施行

第一章 总 则

第一条 为了规范体外诊断试剂注册与备案行为,保证体外诊断试剂的安全、有效和质量可控,根据《医疗器械监督管理条例》,制定本办法。

第二条 在中华人民共和国境内开展体外诊断试剂注册、备案及其监督管理活动,适用本办法。

第三条 本办法所称体外诊断试剂,是指按医疗器械管理的体外诊断试剂,包括在疾病的预测、预防、诊断、治疗监测、预后观察和健康状态评价的过程中,用于人体样本体外检测的试剂、试剂盒、校准品、质控品等产品,可以单独使用,也可以与仪器、器具、设备或者系统组合使用。

按照药品管理的用于血源筛查的体外诊断试剂、采用放射性核素标记的体外诊断试剂不属于本办法管理范围。

第四条 体外诊断试剂注册是指体外诊断试剂注册申请人(以下简称申请人)依照法定程序和要求提出体外诊断试剂注册申请,药品监督管理部门依据法律法规,基于科学认知,进行安全性、有效性和质量可控性等审查,决定是否同意其申请的活动。

体外诊断试剂备案是指体外诊断试剂备案人(以下简称备案人)依照法定程序和要求向药品监督管理部门提交备案资料,药品监督管理部门对提交的备案资料存档备查的活动。

第五条 国家药品监督管理局主管全国体外诊断试剂注册与备案管理工作,负责建立体外诊断试剂注册与备案管理工作体系,依法组织境内第三类和进口第二类、第三类体外诊断试剂审评审批,进口第一类体外诊断试剂备案以及相关监督管理工作,对地方体外诊断试剂注册与备案工作进行监督指导。

第六条 国家药品监督管理局医疗器械技术审评中心(以下简称国家局器械审评中心)负责境内第三类和进口第二类、三类体外诊断试剂产品注册申请、变更注册申请、延续注册申请等的技术审评工作。

国家药品监督管理局医疗器械标准管理中心、中国食品药品检定研究院、国家药品监督管理局食品药品审核查验中心(以下简称国家局审核查验中心)、国家药品监督管理局药品评价中心、国家药品监督管理局行政事项受理服务和投诉举报中心、国家药品监督管理局信息中心等其他专业技术机构,依职责承担实施体外诊断试剂监督管理所需的体外诊断试剂标准管理、分类界定、检验、核查、监测与评价、制证送达以及相应的信息化建设与管理等相关工作。

第七条 省、自治区、直辖市药品监督管理部门负责本行政区域内以下体外诊断试剂注册相关管理工作:

(一)境内第二类体外诊断试剂注册审评审批;

(二)境内第二类、第三类体外诊断试剂质量管理体系核查;

(三)依法组织医疗器械临床试验机构以及临床试验的监督管理;

(四)对设区的市级负责药品监督管理的部门境内第一类体外诊断试剂备案的监督指导。

省、自治区、直辖市药品监督管理部门设置或者指定的医疗器械专业技术机构,承担实施体外诊断试剂监督管理所需的技术审评、检验、核查、监测与评价等工作。

设区的市级负责药品监督管理的部门负责境内第一类体外诊断试剂产品备案管理工作。

第八条 体外诊断试剂注册与备案遵循依法、科学、公开、公平、公正的原则。

第九条 第一类体外诊断试剂实行产品备案管理。第二类、第三类体外诊断试剂实行产品注册管理。

境内第一类体外诊断试剂备案,备案人向设区的市级负责药品监督管理的部门提交备案资料。

境内第二类体外诊断试剂由省、自治区、直辖市药品监督管理部门审查,批准后发给医疗器械注册证。

境内第三类体外诊断试剂由国家药品监督管理局审查,批准后发给医疗器械注册证。

进口第一类体外诊断试剂备案,备案人向国家药品监督管理局提交备案资料。

进口第二类、第三类体外诊断试剂由国家药品监督管理局审查,批准后发给医疗器械注册证。

第十条 体外诊断试剂注册人、备案人应当加强体外诊断试剂全生命周期质量管理,对研制、生产、经营、使用全过程中的体外诊断试剂的安全性、有效性和质量可控性依法承担责任。

第十一条 国家药品监督管理局对临床急需体外诊断试剂实行优先审批,对创新体外诊断试剂实行特别审批。鼓励体外诊断试剂的研究与创新,推动医疗器械产业高质量发展。

第十二条 国家药品监督管理局依法建立健全体外诊断试剂标准、技术指导原则等体系,规范体外诊断试剂技术审评和质量管理体系核查,指导和服务体外诊断试剂研发和注册申请。

第十三条 药品监督管理部门依法及时公开体外诊断试剂注册、备案相关信息,申请人可以查询审批进度和结果,公众可以查阅审批结果。

未经申请人同意,药品监督管理部门、专业技术机构及其工作人员、参与评审的专家等人员不得披露申请人或者备案人提交的商业秘密、未披露信息或者保密商务信息,法律另有规定或者涉及国家安全、重大社会公共利益的除外。

第二章 基本要求

第十四条 体外诊断试剂注册、备案,应当遵守相关法律、法规、规章、强制性标准,遵循体外诊断试剂安全和性能基本原则,参照相关技术指导原则,证明注册、备案的体外诊断试剂安全、有效、质量可控,保证信息真实、准确、完整和可追溯。

第十五条 申请人、备案人应当为能够承担相应法律责任的企业或者研制机构。

境外申请人、备案人应当指定中国境内的企业法人作为代理人,办理相关体外诊断试剂注册、备案事项。代理人应当依法协助注册人、备案人履行《医疗器械监督管理条例》第二十条第一款规定的义务,并协助境外注册人、备案人落实相应法律责任。

第十六条 申请人、备案人应当建立与产品研制、生产有关的质量管理体系,并保持有效运行。

第十七条 办理体外诊断试剂注册、备案事项的人员应当具有相关专业知识,熟悉体外诊断试剂注册、备案管理的法律、法规、规章和注册管理相关规定。

第十八条 申请注册或者进行备案,应当按照国家药品监督管理局有关注册、备案的要求提交相关资料,申请人、备案人对资料的真实性负责。

注册、备案资料应当使用中文。根据外文资料翻译的,应当同时提供原文。引用未公开发表的文献资料时,应当提供资料权利人许可使用的文件。

第十九条 申请进口体外诊断试剂注册、办理进口体外诊断试剂备案,应当提交申请人、备案人注册地或者生产地所在国家(地区)主管部门准许上市销售的证明文件。

申请人、备案人注册地或者生产地所在国家(地区)未将该产品作为医疗器械管理的,申请人、备案人需提供相关文件,包括注册地或者生产地所在国家(地区)准许该产品上市销售的证明文件。

未在申请人、备案人注册地或者生产地所在国家(地区)上市的按照创新产品注册程序审批的体外诊断试剂,不需提交相关文件。

第二十条 体外诊断试剂应当符合适用的强制性标准。产品结构特征、技术原理、预期用途、使用方式等与强制性标准的适用范围不一致的,申请人、备案人应当提出不适用强制性标准的说明,并提供相关资料。

没有强制性标准的,鼓励申请人、备案人采用推荐性标准。

第二十一条 体外诊断试剂注册、备案工作应当遵循体外诊断试剂分类规则和分类目录的有关要求。

第二十二条 药品监督管理部门持续推进审评审批制度改革,加强监管科学研究,建立以技术审评为主导,核查、检验、监测与评价等为支撑的体外诊断试剂注册管理技术体系,优化审评审批流程,提高审评审批能力,提升审评审批质量和效率。

第二十三条 医疗器械专业技术机构建立健全沟通交流制度,明确沟通交流的形式和内容,根据工作需要组织与申请人进行沟通交流。

第二十四条 医疗器械专业技术机构根据工作需要建立专家咨询制度,在审评、核查、检验等过程中就重大问题听取专家意见,充分发挥专家的技术支撑作用。

第三章 体外诊断试剂注册

第一节 产品研制

第二十五条 体外诊断试剂研制应当遵循风险管理

原则,考虑现有公认技术水平,确保产品所有已知和可预见的风险以及非预期影响最小化并可接受,保证产品在正常使用中受益大于风险。

第二十六条 从事体外诊断试剂产品研制实验活动,应当符合我国相关法律、法规和强制性标准等的要求。

第二十七条 申请人、备案人应当编制申请注册或者进行备案体外诊断试剂的产品技术要求。

产品技术要求主要包括体外诊断试剂成品的可进行客观判定的功能性、安全性指标和检测方法。

第三类体外诊断试剂的产品技术要求中应当以附录形式明确主要原材料以及生产工艺要求。

体外诊断试剂应当符合经注册或者备案的产品技术要求。

第二十八条 申请人、备案人应当编制申请注册或者进行备案体外诊断试剂的产品说明书和标签。

产品说明书和标签应当符合《医疗器械监督管理条例》第三十九条要求以及相关规定。

第二十九条 体外诊断试剂研制,应当根据产品预期用途和技术特征开展体外诊断试剂非临床研究。

非临床研究指在实验室条件下对体外诊断试剂进行的试验或者评价,包括主要原材料的选择及制备、产品生产工艺、产品分析性能、阳性判断值或者参考区间、产品稳定性等的研究。

申请注册或者进行备案,应当提交研制活动中产生的非临床证据。

第三十条 体外诊断试剂非临床研究过程中确定的功能性、安全性指标及方法应当与产品预期使用条件、目的相适应,研究样品应当具有代表性和典型性。必要时,应当进行方法学验证、统计学分析。

第三十一条 申请注册或者进行备案,应当按照产品技术要求进行检验,并提交检验报告。检验合格的,方可开展临床试验或者申请注册、进行备案。

第三十二条 同一注册申请包括不同包装规格时,可以只进行一种包装规格产品的检验,检验用产品应当能够代表申请注册或者进行备案产品的安全性和有效性,其生产应当符合医疗器械生产质量管理规范的相关要求。

第三十三条 申请注册或者进行备案提交的检验报告可以是申请人、备案人的自检报告,也可以是委托有资质的医疗器械检验机构出具的检验报告。

第三类体外诊断试剂应当提供3个不同生产批次产品的检验报告。

第三十四条 对于有适用的国家标准品的,应当使用国家标准品对试剂进行检验。中国食品药品检定研究院负责组织国家标准品的制备和标定工作。

第二节 临床评价

第三十五条 体外诊断试剂临床评价是指采用科学合理的方法对临床数据进行分析、评价,对产品是否满足使用要求或者预期用途进行确认,以证明体外诊断试剂的安全性、有效性的过程。

第三十六条 体外诊断试剂临床试验是指在相应的临床环境中,对体外诊断试剂的临床性能进行的系统性研究。

国家药品监督管理局制定体外诊断试剂临床试验指南,明确开展临床试验的要求、临床试验报告的撰写要求等。

第三十七条 开展体外诊断试剂临床评价,应当进行临床试验证明体外诊断试剂的安全性、有效性。

符合如下情形的,可以免于进行临床试验:

(一)反应原理明确、设计定型、生产工艺成熟,已上市的同品种体外诊断试剂临床应用多年且无严重不良事件记录,不改变常规用途的;

(二)通过进行同品种方法学比对的方式能够证明该体外诊断试剂安全、有效的。

免于进行临床试验的第二类、第三类体外诊断试剂目录由国家药品监督管理局制定、调整并公布。

第三十八条 免于进行临床试验的体外诊断试剂,申请人应当通过对符合预期用途的临床样本进行同品种方法学比对的方式证明产品的安全性、有效性。

国家药品监督管理局制定免于进行临床试验的体外诊断试剂临床评价相关指南。

第三十九条 体外诊断试剂临床评价资料是指申请人进行临床评价所形成的文件。

开展临床试验的,临床试验资料包括临床试验方案、伦理委员会意见、知情同意书、临床试验报告以及相关数据等。

列入免于进行临床试验目录的体外诊断试剂,临床评价资料包括与同类已上市产品的对比分析、方法学比对数据、相关文献数据分析和经验数据分析等。

第四十条 同一注册申请包括不同包装规格时,可以只采用一种包装规格的产品进行临床评价,临床评价用产品应当代表申请注册或者进行备案产品的安全性和有效性。

校准品、质控品单独申请注册不需要提交临床评价资料。

第四十一条 开展体外诊断试剂临床试验，应当按照医疗器械临床试验质量管理规范的要求，在具备相应条件并按照规定备案的医疗器械临床试验机构内进行。

临床试验开始前，临床试验申办者应当向所在地省、自治区、直辖市药品监督管理部门进行临床试验备案。临床试验体外诊断试剂的生产应当符合医疗器械生产质量管理规范的相关要求。

第四十二条 对于体外诊断试剂临床试验期间出现的临床试验体外诊断试剂相关严重不良事件，或者其他严重安全性风险信息，临床试验申办者应当按照相关要求，分别向所在地和临床试验机构所在地省、自治区、直辖市药品监督管理部门报告，并采取风险控制措施。未采取风险控制措施的，省、自治区、直辖市药品监督管理部门依法责令申办者采取相应的风险控制措施。

第四十三条 体外诊断试剂临床试验中出现大范围临床试验体外诊断试剂相关严重不良事件，或者其他重大安全性问题时，申办者应当暂停或者终止体外诊断试剂临床试验，分别向所在地和临床试验机构所在地省、自治区、直辖市药品监督管理部门报告。未暂停或者终止的，省、自治区、直辖市药品监督管理部门依法责令申办者采取相应的风险控制措施。

第四十四条 对预期供消费者个人自行使用的体外诊断试剂开展临床评价时，申请人还应当进行无医学背景的消费者对产品说明书认知能力的评价。

第四十五条 对正在开展临床试验的用于诊断严重危及生命且尚无有效诊断手段的疾病的体外诊断试剂，经医学观察可能使患者获益，经伦理审查、知情同意后，可以在开展体外诊断试剂的临床试验的机构内免费用于其他病情相同的患者，其安全性数据可以用于体外诊断试剂注册申请。

第三节 注册体系核查

第四十六条 申请人应当在申请注册时提交与产品研制、生产有关的质量管理体系相关资料，受理注册申请的药品监督管理部门在产品技术审评时认为有必要对质量管理体系进行核查的，应当组织开展质量管理体系核查，并可以根据需要调阅原始资料。

第四十七条 境内第三类体外诊断试剂质量管理体系核查，由国家局器械审评中心通知申请人所在地的省、自治区、直辖市药品监督管理部门开展。

境内第二类体外诊断试剂质量管理体系核查，由申请人所在地省、自治区、直辖市药品监督管理部门组织开展。

第四十八条 省、自治区、直辖市药品监督管理部门按照医疗器械生产质量管理规范的要求开展质量管理体系核查，重点对申请人是否按照医疗器械生产质量管理规范的要求建立与产品相适应的质量管理体系，以及与产品研制、生产有关的设计开发、生产管理、质量控制等内容进行核查。

在核查过程中，应当同时对检验用产品和临床试验产品的真实性进行核查，重点查阅设计开发过程相关记录，以及检验用产品和临床试验产品生产过程的相关记录。

提交自检报告的，应当对申请人、备案人或者受托机构研制过程中的检验能力、检验结果等进行重点核查。

第四十九条 省、自治区、直辖市药品监督管理部门可以通过资料审查或者现场检查的方式开展质量管理体系核查。根据申请人的具体情况、监督检查情况、本次申请注册产品与既往已通过核查产品生产条件及工艺对比情况等，确定是否现场检查以及检查内容，避免重复检查。

第五十条 国家局器械审评中心对进口第二类、第三类体外诊断试剂开展技术审评时，认为有必要进行质量管理体系核查的，通知国家局审核查验中心根据相关要求开展核查。

第四节 产品注册

第五十一条 申请人应当在完成支持体外诊断试剂注册的安全性、有效性研究，做好接受质量管理体系核查的准备后，提出体外诊断试剂注册申请，并按照相关要求，通过在线注册申请等途径向药品监督管理部门提交下列注册申请资料：

（一）产品风险分析资料；
（二）产品技术要求；
（三）产品检验报告；
（四）临床评价资料；
（五）产品说明书以及标签样稿；
（六）与产品研制、生产有关的质量管理体系文件；
（七）证明产品安全、有效所需的其他资料。

第五十二条 药品监督管理部门收到申请后对申请资料进行审核，并根据下列情况分别作出处理：

（一）申请事项属于本行政机关职权范围，申请资料齐全、符合形式审核要求的，予以受理；
（二）申请资料存在可以当场更正的错误的，应当允许申请人当场更正；
（三）申请资料不齐全或者不符合法定形式的，应当当场或者在 5 日内一次告知申请人需要补正的全部内容，逾期不告知的，自收到申请资料之日起即为受理；

（四）申请事项依法不属于本行政机关职权范围的，应当即时作出不予受理的决定，并告知申请人向有关行政机关申请。

药品监督管理部门受理或者不予受理体外诊断试剂注册申请，应当出具加盖本行政机关专用印章和注明日期的受理或者不予受理的通知书。

体外诊断试剂注册申请受理后，需要申请人缴纳费用的，申请人应当按规定缴纳费用。申请人未在规定期限内缴纳费用的，视为申请人主动撤回申请，药品监督管理部门终止其注册程序。

第五十三条 技术审评过程中需要申请人补正资料的，技术审评机构应当一次告知需要补正的全部内容。申请人应当在收到补正通知 1 年内，按照补正通知要求一次提供补充资料；技术审评机构收到补充资料后，在规定的时限内完成技术审评。

申请人对补正通知内容有异议的，可以向相应的技术审评机构提出书面意见，说明理由并提供相应的技术支持资料。

申请人逾期未提交补充资料的，终止技术审评，药品监督管理部门作出不予注册的决定。

第五十四条 对于已受理的注册申请，申请人可以在行政许可决定作出前，向受理该申请的药品监督管理部门申请撤回注册申请及相关资料，并说明理由。同意撤回申请的，药品监督管理部门终止其注册程序。

审评、核查、审批过程中发现涉嫌存在隐瞒真实情况或者提供虚假信息等违法行为的，依法处理，申请人不得撤回注册申请。

第五十五条 对于已受理的注册申请，有证据表明注册申请资料可能虚假的，药品监督管理部门可以中止审评审批。经核实后，根据核实结论继续审查或者作出不予注册的决定。

第五十六条 体外诊断试剂注册申请审评期间，对于拟作出不通过的审评结论的，技术审评机构应当告知申请人不通过的理由，申请人可以在 15 日内向技术审评机构提出异议，异议内容仅限于原申请事项和原申请资料。技术审评机构结合申请人的异议意见进行综合评估并反馈申请人。异议处理时间不计入审评时限。

第五十七条 受理注册申请的药品监督管理部门应当在技术审评结束后，作出是否批准的决定。对符合安全、有效、质量可控要求的，准予注册，发给医疗器械注册证，经过核准的产品技术要求和产品说明书以附件形式发给申请人。对不予注册的，应当书面说明理由，并同时告知申请人享有依法申请行政复议或者提起行政诉讼的权利。

医疗器械注册证有效期为 5 年。

第五十八条 对于已受理的注册申请，有下列情形之一的，药品监督管理部门作出不予注册的决定，并告知申请人：

（一）申请人对拟上市销售体外诊断试剂的安全性、有效性、质量可控性进行的研究及其结果无法证明产品安全、有效、质量可控的；

（二）质量管理体系核查不通过，以及申请人拒绝接受质量管理体系现场检查的；

（三）注册申请资料虚假的；

（四）注册申请资料内容混乱、矛盾，注册申请资料内容与申请项目明显不符，不能证明产品安全、有效、质量可控的；

（五）不予注册的其他情形。

第五十九条 法律、法规、规章规定实施行政许可应当听证的事项，或者药品监督管理部门认为需要听证的其他涉及公共利益的重大行政许可事项，药品监督管理部门应当向社会公告，并举行听证。医疗器械注册申请直接涉及申请人与他人之间重大利益关系的，药品监督管理部门在作出行政许可决定前，应当告知申请人、利害关系人享有要求听证的权利。

第六十条 对用于罕见疾病、严重危及生命且尚无有效诊断手段的疾病和应对公共卫生事件等急需的体外诊断试剂，药品监督管理部门可以作出附条件批准决定，并在医疗器械注册证中载明有效期、上市后需要继续完成的研究工作及完成时限等相关事项。

第六十一条 对附条件批准的体外诊断试剂，注册人应当在体外诊断试剂上市后收集受益和风险相关数据，持续对产品的受益和风险开展监测与评估，采取有效措施主动管控风险，并在规定期限内按照要求完成研究并提交相关资料。

第六十二条 对附条件批准的体外诊断试剂，注册人逾期未按照要求完成研究或者不能证明其受益大于风险的，注册人应当及时申请办理医疗器械注册证注销手续，药品监督管理部门可以依法注销医疗器械注册证。

第六十三条 对新研制的尚未列入体外诊断试剂分类目录的体外诊断试剂，申请人可以直接申请第三类体外诊断试剂产品注册，也可以依据分类规则判断产品类别并向国家药品监督管理局申请类别确认后，申请产品注册或者进行产品备案。

直接申请第三类体外诊断试剂注册的，国家药品监督管理局按照风险程度确定类别。境内体外诊断试剂确定为第二类或者第一类的，应当告知申请人向相应的药品监督管理部门申请注册或者进行备案。

第六十四条　已注册的体外诊断试剂，其管理类别由高类别调整为低类别的，医疗器械注册证在有效期内继续有效。有效期届满需要延续的，注册人应当在医疗器械注册证有效期届满 6 个月前，按照调整后的类别向相应的药品监督管理部门申请延续注册或者进行备案。

体外诊断试剂管理类别由低类别调整为高类别的，注册人应当按照改变后的类别向相应的药品监督管理部门申请注册。国家药品监督管理局在管理类别调整通知中应当对完成调整的时限作出规定。

第六十五条　医疗器械注册证及其附件遗失、损毁的，注册人应当向原发证机关申请补发，原发证机关核实后予以补发。

第六十六条　注册申请审查过程中及批准后发生专利权纠纷的，应当按照有关法律、法规的规定处理。

第四章　特殊注册程序
第一节　创新产品注册程序

第六十七条　符合下列要求的体外诊断试剂，申请人可以申请适用创新产品注册程序：

（一）申请人通过其主导的技术创新活动，在中国依法拥有产品核心技术发明专利权，或者依法通过受让取得在中国发明专利权或其使用权，且申请适用创新产品注册程序的时间在专利授权公告日起 5 年内；或者核心技术发明专利的申请已由国务院专利行政部门公开，并由国家知识产权局专利检索咨询中心出具检索报告，载明产品核心技术方案具备新颖性和创造性；

（二）申请人已完成产品的前期研究并具有基本定型产品，研究过程真实和受控，研究数据完整和可溯源；

（三）产品主要工作原理或者作用机理为国内首创，产品性能或者安全性与同类产品比较有根本性改进，技术上处于国际领先水平，且具有显著的临床应用价值。

第六十八条　申请适用创新产品注册程序的，申请人应当在产品基本定型后，向国家药品监督管理局提出创新医疗器械审查申请。国家药品监督管理局组织专家进行审查，符合要求的，纳入创新产品注册程序。

第六十九条　对于适用创新产品注册程序的体外诊断试剂注册申请，国家药品监督管理局以及承担相关技术工作的机构，根据各自职责指定专人负责，及时沟通，提供指导。

纳入创新产品注册程序的体外诊断试剂，国家局器械审评中心可与申请人在注册申请受理前以及技术审评过程中就产品研制中的重大技术问题、重大安全性问题、临床试验方案、阶段性临床试验结果的总结与评价等问题沟通交流。

第七十条　纳入创新产品注册程序的体外诊断试剂，申请人主动要求终止或者国家药品监督管理局发现不再符合创新产品注册程序要求的，国家药品监督管理局可终止相关产品的创新产品注册程序并告知申请人。

第七十一条　纳入创新产品注册程序的体外诊断试剂，申请人在规定期限内未提出注册申请的，不再适用创新产品注册程序。

第二节　优先注册程序

第七十二条　满足下列情形之一的体外诊断试剂，可以申请适用优先注册程序：

（一）诊断罕见病、恶性肿瘤，且具有明显临床优势，诊断老年人特有和多发疾病且目前尚无有效诊断手段，专用于儿童且具有明显临床优势，或者临床急需且在我国尚无同品种产品获准注册的医疗器械；

（二）列入国家科技重大专项或者国家重点研发计划的医疗器械；

（三）国家药品监督管理局规定的其他可以适用优先注册程序的医疗器械。

第七十三条　申请适用优先注册程序的，申请人应当在提出体外诊断试剂注册申请时，向国家药品监督管理局提出适用优先注册程序的申请。属于第七十二条第一项情形的，由国家药品监督管理局组织专家进行审核，符合的，纳入优先注册程序；属于第七十二条第二项情形的，由国家局器械审评中心进行审核，符合的，纳入优先注册程序；属于第七十二条第三项情形的，由国家药品监督管理局广泛听取意见，并组织专家论证后确定是否纳入优先注册程序。

第七十四条　对纳入优先注册程序的体外诊断试剂注册申请，国家药品监督管理局优先进行审评审批，省、自治区、直辖市药品监督管理部门优先安排注册质量管理体系核查。

国家局器械审评中心在对纳入优先注册程序的医疗器械产品开展技术审评过程中，应当按照相关规定积极与申请人进行沟通交流，必要时，可以安排专项交流。

第三节 应急注册程序

第七十五条 国家药品监督管理局可以依法对突发公共卫生事件应急所需且在我国境内尚无同类产品上市，或者虽在我国境内已有同类产品上市但产品供应不能满足突发公共卫生事件应急处理需要的体外诊断试剂实施应急注册。

第七十六条 申请适用应急注册程序的，申请人应当向国家药品监督管理局提出应急注册申请。符合条件的，纳入应急注册程序。

第七十七条 对实施应急注册的体外诊断试剂注册申请，国家药品监督管理局按照统一指挥、早期介入、随到随审、科学审批的要求办理，并行开展体外诊断试剂产品检验、体系核查、技术审评等工作。

第五章 变更注册与延续注册

第一节 变更注册

第七十八条 注册人应当主动开展体外诊断试剂上市后研究，对体外诊断试剂的安全性、有效性和质量可控性进行进一步确认，加强对已上市体外诊断试剂的持续管理。

已注册的第二类、第三类体外诊断试剂产品，其设计、原材料、生产工艺、适用范围、使用方法等发生实质性变化，有可能影响该体外诊断试剂安全、有效的，注册人应当向原注册部门申请办理变更注册手续；发生其他变化的，应当在变化之日起 30 日内向原注册部门备案。

注册证载明的产品名称、包装规格、主要组成成分、预期用途、产品技术要求、产品说明书、进口体外诊断试剂的生产地址等，属于前款规定的需要办理变更注册的事项。注册人名称和住所、代理人名称和住所等，属于前款规定的需要备案的事项。境内体外诊断试剂生产地址变更的，注册人应当在办理相应的生产许可变更后办理备案。

发生其他变化的，注册人应当按照质量管理体系要求做好相关工作，并按照规定向药品监督管理部门报告。

第七十九条 已注册的第二类、第三类体外诊断试剂，产品的核心技术原理等发生实质性改变，或者发生其他重大改变，对产品安全有效性产生重大影响，实质上构成新的产品的，不属于本章规定的变更申请事项，应当按照注册申请的规定办理。

第八十条 对于变更注册申请，技术审评机构应当重点针对变化部分进行审评，对变化后产品是否安全、有效、质量可控形成审评意见。

在对变更注册申请进行技术审评时，认为有必要对质量管理体系进行核查的，药品监督管理部门应当组织开展质量管理体系核查。

第八十一条 医疗器械变更注册文件与原医疗器械注册证合并使用，有效期截止日期与原医疗器械注册证相同。

第二节 延续注册

第八十二条 医疗器械注册证有效期届满需要延续注册的，注册人应当在医疗器械注册证有效期届满 6 个月前，向原注册部门申请延续注册，并按照相关要求提交申请资料。

除有本办法第八十三条规定情形外，接到延续注册申请的药品监督管理部门应当在医疗器械注册证有效期届满前作出准予延续的决定。逾期未作决定的，视为准予延续。

第八十三条 有下列情形之一的，不予延续注册：

（一）未在规定期限内提出延续注册申请；

（二）新的体外诊断试剂强制性标准或者国家标准品发布实施，申请延续注册的体外诊断试剂不能达到新要求；

（三）附条件批准的体外诊断试剂，未在规定期限内完成医疗器械注册证载明事项。

第八十四条 延续注册的批准时间在原注册证有效期内的，延续注册的注册证有效期起始日为原注册证到期日次日；批准时间不在原注册证有效期内的，延续注册的注册证有效期起始日为批准延续注册的日期。

第八十五条 体外诊断试剂变更注册申请、延续注册申请的受理与审批程序，本章未作规定的，适用本办法第三章的相关规定。

第六章 体外诊断试剂备案

第八十六条 第一类体外诊断试剂生产前，应当进行产品备案。

第八十七条 进行体外诊断试剂备案，备案人应当按照《医疗器械监督管理条例》的规定向药品监督管理部门提交备案资料，获取备案编号。

第八十八条 已备案的体外诊断试剂，备案信息表中登载内容及备案的产品技术要求发生变化的，备案人应当向原备案部门变更备案，并提交变化情况的说明以及相关文件。药品监督管理部门应当将变更情况登载于备案信息中。

第八十九条 已备案的体外诊断试剂管理类别调整

为第二类或者第三类体外诊断试剂的，应当按照本办法规定申请注册。

第七章　工作时限

第九十条　本办法所规定的时限是体外诊断试剂注册的受理、技术审评、核查、审批等工作的最长时间。特殊注册程序相关工作时限，按特殊注册程序相关规定执行。

国家局器械审评中心等专业技术机构应当明确本单位工作程序和时限，并向社会公布。

第九十一条　药品监督管理部门收到体外诊断试剂注册申请后，应当自受理之日起3日内将申请资料转交技术审评机构。

第九十二条　体外诊断试剂注册技术审评时限，按照以下规定执行：

（一）第二类体外诊断试剂注册申请、变更注册申请、延续注册申请的技术审评时限为60日，申请资料补正后的技术审评时限为60日；

（二）第三类体外诊断试剂注册申请、变更注册申请、延续注册申请的技术审评时限为90日，申请资料补正后的技术审评时限为60日。

第九十三条　境内第三类体外诊断试剂质量管理体系核查时限，按照以下规定执行：

（一）国家局器械审评中心应当在体外诊断试剂注册申请受理后10日内通知相关省、自治区、直辖市药品监督管理部门启动核查；

（二）省、自治区、直辖市药品监督管理部门原则上在接到核查通知后30日内完成核查，并将核查情况、核查结果等相关材料反馈至国家局器械审评中心。

第九十四条　受理注册申请的药品监督管理部门应当自收到审评意见之日起20日内作出决定。

第九十五条　药品监督管理部门应当自作出体外诊断试剂注册审批决定之日起10日内颁发、送达有关行政许可证件。

第九十六条　因产品特性以及技术审评、核查等工作遇到特殊情况确需延长时限的，延长时限不得超过原时限的二分之一，经医疗器械技术审评、核查等相关机构负责人批准后，由延长时限的技术机构书面告知申请人，并通知其他相关技术机构。

第九十七条　原发证机关应当自收到医疗器械注册证补办申请之日起20日内予以补发。

第九十八条　以下时间不计入相关工作时限：

（一）申请人补充资料、核查后整改等所占用的时间；

（二）因申请人原因延迟核查的时间；

（三）外聘专家咨询、召开专家咨询会、需要与药品审评机构联合审评的时间；

（四）根据规定中止审评审批程序的，中止审评审批程序期间所占用的时间；

（五）质量管理体系核查所占用的时间。

第九十九条　本办法规定的时限以工作日计算。

第八章　监督管理

第一百条　药品监督管理部门应当加强体外诊断试剂研制活动的监督检查，必要时可以对为体外诊断试剂研制提供产品或者服务的单位和个人进行延伸检查，有关单位和个人应当予以配合，提供相关文件和资料，不得拒绝、隐瞒、阻挠。

第一百零一条　国家药品监督管理局建立并分步实施医疗器械唯一标识制度，申请人、备案人应当按照相关规定提交唯一标识相关信息，保证数据真实、准确、可溯源。

第一百零二条　国家药品监督管理局应当及时将代理人信息通报代理人所在地省、自治区、直辖市药品监督管理部门。省、自治区、直辖市药品监督管理部门对本行政区域内的代理人组织开展日常监督管理。

第一百零三条　省、自治区、直辖市药品监督管理部门根据医疗器械临床试验机构备案情况，组织对本行政区域内已经备案的临床试验机构开展备案后监督检查。对于新备案的医疗器械临床试验机构，应当在备案后60日内开展监督检查。

省、自治区、直辖市药品监督管理部门应当组织对本行政区域内医疗器械临床试验机构遵守医疗器械临床试验质量管理规范的情况进行日常监督检查，监督其持续符合规定要求。国家药品监督管理局根据需要对医疗器械临床试验机构进行监督检查。

第一百零四条　药品监督管理部门认为有必要的，可以对临床试验的真实性、准确性、完整性、规范性和可追溯性进行现场检查。

第一百零五条　承担第一类体外诊断试剂产品备案工作的药品监督管理部门在备案后监督中，发现备案资料不规范的，应当责令备案人限期改正。

第一百零六条　药品监督管理部门未及时发现本行政区域内体外诊断试剂注册管理系统性、区域性风险，或者未及时消除本行政区域内体外诊断试剂注册管理系统性、区域性隐患的，上级药品监督管理部门可以对下级药品监督管理部门主要负责人进行约谈。

第九章　法律责任

第一百零七条　违反本办法第七十八条的规定，未按照要求对发生变化进行备案的，责令限期改正；逾期不改正，处1万元以上3万元以下罚款。

第一百零八条　开展体外诊断试剂临床试验未遵守临床试验质量管理规范的，依照《医疗器械监督管理条例》第九十四条予以处罚。

第一百零九条　医疗器械技术审评机构未依照本办法规定履行职责，致使审评工作出现重大失误的，由负责药品监督管理的部门责令改正，通报批评，给予警告；造成严重后果的，对违法单位的法定代表人、主要负责人、直接负责的主管人员和其他责任人员，依法给予处分。

第一百一十条　负责药品监督管理的部门工作人员违反规定，滥用职权、玩忽职守、徇私舞弊的，依法给予处分。

第十章　附　则

第一百一十一条　体外诊断试剂的命名应当遵循以下原则：

体外诊断试剂的产品名称一般由三部分组成。第一部分：被测物质的名称；第二部分：用途，如测定试剂盒、质控品等；第三部分：方法或者原理，如磁微粒化学发光免疫分析法、荧光PCR法、荧光原位杂交法等，本部分应当在括号中列出。

如果被测物组分较多或者有其他特殊情况，可以采用与产品相关的适应症名称或者其他替代名称。

第一类产品和校准品、质控品，依据其预期用途进行命名。

第一百一十二条　体外诊断试剂的注册或者备案单元应为单一试剂或者单一试剂盒，一个注册或者备案单元可以包括不同的包装规格。

校准品、质控品可以与配合使用的体外诊断试剂合并申请注册，也可以单独申请注册。

第一百一十三条　获准注册的体外诊断试剂，是指与该医疗器械注册证及附件限定内容一致且在医疗器械注册证有效期内生产的体外诊断试剂。

第一百一十四条　医疗器械注册证中"主要组成成分"栏内所载明的独立试剂组分，用于原注册产品的，可以单独销售。

第一百一十五条　申请人在申请体外诊断试剂产品注册、变更注册中可以经医疗器械主文档所有者授权，引用经登记的医疗器械主文档。医疗器械主文档由其所有者或代理机构办理登记，相关工作程序另行规定。

第一百一十六条　医疗器械注册证格式由国家药品监督管理局统一制定。

注册证编号的编排方式为：

×1 械注×2××××3×4××5××××6。其中：

×1 为注册审批部门所在地的简称：

境内第三类体外诊断试剂、进口第二类、第三类体外诊断试剂为"国"字；

境内第二类体外诊断试剂为注册审批部门所在地省、自治区、直辖市简称；

×2 为注册形式：

"准"字适用于境内体外诊断试剂；

"进"字适用于进口体外诊断试剂；

"许"字适用于香港、澳门、台湾地区的体外诊断试剂；

××××3 为首次注册年份；

×4 为产品管理类别；

××5 为产品分类编码；

××××6 为首次注册流水号。

延续注册的，××××3 和 ××××6 数字不变。产品管理类别调整的，应当重新编号。

第一百一十七条　第一类医疗器械备案编号的编排方式为：

×1 械备××××2××××3。

其中：

×1 为备案部门所在地的简称：

进口第一类体外诊断试剂为"国"字；

境内第一类体外诊断试剂为备案部门所在地省、自治区、直辖市简称加所在地设区的市级行政区域的简称（无相应设区的市级行政区域时，仅为省、自治区、直辖市的简称）；

××××2 为备案年份；

××××3 为备案流水号。

第一百一十八条　药品监督管理部门制作的医疗器械注册证、变更注册文件电子文件与纸质文件具有同等法律效力。

第一百一十九条　根据工作需要，国家药品监督管理局可以依法委托省、自治区、直辖市药品监督管理部门或者技术机构、社会组织承担有关的具体工作。

第一百二十条　省、自治区、直辖市药品监督管理部门可以参照本办法第四章规定制定本行政区域内第二类体外诊断试剂特殊注册程序，并报国家药品监督管理局备案。

第一百二十一条 体外诊断试剂产品注册收费项目、收费标准按照国务院财政、价格主管部门的有关规定执行。

第一百二十二条 体外诊断试剂紧急使用的有关规定，由国家药品监督管理局会同有关部门另行制定。

第一百二十三条 国内尚无同品种产品上市，医疗机构根据本单位的临床需要自行研制，在执业医师指导下在本单位内使用的体外诊断试剂，相关管理规定由国家药品监督管理局会同有关部门另行制定。

第一百二十四条 香港、澳门、台湾地区体外诊断试剂的注册、备案，参照进口体外诊断试剂办理。

第一百二十五条 本办法自2021年10月1日起施行。2014年7月30日原国家食品药品监督管理总局令第5号公布的《体外诊断试剂注册管理办法》同时废止。

医疗器械生产监督管理办法

· 2022年3月10日国家市场监督管理总局令第53号公布
· 自2022年5月1日起施行

第一章 总 则

第一条 为了加强医疗器械生产监督管理，规范医疗器械生产活动，保证医疗器械安全、有效，根据《医疗器械监督管理条例》，制定本办法。

第二条 在中华人民共和国境内从事医疗器械生产活动及其监督管理，应当遵守本办法。

第三条 从事医疗器械生产活动，应当遵守法律、法规、规章、强制性标准和医疗器械生产质量管理规范，保证医疗器械生产全过程信息真实、准确、完整和可追溯。

医疗器械注册人、备案人对上市医疗器械的安全、有效负责。

第四条 根据医疗器械风险程度，医疗器械生产实施分类管理。

从事第二类、第三类医疗器械生产活动，应当经所在地省、自治区、直辖市药品监督管理部门批准，依法取得医疗器械生产许可证；从事第一类医疗器械生产活动，应当向所在地设区的市级负责药品监督管理的部门办理医疗器械生产备案。

第五条 国家药品监督管理局负责全国医疗器械生产监督管理工作。

省、自治区、直辖市药品监督管理部门负责本行政区域第二类、第三类医疗器械生产监督管理，依法按照职责负责本行政区域第一类医疗器械生产监督管理，并加强对本行政区域第一类医疗器械生产监督管理工作的指导。

设区的市级负责药品监督管理的部门依法按照职责监督管理本行政区域第一类医疗器械生产活动。

第六条 药品监督管理部门依法设置或者指定的医疗器械审评、检查、检验、监测与评价等专业技术机构，按照职责分工承担相关技术工作，为医疗器械生产监督管理提供技术支撑。

国家药品监督管理局食品药品审核查验中心组织拟订医疗器械检查制度规范和技术文件，承担重大有因检查和境外检查等工作，并对省、自治区、直辖市医疗器械检查机构质量管理体系进行指导和评估。

第七条 国家药品监督管理局加强医疗器械生产监督管理信息化建设，提高在线政务服务水平。

省、自治区、直辖市药品监督管理部门负责本行政区域医疗器械生产监督管理信息化建设和管理工作，按照国家药品监督管理局的要求统筹推进医疗器械生产监督管理信息共享。

第八条 药品监督管理部门依法及时公开医疗器械生产许可、备案、监督检查、行政处罚等信息，方便公众查询，接受社会监督。

第二章 生产许可与备案管理

第九条 从事医疗器械生产活动，应当具备下列条件：

（一）有与生产的医疗器械相适应的生产场地、环境条件、生产设备以及专业技术人员；

（二）有能对生产的医疗器械进行质量检验的机构或者专职检验人员以及检验设备；

（三）有保证医疗器械质量的管理制度；

（四）有与生产的医疗器械相适应的售后服务能力；

（五）符合产品研制、生产工艺文件规定的要求。

第十条 在境内从事第二类、第三类医疗器械生产的，应当向所在地省、自治区、直辖市药品监督管理部门申请生产许可，并提交下列材料：

（一）所生产的医疗器械注册证以及产品技术要求复印件；

（二）法定代表人（企业负责人）身份证明复印件；

（三）生产、质量和技术负责人的身份、学历、职称相关材料复印件；

（四）生产管理、质量检验岗位从业人员学历、职称一览表；

（五）生产场地的相关文件复印件，有特殊生产环境要求的，还应当提交设施、环境的相关文件复印件；

（六）主要生产设备和检验设备目录；

（七）质量手册和程序文件目录；

（八）生产工艺流程图；

（九）证明售后服务能力的相关材料；

（十）经办人的授权文件。

申请人应当确保所提交的材料合法、真实、准确、完整和可追溯。

相关材料可以通过联网核查的，无需申请人提供。

第十一条 省、自治区、直辖市药品监督管理部门收到申请后，应当根据下列情况分别作出处理：

（一）申请事项属于本行政机关职权范围，申请资料齐全、符合法定形式的，应当受理申请；

（二）申请资料存在可以当场更正的错误的，应当允许申请人当场更正；

（三）申请资料不齐全或者不符合法定形式的，应当当场或者在5个工作日内一次告知申请人需要补正的全部内容，逾期不告知的，自收到申请资料之日起即为受理；

（四）申请事项依法不属于本行政机关职权范围的，应当即时作出不予受理的决定，并告知申请人向有关行政机关申请。

省、自治区、直辖市药品监督管理部门受理或者不予受理医疗器械生产许可申请的，应当出具加盖本行政机关专用印章和注明日期的受理或者不予受理通知书。

第十二条 法律、法规、规章规定实施行政许可应当听证的事项，或者药品监督管理部门认为需要听证的其他涉及公共利益的重大行政许可事项，药品监督管理部门应当向社会公告，并举行听证。医疗器械生产许可申请直接涉及申请人与他人之间重大利益关系的，药品监督管理部门在作出行政许可决定前，应当告知申请人、利害关系人享有要求听证的权利。

第十三条 省、自治区、直辖市药品监督管理部门应当对申请资料进行审核，按照国家药品监督管理局制定的医疗器械生产质量管理规范的要求进行核查，并自受理申请之日起20个工作日内作出决定。现场核查可以与产品注册体系核查相结合，避免重复核查。需要整改的，整改时间不计入审核时限。

符合规定条件的，依法作出准予许可的书面决定，并于10个工作日内发给《医疗器械生产许可证》；不符合规定条件的，作出不予许可的书面决定，并说明理由，同时告知申请人享有依法申请行政复议或者提起行政诉讼的权利。

第十四条 医疗器械生产许可证分为正本和副本，有效期为5年。正本和副本载明许可证编号、企业名称、统一社会信用代码、法定代表人（企业负责人）、住所、生产地址、生产范围、发证部门、发证日期和有效期限。副本记载许可证正本载明事项变更以及车间或者生产线重大改造等情况。企业名称、统一社会信用代码、法定代表人（企业负责人）、住所等项目应当与营业执照中载明的相关内容一致。

医疗器械生产许可证由国家药品监督管理局统一样式，由省、自治区、直辖市药品监督管理部门印制。

医疗器械生产许可证电子证书与纸质证书具有同等法律效力。

第十五条 生产地址变更或者生产范围增加的，应当向原发证部门申请医疗器械生产许可变更，并提交本办法第十条规定中涉及变更内容的有关材料，原发证部门应当依照本办法第十三条的规定进行审核并开展现场核查。

车间或者生产线进行改造，导致生产条件发生变化，可能影响医疗器械安全、有效的，应当向原发证部门报告。属于许可事项变化的，应当按照规定办理相关许可变更手续。

第十六条 企业名称、法定代表人（企业负责人）、住所变更或者生产地址文字性变更，以及生产范围核减的，应当在变更后30个工作日内，向原发证部门申请登记事项变更，并提交相关材料。原发证部门应当在5个工作日内完成登记事项变更。

第十七条 医疗器械生产许可证有效期届满延续的，应当在有效期届满前90个工作日至30个工作日期间提出延续申请。逾期未提出延续申请的，不再受理其延续申请。

原发证部门应当结合企业遵守医疗器械管理法律法规、医疗器械生产质量管理规范情况和企业质量管理体系运行情况进行审查，必要时开展现场核查，在医疗器械生产许可证有效期届满前作出是否准予延续的决定。

经审查符合规定条件的，准予延续，延续的医疗器械生产许可证编号不变。不符合规定条件的，责令限期改正；整改后仍不符合规定条件的，不予延续，并书面说明理由。

延续许可的批准时间在原许可证有效期内的，延续起始日为原许可证到期日的次日；批准时间不在原许可证有效期内的,延续起始日为批准延续许可的日期。

第十八条 医疗器械生产企业跨省、自治区、直辖市设立生产场地的,应当向新设生产场地所在地省、自治区、直辖市药品监督管理部门申请医疗器械生产许可。

第十九条 医疗器械生产许可证遗失的,应当向原发证部门申请补发。原发证部门应当及时补发医疗器械生产许可证,补发的医疗器械生产许可证编号和有效期限与原许可证一致。

第二十条 医疗器械生产许可证正本、副本变更的,发证部门应当重新核发变更后的医疗器械生产许可证正本、副本,收回原许可证正本、副本;仅副本变更的,发证部门应当重新核发变更后的医疗器械生产许可证副本,收回原许可证副本。变更后的医疗器械生产许可证编号和有效期限不变。

第二十一条 有下列情形之一的,由原发证部门依法注销医疗器械生产许可证,并予以公告:

(一)主动申请注销的;
(二)有效期届满未延续的;
(三)市场主体资格依法终止的;
(四)医疗器械生产许可证依法被吊销或者撤销的;
(五)法律、法规规定应当注销行政许可的其他情形。

第二十二条 从事第一类医疗器械生产的,应当向所在地设区的市级负责药品监督管理的部门备案,在提交本办法第十条规定的相关材料后,即完成生产备案,获取备案编号。医疗器械备案人自行生产第一类医疗器械的,可以在办理产品备案时一并办理生产备案。

药品监督管理部门应当在生产备案之日起3个月内,对提交的资料以及执行医疗器械生产质量管理规范情况开展现场检查。对不符合医疗器械生产质量管理规范要求的,依法处理并责令限期改正;不能保证产品安全、有效的,取消备案并向社会公告。

第二十三条 第一类医疗器械生产备案内容发生变化的,应当在10个工作日内向原备案部门提交本办法第十条规定的与变化有关的材料,药品监督管理部门必要时可以依照本办法第二十二条的规定开展现场核查。

第二十四条 任何单位或者个人不得伪造、变造、买卖、出租、出借医疗器械生产许可证。

第三章 生产质量管理

第二十五条 医疗器械注册人、备案人、受托生产企业应当按照医疗器械生产质量管理规范的要求,建立健全与所生产医疗器械相适应的质量管理体系并保持其有效运行,并严格按照经注册或者备案的产品技术要求组织生产,保证出厂的医疗器械符合强制性标准以及经注册或者备案的产品技术要求。

第二十六条 医疗器械注册人、备案人的法定代表人、主要负责人对其生产的医疗器械质量安全全面负责。

第二十七条 医疗器械注册人、备案人、受托生产企业应当配备管理者代表。管理者代表受法定代表人或者主要负责人委派,履行建立、实施并保持质量管理体系有效运行等责任。

第二十八条 医疗器械注册人、备案人、受托生产企业应当开展医疗器械法律、法规、规章、标准以及质量管理等方面的培训,建立培训制度,制定培训计划,加强考核并做好培训记录。

第二十九条 医疗器械注册人、备案人、受托生产企业应当按照所生产产品的特性、工艺流程以及生产环境要求合理配备、使用设施设备,加强对设施设备的管理,并保持其有效运行。

第三十条 医疗器械注册人、备案人应当开展设计开发到生产的转换活动,并进行充分验证和确认,确保设计开发输出适用于生产。

第三十一条 医疗器械注册人、备案人、受托生产企业应当加强采购管理,建立供应商审核制度,对供应商进行评价,确保采购产品和服务符合相关规定要求。

医疗器械注册人、备案人、受托生产企业应当建立原材料采购验收记录制度,确保相关记录真实、准确、完整和可追溯。

第三十二条 医疗器械注册人、备案人委托生产的,应当对受托方的质量保证能力和风险管理能力进行评估,按照国家药品监督管理局制定的委托生产质量协议指南要求,与其签订质量协议以及委托协议,监督受托方履行有关协议约定的义务。

受托生产企业应当按照法律、法规、规章、医疗器械生产质量管理规范、强制性标准、产品技术要求、委托生产质量协议等要求组织生产,对生产行为负责,并接受医疗器械注册人、备案人的监督。

第三十三条 医疗器械注册人、备案人、受托生产企业应当建立记录管理制度,确保记录真实、准确、完整和可追溯。

鼓励医疗器械注册人、备案人、受托生产企业采用先进技术手段,建立信息化管理系统,加强对生产过程的管理。

第三十四条 医疗器械注册人、备案人应当负责产品上市放行,建立产品上市放行规程,明确放行标准、条件,并对医疗器械生产过程记录和质量检验结果进行审核,符合标准和条件的,经授权的放行人员签字后方可上市。委托生产的,医疗器械注册人、备案人还应当对受托生产企业的生产放行文件进行审核。

受托生产企业应当建立生产放行规程,明确生产放行的标准、条件,确认符合标准、条件的,方可出厂。

不符合法律、法规、规章、强制性标准以及经注册或者备案的产品技术要求的,不得放行出厂和上市。

第三十五条　医疗器械注册人、备案人应当建立并实施产品追溯制度,保证产品可追溯。受托生产企业应当协助注册人、备案人实施产品追溯。

第三十六条　医疗器械注册人、备案人、受托生产企业应当按照国家实施医疗器械唯一标识的有关要求,开展赋码、数据上传和维护更新,保证信息真实、准确、完整和可追溯。

第三十七条　医疗器械注册人、备案人、受托生产企业应当建立纠正措施程序,确定产生问题的原因,采取有效措施,防止相关问题再次发生。

医疗器械注册人、备案人、受托生产企业应当建立预防措施程序,查清潜在问题的原因,采取有效措施,防止问题发生。

第三十八条　医疗器械注册人、备案人应当按照医疗器械生产质量管理规范的要求,对可能影响产品安全性和有效性的原材料、生产工艺等变化进行识别和控制。需要进行注册变更或者备案变更的,应当按照注册备案管理的规定办理相关手续。

第三十九条　新的强制性标准实施后,医疗器械注册人、备案人应当及时识别产品技术要求和强制性标准的差异,需要进行注册变更或者备案变更的,应当按照注册备案管理的规定办理相关手续。

第四十条　医疗器械注册人、备案人、受托生产企业应当按照医疗器械不良事件监测相关规定落实不良事件监测责任,开展不良事件监测,向医疗器械不良事件监测技术机构报告调查、分析、评价、产品风险控制等情况。

第四十一条　医疗器械注册人、备案人发现生产的医疗器械不符合强制性标准、经注册或者备案的产品技术要求,或者存在其他缺陷的,应当立即停止生产,通知相关经营企业、使用单位和消费者停止经营和使用,召回已经上市销售的医疗器械,采取补救、销毁等措施,记录相关情况,发布相关信息,并将医疗器械召回和处理情况向药品监督管理部门和卫生主管部门报告。

受托生产企业应当按照医疗器械召回的相关规定履行责任,并协助医疗器械注册人、备案人对所生产的医疗器械实施召回。

第四十二条　医疗器械生产企业应当向药品监督管理部门报告所生产的产品品种情况。

增加生产产品品种的,应当向原生产许可或者生产备案部门报告,涉及委托生产的,还应当提供委托方、受托生产产品、受托期限等信息。

医疗器械生产企业增加生产产品涉及生产条件变化,可能影响产品安全、有效的,应当在增加生产产品30个工作日前向原生产许可部门报告,原生产许可部门应当及时开展现场核查。属于许可事项变化的,应当按照规定办理相关许可变更。

第四十三条　医疗器械生产企业连续停产一年以上且无同类产品在产的,重新生产时,应当进行必要的验证和确认,并书面报告药品监督管理部门。可能影响质量安全的,药品监督管理部门可以根据需要组织核查。

第四十四条　医疗器械注册人、备案人、受托生产企业的生产条件发生变化,不再符合医疗器械质量管理体系要求的,应当立即采取整改措施;可能影响医疗器械安全、有效的,应当立即停止生产活动,并向原生产许可或者生产备案部门报告。

受托生产企业应当及时将变化情况告知医疗器械注册人、备案人。

第四十五条　医疗器械注册人、备案人、受托生产企业应当每年对质量管理体系的运行情况进行自查,并于次年3月31日前向所在地药品监督管理部门提交自查报告。进口医疗器械注册人、备案人由其代理人向代理人所在地省、自治区、直辖市药品监督管理部门提交自查报告。

第四章　监督检查

第四十六条　药品监督管理部门依法按照职责开展对医疗器械注册人、备案人和受托生产企业生产活动的监督检查。

必要时,药品监督管理部门可以对为医疗器械生产活动提供产品或者服务的其他单位和个人开展延伸检查。

第四十七条　药品监督管理部门应当建立健全职业化、专业化医疗器械检查员制度,根据监管事权、产业规模以及检查任务等,配备充足的检查员,有效保障检查工作需要。

检查员应当熟悉医疗器械法律法规，具备医疗器械专业知识和检查技能。

第四十八条 药品监督管理部门依据产品和企业的风险程度，对医疗器械注册人、备案人、受托生产企业实行分级管理并动态调整。

国家药品监督管理局组织制定重点监管产品目录。省、自治区、直辖市药品监督管理部门结合实际确定本行政区域重点监管产品目录。

省、自治区、直辖市药品监督管理部门依据重点监管产品目录以及医疗器械生产质量管理状况，结合医疗器械不良事件、产品投诉举报以及企业信用状况等因素，组织实施分级监督管理工作。

第四十九条 省、自治区、直辖市药品监督管理部门应当制定年度医疗器械生产监督检查计划，确定医疗器械监督管理的重点，明确检查频次和覆盖范围，综合运用监督检查、重点检查、跟踪检查、有因检查和专项检查等多种形式强化监督管理。

对生产重点监管产品目录品种的企业每年至少检查一次。

第五十条 药品监督管理部门组织监督检查时，应当制定检查方案，明确检查事项和依据，如实记录现场检查情况，并将检查结果书面告知被检查企业。需要整改的，应当明确整改内容和整改期限。

药品监督管理部门进行监督检查时，应当指派两名以上检查人员实施监督检查。执法人员应当向被检查单位出示执法证件，其他检查人员应当出示检查员证或者表明其身份的文书、证件。

第五十一条 药品监督管理部门对医疗器械注册人、备案人自行生产的，开展监督检查时重点检查：

（一）医疗器械注册人、备案人执行法律法规、医疗器械生产质量管理规范情况；

（二）按照强制性标准以及经注册、备案的产品技术要求组织生产，实际生产与医疗器械注册备案、医疗器械生产许可备案等内容的一致情况；

（三）质量管理体系运行持续合规、有效情况；

（四）法定代表人、企业负责人、管理者代表等人员了解熟悉医疗器械相关法律法规情况；

（五）管理者代表履职情况；

（六）法定代表人、企业负责人、管理者代表、质量检验机构或者专职人员、生产场地、环境条件、关键生产检验设备等变化情况；

（七）用户反馈、企业内部审核等所发现问题的纠正预防措施；

（八）企业产品抽检、监督检查、投诉举报等发现问题的整改落实情况；

（九）内部审核、管理评审、变更控制、年度自查报告等情况；

（十）其他应当重点检查的内容。

第五十二条 药品监督管理部门对医疗器械注册人、备案人采取委托生产方式的，开展监督检查时重点检查：

（一）医疗器械注册人、备案人执行法律法规、医疗器械生产质量管理规范情况；

（二）质量管理体系运行是否持续合规、有效；

（三）管理者代表履职情况；

（四）按照强制性标准以及经注册或者备案的产品技术要求组织生产情况；

（五）用户反馈、企业内部审核等所发现问题的纠正预防措施；

（六）内部审核、管理评审、变更控制、年度自查报告等情况；

（七）开展不良事件监测、再评价以及产品安全风险信息收集与评估等情况；

（八）产品的上市放行情况；

（九）对受托生产企业的监督情况，委托生产质量协议的履行、委托生产产品的设计转换和变更控制、委托生产产品的生产放行等情况；

（十）其他应当重点检查的内容。

必要时，可以对受托生产企业开展检查。

第五十三条 药品监督管理部门对受托生产企业开展监督检查时重点检查：

（一）实际生产与医疗器械注册备案、医疗器械生产许可备案等内容的一致情况；

（二）受托生产企业执行法律法规、医疗器械生产质量管理规范情况；

（三）法定代表人、企业负责人、管理者代表等人员了解熟悉医疗器械相关法律法规情况；

（四）法定代表人、企业负责人、管理者代表、质量检验机构或者专职人员、生产场地、环境条件、关键生产检验设备等变化情况；

（五）产品的生产放行情况；

（六）企业产品抽检、监督检查、投诉举报等发现问题的整改落实情况；

（七）内部审核、管理评审、年度自查报告等情况；

（八）其他应当重点检查的内容。

必要时，可以对医疗器械注册人、备案人开展检查。

第五十四条 药品监督管理部门对不良事件监测、抽查检验、投诉举报等发现可能存在严重质量安全风险的，应当开展有因检查。有因检查原则上采取非预先告知的方式进行。

第五十五条 药品监督管理部门对企业的整改情况应当开展跟踪检查。

跟踪检查可以对企业提交的整改报告进行书面审查，也可以对企业的问题整改、责任落实、纠正预防措施等进行现场复查。

第五十六条 医疗器械注册人和受托生产企业不在同一省、自治区、直辖市的，医疗器械注册人所在地省、自治区、直辖市药品监督管理部门负责对注册人质量管理体系运行、不良事件监测以及产品召回等法定义务履行情况开展监督检查，涉及受托生产企业相关情况的，受托生产企业所在地药品监督管理部门应当配合。

受托生产企业所在地省、自治区、直辖市药品监督管理部门负责对受托生产企业生产活动开展监督检查，涉及注册人相关情况的，应当由注册人所在地药品监督管理部门对注册人开展监督检查。

医疗器械注册人、受托生产企业所在地省、自治区、直辖市药品监督管理部门应当分别落实属地监管责任，建立协同监管机制，加强监管信息沟通，实现监管有效衔接。

第五十七条 医疗器械注册人和受托生产企业不在同一省、自治区、直辖市，医疗器械注册人、受托生产企业所在地省、自治区、直辖市药品监督管理部门需要跨区域开展检查的，可以采取联合检查、委托检查等方式进行。

第五十八条 跨区域检查中发现企业质量管理体系存在缺陷的，医疗器械注册人、受托生产企业所在地省、自治区、直辖市药品监督管理部门应当依据各自职责，督促相关企业严格按照要求及时整改到位，并将检查以及整改情况及时通报相关药品监督管理部门。

对受托生产企业监督检查中发现相关问题涉及注册人的，应当通报注册人所在地药品监督管理部门；发现可能存在医疗器械质量安全风险的，应当立即采取风险控制措施，并将相关情况通报注册人所在地药品监督管理部门。注册人所在地药品监督管理部门接到通报后，应当立即进行分析研判并采取相应的风险控制措施。

对注册人监督检查中发现相关问题涉及受托生产企业的，应当通报受托生产企业所在地药品监督管理部门，联合或者委托受托生产企业所在地药品监督管理部门进行检查。

第五十九条 在跨区域检查中发现可能存在违法行为的，医疗器械注册人、受托生产企业所在地省、自治区、直辖市药品监督管理部门应当依据各自职责进行调查处理。违法行为处理情况应当及时通报相关药品监督管理部门。

需要跨区域进行调查、取证的，可以会同相关同级药品监督管理部门开展联合调查，也可以出具协助调查函商请相关同级药品监督管理部门协助调查、取证。

第六十条 第一类医疗器械备案人和受托生产企业不在同一设区的市，需要依法按照职责开展跨区域监督检查和调查取证的，参照本办法第五十六条至第五十九条的规定执行。

第六十一条 进口医疗器械注册人、备案人应当指定我国境内企业法人作为代理人，代理人应当协助注册人、备案人履行医疗器械监督管理条例和本办法规定的义务。

第六十二条 进口医疗器械的生产应当符合我国医疗器械生产相关要求，并接受国家药品监督管理局组织的境外检查。代理人负责协调、配合境外检查相关工作。

进口医疗器械注册人、备案人、代理人拒绝、阻碍、拖延、逃避国家药品监督管理局组织的境外检查，导致检查工作无法开展，不能确认质量管理体系有效运行，属于有证据证明可能危害人体健康的情形，国家药品监督管理局可以依照医疗器械监督管理条例第七十二条第二款的规定进行处理。

第六十三条 药品监督管理部门开展现场检查时，可以根据需要进行抽查检验。

第六十四条 生产的医疗器械对人体造成伤害或者有证据证明可能危害人体健康的，药品监督管理部门可以采取暂停生产、进口、经营、使用的紧急控制措施，并发布安全警示信息。

监督检查中发现生产活动严重违反医疗器械生产质量管理规范，不能保证产品安全、有效，可能危害人体健康的，依照前款规定处理。

第六十五条 药品监督管理部门应当定期组织开展风险会商，对辖区内医疗器械质量安全风险进行分析和评价，及时采取相应的风险控制措施。

第六十六条 医疗器械注册人、备案人、受托生产企业对存在的医疗器械质量安全风险，未采取有效措施消除的，药品监督管理部门可以对医疗器械注册人、备案人、受托生产企业的法定代表人或者企业负责人进行责任约谈。涉及跨区域委托生产的，约谈情况应当通报相关药品监督管理部门。

第六十七条 省、自治区、直辖市药品监督管理部门应当建立并及时更新辖区内第二类、第三类医疗器械注册人、受托生产企业信用档案，设区的市级负责药品监督管理的部门应当依法按照职责建立并及时更新辖区内第一类医疗器械备案人、受托生产企业信用档案。

信用档案中应当包括生产许可备案和生产产品品种、委托生产、监督检查结果、违法行为查处、质量抽查检验、不良行为记录和投诉举报等信息。

对有不良信用记录的医疗器械注册人、备案人和受托生产企业，药品监督管理部门应当增加监督检查频次，依法加强失信惩戒。

第六十八条 药品监督管理部门应当在信用档案中记录企业生产产品品种情况。

受托生产企业增加生产第二类、第三类医疗器械，且与该产品注册人不在同一省、自治区、直辖市，或者增加生产第一类医疗器械，且与该产品备案人不在同一设区的市的，受托生产企业所在地药品监督管理部门还应当将相关情况通报注册人、备案人所在地药品监督管理部门。

第六十九条 药品监督管理部门应当公布接受投诉、举报的联系方式。接到举报的药品监督管理部门应当及时核实、处理、答复。经查证属实的，应当按照有关规定对举报人给予奖励。

第七十条 药品监督管理部门在监督检查中，发现涉嫌违法行为的，应当及时收集和固定证据，依法立案查处；涉嫌犯罪的，及时移交公安机关处理。

第七十一条 药品监督管理部门及其工作人员对调查、检查中知悉的商业秘密应当保密。

第七十二条 药品监督管理部门及其工作人员在监督检查中，应当严格规范公正文明执法，严格执行廉政纪律，不得索取或者收受财物，不得谋取其他利益，不得妨碍企业的正常生产活动。

第五章 法律责任

第七十三条 医疗器械生产的违法行为，医疗器械监督管理条例等法律法规已有规定的，依照其规定。

第七十四条 有下列情形之一的，依照医疗器械监督管理条例第八十一条的规定处罚：

（一）超出医疗器械生产许可证载明的生产范围生产第二类、第三类医疗器械；

（二）在未经许可的生产场地生产第二类、第三类医疗器械；

（三）医疗器械生产许可证有效期届满后，未依法办理延续手续，仍继续从事第二类、第三类医疗器械生产；

（四）医疗器械生产企业增加生产产品品种，应当依法办理许可变更而未办理的。

第七十五条 未按照本办法规定办理第一类医疗器械生产备案变更的，依照医疗器械监督管理条例第八十四条的规定处理。

第七十六条 违反医疗器械生产质量管理规范，未建立质量管理体系并保持有效运行的，由药品监督管理部门依职责责令限期改正；影响医疗器械产品安全、有效的，依照医疗器械监督管理条例第八十六条的规定处罚。

第七十七条 违反本办法第十五条第二款、第四十二条第三款的规定，生产条件变化，可能影响产品安全、有效，未按照规定报告即生产的，依照医疗器械监督管理条例第八十八条的规定处罚。

第七十八条 有下列情形之一的，由药品监督管理部门依职责给予警告，并处1万元以上5万元以下罚款：

（一）医疗器械生产企业未依照本办法第四十二条第二款的规定向药品监督管理部门报告所生产的产品品种情况及相关信息的；

（二）连续停产一年以上且无同类产品在产，重新生产时未进行必要的验证和确认并向所在地药品监督管理部门报告的。

第七十九条 有下列情形之一的，由药品监督管理部门依职责责令限期改正；拒不改正的，处1万元以上5万元以下罚款；情节严重的，处5万元以上10万元以下罚款：

（一）未按照本办法第十六条的规定办理医疗器械生产许可证登记事项变更的；

（二）未按照国家实施医疗器械唯一标识的有关要求，组织开展赋码、数据上传和维护更新等工作的。

第八十条 药品监督管理部门工作人员违反本办法规定，滥用职权、玩忽职守、徇私舞弊的，依法给予处分。

第六章 附　则

第八十一条 本办法自2022年5月1日起施行。2014年7月30日原国家食品药品监督管理总局令第7号公布的《医疗器械生产监督管理办法》同时废止。

医疗器械经营监督管理办法

- 2022年3月10日国家市场监督管理总局令第54号公布
- 自2022年5月1日起施行

第一章 总 则

第一条 为了加强医疗器械经营监督管理，规范医疗器械经营活动，保证医疗器械安全、有效，根据《医疗器械监督管理条例》，制定本办法。

第二条 在中华人民共和国境内从事医疗器械经营活动及其监督管理，应当遵守本办法。

第三条 从事医疗器械经营活动，应当遵守法律、法规、规章、强制性标准和医疗器械经营质量管理规范等要求，保证医疗器械经营过程信息真实、准确、完整和可追溯。

医疗器械注册人、备案人可以自行销售，也可以委托医疗器械经营企业销售其注册、备案的医疗器械。

第四条 按照医疗器械风险程度，医疗器械经营实施分类管理。

经营第三类医疗器械实行许可管理，经营第二类医疗器械实行备案管理，经营第一类医疗器械不需要许可和备案。

第五条 国家药品监督管理局主管全国医疗器械经营监督管理工作。

省、自治区、直辖市药品监督管理部门负责本行政区域的医疗器械经营监督管理工作。

设区的市级、县级负责药品监督管理的部门负责本行政区域的医疗器械经营监督管理工作。

第六条 药品监督管理部门依法设置或者指定的医疗器械检查、检验、监测与评价等专业技术机构，按照职责分工承担相关技术工作并出具技术意见，为医疗器械经营监督管理提供技术支持。

第七条 国家药品监督管理局加强医疗器械经营监督管理信息化建设，提高在线政务服务水平。

省、自治区、直辖市药品监督管理部门负责本行政区域医疗器械经营监督管理信息化建设和管理工作，按照国家药品监督管理局要求统筹推进医疗器械经营监督管理信息共享。

第八条 药品监督管理部门依法及时公开医疗器械经营许可、备案等信息以及监督检查、行政处罚的结果，方便公众查询，接受社会监督。

第二章 经营许可与备案管理

第九条 从事医疗器械经营活动，应当具备下列条件：

（一）与经营范围和经营规模相适应的质量管理机构或者质量管理人员，质量管理人员应当具有相关专业学历或者职称；

（二）与经营范围和经营规模相适应的经营场所；

（三）与经营范围和经营规模相适应的贮存条件；

（四）与经营的医疗器械相适应的质量管理制度；

（五）与经营的医疗器械相适应的专业指导、技术培训和售后服务的质量管理机构或者人员。

从事第三类医疗器械经营的企业还应当具有符合医疗器械经营质量管理制度要求的计算机信息管理系统，保证经营的产品可追溯。鼓励从事第一类、第二类医疗器械经营的企业建立符合医疗器械经营质量管理制度要求的计算机信息管理系统。

第十条 从事第三类医疗器械经营的，经营企业应当向所在地设区的市级负责药品监督管理的部门提出申请，并提交下列资料：

（一）法定代表人（企业负责人）、质量负责人身份证明、学历或者职称相关材料复印件；

（二）企业组织机构与部门设置；

（三）医疗器械经营范围、经营方式；

（四）经营场所和库房的地理位置图、平面图、房屋产权文件或者租赁协议复印件；

（五）主要经营设施、设备目录；

（六）经营质量管理制度、工作程序等文件目录；

（七）信息管理系统基本情况；

（八）经办人授权文件。

医疗器械经营许可申请人应当确保提交的资料合法、真实、准确、完整和可追溯。

第十一条 设区的市级负责药品监督管理的部门收到申请后，应当根据下列情况分别作出处理：

（一）申请事项属于本行政机关职权范围，申请资料齐全、符合法定形式的，应当受理申请；

（二）申请资料存在可以当场更正的错误的，应当允许申请人当场更正；

（三）申请资料不齐全或者不符合法定形式的，应当当场或者在5个工作日内一次告知申请人需要补正的全部内容。逾期不告知的，自收到申请资料之日起即为受理；

（四）申请事项不属于本行政机关职权范围的，应当即时作出不予受理的决定，并告知申请人向有关行政部门申请。

设区的市级负责药品监督管理的部门受理或者不予

受理医疗器械经营许可申请的，应当出具加盖本行政机关专用印章和注明日期的受理或者不予受理通知书。

第十二条　法律、法规、规章规定实施行政许可应当听证的事项，或者药品监督管理部门认为需要听证的其他涉及公共利益的重大行政许可事项，药品监督管理部门应当向社会公告，并举行听证。医疗器械经营许可申请直接涉及申请人与他人之间重大利益关系的，药品监督管理部门在作出行政许可决定前，应当告知申请人、利害关系人享有要求听证的权利。

第十三条　设区的市级负责药品监督管理的部门自受理经营许可申请后，应当对申请资料进行审查，必要时按照医疗器械经营质量管理规范的要求开展现场核查，并自受理之日起20个工作日内作出决定。需要整改的，整改时间不计入审核时限。

符合规定条件的，作出准予许可的书面决定，并于10个工作日内发给医疗器械经营许可证；不符合规定条件的，作出不予许可的书面决定，并说明理由。

第十四条　医疗器械经营许可证有效期为5年，载明许可证编号、企业名称、统一社会信用代码、法定代表人、企业负责人、住所、经营场所、经营方式、经营范围、库房地址、发证部门、发证日期和有效期限等事项。

医疗器械经营许可证由国家药品监督管理局统一样式，由设区的市级负责药品监督管理的部门印制。

药品监督管理部门制作的医疗器械经营许可证的电子证书与纸质证书具有同等法律效力。

第十五条　医疗器械经营许可证变更的，应当向原发证部门提出医疗器械经营许可证变更申请，并提交本办法第十条规定中涉及变更内容的有关材料。经营场所、经营方式、经营范围、库房地址变更的，药品监督管理部门自受理之日起20个工作日内作出准予变更或者不予变更的决定。必要时按照医疗器械经营质量管理规范的要求开展现场核查。

需要整改的，整改时间不计入审核时限。不予变更的，应当书面说明理由并告知申请人。其他事项变更的，药品监督管理部门应当当场予以变更。

变更后的医疗器械经营许可证编号和有效期限不变。

第十六条　医疗器械经营许可证有效期届满需要延续的，医疗器械经营企业应当在有效期届满前90个工作日至30个工作日期间提出延续申请。逾期未提出延续申请的，不再受理其延续申请。

原发证部门应当按照本办法第十三条的规定对延续申请进行审查，必要时开展现场核查，在医疗器械经营许可证有效期届满前作出是否准予延续的决定。

经审查符合规定条件的，准予延续，延续后的医疗器械经营许可证编号不变。不符合规定条件的，责令限期整改；整改后仍不符合规定条件的，不予延续，并书面说明理由。逾期未作出决定的，视为准予延续。

延续许可的批准时间在原许可证有效期内的，延续起始日为原许可证到期日的次日；批准时间不在原许可证有效期内的，延续起始日为批准延续许可的日期。

第十七条　经营企业跨设区的市设置库房的，由医疗器械经营许可发证部门或者备案部门通报库房所在地设区的市级负责药品监督管理的部门。

第十八条　经营企业新设立独立经营场所的，应当依法单独申请医疗器械经营许可或者进行备案。

第十九条　医疗器械经营许可证遗失的，应当向原发证部门申请补发。原发证部门应当及时补发医疗器械经营许可证，补发的医疗器械经营许可证编号和有效期限与原许可证一致。

第二十条　有下列情形之一的，由原发证部门依法注销医疗器械经营许可证，并予以公告：

（一）主动申请注销的；

（二）有效期届满未延续的；

（三）市场主体资格依法终止的；

（四）医疗器械经营许可证依法被吊销或者撤销的；

（五）法律、法规规定应当注销行政许可的其他情形。

第二十一条　从事第二类医疗器械经营的，经营企业应当向所在地设区的市级负责药品监督管理的部门备案，并提交符合本办法第十条规定的资料（第七项除外），即完成经营备案，获取经营备案编号。

医疗器械经营备案人应当确保提交的资料合法、真实、准确、完整和可追溯。

第二十二条　必要时，设区的市级负责药品监督管理的部门在完成备案之日起3个月内，对提交的资料以及执行医疗器械经营质量管理规范情况开展现场检查。

现场检查发现与提交的资料不一致或者不符合医疗器械经营质量管理规范要求的，责令限期改正；不能保证产品安全、有效的，取消备案并向社会公告。

第二十三条　同时申请第三类医疗器械经营许可和进行第二类医疗器械经营备案的，或者已经取得第三类医疗器械经营许可进行第二类医疗器械备案的，可以免予提交相应资料。

第二十四条　第二类医疗器械经营企业的经营场所、经营方式、经营范围、库房地址等发生变化的，应当及时进行备案变更。必要时设区的市级负责药品监督管理的部门开展现场检查。现场检查不符合医疗器械经营质量管理规范要求的，责令限期改正；不能保证产品安全、有效的，取消备案并向社会公告。

第二十五条　对产品安全性、有效性不受流通过程影响的第二类医疗器械，可以免予经营备案。具体产品名录由国家药品监督管理局制定、调整并公布。

第二十六条　从事非营利的避孕医疗器械贮存、调拨和供应的机构，应当符合有关规定，无需办理医疗器械经营许可或者备案。

第二十七条　医疗器械注册人、备案人在其住所或者生产地址销售其注册、备案的医疗器械，无需办理医疗器械经营许可或者备案，但应当符合规定的经营条件；在其他场所贮存并销售医疗器械的，应当按照规定办理医疗器械经营许可或者备案。

第二十八条　任何单位和个人不得伪造、变造、买卖、出租、出借医疗器械经营许可证。

第三章　经营质量管理

第二十九条　从事医疗器械经营，应当按照法律法规和医疗器械经营质量管理规范的要求，建立覆盖采购、验收、贮存、销售、运输、售后服务等全过程的质量管理制度和质量控制措施，并做好相关记录，保证经营条件和经营活动持续符合要求。

第三十条　医疗器械经营企业应当建立并实施产品追溯制度，保证产品可追溯。

医疗器械经营企业应当按照国家有关规定执行医疗器械唯一标识制度。

第三十一条　医疗器械经营企业应当从具有合法资质的医疗器械注册人、备案人、经营企业购进医疗器械。

第三十二条　医疗器械经营企业应当建立进货查验记录制度，购进医疗器械时应当查验供货企业的资质，以及医疗器械注册证和备案信息、合格证明文件。进货查验记录应当真实、准确、完整和可追溯。进货查验记录包括：

（一）医疗器械的名称、型号、规格、数量；

（二）医疗器械注册证编号或者备案编号；

（三）医疗器械注册人、备案人和受托生产企业名称、生产许可证号或者备案编号；

（四）医疗器械的生产批号或者序列号、使用期限或者失效日期、购货日期等；

（五）供货者的名称、地址以及联系方式。

进货查验记录应当保存至医疗器械有效期满后 2 年；没有有效期的，不得少于 5 年。植入类医疗器械进货查验记录应当永久保存。

第三十三条　医疗器械经营企业应当采取有效措施，确保医疗器械运输、贮存符合医疗器械说明书或者标签标示要求，并做好相应记录。

对温度、湿度等环境条件有特殊要求的，应当采取相应措施，保证医疗器械的安全、有效。

第三十四条　医疗器械注册人、备案人和经营企业委托其他单位运输、贮存医疗器械的，应当对受托方运输、贮存医疗器械的质量保障能力进行评估，并与其签订委托协议，明确运输、贮存过程中的质量责任，确保运输、贮存过程中的质量安全。

第三十五条　为医疗器械注册人、备案人和经营企业专门提供运输、贮存服务的，应当与委托方签订书面协议，明确双方权利义务和质量责任，并具有与产品运输、贮存条件和规模相适应的设备设施，具备与委托方开展实时电子数据交换和实现产品经营质量管理全过程可追溯的信息管理平台和技术手段。

第三十六条　医疗器械注册人、备案人委托销售的，应当委托符合条件的医疗器械经营企业，并签订委托协议，明确双方的权利和义务。

第三十七条　医疗器械注册人、备案人和经营企业应当加强对销售人员的培训和管理，对销售人员以本企业名义从事的医疗器械购销行为承担法律责任。

第三十八条　从事第二类、第三类医疗器械批发业务以及第三类医疗器械零售业务的经营企业应当建立销售记录制度。销售记录信息应当真实、准确、完整和可追溯。销售记录包括：

（一）医疗器械的名称、型号、规格、注册证编号或者备案编号、数量、单价、金额；

（二）医疗器械的生产批号或者序列号、使用期限或者失效日期、销售日期；

（三）医疗器械注册人、备案人和受托生产企业名称、生产许可证编号或者备案编号。

从事第二类、第三类医疗器械批发业务的企业，销售记录还应当包括购货者的名称、地址、联系方式、相关许可证明文件编号或者备案编号等。

销售记录应当保存至医疗器械有效期满后 2 年；没有有效期的，不得少于 5 年。植入类医疗器械销售记录应当永久保存。

第三十九条　医疗器械经营企业应当提供售后服务。约定由供货者或者其他机构提供售后服务的，经营企业应当加强管理，保证医疗器械售后的安全使用。

第四十条　医疗器械经营企业应当配备专职或者兼职人员负责售后管理，对客户投诉的质量问题应当查明原因，采取有效措施及时处理和反馈，并做好记录，必要时及时通知医疗器械注册人、备案人、生产经营企业。

第四十一条　医疗器械经营企业应当协助医疗器械注册人、备案人，对所经营的医疗器械开展不良事件监测，按照国家药品监督管理局的规定，向医疗器械不良事件监测技术机构报告。

第四十二条　医疗器械经营企业发现其经营的医疗器械不符合强制性标准、经注册或者备案的产品技术要求，或者存在其他缺陷的，应当立即停止经营，通知医疗器械注册人、备案人等有关单位，并记录停止经营和通知情况。医疗器械注册人、备案人认为需要召回的，应当立即召回。

第四十三条　第三类医疗器械经营企业停业一年以上，恢复经营前，应当进行必要的验证和确认，并书面报告所在地设区的市级负责药品监督管理的部门。可能影响质量安全的，药品监督管理部门可以根据需要组织核查。

医疗器械注册人、备案人、经营企业经营条件发生重大变化，不再符合医疗器械经营质量管理体系要求的，应当立即采取整改措施；可能影响医疗器械安全、有效的，应当立即停止经营活动，并向原经营许可或者备案部门报告。

第四十四条　医疗器械经营企业应当建立质量管理自查制度，按照医疗器械经营质量管理规范要求进行自查，每年3月31日前向所在地市县级负责药品监督管理的部门提交上一年度的自查报告。

第四十五条　从事医疗器械经营活动的，不得经营未依法注册或者备案，无合格证明文件以及过期、失效、淘汰的医疗器械。

禁止进口、销售过期、失效、淘汰等已使用过的医疗器械。

第四章　监督检查

第四十六条　省、自治区、直辖市药品监督管理部门组织对本行政区域的医疗器械经营监督管理工作进行监督检查。

设区的市级、县级负责药品监督管理的部门负责本行政区域医疗器械经营活动的监督检查。

第四十七条　药品监督管理部门根据医疗器械经营企业质量管理和所经营医疗器械产品的风险程度，实施分类分级管理并动态调整。

第四十八条　设区的市级、县级负责药品监督管理的部门应当制定年度检查计划，明确监管重点、检查频次和覆盖范围并组织实施。

第四十九条　药品监督管理部门组织监督检查，检查方式原则上应当采取突击性监督检查，现场检查时不得少于两人，并出示执法证件，如实记录现场检查情况。检查发现存在质量安全风险或者不符合规范要求的，将检查结果书面告知被检查企业。需要整改的，应当明确整改内容以及整改期限，并进行跟踪检查。

第五十条　设区的市级、县级负责药品监督管理的部门应当对医疗器械经营企业符合医疗器械经营质量管理规范要求的情况进行监督检查，督促其规范经营活动。

第五十一条　设区的市级、县级负责药品监督管理的部门应当结合医疗器械经营企业提交的年度自查报告反映的情况加强监督检查。

第五十二条　药品监督管理部门应当对有下列情形的进行重点监督检查：

（一）上一年度监督检查中发现存在严重问题的；

（二）因违反有关法律、法规受到行政处罚的；

（三）风险会商确定的重点检查企业；

（四）有不良信用记录的；

（五）新开办或者经营条件发生重大变化的医疗器械批发企业和第三类医疗器械零售企业；

（六）为其他医疗器械注册人、备案人和生产经营企业专门提供贮存、运输服务的；

（七）其他需要重点监督检查的情形。

第五十三条　药品监督管理部门对不良事件监测、抽查检验、投诉举报等发现可能存在严重质量安全风险的，原则上应当开展有因检查。有因检查原则上采取非预先告知的方式进行。

第五十四条　药品监督管理部门根据医疗器械质量安全风险防控需要，可以对为医疗器械经营活动提供产品或者服务的其他相关单位和个人进行延伸检查。

第五十五条　医疗器械经营企业跨设区的市设置的库房，由库房所在地药品监督管理部门负责监督检查。

医疗器械经营企业所在地药品监督管理部门和库房所在地药品监督管理部门应当加强监管信息共享，必要时可以开展联合检查。

第五十六条　药品监督管理部门应当加强医疗器械

经营环节的抽查检验，对抽查检验不合格的，应当及时处置。

省级以上药品监督管理部门应当根据抽查检验结论及时发布医疗器械质量公告。

第五十七条 经营的医疗器械对人体造成伤害或者有证据证明可能危害人体健康的，药品监督管理部门可以采取暂停进口、经营、使用的紧急控制措施，并发布安全警示信息。

监督检查中发现经营活动严重违反医疗器械经营质量管理规范，不能保证产品安全有效，可能危害人体健康的，依照前款规定处理。

第五十八条 药品监督管理部门应当根据监督检查、产品抽检、不良事件监测、投诉举报、行政处罚等情况，定期开展风险会商研判，做好医疗器械质量安全隐患排查和防控处置工作。

第五十九条 医疗器械注册人、备案人、经营企业对存在的医疗器械质量安全风险，未采取有效措施消除的，药品监督管理部门可以对医疗器械注册人、备案人、经营企业的法定代表人或者企业负责人进行责任约谈。

第六十条 设区的市级负责药品监督管理的部门应当建立并及时更新辖区内医疗器械经营企业信用档案。信用档案中应当包括医疗器械经营企业许可备案、监督检查结果、违法行为查处、质量抽查检验、自查报告、不良行为记录和投诉举报等信息。

对有不良信用记录的医疗器械注册人、备案人和经营企业，药品监督管理部门应当增加监督检查频次，依法加强失信惩戒。

第六十一条 药品监督管理部门应当公布接受投诉、举报的联系方式。接到举报的药品监督管理部门应当及时核实、处理、答复。经查证属实的，应当按照有关规定对举报人给予奖励。

第六十二条 药品监督管理部门在监督检查中，发现涉嫌违法行为的，应当及时收集和固定证据，依法立案查处；涉嫌犯罪的，及时移交公安机关处理。

第六十三条 药品监督管理部门及其工作人员对调查、检查中知悉的商业秘密应当保密。

第六十四条 药品监督管理部门及其工作人员在监督检查中，应当严格规范公正文明执法，严格执行廉政纪律，不得索取或者收受财物，不得谋取其他利益，不得妨碍企业的正常经营活动。

第五章　法律责任

第六十五条 医疗器械经营的违法行为，医疗器械监督管理条例等法律法规已有规定的，依照其规定。

第六十六条 有下列情形之一的，责令限期改正，并处1万元以上5万元以下罚款；情节严重的，处5万元以上10万元以下罚款；造成危害后果的，处10万元以上20万元以下罚款：

（一）第三类医疗器械经营企业擅自变更经营场所、经营范围、经营方式、库房地址；

（二）医疗器械经营许可证有效期届满后，未依法办理延续手续仍继续从事医疗器械经营活动。

未经许可从事第三类医疗器械经营活动的，依照医疗器械监督管理条例第八十一条的规定处罚。

第六十七条 违反医疗器械经营质量管理规范有关要求的，由药品监督管理部门责令限期改正；影响医疗器械产品安全、有效的，依照医疗器械监督管理条例第八十六条的规定处罚。

第六十八条 医疗器械经营企业未按照要求提交质量管理体系年度自查报告，或者违反本办法规定为其他医疗器械生产经营企业专门提供贮存、运输服务的，由药品监督管理部门责令限期改正；拒不改正的，处1万元以上5万元以下罚款；情节严重的，处5万元以上10万元以下罚款。

第六十九条 第三类医疗器械经营企业未按照本办法规定办理企业名称、法定代表人、企业负责人变更的，由药品监督管理部门责令限期改正；拒不改正的，处5000元以上3万元以下罚款。

第七十条 药品监督管理部门工作人员违反本办法规定，滥用职权、玩忽职守、徇私舞弊的，依法给予处分。

第六章　附　则

第七十一条 本办法下列用语的含义是：

医疗器械批发，是指将医疗器械销售给医疗器械生产企业、医疗器械经营企业、医疗器械使用单位或者其他有合理使用需求的单位的医疗器械经营行为。

医疗器械零售，是指将医疗器械直接销售给消费者个人使用的医疗器械经营行为。

第七十二条 从事医疗器械网络销售的，应当遵守法律、法规和规章有关规定。

第七十三条 本办法自2022年5月1日起施行。2014年7月30日原国家食品药品监督管理总局令第8号公布的《医疗器械经营监督管理办法》同时废止。

医疗器械网络销售监督管理办法

- 2017年12月20日国家食品药品监督管理总局令第38号公布
- 自2018年3月1日起施行

第一章 总 则

第一条 为加强医疗器械网络销售和医疗器械网络交易服务监督管理,保障公众用械安全,根据《中华人民共和国网络安全法》《医疗器械监督管理条例》《互联网信息服务管理办法》等法律法规,制定本办法。

第二条 在中华人民共和国境内从事医疗器械网络销售、提供医疗器械网络交易服务及其监督管理,应当遵守本办法。

第三条 国家食品药品监督管理总局负责指导全国医疗器械网络销售、医疗器械网络交易服务的监督管理,并组织开展全国医疗器械网络销售和网络交易服务监测。

省级食品药品监督管理部门负责医疗器械网络交易服务的监督管理。

县级以上地方食品药品监督管理部门负责本行政区域内医疗器械网络销售的监督管理。

第四条 从事医疗器械网络销售的企业、医疗器械网络交易服务第三方平台提供者应当遵守医疗器械法规、规章和规范,建立健全管理制度,依法诚信经营,保证医疗器械质量安全。

从事医疗器械网络销售的企业,是指通过网络销售医疗器械的医疗器械上市许可持有人(即医疗器械注册人或者备案人,以下简称持有人)和医疗器械生产经营企业。

医疗器械网络交易服务第三方平台提供者,是指在医疗器械网络交易中仅提供网页空间、虚拟交易场所、交易规则、交易撮合、电子订单等交易服务,供交易双方或者多方开展交易活动,不直接参与医疗器械销售的企业。

第五条 从事医疗器械网络销售的企业、医疗器械网络交易服务第三方平台提供者应当采取技术措施,保障医疗器械网络销售数据和资料的真实、完整、可追溯。

第六条 从事医疗器械网络销售的企业、医疗器械网络交易服务第三方平台提供者应当积极配合食品药品监督管理部门开展网络监测、抽样检验、现场检查等监督管理,按照食品药品监督管理部门的要求存储数据,提供信息查询、数据提取等相关支持。

第二章 医疗器械网络销售

第七条 从事医疗器械网络销售的企业应当是依法取得医疗器械生产许可、经营许可或者办理备案的医疗器械生产经营企业。法律法规规定不需要办理许可或者备案的除外。

持有人通过网络销售其医疗器械,医疗器械生产企业受持有人委托通过网络销售受托生产的医疗器械,不需要办理经营许可或者备案,其销售条件应当符合《医疗器械监督管理条例》和本办法的要求。

持有人委托开展医疗器械网络销售的,应当评估确认受托方的合法资质、销售条件、技术水平和质量管理能力,对网络销售过程和质量控制进行指导和监督,对网络销售的医疗器械质量负责。

第八条 从事医疗器械网络销售的企业,应当填写医疗器械网络销售信息表,将企业名称、法定代表人或者主要负责人、网站名称、网络客户端应用程序名、网站域名、网站IP地址、电信业务经营许可证或者非经营性互联网信息服务备案编号、医疗器械生产经营许可证件或者备案凭证编号等信息事先向所在地设区的市级食品药品监督管理部门备案。相关信息发生变化的,应当及时变更备案。

第九条 从事医疗器械网络销售的企业,应当通过自建网站或者医疗器械网络交易服务第三方平台开展医疗器械网络销售活动。

通过自建网站开展医疗器械网络销售的企业,应当依法取得《互联网药品信息服务资格证书》,并具备与其规模相适应的办公场所以及数据备份、故障恢复等技术条件。

第十条 从事医疗器械网络销售的企业,应当在其主页面显著位置展示其医疗器械生产经营许可证件或者备案凭证,产品页面应当展示该产品的医疗器械注册证或者备案凭证。相关展示信息应当画面清晰,容易辨识。其中,医疗器械生产经营许可证件或者备案凭证、医疗器械注册证或者备案凭证的编号还应当以文本形式展示。相关信息发生变更的,应当及时更新展示内容。

第十一条 从事医疗器械网络销售的企业在网上发布的医疗器械名称、型号、规格、结构及组成、适用范围、医疗器械注册证编号或者备案凭证编号、注册人或者备案人信息、生产许可证或者备案凭证编号、产品技术要求编号、禁忌症等信息,应当与经注册或者备案的相关内容保持一致。

第十二条 从事医疗器械网络销售的企业应当记录医疗器械销售信息,记录应当保存至医疗器械有效期后2年;无有效期的,保存时间不得少于5年;植入类医疗器械的销售信息应当永久保存。相关记录应当真实、完整、可追溯。

第十三条 从事医疗器械网络销售的企业,经营范围不得超出其生产经营许可或者备案的范围。

医疗器械批发企业从事医疗器械网络销售,应当销售给具有资质的医疗器械经营企业或者使用单位。

医疗器械零售企业从事医疗器械网络销售,应当销售给消费者。销售给消费者个人的医疗器械,应当是可以由消费者个人自行使用的,其说明书应当符合医疗器械说明书和标签管理相关规定,标注安全使用的特别说明。

第十四条 从事医疗器械网络销售的企业,应当按照医疗器械标签和说明书标明的条件贮存和运输医疗器械。委托其他单位贮存和运输医疗器械的,应当对被委托方贮存和运输医疗器械的质量保障能力进行考核评估,明确贮存和运输过程中的质量安全责任,确保贮存和运输过程中的质量安全。

第三章 医疗器械网络交易服务

第十五条 医疗器械网络交易服务第三方平台提供者应当依法取得《互联网药品信息服务资格证书》,具备与其规模相适应的办公场所以及数据备份、故障恢复等技术条件,设置专门的医疗器械网络质量安全管理机构或者配备医疗器械质量安全管理人员。

第十六条 医疗器械网络交易服务第三方平台提供者应当向所在地省级食品药品监督管理部门备案,填写医疗器械网络交易服务第三方平台备案表,并提交以下材料:

(一)营业执照原件、复印件;

(二)法定代表人或者主要负责人、医疗器械质量安全管理人身份证明原件、复印件;

(三)组织机构与部门设置说明;

(四)办公场所地理位置图、房屋产权证明文件或者租赁协议(附房屋产权证明文件)原件、复印件;

(五)电信业务经营许可证原件、复印件或者非经营性互联网信息服务备案说明;

(六)《互联网药品信息服务资格证书》原件、复印件;

(七)医疗器械网络交易服务质量管理制度等文件目录;

(八)网站或者网络客户端应用程序基本情况介绍和功能说明;

(九)其他相关证明材料。

第十七条 省级食品药品监督管理部门应当当场对企业提交材料的完整性进行核对,符合规定的予以备案,发给医疗器械网络交易服务第三方平台备案凭证;提交资料不齐全或者不符合法定情形的,应当一次性告知需要补充材料的事项。

省级食品药品监督管理部门应当在备案后7个工作日内向社会公开相关备案信息。备案信息包括企业名称、法定代表人或者主要负责人、网站名称、网络客户端应用程序名、网站域名、网站IP地址、电信业务经营许可证或者非经营性互联网信息服务备案编号、医疗器械网络交易服务第三方平台备案凭证编号等。

省级食品药品监督管理部门应当在医疗器械网络交易服务第三方平台提供者备案后3个月内,对医疗器械网络交易服务第三方平台开展现场检查。

第十八条 医疗器械网络交易服务第三方平台提供者名称、法定代表人或者主要负责人、网站名称、网络客户端应用程序名、网站域名、网站IP地址、电信业务经营许可证或者非经营性互联网信息服务备案编号等备案信息发生变化的,应当及时变更备案。

第十九条 医疗器械网络交易服务第三方平台提供者,应当在其网站主页面显著位置标注医疗器械网络交易服务第三方平台备案凭证的编号。

第二十条 医疗器械网络交易服务第三方平台提供者应当建立包括入驻平台的企业核实登记、质量安全监测、交易安全保障、网络销售违法行为制止及报告、严重违法行为平台服务停止、安全投诉举报处理、消费者权益保护、质量安全信息公告等管理制度。

第二十一条 医疗器械网络交易服务第三方平台提供者应当对申请入驻平台的企业提供的医疗器械生产经营许可证件或者备案凭证、医疗器械注册证或者备案凭证、企业营业执照等材料进行核实,建立档案并及时更新,保证入驻平台的企业许可证件或者备案凭证所载明的生产经营场所等许可或者备案信息真实。

医疗器械网络交易服务第三方平台提供者应当与入驻平台的企业签订入驻协议,并在协议中明确双方义务及违约处置措施等相关内容。

第二十二条 医疗器械网络交易服务第三方平台提供者应当记录在其平台上开展的医疗器械交易信息,记录应当保存至医疗器械有效期后2年;无有效期的,保存时间不得少于5年;植入类医疗器械交易信息应当永久保存。相关记录应当真实、完整、可追溯。

第二十三条 医疗器械网络交易服务第三方平台提供者应当对平台上的医疗器械销售行为及信息进行监

测,发现入驻网络交易服务第三方平台的企业存在超范围经营、发布虚假信息、夸大宣传等违法违规行为、无法取得联系或者存在其他严重安全隐患的,应当立即对其停止网络交易服务,并保存有关记录,向所在地省级食品药品监督管理部门报告。

发现入驻网络交易服务第三方平台的企业被食品药品监督管理部门责令停产停业、吊销许可证件等处罚,或者平台交易的产品被食品药品监督管理部门暂停销售或者停止销售的,应当立即停止提供相关网络交易服务。

第二十四条 医疗器械网络交易服务第三方平台提供者应当在网站醒目位置及时发布产品质量安全隐患等相关信息。

第四章 监督检查

第二十五条 食品药品监督管理部门依照法律、法规、规章的规定,依职权对从事医疗器械网络销售的企业和医疗器械网络交易服务第三方平台实施监督检查和抽样检验。

第二十六条 对从事医疗器械网络销售的企业违法行为的查处,由其所在地县级以上地方食品药品监督管理部门管辖。

未经许可或者备案从事医疗器械网络销售,能确定违法销售企业地址的,由违法销售企业所在地县级以上地方食品药品监督管理部门管辖;不能确定违法销售企业所在地的,由违法行为发生地或者违法行为结果地的县级以上地方食品药品监督管理部门管辖。通过医疗器械网络交易服务第三方平台销售的,由医疗器械网络交易服务第三方平台提供者所在地省级食品药品监督管理部门管辖;经调查后能够确定管辖地的,及时移送有管辖权的食品药品监督管理部门。

对医疗器械网络交易服务第三方平台提供者违法行为的查处,由其所在地省级食品药品监督管理部门管辖。

网络销售的医疗器械发生重大质量事故或者造成其他严重危害后果的,可以由违法企业所在地、违法行为发生地或者违法行为结果地省级食品药品监督管理部门管辖;后果特别严重的,省级食品药品监督管理部门可以报请国家食品药品监督管理总局协调或者组织直接查处。

对发生医疗器械网络销售违法行为的网站,由省级食品药品监督管理部门通报同级通信主管部门。

第二十七条 国家食品药品监督管理总局组织建立国家医疗器械网络交易监测平台,开展全国医疗器械网络销售和网络交易监测与处置,监测情况定期通报省级食品药品监督管理部门。对监测发现的涉嫌违法违规信息,及时转送相关省级食品药品监督管理部门。省级食品药品监督管理部门应当及时组织处理。

第二十八条 省级食品药品监督管理部门自行建立的医疗器械网络销售监测平台,应当与国家医疗器械网络交易监测平台实现数据对接。

第二十九条 食品药品监督管理部门开展医疗器械网络销售日常监督管理,或者对涉嫌违法违规的医疗器械网络销售行为进行查处时,有权采取下列措施:

(一)进入企业医疗器械经营场所、办公场所和服务器所在地等实施现场检查;

(二)对网络销售的医疗器械进行抽样检验;

(三)询问有关人员,调查企业从事医疗器械网络销售行为的相关情况;

(四)查阅、复制企业的交易数据、合同、票据、账簿以及其他相关资料;

(五)调取网络销售的技术监测、记录资料;

(六)依法查封扣押数据存储介质等;

(七)法律、法规规定可以采取的其他措施。

第三十条 对网络销售医疗器械的抽样检验,按照医疗器械质量监督抽查检验相关管理规定实施。

检验结果不符合医疗器械质量安全标准的,食品药品监督管理部门收到检验报告后,应当及时对相关生产经营企业开展监督检查,采取控制措施,及时发布质量公告,对违法行为依法查处。

第三十一条 食品药品监督管理部门对医疗器械网络销售的技术监测记录、信息追溯资料等,可以作为认定医疗器械网络销售违法事实的依据。

第三十二条 从事医疗器械网络销售的企业实际情况与备案信息不符且无法取得联系的,经所在地设区的市级食品药品监督管理部门公示后,依法注销其《医疗器械经营许可证》或者在第二类医疗器械经营备案信息中予以标注,并向社会公告。相关网站由省级食品药品监督管理部门通报同级通信主管部门。

医疗器械网络交易服务第三方平台提供者实际情况与备案信息不符且无法取得联系的,经原备案所在地省级食品药品监督管理部门公示后,在其备案信息中予以标注,向社会公告;备案时提供虚假资料的,由省级食品药品监督管理部门向社会公告备案单位。其网站由省级食品药品监督管理部门通报同级通信主管部门。

第三十三条 食品药品监督管理部门在检查中发现从事医疗器械网络销售的企业或者医疗器械网络交易服务第三方平台未按规定建立并执行相关质量管理制度,

且存在医疗器械质量安全隐患的,食品药品监督管理部门可以责令其暂停网络销售或者暂停提供相关网络交易服务。

恢复网络销售或者恢复提供相关网络交易服务的,从事医疗器械网络销售的企业或者医疗器械网络交易服务第三方平台提供者应当向原作出处理决定的食品药品监督管理部门提出申请,经食品药品监督管理部门检查通过后方可恢复。

第三十四条 从事医疗器械网络销售的企业、医疗器械网络交易服务第三方平台提供者,有下列情形之一的,食品药品监督管理部门可以依职责对其法定代表人或者主要负责人进行约谈:

(一)发生医疗器械质量安全问题,可能引发医疗器械质量安全风险的;

(二)未及时妥善处理投诉举报的医疗器械质量问题,可能存在医疗器械质量安全隐患的;

(三)未及时采取有效措施排查、消除医疗器械质量安全隐患,未落实医疗器械质量安全责任的;

(四)需要进行约谈的其他情形。

约谈不影响食品药品监督管理部门依法对其进行行政处理,约谈情况及后续处理情况可以向社会公开。

被约谈企业无正当理由未按照要求落实整改的,省级食品药品监督管理部门、所在地设区的市级食品药品监督管理部门应当依职责增加监督检查频次。

第三十五条 有下列情形之一的,食品药品监督管理部门可以将从事医疗器械网络销售的企业、医疗器械网络交易服务第三方平台提供者及其法定代表人或者主要负责人列入失信企业和失信人员名单,并向社会公开:

(一)拒不执行暂停网络销售或者暂停提供相关网络交易服务决定的;

(二)企业被约谈后拒不按照要求整改的。

第三十六条 县级以上地方食品药品监督管理部门应当定期汇总分析本行政区域医疗器械网络销售监督管理情况,报告上一级食品药品监督管理部门,并依法向社会公开。

省级食品药品监督管理部门应当每年汇总分析医疗器械网络销售和网络交易服务第三方平台监督管理情况,报告国家食品药品监督管理总局,并依法向社会公开。

第五章 法律责任

第三十七条 从事医疗器械网络销售的企业、医疗器械网络交易服务第三方平台提供者违反法律法规有关规定从事销售或者交易服务,法律法规已有规定的,从其规定。构成犯罪的,移送公安机关处理。

第三十八条 违反本办法规定,未取得医疗器械经营许可从事网络第三类医疗器械销售的,依照《医疗器械监督管理条例》第六十三条的规定予以处罚;未取得第二类医疗器械经营备案凭证从事网络第二类医疗器械销售的,依照《医疗器械监督管理条例》第六十五条的规定予以处罚。

第三十九条 从事医疗器械网络销售的企业未按照本办法规定备案的,由县级以上地方食品药品监督管理部门责令限期改正,给予警告;拒不改正的,向社会公告,处1万元以下罚款。

第四十条 有下列情形之一的,由县级以上地方食品药品监督管理部门责令改正,给予警告;拒不改正的,处5000元以上1万元以下罚款:

(一)从事医疗器械网络销售的企业未按照本办法要求展示医疗器械生产经营许可证或者备案凭证、医疗器械注册证或者备案凭证的;

(二)医疗器械网络交易服务第三方平台提供者未按照本办法要求展示医疗器械网络交易服务第三方平台备案凭证编号的。

第四十一条 有下列情形之一的,由县级以上地方食品药品监督管理部门责令改正,给予警告;拒不改正的,处5000元以上2万元以下罚款:

(一)从事医疗器械网络销售的企业备案信息发生变化,未按规定变更的;

(二)从事医疗器械网络销售的企业未按规定建立并执行质量管理制度的;

(三)医疗器械网络交易服务第三方平台提供者备案事项发生变化未按规定办理变更的;

(四)医疗器械网络交易服务第三方平台提供者未按规定要求设置与其规模相适应的质量安全管理机构或者配备质量安全管理人员的;

(五)医疗器械网络交易服务第三方平台提供者未按规定建立并执行质量管理制度的。

第四十二条 医疗器械网络交易服务第三方平台提供者未按本办法规定备案的,由省级食品药品监督管理部门责令限期改正;拒不改正的,向社会公告,处3万元以下罚款。

第四十三条 有下列情形之一的,由县级以上地方食品药品监督管理部门责令改正,给予警告;拒不改正的,处1万元以上3万元以下罚款:

（一）从事医疗器械网络销售的企业、医疗器械网络交易服务第三方平台条件发生变化，不再满足规定要求的；

（二）从事医疗器械网络销售的企业、医疗器械网络交易服务第三方平台提供者不配合食品药品监督管理部门的监督检查，或者拒绝、隐瞒、不如实提供相关材料和数据的。

第四十四条 有下列情形之一的，由县级以上地方食品药品监督管理部门责令改正，处1万元以上3万元以下罚款：

（一）从事医疗器械网络销售的企业超出经营范围销售的；

（二）医疗器械批发企业销售给不具有资质的经营企业、使用单位的。

医疗器械零售企业将非消费者自行使用的医疗器械销售给消费者个人的，依照前款第一项规定予以处罚。

第四十五条 从事医疗器械网络销售的企业未按照医疗器械说明书和标签标示要求运输、贮存医疗器械的，依照《医疗器械监督管理条例》第六十七条的规定予以处罚。

第四十六条 负责监管医疗器械网络销售的食品药品监督管理部门工作人员不履行职责或者滥用职权、玩忽职守、徇私舞弊的，依法追究行政责任；构成犯罪的，移送司法机关追究刑事责任。

第四十七条 医疗器械网络交易服务第三方平台提供者提供的医疗器械产品或者服务造成他人人身、财产损失的，根据相关法律法规的规定承担民事责任。

第六章 附 则

第四十八条 医疗器械网络交易服务第三方平台备案凭证的格式由国家食品药品监督管理总局统一制定。

医疗器械网络交易服务第三方平台备案凭证由省级食品药品监督管理部门印制。

医疗器械网络交易服务第三方平台备案凭证编号的编排方式为：(X)网械平台备字〔XXXX〕第XXXXX号。其中：

第一位X代表备案部门所在地省、自治区、直辖市的简称；

第二到五位X代表4位数备案年份；

第六到十位X代表5位数备案流水号。

第四十九条 医疗器械网络信息服务按照《互联网药品信息服务管理办法》执行。

第五十条 本办法自2018年3月1日起施行。

医疗器械使用质量监督管理办法

- 2015年10月21日国家食品药品监督管理总局令第18号公布
- 自2016年2月1日起施行

第一章 总 则

第一条 为加强医疗器械使用质量监督管理，保证医疗器械使用安全、有效，根据《医疗器械监督管理条例》，制定本办法。

第二条 使用环节的医疗器械质量管理及其监督管理，应当遵守本办法。

第三条 国家食品药品监督管理总局负责全国医疗器械使用质量监督管理工作。县级以上地方食品药品监督管理部门负责本行政区域的医疗器械使用质量监督管理工作。

上级食品药品监督管理部门负责指导和监督下级食品药品监督管理部门开展医疗器械使用质量监督管理工作。

第四条 医疗器械使用单位应当按照本办法，配备与其规模相适应的医疗器械质量管理机构或者质量管理人员，建立覆盖质量管理全过程的使用质量管理制度，承担本单位使用医疗器械的质量管理责任。

鼓励医疗器械使用单位采用信息化技术手段进行医疗器械质量管理。

第五条 医疗器械生产经营企业销售的医疗器械应当符合强制性标准以及经注册或者备案的产品技术要求。医疗器械生产经营企业应当按照与医疗器械使用单位的合同约定，提供医疗器械售后服务，指导和配合医疗器械使用单位开展质量管理工作。

第六条 医疗器械使用单位发现所使用的医疗器械发生不良事件或者可疑不良事件的，应当按照医疗器械不良事件监测的有关规定报告并处理。

第二章 采购、验收与贮存

第七条 医疗器械使用单位应当对医疗器械采购实行统一管理，由其指定的部门或者人员统一采购医疗器械，其他部门或者人员不得自行采购。

第八条 医疗器械使用单位应当从具有资质的医疗器械生产经营企业购进医疗器械，索取、查验供货者资质、医疗器械注册证或者备案凭证等证明文件。对购进的医疗器械应当验明产品合格证明文件，并按规定进行验收。对有特殊储运要求的医疗器械还应当核实储运条件是否符合产品说明书和标签标示的要求。

第九条　医疗器械使用单位应当真实、完整、准确地记录进货查验情况。进货查验记录应当保存至医疗器械规定使用期限届满后2年或者使用终止后2年。大型医疗器械进货查验记录应当保存至医疗器械规定使用期限届满后5年或者使用终止后5年；植入性医疗器械进货查验记录应当永久保存。

医疗器械使用单位应当妥善保存购入第三类医疗器械的原始资料，确保信息具有可追溯性。

第十条　医疗器械使用单位贮存医疗器械的场所、设施及条件应当与医疗器械品种、数量相适应，符合产品说明书、标签标示的要求及使用安全、有效的需要；对温度、湿度等环境条件有特殊要求的，还应当监测和记录贮存区域的温度、湿度等数据。

第十一条　医疗器械使用单位应当按照贮存条件、医疗器械有效期限等要求对贮存的医疗器械进行定期检查并记录。

第十二条　医疗器械使用单位不得购进和使用未依法注册或者备案、无合格证明文件以及过期、失效、淘汰的医疗器械。

第三章　使用、维护与转让

第十三条　医疗器械使用单位应当建立医疗器械使用前质量检查制度。在使用医疗器械前，应当按照产品说明书的有关要求进行检查。

使用无菌医疗器械前，应当检查直接接触医疗器械的包装及其有效期限。包装破损、标示不清、超过有效期限或者可能影响使用安全、有效的，不得使用。

第十四条　医疗器械使用单位对植入和介入类医疗器械应当建立使用记录，植入性医疗器械使用记录永久保存，相关资料应当纳入信息化管理系统，确保信息可追溯。

第十五条　医疗器械使用单位应当建立医疗器械维护维修管理制度。对需要定期检查、检验、校准、保养、维护的医疗器械，应当按照产品说明书的要求进行检查、检验、校准、保养、维护并记录，及时进行分析、评估，确保医疗器械处于良好状态。

对使用期限长的大型医疗器械，应当逐台建立使用档案，记录其使用、维护等情况。记录保存期限不得少于医疗器械规定使用期限届满后5年或者使用终止后5年。

第十六条　医疗器械使用单位应当按照产品说明书等要求使用医疗器械。一次性使用的医疗器械不得重复使用，对使用过的应当按照国家有关规定销毁并记录。

第十七条　医疗器械使用单位可以按照合同的约定要求医疗器械生产经营企业提供医疗器械维护维修服务，也可以委托有条件和能力的维修服务机构进行器械维护维修，或者自行对在用医疗器械进行维护维修。

医疗器械使用单位委托维修服务机构或者自行对在用医疗器械进行维护维修的，医疗器械生产经营企业应当按照合同的约定提供维护手册、维修手册、软件备份、故障代码表、备件清单、零部件、维修密码等维护维修必需的材料和信息。

第十八条　由医疗器械生产经营企业或者维修服务机构对医疗器械进行维护维修的，应当在合同中约定明确的质量要求、维修要求等相关事项，医疗器械使用单位应当在每次维护维修后索取并保存相关记录；医疗器械使用单位自行对医疗器械进行维护维修的，应当加强对从事医疗器械维护维修的技术人员的培训考核，并建立培训档案。

第十九条　医疗器械使用单位发现使用的医疗器械存在安全隐患的，应当立即停止使用，通知检修；经检修仍不能达到使用安全标准的，不得继续使用，并按照有关规定处置。

第二十条　医疗器械使用单位之间转让在用医疗器械，转让方应当确保所转让的医疗器械安全、有效，并提供产品合法证明文件。

转让双方应当签订协议，移交产品说明书、使用和维修记录档案复印件等资料，并经有资质的检验机构检验合格后方可转让。受让方应当参照本办法第八条关于进货查验的规定进行查验，符合要求后方可使用。

不得转让未依法注册或者备案、无合格证明文件或者检验不合格，以及过期、失效、淘汰的医疗器械。

第二十一条　医疗器械使用单位接受医疗器械生产经营企业或者其他机构、个人捐赠医疗器械的，捐赠方应当提供医疗器械的相关合法证明文件，受赠方应当参照本办法第八条关于进货查验的规定进行查验，符合要求后方可使用。

不得捐赠未依法注册或者备案、无合格证明文件或者检验不合格，以及过期、失效、淘汰的医疗器械。

医疗器械使用单位之间捐赠在用医疗器械的，参照本办法第二十条关于转让在用医疗器械的规定办理。

第四章　监督管理

第二十二条　食品药品监督管理部门按照风险管理原则，对使用环节的医疗器械质量实施监督管理。

设区的市级食品药品监督管理部门应当编制并实施

本行政区域的医疗器械使用单位年度监督检查计划，确定监督检查的重点、频次和覆盖率。对存在较高风险的医疗器械、有特殊储运要求的医疗器械以及有不良信用记录的医疗器械使用单位等，应当实施重点监管。

年度监督检查计划及其执行情况应当报告省、自治区、直辖市食品药品监督管理部门。

第二十三条　食品药品监督管理部门对医疗器械使用单位建立、执行医疗器械使用质量管理制度的情况进行监督检查，应当记录监督检查结果，并纳入监督管理档案。

食品药品监督管理部门对医疗器械使用单位进行监督检查时，可以对相关的医疗器械生产经营企业、维修服务机构等进行延伸检查。

医疗器械使用单位、生产经营企业和维修服务机构等应当配合食品药品监督管理部门的监督检查，如实提供有关情况和资料，不得拒绝和隐瞒。

第二十四条　医疗器械使用单位应当按照本办法和本单位建立的医疗器械使用质量管理制度，每年对医疗器械质量管理工作进行全面自查，并形成自查报告。食品药品监督管理部门在监督检查中对医疗器械使用单位的自查报告进行抽查。

第二十五条　食品药品监督管理部门应当加强对使用环节医疗器械的抽查检验。省级以上食品药品监督管理部门应当根据抽查检验结论，及时发布医疗器械质量公告。

第二十六条　个人和组织发现医疗器械使用单位有违反本办法的行为，有权向医疗器械使用单位所在地食品药品监督管理部门举报。接到举报的食品药品监督管理部门应当及时核实、处理。经查证属实的，应当按照有关规定对举报人给予奖励。

第五章　法律责任

第二十七条　医疗器械使用单位有下列情形之一的，由县级以上食品药品监督管理部门按照《医疗器械监督管理条例》第六十六条的规定予以处罚：

（一）使用不符合强制性标准或者不符合经注册或者备案的产品技术要求的医疗器械的；

（二）使用无合格证明文件、过期、失效、淘汰的医疗器械，或者使用未依法注册的医疗器械的。

第二十八条　医疗器械使用单位有下列情形之一的，由县级以上食品药品监督管理部门按照《医疗器械监督管理条例》第六十七条的规定予以处罚：

（一）未按照医疗器械产品说明书和标签标示要求贮存医疗器械的；

（二）转让或者捐赠过期、失效、淘汰、检验不合格的在用医疗器械的。

第二十九条　医疗器械使用单位有下列情形之一的，由县级以上食品药品监督管理部门按照《医疗器械监督管理条例》第六十八条的规定予以处罚：

（一）未建立并执行医疗器械进货查验制度，未查验供货者的资质，或者未真实、完整、准确地记录进货查验情况的；

（二）未按照产品说明书的要求进行定期检查、检验、校准、保养、维护并记录的；

（三）发现使用的医疗器械存在安全隐患未立即停止使用、通知检修，或者继续使用经检修仍不能达到使用安全标准的医疗器械的；

（四）未妥善保存购入第三类医疗器械的原始资料的；

（五）未按规定建立和保存植入和介入类医疗器械使用记录的。

第三十条　医疗器械使用单位有下列情形之一的，由县级以上食品药品监督管理部门责令限期改正，给予警告；拒不改正的，处 1 万元以下罚款：

（一）未按规定配备与其规模相适应的医疗器械质量管理机构或者质量管理人员，或者未按规定建立覆盖质量管理全过程的使用质量管理制度的；

（二）未按规定由指定的部门或者人员统一采购医疗器械的；

（三）购进、使用未备案的第一类医疗器械，或者从未备案的经营企业购进第二类医疗器械的；

（四）贮存医疗器械的场所、设施及条件与医疗器械品种、数量不相适应的，或者未按照贮存条件、医疗器械有效期限等要求对贮存的医疗器械进行定期检查并记录的；

（五）未按规定建立、执行医疗器械使用前质量检查制度的；

（六）未按规定索取、保存医疗器械维护维修相关记录的；

（七）未按规定对本单位从事医疗器械维护维修的相关技术人员进行培训考核、建立培训档案的；

（八）未按规定对其医疗器械质量管理工作进行自查、形成自查报告的。

第三十一条　医疗器械生产经营企业违反本办法第十七条规定，未按要求提供维护维修服务，或者未按要求提供维护维修所必需的材料和信息的，由县级以上食品药品监督管理部门给予警告，责令限期改正；情节严重或者拒不改正的，处5000元以上2万元以下罚款。

第三十二条 医疗器械使用单位、生产经营企业和维修服务机构等不配合食品药品监督管理部门的监督检查，或者拒绝、隐瞒、不如实提供有关情况和资料的，由县级以上食品药品监督管理部门责令改正，给予警告，可以并处2万元以下罚款。

第六章 附 则

第三十三条 用于临床试验的试验用医疗器械的质量管理，按照医疗器械临床试验等有关规定执行。

第三十四条 对使用环节的医疗器械使用行为的监督管理，按照国家卫生和计划生育委员会的有关规定执行。

第三十五条 本办法自2016年2月1日起施行。

医疗器械不良事件监测和再评价管理办法

- 2018年8月13日国家市场监督管理总局、国家卫生健康委员会令第1号公布
- 自2019年1月1日起施行

第一章 总 则

第一条 为加强医疗器械不良事件监测和再评价，及时、有效控制医疗器械上市后风险，保障人体健康和生命安全，根据《医疗器械监督管理条例》，制定本办法。

第二条 在中华人民共和国境内开展医疗器械不良事件监测、再评价及其监督管理，适用本办法。

第三条 医疗器械上市许可持有人（以下简称持有人），应当具有保证医疗器械安全有效的质量管理能力和相应责任能力，建立医疗器械不良事件监测体系，向医疗器械不良事件监测技术机构（以下简称监测机构）直接报告医疗器械不良事件。由持有人授权销售的经营企业、医疗器械使用单位应当向持有人和监测机构报告医疗器械不良事件。

持有人应当对发现的不良事件进行评价，根据评价结果完善产品质量，并向监测机构报告评价结果和完善质量的措施；需要原注册机关审批的，应当按规定提交申请。

境外持有人指定的代理人应当承担境内销售的进口医疗器械的不良事件监测工作，配合境外持有人履行再评价义务。

第四条 本办法下列用语的含义：

（一）医疗器械上市许可持有人，是指医疗器械注册证书和医疗器械备案凭证的持有人，即医疗器械注册人和备案人。

（二）医疗器械不良事件，是指已上市的医疗器械，在正常使用情况下发生的，导致或者可能导致人体伤害的各种有害事件。

（三）严重伤害，是指有下列情况之一者：
1. 危及生命；
2. 导致机体功能的永久性伤害或者机体结构的永久性损伤；
3. 必须采取医疗措施才能避免上述永久性伤害或者损伤。

（四）群体医疗器械不良事件，是指同一医疗器械在使用过程中，在相对集中的时间、区域内发生，对一定数量人群的身体健康或者生命安全造成损害或者威胁的事件。

（五）医疗器械不良事件监测，是指对医疗器械不良事件的收集、报告、调查、分析、评价和控制的过程。

（六）医疗器械重点监测，是指为研究某一品种或者产品上市后风险情况、特征、严重程度、发生率等，主动开展的阶段性监测活动。

（七）医疗器械再评价，是指对已注册或者备案、上市销售的医疗器械的安全性、有效性进行重新评价，并采取相应措施的过程。

第五条 国家药品监督管理局建立国家医疗器械不良事件监测信息系统，加强医疗器械不良事件监测信息网络和数据库建设。

国家药品监督管理局指定的监测机构（以下简称国家监测机构）负责对收集到的医疗器械不良事件信息进行统一管理，并向相关监测机构、持有人、经营企业或者使用单位反馈医疗器械不良事件监测相关信息。

与产品使用风险相关的监测信息应当向卫生行政部门通报。

第六条 省、自治区、直辖市药品监督管理部门应当建立医疗器械不良事件监测体系，完善相关制度，配备相应监测机构和人员，开展医疗器械不良事件监测工作。

第七条 任何单位和个人发现医疗器械不良事件，有权向负责药品监督管理的部门（以下简称药品监督管理部门）或者监测机构报告。

第二章 职责与义务

第八条 国家药品监督管理局负责全国医疗器械不良事件监测和再评价的监督管理工作，会同国务院卫生

行政部门组织开展全国范围内影响较大并造成严重伤害或者死亡以及其他严重后果的群体医疗器械不良事件的调查和处理,依法采取紧急控制措施。

第九条 省、自治区、直辖市药品监督管理部门负责本行政区域内医疗器械不良事件监测和再评价的监督管理工作,会同同级卫生行政部门和相关部门组织开展本行政区域内发生的群体医疗器械不良事件的调查和处理,依法采取紧急控制措施。

设区的市级和县级药品监督管理部门负责本行政区域内医疗器械不良事件监测相关工作。

第十条 上级药品监督管理部门指导和监督下级药品监督管理部门开展医疗器械不良事件监测和再评价的监督管理工作。

第十一条 国务院卫生行政部门和地方各级卫生行政部门负责医疗器械使用单位中与医疗器械不良事件监测相关的监督管理工作,督促医疗器械使用单位开展医疗器械不良事件监测相关工作并组织检查,加强医疗器械不良事件监测工作的考核,在职责范围内依法对医疗器械不良事件采取相关控制措施。

上级卫生行政部门指导和监督下级卫生行政部门开展医疗器械不良事件监测相关的监督管理工作。

第十二条 国家监测机构负责接收持有人、经营企业及使用单位等报告的医疗器械不良事件信息,承担全国医疗器械不良事件监测和再评价的相关技术工作;负责全国医疗器械不良事件监测信息网络及数据库的建设、维护和信息管理,组织制定技术规范和指导原则,组织开展国家药品监督管理局批准注册的医疗器械不良事件相关信息的调查、评价和反馈,对市级以上地方药品监督管理部门批准注册或者备案的医疗器械不良事件信息进行汇总、分析和指导,开展全国范围内影响较大并造成严重伤害或者死亡以及其他严重后果的群体医疗器械不良事件的调查和评价。

第十三条 省、自治区、直辖市药品监督管理部门指定的监测机构(以下简称省级监测机构)组织开展本行政区域内医疗器械不良事件监测和再评价相关技术工作;承担本行政区域内注册或者备案的医疗器械不良事件的调查、评价和反馈,对本行政区域内发生的群体医疗器械不良事件进行调查和评价。

设区的市级和县级监测机构协助开展本行政区域内医疗器械不良事件监测相关技术工作。

第十四条 持有人应当对其上市的医疗器械进行持续研究,评估风险情况,承担医疗器械不良事件监测的责任,根据分析评价结果采取有效控制措施,并履行下列主要义务:

(一)建立包括医疗器械不良事件监测和再评价工作制度的医疗器械质量管理体系;

(二)配备与其产品相适应的机构和人员从事医疗器械不良事件监测相关工作;

(三)主动收集并按照本办法规定的时限要求及时向监测机构如实报告医疗器械不良事件;

(四)对发生的医疗器械不良事件及时开展调查、分析、评价,采取措施控制风险,及时发布风险信息;

(五)对上市医疗器械安全性进行持续研究,按要求撰写定期风险评价报告;

(六)主动开展医疗器械再评价;

(七)配合药品监督管理部门和监测机构组织开展的不良事件调查。

第十五条 境外持有人除应当履行本办法第十四条规定的义务外,还应当与其指定的代理人之间建立信息传递机制,及时互通医疗器械不良事件监测和再评价相关信息。

第十六条 医疗器械经营企业、使用单位应当履行下列主要义务:

(一)建立本单位医疗器械不良事件监测工作制度,医疗机构还应当将医疗器械不良事件监测纳入医疗机构质量安全管理重点工作;

(二)配备与其经营或者使用规模相适应的机构或者人员从事医疗器械不良事件监测相关工作;

(三)收集医疗器械不良事件,及时向持有人报告,并按照要求向监测机构报告;

(四)配合持有人对医疗器械不良事件的调查、评价和医疗器械再评价工作;

(五)配合药品监督管理部门和监测机构组织开展的不良事件调查。

第三章 报告与评价
第一节 基本要求

第十七条 报告医疗器械不良事件应当遵循可疑即报的原则,即怀疑某事件为医疗器械不良事件时,均可以作为医疗器械不良事件进行报告。

报告内容应当真实、完整、准确。

第十八条 导致或者可能导致严重伤害或者死亡的可疑医疗器械不良事件应当报告;创新医疗器械在首个注册周期内,应当报告该产品的所有医疗器械不良事件。

第十九条 持有人、经营企业和二级以上医疗机构应当注册为国家医疗器械不良事件监测信息系统用户，主动维护其用户信息，报告医疗器械不良事件。持有人应当持续跟踪和处理监测信息；产品注册信息发生变化的，应当在系统中立即更新。

鼓励其他使用单位注册为国家医疗器械不良事件监测信息系统用户，报告不良事件相关信息。

第二十条 持有人应当公布电话、通讯地址、邮箱、传真等联系方式，指定联系人，主动收集来自医疗器械经营企业、使用单位、使用者等的不良事件信息；对发现或者获知的可疑医疗器械不良事件，持有人应当直接通过国家医疗器械不良事件监测信息系统进行医疗器械不良事件报告与评价，并上报群体医疗器械不良事件调查报告以及定期风险评价报告等。

医疗器械经营企业、使用单位发现或者获知可疑医疗器械不良事件的，应当及时告知持有人，并通过国家医疗器械不良事件监测信息系统报告。暂不具备在线报告条件的，应当通过纸质报表向所在地县级以上监测机构报告，由监测机构代为在线报告。

各级监测机构应当公布电话、通讯地址等联系方式。

第二十一条 持有人应当对收集和获知的医疗器械不良事件监测信息进行分析、评价，主动开展医疗器械安全性研究。对附条件批准的医疗器械，持有人还应当按照风险管控计划开展相关工作。

第二十二条 持有人、经营企业、使用单位应当建立并保存医疗器械不良事件监测记录。记录应当保存至医疗器械有效期后2年；无有效期的，保存期限不得少于5年。植入性医疗器械的监测记录应当永久保存，医疗机构应当按照病例相关规定保存。

第二十三条 省级监测机构应当对本行政区域内注册或者备案的医疗器械的不良事件报告进行综合分析，对发现的风险提出监管措施建议，于每季度结束后30日内报所在地省、自治区、直辖市药品监督管理部门和国家监测机构。

国家监测机构应当对国家药品监督管理局批准注册或者备案的医疗器械的不良事件报告和各省、自治区、直辖市药品监督管理部门的季度报告进行综合分析，必要时向国家药品监督管理局提出监管措施建议。

第二十四条 省级监测机构应当按年度对本行政区域内注册或者备案的医疗器械的不良事件监测情况进行汇总分析，形成年度汇总报告，于每年3月15日前报所在地省、自治区、直辖市药品监督管理部门和国家监测机构。

国家监测机构应当对全国医疗器械不良事件年度监测情况进行汇总分析，形成年度报告，于每年3月底前报国家药品监督管理局。

省级以上药品监督管理部门应当将年度报告情况通报同级卫生行政部门。

第二节 个例医疗器械不良事件

第二十五条 持有人发现或者获知可疑医疗器械不良事件的，应当立即调查原因，导致死亡的应当在7日内报告；导致严重伤害、可能导致严重伤害或者死亡的应当在20日内报告。

医疗器械经营企业、使用单位发现或者获知可疑医疗器械不良事件的，应当及时告知持有人。其中，导致死亡的还应当在7日内，导致严重伤害、可能导致严重伤害或者死亡的在20日内，通过国家医疗器械不良事件监测信息系统报告。

第二十六条 除持有人、经营企业、使用单位以外的其他单位和个人发现导致或者可能导致严重伤害或者死亡的医疗器械不良事件的，可以向监测机构报告，也可以向持有人、经营企业或者经治的医疗机构报告，必要时提供相关的病历资料。

第二十七条 进口医疗器械的境外持有人和在境外销售国产医疗器械的持有人，应当主动收集其产品在境外发生的医疗器械不良事件。其中，导致或者可能导致严重伤害或者死亡的，境外持有人指定的代理人和国产医疗器械持有人应当自发现或者获知之日起30日内报告。

第二十八条 设区的市级监测机构应当自收到医疗器械不良事件报告之日起10日内，对报告的真实性、完整性和准确性进行审核，并实时反馈相关持有人。

第二十九条 持有人在报告医疗器械不良事件后或者通过国家医疗器械不良事件监测信息系统获知相关医疗器械不良事件后，应当按要求开展后续调查、分析和评价，导致死亡的事件应当在30日内，导致严重伤害、可能导致严重伤害或者死亡的事件应当在45日内向持有人所在地省级监测机构报告评价结果。对于事件情况和评价结果有新的发现或者认知的，应当补充报告。

第三十条 持有人所在地省级监测机构应当在收到持有人评价结果10日内完成对评价结果的审核，必要时可以委托或者会同不良事件发生地省级监测机构对导致或者可能导致严重伤害或者死亡的不良事件开展现场调查。其中，对于国家药品监督管理局批准注册的医疗器械，国家监测机构还应当对省级监测机构作出的评价审核结果进行复核，必要时可以组织对导致死亡的不良事件开展调查。

审核和复核结果应当反馈持有人。对持有人的评价结果存在异议的，可以要求持有人重新开展评价。

第三节 群体医疗器械不良事件

第三十一条 持有人、经营企业、使用单位发现或者获知群体医疗器械不良事件后，应当在12小时内通过电话或者传真等方式报告不良事件发生地省、自治区、直辖市药品监督管理部门和卫生行政部门，必要时可以越级报告，同时通过国家医疗器械不良事件监测信息系统报告群体医疗器械不良事件基本信息，对每一事件还应当在24小时内按个例事件报告。

不良事件发生地省、自治区、直辖市药品监督管理部门应当及时向持有人所在地省、自治区、直辖市药品监督管理部门通报相关信息。

第三十二条 持有人发现或者获知其产品的群体医疗器械不良事件后，应当立即暂停生产、销售，通知使用单位停止使用相关医疗器械，同时开展调查及生产质量管理体系自查，并于7日内向所在地及不良事件发生地省、自治区、直辖市药品监督管理部门和监测机构报告。

调查应当包括产品质量状况、伤害与产品的关联性、使用环节操作和流通过程的合规性等。自查应当包括采购、生产管理、质量控制、同型号同批次产品追踪等。

持有人应当分析事件发生的原因，及时发布风险信息，将自查情况和所采取的控制措施报所在地及不良事件发生地省、自治区、直辖市药品监督管理部门，必要时应当召回相关医疗器械。

第三十三条 医疗器械经营企业、使用单位发现或者获知群体医疗器械不良事件的，应当在12小时内告知持有人，同时迅速开展自查，并配合持有人开展调查。自查应当包括产品贮存、流通过程追溯，同型号同批次产品追踪等；使用单位自查还应当包括使用过程是否符合操作规范和产品说明书要求等。必要时，医疗器械经营企业、使用单位应当暂停医疗器械的销售、使用，并协助相关单位采取相关控制措施。

第三十四条 省、自治区、直辖市药品监督管理部门在获知本行政区域内发生的群体医疗器械不良事件后，应当会同同级卫生行政部门及时开展现场调查，相关省、自治区、直辖市药品监督管理部门应当配合。调查、评价和处理结果应当及时报国家药品监督管理局和国务院卫生行政部门，抄送持有人所在地省、自治区、直辖市药品监督管理部门。

第三十五条 对全国范围内影响较大并造成严重伤害或者死亡以及其他严重后果的群体医疗器械不良事件，国家药品监督管理局应当会同国务院卫生行政部门组织调查和处理。国家监测机构负责现场调查，相关省、自治区、直辖市药品监督管理部门、卫生行政部门应当配合。

调查内容应当包括医疗器械不良事件发生情况、医疗器械使用情况、患者诊治情况、既往类似不良事件、产品生产过程、产品贮存流通情况以及同型号同批次产品追踪等。

第三十六条 国家监测机构和相关省、自治区、直辖市药品监督管理部门、卫生行政部门应当在调查结束后5日内，根据调查情况对产品风险进行技术评价并提出控制措施建议，形成调查报告报国家药品监督管理局和国务院卫生行政部门。

第三十七条 持有人所在地省、自治区、直辖市药品监督管理部门可以对群体不良事件涉及的持有人开展现场检查。必要时，国家药品监督管理局可以对群体不良事件涉及的境外持有人开展现场检查。

现场检查应当包括生产质量管理体系运行情况、产品质量状况、生产过程、同型号同批次产品追踪等。

第四节 定期风险评价报告

第三十八条 持有人应当对上市医疗器械安全性进行持续研究，对产品的不良事件报告、监测资料和国内外风险信息进行汇总、分析，评价该产品的风险与受益，记录采取的风险控制措施，撰写上市后定期风险评价报告。

第三十九条 持有人应当自产品首次批准注册或者备案之日起，每满一年后的60日内完成上年度产品上市后定期风险评价报告。其中，经国家药品监督管理局注册的，应当提交至国家监测机构；经省、自治区、直辖市药品监督管理部门注册的，应当提交至所在地省级监测机构。第一类医疗器械的定期风险评价报告由持有人留存备查。

获得延续注册的医疗器械，应当在下一次延续注册申请时完成本注册周期的定期风险评价报告，并由持有人留存备查。

第四十条 省级以上监测机构应当组织对收到的医疗器械产品上市后定期风险评价报告进行审核。必要时，应当将审核意见反馈持有人。

第四十一条 省级监测机构应当对收到的上市后定期风险评价报告进行综合分析，于每年5月1日前将上一年度上市后定期风险评价报告统计情况和分析评价结果报国家监测机构和所在地省、自治区、直辖市药品监督管理部门。

国家监测机构应当对收到的上市后定期风险评价报告和省级监测机构提交的报告统计情况及分析评价结果进行综合分析，于每年7月1日前将上一年度上市后定期风险评价报告统计情况和分析评价结果报国家药品监督管理局。

第四章 重点监测

第四十二条 省级以上药品监督管理部门可以组织开展医疗器械重点监测，强化医疗器械产品上市后风险研究。

第四十三条 国家药品监督管理局会同国务院卫生行政部门确定医疗器械重点监测品种，组织制定重点监测工作方案，并监督实施。

国家医疗器械重点监测品种应当根据医疗器械注册、不良事件监测、监督检查、检验等情况，结合产品风险程度和使用情况确定。

国家监测机构组织实施医疗器械重点监测工作，并完成相关技术报告。药品监督管理部门可根据监测中发现的风险采取必要的管理措施。

第四十四条 省、自治区、直辖市药品监督管理部门可以根据本行政区域内医疗器械监管工作需要，参照本办法第四十三条规定，对本行政区内注册的第二类和备案的第一类医疗器械开展省级医疗器械重点监测工作。

第四十五条 医疗器械重点监测品种涉及的持有人应当按照医疗器械重点监测工作方案的要求开展工作，主动收集其产品的不良事件报告等相关风险信息，撰写风险评价报告，并按要求报送至重点监测工作组织部门。

第四十六条 省级以上药品监督管理部门可以指定具备一定条件的单位作为监测哨点，主动收集重点监测数据。监测哨点应当提供医疗器械重点监测品种的使用情况，主动收集、报告不良事件监测信息，组织或者推荐相关专家开展或者配合监测机构开展与风险评价相关的科学研究工作。

第四十七条 创新医疗器械持有人应当加强对创新医疗器械的主动监测，制定产品监测计划，主动收集相关不良事件报告和产品投诉信息，并开展调查、分析、评价。

创新医疗器械持有人应当在首个注册周期内，每半年向国家监测机构提交产品不良事件监测分析评价汇总报告。国家监测机构发现医疗器械可能存在严重缺陷的信息，应当及时报国家药品监督管理局。

第五章 风险控制

第四十八条 持有人通过医疗器械不良事件监测，发现存在可能危及人体健康和生命安全的不合理风险的医疗器械，应当根据情况采取以下风险控制措施，并报告所在地省、自治区、直辖市药品监督管理部门：

（一）停止生产、销售相关产品；

（二）通知医疗器械经营企业、使用单位暂停销售和使用；

（三）实施产品召回；

（四）发布风险信息；

（五）对生产质量管理体系进行自查，并对相关问题进行整改；

（六）修改说明书、标签、操作手册等；

（七）改进生产工艺、设计、产品技术要求等；

（八）开展医疗器械再评价；

（九）按规定进行变更注册或者备案；

（十）其他需要采取的风险控制措施。

与用械安全相关的风险及处置情况，持有人应当及时向社会公布。

第四十九条 药品监督管理部门认为持有人采取的控制措施不足以有效防范风险的，可以采取发布警示信息、暂停生产销售和使用、责令召回、要求其修改说明书和标签、组织开展再评价等措施，并组织对持有人开展监督检查。

第五十条 对发生群体医疗器械不良事件的医疗器械，省级以上药品监督管理部门可以根据风险情况，采取暂停生产、销售、使用等控制措施，组织对持有人开展监督检查，并及时向社会发布警示和处置信息。在技术评价结论得出后，省级以上药品监督管理部门应当根据相关法规要求，采取进一步监管措施，并加强对同类医疗器械的不良事件监测。

同级卫生行政部门应当在本行政区域内暂停医疗机构使用相关医疗器械，采取措施积极组织救治患者。相关持有人应当予以配合。

第五十一条 省级以上监测机构在医疗器械不良事件报告评价和审核、不良事件报告季度和年度汇总分析、群体不良事件评价、重点监测、定期风险评价报告等过程中，发现医疗器械存在不合理风险的，应当提出风险管理意见，及时反馈持有人并报告相应的药品监督管理部门。省级监测机构还应当向国家监测机构报告。

持有人应当根据收到的风险管理意见制定并实施相应的风险控制措施。

第五十二条　各级药品监督管理部门和卫生行政部门必要时可以将医疗器械不良事件所涉及的产品委托具有相应资质的医疗器械检验机构进行检验。医疗器械检验机构应当及时开展相关检验，并出具检验报告。

第五十三条　进口医疗器械在境外发生医疗器械不良事件，或者国产医疗器械在境外发生医疗器械不良事件，被采取控制措施的，境外持有人指定的代理人或者国产医疗器械持有人应当在获知后 24 小时内，将境外医疗器械不良事件情况、控制措施情况和在境内拟采取的控制措施报国家药品监督管理局和国家监测机构，抄送所在地省、自治区、直辖市药品监督管理部门，及时报告后续处置情况。

第五十四条　可疑医疗器械不良事件由医疗器械产品质量原因造成的，由药品监督管理部门按照医疗器械相关法规予以处置；由医疗器械使用行为造成的，由卫生行政部门予以处置。

第六章　再评价

第五十五条　有下列情形之一的，持有人应当主动开展再评价，并依据再评价结论，采取相应措施：

（一）根据科学研究的发展，对医疗器械的安全、有效有认识上改变的；

（二）医疗器械不良事件监测、评估结果表明医疗器械可能存在缺陷的；

（三）国家药品监督管理局规定应当开展再评价的其他情形。

第五十六条　持有人开展医疗器械再评价，应当根据产品上市后获知和掌握的产品安全有效信息、临床数据和使用经验等，对原医疗器械注册资料中的综述资料、研究资料、临床评价资料、产品风险分析资料、产品技术要求、说明书、标签等技术数据和内容进行重新评价。

第五十七条　再评价报告应当包括产品风险受益评估、社会经济效益评估、技术进展评估、拟采取的措施建议等。

第五十八条　持有人主动开展医疗器械再评价的，应当制定再评价工作方案。通过再评价确定需要采取控制措施的，应当在再评价结论形成后 15 日内，提交再评价报告。其中，国家药品监督管理局批准注册或者备案的医疗器械，持有人应当向国家监测机构提交；其他医疗器械的持有人应当向所在地省级监测机构提交。

持有人未按规定履行医疗器械再评价义务的，省级以上药品监督管理部门应当责令持有人开展再评价。必要时，省级以上药品监督管理部门可以直接组织开展再评价。

第五十九条　省级以上药品监督管理部门责令开展再评价的，持有人应当在再评价实施前和再评价结束后 30 日内向相应药品监督管理部门及监测机构提交再评价方案和再评价报告。

再评价实施期限超过 1 年的，持有人应当每年报告年度进展情况。

第六十条　监测机构对收到的持有人再评价报告进行审核，并将审核意见报相应的药品监督管理部门。

药品监督管理部门对持有人开展的再评价结论有异议的，持有人应当按照药品监督管理部门的要求重新确认再评价结果或者重新开展再评价。

第六十一条　药品监督管理部门组织开展医疗器械再评价的，由指定的监测机构制定再评价方案，经组织开展再评价的药品监督管理部门批准后组织实施，形成再评价报告后向相应药品监督管理部门报告。

第六十二条　再评价结果表明已注册或者备案的医疗器械存在危及人身安全的缺陷，且无法通过技术改进、修改说明书和标签等措施消除或者控制风险，或者风险获益比不可接受的，持有人应当主动申请注销医疗器械注册证或者取消产品备案；持有人未申请注销医疗器械注册证或者取消备案的，由原发证部门注销医疗器械注册证或者取消备案。药品监督管理部门应当将注销医疗器械注册证或者取消备案的相关信息及时向社会公布。

国家药品监督管理局根据再评价结论，可以对医疗器械品种作出淘汰的决定。被淘汰的产品，其医疗器械注册证或者产品备案由原发证部门予以注销或者取消。

被注销医疗器械注册证或者被取消备案的医疗器械不得生产、进口、经营和使用。

第七章　监督管理

第六十三条　药品监督管理部门应当依据职责对持有人和经营企业开展医疗器械不良事件监测和再评价工作情况进行监督检查，会同同级卫生行政部门对医疗器械使用单位开展医疗器械不良事件监测情况进行监督检查。

第六十四条　省、自治区、直辖市药品监督管理部门应当制定本行政区域的医疗器械不良事件监测监督检查计划，确定检查重点，并监督实施。

第六十五条　省、自治区、直辖市药品监督管理部门应当加强对本行政区域内从事医疗器械不良事件监测和再评价工作人员的培训和考核。

第六十六条　药品监督管理部门应当按照法规、规章、规范的要求,对持有人不良事件监测制度建设和工作开展情况实施监督检查。必要时,可以对受持有人委托开展相关工作的企业开展延伸检查。

第六十七条 有下列情形之一的,药品监督管理部门应当对持有人开展重点检查:

(一)未主动收集并按照时限要求报告医疗器械不良事件的;

(二)持有人上报导致或可能导致严重伤害或者死亡不良事件的报告数量与医疗机构的报告数量差距较大,提示其主体责任未落实到位的;

(三)瞒报、漏报、虚假报告的;

(四)不配合药品监督管理部门开展的医疗器械不良事件相关调查和采取的控制措施的;

(五)未按照要求通过不良事件监测收集产品安全性信息,或者未按照要求开展上市后研究、再评价,无法保证产品安全有效的。

第六十八条 持有人未按照要求建立不良事件监测制度、开展不良事件监测和再评价相关工作、未按照本办法第四十八条规定及时采取有效风险控制措施、不配合药品监督管理部门开展的医疗器械不良事件相关调查和采取的控制措施的,药品监督管理部门可以要求其停产整改,必要时采取停止产品销售的控制措施。

需要恢复生产、销售的,持有人应当向作出处理决定的药品监督管理部门提出申请,药品监督管理部门现场检查通过后,作出恢复生产、销售的决定。

持有人提出恢复生产、销售申请前,可以聘请具备相应资质的独立第三方专业机构进行检查确认。

第六十九条 省级以上药品监督管理部门统一发布下列医疗器械不良事件监测信息:

(一)群体医疗器械不良事件相关信息;

(二)医疗器械不良事件监测警示信息;

(三)需要定期发布的医疗器械不良事件监测信息;

(四)认为需要统一发布的其他医疗器械不良事件监测信息。

第八章 法律责任

第七十条 持有人有下列情形之一的,依照《医疗器械监督管理条例》第六十八条的规定,由县级以上药品监督管理部门责令改正,给予警告;拒不改正的,处 5000 元以上 2 万元以下罚款;情节严重的,责令停产停业,直至由发证部门吊销相关证明文件:

(一)未主动收集并按照时限要求报告医疗器械不良事件的;

(二)瞒报、漏报、虚假报告的;

(三)未按照时限要求报告评价结果或者提交群体医疗器械不良事件调查报告的;

(四)不配合药品监督管理部门和监测机构开展的医疗器械不良事件相关调查和采取的控制措施的。

第七十一条 医疗器械经营企业、使用单位有下列情形之一的,依照《医疗器械监督管理条例》第六十八条的规定,由县级以上药品监督管理部门和卫生行政部门依据各自职责责令改正,给予警告;拒不改正的,处 5000 元以上 2 万元以下罚款;情节严重的,责令停产停业,直至由发证部门吊销相关证明文件:

(一)未主动收集并按照时限要求报告医疗器械不良事件的;

(二)瞒报、漏报、虚假报告的;

(三)不配合药品监督管理部门和监测机构开展的医疗器械不良事件相关调查和采取的控制措施的。

第七十二条 持有人未按照要求开展再评价、隐匿再评价结果、应当提出注销申请而未提出的,由省级以上药品监督管理部门责令改正,给予警告,可以并处 1 万元以上 3 万元以下罚款。

第七十三条 持有人有下列情形之一的,由县级以上药品监督管理部门责令改正,给予警告;拒不改正的,处 5000 元以上 2 万元以下罚款:

(一)未按照规定建立医疗器械不良事件监测和再评价工作制度的;

(二)未按照要求配备与其产品相适应的机构和人员从事医疗器械不良事件监测相关工作的;

(三)未保存不良事件监测记录或者保存年限不足的;

(四)应当注册而未注册为医疗器械不良事件监测信息系统用户的;

(五)未主动维护用户信息,或者未持续跟踪和处理监测信息的;

(六)未根据不良事件情况采取相应控制措施并向社会公布的;

(七)未按照要求撰写、提交或者留存上市后定期风险评价报告的;

(八)未按照要求报告境外医疗器械不良事件和境外控制措施的;

(九)未按照要求提交创新医疗器械产品分析评价汇总报告的;

(十)未公布联系方式、主动收集不良事件信息的;

（十一）未按照要求开展医疗器械重点监测的；

（十二）其他违反本办法规定的。

第七十四条　医疗器械经营企业、使用单位有下列情形之一的，由县级以上药品监督管理部门和卫生行政部门依据各自职责令改正，给予警告；拒不改正的，处5000元以上2万元以下罚款：

（一）未按照要求建立医疗器械不良事件监测工作制度的；

（二）未按照要求配备与其经营或者使用规模相适应的机构或者人员从事医疗器械不良事件监测相关工作的；

（三）未保存不良事件监测记录或者保存年限不足的；

（四）应当注册而未注册为国家医疗器械不良事件监测信息系统用户的；

（五）未及时向持有人报告所收集或者获知的医疗器械不良事件的；

（六）未配合持有人对医疗器械不良事件调查和评价的；

（七）其他违反本办法规定的。

药品监督管理部门发现使用单位有前款规定行为的，应当移交同级卫生行政部门处理。

卫生行政部门对使用单位作出行政处罚决定的，应当及时通报同级药品监督管理部门。

第七十五条　持有人、经营企业、使用单位按照本办法要求报告、调查、评价、处置医疗器械不良事件，主动消除或者减轻危害后果的，对其相关违法行为，依照《中华人民共和国行政处罚法》的规定从轻或者减轻处罚。违法行为轻微并及时纠正，没有造成危害后果的，不予处罚，但不免除其依法应当承担的其他法律责任。

第七十六条　各级药品监督管理部门、卫生行政部门、监测机构及其工作人员，不按规定履行职责，依照《医疗器械监督管理条例》第七十二条和第七十四条的规定予以处理。

第七十七条　持有人、经营企业、使用单位违反相关规定，给医疗器械使用者造成损害的，依法承担赔偿责任。

第九章　附　则

第七十八条　医疗器械不良事件报告的内容、风险分析评价报告和统计资料等是加强医疗器械监督管理、指导合理用械的依据，不作为医疗纠纷、医疗诉讼和处理医疗器械质量事故的依据。

对于属于医疗事故或者医疗器械质量问题的，应当按照相关法规的要求另行处理。

第七十九条　本办法由国家药品监督管理局会同国务院卫生行政部门负责解释。

第八十条　本办法自2019年1月1日起施行。

企业落实医疗器械质量安全主体责任监督管理规定

· 2022年12月29日国家药监局公告2022年第124号公布
· 自2023年3月1日起施行

第一章　总　则

第一条　为督促医疗器械注册人、备案人落实医疗器械质量安全主体责任，强化医疗器械注册人、备案人、受托生产企业（以下简称"生产企业"）及经营企业质量安全关键岗位人员责任落实，根据《医疗器械监督管理条例》《医疗器械生产监督管理办法》《医疗器械经营监督管理办法》及《医疗器械生产质量管理规范》《医疗器械经营质量管理规范》，制定本规定。

第二条　在中华人民共和国境内，医疗器械生产、经营企业依法落实医疗器械质量安全责任行为及其监督管理，适用本规定。

第三条　医疗器械注册人、备案人依法对上市医疗器械的安全、有效负责，受托生产企业对受托生产行为负责，经营企业对本企业经营行为负责。

企业应当按照"权责一致、责任到人、因岗选人、人岗相适，尽职免责、奖惩有据"的原则，设置质量安全关键岗位，配备与生产或者经营产品性质、企业规模相适应的质量安全关键岗位人员，并为其履职提供必要的资源和制度保障，确保质量安全关键岗位人员充分履职。

第二章　生产企业质量安全关键岗位要求

第四条　生产企业质量安全关键岗位人员一般包括企业法定代表人和主要负责人（以下简称"企业负责人"）、管理者代表、质量管理部门负责人。其中企业负责人为最高管理者，管理者代表为高层管理人员，质量管理部门负责人一般为中层管理人员。

生产企业可以根据实际需要，在明确前款各岗位职责的前提下，增设质量副总经理、质量总监等岗位。

第五条　生产企业负责人应当对本企业医疗器械质量安全工作全面负责，建立并落实医疗器械质量安全主体责任长效机制。企业负责人应当支持和保障管理者代表、质量管理部门负责人等人员依法开展医疗器械质量安全管理工作；在作出涉及医疗器械质量安全的重大决策前，应当充分听取管理者代表、质量管理部门负责人等人员的意见和建议,对其发现的医疗器械质量安全隐患,应当组织研究并提出处置措施,及时消除风险隐患。

企业负责人应当履行包括但不限于以下职责:

(一)组织制定企业的质量方针和质量目标;

(二)确保质量管理体系有效运行所需的人力资源、基础设施和工作环境等;

(三)组织实施管理评审,定期对质量管理体系运行情况进行评估,并持续改进;

(四)按照相关法律、法规、规章、生产质量管理规范的要求,以及强制性标准和产品技术要求组织生产。

第六条 生产企业负责人应当在企业高层管理人员中确定一名管理者代表。管理者代表应当是所在企业全职员工,并至少符合以下条件:

(一)遵纪守法,具有良好职业道德素质且无不良从业记录;

(二)熟悉并能正确执行相关法律、法规、规章、规范和标准,接受过系统化的质量管理体系知识培训;

(三)熟悉医疗器械生产质量管理工作,具备指导和监督本企业各部门按规定实施医疗器械生产质量管理规范的专业技能和解决实际问题的能力;

(四)生产第二类、第三类医疗器械的,管理者代表原则上应当具有医疗器械相关专业大学本科及以上学历或者中级及以上技术职称,并具有3年及以上质量管理或生产、技术管理工作经验;

生产第一类医疗器械的,管理者代表原则上应当具有大学专科及以上学历,并具有3年及以上医疗器械生产企业工作经历;

具有5年及以上医疗器械质量管理或者生产、技术管理工作经验,熟悉本企业产品、生产和质量管理情况,经实践证明具有良好履职能力的管理者代表,可以适当放宽相关学历和职称要求。

管理者代表在任职后还应当持续加强知识更新,积极参加企业质量管理体系相关学习和培训活动,不断提高质量管理水平。

第七条 管理者代表应当由企业负责人任命、授权,在企业内部独立履行职责,发现产品存在质量安全风险时,应当提出相关产品上市的否决意见或者停止生产活动的建议。

管理者代表应当履行包括但不限于以下职责:

(一)贯彻执行相关法律、法规、规章、规范、强制性标准和产品技术要求;

(二)组织建立、实施并保持企业质量管理体系,向企业负责人报告质量管理体系的运行情况和改进需求。

(三)确保产品符合放行要求,并组织开展上市后产品质量的信息收集工作。

(四)组织开展企业自查、不良事件监测及报告、医疗器械召回等工作。

(五)配合药品监督管理部门开展监督检查,针对发现的问题,组织企业相关部门按照要求及时整改。

第八条 生产企业负责人应当与管理者代表签订授权书,明确管理者代表应当履行的质量管理职责并授予相应的权限。企业应当在确定管理者代表15个工作日内向所在地药品监督管理部门报告。

企业应当建立健全管理者代表相关管理制度和考核机制,为管理者代表履行职责提供必要条件,同时确保其在履行职责时不受企业内部因素的不当干扰。对于不能有效履职的管理者代表,企业负责人应当立即代其履职,或者指定符合本规定第六条要求的人员代其履行管理者代表职责,并于30个工作日内确定和任命新的管理者代表。

第九条 生产企业应当设立质量管理部门并任命质量管理部门负责人。质量管理部门负责人应当熟悉医疗器械相关法律、法规、规章、规范和标准,具有质量管理的实践经验和工作技能,并具备与所生产产品相匹配的专业知识和工作经历。

规模较小生产企业可以根据实际情况,由管理者代表兼任质量管理部门负责人。

质量管理部门负责人与生产管理部门负责人不得相互兼任。

第十条 质量管理部门负责人应当履行包括但不限于以下职责:

(一)依据质量控制程序要求,正确识别各项质量管控点,制定管理规程。

(二)确保本部门人员经相关培训,掌握相关理论知识和实际操作技能。

(三)对质量管理中的实际问题进行分析、判断和处理。

第三章 经营企业质量安全关键岗位要求

第十一条 经营企业质量安全关键岗位人员包括企业负责人、质量负责人和质量管理人员。其中企业负责人为最高管理者,质量负责人为高层管理人员或者质量管理机构负责人。

第十二条 经营企业负责人应当对本企业医疗器械质量安全工作全面负责,提供必要的条件,保证质量负人、质量管理人员有效履行职责,确保企业按照相关法律、法规、规章、经营质量管理规范要求经营医疗器械;作出涉及医疗器械质量安全的重大决策前,应当充分听取质量负责人、质量管理人员的意见和建议,对其发现的本企业质量安全隐患,应当组织研究并提出处置措施,及时消除风险隐患。

第十三条　经营企业质量负责人负责医疗器械质量管理工作,应当独立履行职责,在企业内部对医疗器械质量管理具有裁决权,承担相应的质量管理责任。

第十四条　第三类医疗器械经营企业质量负责人应当具有医疗器械相关专业大专及以上学历或者中级及以上专业技术职称,并具有3年及以上医疗器械经营质量管理工作经历。

第十五条　经营企业应当配备与经营范围和经营规模相适应的质量管理人员,质量管理人员应当具有相关专业学历和职称,并履行医疗器械经营质量管理规范规定的职责。

体外诊断试剂经营企业质量管理人员中,应当至少有1人具有主管检验师职称;或者具有检验学相关专业(包括检验学、生物医学工程、生物化学、免疫学、基因学、药学、生物技术、临床医学、医疗器械等专业)大专及以上学历或者中级以上专业技术职称,并具有检验相关工作3年及以上工作经历。

专门提供医疗器械运输、贮存服务企业的质量管理人员中,应当至少有2人具有大专及以上学历或者中级及以上专业技术职称,同时应当具有3年及以上医疗器械质量管理工作经历。

第四章　企业质量安全管理机制

第十六条　生产企业和经营企业应当严格按照相关法律、法规、规章、规范等要求,开展医疗器械生产和经营活动。质量安全关键岗位人员应当充分履行岗位职责,保持质量管理体系持续有效运行,保证医疗器械生产和经营全过程持续符合医疗器械生产、经营质量管理规范要求。

第十七条　医疗器械注册人、备案人委托生产的,应当按照国家药品监督管理局制定的医疗器械委托生产质量协议指南要求,由企业负责人或者其授权人签订质量协议以及委托协议,不得通过协议转移依法应当由注册人、备案人履行的义务和责任。委托生产前,医疗器械注册人、备案人的管理者代表应当组织对受托生产企业质量保证能力和风险管理能力进行评估;委托生产后,应当定期组织对受托生产企业质量管理体系进行现场审核,并确保双方质量管理体系有效衔接。

受托生产企业应当积极接受注册人、备案人的审核和监督,并及时采取纠正和预防措施落实其整改要求。受托生产的产品不得再次委托生产。

第十八条　生产企业应当建立产品放行程序,明确产品放行条件及审核、批准要求。

注册人、备案人应当建立产品上市放行规程,由质量管理部门负责人组织对医疗器械生产过程记录和质量检验结果进行审核。产品上市放行不得委托受托生产企业进行。

受托生产企业应当建立生产放行规程,由质量管理部门负责人组织对医疗器械生产过程进行审核,对产品进行检验。

第十九条　生产企业应当建立纠正和预防措施程序。

生产企业应当对不良事件监测、用户投诉、企业自检或者监督抽检、监督检查、内外部审核等情况进行调查分析。对于发现的问题,应当启动纠正措施程序,由管理者代表或者质量管理部门负责人组织相关部门研究分析产生问题原因,采取有效措施,防止相关问题再次发生。

对于潜在问题,企业应当启动预防措施程序,研究潜在问题原因,采取有效措施,防止问题发生。

第二十条　生产企业可以根据实际需要,对上述第十七条、十八条、十九条所涉及的质量安全关键岗位人员职责进行调整,但应当确保符合相关法规、规章、生产质量管理规范和本规定第二章要求。

第二十一条　生产企业负责人应当每季度至少听取一次管理者代表工作情况汇报,对企业生产情况和质量安全管理情况进行回顾分析,对风险防控重点工作进行研究并作出调度安排,形成调度记录。

第二十二条　经营企业负责人应当每季度至少听取一次质量负责人工作情况汇报,对企业经营质量安全风险情况进行工作会商和总结,对重点工作作出调度安排,形成医疗器械质量安全风险会商会议纪要。

第五章　企业质量安全关键岗位履职保障机制

第二十三条　生产企业、经营企业应当建立健全质量安全关键岗位人员履职保障机制,明确岗位职责、任职条件,给予与岗位职责相适应的培训、权限和资源,为质量安全关键岗位人员充分履职提供必要保障。

第二十四条　生产企业、经营企业应当制定质量安全关键岗位说明书,明确质量安全关键岗位人员主要职责,并规定管理者代表、质量负责人、质量管理部门负责人的任职条件和所需权限。

第二十五条　生产企业、经营企业应当按照质量管理体系要求，对质量安全关键岗位人员进行与其职责和工作内容相关的岗前培训和继续教育，建立培训记录。培训内容应当包括相关法律法规、医疗器械专业知识及技能、质量管理制度等。

第二十六条 生产企业管理者代表、质量管理部门负责人和经营企业质量负责人、质量管理人员应当在职在岗，并履行岗位职责。

企业应当按照质量管理体系要求，对质量安全关键岗位负责人员的任命、调整、责任履行等情况予以记录，存档备查。

第二十七条 生产企业管理者代表、质量管理部门负责人和经营企业质量负责人、质量管理人员发现有医疗器械质量安全潜在风险，应当立即按程序报告。企业应当依法及时采取风险控制措施，相关报告情况应当予以记录并保存。

企业及企业负责人无正当理由未采纳上述人员提出的意见建议，导致发生医疗器械质量安全违法行为的，对企业及企业负责人应当依法处罚，对依法履职尽责的医疗器械质量安全岗位负责人员应当依法不予处罚。

第二十八条 鼓励企业建立质量安全关键岗位人员激励机制，对工作成效显著的给予表彰和奖励。

质量安全关键岗位人员未按规定履行职责，造成医疗器械质量安全事故的，企业应当追究其工作责任。

药品监督管理部门在监督检查中发现质量安全关键岗位人员未按规定履职的，应当要求企业限期整改；发现企业存在严重违法行为的，应当依照《医疗器械监督管理条例》规定对企业负责人、直接负责的主管人员和其他责任人员作出罚款、禁止从业等处罚。

第六章 附 则

第二十九条 为医疗器械网络交易提供服务的电子商务平台经营者参照本规定关于经营企业要求执行。

第三十条 本规定自2023年3月1日起施行。

5. 化妆品管理

化妆品监督管理条例

·2020年1月3日国务院第77次常务会议通过
·2020年6月16日中华人民共和国国务院令第727号公布
·自2021年1月1日起施行

第一章 总 则

第一条 为了规范化妆品生产经营活动，加强化妆品监督管理，保证化妆品质量安全，保障消费者健康，促进化妆品产业健康发展，制定本条例。

第二条 在中华人民共和国境内从事化妆品生产经营活动及其监督管理，应当遵守本条例。

第三条 本条例所称化妆品，是指以涂擦、喷洒或者其他类似方法，施用于皮肤、毛发、指甲、口唇等人体表面，以清洁、保护、美化、修饰为目的的日用化学工业产品。

第四条 国家按照风险程度对化妆品、化妆品原料实行分类管理。

化妆品分为特殊化妆品和普通化妆品。国家对特殊化妆品实行注册管理，对普通化妆品实行备案管理。

化妆品原料分为新原料和已使用的原料。国家对风险程度较高的化妆品新原料实行注册管理，对其他化妆品新原料实行备案管理。

第五条 国务院药品监督管理部门负责全国化妆品监督管理工作。国务院有关部门在各自职责范围内负责与化妆品有关的监督管理工作。

县级以上地方人民政府负责药品监督管理的部门负责本行政区域的化妆品监督管理工作。县级以上地方人民政府有关部门在各自职责范围内负责与化妆品有关的监督管理工作。

第六条 化妆品注册人、备案人对化妆品的质量安全和功效宣称负责。

化妆品生产经营者应当依照法律、法规、强制性国家标准、技术规范从事生产经营活动，加强管理，诚信自律，保证化妆品质量安全。

第七条 化妆品行业协会应当加强行业自律，督促引导化妆品生产经营者依法从事生产经营活动，推动行业诚信建设。

第八条 消费者协会和其他消费者组织对违反本条例规定损害消费者合法权益的行为，依法进行社会监督。

第九条 国家鼓励和支持开展化妆品研究、创新，满足消费者需求，推进化妆品品牌建设，发挥品牌引领作用。国家保护单位和个人开展化妆品研究、创新的合法权益。

国家鼓励和支持化妆品生产经营者采用先进技术和先进管理规范，提高化妆品质量安全水平；鼓励和支持运用现代科学技术，结合我国传统优势项目和特色植物资源研究开发化妆品。

第十条 国家加强化妆品监督管理信息化建设，提高在线政务服务水平，为办理化妆品行政许可、备案提供便利，推进监督管理信息共享。

第二章　原料与产品

第十一条　在我国境内首次使用于化妆品的天然或者人工原料为化妆品新原料。具有防腐、防晒、着色、染发、祛斑美白功能的化妆品新原料，经国务院药品监督管理部门注册后方可使用；其他化妆品新原料应当在使用前向国务院药品监督管理部门备案。国务院药品监督管理部门可以根据科学研究的发展，调整实行注册管理的化妆品新原料的范围，经国务院批准后实施。

第十二条　申请化妆品新原料注册或者进行化妆品新原料备案，应当提交下列资料：

（一）注册申请人、备案人的名称、地址、联系方式；

（二）新原料研制报告；

（三）新原料的制备工艺、稳定性及其质量控制标准等研究资料；

（四）新原料安全评估资料。

注册申请人、备案人应当对所提交资料的真实性、科学性负责。

第十三条　国务院药品监督管理部门应当自受理化妆品新原料注册申请之日起3个工作日内将申请资料转交技术审评机构。技术审评机构应当自收到申请资料之日起90个工作日内完成技术审评，向国务院药品监督管理部门提交审评意见。国务院药品监督管理部门应当自收到审评意见之日起20个工作日内作出决定。对符合要求的，准予注册并发给化妆品新原料注册证；对不符合要求的，不予注册并书面说明理由。

化妆品新原料备案人通过国务院药品监督管理部门在线政务服务平台提交本条例规定的备案资料后即完成备案。

国务院药品监督管理部门应当自化妆品新原料准予注册之日起、备案人提交备案资料之日起5个工作日内向社会公布注册、备案有关信息。

第十四条　经注册、备案的化妆品新原料投入使用后3年内，新原料注册人、备案人应当每年向国务院药品监督管理部门报告新原料的使用和安全情况。对存在安全问题的化妆品新原料，由国务院药品监督管理部门撤销注册或者取消备案。3年期满未发生安全问题的化妆品新原料，纳入国务院药品监督管理部门制定的已使用的化妆品原料目录。

经注册、备案的化妆品新原料纳入已使用的化妆品原料目录前，仍然按照化妆品新原料进行管理。

第十五条　禁止用于化妆品生产的原料目录由国务院药品监督管理部门制定、公布。

第十六条　用于染发、烫发、祛斑美白、防晒、防脱发的化妆品以及宣称新功效的化妆品为特殊化妆品。特殊化妆品以外的化妆品为普通化妆品。

国务院药品监督管理部门根据化妆品的功效宣称、作用部位、产品剂型、使用人群等因素，制定、公布化妆品分类规则和分类目录。

第十七条　特殊化妆品经国务院药品监督管理部门注册后方可生产、进口。国产普通化妆品应当在上市销售前向备案人所在地省、自治区、直辖市人民政府药品监督管理部门备案。进口普通化妆品应当在进口前向国务院药品监督管理部门备案。

第十八条　化妆品注册申请人、备案人应当具备下列条件：

（一）是依法设立的企业或者其他组织；

（二）有与申请注册、进行备案的产品相适应的质量管理体系；

（三）有化妆品不良反应监测与评价能力。

第十九条　申请特殊化妆品注册或者进行普通化妆品备案，应当提交下列资料：

（一）注册申请人、备案人的名称、地址、联系方式；

（二）生产企业的名称、地址、联系方式；

（三）产品名称；

（四）产品配方或者产品全成分；

（五）产品执行的标准；

（六）产品标签样稿；

（七）产品检验报告；

（八）产品安全评估资料。

注册申请人首次申请特殊化妆品注册或者备案人首次进行普通化妆品备案的，应当提交其符合本条例第十八条规定条件的证明资料。申请进口特殊化妆品注册或者进行进口普通化妆品备案的，应当同时提交产品在生产国（地区）已经上市销售的证明文件以及境外生产企业符合化妆品生产质量管理规范的证明资料；专为向我国出口生产、无法提交产品在生产国（地区）已经上市销售的证明文件的，应当提交面向我国消费者开展的相关研究和试验的资料。

注册申请人、备案人应当对所提交资料的真实性、科学性负责。

第二十条　国务院药品监督管理部门依照本条例第十三条第一款规定的化妆品新原料注册审查程序对特殊化妆品注册申请进行审查。对符合要求的，准予注册并发给特殊化妆品注册证；对不符合要求的，不予注册并书面说明理由。已经注册的特殊化妆品在生产工艺、功效宣称等方面发生实质性变化的,注册人应当向原注册部门申请变更注册。

普通化妆品备案人通过国务院药品监督管理部门在线政务服务平台提交本条例规定的备案资料后即完成备案。

省级以上人民政府药品监督管理部门应当自特殊化妆品准予注册之日起、普通化妆品备案人提交备案资料之日起5个工作日内向社会公布注册、备案有关信息。

第二十一条 化妆品新原料和化妆品注册、备案前,注册申请人、备案人应当自行或者委托专业机构开展安全评估。

从事安全评估的人员应当具备化妆品质量安全相关专业知识,并具有5年以上相关专业从业经历。

第二十二条 化妆品的功效宣称应当有充分的科学依据。化妆品注册人、备案人应当在国务院药品监督管理部门规定的专门网站公布功效宣称所依据的文献资料、研究数据或者产品功效评价资料的摘要,接受社会监督。

第二十三条 境外化妆品注册人、备案人应当指定我国境内的企业法人办理化妆品注册、备案,协助开展化妆品不良反应监测、实施产品召回。

第二十四条 特殊化妆品注册证有效期为5年。有效期届满需要延续注册的,应当在有效期届满30个工作日前提出延续注册的申请。除有本条第二款规定情形外,国务院药品监督管理部门应当在特殊化妆品注册证有效期届满前作出准予延续的决定;逾期未作决定的,视为准予延续。

有下列情形之一的,不予延续注册:

(一)注册人未在规定期限内提出延续注册申请;

(二)强制性国家标准、技术规范已经修订,申请延续注册的化妆品不能达到修订后标准、技术规范的要求。

第二十五条 国务院药品监督管理部门负责化妆品强制性国家标准的项目提出、组织起草、征求意见和技术审查。国务院标准化行政部门负责化妆品强制性国家标准的立项、编号和对外通报。

化妆品国家标准文本应当免费向社会公开。

化妆品应当符合强制性国家标准。鼓励企业制定严于强制性国家标准的企业标准。

第三章 生产经营

第二十六条 从事化妆品生产活动,应当具备下列条件:

(一)是依法设立的企业;

(二)有与生产的化妆品相适应的生产场地、环境条件、生产设施设备;

(三)有与生产的化妆品相适应的技术人员;

(四)有能对生产的化妆品进行检验的检验人员和检验设备;

(五)有保证化妆品质量安全的管理制度。

第二十七条 从事化妆品生产活动,应当向所在地省、自治区、直辖市人民政府药品监督管理部门提出申请,提交其符合本条例第二十六条规定条件的证明资料,并对资料的真实性负责。

省、自治区、直辖市人民政府药品监督管理部门应当对申请资料进行审核,对申请人的生产场所进行现场核查,并自受理化妆品生产许可申请之日起30个工作日内作出决定。对符合规定条件的,准予许可并发给化妆品生产许可证;对不符合规定条件的,不予许可并书面说明理由。

化妆品生产许可证有效期为5年。有效期届满需要延续的,依照《中华人民共和国行政许可法》的规定办理。

第二十八条 化妆品注册人、备案人可以自行生产化妆品,也可以委托其他企业生产化妆品。

委托生产化妆品的,化妆品注册人、备案人应当委托取得相应化妆品生产许可的企业,并对受委托企业(以下称受托生产企业)的生产活动进行监督,保证其按照法定要求进行生产。受托生产企业应当依照法律、法规、强制性国家标准、技术规范以及合同约定进行生产,对生产活动负责,并接受化妆品注册人、备案人的监督。

第二十九条 化妆品注册人、备案人、受托生产企业应当按照国务院药品监督管理部门制定的化妆品生产质量管理规范的要求组织生产化妆品,建立化妆品生产质量管理体系,建立并执行供应商遴选、原料验收、生产过程及质量控制、设备管理、产品检验及留样等管理制度。

化妆品注册人、备案人、受托生产企业应当按照化妆品注册或者备案资料载明的技术要求生产化妆品。

第三十条 化妆品原料、直接接触化妆品的包装材料应当符合强制性国家标准、技术规范。

不得使用超过使用期限、废弃、回收的化妆品或者化妆品原料生产化妆品。

第三十一条 化妆品注册人、备案人、受托生产企业应当建立并执行原料以及直接接触化妆品的包装材料进货查验记录制度、产品销售记录制度。进货查验记录和产品销售记录应当真实、完整,保证可追溯,保存期限不得少于产品使用期限届满后1年;产品使用期限不足1年的,记录保存期限不得少于2年。

化妆品经出厂检验合格后方可上市销售。

第三十二条　化妆品注册人、备案人、受托生产企业应当设质量安全负责人,承担相应的产品质量安全管理和产品放行职责。

质量安全负责人应当具备化妆品质量安全相关专业知识,并具有5年以上化妆品生产或者质量安全管理经验。

第三十三条　化妆品注册人、备案人、受托生产企业应当建立并执行从业人员健康管理制度。患有国务院卫生主管部门规定的有碍化妆品质量安全疾病的人员不得直接从事化妆品生产活动。

第三十四条　化妆品注册人、备案人、受托生产企业应当定期对化妆品生产质量管理规范的执行情况进行自查;生产条件发生变化,不再符合化妆品生产质量管理规范要求的,应当立即采取整改措施;可能影响化妆品质量安全的,应当立即停止生产并向所在地省、自治区、直辖市人民政府药品监督管理部门报告。

第三十五条　化妆品的最小销售单元应当有标签。标签应当符合相关法律、行政法规、强制性国家标准,内容真实、完整、准确。

进口化妆品可以直接使用中文标签,也可以加贴中文标签;加贴中文标签的,中文标签内容应当与原标签内容一致。

第三十六条　化妆品标签应当标注下列内容:

(一)产品名称、特殊化妆品注册证编号;

(二)注册人、备案人、受托生产企业的名称、地址;

(三)化妆品生产许可证编号;

(四)产品执行的标准编号;

(五)全成分;

(六)净含量;

(七)使用期限、使用方法以及必要的安全警示;

(八)法律、行政法规和强制性国家标准规定应当标注的其他内容。

第三十七条　化妆品标签禁止标注下列内容:

(一)明示或者暗示具有医疗作用的内容;

(二)虚假或者引人误解的内容;

(三)违反社会公序良俗的内容;

(四)法律、行政法规禁止标注的其他内容。

第三十八条　化妆品经营者应当建立并执行进货查验记录制度,查验供货者的市场主体登记证明、化妆品注册或者备案情况、产品出厂检验合格证明,如实记录并保存相关凭证。记录和凭证保存期限应当符合本条例第三十一条第一款的规定。

化妆品经营者不得自行配制化妆品。

第三十九条　化妆品生产经营者应当依照有关法律、法规的规定和化妆品标签标示的要求贮存、运输化妆品,定期检查并及时处理变质或者超过使用期限的化妆品。

第四十条　化妆品集中交易市场开办者、展销会举办者应当审查入场化妆品经营者的市场主体登记证明,承担入场化妆品经营者管理责任,定期对入场化妆品经营者进行检查;发现入场化妆品经营者有违反本条例规定行为的,应当及时制止并报告所在地县级人民政府负责药品监督管理的部门。

第四十一条　电子商务平台经营者应当对平台内化妆品经营者进行实名登记,承担平台内化妆品经营者管理责任,发现平台内化妆品经营者有违反本条例规定行为的,应当及时制止并报告电子商务平台经营者所在地省、自治区、直辖市人民政府药品监督管理部门;发现严重违法行为的,应当立即停止向违法的化妆品经营者提供电子商务平台服务。

平台内化妆品经营者应当全面、真实、准确、及时披露所经营化妆品的信息。

第四十二条　美容美发机构、宾馆等在经营中使用化妆品或者为消费者提供化妆品的,应当履行本条例规定的化妆品经营者义务。

第四十三条　化妆品广告的内容应当真实、合法。

化妆品广告不得明示或者暗示产品具有医疗作用,不得含有虚假或者引人误解的内容,不得欺骗、误导消费者。

第四十四条　化妆品注册人、备案人发现化妆品存在质量缺陷或者其他问题,可能危害人体健康的,应当立即停止生产,召回已经上市销售的化妆品,通知相关化妆品经营者和消费者停止经营、使用,并记录召回和通知情况。化妆品注册人、备案人应当对召回的化妆品采取补救、无害化处理、销毁等措施,并将化妆品召回和处理情况向所在地省、自治区、直辖市人民政府药品监督管理部门报告。

受托生产企业、化妆品经营者发现其生产、经营的化妆品有前款规定情形的,应当立即停止生产、经营,通知相关化妆品注册人、备案人。化妆品注册人、备案人应当立即实施召回。

负责药品监督管理的部门在监督检查中发现化妆品有本条第一款规定情形的，应当通知化妆品注册人、备案人实施召回，通知受托生产企业、化妆品经营者停止生产、经营。

化妆品注册人、备案人实施召回的，受托生产企业、化妆品经营者应当予以配合。

化妆品注册人、备案人、受托生产企业、经营者未依照本条规定实施召回或者停止生产、经营的，负责药品监督管理的部门责令其实施召回或者停止生产、经营。

第四十五条 出入境检验检疫机构依照《中华人民共和国进出口商品检验法》的规定对进口的化妆品实施检验；检验不合格的，不得进口。

进口商应当对拟进口的化妆品是否已经注册或者备案以及是否符合本条例和强制性国家标准、技术规范进行审核；审核不合格的，不得进口。进口商应当如实记录进口化妆品的信息，记录保存期限应当符合本条例第三十一条第一款的规定。

出口的化妆品应当符合进口国（地区）的标准或者合同要求。

第四章 监督管理

第四十六条 负责药品监督管理的部门对化妆品生产经营进行监督检查时，有权采取下列措施：

（一）进入生产经营场所实施现场检查；

（二）对生产经营的化妆品进行抽样检验；

（三）查阅、复制有关合同、票据、账簿以及其他有关资料；

（四）查封、扣押不符合强制性国家标准、技术规范或者有证据证明可能危害人体健康的化妆品及其原料、直接接触化妆品的包装材料，以及有证据证明用于违法生产经营的工具、设备；

（五）查封违法从事生产经营活动的场所。

第四十七条 负责药品监督管理的部门对化妆品生产经营进行监督检查时，监督检查人员不得少于 2 人，并应当出示执法证件。监督检查人员对监督检查中知悉的被检查单位的商业秘密，应当依法予以保密。被检查单位对监督检查应当予以配合，不得隐瞒有关情况。

负责药品监督管理的部门应当对监督检查情况和处理结果予以记录，由监督检查人员和被检查单位负责人签字；被检查单位负责人拒绝签字的，应当予以注明。

第四十八条 省级以上人民政府药品监督管理部门应当组织对化妆品进行抽样检验；对举报反映或者日常监督检查中发现问题较多的化妆品，负责药品监督管理的部门可以进行专项抽样检验。

进行抽样检验，应当支付抽取样品的费用，所需费用纳入本级政府预算。

负责药品监督管理的部门应当按照规定及时公布化妆品抽样检验结果。

第四十九条 化妆品检验机构按照国家有关认证认可的规定取得资质认定后，方可从事化妆品检验活动。化妆品检验机构的资质认定条件由国务院药品监督管理部门、国务院市场监督管理部门制定。

化妆品检验规范以及化妆品检验相关标准品管理规定，由国务院药品监督管理部门制定。

第五十条 对可能掺杂掺假或者使用禁止用于化妆品生产的原料生产的化妆品，按照化妆品国家标准规定的检验项目和检验方法无法检验的，国务院药品监督管理部门可以制定补充检验项目和检验方法，用于对化妆品的抽样检验、化妆品质量安全案件调查处理和不良反应调查处置。

第五十一条 对依照本条例规定实施的检验结论有异议的，化妆品生产经营者可以自收到检验结论之日起 7 个工作日内向实施抽样检验的部门或者其上一级负责药品监督管理的部门提出复检申请，由受理复检申请的部门在复检机构名录中随机确定复检机构进行复检。复检机构出具的复检结论为最终检验结论。复检机构与初检机构不得为同一机构。复检机构名录由国务院药品监督管理部门公布。

第五十二条 国家建立化妆品不良反应监测制度。化妆品注册人、备案人应当监测其上市销售化妆品的不良反应，及时开展评价，按照国务院药品监督管理部门的规定向化妆品不良反应监测机构报告。受托生产企业、化妆品经营者和医疗机构发现可能与使用化妆品有关的不良反应的，应当报告化妆品不良反应监测机构。鼓励其他单位和个人向化妆品不良反应监测机构或者负责药品监督管理的部门报告可能与使用化妆品有关的不良反应。

化妆品不良反应监测机构负责化妆品不良反应信息的收集、分析和评价，并向负责药品监督管理的部门提出处理建议。

化妆品生产经营者应当配合化妆品不良反应监测机构、负责药品监督管理的部门开展化妆品不良反应调查。

化妆品不良反应是指正常使用化妆品所引起的皮肤及其附属器官的病变，以及人体局部或者全身性的损害。

第五十三条 国家建立化妆品安全风险监测和评价

制度,对影响化妆品质量安全的风险因素进行监测和评价,为制定化妆品质量安全风险控制措施和标准、开展化妆品抽样检验提供科学依据。

国家化妆品安全风险监测计划由国务院药品监督管理部门制定、发布并组织实施。国家化妆品安全风险监测计划应当明确重点监测的品种、项目和地域等。

国务院药品监督管理部门建立化妆品质量安全风险信息交流机制,组织化妆品生产经营者、检验机构、行业协会、消费者协会以及新闻媒体等就化妆品质量安全风险信息进行交流沟通。

第五十四条 对造成人体伤害或者有证据证明可能危害人体健康的化妆品,负责药品监督管理的部门可以采取责令暂停生产、经营的紧急控制措施,并发布安全警示信息;属于进口化妆品的,国家出入境检验检疫部门可以暂停进口。

第五十五条 根据科学研究的发展,对化妆品、化妆品原料的安全性有认识上的改变的,或者有证据表明化妆品、化妆品原料可能存在缺陷的,省级以上人民政府药品监督管理部门可以责令化妆品、化妆品新原料的注册人、备案人开展安全再评估或者直接组织开展安全再评估。再评估结果表明化妆品、化妆品原料不能保证安全的,由原注册部门撤销注册、备案部门取消备案,由国务院药品监督管理部门将该化妆品原料纳入禁止用于化妆品生产的原料目录,并向社会公布。

第五十六条 负责药品监督管理的部门应当依法及时公布化妆品行政许可、备案、日常监督检查结果、违法行为查处等监督管理信息。公布监督管理信息时,应当保守当事人的商业秘密。

负责药品监督管理的部门应当建立化妆品生产经营者信用档案。对有不良信用记录的化妆品生产经营者,增加监督检查频次;对有严重不良信用记录的生产经营者,按照规定实施联合惩戒。

第五十七条 化妆品生产经营过程中存在安全隐患,未及时采取措施消除的,负责药品监督管理的部门可以对化妆品生产经营者的法定代表人或者主要负责人进行责任约谈。化妆品生产经营者应当立即采取措施,进行整改,消除隐患。责任约谈情况和整改情况应当纳入化妆品生产经营者信用档案。

第五十八条 负责药品监督管理的部门应当公布本部门的网站地址、电子邮件地址或者电话,接受咨询、投诉、举报,并及时答复或者处理。对查证属实的举报,按照国家有关规定给予举报人奖励。

第五章 法律责任

第五十九条 有下列情形之一的,由负责药品监督管理的部门没收违法所得、违法生产经营的化妆品和专门用于违法生产经营的原料、包装材料、工具、设备等物品;违法生产经营的化妆品货值金额不足1万元的,并处5万元以上15万元以下罚款;货值金额1万元以上的,并处货值金额15倍以上30倍以下罚款;情节严重的,责令停产停业、由备案部门取消备案或者由原发证部门吊销化妆品许可证件,10年内不予办理其提出的化妆品备案或者受理其提出的化妆品行政许可申请,对违法单位的法定代表人或者主要负责人、直接负责的主管人员和其他直接责任人员处以其上一年度从本单位取得收入的3倍以上5倍以下罚款,终身禁止其从事化妆品生产经营活动;构成犯罪的,依法追究刑事责任:

(一)未经许可从事化妆品生产活动,或者化妆品注册人、备案人委托未取得相应化妆品生产许可的企业生产化妆品;

(二)生产经营或者进口未经注册的特殊化妆品;

(三)使用禁止用于化妆品生产的原料、应当注册但未经注册的新原料生产化妆品,在化妆品中非法添加可能危害人体健康的物质,或者使用超过使用期限、废弃、回收的化妆品或者原料生产化妆品。

第六十条 有下列情形之一的,由负责药品监督管理的部门没收违法所得、违法生产经营的化妆品和专门用于违法生产经营的原料、包装材料、工具、设备等物品;违法生产经营的化妆品货值金额不足1万元的,并处1万元以上5万元以下罚款;货值金额1万元以上的,并处货值金额5倍以上20倍以下罚款;情节严重的,责令停产停业、由备案部门取消备案或者由原发证部门吊销化妆品许可证件,对违法单位的法定代表人或者主要负责人、直接负责的主管人员和其他直接责任人员处以其上一年度从本单位取得收入的1倍以上3倍以下罚款,10年内禁止其从事化妆品生产经营活动;构成犯罪的,依法追究刑事责任:

(一)使用不符合强制性国家标准、技术规范的原料、直接接触化妆品的包装材料,应当备案但未备案的新原料生产化妆品,或不按照强制性国家标准或者技术规范使用原料;

(二)生产经营不符合强制性国家标准、技术规范或者不符合化妆品注册、备案资料载明的技术要求的化妆品;

(三)未按照化妆品生产质量管理规范的要求组织

生产；

（四）更改化妆品使用期限；

（五）化妆品经营者擅自配制化妆品，或者经营变质、超过使用期限的化妆品；

（六）在负责药品监督管理的部门责令其实施召回后拒不召回，或者在负责药品监督管理的部门责令停止或者暂停生产、经营后拒不停止或者暂停生产、经营。

第六十一条 有下列情形之一的，由负责药品监督管理的部门没收违法所得、违法生产经营的化妆品，并可以没收专门用于违法生产经营的原料、包装材料、工具、设备等物品；违法生产经营的化妆品货值金额不足1万元的，并处1万元以上3万元以下罚款；货值金额1万元以上的，并处货值金额3倍以上10倍以下罚款；情节严重的，责令停产停业、由备案部门取消备案或者由原发证部门吊销化妆品许可证件，对违法单位的法定代表人或者主要负责人、直接负责的主管人员和其他直接责任人员处以其上一年度从本单位取得收入的1倍以上2倍以下罚款，5年内禁止其从事化妆品生产经营活动：

（一）上市销售、经营或者进口未备案的普通化妆品；

（二）未依照本条例规定设质量安全负责人；

（三）化妆品注册人、备案人未对受托生产企业的生产活动进行监督；

（四）未依照本条例规定建立并执行从业人员健康管理制度；

（五）生产经营标签不符合本条例规定的化妆品。

生产经营的化妆品的标签存在瑕疵但不影响质量安全且不会对消费者造成误导的，由负责药品监督管理的部门责令改正；拒不改正的，处2000元以下罚款。

第六十二条 有下列情形之一的，由负责药品监督管理的部门责令改正，给予警告，并处1万元以上3万元以下罚款；情节严重的，责令停产停业，并处3万元以上5万元以下罚款，对违法单位的法定代表人或者主要负责人、直接负责的主管人员和其他直接责任人员处1万元以上3万元以下罚款：

（一）未依照本条例规定公布化妆品功效宣称依据的摘要；

（二）未依照本条例规定建立并执行进货查验记录制度、产品销售记录制度；

（三）未依照本条例规定对化妆品生产质量管理规范的执行情况进行自查；

（四）未依照本条例规定贮存、运输化妆品；

（五）未依照本条例规定监测、报告化妆品不良反应，或者对化妆品不良反应监测机构、负责药品监督管理的部门开展的化妆品不良反应调查不予配合。

进口商未依照本条例规定记录、保存进口化妆品信息的，由出入境检验检疫机构依照前款规定给予处罚。

第六十三条 化妆品新原料注册人、备案人未依照本条例规定报告化妆品新原料使用和安全情况的，由国务院药品监督管理部门责令改正，处5万元以上20万元以下罚款；情节严重的，吊销化妆品新原料注册证或者取消化妆品新原料备案，并处20万元以上50万元以下罚款。

第六十四条 在申请化妆品行政许可时提供虚假资料或者采取其他欺骗手段的，不予行政许可，已经取得行政许可的，由作出行政许可决定的部门撤销行政许可，5年内不受理其提出的化妆品相关许可申请，没收违法所得和已经生产、进口的化妆品；已经生产、进口的化妆品货值金额不足1万元的，并处5万元以上15万元以下罚款；货值金额1万元以上的，并处货值金额15倍以上30倍以下罚款；对违法单位的法定代表人或者主要负责人、直接负责的主管人员和其他直接责任人员处以其上一年度从本单位取得收入的3倍以上5倍以下罚款，终身禁止其从事化妆品生产经营活动。

伪造、变造、出租、出借或者转让化妆品许可证件的，由负责药品监督管理的部门或者原发证部门予以收缴或者吊销，没收违法所得；违法所得不足1万元的，并处5万元以上10万元以下罚款；违法所得1万元以上的，并处违法所得10倍以上20倍以下罚款；构成违反治安管理行为的，由公安机关依法给予治安管理处罚；构成犯罪的，依法追究刑事责任。

第六十五条 备案时提供虚假资料的，由备案部门取消备案，3年内不予办理其提出的该项备案，没收违法所得和已经生产、进口的化妆品；已经生产、进口的化妆品货值金额不足1万元的，并处1万元以上3万元以下罚款；货值金额1万元以上的，并处货值金额3倍以上10倍以下罚款；情节严重的，责令停产停业直至由原发证部门吊销化妆品生产许可证，对违法单位的法定代表人或者主要负责人、直接负责的主管人员和其他直接责任人员处以其上一年度从本单位取得收入的1倍以上2倍以下罚款，5年内禁止其从事化妆品生产经营活动。

已经备案的资料不符合要求的，由备案部门责令限期改正，其中，与化妆品、化妆品新原料安全性有关的备案资料不符合要求的，备案部门可以同时责令暂停销售、使用;逾期不改正的,由备案部门取消备案。

备案部门取消备案后,仍然使用该化妆品新原料生产化妆品或者仍然上市销售、进口该普通化妆品的,分别依照本条例第六十条、第六十一条的规定给予处罚。

第六十六条 化妆品集中交易市场开办者、展销会举办者未依照本条例规定履行审查、检查、制止、报告等管理义务的,由负责药品监督管理的部门处2万元以上10万元以下罚款;情节严重的,责令停业,并处10万元以上50万元以下罚款。

第六十七条 电子商务平台经营者未依照本条例规定履行实名登记、制止、报告、停止提供电子商务平台服务等管理义务的,由省、自治区、直辖市人民政府药品监督管理部门依照《中华人民共和国电子商务法》的规定给予处罚。

第六十八条 化妆品经营者履行了本条例规定的进货查验记录等义务,有证据证明其不知道所采购的化妆品是不符合强制性国家标准、技术规范或者不符合化妆品注册、备案资料载明的技术要求的,收缴其经营的不符合强制性国家标准、技术规范或者不符合化妆品注册、备案资料载明的技术要求的化妆品,可以免除行政处罚。

第六十九条 化妆品广告违反本条例规定的,依照《中华人民共和国广告法》的规定给予处罚;采用其他方式对化妆品作虚假或者引人误解的宣传的,依照有关法律的规定给予处罚;构成犯罪的,依法追究刑事责任。

第七十条 境外化妆品注册人、备案人指定的在我国境内的企业法人未协助开展化妆品不良反应监测、实施产品召回的,由省、自治区、直辖市人民政府药品监督管理部门责令改正,给予警告,并处2万元以上10万元以下罚款;情节严重的,处10万元以上50万元以下罚款,5年内禁止其法定代表人或者主要负责人、直接负责的主管人员和其他直接责任人员从事化妆品生产经营活动。

境外化妆品注册人、备案人拒不履行依据本条例作出的行政处罚决定的,10年内禁止其化妆品进口。

第七十一条 化妆品检验机构出具虚假检验报告的,由认证认可监督管理部门吊销检验机构资质证书,10年内不受理其资质认定申请,没收所收取的检验费用,并处5万元以上10万元以下罚款;对其法定代表人或者主要负责人、直接负责的主管人员和其他直接责任人员处以其上一年度从本单位取得收入的1倍以上3倍以下罚款,依法给予或者责令给予降低岗位等级、撤职或者开除的处分,受到开除处分的,10年内禁止其从事化妆品检验工作;构成犯罪的,依法追究刑事责任。

第七十二条 化妆品技术审评机构、化妆品不良反应监测机构和负责化妆品安全风险监测的机构未按照本条例规定履行职责,致使技术审评、不良反应监测、安全风险监测工作出现重大失误的,由负责药品监督管理的部门责令改正,给予警告,通报批评;造成严重后果的,对其法定代表人或者主要负责人、直接负责的主管人员和其他直接责任人员,依法给予或者责令给予降低岗位等级、撤职或者开除的处分。

第七十三条 化妆品生产经营者、检验机构招用、聘用不得从事化妆品生产经营活动的人员或者不得从事化妆品检验工作的人员从事化妆品生产经营或者检验的,由负责药品监督管理的部门或者其他有关部门责令改正,给予警告;拒不改正的,责令停产停业直至吊销化妆品许可证件、检验机构资质证书。

第七十四条 有下列情形之一,构成违反治安管理行为的,由公安机关依法给予治安管理处罚;构成犯罪的,依法追究刑事责任:

(一)阻碍负责药品监督管理的部门工作人员依法执行职务;

(二)伪造、销毁、隐匿证据或者隐藏、转移、变卖、损毁依法查封、扣押的物品。

第七十五条 负责药品监督管理的部门工作人员违反本条例规定,滥用职权、玩忽职守、徇私舞弊的,依法给予警告、记过或者记大过的处分;造成严重后果的,依法给予降级、撤职或者开除的处分;构成犯罪的,依法追究刑事责任。

第七十六条 违反本条例规定,造成人身、财产或者其他损害的,依法承担赔偿责任。

第六章 附 则

第七十七条 牙膏参照本条例有关普通化妆品的规定进行管理。牙膏备案人按照国家标准、行业标准进行功效评价后,可以宣称牙膏具有防龋、抑制牙菌斑、抗牙本质敏感、减轻牙龈问题等功效。牙膏的具体管理办法由国务院药品监督管理部门拟订,报国务院市场监督管理部门审核、发布。

香皂不适用本条例,但是宣称具有特殊化妆品功效的适用本条例。

第七十八条 对本条例施行前已经注册的用于育发、脱毛、美乳、健美、除臭的化妆品自本条例施行之日起设置5年的过渡期,过渡期内可以继续生产、进口、销售,过渡期满后不得生产、进口、销售该化妆品。

第七十九条　本条例所称技术规范,是指尚未制定强制性国家标准、国务院药品监督管理部门结合监督管理工作需要制定的化妆品质量安全补充技术要求。

第八十条　本条例自2021年1月1日起施行。《化妆品卫生监督条例》同时废止。

化妆品注册备案管理办法

· 2021年1月7日国家市场监督管理总局令第35号公布
· 自2021年5月1日起施行

第一章　总　则

第一条　为了规范化妆品注册和备案行为,保证化妆品质量安全,根据《化妆品监督管理条例》,制定本办法。

第二条　在中华人民共和国境内从事化妆品和化妆品新原料注册、备案及其监督管理活动,适用本办法。

第三条　化妆品、化妆品新原料注册,是指注册申请人依照法定程序和要求提出注册申请,药品监督管理部门对申请注册的化妆品、化妆品新原料的安全性和质量可控性进行审查,决定是否同意其申请的活动。

化妆品、化妆品新原料备案,是指备案人依照法定程序和要求,提交表明化妆品、化妆品新原料安全性和质量可控性的资料,药品监督管理部门对提交的资料存档备查的活动。

第四条　国家对特殊化妆品和风险程度较高的化妆品新原料实行注册管理,对普通化妆品和其他化妆品新原料实行备案管理。

第五条　国家药品监督管理局负责特殊化妆品、进口普通化妆品、化妆品新原料的注册和备案管理,并指导监督省、自治区、直辖市药品监督管理部门承担的化妆品备案相关工作。国家药品监督管理局可以委托具备相应能力的省、自治区、直辖市药品监督管理部门实施进口普通化妆品备案管理工作。

国家药品监督管理局化妆品技术审评机构(以下简称技术审评机构)负责特殊化妆品、化妆品新原料注册的技术审评工作,进口普通化妆品、化妆品新原料备案后的资料技术核查工作,以及化妆品新原料使用和安全情况报告的评估工作。

国家药品监督管理局行政事项受理服务机构(以下简称受理机构)、审核查验机构、不良反应监测机构、信息管理机构等专业技术机构,承担化妆品注册和备案管理所需的注册受理、现场核查、不良反应监测、信息化建设与管理等工作。

第六条　省、自治区、直辖市药品监督管理部门负责本行政区域内国产普通化妆品备案管理工作,在委托范围内以国家药品监督管理局的名义实施进口普通化妆品备案管理工作,并协助开展特殊化妆品注册现场核查等工作。

第七条　化妆品、化妆品新原料注册人、备案人依法履行产品注册、备案义务,对化妆品、化妆品新原料的质量安全负责。

化妆品、化妆品新原料注册人、备案人申请注册或者进行备案时,应当遵守有关法律、行政法规、强制性国家标准和技术规范的要求,对所提交资料的真实性和科学性负责。

第八条　注册人、备案人在境外的,应当指定我国境内的企业法人作为境内责任人。境内责任人应当履行以下义务:

(一)以注册人、备案人的名义,办理化妆品、化妆品新原料注册、备案;

(二)协助注册人、备案人开展化妆品不良反应监测、化妆品新原料安全监测与报告工作;

(三)协助注册人、备案人实施化妆品、化妆品新原料召回工作;

(四)按照与注册人、备案人的协议,对投放境内市场的化妆品、化妆品新原料承担相应的质量安全责任;

(五)配合药品监督管理部门的监督检查工作。

第九条　药品监督管理部门应当自化妆品、化妆品新原料准予注册、完成备案之日起5个工作日内,向社会公布化妆品、化妆品新原料注册和备案管理有关信息,供社会公众查询。

第十条　国家药品监督管理局加强信息化建设,为注册人、备案人提供便利化服务。

化妆品、化妆品新原料注册人、备案人按照规定通过化妆品、化妆品新原料注册备案信息服务平台(以下简称信息服务平台)申请注册、进行备案。

国家药品监督管理局制定已使用的化妆品原料目录,及时更新并向社会公开,方便企业查询。

第十一条　药品监督管理部门可以建立专家咨询机制,就技术审评、现场核查、监督检查等过程中的重要问题听取专家意见,发挥专家的技术支撑作用。

第二章　化妆品新原料注册和备案管理

第一节　化妆品新原料注册和备案

第十二条　在我国境内首次使用于化妆品的天然或

者人工原料为化妆品新原料。

调整已使用的化妆品原料的使用目的、安全使用量等的,应当按照新原料注册、备案要求申请注册、进行备案。

第十三条 申请注册具有防腐、防晒、着色、染发、祛斑美白功能的化妆品新原料,应当按照国家药品监督管理局要求提交申请资料。受理机构应当自收到申请之日起5个工作日内完成对申请资料的形式审查,并根据下列情况分别作出处理:

(一)申请事项依法不需要取得注册的,作出不予受理的决定,出具不予受理通知书;

(二)申请事项依法不属于国家药品监督管理局职权范围的,应当作出不予受理的决定,出具不予受理通知书,并告知申请人向有关行政机关申请;

(三)申请资料不齐全或者不符合规定形式的,出具补正通知书,一次告知申请人需要补正的全部内容,逾期未告知的,自收到申请资料之日即为受理;

(四)申请资料齐全、符合规定形式要求的,或者申请人按照要求提交全部补正材料的,应当受理注册申请并出具受理通知书。

受理机构应当自受理注册申请后3个工作日内,将申请资料转交技术审评机构。

第十四条 技术审评机构应当自收到申请资料之日起90个工作日内,按照技术审评的要求组织开展技术审评,并根据下列情况分别作出处理:

(一)申请资料真实完整,能够证明原料安全性和质量可控性,符合法律、行政法规、强制性国家标准和技术规范要求的,技术审评机构应当作出技术审评通过的审评结论;

(二)申请资料不真实,不能证明原料安全性、质量可控性,不符合法律、行政法规、强制性国家标准和技术规范要求的,技术审评机构应当作出技术审评不通过的审评结论;

(三)需要申请人补充资料的,应当一次告知需要补充的全部内容;申请人应当在90个工作日内按照要求一次提供补充资料,技术审评机构收到补充资料后审评时限重新计算;未在规定时限内补充资料的,技术审评机构应当作出技术审评不通过的审评结论。

第十五条 技术审评结论为审评不通过的,技术审评机构应当告知申请人并说明理由。申请人有异议的,可以自收到技术审评结论之日起20个工作日内申请复核。复核的内容仅限于原申请事项以及申请资料。

技术审评机构应当自收到复核申请之日起30个工作日内作出复核结论。

第十六条 国家药品监督管理局应当自收到技术审评结论之日起20个工作日内,对技术审评程序和结论的合法性、规范性以及完整性进行审查,并作出是否准予注册的决定。

受理机构应当自国家药品监督管理局作出行政审批决定之日起10个工作日内,向申请人发出化妆品新原料注册证或者不予注册决定书。

第十七条 技术审评机构作出技术审评结论前,申请人可以提出撤回注册申请。技术审评过程中,发现涉嫌提供虚假资料或者化妆品新原料存在安全性问题的,技术审评机构应当依法处理,申请人不得撤回注册申请。

第十八条 化妆品新原料备案人按照国家药品监督管理局的要求提交资料后即完成备案。

第二节 安全监测与报告

第十九条 已经取得注册、完成备案的化妆品新原料实行安全监测制度。安全监测的期限为3年,自首次使用化妆品新原料的化妆品取得注册或者完成备案之日起算。

第二十条 安全监测的期限内,化妆品新原料注册人、备案人可以使用该化妆品新原料生产化妆品。

化妆品注册人、备案人使用化妆品新原料生产化妆品的,相关化妆品申请注册、办理备案时应当通过信息服务平台经化妆品新原料注册人、备案人关联确认。

第二十一条 化妆品新原料注册人、备案人应当建立化妆品新原料上市后的安全风险监测和评价体系,对化妆品新原料的安全性进行追踪研究,对化妆品新原料的使用和安全情况进行持续监测和评价。

化妆品新原料注册人、备案人应当在化妆品新原料安全监测每满一年前30个工作日内,汇总、分析化妆品新原料使用和安全情况,形成年度报告报送国家药品监督管理局。

第二十二条 发现下列情况的,化妆品新原料注册人、备案人应当立即开展研究,并向技术审评机构报告:

(一)其他国家(地区)发现疑似因使用同类原料引起严重化妆品不良反应或者群体不良反应事件的;

(二)其他国家(地区)化妆品法律、法规、标准对同类原料提高使用标准、增加使用限制或者禁止使用的;

(三)其他与化妆品新原料安全有关的情况。

有证据表明化妆品新原料存在安全问题的,化妆品新原料注册人、备案人应当立即采取措施控制风险,并向技术审评机构报告。

第二十三条　使用化妆品新原料生产化妆品的化妆品注册人、备案人，应当及时向化妆品新原料注册人、备案人反馈化妆品新原料的使用和安全情况。

出现可能与化妆品新原料相关的化妆品不良反应或者安全问题时，化妆品注册人、备案人应当立即采取措施控制风险，通知化妆品新原料注册人、备案人，并按照规定向所在地省、自治区、直辖市药品监督管理部门报告。

第二十四条　省、自治区、直辖市药品监督管理部门收到使用了化妆品新原料的化妆品不良反应或者安全问题报告后，应当组织开展研判分析，认为化妆品新原料可能存在造成人体伤害或者危害人体健康等安全风险的，应当按照有关规定采取措施控制风险，并立即反馈技术审评机构。

第二十五条　技术审评机构收到省、自治区、直辖市药品监督管理部门或者化妆品新原料注册人、备案人的反馈或者报告后，应当结合不良反应监测机构的化妆品年度不良反应统计分析结果进行评估，认为通过调整化妆品新原料技术要求能够消除安全风险的，可以提出调整意见并报告国家药品监督管理局；认为存在安全性问题的，应当报请国家药品监督管理局撤销注册或者取消备案。国家药品监督管理局应当及时作出决定。

第二十六条　化妆品新原料安全监测期满3年后，技术审评机构应当向国家药品监督管理局提出化妆品新原料是否符合安全性要求的意见。

对存在安全问题的化妆品新原料，由国家药品监督管理局撤销注册或者取消备案；未发生安全问题的，由国家药品监督管理局纳入已使用的化妆品原料目录。

第二十七条　安全监测期内化妆品新原料被责令暂停使用的，化妆品注册人、备案人应当同时暂停生产、经营使用该化妆品新原料的化妆品。

第三章　化妆品注册和备案管理
第一节　一般要求

第二十八条　化妆品注册申请人、备案人应当具备下列条件：

（一）是依法设立的企业或者其他组织；

（二）有与申请注册、进行备案化妆品相适应的质量管理体系；

（三）有不良反应监测与评价的能力。

注册申请人首次申请特殊化妆品注册或者备案人首次进行普通化妆品备案的，应当提交其符合前款规定要求的证明资料。

第二十九条　化妆品注册人、备案人应当依照法律、行政法规、强制性国家标准、技术规范和注册备案管理等规定，开展化妆品研制、安全评估、注册备案检验等工作，并按照化妆品注册备案资料规范要求提交注册备案资料。

第三十条　化妆品注册人、备案人应当选择符合法律、行政法规、强制性国家标准和技术规范要求的原料用于化妆品生产，对其使用的化妆品原料安全性负责。化妆品注册人、备案人申请注册、进行备案时，应当通过信息服务平台明确原料来源和原料安全相关信息。

第三十一条　化妆品注册人、备案人委托生产化妆品的，国产化妆品应当在申请注册或者进行备案时，经化妆品生产企业通过信息服务平台关联确认委托生产关系；进口化妆品由化妆品注册人、备案人提交存在委托关系的相关材料。

第三十二条　化妆品注册人、备案人应当明确产品执行的标准，并在申请注册或者进行备案时提交药品监督管理部门。

第三十三条　化妆品注册申请人、备案人应当委托取得资质认定、满足化妆品注册和备案检验工作需要的检验机构，按照强制性国家标准、技术规范和注册备案检验规定的要求进行检验。

第二节　备案管理

第三十四条　普通化妆品上市或者进口前，备案人按照国家药品监督管理局的要求通过信息服务平台提交备案资料后即完成备案。

第三十五条　已经备案的进口普通化妆品拟在境内责任人所在省、自治区、直辖市行政区域以外的口岸进口的，应当通过信息服务平台补充填报进口口岸以及办理通关手续的联系人信息。

第三十六条　已经备案的普通化妆品，无正当理由不得随意改变产品名称；没有充分的科学依据，不得随意改变功效宣称。

已经备案的普通化妆品不得随意改变产品配方，但因原料来源改变等原因导致产品配方发生微小变化的情况除外。

备案人、境内责任人地址变化导致备案管理部门改变的，备案人应当重新进行备案。

第三十七条　普通化妆品的备案人应当每年向承担备案管理工作的药品监督管理部门报告生产、进口情况，以及符合法律法规、强制性国家标准、技术规范的情况。

已经备案的产品不再生产或者进口的,备案人应当及时报告承担备案管理工作的药品监督管理部门取消备案。

第三节 注册管理

第三十八条 特殊化妆品生产或者进口前,注册申请人应当按照国家药品监督管理局的要求提交申请资料。

特殊化妆品注册程序和时限未作规定的,适用本办法关于化妆品新原料注册的规定。

第三十九条 技术审评机构应当自收到申请资料之日起90个工作日内,按照技术审评的要求组织开展技术审评,并根据下列情况分别作出处理:

(一)申请资料真实完整,能够证明产品安全性和质量可控性、产品配方和产品执行的标准合理,且符合现行法律、行政法规、强制性国家标准和技术规范要求的,作出技术审评通过的审评结论;

(二)申请资料不真实,不能证明产品安全性和质量可控性、产品配方和产品执行的标准不合理,或者不符合现行法律、行政法规、强制性国家标准和技术规范要求的,作出技术审评不通过的审评结论;

(三)需要申请人补充资料的,应当一次告知需要补充的全部内容;申请人应当在90个工作日内按照要求一次提供补充资料,技术审评机构收到补充资料后审评时限重新计算;未在规定时限内补充资料的,技术审评机构应当作出技术审评不通过的审评结论。

第四十条 国家药品监督管理局应当自收到技术审评结论之日起20个工作日内,对技术审评程序和结论的合法性、规范性以及完整性进行审查,并作出是否准予注册的决定。

受理机构应当自国家药品监督管理局作出行政审批决定之日起10个工作日内,向申请人发出化妆品注册证或者不予注册决定书。化妆品注册证有效期为5年。

第四十一条 已经注册的特殊化妆品的注册事项发生变化的,国家药品监督管理局根据变化事项对产品安全、功效的影响程度实施分类管理:

(一)不涉及安全性、功效宣称的事项发生变化的,注册人应当及时向国家药品监督管理局备案;

(二)涉及安全性的事项发生变化的,以及生产工艺、功效宣称等方面发生实质性变化的,注册人应当向国家药品监督管理局提出产品注册变更申请;

(三)产品名称、配方等发生变化,实质上构成新的产品的,注册人应当重新申请注册。

第四十二条 已经注册的产品不再生产或者进口的,注册人应当主动申请注销注册证。

第四节 注册证延续

第四十三条 特殊化妆品注册证有效期届满需要延续的,注册人应当在产品注册证有效期届满前90个工作日至30个工作日期间提出延续注册申请,并承诺符合强制性国家标准、技术规范的要求。注册人应当对提交资料和作出承诺的真实性、合法性负责。

逾期未提出延续注册申请的,不再受理其延续注册申请。

第四十四条 受理机构应当在收到延续注册申请后5个工作日内对申请资料进行形式审查,符合要求的予以受理,并自受理之日起10个工作日内向申请人发出新的注册证。注册证有效期自原注册证有效期届满之日的次日起重新计算。

第四十五条 药品监督管理部门应当对已延续注册的特殊化妆品的申报资料和承诺进行监督,经监督检查或者技术审评发现存在不符合强制性国家标准、技术规范情形的,应当依法撤销特殊化妆品注册证。

第四章 监督管理

第四十六条 药品监督管理部门依照法律法规规定,对注册人、备案人的注册、备案相关活动进行监督检查,必要时可以对注册、备案活动涉及的单位进行延伸检查,有关单位和个人应当予以配合,不得拒绝检查和隐瞒有关情况。

第四十七条 技术审评机构在注册技术审评过程中,可以根据需要通知审核查验机构开展现场核查。境内现场核查应当在45个工作日内完成,境外现场核查应当按照境外核查相关规定执行。现场核查所用时间不计算在审评时限之内。

注册申请人应当配合现场核查工作,需要抽样检验的,应当按照要求提供样品。

第四十八条 特殊化妆品取得注册证后,注册人应当在产品投放市场前,将上市销售的产品标签图片上传至信息服务平台,供社会公众查询。

第四十九条 化妆品注册证不得转让。因企业合并、分立等法定事由导致原注册人主体资格注销,将注册人变更为新设立的企业或者其他组织的,应当按照本办法的规定申请变更注册。

变更后的注册人应当符合本办法关于注册人的规定,并对已经上市的产品承担质量安全责任。

第五十条 根据科学研究的发展,对化妆品、化妆品原料的安全性认识发生改变的,或者有证据表明化妆品、化妆品原料可能存在缺陷的,承担注册、备案管理工作的药品监督管理部门可以责令化妆品、化妆品新原料注册人、备案人开展安全再评估,或者直接组织相关原料企业和化妆品企业开展安全再评估。

再评估结果表明化妆品、化妆品原料不能保证安全的,由原注册部门撤销注册、备案部门取消备案,由国务院药品监督管理部门将该化妆品原料纳入禁止用于化妆品生产的原料目录,并向社会公布。

第五十一条 根据科学研究的发展、化妆品安全风险监测和评价等,发现化妆品原料存在安全风险,能够通过设定原料的使用范围和条件消除安全风险的,应当在已使用的化妆品原料目录中明确原料限制使用的范围和条件。

第五十二条 承担注册、备案管理工作的药品监督管理部门通过注册、备案信息无法与注册人、备案人或者境内责任人取得联系的,可以在信息服务平台将注册人、备案人、境内责任人列为重点监管对象,并通过信息服务平台予以公告。

第五十三条 药品监督管理部门根据备案人、境内责任人、化妆品生产企业的质量管理体系运行、备案后监督、产品上市后的监督检查情况等,实施风险分类分级管理。

第五十四条 药品监督管理部门、技术审评、现场核查、检验机构及其工作人员应当严格遵守法律、法规、规章和国家药品监督管理局的相关规定,保证相关工作科学、客观和公正。

第五十五条 未经注册人、备案人同意,药品监督管理部门、专业技术机构及其工作人员、参与审评的人员不得披露注册人、备案人提交的商业秘密、未披露信息或者保密商务信息,法律另有规定或者涉及国家安全、重大社会公共利益的除外。

第五章　法律责任

第五十六条 化妆品、化妆品新原料注册人未按照本办法规定申请特殊化妆品、化妆品新原料变更注册的,由原发证的药品监督管理部门责令改正,给予警告,处1万元以上3万元以下罚款。

化妆品、化妆品新原料备案人未按照本办法规定更新普通化妆品、化妆品新原料备案信息的,由承担备案管理工作的药品监督管理部门责令改正,给予警告,处5000元以上3万元以下罚款。

化妆品、化妆品新原料注册人未按照本办法的规定重新注册的,依照化妆品监督管理条例第五十九条的规定给予处罚;化妆品、化妆品新原料备案人未按照本办法的规定重新备案的,依照化妆品监督管理条例第六十一条第一款的规定给予处罚。

第五十七条 化妆品新原料注册人、备案人违反本办法第二十一条规定的,由省、自治区、直辖市药品监督管理部门责令改正;拒不改正的,处5000元以上3万元以下罚款。

第五十八条 承担备案管理工作的药品监督管理部门发现已备案化妆品、化妆品新原料的备案资料不符合要求的,应当责令限期改正,其中,与化妆品、化妆品新原料安全性有关的备案资料不符合要求的,可以同时责令暂停销售、使用。

已进行备案但备案信息尚未向社会公布的化妆品、化妆品新原料,承担备案管理工作的药品监督管理部门发现备案资料不符合要求的,可以责令备案人改正并在符合要求后向社会公布备案信息。

第五十九条 备案人存在以下情形的,承担备案管理工作的药品监督管理部门应当取消化妆品、化妆品新原料备案:

(一)备案时提交虚假资料的;

(二)已经备案的资料不符合要求,未按要求在规定期限内改正的,或者未按要求暂停化妆品、化妆品新原料销售、使用的;

(三)不属于化妆品新原料或者化妆品备案范围的。

第六章　附则

第六十条 注册受理通知、技术审评意见告知、注册证书发放和备案信息发布、注册复核、化妆品新原料使用情况报告提交等所涉及时限以通过信息服务平台提交或者发出的时间为准。

第六十一条 化妆品最后一道接触内容物的工序在境内完成的为国产产品,在境外完成的为进口产品,在中国台湾、香港和澳门地区完成的参照进口产品管理。

以一个产品名称申请注册或者进行备案的配合使用产品或者组合包装产品,任何一剂的最后一道接触内容物的工序在境外完成的,按照进口产品管理。

第六十二条 化妆品、化妆品新原料取得注册或者进行备案后,按照下列规则进行编号。

(一)化妆品新原料备案编号规则:国妆原备字+四位年份数+本年度备案化妆品新原料顺序数。

(二)化妆品新原料注册编号规则:国妆原注字+四

位年份数+本年度注册化妆品新原料顺序数。

（三）普通化妆品备案编号规则：

国产产品：省、自治区、直辖市简称+G妆网备字+四位年份数+本年度行政区域内备案产品顺序数；

进口产品：国妆网备进字（境内责任人所在省、自治区、直辖市简称）+四位年份数+本年度全国备案产品顺序数；

中国台湾、香港、澳门产品：国妆网备制字（境内责任人所在省、自治区、直辖市简称）+四位年份数+本年度全国备案产品顺序数。

（四）特殊化妆品注册编号规则：

国产产品：国妆特字+四位年份数+本年度注册产品顺序数；

进口产品：国妆特进字+四位年份数+本年度注册产品顺序数；

中国台湾、香港、澳门产品：国妆特制字+四位年份数+本年度注册产品顺序数。

第六十三条 本办法自2021年5月1日起施行。

化妆品注册备案资料管理规定

- 2021年2月26日国家药监局公告2021年第32号公告公布
- 自2021年5月1日起施行

第一章 总则

第一条 为规范化妆品注册备案管理工作，保证化妆品注册、备案各项资料的规范提交，依据《化妆品监督管理条例》《化妆品注册备案管理办法》等有关法律法规要求，制定本管理规定。

第二条 在中华人民共和国境内申请化妆品注册或办理备案时，应当按照本管理规定的要求提交资料。

第三条 化妆品注册人、备案人应当遵循风险管理的原则，以科学研究为基础，对提交的注册备案资料的合法性、真实性、准确性、完整性和可追溯性负责，并且承担相应的法律责任。境外化妆品注册人、备案人应当对境内责任人的注册备案工作进行监督。

第四条 化妆品注册备案资料应当使用国家公布的规范汉字。除注册商标、网址、专利名称、境外企业的名称和地址等必须使用其他文字的，或约定俗成的专业术语(如SPF、PFA、PA、UVA、UVB、维生素C等)，所有其他文字均应完整、规范地翻译为中文，并将原文附在相应的译文之后。

第五条 化妆品注册备案资料应当符合国家有关用章规定，签章齐全，具有法律效力。境外企业及其他组织不使用公章的，应当由法定代表人或者企业（其他组织）负责人签字。除用户信息相关资料外，产品的注册备案资料中如需境外化妆品注册人、备案人签章的，其法定代表人或者负责人可授权该注册人、备案人或者境内责任人的签字人签字。授权委托签字的，应当提交授权委托书原件及其公证书原件，授权委托书中应当写明授权签字的事项和范围。

除政府主管部门或者有关机构、注册和备案检验机构、公证机关等出具的资料原件外，化妆品注册备案资料均应由境内注册人、备案人或者境内责任人逐页加盖公章。使用带有电子加密证书的公章的，可直接在电子资料上加盖电子公章。

第六条 化妆品注册备案资料中应当使用我国法定计量单位，使用其他计量单位时，应当折算为我国法定计量单位；应当准确引用参考文献，标明出处，确保有效溯源；应当规范使用标点符号、图表、术语等，保证资料内容准确规范。

第七条 化妆品注册备案资料中，出现的同项内容应当保持前后一致；有相关证明文件的，应当与证明文件中所载内容一致。

第八条 化妆品注册备案的文本资料中主体文字颜色应当为黑色，内容易于辨认，设置合适的行间距和页面边距，确保在打印或者装订中不丢失文本信息。

第九条 化妆品注册备案的纸质资料应当使用国际标准A4型规格纸张，内容完整清晰、不得涂改。化妆品的包装展开图片等确需更大尺寸纸张的，可使用其他规格纸张，确保妥善置于A4规格资料内。纸质文件资料的载体和书写材料应当符合耐久性的要求。

第二章 用户信息相关资料要求
第一节 资料项目及要求

第十条 首次申请特殊化妆品注册或者办理普通化妆品备案时，境内的注册申请人、备案人和境内责任人应当提交以下用户信息相关资料：

（一）注册人备案人信息表(附1)及质量安全负责人简历；

（二）注册人备案人质量管理体系概述(附2)；

（三）注册人备案人不良反应监测和评价体系概述(附3)；

（四）境外注册人、备案人应当提交境内责任人信息表(附4)；

（五）境内责任人授权书原件(式样见附5)及其公证书原件；

（六）注册人、备案人有自行生产或者委托境外生产企业生产的，应当提交生产企业信息表(附6)和质量安全负责人信息，一次性填报已有生产企业及其信息。生产企业为境外的，应当提交境外生产规范证明资料原件。

第十一条　我国境内仅从事受托生产的企业，应当提交第十条第(六)项中的生产企业信息表，以便关联确认委托生产关系。

第十二条　具有境内注册人或者备案人、境内责任人、生产企业等多重身份的，或者同一境内责任人对应多个境外注册人、备案人的，可以一次性提交全部相关资料，取得相应的用户权限。已有用户可以根据情况补充提供相关资料，增加用户权限。

第十三条　质量安全负责人的简历应当包括与其要求相关的教育背景、工作经历以及其他内容。

第十四条　质量管理体系概述是对注册人、备案人质量管理控制能力和过程的总结描述，应当如实客观地反映实际情况，包括供应商遴选、原料验收、生产及质量控制、产品留样等管理制度。语言应当简明扼要，体现出质量控制关键点设置和日常执行管理要求。

注册人、备案人同时存在自行生产和委托生产的，应当分别提交相应版本的质量管理体系概述。

第十五条　不良反应监测和评价体系概述是对注册人、备案人和境内责任人不良反应监测评价能力和过程的总结描述，应当如实客观地反映实际情况。语言应当简明扼要，体现出不良反应监测关键点、各环节设置和日常执行管理要求。

第十六条　境内责任人授权书应当至少明确体现以下内容和信息：注册人、备案人和境内责任人名称，授权和被授权关系，授权范围，授权期限。同一产品不得授权多个境内责任人，境内责任人应当在授权范围内开展注册备案工作。

第十七条　境外生产企业应当提交生产企业符合质量管理体系或者生产质量管理规范的资质证书、文件等证明资料，证明资料应当由所在国(地区)政府主管部门、认证机构或者具有所在国(地区)认证认可资质的第三方出具或者认可，载明生产企业名称和实际生产地址信息。

无法提供证明资料原件的，应当提供由中国公证机关公证的或由我国使(领)馆确认的复印件。

第二节　用户信息和资料更新

第十八条　用户信息或者相关资料发生变化时，应当及时进行更新，确保注册备案信息服务平台中的用户信息和相关资料真实准确。

更新方式主要包括自行更新、一般审核更新、生产场地更新以及其他各具体规定情形的审核更新。属于审核更新的，经药品监督管理部门审核后，完成相关信息和资料的更新。

第十九条　用户权限相关资料中，可自行更新的内容包括法定代表人信息、质量安全负责人信息、联系信息。

以上信息发生变化时，用户应当及时自行更新。

第二十条　用户权限相关资料中，可进行一般审核更新的内容包括基本信息、质量管理体系概述、不良反应监测和评价体系概述、境内责任人的授权范围和授权期限。

一般审核更新时，应当提交一般审核更新信息表(附7)，同时一并提交符合要求的相关资料。其中，境外注册人、备案人名称发生变化的，应当提供由所在国(地区)政府主管部门或者有关机构出具的主体未发生变化的相关证明文件原件，无法提交原件的，应当提供由中国公证机关公证的或者由我国使(领)馆确认的复印件；境外生产企业生产场地仅地址文字改变的，应当提供由所在国(地区)政府主管部门或者有关机构出具的生产现场未改变的证明文件原件，无法提交原件的，应当提供由中国公证机关公证的或者由我国使(领)馆确认的复印件；境内责任人授权范围改变的，新授权范围应当包括原授权范围。

第二十一条　用户权限相关资料中，可进行生产场地更新的内容为生产企业的生产场地信息。具体情形包括：生产场地搬迁、生产场地增加、生产场地减少、仅生产规范证明文件更新。

进行生产场地更新时，应当提交生产场地更新信息表(附8)。其中，境外生产企业的生产场地搬迁或者增加，或生产质量管理规范证明文件进行更新的，应当按要求提供境外生产质量管理规范证明相关资料。

第二十二条　根据实际生产经营情况，如需增加自行生产或者委托境外生产企业的，可提交相关资料增加生产企业信息，必要时还需补充提交相应的质量管理体系概述。

第二十三条　在进行用户信息更新时，企业应当首先对照用户名下全部信息自行检查。如有多个信息同时发生变化的,应同时更新,一并提交相关资料。

第二十四条 境内责任人授权书所载授权期限到期后,应当重新提交更新的授权书,延长授权期限。逾期未重新提交的,境内责任人将无法继续为对应的境外注册人、备案人办理新增的注册或者备案事项,名下已开展的注册或者备案事项可继续办理完毕。

境外生产质量管理规范证明资料有有效期限的,应当及时更新证明资料,最长不得超过有效期限截止后90日;无有效期限的,应当每五年提交最新版本。

第二十五条 根据实际生产经营情况,需对用户权限进行注销的,应当在相关产品全部完成注销或变更后,提交用户权限注销信息表(附9),进行用户权限注销。

第三章 注册与备案资料要求

第二十六条 注册人、备案人办理注册或者备案时,应当提交以下资料:

(一)《化妆品注册备案信息表》及相关资料;
(二)产品名称信息;
(三)产品配方;
(四)产品执行的标准;
(五)产品标签样稿;
(六)产品检验报告;
(七)产品安全评估资料。

第二十七条 注册人、备案人应当逐项填写《化妆品注册备案信息表》(附10),并提交相关资料。

(一)产品名称包括中文名称和进口产品的外文名称,产品中文名称应当符合化妆品标签管理相关规定。

(二)注册人、备案人应当按照《化妆品监督管理条例》和化妆品分类规则与分类目录的规定,确定产品类别以及相应的产品分类编码,涉及特殊化妆品功效宣称的,应当按照特殊化妆品申报。

(三)委托境内企业生产的化妆品,注册人、备案人或者境内责任人应当选择已开通用户权限的生产企业进行关联,经生产企业确认后提交注册申请或者办理备案。

委托境外企业生产的化妆品,注册人、备案人或者境内责任人应当提交委托关系文件。委托关系文件应当至少载明产品名称、委托方、受托生产企业名称、生产地址、本产品接受委托的日期、受托生产企业法人或者法人授权人的签章。注册人、备案人与受托生产企业属于同一集团公司的,可提交属于同一集团公司的证明资料以及企业集团出具的产品质量保证文件以确认委托关系。

(四)进口产品应当提供由化妆品注册人、备案人所在国或生产国(地区)政府主管部门或者行业协会等机构出具的已上市销售证明文件,境内注册人、备案人委托境外生产企业生产的和产品配方专为中国市场设计的除外。已上市销售证明文件应当至少载明注册人、备案人或者生产企业的名称、产品名称、出具文件的机构名称以及文件出具日期,并由机构签章确认。

1. 组合包装产品同时存在进口部分和国产部分的,仅提交进口部分的已上市销售证明文件。

2. 专为中国市场设计销售包装的,应当提交该产品在化妆品注册人、备案人所在国或生产国(地区)的已上市销售证明文件,同时提交产品配方、生产工艺与化妆品注册人、备案人所在国或者生产国(地区)产品一致的说明资料。

(五)产品配方专为中国市场设计的进口产品(境内委托境外生产的除外),应当提交以下资料:

1. 针对中国消费者的肤质类型、消费需求等进行配方设计的说明资料;

2. 在中国境内选用中国消费者开展消费者测试研究或者人体功效试验资料。

(六)进口产品的已上市销售证明文件、委托关系文件或者属于一个集团公司的证明资料等文件可同时列明多个产品。这些产品申请注册或者办理备案时,其中一个产品可使用原件,其他产品可使用复印件,并说明原件所在的产品名称以及相关受理编号、注册证号或者备案编号等信息。

第二十八条 注册人、备案人应当提交产品名称命名依据,产品名称命名依据中应当指明商标名、通用名、属性名,并分别说明其具体含义。进口产品应当对外文名称和中文名称分别进行说明,并说明中文名称与外文名称的对应关系(专为中国市场设计无外文名称的除外)。

产品中文名称中商标名使用字母、汉语拼音、数字、符号等的,应当提供商标注册证。

第二十九条 产品配方为生产投料配方,应当符合以下要求:

(一)配方表要求。产品配方表应当包括原料序号、原料名称、百分含量、使用目的等内容(附11)。

1. 原料名称。产品配方应当提供全部原料的名称,原料名称包括标准中文名称、国际化妆品原料名称(简称INCI名称)或者英文名称。配方成分的原料名称应当使用已使用的化妆品原料目录中载明的标准中文名称、INCI名称或者英文名称;配方中含有尚在安全监测中化妆品新原料的,应当使用已注册或者备案的原料名称;进口产品原包装标注成分的 INCI 名称与配方成分名称不一致的,应当予以说明。

使用来源于石油、煤焦油的碳氢化合物(单一组分除外)的,应当在产品配方表备注栏中标明相关原料的化学文摘索引号(简称 CAS 号);使用着色剂的,应当在产品配方原料名称栏中标明《化妆品安全技术规范》载明的着色剂索引号(简称 CI 号),无 CI 号的除外;使用着色剂为色淀的,应当在着色剂后标注"(色淀)",并在配方备注栏中说明所用色淀的种类;含有与产品内容物直接接触的推进剂的,应当在配方备注栏中标明推进剂的种类、添加量等;使用纳米原料的,应当在此类成分名称后标注"(纳米级)"。

2. 百分含量。产品配方应当提供全部原料的含量,含量以质量百分比计,全部原料应当按含量递减顺序排列;含两种或者两种以上成分的原料(香精除外)应当列明组成成分及相应含量。

3. 使用目的。应当根据原料在产品中的实际作用标注主要使用目的;申请祛斑美白、防晒、染发、烫发、防脱发的产品,应当在配方表使用目的栏中标注相应的功效成分,如果功效原料不是单一成分的,应当在配方表使用目的栏中明确其具体的功效成分。

4. 备注栏。以下情形应当在备注栏中说明:使用变性乙醇的,应当说明变性剂的名称及用量;使用类别原料的,应当说明具体的原料名称;直接来源于植物的,应当说明原植物的具体使用部位。

(二)注册人、备案人或者境内责任人应当填写产品所使用原料的生产商信息并上传由原料生产商出具的原料安全信息文件。原料生产商已根据《化妆品原料安全相关信息报送指南》(附 12 以及附 13)报送原料安全相关信息(附 14)的,注册人、备案人或者境内责任人可填写原料报送码关联原料安全信息文件。

(三)使用了尚在安全监测中化妆品新原料的,注册人、备案人或者境内责任人应当经新原料注册人、备案人确认后,方可提交注册申请或者办理备案。

(四)产品配方香精可按两种方式填写,分别提交以下资料:

1. 产品配方表中仅填写"香精"原料的,无须提交香精中具体香料组分的种类和含量;产品标签标识香精中的具体香料组分的,以及进口产品原包装标签标识含具体香料组分的,应当在配方备注栏中说明。

2. 产品配方表中同时填写"香精"及香精中的具体香料组分的,应当提交香精原料生产商出具的关于该香精所含全部香料组分种类及含量的资料。

(五)使用贴、膜类载体材料的,应当在备注栏内注明主要载体材料的材质组成,同时提供其来源、制备工艺、质量控制指标等资料。

(六)产品配方中使用动物脏器组织及血液制品提取物作为原料的,应当提供其来源、组成以及制备工艺,并提供原料生产国允许使用的相关文件。

第三十条 产品执行的标准包括全成分、生产工艺简述、感官指标、微生物和理化指标及其质量控制措施、使用方法、贮存条件、使用期限等内容,应当符合国家有关法律法规、强制性国家标准和技术规范的要求(式样及编制说明见附 15,样例见附 16)。

(一)产品名称。包括中文名称和进口产品的外文名称。

(二)全成分。包括生产该产品所使用的全部原料的序号、原料名称和使用目的,所有原料应当按含量递减顺序排列。

(三)生产工艺简述。

1. 应当简要描述实际生产过程的主要步骤,包括投料、混合、灌装等。配方表 2 个以上原料的预混合、灌装等生产步骤在不同生产企业配合完成的,应当予以注明。

2. 应当体现主要生产工艺参数范围,全部原料应当在生产步骤中明确列出,所用原料名称或者序号应当与产品配方中所列原料一致;若同一原料在不同步骤阶段中使用,应当予以区分;若生产过程中需使用但在后续生产步骤中去除的水、挥发性溶剂等助剂,应当予以注明。

(四)感官指标。应当分别描述产品内容物的颜色、性状、气味等指标。套装产品应当分别说明各部分的感官指标,使用贴、膜类载体材料的产品应当分别描述贴、膜类材料以及浸液的颜色、性状等。

1. 颜色是指产品内容物的客观色泽。同一产品具有可区分的多种颜色,应当逐一描述;难以区分颜色的,可描述产品目视呈现或者使用时的主要色泽,也可描述颜色范围。

2. 性状是指产品内容物的形态。

3. 气味是指产品内容物是否有气味。

(五)微生物和理化指标及质量控制措施。

1. 应当提交对产品实际控制的微生物和理化指标,微生物和理化指标应当符合《化妆品安全技术规范》《化妆品注册和备案检验工作规范》的要求。

2. 应当根据产品实际控制的微生物和理化指标提交相应的质量控制措施。

3.采用检验方式作为质量控制措施的,应当注明检验频次,所用方法与《化妆品安全技术规范》所载方法完全一致的,应当填写《化妆品安全技术规范》的检验方法名称;与《化妆品安全技术规范》所载方法不一致的,应当填写检验方法名称,说明该方法是否与《化妆品安全技术规范》所载方法开展过验证,完整的检验方法和方法验证资料留档备查。

4.采用非检验方式作为质量控制措施的,应当明确具体的实施方案,对质量控制措施的合理性进行说明,以确保产品符合《化妆品安全技术规范》要求。

(六)使用方法。应当阐述化妆品的使用方法,对使用人群和使用部位有特殊要求的,应当予以说明;安全警示用语应当符合化妆品标签管理规定和《化妆品安全技术规范》等相关法规的要求。

(七)贮存条件。应当根据产品包装及产品自身稳定性等特点设定产品贮存条件。

(八)使用期限。应当根据产品包装、产品自身稳定性或者相关实验结果,设定产品的使用期限。

第三十一条 注册人、备案人或者境内责任人应当逐项填写《产品标签样稿》(附17),填写的使用方法、安全警示用语、贮存条件、使用期限等内容应当符合产品执行的标准。

进口化妆品应当提交生产国(地区)产品的销售包装(含说明书),以及外文标签的中文翻译件。

第三十二条 普通化妆品办理备案时、特殊化妆品上市前,注册人、备案人或者境内责任人应当上传产品销售包装的标签图片,图片应当符合以下要求:

(一)图片包括全部包装可视面的平面图和可体现产品外观的立体展示图,图片应当完整、清晰。平面图应当容易辨别所有标注内容;无法清晰显示所有标注内容的,还应当提交局部放大图或者产品包装设计图;

(二)使用电子标签的,应当提交电子标签内容,销售包装上的图码应当是注册备案信息服务平台生成的预置图码;

(三)上传图片的标签内容和说明书内容不得超出产品标签样稿载明的内容;

(四)存在多种销售包装的,应当提交所有的销售包装的标签图片。符合以下一种或多种情形的,提交其中一种销售包装的标签图片,其他销售包装的标签图片可不重复上传:

1.仅净含量规格不同的;

2.仅在已上传销售包装上附加标注销售渠道、促销、节日专款、赠品等信息的;

3.仅销售包装颜色存在差异的;

4.已注册或者备案产品以套盒、礼盒等形式组合销售,组合过程不接触产品内容物,除增加组合包装产品名称外,其他标注的内容未超出每个产品标签内容的;

5.通过文字描述能够清楚反映与已上传销售包装差异,并已备注说明的。

第三十三条 注册或者备案产品的产品检验报告,由化妆品注册和备案检验机构出具,应当符合《化妆品安全技术规范》《化妆品注册和备案检验工作规范》等相关法规的规定。

(一)产品检验报告包括微生物与理化检验、毒理学试验、人体安全性试验报告和人体功效试验报告等。

1.产品检验报告的受检样品应当为同一产品名称、同一批号的产品。

2.产品检验报告中载明的产品信息应当与注册或者备案产品相关信息保持一致。由于更名等原因,导致检验报告中产品名称、企业名称等不影响检验结果的信息与注册备案信息不一致的,应当予以说明,并提交检验报告变更申请表和检验检测机构出具的补充检验报告或者更正函。

3.多个生产企业生产同一产品的,应当提供其中一个生产企业样品完整的产品检验报告,并提交其他生产企业样品的微生物与理化检验报告。

4.多色号系列普通化妆品按《化妆品注册和备案检验工作规范》抽样进行毒理学试验的,可作为一组产品进行备案,每个产品均应附上系列产品的名单、基础配方和着色剂一览表以及抽检产品名单。

5.宣称新功效的化妆品,按照《化妆品注册和备案检验工作规范》以及相关技术法规文件开展检验。

(二)普通化妆品的生产企业已取得所在国(地区)政府主管部门出具的生产质量管理体系相关资质认证,且产品安全风险评估结果能够充分确认产品安全性的,可免于提交该产品的毒理学试验报告,有下列情形的除外:

1.产品宣称婴幼儿和儿童使用的;

2.产品使用尚在安全监测中化妆品新原料的;

3.根据量化分级评分结果,备案人、境内责任人、生产企业被列为重点监管对象的。

有多个生产企业生产的,所有生产企业均已取得所在国(地区)政府主管部门出具的生产质量管理体系相关资质认证的,方可免于提交毒理学试验报告。

（三）申请特殊化妆品注册时应当提交符合化妆品功效宣称评价相关规定的人体功效试验报告。

1. 特殊化妆品宣称的功效试验报告应当提供由化妆品注册和备案检验机构出具。

2. 多色号系列防晒化妆品按《化妆品注册和备案检验工作规范》抽样进行人体功效试验的，可作为一组产品同时申请注册，每个产品资料中均应附上系列产品的名单、基础配方和着色剂一览表以及抽检产品名单。

第三十四条 注册人、备案人应当按照化妆品安全评估相关技术指南的要求开展产品安全评估，形成产品安全评估报告。

必须配合仪器或者工具（仅辅助涂擦的毛刷、气垫、烫发工具等除外）使用的化妆品，应当评估配合仪器或者工具使用条件下的安全性；并应当提供在产品使用过程中仪器或者工具是否具有化妆品功能、是否参与化妆品的再生产过程、是否改变产品与皮肤的作用机理等情况的说明资料。

第三十五条 包含两个或者两个以上必须配合使用或者包装容器不可拆分的独立配方的化妆品，应当分别填写配方，按一个产品申请注册或者办理备案。

其中一个（剂）或者多个（剂）产品为特殊化妆品的，应当按照特殊化妆品申请注册；其中一个（剂）或者多个（剂）产品在境外生产的，应当按照进口化妆品申请注册或者办理备案。

第三十六条 化妆品注册人备案人应当留存每一批生产的化妆品样品备查，留存样品数量应当能够满足开展注册备案检验所需。同时，特殊化妆品应当留存由首家注册和备案检验机构封样的1件样品；进口特殊化妆品在产品注册检验时提交试制样品的，应当同时留存经检验机构封样的试制样品和未启封的市售产品各1件；普通化妆品应当由境内备案人或者境内责任人留存1件市售产品备查；专为中国市场设计销售包装的进口普通产品，应当由境内责任人留存1件原产国市售产品备查。

第三十七条 仅供出口的特殊化妆品和普通化妆品，应当在注册备案信息服务平台进行备案，由生产企业提交以下资料：

1. 产品名称；

2. 拟出口国家（地区）；

3. 产品标签图片，包括产品销售包装正面立体图、产品包装平面图和产品说明书（如有）。

第四章 变更事项要求

第三十八条 已注册产品的注册事项发生变更的，应当在拟变更产品生产或者进口前提交相应资料，完成相应的变更之后，方可生产或者进口。

已备案产品的备案事项发生变更的，应当在拟变更产品上市或者进口前提交相应资料，完成相应的变更之后，方可上市或者进口。

变更前已生产、上市或者进口的产品可以销售至保质期结束。

第三十九条 已注册或者备案产品的注册人、备案人、境内责任人或者生产企业的名称、住所等发生变化的（生产场地未改变），应当按照本管理规定第二章第二节相关要求完成信息更新后，对涉及的特殊化妆品注册证或者普通化妆品备案信息以及产品标签样稿的上述相关信息分别进行一次性变更。

第四十条 已注册或者备案产品的产品名称发生变化的，应当合理说明理由并提交以下资料：

（一）特殊化妆品变更申请表（附18）或者普通化妆品变更信息表（附19）；

（二）按照本管理规定第二十八条要求提交产品名称相关资料。

第四十一条 生产场地改变或者增加的，应当提交以下资料：

（一）特殊化妆品变更申请表或者普通化妆品变更信息表；

（二）拟变更场地生产产品的微生物和理化检验报告；

（三）拟变更备案产品仅通过产品安全评估方式评价产品安全，且拟增加的生产企业不能提供其所在国（地区）政府主管部门出具的生产质量管理体系相关资质认证文件的，应当提交该产品的相关毒理学试验资料；

（四）拟变更产品委托生产关系发生改变的，国产产品应当按照本管理规定第二十七条（三）的要求，对变化的委托生产关系进行确认；进口产品应当提交委托关系文件或者属于同一集团公司的证明资料以及企业集团出具的产品质量保证文件。

第四十二条 已注册或者备案产品所使用原料的生产商、原料质量规格增加或者改变的，所使用的原料在配方中的含量以及原料中具体成分的种类、比例均未发生变化的，应当通过注册备案信息平台对原料生产商信息和原料安全信息进行更新维护。涉及产品安全评估资料发生变化的，还应当进行产品安全评估资料变更。

已注册或者备案产品所使用原料的生产商、原料质量规格增加或者改变的，原料在配方中的含量和原料中主要功能成分含量及溶剂未发生变化，为了保证原料质量而添加的微量稳定剂、抗氧化剂、防腐剂等成分发生种类或者含量变化的，应当提交以下资料：

（一）特殊化妆品变更申请表或者普通化妆品变更信息表；

（二）产品配方；

（三）发生变更的情况说明，包括变更的原因，变化的成分在原料中的使用目的等；

（四）拟变更产品的产品安全评估资料；

（五）涉及产品执行的标准发生变化的，应当提交拟变更产品执行的标准；

（六）拟变更事项涉及产品标签样稿中的全成分标注、安全警示用语等发生变化的，应当提交拟变更产品的产品标签样稿。

第四十三条　产品执行的标准中生产工艺简述、微生物和理化指标及质量控制措施、使用方法、安全警示用语、贮存条件、使用期限等发生变化的，应当提交以下资料：

（一）特殊化妆品变更申请表或者普通化妆品变更信息表；

（二）拟变更产品执行的标准；

（三）涉及生产工艺简述变化的，应当提交发生变更的情况说明，并提交拟变更产品的微生物和理化检验报告；

（四）涉及产品使用方法变更的，应当提交拟变更产品的产品安全评估资料；

（五）涉及产品使用期限延长的，应当提交拟变更产品的稳定性研究资料；

（六）涉及产品安全评估资料内容发生变化的，应当提交产品安全评估资料；

（七）涉及进口产品原销售包装和标签变化的，应当提交拟变更产品的原销售包装（含说明书）和外文标签的中文翻译件；

（八）涉及产品标签样稿变化的，还应当按照第四十四条要求进行产品标签样稿变更。

第四十四条　产品标签样稿内容发生变化的，应当提交以下资料：

（一）特殊化妆品变更申请表或者普通化妆品变更信息表；

（二）拟变更的产品标签样稿；

（三）防晒类化妆品增加 PA、广谱防晒或者浴后 SPF 等标识的，应当提交拟变更产品相应的功效试验报告；

（四）祛斑美白类化妆品增加祛斑或者美白功效宣称的，应当提交拟变更产品相应的人体功效试验报告；

（五）涉及进口产品原销售包装和标签变化的，应当提交拟变更产品的原销售包装（含说明书）和外文标签的中文翻译件。

第四十五条　产品安全评估资料内容发生变化的，应当提交以下资料：

（一）特殊化妆品变更申请表或者普通化妆品变更信息表；

（二）拟变更的产品安全评估资料；

（三）化妆品安全评估人员发生变化的，应当提交拟变更化妆品安全评估人员的相关信息。

第四十六条　产品分类发生变化的，应当提交以下资料：

（一）特殊化妆品变更申请表或者普通化妆品变更信息表；

（二）按照拟变更产品分类的要求补充或者更新资料；

（三）涉及已注册特殊化妆品拟增加染发、烫发、祛斑美白、防晒、防脱发功效或者新功效的，应当按照第三章的要求补充提交资料。

第四十七条　注册人因公司吸收合并、新设合并、分立等原因发生改变的，由新的境内注册人或者具有新的境外注册人相应用户权限的境内责任人提交以下资料，对涉及的特殊化妆品注册证进行一次性变更：

（一）公司合并注销、分立、成立全资子公司或者由同一集团内不同子公司运营的声明及相关文件；

（二）利益相关方（如原注册人，新注册人，境内责任人等）及其法定代表人对特殊化妆品注册证所有权归属无异议的声明及其公证文件原件。

第四十八条　变更境内责任人的，应当提交以下资料：

（一）拟变更境内责任人的产品清单；

（二）原境内责任人盖章同意更换境内责任人的知情同意书，或者能够证明境内责任人发生变更生效的判决文书；

（三）拟变更境内责任人承担产品（含变更前已上市的产品）原境内责任人相关各项责任的承诺书。

第四十九条　涉及其他事项变更的，应当提交拟变更事项的情况说明，并根据具体情况提交相关资料。

第五十条　已注册或者备案产品的销售包装发生变化的，按照第三十二条原则，在新销售包装产品上市前，重新上传产品销售包装的标签图片或者对拟变更部分予以备注说明。

第五十一条 已注册特殊化妆品完成变更之后，领取变更后纸质产品注册证时，应当交还原产品注册证。

第五章 延续、注销等事项要求

第五十二条 申请特殊化妆品注册证有效期延续的，应当提交以下资料：

（一）注册延续申请表（附20）；

（二）产品自查情况说明（式样见附21），主要内容包括：

1. 生产（进口）销售证明材料（限上一注册周期）；
2. 监督抽检、查处、召回情况（限上一注册周期）；
3. 该产品不良反应统计分析情况及采取措施；
4. 其他需要说明的内容。

（三）根据现行法规、标准调整情况，应当提交相应的产品检验报告。

第五十三条 普通化妆品年度报告应当包括以下内容：

（一）产品的生产、进口概况，以及期间产品的停产情况；

（二）产品符合法规、强制性国家标准、技术规范的自查情况。

第五十四条 申请补发产品注册证的，应当提交以下资料：

（一）补发申请表（附22）；

（二）因产品注册证原件破损申请补发的，领取新产品注册证时，应当交还原产品注册证；

（三）因产品注册证遗失申请补发的，应当提交承诺书。

第五十五条 注册人申请撤回注册申请的，应当提交撤回申请表（附23）。

第五十六条 注册人申请注销已注册特殊产品注册证的，应当提交注销申请表（附24）。

第五十七条 已备案普通产品因备案人、境内责任人地址变化导致备案管理部门改变，备案人主动注销原备案信息后重新办理备案的，可使用原备案资料。

第五十八条 对于非安全性原因不予注册的特殊产品再次申请注册时，可使用原注册资料的复印件，同时提交不予注册未涉及安全性的说明，包括对不予注册原因的解释。

第五十九条 普通产品注销后再次备案时，应当提交情况说明。对于非安全性原因注销的，再次申请备案时可使用原备案资料的复印件。

第六章 附 则

第六十条 本管理规定自2021年5月1日起实施。

附：1. 注册人/备案人信息表（略）

2. 质量管理体系概述表（略）
3. 不良反应监测和评价体系概述表（略）
4. 境内责任人信息表（略）
5. 化妆品注册备案境内责任人授权书（略）
6. 生产企业信息表（略）
7. 一般审核更新信息表（略）
8. 生产场地审核更新信息表（略）
9. 用户权限注销信息表（略）
10. 化妆品注册备案信息表（略）
11. 配方表式样（略）
12. 化妆品原料安全信息报送指南（略）
13. 原料安全相关信息备案企业信息表（略）
14. 原料安全相关信息（略）
15. 产品执行的标准式样（略）
16. 产品执行的标准样例（略）
17. 化妆品产品标签样稿式样（略）
18. 特殊化妆品变更申请表（略）
19. 普通化妆品变更信息表（略）
20. 化妆品产品注册延续申请表（略）
21. 化妆品注册延续自查情况报告样例（略）
22. 化妆品注册补发申请表（略）
23. 化妆品注册撤回申请表（略）
24. 化妆品注册注销申请表（略）

化妆品新原料注册备案资料管理规定

· 2021年2月26日国家药监局公告2021年第31号公布

· 自2021年5月1日起施行

第一条 为规范化妆品新原料注册和备案管理工作，保证化妆品质量安全，根据《化妆品监督管理条例》《化妆品注册备案管理办法》，制定本规定。

第二条 化妆品新原料注册人、备案人申请化妆品新原料注册或者进行备案时提交的资料，应当符合本规定要求。

第三条 化妆品新原料注册和备案资料应当以科学研究为基础，客观、准确地描述新原料的性状、特征和安全使用要求。

化妆品新原料注册人、备案人或境内责任人应当按要求提交化妆品新原料注册和备案资料,并对所提交资料的合法性、真实性、准确性、完整性和可追溯性负责。

第四条 化妆品新原料注册和备案资料应当使用国家公布的规范汉字。除注册商标、网址、专利名称、境外企业的名称和地址等必须使用的其他文字,以及我国法规文件中使用的英文缩写简称等外,所有使用其他文字的资料均应当完整、规范地翻译为中文,并将原文附在相应的译文之后。

第五条 化妆品新原料注册和备案资料的签章应当符合我国相关法律法规规定,确保签章齐全,具有法律效力。境外企业及其他组织不使用公章的,应当由法定代表人或者授权签字人签字。授权委托签字的,应当提交授权委托书原件及其公证书原件,授权委托书中应当写明授权签字的事项和范围。

除政府主管部门或者有关机构、检验检测机构、公证机关等出具的资料原件外,注册和备案资料均应当由境内注册人、备案人或者境内责任人逐页加盖公章。用户使用带有电子加密证书公章的,可直接在电子资料上加盖电子公章。

第六条 化妆品新原料注册和备案资料应当使用我国法定计量单位,使用其他计量单位的,应当折算为我国法定计量单位;应当规范使用标点符号、图表、术语等;参考文献引用应当准确有效,标明出处,确保有效溯源。

第七条 化妆品新原料注册和备案资料中文本主体文字颜色应当为黑色,内容易于辨认,设置合适的行间距和页面边距,确保在打印或者装订中不丢失文本信息。

注册和备案纸质资料应当使用国际标准 A4 型规格纸张,内容完整清晰、不得涂改。纸质文件资料的载体和书写材料应当符合耐久性的要求。

第八条 化妆品新原料注册人、备案人或境内责任人应当按照规定,通过化妆品新原料注册备案信息服务平台(以下简称信息服务平台)申请注册或进行备案,信息服务平台中填写、上传的注册和备案资料电子版应当与纸质版保持一致。

第九条 化妆品新原料注册人、备案人在申报新原料注册或进行新原料备案前,应当通过信息服务平台,填报以下信息,进行用户信息登记:

(一)化妆品新原料注册人、备案人信息;

(二)化妆品新原料注册人、备案人安全风险监测和评价体系概述(样例见附1);

(三)化妆品新原料注册人、备案人为境外的,应由境内责任人填报信息,同时提交境内责任人授权书及其公证书的原件。

同一境内企业同时具有化妆品新原料注册人、备案人或境内责任人等多重身份的,或经授权作为多个境外化妆品新原料注册人、备案人的境内责任人的,可一次性提交全部相关资料后取得相应的用户权限。已有用户可以根据实际情况补充提供相关资料,增加用户权限。

第十条 化妆品新原料注册人、备案人或境内责任人的以下信息资料发生变化时,应当进行更新,确保信息服务平台中的相关信息资料真实准确:

(一)化妆品新原料注册人、备案人或境内责任人的法定代表人、联系方式等信息发生变化时,用户应当在信息服务平台上及时自行更新;

(二)化妆品新原料注册人、备案人或境内责任人的其他基本信息、新原料安全风险监测和评价体系概述、境内责任人的授权范围和授权期限发生变化的,应当提交化妆品新原料注册人、备案人信息更新表(样例见附2),并按要求提交相关资料后完成相关信息资料的更新。

其中,境外注册人、备案人名称、地址发生变化的,应当提供由所在国(地区)政府主管部门或者有关机构出具的主体未发生变化的相关证明文件原件,无法提交原件的,应当提供由中国公证机关公证的或由我国使(领)馆确认的复印件;境内责任人名称、地址发生改变的,应当提供我国政府主管部门或者有关机构出具的主体未发生变化的相关证明文件原件。

境内责任人授权范围改变的,新授权范围应当包括原授权范围;仅进行授权期限更新的,授权书其他内容不得改变。

境内责任人变更的,应当提交拟变更境内责任人承担原境内责任人相关各项责任的承诺书,同时提交原境内责任人关于更换境内责任人的知情同意书或者能够证明境内责任人发生变更的已生效法律判决文书。

第十一条 境内责任人授权书应当至少载明以下内容和信息:

(一)化妆品新原料注册人、备案人和境内责任人名称;

(二)授权和被授权关系;

(三)授权范围;

(四)授权期限。

同一化妆品新原料不得授权多个境内责任人。境内责任人应当按照授权范围开展注册和备案工作。境内责任人授权书所载明的授权期限到期后,应当在授权期限届满前30日内重新提交延长授权期限的授权书或按要求办理境内责任人变更。

第十二条 化妆品新原料注册人、备案人申请化妆品新原料注册或办理新原料备案的，应当提交以下资料：

（1）注册人、备案人和境内责任人的名称、地址、联系方式；

（2）新原料研制报告；

（3）新原料的制备工艺、稳定性及其质量控制标准等研究资料；

（4）新原料安全评估资料。

化妆品新原料注册人、备案人或境内责任人应当根据所申报注册或进行备案新原料的具体情形分类，按照化妆品新原料注册和备案资料要求（附3）整理并提交相应的注册和备案资料。

化妆品新原料注册人、备案人或境内责任人应当结合新原料注册和备案资料相关技术信息，编制并提供用于注册和备案信息公开的化妆品新原料技术要求资料（样例见附4），在新原料获得批准或完成备案后，作为批准证书或备案凭证的附件对外公布，供社会公众查询参阅。

第十三条 化妆品新原料研制报告应当按照要求（附5）进行编制，一般应当包括以下内容：

（一）原料研发背景，包括研发背景、研发目的、研发过程及研发结果等；

（二）原料基本信息，包括原料名称、来源、组成、相对分子质量、分子式、化学结构、理化性质等信息；

（三）原料使用信息，包括原料在化妆品中的使用规格、使用目的、适用或使用范围、安全使用量、使用期限、注意事项、警示用语等；原料在境外使用于化妆品的状况以及批准状况；

（四）功能依据资料，化妆品新原料功能依据是指能够证明原料具有与使用目的一致的相关资料，一般包括科学文献、法规资料、实验室研究数据、人体功效性评价试验资料等；

（五）新原料研制相关的其他资料。

第十四条 化妆品新原料制备工艺简述应当结合原料来源特征，对原料生产的主要工艺步骤、工艺参数等进行简要描述，并说明生产过程是否可能引入安全性风险物质及其控制措施。不同来源的新原料制备工艺简述编制要求如下：

（一）化学合成原料应当列出具体起始物、反应条件、使用的助剂、反应过程的中间产物及副产物、终产物中残留的杂质或助剂等；

（二）天然原料应当说明原料来源、加工工艺、提取方法等，包括前处理方法、提取条件、除杂或分离/纯化方法、使用的溶剂、可能残留的杂质或溶剂等；

（三）生物技术来源原料应当说明培养、提取、分离、纯化等原料制备过程。包括工艺过程中可能产生的杂质、原料中可能含有的杂质和可能存在的有害微生物；

（四）其他来源原料，根据原料特性和具体制备过程提交相关资料。

第十五条 化妆品新原料质量控制标准应当按要求（附6）进行编制，一般应当包括以下内容：

（一）稳定性试验数据；

（二）质量规格指标及其检验方法；

（三）可能存在的安全性风险物质及其控制标准等。

第十六条 化妆品新原料安全性评价资料一般应当包括毒理学安全性评价资料和安全风险评估资料，并按照下列要求进行编制：

（一）毒理学安全性评价资料，应当结合申报注册和进行备案新原料的特征，判定新原料应当属于的具体情形，按照相应的毒理学试验项目资料要求进行编制；

（二）安全风险评估资料，包括原料安全使用量评估资料和原料中可能存在的安全性风险物质及其控制措施等评估资料。应当按照国家药品监督管理局制定的化妆品安全评估原则和程序等相关要求，对新原料以及可能同时存在的安全性风险物质进行评估。

第十七条 化妆品新原料的样品应当具有完整的包装和标签，标签应当包括新原料注册人、备案人或境内责任人名称、原料的中文名称、INCI名称、生产日期和使用期限、贮存条件等信息。

化妆品新原料注册人、备案人或境内责任人应当留存新原料的样品备查。如技术审评机构在技术审评过程中需要查看样品时，注册人、备案人或境内责任人应当在规定时限内提交样品。

第十八条 化妆品新原料注册人、备案人或境内责任人应当按照新原料安全监测期相关要求，收集、整理以下信息资料，并根据收集整理的信息资料，编制化妆品新原料安全监测年度报告（附7）：

（一）使用新原料生产化妆品的化妆品注册人、备案人或受托生产企业信息；

（二）使用新原料生产的化妆品信息，包括产品名称，产品注册证书或备案凭证编号，产品生产或进口、销售数量等；

（三）使用新原料生产的化妆品监督抽检、查处、召回情况；

（四）化妆品生产企业对使用新原料生产的化妆品的不良反应监测制度、产品不良反应统计分析情况及采取措施等；

（五）化妆品生产企业对使用新原料生产的化妆品的风险监测与评价管理体系制度及采取措施等。

化妆品新原料注册人、备案人或境内责任人应当在化妆品新原料安全监测每届满一年前30个工作日内，通过信息服务平台提交新原料安全监测年度报告。

第十九条 化妆品新原料注册人、备案人或境内责任人发现新原料使用过程中存在《化妆品注册备案管理办法》规定应当向技术审评机构报告的情况，或其他认为需要报告情形的，应当立即收集整理新原料基本信息、生产和使用情况、安全性问题或突发情况的原因分析、采取的处置措施和处理结果等信息，编制化妆品新原料安全风险控制报告（附8），并通过信息服务平台向技术审评机构提交。

第二十条 本规定自2021年5月1日起实施。

附：1. 化妆品新原料注册人/备案人安全风险监测和评价体系概述（样例）（略）
2. 化妆品新原料注册人/备案人信息更新表（样例）（略）
3. 化妆品新原料注册备案资料要求（略）
4. 化妆品新原料技术要求（样例）（略）
5. 化妆品新原料研制报告编制要求（略）
6. 化妆品新原料质量控制标准编制要求（略）
7. 化妆品新原料安全监测年度报告编制要求（略）
8. 化妆品新原料安全风险控制报告编制要求（略）

化妆品标签管理办法

· 2021年5月31日国家药监局公告2021年第77号发布
· 自2022年5月1日起施行

第一条 为加强化妆品标签监督管理，规范化妆品标签使用，保障消费者合法权益，根据《化妆品监督管理条例》等有关法律法规规定，制定本办法。

第二条 在中华人民共和国境内生产经营的化妆品的标签管理适用本办法。

第三条 本办法所称化妆品标签，是指产品销售包装上用以辨识说明产品基本信息、属性特征和安全警示等的文字、符号、数字、图案等标识，以及附有标识信息的包装容器、包装盒和说明书。

第四条 化妆品注册人、备案人对化妆品标签的合法性、真实性、完整性、准确性和一致性负责。

第五条 化妆品的最小销售单元应当有标签。标签应当符合相关法律、行政法规、部门规章、强制性国家标准和技术规范要求，标签内容应当合法、真实、完整、准确，并与产品注册或者备案的相关内容一致。

化妆品标签应当清晰、持久，易于辨认、识读，不得有印字脱落、粘贴不牢等现象。

第六条 化妆品应当有中文标签。中文标签应当使用规范汉字，使用其他文字或者符号的，应当在产品销售包装可视面使用规范汉字对应解释说明，网址、境外企业的名称和地址以及约定俗成的专业术语等必须使用其他文字的除外。

加贴中文标签的，中文标签有关产品安全、功效宣称的内容应当与原标签相关内容对应一致。

除注册商标之外，中文标签同一可视面上其他文字字体的字号应当小于或者等于相应的规范汉字字体的字号。

第七条 化妆品中文标签应当至少包括以下内容：

（一）产品中文名称、特殊化妆品注册证书编号；

（二）注册人、备案人的名称、地址，注册人或者备案人为境外企业的，应当同时标注境内责任人的名称、地址；

（三）生产企业的名称、地址，国产化妆品应当同时标注生产企业生产许可证编号；

（四）产品执行的标准编号；

（五）全成分；

（六）净含量；

（七）使用期限；

（八）使用方法；

（九）必要的安全警示用语；

（十）法律、行政法规和强制性国家标准规定应当标注的其他内容。

具有包装盒的产品，还应当同时在直接接触内容物的包装容器上标注产品中文名称和使用期限。

第八条 化妆品产品中文名称一般由商标名、通用名和属性名三部分组成，约定俗成、习惯使用的化妆品名称可以省略通用名或者属性名，商标名、通用名和属性名应当符合下列规定要求：

（一）商标名的使用除符合国家商标有关法律法规的规定外，还应当符合国家化妆品管理相关法律法规的规定。不得以商标名的形式宣称医疗效果或者产品不具备的功效。以暗示含有某类原料的用语作为商标名，产品配方中含有该类原料的，应当在销售包装可视面对其使用目的进行说明；产品配方不含有该类原料的，应当在销售包装可视面明确标注产品不含该类原料，相关用语仅作商标名使用；

（二）通用名应当准确、客观，可以是表明产品原料或者描述产品用途、使用部位等的文字。使用具体原料名称或者表明原料类别的词汇的，应当与产品配方成分相符，且该原料在产品中产生的功效作用应当与产品功效宣称相符。使用动物、植物或者矿物等名称描述产品的香型、颜色或者形状的，配方中可以不含此原料，命名时可以在通用名中采用动物、植物或者矿物等名称加香型、颜色或者形状的形式，也可以在属性名后加以注明；

（三）属性名应当表明产品真实的物理性状或者形态；

（四）不同产品的商标名、通用名、属性名相同时，其他需要标注的内容应当在属性名后加以注明，包括颜色或者色号、防晒指数、气味、适用发质、肤质或者特定人群等内容；

（五）商标名、通用名或者属性名单独使用时符合本条上述要求，组合使用时可能使消费者对产品功效产生歧义的，应当在销售包装可视面予以解释说明。

第九条 产品中文名称应当在销售包装可视面显著位置标注，且至少有一处以引导语引出。

化妆品中文名称不得使用字母、汉语拼音、数字、符号等进行命名，注册商标、表示防晒指数、色号、系列号，或者其他必须使用字母、汉语拼音、数字、符号等的除外。产品中文名称中的注册商标使用字母、汉语拼音、数字、符号等的，应当在产品销售包装可视面对其含义予以解释说明。

特殊化妆品注册证书编号应当是国家药品监督管理局核发的注册证书编号，在销售包装可视面进行标注。

第十条 化妆品注册人、备案人、境内责任人和生产企业的名称、地址等相关信息，应当按照下列规定在产品销售包装可视面进行标注：

（一）注册人、备案人、境内责任人和生产企业的名称和地址，应当标注产品注册证书或者备案信息载明的企业名称和地址，分别以相应的引导语引出；

（二）化妆品注册人或者备案人与生产企业相同时，可使用"注册人/生产企业"或者"备案人/生产企业"作为引导语，进行简化标注；

（三）生产企业名称和地址应当标注完成最后一道接触内容物的工序的生产企业的名称、地址。注册人、备案人同时委托多个生产企业完成最后一道接触内容物的工序的，可以同时标注各受托生产企业的名称、地址，并通过代码或者其他方式指明产品的具体生产企业；

（四）生产企业为境内的，还应当在企业名称和地址之后标注化妆品生产许可证编号，以相应的引导语引出。

第十一条 化妆品标签应当在销售包装可视面标注产品执行的标准编号，以相应的引导语引出。

第十二条 化妆品标签应当在销售包装可视面标注化妆品全部成分的原料标准中文名称，以"成分"作为引导语引出，并按照各成分在产品配方中含量的降序列出。化妆品配方中存在含量不超过 0.1%（w/w）的成分的，所有不超过 0.1%（w/w）的成分应当以"其他微量成分"作为引导语引出另行标注，可以不按照成分含量的降序列出。

以复配或者混合原料形式进行配方填报的，应当以其中每个成分在配方中的含量作为成分含量的排序和判别是否为微量成分的依据。

第十三条 化妆品的净含量应当使用国家法定计量单位表示，并在销售包装展示面标注。

第十四条 产品使用期限应当按照下列方式之一在销售包装可视面标注，并以相应的引导语引出：

（一）生产日期和保质期，生产日期应当使用汉字或者阿拉伯数字，以四位数年份、二位数月份和二位数日期的顺序依次进行排列标识；

（二）生产批号和限期使用日期。

具有包装盒的产品，在直接接触内容物的包装容器上标注使用期限时，除可以选择上述方式标注外，还可以采用标注生产批号和开封后使用期限的方式。

销售包装内含有多个独立包装产品时，每个独立包装应当分别标注使用期限，销售包装可视面上的使用期限应当按照其中最早到期的独立包装产品的使用期限标注；也可以分别标注单个独立包装产品的使用期限。

第十五条 为保证消费者正确使用，需要标注产品使用方法的，应当在销售包装可视面或者随附于产品的说明书中进行标注。

第十六条 存在下列情形之一的，应当以"注意"或者"警告"作为引导语，在销售包装可视面标注安全警示用语：

（一）法律、行政法规、部门规章、强制性国家标准、技术规范对化妆品限用组分、准用组分有警示用语和安全事项相关标注要求的；

（二）法律、行政法规、部门规章、强制性国家标准、技术规范对适用于儿童等特殊人群化妆品要求标注的相关注意事项的；

（三）法律、行政法规、部门规章、强制性国家标准、技术规范规定其他应当标注安全警示用语、注意事项的。

第十七条　化妆品净含量不大于15g或者15mL的小规格包装产品，仅需在销售包装可视面标注产品中文名称、特殊化妆品注册证书编号、注册人或者备案人的名称、净含量、使用期限等信息，其他应当标注的信息可以标注在随附于产品的说明书中。

具有包装盒的小规格包装产品，还应当同时在直接接触内容物的包装容器上标注产品中文名称和使用期限。

第十八条　化妆品标签中使用尚未被行业广泛使用导致消费者不易理解，但不属于禁止标注内容的创新用语的，应当在相邻位置对其含义进行解释说明。

第十九条　化妆品标签禁止通过下列方式标注或者宣称：

（一）使用医疗术语、医学名人的姓名、描述医疗作用和效果的词语或者已经批准的药品名明示或者暗示产品具有医疗作用；

（二）使用虚假、夸大、绝对化的词语进行虚假或者引人误解地描述；

（三）利用商标、图案、字体颜色大小、色差、谐音或者暗示性的文字、字母、汉语拼音、数字、符号等方式暗示医疗作用或者进行虚假宣称；

（四）使用尚未被科学界广泛接受的术语、机理编造概念误导消费者；

（五）通过编造虚假信息、贬低其他合法产品等方式误导消费者；

（六）使用虚构、伪造或者无法验证的科研成果、统计资料、调查结果、文摘、引用语等信息误导消费者；

（七）通过宣称所用原料的功能暗示产品实际不具有或者不允许宣称的功效；

（八）使用未经相关行业主管部门确认的标识、奖励等进行化妆品安全及功效相关宣称及用语；

（九）利用国家机关、事业单位、医疗机构、公益性机构等单位及其工作人员、聘任的专家的名义、形象作证明或者推荐；

（十）表示功效、安全性的断言或者保证；

（十一）标注庸俗、封建迷信或者其他违反社会公序良俗的内容；

（十二）法律、行政法规和化妆品强制性国家标准禁止标注的其他内容。

第二十条　化妆品标签存在下列情形，但不影响产品质量安全且不会对消费者造成误导的，由负责药品监督管理的部门依照《化妆品监督管理条例》第六十一条第二款规定处理：

（一）文字、符号、数字的字号不规范，或者出现多字、漏字、错别字、非规范汉字的；

（二）使用期限、净含量的标注方式和格式不规范等的；

（三）化妆品标签不清晰难以辨认、识读，或者部分印字脱落或者粘贴不牢的；

（四）化妆品成分名称不规范或者成分未按照配方含量的降序列出的；

（五）未按照本办法规定使用引导语的；

（六）产品中文名称未在显著位置标注的；

（七）其他违反本办法规定但不影响产品质量安全且不会对消费者造成误导的情形。

化妆品标签违反本办法规定，构成《化妆品监督管理条例》第六十一条第一款第(五)项规定情形的，依法予以处罚。

第二十一条　以免费试用、赠予、兑换等形式向消费者提供的化妆品，其标签适用本办法。

第二十二条　本办法所称最小销售单元等名词术语的含义如下：

最小销售单元：以产品销售为目的，将产品内容物随产品包装容器、包装盒以及产品说明书等一起交付消费者时的最小包装的产品形式。

销售包装：最小销售单元的包装。包括直接接触内容物的包装容器、放置包装容器的包装盒以及随附于产品的说明书。

内容物：包装容器内所装的产品。

展示面：化妆品在陈列时，除底面外能被消费者看到的任何面。

可视面：化妆品在不破坏销售包装的情况下，能被消费者看到的任何面。

引导语：用以引出标注内容的用语，如"产品名称""净含量"等。

第二十三条　本办法自2022年5月1日起施行。

化妆品标识管理规定

- 2007年8月27日国家质量监督检验检疫总局令第100号公布
- 自2008年9月1日起施行

第一章 总 则

第一条 为了加强对化妆品标识的监督管理，规范化妆品标识的标注，防止质量欺诈，保护消费者的人身健康和安全，根据《中华人民共和国产品质量法》、《中华人民共和国标准化法》、《中华人民共和国工业产品生产许可证管理条例》、《国务院关于加强食品等产品安全监督管理的特别规定》等法律法规，制定本规定。

第二条 在中华人民共和国境内生产（含分装）、销售的化妆品的标识标注和管理，适用本规定。

第三条 本规定所称化妆品是指以涂抹、喷、洒或者其他类似方法，施于人体（皮肤、毛发、指趾甲、口唇齿等），以达到清洁、保养、美化、修饰和改变外观，或者修正人体气味，保持良好状态为目的的产品。

本规定所称化妆品标识是指用以表示化妆品名称、品质、功效、使用方法、生产和销售者信息等有关文字、符号、数字、图案以及其他说明的总称。

第四条 国家质量监督检验检疫总局（以下简称国家质检总局）在其职权范围内负责组织全国化妆品标识的监督管理工作。

县级以上地方质量技术监督部门在其职权范围内负责本行政区域内化妆品标识的监督管理工作。

第二章 化妆品标识的标注内容

第五条 化妆品标识应当真实、准确、科学、合法。

第六条 化妆品标识应当标注化妆品名称。

化妆品名称一般由商标名、通用名和属性名三部分组成，并符合下列要求：

（一）商标名应当符合国家有关法律、行政法规的规定；

（二）通用名应当准确、科学，不得使用明示或者暗示医疗作用的文字，但可以使用表明主要原料、主要功效成分或者产品功能的文字；

（三）属性名应当表明产品的客观形态，不得使用抽象名称；约定俗成的产品名称，可省略其属性名。

国家标准、行业标准对产品名称有规定的，应当标注标准规定的名称。

第七条 化妆品标注"奇特名称"的，应当在相邻位置，以相同字号，按照本规定第六条规定标注产品名称；并不得违反国家相关规定和社会公序良俗。

同一名称的化妆品，适用不同人群，不同色系、香型的，应当在名称中或明显位置予以标明。

第八条 化妆品标识应当标注化妆品的实际生产加工地。

化妆品实际生产加工地应当按照行政区划至少标注到省级地域。

第九条 化妆品标识应当标注生产者的名称和地址。生产者名称和地址应当是依法登记注册、能承担产品质量责任的生产者的名称、地址。

有下列情形之一的，生产者的名称、地址按照下列规定予以标注：

（一）依法独立承担法律责任的集团公司或者其子公司，应当标注各自的名称和地址；

（二）依法不能独立承担法律责任的集团公司的分公司或者集团公司的生产基地，可以标注集团公司和分公司（生产基地）的名称、地址，也可以仅标注集团公司的名称、地址；

（三）实施委托生产加工的化妆品，委托企业具有其委托加工的化妆品生产许可证的，应当标注委托企业的名称、地址和被委托企业的名称，或者仅标注委托企业的名称和地址；委托企业不具有其委托加工化妆品生产许可证的，应当标注委托企业的名称、地址和被委托企业的名称；

（四）分装化妆品应当分别标注实际生产加工企业的名称和分装者的名称及地址，并注明分装字样。

第十条 化妆品标识应当清晰地标注化妆品的生产日期和保质期或者生产批号和限期使用日期。

第十一条 化妆品标识应当标注净含量。净含量的标注依照《定量包装商品计量监督管理办法》执行。液态化妆品以体积标明净含量；固态化妆品以质量标明净含量；半固态或者粘性化妆品，用质量或者体积标明净含量。

第十二条 化妆品标识应当标注全成分表。标注方法及要求应当符合相应的标准规定。

第十三条 化妆品标识应当标注企业所执行的国家标准、行业标准号或者经备案的企业标准号。

化妆品标识必须含有产品质量检验合格证明。

第十四条 化妆品标识应当标注生产许可证标志和编号。生产许可证标志和编号应当符合《中华人民共和国工业产品生产许可证管理条例实施办法》的有关规定。

第十五条 化妆品根据产品使用需要或者在标识中

难以反映产品全部信息时,应当增加使用说明。使用说明应通俗易懂,需要附图时须有图例示。

凡使用或者保存不当容易造成化妆品本身损坏或者可能危及人体健康和人身安全的化妆品,适用于儿童等特殊人群的化妆品,必须标注注意事项、中文警示说明,以及满足保质期和安全性要求的储存条件等。

第十六条　化妆品标识不得标注下列内容:
(一)夸大功能、虚假宣传、贬低同类产品的内容;
(二)明示或者暗示具有医疗作用的内容;
(三)容易给消费者造成误解或者混淆的产品名称;
(四)其他法律、法规和国家标准禁止标注的内容。

第三章　化妆品标识的标注形式

第十七条　化妆品标识不得与化妆品包装物(容器)分离。

第十八条　化妆品标识应当直接标注在化妆品最小销售单元(包装)上。化妆品有说明书的应当随附于产品最小销售单元(包装)内。

第十九条　透明包装的化妆品,透过外包装物能清晰地识别内包装物或者容器上的所有或者部分标识内容的,可以不在外包装物上重复标注相应的内容。

第二十条　化妆品标识内容应清晰、醒目、持久,使消费者易于辨认、识读。

第二十一条　化妆品标识中除注册商标标识之外,其内容必须使用规范中文。使用拼音、少数民族文字或者外文的,应当与汉字有对应关系,并符合本规定第六条规定的要求。

第二十二条　化妆品包装物(容器)最大表面面积大于20平方厘米的,化妆品标识中强制标注内容字体高度不得小于1.8毫米。除注册商标之外,标识所使用的拼音、外文字体不得大于相应的汉字。

化妆品包装物(容器)的最大表面的面积小于10平方厘米且净含量不大于15克或者15毫升的,其标识可以仅标注化妆品名称,生产者名称和地址,净含量,生产日期和保质期或者生产批号和限期使用日期。产品有其他相关说明性资料的,其他应当标注的内容可以标注在说明性资料上。

第二十三条　化妆品标识不得采用以下标注形式:
(一)利用字体大小、色差或者暗示性的语言、图形、符号误导消费者;
(二)擅自涂改化妆品标识中的化妆品名称、生产日期和保质期或者生产批号和限期使用日期;
(三)法律、法规禁止的其他标注形式。

第四章　法律责任

第二十四条　违反本规定第六条、第七条规定,化妆品标识未标注化妆品名称或者标注名称不符合规定要求的,责令限期改正;逾期未改正的,处以1万元以下罚款。

第二十五条　违反本规定第八条、第九条,化妆品标识未依法标注化妆品实际生产加工地或者生产者名称、地址的,责令限期改正;逾期未改正的,处以1万元以下罚款。

属于伪造产品产地、伪造或者冒用他人厂名、厂址的,按照《中华人民共和国产品质量法》第五十三条的规定处罚。

第二十六条　违反本规定第十条、第十五条的,按照《中华人民共和国产品质量法》第五十四条的规定处罚。

第二十七条　违反本规定第十一条,未按规定标注净含量的,按照《定量包装商品计量监督管理办法》的规定处罚。

第二十八条　违反本规定第十二条,化妆品标识未标注全成分表,标注方法和要求不符合相应标准规定的,责令限期改正;逾期未改正的,处以1万元以下罚款。

第二十九条　违反本规定第十三条,未标注产品标准号或者未标注质量检验合格证明的,责令限期改正;逾期未改正的,处以1万元以下罚款。

第三十条　违反本规定第十四条,未依法标注生产许可证标志和编号的,按照《中华人民共和国工业产品生产许可证管理条例》第四十七条的规定处罚。

第三十一条　违反本规定第十六条的,责令限期改正;逾期未改正的,处以1万元以下罚款;违反有关法律法规规定的,依照有关法律法规规定处理。

第三十二条　违反本规定第十七条、第十八条的,责令限期改正;逾期未改正的,处以1万元以下罚款。

第三十三条　违反本规定第二十一条、第二十二条,责令限期改正;逾期未改正的,处以1万元以下罚款。

第三十四条　违反本规定第二十三条规定的,责令限期改正,并处以5000元以下罚款;逾期未改正的,处以1万元以下罚款。

第三十五条　本章规定的行政处罚,由县级以上地方质量技术监督部门在职权范围内依法实施。

法律、行政法规对行政处罚另有规定的,从其规定。

第五章　附　则

第三十六条　进出口化妆品标识的管理,由出入境检验检疫机构按照国家质检总局有关规定执行。

第三十七条　本规定由国家质检总局负责解释。

第三十八条　本规定自2008年9月1日起施行。

化妆品抽样检验管理办法

· 2023年1月11日国家药品监督管理局2023年第5号公告公布

· 自2023年3月1日起施行

第一章　总　则

第一条　为了加强化妆品监督管理，规范化妆品抽样检验工作，根据《化妆品监督管理条例》《化妆品生产经营监督管理办法》等法规、规章，制定本办法。

第二条　在中华人民共和国境内，负责药品监督管理的部门组织实施化妆品抽样检验工作，应当遵守本办法。

第三条　负责药品监督管理的部门应当遵循科学、规范、合法、公正的原则，组织实施化妆品抽样检验工作，加强对抽样、检验、异议审查和复检、核查处置及信息公开的全过程管理。

第四条　国家药品监督管理局每年组织开展国家化妆品抽样检验工作。

省、自治区、直辖市药品监督管理部门每年组织开展本行政区域内的化妆品抽样检验工作，并按照国家药品监督管理局的要求，承担国家化妆品抽样检验任务。

设区的市级、县级负责药品监督管理的部门根据工作需要，组织开展本行政区域内的化妆品抽样检验工作，并按照上级负责药品监督管理的部门的要求，承担化妆品抽样检验任务。

第五条　化妆品生产经营者应当依法接受负责药品监督管理的部门组织实施的化妆品抽样检验，不得干扰、阻碍或者拒绝抽样检验工作，不得提供虚假信息。

第六条　化妆品抽样应当支付抽取样品的费用。抽样检验所需费用按照国家有关规定列入政府预算。

第七条　国家药品监督管理局负责建立国家化妆品抽样检验信息系统，加强化妆品抽样检验信息化建设。

第二章　计划制定

第八条　组织抽样检验的负责药品监督管理的部门（以下简称"组织抽检部门"）应当制定抽样检验计划。

国家药品监督管理局应当每年制定年度国家化妆品抽样检验计划。省、自治区、直辖市药品监督管理部门应当按照年度国家化妆品抽样检验计划，制定本行政区域的实施方案。

省、自治区、直辖市药品监督管理部门应当每年制定本行政区域年度化妆品抽样检验计划。省级化妆品抽样检验计划应当与国家化妆品抽样检验计划相互衔接，各有侧重，扩大抽样覆盖面，避免重复抽样。

设区的市级、县级负责药品监督管理的部门根据工作需要，制定本行政区域化妆品抽样检验计划。

第九条　化妆品抽样检验计划应当包括下列内容：

（一）抽样的品类；

（二）抽样区域、环节、场所、数量、时限等抽样工作要求；

（三）检验项目、检验方法、判定依据、检验时限等检验工作要求；

（四）检验报告的报送方式和时限；

（五）对检验结论为不符合规定产品的核查处置要求；

（六）其他工作要求。

第十条　化妆品抽样检验应当重点关注下列产品：

（一）儿童化妆品和特殊化妆品；

（二）使用新原料的化妆品；

（三）监督检查、案件查办、不良反应监测、安全风险监测、投诉举报、舆情监测等监管工作中发现问题较多的；

（四）既往抽样检验不合格率较高的；

（五）流通范围广、使用频次高的；

（六）其他安全风险较高的产品。

第三章　抽　样

第十一条　抽样工作应当坚持问题导向、广泛覆盖、监督检查与抽样检验相结合的原则。

第十二条　负责药品监督管理的部门可以自行抽样，也可以委托具有相应能力的单位承担抽样任务。

委托抽样的，负责药品监督管理的部门应当对承担抽样任务单位的抽样工作进行检查评估。

第十三条　抽样单位应当按照化妆品抽样检验计划制定具体的抽样工作实施方案，组织对抽样人员进行培训，保证抽样工作质量。抽样人员应当熟悉抽样工作相关的化妆品专业知识和法律法规。

抽样人员不得承担其抽取样品的检验工作。

第十四条　抽样分为现场抽样和网络抽样。

抽样单位和人员抽样前不得提前告知化妆品生产经营者。抽样时，抽样人员不得少于2人。

现场抽样时抽样人员应当向被抽样化妆品生产经营者出示抽样工作证明文件。网络抽样应当模拟网络购物流程进行，抽样人员不得告知被抽样化妆品生产经营者购买目的。

第十五条 抽样人员在抽样过程中不得有下列行为：
（一）样品签封后擅自拆封或者更换样品；
（二）泄露被抽样化妆品生产经营者的商业秘密；
（三）其他影响抽样公正性的行为。

第十六条 抽样前，抽样人员应当对被抽样化妆品生产经营者的市场主体登记证明、化妆品生产许可证、化妆品标签等进行必要的信息核对；经营环节现场抽样，必要时还需查看进货查验记录制度建立和执行情况。

第十七条 抽样中，发现涉嫌存在以下情形的化妆品，属于抽样异常情况，抽样单位应当依法立案调查或者将问题线索依法通报具有管辖权的负责药品监督管理的部门：
（一）未经注册的特殊化妆品或者未备案上市销售、进口的普通化妆品；
（二）超过使用期限；
（三）无中文标签；
（四）标签标注禁止标注的内容；
（五）其他涉嫌违法的化妆品。

除前款第（二）项规定的情形外，对存在抽样异常情况的产品，抽样部门认为必要的，可以继续抽样。

第十八条 化妆品抽样检验中的样品分为检验样品和复检备份样品。抽样数量原则上应当满足检验和复检工作的最少需求量。

现场抽样的，抽样人员应当从被抽样化妆品生产经营者待销售的产品中随机抽取样品，不得由被抽样化妆品生产经营者自行选择提供。抽样人员应保存购买样品的票据，必要时对抽样场所、贮存环境、样品信息等通过拍照或者录像等方式留存证据。

网络抽样的，抽样人员应当记录购买样品的注册账号、付款账户、收货地址、联系方式等信息，并通过截图、拍照或者录像等方式记录被抽样化妆品生产经营者信息、样品购买网址、样品网页展示信息，以及订单信息、支付记录等。抽样人员收到样品后，应当对递送包装信息、样品包装等进行查验，并通过拍照或者录像等方式记录拆封过程。

第十九条 有下列情形之一的，原则上不予抽样：
（一）产品仅供出口；
（二）产品已开封、发生破损或者受到污染，可能影响检验结果；
（三）产品剩余使用期限不足6个月，产品使用期限小于6个月的除外；

（四）其他不予抽样的情形。

第二十条 抽样人员应当采取有效的防拆封措施，对检验样品和复检备份样品分别封样。封样后应当可以在不拆封的情况下，查看样品外观、状态等情况。

第二十一条 抽样人员应当使用规范的抽样文书，清晰、完整、准确地记录抽样信息。抽样文书保存期限不得少于2年。

现场抽样的，抽样人员应当告知被抽样化妆品生产经营者依法享有的权利和应当承担的义务。抽样人员和被抽样化妆品生产经营者的负责人或者相关人员应当在化妆品抽样文书及抽样封签上以签字、盖章等方式确认。被抽样化妆品生产经营者负责人或者相关人员对抽样过程有异议拒绝确认的，抽样人员应当现场取证，在化妆品抽样文书上注明并签字。

网络抽样的，抽样人员应当在抽样文书和抽样封签上签字并加盖单位印章，无需被抽样化妆品生产经营者签字盖章。

第二十二条 现场抽样的，样品费用支付分为现场结算和非现场结算。现场结算的，被抽样化妆品生产经营者当场开具发票或者抽样费用支付单位认可的证明材料，抽样人员当场支付样品费用；非现场结算的，抽样费用支付单位收到发票或者其认可的证明材料后，应当及时向被抽样化妆品生产经营者支付样品费用。

负责药品监督管理的部门制定的财务报销制度应当支持现场抽样和网络抽样。

第二十三条 向化妆品注册人、备案人、受托生产企业支付样品费用，一般按照样品的出厂价格支付；向化妆品经营者支付样品费用，一般按照样品的市场销售价格支付；化妆品经营者标注的销售价格包含服务等其他费用的，应当予以扣除。

抽样完成后，因正当理由无法检验，且样品无法退还被抽样化妆品生产经营者的，抽样费用支付单位仍应当支付样品费用，并记录无法检验的原因及费用支付情况。

第二十四条 抽样单位应当在完成抽样后5个工作日内，将样品、抽样文书及相关资料递送检验机构。因特殊原因需要延长送样期限的，应当经组织抽检部门同意。现场抽样的，不得由被抽样化妆品生产经营者自行送样。

抽样单位应当依照法律法规的规定和化妆品标签标示的要求贮存、运输化妆品。

第四章 检验和结果报送

第二十五条 承担抽样产品检验任务的检验机构（以下简称"承检机构"）应当具有相应资质和能力。

负责药品监督管理的部门应当对承检机构的检验工作进行检查评估。

第二十六条 承检机构和检验人员应当遵循客观独立、公正公平的原则开展检验工作，确保检验结果真实、准确，并对出具的化妆品检验报告负责。

承检机构在承担抽样检验任务期间，不得接受被抽样化妆品生产经营者同一批次产品的委托检验。

第二十七条 承检机构接收样品时，应当检查样品的外观、状态、封签有无破损以及其他可能对检验结果产生影响的情况，并核对样品与抽样文书信息，按要求存放。

第二十八条 有下列情形之一的，承检机构可以向抽样单位说明理由后拒绝接收样品：

（一）样品发生破损或者受到污染；

（二）样品封签信息不完整、封样不规范，可能影响检验结果公正性；

（三）抽样文书信息不完整、不准确，或者与样品实物明显不符；

（四）样品贮存、运输条件不符合要求，可能影响检验结果；

（五）样品品种混淆或者批次不一致；

（六）样品数量明显不符合检验要求；

（七）其他可能影响样品质量和检验结果的情形。

第二十九条 承检机构应当依据国家标准、技术规范、化妆品补充检验方法等标准方法进行检验，并出具检验结论。

第三十条 承检机构按照强制性国家标准、技术规范、化妆品注册或者备案资料载明的技术要求等，对被抽样产品的检验结果是否符合规定做出检验结论，作为负责药品监督管理的部门开展调查的依据。

负责药品监督管理的部门综合检验结论和调查情况，按照法律法规规章、强制性国家标准、技术规范等，对被抽样产品的生产经营者是否违法违规予以认定。

第三十一条 除抽样检验计划另有规定外，承检机构应当自抽样单位送达样品之日起30个工作日内出具检验报告；特殊情况需延期的，应当报组织抽检部门批准。对不具备资质的检验项目或者由于特殊原因无法按时完成检验任务的，经组织抽检部门同意，可以委托具有相应资质的其他化妆品检验机构完成检验任务。

检验报告应当格式规范、内容真实完整、数据准确，加盖承检机构公章或者检验检测专用章，依法标注检验机构资质认定标志，并有授权签字人的签名或者盖章。

检验原始记录、检验报告的保存期限，不得少于出具检验报告之日起6年。

第三十二条 检验过程中遇到样品失效或者其他情况致使检验无法进行的，承检机构应当终止检验，并如实记录情况，向组织抽检部门报告。

第三十三条 承检机构应当妥善保存复检备份样品。检验结论为符合规定的，样品保存期限应当为出具检验报告之日起1年；样品剩余使用期限不足1年的，保存至使用期限结束。检验结论为不符合规定的，样品应当保存至其使用期限结束。

第三十四条 检验结论为符合规定的，承检机构应当在出具检验报告之日起7个工作日内，将检验报告报送组织抽检部门。

检验结论为不符合规定的，承检机构应当在出具检验报告之日起2个工作日内，将检验报告、抽样凭证复印件以及样品外包装照片等材料报送组织抽检部门。

承检机构不得擅自对外披露抽样检验结果。

第三十五条 组织抽检部门应当自收到检验结论为不符合规定的检验报告等材料之日起5个工作日内，将检验报告等材料递送被抽样产品标签标示的化妆品注册人、备案人、受托生产企业、境内责任人所在地省级药品监督管理部门，以及该产品经营者所在地省级药品监督管理部门。检验结论涉及检出禁用原料或者可能危害人体健康物质的，应当立即递送。

负责核查处置工作的负责药品监督管理的部门（以下简称"核查处置部门"）应当自收到上述检验报告等材料之日起5个工作日内，将检验报告等材料和抽样检验结果告知书送达本行政区域内被抽样产品的生产经营者，并告知其依法享有的权利和应当承担的义务。

第五章　异议和复检

第三十六条 化妆品注册人、备案人、受托生产企业对样品真实性有异议的，应当在收到检验报告等材料和抽样检验结果告知书之日起7个工作日内，向送达抽样检验结果告知书的核查处置部门提出异议申请，并提交相关证明材料。

化妆品生产经营者对样品的检验方法、标准适用有异议的，应当自收到检验报告等材料和抽样检验结果告知书之日起7个工作日内，向实施抽样检验的部门提出异议申请，并提交相关证明材料。

境外化妆品注册人、备案人可以委托其境内责任人提交异议申请。

第三十七条 负责药品监督管理的部门应当自受理异议申请之日起20个工作日内完成异议审查，将审查意见书面告知申请人，并通报有关核查处置部门、组织抽检部门。

第三十八条 被抽样产品的化妆品生产经营者对检验结论有异议的，应当自收到检验报告等材料和抽样检验结果告知书之日起 7 个工作日内，向实施抽样检验的部门或者其上一级负责药品监督管理的部门以书面形式提出复检申请。

同一样品的复检申请仅限一次，被抽样产品相关的生产经营者应当协调一致后由一方提出。

向国家药品监督管理局提出复检申请的，国家药品监督管理局可以委托实施抽样检验的省级药品监督管理部门负责办理。

第三十九条 有下列情形之一的，不予复检：
（一）微生物检验项目不符合规定；
（二）特殊原因导致复检备份样品无法复检；
（三）样品超过使用期限；
（四）逾期提交复检申请；
（五）法律法规规定的不予复检的其他情形。

第四十条 申请复检时，申请人需提交下列资料：
（一）复检申请表、申请人的法定代表人或者负责人的授权委托书、经办人身份证明复印件；
（二）检验报告和检验结果告知书送达回证复印件；
（三）其他需要说明的资料。

境外化妆品注册人、备案人委托其境内责任人申请复检的，应当同时提交其法定代表人或者负责人的授权委托书。

第四十一条 受理复检申请的负责药品监督管理的部门（以下简称"复检受理部门"）应当自收到复检申请资料之日起 5 个工作日内，向申请人出具受理通知书或者不予受理通知书。

复检申请资料不符合要求的，复检受理部门应当一次性告知申请人需要补正的内容；申请人应当在 5 个工作日内提交补正资料，无正当理由逾期不提交的，视为放弃申请。提供补正资料的，受理期限自复检受理部门收到补正资料之日起重新计算。

第四十二条 复检受理部门应当自受理之日起 5 个工作日内，在国家药品监督管理局公布的化妆品抽样检验复检机构名录中随机确定复检机构，向申请人出具复检通知书，并抄送初检机构、复检机构、组织抽检部门。因特殊原因不能及时确定复检机构的，可以延长 5 个工作日，并向申请人说明理由。

复检机构与初检机构不得为同一机构。复检机构无正当理由不得拒绝复检任务。复检机构与复检申请人存在委托检验业务等利害关系的，不得接受复检任务。

第四十三条 复检申请人应当自收到复检通知书后及时向复检机构支付复检费用，未按要求支付复检费用的，视为放弃复检。

复检结论与初检结论一致的，复检费用由复检申请人承担。复检结论与初检结论不一致的，复检费用由实施抽样检验的部门承担。

第四十四条 初检机构应当自收到复检通知书之日起 5 个工作日内，将复检备份样品递送复检机构。

复检机构收到样品后，应当通过拍照或者录像等方式对样品包装、封签等完整性进行确认，做好接收记录。发现样品包装、封签破损，或者出现其他可能对检验结果产生影响的情况，复检机构应当及时书面报告复检受理部门。

复检机构实施复检，应当使用与初检机构一致的检验方法和判定依据进行检验和判定。

第四十五条 复检机构应当自收到复检备份样品之日起 20 个工作日内，向复检受理部门提交复检报告。因特殊情况不能在规定时限完成检验的，应当提前通知复检受理部门，并说明理由。

第四十六条 复检机构出具的复检结论为最终检验结论。复检受理部门应当自收到复检报告之日起 2 个工作日内，将复检报告递送复检申请人、初检机构及核查处置部门。

第六章 核查处置

第四十七条 核查处置部门应当自收到检验结论为不符合规定的检验报告之日起 15 个工作日内，对涉及的化妆品生产经营者依法立案调查；涉及检出禁用原料或者可能危害人体健康物质的，应当立即对涉及的化妆品生产经营者立案调查。

在异议审查和复检期间，核查处置部门不停止对检验结论为不符合规定产品的调查和风险控制工作。

第四十八条 对化妆品注册人、备案人、受托生产企业的调查，核查处置部门应当重点调查检验结论为不符合规定产品涉及的原料进货查验记录、库存或者留样的原料、生产记录、进口记录、产品留样、产品销售记录等。涉及检出禁用原料或者可能危害人体健康物质的，核查处置部门应当对上述企业库存或者留样的其他批次或者同类产品进行抽样检验。

调查中发现产品造成人体伤害或者有证据证明可能危害人体健康的，核查处置部门应当依法对涉及的产品采取责令暂停生产、经营的紧急控制措施；发现化妆品生产质量管理体系存在严重风险隐患的，依法对企业全部相关产品采取责令暂停生产、经营的紧急控制措施。

涉及对产品在全国范围内采取风险控制措施的，由产品标签标示的化妆品注册人、备案人、境内责任人所在地的核查处置部门逐级报告其所在地省、自治区、直辖市药品监督管理部门；省、自治区、直辖市药品监督管理部门应当依法发布安全警示信息，同时通报其他省、自治区、直辖市药品监督管理部门。

核查处置部门对境外化妆品注册人、备案人开展调查时，该境外化妆品注册人、备案人的境内责任人应当配合，代为签收有关执法文书等。

第四十九条　化妆品注册人、备案人、受托生产企业提出样品真实性异议，否认检验结论为不符合规定产品是其生产或者进口的，应当向其所在地的核查处置部门提交证明该产品不是其生产或者进口的异议申请证明材料。核查处置部门应当结合企业提交的异议申请证明材料、产品经营环节溯源等情况，综合判断该产品是否为上述企业生产或者进口，并及时出具样品真实性异议审查意见。

经调查核实化妆品注册人、备案人、受托生产企业提供虚假信息或者隐瞒真实情况的，核查处置部门应当依照化妆品监督管理条例规定的情节严重情形，对其依法从重从严处罚。

第五十条　对化妆品经营者的调查，核查处置部门应当重点调查检验结论为不符合规定产品的进货查验记录等。对于化妆品注册人、备案人、受托生产企业提出样品真实性异议的产品，核查处置部门应当根据调查需要，对上述产品逐级溯源，产品来源或者流向涉及其他省（区、市）的，应当依法向有管辖权的负责药品监督管理的部门提出协查请求或者通报违法线索。化妆品经营者所在地核查处置部门应当将产品溯源调查情况通报化妆品注册人、备案人所在地核查处置部门。

调查中发现造成人体伤害或者有证据证明可能危害人体健康的产品，核查处置部门应当依法对涉及的产品采取责令暂停经营的紧急控制措施。

第五十一条　核查处置部门应当自收到检验结论为不符合规定的检验报告之日起90日内完成核查处置工作，对涉及的化妆品生产经营者依法作出行政处罚；因特殊原因需要延长工作时限的，应当提前书面报告组织抽检部门。

第五十二条　化妆品注册人、备案人收到检验结论为不符合规定的检验报告和抽样检验结果告知书后，应当立即对相关产品风险进行评估，并依照化妆品生产经营监督管理办法第五十三条的规定，对可能危害人体健康的产品，区分以下情形，立即停止生产，通知相关经营者和消费者停止经营、使用：

（一）被抽样产品检出禁用原料或者其他可能危害人体健康物质的，应当停止涉及该禁用原料或者其他可能危害人体健康物质的全部产品的生产；

（二）被抽样产品微生物检验项目不符合规定的，应当停止涉及该产品的生产车间内产品的生产；

（三）被抽样产品检出禁用原料或者其他可能危害人体健康物质、微生物以外的检验项目不符合规定的，应当对该产品存在的质量缺陷或者其他问题进行评估，自行决定停止生产的范围。

化妆品注册人、备案人应当立即开展自查，查找产品存在质量安全风险的原因，并进行整改；自查发现化妆品生产质量管理体系存在严重风险隐患的，应当立即对全部产品停止生产、经营。自查整改完成后，化妆品注册人、备案人应当对化妆品生产质量管理体系进行评估，经评估认为影响质量安全的风险因素消除后，方可恢复生产。

在异议审查和复检期间，化妆品生产经营者不停止对检验结论为不符合规定产品的风险控制工作。

第五十三条　化妆品注册人、备案人应当根据风险评估和自查整改情况，依照化妆品监督管理条例第四十四条的规定，召回已经上市销售的相关产品，并记录召回和通知情况。

受托生产企业、化妆品经营者收到化妆品注册人、备案人的召回通知后，应当配合实施召回。

第五十四条　核查处置部门应当监督化妆品生产经营者的自查整改、召回工作，根据实际情况，组织现场检查。

第七章　信息公开

第五十五条　负责药品监督管理的部门负责公布本部门组织的抽样检验结果。

任何单位和个人不得擅自发布化妆品抽样检验信息。

第五十六条　组织抽检部门应当通过其政府网站等媒体及时向社会公开抽样检验结果。对不符合规定产品的信息公开应当至少包括：被抽样产品名称、包装规格、生产日期或者批号、特殊化妆品注册证编号或者普通化妆品备案编号、不符合规定的检验项目、标签标示化妆品注册人、备案人、受托生产企业、境内责任人名称和地址、被抽样化妆品生产经营者的名称和地址、承检机构名称等。

化妆品注册人、备案人、受托生产企业、境内责任人提出异议申请否认检验结论为不符合规定的产品是其生产或者进口，经上述企业所在地核查处置部门综合判断情况属实的，组织抽检部门在公开抽样检验结果时予以说明；经综合判断上述企业提供虚假信息或者隐瞒真实情况的，组织抽检部门在公开抽样检验结果时予以曝光。

第五十七条 抽样检验信息公开应当依照《中华人民共和国政府信息公开条例》等法律法规规定执行。

对公共利益可能产生重大影响的化妆品抽样检验信息，公开部门应当在信息公开前加强分析研判，及时、准确地公开信息，必要时应当提前报告同级人民政府和上一级负责药品监督管理的部门。

第八章 附则

第五十八条 对可能掺杂掺假或者使用禁止用于化妆品生产的原料生产的化妆品，按照化妆品国家标准规定的检验项目和检验方法无法检验的，国家药品监督管理局可以制定补充检验项目和检验方法，用于化妆品抽样检验。

第五十九条 根据监管工作需要，负责药品监督管理的部门可以组织开展专项抽样检验，相关工作程序参照本办法执行。

因监督检查、投诉举报、案件查办、不良反应监测等监管工作需要开展抽样检验，不受抽样数量、地点、样品状态、抽样检验结果公开等限制。

第六十条 各省、自治区、直辖市药品监督管理部门可以根据本办法，结合实际对本行政区域内组织开展的化妆品抽样检验工作制定实施细则。

第六十一条 本办法自2023年3月1日起施行。《国家食品药品监督管理总局办公厅关于印发化妆品抽样检验工作规范的通知》（食药监办药化监〔2017〕103号）同时废止。

化妆品分类规则和分类目录

· 2021年4月8日国家药监局公告2021年第49号公布
· 自2021年5月1日起施行

第一条 为规范化妆品生产经营活动，保障化妆品的质量安全，根据《化妆品监督管理条例》及有关法律法规的规定，按照化妆品的功效宣称、作用部位、产品剂型、使用人群，同时考虑使用方法，制定本规则和目录。

第二条 本规则和目录适用于在中华人民共和国境内生产经营化妆品的分类。

第三条 化妆品注册人、备案人应当根据化妆品功效宣称、作用部位、使用人群、产品剂型和使用方法，按照本规则和目录进行分类编码。

第四条 化妆品应当按照本规则和目录所附的功效宣称、作用部位、使用人群、产品剂型和使用方法的分类目录（附表1—5）依次选择对应序号，各组目录编码之间用"-"进行连接，形成完整的产品分类编码。

同一产品具有多种功效宣称、作用部位、使用人群或者产品剂型的，可选择多个对应序号，各序号应当按顺序依次排列，序号之间用"/"进行连接。

第五条 化妆品应当根据功效宣称分类目录所列的功效类别选择对应序号，功效宣称应当有充分的科学依据。

第六条 作用部位应当根据产品标签中的具体施用部位合理选择对应序号。宣称作用部位包含"眼部"或者"口唇"的化妆品，编码中应当包含对应序号，并按照"眼部"或"口唇"化妆品的安全性和功效宣称要求管理。

第七条 宣称使用人群包括"婴幼儿""儿童"的化妆品，编码中应当包含对应序号，并按照"婴幼儿""儿童"化妆品的安全性和功效宣称要求管理。

第八条 使用方法同时包含淋洗和驻留的，应当按驻留类化妆品选择对应序号，并按照驻留类化妆品的安全性和功效宣称要求管理。

第九条 功效宣称、作用部位或者使用人群编码中出现字母的，应当判定为宣称新功效的化妆品。

第十条 包含两个或者两个以上必须配合使用或者包装容器不可拆分的独立配方的化妆品，按一个产品进行分类编码。

第十一条 本办法自2021年5月1日起施行。

附表：1. 功效宣称分类目录
2. 作用部位分类目录
3. 使用人群分类目录
4. 产品剂型分类目录
5. 使用方法分类目录

附表1

功效宣称分类目录

序号	功效类别	释义说明和宣称指引
A	新功效	不符合以下规则的
01	染发	以改变头发颜色为目的,使用后即时清洗不能恢复头发原有颜色
02	烫发	用于改变头发弯曲度(弯曲或拉直),并维持相对稳定 注:清洗后即恢复头发原有形态的产品,不属于此类
03	祛斑美白	有助于减轻或减缓皮肤色素沉着,达到皮肤美白增白效果;通过物理遮盖形式达到皮肤美白增白效果 注:含改善因色素沉积导致痘印的产品
04	防晒	用于保护皮肤、口唇免受特定紫外线所带来的损伤 注:婴幼儿和儿童的防晒化妆品作用部位仅限皮肤
05	防脱发	有助于改善或减少头发脱落 注:调节激素影响的产品,促进生发作用的产品,不属于化妆品
06	祛痘	有助于减少或减缓粉刺(含黑头或白头)的发生;有助于粉刺发生后皮肤的恢复 注:调节激素影响的、杀(抗、抑)菌的和消炎的产品,不属于化妆品
07	滋养	有助于为施用部位提供滋养作用 注:通过其他功效间接达到滋养作用的产品,不属于此类
08	修护	有助于维护施用部位保持正常状态 注:用于疤痕、烫伤、烧伤、破损等损伤部位的产品,不属于化妆品
09	清洁	用于除去施用部位表面的污垢及附着物
10	卸妆	用于除去施用部位的彩妆等其他化妆品
11	保湿	用于补充或增强施用部位水分、油脂等成分含量;有助于保持施用部位水分含量或减少水分流失
12	美容修饰	用于暂时改变施用部位外观状态,达到美化、修饰等作用,清洁卸妆后可恢复原状 注:人造指甲或固体装饰物类等产品(如:假睫毛等),不属于化妆品
13	芳香	具有芳香成分,有助于修饰体味,可增加香味
14	除臭	有助于减轻或遮盖体臭 注:单纯通过抑制微生物生长达到除臭目的产品,不属于化妆品
15	抗皱	有助于减缓皮肤皱纹产生或使皱纹变得不明显
16	紧致	有助于保持皮肤的紧实度、弹性
17	舒缓	有助于改善皮肤刺激等状态
18	控油	有助于减缓施用部位皮脂分泌和沉积,或使施用部位出油现象不明显
19	去角质	有助于促进皮肤角质的脱落或促进角质更新
20	爽身	有助于保持皮肤干爽或增强皮肤清凉感 注:针对病理性多汗的产品,不属于化妆品

续表

序号	功效类别	释义说明和宣称指引
21	护发	有助于改善头发、胡须的梳理性,防止静电,保持或增强毛发的光泽
22	防断发	有助于改善或减少头发断裂、分叉;有助于保持或增强头发韧性
23	去屑	有助于减缓头屑的产生;有助于减少附着于头皮、头发的头屑
24	发色护理	有助于在染发前后保持头发颜色的稳定 注:为改变头发颜色的产品,不属于此类
25	脱毛	用于减少或除去体毛
26	辅助剃须剃毛	用于软化、膨胀须发,有助于剃须剃毛时皮肤润滑 注:剃须、剃毛工具不属于化妆品

附表2

作用部位分类目录

序号	作用部位	说明
B	新功效	不符合以下规则的
01	头发	注:染发、烫发产品仅能对应此作用部位; 防晒产品不能对应此作用部位
02	体毛	不包括头面部毛发
03	躯干部位	不包含头面部、手、足
04	头部	不包含面部
05	面部	不包含口唇、眼部; 注:脱毛产品不能对应此作用部位
06	眼部	包含眼周皮肤、睫毛、眉毛; 注:脱毛产品不能对应此作用部位
07	口唇	注:祛斑美白、脱毛产品不能对应此作用部位
08	手、足	注:除臭产品不能对应此作用部位
09	全身皮肤	不包含口唇、眼部
10	指(趾)甲	

附表3

使用人群分类目录

序号	使用人群	说明
C	新功效	不符合以下规则的产品;宣称孕妇和哺乳期妇女适用的产品
01	婴幼儿(0~3周岁,含3周岁)	功效宣称仅限于清洁、保湿、护发、防晒、舒缓、爽身
02	儿童(3~12周岁,含12周岁)	功效宣称仅限于清洁、卸妆、保湿、美容修饰、芳香、护发、防晒、修护、舒缓、爽身
03	普通人群	不限定使用人群

附表 4

产品剂型分类目录

序号	产品剂型	说明
00	其他	不属于以下范围的
01	膏霜乳	膏、霜、蜜、脂、乳、乳液、奶、奶液等
02	液体	露、液、水、油、油水分离等
03	凝胶	啫喱、胶等
04	粉剂	散粉、颗粒等
05	块状	块状粉、大块固体等
06	泥	泥状固体等
07	蜡基	以蜡为主要基料的
08	喷雾剂	不含推进剂
09	气雾剂	含推进剂
10	贴、膜、含基材	贴、膜、含配合化妆品使用的基材的
11	冻干	冻干粉、冻干片等

附表 5

使用方法分类目录

序号	使用方法	说明
01	淋洗	根据国家标准、《化妆品安全技术规范》要求,选择编码
02	驻留	

化妆品功效宣称评价规范

- 2021 年 4 月 8 日国家药监局公告 2021 年第 50 号公布
- 自 2021 年 5 月 1 日起施行

第一条 为规范化妆品功效宣称评价工作,保证功效宣称评价结果的科学性、准确性和可靠性,维护消费者合法权益,推动社会共治和化妆品行业健康发展,根据《化妆品监督管理条例》等有关法律法规要求,制定本规范。

第二条 在中华人民共和国境内生产经营的化妆品,应当按照本规范进行功效宣称评价。

第三条 本规范所称化妆品功效宣称评价,是指通过文献资料调研、研究数据分析或者化妆品功效宣称评价试验等手段,对化妆品在正常使用条件下的功效宣称内容进行科学测试和合理评价,并作出相应评价结论的过程。

第四条 化妆品注册人、备案人在申请注册或进行备案的同时,应当按照本规范要求,在国家药品监督管理局指定的专门网站上传产品功效宣称依据的摘要。

化妆品注册人、备案人对提交的功效宣称依据的摘要的科学性、真实性、可靠性和可追溯性负责。

第五条 化妆品的功效宣称应当有充分的科学依据,功效宣称依据包括文献资料、研究数据或者化妆品功效宣称评价试验结果等。

化妆品功效宣称评价的方法应当具有科学性、合理性和可行性,并能够满足化妆品功效宣称评价的目的。

第六条 化妆品注册人、备案人可以自行或者委托具备相应能力的评价机构,按照化妆品功效宣称评价项目要求(附1),开展化妆品功效宣称评价。根据评价结论编制并公布产品功效宣称依据的摘要。

第七条　能够通过视觉、嗅觉等感官直接识别的(如清洁、卸妆、美容修饰、芳香、爽身、染发、烫发、发色护理、脱毛、除臭和辅助剃须剃毛等)，或者通过简单物理遮盖、附着、摩擦等方式发生效果(如物理遮盖祛斑美白、物理方式去角质和物理方式去黑头等)且在标签上明确标识仅具物理作用的功效宣称，可免于公布产品功效宣称依据的摘要。

第八条　仅具有保湿和护发功效的化妆品，可以通过文献资料调研、研究数据分析或者化妆品功效宣称评价试验等方式进行功效宣称评价。

第九条　具有抗皱、紧致、舒缓、控油、去角质、防断发和去屑功效，以及宣称温和(如无刺激)或量化指标(如功效宣称保持时间、功效宣称相关统计数据等)的化妆品，应当通过化妆品功效宣称评价试验方式，可以同时结合文献资料或研究数据分析结果，进行功效宣称评价。

第十条　具有祛斑美白、防晒、防脱发、祛痘、滋养和修护功效的化妆品，应当通过人体功效评价试验方式进行功效宣称评价。

具有祛斑美白、防晒和防脱发功效的化妆品，应当由化妆品注册和备案检验机构按照强制性国家标准、技术规范的要求开展人体功效评价试验，并出具报告。

第十一条　进行特定宣称的化妆品(如宣称适用敏感皮肤、宣称无泪配方)，应当通过人体功效评价试验或消费者使用测试的方式进行功效宣称评价。

通过宣称原料的功效进行产品功效宣称的，应当开展文献资料调研、研究数据分析或者功效宣称评价试验证实原料具有宣称的功效，且原料的功效宣称应当与产品的功效宣称具有充分的关联性。

第十二条　宣称新功效的化妆品，应当根据产品功效宣称的具体情况，进行科学合理的分析。能够通过视觉、嗅觉等感官直接识别或通过物理作用方式发生效果且在标签上明确标识仅具有物理作用的新功效，可免于提交功效宣称评价资料。对于需要提交产品功效宣称评价资料的，应当由化妆品注册和备案检验机构按照强制性国家标准、技术规范规定的试验方法开展产品的功效评价，并出具报告。

使用强制性国家标准、技术规范以外的试验方法，应当委托两家及以上的化妆品注册和备案检验机构进行方法验证，经验证符合要求的，方可开展新功效的评价，同时在产品功效宣称评价报告中阐明方法的有效性和可靠性等参数。

第十三条　同一化妆品注册人、备案人申请注册或进行备案的同系列彩妆产品，在满足等效评价的条件和要求时，可以按照等效评价指导原则(附2)开展功效宣称评价。

第十四条　化妆品功效宣称评价试验包括人体功效评价试验、消费者使用测试和实验室试验。

化妆品功效宣称评价试验应当有合理的试验方案，方案设计应当符合统计学原则，试验数据符合统计学要求，并按照化妆品功效宣称评价试验技术导则(附3)的要求开展。

人体功效评价试验和消费者使用测试应当遵守伦理学原则要求，进行试验之前应当完成必要的产品安全性评价，确保在正常、可预见的情况下不得对受试者(或消费者)的人体健康产生危害，所有受试者(或消费者)应当签署知情同意书后方可开展试验。

第十五条　除有特殊规定的情形外，化妆品功效宣称评价试验应当优先选择下列(一)(二)项试验方法，(一)(二)项未作规定的，可以任意选择下列(三)(四)项试验方法：

(一)我国化妆品强制性国家标准、技术规范规定的方法；

(二)我国其他相关法规、国家标准、行业标准载明的方法；

(三)国外相关法规或技术标准规定的方法；

(四)国内外权威组织、技术机构以及行业协会技术指南发布的方法、专业学术杂志、期刊公开发表的方法或自行拟定建立的方法，在开展功效评价前，评价机构应当完成必要的试验方法转移、确认或验证，以确保评价工作的科学性、可靠性。

第十六条　承担化妆品功效宣称评价的机构应当建立良好的实验室规范，完成功效宣称评价工作和出具报告，并对出具报告的真实性、可靠性负责。

第十七条　化妆品功效宣称评价试验完成后，应当由承担功效评价的机构出具化妆品功效宣称评价报告。功效宣称评价报告应当信息完整、格式规范、结论明确，并由评价机构签章确认。报告一般应当包括以下内容：

(一)化妆品注册人、备案人或境内责任人名称、地址等相关信息；

(二)功效宣称评价机构名称、地址等相关信息；

(三)产品名称、数量及规格、生产日期或批号、颜色和物态等相关信息；

(四)试验项目和依据、试验的开始与完成日期、材料和方法、试验结果、试验结论等相关信息。

采用第十五条第(一)(二)项以外的试验方法的,应当在报告后随附试验方法的完整文本。方法文本、试验报告为外文的,还应当翻译成标准中文。

第十八条 化妆品注册人、备案人应当及时对化妆品功效宣称依据和摘要进行归档并妥善保存备查。功效宣称依据资料为外文的,还应当翻译成标准中文进行存档。开展功效宣称评价试验的产品配方应当与注册备案时保持一致,一致性证明材料应与功效宣称依据资料一同归档。

承担功效宣称评价试验的机构,应当对其完成的产品功效宣称评价资料或出具的试验报告等相关资料进行整理、归档并保存备查。

第十九条 化妆品功效宣称依据的摘要应当简明扼要地列出产品功效宣称依据的内容,至少包括以下信息:

(一)产品基本信息;

(二)功效宣称评价项目及评价机构;

(三)评价方法与结果简述;

(四)功效宣称评价结论,应当阐明产品的功效宣称与评价方法与结果之间的关联性。

化妆品功效宣称依据的摘要样式见附4。

第二十条 本规范下列用语的含义:

(一)文献资料:是指通过检索等手段获得的公开发表的科学研究、调查、评估报告和著作等,包括国内外现行有效的法律法规、技术文献等。文献资料应当标明出处,确保有效溯源,相关结论应当充分支持产品的功效宣称。

(二)研究数据:是指通过科学研究等手段获得的尚未公开发表的与产品功效宣称相关的研究结果。研究数据应当准确、可靠,相关研究结果能够充分支持产品的功效宣称。

(三)人体功效评价试验:是指在实验室条件下,按照规定的方法和程序,通过人体试验结果的主观评估、客观测量和统计分析等方式,对产品功效宣称作出客观评价结论的过程。

(四)消费者使用测试:是指在客观和科学方法基础上,对消费者的产品使用情况和功效宣称评价信息进行有效收集、整理和分析的过程。

(五)实验室试验:是指在特定环境条件下,按照规定方法和程序进行的试验,包括但不限于动物试验、体外试验(包括离体器官、组织、细胞、微生物、理化试验)等。

第二十一条 本规范自2021年5月1日起施行。

附:1.化妆品功效宣称评价项目要求

2.等效评价指导原则(第一版)

3.化妆品功效宣称评价试验技术导则

4.化妆品功效宣称依据的摘要(式样)

附1

化妆品功效宣称评价项目要求

序号	功效宣称	人体功效评价试验	消费者使用测试	实验室试验	文献资料或研究数据
1	祛斑美白①	√			
2	防晒	√			
3	防脱发	√			
4	祛痘	√			
5	滋养②	√			
6	修护③	√			
7	抗皱	*	*	*	△
8	紧致	*	*	*	△
9	舒缓	*	*	*	△

① 仅通过物理遮盖作用发挥祛斑美白功效,且在标签中明示为物理作用的,可免于提交产品功效宣称评价资料;

② 如功效宣称作用部位仅为头发的,可选择体外真发进行评价。

③ 如功效宣称作用部位仅为头发的,可选择体外真发进行评价。

续表

序号	功效宣称	人体功效评价试验	消费者使用测试	实验室试验	文献资料或研究数据
10	控油	*	*	*	△
11	去角质	*	*	*	△
12	防断发	*	*	*	△
13	去屑	*	*	*	△
14	保湿	*	*	*	*
15	护发	*	*	*	*
16	特定宣称(宣称适用敏感皮肤、无泪配方)	*	*		
17	特定宣称(原料功效)	*	*	*	*
18	宣称温和(无刺激)	*	*	*	△
19	宣称量化指标的(时间、统计数据等)	*	*	*	△
20	宣称新功效	根据具体功效宣称选择合适的评价依据。			

说明：1. 选项栏中画√的，为必做项目；

2. 选项栏中画*的，为可选项目，但必须从中选择至少一项；

3. 选项栏中画△的，为可搭配项目，但必须配合人体功效评价试验、消费者使用测试或者实验室试验一起使用。

附2

等效评价指导原则(第一版)

一、适用范围

本指导原则适用于同一化妆品注册人、备案人多色号系列彩妆产品(宣称具有祛痘、滋养、修护功效的产品除外)，在符合等效评价的条件和要求时，可以共用功效宣称评价试验数据作为功效宣称评价的依据。

二、等效评价的条件

同一化妆品注册人、备案人多色号系列彩妆产品，配方中除着色剂(含色调调整部分)的种类或含量不同外，基础配方成分种类、含量相同，且其系列名称相同。

三、等效评价的要求

同一化妆品注册人、备案人多色号系列彩妆产品，可以抽检形式开展功效宣称评价试验，抽检产品数量应当不低于系列产品总数量的20%，总数不足5个的以5个计。应当优先选择着色剂含量最低的产品开展功效宣称评价试验并出具试验报告。开展等效评价的产品，应当保留等效评价报告和开展功效宣称评价试验的产品试验报告备查，在编制功效宣称依据的摘要时，应当说明共用功效宣称评价试验数据的情况。

四、等效评价报告的模板

等效评价报告应当包含但不限于下列内容，模板如下：

(一)开展功效宣称评价试验的产品信息

包括但不限于产品名称、分类编码、备案号或批准文号等。

表1 产品基本信息表

	开展功效宣称评价试验的产品	等效评价的产品
产品名称		
分类编码		
备案号/批准文号		/

(二)配方差异性分析

列明系列产品配方中的着色剂种类和含量变化情况，包括但不限于变化成分的标准中文名称、含量等。

表2 基础配方调整部分一览表

序号	标准中文名称	开展功效宣称评价试验产品的含量(%)	等效评价产品的含量(%)
1			
……			
总计			

(三)证明材料

与等效评价相关的证明材料。

附3

化妆品功效宣称评价试验技术导则

为指导化妆品功效宣称评价试验的开展,特制定本技术指导原则。

一、总则

化妆品功效宣称评价试验的方案设计应当符合本技术导则,并且与化妆品产品功效宣称评价相关联。

人体功效评价试验和消费者使用测试应当遵守伦理学原则要求,进行试验之前应当完成必要的产品安全性评价,确保在正常、可预见的情况下不得对受试者或消费者的人体健康产生危害,所有受试者或消费者应当签署知情同意书后方可开展试验。

人体功效评价试验和消费者使用测试期间,若发现测试产品存在安全性问题或者其他风险,应当立即停止测试或试验,并保留相应的记录。

实验室试验应当符合实验室相关法规的管理要求。动物试验应当符合动物福利要求及3R(替代、减少、优化)原则。

二、人体功效评价试验

(一)试验依据

方法参考的依据和来源。

(二)试验目的及原理

应当与功效宣称评价内容相符。

(三)产品信息

产品及对照品(根据方案要求选择)名称、产品性状、生产日期和保质期或生产批号和限期使用日期。

(四)试验前准备

1.受试者

列明入选和排除标准(包括基本要求和试验方案要求)。

2.受试人数设定

根据试验目的和统计学原则设定。方法未要求时,有效受试人数应当具有统计学意义。

3.试验方案确定

(1)方案设计:根据产品的功效宣称情况,选择合适的评价方法和试验设计类型,确定试验周期。阐述对照组的设定和选择等试验设计的基本原则;采取随机分组或盲法等减少或控制偏倚所采取的措施;明确评价指标,评价指标包含但不限于仪器参数、图像数据、皮肤观察评估、受试者自我评估等。

(2)环境条件:根据试验要求设定试验环境条件(如温度、相对湿度、照明等),受试者应在试验环境中适应15~30分钟以上。

(3)产品使用方法:包括使用量、使用频率、使用时间、使用部位、使用注意事项等。结合产品的使用方法同时需考虑产品自身的功效宣称特点。

(五)试验方法

1.试验流程:包括试验起始时间、地点、产品使用前及回访评价时间及次数、产品发放和回收(根据方案要求)、评价涉及参数内容等。

2.试验仪器:仪器型号规格、仪器使用方式和设备状况、仪器设备设置参数(如非默认设置)、检测参数的描述。

3.皮肤观察评估:可借助仪器。

4.结果评价:明确判定标准及参考依据,有效人数。

5.数据分析:列出数据结果处理方式和统计方法、使用的统计分析软件等。

(六)试验结果

记录受试者不同观察时间的检测数据、评估和反应情况。

(七)试验结论

依据判定标准及数据分析结果对功效宣称进行科学判断,阐明主要评价指标进行统计分析时的统计假设以及判定为有效的依据。

(八)不良反应

试验过程出现的不良反应无论是否与产品使用有关,都应当记录和处置。

三、消费者使用测试

(一)测试依据

方法参考的依据和来源。

(二)测试目的及原理

与功效宣称内容相符。

(三)测试产品信息

测试的产品及对照品(根据方法要求选择)名称、产品类型、生产日期和保质期或生产批号和限期使用日期。

(四)测试前准备

1. 消费者

列明入选和排除标准。

2. 消费者人数设定

根据试验目的和统计学原则设定,并考虑可能的失访量。

3. 测试产品

根据试验目的,去除或隐藏产品包装上影响消费者对产品功效宣称使用评价的干扰信息。测试之后,按照需要回收测试产品并按规定留存。

4. 测试方案确定

根据产品的功效宣称情况,设计合适的测试方案。阐述对照组的设定和选择等试验设计的基本原则;描述随机分组方式、盲法等减少或控制偏倚所采取的措施;明确评价指标。制定测试流程表(包含开始和结束时间、测试产品发放时间、使用方法、回访时间及次数、测试内容概要等),确定测试场所。

在调查问卷设计或面对面访谈等方式中,不得使用诱导性用语,确保消费者能够真实客观地反映测试结果,产品功效宣称的内容需在问卷及面谈问题中体现。

(五)测试方法

1. 产品使用方法

包括使用量、使用频率、使用时间和周期、使用部位、使用注意事项等,需考虑产品自身的功效宣称特点和消费者真实的使用习惯。在测试产品发放时需告知消费者产品使用方法和储存条件等信息。

2. 测试评价形式

评价形式包含面谈、调查问卷、消费者日记等,可借助辅助设备观察和记录消费者评价过程(如使用辅助设备观测消费者评价过程时需说明辅助设备的用途、型号和厂家)等。

3. 数据收集及统计分析

说明收集数据的形式,以及电子数据资料的管理形式(要保证数据的连贯性)。说明数据结果的处理方式、列明计算方法,数据结果应当具有统计学意义,并说明使用的统计方法和统计学软件。

(六)试验结果及结论

依据判定标准及数据分析结果对功效宣称进行科学判断,阐明主要评价指标进行统计分析时的统计假设以及判定为有效的依据。

(七)不良反应

测试过程出现的不良反应无论是否与产品使用有关,都应当记录和处置。

四、实验室试验

(一)试验依据

方法参考的依据和来源。

(二)试验目的及原理

与功效宣称内容相符。

(三)试验项目

包括评价指标和判定标准,并说明与功效宣称内容的相关性。

(四)产品信息

试验产品的名称、产品性状、生产日期和保质期或生产批号和限期使用日期、储存条件、实验日期。

(五)实验室环境及操作人员

温度、湿度、屏障条件、实验室质量控制相关资料及操作人员资质情况等,如实验室具备相应资质和条件,生物安全性要求,实验动物从业人员资格等。

(六)试验方法

1. 试验设计

简述操作步骤、除产品剂量分组外,还应当说明空白对照、阴性对照、阳性对照(根据试验方法要求)及判定标准,必要时可增加预实验。

2. 受试物

记录受试物的物态、配制方法(所用浓度),如有特殊的取样方式或样品来源,需予以说明。

3. 仪器试剂

记录试验所需仪器设备名称、型号、生产厂家;记录所用试剂名称、批号、供应商、浓度、配制方法等,其中阳性对照和阴性对照需记录溶剂、配制方法和用量等信息。

4. 试验记录

记录动物试验、体外试验(包括离体器官、组织、细胞、微生物、理化试验)等质量控制相关资料,包括但不限于试验材料的来源、批次、数量等可溯源信息。

试验记录中应当包含数据获取的方式并附原始数据。

(七)试验结果

说明数据结果的处理方式,列明计算方法和计算结果、偏差(存在时)、数据修约方式、检出浓度、单位等。

（八）试验结论

依据判定标准及数据分析结果对功效宣称进行科学判断。

（九）适用性与局限性

说明试验的适用性与局限性，并分析试验结果与试验目的间的相关性。

附4

化妆品功效宣称依据的摘要（式样）

产品中文名称	与注册/备案产品名称一致		产品分类编码		按照化妆品分类规则填写
注册人/备案人基本信息	化妆品注册人/备案人的名称、地址和联系方式 注册人/备案人为境外的，还应当同时提供境内责任人基本信息。					
是否专为中国消费者设计	□是 □否		使用方式		□淋洗 □驻留
产品性状	与分类编码中的剂型相符		使用部位		根据产品使用说明填写
产品功效宣称	与分类编码中的功效类别相符，如有多项，应当全部列出。				
功效宣称评价项目	□文献资料 □研究数据 □人体功效评价试验 □消费者使用测试 □实验室试验 （可以选择多个项目，并根据选择的项目提供相应的信息）				
评价机构名称和地址	1. 化妆品注册人/备案人自行开展功效宣称评价的，填写注册人/备案人的信息； 2. 委托具备相应能力的评价机构开展功效宣称评价的，填写被委托机构的信息。 （可以选择多个项目，并根据选择的项目提供相应的信息）				
人体功效评价试验简述	方法名称					
^	方法来源					
^	功效判定指标					
^	试验起止日期	自 年 月 日至 年 月 日，共计 日。				
^	试验结果简述：包括有效人数和有效率、结果及结论，说明受试者肤质类型（如东亚人皮肤、Fitzpatrick类型等），需说明检测项目判定为有效的依据，简述功效判定指标与功效宣称之间的关联性，如有必要可另附图表。				
消费者使用测试简述	方法名称					
^	方法来源					
^	测试方式	□调查 □面谈 □其他（应具体说明）	数据收集形式		□问卷 □视频 □其他（应具体说明）
^	测试起止日期	自 年 月 日至 年 月 日，共计 日。				
^	测试结果简述：包括完成测试人数、结果及结论，说明消费者肤质类型（如东亚人皮肤、Fitzpatrick类型等），需说明测试方法判定为有效的依据，简述测试问题与功效宣称之间的关联性，如有必要可另附图表。				

续表

实验室试验简述	方法名称	
	方法来源	
	检测项目	
	试验起止日期	自 年 月 日至 年 月 日,共计 日。
	试验结果简述:包括实验体系、样本量、结果及结论、方法适用性及局限性等相关信息,需说明检测项目判定为有效的依据,简述检测项目与功效宣称之间的关联性,如有必要可另附图表。	
文献资料及研究数据简述	1. 文献资料应当列明文献名称及可溯源的来源信息; 2. 法规资料应当载明法规名称、依据来源、法律效力等,技术法规还应包含适用范围、版本号(如有)、相关技术指标等。 3. 说明引用的文献资料或获得的研究数据与产品功效宣称的关联性,如有必要可另附图表;	
功效评价结论:		

化妆品注册人/备案人(签章)
20XX 年 XX 月 XX 日

说明:
1. 除必须使用外文或其他字符的情形外,化妆品功效宣称依据的摘要应当使用规范汉字。
2. 化妆品功效宣称依据的摘要应当简明扼要地列出产品功效宣称依据的内容,至少包括产品基本信息、功效宣称评价项目及评价机构、评价方法与结果、评价结论等相关信息。使用多个评价方法的,应当依次逐个列明。
3. 功效评价依据与评价结论相互间应当具有关联性,且不超越产品的功效宣称范围。
4. 评价方法简述的相关内容应尽量全面、准确、客观,确保能够根据所提供的信息反映产品功效宣称评价的情况。

进出口化妆品检验检疫监督管理办法

- 2011 年 8 月 10 日国家质量监督检验检疫总局令第 143 号公布
- 根据 2018 年 4 月 28 日海关总署令第 238 号《海关总署关于修改部分规章的决定》第一次修正
- 根据 2018 年 5 月 29 日海关总署第 240 号令《海关总署关于修改部分规章的决定》第二次修正
- 根据 2018 年 11 月 23 日海关总署令第 243 号《海关总署关于修改部分规章的决定》第三次修正

第一章 总 则

第一条 为保证进出口化妆品的安全卫生质量,保护消费者身体健康,根据《中华人民共和国进出口商品检验法》及其实施条例、《化妆品卫生监督条例》和《国务院关于加强食品等产品安全监督管理的特别规定》等法律、行政法规的规定,制定本办法。

第二条 本办法适用于列入海关实施检验检疫的进出境商品目录及有关国际条约、相关法律、行政法规规定由海关检验检疫的化妆品(包括成品和半成品)的检验检疫及监督管理。

第三条 海关总署主管全国进出口化妆品检验检疫监督管理工作。

主管海关负责所辖区域进出口化妆品检验检疫监督管理工作。

第四条 进出口化妆品生产经营者应当依照法律、行政法规和相关标准从事生产经营活动,保证化妆品安全,对社会和公众负责,接受社会监督,承担社会责任。

第二章 进口化妆品检验检疫

第五条 主管海关根据我国国家技术规范的强制性要求以及我国与出口国家(地区)签订的协议、议定书规定的检验检疫要求对进口化妆品实施检验检疫。

我国尚未制定国家技术规范强制性要求的,可以参照海关总署指定的国外有关标准进行检验。

第六条 进口化妆品由口岸海关实施检验检疫。海关总署根据便利贸易和进口检验工作的需要，可以指定在其他地点检验。

第七条 海关对进口化妆品的收货人实施备案管理。进口化妆品的收货人应当如实记录进口化妆品流向，记录保存期限不得少于2年。

第八条 进口化妆品的收货人或者其代理人应当按照海关总署相关规定报检，同时提供收货人备案号。

其中首次进口的化妆品应当符合下列要求：

（一）国家实施卫生许可的化妆品，应当取得国家相关主管部门批准的进口化妆品卫生许可批件，海关对进口化妆品卫生许可批件电子数据进行系统自动比对验核；

（二）国家实施备案的化妆品，应当凭备案凭证办理报检手续；

（三）国家没有实施卫生许可或者备案的化妆品，应当提供下列材料：

1. 具有相关资质的机构出具的可能存在安全性风险物质的有关安全性评估资料；

2. 在生产国家（地区）允许生产、销售的证明文件或者原产地证明；

（四）销售包装化妆品成品除前三项外，还应当提交中文标签样张和外文标签及翻译件；

（五）非销售包装的化妆品成品还应当提供包括产品的名称、数/重量、规格、产地、生产批号和限期使用日期（生产日期和保质期）、加施包装的目的地名称、加施包装的工厂名称、地址、联系方式。

第九条 进口化妆品在取得检验检疫合格证明之前，应当存放在海关指定或者认可的场所，未经海关许可，任何单位和个人不得擅自调离、销售、使用。

第十条 海关受理报检后，对进口化妆品进行检验检疫，包括现场查验、抽样留样、实验室检验、出证等。

第十一条 现场查验内容包括货证相符情况、产品包装、标签版面格式、产品感官性状、运输工具、集装箱或者存放场所的卫生状况。

第十二条 进口化妆品成品的标签标注应当符合我国相关的法律、行政法规及国家技术规范的强制性要求。海关对化妆品标签内容是否符合法律、行政法规规定要求进行审核，对与质量有关的内容的真实性和准确性进行检验。

第十三条 进口化妆品的抽样应当按照国家有关规定执行，样品数量应当满足检验、复验、备查等使用需要。以下情况，应当加严抽样：

（一）首次进口的；

（二）曾经出现质量安全问题的；

（三）进口数量较大的。

抽样时，海关应当出具印有序列号、加盖检验检疫业务印章的《抽/采样凭证》，抽样人与收货人或者其代理人应当双方签字。

样品应当按照国家相关规定进行管理，合格样品保存至抽样后4个月，特殊用途化妆品合格样品保存至证书签发后一年，不合格样品应当保存至保质期结束。涉及案件调查的样品，应当保存至案件结束。

第十四条 需要进行实验室检验的，海关应当确定检验项目和检验要求，并将样品送具有相关资质的检验机构。检验机构应当按照要求实施检验，并在规定时间内出具检验报告。

第十五条 进口化妆品经检验检疫合格的，海关出具《入境货物检验检疫证明》，并列明货物的名称、品牌、原产国家（地区）、规格、数/重量、生产批号/生产日期等。进口化妆品取得《入境货物检验检疫证明》后，方可销售、使用。

进口化妆品经检验检疫不合格，涉及安全、健康、环境保护项目的，由海关责令当事人销毁，或者出具退货处理通知单，由当事人办理退运手续。其他项目不合格的，可以在海关的监督下进行技术处理，经重新检验检疫合格后，方可销售、使用。

第十六条 免税化妆品的收货人在向所在地直属海关申请备案时，应当提供本企业名称、地址、法定代表人、主管部门、经营范围、联系人、联系方式、产品清单等相关信息。

第十七条 离境免税化妆品应当实施进口检验，可免于加贴中文标签，免于标签的符合性检验。在《入境货物检验检疫证明》上注明该批产品仅用于离境免税店销售。

首次进口的离境免税化妆品，应当提供供货人出具的产品质量安全符合我国相关规定的声明、国外官方或者有关机构颁发的自由销售证明或者原产地证明、具有相关资质的机构出具的可能存在安全性风险物质的有关安全性评估资料、产品配方等。

海关总署对离岛免税化妆品实施检验检疫监督管理，具体办法另行制定。

第三章 出口化妆品检验检疫

第十八条 出口化妆品生产企业应当保证其出口化妆品符合进口国家（地区）标准或者合同要求。进口国家(地区)无相关标准且合同未有要求的,可以由海关总署指定相关标准。

第十九条　海关总署对出口化妆品生产企业实施备案管理。具体办法由海关总署另行制定。

第二十条　出口化妆品由产地海关实施检验检疫,口岸海关实施口岸查验。

口岸海关应当将查验不合格信息通报产地海关,并按规定将不合格信息上报上级海关。

第二十一条　出口化妆品生产企业应当建立质量管理体系并持续有效运行。海关对出口化妆品生产企业质量管理体系及运行情况进行日常监督检查。

第二十二条　出口化妆品生产企业应当建立原料采购、验收、使用管理制度,要求供应商提供原料的合格证明。

出口化妆品生产企业应当建立生产记录档案,如实记录化妆品生产过程的安全管理情况。

出口化妆品生产企业应当建立检验记录制度,依照相关规定要求对其出口化妆品进行检验,确保产品合格。

上述记录应当真实,保存期不得少于2年。

第二十三条　出口化妆品的发货人或者其代理人应当按照海关总署相关规定报检。其中首次出口的化妆品应当提供以下文件:

(一)出口化妆品生产企业备案材料;

(二)自我声明。声明企业已经取得化妆品生产许可证,且化妆品符合进口国家(地区)相关法规和标准的要求,正常使用不会对人体健康产生危害等内容;

(三)销售包装化妆品成品应当提交外文标签样张和中文翻译件。

第二十四条　海关受理报检后,对出口化妆品进行检验检疫,包括现场查验、抽样留样、实验室检验、出证等。

第二十五条　现场查验内容包括货证相符情况、产品感官性状、产品包装、标签版面格式、运输工具、集装箱或者存放场所的卫生状况。

第二十六条　出口化妆品的抽样应当按照国家有关规定执行,样品数量应当满足检验、复验、备查等使用需要。

抽样时,海关应当出具印有序列号、加盖检验检疫业务印章的《抽/采样凭证》,抽样人与发货人或者其代理人应当双方签字。

样品应当按照国家相关规定进行管理,合格样品保存至抽样后4个月,特殊用途化妆品合格样品保存至证书签发后一年,不合格样品应当保存至保质期结束。涉及案件调查的样品,应当保存至案件结束。

第二十七条　需要进行实验室检验的,海关应当确定检验项目和检验要求,并将样品送具有相关资质的检验机构。检验机构应当按照要求实施检验,并在规定时间内出具检验报告。

第二十八条　出口化妆品经检验检疫合格,进口国家(地区)对检验检疫证书有要求的,应当按照要求同时出具有关检验检疫证书。

出口化妆品经检验检疫不合格的,可以在海关的监督下进行技术处理,经重新检验检疫合格的,方准出口。不能进行技术处理或者技术处理后重新检验仍不合格的,不准出口。

第二十九条　来料加工全部复出口的化妆品,来料进口时,能够提供符合拟复出口国家(地区)法规或者标准的证明性文件的,可免于按照我国标准进行检验;加工后的产品,按照进口国家(地区)的标准进行检验检疫。

第四章　非贸易性化妆品检验检疫

第三十条　化妆品卫生许可或者备案用样品、企业研发和宣传用的非试用样品,进口报检时应当由收货人或者其代理人提供样品的使用和处置情况说明及非销售使用承诺书,入境口岸海关进行审核备案,数量在合理使用范围的,可免于检验。收货人应当如实记录化妆品流向,记录保存期限不得少于2年。

第三十一条　进口非试用或者非销售用的展品,报检时应当提供展会主办(主管)单位出具的参展证明,可以免予检验。展览结束后,在海关监督下作退回或者销毁处理。

第三十二条　携带、邮寄进境的个人自用化妆品(包括礼品),需要在入境口岸实施检疫的,应当实施检疫。

第三十三条　外国及国际组织驻华官方机构进口自用化妆品,进境口岸所在地海关实施查验。符合外国及国际组织驻华官方机构自用物品进境检验检疫相关规定的,免于检验。

第五章　监督管理

第三十四条　报检人对检验结果有异议而申请复验的,按照国家有关规定进行复验。

第三十五条　海关对进出口化妆品的生产经营者实施分类管理制度。

第三十六条　海关对进口化妆品的收货人、出口化妆品的生产企业和发货人实施诚信管理。对有不良记录的,应当加强检验检疫和监督管理。

第三十七条　海关总署对进出口化妆品安全实施风险监测制度,组织制定和实施年度进出口化妆品安全风险监控计划。主管海关根据海关总署进出口化妆品安全风险监测计划,组织对本辖区进出口化妆品实施监测并上报结果。

主管海关应当根据进出口化妆品风险监测结果,在风险分类的基础上调整对进出口化妆品的检验检疫和监管措施。

第三十八条　海关总署对进出口化妆品建立风险预警与快速反应机制。进出口化妆品发生质量安全问题,或者国内外发生化妆品质量安全问题可能影响到进出口化妆品安全时,海关总署和主管海关应当及时启动风险预警机制,采取快速反应措施。

第三十九条　海关总署可以根据风险类型和程度,决定并公布采取以下快速反应措施:

(一)有条件地限制进出口,包括严密监控、加严检验、责令召回等;

(二)禁止进出口,就地销毁或者作退运处理;

(三)启动进出口化妆品安全应急预案。

主管海关负责快速反应措施的实施工作。

第四十条　对不确定的风险,海关总署可以参照国际通行做法在未经风险评估的情况下直接采取临时性或者应急性的快速反应措施。同时,及时收集和补充有关信息和资料,进行风险评估,确定风险的类型和程度。

第四十一条　进口化妆品存在安全问题,可能或者已经对人体健康和生命安全造成损害的,收货人应当主动召回并立即向所在地海关报告。收货人应当向社会公布有关信息,通知销售者停止销售,告知消费者停止使用,做好召回记录。收货人不主动召回的,主管海关可以责令召回。必要时,由海关总署责令其召回。

出口化妆品存在安全问题,可能或者已经对人体健康和生命安全造成损害的,出口化妆品生产企业应当采取有效措施并立即向所在地海关报告。

主管海关应当将辖区内召回情况及时向海关总署报告。

第四十二条　海关对本办法规定必须经海关检验的进出口化妆品以外的进出口化妆品,根据国家规定实施抽查检验。

第六章　法律责任

第四十三条　未经海关许可,擅自将尚未经海关检验合格的进出口化妆品调离指定或者认可监管场所,有违法所得的,由海关处违法所得3倍以下罚款,最高不超过3万元;没有违法所得的,处1万元以下罚款。

第四十四条　将进口非试用或者非销售用的化妆品展品用于试用或者销售,有违法所得的,由海关处违法所得3倍以下罚款,最高不超过3万元;没有违法所得的,处1万元以下罚款。

第四十五条　不履行退运、销毁义务的,由海关处以1万元以下罚款。

第四十六条　海关工作人员泄露所知悉的商业秘密的,依法给予行政处分,有违法所得的,没收违法所得;构成犯罪的,依法追究刑事责任。

第四十七条　进出口化妆品生产经营者、检验检疫工作人员有其他违法行为的,按照相关法律、行政法规的规定处理。

第七章　附　则

第四十八条　本办法下列用语的含义是:

(一)化妆品是指以涂、擦、散布于人体表面任何部位(表皮、毛发、指趾甲、口唇等)或者口腔粘膜、牙齿,以达到清洁、消除不良气味、护肤、美容和修饰目的的产品;

(二)化妆品半成品是指除最后一道"灌装"或者"分装"工序外,已完成其他全部生产加工工序的化妆品;

(三)化妆品成品包括销售包装化妆品成品和非销售包装化妆品成品;

(四)销售包装化妆品成品是指以销售为主要目的,已有销售包装,与内装物一起到达消费者手中的化妆品成品;

(五)非销售包装化妆品成品是指最后一道接触内容物的工序已经完成,但尚无销售包装的化妆品成品。

第四十九条　本办法由海关总署负责解释。

第五十条　本办法自2012年2月1日起施行。原国家出入境检验检疫局2000年4月1日施行的《进出口化妆品监督检验管理办法》(局令21号)同时废止。

儿童化妆品监督管理规定

· 2021年9月30日国家药监局公告2021年第123号公布
· 自2022年1月1日起施行

第一条　为了规范儿童化妆品生产经营活动,加强儿童化妆品监督管理,保障儿童使用化妆品安全,根据《化妆品监督管理条例》等法律法规,制定本规定。

第二条　在中华人民共和国境内从事儿童化妆品生

产经营活动及其监督管理,应当遵守本规定。

第三条 本规定所称儿童化妆品,是指适用于年龄在12岁以下(含12岁)儿童,具有清洁、保湿、爽身、防晒等功效的化妆品。

标识"适用于全人群""全家使用"等词语或者利用商标、图案、谐音、字母、汉语拼音、数字、符号、包装形式等暗示产品使用人群包含儿童的产品按照儿童化妆品管理。

第四条 化妆品注册人、备案人对儿童化妆品的质量安全和功效宣称负责。

化妆品生产经营者应当依照法律、法规、强制性国家标准、技术规范从事生产经营活动,加强儿童化妆品质量管理,诚信自律,保证产品质量安全。

化妆品生产经营者应当建立并执行进货查验记录等制度,确保儿童化妆品可追溯。鼓励化妆品生产经营者采用信息化手段采集、保存生产经营信息,建立儿童化妆品质量安全追溯体系。

第五条 化妆品注册人、备案人应当根据儿童的生理特点和可能的应用场景,遵循科学性、必要性的原则,研制开发儿童化妆品。

第六条 儿童化妆品应当在销售包装展示面标注国家药品监督管理局规定的儿童化妆品标志。

非儿童化妆品不得标注儿童化妆品标志。

儿童化妆品应当以"注意"或者"警告"作为引导语,在销售包装可视面标注"应当在成人监护下使用"等警示用语。

鼓励化妆品注册人、备案人在标签上采用防伪技术等手段方便消费者识别、选择合法产品。

第七条 儿童化妆品配方设计应当遵循安全优先原则、功效必需原则、配方极简原则:

(一)应当选用有长期安全使用历史的化妆品原料,不得使用尚处于监测期的新原料,不允许使用基因技术、纳米技术等新技术制备的原料,如无替代原料必须使用时,应当说明原因,并针对儿童化妆品使用的安全性进行评价;

(二)不允许使用以祛斑美白、祛痘、脱毛、除臭、去屑、防脱发、染发、烫发等为目的的原料,如因其他目的使用可能具有上述功效的原料时,应当对使用的必要性及针对儿童化妆品使用的安全性进行评价;

(三)儿童化妆品应当从原料的安全、稳定、功能、配伍等方面,结合儿童生理特点,评估所用原料的科学性和必要性,特别是香料香精、着色剂、防腐剂及表面活性剂等原料。

第八条 儿童化妆品应当通过安全评估和必要的毒理学试验进行产品安全性评价。

化妆品注册人、备案人对儿童化妆品进行安全评估时,在危害识别、暴露量计算等方面,应当考虑儿童的生理特点。

第九条 国家药品监督管理局组织化妆品技术审评机构制定专门的儿童化妆品技术指导原则,对申请人提交的注册申请资料进行严格审查。

药品监督管理部门应当加强儿童化妆品的上市后监督管理,重点对产品安全性资料进行技术核查,发现不符合规定的,依法从严处理。

第十条 儿童化妆品应当按照化妆品生产质量管理规范的要求生产,儿童护肤类化妆品生产车间的环境要求应当符合有关规定。

化妆品注册人、备案人、受托生产企业应当按照规定对化妆品生产质量管理规范的执行情况进行自查,确保持续符合化妆品生产质量管理规范的要求。

鼓励化妆品注册人、备案人针对儿童化妆品制定严于强制性国家标准、技术规范的产品执行的标准。

第十一条 化妆品注册人、备案人、受托生产企业应当制定并实施从业人员入职培训和年度培训计划,确保员工熟悉岗位职责,具备履行岗位职责的专业知识和儿童化妆品相关的法律知识。企业应当建立员工培训档案。

企业应当加强质量文化建设,不断提高员工质量意识及履行职责能力,鼓励员工报告其工作中发现的不合法或者不规范情况。

第十二条 化妆品注册人、备案人、受托生产企业应当严格执行物料进货查验记录制度,企业经评估认为必要时开展相关项目的检验,避免通过原料、直接接触化妆品的包装材料带入激素、抗感染类药物等禁用原料或者可能危害人体健康的物质。

化妆品注册人、备案人发现原料、直接接触化妆品的包装材料中存在激素、抗感染类药物等禁用原料或者可能危害人体健康的物质的,应当立即采取措施控制风险,并向所在地省级药品监督管理部门报告。

第十三条 化妆品注册人、备案人、受托生产企业应当采取措施避免儿童化妆品性状、气味、外观形态等与食品、药品等产品相混淆,防止误食、误用。

儿童化妆品标签不得标注"食品级""可食用"等词语或者食品有关图案。

第十四条 化妆品经营者应当建立并执行进货查验

记录制度,查验直接供货者的市场主体登记证明、特殊化妆品注册证或者普通化妆品备案信息、儿童化妆品标志、产品质量检验合格证明并保存相关凭证,如实记录化妆品名称、特殊化妆品注册证编号或者普通化妆品备案编号、使用期限、净含量、购进数量、供货者名称、地址、联系方式、购进日期等内容。

化妆品经营者应当对所经营儿童化妆品标签信息与国家药品监督管理局官方网站上公布的相应产品信息进行核对,包括:化妆品名称、特殊化妆品注册证编号或者普通化妆品备案编号、化妆品注册人或者备案人名称、受托生产企业名称、境内责任人名称,确保上述信息与公布信息一致。

鼓励化妆品经营者分区陈列儿童化妆品,在销售区域公示儿童化妆品标志。鼓励化妆品经营者在销售儿童化妆品时主动提示消费者查询产品注册或者备案信息。

第十五条 电子商务平台内儿童化妆品经营者以及通过自建网站、其他网络服务经营儿童化妆品的电子商务经营者应当在其经营活动主页面全面、真实、准确披露与化妆品注册或者备案资料一致的化妆品标签等信息,并在产品展示页面显著位置持续公示儿童化妆品标志。

第十六条 化妆品生产经营者、医疗机构发现或者获知儿童化妆品不良反应,应当按照规定向所在地市县级不良反应监测机构报告不良反应。

化妆品注册人、备案人应当对收集或者获知的儿童化妆品不良反应报告进行分析评价,自查可能引发不良反应的原因。对可能属于严重不良反应的,应当按照规定进行调查分析并形成自查报告,报送所在地省级不良反应监测机构,同时报送所在地省级药品监督管理部门。发现产品存在安全风险的,应当立即采取措施控制风险;发现产品存在质量缺陷或者其他问题,可能危害人体健康的,应当依照《化妆品监督管理条例》第四十四条的规定,立即停止生产,召回已经上市销售的化妆品,通知相关化妆品经营者和消费者停止经营、使用。

第十七条 抽样检验发现儿童化妆品存在质量安全问题的,化妆品注册人、备案人、受托生产企业应当立即停止生产,对化妆品生产质量管理规范的执行情况进行自查,并向所在地省级药品监督管理部门报告。影响质量安全的风险因素消除后,方可恢复生产。省级药品监督管理部门可以根据实际情况组织现场检查。

化妆品注册人、备案人发现化妆品存在质量缺陷或者其他问题,可能危害人体健康的,应当依照《化妆品监督管理条例》第四十四条的规定,立即停止生产,召回已经上市销售的化妆品,通知相关化妆品经营者和消费者停止经营、使用。

化妆品注册人、备案人应当根据检验不合格的原因,对其他相关产品进行分析、评估,确保产品质量安全。

第十八条 负责药品监督管理的部门应当按照风险管理的原则,结合本地实际,将化妆品注册人、备案人、境内责任人、受托生产企业以及儿童化妆品销售行为较为集中的化妆品经营者列入重点监管对象,加大监督检查频次。

第十九条 负责药品监督管理的部门应当将儿童化妆品作为年度抽样检验和风险监测重点类别。经抽样检验或者风险监测发现儿童化妆品中含有可能危害人体健康的物质,负责药品监督管理的部门可以采取责令暂停生产、经营的紧急控制措施,并发布安全警示信息;属于进口儿童化妆品的,依法提请有关部门暂停进口。

第二十条 负责药品监督管理的部门依法查处儿童化妆品违法行为时,有下列情形之一的,应当认定为《化妆品监督管理条例》规定的情节严重情形:

(一)使用禁止用于化妆品生产的原料、应当注册但未经注册的新原料生产儿童化妆品;

(二)在儿童化妆品中非法添加可能危害人体健康的物质。

第二十一条 儿童牙膏参照本规定进行管理。

第二十二条 本规定自 2022 年 1 月 1 日起施行。

化妆品网络经营监督管理办法

· 2023 年 3 月 31 日国家药监局公告 2023 年第 36 号公布
· 自 2023 年 9 月 1 日起施行

第一章 总 则

第一条 为规范化妆品网络经营和化妆品电子商务平台服务行为,保证化妆品质量安全,保障消费者健康,根据《中华人民共和国电子商务法》《化妆品监督管理条例》《化妆品生产经营监督管理办法》《网络交易监督管理办法》等法律法规和规章,制定本办法。

第二条 在中华人民共和国境内从事化妆品网络经营、提供化妆品电子商务平台服务及其监督管理,适用本办法。

第三条 化妆品电子商务经营者包括化妆品电子商务平台经营者、平台内化妆品经营者以及通过自建网站、其他网络服务经营化妆品的电子商务经营者。通过自建网站以及其他网络服务经营化妆品的,应当履行本办法规定的平台内化妆品经营者的义务。

第四条　负责药品监督管理的部门应当坚持鼓励创新、包容审慎、严守底线、线上线下一体化监管的原则，鼓励利用信息化技术手段开展监督管理工作，保证化妆品质量安全。

第五条　国家药品监督管理局负责组织指导全国化妆品网络经营、化妆品电子商务平台服务的监督管理工作。

县级以上地方人民政府负责药品监督管理的部门依职责负责本行政区域内化妆品网络经营、化妆品电子商务平台服务的监督管理工作。

第六条　化妆品电子商务经营者从事化妆品网络经营活动、提供化妆品电子商务平台服务，应当遵守化妆品法律、法规、规章、强制性国家标准和技术规范，依法诚信经营，保证化妆品质量安全。

第七条　负责药品监督管理的部门应当与相关部门加强协作，引导行业组织、消费者组织等共同参与化妆品网络经营市场环境治理，加强行业自律和诚信建设，促进化妆品安全社会共治。

第二章　化妆品电子商务平台经营者管理

第八条　化妆品电子商务平台经营者应当依法承担平台内化妆品经营者管理责任，建立实名登记、日常检查、违法行为制止及报告、投诉举报处理等化妆品质量安全管理制度并有效实施。

化妆品电子商务平台经营者应当依照《中华人民共和国电子商务法》有关要求制定平台服务协议和交易规则，其中有关进入和退出平台、商品和服务质量保障、消费者权益保护等内容应当包括平台内化妆品经营者主体资质审核、产品信息发布规则、违法行为处置等方面的要求。

第九条　化妆品电子商务平台经营者应当设置化妆品质量安全管理机构，或者配备专兼职质量安全管理人员。化妆品质量安全管理机构或者质量安全管理人员负责建立并实施化妆品质量安全管理制度，并组织开展平台内化妆品经营者的日常检查。

第十条　化妆品电子商务平台经营者应当要求申请入驻平台的化妆品经营者提交身份、地址、联系方式等真实信息，进行核验、登记，建立登记档案，并至少每6个月核验更新一次。化妆品电子商务平台经营者对平台内化妆品经营者身份信息的保存时间自其退出平台之日起不少于3年。

第十一条　化妆品电子商务平台经营者应当建立平台内化妆品经营者日常检查制度，日常检查包括入网产品信息发布检查、日常经营行为检查等。

日常检查应当制定检查计划，明确检查对象、检查频次、检查内容，并形成检查记录。检查记录应当至少包括检查的平台内化妆品经营者身份信息、检查内容、检查结果、处置措施等信息，记录保存期限不得少于2年。

第十二条　化妆品电子商务平台经营者应当在平台内化妆品经营者入驻平台发布化妆品产品信息时开展检查，核实平台内化妆品经营者发布的产品名称、特殊化妆品注册证编号、产品执行的标准编号等信息与国家药品监督管理局官方网站公布的相应产品信息的一致性。鼓励化妆品电子商务平台经营者利用信息化等技术手段开展入网产品发布信息检查。

第十三条　化妆品电子商务平台经营者应当根据产品风险情况，定期组织对平台内化妆品经营者开展日常经营行为检查，重点检查以下内容：

（一）检查平台内化妆品经营者经营的化妆品是否存在未经注册或者未备案、冒用他人化妆品注册证编号或者备案编号情况；

（二）检查平台内化妆品经营者展示的化妆品标签等信息是否与国家药品监督管理局官方网站公布的相应产品信息一致；

（三）检查平台内化妆品经营者展示的化妆品标签信息是否存在明示或者暗示具有医疗作用、虚假或者引人误解、违反社会公序良俗等法律法规禁止标注的内容。

鼓励化妆品电子商务平台经营者定期对入网经营的化妆品采取抽样检验等方式进行质量安全监测，排查入网化妆品的产品质量安全风险。

第十四条　化妆品电子商务平台经营者应当主动收集省级以上药品监督管理部门发布的关于抽样检验、暂停或者停止经营化妆品等涉及产品质量安全的监管公开信息，并及时开展平台内自查。

第十五条　化妆品电子商务平台经营者通过开展日常检查、监管公开信息自查等质量安全管理活动或者收到负责药品监督管理的部门信息通报等方式，发现平台内化妆品经营者存在违法经营化妆品行为的，应当依法或者依据平台服务协议和交易规则采取删除、屏蔽、断开链接等必要措施及时制止。

化妆品电子商务平台经营者发现有下列严重违法行为的，应当依法或者依据平台服务协议和交易规则立即停止向平台内化妆品经营者提供电子商务平台服务：

（一）因化妆品质量安全相关犯罪被人民法院判处

刑罚的；

（二）因化妆品质量安全违法行为被公安机关拘留或者给予其他治安管理处罚的；

（三）被负责药品监督管理的部门依法作出吊销许可证、责令停产停业等处罚的；

（四）其他严重违法行为。

第十六条 化妆品电子商务平台经营者对发现的违法经营化妆品行为采取措施及时制止后，对于下列涉及产品质量安全重大信息的情形，应当自发现之日起10日内将相关情况及平台内化妆品经营者涉嫌违法经营的线索报告平台内化妆品经营者实际经营地省级药品监督管理部门，内容包括涉及平台内化妆品经营者的主体信息、涉及产品的信息、质量安全重大信息相关情况说明、化妆品电子商务平台经营者已做出的处置措施等信息：

（一）因使用入网经营的化妆品导致人体全身性损害、危及生命或者造成死亡的；

（二）有证据表明入网经营的化妆品中使用禁用原料或者非法添加可能危害人体健康物质的；

（三）入网经营的化妆品存在其他重大产品质量安全问题。

负责药品监督管理的部门应当对涉嫌违法经营的线索进行调查处理，经调查认为平台内化妆品经营者存在违法行为的，应当将调查处理结果及时通知化妆品电子商务平台经营者。

第十七条 化妆品电子商务平台经营者应当每季度将本平台发现的平台内化妆品经营者违法经营行为以及处置措施书面报告化妆品电子商务平台经营者住所地省级药品监督管理部门。

化妆品电子商务平台经营者住所地省级药品监督管理部门应当审核化妆品电子商务平台经营者的书面报告，发现化妆品电子商务平台经营者未采取必要措施及时制止违法行为或者未按要求向省级药品监督管理部门报告涉嫌违法经营线索的，化妆品电子商务平台经营者住所地省级药品监督管理部门应当依法进行调查处理。

第十八条 化妆品电子商务平台经营者应当为平台内化妆品经营者依法履行化妆品信息披露等义务提供必要的技术支持和服务。

鼓励化妆品电子商务平台经营者与负责药品监督管理的部门建立开放数据接口等形式的自动化信息报送机制。

第十九条 化妆品电子商务平台经营者应当加强对平台内化妆品经营者相关法规知识的宣传培训，宣传培训内容应当包括化妆品相关法律法规、平台内化妆品经营者法律义务和法律责任、平台服务协议和交易规则、化妆品信息发布要求等。

第三章 平台内化妆品经营者管理

第二十条 平台内化妆品经营者应当建立并执行进货查验记录制度，查验直接供货者的市场主体登记证明、特殊化妆品注册证或者普通化妆品备案信息、化妆品的产品质量检验合格证明并保存相关凭证，如实记录化妆品名称、特殊化妆品注册证编号或者普通化妆品备案编号、使用期限、净含量、购进数量、供货者名称、地址、联系方式、购进日期等内容。经营儿童化妆品的，还应当查验儿童化妆品标志，并对所经营儿童化妆品标签信息与国家药品监督管理局官方网站上公布的相应产品信息进行核对。

第二十一条 平台内化妆品经营者应当履行化妆品信息披露的义务，全面、真实、准确、清晰、及时披露与注册或者备案资料一致的化妆品标签等信息。披露的化妆品标签信息应当包含其所经营化妆品标签的全部内容，其中产品名称、产品执行的标准编号应当在其产品展示页面显著位置以文字形式展示；披露的其他有关产品安全、功效宣称的信息应当与其所经营化妆品的注册或者备案资料中标签信息和功效宣称依据摘要的相关内容一致。

鼓励平台内化妆品经营者展示其所经营化妆品的特殊化妆品注册证或者普通化妆品备案信息。

第二十二条 平台内化妆品经营者应当积极配合化妆品电子商务平台经营者开展日常检查、监管公开信息自查等质量安全管理活动，及时、准确地向化妆品电子商务平台经营者提供相关产品信息，并配合化妆品电子商务平台经营者采取必要措施控制风险。

平台内化妆品经营者应当关注所经营化妆品涉及产品质量安全的监管公开信息，对于经负责药品监督管理的部门抽样检验认定为不符合规定的特定批次化妆品，平台内化妆品经营者应当立即停止经营。抽样检验涉及检出禁用原料或者可能危害人体健康物质、儿童化妆品不符合规定等情形的，平台内化妆品经营者应当立即停止经营不符合规定的特定批次产品；对于同一品种的其他批次产品，平台内化妆品经营者仍继续经营的，应当以显著方式对该化妆品抽样检验不符合规定的监管公开信息或者化妆品注册人、备案人针对产品抽样检验不符合规定开展自查的情况报告予以公示，相关信息应当持续公示一年，供消费者选购时参考。

第二十三条 平台内化妆品经营者发现所销售化妆品存在质量缺陷或者其他问题，可能危害人体健康的，应当立即停止经营，并通知相关化妆品注册人、备案人。化妆品注册人、备案人应当依法实施召回。化妆品注册人、备案人、平台内化妆品经营者未依法实施召回或者停止经营的，负责药品监督管理的部门责令其实施召回或者停止经营。

第二十四条 平台内化妆品经营者应当依照有关法律法规的规定和化妆品标签标示的要求贮存、运输化妆品，定期检查并及时处理变质或者超过使用期限的化妆品。

第四章 监督管理

第二十五条 负责药品监督管理的部门依法对化妆品电子商务经营者实施监督检查。

国家药品监督管理局组织各级负责药品监督管理的部门利用技术手段加强对化妆品网络经营和化妆品电子商务平台服务等活动的网络监测。负责药品监督管理的部门应当加强与化妆品电子商务平台经营者信息共享，鼓励其对本平台内化妆品经营者的经营行为开展网络监测。

负责药品监督管理的部门对监督检查、网络经营监测发现的违法行为，依法进行调查处理。

第二十六条 负责药品监督管理的部门对化妆品电子商务经营者进行监督检查时，有权依法采取下列措施：

（一）对开展化妆品网络经营和化妆品电子商务平台服务有关场所实施现场检查；

（二）对网络经营的化妆品进行抽样检验；

（三）查阅、复制与涉嫌违法的化妆品网络经营活动有关的合同、票据、账簿等有关资料；

（四）收集、调取、复制与涉嫌违法的化妆品网络经营活动有关的电子数据；

（五）询问涉嫌从事违法化妆品网络经营活动的当事人，向与涉嫌违法的化妆品网络经营活动有关的自然人、法人和非法人组织调查了解有关情况；

（六）对不符合强制性国家标准、技术规范或者有证据证明可能危害人体健康的化妆品及其原料、直接接触化妆品的包装材料，以及有证据证明用于违法生产经营的工具、设备依法采取查封、扣押措施；

（七）对违法从事化妆品网络经营活动的场所依法查封；

（八）法律、法规规定可以采取的其他措施。

第二十七条 化妆品电子商务平台经营者和通过自建网站、其他网络服务经营化妆品的化妆品电子商务经营者的违法行为由其住所地县级以上负责药品监督管理的部门管辖，其中化妆品电子商务平台经营者未依照化妆品监督管理条例规定履行实名登记、制止、报告、停止提供电子商务平台服务等管理义务的违法行为，由其住所地省级药品监督管理部门管辖。

平台内化妆品经营者的违法行为由其实际经营地县级以上负责药品监督管理的部门管辖。化妆品电子商务平台经营者住所地县级以上负责药品监督管理的部门先行发现违法线索或者收到投诉、举报的，也可以进行管辖。

不具备管辖权的负责药品监督管理的部门先行发现平台内化妆品经营者涉嫌违法经营线索的，应当初步收集和固定证据，并将涉嫌违法的平台内化妆品经营者实际经营地址、产品页面图片、网址链接等移交至平台内化妆品经营者实际经营地县级以上负责药品监督管理的部门。

第二十八条 平台内化妆品经营者实际经营地负责药品监督管理的部门经调查认为平台内化妆品经营者的违法经营行为涉及化妆品质量安全的，应当及时向化妆品标签标示的化妆品注册人、备案人、境内责任人住所地同级负责药品监督管理的部门通报相关信息。化妆品注册人、备案人、境内责任人住所地负责药品监督管理的部门收到通报信息后，应当及时组织开展监督检查，依法查处违法行为。

第二十九条 负责药品监督管理的部门发现平台内化妆品经营者所经营化妆品造成人体伤害或者有证据证明可能危害人体健康，依法要求化妆品电子商务平台经营者采取必要处置措施控制风险的，化妆品电子商务平台经营者应当予以配合。

负责药品监督管理的部门发现存在本条第一款情形的，经研判认为需要采取必要处置措施控制风险的，应当逐级报告其所在地省级药品监督管理部门，省级药品监督管理部门将相关产品情况通知化妆品电子商务平台经营者。化妆品电子商务平台经营者应当依法或者依据平台服务协议和交易规则采取删除、屏蔽、断开连接等必要措施控制产品风险。

第三十条 省级、设区的市级负责药品监督管理的部门因监督检查、案件调查等工作，需要调取平台内化妆品经营者信息、产品信息、交易记录、物流快递等相关信息的，应当向化妆品电子商务平台经营者出具协助调查函，说明需要调取的材料、信息和时限要求。化妆品电子商务平台经营者应当予以提供，并在技术方面配合负责药品监督管理的部门开展化妆品网络经营违法行为监测工作。县级负责药品监督管理的部门因监督检查、案件调查等工作需要调取相关信息的，应当报告所在地设区的市级负责药品监督管理的部门，由设区的市级负责药品监督管理的部门协调调取相关信息。

化妆品电子商务平台经营者未按要求提供有关材料、信息的，负责开展调查的省级药品监督管理部门应当将有关情况通报化妆品电子商务平台经营者住所地省级药品监督管理部门。化妆品电子商务平台经营者住所地省级药品监督管理部门应当依法进行调查处理。

第三十一条 负责药品监督管理的部门应当在化妆品网络经营日常监督管理和案件调查中加强协同配合。

化妆品电子商务平台经营者住所地省级药品监督管理部门应当向其他省级药品监督管理部门及时通报本行政区域内化妆品电子商务平台经营者设置的化妆品质量安全管理机构负责人或者质量安全管理人员信息。

第三十二条 对网络经营的化妆品进行抽样检验按照化妆品抽样检验有关规定执行。

第三十三条 负责药品监督管理的部门对化妆品网络经营行为的技术监测记录资料，可以作为实施行政处罚或者采取行政措施的电子数据证据。

第五章 附 则

第三十四条 从事跨境电子商务零售进口化妆品的，不适用本办法，应当遵守国家有关跨境电子商务零售进口商品监管的有关规定。

第三十五条 本办法自2023年9月1日起施行。

企业落实化妆品质量安全主体责任监督管理规定

· 2022年12月29日国家药监局公告2022年第125号公布
· 自2023年3月1日起施行

第一章 总 则

第一条 为了督促企业落实化妆品质量安全主体责任，强化企业质量安全责任意识，规范化妆品质量安全管理行为，保证化妆品质量安全，根据《化妆品监督管理条例》及《化妆品注册备案管理办法》《化妆品生产经营监督管理办法》《化妆品生产质量管理规范》等，制定本规定。

第二条 在中华人民共和国境内，化妆品注册人、备案人、受托生产企业（以下统称"企业"）依法落实化妆品质量安全责任行为及其监督管理，适用本规定。

第三条 化妆品注册人、备案人对化妆品的质量安全和功效宣称负责，对其注册或者备案的化妆品从研发、生产、经营全过程质量安全进行管理。

化妆品注册人、备案人委托生产化妆品的，应当对生产活动全过程进行监督，对委托生产的化妆品的质量安全负责。受托生产企业对生产活动负责，接受委托方的监督。

第四条 企业应当建立化妆品质量安全责任制，明确化妆品质量安全相关岗位的职责，各岗位人员应当按照岗位职责要求，逐级履行相应的化妆品质量安全义务，落实化妆品质量安全主体责任。

第二章 质量安全关键岗位要求

第五条 企业法定代表人（或者主要负责人，下同）对化妆品质量安全工作全面负责，应当负责提供必要的资源，合理制定并组织实施质量方针，确保实现质量目标。

企业应当设质量安全负责人。质量安全负责人应当按照质量安全责任制的要求，协助法定代表人组织企业质量安全管理相关人员依法履行质量安全管理职责。

第六条 企业法定代表人在委托本企业其他人员对企业进行全面管理的情况下，法定代表人可以委托上述被委托人代为履行化妆品质量安全全面管理工作。法定代表人应当与被委托人签订授权委托书，明确被委托人应当履行的质量管理职责并授予相应的权限，且其代为履行职责行为可追溯。法定代表人应当对被委托人代为履行职责情况进行监督。

第七条 企业法定代表人或者其委托的代为履行化妆品质量安全全面管理工作的被委托人，应当加强化妆品质量安全管理和相关法律法规知识学习，具备对化妆品质量安全重大问题正确决策的能力。

第八条 企业质量安全负责人应当具备化妆品、化学、化工、生物、医学、药学、食品、公共卫生或者法学等化妆品质量安全相关专业知识，熟悉相关法律法规、强制性国家标准、技术规范，并具有5年以上化妆品生产或者质量管理经验。

第九条 从事化妆品生产活动的企业设置的质量安全负责人应当协助法定代表人承担下列相应的产品质量安全管理和产品放行职责：

（一）建立并组织实施本企业质量管理体系，落实质量安全管理责任，定期向法定代表人报告质量管理体系运行情况；

（二）产品质量安全问题的决策及有关文件的签发；

（三）产品安全评估报告、配方、生产工艺、物料供应商、产品标签等的审核管理，以及化妆品注册、备案资料的审核(受托生产企业除外)；

（四）物料放行管理和产品放行；

（五）化妆品不良反应监测管理。

委托生产的化妆品注册人、备案人设置的质量安全负责人应当协助本企业法定代表人承担下列相应的产品质量安全管理和产品放行职责：

（一）建立并组织实施本企业质量管理体系，落实质量安全管理责任，定期向法定代表人报告质量管理体系的运行情况；

（二）产品质量安全问题的决策及有关文件的签发；

（三）审核化妆品注册、备案资料；

（四）委托方采购、提供物料的，物料供应商、物料放行的审核管理；

（五）产品的上市放行；

（六）受托生产企业遴选和生产活动的监督管理；

（七）化妆品不良反应监测管理。

第十条 企业质量安全负责人应当具备下列履职能力：

（一）专业知识应用能力。具备满足履行岗位职责要求的化妆品质量安全相关专业知识，并能够在质量安全管理工作中应用；

（二）法律知识应用能力。熟悉化妆品相关的法律法规，能够保证企业质量安全管理工作符合法律法规规定；

（三）组织协调能力。具备组织落实本企业化妆品质量安全责任制的领导能力，能够有效组织协调企业涉及质量安全相关部门开展工作；

（四）风险研判能力。熟悉化妆品质量安全风险管理工作，能够对企业生产经营活动中可能产生的产品质量风险进行准确识别和判断，并提出解决对策；

（五）其他应当具备的化妆品质量安全管理能力。

第十一条 企业法定代表人应当保障质量安全负责人依法开展化妆品质量安全管理工作，并督促本企业质量安全相关部门配合质量安全负责人工作。法定代表人在作出涉及化妆品质量安全的重大决策前，应当充分听取质量安全负责人的意见和建议。

第十二条 质量安全负责人应当负责组织落实本企业化妆品质量安全责任制。

企业应当明确质量安全相关部门。各质量安全相关部门应当对本部门的化妆品质量安全风险进行识别和判断，根据风险控制需要提出整改措施，并向质量安全负责人报告。

质量安全负责人应当定期对本企业质量安全相关部门落实化妆品质量安全责任制情况进行评估，并将评估结果报告法定代表人。

第十三条 企业质量安全负责人应当独立履行职责，不受企业其他人员的干扰，不得兼任生产部门负责人等可能影响独立履行职责的工作岗位。

第十四条 根据企业质量管理体系运行需要，经法定代表人书面同意，质量安全负责人可以指定本企业其他人员协助履行有关职责。被指定人员应当具备相应资质和履职能力，且其协助履行职责的时间、具体事项等应当如实记录，确保协助履行职责行为可追溯。

质量安全负责人指定他人协助履行职责的，企业应当建立质量安全负责人协助履职监督制度，明确质量安全负责人对被指定人的监督方式、监督频次等，并形成履职监督记录。

第三章 质量安全管理机制

第十五条 企业应当建立基于化妆品质量安全风险防控的动态管理机制，结合企业实际，建立并执行化妆品注册备案资料审核、生产一致性审核、产品逐批放行、有因启动自查、质量管理体系自查等工作制度和机制。

第十六条 化妆品注册人、备案人应当建立化妆品注册备案资料审核制度。在产品注册或者备案(含首次申请注册或者提交备案、注册备案变更、注册延续)前，质量安全负责人应当对产品名称、产品配方、产品执行的标准、产品标签、产品检验报告、产品安全评估等注册或者备案资料以及功效宣称评价资料的合法性、真实性、科学性、完整性等进行审核；发现问题的，应当立即组织整改，在整改完成前不得提交产品注册申请或者进行备案。

普通化妆品在提交化妆品年度报告前，质量安全负责人应当组织对年度报告内容的真实性、准确性等进行审核；发现问题的，应当立即组织整改。

第十七条 企业应当建立化妆品生产一致性审核制度。质量安全负责人应当在首次生产前对生产的化妆品产品配方、生产工艺、产品标签等内容进行审核管理，形成化妆品生产一致性审核记录，并定期对相关内容进行回顾性审核，确保生产的产品符合化妆品注册、备案资料载明的技术要求。记录应当包括审核产品名称、特殊化妆品注册证编号或者普通化妆品备案编号、审核内容等。

质量安全负责人发现生产的化妆品产品配方、生产工艺、产品标签内容存在与注册、备案资料载明的技术要求不一致或者其他不符合法律法规要求的，应当立即组织采取风险控制等措施。

第十八条 企业应当建立产品逐批放行制度。质量安全负责人应当组织对产品进行逐批审核，确保每批放行产品均检验合格且相关生产和质量活动记录经其审核批准，并形成产品放行记录。记录应当包括产品放行时间、放行产品的名称、批号、数量，以及放行检查内容。质量安全负责人发现产品存在质量安全风险的，不予放行，立即组织采取风险控制等措施，并及时报告法定代表人。

第十九条 企业应当建立有因启动自查制度。发生产品抽样检验结果不符合规定、产品可能引发较大社会影响的化妆品不良反应或者引发严重化妆品不良反应等涉及产品质量安全情形的，质量安全负责人应当立即组织采取风险控制等措施，并组织制定自查方案，开展自查工作，查找产品存在质量安全风险的原因，消除风险隐患，并形成产品质量安全风险有因启动自查报告。有因启动自查报告应当包括启动自查原因、发现的问题、产品质量安全评价、整改措施等，经质量安全负责人批准，报告法定代表人，并反馈企业质量安全相关部门。自查整改完成后，质量安全负责人应当组织对化妆品生产质量管理体系进行评估，经评估认为影响化妆品质量安全的风险因素消除，方可解除相应控制措施。

质量安全负责人发现上述涉及产品质量安全情形属于重大安全风险的，应当立即报告法定代表人，并提出停止相关化妆品生产经营活动等否决建议。法定代表人应当组织研究，并采取处置措施。

第二十条 企业应当建立质量管理体系自查制度。质量安全负责人应当每年组织对化妆品生产质量管理规范的执行情况进行自查，自查完成后应当形成化妆品生产质量管理体系自查报告。自查报告应当包括发现的问题、产品质量安全评价、整改措施等，经质量安全负责人批准，报告法定代表人，并反馈企业质量安全相关部门。质量安全负责人应当组织对整改情况进行跟踪评价。企业连续停产1年以上，重新生产前，质量安全负责人应当组织开展全面自查，确认企业是否符合化妆品生产质量管理规范的要求。

第二十一条 企业应当建立对质量安全负责人的考核制度，定期对质量安全负责人的履职能力和履行职责情况开展考核评估。

经考核评估，发现质量安全负责人未按照相关规定履行职责或者履职能力未达到岗位职责要求的，法定代表人应当立即采取督促质量安全负责人改进、更换质量安全负责人等措施，确保质量安全负责人能够依法有效履职。

第二十二条 企业应当为质量安全负责人学习培训提供必要条件，确保质量安全负责人持续更新质量安全管理的专业知识和法律知识，提高履职能力。质量安全负责人每年相关学习培训不少于40学时。

第二十三条 企业应当为质量安全负责人提供必要的工作条件和岗位待遇，充分保障其依法履行职责。

鼓励企业建立对质量安全负责人的激励机制，对工作成效显著的给予表彰和奖励。

第二十四条 企业应当将法定代表人、质量安全负责人等人员的设置变更、岗位职责、职责履行、考核评估、学习培训情况，以及质量安全负责人提出的意见建议和风险防控动态管理机制执行等情况予以记录并存档备查。

记录应当真实、完整、准确，清晰易辨，相互关联可追溯，保存期限不得少于2年。

第四章 监督管理

第二十五条 负责药品监督管理的部门应当将企业建立并落实化妆品质量安全责任制的情况、质量安全负责人履职情况以及风险防控动态管理机制执行情况等，作为监督检查的重要内容。

第二十六条 负责药品监督管理的部门应当加强对质量安全负责人履职能力的随机抽查考核，根据工作需要，公布考核结果。

第二十七条 检查发现企业未按照本规定落实质量安全主体责任的，负责药品监督管理的部门应当责令企业立即采取措施，进行整改，消除隐患，必要时可以对企业法定代表人进行责任约谈。责任约谈情况和整改情况应当纳入企业信用档案。

发现企业存在违法行为的，负责药品监督管理的部门依法予以查处。

第二十八条 企业未设质量安全负责人，或者企业所设质量安全负责人不符合规定的任职条件或者不具备相应的履职能力，依照化妆品监督管理条例第六十一条第一款第二项的规定处罚。

第二十九条 化妆品监督管理条例规定的直接负责的主管人员是指在违法行为中负有直接管理责任的人员，包括企业法定代表人委托的代为履行化妆品质量安全全面管理工作的人员、质量安全负责人等。

化妆品监督管理条例规定的其他直接责任人员是指具体实施违法行为并起较大作用的人员，既可以是企业的生产经营管理人员，也可以是企业的职工，包括质量管理部门负责人、生产部门负责人等化妆品质量安全相关部门负责人、被指定协助质量安全负责人履行职责的人员等。

第三十条 企业因违法行为被行政处罚时,有证据足以证明企业有关责任人员已履行化妆品质量安全义务,且没有主观过错的,对有关责任人员不予行政处罚。

企业有关责任人员主动供述负责药品监督管理的部门尚未掌握的化妆品生产经营者的违法行为,或者配合负责药品监督管理的部门查处化妆品生产经营者违法行为有立功表现的,应当从轻或者减轻行政处罚。

第五章 附则

第三十一条 鼓励化妆品经营者参照本规定建立化妆品质量安全责任制,将进货查验记录、不良反应报告、配合产品召回等化妆品质量安全责任落实到人。

第三十二条 境外化妆品注册人、备案人指定的境内责任人,应当按照法律法规规定和其与注册人、备案人的协议,承担相应的化妆品质量安全责任,配合负责药品监督管理的部门的监督检查工作。

第三十三条 本规定自2023年3月1日起施行。

· 典型案例

1. 最高人民检察院通报11起危害食品安全犯罪典型案例[①]

(2015年8月5日)

典型案例1

刘伟、黄康等19人生产、销售不符合安全标准的食品案

2013年5月,被告人刘伟租用被告人王树前位于四川省成都市双流县金桥镇的一民房,从被告人黄康、高洪等处收购病死、死因不明生猪,并雇佣被告人宋彬、童大伟、黄红刚进行非法屠宰、销售死猪活动。其间,被告人刘水清帮助刘伟搬运死猪肉,被告人王健明帮助刘伟将宰杀好的死猪肉销往重庆等地。另,2010年以来,黄康伙同被告人黄玉秋、曾德华,从被告人韩兴洪、陈军华、雷泽江等人手中收购病死、死因不明生猪,再转手给刘伟等人屠宰销售。2013年6月,公安机关在刘伟的非法屠宰场内查获死猪及死猪肉1446余公斤;在成新蒲快速通道新津县兴义镇路员挡获黄康、黄玉秋运输的死猪4.34吨。

此案分别由四川省蒲江县公安局于2013年4月27日对韩兴洪、陈军华、雷泽江等7人立案侦查;成都市公安局于同年6月18日对刘伟、王树前等7人立案侦查;新津县公安局先后对黄康、黄玉秋等5人立案侦查。后经成都市人民检察院建议,以上案件由成都市公安局合并管辖。成都市人民检察院先后对韩兴洪、刘伟等17人批准逮捕,另有2人分别被取保候审、监视居住。经指定双流县人民检察院管辖后,该院于12月30日提起公诉。2014年4月10日,双流县人民法院以生产、销售不符合安全标准的食品罪分别判处刘伟、黄康有期徒刑各二年零二个月,并处罚金2万元。其余涉案被告人也均被作有罪判决。

典型意义:本案涉案人员众多、案情复杂、社会影响恶劣。四川省成都市人民检察院主动提前介入侦查,引导公安机关收集证据,为该案的顺利办理打下了坚实的基础。其间,针对此案由三地公安机关分别立案侦查的情况,成都市检察院积极与市公安局协商,由市公安局合并管辖,统一指挥,集中报捕,极大地提高了办案效率,亦确保了执法尺度的统一性。同时,针对当地食品安全领域的监管疏漏,成都市人民检察院及时向蒲江县畜牧局、郫县商务局、双流商务局发出检察建议,督促其进一步完善监管机制,加强执法检查。该案的成功办理,有力地打击了危害食品安全犯罪,有效地参与了社会治理方式创新,为今后办理此类案件积累了宝贵的经验。

典型案例2

王勇朝等人生产、销售伪劣产品案

2010年初至2013年8月间,被告人王勇朝为谋取非法利益,伙同方荣坤、甘兴忠等人租赁湖南省长沙市雨花区黎托乡合丰村7组一民房开设加工作坊,在未办理任何生产经营许可证照的情况下,直接在地下挖了3个窖池,将收购来的新鲜蕨菜和笋丝简单清洗后存放于窖池,并非法添加焦亚硫酸钠水溶液直接浸泡。随后,再用印有其原在四川省隆昌县注册业已过期作废的"能辉牌"商标的塑

[①] 来源于最高人民检察院网站:https://www.spp.gov.cn/zdgz/201508/t20150805_102533.shtml,最后访问时间:2023年12月15日。

料包装袋进行包装,并在包装箱上使用标识食品生产许可证的包装箱包装后用于出售。经查实,王勇朝等人销售金额达77721元,查获未销售货物价值53714元。

该案线索是湖南省长沙市雨花区人民检察院与长沙市质量技术监督局雨花区分局、长沙市工商行政管理局雨花区分局在检查工作中发现,并由雨花区人民检察院监督移送长沙市公安局直属分局的。公安机关经审查于2013年8月27日立案侦查。雨花区人民检察院于9月29日对王勇朝、甘兴忠作出批准逮捕决定,并于12月13日提起公诉。2014年1月23日,雨花区人民法院以生产、销售伪劣产品罪一审判处王勇朝、甘兴忠各有期徒刑七个月;方荣坤、方华芝、王秀芝各有期徒刑七个月,缓刑七个月;刘再勇、蒋小花各拘役五个月,缓刑五个月。

典型意义:该案是检察机关通过行政执法与刑事司法衔接工作机制监督移送的一起危害食品安全案件。公安机关立案后,雨花区人民检察院指派专人及时掌握案件进展情况,引导侦查取证,指导公安机关着重收集销售金额证据,逐一查实下线购买数量及金额,确保销售金额达到构罪标准;要求公安机关对笋丝、野蕨菜中二氧化硫残留量以及未销货值进行鉴定,保证案件顺利起诉。同时,检察机关在工作中注重强化监督意识,深挖职务犯罪线索,从该案中发现并监督立案一起食品监管渎职案件,某质监局副局长舒某某因在日常工作中疏于监管、未采取有效措施整治辖区内无证加工窝点,被追究食品监管渎职刑事责任。该渎职案是刑法修正案(八)颁布以来,湖南省首例以食品监管渎职罪立案查处的案件,起到了有效的震慑作用。

典型案例3

周雄、王成生产、销售有毒、有害食品案

2012年6月至2014年5月,被告人周雄、王成以营利为目的,将自己在甘肃省白银市白银区经营的"周吴老坎串串香"火锅店餐厨泔水过滤加工成地沟油约2900斤供顾客食用。

经鉴定,该地沟油底油中DBP(又称增塑剂或塑化剂,具有干扰内分泌的作用,可造成生殖和生育障碍)含量超标170%,自助底油超标33%。

被告人周雄、王成生产、销售有毒、有害食品一案,由白银区检察院于2014年5月16日建议白银区食药监局稽查局移送白银区公安分局。次日,白银区公安分局立案侦查,同年5月30日白银区检察院作出批准逮捕决定,同年10月30日提起公诉。2014年11月11日,白银区人民法院以生产、销售有毒、有害食品罪判处被告人周雄、王成各有期徒刑三年,并处罚金2万元。

典型意义:本案涉及的危害食品安全线索,系白银区人民检察院会同行政执法部门、公安机关在开展"危害食品药品安全犯罪专项立案监督活动"中发现并移送的。检察机关在接到食药监管部门通知后,第一时间抽调办案骨干赶赴现场,引导行政执法人员提取固定证据,并迅速与公安机关沟通联系。由于反应快速、应对得当、收集固定证据及时、定性准确,为顺利追究犯罪人刑事责任奠定给了基础,有效震慑了犯罪。在2014年开展的专项立案监督活动中,白银市白银区人民检察院共监督行政执法单位移送涉嫌危害食品药品安全犯罪案件17件,法院已作有罪判决3件。通过严厉查处多起危害食品安全犯罪案件,有力净化了食品市场,维护了广大人民群众"舌尖上的安全"。

典型案例4

熊智等人生产、销售伪劣产品案

被告人熊智伙同熊岚经营上海锐可营养食品有限公司、南昌麦高营养食品有限公司等五家公司。2012年3月起,熊智在南昌麦高营养食品有限公司未取得奶粉生产许可的情况下,从内蒙古亚华乳业有限公司购入大包牛奶粉,擅自加工、生产国产奶粉,并冒充可尼可、善臣、贝诺贝滋、乐氏及欧恩贝等品牌进口奶粉,投放市场销售牟取利益。案发后,共扣押奶粉共计23万余罐,400多吨,涉案金额2亿余元。经抽样检测,在其生产的13件奶粉中,有2件含有致病菌,属于不符合安全标准食品,有11件检测值不符合能量及营养成分标示值,夸大了食品的营养水平,属于伪劣产品。

2013年4月26日,上海市奉贤区人民检察院通过行政执法与刑事司法衔接平台建议奉贤区工商分局将该案线索移送公安机关。奉贤区工商分局于4月29日将案件移送区公安分局。同日,区公安分局以生产、销售伪劣产品案立案侦查,并于5月30日提请批准逮捕。2013年6月6日,奉贤区人民检察院将熊智等人批准逮捕。2015年2月,熊智等8人分别被判处十五年至七年不等的有期徒刑,并分别判处罚金2万元至700万元不等。

典型意义:本案是最高人民检察院、公安部督办的一起以国产婴幼儿奶粉冒充原装进口婴幼儿奶粉的案件。案件涉及婴幼儿奶粉的生产、销售等多个环节,涉案人员多、涉及地域广、涉案金额特别巨大，社会影响恶劣。上海市奉贤区人民检察院在办理该案中，依法履行职能，严格审查证据，准确适用法律，在严把案件质量关的基础上，从严从快办理，共批准逮捕10名犯罪嫌疑人，取得了良好的法律效果和社会效果。主要做法：一是充分利用行政执法与刑事司法衔接信息共享机制，密切与工商、食安办等行政执法部门的沟通配合，做到早发现线索，早分析研判，早监督立案；二是发挥联动机制作用，做到三级侦查监督部门在研商案件中联动、公安机关与检察机关在引导取证中联动、侦查监督与公诉部门在捕诉衔接上联动；三是在履行审查逮捕职能的同时，注重发挥监督职能，确保案件在实体上和程序上都实现司法公正。

典型案例5

吴金水、陈雪彬、冉仕勤等人生产、销售不符合安全标准食品案

2012年7月至2013年4月，被告人吴金水、陈雪彬伙同冉仕勤等人分别从福建省福清市上迳镇、龙田镇、江镜镇一带二十多家的养猪场收购、捡拾病死猪运回上迳镇蟹屿村一废弃养鸡场内屠宰，后以每斤1.4至1.8元的价格收购病死猪肉运回莆田市仙游县枫亭镇山头村其老房子中冷冻加工后以每斤2.3元的价格售给某加工成食品厂加工，并出售供人食用。

2013年5月10日，福建省福清市人民检察院作出批准逮捕决定，同年10月15日提起公诉。2013年12月19日，福建省福清市人民法院以生产、销售不符合安全标准的食品罪判处吴金水、陈雪彬、冉仕勤有期徒刑六年至四年不等，并处罚金人民币30万元至12万元不等。

典型意义：本案中，福建省福清市人民检察院依托行政执法与刑事司法衔接机制，与行政执法机关、公安机关形成合力，共同打掉了一个严重危害食品安全、社会影响极为恶劣的生产、加工、销售病死猪肉的地下产业链条。办案过程中，福清市人民检察院不仅通过加强提前介入、引导侦查等方式，确保案件快速办理，还根据当地病死猪肉案件特点，向相关部门提出了探索有偿回收处理病死猪机制、建立病死肉质量安全信息可追溯系统管理体系、严格落实监管责任的检察建议，有效参与了当地的社会治理方式创新。

典型案例6

江西高安病死猪渎职系列案件

2014年12月27日，中央电视台播出《追踪病死猪肉》的新闻，新闻中报道，江西高安不少病死猪被长期收购，销往广东等七个省市。后江西省院将此案交由宜春市院立案查处。目前共立案16人，其中丰城市院立案7人，高安市院立案9人。该系列案件正在进一步侦查中。

丰城市院2014年12月30日以事立案，2015年1月20日确定犯罪嫌疑人。立案侦查了丰城市商务局原副局长唐茂辉（副科）、丰城市商务局执法大队原大队长任国忠、丰城市商务局市场秩序科原科长熊俊鹏、丰城市畜牧水产局原党组成员孙国清、丰城市畜牧水产局动物检疫站原站长付宜青、丰城市畜牧水产局动物检疫站原副站长熊巍、丰城市畜牧水产局动物检疫站站员丁怡等7人玩忽职守案。

经查，丰城市畜牧水产局孙国清、付宜青、熊巍、丁怡作为动物卫生监督机构中执行监督检查任务的工作人员，在对瑞丰公司的监督检查过程中严重不负责任，未严格依照动物防疫法的规定履行职责导致瑞丰公司不断搬迁并持续屠宰和销售病死猪，引起央视新闻报道曝光"12·27"事件发生，造成恶劣社会影响；丰城市商务局唐茂辉、任国忠、熊俊鹏作为生猪屠宰活动行业管理部门中履行监督执法的工作人员及分管领导，在对瑞丰公司的监督执法过程中严重不负责任，未严格依照生猪屠宰管理条例的规定履行职责，导致瑞丰公司不断搬迁并持续屠宰和销售病死猪，引起央视新闻报道曝光"12·27"事件发生，造成恶劣社会影响。

2015年2月5日高安市院立案查处了高安市畜牧水产局原局长王细毛（正科）玩忽职守、受贿案。2014年12月30日高安市院立案查处了高安市畜牧水产局原副局长艾海军（副科）玩忽职守案。2014年12月31日高安市院立案查处了高安市畜牧水产局原副局长兰长林（副科）玩忽职守案。经查，王细毛、艾海军、兰长林身为国家机关工作人员，在高安市畜牧水产局任职期间，工作严重不负责任，不正确履行监管职责，致使大量病死猪流入市场，并被中央电视台播放，造成恶劣社会影响，其行为涉嫌玩忽职守犯罪。王细毛身为国家机关工作人员，为他人谋取利益，非法收受他人钱财97.2万元。

2015年3月17日，高安市院立案侦查了高安市畜牧水产局杨墟兽医站原站长朱思烟玩忽职守、受贿案。经查，朱思烟在高安市畜牧水产局杨圩站任职期间，工作严重不负

责任,不正确履行监管职责,致使辖区内大量病死猪被加工流入市场,并被中央电视台播放,造成恶劣社会影响,其行为涉嫌玩忽职守犯罪。同时朱思烟身为国家机关工作人员,为他人谋取利益,非法收受他人钱财5.3万元。

2015年4月14日,高安市院立案侦查了蓝奇小生产、销售不符合安全标准食品案。经查,蓝奇小明知收购的死猪为因病死亡或死因不明的,仍然将其出售,流向市场,其行为涉嫌生产、销售不符合安全标准的食品犯罪。

2015年5月2日,高安市院立案查处了高安市人保财险公司原经理李文胜(正科)玩忽职守案。2015年5月7日,高安市院立案查处了高安市人保财险公司原科长周阳文玩忽职守案。2015年5月18日,高安市院立案查处了高安市人保财险公司查勘员况琦玩忽职守案。2015年6月5日,高安市院立案查处了高安市人保财险公司查勘员胡凯航玩忽职守案。经查,李文胜、周阳文、况琦、胡凯航在高安市人保财险公司任职期间,明知在查勘死亡能繁母猪保险时必须协助进行无害化处理,仍不认真履行职责,放任查勘员伪造能繁母猪的死因、不监督协助无害化处理的情况,造成大量病死母猪流入市场,造成严重恶劣社会影响。

典型意义:这个案件反映出检验检疫、市场、保险等等环节全链条的监管失职,最终导致价值数千万的病死猪肉流向7个省份,受害群众数量众多,影响恶劣。媒体报道后,相关部门迅速反应,检察机关三天之内就展开了对监管部门刑事责任的追究,有效地震慑那些不认真履行职责、甚至与不法商户沆瀣一气的监管人员,督促负有监管职责的人员为人民群众的餐桌安全和生命健康把好每一道关口。

典型案例7

湖北当阳病死猪渎职案件

2014年3月19日湖北省当阳市人民检察院对原当阳市动物卫生监督局河溶动物卫生监督所所长、河溶动物卫生监督所所长王怀健以玩忽职守罪立案。

经查:被告人王怀健自2009年起担任当阳市动物卫生监督所河溶分所所长、河溶动物卫生监督所所长等职务期间,不正确履行职责,玩忽职守,放任监管对象曹某等人在经营冻库期间长期、大量制售病死猪,在执法检查中通风报信并接受吃请送礼,导致曹某等人生产、销售不符合安全标准的食品及张某等人销售不符合安全标准的食品行为发生,形成足以造成人体严重食物中毒等事故的后果,社会影响恶劣,致使公共财产、国家和人民利益遭受重大损失,王怀健的行为已构成玩忽职守罪。

2015年2月经法院判决:被告人王怀健犯食品监管渎职罪,判处有期徒刑十个月。

典型意义:食品安全监管的缺失不但危及每个人的身体健康,也关系到我们整个民族的未来。这个案件的嫌疑人级别不高、量刑也不算重,但是案件的成功查办,警示监管部门权力和责任是并存的,没有练就"火眼金睛"是失职,睁一只眼闭一只眼甚至通风报信当"内鬼",是严重的渎职,都要受到检察机关的查处。

典型案例8

四川省南充腌腊制品渎职案

2013年11月27日,四川省南充市嘉陵区检察院对南充市顺庆区畜牧局城区兽防站驻南充市第二市场检疫员张映琳以涉嫌滥用职权罪立案侦查。

经查,2010年至今,犯罪嫌疑人张映琳负责南充市第二市场畜禽及畜禽产品检验检疫,其在对腌腊制品检验检疫时,明知无检疫条件,但为收取检疫费对腌腊制品随意发放检疫证明,致使耿群英、刘萍、杨保成三人长期在第二市场销售用病死猪肉加工生产的香肠、腊肉,造成恶劣社会影响。

2014年11月南充市中级人民法院判决张映琳有期徒刑六个月,缓刑一年。

典型意义:这是一起食品监管领域的小案件,检疫员是食品监管的一线战斗员,直接承担着动物检疫的职责,是食品安全监管最前线的关口。检察机关渎检部门的监督,不仅仅要"打老虎"更要"拍苍蝇"。收取检疫费是检疫员工作内容,但其真正的监管职责是替人民群众把好食品安全的关,舍本求末是对职责的亵渎,严重者将受到刑法的追究。

典型案例9

福建省漳平市病、死猪肉渎职案

2011年9月17日至2013年11月25日,漳平市检察院先后以涉嫌食品监管渎职罪对漳平市动物卫生监督所所长李希锦、副所长李芸等人立案侦查,以涉嫌滥用职权罪对漳平市畜牧兽医水产局副局长郑美清等人立案侦查。

经查,2010年12月至2011年9月,张志强等26人利用其租用的漳平市福龙公司屠宰车间,大量屠宰未经检验检疫的生猪和病、死猪。时任漳平市畜牧兽医水产局副局长郑美清和动物卫生监督所所长李希锦在明知张志强等人租用福龙公司定点屠宰场分割车间非法宰杀生猪的情况下,决定按每月4000元的标准向张志强等人的分割车间收取检疫费,但是,时任动物卫生监督所检疫员陈存华等人并未按规定对张志强等人屠宰的生猪和猪肉产品进行检疫。郑美清和李希锦明知动物卫生监督所工作人员未进行检疫,违法出具动物产品检疫合格证明等"三证",没有采取措施予以纠正,放任不管,造成张志强等人长期非法屠宰生猪,造成3000余吨未经检疫的猪肉和病、死猪肉流入市场。在此过程中,李希锦收受张志强的贿赂6000元。

2012年12月20日,漳州市人民法院判决李希锦犯食品监管渎职罪,判处有期徒刑三年;犯受贿罪,判处有期徒刑六个月;2014年7月4日,漳州市人民法院判决郑美清犯食品监管渎职罪,判处有期徒刑二年,缓刑二年六个月。

典型意义: 2011年,龙岩市检察机关根据福建省人民检察院关于严肃查办危害食品安全渎职犯罪案件的部署要求,结合当地系福建省大规模生猪养殖基地之一的实际,深入排除生猪及猪肉产品监管领域渎职犯罪线索。经过深入调查,新罗区检察院查办新罗区牲畜定点屠宰管理办公室负责人兼督查队队长章柏豪等14人涉嫌滥用职权、贪污案;漳平市查办了漳平市畜牧兽医水产局副局长郑美清、动物卫生监督所所长李希锦等9人涉嫌食品监管渎职、受贿案。

在该系列案件中,部分国家机关工作人员与猪肉经销商相互勾结,未经检疫即出具检验合格证明,性质恶劣,严重危害了人民群众的食品安全。该系列案件的成功查办,得益于检察机关打击食品安全渎职犯罪专项工作的开展,得益于检察机关与公安机关的协同配合。案件查办过程中,龙岩市检察机关对猪肉监管工作提出了对策建议,并得到了当地党委政府的高度重视。龙岩市政府出台专项整治方案,严厉打击非法经营病死猪肉的行为。

典型案例10

河北张家口不合格燕麦片渎职案

2014年5月23日张家口市下花园区人民检察院以涉嫌滥用职权罪、受贿罪对张家口市万全县质量技术监督局局长赵焱立案侦查,当日决定对其指定居所监视居住,5月28日对其刑事拘留,6月13日经张家口市人民检察院批准,对其执行逮捕。8月11日侦查终结并移送审查起诉,9月18日下花园区人民检察院向下花园区人民法院提起公诉。12月9日,下花园区人民法院作出一审判决:被告人赵焱犯滥用职权罪,判处有期徒刑一年。犯受贿罪,判处有期徒刑十年零六个月;并处没收个人财产五万元。决定执行有期徒刑十年零六个月;并处没收个人财产五万元。

经查:2012年12月万全县质监局对万全县燕脉食品有限公司生产的燕麦片进行了抽检,后经检验该公司2012年12月2日生产的燕麦片质量不合格(霉菌严重超标),此批次产品共生产1万公斤,货值金额共计40000元,违法所得2000元整。赵焱在其主持该案件审理期间,不按照法律规定进行处罚,同意对行政相对人万全县燕脉食品有限公司做出了24000元的罚款,给国家造成了176000元的损失。

2013年10月25日万全县质监局根据群众举报对中绿食品开发有限公司进行检查,发现该公司将554.5箱过期的火锅料进行重新包装和更改生产日期,货值金额至少为72180元,至少应对该公司处以360900元罚款。赵焱不按照法律规定进行处罚,同意对行政相对人中绿(河北)食品开发有限公司做出了199620元的罚款,给国家造成了161280元损失。

以上赵焱滥用职权的行为总共给国家造成337280元的损失。同时赵焱在担任万全县质监局局长期间,利用职务上的便利,收受贿赂总计人民币11万元。

典型意义: 首先,应罚未罚的金额可以计算为渎职行为造成的损失;万全县燕麦食品有限公司2012年12月2日的不合格产品,按照法律规定应当处罚货值的五倍即20万元,赵焱滥用职权,同意只做出24000元的处罚,少收的176000元罚款可以计算为其滥用职权造成的损失;其次,注重渎贪并查。下花园区检察院在查办赵焱涉嫌渎职犯罪过程中,注意搜寻贪污受贿等犯罪线索,渎贪并查。

典型案例11

山东乐陵生猪、肉鸭渎职案

2012年9月19日,山东乐陵市检察院对乐陵市畜牧局郑店动物卫生监督分所所长张万栋以动植物检疫徇私舞弊罪立案侦查,同年9月20日被取保候审,同年12月19日张万栋因构成动植物检疫徇私舞弊罪被判处有期徒刑一年。

经查,2011年12月至2012年4月,张万栋在动物检验检疫执法过程中,为完成乐陵市畜牧兽医局下达给郑店镇动检分所的检疫收费任务,徇私舞弊,违反《中华人民共和国动物防疫法》的有关规定及检测"瘦肉精"的有关通知精神,在不按规定对运往县境外屠宰场的肉鸭和生猪进行检疫和检测情况下,按照每只肉鸭 0.07 元,每头生猪 5 元的收取标准,通过其儿子、儿媳向动物运输户出卖《动物检疫合格证明》21 份。事后,张万栋伪造检疫结果交回乐陵畜牧兽医局。张万栋的行为致使一些运输户完全摆脱了动物检疫机构的监控,给动物疫情控制和人民群众的食品安全带来了极大隐患。

典型意义: 张万栋身为国家机关工作人员,为完成检疫收费任务,违反法律规定及相关文件,出卖《动物检疫合格证明》并伪造检疫结果,构成渎职犯罪。该案警示公职人员,完成行政任务不是违反法定职权的借口,如果违反法定职责,造成严重后果,就可能构成渎职犯罪,将受到法律的惩处。

2. 最高人民法院公布 14 起打击危害食品、药品安全违法犯罪典型案例①

（2015 年 12 月 4 日）

案例一

广西华联综合超市有限公司销售不符合安全标准的食品案

（一）基本案情

2014 年 4 月 23 日,叶润军在广西华联综合超市(以下简称华联超市)购买了 7 罐 2013 年 11 月 20 日生产的,保质期为 18 个月的事农茶花菇预包装食品,每罐 73 元,共花费 511 元。后叶润军发现其所购茶花菇菇体布满死昆虫和活虫,叶润军多次与华联超市交涉协商,要求华联超市退回货款及赔偿,但双方无法达成一致意见。叶润军遂向广西壮族自治区南宁市江南区人民法院起诉,请求华联超市返还购货款 511 元,并支付价款十倍的赔偿金 5110 元。

（二）裁判结果

法院经审理认为,叶润军在华联超市购买了 7 罐事农茶花菇预包装食品,双方之间买卖关系成立,合法有效。《中华人民共和国食品安全法》第三条关于"食品生产经营者应当按照法律、法规和食品安全标准从事生产经营活动,对社会和公众负责,保证食品安全,接受社会监督,承担社会责任"是有关销售者的产品质量责任和义务的相关规定。食品销售者,不仅应当审查食品的资质证明、合格证明,还应确保食品安全。本案中,凭肉眼可观察到华联超市销售的茶花菇菇体上布有死昆虫及活虫,包装瓶瓶底亦有死昆虫,因此,华联超市销售的茶花菇不符合食品安全标准。华联超市以其出售的茶花菇符合食品安全标准,且华联超市不存在明知不符合食品安全标准而销售的答辩意见本院不予认可。根据《中华人民共和国食品安全法》第九十六条规定,生产不符合食品安全标准的食品或者销售明知是不符合食品安全标准的食品,消费者除要求赔偿损失外,还可以向生产者或者销售者要求支付价款十倍的赔偿金。故叶润军要求华联超市退还货款并支付价款十倍赔偿金的诉讼请求,法院予以支持。

（三）典型意义

依照我国食品安全法的规定,食品安全是指食品无毒、无害,符合应当有的营养要求,对人体健康不造成任何急性、亚急性或者慢性危害。食品销售者负有保证食品安全的法定义务,应当对不符合安全标准的食品及时清理下架。本案中,华联超市销售长虫的茶花菇未能及时清理下架,系不履行法定义务的行为,应当被认定为销售明知是不符合食品安全标准的食品。在此情况下,消费者可以同时主张赔偿损失和价款十倍的赔偿金,也可以只主张价款十倍的赔偿金。叶润军要求华联超市退还货款并支付售价十倍的赔偿金,于法有据,应予支持。判决后,华联超市未上诉。

案例二

陶昌醒等生产、销售不符合安全标准的食品案

（一）基本案情

2013 年以来,被告人周明忠、李雄梅、文绍明(另案处理)为牟取非法利益,在无经营资格且未经卫生检验检疫部门检疫的情况下,从南宁市周边县镇收购死因不明的或病死的猪,其中,周明忠、李雄梅在南宁市兴宁区人民路北一里 431 号房内对上述收购来的猪进行切分并销售。被告人姚寿林、唐玉奎则在南宁市兴宁区人民路北一里 247 号帮助文绍明,将文绍明收购来的死因不明或病死猪进行切分并销售。

2014 年 1 月 17 日,工商部门联合公安机关在南宁市兴宁区人民路北一里 431 号房内查获周明忠、李雄梅收购的

---

① 来源于最高人民法院网站:https://www.court.gov.cn/zixun/xiangqing/16208.html,最后访问时间:2023 年 12 月 15 日。

并在切分的疑似病死猪的猪肉1932斤，在南宁市兴宁区人民路北一里247号房内查获文绍明收购的并由姚寿林、唐玉奎切分的疑似病死猪的猪肉1218斤。并抓获被告人周明忠、李雄梅、姚寿林、唐玉奎。经鉴定，从两处查获的猪肉中检出伪狂犬病毒、猪繁殖和呼吸综合症（蓝耳病）病毒核酸、高致病性猪蓝耳病病毒核酸及猪圆环病毒呈阳性。

另查明，2011年12月起，被告人陶昌醒、黄燕玲、陶国炎为牟取非法利益，先后从"肥英"、周明忠、文绍明处购买切分好的死因不明或病死猪的猪肉，由被告人陶国炎驾驶车辆将猪肉运回南宁市兴宁区燕子岭上六巷23号陶昌醒等人租住的房屋内，三人共同将购回的猪肉加工制作成叉烧后销售至南宁市内的石户桂林米粉店。经核算，仅2013年10月28日至2014年1月25日期间，销售给石户米粉店的叉烧达6702斤，金额为125735元。

（二）裁判结果

广西壮族自治区南宁市兴宁区人民法院经审理认为，被告人陶昌醒、周明忠、黄燕玲、陶国炎、李雄梅、姚寿林、唐玉奎购买死因不明或病、死猪进行加工，制作成食品对外销售。依照《最高人民法院、最高人民检察院关于办理危害食品安全刑事案件适用法律若干问题的解释》的规定，属于病死、死因不明或者检验检疫不合格的畜、禽、兽、水产动物及其肉类、肉类制品的，应当认定为刑法第一百四十三条规定的"足以造成严重食物中毒事故或者其他严重食源性疾病"，构成生产、销售不符合安全标准的食品罪。故本案七被告人的行为均已触犯了《中华人民共和国刑法》第一百四十三条之规定，构成生产、销售不符合安全标准的食品罪。据此，依照刑法有关规定，以生产、销售不符合安全标准的食品罪判处被告人陶昌醒有期徒刑五年，并处罚金人民币二十万元；以生产、销售不符合安全标准的食品罪判处被告人陶国炎有期徒刑四年，并处罚金人民币十万元；以生产、销售不符合安全标准的食品罪判处被告人黄燕玲有期徒刑三年，并处罚金人民币九万元；以生产、销售不符合安全标准的食品罪判处被告人周明忠有期徒刑三年，并处罚金人民币九万元；以生产、销售不符合安全标准的食品罪判处被告人李雄梅有期徒刑二年二个月，并处罚金人民币五万元；以生产、销售不符合安全标准的食品罪判处被告人姚寿林有期徒刑二年，并处罚金人民币三万元；以生产、销售不符合安全标准的食品罪判处被告人唐玉奎有期徒刑二年，并处罚金人民币三万元。

（三）典型意义

本案是一起社会影响广泛、涉及人民群众食品安全的案件。南宁市石户桂林米粉店是有一定影响力的本地知名米粉品牌，米粉也是深受本地人民群众喜爱的食品。在食品安全问题多发，食品安全日益受到重视的今天，仍有不法分子为谋取不法利益，不顾国家对食品安全犯罪的高压政策，在食品生产过程中使用不合格原料或者掺入不法添加剂，赚昧心钱。人民法院综合考虑陶昌醒、陶国炎、黄燕玲、周明忠、李雄梅、姚寿林、唐玉奎生产、销售不符合安全标准的食品的犯罪事实、性质、情节和危害后果，对七人依法判处有期徒刑二至五年，并处罚金人民币三万至二十万元不等的刑罚，符合罪责刑相一致原则。

案例三

徐丙华生产、销售不符合安全标准的食品案

（一）基本案情

被告人徐丙华经营管理南宁市石户桂林米粉店并负责食材的采购，徐丙华在采购食材时未要求陶昌醒等人提供工商执照、食品流通证、健康证等相关证件，以明显低于市场价格从2011年底开始长期低价从陶昌醒处订购使用病死或死因不明的猪肉制作的叉烧用于叉烧粉的制作及销售，将叉烧粉提供给顾客食用。经鉴定，2013年10月28日至2014年1月25日期间，南宁市石户桂林米粉店向陶昌醒处订购叉烧达6702斤，价值达125735元。被告人徐丙华指示员工农永青在制作石户米粉店的《餐饮单位食品原料进货验收台帐》中填写虚假信息，以备南宁市食品药品监督管理部门的抽检。

（二）裁判结果

广西壮族自治区南宁市兴宁区人民法院经审理认为，被告人徐丙华购买死因不明或病死猪肉制作的叉烧用于叉烧粉的制作，销售给顾客食用，并具有其他严重情节，其行为触犯了《中华人民共和国刑法》第一百四十三条之规定，构成生产、销售不符合安全标准的食品罪。据此，依照刑法有关规定，以生产、销售不符合安全标准的食品罪判处被告人徐丙华有期徒刑五年，并处罚金人民币二十万元。

（三）典型意义

本案是一起社会影响广泛、涉及人民群众食品安全的案件。南宁市石户桂林米粉店是有一定影响力的本地知名米粉品牌，米粉也是深受本地人民群众喜爱的食品。在食品安全问题多发，食品安全日益受到重视的今天，仍有不法分子为谋取不法利益，不顾国家对食品安全犯罪的高压政策，在食品生产过程中使用不合格原料或者掺入不法添加剂，赚昧心钱。人民法院综合考虑徐丙华生产、销售不符合安全标准的食品的犯罪事实、性质、情节和危害后果，对其依法判处有期徒刑五年,并处罚金人民币二十万元,符合罪责刑相一致原则。

案例四

黄宁、曾荣芬、刘旭旺销售伪劣产品案

(一)基本案情

被告人黄宁系柳州市大鹏农资有限公司的法定代表人,该公司主要经营农药、种子、化肥等。被告人曾荣芬、刘旭旺系夫妻关系,2009年,夫妻二人在象州县马坪镇马坪新街5号注资成立象州马坪旭旺农资经营部,业主为曾荣芬,经营范围为农药、化肥及种子。平时由刘旭旺负责进货,由曾荣芬负责销售。2012年12月份,被告人黄宁从郑州万安特农化产品有限公司购进"长制"2%吡虫啉农药,在明知该农药适用于防治黄瓜蚜虫的情况下,其为了增加销量,扩大宣传该农药适用于防治甘蔗的害虫,并以每件370元的价格销售了202件的"长制"2%吡虫啉农药给马坪旭旺农资经营部,销售额74740元。马坪旭旺农资经营部的被告人曾荣芬、刘旭旺从柳州大鹏农资公司购进了202件的"长制"2%吡虫啉农药后,其二人主观上均明知该农药的真实性能即防治黄瓜的蚜虫,但其为了增加销售量,将该农药销售给农户时宣传为适用于防治甘蔗的害虫,致使马坪镇大槽屯的秦某某等农户在购买该农药施用于甘蔗的害虫,但甘蔗的害虫没有被杀死,造成蔗农损失。经查,被告人曾荣芬、刘旭旺共销售了1512包,每包的售价是55元,总销售额83160元。经广西壮族自治区农药鉴定所鉴定,"长制"2%吡虫啉农药系不合格产品。

(二)裁判结果

象州县人民法院审理认为,被告人黄宁、曾荣芬、刘旭旺明知"长制"2%吡虫啉农药适用于黄瓜蚜虫的防治,但为了牟利,将该产品大肆宣传为防治甘蔗的害虫,并销售给蔗农用于喷杀甘蔗的害虫,其行为属于以假充真,且销售金额均达五万元以上,均已触犯刑律,构成销售伪劣产品罪。被告人黄宁作为自然人投资的柳州市大鹏农资有限公司的法定代表人,应对该公司的销售金额负责。而被告人曾荣芬、刘旭旺在销售伪劣产品中,一人负责进货,一人负责销售,相互配合,属共同犯罪,且均为主犯,均应按其所参与的全部犯罪处罚。案发后,被告人黄宁主动到公安机关投案,并如实供述了其销售伪劣产品的事实,是自首,依法可以从轻或者减轻处罚。被告人曾荣芬、刘旭旺归案后也能如实供述其销售伪劣产品的事实,当庭自愿认罪,依法均可对其从轻处罚。此外,案发后被告人曾荣芬、刘旭旺能退给蔗农农药款,有一定的悔罪表现,可对此二被告人酌情从轻处罚。故判决被告人黄宁犯销售伪劣产品罪,判处罚金人民币八万元;被告人曾荣芬犯销售伪劣产品罪,判处罚金人民币四万元;被告人刘旭旺犯销售伪劣产品罪,判处罚金人民币四万元。

(三)典型意义

民生案件与公民个人的生存发展和家庭的基本利益密切相关,我国司法机关历来十分重视涉及民生案件的宣判及执行。本案中,黄宁、曾荣芬、刘旭旺明知"长制"2%吡虫啉农药适用于黄瓜蚜虫的防治,但为了牟利,仍将该产品大肆宣传为防治甘蔗的害虫,并销售给蔗农用于喷杀甘蔗的害虫,最终影响甘蔗生长,给蔗农造成巨大损失,法院依法对此案进行宣判,给广大农药商予以法律震慑,鲜活的案例告诫其切不可为了一己私利,让农民遭受损失,自己走上违法犯罪道路。

案例五

谢天、李华春生产、销售不符合安全标准的食品案

(一)基本案情

2013年11月底至12月间,谢天、李华春受他人(另案处理)雇佣,多次用货车从广东省化州市收购、运输死猪回玉林市玉州区仁东镇旺卢村的肉类加工厂,由他人进行加工销售。2013年12月23日,李华春、谢天驾驶一辆货车到广东省化州市合江镇合江桥,收购了一批死因不明且未经动物卫生监督机构检疫的死猪。次日6时许,二人运输该批死猪(共5.57吨)返回玉林,途经玉林市玉州区秀水路时被公安民警查获。经检验,涉案死猪含伪狂犬病病毒和猪圆环病毒。

(二)裁判结果

原审法院认为,谢天、李华春生产、销售不符合食品安全标准的食品,足以造成严重食物中毒事故或者其他严重食源性疾病,其行为已触犯刑律,构成生产、销售不符合安全标准的食品罪。谢天、李华春共同故意犯罪,属共同犯罪;在生产、销售不符合安全标准的食品共同犯罪中,谢天、李华春均起次要作用,是从犯,依法应当从轻处罚。谢天、李华春归案后,如实交代自己的罪行,是坦白,依法可以从轻处罚。据此,原审法院依照相关法律判决:一、被告人李华春犯生产、销售不符合安全标准的食品罪,判处有期徒刑二年六个月,并处罚金四万元;二、被告人谢天犯生产、销售不符合安全标准的食品罪,判处有期徒刑二年五个月,并处罚金四万元。

谢天上诉提出,在本案中其是受他人雇佣收购、运输死猪,是从犯,且归案后认罪态度好,请求二审法院对其从宽处罚。二审玉林市中院认为,上诉人(原审被告人)谢天、原审被告人李华春生产、销售不符合食品安全标准的食品,足以造成严重食物中毒事故或者其他严重食源性疾病,其行为已触犯刑律,构成生产、销售不符合安全标准的食品罪。谢天、李华春共同故意犯罪,是共同犯罪;在生产、销售不符合安全标准的食品共同犯罪中,谢天、李华春均起次要作用,是从犯,依法应当从轻处罚。谢天、李华春归案后,如实交代自己的罪行,依法可以从轻处罚。综上,原审法院根据谢天、李华春犯罪的事实、犯罪的性质、情节及对于社会的危害程度依法所作的判决,认定事实清楚,证据确实、充分,定罪准确,量刑适当,适用法律正确,应予维持;谢天上诉理由不成立,依法予以驳回。遂于 2015 年 6 月作出终审裁定:驳回上诉,维持原判。

(三)典型意义

国以民为本,民以食为天,食以安为先。食品药品安全水平是决定人民群众生活水平和幸福指数的重要指标之一。生活在一个能确保食品药品安全的环境里,是人民群众应有的权利和尊严,也是整个社会的底线。然而,近年来我国相继出现的地沟油、毒胶囊等事件,一次次地以各种方式挑战社会的底线,严重危害人民群众的身体健康和生命安全,严重影响国家形象,损害党和政府的公信力。人民法院充分发挥刑事审判职能作用,贯彻落实宽严相济刑事政策,依法从严惩处涉食品药品安全犯罪案件,切实保障了食品药品安全。

案例六

赵榜河生产、销售有毒、有害食品案

(一)基本案情

2010 年至 2014 年期间,被告人赵榜河在苍梧县京南镇木播村枧尾组经营小作坊生产腐竹,将禁止添加到食品的非食品添加剂硼砂添加到生产的腐竹中,并予以销售。2014 年 4 月 25 日,公安人员查获该小作坊并扣押了生产的腐竹及原料豆浆。经检验,所扣押的腐竹以及原料豆浆均检出硼砂成分。

(二)裁判结果

苍梧县人民法院经审理认为,被告人赵榜河违反国家食品管理法规,在生产的腐竹中掺入有毒、有害的非食品原料硼砂,并予以销售,其行为构成生产、销售有毒、有害食品罪。依照刑法有关规定,以生产、销售有毒、有害食品罪判处被告人赵榜河有期徒刑一年,缓刑一年六个月,并处罚金人民币 5000 元。

(三)典型意义

生产、销售有毒、有害食品案,此前对该类案件入刑标准很严格,主要看有没有造成食物中毒等较严重的后果才构成犯罪,《刑法修正案(八)》出台后,加重对生产、销售有毒、有害食品行为的处罚,只要有生产、销售有害食品行为便构罪,就应当追究刑事责任。在此案中,尽管被告人添加的禁用食品添加剂的用量很小,没有造成严重后果。但食品生产者必须保障食品安全,避免悲剧发生。同时,作为广大消费者,要擦亮双眼,善于识别危害性食品,多了解食品安全相关知识及有关法律规定,对于食品危害行为要敢于说"不",共同营造良好的食品安全环境。

案例七

刘希强等人生产、销售伪劣(香油)产品、对非国家工作人员行贿案

(一)基本案情

2006 年,被告人刘希强、郭秀波共同出资成立哈尔滨希强调味品有限公司。二人为降低生产成本,谋取非法利益,从被告人薛现民处购入香油香精和粗制棉籽油后,指使被告人唐长友等人将香油香精、粗制棉籽油与色拉油勾兑成伪劣香油,或在香油中按一定比例掺入伪劣香油,经灌装、包装后销售,销售金额人民币 1 千余万元。2012 年 8 月,刘希强在蜂蜜中掺入购买的麦芽糖浆,制成伪劣蜂蜜进行销售,销售金额人民币 20 余万元。刘希强为向天手公司二厂、天手公司饺子厂销售其生产的伪劣香油,指使他人按照销售数量向天手公司二厂采购员曹研、天手公司饺子厂厂长于光(另案处理)行贿 4 万余元。

(二)裁判结果

绥化市中级人民法院一审判决认定被告人刘希强犯生产、销售伪劣产品罪,判处有期徒刑十五年,并处罚金人民币 600 万元,犯对非国家工作人员行贿罪,判处有期徒刑二年,决定执行有期徒刑十六年,并处罚金人民币 600 万元;被告人薛现民犯生产伪劣产品罪,判处有期徒刑八年,并处罚金人民币 50 万元;对被告人唐长友、郭秀波以生产伪劣产品罪和销售伪劣产品罪分别判处刑罚。宣判后,刘希强、薛现民提出上诉。黑龙江省高级人民法院经审理,裁定驳回上诉,维持原判。

(三)典型意义

本案是一起典型的生产、销售假冒伪劣产品犯罪案件。

四被告人为牟取非法利益,在生产香油和蜂蜜过程中掺杂、掺假、以次充好、以假充真,将伪劣产品进行销售,涉案金额巨大,严重侵犯了国家对产品质量的监督管理制度和消费者的合法权益。刘希强为谋取竞争优势,向非国家工作人员行贿,又侵犯了企业正常业务活动和公平竞争的交易秩序。此类犯罪行为的发生对企业产品质量诚信造成严重侵害,有损经济社会发展环境评价,必须依法严惩。

案例八

吐某生产、销售不符合安全标准的食品案

(一)基本案情

2012年1月起,被告人吐某在没有办理相关手续的情况下,在泽普县泽普镇古勒巴格乡路口开设了《佳吾海尔快餐》,从事煮(烤)鸡肉销售生意。7月25日,其存放在冰箱里的15只生鸡肉变质坏掉(腐烂)。被告人违反国家食品卫生管理规定,明知这坏掉的15只生鸡肉和冰箱里的其他鸡肉已变质(腐烂),还是把这些鸡肉煮(卤)(烤)好后销售给顾客。7月25日早晨至7月26日18时,先后有53名顾客分别购买了变质腐烂的烤鸡57只,造成古某等193人食用后中毒,并造成古某和阿某2人中毒死亡。

经法医对尸体进行检验鉴定,认为死者古某和阿某因生前食用被伤寒沙门氏菌污染的食品(鸡肉),出现全身中毒症状,最终以水电解质紊乱,急性呼吸功能衰竭,经抢救无效而死亡。经喀什地区疾病预防控制中心检验检测,检查出被告人吐某和被害人中的托某、艾某等人体内都有伤寒沙门氏菌。

(二)裁判结果

泽普县人民法院认为,被告人吐某无视国家法律和社会公德,在明知自己销售的烤鸡是不符合卫生标准的变质鸡肉,但仍然煮(卤)(烤)后进行销售,结果导致两人严重食物中毒死亡、193人不同程度中毒的食品安全事件,造成特别严重的后果,严重侵犯了公民的人身权利,其行为构成生产、销售不符合安全标准的食品罪,应依法严惩,但被告人与附带民事诉讼原告人已达成民事赔偿调解协议,亦取得了被害方的谅解,并且有深刻的悔罪表现,因此在考虑这些方面的基础上,对被告人在法定刑范围内,可以适当从轻处罚。公诉机关指控的犯罪事实及罪名能够成立,本院依法予以支持,并且可以采纳公诉机关的量刑建议。法院依法判决:被告人吐某犯生产、销售不符合安全标准食品罪,判处有期徒刑11年,并处罚金10000元,剥夺政治权利2年。该判决已经发生法律效力。

(三)典型意义

民以食为天。食品、药品安全事关人民群众身体健康和生命安全,事关经济发展与社会和谐。近年来,我国一些重大、恶性食品安全事件接连不断,瘦肉精、毒奶粉、毒豆芽、地沟油、问题胶囊、病死猪肉等系列案件相继出现,显现出当前社会的食品安全形势不容乐观。面对这种形势,人民法院始终努力履行职能依法保护人民群众生命、财产安全,对涉及食品、药品安全的犯罪活动出重手、下重拳,坚决打掉不法分子的嚣张气焰,增强民生保障的责任感,彰显社会主义司法的震慑力和威慑力,弘扬社会正气。

案例九

桑某生产销售伪劣产品案

(一)基本案情

2007年11月下旬,被告人许某从昌吉市吉丰公司职员芦艳花处先后购进其声称是"303"的油葵种子。2008年春季,由徐某(因犯销售伪劣种子已被判处有期徒刑11年)在布尔津县阔斯特克乡杰特阿尕什村销售该油葵种子,该村村民及邻村村民高某等21户被害人以直接或转让的方式,共在许某处购买其声称是"303"的油葵种子1683公斤。21户被害人共种植2630亩油葵,支付种子款99,885元。高某等被害农户在油葵生长期发现油葵发叉现象十分严重,遂联名向布尔津县种子站申请对其所种植的油葵种子进行鉴定。2008年9月6日,经专家鉴定,认定被害农户所种植的油葵种子是假种子。2008年9月25日,被害农户又申请专家进行田间实地估产鉴定,经专家鉴定,高某等被害农户所种植的油葵产量损失337,000公斤,共价值人民币1,213,200元。2009年5月21日,经新疆农林业司法鉴定所鉴定,高某等被害农户所种植的油葵产量损失339,700公斤,油葵单价为3.10元,共计价值人民币1,053,070元。其中,被告人桑某(徐某之妻)在该案中与徐某共同销售假冒303油葵种子445公斤,销售金额达25,070元,涉及被害农户因绝收、减产而遭受经济损失达344,437.35元。

另查明,19名附带民事诉讼原告人已获得赔偿款516,000元,其中被告人许某赔偿100,000元,罪犯徐某赔偿16000元。

(二)裁判结果

布尔津县人民法院一审判决和阿勒泰地区中级人民法院二审判决认为,被告人许某与罪犯徐某共同销售无标识

的假冒"303"油葵种子,致使被害农户因减产而遭受1,044,700元特别重大的经济损失,严重破坏了国家对种子质量的监督管理制度,其行为直接危害了农业生产,已构成销售伪劣种子罪。公诉机关指控被告人许某的犯罪事实清楚,证据确实充分,指控罪名成立,本院予以支持。本案中,被告人桑某与许某共同销售假冒"303"油葵种子,被告人桑某参与销售假冒"303"油葵种子致使被害农户因减产而遭受344,437.35元重大的经济损失,其行为已构成销售伪劣种子罪。公诉机关指控被告人桑某的犯罪事实清楚,证据确实充分,指控罪名成立,本院予以支持。被告人许某在共同犯罪中起主要作用,系主犯,应当按照其所参与的全部犯罪处罚。对其辩护人提出系从犯的辩护意见不予采纳。被告人许某在公安机关尚未发现其犯罪事实时,主动向公安机关投案自首,并如实供述犯罪事实,属自首,可从轻处罚。对其辩护人提出被告人许某系自首的辩护意见予以采纳。被告人许某已赔偿被害人损失10万元,具有一定悔罪表现,可酌情从轻处罚。被告人桑某在销售伪劣种子犯罪中起次要作用,系从犯,应当从轻处罚。被告人桑某主动赔偿被害人部分经济损失,具有一定悔罪表现,可酌情从轻处罚。根据本案被告人桑某的犯罪事实、犯罪性质、情节,适用缓刑不致再危害社会,对其可适用缓刑。据此,法院依法判决:被告人许某犯销售伪劣种子罪,判处有期徒刑七年,并处罚金98,885.00元。被告人桑某犯销售伪劣种子罪,判处有期徒刑三年,缓刑四年,并处罚金25,070元。假冒"303"油葵种子封样品予以没收。被告人许某于判决生效后就罪犯许某赔偿附带民事诉讼原告人高某等附带民事诉讼原告人损失489,640元,承担连带赔偿责任。被告人桑某于判决生效后就罪犯许某赔偿上述附带民事诉讼原告人高某等油葵损失承担连带赔偿责任。被告人许某、桑某于判决生效后就罪犯许某赔偿附带民事诉讼原告人高某等19人鉴定费5000元、诉讼费7787.40元、交通费3000元承担连带赔偿责任。

(三)典型意义

农业种子的质量好坏事关农民群众切身利益、更关系到农粮生产安全。现在社会上出现少数不法之徒销售假冒伪劣种子的恶劣犯罪行径对农民群众生产积极性伤害极大,更有甚者造成农民家庭倾家荡产,影响恶劣。人民法院对此类犯罪行为一直以来始终坚持依法从严惩处,对实施此类犯罪的人员绝不姑息,采取高压态势形成震慑效应,做到除恶务尽,保护人民群众的合法权益,维护风清气正的法治环境。

案例十

姚扬业生产、销售有毒、有害的食品案

(一)基本案情

2013年6月份起,被告人姚扬业在灵山县新圩镇元屋村委会细王坡村9号,开设了一个猪皮、鱿鱼的非法加工点。被告人姚扬业从市场上收购回猪皮、鱿鱼作为生产原料,然后由其雇请的工人檀雪梅、梁思梦,在加工猪皮、鱿鱼的过程中,使用非食品原料过氧化氢(俗称双氧水)进行浸泡,加工完成后,被告人姚扬业再将猪皮、鱿鱼销售给顾客。2014年10月15日上午,灵山县食品药品监督管理局执法人员查处了该猪皮、鱿鱼非法加工点,执法人员从现场查获干鱿鱼147千克;半成品猪皮126千克;成品猪皮41千克;一桶过氧化氢H2O2/27.5%的可疑溶液22.5千克;一桶食用消毒剂(过氧化氢)35%的可疑溶液27千克。经对被缴的可疑溶液抽样送到广西出入境检验检疫局检验检疫技术中心检验,检出过氧化氢成份分别为34.5%和44.2%(检测依据:GB/T23499-2009)。

2014年10月17日,灵山县食品药品监督管理局将案件移交灵山县公安局处理,公安机关立案侦查后,于2014年10月23日电话通知被告人姚扬业到指定地点接受调查,被告人姚扬业按时到达,到案后如实交代其生产、销售有毒、有害食品的主要犯罪事实。当日,被告人姚扬业被灵山县公安局刑事拘留。

另查明,被告人姚扬业经营的猪皮、鱿鱼加工点没有办理食品生产许可证。被告人姚扬业用于浸泡猪皮、鱿鱼的过氧化氢是从南宁市大成化工有限责任公司玉林市分公司购进。

(二)裁判结果

广西壮族自治区钦州市灵山县人民法院经审理认为,被告人姚扬业为牟利,在生产、销售食品中掺入有毒、有害的非食品原料,持续时间较长,被告人的行为已触犯了《中华人民共和国刑法》第一百四十四条的规定,构成生产、销售有毒、有害食品罪。公诉机关指控应当以生产、销售有毒、有害食品罪追究被告人姚扬业的刑事责任成立。被告人姚扬业在其犯罪行为已被公安机关发觉,但尚未被采取强制措施的情况下,按照公安机关指定的时间到指定的地点接受调查,可视为自动投案,到案后直至庭审过程中均如实供述其生产、销售有毒、有害食品的主要犯罪事实,属自首,依法可以对被告人姚扬业从轻或减轻处罚。

关于被告人姚扬业及其辩护人认为被告人姚扬业犯罪

情节轻微,被查获时已停止生产是犯罪中止,建议法院对被告人姚扬业适用免予刑事处罚的意见。经查,被告人姚扬业从2013年6月份起开始从事食品加工,至案发已有一年多,持续时间较长,销售的对象为不特定的多数人,被告人姚扬业被抓当天不生产不能构成犯罪中止。因此,对被告人姚扬业及其辩护人的上述意见,本院不予采纳。根据被告人姚扬业的犯罪事实、性质、情节和对社会的危害程度,结合本案的具体案情,本院决定对被告人姚扬业从轻处罚并适用缓刑,但在缓刑期限内禁止其从事食品生产。依照法律规定,以生产、销售有毒、有害食品罪判处被告人姚扬业有期徒刑二年,缓刑三年,并处罚金人民币30000元;禁止被告人姚扬业在缓刑考验期限内从事食品生产。宣判后,被告人姚扬业没有上诉,公诉人没有抗诉。判决现已发生法律效力。

(三)典型意义

食品安全问题是人民群众最为关心的一件事。鱿鱼、猪皮都是人民群众最为常吃的食品,这些常用食品的不合格对人身及家庭容易造成巨大精神伤害与痛苦,在社会上易引发恐慌情绪,危害极大,更是从严惩治的重点。在本案中,被告人姚扬业生产的食品没有造成人身伤害,也没有大面积暴发,对其可以从轻处罚。其有自首情节,法院遂作出上述判决。

案例十一

麻秀龙生产销售有毒有害食品案

(一)基本案情

2012年8月起,被告人麻秀龙从广西百色市、宾阳县收购废弃固体牛油,销售给重庆邦明食品有限公司。为进一步精炼提高售价,2013年3月某日,被告人麻秀龙委托广西莫老爷食品有限公司加工提炼牛油。同年4月中旬,麻秀龙雇车将150吨的牛油运至广西莫老爷食品有限公司的工厂进行加工。2013年5月24日,办案民警从麻秀龙租用的仓库缴获牛油57.9吨,从广西莫老爷食品有限公司的工厂缴获牛油约126吨。经检验,查获的牛油不符合《食用动物油脂卫生标准》。

(二)裁判结果

南宁市西乡塘区人民法院经审理认为,被告人麻秀龙利用非食品原料生产、加工食品并予以销售,其行为已构成生产、销售有毒、有害食品罪。但麻秀龙在利用非食品原料加工食品过程中尚未加工完成即被公安机关查处,是犯罪未遂,可以比照既遂犯从轻或者减轻处罚。麻秀龙归案后如实供述自己的罪行,可以从轻处罚。依照刑法有关规定,以生产、销售有毒、有害食品罪判处被告人麻秀龙有期徒刑二年,并处罚金人民币五万元。

(三)典型意义

生产、销售有毒、有害食品罪对犯罪行为作出了严厉的规定,且在"史上最严厉食品安全法"出台实施的大背景下,犯罪行为依然屡禁不止。除了有犯罪分子牟取暴利、投机取巧的心理,更与我国食品安全监管体系处罚力度较轻等有关。本案对被告人麻秀龙判处有期徒刑二年,并处罚金人民币五万元的处罚,彰显了我国司法机关依法严厉打击、遏制一切形式危害人们舌尖上的安全的决心。

案例十二

邱某某生产、销售有毒、有害食品案

(一)基本案情

2014年10月至今,被告人邱某某在昭平县昭平综合市场3幢7号门面经营"小美"面包店。2015年6月25日,昭平县食品药品监督管理局对该店生产、销售的面包、馒头进行抽检。同年7月2日,昭平县食品药品监督管理局工作人员将面包、馒头含铝的鉴定结论明确告知了邱某某(由邱某某母亲吴桂群签字),并对其送达了《国家卫生计生委等5部门调整含铝食品添加剂使用规定的公告》(2014年第8号)(由邱某某母亲签字)。2015年7月3日,邱某某在明知告知事由后继续使用含铝的食品添加剂"泡打粉"生产包子,违反了国家卫计委等5部门公告中"膨化食品生产中不得使用含铝食品添加剂,小麦粉及其制品生产中不得使用硫酸铝钾"的规定,危害了消费者的身体健康。

(二)裁判结果

广西贺州市昭平县人民法院认为,被告人邱某某在生产、销售的食品中掺入有毒、有害的非食品原料,其行为已触犯《中华人民共和国刑法》第一百四十四条的规定,构成生产、销售有毒、有害食品罪。公诉机关指控被告人犯生产销售有毒、有害食品罪成立。被告人邱某某辩解其行为不构成犯罪,缺乏理据,本院不予采信。为打击刑事犯罪,维护社会秩序,根据被告人的犯罪事实、性质、情节和对社会的危害程度,依照《中华人民共和国刑法》第一百四十四条、第五十二条、第五十三条及《最高人民法院关、最高人民检察院关于办理危害食品安全刑事案件适用法律若干问题的解释》第九条第一款、第二十条第(三)项之规定,被告人邱某某犯生产、销售有毒、有害食品罪,判处有期徒刑八个月,并处罚金人民币五千元。

（三）典型意义

长期以来,"泡打粉"是生产面包的必用食品添加剂,而且使用广泛。《国家卫生计生委等5部门调整含铝食品添加剂使用规定的公告》规定,自2014年7月1日起,"膨化食品生产中不得使用含铝食品添加剂,小麦粉及其制品生产中不得使用硫酸铝钾"。"泡打粉"就是含铝的食品添加剂。国家禁止使用"泡打粉"生产包子,如果再继续使用,就是犯罪行为,必须予以严厉打击。

案例十三

张益祥、张庆裕、农秀勤生产、销售有毒、有害食品案

（一）基本案情

2012年11月以来,被告人张益祥、张庆裕、农秀勤三人在南宁市良庆区银海大道景华路东145号左侧自建房内使用过氧化氢(俗称"双氧水")加工牛百叶、牛肚等食品,加工好后由被告人张益祥销售至广西柳州、贺州等地及贵州省。2013年5月15日公安人员从张益祥的加工点内查获到白色成品牛黄喉1074.4公斤、白色半成品牛黄喉334公斤、白色半成品牛百叶243.1公斤、白色成品牛百叶215.1公斤、白色成品牛肚583公斤、白色半成品牛肚321公斤、黑色成品牛百叶218.7公斤、黑色半成品牛百叶206.4公斤、原料牛百叶150公斤、工业烧碱20斤及记账本(两本)等物品。经广西产品质量监督检验研究院对从被告人张益祥加工点提取的食品及加工用原料进行过氧化氢含量分析,其中编号G13-002652的牛百叶浸泡水、编号G13-002654的牛黄喉浸泡水不符合GB2760-2011要求,从编号G13-002744不明液体中检出过氧化氢。

（二）裁判结果

广西壮族自治区南宁市良庆区人民法院审理认为,被告人张益祥、张庆裕、农秀勤在生产、销售的食品中掺入有毒有害的非食品原料,其行为均已构成生产、销售有毒、有害食品罪。判处被告人张益祥有期徒刑九个月,并处罚金人民币5000元;判处被告人张庆裕有期徒刑八个月,并处罚金人民币5000元;判处被告人农秀勤有期徒刑八个月,并处罚金人民币3000元。2014年1月9日,该院对本案当庭作出判决,目前判决已生效。

（三）典型意义

双氧水学名过氧化氢,是一种化学药品,也是被禁食品添加剂之一。食品经过双氧水浸泡后,原有营养成分被破坏。食用这些食物对人体有害,可损伤胃黏膜,甚至致癌。被告人使用对人体有害并具有强烈刺激性气味的工业过氧化氢(俗称"双氧水")与氢氧化钠(俗称"烧碱")浸泡加工牛百叶、牛肚、黄喉等食物,并销售到广西区内各个市县的超市、餐馆以及烧烤、夜宵摊位。经过公开审理,根据案件查明的事实与经过质证的证据,最终案件的被告人的行为被认定构成生产、销售有毒、有害食品罪,被判处有期徒刑,并处罚金,有力地保障和维护了广大百姓的食品安全。

案例十四

张佳章销售不符合安全标准的食品案

（一）基本案情

2011年的一天,被告人张佳章为谋取利益,在卖猪肉回家途中的江边捡了一头死因不明的母猪,并将该死猪运输到浦北县张黄镇世聪广场卖给一不知名男人,得款100元。

2012年8月9日11时许,被告人张佳章为谋取利益,在浦北县龙门镇岭岗湖路口桥底下捡了一头死因不明的小猪,将死猪运输到浦北县张黄镇贩卖,在运输途中被公安机关抓获。经广西动物疫病预防控制中心检验,从查获的死猪中检出猪瘟病毒(一类动物疫病)、猪繁殖和呼吸综合征(蓝耳病)病毒核酸(二类动物疫病)。

（二）裁判结果

广西壮族自治区浦北县人民法院经审理认为,被告人张佳章为谋取利益,销售死因不明的畜类动物,其行为触犯了《中华人民共和国刑法》第一百四十三条之规定,构成销售不符合安全标准的食品罪。公诉机关指控的罪名成立,本院予以支持,应当以销售不符合安全标准的食品罪追究其刑事责任。被告人张佳章归案后如实供述自己的罪行,依法可以从轻处罚。依据刑法有关规定,以销售不符合安全标准的食品罪判处被告人张佳章判处拘役三个月,并处罚金人民币二千元。张佳章对一审判决服判。

（三）典型意义

本案是在农村、特别是经济欠发达地区农村时有发生案件。本案的发生反映出一些人因收入低,存在贪图小便宜、漠视食品安全、法律观念淡薄的心理,自我管理水平也不高,对不符合安全标准的食品的处理方式方法不当,对非法销售不符合安全标准的食品行为的社会危害性认识不足。本案的依法审理,对于提高公民食品安全意识及遵纪守法意识,依法经营等具有重大意义。

四、质检监督

1. 质量管理

(1) 产品质量

中华人民共和国产品质量法

- 1993 年 2 月 22 日第七届全国人民代表大会常务委员会第三十次会议通过
- 根据 2000 年 7 月 8 日第九届全国人民代表大会常务委员会第十六次会议《关于修改〈中华人民共和国产品质量法〉的决定》第一次修正
- 根据 2009 年 8 月 27 日第十一届全国人民代表大会常务委员会第十次会议《关于修改部分法律的决定》第二次修正
- 根据 2018 年 12 月 29 日第十三届全国人民代表大会常务委员会第七次会议《关于修改〈中华人民共和国产品质量法〉等五部法律的决定》第三次修正

第一章 总 则

第一条 【立法目的】为了加强对产品质量的监督管理,提高产品质量水平,明确产品质量责任,保护消费者的合法权益,维护社会经济秩序,制定本法。

第二条 【适用范围】在中华人民共和国境内从事产品生产、销售活动,必须遵守本法。

本法所称产品是指经过加工、制作,用于销售的产品。

建设工程不适用本法规定;但是,建设工程使用的建筑材料、建筑构配件和设备,属于前款规定的产品范围的,适用本法规定。

第三条 【建立健全内部产品质量管理制度】生产者、销售者应当建立健全内部产品质量管理制度,严格实施岗位质量规范、质量责任以及相应的考核办法。

第四条 【依法承担产品质量责任】生产者、销售者依照本法规定承担产品质量责任。

第五条 【禁止行为】禁止伪造或者冒用认证标志等质量标志;禁止伪造产品的产地,伪造或者冒用他人的厂名、厂址;禁止在生产、销售的产品中掺杂、掺假,以假充真,以次充好。

第六条 【鼓励推行先进科学技术】国家鼓励推行科学的质量管理方法,采用先进的科学技术,鼓励企业产品质量达到并且超过行业标准、国家标准和国际标准。

对产品质量管理先进和产品质量达到国际先进水平、成绩显著的单位和个人,给予奖励。

第七条 【各级人民政府保障本法的施行】各级人民政府应当把提高产品质量纳入国民经济和社会发展规划,加强对产品质量工作的统筹规划和组织领导,引导、督促生产者、销售者加强产品质量管理,提高产品质量,组织各有关部门依法采取措施,制止产品生产、销售中违反本法规定的行为,保障本法的施行。

第八条 【监管部门的监管权限】国务院市场监督管理部门主管全国产品质量监督工作。国务院有关部门在各自的职责范围内负责产品质量监督工作。

县级以上地方市场监督管理部门主管本行政区域内的产品质量监督工作。县级以上地方人民政府有关部门在各自的职责范围内负责产品质量监督工作。

法律对产品质量的监督部门另有规定的,依照有关法律的规定执行。

第九条 【各级政府的禁止行为】各级人民政府工作人员和其他国家机关工作人员不得滥用职权、玩忽职守或者徇私舞弊,包庇、放纵本地区、本系统发生的产品生产、销售中违反本法规定的行为,或者阻挠、干预依法对产品生产、销售中违反本法规定的行为进行查处。

各级地方人民政府和其他国家机关有包庇、放纵产品生产、销售中违反本法规定的行为的,依法追究其主要负责人的法律责任。

第十条 【公众检举权】任何单位和个人有权对违反本法规定的行为,向市场监督管理部门或者其他有关部门检举。

市场监督管理部门和有关部门应当为检举人保密,并按照省、自治区、直辖市人民政府的规定给予奖励。

第十一条 【禁止产品垄断经营】任何单位和个人不得排斥非本地区或者非本系统企业生产的质量合格产品进入本地区、本系统。

第二章 产品质量的监督

第十二条 【产品质量要求】产品质量应当检验合

格，不得以不合格产品冒充合格产品。

第十三条 【工业产品质量标准要求】可能危及人体健康和人身、财产安全的工业产品，必须符合保障人体健康和人身、财产安全的国家标准、行业标准；未制定国家标准、行业标准的，必须符合保障人体健康和人身、财产安全的要求。

禁止生产、销售不符合保障人体健康和人身、财产安全的标准和要求的工业产品。具体管理办法由国务院规定。

第十四条 【企业质量体系认证制度】国家根据国际通用的质量管理标准，推行企业质量体系认证制度。企业根据自愿原则可以向国务院市场监督管理部门认可的或者国务院市场监督管理部门授权的部门认可的认证机构申请企业质量体系认证。经认证合格的，由认证机构颁发企业质量体系认证证书。

国家参照国际先进的产品标准和技术要求，推行产品质量认证制度。企业根据自愿原则可以向国务院市场监督管理部门认可的或者国务院市场监督管理部门授权的部门认可的认证机构申请产品质量认证。经认证合格的，由认证机构颁发产品质量认证证书，准许企业在产品或者其包装上使用产品质量认证标志。

第十五条 【以抽查为主要方式的组织领导监督检查制度】国家对产品质量实行以抽查为主要方式的监督检查制度，对可能危及人体健康和人身、财产安全的产品，影响国计民生的重要工业产品以及消费者、有关组织反映有质量问题的产品进行抽查。抽查的样品应当在市场上或者企业成品仓库内的待销产品中随机抽取。监督抽查工作由国务院市场监督管理部门规划和组织。县级以上地方市场监督管理部门在本行政区域内也可以组织监督抽查。法律对产品质量的监督检查另有规定的，依照有关法律的规定执行。

国家监督抽查的产品，地方不得另行重复抽查；上级监督抽查的产品，下级不得另行重复抽查。

根据监督抽查的需要，可以对产品进行检验。检验抽取样品的数量不得超过检验的合理需要，并不得向被检查人收取检验费用。监督抽查所需检验费用按照国务院规定列支。

生产者、销售者对抽查检验的结果有异议的，可以自收到检验结果之日起十五日内向实施监督抽查的市场监督管理部门或者其上级市场监督管理部门申请复检，由受理复检的市场监督管理部门作出复检结论。

第十六条 【质量监督检查】对依法进行的产品质量监督检查，生产者、销售者不得拒绝。

第十七条 【违反监督抽查规定的行政责任】依照本法规定进行监督抽查的产品质量不合格的，由实施监督抽查的市场监督管理部门责令其生产者、销售者限期改正。逾期不改正的，由省级以上人民政府市场监督管理部门予以公告；公告后经复查仍不合格的，责令停业，限期整顿；整顿期满后经复查产品质量仍不合格的，吊销营业执照。

监督抽查的产品有严重质量问题的，依照本法第五章的有关规定处罚。

第十八条 【县级以上产品质量监督部门职权范围】县级以上市场监督管理部门根据已经取得的违法嫌疑证据或者举报，对涉嫌违反本法规定的行为进行查处时，可以行使下列职权：

（一）对当事人涉嫌从事违反本法的生产、销售活动的场所实施现场检查；

（二）向当事人的法定代表人、主要负责人和其他有关人员调查、了解与涉嫌从事违反本法的生产、销售活动有关的情况；

（三）查阅、复制当事人有关的合同、发票、账簿以及其他有关资料；

（四）对有根据认为不符合保障人体健康和人身、财产安全的国家标准、行业标准的产品或者有其他严重质量问题的产品，以及直接用于生产、销售该项产品的原辅材料、包装物、生产工具，予以查封或者扣押。

第十九条 【产品质量检验机构设立条件】产品质量检验机构必须具备相应的检测条件和能力，经省级以上人民政府市场监督管理部门或者其授权的部门考核合格后，方可承担产品质量检验工作。法律、行政法规对产品质量检验机构另有规定的，依照有关法律、行政法规的规定执行。

第二十条 【产品质量检验、认证中介机构依法设立】从事产品质量检验、认证的社会中介机构必须依法设立，不得与行政机关和其他国家机关存在隶属关系或者其他利益关系。

第二十一条 【产品质量检验、认证机构必须依法出具检验结果、认证证明】产品质量检验机构、认证机构必须依法按照有关标准，客观、公正地出具检验结果或者认证证明。

产品质量认证机构应当依照国家规定对准许使用认证标志的产品进行认证后的跟踪检查；对不符合认证标准而使用认证标志的，要求其改正；情节严重的，取消其使用认证标志的资格。

第二十二条 【消费者的查询、申诉权】消费者有权就产品质量问题,向产品的生产者、销售者查询;向市场监督管理部门及有关部门申诉,接受申诉的部门应当负责处理。

第二十三条 【消费者权益组织的职能】保护消费者权益的社会组织可以就消费者反映的产品质量问题建议有关部门负责处理,支持消费者对因产品质量造成的损害向人民法院起诉。

第二十四条 【抽查产品质量状况定期公告】国务院和省、自治区、直辖市人民政府的市场监督管理部门应当定期发布其监督抽查的产品的质量状况公告。

第二十五条 【监管机构的禁止行为】市场监督管理部门或者其他国家机关以及产品质量检验机构不得向社会推荐生产者的产品;不得以对产品进行监制、监销等方式参与产品经营活动。

第三章 生产者、销售者的产品质量责任和义务

第一节 生产者的产品质量责任和义务

第二十六条 【生产者的产品质量要求】生产者应当对其生产的产品质量负责。

产品质量应当符合下列要求:

(一)不存在危及人身、财产安全的不合理的危险,有保障人体健康和人身、财产安全的国家标准、行业标准的,应当符合该标准;

(二)具备产品应当具备的使用性能,但是,对产品存在使用性能的瑕疵作出说明的除外;

(三)符合在产品或者其包装上注明采用的产品标准,符合以产品说明、实物样品等方式表明的质量状况。

第二十七条 【产品及其包装上的标识要求】产品或者其包装上的标识必须真实,并符合下列要求:

(一)有产品质量检验合格证明;

(二)有中文标明的产品名称、生产厂厂名和厂址;

(三)根据产品的特点和使用要求,需要标明产品规格、等级、所含主要成份的名称和含量的,用中文相应予以标明;需要事先让消费者知晓的,应当在外包装上标明,或者预先向消费者提供有关资料;

(四)限期使用的产品,应当在显著位置清晰地标明生产日期和安全使用期或者失效日期;

(五)使用不当,容易造成产品本身损坏或者可能危及人身、财产安全的产品,应当有警示标志或者中文警示说明。

裸装的食品和其他根据产品的特点难以附加标识的裸装产品,可以不附加产品标识。

第二十八条 【危险物品包装质量要求】易碎、易燃、易爆、有毒、有腐蚀性、有放射性等危险物品以及储运中不能倒置和其他有特殊要求的产品,其包装质量必须符合相应要求,依照国家有关规定作出警示标志或者中文警示说明,标明储运注意事项。

第二十九条 【禁止生产国家明令淘汰的产品】生产者不得生产国家明令淘汰的产品。

第三十条 【禁止伪造产地、伪造或者冒用他人的厂名、厂址】生产者不得伪造产地,不得伪造或者冒用他人的厂名、厂址。

第三十一条 【禁止伪造或者冒用认证标志等质量标志】生产者不得伪造或者冒用认证标志等质量标志。

第三十二条 【生产者的禁止行为】生产者生产产品,不得掺杂、掺假,不得以假充真、以次充好,不得以不合格产品冒充合格产品。

第二节 销售者的产品质量责任和义务

第三十三条 【进货检查验收制度】销售者应当建立并执行进货检查验收制度,验明产品合格证明和其他标识。

第三十四条 【保持销售产品质量的义务】销售者应当采取措施,保持销售产品的质量。

第三十五条 【禁止销售的产品范围】销售者不得销售国家明令淘汰并停止销售的产品和失效、变质的产品。

第三十六条 【销售产品的标识要求】销售者销售的产品的标识应当符合本法第二十七条的规定。

第三十七条 【禁止伪造产地、伪造或者冒用他人的厂名、厂址】销售者不得伪造产地,不得伪造或者冒用他人的厂名、厂址。

第三十八条 【禁止伪造或者冒用认证标志等质量标志】销售者不得伪造或者冒用认证标志等质量标志。

第三十九条 【销售者的禁止行为】销售者销售产品,不得掺杂、掺假,不得以假充真、以次充好,不得以不合格产品冒充合格产品。

第四章 损害赔偿

第四十条 【销售者的损害赔偿责任】售出的产品有下列情形之一的,销售者应当负责修理、更换、退货;给购买产品的消费者造成损失的,销售者应当赔偿损失:

(一)不具备产品应当具备的使用性能而事先未作

说明的；
（二）不符合在产品或者其包装上注明采用的产品标准的；
（三）不符合以产品说明、实物样品等方式表明的质量状况的。

销售者依照前款规定负责修理、更换、退货、赔偿损失后，属于生产者的责任或者属于向销售者提供产品的其他销售者(以下简称供货者)的责任的，销售者有权向生产者、供货者追偿。

销售者未按照第一款规定给予修理、更换、退货或者赔偿损失的，由市场监督管理部门责令改正。

生产者之间，销售者之间，生产者与销售者之间订立的买卖合同、承揽合同有不同约定的，合同当事人按照合同约定执行。

第四十一条 【人身、他人财产的损害赔偿责任】因产品存在缺陷造成人身、缺陷产品以外的其他财产（以下简称他人财产）损害的，生产者应当承担赔偿责任。

生产者能够证明有下列情形之一的，不承担赔偿责任：
（一）未将产品投入流通的；
（二）产品投入流通时，引起损害的缺陷尚不存在的；
（三）将产品投入流通时的科学技术水平尚不能发现缺陷的存在的。

第四十二条 【销售者的过错赔偿责任】由于销售者的过错使产品存在缺陷，造成人身、他人财产损害的，销售者应当承担赔偿责任。

销售者不能指明缺陷产品的生产者也不能指明缺陷产品的供货者的，销售者应当承担赔偿责任。

第四十三条 【受害者的选择赔偿权】因产品存在缺陷造成人身、他人财产损害的，受害人可以向产品的生产者要求赔偿，也可以向产品的销售者要求赔偿。属于产品的生产者的责任，产品的销售者赔偿的，产品的销售者有权向产品的生产者追偿。属于产品的销售者的责任，产品的生产者赔偿的，产品的生产者有权向产品的销售者追偿。

第四十四条 【人身伤害的赔偿范围】因产品存在缺陷造成受害人人身伤害的，侵害人应当赔偿医疗费、治疗期间的护理费、因误工减少的收入等费用；造成残疾的，还应当支付残疾者生活自助具费、生活补助费、残疾赔偿金以及由其扶养的人所必需的生活费等费用；造成受害人死亡的，并应当支付丧葬费、死亡赔偿金以及死者生前扶养的人所必需的生活费等费用。

因产品存在缺陷造成受害人财产损失的，侵害人应当恢复原状或者折价赔偿。受害人因此遭受其他重大损失的，侵害人应当赔偿损失。

第四十五条 【诉讼时效期间】因产品存在缺陷造成损害要求赔偿的诉讼时效期间为二年，自当事人知道或者应当知道其权益受到损害时起计算。

因产品存在缺陷造成损害要求赔偿的请求权，在造成损害的缺陷产品交付最初消费者满十年丧失；但是，尚未超过明示的安全使用期的除外。

第四十六条 【缺陷的含义】本法所称缺陷，是指产品存在危及人身、他人财产安全的不合理的危险；产品有保障人体健康和人身、财产安全的国家标准、行业标准的，是指不符合该标准。

第四十七条 【纠纷解决方式】因产品质量发生民事纠纷时，当事人可以通过协商或者调解解决。当事人不愿通过协商、调解解决或者协商、调解不成的，可以根据当事人各方的协议向仲裁机构申请仲裁；当事人各方没有达成仲裁协议或者仲裁协议无效的，可以直接向人民法院起诉。

第四十八条 【仲裁机构或者人民法院对产品质量检验的规定】仲裁机构或者人民法院可以委托本法第十九条规定的产品质量检验机构，对有关产品质量进行检验。

第五章 罚 则

第四十九条 【生产、销售不符合安全标准的产品的行政处罚、刑事责任】生产、销售不符合保障人体健康和人身、财产安全的国家标准、行业标准的产品的，责令停止生产、销售，没收违法生产、销售的产品，并处违法生产、销售产品(包括已售出和未售出的产品，下同)货值金额等值以上三倍以下的罚款；有违法所得的，并处没收违法所得；情节严重的，吊销营业执照；构成犯罪的，依法追究刑事责任。

第五十条 【假冒产品的行政处罚、刑事责任】在产品中掺杂、掺假，以假充真，以次充好，或者以不合格产品冒充合格产品的，责令停止生产、销售，没收违法生产、销售的产品，并处违法生产、销售产品货值金额百分之五十以上三倍以下的罚款；有违法所得的，并处没收违法所得；情节严重的，吊销营业执照；构成犯罪的，依法追究刑事责任。

第五十一条 【生产、销售淘汰产品的行政处罚规定】生产国家明令淘汰的产品的，销售国家明令淘汰并停止销售的产品的,责令停止生产、销售,没收违法生产、销售的产品,并处违法生产、销售产品货值金额等值以下的罚款;有违法所得的,并处没收违法所得;情节严重的,吊销营业执照。

第五十二条　【销售失效、变质的产品的行政处罚、刑事责任】销售失效、变质的产品的,责令停止销售,没收违法销售的产品,并处违法销售产品货值金额二倍以下的罚款;有违法所得的,并处没收违法所得;情节严重的,吊销营业执照;构成犯罪的,依法追究刑事责任。

第五十三条　【伪造、冒用产品产地、厂名、厂址、标志的行政处罚规定】伪造产品产地的,伪造或者冒用他人厂名、厂址的,伪造或者冒用认证标志等质量标志的,责令改正,没收违法生产、销售的产品,并处违法生产、销售产品货值金额等值以下的罚款;有违法所得的,并处没收违法所得;情节严重的,吊销营业执照。

第五十四条　【不符合产品包装、标识要求的行政处罚规定】产品标识不符合本法第二十七条规定的,责令改正;有包装的产品标识不符合本法第二十七条第(四)项、第(五)项规定,情节严重的,责令停止生产、销售,并处违法生产、销售产品货值金额百分之三十以下的罚款;有违法所得的,并处没收违法所得。

第五十五条　【销售者的从轻或者减轻处罚情节】销售者销售本法第四十九条至第五十三条规定禁止销售的产品,有充分证据证明其不知道该产品为禁止销售的产品并如实说明其进货来源的,可以从轻或者减轻处罚。

第五十六条　【违反依法接受产品质量监督检查义务的行政处罚规定】拒绝接受依法进行的产品质量监督检查的,给予警告,责令改正;拒不改正的,责令停业整顿;情节特别严重的,吊销营业执照。

第五十七条　【产品质量中介机构的行政处罚、刑事责任规定】产品质量检验机构、认证机构伪造检验结果或者出具虚假证明的,责令改正,对单位处五万元以上十万元以下的罚款,对直接负责的主管人员和其他直接责任人员处一万元以上五万元以下的罚款;有违法所得的,并处没收违法所得;情节严重的,取消其检验资格、认证资格;构成犯罪的,依法追究刑事责任。

产品质量检验机构、认证机构出具的检验结果或者证明不实,造成损失的,应当承担相应的赔偿责任;造成重大损失的,撤销其检验资格、认证资格。

产品质量认证机构违反本法第二十一条第二款的规定,对不符合认证标准而使用认证标志的产品,未依法要求其改正或者取消其使用认证标志资格的,对因产品不符合认证标准给消费者造成的损失,与产品的生产者、销售者承担连带责任;情节严重的,撤销其认证资格。

第五十八条　【社会团体、社会中介机构的连带赔偿责任】社会团体、社会中介机构对产品质量作出承诺、保证,而该产品又不符合其承诺、保证的质量要求,给消费者造成损失的,与产品的生产者、销售者承担连带责任。

第五十九条　【虚假广告的责任承担】在广告中对产品质量作虚假宣传,欺骗和误导消费者的,依照《中华人民共和国广告法》的规定追究法律责任。

第六十条　【生产伪劣产品的材料、包装、工具的没收】对生产者专门用于生产本法第四十九条、第五十一条所列的产品或者以假充真的产品的原辅材料、包装物、生产工具,应当予以没收。

第六十一条　【运输、保管、仓储部门的责任承担】知道或者应当知道属于本法规定禁止生产、销售的产品而为其提供运输、保管、仓储等便利条件的,或者为以假充真的产品提供制假生产技术的,没收全部运输、保管、仓储或者提供制假生产技术的收入,并处违法收入百分之五十以上三倍以下的罚款;构成犯罪的,依法追究刑事责任。

第六十二条　【服务业经营者的责任承担】服务业的经营者将本法第四十九条至第五十二条规定禁止销售的产品用于经营性服务的,责令停止使用;对知道或者应当知道所使用的产品属于本法规定禁止销售的产品的,按照违法使用的产品(包括已使用和尚未使用的产品)的货值金额,依照本法对销售者的处罚规定处罚。

第六十三条　【隐匿、转移、变卖、损毁被依法查封、扣押的物品的行政责任】隐匿、转移、变卖、损毁被市场监督管理部门查封、扣押的物品的,处被隐匿、转移、变卖、损毁物品货值金额等值以上三倍以下的罚款;有违法所得的,并处没收违法所得。

第六十四条　【民事赔偿责任优先原则】违反本法规定,应当承担民事赔偿责任和缴纳罚款、罚金,其财产不足以同时支付时,先承担民事赔偿责任。

第六十五条　【国家工作人员的责任承担】各级人民政府工作人员和其他国家机关工作人员有下列情形之一的,依法给予行政处分;构成犯罪的,依法追究刑事责任:

(一)包庇、放纵产品生产、销售中违反本法规定行为的;

(二)向从事违反本法规定的生产、销售活动的当事人通风报信,帮助其逃避查处的;

（三）阻挠、干预市场监督管理部门依法对产品生产、销售中违反本法规定的行为进行查处，造成严重后果的。

第六十六条 【质检部门的检验责任承担】市场监督管理部门在产品质量监督抽查中超过规定的数量索取样品或者向被检查人收取检验费用的，由上级市场监督管理部门或者监察机关责令退还；情节严重的，对直接负责的主管人员和其他直接责任人员依法给予行政处分。

第六十七条 【国家机关推荐产品的责任承担】市场监督管理部门或者其他国家机关违反本法第二十五条的规定，向社会推荐生产者的产品或者以监制、监销等方式参与产品经营活动的，由其上级机关或者监察机关责令改正，消除影响，有违法收入的予以没收；情节严重的，对直接负责的主管人员和其他直接责任人员依法给予行政处分。

产品质量检验机构有前款所列违法行为的，由市场监督管理部门责令改正，消除影响，有违法收入的予以没收，可以并处违法收入一倍以下的罚款；情节严重的，撤销其质量检验资格。

第六十八条 【产品监管部门工作人员的违法行为的责任承担】市场监督管理部门的工作人员滥用职权、玩忽职守、徇私舞弊，构成犯罪的，依法追究刑事责任；尚不构成犯罪的，依法给予行政处分。

第六十九条 【妨碍监管公务的行政责任】以暴力、威胁方法阻碍市场监督管理部门的工作人员依法执行职务的，依法追究刑事责任；拒绝、阻碍未使用暴力、威胁方法的，由公安机关依照治安管理处罚法的规定处罚。

第七十条 【监管部门的行政处罚权限】本法第四十九条至第五十七条、第六十条至第六十三条规定的行政处罚由市场监督管理部门决定。法律、行政法规对行使行政处罚权的机关另有规定的，依照有关法律、行政法规的规定执行。

第七十一条 【没收产品的处理】对依照本法规定没收的产品，依照国家有关规定进行销毁或者采取其他方式处理。

第七十二条 【货值金额的计算】本法第四十九条至第五十四条、第六十二条、第六十三条所规定的货值金额以违法生产、销售产品的标价计算；没有标价的，按照同类产品的市场价格计算。

第六章 附 则

第七十三条 【军工产品质量监督管理办法另行制定】军工产品质量监督管理办法，由国务院、中央军事委员会另行制定。

因核设施、核产品造成损害的赔偿责任，法律、行政法规另有规定的，依照其规定。

第七十四条 【施行日期】本法自1993年9月1日起施行。

产品质量监督试行办法

· 1985年3月7日国务院批准
· 1985年3月15日国家标准局发布
· 根据2011年1月8日《国务院关于废止和修改部分行政法规的决定》修订

第一条 为了加强对产品的质量监督，促使企业贯彻执行产品技术标准，提高产品质量和经济效益，以适应社会主义现代化建设和人民生活的需要，制定本办法。

第二条 国家标准局主管全国的产品质量监督工作，省、自治区、直辖市人民政府标准化管理部门负责管理本地区的产品质量监督工作，其主要任务是：

（一）监督检查产品技术标准的贯彻执行；

（二）负责产品质量监督检验网的规划和协调工作；

（三）管理产品质量认证工作；

（四）参与优质产品的审定，监督检查优质产品标志的正确使用；

（五）对产品质量争议进行仲裁。

第三条 实行产品质量监督的重点是：

（一）有关人身安全和健康的产品；

（二）关系国计民生的重要产品；

（三）获得优质荣誉的产品；

（四）同群众关系密切的市场商品。

第四条 计量器具检定、药品检验、食品卫生检验及检疫、动植物及其产品检疫、锅炉及压力容器安全监督检验、进出口商品检验和船舶（包括海上平台）、主要船用设备及材料、集装箱的船舶规范检验，按照国家的有关规定办理。

第五条 国务院主管产品生产的部门，应当督促企业贯彻执行产品技术标准，不断提高产品质量。

第六条 企业必须贯彻执行产品技术标准，对产品质量负责。出厂和销售的产品，必须达到产品技术标准，有质量检验合格证。在产品或其包装上应当标明工厂名称和地址。有关安全的产品，必须附有安全使用说明书。不合格品不得以合格品出厂和销售；危及人身安全和健康的不合格品，严禁出厂和销售。

企业应当接受标准化管理部门对产品的质量监督，如实提供检验样品和有关资料，并在检验测试手段和工作条件方面提供方便。

第七条 标准化管理部门根据工作需要设产品质量监督员，负责分管范围内的产品质量监督工作。产品质量监督员应当从熟悉产品技术标准，具有产品质量检验实践经验，责任心强、办事公正的工程技术人员中考核选任。

第八条 国家标准局根据工作需要，按产品类别设国家级产品质量监督检验测试中心，承担指定产品的质量监督检验任务。国家级产品质量监督检验测试中心，由国家标准局会同有关部门从现有的检验力量较强的检验测试机构或科研单位中审定，并发给证书和印章。其主要职责是：

（一）对全国同类产品的质量进行重点抽检；

（二）承担产品质量认证检验和产品质量争议仲裁检验；

（三）对报审和获奖优质产品的质量进行检验；

（四）对各地承担同类产品质量监督检验任务的机构进行技术指导，统一检验方法；

（五）承担或参与国家标准的制订、修订和标准的验证工作。

第九条 在工业比较集中的城市，标准化管理部门应当根据工作需要建立健全专职的产品质量监督检验所。

第十条 地方各级标准化管理部门根据工作需要，按产品类别设产品质量监督检验站，承担指定产品的质量监督检验任务。产品质量监督检验站，由标准化管理部门会同有关部门从现有的检验力量较强的检验测试机构或科研单位中审定，并发给证书和印章。

第十一条 产品质量监督检验所、站的主要职责是：

（一）承担产品质量监督检验和产品质量争议仲裁检验，对市场商品进行抽检；

（二）对报审和获奖优质产品的质量进行检验；

（三）承担新产品投产前的质量鉴定检验和产品质量认证检验；

（四）指导和帮助企业建立健全产品质量检验制度，正确执行统一的检验方法。

第十二条 对于不按产品技术标准生产的产品，标准化管理部门有权制止产品出厂销售，责令企业停发质量检验合格证，追回已售出的可能危及人身安全和健康的不合格品。

第十三条 有下列情形之一的，标准化管理部门应当根据情节，分别给予批评、警告、通报，并限期改进；情节严重的，可处以罚款，追究主要责任者的行政或经济责任，提请有关主管部门责令企业停产整顿或吊销其产品生产许可证、营业执照：

（一）不执行产品技术标准的；

（二）以次充好，弄虚作假，粗制滥造，严重违反产品技术标准的；

（三）不具备基本生产技术条件，产品质量低劣的。

触犯刑律或违反国家其他法律的，依法惩处。

第十四条 获得国家质量奖或优质产品标志的产品，如质量下降、不符合优质条件，标准化管理部门有权责令该产品生产企业停止使用国家质量奖或优质产品标志，并限期达到原有质量水平；逾期未达到的，提请有关主管部门取消优质荣誉称号，收回国家质量奖或优质产品证书、标志，并予通报。

第十五条 产品质量监督检验人员，必须正确行使职权，坚持原则，秉公办事，不得玩忽职守，徇私舞弊。如有违反，应当根据情节轻重，给予批评教育或行政处分，直至追究法律责任。

第十六条 产品质量监督检验机构对产品进行质量监督检验，得酌收检验费，具体办法由国家标准局和省、自治区、直辖市标准化管理部门制定。

第十七条 省、自治区、直辖市可根据本办法制定具体规定。

第十八条 本办法自发布之日起施行。

产品质量监督抽查管理暂行办法

- 2019年11月8日国家市场监督管理总局2019年第14次局务会议审议通过
- 2019年11月21日国家市场监督管理总局令第18号公布
- 自2020年1月1日起施行

第一章 总 则

第一条 为了加强产品质量监督管理，规范产品质量监督抽查工作，保护消费者的合法权益，根据《中华人民共和国产品质量法》和《中华人民共和国消费者权益保护法》等法律、行政法规，制定本办法。

第二条 市场监督管理部门对本行政区域内生产、销售的产品实施监督抽查，适用本办法。

法律、行政法规、部门规章对产品质量监督抽查另有规定的，依照其规定。

第三条 本办法所称监督抽查，是指市场监督管理部门为监督产品质量,依法组织对在中华人民共和国境内生产、销售的产品进行抽样、检验,并进行处理的活动。

第四条　监督抽查分为由国家市场监督管理总局组织的国家监督抽查和县级以上地方市场监督管理部门组织的地方监督抽查。

第五条　国家市场监督管理总局负责统筹管理、指导协调全国监督抽查工作,组织实施国家监督抽查,汇总、分析全国监督抽查信息。

省级市场监督管理部门负责统一管理本行政区域内地方监督抽查工作,组织实施本级监督抽查,汇总、分析本行政区域监督抽查信息。

市级、县级市场监督管理部门负责组织实施本级监督抽查,汇总、分析本行政区域监督抽查信息,配合上级市场监督管理部门在本行政区域内开展抽样工作,承担监督抽查结果处理工作。

第六条　监督抽查所需样品的抽取、购买、运输、检验、处置以及复查等工作费用,按照国家有关规定列入同级政府财政预算。

第七条　生产者、销售者应当配合监督抽查,如实提供监督抽查所需材料和信息,不得以任何方式阻碍、拒绝监督抽查。

第八条　同一市场监督管理部门不得在六个月内对同一生产者按照同一标准生产的同一商标、同一规格型号的产品(以下简称同一产品)进行两次以上监督抽查。

被抽样生产者、销售者在抽样时能够证明同一产品在六个月内经上级市场监督管理部门监督抽查的,下级市场监督管理部门不得重复抽查。

对监督抽查发现的不合格产品的跟踪抽查和为应对突发事件开展的监督抽查,不适用前两款规定。

第九条　监督抽查实行抽检分离制度。除现场检验外,抽样人员不得承担其抽样产品的检验工作。

第十条　组织监督抽查的市场监督管理部门应当按照法律、行政法规有关规定公开监督抽查结果。

未经组织监督抽查的市场监督管理部门同意,任何单位和个人不得擅自公开监督抽查结果。

第二章　监督抽查的组织

第十一条　国家市场监督管理总局负责制定国家监督抽查年度计划,并通报省级市场监督管理部门。

县级以上地方市场监督管理部门负责制定本级监督抽查年度计划,并报送上一级市场监督管理部门备案。

第十二条　组织监督抽查的市场监督管理部门应当根据本级监督抽查年度计划,制定监督抽查方案和监督抽查实施细则。

监督抽查方案应当包括抽查产品范围、工作分工、进度要求等内容。监督抽查实施细则应当包括抽样方法、检验项目、检验方法、判定规则等内容。

监督抽查实施细则应当在抽样前向社会公开。

第十三条　组织监督抽查的市场监督管理部门应当按照政府采购等有关要求,确定承担监督抽查抽样、检验工作的抽样机构、检验机构,并签订委托协议,明确权利、义务、违约责任等内容。

法律、行政法规对抽样机构、检验机构的资质有规定的,应当委托具备法定资质的机构。

第十四条　抽样机构、检验机构应当在委托范围内开展抽样、检验工作,保证抽样、检验工作及其结果的客观、公正、真实。

抽样机构、检验机构不得有下列行为:

(一)在实施抽样前以任何方式将监督抽查方案有关内容告知被抽样生产者、销售者;

(二)转包检验任务或者未经组织监督抽查的市场监督管理部门同意分包检验任务;

(三)出具虚假检验报告;

(四)在承担监督抽查相关工作期间,与被抽样生产者、销售者签订监督抽查同类产品的有偿服务协议或者接受被抽样生产者、销售者对同一产品的委托检验;

(五)利用监督抽查结果开展产品推荐、评比,出具监督抽查产品合格证书、牌匾等;

(六)利用承担监督抽查相关工作的便利,牟取非法或者不当利益;

(七)违反规定向被抽样生产者、销售者收取抽样、检验等与监督抽查有关的费用。

第三章　抽　样

第一节　现场抽样

第十五条　市场监督管理部门应当自行抽样或者委托抽样机构抽样,并按照有关规定随机抽取被抽样生产者、销售者,随机选派抽样人员。

抽样人员应当熟悉相关法律、行政法规、部门规章以及标准等规定。

第十六条　抽样人员不得少于两人,并向被抽样生产者、销售者出示组织监督抽查的市场监督管理部门出具的监督抽查通知书、抽样人员身份证明。抽样机构执行抽样任务的,还应当出示组织监督抽查的市场监督管理部门出具的授权委托书复印件。

抽样人员应当告知被抽样生产者、销售者抽查产品范围、抽样方法等。

第十七条　样品应当由抽样人员在被抽样生产者、销售者的待销产品中随机抽取，不得由被抽样生产者、销售者自行抽样。

抽样人员发现被抽样生产者、销售者涉嫌存在无证无照等无需检验即可判定违法的情形的，应当终止抽样，立即报告组织监督抽查的市场监督管理部门，并同时报告涉嫌违法的被抽样生产者、销售者所在地县级市场监督管理部门。

第十八条　有下列情形之一的，抽样人员不得抽样：

（一）待销产品数量不符合监督抽查实施细则要求的；

（二）有充分证据表明拟抽样产品不用于销售，或者只用于出口并且出口合同对产品质量另有约定的；

（三）产品或者其包装上标注"试制"、"处理"、"样品"等字样的。

第十九条　抽样人员应当按照监督抽查实施细则所规定的抽样方法进行抽样。

抽样人员应当使用规定的抽样文书记录抽样信息，并对抽样场所、贮存环境、被抽样产品的标识、库存数量、抽样过程等通过拍照或者录像的方式留存证据。

抽样文书应当经抽样人员和被抽样生产者、销售者签字。被抽样生产者、销售者拒绝签字的，抽样人员应当在抽样文书上注明情况，必要时可以邀请有关人员作为见证人。

抽样文书确需更正或者补充的，应当由被抽样生产者、销售者在更正或者补充处以签名、盖章等方式予以确认。

第二十条　因被抽样生产者、销售者转产、停业等原因致使无法抽样的，抽样人员应当如实记录，报送组织监督抽查的市场监督管理部门。

第二十一条　被抽样生产者、销售者以明显不合理的样品价格等方式阻碍、拒绝或者不配合抽样的，抽样人员应当如实记录，立即报告组织监督抽查的市场监督管理部门，并同时报告被抽样生产者、销售者所在地县级市场监督管理部门。

第二十二条　样品分为检验样品和备用样品。

除不以破坏性试验方式进行检验，并且不会对样品质量造成实质性影响的外，抽样人员应当购买检验样品。购买检验样品的价格以生产、销售产品的标价为准；没有标价的，以同类产品的市场价格为准。

备用样品由被抽样生产者、销售者先行无偿提供。

法律、行政法规、部门规章对样品获取方式另有规定的，依照其规定。

第二十三条　抽样人员应当采取有效的防拆封措施，对检验样品和备用样品分别封样，并由抽样人员和被抽样生产者、销售者签字确认。

第二十四条　样品应当由抽样人员携带或者寄递至检验机构进行检验。对于易碎品、危险化学品等对运输、贮存过程有特殊要求的样品，应当采取有效措施，保证样品的运输、贮存过程符合国家有关规定，不发生影响检验结论的变化。

样品需要先行存放在被抽样生产者、销售者处的，应当予以封存，并加施封样标识。被抽样生产者、销售者应当妥善保管封存的样品，不得隐匿、转移、变卖、损毁。

第二节　网络抽样

第二十五条　市场监督管理部门对电子商务经营者销售的本行政区域内的生产者生产的产品和本行政区域内的电子商务经营者销售的产品进行抽样时，可以以消费者的名义买样。

第二十六条　市场监督管理部门进行网络抽样的，应当记录抽样人员以及付款账户、注册账号、收货地址、联系方式等信息。抽样人员应当通过截图、拍照或者录像的方式记录被抽样销售者信息、样品网页展示信息，以及订单信息、支付记录等。

第二十七条　抽样人员购买的样品应当包括检验样品和备用样品。

第二十八条　抽样人员收到样品后，应当通过拍照或者录像的方式记录拆封过程，对寄递包装、样品包装、样品标识、样品寄递情形等进行查验，对检验样品和备用样品分别封样，并将检验样品和备用样品携带或者寄递至检验机构进行检验。

抽样人员应当根据样品情况填写抽样文书。抽样文书经抽样人员签字并加盖抽样单位公章后，与监督抽查通知书一并寄送被抽样销售者。抽样机构执行买样任务的，还应当寄送组织监督抽查的市场监督管理部门出具的授权委托书复印件。

第四章　检　验

第二十九条　检验人员收到样品后，应当通过拍照或者录像的方式检查记录样品的外观、状态、封条有无破损以及其他可能对检验结论产生影响的情形，并核对样品与抽样文书的记录是否相符。

对于抽样不规范的样品,检验人员应当拒绝接收并书面说明理由,同时向组织监督抽查的市场监督管理部门报告。

对于网络抽样的检验样品和备用样品,应当分别加贴相应标识后,按照有关要求予以存放。

第三十条 被抽样产品实行生产许可、强制性产品认证等管理的,检验人员应当在检验前核实样品的生产者是否符合相应要求。

检验人员发现样品的生产者涉嫌存在无证无照等无需检验即可判定违法的情形的,应当终止检验,立即报告组织监督抽查的市场监督管理部门,并同时报告涉嫌违法的样品的生产者所在地县级市场监督管理部门。

第三十一条 检验人员应当按照监督抽查实施细则所规定的检验项目、检验方法、判定规则等进行检验。

检验中发现因样品失效或者其他原因致使检验无法进行的,检验人员应当如实记录,并提供相关证明材料,报送组织监督抽查的市场监督管理部门。

第三十二条 检验机构出具检验报告,应当内容真实齐全、数据准确、结论明确,并按照有关规定签字、盖章。

检验机构和检验人员应当对其出具的检验报告负责。

第三十三条 检验机构应当在规定时间内将检验报告及有关材料报送组织监督抽查的市场监督管理部门。

第三十四条 检验结论为合格并且属于无偿提供的样品,组织监督抽查的市场监督管理部门应当在提出异议处理申请期限届满后及时退还。

前款规定以外的其他样品,组织监督抽查的市场监督管理部门应当在提出异议处理申请期限届满后按照有关规定处理。

第五章 异议处理

第三十五条 组织监督抽查的市场监督管理部门应当及时将检验结论书面告知被抽样生产者、销售者,并同时告知其依法享有的权利。

样品属于在销售者处现场抽取的,组织监督抽查的市场监督管理部门还应当同时书面告知样品标称的生产者。

样品属于通过网络抽样方式购买的,还应当同时书面告知电子商务平台经营者和样品标称的生产者。

第三十六条 被抽样生产者、销售者有异议的,应当自收到检验结论书面告知之日起十五日内向组织监督抽查的市场监督管理部门提出书面异议处理申请,并提交

相关材料。

第三十七条 被抽样生产者、销售者对抽样过程、样品真实性等有异议的,收到异议处理申请的市场监督管理部门应当组织异议处理,并将处理结论书面告知申请人。

被抽样生产者、销售者对检验结论有异议,提出书面复检申请并阐明理由的,收到异议处理申请的市场监督管理部门应当组织研究。对需要复检并具备检验条件的,应当组织复检。

除不以破坏性试验方式进行检验,并且不会对样品质量造成实质性影响的外,组织复检的市场监督管理部门应当向被抽样生产者、销售者支付备用样品费用。

第三十八条 申请人应当自收到市场监督管理部门复检通知之日起七日内办理复检手续。逾期未办理的,视为放弃复检。

第三十九条 市场监督管理部门应当自申请人办理复检手续之日起十日内确定具备相应资质的检验机构进行复检。

复检机构与初检机构不得为同一机构,但组织监督抽查的省级以上市场监督管理部门行政区域内或者组织监督抽查的市级、县级市场监督管理部门所在省辖区内仅有一个检验机构具备相应资质的除外。

第四十条 被抽样生产者、销售者隐匿、转移、变卖、损毁备用样品的,应当终止复检,并以初检结论为最终结论。

第四十一条 复检机构应当通过拍照或者录像的方式检查记录备用样品的外观、状态、封条有无破损以及其他可能对检验结论产生影响的情形,并核对备用样品与抽样文书的记录是否相符。

第四十二条 复检机构应当在规定时间内按照监督抽查实施细则所规定的检验方法、判定规则等对与异议相关的检验项目进行复检,并将复检结论及时报送组织复检的市场监督管理部门,由组织复检的市场监督管理部门书面告知复检申请人。复检结论为最终结论。

第四十三条 复检费用由申请人向复检机构先行支付。复检结论与初检结论一致的,复检费用由申请人承担;与初检结论不一致的,复检费用由组织监督抽查的市场监督管理部门承担。

第六章 结果处理

第四十四条 组织监督抽查的市场监督管理部门应当汇总分析、依法公开监督抽查结果,并向地方人民政府、上一级市场监督管理部门和同级有关部门通报监督

抽查情况。

组织地方监督抽查的市场监督管理部门发现不合格产品为本行政区域以外的生产者生产的，应当及时通报生产者所在地同级市场监督管理部门。

第四十五条 对检验结论为不合格的产品，被抽样生产者、销售者应当立即停止生产、销售同一产品。

第四十六条 负责结果处理的市场监督管理部门应当责令不合格产品的被抽样生产者、销售者自责令之日起六十日内予以改正。

第四十七条 负责结果处理的市场监督管理部门应当自责令之日起七十五日内按照监督抽查实施细则组织复查。

被抽样生产者、销售者经复查不合格的，负责结果处理的市场监督管理部门应当逐级上报至省级市场监督管理部门，由其向社会公告。

第四十八条 负责结果处理的市场监督管理部门应当在公告之日起六十日后九十日前对被抽样生产者、销售者组织复查，经复查仍不合格的，按照《中华人民共和国产品质量法》第十七条规定，责令停业，限期整顿；整顿期满后经复查仍不合格的，吊销营业执照。

第四十九条 复查所需样品由被抽样生产者、销售者无偿提供。

除为提供复查所需样品外，被抽样生产者、销售者在经负责结果处理的市场监督管理部门认定复查合格前，不得恢复生产、销售同一产品。

第五十条 监督抽查发现产品存在区域性、行业性质量问题，市场监督管理部门可以会同其他有关部门、行业组织召开质量分析会，指导相关产品生产者、销售者加强质量管理。

第七章 法律责任

第五十一条 被抽样生产者、销售者有下列情形之一的，由县级市场监督管理部门按照有关法律、行政法规规定处理；法律、行政法规未作规定的，处三万元以下罚款；涉嫌构成犯罪，依法需要追究刑事责任的，按照有关规定移送公安机关：

（一）被抽样产品存在严重质量问题的；

（二）阻碍、拒绝或者不配合依法进行的监督抽查的；

（三）未经负责结果处理的市场监督管理部门认定复查合格而恢复生产、销售同一产品的；

（四）隐匿、转移、变卖、损毁样品的。

第五十二条 抽样机构、检验机构及其工作人员违反本办法第九条、第十四条第二款规定的，由县级市场监督管理部门按照有关法律、行政法规规定处理；法律、行政法规未作规定的，处三万元以下罚款；涉嫌构成犯罪，依法需要追究刑事责任的，按照有关规定移送公安机关。

第五十三条 市场监督管理部门工作人员滥用职权、玩忽职守、徇私舞弊的，对直接负责的主管人员和其他直接责任人员依法给予行政处分。

第八章 附 则

第五十四条 市场监督管理部门应当妥善保存抽样文书等有关材料、证据，保存期限不得少于两年。

第五十五条 本办法中所称"日"为公历日。期间届满的最后一日为法定节假日的，以法定节假日后的第一日为期间届满的日期。

第五十六条 本办法自 2020 年 1 月 1 日起施行。2010 年 12 月 29 日原国家质量监督检验检疫总局令第 133 号公布的《产品质量监督抽查管理办法》、2014 年 2 月 14 日原国家工商行政管理总局令第 61 号公布的《流通领域商品质量抽查检验办法》、2016 年 3 月 17 日原国家工商行政管理总局令第 85 号公布的《流通领域商品质量监督管理办法》同时废止。

产品防伪监督管理办法

- 2002 年 11 月 1 日国家质量监督检验检疫总局令第 27 号公布
- 根据 2016 年 10 月 18 日国家质量监督检验检疫总局令第 184 号第一次修订
- 根据 2018 年 3 月 6 日国家质量监督检验检疫总局令第 196 号第二次修订
- 根据 2022 年 9 月 29 日国家市场监督管理总局令第 61 号第三次修订

第一条 为了加强对产品防伪的监督管理，预防和打击假冒违法活动，维护市场经济秩序，有效地保护产品生产者、使用者和消费者的合法权益，根据《中华人民共和国产品质量法》，制定本办法。

第二条 在中华人民共和国境内从事防伪技术、防伪技术产品及防伪鉴别装置的研制、生产、使用，应当遵守本办法。

法律、行政法规及国务院另有规定的除外。

第三条 国家市场监督管理总局负责对产品防伪实施统一监督管理，全国防伪技术产品管理办公室（以下简称全国防伪办）承担全国产品防伪监督管理的具体实施工作。

各省、自治区、直辖市市场监督管理部门（以下简称省级市场监督管理部门）负责本行政区内产品防伪的监督管理。

第四条 产品防伪的监督管理实行由国家市场监督管理总局统一管理，相关部门配合，中介机构参与，企业自律的原则。

第五条 产品防伪监督管理机构、中介机构、技术评审机构、检测机构及其工作人员必须坚持科学、公正、实事求是的原则，保守防伪技术秘密；不得滥用职权、徇私舞弊、泄露或扩散防伪技术秘密。

第六条 防伪技术产品生产企业应当遵守下列规定：

（一）严格执行防伪技术产品的国家标准、行业标准及企业标准；

（二）防伪技术产品的生产须签定有书面合同，明确双方的权利、义务和违约责任；禁止无合同非法生产、买卖防伪技术产品或者含有防伪技术产品的包装物、标签等；

（三）必须保证防伪技术产品供货的唯一性，不得为合同规定以外的第三方生产相同或者近似的防伪技术产品；

（四）不得生产或者接受他人委托生产假冒的防伪技术产品；

（五）严格执行保密制度，保守防伪技术秘密。

第七条 防伪技术产品生产企业在承接防伪技术产品生产任务时，必须查验委托方提供的有关证明材料，包括：

（一）营业执照等统一社会信用代码证书副本或者有关身份证明材料；

（二）使用防伪技术产品的产品名称、型号以及国家市场监督管理总局认定的质量检验机构对该产品的检验合格报告；

（三）印制带有防伪标识的商标、质量标志的，应当出具商标持有证明与质量标志认定证明；

（四）境外组织或个人委托生产时，还应当出示其所属国或者地区的合法身份证明和营业证明。

第八条 防伪技术产品生产企业对所生产的产品质量负责，其产品防伪功能或者防伪鉴别能力下降，不能满足用户要求时，应当立即停止生产并报全国防伪办；给用户造成损失的，应当依法承担经济赔偿责任。

第九条 国家市场监督管理总局对防伪技术产品质量实施国家监督抽查，地方监督抽查由县级以上地方市场监督管理部门在本行政区域内组织实施。

第十条 政府鼓励防伪中介机构发挥防伪技术产品推广应用的桥梁作用，鼓励企业采用防伪技术产品。

第十一条 国务院有关部门或者行业牵头单位应用防伪技术对某类产品实行统一防伪管理的，须会同国家市场监督管理总局向社会招标，择优选用防伪技术与防伪技术产品。

第十二条 防伪技术产品的使用者应当遵守下列规定：

（一）必须选用合格的防伪技术产品；

（二）使用防伪技术产品，应当专项专用，不得擅自扩大使用范围或者自行更换；

（三）保守防伪技术秘密。

第十三条 防伪技术产品使用者如发现所用防伪技术产品防伪功能不佳、防伪失效时，可向防伪技术产品生产企业反映，并报市场监督管理部门协助处理。

第十四条 生产不符合有关强制性标准的防伪技术产品的，按照《中华人民共和国产品质量法》有关规定予以处罚。

第十五条 产品防伪技术评审机构、检验机构出具与事实不符的结论与数据的，按照《中华人民共和国产品质量法》第五十七条的规定处罚。

第十六条 从事产品防伪管理的国家工作人员滥用职权、徇私舞弊或者泄露防伪技术机密的，给予行政处分；构成犯罪的，依法追究刑事责任。

第十七条 本办法所称产品防伪是指防伪技术的开发、防伪技术产品的生产、应用，并以防伪技术手段向社会明示产品真实性担保的全过程。

本办法所称防伪技术是指为了达到防伪的目的而采取的、在规定范围内能准确鉴别真伪并不易被仿制、复制的技术。所指防伪技术产品是以防伪为目的，采用了防伪技术制成的，具有防伪功能的产品。

第十八条 本办法由国家市场监督管理总局负责解释。

第十九条 本办法自2002年12月1日起施行，原国家技术监督局1996年1月公布的《防伪技术产品管理办法（试行）》（技监局综发〔1996〕22号）同时废止。

国家质量标准实验室管理办法

- 2023 年 10 月 13 日
- 国市监质发〔2023〕92 号

第一章 总 则

第一条 为了提升产业质量竞争力，支撑质量强国、制造强国建设，依据中共中央、国务院《质量强国建设纲要》，加强国家质量标准实验室的建设和运行管理，制定本办法。

第二条 国家质量标准实验室是组织重大质量标准基础和应用研究、开展高水平质量标准制定与应用推广、聚集和培养优秀质量标准人才的公益性技术创新平台。建设国家质量标准实验室是质量强国建设中质量基础设施升级增效工程的重点任务。

第三条 国家质量标准实验室应聚焦产品设计、生产控制、检测试验、管理体系等影响质量的各环节，开展科学研究并组织相应标准的研究、制定和推广。主要包括：承担质量标准基础科学与应用研究；加强关键性、前瞻性、战略性质量共性技术攻关；开展先进质量标准、检验检测方法、高端计量标准、检验检测仪器、设备、设施的研制；解决质量创新、安全风险管控、质量治理重要问题；培养质量标准领军人才；加快科研成果转化，为产业高质量发展提供基础性保障服务。

第四条 国家质量标准实验室面向国家重大战略任务、重点工程、民生工程中对质量创新的迫切需求，在核心基础零部件、核心基础元器件、关键基础软件、关键基础材料、先进基础工艺、产业技术基础等产业基础领域，高端制造、新材料、信息技术、生物医药等重点领域，着力解决制约和影响产业高质量发展的质量标准相关瓶颈问题。

第五条 国家质量标准实验室是依托具有较强研究开发和技术辐射能力的科研院所、高等院校、企业建设的科研实体，实行人财物相对独立的管理机制。鼓励采用产学研用合作模式，组建跨行业、跨区域联合体。

第六条 国家质量标准实验室建设坚持科学规划、合理布局、统筹安排、分步实施，坚持择优支持，实行动态调整。

第二章 管 理

第七条 市场监管总局、工业和信息化部负责国家质量标准实验室建设规划、创建培育、评审管理工作，主要职责是：

（一）制定实施国家质量标准实验室发展方针和指导政策，统筹规划实验室布局。

（二）指导国家质量标准实验室的创建和培育，制定实验室建设、运行与服务条件与规范。

（三）负责国家质量标准实验室建设评审、运行评估和管理。

（四）支持国家质量标准实验室开展质量标准研究和公益性科研成果推广应用。

第八条 市场监管总局、工业和信息化部联合成立国家质量标准实验室推进工作协调机制，负责实验室建设和运行管理的日常工作。

第九条 市场监管总局、工业和信息化部联合组建国家质量标准实验室专家技术委员会（以下简称专家委员会）。专家委员会的职责是：拟定实验室建设发展和重点任务方向，审议实验室建设技术要求，开展国家质量标准实验室评审等。专家委员会由 1 名主任委员、3-5 名副主任委员和若干名委员组成，人数为不低于 15 人的单数。专家委员会任期两年。

第十条 中央级科研院所、高等院校及中央直属企业申报国家质量标准实验室，由其主管部门负责推荐。地方科研院所、高等院校及地方企业申报国家质量标准实验室由省级市场监管部门、省级工业和信息化部门联合推荐。推荐单位的主要职责包括：

（一）贯彻国家质量标准实验室建设部署，研究制定支持实验室建设的政策措施，推动实验室建设纳入本部门、本地区发展规划。

（二）对实验室申报材料的科学性、系统性、完整性、真实性、准确性、合法性等进行审核把关。

（三）协助开展实验室评审、验收及评估等工作。

第十一条 国家质量标准实验室的申请、建设和运行保障由依托单位或联合体负责。依托单位或联合体主要职责包括：

（一）制定国家质量标准实验室建设计划，明确实验室研究方向与功能定位、建设目标等内容。

（二）支持国家质量标准实验室建设和发展，在人员力量、资源配置、运行机制、科研场地、仪器设备、后勤服务等方面提供必要的保障。

（三）建立本单位与国家质量标准实验室建设相配套的人员、项目、设备、经费等管理制度。

（四）建立健全本单位与国家质量标准实验室建设相配套的人才培养、引进机制，组建知识与年龄结构合理、骨干人员相对固定的研究团队。

（五）推荐国家质量标准实验室主任和学术委员会

主任,聘任实验室人员及学术委员会委员。

(六)协助国家质量标准实验室日常管理,配合做好评审、验收和评估等工作。

第三章 条 件

第十二条 申报国家质量标准实验室须满足下列条件,已运行两年以上的省部级实验室原则上优先推荐。

(一)设施条件。具备良好的科研实验条件,拥有完善的配套设施和安全保障能力。现有科研用房相对集中,原则上面积在 3000 平方米以上,仪器设备现值 5000 万元以上,满足科研需要。现有仪器设备测量精度达到国内先进水平,实验数据准确、可靠,测量能力满足实验室发展需要。具备较强的数据分析能力,可供分析使用的数据达到一定的存储规模。

(二)学术团队。在相关领域具有由较高学术造诣的专家组成的学术委员会,有能力在推动实验室发展,把握实验室目标、任务和研究方向,制订和批准实验室的中长期规划,审议实验室重大学术活动、年度工作等方面,发挥重要学术指导作用。

实验室自身研究团队有本领域高水平学术带头人,具有国际化视野,在质量基础和相关领域的国内或国际组织担任技术职务,具有较强的组织管理和协调能力,保障在实验室工作时长。研究团队骨干人员相对固定,团队年龄与知识结构合理,具备承担国家、省部级重大科研项目和广泛开展国际、国内学术交流与合作的能力。人才引进机制健全,能够吸引、凝聚国内外优秀人才,培养质量标准后备力量。

(三)研究能力。具有相关领域的研究实践基础,具备浓厚的研究氛围,良好的学术环境。符合国家质量标准实验室建设布局和研究重点要求。

1. 近 5 年承担相关领域国家级科研项目不少于 15 项或项目总金额达到 2000 万元。

2. 在把握本领域质量标准发展现状、问题、技术关键和重大需求方面具有权威性。

3. 开展并取得国际前沿的质量标准、计量检测等技术突破,解决过"卡脖子"共性质量标准瓶颈问题。

(四)科研成果。在先进质量标准、检验检测方法、高端计量仪器、检验检测设备设施的研制验证、质量标准基础科学与应用研究、质量共性技术、质量方面重要问题等领域具有一定的研究成果及应用。拥有丰富的产学研用协作经验,积极向社会提供公益性质量服务活动。需具备以下条件的任意三项:

1. 在质量标准技术前沿探索研究中具有取得国际影响的系统性原创成果。

2. 在解决国家质量发展面临的重大问题中具有创新思想与方法,实现相关重要基础原理的创新、关键技术突破或集成。

3. 拥有相关领域的国际领先技术成果(新技术、新设备、标准、规程、规范等),或近 3 年主导制(修)订相关产业领域国家标准、行业标准以及部门公告发布的检验方法数不低于 5 项。

4. 近 3 年累计转化科技成果 15 项以上,或本领域内提供质量技术服务金额不低于 3000 万元。

5. 积累有丰富的质量标准数据,能够为相关领域研究提供支撑,为国家宏观决策提供科学依据。

(五)保障措施。实验室建设方向是依托单位的重点发展方向之一。依托单位、推荐单位能够在机构、人员、经费、资源等方面,优先支持国家质量标准实验室的建设和发展。

第四章 申 报

第十三条 国家质量标准实验室申报本着自愿的原则,由申报主体向推荐单位提出申请。推荐单位进行初审并按照要求报送相关材料。市场监管总局、工业和信息化部组织开展形式审查、专家评审、现场考察,面向社会公示后,确定批准建设名单。具体实施细则由市场监管总局、工业和信息化部另行制定。

第五章 建 设

第十四条 实验室实行主任负责制。实验室主任由依托单位的高层领导担任,政治上可靠,在科研任务组织实施、经费和条件配置、工作人员聘用等方面有自主权。

第十五条 学术委员会主任一般由非依托单位人员担任。学术委员会主任应为本领域具有较高影响力的知名专家,具有前瞻性、战略性的眼光,具备组织协调技术委员会指导实验室顺利开展各项研究及应用工作的能力。

第十六条 实验室应当重视和加强运行管理,建立健全内部规章制度。按照重点研究任务设置研究单元,研究团队结构和规模合理,并适当流动。

第十七条 国家质量标准实验室应按照建设目标在建设期内高质量完成原理创新、质量技术研发、标准研制、工具开发、人才培养、质量标准技术服务等各项任务。

第十八条 国家质量标准实验室建设期限一般不超过 2 年。建设期内,实验室每年报告建设运行情况,抄报依托单位。2年建设期结束后，实验室提出验收申请。不能如期完成建设的，应在预定的建设期满前3个月提出延长建设期限的申请，并说明原因。延长期限最长为1年。延期后仍不能完成建设任务的，终止该实验室建设。

第十九条 专家委员会依据申报及验收材料，进行综合评议。验收结论分为通过验收、整改、未通过验收3种。验收通过的，经市场监管总局、工业和信息化部审核后，向社会公示。无异议的，实验室进入正式运行。整改的实验室应当在6个月内完成整改工作，并再次提出验收申请。整改后未通过验收的，终止该实验室建设。

第六章 运　行

第二十条 正式运行的实验室应持续开展深入研究，研究成果应在提升本领域质量标准水平和国际影响力、促进产业链质量标准发展、破解质量标准难题等方面发挥重大作用，产出重大原创性成果，引领国际科技前沿方向。

第二十一条 实验室应当广泛开展交流与合作，促进开放共享。通过设置开放课题、组织国际国内学术交流、设置博士后工作站等方式，培养质量标准领域青年人才，吸引国内外高水平研究人员来实验室开展本领域质量标准的合作研究。

第二十二条 实验室应当发挥引领和辐射带动作用，开展公益性质量帮扶活动，积极向社会提供质量标准服务，提高社会价值。

第二十三条 在实验室完成的专著、论文、软件、数据库等研究成果均应标注实验室名称，专利申请、技术成果转让、奖励申报等按国家有关规定办理。

第二十四条 实验室更名、变更研究方向或进行结构调整、重组等重大事项，由实验室提出书面报告，视情况重新进行实验室评审。

第二十五条 实验室出现提供虚假材料和不真实数据、重大学术诚信问题，或存在其他违反相关法律法规和本办法的行为，造成不良影响的，不再列入国家质量标准实验室序列。

第七章 评　估

第二十六条 正式运行的实验室每年提交年度运行报告，每3年进行一次综合评价。评价内容包括研究水平与能力、队伍建设与人才培养、开放交流与运行管理、质量标准贡献和公益性推广等方面。

第二十七条 综合评价结果分为优秀、合格、不合格3类。综合评价结果为"不合格"的实验室，对其进行通报并给予半年时间整改，整改后综合评价仍不合格的，不再列入国家质量标准实验室序列。

第二十八条 市场监管总局、工业和信息化部根据有关规划、政策，对正式运行且综合评价结果为"优秀"的国家质量标准实验室安排一定的扶助支持，支持符合条件的国家质量标准实验室申报相应国家科技创新基地，并加大宣传力度。

第二十九条 市场监管总局支持正式运行的国家质量标准实验室开展质量标准奖项申报评选和试点示范，支持牵头开展国际标准、国家标准制修订，支持申请承担国际标准秘书处和国家标准技术委员会工作，支持申报质量标准领域项目，鼓励实验室引领质量标准创新。

第三十条 工业和信息化部支持正式运行的国家质量标准实验室参与产业基础再造工程、重大技术装备攻关工程，支持参与制造业创新中心和产业技术基础公共服务平台建设，支持参与关键核心技术攻关，支持牵头开展工业和信息化行业标准编制，支持申报工业和信息化领域质量标准项目，并对承担有关工程和国家科技计划项目予以倾斜。

第八章 附　则

第三十一条 国家质量标准实验室统一命名为"××国家质量标准实验室"，英文名称为"State Quality & Standards Laboratory of××"。

第三十二条 本办法由市场监管总局、工业和信息化部负责解释。

第三十三条 本办法自发布之日起施行。

（2）原产地

中华人民共和国进出口货物原产地条例

· 2004年9月3日中华人民共和国国务院令第416号公布
· 根据2019年3月2日《国务院关于修改部分行政法规的决定》修订

第一条 为了正确确定进出口货物的原产地，有效实施各项贸易措施，促进对外贸易发展，制定本条例。

第二条 本条例适用于实施最惠国待遇、反倾销和反补贴、保障措施、原产地标记管理、国别数量限制、关税配额等非优惠性贸易措施以及进行政府采购、贸易统计等活动对进出口货物原产地的确定。

实施优惠性贸易措施对进出口货物原产地的确定，

不适用本条例。具体办法依照中华人民共和国缔结或者参加的国际条约、协定的有关规定另行制定。

第三条 完全在一个国家(地区)获得的货物，以该国(地区)为原产地；两个以上国家(地区)参与生产的货物，以最后完成实质性改变的国家(地区)为原产地。

第四条 本条例第三条所称完全在一个国家(地区)获得的货物，是指：

（一）在该国(地区)出生并饲养的活的动物；

（二）在该国(地区)野外捕捉、捕捞、搜集的动物；

（三）从该国(地区)的活的动物获得的未经加工的物品；

（四）在该国(地区)收获的植物和植物产品；

（五）在该国(地区)采掘的矿物；

（六）在该国(地区)获得的除本条第(一)项至第(五)项范围之外的其他天然生成的物品；

（七）在该国(地区)生产过程中产生的只能弃置或者回收用作材料的废碎料；

（八）在该国(地区)收集的不能修复或者修理的物品，或者从该物品中回收的零件或者材料；

（九）由合法悬挂该国旗帜的船舶从其领海以外海域获得的海洋捕捞物和其他物品；

（十）在合法悬挂该国旗帜的加工船上加工本条第(九)项所列物品获得的产品；

（十一）从该国领海以外享有专有开采权的海床或者海床底土获得的物品；

（十二）在该国(地区)完全从本条第(一)项至第(十一)项所列物品中生产的产品。

第五条 在确定货物是否在一个国家(地区)完全获得时，不考虑下列微小加工或者处理：

（一）为运输、贮存期间保存货物而作的加工或者处理；

（二）为货物便于装卸而作的加工或者处理；

（三）为货物销售而作的包装等加工或者处理。

第六条 本条例第三条规定的实质性改变的确定标准，以税则归类改变为基本标准；税则归类改变不能反映实质性改变的，以从价百分比、制造或者加工工序等为补充标准。具体标准由海关总署会同商务部制定。

本条第一款所称税则归类改变，是指在某一国家(地区)对非该国(地区)原产材料进行制造、加工后，所得货物在《中华人民共和国进出口税则》中某一级的税目归类发生了变化。

本条第一款所称从价百分比，是指在某一国家(地区)对非该国(地区)原产材料进行制造、加工后的增值部分，超过所得货物价值一定的百分比。

本条第一款所称制造或者加工工序，是指在某一国家(地区)进行的赋予制造、加工后所得货物基本特征的主要工序。

世界贸易组织《协调非优惠原产地规则》实施前，确定进出口货物原产地实质性改变的具体标准，由海关总署会同商务部根据实际情况另行制定。

第七条 货物生产过程中使用的能源、厂房、设备、机器和工具的原产地，以及未构成货物物质成分或者组成部件的材料的原产地，不影响该货物原产地的确定。

第八条 随所装货物进出口的包装、包装材料和容器，在《中华人民共和国进出口税则》中与该货物一并归类的，该包装、包装材料和容器的原产地不影响所装货物原产地的确定；对该包装、包装材料和容器的原产地不再单独确定，所装货物的原产地即为该包装、包装材料和容器的原产地。

随所装货物进出口的包装、包装材料和容器，在《中华人民共和国进出口税则》中与该货物不一并归类的，依照本条例的规定确定该包装、包装材料和容器的原产地。

第九条 按正常配备的种类和数量随货物进出口的附件、备件、工具和介绍说明性资料，在《中华人民共和国进出口税则》中与该货物一并归类的，该附件、备件、工具和介绍说明性资料的原产地不影响该货物原产地的确定；对该附件、备件、工具和介绍说明性资料的原产地不再单独确定，该货物的原产地即为该附件、备件、工具和介绍说明性资料的原产地。

随货物进出口的附件、备件、工具和介绍说明性资料在《中华人民共和国进出口税则》中虽与该货物一并归类，但超出正常配备的种类和数量的，以及在《中华人民共和国进出口税则》中与该货物不一并归类的，依照本条例的规定确定该附件、备件、工具和介绍说明性资料的原产地。

第十条 对货物所进行的任何加工或者处理，是为了规避中华人民共和国关于反倾销、反补贴和保障措施等有关规定的，海关在确定该货物的原产地时可以不考虑这类加工和处理。

第十一条 进口货物的收货人按照《中华人民共和国海关法》及有关规定办理进口货物的海关申报手续时，应当依照本条例规定的原产地确定标准如实申报进口货物的原产地；同一批货物的原产地不同的，应当分别申报原产地。

第十二条 进口货物进口前，进口货物的收货人或者与进口货物直接相关的其他当事人，在有正当理由的情况下，可以书面申请海关对将要进口的货物的原产地作出预确定决定；申请人应当按照规定向海关提供作出原产地预确定决定所需的资料。

海关应当在收到原产地预确定书面申请及全部必要资料之日起150天内，依照本条例的规定对该进口货物作出原产地预确定决定，并对外公布。

第十三条 海关接受申报后，应当按照本条例的规定审核确定进口货物的原产地。

已作出原产地预确定决定的货物，自预确定决定作出之日起3年内实际进口时，经海关审核其实际进口的货物与预确定决定所述货物相符，且本条例规定的原产地确定标准未发生变化的，海关不再重新确定该进口货物的原产地；经海关审核其实际进口的货物与预确定决定所述货物不相符的，海关应当按照本条例的规定重新审核确定该进口货物的原产地。

第十四条 海关在审核确定进口货物原产地时，可以要求进口货物的收货人提交该进口货物的原产地证书，并予以审验；必要时，可以请求该货物出口国(地区)的有关机构对该货物的原产地进行核查。

第十五条 根据对外贸易经营者提出的书面申请，海关可以依照《中华人民共和国海关法》第四十三条的规定，对将要进口的货物的原产地预先作出确定原产地的行政裁定，并对外公布。

进口相同的货物，应当适用相同的行政裁定。

第十六条 国家对原产地标记实施管理。货物或者其包装上标有原产地标记的，其原产地标记所标明的原产地应当与依照本条例所确定的原产地相一致。

第十七条 出口货物发货人可以向海关、中国国际贸易促进委员会及其地方分会(以下简称签证机构)，申请领取出口货物原产地证书。

第十八条 出口货物发货人申请领取出口货物原产地证书，应当在签证机构办理注册登记手续，按照规定如实申报出口货物的原产地，并向签证机构提供签发出口货物原产地证书所需的资料。

第十九条 签证机构接受出口货物发货人的申请后，应当按照规定审查确定出口货物的原产地，签发出口货物原产地证书；对不属于原产于中华人民共和国境内的出口货物，应当拒绝签发出口货物原产地证书。

出口货物原产地证书签发管理的具体办法，由海关总署会同国务院其他有关部门、机构另行制定。

第二十条 应出口货物进口国(地区)有关机构的请求，海关、签证机构可以对出口货物的原产地情况进行核查，并及时将核查情况反馈进口国(地区)有关机构。

第二十一条 用于确定货物原产地的资料和信息，除按有关规定可以提供或者经提供该资料和信息的单位、个人的允许，海关、签证机构应当对该资料和信息予以保密。

第二十二条 违反本条例规定申报进口货物原产地的，依照《中华人民共和国对外贸易法》、《中华人民共和国海关法》和《中华人民共和国海关行政处罚实施条例》的有关规定进行处罚。

第二十三条 提供虚假材料骗取出口货物原产地证书或者伪造、变造、买卖或者盗窃出口货物原产地证书的，由海关处5000元以上10万元以下的罚款；骗取、伪造、变造、买卖或者盗窃作为海关放行凭证的出口货物原产地证书的，处货值金额等值以下的罚款，但货值金额低于5000元的，处5000元罚款。有违法所得的，由出入境检验检疫机构、海关没收违法所得。构成犯罪的，依法追究刑事责任。

第二十四条 进出口货物的原产地标记与依照本条例所确定的原产地不一致的，由海关责令改正。

第二十五条 确定进出口货物原产地的工作人员违反本条例规定的程序确定原产地的，或者泄露所知悉的商业秘密的，或者滥用职权、玩忽职守、徇私舞弊的，依法给予行政处分；有违法所得的，没收违法所得；构成犯罪的，依法追究刑事责任。

第二十六条 本条例下列用语的含义：

获得，是指捕捉、捕捞、搜集、收获、采掘、加工或者生产等。

货物原产地，是指依照本条例确定的获得某一货物的国家(地区)。

原产地证书，是指出口国(地区)根据原产地规则和有关要求签发的，明确指出该证中所列货物原产于某一特定国家(地区)的书面文件。

原产地标记，是指在货物或者包装上用来表明该货物原产地的文字和图形。

第二十七条 本条例自2005年1月1日起施行。1992年3月8日国务院发布的《中华人民共和国出口货物原产地规则》、1986年12月6日海关总署发布的《中华人民共和国海关关于进口货物原产地的暂行规定》同时废止。

中华人民共和国普遍优惠制原产地证明书签证管理办法

- 1989年9月1日国家商检局公布
- 自公布之日起实施

第一章 总 则

第一条 根据联合国贸发会议关于普惠制的决议和《中华人民共和国进出口商品检验法》，为加强普遍优惠制产地证明书（以下简称普惠制产地证书）的签证管理工作，保证签证符合给惠国有关规定，使我国出口商品在给惠国顺利通关，获得减免关税的优惠待遇，特制定本办法。

第二条 普惠制产地证书是具有法律效力的官方证明文件，我国普惠制产地证书的签证工作由国家进出口商品检验局（以下简称国家商检局）负责统一管理，由国家商检局设在各地的进出口商品检验局及其分支机构（以下统称商检机构）负责签发。

对需要在香港签署"未再加工证明"的普惠制产地证书，经给惠国确认，国家商检局委托香港中国检验有限公司负责签署。

第三条 普惠制产地证书的签发，限于给惠国已公布法令并正式通知对我国实行普惠制待遇的国家所给予关税优惠的商品。这些商品必须符合给惠国原产地规则及直运规则。

第四条 申请单位向商检机构申请签发普惠制产地证书，应严格按照各给惠国普惠制实施方案及本办法的规定，切实做到申请和填报的内容真实、准确。

第二章 注册和申请

第五条 申请办理普惠制产地证书的单位：
（一）有进出口经营权的国内企业；
（二）中外合资、中外合作和外商独资企业；
（三）国外企业、商社常驻中国代表机构；
（四）对外承接来料加工、来图来样加工、来件装配和补偿贸易业务的企业；
（五）经营旅游商品的销售部门；
（六）参加国际经济文化交流活动需出售展品、样品等的有关单位。

第六条 凡申请办理普惠制产地证书的单位，必须预先在当地商检机构办理注册登记手续。

第七条 办理注册登记时，申请单位必须提交审批机关的批件、营业执照、协议书以及其它有关文件。商检机构经过审核和调查，对符合注册登记条件的予以注册登记。

第八条 申请单位的印章和证书手签人员必须在注册的同时进行登记。手签人员应是申请单位的法人代表并应保持相对稳定，如有变动，应及时向商检机构申报。

第九条 申请签证时，须向当地商检机构提交《普惠制产地证书申请书》，填制正确清楚的普惠制产地证书和出口商品的商业发票副本，以及必要的其它证件。含有进口成份的产品，还必须提交《含进口成份受惠商品成本明细单》。

第十条 申请单位原则上向所在地商检机构申请办理签证，特殊情况需在异地申请签证时，必须提供所在地商检机构注册登记的证明文件。

第十一条 对使用外国商标的商品，凡符合原产地规则的，可以申请签证。但是，该商品及其包装不得标有香港、台湾、澳门及中国以外的产地制造的字样。

第十二条 申请单位应于货物装运前向商检机构提出申请。申请单位若需要申请后发证书，必须向商检机构提交货物确已出运的证明文件。

第十三条 如果已签发的证书正本遗失或损毁，申请单位必须向商检机构书面申明理由和提供依据，经商检机构审核确认后方准于申请重发证书，同时声明原证书作废。

第十四条 申请单位要求更改已签发证书的内容，必须申明更改的理由和提供依据，经检机构核实并收回原发证书后方准予换发新证书。

第十五条 申请重发或更改证书内容，申请单位均须重新履行申请手续。

第十六条 经香港转运至给惠国的产品，在获得商检机构签发的普惠制产地证书后，凡给惠国要求签署"未再加工证明"的，申请人需持上述证书及有关单证，向香港中国检验有限公司申请办理。

第十七条 申请单位应按规定交纳签证费和注册费。

第三章 制 证

第十八条 普惠制原产地证书由申请单位填制。

第十九条 普惠制原产地证书采用联合国贸发会议规定的统一格式。

第二十条 申请单位的手签人员应熟悉各给惠国普惠制实施方案，采用的商品名称和编码及填制普惠制证书的方法；熟悉所经营的出口受惠商品，尤其是含有进口成份的商品的原材料构成情况；自觉执行本办法及有关规定，切实保证普惠制产地证书的真实性和准确性；证面清洁美观,不得涂改。

第二十一条 证书一般使用英文填制,如给惠国有要求,也可以使用法文。

第四章 签 证

第二十二条 商检机构在接受申请时,要查看单证资料是否齐全,填写是否完整,文字是否清晰,印章、签字有无错漏。如发现不符合规定不接受申请。

第二十三条 商检机构证书签发人,必须经过严格培训并向给惠国主管当局注册备案。

第二十四条 接受正式申请后,证书一般用两个工作日签出,特殊情况作急件处理。

第二十五条 每套证书只签发壹份正本,商检机构不在副本上签字盖章。

第五章 调 查

第二十六条 为确保普惠制原产地证书的真实性和准确性,商检机构将进行下列调查:

(一)在申请单位申请注册登记时,商检机构将审核有关书面材料并对其产品的原料及加工情况进行查核。

(二)签证过程中的调查。商检机构在接受办理普惠制产地证书的申请后,审核《含有进口成份受惠商品成本明细单》并对含进口成份的商品进行实地调查。

(三)签证后的调查。商检机构对所签发的证书项下的商品,将进行不定期抽查。

(四)给惠国查询的调查。在收到给惠国主管当局的退证查询时,商检机构将会同有关部门对产品的原料、零部件来源、成本构成情况及加工工序等进行核查,并在规定时限内将核查结果答复给惠国主管当局。

第二十七条 被调查的有关单位应及时提供有关资料、证件,为调查工作提供所必需的交通工具和食宿条件。

第六章 惩 处

第二十八条 由于申请单位填报内容有误或不真实而导致签证差错造成不良后果,视情节轻重给予批评、通报或罚款处理。

第二十九条 申请单位和人员隐瞒产品原材料来源或进口成份;或在申请书、证书内填报打印虚假情况,伪造、变造书证;或擅自涂改、加添证书内容,按情节轻重,对直接责任人员比照《商检法》第二十七条的规定追究刑事责任;情节轻微的,由商检机构处以罚款和通报。

第三十条 凡签证人员玩忽职守,给国家造成政治影响或经济损失者,应给予批评教育,直到比照《商检法》第二十九条的规定追究刑事责任。

第三十一条 货物运抵香港后,对申请办理"未再加工证明"项下的商品进行任何加工的,或伪造、变造"未再加工证明"的,国家商检局授权香港中国检验有限公司收回普惠制产地证书并停止对其签署"未再加工证明"。

第七章 附 则

第三十二条 国家商检局根据本办法制定实施细则。

第三十三条 本办法由国家商检局制订下达,由各地商检机构实施。本办法由国家商检局负责解释。

第三十四条 本办法自公布之日起实施,1982年12月1日起实施《国家进出口商品检验局普惠制产地证明书签证管理办法》同时废止。

中华人民共和国非优惠原产地证书签证管理办法

- 2009年6月14日国家质量监督检验检疫总局令第114号公布
- 根据2016年10月18日国家质量监督检验检疫总局令第184号《国家质量监督检验检疫总局关于修改和废止部分规章的决定》第一次修正
- 根据2018年4月28日海关总署令第238号《海关总署关于修改部分规章的决定》第二次修正
- 根据2018年5月29日海关总署第240号令《海关总署关于修改部分规章的决定》第三次修正

第一章 总 则

第一条 为规范中华人民共和国非优惠原产地证书签证管理工作,促进对外贸易发展,根据《中华人民共和国进出口商品检验法》及其实施条例、《中华人民共和国进出口货物原产地条例》及有关法律法规规定,制定本办法。

第二条 本办法所称中华人民共和国非优惠原产地证书(以下简称原产地证书)是指适用于实施最惠国待遇、反倾销和反补贴、保障措施、原产地标记管理、国别数量限制、关税配额等非优惠性贸易措施以及进行政府采购、贸易统计等活动中为确定出口货物原产于中华人民共和国境内所签发的书面证明文件。

第三条 海关总署对原产地证书的签证工作实施管理。

主管海关和中国国际贸易促进委员会及其地方分会按照分工负责原产地证书签证工作。

海关和中国国际贸易促进委员会及其地方分会以下

统称签证机构。

第四条 向签证机构申请签发原产地证书的申请人（以下简称申请人）应当是出口货物的发货人。

第五条 申请人应当向签证机构提供真实的资料和信息。

海关总署和签证机构的工作人员对在签证工作中所知悉的商业秘密负有保密义务。

第六条 海关总署和签证机构对涉及生命和健康、环境保护、防止欺诈、国家安全等质量安全要求的产品，应当加强原产地签证管理。

第二章 原产地证书的申请与签发

第七条 申请人应当于货物出运前向申请人所在地、货物生产地或者出境口岸的签证机构申请办理原产地证书签证。申请人在初次申请办理原产地证书时，向所在地签证机构提供下列材料：

（一）填制真实准确的《中华人民共和国非优惠原产地证书申请企业备案表》；

（二）《原产地证书申报员授权书》及申报人员相关信息；

（三）原产地标记样式；

（四）中华人民共和国非优惠原产地证书申请书；

（五）按规定填制的《中华人民共和国非优惠原产地证书》；

（六）出口货物商业发票；

（七）申请签证的货物属于异地生产的，应当提交货源地签证机构出具的异地货物原产地调查结果；

（八）对含有两个以上国家（地区）参与生产或者签证机构需要核实原产地真实性的货物，申请人应当提交《产品成本明细单》。

以电子方式申请原产地证书的，还应当提交《原产地证书电子签证申请表》和《原产地证书电子签证保证书》。

第八条 签证机构根据第七条第一款前四项的规定对申请人及其申报产品、原产地申报人员相关信息、原产地标记等信息进行核对无误后，向申请人发放《原产地证书申请企业备案证》。

第九条 第七条第一款前四项备案内容发生变更时，申请人应当及时到签证机构办理变更手续。

第十条 申请人取得《原产地证书申请企业备案证》再次申请办理原产地证书时，可免予提供第七条第一款前四项的材料。

第十一条 进口方要求出具官方机构签发的原产地证书的，申请人应当向海关申请办理；未明确要求的，申请人可以向海关、中国国际贸易促进委员会或者其地方分会申请办理。

第十二条 申请签证的货物属于异地生产的，申请人应当向货源地签证机构申请出具货物原产地调查结果。签证机构需要进一步核查的，货源地签证机构应当予以配合。

第十三条 签证机构接到原产地证书签证申请后，签证人员应当按照《中华人民共和国进出口货物原产地条例》和《关于非优惠原产地规则中实质性改变标准的规定》规定，对申请人的申请进行审核。

第十四条 签证机构可以对申请人申报的产品进行实地调查，核实生产设备、加工工序、原料及零部件的产地来源、制成品及其说明书和内外包装等，填写《原产地调查记录》。

第十五条 申请原产地证书的货物及其内、外包装或者说明书上，不得出现其他国家或者地区制造、生产的字样或者标记。

第十六条 参加国外展览的货物，申请人凭参展批件可以申请原产地证书。

货物在中国加工但未完成实质性改变的，申请人可以向签证机构申请签发加工、装配证书。

经中国转口的非原产货物，申请人可以向签证机构申请签发转口证书。

第十七条 签证机构应当在受理签证申请之日起2个工作日内完成审核，审核合格的，予以签证。

申请人未在签证机构备案的，签证机构应当自备案信息核对无误之日起2个工作日内完成签证申请的审核，审核合格的，予以签证。

调查核实所需时间不计入在内。

第十八条 国家鼓励申请人采用电子方式申办原产地证书。

申请人采用电子方式申报应当使用经统一评测合格的电子申报软件，并保证电子数据真实、准确。

签证机构在收到电子数据后，应当及时审核、签发原产地证书。

电子申报软件商应当确保电子申报软件的质量，并提供相关技术支持。

第十九条 一批货物只能申领一份原产地证书，申请人对于同一批货物不得重复申请原产地证书。

第二十条 原产地证书为正本1份、副本3份。其中正本和两份副本交申请人，另一份副本及随附资料由签证机构存档3年。

申请人因实际需要申请增加原产地证书副本的,签证机构应当予以办理。

原产地证书自签发之日起有效期为1年。更改、重发证书的有效期同原发证书。

第二十一条 已签发的证书正本遗失或者毁损,申请人可以在证书有效期内向签证机构提交《中华人民共和国非优惠原产地证书更改/重发申请书》,申请重发证书。

第二十二条 要求更改已签发的证书内容时,申请人应当在原产地证书有效期内提交《中华人民共和国非优惠原产地证书更改/重发申请书》,并退回原发证书。签证机构经核实后,方可签发新证书。

更改后的证书遗失或者毁损,需要重新发证的,应当按照本办法规定申请办理重新发证。

第二十三条 特殊情况下,申请人可以在货物出运后申请补发原产地证书。

申请补发原产地证书,除依照本办法第七条、第十条的规定提供相关资料外,还应当提交下列资料:

(一)补发原产地证书申请书;
(二)申请补发证书原因的书面说明;
(三)货物的提单等货运单据。

签证机构应当在原产地证书的签证机构专用栏内加注"补发"字样。

对于退运货物或无法核实原产地的货物,签证机构不予补发原产地证书。

第二十四条 进口方要求在商业发票及其他单证、货物包装上对货物原产地作声明的,对于完全原产的货物,申请人可以直接声明;对于含有非原产成分的货物,申请人必须向签证机构申领原产地证书后方可作原产地声明。

第三章 原产地调查

第二十五条 签证机构根据需要可以对申请原产地证书的货物实行签证调查,并填写《原产地调查记录》。

第二十六条 应进口国家(地区)有关机构的请求,签证机构应当对出口货物的原产地情况进行核查,并在收到查询函后3个月内将核查情况反馈进口国家(地区)有关机构。

被调查人应当配合调查工作,及时提供有关资料。

第二十七条 国家对出口货物原产地标记实施管理。

出口货物及其包装上标有原产地标记的,其原产地标记所标明的原产地应当与依照《中华人民共和国进出口货物原产地条例》所确定的原产地相一致。

出口货物的原产地标记标明的原产地与真实原产地不一致的,海关应当责令当事人改正。

第四章 监督管理

第二十八条 海关总署会同国务院有关部门对原产地签证工作进行监督和检查。

第二十九条 申请人应当建立签证产品相关档案。

出口货物生产企业应当建立原料来源、生产加工、成品出货等单据和记录档案。

前两款规定的档案应当至少保存3年。

第三十条 签证机构可以根据签证要求对申请人和签证产品进行核查。核查不合格的,签证机构应当责令整改或者注销备案。

第三十一条 签证机构应当对原产地证书签证印章和空白证书实行专门管理制度,不得将签字盖章的空白原产地证书交给申请人。

第三十二条 海关总署应当会同国务院有关部门制定原产地证书签证统计规范、确定统计项目。

签证机构负责本机构原产地证书的签证统计。中国国际贸易促进委员会负责汇总贸促会系统的签证统计数据。

各直属海关和中国国际贸易促进委员会定期向海关总署以电子数据方式报送签证统计数据。每年7月20日前报送上半年签证统计数据,次年1月20日前报送上一年度签证统计数据。

海关总署负责统一汇总各签证机构的签证统计数据,并向国务院有关部门通报。

第五章 法律责任

第三十三条 违反本办法规定的,由违法行为发生地的海关予以行政处罚。

贸促会系统在签证过程中发现违反本办法规定的,应当移交当地海关予以处理。

第三十四条 伪造、变造、买卖或者盗窃海关签发的原产地证书的,依法追究刑事责任;尚不够刑事处罚的,由海关按照《中华人民共和国进出口商品检验法》第三十六条规定责令改正,没收违法所得,并处货值金额等值以下罚款。

第三十五条 使用伪造、变造的海关签发的原产地证书的,构成犯罪的,依法追究刑事责任;尚不够刑事处罚的,由海关按照《中华人民共和国进出口商品检验法实施条例》第四十七条规定责令改正,没收违法所得,并处货物货值金额等值以下罚款。

第三十六条 伪造、变造、买卖或盗窃中国国际贸易促进委员会及其地方分会签发的原产地证书的,由海关按照《中华人民共和国进出口货物原产地条例》第二十三条规定处以 5000 元以上 10 万元以下的罚款;伪造、变造、买卖或者盗窃作为海关放行凭证的中国国际贸易促进委员会及其地方分会签发的原产地证书的,处货值金额等值以下的罚款,但货值金额低于 5000 元的,处 5000 元罚款。有违法所得的,由海关没收违法所得。构成犯罪的,依法追究刑事责任。

第三十七条 提供虚假材料骗取原产地证书的,由海关按照《中华人民共和国进出口货物原产地条例》第二十三条规定处以 5000 元以上 10 万元以下的罚款;骗取原产地证书的,处货值金额等值以下的罚款,但货值金额低于 5000 元的,处 5000 元罚款。有违法所得的,由海关没收违法所得。构成犯罪的,依法追究刑事责任。

第三十八条 申请人提供虚假材料骗取备案的,有违法所得的,由海关处以违法所得 3 倍以下罚款,最高不超过 3 万元;没有违法所得的,处以 1 万元以下罚款。

第三十九条 签证机构的工作人员有下列情形之一的,依法给予通报批评、取消签证资格或者行政处分;有违法所得的,没收违法所得;构成犯罪的,依法追究刑事责任:
(一)违反法律法规规定签证;
(二)无正当理由拒绝签证;
(三)泄露所知悉的商业秘密;
(四)滥用职权、玩忽职守、徇私舞弊。

第六章 附 则

第四十条 政府采购、反倾销、反补贴、反欺诈、原产地标记等需要出具原产地证书的,由海关按照本办法执行。

其他需要出具原产地证书的,或者需要在与原产地证书有关的贸易单证上盖章确认的,参照本办法执行。

第四十一条 证书格式正本为带长城图案浅蓝色水波纹底纹。证书内容用英文填制。

海关总署和中国国际贸易促进委员会统一印制本系统使用的空白证书。

第四十二条 签发原产地证书,按照国家有关规定收取费用。

第四十三条 本办法由海关总署负责解释。

第四十四条 本办法自 2009 年 8 月 1 日起施行。本办法施行前制定的有关出口货物非优惠原产地证书签发管理的规定与本办法不符的,以本办法为准。

原产地标记管理规定

· 2001 年 3 月 5 日
· 国检法〔2001〕第 51 号

第一章 总 则

第一条 为加强原产地标记管理工作,规范原产地标记的使用,保护生产者、经营者和消费者的合法权益,根据《中华人民共和国进出口商品检验法》及其实施条例、《中华人民共和国出口货物原产地规则》等有关法律法规和世界贸易组织《原产地规则协议》等国际条约、协议的规定,制定本规定。

第二条 本规定适用于对原产地标记的申请、评审、注册等原产地标记的认证和管理工作。

第三条 国家出入境检验检疫局(以下简称国家检验检疫局)统一管理全国原产地标记工作,负责原产地标记管理办法的制定、组织协调和监督管理。国家检验检疫局设在各地的出入境检验检疫局(以下简称检验检疫机构)负责其辖区内的原产地标记申请的受理、评审、报送注册和监督管理。

第四条 本规定所称原产地标记包括原产国标记和地理标志。原产地标记是原产地工作不可分割的组成部分。原产国标记是指用于指示一项产品或服务来源于某个国家或地区的标识、标签、标示、文字、图案以及与产地有关的各种证书等。地理标志是指一个国家、地区或特定地方的地理名ற,用于指示一项产品来源于该地,且该产品的质量特征完全或主要取决于该地的地理环境、自然条件、人文背景等因素。

第五条 原产地标记的使用范围包括:
(一)标有"中国制造/生产"等字样的产品;
(二)名、优、特产品和传统的手工艺品;
(三)申请原产地认证标记的产品;
(四)涉及安全、卫生、环境保护及反欺诈行为的货物;
(五)涉及原产地标记的服务贸易和政府采购的商品;
(六)根据国家规定须标明来源地的产品。

第六条 检验检疫机构对原产地标记实施注册认证制度。

第七条 原产地标记的注册坚持自愿申请原则,原产地标记经注册后方可获得保护。涉及安全、卫生、环境保护及反欺诈行为的入境产品,以及我国法律、法规、双边协议等规定须使用原产地标记的进出境产品或者服务，按有关规定办理。

第八条 经国家检验检疫局批准注册的原产地标记为原产地认证标记，国家检验检疫局定期公布《受保护的原产地标记产品目录》，对已列入保护的产品，在检验检疫、放行等方面给予方便。已经检验检疫机构施加的各种标志、标签，凡已标明原产地的可视作原产地标记，未标明原产地的，按本规定有关条款办理。

第九条 取得原产地标记认证注册的产品或服务可以使用原产地认证标记，原产地认证标记包括图案、证书或者经国家检验检疫局认可的其它形式。

第十条 原产地标记的评审认定工作应坚持公平、公正、公开的原则。

第二章 原产地标记的申请、评审、注册和使用

第十一条 原产地标记的申请人包括国内外的组织、团体、生产经营企业或者自然人。

第十二条 申请出境货物原产地标记注册，申请人应向所在地检验检疫机构提出申请，并提交相关的资料。申请入境货物原产地标记注册的，申请人应向国家检验检疫局提出申请，并提交相关的资料。

第十三条 检验检疫机构受理原产地标记注册申请后，按相关程序组织评审。经评审符合条件的，由国家检验检疫局批准注册并定期发布《受保护的原产地标记产品目录》。

第十四条 使用"中国制造"或"中国生产"原产地标记的出口货物须符合下列标准：

（一）在中国获得的完全原产品；

（二）含有进口成份的，须符合《中华人民共和国出口货物原产地规则》要求，并取得中国原产地资格。

第三章 原产地标记的保护与监督

第十五条 国家检验检疫局可根据有关地方人民政府和社会团体对原产地标记产品保护的建议，组织行业主管部门、行业协会、生产者代表以及有关专家进行评审，符合要求的，列入《受保护的原产地标记产品目录》。

第十六条 取得原产地认证标记的产品、服务及其生产经营企业，应接受检验检疫机构的监督检查。

第十七条 对违反本规定使用原产地标记的行为，依法追究其法律责任。

第十八条 从事原产地标记工作的人员滥用职权、徇私舞弊、泄露商业秘密的，给予行政处分；构成犯罪的，依法追究刑事责任。

第十九条 对原产地标记的申请受理、评审认证、注册、使用认定和管理工作有异议的，可以向所在地检验检疫机构或国家检验检疫局提出复审。

第四章 附则

第二十条 检验检疫机构办理原产地标记，按有关规定收取费用。

第二十一条 国家检验检疫局根据本规定制定实施办法。

第二十二条 本办法由国家检验检疫局负责解释。

第二十三条 本规定自2001年4月1日起施行。

原产地标记管理规定实施办法

- 2001年3月5日
- 国检法〔2001〕第51号

第一章 总则

第一条 根据《原产地标记管理规定》，制定本办法。

第二条 国家出入境检验检疫局（以下简称国家检验检疫局）设立原产地标记工作小组及其办公室，主要职责是：

（一）原产地标记的有关管理办法的制、修订；

（二）受理入境原产地标记申请，办理原产地标记的注册审批；

（三）统一发布原产地标记认证的种类和形式；

（四）原产地标记管理工作的协调和监督管理。

第三条 各地出入境检验检疫局（以下简称检验检疫机构）按照相应的模式，负责其辖区内的原产地标记的申请受理、评审、报送注册和监督管理。

第四条 对已取得国家检验检疫局批准注册的原产地标记，由国家检验检疫局每半年一次公开发布《受保护的原产地标记产品目录》。

第二章 原产地标记的使用范围

第五条 使用原产国标记的产品包括：

（一）在生产国获得的完全原产品；

（二）含有进口成份，并获得原产资格的产品；

（三）标有原产国标记的涉及安全、卫生及环境保护的进口产品；

（四）国外生产商申请原产地标记保护的商品；

（五）涉及反倾销、反补贴的产品；

（六）服务贸易和政府采购中的原产地标记的产品。

第六条 使用地理标志的产品包括：

（一）用特定地区命名的产品，其原材料全部、部分

或主要来自该地区,或来自其它特定地区,其产品的特殊品质、特色和声誉取决于当地的自然环境和人文因素,并在该地采用传统工艺生产。

（二）以非特定地区命名的产品,其主要原材料来自该地区或其它特定地区,但该产品的品质、品味、特征取决于该地的自然环境和人文因素以及采用传统工艺生产、加工、制造或形成的产品,也视为地理标志产品。

第三章 原产地标记的申请、评审和注册

第七条 申请地理标志注册的,申请人须填写《原产地标记注册申请书》,并提供以下资料：

（一）所适用的产地范围；

（二）生产或形成时所用的原材料、生产工艺、流程、主要质量特性；

（三）生产产品的质量情况与地理环境(自然因素、人文因素或者结合)的相关资料；

（四）检验检疫机构要求的其它相关资料。

第八条 检验检疫机构受理地理标志申请后,依据如下原则进行评审：

（一）产品名称应由其原产地地理名称和反映其真实属性的通用产品名称构成；

（二）产品的品质、品味、特征、特色和声誉能体现原产地的自然环境和人文因素,并具有稳定的质量、历史悠久、享有盛名；

（三）在生产中采用传统的工艺生产或特殊的传统的生产设备生产；

（四）其原产地是公认的、协商一致的并经确认的。

第九条 检验检疫机构评审的依据如下：

（一）历史渊源、当地自然条件和人文因素；

（二）标记产品原有的标准(包括工艺)；

（三）申请人提供的经确认的感官特性,理化、卫生指标和试验方法；

（四）涉及安全、卫生、环保的产品要求符合国家标准的规定；

（五）申请人提供的其它与审核有关的文件。

第十条 国家检验检疫局对所受理的入境货物原产地认证标记的申请,组织专家进行评审,评审合格的,予以注册。

第十一条 检验检疫机构受理出境货物地理标记认证申请后,由直属检验检疫局依据《原产地标记注册程序》进行评审,评审合格的,报国家检验检疫局审批。经审批合格的,国家检验检疫局批准注册并颁发证书。

出境货物原产国标记注册的申请,检验检疫机构按照《中华人民共和国出口货物原产地规则》签发原产地证书的要求进行审核。经审核符合要求的,生产制造厂商可在其产品上施加原产地标记"中国制造/生产"字样；不符合要求的,不得施加。

第十二条 服务贸易中的原产地标记,申请人应提供该项服务的权利证明和服务性的依据,由检验检疫机构组织验证,对符合标准的,签发《原产地标记证明书》。

第四章 原产地认证标记的使用

第十三条 经国家检验检疫局注册的原产地标记为原产地认证标记。标记使用人应按照原产地标记注册证书核准的产品及标示方法的范围使用相应的原产地标记。

第十四条 原产地认证标记的形式和种类：

（一）标记图案：CIQ-Origin

标记图案的图形为椭圆形,底色为瓷兰色,字体为白色。标记的材质为纸制,有耐热要求时为铝箔。

标记的规格分为5号,各种规格的外围尺寸见下表：

标记规格	1号	2号	3号	4号	5号
直径(mm)	60	45	30	20	10

标记图案的长、短半径比例为1.5∶1。

（二）证书

1. 原产地标记注册证书
2. 原产地标记的书面证明

（三）经国家检验检疫局认可的其它形式

第十五条 原产地认证标记的标示方法有：

（一）直接加贴或吊挂在产品或包装物上；

（二）图案压模,适用于金属、塑料等产品或包装上；

（三）原产地标记证书；

（四）直接印刷在标签或包装物上；

（五）应申请人的要求或根据实际情况,采用相应的标志方法。

第十六条 对土特产品、传统手工艺品、名牌优质产品,申请人提出申请原产地标记后,检验检疫机构应组织评审,经注册后方可使用原产地认证标记。

第五章 监督管理

第十七条 下列标记不受保护：

（一）不符合规定的原产国标记和地理标志；

（二）违反道德或公共秩序的标记,特别是在商品的品质、来源、制造方法、质量特征或用途等方面容易引起误导的标记；

（三）已成为普通名称或公知公用的原产地标记；

（四）未经注册，自行施加或自我声明"中国制造"的标记。

第十八条　原产地标记的使用不得有下列情形：

（一）使用虚假的、欺骗性的或引起误解的原产地标记，使用虚假、欺骗性说明或者仿造原产地名称的；

（二）在原产地标记上加注了诸如"类"、"型"、"式"等类似用语以混淆原产地的；

（三）使用原产地标记与实际货物不符合的；

（四）未经许可使用、变更或伪造原产地标记的。

第十九条　检验检疫机构对已注册原产地标记的企业实行监督管理，发现不符合要求的，给予暂停使用或停止使用的处罚。对暂停使用的注册单位，改进后经审核合格的，可恢复使用；

对停止使用的注册单位，以公告形式予以公布。

第二十条　对违反本规定的行为，情节轻微的，由检验检疫机构依法予以行政处罚；情节严重构成犯罪的，依法追究其刑事责任。

第六章　附　则

第二十一条　检验检疫机构办理原产地标记注册、加贴认证标志，以及实施有关检验、鉴定、测试等应按规定收取费用。

第二十二条　政府采购中的原产地标记，国家检验检疫局将根据我国政府采购的法律和法规，对政府采购中的原产地标记进行认定。

第二十三条　国家规定的"西部地区"的产品，可标有特定的"西部地区"标记，该标记视为原产地标记。

本条所称的"西部地区"是指国家公开发布的省、市、自治区。

第二十四条　本办法由国家检验检疫局负责解释。

第二十五条　本办法自2001年4月1日起施行。

(3) 召回

消费品召回管理暂行规定

· 2019年11月8日国家市场监督管理总局2019年第14次局务会议审议通过
· 2019年11月21日国家市场监督管理总局令第19号公布
· 自2020年1月1日起施行

第一条　为了规范缺陷消费品召回工作，保障人体健康和人身、财产安全，根据《中华人民共和国消费者权益保护法》等法律、行政法规，制定本规定。

第二条　中华人民共和国境内缺陷消费品的召回及其监督管理，适用本规定。

法律、行政法规、部门规章对消费品的监督管理部门或者召回程序等另有规定的，依照其规定。

第三条　本规定所称消费品，是指消费者为生活消费需要购买、使用的产品。

本规定所称缺陷，是指因设计、制造、警示等原因，致使同一批次、型号或者类别的消费品中普遍存在的危及人身、财产安全的不合理危险。

本规定所称召回，是指生产者对存在缺陷的消费品，通过补充或者修正警示标识、修理、更换、退货等补救措施，消除缺陷或者降低安全风险的活动。

第四条　生产者应当对其生产的消费品的安全负责。消费品存在缺陷的，生产者应当实施召回。

第五条　国家市场监督管理总局负责指导协调、监督管理全国缺陷消费品召回工作。

省级市场监督管理部门负责监督管理本行政区域内缺陷消费品召回工作。

省级以上市场监督管理部门可以委托相关技术机构承担缺陷消费品召回的具体技术工作。

第六条　任何单位或者个人有权向市场监督管理部门反映消费品可能存在缺陷的信息。

市场监督管理部门应当畅通信息反映渠道，收集汇总、分析处理消费品可能存在缺陷的信息。

第七条　生产者和从事消费品销售、租赁、修理等活动的其他经营者（以下简称其他经营者）应当建立消费品缺陷信息的收集核实和分析处理制度。

鼓励生产者和其他经营者建立消费品可追溯制度。

第八条　生产者和其他经营者发现其生产经营的消费品存在以下情形之一的，应当自发现之日起二个工作日内向所在地省级市场监督管理部门报告：

（一）已经造成或者可能造成死亡、严重人身伤害、重大财产损失的；

（二）在中华人民共和国境外实施召回的。

省级市场监督管理部门接到前款规定事项报告，发现消费品生产者不在本行政区域内的，应当自发现之日起二个工作日内通报生产者所在地省级市场监督管理部门。

第九条　生产者发现消费品可能存在缺陷的，应当立即组织调查分析。

省级市场监督管理部门发现本行政区域内生产者生产的消费品可能存在缺陷的，应当自发现之日起三个工作日内通知生产者开展调查分析。生产者应当按照通知要求开展调查分析，并将调查分析结果报告省级市场监督管理部门。

经调查分析认为消费品存在缺陷的，生产者应当立即实施召回，不得隐瞒缺陷。

第十条 生产者未按照通知要求开展调查分析，或者省级市场监督管理部门认为调查分析结果不足以证明消费品不存在缺陷的，省级市场监督管理部门应当组织缺陷调查。

省级以上市场监督管理部门认为消费品可能存在足以造成严重后果或者影响范围较大的缺陷的，可以直接组织缺陷调查。

第十一条 市场监督管理部门组织缺陷调查，可以进入生产者和其他经营者的生产经营场所进行现场调查，查阅、复制相关资料和记录，向相关单位和个人了解消费品可能存在缺陷的情况，组织相关技术机构和专家进行技术分析和风险评估，必要时可以约谈生产者。

生产者和其他经营者应当配合市场监督管理部门开展的缺陷调查，提供调查需要的资料、消费品和专用设备等。

第十二条 经缺陷调查认为消费品存在缺陷的，组织缺陷调查的市场监督管理部门应当通知生产者实施召回。

生产者接到召回通知，认为消费品存在缺陷的，应当立即实施召回。

第十三条 生产者认为消费品不存在缺陷的，可以自收到通知之日起十个工作日内向通知其召回的市场监督管理部门提出异议，并提供相关材料。

接到异议的市场监督管理部门应当审查相关材料，必要时组织相关技术机构或者专家采用检验、检测、鉴定或者论证等方式进行缺陷认定，并将认定结果通知生产者。认定消费品存在缺陷的，生产者应当立即实施召回。

第十四条 生产者既不按照市场监督管理部门通知要求实施召回又未在规定期限内提出异议，或者经缺陷认定确认消费品存在缺陷但仍未实施召回的，由国家市场监督管理总局责令其实施召回。生产者应当立即实施召回。

第十五条 生产者认为消费品存在缺陷或者被责令实施召回的，应当立即停止生产、销售、进口缺陷消费品，通知其他经营者停止经营。

生产者应当承担消费者因消费品被召回支出的必要费用。

第十六条 其他经营者接到生产者通知的，应当立即停止经营存在缺陷的消费品，并协助生产者实施召回。

第十七条 生产者主动实施召回的，应当自调查分析认为消费品存在缺陷之日起十个工作日内向所在地省级市场监督管理部门报告召回计划。

生产者按照市场监督管理部门通知实施召回的，应当自接到通知之日起十个工作日内向通知其召回的市场监督管理部门报告召回计划。

生产者被责令实施召回的，应当自被责令召回之日起十个工作日内向国家市场监督管理总局报告召回计划。

第十八条 召回计划应当包括以下内容：

（一）需要召回的消费品范围、存在的缺陷以及避免损害发生的应急处置方式；

（二）具体的召回措施；

（三）召回的负责机构、联系方式、进度安排；

（四）其他需要报告的内容。

第十九条 接到召回计划报告的市场监督管理部门应当通过消费品召回管理信息系统向社会公示生产者报告的召回计划。

生产者应当自召回计划报告之日起三个工作日内以便于公众知晓的方式发布召回信息，并接受公众咨询。其他经营者应当在其门店、网站等经营场所公开生产者发布的召回信息。

第二十条 生产者应当按照召回计划实施召回。对采取更换、退货方式召回的缺陷消费品，生产者应当按照有关规定进行处理。未消除缺陷或者降低安全风险的，不得再次销售或者交付使用。

第二十一条 生产者应当自召回实施之日起每三个月向报告召回计划的市场监督管理部门提交召回阶段性总结，并在完成召回计划后十五个工作日内提交召回总结。

生产者应当制作并保存召回记录。召回记录的保存期不得少于五年。

第二十二条 生产者发现召回的消费品范围不准确、召回措施未能消除缺陷或者降低安全风险的，应当重新实施召回。

接到召回计划报告的市场监督管理部门应当对生产者召回实施情况进行监督。发现生产者召回的消费品范围不准确、召回措施未能消除缺陷或者降低安全风险的，应当通知生产者重新实施召回。

第二十三条 参与缺陷消费品召回监督管理相关工作的单位及其人员对工作中获悉的商业秘密、个人隐私，应当依法保密。

第二十四条 生产者经责令召回仍拒绝或者拖延实施召回的，按照《中华人民共和国消费者权益保护法》第五十六条规定处理。

第二十五条 生产者和其他经营者违反本规定第八条第一款、第十一条第二款、第十五条至第十七条、第十九条第二款、第二十条、第二十一条规定，由省级市场监督管理部门责令限期改正；逾期未改正的，处一万元以上三万元以下罚款；涉嫌构成犯罪，依法需要追究刑事责任的，按照有关规定移送公安机关。

第二十六条 从事缺陷消费品召回监督管理工作的人员滥用职权、玩忽职守、徇私舞弊的，对直接负责的主管人员和其他直接责任人员依法给予行政处分。

第二十七条 市场监督管理部门应当将责令召回情况及行政处罚信息记入信用档案，依法向社会公布。

第二十八条 生产者按照本规定召回缺陷消费品，不免除其依法应当承担的其他法律责任。

第二十九条 进口消费品的境外生产者指定的在中华人民共和国境内实施召回的机构，视为本规定所称生产者；境外生产者未指定的，进口商视为本规定所称生产者。

第三十条 根据需要，市级、县级市场监督管理部门可以负责省级市场监督管理部门缺陷消费品召回监督管理部分工作，具体职责分工由省级市场监督管理部门确定。

第三十一条 除消费品以外，法律、行政法规规定由市场监督管理部门负责监督管理召回活动的其他产品，可以参照本规定执行。

第三十二条 本规定自2020年1月1日起施行。2007年8月27日原国家质量监督检验检疫总局令第101号公布的《儿童玩具召回管理规定》同时废止。

缺陷汽车产品召回管理条例

- 2012年10月22日中华人民共和国国务院令第626号公布
- 根据2019年3月2日《国务院关于修改部分行政法规的决定》修订

第一条 为了规范缺陷汽车产品召回，加强监督管理，保障人身、财产安全，制定本条例。

第二条 在中国境内生产、销售的汽车和汽车挂车（以下统称汽车产品）的召回及其监督管理，适用本条例。

第三条 本条例所称缺陷，是指由于设计、制造、标识等原因导致的在同一批次、型号或者类别的汽车产品中普遍存在的不符合保障人身、财产安全的国家标准、行业标准的情形或者其他危及人身、财产安全的不合理的危险。

本条例所称召回，是指汽车产品生产者对其已售出的汽车产品采取措施消除缺陷的活动。

第四条 国务院产品质量监督部门负责全国缺陷汽车产品召回的监督管理工作。

国务院有关部门在各自职责范围内负责缺陷汽车产品召回的相关监督管理工作。

第五条 国务院产品质量监督部门根据工作需要，可以委托省、自治区、直辖市人民政府产品质量监督部门负责缺陷汽车产品召回监督管理的部分工作。

国务院产品质量监督部门缺陷产品召回技术机构按照国务院产品质量监督部门的规定，承担缺陷汽车产品召回的具体技术工作。

第六条 任何单位和个人有权向产品质量监督部门投诉汽车产品可能存在的缺陷，国务院产品质量监督部门应当以便于公众知晓的方式向社会公布受理投诉的电话、电子邮箱和通信地址。

国务院产品质量监督部门应当建立缺陷汽车产品召回信息管理系统，收集汇总、分析处理有关缺陷汽车产品信息。

产品质量监督部门、汽车产品主管部门、商务主管部门、海关、公安机关交通管理部门、交通运输主管部门等有关部门应当建立汽车产品的生产、销售、进口、登记检验、维修、消费者投诉、召回等信息的共享机制。

第七条 产品质量监督部门和有关部门、机构及其工作人员对履行本条例规定职责所知悉的商业秘密和个人信息，不得泄露。

第八条 对缺陷汽车产品，生产者应当依照本条例全部召回；生产者未实施召回的，国务院产品质量监督部门应当依照本条例责令其召回。

本条例所称生产者，是指在中国境内依法设立的生产汽车产品并以其名义颁发产品合格证的企业。

从中国境外进口汽车产品到境内销售的企业，视为前款所称的生产者。

第九条 生产者应当建立并保存汽车产品设计、制造、标识、检验等方面的信息记录以及汽车产品初次销售的车主信息记录，保存期不得少于10年。

第十条 生产者应当将下列信息报国务院产品质量监督部门备案：

（一）生产者基本信息；

（二）汽车产品技术参数和汽车产品初次销售的车主信息；

（三）因汽车产品存在危及人身、财产安全的故障而发生修理、更换、退货的信息；

（四）汽车产品在中国境外实施召回的信息；

（五）国务院产品质量监督部门要求备案的其他信息。

第十一条 销售、租赁、维修汽车产品的经营者(以下统称经营者)应当按照国务院产品质量监督部门的规定建立并保存汽车产品相关信息记录，保存期不得少于5年。

经营者获知汽车产品存在缺陷的，应当立即停止销售、租赁、使用缺陷汽车产品，并协助生产者实施召回。

经营者应当向国务院产品质量监督部门报告和向生产者通报所获知的汽车产品可能存在缺陷的相关信息。

第十二条 生产者获知汽车产品可能存在缺陷的，应当立即组织调查分析，并如实向国务院产品质量监督部门报告调查分析结果。

生产者确认汽车产品存在缺陷的，应当立即停止生产、销售、进口缺陷汽车产品，并实施召回。

第十三条 国务院产品质量监督部门获知汽车产品可能存在缺陷的，应当立即通知生产者开展调查分析；生产者未按照通知开展调查分析的，国务院产品质量监督部门应当开展缺陷调查。

国务院产品质量监督部门认为汽车产品可能存在会造成严重后果的缺陷的，可以直接开展缺陷调查。

第十四条 国务院产品质量监督部门开展缺陷调查，可以进入生产者、经营者的生产经营场所进行现场调查，查阅、复制相关资料和记录，向相关单位和个人了解汽车产品可能存在缺陷的情况。

生产者应当配合缺陷调查，提供调查需要的有关资料、产品和专用设备。经营者应当配合缺陷调查，提供调查需要的有关资料。

国务院产品质量监督部门不得将生产者、经营者提供的资料、产品和专用设备用于缺陷调查所需的技术检测和鉴定以外的用途。

第十五条 国务院产品质量监督部门调查认为汽车产品存在缺陷的，应当通知生产者实施召回。

生产者认为其汽车产品不存在缺陷的，可以自收到通知之日起15个工作日内向国务院产品质量监督部门提出异议，并提供证明材料。国务院产品质量监督部门应当组织与生产者无利害关系的专家对证明材料进行论证，必要时对汽车产品进行技术检测或者鉴定。

生产者既不按照通知实施召回又不在本条第二款规定期限内提出异议的，或者经国务院产品质量监督部门依照本条第二款规定组织论证、技术检测、鉴定确认汽车产品存在缺陷的，国务院产品质量监督部门应当责令生产者实施召回；生产者应当立即停止生产、销售、进口缺陷汽车产品，并实施召回。

第十六条 生产者实施召回，应当按照国务院产品质量监督部门的规定制定召回计划，并报国务院产品质量监督部门备案。修改已备案的召回计划应当重新备案。

生产者应当按照召回计划实施召回。

第十七条 生产者应当将报国务院产品质量监督部门备案的召回计划同时通报销售者，销售者应当停止销售缺陷汽车产品。

第十八条 生产者实施召回，应当以便于公众知晓的方式发布信息，告知车主汽车产品存在的缺陷、避免损害发生的应急处置方法和生产者消除缺陷的措施等事项。

国务院产品质量监督部门应当及时向社会公布已经确认的缺陷汽车产品信息以及生产者实施召回的相关信息。

车主应当配合生产者实施召回。

第十九条 对实施召回的缺陷汽车产品，生产者应当及时采取修正或者补充标识、修理、更换、退货等措施消除缺陷。

生产者应当承担消除缺陷的费用和必要的运送缺陷汽车产品的费用。

第二十条 生产者应当按照国务院产品质量监督部门的规定提交召回阶段性报告和召回总结报告。

第二十一条 国务院产品质量监督部门应当对召回实施情况进行监督，并组织与生产者无利害关系的专家对生产者消除缺陷的效果进行评估。

第二十二条 生产者违反本条例规定，有下列情形之一的，由产品质量监督部门责令改正；拒不改正的，处5万元以上20万元以下的罚款：

（一）未按照规定保存有关汽车产品、车主的信息记录；

（二）未按照规定备案有关信息、召回计划；

（三）未按照规定提交有关召回报告。

第二十三条 违反本条例规定，有下列情形之一的，由产品质量监督部门责令改正；拒不改正的，处 50 万元以上 100 万元以下的罚款；有违法所得的，并处没收违法所得；情节严重的，由许可机关吊销有关许可：

（一）生产者、经营者不配合产品质量监督部门缺陷调查；

（二）生产者未按照已备案的召回计划实施召回；

（三）生产者未将召回计划通报销售者。

第二十四条　生产者违反本条例规定，有下列情形之一的，由产品质量监督部门责令改正，处缺陷汽车产品货值金额 1% 以上 10% 以下的罚款；有违法所得的，并处没收违法所得；情节严重的，由许可机关吊销有关许可：

（一）未停止生产、销售或者进口缺陷汽车产品；

（二）隐瞒缺陷情况；

（三）经责令召回拒不召回。

第二十五条　违反本条例规定，从事缺陷汽车产品召回监督管理工作的人员有下列行为之一的，依法给予处分：

（一）将生产者、经营者提供的资料、产品和专用设备用于缺陷调查所需的技术检测和鉴定以外的用途；

（二）泄露当事人商业秘密或者个人信息；

（三）其他玩忽职守、徇私舞弊、滥用职权行为。

第二十六条　违反本条例规定，构成犯罪的，依法追究刑事责任。

第二十七条　汽车产品出厂时未随车装备的轮胎存在缺陷的，由轮胎的生产者负责召回。具体办法由国务院产品质量监督部门参照本条例制定。

第二十八条　生产者依照本条例召回缺陷汽车产品，不免除其依法应当承担的责任。

汽车产品存在本条例规定的缺陷以外的质量问题的，车主有权依照产品质量法、消费者权益保护法等法律、行政法规和国家有关规定以及合同约定，要求生产者、销售者承担修理、更换、退货、赔偿损失等相应的法律责任。

第二十九条　本条例自 2013 年 1 月 1 日起施行。

缺陷汽车产品召回管理条例实施办法

- 2015 年 11 月 27 日国家质量监督检验检疫总局令第 176 号公布
- 根据 2020 年 10 月 23 日《国家市场监督管理总局关于修改部分规章的决定》修订

第一章　总　则

第一条　根据《缺陷汽车产品召回管理条例》，制定本办法。

第二条　在中国境内生产、销售的汽车和汽车挂车（以下统称汽车产品）的召回及其监督管理，适用本办法。

第三条　汽车产品生产者（以下简称生产者）是缺陷汽车产品的召回主体。汽车产品存在缺陷的，生产者应当依照本办法实施召回。

第四条　国家市场监督管理总局（以下简称市场监管总局）负责全国缺陷汽车产品召回的监督管理工作。

第五条　市场监管总局根据工作需要，可以委托省级市场监督管理部门在本行政区域内负责缺陷汽车产品召回监督管理的部分工作。

市场监管总局缺陷产品召回技术机构（以下简称召回技术机构）按照市场监管总局的规定承担缺陷汽车产品召回信息管理、缺陷调查、召回管理中的具体技术工作。

第二章　信息管理

第六条　任何单位和个人有权向市场监督管理部门投诉汽车产品可能存在的缺陷等有关问题。

第七条　市场监管总局负责组织建立缺陷汽车产品召回信息管理系统，收集汇总、分析处理有关缺陷汽车产品信息，备案生产者信息，发布缺陷汽车产品信息和召回相关信息。

市场监管总局负责与国务院有关部门共同建立汽车产品的生产、销售、进口、登记检验、维修、事故、消费者投诉、召回等信息的共享机制。

第八条　市场监督管理部门发现本行政区域内缺陷汽车产品信息的，应当将信息逐级上报。

第九条　生产者应当建立健全汽车产品可追溯信息管理制度，确保能够及时确定缺陷汽车产品的召回范围并通知车主。

第十条　生产者应当保存以下汽车产品设计、制造、标识、检验等方面的信息：

（一）汽车产品设计、制造、标识、检验的相关文件和质量控制信息；

（二）涉及安全的汽车产品零部件生产者及零部件的设计、制造、检验信息；

（三）汽车产品生产批次及技术变更信息；

（四）其他相关信息。

生产者还应当保存车主名称、有效证件号码、通信地址、联系电话、购买日期、车辆识别代码等汽车产品初次销售的车主信息。

第十一条　生产者应当向市场监管总局备案以下信息：

（一）生产者基本信息；

（二）汽车产品技术参数和汽车产品初次销售的车主信息；

（三）因汽车产品存在危及人身、财产安全的故障而发生修理、更换、退货的信息；

（四）汽车产品在中国境外实施召回的信息；

（五）技术服务通报、公告等信息；

（六）其他需要备案的信息。

生产者依法备案的信息发生变化的，应当在20个工作日内进行更新。

第十二条　销售、租赁、维修汽车产品的经营者（以下统称经营者）应当建立并保存其经营的汽车产品型号、规格、车辆识别代码、数量、流向、购买者信息、租赁、维修等信息。

第十三条　经营者、汽车产品零部件生产者应当向市场监管总局报告所获知的汽车产品可能存在缺陷的相关信息，并通报生产者。

第三章　缺陷调查

第十四条　生产者获知汽车产品可能存在缺陷的，应当立即组织调查分析，并将调查分析结果报告市场监管总局。

生产者经调查分析确认汽车产品存在缺陷的，应当立即停止生产、销售、进口缺陷汽车产品，并实施召回；生产者经调查分析认为汽车产品不存在缺陷的，应当在报送的调查分析结果中说明分析过程、方法、风险评估意见以及分析结论等。

第十五条　市场监管总局负责组织对缺陷汽车产品召回信息管理系统收集的信息、有关单位和个人的投诉信息以及通过其他方式获取的缺陷汽车产品相关信息进行分析，发现汽车产品可能存在缺陷的，应当立即通知生产者开展相关调查分析。

生产者应当按照市场监管总局通知要求，立即开展调查分析，并如实向市场监管总局报告调查分析结果。

第十六条　召回技术机构负责组织对生产者报送的调查分析结果进行评估，并将评估结果报告市场监管总局。

第十七条　存在下列情形之一的，市场监管总局应当组织开展缺陷调查：

（一）生产者未按照通知要求开展调查分析的；

（二）经评估生产者的调查分析结果不能证明汽车产品不存在缺陷的；

（三）汽车产品可能存在造成严重后果的缺陷的；

（四）经实验检测，同一批次、型号或者类别的汽车产品可能存在不符合保障人身、财产安全的国家标准、行业标准情形的；

（五）其他需要组织开展缺陷调查的情形。

第十八条　市场监管总局、受委托的省级市场监督管理部门开展缺陷调查，可以行使以下职权：

（一）进入生产者、经营者、零部件生产者的生产经营场所进行现场调查；

（二）查阅、复制相关资料和记录，收集相关证据；

（三）向有关单位和个人了解汽车产品可能存在缺陷的情况；

（四）其他依法可以采取的措施。

第十九条　与汽车产品缺陷有关的零部件生产者应当配合缺陷调查，提供调查需要的有关资料。

第二十条　市场监管总局、受委托的省级市场监督管理部门开展缺陷调查，应当对缺陷调查获得的相关信息、资料、实物、实验检测结果和相关证据等进行分析，形成缺陷调查报告。

省级市场监督管理部门应当及时将缺陷调查报告报送市场监管总局。

第二十一条　市场监管总局可以组织对汽车产品进行风险评估，必要时向社会发布风险预警信息。

第二十二条　市场监管总局根据缺陷调查报告认为汽车产品存在缺陷的，应当向生产者发出缺陷汽车产品召回通知书，通知生产者实施召回。

生产者认为其汽车产品不存在缺陷的，可以自收到缺陷汽车产品召回通知书之日起15个工作日内向市场监管总局提出书面异议，并提交相关证明材料。

生产者在15个工作日内提出异议的，市场监管总局应当组织与生产者无利害关系的专家对生产者提交的证明材料进行论证；必要时市场监管总局可以组织对汽车产品进行技术检测或者鉴定；生产者申请听证的或者市场监管总局根据工作需要认为有必要组织听证的，可以组织听证。

第二十三条　生产者既不按照缺陷汽车产品召回通知书要求实施召回，又不在15个工作日内向市场监管总局提出异议的，或者经组织论证、技术检测、鉴定，确认汽车产品存在缺陷的，市场监管总局应当责令生产者召回缺陷汽车产品。

第四章　召回实施与管理

第二十四条　生产者实施召回，应当按照市场监管总局的规定制定召回计划，并自确认汽车产品存在缺陷之日起 5 个工作日内或者被责令召回之日起 5 个工作日内向市场监管总局备案；同时以有效方式通报经营者。

生产者制定召回计划，应当内容全面、客观准确，并对其内容的真实性、准确性及召回措施的有效性负责。

生产者应当按照已备案的召回计划实施召回；生产者修改已备案的召回计划，应当重新向市场监管总局备案，并提交说明材料。

第二十五条　经营者获知汽车产品存在缺陷的，应当立即停止销售、租赁、使用缺陷汽车产品，并协助生产者实施召回。

第二十六条　生产者应当自召回计划备案之日起 5 个工作日内，通过报刊、网站、广播、电视等便于公众知晓的方式发布缺陷汽车产品信息和实施召回的相关信息，30 个工作日内以挂号信等有效方式，告知车主汽车产品存在的缺陷、避免损害发生的应急处置方法和生产者消除缺陷的措施等事项。

生产者应当通过热线电话、网络平台等方式接受公众咨询。

第二十七条　车主应当积极配合生产者实施召回，消除缺陷。

第二十八条　市场监管总局应当向社会公布已经确认的缺陷汽车产品信息、生产者召回计划以及生产者实施召回的其他相关信息。

第二十九条　生产者应当保存已实施召回的汽车产品召回记录，保存期不得少于 10 年。

第三十条　生产者应当自召回实施之日起每 3 个月向市场监管总局提交一次召回阶段性报告。市场监管总局有特殊要求的，生产者应当按要求提交。

生产者应当在完成召回计划后 15 个工作日内，向市场监管总局提交召回总结报告。

第三十一条　生产者被责令召回的，应当立即停止生产、销售、进口缺陷汽车产品，并按照本办法的规定实施召回。

第三十二条　生产者完成召回计划后，仍有未召回的缺陷汽车产品的，应当继续实施召回。

第三十三条　对未消除缺陷的汽车产品，生产者和经营者不得销售或者交付使用。

第三十四条　市场监管总局对生产者召回实施情况进行监督或者委托省级市场监督管理部门进行监督，组织与生产者无利害关系的专家对消除缺陷的效果进行评估。

受委托对召回实施情况进行监督的省级市场监督管理部门，应当及时将有关情况报告市场监管总局。

市场监管总局通过召回实施情况监督和评估发现生产者的召回范围不准确、召回措施无法有效消除缺陷或者未能取得预期效果的，应当要求生产者再次实施召回或者采取其他相应补救措施。

第五章　法律责任

第三十五条　生产者违反本办法规定，有下列行为之一的，责令限期改正；逾期未改正的，处以 1 万元以上 3 万元以下罚款：

（一）未按规定更新备案信息的；

（二）未按规定提交调查分析结果的；

（三）未按规定保存汽车产品召回记录的；

（四）未按规定发布缺陷汽车产品信息和召回信息的。

第三十六条　零部件生产者违反本办法规定不配合缺陷调查的，责令限期改正；逾期未改正的，处以 1 万元以上 3 万元以下罚款。

第三十七条　违反本办法规定，构成《缺陷汽车产品召回管理条例》等有关法律法规规定的违法行为的，依法予以处理。

第三十八条　违反本办法规定，构成犯罪的，依法追究刑事责任。

第三十九条　本办法规定的行政处罚由违法行为发生地具有管辖权的市场监管管理部门在职责范围内依法实施；法律、行政法规另有规定的，依照法律、行政法规的规定执行。

第六章　附　则

第四十条　本办法所称汽车产品是指中华人民共和国国家标准《汽车和挂车类型的术语和定义》规定的汽车和挂车。

本办法所称生产者是指在中国境内依法设立的生产汽车产品并以其名义颁发产品合格证的企业。

从中国境外进口汽车产品到境内销售的企业视为前款所称的生产者。

第四十一条　汽车产品出厂时未随车装备的轮胎的召回及其监督管理由市场监管总局另行规定。

第四十二条　本办法由市场监管总局负责解释。

第四十三条　本办法自 2016 年 1 月 1 日起施行。

2. 特种设备安全监管

中华人民共和国特种设备安全法

- 2013年6月29日第十二届全国人民代表大会常务委员会第三次会议通过
- 2013年6月29日中华人民共和国主席令第4号公布
- 自2014年1月1日起施行

第一章 总 则

第一条 为了加强特种设备安全工作，预防特种设备事故，保障人身和财产安全，促进经济社会发展，制定本法。

第二条 特种设备的生产（包括设计、制造、安装、改造、修理）、经营、使用、检验、检测和特种设备安全的监督管理，适用本法。

本法所称特种设备，是指对人身和财产安全有较大危险性的锅炉、压力容器（含气瓶）、压力管道、电梯、起重机械、客运索道、大型游乐设施、场（厂）内专用机动车辆，以及法律、行政法规规定适用本法的其他特种设备。

国家对特种设备实行目录管理。特种设备目录由国务院负责特种设备安全监督管理的部门制定，报国务院批准后执行。

第三条 特种设备安全工作应当坚持安全第一、预防为主、节能环保、综合治理的原则。

第四条 国家对特种设备的生产、经营、使用，实施分类的、全过程的安全监督管理。

第五条 国务院负责特种设备安全监督管理的部门对全国特种设备安全实施监督管理。县级以上地方各级人民政府负责特种设备安全监督管理的部门对本行政区域内特种设备安全实施监督管理。

第六条 国务院和地方各级人民政府应当加强对特种设备安全工作的领导，督促各有关部门依法履行监督管理职责。

县级以上地方各级人民政府应当建立协调机制，及时协调、解决特种设备安全监督管理中存在的问题。

第七条 特种设备生产、经营、使用单位应当遵守本法和其他有关法律、法规，建立、健全特种设备安全和节能责任制度，加强特种设备安全和节能管理，确保特种设备生产、经营、使用安全，符合节能要求。

第八条 特种设备生产、经营、使用、检验、检测应当遵守有关特种设备安全技术规范及相关标准。

特种设备安全技术规范由国务院负责特种设备安全监督管理的部门制定。

第九条 特种设备行业协会应当加强行业自律，推进行业诚信体系建设，提高特种设备安全管理水平。

第十条 国家支持有关特种设备安全的科学技术研究，鼓励先进技术和先进管理方法的推广应用，对做出突出贡献的单位和个人给予奖励。

第十一条 负责特种设备安全监督管理的部门应当加强特种设备安全宣传教育，普及特种设备安全知识，增强社会公众的特种设备安全意识。

第十二条 任何单位和个人有权向负责特种设备安全监督管理的部门和有关部门举报涉及特种设备安全的违法行为，接到举报的部门应当及时处理。

第二章 生产、经营、使用

第一节 一般规定

第十三条 特种设备生产、经营、使用单位及其主要负责人对其生产、经营、使用的特种设备安全负责。

特种设备生产、经营、使用单位应当按照国家有关规定配备特种设备安全管理人员、检测人员和作业人员，并对其进行必要的安全教育和技能培训。

第十四条 特种设备安全管理人员、检测人员和作业人员应当按照国家有关规定取得相应资格，方可从事相关工作。特种设备安全管理人员、检测人员和作业人员应当严格执行安全技术规范和管理制度，保证特种设备安全。

第十五条 特种设备生产、经营、使用单位对其生产、经营、使用的特种设备应当进行自行检测和维护保养，对国家规定实行检验的特种设备应当及时申报并接受检验。

第十六条 特种设备采用新材料、新技术、新工艺，与安全技术规范的要求不一致，或者安全技术规范未作要求，可能对安全性能有重大影响的，应当向国务院负责特种设备安全监督管理的部门申报，由国务院负责特种设备安全监督管理的部门及时委托安全技术咨询机构或者相关专业机构进行技术评审，评审结果经国务院负责特种设备安全监督管理的部门批准，方可投入生产、使用。

国务院负责特种设备安全监督管理的部门应当将允许使用的新材料、新技术、新工艺的有关技术要求，及时纳入安全技术规范。

第十七条 国家鼓励投保特种设备安全责任保险。

第二节 生 产

第十八条 国家按照分类监督管理的原则对特种设

备生产实行许可制度。特种设备生产单位应当具备下列条件，并经负责特种设备安全监督管理的部门许可，方可从事生产活动：

（一）有与生产相适应的专业技术人员；

（二）有与生产相适应的设备、设施和工作场所；

（三）有健全的质量保证、安全管理和岗位责任等制度。

第十九条 特种设备生产单位应当保证特种设备生产符合安全技术规范及相关标准的要求，对其生产的特种设备的安全性能负责。不得生产不符合安全性能要求和能效指标以及国家明令淘汰的特种设备。

第二十条 锅炉、气瓶、氧舱、客运索道、大型游乐设施的设计文件，应当经负责特种设备安全监督管理的部门核准的检验机构鉴定，方可用于制造。

特种设备产品、部件或者试制的特种设备新产品、新部件以及特种设备采用的新材料，按照安全技术规范的要求需要通过型式试验进行安全性验证的，应当经负责特种设备安全监督管理的部门核准的检验机构进行型式试验。

第二十一条 特种设备出厂时，应当随附安全技术规范要求的设计文件、产品质量合格证明、安装及使用维护保养说明、监督检验证明等相关技术资料和文件，并在特种设备显著位置设置产品铭牌、安全警示标志及其说明。

第二十二条 电梯的安装、改造、修理，必须由电梯制造单位或者其委托的依照本法取得相应许可的单位进行。电梯制造单位委托其他单位进行电梯安装、改造、修理的，应当对其安装、改造、修理进行安全指导和监控，并按照安全技术规范的要求进行校验和调试。电梯制造单位对电梯安全性能负责。

第二十三条 特种设备安装、改造、修理的施工单位应当在施工前将拟进行的特种设备安装、改造、修理情况书面告知直辖市或者设区的市级人民政府负责特种设备安全监督管理的部门。

第二十四条 特种设备安装、改造、修理竣工后，安装、改造、修理的施工单位应当在验收后三十日内将相关技术资料和文件移交特种设备使用单位。特种设备使用单位应当将其存入该特种设备的安全技术档案。

第二十五条 锅炉、压力容器、压力管道元件等特种设备的制造过程和锅炉、压力容器、压力管道、电梯、起重机械、客运索道、大型游乐设施的安装、改造、重大修理过程，应当经特种设备检验机构按照安全技术规范的要求进行监督检验；未经监督检验或者监督检验不合格的，不得出厂或者交付使用。

第二十六条 国家建立缺陷特种设备召回制度。因生产原因造成特种设备存在危及安全的同一性缺陷的，特种设备生产单位应当立即停止生产，主动召回。

国务院负责特种设备安全监督管理的部门发现特种设备存在应当召回而未召回的情形时，应当责令特种设备生产单位召回。

第三节 经 营

第二十七条 特种设备销售单位销售的特种设备，应当符合安全技术规范及相关标准的要求，其设计文件、产品质量合格证明、安装及使用维护保养说明、监督检验证明等相关技术资料和文件应当齐全。

特种设备销售单位应当建立特种设备检查验收和销售记录制度。

禁止销售未取得许可生产的特种设备，未经检验和检验不合格的特种设备，或者国家明令淘汰和已经报废的特种设备。

第二十八条 特种设备出租单位不得出租未取得许可生产的特种设备或者国家明令淘汰和已经报废的设备，以及未按照安全技术规范的要求进行维护保养和未经检验或者检验不合格的特种设备。

第二十九条 特种设备在出租期间的使用管理和维护保养义务由特种设备出租单位承担，法律另有规定或者当事人另有约定的除外。

第三十条 进口的特种设备应当符合我国安全技术规范的要求，并经检验合格；需要取得我国特种设备生产许可的，应当取得许可。

进口特种设备随附的技术资料和文件应当符合本法第二十一条的规定，其安装及使用维护保养说明、产品铭牌、安全警示标志及其说明应当采用中文。

特种设备的进出口检验，应当遵守有关进出口商品检验的法律、行政法规。

第三十一条 进口特种设备，应当向进口地负责特种设备安全监督管理的部门履行提前告知义务。

第四节 使 用

第三十二条 特种设备使用单位应当使用取得许可生产并经检验合格的特种设备。

禁止使用国家明令淘汰和已经报废的特种设备。

第三十三条 特种设备使用单位应当在特种设备投入使用前或者投入使用后三十日内，向负责特种设备安全监督管理的部门办理使用登记,取得使用登记证书。登记标志应当置于该特种设备的显著位置。

第三十四条 特种设备使用单位应当建立岗位责任、隐患治理、应急救援等安全管理制度,制定操作规程,保证特种设备安全运行。

第三十五条 特种设备使用单位应当建立特种设备安全技术档案。安全技术档案应当包括以下内容:

(一)特种设备的设计文件、产品质量合格证明、安装及使用维护保养说明、监督检验证明等相关技术资料和文件;

(二)特种设备的定期检验和定期自行检查记录;

(三)特种设备的日常使用状况记录;

(四)特种设备及其附属仪器仪表的维护保养记录;

(五)特种设备的运行故障和事故记录。

第三十六条 电梯、客运索道、大型游乐设施等为公众提供服务的特种设备的运营使用单位,应当对特种设备的使用安全负责,设置特种设备安全管理机构或者配备专职的特种设备安全管理人员;其他特种设备使用单位,应当根据情况设置特种设备安全管理机构或者配备专职、兼职的特种设备安全管理人员。

第三十七条 特种设备的使用应当具有规定的安全距离、安全防护措施。

与特种设备安全相关的建筑物、附属设施,应当符合有关法律、行政法规的规定。

第三十八条 特种设备属于共有的,共有人可以委托物业服务单位或者其他管理人管理特种设备,受托人履行本法规定的特种设备使用单位的义务,承担相应责任。共有人未委托的,由共有人或者实际管理人履行管理义务,承担相应责任。

第三十九条 特种设备使用单位应当对其使用的特种设备进行经常性维护保养和定期自行检查,并作出记录。

特种设备使用单位应当对其使用的特种设备的安全附件、安全保护装置进行定期校验、检修,并作出记录。

第四十条 特种设备使用单位应当按照安全技术规范的要求,在检验合格有效期届满前一个月向特种设备检验机构提出定期检验要求。

特种设备检验机构接到定期检验要求后,应当按照安全技术规范的要求及时进行安全性能检验。特种设备使用单位应当将定期检验标志置于该特种设备的显著位置。

未经定期检验或者检验不合格的特种设备,不得继续使用。

第四十一条 特种设备安全管理人员应当对特种设备使用状况进行经常性检查,发现问题应当立即处理;情况紧急时,可以决定停止使用特种设备并及时报告本单位有关负责人。

特种设备作业人员在作业过程中发现事故隐患或者其他不安全因素,应当立即向特种设备安全管理人员和单位有关负责人报告;特种设备运行不正常时,特种设备作业人员应当按照操作规程采取有效措施保证安全。

第四十二条 特种设备出现故障或者发生异常情况,特种设备使用单位应当对其进行全面检查,消除事故隐患,方可继续使用。

第四十三条 客运索道、大型游乐设施在每日投入使用前,其运营使用单位应当进行试运行和例行安全检查,并对安全附件和安全保护装置进行检查确认。

电梯、客运索道、大型游乐设施的运营使用单位应当将电梯、客运索道、大型游乐设施的安全使用说明、安全注意事项和警示标志置于易于为乘客注意的显著位置。

公众乘坐或者操作电梯、客运索道、大型游乐设施,应当遵守安全使用说明和安全注意事项的要求,服从有关工作人员的管理和指挥;遇有运行不正常时,应当按照安全指引,有序撤离。

第四十四条 锅炉使用单位应当按照安全技术规范的要求进行锅炉水(介)质处理,并接受特种设备检验机构的定期检验。

从事锅炉清洗,应当按照安全技术规范的要求进行,并接受特种设备检验机构的监督检验。

第四十五条 电梯的维护保养应当由电梯制造单位或者依照本法取得许可的安装、改造、修理单位进行。

电梯的维护保养单位应当在维护保养中严格执行安全技术规范的要求,保证其维护保养的电梯的安全性能,并负责落实现场安全防护措施,保证施工安全。

电梯的维护保养单位应当对其维护保养的电梯的安全性能负责;接到故障通知后,应当立即赶赴现场,并采取必要的应急救援措施。

第四十六条 电梯投入使用后,电梯制造单位应当对其制造的电梯的安全运行情况进行跟踪调查和了解,对电梯的维护保养单位或者使用单位在维护保养和安全运行方面存在的问题,提出改进建议,并提供必要的技术帮助;发现电梯存在严重事故隐患时,应当及时告知电梯使用单位,并向负责特种设备安全监督管理的部门报告。电梯制造单位对调查和了解的情况,应当作出记录。

第四十七条 特种设备进行改造、修理，按照规定需要变更使用登记的，应当办理变更登记，方可继续使用。

第四十八条 特种设备存在严重事故隐患，无改造、修理价值，或者达到安全技术规范规定的其他报废条件的，特种设备使用单位应当依法履行报废义务，采取必要措施消除该特种设备的使用功能，并向原登记的负责特种设备安全监督管理的部门办理使用登记证书注销手续。

前款规定报废条件以外的特种设备，达到设计使用年限可以继续使用的，应当按照安全技术规范的要求通过检验或者安全评估，并办理使用登记证书变更，方可继续使用。允许继续使用的，应当采取加强检验、检测和维护保养等措施，确保使用安全。

第四十九条 移动式压力容器、气瓶充装单位，应当具备下列条件，并经负责特种设备安全监督管理的部门许可，方可从事充装活动：

（一）有与充装和管理相适应的管理人员和技术人员；

（二）有与充装和管理相适应的充装设备、检测手段、场地厂房、器具、安全设施；

（三）有健全的充装管理制度、责任制度、处理措施。

充装单位应当建立充装前后的检查、记录制度，禁止对不符合安全技术规范要求的移动式压力容器和气瓶进行充装。

气瓶充装单位应当向气体使用者提供符合安全技术规范要求的气瓶，对气体使用者进行气瓶安全使用指导，并按照安全技术规范的要求办理气瓶使用登记，及时申报定期检验。

第三章 检验、检测

第五十条 从事本法规定的监督检验、定期检验的特种设备检验机构，以及为特种设备生产、经营、使用提供检测服务的特种设备检测机构，应当具备下列条件，并经负责特种设备安全监督管理的部门核准，方可从事检验、检测工作：

（一）有与检验、检测工作相适应的检验、检测人员；

（二）有与检验、检测工作相适应的检验、检测仪器和设备；

（三）有健全的检验、检测管理制度和责任制度。

第五十一条 特种设备检验、检测机构的检验、检测人员应当经考核，取得检验、检测人员资格，方可从事检验、检测工作。

特种设备检验、检测机构的检验、检测人员不得同时在两个以上检验、检测机构中执业；变更执业机构的，应当依法办理变更手续。

第五十二条 特种设备检验、检测工作应当遵守法律、行政法规的规定，并按照安全技术规范的要求进行。

特种设备检验、检测机构及其检验、检测人员应当依法为特种设备生产、经营、使用单位提供安全、可靠、便捷、诚信的检验、检测服务。

第五十三条 特种设备检验、检测机构及其检验、检测人员应当客观、公正、及时地出具检验、检测报告，并对检验、检测结果和鉴定结论负责。

特种设备检验、检测机构及其检验、检测人员在检验、检测中发现特种设备存在严重事故隐患时，应当及时告知相关单位，并立即向负责特种设备安全监督管理的部门报告。

负责特种设备安全监督管理的部门应当组织对特种设备检验、检测机构的检验、检测结果和鉴定结论进行监督抽查，但应当防止重复抽查。监督抽查结果应当向社会公布。

第五十四条 特种设备生产、经营、使用单位应当按照安全技术规范的要求向特种设备检验、检测机构及其检验、检测人员提供特种设备相关资料和必要的检验、检测条件，并对资料的真实性负责。

第五十五条 特种设备检验、检测机构及其检验、检测人员对检验、检测过程中知悉的商业秘密，负有保密义务。

特种设备检验、检测机构及其检验、检测人员不得从事有关特种设备的生产、经营活动，不得推荐或者监制、监销特种设备。

第五十六条 特种设备检验机构及其检验人员利用检验工作故意刁难特种设备生产、经营、使用单位的，特种设备生产、经营、使用单位有权向负责特种设备安全监督管理的部门投诉，接到投诉的部门应当及时进行调查处理。

第四章 监督管理

第五十七条 负责特种设备安全监督管理的部门依照本法规定，对特种设备生产、经营、使用单位和检验、检测机构实施监督检查。

负责特种设备安全监督管理的部门应当对学校、幼儿园以及医院、车站、客运码头、商场、体育场馆、展览馆、公园等公众聚集场所的特种设备，实施重点安全监督检查。

第五十八条 负责特种设备安全监督管理的部门实

施本法规定的许可工作,应当依照本法和其他有关法律、行政法规规定的条件和程序以及安全技术规范的要求进行审查;不符合规定的,不得许可。

第五十九条　负责特种设备安全监督管理的部门在办理本法规定的许可时,其受理、审查、许可的程序必须公开,并应当自受理申请之日起三十日内,作出许可或者不予许可的决定;不予许可的,应当书面向申请人说明理由。

第六十条　负责特种设备安全监督管理的部门对依法办理使用登记的特种设备应当建立完整的监督管理档案和信息查询系统;对达到报废条件的特种设备,应当及时督促特种设备使用单位依法履行报废义务。

第六十一条　负责特种设备安全监督管理的部门在依法履行监督检查职责时,可以行使下列职权:

(一)进入现场进行检查,向特种设备生产、经营、使用单位和检验、检测机构的主要负责人和其他有关人员调查、了解有关情况;

(二)根据举报或者取得的涉嫌违法证据,查阅、复制特种设备生产、经营、使用单位和检验、检测机构的有关合同、发票、账簿以及其他有关资料;

(三)对有证据表明不符合安全技术规范要求或者存在严重事故隐患的特种设备实施查封、扣押;

(四)对流入市场的达到报废条件或者已经报废的特种设备实施查封、扣押;

(五)对违反本法规定的行为作出行政处罚决定。

第六十二条　负责特种设备安全监督管理的部门在依法履行职责过程中,发现违反本法规定和安全技术规范要求的行为或者特种设备存在事故隐患时,应当以书面形式发出特种设备安全监察指令,责令有关单位及时采取措施予以改正或者消除事故隐患。紧急情况下要求有关单位采取紧急处置措施的,应当随后补发特种设备安全监察指令。

第六十三条　负责特种设备安全监督管理的部门在依法履行职责过程中,发现重大违法行为或者特种设备存在严重事故隐患时,应当责令有关单位立即停止违法行为、采取措施消除事故隐患,并及时向上级负责特种设备安全监督管理的部门报告。接到报告的负责特种设备安全监督管理的部门应当采取必要措施,及时予以处理。

对违法行为、严重事故隐患的处理需要当地人民政府和有关部门的支持、配合时,负责特种设备安全监督管理的部门应当报告当地人民政府,并通知其他有关部门。当地人民政府和其他有关部门应当采取必要措施,及时予以处理。

第六十四条　地方各级人民政府负责特种设备安全监督管理的部门不得要求已经依照本法规定在其他地方取得许可的特种设备生产单位重复取得许可,不得要求对已经依照本法规定在其他地方检验合格的特种设备重复进行检验。

第六十五条　负责特种设备安全监督管理的部门的安全监察人员应当熟悉相关法律、法规,具有相应的专业知识和工作经验,取得特种设备安全行政执法证件。

特种设备安全监察人员应当忠于职守、坚持原则、秉公执法。

负责特种设备安全监督管理的部门实施安全监督检查时,应当有二名以上特种设备安全监察人员参加,并出示有效的特种设备安全行政执法证件。

第六十六条　负责特种设备安全监督管理的部门对特种设备生产、经营、使用单位和检验、检测机构实施监督检查,应当对每次监督检查的内容、发现的问题及处理情况作出记录,并由参加监督检查的特种设备安全监察人员和被检查单位的有关负责人签字后归档。被检查单位的有关负责人拒绝签字的,特种设备安全监察人员应当将情况记录在案。

第六十七条　负责特种设备安全监督管理的部门及其工作人员不得推荐或者监制、监销特种设备;对履行职责过程中知悉的商业秘密负有保密义务。

第六十八条　国务院负责特种设备安全监督管理的部门和省、自治区、直辖市人民政府负责特种设备安全监督管理的部门应当定期向社会公布特种设备安全总体状况。

第五章　事故应急救援与调查处理

第六十九条　国务院负责特种设备安全监督管理的部门应当依法组织制定特种设备重特大事故应急预案,报国务院批准后纳入国家突发事件应急预案体系。

县级以上地方各级人民政府及其负责特种设备安全监督管理的部门应当依法组织制定本行政区域内特种设备事故应急预案,建立或者纳入相应的应急处置与救援体系。

特种设备使用单位应当制定特种设备事故应急专项预案,并定期进行应急演练。

第七十条　特种设备发生事故后,事故发生单位应当按照应急预案采取措施,组织抢救,防止事故扩大,减少人员伤亡和财产损失,保护事故现场和有关证据,并及时向事故发生地县级以上人民政府负责特种设备安全监督管理的部门和有关部门报告。

县级以上人民政府负责特种设备安全监督管理的部门接到事故报告，应当尽快核实情况，立即向本级人民政府报告，并按照规定逐级上报。必要时，负责特种设备安全监督管理的部门可以越级上报事故情况。对特别重大事故、重大事故，国务院负责特种设备安全监督管理的部门应当立即报告国务院并通报国务院安全生产监督管理部门等有关部门。

与事故相关的单位和人员不得迟报、谎报或者瞒报事故情况，不得隐匿、毁灭有关证据或者故意破坏事故现场。

第七十一条 事故发生地人民政府接到事故报告，应当依法启动应急预案，采取应急处置措施，组织应急救援。

第七十二条 特种设备发生特别重大事故，由国务院或者国务院授权有关部门组织事故调查组进行调查。

发生重大事故，由国务院负责特种设备安全监督管理的部门会同有关部门组织事故调查组进行调查。

发生较大事故，由省、自治区、直辖市人民政府负责特种设备安全监督管理的部门会同有关部门组织事故调查组进行调查。

发生一般事故，由设区的市级人民政府负责特种设备安全监督管理的部门会同有关部门组织事故调查组进行调查。

事故调查组应当依法、独立、公正开展调查，提出事故调查报告。

第七十三条 组织事故调查的部门应当将事故调查报告报本级人民政府，并报上一级人民政府负责特种设备安全监督管理的部门备案。有关部门和单位应当依照法律、行政法规的规定，追究事故责任单位和人员的责任。

事故责任单位应当依法落实整改措施，预防同类事故发生。事故造成损害的，事故责任单位应当依法承担赔偿责任。

第六章　法律责任

第七十四条 违反本法规定，未经许可从事特种设备生产活动的，责令停止生产，没收违法制造的特种设备，处十万元以上五十万元以下罚款；有违法所得的，没收违法所得；已经实施安装、改造、修理的，责令恢复原状或者责令限期由取得许可的单位重新安装、改造、修理。

第七十五条 违反本法规定，特种设备的设计文件未经鉴定，擅自用于制造的，责令改正，没收违法制造的特种设备，处五万元以上五十万元以下罚款。

第七十六条 违反本法规定，未进行型式试验的，责令限期改正；逾期未改正的，处三万元以上三十万元以下罚款。

第七十七条 违反本法规定，特种设备出厂时，未按照安全技术规范的要求随附相关技术资料和文件的，责令限期改正；逾期未改正的，责令停止制造、销售，处二万元以上二十万元以下罚款；有违法所得的，没收违法所得。

第七十八条 违反本法规定，特种设备安装、改造、修理的施工单位在施工前未书面告知负责特种设备安全监督管理的部门即行施工的，或者在验收后三十日内未将相关技术资料和文件移交特种设备使用单位的，责令限期改正；逾期未改正的，处一万元以上十万元以下罚款。

第七十九条 违反本法规定，特种设备的制造、安装、改造、重大修理以及锅炉清洗过程，未经监督检验的，责令限期改正；逾期未改正的，处五万元以上二十万元以下罚款；有违法所得的，没收违法所得；情节严重的，吊销生产许可证。

第八十条 违反本法规定，电梯制造单位有下列情形之一的，责令限期改正；逾期未改正的，处一万元以上十万元以下罚款：

（一）未按照安全技术规范的要求对电梯进行校验、调试的；

（二）对电梯的安全运行情况进行跟踪调查和了解时，发现存在严重事故隐患，未及时告知电梯使用单位并向负责特种设备安全监督管理的部门报告的。

第八十一条 违反本法规定，特种设备生产单位有下列行为之一的，责令限期改正；逾期未改正的，责令停止生产，处五万元以上五十万元以下罚款；情节严重的，吊销生产许可证：

（一）不再具备生产条件、生产许可证已经过期或者超出许可范围生产的；

（二）明知特种设备存在同一性缺陷，未立即停止生产并召回的。

违反本法规定，特种设备生产单位生产、销售、交付国家明令淘汰的特种设备的，责令停止生产、销售，没收违法生产、销售、交付的特种设备，处三万元以上三十万元以下罚款；有违法所得的，没收违法所得。

特种设备生产单位涂改、倒卖、出租、出借生产许可证的，责令停止生产，处五万元以上五十万元以下罚款；

情节严重的,吊销生产许可证。

第八十二条　违反本法规定,特种设备经营单位有下列行为之一的,责令停止经营,没收违法经营的特种设备,处三万元以上三十万元以下罚款;有违法所得的,没收违法所得:

(一)销售、出租未取得许可生产、未经检验或者检验不合格的特种设备的;

(二)销售、出租国家明令淘汰、已经报废的特种设备,或者未按照安全技术规范的要求进行维护保养的特种设备的。

违反本法规定,特种设备销售单位未建立检查验收和销售记录制度,或者进口特种设备未履行提前告知义务的,责令改正,处一万元以上十万元以下罚款。

特种设备生产单位销售、交付未经检验或者检验不合格的特种设备的,依照本条第一款规定处罚;情节严重的,吊销生产许可证。

第八十三条　违反本法规定,特种设备使用单位有下列行为之一的,责令限期改正;逾期未改正的,责令停止使用有关特种设备,处一万元以上十万元以下罚款:

(一)使用特种设备未按照规定办理使用登记的;

(二)未建立特种设备安全技术档案或者安全技术档案不符合规定要求,或者未依法设置使用登记标志、定期检验标志的;

(三)未对其使用的特种设备进行经常性维护保养和定期自行检查,或者未对其使用的特种设备的安全附件、安全保护装置进行定期校验、检修,并作出记录的;

(四)未按照安全技术规范的要求及时申报并接受检验的;

(五)未按照安全技术规范的要求进行锅炉水(介)质处理的;

(六)未制定特种设备事故应急专项预案的。

第八十四条　违反本法规定,特种设备使用单位有下列行为之一的,责令停止使用有关特种设备,处三万元以上三十万元以下罚款:

(一)使用未取得许可生产,未经检验或者检验不合格的特种设备,或者国家明令淘汰、已经报废的特种设备的;

(二)特种设备出现故障或者发生异常情况,未对其进行全面检查、消除事故隐患,继续使用的;

(三)特种设备存在严重事故隐患,无改造、修理价值,或者达到安全技术规范规定的其他报废条件,未依法履行报废义务,并办理使用登记证书注销手续的。

第八十五条　违反本法规定,移动式压力容器、气瓶充装单位有下列行为之一的,责令改正,处二万元以上二十万元以下罚款;情节严重的,吊销充装许可证:

(一)未按照规定实施充装前后的检查、记录制度的;

(二)对不符合安全技术规范要求的移动式压力容器和气瓶进行充装的。

违反本法规定,未经许可,擅自从事移动式压力容器或者气瓶充装活动的,予以取缔,没收违法充装的气瓶,处十万元以上五十万元以下罚款;有违法所得的,没收违法所得。

第八十六条　违反本法规定,特种设备生产、经营、使用单位有下列情形之一的,责令限期改正;逾期未改正的,责令停止使用有关特种设备或者停产停业整顿,处一万元以上五万元以下罚款:

(一)未配备具有相应资格的特种设备安全管理人员、检测人员和作业人员的;

(二)使用未取得相应资格的人员从事特种设备安全管理、检测和作业的;

(三)未对特种设备安全管理人员、检测人员和作业人员进行安全教育和技能培训的。

第八十七条　违反本法规定,电梯、客运索道、大型游乐设施的运营使用单位有下列情形之一的,责令限期改正;逾期未改正的,责令停止使用有关特种设备或者停产停业整顿,处二万元以上十万元以下罚款:

(一)未设置特种设备安全管理机构或者配备专职的特种设备安全管理人员的;

(二)客运索道、大型游乐设施每日投入使用前,未进行试运行和例行安全检查,未对安全附件和安全保护装置进行检查确认的;

(三)未将电梯、客运索道、大型游乐设施的安全使用说明、安全注意事项和警示标志置于易于为乘客注意的显著位置的。

第八十八条　违反本法规定,未经许可,擅自从事电梯维护保养的,责令停止违法行为,处一万元以上十万元以下罚款;有违法所得的,没收违法所得。

电梯的维护保养单位未按照本法规定以及安全技术规范的要求,进行电梯维护保养的,依照前款规定处罚。

第八十九条　发生特种设备事故,有下列情形之一的,对单位处五万元以上二十万元以下罚款;对主要负责人处一万元以上五万元以下罚款;主要负责人属于国家工作人员的,并依法给予处分:

(一)发生特种设备事故时,不立即组织抢救或者在事故调查处理期间擅离职守或者逃匿的;
(二)对特种设备事故迟报、谎报或者瞒报的。

第九十条 发生事故,对负有责任的单位除要求其依法承担相应的赔偿等责任外,依照下列规定处以罚款:
(一)发生一般事故,处十万元以上二十万元以下罚款;
(二)发生较大事故,处二十万元以上五十万元以下罚款;
(三)发生重大事故,处五十万元以上二百万元以下罚款。

第九十一条 对事故发生负有责任的单位的主要负责人未依法履行职责或者负有领导责任的,依照下列规定处以罚款;属于国家工作人员的,并依法给予处分:
(一)发生一般事故,处上一年年收入百分之三十的罚款;
(二)发生较大事故,处上一年年收入百分之四十的罚款;
(三)发生重大事故,处上一年年收入百分之六十的罚款。

第九十二条 违反本法规定,特种设备安全管理人员、检测人员和作业人员不履行岗位职责,违反操作规程和有关安全规章制度,造成事故的,吊销相关人员的资格。

第九十三条 违反本法规定,特种设备检验、检测机构及其检验、检测人员有下列行为之一的,责令改正,对机构处五万元以上二十万元以下罚款,对直接负责的主管人员和其他直接责任人员处五千元以上五万元以下罚款;情节严重的,吊销机构资质和有关人员的资格:
(一)未经核准或者超出核准范围、使用未取得相应资格的人员从事检验、检测的;
(二)未按照安全技术规范的要求进行检验、检测的;
(三)出具虚假的检验、检测结果和鉴定结论或者检验、检测结果和鉴定结论严重失实的;
(四)发现特种设备存在严重事故隐患,未及时告知相关单位,并立即向负责特种设备安全监督管理的部门报告的;
(五)泄露检验、检测过程中知悉的商业秘密的;
(六)从事有关特种设备的生产、经营活动的;
(七)推荐或者监制、监销特种设备的;
(八)利用检验工作故意刁难相关单位的。

违反本法规定,特种设备检验、检测机构的检验、检测人员同时在两个以上检验、检测机构中执业的,处五千元以上五万元以下罚款;情节严重的,吊销其资格。

第九十四条 违反本法规定,负责特种设备安全监督管理的部门及其工作人员有下列行为之一的,由上级机关责令改正;对直接负责的主管人员和其他直接责任人员,依法给予处分:
(一)未依照法律、行政法规规定的条件、程序实施许可的;
(二)发现未经许可擅自从事特种设备的生产、使用或者检验、检测活动不予取缔或者不依法予以处理的;
(三)发现特种设备生产单位不再具备本法规定的条件而不吊销其许可证,或者发现特种设备生产、经营、使用违法行为不予查处的;
(四)发现特种设备检验、检测机构不再具备本法规定的条件而不撤销其核准,或者对其出具虚假的检验、检测结果和鉴定结论或者检验、检测结果和鉴定结论严重失实的行为不予查处的;
(五)发现违反本法规定和安全技术规范要求的行为或者特种设备存在事故隐患,不立即处理的;
(六)发现重大违法行为或者特种设备存在严重事故隐患,未及时向上级负责特种设备安全监督管理的部门报告,或者接到报告的负责特种设备安全监督管理的部门不立即处理的;
(七)要求已经依照本法规定在其他地方取得许可的特种设备生产单位重复取得许可,或者要求对已经依照本法规定在其他地方检验合格的特种设备重复进行检验的;
(八)推荐或者监制、监销特种设备的;
(九)泄露履行职责过程中知悉的商业秘密的;
(十)接到特种设备事故报告未立即向本级人民政府报告,并按照规定上报的;
(十一)迟报、漏报、谎报或者瞒报事故的;
(十二)妨碍事故救援或者事故调查处理的;
(十三)其他滥用职权、玩忽职守、徇私舞弊的行为。

第九十五条 违反本法规定,特种设备生产、经营、使用单位或者检验、检测机构拒不接受负责特种设备安全监督管理的部门依法实施的监督检查的,责令限期改正;逾期未改正的,责令停产停业整顿,处二万元以上二十万元以下罚款。

特种设备生产、经营、使用单位擅自动用、调换、转移、损毁被查封、扣押的特种设备或者其主要部件的,责令改正,处五万元以上二十万元以下罚款;情节严重的,吊销生产许可证,注销特种设备使用登记证书。

第九十六条 违反本法规定,被依法吊销许可证的,自吊销许可证之日起三年内,负责特种设备安全监督管理的部门不予受理其新的许可申请。

第九十七条 违反本法规定,造成人身、财产损害的,依法承担民事责任。

违反本法规定,应当承担民事赔偿责任和缴纳罚款、罚金,其财产不足以同时支付时,先承担民事赔偿责任。

第九十八条 违反本法规定,构成违反治安管理行为的,依法给予治安管理处罚;构成犯罪的,依法追究刑事责任。

第七章 附 则

第九十九条 特种设备行政许可、检验的收费,依照法律、行政法规的规定执行。

第一百条 军事装备、核设施、航空航天器使用的特种设备安全的监督管理不适用本法。

铁路机车、海上设施和船舶、矿山井下使用的特种设备以及民用机场专用设备安全的监督管理,房屋建筑工地、市政工程工地用起重机械和场(厂)内专用机动车辆的安装、使用的监督管理,由有关部门依照本法和其他有关法律的规定实施。

第一百零一条 本法自 2014 年 1 月 1 日起施行。

特种设备安全监察条例

· 2003 年 3 月 11 日中华人民共和国国务院令第 373 号公布
· 根据 2009 年 1 月 24 日《国务院关于修改〈特种设备安全监察条例〉的决定》修订

第一章 总 则

第一条 为了加强特种设备的安全监察,防止和减少事故,保障人民群众生命和财产安全,促进经济发展,制定本条例。

第二条 本条例所称特种设备是指涉及生命安全、危险性较大的锅炉、压力容器(含气瓶,下同)、压力管道、电梯、起重机械、客运索道、大型游乐设施和场(厂)内专用机动车辆。

前款特种设备的目录由国务院负责特种设备安全监督管理的部门(以下简称国务院特种设备安全监督管理部门)制订,报国务院批准后执行。

第三条 特种设备的生产(含设计、制造、安装、改造、维修,下同)、使用、检验检测及其监督检查,应当遵守本条例,但本条例另有规定的除外。

军事装备、核设施、航空航天器、铁路机车、海上设施和船舶以及矿山井下使用的特种设备、民用机场专用设备的安全监察不适用本条例。

房屋建筑工地和市政工程工地用起重机械、场(厂)内专用机动车辆的安装、使用的监督管理,由建设行政主管部门依照有关法律、法规的规定执行。

第四条 国务院特种设备安全监督管理部门负责全国特种设备的安全监察工作,县以上地方负责特种设备安全监督管理的部门对本行政区域内特种设备实施安全监察(以下统称特种设备安全监督管理部门)。

第五条 特种设备生产、使用单位应当建立健全特种设备安全、节能管理制度和岗位安全、节能责任制度。

特种设备生产、使用单位的主要负责人应当对本单位特种设备的安全和节能全面负责。

特种设备生产、使用单位和特种设备检验检测机构,应当接受特种设备安全监督管理部门依法进行的特种设备安全监察。

第六条 特种设备检验检测机构,应当依照本条例规定,进行检验检测工作,对其检验检测结果、鉴定结论承担法律责任。

第七条 县级以上地方人民政府应当督促、支持特种设备安全监督管理部门依法履行安全监察职责,对特种设备安全监察中存在的重大问题及时予以协调、解决。

第八条 国家鼓励推行科学的管理方法,采用先进技术,提高特种设备安全性能和管理水平,增强特种设备生产、使用单位防范事故的能力,对取得显著成绩的单位和个人,给予奖励。

国家鼓励特种设备节能技术的研究、开发、示范和推广,促进特种设备节能技术创新和应用。

特种设备生产、使用单位和特种设备检验检测机构,应当保证必要的安全和节能投入。

国家鼓励实行特种设备责任保险制度,提高事故赔付能力。

第九条 任何单位和个人对违反本条例规定的行为,有权向特种设备安全监督管理部门和行政监察等有关部门举报。

特种设备安全监督管理部门应当建立特种设备安全监察举报制度,公布举报电话、信箱或者电子邮件地址,受理对特种设备生产、使用和检验检测违法行为的举报,并及时予以处理。

特种设备安全监督管理部门和行政监察等有关部门应当为举报人保密,并按照国家有关规定给予奖励。

第二章 特种设备的生产

第十条 特种设备生产单位,应当依照本条例规定以及国务院特种设备安全监督管理部门制订并公布的安全技术规范(以下简称安全技术规范)的要求,进行生产活动。

特种设备生产单位对其生产的特种设备的安全性能和能效指标负责,不得生产不符合安全性能要求和能效指标的特种设备,不得生产国家产业政策明令淘汰的特种设备。

第十一条 压力容器的设计单位应当经国务院特种设备安全监督管理部门许可,方可从事压力容器的设计活动。

压力容器的设计单位应当具备下列条件:

(一)有与压力容器设计相适应的设计人员、设计审核人员;

(二)有与压力容器设计相适应的场所和设备;

(三)有与压力容器设计相适应的健全的管理制度和责任制度。

第十二条 锅炉、压力容器中的气瓶(以下简称气瓶)、氧舱和客运索道、大型游乐设施以及高耗能特种设备的设计文件,应当经国务院特种设备安全监督管理部门核准的检验检测机构鉴定,方可用于制造。

第十三条 按照安全技术规范的要求,应当进行型式试验的特种设备产品、部件或者试制特种设备新产品、新部件、新材料,必须进行型式试验和能效测试。

第十四条 锅炉、压力容器、电梯、起重机械、客运索道、大型游乐设施及其安全附件、安全保护装置的制造、安装、改造单位,以及压力管道用管子、管件、阀门、法兰、补偿器、安全保护装置等(以下简称压力管道元件)的制造单位和场(厂)内专用机动车辆的制造、改造单位,应当经国务院特种设备安全监督管理部门许可,方可从事相应的活动。

前款特种设备的制造、安装、改造单位应当具备下列条件:

(一)有与特种设备制造、安装、改造相适应的专业技术人员和技术工人;

(二)有与特种设备制造、安装、改造相适应的生产条件和检测手段;

(三)有健全的质量管理制度和责任制度。

第十五条 特种设备出厂时,应当附有安全技术规范要求的设计文件、产品质量合格证明、安装及使用维修说明、监督检验证明等文件。

第十六条 锅炉、压力容器、电梯、起重机械、客运索道、大型游乐设施、场(厂)内专用机动车辆的维修单位,应当有与特种设备维修相适应的专业技术人员和技术工人以及必要的检测手段,并经省、自治区、直辖市特种设备安全监督管理部门许可,方可从事相应的维修活动。

第十七条 锅炉、压力容器、起重机械、客运索道、大型游乐设施的安装、改造、维修以及场(厂)内专用机动车辆的改造、维修,必须由依照本条例取得许可的单位进行。

电梯的安装、改造、维修,必须由电梯制造单位或者其通过合同委托、同意的依照本条例取得许可的单位进行。电梯制造单位对电梯质量以及安全运行涉及的质量问题负责。

特种设备安装、改造、维修的施工单位应当在施工前将拟进行的特种设备安装、改造、维修情况书面告知直辖市或者设区的市的特种设备安全监督管理部门,告知后即可施工。

第十八条 电梯井道的土建工程必须符合建筑工程质量要求。电梯安装施工过程中,电梯安装单位应当遵守施工现场的安全生产要求,落实现场安全防护措施。电梯安装施工过程中,施工现场的安全生产监督,由有关部门依照有关法律、行政法规的规定执行。

电梯安装施工过程中,电梯安装单位应当服从建筑施工总承包单位对施工现场的安全生产管理,并订立合同,明确各自的安全责任。

第十九条 电梯的制造、安装、改造和维修活动,必须严格遵守安全技术规范的要求。电梯制造单位委托或者同意其他单位进行电梯安装、改造、维修活动的,应当对其安装、改造、维修活动进行安全指导和监控。电梯的安装、改造、维修活动结束后,电梯制造单位应当按照安全技术规范的要求对电梯进行校验和调试,并对校验和调试的结果负责。

第二十条 锅炉、压力容器、电梯、起重机械、客运索道、大型游乐设施的安装、改造、维修以及场(厂)内专用机动车辆的改造、维修竣工后,安装、改造、维修的施工单位应当在验收后30日内将有关技术资料移交使用单位,高耗能特种设备还应当按照安全技术规范的要求提交能效测试报告。使用单位应当将其存入该特种设备的安全技术档案。

第二十一条 锅炉、压力容器、压力管道元件、起重机械、大型游乐设施的制造过程和锅炉、压力容器、电梯、起重机械、客运索道、大型游乐设施的安装、改造、重大维修过程,必须经国务院特种设备安全监督管理部门核准的检验检测机构按照安全技术规范的要求进行监督检验；未经监督检验合格的不得出厂或者交付使用。

第二十二条　移动式压力容器、气瓶充装单位应当经省、自治区、直辖市的特种设备安全监督管理部门许可，方可从事充装活动。

充装单位应当具备下列条件：

（一）有与充装和管理相适应的管理人员和技术人员；

（二）有与充装和管理相适应的充装设备、检测手段、场地厂房、器具、安全设施；

（三）有健全的充装管理制度、责任制度、紧急处理措施。

气瓶充装单位应当向气体使用者提供符合安全技术规范要求的气瓶，对使用者进行气瓶安全使用指导，并按照安全技术规范的要求办理气瓶使用登记，提出气瓶的定期检验要求。

第三章　特种设备的使用

第二十三条　特种设备使用单位，应当严格执行本条例和有关安全生产的法律、行政法规的规定，保证特种设备的安全使用。

第二十四条　特种设备使用单位应当使用符合安全技术规范要求的特种设备。特种设备投入使用前，使用单位应当核对其是否附有本条例第十五条规定的相关文件。

第二十五条　特种设备在投入使用前或者投入使用后 30 日内，特种设备使用单位应当向直辖市或者设区的市的特种设备安全监督管理部门登记。登记标志应当置于或者附着于该特种设备的显著位置。

第二十六条　特种设备使用单位应当建立特种设备安全技术档案。安全技术档案应当包括以下内容：

（一）特种设备的设计文件、制造单位、产品质量合格证明、使用维护说明等文件以及安装技术文件和资料；

（二）特种设备的定期检验和定期自行检查的记录；

（三）特种设备的日常使用状况记录；

（四）特种设备及其安全附件、安全保护装置、测量调控装置及有关附属仪器仪表的日常维护保养记录；

（五）特种设备运行故障和事故记录；

（六）高耗能特种设备的能效测试报告、能耗状况记录以及节能改造技术资料。

第二十七条　特种设备使用单位应当对在用特种设备进行经常性日常维护保养，并定期自行检查。

特种设备使用单位对在用特种设备应当至少每月进行一次自行检查，并作出记录。特种设备使用单位在对在用特种设备进行自行检查和日常维护保养时发现异常情况的，应当及时处理。

特种设备使用单位应当对在用特种设备的安全附件、安全保护装置、测量调控装置及有关附属仪器仪表进行定期校验、检修，并作出记录。

锅炉使用单位应当按照安全技术规范的要求进行锅炉水（介）质处理，并接受特种设备检验检测机构实施的水（介）质处理定期检验。

从事锅炉清洗的单位，应当按照安全技术规范的要求进行锅炉清洗，并接受特种设备检验检测机构实施的锅炉清洗过程监督检验。

第二十八条　特种设备使用单位应当按照安全技术规范的定期检验要求，在安全检验合格有效期届满前 1 个月向特种设备检验检测机构提出定期检验要求。

检验检测机构接到定期检验要求后，应当按照安全技术规范的要求及时进行安全性能检验和能效测试。

未经定期检验或者检验不合格的特种设备，不得继续使用。

第二十九条　特种设备出现故障或者发生异常情况，使用单位应当对其进行全面检查，消除事故隐患后，方可重新投入使用。

特种设备不符合能效指标的，特种设备使用单位应当采取相应措施进行整改。

第三十条　特种设备存在严重事故隐患，无改造、维修价值，或者超过安全技术规范规定使用年限，特种设备使用单位应当及时予以报废，并应当向原登记的特种设备安全监督管理部门办理注销。

第三十一条　电梯的日常维护保养必须由依照本条例取得许可的安装、改造、维修单位或者电梯制造单位进行。

电梯应当至少每 15 日进行一次清洁、润滑、调整和检查。

第三十二条　电梯的日常维护保养单位应当在维护保养中严格执行国家安全技术规范的要求，保证其维护保养的电梯的安全技术性能，并负责落实现场安全防护措施，保证施工安全。

电梯的日常维护保养单位，应当对其维护保养的电梯的安全性能负责。接到故障通知后，应当立即赶赴现场，并采取必要的应急救援措施。

第三十三条　电梯、客运索道、大型游乐设施等为公众提供服务的特种设备运营使用单位，应当设置特种设备安全管理机构或者配备专职的安全管理人员；其他特种设备使用单位,应当根据情况设置特种设备安全管理机构或者配备专职、兼职的安全管理人员。

特种设备的安全管理人员应当对特种设备使用状况进行经常性检查,发现问题的应当立即处理;情况紧急时,可以决定停止使用特种设备并及时报告本单位有关负责人。

第三十四条　客运索道、大型游乐设施的运营使用单位在客运索道、大型游乐设施每日投入使用前,应当进行试运行和例行安全检查,并对安全装置进行检查确认。

电梯、客运索道、大型游乐设施的运营使用单位应当将电梯、客运索道、大型游乐设施的安全注意事项和警示标志置于易为乘客注意的显著位置。

第三十五条　客运索道、大型游乐设施的运营使用单位的主要负责人应当熟悉客运索道、大型游乐设施的相关安全知识,并全面负责客运索道、大型游乐设施的安全使用。

客运索道、大型游乐设施的运营使用单位的主要负责人至少应当每月召开一次会议,督促、检查客运索道、大型游乐设施的安全使用工作。

客运索道、大型游乐设施的运营使用单位,应当结合本单位的实际情况,配备相应数量的营救装备和急救物品。

第三十六条　电梯、客运索道、大型游乐设施的乘客应当遵守使用安全注意事项的要求,服从有关工作人员的指挥。

第三十七条　电梯投入使用后,电梯制造单位应当对其制造的电梯的安全运行情况进行跟踪调查和了解,对电梯的日常维护保养单位或者电梯的使用单位在安全运行方面存在的问题,提出改进建议,并提供必要的技术帮助。发现电梯存在严重事故隐患的,应当及时向特种设备安全监督管理部门报告。电梯制造单位对调查和了解的情况,应当作出记录。

第三十八条　锅炉、压力容器、电梯、起重机械、客运索道、大型游乐设施、场(厂)内专用机动车辆的作业人员及其相关管理人员(以下统称特种设备作业人员),应当按照国家有关规定经特种设备安全监督管理部门考核合格,取得国家统一格式的特种作业人员证书,方可从事相应的作业或者管理工作。

第三十九条　特种设备使用单位应当对特种设备作业人员进行特种设备安全、节能教育和培训,保证特种设备作业人员具备必要的特种设备安全、节能知识。

特种设备作业人员在作业中应当严格执行特种设备的操作规程和有关的安全规章制度。

第四十条　特种设备作业人员在作业过程中发现事故隐患或者其他不安全因素,应当立即向现场安全管理人员和单位有关负责人报告。

第四章　检验检测

第四十一条　从事本条例规定的监督检验、定期检验、型式试验以及专门为特种设备生产、使用、检验检测提供无损检测服务的特种设备检验检测机构,应当经国务院特种设备安全监督管理部门核准。

特种设备使用单位设立的特种设备检验检测机构,经国务院特种设备安全监督管理部门核准,负责本单位核准范围内的特种设备定期检验工作。

第四十二条　特种设备检验检测机构,应当具备下列条件:

(一)有与所从事的检验检测工作相适应的检验检测人员;

(二)有与所从事的检验检测工作相适应的检验检测仪器和设备;

(三)有健全的检验检测管理制度、检验检测责任制度。

第四十三条　特种设备的监督检验、定期检验、型式试验和无损检测应当由依照本条例经核准的特种设备检验检测机构进行。

特种设备检验检测工作应当符合安全技术规范的要求。

第四十四条　从事本条例规定的监督检验、定期检验、型式试验和无损检测的特种设备检验检测人员应当经国务院特种设备安全监督管理部门组织考核合格,取得检验检测人员证书,方可从事检验检测工作。

检验检测人员从事检验检测工作,必须在特种设备检验检测机构执业,但不得同时在两个以上检验检测机构中执业。

第四十五条　特种设备检验检测机构和检验检测人员进行特种设备检验检测,应当遵循诚信原则和方便企业的原则,为特种设备生产、使用单位提供可靠、便捷的检验检测服务。

特种设备检验检测机构和检验检测人员对涉及的被检验检测单位的商业秘密,负有保密义务。

第四十六条　特种设备检验检测机构和检验检测人员应当客观、公正、及时地出具检验检测结果、鉴定结论。检验检测结果、鉴定结论经检验检测人员签字后,由检验检测机构负责人签署。

特种设备检验检测机构和检验检测人员对检验检测结果、鉴定结论负责。

国务院特种设备安全监督管理部门应当组织对特种设备检验检测机构的检验检测结果、鉴定结论进行监督抽查。县以上地方负责特种设备安全监督管理的部门在本行政区域内也可以组织监督抽查，但是要防止重复抽查。监督抽查结果应当向社会公布。

第四十七条　特种设备检验检测机构和检验检测人员不得从事特种设备的生产、销售，不得以其名义推荐或者监制、监销特种设备。

第四十八条　特种设备检验检测机构进行特种设备检验检测，发现严重事故隐患或者能耗严重超标的，应当及时告知特种设备使用单位，并立即向特种设备安全监督管理部门报告。

第四十九条　特种设备检验检测机构和检验检测人员利用检验检测工作故意刁难特种设备生产、使用单位，特种设备生产、使用单位有权向特种设备安全监督管理部门投诉，接到投诉的特种设备安全监督管理部门应当及时进行调查处理。

第五章　监督检查

第五十条　特种设备安全监督管理部门依照本条例规定，对特种设备生产、使用单位和检验检测机构实施安全监察。

对学校、幼儿园以及车站、客运码头、商场、体育场馆、展览馆、公园等公众聚集场所的特种设备，特种设备安全监督管理部门应当实施重点安全监察。

第五十一条　特种设备安全监督管理部门根据举报或者取得的涉嫌违法证据，对涉嫌违反本条例规定的行为进行查处时，可以行使下列职权：

（一）向特种设备生产、使用单位和检验检测机构的法定代表人、主要负责人和其他有关人员调查、了解与涉嫌从事违反本条例的生产、使用、检验检测有关的情况；

（二）查阅、复制特种设备生产、使用单位和检验检测机构的有关合同、发票、账簿以及其他有关资料；

（三）对有证据表明不符合安全技术规范要求的或者有其他严重事故隐患、能耗严重超标的特种设备，予以查封或者扣押。

第五十二条　依照本条例规定实施许可、核准、登记的特种设备安全监督管理部门，应当严格依照本条例规定条件和安全技术规范要求对有关事项进行审查；不符合本条例规定条件和安全技术规范要求的，不得许可、核准、登记；在申请办理许可、核准期间，特种设备安全监督管理部门发现申请人未经许可从事特种设备相应活动或者伪造许可、核准证书的，不予受理或者不予许可、核准，并在1年内不再受理其新的许可、核准申请。

未依法取得许可、核准、登记的单位擅自从事特种设备的生产、使用或者检验检测活动的，特种设备安全监督管理部门应当依法予以处理。

违反本条例规定，被依法撤销许可的，自撤销许可之日起3年内，特种设备安全监督管理部门不予受理其新的许可申请。

第五十三条　特种设备安全监督管理部门在办理本条例规定的有关行政审批事项时，其受理、审查、许可、核准的程序必须公开，并应当自受理申请之日起30日内，作出许可、核准或者不予许可、核准的决定；不予许可、核准的，应当书面向申请人说明理由。

第五十四条　地方各级特种设备安全监督管理部门不得以任何形式进行地方保护和地区封锁，不得对已经依照本条例规定在其他地方取得许可的特种设备生产单位重复进行许可，也不得要求对依照本条例规定在其他地方检验检测合格的特种设备，重复进行检验检测。

第五十五条　特种设备安全监督管理部门的安全监察人员（以下简称特种设备安全监察人员）应当熟悉相关法律、法规、规章和安全技术规范，具有相应的专业知识和工作经验，并经国务院特种设备安全监督管理部门考核，取得特种设备安全监察人员证书。

特种设备安全监察人员应当忠于职守、坚持原则、秉公执法。

第五十六条　特种设备安全监督管理部门对特种设备生产、使用单位和检验检测机构实施安全监察时，应当有两名以上特种设备安全监察人员参加，并出示有效的特种设备安全监察人员证件。

第五十七条　特种设备安全监督管理部门对特种设备生产、使用单位和检验检测机构实施安全监察，应当对每次安全监察的内容、发现的问题及处理情况，作出记录，并由参加安全监察的特种设备安全监察人员和被检查单位的有关负责人签字后归档。被检查单位的有关负责人拒绝签字的，特种设备安全监察人员应当将情况记录在案。

第五十八条　特种设备安全监督管理部门对特种设备生产、使用单位和检验检测机构进行安全监察时，发现有违反本条例规定和安全技术规范要求的行为或者在用的特种设备存在事故隐患、不符合能效指标的，应当以书面形式发出特种设备安全监察指令，责令有关单位及时采取措施，予以改正或者消除事故隐患。紧急情况下需要采取紧急处置措施的，应当随后补发书面通知。

第五十九条　特种设备安全监督管理部门对特种设备生产、使用单位和检验检测机构进行安全监察，发现重大违法行为或者严重事故隐患时，应当在采取必要措施的同时，及时向上级特种设备安全监督管理部门报告。接到报告的特种设备安全监督管理部门应当采取必要措施，及时予以处理。

对违法行为、严重事故隐患或者不符合能效指标的处理需要当地人民政府和有关部门的支持、配合时，特种设备安全监督管理部门应当报告当地人民政府，并通知其他有关部门。当地人民政府和其他有关部门应当采取必要措施，及时予以处理。

第六十条　国务院特种设备安全监督管理部门和省、自治区、直辖市特种设备安全监督管理部门应当定期向社会公布特种设备安全以及能效状况。

公布特种设备安全以及能效状况，应当包括下列内容：

（一）特种设备质量安全状况；

（二）特种设备事故的情况、特点、原因分析、防范对策；

（三）特种设备能效状况；

（四）其他需要公布的情况。

第六章　事故预防和调查处理

第六十一条　有下列情形之一的，为特别重大事故：

（一）特种设备事故造成30人以上死亡，或者100人以上重伤（包括急性工业中毒，下同），或者1亿元以上直接经济损失的；

（二）600兆瓦以上锅炉爆炸的；

（三）压力容器、压力管道有毒介质泄漏，造成15万人以上转移的；

（四）客运索道、大型游乐设施高空滞留100人以上并且时间在48小时以上的。

第六十二条　有下列情形之一的，为重大事故：

（一）特种设备事故造成10人以上30人以下死亡，或者50人以上100人以下重伤，或者5000万元以上1亿元以下直接经济损失的；

（二）600兆瓦以上锅炉因安全故障中断运行240小时以上的；

（三）压力容器、压力管道有毒介质泄漏，造成5万人以上15万人以下转移的；

（四）客运索道、大型游乐设施高空滞留100人以上并且时间在24小时以上48小时以下的。

第六十三条　有下列情形之一的，为较大事故：

（一）特种设备事故造成3人以上10人以下死亡，或者10人以上50人以下重伤，或者1000万元以上5000万元以下直接经济损失的；

（二）锅炉、压力容器、压力管道爆炸的；

（三）压力容器、压力管道有毒介质泄漏，造成1万人以上5万人以下转移的；

（四）起重机械整体倾覆的；

（五）客运索道、大型游乐设施高空滞留人员12小时以上的。

第六十四条　有下列情形之一的，为一般事故：

（一）特种设备事故造成3人以下死亡，或者10人以下重伤，或者1万元以上1000万元以下直接经济损失的；

（二）压力容器、压力管道有毒介质泄漏，造成500人以上1万人以下转移的；

（三）电梯轿厢滞留人员2小时以上的；

（四）起重机械主要受力结构件折断或者起升机构坠落的；

（五）客运索道高空滞留人员3.5小时以上12小时以下的；

（六）大型游乐设施高空滞留人员1小时以上12小时以下的。

除前款规定外，国务院特种设备安全监督管理部门可以对一般事故的其他情形做出补充规定。

第六十五条　特种设备安全监督管理部门应当制定特种设备应急预案。特种设备使用单位应当制定事故应急专项预案，并定期进行事故应急演练。

压力容器、压力管道发生爆炸或者泄漏，在抢险救援时应当区分介质特性，严格按照相关预案规定程序处理，防止二次爆炸。

第六十六条　特种设备事故发生后，事故发生单位应当立即启动事故应急预案，组织抢救，防止事故扩大，减少人员伤亡和财产损失，并及时向事故发生地县以上特种设备安全监督管理部门和有关部门报告。

县以上特种设备安全监督管理部门接到事故报告，应当尽快核实有关情况，立即向所在地人民政府报告，并逐级上报事故情况。必要时，特种设备安全监督管理部门可以越级上报事故情况。对特别重大事故、重大事故，国务院特种设备安全监督管理部门应当立即报告国务院并通报国务院安全生产监督管理部门等有关部门。

第六十七条 特别重大事故由国务院或者国务院授权有关部门组织事故调查组进行调查。

重大事故由国务院特种设备安全监督管理部门会同有关部门组织事故调查组进行调查。

较大事故由省、自治区、直辖市特种设备安全监督管理部门会同有关部门组织事故调查组进行调查。

一般事故由设区的市的特种设备安全监督管理部门会同有关部门组织事故调查组进行调查。

第六十八条 事故调查报告应当由负责组织事故调查的特种设备安全监督管理部门的所在地人民政府批复，并报上一级特种设备安全监督管理部门备案。

有关机关应当按照批复，依照法律、行政法规规定的权限和程序，对事故责任单位和有关人员进行行政处罚，对负有事故责任的国家工作人员进行处分。

第六十九条 特种设备安全监督管理部门应当在有关地方人民政府的领导下，组织开展特种设备事故调查处理工作。

有关地方人民政府应当支持、配合上级人民政府或者特种设备安全监督管理部门的事故调查处理工作，并提供必要的便利条件。

第七十条 特种设备安全监督管理部门应当对发生事故的原因进行分析，并根据特种设备的管理和技术特点、事故情况对相关安全技术规范进行评估；需要制定或者修订相关安全技术规范的，应当及时制定或者修订。

第七十一条 本章所称的"以上"包括本数，所称的"以下"不包括本数。

第七章　法律责任

第七十二条 未经许可，擅自从事压力容器设计活动的，由特种设备安全监督管理部门予以取缔，处5万元以上20万元以下罚款；有违法所得的，没收违法所得；触犯刑律的，对负有责任的主管人员和其他直接责任人员依照刑法关于非法经营罪或者其他罪的规定，依法追究刑事责任。

第七十三条 锅炉、气瓶、氧舱和客运索道、大型游乐设施以及高耗能特种设备的设计文件，未经国务院特种设备安全监督管理部门核准的检验检测机构鉴定，擅自用于制造的，由特种设备安全监督管理部门责令改正，没收非法制造的产品，处5万元以上20万元以下罚款；触犯刑律的，对负有责任的主管人员和其他直接责任人员依照刑法关于生产、销售伪劣产品罪、非法经营罪或者其他罪的规定，依法追究刑事责任。

第七十四条 按照安全技术规范的要求应当进行型式试验的特种设备产品、部件或者试制特种设备新产品、新部件，未进行整机或者部件型式试验的，由特种设备安全监督管理部门责令限期改正；逾期未改正的，处2万元以上10万元以下罚款。

第七十五条 未经许可，擅自从事锅炉、压力容器、电梯、起重机械、客运索道、大型游乐设施、场（厂）内专用机动车辆及其安全附件、安全保护装置的制造、安装、改造以及压力管道元件的制造活动的，由特种设备安全监督管理部门予以取缔，没收非法制造的产品，已经实施安装、改造的，责令恢复原状或者责令限期由取得许可的单位重新安装、改造，处10万元以上50万元以下罚款；触犯刑律的，对负有责任的主管人员和其他直接责任人员依照刑法关于生产、销售伪劣产品罪、非法经营罪、重大责任事故罪或者其他罪的规定，依法追究刑事责任。

第七十六条 特种设备出厂时，未按照安全技术规范的要求附有设计文件、产品质量合格证明、安装及使用维修说明、监督检验证明等文件的，由特种设备安全监督管理部门责令改正；情节严重的，责令停止生产、销售，处违法生产、销售货值金额30%以下罚款；有违法所得的，没收违法所得。

第七十七条 未经许可，擅自从事锅炉、压力容器、电梯、起重机械、客运索道、大型游乐设施、场（厂）内专用机动车辆的维修或者日常维护保养的，由特种设备安全监督管理部门予以取缔，处1万元以上5万元以下罚款；有违法所得的，没收违法所得；触犯刑律的，对负有责任的主管人员和其他直接责任人员依照刑法关于非法经营罪、重大责任事故罪或者其他罪的规定，依法追究刑事责任。

第七十八条 锅炉、压力容器、电梯、起重机械、客运索道、大型游乐设施的安装、改造、维修的施工单位以及场（厂）内专用机动车辆的改造、维修单位，在施工前未将拟进行的特种设备安装、改造、维修情况书面告知直辖市或者设区的市的特种设备安全监督管理部门即行施工的，或者在验收后30日内未将有关技术资料移交锅炉、压力容器、电梯、起重机械、客运索道、大型游乐设施的使用单位的，由特种设备安全监督管理部门责令限期改正；逾期未改正的，处2000元以上1万元以下罚款。

第七十九条 锅炉、压力容器、压力管道元件、起重机械、大型游乐设施的制造过程和锅炉、压力容器、电梯、起重机械、客运索道、大型游乐设施的安装、改造、重大维修过程，以及锅炉清洗过程，未经国务院特种设备安全监督管理部门核准的检验检测机构按照安全技术规范的要求进行监督检验的,由特种设备安全监督管理部门责令改正;已经出厂的,没收违法生产、销售的产品,已经实施安装、改造、重大维修或者清洗的,责令限期进行监督检验,处5万元以上20万元以下罚款;有违法所得的,没收违法所得;情节严重的,撤销制造、安装、改造或者维修单位已经取得的许可,并由工商行政管理部门吊销其营业执照;触犯刑律的,对负有责任的主管人员和其他直接责任人员依照刑法关于生产、销售伪劣产品罪或者其他罪的规定,依法追究刑事责任。

第八十条　未经许可,擅自从事移动式压力容器或者气瓶充装活动的,由特种设备安全监督管理部门予以取缔,没收违法充装的气瓶,处10万元以上50万元以下罚款;有违法所得的,没收违法所得;触犯刑律的,对负有责任的主管人员和其他直接责任人员依照刑法关于非法经营罪或者其他罪的规定,依法追究刑事责任。

移动式压力容器、气瓶充装单位未按照安全技术规范的要求进行充装活动的,由特种设备安全监督管理部门责令改正,处2万元以上10万元以下罚款;情节严重的,撤销其充装资格。

第八十一条　电梯制造单位有下列情形之一的,由特种设备安全监督管理部门责令限期改正;逾期未改正的,予以通报批评:

(一)未依照本条例第十九条的规定对电梯进行校验、调试的;

(二)对电梯的安全运行情况进行跟踪调查和了解时,发现存在严重事故隐患,未及时向特种设备安全监督管理部门报告的。

第八十二条　已经取得许可、核准的特种设备生产单位、检验检测机构有下列行为之一的,由特种设备安全监督管理部门责令改正,处2万元以上10万元以下罚款;情节严重的,撤销其相应资格:

(一)未按照安全技术规范的要求办理许可证变更手续的;

(二)不再符合本条例规定或者安全技术规范要求的条件,继续从事特种设备生产、检验检测的;

(三)未依照本条例规定或者安全技术规范要求进行特种设备生产、检验检测的;

(四)伪造、变造、出租、出借、转让许可证书或者监督检验报告的。

第八十三条　特种设备使用单位有下列情形之一的,由特种设备安全监督管理部门责令限期改正;逾期未改正的,处2000元以上2万元以下罚款;情节严重的,责令停止使用或者停产停业整顿:

(一)特种设备投入使用前或者投入使用后30日内,未向特种设备安全监督管理部门登记,擅自将其投入使用的;

(二)未依照本条例第二十六条的规定,建立特种设备安全技术档案的;

(三)未依照本条例第二十七条的规定,对在用特种设备进行经常性日常维护保养和定期自行检查的,或者对在用特种设备的安全附件、安全保护装置、测量调控装置及有关附属仪器仪表进行定期校验、检修,并作出记录的;

(四)未按照安全技术规范的定期检验要求,在安全检验合格有效期届满前1个月向特种设备检验检测机构提出定期检验要求的;

(五)使用未经定期检验或者检验不合格的特种设备的;

(六)特种设备出现故障或者发生异常情况,未对其进行全面检查、消除事故隐患,继续投入使用的;

(七)未制定特种设备事故应急专项预案的;

(八)未依照本条例第三十一条第二款的规定,对电梯进行清洁、润滑、调整和检查的;

(九)未按照安全技术规范要求进行锅炉水(介)质处理的;

(十)特种设备不符合能效指标,未及时采取相应措施进行整改的。

特种设备使用单位使用未取得生产许可的单位生产的特种设备或者将非承压锅炉、非压力容器作为承压锅炉、压力容器使用的,由特种设备安全监督管理部门责令停止使用,予以没收,处2万元以上10万元以下罚款。

第八十四条　特种设备存在严重事故隐患,无改造、维修价值,或者超过安全技术规范规定的使用年限,特种设备使用单位未予以报废,并向原登记的特种设备安全监督管理部门办理注销的,由特种设备安全监督管理部门责令限期改正;逾期未改正的,处5万元以上20万元以下罚款。

第八十五条　电梯、客运索道、大型游乐设施的运营使用单位有下列情形之一的,由特种设备安全监督管理部门责令限期改正;逾期未改正的,责令停止使用或者停产停业整顿,处1万元以上5万元以下罚款:

(一)客运索道、大型游乐设施每日投入使用前,未进行试运行和例行安全检查,并对安全装置进行检查确认的;

（二）未将电梯、客运索道、大型游乐设施的安全注意事项和警示标志置于易于为乘客注意的显著位置的。

第八十六条 特种设备使用单位有下列情形之一的，由特种设备安全监督管理部门责令限期改正；逾期未改正的，责令停止使用或者停产停业整顿，处2000元以上2万元以下罚款：

（一）未依照本条例规定设置特种设备安全管理机构或者配备专职、兼职的安全管理人员的；

（二）从事特种设备作业的人员，未取得相应特种作业人员证书，上岗作业的；

（三）未对特种设备作业人员进行特种设备安全教育和培训的。

第八十七条 发生特种设备事故，有下列情形之一的，对单位，由特种设备安全监督管理部门处5万元以上20万元以下罚款；对主要负责人，由特种设备安全监督管理部门处4000元以上2万元以下罚款；属于国家工作人员的，依法给予处分；触犯刑律的，依照刑法关于重大责任事故罪或者其他罪的规定，依法追究刑事责任：

（一）特种设备使用单位的主要负责人在本单位发生特种设备事故时，不立即组织抢救或者在事故调查处理期间擅离职守或者逃匿的；

（二）特种设备使用单位的主要负责人对特种设备事故隐瞒不报、谎报或者拖延不报的。

第八十八条 对事故发生负有责任的单位，由特种设备安全监督管理部门依照下列规定处以罚款：

（一）发生一般事故的，处10万元以上20万元以下罚款；

（二）发生较大事故的，处20万元以上50万元以下罚款；

（三）发生重大事故的，处50万元以上200万元以下罚款。

第八十九条 对事故发生负有责任的单位的主要负责人未依法履行职责，导致事故发生的，由特种设备安全监督管理部门依照下列规定处以罚款；属于国家工作人员的，并依法给予处分；触犯刑律的，依照刑法关于重大责任事故罪或者其他罪的规定，依法追究刑事责任：

（一）发生一般事故的，处上一年年收入30%的罚款；

（二）发生较大事故的，处上一年年收入40%的罚款；

（三）发生重大事故的，处上一年年收入60%的罚款。

第九十条 特种设备作业人员违反特种设备的操作规程和有关的安全规章制度操作，或者在作业过程中发现事故隐患或者其他不安全因素，未立即向现场安全管理人员和单位有关负责人报告的，由特种设备使用单位给予批评教育、处分；情节严重的，撤销特种设备作业人员资格；触犯刑律的，依照刑法关于重大责任事故罪或者其他罪的规定，依法追究刑事责任。

第九十一条 未经核准，擅自从事本条例所规定的监督检验、定期检验、型式试验以及无损检测等检验检测活动的，由特种设备安全监督管理部门予以取缔，处5万元以上20万元以下罚款；有违法所得的，没收违法所得；触犯刑律的，对负有责任的主管人员和其他直接责任人员依照刑法关于非法经营罪或者其他罪的规定，依法追究刑事责任。

第九十二条 特种设备检验检测机构，有下列情形之一的，由特种设备安全监督管理部门处2万元以上10万元以下罚款；情节严重的，撤销其检验检测资格：

（一）聘用未经特种设备安全监督管理部门组织考核合格并取得检验检测人员证书的人员，从事相关检验检测工作的；

（二）在进行特种设备检验检测中，发现严重事故隐患或者能耗严重超标，未及时告知特种设备使用单位，并立即向特种设备安全监督管理部门报告的。

第九十三条 特种设备检验检测机构和检验检测人员，出具虚假的检验检测结果、鉴定结论或者检验检测结果、鉴定结论严重失实的，由特种设备安全监督管理部门对检验检测机构没收违法所得，处5万元以上20万元以下罚款，情节严重的，撤销其检验检测资格；对检验检测人员处5000元以上5万元以下罚款，情节严重的，撤销其检验检测资格，触犯刑律的，依照刑法关于中介组织人员提供虚假证明文件罪、中介组织人员出具证明文件重大失实罪或者其他罪的规定，依法追究刑事责任。

特种设备检验检测机构和检验检测人员，出具虚假的检验检测结果、鉴定结论或者检验检测结果、鉴定结论严重失实，造成损害的，应当承担赔偿责任。

第九十四条 特种设备检验检测机构或者检验检测人员从事特种设备的生产、销售，或者以其名义推荐或者监制、监销特种设备的，由特种设备安全监督管理部门撤销特种设备检验检测机构和检验检测人员的资格，处5万元以上20万元以下罚款；有违法所得的，没收违法所得。

第九十五条 特种设备检验检测机构和检验检测人

员利用检验检测工作故意刁难特种设备生产、使用单位，由特种设备安全监督管理部门责令改正；拒不改正的，撤销其检验检测资格。

第九十六条 检验检测人员，从事检验检测工作，不在特种设备检验检测机构执业或者同时在两个以上检验检测机构中执业的，由特种设备安全监督管理部门责令改正，情节严重的，给予停止执业6个月以上2年以下的处罚；有违法所得的，没收违法所得。

第九十七条 特种设备安全监督管理部门及其特种设备安全监察人员，有下列违法行为之一的，对直接负责的主管人员和其他直接责任人员，依法给予降级或者撤职的处分；触犯刑律的，依照刑法关于受贿罪、滥用职权罪、玩忽职守罪或者其他罪的规定，依法追究刑事责任：

（一）不按照本条例规定的条件和安全技术规范要求，实施许可、核准、登记的；

（二）发现未经许可、核准、登记擅自从事特种设备的生产、使用或者检验检测活动不予取缔或者不依法予以处理的；

（三）发现特种设备生产、使用单位不再具备本条例规定的条件而不撤销其原许可，或者发现特种设备生产、使用违法行为不予查处的；

（四）发现特种设备检验检测机构不再具备本条例规定的条件而不撤销其原核准，或者对其出具虚假的检验检测结果、鉴定结论或者检验检测结果、鉴定结论严重失实的行为不予查处的；

（五）对依照本条例规定在其他地方取得许可的特种设备生产单位重复进行许可，或者对依照本条例规定在其他地方检验检测合格的特种设备，重复进行检验检测的；

（六）发现有违反本条例和安全技术规范的行为或者在用的特种设备存在严重事故隐患，不立即处理的；

（七）发现重大的违法行为或者严重事故隐患，未及时向上级特种设备安全监督管理部门报告，或者接到报告的特种设备安全监督管理部门不立即处理的；

（八）迟报、漏报、瞒报或者谎报事故的；

（九）妨碍事故救援或者事故调查处理的。

第九十八条 特种设备的生产、使用单位或者检验检测机构，拒不接受特种设备安全监督管理部门依法实施的安全监察的，由特种设备安全监督管理部门责令限期改正；逾期未改正的，责令停产停业整顿，处2万元以上10万元以下罚款；触犯刑律的，依照刑法关于妨害公务罪或者其他罪的规定，依法追究刑事责任。

特种设备生产、使用单位擅自动用、调换、转移、损毁被查封、扣押的特种设备或者其主要部件的，由特种设备安全监督管理部门责令改正，处5万元以上20万元以下罚款；情节严重的，撤销其相应资格。

第八章 附 则

第九十九条 本条例下列用语的含义是：

（一）锅炉，是指利用各种燃料、电或者其他能源，将所盛装的液体加热到一定的参数，并对外输出热能的设备，其范围规定为容积大于或者等于30L的承压蒸汽锅炉；出口水压大于或者等于0.1MPa（表压），且额定功率大于或者等于0.1MW的承压热水锅炉；有机热载体锅炉。

（二）压力容器，是指盛装气体或者液体，承载一定压力的密闭设备，其范围规定为最高工作压力大于或者等于0.1MPa（表压），且压力与容积的乘积大于或者等于2.5MPa·L的气体、液化气体和最高工作温度高于或者等于标准沸点的液体的固定式容器和移动式容器；盛装公称工作压力大于或者等于0.2MPa（表压），且压力与容积的乘积大于或者等于1.0MPa·L的气体、液化气体和标准沸点等于或者低于60℃液体的气瓶；氧舱等。

（三）压力管道，是指利用一定的压力，用于输送气体或者液体的管状设备，其范围规定为最高工作压力大于或者等于0.1MPa（表压）的气体、液化气体、蒸汽介质或者可燃、易爆、有毒、有腐蚀性、最高工作温度高于或者等于标准沸点的液体介质，且公称直径大于25mm的管道。

（四）电梯，是指动力驱动，利用沿刚性导轨运行的箱体或者沿固定线路运行的梯级（踏步），进行升降或者平行运送人、货物的机电设备，包括载人（货）电梯、自动扶梯、自动人行道等。

（五）起重机械，是指用于垂直升降或者垂直升降并水平移动重物的机电设备，其范围规定为额定起重量大于或者等于0.5t的升降机；额定起重量大于或者等于1t，且提升高度大于或者等于2m的起重机和承重形式固定的电动葫芦等。

（六）客运索道，是指动力驱动，利用柔性绳索牵引箱体等运载工具运送人员的机电设备，包括客运架空索道、客运缆车、客运拖牵索道等。

（七）大型游乐设施，是指用于经营目的，承载乘客游乐的设施，其范围规定为设计最大运行线速度大于或者等于2m/s，或者运行高度距地面高于或者等于2m的载人大型游乐设施。

（八）场（厂）内专用机动车辆，是指除道路交通、农用车辆以外仅在工厂厂区、旅游景区、游乐场所等特定区域使用的专用机动车辆。

特种设备包括其所用的材料、附属的安全附件、安全保护装置和与安全保护装置相关的设施。

第一百条 压力管道设计、安装、使用的安全监督管理办法由国务院另行制定。

第一百零一条 国务院特种设备安全监督管理部门可以授权省、自治区、直辖市特种设备安全监督管理部门负责本条例规定的特种设备行政许可工作，具体办法由国务院特种设备安全监督管理部门制定。

第一百零二条 特种设备行政许可、检验检测，应当按照国家有关规定收取费用。

第一百零三条 本条例自 2003 年 6 月 1 日起施行。1982 年 2 月 6 日国务院发布的《锅炉压力容器安全监察暂行条例》同时废止。

特种设备安全监督检查办法

· 2022 年 5 月 26 日国家市场监督管理总局令第 57 号公布
· 自 2022 年 7 月 1 日起施行

第一章 总 则

第一条 为了规范特种设备安全监督检查工作，落实特种设备生产、经营、使用单位和检验、检测机构安全责任，根据《中华人民共和国特种设备安全法》《特种设备安全监察条例》等法律、行政法规，制定本办法。

第二条 市场监督管理部门对特种设备生产（包括设计、制造、安装、改造、修理）、经营、使用（含充装，下同）单位和检验、检测机构实施监督检查，适用本办法。

第三条 国家市场监督管理总局负责监督指导全国特种设备安全监督检查工作，可以根据需要组织开展监督检查。

县级以上地方市场监督管理部门负责本行政区域内的特种设备安全监督检查工作，根据上级市场监督管理部门部署或者实际工作需要，组织开展监督检查。

市场监督管理所依照市场监管法律、法规、规章有关规定以及上级市场监督管理部门确定的权限，承担相关特种设备安全监督检查工作。

第四条 特种设备安全监督检查工作应当遵循风险防控、分级负责、分类实施、照单履职的原则。

第二章 监督检查分类

第五条 特种设备安全监督检查分为常规监督检查、专项监督检查、证后监督检查和其他监督检查。

第六条 市场监督管理部门依照年度常规监督检查计划，对特种设备生产、使用单位实施常规监督检查。

常规监督检查的项目和内容按照国家市场监督管理总局的有关规定执行。

第七条 市级市场监督管理部门负责制定年度常规监督检查计划，确定辖区内市场监督管理部门任务分工，并分级负责实施。

年度常规监督检查计划应当报告同级人民政府。对特种设备生产单位开展的年度常规监督检查计划还应当同时报告省级市场监督管理部门。

第八条 常规监督检查应当采用"双随机、一公开"方式，随机抽取被检查单位和特种设备安全监督检查人员（以下简称检查人员），并定期公布监督检查结果。

常规监督检查对象库应当将取得许可资格且住所地在本辖区的特种设备生产单位和本辖区办理特种设备使用登记的使用单位全部纳入。

特种设备生产单位制造地与住所地不在同一辖区的，由制造地的市级市场监督管理部门纳入常规监督检查对象库。

第九条 市级市场监督管理部门应当根据特种设备安全状况，确定常规监督检查重点单位名录，并对重点单位加大抽取比例。

符合以下情形之一的，应当列入重点单位名录：

（一）学校、幼儿园以及医院、车站、客运码头、机场、商场、体育场馆、展览馆、公园、旅游景区等公众聚集场所的特种设备使用单位；

（二）近二年使用的特种设备发生过事故并对事故负有责任的；

（三）涉及特种设备安全的投诉举报较多，且经调查属实的；

（四）市场监督管理部门认为应当列入的其他情形。

第十条 市场监督管理部门为防范区域性、系统性风险，做好重大活动、重点工程以及节假日等重点时段安全保障，或者根据各级人民政府和上级市场监督管理部门的统一部署，在特定时间内对特定区域、领域的特种设备生产、经营、使用单位和检验、检测机构实施专项监督检查。

第十一条 组织专项监督检查的市场监督管理部门应当制定专项监督检查工作方案，明确监督检查的范围、任务分工、进度安排等要求。

专项监督检查工作方案应当要求特种设备生产、经营、使用单位和检验、检测机构开展自查自纠，并规定专门的监督检查项目和内容,或者参照常规监督检查的项目和内容执行。

第十二条　市场监督管理部门对其许可的特种设备生产、充装单位和检验、检测机构是否持续保持许可条件、依法从事许可活动实施证后监督检查。

第十三条　证后监督检查由实施行政许可的市场监督管理部门负责组织实施,或者委托下级市场监督管理部门组织实施。

第十四条　组织实施证后监督检查的市场监督管理部门应当制定证后监督检查年度计划和工作方案。

证后监督检查年度计划应当明确检查对象、进度安排等要求,工作方案应当明确检查方式、检查内容等要求。

第十五条　市场监督管理部门开展证后监督检查应当采用"双随机、一公开"方式,随机抽取被检查单位和检查人员,并及时公布监督检查结果。

证后监督检查对象库应当将本机关许可的特种设备生产、充装单位和检验、检测机构全部列入。

第十六条　市场监督管理部门应当根据特种设备生产、充装质量安全状况或者特种设备检验、检测质量状况,确定证后监督检查重点单位名录,并对重点单位加大抽取比例。

符合以下情形之一的,应当列入重点单位名录：

（一）上一年度自我声明承诺换证的；

（二）上一年度生产、充装、检验、检测的特种设备发生过事故并对事故负有责任,或者因特种设备生产、充装、检验、检测问题被行政处罚的；

（三）上一年度因产品缺陷未履行主动召回义务被责令召回的；

（四）涉及特种设备安全的投诉举报较多,且经调查属实的；

（五）市场监督管理部门认为应当列入的其他情形。

第十七条　同一年度,对同一单位已经进行证后监督检查的不再进行常规监督检查。

第十八条　市场监督管理部门对其他部门移送、上级交办、投诉、举报等途径和检验、检测、监测等方式发现的特种设备安全违法行为或者事故隐患线索,根据需要可以对特种设备生产、经营、使用单位和检验、检测机构实施监督检查。开展监督检查前,应当确定针对性的监督检查项目和内容。

第三章　监督检查程序

第十九条　市场监督管理部门实施监督检查时,应当有二名以上检查人员参加,出示有效的特种设备安全行政执法证件,并说明检查的任务来源、依据、内容、要求等。

市场监督管理部门根据需要可以委托相关具有公益类事业单位法人资格的特种设备检验机构提供监督检查的技术支持和服务,或者邀请相关专业技术人员参加监督检查。

第二十条　特种设备生产、经营、使用单位和检验、检测机构及其人员应当积极配合市场监督管理部门依法实施的特种设备安全监督检查。

特种设备生产、经营、使用单位和检验、检测机构应当按照专项监督检查工作方案的要求开展自查自纠。

第二十一条　检查人员应当对监督检查的基本情况、发现的问题及处理措施等作出记录,并由检查人员和被检查单位的有关负责人在监督检查记录上签字确认。

第二十二条　检查人员可以根据监督检查情况,要求被检查单位提供相关材料。被检查单位应当如实提供,并在提供的材料上签名或者盖章。当场无法提供材料的,应当在检查人员通知的期限内提供。

第二十三条　市场监督管理部门在监督检查中,发现违反特种设备安全法律法规和安全技术规范的行为或者特种设备存在事故隐患的,应当依法发出特种设备安全监察指令,或者交由属地市场监督管理部门依法发出特种设备安全监察指令,责令被检查单位限期采取措施予以改正或者消除事故隐患。

市场监督管理部门发现重大违法行为或者特种设备存在严重事故隐患的,应当责令被检查单位立即停止违法行为,采取措施消除事故隐患。

第二十四条　本办法所称重大违法行为包括以下情形：

（一）未经许可,擅自从事特种设备生产、电梯维护保养、移动式压力容器充装或者气瓶充装活动的；

（二）未经核准,擅自从事特种设备检验、检测的；

（三）特种设备生产单位生产、销售、交付国家明令淘汰的特种设备,或者涂改、倒卖、出租、出借生产许可证的；

（四）特种设备经营单位销售、出租未取得许可生产、未经检验或者检验不合格、国家明令淘汰、已经报废的特种设备的；

（五）谎报或者瞒报特种设备事故的；

（六）检验、检测机构和人员出具虚假或者严重失实的检验、检测结果和鉴定结论的；

（七）被检查单位对严重事故隐患不予整改或者消除的；

（八）法律、行政法规和部门规章规定的其他重大违法行为。

第二十五条 特种设备存在严重事故隐患包括以下情形：

（一）特种设备未取得许可生产、国家明令淘汰、已经报废或者达到报废条件，继续使用的；

（二）特种设备未经监督检验或者经检验、检测不合格，继续使用的；

（三）特种设备安全附件、安全保护装置缺失或者失灵，继续使用的；

（四）特种设备发生过事故或者有明显故障，未对其进行全面检查、消除事故隐患，继续使用的；

（五）特种设备超过规定参数、使用范围使用的；

（六）市场监督管理部门认为属于严重事故隐患的其他情形。

第二十六条 市场监督管理部门在监督检查中，对有证据表明不符合安全技术规范要求、存在严重事故隐患、流入市场的达到报废条件或者已经报废的特种设备，应当依法实施查封、扣押。

当场能够整改的，可以不予查封、扣押。

第二十七条 监督检查中，被检查单位的有关负责人拒绝在特种设备安全监督检查记录或者相关文书上签字或以其他方式确认的，检查人员应当在记录或者文书上注明情况，并采取拍照、录音、录像等方式记录，必要时可以邀请有关人员作为见证人。

被检查单位拒绝签收特种设备安全监察指令的，按照市场监督管理送达行政执法文书的有关规定执行，情节严重的，按照拒不执行特种设备安全监察指令予以处理。

第二十八条 被检查单位停产、停业或者确有其他无法实施监督检查情形的，检查人员可以终止监督检查，并记录相关情况。

第二十九条 被检查单位应当根据特种设备安全监察指令，在规定时间内予以改正，消除事故隐患，并提交整改报告。

市场监督管理部门应当在被检查单位提交整改报告后十个工作日内，对整改情况进行复查。复查可以通过现场检查、材料核查等方式实施。

采用现场检查进行复查的，复查程序适用本办法。

第三十条 发现重大违法行为或者严重事故隐患的，实施检查的市场监督管理部门应当及时报告上一级市场监督管理部门。

市场监督管理部门接到报告后，应当采取必要措施，及时予以处理。

第三十一条 监督检查中对拒绝接受检查、重大违法行为和严重事故隐患的处理，需要属地人民政府和有关部门支持、配合的，市场监督管理部门应当及时以书面形式报告属地人民政府或者通报有关部门，并提出相关安全监管建议。

接到报告或者通报的人民政府和其他有关部门依法采取必要措施及时处理时，市场监督管理部门应当积极予以配合。

第三十二条 特种设备安全行政处罚由违法行为发生地的县级以上市场监督管理部门实施。

违法行为发生地的县级以上市场监督管理部门依法吊销特种设备检验、检测人员及安全管理和作业人员行政许可的，应当将行政处罚决定抄送发证机关，由发证机关办理注销手续。

违法行为发生地的县级以上市场监督管理部门案件办理过程中，发现依法应当吊销特种设备生产、充装单位和特种设备检验、检测机构行政许可的，应当在作出相关行政处罚决定后，将涉及吊销许可证的违法行为证据材料移送发证机关，由发证机关依法予以吊销。

发现依法应当撤销许可的违法行为的，实施监督检查的市场监督管理部门应当及时向发证机关通报，并随附相关证据材料，由发证机关依法予以撤销。

第四章 法律责任

第三十三条 违反本办法的规定，特种设备有关法律法规已有法律责任规定的，依照相关规定处理；有关法律法规以及本办法其他条款没有规定法律责任的，责令限期改正；涉嫌构成犯罪，依法需要追究刑事责任的，按照有关规定移送公安机关、监察机关。

第三十四条 被检查单位无正当理由拒绝检查人员进入特种设备生产、经营、使用、检验、检测场所检查，不予配合或者拖延、阻碍监督检查正常开展的，按照《中华人民共和国特种设备安全法》第九十五条规定予以处理。构成违反治安管理行为的，移送公安机关，由公安机关依法给予治安管理处罚。

第三十五条 被检查单位未按要求进行自查自纠的，责令限期改正；逾期未改正的，处五千元以上三万元以下罚款。

被检查单位在检查中隐匿证据、提供虚假材料或者未在通知的期限内提供有关材料的,责令限期改正;逾期未改正的,处一万元以上十万元以下罚款。

第三十六条 特种设备生产、经营、使用单位和检验、检测机构违反本办法第二十九条第一款,拒不执行特种设备安全监察指令的,处五千元以上十万元以下罚款;情节严重的,处十万元以上二十万元以下罚款。

第三十七条 特种设备安全监督检查人员在监督检查中未依法履行职责,需要承担行政执法过错责任的,按照有关法律法规及《市场监督管理行政执法责任制规定》的有关规定执行。

市场监督管理部门及其工作人员在特种设备安全监督检查中涉嫌违纪违法的,移送纪检监察机关依法给予党纪政务处分;涉嫌犯罪的,移送监察机关、司法机关依法处理。

第五章 附 则

第三十八条 特种设备安全监督检查人员履职所需装备按照市场监督管理基层执法装备配备的有关要求执行。

第三十九条 特种设备安全监督检查文书格式由国家市场监督管理总局制定。

第四十条 本办法自2022年7月1日起施行。

特种设备事故报告和调查处理规定

· 2022年1月20日国家市场监督管理总局令第50号公布
· 自2022年3月1日起施行

第一章 总 则

第一条 为了规范特种设备事故报告和调查处理工作,及时准确查清事故原因,明确事故责任,预防和减少事故发生,根据《中华人民共和国特种设备安全法》《特种设备安全监察条例》等有关法律、行政法规的规定,制定本规定。

第二条 本规定所称特种设备事故,是指列入特种设备目录的特种设备因其本体原因及其安全装置或者附件损坏、失效,或者特种设备相关人员违反特种设备法律法规规章、安全技术规范造成的事故。

第三条 以下情形不属于本规定所称特种设备事故:

(一)《中华人民共和国特种设备安全法》第一百条规定的特种设备造成的事故;

(二)自然灾害等不可抗力或者交通事故、火灾事故等外部因素引发的事故;

(三)人为破坏或者利用特种设备实施违法犯罪导致的事故;

(四)特种设备具备使用功能前或者在拆卸、报废、转移等非作业状态下发生的事故;

(五)特种设备作业、检验、检测人员因劳动保护措施不当或者缺失而发生的事故;

(六)场(厂)内专用机动车辆驶出规定的工厂厂区、旅游景区、游乐场所等特定区域发生的事故。

第四条 国家市场监督管理总局负责监督指导全国特种设备事故报告、调查和处理工作。

各级市场监督管理部门在本级人民政府的领导和上级市场监督管理部门指导下,依法开展特种设备事故报告、调查和处理工作。

第五条 特种设备事故报告应当及时、准确、完整,任何单位和个人不得迟报、漏报、谎报或者瞒报。

特种设备事故调查处理应当实事求是、客观公正、尊重科学,及时、准确地查清事故经过、事故原因和事故损失,查明事故性质,认定事故责任,提出处理建议和整改措施。

第六条 任何单位和个人不得阻挠和干涉特种设备事故报告、调查和处理工作。

对特种设备事故报告、调查和处理中的违法行为,任何单位和个人有权向市场监督管理部门和其他有关部门举报,接到举报的部门应当依法及时处理。

第二章 事故报告

第七条 特种设备发生事故后,事故现场有关人员应当立即向事故发生单位负责人报告;事故发生单位的负责人接到报告后,应当于1小时内向事故发生地的县级以上市场监督管理部门和有关部门报告。

情况紧急时,事故现场有关人员可以直接向事故发生地的县级以上市场监督管理部门报告。

第八条 市场监督管理部门接到有关特种设备事故报告后,应当立即组织查证核实。属于特种设备事故的,应当向本级人民政府报告,并逐级报告上级市场监督管理部门直至国家市场监督管理总局。每级上报的时间不得超过2小时。必要时,可以越级上报事故情况。

对于一般事故、较大事故,接到事故报告的市场监督管理部门应当及时通报同级有关部门。对于重大事故、特别重大事故,国家市场监督管理总局应当立即报告国务院并及时通报国务院有关部门。

事故发生地与事故发生单位所在地不在同一行政区域的,事故发生地市场监督管理部门应当及时通知事故发生单位所在地市场监督管理部门。事故发生单位所在地市场监督管理部门应当配合做好事故调查处理相关工作。

第九条　市场监督管理部门逐级上报事故信息，应当采用快捷便利的通讯方式进行上报，同时通过特种设备事故管理系统进行上报。现场无法通过特种设备事故管理系统上报的，应当在接到事故报告后24小时内通过系统进行补报。

第十条　事故报告应当包括以下内容：

（一）事故发生的时间、地点、单位概况以及特种设备种类；

（二）事故发生简要经过、现场破坏情况、已经造成或者可能造成的伤亡和涉险人数、初步估计的直接经济损失；

（三）已经采取的措施；

（四）报告人姓名、联系电话；

（五）其他有必要报告的情况。

第十一条　事故报告后出现新情况的，以及对情况尚未报告清楚的，应当及时逐级续报。

自事故发生之日起30日内，事故伤亡人数发生变化的，应当在发生变化的24小时内及时续报。

第十二条　事故发生地县级市场监督管理部门接到事故报告后，应当及时派员赶赴事故现场，并按照特种设备应急预案的分工，在当地人民政府的领导下积极组织开展事故应急救援工作。

上级市场监督管理部门认为有必要时，可以派员赶赴事故现场进行指导，事故发生地县级以上市场监督管理部门应当积极配合。

第十三条　各级市场监督管理部门应当依法组织制定特种设备事故应急预案，建立应急值班制度，并向社会公布值班电话，接收特种设备事故报告信息。

第三章　事故调查

第十四条　发生特种设备事故后，事故发生单位及其人员应当妥善保护事故现场以及相关证据，及时收集、整理有关资料，为事故调查做好准备；必要时，应当对设备、场地、资料进行封存，由专人看管。

第十五条　特种设备事故调查依据特种设备安全法律、行政法规的相关规定，实行分级负责。

市场监督管理部门接到事故报告后，经过现场初步判断，因客观原因暂时无法确定是否为特种设备事故的，应当及时报告本级人民政府，并按照本级人民政府的意见开展相关工作。

第十六条　对于跨区域发生、事故调查处理情形复杂、舆论关注和群众反响强烈的特种设备事故等情况，上级市场监督管理部门可以对事故调查进行督办，必要时可以直接进行调查。

自事故发生之日起30日内事故等级发生变化，依法应当由上级市场监督管理部门组织事故调查的，上级市场监督管理部门可以会同本级有关部门进行事故调查，也可以经本级人民政府批准，委托下级市场监督管理部门继续组织进行事故调查。

自事故发生之日起超过30日，事故造成的伤亡人数或者直接经济损失发生变化的，按照原事故等级组织事故调查。

第十七条　对无重大社会影响、无人员死亡且事故原因明晰的特种设备一般事故和较大事故，负责组织事故调查的市场监督管理部门，报本级人民政府批准后，可以由市场监督管理部门独立开展事故调查工作。必要时，经本级人民政府批准，可以委托下级市场监督管理部门组织事故调查。

第十八条　负责组织事故调查的市场监督管理部门应当报请本级人民政府批准成立事故调查组。

根据事故的具体情况，事故调查组一般应当由市场监督管理部门会同有关部门组成。

事故调查组组长由负责事故调查的市场监督管理部门负责人或者指定的人员担任。

第十九条　事故调查组应当履行下列职责：

（一）查清事故发生前的特种设备状况；

（二）查明事故经过、人员伤亡、特种设备损坏、直接经济损失情况及其它后果；

（三）分析事故原因；

（四）认定事故性质和事故责任；

（五）提出对事故责任单位和责任人员的处理建议；

（六）总结事故教训，提出防范类似事故发生和整改措施的建议；

（七）提交事故调查报告；

（八）整理并移交有关事故调查资料。

第二十条　事故调查组成员应当具有特种设备事故调查工作所需要的知识和专长，与事故发生单位及相关人员不存在直接利害关系。

事故调查组成员应当服从调查组组长领导，在事故调查工作中正确履行职责，诚信公正，遵守事故调查组的纪律，不得泄露有关事故调查信息。

第二十一条　根据事故调查工作需要，事故调查组可以聘请有关专家参与事故调查；所聘请的专家应当具备特种设备安全监督管理、生产、检验检测或者科研教学等相关工作经验。设区的市级以上市场监督管理部门可以根据事故调查工作需要，组建特种设备事故调查专家库。

第二十二条 事故调查组有权向有关单位和个人了解与事故有关的情况，并要求其提供相关文件、资料。有关单位和个人不得拒绝，并对所提供情况和文件、资料的真实性负责。

事故发生单位的负责人和有关人员在事故调查期间不得擅离职守，并应当随时接受事故调查组的询问。

第二十三条 事故调查组应当依法严格开展事故现场保护、勘察、询问及调查取证等相关工作。

事故调查期间未经事故调查组同意，任何单位和个人不得擅自移动事故相关设备，不得隐匿、毁灭有关资料、物品，不得伪造或者故意破坏事故现场。

第二十四条 事故调查中需要进行技术鉴定的，事故调查组应当委托相关单位进行技术鉴定，接受委托的单位应当出具技术鉴定报告，并对其结论负责。

第二十五条 事故调查组认为需要对特种设备事故进行直接经济损失评估的，可以委托依法成立的评估机构进行。接受委托的评估机构应当出具评估报告，并对其结论负责。

第二十六条 事故调查组应当在全面审查证据的基础上查明引发事故的原因，认定事故性质。

第二十七条 事故调查组应当根据事故的主要原因和次要原因，认定事故责任。

事故调查组应当根据责任单位和责任人员行为与特种设备事故发生及其后果之间的因果关系，以及在特种设备事故中的影响程度，认定责任单位和责任人员所负的责任。责任单位和责任人员所负的责任分为全部责任、主要责任和次要责任。

责任单位或者责任人员伪造或者故意破坏事故现场，毁灭、伪造或者隐匿证据，瞒报或者谎报事故等，致使事故责任无法认定的，应当承担全部责任。

第二十八条 事故调查组应当向组织事故调查的市场监督管理部门提交事故调查报告。事故调查报告应当包括下列内容：

（一）事故发生单位情况和发生事故设备情况；
（二）事故发生经过和事故救援情况；
（三）事故造成的人员伤亡、设备损坏程度和直接经济损失；
（四）事故发生的原因和事故性质；
（五）事故责任的认定以及对事故责任单位和责任人员的处理建议；
（六）事故防范和整改措施；
（七）技术鉴定报告等有关证据材料。

事故调查报告应当由事故调查组集体会审，并经事故调查组全体成员签名。事故调查组成员有不同意见的，可以提交个人签名的书面材料，附在事故调查报告内。

第二十九条 组织事故调查的市场监督管理部门应当按照规定程序对事故调查报告以及资料进行完整性审核。必要时，可以向事故调查组提出追加调查的要求。

第三十条 特种设备事故调查应当自事故调查组成立之日起60日内结束。特殊情况下，经组织调查的市场监督管理部门批准，事故调查期限可以适当延长，但延长的期限最长不超过60日。

经济损失评估时间与技术鉴定时间不计入事故调查期限。

因无法进行事故现场勘察的，事故调查期限从具备现场勘察条件之日起计算。

第四章 事故处理

第三十一条 事故调查结束后，组织事故调查的市场监督管理部门应当将事故调查报告报本级人民政府批复，并报上一级市场监督管理部门备案。

第三十二条 组织事故调查的市场监督管理部门应当在接到批复之日起15日内，将事故调查报告及批复意见送达有关地方人民政府及有关部门，并抄送事故发生单位、责任单位和责任人员。

第三十三条 市场监督管理部门及有关部门应当根据批复后的事故调查报告，依照法定权限和程序，对负有事故责任的相关单位和人员实施行政处罚，对负有事故责任的公职人员进行处分。

市场监督管理部门及其工作人员在特种设备事故调查和处理中存在违纪违法行为的，由纪检监察机关依法给予党纪政务处分。

涉嫌犯罪的，依法移送监察机关、司法机关处理。

第三十四条 事故发生单位及事故责任相关单位应当落实事故防范和整改措施。防范和整改措施的落实情况应当接受工会和职工的监督。

事故责任单位应当及时将防范和整改措施的落实情况报事故发生地的市级市场监督管理部门。

第三十五条 事故调查处理情况由组织调查的市场

监督管理部门按照《中华人民共和国政府信息公开条例》的有关规定,依法向社会公开。

第三十六条 事故调查的有关资料应当由组织事故调查的市场监督管理部门归档保存。

归档保存的材料包括现场勘察笔录、技术鉴定报告、事故调查报告、事故批复文件等。

第三十七条 组织事故调查的市场监督管理部门应当在接到事故调查报告批复之日起 30 日内将事故调查报告和批复意见逐级上报至国家市场监督管理总局。

第三十八条 组织事故调查的市场监督管理部门对事故调查中发现的需要制定或者修订的有关法律法规、安全技术规范和标准,应当及时报告上级市场监督管理部门,提出制定或者修订建议。

第三十九条 各级市场监督管理部门应当定期对本行政区域特种设备事故的情况、特点、原因进行统计分析,根据特种设备的管理和技术特点、事故情况,研究制定有针对性的工作措施,防止和减少类似事故的发生。

第五章 附 则

第四十条 本规定所涉及的事故报告、调查协调、统计分析,报送等具体工作,由负责组织事故调查的市场监督管理部门负责,也可以委托相关特种设备事故调查处理机构承担。

第四十一条 与特种设备相关的其他安全事故,相关人民政府指定由市场监督管理部门组织事故调查的,可以参照本规定进行。

第四十二条 本规定自 2022 年 3 月 1 日起施行。2009 年 7 月 3 日原国家质量监督检验检疫总局令第 115 号公布的《特种设备事故报告和调查处理规定》同时废止。

特种设备作业人员监督管理办法

- 2005 年 1 月 10 日国家质量监督检验检疫总局令第 70 号公布
- 根据 2011 年 5 月 3 日《国家质量监督检验检疫总局关于修改〈特种设备作业人员监督管理办法〉的决定》修订

第一章 总 则

第一条 为了加强特种设备作业人员监督管理工作,规范作业人员考核发证程序,保障特种设备安全运行,根据《中华人民共和国行政许可法》、《特种设备安全监察条例》和《国务院对确需保留的行政审批项目设定行政许可的决定》,制定本办法。

第二条 锅炉、压力容器(含气瓶)、压力管道、电梯、起重机械、客运索道、大型游乐设施、场(厂)内专用机动车辆等特种设备的作业人员及其相关管理人员统称特种设备作业人员。特种设备作业人员作业种类与项目目录由国家质量监督检验检疫总局统一发布。

从事特种设备作业的人员应当按照本办法的规定,经考核合格取得《特种设备作业人员证》,方可从事相应的作业或者管理工作。

第三条 国家质量监督检验检疫总局(以下简称国家质检总局)负责全国特种设备作业人员的监督管理,县以上质量技术监督部门负责本辖区内的特种设备作业人员的监督管理。

第四条 申请《特种设备作业人员证》的人员,应当首先向省级质量技术监督部门指定的特种设备作业人员考试机构(以下简称考试机构)报名参加考试。

对特种设备作业人员数量较少不需要在各省、自治区、直辖市设立考试机构的,由国家质检总局指定考试机构。

第五条 特种设备生产、使用单位(以下统称用人单位)应当聘(雇)用取得《特种设备作业人员证》的人员从事相关管理和作业工作,并对作业人员进行严格管理。

特种设备作业人员应当持证上岗,按章操作,发现隐患及时处置或者报告。

第二章 考试和审核发证程序

第六条 特种设备作业人员考核发证工作由县以上质量技术监督部门分级负责。省级质量技术监督部门决定具体的发证分级范围,负责对考核发证工作的日常监督管理。

申请人经指定的考试机构考试合格的,持考试合格凭证向考试场所所在地的发证部门申请办理《特种设备作业人员证》。

第七条 特种设备作业人员考试机构应当具备相应的场所、设备、师资、监考人员以及健全的考试管理制度等必备条件和能力,经发证部门批准,方可承担考试工作。

发证部门应当对考试机构进行监督,发现问题及时处理。

第八条 特种设备作业人员考试和审核发证程序包括:考试报名、考试、领证申请、受理、审核、发证。

第九条 发证部门和考试机构应当在办公处所公布本办法、考试和审核发证程序、考试作业人员种类、报考具体条件、收费依据和标准、考试机构名称及地点、考试计划等事项。其中，考试报名时间、考试科目、考试地点、考试时间等具体考试计划事项，应当在举行考试之日 2 个月前公布。

有条件的应当在有关网站、新闻媒体上公布。

第十条 申请《特种设备作业人员证》的人员应当符合下列条件：

（一）年龄在 18 周岁以上；

（二）身体健康并满足申请从事的作业种类对身体的特殊要求；

（三）有与申请作业种类相适应的文化程度；

（四）具有相应的安全技术知识与技能；

（五）符合安全技术规范规定的其他要求。

作业人员的具体条件应当按照相关安全技术规范的规定执行。

第十一条 用人单位应当对作业人员进行安全教育和培训，保证特种设备作业人员具备必要的特种设备安全作业知识、作业技能和及时进行知识更新。作业人员未能参加用人单位培训的，可以选择专业培训机构进行培训。

作业人员培训的内容按照国家质检总局制定的相关作业人员培训考核大纲等安全技术规范执行。

第十二条 符合条件的申请人员应当向考试机构提交有关证明材料，报名参加考试。

第十三条 考试机构应当制订和认真落实特种设备作业人员的考试组织工作的各项规章制度，严格按照公开、公正、公平的原则，组织实施特种设备作业人员的考试，确保考试工作质量。

第十四条 考试结束后，考试机构应当在 20 个工作日内将考试结果告知申请人，并公布考试成绩。

第十五条 考试合格的人员，凭考试结果通知单和其他相关证明材料，向发证部门申请办理《特种设备作业人员证》。

第十六条 发证部门应当在 5 个工作日内对报送材料进行审查，或者告知申请人补正申请材料，并作出是否受理的决定。能够当场审查的，应当当场办理。

第十七条 对同意受理的申请，发证部门应当在 20 个工作日内完成审核批准手续。准予发证的，在 10 个工作日内向申请人颁发《特种设备作业人员证》；不予发证的，应当书面说明理由。

第十八条 特种设备作业人员考核发证工作遵循便民、公开、高效的原则。为方便申请人办理考核发证事项，发证部门可以将受理和发放证书的地点设在考试报名地点，并在报名考试时委托考试机构对申请人是否符合报考条件进行审查，考试合格后发证部门可以直接办理受理手续和审核、发证事项。

第三章 证书使用及监督管理

第十九条 持有《特种设备作业人员证》的人员，必须经用人单位的法定代表人（负责人）或者其授权人雇（聘）用后，方可在许可的项目范围内作业。

第二十条 用人单位应当加强对特种设备作业现场和作业人员的管理，履行下列义务：

（一）制订特种设备操作规程和有关安全管理制度；

（二）聘用持证作业人员，并建立特种设备作业人员管理档案；

（三）对作业人员进行安全教育和培训；

（四）确保持证上岗和按章操作；

（五）提供必要的安全作业条件；

（六）其他规定的义务。

用人单位可以指定一名本单位管理人员作为特种设备安全管理负责人，具体负责前款规定的相关工作。

第二十一条 特种设备作业人员应当遵守以下规定：

（一）作业时随身携带证件，并自觉接受用人单位的安全管理和质量技术监督部门的监督检查；

（二）积极参加特种设备安全教育和安全技术培训；

（三）严格执行特种设备操作规程和有关安全规章制度；

（四）拒绝违章指挥；

（五）发现事故隐患或者不安全因素应当立即向现场管理人员和单位有关负责人报告；

（六）其他有关规定。

第二十二条 《特种设备作业人员证》每 4 年复审一次。持证人员应当在复审期届满 3 个月前，向发证部门提出复审申请。对持证人员在 4 年内符合有关安全技术规范规定的不间断作业要求和安全、节能教育培训要求，且无违章操作或者管理等不良记录、未造成事故的，发证部门应当按照有关安全技术规范的规定准予复审合格，并在证书正本上加盖发证部门复审合格章。

复审不合格、逾期未复审的，其《特种设备作业人员证》予以注销。

第二十三条 有下列情形之一的，应当撤销《特种设备作业人员证》：

（一）持证作业人员以考试作弊或者以其他欺骗方式取得《特种设备作业人员证》的；

（二）持证作业人员违反特种设备的操作规程和有

关的安全规章制度操作，情节严重的；

（三）持证作业人员在作业过程中发现事故隐患或者其他不安全因素未立即报告，情节严重的；

（四）考试机构或者发证部门工作人员滥用职权、玩忽职守、违反法定程序或者超越发证范围考核发证的；

（五）依法可以撤销的其他情形。

违反前款第（一）项规定的，持证人3年内不得再次申请《特种设备作业人员证》。

第二十四条 《特种设备作业人员证》遗失或者损毁的，持证人应当及时报告发证部门，并在当地媒体予以公告。查证属实的，由发证部门补办证书。

第二十五条 任何单位和个人不得非法印制、伪造、涂改、倒卖、出租或者出借《特种设备作业人员证》。

第二十六条 各级质量技术监督部门应当对特种设备作业活动进行监督检查，查处违法作业行为。

第二十七条 发证部门应当加强对考试机构的监督管理，及时纠正违规行为，必要时应当派人现场监督考试的有关活动。

第二十八条 发证部门要建立特种设备作业人员监督管理档案，记录考核发证、复审和监督检查的情况。发证、复审及监督检查情况要定期向社会公布。

发证部门应当在发证或者复审合格后20个工作日内，将特种设备作业人员相关信息录入国家质检总局特种设备作业人员公示查询系统。

第二十九条 特种设备作业人员考试报名、考试、领证申请、受理、审核、发证等环节的具体规定，以及考试机构的设立、《特种设备作业人员证》的注销和复审等事项，按照国家质检总局制定的特种设备作业人员考核规则等安全技术规范执行。

第四章 罚 则

第三十条 申请人隐瞒有关情况或者提供虚假材料申请《特种设备作业人员证》的，不予受理或者不予批准发证，并在1年内不得再次申请《特种设备作业人员证》。

第三十一条 有下列情形之一的，责令用人单位改正，并处1000元以上3万元以下罚款：

（一）违章指挥特种设备作业的；

（二）作业人员违反特种设备的操作规程和有关的安全规章制度操作，或者在作业过程中发现事故隐患或者其他不安全因素未立即向现场管理人员和单位有关负责人报告，用人单位未给予批评教育或者处分的。

第三十二条 非法印制、伪造、涂改、倒卖、出租、出借《特种设备作业人员证》，或者使用非法印制、伪造、涂改、倒卖、出租、出借《特种设备作业人员证》的，处1000元以下罚款；构成犯罪的，依法追究刑事责任。

第三十三条 发证部门未按规定程序组织考试和审核发证，或者发证部门未对考试机构严格监督管理影响特种设备作业人员考试质量的，由上一级发证部门责令整改；情节严重的，其负责的特种设备作业人员的考核工作由上一级发证部门组织实施。

第三十四条 考试机构未按规定程序组织考试工作，责令整改；情节严重的，暂停或者撤销其批准。

第三十五条 发证部门或者考试机构工作人员滥用职权、玩忽职守、以权谋私的，应当依法给予行政处分；构成犯罪的，依法追究刑事责任。

第三十六条 特种设备作业人员未取得《特种设备作业人员证》上岗作业，或者用人单位未对特种设备作业人员进行安全教育和培训的，按照《特种设备安全监察条例》第八十六条的规定对用人单位予以处罚。

第五章 附 则

第三十七条 《特种设备作业人员证》的格式、印制等事项由国家质检总局统一规定。

第三十八条 考试收费按照财政和价格主管部门的规定执行。省级质量技术监督部门负责对本辖区内《特种设备作业人员证》考试收费工作进行监督检查，并按有关规定通报相关部门。

第三十九条 本办法不适用于从事房屋建筑工地和市政工程工地起重机械、场（厂）内专用机动车辆作业及其相关管理的人员。

第四十条 本办法由国家质检总局负责解释。

第四十一条 本办法自2005年7月1日起施行。原有规定与本办法要求不一致的，以本办法为准。

特种设备使用单位落实使用安全主体责任监督管理规定

·2023年4月4日国家市场监督管理总局令第74号公布
·自2023年5月5日起施行

第一章 总 则

第一条 为了督促特种设备使用单位，包括锅炉、压力容器、气瓶、压力管道、电梯、起重机械、客运索道、大型游乐设施、场（厂）内专用机动车辆的使用单位（以下简称使用单位），落实安全主体责任，强化使用单位主要负责人特种设备使用安全责任，规范安全管理人员行为，根据《中华人民共和国特种设备安全法》《特种设备安全监察条例》等法律法规，制定本规定。

第二条 特种设备使用单位主要负责人、安全总监、安全员，依法落实特种设备使用安全责任的行为及其监督管理，适用本规定。

房屋建筑工地、市政工程工地用起重机械和场（厂）内专用机动车辆使用安全责任的落实及其监督管理，不适用本规定。

第三条 特种设备使用单位应当建立健全使用安全管理制度，落实使用安全责任制，保证特种设备安全运行。

第二章 锅 炉

第四条 锅炉使用单位应当依法配备锅炉安全总监和锅炉安全员，明确锅炉安全总监和锅炉安全员的岗位职责。

锅炉使用单位主要负责人对本单位锅炉使用安全全面负责，建立并落实锅炉使用安全主体责任的长效机制。锅炉安全总监和锅炉安全员应当按照岗位职责，协助单位主要负责人做好锅炉使用安全管理工作。

第五条 锅炉使用单位主要负责人应当支持和保障锅炉安全总监和锅炉安全员依法开展锅炉使用安全管理工作，在作出涉及锅炉安全的重大决策前，应当充分听取锅炉安全总监和锅炉安全员的意见和建议。

锅炉安全员发现锅炉存在一般事故隐患时，应当立即进行处理；发现存在严重事故隐患时，应当立即责令停止使用并向锅炉安全总监报告，锅炉安全总监应当立即组织分析研判，采取处置措施，消除严重事故隐患。

第六条 锅炉使用单位应当根据本单位锅炉的数量、用途、使用环境等情况，配备锅炉安全总监和足够数量的锅炉安全员，并逐台明确负责的锅炉安全员。

第七条 锅炉安全总监和锅炉安全员应当具备下列锅炉使用安全管理能力：

（一）熟悉锅炉使用相关法律法规、安全技术规范、标准和本单位锅炉安全使用要求；

（二）具备识别和防控锅炉使用安全风险的专业知识；

（三）具备按照相关要求履行岗位职责的能力；

（四）符合特种设备法律法规和安全技术规范的其他要求。

第八条 锅炉安全总监按照职责要求，直接对本单位主要负责人负责，承担下列职责：

（一）组织宣传、贯彻锅炉有关的法律法规、安全技术规范及相关标准；

（二）组织制定本单位锅炉使用安全管理制度，督促落实锅炉使用安全责任制，组织开展锅炉安全合规管理；

（三）组织制定锅炉事故应急专项预案并开展应急演练；

（四）落实锅炉安全事故报告义务，采取措施防止事故扩大；

（五）对锅炉安全员进行安全教育和技术培训，监督、指导锅炉安全员做好相关工作；

（六）按照规定组织开展锅炉使用安全风险评价工作，拟定并督促落实锅炉使用安全风险防控措施；

（七）对本单位锅炉使用安全管理工作进行检查，及时向主要负责人报告有关情况，提出改进措施；

（八）接受和配合有关部门开展锅炉安全监督检查、监督检验、定期检验和事故调查等工作，如实提供有关材料；

（九）履行市场监督管理部门规定和本单位要求的其他锅炉使用安全管理职责。

锅炉使用单位应当按照前款规定，结合本单位实际，细化制定《锅炉安全总监职责》。

第九条 锅炉安全员按照职责要求，对锅炉安全总监或者单位主要负责人负责，承担下列职责：

（一）建立健全锅炉安全技术档案并办理本单位锅炉使用登记；

（二）组织制定锅炉安全操作规程；

（三）组织对锅炉作业人员和技术人员进行教育和培训；

（四）组织对锅炉进行日常巡检，监督检查锅炉作业人员到岗值守、巡回检查等工作情况，纠正和制止违章作业行为；

（五）编制锅炉定期检验计划，组织实施锅炉燃烧器年度检查，督促落实锅炉定期检验和后续整改等工作；

（六）按照规定报告锅炉事故，参加锅炉事故救援，协助进行事故调查和善后处理；

（七）履行市场监督管理部门规定和本单位要求的其他锅炉使用安全管理职责。

锅炉使用单位应当按照前款规定，结合本单位实际，细化制定《锅炉安全员守则》。

第十条 锅炉使用单位应当建立基于锅炉安全风险防控的动态管理机制，结合本单位实际，落实自查要求，制定《锅炉安全风险管控清单》，建立健全日管控、周排查、月调度工作制度和机制。锅炉停（备）用期间，使用单位应当做好锅炉及水处理设备的防腐蚀等停炉保养工作。

第十一条 锅炉使用单位应当建立锅炉安全日管控制度。锅炉安全员要每日根据《锅炉安全风险管控清单》，按照相关安全技术规范和本单位安全管理制度的要求，对投入使用的锅炉进行巡检，形成《每日锅炉安全检查记录》，对发现的安全风险隐患，应当立即采取防范措施，及时上报锅炉安全总监或者单位主要负责人。未发现问题的，也应当予以记录，实行零风险报告。

第十二条 锅炉使用单位应当建立锅炉安全周排查制度。锅炉安全总监要每周至少组织一次风险隐患排查，分析研判锅炉使用安全管理情况，研究解决日管控中发现的问题，形成《每周锅炉安全排查治理报告》。

第十三条 锅炉使用单位应当建立锅炉安全月调度制度。锅炉使用单位主要负责人要每月至少听取一次锅炉安全总监管理工作情况汇报，对当月锅炉安全日常管理、风险隐患排查治理等情况进行总结，对下个月重点工作作出调度安排，形成《每月锅炉安全调度会议纪要》。

第十四条 锅炉使用单位应当将主要负责人、锅炉安全总监和锅炉安全员的设立、调整情况，《锅炉安全风险管控清单》《锅炉安全总监职责》《锅炉安全员守则》以及锅炉安全总监、锅炉安全员提出的意见建议、报告和问题整改落实等履职情况予以记录并存档备查。

第十五条 市场监督管理部门应当将锅炉使用单位建立并落实锅炉使用安全责任制等管理制度，在日管控、周排查、月调度中发现的锅炉使用安全风险隐患以及整改情况作为监督检查的重要内容。

第十六条 锅炉使用单位应当对锅炉安全总监和锅炉安全员进行法律法规、标准和专业知识培训、考核，同时对培训、考核情况予以记录并存档备查。

县级以上地方市场监督管理部门按照国家市场监督管理总局制定的《锅炉使用安全管理人员考核指南》，组织对本辖区内锅炉使用单位的锅炉安全总监和锅炉安全员随机进行监督抽查考核并公布考核结果。监督抽查考核不得收取费用。

监督抽查考核不合格，不再符合锅炉使用要求的，使用单位应当立即采取整改措施。

第十七条 锅炉使用单位应当为锅炉安全总监和锅炉安全员提供必要的工作条件、教育培训和岗位待遇，充分保障其依法履行职责。

鼓励锅炉使用单位建立对锅炉安全总监和锅炉安全员的激励约束机制，对工作成效显著的给予表彰和奖励，对履职不到位的予以惩戒。

市场监督管理部门在查处锅炉使用单位违法行为时，应当将锅炉使用单位落实安全主体责任情况作为判断其主观过错、违法情节、处罚幅度等考量的重要因素。

锅炉使用单位及其主要负责人无正当理由未采纳锅炉安全总监和锅炉安全员依照本规定第五条提出的意见或者建议的，应当认为锅炉安全总监和锅炉安全员已经依法履职尽责，不予处罚。

第十八条 锅炉使用单位未按规定建立安全管理制度，或者未按规定配备、培训、考核锅炉安全总监和锅炉安全员的，由县级以上地方市场监督管理部门责令改正并给予通报批评；拒不改正的，处五千元以上五万元以下罚款，并将处罚情况纳入国家企业信用信息公示系统。法律、行政法规另有规定的，依照其规定执行。

锅炉使用单位主要负责人、锅炉安全总监、锅炉安全员未按规定要求落实使用安全责任的，由县级以上地方市场监督管理部门责令改正并给予通报批评；拒不改正的，对责任人处二千元以上一万元以下罚款。法律、行政法规另有规定的，依照其规定执行。

第十九条 本规定下列用语的含义是：

（一）锅炉使用单位主要负责人是指本单位的法定代表人、法定代表委托人或者实际控制人；

（二）锅炉安全总监是指本单位管理层中负责锅炉使用安全的管理人员；

（三）锅炉安全员是指本单位具体负责锅炉使用安全的检查人员。

第三章 压力容器

第二十条 压力容器使用单位应当依法配备压力容器安全总监和压力容器安全员，明确压力容器安全总监和压力容器安全员的岗位职责。

压力容器使用单位主要负责人对本单位压力容器使用安全全面负责，建立并落实压力容器使用安全主体责任的长效机制。压力容器安全总监和压力容器安全员应当按照岗位职责，协助单位主要负责人做好压力容器使用安全管理工作。

第二十一条 压力容器使用单位主要负责人应当支持和保障压力容器安全总监和压力容器安全员依法开展压力容器使用安全管理工作，在作出涉及压力容器安全的重大决策前，应当充分听取压力容器安全总监和压力容器安全员的意见和建议。

压力容器安全员发现压力容器存在一般事故隐患时，应当立即进行处理；发现存在严重事故隐患时，应当立即责令停止使用并向压力容器安全总监报告,压力容器安全总监应当立即组织分析研判,采取处置措施,消除严重事故隐患。

第二十二条 压力容器使用单位应当根据本单位压力容器的数量、用途、使用环境等情况,配备压力容器安全总监和足够数量的压力容器安全员,并逐台明确负责的压力容器安全员。

第二十三条 压力容器安全总监和压力容器安全员应当具备下列压力容器使用安全管理能力:

(一)熟悉压力容器使用相关法律法规、安全技术规范、标准和本单位压力容器安全使用要求;

(二)具备识别和防控压力容器使用安全风险的专业知识;

(三)具备按相关要求履行岗位职责的能力;

(四)符合特种设备法律法规和安全技术规范的其他要求。

第二十四条 压力容器安全总监按照职责要求,直接对本单位主要负责人负责,承担下列职责:

(一)组织宣传、贯彻压力容器有关的法律法规、安全技术规范及相关标准;

(二)组织制定本单位压力容器使用安全管理制度,督促落实压力容器使用安全责任制,组织开展压力容器安全合规管理;

(三)组织制定压力容器事故应急专项预案并开展应急演练;

(四)落实压力容器安全事故报告义务,采取措施防止事故扩大;

(五)对压力容器安全员进行安全教育和技术培训,监督、指导压力容器安全员做好相关工作;

(六)按照规定组织开展压力容器使用安全风险评价工作,拟定并督促落实压力容器使用安全风险防控措施;

(七)对本单位压力容器使用安全管理工作进行检查,及时向主要负责人报告有关情况,提出改进措施;

(八)接受和配合有关部门开展压力容器安全监督检查、监督检验、定期检验和事故调查等工作,如实提供有关材料;

(九)履行市场监督管理部门规定和本单位要求的其他压力容器使用安全管理职责。

压力容器使用单位应当按照前款规定,结合本单位实际,细化制定《压力容器安全总监职责》。

第二十五条 压力容器安全员按照职责要求,对压力容器安全总监或者单位主要负责人负责,承担下列职责:

(一)建立健全压力容器安全技术档案并办理本单位压力容器使用登记;

(二)组织制定压力容器安全操作规程;

(三)组织对压力容器作业人员和技术人员进行教育和培训;

(四)组织对压力容器进行日常巡检,纠正和制止违章作业行为;

(五)编制压力容器定期检验计划,督促落实压力容器定期检验和后续整改等工作;

(六)按照规定报告压力容器事故,参加压力容器事故救援,协助进行事故调查和善后处理;

(七)履行市场监督管理部门规定和本单位要求的其他压力容器使用安全管理职责。

压力容器使用单位应当按照前款规定,结合本单位实际,细化制定《压力容器安全员守则》。

第二十六条 压力容器使用单位应当建立基于压力容器安全风险防控的动态管理机制,结合本单位实际,落实自查要求,制定《压力容器安全风险管控清单》,建立健全日管控、周排查、月调度工作制度和机制。

第二十七条 压力容器使用单位应当建立压力容器安全日管控制度。压力容器安全员要每日根据《压力容器安全风险管控清单》,按照相关安全技术规范和本单位安全管理制度的要求,对投入使用的压力容器进行巡检,形成《每日压力容器安全检查记录》,对发现的安全风险隐患,应当立即采取防范措施,及时上报压力容器安全总监或者单位主要负责人。未发现问题的,也应当予以记录,实行零风险报告。

第二十八条 压力容器使用单位应当建立压力容器安全周排查制度。压力容器安全总监要每周至少组织一次风险隐患排查,分析研判压力容器使用安全管理情况,研究解决日管控中发现的问题,形成《每周压力容器安全排查治理报告》。

第二十九条 压力容器使用单位应当建立压力容器安全月调度制度。压力容器使用单位主要负责人要每月至少听取一次压力容器安全总监管理工作情况汇报,对当月压力容器安全日常管理、风险隐患排查治理等情况进行总结,对下个月重点工作作出调度安排,形成《每月压力容器安全调度会议纪要》。

第三十条 压力容器使用单位应当将主要负责人、压力容器安全总监和压力容器安全员的设立、调整情况,

《压力容器安全风险管控清单》《压力容器安全总监职责》《压力容器安全员守则》以及压力容器安全总监、压力容器安全员提出的意见建议、报告和问题整改落实等履职情况予以记录并存档备查。

第三十一条 市场监督管理部门应当将压力容器使用单位建立并落实压力容器使用安全责任制等管理制度，在日管控、周排查、月调度中发现的压力容器使用安全风险隐患以及整改情况作为监督检查的重要内容。

第三十二条 压力容器使用单位应当对压力容器安全总监和压力容器安全员进行法律法规、标准和专业知识培训、考核，同时对培训、考核情况予以记录并存档备查。

县级以上地方市场监督管理部门按照国家市场监督管理总局制定的《压力容器使用安全管理人员考核指南》，组织对本辖区内压力容器使用单位的压力容器安全总监和压力容器安全员随机进行监督抽查考核并公布考核结果。监督抽查考核不得收取费用。

监督抽查考核不合格，不再符合压力容器使用要求的，使用单位应当立即采取整改措施。

第三十三条 压力容器使用单位应当为压力容器安全总监和压力容器安全员提供必要的工作条件、教育培训和岗位待遇，充分保障其依法履行职责。

鼓励压力容器使用单位建立对压力容器安全总监和压力容器安全员的激励约束机制，对工作成效显著的给予表彰和奖励，对履职不到位的予以惩戒。

市场监督管理部门在查处压力容器使用单位违法行为时，应当将压力容器使用单位落实安全主体责任情况作为判断其主观过错、违法情节、处罚幅度等考量的重要因素。

压力容器使用单位及其主要负责人无正当理由未采纳压力容器安全总监和压力容器安全员依照本规定第二十一条提出的意见或者建议的，应当认为压力容器安全总监和压力容器安全员已经依法履职尽责，不予处罚。

第三十四条 压力容器使用单位未按规定建立安全管理制度，或者未按规定配备、培训、考核压力容器安全总监和压力容器安全员的，由县级以上地方市场监督管理部门责令改正并给予通报批评；拒不改正的，处五千元以上五万元以下罚款，并将处罚情况纳入国家企业信用信息公示系统。法律、行政法规另有规定的，依照其规定执行。

压力容器使用单位主要负责人、压力容器安全总监、压力容器安全员未按规定要求落实使用安全责任的，由县级以上地方市场监督管理部门责令改正并给予通报批评；拒不改正的，对责任人处二千元以上一万元以下罚款。法律、行政法规另有规定的，依照其规定执行。

第三十五条 本规定下列用语的含义是：

（一）压力容器使用单位主要负责人是指本单位的法定代表人、法定代表委托人或者实际控制人；

（二）压力容器安全总监是指本单位管理层中负责压力容器使用安全的管理人员；

（三）压力容器安全员是指本单位具体负责压力容器使用安全的检查人员；

（四）压力容器使用单位包括使用压力容器的单位和移动式压力容器充装单位。

第四章 气 瓶

第三十六条 气瓶充装单位应当依法配备气瓶安全总监和气瓶安全员，明确气瓶安全总监和气瓶安全员的岗位职责。

气瓶充装单位主要负责人对本单位气瓶充装安全全面负责，建立并落实气瓶充装安全主体责任的长效机制。气瓶安全总监和气瓶安全员应当按照岗位职责，协助单位主要负责人做好气瓶充装安全管理工作。

第三十七条 气瓶充装单位主要负责人应当支持和保障气瓶安全总监和气瓶安全员依法开展气瓶充装安全管理工作，在作出涉及气瓶充装安全的重大决策前，应当充分听取气瓶安全总监和气瓶安全员的意见和建议。

气瓶安全员发现气瓶充装存在一般事故隐患时，应当立即进行处理；发现存在严重事故隐患时，应当立即责令停止气瓶充装活动并向气瓶安全总监报告，气瓶安全总监应当立即组织分析研判，采取处置措施，消除严重事故隐患。

第三十八条 气瓶充装单位应当根据本单位气瓶的数量、充装介质等情况，配备气瓶安全总监和足够数量的气瓶安全员，并逐个充装工位明确负责的气瓶安全员。

第三十九条 气瓶安全总监和气瓶安全员应当具备下列气瓶充装安全管理能力：

（一）熟悉气瓶充装相关法律法规、安全技术规范、标准和本单位气瓶充装过程控制等安全要求；

（二）具备识别和防控气瓶安全风险的专业知识；

（三）具备按照相关要求履行岗位职责的能力；

（四）符合特种设备法律法规和安全技术规范的其他要求。

第四十条 气瓶安全总监按照职责要求，直接对本单位主要负责人负责，承担下列职责：

（一）组织宣传、贯彻气瓶有关的法律法规、安全技术规范及相关标准；

（二）组织制定本单位气瓶充装安全管理制度，督促落实气瓶充装安全责任制，组织开展气瓶安全合规管理；

（三）组织制定气瓶事故应急专项预案并开展应急演练；

（四）落实气瓶安全事故报告义务，采取措施防止事故扩大；

（五）对气瓶安全员进行安全教育和技术培训，监督、指导气瓶安全员做好相关工作；

（六）按照规定组织开展气瓶充装安全风险评价工作，拟定并督促落实气瓶充装安全风险防控措施；

（七）对本单位气瓶充装安全管理工作进行检查，及时向主要负责人报告有关情况，提出改进措施；

（八）接受和配合有关部门开展气瓶安全监督检查、定期检验和事故调查等工作，如实提供有关材料；

（九）组织建立并持续维护气瓶充装质量安全追溯体系；

（十）组织编制安全用气须知或者用气说明书；

（十一）组织实施报废气瓶的去功能化和办理注销使用登记；

（十二）本单位投保气瓶充装安全责任保险的，落实相应的保险管理职责；

（十三）履行市场监督管理部门规定和本单位要求的其他气瓶安全管理职责。

气瓶充装单位应当按照前款规定，结合本单位实际，细化制定《气瓶安全总监职责》。

第四十一条　气瓶安全员按照职责要求，对气瓶安全总监或者单位主要负责人负责，承担下列职责：

（一）建立健全气瓶安全技术档案并办理本单位气瓶使用登记；

（二）组织制定气瓶充装安全操作规程；

（三）组织对气瓶作业人员和技术人员进行教育和培训；

（四）对气瓶进行日常巡检，组织实施气瓶充装前、后检查，纠正和制止违章作业行为；

（五）编制气瓶定期检验计划，督促落实气瓶定期检验和后续整改等工作；

（六）按照规定报告气瓶事故，参加气瓶事故救援，协助进行事故调查和善后处理；

（七）落实本单位气瓶充装质量安全追溯体系的各项功能，逐只扫描出厂气瓶追溯标签确保气瓶满足可追溯要求；

（八）负责向用气方宣传用气安全须知或者提供用气说明书；

（九）履行市场监督管理部门规定和本单位要求的其他气瓶安全管理职责。

气瓶充装单位应当按照前款规定，结合本单位实际，细化制定《气瓶安全员守则》。

第四十二条　气瓶充装单位应当建立基于气瓶充装安全风险防控的动态管理机制。结合本单位实际，落实自查要求，制定《气瓶充装安全风险管控清单》，建立健全日管控、周排查、月调度工作制度和机制。

第四十三条　气瓶充装单位应当建立气瓶充装安全日管控制度。气瓶安全员要每日根据《气瓶充装安全风险管控清单》，按照相关安全技术规范和本单位安全管理制度的要求，对气瓶进行巡检，形成《每日气瓶充装安全检查记录》，对发现的安全风险隐患，应当立即采取防范措施，及时上报气瓶安全总监或者单位主要负责人。未发现问题的，也应当予以记录，实行零风险报告。

第四十四条　气瓶充装单位应当建立气瓶充装安全周排查制度。气瓶安全总监要每周至少组织一次风险隐患排查，分析研判气瓶充装安全管理情况，研究解决日管控中发现的问题，形成《每周气瓶充装安全排查治理报告》。

第四十五条　气瓶充装单位应当建立气瓶充装安全月调度制度。气瓶充装单位主要负责人要每月至少听取一次气瓶安全总监管理工作情况汇报，对当月气瓶安全日常管理、风险隐患排查治理等情况进行总结，对下个月重点工作作出调度安排，形成《每月气瓶充装安全调度会议纪要》。

第四十六条　气瓶充装单位应当将主要负责人、气瓶安全总监和气瓶安全员的设立、调整情况，《气瓶充装安全风险管控清单》《气瓶安全总监职责》《气瓶安全员守则》以及气瓶安全总监、气瓶安全员提出的意见建议、报告和问题整改落实等履职情况予以记录并存档备查。

第四十七条　市场监督管理部门应当将气瓶充装单位建立并落实气瓶充装安全责任制等管理制度，在日管控、周排查、月调度中发现的气瓶充装安全风险隐患以及整改情况作为监督检查的重要内容。

第四十八条　气瓶充装单位应当对气瓶安全总监和气瓶安全员进行法律法规、标准和专业知识培训、考核，同时对培训、考核情况予以记录并存档备查。

县级以上地方市场监督管理部门按照国家市场监督

管理总局制定的《气瓶充装安全管理人员考核指南》，组织对本辖区内气瓶充装单位的气瓶安全总监和气瓶安全员随机进行监督抽查考核并公布考核结果。监督抽查考核不得收取费用。

监督抽查考核不合格，不再符合气瓶充装要求的，充装单位应当立即采取整改措施。

第四十九条 气瓶充装单位应当为气瓶安全总监和气瓶安全员提供必要的工作条件、教育培训和岗位待遇，充分保障其依法履行职责。

鼓励气瓶充装单位建立对气瓶安全总监和气瓶安全员的激励约束机制，对工作成效显著的给予表彰和奖励，对履职不到位的予以惩戒。

市场监督管理部门在查处气瓶充装单位违法行为时，应当将气瓶充装单位落实安全主体责任情况作为判断其主观过错、违法情节、处罚幅度等考量的重要因素。

气瓶充装单位及其主要负责人无正当理由未采纳气瓶安全总监和气瓶安全员依照本规定第三十七条提出的意见或者建议的，应当认为气瓶安全总监和气瓶安全员已经依法履职尽责，不予处罚。

第五十条 气瓶充装单位未按规定建立安全管理制度，或者未按规定配备、培训、考核气瓶安全总监和气瓶安全员的，由县级以上地方市场监督管理部门责令改正并给予通报批评；拒不改正的，处五千元以上五万元以下罚款，并将处罚情况纳入国家企业信用信息公示系统。法律、行政法规另有规定的，依照其规定执行。

气瓶充装单位主要负责人、气瓶安全总监、气瓶安全员未按规定要求落实充装安全责任的，由县级以上地方市场监督管理部门责令改正并给予通报批评；拒不改正的，对责任人处二千元以上一万元以下罚款。法律、行政法规另有规定的，依照其规定执行。

第五十一条 本规定下列用语的含义是：

（一）气瓶充装单位主要负责人是指本单位的法定代表人、法定代表委托人或者实际控制人；

（二）气瓶安全总监是指本单位管理层中负责气瓶充装安全的管理人员；

（三）气瓶安全员是指本单位具体负责气瓶充装安全的检查人员；

（四）气瓶使用单位一般是指气瓶充装单位。

第五章 压力管道

第五十二条 压力管道使用单位应当依法配备压力管道安全总监和压力管道安全员，明确压力管道安全总监和压力管道安全员的岗位职责。

压力管道使用单位主要负责人对本单位压力管道使用安全全面负责，建立并落实压力管道使用安全主体责任的长效机制。压力管道安全总监和压力管道安全员应当按照岗位职责，协助单位主要负责人做好压力管道使用安全管理工作。

第五十三条 压力管道使用单位主要负责人应当支持和保障压力管道安全总监和压力管道安全员依法开展压力管道使用安全管理工作，在作出涉及压力管道安全的重大决策前，应当充分听取压力管道安全总监和压力管道安全员的意见和建议。

压力管道安全员发现压力管道存在一般事故隐患时，应当立即进行处理；发现存在严重事故隐患时，应当立即责令停止使用并向压力管道安全总监报告，压力管道安全总监应当立即组织分析研判，采取处置措施，消除严重事故隐患。

第五十四条 压力管道使用单位应当根据本单位压力管道的数量、用途、使用环境等情况，配备压力管道安全总监和足够数量的压力管道安全员，并逐条明确负责的压力管道安全员。

第五十五条 压力管道安全总监和压力管道安全员应当具备下列压力管道使用安全管理能力：

（一）熟悉压力管道使用相关法律法规、安全技术规范、标准和本单位压力管道安全使用要求；

（二）具备识别和防控压力管道使用安全风险的专业知识；

（三）具备按照相关要求履行岗位职责的能力；

（四）符合特种设备法律法规和安全技术规范的其他要求。

第五十六条 压力管道安全总监按照职责要求，直接对本单位主要负责人负责，承担下列职责：

（一）组织宣传、贯彻压力管道有关的法律法规、安全技术规范及相关标准；

（二）组织制定本单位压力管道使用安全管理制度，督促落实压力管道使用安全责任制，组织开展压力管道安全合规管理；

（三）组织制定压力管道事故应急专项预案并开展应急演练；

（四）落实压力管道安全事故报告义务，采取措施防止事故扩大；

（五）对压力管道安全员进行安全教育和技术培训，监督、指导压力管道安全员做好相关工作；

（六）按照规定组织开展压力管道使用安全风险评

价工作，拟定并督促落实压力管道使用安全风险防控措施；

（七）对本单位压力管道使用安全管理工作进行检查，及时向主要负责人报告有关情况，提出改进措施；

（八）接受和配合有关部门开展压力管道安全监督检查、监督检验、定期检验和事故调查等工作，如实提供有关材料；

（九）履行市场监督管理部门规定和本单位要求的其他压力管道使用安全管理职责。

压力管道使用单位应当按照前款规定，结合本单位实际，细化制定《压力管道安全总监职责》。

第五十七条　压力管道安全员按照职责要求，对压力管道安全总监或者单位主要负责人负责，承担下列职责：

（一）建立健全压力管道安全技术档案并办理本单位压力管道使用登记；

（二）组织制定压力管道安全操作规程；

（三）组织对压力管道技术人员进行教育和培训；

（四）组织对压力管道进行日常巡检，纠正和制止违章作业行为；

（五）编制压力管道定期检验计划，督促落实压力管道定期检验和后续整改等工作；

（六）按照规定报告压力管道事故，参加压力管道事故救援，协助进行事故调查和善后处理；

（七）履行市场监督管理部门规定和本单位要求的其他压力管道使用安全管理职责。

压力管道使用单位应当按照前款规定，结合本单位实际，细化制定《压力管道安全员守则》。

第五十八条　压力管道使用单位应当建立基于压力管道安全风险防控的动态管理机制，结合本单位实际，落实自查要求，制定《压力管道安全风险管控清单》，建立健全日管控、周排查、月调度工作制度和机制。

第五十九条　压力管道使用单位应当建立压力管道安全日管控制度。压力管道安全员要每日根据《压力管道安全风险管控清单》，按照相关安全技术规范和本单位安全管理制度的要求，对投入使用的压力管道进行巡检，形成《每日压力管道安全检查记录》，对发现的安全风险隐患，应当立即采取防范措施，及时上报压力管道安全总监或者单位主要负责人。未发现问题的，也应予以记录，实行零风险报告。

第六十条　压力管道使用单位应当建立压力管道安全周排查制度。压力管道安全总监要每周至少组织一次风险隐患排查，分析研判压力管道使用安全管理情况，研究解决日管控中发现的问题，形成《每周压力管道安全排查治理报告》。

第六十一条　压力管道使用单位应当建立压力管道安全月调度制度。压力管道使用单位主要负责人要每月至少听取一次压力管道安全总监管理工作情况汇报，对当月压力管道安全日常管理、风险隐患排查治理等情况进行总结，对下个月重点工作作出调度安排，形成《每月压力管道安全调度会议纪要》。

第六十二条　压力管道使用单位应当将主要负责人、压力管道安全总监和压力管道安全员的设立、调整情况，《压力管道安全风险管控清单》《压力管道安全总监职责》《压力管道安全员守则》以及压力管道安全总监、压力管道安全员提出的意见建议、报告和问题整改落实等履职情况予以记录并存档备查。

第六十三条　市场监督管理部门应当将压力管道使用单位建立并落实压力管道使用安全责任制等管理制度，在日管控、周排查、月调度中发现的压力管道使用安全风险隐患以及整改情况作为监督检查的重要内容。

第六十四条　压力管道使用单位应当对压力管道安全总监和压力管道安全员进行法律法规、标准和专业知识培训、考核，并同时对培训、考核情况予以记录并存档备查。

县级以上地方市场监督管理部门按照国家市场监督管理总局制定的《压力管道使用安全管理人员考核指南》，组织对本辖区内压力管道使用单位的压力管道安全总监和压力管道安全员随机进行监督抽查考核并公布考核结果。监督抽查考核不得收取费用。

监督抽查考核不合格，不再符合压力管道使用要求的，使用单位应当立即采取整改措施。

第六十五条　压力管道使用单位应当为压力管道安全总监和压力管道安全员提供必要的工作条件、教育培训和岗位待遇，充分保障其依法履行职责。

鼓励压力管道使用单位建立对压力管道安全总监和压力管道安全员的激励约束机制，对工作成效显著的给予表彰和奖励，对履职不到位的予以惩戒。

市场监督管理部门在查处压力管道使用单位违法行为时，应当将压力管道使用单位落实安全主体责任情况作为判断其主观过错、违法情节、处罚幅度等考量的重要因素。

压力管道使用单位及其主要负责人无正当理由未采纳压力管道安全总监和压力管道安全员依照本规定第五

十三条提出的意见或者建议的，应当认为压力管道安全总监和压力管道安全员已经依法履职尽责，不予处罚。

第六十六条　压力管道使用单位未按规定建立安全管理制度，或者未按规定配备、培训、考核压力管道安全总监和压力管道安全员的，由县级以上地方市场监督管理部门责令改正并给予通报批评；拒不改正的，处五千元以上五万元以下罚款，并将处罚情况纳入国家企业信用信息公示系统。法律、行政法规另有规定的，依照其规定执行。

压力管道使用单位主要负责人、压力管道安全总监、压力管道安全员未按规定要求落实使用安全责任的，由县级以上地方市场监督管理部门责令改正并给予通报批评；拒不改正的，对责任人处二千元以上一万元以下罚款。法律、行政法规另有规定的，依照其规定执行。

第六十七条　本规定下列用语的含义是：

（一）压力管道使用单位主要负责人是指本单位的法定代表人、法定代表委托人或者实际控制人；

（二）压力管道安全总监是指本单位管理层中负责压力管道使用安全的管理人员；

（三）压力管道安全员是指本单位具体负责压力管道使用安全的检查人员；

（四）压力管道使用单位是指工业管道使用单位。

第六章　电　梯

第六十八条　电梯使用单位对于安装于民用建筑的井道中，利用沿刚性导轨运行的运载装置，进行运送人、货物的机电设备，应当采购和使用符合电梯相关安全技术规范和标准的电梯。

第六十九条　电梯使用单位应当依法配备电梯安全总监和电梯安全员，明确电梯安全总监和电梯安全员的岗位职责。

电梯使用单位主要负责人对本单位电梯使用安全全面负责，建立并落实电梯使用安全主体责任的长效机制。电梯安全总监和电梯安全员应当按照岗位职责，协助单位主要负责人做好电梯使用安全管理工作。

第七十条　电梯使用单位主要负责人应当支持和保障电梯安全总监和电梯安全员依法开展电梯使用安全管理工作，在作出涉及电梯安全的重大决策前，应当充分听取电梯安全总监和电梯安全员的意见和建议。

电梯安全员发现电梯存在一般事故隐患时，应当立即采取相应措施或者通知电梯维护保养单位予以消除；发现存在严重事故隐患时，应当立即责令停止使用并向电梯安全总监报告，电梯安全总监应当立即组织分析研判，采取处置措施，消除严重事故隐患。

第七十一条　电梯使用单位应当根据本单位电梯的数量、用途、使用环境等情况，配备电梯安全总监和足够数量的电梯安全员，并逐台明确负责的电梯安全员。

第七十二条　电梯安全总监和电梯安全员应当具备下列电梯使用安全管理能力：

（一）熟悉电梯使用相关法律法规、安全技术规范、标准和本单位电梯安全使用要求；

（二）具备识别和防控电梯使用安全风险的专业知识；

（三）具备按照相关要求履行岗位职责的能力；

（四）符合特种设备法律法规和安全技术规范的其他要求。

第七十三条　电梯安全总监按照职责要求，直接对本单位主要负责人负责，承担下列职责：

（一）组织宣传、贯彻电梯有关的法律法规、安全技术规范及相关标准；

（二）组织制定本单位电梯使用安全管理制度，督促落实电梯使用安全责任制，组织开展电梯安全合规管理；

（三）组织制定电梯事故应急专项预案并开展应急演练；

（四）落实电梯安全事故报告义务，采取措施防止事故扩大；

（五）对电梯安全员进行安全教育和技术培训，监督、指导电梯安全员做好相关工作；

（六）按照规定组织开展电梯使用安全风险评价工作，拟定并督促落实电梯使用安全风险防控措施；

（七）对本单位电梯使用安全管理工作进行检查，及时向主要负责人报告有关情况，提出改进措施；

（八）接受和配合有关部门开展电梯安全监督检查、监督检验、定期检验和事故调查等工作，如实提供有关材料；

（九）本单位投保电梯保险的，落实相应的保险管理职责；

（十）履行市场监督管理部门规定和本单位要求的其他电梯使用安全管理职责。

电梯使用单位应当按照前款规定，结合本单位实际，细化制定《电梯安全总监职责》。

第七十四条　电梯安全员按照职责要求，对电梯安全总监或者单位主要负责人负责，承担下列职责：

（一）建立健全电梯安全技术档案并办理本单位电梯使用登记；

（二）组织制定电梯安全操作规程；

（三）妥善保管电梯专用钥匙和工具；

（四）组织对电梯作业人员和技术人员进行教育和培训；

（五）对电梯进行日常巡检，引导和监督正确使用电梯；

（六）对电梯维护保养过程和结果进行监督确认，配合做好现场安全工作；

（七）确保电梯紧急报警装置正常使用，保持电梯应急救援通道畅通，在发生故障和困人等突发情况时，立即安抚相关人员，并组织救援；

（八）编制电梯自行检测和定期检验计划，督促落实电梯自行检测、定期检验和后续整改等工作；

（九）按照规定报告电梯事故，参加电梯事故救援，协助进行事故调查和善后处理；

（十）履行市场监督管理部门规定和本单位要求的其他电梯使用安全管理职责。

电梯使用单位应当按照前款规定，结合本单位实际，细化制定《电梯安全员守则》。

第七十五条 电梯使用单位应当建立基于电梯安全风险防控的动态管理机制，结合本单位实际，落实自查要求，制定《电梯安全风险管控清单》，建立健全日管控、周排查、月调度工作制度和机制。

第七十六条 电梯使用单位应当建立电梯安全日管控制度。电梯安全员要每日根据《电梯安全风险管控清单》，按照相关安全技术规范和本单位安全管理制度的要求，对投入使用的电梯进行巡检，形成《每日电梯安全检查记录》，对发现的安全风险隐患，应当立即通知电梯维护保养单位予以整改，及时上报电梯安全总监或者单位主要负责人。未发现问题的，也应当予以记录，实行零风险报告。

第七十七条 电梯使用单位应当建立电梯安全周排查制度。电梯安全总监要每周至少组织一次风险隐患排查，分析研判电梯使用安全管理情况，研究解决日管控中发现的问题，形成《每周电梯安全排查治理报告》。

电梯安全总监应当对维护保养过程进行全过程或者抽样监督，并作出记录，发现问题的应当及时处理。

第七十八条 电梯使用单位应当建立电梯安全月调度制度。电梯使用单位主要负责人要每月至少听取一次电梯安全总监管理工作情况汇报，对当月电梯安全日常管理、风险隐患排查治理等情况进行总结，对下个月重点工作作出调度安排，形成《每月电梯安全调度会议纪要》。

第七十九条 电梯使用单位应当将主要负责人、电梯安全总监和电梯安全员的设立、调整情况，《电梯安全风险管控清单》《电梯安全总监职责》《电梯安全员守则》以及电梯安全总监、电梯安全员提出的意见建议、报告和问题整改落实等履职情况予以记录并存档备查。

第八十条 市场监督管理部门应当将电梯使用单位建立并落实电梯使用安全责任制等管理制度，在日管控、周排查、月调度中发现的电梯使用安全风险隐患以及整改情况作为监督检查的重要内容。

第八十一条 电梯使用单位应当对电梯安全总监和电梯安全员进行法律法规、标准和专业知识培训、考核，同时对培训、考核情况予以记录并存档备查。

县级以上地方市场监督管理部门按照国家市场监督管理总局制定的《电梯使用安全管理人员考核指南》，组织对本辖区内电梯使用单位的电梯安全总监和电梯安全员随机进行监督抽查考核并公布考核结果。监督抽查考核不得收取费用。

监督抽查考核不合格，不再符合电梯使用要求的，使用单位应当立即采取整改措施。

第八十二条 电梯使用单位应当为电梯安全总监和电梯安全员提供必要的工作条件、教育培训和岗位待遇，充分保障其依法履行职责。

鼓励电梯使用单位建立对电梯安全总监和电梯安全员的激励约束机制，对工作成效显著的给予表彰和奖励，对履职不到位的予以惩戒。

市场监督管理部门在查处电梯使用单位违法行为时，应当将电梯使用单位落实安全主体责任情况作为判断其主观过错、违法情节、处罚幅度等考量的重要因素。

电梯使用单位及其主要负责人无正当理由未采纳电梯安全总监和电梯安全员依照本规定第七十条提出的意见或者建议的，应当认为电梯安全总监和电梯安全员已经依法履职尽责，不予处罚。

第八十三条 违反本规定，在民用建筑的井道中安装不属于第六十八条所述电梯的机电设备，进行运送人、货物的，责令停止使用，限期予以拆除或者重新安装符合要求的电梯。逾期未改正的，由县级以上地方市场监督管理部门依据《中华人民共和国特种设备安全法》第八十四条予以处罚。

第八十四条 电梯使用单位未按规定建立安全管理制度，或者未按规定配备、培训、考核电梯安全总监和电梯安全员的，由县级以上地方市场监督管理部门责令改正并给予通报批评；拒不改正的，处五千元以上五万元以下罚款，并将处罚情况纳入国家企业信用信息公示系统。法律、行政法规另有规定的，依照其规定执行。

电梯使用单位主要负责人、电梯安全总监、电梯安全员未按规定要求落实使用安全责任的，由县级以上地方市场监督管理部门责令改正并给予通报批评；拒不改正的，对责任人处二千元以上一万元以下罚款。法律、行政法规另有规定的，依照其规定执行。

第八十五条 电梯使用单位是指实际行使电梯使用管理权的单位。符合下列情形之一的为电梯使用单位：

（一）新安装未移交所有权人的，项目建设单位是使用单位；

（二）单一产权且自行管理的，电梯所有权人是使用单位；

（三）委托物业服务企业等市场主体管理的，受委托方是使用单位；

（四）出租房屋内安装的电梯或者出租电梯的，出租单位是使用单位，法律另有规定或者当事人另有约定的，从其规定或者约定；

（五）属于共有产权的，共有人须委托物业服务企业、维护保养单位或者专业公司等市场主体管理电梯，受委托方是使用单位。

除上述情形之外无法确定使用单位的，由电梯所在地乡镇人民政府、街道办事处协调确定使用单位，或者由电梯所在地乡镇人民政府、街道办事处承担使用单位责任。

第八十六条 本规定下列用语的含义是：

（一）电梯使用单位主要负责人是指本单位的法定代表人、法定代表委托人或者实际控制人；

（二）电梯安全总监是指本单位管理层中负责电梯使用安全的管理人员；

（三）电梯安全员是指本单位具体负责电梯使用安全的检查人员。

第七章 起重机械

第八十七条 起重机械使用单位应当依法配备起重机械安全总监和起重机械安全员，明确起重机械安全总监和起重机械安全员的岗位职责。

起重机械使用单位主要负责人对本单位起重机械使用安全全面负责，建立并落实起重机械使用安全主体责任的长效机制。起重机械安全总监和起重机械安全员应当按照岗位职责，协助单位主要负责人做好起重机械使用安全管理工作。

第八十八条 起重机械使用单位主要负责人应当支持和保障起重机械安全总监和起重机械安全员依法开展起重机械使用安全管理工作，在作出涉及起重机械安全的重大决策前，应当充分听取起重机械安全总监和起重机械安全员的意见和建议。

起重机械安全员发现起重机械存在一般事故隐患时，应当立即进行处理；发现存在严重事故隐患时，应当立即责令停止使用并向起重机械安全总监报告，起重机械安全总监应当立即组织分析研判，采取处置措施，消除严重事故隐患。

第八十九条 起重机械使用单位应当根据本单位起重机械的数量、用途、使用环境等情况，配备起重机械安全总监和足够数量的起重机械安全员，并逐台明确负责的起重机械安全员。

第九十条 起重机械安全总监和起重机械安全员应当具备下列起重机械使用安全管理能力：

（一）熟悉起重机械使用相关法律法规、安全技术规范、标准和本单位起重机械安全使用要求；

（二）具备识别和防控起重机械使用安全风险的专业知识；

（三）具备按照相关要求履行岗位职责的能力；

（四）符合特种设备法律法规和安全技术规范的其他要求。

第九十一条 起重机械安全总监按照职责要求，直接对本单位主要负责人负责，承担下列职责：

（一）组织宣传、贯彻起重机械有关的法律法规、安全技术规范及相关标准；

（二）组织制定本单位起重机械使用安全管理制度，督促落实起重机械使用安全责任制，组织开展起重机械安全合规管理；

（三）组织制定起重机械事故应急专项预案并开展应急演练；

（四）落实起重机械安全事故报告义务，采取措施防止事故扩大；

（五）对起重机械安全员进行安全教育和技术培训，监督、指导起重机械安全员做好相关工作；

（六）按照规定组织开展起重机械使用安全风险评价工作，拟定并督促落实起重机械使用安全风险防控措施；

（七）对本单位起重机械使用安全管理工作进行检查，及时向主要负责人报告有关情况，提出改进措施；

（八）接受和配合有关部门开展起重机械安全监督检查、监督检验、定期检验和事故调查等工作，如实提供

有关材料;

（九）履行市场监督管理部门规定和本单位要求的其他起重机械使用安全管理职责。

起重机械使用单位应当按照前款规定,结合本单位实际,细化制定《起重机械安全总监职责》。

第九十二条 起重机械安全员按照职责要求,对起重机械安全总监或者单位主要负责人负责,承担下列职责:

（一）建立健全起重机械安全技术档案并办理本单位起重机械使用登记;

（二）组织制定起重机械安全操作规程;

（三）组织对起重机械作业人员进行教育和培训,指导和监督作业人员正确使用起重机械;

（四）对起重机械进行日常巡检,纠正和制止违章作业行为;

（五）编制起重机械定期检验计划,督促落实起重机械定期检验和后续整改等工作;

（六）按照规定报告起重机械事故,参加起重机械事故救援,协助进行事故调查和善后处理;

（七）履行市场监督管理部门规定和本单位要求的其他起重机械使用安全管理职责。

起重机械使用单位应当按照前款规定,结合本单位实际,细化制定《起重机械安全员守则》。

第九十三条 起重机械使用单位应当建立基于起重机械安全风险防控的动态管理机制,结合本单位实际,落实自查要求,制定《起重机械安全风险管控清单》,建立健全日管控、周排查、月调度工作制度和机制。

第九十四条 起重机械使用单位应当建立起重机械安全日管控制度。起重机械安全员要每日根据《起重机械安全风险管控清单》,按照相关安全技术规范和本单位安全管理制度的要求,对投入使用的起重机械进行巡检,形成《每日起重机械安全检查记录》,对发现的安全风险隐患,应当立即采取防范措施,及时上报起重机械安全总监或者单位主要负责人。未发现问题的,也应当予以记录,实行零风险报告。

第九十五条 起重机械使用单位应当建立起重机械安全周排查制度。起重机械安全总监要每周至少组织一次风险隐患排查,分析研判起重机械使用安全管理情况,研究解决日管控中发现的问题,形成《每周起重机械安全排查治理报告》。

第九十六条 起重机械使用单位应当建立起重机械安全月调度制度。起重机械使用单位主要负责人要每月至少听取一次起重机械安全总监管理工作情况汇报,对当月起重机械安全日常管理、风险隐患排查治理等情况进行总结,对下个月重点工作作出调度安排,形成《每月起重机械安全调度会议纪要》。

第九十七条 起重机械使用单位应当将主要负责人、起重机械安全总监和起重机械安全员的设立、调整情况,《起重机械安全风险管控清单》《起重机械安全总监职责》《起重机械安全员守则》以及起重机械安全总监、起重机械安全员提出的意见建议、报告和问题整改落实等履职情况予以记录并存档备查。

第九十八条 市场监督管理部门应当将起重机械使用单位建立并落实起重机械使用安全责任制等管理制度,在日管控、周排查、月调度中发现的起重机械使用安全风险隐患以及整改情况作为监督检查的重要内容。

第九十九条 起重机械使用单位应当对起重机械安全总监和起重机械安全员进行法律法规、标准和专业知识培训、考核,同时对培训、考核情况予以记录并存档备查。

县级以上地方市场监督管理部门按照国家市场监督管理总局制定的《起重机械使用安全管理人员考核指南》,组织对本辖区内起重机械使用单位的起重机械安全总监和起重机械安全员随机进行监督抽查考核并公布考核结果。监督抽查考核不得收取费用。

监督抽查考核不合格,不再符合起重机械使用要求的,使用单位应当立即采取整改措施。

第一百条 起重机械使用单位应当为起重机械安全总监和起重机械安全员提供必要的工作条件、教育培训和岗位待遇,充分保障其依法履行职责。

鼓励起重机械使用单位建立对起重机械安全总监和起重机械安全员的激励约束机制,对工作成效显著的给予表彰和奖励,对履职不到位的予以惩戒。

市场监督管理部门在查处起重机械使用单位违法行为时,应当将起重机械使用单位落实安全主体责任情况作为判断其主观过错、违法情节、处罚幅度等考量的重要因素。

起重机械使用单位及其主要负责人无正当理由未采纳起重机械安全总监和起重机械安全员依照本规定第八十八条提出的意见或者建议的,应当认为起重机械安全总监和起重机械安全员已经依法履职尽责,不予处罚。

第一百零一条 起重机械使用单位未按规定建立安全管理制度,或者未按规定配备、培训、考核起重机械安全总监和起重机械安全员的,由县级以上地方市场监督管理部门责令改正并给予通报批评；拒不改正的，处五千元以上五万元以下罚款，并将处罚情况纳入国家企业信用信息公示系统。法律、行政法规另有规定的，依照其规定执行。

起重机械使用单位主要负责人、起重机械安全总监、起重机械安全员未按规定要求落实使用安全责任的，由县级以上地方市场监督管理部门责令改正并给予通报批评；拒不改正的，对责任人处二千元以上一万元以下罚款。法律、行政法规另有规定的，依照其规定执行。

第一百零二条 本规定下列用语的含义是：

（一）起重机械使用单位主要负责人是指本单位的法定代表人、法定代表委托人或者实际控制人；

（二）起重机械安全总监是指本单位管理层中负责起重机械使用安全的管理人员；

（三）起重机械安全员是指本单位具体负责起重机械使用安全的检查人员。

第八章 客运索道

第一百零三条 客运索道使用单位应当依法配备客运索道安全总监和客运索道安全员，明确客运索道安全总监和客运索道安全员的岗位职责。

客运索道使用单位主要负责人对本单位客运索道使用安全全面负责，建立并落实客运索道使用安全主体责任的长效机制。客运索道安全总监和客运索道安全员应当按照岗位职责，协助单位主要负责人做好客运索道使用安全管理工作。

第一百零四条 客运索道使用单位主要负责人应当支持和保障客运索道安全总监和客运索道安全员依法开展客运索道使用安全管理工作，在作出涉及客运索道安全的重大决策前，应当充分听取客运索道安全总监和客运索道安全员的意见和建议。

客运索道安全员发现客运索道存在一般事故隐患时，应当立即进行处理；发现存在严重事故隐患时，应当立即责令停止使用并向客运索道安全总监报告，客运索道安全总监应当立即组织分析研判，采取处置措施，消除严重事故隐患。

第一百零五条 客运索道使用单位应当根据本单位客运索道的数量、用途、使用环境等情况，配备客运索道安全总监和足够数量的客运索道安全员，并逐条明确负责的客运索道安全员。

第一百零六条 客运索道安全总监和客运索道安全员应当具备下列客运索道使用安全管理能力：

（一）熟悉客运索道使用相关法律法规、安全技术规范、标准和本单位客运索道安全使用要求；

（二）具备识别和防控客运索道使用安全风险的专业知识；

（三）具备按照相关要求履行岗位职责的能力；

（四）符合特种设备法律法规和安全技术规范的其他要求。

第一百零七条 客运索道安全总监按照职责要求，直接对本单位主要负责人负责，承担下列职责：

（一）组织宣传、贯彻客运索道有关的法律法规、安全技术规范及相关标准；

（二）组织制定本单位客运索道使用安全管理制度，督促落实客运索道使用安全责任制，组织开展索道安全合规管理；

（三）组织制定客运索道事故应急专项预案并开展应急演练；

（四）落实客运索道安全事故报告义务，采取措施防止事故扩大；

（五）对客运索道安全员进行安全教育和技术培训，监督、指导客运索道安全员做好相关工作；

（六）按照规定组织开展客运索道使用安全风险评价工作，拟定并督促落实客运索道使用安全风险防控措施；

（七）对本单位客运索道使用安全管理工作进行检查，及时向主要负责人报告有关情况，提出改进措施；

（八）接受和配合有关部门开展客运索道安全监督检查、监督检验、定期检验和事故调查等工作，如实提供有关材料；

（九）本单位投保客运索道保险的，落实相应的保险管理职责；

（十）履行市场监督管理部门规定和本单位要求的其他客运索道使用安全管理职责。

客运索道使用单位应当按照前款规定，结合本单位实际，细化制定《客运索道安全总监职责》。

第一百零八条 客运索道安全员按照职责要求，对客运索道安全总监或者单位主要负责人负责，承担下列职责：

（一）建立健全客运索道安全技术档案并办理本单位客运索道使用登记；

（二）组织制定客运索道安全操作规程；

（三）组织对客运索道作业人员和技术人员进行教育和培训；

（四）组织对客运索道进行日常巡检，纠正和制止违章作业行为；

（五）编制客运索道定期检验计划，督促落实客运索道定期检验和后续整改等工作；

（六）按照规定报告客运索道事故，参加客运索道事故救援，协助进行事故调查和善后处理；

（七）履行市场监督管理部门规定和本单位要求的其他客运索道使用安全管理职责。

客运索道使用单位应当按照前款规定，结合本单位实际，细化制定《客运索道安全员守则》。

第一百零九条　客运索道使用本单位应当建立基于客运索道安全风险防控的动态管理机制，结合本单位实际，落实自查要求，制定《客运索道安全风险管控清单》，建立健全日管控、周排查、月调度工作制度和机制。

第一百一十条　客运索道使用单位应当建立客运索道安全日管控制度。客运索道安全员要组织在客运索道每日投入使用前，根据《客运索道安全风险管控清单》，按照相关安全技术规范和本单位安全管理制度的要求，进行试运行和例行安全检查，形成《每日客运索道安全检查记录》。对发现的安全风险隐患，应当立即采取防范措施，及时上报客运索道安全总监或者单位主要负责人。未发现问题的，也应当予以记录，实行零风险报告。

第一百一十一条　客运索道使用单位应当建立客运索道安全周排查制度。客运索道安全总监要每周至少组织一次风险隐患排查，分析研判客运索道使用安全管理情况，研究解决日管控中发现的问题，形成《每周客运索道安全排查治理报告》。

第一百一十二条　客运索道使用单位应当建立客运索道安全月调度制度。客运索道使用单位主要负责人要每月至少听取一次客运索道安全总监管理工作情况汇报，对当月客运索道安全日常管理、风险隐患排查治理等情况进行总结，对下个月重点工作作出调度安排，形成《每月客运索道安全调度会议纪要》。

第一百一十三条　客运索道使用单位应当将主要负责人、客运索道安全总监和客运索道安全员的设立、调整情况，《客运索道安全风险管控清单》《客运索道安全总监职责》《客运索道安全员守则》以及客运索道安全总监、客运索道安全员提出的意见建议、报告和问题整改落实等履职情况予以记录并存档备查。

第一百一十四条　市场监督管理部门应当将客运索道使用单位建立并落实客运索道使用安全责任制等管理制度，在日管控、周排查、月调度中发现的客运索道使用安全风险隐患以及整改情况作为监督检查的重要内容。

第一百一十五条　客运索道使用单位应当对客运索道安全总监和客运索道安全员进行法律法规、标准和专业知识培训、考核，同时对培训、考核情况予以记录并存档备查。

县级以上地方市场监督管理部门按照国家市场监督管理总局制定的《客运索道使用安全管理人员考核指南》，组织对本辖区内客运索道使用单位的客运索道安全总监和客运索道安全员随机进行监督抽查考核并公布考核结果。监督抽查考核不得收取费用。

监督抽查考核不合格，不再符合客运索道使用要求的，使用单位应当立即采取整改措施。

第一百一十六条　客运索道使用单位应当为客运索道安全总监和客运索道安全员提供必要的工作条件、教育培训和岗位待遇，充分保障其依法履行职责。

鼓励客运索道使用单位建立对客运索道安全总监和客运索道安全员的激励约束机制，对工作成效显著的给予表彰和奖励，对履职不到位的予以惩戒。

市场监督管理部门在查处客运索道使用单位违法行为时，应当将客运索道使用单位落实安全主体责任情况作为判断其主观过错、违法情节、处罚幅度等考量的重要因素。

客运索道使用单位及其主要负责人无正当理由未采纳客运索道安全总监和客运索道安全员依照本规定第一百零四条提出的意见或者建议的，应当认为客运索道安全总监和客运索道安全员已经依法履职尽责，不予处罚。

第一百一十七条　客运索道使用单位未按规定建立安全管理制度，或者未按规定配备、培训、考核客运索道安全总监和客运索道安全员的，由县级以上地方市场监督管理部门责令改正并给予通报批评；拒不改正的，处五千元以上五万元以下罚款，并将处罚情况纳入国家企业信用信息公示系统。法律、行政法规另有规定的，依照其规定执行。

客运索道使用单位主要负责人、客运索道安全总监、客运索道安全员未按规定要求落实使用安全责任的，由县级以上地方市场监督管理部门责令改正并给予通报批评；拒不改正的，对责任人处二千元以上一万元以下罚款。法律、行政法规另有规定的，依照其规定执行。

第一百一十八条　本规定下列用语的含义是：

（一）客运索道使用单位主要负责人是指本单位的法定代表人、法定代表委托人或者实际控制人；

（二）客运索道安全总监是指本单位管理层中负责客运索道使用安全的管理人员；

（三）客运索道安全员是指本单位具体负责客运索道使用安全的检查人员。

第九章 大型游乐设施

第一百一十九条 大型游乐设施使用单位应当依法配备大型游乐设施安全总监和大型游乐设施安全员，明确大型游乐设施安全总监和大型游乐设施安全员的岗位职责。

大型游乐设施使用单位主要负责人对本单位大型游乐设施使用安全全面负责，建立并落实大型游乐设施使用安全主体责任的长效机制。大型游乐设施安全总监和大型游乐设施安全员应当按照岗位职责，协助单位主要负责人做好大型游乐设施使用安全管理工作。

第一百二十条 大型游乐设施使用单位主要负责人应当支持和保障大型游乐设施安全总监和大型游乐设施安全员依法开展大型游乐设施使用安全管理工作，在作出涉及大型游乐设施安全的重大决策前，应当充分听取大型游乐设施安全总监和大型游乐设施安全员的意见和建议。

大型游乐设施安全员发现大型游乐设施存在一般事故隐患时，应当立即进行处理；发现存在严重事故隐患时，应当立即责令停止使用并向大型游乐设施安全总监报告，大型游乐设施安全总监应当立即组织分析研判，采取处置措施，消除严重事故隐患。

第一百二十一条 大型游乐设施使用单位应当根据本单位大型游乐设施的数量、用途、使用环境等情况，配备大型游乐设施安全总监和足够数量的大型游乐设施安全员，并逐台明确负责的大型游乐设施安全员。

第一百二十二条 大型游乐设施安全总监和大型游乐设施安全员应当具备下列大型游乐设施使用安全管理能力：

（一）熟悉大型游乐设施使用相关法律法规、安全技术规范、标准和本单位大型游乐设施安全使用要求；

（二）具备识别和防控大型游乐设施使用安全风险的专业知识；

（三）具备按照相关要求履行岗位职责的能力；

（四）符合特种设备法律法规和安全技术规范的其他要求。

第一百二十三条 大型游乐设施安全总监按照职责要求，直接对本单位主要负责人负责，承担下列职责：

（一）组织宣传、贯彻大型游乐设施有关的法律法规、安全技术规范及相关标准；

（二）组织制定本单位大型游乐设施使用安全管理制度，督促落实大型游乐设施使用安全责任制，组织开展大型游乐设施安全合规管理；

（三）组织制定大型游乐设施事故应急专项预案并开展应急演练；

（四）落实大型游乐设施安全事故报告义务，采取措施防止事故扩大；

（五）对大型游乐设施安全员进行安全教育和技术培训，监督、指导大型游乐设施安全员做好相关工作；

（六）按照规定组织开展大型游乐设施使用安全风险评价工作，拟定并督促落实大型游乐设施使用安全风险防控措施；

（七）对本单位大型游乐设施使用安全管理工作进行检查，及时向主要负责人报告有关情况，提出改进措施；

（八）接受和配合有关部门开展大型游乐设施安全监督检查、监督检验、定期检验和事故调查等工作，如实提供有关材料；

（九）履行市场监督管理部门规定和本单位要求的其他大型游乐设施使用安全管理职责。

大型游乐设施使用单位应当按照前款规定，结合本单位实际，细化制定《大型游乐设施安全总监职责》。

第一百二十四条 大型游乐设施安全员按照职责要求，对大型游乐设施安全总监或者单位主要负责人负责，承担下列职责：

（一）建立健全大型游乐设施安全技术档案并办理本单位大型游乐设施使用登记；

（二）组织制定各类大型游乐设施安全操作规程；

（三）组织对大型游乐设施作业人员和技术人员进行教育和培训；

（四）组织对大型游乐设施进行日常检查，纠正和制止违章作业行为；

（五）编制大型游乐设施定期检验计划，督促落实大型游乐设施定期检验和后续整改等工作；

（六）按照规定报告大型游乐设施事故，参加大型游乐设施事故救援，协助进行事故调查和善后处理；

（七）履行市场监督管理部门规定和本单位要求的其他大型游乐设施使用安全管理责任。

大型游乐设施使用单位应当按照前款规定，结合本单位实际，细化制定《大型游乐设施安全员守则》。

第一百二十五条 大型游乐设施使用单位应当建立基于大型游乐设施安全风险防控的动态管理机制，结合本单位实际，落实自查要求，制定《大型游乐设施安全风险管控清单》，建立健全日管控、周排查、月调度工作制度和机制。

第一百二十六条 大型游乐设施使用单位应当建立安全日管控制度。大型游乐设施安全员要组织在大型游乐设施每日投入使用前,根据《大型游乐设施安全风险管控清单》,按照相关安全技术规范和本单位安全管理制度的要求,进行试运行和例行安全检查,形成《每日大型游乐设施安全检查记录》。对发现的安全风险隐患,应当立即采取防范措施,及时上报大型游乐设施安全总监或者单位主要负责人。未发现问题的,也应当予以记录,实行零风险报告。

第一百二十七条 大型游乐设施使用单位应当建立大型游乐设施安全周排查制度。大型游乐设施安全总监要每周至少组织一次风险隐患排查,分析研判大型游乐设施使用安全管理情况,研究解决日管控中发现的问题,形成《每周大型游乐设施安全排查治理报告》。

第一百二十八条 大型游乐设施使用单位应当建立大型游乐设施使用安全管理月调度制度。大型游乐设施使用单位主要负责人要每月至少听取一次大型游乐设施安全总监管理工作情况汇报,对当月大型游乐设施安全日常管理、风险隐患排查治理等情况进行总结,对下个月重点工作作出调度安排,形成《每月大型游乐设施安全调度会议纪要》。

第一百二十九条 大型游乐设施使用单位应当将主要负责人、大型游乐设施安全总监和大型游乐设施安全员的设立、调整情况,《大型游乐设施安全风险管控清单》《大型游乐设施安全总监职责》《大型游乐设施安全员守则》以及大型游乐设施安全总监、大型游乐设施安全员提出的意见建议、报告和问题整改落实等履职情况予以记录并存档备查。

第一百三十条 市场监督管理部门应当将大型游乐设施使用单位建立并落实大型游乐设施使用安全责任制等管理制度,在日管控、周排查、月调度中发现的大型游乐设施使用安全风险隐患以及整改情况作为监督检查的重要内容。

第一百三十一条 大型游乐设施使用单位应当对大型游乐设施安全总监和大型游乐设施安全员进行法律法规、标准和专业知识培训、考核,同时对培训、考核情况予以记录并存档备查。

县级以上地方市场监督管理部门按照国家市场监督管理总局制定的《大型游乐设施使用安全管理人员考核指南》,组织对本辖区内大型游乐设施使用单位的大型游乐设施安全总监和大型游乐设施安全员随机进行监督抽查考核并公布考核结果。监督抽查考核不得收取费用。

监督抽查考核不合格,不再符合大型游乐设施使用要求的,使用单位应当立即采取整改措施。

第一百三十二条 大型游乐设施使用单位应当为大型游乐设施安全总监和大型游乐设施安全员提供必要的工作条件、教育培训和岗位待遇,充分保障其依法履行职责。

鼓励大型游乐设施使用单位建立对大型游乐设施安全总监和大型游乐设施安全员的激励约束机制,对工作成效显著的给予表彰和奖励,对履职不到位的予以惩戒。

市场监督管理部门在查处大型游乐设施使用单位违法行为时,应当将大型游乐设施使用单位落实安全主体责任情况作为判断其主观过错、违法情节、处罚幅度等考量的重要因素。

大型游乐设施使用单位及其主要负责人无正当理由未采纳大型游乐设施安全总监和大型游乐设施安全员依照本规定第一百二十条提出的意见或者建议的,应当认为大型游乐设施安全总监和大型游乐设施安全员已经依法履职尽责,不予处罚。

第一百三十三条 大型游乐设施使用单位未按规定建立安全管理制度,或者未按规定配备、培训、考核大型游乐设施安全总监和大型游乐设施安全员的,由县级以上地方市场监督管理部门责令改正并给予通报批评;拒不改正的,处五千元以上五万元以下罚款,并将处罚情况纳入国家企业信用信息公示系统。法律、行政法规另有规定的,依照其规定执行。

大型游乐设施使用单位主要负责人、大型游乐设施安全总监、大型游乐设施安全员未按规定要求落实使用安全责任的,由县级以上地方市场监督管理部门责令改正并给予通报批评;拒不改正的,对责任人处二千元以上一万元以下罚款。法律、行政法规另有规定的,依照其规定执行。

第一百三十四条 本规定下列用语的含义是:

(一)大型游乐设施使用单位主要负责人是指本单位的法定代表人、法定代表委托人或者实际控制人;

(二)大型游乐设施安全总监是指本单位管理层中负责大型游乐设施使用安全的管理人员;

(三)大型游乐设施安全员是指本单位具体负责大型游乐设施使用安全的检查人员。

第十章 场(厂)内专用机动车辆

第一百三十五条 场(厂)内专用机动车辆(以下简称场车)使用单位应当依法配备场车安全总监和场车安

全员,明确场车安全总监和场车安全员的岗位职责。

场车使用单位主要负责人对本单位场车使用安全全面负责,建立并落实场车使用安全主体责任的长效机制。场车安全总监和场车安全员应当按照岗位职责,协助单位主要负责人做好场车使用安全管理工作。

第一百三十六条 场车使用单位主要负责人应当支持和保障场车安全总监和场车安全员依法开展场车使用安全管理工作,在作出涉及场车安全的重大决策前,应当充分听取场车安全总监和场车安全员的意见和建议。

场车安全员发现场车存在一般事故隐患时,应当立即进行处理;发现存在严重事故隐患时,应当立即责令停止使用并向场车安全总监报告,场车安全总监应当立即组织分析研判,采取处置措施,消除严重事故隐患。

第一百三十七条 场车使用单位应当根据本单位场车的数量、用途、使用环境等情况,配备场车安全总监和足够数量的场车安全员,并逐台明确负责的场车安全员。

第一百三十八条 场车安全总监和场车安全员应当具备下列场车使用安全管理能力:

(一)熟悉场车使用相关法律法规、安全技术规范、标准和本单位场车安全使用要求;

(二)具备识别和防控场车使用安全风险的专业知识;

(三)具备按照相关要求履行岗位职责的能力;

(四)符合特种设备法律法规和安全技术规范的其他要求。

第一百三十九条 场车安全总监按照职责要求,直接对本单位主要负责人负责,承担下列职责:

(一)组织宣传、贯彻场车有关的法律法规、安全技术规范及相关标准;

(二)组织制定本单位场车使用安全管理制度,督促落实场车使用安全责任制,组织开展场车安全合规管理;

(三)组织制定场车事故应急专项预案并开展应急演练;

(四)落实场车安全事故报告义务,采取措施防止事故扩大;

(五)对场车安全员进行安全教育和技术培训,监督、指导场车安全员做好相关工作;

(六)按照规定组织开展场车使用安全风险评价工作,拟定并督促落实场车使用安全风险防控措施;

(七)对本单位场车使用安全管理工作进行检查,及时向主要负责人报告有关情况,提出改进措施;

(八)接受和配合有关部门开展场车安全监督检查、定期检验和事故调查等工作,如实提供有关材料;

(九)履行市场监督管理部门规定和本单位要求的其他场车使用安全管理职责。

场车使用单位应当按照前款规定,结合本单位实际,细化制定《场车安全总监职责》。

第一百四十条 场车安全员按照职责要求,对场车安全总监或者单位主要负责人负责,承担下列职责:

(一)建立健全场车安全技术档案,并办理本单位场车使用登记;

(二)组织制定场车安全操作规程;

(三)组织对场车作业人员进行教育和培训,指导和监督作业人员正确使用场车;

(四)对场车和作业区域进行日常巡检,纠正和制止违章作业行为;

(五)编制场车定期检验计划,督促落实场车定期检验和后续整改等工作;

(六)按照规定报告场车事故,参加场车事故救援,协助进行事故调查和善后处理;

(七)履行市场监督管理部门规定和本单位要求的其他场车使用安全管理职责。

场车使用单位应当按照前款规定,结合本单位实际,细化制定《场车安全员守则》。

第一百四十一条 场车使用单位应当建立基于场车安全风险防控的动态管理机制,结合本单位实际,落实自查要求,制定《场车安全风险管控清单》,建立健全日管控、周排查、月调度工作制度和机制。

第一百四十二条 场车使用单位应当建立场车安全日管控制度。

场车安全员要每日根据《场车安全风险管控清单》,按照相关安全技术规范和本单位安全管理制度的要求,对投入使用的场车和作业区域进行巡检,形成《每日场车安全检查记录》,对发现的安全风险隐患,应当立即采取防范措施,及时上报场车安全总监或者单位主要负责人。未发现问题的,也应当予以记录,实行零风险报告。

第一百四十三条 场车使用单位应当建立场车安全周排查制度。场车安全总监要每周至少组织一次风险隐患排查,分析研判场车使用安全管理情况,研究解决日管控中发现的问题,形成《每周场车安全排查治理报告》。

第一百四十四条 场车使用单位应当建立场车安全月调度制度。场车使用单位主要负责人要每月至少听取一次场车安全总监管理工作情况汇报,对当月场车安全日常管理、风险隐患排查治理等情况进行总结,对下个月重点工作作出调度安排,形成《每月场车安全调度会议纪要》。

第一百四十五条　场车使用单位应当将主要负责人、场车安全总监和场车安全员的设立、调整情况,《场车安全风险管控清单》《场车安全总监职责》《场车安全员守则》以及场车安全总监、场车安全员提出的意见建议、报告和问题整改落实等履职情况予以记录并存档备查。

第一百四十六条　市场监督管理部门应当将场车使用单位建立并落实场车使用安全责任制等管理制度,在日管控、周排查、月调度中发现的场车使用安全风险隐患以及整改情况作为监督检查的重要内容。

第一百四十七条　场车使用单位应当对场车安全总监和场车安全员进行法律法规、标准和专业知识培训、考核,同时对培训、考核情况予以记录并存档备查。

县级以上地方市场监督管理部门按照国家市场监督管理总局制定的《场车使用安全管理人员考核指南》,组织对本辖区内场车使用单位的场车安全总监和场车安全员随机进行监督抽查考核并公布考核结果。监督抽查考核不得收取费用。

监督抽查考核不合格,不再符合场车使用要求的,使用单位应当立即采取整改措施。

第一百四十八条　场车使用单位应当为场车安全总监和场车安全员提供必要的工作条件、教育培训和岗位待遇,充分保障其依法履行职责。

鼓励场车使用单位建立对场车安全总监和场车安全员的激励约束机制,对工作成效显著的给予表彰和奖励,对履职不到位的予以惩戒。

市场监督管理部门在查处场车使用单位违法行为时,应当将场车使用单位落实安全主体责任情况作为判断其主观过错、违法情节、处罚幅度等考量的重要因素。

场车使用单位及其主要负责人无正当理由未采纳场车安全总监和场车安全员依照本规定第一百三十六条提出的意见或者建议的,应当认为场车安全总监和场车安全员已经依法履职尽责,不予处罚。

第一百四十九条　场车使用单位未按规定建立安全管理制度,或者未按规定配备、培训、考核场车安全总监和场车安全员的,由县级以上地方市场监督管理部门责令改正并给予通报批评;拒不改正的,处五千元以上五万元以下罚款,并将处罚情况纳入国家企业信用信息公示系统。法律、行政法规另有规定的,依照其规定执行。

场车使用单位主要负责人、场车安全总监、场车安全员未按规定要求落实使用安全责任的,由县级以上地方市场监督管理部门责令改正并给予通报批评;拒不改正的,对责任人处二千元以上一万元以下罚款。法律、行政法规另有规定的,依照其规定执行。

第一百五十条　本规定下列用语的含义是:

(一)场车使用单位主要负责人是指本单位的法定代表人、法定代表委托人或者实际控制人;

(二)场车安全总监是指本单位管理层中负责场车使用安全的管理人员;

(三)场车安全员是指本单位具体负责场车使用安全的检查人员。

第十一章　附　则

第一百五十一条　本规定自2023年5月5日起施行。

特种设备生产单位落实质量安全主体责任监督管理规定

·2023年4月4日国家市场监督管理总局令第73号公布
·自2023年5月5日起施行

第一章　总　则

第一条　为了督促特种设备生产单位,包括锅炉、压力容器、气瓶、压力管道、电梯、起重机械、客运索道、大型游乐设施、场(厂)内专用机动车辆的设计、制造、安装、改造、修理单位(以下简称生产单位),落实质量安全主体责任,强化生产单位主要负责人特种设备质量安全责任,规范质量安全管理人员行为,根据《中华人民共和国特种设备安全法》《特种设备安全监察条例》等法律法规,制定本规定。

第二条　特种设备生产单位主要负责人、质量安全总监、质量安全员,依法落实特种设备质量安全责任的行为及其监督管理,适用本规定。

第三条　特种设备生产单位应当建立健全质量保证、安全管理和岗位责任等制度,落实质量安全责任制,依法配备与生产相适应的专业技术人员、设备、设施和工作场所。特种设备生产单位应当保证特种设备生产符合安全技术规范及相关标准的要求,对其生产的特种设备的安全性能负责。

第二章　锅　炉

第四条　锅炉生产单位应当依法配备质量安全总监和质量安全员,明确质量安全总监和质量安全员的岗位职责。

锅炉生产单位主要负责人对本单位锅炉质量安全全

面负责,建立并落实锅炉质量安全主体责任的长效机制。质量安全总监和质量安全员应当按照岗位职责,协助单位主要负责人做好锅炉质量安全管理工作。

第五条 锅炉生产单位主要负责人应当支持和保障质量安全总监和质量安全员依法开展锅炉质量安全管理工作,在作出涉及锅炉质量安全的重大决策前,应当充分听取质量安全总监和质量安全员的意见和建议。

质量安全总监、质量安全员发现锅炉产品存在危及安全的缺陷时,应当提出停止相关锅炉生产等否决建议,锅炉生产单位应当立即分析研判,采取处置措施,消除风险隐患。对已经出厂的产品发现存在同一性缺陷的,应当依法及时召回,并报当地省级市场监督管理部门。

第六条 质量安全总监和质量安全员应当具备下列锅炉质量安全管理能力:

(一)熟悉锅炉生产相关法律法规、安全技术规范、标准和本单位质量保证体系;

(二)质量安全总监不得兼任质量安全员,质量安全员最多只能担任两个不相关的质量控制岗位;

(三)具备识别和防控锅炉质量安全风险的专业知识;

(四)熟悉本单位锅炉质量安全相关的设施设备、工艺流程、操作规程等生产过程控制要求;

(五)具有与所负责工作相关的专业教育背景和工作经验,熟悉任职岗位的工作任务和要求;

(六)符合特种设备法律法规和安全技术规范的其他要求。

第七条 质量安全总监按照职责要求,直接对本单位主要负责人负责,承担下列职责:

(一)组织贯彻、实施锅炉有关的法律法规、安全技术规范及相关标准,对质量保证系统的实施负责;

(二)组织制定质量保证手册、程序文件、作业指导书等质量保证体系文件,批准程序文件;

(三)指导和协调、监督检查质量保证体系各质量控制系统的工作;

(四)组织建立并持续维护锅炉质量安全追溯体系;

(五)组织质量分析、质量审核并协助进行管理评审工作;

(六)实施对不合格品(项)的控制,行使质量安全一票否决权;

(七)建立企业公告板制度,对所生产的锅炉安全事故事件、质量缺陷和事故隐患等情况,及时予以公示;

(八)组织建立和健全内外部质量信息反馈和处理的信息系统;

(九)向市场监督管理部门如实反映质量安全问题;

(十)组织对质量安全员定期进行教育和培训;

(十一)接受和配合市场监督管理部门开展的监督检查和事故调查,并如实提供有关材料;

(十二)履行市场监督管理部门规定和本单位要求的其他锅炉质量安全管理职责。

锅炉生产单位应当按照前款规定,结合本单位实际,细化制定《锅炉质量安全总监职责》。

第八条 质量安全员按照职责要求,对质量安全总监或者单位主要负责人负责,承担下列职责:

(一)负责审核质量控制程序文件和作业指导书;

(二)按照安全技术规范和质量保证手册要求,审查确认相关工作见证,检查生产过程的质量控制程序和要求实施情况;

(三)发现问题应当与当事人及时联系、解决,必要时责令停止当事人的工作,将情况向质量安全总监报告;

(四)组织对相关技术人员定期进行教育和培训;

(五)配合检验机构做好锅炉设计文件鉴定、型式试验、监督检验等工作;

(六)接受和配合市场监督管理部门开展的监督检查和事故调查,并如实提供有关材料;

(七)履行市场监督管理部门规定和本单位要求的其他锅炉质量安全管理职责。

锅炉生产单位应当按照前款规定,结合本单位实际,细化制定《锅炉质量安全员守则》。

第九条 锅炉生产单位应当建立基于锅炉质量安全风险防控的动态管理机制,结合本单位实际,落实自查要求,制定《锅炉质量安全风险管控清单》,建立健全日管控、周排查、月调度工作制度和机制。

第十条 锅炉生产单位应当建立锅炉质量安全日管控制度。质量安全员要每日根据《锅炉质量安全风险管控清单》进行检查,形成《每日锅炉质量安全检查记录》,对发现的质量安全风险隐患,应当立即采取防范措施,及时上报质量安全总监或者单位主要负责人。未发现问题的,也应当予以记录,实行零风险报告。

第十一条 锅炉生产单位应当建立锅炉质量安全周排查制度。质量安全总监要每周至少组织一次风险隐患排查,分析研判锅炉质量安全管理情况,研究解决日管控中发现的问题,形成《每周锅炉质量安全排查治理报告》。

第十二条 锅炉生产单位应当建立锅炉质量安全月

调度制度。单位主要负责人要每月至少听取一次质量安全总监管理工作情况汇报,对当月锅炉质量安全日常管理、风险隐患排查治理等情况进行总结,对下个月重点工作作出调度安排,形成《每月锅炉质量安全调度会议纪要》。

第十三条 锅炉生产单位应当将主要负责人、质量安全总监和质量安全员的设立、调整情况,《锅炉质量安全风险管控清单》《锅炉质量安全总监职责》《锅炉质量安全员守则》以及质量安全总监、质量安全员提出的意见建议、报告和问题整改落实等履职情况予以记录并存档备查。

第十四条 市场监督管理部门应当将锅炉生产单位建立并落实锅炉质量安全责任制等管理制度,在日管控、周排查、月调度中发现的锅炉质量安全风险隐患以及整改情况作为监督检查的重要内容。

第十五条 锅炉生产单位应当对质量安全总监和质量安全员进行法律法规、标准和专业知识培训、考核,同时对培训、考核情况予以记录并存档备查。

县级以上地方市场监督管理部门按照国家市场监督管理总局制定的《锅炉质量安全管理人员考核指南》,组织对本辖区内锅炉生产单位的质量安全总监和质量安全员随机进行监督抽查考核并公布考核结果。监督抽查考核不得收取费用。

监督抽查考核不合格,不再符合锅炉生产要求的,生产单位应当立即采取整改措施。

第十六条 锅炉生产单位应当为质量安全总监和质量安全员提供必要的工作条件、教育培训和岗位待遇,充分保障其依法履行职责。

鼓励锅炉生产单位建立对质量安全总监和质量安全员的激励约束机制,对工作成效显著的给予表彰和奖励,对履职不到位的予以惩戒。

市场监督管理部门在查处锅炉生产单位违法行为时,应当将锅炉生产单位落实质量安全主体责任情况作为判断其主观过错、违法情节、处罚幅度等考量的重要因素。

锅炉生产单位及其主要负责人无正当理由未采纳质量安全总监和质量安全员依照本规定第五条提出的意见或者建议的,应当认为质量安全总监和质量安全员已经依法履职尽责,不予处罚。

第十七条 锅炉生产单位未按规定建立锅炉质量安全管理制度,或者未按规定配备、培训、考核质量安全总监和质量安全员的,由县级以上地方市场监督管理部门责令改正并给予通报批评;拒不改正的,处五千元以上五万元以下罚款,并将处罚情况纳入国家企业信用信息公示系统。法律、行政法规另有规定的,依照其规定执行。

锅炉生产单位主要负责人、质量安全总监、质量安全员未按规定要求落实质量安全责任的,由县级以上地方市场监督管理部门责令改正并给予通报批评;拒不改正的,对责任人处二千元以上一万元以下罚款。法律、行政法规另有规定的,依照其规定执行。

第十八条 本规定下列用语的含义是:

(一)锅炉生产单位主要负责人是指本单位的法定代表人、法定代表委托人或者实际控制人;

(二)质量安全总监是指本单位管理层中负责质量保证系统安全运转的管理人员;

(三)质量安全员是指本单位具体负责质量过程控制的检查人员。

第三章 压力容器

第十九条 压力容器生产单位应当依法配备质量安全总监和质量安全员,明确质量安全总监和质量安全员的岗位职责。

压力容器生产单位主要负责人对本单位压力容器质量安全全面负责,建立并落实压力容器质量安全主体责任的长效机制。质量安全总监和质量安全员应当按照岗位职责,协助单位主要负责人做好压力容器质量安全管理工作。

第二十条 压力容器生产单位主要负责人应当支持和保障质量安全总监和质量安全员依法开展压力容器质量安全管理工作,在作出涉及压力容器质量安全的重大决策前,应当充分听取质量安全总监和质量安全员的意见和建议。

质量安全总监、质量安全员发现压力容器产品存在危及安全的缺陷时,应当提出停止相关压力容器生产等否决建议,压力容器生产单位应当立即分析研判,采取处置措施,消除风险隐患。对已经出厂的产品发现存在同一性缺陷的,应当依法及时召回,并报当地省级市场监督管理部门。

第二十一条 质量安全总监和质量安全员应当具备下列压力容器质量安全管理能力:

(一)熟悉压力容器生产相关法律法规、安全技术规范、标准和本单位质量保证体系;

(二)质量安全总监不得兼任质量安全员,质量安全员最多只能担任两个不相关的质量控制岗位;

(三)具备识别和防控压力容器质量安全风险的专

业知识；

（四）熟悉本单位压力容器质量安全相关的设施设备、工艺流程、操作规程等生产过程控制要求；

（五）具有与所负责工作相关的专业教育背景和工作经验，熟悉任职岗位的工作任务和要求；

（六）符合特种设备法律法规和安全技术规范的其他要求。

第二十二条 质量安全总监按照职责要求，直接对本单位主要负责人负责，承担下列职责：

（一）组织贯彻、实施压力容器有关的法律法规、安全技术规范及相关标准，对质量保证系统的实施负责；

（二）组织制定质量保证手册、程序文件、作业指导书等质量保证体系文件，批准程序文件；

（三）指导和协调、监督检查质量保证体系各质量控制系统的工作；

（四）组织建立并持续维护压力容器质量安全追溯体系；

（五）组织质量分析、质量审核并协助进行管理评审工作；

（六）实施对不合格品（项）的控制，行使质量安全一票否决权；

（七）建立企业公告板制度，对所生产的压力容器安全事故事件、质量缺陷和事故隐患等情况，及时予以公示；

（八）组织建立和健全内外部质量信息反馈和处理的信息系统；

（九）向市场监督管理部门如实反映质量安全问题；

（十）组织对质量安全员定期进行教育和培训；

（十一）接受和配合市场监督管理部门开展的监督检查和事故调查，并如实提供有关材料；

（十二）履行市场监督管理部门规定和本单位要求的其他压力容器质量安全管理职责。

压力容器生产单位应当按照前款规定，结合本单位实际，细化制定《压力容器质量安全总监职责》。

第二十三条 质量安全员按照职责要求，对质量安全总监或者单位主要负责人负责，承担下列职责：

（一）负责审核质量控制程序文件和作业指导书；

（二）按照安全技术规范和质量保证手册要求，审查确认相关工作见证，检查生产过程的质量控制程序和要求实施情况；

（三）发现问题应当与当事人及时联系、解决，必要时责令停止当事人的工作，将情况向质量安全总监报告；

（四）组织对相关技术人员定期进行教育和培训；

（五）配合检验机构做好压力容器型式试验、监督检验等工作；

（六）接受和配合市场监督管理部门开展的监督检查和事故调查，并如实提供有关材料；

（七）履行市场监督管理部门规定和本单位要求的其他压力容器质量安全管理职责。

压力容器生产单位应当按照前款规定，结合本单位实际，细化制定《压力容器质量安全员守则》。

第二十四条 压力容器生产单位应当建立基于压力容器质量安全风险防控的动态管理机制，结合本单位实际，落实自查要求，制定《压力容器质量安全风险管控清单》，建立健全日管控、周排查、月调度工作制度和机制。

第二十五条 压力容器生产单位应当建立压力容器质量安全日管控制度。质量安全员要每日根据《压力容器质量安全风险管控清单》进行检查，形成《每日压力容器质量安全检查记录》，对发现的质量安全风险隐患，应当立即采取防范措施，及时上报质量安全总监或者单位主要负责人。未发现问题的，也应当予以记录，实行零风险报告。

第二十六条 压力容器生产单位应当建立压力容器质量安全周排查制度。质量安全总监要每周至少组织一次风险隐患排查，分析研判压力容器质量安全管理情况，研究解决日管控中发现的问题，形成《每周压力容器质量安全排查治理报告》。

第二十七条 压力容器生产单位应当建立压力容器质量安全月调度制度。单位主要负责人要每月至少听取一次质量安全总监管理工作情况汇报，对当月压力容器质量安全日常管理、风险隐患排查治理等情况进行总结，对下个月重点工作作出调度安排，形成《每月压力容器质量安全调度会议纪要》。

第二十八条 压力容器生产单位应当将主要负责人、质量安全总监和质量安全员的设立、调整情况，《压力容器质量安全风险管控清单》《压力容器质量安全总监职责》《压力容器质量安全员守则》以及质量安全总监、质量安全员提出的意见建议、报告和问题整改落实等履职情况予以记录并存档备查。

第二十九条 市场监督管理部门应当将压力容器生产单位建立并落实压力容器质量安全责任制等管理制度，在日管控、周排查、月调度中发现的压力容器质量安全风险隐患以及整改情况作为监督检查的重要内容。

第三十条 压力容器生产单位应当对质量安全总监

和质量安全员进行法律法规、标准和专业知识培训、考核,同时对培训、考核情况予以记录并存档备查。

县级以上地方市场监督管理部门按照国家市场监督管理总局制定的《压力容器质量安全管理人员考核指南》,组织对本辖区内压力容器生产单位的质量安全总监和质量安全员随机进行监督抽查考核并公布考核结果。监督抽查考核不得收取费用。

监督抽查考核不合格,不再符合压力容器生产要求的,生产单位应当立即采取整改措施。

第三十一条 压力容器生产单位应当为质量安全总监和质量安全员提供必要的工作条件、教育培训和岗位待遇,充分保障其依法履行职责。

鼓励压力容器生产单位建立对质量安全总监和质量安全员的激励约束机制,对工作成效显著的给予表彰和奖励,对履职不到位的予以惩戒。

市场监督管理部门在查处压力容器生产单位违法行为时,应当将压力容器生产单位落实质量安全主体责任情况作为判断其主观过错、违法情节、处罚幅度等考量的重要因素。

压力容器生产单位及其主要负责人无正当理由未采纳质量安全总监和质量安全员依照本规定第二十条提出的意见或者建议的,应当认为质量安全总监和质量安全员已经依法履职尽责,不予处罚。

第三十二条 压力容器生产单位未按规定建立压力容器质量安全管理制度,或者未按规定配备、培训、考核质量安全总监和质量安全员的,由县级以上地方市场监督管理部门责令改正并给予通报批评;拒不改正的,处五千元以上五万元以下罚款,并将处罚情况纳入国家企业信用信息公示系统。法律、行政法规另有规定的,依照其规定执行。

压力容器生产单位主要负责人、质量安全总监、质量安全员未按规定要求落实质量安全责任的,由县级以上地方市场监督管理部门责令改正并给予通报批评;拒不改正的,对责任人处二千元以上一万元以下罚款。法律、行政法规另有规定的,依照其规定执行。

第三十三条 本规定下列用语的含义是:

(一)压力容器生产单位主要负责人是指本单位的法定代表人、法定代表委托人或者实际控制人;

(二)质量安全总监是指本单位管理层中负责质量保证系统安全运转的管理人员;

(三)质量安全员是指本单位具体负责质量过程控制的检查人员。

第四章 气 瓶

第三十四条 气瓶生产单位应当依法配备质量安全总监和质量安全员,明确质量安全总监和质量安全员的岗位职责。

气瓶生产单位主要负责人对本单位气瓶质量安全全面负责,建立并落实气瓶质量安全主体责任的长效机制。质量安全总监和质量安全员应当按照岗位职责,协助单位主要负责人做好气瓶质量安全管理工作。

第三十五条 气瓶生产单位主要负责人应当支持和保障质量安全总监和质量安全员依法开展气瓶质量安全管理工作,在作出涉及气瓶质量安全的重大决策前,应当充分听取质量安全总监和质量安全员的意见和建议。

质量安全总监、质量安全员发现气瓶产品存在危及安全的缺陷时,应当提出停止相关气瓶生产等否决建议,气瓶生产单位应当立即分析研判,采取处置措施,消除风险隐患。对已经出厂的产品发现存在同一性缺陷的,应当依法及时召回,并报当地省级市场监督管理部门。

第三十六条 质量安全总监和质量安全员应当具备下列气瓶质量安全管理能力:

(一)熟悉气瓶生产相关法律法规、安全技术规范、标准和本单位质量保证体系;

(二)质量安全总监不得兼任质量安全员,质量安全员最多只能担任两个不相关的质量控制岗位;

(三)具备识别和防控气瓶质量安全风险的专业知识;

(四)熟悉本单位气瓶质量安全相关的设施设备、工艺流程、操作规程等生产过程控制要求;

(五)具有与所负责工作相关的专业教育背景和工作经验,熟悉任职岗位的工作任务和要求;

(六)符合特种设备法律法规和安全技术规范的其他要求。

第三十七条 质量安全总监按照职责要求,直接对本单位主要负责人负责,承担下列职责:

(一)组织贯彻、实施气瓶有关的法律法规、安全技术规范及相关标准,对质量保证系统的实施负责;

(二)组织制定质量保证手册、程序文件、作业指导书等质量保证体系文件,批准程序文件;

(三)指导和协调、监督检查质量保证体系各质量控制系统的工作;

(四)组织建立并持续维护气瓶质量安全追溯体系;

(五)组织质量分析、质量审核并协助进行管理评审工作;

（六）实施对不合格品（项）的控制，行使质量安全一票否决权；

（七）建立企业公告板制度，对所生产的气瓶安全事故事件、质量缺陷和事故隐患等情况，及时予以公示；

（八）组织建立和健全内外部质量信息反馈和处理的信息系统；

（九）向市场监督管理部门如实反映质量安全问题；

（十）组织对质量安全员定期进行教育和培训；

（十一）接受和配合市场监督管理部门开展的监督检查和事故调查，并如实提供有关材料；

（十二）履行市场监督管理部门规定和本单位要求的其他气瓶质量安全管理职责。

气瓶生产单位应当按照前款规定，结合本单位实际，细化制定《气瓶质量安全总监职责》。

第三十八条　质量安全员按照职责要求，对质量安全总监或者单位主要负责人负责，承担下列职责：

（一）负责审核质量控制程序文件和作业指导书；

（二）按照安全技术规范和质量保证手册要求，审查确认相关工作见证，检查生产过程的质量控制程序和要求实施情况；

（三）落实本单位气瓶制造质量安全追溯信息平台各项功能，并实施每日检查；

（四）发现问题应当与当事人及时联系、解决，必要时责令停止当事人的工作，将情况向质量安全总监报告；

（五）组织对相关技术人员定期进行教育和培训；

（六）配合检验机构做好气瓶设计文件鉴定、型式试验、监督检验等工作；

（七）接受和配合市场监督管理部门开展的监督检查和事故调查，并如实提供有关材料；

（八）履行市场监督管理部门规定和本单位要求的其他气瓶质量安全管理职责。

气瓶生产单位应当按照前款规定，结合本单位实际，细化制定《气瓶质量安全员守则》。

第三十九条　气瓶生产单位应当建立基于气瓶质量安全风险防控的动态管理机制，结合本单位实际，落实自查要求，制定《气瓶质量安全风险管控清单》，建立健全日管控、周排查、月调度工作制度和机制。

第四十条　气瓶生产单位应当建立气瓶质量安全日管控制度。质量安全员要每日根据《气瓶质量安全风险管控清单》进行检查，形成《每日气瓶质量安全检查记录》，对发现的质量安全风险隐患，应当立即采取防范措施，及时上报质量安全总监或者单位主要负责人。未发现问题的，也应当予以记录，实行零风险报告。

第四十一条　气瓶生产单位应当建立气瓶质量安全周排查制度。质量安全总监要每周至少组织一次风险隐患排查，分析研判气瓶质量安全管理情况，研究解决日管控中发现的问题，形成《每周气瓶质量安全排查治理报告》。

第四十二条　气瓶生产单位应当建立气瓶质量安全月调度制度。单位主要负责人要每月至少听取一次质量安全总监管理工作情况汇报，对当月气瓶质量安全日常管理、风险隐患排查治理等情况进行总结，对下个月重点工作作出调度安排，形成《每月气瓶质量安全调度会议纪要》。

第四十三条　气瓶生产单位应当将主要负责人、质量安全总监和质量安全员的设立、调整情况，《气瓶质量安全风险管控清单》《气瓶质量安全总监职责》《气瓶质量安全员守则》以及质量安全总监、质量安全员提出的意见建议、报告和问题整改落实等履职情况予以记录并存档备查。

第四十四条　市场监督管理部门应当将气瓶生产单位建立并落实气瓶质量安全责任制等管理制度，在日管控、周排查、月调度中发现的气瓶质量安全风险隐患以及整改情况作为监督检查的重要内容。

第四十五条　气瓶生产单位应当对质量安全总监和质量安全员进行法律法规、标准和专业知识培训、考核，同时对培训、考核情况予以记录并存档备查。

县级以上地方市场监督管理部门按照国家市场监督管理总局制定的《气瓶质量安全管理人员考核指南》，组织对本辖区内气瓶生产单位的质量安全总监和质量安全员随机进行监督抽查考核并公布考核结果。监督抽查考核不得收取费用。

监督抽查考核不合格，不再符合气瓶生产要求的，生产单位应当立即采取整改措施。

第四十六条　气瓶生产单位应当为质量安全总监和质量安全员提供必要的工作条件、教育培训和岗位待遇，充分保障其依法履行职责。

鼓励气瓶生产单位建立对质量安全总监和质量安全员的激励约束机制，对工作成效显著的给予表彰和奖励，对履职不到位的予以惩戒。

市场监督管理部门在查处气瓶生产单位违法行为时，应当将气瓶生产单位落实质量安全主体责任情况作为判断其主观过错、违法情节、处罚幅度等考量的重要因素。

气瓶生产单位及其主要负责人无正当理由未采纳质量安全总监和质量安全员依照本规定第三十五条提出的意见或者建议的，应当认为质量安全总监和质量安全员已经依法履职尽责，不予处罚。

第四十七条 气瓶生产单位未按规定建立气瓶质量安全管理制度，或者未按规定配备、培训、考核质量安全总监和质量安全员的，由县级以上地方市场监督管理部门责令改正并给予通报批评；拒不改正的，处五千元以上五万元以下罚款，并将处罚情况纳入国家企业信用信息公示系统。法律、行政法规另有规定的，依照其规定执行。

气瓶生产单位主要负责人、质量安全总监、质量安全员未按规定要求落实质量安全责任的，由县级以上地方市场监督管理部门责令改正并给予通报批评；拒不改正的，对责任人处二千元以上一万元以下罚款。法律、行政法规另有规定的，依照其规定执行。

第四十八条 本规定下列用语的含义是：

（一）气瓶生产单位主要负责人是指本单位的法定代表人、法定代表委托人或者实际控制人；

（二）质量安全总监是指本单位管理层中负责质量保证系统安全运转的管理人员；

（三）质量安全员是指本单位具体负责质量过程控制的检查人员。

第五章 压力管道

第四十九条 压力管道生产单位应当依法配备质量安全总监和质量安全员，明确质量安全总监和质量安全员的岗位职责。

压力管道生产单位主要负责人对本单位压力管道质量安全全面负责，建立并落实压力管道质量安全主体责任的长效机制。质量安全总监和质量安全员应当按照岗位职责，协助单位主要负责人做好压力管道质量安全管理工作。

第五十条 压力管道生产单位主要负责人应当支持和保障质量安全总监和质量安全员依法开展压力管道质量安全管理工作，在作出涉及压力管道质量安全的重大决策前，应当充分听取质量安全总监和质量安全员的意见和建议。

质量安全总监、质量安全员发现压力管道产品存在危及安全的缺陷时，应当提出停止相关压力管道生产等否决建议，压力管道生产单位应当立即分析研判，采取处置措施，消除风险隐患。对已经出厂的产品发现存在同一性缺陷的，应当依法及时召回，并报当地省级市场监督管理部门。

第五十一条 质量安全总监和质量安全员应当具备下列压力管道质量安全管理能力：

（一）熟悉压力管道生产相关法律法规、安全技术规范、标准和本单位质量保证体系；

（二）质量安全总监不得兼任质量安全员，质量安全员最多只能担任两个不相关的质量控制岗位；

（三）具备识别和防控压力管道质量安全风险的专业知识；

（四）熟悉本单位压力管道质量安全相关的设施设备、工艺流程、操作规程等生产过程控制要求；

（五）具有与所负责工作相关的专业教育背景和工作经验，熟悉任职岗位的工作任务和要求；

（六）符合特种设备法律法规和安全技术规范的其他要求。

第五十二条 质量安全总监按照职责要求，直接对本单位主要负责人负责，承担下列职责：

（一）组织贯彻、实施压力管道有关的法律法规、安全技术规范及相关标准，对质量保证系统的实施负责；

（二）组织制定质量保证手册、程序文件、作业指导书等质量保证体系文件，批准程序文件；

（三）指导和协调、监督检查质量保证体系各质量控制系统的工作；

（四）组织建立并持续维护压力管道质量安全追溯体系；

（五）组织质量分析、质量审核并协助进行管理评审工作；

（六）实施对不合格品（项）的控制，行使质量安全一票否决权；

（七）建立企业公告板制度，对所生产的压力管道安全事故事件、质量缺陷和事故隐患等情况，及时予以公示；

（八）组织建立和健全内外部质量信息反馈和处理的信息系统；

（九）向市场监督管理部门如实反映质量安全问题；

（十）组织对质量安全员定期进行教育和培训；

（十一）接受和配合市场监督管理部门开展的监督检查和事故调查，并如实提供有关材料；

（十二）履行市场监督管理部门规定和本单位要求的其他压力管道质量安全管理职责。

压力管道生产单位应当按照前款规定，结合本单位实际，细化制定《压力管道质量安全总监职责》。

第五十三条　质量安全员按照职责要求,对质量安全总监或者单位主要负责人负责,承担下列职责:
（一）负责审核质量控制程序文件和作业指导书;
（二）按照安全技术规范和质量保证手册要求,审查确认相关工作见证,检查生产过程的质量控制程序和要求实施情况;
（三）发现问题应当与当事人及时联系、解决,必要时责令停止当事人的工作,将情况向质量安全总监报告;
（四）组织对相关技术人员定期进行教育和培训;
（五）配合检验机构做好压力管道元件型式试验、压力管道监督检验等工作;
（六）接受和配合市场监督管理部门开展的监督检查和事故调查,并如实提供有关材料;
（七）履行市场监督管理部门规定和本单位要求的其他压力管道质量安全管理职责。

压力管道生产单位应当按照前款规定,结合本单位实际,细化制定《压力管道质量安全员守则》。

第五十四条　压力管道生产单位应当建立基于压力管道质量安全风险防控的动态管理机制,结合本单位实际,落实自查要求,制定《压力管道质量安全风险管控清单》,建立健全日管控、周排查、月调度工作制度和机制。

第五十五条　压力管道生产单位应当建立压力管道质量安全日管控制度。质量安全员要每日根据《压力管道质量安全风险管控清单》进行检查,形成《每日压力管道质量安全检查记录》,对发现的质量安全风险隐患,应当立即采取防范措施,及时上报质量安全总监或者单位主要负责人。未发现问题的,也应当予以记录,实行零风险报告。

第五十六条　压力管道生产单位应当建立压力管道质量安全周排查制度。质量安全总监要每周至少组织一次风险隐患排查,分析研判压力管道质量安全管理情况,研究解决日管控中发现的问题,形成《每周压力管道质量安全排查治理报告》。

第五十七条　压力管道生产单位应当建立压力管道质量安全月调度制度。单位主要负责人要每月至少听取一次质量安全总监管理工作情况汇报,对当月压力管道质量安全日常管理、风险隐患排查治理等情况进行总结,对下个月重点工作作出调度安排,形成《每月压力管道质量安全调度会议纪要》。

第五十八条　压力管道生产单位应当将主要负责人、质量安全总监和质量安全员的设立、调整情况,《压力管道质量安全风险管控清单》《压力管道质量安全总监职责》《压力管道质量安全员守则》以及质量安全总监、质量安全员提出的意见建议、报告和问题整改落实等履职情况予以记录并存档备查。

第五十九条　市场监督管理部门应当将压力管道生产单位建立并落实压力管道质量安全责任制等管理制度,在日管控、周排查、月调度中发现的压力管道质量安全风险隐患以及整改情况作为监督检查的重要内容。

第六十条　压力管道生产单位应当对质量安全总监和质量安全员进行法律法规、标准和专业知识培训、考核,同时对培训、考核情况予以记录并存档备查。

县级以上地方市场监督管理部门按照国家市场监督管理总局制定的《压力管道质量安全管理人员考核指南》,组织对本辖区内压力管道生产单位的质量安全总监和质量安全员随机进行监督抽查考核并公布考核结果。监督抽查考核不得收取费用。

监督抽查考核不合格,不再符合压力管道生产要求的,生产单位应当立即采取整改措施。

第六十一条　压力管道生产单位应当为质量安全总监和质量安全员提供必要的工作条件、教育培训和岗位待遇,充分保障其依法履行职责。

鼓励压力管道生产单位建立对质量安全总监和质量安全员的激励约束机制,对工作成效显著的给予表彰和奖励,对履职不到位的予以惩戒。

市场监督管理部门在查处压力管道生产单位违法行为时,应当将压力管道生产单位落实质量安全主体责任情况作为判断其主观过错、违法情节、处罚幅度等考量的重要因素。

压力管道生产单位及其主要负责人无正当理由未采纳质量安全总监和质量安全员依照本规定第五十条提出的意见或者建议的,应当认为质量安全总监和质量安全员已经依法履职尽责,不予处罚。

第六十二条　压力管道生产单位未按规定建立压力管道质量安全管理制度,或者未按规定配备、培训、考核质量安全总监和质量安全员的,由县级以上地方市场监督管理部门责令改正并给予通报批评;拒不改正的,处五千元以上五万元以下罚款,并将处罚情况纳入国家企业信用信息公示系统。法律、行政法规另有规定的,依照其规定执行。

压力管道生产单位主要负责人、质量安全总监、质量安全员未按规定要求落实质量安全责任的,由县级以上地方市场监督管理部门责令改正并给予通报批评;拒不改正的,对责任人处二千元以上一万元以下罚款。法律、行政法规另有规定的,依照其规定执行。

第六十三条 本规定下列用语的含义是:

(一)压力管道生产单位主要负责人是指本单位的法定代表人、法定代表委托人或者实际控制人;

(二)质量安全总监是指本单位管理层中负责质量保证系统安全运转的管理人员;

(三)质量安全员是指本单位具体负责质量过程控制的检查人员;

(四)压力管道生产单位是指压力管道设计、安装、改造、修理单位或者压力管道元件制造单位。

第六章 电 梯

第六十四条 电梯制造单位进行电梯及其安全保护装置和主要部件的设计时,应当开展有关电梯安全性能的风险评价,采取适当措施消除风险隐患,保证其所设计的电梯及其安全保护装置和主要部件不存在危及人身、财产安全等危险。

电梯制造单位应当明确电梯的主要部件和安全保护装置质量保证期限自监督检验合格起不得低于五年。在质量保证期限内,存在质量问题的,电梯的制造单位应当负责免费修理或者更换。对本单位制造并已经投入使用的电梯,电梯制造单位应提供必要的技术服务和必需的备品配件,指导并协助解决电梯使用过程中涉及的质量安全问题。

第六十五条 电梯生产单位应当依法配备质量安全总监和质量安全员,明确质量安全总监和质量安全员的岗位职责。

电梯生产单位主要负责人对本单位电梯质量安全全面负责,建立并落实电梯质量安全主体责任的长效机制。质量安全总监和质量安全员应当按照岗位职责,协助单位主要负责人做好电梯质量安全管理工作。

第六十六条 电梯生产单位主要负责人应当支持和保障质量安全总监和质量安全员依法开展电梯质量安全管理工作,在作出涉及电梯质量安全的重大决策前,应当充分听取质量安全总监和质量安全员的意见和建议。

质量安全总监、质量安全员发现电梯产品存在危及安全的缺陷时,应当提出停止相关电梯生产等否决建议,电梯生产单位应当立即分析研判,采取处置措施,消除风险隐患。对已经出厂的产品发现存在同一性缺陷的,应当依法及时召回,并报当地省级市场监督管理部门。

第六十七条 质量安全总监和质量安全员应当具备下列电梯质量安全管理能力:

(一)熟悉电梯生产相关法律法规、安全技术规范、标准和本单位质量保证体系;

(二)质量安全总监不得兼任质量安全员,质量安全员最多只能担任两个不相关的质量控制岗位;

(三)具备识别和防控电梯质量安全风险的专业知识;

(四)熟悉本单位电梯质量安全相关的设施设备、工艺流程、操作规程等生产过程控制要求;

(五)具有与所负责工作相关的专业教育背景和工作经验,熟悉任职岗位的工作任务和要求;

(六)符合特种设备法律法规和安全技术规范的其他要求。

第六十八条 质量安全总监按照职责要求,直接对本单位主要负责人负责,承担下列职责:

(一)组织贯彻、实施电梯有关的法律法规、安全技术规范及相关标准,对质量保证系统的实施负责;

(二)组织制定质量保证手册、程序文件、作业指导书等质量保证体系文件,批准程序文件;

(三)指导和协调、监督检查质量保证体系各质量控制系统的工作;

(四)组织建立并持续维护电梯质量安全追溯体系、关键部件寿命公示和产品质量保证期限工作;

(五)组织质量分析、质量审核并协助进行管理评审工作;

(六)实施对不合格品(项)的控制,行使质量安全一票否决权;

(七)建立企业公告板制度,对所生产的电梯安全事故事件、质量缺陷和事故隐患等情况,及时予以公示;

(八)组织建立和健全内外部质量信息反馈和处理的信息系统;

(九)向市场监督管理部门如实反映质量安全问题;

(十)组织对质量安全员定期进行教育和培训;

(十一)接受和配合市场监督管理部门开展的监督检查和事故调查,并如实提供有关材料;

(十二)履行市场监督管理部门规定和本单位要求的其他电梯质量安全管理职责。

电梯生产单位应当按照前款规定,结合本单位实际,细化制定《电梯质量安全总监职责》。

第六十九条 质量安全员按照职责要求,对质量安全总监或者单位主要负责人负责,承担下列职责:

(一)负责审核质量控制程序文件和作业指导书;

(二)按照安全技术规范和质量保证手册要求,审查确认相关工作见证,检查生产过程的质量控制程序和要求实施情况；

（三）发现问题应当与当事人及时联系、解决，必要时责令停止当事人的工作，将情况向质量安全总监报告；

（四）组织对相关技术人员定期进行教育和培训；

（五）配合检验机构做好电梯型式试验、监督检验等工作；

（六）接受和配合市场监督管理部门开展的监督检查和事故调查，并如实提供有关材料；

（七）履行市场监督管理部门规定和本单位要求的其他电梯质量安全管理职责。

电梯生产单位应当按照前款规定，结合本单位实际，细化制定《电梯质量安全员守则》。

第七十条　电梯生产单位应当建立基于电梯质量安全风险防控的动态管理机制，结合本单位实际，落实自查要求，制定《电梯质量安全风险管控清单》，建立健全日管控、周排查、月调度工作制度和机制。

第七十一条　电梯生产单位应当建立电梯质量安全日管控制度。质量安全员要每日根据《电梯质量安全风险管控清单》进行检查，形成《每日电梯质量安全检查记录》，对发现的质量安全风险隐患，应当立即采取防范措施，及时上报质量安全总监或者单位主要负责人。未发现问题的，也应当予以记录，实行零风险报告。

第七十二条　电梯生产单位应当建立电梯质量安全周排查制度。质量安全总监要每周至少组织一次风险隐患排查，分析研判电梯质量安全管理情况，研究解决日管控中发现的问题，形成《每周电梯质量安全排查治理报告》。

第七十三条　电梯生产单位应当建立电梯质量安全月调度制度。单位主要负责人要每月至少听取一次质量安全总监管理工作情况汇报，对当月电梯质量安全日常管理、风险隐患排查治理等情况进行总结，对下个月重点工作作出调度安排，形成《每月电梯质量安全调度会议纪要》。

第七十四条　电梯生产单位应当将主要负责人、质量安全总监和质量安全员的设立、调整情况，《电梯质量安全风险管控清单》《电梯质量安全总监职责》《电梯质量安全员守则》以及质量安全总监、质量安全员提出的意见建议、报告和问题整改落实等履职情况予以记录并存档备查。

第七十五条　市场监督管理部门应当将电梯生产单位建立并落实电梯质量安全责任制等管理制度，在日管控、周排查、月调度中发现的电梯质量安全风险隐患及整改情况作为监督检查的重要内容。

第七十六条　电梯生产单位应当对质量安全总监和质量安全员进行法律法规、标准和专业知识培训、考核，同时对培训、考核情况予以记录并存档备查。

县级以上地方市场监督管理部门按照国家市场监督管理总局制定的《电梯质量安全管理人员考核指南》，组织对本辖区内电梯生产单位的质量安全总监和质量安全员随机进行监督抽查考核并公布考核结果。监督抽查考核不得收取费用。

监督抽查考核不合格，不再符合电梯生产要求的，生产单位应当立即采取整改措施。

第七十七条　电梯生产单位应当为质量安全总监和质量安全员提供必要的工作条件、教育培训和岗位待遇，充分保障其依法履行职责。

鼓励电梯生产单位建立对质量安全总监和质量安全员的激励约束机制，对工作成效显著的给予表彰和奖励，对履职不到位的予以惩戒。

市场监督管理部门在查处电梯生产单位违法行为时，应当将电梯生产单位落实质量安全主体责任情况作为判断其主观过错、违法情节、处罚幅度等考量的重要因素。

电梯生产单位及其主要负责人无正当理由未采纳质量安全总监和质量安全员依照本规定第六十六条提出的意见或者建议的，应当认为质量安全总监和质量安全员已经依法履职尽责，不予处罚。

第七十八条　电梯生产单位未按规定建立电梯质量安全管理制度，或者未按规定配备、培训、考核质量安全总监和质量安全员的，由县级以上地方市场监督管理部门责令改正并给予通报批评；拒不改正的，处五千元以上五万元以下罚款，并将处罚情况纳入国家企业信用信息公示系统。法律、行政法规另有规定的，依照其规定执行。

电梯生产单位主要负责人、质量安全总监、质量安全员未按规定要求落实质量安全责任的，由县级以上地方市场监督管理部门责令改正并给予通报批评；拒不改正的，对责任人处二千元以上一万元以下罚款。法律、行政法规另有规定的，依照其规定执行。

第七十九条　本规定下列用语的含义是：

（一）电梯生产单位主要负责人是指本单位的法定代表人、法定代表委托人或者实际控制人；

（二）质量安全总监是指本单位管理层中负责质量保证系统安全运转的管理人员；

（三）质量安全员是指本单位具体负责质量过程控制的检查人员。

第七章 起重机械

第八十条 起重机械生产单位应当依法配备质量安全总监和质量安全员，明确质量安全总监和质量安全员的岗位职责。

起重机械生产单位主要负责人对本单位起重机械质量安全全面负责，建立并落实起重机械质量安全主体责任的长效机制。质量安全总监和质量安全员应当按照岗位职责，协助单位主要负责人做好起重机械质量安全管理工作。

第八十一条 起重机械生产单位主要负责人应当支持和保障质量安全总监和质量安全员依法开展起重机械质量安全管理工作，在作出涉及起重机械质量安全的重大决策前，应当充分听取质量安全总监和质量安全员的意见和建议。

质量安全总监、质量安全员发现起重机械产品存在危及安全的缺陷时，应当提出停止相关起重机械生产等否决建议，起重机械生产单位应当立即分析研判，采取处置措施，消除风险隐患。对已经出厂的产品发现存在同一性缺陷的，应当依法及时召回，并报当地省级市场监督管理部门。

第八十二条 质量安全总监和质量安全员应当具备下列起重机械质量安全管理能力：

（一）熟悉起重机械生产相关法律法规、安全技术规范、标准和本单位质量保证体系；

（二）质量安全总监不得兼任质量安全员，质量安全员最多只能担任两个不相关的质量控制岗位；

（三）具备识别和防控起重机械质量安全风险的专业知识；

（四）熟悉本单位起重机械质量安全相关的设施设备、工艺流程、操作规程等生产过程控制要求；

（五）具有与所负责工作相关的专业教育背景和工作经验，熟悉任职岗位的工作任务和要求；

（六）符合特种设备法律法规和安全技术规范的其他要求。

第八十三条 质量安全总监按照职责要求，直接对本单位主要负责人负责，承担下列职责：

（一）组织贯彻、实施起重机械有关的法律法规、安全技术规范及相关标准，对质量保证系统的实施负责；

（二）组织制定质量保证手册、程序文件、作业指导书等质量保证体系文件，批准程序文件；

（三）指导和协调、监督检查质量保证体系各质量控制系统的工作；

（四）组织建立并持续维护起重机械质量安全追溯体系；

（五）组织质量分析、质量审核并协助进行管理评审工作；

（六）实施对不合格品（项）的控制，行使质量安全一票否决权；

（七）建立企业公告板制度，对所生产的起重机械安全事故事件、质量缺陷和事故隐患等情况，及时予以公示；

（八）组织建立和健全内外部质量信息反馈和处理的信息系统；

（九）向市场监督管理部门如实反映质量安全问题；

（十）组织对质量安全员定期进行教育和培训；

（十一）接受和配合市场监督管理部门开展的监督检查和事故调查，并如实提供有关材料；

（十二）履行市场监督管理部门规定和本单位要求的其他起重机械质量安全管理职责。

起重机械生产单位应当按照前款规定，结合本单位实际，细化制定《起重机械质量安全总监职责》。

第八十四条 质量安全员按照职责要求，对质量安全总监或者单位主要负责人负责，承担下列职责：

（一）负责审核质量控制程序文件和作业指导书；

（二）按照安全技术规范和质量保证手册要求，审查确认相关工作见证，检查生产过程的质量控制程序和要求实施情况；

（三）发现问题应当与当事人及时联系、解决，必要时责令停止当事人的工作，将情况向质量安全总监报告；

（四）组织对相关技术人员定期进行教育和培训；

（五）配合检验机构做好起重机械型式试验、监督检验等工作；

（六）接受和配合市场监督管理部门开展的监督检查和事故调查，并如实提供有关材料；

（七）履行市场监督管理部门规定和本单位要求的其他起重机械质量安全管理职责。

起重机械生产单位应当按照前款规定，结合本单位实际，细化制定《起重机械质量安全员守则》。

第八十五条 起重机械生产单位应当建立基于起重机械质量安全风险防控的动态管理机制，结合本单位实际，落实自查要求，制定《起重机械质量安全风险管控清单》，建立健全日管控、周排查、月调度工作制度和机制。

第八十六条　起重机械生产单位应当建立起重机械质量安全日管控制度。质量安全员要每日根据《起重机械质量安全风险管控清单》进行检查，形成《每日起重机械质量安全检查记录》，对发现的质量安全风险隐患，应当立即采取防范措施，及时上报质量安全总监或者单位主要负责人。未发现问题的，也应当予以记录，实行零风险报告。

第八十七条　起重机械生产单位应当建立起重机械质量安全周排查制度。质量安全总监每周至少组织一次风险隐患排查，分析研判起重机械质量安全管理情况，研究解决日管控中发现的问题，形成《每周起重机械质量安全排查治理报告》。

第八十八条　起重机械生产单位应当建立起重机械质量安全月调度制度。单位主要负责人要每月至少听取一次质量安全总监管理工作情况汇报，对当月起重机械质量安全日常管理、风险隐患排查治理等情况进行总结，对下个月重点工作作出调度安排，形成《每月起重机械质量安全调度会议纪要》。

第八十九条　起重机械生产单位应当将主要负责人、质量安全总监和质量安全员的设立、调整情况，《起重机械质量安全风险管控清单》《起重机械质量安全总监职责》《起重机械质量安全员守则》以及质量安全总监、质量安全员提出的意见建议、报告和问题整改落实等履职情况予以记录并存档备查。

第九十条　市场监督管理部门应当将起重机械生产单位建立并落实起重机械质量安全责任制等管理制度，在日管控、周排查、月调度中发现的起重机械质量安全风险隐患以及整改情况作为监督检查的重要内容。

第九十一条　起重机械生产单位应当对质量安全总监和质量安全员进行法律法规、标准和专业知识培训、考核，同时对培训、考核情况予以记录并存档备查。

县级以上地方市场监督管理部门按照国家市场监督管理总局制定的《起重机械质量安全管理人员考核指南》，组织对本辖区内起重机械生产单位的质量安全总监和质量安全员随机进行监督抽查考核并公布考核结果。监督抽查考核不得收取费用。

监督抽查考核不合格，不再符合起重机械生产要求的，生产单位应当立即采取整改措施。

第九十二条　起重机械生产单位应当为质量安全总监和质量安全员提供必要的工作条件、教育培训和岗位待遇，充分保障其依法履行职责。

鼓励起重机械生产单位建立对质量安全总监和质量安全员的激励约束机制，对工作成效显著的给予表彰和奖励，对履职不到位的予以惩戒。

市场监督管理部门在查处起重机械生产单位违法行为时，应当将起重机械生产单位落实质量安全主体责任情况作为判断其主观过错、违法情节、处罚幅度等考量的重要因素。

起重机械生产单位及其主要负责人无正当理由未采纳质量安全总监和质量安全员依照本规定第八十一条提出的意见或者建议的，应当认为质量安全总监和质量安全员已经依法履职尽责，不予处罚。

第九十三条　起重机械生产单位未按规定建立起重机械质量安全管理制度，或者未按规定配备、培训、考核质量安全总监和质量安全员的，由县级以上地方市场监督管理部门责令改正并给予通报批评；拒不改正的，处五千元以上五万元以下罚款，并将处罚情况纳入国家企业信用信息公示系统。法律、行政法规另有规定的，依照其规定执行。

起重机械生产单位主要负责人、质量安全总监、质量安全员未按规定要求落实质量安全责任的，由县级以上地方市场监督管理部门责令改正并给予通报批评；拒不改正的，对责任人处二千元以上一万元以下罚款。法律、行政法规另有规定的，依照其规定执行。

第九十四条　本规定下列用语的含义是：

（一）起重机械生产单位主要负责人是指本单位的法定代表人、法定代表委托人或者实际控制人；

（二）质量安全总监是指本单位管理层中负责质量保证系统安全运转的管理人员；

（三）质量安全员是指本单位具体负责质量过程控制的检查人员。

第八章　客运索道

第九十五条　客运索道制造单位进行客运索道及其安全保护装置和主要部件的设计时，应当开展有关客运索道安全性能的风险评价，采取适当措施消除风险隐患，保证其所设计的客运索道及其安全保护装置和主要部件不存在危及人身、财产安全等危险。

对本单位制造并已经投入使用的客运索道，客运索道制造单位应提供必要的技术服务和必需的备品配件，指导并协助解决客运索道使用过程中涉及的质量安全问题。

第九十六条　客运索道生产单位应当依法配备质量安全总监和质量安全员，明确质量安全总监和质量安全员的岗位职责。

客运索道生产单位主要负责人对本单位客运索道质量安全全面负责,建立并落实客运索道质量安全主体责任的长效机制。质量安全总监和质量安全员应当按照岗位职责,协助单位主要负责人做好客运索道质量安全管理工作。

第九十七条 客运索道生产单位主要责任人应当支持和保障质量安全总监和质量安全员依法开展客运索道质量安全管理工作,在作出涉及客运索道质量安全的重大决策前,应当充分听取质量安全总监和质量安全员的意见和建议。

质量安全总监、质量安全员发现客运索道产品存在危及安全的缺陷时,应当提出停止相关客运索道生产等否决建议,客运索道生产单位应当立即分析研判,采取处置措施,消除风险隐患。对已经出厂的产品发现存在同一性缺陷的,应当依法及时召回,并报当地省级市场监督管理部门。

第九十八条 质量安全总监和质量安全员应当具备下列客运索道质量安全管理能力:

(一)熟悉客运索道生产相关法律法规、安全技术规范、标准和本单位质量保证体系;

(二)质量安全总监不得兼任质量安全员,质量安全员最多只能担任两个不相关的质量控制岗位;

(三)具备识别和防控客运索道质量安全风险的专业知识;

(四)熟悉本单位客运索道质量安全相关的设施设备、工艺流程、操作规程等生产过程控制要求;

(五)具有与所负责工作相关的专业教育背景和工作经验,熟悉任职岗位的工作任务和要求;

(六)符合特种设备法律法规和安全技术规范的其他要求。

第九十九条 质量安全总监按照职责要求,直接对本单位主要负责人负责,承担下列职责:

(一)组织贯彻、实施客运索道有关的法律法规、安全技术规范及相关标准,对质量保证系统的实施负责;

(二)组织制定质量保证手册、程序文件、作业指导书等质量保证体系文件,批准程序文件;

(三)指导和协调、监督检查质量保证体系各质量控制系统的工作;

(四)组织建立并持续维护客运索道质量安全追溯体系;

(五)组织质量分析、质量审核并协助进行管理评审工作;

(六)实施对不合格品(项)的控制,行使质量安全一票否决权;

(七)建立企业公告板制度,对所生产的客运索道安全事故事件、质量缺陷和事故隐患等情况,及时予以公示;

(八)组织建立和健全内外部质量信息反馈和处理的信息系统;

(九)向市场监督管理部门如实反映质量安全问题;

(十)组织对质量安全员定期进行教育和培训;

(十一)接受和配合市场监督管理部门开展的监督检查和事故调查,并如实提供有关材料;

(十二)履行市场监督管理部门规定和本单位要求的其他客运索道质量安全管理职责。

客运索道生产单位应当按照前款规定,结合本单位实际,细化制定《客运索道质量安全总监职责》。

第一百条 质量安全员按照职责要求,对质量安全总监或者单位主要负责人负责,承担下列职责:

(一)负责审核质量控制程序文件和作业指导书;

(二)按照安全技术规范和质量保证手册要求,审查确认相关工作见证,检查生产过程的质量控制程序和要求实施情况;

(三)发现问题应当与当事人及时联系、解决,必要时责令停止当事人的工作,将情况向质量安全总监报告;

(四)组织对相关技术人员定期进行教育和培训;

(五)配合检验机构做好客运索道设计文件鉴定、型式试验、监督检验等工作;

(六)接受和配合市场监督管理部门开展的监督检查和事故调查,并如实提供有关材料;

(七)履行市场监督管理部门规定和本单位要求的其他客运索道质量安全管理职责。

客运索道生产单位应当按照前款规定,结合本单位实际,细化制定《客运索道质量安全员守则》。

第一百零一条 客运索道生产单位应当建立基于客运索道质量安全风险防控的动态管理机制,结合本单位实际,落实自查要求,制定《客运索道质量安全风险管控清单》,建立健全日管控、周排查、月调度工作制度和机制。

第一百零二条 客运索道生产单位应当建立客运索道质量安全日管控制度。质量安全员要每日根据《客运索道质量安全风险管控清单》进行检查,形成《每日客运索道质量安全检查记录》,对发现的质量安全风险隐患,应当立即采取防范措施,及时上报质量安全总监或者单位主要负责人。未发现问题的，也应当予以记录，实行零风险报告。

第一百零三条 客运索道生产单位应当建立客运索道质量安全周排查制度。质量安全总监要每周至少组织一次风险隐患排查，分析研判客运索道质量安全管理情况，研究解决日管控中发现的问题，形成《每周客运索道质量安全排查治理报告》。

第一百零四条 客运索道生产单位应当建立客运索道质量安全月调度制度。单位主要负责人要每月至少听取一次质量安全总监管理工作情况汇报，对当月客运索道质量安全日常管理、风险隐患排查治理等情况进行总结，对下个月重点工作作出调度安排，形成《每月客运索道质量安全调度会议纪要》。

第一百零五条 客运索道生产单位应当将主要负责人、质量安全总监和质量安全员的设立、调整情况，《客运索道质量安全风险管控清单》《客运索道质量安全总监职责》《客运索道质量安全员守则》以及质量安全总监、质量安全员提出的意见建议、报告和问题整改落实等履职情况予以记录并存档备查。

第一百零六条 市场监督管理部门应当将客运索道生产单位建立并落实客运索道质量安全责任制等管理制度，在日管控、周排查、月调度中发现的客运索道质量安全风险隐患以及整改情况作为监督检查的重要内容。

第一百零七条 客运索道生产单位应当对质量安全总监和质量安全员进行法律法规、标准和专业知识培训、考核，同时对培训、考核情况予以记录并存档备查。

县级以上地方市场监督管理部门按照国家市场监督管理总局制定的《客运索道质量安全管理人员考核指南》，组织对本辖区内客运索道生产单位的质量安全总监和质量安全员随机进行监督抽查考核并公布考核结果。监督抽查考核不得收取费用。

监督抽查考核不合格，不再符合客运索道生产要求的，生产单位应当立即采取整改措施。

第一百零八条 客运索道生产单位应当为质量安全总监和质量安全员提供必要的工作条件、教育培训和岗位待遇，充分保障其依法履行职责。

鼓励客运索道生产单位建立对质量安全总监和质量安全员的激励约束机制，对工作成效显著的给予表彰和奖励，对履职不到位的予以惩戒。

市场监督管理部门在查处客运索道生产单位违法行为时，应当将客运索道生产单位落实质量安全主体责任情况作为判断其主观过错、违法情节、处罚幅度等考量的重要因素。

客运索道生产单位及其主要负责人无正当理由未采纳质量安全总监和质量安全员依照本规定第九十七条提出的意见或者建议的，应当认为质量安全总监和质量安全员已经依法履职尽责，不予处罚。

第一百零九条 客运索道生产单位未按规定建立客运索道质量安全管理制度，或者未按规定配备、培训、考核质量安全总监和质量安全员的，由县级以上地方市场监督管理部门责令改正并给予通报批评；拒不改正的，处五千元以上五万元以下罚款，并将处罚情况纳入国家企业信用信息公示系统。法律、行政法规另有规定的，依照其规定执行。

客运索道生产单位主要负责人、质量安全总监、质量安全员未按规定要求落实质量安全责任的，由县级以上地方市场监督管理部门责令改正并给予通报批评；拒不改正的，对责任人处二千元以上一万元以下罚款。法律、行政法规另有规定的，依照其规定执行。

第一百一十条 本规定下列用语的含义是：

（一）客运索道生产单位主要负责人是指本单位的法定代表人、法定代表委托人或者实际控制人；

（二）质量安全总监是指本单位管理层中负责质量保证系统安全运转的管理人员；

（三）质量安全员是指本单位具体负责质量过程控制的检查人员。

第九章 大型游乐设施

第一百一十一条 大型游乐设施制造单位进行大型游乐设施及其安全保护装置和主要部件的设计时，应当开展有关大型游乐设施安全性能的风险评价，采取适当措施消除风险隐患，保证其所设计的大型游乐设施及其安全保护装置和主要部件不存在危及人身、财产安全等危险。

对本单位制造并已经投入使用的大型游乐设施，大型游乐设施制造单位应当提供必要的技术服务和必需的备品配件，指导并协助解决大型游乐设施使用过程中涉及的质量安全问题。

第一百一十二条 大型游乐设施生产单位应当依法配备质量安全总监和质量安全员，明确质量安全总监和质量安全员的岗位职责。

大型游乐设施生产单位主要负责人对本单位大型游乐设施质量安全全面负责，建立并落实大型游乐设施质量安全主体责任的长效机制。质量安全总监和质量安全员应当按照岗位职责，协助单位主要负责人做好大型游乐设施质量安全管理工作。

第一百一十三条 大型游乐设施生产单位主要负责人应当支持和保障质量安全总监和质量安全员依法开展大型游乐设施质量安全管理工作，在作出涉及大型游乐设施质量安全的重大决策时，应当充分听取质量安全总监和质量安全员的意见和建议。

质量安全总监、质量安全员发现大型游乐设施产品存在危及安全的缺陷时，应当提出停止相关大型游乐设施生产等否决建议，大型游乐设施生产单位应当立即分析研判，采取处置措施，消除风险隐患。对已经出厂的产品发现存在同一性缺陷的，应当依法及时召回，并报当地省级市场监督管理部门。

第一百一十四条 质量安全总监和质量安全员应当具备下列大型游乐设施质量安全管理能力：

（一）熟悉大型游乐设施生产相关法律法规、安全技术规范、标准和本单位质量保证体系；

（二）质量安全总监不得兼任质量安全员，质量安全员最多只能担任两个不相关的质量控制岗位；

（三）具备识别和防控大型游乐设施质量安全风险的专业知识；

（四）熟悉本单位大型游乐设施质量安全相关的设施设备、工艺流程、操作规程等生产过程控制要求；

（五）具有与所负责工作相关的专业教育背景和工作经验，熟悉任职岗位的工作任务和要求；

（六）符合特种设备法律法规和安全技术规范的其他要求。

第一百一十五条 质量安全总监按照职责要求，直接对本单位主要负责人负责，承担下列职责：

（一）组织贯彻、实施大型游乐设施有关的法律法规、安全技术规范及相关标准，对质量保证系统的实施负责；

（二）组织制定质量保证手册、程序文件、作业指导书等质量保证体系文件，批准程序文件；

（三）指导和协调、监督检查质量保证体系各质量控制系统的工作；

（四）组织建立并持续维护大型游乐设施质量安全追溯体系；

（五）组织质量分析、质量审核并协助进行管理评审工作；

（六）实施对不合格品（项）的控制，行使质量安全一票否决权；

（七）建立企业公告板制度，对所生产的大型游乐设施安全事故事件、质量缺陷和事故隐患等情况，及时予以公示；

（八）组织建立和健全内外部质量信息反馈和处理的信息系统；

（九）向市场监督管理部门如实反映质量安全问题；

（十）组织对质量安全员定期进行教育和培训；

（十一）接受和配合市场监督管理部门开展的监督检查和事故调查，并如实提供有关材料；

（十二）履行市场监督管理部门规定和本单位要求的其他大型游乐设施质量安全管理职责。

大型游乐设施生产单位应当按照前款规定，结合本单位实际，细化制定《大型游乐设施质量安全总监职责》。

第一百一十六条 质量安全员按照职责要求，对质量安全总监或者单位主要负责人负责，承担下列职责：

（一）负责审核质量控制程序文件和作业指导书；

（二）按照安全技术规范和质量保证手册要求，审查确认相关工作见证，检查生产过程的质量控制程序和要求实施情况；

（三）发现问题应当与当事人及时联系、解决，必要时责令停止当事人的工作，将情况向质量安全总监报告；

（四）组织对相关技术人员定期进行教育和培训；

（五）配合检验机构做好大型游乐设施设计文件鉴定、型式试验、监督检验等工作；

（六）接受和配合市场监督管理部门开展的监督检查和事故调查，并如实提供有关材料；

（七）履行市场监督管理部门规定和本单位要求的其他大型游乐设施质量安全管理职责。

大型游乐设施生产单位应当按照前款规定，结合本单位实际，细化制定《大型游乐设施质量安全员守则》。

第一百一十七条 大型游乐设施生产单位应当建立基于大型游乐设施质量安全风险防控的动态管理机制，结合本单位实际，落实自查要求，制定《大型游乐设施质量安全风险管控清单》，建立健全日管控、周排查、月调度工作制度和机制。

第一百一十八条 大型游乐设施生产单位应当建立大型游乐设施质量安全日管控制度。质量安全员要每日根据《大型游乐设施质量安全风险管控清单》进行检查，形成《每日大型游乐设施质量安全检查记录》，对发现的质量安全风险隐患，应当立即采取防范措施，及时上报质量安全总监或者单位主要负责人。未发现问题的，也应当予以记录，实行零风险报告。

第一百一十九条　大型游乐设施生产单位应当建立大型游乐设施质量安全周排查制度。质量安全总监要每周至少组织一次风险隐患排查，分析研判大型游乐设施质量安全管理情况，研究解决日管控中发现的问题，形成《每周大型游乐设施质量安全排查治理报告》。

第一百二十条　大型游乐设施生产单位应当建立大型游乐设施质量安全月调度制度。单位主要负责人要每月至少听取一次质量安全总监管理工作情况汇报，对当月大型游乐设施质量安全日常管理、风险隐患排查治理等情况进行总结，对下个月重点工作作出调度安排，形成《每月大型游乐设施质量安全调度会议纪要》。

第一百二十一条　大型游乐设施生产单位应当将主要负责人、质量安全总监和质量安全员的设立、调整情况，《大型游乐设施质量安全风险管控清单》《大型游乐设施质量安全总监职责》《大型游乐设施质量安全员守则》以及质量安全总监、质量安全员提出的意见建议、报告和问题整改落实等履职情况予以记录并存档备查。

第一百二十二条　市场监督管理部门应当将大型游乐设施生产单位建立并落实大型游乐设施质量安全责任制等管理制度，在日管控、周排查、月调度中发现的大型游乐设施质量安全风险隐患以及整改情况作为监督检查的重要内容。

第一百二十三条　大型游乐设施生产单位应当对质量安全总监和质量安全员进行法律法规、标准和专业知识培训、考核，同时对培训、考核情况予以记录并存档备查。

县级以上地方市场监督管理部门按照国家市场监督管理总局制定的《大型游乐设施质量安全管理人员考核指南》，组织对本辖区内大型游乐设施生产单位的质量安全总监和质量安全员随机进行监督抽查考核并公布考核结果。监督抽查考核不得收取费用。

监督抽查考核不合格，不再符合大型游乐设施生产要求的，生产单位应当立即采取整改措施。

第一百二十四条　大型游乐设施生产单位应当为质量安全总监和质量安全员提供必要的工作条件、教育培训和岗位待遇，充分保障其依法履行职责。

鼓励大型游乐设施生产单位建立对质量安全总监和质量安全员的激励约束机制，对工作成效显著的给予表彰和奖励，对履职不到位的予以惩戒。

市场监督管理部门在查处大型游乐设施生产单位违法行为时，应当将大型游乐设施生产单位落实质量安全主体责任情况作为判断其主观过错、违法情节、处罚幅度等考量的重要因素。

大型游乐设施生产单位及其主要负责人无正当理由未采纳质量安全总监和质量安全员依照本规定第一百一十三条提出的意见或者建议的，应当认为质量安全总监和质量安全员已经依法履职尽责，不予处罚。

第一百二十五条　大型游乐设施生产单位未按规定建立大型游乐设施质量安全管理制度，或者未按规定配备、培训、考核质量安全总监和质量安全员的，由县级以上地方市场监督管理部门责令改正并给予通报批评；拒不改正的，处五千元以上五万元以下罚款，并将处罚情况纳入国家企业信用信息公示系统。法律、行政法规另有规定的，依照其规定执行。

大型游乐设施生产单位主要负责人、质量安全总监、质量安全员未按规定要求落实质量安全责任的，由县级以上地方市场监督管理部门责令改正并给予通报批评；拒不改正的，对责任人处二千元以上一万元以下罚款。法律、行政法规另有规定的，依照其规定执行。

第一百二十六条　本规定下列用语的含义是：

（一）大型游乐设施生产单位主要负责人是指本单位的法定代表人、法定代表委托人或者实际控制人；

（二）质量安全总监是指本单位管理层中负责质量保证系统安全运转的管理人员；

（三）质量安全员是指本单位具体负责质量过程控制的检查人员。

第十章　场（厂）内专用机动车辆

第一百二十七条　场（厂）内专用机动车辆（以下简称场车）生产单位应当依法配备质量安全总监和质量安全员，明确质量安全总监和质量安全员的岗位职责。

场车生产单位主要负责人对本单位场车质量安全全面负责，建立并落实场车质量安全主体责任的长效机制。质量安全总监和质量安全员应当按照岗位职责，协助单位主要负责人做好场车质量安全管理工作。

第一百二十八条　场车生产单位主要负责人应当支持和保障质量安全总监和质量安全员依法开展场车质量安全管理工作，在作出涉及场车质量安全的重大决策前，应当充分听取质量安全总监和质量安全员的意见和建议。

质量安全总监、质量安全员发现场车产品存在危及安全的缺陷时，应当提出停止相关场车生产等否决建议，场车生产单位应当立即分析研判，采取处置措施，消除风险隐患。对已经出厂的产品发现存在同一性缺陷的，应当依法及时召回，并报当地省级市场监督管理部门。

第一百二十九条 质量安全总监和质量安全员应当具备下列场车质量安全管理能力：

（一）熟悉场车生产相关法律法规、安全技术规范、标准和本单位质量保证体系；

（二）质量安全总监不得兼任质量安全员，质量安全员最多只能担任两个不相关的质量控制岗位；

（三）具备识别和防控场车质量安全风险的专业知识；

（四）熟悉本单位场车质量安全相关的设施设备、工艺流程、操作规程等生产过程控制要求；

（五）具有与所负责工作相关的专业教育背景和工作经验，熟悉任职岗位的工作任务和要求；

（六）符合特种设备法律法规和安全技术规范的其他要求。

第一百三十条 质量安全总监按照职责要求，直接对本单位主要负责人负责，承担下列职责：

（一）组织贯彻、实施场车有关的法律法规、安全技术规范及相关标准，对质量保证系统的实施负责；

（二）组织制定质量保证手册、程序文件、作业指导书等质量保证体系文件，批准程序文件；

（三）指导和协调、监督检查质量保证体系各质量控制系统的工作；

（四）组织建立并持续维护场车质量安全追溯体系；

（五）组织质量分析、质量审核并协助进行管理评审工作；

（六）实施对不合格品（项）的控制，行使质量安全一票否决权；

（七）建立企业公告板制度，对所生产的场车安全事故事件、质量缺陷和事故隐患等情况，及时予以公示；

（八）组织建立和健全内外部质量信息反馈和处理的信息系统；

（九）向市场监督管理部门如实反映质量安全问题；

（十）组织对质量安全员定期进行教育和培训；

（十一）接受和配合市场监督管理部门开展的监督检查和事故调查，并如实提供有关材料；

（十二）履行市场监督管理部门规定和本单位要求的其他场车质量安全管理职责。

场车生产单位应当按照前款规定，结合本单位实际，细化制定《场车质量安全总监职责》。

第一百三十一条 质量安全员按照职责要求，对质量安全总监或者单位主要负责人负责，承担下列职责：

（一）负责审核质量控制程序文件和作业指导书；

（二）按照安全技术规范和质量保证手册要求，审查确认相关工作见证，检查生产过程的质量控制程序和要求实施情况；

（三）发现问题应当与当事人及时联系、解决，必要时责令停止当事人的工作，将情况向质量安全总监报告；

（四）组织对相关技术人员定期进行教育和培训；

（五）配合检验机构做好场车型式试验等工作；

（六）接受和配合市场监督管理部门开展的监督检查和事故调查，并如实提供有关材料；

（七）履行市场监督管理部门规定和本单位要求的其他场车质量安全管理职责。

场车生产单位应当按照前款规定，结合本单位实际，细化制定《场车质量安全员守则》。

第一百三十二条 场车生产单位应当建立基于场车质量安全风险防控的动态管理机制，结合本单位实际，落实自查要求，制定《场车质量安全风险管控清单》，建立健全日管控、周排查、月调度工作制度和机制。

第一百三十三条 场车生产单位应当建立场车质量安全日管控制度。质量安全员要每日根据《场车质量安全风险管控清单》进行检查，形成《每日场车质量安全检查记录》，对发现的质量安全风险隐患，应当立即采取防范措施，及时上报质量安全总监或者单位主要负责人。未发现问题的，也应当予以记录，实行零风险报告。

第一百三十四条 场车生产单位应当建立场车质量安全周排查制度。质量安全总监要每周至少组织一次风险隐患排查，分析研判场车质量安全管理情况，研究解决日管控中发现的问题，形成《每周场车质量安全排查治理报告》。

第一百三十五条 场车生产单位应当建立场车质量安全月调度制度。单位主要负责人要每月至少听取一次质量安全总监管理工作情况汇报，对当月场车质量安全日常管理、风险隐患排查治理等情况进行总结，对下个月重点工作作出调度安排，形成《每月场车质量安全调度会议纪要》。

第一百三十六条 场车生产单位应当将主要负责人、质量安全总监和质量安全员的设立、调整情况，《场车质量安全风险管控清单》《场车质量安全总监职责》《场车质量安全员守则》以及质量安全总监、质量安全员提出的意见建议、报告和问题整改落实等履职情况予以记录并存档备查。

第一百三十七条 市场监督管理部门应当将场车生产单位建立并落实场车质量安全责任制等管理制度，在日管控、周排查、月调度中发现的场车质量安全风险隐患以及整改情况作为监督检查的重要内容。

第一百三十八条 场车生产单位应当对质量安全总监和质量安全员进行法律法规、标准和专业知识培训、考核，同时对培训、考核情况予以记录并存档备查。

县级以上地方市场监督管理部门按照国家市场监督管理总局制定的《场车质量安全管理人员考核指南》，组织对本辖区内场车生产单位的质量安全总监和质量安全员随机进行监督抽查考核并公布考核结果。监督抽查考核不得收取费用。

监督抽查考核不合格，不再符合场车生产要求的，生产单位应当立即采取整改措施。

第一百三十九条 场车生产单位应当为质量安全总监和质量安全员提供必要的工作条件、教育培训和岗位待遇，充分保障其依法履行职责。

鼓励场车生产单位建立对质量安全总监和质量安全员的激励约束机制，对工作成效显著的给予表彰和奖励，对履职不到位的予以惩戒。

市场监督管理部门在查处场车生产单位违法行为时，应当将场车生产单位落实质量安全主体责任情况作为判断其主观过错、违法情节、处罚幅度等考量的重要因素。

场车生产单位及其主要负责人无正当理由未采纳质量安全总监和质量安全员依照本规定第一百二十八条提出的意见或者建议的，应当认为质量安全总监和质量安全员已经依法履职尽责，不予处罚。

第一百四十条 场车生产单位未按规定建立场车质量安全管理制度，或者未按规定配备、培训、考核质量安全总监和质量安全员的，由县级以上地方市场监督管理部门责令改正并给予通报批评；拒不改正的，处五千元以上五万元以下罚款，并将处罚情况纳入国家企业信用信息公示系统。法律、行政法规另有规定的，依照其规定执行。

场车生产单位主要负责人、质量安全总监、质量安全员未按规定要求落实质量安全责任的，由县级以上地方市场监督管理部门责令改正并给予通报批评；拒不改正的，对责任人处二千元以上一万元以下罚款。法律、行政法规另有规定的，依照其规定执行。

第一百四十一条 本规定下列用语的含义是：

（一）场车生产单位主要负责人是指本单位的法定代表人、法定代表委托人或者实际控制人；

（二）质量安全总监是指本单位管理层中负责质量保证系统安全运转的管理人员；

（三）质量安全员是指本单位具体负责质量过程控制的检查人员。

第十一章　附　则

第一百四十二条 本规定自2023年5月5日起施行。

3. 标准管理

中华人民共和国标准化法

- 1988年12月29日第七届全国人民代表大会常务委员会第五次会议通过
- 2017年11月4日第十二届全国人民代表大会常务委员会第三十次会议修订
- 2017年11月4日中华人民共和国主席令第78号公布
- 自2018年1月1日起施行

第一章　总　则

第一条 为了加强标准化工作，提升产品和服务质量，促进科学技术进步，保障人身健康和生命财产安全，维护国家安全、生态环境安全，提高经济社会发展水平，制定本法。

第二条 本法所称标准（含标准样品），是指农业、工业、服务业以及社会事业等领域需要统一的技术要求。

标准包括国家标准、行业标准、地方标准和团体标准、企业标准。国家标准分为强制性标准、推荐性标准，行业标准、地方标准是推荐性标准。

强制性标准必须执行。国家鼓励采用推荐性标准。

第三条 标准化工作的任务是制定标准、组织实施标准以及对标准的制定、实施进行监督。

县级以上人民政府应当将标准化工作纳入本级国民经济和社会发展规划，将标准化工作经费纳入本级预算。

第四条 制定标准应当在科学技术研究成果和社会实践经验的基础上，深入调查论证，广泛征求意见，保证标准的科学性、规范性、时效性，提高标准质量。

第五条 国务院标准化行政主管部门统一管理全国标准化工作。国务院有关行政主管部门分工管理本部门、本行业的标准化工作。

县级以上地方人民政府标准化行政主管部门统一管理本行政区域内的标准化工作。县级以上地方人民政府有关行政主管部门分工管理本行政区域内本部门、本行业的标准化工作。

第六条 国务院建立标准化协调机制，统筹推进标准化重大改革,研究标准化重大政策,对跨部门跨领域、存在重大争议标准的制定和实施进行协调。

设区的市级以上地方人民政府可以根据工作需要建立标准化协调机制,统筹协调本行政区域内标准化工作重大事项。

第七条 国家鼓励企业、社会团体和教育、科研机构等开展或者参与标准化工作。

第八条 国家积极推动参与国际标准化活动,开展标准化对外合作与交流,参与制定国际标准,结合国情采用国际标准,推进中国标准与国外标准之间的转化运用。

国家鼓励企业、社会团体和教育、科研机构等参与国际标准化活动。

第九条 对在标准化工作中做出显著成绩的单位和个人,按照国家有关规定给予表彰和奖励。

第二章 标准的制定

第十条 对保障人身健康和生命财产安全、国家安全、生态环境安全以及满足经济社会管理基本需要的技术要求,应当制定强制性国家标准。

国务院有关行政主管部门依据职责负责强制性国家标准的项目提出、组织起草、征求意见和技术审查。国务院标准化行政主管部门负责强制性国家标准的立项、编号和对外通报。国务院标准化行政主管部门应当对拟制定的强制性国家标准是否符合前款规定进行立项审查,对符合前款规定的予以立项。

省、自治区、直辖市人民政府标准化行政主管部门可以向国务院标准化行政主管部门提出强制性国家标准的立项建议,由国务院标准化行政主管部门会同国务院有关行政主管部门决定。社会团体、企业事业组织以及公民可以向国务院标准化行政主管部门提出强制性国家标准的立项建议,国务院标准化行政主管部门认为需要立项的,会同国务院有关行政主管部门决定。

强制性国家标准由国务院批准发布或者授权批准发布。

法律、行政法规和国务院决定对强制性标准的制定另有规定的,从其规定。

第十一条 对满足基础通用、与强制性国家标准配套,对各有关行业起引领作用等需要的技术要求,可以制定推荐性国家标准。

推荐性国家标准由国务院标准化行政主管部门制定。

第十二条 对没有推荐性国家标准、需要在全国某个行业范围内统一的技术要求,可以制定行业标准。

行业标准由国务院有关行政主管部门制定,报国务院标准化行政主管部门备案。

第十三条 为满足地方自然条件、风俗习惯等特殊技术要求,可以制定地方标准。

地方标准由省、自治区、直辖市人民政府标准化行政主管部门制定;设区的市级人民政府标准化行政主管部门根据本行政区域的特殊需要,经所在地省、自治区、直辖市人民政府标准化行政主管部门批准,可以制定本行政区域的地方标准。地方标准由省、自治区、直辖市人民政府标准化行政主管部门报国务院标准化行政主管部门备案,由国务院标准化行政主管部门通报国务院有关行政主管部门。

第十四条 对保障人身健康和生命财产安全、国家安全、生态环境安全以及经济社会发展所急需的标准项目,制定标准的行政主管部门应当优先立项并及时完成。

第十五条 制定强制性标准、推荐性标准,应当在立项时对有关行政主管部门、企业、社会团体、消费者和教育、科研机构等方面的实际需求进行调查,对制定标准的必要性、可行性进行论证评估;在制定过程中,应当按照便捷有效的原则采取多种方式征求意见,组织对标准相关事项进行调查分析、实验、论证,并做到有关标准之间的协调配套。

第十六条 制定推荐性标准,应当组织由相关方组成的标准化技术委员会,承担标准的起草、技术审查工作。制定强制性标准,可以委托相关标准化技术委员会承担标准的起草、技术审查工作。未组成标准化技术委员会的,应当成立专家组承担相关标准的起草、技术审查工作。标准化技术委员会和专家组的组成应当具有广泛代表性。

第十七条 强制性标准文本应当免费向社会公开。国家推动免费向社会公开推荐性标准文本。

第十八条 国家鼓励学会、协会、商会、联合会、产业技术联盟等社会团体协调相关市场主体共同制定满足市场和创新需要的团体标准,由本团体成员约定采用或者按照本团体的规定供社会自愿采用。

制定团体标准,应当遵循开放、透明、公平的原则,保证各参与主体获取相关信息,反映各参与主体的共同需求,并应当组织对标准相关事项进行调查分析、实验、论证。

国务院标准化行政主管部门会同国务院有关行政主管部门对团体标准的制定进行规范、引导和监督。

第十九条　企业可以根据需要自行制定企业标准，或者与其他企业联合制定企业标准。

第二十条　国家支持在重要行业、战略性新兴产业、关键共性技术等领域利用自主创新技术制定团体标准、企业标准。

第二十一条　推荐性国家标准、行业标准、地方标准、团体标准、企业标准的技术要求不得低于强制性国家标准的相关技术要求。

国家鼓励社会团体、企业制定高于推荐性标准相关技术要求的团体标准、企业标准。

第二十二条　制定标准应当有利于科学合理利用资源，推广科学技术成果，增强产品的安全性、通用性、可替换性，提高经济效益、社会效益、生态效益，做到技术上先进、经济上合理。

禁止利用标准实施妨碍商品、服务自由流通等排除、限制市场竞争的行为。

第二十三条　国家推进标准化军民融合和资源共享，提升军民标准通用化水平，积极推动在国防和军队建设中采用先进适用的民用标准，并将先进适用的军用标准转化为民用标准。

第二十四条　标准应当按照编号规则进行编号。标准的编号规则由国务院标准化行政主管部门制定并公布。

第三章　标准的实施

第二十五条　不符合强制性标准的产品、服务，不得生产、销售、进口或者提供。

第二十六条　出口产品、服务的技术要求，按照合同的约定执行。

第二十七条　国家实行团体标准、企业标准自我声明公开和监督制度。企业应当公开其执行的强制性标准、推荐性标准、团体标准或者企业标准的编号和名称；企业执行自行制定的企业标准的，还应当公开产品、服务的功能指标和产品的性能指标。国家鼓励团体标准、企业标准通过标准信息公共服务平台向社会公开。

企业应当按照标准组织生产经营活动，其生产的产品、提供的服务应当符合企业公开标准的技术要求。

第二十八条　企业研制新产品、改进产品，进行技术改造，应当符合本法规定的标准化要求。

第二十九条　国家建立强制性标准实施情况统计分析报告制度。

国务院标准化行政主管部门和国务院有关行政主管部门、设区的市级以上地方人民政府标准化行政主管部门应当建立标准实施信息反馈和评估机制，根据反馈和评估情况对其制定的标准进行复审。标准的复审周期一般不超过五年。经过复审，对不适应经济社会发展需要和技术进步的应当及时修订或者废止。

第三十条　国务院标准化行政主管部门根据标准实施信息反馈、评估、复审情况，对有关标准之间重复交叉或者不衔接配套的，应当会同国务院有关行政主管部门作出处理或通过国务院标准化协调机制处理。

第三十一条　县级以上人民政府应当支持开展标准化试点示范和宣传工作，传播标准化理念，推广标准化经验，推动全社会运用标准化方式组织生产、经营、管理和服务，发挥标准对促进转型升级、引领创新驱动的支撑作用。

第四章　监督管理

第三十二条　县级以上人民政府标准化行政主管部门、有关行政主管部门依据法定职责，对标准的制定进行指导和监督，对标准的实施进行监督检查。

第三十三条　国务院有关行政主管部门在标准制定、实施过程中出现争议的，由国务院标准化行政主管部门组织协商；协商不成的，由国务院标准化协调机制解决。

第三十四条　国务院有关行政主管部门、设区的市级以上地方人民政府标准化行政主管部门未依照本法规定对标准进行编号、复审或者备案的，国务院标准化行政主管部门应当要求其说明情况，并限期改正。

第三十五条　任何单位或者个人有权向标准化行政主管部门、有关行政主管部门举报、投诉违反本法规定的行为。

标准化行政主管部门、有关行政主管部门应当向社会公开受理举报、投诉的电话、信箱或者电子邮件地址，并安排人员受理举报、投诉。对实名举报人或者投诉人，受理举报、投诉的行政主管部门应当告知处理结果，为举报人保密，并按照国家有关规定对举报人给予奖励。

第五章　法律责任

第三十六条　生产、销售、进口产品或者提供服务不符合强制性标准，或者企业生产的产品、提供的服务不符合其公开标准的技术要求的，依法承担民事责任。

第三十七条　生产、销售、进口产品或者提供服务不符合强制性标准的，依照《中华人民共和国产品质量法》、《中华人民共和国进出口商品检验法》、《中华人民共和国消费者权益保护法》等法律、行政法规的规定查处，记入信用记录，并依照有关法律、行政法规的规定予以公示;构成犯罪的,依法追究刑事责任。

第三十八条 企业未依照本法规定公开其执行的标准的,由标准化行政主管部门责令限期改正;逾期不改正的,在标准信息公共服务平台上公示。

第三十九条 国务院有关行政主管部门、设区的市级以上地方人民政府标准化行政主管部门制定的标准不符合本法第二十一条第一款、第二十二条第一款规定的,应当及时改正;拒不改正的,由国务院标准化行政主管部门公告废止相关标准;对负有责任的领导人员和直接责任人员依法给予处分。

社会团体、企业制定的标准不符合本法第二十一条第一款、第二十二条第一款规定的,由标准化行政主管部门责令限期改正;逾期不改正的,由省级以上人民政府标准化行政主管部门废止相关标准,并在标准信息公共服务平台上公示。

违反本法第二十二条第二款规定,利用标准实施排除、限制市场竞争行为的,依照《中华人民共和国反垄断法》等法律、行政法规的规定处理。

第四十条 国务院有关行政主管部门、设区的市级以上地方人民政府标准化行政主管部门未依照本法规定对标准进行编号或者备案,又未依照本法第三十四条的规定改正的,由国务院标准化行政主管部门撤销相关标准编号或者公告废止未备案标准;对负有责任的领导人员和直接责任人员依法给予处分。

国务院有关行政主管部门、设区的市级以上地方人民政府标准化行政主管部门未依照本法规定对其制定的标准进行复审,又未依照本法第三十四条的规定改正的,对负有责任的领导人员和直接责任人员依法给予处分。

第四十一条 国务院标准化行政主管部门未依照本法第十条第二款规定对制定强制性国家标准的项目予以立项,制定的标准不符合本法第二十一条第一款、第二十二条第一款规定,或者未依照本法规定对标准进行编号、复审或者予以备案的,应当及时改正;对负有责任的领导人员和直接责任人员可以依法给予处分。

第四十二条 社会团体、企业未依照本法规定对团体标准或者企业标准进行编号的,由标准化行政主管部门责令限期改正;逾期不改正的,由省级以上人民政府标准化行政主管部门撤销相关标准编号,并在标准信息公共服务平台上公示。

第四十三条 标准化工作的监督、管理人员滥用职权、玩忽职守、徇私舞弊的,依法给予处分;构成犯罪的,依法追究刑事责任。

第六章 附 则

第四十四条 军用标准的制定、实施和监督办法,由国务院、中央军事委员会另行制定。

第四十五条 本法自 2018 年 1 月 1 日起施行。

中华人民共和国标准化法实施条例

· 1990 年 4 月 6 日中华人民共和国国务院令第 53 号发布
· 自发布之日起施行

第一章 总 则

第一条 根据《中华人民共和国标准化法》(以下简称《标准化法》)的规定,制定本条例。

第二条 对下列需要统一的技术要求,应当制定标准:

(一)工业产品的品种、规格、质量、等级或者安全、卫生要求;

(二)工业产品的设计、生产、试验、检验、包装、储存、运输、使用的方法或者生产、储存、运输过程中的安全、卫生要求;

(三)有关环境保护的各项技术要求和检验方法;

(四)建设工程的勘察、设计、施工、验收的技术要求和方法;

(五)有关工业生产、工程建设和环境保护的技术术语、符号、代号、制图方法、互换配合要求;

(六)农业(含林业、牧业、渔业,下同)产品(含种子、种苗、种畜、种禽,下同)的品种、规格、质量、等级、检验、包装、储存、运输以及生产技术、管理技术的要求;

(七)信息、能源、资源、交通运输的技术要求。

第三条 国家有计划地发展标准化事业。标准化工作应当纳入各级国民经济和社会发展计划。

第四条 国家鼓励采用国际标准和国外先进标准,积极参与制定国际标准。

第二章 标准化工作的管理

第五条 标准化工作的任务是制定标准、组织实施标准和对标准的实施进行监督。

第六条 国务院标准化行政主管部门统一管理全国标准化工作,履行下列职责:

(一)组织贯彻国家有关标准化工作的法律、法规、方针、政策;

(二)组织制定全国标准化工作规划、计划;

(三)组织制定国家标准;

(四)指导国务院有关行政主管部门和省、自治区、直辖市人民政府标准化行政主管部门的标准化工作，协调和处理有关标准化工作问题；

（五）组织实施标准；

（六）对标准的实施情况进行监督检查；

（七）统一管理全国的产品质量认证工作；

（八）统一负责对有关国际标准化组织的业务联系。

第七条 国务院有关行政主管部门分工管理本部门、本行业的标准化工作，履行下列职责：

（一）贯彻国家标准化工作的法律、法规、方针、政策，并制定在本部门、本行业实施的具体办法；

（二）制定本部门、本行业的标准化工作规划、计划；

（三）承担国家下达的草拟国家标准的任务，组织制定行业标准；

（四）指导省、自治区、直辖市有关行政主管部门的标准化工作；

（五）组织本部门、本行业实施标准；

（六）对标准实施情况进行监督检查；

（七）经国务院标准化行政主管部门授权，分工管理本行业的产品质量认证工作。

第八条 省、自治区、直辖市人民政府标准化行政主管部门统一管理本行政区域的标准化工作，履行下列职责：

（一）贯彻国家标准化工作的法律、法规、方针、政策，并制定在本行政区域实施的具体办法；

（二）制定地方标准化工作规划、计划；

（三）组织制定地方标准；

（四）指导本行政区域有关行政主管部门的标准化工作，协调和处理有关标准化工作问题；

（五）在本行政区域组织实施标准；

（六）对标准实施情况进行监督检查。

第九条 省、自治区、直辖市有关行政主管部门分工管理本行政区域内本部门、本行业的标准化工作，履行下列职责：

（一）贯彻国家和本部门、本行业、本行政区域标准化工作的法律、法规、方针、政策，并制定实施的具体办法；

（二）制定本行政区域内本部门、本行业的标准化工作规划、计划；

（三）承担省、自治区、直辖市人民政府下达的草拟地方标准的任务；

（四）在本行政区域内组织本部门、本行业实施标准；

（五）对标准实施情况进行监督检查。

第十条 市、县标准化行政主管部门和有关行政主管部门的职责分工，由省、自治区、直辖市人民政府规定。

第三章 标准的制定

第十一条 对需要在全国范围内统一的下列技术要求，应当制定国家标准（含标准样品的制作）：

（一）互换配合、通用技术语言要求；

（二）保障人体健康和人身、财产安全的技术要求；

（三）基本原料、燃料、材料的技术要求；

（四）通用基础件的技术要求；

（五）通用的试验、检验方法；

（六）通用的管理技术要求；

（七）工程建设的重要技术要求；

（八）国家需要控制的其他重要产品的技术要求。

第十二条 国家标准由国务院标准化行政主管部门编制计划，组织草拟，统一审批、编号、发布。

工程建设、药品、食品卫生、兽药、环境保护的国家标准，分别由国务院工程建设主管部门、卫生主管部门、农业主管部门、环境保护主管部门组织草拟、审批；其编号、发布办法由国务院标准化行政主管部门会同国务院有关行政主管部门制定。

法律对国家标准的制定另有规定的，依照法律的规定执行。

第十三条 对没有国家标准而又需要在全国某个行业范围内统一的技术要求，可以制定行业标准（含标准样品的制作）。制定行业标准的项目由国务院有关行政主管部门确定。

第十四条 行业标准由国务院有关行政主管部门编制计划，组织草拟，统一审批、编号、发布，并报国务院标准化行政主管部门备案。

行业标准在相应的国家标准实施后，自行废止。

第十五条 对没有国家标准和行业标准而又需要在省、自治区、直辖市范围内统一的工业产品的安全、卫生要求，可以制定地方标准。制定地方标准的项目，由省、自治区、直辖市人民政府标准化行政主管部门确定。

第十六条 地方标准由省、自治区、直辖市人民政府标准化行政主管部门编制计划，组织草拟，统一审批、编号、发布，并报国务院标准化行政主管部门和国务院有关行政主管部门备案。

法律对地方标准的制定另有规定的，依照法律的规定执行。

地方标准在相应的国家标准或行业标准实施后，自行废止。

第十七条 企业生产的产品没有国家标准、行业标准和地方标准的，应当制定相应的企业标准，作为组织生产的依据。企业标准由企业组织制定（农业企业标准制定办法另定），并按省、自治区、直辖市人民政府的规定备案。

对已有国家标准、行业标准或者地方标准的，鼓励企业制定严于国家标准、行业标准或者地方标准要求的企业标准，在企业内部适用。

第十八条 国家标准、行业标准分为强制性标准和推荐性标准。

下列标准属于强制性标准：

（一）药品标准，食品卫生标准，兽药标准；

（二）产品及产品生产、储运和使用中的安全、卫生标准，劳动安全、卫生标准，运输安全标准；

（三）工程建设的质量、安全、卫生标准及国家需要控制的其他工程建设标准；

（四）环境保护的污染物排放标准和环境质量标准；

（五）重要的通用技术术语、符号、代号和制图方法；

（六）通用的试验、检验方法标准；

（七）互换配合标准；

（八）国家需要控制的重要产品质量标准。

国家需要控制的重要产品目录由国务院标准化行政主管部门会同国务院有关行政主管部门确定。

强制性标准以外的标准是推荐性标准。

省、自治区、直辖市人民政府标准化行政主管部门制定的工业产品的安全、卫生要求的地方标准，在本行政区域内是强制性标准。

第十九条 制定标准应当发挥行业协会、科学技术研究机构和学术团体的作用。

制定国家标准、行业标准和地方标准的部门应当组织由用户、生产单位、行业协会、科学技术研究机构、学术团体及有关部门的专家组成标准化技术委员会，负责标准草拟和参加标准草案的技术审查工作。未组成标准化技术委员会的，可以由标准化技术归口单位负责标准草拟和参加标准草案的技术审查工作。

制定企业标准应当充分听取使用单位、科学技术研究机构的意见。

第二十条 标准实施后，制定标准的部门应当根据科学技术的发展和经济建设的需要适时进行复审。标准复审周期一般不超过5年。

第二十一条 国家标准、行业标准和地方标准的代号、编号办法，由国务院标准化行政主管部门统一规定。

企业标准的代号、编号办法，由国务院标准化行政主管部门会同国务院有关行政主管部门规定。

第二十二条 标准的出版、发行办法，由制定标准的部门规定。

第四章 标准的实施与监督

第二十三条 从事科研、生产、经营的单位和个人，必须严格执行强制性标准。不符合强制性标准的产品，禁止生产、销售和进口。

第二十四条 企业生产执行国家标准、行业标准、地方标准或企业标准，应当在产品或其说明书、包装物上标注所执行标准的代号、编号、名称。

第二十五条 出口产品的技术要求由合同双方约定。

出口产品在国内销售时，属于我国强制性标准管理范围的，必须符合强制性标准的要求。

第二十六条 企业研制新产品、改进产品、进行技术改造，应当符合标准化要求。

第二十七条 国务院标准化行政主管部门组织或授权国务院有关行政主管部门建立行业认证机构，进行产品质量认证工作。

第二十八条 国务院标准化行政主管部门统一负责全国标准实施的监督。国务院有关行政主管部门分工负责本部门、本行业的标准实施的监督。

省、自治区、直辖市标准化行政主管部门统一负责本行政区域内的标准实施的监督。省、自治区、直辖市人民政府有关行政主管部门分工负责本行政区域内本部门、本行业的标准实施的监督。

市、县标准化行政主管部门和有关行政主管部门，按照省、自治区、直辖市人民政府规定的各自的职责，负责本行政区域内的标准实施的监督。

第二十九条 县级以上人民政府标准化行政主管部门，可以根据需要设置检验机构，或者授权其他单位的检验机构，对产品是否符合标准进行检验和承担其他标准实施的监督检验任务。检验机构的设置应当合理布局，充分利用现有力量。

国家检验机构由国务院标准化行政主管部门会同国务院有关行政主管部门规划、审查。地方检验机构由省、自治区、直辖市人民政府标准化行政主管部门会同省级有关行政主管部门规划、审查。

处理有关产品是否符合标准的争议，以本条规定的检验机构的检验数据为准。

第三十条 国务院有关行政主管部门可以根据需要和国家有关规定设立检验机构，负责本行业、本部门的检验工作。

第三十一条 国家机关、社会团体、企业事业单位及全体公民均有权检举、揭发违反强制性标准的行为。

第五章 法律责任

第三十二条 违反《标准化法》和本条例有关规定,有下列情形之一的,由标准化行政主管部门或有关行政主管部门在各自的职权范围内责令限期改进,并可通报批评或给予责任者行政处分:

(一)企业未按规定制定标准作为组织生产依据的;

(二)企业未按规定要求将产品标准上报备案的;

(三)企业的产品未按规定附有标识或与其标识不符的;

(四)企业研制新产品、改进产品、进行技术改造,不符合标准化要求的;

(五)科研、设计、生产中违反有关强制性标准规定的。

第三十三条 生产不符合强制性标准的产品的,应当责令其停止生产,并没收产品,监督销毁或作必要技术处理;处以该批产品货值金额20%至50%的罚款;对有关责任者处以5000元以下罚款。

销售不符合强制性标准的商品的,应当责令其停止销售,并限期追回已售出的商品,监督销毁或作必要技术处理,没收违法所得;处以该批商品货值金额10%至20%的罚款;对有关责任者处以5000元以下罚款。

进口不符合强制性标准的产品的,应当封存并没收该产品,监督销毁或作必要技术处理;处以进口产品货值金额20%至50%的罚款;对有关责任者给予行政处分,并可处以5000元以下罚款。

本条规定的责令停止生产、行政处分,由有关行政主管部门决定;其他行政处罚由标准化行政主管部门和工商行政管理部门依据职权决定。

第三十四条 生产、销售、进口不符合强制性标准的产品,造成严重后果,构成犯罪的,由司法机关依法追究直接责任人员的刑事责任。

第三十五条 获得认证证书的产品不符合认证标准而使用认证标志出厂销售的,由标准化行政主管部门责令其停止销售,并处以违法所得二倍以下的罚款;情节严重的,由认证部门撤销其认证证书。

第三十六条 产品未经认证或者认证不合格而擅自使用认证标志出厂销售的,由标准化行政主管部门责令其停止销售,处以违法所得三倍以下的罚款,并对单位负责人处以5000元以下罚款。

第三十七条 当事人对没收产品、没收违法所得和罚款的处罚不服的,可以在接到处罚通知之日起15日内,向作出处罚决定的机关的上一级机关申请复议;对复议决定不服的,可以在接到复议决定之日起15日内,向人民法院起诉。当事人也可以在接到处罚通知之日起15日内,直接向人民法院起诉。当事人逾期不申请复议或者不向人民法院起诉又不履行处罚决定的,由作出处罚决定的机关申请人民法院强制执行。

第三十八条 本条例第三十二条至第三十六条规定的处罚不免除由此产生的对他人的损害赔偿责任。受到损害的有权要求责任人赔偿损失。赔偿责任和赔偿金额纠纷可以由有关行政主管部门处理,当事人也可以直接向人民法院起诉。

第三十九条 标准化工作的监督、检验、管理人员有下列行为之一的,由有关主管部门给予行政处分,构成犯罪的,由司法机关依法追究刑事责任:

(一)违反本条例规定,工作失误,造成损失的;

(二)伪造、篡改检验数据的;

(三)徇私舞弊、滥用职权、索贿受贿的。

第四十条 罚没收入全部上缴财政。对单位的罚款,一律从其自有资金中支付,不得列入成本。对责任人的罚款,不得从公款中核销。

第六章 附则

第四十一条 军用标准化管理条例,由国务院、中央军委另行制定。

第四十二条 工程建设标准化管理规定,由国务院工程建设主管部门依据《标准化法》和本条例的有关规定另行制定,报国务院批准后实施。

第四十三条 本条例由国家技术监督局负责解释。

第四十四条 本条例自发布之日起施行。

国家标准管理办法

· 2022年9月9日国家市场监督管理总局令第59号公布
· 自2023年3月1日起施行

第一章 总则

第一条 为了加强国家标准管理,规范国家标准制定、实施和监督,根据《中华人民共和国标准化法》,制定本办法。

第二条 国家标准的制定(包括项目提出、立项、组织起草、征求意见、技术审查、对外通报、编号、批准发布)、组织实施以及监督工作,适用本办法。

第三条 对农业、工业、服务业以及社会事业等领域

需要在全国范围内统一的技术要求,可以制定国家标准(含国家标准样品),包括下列内容:

(一)通用的技术术语、符号、分类、代号(含代码)、文件格式、制图方法等通用技术语言要求和互换配合要求;

(二)资源、能源、环境的通用技术要求;

(三)通用基础件、基础原材料、重要产品和系统的技术要求;

(四)通用的试验、检验方法;

(五)社会管理、服务,以及生产和流通的管理等通用技术要求;

(六)工程建设的勘察、规划、设计、施工及验收的通用技术要求;

(七)对各有关行业起引领作用的技术要求;

(八)国家需要规范的其他技术要求。

对保障人身健康和生命财产安全、国家安全、生态环境安全以及满足经济社会管理基本需要的技术要求,应当制定强制性国家标准。

第四条 国家标准规定的技术指标以及有关分析试验方法,需要配套标准样品保证其有效实施的,应当制定相应的国家标准样品。标准样品管理按照国务院标准化行政主管部门的有关规定执行。

第五条 制定国家标准应当有利于便利经贸往来,支撑产业发展,促进科技进步,规范社会治理,实施国家战略。

第六条 积极推动结合国情采用国际标准。以国际标准为基础起草国家标准的,应当符合有关国际组织的版权政策。

鼓励国家标准与相应国际标准的制修订同步,加快适用国际标准的转化运用。

第七条 鼓励国际贸易、产能和装备合作领域,以及全球经济治理和可持续发展相关新兴领域的国家标准同步制定外文版。

鼓励同步开展国家标准中外文版制定。

第八条 国务院标准化行政主管部门统一管理国家标准制定工作,负责强制性国家标准的立项、编号、对外通报和依授权批准发布;负责推荐性国家标准的立项、组织起草、征求意见、技术审查、编号和批准发布。

国务院有关行政主管部门依据职责负责强制性国家标准的项目提出、组织起草、征求意见、技术审查和组织实施。

由国务院标准化行政主管部门组建、相关方组成的全国专业标准化技术委员会(以下简称技术委员会),受

国务院标准化行政主管部门委托,负责开展推荐性国家标准的起草、征求意见、技术审查、复审工作,承担归口推荐性国家标准的解释工作;受国务院有关行政主管部门委托,承担强制性国家标准的起草、技术审查工作;负责国家标准外文版的组织翻译和审查、实施情况评估和研究分析工作。

国务院标准化行政主管部门根据需要,可以委托国务院有关行政主管部门、有关行业协会,对技术委员会开展推荐性国家标准申请立项、国家标准报批等工作进行指导。

县级以上人民政府标准化行政主管部门和有关行政主管部门依据法定职责,对国家标准的实施进行监督检查。

第九条 对于跨部门跨领域、存在重大争议的国家标准的制定和实施,由国务院标准化行政主管部门组织协商,协商不成的报请国务院标准化协调机制解决。

第十条 国家标准及外文版依法受到版权保护,标准的批准发布主体享有标准的版权。

第十一条 国家标准一般不涉及专利。国家标准中涉及的专利应当是实施该标准必不可少的专利,其管理按照国家标准涉及专利的有关管理规定执行。

第十二条 制定国家标准应当在科学技术研究和社会实践经验的基础上,通过调查、论证、验证等方式,保证国家标准的科学性、规范性、适用性、时效性,提高国家标准质量。

制定国家标准应当公开、透明,广泛征求各方意见。

第十三条 国务院标准化行政主管部门建立国家标准验证工作制度。根据需要对国家标准的技术要求、试验检验方法等开展验证。

第十四条 制定国家标准应当做到有关标准之间的协调配套。

第十五条 鼓励科技成果转化为国家标准,围绕国家科研项目和市场创新活跃领域,同步推进科技研发和标准研制,提高科技成果向国家标准转化的时效性。

第十六条 对具有先进性、引领性、实施效果良好,需要在全国范围推广实施的团体标准,可以按程序制定为国家标准。

第十七条 对技术尚在发展中,需要引导其发展或者具有标准化价值的项目,可以制定为国家标准化指导性技术文件。

第二章 国家标准的制定

第十八条 政府部门、社会团体、企业事业组织以及公民可以根据国家有关发展规划和经济社会发展需要,

向国务院有关行政主管部门提出国家标准的立项建议，也可以直接向国务院标准化行政主管部门提出国家标准的立项建议。

推荐性国家标准立项建议可以向技术委员会提出。

鼓励提出国家标准立项建议同时同步提出国际标准立项申请。

第十九条　国务院标准化行政主管部门、国务院有关行政主管部门收到国家标准的立项建议后，应当对立项建议的必要性、可行性进行评估论证。国家标准的立项建议，可以委托技术委员会进行评估。

第二十条　强制性国家标准立项建议经评估后决定立项的，由国务院有关行政主管部门依据职责提出立项申请。

推荐性国家标准立项建议经评估后决定立项的，由技术委员会报国务院有关行政主管部门或者行业协会审核后，向国务院标准化行政主管部门提出立项申请。未成立技术委员会的，国务院有关行政主管部门可以依据职责直接提出推荐性国家标准项目立项申请。

立项申请材料应当包括项目申报书和标准草案。项目申报书应当说明制定国家标准的必要性、可行性，国内外标准情况、与国际标准一致性程度情况，主要技术要求，进度安排等。

第二十一条　国务院标准化行政主管部门组织国家标准专业审评机构对申请立项的国家标准项目进行评估，提出评估建议。

评估一般包括下列内容：

（一）本领域标准体系情况；

（二）标准技术水平、产业发展情况以及预期作用和效益；

（三）是否符合法律、行政法规的规定，是否与有关标准的技术要求协调衔接；

（四）与相关国际、国外标准的比对分析情况；

（五）是否符合本办法第三条、第四条、第五条规定。

第二十二条　对拟立项的国家标准项目，国务院标准化行政主管部门应当通过全国标准信息公共服务平台向社会公开征求意见，征求意见期限一般不少于三十日。必要时，可以书面征求国务院有关行政主管部门意见。

第二十三条　对立项存在重大分歧的，国务院标准化行政主管部门可以会同国务院有关行政主管部门、有关行业协会，组织技术委员会对争议内容进行协调，形成处理意见。

第二十四条　国务院标准化行政主管部门决定予以立项的，应当下达项目计划。

国务院标准化行政主管部门决定不予立项的，应当及时反馈并说明不予立项的理由。

第二十五条　强制性国家标准从计划下达到报送报批材料的期限一般不得超过二十四个月。推荐性国家标准从计划下达到报送报批材料的期限一般不得超过十八个月。

国家标准不能按照项目计划规定期限内报送的，应当提前三十日申请延期。强制性国家标准的延长时限不得超过十二个月，推荐性国家标准的延长时限不得超过六个月。

无法继续执行的，国务院标准化行政主管部门应当终止国家标准计划。

执行国家标准计划过程中，国务院标准化行政主管部门可以对国家标准计划的内容进行调整。

第二十六条　国务院有关行政主管部门或者技术委员会应当按照项目计划组织实施，及时开展国家标准起草工作。

国家标准起草，应当组建具有专业性和广泛代表性的起草工作组，开展国家标准起草的调研、论证（验证）、编制和征求意见处理等具体工作。

第二十七条　起草工作组应当按照标准编写的相关要求起草国家标准征求意见稿、编制说明以及有关材料。编制说明一般包括下列内容：

（一）工作简况，包括任务来源、制定背景、起草过程等；

（二）国家标准编制原则、主要内容及其确定依据，修订国家标准时，还包括修订前后技术内容的对比；

（三）试验验证的分析、综述报告，技术经济论证，预期的经济效益、社会效益和生态效益；

（四）与国际、国外同类标准技术内容的对比情况，或者与测试的国外样品、样机的有关数据对比情况；

（五）以国际标准为基础的起草情况，以及是否合规引用或者采用国际国外标准，并说明未采用国际标准的原因；

（六）与有关法律、行政法规及相关标准的关系；

（七）重大分歧意见的处理经过和依据；

（八）涉及专利的有关说明；

（九）实施国家标准的要求，以及组织措施、技术措施、过渡期和实施日期的建议等措施建议；

（十）其他应当说明的事项。

第二十八条　国家标准征求意见稿和编制说明应当

通过有关门户网站、全国标准信息公共服务平台等渠道向社会公开征求意见，同时向涉及的其他国务院有关行政主管部门、企业事业单位、社会组织、消费者组织和科研机构等相关方征求意见。

国家标准公开征求意见期限一般不少于六十日。强制性国家标准在征求意见时应当按照世界贸易组织的要求对外通报。

国务院有关行政主管部门或者技术委员会应当对征集的意见进行处理，形成国家标准送审稿。

第二十九条 技术委员会应当采用会议形式对国家标准送审稿开展技术审查，重点审查技术要求的科学性、合理性、适用性、规范性。审查会议的组织和表决按照《全国专业标准化技术委员会管理办法》有关规定执行。

未成立技术委员会的，应当成立审查专家组采用会议形式开展技术审查。审查专家组成员应当具有代表性，由生产者、经营者、使用者、消费者、公共利益方等相关方组成，人数不得少于十五人。审查专家应当熟悉本领域技术和标准情况。技术审查应当协商一致，如需表决，四分之三以上同意为通过。起草人员不得承担技术审查工作。

审查会议应当形成会议纪要，并经与会全体专家签字。会议纪要应当真实反映审查情况，包括会议时间地点、会议议程、专家名单、具体的审查意见、审查结论等。

技术审查不通过的，应当根据审查意见修改后再次提交技术审查。无法协调一致的，可以提出计划项目终止申请。

第三十条 技术委员会应当根据审查意见形成国家标准报批稿、编制说明和意见处理表，经国务院有关行政主管部门或者行业协会审核后，报国务院标准化行政主管部门批准发布或者依据国务院授权批准发布。

未成立技术委员会的，国务院有关行政主管部门应当根据审查意见形成国家标准报批稿、编制说明和意见处理表，报国务院标准化行政主管部门批准发布或者依据国务院授权批准发布。

报批材料包括：

（一）报送公文；

（二）国家标准报批稿；

（三）编制说明；

（四）征求意见汇总处理表；

（五）审查会议纪要；

（六）需要报送的其他材料。

第三十一条 国务院标准化行政主管部门委托国家标准专业审评机构对国家标准的报批材料进行审核。国家标准专业审评机构应当审核下列内容：

（一）标准制定程序、报批材料、标准编写质量是否符合相关要求；

（二）标准技术内容的科学性、合理性、标准之间的协调性，重大分歧意见处理情况；

（三）是否符合有关法律、行政法规、产业政策、公平竞争的规定。

第三十二条 强制性国家标准由国务院批准发布或者授权批准发布。推荐性国家标准由国务院标准化行政主管部门统一批准、编号，以公告形式发布。

国家标准的代号由大写汉语拼音字母构成。强制性国家标准的代号为"GB"，推荐性国家标准的代号为"GB/T"，国家标准样品的代号为"GSB"。指导性技术文件的代号为"GB/Z"。

国家标准的编号由国家标准的代号、国家标准发布的顺序号和国家标准发布的年份号构成。国家标准样品的编号由国家标准样品的代号、分类目录号、发布顺序号、复制批次号和发布年份号构成。

第三十三条 应对突发紧急事件急需的国家标准，制定过程中可以缩短时限要求。

第三十四条 国家标准由国务院标准化行政主管部门委托出版机构出版。

国务院标准化行政主管部门按照有关规定在全国标准信息公共服务平台公开国家标准文本，供公众查阅。

第三章 国家标准的实施与监督

第三十五条 国家标准的发布与实施之间应当留出合理的过渡期。

国家标准发布后实施前，企业可以选择执行原国家标准或者新国家标准。

新国家标准实施后，原国家标准同时废止。

第三十六条 强制性国家标准必须执行。不符合强制性国家标准的产品、服务，不得生产、销售、进口或者提供。

推荐性国家标准鼓励采用。在基础设施建设、基本公共服务、社会治理、政府采购等活动中，鼓励实施推荐性国家标准。

第三十七条 国家标准发布后，各级标准化行政主管部门、有关行政主管部门、行业协会和技术委员会应当组织国家标准的宣贯和推广工作。

第三十八条 国家标准由国务院标准化行政主管部门解释，国家标准的解释与标准文本具有同等效力。解释发布后，国务院标准化行政主管部门应当自发布之日起二十日内在全国标准信息公共服务平台上公开解释文本。

对国家标准实施过程中有关具体技术问题的咨询，国务院标准化行政主管部门可以委托国务院有关行政主管部门、行业协会或者技术委员会答复。相关答复应当按照国家信息公开的有关规定进行公开。

第三十九条 企业和相关社会组织研制新产品、改进产品和服务、进行技术改造等，应当符合本办法规定的标准化要求。

第四十条 国务院标准化行政主管部门建立国家标准实施信息反馈机制，畅通信息反馈渠道。

鼓励个人和单位通过全国标准信息公共服务平台反馈国家标准在实施中产生的问题和修改建议。

各级标准化行政主管部门、有关行政主管部门、行业协会和技术委员会应当在日常工作中收集相关国家标准实施信息。

第四十一条 国务院标准化行政主管部门、国务院有关行政主管部门、行业协会、技术委员会应当及时对反馈的国家标准实施信息进行分析处理。

第四十二条 国务院标准化行政主管部门建立国家标准实施效果评估机制。国务院标准化行政主管部门根据国家标准实施情况，定期组织开展重点领域国家标准实施效果评估。国家标准实施效果评估应当包含下列内容：

（一）标准的实施范围；

（二）标准实施产生的经济效益、社会效益和生态效益；

（三）标准实施过程中发现的问题和修改建议。

第四十三条 国务院有关行政主管部门、有关行业协会或者技术委员会应当根据实施信息反馈、实施效果评估情况，以及经济社会和科学技术发展的需要，开展国家标准复审，提出继续有效、修订或者废止的复审结论，报国务院标准化行政主管部门。复审周期一般不超过五年。

复审结论为修订的，国务院有关行政主管部门、有关行业协会或者技术委员会应当在报送复审结论时提出修订项目。

复审结论为废止的，由国务院标准化行政主管部门通过全国标准信息公共服务平台向社会公开征求意见，征求意见一般不少于六十日。无重大分歧意见或者经协调一致的，由国务院标准化行政主管部门以公告形式废止。

第四十四条 国家标准发布后，个别技术要求需要调整、补充或者删减，可以通过修改单进行修改。修改单由国务院有关行政主管部门、有关行业协会或者技术委员会提出，国务院标准化行政主管部门按程序批准后以公告形式发布。国家标准的修改单与标准文本具有同等效力。

第四章 附 则

第四十五条 《强制性国家标准管理办法》对强制性国家标准的制定、组织实施和监督另有规定的，从其规定。

第四十六条 本办法自 2023 年 3 月 1 日起实施。1990 年 8 月 24 日原国家技术监督局第 10 号令公布的《国家标准管理办法》同时废止。

国家标准样品管理办法

- 2021 年 5 月 31 日
- 国市监标技规〔2021〕1 号

第一章 总 则

第一条 为了加强国家标准样品管理，规范国家标准样品的制作、应用和监督，根据《中华人民共和国标准化法》，制定本办法。

第二条 本办法所称标准样品是指以实物形态存在的标准，其规定的特性可以是定量的或定性的，应当具有均匀性、稳定性、准确性和溯源性。

第三条 需要在全国范围内统一的标准样品，应当制作国家标准样品。

第四条 国家标准样品的制作（包括项目提出、立项、研制、技术评审、编号、批准发布）、应用及监督工作，适用本办法。

第五条 国家标准样品的制作应当以国家经济社会发展、科技创新和标准化发展相关战略、规划和政策为依据，以科学技术研究成果和实践经验为基础。

第六条 国家标准样品的制作应当坚持通用性原则，鼓励自主技术创新，重点研制战略性新兴产业、重要支柱产业和民生产业等密切关系国计民生的国家标准样品并开展试点示范，促进国家标准样品应用。对技术先进并取得显著效益的国家标准样品以及在标准样品工作中做出显著成绩的单位和个人，按照国家有关规定给予表彰和奖励。

第七条 国家标准样品的制作应当积极开展对外交流与合作，广泛推动参与标准样品国际活动和相关国际标准制定，推进国家标准样品国际化。

第二章 组织管理

第八条 国务院标准化行政主管部门统一管理国家标准样品工作，包括国家标准样品工作的规划、协调、组织管理和对外交流与合作等。

国务院标准化行政主管部门委托专业审评机构评估国家标准样品的立项申请、审核国家标准样品报批材料。

第九条 全国标准样品技术委员会依据《全国专业标准化技术委员会管理办法》的规定，负责国家标准样品的项目提出、组织研制、技术评审和跟踪评估，以及其他技术性工作。

第十条 研制单位负责国家标准样品的研制工作，保证国家标准样品的持续有效供应。

第三章 立 项

第十一条 国务院标准化行政主管部门组织研究国家标准样品立项指南，统一纳入当年国家标准立项指南中公开发布。

第十二条 任何社会团体、企业事业组织以及公民均可以向国务院标准化行政主管部门申请开展或者参与国内外标准样品工作，提出国家标准样品项目建议。

第十三条 项目建议由全国标准样品技术委员会论证其科学性、必要性和可行性；经全体委员表决通过的，报国务院标准化行政主管部门申请立项。

申请立项应当报送国家标准样品项目建议书、可行性研究报告等有关材料，重点说明下列内容：

（一）项目基本信息；

（二）国际标准化组织、其他国家或者地区相关标准样品研制情况以及国内相关领域标准样品研制情况；

（三）相关技术标准的制定和实施情况；

（四）项目的必要性和可行性；

（五）项目应用范围；

（六）项目主要技术内容和技术路线；

（七）项目进度安排；

（八）项目研制单位相关工作基础和资质条件情况；

（九）需要说明的其他情况。

第十四条 研制单位应当具备《标准样品工作导则第7部分：标准样品生产者能力的通用要求》国家标准规定的技术能力和工作条件。

第十五条 专业审评机构组织专家定期对立项申请进行评估。

评估工作原则上每个季度开展一次。评估内容主要包括：

（一）是否符合本办法第二条、第三条、第五条、第六条规定的原则；

（二）是否与相关技术标准制定或实施协调衔接；

（三）是否符合本办法第十三条的要求；

（四）需要评估的其他内容。

第十六条 国务院标准化行政主管部门应当将符合本办法第十五条规定的国家标准样品项目向社会公开征求意见，并根据需要征求有关行政主管部门意见。征求意见期限一般不少于10个工作日。紧急情况下可以缩短征求意见期限，但一般不少于5个工作日。

第十七条 国务院标准化行政主管部门应当根据征求意见及处理情况，决定是否立项。

决定予以立项的，国务院标准化行政主管部门应当下达国家标准样品项目计划。

决定不予立项的，应当向全国标准样品技术委员会反馈不予立项的理由。

第十八条 国家标准样品项目计划原则上不得变更。确需变更的，全国标准样品技术委员会应当向国务院标准化行政主管部门提出申请，经同意后再行变更。

需变更完成时间的项目，应当于项目原完成日期前3个月提出申请，原则上延长时间不得超过一年。

第十九条 需复制的国家标准样品，原研制单位应当在国家标准样品到期前3个月通过国家标准样品信息管理系统提出复制申请。超过复制申请提出期限的国家标准样品项目如需再次开展工作，应当按照研制项目的要求重新提出立项申请。

第四章 研 制

第二十条 研制国家标准样品应当按照《标准样品工作导则》系列国家标准及相关标准的要求进行。

具有量值的国家标准样品，应溯源至国际基本单位（SI）、国家计量基准标准或其他公认的参考标准。

第二十一条 研制国家标准样品应当同时编写国家标准样品研制报告。研制报告内容应当包括：研制项目策划、原料来源和选取、研制技术路线、样品制备、均匀性和稳定性的研究方法及结果、定值程序的描述、定值方法及检测数据、特性值的赋予、特性值的计量溯源性或特性值的可追溯性（适用时）的描述、不确定度评定、包装贮存条件、有效期以及原始数据和检测报告等。

第二十二条 研制国家标准样品应当同时编写国家标准样品证书。证书内容应当符合《标准样品工作导则第4部分：标准样品证书、标签和附带文件的内容》国家标准的要求。

第五章 技术评审

第二十三条 全国标准样品技术委员会应当成立评审专家组承担国家标准样品送审材料的技术评审。评审专家组应当具有专业性和代表性。研制单位人员不得承担技术评审工作。

在技术评审中对技术指标有异议时,可安排第三方机构进行符合性测试。第三方机构应当具有相关领域较高的技术水平和良好信誉。

评审专家和承担符合性测试工作的第三方机构应当对所接触的技术资料保密。

第二十四条 技术评审主要采取会议形式,必要时增加现场评审。

会议评审内容主要包括:

(一)国家标准样品的研制技术;

(二)均匀性和稳定性的研究方法及结果;

(三)定值方法及数据;

(四)特性值的计量溯源性或特性值的可追溯性(适用时)的描述;

(五)不确定度的评定;

(六)包装储存条件;

(七)需要评审的其他技术内容。

现场评审应当重点审查研制工艺和过程数据的真实性。

评审专家组对上述技术内容进行评审,采取表决方式形成评审结论。评审专家组3/4成员表决同意,方为通过。表决结果应当记入评审结论。

第二十五条 通过技术评审的项目,研制单位形成报批材料,报送全国标准样品技术委员会。报批材料包括:报批公文、研制报告、证书内容、评审会登记表、标准样品实物(照片)、需要报送的其他材料。

研制单位应当对国家标准样品质量及报送材料的真实性、完整性负责。

第二十六条 项目报批材料应当由全国标准样品技术委员会提交全体委员表决;经全体委员表决通过的,报国务院标准化行政主管部门。

全国标准样品技术委员会对国家标准样品的技术科学性、程序规范性负责。

第二十七条 未通过技术评审的项目,研制单位应当按专家意见整改,由全国标准样品技术委员会适时组织二次技术评审。

二次技术评审仍不能通过的项目,由全国标准样品技术委员会提出项目终止建议,报国务院标准化行政主管部门。

国务院标准化行政主管部门研究确认后,予以终止。

第六章 批准发布

第二十八条 专业审评机构对报批材料完整性、程序规范性和技术评审情况等审核。

第二十九条 国家标准样品由国务院标准化行政主管部门统一批准、编号,以公告形式发布。

国家标准样品的编号由国家标准样品代号(GSB)、分类目录号、顺序号和年代号构成。

复制的国家标准样品编号保留原国家标准样品代号、分类目录号和顺序号,只变更复制批次号和年代号。

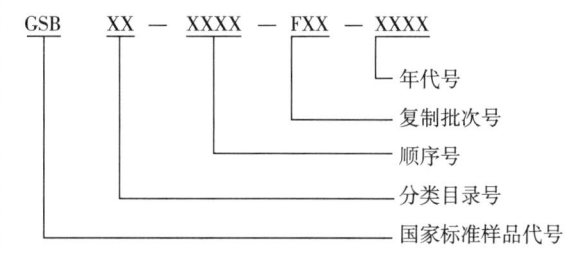

GSB XX — XXXX — FXX — XXXX
├─ 年代号
├─ 复制批次号
├─ 顺序号
├─ 分类目录号
└─ 国家标准样品代号

第三十条 国家标准样品证书应当加盖国务院标准化行政主管部门印章,由全国标准样品技术委员会统一印制。

第三十一条 批准发布的国家标准样品基本信息在全国标准信息公共服务平台上公开。

第三十二条 国家标准样品的有效期由稳定性研究结果确定,并在国家标准样品证书中明确标注。

批准发布后的国家标准样品,如确需延长有效期,研制单位应当在国家标准样品到期前3个月向全国标准样品技术委员会提出申请。经专家审议后报送国务院标准化行政主管部门审批,并在全国标准信息公共服务平台公布。

延期申请内容应当包括申请延长有效期限内稳定性监测的数据、结果分析及专家意见。

第三十三条 国家标准样品研制过程中形成的相关技术资料,研制单位和全国标准样品技术委员会应当及时归档、妥善保管。

研制单位、应用单位应当按照标准样品工作导则及行业相关规定等对国家标准样品进行储存管理。

第七章 应用与监督

第三十四条 标准样品应用于测量系统的校准、测量程序的评估、给其他材料赋值和质量控制。

技术标准规定的技术指标及试验方法需要标准样品相配合才能确保其应用效果在不同时间、空间的一致性时,应当使用国家标准样品。

第三十五条 国务院标准化行政主管部门应当通过全国标准信息公共服务平台接受社会各方对国家标准样

品应用情况的意见反馈,并及时反馈全国标准样品技术委员会。

全国标准样品技术委员会应当收集国家标准样品应用情况和存在问题,及时研究处理,并对应用情况进行跟踪评估。

研制单位应当对国家标准样品的质量进行持续监控,做到可追溯,定期向全国标准样品技术委员会报告应用情况。

第三十六条 全国标准样品技术委员会应当根据国家标准样品的应用情况适时组织复验工作,提出继续有效、复制或者废止的结论,并报送国务院标准化行政主管部门。

第三十七条 对于不适应社会发展需要和技术进步需求、不能保证持续供应和有效应用的国家标准样品,国务院标准化行政主管部门应当公开征集,重新组织开展研制工作。

第三十八条 任何单位和个人对国家标准样品的研制和应用有异议的,可以通过全国标准信息公共服务平台向国务院标准化行政主管部门反馈,国务院标准化行政主管部门按职责予以处理。

第八章 附 则

第三十九条 本办法由国务院标准化行政主管部门负责解释。

第四十条 本办法自印发之日起施行。行政规范性文件《国家实物标准暂行管理办法》(国标发〔1986〕4号)同时废止。

标准物质管理办法

· 1987年7月10日
· 〔1987〕量局法第231号

第一条 根据《中华人民共和国计量法实施细则》第六十一条、第六十三条的规定,制定本办法。

第二条 本办法适用的标准物质是指用于统一量值的标准物质。用于统一量值的标准物质,包括化学成分分析标准物质、物理特性与物理化学特性测量标准物质和工程技术特性测量标准物质。

第三条 凡向外单位供应的标准物质的制造以及标准物质的销售和发放,必须遵守本办法。

第四条 企业、事业单位制造标准物质,必须具备与所制造的标准物质相适应的设施、人员和分析测量仪器设备,并向国务院计量行政部门申请办理《制造计量器具许可证》。

第五条 企业、事业单位制造标准物质新产品,应进行定级鉴定,并经评审取得标准物质定级证书。

第六条 标准物质的定级条件:

(一)一级标准物质

1. 用绝对测量法或两种以上下同原理的准确可靠的方法定值。在只有一种定值方法的情况下,用多个实验室以同种准确可靠的方法定值;

2. 准确度具有国内量高水平,均匀性在准确度范围之内;

3. 稳定性在一年以上或达到国际上同类标准物质的先进水平;

4. 包装形式符合标准物质技术规范的要求。

(二)二级标准物质

1. 用与一级标准物质进行比较测量的方法或一级标准物质的定值方法定值;

2. 准确度和均匀性未达到一级标准物质的水平,但能满足一般测量的需要;

3. 稳定性在半年以上,或能满足实际测量的需要;

4. 包装形式符合标准物质技术规范的要求。

第七条 申请《制造计量器具许可证》和定级证书的单位,需向国务院计量行政部门填报申请书并提交标准物质样品三份和以下材料:

(一)生产设施、技术人员状况和分析测量仪器设备及实验室条件的情况;

(二)研制计划任务书;

(三)研制报告,包括制备方法、制备工艺、稳定性考察、均匀性检验,定值的测量方法、测量结果及数据处理等;

(四)国内外同种标准物质主要特性的对照比较情况;

(五)试用情况报告;

(六)标准物质产品检验证书的式样;

(七)保障统一量值需要的供应能力和措施。

第八条 国务院计量行政部门聘请有关主管部门和有关单位的专家组成标准物质技术评审组织,负责对申请《制造计量器具许可证》的考核以及标准物质定级鉴定的评审。定级鉴定由国务院计量行政部门按标准物质的专业分类,授权有关主管部门的技术机构或法定计量检定机构负责。

标准物质技术评审组织的章程和工作程序,由国务院计量行政部门组织制定。

第九条 经标准物质技术评审组织的评审,对符合本办法第四条、第六条规定的,由国务院计量行政部门审批后颁发《制造计量器具许可证》和标准物质定级证书,统一规定编号,列入标准物质目录,并向全国公布。

企业、事业单位未取得《制造计量器具许可证》和标准物质定级证书,有关主管部门不得批准其投入生产。

第十条 申请标准物质定级鉴定经评审未通过的,可准许申请单位改进后再进行一次鉴定、评审,经二次鉴定、评审仍未通过的,申请单位改进后,需重新办理申请手续。

第十一条 制造标准物质的企业、事业单位,必须对重复制造的每批标准物质,进行定值检验和均匀性检验,出具标准物质产品检验证书,保证其技术指标不低于原定级的要求。

第十二条 取得《制造计量器具许可证》制造标准物质的企业、事业单位,拟停止供应的,应在六个月以前向国务院计量行政部门报告。未经批准,不得擅自停止供应。

第十三条 经标准物质技术评审组织评定,对技术指标落后,不适应国家需要的标准物质,国务院计量行政部门可以决定将其降级或废除,并相应地更换或撤销《制造计量器具许可证》、标准物质定级证书和编号。

第十四条 企业、事业单位未取得《制造计量器具许可证》和标准物质定级证书的,不得制造用以销售和向外单位发放的标准物质。

第十五条 没有标准物质产品检验证书和编号的,或超过有效期的标准物质,一律不得销售和向外单位发放。

第十六条 负责标准物质定级鉴定的单位以及考核、鉴定、评审人员,必须对申请单位提供的样品和技术资料保密。

第十七条 国务院计量行政部门负责全国标准物质工作的管理,其工作机构负责受理《制造计量器具许可证》考核、定级鉴定的申请,办理发证手续,并进行其他有关组织工作。

第十八条 县级以上地方人民政府计量行政部门负责本行政区域内制造、销售标准物质的监督检查,对违反本办法规定的,有权依照《中华人民共和国计量法实施细则》的有关规定决定行政处罚。

第十九条 对外商在中国销售标准物质的监督管理,按照国务院计量行政部门制定的有关进口计量器具的规定执行。

第二十条 与本办法有关的申请书、定级证书的式样以及标准物质编号方法、技术规范,由国务院计量行政部门统一制定。

第二十一条 申请《制造计量器具许可证》和定级鉴定,应按规定缴纳费用。

第二十二条 本办法由国务院计量行政部门负责解释。

第二十三条 本办法自发布之日起施行。以前发布的有关标准物质的管理办法,凡与本办法有抵触的,以本办法为准。

强制性国家标准管理办法

· 2020年1月6日国家市场监督管理总局令第25号公布
· 自2020年6月1日起施行

第一条 为了加强强制性国家标准管理,规范强制性国家标准的制定、实施和监督,根据《中华人民共和国标准化法》,制定本办法。

第二条 强制性国家标准的制定(包括项目提出、立项、组织起草、征求意见、技术审查、对外通报、编号、批准发布)、组织实施以及监督工作,适用本办法。

第三条 对保障人身健康和生命财产安全、国家安全、生态环境安全以及满足经济社会管理基本需要的技术要求,应当制定强制性国家标准。

第四条 制定强制性国家标准应当坚持通用性原则,优先制定适用于跨领域跨专业的产品、过程或者服务的标准。

第五条 制定强制性国家标准应当在科学技术研究成果和社会实践经验的基础上,深入调查论证,保证标准的科学性、规范性、时效性。

第六条 制定强制性国家标准应当结合国情采用国际标准。

第七条 制定强制性国家标准应当公开、透明,按照便捷有效的原则采取多种方式,广泛听取各方意见。

第八条 强制性国家标准应当有明确的标准实施监督管理部门,并能够依据法律、行政法规、部门规章的规定对违反强制性国家标准的行为予以处理。

第九条 国务院标准化行政主管部门统一管理全国标准化工作,负责强制性国家标准的立项、编号和对外通报。国务院有关行政主管部门依据职责负责强制性国家标准的项目提出、组织起草、征求意见和技术审查。强制性国家标准由国务院批准发布或者授权批准发布。

县级以上人民政府标准化行政主管部门和有关行政

主管部门依据法定职责,对强制性国家标准的实施进行监督检查。

第十条 省、自治区、直辖市人民政府标准化行政主管部门可以向国务院标准化行政主管部门提出强制性国家标准的立项建议,由国务院标准化行政主管部门会同国务院有关行政主管部门研究决定。确有必要制定强制性国家标准的,国务院标准化行政主管部门应当明确项目提出部门,无需立项的应当说明理由。

社会团体、企业事业组织以及公民可以向国务院标准化行政主管部门提出强制性国家标准的立项建议,国务院标准化行政主管部门认为需要立项的,会同国务院有关行政主管部门研究决定。确有必要制定强制性国家标准的,国务院标准化行政主管部门应当明确项目提出部门,无需立项的应当说明理由。

第十一条 国务院有关行政主管部门依据职责向国务院标准化行政主管部门提出强制性国家标准项目。

涉及两个以上国务院有关行政主管部门的强制性国家标准项目,可以由牵头部门会同有关部门联合提出。

第十二条 国务院有关行政主管部门提出强制性国家标准项目前,应当充分征求国务院其他有关行政主管部门的意见,调查企业事业组织、社会团体、消费者和教育、科研机构等方面的实际需求,对项目的必要性和可行性进行论证评估。

第十三条 国务院有关行政主管部门提出强制性国家标准项目时,应当报送项目申报书和标准立项草案。项目申报书应当包括下列内容:

(一)制定强制性国家标准的必要性、可行性;
(二)主要技术要求;
(三)国内相关强制性标准和配套推荐性标准制定情况;
(四)国际标准化组织、其他国家或者地区相关法律法规和标准制定情况;
(五)强制性国家标准的实施监督管理部门以及对违反强制性国家标准行为进行处理的有关法律、行政法规、部门规章依据;
(六)强制性国家标准所涉及的产品、过程或者服务目录;
(七)征求国务院有关部门意见的情况;
(八)经费预算以及进度安排;
(九)需要申报的其他事项。

第十四条 国务院标准化行政主管部门应当按照下列要求对强制性国家标准项目进行审查:

(一)是否符合本办法第三条和第四条规定的原则;
(二)是否符合有关法律、行政法规的规定,是否与有关强制性标准的技术要求协调衔接;
(三)是否符合本办法第十二条和第十三条的要求;
(四)需要审查的其他内容。

第十五条 国务院标准化行政主管部门应当将符合本办法第十四条规定的强制性国家标准项目在全国标准信息公共服务平台向社会公开征求意见。

征求意见期限不得少于三十日。紧急情况下可以缩短征求意见期限,但一般不得少于七日。

第十六条 对于公众提出的意见,国务院标准化行政主管部门根据需要可以组织专家论证、召开会议进行协调或者反馈项目提出部门予以研究处理。

第十七条 国务院标准化行政主管部门应当根据审查意见以及协调情况,决定是否立项。

决定予以立项的,国务院标准化行政主管部门应当下达项目计划,明确组织起草部门和报送批准发布时限。涉及两个以上国务院有关行政主管部门的,还应当明确牵头组织起草部门。

决定不予立项的,国务院标准化行政主管部门应当以书面形式告知项目提出部门不予立项的理由。

第十八条 组织起草部门可以委托相关标准化技术委员会承担起草工作。

未组成标准化技术委员会的,组织起草部门应当成立起草专家组承担强制性国家标准起草工作。涉及两个以上国务院有关行政主管部门的强制性国家标准项目,牵头组织起草部门应当会同其他组织起草部门成立起草专家组。起草专家组应当具有权威性和代表性。

第十九条 强制性国家标准的技术要求应当全部强制,并且可验证、可操作。

强制性国家标准编写应当遵守国家有关规定,并在前言中载明组织起草部门信息,但不得涉及具体的起草单位和起草人信息。

第二十条 强制性国家标准应当对相关事项进行调查分析、实验、论证。

有关技术要求需要进行试验验证的,应当委托具有相应能力的技术单位开展。

第二十一条 起草强制性国家标准应当同时编写编制说明。编制说明应当包括下列内容:

(一)工作简况,包括任务来源、起草人员及其所在单位、起草过程等;
(二)编制原则、强制性国家标准主要技术要求的依据(包括验证报告、统计数据等)及理由；

(三)与有关法律、行政法规和其他强制性标准的关系,配套推荐性标准的制定情况；

(四)与国际标准化组织、其他国家或者地区有关法律法规和标准的比对分析；

(五)重大分歧意见的处理过程、处理意见及其依据；

(六)对强制性国家标准自发布日期至实施日期之间的过渡期(以下简称过渡期)的建议及理由,包括实施强制性国家标准所需要的技术改造、成本投入、老旧产品退出市场时间等；

(七)与实施强制性国家标准有关的政策措施,包括实施监督管理部门以及对违反强制性国家标准的行为进行处理的有关法律、行政法规、部门规章依据等；

(八)是否需要对外通报的建议及理由；

(九)废止现行有关标准的建议；

(十)涉及专利的有关说明；

(十一)强制性国家标准所涉及的产品、过程或者服务目录；

(十二)其他应当予以说明的事项。

第二十二条 组织起草部门应当以书面形式向涉及的有关行政主管部门以及企业事业组织、社会团体、消费者组织和教育、科研机构等方面征求意见。

书面征求意见的有关行政主管部门应当包括强制性国家标准的实施监督管理部门。

第二十三条 组织起草部门应当将强制性国家标准征求意见稿、编制说明以及拟订的过渡期,通过本部门门户网站和全国标准信息公共服务平台向社会公开征求意见。

公开征求意见期限不少于六十日。紧急情况下可以缩短公开征求意见期限,但一般不得少于三十日。

第二十四条 对于涉及面广、关注度高的强制性国家标准,组织起草部门可以采取座谈会、论证会、听证会等多种形式听取意见。

第二十五条 对于不采用国际标准或者与有关国际标准技术要求不一致,并且对世界贸易组织(WTO)其他成员的贸易有重大影响的强制性国家标准,组织起草部门应当按照要求将强制性国家标准征求意见稿和中英文通报表送国务院标准化行政主管部门。

国务院标准化行政主管部门应当按照世界贸易组织(WTO)的要求对外通报,并将收到的意见反馈组织起草部门。

第二十六条 制定中的强制性国家标准有关技术要求发生重大变化的,应当再次向社会公开征求意见。需要对外通报的,还应当再次对外通报。

第二十七条 组织起草部门应当根据各方意见修改形成强制性国家标准送审稿。

第二十八条 组织起草部门可以委托相关标准化技术委员会承担对强制性国家标准送审稿的技术审查工作。

未组成标准化技术委员会的,组织起草部门应当成立审查专家组承担强制性国家标准送审稿的技术审查。涉及两个以上国务院有关行政主管部门的强制性国家标准项目,牵头组织起草部门应当会同其他组织起草部门成立审查专家组。审查专家应当具有权威性和代表性,人数不得少于十五人。

起草人员不得承担技术审查工作。

第二十九条 技术审查应当采取会议形式,重点审查技术要求的科学性、合理性、适用性、规范性,与相关政策要求的符合性,以及与其他强制性标准的协调性。

审查会议应当形成会议纪要,并经与会全体专家签字。会议纪要应当真实反映审查情况,包括会议时间地点、会议议程、专家名单、具体的审查意见、审查结论等。

第三十条 组织起草部门根据技术审查意见决定报送批准发布的,应当形成报批稿,送国务院标准化行政主管部门统一编号。

两个以上国务院有关行政主管部门联合起草的,牵头组织起草部门应当经其他组织起草部门同意后,送国务院标准化行政主管部门统一编号。

第三十一条 组织起草部门应当提供下列材料,并对强制性国家标准报批稿的内容负责：

(一)报送公文；

(二)强制性国家标准报批稿；

(三)编制说明；

(四)征求意见汇总处理表；

(五)审查会议纪要；

(六)需要报送的其他材料。

报送公文应当包括过渡期的建议。

第三十二条 强制性国家标准不能按照项目计划规定时限报送的,组织起草部门应当提前三十日向国务院标准化行政主管部门说明情况,并申请延长期限。

延长的期限不得超过一年。

第三十三条 强制性国家标准报送编号前,组织起草部门认为相关技术要求存在重大问题或者出现政策性变化的,可以重新组织起草或者向国务院标准化行政主管部门提出项目终止建议。

第三十四条　国务院标准化行政主管部门应当对符合下列要求的强制性国家标准予以编号：

（一）制定程序规范、报送材料齐全；

（二）符合本办法第三条和第四条规定的原则；

（三）符合有关法律、行政法规的规定，并与有关强制性标准的技术要求协调衔接；

（四）妥善处理重大分歧意见。

第三十五条　强制性国家标准的编号由强制性国家标准代号（GB）、顺序号和年代号构成。

第三十六条　国务院标准化行政主管部门依据国务院授权批准发布强制性国家标准。强制性国家标准应当以国务院标准化行政主管部门公告的形式发布。

第三十七条　国务院标准化行政主管部门应当自发布之日起二十日内在全国标准信息公共服务平台上免费公开强制性国家标准文本。

第三十八条　强制性国家标准从项目计划下达到报送强制性国家标准报批稿的期限一般不得超过两年，国务院标准化行政主管部门从收到强制性国家标准报批稿到授权批准发布的期限一般不得超过两个月。

第三十九条　强制性国家标准发布后实施前，企业可以选择执行原强制性国家标准或者新强制性国家标准。

新强制性国家标准实施后，原强制性国家标准同时废止。

第四十条　强制性国家标准发布后，起草单位和起草人信息可以通过全国标准信息公共服务平台予以查询。

第四十一条　强制性国家标准发布后，有下列情形之一的，由国务院标准化行政主管部门依据国务院授权解释：

（一）强制性国家标准的规定需要进一步明确具体含义的；

（二）出现新的情况，需要明确适用强制性国家标准依据的；

（三）需要解释的其他事项。

强制性国家标准解释草案由组织起草部门研究提出并报国务院标准化行政主管部门。

强制性国家标准的解释与标准具有同等效力。解释发布后，国务院标准化行政主管部门应当自发布之日起二十日内在全国标准信息公共服务平台上免费公开解释文本。

属于强制性国家标准实施过程中有关具体问题的咨询，由组织起草部门研究答复。

第四十二条　国务院标准化行政主管部门应当通过全国标准信息公共服务平台接收社会各方对强制性国家标准实施情况的意见建议，并及时反馈组织起草部门。

第四十三条　组织起草部门应当收集强制性国家标准实施效果和存在问题，及时研究处理，并对实施情况进行跟踪评估。

强制性国家标准的实施监督管理部门与组织起草部门为不同部门的，监督管理部门应当将行政检查、行政处罚以及其他有关信息及时反馈组织起草部门。

第四十四条　强制性国家标准实施后，组织起草部门应当定期组织对强制性国家标准实施情况进行统计分析，形成实施情况统计分析报告并送国务院标准化行政主管部门。

强制性国家标准实施情况统计分析报告应当包括强制性国家标准实施情况总体评估以及具体实施效果、存在的问题、改进建议等。

第四十五条　组织起草部门应当根据反馈和评估情况，对强制性国家标准进行复审，提出继续有效、修订或者废止的结论，并送国务院标准化行政主管部门。

复审周期一般不得超过五年。

第四十六条　复审结论为修订强制性国家标准的，组织起草部门应当在报送复审结论时提出修订项目。

强制性国家标准的修订，按照本办法规定的强制性国家标准制定程序执行；个别技术要求需要调整、补充或者删减，采用修改单方式予以修订的，无需经国务院标准化行政主管部门立项。

第四十七条　复审结论为废止强制性国家标准的，由国务院标准化行政主管部门通过全国标准信息公共服务平台向社会公开征求意见，并以书面形式征求强制性国家标准的实施监督管理部门意见。公开征求意见一般不得少于三十日。

无重大分歧意见或者经协调一致的，由国务院标准化行政主管部门依据国务院授权以公告形式废止强制性国家标准。

第四十八条　强制性国家标准制定实施中出现争议的，由国务院标准化行政主管部门组织协商；经协商未形成一致意见的，提交国务院标准化协调推进部际联席会议研究解决。

第四十九条　任何单位或者个人有权向标准化行政主管部门、有关行政主管部门举报、投诉违反本办法规定的行为。

标准化行政主管部门、有关行政主管部门依据职责予以处理，对于实名举报人或者投诉人，应当告知处理结果,为举报人保密,并按照国家有关规定对举报人给予奖励。

第五十条 强制性国家标准制定过程中涉及国家秘密的,应当遵守有关保密规定。

第五十一条 强制性国家标准涉及专利的,应当按照国家标准涉及专利的有关管理规定执行。

制定强制性国家标准参考相关国际标准的,应当遵守相关国际标准化组织的版权政策。

第五十二条 本办法所称企业包括内资企业和外商投资企业。强制性国家标准对内资企业和外商投资企业平等适用。外商投资企业依法和内资企业平等参与强制性国家标准的制定、修订工作。

第五十三条 本办法所称日为公历日。

第五十四条 法律、行政法规和国务院决定对强制性标准的制定另有规定的,从其规定。

第五十五条 本办法自2020年6月1日起施行。有关部门规章中涉及强制性国家标准管理的内容与本办法规定不一致的,以本办法规定为准。

地方标准管理办法

- 2020年1月16日国家市场监督管理总局令第26号公布
- 自2020年3月1日起施行

第一条 为了加强地方标准管理,根据《中华人民共和国标准化法》,制定本办法。

第二条 地方标准的制定、组织实施及其监督管理,适用本办法。

法律、行政法规和国务院决定另有规定的,依照其规定。

第三条 为满足地方自然条件、风俗习惯等特殊技术要求,省级标准化行政主管部门和经其批准的设区的市级标准化行政主管部门可以在农业、工业、服务业以及社会事业等领域制定地方标准。

地方标准为推荐性标准。

第四条 制定地方标准应当遵循开放、透明、公平的原则,有利于科学合理利用资源,推广科学技术成果,做到技术上先进、经济上合理。

第五条 地方标准的技术要求不得低于强制性国家标准的相关技术要求,并做到与有关标准之间的协调配套。

禁止通过制定产品质量及其检验方法地方标准等方式,利用地方标准实施妨碍商品、服务自由流通等排除、限制市场竞争的行为。

第六条 国务院标准化行政主管部门统一指导、协调、监督全国地方标准的制定及相关管理工作。

县级以上地方标准化行政主管部门依据法定职责承担地方标准管理工作。

第七条 省级标准化行政主管部门应当组织标准化技术委员会,承担地方标准的起草、技术审查工作。设区的市级标准化行政主管部门应当发挥标准化技术委员会作用,承担地方标准的起草、技术审查工作。

未组织标准化技术委员会的,应当成立专家组,承担地方标准的起草、技术审查工作。

标准化技术委员会和专家组应当具有专业性、独立性和广泛代表性。承担起草工作的人员不得承担技术审查工作。

第八条 社会团体、企业事业组织以及公民可以向设区的市级以上地方标准化行政主管部门或者有关行政主管部门提出地方标准立项建议。

设区的市级以上地方标准化行政主管部门应当将收到的立项建议通报同级有关行政主管部门。

第九条 设区的市级以上地方有关行政主管部门可以根据收到的立项建议和本行政区域的特殊需要,向同级标准化行政主管部门提出地方标准立项申请。

第十条 设区的市级以上地方标准化行政主管部门应当对有关行政主管部门、企业事业组织、社会团体、消费者和教育、科研机构等方面的实际需求进行调查,对制定地方标准的必要性、可行性进行论证评估,并对立项申请是否符合地方标准的制定事项范围进行审查。

第十一条 设区的市级以上地方标准化行政主管部门应当根据论证评估、调查结果以及审查意见,制定地方标准立项计划。

地方标准立项计划应当明确项目名称、提出立项申请的行政主管部门、起草单位、完成时限等。

第十二条 起草单位应当对地方标准相关事项进行调查分析、实验、论证。有关技术要求需要进行试验验证的,应当委托具有相应能力的技术单位开展。

第十三条 起草单位应当征求有关行政主管部门以及企业事业组织、社会团体、消费者组织和教育、科研机构等方面意见,并在设区的市级以上地方标准化行政主管部门门户网站向社会公开征求意见。公开征求意见的期限不少于三十日。

第十四条 起草单位应当根据各方意见对地方标准进行修改完善后,与编制说明、有关行政主管部门意见、征求意见采纳情况等材料一并报送标准化行政主管部门技术审查。

第十五条 设区的市级以上地方标准化行政主管部门应当组织对地方标准的下列事项进行技术审查：

（一）是否符合地方标准的制定事项范围；

（二）技术要求是否不低于强制性国家标准的相关技术要求，并与有关标准协调配套；

（三）是否妥善处理分歧意见；

（四）需要技术审查的其他事项。

第十六条 起草单位应当将根据技术审查意见修改完善的地方标准，与技术审查意见处理情况及本办法第十四条规定的需要报送的其他材料一并报送立项的标准化行政主管部门审核。

第十七条 设区的市级以上地方标准化行政主管部门应当组织对地方标准报批稿及相关材料进行审核，对报送材料齐全、制定程序规范的地方标准予以批准、编号。

第十八条 地方标准的编号，由地方标准代号、顺序号和年代号三部分组成。

省级地方标准代号，由汉语拼音字母"DB"加上其行政区划代码前两位数字组成。市级地方标准代号，由汉语拼音字母"DB"加上其行政区划代码前四位数字组成。

第十九条 地方标准发布前，提出立项申请的行政主管部门认为相关技术要求存在重大问题或者出现重大政策性变化的，可以向标准化行政主管部门提出项目变更或者终止建议。

标准化行政主管部门可以根据有关行政主管部门的建议等，作出项目变更或者终止决定。

第二十条 地方标准由设区的市级以上地方标准化行政主管部门发布。

第二十一条 设区的市级以上地方标准化行政主管部门应当自地方标准发布之日起二十日内在其门户网站和标准信息公共服务平台上公布其制定的地方标准的目录及文本。

第二十二条 地方标准应当自发布之日起六十日内由省级标准化行政主管部门向国务院标准化行政主管部门备案。备案材料应当包括发布公告及地方标准文本。

国务院标准化行政主管部门应当将其备案的地方标准通报国务院有关行政主管部门。

第二十三条 县级以上地方标准化行政主管部门和有关行政主管部门应当依据法定职责，对地方标准的实施进行监督检查。

第二十四条 设区的市级以上地方标准化行政主管部门应当建立地方标准实施信息反馈和评估机制，并根据反馈和评估情况，对其制定的地方标准进行复审。

地方标准复审周期一般不超过五年，但有下列情形之一的，应当及时复审：

（一）法律、法规、规章或者国家有关规定发生重大变化的；

（二）涉及的国家标准、行业标准、地方标准发生重大变化的；

（三）关键技术、适用条件发生重大变化的；

（四）应当及时复审的其他情形。

第二十五条 复审地方标准的，设区的市级以上地方标准化行政主管部门应当征求同级有关行政主管部门以及企业事业组织、社会团体、消费者组织和教育、科研机构等方面意见，并根据有关意见作出地方标准继续有效、修订或者废止的复审结论。

复审结论为修订地方标准的，应当按照本办法规定的地方标准制定程序执行。复审结论为废止地方标准的，应当公告废止。

第二十六条 地方标准的技术要求低于强制性国家标准的相关技术要求的，应当及时改正；拒不改正的，由国务院标准化行政主管部门公告废止相关标准；由有权机关对负有责任的领导人员和直接责任人员依法给予处分。

地方标准未依照本办法规定进行编号或者备案的，由国务院标准化行政主管部门要求其说明情况，并限期改正；拒不改正的，由国务院标准化行政主管部门撤销相关标准编号或者公告废止未备案标准；由有权机关对负有责任的领导人员和直接责任人员依法给予处分。

地方标准未依照本办法规定进行复审的，由国务院标准化行政主管部门要求其说明情况，并限期改正；拒不改正的，由有权机关对负有责任的领导人员和直接责任人员依法给予处分。

利用地方标准实施排除、限制市场竞争行为的，按照《中华人民共和国反垄断法》等法律、行政法规的规定处理。

地方标准的制定事项范围或者制定主体不符合本办法规定的，由上一级标准化行政主管部门责令限期改正；拒不改正的，公告废止相关标准。

第二十七条 对经济和社会发展具有重大推动作用的地方标准，可以按照地方有关规定申报科学技术奖励。

第二十八条 本办法所称日为公历日。

第二十九条 本办法自2020年3月1日起施行。1990年9月6日原国家技术监督局令第15号公布的《地方标准管理办法》同时废止。

团体标准管理规定

- 2019年1月9日
- 国标委联〔2019〕1号

第一章 总 则

第一条 为规范、引导和监督团体标准化工作，根据《中华人民共和国标准化法》，制定本规定。

第二条 团体标准的制定、实施和监督适用本规定。

第三条 团体标准是依法成立的社会团体为满足市场和创新需要，协调相关市场主体共同制定的标准。

第四条 社会团体开展团体标准化工作应当遵守标准化工作的基本原理、方法和程序。

第五条 国务院标准化行政主管部门统一管理团体标准化工作。国务院有关行政主管部门分工管理本部门、本行业的团体标准化工作。

县级以上地方人民政府标准化行政主管部门统一管理本行政区域内的团体标准化工作。县级以上地方人民政府有关行政主管部门分工管理本行政区域内本部门、本行业的团体标准化工作。

第六条 国家实行团体标准自我声明公开和监督制度。

第七条 鼓励社会团体参与国际标准化活动，推进团体标准国际化。

第二章 团体标准的制定

第八条 社会团体应当依据其章程规定的业务范围进行活动，规范开展团体标准化工作，应当配备熟悉标准化相关法律法规、政策和专业知识的工作人员，建立具有标准化管理协调和标准研制等功能的内部工作部门，制定相关的管理办法和标准知识产权管理制度，明确团体标准制定、实施的程序和要求。

第九条 制定团体标准应当遵循开放、透明、公平的原则，吸纳生产者、经营者、使用者、消费者、教育科研机构、检测及认证机构、政府部门等相关方代表参与，充分反映各方的共同需求。支持消费者和中小企业代表参与团体标准制定。

第十条 制定团体标准应当有利于科学合理利用资源，推广科学技术成果，增强产品的安全性、通用性、可替换性，提高经济效益、社会效益、生态效益，做到技术上先进，经济上合理。

制定团体标准应当在科学技术研究成果和社会实践经验总结的基础上，深入调查分析，进行实验、论证，切实做到科学有效，技术指标先进。

禁止利用团体标准实施妨碍商品、服务自由流通等排除、限制市场竞争的行为。

第十一条 团体标准应当符合相关法律法规的要求，不得与国家有关产业政策相抵触。

对于术语、分类、量值、符号等基础通用方面的内容应当遵守国家标准、行业标准、地方标准，团体标准一般不予另行规定。

第十二条 团体标准的技术要求不得低于强制性标准的相关技术要求。

第十三条 制定团体标准应当以满足市场和创新需要为目标，聚焦新技术、新产业、新业态和新模式，填补标准空白。

国家鼓励社会团体制定高于推荐性标准相关技术要求的团体标准；鼓励制定具有国际领先水平的团体标准。

第十四条 制定团体标准的一般程序包括：提案、立项、起草、征求意见、技术审查、批准、编号、发布、复审。

征求意见应当明确期限，一般不少于30日。涉及消费者权益的，应当向社会公开征求意见，并对反馈意见进行处理协调。

技术审查原则上应当协商一致。如需表决，不少于出席会议代表人数的3/4同意方为通过。起草人及其所在单位的专家不能参加表决。

团体标准应当按照社会团体规定的程序批准，以社会团体文件形式予以发布。

第十五条 团体标准的编写参照 GB/T 1.1《标准化工作导则 第1部分：标准的结构和编写》的规定执行。

团体标准的封面格式应当符合要求，具体格式见附件。

第十六条 社会团体应当合理处置团体标准中涉及的必要专利问题，应当及时披露相关专利信息，获得专利权人的许可声明。

第十七条 团体标准编号依次由团体标准代号、社会团体代号、团体标准顺序号和年代号组成。团体标准编号方法如下：

```
T/XXX XXX - XXXX
                 └── 年代号
             └────── 团体标准顺序号
        └─────────── 社会团体代号
  └───────────────── 团体标准代号
```

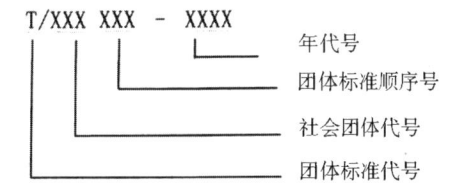

社会团体代号由社会团体自主拟定，可使用大写拉丁字母或大写拉丁字母与阿拉伯数字的组合。社会团体

代号应当合法，不得与现有标准代号重复。

第十八条　社会团体应当公开其团体标准的名称、编号、发布文件等基本信息。团体标准涉及专利的，还应当公开标准涉及专利的信息。鼓励社会团体公开其团体标准的全文或主要技术内容。

第十九条　社会团体应当自我声明其公开的团体标准符合法律法规和强制性标准的要求，符合国家有关产业政策，并对公开信息的合法性、真实性负责。

第二十条　国家鼓励社会团体通过标准信息公共服务平台自我声明公开其团体标准信息。

社会团体到标准信息公共服务平台上自我声明公开信息的，需提供社会团体法人登记证书、开展团体标准化工作的内部工作部门及工作人员信息、团体标准制修订程序等相关文件，并自我承诺对以上材料的合法性、真实性负责。

第二十一条　标准信息公共服务平台应当提供便捷有效的服务，方便用户和消费者查询团体标准信息，为政府部门监督管理提供支撑。

第二十二条　社会团体应当合理处置团体标准涉及的著作权问题，及时处理团体标准的著作权归属，明确相关著作权的处置规则、程序和要求。

第二十三条　鼓励社会团体之间开展团体标准化合作，共同研制或发布标准。

第二十四条　鼓励标准化研究机构充分发挥技术优势，面向社会团体开展标准研制、标准化人员培训、标准化技术咨询等服务。

第三章　团体标准的实施

第二十五条　团体标准由本团体成员约定采用或者按照本团体的规定供社会自愿采用。

第二十六条　社会团体自行负责其团体标准的推广与应用。社会团体可以通过自律公约的方式推动团体标准的实施。

第二十七条　社会团体自愿向第三方机构申请开展团体标准化良好行为评价。

团体标准化良好行为评价应当按照团体标准化系列国家标准（GB/T 20004）开展，并向社会公开评价结果。

第二十八条　团体标准实施效果良好，且符合国家标准、行业标准或地方标准制定要求的，团体标准发布机构可以申请转化为国家标准、行业标准或地方标准。

第二十九条　鼓励各部门、各地方在产业政策制定、行政管理、政府采购、社会管理、检验检测、认证认可、招投标等工作中应用团体标准。

第三十条　鼓励各部门、各地方将团体标准纳入各级奖项评选范围。

第四章　团体标准的监督

第三十一条　社会团体登记管理机关责令限期停止活动的社会团体，在停止活动期间不得开展团体标准化活动。

第三十二条　县级以上人民政府标准化行政主管部门、有关行政主管部门依据法定职责，对团体标准的制定进行指导和监督，对团体标准的实施进行监督检查。

第三十三条　对于已有相关社会团体制定了团体标准的行业，国务院有关行政主管部门结合本行业特点，制定相关管理措施，明确本行业团体标准发展方向、制定主体能力、推广应用、实施监督等要求，加强对团体标准制定和实施的指导和监督。

第三十四条　任何单位或者个人有权对不符合法律法规、强制性标准、国家有关产业政策要求的团体标准进行投诉和举报。

第三十五条　社会团体应主动回应影响较大的团体标准相关社会质疑，对于发现确实存在问题的，要及时进行改正。

第三十六条　标准化行政主管部门、有关行政主管部门应当向社会公开受理举报、投诉的电话、信箱或者电子邮件地址，并安排人员受理举报、投诉。

对举报、投诉，标准化行政主管部门和有关行政主管部门可采取约谈、调阅材料、实地调查、专家论证、听证等方式进行调查处理。相关社会团体应当配合有关部门的调查处理。

对于全国性社会团体，由国务院有关行政主管部门依据职责和相关政策要求进行调查处理，督促相关社会团体妥善解决有关问题；如需社会团体限期改正的，移交国务院标准化行政主管部门。对于地方性社会团体，由县级以上人民政府有关行政主管部门对本行政区域内的社会团体依据职责和相关政策开展调查处理，督促相关社会团体妥善解决有关问题；如需限期改正的，移交同级人民政府标准化行政主管部门。

第三十七条　社会团体制定的团体标准不符合强制性标准规定的，由标准化行政主管部门责令限期改正；逾期不改正的，由省级以上人民政府标准化行政主管部门废止相关团体标准，并在标准信息公共服务平台上公示，同时向社会团体登记管理机关通报，由社会团体登记管理机关将其违规行为纳入社会团体信用体系。

第三十八条　社会团体制定的团体标准不符合"有

利于科学合理利用资源,推广科学技术成果,增强产品的安全性、通用性、可替换性,提高经济效益、社会效益、生态效益,做到技术上先进、"经济上合理"的,由标准化行政主管部门责令限期改正;逾期不改正的,由省级以上人民政府标准化行政主管部门废止相关团体标准,并在标准信息公共服务平台上公示。

第三十九条 社会团体未依照本规定对团体标准进行编号的,由标准化行政主管部门责令限期改正;逾期不改正的,由省级以上人民政府标准化行政主管部门撤销相关标准编号,并在标准信息公共服务平台上公示。

第四十条 利用团体标准实施排除、限制市场竞争行为的,依照《中华人民共和国反垄断法》等法律、行政法规的规定处理。

第五章 附 则

第四十一条 本规定由国务院标准化行政主管部门负责解释。

第四十二条 本规定自发布之日起实施。

第四十三条 《团体标准管理规定(试行)》自本规定发布之日起废止。

附件:团体标准的封面格式(略)

行业标准管理办法

· 2023 年 11 月 28 日国家市场监督管理总局令第 86 号公布
· 自 2024 年 6 月 1 日起施行

第一条 为了加强行业标准管理,根据《中华人民共和国标准化法》,制定本办法。

第二条 行业标准的制定、组织实施及其监督管理,适用本办法。

第三条 行业标准是国务院有关行政主管部门依据其行政管理职责,对没有推荐性国家标准而又需要在全国某个行业范围内统一的技术要求所制定的标准。

行业标准重点围绕本行业领域重要产品、工程技术、服务和行业管理等需求制定。

有下列情形之一的,不应当制定行业标准:

(一)已有推荐性国家标准的;
(二)一般性产品和服务的技术要求;
(三)跨部门、跨行业的技术要求;
(四)用于约束行政主管部门系统内部的工作要求、管理规范等。

第四条 行业标准是推荐性标准。法律、行政法规和国务院决定另有规定的,从其规定。

第五条 制定行业标准应当在科学技术研究成果和社会实践经验的基础上,保证行业标准的科学性、规范性、时效性,做到技术上先进、经济上合理。

第六条 行业标准的技术要求不得低于强制性国家标准的相关要求,并与有关标准协调配套。

禁止在行业标准中规定资质资格、许可认证、审批登记、评比达标、监管主体和职责等事项。

禁止利用行业标准实施妨碍商品、服务自由流通等排除、限制市场竞争的行为。

第七条 国务院标准化行政主管部门统一指导、协调、监督行业标准的制定及相关管理工作。国务院标准化行政主管部门建立全国标准信息公共服务平台,支撑行业标准备案、信息公开等工作。

第八条 国务院有关行政主管部门统一管理本部门职责范围内的行业标准,负责行业标准制定、实施、复审、监督等管理工作,依法将批准发布的行业标准报国务院标准化行政主管部门备案。

第九条 行业标准代号及范围,由国务院标准化行政主管部门依据国务院有关行政主管部门的申请及其职责,审查批准并公布。未经批准公布的行业标准代号不得使用。

第十条 在行业标准制定、实施过程中存在争议的,由国务院标准化行政主管部门组织协商;协商不成的报请国务院标准化协调机制解决。

第十一条 行业标准由国务院有关行政主管部门制定。制定行业标准的程序一般包括:立项、组织起草、征求意见、技术审查、编号、批准发布、备案。

第十二条 行业标准立项前,国务院有关行政主管部门应当组织核查,已有推荐性国家标准或者相关标准立项计划的应当不予立项。

第十三条 起草行业标准应当与已有的国家标准、行业标准协调,避免交叉、重复和矛盾。

行业标准征求意见稿应当向社会公开征求意见,期限一般不少于三十日。

外商投资企业依法和内资企业平等参与行业标准制定、修订工作。

第十四条 国务院有关行政主管部门应当委托标准化技术委员会或者成立审查专家组对行业标准送审稿开展技术审查,重点审查技术要求的科学性、合理性、适用性、规范性。

标准化技术委员会和专家组应当具有专业性、独立性和广泛代表性。标准起草人员不得承担同一标准的技术审查工作。

已有全国专业标准化技术委员会能够满足行业需求的,不再新增专业领域的行业标准化技术委员会。

第十五条 行业标准一般不涉及专利。行业标准中涉及的专利应当是实施该标准必不可少的专利,其管理参照国家标准涉及专利的有关管理规定执行。

第十六条 行业标准确需采用国际标准的,应当符合有关国际组织的版权政策,获得国际标准组织中国成员体同意。以国外标准为基础起草行业标准的,应当符合国外标准发布机构的版权政策。

第十七条 行业标准的编号由行业标准的代号加"/T"、行业标准发布的顺序号和行业标准发布的年份号构成。"/T"表示推荐性标准,顺序号为自然数。

第十八条 行业标准由国务院有关行政主管部门批准发布。行业标准的发布实行公告制度。

第十九条 国务院有关行政主管部门应当自行业标准批准发布之日起六十日内,且在该标准实施日期前,通过全国标准信息公共服务平台等方式向国务院标准化行政主管部门提交备案材料。备案材料应当包括行业标准发布公告和批准发布的标准正式文本。同时发布标准外文版的,备案材料还应当包括行业标准外文版发布公告和批准发布的外文版正式文本。

国务院有关行政主管部门依法推动行业标准公开。鼓励通过全国标准信息公共服务平台公开行业标准文本,供公众查阅。

鼓励行业标准制定部门建立涵盖立项、起草、征求意见、审查、批准发布等环节的信息平台,强化标准制定信息公开和社会监督。

第二十条 行业标准发布后,国务院有关行政主管部门可以委托具有相关出版资质的单位完成标准文本出版工作。

第二十一条 行业标准的发布与实施之间应当留出合理的过渡期。

行业标准发布后实施前,可以选择执行原行业标准或者新行业标准。

新行业标准实施后,原行业标准同时废止。

行业标准在相应的国家标准实施后,应当由国务院有关行政主管部门自行废止。

第二十二条 国务院有关行政主管部门应当组织开展行业标准的宣贯工作,并结合本部门法定职责开展行业标准的推广实施。

第二十三条 国务院有关行政主管部门负责行业标准的解释。行业标准的解释与标准文本具有同等效力。解释发布后,国务院有关行政主管部门应当自发布之日起二十日内在部门门户网站或者部门标准化工作网站公开解释文本,并在全国标准信息公共服务平台公开。

第二十四条 行业标准的复审周期一般不超过五年。有下列情形之一的,应当及时复审:

(一)法律、行政法规、部门规章或者国家有关规定发生重大变化的;

(二)相关国家标准、行业标准发生重大变化的;

(三)关键技术、适用条件发生重大变化的;

(四)其他需要及时复审的情形。

国务院有关行政主管部门应当公告复审结论。复审结论分为继续有效、修订、废止三种情形。复审结论为修订的,应当按照本办法规定的行业标准制定程序执行。复审结论为废止的,应当在公告废止前公开征求意见。废止公告应当在全国标准信息公共服务平台公开。

第二十五条 国务院有关行政主管部门应当建立行业标准实施信息反馈和评估机制,根据反馈意见和评估情况对行业标准进行复审。

第二十六条 国务院有关行政主管部门应当定期对其发布的行业标准开展监督检查,及时纠正行业标准不符合强制性国家标准,与国家标准、其他行业标准重复交叉或者不协调配套,超范围制定以及编号编写不符合规定等问题。

第二十七条 国务院标准化行政主管部门定期组织对行业标准开展监督抽查,通报结果。

第二十八条 行业标准与国家标准、其他行业标准之间重复交叉或者不协调配套的,国务院标准化行政主管部门应当会同国务院有关行政主管部门,提出整合、修订或者废止行业标准的意见,并由国务院有关行政主管部门负责处理。国务院有关行政主管部门未处理的,由国务院标准化行政主管部门组织协商,协商不成的,报请国务院标准化协调机制解决。

第二十九条 国务院有关行政主管部门违反本办法第三条第三款、第六条第一款和第二款、第九条规定的,以及行业标准制定主体、编号、备案或者复审等不符合本办法规定的,国务院标准化行政主管部门要求其说明情况,并限期改正。未按期改正的,由国务院标准化行政主管部门公告废止相关标准。

第三十条 违反本办法第六条第三款规定的,按照《中华人民共和国反垄断法》等法律、行政法规的规定处理。

第三十一条 国务院标准化行政主管部门和国务院有关行政主管部门应当建立完善行业标准投诉举报处置制度，畅通投诉举报渠道，接受社会监督，及时处理投诉举报。

第三十二条 本办法自 2024 年 6 月 1 日起施行。1990 年 8 月 24 日原国家技术监督局令第 11 号公布的《行业标准管理办法》同时废止。

企业标准化促进办法

· 2023 年 8 月 31 日国家市场监督管理总局令第 83 号公布
· 自 2024 年 1 月 1 日起施行

第一条 为了引导企业加强标准化工作，提升企业标准化水平，提高产品和服务质量，推动高质量发展，根据《中华人民共和国标准化法》，制定本办法。

第二条 企业标准的制定、公开以及企业标准化的促进、服务及其监督管理等工作，适用本办法。

第三条 企业标准是企业对企业范围内需要协调、统一的技术要求、管理要求和工作要求所制定的标准。

第四条 企业标准化工作应当坚持政府引导、企业主体、创新驱动、质量提升的原则。

第五条 企业标准化工作的基本任务是执行标准化法律、法规和标准化纲要、规划、政策；实施和参与制定国家标准、行业标准、地方标准和团体标准，反馈标准实施信息；制定和实施企业标准；完善企业标准体系，引导员工自觉参与执行标准，对标准执行情况进行内部监督，持续改进标准的实施及相关标准化技术活动等。

鼓励企业建立健全标准化工作制度，配备专兼职标准化人员，在生产、经营和管理中推广应用标准化方法，开展标准化宣传培训，提升标准化能力，参与国际标准制定。

第六条 县级以上人民政府标准化行政主管部门、有关行政主管部门应当按照职责分工，加强对企业标准化工作的指导和监督，完善政策措施，形成合力推进的工作机制。

第七条 企业应当依据标准生产产品和提供服务。

强制性标准必须执行，企业不得生产、销售、进口或者提供不符合强制性标准的产品、服务。鼓励企业执行推荐性标准。

企业生产产品和提供服务没有相关标准的，应当制定企业标准。

第八条 制定企业标准应当符合法律法规和强制性标准要求。

制定企业标准应当有利于提高经济效益、社会效益、质量效益和生态效益，做到技术上先进、经济上合理。

鼓励企业对标国际标准和国内外先进标准，基于创新技术成果和良好实践经验，制定高于推荐性标准相关技术要求的企业标准，支撑产品质量和服务水平提升。

第九条 企业标准制定程序一般包括立项、起草、征求意见、审查、批准发布、复审、废止。

第十条 企业在制定标准时，需要参考或者引用材料的，应当符合国家关于知识产权的有关规定。

参考或者引用国际标准和国内外标准的，应当符合版权的有关规定。

第十一条 鼓励企业整合产业链、供应链、创新链资源，联合制定企业标准。

第十二条 企业制定的产品或者服务标准应当明确试验方法、检验方法或者评价方法。

试验方法、检验方法或者评价方法应当引用相应国家标准、行业标准或者国际标准。没有相应标准的，企业可以自行制定试验方法、检验方法或者评价方法。企业自行制定的试验方法、检验方法或者评价方法，应当科学合理、准确可靠。

第十三条 企业提供产品或者服务所执行的企业标准应当按照统一的规则进行编号。企业标准的编号依次由企业标准代号、企业代号、顺序号、年份号组成。

企业标准代号为"Q"，企业代号可以用汉语拼音字母或者阿拉伯数字或者两者兼用组成。

与其他企业联合制定的企业标准，以企业标准形式各自编号、发布。

第十四条 国家实行企业标准自我声明公开和监督制度。企业应当公开其提供产品或者服务所执行的强制性标准、推荐性标准、团体标准或者企业标准的编号和名称。

企业执行自行制定或者联合制定企业标准的，应当公开产品、服务的功能指标和产品的性能指标及对应的试验方法、检验方法或者评价方法。法律、法规、强制性国家标准对限制商品过度包装另有规定的，企业应当按照有关规定公开其采用的包装标准。

企业公开的功能指标和性能指标项目少于或者低于推荐性标准的，应当在自我声明公开时进行明示。

企业生产的产品、提供的服务，应当符合企业公开标准的技术要求。

第十五条 企业应当在提供产品或者服务前，完成执行标准信息的自我声明公开。委托加工生产产品或者提供服务的,由委托方完成执行标准信息的自我声明公开。

企业执行标准发生变化时,应当及时对自我声明公开的内容进行更新。企业办理注销登记后,应当对有关企业标准予以废止。

第十六条 鼓励企业通过国家统一的企业标准信息公共服务平台进行自我声明公开。

通过其他渠道进行自我声明公开的,应当在国家统一的企业标准信息公共服务平台明示公开渠道,并确保自我声明公开的信息可获取、可追溯和防篡改。

第十七条 国家建立标准创新型企业制度。鼓励企业构建技术、专利、标准联动创新体系。

第十八条 县级以上人民政府标准化行政主管部门、有关行政主管部门应当支持企业参加专业标准化技术组织,鼓励企业参与制定国家标准、行业标准、地方标准或者团体标准。

第十九条 国家鼓励企业开展标准实施效果评价,向国家标准、行业标准、地方标准、团体标准的制定机构反馈标准实施信息。

企业研制新产品、改进产品,进行技术改造的,应当对其制定的相关企业标准进行评估和更新。

第二十条 县级以上人民政府标准化行政主管部门、有关行政主管部门应当支持企业开展标准化试点示范项目建设,鼓励企业标准化良好行为创建,树立行业发展标杆。

第二十一条 国家实施企业标准"领跑者"制度,推动拥有自主创新技术、先进技术、取得良好实施效益的企业标准成为行业的"领跑者"。

第二十二条 国家实施标准融资增信制度。鼓励社会资本以市场化方式建立支持企业标准创新的专项基金,鼓励和支持金融机构给予标准化水平高的企业信贷支持,支持符合条件的企业开展标准交易、标准质押等活动。

第二十三条 国家鼓励企业对照国际标准和国外先进标准,持续开展对标达标活动,提高企业质量竞争水平。

第二十四条 县级以上人民政府标准化行政主管部门、有关行政主管部门应当支持企业参与国际标准化交流与合作,鼓励企业参加国际标准组织技术机构工作、参与国际标准制定。

第二十五条 国家鼓励企业、高等学校、科研机构和社会团体等开展标准化专业技术服务工作,提升标准化服务的社会化、市场化水平,服务企业标准化工作。

第二十六条 国家鼓励高等学校、科研机构等单位开设标准化课程或者专业,加强企业标准化人才教育。

县级以上人民政府标准化行政主管部门、有关行政主管部门应当引导企业完善标准化人才培养机制。

第二十七条 县级以上人民政府标准化行政主管部门、有关行政主管部门按照有关规定加大对具有自主创新技术、起到引领示范作用、产生明显经济社会效益的企业标准奖励力度。支持将先进企业标准纳入科学技术奖励范围。

对在标准化工作中做出显著成绩的企业和个人,按照有关规定给予表彰和奖励。

第二十八条 县级以上人民政府标准化行政主管部门、有关行政主管部门以"双随机、一公开"监管方式,依法对企业提供产品或者服务所执行的标准进行监督检查。对于特殊重点领域可以开展专项监督检查。

第二十九条 企业在监督检查中拒绝提供信息或者提供不实信息的,责令改正;拒不改正的,由县级以上人民政府标准化行政主管部门进行通报或者公告。

第三十条 企业未公开其提供产品和服务执行标准的,由县级以上人民政府标准化行政主管部门责令限期改正;逾期不改正的,在企业标准信息公共服务平台上公示。

第三十一条 企业制定的企业标准不符合本办法第八条第一款、第八条第二款、第十二条规定的,由县级以上人民政府标准化行政主管部门责令限期改正;逾期不改正的,由省级以上人民政府标准化行政主管部门废止该企业标准,在企业标准信息公共服务平台上公示。

第三十二条 企业制定的企业标准不符合本办法第十三条规定的,由县级以上人民政府标准化行政主管部门责令限期改正;逾期不改正的,由省级以上人民政府标准化行政主管部门撤销相关标准编号,并在企业标准信息公共服务平台上公示。

第三十三条 企业自我声明公开不符合本办法第十四条、第十五条、第十六条规定的,由县级以上人民政府标准化行政主管部门责令限期改正;逾期不改正的,在企业标准信息公共服务平台上公示。

第三十四条 企业在开展标准制定、自我声明公开等工作中存在本办法规定的其他违法行为的,依据法律、行政法规的有关规定处理。法律、行政法规没有规定的,县级以上人民政府标准化行政主管部门可以通过发送警示函、约谈等方式,督促其改正;逾期不改正的,在企业标准信息公共服务平台上公示。

第三十五条 法律、行政法规对企业标准化工作另有规定的，从其规定。

第三十六条 本办法自2024年1月1日起施行。1990年8月24日原国家技术监督局令第13号公布的《企业标准化管理办法》同时废止。

市场监管信息化标准化管理办法

· 2021年1月4日
· 国市监办发〔2021〕1号

第一章 总 则

第一条 为加强市场监管信息化标准化管理工作，规范和保障市场监管信息化建设工作，特制定本办法。

第二条 本办法规定的市场监管信息化标准，指在各级市场监管部门信息化建设中需要统一的各类标准和规范。

第三条 本办法规定的市场监管信息化标准化工作，包括标准的提出、立项、制定、实施、宣贯、复审及动态维护等活动。

第四条 本办法适用范围为全国各级市场监管部门。

第二章 职 责

第五条 国家市场监督管理总局信息中心（以下简称总局信息中心），在总局网络安全和信息化工作领导小组（以下简称总局网信领导小组）领导下，负责市场监管信息化标准化管理工作，履行以下职责：

（一）研究拟定市场监管信息化标准化工作的总体规划及相关管理制度、年度工作计划等；

（二）负责市场监管信息化标准体系建设；

（三）负责市场监管信息化标准项目的立项工作；

（四）负责组织市场监管信息化标准的制定、宣贯、实施、复审以及动态维护等工作；

（五）组织开展市场监管信息化标准执行情况的检查工作。

第六条 市场监管总局各业务部门负责本部门业务信息化建设相关标准化工作，履行以下职责：

（一）根据实际业务发展的需要，提出本部门业务范围的市场监管信息化标准制定需求建议；

（二）协助总局信息中心组织开展本部门业务相关信息化标准的起草、宣贯、实施工作；

（三）组织开展或协助总局信息中心开展本部门业务相关信息化标准执行情况的检查工作。

第七条 各省级市场监管部门负责本地区的信息化标准化工作，履行以下职责：

（一）根据本地区实际业务发展和信息化建设需要，提出市场监管信息化标准的立项建议或标准制定需求；

（二）协助总局信息中心开展市场监管信息化标准制定工作；

（三）经总局信息中心授权，承担相关信息化标准的起草工作；

（四）负责市场监管信息化标准在本地区的实施、宣贯工作。

第三章 标准的提出、立项

第八条 市场监管信息化标准的提出，主要有以下三种途径：

（一）总局信息中心根据市场监管信息化总体发展和标准体系建设的需要，提出标准制定的需求；

（二）总局各业务部门根据实际业务发展的需要，提出标准制定的需求；

（三）各省级市场监管部门根据本地区信息化建设和业务发展的需要，提出标准制定的需求建议。

第九条 市场监管信息化标准的立项，应当：

（一）符合市场监管改革发展的要求，满足市场监管业务的实际需要；

（二）符合国家网络安全和信息化战略部署和相关要求，满足市场监管信息化发展的需要；

（三）在市场监管信息化标准体系框架下，综合考虑相关标准之间的构成以及与现行信息化领域国家标准的衔接配套。

第十条 市场监管信息化标准的提出，需填写信息化标准立项建议书（附表1），应充分阐述拟立项标准目的和意义、范围和主要技术内容、制定周期，以及与相关标准间的关系等内容。

第十一条 总局信息中心组织对标准立项建议进行审核，审核通过后予以立项。必要时，组织有关专家进行评审。

第十二条 根据市场监管业务改革发展的实际，标准在制定过程中，确需进行调整的，须填写《市场监管信息化标准项目调整申请表》（附表2），经审核通过后予以调整。

第四章 标准的制定

第十三条 标准的制定应遵循"有标贯标，无标制定"的原则，即在现有的国家标准不能完全满足市场监管信息化建设实际需要的情况下,制定相应的市场监管信息化标准。

标准的制定包括起草、征求意见、审查和批准发布等环节。

第十四条 通过立项的标准,总局信息中心组织起草或委托有关单位作为标准起草单位牵头组织起草。

第十五条 标准起草应参照 GB/T 1.1《标准化工作导则 第 1 部分:标准化文件的结构和起草规则》、GB/T 20000《标准化工作指南》和 GB/T 20001《标准编写规则》等相关要求。标准起草单位对其起草的标准的质量和技术内容负责。

第十六条 标准起草单位要将形成的标准征求意见稿和标准编制说明,向相关各方征求意见。对于涉密标准,应在一定范围内征求意见。征求意见的期限根据标准的内容、紧急程度等确定,一般为 7 至 30 日。

第十七条 标准起草单位对反馈的意见进行处理时,应统筹兼顾多方的意见;对存在较大分歧的意见,应进行广泛协调。标准征求意见稿修改后,技术内容有较大调整的,应当再次征求意见。

第十八条 标准起草单位根据反馈的意见,对标准文本进行修改完善,形成标准送审稿、编制说明、征求意见汇总处理表(附表 3)及其他相关材料等标准送审文件。

第十九条 总局信息中心负责组织对标准送审文件进行审查。主要包括:

(一)标准的适用范围是否与技术内容协调一致;

(二)技术内容是否体现信息化建设的实际需求;

(三)标准的技术数据和参数是否有可靠的依据,并与相关标准相协调;

(四)对有分歧和争论的问题,是否取得一致意见;

(五)标准的编写是否符合信息化标准编写的统一规定。

第二十条 标准审查由市场监管领域业务专家、信息化专家和标准化专家等相关方人员组成标准审查委员会,并设主任委员一名,主持审查。

第二十一条 标准审查,一般采用会议审查形式,特殊情况不能采用会议审查的,可采取函审形式。

采取会议审查的,要以会议纪要形式出具审查意见。审查意见需由主任委员签字,并附参加标准审查会议的专家名单。

采取函审的,每位函审专家要出具审查意见。

第二十二条 标准审查通过后,标准起草单位依据标准审查专家意见修改完善标准,形成标准报批稿,连同编制说明、会议纪要或函审结论表、专家名单(附表 4)、征求意见汇总处理表及其他必要的说明材料等,一并报总局信息中心。

标准审查结论为不通过的,标准起草单位应继续修改或根据审查结论执行。

第二十三条 总局信息中心对标准报批稿进行审定,必要时报总局网信领导小组审定。

第二十四条 标准审定通过后,以总局名义在市场监管系统内发布实施。审定未通过的,由标准起草单位根据要求修改完善。

第二十五条 市场监管信息化标准的编号由标准代号、顺序号及年号组成,标准代号使用"SG"标识。

第二十六条 标准发布后,如发现个别技术内容存在问题,须作少量修改或补充的,以标准修改单(附表 5)形式修改并发布。

第二十七条 标准制定过程中形成的有关文档,按市场监管信息化档案管理有关规定进行归档。

第五章 标准的实施、宣贯

第二十八条 标准发布后,总局信息中心应组织开展标准的实施、宣贯、培训工作。

第二十九条 总局信息中心应调研、收集、总结标准执行过程中的问题和意见建议,并适时修改完善。

第六章 标准的复审

第三十条 标准实施后,总局信息中心根据市场监管业务改革发展的实际需要,适时组织对标准进行复审。

第三十一条 标准复审后,分三种情况分别处理:

(一)无需修订的,保持标准原状;

(二)需要修订的,开展修订工作;

(三)已无实际需求的,予以废止。

对于继续有效的标准,在标准封面上、标准编号下方注明"××××年确认有效"字样。

第三十二条 标准在发布后,出现下列情况的,应当废止:

(一)有相应的国家标准发布并可以直接采用;

(二)标准的适用环境或条件已不复存在;

(三)其他应当废止的情况。

对于废止的标准,由总局信息中心向各级市场监管部门发布通告。

第七章 标准的动态维护

第三十三条 动态维护型标准,是指需要进行动态维护的数据元、代码类标准以及其他必须进行动态维护方可有效实施的标准。

第三十四条 标准的动态维护，是指根据需求对动态维护型标准的内容进行动态维护更新并及时公布。

第三十五条 总局信息中心负责动态维护型标准的动态维护管理。

第八章 附 则

第三十六条 本办法由总局信息中心负责解释。

第三十七条 本办法自发布之日起施行。

附件：附表1-5(略)

附表目录

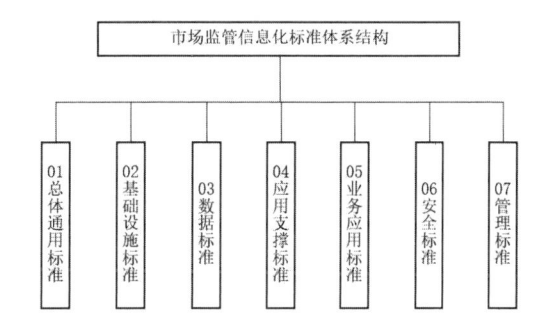

1. 市场监管信息化标准立项建议书
2. 市场监管信息化标准项目调整申请表
3. 市场监管信息化标准征求意见汇总处理表
4. 市场监管信息化标准审查会专家名单
5. 市场监管信息化标准修改单

市场监管信息化标准体系

- 2021年1月12日
- 国市监办发〔2021〕3号

1 概述

标准体系是由一定围内内的标准按其内在联系形成的科学的有机整体，通常由标准体系框架和标准明细表构成，由多个具有不同功能类别的标准组成。市场监管信息化标准体系具有十分重要的地位和作用：

（1）给出市场监管信息化标准的总体布局和发展规划，明确市场监管信息化标准的现状、现有需求和未来发展趋势，指明未来市场监管信息化标准化工作重点和发展方向，为标准制修订计划提供依据。

（2）理顺市场监管信息化建设现有的、正在制定的和应予制定的所有相关标准之间的相互支撑与相互配合的关系，减少彼此的交叉重叠，有利于明确市场监管信息化标准化工作的重点。

（3）有利于有目的、有计划、有步骤、有重点地进行各业务、各系统的标准规范建设，加快标准的制修订速度和效率，提高标准化工作的系统性，为市场监管信息化建设的长远发展奠定坚实的基础。

（4）便于全面系统地了解市场监管信息化建设所需的全部标准的情况，为从事市场监管信息化的建设者选用所需遵循的标准、掌握标准的现状和发展趋向提供翔实的信息。

2 标准体系总体结构

市场监管信息化标准体系包括总体通用标准、基础设施标准、数据标准、应用支撑标准、业务应用标准、安全标准和管理标准7个分体系。市场监管信息化标准体系结构如图1所示。

图1 市场监管信息化标准体系结构

其中：

总体通用标准是市场监管信息化标准建设所需的总体性、通用性的标准和规范；

基础设施标准用于规范机房、信息化设备、网络设施、计算机操作系统及数据库系统等基础软硬件系统；

数据标准主要针对市场监管各项业务在信息化过程中涉及到的数据进行规范，以形成统一的数据内容及格式，促进市场监管信息化建设数据的共享与交换；

应用支撑标准用于规范市场监管信息化应用支撑平台的建设以及数据访问、查询、交换等接口技术；

业务应用标准用于规范具体业务开展过程涉及的业务流程、表证单书及业务系统等；

安全标准用于规定保障信息和信息系统安全而采取的技术和管理要求；

管理标准为市场监管信息化工程建设提供管理的手段和措施。

3 标准体系框架

市场监管信息化标准体系框架见图2。

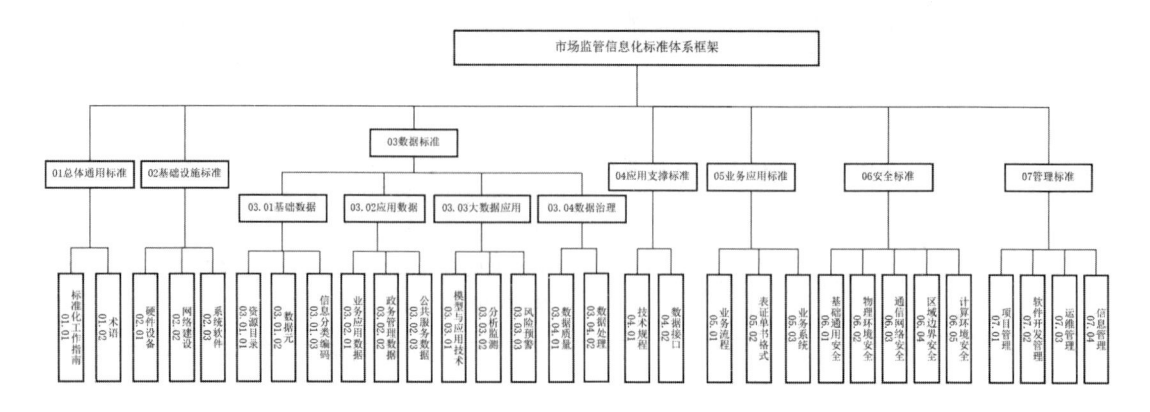

图 2 市场监管信息化标准体系框架

3.1 总体通用标准

3.1.1 标准化工作指南

标准化工作指南包括标准规范市场监管信息化标准化管理体制、工作程序、工作要求等方面的内容。

3.1.2 术语标准

术语标准用于规范市场监管信息化工作中通用的术语。

3.2 基础设施标准

3.2.1 硬件设备标准

硬件设备标准指市场监管信息化建设所需的机房以及各种设备的标准,用于指导机房和设备的选型、安装调试、验收等方面的工作,以便实现各设备间的互相兼容与互联。

3.2.2 网络建设标准

网络建设标准指市场监管内外网建设等方面的标准,用于指导信息化网络建设和管理。

3.2.3 系统软件标准

系统软件标准指操作系统、数据库系统等系统软件方面的标准,用于指导系统软件的选型、安装调试、验收等。

3.3 数据标准

3.3.1 基础数据标准

3.3.1.1 资源目录标准

资源目录标准对市场监管信息化中的信息资源的生成、整理、共享交换和使用等进行规范。

3.3.1.2 数据元标准

数据元标准主要规范市场监管业务活动中涉及的基础性、通用性的数据单元。通过对这些最小信息单元及其属性的规范化和标准化,可以保证系统建设中对同一对象的描述和表达准确一致,保障跨业务、跨系统的基础数据共享。

3.3.1.3 信息分类编码标准

信息分类编码标准用于对信息进行统一的分类,建立规范的分类体系;提供统一的代码,建立规范的标识体系。

3.3.2 应用数据标准

3.3.2.1 业务应用数据标准

业务应用数据标准包括市场监管各业务应用(如市场主体监管、食品监管、药品监管、交易监管、广告监管、产品质量监管、特种设备监管、计量管理等)所涉及的数据规范。

3.3.2.2 政务管理数据标准

政务管理数据标准包括市场监管内部办公管理(如政务办公、财务管理、人力资源管理)应用所涉及的数据规范。

3.3.2.3 公共服务数据标准

公共服务数据标准包括市场监管部门为企业、社会公众或其他相关部门提供的各种服务应用所涉及到的数据规范。

3.3.3 大数据应用标准

3.3.3.1 模型与应用技术标准

模型与应用技术标准是对支撑市场监管业务的大数据模型构建、数据处理、分析加工与应用技术进行规范的标准。

3.3.3.2 分析监测标准

分析监测标准基于大数据分析,用于规范涉及食品安全质量监测、网络市场监测、产品质量安全监测、广告发布情况监测和市场舆情监测等业务的监测流程及要求等。

3.3.3.3 风险预警标准

风险预警标准基于大数据分析,用于规范涉及食品安全、产品质量、市场舆情等业务的风险评估、风险预警等方面的要求。

3.3.4 数据治理标准

3.3.4.1 数据质量标准

数据质量标准用于对数据的完整性、一致性、精确性、及时性等质量要素提出要求,主要包括质量要素、质量检测、质量报告等标准。

3.3.4.2 数据处理标准

数据处理标准用于规范现有市场监管数据的清洗等数据处理技术和要求,通过统一的数据清洗技术和要求实现对数据的分解与重组,消除数据的错误和不一致。

3.4 应用支撑标准

3.4.1 技术规程标准

技术规程指为业务应用系统提供基础服务、互操作机制、构件等应用支撑的规范。

3.4.2 数据接口标准

数据接口标准用于规范数据的查询、访问和交换接口,包括接口的描述、传输数据的参数格式、接口的技术要求等,以实现信息系统间的信息共享,保障数据的有效应用。

3.5 业务应用标准

3.5.1 业务流程标准

业务流程标准主要用于对每一项具体业务的业务描述、业务过程描述、人员角色等方面进行规范。

3.5.2 表证单书格式标准

表证单书格式标准主要用于对具体业务办理过程中涉及的申请书(表)、报告、文书格式、电子证照等进行规范。

3.5.3 业务系统标准

业务系统标准用于规范市场监管业务系统的建设,主要包括系统的设计、功能、性能、界面等方面。

3.6 安全标准

3.6.1 基础通用安全标准

基础通用安全标准是指跨越物理环境安全、通信网络安全、区域边界安全、计算环境安全的基础性、通用性的安全标准。

3.6.2 物理环境安全标准

物理环境安全标准是指保障网络与信息系统的支持性基础设施及物理环境安全的标准和规范。

3.6.3 通信网络安全标准

通信网络安全标准是指保障网络和信息系统安全运行的标准和规范。

3.6.4 区域边界安全标准

区域边界安全标准是指保障跨越边界的访问和数据流通过边界设备提供的受控接口进行通信的标准和规范。

3.6.5 计算环境安全标准

计算环境安全标准是指保障市场监管应用系统安全性及可控性及保护市场监管业务数据的收集、处理、存储、检索、传输、交换、显示、扩散等过程安全的标准和规范。

3.7 管理标准

3.7.1 项目管理标准

项目管理标准采用项目管理通用的过程描述方法,按照项目的生命周期,对信息化建设中项目管理相关过程进行规范,涉及项目的组织、规划、实施、上线、验收、运营等过程管理以及对项目的突发应急处理等。

3.7.2 软件开发管理标准

软件开发管理标准用于规定在市场监管信息化项目建设中,软件开发过程及文档方面的管理要求。

3.7.3 运维管理标准

运维管理标准指市场监管信息系统日常运行维护所需的管理标准。

3.7.4 信息管理标准

信息管理标准是规定市场监管信息化涉及的各类信息的采集、加工、存储、交换、发布、共享、服务和应用管理要求的标准和规范。

4 标准体系明细表

4.1 概述

标准体系明细表主要包含两方面内容:一是涵盖了市场监管信息化业务中引用、参考的国家标准、相关行业标准;二是给出今后一段时期市场监管信息化建设中待研制的标准项目。

标准体系明细表的表头各项含义如下:

1. 标准体系编号:标准在标准体系中的层次编号,每层级使用2位数字顺序编码;
2. 标准号:标准发布时,由标准批准部门赋予的编号;
3. 标准名称:标准的中文名称;
4. 标准状态:现行、待修订、待制定。现行,表示该标准是现行有效的国家标准、行业标准或其他标准;待修订,表示该标准拟进行修订;待制定,表示该标准是需新制定的市场监管信息化标准。

4.2 标准体系明细表

市场监管信息化标准体系共涉及 7 大类 275 项标准,完整的标准体系明细表见附表,标准体系明细表将随着业务需求和信息技术的发展变化以及市场监管信息化工作的推进及时更新。

附表:

市场监管信息化标准体系明细表。(略)

本附表给出的明细表属于动态维护的内容,将随着业务需求和信息技术的发展变化以及市场监管信息化工作的推进及时更新和发布。

市场监管行业标准管理办法

· 2023 年 5 月 29 日
· 国市监办发〔2023〕36 号

第一章 总 则

第一条 为加强市场监管行业标准化管理,规范市场监管行业标准制定程序,提高标准质量,根据《中华人民共和国标准化法》、《中华人民共和国标准化法实施条例》、《行业标准管理办法》等法律法规规章,制定本办法。

第二条 本办法适用于市场监管行业标准(以下简称行业标准)的立项、起草、征求意见、技术审查、报批、批准发布、备案、实施评估、复审等行业标准的制定活动和管理工作。

第三条 制定行业标准,应遵循公平公正、开放透明、充分协商原则,有利于科学合理利用资源,推广市场监管领域科学技术成果,提升市场经济环境与竞争秩序,保证标准的科学性、规范性、时效性,做到技术上先进、经济上合理。

第四条 行业标准的立项、起草、征求意见、技术审查、报批、批准发布、备案、实施评估、复审和快速制修订等工作程序依照《市场监管行业标准制定管理实施细则》的规定执行。

第五条 行业标准提倡自主创新,鼓励采用国际标准和国外先进标准。行业标准应与现行的国家标准、其他行业标准相协调。

第六条 行业标准代号为 MR。

第七条 国家市场监督管理总局为市场监管行业标准化工作主管部门。

第二章 组织机构和职责

第八条 国家市场监督管理总局(以下简称总局)主要职责是:

(一)贯彻国家标准化工作的法律、法规、方针、政策,制定、发布行业标准化工作管理制度和运行机制,负责行业标准化工作的宏观管理;

(二)公布行业标准发展规划和计划;

(三)负责行业标准立项计划下达、批准发布、备案;

(四)审议、决定市场监管行业标准化工作的重大事项。

第九条 总局信息中心承担市场监管行业标准的组织协调工作(以下简称组织协调部门),主要职责是:

(一)承担标准化工作政策法规在市场监管行业的贯彻实施,组织起草行业标准化工作的相关规定,起草、实施行业标准化工作规划和工作计划,建立和完善行业标准体系;

(二)组织筹建和管理行业标准化专业技术委员会,并承担秘书处日常工作;

(三)承担与本行业国家标准化工作、其他行业标准化工作的协调;

(四)具体负责协调推进市场监管行业标准的立项、起草、征求意见、技术审查、报批、编号、发布前审核等工作,办理行业标准的备案;

(五)组织开展行业标准的培训、宣传工作;

(六)组织协调行业标准监督检查、实施评估、复审工作;

(七)组织协调参加国际标准化组织的有关活动并承担有关工作;

(八)承担总局委托的行业标准管理其他工作。

第十条 总局各司局(以下简称各司局)指导、参与本业务领域内行业标准管理工作,主要职责是:

(一)贯彻执行有关标准化工作的方针政策和法律法规;

(二)协助组织协调部门推荐行业标准化专业技术委员会和分专业技术委员会专家,指导本业务范围内行业标准化分专业技术委员会开展相关工作;

(三)在本业务领域内负责提出制修订行业标准的立项建议;

(四)参与本业务领域内相关行业标准的制定工作;

(五)负责本业务领域内相关行业标准技术审查及贯彻实施工作;

(六)协助组织协调部门开展业务范围内监督检查、实施评估、复审工作。

第十一条 地方市场监管部门参与行业标准管理工作,主要职责是:

（一）贯彻执行有关标准化工作的方针政策和法律法规；

（二）负责提出本地区制修订行业标准的立项建议；

（三）协助组织协调部门推荐行业标准化专业技术委员会和分专业技术委员会专家，参与相关行业标准的制定与技术审查工作；

（四）负责本地区行业标准的贯彻实施；

（五）协助组织协调部门开展本地区监督检查、实施评估、复审工作。

第十二条 行业标准承担单位（包括政府部门、社会团体、企事业单位等）履行以下职责：

（一）负责所承担行业标准制修订项目的标准编制工作；

（二）配合组织协调部门开展行业标准征求意见、技术审查、报批工作；

（三）协助组织协调部门负责所承担行业标准的宣贯、培训、实施评估工作；

（四）完成组织协调部门交办的相关工作。

第十三条 市场监管行业标准化专业技术委员会主要职责是：

（一）负责对行业标准规划、标准体系进行科学论证；

（二）参与行业标准立项、技术审查、复审等评审工作；

（三）为市场监管行业标准化发展提供建议、指导、论证和评审等。

第三章 行业标准立项

第十四条 相关政府部门、社会团体、企事业单位及个人可以向组织协调部门提出行业标准制定或者修订的立项建议。鼓励市场监管领域的团体标准转换成行业标准。

提出立项建议，应当书面说明制定或者修订行业标准的必要性、可行性、适用范围等内容。

第十五条 组织协调部门每年组织公开征集行业标准制修订需求，组织开展行业标准立项工作，立项审查结果报总局批准后下达，公布行业标准项目制修订计划。

行业标准项目制修订计划应当明确项目名称、主要起草单位、完成时限等内容。

第十六条 组织协调部门在审核标准制修订计划项目立项建议时，可根据工作需要采用行业标准快速制定程序，简化相关环节的工作程序或缩短相关阶段实施周期。

第四章 行业标准制定

第十七条 行业标准制定周期一般不超过 24 个月，修订周期一般不超过 18 个月。

确因特殊情况需要延期的，须经组织协调部门批准，延期一般不得超过 12 个月。

第十八条 组织协调部门统一管理行业标准的征求意见、审查、报批、编号、备案以及标准文本和目录的汇编工作，行业标准应向社会公开征求意见。

行业标准发布后，应按照有关规定进行备案。

第十九条 行业标准实施后，组织协调部门应根据科学技术的发展和工作需要适时组织复审，确定其继续有效、修订或废止。复审周期原则上不超过 5 年。

第五章 行业标准实施与监督

第二十条 组织协调部门、各司局、地方市场监管部门、行业标准承担单位可以根据其职责和实际工作的需要，开展相关行业标准的宣贯工作。

第二十一条 单位和个人均可以对行业标准实施中发现的问题，向组织协调部门反馈。

第二十二条 总局可以根据工作需要对行业标准的实施情况进行监督检查。监督检查可结合市场监管年度监督检查、专项监督抽查等方式。

地方市场监管部门依据其职责，对其所辖区域内行业标准的实施情况进行监督检查。

第二十三条 行业标准实施后，本着客观公正、公开透明、广泛参与、注重实效的原则，总局根据需要组织选择一定数量的行业标准进行实施效果评价。

第二十四条 鼓励相关单位和个人在生产、经营等活动中，按照国家有关规定采用行业标准。

第六章 保障措施

第二十五条 根据需要和工作实际，总局组建行业标准化专业技术委员会，构建行业标准化工作的管理机制。

第二十六条 总局支持市场监管标准化科学研究，促进市场监管标准化工作的可持续发展。

第二十七条 行业标准项目承担单位应当建立相应的工作机制，保障行业标准制修订工作所需的人才、技术、经费和物资等资源。

第二十八条 标准属于科技成果，对技术水平高和取得显著效益的行业标准，纳入市场监管领域相关科技奖励范围。

第七章 附则

第二十九条 本办法由总局负责解释。

第三十条 本办法自印发之日起实施。

市场监管行业标准制定管理实施细则

- 2023年5月29日
- 国市监办发〔2023〕36号

第一章 总 则

第一条 为规范市场监管行业标准（以下简称行业标准）制修订工作，根据《市场监管行业标准管理办法》等有关规定，制定本细则。

第二条 行业标准代号为 MR（行业标准管理范围见附件1）。

第三条 行业标准制修订工作包括立项、起草、征求意见、技术审查、报批、批准发布、备案、实施评估、复审等环节。

第四条 快速程序是在行业标准制修订程序的基础上，根据时间要求简化相关工作环节的工作程序。

第五条 市场监管总局信息中心作为行业标准组织协调部门

（以下简称组织协调部门），承担组织协调工作，具体包括组织立项、起草、征求意见、技术审查、报批、编号、发布前审核、实施评估、复审等。

第六条 为支撑市场监管行业标准的规划指导、科学实施、评审论证等，组建市场监管行业标准化专业技术委员会（以下简称专委会）。组建要求：

（一）专委会由总局审查批准组建。组织协调部门负责专委会筹建、委员征集、专委会成立以及专委会委员管理工作并承担秘书处日常工作；

（二）专委会委员由总局各司局、各地方市场监管部门、总局直属单位以及与市场监管领域业务相关的行政主管部门、社会团体、企业事业单位、科研机构、高等院校、行业协会等有关方面的专家组成，委员每届任期5年，期满后可连任；

（三）专委会委员应为单数，不少于25人，其中主任委员1人，副主任委员不超过5人。专委会下设秘书处，秘书处设秘书长1人，副秘书长不超过5人；

（四）专委会委员需具有高级及以上专业技术职称，或者具有与高级及以上专业技术职称相对应的职务，熟悉本专业领域业务，具有较高理论水平、扎实的专业知识、丰富的实践经验，掌握标准化基础知识；

（五）对不履行职责，无故两次以上不参加专委会活动，或经常不能参加专委会活动及因工作变动，不适宜继续担任委员者，由专委会提出调整或解聘的建议，并推荐增补人选，报总局审核批准。

第二章 立 项

第七条 组织协调部门根据市场监管工作的需要，组织行业标准立项申报、评审，评审结果报总局批准下达和公布行业标准项目计划。

第八条 行业标准立项工作包括项目建议申报、项目建议评审、项目公示和项目计划下达四个阶段。

第九条 项目建议申报程序

（一）根据市场监管工作需要，申报人填写《市场监管行业标准制修订项目建议书》（以下简称《建议书》，见附件2），充分阐述拟申报标准目的和意义、范围和主要技术内容、制定周期以及与相关标准间的关系等内容，并附标准草案；

（二）申报单位应对《建议书》及标准草案进行审查，审查通过后统一提交组织协调部门，并附《市场监管行业标准制修订项目建议汇总表》（见附件3）。

第十条 项目建议评审方式

项目建议的评审方式一般采用会议评审，特殊情况下可考虑采用函审，由组织协调部门组织专委会委员开展评审工作。

组织协调部门负责召集专委会委员组成评审专家组，专家组人数一般不少于7人，评审专家对《建议书》、标准草案进行充分讨论，并达成专家组意见。需要表决时，应有不少于出席专委会委员的三分之二同意方为通过，并填写《市场监管行业标准制修订项目评审结论汇总表》（见附件4）。

第十一条 项目建议的评审内容

评审专家组对项目建议进行评审，评审内容如下：

（一）项目建议是否符合市场监管行业标准体系的要求；

（二）项目建议的立项理由、技术内容、技术指标、前期准备情况、完成时限和已具备的资源情况是否可行；

（三）项目建议是否与现行国家、行业标准或已立项行业标准项目重复；

（四）项目建议是否符合总局的其他相关要求。

第十二条 项目公示和计划下达

组织协调部门组织汇总评审结论，对通过评审的项目进行公示，原则上公示期限为15日，对公示无异议或相关异议已处理完毕的项目，总局下达年度标准制修订项目计划，签订《市场监管行业标准制修订项目任务书》（以下简称《任务书》，见附件5）。必要时可对行业标准承担单位、参与起草单位以及项目计划名称等进行调整。

第三章 起 草

第十三条 组织协调部门根据下达的行业标准项目计划,组织计划的实施,指导和督促行业标准承担单位开展行业标准的起草工作。

第十四条 经确定的行业标准承担单位应当制定标准工作计划,成立标准起草组,并确定专门人员负责标准的起草工作。行业标准工作计划应当报组织协调部门备案。

行业标准承担单位应当定期向组织协调部门提交标准起草进展情况材料。

第十五条 行业标准起草工作包括起草标准(征求意见稿)和《市场监管行业标准编制说明》(以下简称《编制说明》,见附件6)。

第十六条 行业标准承担单位按照标准工作计划,在调研、研究、实验、验证等基础上,提出行业标准(征求意见稿)和《编制说明》并对所制修订的行业标准内容全面负责。《编制说明》内容一般包括:

(一)根据分工方案确定起草进度;

(二)调研并收集国内外有关的标准、技术规范、试验方法、相关文献、数据等;

(三)研究分析国内外相关技术和发展趋势,研究国内市场监管工作有关要求;

(四)根据需要,开展技术内容的验证/确认工作;

(五)与现行有关法律、法规和标准的关系;

(六)重大分歧意见的处理经过和依据;

(七)其他应予说明的事项。

第四章 征求意见

第十七条 行业标准承担单位应向组织协调部门报送行业标准(征求意见稿)及相关材料,组织协调部门进行程序性审查同意后,面向社会公开征求意见。

第十八条 征求意见包括征求意见材料的发出、意见收集与处理两个阶段。

第十九条 行业标准征求意见材料包括:

(一)行业标准(征求意见稿);

(二)行业标准(征求意见稿)英文版(必要时);

(三)《编制说明》;

(四)《任务书》;

(五)有验证要求的项目,应当提供验证原始材料;

(六)涉及专有技术、专利时,应提供声明材料;

(七)《市场监管行业标准征求意见表》(以下简称《征求意见表》,见附件7);

(八)采用国际或国外标准时,应当提供国际或国外标准原文和译文;

(九)项目计划内容有调整的,应提供经批复的《市场监管行业标准项目调整申请表》(以下简称《项目调整申请表》,见附件8);

(十)其他需要提交的材料。

第二十条 行业标准征求意见程序和要求

(一)起草组完成起草工作后,应当将征求意见材料送组织协调部门审核,并附拟征求意见的对象名单。标准应充分征求利益相关方和社会意见。组织协调部门应当对标准的格式、内容等是否符合有关规定进行程序性审查,经审查同意后,由行业标准承担单位组织面向社会公开征求意见,征求意见可采用网络、函询和召开专题会议的形式。征求意见时,应明确征求意见的期限,原则上不少于30日。

(二)征求意见的对象应在规定期限内回复意见,如无意见也应回复说明,逾期不回复,按无异议处理。在征求意见的期限截止后,起草组应对反馈意见进行归纳整理、分析研究以及对反馈意见进行处理,并提出行业标准(送审稿)、《编制说明》及有关附件、《市场监管行业标准征求意见汇总处理表》(以下简称《征求意见汇总处理表》,见附件9)。如需对行业标准(征求意见稿)进行重大修改,则应再次征求意见。

第二十一条 反馈意见的处理

起草组应当逐一处理反馈意见,填写《征求意见汇总处理表》。《征求意见汇总处理表》中对反馈意见全部采纳的应予注明;对部分采纳或不采纳的应说明理由;对有争议的意见应说明对争议意见的处理结果和理由。

第二十二条 行业标准的再次征求意见

行业标准(征求意见稿)经征求意见后,若有以下情形之一的,应修改完善后再次征求意见:

(一)征求意见时,有50%及以上反馈意见为"不同意";

(二)根据对反馈意见的处理,行业标准的技术指标和技术路线需要进行重大调整(如标准适用范围、对象、技术路线、技术内容的减少或增加等),且调整申请获得组织协调部门批准同意的。

第五章 技术审查

第二十三条 行业标准送审程序

起草组处理完反馈意见后,形成行业标准(送审稿)及相关材料,经行业标准承担单位依据《市场监管行业标准(送审稿)审查表》(见附件10)审查送审材料,审查通过后提交组织协调部门。

第二十四条 行业标准送审材料包括：

（一）《征求意见汇总处理表》；

（二）行业标准（送审稿）；

（三）行业标准（送审稿）英文版（必要时）；

（四）根据反馈意见重新修改后的《编制说明》；

（五）《任务书》；

（六）有验证要求的项目，需提供验证原始材料；

（七）函审方式征求意见的，需附《征求意见表》；

（八）采用国际或国外标准的，应提供国际或国外标准原文和译文；

（九）项目计划内容有调整的，应提供经批复的《项目调整申请表》；

（十）涉及专有技术、专利的，应当提供声明材料；

（十一）其他材料。

第二十五条 组织协调部门组织开展行业标准的审查工作。根据需要，组织协调部门可组织对行业标准（送审稿）进行预审，审查方式自定。对于专业性强的行业标准由组织协调部门会同业务司局组织审查。

第二十六条 标准的技术审查工作包括材料形式审查、技术审查。

第二十七条 材料形式审查

（一）组织协调部门应当对已提交的行业标准送审材料进行形式审查，审查不通过的，退回送审单位重新报送；审查通过的，可以编入《市场监管行业标准审查计划》（以下简称《审查计划》，见附件11）；

（二）组织协调部门根据材料形式审查情况制定审查计划。审查计划应包含审查方式、审查时间和地点、审查委员会的组成、项目计划名称及审查委员会主任委员、审查分组、审查要求等内容。

第二十八条 审查方式

行业标准的审查方式包括会议审查、函审、会议审查和函审组合三种方式。

符合以下条件之一时，可以采用函审方式：

（一）技术内容相对简单，需求明确，征求意见无重大分歧，编写较为规范的；

（二）已参加过一次审查，但仍有少量材料需补充修改的；

（三）其他特殊情况。

第二十九条 审查委员会的组成

由组织协调部门组建审查委员会。审查委员会设主任委员1名，审查委员若干名。审查委员优先从专委会

委员中确定，根据标准技术内容，必要时可引入外部专家参与评审，一般不少于7名。

行业标准审查采取回避原则，审查委员不得审查本人为主要起草人的标准草案、送审稿等。

第三十条 技术审查依据

（一）国家法律法规和强制性标准规定；

（二）相关国际组织的协定、条例、手册等内容；

（三）GB/T1.1等基础性国家标准；

（四）市场监管相关专业领域基础标准；

（五）市场监管行业的规章制度、行业规定、行业发展规划等；

（六）《任务书》；

（七）涉及专有技术、专利等评价材料；

（八）经批准的《项目调整申请表》；

（九）经审查委员会研究确定的其他审查依据。

第三十一条 技术审查的原则

（一）符合性：行业标准应符合国家有关法律法规的要求以及《任务书》约定要求；

（二）适用性：行业标准应适应市场监管工作需求和有效实施的各种条件；

（三）科学性：行业标准的内容应科学合理，技术类标准验证实验数据应完整可信，管理类标准所反映的市场规律、经济原理等基本合理；

（四）规范性：行业标准宜遵照GB/T1.1等基础性国家标准的编写规则，系列标准的结构、文体和术语等应统一。

第三十二条 会议审查程序和要求

（一）材料分发：行业标准送审材料应在审查会前提交审查委员会委员审阅；

（二）组织审查：审查委员会委员听取主要起草人的汇报，审查送审材料，提出质询。主要起草人应回答质询，记录审查委员提出的意见，填写《市场监管行业标准会审修改意见汇总表》（见附件12），并由审查委员会主任委员确认。审查过程中如有重大事项无法认定，审查委员会主任委员应及时请示组织协调部门；

（三）形成审查结论：会议代表的出席率应当不低于三分之二，审查结论经四分之三及以上审查委员同意为通过。审查结论按本细则第三十四条要求编写。审查委员会主任委员在《市场监管行业标准会审结论表》（见附件13）签字确认；

（四）形成会议纪要：审查委员对审查项目逐一作出审查结论后，形成《市场监管行业标准审查会议纪要》

(见附件14)。会议纪要应如实记录审查过程和结论,并于审查会结束后提交至组织协调部门、审查委员会全体委员、行业标准主要起草人、标准承担单位;

(五)行业标准(送审稿)修改:审查会结束后,主要起草人按《市场监管行业标准会审修改意见汇总表》对行业标准(送审稿)进行修改,形成行业标准(报批稿),经审查委员会主任委员确认后报送行业标准报批材料。

第三十三条 函审程序和要求

(一)发起:组织协调部门审核审查计划,符合要求的下发函审通知,并通知全体审查委员会委员;

(二)审查:审查委员根据审查依据和审查内容的要求对标准送审材料进行审查,并在规定的时间内将《市场监管行业标准函审意见表》(见附件15)反馈至审查委员会主任委员,审查委员在审查过程中可相互沟通,并就标准内容质询标准主要起草人;

(三)汇总意见:审查委员会主任委员汇总审查委员意见,并反馈至标准主要起草人;标准主要起草人对行业标准进行修改,填写《市场监管行业标准函审修改意见汇总表》(见附件16)后报送审查委员会主任委员;

(四)函审结论:审查委员会主任委员对修改后的标准进行审核,统计函审意见表决结果,对函审项目逐一做出函审结论,填写《市场监管行业标准函审结论表》(以下简称《函审结论表》,见附件17)。送审行业标准有四分之三及以上审查委员同意通过审查的,函审结论为通过审查,函审的回函率应当不低于三分之二。函审结论按本细则第三十四条要求编写。审查委员的反对意见,应在函审结论中明确说明;

(五)结果反馈:审查委员会形成《市场监管行业标准函审报告》(见附件18),经审查委员会主任委员确认后,与《函审结论表》一并提交组织协调部门、审查委员会全体委员、标准主要起草人、标准承担单位;

(六)标准修改:标准主要起草人收到《函审结论表》后,形成标准(报批稿),经审查委员会主任委员确认后报送标准报批材料。

全部函审工作最晚应于函审通知下发之日起60日内完成。

第三十四条 审查结论

审查结论包括通过审查和不通过审查两种情况。

(一)通过审查:包括通过审查并报批、通过审查但需修改经审查委员会主任委员确认后报批两种结论;

(二)不通过审查:包括项目撤销、与其他标准整合、修改后重新审查三种结论。

第六章 报批、批准发布与备案

第三十五条 组织协调部门统一管理行业标准的报批、电子发布、出版、发行、备案以及标准文本和目录的汇编工作。

第三十六条 行业标准报批材料

行业标准(送审稿)通过审查后,标准起草组应在60日内形成标准报批材料。行业标准报批材料包括:

(一)行业标准(报批稿)3份;

(二)行业标准(报批稿)英文版3份(必要时);

(三)《编制说明》2份;

(四)《征求意见表》(书函征求意见时)1套;

(五)《征求意见汇总处理表》1份;

(六)《市场监管行业标准会审(函审)结论表》(复印件有效)1份;

(七)涉及专有技术、专利等的声明材料;

(八)审查委员会主任委员确认的《市场监管行业标准会审(函审)修改意见汇总表》1份;

(九)《市场监管行业标准审查会议纪要》或《市场监管行业标准函审报告》1份;

(十)审查委员会主任委员确认的标准送审稿修改稿1份(复印件有效);

(十一)有验证要求的项目,需提供验证原始材料1套(复印件有效);

(十二)采用国际标准的应提供被采用的国际标准原文和译文1份;

(十三)相应国内外标准对照表(必要时)1份;

(十四)计划内容有调整的,应提供经批复的《项目调整申请表》1份。

第三十七条 行业标准报批材料的报批、审查和报送

行业标准承担单位应对标准报批材料(电子版)自行审查,填写《市场监管行业标准(报批稿)审查表》(见附件19)和《市场监管行业标准发布编号审批单》(见附件20),审查合格后将行业标准报批材料(纸质材料)及报批公文报送组织协调部门。

MR/T XXXX-XXXX
— 年代号
— 顺序号
— 标准属性代号("T"为推荐性标准)
— 市场监管行业标准代号

第三十八条 标准报批材料报经总局审查批准发布。标准的编号由市场监管行业标准代号、标准属性代号、顺序号、年代号组成。

第三十九条 组织协调部门应在行业标准发布后30日内，将已发布的行业标准及编制说明连同发布文件各一份，送国务院标准化行政主管部门备案。

第四十条 行业标准出版后，如发现个别内容有问题，必须作少量修改或补充时，由行业标准承担单位提出《市场监管行业标准修改通知单》（见附件21）并报组织协调部门审查，必要时组织专家审查。修改单审查通过后，组织协调部门报总局批准和发布。

第七章 实施评估

第四十一条 实施评估是指通过收集指定范围内标准的技术内容和执行情况等反馈信息，对标准质量、实施效果以及存在问题作出评价的过程。

组织协调部门应本着客观公正、公开透明、广泛参与、注重实效的原则开展标准实施评估工作，效果评价可以选择一定数量的标准组织实施。

第四十二条 各行业标准承担单位按照组织协调部门列入实施评估范围的标准，组织本单位实施评估工作，分别填写《市场监管行业标准实施评估调查表》，并于每年12月31日前提交组织协调部门。

第四十三条 组织协调部门对实施评估信息进行汇总统计，并公布实施评估统计数据。组织协调部门组织对标准实施评估统计数据进行分析评估，评估结果可作为标准复审的依据。

第八章 复 审

第四十四条 组织协调部门适时组织进行行业标准复审。标准复审周期一般不超过5年。

第四十五条 行业标准复审工作分为初评、复评、公示、发布复审结论四个阶段。

第四十六条 标准复审的依据如下：

（一）是否符合国家相关的法律法规、规章制度等文件要求；

（二）是否符合国家产业发展政策，对提高经济效益和社会效益是否有推动作用；

（三）是否符合国家大政方针、政策措施，是否对规范市场秩序有推动作用；

（四）是否符合国家采用国际标准或国外先进标准的政策；

（五）是否同国家标准有矛盾；

（六）标准的内容和技术指标是否反映当前技术水平、经济水平和公共利益诉求；

（七）是否符合总局提出的其他要求。

第四十七条 标准复审结论标准

复审结论分为以下三种：

（一）继续有效：标准全部技术内容合理，与现行法律法规无抵触，仍能满足当前市场监管行业发展需要的；

（二）修订：标准修订后才能适应市场监管行业发展需要，或局部与现行法律、法规和相关国家标准不一致的；

（三）废止：技术内容不再适用于市场监管行业发展需要，或者与现行国家标准内容、要求重复，或者与现行法律法规相悖的。

第四十八条 复审初评的程序和要求

复审初评工作由行业标准承担单位负责组织实施，并在总局规定的时间内完成。工作程序如下：

（一）核对复审标准：各单位核对组织协调部门下发的市场监管行业标准复审目录，存在异议的应及时向组织协调部门反馈；

（二）组建初评专家组：各单位组建初评专家组并分发待复审标准。初评专家组可包含专业技术人员、标准化管理人员、同行专家和项目负责人；

（三）提出初评意见：每项复审标准应由3名以上（含3名）专家共同评审，在专家协商一致后填写《市场监管行业标准复审评价表》（见附件22）；

（四）提交初评结论：初评结论经各单位审核后提交组织协调部门。

第四十九条 复审复评工作的程序和要求

复审复评工作由组织协调部门组织和具体实施。工作程序如下：

（一）组建复审复评专家组：优先从专委会委员中确定，根据标准技术内容，必要时可引入外部专家参与复审，开展复评工作；专家组成员一般要有参加过该标准审查工作的单位和人员参加；

（二）对初评结论的审核：专家组对各单位提交的初评结论进行审核，不符合要求的退回各单位重新进行初评；

（三）提出复评意见：专家组在初评结论的基础上，对每项复审标准逐一进行复评，拟定复评结论，并对复评意见为修订和整合的标准推荐项目负责单位；

（四）报送复评结论：复评结论由专家组组长汇总后报送组织协调部门。

第五十条 复评结论的公示

组织协调部门审核复评结论，并对复评结论予以公示,公示期一般为30日,公示期内,对复评结论有异议的,各单位应以书面方式向组织协调部门反馈意见。

第五十一条 复审结论的公布

组织协调部门对公示期内的反馈意见汇总、调查、核实、处理、确定后,报送总局公布复审结论。

第五十二条 组织协调部门对复审标准按以下原则管理:

(一)复审结论为继续有效的标准,继续执行;

(二)复审结论为修订的标准,由秘书处组织修订;

(三)复审结论为废止的标准,发布公告标准将不再实施。

第五十三条 标准属于科技成果,对技术水平高和取得显著效益的行业标准,纳入市场监管领域相关科技奖励范围。

第九章 快速制修订程序

第五十四条 快速制修订程序是在正常标准制修订程序的基础上省略起草阶段或缩短立项、征求意见阶段周期的简化程序。

第五十五条 组织协调部门在审核标准制修订计划项目立项建议时,符合下列情况之一的,可在建议中申请采用快速程序:

(一)等同采用国际标准、国外先进标准制定行业标准的项目,可省略起草阶段的;

(二)现行行业标准的修订项目,可省略起草阶段或起草阶段与征求意见阶段的;

(三)现行其他标准转化为行业标准的项目,可省略起草阶段的;

(四)现行有效的市场监管技术性文件转化为行业标准的,可省略起草阶段的;

(五)为满足市场监管业务中应急需求和特殊情况的项目,可缩短立项、制定周期的;

(六)组织协调部门认为其他需采用快速程序,省略部分阶段的。

第五十六条 经组织协调部门批准采用快速程序的项目,除省略相应阶段外,其余各阶段的实施同正常程序的相应阶段,仅缩短相应的阶段周期。

第十章 制修订计划的调整及撤销

第五十七条 标准制修订项目计划的调整和撤销应经总局批准后执行。

第五十八条 出现下列情况之一的,项目负责人可申请项目调整:

(一)项目技术内容需要进行重大调整,例如:标准适用范围、技术路线、技术内容的减少或增加等;

(二)需要延长项目完成时间;

(三)项目名称需要进行调整;

(四)项目需要拆分或整合;

(五)其他需要由组织协调部门批准调整的事项。

第五十九条 出现下列情况之一的,项目负责人可以申请项目撤销:

(一)市场监管工作需求发生变化,无法通过调整项目技术内容来完成标准制修订工作;

(二)与该标准项目内容相同的国家标准已经发布;

(三)其他不可抗力导致标准项目无法继续完成的。

申请撤销项目应经本单位审核后向组织协调部门提交《市场监管行业标准项目撤销申请表》(见附件23)审批撤销。

第十一章 附 则

第六十条 本细则自发布之日起实行,并由总局负责解释。

附件:1. 市场监管行业标准管理范围(略)

2. 市场监管行业标准制修订项目建议书(略)

3. 市场监管行业标准制修订项目建议汇总表(略)

4. 市场监管行业标准制修订项目评审结论汇总表(略)

5. 市场监管行业标准制修订项目任务书(略)

6. 市场监管行业标准编制说明(略)

7. 市场监管行业标准征求意见表(略)

8. 市场监管行业标准项目调整申请表(略)

9. 市场监管行业标准征求意见汇总处理表(略)

10. 市场监管行业标准(送审稿)审查表(略)

11. 市场监管行业标准审查计划(略)

12. 市场监管行业标准会审修改意见汇总表(略)

13. 市场监管行业标准会审结论表(略)

14. 市场监管行业标准审查会会议纪要(略)

15. 市场监管行业标准函审意见表(略)

16. 市场监管行业标准函审修改意见汇总表(略)

17. 市场监管行业标准函审结论表(略)

18. 市场监管行业标准函审报告(略)

19. 市场监管行业标准(报批稿)审查表(略)

20. 市场监管行业标准发布编号审批单(略)

21. 市场监管行业标准修改通知单(略)

22. 市场监管行业标准复审评价表(略)

23. 市场监管行业标准项目撤销申请表(略)

4. 认证认可管理

中华人民共和国认证认可条例

- 2003年9月3日中华人民共和国国务院令第390号公布
- 根据2016年2月6日《国务院关于修改部分行政法规的决定》第一次修订
- 根据2020年11月29日《国务院关于修改和废止部分行政法规的决定》第二次修订
- 根据2023年7月20日《国务院关于修改和废止部分行政法规的决定》第三次修订

第一章 总 则

第一条 为了规范认证认可活动，提高产品、服务的质量和管理水平，促进经济和社会的发展，制定本条例。

第二条 本条例所称认证，是指由认证机构证明产品、服务、管理体系符合相关技术规范、相关技术规范的强制性要求或者标准的合格评定活动。

本条例所称认可，是指由认可机构对认证机构、检查机构、实验室以及从事评审、审核等认证活动人员的能力和执业资格，予以承认的合格评定活动。

第三条 在中华人民共和国境内从事认证认可活动，应当遵守本条例。

第四条 国家实行统一的认证认可监督管理制度。

国家对认证认可工作实行在国务院认证认可监督管理部门统一管理、监督和综合协调下，各有关方面共同实施的工作机制。

第五条 国务院认证认可监督管理部门应当依法对认证培训机构、认证咨询机构的活动加强监督管理。

第六条 认证认可活动应当遵循客观独立、公开公正、诚实信用的原则。

第七条 国家鼓励平等互利地开展认证认可国际互认活动。认证认可国际互认活动不得损害国家安全和社会公共利益。

第八条 从事认证认可活动的机构及其人员，对其所知悉的国家秘密和商业秘密负有保密义务。

第二章 认证机构

第九条 取得认证机构资质，应当经国务院认证认可监督管理部门批准，并在批准范围内从事认证活动。

未经批准，任何单位和个人不得从事认证活动。

第十条 取得认证机构资质，应当符合下列条件：

（一）取得法人资格；

（二）有固定的场所和必要的设施；

（三）有符合认证认可要求的管理制度；

（四）注册资本不得少于人民币300万元；

（五）有10名以上相应领域的专职认证人员。

从事产品认证活动的认证机构，还应当具备与从事相关产品认证活动相适应的检测、检查等技术能力。

第十一条 认证机构资质的申请和批准程序：

（一）认证机构资质的申请人，应当向国务院认证认可监督管理部门提出书面申请，并提交符合本条例第十条规定条件的证明文件；

（二）国务院认证认可监督管理部门自受理认证机构资质申请之日起45日内，应当作出是否批准的决定。涉及国务院有关部门职责的，应当征求国务院有关部门的意见。决定批准的，向申请人出具批准文件，决定不予批准的，应当书面通知申请人，并说明理由。

国务院认证认可监督管理部门应当公布依法取得认证机构资质的企业名录。

第十二条 境外认证机构在中华人民共和国境内设立代表机构，须向市场监督管理部门依法办理登记手续后，方可从事与所从属机构的业务范围相关的推广活动，但不得从事认证活动。

境外认证机构在中华人民共和国境内设立代表机构的登记，按照有关外商投资法律、行政法规和国家有关规定办理。

第十三条 认证机构不得与行政机关存在利益关系。

认证机构不得接受任何可能对认证活动的客观公正产生影响的资助；不得从事任何可能对认证活动的客观公正产生影响的产品开发、营销等活动。

认证机构不得与认证委托人存在资产、管理方面的利益关系。

第十四条 认证人员从事认证活动，应当在一个认证机构执业，不得同时在两个以上认证机构执业。

第十五条 向社会出具具有证明作用的数据和结果的检查机构、实验室，应当具备有关法律、行政法规规定的基本条件和能力，并依法经认定后，方可从事相应活动，认定结果由国务院认证认可监督管理部门公布。

第三章 认 证

第十六条 国家根据经济和社会发展的需要，推行产品、服务、管理体系认证。

第十七条 认证机构应当按照认证基本规范、认证规则从事认证活动。认证基本规范、认证规则由国务院认证认可监督管理部门制定；涉及国务院有关部门职责的，国务院认证认可监督管理部门应当会同国务院有关部门制定。

属于认证新领域,前款规定的部门尚未制定认证规则的,认证机构可以自行制定认证规则,并报国务院认证认可监督管理部门备案。

第十八条 任何法人、组织和个人可以自愿委托依法设立的认证机构进行产品、服务、管理体系认证。

第十九条 认证机构不得以委托人未参加认证咨询或者认证培训等为理由,拒绝提供本认证机构业务范围内的认证服务,也不得向委托人提出与认证活动无关的要求或者限制条件。

第二十条 认证机构应当公开认证基本规范、认证规则、收费标准等信息。

第二十一条 认证机构以及与认证有关的检查机构、实验室从事认证以及与认证有关的检查、检测活动,应当完成认证基本规范、认证规则规定的程序,确保认证、检查、检测的完整、客观、真实,不得增加、减少、遗漏程序。

认证机构以及与认证有关的检查机构、实验室应当对认证、检查、检测过程作出完整记录,归档留存。

第二十二条 认证机构及其认证人员应当及时作出认证结论,并保证认证结论的客观、真实。认证结论经认证人员签字后,由认证机构负责人签署。

认证机构及其认证人员对认证结果负责。

第二十三条 认证结论为产品、服务、管理体系符合认证要求的,认证机构应当及时向委托人出具认证证书。

第二十四条 获得认证证书的,应当在认证范围内使用认证证书和认证标志,不得利用产品、服务认证证书、认证标志和相关文字、符号,误导公众认为其管理体系已通过认证,也不得利用管理体系认证证书、认证标志和相关文字、符号,误导公众认为其产品、服务已通过认证。

第二十五条 认证机构可以自行制定认证标志。认证机构自行制定的认证标志的式样、文字和名称,不得违反法律、行政法规的规定,不得与国家推行的认证标志相同或者近似,不得妨碍社会管理,不得有损社会道德风尚。

第二十六条 认证机构应当对其认证的产品、服务、管理体系实施有效的跟踪调查,认证的产品、服务、管理体系不能持续符合认证要求的,认证机构应当暂停其使用直至撤销认证证书,并予公布。

第二十七条 为了保护国家安全、防止欺诈行为、保护人体健康或者安全、保护动植物生命或者健康、保护环境,国家规定相关产品必须经过认证的,应当经过认证并标注认证标志后,方可出厂、销售、进口或者在其他经营活动中使用。

第二十八条 国家对必须经过认证的产品,统一产品目录,统一技术规范的强制性要求、标准和合格评定程序,统一标志,统一收费标准。

统一的产品目录(以下简称目录)由国务院认证认可监督管理部门会同国务院有关部门制定、调整,由国务院认证认可监督管理部门发布,并会同有关方面共同实施。

第二十九条 列入目录的产品,必须经国务院认证认可监督管理部门指定的认证机构进行认证。

列入目录产品的认证标志,由国务院认证认可监督管理部门统一规定。

第三十条 列入目录的产品,涉及进出口商品检验目录的,应当在进出口商品检验时简化检验手续。

第三十一条 国务院认证认可监督管理部门指定的从事列入目录产品认证活动的认证机构以及与认证有关的实验室(以下简称指定的认证机构、实验室),应当是长期从事相关业务、无不良记录,且已经依照本条例的规定取得认可、具备从事相关认证活动能力的机构。国务院认证认可监督管理部门指定从事列入目录产品认证活动的认证机构,应当确保在每一列入目录产品领域至少指定两家符合本条例规定条件的机构。

国务院认证认可监督管理部门指定前款规定的认证机构、实验室,应当事先公布有关信息,并组织在相关领域公认的专家组成专家评审委员会,对符合前款规定要求的认证机构、实验室进行评审;经评审并征求国务院有关部门意见后,按照资源合理利用、公平竞争和便利、有效的原则,在公布的时间内作出决定。

第三十二条 国务院认证认可监督管理部门应当公布指定的认证机构、实验室名录及指定的业务范围。

未经指定的认证机构、实验室不得从事列入目录产品的认证以及与认证有关的检查、检测活动。

第三十三条 列入目录产品的生产者或者销售者、进口商,均可自行委托指定的认证机构进行认证。

第三十四条 指定的认证机构、实验室应当在指定业务范围内,为委托人提供方便、及时的认证、检查、检测服务,不得拖延,不得歧视、刁难委托人,不得牟取不当利益。

指定的认证机构不得向其他机构转让指定的认证业务。

第三十五条 指定的认证机构、实验室开展国际互认活动,应当在国务院认证认可监督管理部门或者经授权的国务院有关部门对外签署的国际互认协议框架内进行。

第四章 认 可

第三十六条 国务院认证认可监督管理部门确定的认可机构(以下简称认可机构),独立开展认可活动。

除国务院认证认可监督管理部门确定的认可机构外,其他任何单位不得直接或者变相从事认可活动。其他单位直接或者变相从事认可活动的,其认可结果无效。

第三十七条 认证机构、检查机构、实验室可以通过认可机构的认可,以保证其认证、检查、检测能力持续、稳定地符合认可条件。

第三十八条 从事评审、审核等认证活动的人员,应当经认可机构注册后,方可从事相应的认证活动。

第三十九条 认可机构应当具有与其认可范围相适应的质量体系,并建立内部审核制度,保证质量体系的有效实施。

第四十条 认可机构根据认可的需要,可以选聘从事认可评审活动的人员。从事认可评审活动的人员应当是相关领域公认的专家,熟悉有关法律、行政法规以及认可规则和程序,具有评审所需要的良好品德、专业知识和业务能力。

第四十一条 认可机构委托他人完成与认可有关的具体评审业务的,由认可机构对评审结论负责。

第四十二条 认可机构应当公开认可条件、认可程序、收费标准等信息。

认可机构受理认可申请,不得向申请人提出与认可活动无关的要求或者限制条件。

第四十三条 认可机构应当在公布的时间内,按照国家标准和国务院认证认可监督管理部门的规定,完成对认证机构、检查机构、实验室的评审,作出是否给予认可的决定,并对认可过程作出完整记录,归档留存。认可机构应当确保认可的客观公正和完整有效,并对认可结论负责。

认可机构应当向取得认可的认证机构、检查机构、实验室颁发认可证书,并公布取得认可的认证机构、检查机构、实验室名录。

第四十四条 认可机构应当按照国家标准和国务院认证认可监督管理部门的规定,对从事评审、审核等认证活动的人员进行考核,考核合格的,予以注册。

第四十五条 认可证书应当包括认可范围、认可标准、认可领域和有效期限。

第四十六条 取得认可的机构应当在取得认可的范围内使用认可证书和认可标志。取得认可的机构不当使用认可证书和认可标志,认可机构应当暂停其使用直至撤销认可证书,并予公布。

第四十七条 认可机构应当对取得认可的机构和人员实施有效的跟踪监督,定期对取得认可的机构进行复评审,以验证其是否持续符合认可条件。取得认可的机构和人员不再符合认可条件的,认可机构应当撤销认可证书,并予公布。

取得认可的机构的从业人员和主要负责人、设施、自行制定的认证规则等与认可条件相关的情况发生变化的,应当及时告知认可机构。

第四十八条 认可机构不得接受任何可能对认可活动的客观公正产生影响的资助。

第四十九条 境内的认证机构、检查机构、实验室取得境外认可机构认可的,应当向国务院认证认可监督管理部门备案。

第五章 监督管理

第五十条 国务院认证认可监督管理部门可以采取组织同行评议,向被认证企业征求意见,对认证活动和认证结果进行抽查,要求认证机构以及与认证有关的检查机构、实验室报告业务活动情况的方式,对其遵守本条例的情况进行监督。发现有违反本条例行为的,应当及时查处,涉及国务院有关部门职责的,应当及时通报有关部门。

第五十一条 国务院认证认可监督管理部门应当重点对指定的认证机构、实验室进行监督,对其认证、检查、检测活动进行定期或者不定期的检查。指定的认证机构、实验室,应当定期向国务院认证认可监督管理部门提交报告,并对报告的真实性负责;报告应当对从事列入目录产品认证、检查、检测活动的情况作出说明。

第五十二条 认可机构应当定期向国务院认证认可监督管理部门提交报告,并对报告的真实性负责;报告应当对认可机构执行认可制度的情况、从事认可活动的情况、从业人员的工作情况作出说明。

国务院认证认可监督管理部门应当对认可机构的报告作出评价,并采取查阅认可活动档案资料、向有关人员了解情况等方式,对认可机构实施监督。

第五十三条 国务院认证认可监督管理部门可以根据认证认可监督管理的需要,就有关事项询问认可机构、认证机构、检查机构、实验室的主要负责人,调查了解情况,给予告诫,有关人员应当积极配合。

第五十四条 县级以上地方人民政府市场监督管理部门在国务院认证认可监督管理部门的授权范围内,依照本条例的规定对认证活动实施监督管理。

国务院认证认可监督管理部门授权的县级以上地方

人民政府市场监督管理部门,以下称地方认证监督管理部门。

第五十五条 任何单位和个人对认证认可违法行为,有权向国务院认证认可监督管理部门和地方认证监督管理部门举报。国务院认证认可监督管理部门和地方认证监督管理部门应当及时调查处理,并为举报人保密。

第六章 法律责任

第五十六条 未经批准擅自从事认证活动的,予以取缔,处10万元以上50万元以下的罚款,有违法所得的,没收违法所得。

第五十七条 境外认证机构未经登记在中华人民共和国境内设立代表机构的,予以取缔,处5万元以上20万元以下的罚款。

经登记设立的境外认证机构代表机构在中华人民共和国境内从事认证活动的,责令改正,处10万元以上50万元以下的罚款,有违法所得的,没收违法所得;情节严重的,撤销批准文件,并予公布。

第五十八条 认证机构接受可能对认证活动的客观公正产生影响的资助,或者从事可能对认证活动的客观公正产生影响的产品开发、营销等活动,或者与认证委托人存在资产、管理方面的利益关系的,责令停业整顿;情节严重的,撤销批准文件,并予公布;有违法所得的,没收违法所得;构成犯罪的,依法追究刑事责任。

第五十九条 认证机构有下列情形之一的,责令改正,处5万元以上20万元以下的罚款,有违法所得的,没收违法所得;情节严重的,责令停业整顿,直至撤销批准文件,并予公布:

(一)超出批准范围从事认证活动的;

(二)增加、减少、遗漏认证基本规范、认证规则规定的程序的;

(三)未对其认证的产品、服务、管理体系实施有效的跟踪调查,或者发现其认证的产品、服务、管理体系不能持续符合认证要求,不及时暂停其使用或者撤销认证证书并予公布的;

(四)聘用未经认可机构注册的人员从事认证活动的。

与认证有关的检查机构、实验室增加、减少、遗漏认证基本规范、认证规则规定的程序的,依照前款规定处罚。

第六十条 认证机构有下列情形之一的,责令限期改正;逾期未改正的,处2万元以上10万元以下的罚款:

(一)以委托人未参加认证咨询或者认证培训等为理由,拒绝提供本认证机构业务范围内的认证服务,或者向委托人提出与认证活动无关的要求或者限制条件的;

(二)自行制定的认证标志的式样、文字和名称,与国家推行的认证标志相同或者近似,或者妨碍社会管理,或者有损社会道德风尚的;

(三)未公开认证基本规范、认证规则、收费标准等信息的;

(四)未对认证过程作出完整记录,归档留存的;

(五)未及时向其认证的委托人出具认证证书的。

与认证有关的检查机构、实验室未对与认证有关的检查、检测过程作出完整记录,归档留存的,依照前款规定处罚。

第六十一条 认证机构出具虚假的认证结论,或者出具的认证结论严重失实的,撤销批准文件,并予公布;对直接负责的主管人员和负有直接责任的认证人员,撤销其执业资格;构成犯罪的,依法追究刑事责任;造成损害的,认证机构应当承担相应的赔偿责任。

指定的认证机构有前款规定的违法行为的,同时撤销指定。

第六十二条 认证人员从事认证活动,不在认证机构执业或者同时在两个以上认证机构执业的,责令改正,给予停止执业6个月以上2年以下的处罚,仍不改正的,撤销其执业资格。

第六十三条 认证机构以及与认证有关的实验室未经指定擅自从事列入目录产品的认证以及与认证有关的检查、检测活动的,责令改正,处10万元以上50万元以下的罚款,有违法所得的,没收违法所得。

认证机构未经指定擅自从事列入目录产品的认证活动的,撤销批准文件,并予公布。

第六十四条 指定的认证机构、实验室超出指定的业务范围从事列入目录产品的认证以及与认证有关的检查、检测活动的,责令改正,处10万元以上50万元以下的罚款,有违法所得的,没收违法所得;情节严重的,撤销指定直至撤销批准文件,并予公布。

指定的认证机构转让指定的认证业务的,依照前款规定处罚。

第六十五条 认证机构、检查机构、实验室取得境外认可机构认可,未向国务院认证认可监督管理部门备案的,给予警告,并予公布。

第六十六条 列入目录的产品未经认证,擅自出厂、销售、进口或者在其他经营活动中使用的,责令限期改正,处5万元以上20万元以下的罚款;未经认证的违法产品货值金额不足 1 万元的,处货值金额 2 倍以下的罚款;有违法所得的,没收违法所得。

第六十七条 认可机构有下列情形之一的,责令改正;情节严重的,对主要负责人和负有责任的人员撤职或者解聘:

(一)对不符合认可条件的机构和人员予以认可的;

(二)发现取得认可的机构和人员不符合认可条件,不及时撤销认可证书,并予公布的;

(三)接受可能对认可活动的客观公正产生影响的资助的。

被撤职或者解聘的认可机构主要负责人和负有责任的人员,自被撤职或者解聘之日起 5 年内不得从事认可活动。

第六十八条 认可机构有下列情形之一的,责令改正;对主要负责人和负有责任的人员给予警告:

(一)受理认可申请,向申请人提出与认可活动无关的要求或者限制条件的;

(二)未在公布的时间内完成认可活动,或者未公开认可条件、认可程序、收费标准等信息的;

(三)发现取得认可的机构不当使用认可证书和认可标志,不及时暂停其使用或者撤销认可证书并予公布的;

(四)未对认可过程作出完整记录,归档留存的。

第六十九条 国务院认证认可监督管理部门和地方认证监督管理部门及其工作人员,滥用职权、徇私舞弊、玩忽职守,有下列行为之一的,对直接负责的主管人员和其他直接责任人员,依法给予降级或者撤职的行政处分;构成犯罪的,依法追究刑事责任:

(一)不按照本条例规定的条件和程序,实施批准和指定的;

(二)发现认证机构不再符合本条例规定的批准或者指定条件,不撤销批准文件或者指定的;

(三)发现指定的实验室不再符合本条例规定的指定条件,不撤销指定的;

(四)发现认证机构以及与认证有关的检查机构、实验室出具虚假的认证以及与认证有关的检查、检测结论或者出具的认证以及与认证有关的检查、检测结论严重失实,不予查处的;

(五)发现本条例规定的其他认证认可违法行为,不予查处的。

第七十条 伪造、冒用、买卖认证标志或者认证证书的,依照《中华人民共和国产品质量法》等法律的规定查处。

第七十一条 本条例规定的行政处罚,由国务院认证认可监督管理部门或者其授权的地方认证监督管理部门按照各自职责实施。法律、其他行政法规另有规定的,依照法律、其他行政法规的规定执行。

第七十二条 认证人员自被撤销执业资格之日起 5 年内,认可机构不再受理其注册申请。

第七十三条 认证机构未对其认证的产品实施有效的跟踪调查,或者发现其认证的产品不能持续符合认证要求,不及时暂停或者撤销认证证书和要求其停止使用认证标志给消费者造成损失的,与生产者、销售者承担连带责任。

第七章 附 则

第七十四条 药品生产、经营企业质量管理规范认证,实验动物质量合格认证,军工产品的认证,以及从事军工产品校准、检测的实验室及其人员的认可,不适用本条例。

依照本条例经批准的认证机构从事矿山、危险化学品、烟花爆竹生产经营单位管理体系认证,由国务院安全生产监督管理部门结合安全生产的特殊要求组织;从事矿山、危险化学品、烟花爆竹生产经营单位安全生产综合评价的认证机构,经国务院安全生产监督管理部门推荐,方可取得认可机构的认可。

第七十五条 认证认可收费,应当符合国家有关价格法律、行政法规的规定。

第七十六条 认证培训机构、认证咨询机构的管理办法由国务院认证认可监督管理部门制定。

第七十七条 本条例自 2003 年 11 月 1 日起施行。1991 年 5 月 7 日国务院发布的《中华人民共和国产品质量认证管理条例》同时废止。

认证证书和认证标志管理办法

· 2004 年 6 月 23 日国家质量监督检验检疫总局令第 63 号公布
· 根据 2015 年 3 月 31 日国家质量监督检验检疫总局令第 162 号第一次修订
· 根据 2022 年 9 月 29 日国家市场监督管理总局令第 61 号第二次修订

第一章 总 则

第一条 为加强对产品、服务、管理体系认证的认证证书和认证标志(以下简称认证证书和认证标志)的管理、监督,规范认证证书和认证标志的使用,维护获证组织和公众的合法权益,促进认证活动健康有序的发展,根据《中华人民共和国认证认可条例》(以下简称条例)等有关法律、行政法规的规定,制定本办法。

第二条 本办法所称的认证证书是指产品、服务、管理体系通过认证所获得的证明性文件。认证证书包括产品认证证书、服务认证证书和管理体系认证证书。

本办法所称的认证标志是指证明产品、服务、管理体系通过认证的专有符号、图案或者符号、图案以及文字的组合。认证标志包括产品认证标志、服务认证标志和管理体系认证标志。

第三条 本办法适用于认证证书和认证标志的制定、发布、使用和监督检查。

第四条 国家市场监督管理总局依法负责认证证书和认证标志的管理、监督和综合协调工作。

县级以上地方市场监督管理部门依法负责所辖区域内的认证证书和认证标志的监督检查工作。

第五条 禁止伪造、冒用、转让和非法买卖认证证书和认证标志。

第二章 认证证书

第六条 认证机构应当按照认证基本规范、认证规则从事认证活动,对认证合格的,应当在规定的时限内向认证委托人出具认证证书。

第七条 产品认证证书包括以下基本内容:

(一)委托人名称、地址;
(二)产品名称、型号、规格,需要时对产品功能、特征的描述;
(三)产品商标、制造商名称、地址;
(四)产品生产厂名称、地址;
(五)认证依据的标准、技术要求;
(六)认证模式;
(七)证书编号;
(八)发证机构、发证日期和有效期;
(九)其他需要说明的内容。

第八条 服务认证证书包括以下基本内容:

(一)获得认证的组织名称、地址;
(二)获得认证的服务所覆盖的业务范围;
(三)认证依据的标准、技术要求;
(四)认证证书编号;
(五)发证机构、发证日期和有效期;
(六)其他需要说明的内容。

第九条 管理体系认证证书包括以下基本内容:

(一)获得认证的组织名称、地址;
(二)获得认证的组织的管理体系所覆盖的业务范围;
(三)认证依据的标准、技术要求;
(四)证书编号;
(五)发证机构、发证日期和有效期;
(六)其他需要说明的内容。

第十条 获得认证的组织应当在广告、宣传等活动中正确使用认证证书和有关信息。获得认证的产品、服务、管理体系发生重大变化时,获得认证的组织和个人应当向认证机构申请变更,未变更或者经认证机构调查发现不符合认证要求的,不得继续使用该认证证书。

第十一条 认证机构应当建立认证证书管理制度,对获得认证的组织和个人使用认证证书的情况实施有效跟踪调查,对不能符合认证要求的,应当暂停其使用直至撤销认证证书,并予以公布;对撤销或者注销的认证证书予以收回;无法收回的,予以公布。

第十二条 不得利用产品认证证书和相关文字、符号误导公众认为其服务、管理体系通过认证;不得利用服务认证证书和相关文字、符号误导公众认为其产品、管理体系通过认证;不得利用管理体系认证证书和相关文字、符号,误导公众认为其产品、服务通过认证。

第三章 认证标志

第十三条 认证标志分为强制性认证标志和自愿性认证标志。

自愿性认证标志包括国家统一的自愿性认证标志和认证机构自行制定的认证标志。

强制性认证标志和国家统一的自愿性认证标志属于国家专有认证标志。

认证机构自行制定的认证标志是指认证机构专有的认证标志。

第十四条 强制性认证标志和国家统一的自愿性认证标志的制定和使用,由国家市场监督管理总局依法规定,并予以公布。

第十五条 认证机构自行制定的认证标志的式样(包括使用的符号)、文字和名称,应当遵守以下规定:

(一)不得与强制性认证标志、国家统一的自愿性认证标志或者其他认证机构自行制定并公布的认证标志相同或者近似;
(二)不得妨碍社会管理秩序;
(三)不得将公众熟知的社会公共资源或者具有特定含义的认证名称的文字、符号、图案作为认证标志的组成部分；

（四）不得将容易误导公众或者造成社会歧视、有损社会道德风尚以及其他不良影响的文字、符号、图案作为认证标志的组成部分；

（五）其他法律、行政法规，或者国家制定的相关技术规范、标准的规定。

第十六条 认证机构应当向社会公布认证标志的式样（包括使用的符号）、文字、名称、应用范围、识别方法、使用方法等信息。

第十七条 认证机构应当建立认证标志管理制度，明确认证标志使用者的权利和义务，对获得认证的组织使用认证标志的情况实施有效跟踪调查，发现其认证的产品、服务、管理体系不能符合认证要求的，应当及时作出暂停或者停止其使用认证标志的决定，并予以公布。

第十八条 获得产品认证的组织应当在广告、产品介绍等宣传材料中正确使用产品认证标志，可以在通过认证的产品及其包装上标注产品认证标志，但不得利用产品认证标志误导公众认为其服务、管理体系通过认证。

第十九条 获得服务认证的组织应当在广告等有关宣传中正确使用服务认证标志，可以将服务认证标志悬挂在获得服务认证的区域内，但不得利用服务认证标志误导公众认为其产品、管理体系通过认证。

第二十条 获得管理体系认证的组织应当在广告等有关宣传中正确使用管理体系认证标志，不得在产品上标注管理体系认证标志，只有在注明获证组织通过相关管理体系认证的情况下方可在产品的包装上标注管理体系认证标志。

第四章 监督检查

第二十一条 国家市场监督管理总局组织县级以上地方市场监督管理部门对认证证书和认证标志的使用情况实施监督检查，对伪造、冒用、转让和非法买卖认证证书和认证标志的违法行为依法予以查处。

第二十二条 国家市场监督管理总局对认证机构的认证证书和认证标志管理情况实施监督检查。

认证机构应当对其认证证书和认证标志的管理情况向国家市场监督管理总局提供年度报告。年度报告中应当包括其对获证组织使用认证证书和认证标志的跟踪调查情况。

第二十三条 认证机构应当公布本机构认证证书和认证标志使用等相关信息，以便于公众进行查询和社会监督。

第二十四条 任何单位和个人对伪造、冒用、转让和非法买卖认证证书和认证标志等违法、违规行为可以向市场监督管理部门举报。

第五章 罚则

第二十五条 违反本办法第十二条规定，对混淆使用认证证书和认证标志的，县级以上地方市场监督管理部门应当责令其限期改正，逾期不改的处以 2 万元以下罚款。

未通过认证，但在其产品或者产品包装上、广告等其他宣传中，使用虚假文字表明其通过认证的，县级以上地方市场监督管理部门应当按伪造、冒用认证标志的违法行为进行处罚。

第二十六条 违反本办法规定，伪造、冒用认证证书的，县级以上地方市场监督管理部门应当责令其改正，处以 3 万元罚款。

第二十七条 违反本办法规定，非法买卖或者转让认证证书的，县级以上地方市场监督管理部门责令其改正，处以 3 万元罚款；认证机构向未通过认证的认证委托人出卖或转让认证证书的，依照条例第六十一条规定处罚。

第二十八条 认证机构自行制定的认证标志违反本办法第十五条规定的，依照条例第六十条规定处罚；违反其他法律、行政法规规定的，依照其他法律、行政法规处罚。

第二十九条 认证机构发现其认证的产品、服务、管理体系不能持续符合认证要求，不及时暂停其使用认证证书和认证标志，或者不及时撤销认证证书或者停止其使用认证标志的，依照条例第五十九条规定处罚。

第三十条 认证机构违反本办法第十六条、第二十三条规定，未向社会公布相关信息的，责令限期改正；逾期不改的，予以警告。

第三十一条 伪造、冒用、非法买卖认证标志的，依照《中华人民共和国产品质量法》和《中华人民共和国进出口商品检验法》等有关法律、行政法规的规定处罚。

第六章 附则

第三十二条 认证证书和认证标志的收费按照国家有关价格法律、行政法规的规定执行。

第三十三条 本办法由国家市场监督管理总局负责解释。

第三十四条 本办法自 2004 年 8 月 1 日起施行。1992 年 2 月 10 日原国家技术监督局发布的《产品质量认证证书和认证标志管理办法》和 1995 年 9 月 21 日原国家商检局发布的《进出口商品标志管理办法》中有关认证标志的部分规定同时废止。

认证机构管理办法

- 2017年11月14日国家质量监督检验检疫总局令第193号公布
- 根据2020年10月23日《国家市场监督管理总局关于修改部分规章的决定》修订

第一章 总　则

第一条　为了加强对认证机构的监督管理，规范认证活动，提高认证有效性，根据《中华人民共和国认证认可条例》（以下简称《认证认可条例》）等有关法律、行政法规的规定，制定本办法。

第二条　本办法所称认证机构，是指依法取得资质，对产品、服务和管理体系是否符合标准、相关技术规范要求，独立进行合格评定的具有法人资格的证明机构。

第三条　在中华人民共和国境内从事认证活动的认证机构及其监督管理，适用本办法。

第四条　国务院认证认可监督管理部门主管认证机构的资质审批及监督管理工作。

县级以上地方认证监督管理部门依照本办法的规定，负责所辖区域内认证机构从事认证活动的监督管理。

第五条　认证机构从事认证活动应当遵循公正公开、客观独立、诚实信用的原则，维护社会信用体系。

第六条　认证机构及其人员对其认证活动中所知悉的国家秘密、商业秘密负有保密义务。

第二章 资质审批

第七条　取得认证机构资质，应当经国务院认证认可监督管理部门批准。未经批准，任何单位和个人不得从事认证活动。

第八条　取得认证机构资质，应当符合下列条件：

（一）取得法人资格；

（二）有固定的办公场所和必要的设施；

（三）有符合认证认可要求的管理制度；

（四）注册资本不得少于人民币300万元；

（五）有10名以上相应领域的专职认证人员。

从事产品认证活动的认证机构，还应当具备与从事相关产品认证活动相适应的检测、检查等技术能力。

第九条　认证机构资质审批程序：

（一）认证机构资质的申请人（以下简称申请人）应当向国务院认证认可监督管理部门提出申请，提交符合本办法第八条规定条件的相关证明文件，并对其真实性、有效性、合法性负责。

（二）国务院认证认可监督管理部门应当对申请人提交的证明文件进行初审，并自收到之日起5日内作出受理或者不予受理的书面决定。对申请材料不齐全或者不符合法定形式的，应当一次性告知申请人需要补正的全部内容。

（三）国务院认证认可监督管理部门应当自受理认证机构资质申请之日起45日内，作出是否批准的决定。决定批准的，向申请人出具《认证机构批准书》。决定不予批准的，应当书面通知申请人，并说明理由。

需要对申请人的认证、检测、检查等技术能力进行专家评审的，专家评审时间不得超过30日。评审时间不计算在审批期限内。

第十条　国务院认证认可监督管理部门制定、调整和公布认证领域目录，认证机构应当在批准的认证领域内，按照认证基本规范、认证规则从事认证活动。

属于认证新领域，国务院认证认可监督管理部门尚未制定认证规则的，认证机构可以自行制定认证规则，并在认证规则发布后30日内，将认证规则相关信息报国务院认证认可监督管理部门备案。

第十一条　认证机构有下列情形之一的，应当自变更之日起30日内，向国务院认证认可监督管理部门申请办理《认证机构批准书》变更手续：

（一）缩小批准认证领域的；

（二）变更法人性质、股东、注册资本的；

（三）合并或者分立的；

（四）变更名称、住所、法定代表人的。

扩大认证领域的，由国务院认证认可监督管理部门按照本办法第九条的规定予以办理。

第十二条　《认证机构批准书》有效期为6年。

认证机构需要延续《认证机构批准书》有效期的，应当在《认证机构批准书》有效期届满30日前向国务院认证认可监督管理部门提出申请。

国务院认证认可监督管理部门应当对提出延续申请的认证机构依照本办法规定的资质条件和审批程序进行书面复查，并在《认证机构批准书》有效期届满前作出是否准予延续的决定。

第三章 行为规范

第十三条　认证机构应当建立风险防范机制，对其从事认证活动可能引发的风险和责任，采取合理、有效措施，并承担相应的社会责任。

认证机构不得超出批准范围从事认证活动。

第十四条　认证机构应当建立健全认证人员管理制度，定期对认证人员进行培训，保证其能力持续符合国家关于认证人员职业资格的相关要求。

认证机构不得聘用国家法律法规和国家政策禁止或者限制从事认证活动的人员。

第十五条 认证机构应当通过其网站或者其他形式公布以下信息并保证其真实、有效：

（一）依法从事认证活动的自我声明；

（二）认证领域、认证规则、认证证书样式、认证标志样式；

（三）设立的承担其认证活动的分支机构名称、地址和认证活动内容；

（四）认证收费标准；

（五）认证证书有效、暂停、注销或者撤销的状态。

强制性产品认证机构还应当按照国务院认证认可监督管理部门的相关规定，公布其强制性产品认证相关信息。

第十六条 认证机构从事认证活动，应当符合认证基本规范、认证规则规定的程序要求，确保认证过程完整、客观、真实，不得增加、减少或者遗漏程序要求。

第十七条 认证机构在从事认证活动时，应当对认证对象的下列情况进行核实：

（一）具备相关法定资质、资格；

（二）委托认证的产品、服务、管理体系等符合相关法律法规的要求；

（三）未列入严重违法失信名单。

认证对象不符合上述要求的，认证机构不得向其出具认证证书。

第十八条 认证机构及其认证人员应当及时作出认证结论，保证其客观、真实并承担相应法律责任。

认证机构及其认证人员不得出具虚假或者严重失实的认证结论。有下列情形之一的，属于出具虚假或者严重失实的认证结论：

（一）认证人员未按照认证规则要求，应当进入现场而未进入现场进行审核、检查或者审查的；

（二）冒名顶替其他认证人员实施审核、检查或者审查的；

（三）伪造认证档案、记录和资料的；

（四）认证证书载明的事项内容严重失实的；

（五）向未通过认证的认证对象出卖或者转让认证证书的。

第十九条 认证结论符合认证要求的，认证机构应当及时向认证对象出具认证证书。

认证机构应当通过其网站或者其他形式，向公众提供查询认证证书有效性的方式。

第二十条 认证机构应当要求认证对象正确使用认证证书和认证标志，对未按照规定使用的，认证机构应当采取有效的纠正措施。

第二十一条 认证机构应当对其认证的产品、服务、管理体系实施有效的跟踪监督。

不能持续符合认证要求的，认证机构应当在确认相关情况后5日内，暂停认证对象相应的认证证书。暂停期限届满仍不符合要求的，应当撤销其相应认证证书。

暂停期限按照认证规则的相关规定执行。

第二十二条 认证机构应当对认证过程做出完整记录，保留相应认证资料。

认证记录和认证资料应当真实、准确，归档留存时间为认证证书有效期届满或者被注销、撤销之日起2年以上，认证记录应当使用中文。

在认证证书有效期内，认证活动参与各方盖章或者签字的认证记录、认证资料等，应当保存具有法律效力的原件。

第二十三条 认证机构应当及时向国务院认证认可监督管理部门报送以下信息，并保证其真实、有效：

（一）认证计划信息；

（二）与认证结果相关的认证活动、认证人员、认证对象信息；

（三）认证证书的有效、暂停、注销或者撤销状态信息；

（四）设立承担其认证活动的分支机构信息。

认证机构在获得批准的认证领域内，与境外认证机构签订认证结果仅在境外使用的分包合约，应当自签订分包合约之日起10日内向国务院认证认可监督管理部门报送信息。

第二十四条 认证机构应当在每年3月底之前向国务院认证认可监督管理部门提交以下报告，并保证其真实、有效：

（一）上一年度工作报告：主要包括从业基本情况、人员、业务状况以及符合国家资质要求的会计师事务所出具的财务会计审计报告等内容；

（二）社会责任报告：主要包括机构概况、机构核心价值观与发展理念、机构最高管理者的社会责任承诺、机构社会责任战略、机构社会责任绩效等内容。

第二十五条 认证机构和认证对象应当对国务院认证认可监督管理部门、地方认证监督管理部门实施的监督检查工作予以配合，对有关事项的询问和调查如实提供相关材料和信息。

第四章 监督管理

第二十六条 国务院认证认可监督管理部门对认证机构遵守《认证认可条例》、本办法以及相关部门规章的情况进行监督检查。

地方认证监督管理部门根据法定职责分工，对所辖区域内的认证活动、认证结果实施日常监督检查，查处违法行为，并建立相应的协调工作机制。

地方认证监督管理部门应当将违法行为查处的相关信息及时报送国务院认证认可监督管理部门。

第二十七条 国务院认证认可监督管理部门、地方认证监督管理部门对认证机构的认证活动、认证结果实行随机抽查，抽查结果应当及时向社会公开。

国务院认证认可监督管理部门、地方认证监督管理部门结合随机抽查、行政处罚、投诉举报、严重违法失信名单以及大数据分析等信息，对认证机构实行分类监管。

第二十八条 国务院认证认可监督管理部门在其网站公布以下信息：

（一）依法取得资质的认证机构名录；

（二）认证机构依据本办法第二十四条规定报送的报告；

（三）随机抽查结果；

（四）对认证机构及其认证人员的行政处罚信息；

（五）认证机构及其法定代表人、主要负责人、认证人员严重违法失信名单。

第二十九条 认证机构资质的申请人及其法定代表人、主要负责人、认证人员等列入严重违法失信名单的，对其认证机构资质申请不予批准。

认证机构及其法定代表人、主要负责人、认证人员列入严重违法失信名单的，对其认证机构资质延续、认证领域扩大申请不予批准。

第三十条 国务院认证认可监督管理部门、地方认证监督管理部门在监督检查中发现认证机构有下列情形之一的，应当给予告诫，并责令其改正：

（一）未依照本办法第十五条规定，公布信息的；

（二）未依照本办法第十九条第二款规定，向公众提供认证证书有效性查询方式的。

第三十一条 有下列情形之一的，国务院认证认可监督管理部门根据利害关系人的请求或者依据职权，可以撤销《认证机构批准书》：

（一）国务院认证认可监督管理部门工作人员滥用职权、玩忽职守出具的；

（二）超越法定职权出具的；

（三）违反法定程序出具的；

（四）对不具备申请资格或者不符合法定条件的申请人出具的；

（五）认证机构已不具备或者不能持续符合法定条件和能力的；

（六）依法可以撤销的其他情形。

以欺骗、贿赂等不正当手段取得认证机构资质的，国务院认证认可监督管理部门应当撤销《认证机构批准书》；申请人在3年内不得再次申请认证机构资质。

第三十二条 认证机构有下列情形之一的，国务院认证认可监督管理部门应当办理《认证机构批准书》注销手续：

（一）《认证机构批准书》有效期届满，未申请延续或者复查不予延续的；

（二）《认证机构批准书》依法被撤销的；

（三）认证机构申请注销的；

（四）认证机构依法终止的；

（五）法律法规规定应当注销的其他情形。

第三十三条 认证机构可以通过认可机构的认可，证明其认证能力能够持续符合相关要求。

认可机构应当对取得认可的认证机构进行有效跟踪监督，对认可监督中发现的违法行为，及时报告国务院认证认可监督管理部门。

第三十四条 认证认可协会应当加强对认证机构和认证人员的行业自律管理，发现认证机构或者认证人员的违法行为，及时报告国务院认证认可监督管理部门。

第三十五条 任何单位和个人对认证活动中的违法行为，有权向国务院认证认可监督管理部门和地方认证监督管理部门举报。国务院认证认可监督管理部门和地方认证监督管理部门应当及时调查处理，并为举报人保密。

第五章 法律责任

第三十六条 隐瞒有关情况或者提供虚假材料申请认证机构资质的，国务院认证认可监督管理部门不予受理或者不予批准，并给予警告；申请人在1年内不得再次申请认证机构资质。

第三十七条 认证机构有下列情形之一的，国务院认证认可监督管理部门应当责令其限期改正，给予警告并予公布：

（一）未依照本办法第十条第二款规定，将认证规则相关信息报国务院认证认可监督管理部门备案的；

（二）未依照本办法第十一条规定，办理变更手续的；

（三）未依照本办法第十四条规定，认证人员能力不能持续符合国家职业资格的相关要求，或者聘用国家法律法规和国家政策禁止或者限制从事认证活动的人员的；

（四）未依照本办法第二十三条、第二十四条规定，向国务院认证认可监督管理部门报送信息和报告的。

第三十八条 认证机构有下列情形之一的，地方认证监督管理部门应当责令其改正，并处3万元罚款：

（一）受到告诫或者警告后仍未改正的；

（二）违反本办法第十七条规定，向认证对象出具认证证书的；

（三）违反本办法第二十条规定，发现认证对象未正确使用认证证书和认证标志，未采取有效措施纠正的；

（四）违反本办法第二十五条规定，在监督检查工作中不予配合和协助，拒绝、隐瞒或者不如实提供相关材料和信息的。

第三十九条 认证机构违反本办法第十六条规定，增加、减少、遗漏程序要求的，依照《认证认可条例》第六十条的规定进行处罚。认证机构被责令停业整顿的，停业整顿期限为6个月，期间不得从事认证活动。

认证机构增加、减少、遗漏程序要求，情节轻微且不影响认证结论的客观、真实或者认证有效性的，应当责令其限期改正。逾期未改正或者经改正仍不符合要求的，依照前款规定进行处罚。

第四十条 认证机构违反本办法第十八条规定，出具虚假或者严重失实认证结论的，依照《认证认可条例》第六十二条的规定进行处罚。

第四十一条 认证机构违反《认证认可条例》等有关法律、行政法规规定的，依照相关规定追究其法律责任。

第四十二条 国务院认证认可监督管理部门和地方认证监督管理部门及其工作人员应当依法对认证活动实施监督，有滥用职权、徇私舞弊、玩忽职守等违法行为的，依法给予行政处分；构成犯罪的，依法追究刑事责任。

第六章 附 则

第四十三条 本办法中国务院认证认可监督管理部门实施行政许可的期限以工作日计算，不含法定节假日。

第四十四条 香港、澳门和台湾地区在大陆的投资企业取得认证机构资质，依照本办法第八条的规定办理，并遵守本办法规定。

第四十五条 本办法由国务院认证认可监督管理部门负责解释。

第四十六条 本办法自2018年1月1日起施行。国家质检总局2011年7月20日公布的《认证机构管理办法》、2015年5月11日公布的《国家质量监督检验检疫总局关于修改〈认证机构管理办法〉的决定》同时废止。

认可机构监督管理办法

· 2021年5月25日国家市场监督管理总局公告2021年第17号发布
· 自发布之日起施行

第一条 为了加强对认可机构的监督管理，保证认可工作质量，根据《中华人民共和国认证认可条例》相关规定，制定本办法。

第二条 本办法所称的认可机构，是指依法经市场监管总局确定，从事认证机构、实验室、检验机构、审定核查机构等合格评定机构评价活动的权威机构。

第三条 在中华人民共和国境内，对认可机构及认可活动的监督管理适用本办法。

第四条 对认可机构和认可活动的监督管理由市场监管总局负责。

第五条 市场监管总局对认可机构及其认可活动、认可结果实施监督管理，坚持监管与促进发展相结合的原则，确保认可制度统一、有效实施。

第六条 鼓励相关部门、行业参与认可制度的建立，并采信认可结果。

第七条 认可机构应当符合相关法律、法规和相关国家标准要求，包括：

（一）具有法人资格，能够独立承担法律责任；

（二）组织结构和运作应保证客观性和公正性；

（三）具有与认可工作相适应并符合相关法律、法规和技术要求的专业人员；

（四）确保管理者和全体人员不受任何可能影响其认可结果的商业、财务和其他方面的干扰；

（五）确保其他相关机构的活动不影响认可活动的保密性、客观性和公正性。

第八条 市场监管总局确定的认可机构，独立开展认可活动。其他任何单位不得直接或者变相从事认可活动。其他单位直接或者变相从事认可活动的，其认可结果无效。

第九条 认可机构应当建立并实施与其认可范围相适应的质量管理体系，以保证认可活动的公正性、保密性，并承担因认可活动、认可结果引发的相关法律责任。

第十条 认可机构应当及时对外公开认可要求、认可程序、收费标准及其变更情况，公布取得认可的获证机构名录。

第十一条　认可机构受理认可申请，不得向申请人提出与认可活动无关的要求或限制条件，不得接受任何可能对认可活动的客观公正产生影响的资助。

第十二条　认可机构应当建立与其业务发展相适应的人力资源保障体系，满足开展认可活动的需要。

第十三条　市场监管总局应当定期对认可机构开展的认可活动以及认可结果进行监督检查。

第十四条　市场监管总局可以通过以下方式对认可机构实施监督检查：

（一）对认可机构实施现场监督评审；
（二）对认可评审活动实施监督；
（三）对认可制度实施情况进行评估；
（四）建立认可机构信息报送制度；
（五）调查和处理对认可机构、认可活动的申诉和投诉；
（六）对认可机构工作质量开展第三方评估；
（七）组织地方市场监管部门实施认可监督管理。

第十五条　认可机构以下活动应及时向市场监管总局书面报告，并对报告真实性负责：

（一）认可规范的制、修订及研发的认可制度和工作规则；
（二）重要会议；
（三）主要管理人员的变化；
（四）认可批准、暂停和撤销；
（五）重要申诉、投诉及督查处理结果；
（六）拟参加国际组织和有关国际方面的重大活动，向国际组织投票表决的重要事项；
（七）拟签订的国际双边或者多边协议；
（八）获认可机构年度统计信息和认可工作年度报告；
（九）获认可机构违法违规或重大事故处理情况；
（十）其他重要事项。

第十六条　市场监管总局组织地方市场监管部门对认可机构、认可活动和认可结果实施的监督，地方市场监管部门应当将监督活动有关情况、发现的主要问题等报告市场监管总局，由市场监管总局做出处理决定。

第十七条　任何单位和个人对认可机构的违法违规行为，有权向市场监管总局举报。市场监管总局应及时调查处理，并为举报人保密。

第十八条　认可机构有下列情形之一的，由市场监管总局责令改正；情节严重的，对主要负责人和负有责任的人员移送有关机关处理：

（一）对不符合认可条件的机构予以认可的；
（二）发现取得认可的机构不符合认可条件，不及时撤销认可证书，并予公布的；
（三）接受可能对认可活动的客观公正产生影响的资助的。

第十九条　认可机构有下列情形之一的，由市场监管总局责令改正；对主要负责人和负有责任的人员给予警告：

（一）受理认可申请，向申请人提出与认可活动无关的要求或者限制条件的；
（二）未在公布的时间内完成认可活动，或者未公开认可条件、认可程序、收费标准等信息的；
（三）发现取得认可的机构不当使用认可证书和认可标志，不及时暂停其使用或者撤销认可证书并予公布的；
（四）未对认可过程作出完整记录，归档留存的。

第二十条　认证机构、实验室、检验机构、审定核查机构等取得境外认可机构认可的，应当将获认可的相关信息报送市场监管总局备案。备案内容包括：

（一）实施认可的认可机构名称和国别（地区）；
（二）获认可范围和认可时间、有效期；
（三）认可评审人日数；
（四）其他相关的获认可信息。

前款规定的机构未向市场监管总局备案的，给予警告，并予公布。

第二十一条　本办法由市场监管总局负责解释。

第二十二条　本办法自2021年5月25日起施行。国家认证认可监督管理委员会2002年4月4日发布的《国家认可机构监督管理办法》（国认可〔2002〕20号）同时废止。

检验检测机构资质认定管理办法

· 2015年4月9日国家质量监督检验检疫总局令第163号公布
· 根据2021年4月2日《国家市场监督管理总局关于废止和修改部分规章的决定》修正

第一章　总　则

第一条　为了规范检验检测机构资质认定工作，优化准入程序，根据《中华人民共和国计量法》及其实施细则、《中华人民共和国认证认可条例》等法律、行政法规的规定，制定本办法。

第二条　本办法所称检验检测机构，是指依法成立，依据相关标准或者技术规范，利用仪器设备、环境设施等技术条件和专业技能，对产品或者法律法规规定的特定对象进行检验检测的专业技术组织。

本办法所称资质认定，是指市场监督管理部门依照法律、行政法规规定，对向社会出具具有证明作用的数据、结果的检验检测机构的基本条件和技术能力是否符合法定要求实施的评价许可。

第三条 在中华人民共和国境内对检验检测机构实施资质认定，应当遵守本办法。

法律、行政法规对检验检测机构资质认定另有规定的，依照其规定。

第四条 国家市场监督管理总局（以下简称市场监管总局）主管全国检验检测机构资质认定工作，并负责检验检测机构资质认定的统一管理、组织实施、综合协调工作。

省级市场监督管理部门负责本行政区域内检验检测机构的资质认定工作。

第五条 法律、行政法规规定应当取得资质认定的事项清单，由市场监管总局制定并公布，并根据法律、行政法规的调整实行动态管理。

第六条 市场监管总局依据国家有关法律法规和标准、技术规范的规定，制定检验检测机构资质认定基本规范、评审准则以及资质认定证书和标志的式样，并予以公布。

第七条 检验检测机构资质认定工作应当遵循统一规范、客观公正、科学准确、公平公开、便利高效的原则。

第二章 资质认定条件和程序

第八条 国务院有关部门以及相关行业主管部门依法成立的检验检测机构，其资质认定由市场监管总局负责组织实施；其他检验检测机构的资质认定，由其所在行政区域的省级市场监督管理部门负责组织实施。

第九条 申请资质认定的检验检测机构应当符合以下条件：

（一）依法成立并能够承担相应法律责任的法人或者其他组织；

（二）具有与其从事检验检测活动相适应的检验检测技术人员和管理人员；

（三）具有固定的工作场所，工作环境满足检验检测要求；

（四）具备从事检验检测活动所必需的检验检测设备设施；

（五）具有并有效运行保证其检验检测活动独立、公正、科学、诚信的管理体系；

（六）符合有关法律法规或者标准、技术规范规定的特殊要求。

第十条 检验检测机构资质认定程序分为一般程序和告知承诺程序。除法律、行政法规或者国务院规定必须采用一般程序或者告知承诺程序的外，检验检测机构可以自主选择资质认定程序。

检验检测机构资质认定推行网上审批，有条件的市场监督管理部门可以颁发资质认定电子证书。

第十一条 检验检测机构资质认定一般程序：

（一）申请资质认定的检验检测机构（以下简称申请人），应当向市场监管总局或者省级市场监督管理部门（以下统称资质认定部门）提交书面申请和相关材料，并对其真实性负责；

（二）资质认定部门应当对申请人提交的申请和相关材料进行初审，自收到申请之日起5个工作日内作出受理或者不予受理的决定，并书面告知申请人；

（三）资质认定部门自受理申请之日起，应当在30个工作日内，依据检验检测机构资质认定基本规范、评审准则的要求，完成对申请人的技术评审。技术评审包括书面审查和现场评审（或者远程评审）。技术评审时间不计算在资质认定期限内，资质认定部门应当将技术评审时间告知申请人。由于申请人整改或者其它自身原因导致无法在规定时间内完成的情况除外；

（四）资质认定部门自收到技术评审结论之日起，应当在10个工作日内，作出是否准予许可的决定。准予许可的，自作出决定之日起7个工作日内，向申请人颁发资质认定证书。不予许可的，应当书面通知申请人，并说明理由。

第十二条 采用告知承诺程序实施资质认定的，按照市场监管总局有关规定执行。

资质认定部门作出许可决定前，申请人有合理理由的，可以撤回告知承诺申请。告知承诺申请撤回后，申请人再次提出申请的，应当按照一般程序办理。

第十三条 资质认定证书有效期为6年。

需要延续资质认定证书有效期的，应当在其有效期届满3个月前提出申请。

资质认定部门根据检验检测机构的申请事项、信用信息、分类监管等情况，采取书面审查、现场评审（或者远程评审）的方式进行技术评审，并作出是否准予延续的决定。

对上一许可周期内无违反市场监管法律、法规、规章行为的检验检测机构，资质认定部门可以采取书面审查方式，对于符合要求的，予以延续资质认定证书有效期。

第十四条 有下列情形之一的，检验检测机构应当向资质认定部门申请办理变更手续：

（一）机构名称、地址、法人性质发生变更的；

（二）法定代表人、最高管理者、技术负责人、检验检测报告授权签字人发生变更的；

（三）资质认定检验检测项目取消的；

（四）检验检测标准或者检验检测方法发生变更的；

（五）依法需要办理变更的其他事项。

检验检测机构申请增加资质认定检验检测项目或者发生变更的事项影响其符合资质认定条件和要求的，依照本办法第十条规定的程序实施。

第十五条 资质认定证书内容包括：发证机关、获证机构名称和地址、检验检测能力范围、有效期限、证书编号、资质认定标志。

检验检测机构资质认定标志，由 China Inspection Body and Laboratory Mandatory Approval 的英文缩写 CMA 形成的图案和资质认定证书编号组成。式样如下：

第十六条 外方投资者在中国境内依法成立的检验检测机构，申请资质认定时，除应当符合本办法第九条规定的资质认定条件外，还应当符合我国外商投资法律法规的有关规定。

第十七条 检验检测机构依法设立的从事检验检测活动的分支机构，应当依法取得资质认定后，方可从事相关检验检测活动。

资质认定部门可以根据具体情况简化技术评审程序、缩短技术评审时间。

第十八条 检验检测机构应当定期审查和完善管理体系，保证其基本条件和技术能力能够持续符合资质认定条件和要求，并确保质量管理措施有效实施。

检验检测机构不再符合资质认定条件和要求的，不得向社会出具具有证明作用的检验检测数据和结果。

第十九条 检验检测机构应当在资质认定证书规定的检验检测能力范围内，依据相关标准或者技术规范规定的程序和要求，出具检验检测数据、结果。

第二十条 检验检测机构不得转让、出租、出借资质认定证书或者标志；不得伪造、变造、冒用资质认定证书或者标志；不得使用已经过期或者被撤销、注销的资质认定证书或者标志。

第二十一条 检验检测机构向社会出具具有证明作用的检验检测数据、结果的，应当在其检验检测报告上标注资质认定标志。

第二十二条 资质认定部门应当在其官方网站上公布取得资质认定的检验检测机构信息，并注明资质认定证书状态。

第二十三条 因应对突发事件等需要，资质认定部门可以公布符合应急工作要求的检验检测机构名录及相关信息，允许相关检验检测机构临时承担应急工作。

第三章 技术评审管理

第二十四条 资质认定部门根据技术评审需要和专业要求，可以自行或者委托专业技术评价机构组织实施技术评审。

资质认定部门或者其委托的专业技术评价机构组织现场评审（或者远程评审）时，应当指派两名以上与技术评审内容相适应的评审人员组成评审组，并确定评审组组长。必要时，可以聘请相关技术专家参加技术评审。

第二十五条 评审组应当严格按照资质认定基本规范、评审准则开展技术评审活动，在规定时间内出具技术评审结论。

专业技术评价机构、评审组应当对其承担的技术评审活动和技术评审结论的真实性、符合性负责，并承担相应法律责任。

第二十六条 评审组在技术评审中发现有不符合要求的，应当书面通知申请人限期整改，整改期限不得超过30个工作日。逾期未完成整改或者整改后仍不符合要求的，相应评审项目应当判定为不合格。

评审组在技术评审中发现申请人存在违法行为的，应当及时向资质认定部门报告。

第二十七条 资质认定部门应当建立并完善评审人员专业技能培训、考核、使用和监督制度。

第二十八条 资质认定部门应当对技术评审活动进行监督，建立责任追究机制。

资质认定部门委托专业技术评价机构组织技术评审的，应当对专业技术评价机构及其组织的技术评审活动进行监督。

第二十九条 专业技术评价机构、评审人员在评审活动中有下列情形之一的，资质认定部门可以根据情节轻重，对其进行约谈、暂停直至取消委托其从事技术评审活动：

（一）未按照资质认定基本规范、评审准则规定的要求和时间实施技术评审的；

（二）对同一检验检测机构既从事咨询又从事技术评审的；

（三）与所评审的检验检测机构有利害关系或者其评审可能对公正性产生影响，未进行回避的；

（四）透露工作中所知悉的国家秘密、商业秘密或者技术秘密的；

（五）向所评审的检验检测机构谋取不正当利益的；

（六）出具虚假或者不实的技术评审结论的。

第四章 监督检查

第三十条 市场监管总局对省级市场监督管理部门实施的检验检测机构资质认定工作进行监督和指导。

第三十一条 检验检测机构有下列情形之一的，资质认定部门应当依法办理注销手续：

（一）资质认定证书有效期届满，未申请延续或者依法不予延续批准的；

（二）检验检测机构依法终止的；

（三）检验检测机构申请注销资质认定证书的；

（四）法律、法规规定应当注销的其他情形。

第三十二条 以欺骗、贿赂等不正当手段取得资质认定的，资质认定部门应当依法撤销资质认定。

被撤销资质认定的检验检测机构，三年内不得再次申请资质认定。

第三十三条 检验检测机构申请资质认定时提供虚假材料或者隐瞒有关情况的，资质认定部门应当不予受理或者不予许可。检验检测机构在一年内不得再次申请资质认定。

第三十四条 检验检测机构未依法取得资质认定，擅自向社会出具具有证明作用的数据、结果的，依照法律、法规的规定执行；法律、法规未作规定的，由县级以上市场监督管理部门责令限期改正，处3万元罚款。

第三十五条 检验检测机构有下列情形之一的，由县级以上市场监督管理部门责令限期改正；逾期未改正或者改正后仍不符合要求的，处1万元以下罚款。

（一）未按照本办法第十四条规定办理变更手续的；

（二）未按照本办法第二十一条规定标注资质认定标志的。

第三十六条 检验检测机构有下列情形之一的，法律、法规对撤销、吊销、取消检验检测资质或者证书等有行政处罚规定的，依照法律、法规的规定执行；法律、法规未作规定的，由县级以上市场监督管理部门责令限期改正，处3万元罚款：

（一）基本条件和技术能力不能持续符合资质认定条件和要求，擅自向社会出具具有证明作用的检验检测数据、结果的；

（二）超出资质认定证书规定的检验检测能力范围，擅自向社会出具具有证明作用的数据、结果的。

第三十七条 检验检测机构违反本办法规定，转让、出租、出借资质认定证书或者标志，伪造、变造、冒用资质认定证书或者标志，使用已经过期或者被撤销、注销的资质认定证书或者标志的，由县级以上市场监督管理部门责令改正，处3万元以下罚款。

第三十八条 对资质认定部门、专业技术评价机构以及相关评审人员的违法违规行为，任何单位和个人有权举报。相关部门应当依据各自职责及时处理，并为举报人保密。

第三十九条 从事资质认定的工作人员，在工作中滥用职权、玩忽职守、徇私舞弊的，依法予以处理；构成犯罪的，依法追究刑事责任。

第五章 附 则

第四十条 本办法自2015年8月1日起施行。国家质量监督检验检疫总局于2006年2月21日发布的《实验室和检查机构资质认定管理办法》同时废止。

检验检测机构监督管理办法

· 2021年4月8日国家市场监督管理总局令第39号公布
· 自2021年6月1日起施行

第一条 为了加强检验检测机构监督管理工作，规范检验检测机构从业行为，营造公平有序的检验检测市场环境，依照《中华人民共和国计量法》及其实施细则、《中华人民共和国认证认可条例》等法律、行政法规，制定本办法。

第二条 在中华人民共和国境内检验检测机构从事向社会出具具有证明作用的检验检测数据、结果、报告（以下统称检验检测报告）的活动及其监督管理，适用本办法。

法律、行政法规对检验检测机构的监督管理另有规定的，依照其规定。

第三条 本办法所称检验检测机构，是指依法成立，依据相关标准等规定利用仪器设备、环境设施等技术条件和专业技能，对产品或者其他特定对象进行检验检测的专业技术组织。

第四条 国家市场监督管理总局统一负责、综合协调检验检测机构监督管理工作。

省级市场监督管理部门负责本行政区域内检验检测机构监督管理工作。

地(市)、县级市场监督管理部门负责本行政区域内检验检测机构监督检查工作。

第五条 检验检测机构及其人员应当对其出具的检验检测报告负责,依法承担民事、行政和刑事法律责任。

第六条 检验检测机构及其人员从事检验检测活动应当遵守法律、行政法规、部门规章的规定,遵循客观独立、公平公正、诚实信用原则,恪守职业道德,承担社会责任。

检验检测机构及其人员应当独立于其出具的检验检测报告所涉及的利益相关方,不受任何可能干扰其技术判断的因素影响,保证其出具的检验检测报告真实、客观、准确、完整。

第七条 从事检验检测活动的人员,不得同时在两个以上检验检测机构从业。检验检测授权签字人应当符合相关技术能力要求。

法律、行政法规对检验检测人员或者授权签字人的执业资格或者禁止从业另有规定的,依照其规定。

第八条 检验检测机构应当按照国家有关强制性规定的样品管理、仪器设备管理与使用、检验检测规程或者方法、数据传输与保存等要求进行检验检测。

检验检测机构与委托人可以对不涉及国家有关强制性规定的检验检测规程或者方法等作出约定。

第九条 检验检测机构对委托人送检的样品进行检验的,检验检测报告对样品所检项目的符合性情况负责,送检样品的代表性和真实性由委托人负责。

第十条 需要分包检验检测项目的,检验检测机构应当分包给具备相应条件和能力的检验检测机构,并事先取得委托人对分包的检验检测项目以及拟承担分包项目的检验检测机构的同意。

检验检测机构应当在检验检测报告中注明分包的检验检测项目以及承担分包项目的检验检测机构。

第十一条 检验检测机构应当在其检验检测报告上加盖检验检测机构公章或者检验检测专用章,由授权签字人在其技术能力范围内签发。

检验检测报告用语应当符合相关要求,列明标准等技术依据。检验检测报告存在文字错误,确需更正的,检验检测机构应当按照标准等规定进行更正,并予以标注或者说明。

第十二条 检验检测机构应当对检验检测原始记录和报告进行归档留存。保存期限不少于6年。

第十三条 检验检测机构不得出具不实检验检测报告。

检验检测机构出具的检验检测报告存在下列情形之一,并且数据、结果存在错误或者无法复核的,属于不实检验检测报告:

(一)样品的采集、标识、分发、流转、制备、保存、处置不符合标准等规定,存在样品污染、混淆、损毁、性状异常改变等情形的;

(二)使用未经检定或者校准的仪器、设备、设施的;

(三)违反国家有关强制性规定的检验检测规程或者方法的;

(四)未按照标准等规定传输、保存原始数据和报告的。

第十四条 检验检测机构不得出具虚假检验检测报告。

检验检测机构出具的检验检测报告存在下列情形之一的,属于虚假检验检测报告:

(一)未经检验检测的;

(二)伪造、变造原始数据、记录,或者未按照标准等规定采用原始数据、记录的;

(三)减少、遗漏或者变更标准等规定的应当检验检测的项目,或者改变关键检验检测条件的;

(四)调换检验检测样品或者改变其原有状态进行检验检测的;

(五)伪造检验检测机构公章或者检验检测专用章,或者伪造授权签字人签名或者签发时间的。

第十五条 检验检测机构及其人员应当对其在检验检测工作中所知悉的国家秘密、商业秘密予以保密。

第十六条 检验检测机构应当在其官方网站或者以其他公开方式对其遵守法定要求、独立公正从业、履行社会责任、严守诚实信用等情况进行自我声明,并对声明内容的真实性、全面性、准确性负责。

检验检测机构应当向所在地省级市场监督管理部门报告持续符合相应条件和要求、遵守从业规范、开展检验检测活动以及统计数据等信息。

检验检测机构在检验检测活动中发现普遍存在的产品质量问题的,应当及时向市场监督管理部门报告。

第十七条 县级以上市场监督管理部门应当依据检验检测机构年度监督检查计划,随机抽取检查对象、随机选派执法检查人员开展监督检查工作。

因应对突发事件等需要,县级以上市场监督管理部门可以应急开展相关监督检查工作。

国家市场监督管理总局可以根据工作需要,委托省级市场监督管理部门开展监督检查。

第十八条 省级以上市场监督管理部门可以根据工作需要,定期组织检验检测机构能力验证工作,并公布能力验证结果。

检验检测机构应当按照要求参加前款规定的能力验证工作。

第十九条 省级市场监督管理部门可以结合风险程度、能力验证及监督检查结果、投诉举报情况等,对本行政区域内检验检测机构进行分类监管。

第二十条 市场监督管理部门可以依法行使下列职权:

(一)进入检验检测机构进行现场检查;

(二)向检验检测机构、委托人等有关单位及人员询问、调查有关情况或者验证相关检验检测活动;

(三)查阅、复制有关检验检测原始记录、报告、发票、账簿及其他相关资料;

(四)法律、行政法规规定的其他职权。

检验检测机构应当采取自查自改措施,依法从事检验检测活动,并积极配合市场监督管理部门开展的监督检查工作。

第二十一条 县级以上地方市场监督管理部门应当定期逐级上报年度检验检测机构监督检查结果等信息,并将检验检测机构违法行为查处情况通报实施资质认定的市场监督管理部门和同级有关行业主管部门。

第二十二条 县级以上市场监督管理部门应当依法公开监督检查结果,并将检验检测机构受到的行政处罚等信息纳入国家企业信用信息公示系统等平台。

第二十三条 任何单位和个人有权向县级以上市场监督管理部门举报检验检测机构违反本办法规定的行为。

第二十四条 县级以上市场监督管理部门发现检验检测机构存在不符合本办法规定,但无需追究行政和刑事法律责任的情形的,可以采用说服教育、提醒纠正等非强制性手段予以处理。

第二十五条 检验检测机构有下列情形之一的,由县级以上市场监督管理部门责令限期改正;逾期未改正或者改正后仍不符合要求的,处3万元以下罚款:

(一)违反本办法第八条第一款规定,进行检验检测的;

(二)违反本办法第十条规定分包检验检测项目,或者应当注明而未注明的;

(三)违反本办法第十一条第一款规定,未在检验检测报告上加盖检验检测机构公章或者检验检测专用章,或者未经授权签字人签发或者授权签字人超出其技术能力范围签发的。

第二十六条 检验检测机构有下列情形之一的,法律、法规对撤销、吊销、取消检验检测资质或者证书等有行政处罚规定的,依照法律、法规的规定执行;法律、法规未作规定的,由县级以上市场监督管理部门责令限期改正,处3万元罚款:

(一)违反本办法第十三条规定,出具不实检验检测报告的;

(二)违反本办法第十四条规定,出具虚假检验检测报告的。

第二十七条 市场监督管理部门工作人员玩忽职守、滥用职权、徇私舞弊的,依法予以处理;涉嫌构成犯罪,依法需要追究刑事责任的,按照有关规定移送公安机关。

第二十八条 本办法自2021年6月1日起施行。

检验检测机构能力验证管理办法

· 2023年3月27日市场监管总局公告2023年第13号公布
· 自发布之日起施行

第一章 总 则

第一条 为规范市场监督管理部门(以下简称市场监管部门)组织开展的检验检测机构能力验证工作,加强检验检测机构事中事后监督管理,督促检验检测机构落实主体责任,保证其技术能力持续符合资质认定条件和要求,依照《检验检测机构资质认定管理办法》《检验检测机构监督管理办法》等有关规定,制定本办法。

第二条 本办法所称能力验证,是指市场监管部门采取实验室间比对等方式,按照相关标准或者技术规范预先制定的考核规则,对检验检测机构技术能力是否持续符合资质认定条件和要求实施的技术管理手段。

第三条 由市场监管部门组织实施及监督管理的能力验证工作,适用本办法。

第四条 国家市场监督管理总局(以下简称市场监管总局)负责统一协调、组织实施、监督管理检验检测机构能力验证工作。

省级市场监管部门负责所辖行政区域内检验检测机

构能力验证的实施和管理工作。

第五条 检验检测机构能力验证工作,应当遵循客观公正、科学合理、统一规范的原则。

第二章 能力验证组织与实施

第六条 市场监管部门根据检验检测机构管理工作需要提出能力验证需求,征集能力验证项目,制定年度能力验证工作计划。制定计划时,应当优先考虑涉及国家安全、公共安全、生态安全、公众健康等检验检测领域的能力验证项目。

市场监管总局负责国家级检验检测机构能力验证计划的制定和发布,并通报省级市场监管部门。

省级市场监管部门负责统筹所辖行政区域内检验检测机构能力验证计划的制定和发布,并将相关材料上报市场监管总局。

第七条 组织实施能力验证计划的市场监管部门应当确认能力验证承担机构的技术能力,明确承担机构的责任和义务,并对承担机构及其承担的能力验证活动进行监督,发现承担机构在能力验证工作中存在重大问题或者能力验证结果评价不合理等情形的,应当及时督促其改正。

第八条 能力验证承担机构应当符合以下要求:

(一)依法成立并能够承担相应法律责任的法人或者其他组织;

(二)具有与承担能力验证活动相适应的人员、设备、设施和环境;

(三)具有并有效运行保证其能力验证活动规范、独立、公正、科学、诚信的管理体系;

(四)能够制备或者取得能力验证物品(样品),保证能力验证物品(样品)均匀性和稳定性,并对能力验证物品(样品)进行有效管理,包括物品(样品)存储、包装、标识、分发和处置等;

(五)熟悉相关检验检测标准,能够合理、有效地统计和评价能力验证数据和结果;

(六)未被列入经营异常名录或者严重违法失信名单。

第九条 能力验证承担机构应当按照相关标准或者技术规范的规定实施能力验证活动;策划、制定能力验证方案;制备或者取得能力验证物品(样品),并对其进行验证、定值和分发;对参加能力验证的检验检测机构提交的数据进行统计分析和结果评价,编制能力验证结果报告;按照市场监管部门的要求向参加能力验证的检验检测机构发放能力验证结果报告。

第十条 检验检测机构应当积极实施人员比对、设备比对、留样再测等内部质量控制措施,并按照市场监管部门的要求参加相应能力验证活动,以保证技术能力能够持续符合资质认定条件和要求。

检验检测机构应当依据相关标准或者技术规范的要求独立完成能力验证物品(样品)检测,并在规定时间内真实、客观地报送检验检测数据、结果及相关原始记录,不得私下比对串通能力验证数据、结果或者出具虚假能力验证数据、结果。

第十一条 能力验证结果分为合格和不合格。

结果合格是指按照相关标准或者技术规范规定的统计和评价技术手段确定的能力验证数据和结果满意。

结果不合格是指按照相关标准或者技术规范规定的统计和评价技术手段确定的能力验证数据和结果不满意或者有问题。

第十二条 能力验证承担机构在能力验证工作完成后,应当及时向市场监管部门报送能力验证结果报告,内容包括:能力验证项目名称、项目实施起止时间、验证的检验检测参数、依据的检验检测标准、能力验证物品(样品)的均匀性和稳定性检验结果、参加机构名单和评价结果、统计数据、技术分析和建议等信息。

第十三条 市场监管部门应当对组织实施的能力验证结果报告进行验收和评估,及时纠正存在的问题,并监督承担机构对能力验证结果报告作进一步修改和完善。

第十四条 对能力验证结果存在异议的,检验检测机构可以在收到能力验证结果之日起 15 个工作日内向组织实施能力验证的市场监管部门提出申诉。市场监管部门应当组织专家和承担机构对申诉内容进行研究,并及时给出答复。

第十五条 市场监管部门应当及时向社会公布其组织实施的能力验证结果信息,并通报相关行业主管部门。

第十六条 能力验证承担机构应当准确、客观、公正地实施能力验证活动,并对所出具的统计结果、评价结论、能力验证结果和报告负责。

第十七条 能力验证承担机构和能力验证参加机构应当保存能力验证活动的原始记录、数据信息和结果报告,保存期限不少于六年。

第三章 能力验证结果处理与使用

第十八条 对于无故不参加能力验证的检验检测机构,市场监管部门应当予以纠正并公布机构名单,并在"双随机、一公开"监督抽查中加大对其抽查概率。

第十九条 检验检测机构私下比对串通能力验证数据、结果,或者提供虚假能力验证数据、结果的,市场监管部门应当判定其能力验证结果不合格,并予以公布;属于《市场监督管理严重违法失信名单管理办法》规定情形的,依照其规定予以处理。

第二十条 能力验证相关检验检测项目结果不合格的检验检测机构,应当在规定期限内完成整改,向市场监管部门提交整改和验证材料,并经市场监管部门确认通过。整改期间或者整改后技术能力仍不能符合资质认定条件和要求,并擅自向社会出具具有证明作用的检验检测数据、结果的,将按照《检验检测机构资质认定管理办法》《检验检测机构监督管理办法》相关规定进行处理。

第二十一条 能力验证承担机构违反公正性要求,能力验证活动弄虚作假,泄露有关能力验证数据、结果或者参加机构商业秘密等有关信息的,市场监管部门应当予以公布且三年内不再委托该机构承担相关能力验证活动。

第二十二条 市场监管部门可以通过组织论证、专家评议、监督检查、抽查档案、征求意见等方式,对检验检测机构能力验证活动进行监督检查。

第二十三条 市场监管部门可以将能力验证结果作为对检验检测机构分类监督管理的依据。

对于能力验证结果合格的检验检测机构,市场监管部门可以视情况简化其相关项目的资质认定技术评审内容。

第二十四条 相关行业主管部门依照本办法组织开展能力验证活动,将能力验证结果报送市场监管部门,促进能力验证资源和数据信息共享。市场监管部门应当积极采信依照本办法组织实施的能力验证结果。

鼓励检验检测机构积极参加国内外有关行业主管部门以及其他能力验证提供机构组织开展的能力验证活动,持续提升技术能力水平。

第四章 附 则

第二十五条 本办法由市场监管总局负责解释。

第二十六条 本办法自发布之日起施行。《实验室能力验证实施办法》(国家认证认可监督管理委员会2006年第9号公告)同时废止。

认证机构及认证人员失信管理暂行规定

- 2018年7月6日中国国家认证认可监督管理委员会公告第30号发布
- 自发布之日起施行

第一条 为加强认证行业信用体系建设,倡导诚实守信,惩戒失信行为,根据《中华人民共和国认证认可条例》《认证机构管理办法》以及国家有关信用管理要求,制定本规定。

第二条 本规定所称认证机构及认证人员失信,是指认证机构、认证人员违背诚实信用原则,发生严重违反法律、行政法规、部门规章的行为。

第三条 本规定所称认证机构及认证人员失信管理,是指国家认证认可监督管理委员会(以下简称认监委)对认证机构及认证人员失信信息进行汇集、发布、更新,并对失信认证机构和认证人员采取惩戒措施。

第四条 地方认证监督管理部门、认可机构、认证认可行业协会等相关各方发现认证机构及认证人员存在虚假认证等失信行为的,应及时将相关证据线索报送认监委。

任何单位和个人均可向认监委提供认证机构及认证人员的失信行为信息。

第五条 认监委对有关方面提供的认证机构及认证人员失信行为证据线索依法进行调查处理。

第六条 有下列情形之一的,认证机构及认证人员将被认监委列入失信名录:

(一)认证机构出具虚假或者严重失实的认证结论,被撤销批准文件;

(二)认证机构超出批准范围从事认证活动,被撤销批准文件;

(三)认证机构以欺骗、贿赂等不正当手段取得认证机构资质,被撤销批准文件;

(四)申请人在申请认证机构资质过程中,隐瞒有关情况或者提供虚假材料,被给予行政处罚;

(五)认证人员对出具虚假认证结论负有直接责任或者存在其他严重违法违规行为,被撤销执业资格;

(六)认证机构及认证人员被列入其他部委发布的国家信用信息失信主体名录。

第七条 认监委在其官方网站上统一公布认证机构及认证人员失信名录。

认证机构失信名录信息包括:机构名称、统一社会信用代码、法定代表人、主要负责人姓名及其身份证件类型和号码、失信行为事实。

认证人员失信名录信息包括:认证人员姓名、身份证件类型和号码、所在认证机构名称、失信行为事实。

第八条 认证机构及认证人员对公布的失信名录有异议的,可以向认监委提出书面申请并提交相关证明材料。认监委应当在收到申请后20个工作日内进行核实,并将核实结果告知申请人。

认监委通过核实发现失信名录信息存在错误的,应当自查实之日起5个工作日内予以更正。

第九条 认监委对列入失信名录的认证机构及认证人员采取以下惩戒措施：

（一）认证机构资质的申请人及其法定代表人、主要负责人、认证人员列入失信名录的，对其认证机构资质申请不予批准；

（二）认证机构及其法定代表人、主要负责人、认证人员列入失信名录的，对其认证机构资质延续、认证领域扩大申请不予批准；

（三）认证机构法定代表人、主要负责人、认证人员列入失信名录的，其所在认证机构列入重点行政监管对象。

第十条 认监委参与国家相关部门对失信主体的联合惩戒；认证机构及认证人员失信信息将按照规定与国家相关信用信息查询平台共享。

认监委推动国家相关部门对失信认证机构及认证人员实施联合惩戒。

第十一条 满足下列条件的，失信名录所列认证机构及认证人员可以向认监委提出书面信用修复申请：

（一）本规定第六条第（一）、（二）项所涉及的失信信息，相关处理已满6年；

（二）本规定第六条第（三）项所涉及的失信信息，相关处理已满3年；

（三）本规定第六条第（四）项所涉及的失信信息，相关处理已满1年；

（四）本规定第六条第（五）项所涉及的失信信息，相关处理已满5年；

（五）本规定第六条第（六）项所涉及的失信信息，相关认证机构及认证人员已从国家信用信息失信主体名录中移出。

第十二条 认监委在其官方网站上对信用修复申请进行公示。自公示之日起5个工作日内无异议的，将相关认证机构及认证人员从公布的失信名录中移出。

列入失信管理所依据的行政处罚决定被撤销的，认监委应当自决定被撤销之日起5个工作日内将涉及的认证机构及认证人员从公布的失信名录中移出。

第十三条 认可机构、认证认可行业协会应建立各自的认证机构及认证人员失信管理制度。

第十四条 本规定由认监委负责解释。

第十五条 本规定自发布之日起施行。

强制性产品认证管理规定

- 2009年7月3日国家质量监督检验检疫总局令第117号公布
- 根据2022年9月29日国家市场监督管理总局令第61号修订

第一章 总　则

第一条 为规范强制性产品认证工作，提高认证有效性，维护国家、社会和公共利益，根据《中华人民共和国认证认可条例》（以下简称认证认可条例）等法律、行政法规以及国家有关规定，制定本规定。

第二条 为保护国家安全、防止欺诈行为、保护人体健康或者安全、保护动植物生命或者健康、保护环境，国家规定的相关产品必须经过认证（以下简称强制性产品认证），并标注认证标志后，方可出厂、销售、进口或者在其他经营活动中使用。

第三条 国家市场监督管理总局（以下简称市场监管总局）主管全国强制性产品认证工作，负责全国强制性产品认证工作的组织实施、监督管理和综合协调。

县级以上地方市场监督管理部门负责所辖区域内强制性产品认证活动的监督管理工作。

第四条 国家对实施强制性产品认证的产品，统一产品目录（以下简称目录），统一技术规范的强制性要求、标准和合格评定程序，统一认证标志，统一收费标准。

市场监管总局会同国务院有关部门制定和调整目录，目录由市场监管总局发布，并会同有关方面共同实施。

第五条 国家鼓励开展平等互利的强制性产品认证国际互认活动，互认活动应当在市场监管总局或者其授权的有关部门对外签署的国际互认协议框架内进行。

第六条 从事强制性产品认证活动的机构及其人员，对其从业活动中所知悉的商业秘密及生产技术、工艺等技术秘密和信息负有保密义务。

第二章 认证实施

第七条 强制性产品认证基本规范、认证规则由市场监管总局制定、发布。

第八条 强制性产品认证应当适用以下单一认证模式或者多项认证模式的组合，具体模式包括：

（一）设计鉴定；

（二）型式试验；

（三）生产现场抽取样品检测或者检查；

（四）市场抽样检测或者检查；

（五）企业质量保证能力和产品一致性检查；

（六）获证后的跟踪检查。

产品认证模式应当依据产品的性能，对涉及公共安全、人体健康和环境等方面可能产生的危害程度、产品的生命周期、生产、进口产品的风险状况等综合因素，按照科学、便利等原则予以确定。

第九条 认证规则应当包括以下内容：

（一）适用的产品范围；

（二）适用的产品所对应的国家标准、行业标准和国家技术规范的强制性要求；

（三）认证模式；

（四）申请单元划分原则或者规定；

（五）抽样和送样要求；

（六）关键元器件或者原材料的确认要求（需要时）；

（七）检测标准的要求（需要时）；

（八）工厂检查的要求；

（九）获证后跟踪检查的要求；

（十）认证证书有效期的要求；

（十一）获证产品标注认证标志的要求；

（十二）其他规定。

第十条 列入目录产品的生产者或者销售者、进口商（以下统称认证委托人）应当委托经市场监管总局指定的认证机构（以下简称认证机构）对其生产、销售或者进口的产品进行认证。

委托其他企业生产列入目录产品的，委托企业或者被委托企业均可以向认证机构进行认证委托。

第十一条 认证委托人应当按照具体产品认证规则的规定，向认证机构提供相关技术材料。

销售者、进口商作为认证委托人时，还应当向认证机构提供销售者与生产者或者进口商与生产者订立的相关合同副本。

委托其他企业生产列入目录产品的，认证委托人还应当向认证机构提供委托企业与被委托企业订立的相关合同副本。

第十二条 认证机构受理认证委托后，应当按照具体产品认证规则的规定，安排产品型式试验和工厂检查。

第十三条 认证委托人应当保证其提供的样品与实际生产的产品一致，认证机构应当对认证委托人提供样品的真实性进行审查。

认证机构应当按照认证规则的要求，根据产品特点和实际情况，采取认证委托人送样、现场抽样或者现场封样后由认证委托人送样等抽样方式，委托经市场监管总局指定的实验室（以下简称实验室）对样品进行产品型式试验。

第十四条 实验室对样品进行产品型式试验，应当确保检测结论的真实、准确，并对检测全过程作出完整记录，归档留存，保证检测过程和结果的记录具有可追溯性，配合认证机构对获证产品进行有效的跟踪检查。

实验室及其有关人员应当对其作出的检测报告内容以及检测结论负责，对样品真实性有疑义的，应当向认证机构说明情况，并作出相应处理。

第十五条 需要进行工厂检查的，认证机构应当委派具有国家注册资格的强制性产品认证检查员，对产品生产企业的质量保证能力、生产产品与型式试验样品的一致性等情况，依照具体产品认证规则进行检查。

认证机构及其强制性产品认证检查员应当对检查结论负责。

第十六条 认证机构完成产品型式试验和工厂检查后，对符合认证要求的，一般情况下自受理认证委托起90天内向认证委托人出具认证证书。

对不符合认证要求的，应当书面通知认证委托人，并说明理由。

认证机构及其有关人员应当对其作出的认证结论负责。

第十七条 认证机构应当通过现场产品检测或者检查、市场产品抽样检测或者检查、质量保证能力检查等方式，对获证产品及其生产企业实施分类管理和有效的跟踪检查，控制并验证获证产品与型式试验样品的一致性、生产企业的质量保证能力持续符合认证要求。

第十八条 认证机构应当对跟踪检查全过程作出完整记录，归档留存，保证认证过程和结果具有可追溯性。

对于不能持续符合认证要求的，认证机构应当根据相应情形作出予以暂停或者撤销认证证书的处理，并予公布。

第十九条 认证机构应当按照认证规则的规定，根据获证产品的安全等级、产品质量稳定性以及产品生产企业的良好记录和不良记录情况等因素，对获证产品及其生产企业进行跟踪检查的分类管理，确定合理的跟踪检查频次。

第三章　认证证书和认证标志

第二十条 市场监管总局统一规定强制性产品认证证书（以下简称认证证书）的格式、内容和强制性产品认证标志（以下简称认证标志）的式样、种类。

第二十一条　认证证书应当包括以下基本内容：

（一）认证委托人名称、地址；

（二）产品生产者(制造商)名称、地址；

（三）被委托生产企业名称、地址(需要时)；

（四）产品名称和产品系列、规格、型号；

（五）认证依据；

（六）认证模式(需要时)；

（七）发证日期和有效期限；

（八）发证机构；

（九）证书编号；

（十）其他需要标注的内容。

第二十二条　认证证书有效期为5年。

认证机构应当根据其对获证产品及其生产企业的跟踪检查的情况，在认证证书上注明年度检查有效状态的查询网址和电话。

认证证书有效期届满，需要延续使用的，认证委托人应当在认证证书有效期届满前90天内申请办理。

第二十三条　获证产品及其销售包装上标注认证证书所含内容的，应当与认证证书的内容相一致，并符合国家有关产品标识标注管理规定。

第二十四条　有下列情形之一的，认证委托人应当向认证机构申请认证证书的变更，由认证机构根据不同情况作出相应处理：

（一）获证产品命名方式改变导致产品名称、型号变化或者获证产品的生产者、生产企业名称、地址名称发生变更的，经认证机构核实后，变更认证证书；

（二）获证产品型号变更，但不涉及安全性能和电磁兼容内部结构变化；或者获证产品减少同种产品型号的，经认证机构确认后，变更认证证书；

（三）获证产品的关键元器件、规格和型号，以及涉及整机安全或者电磁兼容的设计、结构、工艺和材料或者原材料生产企业等发生变更的，经认证机构重新检测合格后，变更认证证书；

（四）获证产品生产企业地点或者其质量保证体系、生产条件等发生变更的，经认证机构重新工厂检查合格后，变更认证证书；

（五）其他应当变更的情形。

第二十五条　认证委托人需要扩展其获证产品覆盖范围的，应当向认证机构申请认证证书的扩展，认证机构应当核查扩展产品与原获证产品的一致性，确认原认证结果对扩展产品的有效性。经确认合格后，可以根据认证委托人的要求单独出具认证证书或者重新出具认证证书。

认证机构可以按照认证规则的要求，针对差异性补充进行产品型式试验或者工厂检查。

第二十六条　有下列情形之一的，认证机构应当注销认证证书，并对外公布：

（一）认证证书有效期届满，认证委托人未申请延续使用的；

（二）获证产品不再生产的；

（三）获证产品型号已列入国家明令淘汰或者禁止生产的产品目录的；

（四）认证委托人申请注销的；

（五）其他依法应当注销的情形。

第二十七条　有下列情形之一的，认证机构应当按照认证规则规定的期限暂停认证证书，并对外公布：

（一）产品适用的认证依据或者认证规则发生变更，规定期限内产品未符合变更要求的；

（二）跟踪检查中发现认证委托人违反认证规则等规定的；

（三）无正当理由拒绝接受跟踪检查或者跟踪检查发现产品不能持续符合认证要求的；

（四）认证委托人申请暂停的；

（五）其他依法应当暂停的情形。

第二十八条　有下列情形之一的，认证机构应当撤销认证证书，并对外公布：

（一）获证产品存在缺陷，导致质量安全事故的；

（二）跟踪检查中发现获证产品与认证委托人提供的样品不一致的；

（三）认证证书暂停期间，认证委托人未采取整改措施或者整改后仍不合格的；

（四）认证委托人以欺骗、贿赂等不正当手段获得认证证书的；

（五）其他依法应当撤销的情形。

第二十九条　获证产品被注销、暂停或者撤销认证证书的，认证机构应当确定不符合认证要求的产品类别和范围。

自认证证书注销、撤销之日起或者认证证书暂停期间，不符合认证要求的产品，不得继续出厂、销售、进口或者在其他经营活动中使用。

第三十条　认证标志的式样由基本图案、认证种类标注组成，基本图案如下图：

基本图案中"CCC"为"中国强制性认证"的英文名称"China Compulsory Certification"的英文缩写。

第三十一条 在认证标志基本图案的右侧标注认证种类，由代表该产品认证种类的英文单词的缩写字母组成。

市场监管总局根据强制性产品认证工作的需要，制定有关认证种类标注的具体要求。

第三十二条 认证委托人应当建立认证标志使用管理制度，对认证标志的使用情况如实记录和存档，按照认证规则规定在产品及其包装、广告、产品介绍等宣传材料中正确使用和标注认证标志。

第三十三条 任何单位和个人不得伪造、变造、冒用、买卖和转让认证证书和认证标志。

第四章　监督管理

第三十四条 市场监管总局对认证机构、实验室的认证、检测活动实施年度监督检查和不定期的专项监督检查。

第三十五条 认证机构应当将获证产品的认证委托人、获证产品及其生产企业，以及认证证书被注销、暂停或者撤销的信息向市场监管总局和省级市场监督管理部门进行通报。

第三十六条 市场监管总局统一计划，采取定期或者不定期的方式对获证产品进行监督检查。

获证产品生产者、销售者、进口商和经营活动使用者不得拒绝监督检查。

市场监管总局建立获证产品及其生产者公布制度，向社会公布监督检查结果。

第三十七条 县级以上地方市场监督管理部门负责对所辖区域内强制性产品认证活动实施监督检查，对违法行为进行查处。

列入目录内的产品未经认证，但尚未出厂、销售的，县级以上地方市场监督管理部门应当告诫其产品生产企业及时进行强制性产品认证。

第三十八条 县级以上地方市场监督管理部门进行强制性产品认证监督检查时，可以依法进入生产经营场所实施现场检查，查阅、复制有关合同、票据、帐薄以及其他资料，查封、扣押未经认证的产品或者不符合认证要求的产品。

第三十九条 列入目录产品的生产者、销售商发现其生产、销售的产品存在安全隐患，可能对人体健康和生命安全造成损害的，应当向社会公布有关信息，主动采取召回产品等救济措施，并依照有关规定向相关监督管理部门报告。

列入目录产品的生产者、销售商未履行前款规定义务的，市场监管总局应当启动产品召回程序，责令生产者召回产品，销售者停止销售产品。

第四十条 出入境检验检疫机构应当对列入目录的进口产品实施入境验证管理，查验认证证书、认证标志等证明文件，核对货证是否相符。验证不合格的，依照相关法律法规予以处理，对列入目录的进口产品实施后续监管。

第四十一条 列入目录的进境物品符合下列情形之一的，入境时无需办理强制性产品认证：

（一）外国驻华使馆、领事馆或者国际组织驻华机构及其外交人员的自用物品；

（二）香港、澳门特别行政区政府驻大陆官方机构及其工作人员的自用物品；

（三）入境人员随身从境外带入境内的自用物品；

（四）外国政府援助、赠送的物品；

（五）其他依法无需办理强制性产品认证的情形。

第四十二条 有下列情形之一的，列入目录产品的生产者、进口商、销售商或者其代理人可以向所在地市场监督管理部门提出免予办理强制性产品认证申请，提交相关证明材料、责任担保书、产品符合性声明（包括型式试验报告）等资料，并根据需要进行产品检测，经批准取得《免予办理强制性产品认证证明》后，方可进口，并按照申报用途使用：

（一）为科研、测试所需的产品；

（二）为考核技术引进生产线所需的零部件；

（三）直接为最终用户维修目的所需的产品；

（四）工厂生产线/成套生产线配套所需的设备/部件（不包含办公用品）；

（五）仅用于商业展示，但不销售的产品；

（六）暂时进口后需退运出关的产品（含展览品）；

（七）以整机全数出口为目的而用一般贸易方式进口的零部件；

（八）以整机全数出口为目的而用进料或者来料加工方式进口的零部件；

（九）其他因特殊用途免予办理强制性产品认证的情形。

第四十三条 认证机构、实验室有下列情形之一的，市场监管总局应当责令其停业整顿，停业整顿期间不得从事指定范围内的强制性产品认证、检测活动：

（一）增加、减少、遗漏或者变更认证基本规范、认证规则规定的程序的；

（二）未对其认证的产品实施有效的跟踪调查，或者发现其认证的产品不能持续符合认证要求，不及时暂停或者撤销认证证书并予以公布的；

（三）未对认证、检测过程作出完整记录，归档留存，情节严重的；

（四）使用未取得相应资质的人员从事认证、检测活动的，情节严重的；

（五）未对认证委托人提供样品的真实性进行有效审查的；

（六）阻挠、干扰监管部门认证执法检查的；

（七）对不属于目录内产品进行强制性产品认证的；

（八）其他违反法律法规规定的。

第四十四条 有下列情形之一的，市场监管总局根据利害关系人的请求或者依据职权，可以撤销对认证机构、实验室的指定：

（一）工作人员滥用职权、玩忽职守作出指定决定的；

（二）超越法定职权作出指定决定的；

（三）违反法定程序作出指定决定的；

（四）对不具备指定资格的认证机构、实验室准予指定的；

（五）依法可以撤销指定决定的其他情形。

第四十五条 认证机构或者实验室以欺骗、贿赂等不正当手段获得指定的，由市场监管总局撤销指定，并予以公布。

认证机构或者实验室自被撤销指定之日起3年内不得再次申请指定。

第四十六条 从事强制性产品认证活动的人员出具虚假或者不实结论，编造虚假或者不实文件、记录的，予以撤销执业资格；自撤销之日起5年内，中国认证认可协会认证人员注册机构不再受理其注册申请。

第四十七条 认证委托人对认证机构的认证决定有异议的，可以向认证机构提出申诉。

第四十八条 任何单位和个人对强制性产品认证活动中的违法违规行为，有权向市场监督管理部门举报，市场监督管理部门应当及时调查处理，并为举报人保密。

第五章 罚 则

第四十九条 列入目录的产品未经认证，擅自出厂、销售、进口或者在其他经营活动中使用的，由县级以上地方市场监督管理部门依照认证认可条例第六十六条规定予以处罚。

第五十条 列入目录的产品经过认证后，不按照法定条件、要求从事生产经营活动或者生产、销售不符合法定要求的产品的，由县级以上地方市场监督管理部门依照《国务院关于加强食品等产品安全监督管理的特别规定》第二条、第三条第二款规定予以处理。

第五十一条 违反本规定第二十九条第二款规定，认证证书注销、撤销或者暂停期间，不符合认证要求的产品，继续出厂、销售、进口或者在其他经营活动中使用的，由县级以上地方市场监督管理部门依照认证认可条例第六十六条规定予以处罚。

第五十二条 违反本规定第四十二条规定，编造虚假材料骗取《免予办理强制性产品认证证明》或者获得《免予办理强制性产品认证证明》后产品未按照原申报用途使用的，由市场监督管理部门责令其改正，撤销《免予办理强制性产品认证证明》，并依照认证认可条例第六十六条规定予以处罚。

第五十三条 伪造、变造、出租、出借、冒用、买卖或者转让认证证书的，由县级以上地方市场监督管理部门责令其改正，处3万元罚款。

转让或者倒卖认证标志的，由县级以上地方市场监督管理部门责令其改正，处3万元以下罚款。

第五十四条 有下列情形之一的，由县级以上地方市场监督管理部门责令其改正，处3万元以下的罚款：

（一）违反本规定第十三条第一款规定，认证委托人提供的样品与实际生产的产品不一致的；

（二）违反本规定第二十四条规定，未按照规定向认证机构申请认证证书变更，擅自出厂、销售、进口或者在其他经营活动中使用列入目录产品的；

（三）违反本规定第二十五条规定，未按照规定向认证机构申请认证证书扩展，擅自出厂、销售、进口或者在其他经营活动中使用列入目录产品的。

第五十五条 有下列情形之一的，由县级以上地方市场监督管理部门责令其限期改正，逾期未改正的，处2万元以下罚款。

（一）违反本规定第二十三条规定，获证产品及其销售包装上标注的认证证书所含内容与认证证书内容不一致的；

（二）违反本规定第三十二条规定，未按照规定使用认证标志的。

第五十六条 认证机构、实验室出具虚假结论或者出具的结论严重失实的，市场监管总局应当撤销对其指定；对直接负责的主管人员和负有直接责任的人员，撤销相应从业资格；构成犯罪的，依法追究刑事责任；造成损失的，承担相应的赔偿责任。

第五十七条 认证机构、实验室有下列情形之一的，市场监管总局应当责令其改正，情节严重的，撤销对其指定直至撤销认证机构批准文件。

（一）超出指定的业务范围从事列入目录产品的认证以及与认证有关的检测活动的；

（二）转让指定认证业务的；

（三）停业整顿期间继续从事指定范围内的强制性产品认证、检测活动的；

（四）停业整顿期满后，经检查仍不符合整改要求的。

第五十八条 市场监管总局和县级以上地方市场监督管理部门及其工作人员，滥用职权、徇私舞弊、玩忽职守的，依法给予行政处分；构成犯罪的，依法追究刑事责任。

第五十九条 对于强制性产品认证活动中的其他违法行为，依照有关法律、行政法规的规定予以处罚。

第六章 附 则

第六十条 强制性产品认证应当依照国家有关规定收取费用。

第六十一条 本规定由市场监管总局负责解释。

第六十二条 本规定自 2009 年 9 月 1 日起施行。国家质检总局 2001 年 12 月 3 日公布的《强制性产品认证管理规定》同时废止。

强制性产品认证机构和实验室管理办法

· 2004 年 6 月 23 日国家质量监督检验检疫总局令第 65 号公布

· 根据 2022 年 9 月 29 日国家市场监督管理总局令第 61 号修订

第一章 总 则

第一条 为规范强制性产品认证机构、实验室的管理，合理利用社会资源，保证强制性产品认证制度的有效实施，根据《中华人民共和国认证认可条例》（以下简称条例）的规定，制定本办法。

第二条 本办法所称的强制性产品认证机构、实验室是指从事强制性产品认证以及相关活动的认证机构、实验室。

第三条 本办法适用于中华人民共和国境内的强制性产品认证机构、实验室的指定和监督管理。

第四条 国家对强制性产品认证机构、实验室实行指定制度。

第五条 国家市场监督管理总局负责强制性产品认证机构、实验室指定制度的建立、实施及其监督管理工作。

第六条 强制性产品认证机构、实验室应当符合条例及其他法律、行政法规规定的条件和能力，经国家市场监督管理总局指定后，方可从事强制性产品认证活动和从事与强制性产品认证有关的检测活动。

第七条 强制性产品认证机构、实验室的指定工作遵循资源合理利用和实际需要、公平竞争、公开公正和便利、有效的原则。

第八条 认证机构、实验室为同一法人时，其从事强制性产品认证以及与认证有关的检测活动的资格应当分别指定。

第二章 指定条件

第九条 申请从事强制性产品认证活动的认证机构应当具备下列条件：

（一）依照条例规定设立，具有相应领域 2 年以上认证经历或者颁发相关产品认证证书 20 份以上；

（二）符合国家标准中对认证机构技术能力的通用要求；

（三）在申请前 6 个月内无不良记录；

（四）本机构的法人性质、产权构成和组织结构等能够保证其强制性认证活动的客观公正；

（五）具备能够公正、独立和有效地从事强制性产品认证活动的技术与管理能力；

（六）具备从事强制性产品认证活动所需要并且可以独立调配使用的检测、检查资源，拥有与强制性产品认证工作任务相适应的符合条例规定的认证人员和稳定的财力资源。

第十条 申请从事强制性产品认证检测活动的实验室（以下简称实验室），应当具备下列条件：

（一）具有法律、行政法规规定的基本条件和能力，并经依法认定；

（二）具有相关领域检测经验，从事检测工作 2 年以上或者对外出具相关领域检测报告20份以上；

（三）符合国家标准中对实验室技术能力的通用要求；

（四）在申请前6个月内无不良记录；

（五）本单位的法人性质、产权构成以及组织结构能够保证其公正、独立地实施检测活动；

（六）具备承担相应产品认证检测活动所需的全部设备、设施，或者经相关设备、设施所有权单位的授权，可以独立使用设备、设施；

（七）检测人员接受过与其承担的相应产品认证检测所必需的教育和培训，并掌握相关的标准、技术规范和强制性产品认证实施规则的要求，具备必要的产品检测能力。

第三章 指定程序

第十一条 国家市场监督管理总局根据强制性产品认证制度的具体要求和实施需要，提出指定计划。指定计划包括拟指定机构的业务领域与数量、产品范围、对申请指定的机构的要求、指定程序和相关时限规定、专家评审委员会（以下简称专家委员会）组成等。

指定业务领域涉及国务院有关部门的，国家市场监督管理总局向国务院有关部门就相关指定方案征求意见。

第十二条 国家市场监督管理总局通过书面公告和其网站对外发布指定计划等相关信息。

第十三条 申请从事强制性产品认证活动的认证机构、实验室（以下简称申请机构），应当按照指定计划等相关信息的要求，向国家市场监督管理总局提出书面申请，并提交相关证明文件。

第十四条 国家市场监督管理总局自受理申请机构申请之日起10个工作日内，按照本办法第九条、第十条的规定对申请机构提交的书面材料进行审查，提出初审意见，并将初审意见反馈给申请机构。对符合初审要求的，提交专家委员会评审。

第十五条 国务院有关部门、行业组织、企业、认可机构、认证机构以及其他技术机构可以向国家市场监督管理总局推荐专家委员会候选成员。国家市场监督管理总局根据评审对象和评审领域的不同，确定专家委员会成员，分别组成相应的专家委员会。

第十六条 专家委员会一般由7至13人组成，为非常设的临时性组织，负责申请机构的评审工作。

评审工作结束后，专家委员会即行解散。

第十七条 专家委员会成员应当符合以下条件：

（一）具有良好的专业知识和职业道德修养；

（二）具备高级专业技术职称或者同等技术资格；

（三）熟悉有关行业现状、相关产品的监管制度、技术机构资源配置与分布等情况。

第十八条 专家委员会对申请机构的评审采用会议讨论、听证、文件调阅等方式。根据需要，专家委员会可以建议国家市场监督管理总局组织对申请机构进行现场调查。

专家委员会成员与申请机构有利害关系的（包括所在单位为申请机构等），相关专家委员会成员应当回避。

第十九条 专家委员会对申请机构进行评审，评审应当充分考虑相关领域行业发展特点、生产企业分布、认证制度与其他监管方式有效衔接等因素，保证认证制度有效实施、资源合理利用、便利认证委托人。

评审应当结合申请机构的技术能力和相关声誉、信誉等情况，在成本效率分析的基础上作出科学、合理、准确的评审结论。

专家委员会应当采用不计名投票以三分之二通过的方式作出评审结论。

专家委员会评审工作时间不得超过30个工作日。

第二十条 国家市场监督管理总局应当根据专家委员会作出的评审结论，按照本办法第七条规定的原则在10个工作日内作出指定决定。特殊情况需要延长的，可以延长至15个工作日。

指定业务领域涉及国务院有关部门的，国家市场监督管理总局在征求国务院有关部门意见后，作出指定决定。

第二十一条 国家市场监督管理总局自指定决定之日起10个工作日内，在其网站上公布指定的强制性产品认证机构、实验室的名录以及其具体的指定业务范围。

第二十二条 申请机构对指定决定有异议的，应当自指定名录公布之日起15个工作日内向国家市场监督管理总局提出申诉或者投诉。

国家市场监督管理总局负责处理申诉和投诉事宜。

第四章 行为规范

第二十三条 经国家市场监督管理总局指定的强制性产品认证机构、实验室（以下简称指定的认证机构、实验室）应当在指定范围内按照认证基本规范和认证规则的要求为认证委托人提供服务，不得转让或者变相转让指定的认证、检测业务。

第二十四条 指定的认证机构、实验室应当制订管理制度和程序，对强制性产品认证、检测活动和自愿性产品认证、委托检测活动明确区分，不得利用其指定的资格，开发或者从事自愿性产品认证以及检测业务。

第二十五条 指定的认证机构在对外宣传中应当严格区分强制性产品认证业务与自愿性产品认证业务。

第二十六条 指定的认证机构应当与指定的实验室签署书面协议，明确各自的权利义务和法律责任，并保证其使用的实验室的检测活动符合国家强制性产品认证规范和认证规则的要求，保证其使用的实验室(包括同一法人内的)享有平等权利和履行同等义务。

第二十七条 指定的认证机构、实验室为同一个法人时，指定的机构应当制订相关管理制度并保证其持续有效运行，保证认证、检测活动独立实施，保证认证人员、检测人员独立开展活动。

第二十八条 指定的认证机构、实验室应当在指定的业务范围内从事强制性产品认证活动，保证为认证委托人提供及时、有效的认证、检测服务，不得歧视、刁难认证委托人，不得牟取不当利益。

第二十九条 指定的认证机构、实验室开展国际互认活动，应当依法在国家市场监督管理总局或者经授权的国务院有关部门对外签署的国际互认协议框架内进行。

第三十条 指定的机构应当按照国家市场监管总局的规定和要求，及时提供强制性产品认证、检测的信息，配合市场监督管理部门开展的强制性产品认证监督检查工作。

第五章 监督检查

第三十一条 国家市场监督管理总局对指定的认证机构、实验室每年进行一次定期监督检查。

第三十二条 指定的认证机构、实验室应当于每年2月15日前向国家市场监督管理总局上报其上一年度从事强制性产品认证活动的工作报告，年度工作报告包括内部审核和管理评审等，接受国家市场监督管理总局就有关事项的询问。

第三十三条 国家市场监督管理总局对指定的认证机构、实验室的认证、检测工作的质量进行不定期调查，并征求有关认证委托人和认证证书持有人的意见和建议。

第三十四条 国家市场监督管理总局对指定的认证机构、实验室的技术能力、服务质量、工作效率、工作人员职业道德以及认证基本规范和认证规则的执行等情况组织进行同行评议，并公布评议结果。

第三十五条 国家市场监督管理总局应当对指定的认证机构、实验室的认证、检测活动以及认证结果进行专项抽查，并公布抽查结果。

第三十六条 任何单位和个人对指定的认证机构、实验室以及指定工作中的违法、违规行为可以向市场监督管理部门举报。

第六章 罚则

第三十七条 指定的认证机构、实验室有下列情形之一的，责令改正，并处以2万元以上3万元以下罚款：

(一)缺乏必要的管理制度和程序区分强制性产品认证、检测活动与自愿性产品认证、委托检测活动的；

(二)利用强制性产品认证业务宣传、推广自愿性产品认证业务的；

(三)未向认证委托人提供及时、有效的认证、检测服务，故意拖延的或者歧视、刁难认证委托人，并牟取不当利益的；

(四)对执法监督检查活动不予配合，拒不提供相关信息的；

(五)未按照要求提交年度工作报告或者提供强制性产品认证、检测信息的。

第三十八条 指定的认证机构、实验室不再具备指定条件情况的，国家市场监督管理总局撤销对其的指定。

第三十九条 指定的认证机构、实验室因出具虚假证明等违法行为被撤销指定的，其自被撤销指定之日起3年内不得申请指定。

第四十条 对于其他违反条例规定的违法行为，依照条例的有关规定予以处罚。

第七章 附则

第四十一条 本办法由国家市场监督管理总局负责解释。

第四十二条 本办法自2004年8月1日起施行。

知识产权认证管理办法

· 2018年2月11日中国国家认证认可监督管理委员会公告第5号发布
· 自2018年4月1日起施行

第一章 总则

第一条 为了规范知识产权认证活动，提高其有效性，加强监督管理，根据《中华人民共和国专利法》《中华人民共和国商标法》《中华人民共和国著作权法》《中华人民共和国认证认可条例》《认证机构管理办法》等法律、行政法规以及部门规章的规定，制定本办法。

第二条 本办法所称知识产权认证,是指由认证机构证明法人或者其他组织的知识产权管理体系、知识产权服务符合相关国家标准或者技术规范的合格评定活动。

第三条 知识产权认证包括知识产权管理体系认证和知识产权服务认证。

知识产权管理体系认证是指由认证机构证明法人或者其他组织的内部知识产权管理体系符合相关国家标准或者技术规范要求的合格评定活动。

知识产权服务认证是指由认证机构证明法人或者其他组织提供的知识产权服务符合相关国家标准或者技术规范要求的合格评定活动。

第四条 国家认证认可监督管理委员会(以下简称国家认监委)、国家知识产权局按照统一管理、分工协作、共同实施的原则,制定、调整和发布认证目录、认证规则,并组织开展认证监督管理工作。

第五条 知识产权认证坚持政府引导、市场驱动,实行目录式管理。

第六条 国家鼓励法人或者其他组织通过开展知识产权认证提高其知识产权管理水平或者知识产权服务能力。

第七条 知识产权认证采用统一的认证标准、技术规范和认证规则,使用统一的认证标志。

第八条 在中华人民共和国境内从事知识产权认证及其监督管理适用本办法。

第二章 认证机构和认证人员

第九条 从事知识产权认证的机构(以下简称认证机构)应当依法设立,符合《中华人民共和国认证认可条例》、《认证机构管理办法》规定的条件,具备从事知识产权认证活动的相关专业能力要求,并经国家认监委批准后,方可从事批准范围内的认证活动。

国家认监委在批准认证机构资质时,涉及知识产权专业领域问题的,可以征求国家知识产权局意见。

第十条 认证机构可以设立分支机构、办事机构,并自设立之日起30日之内向国家认监委和国家知识产权局报送相关信息。

第十一条 认证机构从事认证审核(审查)的人员应当为专职认证人员,满足从事知识产权认证活动所需的相关知识与技能要求,并符合国家认证人员职业资格的相关要求。

第三章 行为规范

第十二条 认证机构应当建立风险防范机制,对其从事认证活动可能引发的风险和责任,采取合理、有效的防范措施。

第十三条 认证机构不得从事与其认证工作相关的咨询、代理、培训、信息分析等服务以及产品开发和营销等活动,不得与认证咨询机构和认证委托人在资产、管理或者人员上存在利益关系。

第十四条 认证机构及其认证人员对其从业活动中所知悉的国家秘密、商业秘密和技术秘密负有保密义务。

第十五条 认证机构应当履行以下职责:

(一)在批准范围内开展认证工作;

(二)对获得认证的委托人出具认证证书,允许其使用认证标志;

(三)对认证证书、认证标志的使用情况进行跟踪检查;

(四)对认证的持续符合性进行监督审核;

(五)受理有关的认证申诉和投诉。

第十六条 认证机构应当建立保证认证活动规范有效的内部管理、制约、监督和责任机制,并保证其持续有效。

第十七条 认证机构应当对分支机构实施有效管理,规范其认证活动,并对其认证活动承担相应责任。

分支机构应当建立与认证机构相同的管理、制约、监督和责任机制。

第十八条 认证机构应当依照《认证机构管理办法》的规定,公布并向国家认监委报送相关信息。

前款规定的信息同时报送国家知识产权局。

第十九条 认证机构应当建立健全人员管理制度以及人员能力准则,对所有实施审核(审查)和认证决定等认证活动的人员进行能力评价,保证其能力持续符合准则要求。

认证人员应当诚实守信,恪尽职守,规范运作。

第二十条 认证机构及其认证人员应当对认证结果负责并承担相应法律责任。

第四章 认证实施

第二十一条 认证机构从事认证活动,应当按照知识产权认证基本规范、认证规则的规定从事认证活动,作出认证结论,确保认证过程完整、客观、真实,不得增加、减少或者遗漏认证基本规范、认证规则规定的程序要求。

第二十二条 知识产权管理体系认证程序主要包括对法人或者其他组织经营过程中涉及知识产权创造、运用、保护和管理等文件和活动的审核,获证后的监督审核,以及再认证审核。

知识产权服务认证程序主要包括对提供知识产权服务的法人或者其他组织的服务质量特性、服务过程和管理实施评审，获证后监督审查，以及再认证评审。

第二十三条 被知识产权行政管理部门或者其他部门责令停业整顿，或者纳入国家信用信息失信主体名录的认证委托人，认证机构不得向其出具认证证书。

第二十四条 认证机构应当对认证全过程做出完整记录，保留相应认证记录、认证资料，并归档留存。认证记录应当真实、准确，以证实认证活动得到有效实施。

第二十五条 认证机构应当在认证证书有效期内，对认证证书持有人是否持续满足认证要求进行监督审核。初次认证后的第一次监督审核应当在认证决定日期起 12 个月内进行，且两次监督审核间隔不超过 12 个月。每次监督审核内容无须与初次认证相同，但应当在认证证书有效期内覆盖整个体系的审核内容。

认证机构根据监督审核情况做出认证证书保持、暂停或者撤销的决定。

第二十六条 认证委托人对认证机构的认证决定或者处理有异议的，可以向认证机构提出申诉或者投诉。对认证机构处理结果仍有异议的，可以向国家认监委或者国家知识产权局申诉或者投诉。

第五章 认证证书和认证标志

第二十七条 知识产权认证证书（以下简称认证书）应当包括以下基本内容：

（一）认证委托人的名称和地址；
（二）认证范围；
（三）认证依据的标准或者技术规范；
（四）认证证书编号；
（五）认证类别；
（六）认证证书出具日期和有效期；
（七）认证机构的名称、地址和机构标志；
（八）认证标志；
（九）其他内容。

第二十八条 认证证书有效期为 3 年。

有效期届满需再次认证的，认证证书持有人应当在有效期届满 3 个月前向认证机构申请再认证，再认证的认证程序与初次认证相同。

第二十九条 知识产权认证采用国家推行的统一的知识产权认证标志（以下简称认证标志）。认证标志的样式由基本图案、认证机构识别信息组成。知识产权管理体系认证基本图案见图 1 所示，知识产权服务认证体系的基本图案见图 2 所示，其中 ABCDE 代表机构中文或者英文简称：

图 1　知识产权管理体系认证基本图案

图 2　知识产权服务认证基本图案

第三十条 认证证书持有人应当正确使用认证标志。

认证机构应当按照认证规则的规定，针对不同情形，及时作出认证证书的变更、暂停或者撤销处理决定，且应当采取有效措施，监督认证证书持有人正确使用认证证书和认证标志。

第三十一条 认证机构应当向公众提供查询认证证书有效性的方式。

第三十二条 任何组织和个人不得伪造、变造、冒用、非法买卖和转让认证证书和认证标志。

第六章 监督管理

第三十三条 国家认监委和国家知识产权局建立知识产权认证监管协同机制，对知识产权认证机构实施监督检查，发现违法违规行为的，依照《认证认可条例》、《认证机构管理办法》等法律法规的规定进行查处。

第三十四条 地方各级质量技术监督部门和各地出入境检验检疫机构（以下统称地方认证监管部门）、地方知识产权行政管理部门依照各自法定职责，建立相应的监管协同机制，对所辖区域内的知识产权认证活动实施监督检查，查处违法违规行为，并及时上报国家认监委和国家知识产权局。

第三十五条 认证机构在资质审批过程中存在弄虚作假、隐瞒真实情况或者不再符合认证机构资质条件的，由国家认监委依法撤销其资质。

第三十六条 认证人员在认证过程中出具虚假认证结论或者认证结果严重失实的，依照国家关于认证人员的相关规定处罚。

第三十七条 认证机构、认证委托人和认证证书持有人应当对认证监管部门实施的监督检查工作予以配合，对有关事项的询问和调查如实提供相关材料和信息。

第三十八条 违反有关认证认可法律法规的违法行为，从其规定予以处罚。

第三十九条 任何组织和个人对知识产权认证违法违规行为，有权向各级认证监管部门、各级知识产权行政管理部门举报。各级认证监管部门、各级知识产权行政管理部门应当及时调查处理，并为举报人保密。

第七章 附 则

第四十条 本办法由国家认监委、国家知识产权局负责解释。

第四十一条 本办法自2018年4月1日起施行。国家认监委和国家知识产权局于2013年11月6日印发的《知识产权管理体系认证实施意见》（国认可联〔2013〕56号）同时废止。

附件：知识产权认证目录（略）

有机产品认证管理办法

- 2013年11月15日国家质量监督检验检疫总局令第155号公布
- 根据2015年8月25日国家质量监督检验检疫总局令第166号第一次修订
- 根据2022年9月29日国家市场监督管理总局令第61号第二次修订

第一章 总 则

第一条 为了维护消费者、生产者和销售者合法权益，进一步提高有机产品质量，加强有机产品认证管理，促进生态环境保护和可持续发展，根据《中华人民共和国产品质量法》《中华人民共和国进出口商品检验法》《中华人民共和国认证认可条例》等法律、行政法规的规定，制定本办法。

第二条 在中华人民共和国境内从事有机产品认证以及获证有机产品生产、加工、进口和销售活动，应当遵守本办法。

第三条 本办法所称有机产品，是指生产、加工和销售符合中国有机产品国家标准的供人类消费、动物食用的产品。

本办法所称有机产品认证，是指认证机构依照本办法的规定，按照有机产品认证规则，对相关产品的生产、加工和销售活动符合中国有机产品国家标准进行的合格评定活动。

第四条 国家市场监督管理总局负责全国有机产品认证的统一管理、监督和综合协调工作。

地方市场监督管理部门负责所辖区域内有机产品认证活动的监督管理工作。

第五条 国家推行统一的有机产品认证制度，实行统一的认证目录、统一的标准和认证实施规则、统一的认证标志。

国家市场监督管理总局负责制定和调整有机产品认证目录、认证实施规则，并对外公布。

第六条 国家市场监督管理总局按照平等互利的原则组织开展有机产品认证国际合作。

开展有机产品认证国际互认活动，应当在国家对外签署的国际合作协议内进行。

第二章 认证实施

第七条 有机产品认证机构（以下简称认证机构）应当依法取得法人资格，并经国家市场监督管理总局批准后，方可从事批准范围内的有机产品认证活动。

认证机构实施认证活动的能力应当符合有关产品认证机构国家标准的要求。

从事有机产品认证检查活动的检查员，应当经国家认证人员注册机构注册后，方可从事有机产品认证检查活动。

第八条 有机产品生产者、加工者（以下统称认证委托人），可以自愿委托认证机构进行有机产品认证，并提交有机产品认证实施规则中规定的申请材料。

认证机构不得受理不符合国家规定的有机产品生产产地环境要求，以及有机产品认证目录外产品的认证委托人的认证委托。

第九条 认证机构应当自收到认证委托人申请材料之日起10日内，完成材料审核，并作出是否受理的决定。对于不予受理的，应当书面通知认证委托人，并说明理由。

认证机构应当在对认证委托人实施现场检查前5日内，将认证委托人、认证检查方案等基本信息报送至国家市场监督管理总局确定的信息系统。

第十条 认证机构受理认证委托后，认证机构应当按照有机产品认证实施规则的规定，由认证检查员对有机产品生产、加工场所进行现场检查，并应当委托具有法定资质的检验检测机构对申请认证的产品进行检验检测。

按照有机产品认证实施规则的规定，需要进行产地（基地）环境监（检）测的，由具有法定资质的监（检）测机构出具监(检)测报告,或者采信认证委托人提供的其他合法有效的环境监(检)测结论。

第十一条　符合有机产品认证要求的,认证机构应当及时向认证委托人出具有机产品认证证书,允许其使用中国有机产品认证标志;对不符合认证要求的,应当书面通知认证委托人,并说明理由。

认证机构及认证人员应当对其作出的认证结论负责。

第十二条　认证机构应当保证认证过程的完整、客观、真实,并对认证过程作出完整记录,归档留存,保证认证过程和结果具有可追溯性。

产品检验检测和环境监(检)测机构应当确保检验检测、监测结论的真实、准确,并对检验检测、监测过程作出完整记录,归档留存。产品检验检测、环境监测机构及其相关人员应当对其作出的检验检测、监测报告的内容和结论负责。

本条规定的记录保存期为5年。

第十三条　认证机构应当按照认证实施规则的规定,对获证产品及其生产、加工过程实施有效跟踪检查,以保证认证结论能够持续符合认证要求。

第十四条　认证机构应当及时向认证委托人出具有机产品销售证,以保证获证产品的认证委托人所销售的有机产品类别、范围和数量与认证证书中的记载一致。

第十五条　有机配料含量(指重量或者液体体积,不包括水和盐,下同)等于或者高于95%的加工产品,应当在获得有机产品认证后,方可在产品或者产品包装及标签上标注"有机"字样,加施有机产品认证标志。

第十六条　认证机构不得对有机配料含量低于95%的加工产品进行有机认证。

第三章　有机产品进口

第十七条　向中国出口有机产品的国家或者地区的有机产品主管机构,可以向国家市场监督管理总局提出有机产品认证体系等效性评估申请,国家市场监督管理总局受理其申请,并组织有关专家对提交的申请进行评估。

评估可以采取文件审查、现场检查等方式进行。

第十八条　向中国出口有机产品的国家或者地区的有机产品认证体系与中国有机产品认证体系等效的,国家市场监督管理总局可以与其主管部门签署相关备忘录。

该国家或者地区出口至中国的有机产品,依照相关备忘录的规定实施管理。

第十九条　未与国家市场监督管理总局就有机产品认证体系等效性方面签署相关备忘录的国家或者地区的进口产品,拟作为有机产品向中国出口时,应当符合中国有机产品相关法律法规和中国有机产品国家标准的要求。

第二十条　需要获得中国有机产品认证的进口产品生产商、销售商、进口商或者代理商(以下统称进口有机产品认证委托人),应当向经国家市场监督管理总局批准的认证机构提出认证委托。

第二十一条　进口有机产品认证委托人应当按照有机产品认证实施规则的规定,向认证机构提交相关申请资料和文件,其中申请书、调查表、加工工艺流程、产品配方和生产、加工过程中使用的投入品等认证申请材料、文件,应当同时提交中文版本。申请材料不符合要求的,认证机构应当不予受理其认证委托。

认证机构从事进口有机产品认证活动应当符合本办法和有机产品认证实施规则的规定,认证检查记录和检查报告等应当有中文版本。

第二十二条　进口有机产品申报入境检验检疫时,应当提交其所获中国有机产品认证证书复印件、有机品销售证复印件、认证标志和产品标识等文件。

第二十三条　自对进口有机产品认证委托人出具有机产品认证证书起30日内,认证机构应当向国家市场监督管理总局提交以下书面材料:

(一)获证产品类别、范围和数量;

(二)进口有机产品认证委托人的名称、地址和联系方式;

(三)获证产品生产商、进口商的名称、地址和联系方式;

(四)认证证书和检查报告复印件(中外文版本);

(五)国家市场监督管理总局规定的其他材料。

第四章　认证证书和认证标志

第二十四条　国家市场监督管理总局负责制定有机产品认证证书的基本格式、编号规则和认证标志的式样、编号规则。

第二十五条　认证证书有效期为1年。

第二十六条　认证证书应当包括以下内容:

(一)认证委托人的名称、地址;

(二)获证产品的生产者、加工者以及产地(基地)的名称、地址;

(三)获证产品的数量、产地(基地)面积和产品种类;

(四)认证类别;

(五)依据的国家标准或者技术规范;

(六)认证机构名称及其负责人签字、发证日期、有效期。

第二十七条　获证产品在认证证书有效期内,有下列情形之一的，认证委托人应当在 15 日内向认证机构申请变更。认证机构应当自收到认证证书变更申请之日起 30 日内，对认证证书进行变更：

（一）认证委托人或者有机产品生产、加工单位名称或者法人性质发生变更的；

（二）产品种类和数量减少的；

（三）其他需要变更认证证书的情形。

第二十八条 有下列情形之一的，认证机构应当在 30 日内注销认证证书，并对外公布：

（一）认证证书有效期届满，未申请延续使用的；

（二）获证产品不再生产的；

（三）获证产品的认证委托人申请注销的；

（四）其他需要注销认证证书的情形。

第二十九条 有下列情形之一的，认证机构应当在 15 日内暂停认证证书，认证证书暂停期为 1 至 3 个月，并对外公布：

（一）未按照规定使用认证证书或者认证标志的；

（二）获证产品的生产、加工、销售等活动或者管理体系不符合认证要求，且经认证机构评估在暂停期限内能够采取有效纠正或者纠正措施的；

（三）其他需要暂停认证证书的情形。

第三十条 有下列情形之一的，认证机构应当在 7 日内撤销认证证书，并对外公布：

（一）获证产品质量不符合国家相关法规、标准强制要求或者被检出有机产品国家标准禁用物质的；

（二）获证产品生产、加工活动中使用了有机产品国家标准禁用物质或者受到禁用物质污染的；

（三）获证产品的认证委托人虚报、瞒报获证所需信息的；

（四）获证产品的认证委托人超范围使用认证标志的；

（五）获证产品的产地（基地）环境质量不符合认证要求的；

（六）获证产品的生产、加工、销售等活动或者管理体系不符合认证要求，且在认证证书暂停期间，未采取有效纠正或者纠正措施的；

（七）获证产品在认证证书标明的生产、加工场所外进行了再次加工、分装、分割的；

（八）获证产品的认证委托人对相关重大投诉且确有问题未能采取有效处理措施的；

（九）获证产品的认证委托人从事有机产品认证活动中违反国家农产品、食品安全管理相关法律法规，受到相关行政处罚的；

（十）获证产品的认证委托人拒不接受市场监督管理部门或者认证机构对其实施监督的；

（十一）其他需要撤销认证证书的情形。

第三十一条 有机产品认证标志为中国有机产品认证标志。

中国有机产品认证标志标有中文"中国有机产品"字样和英文"ORGANIC"字样。图案如下：

第三十二条 中国有机产品认证标志应当在认证证书限定的产品类别、范围和数量内使用。

认证机构应当按照国家市场监督管理总局统一的编号规则，对每枚认证标志进行唯一编号（以下简称有机码），并采取有效防伪、追溯技术，确保发放的每枚认证标志能够溯源到其对应的认证证书和获证产品及其生产、加工单位。

第三十三条 获证产品的认证委托人应当在获证产品或者产品的最小销售包装上，加施中国有机产品认证标志、有机码和认证机构名称。

获证产品标签、说明书及广告宣传等材料上可以印制中国有机产品认证标志，并可以按照比例放大或者缩小，但不得变形、变色。

第三十四条 有下列情形之一的，任何单位和个人不得在产品、产品最小销售包装及其标签上标注含有"有机"、"ORGANIC"等字样且可能误导公众认为该产品为有机产品的文字表述和图案：

（一）未获得有机产品认证的；

（二）获证产品在认证证书标明的生产、加工场所外进行了再次加工、分装、分割的。

第三十五条 认证证书暂停期间，获证产品的认证委托人应当暂停使用认证证书和认证标志；认证证书注销、撤销后，认证委托人应当向认证机构交回认证证书和未使用的认证标志。

第五章 监督管理

第三十六条 国家市场监督管理总局对有机产品认证活动组织实施监督检查和不定期的专项监督检查。

第三十七条 县级以上地方市场监督管理部门应当依法对所辖区域的有机产品认证活动进行监督检查，查处获证有机产品生产、加工、销售活动中的违法行为。

第三十八条 县级以上地方市场监督管理部门的监督检查的方式包括：

（一）对有机产品认证活动是否符合本办法和有机产品认证实施规则规定的监督检查；

（二）对获证产品的监督抽查；

（三）对获证产品认证、生产、加工、进口、销售单位的监督检查；

（四）对有机产品认证证书、认证标志的监督检查；

（五）对有机产品认证咨询活动是否符合相关规定的监督检查；

（六）对有机产品认证和认证咨询活动举报的调查处理；

（七）对违法行为的依法查处。

第三十九条 国家市场监督管理总局通过信息系统，定期公布有机产品认证动态信息。

认证机构在出具认证证书之前，应当按要求及时向信息系统报送有机产品认证相关信息，并获取认证证书编号。

认证机构在发放认证标志之前，应当将认证标志、有机码的相关信息上传到信息系统。

县级以上地方市场监督管理部门通过信息系统，根据认证机构报送和上传的认证相关信息，对所辖区域内开展的有机产品认证活动进行监督检查。

第四十条 获证产品的认证委托人以及有机产品销售单位和个人，在产品生产、加工、包装、贮藏、运输和销售等过程中，应当建立完善的产品质量安全追溯体系和生产、加工、销售记录档案制度。

第四十一条 有机产品销售单位和个人在采购、贮藏、运输、销售有机产品的活动中，应当符合有机产品国家标准的规定，保证销售的有机产品类别、范围和数量与销售证中的产品类别、范围和数量一致，并能够提供与正本内容一致的认证证书和有机产品销售证的复印件，以备相关行政监管部门或者消费者查询。

第四十二条 市场监督管理部门可以根据国家有关部门发布的动植物疫情、环境污染风险预警等信息，以及监督检查、消费者投诉举报、媒体反映等情况，及时发布关于有机产品认证区域、获证产品及其认证委托人、认证机构的认证风险预警信息，并采取相关应对措施。

第四十三条 获证产品的认证委托人提供虚假信息、违规使用禁用物质、超范围使用有机认证标志，或者出现产品质量安全重大事故的，认证机构5年内不得受理该企业及其生产基地、加工场所的有机产品认证委托。

第四十四条 认证委托人对认证机构的认证结论或者处理决定有异议的，可以向认证机构提出申诉。

第四十五条 任何单位和个人对有机产品认证活动中的违法行为，可以向市场监督管理部门举报。市场监督管理部门应当及时调查处理，并为举报人保密。

第六章 罚则

第四十六条 伪造、冒用、非法买卖认证标志的，县级以上地方市场监督管理部门依照《中华人民共和国产品质量法》、《中华人民共和国进出口商品检验法》及其实施条例等法律、行政法规的规定处罚。

第四十七条 伪造、变造、冒用、非法买卖、转让、涂改认证证书的，县级以上地方市场监督管理部门责令改正，处3万元罚款。

违反本办法第三十九条第二款的规定，认证机构在其出具的认证证书上自行编制认证证书编号的，视为伪造认证证书。

第四十八条 违反本办法第三十四条的规定，在产品或者产品包装及标签上标注含有"有机"、"ORGANIC"等字样且可能误导公众认为该产品为有机产品的文字表述和图案的，县级以上地方市场监督管理部门责令改正，处3万元以下罚款。

第四十九条 认证机构有下列情形之一的，国家市场监督管理总局应当责令改正，予以警告，并对外公布：

（一）未依照本办法第三十九条第三款的规定，将有机产品认证标志、有机码上传到国家市场监督管理总局确定的信息系统的；

（二）未依照本办法第九条第二款的规定，向国家市场监督管理总局确定的信息系统报送相关认证信息或者其所报送信息失实的；

（三）未依照本办法第二十三条的规定，向国家市场监督管理总局提交相关材料备案的。

第五十条 违反本办法第十六条的规定，认证机构对有机配料含量低于95%的加工产品进行有机认证的，县级以上地方市场监督管理部门责令改正，处3万元以下罚款。

第五十一条 认证机构违反本办法第二十九条、第三十条的规定，未及时暂停或者撤销认证证书并对外公布的，依照《中华人民共和国认证认可条例》第五十九条的规定处罚。

第五十二条 认证机构、获证产品的认证委托人拒绝接受国家市场监督管理总局或者县级以上地方市场监督管理部门监督检查的，责令限期改正；逾期未改正的，处3万元以下罚款。

第五十三条 有机产品认证活动中的其他违法行为，依照有关法律、行政法规、部门规章的规定处罚。

第七章 附 则

第五十四条 有机产品认证收费应当依照国家有关价格法律、行政法规的规定执行。

第五十五条 出口的有机产品，应当符合进口国家或者地区的要求。

第五十六条 本办法所称有机配料，是指在制造或者加工有机产品时使用并存在（包括改性的形式存在）于产品中的任何物质，包括添加剂。

第五十七条 本办法由国家市场监督管理总局负责解释。

第五十八条 本办法自2014年4月1日起施行。国家质检总局2004年11月5日公布的《有机产品认证管理办法》（国家质检总局第67号令）同时废止。

节能低碳产品认证管理办法

· 2015年9月17日国家质量监督检验检疫总局、国家发展和改革委员会令第168号公布
· 自2015年11月1日起施行

第一章 总 则

第一条 为了提高用能产品以及其他产品的能源利用效率，改进材料利用，控制温室气体排放，应对气候变化，规范和管理节能低碳产品认证活动，根据《中华人民共和国节约能源法》《中华人民共和国认证认可条例》等法律、行政法规的规定，制定本办法。

第二条 本办法所称节能低碳产品认证，包括节能产品认证和低碳产品认证。节能产品认证是指由认证机构证明用能产品在能源利用效率方面符合相应国家标准、行业标准或者认证技术规范要求的合格评定活动；低碳产品认证是指由认证机构证明产品温室气体排放量符合相应低碳产品评价标准或者技术规范要求的合格评定活动。

第三条 在中华人民共和国境内从事节能低碳产品认证活动，应当遵守本办法。

第四条 国家质量监督检验检疫总局（以下简称国家质检总局）主管全国节能低碳产品认证工作；国家发展和改革委员会（以下简称国家发展改革委）负责指导开展节能低碳产品认证工作。

国家认证认可监督管理委员会（以下简称国家认监委）负责节能低碳产品认证的组织实施、监督管理和综合协调工作。

地方各级质量技术监督部门和各地出入境检验检疫机构（以下统称地方质检两局）按照各自职责，负责所辖区域内节能低碳产品认证活动的监督管理工作。

第五条 国家发展改革委、国家质检总局和国家认监委会同国务院有关部门建立节能低碳产品认证部际协调工作机制，共同确定产品认证目录、认证依据、认证结果采信等有关事项。

节能、低碳产品认证目录由国家发展改革委、国家质检总局和国家认监委联合发布。

第六条 国家发展改革委、国家质检总局、国家认监委以及国务院有关部门，依据《中华人民共和国节约能源法》以及国家相关产业政策规定，在工业、建筑、交通运输、公共机构等领域，推动相关机构开展节能低碳产品认证等服务活动，并采信认证结果。

国家发展改革委、国务院其他有关部门以及地方政府主管部门依据相关产业政策，推动节能低碳产品认证活动，鼓励使用获得节能低碳认证的产品。

第七条 从事节能低碳产品认证活动的机构及其人员，对其从业活动中所知悉的商业秘密和技术秘密负有保密义务。

第二章 认证实施

第八条 节能、低碳产品认证规则由国家认监委会同国家发展改革委制定。涉及国务院有关部门职责的，应当征求国务院有关部门意见。

节能、低碳产品认证规则由国家认监委发布。

第九条 从事节能低碳产品认证的认证机构应当依法设立，符合《中华人民共和国认证认可条例》《认证机构管理办法》规定的基本条件和产品认证机构通用要求，并具备从事节能低碳产品认证活动相关技术能力。

第十条 从事节能低碳产品认证相关检验检测活动的机构应当依法经过资质认定，符合检验检测机构能力的通用要求，并具备从事节能低碳产品认证检验检测工作相关技术能力。

第十一条 国家认监委对从事节能低碳产品认证活动的认证机构,依法予以批准。

节能低碳产品认证机构名录及相关信息经节能低碳产品认证部际协调工作机制研究后,由国家认监委公布。

第十二条 从事节能低碳产品认证检查或者核查的人员,应当具备检查或者核查的技术能力,并经国家认证人员注册机构注册。

第十三条 产品的生产者或者销售者(以下简称认证委托人)可以委托认证机构进行节能、低碳产品认证,并按照认证规则的规定提交相关资料。

认证机构经审查符合认证条件的,应当予以受理。

第十四条 认证机构受理认证委托后,应当按照节能、低碳产品认证规则的规定,安排产品检验检测、工厂检查或者现场核查。

第十五条 认证机构应当对认证委托人提供样品的真实性进行审查,并根据产品特点和实际情况,采取认证委托人送样、现场抽样或者现场封样后由委托人送样等方式,委托符合本办法规定的检验检测机构对样品进行产品型式试验。

第十六条 检验检测机构对样品进行检验检测,应当确保检验检测结果的真实、准确,并对检验检测全过程做出完整记录,归档留存,保证检验检测过程和结果具有可追溯性,配合认证机构对获证产品进行有效的跟踪检查。

检验检测机构及其有关人员应当对其作出的检验检测报告内容以及检验检测结论负责,对样品真实性有疑义的,应当向认证机构说明情况,并作出相应处理。

第十七条 根据认证规则需要进行工厂检查或者核查的,认证机构应当委派经国家认证人员注册机构注册的认证检查员或者认证核查员,进行检查或者核查。

节能产品认证的检查,需要对产品生产企业的质量保证能力、生产产品与型式试验样品的一致性等情况进行检查。

低碳产品认证的核查,需要对产品生产工艺流程与相关提交文件的一致性、生产相关过程的能量和物料平衡、证据的可靠性、生产产品与检测样品的一致性、生产相关能耗监测设备的状态、碳排放计算的完整性以及产品生产企业的质量保证水平和能力等情况进行核查。

第十八条 认证机构完成产品检验检测和工厂检查或者核查后,对符合认证要求的,向认证委托人出具认证证书;对不符合认证要求的,应当书面通知认证委托人,并说明理由。

认证机构及其有关人员应当对其作出的认证结论负责。

第十九条 认证机构应当按照认证规则的规定,采取适当合理的方式和频次,对取得认证的产品及其生产企业实施有效的跟踪检查,控制并验证取得认证的产品持续符合认证要求。

对于不能持续符合认证要求的,认证机构应当根据相应情形作出暂停或者撤销认证证书的处理,并予公布。

第二十条 认证机构应当依法公开节能低碳产品认证收费标准、产品获证情况等相关信息,并定期将节能低碳产品认证结果采信等有关数据和工作情况,报告国家认监委。

第二十一条 国家认监委和国家发展改革委组建节能低碳认证技术委员会,对涉及认证技术的重大问题进行研究和审议。

认证技术委员会为非常设机构,由国务院相关部门、行业协会、认证机构、企业代表以及相关专家担任委员。

第二十二条 认证机构应当建立风险防范机制,采取设立风险基金或者投保等合理、有效的防范措施,防范节能低碳产品认证活动可能引发的风险和责任。

第三章 认证证书和认证标志

第二十三条 节能、低碳产品认证证书的格式、内容由国家认监委统一制定发布。

第二十四条 认证证书应当包括以下基本内容:

(一)认证委托人名称、地址;
(二)产品生产者(制造商)名称、地址;
(三)被委托生产企业名称、地址(需要时);
(四)产品名称和产品系列、规格/型号;
(五)认证依据;
(六)认证模式;
(七)发证日期和有效期限;
(八)发证机构;
(九)证书编号;
(十)产品碳排放清单及其附件;
(十一)其他需要标注的内容。

第二十五条 认证证书有效期为3年。

认证机构应当根据其对取得认证的产品及其生产企业的跟踪检查情况,在认证证书上注明年度检查有效状态的查询网址和电话。

第二十六条 认证机构应当按照认证规则的规定,针对不同情形,及时作出认证证书的变更、扩展、注销、暂停或者撤销的处理决定。

第二十七条 节能产品认证标志的式样由基本图案、认证机构识别信息组成，基本图案如下图所示，其中 ABCDE 代表认证机构简称：

低碳产品认证标志的式样由基本图案、认证机构识别信息组成，基本图案如下图所示，其中 ABCDE 代表认证机构简称：

第二十八条 取得节能低碳产品认证的认证委托人，应当建立认证证书和认证标志使用管理制度，对认证标志的使用情况如实记录和存档，并在产品或者其包装物、广告、产品介绍等宣传材料中正确标注和使用认证标志。

认证机构应当采取有效措施，监督获证产品的认证委托人正确使用认证证书和认证标志。

第二十九条 任何组织和个人不得伪造、变造、冒用、非法买卖和转让节能、低碳产品认证证书和认证标志。

第四章 监督管理

第三十条 国家质检总局、国家认监委对节能低碳产品认证机构和检验检测机构开展定期或者不定期的专项监督检查，发现违法违规行为的，依法进行查处。

第三十一条 地方质检两局按照各自职责，依法对所辖区域内的节能低碳产品认证活动实施监督检查，对违法行为进行查处。

第三十二条 认证委托人对认证机构的认证活动以及认证结论有异议的，可以向认证机构提出申诉，对认证机构处理结果仍有异议的，可以向国家认监委申诉。

第三十三条 任何组织和个人对节能低碳产品认证活动中的违法违规行为，有权向国家认监委或者地方质检两局举报，国家认监委或者地方质检两局应当及时调查处理，并为举报人保密。

第三十四条 伪造、变造、冒用、非法买卖或者转让节能、低碳产品认证证书的，由地方质检两局责令改正，并处 3 万元罚款。

第三十五条 伪造、变造、冒用、非法买卖节能、低碳产品认证标志的，依照《中华人民共和国进出口商品检验法》、《中华人民共和国产品质量法》的规定处罚。

转让节能、低碳产品认证标志的，由地方质检两局责令改正，并处 3 万元以下的罚款。

第三十六条 对于节能低碳产品认证活动中的其他违法行为，依照相关法律、行政法规和部门规章的规定予以处罚。

第三十七条 国家发展改革委、国家质检总局、国家认监委对节能低碳产品认证相关主体的违法违规行为建立信用记录，并纳入全国统一的信用信息共享交换平台。

第五章 附 则

第三十八条 认证机构可以根据市场需求，在国家尚未制定认证规则的节能低碳产品认证新领域，自行开展相关产品认证业务，自行制定的认证规则应当向国家认监委备案。

第三十九条 节能低碳产品认证应当依照国家有关规定收取费用。

第四十条 本办法由国家质检总局、国家发展改革委在各自职权范围内负责解释。

第四十一条 本办法自 2015 年 11 月 1 日起施行。国家发展改革委、国家认监委于 2013 年 2 月 18 日制定发布的《低碳产品认证管理暂行办法》同时废止。

无障碍环境认证实施方案

·2022 年 11 月 1 日
·国市监认证发〔2022〕94 号

为推进实施无障碍环境认证，提升无障碍环境服务水平，健全残疾人、老年人等社会成员关爱服务体系和设施，根据《市场监管总局 中国残联关于推进无障碍环境认证工作的指导意见》（国市监认证发〔2021〕79 号），制定本方案。

一、组织保障

市场监管总局、中国残联牵头组建由政府部门、科研机构、认证机构、检测机构、标准化机构、专业社会组织及体验用户等相关方参与的无障碍环境认证技术委员会，协调解决认证制度建设和实施过程中的技术问题，为无障碍环境认证工作提供决策咨询和技术支持。

二、制度建设

（一）无障碍环境认证目录由市场监管总局、中国残联根据社会发展需要，共同确定并发布。认证规则由市场监管总局商中国残联后发布。

（二）从事无障碍环境认证的认证机构应当依法设立，符合《中华人民共和国认证认可条例》《认证机构管理办法》规定的基本条件，具备从事无障碍环境认证相应的技术能力。经市场监管总局征求中国残联意见后批准，方可从事无障碍环境认证。

（三）无障碍环境实施分级认证，使用以下图案作为认证标志。

三、认证实施

（一）认证委托人可自愿向认证机构提出无障碍环境认证委托，对认证机构的认证工作和认证决定有异议的，可以向作出决定的认证机构提出申诉。

（二）认证机构依据无障碍环境认证规则开展认证工作，并采取适当方式和频次，对获得认证的无障碍环境实施有效跟踪检查，以验证其持续符合认证要求。

（三）认证机构应当公开认证收费标准和认证证书有效、暂停、注销或者撤销的状态等信息，接受社会的查询和监督，并按照有关规定报送无障碍环境认证实施情况及认证信息。

四、推广应用

（一）中国残联、市场监管总局积极推动社会治理、行业管理、市场采购等领域广泛采信无障碍环境认证结果，及时总结经验、培训典型、抓好示范，推动无障碍环境认证普及覆盖。

（二）各级残联、市场监管部门协调推动本地无障碍环境认证及推广应用工作，推动将无障碍环境认证结果纳入各类公共建筑质量评奖、评价或考核。

五、监督管理

（一）各级市场监管部门、残联发挥各自职能作用，对无障碍环境认证及采信应用等活动与结果进行监督管理。

（二）对认证活动中出现的违法违规行为依法进行处罚，符合条件的列入严重违法失信名单，并将行政处罚、严重违法失信名单等涉企信息通过国家企业信用信息公示系统及国家平台依法公示。

质量管理体系认证规则

· 2016 年 8 月 5 日国家认监委公告 2016 年第 20 号公布
· 自 2016 年 10 月 1 日起施行

目　录

1. 适用范围
2. 对认证机构的基本要求
3. 对认证审核人员的基本要求
4. 初次认证程序
5. 监督审核程序
6. 再认证程序
7. 暂停或撤销认证证书
8. 认证证书要求
9. 与其他管理体系的结合审核
10. 受理转换认证证书
11. 受理组织的申诉
12. 认证记录的管理
13. 其他
附录 A 质量管理体系认证审核时间要求

1　适用范围

1.1 本规则用于规范依据 GB/T 19001/ISO 9001《质量管理体系要求》标准在中国境内开展的质量管理体系认证活动。

1.2 本规则依据认证认可相关法律法规，结合相关技术标准，对质量管理体系认证实施过程作出具体规定，明确认证机构对认证过程的管理责任，保证质量管理体系认证活动的规范有效。

1.3 本规则是认证机构在质量管理体系认证活动中的基本要求，相关机构在该项认证活动中应当遵守本规则。

2　对认证机构的基本要求

2.1 获得国家认监委批准、取得从事质量管理体系认证的资质。

2.2 认证能力、内部管理和工作体系符合 GB/T 27021/ISO/IEC 17021-1《合格评定　管理体系审核认证机构要求》。

2.3 建立内部制约、监督和责任机制，实现培训（包括相关增值服务）、审核和作出认证决定等工作环节相互分开，符合认证公正性要求。

2.4 鼓励认证机构通过国家认监委确定的认可机构的认可，证明其认证能力、内部管理和工作体系符合 GB/T 27021/ISO/IEC 17021-1《合格评定 管理体系审核认证机构要求》。

2.5 不得将申请认证的组织(以下简称申请组织)是否获得认证与参与认证审核的审核员及其他人员的薪酬挂钩。

3 对认证审核人员的基本要求

3.1 认证审核员应当取得国家认监委确定的认证人员注册机构颁发的质量管理体系审核员注册资格。

3.2 认证人员应当遵守与从业相关的法律法规，对认证审核活动及相关认证审核记录和认证审核报告的真实性承担相应的法律责任。

4 初次认证程序

4.1 受理认证申请

4.1.1 认证机构应向申请组织至少公开以下信息：

(1)可开展认证业务的范围，以及获得认可的情况。

(2)本规则的完整内容。

(3)认证证书样式。

(4)对认证过程的申投诉规定。

4.1.2 认证机构应当要求申请组织至少提交以下资料：

(1)认证申请书，申请书应包括申请认证的生产、经营或服务活动范围及活动情况的说明。

(2)法律地位的证明文件的复印件。若质量管理体系覆盖多场所活动，应附每个场所的法律地位证明文件的复印件(适用时)。

(3)质量管理体系覆盖的活动所涉及法律法规要求的行政许可证明、资质证书、强制性认证证书等的复印件。

(4)质量管理体系成文信息（适用时）。

4.1.3 认证机构应对申请组织提交的申请资料进行评审，根据申请认证的活动范围及场所、员工人数、完成审核所需时间和其他影响认证活动的因素，综合确定是否有能力受理认证申请。

对被执法监管部门责令停业整顿或在全国企业信用信息公示系统中被列入"严重违法企业名单"的申请组织，认证机构不应受理其认证申请。

4.1.4 对符合 4.1.2、4.1.3 要求的，认证机构可决定受理认证申请；对不符合上述要求的，认证机构应通知申请组织补充和完善，或者不受理认证申请。

4.1.5 签订认证合同

在实施认证审核前，认证机构应与申请组织订立具有法律效力的书面认证合同，合同应至少包含以下内容：

(1)申请组织获得认证后持续有效运行质量管理体系的承诺。

(2)申请组织对遵守认证认可相关法律法规，协助认证监管部门的监督检查，对有关事项的询问和调查如实提供相关材料和信息的承诺。

(3)申请组织承诺获得认证后发生以下情况时，应及时向认证机构通报：

①客户及相关方有重大投诉。

②生产、销售的产品或提供的服务被质量或市场监管部门认定不合格。

③发生产品和服务的质量安全事故。

④相关情况发生变更，包括：法律地位、生产经营状况、组织状态或所有权变更；取得的行政许可资格、强制性认证或其他资质证书变更；法定代表人、最高管理者变更；生产经营或服务的工作场所变更；质量管理体系覆盖的活动范围变更；质量管理体系和重要过程的重大变更等。

⑤出现影响质量管理体系运行的其他重要情况。

(4)申请组织承诺获得认证后正确使用认证证书、认证标志和有关信息，不利用质量管理体系认证证书和相关文字、符号误导公众认为其产品或服务通过认证。

(5)拟认证的质量管理体系覆盖的生产或服务的活动范围。

(6)在认证审核实施过程及认证证书有效期内，认证机构和申请组织各自应当承担的责任、权利和义务。

(7)认证服务的费用、付费方式及违约条款。

4.2 审核策划

4.2.1 审核时间

4.2.1.1 为确保认证审核的完整有效，认证机构应以附录 A 所规定的审核时间为基础，根据申请组织质量管理体系覆盖的活动范围、特性、技术复杂程度、质量安全风险程度、认证要求和体系覆盖范围内的有效人数等情况，核算并拟定完成审核工作需要的时间。在特殊情况下，可以减少审核时间，但减少的时间不得超过附录 A 所规定的审核时间的 30%。

4.2.1.2 整个审核时间中，现场审核时间不应少于总审核时间的 80%。

4.2.2 审核组

4.2.2.1 认证机构应当根据质量管理体系覆盖的活动的专业技术领域选择具备相关能力的审核员组成审核组，必要时可以选择技术专家参加审核。审核组中的审核员承担审核任务和责任。

4.2.2.2 技术专家主要负责提供认证审核的技术支持，不作为审核员实施审核，不计入审核时间，其在审核过程中的活动由审核组中的审核员承担责任。

4.2.2.3 审核组可以有实习审核员，其要在审核员的指导下参与审核，不计入审核时间，不单独出具记录等审核文件，其在审核过程中的活动由审核组中的审核员承担责任。

4.2.3 审核计划

4.2.3.1 认证机构应为每次审核制定书面的审核计划（第一阶段审核不要求正式的审核计划）。审核计划至少包括以下内容：审核目的，审核准则，审核范围，现场审核的日期和场所，现场审核持续时间，审核组成员（其中：审核员应标明认证人员注册号；技术专家应标明专业代码、工作单位及专业技术职称）。

4.2.3.2 如果质量管理体系覆盖范围包括在多个场所进行相同或相近的活动，且这些场所都处于申请组织授权和控制下，认证机构可以在审核中对这些场所进行抽样，但应根据相关要求实施抽样以确保对所抽样本进行的审核对质量管理体系包含的所有场所具有代表性。如果不同场所的活动存在明显差异，或不同场所间存在可能对质量管理有显著影响的区域性因素，则不能采用抽样审核的方法，应当逐一到各现场进行审核。

4.2.3.3 为使现场审核活动能够观察到产品生产或服务活动情况，现场审核应安排在认证范围覆盖的产品生产或服务活动正常运行时进行。

4.2.3.4 在审核活动开始前，审核组应将审核计划交申请组织确认，遇特殊情况临时变更计划时，应及时将变更情况通知申请组织，并协商一致。

4.3 实施审核

4.3.1 审核组应当按照审核计划的安排完成审核工作。除不可预见的特殊情况外，审核过程中不得更换审核计划确定的审核员。

4.3.2 审核组应当会同申请组织按照程序顺序召开首、末次会议，申请组织的最高管理者及与质量管理体系相关的职能部门负责人员应该参加会议。参会人员应签到，审核组应当保留首、末次会议签到表。申请组织要求时，审核组成员应向申请组织出示身份证明文件。

4.3.3 审核过程及环节

4.3.3.1 初次认证审核，分为第一、二阶段实施审核。

4.3.3.2 第一阶段审核应至少覆盖以下内容：

（1）结合现场情况，确认申请组织实际情况与质量管理体系成文信息描述的一致性，特别是体系成文信息中描述的产品和服务、部门设置和职责与权限、生产或服务过程等是否与申请组织的实际情况相一致。

（2）结合现场情况，审核申请组织理解和实施 GB/T 19001/ISO 9001 标准要求的情况，评价质量管理体系运行过程中是否实施了内部审核与管理评审，确认质量管理体系是否已运行并且超过 3 个月。

（3）确认申请组织建立的质量管理体系覆盖的活动内容和范围、体系覆盖范围内有效人数、过程和场所，遵守适用的法律法规及强制性标准的情况。

（4）结合质量管理体系覆盖产品和服务的特点识别对质量目标的实现具有重要影响的关键点，并结合其他因素，科学确定重要审核点。

（5）与申请组织讨论确定第二阶段审核安排。对质量管理体系成文信息不符合现场实际、相关体系运行尚未超过 3 个月或者无法证明超过 3 个月的，以及其他不具备二阶段审核条件的，不应实施二阶段审核。

4.3.3.3 在下列情况，第一阶段审核可以不在申请组织现场进行，但应记录未在现场进行的原因：

（1）申请组织已获本认证机构颁发的其他有效认证证书，认证机构已对申请组织质量管理体系有充分了解。

（2）认证机构有充足的理由证明申请组织的生产经营或服务的技术特征明显、过程简单，通过对其提交文件和资料的审查可以达到第一阶段审核的目的和要求。

（3）申请组织获得了其他经认可机构认可的认证机构颁发的有效的质量管理体系认证证书，通过对其文件和资料的审查可以达到第一阶段审核的目的和要求。

除以上情况之外，第一阶段审核应在受审核方的生产经营或服务现场进行。

4.3.3.4 审核组应将第一阶段审核情况形成书面文件告知申请组织。对在第二阶段审核中可能被判定为不符合项的重要关键点，要及时提醒申请组织特别关注。

4.3.3.5 第二阶段审核应当在申请组织现场进行。重点是审核质量管理体系符合 GB/T 19001/ISO 9001 标准要求和有效运行情况，应至少覆盖以下内容：

（1）在第一阶段审核中识别的重要审核点的过程控制的有效性。

（2）为实现质量方针而在相关职能、层次和过程上建立质量目标是否具体适用、可测量并得到沟通、监视。

(3)对质量管理体系覆盖的过程和活动的管理及控制情况。

(4)申请组织实际工作记录是否真实。对于审核发现的真实性存疑的证据应予以记录并在做出审核结论及认证决定时予以考虑。

(5)申请组织的内部审核和管理评审是否有效。

4.3.4 发生以下情况时,审核组应向认证机构报告,经认证机构同意后终止审核。

(1)受审核方对审核活动不予配合,审核活动无法进行。

(2)受审核方实际情况与申请材料有重大不一致。

(3)其他导致审核程序无法完成的情况。

4.4 审核报告

4.4.1 审核组应对审核活动形成书面审核报告,由审核组组长签字。审核报告应准确、简明和清晰地描述审核活动的主要内容,至少包括以下内容:

(1)申请组织的名称和地址。

(2)申请组织活动范围和场所。

(3)审核的类型、准则和目的。

(4)审核组组长、审核组成员及其个人注册信息。

(5)审核活动的实施日期和地点,包括固定现场和临时现场;对偏离审核计划情况的说明,包括对审核风险及影响审核结论的不确定性的客观陈述。

(6)叙述从4.3条列明的程序及各项要求的审核工作情况,其中:对4.3.3.5条的各项审核要求应逐项描述或引用审核证据、审核发现和审核结论;对质量目标和过程及质量绩效实现情况进行评价。

(7)识别出的不符合项。

(8)审核组对是否通过认证的意见建议。

4.4.2 认证机构应保留用于证实审核报告中相关信息的证据。

4.4.3 认证机构应在作出认证决定后30个工作日内将审核报告提交申请组织,并保留签收或提交的证据。

4.4.4 对终止审核的项目,审核组应将已开展的工作情况形成报告,认证机构应将此报告及终止审核的原因提交给申请组织,并保留签收或提交的证据。

4.5 不符合项的纠正和纠正措施及其结果的验证

4.5.1 对审核中发现的不符合项,认证机构应要求申请组织分析原因,并提出纠正和纠正措施。对于严重不符合,应要求申请组织在最多不超过6个月期限内采取纠正和纠正措施。认证机构应对申请组织所采取的纠正和纠正措施的有效性进行验证。如果未能在第二阶段结束后6个月内验证对严重不符合实施的纠正和纠正措施,则应按4.6.5条处理,或者按照4.3.3.5条重新实施第二阶段审核。

4.6 认证决定

4.6.1 认证机构应该在对审核报告、不符合项的纠正和纠正措施及其结果进行综合评价基础上,作出认证决定。

4.6.2 认证决定人员应为认证机构管理控制下的人员,审核组成员不得参与对审核项目的认证决定。

4.6.3 认证机构在作出认证决定前应确认如下情形:

(1)审核报告符合本规则第4.4条要求,审核组提供的审核报告及其他信息能够满足作出认证决定所需要的信息。

(2)反映以下问题的不符合项,认证机构已评审、接受并验证了纠正和纠正措施的有效性。

①在持续改进质量管理体系的有效性方面存在缺陷,实现质量目标有重大疑问。

②制定的质量目标不可测量,或测量方法不明确。

③对实现质量目标具有重要影响的关键点的监视和测量未有效运行,或者对这些关键点的报告或评审记录不完整或无效。

④其他严重不符合项。

(3)认证机构对其他一般不符合项已评审,并接受了申请组织计划采取的纠正和纠正措施。

4.6.4 在满足4.6.3条要求的基础上,认证机构有充分的客观证据证明申请组织满足下列要求的,评定该申请组织符合认证要求,向其颁发认证证书。

(1)申请组织的质量管理体系符合标准要求且运行有效。

(2)认证范围覆盖的产品和服务符合相关法律法规要求。

(3)申请组织按照认证合同规定履行了相关义务。

4.6.5 申请组织不能满足上述要求或者存在以下情况,评定该申请组织不符合认证要求,以书面形式告知申请组织并说明其未通过认证的原因。

(1)受审核方的质量管理体系有重大缺陷,不符合GB/T 19001/ISO 9001标准的要求。

(2)发现受审核方存在重大质量安全问题或有其他与产品和服务质量相关严重违法违规行为。

4.6.6 认证机构在颁发认证证书后,应当在30个工作日内按照规定的要求将认证结果相关信息报送国家认监委。

5 监督审核程序

5.1 认证机构应对持有其颁发的质量管理体系认证证书的组织(以下称获证组织)进行有效跟踪,监督获证组织持续运行质量管理体系并符合认证要求。

5.2 为确保达到 5.1 条要求,认证机构应根据获证组织的产品和服务的质量风险程度或其他特性,确定对获证组织的监督审核的频次。

5.2.1 作为最低要求,初次认证后的第一次监督审核应在认证证书签发日起 12 个月内进行。此后,监督审核应至少每个日历年(应进行再认证的年份除外)进行一次,且两次监督审核的时间间隔不得超过 15 个月。

5.2.2 超过期限而未能实施监督审核的,应按 7.2 或 7.3 条处理。

5.2.3 获证企业的产品在产品质量国家监督抽查中被查出不合格时,自国家质检总局发出通报起 30 日内,认证机构应对该企业实施监督审核。

5.3 监督审核的时间,应不少于按 4.2.1 条计算审核时间人日数的 1/3。

5.4 监督审核的审核组,应符合 4.2.2 条和 4.3.1 条的要求。

5.5 监督审核应在获证组织现场进行,且应满足第 4.2.3.3 条确定的条件。由于市场、季节性等原因,在每次监督审核时难以覆盖所有产品和服务的,在认证证书有效期内的监督审核需覆盖认证范围内的所有产品和服务。

5.6 监督审核时至少应审核以下内容:

(1) 上次审核以来质量管理体系覆盖的活动及影响体系的重要变更及运行体系的资源是否有变更。

(2) 按 4.3.3.2(4) 条要求已识别的重要关键点是否按质量管理体系的要求在正常和有效运行。

(3) 对上次审核中确定的不符合项采取的纠正和纠正措施是否继续有效。

(4) 质量管理体系覆盖的活动涉及法律法规规定的,是否持续符合相关规定。

(5) 质量目标及质量绩效是否达到质量管理体系确定值。如果没有达到,获证组织是否运行内审机制识别了原因、是否运行管理评审机制确定并实施了改进措施。

(6) 获证组织对认证标志的使用或对认证资格的引用是否符合《认证认可条例》及其他相关规定。

(7) 内部审核和管理评审是否规范和有效。

(8) 是否及时接受和处理投诉。

(9) 针对体系运行中发现的问题或投诉,及时制定并实施了有效的改进措施。

5.7 在监督审核中发现的不符合项,认证机构应要求获证组织分析原因,规定时限要求获证组织完成纠正和纠正措施并提供纠正和纠正措施有效性的证据。

认证机构应采用适宜的方式及时验证获证组织对不符合项进行处置的效果。

5.8 监督审核的审核报告,应按 5.6 条列明的审核要求逐项描述或引用审核证据、审核发现和审核结论。

5.9 认证机构根据监督审核报告及其他相关信息,作出继续保持或暂停、撤销认证证书的决定。

6 再认证程序

6.1 认证证书期满前,若获证组织申请继续持有认证证书,认证机构应当实施再认证审核,并决定是否延续认证证书。

6.2 认证机构应按 4.2.2 条和 4.3.1 条要求组成审核组。按照 4.2.3 条要求并结合历次监督审核情况,制定再认证审核计划交审核组实施。

在质量管理体系及获证组织的内部和外部环境无重大变更时,再认证审核可省略第一阶段审核,但审核时间应不少于按 4.2.1 条计算人日数的 2/3。

6.3 对再认证审核中发现的严重不符合项,认证机构应规定时限要求获证组织实施纠正与纠正措施,并在原认证证书到期前完成对纠正与纠正措施的验证。

6.4 认证机构按照 4.6 条要求作出再认证决定。获证组织继续满足认证要求并履行认证合同义务的,向其换发认证证书。

6.5 如果在当前认证证书的终止日期前完成了再认证活动并决定换发认证证书,新认证证书的终止日期可以基于当前认证证书的终止日期。新认证证书上的颁证日期应不早于再认证决定日期。

如果在当前认证证书终止日期前,认证机构未能完成再认证审核或对严重不符合项实施的纠正和纠正措施未能进行验证,则不应予以再认证,也不应延长原认证证书的有效期。

在当前认证证书到期后,如果认证机构能够在 6 个月内完成未尽的再认证活动,则可以恢复认证,否则应至少进行一次第二阶段审核才能恢复认证。认证证书的生效日期应不早于再认证决定日期,终止日期应基于上一个认证周期。

7 暂停或撤销认证证书

7.1 认证机构应制定暂停、撤销认证证书或缩小认证范围的规定和文件化的管理制度,规定和管理制度应满足本规则相关要求。认证机构对认证证书的暂停和撤销处理应符合其管理制度,不得随意暂停或撤销认证证书。

7.2 暂停证书

7.2.1 获证组织有以下情形之一的,认证机构应在调查核实后的 5 个工作日内暂停其认证证书。

(1)质量管理体系持续或严重不满足认证要求,包括对质量管理体系运行有效性要求的。

(2)不承担、履行认证合同约定的责任和义务的。

(3)被有关执法监管部门责令停业整顿的。

(4)持有的与质量管理体系范围有关的行政许可证明、资质证书、强制性认证证书等过期失效,重新提交的申请已被受理但尚未换证的。

(5)主动请求暂停的。

(6)其他应当暂停认证证书的。

7.2.2 认证证书暂停期不得超过 6 个月。但属于 7.2.1 第(4)项情形的暂停期可至相关单位作出许可决定之日。

7.2.3 认证机构应以适当方式公开暂停认证证书的信息,明确暂停的起始日期和暂停期限,并声明在暂停期间获证组织不得以任何方式使用认证证书、认证标识或引用认证信息。

7.3 撤销证书

7.3.1 获证组织有以下情形之一的,认证机构应在获得相关信息并调查核实后 5 个工作日内撤销其认证证书。

(1)被注销或撤销法律地位证明文件的。

(2)被国家质量监督检验检疫总局列入质量信用严重失信企业名单。

(3)拒绝配合认证监管部门实施的监督检查,或者对有关事项的询问和调查提供了虚假材料或信息的。

(4)拒绝接受国家产品质量监督抽查的。

(5)出现重大的产品和服务等质量安全事故,经执法监管部门确认是获证组织违规造成的。

(6)有其他严重违反法律法规行为的。

(7)暂停认证证书的期限已满但导致暂停的问题未得到解决或纠正的(包括持有的与质量管理体系范围有关的行政许可证明、资质证书、强制性认证证书等已经过期失效但申请未获批准)。

(8)没有运行质量管理体系或者已不具备运行条件的。

(9)不按相关规定正确引用和宣传获得的认证信息,造成严重影响或后果,或者认证机构已要求其纠正但超过 2 个月仍未纠正的。

(10)其他应当撤销认证证书的。

7.3.2 撤销认证证书后,认证机构应及时收回撤销的认证证书。若无法收回,认证机构应及时在相关媒体和网站上公布或声明撤销决定。

7.4 认证机构暂停或撤销认证证书应当在其网站上公布相关信息,同时按规定程序和要求报国家认监委。

7.5 认证机构应采取有效措施避免各类无效的认证证书和认证标志被继续使用。

8 认证证书要求

8.1 认证证书应至少包含以下信息:

(1)获证组织名称、地址和统一社会信用代码(或组织机构代码)。该信息应与其法律地位证明文件的信息一致。

(2)质量管理体系覆盖的生产经营或服务的地址和业务范围。若认证的质量管理体系覆盖多场所,表述覆盖的相关场所的名称和地址信息。

(3)质量管理体系符合 GB/T 19001/ISO 9001 标准的表述。

(4)证书编号。

(5)认证机构名称。

(6)有效期的起止年月日。

证书应注明:获证组织必须定期接受监督审核并经审核合格此证书方继续有效的提示信息。

(7)相关的认可标识及认可注册号(适用时)。

(8)证书查询方式。认证机构除公布认证证书在本机构网站上的查询方式外,还应当在证书上注明:"本证书信息可在国家认证认可监督管理委员会官方网站(www.cnca.gov.cn)上查询",以便于社会监督。

8.2 初次认证认证证书有效期最长为 3 年。再认证的认证证书有效期不超过最近一次有效认证证书截止期再加 3 年。

8.3 认证机构应当建立证书信息披露制度。除向申请组织、认证监管部门等执法监管部门提供认证证书信息外,还应当根据社会相关方的请求向其提供证书信息,接受社会监督。

9 与其他管理体系的结合审核

9.1 对质量管理体系和其他管理体系实施结合审核时,通用或共性要求应满足本规则要求,审核报告中应清晰地体现4.4条要求,并易于识别。

9.2 结合审核的审核时间人日数,不得少于多个单独体系所需审核时间之和的80%。

10 受理转换认证证书

10.1 认证机构应当履行社会责任,严禁以牟利为目的受理不符合 GB/T 19001/ISO 9001 标准、不能有效执行质量管理体系的组织申请认证证书的转换。

10.2 认证机构受理组织申请转换为本机构的认证证书,应该详细了解申请转换的原因,必要时进行现场审核。

10.3 转换仅限于现行有效认证证书。被暂停或正在接受暂停、撤销处理的认证证书以及已失效的认证证书,不得接受转换申请。

10.4 被发证的认证机构撤销证书的,除非该组织进行彻底整改,导致暂停或撤销认证证书的情形已消除,否则不应受理其认证申请。

11 受理组织的申诉

申请组织或获证组织对认证决定有异议时,认证机构应接受申诉并且及时进行处理,在60日内将处理结果形成书面通知送交申诉人。

书面通知应当告知申诉人,若认为认证机构未遵守认证相关法律法规或本规则并导致自身合法权益受到严重侵害的,可以直接向所在地认证监管部门或国家认监委投诉,也可以向相关认可机构投诉。

12 认证记录的管理

12.1 认证机构应当建立认证记录保持制度,记录认证活动全过程并妥善保存。

12.2 记录应当真实准确以证实认证活动得到有效实施。记录资料应当使用中文,保存时间至少应当与认证证书有效期一致。

12.3 以电子文档方式保存记录的,应采用不可编辑的电子文档格式。

12.4 所有具有相关人员签字的书面记录,可以制作成电子文档保存使用,但是原件必须妥善保存,保存时间至少应当与认证证书有效期一致。

13 其他

13.1 本规则内容提及 GB/T 19001/ISO 9001 标准时均指认证活动发生时该标准的有效版本。认证活动及认证证书中描述该标准号时,应采用当时有效版本的完整标准号。

13.2 本规则所提及的各类证明文件的复印件应在原件上复印的,并经审核员签字确认与原件一致。

13.3 认证机构可开展质量管理体系及相关技术标准的宣贯培训,促使组织的全体员工正确理解和执行质量管理体系标准。

附录 A

质量管理体系认证审核时间要求

有效人数	审核时间 第1阶段+ 第2阶段 (人天)	有效人数	审核时间 第1阶段+ 第2阶段 (人天)
1~5	1.5	626~875	12
6~10	2	876~1175	13
11~15	2.5	1176~1550	14
16~25	3	1551~2025	15
26~45	4	2026~2675	16
46~65	5	2676~3450	17
66~85	6	3451~4350	18
86~125	7	4351~5450	19
126~175	8	5451~6800	20
176~275	9	6801~8500	21
276~425	10	8501~10700	22
426~625	11	>10700	遵循上述递进规律

注:1. 有效人数包括认证范围内涉及的所有人员(含每个班次的人员)。覆盖于认证范围内的非固定人员(如:承包商人员)和兼职人员也应包括在有效人数内。

2. 对非固定人员(包括季节性人员、临时人员和分包商人员)和兼职人员的有效人数核定,可根据其实际工作小时数予以适当减少或换算成等效的全职人员数。

3. 组织正常工作期间(如轮班制组织)安排的审核时间可以计入有效的管理体系认证审核时间,但往返多审核场所之间所花费的时间不计入有效的管理体系认证审核时间。

5. 计量管理

中华人民共和国计量法

- 1985年9月6日第六届全国人民代表大会常务委员会第十二次会议通过
- 根据2009年8月27日第十一届全国人民代表大会常务委员会第十次会议《关于修改部分法律的决定》第一次修正
- 根据2013年12月28日第十二届全国人民代表大会常务委员会第六次会议《关于修改〈中华人民共和国海洋环境保护法〉等七部法律的决定》第二次修正
- 根据2015年4月24日第十二届全国人民代表大会常务委员会第十四次会议《关于修改〈中华人民共和国计量法〉等五部法律的决定》第三次修正
- 根据2017年12月27日第十二届全国人民代表大会常务委员会第三十一次会议《关于修改〈中华人民共和国招标投标法〉、〈中华人民共和国计量法〉的决定》第四次修正
- 根据2018年10月26日第十三届全国人民代表大会常务委员会第六次会议《关于修改〈中华人民共和国野生动物保护法〉等十五部法律的决定》第五次修正

第一章 总 则

第一条 为了加强计量监督管理,保障国家计量单位制的统一和量值的准确可靠,有利于生产、贸易和科学技术的发展,适应社会主义现代化建设的需要,维护国家、人民的利益,制定本法。

第二条 在中华人民共和国境内,建立计量基准器具、计量标准器具,进行计量检定,制造、修理、销售、使用计量器具,必须遵守本法。

第三条 国家实行法定计量单位制度。

国际单位制计量单位和国家选定的其他计量单位,为国家法定计量单位。国家法定计量单位的名称、符号由国务院公布。

因特殊需要采用非法定计量单位的管理办法,由国务院计量行政部门另行制定。

第四条 国务院计量行政部门对全国计量工作实施统一监督管理。

县级以上地方人民政府计量行政部门对本行政区域内的计量工作实施监督管理。

第二章 计量基准器具、计量标准器具和计量检定

第五条 国务院计量行政部门负责建立各种计量基准器具,作为统一全国量值的最高依据。

第六条 县级以上地方人民政府计量行政部门根据本地区的需要,建立社会公用计量标准器具,经上级人民政府计量行政部门主持考核合格后使用。

第七条 国务院有关主管部门和省、自治区、直辖市人民政府有关主管部门,根据本部门的特殊需要,可以建立本部门使用的计量标准器具,其各项最高计量标准器具经同级人民政府计量行政部门主持考核合格后使用。

第八条 企业、事业单位根据需要,可以建立本单位使用的计量标准器具,其各项最高计量标准器具经有关人民政府计量行政部门主持考核合格后使用。

第九条 县级以上人民政府计量行政部门对社会公用计量标准器具,部门和企业、事业单位使用的最高计量标准器具,以及用于贸易结算、安全防护、医疗卫生、环境监测方面的列入强制检定目录的工作计量器具,实行强制检定。未按照规定申请检定或者检定不合格的,不得使用。实行强制检定的工作计量器具的目录和管理办法,由国务院制定。

对前款规定以外的其他计量标准器具和工作计量器具,使用单位应当自行定期检定或者送其他计量检定机构检定。

第十条 计量检定必须按照国家计量检定系统表进行。国家计量检定系统表由国务院计量行政部门制定。

计量检定必须执行计量检定规程。国家计量检定规程由国务院计量行政部门制定。没有国家计量检定规程的,由国务院有关主管部门和省、自治区、直辖市人民政府计量行政部门分别制定部门计量检定规程和地方计量检定规程。

第十一条 计量检定工作应当按照经济合理的原则,就地就近进行。

第三章 计量器具管理

第十二条 制造、修理计量器具的企业、事业单位,必须具有与所制造、修理的计量器具相适应的设施、人员和检定仪器设备。

第十三条 制造计量器具的企业、事业单位生产本单位未生产过的计量器具新产品,必须经省级以上人民政府计量行政部门对其样品的计量性能考核合格,方可投入生产。

第十四条 任何单位和个人不得违反规定制造、销售和进口非法定计量单位的计量器具。

第十五条 制造、修理计量器具的企业、事业单位必须对制造、修理的计量器具进行检定,保证产品计量性能合格,并对合格产品出具产品合格证。

第十六条 使用计量器具不得破坏其准确度,损害国家和消费者的利益。

第十七条 个体工商户可以制造、修理简易的计量器具。

个体工商户制造、修理计量器具的范围和管理办法，由国务院计量行政部门制定。

第四章 计量监督

第十八条 县级以上人民政府计量行政部门应当依法对制造、修理、销售、进口和使用计量器具，以及计量检定等相关计量活动进行监督检查。有关单位和个人不得拒绝、阻挠。

第十九条 县级以上人民政府计量行政部门，根据需要设置计量监督员。计量监督员管理办法，由国务院计量行政部门制定。

第二十条 县级以上人民政府计量行政部门可以根据需要设置计量检定机构，或者授权其他单位的计量检定机构，执行强制检定和其他检定、测试任务。

执行前款规定的检定、测试任务的人员，必须经考核合格。

第二十一条 处理因计量器具准确度所引起的纠纷，以国家计量基准器具或者社会公用计量标准器具检定的数据为准。

第二十二条 为社会提供公证数据的产品质量检验机构，必须经省级以上人民政府计量行政部门对其计量检定、测试的能力和可靠性考核合格。

第五章 法律责任

第二十三条 制造、销售未经考核合格的计量器具新产品的，责令停止制造、销售该种新产品，没收违法所得，可以并处罚款。

第二十四条 制造、修理、销售的计量器具不合格的，没收违法所得，可以并处罚款。

第二十五条 属于强制检定范围的计量器具，未按照规定申请检定或者检定不合格继续使用的，责令停止使用，可以并处罚款。

第二十六条 使用不合格的计量器具或者破坏计量器具准确度，给国家和消费者造成损失的，责令赔偿损失，没收计量器具和违法所得，可以并处罚款。

第二十七条 制造、销售、使用以欺骗消费者为目的的计量器具的，没收计量器具和违法所得，处以罚款；情节严重的，并对个人或者单位直接责任人员依照刑法有关规定追究刑事责任。

第二十八条 违反本法规定，制造、修理、销售的计量器具不合格，造成人身伤亡或者重大财产损失的，依照刑法有关规定，对个人或者单位直接责任人员追究刑事责任。

第二十九条 计量监督人员违法失职，情节严重的，依照刑法有关规定追究刑事责任；情节轻微的，给予行政处分。

第三十条 本法规定的行政处罚，由县级以上地方人民政府计量行政部门决定。

第三十一条 当事人对行政处罚决定不服的，可以在接到处罚通知之日起十五日内向人民法院起诉；对罚款、没收违法所得的行政处罚决定期满不起诉又不履行的，由作出行政处罚决定的机关申请人民法院强制执行。

第六章 附 则

第三十二条 中国人民解放军和国防科技工业系统计量工作的监督管理办法，由国务院、中央军事委员会依据本法另行制定。

第三十三条 国务院计量行政部门根据本法制定实施细则，报国务院批准施行。

第三十四条 本法自 1986 年 7 月 1 日起施行。

中华人民共和国计量法实施细则

- 1987 年 1 月 19 日国务院批准
- 1987 年 2 月 1 日国家计量局发布
- 根据 2016 年 2 月 6 日《国务院关于修改部分行政法规的决定》第一次修订
- 根据 2017 年 3 月 1 日《国务院关于修改和废止部分行政法规的决定》第二次修订
- 根据 2018 年 3 月 19 日《国务院关于修改和废止部分行政法规的决定》第三次修订
- 根据 2022 年 3 月 29 日《国务院关于修改和废止部分行政法规的决定》第四次修订

第一章 总 则

第一条 根据《中华人民共和国计量法》的规定，制定本细则。

第二条 国家实行法定计量单位制度。法定计量单位的名称、符号按照国务院关于在我国统一实行法定计量单位的有关规定执行。

第三条 国家有计划地发展计量事业，用现代计量技术装备各级计量检定机构，为社会主义现代化建设服务，为工农业生产、国防建设、科学实验、国内外贸易以及人民的健康、安全提供计量保证，维护国家和人民的利益。

第二章 计量基准器具和计量标准器具

第四条 计量基准器具(简称计量基准，下同)的使用必须具备下列条件：

（一）经国家鉴定合格；

（二）具有正常工作所需要的环境条件；

（三）具有称职的保存、维护、使用人员；

（四）具有完善的管理制度。

符合上述条件的，经国务院计量行政部门审批并颁发计量基准证书后，方可使用。

第五条 非经国务院计量行政部门批准，任何单位和个人不得拆卸、改装计量基准，或者自行中断其计量检定工作。

第六条 计量基准的量值应当与国际上的量值保持一致。国务院计量行政部门有权废除技术水平落后或者工作状况不适应需要的计量基准。

第七条 计量标准器具（简称计量标准，下同）的使用，必须具备下列条件：

（一）经计量检定合格；

（二）具有正常工作所需要的环境条件；

（三）具有称职的保存、维护、使用人员；

（四）具有完善的管理制度。

第八条 社会公用计量标准对社会上实施计量监督具有公证作用。县级以上地方人民政府计量行政部门建立的本行政区域内最高等级的社会公用计量标准，须向上一级人民政府计量行政部门申请考核；其他等级的，由当地人民政府计量行政部门主持考核。

经考核符合本细则第七条规定条件并取得考核合格证的，由当地县级以上人民政府计量行政部门审批颁发社会公用计量标准证书后，方可使用。

第九条 国务院有关主管部门和省、自治区、直辖市人民政府有关主管部门建立的本部门各项最高计量标准，经同级人民政府计量行政部门考核，符合本细则第七条规定条件并取得考核合格证的，由有关主管部门批准使用。

第十条 企业、事业单位建立本单位各项最高计量标准，须向与其主管部门同级的人民政府计量行政部门申请考核。乡镇企业向当地县级人民政府计量行政部门申请考核。经考核符合本细则第七条规定条件并取得考核合格证的，企业、事业单位方可使用，并向其主管部门备案。

第三章　计量检定

第十一条 使用实行强制检定的计量标准的单位和个人，应当向主持考核该项计量标准的有关人民政府计量行政部门申请周期检定。

使用实行强制检定的工作计量器具的单位和个人，应当向当地县（市）级人民政府计量行政部门指定的计量检定机构申请周期检定。当地不能检定的，向上一级人民政府计量行政部门指定的计量检定机构申请周期检定。

第十二条 企业、事业单位应当配备与生产、科研、经营管理相适应的计量检测设施，制定具体的检定管理办法和规章制度，规定本单位管理的计量器具明细目录及相应的检定周期，保证使用的非强制检定的计量器具定期检定。

第十三条 计量检定工作应当符合经济合理、就地就近的原则，不受行政区划和部门管辖的限制。

第四章　计量器具的制造和修理

第十四条 制造、修理计量器具的企业、事业单位和个体工商户须在固定的场所从事经营，具有符合国家规定的生产设施、检验条件、技术人员等，并满足安全要求。

第十五条 凡制造在全国范围内从未生产过的计量器具新产品，必须经过定型鉴定。定型鉴定合格后，应当履行型式批准手续，颁发证书。在全国范围内已经定型，而本单位未生产过的计量器具新产品，应当进行样机试验。样机试验合格后，发给合格证书。凡未经型式批准或者未取得样机试验合格证书的计量器具，不准生产。

第十六条 计量器具新产品定型鉴定，由国务院计量行政部门授权的技术机构进行；样机试验由所在地的省级人民政府计量行政部门授权的技术机构进行。

计量器具新产品的型式，由当地省级人民政府计量行政部门批准。省级人民政府计量行政部门批准的型式，经国务院计量行政部门审核同意后，作为全国通用型式。

第十七条 申请计量器具新产品定型鉴定和样机试验的单位，应当提供新产品样机及有关技术文件、资料。

负责计量器具新产品定型鉴定和样机试验的单位，对申请单位提供的样机和技术文件、资料必须保密。

第十八条 对企业、事业单位制造、修理计量器具的质量，各有关主管部门应当加强管理，县级以上人民政府计量行政部门有权进行监督检查，包括抽检和监督试验。凡无产品合格印、证，或者经检定不合格的计量器具，不准出厂。

第五章　计量器具的销售和使用

第十九条 外商在中国销售计量器具，须比照本细则第十五条的规定向国务院计量行政部门申请型式批准。

第二十条 县级以上地方人民政府计量行政部门对当地销售的计量器具实施监督检查。凡没有产品合格印、证标志的计量器具不得销售。

第二十一条 任何单位和个人不得经营销售残次计

量器具零配件，不得使用残次零配件组装和修理计量器具。

第二十二条 任何单位和个人不准在工作岗位上使用无检定合格印、证或者超过检定周期以及经检定不合格的计量器具。在教学示范中使用计量器具不受此限。

第六章 计量监督

第二十三条 国务院计量行政部门和县级以上地方人民政府计量行政部门监督和贯彻实施计量法律、法规的职责是：

（一）贯彻执行国家计量工作的方针、政策和规章制度，推行国家法定计量单位；

（二）制定和协调计量事业的发展规划，建立计量基准和社会公用计量标准，组织量值传递；

（三）对制造、修理、销售、使用计量器具实施监督；

（四）进行计量认证，组织仲裁检定，调解计量纠纷；

（五）监督检查计量法律、法规的实施情况，对违反计量法律、法规的行为，按照本细则的有关规定进行处理。

第二十四条 县级以上人民政府计量行政部门的计量管理人员，负责执行计量监督、管理任务；计量监督员负责在规定的区域、场所巡回检查，并可根据不同情况在规定的权限内对违反计量法律、法规的行为，进行现场处理，执行行政处罚。

计量监督员必须经考核合格后，由县级以上人民政府计量行政部门任命并颁发监督员证件。

第二十五条 县级以上人民政府计量行政部门依法设置的计量检定机构，为国家法定计量检定机构。其职责是：负责研究建立计量基准、社会公用计量标准，进行量值传递，执行强制检定和法律规定的其他检定、测试任务，起草技术规范，为实施计量监督提供技术保证，并承办有关计量监督工作。

第二十六条 国家法定计量检定机构的计量检定人员，必须经考核合格。

计量检定人员的技术职务系列，由国务院计量行政部门会同有关主管部门制定。

第二十七条 县级以上人民政府计量行政部门可以根据需要，采取以下形式授权其他单位的计量检定机构和技术机构，在规定的范围内执行强制检定和其他检定、测试任务：

（一）授权专业性或区域性计量检定机构，作为法定计量检定机构；

（二）授权建立社会公用计量标准；

（三）授权某一部门或某一单位的计量检定机构，对其内部使用的强制检定计量器具执行强制检定；

（四）授权有关技术机构，承担法律规定的其他检定、测试任务。

第二十八条 根据本细则第二十七条规定被授权的单位，应当遵守下列规定：

（一）被授权单位执行检定、测试任务的人员，必须经考核合格；

（二）被授权单位的相应计量标准，必须接受计量基准或者社会公用计量标准的检定；

（三）被授权单位承担授权的检定、测试工作，须接受授权单位的监督；

（四）被授权单位成为计量纠纷中当事人一方时，在双方协商不能自行解决的情况下，由县级以上有关人民政府计量行政部门进行调解和仲裁检定。

第七章 产品质量检验机构的计量认证

第二十九条 为社会提供公证数据的产品质量检验机构，必须经省级以上人民政府计量行政部门计量认证。

第三十条 产品质量检验机构计量认证的内容：

（一）计量检定、测试设备的性能；

（二）计量检定、测试设备的工作环境和人员的操作技能；

（三）保证量值统一、准确的措施及检测数据公正可靠的管理制度。

第三十一条 产品质量检验机构提出计量认证申请后，省级以上人民政府计量行政部门应指定所属的计量检定机构或者被授权的技术机构按照本细则第三十条规定的内容进行考核。考核合格后，由接受申请的省级以上人民政府计量行政部门发给计量认证合格证书。产品质量检验机构自愿签署告知承诺书并按要求提交材料的，按照告知承诺相关程序办理。未取得计量认证合格证书的，不得开展产品质量检验工作。

第三十二条 省级以上人民政府计量行政部门有权对计量认证合格的产品质量检验机构，按照本细则第三十条规定的内容进行监督检查。

第三十三条 已经取得计量认证合格证书的产品质量检验机构，需新增检验项目时，应按照本细则有关规定，申请单项计量认证。

第八章 计量调解和仲裁检定

第三十四条 县级以上人民政府计量行政部门负责计量纠纷的调解和仲裁检定，并可根据司法机关、合同管理机关、涉外仲裁机关或者其他单位的委托，指定有关计量检定机构进行仲裁检定。

第三十五条　在调解、仲裁及案件审理过程中，任何一方当事人均不得改变与计量纠纷有关的计量器具的技术状态。

第三十六条　计量纠纷当事人对仲裁检定不服的，可以在接到仲裁检定通知书之日起15日内向上一级人民政府计量行政部门申诉。上一级人民政府计量行政部门进行的仲裁检定为终局仲裁检定。

第九章　费　用

第三十七条　建立计量标准申请考核，使用计量器具申请检定，制造计量器具新产品申请定型和样机试验，以及申请计量认证和仲裁检定，应当缴纳费用，具体收费办法或收费标准，由国务院计量行政部门会同国家财政、物价部门统一制定。

第三十八条　县级以上人民政府计量行政部门实施监督检查所进行的检定和试验不收费。被检查的单位有提供样机和检定试验条件的义务。

第三十九条　县级以上人民政府计量行政部门所属的计量检定机构，为贯彻计量法律、法规，实施计量监督提供技术保证所需要的经费，按照国家财政管理体制的规定，分别列入各级财政预算。

第十章　法律责任

第四十条　违反本细则第二条规定，使用非法定计量单位的，责令其改正；属出版物的，责令其停止销售，可并处1000元以下的罚款。

第四十一条　违反《中华人民共和国计量法》第十四条规定，制造、销售和进口非法定计量单位的计量器具的，责令其停止制造、销售和进口，没收计量器具和全部违法所得，可并处相当其违法所得10%至50%的罚款。

第四十二条　部门和企业、事业单位的各项最高计量标准，未经有关人民政府计量行政部门考核合格而开展计量检定的，责令其停止使用，可并处1000元以下的罚款。

第四十三条　属于强制检定范围的计量器具，未按照规定申请检定和属于非强制检定范围的计量器具未自行定期检定或者送其他计量检定机构定期检定的，以及经检定不合格继续使用的，责令其停止使用，可并处1000元以下的罚款。

第四十四条　制造、销售未经型式批准或样机试验合格的计量器具新产品的，责令其停止制造、销售，封存该种新产品，没收全部违法所得，可并处3000元以下的罚款。

第四十五条　制造、修理的计量器具未经出厂检定或者经检定不合格而出厂的，责令其停止出厂，没收全部违法所得；情节严重的，可并处3000元以下的罚款。

第四十六条　使用不合格计量器具或者破坏计量器具准确度和伪造数据，给国家和消费者造成损失的，责令其赔偿损失，没收计量器具和全部违法所得，可并处2000元以下的罚款。

第四十七条　经营销售残次计量器具零配件的，责令其停止经营销售，没收残次计量器具零配件和全部违法所得，可并处2000元以下的罚款；情节严重的，由工商行政管理部门吊销其营业执照。

第四十八条　制造、销售、使用以欺骗消费者为目的的计量器具的单位和个人，没收其计量器具和全部违法所得，可并处2000元以下的罚款；构成犯罪的，对个人或者单位直接责任人员，依法追究刑事责任。

第四十九条　个体工商户制造、修理国家规定范围以外的计量器具或者不按照规定场所从事经营活动的，责令其停止制造、修理，没收全部违法所得，可并处以500元以下的罚款。

第五十条　未取得计量认证合格证书的产品质量检验机构，为社会提供公证数据的，责令其停止检验，可并处1000元以下的罚款。

第五十一条　伪造、盗用、倒卖强制检定印、证的，没收其非法检定印、证和全部违法所得，可并处2000元以下的罚款；构成犯罪的，依法追究刑事责任。

第五十二条　计量监督管理人员违法失职，徇私舞弊，情节轻微的，给予行政处分；构成犯罪的，依法追究刑事责任。

第五十三条　负责计量器具新产品定型鉴定、样机试验的单位，违反本细则第十七条第二款规定的，应当按照国家有关规定，赔偿申请单位的损失，并给予直接责任人员行政处分；构成犯罪的，依法追究刑事责任。

第五十四条　计量检定人员有下列行为之一的，给予行政处分；构成犯罪的，依法追究刑事责任：

（一）伪造检定数据的；

（二）出具错误数据，给送检一方造成损失的；

（三）违反计量检定规程进行计量检定的；

（四）使用未经考核合格的计量标准开展检定的；

（五）未经考核合格执行计量检定的。

第五十五条　本细则规定的行政处罚，由县级以上地方人民政府计量行政部门决定。罚款1万元以上的,应当报省级人民政府计量行政部门决定。没收违法所得及罚款一律上缴国库。

本细则第四十六条规定的行政处罚,也可以由工商行政管理部门决定。

第十一章 附 则

第五十六条 本细则下列用语的含义是:

(一)计量器具是指能用以直接或间接测出被测对象量值的装置、仪器仪表、量具和用于统一量值的标准物质,包括计量基准、计量标准、工作计量器具。

(二)计量检定是指为评定计量器具的计量性能,确定其是否合格所进行的全部工作。

(三)定型鉴定是指对计量器具新产品样机的计量性能进行全面审查、考核。

(四)计量认证是指政府计量行政部门对有关技术机构计量检定、测试的能力和可靠性进行的考核和证明。

(五)计量检定机构是指承担计量检定工作的有关技术机构。

(六)仲裁检定是指用计量基准或者社会公用计量标准所进行的以裁决为目的的计量检定、测试活动。

第五十七条 中国人民解放军和国防科技工业系统涉及本系统以外的计量工作的监督管理,亦适用本细则。

第五十八条 本细则有关的管理办法、管理范围和各种印、证标志,由国务院计量行政部门制定。

第五十九条 本细则由国务院计量行政部门负责解释。

第六十条 本细则自发布之日起施行。

全国人民代表大会常务委员会关于授权国务院在营商环境创新试点城市暂时调整适用《中华人民共和国计量法》有关规定的决定

· 2021年10月23日第十三届全国人民代表大会常务委员会第三十一次会议通过

为进一步转变政府职能、优化营商环境、激发市场活力,第十三届全国人民代表大会常务委员会第三十一次会议决定:授权国务院暂时调整适用《中华人民共和国计量法》的有关规定(目录附后),在北京、上海、重庆、杭州、广州、深圳等6个营商环境创新试点城市试行。暂时调整适用的期限为三年,自本决定施行之日起算。国务院应当加强对试点工作的指导、协调和监督,及时总结试点工作经验,并就暂时调整适用有关法律规定的情况向全国人民代表大会常务委员会作出报告。对实践证明可行的,修改完善有关法律;对实践证明不宜调整的,恢复施行有关法律规定。

本决定自公布之日起施行。

授权国务院在营商环境创新试点城市暂时调整适用《中华人民共和国计量法》有关规定目录

序号	法律规定	调整适用内容
1	《中华人民共和国计量法》 **第八条** 企业、事业单位根据需要,可以建立本单位使用的计量标准器具,其各项最高计量标准器具经有关人民政府计量行政部门主持考核合格后使用。	暂时调整适用《中华人民共和国计量法》第八条、第九条第一款的有关规定,对在北京、上海、重庆、杭州、广州、深圳等6个营商环境创新试点城市内的企业内部使用的最高计量标准器具,由企业自主管理,不需计量行政部门考核发证,不再实行强制检定。 调整后,营商环境创新试点城市加强对企业自主管理最高计量标准器具的指导和事中事后监管,确保满足计量溯源性要求和计量标准准确。
2	**第九条第一款** 县级以上人民政府计量行政部门对社会公用计量标准器具,部门和企业、事业单位使用的最高计量标准器具,以及用于贸易结算、安全防护、医疗卫生、环境监测方面的列入强制检定目录的工作计量器具,实行强制检定。未按照规定申请检定或者检定不合格的,不得使用。实行强制检定的工作计量器具的目录和管理办法,由国务院制定。	

中华人民共和国进口计量器具监督管理办法

- 1989年10月11日国务院批准
- 1989年11月4日国家技术监督局发布
- 根据2016年2月6日《国务院关于修改部分行政法规的决定》修订

第一章 总 则

第一条 为加强进口计量器具的监督管理，根据《中华人民共和国计量法》和《中华人民共和国计量法实施细则》的有关规定，制定本办法。

第二条 任何单位和个人进口计量器具，以及外商（含外国制造商、经销商，下同）或其代理人在中国销售计量器具，都必须遵守本办法。

第三条 进口计量器具的监督管理，由国务院计量行政部门主管，具体实施由国务院和地方有关部门分工负责。

第二章 进口计量器具的型式批准

第四条 凡进口或外商在中国境内销售列入本办法所附《中华人民共和国进口计量器具型式审查目录》内的计量器具的，应向国务院计量行政部门申请办理型式批准。

属进口的，由外商申请型式批准。

属外商在中国境内销售的，由外商或其代理人申请型式批准。

国务院计量行政部门可根据情况变化对《中华人民共和国进口计量器具型式审查目录》作个别调整。

第五条 外商或其代理人申请型式批准，须向国务院计量行政部门递交型式批准申请书、计量器具样机照片和必要的技术资料。

国务院计量行政部门应根据外商或其代理人递交的资料进行计量法制审查。

第六条 国务院计量行政部门接受申请后，负责安排授权的技术机构进行定型鉴定，并通知外商或其代理人向承担定型鉴定的技术机构提供样机和以下技术资料：

（一）计量器具的技术说明书；

（二）计量器具的总装图、结构图和电路图；

（三）技术标准文件和检验方法；

（四）样机测试报告；

（五）使用说明书。

定型鉴定所需的样机由外商或其代理人无偿提供。海关凭国务院计量行政部门的保函验放并免收关税。样机经鉴定后退还申请人。

第七条 定型鉴定按鉴定大纲进行。鉴定大纲由承担鉴定的技术机构，根据国务院计量行政部门发布的《计量器具定型鉴定技术规范》的要求制定。主要内容包括：外观检查、计量性能考核以及安全性、环境适应性、可靠性和寿命试验等。

第八条 定型鉴定的结果由承担鉴定的技术机构报国务院计量行政部门审核。经审核合格的，由国务院计量行政部门向申请人颁发《中华人民共和国进口计量器具型式批准证书》，并准予在相应的计量器具和包装上使用中华人民共和国进口计量器具型式批准的标志和编号。

第九条 承担定型鉴定的技术机构及其工作人员，对申请人提供的技术资料必须保密。

第十条 有下列情况之一的，经国务院计量行政部门同意，可申请办理临时型式批准，具体办法由国务院计量行政部门规定：

（一）展览会留购的；

（二）确属急需的；

（三）销售量极少的；

（四）国内暂无定型鉴定能力的。

第十一条 外国制造的计量器具经我国型式批准后，由国务院计量行政部门予以公布。

第三章 进口计量器具的审批

第十二条 申请进口计量器具，按国家关于进口商品的规定程序进行审批。

负责审批的有关主管部门和归口审查部门，应对申请进口《中华人民共和国依法管理的计量器具目录》内的计量器具进行法定计量单位的审查，对申请进口本办法第四条规定的计量器具审查是否经过型式批准。经审查不合规定的，审批部门不得批准进口，外贸经营单位不得办理订货手续。

海关对进口计量器具凭审批部门的批件验放。

第十三条 因特殊需要，申请进口非法定计量单位的计量器具和国务院禁止使用的其他计量器具，须经省、自治区、直辖市人民政府计量行政部门批准。

第十四条 申请进口非法定计量单位的计量器具和国务院禁止使用的其他计量器具的单位，应向省、自治区、直辖市人民政府计量行政部门提供以下材料和文件：

（一）申请报告；

（二）计量器具的性能及技术指标；

（三）计量器具的照片和使用说明；

（四）本单位上级主管部门的批件。

第四章 法律责任

第十五条 违反本办法规定,进口非法定计量单位的计量器具或国务院禁止使用的其他计量器具的,按照《中华人民共和国计量法实施细则》第四十四条规定追究法律责任。

第十六条 违反本办法第四条规定,进口或销售未经国务院计量行政部门型式批准的计量器具的,计量行政部门有权封存其计量器具,责令其补办型式批准手续,并可处以相当于进口或销售额百分之三十以下的罚款。

第十七条 承担进口计量器具定型鉴定的技术机构违反本办法第九条规定的,按照《中华人民共和国计量法实施细则》第五十八条规定追究法律责任。

第五章 附 则

第十八条 引进成套设备中配套的计量器具以及不以销售为目的的计量器具的监督管理,按国家有关规定办理。

第十九条 与本办法有关的申请书、证书和标志式样,由国务院计量行政部门统一制定。

第二十条 申请进口计量器具的型式批准和定型鉴定,应按国家有关规定缴纳费用。

第二十一条 进口用于统一量值的标准物质的监督管理,可参照本办法执行。

第二十二条 本办法由国务院计量行政部门负责解释。

第二十三条 本办法自发布之日起施行。

附:

中华人民共和国进口计量器具型式审查目录

1. 衡器(含天平)
2. 传感器
3. 声级计
4. 三坐标测量机
5. 表面粗糙度测量仪
6. 大地测量仪器
7. 热量计
8. 流量计(含水表、煤气表)
9. 压力计(含血压计)
10. 温度计
11. 数字电压表
12. 场强计
13. 心、脑电图仪(机)
14. 有害气体、粉尘、水质污染监测仪
15. 电离辐射防护仪
16. 分光光度计(含紫外、红外、可见光光度计)
17. 气相、液相色谱仪
18. 温度、水分测量仪

中华人民共和国进口计量器具监督管理办法实施细则

- 1996年6月24日国家技术监督局令第44号公布
- 根据2015年8月25日《国家质量监督检验检疫总局关于修改部分规章的决定》第一次修订
- 根据2018年3月6日《国家质量监督检验检疫总局关于废止和修改部分规章的决定》第二次修订
- 根据2020年10月23日《国家市场监督管理总局关于修改部分规章的决定》第三次修订

第一章 总 则

第一条 为了贯彻实施《中华人民共和国进口计量器具监督管理办法》,加强对进口计量器具的监督管理,根据国家计量法律、法规的有关规定,制定本实施细则。

第二条 任何单位和个人进口计量器具,以及外商或者其代理人在中国销售计量器具,必须遵守本实施细则的规定。

《中华人民共和国进口计量器具监督管理办法》(以下简称《办法》)和本实施细则中所称的外商含外国制造商、经销商,以及港、澳、台地区的制造商、经销商。

《办法》和本实施细则中所称的外商代理人含国内经销者。

第三条 对进口计量器具的监督管理范围是《中华人民共和国依法管理的计量器具》目录内的计量器具,其中必须办理型式批准的进口计量器具的范围是《实施强制管理的计量器具目录》内监管方式为型式批准的计量器具。

第四条 国务院计量行政部门对全国的进口计量器具实施统一监督管理。

县级以上政府计量行政部门对本行政区域内的进口计量器具依法实施监督管理。

第五条 各地区、各部门的机电产品进口管理机构和海关等部门在各自的职责范围内对进口计量器具实施管理。

第二章　型式批准

第六条　凡进口或者在中国境内销售列入《实施强制管理的计量器具目录》内监管方式为型式批准的计量器具的，应当向国务院计量行政部门申请办理型式批准。未经型式批准的，不得进口或者销售。

型式批准包括计量法制审查和定型鉴定。

第七条　进口计量器具的型式批准，由外商申请办理。

外商或者其代理人在中国境内销售进口的计量器具的型式批准，由外商或者其代理人申请办理。

第八条　外商或者其代理人向国务院计量行政部门申请型式批准，必须递交以下申请资料：

（一）型式批准申请书；

（二）计量器具样机照片；

（三）计量器具技术说明书（含中文说明）。

第九条　国务院计量行政部门对型式批准的申请资料在十五日内完成计量法制审查，审查的主要内容为：

（一）是否采用我国法定计量单位；

（二）是否属于国务院明令禁止使用的计量器具；

（三）是否符合我国计量法律法规的其他要求。

第十条　国务院计量行政部门在计量法制审查合格后，确定鉴定样机的规格和数量，委托技术机构进行定型鉴定，并通知外商或者其代理人在商定的时间内向该技术机构提供试验样机和下列技术资料：

（一）技术说明；

（二）总装图、主要结构图和电路图；

（三）技术标准文件和检验方法；

（四）样机试验报告；

（五）安全保证说明；

（六）使用说明书；

（七）提供检定和铅封的标志位置说明。

第十一条　外商或者其代理人提供的定型鉴定所需要的样机，由海关在收取相当于税款的保证金后验放或者凭国务院计量行政部门的保函验放并免收关税。

第十二条　承担定型鉴定的技术机构应当在海关限定的保证期限内将样机退还外商或者其代理人并监督办理退关手续。

第十三条　定型鉴定应当按照鉴定大纲进行。鉴定大纲由承担定型鉴定的技术机构根据国家有关计量检定规程、计量技术规范或者参照国际法制计量组织的国际建议（以下简称国际建议）制定。

没有国家有关计量检定规程、计量技术规范或者国际建议的，可以按照合同的有关要求或者明示技术指标制定。

第十四条　定型鉴定的主要内容包括：外观检查，计量性能考核以及安全性、环境适应性、可靠性或者寿命试验等项目。

第十五条　定型鉴定应当在收到样机后三个月内完成，因特殊情况需要延长时间的，应当报国务院计量行政部门批准。

第十六条　承担定型鉴定的技术机构应当在试验结束后将《定型鉴定结果通知书》、《鉴定大纲》和《计量器具定型注册表》，一式两份报国务院计量行政部门审核。

承担定型鉴定的技术机构应当保留完整的定型鉴定原始资料，保存期为五年。

第十七条　定型鉴定审核合格的，由国务院计量行政部门向申请办理型式批准的外商或者其代理人颁发《中华人民共和国进口计量器具型式批准证书》，并准予其在相应的计量器具产品上和包装上使用进口计量器具型式批准的标志和编号。

定型鉴定审核不合格的，由国务院计量行政部门提出书面意见并通知申请人。

第十八条　有下列情况之一的，可以申请办理临时型式批准：

（一）确属急需的；

（二）销售量极少的；

（三）国内暂无定型鉴定能力的；

（四）展览会留购的；

（五）其它特殊需要的。

第十九条　申请办理第十八条第（一）、（二）、（三）、（五）项所列的临时型式批准的外商或者其代理人，应当向国务院计量行政部门或者其委托的地方政府计量行政部门递交进口计量器具临时型式批准申请表和第八条所列申请资料。

申请办理第十八条第（四）项所列的临时型式批准的外商或者其代理人，应当向当地省级政府计量行政部门或者其委托的地方政府计量行政部门递交进口计量器具临时型式批准申请表和第八条所列申请资料。

第二十条　有权办理临时型式批准证书的政府计量行政部门对递交的临时型式批准申请资料进行计量法制审查，可以安排技术机构进行检定。

第二十一条　临时型式批准审查合格的，由国务院计量行政部门颁发《中华人民共和国进口计量器具临时型式批准证书》；属展览会留购的，由省级政府计量行政部门颁发《中华人民共和国进口计量器具临时型式批准证书》。

临时型式批准证书应当注明批准的数量和有效期限。

第二十二条 承担进口计量器具定型鉴定的技术机构必须经计量考核合格并经国务院计量行政部门授权后方可开展工作。

第二十三条 承担进口计量器具定型鉴定的技术机构及其工作人员，应当对申请人提供的技术资料、样机保密。

参加定型鉴定的人员不得直接从事与其承担项目相同产品的技术咨询和技术开发。

第二十四条 进口计量器具经型式批准后，由国务院计量行政部门予以公布。

第三章 法律责任

第二十五条 违反规定进口或者销售非法定计量单位的计量器具的，由县级以上政府计量行政部门依照《中华人民共和国计量法实施细则》的规定处罚。

第二十六条 进口或者销售未经国务院计量行政部门型式批准的计量器具的，由县级以上政府计量行政部门依照《中华人民共和国进口计量器具监督管理办法》的规定处罚。

第二十七条 承担进口计量器具定型鉴定的技术机构及其工作人员，违反本实施细则的规定，给申请单位造成损失的，应当按照国家有关规定，赔偿申请单位的损失，并给予直接责任人员行政处分；构成犯罪的，依法追究其刑事责任。

第四章 附 则

第二十八条 省级以上政府计量行政部门对承担进口计量器具定型鉴定的技术机构实施监督管理。

第二十九条 申请进口计量器具的型式批准、定型鉴定，应当按照国家有关规定缴纳费用。

第三十条 进口用于统一量值的标准物质的管理，参照本实施细则执行。

第三十一条 本实施细则由国家市场监督管理总局负责解释。

第三十二条 本实施细则自发布之日起施行。

计量基准管理办法

· 2007年6月6日国家质量监督检验检疫总局令第94号公布
· 根据2020年10月23日《国家市场监督管理总局关于修改部分规章的决定》修订

第一条 为了加强计量基准管理，根据《中华人民共和国计量法》、《中华人民共和国计量法实施细则》有关规定，制定本办法。

第二条 本办法所称计量基准是指经国家市场监督管理总局（以下简称市场监管总局）批准，在中华人民共和国境内为了定义、实现、保存、复现量的单位或者一个或多个量值，用作有关量的测量标准定值依据的实物量具、测量仪器、标准物质或者测量系统。

第三条 在中华人民共和国境内，建立、保存、维护、改造、使用以及废除计量基准，应当遵守本办法。

第四条 计量基准由市场监管总局根据社会、经济发展和科学技术进步的需要，统一规划，组织建立。

基础性、通用性的计量基准，建立在市场监管总局设置或授权的计量技术机构；专业性强、仅为个别行业所需要，或工作条件要求特殊的计量基准，可以建立在有关部门或者单位所属的计量技术机构。

建立计量基准，可以由相应的计量技术机构向市场监管总局申报。

第五条 计量技术机构申报计量基准，必须按照规定的条件和程序报市场监管总局批准。

第六条 申报计量基准的计量技术机构应当具备以下条件：

（一）能够独立承担法律责任；

（二）具有从事计量基准研究、保存、维护、使用、改造等项工作的专职技术人员和管理人员；

（三）具有保存、维护和改造计量基准装置及正常工作所需实验室环境（包括工作场所、温度、湿度、防尘、防震、防腐蚀、抗干扰等）的条件；

（四）具有保证计量基准量值定期复现和保持计量基准长期可靠稳定运行所需的经费和技术保障能力；

（五）具有相应的质量管理体系；

（六）具备参与国际比对、承担国内比对的主导实验室和进行量值传递工作的技术水平。

第七条 计量技术机构申报计量基准，应当向市场监管总局提供以下文件：

（一）申请报告；

（二）研究报告；

（三）省部级以上有关主管部门主持或认可的科学技术鉴定报告和相应证明文件；

（四）试运行期间的考核报告、复现性和年稳定性运行记录；

（五）检定系统表方案；

（六）计量基准操作手册；

（七）主体设备、附属设备一览表及影像资料。

第八条　市场监管总局可以委托专家组对计量技术机构申报的计量基准进行文件资料审查和现场评审，并由专家组出具评审报告。

文件资料审查和现场评审的内容应当符合本办法第六条和第七条规定要求。

第九条　市场监管总局对专家评审报告进行审核；对审核合格的，批准该项计量基准的建立申报，颁发计量基准证书，并向社会公告。

经批准的计量基准，由提出申报的计量技术机构保存和维护，其负责保存和维护计量基准的实验室为国家计量基准实验室。

第十条　保存、维护计量基准的计量技术机构，应当保证持续满足第六条规定的条件。

第十一条　保存、维护计量基准的计量技术机构，应当定期或不定期进行以下活动：

（一）排除各种事故隐患，以免计量基准失准；

（二）参加国际比对，确保计量基准量值的稳定并与国际上量值的等效一致；

（三）定期进行计量基准单位量值的复现。

对于开展前款规定活动的有关情况，计量技术机构应当及时报告市场监管总局。

第十二条　计量技术机构不得擅自改造、拆迁计量基准；需要改造、拆迁的，应当报市场监管总局批准。

第十三条　计量基准改造、拆迁完成，并通过稳定性运行实验后，需要恢复该计量基准的，计量技术机构应当报市场监管总局批准。

前款规定事项的申请、批准，按本办法第七、八、九条规定执行。

第十四条　对计量基准改值或因相应计量单位改制而改变计量基准的，计量技术机构应当报市场监管总局批准。

第十五条　计量技术机构应当定期检查计量基准的技术状况，保证计量基准正常运行，按规范要求使用计量基准进行量值传递。

对因有关原因造成计量基准用于量值传递中断的，计量技术机构应当向市场监管总局报告。

第十六条　市场监管总局以及保存、维护计量基准的计量技术机构的有关主管部门应当加强对计量基准保存、维护、改造的投入。

第十七条　市场监管总局应当及时废除不适应计量工作需要或者技术水平落后的计量基准，撤销原计量基准证书，并向社会公告。

第十八条　市场监管总局可以对计量基准进行定期复核和不定期监督检查，复核周期一般为5年。

复核和监督检查的内容包括：计量基准的技术状态、运行状况、量值传递情况、人员状况、环境条件、质量体系、经费保障和技术保障状况等。

市场监管总局可以根据复核和监督检查结果，组织或责令有关计量技术机构对有关计量基准进行整改。

第十九条　从事计量基准保存、维护或使用的计量技术机构及其工作人员，不得有下列行为：

（一）利用计量基准进行不正当活动；

（二）未履行计量基准有关报告、批准制度；

（三）故意损坏计量基准设备，致使计量基准量值失准、停用或报废；

（四）不当操作，未履行或未正确履行相关职责，致使计量基准失准、停用或报废；

（五）故意篡改、伪造数据、报告、证书或技术档案等资料；

（六）不当处理、计算、记录数据，造成报告和证书错误。

违反前款规定的，由市场监管总局责令计量技术机构限期整改；情节严重的，撤销计量基准证书和国家计量基准实验室称号，并对有关责任人予以行政处分；构成犯罪的，依法追究刑事责任。

第二十条　从事计量基准管理的国家工作人员滥用职权、玩忽职守、徇私舞弊，情节轻微的，依法予以行政处分；构成犯罪的，依法追究刑事责任。

第二十一条　本办法由市场监管总局负责解释。

第二十二条　本办法自2007年7月10日起施行。1987年7月10日原国家计量局发布的《计量基准管理办法》同时废止。

计量器具新产品管理办法

· 2023年3月16日国家市场监督管理总局令第68号公布
· 自2023年6月1日起施行

第一章　总　则

第一条　为了规范计量器具新产品的型式批准管理，根据《中华人民共和国计量法》和《中华人民共和国计量法实施细则》的有关规定，制定本办法。

第二条　在中华人民共和国境内，制造以销售为目的的计量器具新产品，应当遵守本办法。

计量器具新产品是指生产者从未生产过的计量器

具，包括对原有产品在结构、材质等方面做了重大改进导致性能、技术特征发生变更的计量器具。

第三条 生产者以销售为目的制造列入《实施强制管理的计量器具目录》，且监管方式为型式批准的计量器具新产品的，应当经省级市场监督管理部门型式批准后，方可投入生产。

制造除前款以外其他计量器具的，生产者可以根据需要自愿委托有能力的技术机构进行型式试验。

标准物质新产品按照标准物质管理相关规定执行。

第四条 本办法所称型式批准是指市场监督管理部门对计量器具的型式是否符合法定要求而进行的行政许可活动。

型式评价是指为确定计量器具型式是否符合计量要求、技术要求和法制管理要求对样机所进行的技术评价。

型式试验是指根据相关计量技术规范，对计量器具的样机进行的试验和检查。

第五条 国家市场监督管理总局统一负责全国计量器具新产品的监督管理工作。省级市场监督管理部门负责本地区计量器具新产品的监督管理工作。

第二章 型式批准的申请

第六条 生产者制造本办法第三条第一款规定的计量器具的，应当向生产所在地省级市场监督管理部门申请型式批准。

申请型式批准应当按照市场监督管理部门相关要求递交申请资料。

第七条 收到申请的省级市场监督管理部门，对申请资料进行审查，需要补充资料或者不符合法定形式的，应当自收到申请资料之日起五个工作日内一次告知申请人需要补正的全部内容和补正期限。

审查通过的，应当在五个工作日内委托技术机构进行型式评价，并通知申请人。

第八条 承担型式评价的技术机构应当自收到省级市场监督管理部门委托之日起五个工作日内通知申请人。

申请人应当自收到承担型式评价机构通知后五个工作日内向该机构递交以下技术资料，并对所提供的技术资料真实有效性负责：

（一）样机照片；

（二）产品标准（含检验方法）；

（三）总装图、电路图和关键零部件图（含关键零部件清单）；

（四）使用说明书；

（五）制造单位或者技术机构所做的试验报告。

逾期没有递交的，由承担型式评价的技术机构向省级市场监督管理部门退回本次委托，受理申请的省级市场监督管理部门终止实施行政许可。

第九条 承担型式评价的技术机构，应当自收到技术资料之日起十个工作日内对技术资料进行审查。审查未通过的，要求申请人限期补正；审查通过的，通知申请人提供试验样机。

申请人应当自收到通知之日起十个工作日内，向该机构提供试验样机。逾期没有提供的，由承担型式评价的技术机构向省级市场监督管理部门退回本次委托，受理申请的省级市场监督管理部门终止实施行政许可。

第三章 型式评价

第十条 承担型式评价的技术机构应当能够独立承担法律责任，具备计量标准、检测装置、检测人员以及场地、工作环境等相关条件，取得省级以上市场监督管理部门的授权，方可开展相应的型式评价工作。

第十一条 承担型式评价的技术机构应当按照国家市场监督管理总局制定的国家型式评价技术规范进行型式评价。国家计量检定规程中已经规定了型式评价要求的，按照国家计量检定规程执行。

没有国家型式评价技术规范的，由承担型式评价的技术机构依据相关标准、规范或者国际建议拟定型式评价技术规范，经相关全国专业计量技术委员会审查通过后执行。

第十二条 型式评价应当自承担型式评价的技术机构收到试验样机之日起三个月内完成，经省级市场监督管理部门同意延期的除外。

型式评价结束后，承担型式评价的技术机构应当将型式评价报告报送省级市场监督管理部门，并通知申请人。

第十三条 承担型式评价的技术机构在型式评价后，应当保留有关资料和原始记录，保存期不少于五年。经封印和标记的全部样机、需要保密的技术资料应当退还申请人。

申请人应当对经封印和标记的样机、需要保密的技术资料进行保存。对于系列产品，应当至少保存一台代表性产品样机；对于单个规格产品，应当至少保存一台样机。保存期限应当自停止生产该型式计量器具之日起不少于五年。

第四章 型式批准

第十四条 省级市场监督管理部门应当自收到型式

评价报告之日起十个工作日内，根据型式评价报告和计量法制管理的要求，对计量器具新产品的型式进行审查。审查合格的，向申请人颁发型式批准证书；审查不合格的，作出不予行政许可决定。

第十五条 制造已取得型式批准的计量器具的，应当在其使用说明书中标注国家统一规定的型式批准标志和编号。

第十六条 采用委托加工方式制造计量器具的，被委托方应当取得与委托加工计量器具相应的型式批准，并与委托方签订书面委托合同。委托加工的计量器具，应当标注委托方、被委托方的单位名称、地址、被委托方的型式批准标志和编号。

第十七条 制造已取得型式批准的计量器具，不得擅自改变原批准的型式。对原有产品在结构、材质、关键零部件等方面做了重大改进导致性能、技术特征发生变更的，应当重新申请型式批准。

第十八条 生产者制造计量器具应当具有与所制造的计量器具相适应的设施、人员和检定仪器设备等，并对其制造的计量器具负责，保证其计量性能符合相关要求。鼓励生产者建立完善的测量管理体系，自愿申请测量管理体系认证。

第十九条 县级以上地方市场监督管理部门应当按照国家有关规定，对制造计量器具的质量、实际制造产品与批准型式的一致性等进行监督检查。

第五章 法律责任

第二十条 制造、销售未经型式批准的计量器具的，由县级以上地方市场监督管理部门按照《中华人民共和国计量法》《中华人民共和国计量法实施细则》的有关规定予以处罚。

第二十一条 未按规定标注型式批准标志和编号的，由县级以上市场监督管理部门责令改正，处三万元以下罚款。

第二十二条 制造、销售的计量器具与批准的型式不一致的，由县级以上市场监督管理部门责令改正，处五万元以下罚款。

第二十三条 未持续符合型式批准条件，不再具有与所制造的计量器具相适应的设施、人员和检定仪器设备的，由县级以上市场监督管理部门责令改正；逾期未改正的，处三万元以下罚款。

第二十四条 计量器具产品质量监督抽查不合格的，按照产品质量监督抽查的有关规定处理。

第二十五条 承担型式评价的技术机构及工作人员，应当对申请人提供的样机和技术文件、资料予以保密。违反保密规定的，应当按照国家有关规定，赔偿申请人的损失。需要给予违法公职人员政务处分的，应当依照有关规定将相关案件线索移送监察机关处理；构成犯罪的，移送监察机关或者司法机关处理。

第六章 附则

第二十六条 进口计量器具型式批准，按照《中华人民共和国进口计量器具监督管理办法》执行。

第二十七条 与本办法有关的申请书、型式批准证书、型式批准标志和编号的式样等，由国家市场监督管理总局统一规定。

第二十八条 按照本办法实施型式批准，应当遵守国家法律、法规和国家市场监督管理总局关于行政许可办理程序的有关规定。

第二十九条 本办法自 2023 年 6 月 1 日起施行。2005 年 5 月 20 日原国家质量监督检验检疫总局令第 74 号公布的《计量器具新产品管理办法》同时废止。

计量比对管理办法

·2023 年 3 月 16 日国家市场监督管理总局令第 69 号公布
·自 2023 年 6 月 1 日起施行

第一条 为了确保量值统一、准确可靠，加强计量比对监督管理，根据计量相关法律、行政法规等有关规定，制定本办法。

第二条 在中华人民共和国境内，开展计量比对及其监督管理，适用本办法。

第三条 本办法所称计量比对，是指在规定条件下，对相同准确度等级或者指定测量不确定度范围内的同种计量基准、计量标准以及标准物质所复现的量值之间进行比较的过程。

前款规定的计量比对包括：

（一）国家市场监督管理总局考核合格，并取得计量基准证书或者计量标准考核证书或者标准物质定级证书的计量基准或者计量标准或者标准物质量值的比对（以下简称国家计量比对）；

（二）经县级以上地方市场监督管理部门考核合格，并取得计量标准考核证书的计量标准量值的比对（以下简称地方计量比对）。

第四条 国家市场监督管理总局负责全国计量比对的监督管理工作，组织实施国家计量比对。

县级以上地方市场监督管理部门在各自职责范围内负责本行政区域内的地方计量比对的监督管理工作。

第五条 市场监督管理部门根据保证量值传递溯源体系有效性的需要，按照统筹规划、经济、合理的原则，实施计量比对。

第六条 国家市场监督管理总局面向社会公开征集国家计量比对项目及主导实验室，经专家研究论证后，确定国家计量比对及主导实验室。

国家市场监督管理总局根据需要可直接确定国家计量比对项目并指定主导实验室。

第七条 已取得国家计量比对所涉及的计量基准证书、计量标准考核证书或者标准物质定级证书的单位，应当按照有关规定参加国家市场监督管理总局组织的国家计量比对。能够提供正当理由且经国家市场监督管理总局书面同意的除外。

第八条 国家计量比对主导实验室应当具备以下条件：

（一）具有独立法人资格；

（二）具有的计量基准、计量标准或者标准物质等符合计量比对要求，并能够在国家计量比对期间保证量值准确；

（三）能够提供满足计量溯源性要求的准确、稳定和可靠的传递标准或者样品；

（四）具有与实施国家计量比对工作相适应的技术人员。

第九条 主导实验室可以根据需要成立技术专家组。技术专家组参与审查国家计量比对资料，对有争议的技术问题提出咨询意见。

第十条 主导实验室应当在国家计量比对开始前进行前期实验，包括测定传递标准或者样品的稳定性、均匀性、重复性、运输特性和参考值等。

第十一条 主导实验室应当根据前期实验情况起草国家计量比对实施方案，征求各参比实验室的意见后确定，并报送国家市场监督管理总局。

国家计量比对实施方案应当包括计量比对针对的量、目的、方法、传递标准或者样品、路线及时间安排、技术要求等。必要时，也可以规定比对实验的具体方法和不确定度评定方法或者限定比对结果的不确定度范围。

第十二条 主导实验室和参比实验室应当按照有关国家计量技术规范，根据国家计量比对实施方案开展国家计量比对。

第十三条 国家计量比对完成后，各参比实验室应当在国家计量比对实施方案规定的时间内，将国家计量比对结果提交主导实验室，并对所报送材料的真实性负责。

国家计量比对结果材料应当包括：

（一）国家计量比对数据复印件，数据有删改的，应当保留删改痕迹；

（二）国家计量比对实验结果不确定度分析报告；

（三）计量基准证书复印件、计量标准考核证书复印件、标准物质定级证书复印件以及计量授权证书复印件或者其他相关技术文件；

（四）需要提交的其他材料。

第十四条 对于具备条件的国家计量比对，主导实验室和参比实验室应当对相关实验过程、数据结果等建立并实施追溯备查制度。

第十五条 主导实验室应当根据参比实验室国家计量比对结果进行统计、分析和评价，起草国家计量比对总结报告，并征求各参比实验室意见。

主导实验室应当在规定时间内将修改完成的国家计量比对总结报告、国家计量比对结果以及国家计量比对的其他资料报送国家市场监督管理总局。

第十六条 国家计量比对总结报告应当包括：

（一）国家计量比对概况及相关说明；

（二）传递标准或者样品的技术状况，包括稳定性、均匀性、重复性和运输特性等相关要求；

（三）国家计量比对数据记录及必要的图表；

（四）国家计量比对结果分析，至少包括参比实验室的测量结果及其测量不确定度、国家计量比对参考值及其测量不确定度、参比实验室的测量结果与参考值之差及测量不确定度；

（五）参比实验室存在的问题及整改建议；

（六）国家计量比对分析及结论。

第十七条 国家市场监督管理总局定期向社会公布国家计量比对结果。

第十八条 国家计量比对结果符合规定要求的，可以作为计量基准和计量标准复查考核、标准物质定级、计量授权以及实验室认可的参考依据。

国家计量比对结果偏离正常范围的，应当限期改正，暂停国家计量比对所涉及的计量基准、计量标准的量值传递工作和标准物质生产销售。

第十九条 主导实验室、参比实验室和技术专家组应当遵守保密规定，在国家计量比对结果公布前不得泄露国家计量比对数据。

未经国家市场监督管理总局同意，主导实验室和参比实验室不得发布国家计量比对数据及结果。

对擅自泄露或者发布国家计量比对数据及结果的，由国家市场监督管理总局将有关情况通报主导实验室、参比实验室所在单位，取消申报国家计量比对资格，予以公示；情节严重的，予以通报批评。

第二十条　主导实验室不得有下列行为：

（一）抄袭参比实验室国家计量比对数据，弄虚作假；

（二）与参比实验室串通，篡改国家计量比对数据；

（三）违反诚实信用原则的其他行为。

参比实验室不得弄虚作假，相互抄袭国家计量比对数据。

主导实验室和参比实验室存在以上行为的，国家计量比对结果无效，取消申报国家计量比对资格，予以公开；情节严重的，处三万元以下罚款。

第二十一条　违反本办法第七条规定的，无正当理由拒不参加国家计量比对的，限期改正；逾期不改正的，予以通报批评。

第二十二条　违反本办法第十三条第一款，在规定时间内未报送相关材料的，限期改正；逾期未改正的，给予通报批评。

第二十三条　县级以上地方市场监督管理部门根据本地区经济社会发展和计量监督管理需要，组织实施本地区计量比对，参照本办法执行。

第二十四条　参加国际计量比对，按照国家市场监督管理总局有关规定执行。

第二十五条　本办法自 2023 年 6 月 1 日起施行。2008 年 6 月 11 日原国家质量监督检验检疫总局令第 107 号公布的《计量比对管理办法》同时废止。

计量标准考核办法

· 2005 年 1 月 14 日国家质量监督检验检疫总局令第 72 号公布
· 根据 2018 年 3 月 6 日《国家质量监督检验检疫总局关于废止和修改部分规章的决定》第一次修订
· 根据 2018 年 12 月 21 日《市场监管总局关于修改〈药品广告审查办法〉等三部规章的决定》第二次修订
· 根据 2020 年 10 月 23 日《国家市场监督管理总局关于修改部分规章的决定》第三次修订

第一条　为实施计量标准考核工作，根据《中华人民共和国计量法》《中华人民共和国计量法实施细则》的有关规定，制定本办法。

第二条　社会公用计量标准，部门和企业、事业单位的各项最高等级的计量标准，应当按照本办法进行考核。

第三条　本办法所称计量标准考核，是指市场监督管理部门对计量标准测量能力的评定和开展量值传递资格的确认。计量标准考核包括对新建计量标准的考核和对计量标准的复查考核。

第四条　国家市场监督管理总局统一监督管理全国计量标准考核工作。省级市场监督管理部门负责监督管理本行政区域内计量标准考核工作。

第五条　国家市场监督管理总局组织建立的社会公用计量标准及各省级市场监督管理部门组织建立的各项最高等级的社会公用计量标准，由国家市场监督管理总局主持考核；地（市）、县级市场监督管理部门组织建立的各项最高等级的社会公用计量标准，由上一级市场监督管理部门主持考核；各级地方市场监督管理部门组织建立其他等级的社会公用计量标准，由组织建立计量标准的市场监督管理部门主持考核。

国务院有关部门和省、自治区、直辖市有关部门建立的各项最高等级的计量标准，由同级的市场监督管理部门主持考核。

国务院有关部门所属的企业、事业单位建立的各项最高等级的计量标准，由国家市场监督管理总局主持考核；省、自治区、直辖市有关部门所属的企业、事业单位建立的各项最高等级的计量标准，由当地省级市场监督管理部门主持考核；无主管部门的企业单位建立的各项最高等级的计量标准，由该企业登记注册地的市场监督管理部门主持考核。

第六条　进行计量标准考核，应当考核以下内容：

（一）计量标准器及配套设备齐全，计量标准器必须经法定或者计量授权的计量技术机构检定合格（没有计量检定规程的，应当通过校准、比对等方式，将量值溯源至国家计量基准或者社会公用计量标准），配套的计量设备经检定合格或者校准；

（二）具备开展量值传递的计量检定规程或者技术规范和完整的技术资料；

（三）具备符合计量检定规程或者技术规范并确保计量标准正常工作所需要的温度、湿度、防尘、防震、防腐蚀、抗干扰等环境条件和工作场地；

（四）配备至少两名具有相应能力，并满足有关计量法律法规要求的计量检定或校准人员；

（五）具有完善的运行、维护制度，包括实验室岗位责任制度,计量标准的保存、使用、维护制度,量值溯源制度,原始记录及证书核验制度,事故报告制度,计量标准技术档案管理制度等;

(六)计量标准的稳定性和检定或者校准结果的重复性符合技术要求。

第七条 计量标准考核坚持逐项考评的原则。新建计量标准的考核采取现场考评的方式,并通过现场实验对测量能力进行验证;计量标准的复查考核可以采取现场考评、函审或者现场抽查的方式进行。

第八条 申请新建计量标准考核,申请计量标准考核的单位(以下简称申请考核单位)应当向主持考核的市场监督管理部门递交以下申请资料:

(一)计量标准考核(复查)申请书和计量标准技术报告;

(二)计量标准器及配套的主要计量设备有效检定或者校准证书,以及可以证明计量标准具有相应测量能力的其他技术资料复印件各1份。

第九条 申请计量标准复查考核,申请考核单位应当向主持考核的市场监督管理部门递交以下申请资料:

(一)计量标准考核(复查)申请书和计量标准技术报告;

(二)计量标准考核证书有效期内计量标准器及配套的主要计量设备的有效检定或者校准证书,以及可以证明计量标准具有相应测量能力的其他技术资料复印件各1份;

(三)计量标准封存、注销、更换等相关申请材料(如果适用)复印件1份。

第十条 申请考核单位,应当向主持考核的市场监督管理部门递交计量标准考核申请书和有关技术资料。主持考核的市场监督管理部门应当对申请资料的完整性进行审查,符合规定要求的,予以受理;不符合规定要求的,在5个工作日内通知申请考核单位需要补充的全部内容;经补充符合要求的,予以受理。主持考核的市场监督管理部门逾期未告知申请考核单位是否受理申请的,视为受理。

第十一条 主持考核的市场监督管理部门所辖区域内的计量技术机构具有与被考核计量标准相同或者更高等级的计量标准,并有该项目备案计量标准考评员的,应当自行组织考核;不具备上述条件的,应当呈报上一级市场监督管理部门组织考核。

主持考核的市场监督管理部门应当将考核所需时间和组织考核的市场监督管理部门通知申请考核单位。申请考核单位应当做好考核前的准备工作。

第十二条 组织考核的市场监督管理部门应当委托具有相应能力的单位(以下简称考评单位)或者考评组承担计量标准考核的考评任务。

计量标准的考评工作由计量标准考评员执行。特殊项目,组织考核的市场监督管理部门可聘请技术专家和计量标准考评员组成考评组执行考评工作。

计量标准考评员分为两级,计量标准一级考评员由国家市场监督管理总局组织考核,计量标准二级考评员由省级市场监督管理部门组织考核,经考核合格的考评员,分别由国家市场监督管理总局和省级市场监督管理部门进行管理。

第十三条 考评单位和考评组应当按照计量标准考核规范的规定进行计量标准考评工作,并在规定时间内按时完成考评任务。

第十四条 考评单位及考评组完成考评任务后,应当将考评材料报送组织考核的市场监督管理部门。组织考核的市场监督管理部门审核后递交主持考核的市场监督管理部门审批。

第十五条 主持考核的市场监督管理部门应当在接到考评材料的20个工作日内完成审批工作,确认考核合格的,主持考核的市场监督管理部门做出考核合格的行政许可决定,并在10个工作日内向申请考核单位颁发计量标准考核证书;不合格的,主持考核的市场监督管理部门应当向申请考核单位发送不予行政许可决定。

第十六条 计量标准考核证书的有效期为5年。在证书有效期内,如需要更换、封存和注销计量标准,应当向主持考核的市场监督管理部门申报、履行有关手续。注销计量标准的,由主持考核的市场监督管理部门收回计量标准考核证书。

第十七条 计量标准考核证书有效期届满前6个月,持证单位应当向主持考核的市场监督管理部门申请复查考核。经复查考核合格,准予延长有效期;不合格的,主持考核的市场监督管理部门应当向申请复查考核单位发送不予行政许可决定。超过计量标准考核证书有效期的,申请考核单位应当按照新建计量标准重新申请考核。

第十八条 主持考核的市场监督管理部门应当加强对计量标准考核工作的管理,可以采用计量比对、盲样检测和现场试验等方式,对计量标准考核证书有效期内的计量标准进行监督管理。

第十九条 上级市场监督管理部门应当对下级市场监督管理部门实施的计量标准考核工作进行监督检查,

组织考核的市场监督管理部门应当对承担考评单位、考评组及计量标准考评员的考评工作实施监督，及时纠正和处理计量标准考核工作中违反规定的行为。

第二十条 申请考核单位对计量标准考核结果有异议的，应当在接到计量标准考核证书或者不予行政许可决定书后，依法向本级人民政府或者上一级市场监督管理部门申请行政复议。

第二十一条 申请计量标准考核应当提供的技术资料、申请书及有关文件格式，计量标准考核证书和不予行政许可决定书式样，以及计量标准考核规范，由国家市场监督管理总局统一制定。

第二十二条 本办法由国家市场监督管理总局负责解释。

第二十三条 本办法自2005年7月1日起施行。1987年7月10日原国家计量局颁布的《计量标准考核办法》（[87]量局法字第231号）同时废止。

国家计量检定规程管理办法[①]

- 2002年12月31日国家质量监督检验检疫总局令第36号公布
- 自2003年2月1日起施行

第一章 总 则

第一条 为了加强对国家计量检定规程的管理，保证计量单位的统一和计量器具量值的准确，根据《中华人民共和国计量法》和《中华人民共和国计量法实施细则》的有关规定，制定本办法。

第二条 国家计量检定规程是指由国家质量监督检验检疫总局（以下简称国家质检总局）组织制定并批准颁布，在全国范围内施行，作为计量器具特性评定和法制管理的计量技术法规。

第三条 凡制定、修订、审批和发布、复审国家计量检定规程，必须遵守本办法。

第四条 制定国家计量检定规程应当符合国家有关法律和法规的规定；适用范围必须明确，在其界定的范围内力求完整；各项要求科学合理，并考虑操作的可行性及实施的经济性。

第五条 积极采用国际法制计量组织发布的国际建议、国际文件及有关国际组织发布的国际标准；在采用中应当符合国家有关法规和政策，坚持积极采用、注重实效的方针。

第六条 国家计量检定规程由国家质检总局编制计划、协调分工、组织制定（含修订，下同）、审批、编号、发布。

第二章 国家计量检定规程的计划

第七条 编制国家计量检定规程的项目应当以国民经济和科学技术发展及计量法制监督管理的需要作为依据。

第八条 国家质检总局在每年4月份提出编制下一年度国家计量检定规程计划项目的原则要求，下达给全国各专业计量技术委员会（以下简称"技术委员会"）。

第九条 各技术委员会根据编制国家计量检定规程的原则要求，于当年8月底将计划项目草案和计划任务书（格式见附件1）报国家质检总局。

第十条 国家质检总局对上报的国家计量检定规程计划项目草案统一汇总、审查、协调，于当年12月前将批准后的下一年度国家计量检定规程计划项目下达。

第十一条 各技术委员会在执行国家计量检定规程计划过程中，有下列情况时可以对计划项目进行调整：

（一）确属急需制定国家计量检定规程的项目，可以增补；

（二）确属不宜制定国家计量检定规程的项目，应予撤消。

（三）确属特殊情况，可以对计划项目内容进行调整；

第十二条 调整国家计量检定规程计划项目应当由负责起草单位填写"国家计量检定规程计划项目调整项目申请表"（见附件2），经归口技术委员会审查同意后，报国家质检总局审批。国家质检总局批准调整的，应当通知有关技术委员会实施调整。调整国家计量检定规程计划项目的申请未获批准，有关技术委员会必须按照原计划进行工作。

第三章 国家计量检定规程的制定

第十三条 各技术委员会根据国家质检总局批准下达的国家计量检定规程计划项目组织和指导起草工作，督促工作进展，检查完成任务的情况。

第十四条 起草单位应当按照《国家计量检定规程编写导则》有效版本的要求，在调查研究、试验验证的基础上，提出国家计量检定规程征求意见稿，以及"编写说明"等有关附件，分送本技术委员会各委员、通讯单位成

[①] 根据《质检总局关于报送规章清理工作情况的函》（2017年11月21日，国质检法函〔2017〕603号），拟对该规章进行全面修订。

员、有关制造企业、省级计量行政管理部门、计量检定机构、使用单位、相关标准的起草单位或个人广泛征求意见。

第十五条 附件应当包括以下材料：

（一）编写说明。阐明任务来源、编写依据、与"国际建议"、"国际文件"、"国际标准"、国内标准等技术文件的兼容情况，对所规定的某些技术条款、检定条件、检定方法的有关说明，对重大分歧意见的处理结果和依据等；在修订时，应当对新旧国家计量检定规程的修改内容予以说明等。

（二）试验报告。对国家计量检定规程中所规定的计量性能、技术条件，应当用规定的检定条件、检定方法对其适用范围的对象进行检测，用试验数据证明其是否可行。

（三）误差分析。应用误差理论和不确定度评估方法分析所规定的计量性能要求、技术条件、检定条件（所使用的标准器及有关设备仪器，环境条件等）、检定方法是否科学合理。同时应当列出误差源、误差的类别、合成的方法及置信概率等。

（四）采用国际建议、国际文件或国际标准的原文及中文译本。

第十六条 国家计量检定规程征求意见稿的期限为两个月。

被征求意见的单位或个人应当在规定期限内回复意见；如没有意见也应当复函说明；逾期不复函者，按无异议处理。若有比较重大的意见，应当说明理由并提出试验数据。

第十七条 起草人或者起草单位收到意见后进行综合分析，列出意见内容和处置结果，形成"征求意见汇总表"（格式见附件3）。

第十八条 起草单位根据征求意见汇总表，对征求意见稿进行修改后，提出国家计量检定规程报审稿及编写说明、试验报告、误差分析、征求意见汇总表、国际建议、国际文件或国际标准的原文和中文译本等有关附件，送技术委员会秘书处审阅。

第十九条 技术委员会秘书处按照《全国专业计量技术委员会章程》规定的工作程序，组织报审稿的审查工作。

对于技术含量高、涉及面广、分歧意见较多的国家计量检定规程，为保证其编写质量，以会议审定为主；内容较单一、分歧较少的可进行函审。具体审定形式由技术委员会决定。

技术委员会秘书处应在会审或函审前1个月，将国家计量检定规程报审稿及有关附件提交审定者。

第二十条 会议审查原则上应取得一致同意。如需投票（赞成、反对、弃权）表决，至少应获得到会委员人数四分之三以上赞成方为通过，并以书面材料记录在案；起草人不能参加表决。

若有通讯单位成员、特邀代表参加会议，应将其意见记录在案。

函审时必须有四分之三回函赞成方为通过。

会议审查必须有"审定意见书"（格式见附件4），审定意见需经与会代表通过；函审必须附每位函审人员的函审意见（格式见附件5）及主审人汇总的审定意见，其内容包括对规程的评价及主要修改意见（格式见附件6）。

第二十一条 审定通过的国家计量检定规程，由起草单位根据审定意见整理后，形成报批稿。报批稿和规定的有关上报材料报技术委员会秘书处审核。国家计量检定规程报批稿的内容应与审查时审定的内容相一致。如对技术内容有改动，应当在"编写说明"中说明。报送文件包括：

（一）报批国家计量检定规程的公文1份（格式见附件7）；

（二）国家计量检定规程报批稿2份，软盘1份；

（三）国家计量检定规程报批表（格式见附件8）、编写说明、

试验报告、误差分析、征求意见汇总表、审定意见书、国际建议、国际文件或国际标准的原文和中文译本及其他有关材料各1份。

技术委员会秘书处对上报材料进行审核并在"报批表"中签署意见后，将全部材料报国家计量检定规程审查部进行审核。

第四章 国家计量检定规程的审批、发布

第二十二条 国家计量检定规程由国家质检总局统一审批（审批格式见附件8）、编号、以公告形式发布。

第二十三条 国家计量检定规程的编号由其代号、顺序号和发布年号组成。

国家计量检定规程的代号为"JJG"。

第二十四条 制定国家计量检定规程过程中形成的有关资料应当进行归档。

第二十五条 国家计量检定规程发布后，由国家质检总局送出版社出版。在出版过程中，发现有疑点和错误时，出版单位应当及时与有关技术委员会联系；如技术内容需要更改时，应当经国家质检总局批准；起草人不得

自行更改国家计量检定规程的内容。

需要翻译成外文的国家计量检定规程，其译文由负责制定的技术委员会组织翻译和审定，并由国家计量检定规程的出版单位出版。

第二十六条 国家计量检定规程出版后，发现个别技术内容有问题，必须做少量修改或补充时，由起草人填写"修改国家计量检定规程申报表"（格式见附件9），经相关的技术委员会审核同意，以文件形式（格式见附件10）并附"修改国家计量检定规程申报表"2份，报规程审批单位批准，并以公告形式发布。

第五章 国家计量检定规程的复审

第二十七条 国家计量检定规程发布实施后，应当根据科学技术的发展和经济建设及法制计量监督管理的需要，由相关的技术委员会适时提出复审计划，复审周期一般不超过五年。

国家计量检定规程的复审可采用会议审查或函审，一般应有原起草人参加。

第二十八条 国家计量检定规程经复审按下列情况分别处理：

（一）对不需要修改的国家计量检定规程，确认继续有效；

确认继续有效的国家计量检定规程不改顺序号和年号；当重版时，在其封面上，国家计量检定规程编号下写"××××年确认有效"字样。

（二）对需修改的国家计量检定规程，作为修订项目列入计划；

修订的国家计量检定规程顺序号不变，将年号改为修订的年号。

（三）对已不须进行检定的计量器具的国家计量检定规程，予以废止。

第二十九条 负责国家计量检定规程复审的技术委员会在复审结束后应当写出复审报告，内容包括：复审简况、处理意见、复审结论，报国家质检总局批准，并以公告形式发布。

第三十条 国家计量检定规程属于科技成果，应当纳入国家或部门科技进步奖范围，予以奖励。

第六章 附 则

第三十一条 任何单位和个人，未经国家质检总局批准，不得随意改动国家计量检定规程。违反本办法规定的，应当对直接责任人进行批评、教育，给予行政处分，直至依法追究刑事责任。

第三十二条 本办法由国家质检总局负责解释。

第三十三条 本办法自2003年2月1日起实施。原国家技术监督局1991年8月5日颁发的《关于〈修改国家计量检定规程〉的暂行规定》即行作废。

附件1：国家计量技术法规项目计划任务书（略）
附件2：国家计量检定规程计划项目调整申请表（略）
附件3：征求意见汇总表（略）
附件4：国家计量技术法规审定意见书（略）
附件5：国家计量检定规程报审稿函审单（略）
附件6：国家计量检定规程报审稿函审结论表（略）
附件7：报批国家计量检定规程的公文格式（略）
附件8：国家计量技术法规报批表（略）
附件9：修改国家计量技术法规申报表（略）
附件10：报送国家计量检定规程修改单的公文格式（略）

定量包装商品计量监督管理办法

· 2023年3月16日国家市场监督管理总局令第70号公布
· 自2023年6月1日起施行

第一条 为了保护消费者和生产者、销售者的合法权益，规范定量包装商品的计量监督管理，根据《中华人民共和国计量法》并参照国际通行规则，制定本办法。

第二条 在中华人民共和国境内，生产、销售定量包装商品，以及对定量包装商品实施计量监督管理，应当遵守本办法。

本办法所称定量包装商品是指以销售为目的，在一定量限范围内具有统一的质量、体积、长度、面积、计数标注等标识内容的预包装商品。药品、危险化学品除外。

第三条 国家市场监督管理总局对全国定量包装商品的计量工作实施统一监督管理。

县级以上地方市场监督管理部门对本行政区域内定量包装商品的计量工作实施监督管理。

第四条 定量包装商品的生产者、销售者应当加强计量管理，配备与其生产定量包装商品相适应的计量检测设备，保证生产、销售的定量包装商品符合本办法的规定。

第五条 定量包装商品的生产者、销售者应当在其商品包装的显著位置正确、清晰地标注定量包装商品的净含量。

净含量的标注由"净含量"（中文）、数字和法定计量单位（或者用中文表示的计数单位）三个部分组成。法定计量单位的选择应当符合本办法附件1的规定。

以长度、面积、计数单位标注净含量的定量包装商品，可以免于标注"净含量"三个中文字，只标注数字和法定计量单位(或者用中文表示的计数单位)。

第六条 定量包装商品净含量标注字符的最小高度应当符合本办法附件2的规定。

第七条 同一包装内含有多件同种定量包装商品的，应当标注单件定量包装商品的净含量和总件数，或者标注总净含量。

同一包装内含有多件不同种定量包装商品的，应当标注各种不同种定量包装商品的单件净含量和各种不同种定量包装商品的件数，或者分别标注各种不同种定量包装商品的总净含量。

第八条 单件定量包装商品的实际含量应当准确反映其标注净含量，标注净含量与实际含量之差不得大于本办法附件3规定的允许短缺量。

第九条 批量定量包装商品的平均实际含量应当大于或者等于其标注净含量。

用抽样的方法评定一个检验批的定量包装商品，应当符合定量包装商品净含量计量检验规则等系列计量技术规范。

第十条 强制性国家标准中对定量包装商品的净含量标注、允许短缺量以及法定计量单位的选择已有规定的，从其规定；没有规定的按照本办法执行。

第十一条 对因水分变化等因素引起净含量变化较大的定量包装商品，生产者应当采取措施保证在规定条件下商品净含量的准确。

第十二条 县级以上市场监督管理部门应当对生产、销售的定量包装商品进行计量监督检查。

市场监督管理部门进行计量监督检查时，应当充分考虑环境及水分变化等因素对定量包装商品净含量产生的影响。

第十三条 对定量包装商品实施计量监督检查进行的检验，应当由被授权的计量检定机构按照定量包装商品净含量计量检验规则等系列计量技术规范进行。

检验定量包装商品，应当考虑储存和运输等环境条件可能引起的商品净含量的合理变化。

第十四条 国家鼓励定量包装商品生产者自愿开展计量保证能力评价工作，保证计量诚信。鼓励社会团体、行业组织建立行业规范，加强行业自律，促进计量诚信。

自愿开展计量保证能力评价的定量包装商品生产者，应当按照定量包装商品生产企业计量保证能力要求，进行自我评价。自我评价符合要求的，通过省级市场监督管理部门指定的网站进行声明后，可以在定量包装商品上使用全国统一的计量保证能力合格标志。

定量包装商品生产者自我声明后，企业主体资格、生产的定量包装商品品种或者规格等信息发生重大变化的，应当自发生变化一个月内再次进行声明。

第十五条 违反本办法规定，《中华人民共和国消费者权益保护法》《中华人民共和国产品质量法》等法律法规对法律责任已有规定的，从其规定。

第十六条 定量包装商品生产者未按要求进行自我声明，使用计量保证能力合格标志，达不到定量包装商品生产企业计量保证能力要求的，由县级以上地方市场监督管理部门责令改正，处三万元以下罚款。

定量包装商品生产者未按要求进行自我声明，使用计量保证能力合格标志的，由县级以上地方市场监督管理部门责令改正，处五万元以下罚款。

第十七条 生产、销售定量包装商品违反本办法第五条、第六条、第七条规定，未正确、清晰地标注净含量的，由县级以上地方市场监督管理部门责令改正；未标注净含量的，限期改正，处三万元以下罚款。

第十八条 生产、销售的定量包装商品，经检验违反本办法第八条、第九条规定的，由县级以上地方市场监督管理部门责令改正，处三万元以下罚款。

第十九条 从事定量包装商品计量监督检验的机构伪造检验数据的，由县级以上地方市场监督管理部门处十万元以下罚款；有下列行为之一的，由县级以上市场监督管理部门责令改正，予以警告、通报批评：

(一)违反定量包装商品净含量计量检验规则等系列计量技术规范进行计量检验的；

(二)使用未经检定、检定不合格或者超过检定周期的计量器具开展计量检验的；

(三)擅自将检验结果及有关材料对外泄露的；

(四)利用检验结果参与有偿活动的。

第二十条 本办法下列用语的含义是：

(一)预包装商品是指销售前预先用包装材料或者包装容器将商品包装好，并有预先确定的量值(或者数量)的商品。

(二)净含量是指除去包装容器和其他包装材料后内装商品的量。

(三)实际含量是指市场监督管理部门授权的计量检定机构按照定量包装商品净含量计量检验规则等系列计量技术规范，通过计量检验确定的商品实际所包含的商品内容物的量。

（四）标注净含量是指由生产者或者销售者在定量包装商品的包装上明示的商品的净含量。

（五）允许短缺量是指单件定量包装商品的标注净含量与其实际含量之差的最大允许量值(或者数量)。

（六）检验批是指接受计量检验的，由同一生产者在相同生产条件下生产的一定数量的同种定量包装商品或者在销售者抽样地点现场存在的同种定量包装商品。

（七）同种定量包装商品是指由同一生产者生产，品种、标注净含量、包装规格及包装材料均相同的定量包装商品。

（八）计量保证能力合格标志(也称 C 标志)是指由国家市场监督管理总局统一规定式样，定量包装商品生产者明示其计量保证能力达到规定要求的标志。

第二十一条　本办法自 2023 年 6 月 1 日起施行。2005 年 5 月 30 日原国家质量监督检验检疫总局令第 75 号公布的《定量包装商品计量监督管理办法》同时废止。

附件：1. 法定计量单位的选择(略)

2. 标注字符高度(略)

3. 允许短缺量(略)

零售商品称重计量监督管理办法

· 2004 年 8 月 10 日国家质量监督检验检疫总局、国家工商行政管理总局令第 66 号发布

· 根据 2020 年 10 月 23 日《国家市场监督管理总局关于修改部分规章的决定》修订

第一条　为维护社会主义市场经济秩序，制止利用计量手段欺骗消费者的不法行为，保护消费者的合法权益，根据《中华人民共和国计量法》、《中华人民共和国消费者权益保护法》等有关法律法规，制定本办法。

第二条　在中华人民共和国境内，从事零售商品的销售以及对其进行计量监督，必须遵守本办法。

本办法所称零售商品，是指以重量结算的食品、金银饰品。

其他以重量结算的商品和以容量、长度、面积等结算的商品，另行规定。

定量包装商品的生产、经销以及对其的计量监督应当遵守《定量包装商品计量监督管理办法》。

第三条　零售商品经销者销售商品时，必须使用合格的计量器具，其最大允许误差应当优于或等于所销售商品的负偏差。

第四条　零售商品经销者使用称重计量器具当场称重商品，必须按照称重计量器具的实际示值结算，保证商品量计量合格。

第五条　零售商品经销者使用称重计量器具每次当场称重商品，在本办法附表 1、附表 2 称重范围内，经核称商品的实际重量值与结算重量值之差不得超过该表规定的负偏差。

第六条　零售商品经销者和计量监督人员可以按照如下方法核称商品：

（一）原计量器具核称法：直接核称商品，商品的核称重量值与结算(标称)重量值之差不应超过商品的负偏差，并且称重与核称重量值等量的最大允许误差优于或等于所经销商品的负偏差三分之一的砝码，砝码示值与商品核称重量值之差不应超过商品的负偏差；

（二）高准确度称重计量器具核称法：用最大允许误差优于或等于所经销商品的负偏差三分之一的计量器具直接核称商品，商品的实际重量值与结算(标称)重量值之差不应超过商品的负偏差；

（三）等准确度称重计量器具核称法：用另一台最大允许误差优于或等于所经销商品的负偏差的计量器具直接核称商品，商品的核称重量值与结算(标称)重量值之差不应超过商品的负偏差的 2 倍。

第七条　本办法附表 1 中食品类尚未列出品种名称的，按照食品类相应价格档次的规定执行。

第八条　被核称商品的含水量及含水量计算应当符合国家标准、行业标准的有关规定。

第九条　零售商品经销者不得拒绝市场监督管理部门依法对销售商品的计量监督检查。

第十条　凡有下列情况之一的，县级以上地方市场监督管理部门可以依照计量法、消费者权益保护法等有关法律、法规或者规章给予行政处罚：

（一）零售商品经销者违反本办法第三条规定的；

（二）零售商品经销者销售的商品，经核称超出本法附表 1、附表 2 规定的负偏差，给消费者造成损失的。

第十一条　本办法规定的行政处罚，由县级以上地方市场监督管理部门决定。

县级以上地方市场监督管理部门按照本办法实行行政处罚，必须遵守国家市场监督管理总局关于行政案件办理程序的有关规定。

第十二条　行政相对人对行政处罚决定不服的，可以依法申请行政复议或者提起行政诉讼。

第十三条　本办法由国家市场监督管理总局负责解释。

第十四条 本办法自 2004 年 12 月 1 日起施行。原国家技术监督局、国内贸易部、国家工商行政管理局联合发布的《零售商品称重计量监督规定》(技监局发〔1993〕26 号)同时废止。

附表 1:

食品品种、价格档次	称重范围(m)	负偏差
粮食、蔬菜、水果或不高于 6 元/kg 的食品	m≤1kg	20g
	1kg<m≤2kg	40g
	2kg<m≤4kg	80g
	4kg<m≤25kg	100g
肉、蛋、禽*、海(水)产品*、糕点、糖果、调味品或高于 6 元/kg,但不高于 30 元/kg 的食品	m≤2.5kg	5g
	2.5kg<m≤10kg	10g
	10kg<m≤15kg	15g
干菜、山(海)珍品或高于 30 元/kg,但不高于 100 元/kg 的食品	m≤1kg	2g
	1kg<m≤4kg	4g
	4kg<m≤6kg	6g
高于 100 元/kg 的食品	m≤500g	1g
	500g<m≤2kg	2g
	2kg<m≤5kg	3g

＊注:活禽、活鱼、水发物除外。

附表 2:

名　称	称重范围(m)	负偏差
金饰品	m(每件)≤100g	0.01g
银饰品	m(每件)≤100g	0.1g

集贸市场计量监督管理办法

- 2002 年 4 月 19 日国家质量监督检验检疫总局令第 17 号发布
- 根据 2020 年 10 月 23 日《国家市场监督管理总局关于修改部分规章的决定》修订

第一条 为了加强城乡集贸市场计量监督管理,维护集贸市场经营秩序,保护消费者的合法权益,根据《中华人民共和国计量法》、《中华人民共和国消费者权益保护法》的有关规定,制定本办法。

第二条 本办法适用于全国城乡集贸市场经营活动中的计量器具管理、商品量计量管理、计量行为及其监督管理活动。

本办法所称城乡集贸市场(以下简称集市)是指由法人单位或者自然人(以下简称集市主办者)主办的,由入场经营者(以下简称经营者)向集市主办者承租场地、进行商品交易的固定场所。

第三条 国家市场监督管理总局对全国集市计量工作实施统一监督管理。

县级以上地方市场监督管理部门对本行政区域内的集市计量工作实施监督管理。

第四条 集市的计量活动应当遵循公正、公开、公平的原则,保证计量器具和商品量的准确,正确使用国家法定计量单位。

第五条 集市主办者应当做到:

(一)积极宣传计量法律、法规和规章,制定集市计量管理及保护消费者权益的制度,并组织实施。

(二)在与经营者签订的入场经营协议中,明确有关计量活动的权利义务和相应的法律责任。

(三)根据集市经营情况配备专(兼)职计量管理人员,负责集市内的计量管理工作,集市的计量管理人员应当接受计量业务知识的培训。

(四)对集市使用的属于强制检定的计量器具登记造册,向当地市场监督管理部门备案,并配合市场监督管理部门及其指定的法定计量检定机构做好强制检定工作。

(五)国家明令淘汰的计量器具禁止使用;国家限制使用的计量器具,应当遵守有关规定;未申请检定、超过检定周期或者经检定不合格的计量器具不得使用。

(六)集市应当设置符合要求的公平秤,并负责保管、维护和监督检查,定期送当地市场监督管理部门所属的法定计量检定机构进行检定。

公平秤是指对经营者和消费者之间因商品称量结果发生的纠纷具有裁决作用的衡器。

(七)配合市场监督管理部门,做好集市定量包装商品、零售商品等商品量的计量监督管理工作。

(八)集市主办者可以统一配置经强制检定合格的计量器具,提供给经营者使用;也可以要求经营者配备和使用符合国家规定、与其经营项目相适应的计量器具,并督促检查。

第六条 经营者应当做到:

(一)遵守计量法律、法规及集市主办者关于计量活动的有关规定。

（二）对配置和使用的计量器具进行维护和管理,定期接受市场监督管理部门指定的法定计量检定机构对计量器具的强制检定。

（三）不得使用不合格的计量器具,不得破坏计量器具准确度或者伪造数据,不得破坏铅签封。

（四）凡以商品量的量值作为结算依据的,应当使用计量器具测量量值;计量偏差在国家规定的范围内,结算值与实际值相符。不得估量计费。不具备计量条件并经交易当事人同意的除外。

（五）现场交易时,应当明示计量单位、计量过程和计量器具显示的量值。如有异议的,经营者应当重新操作计量过程和显示量值。

（六）销售定量包装商品应当符合《定量包装商品计量监督管理办法》的规定。

第七条　计量检定机构进行强制检定时,应当执行国家计量检定规程,并在规定期限内完成检定,确保量值传递准确。

第八条　各级市场监督管理部门应当做到:

（一）宣传计量法律、法规,对集市主办者、计量管理人员进行计量方面的培训。

（二）督促集市主办者按照计量法律、法规和有关规定的要求,做好集市的计量管理工作。

（三）对集市的计量器具管理、商品量计量管理和计量行为,进行计量监督和执法检查。

（四）积极受理计量纠纷,负责计量调解和仲裁检定。

第九条　集市主办者或经营者申请计量器具检定,应当按物价部门核准的项目和收费标准缴纳费用。

第十条　消费者所购商品,在保持原状的情况下,经复核,短秤缺量的,可以向经营者要求赔偿,也可以向集市主办者要求赔偿。集市主办者赔偿后有权向经营者追偿。

第十一条　集市主办者违反本办法第五条第（四）项规定的,责令改正,逾期不改的,处以1000元以下的罚款。

集市主办者违反本办法第五条第（五）项规定的,责令停止使用,限期改正,没收淘汰的计量器具,并处以1000元以下的罚款。

集市主办者违反本办法第五条第（六）项规定的,限期改正,并处以1000元以下的罚款。

第十二条　经营者违反本办法第六条第（二）项规定的,责令其停止使用,可并处以1000元以下的罚款。

经营者违反本办法第六条第（三）项规定,给国家和消费者造成损失的,责令其赔偿损失,没收计量器具和全部违法所得,可并处以2000元以下的罚款;构成犯罪的,移送司法机关追究其刑事责任。

经营者违反本办法第六条第（四）项规定,应当使用计量器具测量量值而未使用计量器具的,限期改正,逾期不改的,处以1000元以下罚款。经营者销售商品的结算值与实际值不相符的,按照《商品量计量违法行为处罚规定》第五条、第六条的规定处罚。

经营者违反本办法第六条第（六）项规定的,按照《定量包装商品计量监督管理办法》有关规定处罚。

第十三条　从事集市计量监督管理的国家工作人员违法失职、徇私舞弊,情节轻微的,给予行政处分;构成犯罪的,依法追究刑事责任。

第十四条　本办法规定的行政处罚,由县级以上地方市场监督管理部门决定。

县级以上地方市场监督管理部门按照本办法实施行政处罚,必须遵守国家市场监督管理总局关于行政案件办理程序的有关规定。

第十五条　本办法由国家市场监督管理总局负责解释。

第十六条　本办法自2002年5月25日起施行。

商品量计量违法行为处罚规定

·1999年3月12日国家质量技术监督局令第3号公布
·根据2020年10月23日《国家市场监督管理总局关于修改部分规章的决定》修订

第一条　为了加强商品量的计量监督,惩治商品量计量违法行为,保护用户和消费者的合法权益,维护社会经济秩序,根据《中华人民共和国计量法》和国务院赋予市场监督管理部门的职责,制定本规定。

第二条　本规定所称商品量,是指使用计量器具,对商品进行计量所得出的商品的量值。

第三条　任何单位和个人在生产、销售、收购等经营活动中,必须保证商品量的量值准确,不得损害用户、消费者的合法权益。

各级市场监督管理部门对商品量计量违法行为的处罚,适用本规定。

第四条　生产者生产定量包装商品,其实际量与标注量不相符,计量偏差超过《定量包装商品计量监督管理办法》或者国家其它有关规定的,市场监督管理部门责令改正,并处 30000 元以下罚款。

第五条 销售者销售的定量包装商品或者零售商品,其实际量与标注量或者实际量与贸易结算量不相符,计量偏差超过《定量包装商品计量监督管理办法》《零售商品称重计量监督管理办法》或者国家其它有关规定的,市场监督管理部门责令改正,并处 30000 元以下罚款。

第六条 销售者销售国家对计量偏差没有规定的商品,其实际量与贸易结算量之差,超过国家规定使用的计量器具极限误差的,市场监督管理部门责令改正,并处 20000 元以下罚款。

第七条 收购者收购商品,其实际量与贸易结算量之差,超过国家规定使用的计量器具极限误差的,市场监督管理部门责令改正,并处 20000 元以下罚款。

第八条 各级市场监督管理部门按本规定实施行政处罚,必须遵守国家市场监督管理总局关于行政案件办理程序的有关规定。

第九条 本规定由国家市场监督管理总局负责解释。

第十条 本规定自发布之日起施行。

计量违法行为处罚细则

· 1990 年 8 月 25 日国家技术监督局令第 14 号公布
· 根据 2015 年 8 月 25 日国家质量技术监督检验检疫总局令第 166 号第一次修订
· 根据 2022 年 9 月 29 日国家市场监督管理总局令第 61 号第二次修订

第一章 总 则

第一条 根据《中华人民共和国计量法》《中华人民共和国计量法实施细则》及有关法律、法规的规定,制定本细则。

第二条 在中华人民共和国境内,对违反计量法律、法规行为的处罚,适用本细则。

第三条 县级以上地方人民政府计量行政部门负责对违反计量法律、法规的行为执行行政处罚。

法律、法规另有规定的,按法律、法规规定的执行。

第四条 处理违反计量法律、法规的行为,必须坚持以事实为依据,以法律为准绳,做到事实清楚,证据确凿,适用法律、法规正确,符合规定程序。

第二章 违反计量法律、法规的行为及处理

第五条 违反计量法律、法规使用非法定计量单位的,按以下规定处罚:

(一)非出版物使用非法定计量单位的,责令其改正。

(二)出版物使用非法定计量单位的,责令其停止销售,可并处一千元以下罚款。

第六条 损坏计量基准,或未经国务院计量行政部门批准,随意拆卸、改装计量基准,或自行中断、擅自终止检定工作的,对直接责任人员进行批评教育,给予行政处分;构成犯罪的,依法追究刑事责任。

第七条 社会公用计量标准,经检查达不到原考核条件的,责令其停止使用,限期整改。

第八条 部门和企业、事业单位使用的各项最高计量标准,违反计量法律、法规的,按以下规定处罚:

(一)未取得有关人民政府计量行政部门颁发的计量标准考核证书而开展检定的,责令其停止使用,可并处一千元以下罚款。

(二)计量标准考核证书有效期满,未经原发证机关复查合格而继续开展检定的,责令其停止使用,限期申请复查。

(三)考核合格投入使用的计量标准,经检查达不到原考核条件的,责令其停止使用,限期整改。

第九条 被授权单位违反计量法律、法规的,按以下规定处罚:

(一)被授权项目经检查达不到原考核条件的,责令其停止检定、测试,限期整改。

(二)超过授权项目擅自对外进行检定、测试的,责令其改正,停止开展超出授权范围的相关检定、测试活动。

(三)未经授权机关批准,擅自终止所承担的授权工作,给有关单位造成损失的,责令其赔偿损失。

第十条 未经有关人民政府计量行政部门授权,擅自对外进行检定、测试的,没收全部违法所得。给有关单位造成损失的,责令其赔偿损失。

第十一条 使用计量器具违反计量法律、法规的,按以下规定处罚:

(一)社会公用计量标准和部门、企业、事业单位各项最高计量标准,未按照规定申请检定的或超过检定周期而继续使用的,责令其停止使用,可并处五百元以下罚款;经检定不合格而继续使用的,责令其停止使用,可并处一千元以下罚款。

(二)属于强制检定的工作计量器具,未按照规定申请检定或超过检定周期而继续使用的,责令其停止使用,可并处五百元以下罚款;经检定不合格而继续使用的,责令其停止使用,可并处一千元以下罚款。

(三)属于非强制检定的计量器具,未按照规定自行

定期检定或者送其他有权对社会开展检定工作的计量检定机构定期检定的,责令其停止使用,可并处二百元以下罚款;经检定不合格而继续使用的,责令其停止使用,可并处五百元以下罚款。

(四)在经销活动中,使用非法定计量单位计量器具的,没收该计量器具。

(五)使用不合格的计量器具给国家或消费者造成损失的,责令赔偿损失,没收计量器具和全部违法所得,可并处二千元以下罚款。

(六)使用以欺骗消费者为目的的计量器具或者破坏计量器具准确度、伪造数据,给国家或消费者造成损失的,责令赔偿损失,没收计量器具和全部违法所得,可并处二千元以下罚款;构成犯罪的,依法追究刑事责任。

第十二条 进口计量器具,以及外商(含外国制造商、经销商)或其代理人在中国销售计量器具,违反计量法律、法规的,按以下规定处罚:

(一)未经省、自治区、直辖市人民政府计量行政部门批准,进口、销售国务院规定废除的非法定计量单位的计量器具或国务院禁止使用的其他计量器具的,责令其停止进口、销售,没收计量器具和全部违法所得,可并处相当其违法所得百分之十至百分之五十的罚款。

(二)进口、销售列入《中华人民共和国进口计量器具型式审查目录》内的计量器具,未经国务院计量行政部门型式批准,封存计量器具,责令其补办型式批准手续,没收全部违法所得,可并处相当其进口额或销售额百分之三十以下的罚款。

第十三条 制造、修理计量器具,违反计量法律、法规的,按以下规定处罚:

(一)未经批准制造国务院规定废除的非法定计量单位的计量器具和国务院禁止使用的其他计量器具的,责令其停止制造、销售,没收计量器具和全部违法所得,可并处相当其违法所得百分之十至百分之五十的罚款。

(二)制造、销售未经型式批准或样机试验合格的计量器具新产品的,责令其停止制造、销售,封存该种新产品,没收全部违法所得,可并处三千元以下罚款。

(三)企业、事业单位制造、修理的计量器具未经出厂检定或经检定不合格而出厂的,责令其停止出厂,没收全部违法所得;情节严重的,可并处三千元以下罚款。个体工商户制造、修理计量器具未经检定或经检定不合格而销售或交付用户使用的,责令其停止制造、修理或者重修、重检,没收全部违法所得;情节严重的,可并处五百元以下的罚款。

第十四条 制造、修理、销售以欺骗消费者为目的的计量器具的,没收计量器具和全部违法所得,可并处二千元以下罚款;构成犯罪的,对个人或单位直接责任人员,依法追究刑事责任。

第十五条 销售超过有效期的标准物质的,责令改正;逾期不改正的,处三万元以下罚款。

第十六条 经营销售残次计量器具零配件的,使用残次计量器具零配件组装、修理计量器具的,责令其停止经营销售,没收残次计量器具零配件及组装的计量器具和全部违法所得,可并处二千元以下的罚款;情节严重的,吊销其营业执照。

第十七条 伪造、盗用、倒卖检定印、证的,没收其非法检定印、证和全部违法所得,可并处二千元以下罚款;构成犯罪的,依法追究刑事责任。

第十八条 计量监督管理人员违法失职,情节轻微的,给予行政处分,或者由有关人民政府计量行政部门撤销其计量监督员职务;利用职权收受贿赂、徇私舞弊,构成犯罪的,依法追究刑事责任。

第十九条 负责计量器具新产品定型鉴定、样机试验的单位,泄漏申请单位提供的样机和技术文件、资料秘密的,按国家有关规定,赔偿申请单位的损失,并给予直接责任人员行政处分;构成犯罪的,依法追究刑事责任。

第二十条 计量检定人员有下列行为之一的,给予行政处分;构成犯罪的,依法追究刑事责任:

(一)违反检定规程进行计量检定的;

(二)使用未经考核合格的计量标准开展检定的;

(三)未取得计量检定证件进行计量检定的;

(四)伪造检定数据的。

第二十一条 计量检定人员出具错误数据,给送检一方造成损失的,由其所在的技术机构赔偿损失;情节轻微的,给予计量检定人员行政处分;构成犯罪的,依法追究其刑事责任。

第二十二条 执行强制检定的工作计量器具任务的机构无故拖延检定期限的,送检单位可免交检定费;给送检单位造成损失的,应赔偿损失;情节严重的,给予直接责任人员行政处分。

第二十三条 围攻、报复计量执法人员、检定人员,或以暴力威胁手段阻碍计量执法人员、检定人员执行公务的,提请公安机关或司法部门追究法律责任。

第三章 附 则

第二十四条 本细则下列用语的含义是:

(一)伪造数据是指单位或个人使用合格的计量器

具,进行不诚实的测量,出具虚假数据或者定量包装商品实际量与标注量不符的违法行为。

(二)出版物是指公开或内部发行的,除古籍和文学书籍以外的图书、报纸、期刊,以及除文艺作品外的音像制品。

(三)非出版物是指公文、统计报表、商品包装物、产品铭牌、说明书、标签标价、票据收据等。

第二十五条 本细则由国家市场监督管理总局负责解释。

第二十六条 本细则自发布之日起施行。

仲裁检定和计量调解办法

·1987年10月12日国家计量局发布

第一章 总 则

第一条 根据《中华人民共和国计量法》第二十一条和《中华人民共和国计量法实施细则》第八章的规定,制定本办法。

第二条 对计量纠纷进行仲裁检定和计量调解,必须遵守本办法。

第三条 计量纠纷是指因计量器具准确度所引起的纠纷。处理计量纠纷,以国家计量基准或社会公用计量标准检定、测试的数据为准。

第四条 仲裁检定是指用计量基准或社会公用计量标准所进行的以裁决为目的的计量检定、测试活动。

计量调解是指在县级以上人民政府计量行政部门主持下,就当事人双方对计量纠纷询问进行的调解。

第五条 县级以上人民政府计量行政部门负责仲裁检定和计量调解,并由相应的工作机构受理和承办具体事项。

第二章 仲裁检定

第六条 申请仲裁检定应向所在地的县(市)级人民政府计量行政部门递交仲裁检定申请书,并根据仲裁检定的需要提交申请书副本。

司法机关、合同管理机关、涉外仲裁机关或者其他单位委托有关人民政府计量行政部门进行仲裁检定的,应出具仲裁检定委托书。

第七条 仲裁检定申请书应写明以下事项:

(一)计量纠纷双方的单位名称、地址及其法定代表人的姓名、职务;

(二)申请仲裁检定的理由与要求;

(三)有关证明材料或实物。

仲裁检定委托书应写明委托单位的名称、地址,委托仲裁检定的内容和要求。

第八条 接受仲裁检定申请或委托的人民政府计量行政部门,应在接受申请后七日内向被诉一方发出仲裁检定申请书副本或进行仲裁检定的通知,并确定仲裁检定的时间、地点。纠纷双方在接到通知后,应对与计量纠纷有关的计量器具实行保全措施。

第九条 仲裁检定由县级以上人民政府计量行政部门指定有关计量检定机构进行。

第十条 进行仲裁检定应有当事人双方在场。无正当理由拒不到场的,可进行缺席仲裁检定。

第十一条 承担仲裁检定的有关计量检定机构应在规定的期限内完成检定、测试任务,并对仲裁检定的结果出具仲裁检定证书,经仲裁检定人员签字并加盖仲裁检定机构的印章后,报有关人民政府计量行政部门。

第十二条 仲裁检定结果应经受理仲裁检定的政府计量行政部门审核后,通知当事人或委托单位。

第十三条 当事人一方或双方对一次仲裁检定不服的,在收到仲裁检定结果通知书之日起十五日内可向上一级人民政府计量行政部门申请二次仲裁检定。上一级人民政府计量行政部门进行的仲裁检定为终局仲裁检定。

第十四条 承办仲裁检定的工作人员,有可能影响检定数据公正的,必须自行回避。当事人也有权以口头或书面方式申请其回避。

政府计量行政部门对申请回避的,应及时作出决定,并通知有关工作人员或当事人。

第三章 计量调解

第十五条 受理仲裁检定的政府计量行政部门,可根据纠纷双方或一方的口头或书面申请,对计量纠纷进行调解。

进行调解应根据仲裁检定结果,在分清责任的基础上,促使当事人互相谅解,自愿达成协议,对任何一方不得强迫。

第十六条 调解达成协议后,应制作调解书。调解书应包括以下内容:

(一)当事人双方的单位名称、地址及其法定代表人的姓名、职务;

(二)纠纷的主要事实、责任;

(三)协议内容和调解费用的承担。

调解书由当事人双方法定代表人和调解人员共同签字,并加盖调解机关的印章后成立。

第十七条 调解成立后,当事人双方应自动履行调解达成的协议内容。

第十八条　调解未达成协议或调解成立后一方或双方翻悔的,可向人民法院起诉或向有关仲裁机关申请处理。

第四章　仲裁检定和计量调解的管理

第十九条　县(市)级人民政府计量行政部门认为需要上级办理的计量纠纷案件,可报请上一级人民政府计量行政部门处理。

第二十条　在全国范围内有重大影响或争议金额在一百万元以上的,当事人可直接向省级以上人民政府计量行政部门申请仲裁检定和计量调解。

上级人民政府计量行政部门认为需要下级办理的计量纠纷案件,可交下级人民政府计量行政部门办理。

第二十一条　当事人一方已向人民法院起诉的计量纠纷案件,政府计量行政部门不再受理另一方的仲裁检定和计量调解的申请。

第五章　附　则

第二十二条　本办法规定的有关申请书、通知书、调解书的格式,由国务院计量行政部门统一规定。

第二十三条　申请仲裁检定和计量调解应按规定缴纳费用。

第二十四条　本办法由国务院计量行政部门负责解释。

第二十五条　本办法自发布之日起施行。

6. 卫生检疫

中华人民共和国动物防疫法

- 1997年7月3日第八届全国人民代表大会常务委员会第二十六次会议通过
- 2007年8月30日第十届全国人民代表大会常务委员会第二十九次会议第一次修订
- 根据2013年6月29日第十二届全国人民代表大会常务委员会第三次会议《关于修改〈中华人民共和国文物保护法〉等十二部法律的决定》第一次修正
- 根据2015年4月24日第十二届全国人民代表大会常务委员会第十四次会议《关于修改〈中华人民共和国电力法〉等六部法律的决定》第二次修正
- 2021年1月22日第十三届全国人民代表大会常务委员会第二十五次会议第二次修订

第一章　总　则

第一条　为了加强对动物防疫活动的管理,预防、控制、净化、消灭动物疫病,促进养殖业发展,防控人畜共患传染病,保障公共卫生安全和人体健康,制定本法。

第二条　本法适用于在中华人民共和国领域内的动物防疫及其监督管理活动。

进出境动物、动物产品的检疫,适用《中华人民共和国进出境动植物检疫法》。

第三条　本法所称动物,是指家畜家禽和人工饲养、捕获的其他动物。

本法所称动物产品,是指动物的肉、生皮、原毛、绒、脏器、脂、血液、精液、卵、胚胎、骨、蹄、头、角、筋以及可能传播动物疫病的奶、蛋等。

本法所称动物疫病,是指动物传染病,包括寄生虫病。

本法所称动物防疫,是指动物疫病的预防、控制、诊疗、净化、消灭和动物、动物产品的检疫,以及病死动物、病害动物产品的无害化处理。

第四条　根据动物疫病对养殖业生产和人体健康的危害程度,本法规定的动物疫病分为下列三类:

(一)一类疫病,是指口蹄疫、非洲猪瘟、高致病性禽流感等对人、动物构成特别严重危害,可能造成重大经济损失和社会影响,需要采取紧急、严厉的强制预防、控制等措施的;

(二)二类疫病,是指狂犬病、布鲁氏菌病、草鱼出血病等对人、动物构成严重危害,可能造成较大经济损失和社会影响,需要采取严格预防、控制等措施的;

(三)三类疫病,是指大肠杆菌病、禽结核病、鳖腮腺炎病等常见多发,对人、动物构成危害,可能造成一定程度的经济损失和社会影响,需要及时预防、控制的。

前款一、二、三类动物疫病具体病种名录由国务院农业农村主管部门制定并公布。国务院农业农村主管部门应当根据动物疫病发生、流行情况和危害程度,及时增加、减少或者调整一、二、三类动物疫病具体病种并予以公布。

人畜共患传染病名录由国务院农业农村主管部门会同国务院卫生健康、野生动物保护等主管部门制定并公布。

第五条　动物防疫实行预防为主,预防与控制、净化、消灭相结合的方针。

第六条　国家鼓励社会力量参与动物防疫工作。各级人民政府采取措施,支持单位和个人参与动物防疫的宣传教育、疫情报告、志愿服务和捐赠等活动。

第七条　从事动物饲养、屠宰、经营、隔离、运输以及动物产品生产、经营、加工、贮藏等活动的单位和个人,依照本法和国务院农业农村主管部门的规定，做好免疫、消毒、检测、隔离、净化、消灭、无害化处理等动物防疫工作，承担动物防疫相关责任。

第八条 县级以上人民政府对动物防疫工作实行统一领导，采取有效措施稳定基层机构队伍，加强动物防疫队伍建设，建立健全动物防疫体系，制定并组织实施动物疫病防治规划。

乡级人民政府、街道办事处组织群众做好本辖区的动物疫病预防与控制工作，村民委员会、居民委员会予以协助。

第九条 国务院农业农村主管部门主管全国的动物防疫工作。

县级以上地方人民政府农业农村主管部门主管本行政区域的动物防疫工作。

县级以上人民政府其他有关部门在各自职责范围内做好动物防疫工作。

军队动物卫生监督职能部门负责军队现役动物和饲养自用动物的防疫工作。

第十条 县级以上人民政府卫生健康主管部门和本级人民政府农业农村、野生动物保护等主管部门应当建立人畜共患传染病防治的协作机制。

国务院农业农村主管部门和海关总署等部门应当建立防止境外动物疫病输入的协作机制。

第十一条 县级以上地方人民政府的动物卫生监督机构依照本法规定，负责动物、动物产品的检疫工作。

第十二条 县级以上人民政府按照国务院的规定，根据统筹规划、合理布局、综合设置的原则建立动物疫病预防控制机构。

动物疫病预防控制机构承担动物疫病的监测、检测、诊断、流行病学调查、疫情报告以及其他预防、控制等技术工作；承担动物疫病净化、消灭的技术工作。

第十三条 国家鼓励和支持开展动物疫病的科学研究以及国际合作与交流，推广先进适用的科学研究成果，提高动物疫病防治的科学技术水平。

各级人民政府和有关部门、新闻媒体，应当加强对动物防疫法律法规和动物防疫知识的宣传。

第十四条 对在动物防疫工作、相关科学研究、动物疫情扑灭中做出贡献的单位和个人，各级人民政府和有关部门按照国家有关规定给予表彰、奖励。

有关单位应当依法为动物防疫人员缴纳工伤保险费。对因参与动物防疫工作致病、致残、死亡的人员，按照国家有关规定给予补助或者抚恤。

第二章 动物疫病的预防

第十五条 国家建立动物疫病风险评估制度。

国务院农业农村主管部门根据国内外动物疫情以及保护养殖业生产和人体健康的需要，及时会同国务院卫生健康等有关部门对动物疫病进行风险评估，并制定、公布动物疫病预防、控制、净化、消灭措施和技术规范。

省、自治区、直辖市人民政府农业农村主管部门会同本级人民政府卫生健康等有关部门开展本行政区域的动物疫病风险评估，并落实动物疫病预防、控制、净化、消灭措施。

第十六条 国家对严重危害养殖业生产和人体健康的动物疫病实施强制免疫。

国务院农业农村主管部门确定强制免疫的动物疫病病种和区域。

省、自治区、直辖市人民政府农业农村主管部门制定本行政区域的强制免疫计划；根据本行政区域动物疫病流行情况增加实施强制免疫的动物疫病病种和区域，报本级人民政府批准后执行，并报国务院农业农村主管部门备案。

第十七条 饲养动物的单位和个人应当履行动物疫病强制免疫义务，按照强制免疫计划和技术规范，对动物实施免疫接种，并按照国家有关规定建立免疫档案、加施畜禽标识，保证可追溯。

实施强制免疫接种的动物未达到免疫质量要求，实施补充免疫接种后仍不符合免疫质量要求的，有关单位和个人应当按照国家有关规定处理。

用于预防接种的疫苗应当符合国家质量标准。

第十八条 县级以上地方人民政府农业农村主管部门负责组织实施动物疫病强制免疫计划，并对饲养动物的单位和个人履行强制免疫义务的情况进行监督检查。

乡级人民政府、街道办事处组织本辖区饲养动物的单位和个人做好强制免疫，协助做好监督检查；村民委员会、居民委员会协助做好相关工作。

县级以上地方人民政府农业农村主管部门应当定期对本行政区域的强制免疫计划实施情况和效果进行评估，并向社会公布评估结果。

第十九条 国家实行动物疫病监测和疫情预警制度。

县级以上人民政府建立健全动物疫病监测网络，加强动物疫病监测。

国务院农业农村主管部门会同国务院有关部门制定国家动物疫病监测计划。省、自治区、直辖市人民政府农业农村主管部门根据国家动物疫病监测计划，制定本行政区域的动物疫病监测计划。

动物疫病预防控制机构按照国务院农业农村主管部门的规定和动物疫病监测计划，对动物疫病的发生、流行等情况进行监测；从事动物饲养、屠宰、经营、隔离、运输以及动物产品生产、经营、加工、贮藏、无害化处理等活动的单位和个人不得拒绝或者阻碍。

国务院农业农村主管部门和省、自治区、直辖市人民政府农业农村主管部门根据对动物疫病发生、流行趋势的预测，及时发出动物疫情预警。地方各级人民政府接到动物疫情预警后，应当及时采取预防、控制措施。

第二十条　陆路边境省、自治区人民政府根据动物疫病防控需要，合理设置动物疫病监测站点，健全监测工作机制，防范境外动物疫病传入。

科技、海关等部门按照本法和有关法律法规的规定做好动物疫病监测预警工作，并定期与农业农村主管部门互通情况，紧急情况及时通报。

县级以上人民政府应当完善野生动物疫源疫病监测体系和工作机制，根据需要合理布局监测站点；野生动物保护、农业农村主管部门按照职责分工做好野生动物疫源疫病监测等工作，并定期互通情况，紧急情况及时通报。

第二十一条　国家支持地方建立无规定动物疫病区，鼓励动物饲养场建设无规定动物疫病生物安全隔离区。对符合国务院农业农村主管部门规定标准的无规定动物疫病区和无规定动物疫病生物安全隔离区，国务院农业农村主管部门验收合格予以公布，并对其维持情况进行监督检查。

省、自治区、直辖市人民政府制定并组织实施本行政区域的无规定动物疫病区建设方案。国务院农业农村主管部门指导跨省、自治区、直辖市无规定动物疫病区建设。

国务院农业农村主管部门根据行政区划、养殖屠宰产业布局、风险评估情况等对动物疫病实施分区防控，可以采取禁止或者限制特定动物、动物产品跨区域调运等措施。

第二十二条　国务院农业农村主管部门制定并组织实施动物疫病净化、消灭规划。

县级以上地方人民政府根据动物疫病净化、消灭规划，制定并组织实施本行政区域的动物疫病净化、消灭计划。

动物疫病预防控制机构按照动物疫病净化、消灭规划、计划，开展动物疫病净化技术指导、培训，对动物疫病净化效果进行监测、评估。

国家推进动物疫病净化，鼓励和支持饲养动物的单位和个人开展动物疫病净化。饲养动物的单位和个人达到国务院农业农村主管部门规定的净化标准的，由省级以上人民政府农业农村主管部门予以公布。

第二十三条　种用、乳用动物应当符合国务院农业农村主管部门规定的健康标准。

饲养种用、乳用动物的单位和个人，应当按照国务院农业农村主管部门的要求，定期开展动物疫病检测；检测不合格的，应当按照国家有关规定处理。

第二十四条　动物饲养场和隔离场所、动物屠宰加工场所以及动物和动物产品无害化处理场所，应当符合下列动物防疫条件：

（一）场所的位置与居民生活区、生活饮用水水源地、学校、医院等公共场所的距离符合国务院农业农村主管部门的规定；

（二）生产经营区域封闭隔离，工程设计和有关流程符合动物防疫要求；

（三）有与其规模相适应的污水、污物处理设施，病死动物、病害动物产品无害化处理设施设备或者冷藏冷冻设施设备，以及清洗消毒设施设备；

（四）有与其规模相适应的执业兽医或者动物防疫技术人员；

（五）有完善的隔离消毒、购销台账、日常巡查等动物防疫制度；

（六）具备国务院农业农村主管部门规定的其他动物防疫条件。

动物和动物产品无害化处理场所除应当符合前款规定的条件外，还应当具有病原检测设备、检测能力和符合动物防疫要求的专用运输车辆。

第二十五条　国家实行动物防疫条件审查制度。

开办动物饲养场和隔离场所、动物屠宰加工场所以及动物和动物产品无害化处理场所，应当向县级以上地方人民政府农业农村主管部门提出申请，并附具相关材料。受理申请的农业农村主管部门应当依照本法和《中华人民共和国行政许可法》的规定进行审查。经审查合格的，发给动物防疫条件合格证；不合格的，应当通知申请人并说明理由。

动物防疫条件合格证应当载明申请人的名称（姓名）、场（厂）址、动物（动物产品）种类等事项。

第二十六条 经营动物、动物产品的集贸市场应当具备国务院农业农村主管部门规定的动物防疫条件，并接受农业农村主管部门的监督检查。具体办法由国务院农业农村主管部门制定。

县级以上地方人民政府应当根据本地情况，决定在城市特定区域禁止家畜家禽活体交易。

第二十七条 动物、动物产品的运载工具、垫料、包装物、容器等应当符合国务院农业农村主管部门规定的动物防疫要求。

染疫动物及其排泄物、染疫动物产品，运载工具中的动物排泄物以及垫料、包装物、容器等被污染的物品，应当按照国家有关规定处理，不得随意处置。

第二十八条 采集、保存、运输动物病料或者病原微生物以及从事病原微生物研究、教学、检测、诊断等活动，应当遵守国家有关病原微生物实验室管理的规定。

第二十九条 禁止屠宰、经营、运输下列动物和生产、经营、加工、贮藏、运输下列动物产品：

（一）封锁疫区内与所发生动物疫病有关的；
（二）疫区内易感染的；
（三）依法应当检疫而未经检疫或者检疫不合格的；
（四）染疫或者疑似染疫的；
（五）病死或者死因不明的；
（六）其他不符合国务院农业农村主管部门有关动物防疫规定的。

因实施集中无害化处理需要暂存、运输动物和动物产品并按照规定采取防疫措施的，不适用前款规定。

第三十条 单位和个人饲养犬只，应当按照规定定期免疫接种狂犬病疫苗，凭动物诊疗机构出具的免疫证明向所在地养犬登记机关申请登记。

携带犬只出户的，应当按照规定佩戴犬牌并采取系犬绳等措施，防止犬只伤人、疫病传播。

街道办事处、乡级人民政府组织协调居民委员会、村民委员会，做好本辖区流浪犬、猫的控制和处置，防止疫病传播。

县级人民政府和乡级人民政府、街道办事处应当结合本地实际，做好农村地区饲养犬只的防疫管理工作。

饲养犬只防疫管理的具体办法，由省、自治区、直辖市制定。

第三章 动物疫情的报告、通报和公布

第三十一条 从事动物疫病监测、检测、检验检疫、研究、诊疗以及动物饲养、屠宰、经营、隔离、运输等活动的单位和个人，发现动物染疫或者疑似染疫的，应当立即向所在地农业农村主管部门或者动物疫病预防控制机构报告，并迅速采取隔离等控制措施，防止动物疫情扩散。其他单位和个人发现动物染疫或者疑似染疫的，应当及时报告。

接到动物疫情报告的单位，应当及时采取临时隔离控制等必要措施，防止延误防控时机，并及时按照国家规定的程序上报。

第三十二条 动物疫情由县级以上人民政府农业农村主管部门认定；其中重大动物疫情由省、自治区、直辖市人民政府农业农村主管部门认定，必要时报国务院农业农村主管部门认定。

本法所称重大动物疫情，是指一、二、三类动物疫病突然发生，迅速传播，给养殖业生产安全造成严重威胁、危害，以及可能对公众身体健康与生命安全造成危害的情形。

在重大动物疫情报告期间，必要时，所在地县级以上地方人民政府可以作出封锁决定并采取扑杀、销毁等措施。

第三十三条 国家实行动物疫情通报制度。

国务院农业农村主管部门应当及时向国务院卫生健康等有关部门和军队有关部门以及省、自治区、直辖市人民政府农业农村主管部门通报重大动物疫情的发生和处置情况。

海关发现进出境动物和动物产品染疫或者疑似染疫的，应当及时处置并向农业农村主管部门通报。

县级以上地方人民政府野生动物保护主管部门发现野生动物染疫或者疑似染疫的，应当及时处置并向本级人民政府农业农村主管部门通报。

国务院农业农村主管部门应当依照我国缔结或者参加的条约、协定，及时向有关国际组织或者贸易方通报重大动物疫情的发生和处置情况。

第三十四条 发生人畜共患传染病疫情时，县级以上人民政府农业农村主管部门与本级人民政府卫生健康、野生动物保护等主管部门应当及时相互通报。

发生人畜共患传染病时，卫生健康主管部门应当对疫区易感染的人群进行监测，并应当依照《中华人民共和国传染病防治法》的规定及时公布疫情，采取相应的预防、控制措施。

第三十五条 患有人畜共患传染病的人员不得直接从事动物疫病监测、检测、检验检疫、诊疗以及易感染动物的饲养、屠宰、经营、隔离、运输等活动。

第三十六条 国务院农业农村主管部门向社会及时

公布全国动物疫情，也可以根据需要授权省、自治区、直辖市人民政府农业农村主管部门公布本行政区域的动物疫情。其他单位和个人不得发布动物疫情。

第三十七条　任何单位和个人不得瞒报、谎报、迟报、漏报动物疫情，不得授意他人瞒报、谎报、迟报动物疫情，不得阻碍他人报告动物疫情。

第四章　动物疫病的控制

第三十八条　发生一类动物疫病时，应当采取下列控制措施：

（一）所在地县级以上地方人民政府农业农村主管部门应当立即派人到现场，划定疫点、疫区、受威胁区，调查疫源，及时报请本级人民政府对疫区实行封锁。疫区范围涉及两个以上行政区域的，由有关行政区域共同的上一级人民政府对疫区实行封锁，或者由各有关行政区域的上一级人民政府共同对疫区实行封锁。必要时，上级人民政府可以责成下级人民政府对疫区实行封锁；

（二）县级以上地方人民政府应当立即组织有关部门和单位采取封锁、隔离、扑杀、销毁、消毒、无害化处理、紧急免疫接种等强制性措施；

（三）在封锁期间，禁止染疫、疑似染疫和易感染的动物、动物产品流出疫区，禁止非疫区的易感染动物进入疫区，并根据需要对出入疫区的人员、运输工具及有关物品采取消毒和其他限制性措施。

第三十九条　发生二类动物疫病时，应当采取下列控制措施：

（一）所在地县级以上地方人民政府农业农村主管部门应当划定疫点、疫区、受威胁区；

（二）县级以上地方人民政府根据需要组织有关部门和单位采取隔离、扑杀、销毁、消毒、无害化处理、紧急免疫接种、限制易感染的动物和动物产品及有关物品出入等措施。

第四十条　疫点、疫区、受威胁区的撤销和疫区封锁的解除，按照国务院农业农村主管部门规定的标准和程序评估后，由原决定机关决定并宣布。

第四十一条　发生三类动物疫病时，所在地县级、乡级人民政府应当按照国务院农业农村主管部门的规定组织防治。

第四十二条　二、三类动物疫病呈暴发性流行时，按照一类动物疫病处理。

第四十三条　疫区内有关单位和个人，应当遵守县级以上人民政府及其农业农村主管部门依法作出的有关控制动物疫病的规定。

任何单位和个人不得藏匿、转移、盗掘已被依法隔离、封存、处理的动物和动物产品。

第四十四条　发生动物疫情时，航空、铁路、道路、水路运输企业应当优先组织运送防疫人员和物资。

第四十五条　国务院农业农村主管部门根据动物疫病的性质、特点和可能造成的社会危害，制定国家重大动物疫情应急预案报国务院批准，并按照不同动物疫病病种、流行特点和危害程度，分别制定实施方案。

县级以上地方人民政府根据上级重大动物疫情应急预案和本地区的实际情况，制定本行政区域的重大动物疫情应急预案，报上一级人民政府农业农村主管部门备案，并抄送上一级人民政府应急管理部门。县级以上地方人民政府农业农村主管部门按照不同动物疫病病种、流行特点和危害程度，分别制定实施方案。

重大动物疫情应急预案和实施方案根据疫情状况及时调整。

第四十六条　发生重大动物疫情时，国务院农业农村主管部门负责划定动物疫病风险区，禁止或者限制特定动物、动物产品由高风险区向低风险区调运。

第四十七条　发生重大动物疫情时，依照法律和国务院的规定以及应急预案采取应急处置措施。

第五章　动物和动物产品的检疫

第四十八条　动物卫生监督机构依照本法和国务院农业农村主管部门的规定对动物、动物产品实施检疫。

动物卫生监督机构的官方兽医具体实施动物、动物产品检疫。

第四十九条　屠宰、出售或者运输动物以及出售或者运输动物产品前，货主应当按照国务院农业农村主管部门的规定向所在地动物卫生监督机构申报检疫。

动物卫生监督机构接到检疫申报后，应当及时指派官方兽医对动物、动物产品实施检疫；检疫合格的，出具检疫证明、加施检疫标志。实施检疫的官方兽医应当在检疫证明、检疫标志上签字或者盖章，并对检疫结论负责。

动物饲养场、屠宰企业的执业兽医或者动物防疫技术人员，应当协助官方兽医实施检疫。

第五十条　因科研、药用、展示等特殊情形需要非食用性利用的野生动物，应当按照国家有关规定报动物卫生监督机构检疫，检疫合格的，方可利用。

人工捕获的野生动物，应当按照国家有关规定报捕获地动物卫生监督机构检疫，检疫合格的，方可饲养、经营和运输。

国务院农业农村主管部门会同国务院野生动物保护主管部门制定野生动物检疫办法。

第五十一条 屠宰、经营、运输的动物，以及用于科研、展示、演出和比赛等非食用性利用的动物，应当附有检疫证明；经营和运输的动物产品，应当附有检疫证明、检疫标志。

第五十二条 经航空、铁路、道路、水路运输动物和动物产品的，托运人托运时应当提供检疫证明；没有检疫证明的，承运人不得承运。

进出口动物和动物产品，承运人凭进口报关单证或者海关签发的检疫单证运递。

从事动物运输的单位、个人以及车辆，应当向所在地县级人民政府农业农村主管部门备案，妥善保存行程路线和托运人提供的动物名称、检疫证明编号、数量等信息。具体办法由国务院农业农村主管部门制定。

运载工具在装载前和卸载后应当及时清洗、消毒。

第五十三条 省、自治区、直辖市人民政府确定并公布道路运输的动物进入本行政区域的指定通道，设置引导标志。跨省、自治区、直辖市通过道路运输动物的，应当经省、自治区、直辖市人民政府设立的指定通道入省境或者过省境。

第五十四条 输入到无规定动物疫病区的动物、动物产品，货主应当按照国务院农业农村主管部门的规定向无规定动物疫病区所在地动物卫生监督机构申报检疫，经检疫合格的，方可进入。

第五十五条 跨省、自治区、直辖市引进的种用、乳用动物到达输入地后，货主应当按照国务院农业农村主管部门的规定对引进的种用、乳用动物进行隔离观察。

第五十六条 经检疫不合格的动物、动物产品，货主应当在农业农村主管部门的监督下按照国家有关规定处理，处理费用由货主承担。

第六章 病死动物和病害动物产品的无害化处理

第五十七条 从事动物饲养、屠宰、经营、隔离以及动物产品生产、经营、加工、贮藏等活动的单位和个人，应当按照国家有关规定做好病死动物、病害动物产品的无害化处理，或者委托动物和动物产品无害化处理场所处理。

从事动物、动物产品运输的单位和个人，应当配合做好病死动物和病害动物产品的无害化处理，不得在途中擅自弃置和处理有关动物和动物产品。

任何单位和个人不得买卖、加工、随意弃置病死动物和病害动物产品。

动物和动物产品无害化处理管理办法由国务院农业农村、野生动物保护主管部门按照职责制定。

第五十八条 在江河、湖泊、水库等水域发现的死亡畜禽，由所在地县级人民政府组织收集、处理并溯源。

在城市公共场所和乡村发现的死亡畜禽，由所在地街道办事处、乡级人民政府组织收集、处理并溯源。

在野外环境发现的死亡野生动物，由所在地野生动物保护主管部门收集、处理。

第五十九条 省、自治区、直辖市人民政府制定动物和动物产品集中无害化处理场所建设规划，建立政府主导、市场运作的无害化处理机制。

第六十条 各级财政对病死动物无害化处理提供补助。具体补助标准和办法由县级以上人民政府财政部门会同本级人民政府农业农村、野生动物保护等有关部门制定。

第七章 动物诊疗

第六十一条 从事动物诊疗活动的机构，应当具备下列条件：

（一）有与动物诊疗活动相适应并符合动物防疫条件的场所；

（二）有与动物诊疗活动相适应的执业兽医；

（三）有与动物诊疗活动相适应的兽医器械和设备；

（四）有完善的管理制度。

动物诊疗机构包括动物医院、动物诊所以及其他提供动物诊疗服务的机构。

第六十二条 从事动物诊疗活动的机构，应当向县级以上地方人民政府农业农村主管部门申请动物诊疗许可证。受理申请的农业农村主管部门应当依照本法和《中华人民共和国行政许可法》的规定进行审查。经审查合格的，发给动物诊疗许可证；不合格的，应当通知申请人并说明理由。

第六十三条 动物诊疗许可证应当载明诊疗机构名称、诊疗活动范围、从业地点和法定代表人（负责人）等事项。

动物诊疗许可证载明事项变更的，应当申请变更或者换发动物诊疗许可证。

第六十四条 动物诊疗机构应当按照国务院农业农村主管部门的规定，做好诊疗活动中的卫生安全防护、消毒、隔离和诊疗废弃物处置等工作。

第六十五条 从事动物诊疗活动，应当遵守有关动物诊疗的操作技术规范，使用符合规定的兽药和兽医器械。

兽药和兽医器械的管理办法由国务院规定。

第八章 兽医管理

第六十六条 国家实行官方兽医任命制度。

官方兽医应当具备国务院农业农村主管部门规定的条件,由省、自治区、直辖市人民政府农业农村主管部门按照程序确认,由所在地县级以上人民政府农业农村主管部门任命。具体办法由国务院农业农村主管部门制定。

海关的官方兽医应当具备规定的条件,由海关总署任命。具体办法由海关总署会同国务院农业农村主管部门制定。

第六十七条 官方兽医依法履行动物、动物产品检疫职责,任何单位和个人不得拒绝或者阻碍。

第六十八条 县级以上人民政府农业农村主管部门制定官方兽医培训计划,提供培训条件,定期对官方兽医进行培训和考核。

第六十九条 国家实行执业兽医资格考试制度。具有兽医相关专业大学专科以上学历的人员或者符合条件的乡村兽医,通过执业兽医资格考试的,由省、自治区、直辖市人民政府农业农村主管部门颁发执业兽医资格证书;从事动物诊疗等经营活动的,还应当向所在地县级人民政府农业农村主管部门备案。

执业兽医资格考试办法由国务院农业农村主管部门商国务院人力资源主管部门制定。

第七十条 执业兽医开具兽医处方应当亲自诊断,并对诊断结论负责。

国家鼓励执业兽医接受继续教育。执业兽医所在机构应当支持执业兽医参加继续教育。

第七十一条 乡村兽医可以在乡村从事动物诊疗活动。具体管理办法由国务院农业农村主管部门制定。

第七十二条 执业兽医、乡村兽医应当按照所在地人民政府和农业农村主管部门的要求,参加动物疫病预防、控制和动物疫情扑灭等活动。

第七十三条 兽医行业协会提供兽医信息、技术、培训等服务,维护成员合法权益,按照章程建立健全行业规范和奖惩机制,加强行业自律,推动行业诚信建设,宣传动物防疫和兽医知识。

第九章 监督管理

第七十四条 县级以上地方人民政府农业农村主管部门依照本法规定,对动物饲养、屠宰、经营、隔离、运输以及动物产品生产、经营、加工、贮藏、运输等活动中的动物防疫实施监督管理。

第七十五条 为控制动物疫病,县级人民政府农业农村主管部门应当派人在所在地依法设立的现有检查站执行监督检查任务;必要时,经省、自治区、直辖市人民政府批准,可以设立临时性的动物防疫检查站,执行监督检查任务。

第七十六条 县级以上地方人民政府农业农村主管部门执行监督检查任务,可以采取下列措施,有关单位和个人不得拒绝或者阻碍:

(一)对动物、动物产品按照规定采样、留验、抽检;

(二)对染疫或者疑似染疫的动物、动物产品及相关物品进行隔离、查封、扣押和处理;

(三)对依法应当检疫而未经检疫的动物和动物产品,具备补检条件的实施补检,不具备补检条件的予以收缴销毁;

(四)查验检疫证明、检疫标志和畜禽标识;

(五)进入有关场所调查取证,查阅、复制与动物防疫有关的资料。

县级以上地方人民政府农业农村主管部门根据动物疫病预防、控制需要,经所在地县级以上地方人民政府批准,可以在车站、港口、机场等相关场所派驻官方兽医或者工作人员。

第七十七条 执法人员执行动物防疫监督检查任务,应当出示行政执法证件,佩带统一标志。

县级以上人民政府农业农村主管部门及其工作人员不得从事与动物防疫有关的经营性活动,进行监督检查不得收取任何费用。

第七十八条 禁止转让、伪造或者变造检疫证明、检疫标志或者畜禽标识。

禁止持有、使用伪造或者变造的检疫证明、检疫标志或者畜禽标识。

检疫证明、检疫标志的管理办法由国务院农业农村主管部门制定。

第十章 保障措施

第七十九条 县级以上人民政府应当将动物防疫工作纳入本级国民经济和社会发展规划及年度计划。

第八十条 国家鼓励和支持动物防疫领域新技术、新设备、新产品等科学技术研究开发。

第八十一条 县级人民政府应当为动物卫生监督机构配备与动物、动物产品检疫工作相适应的官方兽医,保障检疫工作条件。

县级人民政府农业农村主管部门可以根据动物防疫工作需要,向乡、镇或者特定区域派驻兽医机构或者工作人员。

第八十二条　国家鼓励和支持执业兽医、乡村兽医和动物诊疗机构开展动物防疫和疫病诊疗活动;鼓励养殖企业、兽药及饲料生产企业组建动物防疫服务团队,提供防疫服务。地方人民政府组织村级防疫员参加动物疫病防治工作的,应当保障村级防疫员合理劳务报酬。

第八十三条　县级以上人民政府按照本级政府职责,将动物疫病的监测、预防、控制、净化、消灭,动物、动物产品的检疫和病死动物的无害化处理,以及监督管理所需经费纳入本级预算。

第八十四条　县级以上人民政府应当储备动物疫情应急处置所需的防疫物资。

第八十五条　对在动物疫病预防、控制、净化、消灭过程中强制扑杀的动物、销毁的动物产品和相关物品,县级以上人民政府给予补偿。具体补偿标准和办法由国务院财政部门会同有关部门制定。

第八十六条　对从事动物疫病预防、检疫、监督检查、现场处理疫情以及在工作中接触动物疫病病原体的人员,有关单位按照国家规定,采取有效的卫生防护、医疗保健措施,给予畜牧兽医医疗卫生津贴等相关待遇。

第十一章　法律责任

第八十七条　地方各级人民政府及其工作人员未依照本法规定履行职责的,对直接负责的主管人员和其他直接责任人员依法给予处分。

第八十八条　县级以上人民政府农业农村主管部门及其工作人员违反本法规定,有下列行为之一的,由本级人民政府责令改正、通报批评;对直接负责的主管人员和其他直接责任人员依法给予处分:

(一)未及时采取预防、控制、扑灭等措施的;

(二)对不符合条件的颁发动物防疫条件合格证、动物诊疗许可证,或者对符合条件的拒不颁发动物防疫条件合格证、动物诊疗许可证的;

(三)从事与动物防疫有关的经营性活动,或者违法收取费用的;

(四)其他未依照本法规定履行职责的行为。

第八十九条　动物卫生监督机构及其工作人员违反本法规定,有下列行为之一的,由本级人民政府或者农业农村主管部门责令改正、通报批评;对直接负责的主管人员和其他直接责任人员依法给予处分:

(一)对未经检疫或者检疫不合格的动物、动物产品出具检疫证明、加施检疫标志,或者对检疫合格的动物、动物产品拒不出具检疫证明、加施检疫标志的;

(二)对附有检疫证明、检疫标志的动物、动物产品重复检疫的;

(三)从事与动物防疫有关的经营性活动,或者违法收取费用的;

(四)其他未依照本法规定履行职责的行为。

第九十条　动物疫病预防控制机构及其工作人员违反本法规定,有下列行为之一的,由本级人民政府或者农业农村主管部门责令改正、通报批评;对直接负责的主管人员和其他直接责任人员依法给予处分:

(一)未履行动物疫病监测、检测、评估职责或者伪造监测、检测、评估结果的;

(二)发生动物疫情时未及时进行诊断、调查的;

(三)接到染疫或者疑似染疫报告后,未及时按照国家规定采取措施、上报的;

(四)其他未依照本法规定履行职责的行为。

第九十一条　地方各级人民政府、有关部门及其工作人员瞒报、谎报、迟报、漏报或者授意他人瞒报、谎报、迟报动物疫情,或者阻碍他人报告动物疫情的,由上级人民政府或者有关部门责令改正、通报批评;对直接负责的主管人员和其他直接责任人员依法给予处分。

第九十二条　违反本法规定,有下列行为之一的,由县级以上地方人民政府农业农村主管部门责令限期改正,可以处一千元以下罚款;逾期不改正的,处一千元以上五千元以下罚款,由县级以上地方人民政府农业农村主管部门委托动物诊疗机构、无害化处理场所等代为处理,所需费用由违法行为人承担:

(一)对饲养的动物未按照动物疫病强制免疫计划或者免疫技术规范实施免疫接种的;

(二)对饲养的种用、乳用动物未按照国务院农业农村主管部门的要求定期开展疫病检测,或者经检测不合格而未按照规定处理的;

(三)对饲养的犬只未按照规定定期进行狂犬病免疫接种的;

(四)动物、动物产品的运载工具在装载前和卸载后未按照规定及时清洗、消毒的。

第九十三条　违反本法规定,对经强制免疫的动物未按照规定建立免疫档案,或者未按照规定加施畜禽标识的,依照《中华人民共和国畜牧法》的有关规定处罚。

第九十四条　违反本法规定,动、动物产品的运载工具、垫料、包装物、容器等不符合国务院农业农村主管部门规定的动物防疫要求的,由县级以上地方人民政府农业农村主管部门责令改正,可以处五千元以下罚款;情节严重的,处五千元以上五万元以下罚款。

第九十五条 违反本法规定,对染疫动物及其排泄物、染疫动物产品或者被染疫动物、动物产品污染的运载工具、垫料、包装物、容器等未按照规定处置的,由县级以上地方人民政府农业农村主管部门责令限期处理;逾期不处理的,由县级以上地方人民政府农业农村主管部门委托有关单位代为处理,所需费用由违法行为人承担,处五千元以上五万元以下罚款。

造成环境污染或者生态破坏的,依照环境保护有关法律法规进行处罚。

第九十六条 违反本法规定,患有人畜共患传染病的人员,直接从事动物疫病监测、检测、检验检疫,动物诊疗以及易感染动物的饲养、屠宰、经营、隔离、运输等活动的,由县级以上地方人民政府农业农村或者野生动物保护主管部门责令改正;拒不改正的,处一千元以上一万元以下罚款;情节严重的,处一万元以上五万元以下罚款。

第九十七条 违反本法第二十九条规定,屠宰、经营、运输动物或者生产、经营、加工、贮藏、运输动物产品的,由县级以上地方人民政府农业农村主管部门责令改正、采取补救措施,没收违法所得、动物和动物产品,并处同类检疫合格动物、动物产品货值金额十五倍以上三十倍以下罚款;同类检疫合格动物、动物产品货值金额不足一万元的,并处五万元以上十五万元以下罚款;其中依法应当检疫而未检疫的,依照本法第一百条的规定处罚。

前款规定的违法行为人及其法定代表人(负责人)、直接负责的主管人员和其他直接责任人员,自处罚决定作出之日起五年内不得从事相关活动;构成犯罪的,终身不得从事屠宰、经营、运输动物或者生产、经营、加工、贮藏、运输动物产品等相关活动。

第九十八条 违反本法规定,有下列行为之一的,由县级以上地方人民政府农业农村主管部门责令改正,处三千元以上三万元以下罚款;情节严重的,责令停业整顿,并处三万元以上十万元以下罚款:

(一)开办动物饲养场和隔离场所、动物屠宰加工场所以及动物和动物产品无害化处理场所,未取得动物防疫条件合格证的;

(二)经营动物、动物产品的集贸市场不具备国务院农业农村主管部门规定的防疫条件的;

(三)未经备案从事动物运输的;

(四)未按照规定保存行程路线和托运人提供的动物名称、检疫证明编号、数量等信息的;

(五)未经检疫合格,向无规定动物疫病区输入动物、动物产品的;

(六)跨省、自治区、直辖市引进种用、乳用动物到达输入地后未按照规定进行隔离观察的;

(七)未按照规定处理或者随意弃置病死动物、病害动物产品的。

第九十九条 动物饲养场和隔离场所、动物屠宰加工场所以及动物和动物产品无害化处理场所,生产经营条件发生变化,不再符合本法第二十四条规定的动物防疫条件继续从事相关活动的,由县级以上地方人民政府农业农村主管部门给予警告,责令限期改正;逾期仍达不到规定条件的,吊销动物防疫条件合格证,并通报市场监督管理部门依法处理。

第一百条 违反本法规定,屠宰、经营、运输的动物未附有检疫证明,经营和运输的动物产品未附有检疫证明、检疫标志的,由县级以上地方人民政府农业农村主管部门责令改正,处同类检疫合格动物、动物产品货值金额一倍以下罚款;对货主以外的承运人处运输费用三倍以上五倍以下罚款,情节严重的,处五倍以上十倍以下罚款。

违反本法规定,用于科研、展示、演出和比赛等非食用性利用的动物未附有检疫证明的,由县级以上地方人民政府农业农村主管部门责令改正,处三千元以上一万元以下罚款。

第一百零一条 违反本法规定,将禁止或者限制调运的特定动物、动物产品由动物疫病高风险区调入低风险区的,由县级以上地方人民政府农业农村主管部门没收运输费用、违法运输的动物和动物产品,并处运输费用一倍以上五倍以下罚款。

第一百零二条 违反本法规定,通过道路跨省、自治区、直辖市运输动物,未经省、自治区、直辖市人民政府设立的指定通道入省境或者过省境的,由县级以上地方人民政府农业农村主管部门对运输人处五千元以上一万元以下罚款;情节严重的,处一万元以上五万元以下罚款。

第一百零三条 违反本法规定,转让、伪造或者变造检疫证明、检疫标志或者畜禽标识的,由县级以上地方人民政府农业农村主管部门没收违法所得和检疫证明、检疫标志、畜禽标识,并处五千元以上五万元以下罚款。

持有、使用伪造或者变造的检疫证明、检疫标志或者畜禽标识的,由县级以上人民政府农业农村主管部门没收检疫证明、检疫标志、畜禽标识和对应的动物、动物产品,并处三千元以上三万元以下罚款。

第一百零四条　违反本法规定,有下列行为之一的,由县级以上地方人民政府农业农村主管部门责令改正,处三千元以上三万元以下罚款:

（一）擅自发布动物疫情的;

（二）不遵守县级以上人民政府及其农业农村主管部门依法作出的有关控制动物疫病规定的;

（三）藏匿、转移、盗掘已被依法隔离、封存、处理的动物和动物产品的。

第一百零五条　违反本法规定,未取得动物诊疗许可证从事动物诊疗活动的,由县级以上地方人民政府农业农村主管部门责令停止诊疗活动,没收违法所得,并处违法所得一倍以上三倍以下罚款;违法所得不足三万元的,并处三千元以上三万元以下罚款。

动物诊疗机构违反本法规定,未按照规定实施卫生安全防护、消毒、隔离和处置诊疗废弃物的,由县级以上地方人民政府农业农村主管部门责令改正,处一千元以上一万元以下罚款;造成动物疫病扩散的,处一万元以上五万元以下罚款;情节严重的,吊销动物诊疗许可证。

第一百零六条　违反本法规定,未经执业兽医备案从事经营性动物诊疗活动的,由县级以上地方人民政府农业农村主管部门责令停止动物诊疗活动,没收违法所得,并处三千元以上三万元以下罚款;对其所在的动物诊疗机构处一万元以上五万元以下罚款。

执业兽医有下列行为之一的,由县级以上地方人民政府农业农村主管部门给予警告,责令暂停六个月以上一年以下动物诊疗活动;情节严重的,吊销执业兽医资格证书:

（一）违反有关动物诊疗的操作技术规范,造成或者可能造成动物疫病传播、流行的;

（二）使用不符合规定的兽药和兽医器械的;

（三）未按照当地人民政府或者农业农村主管部门要求参加动物疫病预防、控制和动物疫情扑灭活动的。

第一百零七条　违反本法规定,生产经营兽医器械,产品质量不符合要求的,由县级以上地方人民政府农业农村主管部门责令限期整改;情节严重的,责令停业整顿,并处二万元以上十万元以下罚款。

第一百零八条　违反本法规定,从事动物疫病研究、诊疗和动物饲养、屠宰、经营、隔离、运输以及动物产品生产、经营、加工、贮藏、无害化处理等活动的单位和个人,有下列行为之一的,由县级以上地方人民政府农业农村主管部门责令改正,可以处一万元以下罚款;拒不改正的,处一万元以上五万元以下罚款,并可以责令停业整顿:

（一）发现动物染疫、疑似染疫未报告,或者未采取隔离等控制措施的;

（二）不如实提供与动物防疫有关的资料的;

（三）拒绝或者阻碍农业农村主管部门进行监督检查的;

（四）拒绝或者阻碍动物疫病预防控制机构进行动物疫病监测、检测、评估的;

（五）拒绝或者阻碍官方兽医依法履行职责的。

第一百零九条　违反本法规定,造成人畜共患传染病传播、流行的,依法从重给予处分、处罚。

违反本法规定,构成违反治安管理行为的,依法给予治安管理处罚;构成犯罪的,依法追究刑事责任。

违反本法规定,给他人人身、财产造成损害的,依法承担民事责任。

第十二章　附　则

第一百一十条　本法下列用语的含义:

（一）无规定动物疫病区,是指具有天然屏障或者采取人工措施,在一定期限内没有发生规定的一种或者几种动物疫病,并经验收合格的区域;

（二）无规定动物疫病生物安全隔离区,是指处于同一生物安全管理体系下,在一定期限内没有发生规定的一种或者几种动物疫病的若干动物饲养场及其辅助生产场所构成的,并经验收合格的特定小型区域;

（三）病死动物,是指染疫死亡、因病死亡、死因不明或者经检验检疫可能危害人体或者动物健康的死亡动物;

（四）病害动物产品,是指来源于病死动物的产品,或者经检验检疫可能危害人体或者动物健康的动物产品。

第一百一十一条　境外无规定动物疫病区和无规定动物疫病生物安全隔离区的无疫等效性评估,参照本法有关规定执行。

第一百一十二条　实验动物防疫有特殊要求的,按照实验动物管理的有关规定执行。

第一百一十三条　本法自2021年5月1日起施行。

动物检疫管理办法

- 2022年9月7日农业农村部令2022年第7号公布
- 自2022年12月1日起施行

第一章 总 则

第一条 为了加强动物检疫活动管理，预防、控制、净化、消灭动物疫病，防控人畜共患传染病，保障公共卫生安全和人体健康，根据《中华人民共和国动物防疫法》，制定本办法。

第二条 本办法适用于中华人民共和国领域内的动物、动物产品的检疫及其监督管理活动。

陆生野生动物检疫办法，由农业农村部会同国家林业和草原局另行制定。

第三条 动物检疫遵循过程监管、风险控制、区域化和可追溯管理相结合的原则。

第四条 农业农村部主管全国动物检疫工作。

县级以上地方人民政府农业农村主管部门主管本行政区域内的动物检疫工作，负责动物检疫监督管理工作。

县级人民政府农业农村主管部门可以根据动物检疫工作需要，向乡、镇或者特定区域派驻动物卫生监督机构或者官方兽医。

县级以上人民政府建立的动物疫病预防控制机构应当为动物检疫及其监督管理工作提供技术支撑。

第五条 农业农村部制定、调整并公布检疫规程，明确动物检疫的范围、对象和程序。

第六条 农业农村部加强信息化建设，建立全国统一的动物检疫管理信息化系统，实现动物检疫信息的可追溯。

县级以上动物卫生监督机构应当做好本行政区域内的动物检疫信息数据管理工作。

从事动物饲养、屠宰、经营、运输、隔离等活动的单位和个人，应当按照要求在动物检疫管理信息化系统填报动物检疫相关信息。

第七条 县级以上地方人民政府的动物卫生监督机构负责本行政区域内动物检疫工作，依照《中华人民共和国动物防疫法》、本办法以及检疫规程等规定实施检疫。

动物卫生监督机构的官方兽医实施检疫，出具动物检疫证明、加施检疫标志，并对检疫结论负责。

第二章 检疫申报

第八条 国家实行动物检疫申报制度。

出售或者运输动物、动物产品的，货主应当提前三天向所在地动物卫生监督机构申报检疫。

屠宰动物的，应当提前六小时向所在地动物卫生监督机构申报检疫；急宰动物的，可以随时申报。

第九条 向无规定动物疫病区输入相关易感动物、易感动物产品的，货主除按本办法第八条规定向输出地动物卫生监督机构申报检疫外，还应当在启运三天前向输入地动物卫生监督机构申报检疫。输入易感动物的，向输入地隔离场所在地动物卫生监督机构申报；输入易感动物产品的，在输入地省级动物卫生监督机构指定的地点申报。

第十条 动物卫生监督机构应当根据动物检疫工作需要，合理设置动物检疫申报点，并向社会公布。

县级以上地方人民政府农业农村主管部门应当采取有力措施，加强动物检疫申报点建设。

第十一条 申报检疫的，应当提交检疫申报单以及农业农村部规定的其他材料，并对申报材料的真实性负责。

申报检疫采取在申报点填报或者通过传真、电子数据交换等方式申报。

第十二条 动物卫生监督机构接到申报后，应当及时对申报材料进行审查。申报材料齐全的，予以受理；有下列情形之一的，不予受理，并说明理由：

（一）申报材料不齐全的，动物卫生监督机构当场或在三日内已经一次性告知申报人需要补正的内容，但申报人拒不补正的；

（二）申报的动物、动物产品不属于本行政区域的；

（三）申报的动物、动物产品不属于动物检疫范围的；

（四）农业农村部规定不应当检疫的动物、动物产品；

（五）法律法规规定的其他不予受理的情形。

第十三条 受理申报后，动物卫生监督机构应当指派官方兽医实施检疫，可以安排协检人员协助官方兽医到现场或指定地点核实信息，开展临床健康检查。

第三章 产地检疫

第十四条 出售或者运输的动物，经检疫符合下列条件的，出具动物检疫证明：

（一）来自非封锁区及未发生相关动物疫情的饲养场（户）；

（二）来自符合风险分级管理有关规定的饲养场（户）；

（三）申报材料符合检疫规程规定；

（四）畜禽标识符合规定；

（五）按照规定进行了强制免疫，并在有效保护期内；

（六）临床检查健康；

（七）需要进行实验室疫病检测的，检测结果合格。

出售、运输的种用动物精液、卵、胚胎、种蛋，经检疫其种用动物饲养场符合第一款第一项规定，申报材料符合第一款第三项规定，供体动物符合第一款第四项、第五项、第六项、第七项规定的，出具动物检疫证明。

出售、运输的生皮、原毛、绒、血液、角等产品，经检疫其饲养场（户）符合第一款第一项规定，申报材料符合第一款第三项规定，供体动物符合第一款第四项、第五项、第六项、第七项规定，且按规定消毒合格的，出具动物检疫证明。

第十五条　出售或者运输水生动物的亲本、稚体、幼体、受精卵、发眼卵及其他遗传育种材料等水产苗种的，经检疫符合下列条件的，出具动物检疫证明：

（一）来自未发生相关水生动物疫情的苗种生产场；

（二）申报材料符合检疫规程规定；

（三）临床检查健康；

（四）需要进行实验室疫病检测的，检测结果合格。

水产苗种以外的其他水生动物及其产品不实施检疫。

第十六条　已经取得产地检疫证明的动物，从专门经营动物的集贸市场继续出售或者运输的，或者动物展示、演出、比赛后需要继续运输的，经检疫符合下列条件的，出具动物检疫证明：

（一）有原始动物检疫证明和完整的进出场记录；

（二）畜禽标识符合规定；

（三）临床检查健康；

（四）原始动物检疫证明超过调运有效期，按规定需要进行实验室疫病检测的，检测结果合格。

第十七条　跨省、自治区、直辖市引进的乳用、种用动物到达输入地后，应当在隔离场或者饲养场内的隔离舍进行隔离观察，隔离期为三十天。经隔离观察合格的，方可混群饲养；不合格的，按照有关规定进行处理。隔离观察合格后需要继续运输的，货主应当申报检疫，并取得动物检疫证明。

跨省、自治区、直辖市输入到无规定动物疫病区的乳用、种用动物的隔离按照本办法第二十六条规定执行。

第十八条　出售或者运输的动物、动物产品取得动物检疫证明后，方可离开产地。

第四章　屠宰检疫

第十九条　动物卫生监督机构向依法设立的屠宰加工场所派驻（出）官方兽医实施检疫。屠宰加工场所应当提供与检疫工作相适应的官方兽医驻场检疫室、工作室和检疫操作台等设施。

第二十条　进入屠宰加工场所的待宰动物应当附有动物检疫证明并加施有符合规定的畜禽标识。

第二十一条　屠宰加工场所应当严格执行动物入场查验登记、待宰巡查等制度，查验进场待宰动物的动物检疫证明和畜禽标识，发现动物染疫或者疑似染疫的，应当立即向所在地农业农村主管部门或者动物疫病预防控制机构报告。

第二十二条　官方兽医应当检查待宰动物健康状况，在屠宰过程中开展同步检疫和必要的实验室疫病检测，并填写屠宰检疫记录。

第二十三条　经检疫符合下列条件的，对动物的胴体及生皮、原毛、绒、脏器、血液、蹄、头、角出具动物检疫证明，加盖检疫验讫印章或者加施其他检疫标志：

（一）申报材料符合检疫规程规定；

（二）待宰动物临床检查健康；

（三）同步检疫合格；

（四）需要进行实验室疫病检测的，检测结果合格。

第二十四条　官方兽医应当回收进入屠宰加工场所待宰动物附有的动物检疫证明，并将有关信息上传至动物检疫管理信息化系统。回收的动物检疫证明保存期限不得少于十二个月。

第五章　进入无规定动物疫病区的动物检疫

第二十五条　向无规定动物疫病区运输相关易感动物、动物产品的，除附有输出地动物卫生监督机构出具的动物检疫证明外，还应当按照本办法第二十六条、第二十七条规定取得动物检疫证明。

第二十六条　输入到无规定动物疫病区的相关易感动物，应当在输入地省级动物卫生监督机构指定的隔离场所进行隔离，隔离检疫期为三十天。隔离检疫合格的，由隔离场所在地县级动物卫生监督机构的官方兽医出具动物检疫证明。

第二十七条　输入到无规定动物疫病区的相关易感动物产品，应当在输入地省级动物卫生监督机构指定的地点，按照无规定动物疫病区有关检疫要求进行检疫。检疫合格的，由当地县级动物卫生监督机构的官方兽医出具动物检疫证明。

第六章　官方兽医

第二十八条　国家实行官方兽医任命制度。官方兽医应当符合以下条件：

（一）动物卫生监督机构的在编人员，或者接受动物卫生监督机构业务指导的其他机构在编人员；

（二）从事动物检疫工作；

（三）具有畜牧兽医水产初级以上职称或者相关专业大专以上学历或者从事动物防疫等相关工作满三年以上；

（四）接受岗前培训，并经考核合格；

（五）符合农业农村部规定的其他条件。

第二十九条　县级以上动物卫生监督机构提出官方兽医任命建议，报同级农业农村主管部门审核。审核通过的，由省级农业农村主管部门按程序确认、统一编号，并报农业农村部备案。

经省级农业农村主管部门确认的官方兽医，由其所在的农业农村主管部门任命，颁发官方兽医证，公布人员名单。

官方兽医证的格式由农业农村部统一规定。

第三十条　官方兽医实施动物检疫工作时，应当持有官方兽医证。禁止伪造、变造、转借或者以其他方式违法使用官方兽医证。

第三十一条　农业农村部制定全国官方兽医培训计划。

县级以上地方人民政府农业农村主管部门制定本行政区域官方兽医培训计划，提供必要的培训条件，设立考核指标，定期对官方兽医进行培训和考核。

第三十二条　官方兽医实施动物检疫的，可以由协检人员进行协助。协检人员不得出具动物检疫证明。

协检人员的条件和管理要求由省级农业农村主管部门规定。

第三十三条　动物饲养场、屠宰加工场所的执业兽医或者动物防疫技术人员，应当协助官方兽医实施动物检疫。

第三十四条　对从事动物检疫工作的人员，有关单位按照国家规定，采取有效的卫生防护、医疗保健措施，全面落实畜牧兽医医疗卫生津贴等相关待遇。

对在动物检疫工作中做出贡献的动物卫生监督机构、官方兽医，按照国家有关规定给予表彰、奖励。

第七章　动物检疫证章标志管理

第三十五条　动物检疫证章标志包括：

（一）动物检疫证明；

（二）动物检疫印章、动物检疫标志；

（三）农业农村部规定的其他动物检疫证章标志。

第三十六条　动物检疫证章标志的内容、格式、规格、编码和制作等要求，由农业农村部统一规定。

第三十七条　县级以上动物卫生监督机构负责本行政区域内动物检疫证章标志的管理工作，建立动物检疫证章标志管理制度，严格按照程序订购、保管、发放。

第三十八条　任何单位和个人不得伪造、变造、转让动物检疫证章标志，不得持有或者使用伪造、变造、转让的动物检疫证章标志。

第八章　监督管理

第三十九条　禁止屠宰、经营、运输依法应当检疫而未经检疫或者检疫不合格的动物。

禁止生产、经营、加工、贮藏、运输依法应当检疫而未经检疫或者检疫不合格的动物产品。

第四十条　经检疫不合格的动物、动物产品，由官方兽医出具检疫处理通知单，货主或者屠宰加工场所应当在农业农村主管部门的监督下按照国家有关规定处理。

动物卫生监督机构应当及时向同级农业农村主管部门报告检疫不合格情况。

第四十一条　有下列情形之一的，出具动物检疫证明的动物卫生监督机构或者其上级动物卫生监督机构，根据利害关系人的请求或者依据职权，撤销动物检疫证明，并及时通告有关单位和个人：

（一）官方兽医滥用职权、玩忽职守出具动物检疫证明的；

（二）以欺骗、贿赂等不正当手段取得动物检疫证明的；

（三）超出动物检疫范围实施检疫，出具动物检疫证明的；

（四）对不符合检疫申报条件或者不符合检疫合格标准的动物、动物产品，出具动物检疫证明的；

（五）其他未按照《中华人民共和国动物防疫法》、本办法和检疫规程的规定实施检疫，出具动物检疫证明的。

第四十二条　有下列情形之一的，按照依法应当检疫而未经检疫处理处罚：

（一）动物种类、动物产品名称、畜禽标识号与动物检疫证明不符的；

（二）动物、动物产品数量超出动物检疫证明载明部分的；

（三）使用转让的动物检疫证明的。

第四十三条　依法应当检疫而未经检疫的动物、动物产品，由县级以上地方人民政府农业农村主管部门依照《中华人民共和国动物防疫法》处理处罚，不具备补检条件的，予以收缴销毁；具备补检条件的，由动物卫生监督机构补检。

依法应当检疫而未经检疫的胴体、肉、脏器、脂、血液、精液、卵、胚胎、骨、蹄、头、筋、种蛋等动物产品，不予补检，予以收缴销毁。

第四十四条 补检的动物具备下列条件的，补检合格，出具动物检疫证明：

（一）畜禽标识符合规定；

（二）检疫申报需要提供的材料齐全、符合要求；

（三）临床检查健康；

（四）不符合第一项或者第二项规定条件，货主于七日内提供检疫规程规定的实验室疫病检测报告，检测结果合格。

第四十五条 补检的生皮、原毛、绒、角等动物产品具备下列条件的，补检合格，出具动物检疫证明：

（一）经外观检查无腐烂变质；

（二）按照规定进行消毒；

（三）货主于七日内提供检疫规程规定的实验室疫病检测报告，检测结果合格。

第四十六条 经检疫合格的动物应当按照动物检疫证明载明的目的地运输，并在规定时间内到达，运输途中发生疫情的应当按有关规定报告并处置。

跨省、自治区、直辖市通过道路运输动物的，应当经省级人民政府设立的指定通道入省境或者过省境。

饲养场（户）或者屠宰加工场所不得接收未附有有效动物检疫证明的动物。

第四十七条 运输用于继续饲养或屠宰的畜禽到达目的地后，货主或者承运人应当在三日内向启运地县级动物卫生监督机构报告；目的地饲养场（户）或者屠宰加工场所应当在接收畜禽后三日内向所在地县级动物卫生监督机构报告。

第九章 法律责任

第四十八条 申报动物检疫隐瞒有关情况或者提供虚假材料的，或者以欺骗、贿赂等不正当手段取得动物检疫证明的，依照《中华人民共和国行政许可法》有关规定予以处罚。

第四十九条 违反本办法规定运输畜禽，有下列行为之一的，由县级以上地方人民政府农业农村主管部门处一千元以上三千元以下罚款；情节严重的，处三千元以上三万元以下罚款：

（一）运输用于继续饲养或者屠宰的畜禽到达目的地后，未向启运地动物卫生监督机构报告的；

（二）未按照动物检疫证明载明的目的地运输的；

（三）未按照动物检疫证明规定时间运达且无正当理由的；

（四）实际运输的数量少于动物检疫证明载明数量且无正当理由的。

第五十条 其他违反本办法规定的行为，依照《中华人民共和国动物防疫法》有关规定予以处罚。

第十章 附则

第五十一条 水产苗种产地检疫，由从事水生动物检疫的县级以上动物卫生监督机构实施。

第五十二条 实验室疫病检测报告应当由动物疫病预防控制机构、取得相关资质认定、国家认可机构认可或者符合省级农业农村主管部门规定条件的实验室出具。

第五十三条 本办法自2022年12月1日起施行。农业部2010年1月21日公布、2019年4月25日修订的《动物检疫管理办法》同时废止。

植物检疫条例

- 1983年1月3日国务院发布
- 根据1992年5月13日《国务院关于修改〈植物检疫条例〉的决定》第一次修订
- 根据2017年10月7日《国务院关于修改部分行政法规的决定》第二次修订

第一条 为了防止危害植物的危险性病、虫、杂草传播蔓延，保护农业、林业生产安全，制定本条例。

第二条 国务院农业主管部门、林业主管部门主管全国的植物检疫工作，各省、自治区、直辖市农业主管部门、林业主管部门主管本地区的植物检疫工作。

第三条 县级以上地方各级农业主管部门、林业主管部门所属的植物检疫机构，负责执行国家的植物检疫任务。

植物检疫人员进入车站、机场、港口、仓库以及其他有关场所执行植物检疫任务，应穿着检疫制服和佩带检疫标志。

第四条 凡局部地区发生的危险性大、能随植物及其产品传播的病、虫、杂草，应定为植物检疫对象。农业、林业植物检疫对象和应施检疫的植物、植物产品名单，由国务院农业主管部门、林业主管部门制定。各省、自治区、直辖市农业主管部门、林业主管部门可以根据本地区的需要，制定本省、自治区、直辖市的补充名单，并报国务院农业主管部门、林业主管部门备案。

第五条 局部地区发生植物检疫对象的，应划为疫区,采取封锁、消灭措施,防止植物检疫对象传出;发生地区已比较普遍的,则应将未发生地区划为保护区,防止植物检疫对象传入。

疫区应根据植物检疫对象的传播情况、当地的地理环境、交通状况以及采取封锁、消灭措施的需要来划定,其范围应严格控制。

在发生疫情的地区,植物检疫机构可以派人参加当地的道路联合检查站或者木材检查站;发生特大疫情时,经省、自治区、直辖市人民政府批准,可以设立植物检疫检查站,开展植物检疫工作。

第六条 疫区和保护区的划定,由省、自治区、直辖市农业主管部门、林业主管部门提出,报省、自治区、直辖市人民政府批准,并报国务院农业主管部门、林业主管部门备案。

疫区和保护区的范围涉及两省、自治区、直辖市以上的,由有关省、自治区、直辖市农业主管部门、林业主管部门共同提出,报国务院农业主管部门、林业主管部门批准后划定。

疫区、保护区的改变和撤销的程序,与划定时同。

第七条 调运植物和植物产品,属于下列情况的,必须经过检疫:

(一)列入应施检疫的植物、植物产品名单的,运出发生疫情的县级行政区域之前,必须经过检疫;

(二)凡种子、苗木和其他繁殖材料,不论是否列入应施检疫的植物、植物产品名单和运往何地,在调运之前,都必须经过检疫。

第八条 按照本条例第七条的规定必须检疫的植物和植物产品,经检疫未发现植物检疫对象的,发给植物检疫证书。发现有植物检疫对象,但能彻底消毒处理的,托运人应按植物检疫机构的要求,在指定地点作消毒处理,经检查合格后发给植物检疫证书;无法消毒处理的,应停止调运。

植物检疫证书的格式由国务院农业主管部门、林业主管部门制定。

对可能被植物检疫对象污染的包装材料、运载工具、场地、仓库等,也应实施检疫。如已被污染,托运人应按植物检疫机构的要求处理。

因实施检疫需要的车船停留、货物搬运、开拆、取样、储存、消毒处理等费用,由托运人负责。

第九条 按照本条例第七条的规定必须检疫的植物和植物产品,交通运输部门和邮政部门一律凭植物检疫证书承运或收寄。植物检疫证书应随货运寄。具体办法由国务院农业主管部门、林业主管部门会同铁道、交通、民航、邮政部门制定。

第十条 省、自治区、直辖市间调运本条例第七条规定必须经过检疫的植物和植物产品的,调入单位必须事先征得所在地的省、自治区、直辖市植物检疫机构同意,并向调出单位提出检疫要求;调出单位必须根据该检疫要求向所在地的省、自治区、直辖市植物检疫机构申请检疫。对调入的植物和植物产品,调入单位所在地的省、自治区、直辖市的植物检疫机构应当查验检疫证书,必要时可以复检。

省、自治区、直辖市内调运植物和植物产品的检疫办法,由省、自治区、直辖市人民政府规定。

第十一条 种子、苗木和其他繁殖材料的繁育单位,必须有计划地建立无植物检疫对象的种苗繁育基地、母树林基地。试验、推广的种子、苗木和其他繁殖材料,不得带有植物检疫对象。植物检疫机构应实施产地检疫。

第十二条 从国外引进种子、苗木,引进单位应当向所在地的省、自治区、直辖市植物检疫机构提出申请,办理检疫审批手续。但是,国务院有关部门所属的在京单位从国外引进种子、苗木,应当向国务院农业主管部门、林业主管部门所属的植物检疫机构提出申请,办理检疫审批手续。具体办法由国务院农业主管部门、林业主管部门制定。

从国外引进,可能潜伏有危险性病、虫的种子、苗木和其他繁殖材料,必须隔离试种,植物检疫机构应进行调查、观察和检疫,证明确实不带危险性病、虫的,方可分散种植。

第十三条 农林院校和试验研究单位对植物检疫对象的研究,不得在检疫对象的非疫区进行。因教学、科研确需在非疫区进行时,应当遵守国务院农业主管部门、林业主管部门的规定。

第十四条 植物检疫机构对于新发现的检疫对象和其他危险性病、虫、杂草,必须及时查清情况,立即报告省、自治区、直辖市农业主管部门、林业主管部门,采取措施,彻底消灭,并报告国务院农业主管部门、林业主管部门。

第十五条 疫情由国务院农业主管部门、林业主管部门发布。

第十六条 按照本条例第五条第一款和第十四条的规定,进行疫情调查和采取消灭措施所需的紧急防治费和补助费,由省、自治区、直辖市在每年的植物保护费、森林保护费或者国营农场生产费中安排。特大疫情的防治费,国家酌情给予补助。

第十七条 在植物检疫工作中作出显著成绩的单位和个人,由人民政府给予奖励。

第十八条 有下列行为之一的,植物检疫机构应当责令纠正,可以处以罚款;造成损失的,应当负责赔偿;构成犯罪的,由司法机关依法追究刑事责任:

(一)未依照本条例规定办理植物检疫证书或者在报检过程中弄虚作假的;

(二)伪造、涂改、买卖、转让植物检疫单证、印章、标志、封识的;

(三)未依照本条例规定调运、隔离试种或者生产应施检疫的植物、植物产品的;

(四)违反本条例规定,擅自开拆植物、植物产品包装,调换植物、植物产品,或者擅自改变植物、植物产品的规定用途的;

(五)违反本条例规定,引起疫情扩散的。

有前款第(一)、(二)、(三)、(四)项所列情形之一,尚不构成犯罪的,植物检疫机构可以没收非法所得。

对违反本条例规定调运的植物和植物产品,植物检疫机构有权予以封存、没收、销毁或者责令改变用途。销毁所需费用由责任人承担。

第十九条 植物检疫人员在植物检疫工作中,交通运输部门和邮政部门有关工作人员在植物、植物产品的运输、邮寄工作中,徇私舞弊、玩忽职守的,由其所在单位或者上级主管机关给予行政处分;构成犯罪的,由司法机关依法追究刑事责任。

第二十条 当事人对植物检疫机构的行政处罚决定不服的,可以自接到处罚决定通知书之日起15日内,向作出行政处罚决定的植物检疫机构的上级机构申请复议;对复议决定不服的,可以自接到复议决定书之日起15日内向人民法院提起诉讼。当事人逾期不申请复议或者不起诉又不履行行政处罚决定的,植物检疫机构可以申请人民法院强制执行或者依法强制执行。

第二十一条 植物检疫机构执行检疫任务可以收取检疫费,具体办法由国务院农业主管部门、林业主管部门制定。

第二十二条 进出口植物的检疫,按照《中华人民共和国进出境动植物检疫法》的规定执行。

第二十三条 本条例的实施细则由国务院农业主管部门、林业主管部门制定。各省、自治区、直辖市可根据本条例及其实施细则,结合当地具体情况,制定实施办法。

第二十四条 本条例自发布之日起施行。国务院批准,农业部一九五七年十二月四日发布的《国内植物检疫试行办法》同时废止。

重大动物疫情应急条例

· 2005年11月16日国务院第113次常务会议通过
· 2005年11月18日中华人民共和国国务院令第450号公布
· 根据2017年10月7日《国务院关于修改部分行政法规的决定》修订

第一章 总 则

第一条 为了迅速控制、扑灭重大动物疫情,保障养殖业生产安全,保护公众身体健康与生命安全,维护正常的社会秩序,根据《中华人民共和国动物防疫法》,制定本条例。

第二条 本条例所称重大动物疫情,是指高致病性禽流感等发病率或者死亡率高的动物疫病突然发生,迅速传播,给养殖业生产安全造成严重威胁、危害,以及可能对公众身体健康与生命安全造成危害的情形,包括特别重大动物疫情。

第三条 重大动物疫情应急工作应当坚持加强领导、密切配合,依靠科学、依法防治,群防群控、果断处置的方针,及时发现,快速反应,严格处理,减少损失。

第四条 重大动物疫情应急工作按照属地管理的原则,实行政府统一领导、部门分工负责,逐级建立责任制。

县级以上人民政府兽医主管部门具体负责组织重大动物疫情的监测、调查、控制、扑灭等应急工作。

县级以上人民政府林业主管部门、兽医主管部门按照职责分工,加强对陆生野生动物疫源疫病的监测。

县级以上人民政府其他有关部门在各自的职责范围内,做好重大动物疫情的应急工作。

第五条 出入境检验检疫机关应当及时收集境外重大动物疫情信息,加强进出境动物及其产品的检验检疫工作,防止动物疫病传入和传出。兽医主管部门要及时向出入境检验检疫机关通报国内重大动物疫情。

第六条 国家鼓励、支持开展重大动物疫情监测、预防、应急处理等有关技术的科学研究和国际交流与合作。

第七条 县级以上人民政府应当对参加重大动物疫情应急处理的人员给予适当补助,对作出贡献的人员给予表彰和奖励。

第八条 对不履行或者不按照规定履行重大动物疫情应急处理职责的行为,任何单位和个人有权检举控告。

第二章 应急准备

第九条 国务院兽医主管部门应当制定全国重大动物疫情应急预案,报国务院批准,并按照不同动物疫病病种及其流行特点和危害程度,分别制定实施方案,报国务院备案。

县级以上地方人民政府根据本地区的实际情况,制定本行政区域的重大动物疫情应急预案,报上一级人民政府兽医主管部门备案。县级以上地方人民政府兽医主管部门,应当按照不同动物疫病病种及其流行特点和危害程度,分别制定实施方案。

重大动物疫情应急预案及其实施方案应当根据疫情的发展变化和实施情况,及时修改、完善。

第十条 重大动物疫情应急预案主要包括下列内容:

(一)应急指挥部的职责、组成以及成员单位的分工;
(二)重大动物疫情的监测、信息收集、报告和通报;
(三)动物疫病的确认、重大动物疫情的分级和相应的应急处理工作方案;
(四)重大动物疫情疫源的追踪和流行病学调查分析;
(五)预防、控制、扑灭重大动物疫情所需资金的来源、物资和技术的储备与调度;
(六)重大动物疫情应急处理设施和专业队伍建设。

第十一条 国务院有关部门和县级以上地方人民政府及其有关部门,应当根据重大动物疫情应急预案的要求,确保应急处理所需的疫苗、药品、设施设备和防护用品等物资的储备。

第十二条 县级以上人民政府应当建立和完善重大动物疫情监测网络和预防控制体系,加强动物防疫基础设施和乡镇动物防疫组织建设,并保证其正常运行,提高对重大动物疫情的应急处理能力。

第十三条 县级以上地方人民政府根据重大动物疫情应急需要,可以成立应急预备队,在重大动物疫情应急指挥部的指挥下,具体承担疫情的控制和扑灭任务。

应急预备队由当地兽医行政管理人员、动物防疫工作人员、有关专家、执业兽医等组成;必要时,可以组织动员社会上有一定专业知识的人员参加。公安机关、中国人民武装警察部队应当依法协助其执行任务。

应急预备队应当定期进行技术培训和应急演练。

第十四条 县级以上人民政府及其兽医主管部门应当加强对重大动物疫情应急知识和重大动物疫病科普知识的宣传,增强全社会的重大动物疫情防范意识。

第三章 监测、报告和公布

第十五条 动物防疫监督机构负责重大动物疫情的监测,饲养、经营动物和生产、经营动物产品的单位和个人应当配合,不得拒绝和阻碍。

第十六条 从事动物隔离、疫情监测、疫病研究与诊疗、检验检疫以及动物饲养、屠宰加工、运输、经营等活动的有关单位和个人,发现动物出现群体发病或者死亡的,应当立即向所在地的县(市)动物防疫监督机构报告。

第十七条 县(市)动物防疫监督机构接到报告后,应当立即赶赴现场调查核实。初步认为属于重大动物疫情的,应当在2小时内将情况逐级报省、自治区、直辖市动物防疫监督机构,并同时报所在地人民政府兽医主管部门;兽医主管部门应当及时通报同级卫生主管部门。

省、自治区、直辖市动物防疫监督机构应当在接到报告后1小时内,向省、自治区、直辖市人民政府兽医主管部门和国务院兽医主管部门所属的动物防疫监督机构报告。

省、自治区、直辖市人民政府兽医主管部门应当在接到报告后1小时内报本级人民政府和国务院兽医主管部门。

重大动物疫情发生后,省、自治区、直辖市人民政府和国务院兽医主管部门应当在4小时内向国务院报告。

第十八条 重大动物疫情报告包括下列内容:

(一)疫情发生的时间、地点;
(二)染疫、疑似染疫动物种类和数量、同群动物数量、免疫情况、死亡数量、临床症状、病理变化、诊断情况;
(三)流行病学和疫源追踪情况;
(四)已采取的控制措施;
(五)疫情报告的单位、负责人、报告人及联系方式。

第十九条 重大动物疫情由省、自治区、直辖市人民政府兽医主管部门认定;必要时,由国务院兽医主管部门认定。

第二十条 重大动物疫情由国务院兽医主管部门按照国家规定的程序,及时准确公布;其他任何单位和个人不得公布重大动物疫情。

第二十一条 重大动物疫病应当由动物防疫监督机构采集病料。其他单位和个人采集病料的,应当具备以下条件:

(一)重大动物疫病病料采集目的、病原微生物的用途应当符合国务院兽医主管部门的规定;
(二)具有与采集病料相适应的动物病原微生物实验室条件;
(三)具有与采集病料所需要的生物安全防护水平

相适应的设备,以及防止病原感染和扩散的有效措施。

从事重大动物疫病病原分离的,应当遵守国家有关生物安全管理规定,防止病原扩散。

第二十二条 国务院兽医主管部门应当及时向国务院有关部门和军队有关部门以及各省、自治区、直辖市人民政府兽医主管部门通报重大动物疫情的发生和处理情况。

第二十三条 发生重大动物疫情可能感染人群时,卫生主管部门应当对疫区内易受感染的人群进行监测,并采取相应的预防、控制措施。卫生主管部门和兽医主管部门应当及时相互通报情况。

第二十四条 有关单位和个人对重大动物疫情不得瞒报、谎报、迟报,不得授意他人瞒报、谎报、迟报,不得阻碍他人报告。

第二十五条 在重大动物疫情报告期间,有关动物防疫监督机构应当立即采取临时隔离控制措施;必要时,当地县级以上地方人民政府可以作出封锁决定并采取扑杀、销毁等措施。有关单位和个人应当执行。

第四章 应急处理

第二十六条 重大动物疫情发生后,国务院和有关地方人民政府设立的重大动物疫情应急指挥部统一领导、指挥重大动物疫情应急工作。

第二十七条 重大动物疫情发生后,县级以上地方人民政府兽医主管部门应当立即划定疫点、疫区和受威胁区,调查疫源,向本级人民政府提出启动重大动物疫情应急指挥系统、应急预案和对疫区实行封锁的建议,有关人民政府应当立即作出决定。

疫点、疫区和受威胁区的范围应当按照不同动物疫病病种及其流行特点和危害程度划定,具体划定标准由国务院兽医主管部门制定。

第二十八条 国家对重大动物疫情应急处理实行分级管理,按照应急预案确定的疫情等级,由有关人民政府采取相应的应急控制措施。

第二十九条 对疫点应当采取下列措施:
(一)扑杀并销毁染疫动物和易感染的动物及其产品;
(二)对病死的动物、动物排泄物、被污染饲料、垫料、污水进行无害化处理;
(三)对被污染的物品、用具、动物圈舍、场地进行严格消毒。

第三十条 对疫区应当采取下列措施:
(一)在疫区周围设置警示标志,在出入疫区的交通路口设置临时动物检疫消毒站,对出入的人员和车辆进行消毒;
(二)扑杀并销毁染疫和疑似染疫动物及其同群动物,销毁染疫和疑似染疫的动物产品,对其他易感染的动物实行圈养或者在指定地点放养,役用动物限制在疫区内使役;
(三)对易感染的动物进行监测,并按照国务院兽医主管部门的规定实施紧急免疫接种,必要时对易感染的动物进行扑杀;
(四)关闭动物及动物产品交易市场,禁止动物进出疫区和动物产品运出疫区;
(五)对动物圈舍、动物排泄物、垫料、污水和其他可能受污染的物品、场地,进行消毒或者无害化处理。

第三十一条 对受威胁区应当采取下列措施:
(一)对易感染的动物进行监测;
(二)对易感染的动物根据需要实施紧急免疫接种。

第三十二条 重大动物疫情应急处理中设置临时动物检疫消毒站以及采取隔离、扑杀、销毁、消毒、紧急免疫接种等控制、扑灭措施的,由有关重大动物疫情应急指挥部决定,有关单位和个人必须服从;拒不服从的,由公安机关协助执行。

第三十三条 国家对疫区、受威胁区内易感染的动物免费实施紧急免疫接种;对因采取扑杀、销毁等措施给当事人造成的已经证实的损失,给予合理补偿。紧急免疫接种和补偿所需费用,由中央财政和地方财政分担。

第三十四条 重大动物疫情应急指挥部根据应急处理需要,有权紧急调集人员、物资、运输工具以及相关设施、设备。

单位和个人的物资、运输工具以及相关设施、设备被征集使用的,有关人民政府应当及时归还并给予合理补偿。

第三十五条 重大动物疫情发生后,县级以上人民政府兽医主管部门应当及时提出疫点、疫区、受威胁区的处理方案,加强疫情监测、流行病学调查、疫源追踪工作,对染疫和疑似染疫动物及其同群动物和其他易感染动物的扑杀、销毁进行技术指导,并组织实施检验检疫、消毒、无害化处理和紧急免疫接种。

第三十六条 重大动物疫情应急处理中,县级以上人民政府有关部门应当在各自的职责范围内,做好重大动物疫情应急所需的物资紧急调度和运输、应急经费安排、疫区群众救济、人的疫病防治、肉食品供应、动物及其产品市场监管、出入境检验检疫和社会治安维护等工作。

中国人民解放军、中国人民武装警察部队应当支持配合驻地人民政府做好重大动物疫情的应急工作。

第三十七条 重大动物疫情应急处理中，乡镇人民政府、村民委员会、居民委员会应当组织力量，向村民、居民宣传动物疫病防治的相关知识，协助做好疫情信息的收集、报告和各项应急处理措施的落实工作。

第三十八条 重大动物疫情发生地的人民政府和毗邻地区的人民政府应当通力合作，相互配合，做好重大动物疫情的控制、扑灭工作。

第三十九条 有关人民政府及其有关部门对参加重大动物疫情应急处理的人员，应当采取必要的卫生防护和技术指导等措施。

第四十条 自疫区内最后一头（只）发病动物及其同群动物处理完毕起，经过一个潜伏期以上的监测，未出现新的病例的，彻底消毒后，经上一级动物防疫监督机构验收合格，由原发布封锁令的人民政府宣布解除封锁，撤销疫区；由原批准机关撤销在该疫区设立的临时动物检疫消毒站。

第四十一条 县级以上人民政府应当将重大动物疫情确认、疫区封锁、扑杀及其补偿、消毒、无害化处理、疫源追踪、疫情监测以及应急物资储备等应急经费列入本级财政预算。

第五章 法律责任

第四十二条 违反本条例规定，兽医主管部门及其所属的动物防疫监督机构有下列行为之一的，由本级人民政府或者上级人民政府有关部门责令立即改正、通报批评、给予警告；对主要负责人、负有责任的主管人员和其他责任人员，依法给予记大过、降级、撤职直至开除的行政处分；构成犯罪的，依法追究刑事责任：

（一）不履行疫情报告职责，瞒报、谎报、迟报或者授意他人瞒报、谎报、迟报，阻碍他人报告重大动物疫情的；

（二）在重大动物疫情报告期间，不采取临时隔离控制措施，导致动物疫情扩散的；

（三）不及时划定疫点、疫区和受威胁区，不及时向本级人民政府提出应急处理建议，或者不按照规定对疫点、疫区和受威胁区采取预防、控制、扑灭措施的；

（四）不向本级人民政府提出启动应急指挥系统、应急预案和对疫区的封锁建议的；

（五）对动物扑杀、销毁不进行技术指导或者指导不力，或者不组织实施检验检疫、消毒、无害化处理和紧急免疫接种的；

（六）其他不履行本条例规定的职责，导致动物疫病传播、流行，或者对养殖业生产安全和公众身体健康与生命安全造成严重危害的。

第四十三条 违反本条例规定，县级以上人民政府有关部门不履行应急处理职责，不执行对疫点、疫区和受威胁区采取的措施，或者对上级人民政府有关部门的疫情调查不予配合或者阻碍、拒绝的，由本级人民政府或者上级人民政府有关部门责令立即改正、通报批评、给予警告；对主要负责人、负有责任的主管人员和其他责任人员，依法给予记大过、降级、撤职直至开除的行政处分；构成犯罪的，依法追究刑事责任。

第四十四条 违反本条例规定，有关地方人民政府阻碍报告重大动物疫情，不履行应急处理职责，不按照规定对疫点、疫区和受威胁区采取预防、控制、扑灭措施，或者对上级人民政府有关部门的疫情调查不予配合或者阻碍、拒绝的，由上级人民政府责令立即改正、通报批评、给予警告；对政府主要领导人依法给予记大过、降级、撤职直至开除的行政处分；构成犯罪的，依法追究刑事责任。

第四十五条 截留、挪用重大动物疫情应急经费，或者侵占、挪用应急储备物资的，按照《财政违法行为处罚处分条例》的规定处理；构成犯罪的，依法追究刑事责任。

第四十六条 违反本条例规定，拒绝、阻碍动物防疫监督机构进行重大动物疫情监测，或者发现动物出现群体发病或者死亡，不向当地动物防疫监督机构报告的，由动物防疫监督机构给予警告，并处2000元以上5000元以下的罚款；构成犯罪的，依法追究刑事责任。

第四十七条 违反本条例规定，不符合相应条件采集重大动物疫病病料，或者在重大动物疫病病原分离时不遵守国家有关生物安全管理规定的，由动物防疫监督机构给予警告，并处5000元以下的罚款；构成犯罪的，依法追究刑事责任。

第四十八条 在重大动物疫情发生期间，哄抬物价、欺骗消费者，散布谣言、扰乱社会秩序和市场秩序的，由价格主管部门、工商行政管理部门或者公安机关依法给予行政处罚；构成犯罪的，依法追究刑事责任。

第六章 附 则

第四十九条 本条例自公布之日起施行。

国家突发重大动物疫情应急预案

·2006年2月27日

1 总 则

1.1 编制目的

及时、有效地预防、控制和扑灭突发重大动物疫情，最大程度地减轻突发重大动物疫情对畜牧业及公众健康造成的危害,保持经济持续稳定健康发展,保障人民身体健康安全。

1.2 编制依据

依据《中华人民共和国动物防疫法》、《中华人民共和国进出境动植物检疫法》和《国家突发公共事件总体应急预案》,制定本预案。

1.3 突发重大动物疫情分级

根据突发重大动物疫情的性质、危害程度、涉及范围,将突发重大动物疫情划分为特别重大（Ⅰ级）、重大（Ⅱ级）、较大（Ⅲ级）和一般（Ⅳ级）四级。

1.4 适用范围

本预案适用于突然发生,造成或者可能造成畜牧业生产严重损失和社会公众健康严重损害的重大动物疫情的应急处理工作。

1.5 工作原则

（1）统一领导,分级管理。各级人民政府统一领导和指挥突发重大动物疫情应急处理工作;疫情应急处理工作实行属地管理;地方各级人民政府负责扑灭本行政区域内的突发重大动物疫情,各有关部门按照预案规定,在各自的职责范围内做好疫情应急处理的有关工作。根据突发重大动物疫情的范围、性质和危害程度,对突发重大动物疫情实行分级管理。

（2）快速反应,高效运转。各级人民政府和兽医行政管理部门要依照有关法律、法规,建立和完善突发重大动物疫情应急体系、应急反应机制和应急处置制度,提高突发重大动物疫情应急处理能力;发生突发重大动物疫情时,各级人民政府要迅速作出反应,采取果断措施,及时控制和扑灭突发重大动物疫情。

（3）预防为主,群防群控。贯彻预防为主的方针,加强防疫知识的宣传,提高全社会防范突发重大动物疫情的意识;落实各项防范措施,做好人员、技术、物资和设备的应急储备工作,并根据需要定期开展技术培训和应急演练;开展疫情监测和预警预报,对各类可能引发突发重大动物疫情的情况要及时分析、预警,做到疫情早发现、快行动、严处理。突发重大动物疫情应急处理工作要依靠群众,全民防疫,动员一切资源,做到群防群控。

2 应急组织体系及职责

2.1 应急指挥机构

农业部在国务院统一领导下,负责组织、协调全国突发重大动物疫情应急处理工作。

县级以上地方人民政府兽医行政管理部门在本级人民政府统一领导下,负责组织、协调本行政区域内突发重大动物疫情应急处理工作。

国务院和县级以上地方人民政府根据本级人民政府兽医行政管理部门的建议和实际工作需要,决定是否成立全国和地方应急指挥部。

2.1.1 全国突发重大动物疫情应急指挥部的职责

国务院主管领导担任全国突发重大动物疫情应急指挥部总指挥,国务院办公厅负责同志、农业部部长担任副总指挥,全国突发重大动物疫情应急指挥部负责对特别重大突发动物疫情应急处理的统一领导、统一指挥,作出处理突发重大动物疫情的重大决策。指挥部成员单位根据突发重大动物疫情的性质和应急处理的需要确定。

指挥部下设办公室,设在农业部。负责按照指挥部要求,具体制定防治政策,部署扑灭重大动物疫情工作,并督促各地各有关部门按要求落实各项防治措施。

2.1.2 省级突发重大动物疫情应急指挥部的职责

省级突发重大动物疫情应急指挥部由省级人民政府有关部门组成,省级人民政府主管领导担任总指挥。省级突发重大动物疫情应急指挥部统一负责对本行政区域内突发重大动物疫情应急处理的指挥,作出处理本行政区域内突发重大动物疫情的决策,决定要采取的措施。

2.2 日常管理机构

农业部负责全国突发重大动物疫情应急处理的日常管理工作。

省级人民政府兽医行政管理部门负责本行政区域内突发重大动物疫情应急的协调、管理工作。

市（地）级、县级人民政府兽医行政管理部门负责本行政区域内突发重大动物疫情应急处置的日常管理工作。

2.3 专家委员会

农业部和省级人民政府兽医行政管理部门组建突发重大动物疫情专家委员会。

市（地）级和县级人民政府兽医行政管理部门可根据需要,组建突发重大动物疫情应急处理专家委员会。

2.4 应急处理机构

2.4.1 动物防疫监督机构：主要负责突发重大动物疫情报告,现场流行病学调查,开展现场临床诊断和实验室检测,加强疫病监测,对封锁、隔离、紧急免疫、扑杀、无害化处理、消毒等措施的实施进行指导、落实和监督。

2.4.2 出入境检验检疫机构：负责加强对出入境动

物及动物产品的检验检疫、疫情报告、消毒处理、流行病学调查和宣传教育等。

3 突发重大动物疫情的监测、预警与报告

3.1 监测

国家建立突发重大动物疫情监测、报告网络体系。农业部和地方各级人民政府兽医行政管理部门要加强对监测工作的管理和监督，保证监测质量。

3.2 预警

各级人民政府兽医行政管理部门根据动物防疫监督机构提供的监测信息，按照重大动物疫情的发生、发展规律和特点，分析其危害程度、可能的发展趋势，及时做出相应级别的预警，依次用红色、橙色、黄色和蓝色表示特别严重、严重、较重和一般四个预警级别。

3.3 报告

任何单位和个人有权向各级人民政府及其有关部门报告突发重大动物疫情及其隐患，有权向上级政府部门举报不履行或者不按照规定履行突发重大动物疫情应急处理职责的部门、单位及个人。

3.3.1 责任报告单位和责任报告人

（1）责任报告单位

a. 县级以上地方人民政府所属动物防疫监督机构；

b. 各动物疫病国家参考实验室和相关科研院校；

c. 出入境检验检疫机构；

d. 兽医行政管理部门；

e. 县级以上地方人民政府；

f. 有关动物饲养、经营和动物产品生产、经营的单位，各类动物诊疗机构等相关单位。

（2）责任报告人

执行职务的各级动物防疫监督机构、出入境检验检疫机构的兽医人员；各类动物诊疗机构的兽医；饲养、经营动物和生产、经营动物产品的人员。

3.3.2 报告形式

各级动物防疫监督机构应按国家有关规定报告疫情；其他责任报告单位和个人以电话或书面形式报告。

3.3.3 报告时限和程序

发现可疑动物疫情时，必须立即向当地县（市）动物防疫监督机构报告。县（市）动物防疫监督机构接到报告后，应当立即赶赴现场诊断，必要时可请省级动物防疫监督机构派人协助进行诊断，认定为疑似重大动物疫情的，应当在2小时内将疫情逐级报至省级动物防疫监督机构，并同时报所在地人民政府兽医行政管理部门。省级动物防疫监督机构应当在接到报告后1小时内，向省级兽医行政管理部门和农业部报告。省级兽医行政管理部门应当在接到报告后的1小时内报省级人民政府。特别重大、重大动物疫情发生后，省级人民政府、农业部应当在4小时内向国务院报告。

认定为疑似重大动物疫情的应立即按要求采集病料样品送省级动物防疫监督机构实验室确诊，省级动物防疫监督机构不能确诊的，送国家参考实验室确诊。确诊结果应立即报农业部，并抄送省级兽医行政管理部门。

3.3.4 报告内容

疫情发生的时间、地点、发病的动物种类和品种、动物来源、临床症状、发病数量、死亡数量、是否有人员感染、已采取的控制措施、疫情报告的单位和个人、联系方式等。

4 突发重大动物疫情的应急响应和终止

4.1 应急响应的原则

发生突发重大动物疫情时，事发地的县级、市（地）级、省级人民政府及其有关部门按照分级响应的原则作出应急响应。同时，要遵循突发重大动物疫情发生发展的客观规律，结合实际情况和预防控制工作的需要，及时调整预警和响应级别。要根据不同动物疫病的性质和特点，注重分析疫情的发展趋势，对势态和影响不断扩大的疫情，应及时升级预警和响应级别；对范围局限、不会进一步扩散的疫情，应相应降低响应级别，及时撤销预警。

突发重大动物疫情应急处理要采取边调查、边处理、边核实的方式，有效控制疫情发展。

未发生突发重大动物疫情的地方，当地人民政府兽医行政管理部门接到疫情通报后，要组织做好人员、物资等应急准备工作，采取必要的预防控制措施，防止突发重大动物疫情在本行政区域内发生，并服从上一级人民政府兽医行政管理部门的统一指挥，支援突发重大动物疫情发生地的应急处理工作。

4.2 应急响应

4.2.1 特别重大突发动物疫情（Ⅰ级）的应急响应

确认特别重大突发动物疫情后，按程序启动本预案。

（1）县级以上地方各级人民政府

a. 组织协调有关部门参与突发重大动物疫情的处理。

b. 根据突发重大动物疫情处理需要，调集本行政区域内各类人员、物资、交通工具和相关设施、设备参加应急处理工作。

c. 发布封锁令，对疫区实施封锁。

d. 在本行政区域内采取限制或者停止动物及动物产品交易、扑杀染疫或相关动物，临时征用房屋、场所、交通工具；封闭被动物疫病病原体污染的公共饮用水源等紧急措施。

e. 组织铁路、交通、民航、质检等部门依法在交通站点设置临时动物防疫监督检查站，对进出疫区、出入境的交通工具进行检查和消毒。

f. 按国家规定做好信息发布工作。

g. 组织乡镇、街道、社区以及居委会、村委会，开展群防群控。

h. 组织有关部门保障商品供应，平抑物价，严厉打击造谣惑众、制假售假等违法犯罪和扰乱社会治安的行为，维护社会稳定。

必要时，可请求中央予以支持，保证应急处理工作顺利进行。

(2) 兽医行政管理部门

a. 组织动物防疫监督机构开展突发重大动物疫情的调查与处理；划定疫点、疫区、受威胁区。

b. 组织突发重大动物疫情专家委员会对突发重大动物疫情进行评估，提出启动突发重大动物疫情应急响应的级别。

c. 根据需要组织开展紧急免疫和预防用药。

d. 县级以上人民政府兽医行政管理部门负责对本行政区域内应急处理工作的督导和检查。

e. 对新发现的动物疫病，及时按照国家规定，开展有关技术标准和规范的培训工作。

f. 有针对性地开展动物防疫知识宣教，提高群众防控意识和自我防护能力。

g. 组织专家对突发重大动物疫情的处理情况进行综合评估。

(3) 动物防疫监督机构

a. 县级以上动物防疫监督机构做好突发重大动物疫情的信息收集、报告与分析工作。

b. 组织疫病诊断和流行病学调查。

c. 按规定采集病料，送省级实验室或国家参考实验室确诊。

d. 承担突发重大动物疫情应急处理人员的技术培训。

(4) 出入境检验检疫机构

a. 境外发生重大动物疫情时，会同有关部门停止从疫区国家或地区输入相关动物及其产品；加强对来自疫区运输工具的检疫和防疫消毒；参与打击非法走私入境动物或动物产品等违法活动。

b. 境内发生重大动物疫情时，加强出口货物的查验，会同有关部门停止疫区和受威胁区的相关动物及其产品的出口；暂停使用位于疫区内的依法设立的出入境相关动物临时隔离检疫场。

c. 出入境检验检疫工作中发现重大动物疫情或者疑似重大动物疫情时，立即向当地兽医行政管理部门报告，并协助当地动物防疫监督机构做好疫情控制和扑灭工作。

4.2.2 重大突发动物疫情(Ⅱ级)的应急响应

确认重大突发动物疫情后，按程序启动省级疫情应急响应机制。

(1) 省级人民政府

省级人民政府根据省级人民政府兽医行政管理部门的建议，启动应急预案，统一领导和指挥本行政区域内突发重大动物疫情应急处理工作。组织有关部门和人员扑疫；紧急调集各种应急处理物资、交通工具和相关设施设备；发布或督导发布封锁令，对疫区实施封锁；依法设置临时动物防疫监督检查站查堵疫源；限制或停止动物及动物产品交易、扑杀染疫或相关动物；封锁被动物疫源污染的公共饮用水源等；按国家规定做好信息发布工作；组织乡镇、街道、社区及居委会、村委会，开展群防群控；组织有关部门保障商品供应，平抑物价，维护社会稳定。必要时，可请求中央予以支持，保证应急处理工作顺利进行。

(2) 省级人民政府兽医行政管理部门

重大突发动物疫情确认后，向农业部报告疫情。必要时，提出省级人民政府启动应急预案的建议。同时，迅速组织有关单位开展疫情应急处置工作。组织开展突发重大动物疫情的调查与处理；划定疫点、疫区、受威胁区；组织对突发重大动物疫情应急处理的评估；负责对本行政区域内应急处理工作的督导和检查；开展有关技术培训工作；有针对性地开展动物防疫知识宣教，提高群众防控意识和自我防护能力。

(3) 省级以下地方人民政府

疫情发生地人民政府及有关部门在省级人民政府或省级突发重大动物疫情应急指挥部的统一指挥下，按照要求认真履行职责，落实有关控制措施。具体组织实施突发重大动物疫情应急处理工作。

(4) 农业部

加强对省级兽医行政管理部门应急处理突发重大动物疫情工作的督导，根据需要组织有关专家协助疫情应急处置;并及时向有关省份通报情况。必要时,建议国务院协调有关部门给予必要的技术和物资支持。

4.2.3 较大突发动物疫情(Ⅲ级)的应急响应

(1)市(地)级人民政府

市(地)级人民政府根据本级人民政府兽医行政管理部门的建议,启动应急预案,采取相应的综合应急措施。必要时,可向上级人民政府申请资金、物资和技术援助。

(2)市(地)级人民政府兽医行政管理部门

对较大突发动物疫情进行确认,并按照规定向当地人民政府、省级兽医行政管理部门和农业部报告调查处理情况。

(3)省级人民政府兽医行政管理部门

省级兽医行政管理部门要加强对疫情发生地疫情应急处理工作的督导,及时组织专家对地方疫情应急处理工作提供技术指导和支持,并向本省有关地区发出通报,及时采取预防控制措施,防止疫情扩散蔓延。

4.2.4 一般突发动物疫情(Ⅳ级)的应急响应

县级地方人民政府根据本级人民政府兽医行政管理部门的建议,启动应急预案,组织有关部门开展疫情应急处置工作。

县级人民政府兽医行政管理部门对一般突发重大动物疫情进行确认,并按照规定向本级人民政府和上一级兽医行政管理部门报告。

市(地)级人民政府兽医行政管理部门应组织专家对疫情应急处理进行技术指导。

省级人民政府兽医行政管理部门应根据需要提供技术支持。

4.2.5 非突发重大动物疫情发生地区的应急响应

应根据发生疫情地区的疫情性质、特点、发生区域和发展趋势,分析本地区受波及的可能性和程度,重点做好以下工作:

(1)密切保持与疫情发生地的联系,及时获取相关信息。

(2)组织做好本区域应急处理所需的人员与物资准备。

(3)开展对养殖、运输、屠宰和市场环节的动物疫情监测和防控工作,防止疫病的发生、传入和扩散。

(4)开展动物防疫知识宣传,提高公众防护能力和意识。

(5)按规定做好公路、铁路、航空、水运交通的检疫监督工作。

4.3 应急处理人员的安全防护

要确保参与疫情应急处理人员的安全。针对不同的重大动物疫病,特别是一些重大人畜共患病,应急处理人员还应采取特殊的防护措施。

4.4 突发重大动物疫情应急响应的终止

突发重大动物疫情应急响应的终止需符合以下条件:疫区内所有的动物及其产品按规定处理后,经过该疫病的至少一个最长潜伏期无新的病例出现。

特别重大突发动物疫情由农业部对疫情控制情况进行评估,提出终止应急措施的建议,按程序报批宣布。

重大突发动物疫情由省级人民政府兽医行政管理部门对疫情控制情况进行评估,提出终止应急措施的建议,按程序报批宣布,并向农业部报告。

较大突发动物疫情由市(地)级人民政府兽医行政管理部门对疫情控制情况进行评估,提出终止应急措施的建议,按程序报批宣布,并向省级人民政府兽医行政管理部门报告。

一般突发动物疫情,由县级人民政府兽医行政管理部门对疫情控制情况进行评估,提出终止应急措施的建议,按程序报批宣布,并向上一级和省级人民政府兽医行政管理部门报告。

上级人民政府兽医行政管理部门及时组织专家对突发重大动物疫情应急措施终止的评估提供技术指导和支持。

5 善后处理

5.1 后期评估

突发重大动物疫情扑灭后,各级兽医行政管理部门应在本级政府的领导下,组织有关人员对突发重大动物疫情的处理情况进行评估,提出改进建议和应对措施。

5.2 奖励

县级以上人民政府对参加突发重大动物疫情应急处理作出贡献的先进集体和个人,进行表彰;对在突发重大动物疫情应急处理工作中英勇献身的人员,按有关规定追认为烈士。

5.3 责任

对在突发重大动物疫情的预防、报告、调查、控制和处理过程中,有玩忽职守、失职、渎职等违纪违法行为的,依据有关法律法规追究当事人的责任。

5.4 灾害补偿

按照各种重大动物疫病灾害补偿的规定,确定数额等级标准,按程序进行补偿。

5.5 抚恤和补助

地方各级人民政府要组织有关部门对因参与应急处理工作致病、致残、死亡的人员，按照国家有关规定，给予相应的补助和抚恤。

5.6 恢复生产

突发重大动物疫情扑灭后，取消贸易限制及流通控制等限制性措施。根据各种重大动物疫病的特点，对疫点和疫区进行持续监测，符合要求的，方可重新引进动物，恢复畜牧业生产。

5.7 社会救助

发生重大动物疫情后，国务院民政部门应按《中华人民共和国公益事业捐赠法》和《救灾救济捐赠管理暂行办法》及国家有关政策规定，做好社会各界向疫区提供的救援物资及资金的接收，分配和使用工作。

6 突发重大动物疫情应急处置的保障

突发重大动物疫情发生后，县级以上地方人民政府应积极协调有关部门，做好突发重大动物疫情处理的应急保障工作。

6.1 通信与信息保障

县级以上指挥部应将车载电台、对讲机等通讯工具纳入紧急防疫物资储备范畴，按照规定做好储备保养工作。

根据国家有关法规对紧急情况下的电话、电报、传真、通讯频率等予以优先待遇。

6.2 应急资源与装备保障

6.2.1 应急队伍保障

县级以上各级人民政府要建立突发重大动物疫情应急处理预备队伍，具体实施扑杀、消毒、无害化处理等疫情处理工作。

6.2.2 交通运输保障

运输部门要优先安排紧急防疫物资的调运。

6.2.3 医疗卫生保障

卫生部门负责开展重大动物疫病（人畜共患病）的人间监测，作好有关预防保障工作。各级兽医行政管理部门在做好疫情处理的同时应及时通报疫情，积极配合卫生部门开展工作。

6.2.4 治安保障

公安部门、武警部队要协助做好疫区封锁和强制扑杀工作，做好疫区安全保卫和社会治安管理。

6.2.5 物资保障

各级兽医行政管理部门应按照计划建立紧急防疫物资储备库，储备足够的药品、疫苗、诊断试剂、器械、防护用品、交通及通信工具等。

6.2.6 经费保障

各级财政部门为突发重大动物疫病防治工作提供合理而充足的资金保障。

各级财政在保证防疫经费及时、足额到位的同时，要加强对防疫经费使用的管理和监督。

各级政府应积极通过国际、国内等多渠道筹集资金，用于突发重大动物疫情应急处理工作。

6.3 技术储备与保障

建立重大动物疫病防治专家委员会，负责疫病防控策略和方法的咨询，参与防控技术方案的策划、制定和执行。

设置重大动物疫病的国家参考实验室，开展动物疫病诊断技术、防治药物、疫苗等的研究，作好技术和相关储备工作。

6.4 培训和演习

各级兽医行政管理部门要对重大动物疫情处理预备队成员进行系统培训。

在没有发生突发重大动物疫情状态下，农业部每年要有计划地选择部分地区举行演练，确保预备队扑灭疫情的应急能力。地方政府可根据资金和实际需要的情况，组织训练。

6.5 社会公众的宣传教育

县级以上地方人民政府应组织有关部门利用广播、影视、报刊、互联网、手册等多种形式对社会公众广泛开展突发重大动物疫情应急知识的普及教育，宣传动物防疫科普知识，指导群众以科学的行为和方式对待突发重大动物疫情。要充分发挥有关社会团体在普及动物防疫应急知识、科普知识方面的作用。

7 各类具体工作预案的制定

农业部应根据本预案，制定各种不同重大动物疫病应急预案，并根据形势发展要求，及时进行修订。

国务院有关部门根据本预案的规定，制定本部门职责范围内的具体工作方案。

县级以上地方人民政府根据有关法律法规的规定，参照本预案并结合本地区实际情况，组织制定本地区突发重大动物疫情应急预案。

8 附 则

8.1 名词术语和缩写语的定义与说明

重大动物疫情：是指陆生、水生动物突然发生重大疫病，且迅速传播，导致动物发病率或者死亡率高，给养殖业生产安全造成严重危害,或者可能对人民身体健康与生命安全造成危害的,具有重要经济社会影响和公共卫生意义。

我国尚未发现的动物疫病:是指疯牛病、非洲猪瘟、非洲马瘟等在其他国家和地区已经发现,在我国尚未发生过的动物疫病。

我国已消灭的动物疫病:是指牛瘟、牛肺疫等在我国曾发生过,但已扑灭净化的动物疫病。

暴发:是指一定区域,短时间内发生波及范围广泛、出现大量患病动物或死亡病例,其发病率远远超过常年的发病水平。

疫点:患病动物所在的地点划定为疫点,疫点一般是指患病禽类所在的禽场(户)或其他有关屠宰、经营单位。

疫区:以疫点为中心的一定范围内的区域划定为疫区,疫区划分时注意考虑当地的饲养环境、天然屏障(如河流、山脉)和交通等因素。

受威胁区:疫区外一定范围内的区域划定为受威胁区。

本预案有关数量的表述中,"以上"含本数,"以下"不含本数。

8.2 预案管理与更新

预案要定期评审,并根据突发重大动物疫情的形势变化和实施中发现的问题及时进行修订。

8.3 预案实施时间

本预案自印发之日起实施。

公共场所卫生管理条例

- 1987年4月1日国务院发布
- 根据2016年2月6日《国务院关于修改部分行政法规的决定》第一次修订
- 根据2019年4月23日《国务院关于修改部分行政法规的决定》第二次修订

第一章　总　则

第一条　为创造良好的公共场所卫生条件,预防疾病,保障人体健康,制定本条例。

第二条　本条例适用于下列公共场所:

(一) 宾馆、饭馆、旅店、招待所、车马店、咖啡馆、酒吧、茶座;

(二) 公共浴室、理发店、美容店;

(三) 影剧院、录像厅(室)、游艺厅(室)、舞厅、音乐厅;

(四) 体育场(馆)、游泳场(馆)、公园;

(五) 展览馆、博物馆、美术馆、图书馆;

(六) 商场(店)、书店;

(七) 候诊室、候车(机、船)室、公共交通工具。

第三条　公共场所的下列项目应符合国家卫生标准和要求:

(一) 空气、微小气候(湿度、温度、风速);

(二) 水质;

(三) 采光、照明;

(四) 噪音;

(五) 顾客用具和卫生设施。

公共场所的卫生标准和要求,由国务院卫生行政部门负责制定。

第四条　国家对公共场所实行"卫生许可证"制度。"卫生许可证"由县以上卫生行政部门签发。

第二章　卫生管理

第五条　公共场所的主管部门应当建立卫生管理制度,配备专职或者兼职卫生管理人员,对所属经营单位(包括个体经营者,下同)的卫生状况进行经常性检查,并提供必要的条件。

第六条　经营单位应当负责所经营的公共场所的卫生管理,建立卫生责任制度,对本单位的从业人员进行卫生知识的培训和考核工作。

第七条　公共场所直接为顾客服务的人员,持有"健康合格证"方能从事本职工作。患有痢疾、伤寒、病毒性肝炎、活动期肺结核、化脓性或者渗出性皮肤病以及其他有碍公共卫生的疾病的,治愈前不得从事直接为顾客服务的工作。

第八条　除公园、体育场(馆)、公共交通工具外的公共场所,经营单位应当及时向卫生行政部门申请办理"卫生许可证"。"卫生许可证"两年复核一次。

第九条　公共场所因不符合卫生标准和要求造成危害健康事故的,经营单位应妥善处理,并及时报告卫生防疫机构。

第三章　卫生监督

第十条　各级卫生防疫机构,负责管辖范围内的公共场所卫生监督工作。

民航、铁路、交通、厂(场)矿卫生防疫机构对管辖范围内的公共场所,施行卫生监督,并接受当地卫生防疫机构的业务指导。

第十一条　卫生防疫机构根据需要设立公共场所卫生监督员,执行卫生防疫机构交给的任务。公共场所卫生监督员由同级人民政府发给证书。

民航、铁路、交通、工矿企业卫生防疫机构的公共场所卫生监督员,由其上级主管部门发给证书。

第十二条 卫生防疫机构对公共场所的卫生监督职责:

(一)对公共场所进行卫生监测和卫生技术指导;

(二)监督从业人员健康检查,指导有关部门对从业人员进行卫生知识的教育和培训。

第十三条 卫生监督员有权对公共场所进行现场检查,索取有关资料,经营单位不得拒绝或隐瞒。卫生监督员对所提供的技术资料有保密的责任。

公共场所卫生监督员在执行任务时,应佩戴证章、出示证件。

第四章 罚 则

第十四条 凡有下列行为之一的单位或者个人,卫生防疫机构可以根据情节轻重,给予警告、罚款、停业整顿、吊销"卫生许可证"的行政处罚:

(一)卫生质量不符合国家卫生标准和要求,而继续营业的;

(二)未获得"健康合格证",而从事直接为顾客服务的;

(三)拒绝卫生监督的;

(四)未取得"卫生许可证",擅自营业的。

罚款一律上交国库。

第十五条 违反本条例的规定造成严重危害公民健康的事故或中毒事故的单位或者个人,应当对受害人赔偿损失。

违反本条例致人残疾或者死亡,构成犯罪的,应由司法机关依法追究直接责任人员的刑事责任。

第十六条 对罚款、停业整顿及吊销"卫生许可证"的行政处罚不服的,在接到处罚通知之日起 15 天内,可以向当地人民法院起诉。但对公共场所卫生质量控制的决定应立即执行。对处罚的决定不履行又逾期不起诉的,由卫生防疫机构向人民法院申请强制执行。

第十七条 公共场所卫生监督机构和卫生监督员必须尽职尽责,依法办事。对玩忽职守,滥用职权,收取贿赂的,由上级主管部门给予直接责任人员行政处分。构成犯罪的,由司法机关依法追究直接责任人员的刑事责任。

第五章 附 则

第十八条 本条例的实施细则由国务院卫生行政部门负责制定。

第十九条 本条例自发布之日起施行。

· 典型案例

1. 建明食品公司诉泗洪县政府检疫行政命令纠纷案[①]

【争议焦点】

1. 行政机关内部上级对下级作出的指示行为是否属于人民法院行政诉讼的受案范围?

【案例要旨】

行政机关内部上级对下级作出的指示行为,既可能属于行政指导也可能属于行政命令。行政指导是指行政机关在行政管理过程中作出的具有示范、倡导、咨询、建议等性质的行为,行政指导不具有强制性。行政命令是指行政机关依法要求相对人进行一定的作为或不作为的意思表示,行政命令具有强制力。审查行政机关内部上级对下级作出的指示是否属于人民法院行政诉讼受案范围内的可诉行政行为,应当从指示内容是否对公民、法人或者其他组织权利义务产生了实际影响着手。我国行政诉讼法规定,行政指导对公民、法人或者其他组织权利义务不产生实际影响。因而,行政指导不属于行政诉讼的受案范围。而上级以行政命令形式对下级作出的指示,如果产生了直接的、外部的法律效果,当事人不服提起行政诉讼的,人民法院应当受理。

【裁判摘要】

审查行政机关内部上级对下级作出的指示是否属于人民法院行政诉讼受案范围内的可诉行政行为,应当从指示内容是否对公民、法人或者其他组织权利义务产生了实际影响着手。在行政管理过程中,上级以行政命令形式对下级作出的指示,如果产生了直接的、外部的法律效果,当事人不服提起行政诉讼的,人民法院应当受理。

原告:江苏省泗洪县建明食品有限责任公司,住所地:江苏省泗洪县青阳镇。

---

① 案例来源:《最高人民法院公报》2006 年第 1 期。

法定代表人:王迪建,该公司总经理。

被告:江苏省泗洪县人民政府,住所地:江苏省泗洪县城。

法定代表人:徐德,该县县长。

第三人:江苏省泗洪县兽医卫生监督检验所,住所地:江苏省泗洪县城。

法定代表人:赵德,该所所长。

原告江苏省泗洪县建明食品有限责任公司(以下简称建明食品公司)认为被告江苏省泗洪县人民政府(以下简称泗洪县政府)分管副县长的电话指示侵犯其合法权益,于2005年4月21日提起行政诉讼。江苏省宿迁市中级人民法院认为,江苏省泗洪县兽医卫生监督检验所(以下简称县兽检所)同提起的行政诉讼有利害关系,依照《中华人民共和国行政诉讼法》(以下简称行政诉讼法)第二十七条规定,通知其作为第三人参加诉讼。

原告诉称:原告是经被告批准设立的生猪定点屠宰单位。原告的生猪被屠宰前后,依法应由第三人进行检疫、检验。2003年5月22日,被告的分管副县长电话指示第三人停止对原告的生猪进行检疫,致使原告的生猪无法屠宰和上市销售,被迫停业。请求确认被告分管副县长的电话指示违法。

原告提交以下证据:

1. 企业法人营业执照、卫生许可证、动物防疫合格证、税务登记证及中华人民共和国组织机构代码证,用以证明建明食品公司是依法经批准设立的生猪定点屠宰单位,经营手续完备;

2.《关于加强县城生猪屠宰管理的通知》(以下简称《屠宰管理通知》)、宿迁市中级人民法院的(2004)宿中行初字第06号行政判决书,用以证明由于泗洪县政府下设的泗洪县生猪管理办公室(以下简称县生猪办)在2003年5月18日发布的《屠宰管理通知》中,仅将该县生猪定点屠宰单位标注为泗洪县食品公司肉联厂(以下简称县肉联厂),被建明食品公司诉至法院后,该具体行政行为已被生效判决确认为违法;

3. 县兽检所和泗洪县青阳镇畜牧兽医站出具的证据,用以证明泗洪县分管副县长2003年5月22日的电话指示事实客观存在。

被告辩称:被告的分管副县长是根据2003年5月18日的《屠宰管理通知》,才作出内容为"停止对县肉联厂以外的单位进行生猪检疫"的电话指示。这个电话指示是分管副县长对下属单位县兽检所作出的,是行政机关内部的行政指导行为;指示内容中没有提到原告,不会直接对原告的权利义务产生影响。因此,这个电话指示不是人民法院行政诉讼管辖的具体行政行为,不在人民法院行政诉讼受案范围内,原告无权对这个电话指示提起行政诉讼。

第三人述称:国务院颁布的《生猪屠宰管理条例》规定,被告有权设定和取消生猪定点屠宰单位。在被告下设的县生猪办发布的《屠宰管理通知》里,生猪定点屠宰单位中没有原告,说明原告的生猪定点屠宰资格已经被取消。非定点屠宰单位的生猪,依法不能上市销售,故第三人拒绝对原告的生猪进行检疫,是正确的。

被告及第三人未提交证据。

经质证、认证,宿迁市中级人民法院查明:

2001年4月,经被告泗洪县政府批准,原告建明食品公司成为泗洪县的生猪定点屠宰单位之一。在分别领取了相关部门颁发的企业法人营业执照、动物防疫合格证、税务登记证等证件后,建明食品公司开始经营生猪养殖、收购、屠宰、销售和深加工等业务。2003年5月18日,泗洪县政府下设的临时办事机构县生猪办向本县各宾馆、饭店、学校食堂、集体伙食单位、肉食品经营单位以及个体经营户发出《屠宰管理通知》。该通知第一项称,"县城所有经营肉食品的单位及个体户,从5月20日起到县指定的生猪定点屠宰厂采购生猪产品,个体猪肉经销户一律到定点屠宰厂屠宰生猪(县肉联厂)……"。2003年5月22日,泗洪县政府分管兽医卫生监督检验工作的副县长电话指示县兽检所,停止对县肉联厂以外的单位进行生猪检疫。建明食品公司报请县兽检所对其生猪进行检疫时,该所即以分管副县长有指示为由拒绝。建明食品公司认为,分管副县长的电话指示侵犯其合法权益,遂提起本案行政诉讼。

另查明,原告建明食品公司因对县生猪办在《屠宰管理通知》中仅标注县肉联厂为生猪定点屠宰厂不服,曾于2004年8月4日以泗洪县政府为被告,另案提起过行政诉讼。宿迁市中级人民法院的(2004)宿中行初字第06号行政判决书确认,泗洪县政府下设的县生猪办在《屠宰管理通知》中仅将县肉联厂标注为生猪定点屠宰厂,侵犯了建明食品公司的公平竞争权,这一行政行为违法。该行政判决已发生法律效力。

宿迁市中级人民法院认为:《中华人民共和国动物防疫法》第六条第二款规定:"县级以上地方人民政府畜牧兽医行政管理部门主管本行政区域内的动物防疫工作。"第三款规定:"县级以上人民政府所属的动物防疫监督机构实施动物防疫和动物防疫监督。"第三十条规定:"动物防疫监督机构按照国家标准和国务院畜牧兽医行政管理部门规定的行业标准、检疫管理办法和检疫对象,依法对动物、动物产品实施检疫。"动物防疫是第三人县兽检所的法定职责,县兽检所应当按照国家、行业的标准和管理办法确定检疫范围、对象,依法对动物、动物产品实施检疫,而不是根据分管副县长的电话指示实施检疫。被告泗洪县政府的分管副县长为进一步贯彻落实县生猪办发布的《屠宰管理通知》,才给县兽检所发出电话指示,指示内容与《屠宰管理通知》一致。这个电话指示对县兽检所的检疫职责不具有强制力,是行政机关内部的行政指导行为;电话指示内容未提及原告建明食品公司,不会对建明食品公司的权利义务产生直接影响。最高人民法院《关于执行〈中华人民共和国行政诉讼法〉若干问题的解释》(以下简称行诉法解释)第一条第二款第(四)、第(六)项规定,不具有强制力的行政指导行为和对公民、法人或者其他组织权利义务不产生实际影响的行为,不属于人民法院行政诉讼受案范围。行政诉讼法第四十一条第(四)项规定,提起诉讼应当符合属于人民法院受案范围和受诉人民法院管辖的条件。泗洪县政府分管副县长的电话指示不具有提起行政诉讼的条件,不是可诉的行政行为。

据此,宿迁市中级人民法院依照行诉法解释第四十四条第一款第(一)项关于"请求事项不属于行政审判权限范围的,应当裁定不予受理;已经受理的,裁定驳回起诉"的规定,于2005年6月22日裁定:

驳回原告建朋食品公司的起诉。

一审宣判后,建明食品公司不服,提起上诉称:上诉人是经被上诉人依法批准设立的生猪定点屠宰单位之一,经营手续完备,享有与同类企业同等的权利和义务,任何单位和个人不得阻碍上诉人自主经营。上诉人报请检疫时,县兽检所不是以定点屠宰资格已在《屠宰管理通知》中被取消为由拒绝检疫,而是声称分管副县长电话指示停止对上诉人的生猪进行检疫。如果县兽检所当时是以定点屠宰资格已被取消为由拒绝检疫,则上诉人完全可以起诉县兽检所不作为。在《屠宰管理通知》中,县生猪办只是将泗洪县的定点屠宰场所仅标注为县肉联厂,并没有取消上诉人的定点屠宰资格,况且县生猪办的这个行政行为已被生效判决确认为违法。而分管副县长的电话指示,其内容则完全剥夺了上诉人作为定点屠宰单位享有的报请检疫权利。电话指示内容与《屠宰管理通知》不同,不是落实《屠宰管理通知》,不能与《屠宰管理通知》混为一谈。事实证明,由于有分管副县长这个电话指示,县兽检所才拒绝履行对上诉人的生猪进行检疫的职责。电话指示是对内对外均具有约束力的行政强制命令,其目的是要限制上诉人的正常经营,故属于可诉的行政行为。一审以电话指示属内部行政指导行为为由,裁定驳回上诉人的起诉,是错误的。请求撤销一审裁定,依法改判或发回重审。

被上诉人泗洪县政府答辩称:《屠宰管理通知》要求,所有猪肉经销户一律到定点屠宰厂(县肉联厂)屠宰生猪。分管副县长电话指示停止对县肉联厂以外单位的生猪进行检疫,正是为贯彻落实通知,这是行政机关内部的行政指导行为。电话指示没有说不对上诉人的生猪进行检疫,没有直接指向上诉人,不会对上诉人的权利义务直接产生影响,故不属于人民法院行政诉讼受案范围。在分管副县长作出电话指示后,上诉人并未向县兽检所报请检疫。一审将此认定为本案事实,缺乏证据证实。除此以外,一审裁定认定事实清楚,适用法律正确,审判程序合法。上诉人的上诉理由不能成立,应当依法驳回上诉,维持原裁定。

原审第三人县兽检所称:作为县政府的下级单位,第三人不可能不服从县领导的指示。第三人接到分管副县长电话指示后,不对上诉人的生猪进行检疫,是正确的。分管副县长的电话指示,是对县生猪办《屠宰管理通知》内容的进一步强调及延续。至于该指示正确与否,不便发表意见。

江苏省高级人民法院经审理查明:被上诉人泗洪县政府曾先后批准4个定点生猪屠宰单位,但2003年5月期间,只有县肉联厂和上诉人建明食品公司在从事正常的经营活动,其余两个单位因种种原因已歇业停产。分管副县长的电话指示作出后,建明食品公司向原审第三人县兽检所报请检疫时遭拒绝,县兽检所在诉讼中对这一事实明确表示认可。根据最高人民法院《关于行政诉讼证据若干问题的规定》第六十五条关于"在庭审中一方当事人或者其代理人在代理权限范围内对另一方当事人陈述的案件事实明确表示认可的,人民法院可以对该事实予以认定"的规定,一审将此认定为案件事实,并无不妥。除此以外,由各方当事人对一审认定的其他事实均无异议,二审予以确认。

二审争议焦点是:如何评价分管副县长的电话指示行为?

江苏省高级人民法院认为:

被上诉人泗洪县政府的分管副县长2003年5月22日的电话指示,是对其下级单位原审第三人县兽检所作出的。审查行政机关内部上级对下级作出的指示是否属于人民法院行政诉讼受案范围内的可诉行政行为,应当从指示内容是否对公民、法人或者其他组织权利义务产生了实际影响着手。

《生猪屠宰管理条例》第五条、第十八条规定,生猪定点屠宰厂(场)的设立,应由市、县人民政府按照法定条件和程序批准;定点屠宰厂(场)有对生猪、生猪产品注水或者注入其他物质等违反条例规定的行为,情节严重的,经市、县人民政府批准,取消定点屠宰厂(场)资格。上诉人建明食品公司是依法经批准设立的定点生猪屠宰单位,至本案纠纷发生时,建明食品公司的定点屠宰厂(场)资格并没有依照法规规定的程序被取消。在《屠宰管理通知》里,县生猪办仅是将该县生猪定点屠宰点标注为县肉联厂,没有否定建明食品公司的定点屠宰厂(场)资格。由于《屠宰管理通知》里没有将建明食品公司标注为该县生猪定点屠宰点,在建明食品公司起诉后,县生猪办的这个行政行为已经被人民法院的生效行政判决确认为违法。

农业部发布的《动物检疫管理办法》第五条规定:"国家对动物检疫实行报检制度。""动物、动物产品在出售或者调出离开产地前,货主必须向所在地动物防疫监督机构提前报检。"第十八条规定:"动物防疫监督机构对依法设立的定点屠宰场(厂、点)派驻或派出动物检疫员,实施屠宰前和屠宰后检疫。"参照这一规章的规定,作为依法设立的生猪定点屠宰点,上诉人建明食品公司有向该县动物防疫监督机构—原审第三人县兽检所报检的权利和义务;县兽检所接到报检后,对建明食品公司的生猪进行检疫,是其应当履行的法定职责。县兽检所当时以分管副县长有电话指示为由拒绝检疫,可见该电话指示是县兽检所拒绝履行法定职责的唯一依据。生猪定点屠宰场所的生猪未经当地动物防疫监督机构进行屠宰前、后的检疫和检验,不得屠宰,屠宰后的生猪及其产品也无法上市销售。尽管分管副县长对县兽检所的电话指示是行政机关内部的行政行为,但通过县兽检所拒绝对建明食品公司的生猪进行检疫来看,电话指示已经对建明食品公司的合法权益产生实际影响,成为具有强制力的行政行为。再有,分管副县长在该县仅有两家定点屠宰场所还在从事正常经营活动的情况下,电话指示停止对县肉联厂以外单位的生猪进行检疫,指示中虽未提及建明食品公司的名称,但实质是指向该公司。分管副县长就特定事项、针对特定对象所作的电话指示,对内、对外均发生了效力,并已产生了影响法人合法权益的实际后果,故属于人民法院行政诉讼受案范围内的可诉行政行为。

行政指导行为,是指行政机关在行政管理过程中作出的具有示范、倡导、咨询、建议等性质的行为。分析被上诉人泗洪县政府分管副县长作出的关于"停止……检疫"电话指示,既不是行政示范和倡导,也不具有咨询、建议等作用,实质是带有强制性的行政命令。泗洪县政府关于该指示属于行政机关内部行政指导行为的答辩理由,不能成立。

综上所述,被上诉人泗洪县政府分管副县长的电话指示,属于人民法院行政诉讼受案范围。该指示是分管副县长在履行公务活动中行使职权的行为,其后果应由泗洪县政府承担。上诉人建明食品公司不服该指示,以泗洪县政府为被告提起行政诉讼,该起诉符合法定条件,人民法院应当依法受理。一审以该指示属于内部行政指导行为为由,裁定驳回建明食品公司的起诉,是错误的。依照行诉法解释第六十八条关于"第二审人民法院经审理认为原审人民法院不予受理或者驳回起诉的裁定确有错误,且起诉符合法定条件的,应当裁定撤销原审人民法院的裁定,指令原审人民法院依法立案受理或者继续审理"的规定,江苏省高级人民法院于 2005 年 9 月 19 日裁定:

一、撤销一审行政裁定;
二、本案由一审法院继续审理。

2. 上海远洋运输公司不服宁波卫生检疫所国境卫生检疫行政处罚决定案[①]

【争议焦点】

1. 出入境交通工具上的食品从业人员以持有交通部颁发的海员健康证书为由拒绝办理卫生检疫部门签发的健康证书,卫生检疫机关是否可以对此予以行政处罚?

【案例要旨】

根据国境卫生检疫法实施细则第一百零七条规定,国境口岸内涉外的宾馆和入境、出境交通工具上的食品、饮用水从业人员应当持有卫生检疫机关签发的健康证书。卫生检疫局是依据法律的规定,要求出入境交通工具上食品从业人员要求办理换证签发手续,如果当事人以持有其他健康证书为由,抵制卫生监督,卫生检疫部门有权依据《国境卫生检疫法》和国境卫生检疫法实施细则之规定,处以警告或者一百元以上五千元以下的罚款。

原告:上海远洋运输公司。
法定代表人:李克麟,经理。
被告:宁波卫生检疫所。
法定代表人:洪昌华,副所长。

原告上海远洋运输公司不服被告宁波卫生检疫所对其所属"抚顺城"轮卫生检疫行政处罚决定,向浙江省宁波市海曙区人民法院提起行政诉讼。

海曙区人民法院受理后,鉴于该案在宁波市影响较

[①] 案例来源:《最高人民法院公报》1992 年第 3 期。

大，依照《中华人民共和国行政诉讼法》第二十三条第二款的规定，报请宁波市中级人民法院审理。宁波市中级人民法院决定审理该案。

原告上海远洋公司诉称，被告宁波卫生检疫所以原告所属"抚顺城"轮上3名食品、饮用水从业人员未持有卫生检疫机关签发的健康证书，在出、入境检疫时，经卫生检疫机关指出并要求办理换证签发手续，船长不同意换证，抵制卫生监督为由，作出罚款人民币4900元的决定，既有悖于事实，也无法律依据。请求法院撤销被告的处罚决定。

被告宁波卫生检疫所辩称，原告的"抚顺城"轮上3名食品、饮用水从业人员未持有卫生检疫机关签发的健康证书，应办理换证签发手续，但船长两次予以拒绝，系违法行为。根据《中华人民共和国国境卫生检疫法实施细则》第一百零九条、第一百一十条的规定，对原告所属"抚顺城"轮作出罚款4900元的决定，是合法的，法院应当维持。

宁波市中级人民法院经公开审理，查明：

1991年6月15日，原告所属"抚顺城"轮由日本抵达宁波镇海装卸区。同日，被告宁波卫生检疫所在镇海港区对该轮实施入境检疫。检疫时，发现该轮大厨顾勇康、二厨冯国强、服务员刘波均未持有由卫生检疫机关签发的健康证书，遂即要求船方办理换证签发手续，但船长以3名从业人员所持由交通部颁发的海员健康证书是有效的为由，拒绝办理换证签发手续。同月18日，被告在北仑港区对"抚顺城"轮进行出境检疫时，又发现该轮大厨顾勇康、二厨冯国强、服务员刘波仍未持有由卫生检疫机关签发的健康证书，为此，被告再次要求船方办理换证签发手续，但船长以"根据上级通知执行办理"为由，再次予以拒绝。之后，该轮这3名从业人员随船出境。同月24日，被告根据国境卫生检疫法实施细则第一百零九条（三）项、第一百一十条第一款的规定，决定对原告上海远洋运输公司所属"抚顺城"轮罚款人民币4900元。原告不服被告的处罚决定，于同年7月15日向中华人民共和国卫生检疫总所提出复议申请。卫生检疫总所根据国境卫生检疫法实施细则第一百零七条（三）项、第一百零九条（三）项、第一百一十条的规定，于9月11日作出维持宁波卫生检疫所对原告罚款4900元的复议决定。原告不服卫生检疫总所的复议决定，于同年10月10日提起行政诉讼。

宁汉市中级人民法院认为：根据国境卫生检疫法实施细则第一百零七条（三）项关于"入境、出境交通工具上的食品、饮用水从业人员应当持有卫生检疫机关签发的健康证书"的规定，原告上海远洋运输公司"抚顺城"轮大厨顾勇康、二厨冯国强、服务员刘波系入境、出境交通工具上的食品、饮用水从业人员，应当持有卫生检疫机关签发的健康证书，但是，顾勇康、冯国强、刘波只持交通部颁发的经上海远洋医院体检出具的海员健康证书，不符合卫生检疫实施细则的有关规定。被告在出、入境卫生检疫时，要求船方办理健康证书签发手续，是依法行使卫生检疫职权，却两次遭到原告船长的拒绝。故被告对原告所属"抚顺城"轮作出罚款人民币4900元的处罚决定是合法的。

据此，宁波市中级人民法院于1992年1月11日判决：

维持被告宁波卫生检疫所对原告所属"抚顺城"轮的行政处罚决定。

第一审判决后，原告上海远洋运输公司不服，以第一审判决歪曲有关事实真相，适用法律不当等为由，向浙江省高级人民法院提出上诉，请求撤销第一审判决和行政处罚决定。被上诉人宁波卫生检疫所辩称、原判认定事实清楚，适用法律正确，请求法院维持第一审判决。

浙江省高级人民法院认为，上诉人上海远洋运输公司所属"抚顺城"0轮大厨顾勇康、二厨冯国强、服务员刘波等3名食品、饮用水从业人员未持有卫生检疫机关签发的健康证书，在出、入境检疫时，经卫生检疫机关指出并要求办理换证签发手续时，船长两次予以拒绝，抵制卫生监督，其行为违反了国境卫生检疫法及其实施细则的有关规定，依法应予处罚。被上诉人宁波卫生检疫所作出的行政处罚决定于法有据。原审判决认定事实清楚，适用法律正确，诉讼程序合法，维持宁波卫生检疫所的行政处罚决定是正确的。上海远洋运输公司的上诉理由不能成立。据此，该院依照《中华人民共和国行政诉讼法》第六十一条第（一）项的规定，于1992年5月4日判决：

驳回上诉人上海远洋运输公司的上诉，维持第一审判决。

五、人大代表建议答复

对十四届全国人大一次会议第 6619 号建议的答复
——关于加快食品检测国家标准细化的建议

- 2023 年 6 月 5 日
- 国市监议〔2023〕4 号

您提出的《关于加快食品检测国家标准细化的建议》收悉，现答复如下：

食品安全关系广大人民群众身体健康和生命安全，党中央、国务院高度重视。您提出的关于加快细化食品检测国家标准等建议，对我们工作有很大的促进作用，我们高度赞同。市场监管总局会同有关部门严格落实习近平总书记关于食品安全"四个最严"要求，推动完善食品安全国家标准体系，保障人民群众"舌尖上的安全"。

一、关于细化国家安全标准的建议

我局将配合国家卫生健康委加快完善食品添加剂相关食品安全国家标准。

二、关于建立食品安全风险检测模型的建议

（一）有效防范化解食品安全风险隐患。市场监管部门紧紧围绕人民群众关心关切，以问题为导向，聚焦食品安全风险较高的品种、项目和区域，对检出不合格的食品开展跟踪抽检，并按照"四个最严"要求开展核查处置，防控食品安全风险，全力守护好人民群众"舌尖上的安全"。

（二）搭建食品安全风险预警交流体系。食品安全风险预警交流体系包括指标体系、及分析系统、发布系统、响应系统和再评估系统（即"一个体系四个系统"）。专题开展食品安全风险预警交流指标体系、分析系统研究，通过文献调研、问卷调查、座谈研讨等，建立包含一级指标、二级指标、三级指标和四级指标的指标体系。根据已有指标，从风险分析、趋势分析、关联挖掘、全息画像、效能评价五个方面，对食品安全抽检监测大数据深入挖掘和智能分析，建立多个风险分析预警模型，从时间、区域等不同维度开展食品安全风险预警分析，并在实际工作中应用。

三、关于树立食品安全社会共治监管理念的建议

市场监管总局加强与地方市场监管部门、研究机构、协会学会、新闻媒体等合作，搭建预警交流立体矩阵。结合舆情热点、抽检结果等，发布食品安全消费提示 260 余篇，制作多部科普动漫、视频、短视频等，引导科学、理性消费。开展"我为群众办实事，你点我检"活动，"点群众之所想，检群众之所盼"，打造监管为民服务品牌。2022 年，开展活动 1600 余次，抽检量 16 万余批次。开展反食品浪费暨食品安全知识大学生竞赛，371 所高校近 600 万人次参与答题。制作反食品浪费科普视频，近 20 万所大中小学校 4100 万余人观看，让知识内化于心、外化于行。深化食品安全风险预警交流区域合作机制，促进信息共享、风险共防。

衷心感谢您对市场监管工作的关心和支持！

对十四届全国人大一次会议第 4274 号建议的答复
——关于将特医食品统一收费编码和加强特医食品监管 推进特医食品临床应用的建议

- 2023 年 7 月 5 日
- 国市监议〔2023〕17 号

你们共同提出的《关于将特医食品统一收费编码和加强特医食品监管 推进特医食品临床应用的建议》收悉，现答复如下：

你们在建议中提到应当加强特殊医学用途配方食品（以下简称特医食品）监管，是对我们工作重要性的高度认可，对保障我国特医食品安全具有积极意义。

市场监管部门坚决贯彻落实习近平总书记提出的"四个最严"要求，在特医食品安全监管工作中严格注册、强化监管、优化服务，扎实推进各项工作，坚决守住特医食品安全底线。同时，我们还对建议中提到的固体饮料、保健食品等实施严格监督管理，持续加大对食品安全违法行为的打击力度。

一、严格特医食品产品注册

自 2016 年《特殊医学用途配方食品注册管理办法》及配套文件发布实施以来，我们严格特医食品注册审查，保障特医食品安全。对产品科学依据不充足或申请材料不支持其产品安全性、科学性,未通过现场核查等情形,一律不予注册。截至 2023 年 5 月 5 日,共批准 48 家企业注册 115 个特医食品,其中境内 35 家企业 85 个产品、境外 13 家企业 30 个产品;包括无乳糖配方 11 个、乳蛋白部分水解配方 6 个、乳蛋白深度水解配方 3 个、氨基酸配方 2 个、早产/低出生体重婴儿配方 13 个、母乳营养补充剂 4 个、氨基酸代谢障碍配方 3 个、全营养配方 32 个、电解质配方 18 个、蛋白质组件 8 个、碳水化合物组件 11 个、脂肪组件 1 个、流质配方 2 个、肿瘤特定全营养配方 1 个。2019 年,发布《特定全营养配方食品临床试验技术指导原则 糖尿病》等 3 类疾病特医食品临床试验技术指导原则,规范特医食品临床试验工作,指导申请人科学有效地开展特医食品临床试验,满足糖尿病、肾病、肿瘤患者营养需求。

二、严格特医食品生产经营监管

我们建立以日常监督检查为基础、体系检查和飞行检查为补充的监督检查机制,印发《特殊食品生产经营监督检查相关操作指南》。近年来,我们指导各地市场监管部门对国内特医食品生产企业实施"全覆盖"体系检查,对发现的问题全部整改验收到位。紧密结合食品安全"守底线、查隐患、保安全"专项行动,指导各地市场监管部门严格特医食品生产经营环节日常监督检查,执行特定全营养配方食品只能通过医疗机构、药店零售企业向消费者销售的规定,切实落实专区专柜销售、核对标签和说明书与注册标准的一致性、禁止虚假夸大宣传等要求。针对网络销售等重点领域和消费者投诉举报问题,大力开展排查整治,对头部网络交易平台企业进行合规提醒,进一步保障特医食品生产经营环节食品安全。

三、加大特医食品科普宣传力度

2022 年,发布《特殊医学用途配方食品标识指南》,严格特医食品标识标注,启用专属标志"小蓝花",提升全社会对特医食品的认知度、辨识度。结合 2023 年 3·15 国际消费者权益日举办"送您一朵小蓝花 特医食品健康你我他"系列科普宣传活动,进一步引导特医食品企业规范标识,指导医生、临床营养师和消费者科学合理使用特医食品,提升全社会对特医食品的认知度。

四、严格固体饮料标识管理

2021 年,我们发布了《市场监管总局关于加强固体饮料质量安全监管的公告》,明确固体饮料产品名称不得与已经批准发布的特殊食品名称相同,直接提供给消费者的蛋白固体饮料、植物固体饮料、特殊用途固体饮料、风味固体饮料,以及添加可食用菌种的固体饮料最小销售单元,还应在同一展示版面标示"本产品不能代替特殊医学用途配方食品、婴幼儿配方食品、保健食品等特殊食品"作为警示信息,固体饮料标签、说明书及宣传资料不得使用生产工艺、原料名称等明示、暗示涉及疾病预防、治疗功能、保健功能以及满足特定疾病人群的特殊需要等。

五、深入开展保健食品行业专项清理整治行动

自 2020 年以来,我们联合中共中央宣传部、公安部、商务部、文化和旅游部、国家卫生健康委、广电总局等部门实施保健食品行业专项清理整治行动,各地市场监管部门共检查生产经营主体 300.8 万余家次,出动执法人员 427 万余人次,举办保健食品科普宣传 7.2 万余场次,参加人员 1321 万余人次,发放各类宣传材料 1448 万余份,有效净化了保健食品市场秩序。

六、持续打击食品安全违法行为

2022 年,全国各级市场监管部门共查办食品安全违法案件 51.86 万件,涉案货值金额 10.91 亿元,罚没金额 29.47 亿元。全年共责令停产停业食品生产经营企业 194 家,吊销许可证 2123 件,移送司法机关 5147 件,从业资格限制人数 5.26 万人。其中办理涉及特医食品案件 45 件,案件数同比增长 9.8%。

下一步,我们将继续坚持以人民为中心的发展思想,加快推进《特殊医学用途配方食品注册管理办法》的修订发布和实施解读工作,严格注册管理,不断健全以日常监督检查为基础、体系检查和飞行检查为补充的监督检查机制,着力推动特医食品生产经营企业食品安全"两个责任"落实落地落细,坚决筑牢特医食品安全底线。同时,持续保持对固体饮料、保健食品等产品的监管力度,不断净化市场环境,并按照"四个一律"(一律依法从严从重实施行政处罚、涉刑案件一律移送公安机关、一律处罚到人、严重违法持证企业一律吊销许可)的要求继续做好食品安全执法稽查工作,切实维护特定人群的身体健康和生命安全。

衷心感谢你们对市场监管工作的关心和支持!

对十四届全国人大一次会议第 7436 号建议的答复

——关于加强食品安全源头治理的建议

·2023 年 7 月 27 日
·国市监议〔2023〕15 号

您提出的《关于加强食品安全源头治理的建议》收悉。经认真研究,现会同教育部答复如下:

您提出的"健全食品安全全过程闭环监管体系""加强食品从业人员培训和考核""加强高校食品安全风险课程设置""充分发挥新型媒体的监督作用"等建议，对做好食品安全工作具有重要参考价值，我们十分赞同。食品安全是民生工程、民心工程，也是一项复杂的系统工程。近年来，各地区各有关部门坚决贯彻党中央、国务院决策部署，齐抓共管、协同共治，积极推动产业高质量发展，全力守护人民群众"舌尖上的安全"。

一、持续加强食品安全全过程监管

市场监管总局着力强化全程严管，积极构建以日常检查为基础、飞行检查为重点、体系检查为补充的监督检查体系，不断提升食品安全保障水平。一是强化粮食加工品质量安全监管。组织召开全国加强粮食加工品质量安全监管工作推进会，会同生态环境部、农业农村部、国家卫生健康委、粮食和储备局，防范化解粮食加工品重金属、呕吐毒素污染等风险。二是强化食用农产品监管。会同相关部门持续开展食用农产品"治违禁控药残促提升"三年行动，打击市场销售长江流域非法捕捞渔获物等专项行动。2022年共检查食用农产品经营主体186.39万家次，发现违法违规经营主体6.07万家次，均依法依规予以处置。三是强化食品生产流通环节监管。印发《关于印发食品生产经营监督检查有关表格的通知》，明确食品生产经营监督检查要点。2022年共检查食品生产企业43.1万家次，完成整改企业7.2万家。针对检出3批次及以上不合格样品的食品生产经营者，部署开展飞行检查，注重防范系统性、区域性风险。探索开展大型连锁食品销售企业食品安全管理合法合规体系检查，进一步推动提升企业食品安全管控水平。四是强化餐饮环节监管。组织开展网络订餐、餐饮具清洗消毒、"超范围超限量使用食品添加剂和添加非食用物质"等专项整治工作，严厉打击餐饮服务违法违规行为，2022年共下达责令改正通知书45.7万份，立案10.9万件，下线入网餐饮服务提供者10.6万家，吊销许可证5855家，取缔无证经营7551家。五是加大重点产品监管力度。组织开展食用植物油专项治理，2022年共检查相关生产企业1.4万家次、小作坊4.8万家次，发现问题2.1万个，责令整改7659家次，立案调查591家。加强食盐质量安全监管，对130家获证企业进行全面风险排查。部署相关省份市场监管部门对食醋、粉条、糖果、红糖、食用香精等食品开展风险隐患排查治理。六是加大抽检力度。坚持问题导向，紧紧围绕人民群众关心关切，聚焦"一老一小"等重点人群，聚焦农村、校园等重点地区，聚焦直播带货等新兴业态，聚焦较高风险食品类别，依法对食品生产经营活动全过程组织开展监督抽检，2022年共抽检656万批次，并对检出不合格的食品开展跟踪抽检，及时开展核查处置。

二、强化食品从业人员培训考核

市场监管总局出台《企业落实食品安全主体责任监督管理规定》，指导各地督促企业依法配备食品安全总监、安全员，开展培训考核，不合格不得上岗。目前，全国所有大中型食品生产企业、连锁销售企业，以及特殊食品生产企业全部配备食品安全总监。督促企业组织开展职工食品安全知识培训，重点对食品安全总监、食品安全员开展法律、法规、标准和专业知识培训考核。2022年，全系统共组织监督抽考食品生产企业14.7万家、食品安全管理人员23.1万人，覆盖率达99.4%，合格率达98.8%。加强餐饮从业人员和食品安全管理员培训考核，指导各省级市场监管部门建立"两库一平台"（一套题库、一套学习课程或资料库、一个培训考核系统或平台）；2022年，各地依托"两库一平台"，以《食品安全国家标准餐饮服务通用卫生规范》实施为契机，开展餐饮服务培训，累计培训餐饮从业人员近1000万人次，进一步提升从业人员素质和食品安全管理能力。

三、着力提升食品安全监管效能

市场监管总局坚持以法治为根本、以信用为基础、以信息化为手段，不断提升食品安全监管工作效能。法治监管方面，制修订《食品标识监督管理办法》《食品生产许可审查通则（2022版）》《餐饮服务食品安全操作规范》，发布《关于进一步规范餐饮服务提供者食品添加剂管理的公告》，组织修订乳制品、肉制品、白酒、食品添加剂等重点食品生产许可审查细则，为企业依法合规生产经营、监管人员依法监管执法提供法律法规支撑。信用监管方面，印发《关于加强重点领域信用监管的实施意见》，以食品生产企业为切入点，实施事前事中事后全生命周期监管。坚持"一企一档"原则，依托国家企业信用信息公示系统，记录完善食品安全信用档案内容，科学评定企业食品安全风险等级，研究制定针对性的监管计划和监管措施，强化信用信息运用，依法依规向社会公示，约束企业违法失信行为。智慧监管方面，初步建成市场监管总局统一的食品安全智慧监管系统，积极推进信息化系统应用和数据归集，逐步提升数据挖掘和综合分析能力，基本实现食品安全监管相关系统的信息共享。全国已有16个省份使用食品生产监督检查子系统开展日常监管工作、20个省份使用食用农产品批发市场食品安全监管子系统开展农批市场监督检查工作。在此基础上，积极建立完善风险分析模型，强化风险分析研判，不断提升监管工作效能。

四、加快培养食品安全专业人才队伍

教育部、市场监管总局积极推进专业人才队伍建设，为食品安全工作提供坚实的人才和智力支撑。一是优化食品安全相关专业设置。教育部鼓励高校根据经济社会发展需要和学校办学能力，加大食品安全相关专业设置，加快培养相关领域专业人才。截至目前，全国设有食品质量与安全、食品安全与检测2个食品安全相关本科专业，共计布点288个。积极推进《职业教育专业目录（2021年）》，一体化设计中职、高职专科、高职本科不同层次专业，在中职设置食品安全与检测技术等专业，在高职专科设置食品质量与安全等专业，在高职本科设置食品质量与安全等专业。二是加大食品安全领域相关专业建设指导力度。教育部成立食品科学与工程类专业教学指导委员会，研究制定食品科学与工程类教学质量国家标准等作为专业准入、专业建设和专业评价的依据，推进人才培养质量不断提升。突出示范领跑作用，组织认定中国农业大学食品质量与安全等29个食品安全相关专业为国家级一流本科专业建设点，推动高校在师资队伍、教学资源、质量保障体系等方面加强建设，带动食品安全领域人才培养质量持续提升。三是加强食品安全领域课程建设。教育部发布《关于一流本科课程建设的实施意见》等系列文件，组织认定浙江大学《食品安全》等10余门食品安全领域课程为国家级一流本科课程。在国家高等教育智慧教育平台上线食品安全领域课程20余门。支持《食品安全与质量控制》《食品安全与质量控制技术》《食品标准与法规》等一批优质教材申报参评"十四五"首批职业教育国家规划教材，《食品质量与安全》《食品检验检测技术》等相关课程上线国家职业教育智慧教育平台，面向在校学生、社会学习者开放，不断扩大食品安全教育覆盖面。四是加大食品安全检查员队伍建设力度。市场监管总局结合《"十四五"市场监管现代化规划》实施，研究制定《食品安全检查员管理办法》，进一步细化明确检查员资格、权责、选派、培训、考核、管理等方面规定，强化职业化食品安全检查员队伍建设，提高检查人员风险识别分析能力和水平。

五、积极发挥宣传引导和社会监督作用

市场监管总局坚持齐抓共管、多元共治，把组织发动群众参与作为做好食品安全工作的关键一招。一是广泛开展科普宣传。面向全系统征集食品领域科普宣传作品，在总局网站开设"食品领域优秀科普作品展播平台"专题进行集中展示，通过"市说新语"官方新媒体平台对部分作品进行展播，并积极发动局属媒体制作推广食品领域优秀科普作品，切实放大主流舆论声量。《非法添加物不等于食品添加剂》《2023年春季预防野生蘑菇中毒的消费提示》《冷冻食品中有很多防腐剂吗?》等食品科普宣传作品以短视频、动漫、图解等群众喜闻乐见的形式传播食品安全科普知识，受到广大网友关注。截至目前该平台已发布作品近400篇，有效增强了群众食品安全意识。二是加强重点领域宣传引导。在打击整治养老诈骗专项行动中，以涉老"食品""保健品"防骗识骗为重点，以易于传播、直观生动、吸引力强的音视频为重点，开展"保健食品大家谈"科普宣传作品征集活动，组织系统新媒体矩阵对优秀作品广泛转发传播。协调央视《每周质量报告》播出专题节目，曝光利用食品、保健食品诈骗、虚假宣传等违法犯罪行为，提升群众防骗意识。三是积极鼓励社会监督。建立"你点我检"常态化工作机制，已有247个地市开展抽检17万余批次。2022年，12315平台累计受理食品类投诉举报332.3万件，及时回应处理群众诉求，维护群众合法权益。继续实施《市场监管领域重大违法行为举报奖励暂行办法》，大力发挥信息员、协管员、志愿者、内部吹哨人作用，构建人人关心、人人参与的食品安全共治共享工作格局。

下一步，我们将进一步压实各方责任、提升监管效能、及时排查化解风险隐患、着力培养专业人才，积极推动食品产业高质量发展，切实保障人民群众饮食安全。

衷心感谢您对市场监管工作的关心和支持。

对十四届全国人大一次会议第4497号建议的答复

——关于重新启动"中国名牌产品"评选，推动国家品牌战略建设的建议

- 2021年8月23日
- 国市监议〔2023〕71号

您提出的《关于重新启动"中国名牌产品"评选，推动国家品牌战略建设的建议》收悉，现答复如下：

习近平总书记深刻指出，要"推动中国制造向中国创造转变，中国速度向中国质量转变，中国产品向中国品牌转变"。您提出的实施国家品牌战略，提升企业品牌意识，加强品牌保护工作等建议，对于促进品牌建设高质量

可持续发展具有积极的建设性意义，我们十分赞同。市场监管总局深入贯彻落实习近平总书记重要指示批示精神和党中央、国务院决策部署，全面实施质量强国战略，大力推进质量品牌建设，推动中国品牌不断发展壮大。

一、已开展的工作

按照党中央、国务院关于"减少政府对资源的直接配置，减少政府对微观经济活动的直接干预，加快建设统一开放、竞争有序的市场体系"的要求，2018年，原质检总局清理、废止了《中国名牌产品管理办法》部门规章，不再开展中国名牌产品评定工作。市场监管总局成立以来，积极转变职能，推动有效市场和有为政府更好结合，激发企业创建培育品牌的内生活力，多措并举推动中国品牌发展。

（一）推动品牌标准化建设，夯实品牌发展基础。截至2022年，累计发布实施品牌领域国家标准41项。推动相关协会、企业加大品牌评价标准实施力度，指导开展公益性品牌价值评价活动。积极推动品牌国际标准化工作，成功推动成立国际标准化组织品牌评价技术委员会（ISO/TC 289），牵头制定品牌评价国际标准。2019年以来，我国提出并主导制定的《品牌评价 第1部分：基础和原则》《品牌评价 第3部分：与地理标志相关品牌评价要求》等国际标准相继发布，品牌建设影响力明显提升。

（二）着力培育质量品牌，提升企业品牌发展能力。深入开展质量提升行动，引导企业大力实施质量比对、质量攻关、质量改进活动，促进企业质量品牌成长壮大。连续开展中国质量奖评选表彰活动，将创新发展、品牌影响等作为重要评选指标，打造了一批具有市场竞争力的"国家质量名片"，面向各行各业推广质量管理方法，传播先进质量理念，弘扬优秀品牌文化。

（三）持续推进知识产权执法，加强品牌保护。针对关系人民群众健康和财产安全的重点商品、侵权假冒多发的重点领域，严厉打击商标侵权等违法行为。2022年，共查处商标领域违法案件3.75万件，并向社会发布典型案例，以案释法，以案普法，引导全社会树立知识产权保护意识。同时，国家知识产权局加强商标执法业务指导，加大驰名商标保护力度，切实维护商标权利人和广大消费者的合法权益。

（四）加强品牌宣传，形成推动品牌发展的浓厚氛围。每年5月，与国家发展改革委等共同组织开展"中国品牌日"系列活动，通过举办中国品牌发展国际论坛、中国品牌博览会等，提升中国品牌影响力，增强消费者对中国品牌的消费信心。利用全国"质量月"活动等重要平台，开展建设质量强国、提升质量品牌的专题宣传，弘扬精益求精、追求卓越、崇尚质量的价值导向和时代精神，引导广大企业和全社会树立品牌意识。

二、下一步工作打算

党中央、国务院印发《质量强国建设纲要》，将品牌建设作为重要任务，进行了系统部署。下一步，我们将全面落实《纲要》要求，并充分吸纳您的有关工作建议，深入研究和完善推动品牌建设的政策措施，不断加强质量品牌建设。

一是开展中国品牌创建行动。鼓励企业实施质量品牌战略，深化品牌设计、市场推广、品牌维护等能力建设，提升品牌建设软实力。开展全国质量品牌提升示范区创建工作，培育一批质量引领力强、产品服务美誉度高的区域品牌，增强产业发展新动能。实施中国精品培育行动，培育设计精良、生产精细、服务精心的高端品牌，打造"中国精品"和百年老店。

二是持续优化品牌发展环境。完善公平竞争制度，持续深入推进知识产权执法工作，加大侵权假冒打击力度，保持对商标违法行为的严厉打击态势，依法保护商标权利人的合法权益，筑牢品牌保护防线。

三是加强中国品牌宣传推广。与有关部门举办"中国品牌日"、全国"质量月"等活动，积极搭建品牌宣传、展示、交流平台和渠道，讲好中国品牌故事，树立中国品牌形象。

感谢您对市场监管工作的关心和支持。

对十四届全国人大一次会议第1574号建议的答复
——关于加强对公益类特种设备检验检测机构政策支持的建议

·2023年11月3日
·国市监议〔2023〕38号

您提出的《关于加强对公益类特种设备检验检测机构政策支持的建议》收悉。经商中央编办，现答复如下：

您在建议中提出要加强对公益类特种设备检验检测机构的政策支持，我们高度赞同。公益类特种设备检验检测机构是特种设备安全体系的重要组成部分，承担了全国大部分检验工作和属地特种设备"应检尽检"的检验保障职责。此外，公益类特种设备检验检测机构还为当地市场监管部门履行行政许可、监督检查、风险监测、应急处置、事故调查、法规标准制定、重大活动安全保障等职责提供技术支持，弥补了监察力量的不足，是安全监察工作不可或缺的重要技术支撑。

2021年，国务院印发《"十四五"市场监管现代化规划》，明确推进特种设备检验检测改革，突出市场监管部门检验机构的技术支撑和公益性保障属性，做优做强检验技术机构，有序引入社会检验检测力量作为补充。同年，市场监管总局印发《关于进一步深化改革促进检验检测行业做优做强的指导意见》，明确公益类机构要大力推进整合，优化布局结构，强化公益属性，提升职业化、专业化水平。我们认为，特种设备检验工作事关公众的安全与利益，具有很强的公益属性，公益类特种设备检验检测机构应当强化公益属性、优化运行机制，推动能力提升和事业发展，更好服务经济社会发展。

市场监管总局高度重视公益类特种设备检验检测机构改革发展问题。一是印发《市场监管总局关于加强基层特种设备安全监管能力建设的指导意见》(国市监特设发[2022]57号)，提出坚持特种设备检验体系的专业性和完整性，借鉴成功的特检机构改革经验，探索健全优化内部考核机制，建立完善公益履职与促进自身发展有机结合的发展模式。二是修订《特种设备检验机构核准规则》(TSG Z7001—2021)，明确公益类事业单位申请特种设备检验资质的核准要求和保障检验职责，同时引导实力较强的特种设备检验机构提升科研能力、加强科技创新。

我们也注意到，江苏省特种设备安全监督检验研究院纵向整合省内近百家小型检验机构，实现检验人员和技术装备的统一调配。浙江省特种设备科学研究院持续推进新型事业单位改革，建立打破编制界限的用工机制、末位淘汰的职称竞聘机制、市场化的收入分配机制，打造"六位一体"公益履职新模式。两家公益类特种设备检验机构通过体制改革或机制创新，综合实力显著增强、支撑作用显著强化、创新能力显著提升。

下一步，市场监管总局将加强对公益类特种设备检验检测机构支持政策的研究工作，加大对各地成功经验的总结宣传力度，同时加强与机构编制、人力资源社会保障、科技等部门的沟通协调，促进公益类特种设备检验检测机构持续健康发展。

衷心感谢您对市场监管工作的关心和支持。

对十三届全国人大五次会议第7360号建议的答复
——关于完善食品药品违法行为中对违法添加物质认定的建议

· 2022年12月27日
· 国市监议[2022]65号

您提出的《关于完善食品药品违法行为中对违法添加物质认定的建议》收悉，经商国家卫生健康委等部门，现答复如下：

您在建议中提到的完善食品违法添加物质认定，对加强食品安全监管工作具有重要意义。市场监管总局等部门严格落实习近平总书记关于食品安全"四个最严"要求，加强食品违法添加物质检验方法研制，强化违法添加行为认定，持续加大对食品违法添加行为的打击力度，保障人民群众饮食安全。

一、持续推进食品违法添加物质检验方法研制工作

检验方法是发现和打击食品违法添加行为的重要技术支撑。为进一步加强违法添加物质检验方法制定，2019年修订的《食品安全法实施条例》第四十一条规定，对可能掺杂掺假的食品，按照现有食品安全标准规定的检验项目和检验方法以及依照食品安全法第一百一十一条和本条例第六十三条规定制定的检验项目和检验方法无法检验的，国务院食品安全监督管理部门可以制定补充检验项目和检验方法，用于对食品的抽样检验、食品安全案件调查处理和食品安全事故处置。除配合国家卫生健康委、农业农村部加快完善食品安全标准检验方法外，市场监管总局不断加大对食品补充检验方法的研制力度。截至目前，针对粮food制品、肉制品、果蔬、饮料、保健食品等重点食品类别，已制定发布食品补充检验方法69项，可检测食品（包括保健食品）中壮阳、减肥、兴奋类等药物成分以及其他多种有毒有害物质。此外，根据《食品安全法实施条例》第六十三条要求，市场监管总局研究起草《食品中可能添加的非食用物质名录管理规定（征求意见稿）》，已向社会公开征求意见，正在修改完善。

二、结合实际情况认定食品违法添加行为

您提出的在食品案件执法中，结合其他证据及现场情况直接出具认定意见，不以检验结论作为认定违法行为必要证据的建议。经征求最高人民法院意见，认为在食品安全刑事案件处理中，多数案件都需要对食品中违法添加的物质种类和含量进行检验鉴定，从而为行政主管部门和司法机关准确认定涉案食品的毒害性提供证据,对此类案件,检验报告或鉴定意见是必要的。但也存在不需要进行检验即可认定的情况,如《关于办理危害食品安全刑事案件适用法律若干问题的解释》第一条第(二)项规定的"病死、死因不明或者检验检疫不合格的畜、禽、兽、水产动物肉类及其制品",只要结合在案证据能够证明涉案动物肉类及其制品系病死或死因不明,即可认定为不符合食品安全标准的食品。因此,检验结论是否属于认定违法行为的必要证据,在实践中应当根据个案的不同情况,以能否证明涉案物质的毒害性为标准,决定是否有必要进行检验。

三、依法依规采用非食品安全标准检验方法

目前,法律法规对使用非食品安全标准检验违法添加物质做了较为完善的规定。《食品药品行政执法与刑事司法衔接工作办法》第二十四条规定:根据食品药品监管部门或者公安机关、人民检察院的委托,对尚未建立食品安全标准检验方法的,相关检验检测机构可以采用非食品安全标准等规定的检验项目和检验方法对涉案食品进行检验,检验结果可以作为定罪量刑的参考。通过上述办法仍不能得出明确结论的,根据公安机关、人民检察院的委托,地市级以上的食品药品监管部门可以组织专家对涉案食品进行评估认定,该评估认定意见可作为定罪量刑的参考。市场监管总局发布的《食品安全抽样检验管理办法》第二十三条规定:食品安全监督抽检应当采用食品安全标准规定的检验项目和检验方法。没有食品安全标准的,应当采用依照法律法规制定的临时限量值、临时检验方法或者补充检验方法。开展风险监测、案件稽查、事故调查、应急处置等工作,在没有前款规定的检验方法的情况下,可以采用其他检验方法分析查找食品安全问题的原因。所采用的方法应当遵循技术手段先进的原则,并取得国家或者省级市场监督管理部门同意。此外,最高人民法院、最高人民检察院发布的《关于办理危害食品安全刑事案件适用法律若干问题的解释》和《关于办理危害药品安全刑事案件适用法律若干问题的解释》对司法实践反映突出的违法添加物质认定等法律适用问题提出解决办法。依照上述规定,在案件执法过程中,当无标准、临时检验方法和食品补充检验方法时,地方市场监管部门组织技术机构研制非标方法对涉案食品进行检验,检验结果作为定罪量刑的参考,取得良好成效。

下一步,市场监管总局将重点从以下几方面落实好您的建议:一是配合国家卫生健康委、农业农村部加快完善食品安全国家标准。二是围绕食品安全监管中发现的掺杂掺假行为,对尚无食品安全标准的,研制相应食品补充检验方法。三是加快完善《食品中可能添加的非食用物质名录管理规定》,推动出台新的非食用物质名录。四是指导地方开展食品违法添加物质检验方法研制和专家评估认定,为打击食品违法添加提供技术支撑。

衷心感谢您对市场监管工作的关心和支持!

对十三届全国人大五次会议第1727号建议的答复
——关于改善反垄断纠纷中的消费者维权机制的建议

· 2022年11月15日
· 国市监议〔2022〕31号

您提出的《关于改善反垄断纠纷中的消费者维权机制的建议》收悉,现答复如下:

您在建议中提到的"以《反垄断法》修法为契机唤醒消费者维权意识、依托行政执法改善消费者权益保护机制"等内容,对我们工作很有借鉴意义,我们高度赞同,将更加积极主动发挥反垄断监管执法的职能作用,切实维护消费者合法权益。

一、已开展的工作

我国《反垄断法》第一条明确规定了立法目的和宗旨,其中包括保护消费者利益。2021年,反垄断执法机构坚持以习近平新时代中国特色社会主义思想为指导,坚决贯彻落实党中央、国务院决策部署,全国共查处各类垄断案件175件,同比增长61.5%,罚没金额235.92亿元。其中,垄断协议案件11件,罚没金额16.73亿元;滥用市场支配地位案件11件,罚没金额218.47亿元;公开处罚违法实施经营者集中案件107件,罚款7235万元;滥用行政权力排除、限制竞争案件46件。审结经营者集中案件727件,同比增长53%,其中禁止1件、附加限制性条件批准4件,推动市场公平竞争秩序稳步向好,反垄断和防止资本无序扩张取得重要成效,为维护消费者利益和增进人民福祉、推动高质量发展作出积极贡献。

(一)坚持以人民为中心,加强民生领域执法。积极回应人民群众关注和期待,围绕企业和消费者反映强烈的突出问题,重点加强医药、公用事业、建材等民生领域反垄断执法。依法查处扬子江药业、公牛集团垄断协议案、先声药业滥用市场支配地位案等重大垄断案件,准确释放公平公正开展反垄断执法、促民生稳增长的政策信号,有力维护人民群众切身利益。

(二)强化平台经济反垄断监管,维护中小企业和消

费者利益。针对社会反映强烈的互联网电商、外卖等平台"二选一"行为严重限制市场竞争和中小经营者发展等问题，依法查处阿里巴巴集团"二选一"垄断案、美团"二选一"垄断案等，促使平台企业自觉规范经营行为，取得明显成效。平台经济领域"二选一"行为基本叫停，市场竞争秩序明显好转，平台内商家特别是中小经营者获得更广阔发展空间，进一步增强发展活力。严格审查涉及平台企业经营者集中申报案件40件，依法禁止游戏直播领域腾讯系虎牙与斗鱼合并案。坚持处罚和教育相结合原则，在阿里巴巴集团"二选一"垄断案、美团"二选一"垄断案中，向涉案企业发出《行政指导书》，督促其全面整改，有力维护了市场公平竞争秩序和多方市场主体合法权益，有利于更好地保护消费者权益。

（三）持续规范滥用行政权力排除、限制竞争行为，助力建设全国统一大市场。修订出台《公平竞争审查制度实施细则》，审查增量政策措施24.4万件，清理各类存量政策措施44.2万件，纠正废止违反公平竞争审查标准的政策措施1.1万件，从源头规范行政行为。围绕政府采购、交通、建筑、医药卫生、教育、保险等重点领域，查处限定交易、妨碍商品自由流通等滥用行政权力排除、限制竞争案46件，坚决维护国内统一大市场，促进畅通国内大循环。

（四）切实提升企业合规意识，大力培育公平竞争文化。市场监管总局会同中央网信办、税务总局，召开34家平台企业行政指导会，"一企一单"要求全面整改，严格履行平台主体责任，接受社会监督。发布《中国反垄断执法年度报告（2020）》，评选十大典型案例，出版《垄断协议经典案例选编》等系列书籍，制作经营者反垄断合规宣传片、公平竞争宣传片，广泛传播公平竞争理念，大力营造促进公平竞争的社会环境。

同时，我们积极配合立法机关开展《反垄断法》修订工作，在《反垄断法（修正草案）》中进一步完善公平竞争基础制度规则，加大对违法行为的处罚力度，强化法律责任，提高《反垄断法》威慑力，这有助于进一步提升反垄断执法效能，更好地维护消费者权益和社会公共利益。《反垄断法（修正草案）》已于2021年10月提请全国人大常委会初次审议。2022年6月，十三届全国人大常委会第三十五次会议将对《反垄断法（修正草案）》进行第二次审议。

二、下一步工作措施

市场监管总局将以习近平新时代中国特色社会主义思想为指导，深入贯彻党中央、国务院决策部署，从构建新发展格局、推动高质量发展、促进共同富裕的战略高度出发，重点做好以下工作。

一是积极配合立法机关认真研究论证相关建议，推动《反垄断法》尽快修订出台。加强反垄断配套立法，在关系国计民生、竞争问题多发、社会高度关注的重点行业和领域，加快完善反垄断指南体系，为市场主体提供更加清晰的行为指引。

二是强化平台经济、原料药、公用事业等民生领域反垄断执法，维护市场公平竞争秩序。加强与消费者协会等单位的沟通合作，进一步畅通投诉举报渠道，保护消费者利益，持续增强消费者获得感和幸福感。

三是提升企业公平竞争合规意识和能力，引导全社会形成公平竞争的良好风尚，充分发挥行业组织、媒体和消费者等多方面监督作用，积极推动构建政府监管、企业自治、行业自律、社会监督的多方共治格局。

衷心感谢您对市场监管工作的关心和支持。

对十三届全国人大五次会议 第1011号建议的答复

——关于推动专门针对未成年人食品包装标识的立法完善或国家、行业标准建设的建议

·2022年11月9日
·国市监议〔2022〕28号

您提出的《关于推动专门针对未成年人食品包装标识的立法完善或国家、行业标准建设的建议》收悉。现答复如下：

您在建议中提出的关于针对未成年人食品包装标识完善立法，加强专门国家标准、行业标准的建议，我们高度赞同。市场监管总局认真贯彻落实习近平总书记关于食品安全"四个最严"的重要指示精神，高度重视未成年人食品安全监管工作，严格食品标签标识管理及监督执法，严防严控相关食品安全风险，积极配合国家卫生健康委等有关部门，建立完善相关食品安全标准体系。

为加强婴幼儿食品安全监管，市场监管总局严格落实食品安全法及相关食品安全国家标准规定，对婴幼儿配方食品、保健食品和特殊医学用途配方食品实施特殊食品安全监管，充分兼顾婴幼儿等特殊群体食品安全及营养需求。为规范食品添加剂使用监管，2019年印发《市场监管总局办公厅关于规范使用食品添加剂的指导意见》(市监食生〔2019〕53号)，进一步明确食品添加剂使用监管要求，推动重点行业实施质量提升行动，鼓励企

业在生产加工食品时尽可能少用或不用食品添加剂。为加强重点品种监管，2021年12月市场监管总局印发《关于加强固体饮料质量安全监管的公告》，规定不得使用文字或者图案进行明示、暗示或者强调产品适用于未成年人等。

为加强校园食品安全监管，市场监管总局加大相关食品抽检和执法力度，明确要求将学校及校园周边食品经营者列为最高风险等级（D级），加大监督检查力度和频次，对校园食堂等集中供餐单位开展风险排查，依法从严从快惩处违法违规行为。为保护未成年人身心健康，全面治理校园及周边、网络平台等面向未成年人无底线营销色情低俗食品，2022年1月市场监管总局牵头教育部、公安部联合开展为期5个月的"面向未成年人无底线营销食品"专项治理行动，聚焦向未成年人销售低俗色情食品的违法行为，督促食品生产经营者全面落实主体责任，压实学校和电子商务平台的管理责任，严厉查处相关违法违规行为，切实做好青少年的宣传教育和思想引导，形成全社会共同呵护未成年人的良好局面。

近年来，针对监管工作中发现的食品安全标准存在问题，市场监管总局积极配合国家卫生健康委进行《食品安全国家标准预包装食品营养标签通则》（GB28050）、《食品安全国家标准预包装食品标签通则》（GB7718）等标准制修订，推动完善食品安全监管依据。同时，积极研究修订《食品标识监督管理办法》，拟增加"鼓励食品生产经营者在食品标识上标注'避免过量摄入盐、油、糖'"等内容，促进未成年人饮食健康。

未成年人食品安全事关重大，您提出的相关建议对保障未成年人身体健康具有重要意义。下一步，市场监管总局将继续配合卫生健康委，推动完善相关食品安全国家标准，提升标准的科学性、适用性、可操作性，同时继续指导地方市场监管部门加强特殊食品、重点品种食品安全监管，加大对学校及校园周边食品经营者的监管力度，对发现的违法违规行为依法从严查处，筑牢食品安全防线。

衷心感谢您对市场监管工作的关心和支持。

图书在版编目（CIP）数据

中华人民共和国市场监管法律法规全书：含规章及文书范本：2024年版／中国法制出版社编．—北京：中国法制出版社，2024.1
（法律法规全书系列）
ISBN 978-7-5216-4061-8

Ⅰ.①中… Ⅱ.①中… Ⅲ.①市场监督管理法-汇编-中国 Ⅳ.①D922.294.9

中国国家版本馆CIP数据核字（2023）第247860号

策划编辑：袁笋冰　　　　　　责任编辑：刘晓霞　　　　　　封面设计：李　宁

中华人民共和国市场监管法律法规全书：含规章及文书范本：2024年版
ZHONGHUA RENMIN GONGHEGUO SHICHANG JIANGUAN FALÜ FAGUI QUANSHU：HAN GUIZHANG JI WENSHU FANBEN：2024 NIAN BAN

经销/新华书店
印刷/三河市紫恒印装有限公司
开本/787毫米×960毫米　16开　　　　　　　　　　　印张/ 58.75　字数/ 1602千
版次/2024年1月第1版　　　　　　　　　　　　　　　2024年1月第1次印刷

中国法制出版社出版
书号 ISBN 978-7-5216-4061-8　　　　　　　　　　　　　　　　　定价：139.00元

北京市西城区西便门西里甲16号西便门办公区
邮政编码：100053　　　　　　　　　　　　　　　　　传真：010-63141600
网址：http：//www.zgfzs.com　　　　　　　　　　　编辑部电话：010-63141664
市场营销部电话：010-63141612　　　　　　　　　　　印务部电话：010-63141606

（如有印装质量问题，请与本社印务部联系。）